安丘市志

(1986—2013)

安丘市地方史志编纂委员会 编

方志出版社
Publishing House of Local Records

图书在版编目（CIP）数据

安丘市志：1986—2013 / 安丘市地方史志编纂委员会编. --北京：方志出版社，2016.8
ISBN 978-7-5144-2069-2

Ⅰ. ①安… Ⅱ. ①安… Ⅲ. ①安丘—地方志—1986—2013 Ⅳ. ①K295.23

中国版本图书馆CIP数据核字（2016）第209265号

安丘市志（1986—2013）

编　　者：安丘市地方史志编纂委员会
责任编辑：陈　华

出 版 人：冀祥德
出 版 者：方志出版社
地址　北京市朝阳区潘家园东里9号（国家方志馆4层）
邮编　100021
网址　http://www.fzph.org
发　　行：方志出版社发行中心
电话（010）67110500
经　　销：各地新华书店
印　　刷：济南黄氏印务有限公司

开　　本：889×1194　1/16
印　　张：80印张
字　　数：2238千字
版　　次：2016年10月第1版　2016年10月第1次印刷
印　　数：0001～5000册

ISBN 978-7-5144-2069-2　定　价：886.00元

安丘市地方史志编纂委员会

安丘市地方史志编纂委员会

安丘市地方史志编纂委员会

2016.7

名誉主任：桑福岭

主　　任：杜建华

副 主 任：张振城　王龙堂　李光明　李建英　王学昌　邱海芳
　　　　　王培范　王永刚

委　　员：刘金山　李菊祥　于子军　张建军　刘世顺　郑淑涛
　　　　　高焕智　贺成波　闫振允　张汉文　王发亮　王明强
　　　　　王跃启　田　友　郑红岩　吴连德　王忠学　张宪宝
　　　　　殷德华　刘书培　薛　涛　林卫成　鞠录国　栾成军
　　　　　王嘉斌　孙志杰　王旭光　毛永东　周作刚　李义周
　　　　　赵守乐　代锋军　李伟臣　徐志刚　闫文修　苑衍强
　　　　　毕青君　王晓丽

《安丘市志（1986—2013）》编审人员

名誉主审：桑福岭

主　　审：杜建华

副 主 审：邱海芳　王永刚

主编兼总纂：林卫成

副 总 纂：徐俊杰　周汝华

编　　纂：林卫成　周汝华　徐俊杰　钟希祥　鹿守华　王龙岗

编　　辑：林卫成　徐俊杰　周汝华　王金友　钟希祥　鹿守华
　　　　　王龙岗　马孔明　李效录　苗振东　宋源国　辛立兴

编　　务：周常利　辛立兴

摄　　影：王　平　范守荣

资 料 员：刘丽娟　闫　格

工作人员：邹　刚　郝蒙蒙

序二

续编《安丘市志》付梓面世，承上启下，继往开来，功在当代，利于千秋！

编史修志是中华民族的优良传统，是弘扬先进文化、加强社会主义精神文明建设的需要，也是发展社会生产力、加快经济发展的客观要求，还是提高领导干部自身素质和执政水平的需要，更是全市政治、经济、文化、生态、社会生活中的一件盛事，可喜可贺！

安丘历史悠久，物产丰硕，是中华文明发祥地之一。自古为齐鲁名城，山川隽秀，商贾辐辏，英才辈出，素有“风气之钟，山川之胜，文物衣冠之盛，甲著旁邑”之美誉。新中国成立后，百万安丘儿女，勠力同心，知难而进，奋发图强，敢为人先，汶渠大地焕发出勃勃生机，各业齐发展，旧貌换新颜。改革开放后，特别是近几年来，安丘市突出四大支撑，现代农业突飞猛进，工业经济稳步发展，城乡面貌日新月异，服务事业佳绩纷呈，走出一条令世人瞩目的成功之路。

安丘是国务院批准的首批沿海对外开放城市，是国家黄河三角洲高效生态经济区、山东半岛蓝色经济区和山东胶州半岛高端产业聚集区“三区”建设覆盖交集点，已进入全国县域经济发展潜力百强市行列。勤劳聪慧的安丘人民立足实际，大胆尝试，锐意开拓，勇于实践，不断创新，先后探索创造农户目标经营、农业产业化、农产品质量安全监管、新型服务业格局、民俗旅游等一批全国级的“安丘经验”，谱写出科学发展、和谐发展新篇章。

盛世修志，志载盛世，古今皆然。安丘自古至今向有编志存史之风。明万历十七年，始修《安丘县志》，成为全国方志楷本。清时《续安丘县志》《安丘新志》《续安丘新志》次第付印，直至《安丘乡土志》，修志之盛，名著九州。1960年《安丘县志》成册，受历史局限，虽未出版，然开新时期修志先河。1992年，新编《安丘县志》出版，体例新颖，结构合理，内容广博。2014年6月，适逢安丘撤县建市20周年，续编《安丘市志》全面启动。全体修志人员广征博取，批阅三载，厥成卷帙。续志凡28编200余万言，承前启后，勇于创新，融自然与社会为一体，集发展与现状于一书，详述全市28年间光辉历程，展现安丘经济社会巨大变化。观点鲜明，内容丰富，主次清晰，体例完备，既富有时代特色，又体现方志特点，堪称鸿篇巨制，文化大观！

李克强总理指出：修志问道，以启未来。续编《安丘市志》，实为一部新时期安丘“百科全书”。揽卷展阅，感慨颇多，功过得失，昭然可咨。治天下者以史为鉴，治郡国者以志为鉴。随着续编《安丘市志》问世，相信全市必将掀起读志用志新热潮，以“究兴衰之由，陈利弊之要，补救时政之阙失，研求民生之荣枯”之历史智慧，解放思想，锐意改革，凝心聚力，开拓进取，努力建立新业绩，不断实现新跨越，全面推进建设充满活力的现代化中等城市的步伐，再续安丘历史新篇章。

是为序。

安丘市人民政府市长 杜建华

2016年7月28日

◎ 1994 年 3 月 28 日，安丘县撤县设市庆祝大会在人民会堂召开。中央、省有关部门、台湾同胞、友好县市区等发来贺电贺信

©青云湖盛景（2014年）

©青云山一瞥（2014 年）

◎郚山镇梯田风光（2014 年）

◎ 永安路汶河大桥夜景（2014 年）

天下客财富广场

◎ 天下客商贸住宅区

◎ 莲花山路文昌阁

◎ 南城区商住群

◎ 潍徐路文化广场喷泉夜景

◎ 沿河公园校区段

◎ 三合春城住宅区

◎ 汶水绿洲住宅小区

◎ 和平路写字楼

◎ 建设中的北城区

◎ 建设中的汶河两岸

◎ 莲花山路汶河大桥

◎ 206 国道汶河大桥

◎ 潍安路汶河大桥

◎ 大汶河秀水桥

◎ 北城区沿河公园

◎ 西环路沿河公园

◎ 国家级湿地公园

◎ 新安街道岔河子社区居民楼

◎ 邵山镇滨河社区

◎ 官庄镇金湖小区

◎ 凌河镇拥翠园社区

◎ 景芝镇红旗小区

◎ 景芝镇王水崖社区

◎ 新安街道石龙社区

◎ 石堆镇甘泉居民小区

◎ 金冢子镇居民小区

◎ 官庄镇居民安置区

◎ 大盛镇便民服务综合楼

◎ 李五里李杭安置区

◎ 丹枫园

◎ 云湖佳园

◎ 北城区学府街居民区

◎ 汶河湿地公园

◎ 永安路汶河沿河公园

◎ 青龙湖景区

◎ 街心花园

◎ 西环路沿河公园

◎ 汶水亭

◎ 酒城文化阁

◎ 部山镇揽月广场

◎ 青云大街东首

◎ 青云山广场

◎ 柘山镇镇区鸟瞰

◎ 青云国际城高层建筑群

◎ 鲁丰锦绣花园

◎ 天虹花园别墅群

◎ 和平路大成商住区

◎ 青云花园住宅小区喷泉广场

◎ 新龙现代城小区

◎ 大成汇丰园高层

◎ 东方明珠高层

◎ 青云御景园

◎ 大华名都高层

◎ 天源华府高层

◎ 永盛锦园沿街高层

◎ 锦绣华城高层住宅群

◎ 领秀城高层住宅

◎ 潍徐南路居民楼

◎ 青云山路东首沿街高层住宅群

◎ 潍徐南路东首商住混合建筑群

◎ 南城区中心商住群

◎ 建安花园高层商住大楼

◎ 盛世名门高层住宅群

◎ 墨熙鼓巷

◎ 商场路东首楼群

阳光大厦
4869999
专业市场2期
本广告位招商
菲琳国际摄影基地

◎ 商场路中段

中国銀行
BANK OF CHINA
春茗茶坊

◎ 兴安路中段

◎ 兴安路北段

◎ 206 国道南城区东首商贸街

◎ 市金融中心

◎ 农产品检验中心综合服务大楼

◎ 长安路东首

◎ 潍徐路三角公园

◎ 安丘山水水泥公司

◎ 山东鼎正机械设备有限公司组装车间

◎ 潍坊恒安散热器集团有限公司生产车间

◎ 汶瑞机械（山东）有限公司生产车间

◎ 山东秋辰机械制造有限公司加工车间

◎ 潍坊埃尔派粉体技术设备有限公司生产车间——组装线

◎ 安丘市残疾人劳动就业皮鞋厂

◎ 安丘市雄鹰纤维素有限责任公司厂区

◎ 山东凯仕利合成材料科技股份有限公司生产车间

◎ 安丘出口农副产品质量检测中心

◎ 山东龙鼎重工股份有限公司铁塔生产车间

◎ 山东巴威环境工程有限公司——宏达钢厂矿渣磨机 75 万风量布袋除尘器

◎ 山东盛宝传热科技有限公司

◎ 山东科灵空调设备有限公司生产车间

◎ 新锐新能源有限公司生产车间

◎ 山东萨丁新能源科技有限公司装配车间

◎ 潍坊盛瑞零部件有限公司加工车间

◎ 潍坊新建业登峰焊接材料有限公司生产车间

◎ 潍坊大通机械制造有限公司生产车间

◎ 潍坊三源铝业有限公司生产车间

◎ 安丘市佳晟机械有限公司生产车间

◎ 山东科发动力有限公司成品车间

◎ 安丘市大盛镇精密铸造厂加工车间

◎ 山东海龙博莱特化纤有限公司车间

◎ 山东奥宝化工集团有限公司生产区

◎ 山东华浩管业有限公司厂区

◎ 山东柠檬生化有限责任公司生产区

◎ 山东闰成石化有限公司贮存罐区

◎ 潍坊金鹭时装有限公司制衣车间

◎ 安丘市芳容缝制有限公司生产车间

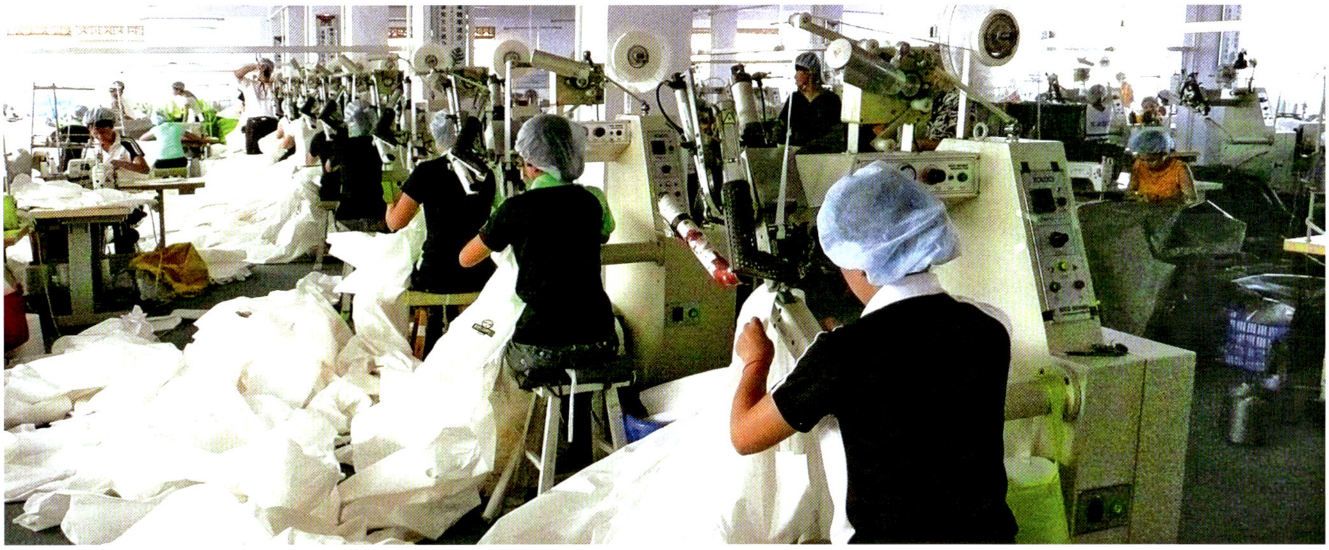

◎ 潍坊雷克兰劳保用品有限公司加工车间

◎ 安丘市瑞福家纺有限公司绣花车间

◎ 潍坊仁惠纺织有限公司生产车间

◎ 安丘浩铭纺织有限公司纺线车间

◎ 山东景芝酒业股份有限公司南厂区

◎ 传统酿酒车间

◎ 景酒灌装线

◎ 国网山东安丘市供电公司 2200 伏变电站

◎ 奥源食品有限公司玉葱厂区

◎ 福克斯食品有限公司灌装线

◎ 安丘市春开窖酒业有限公司酿酒车间

◎ 安丘市宜家福食品有限公司加工车间

◎ 山东鑫峰工艺品有限公司绢花车间

◎ 山东瑞亿医疗用品有限公司车间

◎ 安丘市鲁安药业有限责任公司

◎ 潍坊振祥食品有限公司分割车间

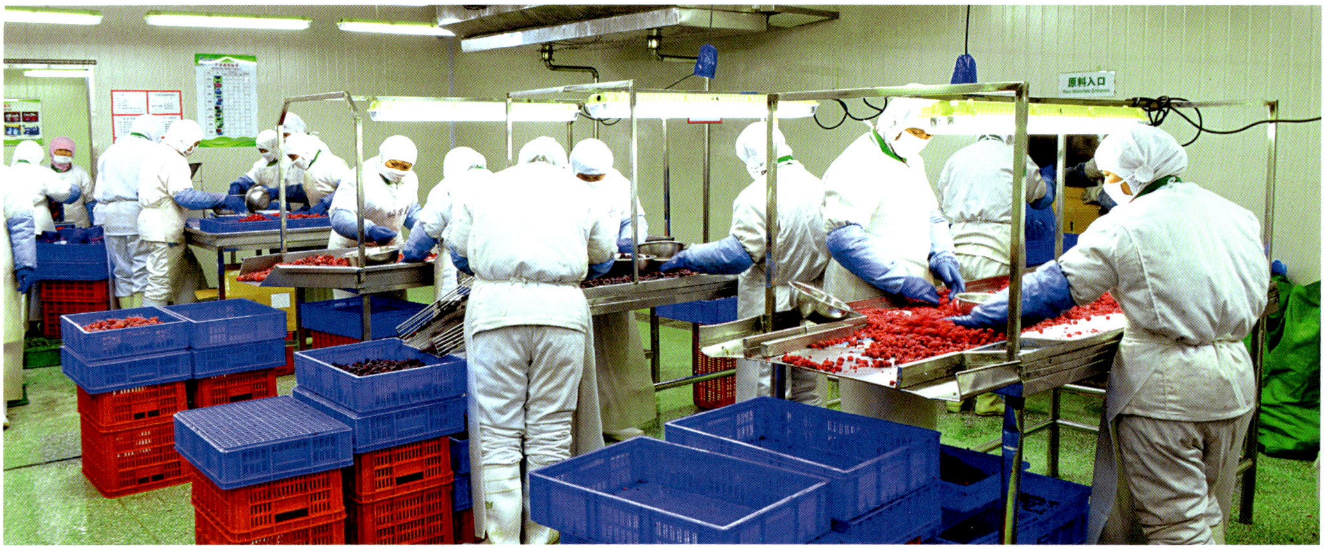

◎ 鑫盛食品有限公司加工车间

◎ 安丘市三通(潍坊)有限公司泡菜生产车间

◎ 山东鲁丰集团有限公司出口熟食车间

◎ 山东渠风食品科技有限公司制粉车间

◎ 安丘市翔宇包装彩印有限公司生活用纸生产车间

◎ 潍坊鑫易电声科技有限公司组装车间

◎ 山东金鸿新材料股份有限公司南逯厂区

◎ 潍坊综艺包装股份有限公司印刷车间

◎ 官庄镇大桃交易市场

◎ 大盛镇科技示范园

◎ 凌河镇慈埠蔬菜科技园

◎ 官庄镇玉米收获

◎ 金家子镇大棚甜瓜

◎ 安丘山地春谷

◎ 凌河镇前儒林村小麦吨粮田

◎ 凌河镇红沙沟西瓜

◎ 景芝镇千亩高粱田

◎ 安丘黄烟大田

◎ 辉渠镇大葱

◎ 官庄镇两河大蒜丰收

◎ 鲁胜食品有限公司粉条晾晒场

◎ 奥宝农资超市

◎ 大汶河旅游开发区名峰蔬菜基地

◎ 大盛镇蚕茧站选茧

◎ 柘山镇花生加工

◎ 石埠子镇南王家村草莓科技示范园

◎ 安丘红冠蜜桃

◎ 安丘油桃

◎ 郚山核桃

◎ 石埠子草莓

◎ 安丘蜜桃

◎ 安丘官庄苍黄早生蜜桃

◎ 安丘四月仙桃

◎ 安丘石埠子大樱桃

◎ 安丘山区柿子

◎ 安丘石埠子小樱桃

◎ 安丘大鹅

◎ 安丘肉鸭

◎ 安丘乌鸡

◎ 安丘黑山羊

◎ 安丘太平山笨鸡养殖场

◎ 官庄镇养鹿场

◎ 安丘火鸡养殖场

◎ 山东合力牧业有限公司养殖场

◎ 石堆镇农业科技园出口大葱园区管理

◎ 大田管理

◎ 山东沃华农业科技股份有限公司育苗基地

◎ 安丘市东方红食品有限公司蔬菜基地

◎ 苗床管理

◎ 大葱收购

◎ 于家河水库

◎ 柘山镇柳沟水库

◎ 青云湖拦水坝

◎ 辉渠镇白山头水库

◎ 尚庄水库放水洞

◎ 南水北调工程渠首水源地——李家沟水库

◎ 牟山水库溢洪闸

◎ 石埠子镇保国山樱桃收购市场

◎ 凌河镇大姜收获

◎ 辉渠镇农业科技园

◎ 沿河南路西段

◎ 柘山镇金钱洼路段

◎ 潍安路南段

◎ 明湖路十字路口

◎ 商场路东首交通枢纽

◎ 青云大街东首

◎ 青云大街西段

◎ 长途车发车场

◎ 安丘汽车站

◎ 郚山镇金鸿大道

◎ 市内公交车发车场

◎ 邮递员出班

◎ 新安南路

◎ 大汶河旅游开发区乡村路

◎ 安阳路东首

◎ 柘山镇农贸市场一角

◎ 颐高商贸城一角

◎ 安丘时尚广场

◎ 安丘市建陶市场

◎ 南苑商贸城

◎ 安丘市人民政府招待所 1 号楼

◎ 安丘市新东方大酒店

◎ 商场路中段沿街商铺

◎ 齐鲁酒地接待中心

◎ 安丘市两极商务会馆(山东四季旺农化有限公司)

◎ 永安路佳乐家商场

◎ 和平路家乐园

◎ 商场路中段商业区

◎ 颐高综合商城

◎ 商场路西段商业区

◎ 银座商城

◎ 佳乐家商场

◎ 商场路尚沃城(原供销大厦)

◎ 泰华城商场

◎ 永安路佳乐家商场收银区

◎ 盛大农产品市场

◎ 景芝镇名吃一条街

◎ 正在建设中的安丘市第一中学

◎ 安丘市实验中学

◎ 安丘市职业中等专业学校

◎ 金冢子镇中心小学微机室

◎ 官庄镇管公小学图书阅

◎ 官庄镇管公学校体育设施

◎ 青云学府学生餐厅

◎ 安丘市职业中等专业学校承办省技能大赛

◎ 安丘市职业中专电子电器教室

◎ 实验中学学生自选食堂

◎ 安丘市中学生运动会开幕式表演

◎ 凌河镇慈埠小学

◎ 柘山镇中心小学

◎ 建设中的景芝镇中学

◎ 凌河镇凌河小学体育场

◎ 大汶河旅游开发区中学

◎ 新安街道新安幼儿园

◎ 官庄镇中心幼儿园

◎ 新安街道关王幼儿园

◎ 安丘市青云学府

◎ 安丘市东埠中学

◎ 安丘市第二实验小学

◎ 安丘市新安学校

◎ 安丘市特殊教育学校

◎ 安丘市第二中学南校区

◎ 安丘市妇幼保健院

◎ 安丘市立医院

◎ 景芝中心卫生院

◎ 辉渠镇卫生院

◎ 安丘市人民医院（南城区）

◎ 安丘市人民医院（

◎ 人口和计划生育局服务大楼

◎ 中医院病房大楼

◎ 宋代石棺

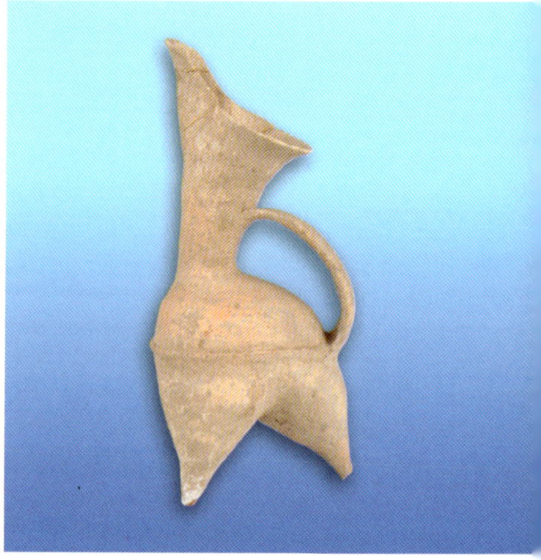

◎ 大汶口文化陶

◎ 西周窃曲纹铜鼎　　◎ 商代石镰　　◎ 商代铜戈

◎ 庵上石坊

龙山文化玉牙璧

◎ 龙山文化陶

◎ 龙山文化玉铲

◎ 龙山文化玉钺

◎ 汉盘龙石砚

◎ 宋白釉黑花瓷罐

◎ 高凤翰“师竹斋”印

◎ 安丘汉画像石墓墓室

◎ 新编现代廉政京剧《路向远方》剧照

◎ 市民休闲娱乐活动

◎ 山东省非物质文化遗产——泥人

◎ 安丘市非物质文化

◎ 安丘歌舞大赛启动仪式

◎ 安丘市图书馆阅览室

剪纸

◎ 安丘市非物质文化遗产——扒花

◎ 体育局庆新春象棋比赛

◎ 莲花山路敬老院

◎ 义务兵家庭优待金发放仪式

◎ 安丘农村商业银行

◎ 便民自行车点

◎ 110 指挥调度大厅

◎ 安丘市广播影视中心

◎ 五龙山风景区探海岩

◎ 城顶山生态旅游区千年银杏树

◎ 辉渠镇自驾游

◎ 辉渠镇千年流苏树

◎ 千里民俗旅游线上的石家庄——婚俗表演

◎ 生态乐园

◎ 民俗表演

◎ 青云山滑雪场

◎ 城顶山齐长城内城遗址

◎ 青云山民俗游乐园留云湖

◎ 城顶山青云寺

◎ 雹泉珍珠泉

◎ 美国客人乔克力夫妇金婚纪念在石家庄举办

◎ 太平山火山口

◎ 郜山镇五龙湖

◎ 城顶山雾凇

◎ 传统民俗表演

◎ 柘山乡村游

◎ 青云湖儿童游乐园

◎ 柘山镇老子文化广场

◎ 乡村旅游示范点农家乐—— 柘山镇张家宅村

◎ 留山裕龙泉

◎ 乡村旅游示范点农家乐——辉渠镇小麦峪村

◎ 落鸦石桃花园

◎ 辉渠镇绪泉

◎ 官庄镇金湖公园

◎ 太平山景区古城墙

◎ 柘山风景区——兴旺沟水帘坝

◎ 辉渠镇乡村风貌

◎ 大安山风貌

◎ 辉渠镇游客接待中心

◎ 城顶山生态旅游区樱花节

◎ 松下古井

◎ 酒地古镇小区

◎ 酒地洞藏酒展示区

凡　例

一、本志以马列主义、毛泽东思想、邓小平理论、“三个代表”重要思想、科学发展观和习近平总书记系列重要讲话精神为指导，全面贯彻落实中共十八届三中、四中、五中全会精神，坚持辩证唯物主义和历史唯物主义的立场、观点和方法，客观公正地记述安丘自然和社会的历史与现状，力求资料性、科学性、思想性的统一，达到“存史、教化、资政”之目的。

二、本志为1992年版《安丘县志》的续志，接前志确定下限写起。上限1986年，下限2013年。为表述内容的完整性，部分内容适当上溯及下延。记述内容突出改革开放的时代特色和安丘的实际特点。

三、本志采用述、记、志、传、图、表、录等载体，以志为主，表随志附。图片集中前置。首设概述，次设大事记，后殿附录、索引，中设专志28编，编下设章、节、目，必要时设子目和子子目。专业编本着“以类系事，横排纵述”体例。

四、本志文体采用规范的语体文、记述体。使用公元纪年，阿拉伯数字书写，个别内容需要用朝代、农历纪年的，括注公元纪年。

五、本志地名称谓以政府公布的名称为准。政区用当时名称。为突出前后一致性，建市前称安丘县，建市后称安丘市。通述时称安丘市。古地名称必要时用历史名称外，均用现行标准地名。行政组织机构、社会团体、企事业单位等特定名称首次出现用全称，重复出现用简称。

六、本志坚持“生不立传”原则。人物前志已录，今可补充资料者重录，无资料补充者不复录。人物编收录以本籍正面人物为主，兼记个别对安丘历史、文化、经济和社会发展有重大影响的客籍人物。各分志“以事系人”原则在个别章节体现有关人物。

七、本志各项数据，以安丘市统计部门公布的数字为准，市统计部门未作统计的采用各有关单位提供的数据。数字用法执行国家标准。计量采用现行国家法定计量单位。

八、本志对地理环境、建置沿革、城区建设、境域变迁、风景名胜、文物古迹、历史人物等作重新整理考证，以保存志书的连贯性、丰富性和真实性。

九、本志资料来源于档案、文献、有关部门提供的基础文稿及社会访问调查等方面，资料来源广泛，概不注明出处。

目　录

第四编 改革开放

第五编 农 业

第六编 工 业

第七编 交通 邮电

第八编　城乡建设

第九编　商贸 流通

第十编 财政 税务

第十一编 金融 保险

第十二编 经济管理

第十三编 中共地方组织

第十四编　地方权力机构

第十五编　地方行政机构

第十六编　政协地方组织

第十七编　群众团体

第十八编　政 法

第十九编 武装

第二十编 民政

第二十一编　人力资源和社会保障

第二十二编 教育

第二十三编 科技

第二十四编 文化 体育

第二十五编　卫生 医药

第二十六编　旅 游

第二十七编 社会生活

第二十八编 人 物

附 录

索 引

概　述

安丘钟灵毓秀，东望瀚海，西瞻泰岳；安丘区位优越，北眺京津，南通苏皖。汶浯二水玉带银环，一轴两翼龙腾凤翔。交通发达，物产丰硕。屹立东方，彩溢华夏。被誉为“齐鲁宝地，半岛明珠”。

安丘居山东半岛中东部咽喉要地。东邻高密，西接临朐，南眺沂水、诸城，北界坊子、昌乐。南北最大距离 61.5 公里，东西最大距离 65.3 公里。直线西北距北京 460 公里，西距济南 200 公里，北距潍坊 32 公里。西北至昌乐 45.5 公里，北至坊子 20 公里，东北至昌邑 50.8 公里，东至高密 49 公里，东南至诸城 52.5 公里，西南至沂水 89.3 公里，西至临朐 63 公里。境域总面积 1783 平方公里，耕地面积 144.27 万亩，辖 10 个镇、2 个街道、2 个开发区，866 个行政村（居）。至 2013 年，有姓氏 332 个，总户数 288938 户，总人口 952662 人，其中城区人口 339915 人。有汉、满、回、壮、藏、瑶、苗、京、朝鲜、蒙古等 31 个民族。其中，汉族 951929 人，占总人口的 99.92%；少数民族 733 人，占总人口的 0.08%。

一

安丘历史悠久，物华天宝，人杰地灵。风气之钟，山川之胜，文物衣冠之盛，甲著旁邑。

早在四五十万年前，沂源人就在安丘西南部繁衍生息。距今七千年的大汶口文化、四五千年的龙山文化在境内广泛分布。安丘古为少昊裔国，夏商方国已立。安丘国乃少昊后之方国。安丘之名自此始。西周时，根牟国、纪国与淳于国并存。根牟国都安丘故城，治牟山北。战国时，境域大部属齐。秦末增设胶西郡，治于高密，安丘属之。西汉时，境属北海郡。东汉时，境属北海国。三国时，属魏。西晋时，初属徐州东莞郡。永康元年属高密国。东晋十六国时，先后归后赵、前燕、前秦、后燕、南燕。东晋另于京口侨置南徐州南平昌郡安丘县，治京口。故南北各有安丘县。南朝时，置南平昌郡，郡治南安丘。北安丘属青州平昌郡，北平昌郡治故城。北朝时，属青州平昌郡。北魏分东魏、西魏，安丘属东魏。北齐并安丘、平昌入昌安，迁治印台北。隋时，高密郡改置密州。开皇十六年（596），析昌安县于牟乡城置牟山县，属密州。大业二年（606），牟山县复名安丘县。大业三年，改密州为高密郡，安丘属之。唐时，武德五年（622）改高密郡为密州，安丘属之。武德六年，裁昌安、郚城县并入安丘。唐贞观元年（627），置河南道，属密州。唐肃宗乾元二年（759），安丘县移治昌安城，改称辅唐县。至此，安丘境东合昌安、淳于，南兼姑幕、平昌，西并郚城，基本形成今之境域。自此县治未变。五代时，后梁立，属高密郡，开平二年（908）复名安丘，治未变。后唐立，属高密郡，同光元年（923）又改作辅唐县。后晋时，属高密郡，天福七年（942）安丘改作胶西。宋开宝四年（971），裁撤胶西复置安丘。金时，境属山东东路益都府密州。元时，境属中书省山东东西道益都路密州。明洪武二年（1369）省密州，置青州府，境属山东布政使司青州府。清时，境属山东青州府。民国时，境辖淮安县、丘南县、新安丘县，先后属鲁中行政区第四专区、昌潍专区。1943 年 9 月，中国共产党、八路军在柘山镇西古庙村建立安丘县政府。1948 年，安丘、丘南、淮安三县并存。1949 年 6 月，老安丘县改作丘南县，新安丘县改作安丘县。1950 年 6 月，淮安县改作潍安县。1952 年 6 月，潍安县并入安丘县。1953 年 8 月，丘南县并入安丘县。1994 年 1 月 18 日，国务院批准安丘撤县建市，为县级市，直属山东省，潍坊市代管。2003 年 10 月，安丘市政府驻地由市南区迁至市北区。

文武并行，武运畅通。安丘为历代兵家必争之地。古自夏伐斟鄩、齐莱之争、楚汉之战至捻军三进安丘，凡著名战役十数次。故寓居安丘帅将不乏其人，著名者晏婴、姜尚、韩信、李左车、樊崇、曹操、刘裕、王簿、李全、刘铭传等。硕辅武臣名扬天下，有春秋忠臣召忽；晋末孟怀玉、孟龙符、孟昶辅刘裕立宋；五代著名大将刘鄩父子；宋时长枪火器鼻祖、军事家陈规；元时智将张智荣，都元帅郑衍德祖孙三代授金银虎符将军；明时朱元璋把兄田兴，御史张翰土木定鼎，兵部侍郎辛应乾官至尚书；刘永树被封为明威将军；刘云骧官至明卫千总；刘正谊被封为镇国将军；清时李允中征伐吴三桂被封为怀远将军；刘正学，官至总兵，所历战役百余；孙康周官至将军，被誉为“六月怀水”；科第探花鞠殿华，官至提督；民族英雄刘耀椿，决战外夷；名震齐鲁李湘棻，广办团练。清末至今，安丘国术名声在外，尤西关、光甫、兵马营等地昌盛，王忠奎、任继昆等武师，皆名满天下。武术名家王云鹏，原名王汝鹏，著名七星螳螂武师，江湖称“神手螳螂”。

“武”乃筋骨，“文”为精神。“至今东鲁遗风在，十万人家尽读书”。《青社琐记》载：吾青文风，以安丘诸城为最。两汉人才齐过半，安丘又以小齐称。文化以经学见长，名震华夏。黄公、盖公寓居城东授学，公冶长、有子客居城南读书讲学，旋现牟融、伏恭、周泽、甄宇、郎宗、郎顗、淳于恭、承宫、伏浣、郑玄等经学大师。其间涌现出淳于氏家族、伏氏家族、孟氏家族、徐氏家族等教育世家。随后出现管宁、邴原、徐苗、徐邈、伏曼容等闻名遐迩的经学家或大学问家。《东北地方教育史》云：管宁、邴原、国渊等，开东北私人讲学之先河，盛况几不亚于中原，为辽地“六艺”发展作出重大贡献。越唐而至宋时，理学走向中兴。田述古，理学学者，名闻天下；董储，官至郎中，著名文学家，与苏东坡相友。杨安国父子博于经文，都曾给皇帝讲过经。

明清两朝，安丘文化在多元化发展的基础上，继宋朝之后又形成一大高峰。一时间，鸿儒大家星陈斗列，名宦重臣连翩鹊起。据考证，明清两朝，安丘考中进士107人，其中胞兄弟进士10双。此先贤中，有著名教育家马懋，“三西”抚台皆其门下；文学大家黄祯，南门“老三张”，山左理学大师刘源渌，翰墨宰相刘正宗，著名直臣李袒，齐鲁印派崛起者张在辛，“文官祖”窦光鼐，著名高士李迁梧，“太子师”李瀣，文史北斗王驭超，著名学者孙自务，说文大家王筠，著名廉吏曹锡田，方志大家马世珍、马步元等。还有东关马家“四条龙”、东关曹家“龙凤兄弟”、安泰刘家“北海三玉树”、安丘城“少三张”、山前“二王”、逄王“六周”、龙山“四王”、崖头“三刘”、诗派名家“安丘七子”及“渠丘九老”等，精于国学，皆为名家，著述甚富，声贯九州。《四库全书》录安丘人著述13部，评价颇高。名人带起的世家大族，历经数百年长盛不衰。明清青郡涌现出22个世家大族，安丘占六姓七族。据统计，古代安丘人为帝王之师者二十余位，名震华夏。

近当代安丘籍著名人物层出不穷。安丘革命创始人崔杰千，抗日名将周毓瑛、周复，医学大家周颂生、王福溢，著名革命烈士刘增、李安仁、张尔芳，戴家一门四英；史学泰斗韩连琪、赵俪生，著名词人赵录绩，考古大家吴金鼎，名惊西方枪械专家于道文，民主人士张公制，中国森林土壤学家奠基人王正，著名水利工程专家张任，地理学家刘恩兰，外交大使张永明，著名书画家及诗人张茂材、曹庚生、刘大同、马纳川、王讷、马振，著名电影表演艺术家曹铎等。当前，时代为聪慧志远的安丘人提供更为广阔的大舞台，活跃在中国及世界各地的安丘名人灿若群星，数不胜数。

二

安丘地处鲁中山区东北边缘，西南依沂蒙山区，东北处平原地带，沂沭断裂带穿境而过，整个地势随泰沂山脉自西向东北倾斜延伸，西南高，东北低，中间凹处为东大洼。最高点为西南三县市交界的太平山，最低点为大汶河旅游开发区蔺家官庄村北。西南部为群山隆起的低山区；中部是绵延起伏呈脊状的丘陵地带；东部、北部为潍河、汶河冲积平原。平原占境域总面积52%，低山、丘陵占48%。海拔百米以上的山丘158个，其中400米以上的36个，大都位于市境西南部。大小河流56条，多在东、北、南部，皆系潍河水系，控制流域面积1884平方公里。渠汶二水由西往东横贯全境。西南地区因地下水丰富，泉水分布广泛，有泉乡美誉。

境属温带大陆性季风气候，年温适中，四季分明，阳光充足，雨热同季，适宜农作物生长。冬季盛行西北风，夏季盛行东南风。气温年较差大，冬冷夏热，春秋多旱。年光照时数4431.5小时，实均日照时数2402.1小时，年日照率54%。年平均气温12.7℃，最高年份13.7℃，最低年份11.7℃。

年平均降水量643.4毫米，最多930.6毫米，最少395.3毫米。年均降水日数75.1天。年平均相对湿度69%，年蒸发量1699毫米。无霜期平均185天。

境域土地肥沃，资源丰富。土地总面积171160.15公顷。其中，耕地面积96182.75公顷，园地面积7586.35公顷，林地面积14372.4公顷。因地形复杂，物产丰硕，盛产小麦、玉米、地瓜、大豆、高粱、谷子、黄烟、棉花、大姜、大葱、大蒜、蜜桃、樱桃、草莓等。平均地表水资源量21676万立方米，地下水资源量16799万立方米，水资源总量31471万立方米，水资源可利用率76.6%。植物1100多种，动物350多种。矿产资源丰富，已发现矿产种类37种，非金属矿产资源储量大，开发优势明显。光能、风能等新能源开发前景广阔，太阳能年均总辐射量118千卡/平方厘米，年均风功率密度110瓦/平方米，山区建成新能源聚集区。

名胜古迹众多，旅游业发达兴盛。已发掘大汶口、龙山、商周文化遗址110处，文物10000多件，馆藏国家一级文物8件。景芝镇出土的黑陶高柄杯，现存国家博物馆。境内古城、古墓、古建筑星罗棋布。安丘、郚城、灵门、姑幕、淳于等古城址有迹可寻。董家庄汉墓、召忽墓、王修墓、刘鄩墓、管宁墓、李沁墓等保存较好。董家庄汉画像石墓规模宏大，雕刻技艺精湛，被誉为“罕见的汉代艺术杰作”。齐长城蜿蜒境内46公里，越大小山头75座，是世界上最古老的长城。公冶长书院钟灵毓秀吸引众多文人墨客寻古探幽，寺前千年银杏树留下圣贤足迹。建于清道光年间的庵上石坊，以精绝的雕刻技艺获“山东无二坊”之美誉。摘月山、有子山、留山、牟山、城顶山等文化底蕴深厚，彰显安丘厚重的历史。悠久文化力促旅游产业。从20世纪70年代安丘在全国率先发展民俗旅游业起，到2013年已发展起国家AAAA级旅游景区3处，AAA级旅游景区5处，AA级旅游景区2处，国家特色景观旅游名镇1个，省级特色景观旅游名镇1个，省级旅游强镇4个。青云国际旅游度假区被批准为省级旅游度假区，青云山民俗游乐园被誉为“齐鲁民俗第一园”。青云湖休闲度假乐园成为连接南北市区之秀美景观。景芝“酒之城”全景式展现景芝酒的悠久历史。后来居上的“乡村游、农家乐”，焕发出强劲生机。辉渠镇被誉为“百泉之乡”，农家乐如火如荼。留山古火山公园被评为国家级森林公园。柘山镇张家宅农家乐位列全省乡村游示范村第一名，石埠子镇、郚山镇等乡村游名声在外，安丘跻身山东省优秀旅游城市行列。

交通事业发展迅猛。安丘市遵循“上等级、抓通达、重维护、保畅通”的发展理念，加快道路网络化建设。国道烟汕路及省道下小路、央赣路、胶王路等4条主干线穿越市境，四通八达，交通便利。2013年，市内公路通车里程2990公里。其中，国省道150.2公里，县道370公里，乡道435.3公里，村道2034.5公里；14处镇街区、866个行政村全部通柏油或水泥路。“公路通，百业兴”。2013年，安丘市有营业性货运汽车9249辆，货运量1945万吨，营业性客运汽车590辆，完成客运量1831万人次，出租客运车292辆。城市公交车120辆，公交线路12条。公共自行车遍布城区，投入自行车2280辆。城乡通信管道总长度1154.67公里，固定电话用户10.1万户；移动电话79.42万户，较1994年增长3971倍；网民数11万多户，较1997年增长42.31倍。发达的交通业缩小安丘与外界的空间距离。

三

斗转星移，沧海桑田。新中国的成立，为安丘腾飞带来发展契机。安丘是国家黄河三角洲高效生态经济区、山东半岛蓝色经济区和山东胶东半岛高端产业聚集区“三区”建设覆盖交集点，是潍坊市半小时经济圈的主体引领城市，是半岛经济开放城市，进入全国县域经济发展潜力百强市行列。中共十一届三中全会后，特别从1986年起，勤劳聪慧的安丘人民挺身于改革开放前沿，立足实际，大胆尝试，锐意开拓，勇于创新，在农业、工业、服务业、城建等不同领域趟出新路子，先后创出一批国家级“安丘经验”，谱写出科学发展新篇章。

农户目标经营全国推广。20世纪80年代，安丘县推行农村家庭联产承包责任制，农村经济始由集体统一经营向统分结合的双层经营体制转变，但同时出现每个农户单项生产经营方向、目标不够明确和规划、计划盲目无序等新情况、新问题，制约农业经营水平和效益提高。1990年，安丘县立足县情，尊重民意，创新制定《关于推行农户目标经营的意见》，稳步推行农村生产经营方式。组织农经、商贸等部门依据种、养、加及商流等项目，区分不同区域和自然生产条件，制定61套农户目标经营模式，优化确定出符合当地发展的各类生产经营目标、模式、规划和实施方案，农户经营逐步实现目标化、规范化和科学化，家庭经营局限和传统经营方式得以打破，双层经营体制日趋完善。1991年，农牧渔业部在安丘召开“全国农村经营管理研讨会”，安丘县实施“农户目标经营”的做法在全国推广。“农户目标经营”的实施促进农村经营水平整体提高，为全面实施农业产业化、综合标准化战略奠定坚实基础。

出口农业享誉全国。安丘是全国农业产业化发源地之一。早在20世纪90年代中期，农业总产值、粮食产量就跨入全国百强县行列，成为中国草莓、樱桃、姜蒜、蜜桃等6个“特产之乡”。90年代末，结合深化完善农户目标经营，安丘市在不断扩大种植、养殖规模，提高产品产量、质量同时，立足本地的丰富农产品资源、良好区位优势和自然基础条件，科学规划农村经济布局，确立农业主导产业，通过大力创办区域性农产品生产基地和龙头加工企业，发展规模经营，逐步实现市场牵龙头、龙头带基地、基地连农户的农业区域化、产业化和规模化，架起农户通向国内国际市场桥梁，走出一条“千家万户搞加工，千军万马闯市场”的新路子。2001年10月，全国农业产业化经验交流会在潍坊召开，安丘市提供现场并作经验介绍。进入21世纪，传统农业向现代农业转变步伐加快，安丘农产品生产基地和经营规模不断扩大，产品档次明显提升，农业产业化、区域化、规模化水平显著提高，农产品加工企业由“小低弱”向“大高强”逐步跨越，龙头辐射带动能力大为增强，初步形成果蔬、肉类、食品添加剂等门类较为齐全的农产品加工业体系。2013年，全市新建标准化种植园区50个、规模化养殖园区59个；农产品出口加工企业发展到306家，其中潍坊市级以上农业龙头加工企业94家，年出口农产品150多万吨，农业产业化龙头企业已成为农产品出口主力军。安丘先后建成全国园艺产品（蔬菜）出口示范区、山东省第一个供港蔬菜备案基地、中国蔬菜出口第一县。

农业标准化填补国内空白。21世纪初，安丘市作为全国重要出口农产品生产基地，创汇农业遇到“贸易壁垒”。2007年6月，为破解瓶颈和难题，安丘市率先在全国启动并实施出口食品农产品质量安全区域化管理。坚持从源头控制和基础工作抓起，通过健全完善“八个体系”、筑牢“四道防线”，加强农产品化学投入品全程监控管理，全面推行标准化生产，大力发展安全、优质、高效、品牌农业，逐步建设成符合国际质量标准要求的农产品质量安全区，被省政府确定为“安丘模式”。2011年—2012年，“安丘模式”进一步提升，被省政府推举为全国农药监管和农产品质量安全工作先进典型；被国家质检总局确定为全国首批出口食品农产品质量安全典型示范区，并以“安丘模式”在全国推广；以“安丘模式”为主要内容的《初级农产品安全区域化管理体系要求》国家标准正式实施，填补国内空白。至2013年，建成农业标准化种植园区122个、养殖园区113个，其中国家级标准化生产示范区4个，“三品一标”农产品发展到272个。同时，实现内外两个市场一个标准，被国家标准化管理委员会表彰为山东省唯一国家级农业综合标准化优秀示范市。

工业起步早、门类全。20世纪90年代，安丘市从改革产权制度入手，推行以简政放权和改革领导体制、分配制度为重点的第二次企业改革。坚持改革与创新相结合，因企适宜，因企施策，多措并举，灵活采取买断、重组、拍卖、持股、租赁经营等不同方式，对企业实施改组、改制。同时，在企业内部实施承包经营和风险金抵押经营责任制，配套深化用工、人事、分配机制三项改革。至1999年，全市361家企业完成改制。企业产权制度改革后，政府加快转变职能，实现政企分开，不断加强改制企业的调整、管理与升级，逐步建立起“产权清晰、权责明确、政企分开、管理科学”的现代企业经营体制，形成食品、机械、纺织、化工、建材、电子、服装等门类齐全的工业格局。至2013年，工业形成以优势产业、骨干企业和重点产品为支撑的工业发展新格局，产品1600多个品种，企业发展到1964家，其中主营业务收入2000万以上企业354家，完成总产值399.8亿元，实现利税25.91亿元，工业产业成为安丘国民经济发展重要支柱。2014年，实施过千万元项目131个，完成投资110亿元。产业园区更加完善，项目建设更加顺利。景芝酒业荣获全国质量奖，汶瑞商标成为中国驰名商标。

服务业发展誉贯全国。改革开放以来，安丘

县围绕提升农业、强化工业、突破城建，创新思路与措施，不断调整优化产业结构与布局，构建以公有制经济为主、多种经济模式并存的新型服务业发展格局。至2000年，服务业增加值突破10亿元大关。2014年，安丘服务业在三大产业中所占比重由35.9%调整为37.6%，近于“半壁江山”。为加快服务业发展步伐，安丘市本着“发展提速、比重提高、水平提升”的方针，健全完善机制体制，强化指导管理协调，优化拓展服务业发展新空间，相继建成一批辐射带动力强的新型服务业项目，现代服务业逐步成为安丘经济社会发展重要“新引擎”。2013年，限额以上商贸流通企业发展到175家，社会消费品零售总额增长15.7%；新建商品房销售面积112.5万平方米；金融“43123”计划全面落实，各项贷款余额203.4亿元，域外银行贷款余额33.9亿元；新引进设立银行和保险机构6家，3家企业在齐鲁股权交易中心挂牌，安丘市被评为“中国金融生态市”；供销系统成为全国农贸综合服务标准化试点单位。

城乡建设发生巨变。大力实施城乡一体化发展战略，一轴两翼相向开拓，交通网格化优势日益显现，安丘市步入中等城市行列。经过全力推进城市建设，一座宜居、宜业、宜人、宜游的现代化园林城市已具规模。至2013年，城市发展控制区面积扩大到197平方公里，中心城区建成区面积38.3平方公里。基础设施日臻完善，城区道路向外辐射，搭起市域路网全覆盖的框架。中心市区主要道路总里程137.1公里，新建、扩建跨河大桥4座，极大地提高通行承载能力；供水、排水、供暖、供气管网覆盖市区，日供水能力10万立方米；新建大型高标准污水处理厂2座，排水管网总长度482公里；燃气用户63952户；供热面积450万平方米。景观绿化、亮化遍布市区，不断提档升级。城市公共绿地面积1240万平方米、绿化覆盖率40.41%，创建为山东省园林城市、山东省森林城市。城市公共服务能力全面提升，十几个具有浓郁现代气息的社会事业项目相继建成，极大地便利居民日常生活。城镇居民居住条件显著改善，建成规模以上大型住宅区31个，高层楼宇215幢，城区居民人均居住面积28.98平方米。城市管理全面加强，市容市貌、环境秩序持续改善，城市环境整洁靓丽。文明生态建设防控并举，全市地表水和大气质量明显改善。城镇化建设实现质变，新型农村社区建设扎实推进，商贸网点星罗棋布，城镇化水平极大提升，城乡环卫一体化村级覆盖率100%。安丘因山水生态园林而享誉全国。

四

安丘是国务院确定的沿海对外开放城市。特别是撤县建市后，安丘市抓住改革开放重大机遇，坚持不懈地调整优化经济结构、转变经济发展方式，持续不断地扩大对外开放、深化关键领域改革，同步统筹城乡协调、改善社会民生，经济社会走上健康快速发展之路。

20世纪80年代中后期是安丘经济及各项事业的奠基期。“七五”期间，安丘县对内搞活经济、对外实行开放，经济实力得到增强，农业基础地位得到巩固。1990年，完成国民生产总值14亿元，实现地方财政收入8550万元。农业科技广泛推广。1986年，开始推广吨粮田、小麦配方施肥、地膜覆盖应用、大中拱棚覆盖设施栽培及冬暖型大棚技术。高产田推广面积1.3万公顷，蔬菜地膜覆盖栽培面积3000亩，拱棚栽培面积2000亩，在主要粮食和经济作物中推广10余项农机化新技术。农林牧渔业全面发展。每年引进粮、棉、油、瓜菜等新品种30个以上；畜产品年交易额18365万元，建成全国商品瘦肉猪生产基地县和黑鱼鲶鱼养殖省级标准化示范基地。农田水利建设步伐加快。投资6909万元，完成土石6202万立方米，扩大和改善灌溉面积44.96万亩，有效灌溉面积55.59万亩。1990年，农业机械总动力29.03万千瓦。工业经济健康发展。乡镇以上工业企业实现利税2.1亿元。工业门类有食品、机械、化工、纺织、电子、缝纫、造纸、建材等29个，工业产值千万元以上企业11家，形成食品、建材、机械三大主导产业。五年间，工业技改投入9.9亿元，8家企业晋升为国家二级企业，19家晋升为省级先进企业。外向型经济在工业经济的有力推动下，安丘成为全省最早外贸出口商品供货值过亿元县市。实际利用外资649万美元，实现出口额14040万元。商贸业蓬勃发展，初步形成多种经济成分、多种流通渠道、多种经营方式的新格局。

“八五”期间，安丘市经济产业结构日趋合理，改革开放和现代化建设进入新阶段。1995年，完成地区生产总值39.7亿元，是“七五”末的2.8倍，三次产业比重由1990年的45.8∶34∶20.1转变为31∶40.3∶28.7。农业特色化发展。1992年，实施农业产业化战略，大力发展蔬菜、特色林果和畜牧业，安丘蜜桃被国家商标局注册“安蜜”“安丘”商标。从1993年起,连续6年为国宴用品。1994年,安丘蜜桃获山东省农副产品博览会金奖、全国名特优博览会金奖。生猪出栏量位列山东省第一。是年生猪存栏36.75万头，出栏63.48万头，畜牧业产值18.95亿元。工业积极探索产权制度改革，初步建立起计划经济与市场调节相结合的经济运行机制。1995年，企业全面实施风险金抵押承包制，实行以生产指标和资产增值率为主要考核指标的资产经营承包责任制。乡镇以上工业企业291家，完成工业总产值57.23亿元，实现销售收入41.2亿元，利税4.65亿元。外向型经济实现新发展。1995年，实行多口岸、多渠道出口。出口产品在传统蔬菜、畜禽肉等原有农业品种上，又增加电焊条、水道器材、花栏墙铸件、绗缝被等10多种，当年完成出口额16亿元，进口213万美元，实际利用外资7700万美元。商贸服务业新型流通体制形成，商贸基础设施建设加快。1993年，全部取消计划商品，实行市场、经营、价格三放开。商业企业调整经营结构，形成跨地区、跨行业、遍及省内外的工商、商商、农商直接挂钩的横向经营联合体。民营商贸业迅速膨胀，成为安丘商贸主流。至1995年，专业批发市场19个，成交额19.8亿元。

“九五”期间,安丘市经历重要改革、变革较多。推动土地延包，持续调整农业结构；推进工业企业转制改革，加快建立现代企业制度；改制商贸流通产业，引导市场化经营。2000年，完成地区生产总值71.5亿元，三次产业比重调整为25∶39.3∶35.7，固定资产投资15.24亿元。财政总收入5.56亿元，比1995年增长132%，年均增长18.3%，其中地方财政收入3.3亿元，比1995年增长208%，年均增长25.2%。农业持续特色化发展。在西南山区的柘山、辉渠等乡镇创建以黄金梨、李子、柿子、板栗、核桃、蜜桃等为主的林果大道，绵延数百公里；在贾戈、石堆、辉渠等地发展黄金梨2万亩。是年，苹果种植发展到17万亩，桑园面积1.06万亩，收购鲜茧35万公斤。1998年，第二轮土地延包后，农业经济发展自主性增强，至2000年，经济作物种植面积首次高于粮食作物，占到52%。畜牧业发展实现突破。1995年，被省政府授予畜牧业生产先进市称号。1997年，被农业部批准为秸秆养牛示范县。至2000年，建成畜禽交易市场38处,年交易额1.5亿元。工业度过“亚洲金融危机”,企业发展活力增强，经济规模扩大。1999年，市委、市政府开始实施“工业立市”战略，调整产业结构、产品结构、经济模式。2000年，全市工业实现总产值61.2亿元。规模以上工业企业实现销售收入56.9亿元，工业增加值16.87亿元，利税6.36亿元。全市私营企业1046家，从业人员8.1万人，实交税金1.1亿元。外向型经济稳定发展。2000年，完成进出口额6872万美元。其中，出口5612万美元，进口1260万美元。“九五”期间，累计完成出口创汇3.08亿美元，利用外资向高、精、尖方向发展，办成合资、合作、独资项目82个。商贸流通业受计划经济与市场经济转轨影响，国有商业企业先后改制、破产重组，经历商业发展的“阵痛期”。1998年，市直和基层商业企业40多家，商业网点2560个，多种经济成分进入到生产、流通、分配、消费等环节，经营范围进一步拓宽，发展到20多个行业、数万个品种，网点建设形成大中小型结合、城乡结合、专业和综合结合的新格局。至2000年，各类市场发展到130个，成交额38.5亿元。

“十五”时期，安丘市坚持以提高经济效益为中心，战略性调整经济结构，推动可持续发展。2005年，完成地区生产总值95亿元；地方财政收入3.05亿元。经济结构不断优化，三次产业结构比由“九五”末的32∶28.5∶39.5调整至25.1∶45.2∶29.7，其中第二产业增加值占地区生产总值的比重比“九五”末提高16.2个百分点。农业更加注重产出和效益，开始步入规模化经营阶段。“十五”期间，大姜、大葱种植面积稳定在10万亩以上，特别是2004年完善第二轮土地延包，大规模流通土地成为可能，为后续规模化农业、标准化农业奠定基础。畜牧业健康发展。2003年，新建标准化养殖小区总数1180个，6家畜产品加工企业进入潍坊市农业产业化龙头企业，3家企业获得畜产品出口资质。2005年，建立各类畜牧经济合作组织54个，畜禽产品销售收入4亿元。水利开始应用于提升城市品位内涵，一批水利景观建成并陆续产生经济和社会效益。2001年，开始对汶河进行开发建设，建成青云湖和汶河城区滨水景观带。2004年，建设青龙湖水利风景区。工业经济完成发展重心转移，企业向拉长产业链、培育产业集群转变，品牌化、集约化成为新的发展方向。2004年起，实施退城进园战略，工业重心逐步向市北区转移。“十五”末，形成机械制造、食品加工、医药化工、建筑建材及新材料、纺织服装五大产业。规模以上工业企业发展到346家，实现销售收入130亿元，利税9亿元，分别比“九五”末增长264.4%和212.7%。工业总产值122.3亿元，主营业务收入119亿元，实现利税9亿元。“十五”期间，质量兴市战略取得突破，先后有1家企业参与制定1项国家标准，1家企业参与制定2项国际标准，4个产品获山东名牌称号。外向型经济实现新跨越。2005年，全市进出口29312万美元。其中，出口24509万美元，进口4803万美元。商贸流通业进入传统与现代交替发展的关键期，新的商贸流通格局开始孕育形成。2001年，中百佳乐家入驻安丘，开始打破境内传统商贸流通格局和形式。2005年，安丘市开始实施“万村千乡市场工程”，完善农村流通服务网络。是年，实现社会消费品零售总额4.36亿元。

“十一五”时期，改革开放进入新阶段，新的体制机制逐步完善，经济发展活力和竞争力进一步增强。2010年，地区生产总值175亿元，是“十五”末的1.84倍，年均增长13%；人均国内生产总值1.85万元，是“十五”末的1.8倍，年均增长12.4%。地方财政收入6.05亿元，是“十五”末的2.05倍，年均增长15.5%。固定资产投资502.4亿元。至2010年底，金融机构各项存款余额169.3亿元，城乡居民人均储蓄余额13709元，分别是“十五”末的2.41倍和2.36倍。三次产业结构比例由“十五”末的25.1∶45.2∶29.7调整至20∶48.5∶31.5。工业经济跨越式发展。“十一五”期间，完成投资过千万元项目540个，其中过亿元项目78个。全市规模以上工业企业由2005年的301家增加到2010年的365家，工业总产值由2005年的122.3亿元增长到2010年的285.7亿元，主营业务收入由2005年的119亿元增长到2010年的286.5亿元，实现利税由2005年的10.1亿元增长到2010年的19.8亿元，利润由2005年的5.3亿元增长到2010年的12.7亿元。有3种产品被国家质监总局评为中国名牌，2件产品被农业部认定为中国地理标志性产品，1种产品被国家质监总局评为国家免检产品，17件产品被省名牌技术推进委员会、质监局评为山东省名牌，2件产品被省质量强省和名牌战略领导小组办公室评为山东省服务名牌。1家企业、1名个人获潍坊市市长质量奖。对外经济方面，出口企业调整经营结构，优化产品层次，完善出口布局，克服全球金融危机的影响。2010年，全市完成进出口额53774万美元。其中，出口50347万美元，进口3427万美元。农业发展步入标准化、品牌化阶段。安丘市探索从源头上保证出口农产品质量安全新模式，将“安丘模式”推向全国。农业品牌创建工作深入推进，石埠子镇被国家质检总局评为国家级樱桃标准化示范区，柘山花生通过国家有机食品安全许可认证。“书院”牌樱桃被省工商局评为山东省著名商标，豆角地村“樱达”牌樱桃被农业部认证为“有机食品基地”。柘山花生成为国家绿色食品和中国地理标志产品。服务业进入发展“快车道”。市委、市政府持续加大规划引导和支持力度，城乡商贸流通网络发展进一步健全完善。2010年，全社会消费品零售总额89亿元，是“十五”末的2.04倍，年均增长15.3%。

2011年—2013年，是安丘经济和社会事业科学、快速、健康发展期。工业经济提升加快，农业快步提升，服务业比重持续提高，经济发展明显增强。2013年，地区生产总值247.9亿元，三次产业结构比重调整为18.5∶45.6∶35.9。人均地区生产总值增加到26122元。完成全社会固定资产投资190.71亿元。工业企业自主创新能力增强，规模效益持续提高，工业企业达1964家。其中，规模以上工业企业完成总产值399.8亿元，实现主营业务收入410.95亿元，利润18.27亿元。8件商标被国家工商总局命名为中国驰名商标；23件商标被省工商局命名为山东省著名商标；3件产品获中国名牌产品称号；安丘大姜、景芝神酿获国家地理保护产品称号；1件产品获国家免检产品称号；安丘产品获山东省名牌称号32件，获山东省服务名牌4件；7家（个）单位和个人获潍坊市级或省级质量奖。2014年，景阳春酒获全国质量奖。安丘企业参与制定国际标准2项，主持或参与制定国家标准15项，行业标准9项，地方标准6项。对外贸易坚持抓出口、扩进口“两条腿”走路，摆脱“后金融危机”的影响，突破贸易壁垒，国际贸易维权的意识和水平显著提高。2011年，安丘市获首批首个全国农产品质量安全典型示范区称号。通过示范区建设，安丘农产品出口合格率99.9%，年提供出口蔬菜货源150万吨，直接出口70万吨，占潍坊地区的50%，全省的30%。到2013年，形成以农产品、轻工、化工、医药、纺织、服装、工艺品、建材等八大产业为主导的外贸出口格局，产品出口120多个国家和地区，出口品种300多个。自营出口500万美元以上企业36家，其中过1000万美元的12家。实现进出口额81546万美元。其中，出口72472万美元，进口9074万美元。农业综合标准化深入推进，农业经济向更加符合市场经济发展规律，更加符合“三农”利益方向发展。2013年底，合作经济组织1067个，家庭农场288个。建成标准化种植园区139处，国家级标准化生产示范区4个，省级标准化示范区2个；省级黑鱼鲶鱼标准化养殖基地1处，省级标准化养殖示范场8家，潍坊市级标准化养殖园区19家，并被国家标准化管理委员会确定为国家农业综合标准化优秀示范市。果品总面积24万亩，绿化荒山10万亩，植丰产林12万亩。无公害、绿色、有机农产品品牌51个，产品264个，基地面积50.13万亩，注册商标400多个。安丘大姜、安丘蜜桃等7种产品获国家地理标志产品称号。农产品出口50多个国家和地区，创汇2.9亿美元。三产服务业步入现代化发展轨道，出现“百花竞放”的生动局面。传统商业、餐饮、宾馆等服务业持续繁荣，创新性地衍生出现代物流、电子商务、快件快递、科技信息、现代金融等新兴流通服务业快速发展。同时，与群众生活关联紧密的汽车、家电、农产品现代流通等新工作，电子化、信息化、数字化、线上线下等流通新手段，超级市场、商圈、城市综合体、微商等新概念，不断融入现代流通范畴。2013年，安丘市场主体46172户，实现社会消费品零售总额134.6亿元，是1986年的45倍，占国内生产总值的比重54.3%，较1986年提高21.3%。

五

进入20世纪90年代，特别是新世纪后，市委、市政府坚持以人为本，民生为先，贯彻落实科学发展观，增加民生福祉、促进社会和谐进步，全面推进科技、教育、卫生、文化、体育、民生等社会各项事业协调发展，社会公共服务体系逐步建立，人民生活水平显著提高。

科技事业蓬勃发展，创新成果大量涌现。2013年，安丘科技协会、学会、研究会129个，先后与大专院校、科研单位、大中型企业等68个单位建立科研协作关系。全市拥有各级各类专业技术人员16324人。以专业科技为先导，发展农村科技体系，推进企业技术进步，推广新技术，开发新产品，安丘科技水平显著提高。组织实施潍坊市级以上各类科技计划639项，开发新产品1200多种，取得各类科技成果1173项。其中，316项达国内先进水平，251项达到省内先进水平；有1008项获得各级科技成果奖励。累计专利申请量3803件，授权量2109件，14家企业获中国专利山东明星企业称号。高新技术产业快速发展，新产品开发项目和31项重点技术攻关项目取得明显成效。高新技术企业18家，潍坊市级以上企业研发（技术）中心57家。科技进步对经济增长的贡献率从1995年的48%增长到2013年的63%。

教育事业全面发展，教学质量持续提高。学前教育快速发展，全市有幼儿园179所，3周岁～6周岁幼儿入园率99%以上，基本普及学前三年教育。基础教育均衡发展。中小学教育资源不断优化整合，学校布局更为合理，教育质量和教学水平持续提高。至2013年，有小学65所，初中16所，九年一贯制学校13所，高中5所（含民办高中1所），青少年科技创新实践教育基地1处；有在校学生110703人，教职工9720人。1986年—2013年，共向全国大中专院校输送学生20.5万人，其中121名学生考入北京大学、清华大学。2000年—2004年，普通高考进线总人数连续五年位居潍坊市第一名。特殊教育、职业教育、成人教育科学发展。2013年，有特殊教育学校1所，职业教育中心1所，教师进修学校1所，电大分校1所。安丘市先后获山东省实验教学普及县、全国艺术教育示范县、全国义务教育均衡县等称号。

卫生事业快速发展，医疗水平不断提高。至2013年，安丘市有市直医疗卫生机构10个，社区卫生服务中心4个，乡镇卫生院16所，村级卫生所485个，社会办医机构70个；开放床位3446张，医疗专业设备3349台，医疗器械总值14986万元，医疗卫生条件有较大改善。加强城乡卫生服务体系建设，投资500余万元在全省率先建起方便、快捷、高效的卫生信息化管理服务平台；建居民电子健康档案86.83万份，开展11项基本和6项重大公共卫生项目，卫生服务能力大幅提高。新型农村合作医疗、城镇居民医疗保险制度、大病保险、疾病应急救助实现全民覆盖，规范运行，参保率达100%。安丘市成为山东省新型农村合作医疗试点县（市）和新农合支付方式改革示范县。

文化事业走向繁荣，文化产业持续发展。传统文化丰富多彩，馆藏文物2100余件。其中，国家一级文物8件、二级文物48件、三级文物286件。有全国重点文物保护单位2个，省级文物保护单位9个，潍坊市级文物保护单位10个。非物质文化遗产丰富。至2013年，共有非遗名录103项，其中国家级1项，省级10项。文化产业较快发展。文化经营单位300余家，市新华书店建起集图书、音像制品、电子产品于一体的文化企业，各类图书及音像制品销售总额，由1986年的190万元增长到2012年的2060万元。馆藏图书17万册（件）。广播电视全部实现数字化，网络信号覆盖全市，由“村村通”向“户户通”升级。2013年，有线电视节目231套，全市使用高清电视3万户，使用有线宽带5000户。群众性文艺创作走向繁荣，文学、戏剧、音乐、舞蹈、绘画、书法、摄影等创作队伍发展壮大，成绩斐然。连续二十余年获全国文化先进县称号。

体育事业长足发展，竞技体育屡创佳绩。至2013年，市内有大型体育场、馆5个，运动场、篮球场、足球场、排球场、门球场、游泳馆、室外游泳池、乒乓球房、棋类房、健身房等1000多个，体育器械、健身器材配设齐全，不断满足人们体育、健身活动多样化需要。成立体育协会、俱乐部24个，会员10万余人，社会体育指导员1474人。参加潍坊市老年健身项目比赛先后获5个冠军、4个亚军。在校学生的体质达标率保持在98%以上。先后有景芝镇等10处镇街区创建为山东省体育先进乡镇，安丘一中等4所学校被省体育局、教育厅命名为山东省体育传统项目学校。输送体育人才3874人。有10人次参加国际级比赛，获金牌2枚；有105人次参加国家级体育比赛，获金牌15枚，银牌20枚，铜牌32枚；有803人次参加省级体育比赛，获金牌102枚，银牌215枚，铜牌208枚。

计生服务成绩显著，人口素质日趋优化。2013年出生10650人，出生率11.2‰，死亡率6.72‰，自然增长率4.48‰，计划生育率97.4%，晚婚率78.4%。较1986年人口出生率、死亡率、自然增长率分别下降3.85‰、0.26‰和3.88‰，计划生育率提高45.6%。人口密度每平方公里534.3人。出生人口男女性别比104.79∶100。人口年龄中位数升高，老年人口比重增加，非农业人口增长迅速。非农业人口增至411603人，占总人口的43.21%，比1986年增长37.9倍。人口素质趋向优化。2010年全国第六次人口普查数据显示，全市有大学专科生27533人，本科生16750人，研究生484人。2次获全国计划生育优质服务先进市称号，2次获全省计划生育优质服务先进市称号。

就业创业机制逐步健全，社会保障体系日趋完善。2013年，新增就业15100人，城镇登记失业率控制在2.9%以内。创业贷款担保服务中心为2167名创业人提供小额贴息贷款1.28亿元，大学生创业孵化基地和创业园，吸引全国各地大学生入驻创业，农村富余劳动力转移59500人。统一城乡居民养老保险制度，参保率99%以上。城镇离退休人员养老金按时足额发放，符合条件的19662名企业退休人员基本养老金提高16%；农村参保人员39万人，积累保险金总额7200万元。城乡居民最低生活保障标准提高到每人每月410元和每人每年2500元，以每人每月60元的标准为90岁～99岁的老人发放生活补贴。镇街敬老院发展到14所，农村幸福院26个，农村五保供养人员2116人，集中供养507人，农村五保集中供养和分散供养标准分别提高到每人每年4800元和3600元，为4298名低保和贫困重度残疾人发放补助202.7万元，实现应保尽保。新建经济适用房270套，分配经济适用房330套，发放廉租补贴36.5万元。安丘市获山东省第二个全国阳光家园示范区称号。

居民收入持续增长，生活水平显著提高。1986年，农民人均纯收入530元；2013年，农民人均纯收入12131元，28年增长22倍；城镇居民人均可支配收入23567元，职工人均工资收入42837元。经济收入不断增加，消费水平逐年提升。2013年，农村居民人均消费支出6112元，是1986年的16.5倍。城镇居民人均消费性支出14669元。居民居住条件不断改善，城镇居民人均建筑面积37.6平方米，农村人均建筑面积46.8平方米。安丘市以提高市民文明素质为目的，组织开展文明村镇、文明城市、文明行业、文明家庭等文明创建和思想道德建设活动。至2013年，建成省级文明单位19个，文明村镇11个，文明社区7个；城市社区14个，农村社区111个，实现基本公共服务全覆盖。

28年间，安丘人民取得巨大成就，为加快新时期发展奠定坚实基础。然而在发展中仍然面临着经济发展结构不尽合理，经济运行总量小，综合竞争力不强；传统产业档次低、转型慢，新兴产业规模不大、实力不强；资源环境约束加剧，发展瓶颈日益突出；镇域经济实力不强，城镇化发展水平不高；创新体系还不够完善，发展活力不够强；企业自主创新能力不强；农村的基础设施建设和农村公共事业发展相对落后；耕地面积逐年减少，水资源、矿产资源不足等矛盾和问题。这些不足对安丘经济发展提出更高要求。

六

往昔已成历史，开卷再谱新篇。三十年沧桑巨变，展示安丘人民求实创新、勤奋进取、矢志探索的敬业精神，折射着安丘人民建设有中国特色社会主义道路的光辉历程。其间，百万安丘人以独有的慧眼，广阔的胸襟，高超的谋略，站在时代的前沿，以绿色发展新思维，全力打造山水园林城市，以典章的生态理论引领生态经济这个主旋律，吹响全面推进富强秀美幸福新安丘建设的冲锋号角。这不仅是安丘发展史上的里程碑，更是安丘续写辉煌的新起点。激情成就梦想，实干铸就辉煌。勤劳智慧的百万安丘人民在中共安丘市委、市政府的坚强领导下，全面贯彻落实中共十八大三中、四中、五中全会和习近平总书记系列重要讲话精神，解放思想，锐意改革，凝心聚力、开拓创新，持续推进改革开放和现代化建设的伟大事业，不断注入创业激情，一路高唱着豪迈之歌，从一个辉煌走向另一个辉煌，为深入推进转型跨越均衡发展，努力建设充满活力的现代化中等城市，全面建成小康社会，进而为实现中华民族伟大复兴的“中国梦”作出新的更大的贡献！

大 事 记

1986 年

1 月 24 日 中共安丘县委印发《关于实现全县党风根本好转的规划》，要求全县提前完成中共十二大提出的五年实现党风根本好转的任务，保证在 1986 年实现全县党风的根本好转。

3 月 25 日 安丘县第十届人民代表大会常务委员会第十三次会议听取县史志编纂委员会办公室《关于安丘县地方史志工作情况的汇报》，作出《关于加强地方史志编纂工作的决议》。

3 月 31 日 第三届潍坊国际风筝会名人书画展览在安丘县博物馆开幕，全国著名书画家、知名电影演员、海外来宾、媒体记者共 290 多人参加剪彩仪式。书画展览共展出全国 124 位名人书画 455 幅。

3 月 安丘县人民政府，景芝、安丘、雹泉、临浯、温泉、宋官疃乡（镇）人民政府，县卫生局、县计划生育宣传服务站获全国计划生育先进集体称号。

6 月 3 日 辉渠、雹泉、管公等乡镇遭受严重雹灾，7 万多亩农田受灾，人畜亦有不同程度的损伤。灾后，潍坊市、安丘县领导前往灾区慰问并组织抗灾。

6 月 县委书记张文玉调离，王玉芬接任县委书记。

7 月 17 日 安丘县职称改革领导小组成立，办公室设在县科学技术委员会。全县企事业单位开始职称评定工作。

10 月 安丘县被农业部定为全国粮食生产基地县。

是年 参加联合国农村青年与社会发展训练班的泰国、马来西亚、不丹、孟加拉国、斯里兰卡、尼泊尔、菲律宾、韩国等国客人和冈比亚人民进步党青年运动代表团，先后到凌河镇石家庄村等地参观访问。

1987 年

1 月 11 日—12 日 中共安丘县委召开六届四次全委会议。会议讨论通过《安丘县“七五”期间社会主义精神文明建设规划》《安丘县一九八七年国民经济和社会发展规划要点》。

1 月 26 日 公安部授予城关派出所所长王好平全国公安战线二级英雄模范称号。

2 月 23 日 县委、县政府召开授奖庆功大会，号召全县干警向王好平学习。

4 月 14 日—18 日 中国人民政治协商会议安丘县第三届委员会第一次会议召开，选举产生县政协第三届委员会主席、副主席和常务委员会。

4 月 15 日—19 日 安丘县召开第十一届人大第一次会议，与会代表 384 人。会议选举产生县人大常委会主任、副主任和委员，县长、副县长、县人民法院院长、县人民检察院检察长，并通过各项决议。

4 月 25 日 中共安丘县委批转由县委组织部、县企业政治部、县经济委员会、县总工会等部门拟定的《安丘县全面推行厂长（经理）负责制实施方案》。全县开始全面推行企业厂长（经理）负责制。

5 月 3 日凌晨 因受低温影响，安丘县出现大面积霜冻，最低温度 1℃，部分春播农作物和果树遭受冻害，19 余万亩农田受灾。

5 月 24 日 县委、县政府作出《关于将乡镇卫生院划归乡镇政府管理的实施意见》，乡镇卫生院由条条管理变属地管理，县卫生部门负责业务指导。

6 月 国家计划委员会、农牧渔业部批准安丘县为全国小麦生产基地县。

7 月 5 日 安丘城区开通自动电话，境内自动电话达 669 部。

7 月 20 日 贾戈乡常家庄村村民、全国拥军模范陈金香出席全军英模表彰会，受到中共中央、国务院、中央军委领导接见。

8月17日—20日 中共安丘县第七次代表大会召开，与会代表440人。王玉芬当选为县委书记，刘德仕、李宗步、黄存福为副书记。郑玉章当选为纪委书记。

7月 县委、县政府贯彻落实省委、省政府《关于进一步搞活企业若干问题的试行规定》（即十七条）精神，对全县国有、集体企业改革发展提出具体意见。全县工业企业实行厂长（经理）承包经营责任制，将销售收入、产值、利税、技改投入等主要经济指标列入承包责任制内容，承包期限为2～3年，对完成承包指标的企业按照政策给予奖励，完不成的按差额的百分比进行处罚。县属企业实行承包经营的有28家。

9月6日 县委、县政府作出《关于农村基层干部退职安置的施行规定》。《规定》的出台，解除在职干部的后顾之忧，促进干部的新老交替，调动农村干部的积极性。

9月 台湾当局放宽台胞返乡和大陆人员入台的限制。安丘籍台胞郭守智回乡探亲，为市境回家探亲的首位台胞。

10月 县委、县政府在贾戈乡进行农村合作基金会试点，随后在全县推开。

10月 农牧渔业部批准安丘县为蜜桃生产基地县，总投资220万元，建设蜜桃基地。

是年 几内亚和佛得角非洲独立党休假访问团、美国科罗拉多州众议员访华团、奥地利青年联合会代表团等到凌河镇石家庄、前儒林、大儒林等村考察农村、旅游工作。

是年 安丘县开始征收农林特产税，计5万元。

1988年

1月12日—16日 中共安丘县委召开七届二次全会。会议审议通过《安丘县一九八八年国民经济和社会发展工作要点（建议稿）》《中共安丘县委关于逐步实行党政分开、改善和加强县委领导的意见》。

1月17日—20日 安丘县召开三级干部会议。会议总结全县九年改革取得的成就和经验，研究制定加强农村商品经济发展的具体任务和措施。会议要求年内农村工作要突出抓好优化农产品结构，提高农业经济效益；完善双层经营体制，优化农村经济结构；加快流通体制改革，建立和完善农村市场机制；以乡村企业和养殖业为重点，以家庭经济为骨干，加快农业劳动力的转移；努力扩大出口创汇，加快发展外向型经济。

4月 安丘县成为全国商品瘦肉猪生产基地县。

7月1日 安丘县人民广播电台成立。设置《安丘新闻》《农家之友》《饭时一刻钟》《新闻专题》《文艺节目》等栏目，全天播出7小时。

8月5日—8日 安丘县公安局配合山东省、潍坊市公安机关破获以景芝镇启文村曹××为首的“清华圣教”反动会道门案件。

8月 安丘县归国华侨联合会成立。

8月 安丘县被民政部、中国人民解放军总政治部表彰为全国拥军优属先进单位。

9月4日 国家旅游局局长刘毅视察安丘县旅游工作。

10月25日 山东省农业厅在安丘举办“玉米平菇大田主体高产种植”培训班。

10月 安丘县计划生育服务站获全国先进计划生育服务站称号。

11月3日 匈牙利国家计委部长助理乌多维茨·加鲍尔一行5人，参观访问安丘县。

12月 安丘县被中国农业科学院棉花研究所确定为山东省首个棉花良种繁育基地。

12月 中国工商银行安丘县支行获全国金融系统文明优质服务先进单位称号。

是年 安丘县被国务院列为沿海开放县。

1989年

1月8日—9日 山东省小麦顾问团在安丘举行第三次会议。顾问团团长余松烈教授主持会议。会议总结全省小麦播种经验，讨论研究麦田管理措施。

1月12日 监察部副部长何勇到安丘检查工作。

3月26日 山东省林业育苗现场会议在安丘召开。副县长葛吉平介绍安丘县林业育苗经验。

3月 安丘县代表山东省接受由联合国儿童基金会、卫生部、山东省卫生组织组成的三方评审团对计划免疫首个85%目标的考核验收。山东省人民政府授予安丘县全省计划免疫工作先进县称号。

5月3日 县委出台《关于从党政机关、企事业单位选派中青年干部到基层挂职工作的决定》。要求县直党政机关、企事业单位中年龄在40岁以下，有事业心和责任感，作风正派，身体健康，又未在基层工作或虽在基层工作过，尚需进一步丰富经验的干部，一般都要到基层挂职锻炼。下派干部分期分批进行，每批时间为2年。

5月17日下午4时10分—25分 郚山、南逯、柘山、召忽、大盛、慈埠6处乡镇遭受冰雹袭击，受灾面积10万多亩，直接和间接经济损失1000多万元。灾情发生后，县委、县政府立即组织人员前往灾区，指导抗灾自救。

5月29日 县委、县政府召开会议，研究进一步深化农村改革，大力发展商品生产，推动农村经济持续稳定发展的问题。

6月12日 山东省副省长王乐泉、省水利厅厅长白永年在潍坊市市长邵桂芳陪同下，到凌河镇前儒林庄村、牟山水库管理局检查指导工作。

7月1日 中共安丘县委发出《关于集中搞好夏季党员培训的实施意见》，决定在全县集中进行党员培训。

7月17日 山东省政协党组书记陆懋曾到安丘检查指导工作。听取县长刘德仕关于万亩绿化区的情况汇报，对安丘绿化区建设工作给予充分肯定。

7月19日下午1时 大盛、夏坡、红沙沟、凌河、王家庄、赵戈、临浯、南逯、郚山、辉渠10处乡镇遭受风雹袭击。风雹中心在大盛、夏坡、红沙沟3处乡镇，风力八级以上。全县受灾面积132600亩，经济损失1513万元。灾情发生后，县委、县政府立即组织抗灾自救，帮助灾区恢复生产。

8月11日 山东省副省长李春亭到安丘检查指导工作。在听取安丘县经济工作情况汇报后，查看凌河镇前儒林村玉米丰产田的情况。

9月17日 山东省农机三秋服务现场会议在安丘召开。济南、青岛、淄博、潍坊、烟台、威海、东营等地市的农委主任、农机局长和部分农业带头县县长参加会议。

9月 县委书记王玉芬调离，刘德仕接任县委书记。

9月 国庆节前夕，凌河镇前儒林村党支部书记刘相周、县公安局副局长兼城关派出所所长王好平到北京出席全国劳动模范和先进工作者表彰大会。刘相周、王好平分别被授予全国劳动模范和全国先进工作者称号。

10月10日—11日 社会学家莱纳·劳史曼教授率联邦德国巴顿·沃尔坦波州大学考察团一行24人，到安丘进行社会考察。

10月15日 参加山东省政府系统通信专网功能开发现场会议的57名代表到安丘县政府办公室参观办公自动化工作。

10月20日 安丘县与黑龙江省黑河市结成友好县市。

11月16日 中共安丘县委作出向刘相周、王好平学习的决定。

12月20日 中共安丘县委作出《关于党员干部密切联系群众的规定》。要求各级领导干部走访群众，坚持经常参加体力劳动，每人每年参加义务劳动保证15天以上；深入基层调查研究，县直党员干部每年调查研究的时间不少于三分之一，乡镇领导干部不少于二分之一；建立联系点，实行抓点带面，每年到点上的时间，乡镇领导干部保证3个月以上，县直领导干部保证1个月以上。

1990年

1月31日 国务委员兼国家科委主任宋健在山东省副省长高昌礼、潍坊市市长邵桂芳陪同下，考察凌河镇前儒林村和石家庄村农业科技工作情况。

2月3日 山东省人大常委会副主任王树芳、潍坊市人大常委会副主任韩理到安丘检查交通管理和农村集贸等工作。

2月27日—3月4日 政协安丘县第四届委员会召开第一次会议，出席会议的委员237人。会议听取并审议第三届政协常委会所作的工作报告，协商讨论县政府、计划委员会、财政局、人民法院、人民检察院的工作报告，通过大会政治决议和工作报告决议。会议选举主席、副主席。

3月7日—11日 安丘县第十二届人大召开第一次会议，出席会议的代表385人。会议听取、审议并批准《安丘县人民政府工作报告》《关于安丘县一九九〇年国民经济和社会发展计划草案的报告》《关于一九八九年财政决算和一九九〇年财政预算（草案）的报告》《安丘县人大常委会工作报告》及县人民法院、人民检察院的工作报告。会议选举人大常委会主任、副主任；选举县政府县长。

3月23日—25日 中共安丘县第八次代表大会召开，与会代表450人。会议听取县委书记刘德仕所作《维护和发展安定团结的政治局面 加快全县社会主义现代化建设进程》的工作报告；通过关于县委和县纪委两个工作报告的决议；选举出县委委员30人，候补委员5人，县纪委委员15人。县委第一次全委会选出县委常委11人；会议选举县委书记、副书记及纪委书记。

4月9日 农业部部长何康在山东省副省长王乐泉、潍坊市副市长张文玉陪同下，视察凌河镇前儒林村科学种田的情况。

5月5日晚 凌河、红沙沟、大盛、夏坡、白芬子5处乡镇遭受雹灾，受灾面积68550亩，直接经济损失750万元。

5月28日—31日 县委召开八届二次全委（扩大）会议，研究深入贯彻落实《中共中央关于加强党同人民群众联系的决定》和省委的实施意见。

6月6日 出席全国农村学校勤工俭学现场会议的国家教育委员会条件装备司副司长高炳章及国家计划委员会、劳动部和各省市自治区教育委员会的领导一行60多人，到安丘县考察农村中小学勤工俭学工作。

7月1日零时 在全国第四次人口普查中，安丘县人口为1080368人。

7月6日 山东省委书记姜春云到安丘视察工作。

7月10日 山东省省长赵志浩，副省长王乐泉到安丘县考察南水北调工程及城顶山系列开发情况。

7月20日—25日 山东省首批公办学校校舍改造验收组到安丘检查验收校改工作。安丘县顺利通过省级验收，校改总体为优良以上水平。

8月 县委、县政府印发《关于推行农户目标经营的意见》，要求将农户目标经营由点到面逐步推开。通过实施农户目标经营，完善双层经营体制，突破家庭经营的局限，克服传统落后的经营方式，使新的科技成果迅速转化为生产力，提高农业现代化生产经营水平。安丘县实施的“农户目标经营”经验得到农牧渔业部高度评价，并在全国推广。农牧渔业部在安丘召开华东七省市、北京等省市经管处长参加的现场会议，县委、县政府作经验介绍并提供观摩现场。《人民日报》《大众日报》《农村改革与发展》杂志均在显要位置对安丘县实行农户目标经营的经验予以报道。

9月20日—23日 中国农业科学院棉花研究所在安丘召开棉花良种繁育新体制及高产栽培现场鉴定会议。国家科学技术委员会、国家计划委员会、农业部、中国农业科学院的领导和专家，11个省份管棉花生产的负责人共300多人参加会议。

9月28日 县委、县政府在济南商业服务中心召开安丘蜜桃新闻发布会。省委、省人大、省政协、省纪委、省顾委的负责人，省直有关部门、新闻单位的负责人以及书法家、画家等知名人士共200多人参加会议。

9月29日 全国人大常委会副秘书长曹志到安丘检查指导工作。

10月19日 山东省农机为农田基本建设服务现场会在安丘召开，各地市农机局长、农机推广站长、20多个县市区分管县长及农机局长参加会议。与会代表参观安丘县山区农田基本建设机械作业现场。

10月27日 泰国政府权利保护与公共法律援助局代理检察长萨哈参观凌河镇“民俗村”石家庄和“吨粮村”前儒林。

11月21日 山东省物价系统工作会议在安丘召开，全省各市、地物价局局长100多人参加会议。

12月8日 出席山东省农村工作会议的人员，在省长赵志浩、副省长王乐泉带领下，参观凌河镇前儒林村和石家庄村农田基本建设现场。

12月13日 县委、县政府决定在全县广泛开展向张志宏学习活动。张志宏，担山镇西韩吉村人。获全国边陲优秀儿女铜牌奖，受到党和国家领导人接见。1990年7月15日在执行试验任务中因劳累过度病逝。部队追记一等功。

12月 安丘县被山东省委、省政府、省军区命名为全省拥军优属模范县。

1991年

1月26日—28日 县委、县政府召开全县农村工作会议。会议确定1991年以建立和完善农业社会化服务体系，调整优化农业产业结构和搞好农产品流通为重点，全面深化农村改革，为农业和农村经济注入新的活力。

2月8日 国务院副总理田纪云在农业部副部长陈耀邦，山东省省长赵志浩，潍坊市委书记于潮、市长邵桂芳陪同下，视察安丘县农村经济工作情况。

2月20日 农业部部长刘中一在山东省副省长王乐泉陪同下，到安丘县检查指导全国农村经济工作会议参观现场。

2月26日 参加全国农村经济工作经验交流会议的各省、市、自治区分管农村经济工作的负责人，中央有关部门负责人等350多人，由国务委员陈俊生、国家计委副主任刘江带领，在山东省省长赵志浩和潍坊市委书记于潮等陪同下，参观和检查指导安丘县的农村经济工作。

3月2日—3日 县委召开八届三次全委(扩大)会议。审议并通过《安丘县国民经济和社会发展第八个五年计划及十年规划纲要（草案)》。

3月5日—8日 联合国儿童基金会、世界卫生组织和国家卫生部组成的三方代表团由团长李俊贵带队，到安丘抽样评审计划免疫情况。经评审，安丘县如期实现计划免疫第二个85%的目标。

3月31日—4月4日 国家石油钻探局在安丘召开全国石油行业标准审查会，全国各大油田的领导、专家等40多人参加会议。

4月 安丘县与河南省洛阳市郊区结成友好县区。

5月12日 召忽、石埠子、红沙沟3个乡镇的56个村遭受风雹袭击，降雹时间持续20分钟，风力6级～7级，受灾面积242万亩。

6月1日 商业部副部长何济海到安丘检查指导供销工作。

6月5日下午 南逯、郚山两乡遭受冰雹袭击20分钟，同时伴有7级～8级大风和雷雨，受灾面积1.4万亩。

7月8日 国务院研究室副主任杨雍哲到安丘调研农业生产和村办企业情况。

7月11日下午 柘山、红沙沟、车庄等乡镇遭受大风、冰雹袭击，造成直接经济损失100多万元。

8月12日 山东省电子价格会议在安丘召开，全省29家电子重点企业的主要负责人出席会议。

9月5日 安丘县被文化部表彰为全国文化先进县。

9月14日 山东省农机农艺结合现场会在安丘召开，全省各市地县农机局长和农技推广站站长150多人参加。省农机局局长马广富、省农业厅副厅长郑守龙出席会议。

9月21日 中国农业科学院主持召开由全国7省市80名专家、教授参加的安丘县棉花原种繁育新体系验收评估会，确定以安丘县为扩繁配套基地，建立一县一种、统一供种、年年换种的棉花原种繁育体系。

9月26日 县委、县政府在北京人民大会堂天津厅举行“山东省安丘县‘安丘蜜桃、景阳春酒’新闻发布会”。中顾委常委杨得志、陈锡联，全国人大常委会副秘书长曹志，中顾委常委、中央工业协会会长吕东等出席发布会。

10月6日 化工部常务副部长林殷才到安丘检查指导工作，参观安丘县化肥厂。

10月9日 商业部副部长潘遥在山东省供销社主任梁凯军陪同下，到安丘检查指导工作。

10月11日 “安丘蜜桃、景阳春酒”新闻发布会在上海举行。上海警备区副司令员杨毅、《文汇报》总编辑室主任陈进鹏、山东省驻沪办事处主任张文忠等80多人出席会议。

10月13日 出席全国农机服务体系建设会议的代表110多人，在农业部农机化司司长宋树友带领下，参观安丘县农机系列化服务工作。

10月16日 安丘县与临沂市平邑县结成“姊妹县”。

10月29日 山东省人大常委会原主任秦和珍视察安丘农村经济工作。

10月 安丘县被山东省爱卫会命名为省级卫生县城。

11月5日 出席山东省农田水利基本建设现场会的代表，在省水利厅厅长白永年带领下，参观安丘县农田水利建设情况。

11月7日 山东省棉花工作会议在安丘召开，副省长郭长才到会讲话。

11月12日—16日 山东省中国银行系统财会工作会议在安丘召开。

11月13日 民政部副部长连毅在山东省民政厅副厅长张建军陪同下，考察安丘县村民自治情况。

12月25日　县委、县政府作出《关于一年消灭荒山荒滩 五年绿化安丘的决定》。

12月27日—29日　县委召开第八届委员会第四次全委（扩大）会议。审议县委贯彻中共中央《关于进一步加强农业和农村工作的决定》的实施意见。

1992年

1月11日　山东省公安厅厅长李诚到安丘检查调研城区治安网络化建设和全省公安会议贯彻情况。

1月11日　轻工部在安丘召开造纸行业碱回收研讨会。

1月16日—18日　县委、县政府召开全县农村工作会议。会议确定大力发展高产高效农业和乡镇企业，实现农业和农村工作新突破。

3月10日　安丘县召开深化企业改革动员大会。会议贯彻落实邓小平视察南方重要讲话精神和山东省深化企业改革、扩大对外开放经验交流会议精神，动员全县各级各部门和工基交财贸战线的干部职工，解放思想，坚定信心，以打破“一大三铁”为突破口，加快企业经营机制转换步伐，促进全县经济更快发展。

3月21日　国务院生产调度局副局长李国杰由山东省供销社主任刘宗昆陪同，视察安丘县棉纺厂、植物油厂、棉油厂等企业。

3月27日　全国供销合作社秘书长田德朴到安丘检查指导供销社工作。

4月2日　山东省人民检察院检察长臧坤在潍坊市委书记赵长风陪同下，到安丘检查调研检察系统贯彻中共中央2号文件情况。

4月23日　山东省人大常委会主任李振、副主任徐学孟，由潍坊市人大常委会主任于潮、副主任常怀义陪同，参观凌河镇前儒林村、石家庄村和山东景芝酒厂等单位。

4月24日　安丘县与陕西省延安地区子长县在安丘举行缔结“姊妹县”签字仪式。

6月9日　国家教育委员会督学李学信视察安丘一中、县职业中专、县聋哑学校的校舍改造工作。

7月1日　安丘电视台正式开播。自办时政栏目《安丘新闻》。

7月　国家统计局评定公布“首届中国农村综合实力百强县（市）”，安丘排名第65位。

7月　经山东省人民政府批准，贾戈、赵戈、慈埠、石埠子、刘家尧撤乡设镇。

8月7日　安丘县统计局被国家统计局评为全国统计系统先进集体。

8月11日—13日　经山东省政府考核确认，安丘县基本消灭麻风病。

8月15日下午3时左右　南流、赵戈两镇遭受严重风暴灾害。风力8级以上，持续时间40多分钟，受灾作物面积4万亩，造成经济损失455万元。

8月23日　山东省副省长马仲才视察安丘八〇七〇厂和县玻璃厂、帘帆布厂、棉纺厂、酒厂、轻工机械厂等企业。

9月1日　国家抗旱防汛总指挥部办公室副主任李兴洲、调度处副处长丘瑞田到安丘检查指导牟山水库保安全工程情况。

9月　白芬子乡开展“村民档案管理”试点，村村设立村民档案室，一户一档案，将村民日常行为记入档案，年终根据档案记录，评选文明户、五好家庭。

10月　县委、县政府印发《关于国合商业“租、包、卖”改革的实施意见》，全面推开“租、包、卖”改革，以促进国合商业企业经营机制的转变。

11月21日　中国农业科学院院长王连贞到安丘指导黄烟生产。

11月　《安丘县志》出版发行。县志共33编，104万字，系统纪录安丘县从1840年鸦片战争到1985年140多年自然和社会经济各个方面的历史和现状。

12月6日—7日　县委召开八届六次全委（扩大）会议。审议县委《关于学习贯彻落实党的十四大和市委七届七次全委（扩大）会议精神的决议》，研究全县进一步加快改革和经济发展等问题。

12月23日　在中南海国务院总理李鹏主持召开的农业工作座谈会上，安丘县县长李宗步首位向国务院领导汇报安丘的基本情况，受到国务院领导的肯定和重视。

12月25日　山东省林业厅厅长李玉才到温泉乡、辉渠乡、雹泉镇检查“火炬”造林情况。

12月25日　县委印发《安丘县社会治安综合治理五年规划》，部署全县1991年—1995年社会治安综合治理的任务要求、奋斗目标和主要工作措施。

12月 安丘县开始进行第四届村民委员会选举。此次选举在基层民主改革和建设上实现重大突破：在选举方式上，突破过去村民委员会成员人选由上级指定、村民举手通过的做法，把村委会选举权直接交给选民；在候选人推荐上，突破过去由党支部向选民介绍候选人的做法，改为候选人自我介绍和发表竞选演说；在选举原则上，突破过去等额选举做法，全部实行差额选举。

1993年

1月3日 山东省委、省政府1992年度人口目标考核检查团一行16人，到安丘检查指导人口与计划生育工作。

1月17日 山东省民政厅厅长王彦善到安丘检查县改市工作情况。

2月8日 全省基层政权建设工作会议在安丘召开，推广安丘县开展农户目标经营、村民档案管理、村级建章立制、"十榜一箱"公开村务制度的经验。

2月21日—25日 政协安丘县召开第五届委员会第一次会议，与会委员235人。会议听取县委书记刘德仕讲话，听取审议县政协副主席李钦所作的常委会工作报告，协商讨论县政府工作报告和其他报告；选举主席、副主席。

2月22日—27日 安丘县召开第十三届人大第一次会议，与会代表391人。会议听取并审议县政府、县人大、县人民法院、县人民检察院工作报告及其他报告。选举县人大常委会主任、副主任，县政府县长、副县长，县人民法院院长，县人民检察院检察长。

3月1日 中国农业科学院棉花研究所在安丘举办棉花栽培、病虫害防治学习班。

3月9日—10日 山东省计划生育协会工作会议在安丘召开。副省长、省计划生育协会会长宋法棠，省计生委主任孟云，潍坊市副市长、市计划生育协会会长李惠信等全省17个地市、17个县市区计划生育协会会长共100多人参加会议。

3月10日 山东省文化厅厅长于占德等领导到安丘检查验收社会文化先进县创建工作。

7月5日 农业部副部长万宝瑞和山东省乡镇企业局局长马洪顺到安丘检查指导乡镇企业股份制改革工作。

7月27日 红沙沟镇、夏坡乡的18个村遭受严重风雹袭击，风力7级，受灾面积约12800亩，造成直接经济损失约266万元。灾后，县委、县政府立即组织人力物力，全力支援灾区。

7月 安丘县为山东省农村党员学科技、用科技、党员电教工作座谈会提供参观现场。

9月2日 县委、县政府出台《关于鼓励发展个体私营经济的政策规定》，明确从事个体、私营经济的经营方式、经营范围、审批、审核程序、税费管理及优惠政策等，鼓励和支持个体私营经济更快发展。

9月4日 国家烟草专卖局副局长金茂先、中国烟草购销公司经理赵元宽、山东省烟草公司副经理张永耀一行13人，到安丘检查指导工作。

9月19日 中国农业科学院棉花研究所召开安丘棉花高产优质高效现场观摩会议，全国部分县市棉办主任或棉麻公司经理100多人参加。

9月23日 山东景芝酒业股份有限公司在县招待所举行创立大会暨第一届股东代表大会。

10月 县政府于1991年编制完成的第一轮《安丘县土地利用总体规划》，获山东省科学技术进步三等奖。

11月3日 山东省商业财会决算会议在安丘召开。

12月3日 县委、县政府召开全县机构改革动员大会。机构改革共设置县级党政群机构46个，其中党委工作部门5个，政府工作部门28个，按有关规定设置的机构10个，其他行政机构3个。乡镇机构设置为党政、农业、经贸、建设环保土地、社会事务、科教文卫6个综合性办公室。

12月6日 中国人民银行山东省分行计划工作会议在安丘召开。

12月26日 安丘县乡镇企业股份合作制试点企业，安丘镇电器厂改制为山东安丘电器股份有限公司并举行创立大会。

12月31日 美国基辛格博士高级助理威克女士、中国驻美大使馆商务参赞徐何伟、国家城乡建设部高级工程师郑法学，到安丘县玻璃厂洽谈业务。

12月 安丘程控电话开通，市话数量达3063部。

1994年

1月3日 县委印发《安丘县副县级以上领导干部学习〈邓小平文选〉第三卷实施方案》。《方案》要求领导干部认真研读原著，深刻领会精神实质，紧密联系思想实际和工作实际，以学习推进改革开放。

1月10日 县委、县政府提出《关于加快小城镇建设的意见》，推进全县农村经济发展和城乡一体化、农村城市化进程。

1月18日 经国务院批准，民政部批复，山东省人民政府撤销安丘县，设立安丘市（县级），由省直辖，以原安丘县的行政区域为安丘市的行政区域。是月24日，省政府确定安丘市由潍坊市代管。

1月23日 全县经济工作会议召开。县委、县政府与县经委、商委、外经委、乡镇企业等部门主要负责人和32处乡镇党委书记签订1994年工作经济发展目标责任书。

2月25日 财政部副部长吴博山到安丘检查指导财政工作。

3月8日 李守民任中共安丘市委书记，邢培彬、张贵善、李国祥任副书记，刘建秋任中共安丘市纪律检查委员会（以下简称安丘市纪委）书记。原安丘县委书记、副书记、常委、纪委书记职务同时免除。

3月18日 中共安丘市委（简称市委）、安丘市人民政府（简称市政府）开始以“安丘市”名义正式对外办公。

3月28日 安丘市召开撤县设市庆祝大会。大会在市人民会堂设主会场，32处乡镇设分会场。市、乡镇、村三级干部和各界群众代表共1万多人参加会议。山东省、潍坊市及有关部门的领导和特邀贵宾690人出席会议。庆祝大会收到中共中央、山东省有关部门、台湾同胞、友好县市区和韩国发来的贺电、贺信共19封。全国人大常委会秘书长曹志，中共山东省委书记姜春云、省人大常委会主任李振、省长赵志浩、省政协主席陆懋曾、副省长李春亭，潍坊市委书记齐乃贵、市长王大海为安丘撤县设市题词。大会由安丘市市长邢培彬主持。省民政厅厅长王彦善宣读民政部和省政府关于安丘撤县设市的批文。山东省副省长张瑞凤、潍坊市市长王大海、安丘市委书记李守民等先后讲话。

4月3日 共青团中央书记处第一书记李克强到安丘视察团建工作。

4月4日 国务院棉花生产工作组到安丘检查棉花种植、生产、流通工作。

4月6日 根据中共十四届三中全会精神和潍坊市委、市政府关于“两改选一拍卖”的部署，市委、市政府出台《关于加快股份制改革的实施意见》，提出股份制改造的基本做法：搞好宣传发动，统一思想认识；认真搞好资产评估；合理设置股权；严格操作程序，建立新的企业领导体制；规范利益分配，正确处理好股份制企业国家、企业、职工三者利益的关系；完善配套措施，搞好体制转换。

4月10日 中共山东省委宣传部授予安丘市基层党校工作先进市称号。

4月14日 安丘市被省文明委评为第二届山东省精神文明建设工作先进市。

5月10日 景芝、宋官疃等9处乡镇92个村遭受风雹袭击，风力7级以上，受灾面积14.86万亩，直接经济损失1190万元。

5月12日 在国务院召开的第十次全国民政工作会议上，安丘市被评为全国民政工作先进市。

5月18日 山东省人大常委会副主任王树芳视察安丘市造纸厂环保工作。

6月10日 山东省委副书记李文全考察安丘市涤纶帘帆布厂、棉纺织厂、安峰陶瓷有限公司及个体私营企业—华商企业集团等企业。

6月25日 安丘市在厦门召开经贸洽谈会议，市委书记李守民、市长邢培彬及市直有关部门主要负责人参加会议。应邀出席会议的领导和贵宾、港澳台同胞、海外侨胞、厦门各界朋友共300多人。洽谈会期间，与合作伙伴签订合同、协议、意向项目66个。

8月8日 柘山乡东古庙村发现春秋时期莒国铜器25件、陶器7件、石器1件。发现的文物由市博物馆收藏。

8月13日—14日 山东省企业内部财务管理现场会议在安丘召开。省财政厅副厅长孙肇昆出席会议并讲话。

8月19日 山东省副省长王建功考察石堆乡“安丘蜜桃”基地。

8月23日—26日 山东省三秋生产暨农田基

本建设工作会议和全省农业示范区工作会议在安丘召开。与会人员参观安丘市“省级农业示范区”，听取示范区的经验介绍。

8月29日 全国北方商办工业企业座谈会在安丘召开。11个省市商办工业处处长及部分骨干企业厂长（经理）参加会议。

9月10日 市委、市政府作出决定，在全市广泛开展向王松学习的活动。王松生前为安丘驻军54694部队士兵，1994年8月30日，为抢救落水群众英勇献身。

9月14日 国家统计局公布全国农业总产值（包括农林、牧、渔业产值）粮食产量百强县座次。安丘市1993年农业总产值列28位，粮食总产量列69位，全部进入百强县行列。

9月16日 农业部副部长刘成果、山东省副省长王建功到安丘检查农业机械工作。

9月25日—29日 山东省计划生育科技工作会议在安丘召开。国家、省计生委领导及全省17个地市、部分县市区的计生委主任参加会议。安丘市介绍计划生育“四登门”服务活动经验，与会人员参观安丘的部分现场。

10月 安丘蜜桃获全国名特优博览会金奖。

10月1日—4日 安丘市公安局副局长王好平应邀参加公安部组织的全国公安战线英模代表国庆观礼活动，受到中央书记处书记、政法委书记任建新，国务委员罗干等领导接见。

10月3日下午 庵上、石埠子、召忽、南逯、白芬子、车庄、慈埠、关王等乡镇遭受风雹灾害。降雹时间持续10～40分钟，冰雹大如鸡蛋，伴有8级大风。受灾面积6.34万亩，直接经济损失3100万元。灾情发生后，市委组织六大班子领导立即奔赴受灾乡镇查看灾情，慰问受灾群众，帮助制定救灾措施。

10月10日—12日 国家科委在安丘召开“八五”国家星火计划重点项目—杂交优势及化控复合增产技术在粮棉生产上的应用验收会议。安丘市承担的“良种繁育及化控配套增产技术在棉花上的应用”开发项目通过国家科委的验收。

10月17日 潍坊市市长王大海带领市直有关部门负责人到安丘市检查指导棉花收购工作。

11月1日 山东省委常委、宣传部部长董凤基到安丘调研农村思想政治工作。

11月 经山东省人民政府批准，担山、管公、临浯、石堆撤乡改镇。

12月6日 市委召开六大班子联席会议。会议确定全市1995年办好5件大事：完成220千伏输变电站及配套工程，206国道城区段加宽工程，南水北调首建工程，青云山公园一期工程，烈士陵园搬迁一期工程。

12月 市政府编制完成的第二轮《安丘市土地利用总体规划（1996—2010）》文本及说明和安丘市土地利用总体规划图，通过潍坊市国土资源局组织的专家评审。

是年 石埠子樱桃获第十一届潍坊国际风筝会农副产品博览会金奖。

1995年

1月25日 潍坊市市长王大海、副市长王伯祥、市长助理葛吉平到安丘访贫问苦，走访部山乡小部山村、王家庄乡阎戈庄村共20户困难群众。

1月 市内企业全面实施风险金抵押承包制，企业厂长（经理）个人资金作为风险金，实行以生产指标和资产增值率为主要考核指标的资产经营承包责任制。

2月27日下午4时—9时 石埠子、庵上、柘山、召忽、管公、石堆、慈埠等乡镇遭受8级暴风雪袭击，刮毁塑料大棚5800多个，总面积5000余亩。直接经济损失1100多万元。

3月18日—20日 中共安丘市委召开第九次代表大会，与会代表450人。市委书记李守民作《坚持党的基本路线 为建设现代化的新安丘而努力奋斗》工作报告。选举出市委委员30人，候补委员5人，市纪委委员15人。市委第一次全委会选出市委常委11人，书记1人，副书记3人。

3月 经山东省人民政府批准，柘山撤乡改镇。

3月30日 山东省委副书记、副省长陈建国考察黄旗堡镇酵素菌技术的推广应用情况。

4月22日 山东省旅游局、潍坊市政府、安丘市政府在凌河镇石家庄村举办“1995年中国民俗风情游山东首游式”。国家旅游局、省旅游局，潍坊市、安丘市有关领导，参加潍坊十二届国际风筝会、鲁台经贸洽谈会的美国、法国等国家和香港、台湾等地区的外宾、客商，全国70家新闻单位的记者，共400余人参加活动。

4月 全市开展农村思想政治工作“五到户”(教育到户，管理到户、服务到户、民主议事到户、家庭文化到户）活动，寓思想政治工作于管理服务之中。安丘“五到户”经验，受到中宣部领导关注，在其《宣传动态》予以转发。《大众日报》在头版头条位置予以报道。

5月17日—18日 山东省人民检察院检察长赵长风到安丘考察工作。

5月 安丘市被国家科委授予全国科技工作先进市称号。

6月1日 市政府发布《安丘市矿产资源管理办法》，共7章54条。

6月23日7时—7时30分 温泉乡南部11个村遭受冰雹袭击。冰雹大似纽扣、小似黄豆，受灾面积11000亩，经济损失约102万元。

7月1日 山东省一轻厅在安丘召开全省造纸碱回收工作会议。重点研究推广安丘市造纸厂碱回收治理污染的成功经验和做法。省一轻厅、省造纸公司、省环保局及全省40多家重点造纸、轻工机械企业的领导参加会议。

7月9日 安丘市投资140万元的广播电视发射台正式启用。发射台高150米，装有转播中央电视台第一套节目，发射自办电视节目、广播节目的千瓦调频发射机等设备。

7月12日 市委、市政府召开全市“创城夺杯”动员大会，开展创建全国卫生城市和夺取城市建设“齐鲁杯”活动，创造全市发展经济的良好环境。

7月12—13日 中国农业科学院在安丘召开全国抗虫棉示范现场会。农科院院长吕飞杰、副院长杨春生，中国科协副主席王连铮，山东省副省长邵桂芳出席会议，全国供销总社，冀鲁豫等7省农业部门、供销部门负责人参加会议。与会人员参观管公镇、金冢子乡等8处乡镇抗虫棉现场后，认为安丘市与中棉所合作抗虫棉试种的成功，在全国起到很好的示范作用。

7月28日 市博物馆在刘家尧镇石马坟庄村南300米处发现一块五代后梁时刘鄩墓碑。墓碑高3.4米，宽1.5米，立于后梁龙德年间。

8月 在国家统计局公布的全国粮油肉百名大县和全国农业增加值最高的100个县（市）中，安丘市列全国农业增加值最高的100个县市的43位，列粮食百名大县的60位，列猪牛羊肉百名大县的65位。

9月1日 安丘镇、黄旗堡镇、市电业公司、工商银行安丘支行被山东省精神文明建设委员会评为省级文明单位。

9月6日—10日 中国造纸协会环境保护专业委员会在安丘召开全国麦草浆碱回收技术研讨会。市造纸厂介绍搞好麦草浆碱回收生产综合治理废水污染的经验。与会人员参观市造纸厂碱回收车间各工段的现场。

9月12日—14日 卫生部在安丘召开全国食盐加碘经验交流会。卫生部副部长殷大奎到会讲话。与会代表参观安丘市碘盐送销、食盐加碘现场。会议推广安丘市广泛宣传与派购碘盐，送销到户与查禁私盐相结合的经验。

9月17日—18日 山东省人大常委会主任李振率领省人大环保检查组一行43人到安丘检查指导工作。检查组查看景芝酒业股份有限公司污水治理项目，听取市政府环保情况汇报。

10月11日—12日 山东省政协主席陆懋曾带领省棉花顾问团到安丘考察抗虫棉试验和推广情况。

10月15日 中央电视台经济半小时节目播放凌河镇前儒林村的专题片：《你早——前儒林》。

10月28日 安丘市南水北调工程竣工。工程于1989年动工兴建，纵贯市境南北，全长50公里，总投资3700万元，总工程量194万立方米，建设各类大型设施328项。

10月28日—29日 山东省委常委、省纪委书记谭福德到安丘调研，对安丘市的纪检工作给予充分肯定。

11月16日—19日 山东省农田水利建设检查团一行20人，由副省长吴爱英带队到安丘检查农田水利建设。在检查南水北调工程，贾戈、担山等10处乡镇主体工程后，吴爱英高度评价安丘市农田水利建设的规模、质量和效益。

12月 在民政部召开的全国村民自治示范工作经验交流暨城乡基层先进集体和先进个人表彰会上，安丘市作典型发言，被评为全国村民自治模范市。同时，安丘市被民政部确定为全国村民自治培训基地。

12月29日 市委召开市级领导班子联席会议，

确定突出培养一批主导产业和名牌产品，组建一批企业集团和骨干企业，建设一批现代化新型小城镇；实行由传统管理方式向现代化管理体制的转变，由粗放型经营向集约型经营转变，由内向型向外向型经济转变，由速度数量型向质量效益型转变。

1996 年

1 月 11 日 全国供销总社党组书记白清才到安丘市考察市棉纺织厂、京春纤维公司等企业。

1 月 22 日 安丘市在青岛召开经贸恳谈会，向与会的 36 名国外驻青岛大财团、大商社代表介绍安丘情况，为开好“青交会”打下良好基础。

1 月 24 日—26 日 安丘市召开全市农村工作会议。确立农业和农村工作抓名牌、促调整，抓骨干、促提高，抓开放、促开发，抓改革、促管理，抓科技、促转变的工作思路。

2 月 安丘市被山东省农业厅评为全省粮食生产和畜牧生产先进市。

2 月 4 日 山东省精神文明创建验收组到安丘，检查验收第三届精神文明建设工作先进市创建，安丘市顺利通过验收。

3 月 18 日 《安丘市报》正式创刊发行，为市委机关报。

3 月 20 日 安丘市人民武装部由地方建制收归军队建制，由副县级改升为正团级，称中国人民解放军山东省安丘市人民武装部。

3 月 21 日 山东省人大常委会副主任王渭田到安丘视察黄旗堡镇酵素菌厂。

3 月 23 日 山东省副省长邵桂芳考察峡山水库上游浅滩地改造工程和安丘市棉花生产情况。

3 月 25 日 山东省副省长韩寓群考察安丘市工业生产情况，并肯定安丘市在企业改革、管理、发展方面的经验。

3 月 26 日 市委发出《关于在全市开展向赵笃刚同志学习活动的决定》。赵笃刚生前为安丘市刘家尧镇张家石龙村共青团员，舍身抢救落水群众，虽身染重病，但无怨无悔，顽强与疾病作斗争，赢得干部群众的高度赞誉。

4 月 安丘市地税局被国家税务局授予全国税务系统纪检监察先进集体称号。

4 月 3 日 根据潍坊市委的总体部署，安丘市开始利用一个多月的时间，在全市范围内开展百村调查活动。对市委进一步摸清农村工作底子，了解农村工作现状和存在问题，有针对性地抓好农村工作，发挥良好作用。

5 月 12 日 经山东省地方病防治工作领导小组评定，安丘市达到国家规定消除碘缺乏病的目标。

5 月 安丘市被山东省委、省政府命名为全省精神文明建设工作先进市。

5 月 23 日 山东省省长李春亭率领参加全省农村奔小康现场经验交流会的全体代表到安丘检查指导工作。

5 月 31 日 国务委员陈俊生到安丘视察工作。在听取市委书记李守民的工作汇报后，考察市棉纺厂、京春纤维有限公司生产经营情况。

6 月 8 日 市委、市政府召开全市下派农村工作队会议，向 32 处乡镇派驻 96 名农村工作队。工作队开展调查研究，抓好驻村班子转化，指导所驻乡镇村级组织建设，妥善解决影响农村稳定的热点、难点问题。

6 月 13 日下午 5 时至夜间 黄旗堡、赵戈、担山、南流、刘家尧、关王、召忽 7 处乡镇遭风暴袭击。受灾小麦 3 万亩、黄烟 5000 亩、春播作物 1000 亩、果树 500 亩、蔬菜 8000 亩，造成直接经济损失 876 万元。

6 月 27 日 12 时～14 时 30 分 柘山、临浯、车庄、官庄 4 处乡镇相继遭受大风和冰雹的袭击，受灾面积 4.62 万亩，直接经济损失 1320 万元。

7 月 6 日 山东省委副书记韩喜凯到安丘考察社会主义精神文明建设的情况，对安丘市加强精神文明建设工作所取得的成果给予充分肯定。

7 月 10 日 峡山水库上游浅滩地改造工程一期竣工。工程总投资 1500 万元，全市日上阵劳力 1.5 万人，筑坝 22 公里，造地 22 万亩，库区群众人均增加土地 0.6 亩以上。

7 月 15 日 市政府出台《安丘市城镇居民最低生活保障暂行办法》，开始对城镇居民实施最低生活保障制度。

8 月 16 日 山东省双拥工作检查团由副省长张瑞凤带队到安丘，检查验收双拥工作和创建全国双拥模范城（县）工作。

8 月 19 日 潍坊市委书记齐乃贵、秘书长李光信到安丘考察赵戈、王家庄、景芝库区镇工作情况，并听取潍坊市委办公室工作组所驻的赵戈镇东邵村情况汇报。

8月 在第二次中国特产之乡命名暨宣传活动中，安丘市被命名为中国蜜桃之乡，庵上镇被命名为中国樱桃之乡，石埠子镇被命名为中国草莓之乡，白芬子镇被命名为中国姜蒜之乡，南流镇被命名为中国芦笋之乡，赵戈镇被命名为中国淡水养殖之乡。

9月14日 国务委员、国家计生委主任彭珮云视察安丘市乡村卫生一体化工作。

10月14日 潍坊市农田水利基本建设现场会在安丘召开。与会人员参观峡山水库上游浅滩地改造工程和石堆镇史角河改造工程。

11月12日—13日 山东省农机服务体系建设交流会在安丘召开。与会人员参观金冢子、景芝等乡镇农机站的机械作业现场，高度评价安丘市以强化乡镇农机建设为重点，搞好农机服务工作的做法。

11月14日—15日 山东省农村合作医疗工作会议在安丘召开，副省长吴爱英到会并讲话。

11月 撤销金冢子乡，设立金冢子镇。其政府驻地不变。

12月28日 安丘市公安局“110”报警服务台开通。

是年 安丘市被中央综治委、国家人事部授予全国社会治安综合治理先进市称号。

1997年

1月 安丘市地税局景芝分局被国家税务总局授予全国税务系统精神文明先进单位称号。

1月19日 潍坊市市长王大海到雹泉镇北尚庄村走访慰问贫困户。

1月23日—25日 安丘市召开全市农村工作会议。会议确定1997年全市农业和农村经济发展将着力抓好调整结构、深化改革、综合开发、开拓市场四个重点，确保农业增产、农民增收、农村稳定，实现农村经济全面发展和社会全面进步。

1月24日 山东省副省长张瑞凤到贾戈镇常家庄和马五里村慰问全国拥军模范陈金香和徐凤英。

1月25日 市委、市政府召开双拥工作总结表彰大会，庆祝安丘市获全国双拥模范城（县）称号。山东省副省长张瑞凤、山东省军区副政委高维敏、中共潍坊市委书记齐乃贵等省市党政军领导出席大会。市委、市政府向安丘驻军连以上单位赠送价值44万元的音响设备。

3月12日 山东省卫生厅厅长张青林到安丘检查指导医疗保险工作。

3月24日 中共山东省委书记赵志浩视察贾戈镇推行依法治村、民主管理工作。

3月25日 山东省供销社主任李戈考察安丘市社员股金发展管理工作。

3月 景芝工商所被国家工商总局授予1996年度全国工商行政管理系统先进工商所称号。

4月 黄旗堡镇被中共中央宣传部命名为全国文明村镇示范点。

4月 山东省政协副主席、总工会主席刘洪仁到安丘调研。

4月13日 山东省人大常委会副主任王树芳，潍坊市副市长王光明等到安丘检查指导青云山齐鲁民俗旅游村建设和潍坊国际风筝会筹备工作。

4月17日—20日 参加潍坊国际风筝会和鲁台经贸洽谈会的韩国、日本、美国等13个国家97名外商到安丘考察洽谈项目。共签订合同12个，签订协议8个，达成合同意向9个，签订贸易合同2个，达成贸易协议1个。

4月19日 辽宁省委常委、省总工会主席李中鲁等参观景芝酒业股份有限公司，感谢公司在沈阳开展的“献真情，送温暖”工程。

5月28日 山东省军区司令员张齐红到安丘检查民兵预备役工作。

5月 安丘市精神文明建设委员会颁布实施《安丘市市民文明公约》和《安丘市市民“十不”行为规范》，开展“行为养成工程”，号召广大市民从自己做起，自觉践行文明公约，遵守行为守则，争做文明市民，共建文明城市。

6月2日 中共山东省委书记吴官正到安丘视察市棉纺厂、京春公司等企业。

6月5日 在潍坊参加山东省教职工住房工作现场会的180余名代表由副省长张瑞凤带领，参观安丘市教师公寓建设的情况。

6月7日 山东省副省长邵桂芳带领省农业厅、省科委等省直部门负责人视察安丘市防汛和峡山水库浅滩地开发工作。

6月20日 山东省人大常委会委员赵锦良、王焕清及省档案局局长易炳炎等8人组成的执法检查组到安丘检查《档案法》贯彻实施情况。

6月22日 中共中央社会治安综合治理委员会办公室常务副主任徐伟华到安丘调研民主管理、依法治村情况。

8月 安丘市对机关事业单位工作人员实行养老保险制度。养老保险金实行强制性社会统筹，总筹集比例为工资总额的25%。其中，个人承担2%，单位承担23%，由国家、集体和个人共同负担。

8月2日 中共山东省委副书记陈建国考察安丘、贾戈两镇工作。

8月26日 全国农科教结合领导小组检查团到安丘检查验收农科教结合工作。在听取汇报和实地检查后，认为安丘市狠抓农科教结合、一体化发展的做法很有推广价值。

9月23日 国家重点工程——山东省潍坊市发电厂追加配套项目220千伏安丘输变电工程竣工。工程历时5年，总投资7000多万元，主变压器容量15万千伏安。投入运行后，从根本上解决安丘供电紧张问题。

10月9日—12日 全国政协常委、山东省委原书记梁步庭，省委原常务副书记赵林，省人大常委会原主任李振，省委原副书记刘鹏，省委原常委、省纪委原书记王众音，原山东省顾委常委王润斋等领导，到安丘检查指导工作。

10月 安丘市被农业部确定为全国秸秆养牛示范市。

10月 景芝镇与安丘驻军某部被中央宣传部、解放军总政治部授予全国军民共建社会主义精神文明建设先进单位称号。

10月31日 市委办公室印发《安丘市推行"民主管理、依法治村"工作实施意见》。《意见》就议事会代表队伍建设、民主议事与决策、农村财政管理、政务公开、村规民约与村民档案、干部管理与监督、组织领导等方面问题提出具体实施意见。

11月14日 山东省省长助理、省计委主任林书香到安丘调研市机械厂、水箱厂等企业生产经营情况。

11月 贾戈镇被民政部授予全国民政工作全优乡镇称号。

11月 经国家工商行政管理局审核，"石埠子"牌草莓成为国家级商标。

12月9日 山东省消协基层组织建设经验交流会在安丘召开。省消协会长刘恒升、秘书长姜学经，潍坊市副市长王光明出席会议。

12月13日 农业部农业工作检查组到安丘检查指导工作。检查组充分肯定安丘市在土地承包、农民负担、农业技术推广体系建设和冬季农业生产等方面的经验做法。

12月14日 中共潍坊市委书记曹学成等领导到安丘检查指导工作。

12月17日 中共中央政策研究室原主任王维澄等到安丘考察工作。

1998年

1月14日—17日 政协安丘市第六届委员会召开第一次会议，出席会议政协委员252人。会议听取并讨论市委书记邢培彬讲话；听取并审议市政协五届委员会工作报告和各专门委员会工作报告，协商讨论《政府工作报告》；选举市政协第六届委员会主席。

1月15日—19日 安丘市第十四届人大召开第一次会议，与会代表335人。会议审议通过关于《政府工作报告》《安丘市1997年国民经济和社会发展计划执行情况与1998年国民经济与社会发展计划》《安丘市1997年财政预算执行情况和1998年市级财政预算》及市人大常委会、市人民法院、市人民检察院工作报告的决议，选举产生新一届市人大常委会主任、副主任，市政府市长、副市长等。

1月21日—23日 中共安丘市委召开第十次代表大会，与会代表450人。会议听取并审议通过中共安丘市第九届委员会关于《解放思想 开拓进取 把安丘社会主义现代化建设全面推向新世纪》的报告。选举出市委委员31人，候补委员4人，市纪委委员15人。市委第一次全委会选出市委常委11人，市委书记1人，副书记3人。

3月11日 山东省副省长张瑞凤到安丘考察指导环保工作。

3月16日 共青团中央书记处书记胡春华、团中央青农部部长崔波到安丘检查指导工作，查看黄旗堡镇青年科技文化中心和酵素菌厂。

3月17日 山东省副省长吴爱英带领省政府科技考察组考察安丘市科技工作。考察组考察市机械厂污水处理碱回收成套设备生产线、市水箱厂铝质散热器技改项目、潍坊3V公司高科技产品等。

4月20日 安丘市青云山民俗游乐园举行开园仪式。民俗游乐园始建于1995年，面积5000亩。

4月23日 庵上镇、石埠子镇遭受暴风雨及冰雹袭击，30分钟内两镇降雨均在52毫米以上，冰雹持续10分钟左右，最大冰雹直径达5厘米，并伴有7级～8级大风。受灾面积3.85万亩，经济损失2220万元。

4月28日 全国供销合作总社监事会主任贺光辉到安丘检查指导供销合作社工作。

5月11日 世界银行项目评估团霍南女士、伊思特曼博士、华威博士一行3人，考察安丘市碘缺乏病防治工作。

5月28日 省民政厅副厅长、省双拥办常务副主任宋晓兵率领山东省双拥工作检查团一行6人，到安丘检查双拥工作。

6月18日 石堆、庵上、贾戈、赵戈、柘山、安丘、雹泉、担山、温泉、刘家尧10处乡镇的110个村遭受风雹灾害，受灾总面积8.77万亩，直接经济损失6100万元。灾情发生后，市委、市政府主要领导带领市直有关部门负责人赶往灾区，慰问受灾群众，研究救灾措施。

6月 景芝镇仁安村党支部被中共中央组织部授予全国农村基层组织建设工作先进村党支部称号。

7月5日 山东省人大常委会副主任张瑞凤在潍坊市人大常委会副主任王福金陪同下，视察安丘市社会治安综合治理工作。

7月9日 由人民日报社、新华社、中央电视台等单位组成的中央双拥新闻采访团，在山东省民政厅领导、省军区政治部首长陪同下到安丘进行双拥共建采访活动。

8月13—14日 全国卫生城市检查团到安丘检查创建全国卫生城市工作。

8月 安丘市开始职工住房制度改革，城镇居民住房由单位分配变个人购买，居住占消费支出比重增大。

9月10日 山东省经贸委主任王仁元在潍坊市副市长李守民陪同下，到安丘开展调查研究工作。

9月12日 市委书记邢培彬获1998年度全国国防后备力量建设十位新闻人物称号。

9月27日 安丘市与河南省驻马店正阳县在安丘举行缔结友好市县签字仪式。安丘市市长曹学芹、正阳县县长郭丛斌代表双方在友好市县协议书上签字。

9月 安丘市国税局景芝分局被国家税务局、团中央授予“青年文明号”称号。

10月20日 中共中央党校常务副校长郑必坚和山东省委副书记、副省长宋法棠到安丘检查指导工作。

11月20日 中共潍坊市委书记曹学成到安丘农村调研现代化农业、山区开发等问题。

12月22日 市委、市政府作出《关于在全市开展向秦玉栋等同志学习活动的决定》，号召全市人民向为保护群众生命财产安全舍己救人、无私奉献的秦玉栋、张孝义、杨永保、李廷全、崔文华、郑升起、李全海、何铮、王忠华和于宪友学习。

12月23日 市委召开十届二次全委（扩大）会议。会议确定1999年突出抓好农业产业化升级、调整优化经济结构、推进企业改革、扩大对外开放、加快城镇建设和科教兴安。

12月10日—11日 山东省农业考察团到安丘调查研究工作，听取安丘市农业情况汇报。

1999年

1月8日 澳大利亚奥本市市长柯田柏季偕夫人到安丘考察工艺品生产。

1月18日 市委、市政府与中国电视艺术家协会联合在北京人民大会堂广西厅举办大型电视片《中国特产》新闻发布会。全国人大常委会副委员长布赫到会祝贺，中国电视艺术家协会常务副主席、中央电视台副台长于广华、中国文联副主席李准等领导出席新闻发布会，新华社、人民日报等30多家新闻单位的记者参加发布会。安丘市作为全国著名特产之乡，在《中国特产》系列片中以首集播放。

1月 市委、市政府召开延长土地承包期试点工作会议，研究部署全市第二轮延长土地承包期试点工作，并在安丘、石堆、石埠子、临浯、辉渠、郚山等6处乡镇就土地延包工作进行试点。

2月23日 安丘市召开全市农村工作会议。会议确定1999年全市农业和农村工作以实现农业现代化为目标，突出抓好增加农民收入和保持农村稳定两大重点，确保农村经济持续发展和全面进步。

3月1日 市委、市政府召开全市工业工作会议。会议决定1999年工业工作要进一步贯彻工业立市、科教兴安的指导思想，以转机建制、提高素质、增强活力为目标，积极推进企业经营管理机制市场化和工业高新技术产业化，大力调整产品结构、产业结构和所有制结构。

3月 撤销关王乡，设立关王镇。其政府驻地不变。

4月12日 中共潍坊市委书记曹学成、副市长张建国到安丘检查指导农业和农村工作。曹学成走访检查安丘蜜桃基地、轻工机械有限公司、高科技观光农业园、绿洲兔业公司后，充分肯定安丘市发展特色农业、创汇创税农业的做法。

4月18日 全国供销合作总社副主任穆励一行10人到安丘调研开拓农村市场工作。穆励一行考察黄旗堡供销社、赵戈供销社、市果品公司、香海食品公司和城关供销社庄稼医院。

4月29日 安丘市制作的安丘城市主页—“安丘之窗”在国际互联网安丘网站正式启动。“安丘之窗”城市主页全面介绍安丘市政治、经济、科技、文化、对外开放优惠政策以及社会各项事业的发展状况。

5月8日 中共中央政策研究室副主任肖万钧、国家贸易局研究中心博士陈文玲考察安丘市农业和农村工作。

5月13日—14日 山东省人大常委会副主任何宗贵、委员周志仁，省地震局局长林趾祥等省立法调研组一行12人到安丘调研《防震减灾法》贯彻实施情况。

5月14日 市委印发《关于实行干部任用公示制度的试行意见》，决定对拟提拔担任党政群机关、事业单位的副科级领导干部（含非领导职务）实行任前公示制度。

5月23日 监察部、建设部联合组成的全国建设市场执法检查组到安丘检查建设工程有形市场建设情况。检查组听取安丘市建设工程项目执法监察工作情况汇报，参观安丘市建设工程交易中心。

5月28日 山东省政协副主席刘洪仁到安丘调研高效农业和民俗旅游开发工作。

6月7日 安丘市在景芝镇召开向农村私营企业选派联络员工作会议，参观景芝镇两家私营企业现场，听取景芝镇、凌河镇的试点经验介绍。

6月11日 安丘市对外经贸恳谈会在青岛召开。恳谈会签订3个项目，总投资2378万美元。

6月16日 共青团中央第一书记周强，在共青团山东省委副书记孙守刚、中共潍坊市委副书记于明陪同下，到安丘市检查指导团的工作。

6月24日 国家地震局副局长岳明生到安丘检查指导工作。

7月3日 潍安路（潍坊—安丘）竣工通车。

7月5日 国务委员吴仪，国家经贸委副主任陈邦柱、国家内贸局局长杨树德到关王镇尧洼村、安丘福华食品有限责任公司视察工作，调研开拓农村市场、发展农村经济的情况。吴仪听取汇报，深入村综合服务站、庄稼医院、农贸市场和农户了解情况。

7月6日 参加全国开拓农村市场工作会议的400余人，考察关王镇尧洼村综合服务站、安丘镇庄稼医院、景芝镇农贸市场和市高科技农业示范园。

7月12日 济南军区副司令员刘伦贤、54685部队副军长刘龙光到安丘检查指导工作。

7月15日 安丘市召开实行政务公开工作会议。会议决定在全市党政机关和事业单位实行政务公开。

7月28日 安丘市启动跨世纪青年农民科技培训工程，确定安丘、景芝、黄旗堡、凌河、慈埠等15处培训试点乡镇。安丘市是山东省7个“跨世纪青年农民科技培训工程”国家级试点县（市）之一。

7月 市政府制定《安丘市农村居民最低生活保障暂行办法》，开始在农村实施居民最低生活保障制度。

8月 山东安丘汶瑞机械制造有限公司研制开发的预挂式真空过滤机获国家科技进步三等奖，是安丘市历史上在科技奖励方面获得的最高荣誉。

9月16日 国务院研究室副主任杨雍哲到安丘调研农业结构调整工作。

9月 中共安丘市委组织部被中共中央组织部授予干部人事档案工作目标管理一级标准单位，成为山东省首批60个标准单位之一。

9月 安丘市被国家体育总局命名为全国体育先进市（县）。

10月12日 安丘市再次获山东省双拥模范城（县）称号；市委书记邢培彬获山东省双拥十佳人

物称号。

10月15日 山东省人大常委会副主任李文全在潍坊市人大常委会主任孙嘉炼陪同下，到安丘调研企业改制工作。

12月4日 安丘市从北京大学、清华大学、山东省果树研究所等高等院校、科技院所聘请24名知名专家教授担任市政府科技顾问，为全市经济和社会事业发展提供咨询和技术服务。

12月6日—8日 在安丘市体育馆举行全国女排四强邀请赛，全国甲A联赛劲旅北京队、山东队、河北队、天津队参赛。这是安丘市有史以来举办国内最高水平的体育赛事。

2000年

1月12日 安丘市召开全市工业工作会议。会议要求各企业要进一步深化企业改革，在建立和完善现代企业制度方面实现新突破，大力推进技术进步，促进产业结构调整和优化升级；建立健全市场营销体系，进一步提高市场开拓能力。

1月19日 中共山东省委副书记吴爱英、省政协副主席李殿魁率领省春节拥军优属慰问团，到贾戈、安丘镇走访甲级伤残军人孙全、全国拥军模范陈金香、乙级伤残军人韩玉英，到市军休所看望慰问军队离退休老同志，并分别送上慰问金和慰问品。

2月12日—13日 安丘市召开全市农村工作会议。会议提出2000年全市农业和农村工作的主要任务是：紧紧围绕农民增收、财政增收、农村稳定，大力推进农业和农村经济结构的战略性调整，积极实施农业经济国际化战略，全面提高农业和农村经济的素质和效益。

2月 景芝镇被建设部授予全国小城镇建设示范镇称号。

2月 安丘市调整部分乡镇行政区划。撤销安丘镇、贾戈镇，设立兴安街道、贾戈街道；撤销温泉乡，并入红沙沟镇；撤销车庄乡，并入柘山镇；撤销召忽镇，并入石埠子镇；撤销郚山乡、南逯乡，设立郚山镇；撤销辉渠乡、夏坡乡，设立辉渠镇。

3月13日 市委召开市级领导班子和领导干部"三讲"教育动员大会，研究部署"三讲"教育工作。"三讲"教育至6月15日结束，基本达到中共中央和山东省委、潍坊市委提出的"五个明显"的要求。

4月5日 全国跨世纪青年农民科技培训研讨会成员参观考察关王镇跨世纪青年农民科技培训工程红黑提葡萄实习基地、慈埠镇跨世纪青年农民培训现场等。

4月17日 安丘市召开实施经济国际化战略工作会议。会议部署实施经济国际化战略工作，确定安丘市实施经济国际化战略的总体思路。

4月27日 中共潍坊市委书记曹学成到安丘考察新潍安路农业高科技走廊、奥宝化工集团有限公司、鲁安药业有限责任公司、潍坊长安电力铁塔公司、安丘镇"三新"有机栽培基地、市西水东调工程、青云山高科技观光农业示范园、青云山开发建设二期工程等重点企业和重点建设项目。

5月15日—17日 山东省农业产业化经营工作会议在安丘召开。会议听取安丘市的经验介绍，参观14家农产品加工企业、2个农产品生产基地和白芬子姜蒜批发市场；要求与会人员学习安丘经验，推广安丘模式。

5月24日 中共山东省委常委、省纪委书记赵春兰到安丘镇"三新"有机栽培基地、安丘福华食品有限责任公司、市外贸食品有限公司、市农业高科技示范园、青云山民俗游乐园检查指导工作。

5月30日 中共山东省委副书记吴爱英到安丘检查指导工作，查看安丘镇"三新"有机栽培基地引进的日本蔬菜新品种，称赞安丘农业产业化模式架通通向国际、国内市场的桥梁，推动创汇农业的发展。

5月30日 市委发出通知，要求全市各级党员干部认真学习、深入贯彻"三个代表"的重要思想。《通知》强调，要把"三个代表"的要求落实到坚定正确地执行党的路线、方针、政策中去，落实到推动当前各项工作中去，落实到建设一支高素质的干部队伍中去，落实到从严治党中去。

5月 安丘市供销大厦被中华全国供销总社和共青团中央命名为1999年度全国青年文明号；安丘市获省级党员教育先进市称号。

6月23日 山东省副省长陈延明考察安丘市农业结构调整工作。先后到市农业高科技示范园、兴安街道"三新"有机栽培基地、市外贸食品有限责任公司、凌河镇万鑫绿色食品公司以及市西水东调工程现场等进行考察。

7月24日 全国政协副主席陈锦华视察安丘市创汇农业情况。先后到兴安街道“三新”绿色食品有机栽培基地、安丘福华食品有限责任公司、市香海食品有限责任公司和市外贸食品进出口有限公司考察蔬菜加工出口情况。

7月31日 农民日报社社长张德修到安丘调研产业结构调整、农副产品加工出口创汇等工作。

7月 朝鲜国家女排与山东省女排在安丘市体育馆举行两场友谊比赛。这是安丘市首次接待外国国家级体育代表团。

8月2日 中共山东省委常委、政法委书记、公安厅厅长高新亭到安丘检查指导政法工作。

8月23日 中共安丘市委召开第十届委员会第五次全体会议，研究如何加快全市城市化进程问题。

9月21日 全国人大常委会常委、教科文卫委员会主任委员朱开轩率领全国人大执法调研组，视察安丘市贯彻实施《防震减灾法》及防震减灾工作情况。调研组高度评价安丘市的防震减灾工作，提出今后工作的指导性建议。

9月28日 山东省省道下小路（昌邑下营—临朐小关）安丘西段拓宽改建工程竣工通车。

10月7日 司法部部长高昌礼视察安丘市出口创汇企业。他赞赏安丘市以加工创汇企业为龙头带动高效农业发展的做法。

10月20日 中共山东省委书记吴官正在潍坊市委书记曹学成陪同下，专程看望正在安丘参观考察的江西省吉安市党政考察团一行。吴官正在充分肯定安丘市工作的同时，提出潍坊、安丘和吉安下步加强经济合作的要求。

10月21日 安丘市召开全市民营经济工作会议，研究部署加快全市民营经济发展和招商引资工作。

11月1日零时 全国第五次人口普查显示，安丘市总人口109.68万人。其中，男性55.45万人，女性54.23万人；汉族人口109.59万人，少数民族人口928人。

11月 安丘市DSP子午胎骨架材料、管式风冷臭氧发生器、金香银健茶和输电线路钢管铁塔设计软件系统获2000年度山东省科学技术进步奖。

11月13日 山东省副省长陈延明率领出席全省冬季农业和农田基本建设现场会的17地市专员、市长，参观安丘市农业出口创汇现场。

11月23日 中共潍坊市委书记曹学成考察安丘市福克斯食品有限责任公司、潍坊三丰钢管有限责任公司和景芝酒业股份有限公司。

12月15日 山东省人大常委会副主任李文全考察安丘市部分工业和农业产品加工企业。

2001年

1月13日 安丘市召开计划工作会议。会议确定2001年的计划工作以发展“两高两创”（高端集聚、高端引领，创新驱动、创新发展）农业为重点，调强第一产业；以实施“三优带动”（以优势产品带动优势企业，优势企业带动优势产业，优势产业带动全市经济发展）战略为重点，调高第二产业；以搞活大流通，繁荣大市场为重点，调快第三产业；以招商引资为重点，调大经济外向度；以发展非公有制经济为重点，调活所有制结构。

1月 市委书记邢培彬调离，李本跃继任市委书记。

2月1日—2日 安丘市召开全市农村工作会议。会议要求把招商引资作为今后一个时期全市工作的主线和重中之重，实现招商引资的新突破，带动全市经济的大发展。

2月7日 安丘市召开农村“三个代表”重要思想学习教育活动工作会议。中共山东省委副书记、省农村“三个代表”重要思想学习教育联系会议领导小组副组长姜大明到安丘检查指导工作并在会上发表讲话。

2月 撤销慈埠镇，其行政区域并入关王镇；撤销担山镇，其行政区域并入赵戈镇；撤销雹泉镇，其行政区域并入管公镇；撤销宋官疃镇，其行政区域并入景芝镇。

3月9日 山东省林业厅厅长孙庆传到安丘检查指导林业工作，考察安丘市国家级农业综合开发区林网建设和峡山水库浅滩地综合开发规划项目，充分肯定安丘市加快林业发展工作。

3月14日 中共山东省委组织部副部长、省学习教育联系会议办公室主任刘玉功受省委副书记姜大明委托，到安丘市检查指导“三个代表”学教活动，对安丘市的学教活动给予充分肯定。

3月17日 市委召开“三个代表”学教活动机

关干部下乡驻村工作会议。会议要求全市1439个行政村，达到村村有人驻。重点村由市镇两级组成工作组进驻，市级领导驻23处乡镇的23个村，市直66个部门由主要负责人带队进驻103个重点村。

3月22日 中共山东省委副书记姜大明到“三个代表”学教活动联系点安丘市检查指导学教活动。在潍坊市委书记曹学成等陪同下，姜大明深入市委书记李本跃的联系点景芝镇和所包驻的万家庄村进行具体指导。姜大明充分肯定安丘市以“民心工程”为载体，把“三个代表”学教活动与整顿基层干部作风建设、加强农村基层组织建设、招商引资、农业结构调整和农村精神文明建设相结合的做法。

3月26日 市委、市政府召开全市农村税费改革动员大会，部署全市农村税费改革工作。

3月27日 山东省人大常委会主任赵志浩到安丘检查指导工作，与安丘市有关部门主要负责人和部分乡镇党委书记座谈税费改革中存在的问题。听取安丘市委书记李本跃实施以“民心工程”为载体的“三个代表”重要思想学教活动的开展情况和农村税费改革工作的汇报，称赞安丘市“三个代表”学教活动措施得力，为保证税费改革顺利实施打下坚实的基础。

4月1日—2日 中共中央“三个代表”重要思想学教活动督查组一行3人，在省委组织部副部长孙述涛、潍坊市委书记曹学成陪同下，到安丘检查“三个代表”学教活动的开展情况。督查组认为，安丘市在“三个代表”学教活动中，不走过场，不搞形式，坚持把“民心工程”作为实践“三个代表”的有效载体，让干部受到教育，使农民得到实惠。

4月8日 安丘市经济技术开发区管理委员会举行揭牌仪式。市经济技术开发区总规划面积9.6平方公里，是安丘市招商引资的重要载体。

4月9日 安丘市市长陈白峰带队组成招商团，赴温州进行招商引资活动。10日，召开安丘市（温州）招商引资恳谈会，签订合资、合作项目协议8个，达成合资、合作和贸易意向6个。

4月12日 市政府设立市长公开电话，接收解答群众电话反映问题，号码为“4212345”。

4月18日—19日 中国科学院院士刘以训同其他专家教授一道，到家乡安丘指导经济发展。其间，刘以训组织市科委、市教委等有关部门举办题为“安丘经济发展”的研讨会，提出科技经济发展战略。

5月2日 国务院副总理钱其琛在山东省省长李春亭、副省长林书香，潍坊市委书记曹学成、市长王伯祥陪同下，到安丘考察。钱其琛高度评价安丘市开发旅游产业、建设旅游城市的做法。

5月18日 中共山东省委副书记王修智在潍坊市委书记曹学成、市委副书记迟昭厚陪同下，先后考察安丘市外贸食品有限责任公司、安丘福华食品有限责任公司和青云山民俗游乐园，随后听取安丘市市长陈白峰关于全市经济建设、社会稳定、党建工作的情况汇报。

5月 安丘市停止粮食供应凭证转移手续（粮食关系）的办理。实行几十年的非农业人口粮油定量供应取消。

6月11日 全国政协副主席赵南起率领农业专题考察团一行17人，在山东省政协副主席李殿魁，潍坊市市长王伯祥陪同下，到安丘专题调研农业产业化工作。赵南起一行到德国福克斯（中国）公司、潍坊市大江企业集团有限公司、安丘市外贸食品有限责任公司等市农业产业化经营龙头企业现场调研，考察景芝镇小城镇建设，听取市委书记李本跃关于农业产业化经营情况的汇报及有关建议。赵南起充分肯定安丘市农业产业化经营情况，认为安丘的农业产业化起步早、效果好，发展水平高，让农民得到实惠，企业得到发展，国家增加税收。

7月14日 市委召开十届七次全委（扩大）会议。动员全市上下按照“三个代表”重要思想的要求，加强和改进党的建设，努力把全市党的基层组织建设得更加坚强有力。

7月21日 安丘市在青岛召开招商引资恳谈会。中央、山东省驻青岛有关单位，青岛市党政军及有关部门负责人，青岛市部分企业总经理，韩国驻青岛总领事馆领事，部分外资企业总经理及部分在青岛工作的安丘籍同乡参加会议。会议介绍安丘市部分招商引资项目及制定的优惠政策。恳谈会达成投资意向项目7个。

8月 景芝镇被山东省精神文明建设委员会命名为省级文明镇。

9月1日 农业部副部长范小建在山东省农业厅厅长刘宗元、潍坊市副市长刘命信陪同下，考察安丘市外贸食品有限责任公司有机栽培基地、潍坊市日河食品公司、白芬子姜蒜批发市场、安丘绿洲兔业有限公司、市现代农业示范园等单位，召开安丘市有关部门和部分农产品加工龙头企业责任人参加的座谈会。

9月14日 驻新疆的全国政协委员一行20多人，到安丘视察农村经济结构调整工作。

9月20日—27日 由市委书记李本跃带队，各镇街道党（工）委书记等参加的安丘市考察团，赴广东珠江三角洲地区考察学习招商引资、民营经济、城市建设等经验，并进行招商引资活动。考察团举行安丘市（东莞）招商引资恳谈会，中外客商123人参加。恳谈会签约6个合作项目。

10月1日 山东省文联、旅游局与安丘市政府联合主办的山东省首届民间艺术节，在青云山民俗游乐园开幕。省文联副主席李传瑞，省旅游局副局长祝利民出席开幕式并讲话，市委书记李本跃致欢迎词，市长陈白峰主持开幕式。出席开幕式的有省、市有关部门的领导和艺术家。艺术节有民间手工艺、民间舞蹈、地方戏曲、民歌演唱、杂技、竞技、少数民族婚俗表演等七方面展演。

10月26日 全国农业产业化现场经验交流会在潍坊召开，安丘市以“六化”（龙头外向化、基地规模化、品种优良化、生产标准化、市场多元化、农民组织化）为主要内容，作“千家万户搞加工、多种形式拓市场”典型发言。参加经验交流会的代表一行200余人，参观凌河、白芬子姜蒜批发市场。农业部副部长范小建、中华全国供销总社副主任李春生和山东省副省长陈延明、中共潍坊市委书记曹学成一同参观。会议代表高度评价安丘市农业产业化工作。

11月 安丘“两河”牌大蒜被中国国际农业博览会命名为名牌产品。

11月9日 始建于1911年，新建于1951年的安丘一中举行建校90周年庆祝大会。会上宣读中共中央政治局委员、全国人大常委会副委员长姜春云，全国人大常委会副委员长吴阶平等领导的题词和贺信贺电。省人大常委会原副主任王树芳，省教育厅副厅长刘明泽，潍坊市委副书记郑金兰，潍坊市教育局局长李希贵及安丘市领导李本跃、王继怀等出席大会。市委书记李本跃致辞。

11月27日—28日 中共山东省委副书记、省委农村“三个代表”重要思想联系会议领导小组副组长姜大明一行4人，在潍坊市委书记曹学成、市长王伯祥陪同下，到辉渠镇曹家峪村检查农村“三个代表”重要思想学教活动开展情况。

11月28日 江西省副省长孙用和率领农业考察团，参观考察安丘市农业产业化实施情况。考察团听取安丘市实施农业产业化情况介绍后，到潍坊市东海食品有限公司、潍坊市大江企业集团有限公司、白芬子姜蒜批发市场和德国福克斯（中国）食品有限公司参观考察。

12月14日 市委、市政府召开全市农业标准化工作会议，动员全市上下迅速行动，搞好农业标准化工作，提高农业的市场竞争力。

2002年

1月1日 市委、市政府召开全市机构改革动员大会。按照潍坊市委、市政府批准的安丘市市镇机构改革方案，市委机关主体机构格局基本不变，行政编制按12%的比例精简；市政府设工作部门25个，派出机构1个，机构总量26个，比现有31个减少5个，行政编制按25%的比例精简；公安、司法机关专项编制精简10%。镇街道党政设3个综合性办公室，行政编制精简20%；事业单位综合设置8个，事业编制精简45%左右。

1月10日 中共潍坊市委书记曹学成带领参加潍坊招商引资总结表彰大会的潍坊市五大班子领导、市直有关部门负责人和各县市区委书记、县市区长共百余人，查看安丘招商引资情况。曹学成充分肯定安丘市坚持内资外资全面引，软硬环境一起建，境外和大高外项目抓突破等工作。

1月16日 韩国迈珂特公司投资的青云山旅游综合开发项目奠基。

1月20日—22日 安丘市召开全市三级干部暨经济工作会议。会议号召全市上下继续抓好招商引资、结构调整、基层组织建设、转变干部作风四项重点工作，推动国民经济继续快速健康发展和社会全面进步，开创安丘工作新局面。

3月2日 韩国工商界访问团一行20人到安丘参观考察。

3月15日 韩国大丘特别市议长李寿嘉率领工商代表团到安丘访问考察。

5月28日 潍坊市委书记曹学成到安丘调研。他充分肯定青云湖建设、招商引资等工作。

5月29日 安丘市获全国民政工作先进市称号。

6月2日 最高人民检察院副检察长赵登举到安丘调研法制建设和城市建设工作。

6月11日 全国人大农业与农村委员会副主任委员李春亭到安丘调研农业经济工作。

6月11日 全国人大农业与农村委员会副主任委员柳随年率全国人大立法调研组到安丘，调研农业机械化推广法的立法工作。

6月11日 以日本农林水产省、厚生省官方代表美上志一为团长的考察团一行5人，考察安丘蔬菜农药残留状况。

6月11日 景芝镇获全国创建文明小城镇示范点称号。

6月26日 山东省委副书记、纪委书记赵春兰一行6人到安丘考察工作。赵春兰在听取安丘市市北区、经济开发区及青云湖规划建设情况的汇报，现场查看青云湖项目建设情况后，充分肯定安丘市城市建设等工作。

7月4日 四川省攀枝花市米易县与安丘市在安丘市举行缔结友好县市签字仪式。

7月21日 山东省副省长陈延明到安丘检查指导农村抗旱、水利建设和创汇农业工作。

8月9日 国家环保总局局长解振华到安丘检查指导工作。他充分肯定安丘市圆满完成“一控双达标”，有效开展环境执法监察专项行动，大力加强生态环境建设特别是生态城市建设及发展环保产业等工作。

8月22日 山东省建设厅厅长杨焕彩到安丘检查指导城市建设工作。他充分肯定安丘市因地制宜搞开发，结合实际搞建设做法的同时，提出指导性意见。

9月21日 全国人大常委会常委、内务司法委员会副主任委员顾金池，全国人大常委会常委贾志杰率领全国人大视察团，视察安丘市公安工作。

10月16日 山东省妇联主席赵玉兰一行到安丘市妇联标准化特种养殖生产合作社、市妇联兔业生产合作社、兴安街道十二户村妇女之家和培训中心调研。

10月21日 国家环保总局副局长汪纪戎一行到安丘检查环境保护工作。汪纪戎充分肯定安丘市重视环保工作，注重保护和利用生态资源，积极创建环保城市，建设生态旅游城市的做法。

12月19日 安丘市外贸食品有限责任公司与日本兼松株式会社合资项目，即山东鲁丰食品有限公司在安丘举行签字仪式。

12月31日 潍坊市县（市）级公安机关“110”“119”“122”“三台合一”开通仪式在安丘举行。

2003年

1月 安丘市开始实施村村通工程，大规模修建乡村道路。是年，全市通油路村庄达28.6%。

1月13日—15日 中共安丘市委召开第十一次代表大会，出席会议代表450人。大会听取第十届市委工作报告，通过关于十届市委工作报告的决议和市纪委工作报告的决议。选举产生新一届市委委员、候补委员和市纪委委员及安丘市出席潍坊市第九次党代会代表。会议选举产生新一届市委班子。

1月20日—23日 政协安丘市第七届委员会召开第一次会议，出席会议的委员250人。会议审议通过市政协七届一次会议决议和提案审查委员会关于本次大会提案审查报告，选举李国祥为市政协七届委员会主席、6人为副主席。

1月21日—24日 安丘市第十五届人大召开第一次会议，出席会议的代表336人。大会听取审议政府工作报告，审议通过关于安丘市2002年国民经济和社会发展计划执行情况与2003年国民经济和社会发展计划、安丘市2002年财政预算执行情况和2003年市级财政预算、安丘市人大常委会工作报告、安丘市人民法院工作报告、安丘市人民检察院工作报告的决议。选举谢迎春为安丘市第十五届人大常委会主任，8人为副主任；王继怀为安丘市人民政府市长，6人为副市长；同时选举产生市人民法院院长，市人民检察院检察长。

2月18日 安丘市召开“解放思想、整肃发展环境”集中教育活动动员大会。市委、市政府决定开展为期一个月的集中教育活动，在全市唱响“更新思想观念、优化经济环境、加快安丘发展”的主旋律。

3月2日 湖北省农业考察团在湖北省副省长刘友凡的带领下，考察安丘市农业工作。刘友凡高度评价安丘市实施农业结构调整，围绕发展特色农业、高效农业，突出标准化生产，大力发展农产品加工龙头企业的做法。

3月4日 山东省水利厅厅长宋继峰到安丘检查指导水利工程建设工作。

3月25日 国家农业综合开发办副主任宋志刚到安丘调研农业综合开发项目和农业产业化发展状况。

5月20日 中共中央原政治局委员、全国人大常委会原副委员长姜春云视察安丘市工作。他对安丘利用自然资源开发旅游产业、建设旅游城市的做法给予较高评价。

6月26日 山东省公路局局长范正金查看206国道安丘市城区段的公路状况。

6月30日 经山东省人民政府批准，南流镇整建制划归潍坊市坊子区管辖。

6月 经山东省人民政府批准，安丘市设立雹泉镇，划管公镇的雹泉西北村等39个行政村归雹泉镇管辖。雹泉镇人民政府驻雹泉东北村。

8月19日 市政府与济南山水集团在安丘举行合作项目签字仪式。投资过10亿元的山水集团安丘山水水泥有限公司正式成立。

9月9日—10日 以韩国农机协会理事长尹汝斗为团长的韩国经贸考察团到安丘考察访问。

9月13日 山东省政协“促进我省服务业发展”调研组一行16人到安丘进行专题调研。省政协副主席王久祐充分肯定安丘市坚持高起点规划、高标准建设，利用安丘的自然、地理、人文特点，构筑生态旅游城市的做法。

9月28日 参加山东省人大农业与农村工作座谈会的与会代表一行120余人，在省人大常委会副主任李明先带领下，参观安丘市的经济和城市建设。

10月 市政府由市南区迁至市北区。

10月30日 国家税务总局副局长崔俊慧视察安丘市税务工作。

11月12日—13日 韩国东大门区区长洪思立率20余人的考察团到安丘考察投资环境。

11月20日 山东省外经贸厅厅长周嘉宾到安丘调研农产品加工、出口情况。

11月23日—24日 山东省人大常委会原主任李振到安丘检查指导工作。他充分肯定市委、市政府在招商引资、工业立市、软环境建设、经营城市等方面取得的成绩。

2004年

1月8日 安丘市在济南舜华园商务会所举行安丘老乡迎春联谊及招商引资活动。在济安丘老乡代表60余人参加活动。

2月28日 安丘市在青岛举办经济发展恳谈会。

3月4日 中共潍坊市委书记张传林到安丘检查指导工作。查看山东奥宝化工集团有限公司、山水集团安丘山水水泥有限公司并听取市委、市政府工作汇报。

4月19日 公安部党委委员、纪委书记、督察长祝春林等一行7人，在山东省政法委副书记、综治办主任姚成林及潍坊市领导陪同下，到安丘市检查指导涉法信访案件处理及网上办案、远程监督等工作。

4月20日 国家质量技术监督总局副局长葛志荣一行，在山东省副省长陈延明、省检验检疫局局长于桦及潍坊市领导陪同下到安丘调研。

5月23日 出席全国公安执法监督信息管理系统开发应用研讨会的公安部法制局局长李忠信、监察局副局长赵水芳，北京、河南等9省市自治区公安厅局的法制部门负责人及有关计算机系统研发专家40余人，参观安丘市公安局网上办案的开发应用。

5月30日 山东省环境保护局在济南中鲁大厦召开安丘市生态示范区建设规划评审会。安丘市顺利通过生态示范区建设评审。

6月19日 俄罗斯莫斯科和平基金会代表团到安丘市参观访问。

7月5日 管公、辉渠、红沙沟、白芬子等11处镇遭受暴风雨和冰雹袭击，受灾总面积16.9万亩，直接经济损失1.08亿元。灾情发生后，市委、市政府立即组织抗灾自救，帮助灾区恢复生产。

7月15日 山东省副省长张昭福带领省水利厅、粮食局、食品药品监督局等部门领导到安丘，检查指导防汛、夏粮收购和食品药品农资专项整治工作。

7月29日 山东省高级人民法院院长尹忠显到安丘检查指导政法工作。

8月8日 市委、市政府发出《关于开展向李玉杰同志学习的决定》。是年，山东省政府批准李玉杰为革命烈士，山东省委组织部追认李玉杰为中共党员。

8月19日 中纪委驻最高人民检察院纪检组副组长张振海带领参加全国检察机关执法监督现场会的与会代表，到安丘观摩市人民检察院网上办案流程监督工作。

8月26日 参加全国公安厅局长座谈会的与会人员到安丘参观指导公安工作。

8月 安丘市万盛汽车出租有限公司成立，城区出租车正式运行。购进132辆“羚羊”牌小轿车作为标准出租车型，采用统一车型、统一标志、统一运价，安装计价器和无线寻呼装置。

9月1日—3日 第十届鲁台经贸洽谈会在潍坊市富华国际会展中心举行，安丘市组团参加海峡两岸制造业产品展览会。

10月11日 山东省司法厅厅长陈明甫在潍坊市委常委、统战部长杨卫东陪同下到安丘调研司法所规范化建设情况。

10月15日 国家质检总局副局长葛志荣率领出席国家质检总局促进食品、农产品出口工作现场会的与会人员到安丘考察。

10月18日 山东省政协副主席齐乃贵到安丘考察指导工作。

11月3日 全国计划免疫评审团潍坊分团到安丘调查计划免疫工作。

11月4日 山东省2004年度人口目标责任考核和优质服务评估验收组到安丘检查考核人口与计划生育工作。

11月17日 经山东省“畅通工程”考评验收组验收考评，安丘市达到国家C类城市三等管理水平。

11月23日 山东省民间组织管理工作检查组到安丘检查指导工作。

12月17日 山东省公安机关执法办案流程暨执法监督管理系统建设现场会在安丘召开。

2005年

1月20日 安丘市被省委、省政府授予全省计划生育优质服务先进县称号。

3月13日 以色列农业专家摩提·史莫里到安丘传授溴甲烷机械化熏蒸技术。

4月19日 中央军委总后勤部副部长谭悦新、广州军区原副政委王同琢一行到安丘指导生态城市建设工作。

4月21日 农民日报社社长、党委书记张德修到安丘调研农业产业化建设和农业龙头企业发展情况。

4月25日 山东省人大常委会原主任李振视察安丘市经济发展和城市建设工作。

4月 山东银座商城股份有限公司开设的安丘银座分店开业运营。

6月14日 黄旗堡镇遭暴风雨和冰雹袭击，3.2万亩农作物受灾，12家企业严重受损，直接经济损失约3200万元。

2006年

1月 安丘市将“五保”人员供养由镇街道供养全部改为市财政供养，实现“五保”供养方式的重大转变。

2月 安丘市人民检察院被最高人民检察院授予全国模范检察院称号。

2月17日 根据废止《国务院关于对农业特产收入征收农业税的规定》的国务院令，安丘市停止征收农业特产税。

7月2日 菲律宾众议院议长、基督教穆斯林民主力量党总裁何塞·德贝内西亚一行，在国家及山东省有关部门领导陪同下到安丘考察访问。

8月 安丘市被中共山东省委、山东省人民政府、山东省军区表彰为全省双拥模范城。

9月6日 在北京召开的国务院“质量振兴纲要”实施十周年暨质量兴市先进中国名牌产品表彰会上，安丘市外贸食品有限责任公司生产的“鲁丰”牌水果罐头获中国名牌产品称号。

9月13日 山东省人口计生委党组副书记、省计生协会常务副会长孙爱玲，带领全省计生协会服务行动拓展活动观摩调研组到安丘，观摩调研计生协会工作开展情况和人口计生工作。

10月11日 安丘汶河水利风景区被建设部批复为国家水利风景区。

10月 安丘大姜成为农业部国家地理标志保护产品。

10 月 凌河镇被建设部、文化部命名为全国最适宜人居名镇。

12 月 11 日 全国政协原副主席王文元一行到安丘视察。

12 月 12 日 商务部酒类流通办公室和中国酿酒工业协会共同主办的“景芝神酿—中国白酒芝麻香型代表”授牌仪式在济南山东大厦广场举行。山东省人大常委会副主任陈延明，省政协副主席王修智，省政协副主席、省委统战部部长齐乃贵，省政协副主席王宗廉，省长助理张传林，山东省委原书记苏毅然、赵志浩，济南军区原政委宋清渭，省人大常委会原主任李振，省政协原主席陆懋曾到会祝贺。省直有关部门、潍坊市、安丘市领导和新闻媒体记者共 150 多人参加授牌仪式。

12 月 19 日 潍坊市海关安丘通关预录处成立暨揭牌仪式在安丘市外贸食品有限责任公司北厂举行。

2007 年

1 月 安丘市被省委、省政府授予平安山东建设先进市称号。

1 月 14 日 国家督学高文浩带领的山东省中小学实验教学普及县验收团，评估验收安丘市实施中小学实验教学普及县工程。安丘市以高标准顺利通过省实验教学普及县验收。

2 月 2 日—3 日 中共安丘市委召开第十二次代表大会，出席会议代表 420 人。会议听取并审议通过第十一届安丘市委《解放思想 干事创业 为实现又好又快发展建设现代化强市而努力奋斗》的报告，选举产生中共安丘市第十二届委员会、中共安丘市纪律检查委员会。

2 月 6 日 安丘市大汶河城市湿地公园被建设部公布为第三批国家城市湿地公园。湿地公园始建于 2001 年 2 月，为安丘城区一独特景观。

2 月 25 日 安丘市召开全市经济工作会议。会议动员全市上下以科学发展观统领全局，深入开展“爱我安丘，加快发展”活动，进一步解放思想，创新突破，推动全市经济又好又快发展。

3 月 2 日 山东省水利厅厅长宋继峰、副厅长尚梦平到安丘调研，肯定安丘市充分发挥水资源优势，保护和发展生态环境，营造生态城市的做法。

4 月 3 日 中共潍坊市委书记张新起到安丘调研。他充分肯定安丘市的工作，提出下步推动全市经济社会又好又快发展的重要意见。

4 月 19 日 山东景芝建设股份有限公司被建设部评为全国优秀施工企业。

4 月 20 日 交通部规划司年度计划处处长康连锁、山东省交通厅规划基建处处长李洪修到安丘调研乡村道路建设情况。

5 月 7 日 潍坊市市长许立全到安丘检查指导工作。他充分肯定安丘市建设园林生态城市、适于人居城市的理念，打破传统城市建设模式，以建设生态旅游城市为目标，整合旅游资源，打造旅游精品线路，提升旅游业品位，培育特色品牌的做法，对安丘的工业、现代农业、现代服务业、城市建设提出要求。

5 月 23 日 安丘市大樱桃农业标准化示范区通过国家级验收。

6 月 14 日 商务部综合司司长徐鸣到安丘调研农产品加工、流通工作。

7 月 6 日 潍坊市恒安散热器集团有限公司获“中国专利·山东明星企业”称号。

7 月 13 日 泰国商务部长拉蒂赛·吉拉佩到安丘参观考察。

7 月 26 日 山东省节能降耗减排环保调研组一行 8 人，在省科技厅副厅长于建樵带领下到安丘检查指导工作。

8 月 7 日 国家地震局副局长岳明生到安丘检查指导防震减灾工作。

8 月 经山东省政府批准，安丘市调整部分行政区划。撤销刘家尧镇、关王镇、贾戈街道，设立新安街道，划原刘家尧镇的行政区域，原关王镇丘西等 42 个村，原贾戈街道东北村等 35 个村，赵戈镇夏家庄等 40 个村，归新安街道管辖。撤销白芬子镇，划原白芬子镇的行政区域，原贾戈街道张田戈等 23 个村，归兴安街道管辖。临浯镇并入景芝镇。撤销红沙沟镇，划原红沙沟镇红沙沟等 36 个村，原关王镇井戈等 41 个村，归凌河镇管辖。撤销雹泉镇，划原雹泉镇行政区域和原红沙沟镇温泉等 27 个村，归辉渠镇管辖。庵上镇并入石埠子镇。管公镇并入官庄镇。王家庄镇并入赵戈镇。

9 月 5 日 潍坊市调整部分行政区划，划安丘市黄旗堡镇、赵戈镇归坊子区管辖。

9月11日 安丘市举行供港蔬菜首发仪式。首批满载西红柿、洋葱、胡萝卜、生姜、土豆等5个品种共200余吨保鲜蔬菜的8辆大型运输车驶往供港农产品配送中心—深圳南山农产品批发配送中心，标志安丘市供港蔬菜的正式启动。

9月19日 农业部农业贸易促进中心主任钱杰明一行，到安丘检查指导出口食品农产品安全区域化建设工作。

9月24日 香港《大公报》以《山东安丘将增供港蔬菜》为题，用整版篇幅介绍安丘市供港蔬菜生产及出口食品农产品质量安全区域化建设情况。

9月28日 国家食品安全局局长王大宁到安丘检查指导食品农产品质量安全区域化建设工作。

10月13日 以山东省农业厅副厅长庄文忠为组长的全省产品质量和食品安全专项整治驻潍坊督导组到安丘督导。

10月14日 国家质检总局副局长魏传忠，考察安丘市出口食品农产品质量安全区域化建设工作。

10月25日 国务院副总理、国务院产品质量和食品安全专项整治领导小组组长吴仪率领参加全国产品质量食品安全专项整治工作现场会议的与会人员，考察安丘出口食品农产品质量安全区域化建设工作。中共山东省委书记李建国，省委副书记、代省长姜大明，国务院副秘书长项兆伦，农业部部长孙政才，国家质检总局局长李长江，商务部副部长姜增伟，山东省委常委、省政府常务副省长王仁元，省委常委、副省长王军民，副省长贾万志及潍坊、安丘市领导陪同考察。吴仪一行先后视察大汶河国家城市湿地公园、青云湖和凌河镇出口食品农产品质量安全区域化建设儒林方基地。吴仪高度评价安丘市农业、环境、旅游、区域化、蔬菜销售等工作，充分肯定安丘市率先实施出口食品农产品质量安全区域化建设的做法及初步取得的成效；要求进一步加快推进区域化建设，建立一整套科学、规范、合理的长效机制，同时注意总结经验，加大推广和宣传力度，把区域化建设的经验推向全国，共同把全国的食品农产品质量安全工作做好、做细、做实。

11月21日 山东省政协副主席乔延春率领省政协委员视察团，视察安丘市循环经济发展情况。

11月22日 山东省检验检疫局局长于桦带领全省检验检疫系统的有关人员，到安丘检查指导出口食品农产品质量安全区域化建设工作。

12月11日—14日 政协安丘市第八届委员会召开第一次会议，出席会议的委员223人。会议听取、讨论审议市政协七届常委会工作报告、提案工作报告和其他各专门委员会工作报告，协商讨论市政府工作报告及其他报告，通过大会决议。会议选举市政协主席，副主席。

12月12日—15日 安丘市第十六届人大召开第一次会议，与会代表301人。会议听取审议安丘市人民政府工作报告，通过关于《政府工作报告》、安丘市2007年国民经济和社会发展计划执行情况与2008年国民经济和社会发展计划、安丘市2007年预算执行情况和2008年预算、安丘市人民代表大会常务委员会工作报告、安丘市人民法院工作报告、安丘市人民检察院工作报告的决议。会议选举大会常务委员会主任、副主任，副市长，市人民法院院长，市人民检察院检察长。

2008年

1月1日 山东省政协副主席、省委统战部部长齐乃贵到景芝酒业股份有限公司调研。

1月6日 山东省副省长才利民到安丘考察指导旅游业和区域化建设工作。

2月4日 中国出入境检验检疫协会会长葛志荣到安丘检查指导出口食品农产品质量安全区域化建设工作。

2月10日 国家发改委农村经济司司长高俊才到安丘检查指导工作。

2月26日 山东省人民政府特邀咨询孙守璞到安丘调研安丘环球施普乐公司和青云山国际旅游度假区项目。

3月17日 中共潍坊市委书记张新起到安丘专题调研出口食品农产品质量安全区域化建设工作，充分肯定安丘市区域化建设工作的做法。

3月20日 国务院新闻办公室负责人带领由中国国际广播电台、北京周报和日本东京电视台、富士电视台、朝日新闻、时事社、朝日电视台、NHK等13家新闻媒体共30名记者组成的采访团，参观采访安丘市出口企业和出口食品农产品质量安全区域化管理情况。

3月28日 商务部外贸司副司长文中亮率领

农产品出口调研组，在山东省外经贸厅和潍坊市外经贸局领导陪同下，到安丘调研区域化建设工作。

4月5日 山东省国土资源厅厅长徐景颜到安丘检查指导工作。他充分肯定安丘市在实施“工业立市”战略中坚持集约用地，最大限度地发挥好工业用地效益的做法。

4月7日—8日 山东省政协经济委员会主任孙立新带领部分委员到安丘调研工业生产情况。

4月8日 中国绿色食品协会会长刘连馥到安丘检查指导发展绿色生态农业，高度评价安丘市从源头上保证出口食品农产品质量安全的新模式和在全国率先提出并启动实施的出口食品农产品质量安全区域化建设。

4月21日 山东省出口农产品质量安全区域化管理现场会在安丘召开。安丘市实施农产品质量安全区域化管理的做法被确定为“安丘模式”。

5月12日 在四川省汶川县发生里氏8.0级地震后，安丘市广大干部群众踊跃捐款捐物，奉献爱心，全力支援灾区重建。市民政部门收到抗震救灾捐助款1129.55万元，收到大蒜、饮用水等生活物资25吨。

5月18日 国土资源部执法监察局局长张新宝到安丘检查指导工作。他充分肯定安丘市贯彻执行国家和省土地政策，依法保护土地，合理利用国土资源的做法。

7月3日 山东省副省长王随莲到安丘检查指导奥运食品安全、兴奋剂治理、城市生态环境建设等工作。充分肯定安丘市在奥运食品安全和卫生工作中所取得的成绩，对城市生态环境建设给予较高评价。

7月20日—22日 中共中央党校“农产品质量安全区域化建设”调研组到安丘专题调研安丘市农产品质量安全区域化建设工作及经济社会发展情况。

7月30日 山东省政协主席孙淑义，副主席乔延春、齐乃贵、王志民、赵玉兰到安丘视察，充分肯定安丘市以加快发展“四大经济”（工业经济、农业经济、城市经济和旅游经济）为重点的做法，高度评价安丘市政治安定、社会稳定、经济发展、人心思上的良好局面。

8月11日 山东省建设厅厅长杨焕彩到安丘检查指导城市建设和生态旅游城市建设工作。

8月16日 潍坊市市长许立全到安丘检查指导生态城市建设工作。他充分肯定安丘市围绕打造北方一流生态旅游目的地，坚持政府主导、社会投入、市场运作，不断加大招商引资力度，引进战略投资伙伴，大力发展旅游业和提升城市建设品位，努力做好“山、水、绿”文章，构筑起以城市生态休闲游为主要特色的大旅游格局的做法。

8月21日 山东省人口计生委主任盖国强到安丘检查指导人口计生工作。

8月29日 农业部副部长张桃林考察安丘市农机化工作。

8月 省国土资源厅批准安丘市9个村庄的局部地块实施拆旧复垦，项目名称为“建设用地置换复垦项目”。项目的实施，标志着安丘市城乡建设用地增减挂钩试点进入实质性阶段。

9月5日 中国标准化协会和全国标准样品技术委员会在安丘召开“地理标志产品景芝神酿”国家标准审查会议。“景芝神酿”通过国家标准审查，标志“景芝神酿”进入国家名酒地理产品保护行列。

10月26日 安丘市与山东省轻工业办公室、省白酒工业协会等单位，在济南南郊宾馆举行“鲁酒新突破：芝麻香型白酒代表景芝神酿”新闻发布会。

11月2日 潍坊市市长许立全带领有关部门负责人到安丘检查指导工业经济和旅游工作。

11月18日 全国人大预算工作委员会副主任姚胜一行4人到安丘，专题调研建立县级财政最低支出保障机制的情况。

12月9日 安丘市家电下乡工作在中央电视台《新闻联播》节目头条播出。

2009年

3月7日 农业部国际合作司贸易处处长徐宏源带领农业部农产品贸易调研组到安丘调研农产品加工出口工作。

3月18日 江苏省副省长黄莉新率团考察安丘市农产品质量安全区域化建设工作。

3月23日 中央财经领导小组办公室主任、国家发改委副主任朱之鑫一行8人到安丘调研家电下乡工作。

4月1日 国家质检总局局长王勇一行7人到

安丘调研出口农产品质量安全区域化管理工作。

4月 经潍坊市人民政府批准，安丘市景芝镇大圈等14个村划归坊子区赵戈镇管辖。

5月12日 山东省畜牧兽医局局长慕永太一行到安丘调研生猪定点屠宰及畜牧业合作社建设工作。

5月22日—23日 国务院参事葛志荣到安丘调研教育体制改革和县域经济发展工作。

6月4日 潍坊市市长许立全到安丘调研。

6月29日 青云山民俗游乐园获国家AAAA级景区。

6月29日 国家质检总局食品局综合处处长毕克新一行5人到安丘，调研区域化建设工作。

6月29日 中国珠心算协会会长迟海滨到安丘调研安丘市工业、农业、城市建设、旅游业和出口食品农产品质量安全区域化管理工作。

7月4日 中纪委审理室副主任刘振宝到安丘调研。

7月8日 潍坊市2009年“中国专利·山东明星企业”授牌仪式在安丘举行，山东景芝酒业股份有限公司获“中国专利·山东明星企业”称号。

7月25日 兴安街道、辉渠镇、柘山镇等遭受暴风雨袭击，直接经济损失2600万元。

8月7日 山东省公安机关执法规范化建设推进会暨现场观摩会议在安丘召开。

8月18日 山东省省长助理、公安厅厅长吴鹏飞到安丘检查指导信息化建设和执法规范化建设工作。

8月18日 中共中央党校经济学部教授、中央党校“三农”问题研究中心副主任徐祥临到安丘调研区域化建设、小城镇建设、农民专业合作组织和农村社区建设。

8月21日 山东省地质矿产勘查开发局党委书记、局长郑金兰率领考察组考察安丘市地矿资源开发利用情况。

8月 安丘市76岁退休老干部郎丰振致信中共中央台办，向遭受“莫拉克”台风灾害的台湾同胞表达关切之情，无私捐献自己8月份的1000余元退休金给台湾灾区。中台办在给郎丰振的复函中说:“大陆和台湾同属一个中国，两岸同胞同根同族，骨肉相连。在此次台湾同胞遭受‘莫拉克’台风侵袭之际，先生感同身受，无私捐献，令人感佩！”

10月10日 国家质检总局副局长蒲长城到安丘检查出口食品农产品质量安全示范区建设工作。

10月11日—12日 全国出口食品农产品质量安全示范区建设经验交流会在潍坊召开。会议推广食品农产品质量安全示范区建设经验“安丘模式”。

10月20日 受环境保护部委托，山东省环境保护厅组成专家评审组，评审安丘市创建全国生态示范区试点工作。安丘市试点工作顺利通过评审验收。

11月4日 安丘财政纳入山东省财政直管县试点，直接与省财政厅进行体制结算。以2008年安丘市与潍坊市财政体制结算为基数，核定安丘市上缴潍坊市财力结算基数542万元，一般预算往来事项潍坊市补助安丘基数3254万元，对省级体制上解递增比例调整为3%。

11月20日 山东省食品药品监督管理局局长李民到安丘调研医药企业发展工作。

12月2日 中共中央纪委机关党委副书记、机关纪委书记杨天福到安丘调研。

2010年

1月8日 国家认监委科技与标准管理部组织的《食品安全区域化管理体系初级农产品要求》审定会议在安丘召开。安丘市制定的《食品安全区域化管理体系初级农产品要求》标准通过国家标准审定。

1月 市委、市政府办公室印发《关于加强市镇街道社区三级为民服务体系建设的意见》，全面推进市、镇街道、社区三级为民服务体系建设，为经济社会发展创造规范、高效、便捷的服务环境。结合镇级扩权改革，凡规定放权到镇级办理的项目，全部纳入镇街道为民服务中心，做到项目应进全进，实现“一站式服务，一次性办结”。

3月4日 公安部法制局局长孙茂利到安丘调研公安执法规范化建设工作。

3月26日 市政府召开机构改革动员大会。市政府机构改革后，设置工作部门24个、派出机构2个。改革后事业单位名称一般称院、校、所、台、站、馆、社、中心等。杜绝“局下设局”“局内套局”的现象。

3月31日 山东省烟草局（公司）在安丘召

开农机重大专项成果推介会。

4 月 市政府修编完成的《安丘市土地利用总体规划（2006—2020）》通过山东省国土资源厅组织的专家审查，并获山东省政府批准。

5 月 16 日 中共中央组织部干部学院副院长王文才一行到安丘，考察调研市基层干部案例研讨式教学工作。

5 月 30 日 公安部党委副书记、常务副部长杨焕宁一行 14 人到安丘检查指导公安信息化建设和执法规范化建设工作。

6 月 5 日 山东省地质矿产勘查开发局党委书记、局长郑金兰到安丘调研地热资源开发工作。

6 月 12 日 山东省检验检疫局党组书记、局长周建安一行 5 人到安丘检查指导食品农产品质量安全区域化建设工作。

6 月 18 日 潍坊市市长许立全、副市长王献玲到安丘检查指导防汛、水利工程建设及三夏生产。

7 月 8 日 水利部党组成员、中纪委驻水利部纪检组组长董力带领调研组到安丘检查指导农村水利建设工作。

7 月 24 日 全国政协常委、政协人口资源环境委员会副主任、中国房地产研究会会长刘志峰，山东省住房和城乡建设厅厅长杨焕彩到安丘，调研城市建设和经济社会发展情况。

8 月 18 日 青岛大学—安丘市人民政府校地合作签约仪式在安丘市云湖假日酒店举行。

8 月 20 日 山东省农药经营备案及高毒农药定点经营制度推广会议在安丘召开。

8 月 28 日 日本参议院前议长江田五月一行考察安丘市农产品出口情况。

8 月 31 日 潍坊市加快推进扩权强镇试点工作会议在安丘召开。

9 月 5 日 由山东省政府、中国轻工业联合会主办，山东省轻工业协会承办的中国低度浓香型白酒发展大会在济南召开，景芝酒业股份有限公司被授予中国低度浓香型白酒著名企业称号。

10 月 4 日 山东省住房和城乡建设厅厅长杨焕彩到安丘检查指导旅游建设规划工作。

10 月 21 日 —22 日 山东省组织农村妇女参与转方式调结构，实施巾帼增收倍增行动现场推进会议在安丘召开。山东省妇联主席翟黎明带领参加全省组织农村妇女参与转方式调结构实施巾帼增收倍增计划现场推进会议的人员，参观安丘市实施农产品质量安全区域化和农村社区妇联工作现场。

10 月 22 日 山东省人大常委会副主任刘玉功率领省人大食品安全法执法检查组到安丘，检查贯彻实施食品安全法和农产品质量安全法贯彻情况。刘玉功充分肯定安丘市贯彻落实“两法”所取得的成绩。

11 月 1 日零时 根据全国第六次人口普查公报，安丘市总人口 926894 人。

11 月 4 日 农业部种植业管理司司长叶贞勤，山东省农业厅副厅长于书良，潍坊市委常委、副市长王献玲带领出席全国高毒农药定点经营管理试点现场会的人员，参观学习安丘市从源头控制农药管理使用，提高农产品质量安全，促进农业增效农民增收的经验做法。

11 月 9 日 受国家标准化委员会委托，山东省质量技术监督局组成考核组按照《农业标准化示范区考核验收办法》的要求，验收石埠子镇承担的国家级草莓农业标准化示范区。经过考核论证，石埠子镇草莓农业标准化示范区建设顺利通过验收。

11 月 18 日 27 个国家的驻华使节 34 人，应国家质检总局邀请，考察安丘市出口食品农产品质量安全区域化管理工作。

11 月 23 日 安丘市石油钻采机械厂承担的国家科技型中小企业技术创新基金重点项目即“多分支井完井技术及配套工具”项目，通过科技部验收。

11 月 全国高毒农药定点经营管理试点现场会议在安丘召开。安丘市被推举为全国农药监管和农产品质量安全工作先进典型。

12 月 3 日 中国酿酒工业协会主办，山东省轻工业协会、山东省白酒工业协会、山东景芝酒业股份有限公司承办的中国景芝复合香白酒研讨会在安丘召开。景芝复合香白酒的研发是景芝酒业继发明创造中国芝麻香型白酒之后的又一创新成果。

12 月 12 日 中国围棋大师聂卫平一行到山东景芝酒业股份有限公司参观考察。

12 月 14 日 —15 日 全国基层干部教育培训方式方法改革观摩研讨会在安丘举行。

12 月 23 日 山东景芝酒业股份有限公司工业旅游景区酒之城通过国家 AAA 级旅游景区验收。

12 月 召开全市深化医药卫生体制改革工作会议，部署推行国家基本药物制度、公立医院改革试点等工作。全市20所镇街卫生院和符合条件的村级医疗卫生机构全面启动实施国家基本药物制度，基本药物按照购进价实行零差率销售。

2011年

1月 安丘市被国家质检总局确定为首批全国出口食品农产品质量安全典型示范区。

1月19日 国务院打击侵犯知识产权和制售假冒伪劣商品专项行动督查组由司法部律师公证司副巡视员丘征带队到安丘，督导检查安丘市开展知识产权保护，打击制售假冒伪劣商品，促进经济发展的情况。

1月 安丘市建立新型农村社会养老保险制度，对60岁以上老年人实行直接发放基础养老金，基础养老金标准60元／人／年。

2月10日 安丘市召开全市经济工作会议。会议要求以科学发展为主题，以加快转变经济发展方式为主线，以富民强市为目标，以创先争优为动力，坚持高点定位，差异发展，加大投入，强化支撑，后发赶超，推动经济社会更好更快发展，努力建设富裕文明和谐的现代化强市，确保“十二五”开局之年取得科学发展新突破。

2月18日 商务部市场建设司副司长邓立带领国家发展改革委、农业部、国土部等部门的负责人到安丘，调研完善农产品流通体系，做好全国蔬菜产业发展总体规划编制工作。

3月1日 公安部消防局防火监督处副处长吴礼龙一行4人到安丘，检查考评消防安全“防火墙”工程和“大排查、大整治”工作。

3月2日 商务部市场秩序司司长向欣到安丘调研肉类蔬菜流通追溯体系建设情况。

3月16日 山东省地税局局长宋文军到安丘调研地税工作。

4月3日 中共山东省委书记姜异康到安丘调研。姜异康先后察看安丘华丰动力公司、市区域化管理指挥中心和市外贸食品有限责任公司后，充分肯定安丘市以科学发展为主题，以转变经济发展方式为主线，以富民强市为目标，以创先争优为动力，坚持高点定位、差异发展、加大投入、强化支撑，推动经济社会更好更快发展的成功实践，高度评价安丘市深化提升区域化管理“安丘模式”，促进现代农业率先发展、打造优质安全农产品“安丘品牌”的创新性举措。

5月8日 香港山东商会“一品景芝”专供酒颁证授牌仪式在香港举行。

5月 山东景芝建设股份有限公司被中国施工企业管理协会评选为2010年度全国优秀施工企业。

6月15日 印度比哈尔邦首席部长尼蒂斯·库马尔一行10人到安丘访问。

6月29日 山东省旅游局举办的全省乡村旅游专题培训班在辉渠镇正式开班。

7月15日 山东省地震局局长晁洪太率领参加全省地震局长会议的人员到安丘检查指导工作。与会人员高度评价安丘市在地震监测预报、震害防御、应急救援准备、科普宣传等方面取得的成绩。

7月19日 山东省工商行政管理局局长李华理带领全省工商行政管理工作现场观摩会议与会人员到安丘观摩。

8月11日 中国酿酒工业协会主办，山东省轻工业协会、山东省白酒工业协会、山东景芝酒业股份有限公司协办的中国芝麻香型白酒科学技术表彰暨中国芝麻香型白酒研究院成立大会，在济南山东大厦隆重举行。

8月21日—22日 在全国人大外事委员会主任委员、全国红军小学建设工程理事会名誉理事长李肇星等领导关怀下，山东安丘革命英烈红军小学，全国红军小学建设工程革命传统爱国主义教育基地和爱国主义劳动教育实践基地在安丘落成。21日下午，举行基地落成仪式，红军小学少先队员代表从李肇星手中接过校旗和校牌。22日，李肇星一行到安丘市烈士陵园向英雄纪念碑敬献花篮。

9月1日 安丘市参与制定的以“安丘模式”为核心的《初级农产品安全区域化管理体系要求》国家标准正式在全国颁布实施。是日，安丘市召开庆祝“安丘模式”上升为国家标准座谈会。

9月3日 潍坊市委书记张新起到安丘调研。他高度评价安丘市新型农村社区建设、群众工作和山区林场建设的情况。

9月7日—8日 山东省基层人口和计划生育宣传教育工作会议在安丘召开。

9月22日 首届中国（柘山）鲁派花生文化节在柘山老子文化广场开幕。

9月25日 中华全国供销合作总社党组书记

杨传堂一行到安丘检查指导供销系统经营服务体系建设的情况。

10 月 22 日 景芝“酒之城”景区通过由国家旅游局、山东省旅游局组织的评审组评审验收，晋升为国家 AAAA 级旅游景区。

10 月 28 日 青岛—潍坊蔬菜产销及质量安全战略合作联席会议在市外贸食品有限责任公司召开。安丘市农产品出口加工企业与青岛超市企业建立农超对接战略合作关系，实现产销无缝对接，满足青岛市场对安丘优质农产品的需要。

11 月 3 日 市政府出台《安丘市地方志工作管理暂行办法》，共 21 条。

11 月 5 日 –6 日 中国大典编修指导委员会常务副主任郭昱、美国泰普石油产品有限公司董事长张磊一行 9 人，考察安丘市生态旅游城市建设和乡村旅游发展的情况。

11 月 17 日 山东省副省长贾万志带领全省“旱能浇、涝能排”高标准农田建设现场会与会人员到安丘观摩。

12 月 18 日 国务院参事、中国出入境检验检疫协会会长葛志荣到安丘调研。

12 月 20 日 家乐福集团全国生鲜总监 Sebastien（赛伯）一行到安丘考察安全农产品。

12 月 市委书记王继怀调离，刘兴明继任市委书记。

12 月 26 日 –28 日 中共安丘市委召开第十三次代表大会，与会代表 380 人。会议听取并审议通过中共安丘市第十二届委员会关于《团结奋进 激情创业 为建设富强秀美幸福新安丘而努力奋斗》的报告，讨论通过大会关于十二届市委工作报告的决议和十二届市纪委工作报告的决议。会议选举产生中国共产党安丘市第十三届委员会委员、候补委员；选举产生中国共产党安丘市第十三届纪律检查委员会委员；选举产生安丘市出席潍坊市第十一次党代会代表。市委第一次全会选举刘兴明为市委书记，桑福岭、原理为副书记，闫凤林为纪委书记。

2012 年

1 月 4 日 安丘城市公交车正式通车。

1 月 6 日 –8 日 政协安丘市第九届委员会召开第一次会议，出席会议的委员 244 人。会议听取并讨论审议八届市政协常委会工作报告和提案工作报告，通过大会决议。会议选举产生市政协主席、副主席。

1 月 7 日 –9 日 安丘市第十七届人大召开第一次会议，与会代表 301 人。会议听取审议安丘市人民政府工作报告、安丘市 2011 年国民经济和社会发展计划执行情况与 2012 年国民经济和社会发展计划草案的报告、安丘市 2011 年财政决算和 2012 年财政预算草案的报告、安丘市人民代表大会常务委员会工作报告、安丘市人民法院工作报告、安丘市人民检察院工作报告。审查和批准安丘市 2012 年国民经济和社会发展计划、安丘市 2011 年财政决算和 2012 年财政预算。会议选举产生安丘市人民代表大会常务委员会主任，产生第一副主任、副主任；选举产生安丘市人民政府市长、副市长；选举产生市人民法院院长，市人民检察院检察长。

1 月 11 日 第三届山东省省长质量奖颁奖大会在济南召开。山东景芝酒业股份有限公司获“2011 年度山东省省长质量奖”，成为唯一获此殊荣的鲁酒白酒企业。

1 月 29 日 安丘市举行百栋高层楼建筑建设启动签约仪式。

1 月 31 日 安丘市召开三级干部会议。会议动员全市上下进一步统一思想，坚定信心，团结奋进，激情创业，全力以赴加快推进富强秀美幸福新安丘建设。

2 月 10 日 山东省妇联主席翟黎明到安丘调研农村妇女工作。

2 月 28 日 国务院妇女儿童工作委员会副主任，全国妇联党组书记、副主席、书记处第一书记宋秀岩，全国妇联副主席甄砚到安丘市调研农村妇女工作。宋秀岩一行视察石埠子镇南王庄草莓巾帼现代农业科技示范基地，肯定安丘市妇联团结带领广大妇女积极参与经济社会建设的工作。

3 月 16 日 青岛市副市长徐振溪带领考察团参观考察安丘市公路及城市绿化工作。

3 月 17 日 中国国土资源报社社长陈国栋一行到安丘进行“走基层、转作风、改文风”采访活动。

3 月 31 日 台湾花莲县县长傅崐萁一行 18 人，参观考察安丘市生态农业发展情况。

4 月 1 日 山东省委政法委副书记、省综治办主任王凯祥到安丘检查指导社区建设和社会管理综合治理工作。

4月22日　百名世界旅游形象大使走进安丘系列活动在安丘市举行。19个国家的百名旅游形象大使齐聚安丘青云山广场，开展世界旅游形象大使安丘城市花车巡游、景点采风等活动。亚太旅游联合会会长何光晔，中国国际友好城市联合会秘书长李利国，山东省旅游行业协会专职副会长丁再献，山东商报社党委书记孙超，潍坊市人大常委会副主任李世光，潍坊市副市长潘强，潍坊市政协副主席王卫东，中共安丘市委书记刘兴明等领导出席启动仪式。

4月28日　中国地震局地壳应力研究所与山东省地震局合作开展的郯庐断裂带原地应力重复观测及孕震信息挖掘研究项目启动暨野外科研观测基地揭牌仪式在安丘地震台举行。地壳应力研究所所长谢富仁、山东省地震局局长晁洪太、潍坊市副市长夏芳晨、安丘市市长桑福岭等领导出席仪式并讲话。

5月7日—8日　全国优势农产品出口与现代农业发展现场观摩暨经验交流会在安丘召开。农业部农业贸易促进中心主任倪洪兴出席会议并讲话。山东省农业厅副厅长周占升到会致辞。

5月31日　全国政协常委、民革中央副主席、港澳台侨委副主任、中华商标学会会长刘凡视察山东景芝酒业股份有限公司。

5月　安丘蜜桃被农业部审定为国家“地理标志产品”。

6月12日—13日　在国家标准化管理委员会农业食品标准部召开的农业综合标准化示范座谈会上，安丘市作为农产品质量安全区域化管理国家级农业标准化示范区（市）承担单位应邀参加会议，介绍农产品质量安全区域化管理“安丘模式”的成功做法和农产品质量安全区域化管理示范市创建工作情况。

7月5日　山东省副省长夏耕到安丘调研经济社会事业发展情况。实地察看市汶河南岸整体提升改造工程、市职业教育培训中心、市老年人康复保健中心、新安街道九年一贯制学校、市社会福利中心、市农产品质量检测中心、青云山、安丘汽车站、双丰大道东延工程、206国道路域提升改造工程、景芝酒业股份有限公司生态酿酒产业园等项目后，充分肯定安丘市科学发展的情况。

7月7日　国务院发展研究中心资源与环境政策研究所调研组一行14人到安丘，专项调研新能源开发与利用的情况。

7月24日　商务部市场运行司司长郧建凯到景芝酒业股份有限公司，检查指导酒类流通电子追溯体系建设情况。

7月29日　青岛市副市长徐振溪参观考察安丘市经济产业发展情况。

8月1日　山东省委常委、省纪委书记李法泉到安丘调研基层党风廉政建设工作开展情况。充分肯定安丘市加强党风廉政建设、推进基层民主、维护群众利益的一系列做法。

8月18日　中共山东省委常委、副省长孙伟带领省直有关部门负责人到安丘调研。

8月24日　中国检验检疫科学研究院综合检测中心山东分中心揭牌仪式在安丘举行。国务院参事、中国检验检疫协会会长葛志荣，国务院参事刘志仁，中国检验检疫科学研究院院长李怀林及潍坊市、安丘市领导出席仪式。

8月28日　潍坊市市长刘曙光到安丘调研，考察安丘市工业企业、文化旅游、现代农业、小城镇建设等方面的情况后，肯定安丘市在壮大主导产业的同时，促进工业与旅游紧密结合，加快推进企业转型的做法。

9月25日　泰国农业部副部长纳塔瓦率领泰国农业代表团一行56人，到安丘进行农产品贸易交流合作。

10月14日　在国家标准化管理委员会举办的综合标准化交流会议上，安丘市副市长刘兴军代表安丘市应邀作题为《实施农业综合标准化筑牢农产品质量安全防线》的发言。

10月19日　山东省低丘缓坡荒滩等未利用地开发利用试点工作座谈会在安丘召开。

10月25日　山东省旅游局局长于冲到安丘检查指导旅游业发展工作。

10月30日　安徽省副省长梁卫国一行45人到安丘考察。

11月6日　中国轻工业联合会和中国酒业协会联合在潍坊举行中国芝麻香白酒第一镇暨中国芝麻香白酒生态酿造产区授牌仪式，授予景芝镇为中国芝麻香白酒第一镇，山东景芝酒业股份有限公司为中国芝麻香白酒生态酿造产区。

11 月 7 日 中华全国供销合作总社党组成员、理事会副主任戴公兴到安丘调研供销社工作。

11 月 7 日 –9 日 国家标准化管理委员会农业食品标准部副主任徐长兴一行 5 人到安丘，调研农业综合标准化示范市创建工作。

12 月 1 日 新建安丘市永安路汶河大桥正式通车。大桥总长度 486 米，工程总投资 7700 万元，于 2012 年 3 月开工建设。

12 月 2 日 中共潍坊市委书记许立全到安丘调研。

12 月 30 日 安丘市被国家卫生计生委评为全国计划生育优质服务先进市。

2013 年

1 月 4 日 “山东·安丘出口农产品进京启动仪式”在北京首都大酒店举行。活动由市委、市政府主办，供应、配送、代理三方山东鲁丰集团、北京瑞兴隆农产品仓储有限公司、亿人万家饮食文化传媒（北京）有限公司正式签约。国务院参事、中国出入境检验检疫协会会长葛志荣，国务院参事刘志仁出席启动仪式。

1 月 5 日 “景芝酒业杯”潍坊旅游“三个三十”（即到潍坊不可不去的 30 个景点、不可不尝的 30 种美食、不可不买的 30 种旅游商品）评选结果在青云山风景区揭晓。安丘市入选景点四个：景芝酒之城景区、青云山民俗游乐园、青云湖休闲度假乐园、辉渠百泉度假区；入选美食三种：三页饼、景芝小炒、临浯芝泮烧肉；入选商品五类：一品景芝、辉渠望海山小米、圣川牛蒡茶、安丘泥塑、柘山花生。

2 月 19 日 中共潍坊市委书记许立全到安丘调研经济社会发展情况。

3 月 7 日 国家开发银行山东省分行行长于泽水到安丘调研突破城建、加快推进城镇化工作。

3 月 17 日 安丘市召开工业和招商引资工作会议。部署重点项目建设“百日会战”，动员全市上下掀起新一轮抓工业、大招商、上项目的热潮，加快推进富强秀美幸福新安丘建设进程。同时举行春季重点项目集中开工仪式。

3 月 20 日 中国（安丘）世贸中心项目签约仪式在青云湖畔举行。项目由安丘潮商置业有限公司建设，总投资约 70 亿元，占地 701 亩，建筑面积 101 万平方米。

3 月 23 日 中共潍坊市委书记杜昌文到安丘调研经济社会发展情况。

4 月 2 日 国家土地督察济南局局长赵龙到安丘调研低丘缓坡未利用地开发利用试点工作开展情况。

4 月 13 日 安丘市被水利部授予全国农田水利基本建设先进单位称号。

4 月 15 日 安丘市举办首届市长质量奖启动仪式暨质量发展战略专题培训会议，正式启动首届安丘市市长质量奖评审工作。潍坊市质监局局长岳尧、武汉大学质量发展战略研究院院长程虹，市委、市政府领导，各镇街区、市直有关部门和部分重点企业的主要负责人 460 余人参加会议。

4 月 29 日 青岛市副市长徐振溪考察安丘市经济社会发展情况。

5 月 12 日 安丘运动员徐德兴获第十二届全运会男子团体 20 公里竞走冠军，赵龙杰获第十二届全运会男子 2000 米八人单桨有舵手赛艇冠军，李双获第十二届全运会女子足球铜牌，实现安丘全运会金牌和奖牌零的突破。

6 月 5 日 景芝酒业股份有限公司在景芝现代生态酿酒产业园举办首届中国（景芝）生态酒文化节启动仪式。中国酒业协会理事长王延才，江南大学副校长徐岩，中国酒业协会白酒分会副理事长赵建华，中国酒业协会白酒分会秘书长宋书玉，贵州茅台酒集团有限公司名誉董事长季克良，宜宾五粮液集团有限公司名誉董事长王国春，中国著名酿酒专家沈怡方、高月明、庄名扬、栗永清，中国食品发酵工业研究院副院长宋全厚，中国轻工业联合会科技处处长朱业耘，山东省轻工业协会会长李伟鸣，山东省白酒协会秘书长姜祖模等出席启动仪式。

6 月 19 日 住房和城乡建设部调研组到安丘专题调研新型城镇化工作。住房和城乡建设部城乡规划司副司长李晓龙、中国城市规划设计研究院院长李晓江、山东省住房和城乡建设厅巡视员万利国等参加调研活动。

6 月 安丘市青少年科技创新实践教育基地被教育部、环保部评为首批全国中小学环境教育社会实践基地。

7 月 14 日 由山东省体育局、教育厅、科学技术协会主办，安丘市政府、山东省航空运动协会、潍坊电视台睛彩潍坊频道和山东景芝酒业股份有限公司承办的“景芝杯”2013山东省青少年航空航天模型锦标赛暨第十五届“飞向北京”全国航空航天模型选拔赛，在安丘市职业中专体育场举行。市职业中专被山东省航空运动协会确定为山东省青少年航空航天模型训练基地。

7月31日 柘山镇被农业部确定为全国“一村一品示范镇”。

7月 安丘农村自来水通村率达到100%，水质合格率达到100%，实现整建制、全覆盖、无死角。农村居民全部喝上干净卫生的放心水。

8月2日 国务院参事魏津生带领调研组到安丘调研“加快我国长期照护制度建设，应对人口老龄化”的问题。调研组充分肯定安丘市紧紧围绕“建设富强、秀美、幸福新安丘”的目标，坚持把社会养老服务工作作为保障改善民生的重要内容，在夯实基础、创新模式、完善政策上下功夫，较好地保障老年人各项权益的做法及取得的成绩。

8月5日 中共潍坊市委书记杜昌文到安丘调研农村饮水安全工程建设情况。他充分肯定安丘市农村饮水安全工程建设取得工程覆盖率百分之百、水质合格率百分之百的成绩。

9月9日 山东省玉米收获及秸秆还田机械化现场会在金冢子镇召开。山东省、潍坊市、安丘市相关领导，全省17地市农机局局长及部分县市农机局负责人参加现场会。

9月11日 山东省副省长赵润田到安丘调研现代农业发展情况。他高度评价安丘市深化提升区域化管理“安丘模式”，促进现代农业率先发展，打造优质安全农产品“安丘品牌”的创造性举措。

9月24日 安丘市政府与法国阿兰·格隆投资集团在安丘举行颁尼菲克（山东）科技产业园项目签约仪式。项目一期投资一亿元，其中境外资金780万欧元。

10月9日 安丘市青少年科技创新实践教育基地被国家地震局认定为国家级防震减灾科普教育基地。

10月13日 农业部行业科研专项（葱姜蒜产业发展关键技术研究与开发）总结暨现场观摩会议在安丘召开。全国各地从事葱姜蒜行业科研的顶尖专家，农业部和山东省农业厅、农业科学院的有关领导，共计35人参加会议。

10月14日—15日 山东省级园林城市专家考核组到安丘评审验收创建省级园林城市工作。

10月17日 潍坊市市长刘曙光到安丘调研产业园区建设及新型城镇化工作开展情况。

10月19日 首届中国（景芝）生态酒文化节在安丘市齐鲁酒地文化创意产业园举行。活动由中国轻工业联合会、中国酒业协会、中国食品工业协会联合主办，由山东省轻工业协会、山东省食品工业协会、山东省糖酒副食品商业协会、山东景芝酒业股份有限公司、齐鲁酒地文化发展股份有限公司联合承办。

10月 莲花山路汶河大桥竣工通车。大桥长426米，工程总投资5300万元，于2013年3月开工建设。

11月9日 安丘市齐鲁酒地风景区通过国家AAA级旅游景区评审验收。

11月10日 安丘城区全面启动公共自行车站点安装调试，一期工程设置自行车站点95处，安装锁车柱2272个，安放自行车2280辆。

11月27日 内蒙古自治区锡林郭勒盟阿巴嘎旗旗委书记包苏雅拉图带领党政考察团到安丘参观考察。其间，阿巴嘎旗与安丘市举行缔结友好市旗签约仪式。

11月27日 山东省卫生厅厅长刘奇带队到安丘检查指导县级公立医院改革、基层医疗服务体系建设与乡村一体化工作。

11月29日 安丘市被国家标准化管理委员会表彰为国家级农业标准化示范区。山东省唯有安丘市获此称号。

12月2日—3日 内蒙古自治区达茂联合旗旗委书记伏瑞峰一行5人到安丘参观考察。其间，达茂联合旗与安丘市举行缔结友好市旗签约仪式。

12月23日 中国（潍坊）东亚科技成果交易基地（安丘）项目和中国石油采油设备研发基地项目签约仪式在安丘举行。

12月24日 安丘市科瑞特标识、鲁胜食品、泰达电力三家企业在齐鲁股权交易中心举行挂牌仪式。

12月28日 首届（青岛）安丘经贸发展座谈会暨青岛安丘商会成立大会在青岛举行。

12月 安丘市被山东省国土资源厅评为省国土资源执法模范市。

12 月 安丘市通过山东省爱卫会专家组验收，　被确认为全省除“四害”先进市。

第 一 编

建置　区划

第一章　建置境域

第一节　建置沿革

安丘文明上溯历史古远。更新世晚期，人类由古人进化成新人。四五十万年前，山东境内沂源人在安丘西南部繁衍生息。沂源人的后世子孙是新泰人。泰沂山区是沂源人和新泰人重要居集区，依山而猎，傍水而渔。他们沿汶水顺流而下，在安丘定居。安丘境内山体从西南到东北，均属泰沂余脉。安丘先民经历旧石器时代，由母系氏族发展到父系氏族，进而阶级分化，推动这一历史变革是沂源人的子孙东夷人。东夷人是华夏大家族的重要一支，是中华民族的始祖之一，他们开启海岱之区的远古文明，先后创造出北辛文化、大汶口文化和龙山文化。境内虽未发现北辛文化遗址，但一定经历过蒙昧到野蛮时代的演化。至2013年底，境内发现大汶口文化与龙山文化遗址40多处。

夏商时，少昊后裔遍布山东，居潍淄之地嵎夷逐渐壮大。境内有安丘国，为少昊后28方国之一，子民乃嵎夷支裔。安丘国都城对安丘山。安丘山即牟山。安丘之名自此始。后裔以安丘为氏。时境北属于斟鄩国境，国治浑村附近。境东南属兹国。

西周时，根牟国、纪国与淳于国并存。根牟国都安丘故城，城对牟山。淳于国亦名州国，治安丘东北部。西部属于纪国。南境小部分属鲁国。境东南部属莒之兹邑。

春秋时，境分属淳于、根牟、纪、齐、杞和鲁国。《左传·僖公十四年》载：十有四年春，诸侯城缘陵而迁杞焉。杞国为齐国灭，迁归新泰。

战国时，境大部属齐国。齐国治营陵。西南柘山境等少部属于鲁国。

秦时，在战国县郡制基础上实行郡县制。境属于琅琊、胶东二郡毗邻地区。秦末，又调整增设若干郡。始皇三十四年（前213年），于山东半岛西部始设胶西郡，治高密，安丘当属之。古志及史料有始皇二十七年（前220年）置安丘县之说。

西汉时，境属北海郡。高祖八年（前199年）封功臣张说为安丘懿侯。汉景帝前元二年（公元前155年），分胶西国设北海郡，领安丘县，治安丘故城。《山东通史·秦汉卷·北海郡》载：景帝二年（前155年），“胶西王印以卖爵有奸，削其六县，”即以其地置北海郡。此后，北海郡又并入部分侯国和削减之县。郡治营陵，领县安丘、淳于。胶西国存安丘县已立，盖安丘最晚应在景帝二年置县。西汉安丘同时存二县，一属北海郡，即牟山北安丘；一属琅琊郡，在今县城东南。《山东省志·建置志》载：西汉于淳于县西南置安丘县，又别置梧成、平昌、昌安、成乡等县，分属北海郡、琅琊郡、高密国。据《汉书·地理志》记载考证，境内当时除上述县和侯国外，尚存或属辖灵门县、姑幕县、缾县、兹乡侯国、朱虚县。淳于县亦属北海郡。汉宣帝本始元年（公元前73年），设高密国，治高密，辖昌安县，县治在安丘东南；郚城县，治安丘西南；灵门县，县治在安丘南部，石埠子镇治；成乡县，在安丘县北部。瓶县置临朐南，辖柘山境西鄙。

新莽天凤元年（14），改安丘为诛郅，改安丘侯国为宁乡。

东汉时，境属北海国，治安丘故城。东汉沿袭西汉郡县制，后又实行州郡县三级制。建武元年(25)改诛郅复名安丘。安丘县城东北十三里有渠丘亭。成帝时封高密顷王子尝为安丘侯。建武五年（29），张步降，封为安丘侯，而北海安丘如故。昌安侯国辖境东地域。境内有青州北海国安丘县、安丘侯国、淳于县、昌安侯国和琅琊国姑幕县。郚城县并入朱虚国，属于朱虚县东部。南部局部属平昌侯国。东汉建武八年（32），安丘侯张步作乱，为琅琊太守陈俊斩杀，随即裁撤琅琊安丘侯国，其地并入安丘县。

三国时，安丘属魏。境内分布安丘、淳于、昌安、姑幕、平昌诸县。初境属平昌郡，郡治昌安。后改为青州城阳郡。安丘县治故城。平昌郡治昌安。

西晋时，安丘境内分布安丘、淳于、昌安、姑幕、平昌诸县。初属徐州东莞郡，淳于、昌安、姑幕、平昌属青州城阳郡。太康十年（290）姑幕改属徐州东莞郡。永康元年（300）复置青州平昌郡和青州高密国，平昌郡治于郚城故城，朱虚属平昌郡，淳于、昌安、安丘、平昌属高密国。安丘县治故城。

东晋十六国时，安丘先后归后赵、前燕、前秦、后燕、南燕。东晋另于京口设置南徐州南平昌郡安丘县。故南北各有安丘县。北安丘境属青州高密国，治安丘故城。时晋室南渡，别置徐州南平昌郡安丘县，郡治南安丘，居于京口。

南朝时，侨置南平昌郡，郡治南安丘县，居于京口。北安丘属青州平昌郡，北平昌郡治安丘县故城。昌安县治东境。朱虚县归郚城县。

北朝时，安丘境存昌安、淳于、琅琊、朱虚、姑幕诸县。除姑幕属青州东武郡，余皆属青州平昌郡，安丘县治故城。后改属胶州平昌郡，郡治昌安，辖昌安、淳于、营陵、安丘、朱虚、琅琊六县，安丘仍治故城。北魏分东魏、西魏时，安丘属东魏。北齐并安丘、平昌入昌安，北齐省安丘县入昌安县，迁居渠丘亭北。淳于并入高密县，姑幕县并入琅琊县。北魏时，昌安县迁居安丘县东北十里处，与渠丘亭距里许，南北相望。

隋时，高密郡改置密州。开皇十六年（596），析昌安县于牟乡城置牟山县，属密州。大业二年（606），牟山县复名安丘县，裁昌安县并入安丘县。琅琊县改称郚城县。大业三年（607），改密州为高密郡，安丘、郚城皆属之，安丘县移治于故平昌郡。县自牟乡城迁治平昌故城，县治都吉台。都吉台处姑幕县南浯水对过。

唐时，武德二年（619）复置昌安县，治印台北，属潍州。武德五年（622）改高密郡为密州，于渠丘亭附近再设安丘县，属密州。武德六年（623），裁昌安、郚城县并入安丘县，又将原淳于县故地并入之。唐贞观元年（627），置河南道，安丘属密州。唐肃宗乾元二年（759），安丘县移置昌安县，改称辅唐县，安丘县治印台北，未曾迁过治。至此，安丘境东合昌安、淳于，南兼姑幕、平昌，西并郚城，基本形成现之境况。

五代时，后梁立，境属高密郡，开平二年（908）复名安丘县，治未变。后唐立，境属高密郡，同光元年（923）县名复改为辅唐县，治沿安丘县治。后晋时，境属高密郡。天福七年（942）安丘县改名胶西县。后汉、后周县皆属胶西县，治沿安丘县治。

宋时，开宝四年（971），裁撤胶西县复置安丘县，隶属京东东路密州。

金时，金灭北宋，安丘属金朝，境属山东东路益都府密州。

元时，安丘属蒙古统治。境属中书省山东东西道益都路密州。

明时，洪武二年（1369）省密州，置青州府，境属山东布政使司青州府。并在县城南渠丘亭址设渠丘驿，明末省。

清时，境属山东青州府。

中华民国时，民国二年（1913）属胶东道，民国十四年属胶莱道，民国十七年直属山东省，民国二十七年属第八行政督察区，县治未变。是年1月，日军侵略安丘，县境沦为敌占区。国民党县政府流寓县西部山区，属山东省第八行政督察专员公署。日伪时期，县城日伪县公署，隶属于伪山东省鲁南道。民国二十九年，又改属于伪莱潍道。民国三十二年7月，中国共产党、八路军解放西南山区，建立莒沂安抗日根据地；9月在西古庙村建立安丘县政府（即抗日民主政府），属鲁中区沂山专署。民国三十四年，6月，县境东南部解放，7月在景芝建立淮安县政府，属鲁中区沂山专署。8月，抗战胜利，国民党县政府从山区迁回县城。

民国三十七年（1948）4月，安丘全境解放。5月，在县城建立新安丘县人民政府，属昌潍专署。时安丘、老安丘（丘南）、淮安三县并存。民国三十八年，6月，老安丘县改作丘南县，新安丘县改作安丘县。1950年6月，淮安县改作潍安县，三县同属昌潍专区。1952年6月，潍安县并入安丘县。1953年8月，丘南县并入安丘县。时，安丘合并丘南、潍安二县，与原安丘县合称安丘县，属昌潍专区。昌潍专区于1967年改作昌潍地区，1981年改称潍坊地区，1983年10月改建为潍坊市，安丘县皆一一属之。

1994年1月18日，国务院批准安丘撤县设市。安丘市为县级市，直属山东省，潍坊市代管。

2003年10月，安丘市政府由汶河南迁至汶河北今址。从唐乾元二年（759）至此第一次迁治。

第二节　境域变迁

安丘历史久远，境土屡分，地理参差。一郡一县，割成四五，四五之中，复有离合，兼之往牒不全，或多抵牾。又县名屡更，县治屡迁，境域变化，实难厘清。唐武德六年（623），近县并之，虽境况基定，然记载颇少。明万历《安丘县志》载：安丘广百四十里，袤七十里，西去府百六十里，去省会五百里，去京师一千四百里。安丘山水虽仅一瓯臾。然而昔人称其处于浯水、汶水之间，宛如一都会。浯水、汶水自西南出，南北两条玉带，皆入潍水，东赴大海，又有小泰山（沂山）连横于西南。因此《安丘述略》云：安丘这个地方，有如全齐中包裹着一个小齐。如果说海岱疆域，安丘能占到百分之一；言潍淄两地，安丘能得二十分之一；言浯汶之域，如得全焉。

清初，潍水东境18个村并入安丘，境域大体确定，东西约70公里，南北半之，全境面积2400平方公里。东界南半高密，北半昌邑。北界东半潍县，西半昌乐。西界临朐，南界西自沂水起，经莒至诸城东北境。乾隆初，全县分为6个乡，凡66个社；道光后仍为6个乡，凡54个社。自清末交通中可见时之安丘之境域大况。志载：自县城起出城南门经南关逾城南埠计行境内30公里出境后又东南30公里至诸城县城。又自县城治起出城南门，经南关逾城南行偏西南计行境内40公里，又南80公里至莒州城。又自县治起出城南门转东，计行境内22.5公里，出境又东35公里至高密县城，南行35公里至诸城县城。又自县治起出城南门，西经西关至高崖出境，入临朐县，与临朐东路接，此为本县西南路，计行境40公里出境，又西40公里至临朐县城，又自绕行临朐境西南百里至沂水县城。又自县治起出城东门，经东关东北行入昌邑县界，与昌邑西南路接，此为本县东北路，计行境内25公里出境，后又东北30公里至昌邑县城。又自县治起，出城南门转西至椿树岭出境，入昌乐县界，与昌乐东南路接，此为本县西北路，计行境内10公里出境后再行45公里至昌乐县城。又自县治起出城北门，经北关北行至归家疃，出境入昌乐县界，与潍县南路接，此为本县北路，计行7.5公里出境，后又西北32.5里至潍县城。

明清至解放前夕，安丘境域无大变化，其四界为：东界，北段以潍河东峠山、留戈庄、张家大村、高戈庄、戴家埠与昌邑搭界；南段以潍河东窎兰、七里兰、后店，潍河以西于戈庄、东庄子、景芝、南杨庄、大市留、宋官疃与高密县为邻。南界，东段以杨家山前、河埠、西朱耿、宋家井子、东古河及渠河南岸的里丈、孙家楼子、马武沟、西莳家庄子、涝洼官庄与诸城县相接;中段至北孙家庄、后庄、上株梧、芦家河、宴峪、东召忽、罗家官庄、崔家官庄、任家旺、祝家庄、辛家庄子与莒县毗连；西段以磨山、石虎山、石门顶、太平山与沂水县为界。西界以太平山、伏山、七宝山、黑山与临朐县为界。北界，西段至汶河以北的胡家官庄、黄崖头、石匠官庄、老沟岔、韩家沟、丘家庄、孔家庄、王家董孟、陈家埠、椿树岭、侯家河、李家峪、归家疃与昌乐县相邻；东段沿汶河北岸的葛庄、水西、魏家埠、刘家洼、石坑、刘家营子、港涘、前苏、东苏、狮子口、安丘庄子与潍县接壤。

民初境域几同清境，改为51处乡镇。韩复榘主鲁，分为6个区，下设51处乡镇。

民国三十二年（1943）9月，县境西南部山区解放，建立人民政权安丘县政府后，莒县五区渠河以北的63个村庄划归安丘。同时，安丘沿渠河北岸的北孙家庄、张靳、孝河口、雷家清河、周家屯等10个村及安丘在渠河南岸的里丈、马武沟、涝洼官庄等17个村划属诸莒边县（后属诸城县）。

民国三十四年（1945）7月，县境东南部解放，建立淮安县政府后，诸城县渠河以北的38个村和高密县在潍河以西的57个村划归淮安县。安丘在潍河以东峠山附近的16个村，高戈庄附近的8个村，民国三十六年3月解放时，分别划归昌南县和高密县。

民国三十七年（1948）5月，（新）安丘县政府建立后，境域变化比较大：安丘县汶河以北的高崖、汶河两区147个村划属昌乐县；昌乐县的平柳、阿陀两区和潍县九区南流、刘家尧一带88个村划归（新）安丘县。

1952年6月潍安县并入安丘县，安丘县平柳（七区）、阿陀（八区）两区划属昌乐县。同时原属慈山区的侯家河划归昌乐县，原阿陀区的涝洼、薛家庄、辛家庄、石羊官庄、马连官庄、张家石龙子、丰台7个村留在县内，属刘家尧乡。

1953年8月，丘南县并入安丘县，全县总面积为2042平方公里。1965年8月，凉台公社划归诸城县，诸城县石埠子公社所属渠河以北的16个村和石桥子公社所属渠河以北的4个村划归安丘县，全县总面积为2021平方公里。

1983年10月，刘家尧公社的程家营、姜家庄、石泉子、霸王泉、仕子口、西房仕、东房仕、裴家河、大园、范家庄、才子官庄、北才子官庄、辛庄等13个村和荆山洼厂、矿划属坊子区。

1986年，安丘县域总面积2010平方公里。1997年3月，按照山东省人民政府统一要求，安丘市与周边县市区联合勘定边界。至2002年底，全部勘定与安丘市毗邻的界线，分别与周边县市区签订《联合勘定行政区域界线协议书》，并经省政府审定批复。《协议书》及其附图明确双方边界的走向、边界地形地貌、界桩数量及位置、界线两侧参照物，并规定边界维护双方的责任，约定联合检查的方法步骤及争议的处理原则。

经勘定，安丘市边界线总长383.036公里。其中安丘—临朐线20.9公里，起自郚山镇大泉子村，止于大盛镇西丁家沟村；安丘—诸城线73.2公里，起自景芝镇河崖村，止于石埠子镇车苗村；安丘—沂水线74.019公里，起自石埠子镇车苗村，止于郚山镇大泉子村；安丘—昌乐线93.617公里，起自大盛镇西丁家沟村，止于新安街道丰台村；安丘—坊子线121.3公里，起自新安街道丰台村，止于景芝镇河崖村。边界线共埋设界桩55棵。

2003年6月，南流镇划归坊子区，全市总面积1929平方公里。2007年9月，赵戈镇、黄旗堡镇划归坊子区，全市总面积1739平方公里。2009年5月，景芝镇大圈等14个村划归峡山生态经济发展区，总面积减至1723平方公里。其四至：东11.6公里到峡山生态经济发展区界，东南23.5公里到诸城市界，又25.5公里至市区；西南46公里到沂水县界，又43.3公里至市区；西南42.4公里到临朐县界，又20.6公里至市区；西北4公里到昌乐县界，又41.5公里至市区；北6.8公里到坊子区界，又13.2公里至市区。至2013年，境域无变化。

第二章 行政区划

1984年4月，安丘县撤销公社建制，设置安丘、景芝、黄旗堡、南流、凌河、雹泉、官庄、红沙沟、大盛、庵上10处镇;贾戈、石堆、赵戈、担山、刘家尧、慈埠、关王、王家庄、石埠子、临浯、宋官疃、金冢子、白芬子、管公、辉渠、夏坡、温泉、召忽、柘山、车庄、郚山、南逯22处乡。

1992年7月，撤销贾戈、赵戈、慈埠、石埠子、刘家尧5乡，改设为贾戈、赵戈、慈埠、石埠子、刘家尧5镇，其行政区域和政府驻地不变。

1994年1月，经民政部报请国务院批准，撤销安丘县设立安丘市。以安丘县的行政区域为安丘市的行政区域。

1994年11月，撤销担山、管公、临浯3乡，改设为担山、管公、临浯3镇，其政府驻地不变。撤销石堆乡，设立石堆镇。其政府驻地不变。

1995年3月，撤销柘山乡，设立柘山镇。其政府驻地不变。

1996年11月，撤销金冢子乡，设立金冢子镇。其政府驻地不变。

1999年3月，撤销关王乡，设立关王镇。其政府驻地不变。

2000年2月，安丘市调整部分乡镇行政区划。分别是：撤销安丘镇、贾戈镇，以原安丘镇和贾戈镇的行政区划分别设立兴安和贾戈两街道办事处，其行政机关驻地不变；撤销温泉乡，其行政区并入红沙沟镇；撤销车庄乡，其行政区并入柘山镇；撤销召忽镇，其行政区并入石埠子镇；撤销郚山乡、南逯乡，以原郚山乡、南逯乡的行政区设立郚山镇，镇人民政府驻原郚山乡驻地；撤销辉渠乡、夏坡乡，以原辉渠乡、夏坡乡的行政区划设立辉渠镇，镇人民政府驻原辉渠乡政府驻地。

2001年2月，撤销慈埠镇，其行政区域并入关王镇；撤销担山镇，其行政区域并入赵戈镇；撤销雹泉镇，其行政区域并入管公镇；撤销宋官疃镇，其行政区域并入景芝镇。

2003年6月，南流镇整建制划归潍坊市坊子区管辖。是月，复立雹泉镇，将撤销雹泉镇时并入管公镇的雹泉西北村、雹泉东北村、雹泉西南村、雹泉东南村、大寿山、小寿山、吉山店子、山前、杏山子、莲花官庄、南官庄、马车岭、鞠家庄子、都家庄子、韩家庙子、下峒峪、中峒峪、老峒峪、岳家庄、代家坡、西北崖、崔家峪、胡家旺、前范山子、后范山子、落鸦石官庄、米布袋官庄、圈河、西黄家庄、青山官庄、水润道、张家溜、王家沟、徐家寨、张家官庄、富平官庄、东尚庄、西尚庄、北尚庄共39个行政村划归雹泉镇管辖，雹泉镇人民政府驻雹泉东北村。

2007年8月，安丘市调整部分行政区划。撤销刘家尧镇、关王镇、贾戈街道，设立新安街道，原刘家尧镇的行政区域，原关王镇丘西、徐家庄、曹家楼子、东刘家庄、尧洼、陈家庄、南韩家庄、河洽、南谢家庄、北辛庄子、北谢家庄、上埠、北韩家庄、张家屯、于家官庄、朱家官庄、高家官庄、椿树岭、姚家庄子、葛达官庄、任家菜园、三台新村、孙下埠河西、李下埠、孙下埠河东、陈家埠、关王庙、孙十里、东辛庄子、黄十里、小河崖、张家庄、陈家楼、东周家庄子、黑牛冢、大洼、小洼、李家峪、桥北头、周家楼、丘东、王家楼42个村，原贾戈街道东北村、东南村、西北村、西南村、大沙埠、邵家埠、杏杭、高家沟、刘沙埠、周沙埠、韩家王封、董家王封、刘家王封、曹家王封、贾家王封、大埠后、高埠、小杨戈、大杨戈、夹埠、西友戈、东友戈、西许戈、东许戈、王家庄、小洼、何家屯、柳杭、十里泉、新村、为善、常家庄、李家埠、曹五里、李五里35个村，赵戈镇王家庄、夏家庄、东韩吉、中韩吉、西韩吉、庵顶、东仓、西仓、中仓、东张排、西张排、小埠后、贺戈庄、前担山、后担山、马家庄、周家庄、孙家庄、凌家庄、东朱戈、西朱戈、蔺家官庄、蒯场、围子、北院庄、周家院庄、东院庄、麻家院庄、河洼、赵家埠、石灰埠、大朱聊、小朱聊、山口、下洼、马家小庄、南屯、埠下、前友兰、后友兰40个村，划归新安街道管辖，新安街道办事处机关驻原刘家尧镇政府驻地；撤销白芬子镇，原白芬子镇的行政区域，原贾戈街道张田戈、周田戈、三合村、朱田戈、韩家村、赵家村、逯家村、魏家村、马家坟、十里铺、沈十里、陈十里、孙十里、王家楼、马家庄、孟五里、郝家庄、马家楼、务稼庄、小城埠、小东场、张五里、王五里23个村，划归兴安街道管辖，办事处机关驻地不变；撤销临浯镇，将原临浯镇的行政区域并入景芝镇，景芝镇政府驻地不变；撤销红沙沟镇，将原红沙沟镇红沙沟、小北部、刘家斗沟、曹家斗沟、小河口、沈家庄、刘家西部、李家西部、东纪庄、西纪庄、西石庙、王家赤埠、李家赤埠、簸箕掌、姚家庄、董家庄、赵家赤埠、战家沟、陈家沟、东涝山、禅杖、郑家庄、赵家沟、南部、西涝山、小庄、山东头、黑石头沟、张家庄子、石榴沟、张家斗沟、东南疃、东浒崖、坝洼、后沟36个村，原关王镇井戈、店子、栾家庄、慈埠、宗家庄、李家水西、光甫、前光甫、孟家庄、王家庄子、山后屯、后李戈、凤凰官庄、王家董孟、田家庄、吴家庄、白石官庄、前李戈庄、东惠家庄、西周家庄、西惠家庄、阳旭、西刘家庄、任家庄、儒林、柿子园、龙泉、申家庄、龙湾崖、于家水西、圈子、冢子坡、牛家埠、南官庄、大芷坊、小赵家埠、大赵家埠、西辛庄子、申明亭、红河崖、马姚41个村，并入凌河镇，凌河镇政府驻地不变；撤销雹泉镇，将原雹泉镇行政区域和原红沙沟镇温泉、北后河、南后河、下涝坡、上涝坡、东旺、小桃园、徐家沟、西浒崖、田家岭、王家庄子、花石涧、吴家沟、前崮山沟、大桃园、石门、西沟、范家庄子、石山子、东崔巴峪、窝洛、西崔巴峪、上头、常家岭、大安、刘家埠子、河洛27个村，并入辉渠镇，辉渠镇政府驻地不变；撤销庵上镇，将原庵上镇行政区域并入石埠子镇，石埠子镇政府驻地不变；撤销管公镇，将原管公镇行政区域并入官庄镇，官庄镇政府驻地不变；撤销王家庄镇，将原王家庄镇行政区域并入赵戈镇，赵戈镇政府驻地不变。

2007年9月，黄旗堡镇、赵戈镇划归潍坊市坊子区管辖。

2009年4月，景芝镇的大圈、郭家庄子、东于戈庄、西于戈庄、旺民庄、前张家庄、后张家庄、刘家屯、杜家庄、北张洛、贾戈庄、高家庄、薛家庄、于家庄14个村划归坊子区赵戈镇管辖。

2011年2月，安丘市调整部分行政区划。重新调整兴安街道原有121个行政村，新组建成33个中心村，城北等35个行政村（居）保持不变；重新调整辉渠镇原有的119个自然村（居）组建成40个行政村。

2011年4月，安丘市行政区划部分调整。重新调整新安街道原有138个行政村，新组建成立49个行政村，被撤销的行政村全部改为自然村。原小杨戈村等43个行政村保持不变；重新调整柘山镇原有55个行政村重新调整，新组建成立41个行政村；重新调整官庄镇原有101个行政村，新组建成立59个行政村。

2011年6月，安丘市行政区划部分调整。重新调整石埠子镇原有的100个行政村组建成67个行政村；重新调整郚山镇原有68个行政村，新组建成立54个行政村。

2013年12月，景芝镇原有139个行政村组建为135个行政村，被撤销的行政村全部改为自然村。

全市区划调整后，共有凌河、官庄、大盛、石埠子、石堆、柘山、辉渠、郚山、金冢子、景芝10个镇；兴安、新安2个街道。市域总面积1783平方公里，辖866个行政村（居）。

第三章 城区建设

明清时期，安丘县治汶河南印台北。县城自唐定治后屡遭兵燹。至明时，历经多次重修，县城方定规模。据明万历《安丘县志》记载："城周环广三里二百四十步，高二丈二尺"，"辟为三门：东曰威武，南曰太平，北曰乘胜，制阙东北隅，俗呼为濮头城"。清朝时，又在东关、南关、西关南段外筑有土围墙，长约2910米，城区面积0.67平方公里，外城辟有拱极、清阳、海晏、启文、景安、迎薰、永靖、河清8门；内城设威武、太平、西门、乘胜4门，城内街道纵横，集市星落，知名者有藁街、硝市、花市、鸟市、粮食市等。同时县衙、学屋、亭台楼阁、寺庙贤祠、牌坊、祭坛等名胜古迹颇多。民国37年（1948）县城解放时，城区内街道狭窄，店铺萧索，居民只有7500余人。因战乱及人为破坏，城区内名胜古迹几为毁尽。

1949年中华人民共和国成立后，县城进入新的历史发展时期。历经几十年的改造拓展，至1985年，城区面积6.2平方公里，是新中国成立前的6.5倍；城区建筑面积595万平方米，是新中国成立初期的10倍以上。1986年—1993年，城区改造修建道路17条，总长1.73万米，总面积26.7万平方米，主要街道布局呈棋盘状，走向正规，宽阔平坦，两侧绿树成荫，夜晚路灯明亮；城区布局合理，党政机关多坐落在县城中心，北部和东北部为工业区，东南部为文化区，贯通县城南北的城里路和新建路两侧为商业集中区。有安丘县政府招待所、县外贸大厦、潍安宾馆、华安宾馆、城里旅馆、安城旅社等接待服务部门；有百货、五金交电、食品、烟草、药材、果品盐业等专业公司16家；有机械、化工、纺织、电子、食品、能源等县办企业50多家，镇、村办工厂近百家；有大型农贸市场、批发市场各1处，有各类学校22所，影剧院2座，博物馆、图书馆、工人文化宫、体育场各1处，人民医院、妇幼保健院等医疗机构5所；国道206线和省道下小路交叉经过城区，有汽车站1处。

1994年1月安丘撤县建市后，城区建设步伐加快，城市化水平不断提高，城市功能迅速提升。至2000年，安丘市先后建成汶河广场、商场路、供销大厦等一批标志性工程；新建、改造道路总长2.22万米，总面积38.7万平方米。

2001年—2004年，安丘市政府投资178亿元，建成规划面积45平方公里的安丘市北区，形成六纵六横主干道及区间道路28条，共长83公里，面积135万平方米，栽植绿化苗木800万株，建成绿地196万平方米，配套安装路灯1389盏，铺设雨污管网114公里，建成日处理污水6万立方米的污水处理厂和日供水8万立方米的供水厂。

2007年—2010年，投资8.2亿元，实施以拆除城区违法建筑、沿街破旧平房、实体围墙和绿化、硬化黄土裸露地面为主要内容的“三拆一绿”工程。拆除面积2.2万平方米，围墙6000米；建设街头公园20多处，栽植绿化苗木240万株，增加城市绿地23万平方米。

2011年—2013年，投资4亿多元，建成长12公里，面积12.5平方公里的大汶河景观轴，打造汶河成为连接新老城区的生态轴线；投资6亿元，分两期对纵贯安丘城区的长6.5公里的环城河进行综合治理，打造环城河景观带；投资1亿元，重点改造全长5公里的墨溪河城区段，铺设截污管道10公里，配套建设13座桥梁闸坝，河道两侧进行高标准景观建设和配套绿化；完成规划占地7平方公里的低碳工业园一期工程，投资7100万元，建设道路5条，总长7.5公里；投资3.4亿元，建设青龙山生态藏酒文化产业园；投资20亿元，建设以景酒文化产业园为龙头，高新技术、仓储物流、生态旅游等共同发展的青龙山服务产业园；投资7700万元，建成长486米，宽30米，主桥两侧对应矗立4座49.5米塔柱的永安路汶河大桥；投资7000万元，建成东西长600米，南北宽220米的青云山市民广场，铺装7万平方米，绿化6万平方米，栽植银杏、白蜡、雪松等大型乔木1000多棵。实施永安路北延、莲花山路西延、双丰大道东延、下小路绿化、商场路改造等城市路网建设工程。2013年10月，莲花山路汶河大桥通车，路域辐射安丘城东部，城区道路扩至49条，通车总里程210.14公里，配套安装路灯7410杆。围绕建设富强秀美幸福新安丘，建设汶水绿洲、青云·国际城、龙耀锦都、锦绣华城等住宅小区，200栋高层建筑建成启用，成为城区一道道靓丽的风景线。全市建成区园林绿地面积1640.13公顷，城市绿化覆盖率44.25%，绿地率36.33%，人均公共绿地26.87平方米。2013年，城市发展控制区面积197平方公里，中心城区建成区面积38.3平方公里。

第四章　镇街区

第一节　街　道

兴安街道

兴安街道位于安丘市南区、汶河以南。2000年6月，撤销安丘镇设立兴安街道。2007年8月，原白芬子镇并入兴安街道。镇域面积185平方公里，辖59个行政村，147个自然村，67246户，人口20.1万人，耕地面积9.7万亩，是国家级生态乡镇、省级生态乡镇、文明镇、明星镇、经济百强镇。2013年，全街道实现地方财政收入1.7亿元，工业实现销售收入54.5亿元、利税2.4亿元，农民人均纯收入11962元。

兴安街道盛产大姜、大蒜，素有姜蒜之乡的美名。充分发挥牟山水库低压管道灌溉项目和白芬子高标准农田建设工程功能，打破传统种植结构，规划发展设施农业。2013年，完成1000亩的阡里大姜基地、1100亩的大庄西瓜基地等4个农业种植示范基地建设，新增巨峰果蔬专业种植合作社等17家农业合作社。

国道206线、省道央赣路、省道221线穿境而过，交通便利。街道利用得天独厚的优势，规划建设先进制造产业园。引进龙鼎重工、高智工程机械等过亿元项目5个。2013年完成招商引资35亿元，固定资产投资18.7亿元。初步形成以发动机、电力铁塔、高端精密制造、石油机械以及装载机、叉车、挖掘机等终端产品为龙头的制造业集群；新增规模以上工业企业9家，总数达63家，实现主营业务收入49亿元，同比增长30%，其中主营业务收入过亿元的企业15家。

依托双丰大道3000亩服务业园区，引进汽车城、翰沃城、颐高电子商城、盛大农产品市场等项目。其中，盛大农产品市场、颐高电子商城列为省服务业载体项目。遵循“有序开展城中村改造和新型农村社区建设”的总体部署，做好物流港、华安、三合等片区拆迁改造工作。先后完成韩家后、北关、南关头旧村改造任务，建成御景天城等商住小区12个，在建新华府、名门世家等商住小区11个，总建筑面积600多万平方米。开展新型农村社区建设，规划建设新型农村社区5个。村级保洁员纳入街道统一备案、统一考核、统一管理。68个自然村完成高标准绿化任务，147个自然村实现环卫托管。城里居委会、东关居委会、韩家后居委会入选全市首届“美丽村庄”评选活动前20强，七里沟、小石泉等16个村庄入围前120强。

2013年，柏油路、自来水、有线电视等村村通工程，通村率100%；拥有中学3所，小学11所，其中潍坊革命英烈红军小学落户街道，为全国百所革命英烈红军小学之一，适龄儿童入学率达100%；建有卫生院2所，社区卫生服务机构12个，村级卫生服务机构37个，居民新农合、新农保参保率均100%；建有省一级敬老院1所，五保老人实现集中供养。

新安街道

新安街道位于汶河以北，新潍安路以西。2007年8月，由原刘家尧镇行政区域整建制、原贾戈街道35个建制村、原关王镇42个建制村、原赵戈镇40个建制村合并成立。2012年9月，新安街道18个行政村、46个自然村划归市经济开发区，24个行政村、50个自然村划归大汶河旅游开发区。镇域面积74.78平方公里，辖25个行政村，60个自然村，居民11307户、38352人，耕地面积4.8万亩。2013年，实现镇级财政收入6167万元，农民人均纯收入13000元。

街道地形除西北部有少量丘陵外，以平原为主，土壤肥沃，农业生产条件好。2013年发展起尧洼等区域化种植基地3万亩；培育发展起农业品牌10个，注册“源清田食品”“鲁胜粉条”等国家级农业品牌4个，发展农业专业合作社54家，潍坊市以上农业龙头企业17家。交通四通八达，区位优势突出，国道206线、央赣路、新潍安路、胶王路等穿境而过。借助这一优势，街道规划建设低碳工业园、中小企业创业园等市级工业园区，发展起新型复合材料、机械电子、纺织服装、医药化工、食品加工等五大支柱产业集群。至2013年，有企业600多家，其中规模以上企业94家，40家企业通过ISO9001质量体系认证，申请国家专利100多项；科灵空调、恒安散热器等企业产品均达国家乃至国际领先水平；规模以上企业实现主营业务收入74.7亿元，利税3.8亿元。

街道教育、医疗等社会事业全面发展。至2013年，街道建有标准化中小学校5所、普惠性幼儿园5所，并投资1亿元，规划建设新安学校。辖区拥有街道卫生院1所、村级医疗服务网点14个，农民参与新型农村合作医疗和新型农村养老保险率均达100%。

第二节 镇

景芝镇

景芝镇位于市境东南部，东隔渠河与高密市相望，南以渠河与诸城市为界，西部与官庄镇、金冢子镇接壤，西北部与石堆镇相邻，北部与峡山生态经济发展区交界。2001年2月，宋官疃镇并入景芝镇。2007年8月，临浯镇并入景芝镇。2009年5月，原景芝镇的东于戈、西于戈、旺民庄、前张家庄、后张家庄、刘家屯、杜家庄、北张洛、郭家庄子、大圈、于家庄、贾戈庄、高家庄、薛家庄14个村划入坊子区王家庄街道。2013年，镇域面积205平方公里，耕地面积20万亩，辖139个村，13.5万人。建成区面积8.4平方公里，6.86万人，完成地方财政收入7832万元，农民人均纯收入13815元。先后建成全国重点镇、全国环境优美镇、中国芝麻香白酒第一镇、山东省文明镇、山东省“百镇建设示范行动”示范镇、潍坊市首批区域重点镇、潍坊市扩权强镇改革试点镇。

至2013年，全镇规划建成景酒、景盛、景建3个工业园区，中小企业发展到340多家，落户园区企业80多家，以凯仕利科技、综艺包装、瑞亿医疗用品为代表的新兴产业项目不断发展壮大，形成生态酿酒、纸箱包装、机械加工、纺织新材料和工艺品加工五大支柱产业。以景芝酒业公司为依托，建设投资15.7亿元的生态酿酒产业园，规划酿酒配套项目区，发展起彩色印刷、纸箱包装、瓶盖加工等酿酒配套企业26家，酒产业集群已初具规模。

景芝小炒肉、三页饼、芝泮烧肉、金丝面、绿豆糕、芝麻片为地方特色名吃。至2013年，建成名吃一条街、服装鞋帽一条街等5条特色商业街，发展起以天下一家、景芝宾馆、中百佳乐家超市景芝店、景兴购物中心、海尔广场为代表的规模化餐饮、住宿、购物门店400多家，服务业从业人员3500多人。依托悠久的古镇文化和酒文化，建成国家AAAA级旅游景区—酒之城景区，酒文化展览中心、南校场烧锅遗址、松下古井等景点，成为“好客山东”旅游新干线上重要的旅游景点。工商银行、建设银行、农村商业银行、农业银行、潍坊银行、邮政储蓄银行等7家银行在镇区设立金融分支机构。

经济作物主要以蔬菜、林果、黄烟、大姜、牛蒡、花生、苗木栽培为主。至2013年，发展起以临浯大棚蔬菜、埠口大棚樱桃、万家庄大棚西瓜、郭岗大棚芹菜为主的设施农业6万亩；发展起标准化种植园区17个、规模化养殖园区19个，潍坊市级以上农业龙头企业5家、“三品一标”农产品12个，农民专业合作社147家，农业社会化服务中心1个，家庭农场、林场发展到72家。

镇区建成六纵七横的路网框架。至2013年，建成规模化住宅小区12个，居民楼140多幢。建成浯河广场、酒城公园、酒之城广场、大浯河景观带、小浯河景观带等6个开放式绿地公园和20多处街头绿地，镇区绿地面积210公顷，公园面积975亩，人均公园绿地面积9.48平方米。建有2所初级中学、12所小学。拥有一级甲等医院景芝中心卫生院和临浯卫生院，建成日供水能力5000立方米的自来水厂、日处理污水能力3万吨的污水处理厂和日压缩能力50吨的垃圾中转站。形成东部生态酿酒区、中部商贸服务区、南部工业集聚区、西部公共服务区的良好发展格局。

凌河镇

凌河镇位于市境西部，汶河穿境而过。2007年8月，原关王镇41个行政村、原红沙沟镇36个行政村划归凌河镇。镇域面积181平方公里，耕地面积11.7万亩，辖145个行政村，28761户、10.33万人。2013年，实现税收4292万元，地方财政收入2477万元，农民人均纯收入11460元。成为山东省中心镇、山东省环境优美镇、山东省绿化示范镇、山东省绿色蔬菜产业加工基地和省级文明镇。

镇内汶河两岸地势平坦，农业生产条件较好。1998年前，主要种植粮食作物，其中前儒林庄村1982年粮食亩产达1吨，从1992年始亩产1.5吨以上，1996年粮食丰产方平均亩产达1688公斤，成为全省高产农业的示范和样板，被全国粮食丰产验收组评为“江北粮食高产第一村”。1999年始，全镇大力发展高效经济作物。2007年在全市率先实施农产品质量安全区域化建设，采取“龙头企业＋合作社＋农户”的建设模式和统一规划、统一管理、统一销售、分户经营的管理模式，发展标准化种植、养殖基地。至2013年，全镇建成以大姜、大葱、西瓜、蔬菜等为主的4个区域化种植基地和11处示范园区，总面积8万亩；建成以肉鸡和肉鸭为主的养殖园区9个、养殖企业12家、孵化企业18家；建成综合性检测中心5处、企业自检室12处，形成从基地到加工、流通环节的全方位农产品质量安全检测网络；注册“慈母山”“红沙沟”“得意洋洋”“万鑫”“安健美”等农产品品牌，“慈母山”牌蔬菜和小杂粮通过有机食品认证，“水之韵”牌蔬菜通过国家级绿色食品认证，“慈母山”和“万鑫”商标被省工商局评为山东省著名商标。

交通便利、资源丰富。充分利用这一优势，树立“工业强镇”理念，积极招商引资。至2013年，建起镇南、镇北、凤凰山、小沟4个工业园区，形成农产品精深加工、高档焊材制造、数字音频产品制造和高档纤维素生产四大主导产业，其中农产品加工是特色主导产业，有规模以上企业27家、省级龙头企业2家、潍坊市级龙头企业16家，产品包括蔬菜、水果、禽肉等三大类400多个品种，出口韩、美、欧、东南亚等国家和地区，年加工出口能力110万吨、创汇2.4亿美元，从业人员近3万人。其中，江海食品公司、宜家福食品公司、东海食品公司和奥源食品公司分别是全国大姜、胡萝卜、蒜薹和洋葱出口量最大的单体企业。高档焊材制造方面，有安丘新建业登峰焊材公司九大系列380多个品种，是全国生产焊条品种最多的厂家。数字音频产品制造方面，有潍坊鑫易电声公司生产的扬声器等广泛应用于手机、笔记本电脑等电子产品，是省发改委备案的高新技术企业。高档纤维素生产方面，安丘市雄鹰纤维素公司是全国最大的纤维素生产企业，“雄鹰”商标成为山东省著名商标。

1999年，依托境内丰富的瓜菜资源，凌河镇成立新凌瓜菜批发交易市场。以镇区东部“三横三纵”六条街道为框架，发展沿街商贸设施，于2011年建成镇东商贸集聚区。2011年12月，经国家林业局批准，依托丰富的山、水、林、渔、湿地和文化资源，建成山东拥翠湖国家湿地公园。2012年11月，被全国旅游景区质量等级评定委员会评为国家AAA级旅游景区。

2000年，被山东省政府命名为山东省中心镇。是年起，围绕推进城镇化建设，以提升镇区公共服务能力为重点，不断加大投入，配套完善公共基础设施，硬化、绿化和亮化“五横六纵”11条道路，建起来仪、和谐、凌溪湖、史韵湖、水西、凌通、新凌和镇东等8个景点公园；瑞福园、南宅润泽园、纺绣园、新凌花园、荣盛园、东溪家园、清华苑、樱花园、宜居苑和东海世家等10个商居小区。按照“地域相近、产业相似，村庄向社区集中、社区向城镇靠拢”的原则，规划全镇145个行政村为凌河、慈埠、红沙沟三大板块及18个新型农村社区。2010年，开始建设新型社区。至2013年底，有拥翠园、东溪家园、新凌花园、汶水苑4个社区的一期工程建成并投入使用。2012年始，实施环卫一体化，建起垃圾中转站2处，购置垃圾清运车10辆、垃圾桶2700个，配备保洁员283人，各村垃圾实现“村收、镇运、市处理”。

2013年，全镇有规模较大的医院3所、社区医疗卫生服务点18个，初中2所、小学5所、标准化幼儿园17所，文体、电讯、交通等公共服务设施齐全。安全饮用自来水通村率达100%，有线电视入村率、村级公路通村率、村级远程教育文化站点建站率均达100%，新型农村合作医疗参保率98%以上，新型养老保险参保率100%。

石埠子镇

石埠子镇位于安丘市南部，渠河北岸，地处安丘市、诸城市、沂水县交界处，古灵门县所在地。物产丰富，地理条件优越，通讯、交通便利，安（丘）孔（家庄）公路穿境而过。2000年6月，召忽乡并入石埠子镇。2007年8月，庵上镇并入石埠子镇，镇政府驻石埠子村。镇域面积139平方公里，辖67个行政村，耕地面积9.2万亩，人口6.6万人，成为国家特色景观旅游名镇、首批山东省历史文化名镇、山东省旅游强乡镇、山东省生态乡镇。2013年，完成农村经济总收入18.33亿元，实现地方财政收入4841万元，居民储蓄余额7.15亿元，农民人均纯收入11966元。

镇境地势西高东低，西部为山区，东部是平原，景色秀丽，旅游资源丰富。西部有城顶山、摘月山；主要河流有渠河、鹌子河、大店河、九曲河等。于家河水库、下株梧水库，灌溉面积4万多亩。庵上村有清道光九年（1829）所建石坊，为山东省级艺术珍品；召忽村有春秋战国时期的召忽墓；距离镇区20公里的城顶山前坡有公冶长书院，院内有距今2500多年的两棵参天银杏树；山顶有齐长城遗址，是潍坊市旅游线上的一颗明珠。

农业条件较好，现代农业发展迅速。1996年被国家特产之乡命名组委会命名为中国草莓之乡、中国樱桃之乡。1997年，石埠子镇草莓基地被中国绿色食品发展中心确定为国家A级绿色食品生产基地。是年11月，经国家工商总局审核，注册“石埠子”牌草莓商标。2001年，草莓、大樱桃分别获首届中国（菏泽）林产品交易会金奖，樱桃基地被省政府授予引进国外大樱桃新品种新技术示范园称号，草莓和樱桃基地被确定为山东省农业示范点。南王家庄村是省级特色旅游村和好客山东最美乡村，南王家庄草莓基地和庵上大樱桃基地是山东省逍遥游示范点。至2013年，成立草莓、大樱桃、大桃等6个果品专业协会组织，72个专业合作社及22个果品交易市场。同时，种植大桃1.2万亩、大姜5000亩、粮食复种面积9.7万亩，亩产445公斤。养殖业初具规模。建有标准化养殖小区5家，全年生猪存栏70439头，羊20221头，肉鸡出栏194.15万只，养殖总收入1.65亿元。

立足特色和资源优势，坚持工业立镇不动摇。2003年8月，新建的山水集团安丘山水水泥公司是安丘主要纳税大户。2012年投资4亿元的中广核风电项目，2013年5月全部并网发电。至2013年，形成丽珂家纺、吾荣鞋业、汇香园、百斯特、富瑞得食品等龙头企业，其中销售收入过2000万元的限额以上工业企业11家，实现销售收入4.59亿元，利税5219万元；以召忽经济开发区和安孔路两侧经济长廊为主的园区建设初具规模，全镇发展民营企业361家，私营业户159家。

城镇建设稳步推进。至2013年，建成渠河公园、渠河大坝、渠水湖、张拉膜亭、景观亭房及休闲活动广场，栽植绿化苗木及多年生草本植物20万株；完成4公里河滨路建设，建成观光旅游长廊；加快1000亩龙盘休闲农庄建设，打造休闲采摘亮点；形成以渠水湖为中心的渠河水利景观带，呈现“观山、览绿、亲水、知文、见史”的城镇建设特色。投资5000万元，建成占地108亩的书院教育园区；投资610万元，建成计生服务中心楼和财经服务中心楼。

2013年，以生态景观、绿色长廊相连接，加快原召忽乡、原庵上镇驻地与镇区相向融合发展。同时，建成8个社区。柏油路、自来水、有线电视等村村通工程，通村率100%。适龄儿童入学率100%，拥有初中1所，小学4所，卫生院2所，社区卫生服务机构11个，农民参与新型合作医疗率达100%。

大盛镇

大盛镇位于安丘市境西部，北邻昌乐县，西接临朐县，地处三县市交界。辖62个行政村，1.06万户、3.6万人，面积76平方公里，耕地面积6.7万亩。2013年，实现地区生产总值10.69亿元，完成地方财政收入512万元，农民人均纯收入10266元。

镇域地处沂蒙山区向潍中冲积平原过渡的丘陵地区，地形大致为三山两平原，最高海拔313米，最低海拔109米。地貌类型多样，山地、丘陵、平原各占三分之一。主要河流有汶河、鲤龙河、大盛河。大盛河、鲤龙河自南向北汇入汶河。

历史悠久，文化底蕴丰厚，旅游资源丰富。境内有田家楼大汶口文化遗址和马家院庄龙山文化遗址两处省级文物保护单位，牛沐寺遗址、小庵子古墓遗址、丁家沟古墓、小庄子秦汉古城遗址均为县级文物保护单位。2013年，重建安丘八大景之一的牛沐寺钟楼。

以农业为主导产业，桑蚕、养殖和黄烟三大传统产业发展稳固。近年来，姜、葱、瓜果等经济作物在镇域东部、北部平原地区种植面积逐年增加，至2013年达1.3万亩。2000年开始发展桑蚕生产，桑园主要集中在镇域西部，获中国桑蚕之乡称号。2013年，桑蚕面积8000多亩。李家院庄桑蚕基地被农业部、财政部认定为国家级现代农业产业技术示范基地，桑叶、桑耳、桑葚也被认证为有机食品，蚕类深加工产品不断扩展。养殖产业逐渐由个体零星散养发展为机械化规模化养殖，形成以立华牧业、鲁丰养殖、光大牧业为主，包山散养为辅，家庭庭院圈养为补充的畜牧养殖业结构。饲养动物主要包括猪、羊、鸡、鸭等。2013年，企业外包养殖户、个体饲养户7000多户，其中规模化养殖170户，建设养殖棚500多个，猪存栏量2.7万头、羊存栏量6500头、家禽存栏量57万只。落实黄烟种植面积3200亩，实现税收126万元。

工业主要集中于机械零部件铸造、柴油机装配、初级农产品加工。2013年，落户新安街道工业园区项目2个，落户市经济开发区工业园区项目1个，落户镇域项目1个。是年，规模以上企业发展到8家，工业实现销售收入4.9亿元，利税3883万元；全镇社会消费品零售总额达1亿元。

农居环境进一步改善。2013年，完成朱家官庄、旺山子、吴家院庄及娄家庄村部分搬迁；完成娄家庄砖厂、白石岭铅锌矿工矿用地复垦；完成尚庄、丁家沟小学土地复垦，复垦土地453.2亩。建成新型农村居住小区5个，开工建设安置楼37幢，两层楼房102栋。金湖小区作为潍坊市五个新型农村社区建设试点之一，配套建设老年房、养殖区、工具存放区。

2013年，完成下小路取直，新建7.5公里镇区南路，主要街道全部实现硬化、美化、亮化；所有村庄环卫一体化托管，实现户集、镇运、市处理的环境卫生运行体制；完成饮水安全工程，自来水普及率100%。建有镇卫生院1所，社区卫生室10个，有镇敬老院1所，困难老人实现集中供养。新农合、新农保参保率100%。实施撤点并校和校舍安全工程，建成九年一贯制学校1所，新建中学教学楼、餐厅楼、学生公寓楼、小学教学楼各1幢，通过潍坊市8A级标准化学校验收。先后获国家级生态镇、全国人口和计划生育依法行政示范镇、山东省环境优美乡镇、山东省卫生镇、山东省新型墙体材料品牌名镇等称号。

辉渠镇

辉渠镇位于安丘市区西南25公里，东与官庄镇、兴安街道交界，西与郚山镇、大盛镇为邻，南与石埠子镇、柘山镇相连，北与凌河镇接壤。2000年，安丘市撤销夏坡乡、辉渠乡，成立辉渠镇。2007年8月，雹泉镇并入辉渠镇，原红沙沟镇温泉村等27个行政村划归辉渠镇管辖。2011年，村行政区划调整，合并119个自然村为40个行政村。

镇域面积199平方公里，耕地面积8.8万亩，人口6.7万人。先后获国家级生态镇、山东省旅游强镇、山东省乡村旅游示范镇、山东省文明镇、山东省最美村镇和山东省特色景观旅游名镇、潍坊市特色镇建设试点镇等称号。2013年，完成地方财政收入934万元，居民储蓄余额61243万元，农民人均纯收入10578元。

境内有珍珠泉、绪泉、温泉等山泉100多处，相继开发出雹神、雹泉、麦子树等多个矿泉水品牌，被人们称为“百泉之乡”。建有尚庄、圈河、共青团等中小型水库18座，其中尚庄水库是安丘市、潍坊市水源地之一。留山、大安山、城顶山、望海山群山竞秀，林丰果硕。2013年8月，留山古火山森林公园晋升为国家森林公园。有老峒峪龙山文化遗址、齐长城遗址、李湘棻故居、雹泉庙等多处古迹。孔子高徒有子曾在有子山讲经授学，提出“礼之用、和为贵”的思想。雹泉庙雹神李左车传说广为流传。2013年，李左车传说被山东省人民政府列入省级非物质文化遗产名录；雹泉村、黄石板坡村获山东省第三批历史文化名村称号。

2010年，辉渠百泉旅游区通过国家AA级旅游景区验收，2011年晋升为国家AAA级旅游景区，建成百泉度假村及游客接待中心。2013年，白山头景区获省级水利景区称号。2011年5月，引进潍坊歌尔集团。9月，注册成立歌尔庄园有限公司，规划投资15亿元，分三期建设现代化农业种植和养殖加工基地、温泉度假区、会议中心、接待中心和俱乐部等，建成以生态农业、旅游业项目为支撑的国内知名度假地。2012年底，成功钻探深度2300米的温泉井。是年，由山东义海集团出资成立山东学海农林集团，投资5亿元开发建设山东留山古火山国家森林公园，利用4年—5年时间建成集观光旅游、休闲娱乐、保健疗养于一体的高档休闲度假中心。至2013年底，整修景区道路36.6公里，打岩心井9眼，建观景亭16座，安装刘裕像、观音像、李湘棻像等雕像4座。

特色农产品品种较多，种植历史悠久，辉渠小米、蜜桃、辉渠大葱、樱桃、紫草山花生等农产品品牌知名度高。至2013年底，获得“三品”认证的食品25个，建成家庭农场36个。红冠蜜桃基地是省级农业标准化示范区，“望海山”小米、吴家沟的安丘蜜桃为国家地理标志产品。2009年—2013年，连续举办六届辉渠镇“雹泉桃花节”。

2008年，建成镇行政服务中心大楼。2009年，拆迁辉渠卫生院、原辉渠小学，新建有子文化广场。2013年，全镇社区构建“2＋6”社区发展格局，即依托镇驻地和原雹泉镇驻地规划建设辉渠、雹泉2个中心社区，分期分批建设温泉、夏坡、留山、峒峪、峰山、桃园6个社区。同时，保留涝坡等10个特色村。在雹泉、辉渠2个社区启动建设钓鱼台花园、金辉花园两个小区，建设安置楼6幢，建筑面积近1.4万平方米，安置搬迁户130户。2013年，王家沟自然村整体搬迁到西黄家庄自然村；韩家庙子自然村整体搬迁到雹泉社区钓鱼台花园。

2009年9月，原驻雹泉村的安丘二中撤并。10月，新建辉渠卫生院门诊病房综合楼一座，医院整体搬迁。2010年7月10日，辉渠中学、雹泉中学、夏坡中学、温泉中学在原安丘二中校址上组建新辉渠中学。全镇有中学1所，小学4所。2011年5月，在原雹泉小学旧址上建成安丘市首家镇级博物馆。2012年，建成辉渠小学教学楼。从2012年起，加大治理力度，淘汰落后产能，关停矿石开采、石子加工业户35家，拆除石灰土立窑111支。2013年，新建温泉小学、温泉幼儿园教学楼，开工建设雹泉小学、雹泉幼儿园教学楼。从2007年起，新修、拓宽改造律南路、红孔路、王辉路、雹柘路、辉城路辉渠段；2012年，完成镇区连接歌尔庄园的歌尔大道；2013年，拓宽雹泉至歌尔庄园的道路并铺沥青，开工建设谋家河至留山古火山国家森林公园的留山路，在全市率先完成34个村、39.5公里的村级公路网化工程，实现全镇村村通。完成涉及83个自然村、惠及4.5万人的农村饮水安全工程，村村通自来水100%，入户率96%以上。2013年底，119个自然村全部实行环卫一体化托管。

郚山镇

郚山镇位于安丘西南部，西与临朐县相邻，南与沂水县接壤。1984年农村机构改革，设郚山、南逯两乡。2000年，两乡合并为郚山镇。镇域面积113平方公里，辖54个行政村、77个自然村，1.2万户、3.8万人。2013年，完成农村经济总收入16.9亿元，实现地方财政收入989万元，农民人均纯收入11280元 。

境内景色秀丽，生态文化资源丰富。2012年—2013年，五龙山景区获国家AAA级景区、国家级古火山森林公园景区称号；五龙湖是国家AA级景区和省级水利风景区。

北部以平原为主，南部以丘陵为主。2012年前，北部主要种植瓜菜，南部主要种植花生，群众增收缓慢。从2012年起，在南部山区引导群众发展核桃、大樱桃生产。至2013年，核桃面积达1.8万余亩。

大力发展标准化养殖业，合力牧业奶牛养殖区养殖奶牛 1200 头。2013 年，潍坊普兰汉特种羊有限公司杜泊羊繁育基地一期工程建设任务基本完成。

交通便利，省道下小路穿境而过，西距长深高速沂山出入口 5 公里。依托丰富的自然资源和交通便利条件，实施招商引资战略，形成新能源、新材料两大主导产业。2010 年太平山风电场并网发电，金鸿集团被解放军总后勤部军需装备研究所授牌解放军军需装备研究所军用防弹陶瓷研发基地。2013 年，规模工业实现销售收入 38.7 亿元，利税 5.42 亿元。开工建设滨河、南逯、墨黑 3 个集中居住型农村社区，整体搬迁 8 个自然村。新建郚山水厂，解决全镇群众的饮水安全问题。有卫生院 2 所，合作医疗服务点 8 个，新型农村合作医疗参合率 100%；新型农村养老保险参保率 100%；有初中 1 所，小学 1 所，适龄儿童入学率 100%；新建镇敬老院，五保老人集中供养；硬化路、有线电视、自来水等村村通工程通村率 100%。

石堆镇

石堆镇位于安丘市东部，东与峡山区王家庄街道接壤，东南与景芝镇相邻，西与金冢子镇相接，西北与大汶河旅游开发区交界，是安丘蜜桃的发源地。面积 66 平方公里，辖 47 个行政村，1.04 万户、3.9 万人，耕地面积 6.4 万亩。2013 年，实现农村经济总收入 13.65 亿元，地方财政收入 446 万元，农民人均纯收入 11338 元。

2007 年，规划建设出口农产品质量安全区域化示范基地 4 万亩，建成 3.6 万亩，其中示范基地 1.6 万亩，推广基地 2 万亩，是全市农产品质量安全区域化示范镇。是年，发展西瓜、大棚油桃、甜瓜、黄金梨为主的林果基地 2 万亩，注册“河洼”黄金梨和“阿乐”牌西瓜商标。2013 年，以生猪、蛋鸡、肉鸡及特种动物养殖为主的各类标准化养殖小区发展到 36 个。

交通便利，206 国道和安丘东外环路纵贯镇区南北，区位优势明显。依托资源优势和区位优势，实施招商引资战略，建成富东工业园和东城工业园，逐步形成木器加工、机械铸造、化工橡胶、食品加工四大支柱产业。2013 年，规模以上企业发展到 8 家，工业实现销售收入 5.4 亿元，利税 7162 万元。

2013 年，全镇建有九年一贯制学校 1 所，小学 6 所，幼儿园 1 所，适龄儿童入学率 100%，九年义务教育覆盖率 100%。建有卫生院 1 所，社区卫生服务站 9 个，农民参与新型农村合作医疗率 100%。规划建设 6 个新型社区，是年，建设甘泉、中心两个社区，整体搬迁甘泉、店子、兵马营、邵家庄。主要街道全部实现绿化、美化、亮化；柏油路、自来水、有线电视等村村通工程通村率 100%。自 1990 年起，先后获山东省文明镇、山东省卫生镇等称号。

柘山镇

柘山镇地处安丘市西南部，东与石埠子镇接壤，南与沂水县交界，西与郚山镇相连，北与辉渠镇为邻。2001 年，原车庄乡并入柘山镇。面积 167 平方公里，辖 41 个行政村，人口 3.3 万人，耕地面积 10 万亩。2013 年，实现财政收入 1292 万元，农民人均纯收入 10581 元。

人文资源丰富。思想家老子曾在此居住、采药、炼丹。有齐长城遗址、薛家庄千年檀木林、老子庙等自然人文历史景观。

绿色山货齐全。有山蝎、蚂蚱、山鸡蛋等，建有山货专业市场，发展山货经营户 300 家。柘山花生早在清乾隆年间曾为贡品上贡朝廷，种植面积 8 万亩，先后通过国家有机食品认证、绿色食品认证，并被农业部授予中国地理标志产品。2011 年，花生获第九届国际农产品博览会金奖，2012 年被国家工商总局授予中国地理标志产品证明商标。

自然环境优越。南邻青兰高速公路，红孔路贯通镇区南北，在潍坊市率先实现村村通柏油、水泥路。依托丰富的资源条件与优越的地理位置，实施招商引资战略，逐步形成以风力发电、陈古山旅游开发、奶山羊基地、花生深加工为主的支柱产业。2013 年，完成固定资产投资 2.9 亿元，比上年增长 11.5%；限额以上工业企业实现总产值、利润和利税同比分别增长 25.8%、15.2% 和 15.7%。主要街道全部实现美化、绿化、亮化；柏油路、自来水、有线电视、电网改造等村村通工程通村率 100%；建有医院 1 所，社区卫生室 9 个，农民参与新型合作医疗与新型农村社会养老保险率 100%；适龄儿童入学率 100%。自 2004 年始，先后获中国花生产业品牌名镇、全国一村一品示范村镇、山东旅游强乡镇、山东最佳休闲乡镇、山东历史文化名镇、山东文化产业品牌名镇、国家级生态镇、山东省级文明镇和山东省级安全社区、潍坊市十佳魅力城镇和潍坊市环境优美镇等称号。老子文化广场为国家 AA 级景区和山东省十佳社区文化广场。

官庄镇

官庄镇北与兴安街道交界，东与景芝镇相连，西南与石埠子镇接壤，西与辉渠镇毗邻，南与诸城市隔河相望。因镇政府驻官庄村，故名官庄镇。官庄镇是三国名士管宁的故里，著名的大蒜之乡、大桃之乡和特色养殖之乡，省级卫生镇、省级生态乡镇。2013 年，地方财政收入 525 万元，完成储蓄余额 5.02 亿元，农民人均纯收入 12196 元。

2007 年 8 月，管公镇并入官庄镇。镇域面积 124 平方公里，辖 59 个行政村，101 个自然村，1.6 万户，人口 5.6 万人。少数民族有蒙古、藏、彝、壮、朝鲜、满、白、傣、黎、高山、傈僳。2010 年全国人口普查统计显示少数民族人数占全镇总人口的 0.6‰。

地势西高东低，除西南、西北部多丘陵外，东部属洼地，中部为河谷平原，相对肥沃，丘陵地多褐土，沿渠河多潮土，东部洼地是沙姜黑土。有渠河、洪沟河、店子河、寨庄河、淤泥河、安子河、石河子等 7 条主要河流。有小一型水库 2 座，小二型水库 4 座。矿产资源以页岩和石灰岩为主，页岩居多，主要分布在三官庙、高家营等村附近丘陵地带，探明矿种以页岩石为主。

耕地面积 12.5 万亩，人均 2 亩。2000 年前，镇农业水利设施落后，产业结构单一，主要以种植小麦、玉米等粮食作物为主，经济作物占比重较低。2000 年后，现代农业发展较快。大蒜、大桃、大姜、大葱、芋头等优势产业得以快速发展。自 2010 年始，养殖业快速发展，初步形成肉牛、肉羊、肉禽、生猪和蛋鸡 5 大畜牧养殖支柱产业。建成标准化养殖示范基地 50 多个。其中，亚太中慧和安丘外贸食品公司建肉鸡标准化养殖场 11 个，百头以上肉牛标准化养殖场 21 个。肉牛、肉羊、肉禽、生猪和蛋鸡年出栏量分别达到 0.6 万头、2.3 万只、610 万只、11 万头和 18 万只，实现畜牧业产值 4.3 亿元。2012 年 8 月，“两河大蒜”被农业部认证为地理标志产品。2013 年底，建成种植示范园区 8 个，创建农业品牌 11 个，培育百家示范社 6 家，认定绿色食品 10 个，农业龙头企业 1 家。2009 年—2013 年，投资 1500 万元，实施小农水重点县项目 3.6 万亩；投资 600 万元，实施中低田改造项目 0.5 万亩；投资 1500 万元，实施高标准农田项目 2.6 万亩。

央赣路、安孔路纵贯南北，律南路、山水路横穿东西，距济青高速南线 15 公里。依托区位和交通优势，大力发展工业经济，初步形成集机械制造、铁塔加工、新型建材、木地板加工、电动车制造、纺织加工、食品加工于一体的工业制造基地和农产品加工基地。2013 年，规模以上企业 15 家，引进落户市重点工业园区项目 2 个，完成固定资产投资 54464 万元，同比增长 17%，工业实现销售收入 100634 万元，利税 3098 万元。

全镇规划建设永昌、金湖、寨庄、朱家庄、坡庄 5 个新型农村社区。至 2013 年，启动永昌、金湖、寨庄 3 个社区，整体搬迁小洼、卞家洼、西挑河、都家寨庄、董家寨庄、丁家庄 6 个村庄，搬迁居民 524 户。官庄村实施旧村改造，搬迁居民 97 户，腾出建设用地 100 亩。

2009 年，依托雹泉寿山海眼铺设主管道 10 公里，实现多数村庄统一集中供水。2010 年底村村通自来水达 100%，入户率 90% 以上。2013 年，全镇建有九年一贯制学校 2 所，幼儿园 9 所，邮政局 2 处，镇文化站 1 个，广播站 2 处，镇级卫生院 2 所，卫生所 14 个，供变电站 2 处，59 个行政村新农合参合率和新农保参保率均 98% 以上；完成涉及 25 个村，总长度 20581 米的农村公路网化工程，实现全镇连村通。

金冢子镇

金冢子镇位于安丘市东南部，西与兴安街道接壤，南与景芝镇为邻，北与大汶河旅游开发区相连，东与石堆镇交界。面积 82.5 平方公里，辖 56 个行政村，人口 4.1 万，耕地面积 8.8 万亩。交通便利，206 国道、221 省道和安丘市南外环路从境内穿过。发挥区位优势，建成安丘市级重点工业园区一金安产业园和东城工业园，形成机械制造、食品加工、建筑建材、电子加工四大支柱产业。2013 年，实现农村经济总收入 14.8 亿元，完成地方财政收入 346 万元，农民人均纯收入 11452 元。

2008 年，规划建设以团埠、军屯、下洼官庄等村为中心的万亩大棚甜瓜示范基地；在 206 国道附近建成占地 60 亩的甜瓜交易市场，“金冢子”牌甜瓜于 2009 年被农业部认定为“绿色食品”；建有国家检验检疫局备案的有机蔬菜基地——兆丰生态农业科技示范园。至 2013 年，全镇建成 2.8 万亩农产品质量安全区域化基地，其中大棚甜瓜示范基地 1.5 万亩，高标准冬暖式大棚 300 亩，大姜、大葱、大桃、冬枣、桑蚕以及黄烟种植基地 1.1 万亩，肉鸭、肉鸡养殖基地及示范园区 21 个、0.2 万亩，并注册“东后金堆”大桃、“乐源”冬枣、“欣润”肉鸭等农业品牌 8 个；完成固定资产投资 5.7 亿元，同比增长 28%；限额以上工业企业实现总产值、利润和利税同比分别增长 33.7%、21.1% 和 58.1%；农村居民储蓄余额 3.2 亿元，增长 23%。

至 2013 年，建有初中 1 所，小学 3 所，幼儿园 1 所，适龄儿童入学率 100%，九年义务教育覆盖率 100%；有卫生院 1 所，社区卫生服务站 9 个；有山东省一级示范敬老院 1 所；56 个村全部通自来水、通硬化路、通数字电视，主要街道全部实现绿化、美化、亮化。先后获山东省生态镇、山东省科普村村通示范镇等称号。

第三节　开发区

大汶河旅游开发区

大汶河旅游开发区位于市区东部，汶河南岸。1984 年安丘县撤销贾戈人民公社，设立贾戈乡，1992 年撤乡设镇，2000 年撤镇设立贾戈街道，2007 年 8 月，撤销街道，以原贾戈街道 32 个村和从原赵戈镇划入的 2 个村，成立国家级大汶河城市湿地公园。2008 年 6 月，正式定名为大汶河旅游开发区。2012 年 9 月，原新安街道 50 个村并入大汶河旅游开发区。区域面积 97 平方公里，辖 58 个行政村，84 个自然村，1.7 万户、7.2 万人，耕地面积 7.3 万亩。2013 年，完成地区生产总值 23 亿元，地方财政收入 3177 万元，农民人均纯收入 12280 元。

老鼠岭纵贯南北，中部为丘陵，东部、西部为平原。东有史角河，西有墨溪河，北有大汶河。平原地下水源丰富，农业生产条件较好，现代农业发展迅速，形成蔬菜、林果、苗木三大主导产业，发展大姜、大葱、大蒜、芦笋、洋葱、西瓜等高效作物面积 4 万亩。丘陵以发展林果业为主，种植梨、杏、苹果、蜜桃、大樱桃等 2500 亩。养殖业以生猪、肉鸡、蛋鸡及獭兔、水貂、蓝狐等特种动物养殖为主。2013 年，出栏生猪 6 万头，肉鸡 58 万只，特种动物 21 万只。农民专业合作社发展到 113 家，注册家庭农场 10 家，新认定标准化种植示范园区 3 个，标准化养殖示范园区 5 个。

206 国道和 221 省道交叉通过。依托丰富的资源和优越的地理位置，大力实施招商引资战略，逐步形成机械加工、纺织服装、食品加工、建筑建材四大支柱产业。2013 年，规模以上企业发展到 17 家，工业企业实现销售收入 209704 万元，利税 12394 万元。依托青云山和青云湖景区，发展餐饮、休闲、娱乐等服务业企业 650 家，第三产业增加值达 18182 万元。城镇化步伐加快，立足区位优势，统筹城乡发展，推进城中村改造和新型农村社区建设，搬迁村庄 9 个，规划建设新型农村社区 9 个，开发建设青云国际城、汶水绿洲、豪丰江山一品等居民小区 12 个。完成农村公路网化工程，硬化村级道路 39 条、36 公里。

有初中 3 所，小学 8 所，九年一贯制学校 2 所，建有贾戈、担山两个教育园区，适龄儿童入学率 100%。有卫生院 1 所，一体化诊所 17 个，新型农村合作医疗参合率 98% 以上，村村通柏油水泥路、自来水、有线电视率均 100%。

安丘经济开发区

安丘经济开发区是 1992 年经省政府批准设立的省级开发区。其前身是安丘外向型工业加工区，2002 年 2 月经省政府批准更名为安丘经济开发区。2010 年 12 月，被山东省环保产业协会评为山东省低碳经济示范园区。在 2011 年度山东省省级经济开发区综合发展评价中，列全省 140 家省级开发区第 48 位，列潍坊市省级开发区第 8 位。

2012 年 9 月，安丘经济开发区实行行政单设，区划面积 55 平方公里，辖 46 个自然村，8500 户、2.9 万人，耕地面积 4 万亩。2013 年，完成农村经济总收入 37312 万元，实现地方财政收入 1426 万元，农民人均纯收入 10260 元。

拥有青云湖国家 AAA 级旅游风景区、大汶河国家城市湿地公园、青龙湖省级水利风景区、莲花山公园、青龙山大型酒文化旅游园及大汶河沿岸景观公园，有“潍坊前花园”之称。2001 年前，辖区居民以单一种植粮食作物为主，经济作物比重较低，落户企业较少。2001 年后，随着市委、市政府开发建设市北区政策的倾斜，开发区以特色产业园区建设为载体，以规模龙头企业为抓手，积极上项目，快发展，形成机械电子、纺织服装、建筑建材、食品加工四大支柱产业规模化、集约化发展格局。

2013年，有投产企业51家，其中规模以上企业22家。规模以上企业实现主营业务收入17亿元、利税8580万元。企业上缴税金2300万元。建成张排大葱、大姜种植基地，位于大汶河北岸，以张排为中心，辐射大朱旺、埠南头等周围7个村，规划总面积1万亩。2009年，张排大葱注册成为国家级农业品牌，年产大葱4万吨、大姜2万吨。所有村庄村内主要道路实现硬化，自来水、有线电视通村率100%，城镇居民和农民参与新型合作医疗率100%。规划建设17个农村社区和1个城市社区。

第五章 村（居）

第一节 村（居）变更

1994年1月，安丘撤县设市时，安丘镇的南关头、硝市、西巷子、庄头、城里、北关、城北、十二户、烟市街、东小关、东关、大城埠、东南街、东场街、韩家后、宋家园、西关17个村委会改为居委会。2000年底，全市有1440个行政村（居）。2003年底，全市有1388个行政村（居）。2007年10月，安丘市把新安街道的焦家庄、董家庄、岔河子、三教堂、周家营子、稻洼、于家营子、刘家营子、范家庄、归家疃、付家庙子、永乐官庄、寨上、彭家庙子、温家坡子、辛家庄、薛家庄、石羊官庄、葛庄、西夹埠、东夹埠、黄家坟庄、王家坟庄、磨埠、马连官庄、张家石龙子、瓦青官庄、刘家尧、西石马坟庄、姜家尧、涝洼、东北村、西北村、东南村、西南村、李家五里河、曹家五里河、杏杭村、高家沟、大沙埠、邵家埠、桥北头、周家楼子、曹家楼子、丘东、丘西、王家楼子、东辛庄子、小河崖、孙十里、陈家楼、黄十里、东刘家庄、徐家庄、张家庄55个村委会，兴安街道的谢家村、小近戈庄、三里庄、三里店子、南三里庄、老庄子、小庄子、马家坟、三合村、朱家田戈庄、张家田戈庄、周家田戈庄、赵家村、小城埠、魏家村、逯家村、韩家村、王家五里河、务稼庄、小东场、马家楼、孟家五里河22个村委会改设为居委会。2007年底，全市有1245个行政村（居）。

2011年2月，安丘市行政区划作部分调整。重新调整兴安街道原有121个行政村，新组建成33个中心村，城北等35个行政村（居）居保持不变；重新调整辉渠镇原有的119个自然村，组建成40个行政村。是年4月，安丘市行政区划做部分调整。重新调整新安街道原有138个行政村，新组建成立49个行政村，被撤销的行政村全部改为自然村，原小杨戈村等43个行政村保持不变；重新调整柘山镇原有55个行政村，新组建成立41个行政村；重新调整官庄镇原有101个行政村，新组建成立59个行政村。是年6月，安丘市行政区划做部分调整。重新调整石埠子镇原有的100个行政村组建成67个行政村；重新调整郚山镇原有68个行政村，新组建成立54个行政村。至2011年底，全市共有870个行政村（居）。

2013年12月，将景芝镇原有139个行政村组建为135个行政村，被撤销的行政村全部改为自然村。是年底，全市有866个行政村（居）。

安丘市2011年合并村（居）情况一览表

表1—1

所在镇街区	合并后行政村（居）名称	合并前村（居）（自然村）名称
兴安街道	三合居委会	三合村、马家坟
	东十里村	十里铺、沈十里、陈十里、王家楼
	邹家坊子村	张五里、邹家坊子、韩家庄、水码头

续表 1—1

所在镇街区	合并后行政村（居）名称	合并前村（居）（自然村）名称
兴安街道	马家楼居委	马家楼、郝家庄
	务稼庄居委会	务稼庄、小东场
	东南街居委会	小城埠、东南街
	汶南村	后七里沟、凉水湾头、田家林、前七里沟
	汶东村	冢子坡、金家庄、小辛庄、南新村
	汶水村	西小河崖、田家庄、周家庄、石庙子、北新村
	大近戈庄村	大近戈庄、辛庄子
	七里庄村	七里庄、辛家尧
	高家埠村	高家埠、甘石桥、韩家埠
	苇园村	苇园、亓家庄
	大庄村	西大庄、东大庄
	小庄子居委会	小庄子、张家楼、七里河、三里店子
	石泉村	小石泉、大石泉、张家小官庄、田家官庄、十五里后
	四海村	四海、大石戈、小石戈、海岱、黄家坡
	黑埠村	大黑埠、小黑埠、林家屯、金山、椿树沟
	南十里村	王十里、李十里、大韩十里、小韩十里、朱家埠
	夏庄村	周家夏庄、郑家夏庄
	葫芦埠村	北葫芦埠、南葫芦埠、西马家庄子、曹家庄子、西苇园
	双泉村	小尖子埠、马连埠、南辛庄子、陈家埠、瓦子查、大尖子埠、刘家峪
	河南村	河南、殷家洼、南老庄子
	白芬子村	苏戈庄、太平官庄、白芬子、西南庄、西辛庄
	新华村	孙家小庄、东马家庄子、李家小庄、柳行村
	盛华村	马留店、马留屯、马家营子、谢家营
	东胜利村	李家庄子、赵家官庄、店东营、新安泰、任家圈
	罗家庄村	罗家庄、东羊埠、西羊埠
	三十里铺	三十里铺、周家庄子、探柳庄
	邹家洼村	邹家洼、关王庙
	相戈村	前相戈、后相戈、曹家楼
	营里村	大东营、小东营、南营、近家营、西营
	霹雷山村	霹雷山、肖家庄子、赶牛路、泉子崖、大山官庄
辉渠镇	辉渠村	大辉渠、西辉渠、尚家庄、李家河村、石灰窑子
	谋家河村	谋家河、辛庄子、北辉渠
	朱家河村	朱家河、同歌尧
	吉山店子村	吉山店子、东南山、东辉渠
	祖官村	祖官、水洼头、马家堡子、刘家林
	雹泉村	东北村、西北村、东南村、西南村、杏山子村
	山前村	山前、鞠家庄子、马车岭、南官庄
	中峒峪村	中峒峪、下峒峪
	小寿山村	小寿山、徐家寨、韩家庙子

续表 1-1

所在镇街区	合并后行政村（居）名称	合并前村（居）（自然村）名称
辉渠镇	大寿山村	大寿山
	团山子村	田庄、团山子
	都家庄子	都家庄子、代家坡
	富平官庄村	东尚庄、西尚庄、张家官庄、富平官庄
	白山头村	东白山头、西白山头、顺流河、兰阿、小麦峪
	老峒峪村	老峒峪、西北崖、岳家庄、胡家旺
	崔家峪村	莲花官庄、崔家峪
	水润道村	水润道、张家溜、青山官庄
	米布袋村	西黄家庄、前范山子、王家沟、米布袋官庄、圈河
	范山子村	后范山子、落鸦石官庄
	蔡家庄村	蔡家庄、大沟崖、高家庄
	留山庙村	黑峪子、东旧庙、西旧庙
	留山峪村	曹家峪、石家峪、倪家沟、南罗圈崖、北罗圈崖
	山李家庄村	上孟家庄、山李家庄
	绪泉村	绪泉、阿涧
	涧西头村	涧西头、南涧、北涧
	涝坡村	东旺、上涝坡、下涝坡
	花石涧村	花石涧、吴家沟、前崮山沟
	夏坡村	夏坡
	刘家店子村	刘家店子、姜家店子、下牟家庄
	黄石板坡村	黄石板坡、董家宅
	获鹿山前	获鹿山前、赵家沟
	李家沟村	李家沟
	范家庄子村	范家庄子、石山子
	崔巴峪村	东崔巴峪、西崔巴峪、上头、窝洛
	桃园村	大桃园、小桃园、西沟
	大安山村	大安、常家岭、刘家埠子、河洛
	温泉村	温泉、南后河、北后河、王家庄子
	徐家沟村	田家岭、徐家沟、西浒崖
	葛家滩村	葛家滩、北尚庄、小祖官、周家埠
	有子庙村	石门、麻湾
官庄镇	官庄村	官庄东村、官庄西村
	挑河村	东毛家庄、西挑河、东挑河
	麻阿村	麻阿、包家泉
	东黄家庄村	小红沟、东都家庄、西毛家庄、东黄家庄
	王瓜园村	王瓜园、有子官庄
	上河头村	北上河头、西上河头、东上河头
	河洼村	北河洼、西河洼、大河洼
	王坟村	王坟、常家庄
	十字路村	后十字路、前十字路、于家洼、蟠龙峪

续表 1—1

所在镇街区	合并后行政村（居）名称	合并前村（居）（自然村）名称
官庄镇	大马家庄	四十五里后、高家埠、大马家庄
	花家岭村	花家岭、小马家庄
	五十里铺村	五十里铺、宋家井子、孔家埠
	泥沟子村	涝埠官庄、泥沟子、流河官庄
	李家庄村	北李家庄、夏庄
	郑家沙沟村	郑家沙沟、刘家营
	两河村	顺河、两河
	小泉村	圭图泉、杨广泉、丁家庄、东小泉、西小泉
	草坡村	陆家庄子、小草坡、大草坡
	卞家洼	卞家洼、小洼
	后朱家庄村	桃园村、后朱家庄
	南李家庄村	南李家庄、辛庄子、清河店子
	老庄村	老庄、朵戈庄
	寨庄村	毛家寨庄、都家寨庄、董家寨庄、魏家寨庄、高家辛庄子
	南坦村	大南坦、小南坦
郚山镇	范家沟村	范家沟、李家庄
	崖洼村	崖洼、杨家沟
	松林村	松林、郭家河
	店子村	店子、刘家蒯沟、杜家蒯沟
	杨家庄村	杨家庄、李家集子
	刘家峪村	簸箕掌、刘家峪、大泉子
	双埠村	双埠、石山子、辛家庄
	马家旺村	马家旺、郝家旺
	张家北庄村	张家南庄、张家北庄
	于家沟村	于家沟、闭门山、乔家宅子
柘山镇	老子村	大老子一村、大老子二村、大老子三村
	华家宅村	华家宅、凤凰沟
	马时沟村	前马时沟、后马时沟
	柿子园村	西柿子园、东柿子园
	辛庄子村	辛庄子一村、辛庄子二村、辛庄子三村
	夏家沟村	北夏家沟、南夏家沟
	大苑村	大苑一村、大苑二村、大苑三村、大苑四村
	薛家庄村	薛家庄、朱家庄、李家沟、南王家沟
石埠子镇	城西村	冢头、葛布口
	城里村	二村、三村
	街里村	四村、五村
	渠河北村	中孙家庄、河北营子
	河北王后村	河北王庄、后庄
	张相村	西张相、东张相
	刘家庄子村	西刘家庄、东刘家庄

续表 1-1

所在镇街区	合并后行政村（居）名称	合并前村（居）（自然村）名称
石埠子镇	裴家后河社区	裴家官庄、后河
	北石岭社区	披甲峪、夏口、北石岭
	上株梧社区	上株梧、芦家河
	金菩村	金鸡窝、菩萨峪
	孝仁泉新村	马旺、孝仁泉
	天桥新村	天桥子、迷牛寺
	南北新村	南新、北新
	豆角地社区	豆角地、柳子河
	辛店营子村	大店、崔家辛庄子、赵家营
	明珠村	蓑衣沟、黄山前
	寺后套子村	套子、寺后
	仕居社区	北仕居园、东仕居园、仕家官庄
	坡子社区	大坡子、小坡子、邓家庄
	陆戈社区	大陆戈、小陆戈
	分流洼村	小官庄、分流洼、许家庄
	清河村	雷家清河、殷家清河、裴家清河
	周家屯村	周家屯、柴家庄
	陈家楼村	陈家楼、老许家庄
	蒯沟社区	蒯沟、罗家官庄
新安街道	孙十里社区	孙十里、东辛庄子
	黄十里社区	陈家楼、黄十里
	大洼村	大洼、李家峪、小洼
	东周村	东周、黑牛冢
	小河崖社区	小河崖、张家庄
	石龙社区	郑家石龙、涝洼、张家石龙、丰台
	刘家庄社区	刘家庄、前朱家官庄、后朱家官庄、大明官庄
	青龙山社区	灵山官庄、瓦青官庄、冯家沟、宋家尧
	关王村	关王、北韩
	姚家庄子村	姚家庄子、葛达官庄
	张家屯村	张家屯、北谢、椿树岭、朱家官庄
	上埠村	上埠、陈家埠、高家官庄、于家官庄
	下埠村	李家下埠、孙家下埠河东、孙家下埠河西
	磨埠社区	磨埠、马连官庄、葛庄、辛家庄、石羊官庄
	莲花山社区	东夹埠、西夹埠
	坟庄社区	王家坟庄、黄家坟庄
	贺戈小埠后村	贺戈庄、小埠后
	河南张排村	河南东张排、河南西张排
	仓上村	西仓、中仓、东仓
	韩吉新村	中韩吉、夏家庄、南王家庄
	刘家尧社区	刘家尧、姜家尧

续表 1—1

所在镇街区	合并后行政村（居）名称	合并前村（居）（自然村）名称
新安街道	许营村	许营、许营河北、刘家洼、小朱旺
	陈王庄村	北王家庄、安乐官庄、石旺庄、陈家屋子
	李门村	李家庄、东门、西门
	河北张排村	北张排、河北东张排、河北西张排
	埠南头村	埠南头、魏家埠
	青龙湖社区	西石马、东石马、赵家坟庄、水西
	彭家洼新村社区	彭家洼、新村
	汶中社区	董家庄、焦家庄、岔河子、三教堂
	归家疃社区	归家疃、范家庄、刘家营子、于家营子
	金稻园社区	周家营子、稻洼、寨上
	许戈村	东许戈、中许戈（王家庄）、小洼
	友戈村	东友戈、西友戈
	柳杭十里泉村	西柳杭、十里泉
	胜利何家屯村	何家屯、胜利新村
	院庄村	麻家院庄、周家院庄、河洼、赵家埠、东院庄
	朱聊村	大朱聊、小朱聊
	马埠屯村	马家小庄、南屯、埠下
	朱戈村	东朱戈、西朱戈、蔺家官庄
	担山一村	后担山、凌家庄
	担山二村	前担山、孙家庄、马家庄
	担山三村	友兰、周家庄
	北院庄村	北院庄、蒯场、围子
	三联村	北辛庄子、南谢家庄、陈家庄
	丘东社区	丘东、王家楼子
	丘家庄社区	丘西、曹家楼子
	城西社区	东刘家庄、徐家庄
	三园村	三台新村、任家菜园
	汶北新村	南韩、河洽

第二节　村（居）隶属

兴安街道：35 个居委会，38 个行政村。

居委会　小庄子、小近戈庄、东南街、务稼庄、马家楼、城里、庄头、西关、南关、东场街、谢家村、三里庄、南关头、东小关、前十二户、老庄子、东关、大城埠、三合、朱田戈、南三里、张家田戈庄、周家田戈庄、赵家村、韩家村、逯家村、魏家村、孟家五里河、王家五里河、城北、宋家园、西巷子、北关、韩家后、烟市街。

行政村　三十里铺、邹家洼、相戈、营里、霹雷山、石泉、南十里、黑埠、四海、白芬子、河南、罗家庄、新华、盛华、东胜利、葫芦埠、夏庄、双泉、阡里、曹家楼、苇园、大庄、大近戈庄、七里庄、高家埠、东十里、邹家坊子、汶南、汶水、汶东、山东头、道口、孙家十里河、常家庄、为善、李家埠、西许戈、马家庄。

新安街道：35 个居委会，52 个行政村。

居委会　孙家十里铺、黄家十里铺、小河崖、桥北头、周家楼子、石龙、刘家庄、青龙山、磨埠、莲花山、坟庄、薛家庄、付家庙子、永乐官庄、刘

家尧、青龙湖、彭家洼新村、汶中、归家疃、金稻园、温家坡子、彭家庙子、丘东、丘家庄、城西、贾戈东北村、贾戈西北村、贾戈东南村、贾戈西南村、杏杭、高家沟、大沙埠、邵家埠、李家五里河、曹家五里河。

行政村　大洼、东周、关王、姚家庄子、张家屯、上埠、下埠、贺戈小埠后、河南张排、仓上、韩吉新村、东韩吉、大埠后、许营、陈王庄、李门、桑家尧、河北张排、埠南头、大朱旺、许戈、友戈、柳杭十里泉、胜利何家屯村、大杨戈、小杨戈、夹埠、院庄、朱聊、马埠屯、石灰埠、山口、下洼、朱戈、担山一村、担山二村、担山三村、北院庄、三联、三园、汶北新村、尧洼、韩家王封、董家王封、刘家王封、曹家王封、贾家王封、庵顶、西韩吉、周家沙埠、刘家沙埠、高埠。

景芝镇：135 个行政村。

红联、前屯、洛岗、后屯、河崖、王家庄、大油坊、东阡里、吴家庄、伏留、彭旺店子、李家彭旺、大夫、王家彭旺、后院村、戴家沙浯、孙家沙浯、咸家庄、南河西、仁安、红旗、永和、鹿村、西杨庄、程家庄子、小油坊、西阡里、姚家庄、郭岗、葛家彭旺、戴家庄、鞠家庄子、前院、南杨庄、朱家沙浯、逄家庄、葛家庄、保安、太平、安庆北、北河西、东杨庄、万家庄、东王官疃、西王官疃、建胜、小傅岗、田岗、景阳西、启文、镇东南、保元、镇东、丰田、埠口、小河北、北景芝、大傅岗、前傅岗、景阳东、阜康、菜园、永贞、小东庄、东庄子、仉岗、东笔墨、西笔墨、尧上、班岗、鞠家庄、小里岗、宋家里岗、院上、建国、和平、苑家庄、石家埠、西朱耿、东辛庄、南林、东古河、小官路、东石埠、芝畔、中笔墨、刘家庄、小河套、周家庄、大里岗、油坊场、丁家庄子、套子、西村、贾岗、高家庄、东朱耿、北林、西辛庄、西古河、兆家庄、西石埠、宋官疃、潘水崖、周水崖、小湖埠、小市留、伏戈庄、临甘泉、东近埠泉、万戈庄、后王庄、前王庄、孟家官庄、大兴、东营、河埠、山西、魏林庄、王水崖、李水崖、老庄子、李家庄子、大市留、南甘泉、西近埠泉、宅科、中王庄、西王庄、黄泥泉、西营、吉台官庄、班家庄、杨家山前、大湖埠。

凌河镇：145 个行政村。

凌河、张布袋庄、百鹅疃、朱家埠、芷芳、大路、偕户、柳沟、柳沟店子、小官庄、大儒林庄、前儒林庄、小大路、王家营、娄子埠、郑家河、马家河崖头、川里院、雷家沟、刘家河崖头、密家庄子、土山、东庄头、泉子崖、佘家庙子、东赵家庄、前文家庄、东姚家庄、前松园、关王庙、水泊、小儒林庄、西儒林庄、石家庄、关前埠、新兵马营、蒲家埠、刘家庄子、范家庄子、秦家河、富家庄子、新中阿、秦戈庄、西庄头、方家埠、贺家庄、西赵家庄、前小沟、北小沟、后松园、涝洼子、李家小戈庄、皂角树、宫家庄、牟山店子、东兵马营、许古道、老兵马营、老中阿、孙家小戈庄、黄家小戈庄、牟山前村、宫家岭、东董家庄、西兵马营、东北庄子、吕家埠、北中阿、红沙沟、小北部、刘家陡沟、曹家陡沟、小河口、沈家庄、刘家西部、李家西部、东纪庄、西纪庄、西石庙、东石庙、王家赤埠、李家赤埠、簸箕掌、西姚家庄、西董家庄、赵家赤埠、战家沟、陈家沟、东涝山、禅杖、郑家庄、赵家沟、南部、西涝山、小庄、山东头、黑石头沟、张家庄子、石榴沟、张家陡沟、东南疃、东浒崖、坝洼、后沟、井戈、店子、栾家庄、慈埠、宗家庄子、李家水西、光甫、前光甫、孟家庄、王家庄子、山后屯、后李戈、凤凰官庄、王家董孟、田家庄、吴家庄、白石官庄、前李戈、东惠、西周、西惠、阳旭、西刘家庄、任家庄、儒林、柿子园、龙泉、申家庄、龙湾崖、于家水西、圈子、冢子坡、牛家埠、南官庄、大芷坊、小赵家埠、大赵家埠、西辛庄子、申明、红河崖、马姚。

石埠子镇：67 个行政村。

城后、张靳、王家庄、孝河口、楼子、崖头、北孙家庄、东召忽、西召忽、东殷民、柿子园、张解、晏峪、后韩寺、阿陀、殷家庄、马头山、于家河、崔家官庄、西殷民、车苗、前韩寺、荆埠子、闵家庄、王庄、孔家庄、张家庄子、庵上、孝廉庄、北郎庄、南仕居园、岐山、南郎庄、胡峪一、胡峪三、茅子埠、孟家旺、水帘沟、胡峪二、柳河峪、城里、天桥新村、南北新村、街里、坡子社区、分流洼、渠河北村、仕居社区、保国山社区、城西、辛店营子、河北王后、明珠、豆角地社区、张相、周家屯、陈家楼、刘家庄子、寺后套子、陆戈社区、北石岭社区、清河、孝仁泉新村、蒯沟社区、裴家后河社区、金菩、上株梧社区。

大盛镇：62 个行政村。

娄家庄、东田庄、小申明亭、西石崖子、朱家官庄、韩家旺、山徐家庄、西辛兴、寺前、牛沐、吴家庄、小庵子、后大盛、小官庄、西韩家庄、李家院庄、刘家院庄、西田庄、大申明亭、东石崖子、尚庄、房家官庄、辛家庄、东辛兴、窦家庄子、北徐家庄、后沟、娄子、前大盛、尹家大盛、寺坡、吴家院庄、马家院庄、南石家营、北石家营、豆坡、泉头、中丁家沟、陈家庄、小庄子、龙王庙、南黑山、旺山子、下马疃、西孟家庄、北杨家沟、大官庄、中石北头、田辛庄子、田家楼、东丁家沟、西丁家沟、郭家庄、秦家庄子、牛家沟、北黑山、上马疃、东孟家庄、南杨家沟、白石岭、东山北头、西山北头。

石堆镇：47个行政村。

石堆、桥上、王集、季戈庄、邵家庄、西河洼、兵马营、甘泉店子、大坡庄、东王里居、杜家坡庄、古路官庄、大莲池、后留晃、赵家下坡、山后、麻埠庄、梯门、桃园、娄戈庄、石人坡、东河洼、孟家庄、甘泉、阿洛、石家庄子、西王里居、张家坡庄、西莲池、前留晃、大下坡、马家下坡、东柳杭、西前孟戈庄、东前孟戈庄、东后孟戈庄、大亭子、王家亭子、董家下坡、桃园官庄、西后孟戈庄、马踏泉、马家亭子、高家下坡、宿家埠、石沟、岳家官庄。

辉渠镇：40个行政村。

辉渠、谋家河、朱家河、吉山店子、祖官、雹泉、山前、中峒峪、大寿山、小寿山、团山子、都家庄子、富平官庄、白山头、老峒峪、崔家峪、水润道、米布袋、范山子、蔡家庄、留山庙、留山峪、山李家庄、绪泉、洞西头、涝坡、花石涧、夏坡、刘家店子、黄石板坡、获鹿山前、李家沟、范家庄子、崔巴峪、桃园、大安山、温泉、徐家沟、葛家滩、有子庙。

郚山镇：54个行政村。

墨黑、卜家庄、范家沟、辛崖头、杨家河、金堆庄、松林、店子、石河、西官庄、有子沟、徐家沟、小洼、河西、小郚山、南家官庄、陈家沟、崖洼、贾孟、大埠沟、杏山沟、教子峪、云庄子、牟家沟、亭子、孙家沟、南旺、黄皿旺、马家旺、双埠、南逯、小营、黄崖头、梁家庄、北张庄、张北庄、马朗沟、杨家庄、后疃、曹家峪、泥沟、张家沟、房家庄、冷家山、逍遥、杜家庄、刘家峪、西庙、安山子、于家沟、鲁家哨、贺家沟、大陡山子、双张。

柘山镇：41个行政村。

老子村、磨山河、王家沟、夏家秋峪、小老子、南丘家庄、彭家沟、岳家秋峪、翟家秋峪、郭家秋峪、辛庄子、张家宅、祝家庄、范家沟、曹家河、阎家河、郈家崖、谭家秋峪、马时沟、东古庙、北邱家庄、西古庙、何家沟、华家宅、任家旺、柿子园、柳沟、兴旺沟、北章庄、金钱洼、大苑、薛家庄、解家沟、夏家沟、解家车庄、程家车庄、槐抱榆、董家车庄、隋家河、陈家车庄、南章庄。

官庄镇：59个行政村。

官庄、挑河、麻阿、东黄家庄、王瓜园、上河头、河洼、王坟、十字路、大马家庄、花家岭、五十里铺、泥沟子、李家庄、郑家沙沟、两河、小泉、草坡、卞家洼、后朱家庄、南李家庄、老庄、寨庄、南坦、马居岭、于家河、坡庄、张家沙沟、宅科、大阿陀、小阿陀、白石岭、申明亭、老管公、姜家庄子、东小庄、高家庄子、桥北头、陆家沙沟、闫家管公、河北管公、别家屯、河南管公、小管公、坡楼、甘家庄、三官庙、郑家埠、埠南头、水码头、高家营、王家营、前朱家庄、东利见、西利见、小河口、马家小庄、马家寨庄、张家寨庄。

金冢子镇：56个行政村。

中金堆、西金堆、里戈庄、后舒角埠、前舒角埠、兴隆官庄、中南戈庄、北南戈庄、梁家官庄、泉二头、金冢子、水右官庄、潘家庄、黑石埠子、张家庄子、小沟河、车戈庄、陈亭官庄、团埠、东金堆、尧沟、下里戈庄、谷家、凉泉、七戈庄、东南戈庄、曹家官庄、红冢、马家河子、双柳树、班家官庄、阳图店子、曹家营、红林庄、郑戈庄、岳家店子、军屯、草店子、沙里沟、下洼官庄、草坡屯、林家屯、冯家坊子、西后金堆、后双庙、芦洼、十里河、沙岭子、桑杭、管家埠、川里、东后金堆、前双庙、阿洛、三河、周家店。

第 二 编

自然地理

第一章　地　质

第一节　地　层

安丘市境地层发育比较齐全，从新太古代到新生代地层，除缺失古生代晚期外，其他均有不同程度产出。新太古界泰山岩群、新元古界土门群及古生界寒武系、奥陶系地层均分布于汞丹山凸起。古元古界荆山群和粉子山群，分布于胶北隆起。中生界正常碎屑沉积岩和火山碎屑沉积岩广布于中生代沉降盆地。新生界五图群、临朐群分布于新近纪盆地。第四系松散堆积物广布低洼地带。

新太古代地层

新太古界泰山岩群，自下而上依次分为雁翎关组、山草峪组、柳杭组。

雁翎关组　见于西崔巴峪、常家岭，顶底出露不全。主要岩性以斜长角闪岩为主，夹少量黑云变粒岩，与山草峪组为断层接触，总厚度 370.8 米。

山草峪组　主要分布于常家岭以东，出露最大宽度百余米，与上覆柳杭组为整合接触，与下伏雁翎关组呈断层接触，岩性以黑云变粒岩为主，上部夹二云变粒岩，总厚度 144.5 米。

柳杭组　主要分布于温泉—上头—大车山东侧一带，长度 6000 米，宽度 50 米～ 300 米，面积 2 平方公里，另有少量分布于慈母山一带，岩性以角闪变粒岩和黑云变粒岩为主，与山草峪组呈整合接触，总厚度 459.1 米。

古元古代地层

荆山群自下而上出露有野头组和陡崖组；粉子山群出露有小宋组。

野头组　分布于石灰埠、叶家官庄、瑶池埠、担山、盖公山等地，整体呈北东—北北东向分布于复式向斜的翼部。

陡崖组　分布于石堆、大莲池、留晃一带，整体呈北东—北北东向分布于复式向斜核部。

小宋组　以含磁铁矿黑云变粒岩及含磁铁矿疙瘩状黑云变粒岩为其划分标志，厚度 259.2 米。

新元古代地层

新元古界土门群，主要分布在骡马山、东柿子园、闫家河、于家河、石旺庄等地，出露面积约 28 平方公里。具体出露有佟家庄组、浮莱山组和石旺庄组。

佟家庄组　为灰白色中厚层状含砾粗粒长石石英砂岩，含泥质粉晶灰岩、杂色页岩、黄绿色页岩和紫色页岩等，厚度206.6米，含丰富的微生物化石。

浮莱山组　下部岩性主要为黄绿色页岩，含泥质粉晶灰岩夹钙质粉砂岩、细粒砂岩，呈不等厚互层状，厚 278.1 米，与佟家庄组整合接触。上部岩性为灰黄、黄褐色中厚层状细粒钙质长石砂岩、灰色砂质灰岩，厚 169.1 米，形成于浅海台地边缘滩相带。

石旺庄组　主要分布于石旺庄，出露比较齐全，岩性主要为深灰色厚层含叠层石白云质灰岩、灰色白云岩夹白云质灰岩及薄层砂岩，市境西南部也有分布，厚度约 453 米。

古生代地层

包括寒武系和奥陶系，产于鲁西地层分区，出露面积约 80 平方公里。常以断块形式出现，地层产状比较稳定。寒武系包括长清群李官、朱砂洞、馒头三个组和九龙群张夏、崮山、炒米店、三山子四个组。地层出露比较齐全、层序清楚。主要分布在南部—石门—黄石板坡—任家旺—王庄，呈北北西走向，宽约 2000 米～ 3000 米，长约 21000 米，出露面积约 40 平方公里，其次在桑家尧—刘家洼地区，呈北东走向，出露面积不足 10 平方公里。奥陶系马家沟组是继九龙群之后又一套巨厚的海相碳酸盐岩沉积，与九龙群三山子组呈假整合接触，以白云岩和灰岩交替出现为特征，主要分布在辉渠镇与石埠子镇一带，出露面积 52.5 平方公里。

李官组　砖红、灰黄色中薄层泥岩，底部为角砾状白云岩或白云岩角砾，层厚 77.3 米，与石旺庄组平行不整合接触。

朱砂洞组　为一系列具有不同特点的碳酸盐岩、泥灰岩的组合，上部为深灰色厚层灰岩，层厚187.8米。

馒头组　上部为薄层泥灰岩，中部为白云质灰岩，下部为黄褐色—肉红色中薄层云母细砂岩、长石石英砂岩。总厚度213.8米。

张夏组　下部为灰色厚层状亮晶鲕粒灰岩，中部为黄绿色页岩夹薄层灰岩，上部为灰色中厚层粉屑灰岩、厚层泥晶变鲕粒灰岩、亮晶藻凝块灰岩及薄板状灰岩夹黄绿色页岩。总厚度174.5米。

崮山组　黄绿色页岩与薄层灰岩互层与互有夹层，厚度83.1米。

三山子组　具穿时性，形成于寒武纪晚期和奥陶纪早期。下段为黄灰—浅灰—灰白色的中厚层细晶白云岩，厚度184.3米；中段为灰白色、灰红色中薄层细晶白云岩，底部为砾屑白云岩，厚度111.6米；下段为灰色中厚层隧石条带白云岩和中厚层白云岩，厚度58.9米。

马家沟组　与九龙群三山子组呈假整合接触，以白云岩和灰岩交替出现为特征。

中生代地层

产于中生代沉降盆地中，主要分布于大盛、郚山、辉渠、石埠子、景芝等镇，约占全市总面积的三分之一。侏罗系淄博群产于沂沭断裂带中，位于刘家尧村西北，仅出露有坊子组。白垩系区内主要出露有莱阳群的止凤庄组、水南组、龙旺庄组、曲格庄组、法家茔组，青山群的后夼组、八亩地组、方戈庄组，大盛群的马朗沟组、田家楼组、寺前村组，王氏群的林家庄组、辛格庄组和红土崖组。

坊子组　主要岩性为灰白、灰黑色砂岩、页岩，间有黄绿色砂岩、页岩及砾岩层，厚度139.8米。

止凤庄组　分布于景芝镇西北部一带。岩性为紫灰色、灰黄色砾岩含砾砂岩，中粗粒砂岩夹粉砂岩，最大厚度为687.7米。

水南组　主要分布在景芝镇以东地区，是一套灰黑、灰绿、黄绿色页岩、粉砂岩夹少量碳酸盐岩沉积，为较深的湖相沉积，厚度957米～1185.7米。

龙旺庄组　分布范围与水南组基本相同。为一套紫灰、灰绿色细粒砂岩、页岩，沉积厚度2102.7米。

曲格庄组　多产于隆起与凹陷的接合部位以角度不整合覆盖在古元古界结晶基底之上。岩性为紫红色砂砾岩、砂岩、粉砂岩，沉积厚度196.6米。

后夼组　分布比较零散，岩性为流纹质熔凝灰岩、紫红色岩屑等，厚度3.6米～237.5米。

八亩地组　主要分布在辉渠镇一带，岩性为安山质集块角砾岩、沉凝灰岩等，厚度420.3米～1099.7米。

方戈庄组　零星出露于石埠子镇等地，岩性为玄武粗安岩，厚度60米～900米。

马朗沟组　分布于郚部—葛沟断裂的东侧，岩性为灰色砾岩与紫红色安山质岩屑凝灰岩及紫红色细砂岩互层特征，厚度239.43米。

田家楼组　主要产于马站凹陷的中部和安丘—莒县凹陷东部。该组以浅湖相—滨湖相沉积的砂岩、粉砂岩及泥岩为主，厚度1846.5米。

寺前村组　岩性以紫灰色复成分角砾岩为主，夹少量黄绿色细粒砂岩及粉砂岩，厚度682.13米。

林家庄组　分布在安丘—莒县断裂以西，岩性为灰色、紫灰色砾岩夹砂岩，厚度58.8米～340.5米。

辛格庄组　主要分布在安丘—莒县断裂内部。岩性为灰黑色钙泥质粉砂岩，厚度559.4米。

红土崖组　出露面积较小。岩性为紫红色、砖红色粉砂岩、细粒砂岩。厚度264.7米，属河流相沉积。

新生代地层

古近系五图群主要分布在关王庙村及凌河村西南等地，出露面积17.5平方公里，为一套杂色含油页岩湖相沉积，厚度381米。区内主要出露有朱壁店组、李家崖组和小楼组。

朱壁店组　岩性为灰色、灰紫色砾岩，上部夹红色砂质黏土岩，砾石成分为玄武岩及石英，厚度133.6米。

李家崖组　岩性为紫红色砂质泥岩夹细粒砂岩、粉砂岩，底部为中粒岩屑长石砂岩，含石膏，厚度165.4米。

小楼组　岩性为紫红色、黑色、灰绿色砂质泥岩，底部为砂岩夹长石石英砂岩，厚度大于59.2米。

新近系临朐群产出不集中，比较零散，主要分布在安丘—莒县断裂两侧的城顶山、留山、陈家沟，自下而上可分为牛山、山旺和尧山三个组。

牛山组　分布于留山一带，下部为灰黑色苦橄岩，灰黑色气孔状苦橄岩，夹灰白色松散砂砾岩；

上部为灰色、灰黑色气孔状橄榄玄武岩，杏仁状橄榄玄武岩夹灰色伊丁石橄榄玄武岩，厚度141.45米。

山旺组　山旺组是牛山组玄武岩浆喷溢之后的间歇期沉积，岩性从西到东变化较大。留山、太平山一带为红色黏土岩，厚度2.2米。

尧山组　是继牛山组玄武岩浆喷溢之后的第二次喷溢。主要分布在太平山、留山等地，为气孔状橄榄玄武岩和杏仁状橄榄玄武岩互层产出的，偶夹有黄色火山渣或溶渣状含橄榄玄武岩。西厚东薄196.4米～80.3米，是蓝宝石的成矿母岩。

市境第四系分布广泛，尤以景芝镇、官庄镇以北为最，最大厚度20余米。堆积物岩性及成因类型与近代地貌形态密切相关。分山前、大站、黑土湖、临沂和沂河五个组。

大站组　主要分布在凌河镇、大盛镇、郚山镇，多出露于较高的阶地和半山腰。主要岩性为黄色砂质黏土，局部含砾、钙质结核及铁锰小球。上部岩性均一，无层理，以黏土为主。下部冲积层发育，与下伏基岩呈冲刷接触。

黑土湖组　主要分布在景芝镇、大汶河旅游开发区一带，郚山镇有少量出现，属湖沼相沉积，岩性为灰—灰黑色黏土、亚黏土。

临沂组　主要沿河床两侧之阶地分布，但厚度不大，属冲积、洪积沉积。岩性主要为黄色含砾亚砂土夹透镜状砂砾层，与下伏地层为冲刷接触。

沂河组　多沿水系分布。表现为河床相砾石、粗砂沉积。

山前组　分布较零星，见于中低山麓及低缓丘陵顶部。主要为灰黄色、棕黄色含砾砂质粉砂。

第二节　构　造

安丘地处山东省中东部，为鲁西隆起和胶东古陆衔接处，北部为潍坊凹陷的一部分，整个地势随泰沂山脉延伸，西南高，东北低，中间凹凸不平，地质构造多以断裂为主，发育的断裂将地表岩层切割得支离破碎。受构造的控制，市境大体跨越四个构造单元：潍坊凹陷、安丘—莒县地堑、汞丹山地垒、苏村地堑。跨越境内的主要构造是规模大、活动性强的北北东向的沂沭断裂带，北西向的惠民—诸城断裂带及其附属断裂。

沂沭断裂带

沂沭断裂带是中国东部规模最大的郯庐深大断裂带的一部分，具有地震活动频度低、强度大的特点，南北贯穿整个市境。

昌邑—大店断裂　为沂沭断裂带最东边的一条断裂，是鲁东与鲁西不同地块的分界断层，断层总体走向为北北东20°～30°，在平面或剖面上均呈舒缓波状弯曲，断层倾向变化大，倾角陡，发育历史长，力学性质复杂，在安丘—诸城段主要以挤压柔皱带为主要表现形式。

安丘—莒县断裂　地处安丘城区东约3公里处，沿老鼠岭展布，主要发育在中生界白垩系王氏组紫色碎屑岩中，总体走向北北东10°～15°，一般向东倾，为正断层，倾角较陡，一般在80°左右。断层规模大，破碎带宽，从几十米到数百米。最宽处可达2000米～3000米。

沂水—汤头断裂　为苏村地堑与汞丹山地垒的分界断裂，总体走向北北东15°～25°，在牛沐以南，断面一般向西倾，为正断层，倾角在70°以上，断层内挤压现象明显，断层泥、片理、透镜体均发育，形成数十米宽的挤压破碎柔皱带，断层具有新构造活动，与地震活动有关，是沂沭断裂带的主要活动断裂之一。

鄌郚—葛沟断裂　为沂沭断裂带最西边的一条大断裂，总体走向北北东10°～25°，断层内夹带50米～100米的古生界灰岩断片。自新世纪以来新活动明显。

白芬子—浮莱山断裂　北段隐伏于潍坊新生代凹陷中，以南至临沂地区断层出露较好，标志明显，总体走向北北东15°～30°，断面一般向东倾，为正断层。

景芝断裂　景芝断裂是靠近沂沭断裂带东侧的一条较大断裂，断层露头断断续续，走向为北东15°～40°，倾向西北，倾角70°～80°。在甘泉岭石灰窑附近，走向为北北东30°，向西倾，倾角75°以上，断裂带内糜棱岩、片理岩、角砾岩发育，伴生构造发育，一些较大砾石被伴生构造切割。力学现象极其丰富，压、张、扭多类构造行迹都可见到，断裂原活动强烈。

惠民—诸城断裂带

益都断裂　从郚山镇经临朐县、青州市向西北展布，总体走向为北西330°，倾向西南，倾角大于70°，力学性质为压扭性，新生代以来活动较为突出。

李家庄—双山断裂 总体走向北西310°～335°，倾向西南，倾角80°或近直立，力学性质为扭性或压扭性，新构造活动明显，在安丘西南部与沂沭断裂带交汇。

第三节 岩浆岩

新太古代岩浆岩

主要有万山庄、蒙山、峰山三个超单元，主要分布在凌河镇、大盛镇一带，岩石主要为片麻状中粒黑云石英闪长岩和条带状黑云闪长岩。

元古代岩浆岩

元古代岩浆岩出露较多，岩性变化较大，形态复杂，结构各异。主要在石堆镇桃园村等地，包括巨斑状黑云石英二长闪长岩、花岗岩、中粗粒黑云正长花岗岩。

中生代岩浆岩

中生代岩浆岩主要出露在柘山镇闫家河村、王家河村及于家河水库以西，有二长花岗斑岩和碱长花岗斑岩等。

第二章 地 貌

安丘市位于山东省中东部，总体地势西高东低，地势随泰沂山脉延伸自西向东北倾斜，最高点为西南边缘的太平山，海拔523米，最低点是蔺家官庄村北，海拔34.5米。西南部为群山隆起的低山区，中北部则是绵延起伏呈脊状的丘陵地带，东部为潍河冲积平原。

第一节 地貌类型

安丘地貌按其成因大致可划分为低山、丘陵和平原三类。地貌类型以平原为主，分布于市境的北部、东部和中南部，占全市总面积的52%；低山、丘陵分布于市境的西南部，占全市总面积的48%。

低山

境内山区为中度切割低山，分布于市境西部的郚山镇和柘山镇，主要由古老的变质岩组成，绝对标高500米～600米。沟谷呈V字型，山顶圆凸型，坡谷基岩裸露，谷底有少量洪积物堆积。

丘陵

丘陵为微弱切割丘陵，主要分布于市境西南部，山体由安山岩、玄武岩及元古代地层组成，与临朐县低山丘陵区相连。山坡坡角10°～20°，斜坡冲沟发育，切割微弱，沟谷呈放射状、树枝状，沟宽2米～6米，沟深5米～10米。

平原

剥蚀平原 广布于安丘城区以南，大面积分布着白垩系砂岩。经长期剥蚀作用形成的低矮圆缓、波状起伏的岗地地形，标高在50米～100米，相对高差40米左右，沟谷切割较浅，约2米～5米。冲沟发育，剥蚀作用强烈，发育残坡积物，多为厚约4米左右的含碎石黏质砂土。

冲积—洪积平原 沿河流分布，发育最宽的为潍河支流汶河、渠河河谷，两侧阶地总宽约300米～400米，包括河漫滩阶地，标高40米左右，高3米～5米，宽300米～1000米；超过漫滩一级阶地，分布于河床两侧，标高40米左右，阶地高约1米，宽约400米～1000米，由黏质砂土、砂质黏土及砂组成，为开阔平坦的耕作区。

第二节 山 脉

安丘西南山区，是山岭主要聚集带。境内有海拔百米以上山头158个，多位于市境西南部。其中，海拔400米以上的有太平山、摘月山、虎眉山、擂鼓山、大安山、黄皿山、留山、城顶山、紫草山等36个，300米以上400米以下的68个，200米以上300米以下的30个，200米以下的24个。

太平山 距安丘城西南47公里，为安丘、沂水、

临朐三市县之界山。海拔523米，山体主要岩性为玄武岩，四周陡峭，山顶平坦，沿山南缘有齐长城遗址。北有大泉。山顶建有太平山风电场，每年可为电网提供清洁能源1亿度。

摘月山　古代遍山柘树，故称柘山。山势雄伟高耸，故称摘月山。《重修莒志》记作柘岳山。后传老子曾采药于兹山，亦称摘药山。距安丘城西南40公里，海拔495米，为境内群山之冠。山体为石灰岩和玄武岩。山前坡岩石裸露较多，山后坡有较厚的土层覆盖，中上部已基本绿化。山顶尚存明代所建玉皇阁和老子庙遗址。山之东有长城遗址。遍山槐树，每年五月，槐香飘数里，清风徐来，雪涌如浪，景色壮观。盛产柴胡、丹参、黄芪等80多种药材。

石门顶　位于太平山主峰东3.8公里，是太平山向东延伸的突起部分，山南部为沂水县境。因山上有一石洞，洞口岩石峭立似门状，故名石门顶。山呈东西走向，面积约1.7平方公里，海拔500米。山体岩性属玄武岩。顶部岩石裸露，山腰以上植刺槐、马尾松、平柳等树，山腰以下是农田，土质较肥沃，宜于小麦、玉米、谷子、高粱等作物生长。山顶有齐长城遗迹。

石虎山　位于太平山主峰东4.5公里，是太平山的东延部分，西与石门顶相接，北与扁山连麓，面积约1平方公里。山西北侧有大片裸露的岩石，形似卧虎故名。山呈西南—东北向，海拔476米。山体由玄武岩构成，黑石裸露于地表，山上植有刺槐树，山下部是农田，主要种植地瓜、玉米等农作物。

黄皿山　位于太平山主峰东北5.5公里。当地群众传说，汉高祖刘邦曾路过此山并在山上歇息，后人遂称此山为"皇蹲山"，后演变为"黄皿山"。此山是太平山中部向北延伸的突起部分，山势陡峭，顶部尖削，海拔443米，面积约2.3平方公里。山体岩性系玄武岩。鲤龙河的东源店子河发源于此。山中上部已经绿化，山麓为梯田，以种植地瓜、花生为主。

扁山　位于太平山东北5公里，南接石虎山，因山体长，形似扁担故名。山呈南北向，面积约1.7平方公里，海拔436米，岩性属玄武岩，顶部岩石多裸露。山上部植刺槐树，中下部是梯田，种植大豆、地瓜、黄烟等。山上产黄芩、柴胡、远志等中药材。

羊角山　位于太平山东北5.4公里，南与扁山、黄皿山连麓。因两山峰并立，形似羊角故名。主峰海拔323米，面积约1.2平方公里，山体岩性系玄武岩，顶部黑石裸露明显，其余为砂质土壤覆盖。中上部植刺槐树，下部层层梯田，种植地瓜、花生、谷子等作物。产远志、蒲公英等中药材10余种。

东安山　位于太平山东北6.3公里，是太平山向东北延伸的突起部分。相传，古时山上有座尼姑庵，当地群众称东庵。"庵"字后演变为"安"字。山体呈圆形，海拔336米，面积约1.7平方公里。山体岩石是玄武岩。山下部是农田，中上部植刺槐树。产远志、高嵩、牛蒡子等中药材10余种。

磨山　位于太平山东9.3公里。因古时出产石磨故名。山呈西北—东南走向，面积约1.7平方公里，有两峰，主峰海拔413米。山体岩石主要是花岗岩，顶部有黑石裸露。自山腰至山顶植刺槐与马尾松，山下部及山沟植平柳，山上产磨石及丹参、黄芩、柴胡、防风、酸枣等中药材20余种。大苑河西支流发源于西麓。山上有齐长城遗迹。

伏山　位于太平山北6公里，系太平山西端向北延伸的突起部分，原名金山。相传，古时曾在山上开过金矿，因含金率低停采。后改称伏山。"伏"指山中潜伏黄金的意思。海拔326米，面积1.4平方公里。山体岩性属玄武岩，中上部黑石多裸露，下部为砂质土壤覆盖。

霹雳尖　位于郚山镇与辉渠镇交界处，北与大安山相连，南与大车山连麓。相传以神话传说取名。山上尖下圆，从山下望去形似笔尖，故又称"笔尖山"。海拔441米，面积约1.3平方公里。山体由玄武岩构成，顶部黑石突兀险峻。山上部植有刺槐树，中下部是果园和梯田，山上产丹参、远志、坤草、酸枣、全蝎等中药材20余种。

李家顶　位于摘月山西南1.8公里，与摘月山相连，海拔428米，面积约1.5平方公里。顶部属玄武岩，中下部是灰岩。山南坡地表土层薄，有岩石裸露，林木较少。山北坡土层较厚，上部植满刺槐，下部多梯田。

大架山　位于摘月山西北1.1公里。相传过去曾有人在山顶上立一个大木架，用以观测天相、风向，后便以此呼为大架山。海拔388米，面积约1平方公里。山体多由石灰岩构成。山上遍植刺槐与马尾松。山下部坡地植有山楂树。

虎崖　位于摘月山西南2.7公里，东与李家顶连麓。山西侧悬崖陡壁，人不能攀。像卧虎昂首，故名虎崖。海拔362米，面积约1平方公里。山体多由石灰岩构成。山上植有刺槐、马尾松和苹果、山楂等树。

城顶山 位于安丘城西南30公里处，为石埠子、辉渠、柘山三镇之界山，海拔429米。因山顶有齐长城遗址，故取名城顶山；又因山腰有公冶长书院，亦称书院山。山南侧有公冶祠和青云寺。山体为玄武岩和石灰岩，坡陡顶平，盛产玄武岩和紫竹花大理石，山下有膨润土矿，山腰遍布果树，为国家AAA级旅游景区。

搁灯山 位于城顶山南1.8公里。相传，公冶长夜晚在城顶山前坡的书院里读书，月亮就像搁在南面山顶上为其照明的灯盏，故以此取名为搁灯山。此山为城顶山南延部分一条向东的支脉，东西较长，主峰海拔402米，面积约2.2平方公里，山体由新生界第三系玄武岩构成。山上植松树、刺槐、山楂、苹果等林木，山腰以下是层层梯田。

留山 位于安丘城西南25公里处，为辉渠、凌河两镇之界山，海拔441.9米，山体主要岩性为玄武岩。相传东晋大将军刘裕率兵伐南燕时曾驻军于此，故名刘山，后演变为留山。山上有桃源洞和为刘裕所建的刘山爷爷庙遗址，山腰有柏、槐树和层层梯田。2012年，在留山庙遗址上建成仿古建筑和刘裕像。2013年，已建成的留山古火山森林公园晋升为国家级森林公园。

崮山 位于留山西侧，界于凌河镇与辉渠镇之间，原名孤山。因山体尖圆，山峰突兀，不与其他山相连而得名，后演变为崮山。海拔396米，面积约0.8平方公里。山体岩性属玄武岩，岩石裸露较少。山上植刺槐、山楂等。产丹参、远志、射干、生地、黄芩等多种中药材。

大安山 位于安丘城西南32公里处，为辉渠、郚山两镇之界山，海拔467米。原称郚山，清咸丰十一年（1861）“土人避乱其上，呼为大安山”，当时所筑避乱石垣至今尚存。山体主要岩性为玄武岩。四周陡峭，顶平数百亩，东北悬崖耸出，可容数人登望，名曰“仙女望”。山上有泉，泉水清洌。早年有人为便于采石，上山定居，名曰大安山顶村。

大车山 位于大安山南4公里，郚山、辉渠、柘山三镇交界处。相传，齐国在此修筑长城，一官员坐车前来观看，行至山脚下车毁，遂将已毁的车抛在山下，故名大车山。又因山顶部有两块耸立的大石，形似两人站在山顶，故亦称双人山或双石山。主峰海拔396米，面积约1.7平方公里。东连紫草山，西南接虎眉山，东南连擂鼓山。山体由黑杂石及花岗岩构成。山上基本绿化，主要树种是刺槐与马尾松。山上有齐长城遗址。

擂鼓山 位于柘山镇西北部，西北距大车山3公里。相传，古时有一山大王，让其子在此山上扎寨，以护大营，并约定若有敌情以擂鼓为救应信号。其子视擂鼓为儿戏，无敌情而擂鼓，如此三番，致军卒松懈，后被敌方窥知实情，大败之。后人便称此山为擂鼓山。山体四周陡峭，呈圆锥形，唯顶部有小块地方平坦，上有石围墙遗迹。海拔468米，面积约2.2平方公里，西北与大车山连麓，为秋峪河、古庙河之分水岭。山体岩性属新生界玄武岩，上部岩石多裸露，岩石间隙植有刺槐，山北坡有苹果园、山楂园等。山腰修有环山路，路下为梯田，产花生、地瓜等。

紫草山 位于大车山东2.8公里，界于辉渠、柘山两镇之间。因山上多生紫草故名。山体呈东西向，西与大车山连麓，面积约1.8平方公里，海拔421米。北坡陡峭。山上主要是砾石，较少裸露。山腰以下为农田，山的中上部植有刺槐等林木，温泉河发源于山之北麓。

虎眉山 位于大车山西南3.6公里柘山镇界内。“虎眉”一名未见于史志。群众以山势巍峨，顶部南北略平，日西沉时，从东西向望去，形似虎眉，故以此名山。主峰海拔474米，山体呈南北向，面积约2平方公里，大苑河源于西麓，山体系玄武岩，上部黑石裸露，现已基本绿化，主要有刺槐、马尾松等，山西坡植有果树。郚山—老子公路从山西麓蜿蜒经过。

大头山 位于安丘城西南41公里，郚山镇西北边界。山西坡属临朐县。因山较周围山高大且顶部宽阔，故名。海拔317米，面积约1.3平方公里。山体岩性属玄武岩。西坡、南坡岩石裸露，东坡、北坡植满刺槐。山麓多梯田，以种植地瓜、花生、黄烟为主，山上产远志、丹参、柴胡等中药材30余种。

旺山 位于柘山镇东部，城顶山西南3.8公里，海拔313米，面积约0.6平方公里，山体由石灰岩构成。山上植有刺槐树，产柴胡、黄芩、葛根、半夏等中药材。

鞍子山　位于柘山镇东部，东临旺山。因山体形似马鞍，故名。主峰海拔268米，面积约0.8平方公里。山体岩石属玄武岩。山顶及西坡植有刺槐、松柏为主的用材林，南坡有以杏、苹果为主的果园。环山路蜿蜒可达山顶。

磨山　位于摘月山西3.5公里，大老子一村村前。因山上出产石磨，故名。海拔292米，面积约1.3平方公里。岩性属花岗岩。矿藏有磨石、蛭石、云母等。自元代始，开采山上的岩石制造石磨，明、清两代极盛。山上植有林果千亩，产丹参、白头翁、蒲公英、徐长卿等多种中药材。

陈古山　位于摘月山西北3.5公里，红沙沟—孔家庄公路经西麓。山体尖圆，海拔268米，面积约0.2平方公里。山体由玄武岩和花岗岩构成，玄武岩多裸露顶部。山上基本绿化，以松、柏为主。

大顶子　位于城顶山东2公里，石埠子镇界内，因山体尖圆，较周围山高大故名。海拔387米，面积约0.7平方公里，属砂石山。山腰植苹果、山楂等果树，上部有零星柏树。山麓多梯田，以种植地瓜、花生为主。

太平冈　位于城顶山东南5.4公里，石埠子镇界内。顶部平坦，山势平缓，海拔332米，面积约0.9平方公里。山体由白砂石构成，梯田直至山顶。山顶有一国槐树，状如伞，过路行人多在此歇息。

钟楼顶　位于城顶山东南4.9公里，东与太平冈连麓。海拔343米，面积约0.5平方公里。山体岩性属玄武岩。山上植有零星松柏。产全蝎、柴胡等中药材。

鲁山　位于安丘城西南27公里，辉渠镇界内。主峰海拔397米，面积约1.2平方公里。山体由石灰岩与玄武岩构成。玄武岩裸露于顶部。山体基本绿化，以刺槐为主。

金鸡山　位于鲁山西北0.7公里，辉渠镇界内，与鲁山相连，以神话传说得名。海拔382米，面积约1平方公里，山体下部为石灰岩，上部属玄武岩。山上有零星刺槐和部分果树。产柴胡、半夏、远志、丹参等中药材。

白山　位于鲁山东北2.5公里，辉渠镇界内。古时称白云山，后简称白山，海拔309米，面积约1.5平方公里，西南与鲁山连麓。白山头水库坐落山前。山体由石灰岩构成。山前坡岩石裸露于地表，山后坡有土层，种植地瓜、黄烟等作物。

有子山　位于鲁山西南2.6公里，辉渠镇界内。相传，孔子的学生有子曾游学此地。古时山上建有子祠，故名。山有3峰，西南—东北向，山势陡峭，主峰海拔395.5米，顶部平坦，山上部为玄武岩，下部为石灰岩。中上部岩石裸露于地表，下部多为沙土覆盖。山上梯田种植花生、地瓜等。古时山上有先贤有子祠，祠内碑石林立，古松数株。祠现已毁，仅有废壁残垣和石碑2座。2009年，辉渠镇新建有子文化广场，重塑有子石像。

峰山　位于城顶山西北2.8公里，系柘山、辉渠两镇界山。相传，此山多峰，故名峰山。又传，山上有9个突起的山峰，形似一朵盛开的莲花，又称九顶莲花山。山上有洞，明、清县志皆称为仙姑洞。山呈东西向，面积约1.9平方公里，主峰海拔389米，山体属古生代寒武纪石灰岩。山上部岩石裸露，中部基本绿化，树种以刺槐、松柏为主，下部有果树和农田。山上产柴胡、半夏、酸枣仁、全蝎等中药材10余种。

悬崮山　位于城顶山西北4公里，系柘山与辉渠两镇界山。主峰海拔335米，面积约1.3平方公里。山体由石灰岩构成。山上林木以刺槐为主。山南麓有部分农田，可种植地瓜、玉米、黄烟等。

珠山　位于鲁山西南2公里，辉渠镇界内。主峰海拔404米，面积约0.7平方公里。山体由石灰岩与玄武岩构成。顶部黑石嶙峋，下部石灰岩部分裸露，遍植松柏、刺槐。山麓多梯田，主要种植地瓜、花生等。

骡马山　位于鲁山西南3.6公里，辉渠镇东南部，东与有子山连麓，主峰海拔323米，面积约1.1平方公里。山体岩性属石灰岩。山上多植刺槐等用材林木。

望海山　位于城顶山北3.2公里，辉渠镇界内。明万历《安丘县志》载：望海山，鸡鸣时东望海日，波若浮金。故名。海拔386米，面积约1.5平方公里。中下部是石灰岩，上部为玄武岩。山上筑有环山公路，遍植果树、刺槐、松树等林木，产丹参、黄芪、全蝎等多种中药材。

大姑子顶　位于望海山东南1.5公里，辉渠镇界内。海拔361米，面积2.7平方公里，山体由石灰岩构成，中上部岩石裸露。山上多已绿化。上部以松柏为主，下部以栽植苹果、山楂等果树为主。

牟山　位于安丘城西南7公里处，海拔173米。古人曾以“牟山拥翠”列为安丘八景之一。山体属火山岩结构，《安丘新志》载：牟山石砚，色纯紫，类端石，温润可用，乾隆末年人始制以为利。1959年在山北面修建大型水库。2011年山顶建起高30米的牟山鸿雁塔。

安丘市海拔300米以下的山岭情况表

表2—1

山脉名称	地理位置	海拔高度（米）	山体面积（平方公里）
小部山	位于大安山西北3公里，部山镇与大盛镇交界处	239	0.9
锁头山	位于大安山东北2.6公里	297	0.9
青　山	位于大安山东北3.6公里，凌河镇、大盛镇与辉渠镇交界处	293	1.4
岩山子	位于虎眉山东南2公里，柘山镇界内	261	—
双山子	位于虎眉山南2.7公里，柘山镇界内	229	—
黑　山	位于大盛镇西部，距市区37.5公里	294	0.9
龟　山	位于大盛镇西北部，黑山北3.5公里，汶河南岸	200	0.4
露头山	位于城顶山东南4.9公里，石埠子镇界内	203	0.2
书郎山	位于城顶山东5.8公里，石埠子镇北界	212	0.4
寒石埠岭	位于市区南24.5公里，石埠子镇东北界	108	0.7
团山子	位于留山东4.5公里，辉渠镇界内	259	1.1
杏　山	位于鲁山东北4.8公里，辉渠镇界内	278	1.1
杓子山	位于望海山东3公里，辉渠镇界内	231	0.8
簸箕山	位于望海山东北4.3公里，辉渠镇界内	209	0.4
吉台山	位于市区南22公里，辉渠镇界内	215	0.6
寿　山	位于市区西南19公里，辉渠镇界内	157	0.6
英雄山	位于市区西南22公里，辉渠镇雹泉村西	135	0.1
黄　山	位于市区西南19.5公里，辉渠镇东北部，尚庄水库南岸	156	0.5
塔　山	位于市区南20公里，辉渠镇东北部	170	0.7
羊埠岭	位于市区南15公里，辉渠镇、兴安街道、官庄镇交界处	146	3.5
寒登山	位于市区西南16.5公里，兴安街道西南部	178	1.6
姜嵋山	位于市区西南17公里，凌河镇与辉渠镇交界处	180	0.4
双泉山	位于市区西南13公里，凌河镇与兴安街道交界处	150	1.1
老鼠岭	位于市区东3.5公里	120	27.0
慈母山	市区西12.5公里，凌河镇界内	128.1	0.8
灵　山	位于市区北12公里，安丘经济开发区与坊子区荆山洼镇交界处	174	—
丰台岭	位于市区北9.5公里，安丘经济开发区西部	127	—
牛七埠	位于灵山东北2.3公里，安丘经济开发区西部	164	—
青公埠	位于市区东16公里，石堆镇与峡山区王家庄子镇交界处	126	1.2
甘泉岭	位于市区东南15公里，石堆镇与景芝镇交界处	72	1.3
凤凰山	位于市区东南18公里，景芝镇界内	89	1.5
九龙山	位于市区东南22公里，景芝镇界内	87	0.8

第三章　水　文

第一节　地表水

安丘多年平均降水量为685.7毫米，年最大降水量为1306.5毫米（1964年），最小年份为414.1毫米（1981年），极值比为3.16。在区域分布上，西南山区大于700毫米，中部丘陵区650毫米～700毫米，东北平原区小于600毫米。在季节分布上，夏、秋两季降水占全年降水量的80%以上，春、冬两季降水相对较少。

夏、秋两季连雨日较多，累计平均6.5天，冬春两季连旱日较多，累计平均37天。1981年、1983年降水量分别在414.1毫米和426.7毫米，造成河水断流，水库干涸，人畜饮水困难。

河流

境内有大小河流56条，多在东、北、南部，均系潍河水系，控制流域面积1884平方公里。渠河、汶河发源于西南沂山山脉，分别于市境南、北由西往东横贯全境入潍河，属潍河重要支流。市境多夹于汶河、渠河之间。另外，发源并流经市内、东注潍河的内河还有洪沟河、史角河、小浯河、运粮河，以洪沟河为最长。市内主要河流为汶、渠、洪3条，其余53条小型河流纵横密布全境，绝大部分为汶、渠二河支流。汶、渠二河流域地势平坦，土质肥沃，人口稠密，每年夏秋两季常有洪水泛滥。其他流域面积大于50平方公里的河流有红河、鲤龙河、店子河、史角河、老子河、凌河、小汶河、会沟子河、小浯河、温泉河、墨溪河、河西村河、大路河以及大苑河。境内河流的特点是源短流急，上陡下坡，水量不均，季节性强。

潍河　古称潍水，因古时潍、淮谐音，亦称淮河，位于市境东缘。《潍河源流考》云："潍水出琅琊箕屋山"。《淮南子》曰："曰潍山，曰箕屋山，曰覆舟，盖一山三名。"据考，潍河上源箕屋山，河出自沂水县箕屋山前宝山坡之小泉沟，向东南流至莒县库山村西，与出莒县屋山之南源相汇，流经五莲、诸城，后经安丘与高密、昌邑界，再沿坊子、寒亭与昌邑界入昌邑，于下营北入渤海。因上游山岭多、落差大，历史上最大洪峰12900立方米/秒。2007年，潍河西岸的黄旗堡镇、赵戈镇划归坊子区。2009年景芝镇部分沿河村庄划归坊子区。潍河脱离安丘境。

汶河　古称汶水，是安丘的“母亲”河，系潍河主要支流，源出临朐县沂山东麓百丈崖瀑布之桑泉。因桑泉水俗称汶水故名汶河。流经临朐、昌乐两县，自大盛镇西山北头村北入境，由西南向东北流经安丘58.6公里，至东北角的小朱旺村东北出境。干流全长110公里，总落差232米，平均比降1∶468。汶河在境内有大盛河、鲤龙河、温泉河、凌河、小汶河、墨溪河等6条支流。此河季节性强，汛期最大洪峰2340立方米/秒。1959年，拦河建成牟山水库。2006年，安丘市依托汶河城区段原有自然景观兴建的青云湖休假乐园，被全国旅游景区质量等级评定委员会评为国家AAA级旅游景区。大汶河湿地公园被国家林业局湿地保护中心评为国家级湿地公园。

渠河　古称浯水，西汉时人们在下游开渠灌田，又有“上浯下渠”之称，现统称渠河。系潍河支流，发源于太平山南麓，绕山前东流，穿过沂水县北端入安丘境，沿南部与沂水、诸城交界处东流于景芝镇小付岗村东出境。渠河全长100公里，总流域面积1053平方公里，流经安丘71.87公里。主要支流有大苑河、秋峪河、古庙河、孝廉河、清河、店子河等，最大洪峰5740立方米/秒。新中国成立后，上游建成于家河水库，中、下游建2座拦河坝。分别于1993年9月和1995年10月，建成李家沟拦河坝和南水北调工程。

洪沟河　位于境南，因上游水带红沙俗称红沟河。发源于兴安街道寒登山东麓，流经金冢子、官庄、景芝镇，于埠口村北出境后汇入峡山水库，全长45公里，主要有羊角河、运粮河、小浯河等支流，流域面积384平方公里，最大流量400立方米/秒。1960年在河道上建成伏留、罗家庄两座小型水库。

史角河 位于境东。原名驶涧河，俗称施家河，后演变为史角河。源出金冢子镇团埠村北，向东北流经石堆镇、大汶河旅游开发区、新安街道，至凌家院村东入潍河，全长25.5公里。有珍珠河、下洼河两条支流，流域面积118.2平方公里。最大流量220立方米/秒，建有马家庄子、邢戈庄两座小型水库。

鲤龙河 原写作骊龙河，亦称牛沐河，系汶河支流。在境西，原有东西两源：东源出自郚山镇石虎山北麓，由南向北，称店子河；西源出自南逯太平山北麓，由南而北再迤东，称乌鸦河。两河在牛沐村前汇流，称鲤龙河，北流至大盛镇小庵子村东北入汶河，全长21.43公里，流域面积130平方公里。上游多山，水流湍急，下游河宽100米～200米。最大洪峰流量500立方米/秒，属季节性河流。河道上游及主要支流上建杜家庄、云家庄子、崖洼、尚庄4座小一型水库，可蓄水674万立方米。沿河建提水站13座，为山地灌溉提供水源。

温泉河 系汶河支流，在境西，源出温泉紫草山北麓，由南向北，流至凌河镇小北部村北入汶河。全长16.49公里，河宽80米，流域面积61.9平方公里。中游有温泉水注入，下游建南部水库，蓄水490万立方米。

凌河 系汶河支流，在境中部，源出城顶山西北麓。上游称辉渠河，流经辉渠、兴安、凌河等镇街，至凌河村北入汶河。全长26.45公里，河宽50米，流域面积88.8平方公里。沿河建有尚庄、白山头、西辉渠、川里院等中小型水库4座，总蓄水量3608万立方米。

墨溪河 系汶河支流，在境中部。河有两源：东源出东金堆村，北流至郝家庄村，称十里河；西源出石泉岭，北流至郝家庄村，称五里河。两河在郝家庄村北汇流后称墨溪河。沿老鼠岭西麓北去，纵贯大汶河旅游开发区，至贾家王封村北入汶河，全长17.16公里，流域面积58平方公里。

大苑河 系渠河支流，在境西南柘山镇境内。上游称车庄河，下游称大苑河，河以村名。发源于磨山西麓青石胡同，流向由北而南，至大苑村南入渠河，全长12.5公里。河道比降大，河床宽50米～100米，流域面积52平方公里，最大洪峰流量70立方米/秒。河底沙层厚，潜流大。

店子河 系渠河支流，在境南，发源于望海山东麓，向东北流至韩家庙子村前，雹泉河汇入，向东流至官庄镇水码头村折南，在小河口村北，寨庄河汇入，折向东南，至东利见村南入渠河，全长23.62公里，流域面积122平方公里。中游建有共青团、高家营2座小一型水库，蓄水1000万立方米。

小浯河 在境东南，自景芝镇孟家官庄始大，流向由西而东，流至李家庄子村东折向东北，至鹿村村南入浯河。此河历史上多次改道，已失原貌。应是"浯水出灵门壶山。壶山近米山、九山。"之浯水，有别于其南之大浯水。全长17.05公里，河宽30米～50米，流域面积66.5平方公里，最大洪峰流量180立方米/秒，属于季节性河流。河道中游盛产芦苇。

孝廉河 系渠河支流，在境南，由孝仁泉、水帘沟两股水汇流而成，故名孝帘河，后演变为孝廉河。下游亦称大店河。于石埠子镇孝河口东入渠河，全长17公里，流域面积43平方公里。最大洪峰流量202立方米/秒。上游多山，水势迅猛，下游平缓，时有泛滥。1958年于中游建下株梧水库，蓄水1620万立方米，既灌溉农田，又保证下游安全。

九曲河 旧称淇河，亦称清河，系渠河支流，在境南。因河有九道弯，故称九曲河。发源于城顶山东麓饮马池，向东流经辉渠镇到圈河村，此段叫水润道河。自圈河村南入石埠子镇，于清河套子村东入渠河，全长16.2公里，流域面积23平方公里，最大洪峰流量195立方米/秒。在河道中游建有圈河水库，蓄水398万立方米。

安丘市主要河流（流域面积≥50平方公里）基本情况统计表

表2-2

序号	河流名称	发源地	终点	流域面积（平方公里）	境内长度（公里）
1	汶　河	临朐沂山东麓	坊子区夹河套村入潍河	1704.00	58.60

续表 2—2

序号	河流名称	发源地	终点	流域面积（平方公里）	境内长度（公里）
2	渠　河	太平山南麓	诸城凉台入潍河	1053.00	71.87
3	洪沟河	安丘霹雳山	峡山王家庄街道大孙孟入潍河	384.00	45.00
4	红　河	昌乐漳河陈家沟	凌河镇于家水西入汶河	238.00	7.80
5	史角河	金冢子镇军屯	峡山凌家院入潍河	118.20	25.50
6	鲤龙河	郚山镇太平山	大盛镇小安子入汶河	130.00	21.43
7	店子河	辉渠镇胡家旺	官庄镇东利见入渠河	122.00	23.62
8	老子河	柘山镇杏山沟	石埠子镇于家河入渠河	101.00	16.32
9	凌　河	辉渠镇赵家沟	凌河镇凌河村北入汶河	88.80	26.45
10	小汶河	昌乐县西赵	新安街道周家营子入汶河	78.40	8.01
11	会沟子河	石堆镇王里居	峡山大圈入洪沟河	76.20	8.53
12	小涪河	金冢子镇红塚	景芝镇鹿村入洪沟河	66.50	17.05
13	温泉河	辉渠镇石山子	凌河镇小北部入汶河	61.90	16.49
14	墨溪河	金冢子镇金堆	大汶河开发区贾家王封入汶河	58.00	17.16
15	河西村河	郚山镇马家旺	郚山镇河西村入鲤龙河	57.50	10.80
16	大路河	辉渠镇小李家庄	凌河镇大路村北入汶河	52.00	13.50
17	大苑河	柘山镇杜柳河	柘山镇大苑村入渠河	52.00	12.50

第二节　地下水

境内除东部部分地区处在胶莱盆地与胶北弧形隆起西延部分外，绝大部分地处沂沭断裂带北段中部，属华北台块隆起部分。基于岩层出露较全的特点，浅层地下含水岩组大体分为以下五类。

松散岩类孔隙水　岩性为第四系的冲积、洪积、残坡积物，分布在潍、汶、渠等河流中下游冲积平原的景芝镇、凌河镇、新安街道、兴安街道、大汶河旅游开发区等地，面积 696.57 平方公里。含水层厚薄不均，富水性差异很大，单井涌水量 240 立方米／日～ 600 立方米／日。

碎屑类岩类裂隙水　主要岩性为火山碎屑和陆相沉积碎屑岩，分布在景芝镇、官庄镇、石埠子镇、辉渠镇、兴安街道、金冢子镇等地的白垩系岩层，面积 641.05 平方公里。地下水赋存于浅层风化裂隙中，富水性弱，单井涌水量 100 立方米／日～ 1000 立方米／日。

碳酸岩类裂隙岩溶水　主要岩性为石灰岩、白云质灰岩、豹皮状灰岩和泥灰岩。分布在辉渠镇、凌河镇、柘山镇、新安街道等地的震旦、寒武、奥陶系岩层，面积 163.2 平方公里。地下水赋存于浅层裂隙及岩溶中，富水性强，单井出水量 200 立方米／日～ 500 立方米／日。

变质岩类裂隙岩溶水　主要岩类为大理岩、蛇纹岩等。分布在柘山镇、郚山镇、凌河镇、市经济开发区、石堆镇等地的太古界和元古界岩层，面积 300.55 平方公里。地下水赋存于裂隙岩溶中，因太古界为混合岩，元古界夹有大理岩透镜体，富水性差异较大。粉子山群的第一二段，因夹有厚薄不等的大理岩透镜体，单井出水量 200 立方米／日～ 1200 立方米／日。

火成岩裂隙水　主要岩性为玄武岩、杏仁状玄武岩、安山岩，分布在凌河镇、辉渠镇、石埠子镇、柘山镇、大汶河旅游开发区、新安街道等地的第三层岩层，面积 104.21 平方公里。因玄武岩多为顶被状，地理位置较高，为弱富水区。

第三节　山　泉

境内有雹泉、温泉、绪泉、孝仁泉、红泉子、保国山泉、马踏泉、甘泉、石泉、林泉、东泉、西泉 12 个知名泉。有泉水形成的莲池、龙池、吕家池、金牛池等境内历史上有名的泉池。

雹泉　又名珍珠泉，位于辉渠镇雹泉村西英雄山东麓。泉水清澈见底，水草四季常青，并有银白色气泡不断向上泛出水面。清《安丘县乡土志》载："泉水自石函中迸出，颗颗如珍珠，又如雨雹，故名雹泉。"明万历《安丘县志》中曾载陈文伟"灵泉细吐珍珠颗"的诗句赞美此景，并列为安丘八景之一。多年平均日涌水量8200立方米。1968年，雹泉公社在泉西建一蓄水池，东南角挖一人工湖，泉水除供饮用外，还可灌田。

温泉　位于市区西南温泉村东。泉水久旱不竭，多年平均日涌水量1200立方米。常年水温25℃左右，故名温泉。冬季，泉面热气升腾，塘内烟雾缭绕；夏天，岸柳倒垂，荷花盛开，可用天然水养殖罗非鱼。

绪泉　位于市区西南绪泉村正中，古称"聚泉"，后演变为绪泉，多年平均日涌水量7600立方米。明正德年间整修一次，新中国成立后又经两次重修，泉上池面扩为12平方米，水深20余米，上有出水洞。若塞，水从池面四溢，池周围建有栏杆，池旁杨柳成荫，原主池东西两侧50米处，各建一个蓄水池，供村民饮用水，现为荷花池。

海眼泉　位于辉渠镇寿山村西，亦称福海。泉水旺盛，涌流不息，如通大海，水底有两泉并列，一多沙，一多泥，但泉水长清，故名海眼。多年平均日涌水量7000立方米，且有水吐如珍珠景观。

海眼井　在城东，老鼠岭北段最高处，海拔120米。相传，古时有两泉并列，泉深莫测，可通渤海，故名。泉系天然石泉，泉水汇为一池，圆形，周围石壁呈红褐色，面积约30平方米。泉水不甚旺盛，从未外溢，未曾干涸，水呈墨绿色，概因不能代谢之故。

第四章　气　候

第一节　气候特征

四季变化

境内属温带大陆性季风气候，年温适中，四季分明。冬季盛行西北风，夏季盛行东南风；气温年较差较大，冬冷夏热，春秋多旱；常受西北冷空气影响，天气多变，有不同程度的灾害性天气。全市年平均气温11.7℃～13.7℃之间，年平均降水量在630毫米～680毫米之间，降水日数74天左右，灾害性天气主要有暴雨、雷电、冰雹、霜冻、干热风等。

春季(3月—5月)　随着太阳高度角不断增大，气温呈螺旋式回升。西北南下影响市境的冷空气减弱，但活动频繁，"倒春寒"天气明显，常出现寒潮降温和晚霜冻。春季是风最多、湿度小、蒸发强、失墒快的季节，安丘素有"十年九旱"之说。春末时有雷雨、冰雹等现象发生。

夏季（6月—8月）　又称"主汛期"。受西太平洋副热带高压和西南暖湿气流控制，高温、高湿、多雨，经常出现雷雨、大风、冰雹等天气，是洪涝灾害多发季节。降水量占全年的60%以上。

秋季（9月—11月）　入秋后，暖湿空气势力减弱并逐渐南退，降水迅速减少，蒙古高压加强，经常受极地大陆气团控制，形成晴朗少雨、温度适中、昼夜温差大、秋高气爽的天气，并有初霜冻出现。

冬季（12月—次年2月）　受强大蒙古冷高压和西北季风影响，不断有冷空气补充南下，气候干燥，天气寒冷，雨雪稀少，是全年最冷、降水最少的季节，盛行西北风。1月份气温全年最低，平均-2.8℃，历史极端最低气温-18.7℃。

地区差异

境内西南山区与东部平原的气候略有差异。西南山区柘山、辉渠、郚山、大盛4镇为泰沂山系延伸部分，下垫面多为山地沙壤土，春季回暖快，秋季降温快，作物下种、收获期均较其他镇街区早8天～10天，但秋季降温快，初霜冻早。平原、丘陵地区春季回暖晚8天～10天，且东部低洼地区容易出现晚春霜冻，景芝镇沿河洼地尤其明显。东西两地，年均气温相差 0.5℃左右。极端最高气温、最低气温都出现在西南山区。东南部年降水量偏多，西南山区春末秋初冰雹、雷雨大风明显偏多，灾害天气比东部多 40% 左右。

第二节　日　照

安丘年可照时数 4431.5 小时，实均日照时数 2402.1 小时，年日照百分率 54%。年际变化较大，最多 1997 年 2685.8 小时，日照百分率 61%；最少 2003 年 1972.5 小时，日照百分率 45%。最多年与最少年相差 713.3 小时。

从季节分布看，春季日照时数最多，为 700.4 小时，占全年总日照时数的 29%；夏、秋次之，分别为 613.6 小时、581.6 小时，占 26%、24%；冬季最少，为 506.5 小时，占 21%。

从月份分布看，5 月最多，为 255.0 小时，日照百分率 59%。12 月最少，只有 168.1 小时，日照百分率 56%。5 月下旬日照时数为 92.8 小时，为各旬最多，平均每天 8.4 小时。7、8 月因处在雨季，云量多，日照时数相应减少，日照百分率分别为 43%、48%。

安丘市 1986 年—2013 年各月日照时数百分率表

表 2-3

月份	日照时数					日照百分率 (%)		
	平均日照	最多日照	出现年份	最少日照	出现年份	平均	最多	最少
1	169.0	222.1	2005	106.2	2008	55	72	35
2	169.4	221.8	2004	109.7	2010	56	74	36
3	209.0	265.0	2000	152.7	2003	57	72	41
4	236.4	272.3	1992	185.3	1998	60	70	47
5	255.0	317.6	2001	189.9	2003	59	73	44
6	221.7	263.4	1997	160.5	2008	51	60	37
7	190.9	254.8	2000	117.9	2011	43	57	27
8	201.0	262.6	2013	113.1	2003	48	63	27
9	204.7	268.5	1994	145.7	2010	55	72	39
10	203.6	262.2	1990	133.5	2007	58	75	38
11	173.3	232.0	1995	109.0	1994	56	76	36
12	168.1	217.5	1999	132.9	2002	56	73	44
年	2402.1	2685.8	1997	1972.5	2003	54	61	45

第三节　气　温

安丘年平均气温 12.7℃。2007 年最高，为 13.7℃，1986 年最低，为 11.7℃。1 月最冷，月平均气温 -2.8℃，极端最低气温 1987 年 1 月 2 日 -18.7℃。7 月最热，月平均气温 26.1℃，极端最高气温 2002 年 7 月 15 日 39.6℃。气温年较差为 28.7℃。春季 3 月至 4 月升温最快，平均升高 7.2℃；秋季 10 月至 11 月降温最快，平均下降 7.8℃，秋季降温率虽超过春季升温率，但秋温高于春温。

日最高气温≥ 30℃的高温日数平均每年 62.7 天。最多 1997 年出现 85 天，最少 1993 年出现 42 天。一般出现在 5 月上旬至 9 月下旬。≥ 35℃的高温日数平均每年 5.8 天，除 1989 年、2003 年、2008 年未出现外，其余年份均有出现。最多 1997 年出现 16 天，最少 1993 年、1995 年、2011 年，均为 1 天。≥ 40℃的高温天气未出现。

日最低气温≤ 0℃的低温日数平均每年 112.4 天，一般出现在 11 月中旬至次年 3 月下旬。≤ -10℃的低温日数平均每年 11.5 天，最多 1986 年出现 29 天，最少 2002 年出现 1 天。

日平均气温≥ 0℃的时期称农耕期，境内累年平均初日在 2 月 22 日，终日在 12 月 7 日，间隔日数289天，≥0℃的积温为4770.7℃。日平均气温≥10℃的时期称作物生长活跃期，境内累年平均初日在4月6日，终日在10月31日，间隔日数209天，≥10℃的积温为4309.7℃。

安丘市1986年—2013年各月平均气温、极端气温表

表2—4

单位：℃

月份	平均气温	极端最低气温		极端最高气温	
		温度	出现年份	温度	出现年份
1	-2.6	-18.4	1987	14.5	1995
2	0.5	-15.4	1988、1990	24.2	1996
3	6.1	-9.3	1988	29.5	2013
4	13.3	-5.6	1991、1993	34.7	1994、2005
5	19.1	6.9	1987	37.1	2007
6	23.5	9.4	1992	39.4	2009
7	26.1	13.5	1989	39.6	2002
8	25.1	12.7	1989	36.6	2013
9	20.6	5.3	1997	38.9	2002
10	14.3	-3.5	1986	34.6	1998
11	6.5	-12.3	1987	27.2	2006
12	-0.1	-17.0	2012	20.0	1987
年	12.7	-18.7	1987	39.6	2002

安丘市1986年—2013年0℃ 10℃积温表

表2—5

	初日（日/月）			终日（日/月）			初终间日数（天）			积温（℃）		
	平均	最早	最晚	平均	最早	最晚	平均	最少	最多	平均	最少	最多
0℃	22/2	28/1	12/3	7/12	14/11	28/12	289	267	316	4770.7	4496.2	5025.6
10℃	6/4	25/3	17/4	31/10	16/10	19/11	209	192	228	4309.7	3976.1	4592.2

第四节　降　水

境内累年平均年降水量643.4毫米。年际变化较大，最多为2008年930.6毫米，最少为2006年395.3毫米，相差2.4倍。四季平均降水，夏季最多，冬季最少，秋季多于春季。春季104.5毫米，占全年降水量的16%；夏季395.4毫米，占全年降水量的62%；秋季111.8毫米，占全年降水量的17%；冬季31.7毫米，占全年降水量的5%。各月降水量7月最多，1月最少，5月雨量明显增加，10月以后迅速减少。

年平均降水日数为75.1天。7月最多，为12天；8月次之，为11.3天；1月最少，为3.1天。全年平均降水日数中，小雨56.5天，占75.2%；中雨11.8天，占15.6%；大雨5天，占6.6%；暴雨2天，占2.6%。最长连续降水日数为13天，出现于2001年7月23日—8月4日，降水量为251毫米。最长连续无降水日数为77天，出现于1998年12月3日至1999年2月17日。

安丘市 1986 年—2013 年降水量表

表 2-6　单位：毫米

月份	平均降水量	最多降水量		最少降水量		平均降水日数（天）
		降水量	出现年份	降水量	出现年份	
1	8.8	43.3	1989	0.0	三年	3.1
2	12.2	35.1	1990	0.0	1996	3.8
3	17.8	64.7	1989	0.2	2006	4.4
4	30.2	85.6	1993	0.8	1988	5.4
5	56.5	123.1	1990	1.4	1994	7.4
6	75.2	205.9	1994	2.2	1997	8.0
7	160.5	390.4	2008	41.0	2000	12.0
8	159.7	320.4	1994	11.0	2012	11.3
9	62.8	230.6	2005	1.9	2006	6.9
10	27.6	96.3	2003	0.0	2006	4.9
11	21.4	104.8	1993	0.0	四年	4.4
12	10.7	25.3	2007	0.0	三年	3.8
年	643.4	930.6	2008	395.3	2006	75.1

说明：1 月份“三年”：1986 年、1995 年、1999 年；11 月份“四年”：1988 年、1998 年、2007 年、2010 年；12 月份“三年”：1995 年、1999 年、2013 年。

第五节　湿度　蒸发

湿度

境内年平均相对湿度 69%，最大为 1990 年 74%，最少为 1988 年、2005 年、2011 年 64%。夏季，副热带高压达到全盛时期，空气水汽含量大，降水集中，是相对湿度最大的季节。7、8 月最大，分别为 81%、83%。春季降水少，空气干燥，气温回升快，空气中水分少，是相对湿度最小的季节。3 月为全年最小，平均相对湿度 57%。秋季相对湿度仅次于夏季，在 68%～77% 之间。冬季空气干燥，但气温低，相对湿度大于春季，平均在 62%～66% 之间。最小相对湿度为 3%，出现于 1986 年 12 月 10 日和 1999 年 2 月 2 日。在个别较早的 7 月，也出现过 21% 的最小相对湿度。

安丘市 1986 年—2013 年相对湿度表

表 2-7　单位：%

月份	平均相对湿度	最小相对湿度	
		相对湿度	出现年份
1	65	5	1993
2	62	3	1999
3	57	4	1988、1996
4	58	7	1993
5	65	11	1995
6	70	12	1987、1994
7	81	21	1988
8	83	22	2012
9	77	10	1987

续表 2—7

月份	平均相对湿度	最小相对湿度	
		相对湿度	出现年份
10	71	11	1991
11	68	7	1988
12	66	3	1986
年	69	3	1986、1999

蒸发

1986年—2013年，境内年蒸发量1699.0毫米，是降水量的2.5倍以上。特别是春季，蒸发量是降水量的5.6倍以上。各月蒸发量相差较大，最小月与最大月相差195.3毫米。其中，5、6月份多吹干热的南风和西南风，风速大，气温上升快，湿度迅速减小，是蒸发最快的时期，蒸发量分别为237.2毫米、238.0毫米。冬季气温低，不利于蒸发。12月、1月是全年蒸发最少的月份，月平均蒸发量分别为48毫米、42.7毫米。

安丘市1986年—2013年各月平均蒸发量表

表2—8 单位：毫米

月份	1	2	3	4	5	6	7	8	9	10	11	12	年
蒸发量	42.7	66.8	141.1	210.5	237.2	238.0	193.6	166.8	150.7	126.3	77.3	48.0	1699.0

第六节 风

境内受季风影响，风向的季节性明显。冬季，在蒙古高压控制下，以西北风为主；夏季，受副热带高压影响，盛行东南风；春、秋两季为冬、夏季风交替期，春季多东南风，秋季多偏南风和西北风。年最多风向是南偏东南风，频率12%。

年平均风速2.6米/秒，最大3.4米/秒，出现在1998年；最小2米/秒，出现在2011年。四季风速，春季最大，平均风速3.3米/秒；秋季最小，平均风速2.2米/秒；冬季（2.6米/秒）大于夏季（2.4米/秒）。一年之中，4月风速最大，平均风速3.6米/秒；8、9月最小，均为1.9米/秒。风速的日变化，一般从6时～8时开始增大，12时～14时达到最大，15时～17时开始减小，19时～20时风速变化趋于稳定。

安丘市1986年—2013年各月最多风向、频率、平均风速表

表2—9

月份	1	2	3	4	5	6	7	8	9	10	11	12	年
平均风速（米/秒）	2.5	2.8	3.3	3.6	3.0	2.8	2.4	1.9	1.9	2.2	2.6	2.6	2.6
最多风向	NNW	NNW	SSE	SSE	SSE	SSE	SSE	SSE	S	S	NW	NW	SSE
频率（%）	18	12	12	15	16	22	20	13	10	9	12	14	12

第七节 霜 雪

霜

境内平均初霜冻日期在10月18日，最早10月2日（2004年），最晚11月7日（2006年）。平均终霜日期在4月12日，最早3月10日（2013年），最晚5月3日（1986年）。霜冻期平均180天，最短132天（2006年11月7日—2007年3月18日），最长238天（1985年10月12日—1986年5月3日）。无霜期平均185天，最长224天（2007年），最短104天（1987年）。28年中，霜冻期月平均霜冻日数为10月4.3天，11月14.2天，12月19.9天，1月19.5天，2月14天，3月9.2天，4月2.7天。

雪

境内降雪初日平均在11月28日，最早在11月2日（2009年），最晚在12月18日（2007年入冬到12月31日无降雪，不列入统计）。降雪终日平均在3月12日，最早在2月2日（1996年），最晚在4月20日(2012年)。年平均降雪日数14.9天，最多24天（1986年、1991年），最少4天（1998年）。

积雪初日平均在12月17日，最早在11月2日（2009年），最晚在12月31日（1989年、1995年、1996年、1999年、2007年、2013年）。积雪终日平均在2月22日，最早在1月5日（2006年），最晚在4月20日(2012年)。年平均积雪日数13.5天，最多47天（2012年），最少4天（1996年、1998年）。最大积雪深度16厘米，出现于1992年1月6日。最大雪压1.6克/平方厘米，出现于1992年1月15日。

第八节　地温　冻土

地温

境内年平均地面温度15.3℃，1月最低，平均-2.4℃，7月最高，平均30.2℃。年内变化大致与气温相同，但明显高于同期气温。各月平均地温除1月、12月在0℃以下，其他月份均在0℃以上，1月份地温逐渐上升，7月达到顶点，8月份逐渐下降，形成以年为周期的变化，并且秋温高于春温。极端最高地面温度67℃，出现在2002年7月17日；极端最低地面温度-23.6℃，出现在1986年1月5日。5厘米地温稳定通过14℃的初日平均在4月14日，最早在4月1日，最晚在4月21日；终日平均在10月24日，最早在10月3日，最晚在11月4日。

安丘市1986年—2013年各月平均地温及极端地温表

表2—10　　单位：℃

月份	平均地温	极端最低地温		极端最高地温		地中温度	
		温度	出现年份	温度	出现年份	5厘米	10厘米
1	-2.4	-23.6	1986	25.8	1999	—	—
2	1.8	-17.0	1986	36.0	2007	—	—
3	8.5	-12.0	1986	45.7	2002	—	—
4	17.2	-8.8	1993	57.0	2006	15.4	14.8
5	24.1	-0.3	1987	64.5	2006	22.1	21.1
6	28.5	7.2	1997	65.7	2001	26.6	25.6
7	30.2	12.2	1989	67.0	2002	28.7	27.9
8	29.3	9.2	1997	64.3	1988	28.0	27.5
9	24.3	2.5	1995	60.3	1993	23.4	23.2
10	16.2	-8.1	1997	50.9	1998	16.0	16.3
11	6.8	-13.3	1986	39.9	2006	7.4	8.1
12	-0.3	17.7	1986	30.0	1998	—	—
年	15.3	-23.6	1986	67.0	2002	—	—

冻土

境内冻土初日平均在11月20日，最早在1995年11月2日，最晚在1994年12月3日。解冻日期平均在3月15日，最早在1989年2月14日，最晚在1995年3月29日。最长年冻土日数为1995年147天，出现于11月2日—3月28日。除2000年冻土深度13厘米外，其余年份冻土深度均达15厘米。最大冻土深度36厘米，出现在1989年1月2日和1992年1月31日。10厘米深度层冻结日期平均在12月16日，解冻日期在2月下旬，最长连续冻结日数41天。

第九节　气候比较

与1985年以前累年气象资料相比，1986年—2013年，境内温度、降水及日照等要素均有不同程度变化。年平均气温升高0.4℃，冬季升温明显，1月、2月平均气温升高1℃左右，年极端最低气温平均升高1.5℃～2℃，其余各月平均气温变化不明显。年降水量平均偏少15.7毫米，各月变化比较稳定。2003年起，由于雾霾天气增多，日照时数呈减少趋势。2003年—2013年，11年平均日照时数2242.1小时，而1986年至2002年17年平均日照时数2505.3小时，年日照时数减少263.2小时。由于极端最低温度的逐年升高，最大冻土深度由49厘米减为36厘米。

第五章　物　候

第一节　动物物候

雁　寒露后七八天南去，翌年春分前十天北飞。

家燕　清明前后由南方飞来，寒露前飞往南方。农谚云：“小燕不过三月三，大雁不过九月九”。

布谷鸟　立夏后始鸣，初秋终鸣。

蜜蜂　惊蛰起群体活动，深秋冬眠。

蝉　芒种后开始鸣叫，秋分后终止。

蟋蟀　立秋鸣，秋分终。农谚云“拆拆浆浆（蟋蟀鸣唱），快做衣裳（就要冷天了）”。

蚂蚁　农谚云：“蚂蚁搬家下大雨”。

蜘蛛　农谚云：“蜘蛛掏井（悬吊上下移动）有雨，地蜘蛛封门下大雨”。

鱼　农谚云：“鱼跳水，有雨来”。

蟾　谷雨始鸣，寒露终鸣。有“蛤蟆打哇哇，60天后吃馉馇（水饺）”之说。即听到蛙声60天后麦收。

蛇　霜降前冬眠，次年清明后起蛰活动。农谚云“长虫（蛇）上树发大水”。

狗　谚语云：“惊蛰之时狗褪毛，立冬之时挂棉袄。狗进灶，大雪到。”

鸡　谚语云：“白日鸡晒翅，大雨三二日。”

第二节　植物物候

常见农作物

小麦　秋分播种，寒露出苗，立冬分蘖，大雪休眠，雨水返青，清明拔节，立夏抽穗，小满乳熟，芒种成熟。有白露早，寒露迟，秋分种麦正适宜之谚语。

玉米　芒种播种，夏至出苗、三叶，小暑七叶，大暑拔节，立秋抽雄，白露乳熟、成熟。

棉花　清明播种，谷雨出苗，小满三真叶，芒种五真叶、现蕾，小暑开花，处暑裂铃，白露吐絮，霜降停止生长。

花生　谷雨播种，立夏出苗，小满分枝，芒种开花，小暑结实，处暑鼓粒，白露成熟。

大豆　春播大豆清明前后下种，白露收获。夏播大豆麦收后下种，寒露收获。有豆子开花，墒沟摸虾（多雨）之说。

常见树木

柳树　立春芽膨大，清明吐絮，柳絮飞时正值桃、杏、李花盛开。

杨树　春分发芽，霜降落叶。农谚云：“杨树叶子哗啦，耧蛋子嘎嗒（春播）”。

枣树　谷雨发芽，立夏展叶，芒种开花，白露果熟，寒露叶黄，霜降叶落。

葡萄　清明发芽，谷雨展叶，立夏开花，大暑果熟，寒露叶黄，霜降落叶。

桃　品种繁多，多部分品种清明开花，谷雨发芽，中秋果熟，霜降叶落。

梨　清明发芽，谷雨开花，秋分果实成熟，立冬落叶。有“七月核桃八月梨，九月柿子挑上集”之说。

第三节　非生物物候

日月　其晕兆风雨。谚语云：“日晕三更雨，月晕午时风”；谚语云：“日落云里走，雨在半夜后”；谚语云：“日落北风死，不死刮三日”。

霞　谚语云：“朝霞不出门（雨），晚霞行千里（晴）”。

虹　谚语云：“东虹雾，西虹雨”。

云　出现时间与方位、走向、状态及颜色均为天气征兆。谚语云：“早看东南，晚看西北”“八月十五云遮月，正月十五雪打灯”“云彩接太阳，必定下一场”“云向东，车马通，云向西，雨沥沥”“西北红黄云，雹子吓死人”“云彩向南雨连连，云彩向西披蓑衣，云彩向北一阵黑，云彩向东一阵风”。

霜冻　农谚云：“严霜出毒日”“冻冻响，萝卜长”。

雾　地上雾是天上云，雾的出现往往预示天气变化。农谚云：“十雾九晴（雾后多为晴天）”“大雾不过三（雨），过三十八天（晴）”“久阴雾露重，久晴大雾雨”“春雾雨，夏雾热，秋雾冷风，冬雾雪”。

露　农谚云：“露水重，天气晴”。

雷　农谚云：“雷雨三下晌（下午），不下也来打逛荡”“雷公先唱歌，有雨也不多”“闷雷拉磨声，雹子必定生”“先雷后刮风，有雨也不凶”。

风　农谚云：“六月北风当时雨”“刮下春风下秋雨”。

节气　农谚云：“早上下雨一天晴，晚上下雨下到明”“不怕初一下，就怕初二阴”“清明难得晴，谷雨难得雨”“重阳无雨看十三，十三无雨一冬干”。

器具　农谚云：“瓮穿裙，雨淋淋”。

第六章　自然灾害

第一节　旱　灾

境内有“十年九旱”之说。1986年—2014年，出现旱情年份9次，平均3年出现一次。其中重旱年份4次，分别为1989年、1991年、2006年、2014年，平均7年出现一次。按季节可分为春旱、秋旱、伏旱和四季连旱。29年中四季连旱出现2次，分别为1989年和2014年，主要是上年度降水严重偏少，导致次年四季连旱。春旱出现17次，平均每1.7年就出现一次，秋旱出现6次，每5年出现一次。

1988年—1989年，两年降水量948.4毫米，造成全县大旱。西南山区人畜吃水困难，32处乡镇秋旱严重，塘坝干涸，梅花井喘息上水，玉米大部分绝收，经济损失3200多万元。

2006年，降水量395.3毫米，为历史最低极值，造成夏秋连旱。全市受旱面积39万亩，其中重旱面积9万亩，多是山区耕地或无上水条件地段；轻旱面积30万亩，多是有条件播种但上水困难的地方。重旱地区冬小麦造墒播种困难，播种后基本不能出苗。同时由于气温持续偏高，造成8万亩冬小麦苗期生长过旺，发育偏早，抗旱、抗寒能力差，小麦减产。

2013年，遭遇秋冬春夏四季连旱，灾情特别严重的有辉渠、凌河、大汶河、石堆、景芝、柘山、石埠子、金冢子、官庄等镇街区。

第二节　洪　涝

境内洪涝灾害多是由于降水强度大或者降雨时间长引起的洪水及渍涝灾害。洪涝主要在6月—8

月，由暴雨或水库塘坝决堤引发，具有短时局地性，灾害性非常大，暴雨洪灾常伴有大风。洪涝不会连年重复性发生。1986 年—2013 年出现暴雨 55 次，年平均暴雨日数 2 天；大暴雨 7 次，特大暴雨 1 次，其中引发洪涝 5 次，有 3 次是台风降雨。

1997 年 8 月 19 日—20 日受第 11 号台风影响，全市平均降雨 235.2 毫米，官庄镇降雨最大 314 毫米，导致全市 32 处乡镇受灾，经济损失 4.62 亿元。

2008 年 7 月 9 日，官庄镇、兴安街道发生洪涝灾害。倒塌无人居住房屋 36 间，农作物受害面积 41280 亩，经济损失 5977 万元。

2008 年 7 月 18 日—19 日，新安、兴安、官庄等镇街道遭受暴雨袭击，直接经济损失 1.6 亿元。新安街道一夜降雨 244 毫米，部分道路积水，多处塘坝被洪水冲毁。

第三节 雹 灾

冰雹是境内主要自然灾害之一，主要发生在春末夏初或夏秋之交。每年都出现雹灾，平均每年 2 次—3 次。冰雹多发生于炎热的午后或傍晚，降雹时间在 5 分钟—30 分钟，一般持续时间较短，但灾害性非常大。雹路主要有两条：一条为西面自昌乐县进入大盛镇，沿途遇到山地抬升加强，到辉渠镇向南沿石埠子镇出境进入诸城市；另一条为西北从昌乐县正东东移至刘家尧岭，抬升加强，经石堆、金冢子、景芝镇出境入诸城市。降雹与地形、天气条件有很大关系。降雹前多晴热少雨、地面温度高，对流云团遇有地面高温或地形抬升快速发展，云低且呈红黄色，常伴有大风及雷雨，气象要素有明显变化。

1989 年 5 月 17 日，郚山、南逯、柘山、召忽、大盛等 6 处乡镇遭受冰雹袭击，受灾面积 10 万亩，经济损失 1000 万元。个别乡镇小麦、果品减产五成以上，黄烟、棉花、瓜菜基本绝产。

1994 年 10 月 3 日午后，庵上、石埠子、召忽、南逯、关王等乡镇遭受冰雹大风袭击，雹粒大如鸡蛋，小如樱桃，农田受灾面积 6.34 万亩，直接经济损失 3100 万元。

1998 年 6 月 18 日，石堆、庵上、贾戈、赵戈、柘山等 10 处乡镇 110 个村遭受风雹袭击，受灾面积 8.77 万亩，直接经济损失 6100 万元。

2010 年 5 月 29 日，大盛镇遭受冰雹灾害，总受灾面积 7995 亩，直接经济损失 1000 多万元；30 日，景芝、兴安等 10 处镇街道遭受冰雹大风袭击，造成农作物不同程度受灾，部分地块受灾严重。全市两日有 286995 亩农作物受灾。其中，果树 5.1 万亩，大棚 17595 亩。房屋受损 202 间，树木损坏 1.3 万株。造成经济损失 6 亿元。

第四节 风 灾

境内每年都有 8 次～10 次风灾发生，多伴有雷电、冰雹、暴雨。风灾较其他自然灾害破坏性小，呈现出影响范围小、程度低、局地性强的特点。年平均 7 级以上大风日数为 13 天，主要表现为西北风，出现时间多在秋冬季节，但风灾发生的真正季节是春夏。风灾多由冷锋过境引起，风雨交加或先雨后风引起农作物倒伏或直立物倒塌，下垫面被雨水浸透时破坏性达到最强。风灾影响最大的当属台风，由东南沿海北上减弱为热带低气压，带来丰沛降水和大风，偶有大范围风灾。

1995 年 2 月 27 日下午，石埠子、庵上、柘山、召忽、管公、石堆、慈埠等乡镇遭受暴风雪袭击，风力 8 级，刮坏塑料大棚 5800 个，中型棚 2500 个，棚内蔬菜受损严重，损失 1107 万元。

1996 年 6 月 27 日下午，柘山、临浯、车庄、官庄等乡镇遭受风雹袭击，刮倒刮断树木 6 万棵，刮坏大棚 350 个，受灾面积 4.62 万亩，直接经济损失 1320 万元。

1998 年 8 月 22 日，安丘市 26 处乡镇突遭龙卷风、大暴雨袭击，直接经济损失 18860 万元。

2005 年 4 月 19 日，红沙沟、石堆等镇遭受大风袭击，最大风力 8 级。红沙沟镇 1200 个西瓜大棚被刮坏；石堆镇 1 万亩经济作物及部分房屋受损严重。两镇造成经济损失 400 万元。

第五节 低温连阴雨 霜冻

境内受暖温带大陆性季风气候的影响，低温连阴雨一般出现在春末夏初或初秋，出现次数较少，成灾更少，平均成灾周期为 2 年—3 年。而霜冻则每年都有发生，平均每年 2 次～3 次，洼地成灾几率大，初春 3 月底及 4 月中上旬最为明显，造成的灾害也有所区别。低温连阴雨和霜冻的灾害主要表现为对农作物的影响，前者主要表现为农田的渍涝、作物的积温缺失、病虫害的发生等，影响作物主要有大姜、小麦、玉米、花生、棉花等；而霜冻主要表现为植物开花坐果期受冻害导致产量的减少或品质的变化，主要影响春季樱桃、苹果、杏子、梨、桃子及大棚果蔬。

2009年4月16日遭受霜冻灾害，造成露天樱桃大部分绝产，其他果树开花被冻造成大面积减产，直接经济损失2000万元。

第六节　植物病虫害

境内主要农作物病虫害有姜瘟病、线虫病、斑点病、姜茎基腐病，大葱软腐病、线虫病、紫斑病、疫病、洋葱霜霉病、灰霉病、大蒜叶枯病、白腐病、小麦纹枯病、玉米叶斑病、粗缩病、瘤黑粉病，花生叶斑病、草莓根腐病、炭疽病、蚜虫、蓟马、玉米螟、甜菜夜蛾、红蜘蛛、黏虫、地下害虫等。1986年，小麦红蜘蛛、棉铃虫发生；1987年，三代黏虫爆发；1988年发现南方线虫（大姜癞皮病）；1989年发现樱桃根癌病；1990年传入白粉虱；1993年发现姜瘟；1995年传入美洲斑潜蝇；1999年甜菜夜蛾爆发；2000年传入芦笋木蠹娥、烟粉虱；2007年发现黄瓜绿斑驳花叶病毒病；2009年发现瓜类果斑病。防治农作物病虫害，推广阿维菌素、甲维盐、虫酰肼、氟虫脲、啶虫脒、吡虫啉、多杀霉素等杀虫剂，醚菌脂、腈菌唑、烯酰吗啉、异菌脲、苯醚甲环唑、烯唑醇等杀菌剂，施田补、果尔、杜尔、莠去津、乙草胺、农思它等除草剂，神农丹、苯线磷等杀线剂，氯化苦、溴甲烷、二氯丙烯等土壤处理剂，电子杀虫灯、诱虫色板、性诱剂害虫诱捕器、防虫网等环保型杀虫器械。林木虫害主要有美国白蛾、杨毒蛾、杨扇舟蛾、杨小舟蛾、悬铃木方翅网蝽、白杨透翅蛾、天牛、蚜虫、蚧壳虫、卷叶蛾、潜叶蛾、盲蝽蟓、食心虫、红白蜘蛛等；病害主要有杨树溃疡病、枝干腐烂病、果实轮纹病、炭疽病、早期落叶病、褐斑病、根部白绢病、根癌病等。2008年美国白蛾传入市境，2010年爆发，全市投入防控资金2000多万元，人工10多万人次，飞机施药防治面积56万亩。2011年、2013年又进行两次飞机施药防治，基本控制美国白蛾的危害与蔓延。

第七章　土壤　植被

第一节　土　壤

安丘地形复杂，水热分布不均，且受地带性和非地带性因素的影响，使土壤形成不同的土类、亚类、土属和土种。全市土壤分4个土类，10个亚类，16个土属，51个土种。

棕壤土类

棕壤是全市分布面积较小的一个土类。主要分布于市境西南部的柘山、郚山、大盛等镇的部分地区，东北部新安等镇街道也有分布，面积213702亩，占可利用土地面积的14.8%。棕壤通体以棕色或棕褐色为主，有明显的淋溶淀积作用，黏粒下移形成黏重的心土层，在自然剖面上“剥离”结构为柱状或扁柱状结构，垂直裂隙明显。结构面多复有铁锰胶膜，底部有铁子、铁管存在。棕壤具有较强的淋溶作用，可溶盐类（特别是碳酸盐）被淋洗，通体无石灰反应，土壤呈中性至微酸性，pH6.0～6.5。棕壤分三个亚类，四个土属，九个土种。

棕壤性土亚类　俗称“石碴土”“红砂土”等。主要分布在棕壤区各镇低山丘陵中上部，面积163701亩，占可利用土地面积的11.4%。发育在低山丘陵上部的酸性岩类和基性岩类风化形成的母质上，母质多为残积坡积物。该亚类土层浅薄，砾石含量多，质地粗细不一，无心土层，表土以下即为风化半风化母岩。养分缺乏，干旱严重，以种植地瓜、黄烟、花生等作物为宜，也有的用于发展林果。

棕壤亚类　俗称“红土”“红黏土”等。主要分布在棕壤区山岭中下部坡麓梯田及岭间沟谷梯田，面积31884亩，占可利用土地面积的2.2%。剖面特征同土类。该土属土层深厚，通体壤质，质地适中，供肥能力强，保肥能力一般。养分含量低，水浇条件差，应增施肥料，实行配方施肥，发展灌溉，种植小麦、玉米、地瓜、花生等作物。

潮棕壤亚类　俗称“红黏土”“黑土”等。主要分布在郚山镇杨家沟、墨黑、崖洼一带。柘山镇的隋家沟村、南张庄村一带也有分布。面积18118.5亩，占可利用土地面积的1.3%。此亚类发育在洪积冲积母质上，通体棕色或棕褐色，有明显的淋溶淀积作用，心土层较黏重，剖面下层有明显的锈纹锈斑，通体无石灰反应，pH6.5左右。潮棕壤土层深厚，耕性好，但保肥能力较差，养分含量低，氮磷比例失调。应增施有机肥料和磷钾肥，培肥地力，协调氮磷比例，发展灌溉，建设高产稳产田。

褐土土类

褐土是市内面积最大，各镇街区均有分布的一个土类，面积887358亩，占全市可利用土地面积的61.6%。褐土因母质为钙质岩类风化物，故多数集中在中、北部丘陵区。土壤呈中性至微碱性。大部分具有黏化淀积层，部分土种黏土层出现部分较浅，影响作物根系发育。土壤有机质含量不足，含氮偏低，缺磷，部分缺钾，极易干旱。褐土有四个亚类，六个土属，二十八个土种。

褐土性土亚类　俗称“石碴土”“岭砂土”。广泛分布于低山丘陵上部，面积334816.5亩，占全市可利用土地面积的23.3%。褐土性土是褐土地带内一种粗骨薄层土壤。剖面发育不完全，无心土层，表土层以下为风化半风化母岩，土层浅薄且夹杂大量的粗砂、砾石。所处地形部位高，坡度大，土层浅薄，个别水土流失严重，多为重度片蚀。土壤中砾石含量较多，结构性很差，养分缺乏，干旱严重，作物生长受到很大限制。应整修梯田，加强水土保持，广开水源，发展灌溉，增施有机肥。种植地瓜、黄烟、花生等耐旱作物。对土层极薄，水土流失严重地段应退耕还林、还果。

淋溶褐土亚类　俗称“黄土”。广泛分布于褐土区山丘中下部，在棕壤区与棕壤呈复域存在，面积272911.5亩，占可利用土地面积的19%。分布面积较大的有辉渠、兴安、大盛、凌河、石堆、景芝等镇街道。其母质为洪积物，所处地形部位较高，土壤淋溶作用强烈，1米土层内无钙积层，无假菌丝体，无石灰反应，剖面中下部有胶膜与铁子淀积，底层有时有小型石灰结核（砂姜）；有微弱石灰反应，土壤呈中性至微酸性，pH6.5～7。土壤表层质地多为轻壤，土体构型均壤质，物理性状良好。但养分含量不足，无灌溉条件。应整地改土，增施肥料，培肥地力，兴修水利，发展灌溉。平缓地带可种植小麦、玉米等作物，坡度大灌溉困难的可种植地瓜、花生、黄烟等作物。

褐土亚类　俗称“黄土”等。主要分布在凌河、柘山、石埠子、金冢子、兴安、官庄等镇街道，面积30426亩，占可利用土地面积的2.1%。土壤表层质地轻壤，土层深厚，物理性状良好。但养分含量低，灌溉条件差，应深翻整平土地，增施有机肥和磷肥，培肥地力，充分挖掘水源，扩大灌溉面积。

潮褐土亚类　俗称“黑黄土”“油黄土”等。广泛分布于褐土区的低平地。面积较大的有新安、石埠子、凌河、兴安、辉渠、石堆、官庄、景芝等镇街区。全市分布面积249204亩，占可利用土地面积的17.3%。潮褐土亚类的成土母质为洪积冲积物，所处地形部位较低，潜水埋深3米左右，心土层有黏化现象，底土层有铁、锰结核和锈纹锈斑，土层深厚，适种作物广泛。潮褐土亚类土体构型较复杂，多为厚黏心或厚黏腰，部分均壤质，少部分均黏质。保水性能良好，是较好的土壤类型之一。但有些地块黏土出现部位浅，影响通气透水和作物根系下扎，重壤表土不易耕作，应深耕改土，客土掺砂，改良结构，增施有机肥料，健全排涝系统，做到能灌能排，旱涝保收。

潮土土类

潮土主要分布在景芝、凌河等镇的冲积平原及汶、潍、渠河流域，面积243606亩，占可利用土地面积的16.9%。其为直接发育在河流沉积物上，受潜水影响形成的一类土壤。成土物质颗粒的粗细，不仅在于面上有分选差异，而且在同一剖面中也有不同的质地层次排列。整个剖面层次分明，各层次和色泽均一，中下部有明显的锈纹锈斑和铁锰结核。土壤呈中性至微碱性，pH7～8。潮土表层为壤质，土体构型多为均壤质和厚黏腰，质地适中，耕性好，具有较好的保肥、供肥性能。地下水源丰富，水质好，是全市主要粮食生产基地。潮土共二个亚类，二个土属，十个土种。

褐土化潮土亚类　俗称“黑黄土”“潮黄土”等。发育在潮土区地形较高的河漫滩高地上，潜水埋深3米～5米，受潜水影响较弱，土壤上部有明显的褐化特征。心土层有假菌丝体和粘粒胶膜，底土层有锈纹锈斑，土壤呈中性至微碱性，pH7～8，面积1995亩，占可利用土地面积的0.1%。

潮土亚类　俗称“二合土”。广泛分布于潮土区各镇街区，面积241609.5亩，占可利用土地面积的16.8%。所处地形部位比褐土化潮土低，成土母质为河流冲积物。剖面特征同土类。表层质地多为轻壤或中壤，少为砂壤。土体构型以均壤质为多，厚黏心、厚黏腰次之，少部分为厚砂心或厚砂腰。土层深厚，熟化程度高，通透性好，供肥能力强。但土壤养分含量偏低，缺磷缺钾，应增施有机肥料，重施磷、钾肥，稳施氮肥。

砂姜黑土土类

砂姜黑土土类，主要分布在金冢子、景芝、新安、官庄、石堆等镇街区的低洼地带，面积95334亩，占可利用土地面积的6.6%。砂姜黑土是在市域低洼地带，因长期滞水或受季节性滞水，排水不畅，后经长期的排水和耕作，使土壤脱沼泽化形成的一种土壤，俗称“黑黏土”“干勾土”等。表层为后期覆盖物，经耕作熟化，呈黄褐色的壤质土或重壤质土，上层厚薄不等，下为黑色黏重而坚硬的黑土层，底为灰黄杂色的砂姜层。砂姜黑土有机质含量较高，但养分分解转化慢。应增施有机肥，种植绿肥作物，提倡秸杆还田，客砂压黏，冬季深耕熟化，改良土壤结构和耕性。宜种植小麦、玉米、棉花等作物。砂姜黑土只有一个亚类，两个土属，四个土种。

第二节　植　被

市境属暖温带落叶阔叶林带，天然森林经历代砍伐，已不存在。现有植被以人工植被为主，其次为自然植被。人工植被除大面积的小麦、玉米、地瓜、大豆、高粱、黍谷、棉花、黄烟、花生、蔬菜等农作物之外，山丘地区以落叶阔叶林为主。平原河谷以农田林网和沿河丰产林网组成的防护林网为主。山丘地区多为刺槐、松类和侧柏等，平原河谷主要是杨、柳、桐、榆和果树类以及腊条、杞柳、棉槐等。自然植被以杂草为主，其次是落叶灌木。山丘地区有荆条、酸枣、胡枝子、野杜鹃、刺儿菜、蒺藜、枸杞、灰菜、黄蒿、白草、茅草、狗尾草等。平原地区有节节草、蒲公英、牵牛花、苦菜子、马齿苋、麦蒿、艾子、芦苇等。

市内山丘面积大，沟渠河流多，气候温和，光照充足，适宜多种树木生长。1985年，全县林木覆盖率14%，其中林地、农田林网（折实面积）覆盖率10.1%；“四旁”植树（折实面积）覆盖率3.9%。

1986年—2013年，全市相继建成9个生态林场，其中大汶河生态林场、城顶山生态林场和太平山生态林场为副县级事业单位。全市生态林场总面积16.95万亩，占全市国土面积的6.6%。在生态林场的基础上，相继建成留山古火山国家级森林公园（包含留山、五龙山、城顶山三个片区），青云山国家AAAA级景区，摘月山、大安山市级森林公园。森林公园面积57.726平方公里，占全市国土面积的3.3%。在大汶河、渠河、洪沟河、鲤龙河等河流沿岸，营造杨树用材林12万亩，沿河林木覆盖率90%以上。境内206国道、下小路、央赣路等交通干线及县乡路、园区路等均实行绿化美化，总投资3亿多元，绿化里程800多公里。在汶河城区段建成大汶河国家城市湿地公园。全市100万亩农田实现林网化，农村空闲地带及宅院内外、街旁巷侧亦遍植林、果及观赏植物。城区道路绿化率达100%，机关和企事业单位亦实现绿化、美化。2013年，全市森林覆盖率32.2%。

第八章 自然资源

第一节 土地资源

土地利用

2013年，安丘市土地总面积为2567402.25亩，其中耕地1442741.25亩，园地113795.25亩，林地215586亩，草地121083.9亩，村镇及工矿用地282584.85亩，交通运输用地97340.1亩，水域及水利设施用地143258.55亩，其他土地151012.35亩。在所有耕地面积中，坡度值为6度以下的平地124.8万亩，坡度为6度以上的丘陵及山地19.5万亩。水浇地主要分布在平原镇街区，旱地主要分布在丘陵山区镇。

土地评级

境内土地根据土壤肥力状况、所处的环境条件、土壤普查技术规程和标准，以及耕地地力评价的方法要求，分为六级地。一级地和二级地在耕地中所占的比重最大，主要分布于东南部地区。这一区域地力情况较好，农业基础设施均配套成型，测土配方施肥工程也首先在这一区域展开。三级地和四级地主要分布在中部地区，属于只要加大资金投入，完善基础设施，改善生产条件，产量就能大幅提高的中产田类型，有一定的开发潜力。五级地和六级地主要分布在西北部地区，这部分耕地有效耕层薄，肥力低，基本无灌溉条件，还有部分未利用土地，属于低产田类型。

一级地 面积312925.65亩，占总耕地面积的21.73%，是全市耕地面积最大的一个等级。其中水浇地244292.45亩，占一级地面积的78.07%；旱地52563.3亩，占一级地面积的16.8%；菜地16065.9亩，占一级地面积的5.13%。主要分布在景芝、新安、凌河、兴安、金冢子、石堆、官庄、石埠子等镇街区。一级地土壤类型以潮褐土、河潮土、淋溶褐土为主，兼有少量褐土化潮土、褐土、棕壤土、砂姜黑土。土壤表层质地为轻壤和中壤，少量重壤。农田水利设施较为完善，灌排条件好，灌溉保证率均100%，属于高产稳产田，土壤养分含量较高。适宜种植各种蔬菜、瓜类等经济作物。

二级地 面积为229742.4亩，占耕地总面积15.95%。其中，水浇地157989.15亩，占二级地面积的68.77%；旱地63503.7亩，占二级地面积的27.64%；菜地8249.55亩，占二级地面积的3.59%。土壤类型主要界于一级地与三级地之间。主要分布在景芝、金冢子、石埠子、新安、官庄、凌河、大盛、石堆、兴安等镇街区。适宜种植生姜、蔬菜、瓜类等各种经济作物，是粮食主产区。

三级地 面积308250亩，占耕地总面积的21.41%。其中，水浇地125813.25亩，占三级地面积的40.82%；旱地179325亩，占三级地面积的58.17%;菜地3112.96亩,仅占三级地面积的1.01%。主要分布在兴安、官庄、石堆、新安、辉渠、石埠子、景芝、金冢子、凌河等镇街区。土壤类型以淋溶褐土、潮褐土、褐土性土为主，兼有少量棕壤土、河潮土、砂姜黑土。适宜种植果树等经济作物，也可种植小麦、玉米。

四级地 面积211626.75亩，占耕地总面积的14.7%。其中，水浇地19536.15亩，占四级地面积的9.23%；旱地191279.1亩，占四级地面积的90.39%；菜地811.5亩，仅占四级地面积的0.38%。主要分布在石埠子、兴安、官庄、辉渠、新安、郚山、景芝、凌河、大盛、柘山、石堆、金冢子等镇街区。土壤类型以褐土性土、棕壤性土、淋溶褐土为主，兼有少量潮褐土。适宜种植果树等经济作物，也可种植小麦、玉米。

五级地 面积142339.65亩，占全市耕地总面积的9.88%。其中，水浇地16504.95亩，占五级地面积的11.6%；旱地125193亩，占五级地面积的87.95%；菜地641.7亩，占五级地面积的0.45%。主要分布在凌河、辉渠、新安、大盛、郚山、柘山等镇街区。土壤类型以褐土性土、棕壤性土、淋溶褐土、潮褐土、棕壤土为主，含有少量褐土。适宜种植抗旱大桃、大樱桃、花生等经济作物，种植小麦、玉米产量较低。

六级地　面积 234709.35 亩，占耕地总面积的 16.33%。其中，水浇地 1546.5 亩，占六级地面积的 0.66%；旱地 233162.85 亩，占六级地面积的 99.34%。土壤类型主要以砂质和石质为主。主要分布在柘山、辉渠、郚山、大盛、凌河等镇，适宜种植抗旱经济作物。

第二节　水资源

水资源分区

境内河流主要为北部的汶河、南部的渠河和东部的潍河支流（洪沟河、史角河），分别为汶河区、渠河区、东部潍河支流区（简称东部区）。

安丘市水资源计算分区及面积表

表 2—11

分类	名称	面积(平方公里)
流域分区	汶河区	800
	渠河区	503
	东部区	409

制表时间：2013 年 12 月

水资源量

地表水资源量是河流、湖泊、水库等地表水体中由当地降水形成的可以逐年更新的动态水量。全市多年平均地表水资源量为 21676 万立方米。

安丘市地表水资源量成果表

表 2—12

流域分区	地表水资源量（万立方米）				
	均值	20%	50%	75%	95%
汶河区	12722	19592	10137	5282	1598
渠河区	7569	11656	6031	3143	951
东部区	1385	2133	1104	575	174

制表时间：2013 年 12 月

地下水资源量主要指与大气降水和地表水体有直接补排关系的矿化度小于 2 克 / 升的浅层淡水资源量。全市多年平均地下水资源量为 16799 万立方米，地下水产水模数为 9.81 万立方米 / 平方公里。

安丘市地下水资源量成果表

表 2—13　单位：万立方米

流域分区	平原区	山丘区	合计
汶河区	1508	6338	7846
渠河区	949	3990	4939
东部区	772	3243	4015

制表时间：2013 年 12 月

全市多年平均地表水资源量 21676 万立方米，地下水资源量 16799 万立方米，重复计算量为 7003 万立方米，水资源总量 31471 万立方米，平均资源模数 18.4 万立方米 / 平方公里。

安丘市多年平均水资源总量统计表

表 2—14

流域分区	水资源总量（万立方米）				
	均值	25%	50%	75%	95%
汶河区	16823	24222	14855	9404	4276
渠河区	10231	14731	9034	5719	2601
东部区	4417	6360	3900	2469	1123

制表时间：2013 年 12 月

水资源可利用量

安丘市地表水可利用量为 16682 万立方米，地下水资源量可开采量为 11084 万立方米，水资源可利用总量为 24103 万立方米，水资源可利用率为 76.6%。

安丘市水资源可利用量成果表

表 2—15　单位：万立方米

流域分区	地表水	地下水			地表地下重复计算量	水资源可利用总量
		平原区	山丘区	合计		
汶河区	9791	995	4182	5176	1974	12993
渠河区	5825	626	2633	3259	1198	7886
东部区	1066	509	2140	2649	490	3225

制表时间：2013 年 12 月

水资源特点

水资源总量有限。安丘市人均占有水资源量为 332 立方米，与全省人均占有量（334 立方米）基本一致；亩均占有水资源量为 250 立方米，略低于全省亩均占有量（263 立方米）。

年际、年内变化较大。根据全市多年平均雨量资料、牟山水库径流资料统计，地区降雨量及径流量的年际、年内分配不均。

水资源空间分布不均匀，由西南向东北逐渐减少。市境西南山区多为山地、丘陵，降水量和河川径流量均较大，呈现“水多地少”特点。而东北部地区多为平原，降水量及河川径流量相对较小，呈现“水少地多”特点。

降水连丰、连枯年份较多，造成水旱灾害频繁，增加水资源开发利用难度。

水资源开发利用现状

安丘市2004年—2013年供水设施多年平均实际总供水量为16155万立方米，其中当地地表水供水6935万立方米，占总供水量的42.9%；当地地下水供水8600万立方米，占53.2%；污水处理回用量供水620万立方米，占3.9%。

2004年—2013年，全市平均年总用水量为16155万立方米。其中，居民生活2566万立方米，农田灌溉11017万立方米，林牧渔畜823万立方米，第二产业935万立方米，第三产业43万立方米，生态环境784万立方米。

全市当地地表水多年平均开发利用率为37%，地下水开采率为51%，水资源综合利用率为56%。

安丘市2004年—2013年历年供水量统计表

表2—16　　单位：万立方米

年份	地表水供水量	地下水供水量	污水处理回用量	总计供水量
2004	5516	10684	596	16796
2005	6300	10606	540	17446
2006	13023	9226	650	22899
2007	11810	9810	680	22300
2008	7356	7934	680	15970
2009	7130	8090	680	15900
2010	4470	7060	680	12210
2011	4852	6344	693	11889
2012	3818	8105	500	12423
2013	5073	8142	500	13715

安丘市2004年—2013年历年用水量统计表

表2—17　　单位：万立方米

年份	生活用水			生产用水					生态环境	合计
	城镇	农村	小计	农田灌溉	林牧渔畜	第二产业	第三产业	小计		
2004	430	2010	2440	11076	1620	1115	45	13856	500	16796
2005	430	2010	2440	12046	1610	824	26	14506	500	17446
2006	490	2190	2680	17454	354	1249	97	19154	1065	22899
2007	492	2205	2697	16167	839	1183	98	18287	1316	22300
2008	490	2010	2500	11146	980	836	8	12970	500	15970
2009	496	2010	2506	11133	948	805	8	12894	500	15900
2010	730	2010	2740	7245	540	797	8	8590	880	12210
2011	742	1870	2612	7322	377	924	26	8649	758	11889
2012	584	1920	2504	7802	440	890	55	9187	732	12423
2013	630	1910	2540	8782	520	725	58	10085	1090	13715
均值	551	2015	2566	11017	823	935	43	12818	784	16155

安丘市当地水资源开发利用程度指标表

表 2—18

项目	地表水	地下水	当地水资源
水资源量（万立方米）	21676	16799	31471
最近 10 年平均供水量（万立方米）	6935	8600	16155
开发利用率（%）	32	51	51
2013 年供水量（万立方米）	5073	8142	13715
开发利用率（%）	23	48	43

水质

安丘市地表水 PH 值大多在 7 ～ 8 之间，个别在 8.5 以上，矿化度大部分小于 1 克 / 升，个别地方在 1 克 / 升以上。硬度西南山区 100 毫克～ 150 毫克 / 升，丘陵平原区 200 毫克～ 400 毫克 / 升。河流水质大多在三类及三类以下，部分河段达四类或者五类。卧龙闸至庵顶坝以四类水为主，庵顶至汶河入潍河口以三类为主，于家河水库、尚庄、下株梧水库为二类水，牟山水库为三类水。

地下水类型为重碳酸盐钙组水和镁组水。西南山区的花岗岩和玄武岩区水质为全市最好，部分地区具有形成矿泉水的可能，是未受污染的最佳水质。

市区以下汶河两侧，由于受工业废水及城区生活污水的污染，水质较差，COD、BOD、色、味、PH 及多种有害元素大多超过国家标准。位于官庄、金冢子、宋官疃洼、友兰洼等洼地，由于地下分布有厚度较大的姜石层，地下水含氟丰富。

第三节　矿产资源

安丘市境横跨沂沭断裂带、胶北隆起、胶莱坳陷三个III级大地构造单元，形成迥然各异的沉积建造、变质改造、岩浆活动和构造格局，它们相互组合构成不同成矿体系。因此，矿产的种类、规模和时空的展布受到控制。

矿产种类

市内共发现矿产种类 37 种，占全省已发现矿种的 24.67%，占潍坊市已发现矿种的 45.67%，其中 20 种矿产探明一定储量，已发现但无探明储量或仅有简测资料的矿产 17 种。在探明储量的矿产中，能源矿产 1 种、金属矿产 4 种、非金属矿产 14 种、水气矿产 1 种。探明矿区（床）81 处，其中能源矿产 1 处，金属矿产 5 处，非金属矿产 73 处，水气矿产 2 处。非金属矿产资源丰富、储量大，是全市的优势矿产。

矿产规模

矿产规模以中小型为主，大型矿床少。至 2013 年底，全市发现 140 处矿产地（矿床、矿点、矿化点），其中达到矿床规模的为 81 处，占矿产地总数的 57.9%。其中大型矿床 6 处，占 7.4%。中型矿床 6 处，占 7.4%，小型矿床 69 处，占 85.2%。余者皆为矿点、矿化点。

区域分布

境内矿产资源分布相对集中，区域矿产特色明显。金属矿产多集中分布在市区西南部的大盛镇和辉渠镇，凌河、柘山、石堆等镇也有零星分布；非金属矿产多集中在凌河、辉渠、石埠子、柘山镇，以白云岩、石灰岩为主，同时分布有建筑石料、饰材花岗岩、铸石原料蛇纹岩、瓷石、碎白云母、方解石、膨润土、砖瓦用页岩、沸石等矿产；新安街道、经济开发区分布有白云岩、石灰岩；金冢子、景芝镇东南部则以重晶石为主，同时分布着砖瓦用页岩、伊利石、黏土矿；大汶河一带主要分布有建材及水泥用大理岩、水泥配料用黏土、膨润土等；建筑用砂矿产主要沿汶河、渠河流域分布；矿泉水资源则分布于景芝、大汶河、辉渠、石埠子、郚山等镇区。

主要开发矿种

至 2013 年，境内主要开发利用的矿种 21 种。

铁矿　分布于柘山、辉渠等镇。柘山镇铁矿石分两个自然类型，一为磁铁黑云片岩型，深灰黑色，鳞片花岗变晶结构，片状构造。另一为磁铁石英岩型，深灰—黑色，粒状变晶结构，条痕、条纹状构造。两种类型呈薄层、互层产出，单层厚度一般 0.5 厘米～ 2 厘米，矿体南段局部磁铁石英岩单层厚度变化大。辉渠镇为产于太古代泰山群老地层中的铁矿，为磁铁石英岩型或磁铁石英角闪岩型。以上铁

矿品位 30% ～ 40%，总储量 1500 万吨～ 2000 万吨，选出的铁矿粉主要用于炼铁，也可用于化工催化剂等。

铅锌矿 主产于大盛、大汶河、郚山、景芝等镇区。大盛镇白石岭铅锌矿，为火山热液型，矿区位于鄌郚—葛沟断裂西侧，矿床由东西两条矿带组成，每条矿带内数条矿脉组成，南北长 3 公里，东西宽约 1 公里，矿带走向 10° ～ 20° 。矿石具不等粒结构，溶蚀结构，自形—半自形中粗粒结构，浸染状构造，角砾状构造，条带状构造为主，局部见块状构造。矿床平均品位铅 1.75%，锌 1.4555%，铜 0.4%，现保有储量铅 3.9904 万吨，锌 1.035 万吨，铜 0.0676 万吨，伴生金由冶炼厂综合回收，伴生铜未能综合回收。其规模为小型矿床。大汶河区担山铅锌矿为中低温热液型，矿区位于胶北隆起南缘，矿石以他形粒状、乳滴状结构为主，以侵染状、块状、细脉状结构为常见，矿石矿物方铅矿、闪锌矿、脉石矿物石英、方解石。近矿围岩以透辉变粒岩、蛇纹大理岩为主，部分长石石英岩、黑云变粒岩。属小型矿床。

水泥用石灰岩 境内已探明大型矿床 1 处，小型矿床 1 处。矿区位于辉渠镇下涝坡村，西部出露泰山岩群黑云变粒岩、角闪变粒岩、斜长角闪岩，蒋峪单元变粒二长花岗岩、调军顶单元细粒二长花岗岩和前麻峪单元变超铁镁质岩。矿石类型主要为泥（微）晶灰岩，泥质条带灰岩，疙瘩状灰岩。矿物成分主要为方解石，有微量的白云石，微晶—泥晶结构，块状及条带状构造。开采最终底盘最小厚度不小于 60 米，体重 2.7 吨 / 立方米。南矿段 F 级储量 1140 万吨，北矿段 F 级储量 6980 万吨，预计总储量 8120 万吨，为大型矿床，但储量级别极低。

玄武岩 矿产地分布于郚山、辉渠、凌河、柘山等镇，郚山镇大安山玄武岩矿区储量最大。大安山玄武岩矿区位于沂沭断裂带内，西为沂水—汤头断裂，东为安丘—莒县断裂，断裂以北东向为主。主矿体长 500 米，宽 100 米，平均真厚度 2 米左右。矿体总储量 162.5 万立方米，属小型矿床。

饰材大理石 矿点位于辉渠镇花石涧一带，地理坐标：东经 118° 56′ 50″，北纬 36° 16′ 30″。矿区地质为“紫竹花”系，是指竹叶状灰岩，赋存于寒武系九龙群崮山组、炒米店组。寒武系地层分布稳定，东西向和北西向断层发育，但对矿体破坏不大。“紫竹花”外观淡绿、褐红色、粒状构造，基底式胶结、块状构造、砾度 0.5×5×5 ～ 10 厘米，胶结物和砾石成分同为钙质，少量泥质、铁质，多呈绿色；炒米店组厚 6.72 米，赋存两层矿体，上部厚 6.72 米，下部厚 5.34 米，荒料率 25%。1984 年山东省地矿局第四地质队曾踏勘检查，提交《山东省安丘县红沙沟紫竹花建造饰材踏查简报》，求得理论荒料储量 12.56 万立方米，属矿点。

建筑用砂 建筑用砂未经过地质评价工作，为民采矿点，分布零散。建筑用砂主要沿汶河、渠河、浯河开采。可采储量：汶河 1911.11 万吨，浯河 107.90 万吨，其他 119.60 万吨。

白云岩 分布于辉渠、柘山、凌河等镇。用于玻璃、陶瓷配件；制造钙镁磷肥；冶金上用于耐火材料，提取金属镁等。白云岩储量 20 亿吨以上，主要分布在辉渠镇，占全市总储量的 95% 以上，且矿床埋藏稳定，开采条件极好，矿石以特级品为主。

脉石英 矿点位于大汶河区前担山村西南 150 米，西距市区约 15 公里，为热液充填型石英脉，呈脉状产出。矿石呈乳白色至半透明，磁滤作用使矿石铁染变色，严重影响矿石质量，矿石具碎裂结构，不均匀块状结构，石英占 95% 以上，绢云母，磁铁矿散量。产状变化及规模，为一矿点。

萤石 萤石矿仅产于大盛镇白石岭和凌河镇慈母山地区，地质储量 20 万吨。目前只有大盛镇萤石矿及附近民采，凌河镇萤石由于品位较低、储量小，尚未开发。

熔剂灰岩 对熔剂灰岩尚未做过专项系统的地质评价，但其层位同水泥灰岩、化工灰岩等为同一层位，即寒武—奥陶系石灰岩。

蛇纹岩 位于辉渠镇锁头山一带，地理坐标 118° 55′ 20″，交通便利。矿床呈北东向展布，主要有常家岭、郑家山、锁头山三个矿体，均呈透镜状。主要矿物质成分为叶蛇石和胶蛇纹石。金属矿体有磁铁矿、赤铁矿及微量的黄铁矿、磁黄铁矿等。矿石具交代结构，网状结构。矿石量 647088 万吨，其中锁头山矿体 390.6 万吨，郑家山矿体 161.28 万吨，常家岭矿体 96 万吨。矿床属变质型矿床，形成时代为新太古代。

重晶石 分布于景芝、金冢子、大盛、凌河等镇。地质储量 600 万吨。市内重晶石矿均呈脉状产出，矿点多而分散。

制碱灰岩　制碱灰岩与熔剂灰岩未做过地质评价，但同赋存于寒武－奥陶系灰岩层位，已评价的下涝坡水泥用灰岩的化学成分，大部分达到制碱灰岩的标准。市境制碱灰岩远景储量达20亿吨，资源前景相当可观。

膨润土　分布于兴安、大汶河、辉渠、石埠子等镇街区，探明储量319万吨，远景储量200万吨。已发现小型矿床4处，矿点5处，矿床成因均是中酸性火山岩在低温、低压、富水、碱性条件下发生强烈蚀变而成，形成于中生代或新生代。

沸石　分布于石埠子、郚山、大盛、辉渠等镇，地质储量500万吨。

白云母　中型矿床1处，为柘山镇磨山河白云母矿。矿点1处，位于辉渠镇上头村。均赋存于太古界泰山岩群山草峪组中，严格受地层控制，属层控沉积变质型矿床。远景储量30万吨，为中型矿床。

伊利石黏土　分布于金冢子、石堆等镇重晶石脉成矿区，已探明储量55万吨，远景储量约100万吨。矿石主要矿物组合伊利石、石英、长石、白云母、伊利石含量55%～75%。金冢子镇伊利石黏土矿为小型矿床，属中低温热液交代型，形成于中生代燕山晚期。

地热　地热仅有温泉村1处，位于辉渠镇温泉村东。区内出露长清群朱砂洞组上灰岩段，馒头组石店段和第四系大站组地层，北东走向的上头—花石涧断裂从区内通过。温泉位于上头—花石涧断裂中段南侧的次级断层中，为深部构造裂隙水，由于地壳升降运动的影响，促使储存在深处的地下热水沿断层上升溢出地表。泉水久旱不竭，常年水温25℃左右，属低温热水。

石灰石　分布于辉渠、兴安、石埠子、柘山、凌河、新安等镇街区。面积大，层位稳定，质量较好，储量在50亿吨以上，可利用的储量20亿吨以上，主要用于建筑石材、石子、水泥和石灰原料。

瓷石　为硅质脉岩，产于凌河、柘山等镇。地质储量30万吨。

石英砂岩　柘山镇磨山河村一带有分布，是一种石英砂沉积而形成的岩石，储量较大。

安丘市2013年矿产种类一览表

表2—19

矿产大类	探明储量的矿产		已发现尚未探明储量的矿种	
	种类	名称	种类	名称
能源矿产	1	油页岩	4	地热、煤、铀、钍
金属矿产	4	铁、铅、锌、铜	2	金、银
冶金辅助原料	3	熔剂用白云岩、萤石、溶剂用灰岩	1	伊利石黏土
化工原料	3	化肥用蛇纹岩、重晶石、硫铁矿	—	—
建筑材料及其他非金属矿产	8	水泥用灰岩、玻璃用白云岩、膨润土、沸石、方解石、水泥配料黏土、白云母、饰面石材	9	饰面大理岩、建筑用砂、砖瓦用黏土、建筑石料、铸石用玄武岩、陶瓷用脉石英、染料黏土、石墨、泥炭
水气矿产	1	矿泉水	1	地下水

资源利用

1986年前，境内采矿企业数量多、规模小，零星分散。20世纪80年代初，开采规模较大的仅有山东省安丘铅锌矿一家矿山企业。该企业位于大盛镇辖区，原属国营企业。企业于上世纪80年代初正式生产，时固定资产1027.7万元，年产铅精矿900吨，锌精矿300吨。投产后，由于管理不善，有色市场金属市场疲软等原因，导致亏损，80年代末被迫停产。其余矿山开采活动，主要是安丘担山水泥厂水泥用灰岩开采和辉渠镇雹泉周围进行的建筑石料开采，但规模都不大。1986年—1999年，全市有矿产开采企业17家。2000年后，矿山开采活动频繁，采矿权最多时59个，多以小型矿山开采为主，主要开采矿种为页岩、建筑石料用灰岩、水泥用灰岩和白云岩。2005年，全市开始整合矿产资源，关停合并小型矿山企业，扶持大规模矿山企业。至2010年，全市保留矿山企业45家，从业人员3000多人，年产矿石量553万吨，实际采矿能力684万吨，利税1.7亿多元。最具代表性的矿山企业是安丘山水水泥有限公司。公司位于石埠子镇召忽村，于2005年建成投产。设有2条生产线，年产熟料330万吨，主要使用水泥用灰岩为主要原料，公司有3个自备矿山，分别为石埠子镇北石岭1号、2号矿区和石埠子镇殷家庄村3号矿区，3个矿山设计开采能力为250万吨，利税过亿元，属市内重点骨干企业。2012年5月，市政府召开集中治理整顿矿产资源开发秩序工作会议，严厉打击矿产资源非法开采和加工，对全市开采加工矿产品的企业集中开展治理整顿，关停取缔违法开采和加工企业168家。2013年，取缔石灰窑115支。境内矿山企业5家，年均从业人员600人，矿产品销售收入7.7亿元，利润总额1亿多元。

第四节 生物资源

境内生物资源丰富，有植物1100余种，动物350余种。

动物

家畜 主要有猪、牛、马、驴、骡、绵羊、山羊、狗、兔、猫等。

家禽 主要有鸡、鸭、鹅、鸽等。

兽类 主要有狐狸、狼、獾、猞猁、野兔、刺猬、黄鼠狼等。

鸟类 主要有麻雀、喜鹊、灰鹊、燕子、黄鹂、画眉、斑鸠、猫头鹰、啄木鸟、布谷鸟、大雁、野鸡、野鸭等。随着生态环境的改善，境内出现白鹳、大天鹅、丹顶鹤、雀鹰、栗鸢、凤头蜂鹰、大鵟、灰脸鵟鹰、鹊鹞、红隼、红脚隼、灰鹤、白枕鹤、斑头鸺鹠、纵纹腹小鸮、白额雁、小天鹅、绿头鸭、花脸鸭、绿翅鸭、黑水鸡、松雀鹰、苍鹰、凤头蜂鹰、红角鸮、雕鸮、斑头鸺鹠、纵纹腹小鸮、白鹭、鸿雁、豆雁等。

水生动物 主要有鱼、虾、蟹、蚌、甲鱼、蛙等。

另外常见的野生动物还有蛇、蝎子、蚯蚓、蜥蜴、壁虎、蚂蚁、蜈蚣等。

植物

境内有木本植物48科，83属，139种。

用材树木 主要有杨树、柳树、楸树、刺槐、国槐、泡桐、白榆、侧柏、黑松、悬铃木、臭椿、楝、银杏、梓、檀、杜梨、麻栎、枫杨等。

经济树木 主要有樱桃、板栗、苹果、梨、核桃、桃、枣、柿子、山楂、杏、葡萄、石榴、李子、桑、花椒、皂荚、文冠果等。

灌木 藤木 主要有酸枣、黄荆、胡枝子、杞柳、白腊、紫穗槐、簸箕柳、葛藤、紫藤、野蔷薇等。

观赏树 主要有雪松、龙柏、桧柏、黄杨、黄栌、红枫、紫叶李、腊梅、连翘、合欢、丁香、女贞、紫薇、蜀桧，黄金槐、金叶国槐、紫叶矮樱、扶芳藤、北海道黄杨、黄金柳、龟甲冬青、红花继木、南天竹、挪威枫、北美红枫、北方红栎、茶条槭、美国枫香、美国稠李等。

中药用植物 主要有丹参、苦参、远志、香附、柴胡、半夏、酸枣、漏芦、茜草、反白草、益母草、车前草、地锦草、凤仙草等。

天然草地植物 有46科186种，主要优势植物有黄背草、白羊草、百里香、马唐草、胡枝子、狗尾草、野古草、野黍、茅草、牛筋草等。

第三编

人　口

第一章　人口规模

第一节　人口数量

人口总量

1986年，安丘县总人口990760人，其中非农业人口52601人。到2003年潍坊市行政区划调整前，全市人口保持着较为平稳的增长速度，年平均增长率为6‰。

2003年6月30日，南流镇划归潍坊市坊子区管辖，全市人口由2002年的1096851人下降为2003年的1049685人。其中,南流镇人口44465人，全市自然减员2701人。2007年9月，黄旗堡镇划归坊子区管辖，赵戈镇、王家庄镇划归峡山区管辖。随着行政区划调整。全市人口数量减少124047人。2009年4月，景芝镇部分村划归峡山区管辖，迁出3748人。

2013年，全市设12处镇街道，2处开发区，288938户，总人口952662人。其中，非农业人口411603人，总人口比2007的924093人增长3.1%。因受行政区划变更影响，总人口比1986年减少38098人。

城区人口

1986年城区人口为68768人。2000年，设立兴安、贾戈街道，城区户数55011户。其中，家庭户53042户，集体户1969户。城区人口188872人，其中，男性93964人，女性94908人。2008年，增设新安街道。此后，城区规模迅速扩大，城区人口随之增加。2010年全国第六次人口普查数据显示，安丘城区户数65348户。其中，家庭户64218户，集体户1130户；城区人口数219206人。其中，男性111725人，女性107481人。至2013年底，城区人口为339915人，较1986年增加271147人，增长3.94倍。城区人口增速加快，除因城区规模不断扩大外，还有返乡回城、投亲靠友、创业务工等缘由，境内外人员陆续迁入城区。另外，随着交通的便利，代步工具的现代化，市内外进城消费、经商、做工的人员可当日往返，城区往来流动人口亦逐年增加。2013年，日平均流动人口2万人，比1986年增加4倍。

安丘市1986年—2013年人口数量统计表

表3—1

年度	总户数（户）	总人数（人）			性别比（女=100）	总人口中非农业人口（人）
		小计	男	女		
1986	234046	990760	504056	486704	103.57	52601
1987	239788	1003832	513290	490542	104.64	55063
1988	246456	1016771	520637	496134	104.94	78487
1989	253202	1047755	537284	510471	105.25	61731
1990	262023	1080368	553147	527221	104.92	63264
1991	263294	1089393	557722	531671	104.90	64880
1992	274562	1091658	558773	532885	104.86	66165
1993	279410	1092963	559047	533916	104.71	68224
1994	281081	1089902	557333	532569	104.65	70162
1995	283392	1087105	555730	531375	104.58	91373

续表 3—1

年度	总户数（户）	总人数（人）			性别比（女=100）	总人口中非农业人口（人）
		小计	男	女		
1996	288802	1084266	554616	529650	104.72	98118
1997	295083	1085932	554569	531363	104.37	105460
1998	301803	1091969	557159	534810	104.18	116561
1999	304940	1096469	560176	536293	104.45	120209
2000	305538	1098894	560628	538266	104.15	124639
2001	304704	1098716	560159	538557	104.01	128644
2002	307705	1096851	558368	538483	103.69	131332
2003	296305	1049685	533701	515984	103.43	159655
2004	298562	1048729	532669	516060	103.22	173683
2005	304367	1046020	530797	515223	103.02	264968
2006	310239	1048140	531829	516311	103.01	270121
2007	276515	924093	470926	453167	103.92	275279
2008	279711	930242	473125	457117	103.50	365836
2009	281423	938855	478136	460719	103.78	398240
2010	282629	947723	483755	463968	104.26	402977
2011	284622	950306	485274	465032	104.35	407332
2012	287020	949106	485324	463782	104.64	408598
2013	288938	952662	487491	465171	104.79	411603

第二节 人口变动

自然变动

1986年—2013年，人口自然增长率除个别年份有回升外，总体呈下降趋势。2013年与1986年相比，自然增长率下降3.85 个千分点。

1986年，安丘县出生14681人，出生率14.88‰；死亡6465人，死亡率6.55‰；自然增长8216人，自然增长率8.33‰。1991年，全县出生16439人，出生率15.15‰；死亡6501人，死亡率5.99‰；自然增长9938人，自然增长率9.16‰。此前6年间人口自然增长率处于较高水平。

1992年，安丘县出生12980人，出生率11.91‰；死亡7415人，死亡率6.8‰；自然增长5565人，自然增长率5.10‰。2013年，安丘市出生10650人，出生率11.20‰；死亡6393人，死亡率6.72‰；自然增长4257人，自然增长率4.48‰。1992年—2013年，全市人口自然增长率一直保持着较低稳步增长状态。

安丘市1986年—2013年人口自然变动情况表

表 3—2　　单位：人

年度	出生		死亡		自然增长	
	人数（人）	出生率（‰）	人数（人）	死亡率（‰）	人数（人）	增长率（‰）
1986	14681	14.88	6465	6.55	8216	8.33
1987	16760	16.81	5965	5.98	10795	10.83
1988	15822	15.66	6832	6.76	8990	8.90
1989	15460	15.02	5982	5.81	9478	9.21

续表 3-2

年度	出生		死亡		自然增长	
	人数（人）	出生率（‰）	人数（人）	死亡率（‰）	人数（人）	增长率（‰）
1990	16199	15.36	6600	6.26	9599	9.10
1991	16439	15.15	6501	5.99	9938	9.16
1992	12980	11.90	7415	6.80	5565	5.10
1993	11234	10.28	6637	6.08	4597	4.21
1994	10170	9.32	7004	6.42	3166	2.90
1995	11765	10.81	6797	6.24	4968	4.56
1996	13191	12.15	6990	6.43	6201	5.72
1997	13646	12.57	7499	6.91	6147	5.66
1998	14313	13.14	6887	6.32	7426	6.82
1999	10838	9.88	6258	5.72	4580	4.18
2000	12450	11.34	7504	6.84	4946	4.50
2001	9938	9.04	6395	5.28	3543	3.22
2002	9606	8.75	7466	6.80	2140	1.95
2003	9530	9.07	7253	6.90	2277	2.17
2004	10068	9.60	5783	5.51	4285	4.08
2005	9538	9.11	7109	6.79	2429	2.32
2006	10300	9.84	5171	4.94	5129	4.90
2007	11590	11.03	6850	6.52	4740	4.51
2008	9097	9.78	6254	6.72	2843	3.06
2009	12838	13.74	6547	7.01	6291	6.73
2010	11872	12.59	9682	10.26	2190	2.33
2011	7564	7.97	6085	6.41	1479	1.56
2012	10334	10.88	9190	9.68	1144	1.20
2013	10650	11.20	6393	6.72	4257	4.48

机械变动

迁入 1986年—2013年，安丘市迁入162091人。1986年，安丘县迁入11111人，迁入率5.6‰。1990年全国第四次人口普查统计，全县迁入9897人，迁入率4.6‰。2010年全国第六次人口普查统计，安丘市迁入6484人，迁入率为6.84‰。2013年，全市迁入3420人，迁入率3.59‰。比1990年迁入率下降1.01个千分点，比2010年迁入率下降3.25个千分点。其主要原因是外流人员回迁集中在2010年前后。

迁出 1986年，安丘县迁出11165人，迁出率5.7‰。1990年全国第四次人口普查，全县迁出10888人，迁出率为5.1‰。2000年全国第五次人口普查，安丘市迁出7485人，迁出率为3.41‰。2008年，全市迁出132100人，迁出率142.01‰。2010年全国第六次人口普查，全市迁出5300人，迁出率为5.59‰。2013年，全市迁出4224人，迁出率4.43‰，比1990年第四次人口普查下降0.67个千分点，比2000年全国第五次人口普查上升1.02个千分点，比2010年全国第六次人口普查下降1.16个千分点，比1986年下降1.27个千分点。

2007年9月，黄旗堡镇划归坊子区管辖，赵戈镇并入王家庄镇，复划归峡山区管辖；2009年4月景芝镇部分村划归峡山区管辖。两次划出127795人。

安丘市1986年—2013年人口机械变动情况表

表3—3 单位：人

年份	迁入		迁出		净迁移率（‰）	
	人数（人）	迁入率（‰）	人数（人）	迁出率（‰）		
1986	11111	5.60	11165	5.70		-0.10
1987	17644	8.80	15675	7.90		0.90
1988	14938	7.40	11875	5.90		1.50
1989	5945	2.90	3871	1.90		1.00
1990	9897	4.60	10888	5.10		0.50
1991	10096	8.40	10969	9.10		-0.70
1992	10814	4.90	13022	5.90		-1.00
1993	10029	4.50	13321	6.00		-1.50
1994	14735	6.70	20788	9.00		-2.30
1995	12082	5.00	18510	8.00		-3.00
1996	3167	1.40	12138	5.00		-3.60
1997	4354	2.00	8832	4.00		-2.00
1998	3741	3.43	5889	5.40		-1.98
1999	4593	2.10	7000	3.20		-1.10
2000	4156	1.89	7485	3.41		-1.52
2001	3053	1.39	7448	3.39		-2.00
2002	3380	1.54	7950	3.62		-2.08
2003	2957	1.38	8387	3.91		-2.53
2004	3161	1.51	9842	4.69		-3.18
2005	3171	1.51	9913	4.73		-3.22
2006	3729	1.78	8778	4.19		-2.41
2007	5338	2.54	6457	3.07		-0.53
2008	4810	5.17	132100	142.01	-127290	-136.84
2009	4372	4.66	5884	6.27	-1512	-1.61
2010	6484	6.84	5300	5.59	1184	1.25
2011	4683	4.93	4630	4.87	53	0.06
2012	3614	3.81	4629	4.88	-1015	-1.07
2013	3420	3.59	4224	4.43	-804	-0.84

流动人口

1998年前，安丘县户口年报中没有登记暂住人口数。随着经济的发展，各类企业大量扩建和新建，对劳动力需求量不断增加，外来人口总量呈逐年上升趋势。1999年，安丘市户口年报中，暂住人口数为26031人(包括乡镇之间流动人口)。2002年，安丘设立暂住人口管理办公室 24 个，暂住人口管理站 29 处，对市内暂住人口实施全面信息化管理。2008年，全市登记流动人口9118 人，发放暂住证4980件。

2010年全国第六次人口普查统计，全市外来人口82126人。其中，户口登记地在安丘市的人数为71462人，户口登记地在山东省其他县市的人数为6630人，户口登记地在外省的人数为4034人。户口登记地在外省的人口具体分布为：北京24人、天津15人、河北90人、山西113人、内蒙古167人、辽宁 247 人、吉林 974 人、黑龙江 662 人、上海 6 人、江苏 1468 人、浙江 96 人、安徽 162 人、福建 54 人、江西 59 人、河南 159 人、湖北 44 人、湖南 47 人、广东 26 人、广西 20 人、海南 3 人、重庆 21 人、四川 100 人、贵州 55 人、云南 524 人、西藏 6 人、陕西 101 人、甘肃 101 人、青海 39 人、宁夏 5 人、新疆 55 人。

2012 年 10 月，暂住证改为居住证，流动人口依法享有接受教育、就业、失业、参加社会保险、医疗保险、计划生育、住房保障等公共服务。2013 年，全市登记流动人口 23009 人（不包括乡镇之间的流动人口），发放居住证 14728 件。其中，务工人员 13271 人，占流动人口总数的 57.7% 。全市登记海外流动人口 60 人，主要来自日本、韩国等国家和地区，多为投资、工作、旅游观光者。

20 世纪 80 年代始，安丘外出务工、旅游、探亲访友者增多。2008 年，全市流出人口为 12005 人，其中省内 996 人。此后流出人口逐渐回流。至 2013 年，流出人口为 11567 人，其中省内 908 人，流出人口比 2008 年减少 438 人。

第三节　人口分布

2013 年，安丘市总人口为 952662 人。兴安街道人口最多，计 200852 人，占全市总人口的 21.08%。柘山镇人口最少，计 32766 人，占全市总人口的 3.44% 。

人口密度。1986 年，安丘县总人口 990760 人，每平方公里 415.8 人。2013 年，安丘市总人口 952662 人，每平方公里 534.3 人。密度最大为兴安街道，平均每平方公里 1085.7 人；其次为新安街道，平均每平方公里 565.3 人；密度最小为柘山镇，平均每平方公里 196.2 人。

地势高低与人口密度成反比。2013 年，境内中部、东部、西北部平原面积占 70% ～ 90% 的兴安街道、新安街道、石堆镇、金冢子镇、景芝镇、凌河镇、官庄镇，面积 1089 平方公里，人口为 714150 人，平均每平方公里 655.8 人；西部、西南部大部分山区的石埠子镇、大盛镇、辉渠镇、郚山镇、柘山镇，面积 694 平方公里，人口为 238512 人，平均每平方公里 343.7 人。

安丘市 2013 年人口分布情况表

表 3—4

区域	总户数（户）	总人数（人）	面积（平方公里）	人口密度（人／平方公里）
景芝镇	41854	134854	205	657.8
兴安街道	67246	200852	185	1085.7
新安街道、经济开发区	21624	73291	126	581.7
大汶河旅游开发区	18906	65772	120	548.1
凌河镇	28761	103303	181	570.7
石堆镇	10378	38792	66	587.8
金冢子镇	11381	41335	82	504.1
官庄镇	15912	55951	124	451.2
辉渠镇	20413	66713	199	335.2
石埠子镇	19984	65708	139	472.7
郚山镇	11607	37693	113	333.6
柘山镇	10224	32766	167	196.2
大盛镇	10648	35632	76	468.8

第二章 人口构成

第一节 性别构成

1990年全国第四次人口普查统计，安丘县人口1080368人。其中，男性553147人，女性527221人，男女性别比为104.92:100。2000年全国第五次人口普查统计，安丘市总人口1096782人，其中男性554403人，女性542379人，男女性别比为102.22∶100。2010年全国第六次人口普查统计，全市人口为926894人，其中男性为470776人，女性456118人，男女性别比为103.21:100。2013年全市人口为952662人，其中男性487491人，女性465171人，男女性别比为104.80∶100。比1990年第四次人口普查性别比下降0.12。

第二节 年龄构成

2000年全国第五次人口普查统计，安丘市1岁～14岁人口数占总人口比重为21.85%，65岁以上人口数占总人口比重为8.14%。2010年全国第六次人口普查统计，全市1岁～14岁人口数占总人口比重下降到14.72%，65岁以上人口数占总人口比重上升到10.11%。全市老年人口比重增加，人口类型演变为老年型，进入老龄化社会。

全国第五第六次人口普查安丘市年龄组比重变化情况表

表3—5

年龄组（岁）	第五次人口普查		第六次人口普查	
	人数（人）	占总人数比（%）	人数（人）	占总人数比（%）
1-4	41420	3.78	49205	5.31
5-9	58178	5.30	43327	4.67
10-14	140014	12.77	43980	4.74
15-19	84089	7.67	57582	6.21
20-24	66873	6.10	92065	9.93
25-29	82248	7.50	57333	6.19
30-34	105065	9.58	56749	6.12
35-39	102371	9.33	70082	7.56
40-44	83255	7.59	87016	9.39
45-49	89844	8.19	83226	8.98
50-54	61644	5.62	67650	7.30
55-59	43611	3.98	70186	7.57
60-64	36797	3.35	47288	5.10
65-69	32025	2.92	32096	3.46
70-74	28284	2.58	24046	2.59
75-79	15432	1.41	18403	1.99
80-84	9263	0.84	12406	1.34
85-89	3276	0.30	5071	0.55

续表 3-5

年龄组（岁）	第五次人口普查		第六次人口普查	
	人数（人）	占总人数比（%）	人数（人）	占总人数比（%）
90-94	871	0.08	1458	0.16
95-99	123	0.01	224	0.02
100 以上	10	0.001	18	0.002

第三节　行业和职业构成

2000 年全国第五次人口普查数据显示，安丘市形成较为齐全的行业类别。其中，从事农林牧渔业劳动者占在业人口的 83.33%。2010 年全国第六次人口普查结果显示，全市行业类别分类更加精细，农林牧渔的人数占在业人口的比例下降。出现信息传输、计算机服务和软件业，租赁和商业服务业等一系列新兴行业。

全国第五次人口普查安丘市各行业人口职业分布表

表 3-6

行业类别	第五次人口普查
	人数（人）
农林牧渔	60529
采掘业	30
制造业	4678
电力、煤气及水的生产和供应业	159
建筑业	819
地质勘查、水利管理业	31
交通运输、仓储及邮电通信业	832
批发和零售贸易、餐饮业	1945
金融、保险业	242
房地产业	22
社会服务业	558
卫生、体育和社会福利业	531
教育、文化及广播电影电视业	1394
科学研究和综合技术服务业	29
国家机关、党政机关和社会团体	949
其他行业	117
国家机关、党群组织、企事业单位负责人	848
专业技术人员	2686
办事人员和有关人员	703
商业、服务业人员	2771
农林牧渔生产人员	60716
生产、运输设备操作人员及有关人员	5141
不便分类的其他劳动者	—

全国第六次人口普查安丘市各行业人口职业分布表

表 3-7

行业类别	第六次人口普查
	人数（人）
农林牧渔	44490
采掘业	50
制造业	5544
电力、煤气及水的生产和供应业	175
建筑业	1527
信息传输、计算机服务和软件业	91
交通运输、仓储及邮电通信业	1120
批发和零售贸易	2420
住宿和餐饮	789
金融、保险业	257
房地产业	114
租赁和商业服务业	79
科学技术研究、技术服务和地质勘探	41
水利、环境和公共设施管理业	60
居民服务和其他服务业	466
教育	987
卫生、社会保障和社会福利	506
文化体育和娱乐	98
公共管理和社会组织	805

第四节 民族构成

1982年全国第三次人口普查统计，安丘县有少数民族8个共69人。其中，满族31人，回族22人，朝鲜族7人，藏族4人，傣族2人，高山族、东乡族、彝族各1人。少数民族占总人口的0.007%。

2010年全国第六次人口普查数据显示，安丘市人口926894人，其中汉族926412人，占总人口的99.95%。少数民族29个、482人，占总人口的0.05%。

2013年，全市有少数民族31个、733人。其中，男性208人，女性525人，占总人口的0.08%。少数民族中最多为满族153人，男性70人、女性83人；蒙古族37人，男性6人、女性31人；回族36人，男性16人、女性20人；藏族10人，男性2人、女性8人；苗族35人，男性5人、女性30人；彝族51人，男性4人、女性47人；壮族35人，男性4人、女性31人；布依族4人、女性4人；朝鲜族42人，男性19人、女性23人；侗族4人，男性1人、女性3人；瑶族10人，男性5人、女性5人；白族77人，男性1人、女性76人；土家族17人，男性7人、女性10人；哈尼族12人，男性1人、女性11人；傣族13人，男性3人、女性10人；黎族98人，男性49人、女性49；傈僳族45人，男性5人、女性40人；佤族9人，男性1人、女性8人；拉祜族10人，男性2人、女性8人；纳西族10人，男性1人、女性9人；景颇族9人，男性2人、女性7人；土族3人，男性1人、女性2人；锡伯族3人，男性1人、女性2人；普米族2人，女性2人；鄂温克族2人，男性1人、女性1人；最少为维吾尔族、高山族、水族、怒族、德昂族、京族，各1人。女性多于男性，是因出嫁而移入市内的数量大。与1982年相比，少数民族增加23个，人数增加664人，增9.6倍。

第五节 姓氏构成

1985年，安丘县有304姓，姓氏户数（户主姓氏）在5000以上者有李、王、刘、张、周、孙、赵、马、韩、曹等。此后，因创业、婚姻等原因，外地迁入安丘人口逐渐增加，其姓氏结构亦不断发生变化。至2013年，安丘市常住人口姓氏增至332个，较1985年增加28个。少数民族的多字姓氏均以首字入志。

至2013年，10万人以上的有3姓：李、王、刘。

5万人以上不足10万人的1姓：张。

5万人以下万人以上的18姓：孙、赵、徐、陈、杨、周、郑、高、马、宋、郭、朱、于、董、韩、曹、鞠、程。

万人以下，千人以上的72姓：臧、胡、丁、魏、邱、崔、姜、范、吴、庄、潘、林、姚、殷、冯、黄、秦、孟、田、梁、谢、葛、解、钟、许、吕、杜、阎、贾、侯、沈、任、谭、鹿、苏、肖、惠、江、孔、邹、云、鲁、薛、贺、倪、罗、毕、郝、常、傅、尹、毛、庞、杜、娄、夏、凌、房、郁、石、邢、栾、宿、咸、翟、逄、牛、温、都、辛、游。

千人以下百人以上的82姓：褚、蒋、何、陶、金、华、窦、彭、郎、苗、方、袁、鲍、史、费、雷、汤、滕、安、时、卞、齐、康、卜、顾、邵、祁、禹、戴、纪、屈、项、祝、席、季、麻、路、颜、盛、刁、蔡、樊、管、卢、宗、邓、单、洪、左、吉、裴、陆、翁、甄、封、段、焦、巴、车、仲、宫、宁、武、叶、白、蒲、郜、蔺、乔、申、桑、冀、尚、别、耿、文、寇、聂、冷、曾、相、逯。

百人以下的156姓：钱、卫、尤、施、严、戚、喻、柏、章、奚、韦、昌、花、俞、柳、廉、邬、乐、皮、伍、余、元、平、和、穆、萧、湛、汪、狄、米、明、伏、成、谈、熊、舒、阮、蓝、闵、危、童、梅、骆、霍、万、支、莫、裘、缪、干、包、诸、龚、嵇、滑、荣、荀、於、羿、储、靳、汲、邴、糜、井、富、山、谷、宓、全、郗、班、伊、仇、暴、甘、厉、祖、符、景、束、龙、幸、司、郜、黎、薄、从、鄂、索、籍、赖、卓、屠、池、阴、郁、胥、苍、闻、党、劳、姬、冉、桂、边、扈、燕、溥、晏、柴、瞿、慕、连、宦、艾、容、向、古、易、戈、廖、衡、满、匡、国、东、欧、殳、隆、师、巩、晁、敖、訾、阚、那、饶、沙、乜、丰、巢、关、查、荆、竺、盖、司马、欧阳、诸葛、东方、皇甫、宇文、阎法、岳帅、南宫。

第六节 农业户口与非农业户口

1986年，安丘县农业户口938159人，非农业户口52601人，非农业户口占全县总人口的5.31%。

随着城镇户籍管理制度改革，每年除增加的非农业人员外，征用土地农转非人员大量增加。至1995年，非农业人口增加到91373人。2004年，非农业户口173683人，占全市总人口的16.56%，是1986年的3.3倍。

2004年10月，安丘市打破城乡分割，实行统一户口登记管理制度。凡常住户口所在地为安丘市的居民，取消其农业户口、非农业户口性质划分，统一登记为"居民户口"。放开市域内户口迁移政策，促进农村人口向小城镇集中。城镇居民由原来的按农业、非农业户口划分，统一到以居民是否为农村集体经济组织成员来划分。2011年—2013年，农村人口迁入市区及建制镇镇区的共5978人次。其中，属父母子女及夫妻相互投靠3594人次，进城务工110人次，购房落户205人次。同时，自2012年始，安丘市严格控制城镇人口迁入农村落户。城乡人口流动更加有序合理，非农业人口逐步稳定增加。2013年，全市农村人口541059人，城镇人口411603人，城镇人口占全市总人口的43.21%，是1986年的7.83倍。

第三章　人口素质

第一节　身体素质

平均寿命

1985年，安丘县人口平均寿命为68.92岁，其中男性66.96岁，女性70.98岁。2013年，全市监测人群0岁组期望寿命为77.96岁，其中男性为74.8岁，女性为81.56岁。

长寿人口

1985年，安丘县有90岁以上老人129人，百岁老人1人。2000年，全市90岁以上长寿人口1004人，百岁以上老人10人。2010年人口普查数据显示，全市90岁以上长寿人口1700人，百岁以上老人18人，分别是1985年的13.2倍和18倍。

残疾人口

2006年，安丘市各类残疾人63082人，占总人口的6.5%。其中，视力残疾9022人，占14.3%；听力残疾15618人，占24.76%；肢体残疾18518人，占29.36%；言语残疾972人，占1.54%；精神病残疾4976人，占7.89%；智力残疾4259人，占6.75%；多重残疾9717人，占15.4%。2009年3月始，全市集中办理中华人民共和国第二代残疾人证。至2013年底，全市办理残疾证15896个。其中，视力残疾1093人，占6.88%；听力残疾398人，占2.5%；肢体残疾10051人，占63.23%；言语残疾301人，占1.89%；精神病残疾993人，占6.25%；智力残疾1047人，占6.59%；多重残疾2013人，占12.66%。从残疾人构成分析，2013年与2006年比，残疾人中视力残疾和听力残疾所占比例减少，肢体残疾所占比例明显增大。

疾病危害

2013年，安丘市疾病防控中心联合潍坊医学院对市内18岁及以上常住居民进行全人群抽样慢性病及其危险因素调查，共调查2175人。其中，高血压患病率为24%，糖尿病患病率为4.09%，高胆固醇血症患病率为9.7%，高甘油三酯血症患病率为24.7%。是年，全市报告恶性肿瘤发病1987例，发病率208.41/10万；脑卒中发病6269例，发病率657.54/10万；冠心病1623例，发病率170.23/10万。高血压、糖尿病、冠心病、脑血管病、恶性肿瘤等慢性病成为严重危害人们身健康的疾病。

身高体重

2013年，安丘市调查郚山、金冢子、凌河等镇2175名18岁以上常住居民，平均身高为1.59米。其中，男性平均身高1.67米，女性平均身高1.53米。平均体重为62.36公斤。其中，男性66.35公斤，女性60.24 公斤。

第二节 文化素质

1990 年全国第四次人口普查，安丘平均每千人拥有大学（含本科专科）文化 3.3 人，比 1982 年第三次人口普查增加 2.4 人；有高中生（含中专）60 人，增加 9 人；有初中生 259 人，增加 80 人；小学 337 人，减少 11 人。12 周岁以上文盲、半文盲 199005 人，占总人口 18.47%，比 1982 年降低 9.72 个百分点；15 周岁以上文盲、半文盲 197911 人，占总人口的 18.37%。

2000 年全国第五次人口普查，安丘市 6 岁及以上人口 1035204 人，未上过学的 43746 人，占 4.2%，其中男性 10373 人，女性 33373 人；扫盲班 46794 人，男性 11292 人，女性 35502 人；小学学历 381597 人，男性 171743 人，女性 209854 人；初中学历 447746 人，男性 249996 人，女性 197750 人；高中学历（含中专）95565 人，男性 63448 人，女性 32127 人；大学专科学历 15102 人，男性 10304 人，女性 4798 人；大学本科学历 5336 人，男性 4082 人，女性 1254；研究生学历 38 人，男性 29 人，女性 9 人。全市大专及大专以上 20476 人，占到 6 岁及 6 岁以上人口的 1.98%。

2010 年全国第六次人口普查，全市 6 岁及以上人口为 858868 人。未上过学的 12094 人，占 6 岁及 6 岁以上人口的 1.41%。小学学历 234214 人，男性 100328 人，女性 133886 人；初中学历 406154 人，男性 218352 人，女性 187802 人；高中学历 121034 人，男性 74789 人，女性 46245 人；大学专科学历 27533 人，男性 16687 人，女性 10846 人；大学本科学历 16750 人，男性 10378 人，女性 6372 人；研究生学历 484 人，男性 283 人，女性 201 人。

2010 年与 2000 年相比，未上过学的人数由 43746 人减为 12094 人，减少 72.4%；具有大专及大专以上文化程度的人数由 20476 人，上升到 44767 人，增加 54.3%。

全国第四第五第六次人口普查安丘市 6 岁及以上人口文化程度情况表

表 3—8 单位：人

年份	未上过学	扫盲班	小学	初中	高中	中专	大专	本科	研究生
1990	—	—	363250	278649	54145	9973	2767	761	—
2000	43746	46794	381597	447746	70756	24809	15102	5336	38
2010	12094	—	234214	406154	121034	—	27533	16750	484

第四章 婚姻家庭

第一节 婚 姻

结婚

1986 年，安丘县贯彻新《婚姻法》，规定男女双方结婚完全自愿，达到法定结婚年龄，男不得早于 22 周岁，女不得早于 20 周岁，并鼓励晚婚晚育。

1986 年—2013 年，安丘市每年结婚登记人数均在 5000 对以上。1986 年结婚 6819 对，初婚率 99.14%，再婚率 0.86%；2000 年结婚 7394 对，初婚率 95.4%，再婚率 4.6%；2013 年结婚 8893 对，初婚率 84.5%，再婚率 15.5%。初婚平均年龄男性为 25.7 周岁，女性 25.5 周岁；再婚平均年龄男性为 38.8 周岁，女性 38.6 周岁。从初婚及再婚情况看，全市再婚率呈逐年上升趋势。

从结婚登记分年龄段来看，1999 年～ 2013 年，结婚登记在 20 周岁～ 24 周岁段男性 46073 人，占 42.3%，女性 55737 人，占 51.2%；25 周岁～ 29 周岁段男性45791人，占42.1%，女性40292人，占37%。全市20周岁～29周岁年龄段结婚的占绝大多数，此年龄段又以初婚占绝大对数。从再婚年龄段分布看，多集中在25周岁～39周岁区间，与离婚年龄段分布统计一致。

晚婚率与计划生育政策的落实关系密切，在计划生育这一基本国策落实到位的情况下，晚婚率保持在98%以上。自2003年10月1日始，随着新婚姻登记条例的实施，安丘市严禁各地在办理婚姻登记时，与限制当事人晚婚率挂钩，地方性限制晚婚登记的情况日趋减少，晚婚率开始逐渐降低。1987年境内晚婚率为67.1%，1994年为99.9%，2000年为98.6%，2013年为78.4%，晚婚率呈低高低走之势。

安丘市1987年—2013年结婚登记对数与初婚及再婚率统计表

表3—9

年份	结婚登记（对）	初婚率（%）	再婚率（%）	年份	结婚登记（对）	初婚率（%）	再婚率（%）
1987	6819	99.14	0.86	2001	5547	93.31	6.69
1988	8195	99.08	0.92	2002	7329	95.28	4.72
1989	6583	98.59	1.41	2003	7535	94.02	5.98
1990	8225	99.03	0.97	2004	7456	92.08	7.92
1991	8857	98.73	1.27	2005	6586	90.80	9.20
1992	8110	97.94	2.06	2006	7585	91.31	8.69
1993	5751	97.52	2.48	2007	8982	91.84	8.16
1994	6647	97.62	2.38	2008	6318	97.77	12.23
1995	7255	97.41	2.59	2009	7837	88.70	11.30
1996	7474	97.43	2.57	2010	8417	87.03	12.07
1997	6737	96.50	3.50	2011	9461	87.80	12.20
1998	7981	96.03	3.97	2012	9069	87.30	12.70
1999	8127	95.62	4.38	2013	8893	84.50	15.50
2000	7394	95.40	4.60				

安丘市1999年—2013年结婚登记分年龄统计表

表3—10

年龄	男性（人）	百分比（%）	女性（人）	百分比（%）
20～24周岁	46073	42.3	55737	51.2
25～29周岁	45791	42.1	40292	37.0
30～34周岁	8079	7.4	5929	5.4
35～39周岁	3654	3.4	2802	2.6
40～49周岁	3346	3.1	2719	2.5
50～59周岁	1184	1.1	1035	1.0
60周岁以上	745	0.6	358	0.3

安丘市1987年—2013年结婚登记晚婚率统计表

表3—11

年份	晚婚率（%）	年份	晚婚率（%）	年份	晚婚率（%）
1987	67.1	1996	98.2	2005	72.4
1988	69.8	1997	97.9	2006	68.6

续表 3—11

年份	晚婚率（%）	年份	晚婚率（%）	年份	晚婚率（%）
1989	84.7	1998	98.0	2007	58.6
1990	81.3	1999	98.0	2008	64.1
1991	83.1	2000	98.6	2009	59.3
1992	81.6	2001	98.4	2010	60.3
1993	91.6	2002	98.7	2011	69.9
1994	99.9	2003	87.5	2012	73.2
1995	99.5	2004	73.2	2013	78.4

安丘市1999年—2013年再婚年龄段统计表

表 3—12

年份	性别	合计	20岁—24岁		25岁—29岁		30岁—34岁		35岁—39岁		40岁—49岁		50岁—59岁		60岁以上	
		人	人数	%	人数	%	人数	%	人数	%	人数	%	人数	%	人数	%
1999	男	82	1	1.2	6	7.3	17	20.7	15	18.3	18	22.0	16	19.5	9	11.0
	女	82	—	—	8	9.8	20	24.4	20	24.4	19	23.2	9	11.0	6	7.3
2000	男	188	2	1.1	16	8.5	39	20.7	36	19.1	34	18.1	30	16.0	31	16.5
	女	188	—	—	21	11.2	43	22.9	41	21.8	38	20.2	33	17.6	12	6.4
2001	男	213	2	0.9	16	7.5	33	15.5	31	14.6	47	22.1	43	20.2	41	19.2
	女	213	—	—	18	8.5	46	21.6	35	16.4	54	25.4	39	18.3	21	9.9
2002	男	204	1	0.5	11	5.4	42	20.6	42	20.6	41	20.1	36	17.6	31	15.2
	女	204	2	1.0	22	10.8	52	25.5	39	19.1	47	23.0	34	16.7	8	3.9
2003	男	258	1	0.4	23	8.9	52	20.2	37	14.3	71	27.5	32	12.4	42	16.3
	女	258	2	0.8	22	8.5	65	25.2	53	20.5	59	22.9	42	16.3	15	5.8
2004	男	340	3	0.9	30	8.8	66	19.4	55	16.2	82	24.1	59	17.4	45	13.2
	女	340	4	1.2	38	11.2	69	20.3	72	21.2	87	25.6	54	15.9	16	4.7
2005	男	342	3	0.9	30	8.8	56	16.4	64	18.7	81	23.7	64	18.7	44	12.9
	女	342	2	0.6	43	12.6	59	17.3	88	25.7	72	21.1	55	16.1	23	6.7
2006	男	397	2	0.5	39	9.8	60	15.1	82	20.7	99	24.9	73	18.4	42	10.6
	女	397	3	0.8	45	11.3	74	18.6	96	24.2	102	25.7	61	15.4	16	4.0
2007	男	356	3	0.8	26	7.3	53	14.9	84	23.6	92	25.8	54	15.2	44	12.4
	女	356	3	0.8	32	9.0	71	19.9	87	24.4	86	24.2	52	14.6	25	7.0
2008	男	402	1	0.2	39	9.7	63	15.7	90	22.4	108	26.9	65	16.2	36	9.0
	女	402	5	1.2	49	12.2	77	19.2	88	21.9	113	28.1	55	13.7	15	3.7
2009	男	449	2	0.4	42	9.4	75	16.7	83	18.5	113	25.2	77	17.1	57	12.7
	女	449	15	3.3	37	8.2	83	18.5	91	20.3	121	26.9	75	16.7	27	6.0
2010	男	430	—	—	44	10.2	75	17.4	82	19.1	143	33.3	49	11.4	37	8.6
	女	430	11	2.6	48	11.2	95	22.1	88	20.5	122	28.4	55	12.8	11	2.6
2011	男	692	10	1.4	96	13.9	141	20.4	134	19.4	173	25.0	72	10.4	66	9.5
	女	692	27	3.9	108	15.6	151	21.8	135	19.5	173	25.0	70	10.1	28	4.0
2012	男	809	15	1.9	134	16.6	166	20.5	162	20.0	215	26.6	61	7.5	56	6.9

续表 3—12

年份	性别	合计	20 岁— 24 岁		25 岁— 29 岁		30 岁— 34 岁		35 岁— 39 岁		40 岁— 49 岁		50 岁— 59 岁		60 岁以上	
		人	人数	%	人数	%	人数	%	人数	%	人数	%	人数	%	人数	%
2012	女	809	26	3.2	154	19.0	183	22.6	142	17.6	223	27.6	53	6.6	28	3.5
2013	男	1024	15	1.5	186	18.2	237	23.1	205	20.0	233	22.8	89	8.7	59	5.8
	女	1024	37	3.6	225	22.0	232	22.7	190	18.6	236	23.0	66	6.4	38	3.7

离婚

1986 年始，人们对离婚自由认识逐渐提高，对离婚道德评价趋于公允，境内离婚率逐渐上升。离婚的法定程序有两种：其一为登记程序。双方自愿离婚的，经男女双方亲自到婚姻登记机关提出离婚申请，由婚姻登记机关发给离婚证，即宣告婚姻关系解除，采用这种法律程序离婚的也称协议离婚。其二为诉讼程序。男女一方要求离婚的，直接向人民法院提出离婚诉讼，由人民法院调解或判决离婚。

1999 年，全市离婚 44 对，离婚率为 0.54‰；2006 年离婚 441 对，离婚率为 5.81‰；2013 年离婚 1803 对，离婚率为 20.27‰。离婚率呈逐年上升趋势，特别是 2007 年以来，离婚率上升明显，这与人们对婚姻的认识、社会观念的转变等密切相关。

从离婚的职业分布看，绝大多数离婚者为生产人员和农林牧渔从业人员，这与全市人员职业分布情况极为相符。

从离婚年龄段分布看，多集中在 25 岁～ 39 岁年龄段。这与再婚年龄段分布基本一致。离婚集中在这一年龄段，与年轻人思想观念的转变、个性不合、生活方式不同、用情不专一、经济及双方家庭间的矛盾有极大关系。

安丘市 1999 年—2013 年离婚登记情况统计表

表 3—13

年份	离婚（对）	离婚率（‰）	年份	离婚（对）	离婚率（‰）
1999	44	0.54	2007	681	7.58
2000	76	1.02	2008	669	10.58
2001	74	1.33	2009	948	11.33
2002	102	1.39	2010	1145	13.60
2003	158	2.09	2011	1251	13.22
2004	330	4.42	2012	1417	15.62
2005	393	5.97	2013	1803	20.27
2006	441	5.81	—	—	—

安丘市 1999 年—2013 年离婚原因及不同职业统计表

表 3—14

年份	离婚原因	不便分类的其他从业人员（%）	生产、运输设备操作人员（%）	农、林、牧、渔、水利业生产人员（%）	商业、服务业人员（%）	办事人员和有关人员（%）	专业技术人员（%）	国家机关、党群组织、企业、事业单位负责人（%）	军人（%）
1999	感情不和	3.7%	14.8%	75.9%	0	3.7%	0	1.9%	0
2000	感情不和	9.2%	13.2%	39.7%	0	0	0	7.2%	0.7%
2001	感情不和	6.1%	12.8%	69.6%	0	0	0	10.1%	1.4%
2002	感情不和	0	12.3%	81.9%	0	0	0	5.9%	0
2003	感情不和	2.8%	12.7%	68.7%	4.4%	7%	2.8%	1.6%	0

续表 3—14

年份	离婚原因	不便分类的其他从业人员（%）	生产、运输设备操作人员（%）	农、林、牧、渔、水利业生产人员（%）	商业、服务业人员（%）	办事人员和有关人员（%）	专业技术人员（%）	国家机关、党群组织、企业、事业单位负责人（%）	军人（%）
2004	感情不和	3.5%	10%	75.3%	3.6%	4.8%	2.3%	0.5%	0
2005	感情不和	3.1%	12.8%	69.3%	4.7%	6.5%	2%	1.4%	0.1%
2006	感情不和	2.7%	16.6%	62.1%	9.2%	7%	2.1%	0.3%	0
2007	感情不和	1.9%	10.6%	74.4%	6.1%	5.1%	1.2%	0.8%	0
2008	感情不和	2.5%	12.5%	69.6%	6.5%	6.1%	1.7%	1.1%	0
2009	感情不和	4.1%	12.1%	67.4%	9%	4.2%	1.8%	1.4%	0
2010	感情不和	3.0%	11%	69%	10%	4.2%	1.4%	1.1%	0
2011	感情不和	2.3%	11%	66.8%	9.8%	7.5%	1.4%	0.9%	0.2%
2012	感情不和	3.2%	17.3%	57.1%	13.4%	6.7%	1.1%	1.1%	0.2%
2013	感情不和	1.9%	21.2%	52.3%	15.3%	7%	1.2%	1.0%	0.2%

安丘市1999年—2013年离婚登记分年龄段统计表

表 3—15

年份	性别	合计（人）	20岁—24岁		25岁—29岁		30岁—34岁		35岁—39岁		40岁—49岁		50岁—59岁		60岁以上	
			人数	%	人数	%	人数	%	人数	%	人数	%	人数	%	人数	%
1999	男	44	4	9.1	19	43.2	9	20.5	4	9.1	6	13.6	2	4.5	0	0
	女	44	5	11.4	17	38.6	11	25.0	4	9.1	7	15.9	0	0	0	0
2000	男	76	5	6.6	32	42.1	15	19.7	9	11.8	9	11.8	2	2.6	4	5.3
	女	76	5	6.6	34	44.7	14	18.4	10	13.2	8	10.5	3	3.9	2	2.6
2001	男	74	12	16.2	27	36.5	14	18.9	5	6.8	11	14.9	3	4.1	2	2.7
	女	74	10	13.5	32	43.2	15	20.3	3	4.1	10	13.5	3	4.1	1	1.4
2002	男	102	11	10.8	40	39.2	25	24.5	12	11.8	8	7.8	5	4.9	1	1.0
	女	102	7	6.9	46	45.1	28	27.5	7	6.9	10	9.8	3	2.9	1	1.0
2003	男	158	15	9.5	40	25.3	45	28.5	31	19.6	19	12.0	5	3.2	3	1.9
	女	158	5	3.2	60	38.0	46	29.1	25	15.8	15	9.5	7	4.4	0	0
2004	男	330	20	6.1	88	26.7	106	32.1	54	16.4	43	13.0	8	2.4	11	3.3
	女	330	27	8.2	103	31.2	101	30.6	56	17.0	26	7.9	12	3.6	5	1.5
2005	男	393	28	7.1	108	27.5	101	25.7	85	21.6	50	12.7	16	4.1	5	1.3
	女	393	31	7.9	120	30.5	104	26.5	76	19.3	43	10.9	17	4.3	2	0.5
2006	男	441	22	5.2	121	27.4	113	25.5	101	23.0	65	14.5	14	3.3	5	1.1
	女	365	30	8.2	97	26.6	89	24.4	88	24.1	51	14.0	10	2.7	0	0
2007	男	681	38	5.6	156	22.9	180	26.4	182	26.7	100	14.7	18	2.6	7	1.0
	女	681	66	9.7	158	23.2	161	23.6	190	27.9	82	12.0	20	2.9	4	0.6
2008	男	669	45	6.7	181	27.1	165	24.7	157	23.5	101	15.1	12	1.8	8	1.2
	女	669	83	12.4	161	24.1	168	25.1	150	22.4	89	13.3	13	1.9	5	0.7
2009	男	948	52	5.5	218	23.0	269	28.4	228	24.1	149	15.7	24	2.5	8	0.9
	女	948	119	12.6	210	22.2	247	26.1	202	21.3	150	15.8	15	1.6	5	0.5
2010	男	1145	68	5.9	302	26.4	275	24.0	240	21.0	216	18.9	31	2.7	13	1.1

续表 3—15

年份	性别	合计（人）	20 岁— 24 岁		25 岁— 29 岁		30 岁— 34 岁		35 岁— 39 岁		40 岁— 49 岁		50 岁— 59 岁		60 岁以上	
			人数	%	人数	%	人数	%	人数	%	人数	%	人数	%	人数	%
2010	女	1145	146	12.8	301	26.3	263	23.0	217	19.0	182	15.9	25	2.2	11	1.0
2011	男	1251	87	7.0	345	27.6	324	25.9	219	17.5	228	18.2	34	2.7	14	1.1
	女	1251	164	13.1	376	30.1	290	23.2	205	16.4	183	14.6	27	2.2	6	0.5
2012	男	1417	67	4.7	422	29.8	347	24.5	268	18.9	239	16.9	51	3.6	23	1.6
	女	1417	155	10.9	429	30.3	342	24.1	214	15.1	222	15.7	47	3.3	8	0.6
2013	男	1803	79	4.4	532	29.5	439	24.3	345	19.1	314	17.4	72	4	22	1.2
	女	1803	147	8.2	593	32.9	395	21.9	314	17.4	285	15.8	54	3	15	0.8

事实婚姻

1986 年 3 月 15 日婚姻登记办法施行前，未办理结婚登记手续即以夫妻名义同居生活，群众也认为是夫妻关系，如同居或者起诉时双方均符合结婚法定条件，可认定为事实婚姻；如同居或者起诉时一方或者双方不符合结婚法定条件，则认定为非法同居关系。1994 年 10 月 1 日，新婚姻登记管理条例施行之日起，未办结婚登记即以夫妻名义同居生活，按非法同居关系对待。据 1990 年对全市 1000 个家庭调查统计，先办登记手续，后举行婚礼的占 90.16%；只办登记手续，不举办任何仪式的占 1.92%;先举行婚礼，后补办结婚手续的占 0.85%。此三项均属于有办理结婚登记手续的，占结婚人数的 92.93%。

第二节　家　庭

家庭结构

1986 年后，随着计划生育基本国策的落实，以及经济的发展和居住条件改善，境内家庭结构有了明显变化。数辈同堂的复合式大家庭愈来愈少，家庭逐步向小型化发展，即儿子结婚分出去单过，一对夫妇加子女构成三至四口之家的二代家庭增多，并占主导地位。伴随着离婚率的增长，单亲家庭的数量亦在增加。妇女生育模式从多子女到独生子女，反映人们生育观念的转变。1988 年，安丘县对城区家庭进行抽样调查发现，独生子女家庭占全部家庭总数的 50%，即每 2 个家庭中就有 1 个是独生子女家庭，而且孩子的年龄越小，生长在独生子女家庭的可能性就越大。在 0 岁～ 6 岁的儿童中 70% 属于独生子女，7 岁～ 13 岁的儿童中 48% 为独生子女，13 岁以上的儿童中独生子女仅占 32%。

家庭关系

2004 年安丘市家庭关系调查表明，发生在夫妻身上的家庭矛盾中，家庭琐事的家务问题占 64.8%；经济问题占 26.8%；子女教育问题占 24.1%；性格不合问题占 18.2%；老人赡养问题占 7.9%；生活习惯差异问题占 7.8%；一方有外遇者占 0.9%；兴趣爱好不同者占 3.3%。

家庭职能

随着托幼事业和学校教育、社会文化的日益发展，社会承担大部分子女教育职能，家庭对子女的教育职能有所变化。思想品质的教育，由社会、学校和家庭三方结合进行。养老职能在社会保障体系还不完善的条件下，家庭仍然承担着重要责任。据 1990 年安丘城区 1000 户家庭调查情况，有 50.2% 的老人靠自己的退休金维持生活，只有 24.8% 的老人完全靠子女赡养，35% 的老人靠配偶和子女共同赡养。农村家庭 95% 的老人以子女赡养为主。随着独生子女家庭的增多，老人寿命的延长，家庭中青少年的比例愈来愈低，而老年人的比例则愈来愈高，家庭养老成为社会关注的重大问题。2011 年，全市推行新型农村养老保险，60 岁以上老人享有每月 55 元基础养老金。2013 年，全市 60 岁以上老人享受基础养老金每月 65 元。家庭养老逐步向社会保障养老过渡。

第五章 计划生育

第一节 机 构

主管部门

1981年1月，安丘县计划生育局成立。1984年4月，撤销安丘县计划生育局，成立安丘县计划生育委员会，为正科级行政单位。2001年12月，撤销安丘市计划生育委员会，成立安丘市计划生育局，为正科级行政机构。2005年4月，安丘市计划生育局更名为安丘市人口和计划生育局，为市政府工作部门。内设办公室（挂研究室牌子）、组织人事科、政策法规科（挂信访室牌子）、发展规划科、宣传科技科、流动人口计划生育管理科6个职能科室。

计划生育协会

1986年11月，成立安丘县计划生育协会，办公室设在县计划生育委员会。1998年9月，安丘市计划生育协会办公室明确为正科级全额拨款事业单位，设在市计划生育委员会。2009年12月，市计划生育协会办公室设在市人口和计划生育局。

计划生育服务站

1983年12月，安丘县计划生育宣传技术指导站设立，为全民事业单位。1994年定编40人。2002年9月，更名为安丘市计划生育服务站，隶属市计划生育局。2009年12月，其编制调整为45人，隶属市人口和计划生育局。

执法监察大队

2002年1月，安丘市计划生育局内设安丘市市直计划生育服务站，为股级全额拨款事业单位。2004年3月，组建安丘市人口与计划生育执法大队，为副科级事业单位。2007年4月，更名为安丘市人口和计划生育执法监察大队，同时撤销安丘市市直计划生育服务站，在市人口和计划生育执法监察大队保留安丘市市直计划生育办公室牌子，其在编人员整体划入安丘市人口和计划生育执法监察大队。

乡镇计划生育服务站

1984年5月，安丘县25处公社计划生育办公室随行政区划改编为32处乡镇计划生育办公室。此后，随着群众对计划生育服务需求增加，各乡镇相继设立计划生育服务站并不断强化职责职能。各服务站均设有宣教室、生育文化展厅、计生协会办公室、人口学校、服务大厅、执法中队等内部机构。此外还有妇查、门诊、手术、化验、B超等服务科室。2000年—2013年，随着全市行政区划的调整，各镇街区计划生育服务站亦不断变更理顺，充实整合，职能更加明确具体。至2013年，全市14个镇街区共设置计划生育服务站14处。

第二节 生育力

1986年，安丘县有已婚育龄妇女198152人。1988年，已婚育龄妇女203354人。1990年，已婚育龄妇女207269人。2000年，已婚育龄妇女220778人。2013年，已婚育龄妇女175694人。

2000年，全市出生的婴儿中，属第一胎的占66.91%，第二胎的占34.32%，三胎以上的占0.9%。生婴妇女按文化程度分：文盲、半文盲一胎率为49.51%，二胎率为51.46%，多胎率为1.62%；初中学历一胎率为70.25%，二胎率为30.01%，多胎率为0.95%；高中学历一胎率为86.41%，二胎率为15.11%；大学学历一胎率为97%，二胎率为4%，无多胎。生婴妇女按职业分农、林、牧、渔劳动者，一胎率为59.31%，二胎率为41.23%，多胎率为1.40%；各类专业技术人员，国家机关和党群组织企事业单位负责人、办事人员和有关人员、商业工作人员、服务性工作人员，一胎率为87.55%，二胎率为14.12%，其中国家机关、群众组织、企事业单位负责人无二胎。

第三节　计生政策

生育政策

1986年，安丘县执行国家提倡的一对夫妇生育一个孩子政策，并实行一孩生育证制度。生育二胎者，必须符合省委、省政府1984年5月制定的《关于二胎生育的暂行规定》，经批准后再生第二胎，任何情况都不准生育第三胎。1986年2月，县委、县政府落实省委、省政府《山东省关于农村独女户实行有间隔地生育二胎的规定》，对农村作出“间隔式”生育政策，即对农村只生育一个女孩的母女年龄之和达到40岁，经批准可以生育第二个子女。1988年7月，《山东省计划生育条例》颁布实施。机关和企事业单位职工、城镇居民及夫妻双方均为农业户口者，符合《山东省计划生育条例》中相关条款，要求生第二个孩子的，经县级计划生育行政部门批准，可在计划生育指标内安排生育第二胎。2002年9月起，安丘市执行新颁布的《山东省人口与计划生育条例》，鼓励公民晚婚晚育，少生优生，提倡一对夫妻生育一个子女，符合规定条件的公民，经批准可以生育第二个子女，如夫妻双方均为独生子女的，经批准可以生育二胎；夫妻双方均为农村居民且以农林牧渔为主要生活来源、只生育一个女孩的经批准可以生二胎。2013年6月，取消“申请生育第二个子女的夫妻，女方为初育的须年满25周岁，女方为再育的须年满30周岁”的限制。

晚婚晚育政策

1988年，安丘县按照国家提倡“晚婚晚育”的要求，视男年满25周岁、女年满23周岁以上初婚为晚婚，晚婚并按计划生第一个孩子的为晚育。对晚婚者增加婚假2周，晚育者增加产假2个月，所增假期视为出勤；对实行晚婚、晚育的农业人口，可免除一年的集体义务工。1996年10月，安丘市贯彻《山东省计划生育条例》，提倡晚婚、晚育，规定男性年满25周岁、女性年满23周岁初婚的为晚婚。女性年满23周岁怀孕并按计划生育第一个子女的为晚育。男女双方晚婚的，除国家规定的婚假外，增加婚假2周；晚育的除国家规定的产假外，增加产假2个月。增加的婚假和产假，视为出勤。对实行晚婚晚育的农业人口，可以免去一年的集体义务劳动工。2002年9月，执行第二次修改后的《山东省人口与计划生育条例》规定，鼓励公民晚婚晚育、少生优生。农民、城镇失业人员实行晚婚晚育的，由镇人民政府、街道办事处或者村（居）民委员会给予适当奖励，并提供优先优惠的计划生育技术服务。

奖励政策

1988年，安丘县制定《关于执行〈山东省计划生育条例〉若干具体问题的暂行规定》，对领取独生子女父母光荣证者，夫妻双方均为国家干部、职工（包括计划内临时工）的独生子女，每月发给5元独生子女保健费，由夫妇双方所在单位各负担50%。夫妇双方均为农业人口的，以乡镇为单位进行统筹，年终由乡镇计生办按实际领证人数一次登门发放，不得少于60元，也可以利用多分口粮田等形式保证兑现。独生子女父母是国家干部、职工的，退休后加发5%的退休金（退休金为100%的不加发）。独生子女从小学到高中的学费（不包括书杂费）由发放保健费的单位负责报销。1996年10月，安丘市对领取独生子女父母光荣证的夫妇，从申请当月起至子女14周岁止，由所在单位发给每月不少于10元的奖励费。国家机关和企业事业单位职工，退休后加发5%的退休金（退休金为100%的不加发）。独生子女优先入托、入学、就医、就工。城镇分配住房、农村划分责任田和宅基地优先照顾独生子女户。2002年9月，对独生子女死亡后未再生育并且未收养子女的夫妻，规定原独生子女父母奖励待遇不变。享受最低生活保障的，给予高出最低生活保障线三分之一的照顾。生育双胞胎或者多胞胎的，不享受独生子女父母奖励待遇。2006年3月，对年满60周岁，符合计划生育家庭奖励扶助条件的夫妻，按照国家和省有关规定给予奖励扶助。对独生子女残疾、死亡后未再生育并且未收养子女的夫妻，以及其他符合特别扶助条件的夫妻，按照国家和省有关规定给予特别扶助。

第四节　宣传教育

安丘市人口和计划生育局设立计划生育宣传教育科，镇街区计划生育服务站设宣传教育室，镇街区、社区和村（居）设立人口学校，作为计划生育宣传教育的主体阵地。

1987年，安丘县开展计生协会会员带头学习宣传计划生育方针政策，带头实行计划生育，带头联系服务群众，带头勤劳致富的“四带头”活动。是年10月，山东省计划生育协会基层经验交流会议总结推广安丘这一经验。2005年，安丘市建立计生宣传三支队伍：依托市京剧团成立人口计生宣讲艺术团，每年下乡宣传演出150多场次；宣传直通车队每年集中宣传150车次；计生放映小分队每年下乡放映新型人口文化内容的电影节目6300多场次。2006年始，每年在国家、省、潍坊市三级主流媒体大力宣传安丘市人口文化建设的经验、做法，做到“报纸有字、广播有声、电视有影、网络有站”，让群众随时随地受到教育和熏陶。2009年，全市870个行政村普遍实施以宣传计划生育为主要内容的“五个一”工程，即打造一条人口计生宣传街、悬挂和张贴一套计生宣传品、设立一个计生广播室、布置一处计生宣传展、建立一座农家书屋。2010年始，市人口计生局与市委农工办联合开展新农村计生惠民工程。计划生育家庭购买计生惠民商品时享受资金补贴，购买惠民商品资金不足时可到农村信用社申请办理低息惠农贷款，享受司法局提供的免费法律援助。面向社会选聘1万名计生惠民工程社会宣传员，形成一支分布在全市社区、村（居）的宣传队伍。2011年9月，全省基层人口和计划生育宣传教育工作会议在安丘召开，安丘市实施“一联合，四融入”计划生育宣传教育工作模式得到省、潍坊市领导高度评价和充分肯定。

第五节　计划生育管理

安丘市人口和计划生育管理大致经历三个阶段。1958年—1970年为节制生育阶段。主要是通过宣传发动和进行思想教育，号召节制生育，动员多子女夫妇采取节育措施，是从盲目的无序生育向有计划的生育过渡阶段。1971年—1987年为按计划生育阶段。人口生育转入严格按计划管理，县、乡、村三级计生管理组织普遍建立，对人口计划的落实采取行政干预手段，实行人口计划包干，层层落实。1988年以后为按政策法律法规生育阶段。

1988年7月20日，《山东省计划生育条例》正式颁布实施，县政府制定具体的实施办法并出台《关于违反〈山东省计划生育条例〉的处罚规定》，严格生育证的发放程序。在生育证发放中，做到生育政策、生育指标、生育对象、生育证“四一致”。生育证管理步入规范化管理轨道。1996年，启用全省统一印制的生育证，规范了一、二孩生育审批及办证程序。1999年，将实行多年的生育证改成《已婚育龄妇女生殖保健服务手册》，把生育计划管理渗透到宣传教育、避孕节育、母婴保健于一体的综合服务工作中。2002年9月，落实《中华人民共和国人口与计划生育法》和《山东省人口与计划生育条例》，取消一孩生育证，改一孩生育审批制度为一孩生育注册制，依法登记结婚的夫妇可以自行选择生育第一个子女的时间。2013年6月，根据新修订《山东省人口与计划生育条例》的规定，取消生育二孩间隔，群众可自行选择生育第二个子女的时间。至此，按政策和法律法规规范生育已成为人们的自觉行为。

第六节　人口目标责任制管理

1987年，安丘县在不断完善基层计划生育责任制基础上，开始实行人口目标责任管理。1988年，潍坊市委、市政府与安丘县首次签订《人口和计划生育目标管理责任书》，坚持党政一把手亲自抓，负总责。从1989年起，县委、县政府每年与各乡镇以及机关企事业单位层层签订人口目标责任书。

考核内容

2007年开始，安丘市在科学发展综合考核中，把人口出生率、出生人口性别比作为经济社会发展的约束性指标之一，纳入年度考核。2013年，人口目标责任制的考核内容涵盖出生率、计划生育率、女性初婚晚婚率、晚育率、统计合格率、出生人口性别比等六大指标。

考核方法

1993年以前，安丘县《人口目标责任书》的考核形式单一，方法简单，多采取县计划生育领导小组组织半年、年终工作检查来评定分数，作为奖惩依据。自1993年始，特别是1996年后，安丘市《人口目标责任书》考核内容增多，考核方法更加科学、合理。经过不断探索、完善，2013年全市形成“平时调查、专项考核、日常监控、年终考核”相结合的考核办法。

奖惩兑现

自1989年实行人口目标管理责任制后，安丘市人口与计划生育领导小组每年都组织对基层单位

《人口目标责任书》落实情况进行考核检查，并在第二年召开《人口目标责任书》奖惩兑现大会，对执行《人口目标责任书》成绩突出的单位和个人给予精神和物质奖励，对未完成指标的单位给予一定处罚。山东省和潍坊市每年对执行《人口目标责任书》情况进行考核。安丘市自1989年实行人口目标责任制以后，连续17年获得潍坊市《人口目标责任书》考核一等奖。

第七节　技术服务

服务网点

1983年12月，安丘县计划生育服务站成立，是山东省第一个县级服务站，被人们誉为“山东第一站”。1985年12月，雹泉镇计划生育服务站建立，并召开全省计划生育服务站建设现场会。在此基础上，全县32处乡镇相继成立计划生育服务站。

2000年，安丘市计划生育服务站由国家计生委专款配置计划生育流动服务车一辆。车内配备手术床、电动吸引器、B超机、发电机、消毒锅、手术包、相关医学检验设备等，能完成简单手术的术前检查，开展相关手术。2001年，全市23处乡镇配备计生流动服务面包车，同时配备便携式B超机各一台，以更好地完成查体、随访等工作，形成以“市站为龙头、乡镇站为基础、流动服务车为纽带”服务模式。至2013年底，全市共有计生服务站15处，累计投资1.4亿元，建筑面积达43436平方米，设施设备531台（套）。

队伍建设

1983年前，安丘县计划生育避孕节育手术由卫生医疗部门承担，县、乡两级医院均设立节育门诊部。1983年后，县、乡两级计划生育技术服务站相继成立，建立专业化计划生育技术服务队伍。每年通过举办培训班、进行技术比武、召开例会等形式对基层技术服务人员进行培训，所有专业技术人员均取得国家有关部门颁发的岗位资格证书，做到持证上岗。2013年，全市计生服务机构拥有各类技术服务人员217人。按文化程度分，大学本科学历23人，大学专科学历76人，中专学历49人，其他69人；按职称分，高级职称5人，中级职称36人，初级职称176人。

服务项目

1988年始，计划生育服务站集宣传教育、技术服务、药具管理、人员培训为一体，以“面向基层，深入乡村，服务上门，方便群众”为宗旨，组织实施避孕节育优质服务、生殖道感染干预、出生缺陷干预“三大”工程，围绕生育、节育、不育，为育龄群众提供婚前孕前产前服务、妇女五期保健、妇科病查治、生殖系统疾病防治、不孕不育及男女性功能障碍的诊治、病残儿医学鉴定、节育手术并发症初筛诊治、妇女外科手术以及相关的临床医疗服务。1998年始，服务项目逐步倾向于缺陷干预、优生优育方面。2008年始，开展免费唐氏综合征筛查。2013年始，实行免费孕前健康检查。

优生优育

安丘县早期的优生优育，是计划生育宣传教育的重要内容之一。县卫生部门亦开展优生优育工作，但未能形成规模。

1992年，各计划生育服务站开展优生四项检测，即风疹病毒检测、巨细胞病毒检测、单纯疱疹病毒检测、弓形虫检测。1993年，增查乙肝五项，同时进行B超优生筛查、病残儿家庭监护、病残儿筛查。1994年，开展“优生、优育、优教”三优服务。将“三优”工程系统分成几个环节，按照每个环节的特点和要求，把工作任务分解落实到有关部门，把社会服务和家庭服务、科学指导和群众工作紧密结合，同步进行。1995年，全面推行妇幼保健、优生指导和监护等制度，形成选择配偶、婚前检查、遗传咨询、孕期保健、产前诊断、婴幼儿保健、早期智力开发等环节的程序管理，开展不孕症治疗工作。1998年开始，对年内有婚育现象的已婚育龄妇女，动员口服叶酸（斯利安）片，预防和减少新生儿神经管畸形的发生。2000年，对有婚育行为的育龄妇女全面推行PCR检测和增补福施福孕妇全营养素。全市已婚育龄妇女80%以上使用《生殖保健服务手册》，实施生殖保健全程管理服务。在进行病残儿鉴定的基础上，将全市已批二胎计划的病残儿家庭纳入市计生服务站统一管理、统一监护范围，定期普查，确保出生人口素质的提高。2008年，实施家庭阳光幸福工程，全面开展免费叶酸发放、免费婚前查体、免费唐氏综合征筛查。2013年，安丘市作为第二批试点，实施“国家免费孕前优生健康检查项目”。

第八节　计生成果

安丘市人口和计划生育工作的开展，逐步改变了人们旧的传统婚育观念,“晚婚、晚育、少生、优生”已变成人们的自觉行动。2013 年，全市节育率达 91.33%，合法生育率达 97.4%；独生子女领证户数 72881 户，占全市总户数的 28.62%，243 对符合生育二胎条件的夫妇自愿放弃生育二孩指标。是年，出生 10650 人，出生率 11.2‰，死亡率 6.72‰；自然增长率 4.48‰，计划生育率 97.4%；女性初婚 6526 人，晚婚率 78.4%。2013 年与 1986 年相比，全市人口出生率、死亡率、自然增长率分别下降 3.88‰、0.26‰和 3.85‰，计划生育率提高 45.6%。

1988 年，安丘县被省委、省政府评为计划生育先进单位；1989 年，被全国计生协会评为计协工作先进集体；1990 年，被国家计生委授予全国计划生育服务站站室建设先进集体；1993 年，被省委、省政府评为山东省计划生育工作“三为主”先进集体；1996 年，安丘市被省委、省政府授予计划生育工作“三为主”先进单位，被国家计生委授予计划生育科技工作先进集体称号；1997 年，被山东省计生委确定为优质服务试点市，成为省免检单位；1998 年，被省委、省政府授予全省计划生育工作先进集体；2001 年，被省委、省政府授予全省计划生育优质服务先进市称号；2005 年，被省委、省政府授予计划生育优质服务先进市称号，被中宣部、国家人口计生委等十部委授予全国婚育新风进万家活动先进市称号；2006 年，创建为全国计划生育科技工作先进集体；2012 年，被国家人口计生委授予全国计划生育优质服务先进市称号。

安丘市 1986 年—2013 年计划生育情况表

表 3—16

年度	出生率（‰）	计划生育率（%）	已婚育龄妇女人数	女性初婚人数	晚婚率（%）	晚育率（%）
1986	14.88	56.2	198152	7621	71.3	86.1
1987	16.81	52.2	200766	8030	67.1	70.5
1988	15.66	43.7	203354	8134	69.8	72.4
1989	15.02	50.1	201540	7943	84.7	91.0
1990	15.36	57.2	207269	7971	81.3	89.6
1991	15.15	84.2	206984	7960	83.1	90.2
1992	11.90	82.8	207415	7977	81.6	89.1
1993	10.28	87.0	207662	7087	91.6	94.2
1994	9.32	91.3	196182	7545	99.9	99.9
1995	10.81	91.5	206549	7944	99.5	99.7
1996	12.15	92.1	216853	8060	98.2	99.0
1997	12.57	97.9	217186	7065	97.9	98.2
1998	13.14	96.4	218393	7134	—	—
1999	9.88	97.1	219293	8157	98.0	98.3
2000	11.34	98.1	220778	7051	98.6	99.1
2001	9.04	98.6	226313	5148	98.4	99.0
2002	8.75	98.9	224742	6867	98.7	98.9
2003	9.07	98.6	212998	7042	87.5	99.3
2004	9.60	99.6	210260	6697	73.0	94.6
2005	9.11	99.5	207515	5784	72.4	85.9
2006	9.84	97.7	205586	6843	68.6	80.6
2007	11.03	98.4	170620	7066	58.6	76.1

续表 3-16

年度	出生率（‰）	计划生育率（%）	已婚育龄妇女人数	女性初婚人数	晚婚率（%）	晚育率（%）
2008	9.78	91.1	177052	5084	64.1	70.9
2009	13.74	94.8	179856	6273	59.3	68.7
2010	12.59	97.8	179453	6533	60.3	69.7
2011	7.97	98.3	182358	7551	69.9	72.3
2012	10.88	98.2	179795	7080	73.2	76.7
2013	11.20	97.4	175694	6526	78.4	79.8

第四编

改革开放

第一章　机构改革

第一节　1993年机构改革

县直机构改革

1993年12月，中共安丘县委、县人民政府印发《安丘县县级党政机构改革实施方案》《安丘县乡镇管理体制改革方案》，召开全县机构改革动员大会，部署县级党政机关、事业单位和乡镇管理体制的全方位改革。此次机构改革，全县共设置县级党政群机构46个。其中，党委工作部门5个，政府工作部门28个，按《党章》《宪法》和有关规定设置的机构10个，其他行政机构3个（老干局、信访办、外向型工业加工区管理委员会）。机构总数比改革前的68个减少22个。减少的机构中，成建制转为企业的2个，转为事业的4个，并入其他机构的16个。县级党政群机关分配编制803人（留机动编制43人），实际定岗744人，比改革前的1109人减少365人，减少32.9%。改革后，县直机关配备领导职数155职，比改革前的335职减少180职，减少53.2%。乡镇机构设置为六办，即：党政、农业、经贸、建设环保土地、社会事务、科教文卫6个综合性办公室。全县32处乡镇分配行政编制1084人（留机动编制16人），实际安排979人，比改革前1089人减少110人，精简10.1%。乡镇领导干部实际配备389职，比改革前553职减少164职，减少29.6%。乡镇事业单位改革后控制编制1231人（不含教育、卫生）。乡镇事业单位清退自行雇用的临时人员1337人，占雇用总数的94.6%。改革后，县直设事业单位102个（不含教育、卫生事业机构），比改革前的145个减少43个，减少29.6%。县直事业单位人员改革后，控制编制2694人（不含教育、卫生事业单位人员2997人）。全额拨款单位由改革前的75个减少到22个（不含教育、卫生），减少全额拨款人员761人。

县委工作部门5个　县委办公室：撤销县委研究室、机要局、保密局、档案局、信息科，工作归县委办公室；县委组织部：撤销县委组织员办公室，工作归县委组织部；县委宣传部：撤销县委文明办、县广播电视管理站（局），其行政职能归县委宣传部，新闻科、企政科改为宣传部内部股级科室；县委统战部：撤销县委对台办、县政府民族宗教事务科，工作归县委统战部，县工商联并入县委统战部，对外挂县工商联牌子；县委政法委员会：撤销县社会治安综合治理办公室，工作归县委政法委员会。

县政府工作部门28个　县政府办公室：撤销外事办、侨办、体改委、政策研究室、无委办、法制局、机要科，工作归县政府办公室；经济委员会：撤销企管办；对外经济贸易委员会：撤销外商投资公司，工作归外经委；商业委员会：撤销财委、商业局、粮食局、第三产业办公室、商业网点办公室，以原财委为基础，组建商业委员会；农业委员会：撤销林业局、畜牧局、果业局、农机服务公司（局）、山区开发办公室、多办、能源办、区划办，其行政管理工作归农业委员会；计划委员会：撤销回收办、经济信息中心，其行政管理工作和人员归计划委员会；城乡建设委员会：撤销城建局、拆迁办，工作归城乡建设委员会；科学技术委员会：撤销技术市场办公室，工作归科委，地震局改为科委下属的副科级事业单位，称地震办公室；教育委员会：撤销成教办、督导室、托幼办、大中专毕业生就业指导中心，工作归教育委员会；文化体育委员会：文化局、体育运动委员会合并为文化体育委员会，撤销文化市场管理办公室，工作归文化体育委员会；计划生育委员会：计划生育协会的工作由计生委承担；公安局：包括国家安全工作，编制单列；司法局编制单列；民政局：撤销基层政权建设办公室，工作归民政局，地名办在民政局职能相近的科室挂牌子；人事局：机构编制委员会办公室与其合署；劳动局：撤销老龄委办公室，工作并入劳动局；财政局：撤销国有资产管理局、税收财务物价大检查办公室、控办、国库券推销办、农发基金管理处、农业税征收处、驻厂员管理处，工作和人员归财政局；税务局：撤销生活服务站，工作由相应行政科室承担，稽查队与桥头检查站合并，称稽查站；交通局：撤销交通检查站，工作归交通局；水利局；卫生局：撤销爱卫办、地病办、公费医疗办，工作归卫生局；审计局；统计局；工商行政管理局：撤销物价局、价格信息中心、个体劳协办公室、消费者协会办公室，工作归工商局；规划国土矿产局：土地管理局、矿产资源管理局合并，组建规划国土矿产局，撤销执法大队、勘察规划站，工作归规划国土矿产局，矿山公司划归规划国土矿产局所属；环境保护局；乡镇企业管理局；技术监督局。

按《党章》《宪法》等规定设置的机构10个 县纪律检查委员会：县监察局与其合署，占县委机关编制，县直党政部门不设专职纪检组长；县直机关党委：撤销机关纪委、机关工会，其职能分别划归县纪委、县总工会，机关武装部划归县人武部；县人民法院：列政法编制，机构编制暂维持现状，内设机构规格与其他党政部门的内设机构同等对待；县人民检察院：列政法编制，机构编制暂维持现状，内设机构规格与其他党政部门的内设机构同等对待；县人民武装部：编制单列，内设机构为正科级，增设机关武装工作科，同时挂机关武装部牌子，承担原县直机关武装部的职能；县人大；县政协；县总工会：县直党政部门不设专职工会主席；团县委；县妇联：县直党政部门不设专职女工主任。

其他机构 县委老干局：为正科级行政机构，不列县委工作部门序列，划归组织部管理，占用党委编制；县外向型工业加工区管委会：为县政府派出的正科级行政机构，不列政府序列，占用政府编制；县信访办公室：为正科级行政机构，不列县委工作部门序列，划归县委办公室管理，占党委编制。

安丘县本着政事、政企分开原则，对未能归入党政群机构的行政部门和行政延伸性事业单位、专业性公司也随同此次县级党政机构改革予以撤销、合并或转移：撤销县档案局，保留档案馆，为正科级全民事业单位，隶属县委办公室；撤销党史委、史志办，工作由县档案馆承担；撤销县广播电视管理站（局），其行政管理职能归县委宣传部，成立广播电视中心，为正科级全民事业单位，隶属县委宣传部；县农机服务公司（局）撤销后，组建农业机械服务中心，为服务实体，正科级事业单位，隶属农业委员会；县农业局并入农委后，原所属单位直属农业委员会；县林业局、果业局撤销后，合并组建林果技术服务中心，为服务实体，正科级事业单位，隶属县农业委员会；县畜牧局撤销后，原机关与所属单位合并组建畜牧兽医技术服务中心，为服务实体，正科级事业单位，隶属农业委员会；保留县农村经济服务中心，为服务实体，副科级事业单位，隶属农业委员会；县商业局撤销后，组建县商业总公司，为企业经济实体，隶属商业委员会；县粮食局撤销后，保留粮食总公司，为企业经济实体，隶属商业委员会；县物资总公司不再保留物资局名义，隶属商业委员会；县电业公司不再保留电力局的名义，隶属经济委员会；县外贸公司不再保留外贸局的名义，改为外贸总公司，为企业经济实体，隶属对外经济贸易委员会；撤销县政府经济技术协作办公室，管理职能归县计划委员会，成立县经济开发服务公司，为企业经济实体，隶属计划委员会；撤销县工业公司、轻工公司、化工公司，以原工业公司、轻工公司为基础，组建县工业服务总公司、轻工业服务公司，为企业经济实体，隶属经济委员会；县政府驻外办事机构，已经分别挂靠有关企业，不再作为事业单位单设，其人员的工资、行政、组织关系一并转入挂靠单位管理；县委老干部局所属的机关干休所、老干部活动中心合并为一个机构，对外挂两块牌子，归老干部局领导，仍为副科级事业单位；县物价局撤销后，原所属物价检查所一并划归工商行政管理局所属；县文化局、体委合并后，原所属单位一并划归文化体育委员会所属；县土管局、矿管局合并后，原所属单位一并划归规划国土矿产局所属；县职工中专学校划归县教育委员会所属；县残联维持现状，由民政局代管；撤销县旅游局，成立县旅游服务公司，为正科级事业单位，实行企业化管理，隶属县政府办公室。

乡镇管理体制改革

按照山东省规定的乡镇分类标准，安丘县32处乡镇中，一类乡镇17处，二类乡镇15处。根据工作需要和精简的原则，乡镇统一设置党政、农业、经贸、建设环保土地、科教文卫和社会事务6个综合办公室。6个综合办公室各设主任1人，副主任1至2人，主任由分管的党委、政府组成人员兼任，副主任及其他工作人员由编制内人员调剂。

领导职数及岗位设置 根据《山东省乡镇管理体制改革实施方案》中对乡镇领导职数设置规定，结合安丘实际，规定：一类乡镇党委由9人组成。其中，书记1人，副书记2人（含党政交叉任职的），纪委书记1人，组织、宣传委员各1人，其他委员3人。政府设乡镇长1人，副乡镇长4人。二类乡镇党委由7人组成。其中，书记1人，副书记2人（含党政交叉任职的），纪委书记1人，组织、宣传委员各1人，其他委员1人。政府设乡镇长1人，副乡镇长3人。乡镇统一设纪律检查委员会，配专职书记1人。乡镇人武部设部长1人（可配备副乡镇级干部），一类乡镇增配干事1人。乡镇团委设专职书记1人，乡镇妇联设专职主任1人（一般配备科员级干部）。乡镇人民代表大会不设专门办事机构，不设政协组织。乡镇人大、政协的日常工作，由乡镇党政办公室专门人员承担。除以上规定的党政领导和副乡镇级干部职数外，不再设置其他正、副乡镇级或享受正、副乡镇级干部待遇的党政工作机构和岗位。

合理设置事业机构 按照政事分开原则，对乡镇自行设置的土管所、司法所、建房办、统计站、矿管站、多办等机构一律撤销，其工作归入6个综合办公室，雇用人员一律清退，借用人员一律退回原单位。对业务职能相近的林业站、果树站合并，成立林果站；文化站与广播站合并，成立文化广播站。农技站与种子站合并仍为农技站；计生办并入计生站，仍为计生站。对直接为农业服务的农技站、林果站、兽医站、水利站、农机站、经管站等技术推广服务机构转为服务实体，事业性质不变。同时进一步简政放权，理顺主管与协管的关系，对工商、税务、法庭、派出所、交通运输管理所等监督执法机构，实行双重领导，以县主管部门领导为主的体制，其干部的任免、调动、奖惩等要征得乡镇党委、政府的同意。实行双重领导和垂直单位的党组织关系，均由乡镇党委管理。

第二节 1997年机构改革

1997年，根据《安丘市机构编制委员会办公室关于进一步深化完善市乡机构改革的通知》精神，对全市部分机构的设置、规格、人员编制进行调整。

政府机构调整

安丘市农业委员会更名为安丘市人民政府农业办公室，为正科级行政单位，是市政府领导全市农业和农村工作的综合部门，列政府序列；设置市农业局，正科级行政单位，作为市政府主管农业的职能部门，列政府序列；设置市林业局，正科级行政单位，作为市政府主管林果业的职能部门，列政府序列；保留市畜牧服务中心，受市政府委托行使全市畜牧管理职能，正科级事业单位，在工作上受市政府农业办公室的管理指导，隶属市农业办公室，实行财政全额拨款，下设股级兽医站；保留市农机服务中心，是受政府委托行使全市农机工作管理职能的正科级事业单位，在工作上受市政府农业办公室的管理指导，隶属市农业办公室，农机化学校、农机监理站归农机服务中心管理；市农经中心更名为安丘市农村经济管理局，受市政府委托行使对全市农村经济管理职能，正科级事业单位，在工作上受市政府农业办公室的管理指导，隶属市政府农业办公室；设立市粮食局，正科级行政单位，为市政府主管全市粮食工作的职能部门，列政府序列；设立市物价局，正科级行政单位，主管全市物价工作，由市计划委员会管理，不列政府序列；工商局，物价机构分设后，工商局仍为正科级行政单位，是市政府主管市场监督管理和行政执法的职能部门，列政府序列；设立市地质矿产局，正科级行政单位，为市政府主管全市地质矿产工作的职能部门，列政府序列；市规划国土矿产局更名为市规划国土局，仍为正科级行政单位，列政府序列；设立市人民政府法制局，为正科级行政机构，由市政府办公室管理，不列政府序列，同时撤销市政府办公室法制科；市经济委员会更名为市经济贸易委员会，是市政府管理国民经济和协调当前经济运行的综合部门；市城乡建设委员会更名为市建设委员会，为市政府管理城乡建设的职能部门，列政府序列；市商业委员会更名为市贸易局（挂市政府财贸办公室牌子），是市政府主管全市商品流通的职能部门，列政府序列，市三产网点建设归贸易局管理；在市广播电台、电视台挂市广播电视局牌子，实行局台合一体制，同时撤销市广播电视中心。

人大常委会机构设置及人员编制

参照潍坊市做法，市人大常委会主任、副主任不占人大常委会机关行政编制；根据潍发〔1996〕

56号文件规定，市人大常委会设办公室、人事代表工作室和调查研究室3个正科级办事机构；人大常委会原有各工作委员会维持现状，主任由市人大常委会副主任兼任，其他组成人员由不驻会的常委会委员和代表担任，不占机关编制。

政协机构设置及人员编制

参照潍坊市做法，市政协主席和驻会的副主席不占政协机关行政编制；市政协设办公室、专门委员会综合办公室2个正科级办事机构，设提案委、学宣文史委、经济科技委、祖国统一三胞联谊委、文教卫生社会法制委5个专门委员会。专委会主任由驻会副主席兼任，副主任配备正科级干部。

其他机构设置和规格

根据潍坊市编委（潍编字〔1996〕48号）文件规定，设立安丘市科学技术协会，为正科级社团组织，归党群口；将市委、市政府信访办公室更名为市委、市政府信访局，仍为正科级行政机构，由市委办公室、市政府办公室管理，以市委办公室管理为主。

在市委宣传部新闻科挂市新闻出版管理办公室牌子；在市委统战部挂市人民政府民族宗教事务办公室牌子；参照潍坊市做法，市档案局由局馆合一改为以馆为主，挂市档案局牌子，授权行使有关行政管理职能，为市委办公室领导的正科级事业单位。

设立市党史研究室，隶属市委办公室管理，为副科级事业单位；设立市史志办公室，为正科级事业单位;根据省政府鲁政发〔1996〕106号文件精神，设立市交通稽查大队，为副科级事业单位，经费自收自支，执行全额工资标准；设立市企业职工医疗保险事业处，与市劳动保险事业处一套班子，两块牌子；市妇幼保健院由副科级升格为正科级事业单位；成立市城市综合管理办公室，为正科级行政单位，办公室主任由市政府副秘书长兼任，隶属市政府领导；设立市房屋拆迁办公室，为副科级行政单位，设在市建委，办公室主任由建委分管副主任兼任；市公路工程公司升格为副科级单位；将运输管理所升格为副科级单位；成立市公安局110指挥中心，为副科级规格。

第三节 2002年机构改革

市委机构设置

中共安丘市委设工作机构7个：市纪律检查委员会机关（监察局与其合署）、市委办公室（包括政策研究工作，内设机要局、保密委员会办公室，保密办挂市政府保密局牌子）、市委组织部（内设组织员办公室）、市委宣传部（包括新闻出版管理工作，内设精神文明建设委员会办公室）、市委统一战线工作部（内设民族宗教事务办公室，挂市政府民族宗教事务局牌子）、市委政法委员会（社会治安综合治理委员会办公室与其合署）、市委市直机关工作委员会。

市委、市政府信访局，由市委办公室、市政府办公室管理，以市委办公室管理为主；市委老干部局由市委组织部管理；另保留设置台湾工作办公室（挂市政府台湾事务办公室牌子）。

设立市委农村工作领导小组，为市委、市政府的议事协调机构，下设办公室，为其常设办事机构，设在市委办公室。

市档案馆为市委办公室领导的事业单位，挂档案局牌子，授权行使有关行政管理职能。

市政府机构设置

安丘市人民政府设置工作机构25个：办公室（包括政策调研、经济体制改革、政府法制和外事、侨务工作）、发展计划局（挂物价局牌子）、经济贸易局、教育局、科学技术局、公安局、民政局、司法局、财政局、人事局（机构编制委员会办公室与其合署）、劳动和社会保障局、国土资源局、建设局、交通局、水利局、农业局、对外贸易经济合作局、文化局、卫生局、计划生育局、审计局、环境保护局、统计局、林业局、粮食局、监察局（与纪律检查委员会机关合署，列入政府工作部门序列，不计政府机构个数）。

党政部门的领导职数，一般配备2～3名，工作任务重、业务面宽的部门增配副职1名。政府部门党组（党委）书记、副书记分别由担任行政职务的党员干部兼任，非党干部担任正职的配备专职党组（党委）书记。

镇街道机构设置

镇街道党政机关统一设置3个综合性办公室：

即党政办公室、经济发展办公室、社会事务办公室（挂计划生育办公室、社会治安综合治理办公室牌子）。各办公室负责人由镇街道党政领导兼任，办公室内设必要的助理员。原各镇街道设置的政协联委会、信访办公室、民政办公室、统计站、农业办公室、经贸办公室、建设环保土地办公室、科教文卫办公室同时撤销。

镇街道统一设置事业机构8个（其中财政拨款事业机构6个）：农业综合服务中心（原农技站、果树站、兴安街办蔬菜研究所并入农业综合服务中心），为全额拨款事业单位；财政所，为全额拨款事业单位；经管站，为全额拨款事业单位；计划生育服务站，由差额拨款改为全额拨款事业单位；文化广播站，原文化站、广播站合并为文化广播站，由全额拨款改为差额拨款事业单位；水利站，由全额拨款改为差额拨款事业单位；农机站，由全额拨款改为自收自支事业单位；规划国土资源站，为自收自支事业单位。

第四节　2004年机构改革

2004年机构改革，主要涉及市人大机关和市政协机关。改革后，市人大机关设办公室、人事代表工作室和调查研究室3个正科级机构：办公室内设老干部科，副科级规格。设财政经济、城乡建设环境保护、法制（信访科与其合署）3个专门委员会，均为正科级建制。政协机关，设办公室、委员活动工作室2个正科级工作机构：办公室内设老干部科，副科级规格。设提案文卫法制、经科学宣文史和台港澳侨外事3个专门委员会，均为正科级建制。

第五节　2005年机构改革

2005年机构改革，对市政府部分部门的名称、性质、职能予以界定和调整。市发展计划局改组为市发展和改革局，为市政府工作部门，承担综合研究拟订经济和社会发展政策，进行总量平衡等职能，原由市政府办公室承担的经济体制改革职能划入市发展和改革局；市粮食局，由市政府工作部门调整为市政府直属正科级财政拨款事业单位，参照国家公务员制度管理；市安全生产监督管理局，调整为市政府工作部门，同时为市安全生产委员会的常设办事机构，将市安全生产监督大队调整为副科级全额拨款事业单位，隶属市安全生产监督管理局；市计划生育局更名为市人口和计划生育局；市规划与国土资源局承担的规划职能划出，同时更名为市国土资源局，仍为市政府工作部门；成立市规划局，为市政府直属正科级全额拨款事业单位，承担全市的规划职能，原由市规划国土资源局承担的城市规划管理职能和市建设局承担的建制镇和村庄的规划管理职能一并划转到市规划局，市城市规划管理处整建制划转到市规划局；国有资产的监督管理职能仍由市财政局承担。机构改革后，市政府设置市政府办公室和工作部门25个。

第六节　2010年市级机关机构改革

政府机构改革

组建市经济和信息化局，将市经济贸易局的工业行业管理职责和经济运行调节职责、市发展和改革局的信息产业管理职责、市中小企业局的职责，整合划入市经济和信息化局。同时组建市民营经济服务中心，为市经济和信息化局所属正科级财政拨款事业单位。不再保留市经济贸易局、市信息产业局、市中小企业局（市民营经济发展局），原市经济贸易局所属市人民政府节约能源管理办公室、市工业干休所整建制划归新组建的市经济和信息化局，机构名称、规格、性质不变。原市中小企业局所属市乡镇企业技术指导站、市乡镇企业技术学校、市乡镇企业集体资产评估管理中心整合归并到市民营经济服务中心，不再保留市乡镇企业技术指导站、市乡镇企业技术学校、市乡镇企业集体资产评估管理中心；组建市人力资源和社会保障局，挂市外国专家局牌子。将市人事局的职责、市劳动和社会保障局的职责，整合划入市人力资源和社会保障局。市外国专家局局长由市人力资源和社会保障局局长兼任，另设1名副局长专职负责外国专家局工作。不再保留市人事局、市劳动和社会保障局。市外国专家局不再与市人才服务中心合署。设立市公务员和事业单位人员管理办公室，为市人力资源和社会保障局内设机构，具体负责全市公务员、事业单位人员的录用、流动、考核、奖惩任免等管理工作，主任按正科级配备。整合市人才服务中心、市劳动就业办公室职责，组建市人力资源管理服务中心，为市人力资源和社会保障局所属正科级财政拨款事业单位。不再保留市人才服务中心、市劳动就业办公室。整合市人事争议仲裁办公室、市劳动争议仲裁院的职责，组建市劳动人事争议仲裁院，为市人力资源和社会保障局所属副科级财政拨款事业单位。不再保留市人事争议仲裁办公室、市劳动争议仲裁院。原与市人事局合署办公的市机构编制委员会办公室单独设置，列党委机构序列。市事业单位登记管理局为市机构编制委员会办公室所属事业单位，规格、性质不变。原市劳动和社会保障局所属市社会保险事业管理中心、市劳动保障监察大队一并划归新组建的市人力资源和社会保障局，机构名称、规格、性质不变。市技工学校随原市劳动和社会保障局划归市人力资源和社会保障局，其机构名称、规格、性质不变，运行方式不变；组建市商务局，将市对外贸易经济合作局的职责、市贸易局的职责、市经济贸易局的机电产品进出口管理职责，整合划入市商务局。不再保留市对外贸易经济合作局、市贸易局（市政府财贸办公室）。原市对外贸易经济合作局所属安丘商会、市贸易局所属市第三产业管理委员会办公室、市市场管理服务中心一并划归新组建的市商务局，机构名称、规格、性质不变；组建市住房和城乡建设局。将市建设局的职责、市房产管理局的有关行政管理职责，整合划入市住房和城乡建设局。不再保留市建设局。原市建设局所属市城市供排水管理处、市市政管理处、市园林管理局、市环境卫生管理局、市建筑工程质量监督站、市建筑工程管理处、市房屋拆迁管理办公室、市建设工程造价管理办公室、市建设工程交易中心、市墙材革新与建筑节能办公室、市建筑企业养老保障金管理站、市路灯管理所、市城建档案馆、市规划建筑设计院、市城市房地产综合开发公司划归新组建的市住房和城乡建设局，机构规格、性质不变。同时，将市园林管理局更名为市城市园林绿化处，将市环境卫生管理局更名为市环境卫生管理处。市房产管理局更名为市房产管理中心，归口市住房和城乡建设局，直属市政府领导，机构规格、性质不变，撤销原市房产管理局所属市房地产评估交易所，在编事业人员整体划转到市房产管理中心。市城市管理行政执法局直属市政府领导，行政性质不变。市城市管理执法监察大队隶属关系、规格、性质不变；市交通局更名为市交通运输局，原市交通局所属企事业单位隶属更名后的市交通运输局，其名称、规格、性质不变；组建市文化广电新闻出版局。将市文化新闻出版局、市广播电视局的行政管理职责，整合划入市文化广电新闻出版局。市广播电视局改建为市广播影视中心，挂市广播电视台牌子，归口市文化广电新闻出版局，直属市政府领导。市广播影视中心为正科级经费自理事业单位，实行收支两条线。镇街道广播电视站划归市广播影视中心。电影发行、放映管理等职责由市广播影视中心承担。同时，在市广播影视中心下设市有线电视网络管理中心，为副科级事业单位，负责有线电视网络的经营。不再保留市文化新闻出版局（市版权局）、市广播电视局。原市文化新闻出版局所属市文化馆、市图书馆、市博物馆、市京剧团划归新组建的市文化广电新闻出版局，机构规格、性质不变；市政府办公室，将市政府法制局更名为市政府法制办公室，市金融证券业发展协调办公室更名为市金融工作办公室，市政府政策研究室更名为市政府研究室，市外事侨务局更名为市外事侨务办公室。市政府办公室内设市政府法制办公室（市政府行政复议办公室）、市政府督查室、市政府研究室、市金融工作办公室，以上各室主任按正科级配备；内设市政府应急办公室，主任按副科级配备。市外事侨务办公室为市政府办公室下属正科级财政拨款事业单位。市金融工作办公室直属市政府领导。市民族宗教事务办公室不再挂市政府民族宗教事务局的牌子，仍与市委统战部合署。市史志办公室、市人民政府招待所隶属关系、规格、性质不变。市机关幼儿园整建制划归市教育局，规格、性质不变；市发展和改革局，信息产业管理职责划归市经济和信息化局。市重大项目办公室、市服务业办公室、市企业股份制改革办公室隶属关系、规格、性质不变。市物价局直属市政府领导，行政性质不变，运行方式不变。市价格认证中心、市市场价格调节基金征管办公室隶属关系、规格、性质不变。核销市物价检查所事业编制，其职责由市物价局承担；市财政局，市国有资产管理局更名为市国有资产管理办公室、市财税督查局更名为市财税督查办公室、市非税收入管理局更名为市非税收入管理办公室、市农业税征收管理局更名为市基层财政管理处，其隶属关系、规格、性质不变。其他所属事业单位不变。市农业综合开发办公室归口市财政局，直属市政府领导，机构规格、性质不变；市水利局，市水利移民管理局更名为市水利移民管理办公室，市渔业局更名为市渔业办公室，市于家河水库管理局、市尚庄水库管理局、市下株梧水库管理局、市共青团水库管理局分别更名为市于家河水库管理所、市尚庄水库管理所、市下株梧水库管理所、市共青团水库管理所，以上单位隶属关系、规格、性质不变。市水利局水利站、市抗旱服务队、市城南埠水电站、市水利建筑安装队、市水利勘测设计室隶属关系、规格、性质不变。市水资源河道管理局归口市水利局，直属市政府领导；市教育局，市机关幼儿园由市政府办公室整建制划归市教育局；市卫生局，将餐饮服务许可和餐饮服务环节食品安全监管和保健品、化妆品卫生监督管理的职责划给市食品药品监督管理局。根据政府机构改革和上级深化医药卫生体制改革的精神，积极推进镇、街道卫生院改革，按每镇、街道重点办好一所卫生院的原则设置镇、街道卫生院；市食品药品监督管理局列为市政府工作部门，增加餐饮服务许可和餐饮服务环节食品安全监管和保健品、化妆品卫生监督管理的职责，下设市食品药品检验所、市食品药品稽查大队，均为副科级财政拨款事业单位。

保留设置市科学技术局（挂市知识产权局牌子）、市公安局、市监察局（与市纪律检查委员会机关合署）、市民政局、市司法局、市国土资源局、市农业局、市人口和计划生育局、市审计局、市环境保护局、市统计局、市安全生产监督管理局，其所属事业单位不变。保留山东安丘经济开发区管理委员会、市大汶河旅游开发区管理委员会两个派出机构。市政府机构改革后，设置工作部门24个、派出机构2个。

事业单位改革

市林业局退出市政府工作部门序列，调整为市政府直属事业单位，原规格和职责任务不变。市森林公安局（市公安局森林警察大队）隶属关系、机构规格、性质不变。市汶河生态林场管理委员会、市城顶山生态林场管理委员会为市政府直属事业单位，副县级规格，分别内设办公室、造林绿化科、管护科，均为副科级规格。为便于更好地开展工作，整合全市生态林业资源，统筹、规划、协调全市生态林绿化和管理养护，以上两个林场管理委员会统一在市林业局办公，工作人员整合使用。市农产品质量安全区域化管理办公室为市政府直属事业单位，副县级规格，内设综合科、执行管理科、技术支持科，均为副科级规格。政府直属事业单位保留设置市市级机关事务管理局、市招商局、市人民防空办公室（市民防局）、市农村经济管理局、市行政审批服务中心（市为民服务中心）、市文化市场综合执法局。

进一步规范事业单位名称，改革后事业单位名称一般称院、校、所、台、站、馆、社、中心等；行使行政管理职能的，也可称处、办，不符合要求的加以规范。杜绝“局下设局”“局内套局”的现象。

第七节　2011年镇街机构改革

党政工作机构设置

凌河镇、石埠子镇、辉渠镇设置5个综合性办公室：党政办公室、经济发展办公室、社会事务办公室（挂计划生育办公室牌子）、社会治安综合治理办公室、村镇规划建设办公室；官庄镇、石堆镇、金冢子镇、柘山镇、郚山镇、大盛镇设置4个综合性办公室：党政办公室、经济发展办公室、社会事务办公室（挂计划生育办公室、社会治安综合治理办公室牌子）、村镇规划建设办公室。

事业机构设置

凌河镇、石埠子镇、辉渠镇设置6个事业机构：农业综合服务中心、财经服务中心、计划生育服务中心、文化体育服务中心、社会保障管理服务中心、民营经济发展服务中心；官庄镇、石堆镇、金冢子镇、柘山镇、郚山镇、大盛镇设置5个事业机构：农业综合服务中心、财经服务中心、计划生育服务中心、文化体育服务中心、社会保障管理服务中心。

第二章 政治体制改革

第一节 农村基层民主改革

1988年6月1日，《中华人民共和国村民委员会组织法（试行）》颁布实施。是年，安丘县进行第三次村民委员会换届选举。结合这次换届选举，中共安丘县委、县人民政府探索实践在全县推行村民档案管理，正式启动农村基层民主改革。1991年，县委、县政府在全县开展争创“十星级文明户”活动。是年5月，潍坊市民政局在白芬子乡召开村民档案管理现场会，推广安丘县推行村民档案管理的经验做法。1992年，全县各乡镇普遍建立村民自治示范村，抓点带面，示范引导。县委、县政府重点抓好温泉乡和安丘镇西小河崖村两个层次的村民自治示范点，指导乡镇制定《民主管理依法自治章程》《村委会工作规范》和《村民小组工作条例》等。是年5月，《山东省实施〈中华人民共和国村民委员会组织法〉（试行）暂行办法》发布实施。12月始，安丘县开始进行第四届村民委员会选举。此次选举在基层民主改革和建设上呈现三个突破：在选举方式上，突破过去村民委员会成员人选由上级指定、村民举手通过的做法，把村委会选举权直接交给选民；在候选人推荐上，突破过去由党支部向选民介绍候选人的做法改为候选人自我介绍和发表竞选演说；在选举原则上，突破过去等额选举做法，全部实行差额选举。1993年2月，全省基层政权建设工作会议在安丘召开，推广安丘县开展农户目标经营、村民档案管理、村级建章立制、“十榜一箱”公开村务制度的经验。1995年，安丘市被民政部评为全国村民自治模范市。是年12月，在民政部召开的全国村民自治示范工作经验交流暨城乡基层先进集体和先进个人表彰会上，安丘市作典型发言。1997年，中共安丘市委、市人民政府围绕进一步加强和改进全市村民自治工作，总结推广贾戈镇“民主管理，依法治村”经验，在全市探索并推行村民直接选举、村民代表会议、村民自治章程及农户行为规范、村委会目标责任制、“十榜一箱”村务公开、村委会集体办公、民主评议村干部、村民教育学习、村民档案管理等10项制度，全市农村基层民主政治建设步伐进一步加快。1999年，山东省作为全国第一个全面推开村民委员会“海选”（直提候选人）的省份，在全省进行第六届村民委员会换届选举。是年3月，安丘市根据省委、省政府部署，组织全市第六届村民委员会第一次实现直接选举。结合选举，指导各乡镇、村建立并完善民主议事、政务公开、村规民约、干部监督四个方面的制度。年内，安丘市获第二届全国村民自治模范市称号。

进入21世纪，伴随农村经济和社会的发展进步，安丘市以民主选举、民主决策、民主管理、民主监督为基本内容的村民自治得以长足发展，村民自治日趋规范。各村重新修订村规民约，完善村级财务管理制度和民主理财制度，推行村委会报告工作、村干部离任审计等制度，基层民主改革稳步推进、成效显著。

第二节 审判制度和检察制度改革

审判制度改革

立案制度改革 1988年之前，安丘县人民法院未设立专司立案工作的职能部门。审判人员应一方之诉求直接参与到民事、经济纠纷的处理之中，结案后再进行立案登记。1988年后，县法院先后在经济案件、民事案件审理中建立立案审批制度。1988年—1996年，各业务庭自行立案，立案程序不规范。1997年1月起，安丘市人民法院贯彻执行最高人民法院《关于人民法院立案工作的暂行规定》，由告诉申诉庭统一集中立案。自此，“立”“审”分立，立案程序渐趋规范。是年8月，市法院撤销告诉申诉庭，设立立案庭，专门负责民事、经济、行

政、刑事自诉一审案件的立案工作。此后，执行、再审、重审等案件的立案工作逐步归为立案庭实施。1999年，根据上级法院要求，市法院推行“大立案”工作机制，院机关业务庭受理的刑事、民事、经济、行政、执行等案件全部由立案庭统一立案，并安装运行法院审判业务管理系统，人民法庭通过该系统实现远程立案。在人民法院第一个五年改革纲要（1999—2003）的推动下，审判流程管理实现民事、经济案件立案庭与人民法庭同步立案、统一编号、统一排期开庭、随机分案。至此，现行立案制度建立完备起来。

刑事审判制度改革　1983年—2003年，县法院实行依法从重从快惩处的方针，先后开展3次“严打”整治斗争。定罪量刑处罚上“从重”，处理程序上简化为“从快”，严厉打击和惩处严重危害社会治安和破坏经济秩序的犯罪分子。1997年，随着修正后的刑事诉讼法、刑法先后施行，刑事审判方式由过去的纠问式职权主义审判模式变为对抗式当事人主义审判模式，改变以往“重实体轻程序”的审判方式；将开庭前对公诉案件的审查由全面审查改为程序性审查，避免庭审流于形式；开始适用简易程序审理案件，繁简分流，缩短诉讼时间。2003年3月，市法院围绕“公正与效率”工作主题，开始对“被告人认罪案件”，适用普通程序简化审判的模式。2008年，在刑庭内设未成年人刑事案件合议庭，坚持“教育、感化、挽救”的刑事政策审理未成年人刑事案件。2010年7月，市法院启动量刑规范化改革试点工作。在刑事审判中，对交通肇事罪、故意伤害罪、强奸罪、非法拘禁罪、抢劫罪、盗窃罪等15个常见罪名以及未成年犯、未遂犯、自首、立功等25种常见量刑情节进行量刑细化，同时将量刑程序纳入法庭审理程序。自此，量刑规范化工作全面展开。2013年1月起，市法院贯彻新修正的刑事诉讼法，在刑事审判中严把“排除合理怀疑”的刑事证明标准，对刑讯逼供等非法方式收集的言词证据坚决排除；依法适用简易程序，提高刑事审判效率；依法开展刑事附带民事诉讼案件调解，推进刑事和解，修复受损社会关系，化解矛盾促进和谐；依法适用特别程序审理未成年人刑事案件，对犯罪较轻的未成年人犯罪记录进行封存。

民事审判制度改革　《中华人民共和国民法通则》颁布前，立审一体，审判人员负责从收案到结案的整个环节，通常在民事（含经济）案件处结后立案登记。“不结不立”成为立案审批制度建立前民事审判的常态。1987年1月1日《中华人民共和国民法通则》施行后，民事审判工作由过去主要依靠民事政策转变为主要依靠民事法律。民事判决活动中，着重调解为主的工作基调仍被保持。1988年，县法院建立起案件评查、责利挂钩的办案责任制，后被潍坊市中级人民法院、山东省高级人民法院推广。1989年起，为缓解2年诉讼时效规定以及经济体制改革带来的案件大幅度上升压力，县法院依法开始以提高办案效率和办案质量为目标的民事审判方式改革。公开开庭审判案件，并通过及时审查立案，指导当事人举证，及时开庭审理案件，强化当事人举证责任，强化庭审功能，强化合议庭职责。到1994年底，市法院民事审判实现由审判人员搜集证据向当事人举证转变，由庭外调查向庭审调查转变，以及由审委会包揽研究一切判决案件向合议庭放权转变。审判方式的改革，将多年沿袭下来的受案、查证、调解、开庭审理“四步到庭”的办案方式变为“一步到庭”。有证举在法庭，有理讲在法庭，事实查清在法庭，是非责任分清在法庭，法官认证证据、居中裁判，改变过去法官庭前调查取证、开庭纠问、出示证据等大包大揽的做法和先定后审或未审先定的审判模式。2000年起，市法院以“公正与效率”为主题，按照最高人民法院制定的第一个《人民法院五年改革纲要（1999～2003）》部署，开始新一轮民事审判制度改革。2000年，启用全省统一的“审判业务管理系统”，通过设置节点，加强审限管理，实现对审判流程的全程管控。2002年4月1日《关于民事诉讼证据的若干规定》施行后，市法院建立和完善举证、质证、认证制度，在民事审判（含经济审判）中严格按照规定落实证据规则，分配举证责任，严格举证时限，避免审判人员调查取证和审核认定证据过程中的先入为主，强化法院居中裁判的中立地位，使法院的调查收集证据权力得以弱化和规范。是年5月，市法院按照刑事、民事和行政三大诉讼体系对审判机构及其职能进行调整，在原来民事审判庭的基础上建立民事审判第一庭，在原来经济审判庭的基础上建立民事审判第二庭，形成民一庭、民二庭共同负责民商事案件审判的“大民事”审判格局，并适用统一的民事审判制度。2003年，市法院按照“繁出精品、简出效率”的原则，在扩大简易程序适用范围的同时，积极开展民事诉讼调解工作，总结出《民事诉讼调解工作规范》《十会法则》，先后被《人民日报》、中国法院网等媒体报道。2004年11月1日，《关于人民法院民事调解工作若干问题的规定》施行后，民事诉讼调解制度得以健全和完善，市法院按照事实清楚、是非分明、自愿和合法的原则，将调解工作贯穿于民事审判工作的始终。2007年，市法院按照第七次全国民事审判工作会议明确的“能调则调，当判则判，调判结合，案结事了”工作原则，加大民事诉讼调解工作力度，以非诉方式妥善化解矛盾纠纷，参与和谐社会构建。是年底，市法院开始参与潍坊中院诉调对接工作的先行试点，构建起诉讼调解与人民调解、行政调解、仲裁调解对接的“大调解”工作格局和多元化矛盾纠纷解决机制。2008年，为应对大幅上升的道路交通事故损害赔偿纠纷案件审理工作，市法院成立民事审判第三庭，专门负责该类案件的审理。民事审判开启类型化案件专业审判庭审理进程。2009年7月，最高人民法院《关于建立健全诉讼与非诉讼相衔接的矛盾纠纷解决机制的若干意见》发布后，诉讼与非诉讼相衔接的矛盾纠纷解决机制开始在民事审判工作中得到全面贯彻实施。2010年，市法院适时将诉讼调解的工作原则调整为“调解优先，调判结合”。2011年1月起，市法院根据《人民调解法》开展人民调解协议司法确认工作，司法确认制度正式建立。

审判监督制度改革 1989年前，县人民法院审判监督以告诉、申诉工作为主，主要对刑事申诉的历史冤假错案进行复查。1989年9月，告诉申诉庭设立，告诉申诉工作扩大至民事、经济、行政案件，审判监督程序主要由当事人申诉、申请再审启动。1997年8月，告诉申诉庭撤销，审判监督庭成立，具体负责申诉、再审工作，审监自此分立。1999年，市法院在审判监督庭建立起以案件质量评查为主要内容的审判监督机制。2008年4月1日，修改后的《民事诉讼法》细化申请再审事由，增强申请再审的法定化和可操作性。同时，民事再审案件的审查改由上级法院负责，市法院也随即调整审判监督庭职能，主要负责案件质量评查，依职权启动再审程序成为市法院审判监督的主要方式。2012年，《民事诉讼法》二次修改后，市法院成立立案二庭和审判管理办公室，分别负责申诉、申请再审案件的审查和案件质量评查，审判监督庭职能回归，仅负责刑事、民商事、行政等再审案件的审理。

执行制度改革 1989年执行庭成立之前，各审判庭、人民法庭的审判人员统一行使审判权和执行权，审、执合一。1989年9月，执行庭成立后，审判业务庭审执一体的模式开始打破，难于执行的案件，由审判庭、人民法庭移送执行庭立案、执行。执行程序的启动以审判员移送为主，当事人亦可同时申请执行。1998年7月8日，《关于人民法院执行工作若干问题的规定（试行）》施行，明确生效法律文书的执行，一般应由当事人依法提出申请。是年底，市法院在各人民法庭设立执行室，负责本庭执行案件的具体执行，审、执完全分立。自1999年1月始，执行程序的启动改为以当事人申请执行为主，但给付赡养费、扶养费、抚育费以及刑事附带民事生效裁判文书的执行，仍以审判庭移送执行为主。2000年2月，为加强对全院执行工作的监督、指导、协调，市法院撤销执行庭，设立执行一庭、执行二庭。2001年5月，设立执行局，内设执行一庭、执行二庭、执行三庭。至此，建立起“三统一”（统一管理、指挥、协调）、“三分离”（执行命令权、实施权、执行异议审查权分离行使）的执行工作机制，形成立案庭统一立案、分案，执行一庭、执行二庭和五处法庭分工负责执行，执行三庭负责执行异议案件审理的执行工作格局。是年，债权凭证制度伴随着执行工作改革应运而生，市法院通过向尚享有债权的申请执行人发放债权凭证，终结被执行人暂无履行能力的案件，缓解执行积案日益增多的压力。2004年后，该制度淡出执行工作。2004年，建立“两权、两化”（执行实施权层级化、执行裁判权公开化）执行机制，推行局务会制度。2006年，市法院的执行工作纳入全市社会治安综合治理考核，实行“一票否决”。2008年4月1日，修改后的民事诉讼法施行，申请执行期间延长为2年，市法院建立起财产报告和立即执行制度，对不履行法律文书确定义务的被执行人，依法立即采取强制措施。2011年，市法院开始建设诉讼诚信体系，被执行人的失信行为被引入社会信用体系进行评价，失信被执行人信息被公开曝光，信用惩戒合力逐步形成。

人民陪审员制度改革 在人民陪审员制度未完全建立起来前，市人民法院审判活动基本由审判人员承担。2004年8月28日，全国人大常委会通过《关于完善人民陪审员制度的决定》后，市法院根据要求在全市范围内选任首批40名人民陪审员。2005年5月1日起，人民陪审员开始参审市法院受理的刑事、民事、行政等纠纷案件，除不能担任审判长外，与审判员拥有同等权利。2010年8月，市法院进行人民陪审员换届选举，50名人民陪审员当选，人民陪审员参审范围由陪审扩大到陪调、陪执。

人事和考核体制改革　1985年10月，潍坊法院系统公开招干，县法院考录10人。1993年始，市人民法院改革人事管理制度，实行竞争上岗、双向选聘。1994年，法院系统再次公开招考人员，13名大专以上学历毕业生充实到市法院队伍。1998年，市法院深化内部人事制度改革，15名法庭副职实行民主推荐、竞争上岗。1999年，建立以岗位目标责任制为核心的内部管理机制，推进法官职业化建设，实行主审法官和审判长选任制，选拔17名业务能力强、庭审驾驭能力高的法官担任主审法官，享有独任审判权力，组成合议庭审判长从主审法官中任命。2001年后，市法院开始陆续增编补员，凡进必考，进入法院的初任法官全部通过国家司法考试。自此，告别以政治合格为主的法官任用标准。2001年—2004年，先后有12名优秀应届大学毕业生由省委组织部和省高级人民法院联合选调进院。2007年—2013年，市法院通过全省公务员统一招考补员45人，除5人为特殊岗位外，其他具有法律职业资格的人员进入法院后，逐步从书记员成长为助理审判员、审判员。2011年起实行初任法官单独招考后，有4名具有法律从业经历的人员经招考进入法院直接走上审判岗位。同时，遴选制度的建立促使基层法院法官向上流动。至2013年底，市法院先后有14名选调生、公务员被遴选至上级司法机关或调至其他法院。

检察制度改革

检察机关内部工作机制改革　侦诉分开、侦捕分开。1988年1月，安丘县人民检察院根据最高人民检察院关于对自侦案件建立内部制约机制的要求，制定《关于自侦案件实行侦诉分开，加强内部制约的试行办法》，改变过去侦诉合一的办案做法，实行侦查预审和审查起诉两个部门办理的工作机制，强化内部监督制约，促进办案质量的提高。1989年1月，在侦诉分开的基础上，县检察院将原由经济、法纪等科室管辖的案件移交刑事检察科审查批捕，进一步完善对自侦案件的内部监督制约机制，为提高自侦案件的办案质量提供制度保证。试行主诉、主办检察官制度。1999年4月，为完善司法责任规范，突出检察人员在执法办案中的主体地位，在审查起诉科试行主诉检察官制度和按办案组分类承办案件制度，聘任4名主诉检察官，组成4个办案组。2000年，在民事行政检察、审查批捕部门试行主诉、主办检察官制度，聘任2名主诉检察官、3名主办检察官。讯问职务犯罪嫌疑人全程同步录音录像。2005年，市检察院根据最高人民检察院关于全面推行讯问职务犯罪嫌疑人全程同步录音录像的制度，检察技术部门安排专人对反贪污贿赂、反渎职侵权部门所办案件的每一次讯问全过程不间断录音录像，录音录像资料专门保管，在提请逮捕、移送审查起诉时同时移送录音录像资料，促进办案活动的规范。加强内部执法办案活动监督。2005年，为加强对内部执法办案活动的监督，不断强化纪检监察机构的监督职能作用，市检察院健全和规范机关内部监督制约机制，建立完善司法办案监察建议、重点案件回访监督制度，推进重点岗位、关键环节廉政风险防控机制建设。2006年，市检察院纪检监察部门被山东省检察院评为“十佳纪检监察组织”。2008年6月，设立检务督察委员会，进一步完善检务督察工作机制，职务犯罪案件上提一级监督管理。根据高检院关于加强上级检察院对下级检察院监督的规定，市检察院办理的职务犯罪案件，撤案、不起诉、指定居所监视居住报上一级检察院批准，逮捕报上一级检察院决定，一审判决报上一级检察院同步审查。案件集中统一管理。2011年，根据最高人民检察院关于建立案件集中管理机制的要求，设立案件管理中心，统一进行案件受理、流程控制、质量管理、案后评查、综合考评，统一开具法律文书，统一接待律师，统一管理涉案财物，改变由各个业务部门分别受理和管理所办案件的模式。2013年，案件管理中心开始应用全国检察机关集办案、管理、统计功能于一体的统一业务信息系统，所有案件从受埋到办结全部网上运行，实现对办案活动和各类案件的全程、统一、实时、动态管理和监督。

民事行政申诉案件受理和办理相分离。2013年，根据最高人民检察院规范民事行政申诉案件办理程序的规定，市检察院实行受理和办理相分离，申诉案件由控告申诉检察部门受理后，由民事行政检察部门立案审查并反馈结果。

人民监督员制度改革 2003年10月，为加强对查办职务犯罪工作的外部监督，高检院探索建立检察机关人民监督员制度，决定开展人民监督员制度试点工作。2004年，安丘市人民检察院作为山东省首批试点单位，经安丘市编委批准，率先在潍坊市检察系统成立“人民监督员办公室”，建立人民监督员试点工作制度，规范人民监督员监督案件程序。是年，聘任5名人民监督员，对2起拟不起诉职务犯罪案件开展监督。2005年，山东省人大常委会调研组到安丘市检察院调研人民监督员制度试点工作，给予高度评价。2007年，安丘市人大常委会通过《关于加强人民监督员工作的意见（试行）》，任命5名人民监督员。2004年—2007年，对检察机关查办职务犯罪案件中拟作撤案、不起诉处理以及犯罪嫌疑人不服逮捕决定的“三类案件”开展监督9件12人。对查办职务犯罪工作中应当立案而不立案、超期羁押、违法扣押冻结处理涉案财物等“五种情形”开展监督3件3人。2010年10月，最高人民检察院决定省级以下人民检察院人民监督员由上一级人民检察院组织选任。2011年7月，潍坊市检察院在全市范围统一选任29名人民监督员，其中从安丘市选任2人，统一组织开展案件监督。

深化检务公开 市检察院积极适应开放、透明、信息化的社会发展趋势，增强主动公开意识，积极推进检务公开从职能职责公开向以案件信息公开为主转变，建成案件程序性信息查询、法律文书公开、重要案件信息发布、辩护与代理预约申请四大平台。对于在案件事实、适用法律方面存在较大争议或在当地有较大影响的拟不起诉、不服检察机关处理决定的申诉案件，推行公开审查、公开听证、公开宣告，实现网上网下同步服务，方便群众查询和监督，不断拓展公开的深度和广度，“倒逼”规范司法。

第三节 公务员制度改革

国家公务员过渡

1996年7月，安丘市依据国务院1993年7月发布的《国家公务员暂行条例》，制定《安丘市国家公务员制度实施方案》，确定实施国家公务员过渡的总体要求、范围和对象、目标与任务，组织进行市、乡国家公务员过渡工作。通过考试考核，到1997年9月底，全市公务员过渡工作顺利完成，36个市政府部门和32个乡镇的1324名政府机关工作人员，按规定程序过渡成为国家公务员。

公务员考核与任免

考核 1986年—1993年，安丘县推行“党政机关岗位责任制”考评办法。对实行岗位责任制的党政群机关、行政性专业公司、行政性事业单位及其正式工作人员完成岗位责任制情况进行考评。评比奖励种类分集体奖励和个人奖励两种。1994年后，按照《国家公务员考核暂行规定》对国家机关工作人员进行考核。1995年始，事业单位工作人员按照国家人事部《事业单位工作人员考核暂行规定》进行考核。考核内容包括德、能、勤、绩四个方面，重点考核工作实绩。考核结果分为优秀、称职（合格）、不称职（不合格）3个等次。优秀人员比例控制在15%以内。考核程序为被考核人个人总结、主管领导评价、考核小组审核、部门负责人确定等次，最后把考核结果书面通知被考核人。2000年后考核结果改为优秀、称职（合格）、基本称职（基本合格）、不称职（不合格）4个等次。

任免 1986年—2007年，安丘市人事部门按照干部管理权限和任免程序，共办理任免干部1755人次。其中，任职1505人次，免职250人次。2008年—2013年，人事部门按照干部管理权限和任免程序共办理任免干部1352人次。其中，任职1030人次，免职322人次。

第四节 行政审批制度改革

1986年—2001年，安丘市行政审批事项分散在各个不同部门，且审批程序繁杂、时限较长。2002年—2013年，随着经济社会事业的发展，安丘市行政审批事项逐渐纷繁复杂，行政审批制度亦不断改革创新。为适应形势发展和各项任务需要，2002年1月，安丘市成立行政审批服务中心（下简称行政审批中心），根据市委、市政府授权，履行对全市进驻行政审批中心部门集中审批、收费事项的组织协调和监督管理、指导服务职能，将过去分散式、封闭式、串联式的审批改为集中式、开放式、并联式的审批。市行政审批中心运行后，结合全市机构改革和部门职能调整以及对纳入办理事项的清理，进驻部门及办理事项随之调整变化。2002年，首批进驻市行政审批中心的部门14个，纳入办理审批事项117项。2007年，市行政审批中心由原招商大厦搬迁至市政府招待所，进驻的市直部门达到23个，纳入办理审批事项126项，工作人员75人。2013年，新建安丘市政务服务大厅，进驻部门30个，纳入办理审批事项249项，工作人员243人。

市行政审批中心围绕改进和完善各项审批工作，坚持以“依法办事、公开公正、廉洁从政、优质服务”为宗旨，立足于为民、便民、利民，不断强化“窗口围绕群众转，部门围绕窗口转，中心围绕社会转”服务理念，以建立完善“一门受理、统筹兼顾、规范审批、限时办结”为运作模式，对纳入行政审批中心办理的事项进行统一收件、统一管理，从机制上确保审批效率提高。同时，通过刻制窗口审批专用章、签定授权委托书、部门内部科室职能整合等措施，减少审批环节，保障各窗口享有充分的业务审批权。

2004年7月，《中华人民共和国行政许可法》实施后，国家进一步加大对行政审批事项清理调整力度。市行政审批中心坚持审批事项随着法律关系的变化而变化，根据上级有关政策精神，建立行政许可动态管理机制，对纳入办理的事项随时进行清理调整。2003年—2007年，全市依法取消53项审批事项。2008年—2012年，依法取消80项审批事项。为便于群众全面了解行政审批中心业务及办件进展情况，市行政审批中心及时开通网站，让群众直接从网站上下载所办事项需要的有关表格，及时了解审批事项是否办结。为进一步推动审批提速，市行政审批中心在多次压减办结时限的基础上，按照“一审制”和“一审一核制”要求，项目能够当场办结的即收即办，确实不能即时办结的，承诺在最短时间内办理完成，不得超时办结。实际运作中，有近一半项目承诺3天以内办完的事项实现当日办结，比承诺期缩短三分之一以上，实现办件效率提速30%的目标。同时，市行政审批中心还不断探索转变服务方式，提升服务效能，坚持和完善预约服务和延时服务制度，为重大项目开辟绿色通道，提供特色化、差异化服务。着力推行并联审批制度，实施《安丘市投资项目并联审批试行办法》《安丘市重点投资项目模拟审批试行办法》，市行政审批中心设立总服务窗口，建立投资项目受理台账，统一受理并联申请事项。在项目审批办理过程中，充分利用软件管理系统，严格按程序办理，随时掌握项目办理进度，便于监督管理。全面落实《安丘市重点投资项目全程代办服务试行办法》，根据项目业主单位的意愿，提供“一对一”全过程审批指导和引领，协调解决遇到的困难和问题，帮助办理所有审批管理手续。

2013年，市行政审批中心与市监察局、市法制办和市编办协调配合，本着“该取消的取消，该下放的下放，该整合的整合”原则，指导全市45个部门（单位）对本单位的审批服务事项逐一清理。是年，全市有45个部门（单位）具有审批职能，保留行政许可审批事项271项，涉及43个单位；取消行政许可审批事项80项，涉及19个单位；下放（授权或委托）行政审批事项63项，涉及16个单位；冻结行政审批事项3项，涉及3个单位；调整行政审批事项35项。

第三章　经济体制改革

第一节　完善农村家庭联产承包责任制

中共十一届三中全会后，安丘县全面推行农村土地承包经营制度，并在实践探索中不断完善和创新。1984年，根据中共中央一号文件精神，全县土地承包期延长至15年，并允许群众对承包土地自愿流转。家庭联产承包责任制，改变农村旧的经营管理体制，解放农村生产力，调动广大农民的生产经营积极性，使农业生产和农村经济得以蓬勃发展。

中共安丘县委、县人民政府1990年印发《关于推行农户目标经营意见》，要求将农户目标经营由点到面逐步推开。县农经部门根据全县种植业、林果业、养殖业等项目不同自然生产条件拟定出61套目标经营模式，指导农民因地制宜地将土地、劳力、资金、技术等农业生产要素进行合理配置与组合，制定出符合当地实际的生产经营优化模式，并按农户从事的经营项目定出经营目标及实施方案，达到农户经营目标化、科学化。通过实施农户目标经营，完善双层经营体制，突破家庭经营的局限，克服传统落后的经营方式，使新的科技成果迅速转化为生产力，提高农业现代化生产经营水平。1991年，县内32处乡镇的286个村、5400个农户率先开展目标经营。安丘实施的“农户目标经营”经验得到农牧渔业部高度评价，并在全国推广。是年，农牧渔业部在安丘召开华东七省市、北京等省市经管处长参加的现场会议，县委、县政府作经验介绍并提供安丘现场。会后，国家农村工作通讯杂志社《农村改革与发展》，专题报道安丘县实行农户目标经营、农业承包合同管理、减轻农民负担、财务审计、农村合作基金会等整个农村经营管理工作的做法。《大众日报》也在一版头条报道安丘县实行农户目标经营的做法。

1992年，县委、县政府将农户目标经营同集体目标服务结合起来，使家庭承包经营的潜力得到进一步发挥。全县建立起与农户目标经营相配套的、以村级服务为基础、乡级服务为骨干、县级服务为中心的农村社会化服务体系。村一级普遍建立“一队四组”，即农田基本建设服务队，农机服务组，科技服务组，农经服务组，物资供销服务组。乡一级，以县职能部门下伸到乡镇的站、所、社等企事业单位为依托，建立起10个服务站，按照各自的工作范围和职责，制定近期和年度量化的服务细则，承担村级力所不及的服务。县一级，建立起以农业、畜牧、外贸等部门为龙头，产供销一体的八大服务体系。县乡村三级服务组织，按照农户目标经营的需求，确定服务项目。对能够量化的服务项目，层层分解落实到服务单位和个人，以合同的形式确定下来。并将服务情况填入服务达标考核表，作为年终考核依据。通过对农户经营、集体服务实行目标化管理，集体服务由被动变主动，为农户目标经营的实施提供可靠保证。

1999年1月，中共安丘市委、市人民政府召开延长土地承包期试点工作会议，对全市第二轮延长土地承包期试点工作进行研究部署，并在安丘、石堆、石埠子、临浯、辉渠、郚山等6处乡镇就土地延包工作进行试点。1999年3月，市委办公室、市政府办公室印发《关于做好延长土地承包期工作的实施意见》，指导全市土地延包工作。至2013年底，全市延包土地面积113.48万亩，机动地4.55万亩，签订土地承包合同20.4万份，鉴证合同20.4万份，颁发“土地承包经营权证”17.8万份。

土地流转方面，2001年，市委、市政府制定《关于进一步加强和完善土地使用权流转的意见》，规范和完善土地流转程序，确定流转措施和办法。同时，多形式多渠道广泛宣传《农村土地承包法》和《农村土地承包经营权流转管理办法》，指导帮助农民搞好土地流转，签订土地流转合同。至2013年底，全市流转土地面积36.81万亩，签订流转合同6.9万份。

第二节 农业产业化

安丘是农业产业化的发源地之一，一直处于全国农业产业化工作的先进行列。2001年10月，全国农业产业化现场经验交流会在潍坊召开，安丘市以“六化”（龙头外向化、基地规模化、品种优良化、生产标准化、市场多元化、农民组织化）为主要内容，作“千家万户搞加工、多种形式拓市场”典型发言。

安丘是全国重要出口农产品生产基地。1990年始，安丘县依靠当地丰富的农产品资源，良好的区位优势和基础条件，通过大力兴办农产品加工企业，架起农民通向国内国际市场的桥梁，走出一条“千家万户搞加工，千军万马闯市场”的路子。进入21世纪后，经过国际国内市场的历练，安丘市农业龙头企业逐渐培强做大，初步实现由“小低弱”向“大高强”的跨越，大部分企业规模扩大、档次提高、带动能力明显增强。随着产业化组织的发展壮大，农业产业化经营得到进一步深化，产业化经营链条被两端拉长，形成各具特色的产业化经营体系。农产品出口经营规模不断扩大，农业产业化龙头企业成为农产品出口的主力军，劳动密集型农产品的比较优势和国际竞争力日益增强，市场占有率不断提高，出口渠道进一步拓宽，出口品种不断增加，贸易方式不断拓展，多元化的市场格局初步显现。

产业规模

进入21世纪，安丘市初步形成果蔬加工、肉类加工、饲料加工、调味品和食品添加剂等门类较为齐全的农产品加工业体系。至2013年，全市在工商部门登记注册的农产品加工企业306家。其中，规模以上企业101家，占全市规模以上企业总数的31.5%。潍坊市级以上农业龙头企业94家。其中，国家级龙头企业1家，省级龙头企业7家。

出口创汇

2013年，安丘市有自营出口权的农产品加工业企业167家，年出口农产品150多万吨，远销欧盟、美国、日本、韩国、东南亚等50多个国家和地区，出口产品包括保鲜、脱水、速冻、腌渍、罐头、熟食制品等六大类600多个品种，其中大姜、大葱、洋葱、胡萝卜、姜泥、蒜泥、魔芋等产品出口量均居全国前列。是年，全市农产品出口创汇2.9亿美元，其中蔬菜出口量约占潍坊市的60%。

品牌建设

1986年—2013年，安丘市依托优质农产品资源，引导农业龙头企业和农村专业合作组织大力加强品牌建设，形成一批拳头品牌产品，在国内外市场的竞争力不断提高。至2013年，全市拥有无公害、绿色、有机“三品”农产品品牌51个、产品264个，基地面积50.13万亩。安丘大姜、安丘大葱、安丘蜜桃、安丘两河大蒜、石埠子大樱桃、柘山花生、辉渠望海山小米等国家地理标志产品7个，产地保护面积43.3万亩。生姜、大葱、大蒜、草莓、大樱桃、西瓜、花生、板栗等优势农产品品牌覆盖率85%以上。全市注册农产品商标400多个。其中，“鲁丰”等中国驰名商标3个，“万鑫”“友祥”等省著名商标9个。“鲁丰”牌水果罐头获中国名牌产品称号。

质量安全

2007年起，安丘市在全国率先启动并实施出口食品农产品质量安全区域化管理，大力发展安全、优质、高效、品牌农业，被国家质检总局确定为“安丘模式”在全国推广。2008年—2012年先后成为全国出口食品农产品质量安全典型示范区、国家农业综合标准化优秀示范市；创建为省农产品质量安全示范市和省出口农产品质量安全产业集群示范市、全国种植业质量安全可追溯制度建设整县推进试点。至2013年，全市建成标准化种植园区139处，大姜、芦笋、大樱桃、草莓国家级标准化生产示范区4个，为食品加工业发展提供质量安全的原料基地。鲁丰集团、三通食品设立出口蔬菜检测实验室，通过中国合格评定国家认可委员会（GNAS）认证;有61家企业通过国家食品质量安全QS认证，多家企业通过ISO9000、ISO14000、HACCP、日本JAS、英国BRC、德国IFS等国际认证。

行业组织

进入21世纪，安丘市按照集群化、园区化发展的思路，积极实施出口农产品质量安全示范产业集群建设项目，争取上级财政资金200万元，重点推进鲁丰集团、惠利食品、奥源食品、鑫盛食品4家出口型企业的示范基地转型升级。2012年，在鲁丰集团等6家重点农业龙头企业成立安丘市农产品加工企业协会。协会成立后，建立健全常设工作机构，建有协会网站和电子信箱，分析与预测国内外农产品市场动态，开展信息和咨询服务，推行“龙头企业＋协会＋基地（农户）”模式，开展对基地农民技术培训，整合会员企业资源，抱团发展闯市场，充分发挥行业组织的社会效益。

第三节　土地使用制度改革

土地使用制度变迁

1988年前，安丘县土地使用沿袭无偿、无限期、无流动“三无”做法。1989年3月，安丘县根据山东省土地管理局“大力推广德州、临沂等地农村宅基地有偿使用经验做法，为制定农村宅基地有偿使用试行办法积累经验”的要求，以及省、潍坊市关于农村宅基地有偿使用的工作部署，首先在石埠子乡和金冢子乡进行农村宅基地有偿使用制度试点工作。1992年，根据国家土地管理局《关于进一步加快土地使用制度改革的通知》精神和《划拨土地使用权管理暂行办法》要求，加大土地使用制度改革的力度，积极推进国有土地使用权出让和转让，重点加强对划拨土地使用权的管理，扩大国有土地使用权出让范围和出让数量，逐渐将过去无偿、无限期、不允许流动的土地使用状况，向有偿、有限期、允许流动的使用方式过渡。2002年，安丘市根据国土资源部《招标拍卖挂牌出让国有土地使用权规定》和《山东省国有土地使用权招标拍卖办法》规定，对商业、旅游业、娱乐、经营性房地产等经营用地全部实行招标、拍卖、挂牌方式出让。2004年，市政府办公室印发《关于存量国有土地使用权出让等有关问题实施意见》。规定出让土地使用权人将非经营性土地改变为经营性用途，属于重新建设的，应当在符合城市规划条件前提下，由政府收购储备后，以招标、拍卖或挂牌方式出让。2007年1月，安丘市依据国土资源部、山东省国土资源厅相关意见，除国家法律法规规定的划拨土地使用权以及协议出让外，全市建设用地均使用招标拍卖挂牌方式出让。2009年—2013年，安丘市使用土地市场动态监测与监管系统，对土地的来源、供应、成交、储备、抵押等信息全部上网公示。

建设用地整治挖潜

2006年4月，国土资源部组织开展城乡建设用地增减挂钩试点工作，在山东、天津、江苏、湖北、四川五省市先行试点。2008年8月，省国土资源厅批准安丘市9个村庄的局部地块实施拆旧复垦，项目名称为“建设用地置换复垦项目”。项目的实施，标志安丘市城乡建设用地增减挂钩试点进入实质性阶段。为统一规范名称，安丘市将“农村居民点复垦”“工矿废弃地复垦”“城乡建设用地增减挂钩”等工作统称为“建设用地整治挖潜”。2012年2月19日，市政府出台《安丘市农村建设用地整治挖潜实施办法（试行）》，明确规定对整体搬迁的村庄，按节余指标每亩补助19万元，零星拆旧村庄每亩补助14万元。同时，出台《农村建设用地整治挖潜工作考核办法》，规定对整体搬迁完成节余指标300亩以上或完成节余指标总数400亩以上的，实行一票肯定。2009年—2013年，全市范围内实施增减挂钩的村庄有102个（25个整体搬迁村，77个部分拆迁村），复垦出耕地4759亩，安置区占用农用地指标175亩，节余建设用地指标4584亩。

安丘市2008年—2012年建设用地复垦置换情况表

表4—1 面积单位：公顷

序号	项目名称	复垦耕地面积
1	2008年度凌河镇吕家埠村等土地复垦置换项目	16.9857
2	2010年度石埠子等5镇街道建设用地复垦置换项目	14.9400
3	2012年度工矿废弃地复垦调整利用项目	36.4441
小计		68.3698

安丘市2009年—2013年城乡建设用地增减挂钩情况表

表4—2 面积单位：公顷

序号	年度	项目区名称	复垦耕地面积	安置区占用农用地面积
1	2009	凌河镇牟山前村、兴安街道马连埠等11个村项目区	43.6108	3.3333
2	2010 第一批次	贺戈庄村等8个村项目区	31.0363	—
3		兴安街道、凌河镇牟山前等7个村项目区	18.3432	5.6921
4		金冢子镇陈亭官庄村项目区	4.2757	—
5	2010 第二批次	辉渠、石埠子、郚山、景芝项目区	14.7277	0.2617
6		兴安、金冢子项目区	8.01	—
7		官庄项目区	19.6563	—
8		大盛项目区	9.2042	—
9	2011	柘山镇农村建设用地整治项目区	11.4689	—
10	2012	石埠子镇柳河峪村项目区	1.4332	—
11		兴安等9镇街道18个村项目区	18.3369	—
12		凌河镇柿子园社区项目区	5.2567	—

续表 4—2

序号	年度	项目区名称	复垦耕地面积	安置区占用农用地面积
13	2012	凌河镇西兵马营社区项目区	11.8956	—
14		景芝镇王水崖社区项目区	5.3708	—
15		大盛镇旺山子社区项目区	1.9553	—
16		郚山镇滨河社区项目区	15.3561	2.3888
17	2013	官庄镇挑河村等 5 个村项目区	30.8197	—
18		辉渠镇 2 个村项目区	6.5058	—
19		大汶河开发区 4 个村项目区	17.0561	—
20		兴安街道西南庄村等 115 个村项目区	42.9744	—
小 计			317.2937	11.6759

低丘缓坡荒滩等未利用地开发利用试点

境内低山丘陵较多，面积达 41.5 万亩，占全市土地总面积的 16.17%，其中可供开发土地面积 52026.75 亩。随着全市经济社会的快速发展，土地供需矛盾日益突出。为克服土地要素瓶颈制约，保障科学合理用地需求，安丘市抓住国土资源部政策机遇，对低丘缓坡未利用地的开发利用进行有益探索。2012 年 1 月始，市国土资源局调查摸底全市低丘缓坡，重点调查市经济技术开发区北部青龙山及周边 7084.5 亩低丘缓坡未利用地，根据调查摸底情况，编制完成《安丘市低丘缓坡等未利用地综合开发利用专项规划（2011—2015）》。是年 6 月，通过国土资源部专家组的审核。8 月，国土资源部批复安丘市作为低丘缓坡等未利用地开发利用试点市，对市经济技术开发区北部青龙山及周边 7084.5 亩低丘缓坡未利用地实施开发利用。试点范围主要包括青龙山、牛栖埠山、灵山等区域，试点面积 7084.5 亩。整个试点计划于 2016 年完成开发利用。至 2013 年，全市开发利用试点范围内低丘缓坡未利用地面积 3165.54 亩。

第四节　企业产权制度改革

1986 年 7 月，县委、县政府贯彻落实省委、省政府《关于进一步搞活企业若干问题的试行规定》（即十七条）精神，对全县国有、集体企业改革发展提出具体意见。1987 年，县委转发组织部等部门拟定的《安丘县全面推行厂长（经理）负责制实施方案》，开始全面推行厂长（经理）负责制。此后，按照全面实现技术进步、产品结构调整、流通体制改革和横向经济联合“四个新突破”的要求，不断加大对工业的投入，改建、扩建和新上一批发展前景好、经济效益高的项目，全县城乡工业持续发展，实现速度效益同步增长。至 1991 年末，全县有乡镇以上工业企业 277 家，全县完成工业总产值 23.1 亿元。其中，景芝酒厂、造纸厂、玻璃厂产值过 5000 万元。全县实现利税 1.29 亿元，利税 100 万元以上的企业有 19 家。

1992 年 3 月，县委、县政府召开全县深化企业改革动员大会，就全县进一步深化企业改革，转换经营机制；贯彻执行《企业法》，完善企业管理体制；改革企业人事制度，搬掉“铁交椅”；改革用工制度，打破“铁饭碗”；放宽供销政策，鼓励搞活经营；搞活流通，把企业推向市场等提出具体意见。是年 10 月，县委、县政府印发《关于国合商业“租、包、卖”改革的实施意见》，全面推开“租、包、卖”改革，促进国合商业企业经营机制的转变。1994 年 4 月，为适应企业深化改革转换经营机制，建立现代企业制度的需要，市委、市政府出台《关于加快股份制改革的实施意见》，对搞好资产评估、合理设置股权、建立新的企业领导体制、规范利益分配和搞好体制转换等作出具体部署。1996 年—1998 年，随着改革开放的深入和市场经济体制的建立，市内部分全民所有制企业经过产权制度改革，改为国有控股企业或股份制企业，个别企业破产重组。其中，对 45 家市属企业实施产权制度改革，分别组建股份有限公司、有限责任公司或国有独资公司。鲁安药业公司、奥宝化工公司、恒安散热器公司、汶瑞机械公司、通用机械公司、安泰玻璃公司、同力服装公司等 42 家企业改制为有限责任公司；景芝酒厂、长安铁塔厂2家企业改制为股份有限公司；热电厂改为国有独资公司。有的企业加入外地集团，有的企业实行租赁经营，对资不抵债企业依法实施破产。企业深化经营管理体制改革，逐步建立现代企业制度，企业转为股份制类型企业，不再以国有、集体区分。1999年11月，市委召开十届三次全委会议，研究部署进一步深化企业改革、加快企业发展的任务和措施。市委、市政府印发《关于深化企业改革和加快企业发展的实施意见》，提出走工业立市的新路子。2000年，市委、市政府印发《关于进一步深化企业改革，加快企业发展的意见》。此后，全市企业重点在领导班子控股、法人代表持大股、内部三项制度等方面不断进行改革尝试。同时，对全市工业的产业结构、产品结构、经济模式进行重大调整，企业活力增强，生产规模不断扩大，工业发展加速。到2002年，全市工业企业全部转变为股份有限公司或有限责任公司。

第五节 企业管理制度改革

宏观调控

政企分开 1992年前，在计划经济体制下，安丘县工业政企合一，实行宏观调控与管理。1992年，县委、县政府贯彻落实中共十四大提出的“国家实行计划经济与市场经济相结合的社会主义市场经济体制”精神，在全县工业进行第一次改革，主要内容是企业职工工资由企业自主确定，政府不再干预企业内部职工分配制度。1997年，全市实行第二次改革，当时被称作产权制度改革，即企业职工买断工龄，按每人每年500元的标准，用国有资产划归到职工名下，国有股逐步退出，逐步实现政企分开，使企业成为自主经营、自负盈亏的主体。至此，全市企业基本建立起“产权清晰、权责明确、政企分开、管理科学”的现代企业制度。

调控指导 企业产权制度改革完成以后，2001年起，市委、市政府先后制定出台《关于鼓励企业加快发展的试行办法》和《关于改制企业管理的试行意见》，并多次修订完善。对企业的管理逐步转变为调控指导，较好发挥政策的引导作用和政府的监督作用。同时，出台《关于进一步优化企业发展环境，严禁乱收费、乱查车的暂行规定》《涉企行政事业性收费项目及标准》，维护企业的合法权益。

监督服务 企业产权制度改革完成后，市政府先后出台《安丘市改制企业管理办法》《重点企业千分制考核办法》等激励约束政策，对企业的规范化经营、企业领导班子考核、依法纳税、企业对外投资、股本管理等都作了明确规定。对重点企业从经济运行、固定资产投资、节能降耗、安全生产和职工保障等方面进行考核。2001年始，市委、市政府设立企业发展贡献奖、企业投入奖、争创名牌和高新技术奖、企业上市奖和优秀企业家、优秀企业经营者等奖项，并有配套的鼓励政策。2003年，出台《进一步优化经济发展环境若干问题的决定》等政策文件，成立经济发展环境办公室，负责经济发展环境保护和治理工作，查处破坏发展环境的违法、违规行为，保护经济主体的合法权益。在服务环节上，实行一站式服务、一站式收费、部门承诺等制度，行政审批事项纳入服务中心统一办理。

企业内部管理

承包经营责任制 1986年7月，县委、县政府《关于贯彻省委、省政府“十七条”的试行意见》明确提出，“坚定不移地推行厂长负责制”“企业内部机构设置由企业根据实际自主决定”。1987年，全县工业企业实行厂长（经理）承包经营责任制，将销售收入、产值、利税、技改投入等主要经济指标列入承包责任制内容，承包期限为2年—3年，对完成承包指标的企业按照政策给予奖励，完不成的按差额的百分比进行处罚。企业厂长（经理）的工资可以是职工平均工资的1倍～3倍。县属企业实行承包经营的有28家。1990年，第二轮承包经营责任制开始，到1992年底结束。

风险金抵押经营责任制 1995年1月，安丘市企业全面实施风险金抵押承包制，企业厂长（经理）个人资金作为风险金，实行以生产指标和资产增值率为主要考核指标的资产经营承包责任制。是年，全市工业企业风险金抵押经营45家，收取风险抵押金286万元。这些企业全部完成承包指标，抵押金全部退还。

内部三项制度改革 全市企业产权制度改革完成后，改革的重点转至内部经营和管理，改制企业按照《公司法》的要求，设立董事会、监事会和经理层，完善内部决策、执行、监督机制，企业逐步成为自主经营、自负盈亏、自我约束、自我发展的竞争主体。同时，企业着力实施内部三项制度改革：

分配制度，全面推行技能岗位工资，形成按劳分配和按股权分配相结合的分配机制，企业经营者的收益由劳动收益和股本收益两部分构成。股本收益实行按股分红，劳动收益推行经营者年薪制，经营者的收入水平与企业经济效益挂钩；用工制度，实行竞争上岗、择优录用，职工能进能出、能上能下；干部人事制度，实行聘用制，形成干部能上能下的任免机制。景芝酒业、蓝天纸业、恒安散热器、安丘外贸食品等企业对中层干部实行公开答辩、竞争上岗，能者上、平者让、庸者下、劣者汰。

第六节　计划及投资体制改革

计划体制改革

1984 年 10 月，国务院批转《国家计委关于改进计划体制的若干暂行规定》。安丘县贯彻落实此规定精神，及时转入缩小国家对重要工农业产品产量指令性计划范围、扩大指导性计划和市场调节范围新的计划经济阶段。1986 年后，全县除涉及国家战备的粮棉油等重要农产品，以及涉及人民群众重要生活必需品的调配供应和国家集体单位的固定资产投资、大中专毕业学生分配等还继续实行指令性计划外，其他工农业产品的生产或流通领域，均实行指导性计划和市场调节相结合的计划管理体制。1992 年，国家出台构建社会主义市场经济体制意见，全县指令性计划开始逐步取消，特别是物资分配方面，除省政府明确保留的钢材、木材、水泥、有色金属和少数化工产品仍实行统分统配计划外，其余物资均退出计划分配管理。1995 年后，随着经济和社会的不断发展，全市各类商品供需紧张矛盾彻底解决，市场发育逐步完善，人民生产生活也变得丰富多彩。至 1998 年，包括大中专毕业生的指令性分配也被供需双方见面洽谈所替代。至此，由市计委编制下达的年度计划里不再有指令性计划指标，均由计划安排指导意见所代替，最明显的变化是“生产计划”“调拨计划”等明显的指令性计划词语不再出现。

1999 年后，全市进入市场经济为主导阶段。由于市场经济体制的建立，指令性计划彻底退出，指导性计划和市场调节相结合的计划管理体制成为主流。其间，全市计划工作的重点转为注重战略研究和中长期规划的制定，确定未来五年市域经济发展方向，提出远景规划目标，制定和完善产业政策、区域布局方案、经济规模标准，以及配套政策措施，使计划工作更加具有超前性、预见性和导向性。同时，市计委每年根据上级计划安排意见和五年发展规划，提出符合本市实际的年度计划指导性安排意见，印发各级各部门执行。

投资体制改革

1982 年后，安丘县计委把全民所有制基本建设投资和更新改造投资，统一纳入固定资产投资计划。对实行独立核算、有还款能力的企业，除严格执行计划审批外，还试行“拨改贷”计划。即企业基本建设投资逐步由财政拨款改为银行贷款。这一时期，投资体制改革的一个显著标志，是 1988 年 7 月国务院转发国家计委《关于投资管理体制的近期改革方案》，促进简政放权，大幅缩小指令性计划，扩大地方尤其是企业的投资自主权。在此背景下，1990 年前后，县棉纺厂、景春纤维厂、兆峰陶瓷厂、帘帆布厂等企业投资建成。

1991 年 4 月，国务院发布《中华人民共和国固定资产投资方向调节税暂行条例》。从 1991 年起国家取消建筑税，开始实行固定资产投资方向调节税。这是运用经济手段管理和引导全社会投资运行的又一尝试。从此，安丘县在审批固定资产投资（分基本建设投资和更新改造投资）计划时，由税务部门依据计划部门批复的基本建设项目投资规模、投资领域等不同情况，分别按 0%、5%、10%、15%、30% 五个档次的税率，收取固定资产投资方向调节税。2000 年 1 月 1 日后，按照上级要求，暂停征收固定资产投资方向调节税。2012 年 11 月，国务院废止《固定资产投资方向调节税暂行条例》，安丘市投资领域固定资产投资方向调节税彻底退出历史舞台。

2004 年 7 月，《国务院关于投资体制改革的决定》颁发，对投资体制改革提出新的要求，重点是改革项目审批制度，落实企业投资自主权。即彻底改革不分投资主体、不分资金来源、不分项目性质，一律按投资规模大小分别由各级政府及有关部门审批的企业投资管理办法，为区别不同情况分别实行审批、核准和备案制。其中，政府投资主管部门仅对《政府核准的投资项目目录》中规定的领域或项目或产品或工艺，从维护社会公共利益角度进行审批、核准，其他项目无论规模大小，均改为备案。

安丘市执行这一规定的时间是2007年，即国务院办公厅印发《关于加强和规范新开工项目管理的通知》之后，执行的文件是山东省人民政府办公厅印发的《关于贯彻落实国办发〔2007〕64号文件精神加强和规范新开工项目管理的通知》、山东省发展计划委员会印发的《山东省基本建设项目登记备案办法实施细则》和山东省发展和改革委员会印发的《关于企业投资项目实行核准制暂行办法的通知》。至2013年，安丘市投资领域的审批、核准、备案等工作仍执行上述相关文件规定。

第四章 社会事业改革

第一节 教育体制改革

教育管理体制改革

1986年—1990年，安丘实行县以教育局、乡镇以教育组为主的教育管理模式。县教育局负责全县教育的发展规划及人事管理、教育干部任免、教育经费管理；乡镇教育组执行落实县教育局制定的有关文件、决定、安排，负责本乡镇各类学校的教育教学管理等工作。

1991年，根据《中共中央关于教育体制改革的决定》，全县实行基础教育体制改革。县委、县政府按照“分级办学、分工负责、分级管理”的原则，理顺各方面关系，明确县、乡镇、村各级办学职责，将教育纳入全县经济和社会发展总体规划。是年，撤销乡镇教育组，成立乡镇教育委员会。乡镇教育委员会为具有人事权、财务权、行政权的乡镇行政实体，负责统筹管理本乡镇的幼儿教育、小学教育、初中教育、农村成人教育、乡镇企业职工教育和社会力量兴办的各类教育，改变以往单纯由教育局在乡镇设置常驻办事机构指导乡镇教育的局面，将教育管理纳入乡镇政府的职责范围。乡镇教育委员会由教委主任、中心小学校长、中心初中校长、成人教育中心学校校长、中心幼儿园园长等5人组成。1992年9月，撤销安丘县教育局，设立安丘县教育委员会。县教育委员会除具有管理县直属学校的职能外，还担负着指导乡镇教育工作的职责。1994年，市编委明确乡镇教委为乡镇政府直属股级全民事业单位，业务上受市教委指导。人员编制控制在8人之内，最多不超过10人。

2001年5月，按照《国务院办公厅关于进一步完善农村义务教育管理体制的通知》要求，安丘市开始实行“以县为主”的义务教育管理体制。2002年1月，为明确各级在义务教育发展中的责任，理顺市、镇街道教育管理体制，安丘市教育委员会更名为安丘市教育局。是年11月，撤销镇街道教育委员会，设立镇街道“中心学校”，同时挂镇街道“教育管理办公室”牌子，中心学校校长兼任教育管理办公室主任。中心学校设立校务委员会，具体负责镇街道中小学的教务、财务、党务群团和组织人事工作。市教育局将镇街道教育管理办公室主任、副主任、初中校长、镇街道驻地小学校长及撤并乡镇前驻地小学校长的管理权统一收到市管理，“以县为主”的教育管理体制落到了实处。

2002年6月，中共安丘市委、市人民政府本着“分步上划，逐年到位，统一标准，财政代发”的原则，将农村中小学教师基本工资上划到市，由市财政统一代发。是年，为有效制止中小学生辍学，在全市初中、市直小学学籍由县级统管的基础上，又将农村小学学籍纳入全市统一管理。为加强教育系统财务管理，提高教育资金使用效率和办学效益，2003年，成立安丘市教育会计集中核算中心，实行教育会计集中核算和资金集中支付。是年，市教育局建立学生学籍管理电子档案。2004年，全市形成由市级政府重点“保工资”，市、镇街道两级政府“保运转”，市、镇街道、村三级共同负责“保安全”的工作格局。2006年初，市教育局与各学校，各学校与班主任，层层签订制止学生辍学责任书，并组织专门力量对初中阶段在校生巩固率进行专项检查。2007年7月，市政府出台《安丘市人民政府关于认真贯彻〈义务教育法〉进一步提高全市义务教育质量和办学水平的实施意见》。是年，市教育局准确、合理地测算安丘市实施义务教育经费保障学校的各项基础数据及所需资金，并与市财政局协调，确保全市义务教育经费、学校办学所需经费及时到位。为加强学校安全工作管理，2010年5月，市编办批复，在全市1000人以上的学校（幼儿园）设立安全保卫科，为学校（幼儿园）中层管理科室，负责校园安全管理工作。至2013年，全市教育管理体制保持稳定。

学校内部管理体制改革

1988年7月，县教育局在金冢子、南流中心中学和县教师进修学校进行公开选聘校长试点，在职业中专进行直选校长试点，全面推行以校长负责制、教职工聘任制、校内奖励工资制为主要内容的配套改革。1994年7月，市教委推行以"校长负责制、教职工聘任制、岗位目标责任制、结构工资制"为主要内容的学校内部管理体制改革。1997年，建立教师城乡交流制度、促进教师合理流动机制，鼓励城区教师到农村任教，努力实现城乡师资均衡发展。1998年，开始实施教师资格制度，严把教师队伍"入口关"。对师范类大中专毕业生实行考试考核，竞争上岗，择优录用。2000年8月，市教委进一步深化以教职工聘任制和结构工资制为主要内容的教育内部管理体制改革，出台《关于深化教育内部管理体制改革的意见》及配套文件，对各镇街道教委和全市各级各类学校的人员编制进行认真核定，对学校内部机构及教职工工作岗位进行合理设置。各学校主要依据教职工的量化考核成绩，分三轮聘任教职工。市教委成功的改革经验分别被《人民日报》《大众日报》《农村大众》《潍坊日报》等数家报刊刊登，潍坊市教委在潍坊市各县市区予以推广。2004年12月，全市推进中小学校长职级制改革，出台《关于推行中小学校长职级制度的实施意见》及《中小学校长聘任管理办法》等配套文件，于是月底完成各镇街道中心学校校长和市直学校校长的职级聘任工作。2008年6月，市委办公室、市政府办公室转发《中共安丘市委组织部、安丘市人事局、安丘市教育局关于进一步加强中小学校干部队伍建设的意见》，对学校领导班子职数和学校内设机构中层职数设置作了明确规定。2009年9月17日，省人社厅、省教育厅联合下发《关于印发潍坊市深化中小学教师职称制度改革试点工作实施方案的通知》，改革原中学和小学教师相互独立的职称制度体系，建立统一的中小学教师职务制度，中小学教师职称评审在核定的岗位结构比例内进行，不再进行岗位结构比例之外、与岗位聘用相脱离的资格评审。2011年4月，安丘市编委下发《关于调整中小学内设机构和领导干部配备标准的批复》，对中小学内设机构和领导职数配备标准进行调整。至2013年，中小学内设机构和领导干部配备仍按此标准执行。

第二节　医疗卫生体制改革

1985年，人们称为"医改元年"。这一年国务院批转卫生部《关于卫生工作改革若干政策问题的报告》，提出发展卫生事业的新思路：鼓励多渠道办医；对卫生医疗机构实行放权、让利、搞活，实行鼓励创收和自我发展的政策；改革收费制度。1986年，安丘县医疗卫生机构开始将经济效益指标纳入医院考核内容之一，医护人员收入开始与科室经济效益挂钩。通过"放权让利、扩大自主权和分配制度改革"，调动医疗机构和医务人员的积极性，医疗卫生服务供给大幅度增加，缓解"看病难、住院难、手术难"等突出矛盾。但随着经济社会的发展和改革的不断深入，医疗卫生资源配置不合理问题越来越突出。同时，由于医疗机构创收动力趋强，居民医疗费用快速上升，"因病致贫、因病返贫"问题日渐显现。针对医疗机构的趋利性，中共中央、国务院1997年颁布《关于卫生改革与发展的决定》，明确卫生事业的性质是实行一定福利政策的社会公益事业。2003年后，全市努力解决卫生工作中存在的"重医轻防""重城轻乡"等弊端，加强公共卫生服务，大力推进农村卫生建设和城市社区卫生建设，建立新型农村合作医疗制度和社会医疗保障制度。坚持以政府投入为主，农民自愿参加，重在解决因病致贫、因病返贫问题。2006年6月，市委、市政府根据国务院《关于卫生改革与发展的决定》等一系列要求，逐步落实改革政策，卫生改革开始步入快速发展轨道，城镇医疗卫生体制改革逐步推进。

2010年5月，在安丘市疾病预防控制中心划为全额拨款事业单位的基础上，将卫生监督大队从疾病预防控制中心完全分离出来，为直属卫生局管理的副科级全额拨款事业单位。2010年12月，召开全市深化医药卫生体制改革工作会议，部署推行国家基本药物制度、公立医院改革试点等工作。2011年1月，全市20所镇街道卫生院和符合条件的村级医疗卫生机构全面启动实施国家基本药物制度，基本药物按照购进价实行零差率销售。卫生部门积极推进基层医疗卫生机构综合改革，初步建立起竞争性用人机制、长效性补偿机制和激励性分配机制。改革人事管理制度，按照1.5‰的比例，核定基层医疗卫生机构编制1149人，人员实行竞争上岗、全员聘任、合同管理。改革补偿机制，市政府印发《基层医疗卫生机构实施基本药物制度财政补助办法》，核定基层人员、运行经费3000万元，按月拨付；根据人均25元的标准，足额拨付基本公共卫生服务项目配套补助经费。实行绩效考核制度。在市卫生局成立基层医疗卫生机构绩效考核办公室，建立市卫生局和乡镇卫生院两级考核体系，对卫生院每半年考核一次，对单位工作人员和村级定点机构每月考核一次，考核结果与单位拨款和职工绩效考核挂钩，干部职工的积极性进一步提高。省市医改调研组、检查组对安丘市的做法给予充分肯定和好评。

公立医院改革试点稳步推进。根据潍坊市公立医院改革试点的部署要求，安丘市确定市中医院和市妇保院为试点医院，并于2010年12月召开全市医改工作会议。2011年3月—4月，先后召开医改试点启动会议、现场调度会议，对医改工作进行部署和指导。改革公立医院管理体制。市政府成立市公立医院管理委员会，并在市卫生局设立办公室。完善公立医院法人治理机制，成立医院理事会，实行院长负责制和聘任制。推进人事和分配制度改革。各公立医院实行全员聘任制和岗位绩效工资制，初步建立起竞争性的用人机制和体现绩效的内部激励分配机制。2012年2月，安丘市被卫生部确定为全国县级公立医院综合改革试点县（市立医院被确定为试点医院）。按照国家、省和潍坊市统一部署和要求，安丘市由市医改办牵头，市卫生、财政、审计、监察等部门对试点医院（市立医院）人、财、物等情况进行测算，先后出台《安丘市公立医院综合改革试点实施方案》《安丘市市立医院综合改革试点实施方案》等5个政策文件。2012年12月，召开全市市立医院综合改革试点启动会议进行专题部署，试点取得阶段性成果。在试点基础上，全市公立医院改革稳步推进。

体制改革期间，为整合全社会资源强化基层医疗服务，市政府制定印发《安丘市关于组建医疗服务联合体的实施意见》，组建2家技术联合型医疗服务联合体，推动优质资源下沉和资源合理均衡布局，提高基层医疗卫生服务整体水平和效率。积极开展“医疗惠民”行动，推出临床路径管理等20项惠民措施，群众“看病贵”等问题得到初步缓解。

第三节 为民服务改革

为解决群众生产和生活中的热点、难点问题，安丘市组织实施为民服务联动工程。2001年4月，在市政府办公室设立号码为4212345的市长热线电话，接收解答群众电话反映问题。2008年，成立安丘市为民服务中心，与安丘市行政审批服务中心合署办公，一个机构，两块牌子。市为民服务中心成立以后，逐步增加服务窗口、健全服务体系、扩大服务职能，为民服务深入到市民生产生活的各个方面。同时，组织指导各职能部门以电信、网络为依托，组建本部门咨询、服务、办事、监督举报等服务中心。是年，根据《中共安丘市委办公室、安丘市人民政府办公室关于加强镇街道为民服务中心建设工作的意见》要求，全市12个镇街道和大汶河旅游开发区设立为民服务中心大厅，按照“便民、公开、依法、效能、求实”的原则，全面推行为民服务代理制。2009年，全市各镇街道为民服务中心全部建成并投入使用，窗口应进全进，人员到岗到位，服务大厅使用面积一般不少于100平方米。同时，根据《安丘市人民政府办公室关于进一步加强镇（街道）为民服务中心建设的意见》要求，各镇街道为民服务中心建立健全责任追究制、限时办结制、免费服务二级代理制等为民服务基本制度，将经贸投资、农村经济管理、土地管理、规划建设、民政、农业服务、劳动保障、集镇管理、计划生育、司法、财政、工商、税务、合作医疗、卫生及党建16类行政服务项目，以及其他综合类服务项目纳入镇街道为民服务中心办理。

为深化行政审批制度改革，建立上下联动、行为规范、运转协调、高效便捷的行政审批服务体系。2010年，市委办公室、市政府办公室印发《关于加强市镇（街道）社区三级为民服务体系建设的意见》，全面推进市、镇（街道）、社区三级为民服务体系建设，为经济社会发展创造规范、高效、便捷的服务环境。结合镇级扩权改革，凡规定放权到镇级办理的项目，全部纳入镇（街道）为民服务中心，做到项目应进全进，实现“一站式服务，一次性办结”；各有关职能部门充分授权，将审批权真正下放到市、镇（街道）两级为民服务中心窗口；按照分级负责原则，市、镇（街道）、社区为民服务中心自上而下逐级搞好业务指导服务。社区、镇（街道）为民服务中心、市为民服务中心自下而上逐级为办事对象代理项目审批服务，实行上下联动、双向互动；有序推进农村社区建设，按照“十进社区”的要求，把与群众生产生活密切相关的服务事项落实到社区办理，构建起市、镇（街道）、社区三位一体的审批服务体系，做到“小事不出社区（村），大事不出镇”。同时，市为民服务中心创新性地开展送服务下乡活动，充分体现便民、利民的服务理念。

2011年，中共中央办公厅、国务院办公厅印发《关于深化政务公开加强政务服务的意见》，安丘市按照《意见》要求，进一步规范镇级为民服务中心职能，将劳动就业、社会保险、社会救助、社会福利、计划生育、农用地审批、新型农村合作医疗及涉农补贴八大行政服务项目纳入镇级为民服务中心办理。

2012年，根据省委办公厅（鲁办发〔2012〕18号）文件和省委办公厅、省政府办公厅《印发关于深化政务公开加强政务服务的实施意见的通知》要求，市政府将党员组织关系转接、党费收缴、流动党员服务管理等纳入镇街区为民服务中心，服务窗口增至九大窗口。同时，要求继续推进社区服务站、村便民服务代办点建设，将便民服务向城乡社区（村）延伸。2013年，安丘经济开发区设立为民服务中心。至此，全市镇街区为民服务中心14个。

第五章　招商引资

第一节　组织领导

20世纪80年代，随着改革开放的不断深入，安丘县对外经济合作日趋频繁，合资、合作和独资“三资”企业逐渐增多，对全县经济发展产生积极影响。同时，安丘经济发展对资金、项目的需求越来越大，招商引资成为各级党委、政府的重要工作。

1998年前，全市招商引资以境外资金为主。1998年后，全市招商引资结构由单一的以境外资金为主逐渐向内资、外资并重过渡，招商引资区域延伸到上海、深圳、温州、厦门等沿海发达城市。2000年10月，安丘市招商局成立（挂安丘市外商投资服务中心牌子），作为专门机构，全面负责安丘市的招商引资工作。从此，安丘市的招商引资工作进入全新阶段。为进一步强化对招商引资工作的组织领导，中共安丘市委、市人民政府于2012年2月成立安丘市招商工作委员会，明确市委、市政府和镇街区及市直部门的主要领导是招商引资的第一责任人，做到每个重点项目有领导协调、有责任单位牵头、有联系人跟踪落实，形成主要领导亲自抓、分管领导具体抓、镇街区和部门合力抓的工作氛围。重点项目推进过程中，市委书记、市长亲自参与对接洽谈，项目引进后，由一名市级领导和引进单位包靠。从项目洽谈引进到落地建设、投产达效，连续五年进行跟踪考核，确保招商成效。

为搞好全市专业招商引资工作，进一步加快全市招商引资步伐，安丘市成立第二招商局，为正科级全额拨款事业单位，直属于市政府领导，内设办公室、招商科、项目管理科3个职能科室。所需人员从现有全额拨款事业单位在编人员中调剂。其主要职责是：专门负责全市经济技术开发区招商引资，特别是大项目的引进落实。2007年7月，安丘市撤销市第二招商局。

第二节 专业招商

2013年，安丘市各镇街区和市直部门、单位共组建专业招商队伍95支，378人。在此基础上，通过公开竞争性选拔，全市新组建6支驻外招商队伍。是年8月，经过专业培训后，分别赴京津冀环渤海区域（驻北京）、长三角沪宁区域（驻上海）、浙江区域（驻杭州）、珠三角区域（驻深圳）、西部区域（驻西安）、福建沿海区域（驻厦门）设立招商联络处，开始为期两年半的驻外招商工作，对外宣传推介安丘、收集招商信息、搭建招商平台、引进项目、招才引智。

第三节 项目引进

安丘市项目引进工作起步较早。1986年—2002年，安丘市先后在北京、上海、深圳、温州、厦门、揭阳等地召开大规模的招商洽谈会，利用潍坊风筝会、鲁台经贸洽谈会等平台广泛招商，收到明显成效。其间，安丘市引进外资项目2001个，到位资金2.79亿美元。其中，引进境外投资项目70个，利用境外资金2146万美元。市经济技术开发区和10个镇级工业园建设顺利，成为全市招商引资的主要载体。2010年，安丘市新设立安丘市低碳工业园区。到2013年底，全市已引进投资过亿元的项目100多个。2011年—2013年，全市利用外资项目10个，合同利用外资31514万美元，实际利用外资4343万美元。

通过招商引资，安丘先后有山水水泥、外贸食品公司芦笋果蔬深加工、博来特工业长丝、柠檬生化工业园、歌美飒风力发电、华动铸造、闰成能源科技、歌尔精密制造、萨丁新能源汽车、安丘翰沃国际建材博览城暨农机汽配城、中广核安丘摘月山风电厂、潍坊凯动动力、80万吨/年小麦淀粉废液资源化综合利用、年产100万台/套农机配件、年产2000套大气源潆射供暖机组、颐高国际电子商务中心一期、年产10000台叉车及3000台玉米收割机等一批投资过亿元大项目相继落户安丘。

第四节 政策 服务

1998年，安丘市人民政府制定《安丘市鼓励招商引资的暂行规定》。之后，对有关政策规定进行多次修改完善。其中，《暂行规定》明确项目申报、项目评审、登记备案、重大项目全程代理、招商引资奖惩等政策，规范工作流程。为加快项目落户，简约手续办理时间，安丘市对项目手续办理，实行多部门并联审批制度。一旦项目签约，通过提供现有材料，即进入手续办理的模拟审批程序，有效节省项目办理时间，加快项目落户进度。建立项目甄别机制，由市发改、经信、规划、安监、环保、商务、农业、招商等职能部门分管负责人成立招商项目甄别小组，对到安丘落户的招商项目，在投资规模、发展前景、技术含量和预期税收贡献情况等方面进行把关核实，杜绝落后产业、高污染高能耗项目落户，确保招商引资项目质量。

第六章 对外经济技术交流与合作

第一节 外资利用

1986年—2013年，随着改革开放步伐的不断加快，安丘市对外经济贸易事业得以长足发展。安丘市成为国务院批准的沿海对外开放县市之一，是山东省最早的外贸出口商品供货值过亿元、利用外资过千万美元的15个县市之一。

1989年，安丘县兴办第一家外商投资企业，合同外资金额110万美元，实际利用外资110万美元。1990年，全县审批利用外资项目4个，合同外资额772万美元，实际利用外资649万美元。1992年后，外资投资项目增加较快。是年，审批利用外资项目42个，合同外资额3245万美元，实际利用外资1468万美元。1994年，安丘撤县设市后，利用外资步伐加快，实际利用外资额大增。1995年，全市审批利用外资项目42个，合同外资额11380万美元，实际利用外资7700万美元。

进入21世纪后，安丘市掀起招商引资热潮，外资项目呈现数量多、规模大并向高、精、尖方向发展。2000年，全市审批利用外资项目16个，合同外资额998万美元，实际利用外资834万美元。至是年底，审批利用外资项目257个，合同外资额53000多万美元，实际利用外资30000多万美元。实际利用外资过千万美元的项目2个，总投资500万美元以上的项目有京春公司、大龙公司、安泰公司、兆峰公司、祥瑞公司、福华公司6家。一批世界知名的大商社、大财团纷纷到安丘投资建厂。如世界500家大跨国公司之一的韩国鲜京集团与安丘市棉纺织厂举办的合资企业潍坊京春纤维有限公司，项目总投资2200万美元；香港兆峰集团在安丘独资兴办兆峰陶瓷（潍坊）内墙砖有限公司，总投资2250万美元；日本知名大商社日本池田糖化株式会社在安丘独自兴办安丘福华食品有限公司，累计投资1120万美元。共有日本、韩国、美国、英国、德国、澳大利亚、加拿大、以色列、乌克兰等国家和香港、台湾等地区的客商在安丘投资兴业。2005年，全市审批利用外资项目35个，合同外资额19921万美元，实际利用外资11643万美元，创历史之最。2010年，审批利用外资项目6个，增资项目5个，合同外资额5075万美元，实际利用外资952万美元。

随着全市软、硬环境的不断优化，外商投资企业发展信心不断增强，柠檬生化公司、福克斯食品公司、山水水泥公司、华润燃气公司、黄河食品公司、同喜农产品公司、源清田食品公司、英耐时公司、永丰食品公司等近30家企业持续增资，增资金额近5000万美元。

安丘市1989年—2013年外资利用情况统计表

表4—3　　　　单位：万美元

年份	利用外资项目个数	合同外资额	实际利用外资额	年份	利用外资项目个数	合同外资额	实际利用外资额
1989	1	110	110	2002	28	4086	2178
1990	4	772	649	2003	42	9242	4985
1991	16	1085	1065	2004	34	10049	7405
1992	42	3245	1468	2005	35	19921	11643
1993	35	8095	1167	2006	17	4135	4114
1994	30	16787	5843	2007	16	5140	4318
1995	42	11380	7700	2008	11	6071	779
1996	29	5804	5905	2009	1	1197	758
1997	14	3412	3502	2010	6	5075	952
1998	13	586	1086	2011	2	7705	951
1999	15	792	964	2012	4	11531	1043
2000	16	998	834	2013	4	12278	2349
2001	46	4561	1525				

第二节　技术交流

1992年10月，美国环球烟草公司2名副总裁到安丘就烟叶复烤工作进行技术交流；英国菲利普英利斯烟草公司负责人到安丘交流黄烟生产技术，洽谈烟草出口事宜。1993年2月，美国ARS机械公司1名副总裁到县水箱厂进行技术交流，洽谈合作项目。是年10月，美国捷宋国际贸易公司董事长田干臣到金冢子乡交流技术，洽谈合作。1994年5

月，日本磐亚株式会社社长赖尾严到黄旗堡酵素菌肥厂考察、交流；美国岱子棉公司客人到安丘交流技术，洽谈繁育棉花良种事宜。6月，美国尤利安种子公司经理关大力到安丘考察西红柿制种情况，并进行技术交流。8月，埃及棉花考察团由埃及农业中心棉花所农学部主任泽德带队到安丘参观和技术交流。9月，台湾万代食品有限公司、日本佐藤中商株式会社客人到安丘考察交流，洽谈建立食品加工基地事宜。11月，美国岱子棉公司副总裁王家斯、中美合资华岱公司汤姆·利德到安丘考察棉花良种，交流制种技术，洽谈合作事宜。12月，新加坡国际控股集团总公司经理谢伟豪到市涤纶帘帆布厂交流技术，洽谈投资事宜。1997年3月，市机械厂从英国安达克海外有限公司引进先进技术和设备，双方合资成立安丘富安环保设备制造有限公司。1998年，石堆镇与韩国罗州市签订合建千亩梨园合同，由韩方提供树苗和技术指导。1999年3月，日本农学博士、番茄嫁接专家、日本福田大学名誉教授吉武哲夫到安丘进行番茄嫁接技术指导培训。

2000年11月，日本生姜协会会长简中和雄到安丘考察大姜生产，进行技术指导。次年10月，美国国际工程财务公司出资购买山东半导体总厂部分资产，成立潍坊美华高科技电子有限公司，并提供新技术，为公司带来新的生机和活力。2002年2月，日本岛根县株式会社农协观光团到安丘参观考察现代农业示范园、大江肉鸡食品有限公司、万鑫公司，双方就有关技术进行交流。3月，日本河源食品株式会社社长御一行洋率考察团到市外贸食品公司进行考察，并交流有关技术，洽谈合作项目；日本岛根县农业考察团一行120余人到安丘考察，双方进行技术交流活动，洽谈投资、合作事宜。6月，日本池田糖化株式会社、兼松株式会社、西府株式会社、松屋株式会社、广通商事株式会社、三通国际商事株式会社的一批客商到安丘参观考察，进行技术交流，洽谈投资合作；以日本农林水产省、厚生省官方代表美上志一为团长的考察团到安丘对蔬菜农药残留状况进行考察。代表团听取安丘市关于蔬菜种植、加工等方面的介绍，对种植基地、车间、化验室进行考察，就有关技术进行交流。10月，日本著名蔬菜保鲜、加工专家佐藤正忠应市外国专家局邀请，到安丘帮助解决有关蔬菜加工、保鲜等技术问题，仅其提供的常温放射保存马铃薯办法就为潍坊鑫利特食品有限公司节省冷库建设费用550多万元，每年节电20多万元。12月，韩国杨平郡访问团到安丘参观考察蔬菜种植基地和生产加工厂家，并交流有关技术，洽谈合作项目。2006年，市外贸食品有限责任公司与日本兼松株式会社、日本静冈大学、日本信州大学等世界500强公司和知名大学进行技术合作，在公司实验农场对果树进行新品种栽培实验，获得全面成功。2009年8月，日本冷冻食品协会到安丘考察出口食品农产品质量安全区域化建设工作，双方进行技术交流。2013年10月，中韩国际食品安全示范区韩国考察团到安丘考察出口农产品示范区建设情况。

1986年—2013年，境内工业企业主要技改项目，大多是靠引进国外先进技术和设备完成的。主要有：兆峰公司引进的德国产彩釉地砖全套设备、京春公司引进的韩国仿真丝绸织染全套设备、恒安散热器公司引进的美国产铝质散热器生产线、长安汽车配件公司引进的加拿大刹车片生产线、登峰维尔克焊接材料公司引进的乌克兰药芯焊丝生产线、安飞纸业有限公司引进的日本机内涂布生产设备、鲁安药业引进的美国技术生产颗粒扑热息痛设备、电机一厂引进的韩国技术生产水泥除尘设备、福华公司从日本引进的蔬菜浓缩生产线等。其中，所引进的国外先进技术填补安丘工业产品空白的主要有：仿真丝绸、尼龙塔夫绸、帘帆布、药芯焊丝、刹车片、墙地砖、颗粒扑热息痛、蔬菜泥、蔬菜汁、铝质水箱、臭氧发生器、水泥除尘设备、软包装水果罐头等，共计20多个。

第三节　劳务输出

安丘县对外输出劳务始于1992年。至1998年，安丘市累计输出劳务254人，劳务合同额427.5万美元。劳务输出的目的地主要是俄罗斯、日本、韩国、印尼等国家。劳务输出人员从种植蔬菜、建筑、加工装配玩具等初级劳务发展到像热电厂到印尼从事发电厂技术服务一类的高级服务。

2000年后，安丘市依托景芝建工集团这一平台，不断增加外派劳务数量，扩大对外工程承包营业额。2006年，对外承包工程完成营业额870万美元，外派劳务125人次。2007年，对外承包工程完成营业额1000万美元，外派劳务150人次。2008年，对外承包工程完成营业额1000万美元，外派劳务120人次。2009年，对外承包工程完成营业额1156万美元，外派劳务135人次。2010年，实现对外承包劳务营业额1380万美元,外派劳务150人次。是年，柠檬生化、鲁安药业、雷克兰3家公司均在境外设立有限责任公司，总投资430万美元。2011年，对外承包劳务完成营业额1104万美元，年累计外派劳务138人。翔宇包装在乌干达投资200万美元设立分厂。2012年，全市完成对外承包劳务营业额达1210万美元，派出各类劳务人员209人次，富瑞杨轩包装公司、华仔食品公司、绿川食品公司分别在柬埔寨、缅甸、韩国投资项目通过省商务厅审批，投资额共计508万美元。

第四节　友好缔结

随着对外开放不断深入、经济社会快速发展，安丘市友好往来活动日趋频繁。1989年10月，安丘县与黑龙江省黑河市结成友好县市。1991年，安丘县分别与河南省洛阳市郊区、内蒙古自治区包头市青山区缔结友好县区。是年4月，与山东省平邑县结为姊妹县。1992年4月，安丘县与陕西省延安地区子长县缔结为姊妹县。1998年9月，安丘市与河南省正阳县缔结友好县市。2002年7月，安丘市与四川省米易县缔结为友好县市。

第七章　园区开发

第一节　高新技术产业园

2012年，为加快工业强市步伐，国土资源部、省国土资源厅确定安丘为低丘缓坡未利用土地开发试点市，开发辖区内低丘缓坡地建成高新技术产业园。园区位于安丘市北区,园内贯穿新安路、北环路、昆仑大街、珠江路、香江路等路网，交通发达便捷。园区基础设施配套完善，高新技术产业初具规模。按照建设经济转型示范区、科技创新集聚区、绿色发展引领区的要求，突出特色、凸显优势，打造以电子、化工、新能源、环保机械等为主导产业的高新技术产业园。闰成能源、潍坊金科环保设备、潍坊嘉农机械、新瑞新能源汽车、明德环保科技、博力通轻工自动化装备等20多家企业落户园区，合同利用资金80多亿元。同时，不断加大园区基础设施配套建设力度。规划建成6条,14公里园区路，并进行绿化亮化。建设220千伏变电站1座，架设4条，28公里电力线路。铺设自来水、污水及天然气管网10000多米，增强园区承载能力。

第二节　青龙湖高新产业园

园区位于安丘市区北部青龙湖畔，以青龙湖为中心，西起新安路，东至澎湖路，南起泰山街，北至北环路，内有青龙湖路、新安路、澎湖路、汇智大道、创智大道、泰山街、锦湖路等道路，管网、电力等基础设施完善到位。项目规划占地1500亩，是潍坊市重点项目、山东省重点储备项目。项目定位为集企业总部、技术研发、生活配套为一体的生态化高新产业园。项目运作模式为政府主导、企业主体、市场运作。在产业规划上重点面向生物科技、先进制造业、现代物流、创意设计等高科技领域。至2013年，启动园区规划建设用地237亩，建筑面积87555平方米，总投资5亿元。

第三节　圣普闪联智慧产业园

园区位于安丘市北部，锦湖路以东、青龙湖路以南、泰山街以北。规划占地123亩，计划投资6亿元，主要打造集企业总部、研发中心、结算中心、培训接待中心以及生活配套服务区、商务办公服务区于一体的研发基地。2014年，一期工程项目开工建设。至年底，1栋科研楼、1个生产车间主体竣工并投入使用，另一栋研发楼亦动工建设。电子信息产品协同互联国家工程实验室潍坊分实验室入驻产业园，主要是利用实验室的技术、人才、研发等优势，支撑产业园的发展，是产业园的公共服务平台，对安丘及至潍坊的电子信息产业提供技术支持。北京闪联信息工程中心产品公司、上海时艺生物科技有限公司、深圳大为世纪科技有限公司、深圳尚为科技有限公司等4家公司落户产业园。园区主要接受转移、研发、孵化、推广高新技术成果，培养高级技术管理人才，创建山东领先、国内一流的高新科技信息产业基地。

第四节 中小企业创业园

园区位于安沙路以北、央赣路两侧，规划占地面积5000亩，计划总投资100亿元，定位为中小企业创业发展基地。园区一期建设项目占地面积1652亩，基础设施配套完善。主要引进天然气化工、金属材料、机械装备制造、汽车及配件、高技术陶瓷、高档玻璃、太阳能和信息产业等。2013年，盛宝蒸发式空冷器、泰达电力及环保设备、包装罐体、恒硕机械、雷邦机械等11个投资过亿元项目落户园区，总投资32亿元。

第五节 低碳工业园

园区位于新安街道北部，依托中石油西气东输山东天然气管网工程规划建设。规划总占地面积7平方公里。其中，起步区2000亩，规划区5000亩，延伸区3000亩，计划总投资300亿元。2013年，起步区内建成昆仑大街、翠山街，并完成供水排水管网、园区绿化、电力、通讯等基础设施配套建设。园区内落户盛瑞零部件、海邦科技、贝特工程机械、华安铁塔、方建机械等10多家企业，低碳经济效益初具规模。

第六节 玻璃钢工业园

园区位于市北区新安路以西，阳春路以南，潍徐路以东，大汶河以北。规划总占地面积7.7平方公里，主要为中小型玻璃钢企业进园经营、抱团发展，进一步放大产业优势，提升产业档次和水平提供支持和便利。2013年，园区内落户玻璃钢企业160多家，其中规模以上企业8家。园区玻璃钢企业实现主营业务收入10.5亿元、利税3800余万元，其中规模以上企业实现主营业务收入6.6亿元、利税2500余万元，玻璃钢产业规模效益已初步显现。

第七节 先进制造产业园

2009年，兴安街道在市南区东南部规划建设工业园区，吸引、承接“大、高、外、环”项目落户园区。2011年，市委、市政府重新规划工业园区，建设占地3.8万亩的安丘市先进制造产业园。产业园紧邻城市商住生活圈，是先进机械制造业和高新技术聚集地，也是一处规划档次高、承载能力强、设计规模大、发展前景好的现代化高端产业园区。至2013年，产业园调整规划建设用地11400亩，完成拆迁倒地5500余亩。产业园规划建设分两个板块。先进装备制造板块：规划建设面积1.2万亩，引进龙鼎重工、昌安金具、民昕物流、博翔机械、富邦机械、高智工程机械、上冶仓储、达森物流、宇宏石油机械、埃尔派粉体设备、力圣昌电机制造、科信达重工等十几个项目落户，累计投资26亿元。绿色动力板块：规划建设面积2.6万亩，引进凯沃集团项目（凯动动力和雷鸣重工项目）、高智工程机械项目、龙鼎重工项目、富邦机械项目落户园区。其中，凯沃集团总投资28亿元，占地800亩，一期凯动动力建设车间4个、8万平方米。4个车间全部投产达效，主要生产组装各种柴油机组，年可实现产值10亿元。二期雷鸣重工建设车间3个，30万平方米，主要研发生产挖掘机、叉车、轮拖及收割机。1号车间建成投产，可年产各类叉车6万台，产值40亿元；2号车间进行试生产，正式投产后，可年产各类农机装备7万台，产值70亿元。高智工程机械项目总投资5.2亿元，占地260亩，总建筑面积14万平方米，主要生产工程机械、立体泊车设备、各种配件、铸件等，产品销往上海、北京等地，出口日本、美国等国家。建成投产后，年可实现主营业务收入10亿元，利税1.2亿元。龙鼎重工项目总投资3亿元，占地240亩，总建筑面积12万平方米。企业与山东大学达成合作意向，计划筹建龙鼎重工山东大学博士工作站，通过博士工作站引进碳纤维系列产品生产项目。建成投产后，年可实现主营业务收入2亿元、利税2000万元。富邦机械项目与中国500强、央企柳工集团合作，总投资2亿元，占地86亩，总建筑面积5万平方米，主要生产各种大型预拌砂浆生产线设备。建成投产后，年可实现主营收入2.6亿元、利税3000万元。

第八节　低碳产业园

园区规划　低碳产业园位于安丘经济开发区北部。园区北靠坊子界，南与安丘经济开发区相连，东至安乐官庄以西，西至潍徐路。规划占地面积14.8平方公里。潍安路穿过园区，分园区为东西两部分（东为高新技术产业园），是园区依托的交通要道。低碳产业园规划建设先进机械制造业产业园区，以发展机械、电子信息和轻工业为主，辅助发展化工和石化产业，将建成标准档次高、承载能力强、项目规模大的现代工业园区，力争打造山东省产业结构调整示范区和山东省低碳经济示范区。

园区优势　2013年，低碳产业园规划范围内有村庄11个，总户数1038户，人口总数3464人。山东中石油天然气管网中的“泰安—青岛”天然气管线经过境内，并在本园区规划范围内建设分输站。为园区提供可靠、便捷、廉价的天然气资源，为发展低碳产业园提供充足的能源保障。

低碳产业园已投产企业全部为机械制造类企业，年产60万吨高端润滑油项目正在建设中。形成“投产一批、在建一批、开工一批、储备一批、开发一批”的梯次发展格局，初步建成以高端装备制造和电动机等终端产品为龙头的制造业集群。

园区基础设施建设　按照市委、市政府的总体部署，加快开发区基础设施建设，打造开发区良好的投资环境，开发区内道路结构，结合潍徐路、北海路和新潍安路、北外环、昆仑大街建设，对外交通道路已经形成，并全部美化绿化。同时对园区内排水管网、供水供电等基础设施进行初步改造和配套，为项目落户、开工建设打下良好基础。

第九节　产业园重点项目

齐鲁酒地文化创意产业园　产业园位于安丘经济开发区青龙山，东承潍安路，西临北海路，南接安丘北外环，北至潍坊坊子区，总占地面积7000余亩，计划投资60亿元。以白酒文化和生态资源为核心，以传承酒文化、打造酒旅游、促进酒消费、拓展酒产业、塑造酒品牌为理念，构筑高端休闲度假、文化体验展示、综合服务配套三大体系。通过休闲度假、娱乐体验、交流展示、教育传承、生态保护、交易服务，共同打造成为集生态景观文化旅游业、酒文化深度体验、酒文化演绎、生态休闲养生度假、酒类展示交易和低碳仓储物流业于一体的国内规模最大、功能最全、档次最高的酒文化创意产业综合园区。

山东闰成石化　山东闰成石化有限公司投资建设的60万吨/年高端润滑油项目，总投资37.7亿元，占地1000亩。项目主要划分为五大区域：储运区、生产装置区、公用区、消防区、厂前区。至2013年，储运区、厂前区建设全部竣工，生产装置区正在安装调试设备。

华汶实业　为新型卫生材料项目。总投资10亿元，占地396亩，规划建筑面积20万平方米。主要经营为生产卫生巾（含卫生护垫）、纸尿裤（片、垫）；销售卫生用品材料、一次性卫生护理用品、卫生用品设备；货物进出口、技术进出口。

第 五 编

农 业

第一章　产业结构

安丘是一个传统农业大市，粮食作物种植一直占主导地位，经济作物种植基础良好，黄烟、花生、大姜、大蒜、蜜桃、樱桃、草莓、梨、板栗、桑蚕等特色农业产品种类繁多。1992年，安丘蜜桃在国家商标局注册“安蜜”“安丘”商标。1993年起，连续6年被中央特供处指定为国宴用品、特供品。1994年，安丘蜜桃获山东省农副产品博览会金奖。是年10月，获全国名特优博览会金奖。1996年，安丘市被中国特产之乡组委会命名为“中国蜜桃之乡”。2012年3月，“安丘蜜桃”“安丘两河大蒜”2个农产品顺利通过农业部农产品地理标志登记专家评审委员会评审，入围公示，申请实行国家农产品地理标志登记保护。

1985年—1991年阶段

随着农村改革的不断深化，农村经济进入持续稳定协调发展阶段。中共安丘县委、县人民政府把调整农业产业结构作为完善农村家庭承包责任制，深化农村改革的一项重大战略措施，在稳定发展粮食生产的同时，大力发展经济作物和林牧业生产，逐步形成以粮食产业为基础、多种产业互相结合协调发展的综合型农村产业结构。

从1986年起，境内粮食生产持续稳定，棉花、油料等经济作物均有较大发展。林果业发展迅速，主要经济树种有10科25种，以苹果、桃分布最广，柿、杏、李、梨、樱桃、葡萄等也有较大发展。是年，安丘县在雹泉镇重点发展山楂，在安丘镇西三里庄、雹泉镇后范山子、石堆乡梯门等村重点发展以玫瑰香、巨峰品种为主的葡萄。此后，随着城区的开发和苹果业发展及市场变化，山楂、葡萄面积逐年减少。其间，在安丘、石堆、贾戈、担山等乡镇重点发展安丘蜜桃，面积达5万亩，辐射带动周边乡镇发展到1万多亩，形成安丘独特的果品产区。

20世纪80年代中期，县内畜禽生产基本形成以饲养生猪、骡、马、牛、驴、羊、兔和鸡、鸭、鹅为主的产业格局。1987年，全县畜禽总存栏量22.9万头。其中，生猪存栏12.88万头，占总量的56.23%；大牲畜存栏5.67万头，占总量的24.75%；羊存栏1.52万头，占总量的6.65%；兔存栏8536只，占总量的3.72%。家禽以蛋鸡为主，存栏1.98万只，占总量的8.64%。畜禽生产总体以生猪等食粮畜禽为主，食草畜禽占31.4%，畜禽生产开始出现多样化格局。1990年，全县肉蛋奶总量达5.47万吨。其中，猪肉产品2.81万吨，占51.31%；禽蛋产量1.37万吨，占25.11%；禽肉产量1.11万吨，占20.22%。

1992年—1997年阶段

安丘市适应市场经济发展需要，不断调整农业结构，向高效现代化特色农业转变。稳定粮油，调减棉花，重点发展蔬菜、林果等高效经济作物。林果业积极推广新技术、新品种。1994年，大力开发山区乡镇，在雹泉、官庄、管公、辉渠等镇发展以仓方早生为主的水蜜桃系列品种。除重点发展安丘蜜桃外，还发展以新红星和红富士为主的苹果。1996年，境内苹果发展到17万亩。同时，在石埠子镇大力发展草莓生产，推广设施栽培，规模种植，石埠子镇被中国特产之乡组委会命名为“中国草莓之乡”。庵上镇除种植当地小樱桃外，大力发展大樱桃生产，形成独有特色，被中国特产之乡组委会命名为“中国樱桃之乡”。20世纪90年代中期，畜牧业内部结构逐步调整，在稳定发展生猪生产的同时，扩大牛、羊养殖规模。

1998年—2013年阶段

安丘市围绕农业增效、农民增收，有步骤地推进农业和农村经济结构战略性调整。根据市场导向，确立“围绕市场做文章，合理调整优化农业种植结构，发展适销对路特色名牌产品”发展思路，根据传统优势和市场潜力确定发展方向。重点在西部丘陵地区发展果品和畜禽养殖，在汶河、潍河、渠河流域种植姜、蒜、芦笋、草莓等高效经济作物，在库区发展淡水养殖，形成合理的特色农业区域化布局。2000年，全市经济作物面积占52%。进入21世纪，突出区域化布局，规模化发展，重点增加设施农业比重，农业内部结构调整进一步优化。在西南山区的柘山、辉渠等乡镇创建林果大道，绵延数百公里，主要品种以黄金梨、李子、柿子、板栗、核桃、蜜桃等为主；在贾戈、石堆、辉渠等镇部分村，大力发展黄金梨，面积达2万亩。至2013年，全市形成以郚山镇为主的核桃基地，以柘山镇为主的板栗基地，以辉渠镇为主的蜜桃基地，以大汶河旅游开发区为主的黄金梨基地，以石埠子镇为主的草莓、大樱桃基地的林果业生产格局，总面积24万亩。

养殖业随着农业机械化水平的提高和畜牧业结构的调整，马、骡、驴的存养量大幅度下降。2013年，全市畜禽总存栏量43.39万头。其中，生猪存栏22.66万头，占总量的52.23%；大牲畜存栏3.62万头，占总量的8.35%；羊存栏4.24万头，占总量的9.78%；家禽以肉鸡、肉鸭为主，存栏12.14万头，占总量的27.99%；兔存栏1037头，占总量的0.24%；牛羊等食草畜禽占比为18.13%；狐狸、水貂等特种动物存栏6111只，占1.41%。全市肉蛋奶总产量达到15.31万吨。其中，猪肉产品7.74万吨，占50.55%；禽蛋产量1.74万吨，占11.42%；禽肉产量5.09万吨，占33.26%；奶产量956.9吨，占0.62%。

水产养殖除传统的鲢、鳙、鲤、鲫、鲂、草鱼外，成功引进罗非鱼、建鲤、中华绒螯蟹、黑鱼、鲶鱼、太湖银鱼等优良品种。1998年，全市水产品总产量突破1万吨大关。2007年，水产品总产量达1.64万吨。2008年，安丘市水产养殖重心西移，主要进行牟山水库浅滩地改造。将2万亩浅滩地，通过台田清淤，建成1万亩池塘养殖作业区。2009年，大力发展池塘精品养殖，先后引进金鲫、乌鳢、白鲳、黄鳝、淡水青鱼等名优品种，当年水产品产量达5010吨。2010年，建立现代渔业园区，提高渔民养殖效益，水产品产量年均增长8%。2013年，全市水产品产量达6379吨，产值9000万元。

至2013年，安丘建成大姜、芦笋、大樱桃、草莓4个国家级农业标准化示范区；拥有安丘大姜、安丘大葱、柘山花生、安丘蜜桃、安丘两河大蒜、石埠子樱桃、辉渠望海山小米7个国家地理标志保护产品。拥有中国名牌“鲁丰”罐头、省著名商标“万鑫”蔬菜，注册农产品商标200多个。全市形成40万亩国家大型商品粮基地，40万亩出口蔬菜产业带；10万亩花生基地，3万亩国家级草莓农业标准化示范区及1万亩桑蚕基地的特色农业生产格局。

第二章　种植业

第一节　机　构

1986年，安丘县农业局为正科级行政单位。1993年，安丘县进行县级机构改革，撤销县农业局，归属县农委。1997年，安丘市政府机构调整，设立安丘市农业局，正科级行政单位，为市政府主管农业的职能部门。2010年，安丘市农业局内设办公室（挂计划财务科牌子）、政工科、科技与市场信息科、种植业管理与产业化指导科、农产品质量安全监管科（挂政策法规与生态区划科牌子）5个职能科室，下辖山东省农业广播电视学校安丘市分校、安丘市农村农源办公室等8个事业单位。至2013年机构无变动。

山东省农业广播电视学校安丘市分校

分校始建于1981年7月。1989年3月，由股级升格为副科级规格，为财政全额拨款事业单位。2002年7月，加挂安丘市农村科技教育培训中心牌子。至2013年，其性质、规格未变。

安丘市农村农源办公室

安丘市农村农源办公室成立于2003年3月，为财政全额拨款股级事业单位，加挂安丘市农业环境保护站牌子。至2013年，机构未变动。

安丘市农业执法监察大队

2003年3月，安丘市在市种子管理站基础上成立安丘市农业执法监察大队。2008年7月，升格为财政全额拨款副科级事业单位。至2013年，机构性质未变。

安丘市农产品质量检测中心

2003年3月，安丘市在市植物保护站、市土壤肥料工作站、蔬菜站的基础上成立安丘市农产品质量检测中心，为财政全额拨款副科级事业单位。至2013年，机构性质未变。

安丘市农业技术推广站

安丘市农业技术推广站成立于1958年8月，为财政全额拨款股级事业单位。至2013年，其规格、性质未变。

安丘市种子总公司

安丘市种子总公司前身是安丘县良种公司。1990年9月，更名为安丘县种子公司。1999年2月，易名为科萌集团。2004年5月，改组为安丘市种子总公司，为副科级事业单位，实行企业化管理。至2013年，机构性质未变。

安丘市良种繁育场

安丘市良种繁育场始建于1974年7月，为财政差额拨款股级事业单位。1994年，改为自收自支事业单位。至2013年，机构性质未变。

安丘市蔬菜研究所

安丘市蔬菜研究所前身是安丘市农业示范园。建于1999年11月，为正科级企业化管理事业单位。2002年1月，更名为安丘市蔬菜服务中心。2011年8月，在蔬菜生产服务中心基础上成立安丘市蔬菜研究所，为财政全额拨款正科级事业单位。至2013年，机构性质未变。

第二节　粮食作物

1986年—1995年，安丘市粮食生产处于稳定期。粮食作物种植主要有小麦、玉米、薯类、大豆、高粱、谷子等，粮食播种面积占农作物播种面积比重较大。1986年，全县粮食播种面积178.94万亩，占农作物播种面积的77.1%。粮田面积比重大，经济作物面积相对较小，粮经比例不合理，作物种植方式方法比较传统，农业机械化程度低，经济效益差。1995年后，县委、县政府调整农业种植结构，着力提高农业经济效益，开始压缩粮田面积，扩大高效经济作物种植。1996年，安丘大姜等经济作物价格上涨，极大刺激农民种植大姜、大葱、草莓等经济作物的积极性，粮食播种面积不断缩减。到2000年，安丘市经济作物种植面积首次高于粮食作物，占到52.1%，粮食作物占47.9%。2005年起，国家对粮食生产出台一系列补贴政策，粮食种植尤其是小麦播种面积有所回升，粮食作物所占比重逐年增加。至2013年，粮食作物种植面积稳定在60%左右。农民适应市场变化安排生产，且随着新农机、新技术、新品种的推广，农业生产力水平不断提高，种植效益大增。粮食作物、经济作物的单产、单产效益和总产值均有大幅度上升。

安丘市1986年—2013年粮经作物结构演变表

表5—1

年份	作物播种面积（万亩）	粮食作物		经济作物	
		播种面积（万亩）	比例（%）	面积（万亩）	比例（%）
1986	232.09	178.94	77.1	53.15	22.9
1987	231.45	177.39	76.6	54.06	23.4
1988	235.14	180.98	77.0	54.16	23.0
1989	229.06	175.85	76.8	53.21	23.2
1990	235.70	181.59	77.0	54.11	23.0
1991	233.48	178.89	76.6	54.59	23.4
1992	231.45	171.99	74.3	59.46	25.7
1993	235.63	168.14	71.4	67.49	28.6
1994	243.43	164.42	67.5	79.01	32.5

续表 5-1

年份	作物播种面积（万亩）	粮食作物		经济作物	
		播种面积（万亩）	比例（%）	面积（万亩）	比例（%）
1995	239.56	166.52	69.5	73.04	30.5
1996	235.93	164.65	69.8	71.28	30.2
1997	232.93	153.50	65.9	79.43	34.1
1998	232.38	134.60	57.9	97.78	42.1
1999	230.46	121.73	52.8	108.73	47.2
2000	228.40	109.37	47.9	119.03	52.1
2001	221.89	99.00	44.6	122.89	55.4
2002	208.95	91.04	43.6	117.91	56.4
2003	188.94	72.05	38.1	116.89	61.9
2004	195.45	80.91	41.4	114.53	58.6
2005	204.48	114.22	55.9	90.26	44.1
2006	198.73	113.36	57.0	85.37	43.0
2007	166.34	91.85	55.2	74.49	44.8
2008	168.08	96.10	57.2	71.98	42.8
2009	170.74	99.78	58.4	70.96	41.6
2010	175.08	103.7	59.2	71.38	40.8
2011	177.37	106.05	59.8	71.32	40.2
2012	174.79	105.25	60.2	69.54	39.8
2013	174.50	105.46	60.4	69.04	39.6

小麦

小麦一直是安丘市主要粮食作物，播种面积居首位。1986年—2000年，全市小麦播种面积保持在50万亩以上。在种植方式上，多采用小麦、玉米间作套种，以鲁麦7号、烟农15、鲁麦14号等品种为主。2000年后，随着全市农作物种植结构调整，经济作物面积逐渐扩大，小麦种植面积较前有所减少。2003年，小麦种植面积只有25.72万亩。2005年始，国家对种粮农民实行价格补贴，并对良种补贴地块实行统一由竞标企业负责供种，调动农民种粮积极性，小麦面积逐年扩大。2005年，实行小麦良种价格补贴政策后，所供品种主要推广济麦22号、烟农24号等。到2011年，播种面积基本稳定在50万亩。随着农民种粮积极性的提高、农业机械化的发展以及农业部粮食高产创建计划的实施，包括种子包衣、配方施肥、宽幅精播、病虫害统防统治、小麦一喷三防等新技术的大力推广，小麦单产量逐年提高。2013年单产428公斤，总产21.47万吨。

玉米

玉米是安丘市第二大粮食作物。1986年—2003年，播种面积经历由多到少。其间，多以推广玉米、小麦间作套种为主，延长玉米生长期，达到增产目的。1986年，全县玉米播种面积61万亩，最高年份为1991年，播种面积66.84万亩。2003年减至29.4万亩，为玉米播种最低年份。主要推广品种有掖单13号、沈单7号、鲁单50号、农大108号等。2005年后，受国家粮食补贴政策影响，玉米种植面积逐年回升。2010年起，随着农业机械化水平的提高及新品种、新技术的推广，玉米播种方式发生变化，小麦收后直播玉米成为主要方式。主要推广的品种有郑单958、先玉335、金海5号、登海605、伟科702等。玉米种植技术上，主要推广选用耐密型品种、配方施肥、种子包衣、化学除草、适时晚收、机播机收等。

至2013年，全市玉米种植面积超过50万亩。

甘薯

甘薯俗称“地瓜”，安丘市种植历史悠久。栽种方式一直实行先育苗后移栽、起垅栽植。甘薯曾在人们生活中占有重要地位。1986年—1991年，甘薯是境内第三大粮食作物，也是农民日常主食之一。栽培面积一直稳定在20万亩以上。1992年后，随着小麦、玉米等粮食作物产量不断提高，甘薯不再是人们的主食，其种植面积亦逐年减少，但单产量却大幅提高。2010年，全市甘薯种植面积低于4万亩，成为小品种粮食作物，主要在山区、丘陵地区零星种植。主要种植品种基本稳定，高淀粉型的有徐薯18、鲁薯7号、鲁薯8号等，适于烤制、加工薯脯的主要是北京553。

甘薯成为城乡人们调节口味的一种食物，烤地瓜、薯条进入食品市场，深受人们喜爱。

安丘市1986年—2013年主要粮食作物种植面积产量统计表

表5—2

年份	小麦			玉米			大豆			薯类（甘薯）		
	面积（万亩）	单产（公斤）	总产（万吨）	面积（万亩）	单产（公斤）	总产（万吨）	面积（万亩）	单产（公斤）	总产（万吨）	面积（万亩）	单产（公斤）	总产（万吨）
1986	82.17	272	22.36	61.00	440	26.82	4.12	121	0.50	24.72	424	10.48
1987	80.00	260	20.80	62.85	441	27.71	3.10	197	0.61	24.92	502	12.50
1988	83.00	258	21.45	63.76	459	29.26	3.84	188	0.72	24.51	491	12.05
1989	76.51	264	20.22	65.37	396	25.86	3.40	202	0.69	23.71	505	11.97
1990	83.12	275	22.85	66.15	439	29.06	3.43	157	0.54	23.59	522	12.32
1991	83.25	310	25.82	66.84	437	29.24	2.99	181	0.54	21.28	533	11.35
1992	81.33	319	25.90	65.7	416	27.34	2.99	180	0.54	17.93	500	8.96
1993	80.24	344	27.61	63.42	473	29.98	3.30	220	0.73	17.27	559	9.65
1994	74.47	343	25.56	63.25	485	30.69	4.45	222	0.99	17.58	588	10.33
1995	73.45	354	25.99	64.03	468	29.98	4.31	198	0.85	19.99	604	12.08
1996	72.16	368	26.58	63.55	484	30.73	5.04	226	1.14	19.38	622	12.06
1997	67.11	379	25.45	58.87	387	22.77	6.57	184	1.21	16.61	517	8.59
1998	59.40	396	23.51	51.26	448	22.94	5.71	194	1.11	14.59	608	8.87
1999	52.49	400	21.02	47.47	439	20.86	—	—	—	13.68	602	8.24
2000	50.51	396	19.99	41.08	377	15.51	—	—	—	11.04	505	5.58
2001	42.40	378	16.03	38.51	397	15.30	4.88	185	0.90	10.84	530	5.75
2002	38.85	247	9.59	32.97	261	8.62	5.37	140	0.75	11.30	268	3.03
2003	25.72	358	9.20	29.40	380	11.19	4.43	199	0.88	10.42	558	5.82
2004	27.29	366	9.99	38.59	392	15.13	4.02	207	0.83	9.11	547	4.99
2005	52.31	366	19.15	47.67	396	18.87	4.31	200	0.86	8.07	541	4.37
2006	53.11	374	19.88	48.11	391	18.80	3.49	201	0.70	7.24	536	3.88
2007	41.80	361	15.10	39.87	391	15.60	2.83	168	0.48	6.20	586	3.63
2008	42.65	388	16.56	44.22	396	17.51	2.28	170	0.39	5.55	605	3.36
2009	45.84	404	18.52	46.26	438	20.25	1.64	217	0.35	4.89	611	2.99
2010	49.61	400	19.82	48.05	452	21.71	1.39	215	0.30	3.60	621	2.24
2011	50.67	403	20.44	49.99	459	22.92	1.07	209	0.22	3.36	628	2.11
2012	50.18	410	20.58	49.99	486	24.31	1.04	209	0.22	3.16	565	1.79
2013	50.22	428	21.47	50.16	480	24.10	0.95	214	0.20	—	—	—

第三节 经济作物

安丘市适宜种植经济作物，种类主要有黄烟、棉花、花生、生姜、大葱、大蒜、马铃薯、芦笋等，其他如花卉、药材等亦有零星种植。经济作物是农民收入的主要来源之一。

1986年—1997年，为境内经济作物缓慢发展期。粮食与经济作物比例不相协调，粮食种植面积相对较大，经济作物面积较小。1986年，全县经济作物面积53.15万亩，占农作物总播种面积的22.9%。1997年，经济作物面积79.43万亩，占农作物总播种面积的34.1%，重点发展棉花、黄烟、花生。1998年—2004年，为经济作物快速发展期。安丘市开始农业结构调整，稳定油料作物，调减棉花、黄烟面积，重点发展蔬菜生产。经济作物种植发展较快，面积由1998年的97.78万亩发展到2004年的114.53万亩，增加16.75万亩。其中，2003年经济作物面积所占比重最高，达农作物种植面积的61.9%。

2005年—2013年，为经济作物面积回落期。其间，国家出台鼓励粮食生产的政策措施，对种粮农民实行补贴，农民种粮积极性得以提高，粮食播种面积逐步回升，经济作物面积有所回落。2005年，全市经济作物面积90.26万亩，占农作物总播种面积的44.1%;2013年，全市经济作物面积69.04万亩，占农作物总播种面积的39.6%，减少面积的主要是棉花、黄烟、芦笋等。

生姜

安丘生姜栽培历史悠久，是全市农业的一大支柱产业和农民收入的主要来源之一。栽培的品种有安丘小姜，属于密苗类型，每亩产量在4000公斤左右；安丘黄姜，属于密苗类型，每亩产量在6000公斤左右；安丘大姜，属于疏苗类型，每亩产量在7000公斤以上。1987年，全县生姜面积1万亩左右；1988年—1990年，生姜面积1.5万亩左右；1991年—1993年，面积为2.3万亩左右；1994年—1996年，生姜面积3万亩左右，主要集中在安丘、凌河、白芬子等镇。1997年—2006年，全市生姜栽培进入快速增长期，面积达15万亩，主要分布在汶河、渠河等水系流域两岸。其中，1997年—1999年面积6万亩，1999年—2002年面积10万亩，2002年—2006年面积15万亩。2007年—2013年，属生姜栽培面积稳定增长和高产创建期，全市栽培面积在18万亩～20万亩间，遍及境内适合生姜栽培的镇村。2010年，随着良种更新及大拱棚、薄膜多层覆盖技术的应用推广，生姜亩产量超过1万公斤。是年，凌河镇偕户等村的红芽姜亩产1万余公斤，填补长江以北仔姜栽培历史空白。2011年，双季生姜的成功栽培颠覆传统生姜的栽培模式，实现一年两季生产。2012年，全市生姜栽培面积达20万亩，以县为建制，安丘市在全国生姜面积最大、单产最高、技术水平最好。2013年，受市场价格波动影响，全市生姜面积减至18万亩。

2006年，安丘市人民政府向山东省质量技术监督局提交《关于申请给予安丘大姜地理标志产品保护的函》。是年，国家质量监督检验检疫总局经过审查后发出公告，认定安丘大姜为国家地理标志产品。

大葱

1996年前，安丘市大葱栽培面积2万亩左右。品种以辉渠大葱和章丘大葱为主。辉渠大葱是安丘著名地方品种，有2000年栽培历史。该品种具有葱白粗大、假茎紧实、香辣味浓、刀切崩花、较耐储运、熟食鲜食均可等特点；栽培区域主要集中在辉渠及周边乡镇。1996年始，市内大葱栽培从日本、韩国逐渐引进适于加工出口类型的一系列品种，由于出口需求和栽培性状上的优势，加工类型品种栽培面积迅速扩大。1998年，全市大葱栽培面积1万亩；2001年为5万亩；2007年为22万亩；2010年面积28万亩。同时，以辉渠大葱与引进品种为资源，逐渐实现品种驯化提升与技术创新，在全国形成安丘大葱的品种优势、产品质量优势和栽培技术优势。至2013年，全市大葱收获面积稳定在25万亩～30万亩，是全国以县为建制的大葱生产第一市。通过设施栽培技术，栽培模式由一年一茬的秋季大葱改进为一年四茬的春、夏、秋、冬季大葱，实现成株大葱周年栽培、周年供应国内外市场目标。大葱平均亩产量由20世纪90年代的3500公斤提高到2013年的6000公斤。安丘大葱年出口4万吨，成为安丘出口创汇农业的支柱产品。2011年，安丘大葱被国家质检总局审批为国家地理标志产品。

大蒜

境内大蒜种植历史悠久，分冬蒜和春蒜两种。

品种分红皮和白皮。1985年，安丘县种植大蒜1.91万亩，蒜薹单产225公斤，总产429.5万公斤；干蒜单产700公斤，总产667.5万公斤，远销省内外。1986年—2013年，安丘市大蒜种植面积和产量稳定增长。2013年，全市大蒜种植面积3.7万亩，年产量4440万公斤，远销日本、韩国、欧美等国家和地区。因大蒜含有丰富的维生素、氨基酸、蛋白质、大蒜素和碳水化合物，有较高的药用价值和营养价值，故畅销不衰。

马铃薯

马铃薯是粮菜兼用作物。安丘市位于全国马铃薯生产的二作区，主要作为蔬菜栽培。1986年以前，为零星栽培阶段。农民自繁自留种子，种子交流处于自然无序状态，生产模式是秋季繁种，春季栽培，品种退化严重，面积小、产量低。1986年—1995年，境内马铃薯栽培进入逐步发展阶段，面积不断增加。1995年，全市栽培面积达到4万亩，品种以黑龙江繁育的克新系列和早大白为主，栽培模式为春季露地生产，亩产量1500公斤～2000公斤 。1996年—2013年，为稳定发展阶段，年栽培面积保持在3万亩～5万亩。其间，大力推广优质高产脱毒新品种，主要以引进荷兰费乌瑞它系列为主。春季保护地栽培，辅以秋季生产。春季栽培模式有一垄双行、一垄单行地膜覆盖和大拱棚多层覆盖。亩产2500公斤～3500公斤，高产地块达5000公斤。产品畅销国内华南地区和东南亚国家。

芦笋

20世纪70年代初，境内开始种植芦笋，品种主要以美国生产的太阳牌、环球牌和山东省生产的“鲁芦一号”为主。80年代后，芦笋种植发展较快，是山东省最大的芦笋生产出口基地之一。20世纪90年代，种植面积达到2万亩。1996年—1999年，安丘市连续4年被农业部命名为“中国芦笋之乡”。2004年，全市芦笋种植面积4万亩，总产6万吨。之后，由于市场波动伤农，加之管理采收较繁琐，导致种植面积逐渐萎缩。特别是南流镇、黄旗堡镇等芦笋重要产区划归坊了区后，安丘市芦笋面积锐减。2013年减至4500亩。安丘芦笋出口产品主要有速冻芦笋、芦笋罐头等23个规格55个品种，为创汇农业的拳头产品。

黄烟

1986年，全县黄烟种植面积11.6万亩，收购烟叶26.16万担；推行品种良种化、种植区域化、栽培管理规范化“三化”生产措施，推广种植NC82、G140优良品种，试种G70、NC89和红花大金元；调整种植布局，将县域东部平原乡镇压缩1万亩，调整到西部适宜种植区内乡镇；抓冬耕地、早起垄、起大垄，全面推行挖大垛、深刨窝、深栽烟、深施肥、多浇水“一大、三深、一多”新移栽法，种植基础工作全面提高。1987年，全县抓4条线、18个方、30个点，形成规模种植和区域种植新格局，黄烟生产平衡发展，创历史最好水平和全国同行业先进水平。为方便烟叶生产技术指导，便于烟农售烟，县内设烟叶收购站31个，新建烟叶复烤厂1个，当年烤出成品烟200多吨。1988年，全县黄烟种植面积增至14万亩，收购烟叶46.2万担；完成出口烟550万公斤，占全国出口总量的四分之一。进入20世纪90年代，受多种因素影响，黄烟种植面积出现波动，呈下降趋势。1994年，全市黄烟种植面积锐减至5.6万亩。1995年，黄烟生产得到恢复性发展，种植面积8.25万亩，收购烟叶22.2万担。1998年，黄烟种植面积再次锐减，种植面积4万亩，但得益于推广包衣种子育苗、揭膜培土、“三段式”烘烤工艺等措施，烟叶质量明显提高。2003年，全面推行收购预检制，实行IC卡收购，提高等级纯度和等级合格率，为烟农创较好经济效益。2005年，创新生产组织形式，发展黄烟农场31个、农场面积2852亩，种植黄烟1.45万亩，收购烟叶2.88万担；推广集约化大棚托盘育苗、平衡配方施肥、密集烘烤等实用技术，黄烟生产整体水平得到提高。2007年，实行土地流转，发展烤烟农场50个，面积1.24万亩，占种植烟面积的61%。2008年，推进规模化种植、集约化经营、专业化分工，加快现代烟草农业建设进程，种植黄烟2.04万亩，收购烟叶4.01万担。2009年，全市完善土地流转机制，发展50亩以上的烟叶农场76个、面积1.18万亩，种植黄烟2.09万亩，收购烟叶6.13万担。2010年，根据上级烟草行业要求，严控烤烟种植规模，是年种植黄烟仅7900亩。2011年，推广直播育苗，加强入户预检指导，烟叶等级纯度和均匀度明显提高；示范种植有机烟叶200亩，建设景芝镇丰田岭全程机械化千亩示范方，优化组建景荣烤烟种植专业合作社。2012年，联合山东中烟工业公司进行“中式浓香”特色烟叶配套技术研究开发，以千亩为单位，成立6个联合农场；建设7个烟农专业合作社，烟农入社率90%以上。2013年，将原有7个烟农专业合作社整合为2个综合社，种植黄烟2.34万亩，收购烟叶5.74万担。至2013年，全市为发展黄烟生产，实施烟水、烟路等基础设施建设工程，累计投入烟叶生产基础设施建设资金1.24亿元。

花生

安丘花生种植历史悠久，所产花生早在清乾隆年间曾做为贡品上奉朝廷，现远销东南亚、欧洲、日本、韩国、香港等20多个国家和地区。早在20世纪80年代，安丘遍地花生。1990年，为统一管理花生生产经营，在县粮食局设立花生办公室，为县政府常设机构，副科级建制。至2013年，柘山镇、辉渠镇、郚山镇是全市花生主产区，尤其柘山镇，被称为中国花生第一镇，全镇10万亩耕地，8万亩花生，花生品种多达50余个。其中，富硒五彩花生、富硒白花生、富硒红花生、富硒黑花生、富硒多仁紫花生五色种植面积约有2万亩，所产花生，纯天然、无污染。花生色泽亮丽、香中带甜、籽粒饱满、出油率高。全镇169家花生加工企业，形成脱壳、榨油以及加工其他制成品的产业链条，年加工花生制品2.8万吨。柘山镇被潍坊市确定为花生标准化种植基地。2007年，柘山花生通过国家有机食品安全许可认证。为扩大花生对外影响力，建成国内首个中国花生博物馆。向国家工商总局和国家农业部申报中国地理标志证明商标和国家标准种植基地。2008年，柘山花生被农业部审定为国家绿色食品，2009年，又被农业部认定为中国地理标志产品。

棉花

1986年—1988年，安丘年种植棉花一直保持在15万亩左右，每个乡镇都有种植，主要分布在临浯、官庄、庵上、金冢子等乡镇，种植面广，经济效益佳。1989年10月，中国农科院棉花研究所与安丘县棉花办公室共同开发棉花病虫害综合治理体系安丘示范区。1990年10月，安丘发展成为棉花良种繁育基地县。1991年植棉16万亩，收购皮棉892万公斤，连续5年超额完成国家订购任务。1992年，中国农科院棉花所安丘试验站、山东省安丘棉花研究所成立，所站合署办公，下设品种、栽培、植保、棉业经济4个研究室，共有科研人员25人。1993年前，县政府棉花生产办公室（简称棉办）设在县联社，后搬到棉麻公司，负责境内的棉花生产系列化服务。1994年，市联社坚持为农服务的办社宗旨，建立完善棉花、果蔬、畜禽、农资供应四位一体化服务体系。在各乡镇设立为农民开展科技咨询、物资供应相结合的庄稼医院，为农业生产服务的技术人员达980人。其中，棉花产供销一体化服务体系和“三圃田”良种繁育体制被国家内贸部授予棉花收购先进单位和科技兴农社会化服务先进单位称号。是年，安丘植棉18万亩。1996年，始棉花种植面积逐年缩小。至2013年，全市棉花零星种植，已无规模。

核桃

核桃在郚山、柘山等镇有着近千年的栽培历史。2010年之前主要在西南山区零星分布，品种以野生山核桃为主。2012年开始，郚山镇开始大面积发展核桃，至2013年，总面积1.8万余亩，成为潍坊市最大的核桃基地和当地的农业主导产业。新栽植的核桃品种以元丰、香玲为主，属早熟丰产品种，栽植第二年开始结果，第五年进入盛果期，亩产300公斤以上。较抗旱，抗黑斑病、炭疽病性较强。坚果壳面光滑美观，浅黄色，缝合线窄而平，结合紧密，壳厚0.9毫米。香玲核桃品种可取整仁，核仁充实饱满，味香不涩，出仁率65.4%；元丰核桃出仁率50.5%，品质上等。

第四节　农业技术推广

作物良种化

1986年—1989年，安丘县每年引进的粮、棉、油、瓜、菜等新品种均在30个以上。1990年后，重点引进瓜类、蔬菜新品种，主要有日本大葱、洋葱、厚皮甜瓜（洋香瓜）、黄皮西瓜、礼品西瓜、以色列番茄、甜椒等系列品种。1987年，引进鲁麦7号等。玉米主要种植品种有1983年引进的掖单2号、1988年引进的丹玉13和烟单14等，粮食单产亦逐年提高。1988年始，小麦良种统繁统供实施“1、2、5”工程，即按小麦总面积的0.1%、0.2%、0.5%的比例分别建立原种田、一般种子田、二级种子田，每年由县种子公司统一安排种子繁育和供应，田间种苗纯度由1988年前的67%提高到98%以上，增产7%～12%。小麦、玉米品种平均每2年更新一次，花生、棉花品种每3年更新一次，每次品种更新都使作物增产5%左右，全县农作物的良种覆盖率达

97.3%。小麦主要种植品种有1984年引进的烟农15号和鲁麦2号。1990年始，小麦良种主要是鲁麦7号、鲁麦14号、鲁麦13号等；玉米有掖单13号、掖单12号等掖单系列品种，成为本时期的主要种植品种。1992年，引进沈单7号推广种植。1996年—1998年，安丘市实施10万亩小麦新品种技术推广项目。1997年，经山东省农业厅组织小麦专家组对凌河镇前儒林村的小麦高产田进行实打验收，亩产高达668.83公斤，所用品种即为鲁麦7号。

20世纪90年代中后期，脱毒马铃薯鲁引1号在安丘推广种植，种植面积最高时8万余亩，随后脱毒地瓜、脱毒大姜等被陆续引入安丘种植。2001年，引进的小麦品种主要有山农15号、烟农19号、烟农24号，济麦20号、济麦22号等。2013年，官庄镇闫家管公村小麦高产攻关田经潍坊市农业局专家验收，亩产达714.6公斤，所用品种为济麦22号。推广玉米新品种主要有农大108号、鲁单50号、郑丹958号、伟科702号、先玉335号以及登海系列品种。玉米品种总的特性趋势是株型紧凑、叶片上冲、小雄穗、坚茎秆、低穗位和发达的根系，适宜轻简栽培、机械播种和机械收获。

粮食高产创建

1986年，境内以小麦、玉米两季亩产1000公斤为指标推广吨粮田技术，在凌河镇前儒林村30公顷高产田进行试点，平均每亩增产197公斤，亩产1036公斤。1988年，全县高产田推广面积1.3万公顷。2008始，安丘市组织实施农业部粮食高产创建计划，在兴安街道和景芝、金冢子、石埠子、官庄镇均设立万亩高产示范田，主要推广作物新品种、农机农艺结合、粮食高产创建新技术：小麦重点推广深耕深松、宽幅精播、规范化播种、播后镇压、氮肥后移、“一喷三防”和秸秆还田技术。玉米重点推广“一增四改”技术，合理增加品种的种植密度，改种耐密型高产品种，改套种为直播，改粗放用肥为配方施肥，改人力作业为机械化作业，适期晚收，秸秆还田，带动示范区周边农户改良粮食作物种植方式，推动粮食增产。全市粮食单产逐年提高，从2008年的397公斤／亩提高到2013年的451公斤／亩。

测土配方施肥

境内测土配方施肥技术是根据土壤测试结果、田间试验、作物需肥规律、农业生产要求等，在合理施用有机肥的基础上，提出氮、磷、钾、中量元素、微量元素等肥料合理的数量与配比，并在适宜时间，采用适宜方法施用的科学施肥方法。

1984年秋种，安丘县土肥站在担山乡西韩吉村进行110亩小麦配方施肥试验，当年推广面积1500亩，亩均增产92.1公斤，增产率28.6%。1986年，全县推广小麦配方施肥面积10万亩，增产小麦9198吨，增加经济效益410.77万元。1989年，测土配方施肥技术推广到小麦、玉米、西瓜等多种作物，推广面积30多万亩。1992年，推广测土配方施肥面积40万亩。

1995年，安丘市开始采用平衡施肥技术措施，推广有机肥无机肥配合施用、大量元素肥、微量元素肥配合施用等施肥技术，全市推广面积45万亩。1997年，全面完成耕层土壤养分调查，摸清土壤养分基础，开展“测、配、产、供、施”一条龙技术服务，作物覆盖到小麦、玉米、西瓜、大姜等，推广面积50万亩。1999年，测土配方施肥技术推广，从规范化肥肥效试验示范入手，建立农业部、山东省平衡施肥“百县千村”示范县，辐射推广70万亩，平均亩收入2599元，比习惯施肥亩增收342元，增长12.9%。2002年—2005年，平衡施肥技术辐射推广80万亩。

2007年始，安丘市实施中央财政补贴测土配方施肥项目，根据全市作物布局和土壤性质，进行布点采样，对土壤pH、有机质、全氮、碱解氮、有效磷、速效钾、中量元素、微量元素等项目进行免费测试。至2013年，全市共取土样9600个，检测土样9925个，6.87万项（次）；大量元素化验8908个，47540项（次）；化验微量元素3800个，18500余项（次）；缓效钾化验1400个，菜地土样化验总盐分100项（次），重金属400项（次）。经几年来进行耕地养分状况调查与质量评价，于2013年3月正式出版发行《安丘耕地》。同时，整理安丘市多年的肥料试验示范资料，逐步建立施肥数据库和专家咨询系统，实现测土配方施肥微机化、网络化、数据化、快速化及专家咨询化。在充分利用现有技术成果资料的基础上，经专业分析研究，提出安丘市主要农作物配方施肥方案，涵盖小麦、玉米、西瓜、生姜、大葱、大蒜、草莓、苹果、桃、核桃、板栗等作物，介绍测土配方施肥的基本技术及实施方法，整理安丘市主要农作物标准化生产栽培技术，编写

《测土配方施肥指导手册》，由山东大学出版社正式出版发行。

蔬菜地膜覆盖技术

境内地膜覆盖技术应用始于1986年，最初在马铃薯、芋头和花生种植上进行试验并取得成功，但推广一直较为缓慢。至1990年，全县蔬菜地膜覆盖栽培面积3000亩。1991年，开始在生姜栽培上进行地膜覆盖试验并取得成功。至1994年，市内地膜覆盖面积1万亩。1997年，境内改贴地覆盖为地膜小拱棚覆盖，棚高40厘米、宽30厘米左右，在葱、姜等蔬菜栽培上试验成功，并得以迅速推广应用。1998年，全市地膜和小拱棚覆盖推广面积3万亩。2002年，蔬菜地膜和小拱棚覆盖播种面积增至13万亩，2006年增至21万亩，2010年增至30万亩，2013年达38万亩，占全市蔬菜播种面积90%以上。

拱棚覆盖设施栽培技术

1986年，安丘县在黄旗堡镇进行韭菜中小拱棚早春促成栽培试验，在大盛镇进行西瓜中小拱棚早春促成栽培试验。实验应用的中小拱棚高1米、宽1.5米，配合草苫等夜间覆盖物，韭菜可比露地栽培提前60天收获，西瓜可比露天栽培提前30天收获，实验取得成功。但限于当时菜农的经济水平和种植技术，推广速度较慢。至1990年，中小拱棚推广面积2000亩。1993年，中小拱棚面积5000亩。1996年，通过多年实践经验积累，在红沙沟镇和大盛镇一带创造出水泥立柱配合粗竹竿的大跨度大拱棚。大拱棚跨度一般在10米以上，高2.2米左右。当时主要配合小拱棚和地膜，用于西瓜早春促成栽培，可使西瓜比露天栽培提前60天上市。大拱棚技术出现后，中小拱棚主要做配合大拱棚的保护地设施使用，从而面积增长迅速。1999年，拱棚覆盖栽培推广面积1万亩。是年，应用大拱棚覆盖技术在凌河镇试种生姜成功，配合地膜和小拱棚，可比露天生姜增加生育期70天。2000年，大拱棚覆盖在刘家尧镇试种早春马铃薯获得成功，配合地膜和小拱棚，可使马铃薯上市时间提前60天。是年，大埠后村用大拱棚试种日本大葱获得成功，从而使大葱在安丘市实现周年栽培成为可能。由于大拱棚设施在以上几种蔬菜栽培成功，全市大拱棚面积迅速增大。2002年，全市大拱棚面积2万亩、中拱棚面积3万亩；2006年，大拱棚面积4万亩、中拱棚面积4.5万亩；2010年，大拱棚面积7万亩，中拱棚6万亩；2013年大拱棚面积10万亩，中拱棚7万亩。

冬暖型大棚和日光温室设施栽培技术

1985年，县农业局在城关镇庄头村建2米高、7米宽，附带40厘米厚土墙的纯竹木结构春用型冬暖型试验棚，因夜间缺乏覆盖物保温，仅能做蔬菜早春促成栽培使用。

1989年，县农业局在关王乡谢家村建成一个1米厚后墙，夜间用牛皮纸覆盖保温的纯竹木结构冬暖型试验大棚，成功生产出春节期间上市的黄瓜。该棚为全县第一个真正意义上的冬暖型大棚。

1990年，县农业局在县良种场建成1米厚土墙、竹木结构冬暖试验棚。该棚采用牛皮纸被和草苫双层保温，保温效果好，但操作较复杂，因此该模式未能大面积推广。是年，参观学习寿光市三元朱村瓦房店模式冬暖棚。该棚型后墙用1米厚土墙，采用琴弦式横拉铁丝加固，夜间用草苫保温，是一种较为成熟的冬暖型日光温室。1991年起，全县开始建造该模式冬暖大棚（日光温室），其中发展较早的有临浯、贾戈、慈埠、黄旗堡等乡镇。是年，全县冬暖型日光温室面积200亩。1994年，全市冬暖型日光温室面积发展到800亩，1997年扩大到1000亩，2000年大棚面积2100亩，2003年达到2500亩。由于出口蔬菜栽培的迅速崛起，加之日光温室种植缺乏市场引导，投入产出比不高，菜农开始把投资方向转向出口蔬菜栽培，冬暖型日光温室进入缓慢发展期。2007年，全市冬暖型日光温室达3000亩，2010年发展到3600亩。此后，建造的冬暖型日光温室，全部升级为半地下式、平均厚度2米以上的坡式后墙的新棚型。2011年，全市冬暖型日光温室发展到4400亩，2013年发展到6700亩。

第三章 安丘模式

第一节 机 构

2007年6月，安丘市出口食品农产品质量安全区域化建设领导小组办公室成立（简称市农安办），为正科级全额拨款事业单位，直属市政府领导。主要负责全市出口食品农产品质量安全区域化建设工作。

2010年7月，根据潍坊市机构编制委员会《关于调整安丘市农产品质量安全区域化管理办公室规格的通知》和《安丘市人民政府机构改革实施意见》，安丘市农安办规格由正科级调整为副县级，名称规范为“安丘市农产品质量安全区域化管理办公室”，内设综合科、执行管理科和技术支持科3个副科级职能科室。

第二节 安丘模式概念与影响

安丘既是一个农业大市，也是农产品出口大市。为应对国际农产品市场日益严格的“技术壁垒”，破解创汇农业发展瓶颈，2007年6月，市委、市政府在全国率先提出并实施出口食品农产品质量安全区域化建设。是年10月，国务院副总理吴仪到安丘视察示出口农产品质量安全区域化管理工作，对安丘的做法给予充分肯定。2008年4月21日，山东省出口农产品质量安全区域化管理现场会在安丘召开，安丘市实施农产品质量安全区域化管理的做法被省政府确定为“安丘模式”。

“安丘模式”就是从源头控制和基础工作抓起，从农产品标准化基地建设入手，通过加强农业化学投入品控制管理，推行标准化生产，实施全过程监控，从根本上确保农产品质量安全，逐步把全市建设成符合国际质量标准要求的农产品质量安全区。其核心内容是建立“一套机制”、健全完善“八个体系”、筑牢“四道防线”的农产品质量安全监管体系。

建立“一套机制”

即政府主导、科学指导、部门联动、龙头带动、全民行动的工作推进机制。由政府负总责，发挥主导和推动作用，搞好统筹协调和宏观管理，依托检验检疫、农业、畜牧、商务等部门，加强业务指导与技术支持，并明确部门职责，密切配合，共同推进。同时，以农业龙头企业和农村合作组织为纽带，发挥辐射带动作用，开拓国际国内市场。在此基础上，加强宣传培训，充分调动全民积极性，形成强大合力。

健全“八个体系”

八个体系：组织领导体系，成立安丘市农产品质量安全区域化管理领导小组；质量标准体系，建立农业综合标准化，成立农业综合标准化管理中心，制定6大类农业标准综合体，农业操作规程33个，生产技术标准200多个；控制管理体系，突出源头控制，从实施登记备案制度入手，建立完善市场准入、连锁经营、联合执法、举报有奖的农业化学投入品监管体制，对农业化学投入品实行全过程、全封闭管理；检测监控体系，健全检验检测网络，加大检验检测密度，实行实时在线监控；查询追溯体系，设计开发专门的系统软件，建立市级农产品质量安全信息监管平台，及时采录农产品产地环境、施肥用药、检验检测等关键信息；科技服务体系，组建“农业110”专家顾问组，开通“12316”三农服务热线，配备“农业110”服务车，在农业综合标准化管理中心设立科技服务区，设置农业远程教育中心、网上视频庄稼医院，加大科技培训力度，推行农业社会化服务；多元化市场体系，巩固开拓国外市场的同时，采取“目的地农产品批发市场+销售商+安丘出口龙头企业”的合作模式，将出口级农产品打入北京、上海、青岛、香港等国内高端市场。制定落实优惠政策，扶持发展大姜、大蒜、花生、樱桃等专业批发市场。大力培育电子商务平台企业，充分利用电子商务扩大农产品销售；诚信管理体系，建立涉农企业生产经营诚信管理电子户口档案，定期评价、发布企业质量安全诚信信息，完善涉农企业信息共享机制。制定失信行为举报、诚信信息甄别、申诉复核、守信企业鼓励和失信企业惩戒等制度。

筑牢“四道防线”

四道防线即源头控制、过程监管、末端检测、市场准入。从农产品产前、产中、产后三个环节入手，严格控制，加强监管，强化检测，形成环环相扣的质量安全监管防线。

2008年7月，中央党校课题组到安丘实地调研后，以“引入新机制解决农产品质量安全问题——‘安丘模式’是对现有生产关系的一个突破”为题，提供中央领导参阅，并以《构建食品农产品质量安全体系的成功探索》为题形成课题报告，报送中央政治局、书记处，国务院副总理回良玉作重要批示。是年9月，应中央党校邀请，安丘市为该校中青年干部培训班学员介绍区域化管理的经验做法。2009年10月，国家质检总局在潍坊召开以推广“安丘模式”为主要内容的全国出口食品农产品质量安全示范区建设经验交流会，将“安丘模式”推向全国。2010年11月，全国高毒农药定点经营管理试点现场会议在安丘召开，安丘市被推举为全国农药监管和农产品质量安全工作先进典型。2011年1月，安丘市被国家质检总局确定为首批全国出口食品农产品质量安全典型示范区。2011年9月，以“安丘模式”为主要内容的《初级农产品安全区域化管理体系要求》国家标准正式实施，填补国内空白。安丘市先后成为全国蔬菜出口第一县、全国园艺产品出口示范区、出口蔬菜重点区域基地县、设施蔬菜重点区域基地县、首批全国出口食品农产品质量安全典型示范区、全国葱姜蒜出口示范市、第一个出口农产品质量安全示范区和食品工业基地、山东省第一个供港蔬菜备案基地。2013年，安丘市被国家标准化管理委员会表彰为山东省唯一的国家级农业综合标准化示范市，并通过中韩共建国际食品安全示范区验收。

全国人大常委会副委员长兼秘书长李建国，全国人大外事委员会主任委员李肇星，国家质检总局原局长王勇，山东省委书记、省人大常委会主任姜异康，山东省委副书记、省长姜大明，以及商务部、国家质检总局、国家标准委、农业部等领导先后到安丘视察农产品质量安全区域化管理工作。《人民日报》《香港大公报》《农民日报》《大众日报》，中央电视台《东方时空》《焦点访谈》以及新华网、新农村网、农业新闻网等主流媒体多次对“安丘模式”进行宣传报道。27国驻华使节、14国非洲法语国家食品安全管理官员、25个发展中国家食品安全管理官员及国内27个省、自治区、直辖市和特别行政区的党政、商务考察团到安丘参观考察“安丘模式”。2007年—2013年，安丘市共接待国内外考察团队3000多个、12万多人次。

第三节　农业综合标准化

在农业综合标准化示范市创建中，市委、市政府先后制定《安丘市创建全国农业综合标准化示范市实施方案》《安丘市创建全国农业综合标准化示范市考核办法》《关于印发安丘市创建全国农业综合标准化示范市工作任务的通知》《实施五个一百工程推进全国农业综合标准化示范市建设的意见》《安丘市2013年创建全国农业综合标准化示范市工作意见》等指导性文件。编制标准综合体规划。初步设置提出以农产品源头种植（养殖）、收获贮存、生产加工、包装运输、物流配送等环节为主链，结合控制管理、检测监控、查询追溯、科技服务、多元化市场、诚信管理等方面的需要，形成与之相配套的标准综合体建设框架。

2012年，为提高农业综合标准化管理水平，安丘市建成农业综合标准化管理中心，总建筑面积3000平方米，次年3月正式投入使用。中心分为“安丘模式”集中展示、农化品监管和信息平台、科教服务、优质农产品展示4个功能区。

2013年3月，安丘市成立农业标准综合体制定工作领导小组办公室，从质监、农业、畜牧、商务等部门抽调13名专业技术人员，组建农业标准综合体研究制定专家组，按照《安丘市农业标准综合体制定工作实施方案》和《安丘市农业标准综合体制定工作配档表》的要求，在《初级农产品安全区域化管理体系要求》国家标准等原有工作的基础上，专门负责农业标准综合体的制定、中试。是年5月，安丘市质监局发布实施安丘大姜、安丘大葱、安丘大蒜、安丘花生、安丘肉鸡、安丘生猪六大类农业标准综合体。

农业标准综合体是按照发达国家食品农产品质量安全标准要求，从生姜、大葱、大蒜、草莓、肉鸡、肉鸭等系列特色农产品及主要加工产品入手，将种养基地选择、生产管理、农业化学投入品经营使用、产品收获储存、质量检测、生产加工、包装储运、流通销售和质量追溯等影响农产品质量安全的关键控制点和核心要素制定出相关标准，并有机组合，形成农业标准综合体，涵盖全区域、全产业链，确保农产品质量安全。2013 年 10 月，全国首个农业综合标准化研究所——安丘市农业综合标准化研究所正式挂牌成立。

2013 年，通过大力开展农业综合标准化工作，农产品抽检合格率由 2007 年的 96.8% 提高到 100%。建成标准化种植园区 139 个、养殖园区 120 个，有机、绿色、无公害农产品发展到 265 个，国家地理标志产品 7 个。12 月，安丘市被国家标准化管理委员会授予国家级农业综合标准化优秀示范市称号。

第四章　林果业

第一节　机　构

1986 年，安丘县林业局为正科级行政单位，内设办公室、财务科、林业站、森保站、公安科、经济林站 6 个科室。1993 年，县林业局与县果业局合并成立安丘县林果服务中心，为正科级事业单位，隶属县农业委员会。1997 年，安丘市林业局成立，为正科级行政单位，为市政府主管林果业的职能部门，内设 1 个综合办公室。2010 年 7 月，安丘市林业局调整为市政府直属事业单位，原规格和职责不变。内设办公室、造林绿化科（挂市绿化委员会办公室牌子）、资源和林政科、规划财务科 4 个科室。

第二节　集体林权制度改革

主体改革

2009 年 5 月，按照中央、省关于集体林权制度改革工作指示精神和《潍坊市集体林权制度改革工作方案》要求，安丘市成立市、镇、村三级集体林改工作领导小组和工作机构，制定集体林权制度改革工作意见和方案，有序实施集体林权制度改革。到 2013 年底，市、镇、村三级投入集体林改资金 200 余万元，印发《致广大农民朋友一封公开信》10 万多份，发放《安丘市集体林权制度改革工作细则》2000 多本，举办 3 期集体林改技术培训班，进行宣传培训。严格按照《森林法》《村民委员会组织法》《土地承包法》等法律法规，规范改制操作步骤，对已经明晰产权和经营主体的集体林地，进一步完善协议和合同；对产生的经济效益采取均利方式分配给每位集体经济组织成员；对由村集体统一经营管理的公益林，仍由村集体统一经营管理，以均股均利形式将产权落实到每位集体经济组织成员，市与镇、镇与村都签订林改责任书，把集体林改工作作为全市经济社会考核和年终林业考核的重要内容，进行评比奖惩。至 2013 年，全市 57.9 万亩集体林地全部通过均林、均股和均利等形式，落实经营主体，组织勘界确权，共颁发林权证 5888 份、股权证 19668 份，林改完成率、林权发证率、股权发证率均达 100%，完成全市集体林权制度主体改革工作。

配套改革

在全面完成集体林权制度主体改革后，安丘市稳步有序开展林权配套改革。先后出台《安丘市深化集体林权制度改革实施方案》《林业产权交易管理办法》《森林资源资产评估管理办法（试行）》《林权抵押贷款管理办法（试行）》等文件；设立林权管理服务中心，进行林权交易服务，进一步规范林木流转程序；设立科技咨询中心，为林农解答各类问题 216 起；成立林权评估小组，完成森林资源资产评估 20 多起，评估林地 1800 亩；开展林权抵押贷款业务，完成林权抵押贷款 20 起，抵押林地

1600亩，贷款资金1630万元；成立林业合作社47个，总人数2315人，注册资金1045.9万元。

第三节 林木资源

境内林木资源丰富、品种繁多，主要分用材林、防护林、经济林、薪炭林四大类。

2013年，境内共有树种48科、83属、139种。全市林业用地总面积57248.52公顷。其中，林地面积56593.9公顷，疏林地面积45.92公顷，未成林造林地面积267.04公顷，固定苗圃地面积9.91公顷，宜林荒山面积331.75公顷。在有林地面积中，防护林面积19287.4公顷，占34.08%；用材林面积18656.3公顷，占32.97%；经济林面积18650.2公顷，占32.95%。森林覆盖率32.2%，林木蓄积量达99.5万立方米，实现林业总产值24.6亿元。农民来自林果业的收入2526.3元，占农民人均纯收入的26.7%。

用材林主要品种有杨树、刺槐、泡桐、柳、榆、椿、楸、枫杨等。杨树当地品种有青杨、小叶杨、山杨、毛白杨，引进品种有107杨、健杨、I-214杨、I-69/55杨、I-72杨等；柳树有旱柳、南京柳等，南京柳、杞柳为引进品种；桐树当地品种有楸叶泡桐，引进品种为毛泡桐、兰考桐；刺槐均为引进品种，有墨西哥刺槐、石林刺槐、箭杆刺槐等。成片用材林主要分布在潍河、渠河、洪沟河等河流沿岸，多为人工植造纯林或混交林。

防护林主要品种有侧柏、黑松、刺槐、麻栎、栓皮栎、枫杨、杨树、柳树、紫穗槐、杞柳、白蜡等。主要分布在凌河、辉渠、大盛、郚山、柘山和石埠子6个山区乡镇，潍河和渠河沿岸亦有少量分布。

经济林树种有10科25种，以果树为主，其次为灌木。果树主要有苹果、桃、梨、杏、李子、樱桃、葡萄、板栗、核桃、柿子、山楂、枣等；其他经济树种主要有花椒、桑等。灌木主要有棉槐、腊条、酸枣、沙棘等，多分布在山区丘陵及河滩地带。

第四节 植树造林

荒山绿化

境内形成荒山及疏林地主要原因是多年来部分裸岩地带，造林绿化难度大，成活率低；部分山头受到人为、火灾等因素影响出现返荒；受市场经济冲击，部分地块被人为开荒种地；部分山体承包到户后，农民注重当前利益，轻视管理，投入少，获取多等问题。

1988年4月，安丘县根据林业部《封山育林管理暂行规定》，开始对重点荒山实行禁牧、禁伐等封育措施，加快难造林荒山的植被恢复，对宜林荒山的人工植树造林，每年利用春季和雨季栽植黑松、侧柏，面积在1万亩以上。特别是在1998年特大洪涝灾害后，根据中央、国务院关于生态环境建设指示精神，安丘市加快荒山绿化建设步伐，把山区绿化作为生态建设重点。2000年后，采取春季造林和雨季造林相结合、造林和封育相结合、封山育林和生态公益林补偿相结合办法，积极吸引社会力量投资参与山区绿化。工作中，坚持统筹规划、分批实施、重点突破，每年突出绿化几个山头。相继对摘月山、牟山、大安山、有子山、太平冈等宜林荒山进行植树造林，实现绿化一片、成活一片。至2013年，全市累计荒山绿化面积10万多亩。

“四旁”植树

“四旁”（村旁、宅旁、水旁、路旁）植树是境内人们的传统习惯。新中国成立初期，县内多以杏、桃、李、柿、香椿等树为主，后以泡桐、榆树、国槐、刺槐、椿树居多。1987年后，由于69杨、46杨等树种引进，群众开始在“四旁”种植，主要用做农村盖屋檩条。1988年，全县“四旁”植树250多万株。20世纪90年代后，由于木材加工工业兴起，带动速生黑杨栽植，先后引进土耳其杨、107杨、108杨、中荷一号、L35杨等杨树品种，“四旁”植树树木品种资源大大丰富。2013年，全市“四旁”植树289万株。

农田林网

平原绿化是境内农田林网建设重点，也是确保粮食增产增收的生态屏障。1987年后，县委、县政府注重加强农田林网建设，涌现出金冢子乡、凌河镇等典型。自20世纪90年代末始，安丘市农田林网水平呈现下降趋势，有的林网采伐后未及时更新，有的林网网格过大，有的成活率不高，严重影响绿化质量的提高。2000年后，市内平原乡镇加大对农田林网化建设力度，特别是结合实施农业综合开发项目，全市大部分农田实现林、田、路、渠配套。至2013年，建设高标准农田林网90多万亩。

丰产林

境内杨树丰产林发展始于20世纪80年代初，主要通过更新改造河流两岸河滩地、老残林逐步发展成丰产林。20世纪90年代后，农民利用耕地营造杨树丰产林现象增多。到2013年，全市成片杨树丰产林面积12万亩，主要分布在渠河、大汶河、洪沟河等河流两岸。栽培品种从80年代的I-69、I-72、I-214、中林46、健杨，发展到欧美杨107、108、中荷一号、L35杨、土耳其杨等杨树新品种。木材生长量由最初每亩年均1立方米增加到1.5立方米～2立方米。

第五节　果品生产

境内地势西南高东北低，属暖温带大陆性季风气候，四季分明，年平均降水量643.4毫米，平均气温12.7℃，平均光照2402.1小时，非常适合种植北方果树，当地农民也有种植果树的习惯，且水平较高。

1986年前，境内主要经济树种有10科25种，其中以苹果、桃分布最广，柿、杏、李、樱桃、葡萄、梨等也有较大发展。安丘县在雹泉镇重点发展山楂，在安丘镇西三里庄、雹泉镇后范山子、石堆镇梯门等村发展以玫瑰香、巨峰为主的葡萄。随着市场变化、城区开发和人们消费观念的改变，山楂和葡萄面积逐年减少。至2000年前后山楂所剩无几。

1986年始，全县果业发展迅速，但随着市场经济的不断完善，果业呈现波浪式发展，逐步形成以西南山区为主的桃产业和核桃产业布局，并重点发展安丘蜜桃。在安丘镇、石堆镇、贾戈镇、担山乡等发展安丘蜜桃基地5万亩，辐射至周边乡镇村庄，带动发展1万多亩，形成安丘独特的果品产区。

1992年，经国家商标局批准，安丘蜜桃以“安蜜”“安丘”注册。1994年后，安丘市实施山区乡镇开发战略，在雹泉、官庄、管公、辉渠等镇大力发展以仓方早生为主的水蜜桃系列，至2013年发展10万亩。1994年，安丘蜜桃获山东省农副产品博览会金奖。是年10月，获全国名、特、优博览会金奖。1996年，安丘市被中国特产之乡组委会命名为“中国蜜桃之乡”。安丘蜜桃市场兴盛近10年。此后，由于利益驱使，果农单纯追求产量，大量使用化肥，不注重有机肥投入和土壤改良，同时树龄老化，致使安丘蜜桃裂口严重，外观粗糙，糖度降低，品质下降，安丘蜜桃市场逐渐弱化。但安丘蜜桃美好的声誉依然影响着国内外部分客商，北京、济南等大中城市依然对安丘蜜桃情有独钟。2008年后，安丘蜜桃又逐步发展，辉渠镇吴家沟村种植面积300多亩。2012年5月，农业部准予登记，对“安丘蜜桃”实施农产品地理标志保护，保护范围是新安街道和石堆、凌河、辉渠、官庄4个镇，计106个自然村。

安丘市积极实施山区乡镇开发战略。石埠子镇冢头村大力发展草莓种植，设施栽培也逐年增加，被农业部评为“中国草莓之乡”。庵上镇除培植当地小樱桃外，大力发展大樱桃系，并形成全国独有的特色，被农业部评为“中国樱桃之乡”。特色果品市场前景广阔，农民增收明显。

1986年—1996年，全市重点发展以新红星和红富士为主的苹果，主要分布在凌河、官庄、景芝、石堆、金冢子、关王、石埠子、大盛、郚山等乡镇。在山东省农业厅支持下，凌河镇专门建立无毒苗木繁育基地500亩，为安丘果业发展提供有力支撑。至1996年，全市苹果面积发展到近17万亩。凌河镇秦戈庄、慈埠镇宗家庄子、石埠子镇豆角地、石堆镇梯门、景芝镇埠口、官庄镇坡庄、大盛镇前大盛等村苹果园被山东省农业厅评为标准示范园。此后，随着大姜大葱等经济作物的大量种植，苹果种植面积逐年减少。至2013年，全市苹果面积仅剩1.7万亩，且品种老化，管理粗放，难以形成规模。

2000年后，安丘市在境内西南山区乡镇创建林果大道，绵延数百公里，主要品种以黄金梨、早生李子、柿子、板栗、核桃、蜜桃等为主；在景芝镇万家庄村发展柿子1000多亩，但终因管理不善未成气候；在贾戈、石堆、辉渠等镇的部分村庄，发展黄金梨系列，面积达2万亩，品质优良，市场看好。柘山镇大力发展板栗生产，谢家沟村的板栗名声在外，被山东省林业厅评为“村级绿化先进村”；郚山镇大力发展核桃基地，面积达4万亩，部分进入结果期，成为安丘市果品生产一道亮丽风景线。

至2013年，安丘市基本形成郚山镇的核桃，柘山镇的板栗，辉渠镇的蜜桃，大汶河旅游开发区的黄金梨，石埠子镇的草莓、大樱桃的果品生产格局，果品种植总面积达24万亩。

第六节 苗圃 林场

苗圃

境内苗圃，主要分布在新安街道、大汶河旅游开发区和金冢子、石堆、景芝、官庄等镇。苗木品种主要有：杂交杨、安丘蜜桃、法桐、垂柳、侧柏、红叶李、红叶碧桃、樱花、紫叶李、白蜡、百日红等。至2013年，全市共有大小苗圃596个，育苗面积1.57万亩。其中，面积超过100亩的34个，育苗总量3195.3万株。其中，国营苗圃育苗18.3万株，林场苗圃育苗12.7万株，个人苗圃育苗3166.8万株。花卉种植面积26.77公顷，产量为167.8万株（盆），从业人员220人。形成花卉市场4个，花卉企业6个。建成温室大棚60多个，节能温室11个，可控温室7个。

林场

安丘汶河生态林场 2007年，根据潍坊市关于加快林业发展要求设立。位于汶河安丘西段两侧，西起大盛镇西山北头村，东至市区央赣路大桥，规划面积5万亩。是年12月，经潍坊市林场建设领导小组检查验收合格，批准成立为副县级林场。2010年，根据《安丘市人民政府机构改革实施意见》，安丘市汶河生态林场管理委员会为市政府直属事业单位，副县级规格，财政拨款。设有办公室、造林绿化科和管护科3个副科级规格内部科室。

林场在原有3.98万亩的基础上，于2008年春季完成新造林1万亩，林木成活率90%以上。投入资金1200万元，整修道路30公里，修复堤坝缺口19处，建设桥涵2座。聘请212名护林员，签订造林绿化、森林管护合同35份，并按地块签订林地合同，保证造林绿化有地可用。建设优质育苗基地4处。2011年，投资240万元，建成国家级优质核桃基地1000亩。

城顶山生态林场 2008年，根据潍坊市关于加快林业发展的要求设立。2009年底，经潍坊市检查验收，确定为副县级规格，财政拨款事业单位，设办公室、绿化科和管护科3个副科级规格科室。

林场东至辉渠镇大谷子顶、石埠子镇车厢村，西至柘山镇安子山（红孔路），南至石埠子镇太平冈（披甲峪、马旺村），北至辉渠镇杏山子，规划面积5万亩，有林地3.7万亩，涉及辉渠镇、石埠子镇、柘山镇的22个村庄。运营模式为林场管理机构统一协调，做好项目投入，当地镇村组织实施。林场在规划范围内加大国家级公益林建设，实施森林资源抚育项目，年投资170万元以上。

太平山生态林场 位于安丘市境西南部。2001年9月设立，为市政府直属财政拨款事业单位，副县级规格。设办公室、造林绿化科、管护科3个副科级内部机构。

林场东至大车山、大安山，西至安丘、临朐界，南至齐鲁古长城遗址，北至汶河，面积5万亩，其中原有林地2.9万亩，规划新造林2.1万亩。至2013年，太平山林场完成造林2.1万亩，栽植黑松、杨树、白蜡、火炬树、果树等各类树木189.6万株，占林场规划新造林的100%。投入绿化资金1900万元，新修、复修营林道路47公里，建设办公及护林用房30间，900平方米。山上建有风力发电项目。

第七节 古树名木

境内古树名木种类繁多，历史悠久，传说众多，文化底蕴深厚。2013年，全市有古树名木809棵，主要包括安丘茶树、国槐、木瓜、银杏、楸树、核桃、小叶朴、侧柏、流苏、酸枣、柿子、杏、板栗、毛白杨、梨、臭椿、黄连木、麻栎、黄荆、皂荚、青桐、柘树、园柏、软枣、苦楝、藤萝、桂花、梨、小叶女贞、油松、五角枫、金银花、杜仲、石榴等树种。其中，国家一级古树名木（树龄500年以上）42棵，国家二级古树名木（树龄300年—499年）81棵，国家三级古树名木（树龄100年—299年）155棵，树龄100年以下的古树名木433棵。这些古树名木，是大自然留给人类的“活化石”“活文物”，记载着全市的自然、历史、文化内涵。

安丘市 1986 年—2013 年百岁以上古树名木名录选介表

表 5-3

序号	树龄	树种	坐落位置		生长情况及保护级别			
1	2500	银杏	石埠子镇	孟家旺	胸径：200 厘米	树高：30 米	冠幅：28 米	国家一级保护
2	1000	五角枫	市运通公司	院内	胸径：55 厘米	树高：3.5 米	冠幅：2.6 米	国家一级保护
3	1000	国槐	兴安街道	三里庄	胸径：143 厘米	树高：12 米	冠幅：10 米	国家一级保护
4	1000	银杏	大盛镇	东田庄	胸径：119 厘米	树高：12 米	冠幅：4.5 米	国家一级保护
5	700	国槐	辉渠镇	夏坡	胸径：230 厘米	树高：23 米	冠幅：30 米	国家一级保护
6	700	流苏	辉渠镇	张家溜	胸径：60 厘米	树高：15 米	冠幅：5.5 米	国家一级保护
7	690	国槐	大汶河开发区	赵家村	胸径：172 厘米	树高：12 米	冠幅：12 米	国家一级保护
8	650	国槐	辉渠镇	石家峪	胸径：66 厘米	树高：15 米	冠幅：7.2 米	国家一级保护
9	630	国槐	新安街道	丘西	胸径：79 厘米	树高：8.8 米	冠幅：6.2 米	国家一级保护
10	610	国槐	凌河镇	西惠	胸径：78 厘米	树高：9 米	冠幅：10 米	国家一级保护
11	610	国槐	凌河镇	西惠	胸径：66 厘米	树高：8 米	冠幅：6.8 米	国家一级保护
12	610	国槐	凌河镇	西惠	胸径：96 厘米	树高：8 米	冠幅：9 米	国家一级保护
13	610	国槐	新安街道	大洼	胸径：82 厘米	树高：6 米	冠幅：8 米	国家一级保护
14	600	国槐	凌河镇	南部	胸径：89 厘米	树高：8 米	冠幅：5 米	国家一级保护
15	600	国槐	凌河镇	南部	胸径：120 厘米	树高：10 米	冠幅：6.5 米	国家一级保护
16	600	国槐	凌河镇	南部	胸径：120 厘米	树高：10 米	冠幅：6 米	国家一级保护
17	600	国槐	新安街道	周家庄子	胸径：130 厘米	树高：14 米	冠幅：6.5 米	国家一级保护
18	600	国槐	辉渠镇	东白山头	胸径：200 厘米	树高：25 米	冠幅：30 米	国家一级保护
19	500	国槐	兴安街道	周家庄子	胸径：103 厘米	树高：9 米	冠幅：9.5 米	国家一级保护
20	500	国槐	兴安街道	三十里铺	胸径：83 厘米	树高：9 米	冠幅：13.5 米	国家一级保护
21	500	国槐	兴安街道	西羊埠	胸径：65 厘米	树高：12 米	冠幅：7 米	国家一级保护
22	500	国槐	景芝镇	小河北	胸径：90 厘米	树高：14 米	冠幅：14 米	国家一级保护
23	500	国槐	凌河镇	水泊	胸径：89 厘米	树高：6 米	冠幅：8.6 米	国家一级保护
24	500	酸枣	凌河镇	刘家河崖头	胸径：26 厘米	树高：5 米	冠幅：8.5 米	国家一级保护
25	500	国槐	凌河镇	秦戈庄	胸径：97 厘米	树高：8 米	冠幅：8 米	国家一级保护
26	500	国槐	凌河镇	西纪庄	胸径：61 厘米	树高：6 米	冠幅：5 米	国家一级保护
27	600	圆柏	凌河镇	陈家沟	胸径：81 厘米	树高：16 米	冠幅：5 米	国家一级保护
28	500	国槐	大盛镇	下马疃	胸径：69 厘米	树高：5.6 米	冠幅：5.1 米	国家一级保护
29	500	国槐	新安街道	岔河子	胸径：86 厘米	树高：10 米	冠幅：10 米	国家一级保护
30	500	国槐	新安街道	郑家石龙	胸径：47 厘米	树高：6 米	冠幅：5 米	国家一级保护
31	500	侧柏	新安街道	辛家庄	胸径：72 厘米	树高：10 米	冠幅：10 米	国家一级保护
32	500	国槐	石埠子镇	马头山	胸径：78 厘米	树高：7 米	冠幅：6 米	国家一级保护
33	500	国槐	辉渠镇	南涧	胸径：65 厘米	树高：8 米	冠幅：6.5 米	国家一级保护
34	500	国槐	辉渠镇	李家沟	胸径：68 厘米	树高：6.5 米	冠幅：6 米	国家一级保护
35	500	国槐	柘山镇	张家宅	胸径：118 厘米	树高：8 米	冠幅：4 米	国家一级保护
36	500	国槐	柘山镇	张家宅	胸径：115 厘米	树高：9 米	冠幅：7 米	国家一级保护
37	500	国槐	郚山镇	贾孟	胸径：92 厘米	树高：6 米	冠幅：10 米	国家一级保护
38	500	国槐	郚山镇	贾孟	胸径：150 厘米	树高：6 米	冠幅：10 米	国家一级保护
39	480	国槐	兴安街道	宋家园	胸径：81 厘米	树高：16.5 米	冠幅：8.2 米	国家二级保护

续表 5-3

序号	树龄	树种	坐落位置		生长情况及保护级别			
40	480	国槐	兴安街道	宋家园	胸径：91 厘米	树高：21 米	冠幅：13 米	国家二级保护
41	480	国槐	兴安街道	宋家园	胸径：120 厘米	树高：20 米	冠幅：8.4 米	国家二级保护
42	460	国槐	兴安街道	三十里铺	胸径：56 厘米	树高：10 米	冠幅：6 米	国家二级保护
43	460	国槐	金冢子镇	前双庙	胸径：94 厘米	树高：8 米	冠幅：8.5 米	国家二级保护
44	450	柏树	兴安街道	东南街	胸径：60 厘米	树高：9 米	冠幅：6 米	国家二级保护
45	420	松抱槐	凌河镇	孟家庄	胸径：67 厘米	树高：11 米	冠幅：9 米	国家二级保护
46	420	国槐	金冢子镇	三河	胸径：63 厘米	树高：9 米	冠幅：7 米	国家二级保护
47	400	国槐	兴安街道	十二户	胸径：65 厘米	树高：10 米	冠幅：5 米	国家二级保护
48	400	国槐	景芝镇	小湖埠	胸径：90 厘米	树高：8 米	冠幅：6 米	国家二级保护
49	400	国槐	景芝镇	宋家里岗	胸径：71 厘米	树高：8 米	冠幅：9 米	国家二级保护
50	400	国槐	景芝镇	石家埠	胸径：98 厘米	树高：9 米	冠幅：12 米	国家二级保护
51	400	国槐	大汶河开发区	韩家王封	胸径：86 厘米	树高：7 米	冠幅：6 米	国家二级保护
52	400	国槐	官庄镇	高家辛庄子	胸径：116 厘米	树高：8 米	冠幅：9 米	国家二级保护
53	400	国槐	官庄镇	高家辛庄子	胸径：112 厘米	树高：9 米	冠幅：5.5 米	国家二级保护
54	400	国槐	官庄镇	高家辛庄子	胸径：107 厘米	树高：12 米	冠幅：8 米	国家二级保护
55	400	国槐	官庄镇	老庄	胸径：99 厘米	树高：9 米	冠幅：12 米	国家二级保护
56	400	国槐	官庄镇	坡楼	胸径：83 厘米	树高：7 米	冠幅：8.5 米	国家二级保护
57	400	槐树	新安街道	葛庄	胸径：60 厘米	树高：9 米	冠幅：7.8 米	国家二级保护
58	400	国槐	新安街道	岔河子	胸径：58 厘米	树高：6 米	冠幅：5 米	国家二级保护
59	400	国槐	新安街道	河洽	胸径：92 厘米	树高：7 米	冠幅：7 米	国家二级保护
60	400	国槐	新安街道	河洽	胸径：65 厘米	树高：8 米	冠幅：5.5 米	国家二级保护
61	400	国槐	新安街道	河洽	胸径：45 厘米	树高：6.8 米	冠幅：4.5 米	国家二级保护
62	400	国槐	石埠子镇	胡峪二村	胸径：80 厘米	树高：7 米	冠幅：5 米	国家二级保护
63	400	国槐	金冢子镇	双柳	胸径：97 厘米	树高：8 米	冠幅：9 米	国家二级保护
64	400	侧柏	柘山镇	郭家秋峪	胸径：62 厘米	树高：9 米	冠幅：8.5 米	国家二级保护
65	380	国槐	新安街道	东夹埠	胸径：61 厘米	树高：8 米	冠幅：5 米	国家二级保护
66	350	小叶朴	凌河镇	柳沟	胸径：69 厘米	树高：14 米	冠幅：12 米	国家二级保护
67	350	侧柏	石埠子镇	殷家庄	胸径：46 厘米	树高：7 米	冠幅：6.5 米	国家二级保护
68	350	国槐	石埠子镇	东召忽	胸径：90 厘米	树高：6 米	冠幅：8 米	国家二级保护
69	350	流苏	辉渠镇	山李家庄	胸径：133 厘米	树高：25 米	冠幅：19 米	国家二级保护
70	320	国槐	大盛镇	窦家庄	胸径：78 厘米	树高：9 米	冠幅：9 米	国家二级保护
71	310	国槐	金冢子镇	小沟河	胸径：76 厘米	树高：8 米	冠幅：8 米	国家二级保护
72	300	国槐	兴安街道	田家官庄	胸径：73 厘米	树高：5 米	冠幅：5.5 米	国家二级保护
73	300	国槐	兴安街道	田家官庄	胸径：55 厘米	树高：4.5 米	冠幅：3.5 米	国家二级保护
74	300	国槐	兴安街道	韩家庄	胸径：118 厘米	树高：18 米	冠幅：20 米	国家二级保护
75	300	国槐	兴安街道	店东营	胸径：88 厘米	树高：9 米	冠幅：5.5 米	国家二级保护
76	300	国槐	景芝镇	东朱耿	胸径：108 厘米	树高：9 米	冠幅：11 米	国家二级保护
77	300	侧柏	凌河镇	吕家埠	胸径：26 厘米	树高：5 米	冠幅：8.5 米	国家二级保护
78	300	国槐	凌河镇	小官庄	胸径：90 厘米	树高：6.5 米	冠幅：7.5 米	国家二级保护
79	300	国槐	凌河镇	小官庄	胸径：68 厘米	树高：5.3 米	冠幅：6.2 米	国家二级保护

续表 5-3

序号	树龄	树种	坐落位置		生长情况及保护级别			
80	300	侧柏	凌河镇	柳沟	胸径：48 厘米	树高：8 米	冠幅：3 米	国家二级保护
81	300	国槐	官庄镇	两河村	胸径：98 厘米	树高：9 米	冠幅：6 米	国家二级保护
82	300	国槐	官庄镇	桥北头	胸径：143 厘米	树高：8 米	冠幅：10 米	国家二级保护
83	300	国槐	官庄镇	南李家庄	胸径：92 厘米	树高：10 米	冠幅：9 米	国家二级保护
84	300	国槐	官庄镇	老管公	胸径：83 厘米	树高：9 米	冠幅：8.5 米	国家二级保护
85	300	侧柏	大盛镇	西丁家沟	胸径：42 厘米	树高：7 米	冠幅：6 米	国家二级保护
86	300	国槐	大盛镇	房家官庄	胸径：73 厘米	树高：6 米	冠幅：4 米	国家二级保护
87	300	国槐	大盛镇	韩家旺	胸径：75 厘米	树高：10 米	冠幅：10 米	国家二级保护
88	300	国槐	大盛镇	山徐家庄	胸径：80 厘米	树高：7 米	冠幅：7 米	国家二级保护
89	300	侧柏	新安街道	东石马	胸径：31 厘米	树高：7 米	冠幅：3.5 米	国家二级保护
90	300	国槐	新安街道	王家庄	胸径：90 厘米	树高：14 米	冠幅：9 米	国家二级保护
91	300	侧柏	新安街道	前担山	胸径：66 厘米	树高：9.5 米	冠幅：6.5 米	国家二级保护
92	300	国槐	新安街道	陈家楼	胸径：112 厘米	树高：6 米	冠幅：8 米	国家二级保护
93	300	国槐	新安街道	张家屯	胸径：63 厘米	树高：8 米	冠幅：6 米	国家二级保护
94	300	国槐	石埠子镇	于家河	胸径：78 厘米	树高：17 米	冠幅：10 米	国家二级保护
95	300	木瓜	石埠子镇	水帘沟	胸径：70 厘米	树高：12 米	冠幅：3 米	国家二级保护
96	300	国槐	石埠子镇	天桥子	胸径：56 厘米	树高：7.5 米	冠幅：3.5 米	国家二级保护
97	300	国槐	石堆镇	后留晃	胸径：78 厘米	树高：12 米	冠幅：6.5 米	国家二级保护
98	300	国槐	金冢子镇	阳图店子	胸径：80 厘米	树高：9 米	冠幅：7 米	国家二级保护
99	300	国槐	辉渠镇	小麦峪	胸径：53 厘米	树高：6 米	冠幅：5 米	国家二级保护
100	300	国槐	柘山镇	南丘庄	胸径：78 厘米	树高：6 米	冠幅：7.5 米	国家二级保护
101	300	国槐	柘山镇	南丘庄	胸径：84 厘米	树高：6 米	冠幅：6 米	国家二级保护
102	300	国槐	柘山镇	范家沟	胸径：45 厘米	树高：3 米	冠幅：2 米	国家二级保护
103	300	国槐	柘山镇	范家沟	胸径：53 厘米	树高：4 米	冠幅：3 米	国家二级保护
104	300	国槐	柘山镇	王家沟	胸径：125 厘米	树高：7 米	冠幅：10 米	国家二级保护
105	280	国槐	兴安街道	曹家楼	胸径：63 厘米	树高：7 米	冠幅：20 米	国家三级保护
106	280	国槐	新安街道	东石马	胸径：76 厘米	树高：10 米	冠幅：13 米	国家三级保护
107	260	国槐	新安街道	许营	胸径：72 厘米	树高：7 米	冠幅：6 米	国家三级保护
108	260	侧柏	石埠子镇	阿陀	胸径：46 厘米	树高：12 米	冠幅：10 米	国家三级保护
109	260	国槐	金冢子镇	谷家村	胸径：60 厘米	树高：12 米	冠幅：13 米	国家三级保护
110	250	小叶朴	景芝镇	高家庄	胸径：112 厘米	树高：10 米	冠幅：8 米	国家三级保护
111	250	侧柏	柘山镇	西古庙	胸径：50 厘米	树高：4 米	冠幅：4.5 米	国家三级保护
112	250	侧柏	柘山镇	西古庙	胸径：40 厘米	树高：4 米	冠幅：3 米	国家三级保护
113	250	国槐	柘山镇	张家宅	胸径：60 厘米	树高：8 米	冠幅：7 米	国家三级保护
114	230	国槐	新安街道	丘东	胸径：64 厘米	树高：10 米	冠幅：6.5 米	国家三级保护
115	210	国槐	凌河镇	凌河村	胸径：70 厘米	树高：10 米	冠幅：8 米	国家三级保护
116	200	桂花	市运通公司	院内	胸径：25 厘米	树高：4 米	冠幅：3 米	国家三级保护
117	200	柘树	景芝镇	王水崖	胸径：40 厘米	树高：2 米	冠幅：4 米	国家三级保护
118	200	国槐	大汶河开发区	贾王封村	胸径：62 厘米	树高：8 米	冠幅：5 米	国家三级保护
119	200	国槐	大汶河开发区	贾王封村	胸径：37 厘米	树高：9 米	冠幅：3 米	国家三级保护

续表 5—3

序号	树龄	树种	坐落位置		生长情况及保护级别			
120	200	国槐	凌河镇	凌河村	胸径：63 厘米	树高：8 米	冠幅：5 米	国家三级保护
121	200	国槐	官庄镇	宋家井子	胸径：86 厘米	树高：8 米	冠幅：6 米	国家三级保护
122	200	国槐	官庄镇	高家埠	胸径：86 厘米	树高：7.5 米	冠幅：2.5 米	国家三级保护
123	200	国槐	官庄镇	高家埠	胸径：54 厘米	树高：4.5 米	冠幅：3.6 米	国家三级保护
124	200	国槐	官庄镇	蟠龙峪	胸径：49 厘米	树高：6 米	冠幅：7 米	国家三级保护
125	200	国槐	官庄镇	马家寨庄	胸径：105 厘米	树高：9 米	冠幅：10 米	国家三级保护
126	200	流苏	辉渠镇	朱家河	胸径：60 厘米	树高：8 米	冠幅：6 米	国家三级保护
127	200	小叶朴	辉渠镇	李家沟	胸径：68 厘米	树高：12 米	冠幅：8 米	国家三级保护
128	200	黄连木	辉渠镇	下涝坡	胸径：52 厘米	树高：米	冠幅：12 米	国家三级保护
129	200	国槐	郚山镇	杨家沟	胸径：99 厘米	树高：18 米	冠幅：14 米	国家三级保护
130	180	国槐	官庄镇	西小泉	胸径：87 厘米	树高：7 米	冠幅：5 米	国家三级保护
131	150	银杏	市政府招待所	院内	胸径：42 厘米	树高：11 米	冠幅：6 米	国家三级保护
132	150	国槐	兴安街道	大韩十里	胸径：74 厘米	树高：12 米	冠幅：7.5 米	国家三级保护
133	150	国槐	柘山镇	南丘庄	胸径：38 厘米	树高：4 米	冠幅：2 米	国家三级保护
134	150	国槐	柘山镇	柿子园	胸径：62 厘米	树高：10 米	冠幅：4.5 米	国家三级保护
135	130	桂花	市电力局	院内	胸径：36 厘米	树高：6.5 米	冠幅：4.8 米	国家三级保护
136	130	国槐	新安街道	小朱旺	胸径：43 厘米	树高：8 米	冠幅：8 米	国家三级保护
137	130	黄连木	石埠子镇	西召忽	胸径：59 厘米	树高：13 米	冠幅：8 米	国家三级保护
138	120	桂花	安丘一中	院内	胸径：2 厘米	树高：2.5 米	冠幅：2 米	国家三级保护
139	120	桂花	安丘一中	院内	胸径：2 厘米	树高：2.5 米	冠幅：2 米	国家三级保护
140	120	麻栎	新安街道	东门	胸径：42 厘米	树高：16 米	冠幅：10 米	国家三级保护
141	120	槐树	新安街道	刘家庄	胸径：58 厘米	树高：12 米	冠幅：5 米	国家三级保护
142	120	国槐	新安街道	李家庄	胸径：73 厘米	树高：7 米	冠幅：6.6 米	国家三级保护
143	120	国槐	新安街道	北张排	胸径：105 厘米	树高：9 米	冠幅：6.5 米	国家三级保护
144	120	国槐	新安街道	孙河东	胸径：60 厘米	树高：10 米	冠幅：7 米	国家三级保护
145	120	国槐	石堆镇	邵家庄	胸径：44 厘米	树高：8 米	冠幅：4 米	国家三级保护
146	117	流苏	凌河镇	大路	胸径：43 厘米	树高：6 米	冠幅：5.5 米	国家三级保护
147	110	国槐	石堆镇	西莲池	胸径：55 厘米	树高：7 米	冠幅：6 米	国家三级保护
148	100	国槐	凌河镇	佘家庙子	胸径：86 厘米	树高：12 米	冠幅：13 米	国家三级保护
149	100	国槐	凌河镇	佘家庙子	胸径：76 厘米	树高：10 米	冠幅：7.5 米	国家三级保护
150	100	国槐	新安街道	西门	胸径：49 厘米	树高：10 米	冠幅：15 米	国家三级保护
151	100	银杏	石堆镇	甘泉	胸径：50 厘米	树高：14 米	冠幅：7.5 米	国家三级保护
152	100	银杏	辉渠镇	温泉	胸径：62 厘米	树高：13.6 米	冠幅：7 米	国家三级保护
153	100	国槐	柘山镇	柿子园	胸径：46 厘米	树高：11 米	冠幅：3 米	国家三级保护
154	100	银杏	郚山镇	泥沟	胸径：54 厘米	树高：11 米	冠幅：4 米	国家三级保护
155	100	银杏	官庄镇	老庄	胸径：47 厘米	树高：14 米	冠幅：9 米	国家三级保护
156	100	国槐	大汶河开发区	刘王封	胸径：32 厘米	树高：8.7 米	冠幅：6.5 米	国家三级保护
157	100	赤松	青云山公园	园内	胸径：30 厘米	树高：7 米	冠幅：6 米	国家三级保护
158	100	赤松	住建局	院内	胸径：23 厘米	树高：3.5 米	冠幅：4.5 米	国家三级保护
159	460	侧柏	凌河镇	东南疃村	胸径：60 厘米	树高：4.2 米	冠幅：5.5 米	国家二级保护

续表 5-3

序号	树龄	树种	坐落位置		生长情况及保护级别			
160	360	侧柏	柠檬工业园	园内	胸径：46 厘米	树高：7 米	冠幅：2.5 米	国家二级保护
161	100	侧柏	官庄镇	盘龙峪	胸径：19 厘米	树高：6.5 米	冠幅：3.9 米	国家三级保护
162	100	圆柏	青云胡公园	园内	胸径：12 厘米	树高：9 米	冠幅：3 米	国家三级保护
163	300	杜梨	青云湖公园	园内	胸径：55.3 厘米	树高：10 米	冠幅：10 米	国家二级保护
164	260	杜梨	青云湖公园	园内	胸径：41 厘米	树高：8.5 米	冠幅：6 米	国家三级保护
165	200	杜梨	青云湖公园	园内	胸径：38 厘米	树高：8 米	冠幅：5.5 米	国家三级保护
166	100	杜梨	青云山公园	园内	胸径：17 厘米	树高：6.5 米	冠幅：6 米	国家三级保护
167	220	杏树	凌河镇	后沟村	胸径：58 厘米	树高：7.3 米	冠幅：5.6 米	国家三级保护
168	120	木瓜	青云山公园	园内	胸径：38 厘米	树高：5 米	冠幅：5 米	国家三级保护
169	100	木瓜	青云湖公园	园内	胸径：22 厘米	树高：5 米	冠幅：4 米	国家三级保护
170	100	木瓜	污水厂	院内	胸径：23 厘米	树高：5.2 米	冠幅：4.3 米	国家三级保护
171	1300	鹅耳枥	柘山镇	薛家庄	胸径：27 厘米	树高：4.9 米	冠幅：4 米	国家一级保护
172	1300	鹅耳枥	公冶长书院	院内	胸径：23 厘米	树高：3.3 米	冠幅 :3.7 米	国家一级保护
173	100	流苏树	辉渠镇	李家沟	胸径：23 厘米	树高：6.7 米	冠幅：12 米	国家三级保护
174	100	流苏树	辉渠镇	李家沟	胸径：21 厘米	树高：6.3 米	冠幅：11.5 米	国家三级保护
175	600	大叶白蜡树（群）	柘山镇	薛家庄	胸径：15 厘米	树高：4 米	冠幅：3 米	国家一级保护
176	150	大叶白蜡树	青云湖公园	园内	胸径：40 厘米	树高：8.5 米	冠幅：5 米	国家三级保护
177	130	桂花	供电公司	院内	胸径：16 厘米	树高：4 米	冠幅：4 米	国家三级保护
178	160	梓树	大汶河开发区	贾王封村	胸径：37 厘米	树高：9.7 米	冠幅：4.6 米	国家三级保护
179	150	板栗（群）	大汶河开发区	韩家王封	胸径：50.8 厘米	树高：5.5 米	冠幅：9.6 米	国家三级保护
180	100	麻栎（群）	五龙山森林公园	园内	胸径：26 厘米	树高：9 米	冠幅：5 米	国家三级保护
181	300	槲树	柘山镇	薛家庄	胸径：36 厘米	树高：6 米	冠幅：5 米	国家二级保护
182	150	胡桃	公冶长书院	院内	胸径：50 厘米	树高：13 米	冠幅：10 米	国家三级保护
183	150	胡桃	公冶长书院	院内	胸径：50 厘米	树高：13 米	冠幅：10 米	国家三级保护
184	150	胡桃（群）	大汶河开发区	韩家王封	胸径：52 厘米	树高：11 米	冠幅：10 米	国家三级保护
185	150	胡桃（群）	大汶河开发区	韩家王封	胸径：48 厘米	树高：11 米	冠幅：8 米	国家三级保护
186	150	胡桃	石埠子镇	孟家旺村	胸径：37 厘米	树高：6 米	冠幅：6 米	国家三级保护
187	100	大果榆（群）	石埠子镇	罗家官庄村	胸径：28 厘米	树高：7 米	冠幅 5 米	国家三级保护
188	300	大果榆	柘山镇	薛家庄	胸径：26 厘米	树高：4 米	冠幅：3 米	国家二级保护
189	300	小叶朴	青云山公园	园内	胸径：38 厘米	树高：6 米	冠幅：5 米	国家三级保护
190	150	小叶朴	青云山公园	园内	胸径：38 厘米	树高：6 米	冠幅：5 米	国家三级保护
191	100	小叶朴	青云湖公园	园内	胸径：30.4 厘米	树高：8.5 米	冠幅：7 米	国家三级保护
192	300	小叶朴	柘山镇	薛家庄	胸径：39 厘米	树高：8 米	冠幅：6 米	国家二级保护
193	200	小叶朴	石埠子镇	菩萨峪	胸径：85 厘米	树高：15 米	冠幅：10 米	国家三级保护
194	100	小叶朴	青云山公园	园内	胸径：31 厘米	树高：7 米	冠幅：4.5 米	国家三级保护
195	100	榔榆	青云湖公园	园内	胸径：41 厘米	树高：9 米	冠幅：7 米	国家三级保护
196	100	榔榆	青云湖公园	园内	胸径：36 厘米	树高：9 米	冠幅：6 米	国家三级保护

续表 5-3

序号	树龄	树种	坐落位置		生长情况及保护级别			
197	130	柘树	青云湖公园	园内	胸径：15 厘米	树高：6 米	冠幅：3 米	国家三级保护
198	100	柘树	青云湖公园	园内	胸径：11 厘米	树高：3 米	冠幅：2 米	国家三级保护
199	200	酸枣	石埠子镇	罗家官庄村	胸径：17 厘米	树高：7 米	冠幅：6 米	国家三级保护
200	100	酸枣	石埠子镇	罗家官庄村	胸径：15 厘米	树高：7 米	冠幅：5 米	国家三级保护
201	100	君迁子	辉渠镇	李家沟村	胸径：30 厘米	树高：9 米	冠幅：5 米	市级保护
202	100	栾树	兴安街道	韩家庄村	胸径：40 厘米	树高：11 米	冠幅：7 米	国家三级保护
203	150	栾树	新安街道	任家菜园	胸径：28 厘米	树高：13 米	冠幅：8 米	国家三级保护
204	150	黄连木	青云山公园	园内	胸径：49 厘米	树高：11 米	冠幅：8 米	国家三级保护
205	150	黄连木	青云湖公园	园内	胸径：38 厘米	树高：9 米	冠幅：6 米	国家三级保护
206	100	黄连木	青云湖公园	园内	胸径：54.7 厘米	树高：9.5 米	冠幅：6 米	国家三级保护
207	150	黄连木	青云山公园	园内	胸径：37.5 厘米	树高：8.5 米	冠幅：7.5 米	国家三级保护
208	130	黄连木	石埠子镇	罗家官庄村	胸径：36 厘米	树高：9 米	冠幅：8 米	国家三级保护
209	100	白蜡	青云湖公园	园内	胸径：43 厘米	树高：8.2 米	冠幅：5 米	国家三级保护
210	100	元宝槭	兴安街道	西关	胸径：30 厘米	树高：8 米	冠幅：7 米	国家三级保护
211	100	三角槭	青云湖公园	园内	胸径：30 厘米	树高：8 米	冠幅：7 米	国家三级保护
212	160	黄杨	青云湖公园	园内	胸径：21 厘米	树高：7.5 米	冠幅：5.5 米	国家三级保护
213	300	国槐	石埠子镇	车厢村	胸径：80 厘米	树高：6 米	冠幅：5 米	国家二级保护
214	130	山槐	五龙山森林公园	园内	胸径：27 厘米	树高：9 米	冠幅：6 米	国家三级保护
215	150	皂荚	青云湖公园	园内	胸径：33 厘米	树高：10 米	冠幅：5 米	国家三级保护
216	150	皂荚	青云湖公园	园内	胸径：42 厘米	树高：8 米	冠幅：6 米	国家三级保护
217	150	皂荚	青云山公园	园内	胸径：40 厘米	树高：9.5 米	冠幅：8.5 米	国家三级保护
218	300	皂荚	大盛镇	大申明亭	胸径：37 厘米	树高：10 米	冠幅：7 米	国家二级保护
219	150	紫藤	青云湖公园	园内	胸径：27 厘米	树高：7 米	冠幅：6 米	国家三级保护
220	260	紫藤	青云湖公园	园内	胸径：29 厘米	树高：8.5 米	冠幅：6 米	国家三级保护
221	600	国槐	凌河镇	红沙沟村	胸径：71 厘米	树高：7 米	冠幅：5.9 米	国家一级保护
222	400	国槐	青云湖公园	园内	胸径：40 厘米	树高：8 米	冠幅：7 米	国家二级保护
223	300	国槐	青云山公园	园内	胸径：35 厘米	树高：7.5 米	冠幅：6 米	国家二级保护
224	300	国槐	青云湖公园	园内	胸径：30 厘米	树高：5 米	冠幅：4 米	国家二级保护
225	200	国槐	青云湖公园	园内	胸径：59 厘米	树高：5.5 米	冠幅：6 米	国家三级保护
226	300	国槐	辉渠镇	前崮山沟	胸径：110 厘米	树高：11 米	冠幅：9 米	国家二级保护
227	260	国槐	经济开发区	许营	胸径：76 厘米	树高：9 米	冠幅：6 米	国家三级保护
228	260	国槐	经济开发区	许营	胸径：67 厘米	树高：7 米	冠幅：5 米	国家三级保护
229	150	国槐	柘山镇	南丘家庄	胸径：56 厘米	树高：7 米	冠幅：4.9 米	国家三级保护
230	100	国槐	新安街道	孙家十里铺	胸径：71 厘米	树高：8 米	冠幅：4 米	国家三级保护
231	300	国槐	新安街道	李家下埠	胸径：75 厘米	树高：11 米	冠幅：7 米	国家二级保护
232	260	国槐	凌河镇	马家河头村	胸径：63 厘米	树高：7.5 米	冠幅：6 米	国家三级保护
233	100	毛白杨	新安街道	磨埠村	胸径：130 厘米	树高：22 米	冠幅：23 米	国家三级保护
234	300	石榴	青云山公园	园内	胸径：26 厘米	树高：3 米	冠幅：2 米	国家二级保护
235	300	石榴	青云山公园	园内	胸径：25 厘米	树高：3 米	冠幅：2 米	国家二级保护
236	100	石榴（盆）	青云山公园	园内	胸径：17 厘米	树高：3 米	冠幅：4 米	国家三级保护

第八节　林政管理

1986年后，安丘县林业局相继设立林政科、森保站（后改名为野生动植物保护站）、公安科（2009年成立森林公安局）、木材检查站，共同担负全县林木采伐和木材运输审批、植物检疫、野生动植物保护和林业案件的查处职责，确保境内林业生产安全和生态环境健康，实现森林资源的持续稳定增长。

随着森林资源的增加，盗伐林木、猎食野生动物、乱挖野生植物的现象增多，林业行政执法成为林业的重要职能。1986年—2013年，安丘市共查处林业行政案件1600多起。其中，盗伐林木案件42起，滥伐林木案件1130起，非法收购木材案件18起，非法运输木材案件410起；查处林业刑事案件73起，均为林木滥伐案件。

安丘市严格执行木材采伐限额制度，加强与之配套的运输、经营和加工管理，依法管理林地。按照有关规定，严格审核、审批，加强监督，每年采伐杨树1.5万立方米左右。2002年后，随着全市杨树面积增多，每年树木采伐量在3万立方米左右。1986年—2013年，累计采伐木材50万立方米。

随着市场经济的发展，种子、苗木及农林产品的调运日趋频繁，加之农林种植业的调整和优化，特别是大面积的单一种植，给危险性林业有害生物的传播和蔓延提供便利条件，也相应引起有害生物种群发生规律新变化。为加强出入境林木种苗检验检疫工作，安丘市对调入境内的各类苗木、木材跟上检疫，做好本地苗圃内的产地检疫，重点监测美国白蛾、松材线虫病等有害生物。2008年，美国白蛾、悬铃木网蝽相继传入安丘市，对林木造成不同程度的危害，经全方位防治得到有效控制。

境内动物资源丰富，物种数量众多，有6纲、26目、75科、350余种，其中饲养畜禽类占有较大比例。野生动物多为国家二级或省重点保护动物，常见的有白鹭、苍鹭、水鸭子、獾、刺猬等。为切实保护好境内野生动物，全市每年都开展保护野生动物宣传活动，集中开展打击违法捕猎野生动物、鸟类活动，对市内非法收购、出售和加工食用野生动物窝点严厉查处。2003年，市林业局行政审批事项划入市行政审批中心，由市政府统一管理。

第九节　桑蚕茧

境内植桑养蚕历史悠久，为民间传统家庭副业。1985年，安丘县有桑园979亩。1986年后，桑蚕形势好转，桑蚕生产规模开始扩大。1990年10月，成立安丘县桑蚕生产办公室，负责全县的桑蚕生产、收购。县政府确定黄旗堡、南流、凌河、大盛、红沙沟、临浯、贾戈、慈埠、关王、刘家尧等10处桑园发展重点乡镇。是年底，全县桑园面积发展到6020亩。县政府在黄旗堡镇设一处收烘茧站，是潍坊市丝绸公司和黄旗堡镇政府的联营茧站。

1991年6月，经山东省丝绸总公司批准，安丘县成立安丘县蚕茧工作站，人财物隶属于省丝绸总公司，由潍坊市丝绸公司直接管理；山东省丝绸总公司、潍坊市丝绸公司同意增建安丘县凌河蚕茧站。是年，全县桑园面积达5786亩，全年发放蚕种1951张，收购鲜茧8.1万公斤。

1992年，南流、大盛蚕茧站建成。年末，全县桑园面积6899亩，全年发放蚕种4881张，收购鲜茧19.3万公斤。1993年，慈埠蚕茧站建成。年末，全县桑园面积6900亩，全年发放蚕种7703张，收购鲜茧20.7万公斤。是年，凌河蚕茧站被山东省丝绸总公司评为本年度A级茧站。

1994年1月，经山东省丝绸总公司批准，安丘县成立安丘县丝绸公司，为正科级单位，属计划经营、独立核算、自负盈亏的全民所有制企业，隶属于山东省丝绸总公司，由潍坊市丝绸公司领导和管理。安丘撤县建市，改为安丘市丝绸公司。是年8月，临浯蚕茧站建成。年内，全市有投产桑园5696亩，发放蚕种1.1万张，收购鲜茧26.25万公斤。

1995年，安丘市建立金冢子、庵上2处蚕茧站。安丘市丝绸公司开始推广塑料大棚规模化、省力化养蚕新技术，棚内蚕菜轮作、蚕禽轮养，增加蚕农收入，提高蚕农的养蚕积极性。是年，全市桑园面积8627亩，发放蚕种1.23万张，收购鲜茧34.5万公斤。慈埠蚕茧站、凌河蚕茧站被山东省丝绸总公司评为A级茧站。

1996年，蚕茧价格下滑，蚕农出现刨桑、弃桑等现象，全市桑园面积减至7032亩，全年发放蚕种9972张，收购鲜茧27.8万公斤。1997年，蚕茧价格继续下滑，全市桑园面积减至5350亩，全年发放蚕种9092.5张，收购鲜茧29.7万公斤（含代潍坊市丝绸公司管理的高密初家茧站）。

1998年，全市桑园面积6120亩，全年共发放蚕种8060张，收购鲜茧30.58万公斤。1999年，宋官疃蚕茧站成立。年内蚕茧价格上涨，蚕农植桑养蚕积极性提高，年末新建桑园2125亩，全市桑园面积达8245亩，全年发放蚕种6791张，收购鲜茧25.1万公斤。2000年10月，王家庄蚕茧站成立。是年，境内新发展桑园2380亩，全市桑园面积达到1.06万亩，全年共发放蚕种1.06万张，收购鲜茧35万公斤。2001年，全市桑园总面积发展到1.5万亩，主要分布在大盛、金冢子、景芝、王家庄、关王、南流、黄旗堡、担山等镇，全年发放蚕种1.44万张，收购鲜茧51万公斤。

2002年4月25日凌晨，境内气温骤降到-5℃，桑园受到严重冻害，春茧基本绝产，大部分蚕种报废，蚕农栽桑养蚕积极性遭到重创，出现大面积的刨桑、毁桑现象。年底，全市桑园面积减少到1.01万亩，全年共发放蚕种7155张，收购鲜茧16万公斤。2003年，全市桑园面积9861亩，全年共发放蚕种1.21万张，收购鲜茧43.4万公斤。2004年，受土地延包等因素影响，桑园面积减少。年底全市桑园面积8514亩，全年发放蚕种1.29万张，收购鲜茧53.07万公斤。

2005年5月，市丝绸公司组织蚕农到日照市参观学习桑园轮伐技术。年底，桑园轮伐面积80%以上。全市桑园面积7896亩，全年发放蚕种1.23万张，收购鲜茧44.98万公斤。2006年，全市桑园面积7896.6亩，发放蚕种1.32万张，收购鲜茧45.14万公斤。2007年，全市桑园面积9598亩，发放蚕种1.36万张（不包括育种1891张）。收购鲜茧46.19万公斤（不包括育种99929.27公斤）。

2008年，蚕茧市场受全球经济危机的影响，茧价大跌，全年发放蚕种1.3万张，收购鲜茧39万公斤，每公斤均价21元。蚕农植桑养蚕受价格打击，全市开始出现不同程度的毁桑现象，桑园面积锐减。2009年初，全市桑园面积5240亩，年末减至4600亩。全年发放蚕种8471.75张，实收鲜茧25万公斤，种茧6.87万公斤，平均鲜茧公斤价格27.89元，平均亩收入3000多元。2010年，全市桑园面积4632亩，全年发放蚕种6991张（不含育种茧），实收鲜茧20.21万公斤，种茧10.11万公斤。春蚕期，因诸城市飞防美国白蛾，造成景芝、金冢子两镇春蚕不同程度中毒，桑蚕减产1.03万公斤，给蚕农造成损失40万元。2011年，全市桑园面积4396亩，全年发放蚕种5867.5张（不含育种茧）；实收鲜茧9.47万公斤，种茧9.75万公斤 。

2012年，市内桑园面积4400亩，全年发放蚕种4939.5张（不含育种茧），实收鲜茧11.74万公斤，种茧12.18万公斤。

至2013年，全市桑园面积尚有4220亩，全年发放蚕种9238张，实收鲜茧13.19万公斤，种茧12.18万公斤。植桑的主要品种有“湖桑32号”“71-1”“农桑”系列、“选792”。蚕品种有复壮的“青松•皓月”“鲁七•9202”；曾用品种“9202•9201”“春蕾 • 珍珠”“871-872”“873-874”。

第五章　畜牧业

第一节　机　构

管理机构

1990年11月，安丘县畜牧局成立，为正科级行政单位，下设县畜牧兽医工作站。1991年3月，安丘县撤销县畜牧兽医工作站，设畜牧技术推广站、畜禽疫病防检站、兽医药械服务站。1992年2月，县畜牧局加挂安丘县畜牧兽医技术服务中心牌子。1993年12月，安丘县撤销安丘县畜牧局，组建安丘县畜牧兽医技术服务中心，为正科级差额事业单位，隶属县农业委员会，下设兽医站。1994年3月，安丘县畜牧兽医技术服务中心改称安丘市畜牧兽医技术服务中心，内设办公室、政工科、计财科、畜牧技术推广科、畜禽疫病防检科、兽医药械服务科、兽医卫生监督检验所。是年12月，市畜牧兽医技术服务中心由差额拨款事业单位改为正科级全额拨款事业单位。1996年11月，市畜牧兽医技术服务中心设立市兽药监察所。1997年1月，市畜牧兽医技术服务中心为正科级事业单位，隶属市政府农业办公室，下设兽医站。是年8月，市畜牧兽医技术服务中心下设安丘市饲料工业办公室，负责辖区内饲料工业行业管理工作。1998年3月，安丘撤销安丘市兽药监察所，原职能归属市兽医卫生监督检验所。是年12月，撤销市畜牧兽医技术服务中心，更名为安丘市畜牧局，为市政府直属正科级全额事业单位。1999年4月，乡镇畜牧兽医工作站人财物移交市畜牧局管理，设32处乡镇畜牧兽医工作站，回收在编人员165人，离退休人员60人，编外人员123人，净资产244.67万元，债权116.52万元，债务322.46万元。

2002年3月，市畜牧局内设办公室、政工科、计划财务科、生产业务科、兽药饲料管理科5个职能科室，下设市兽医站和27个乡镇畜牧兽医工作站。2003年3月，撤销市兽医站，设市畜牧检测中心和市畜牧执法监察大队。2007年9月，全市镇街道行政区划调整，乡镇畜牧兽医工作站调整为23个。2010年7月，市畜牧局参照公务员法管理，为市政府直属事业单位，内设办公室、组织人事科、计划财务科、生产业务科、畜牧防治科5个职能科室，下设畜牧执法监察大队、畜牧检测中心和20个基层畜牧兽医管理站。至2013年，机构无变动。

业务机构

市畜牧兽医站　成立于1986年1月，为股级事业单位，隶属县农业局。1987年3月，隶属县农牧局。1991年3月，撤销县畜牧兽医工作站，设立县畜牧技术推广站、县畜禽疫病防检站、县兽医药械服务站，均为股级差额事业单位，隶属县畜牧局。1993年12月，撤销上述三站，设立安丘县兽医站，为股级差额拨款事业单位，隶属县畜牧兽医技术服务中心。1996年12月，市兽医站改为股级全额事业单位，隶属市畜牧兽医技术服务中心。2003年3月，撤销市兽医站，人员调剂到市畜牧局、市畜牧检测中心和市畜牧执法监察大队。

市畜牧检测中心　成立于2003年3月，为副科级全额事业单位，隶属市畜牧局，内设综合科、动物疫病监测室、兽药饲料及添加剂监测室、动物产品药残监测室4个科室。2010年11月，市畜牧检测中心通过山东省畜牧兽医局省级兽医实验室考核，颁发合格证书。

市畜牧执法监察大队　成立于2003年3月，为股级全额事业单位，隶属市畜牧局。2008年9月，升格为副科级全额事业单位。

乡镇畜牧兽医站　1987年12月，乡镇畜牧兽医工作站管理权由县农业局下放给乡镇政府。1996年9月，乡镇畜牧兽医工作站定为全民所有制事业单位，受乡镇政府和市畜牧局双重管理，行政和业务以市畜牧局管理为主。2000年6月，乡镇合并，乡镇畜牧兽医工作站调整为27个。2007年9月，镇街道行政区划再次调整，全市设23处乡镇畜牧兽医工作站。2009年12月，乡镇畜牧兽医工作站更名为畜牧兽医管理站。2010年7月，根据镇街道行政区划和工作需要，全市设20个畜牧兽医管理站。

第二节　畜牧资源

畜禽品种资源

2013年，境内畜禽品种有猪、牛、羊、鸡、鸭、鹅、兔、马、驴、骡、狗、猫、鸵鸟、狐狸、水貂、貉、孔雀、鸳鸯、乌鸡、贵妃鸡、珍珠鸡、肉鸽、鹧鸪、鹌鹑、七彩山鸡等146个，养殖以猪、牛、羊、鸡、鸭、鹅、兔、狐狸、水貂等为主。

猪　安丘传统养殖产业之一，品种主要是本地猪和引进国内的五莲黑猪、昌潍白猪、沂南黑猪、里岔黑猪、烟台黑猪、莱芜猪、荣昌猪、太湖猪、上海白猪及国外的大约克夏、长白猪、杜洛克、汉普夏、迪卡、皮特兰、PIC等良种，分布于境内各乡镇。1985年前，主要饲养梧桐秧猪、昌潍白猪、沂蒙黑猪、五莲黑猪等地方品种以及少量的金华、内江、哈白、北京黑猪等国内培育品种。1986年，饲养荣杂猪最多，占67.37%，潍坊黑猪占18.86%，潍坊白猪占13.77%，及少部分巴克夏、长白、大约克夏杂交猪。

1988年4月，安丘发展成为全国商品瘦肉猪生产基地县。1996年11月，承担山东省“三〇”工程“瘦肉猪良种选育及产业化开发示范县”建设项目。2000年3月，承担农业部瘦肉猪人工授精技术推广丰收计划项目。先后从北京、河南、上海、济南、济宁、烟台等地大量引进大约克夏、长白、杜洛克、汉普夏、美国迪卡、PIC、双肌臀大约克夏、双肌臀长白、双肌臀杜洛克、皮特兰等良种猪，同时对当地猪进行改良，逐步形成不同类型的杂交猪。

牛　主要是本地黄牛和引进国内的鲁西黄牛、无棣黑牛、黑白花奶牛及国外的西门塔尔、犁木赞、夏洛莱、皮埃蒙特、弗莱维赫等良种牛的冻精颗粒或细管与本地黄牛杂交改良的杂交牛，分布于全市各乡镇。

20世纪80年代，境内牛的品种主要是当地黄牛，少量的鲁西黄牛杂交后代。80年代后期，陆续引进鲁西黄牛对本地品种进行改良。进入90年代，尤其是1997年安丘被列为全国秸秆养牛示范市、2007年续建全国秸秆养牛示范市后，从北京、河南、济南、烟台、潍坊、高密等地引进西门塔尔、犁木赞、夏洛莱、皮埃蒙特等肉牛品种的冻精颗粒，加快本地黄牛改良步伐，出现不同类型的杂交后代。2007年，杂交牛存养3.27万头，占全市存养量的63.1%。奶牛养殖一直没有形成规模。2003年，从北京等地引进黑白花奶牛、荷斯坦奶牛等优良品种200多头，奶牛养殖逐步形成一定规模。2008年7月，引进弗莱维赫冻精细管与当地繁育的西门塔尔杂交后代改良，奶牛养殖规模扩大。

羊　主要是山羊和绵羊。山羊主要有本地山羊及引进的崂山奶山羊、关中奶山羊、萨能特羊、沂蒙黑山羊、青山羊、波尔山羊等品种。分布于西南山区及东部平原区的个别乡镇，由于放牧本交，导致近亲交配，品种退化严重。20世纪70年代后期，开始从西北、崂山等地引进萨能特羊和崂山奶山羊，在景芝、郚山等乡镇进行杂交改良。1980年后，引进沂蒙黑山羊、青山羊。1986年，景芝镇纯种羊和杂交羊，占全镇奶山羊总量的80%。1999年，引进波尔山羊，在车庄、柘山等山区乡镇进行杂交改良。2011年引进关中奶山羊，在柘山镇进行繁育。

绵羊主要有本地绵羊（主要是山地绵羊）及引进的小尾寒羊、杜泊羊、美利奴、考力代、高加索等品种，分布于全市各乡镇。20世纪80年代中后期，大盛、关王、南流等乡镇从临朐县等地引入考力代、美利奴、高加索等纯种羊及杂交后代，纯种羊对本地羊改良效果显著，到1986年，全县良种绵羊及杂交后代约占50%左右。1987年，开始从梁山县引进小尾寒羊，此后至2013年成为境内当家养殖品种。

鸡　境内多为地方品种，分布于全市各乡镇。20世纪80年代以后，陆续引进星杂288、星杂579、京白、伊莎褐、罗曼、海兰褐、安卡-2000等蛋鸡品种和美国爱拔益加（AA）、哈巴德、艾维茵、罗斯等肉用鸡品种。20世纪90年代末，星杂288、星杂579、京白、伊莎褐、安卡-2000、哈巴德、艾维茵、罗斯等陆续被淘汰，而蛋用海兰褐、罗曼，肉用爱拔益加（AA）、罗曼等成为全市养鸡业的主要品种。2012年10月，安丘市首次引进雪山草鸡品种，主要分布在大盛、郚山等镇。

鸭　主要是引进北京鸭、康贝尔鸭、樱桃谷鸭等品种，分布于全市各乡镇。其中，樱桃谷鸭由英国樱桃谷农场引入，是中国北京鸭与埃里斯伯里鸭为亲本杂交选育而成的配套系鸭种，是世界著名的瘦肉型鸭，具有生长快、瘦肉率高、净肉率高、饲料转化率高以及抗病力强等优点。1991年，在国内开始大规模推广。2000年，由安丘市光大牧业公司首次引进父母代樱桃谷鸭5000套，后大批引进，成为安丘市主要饲养品种。

兔　主要是本地兔。20世纪80年代初，主要饲养本地肉皮兼用兔。此后，由引进的青紫蓝兔和银狐兔，经多年杂交选育，形成80年代中后期境内饲养的当家兔。进入90年代后，境内引进布列塔尼亚兔、伊拉兔等优良品种。

马　境内马的品种多为本地土种马，少量的渤海马、蒙古马、新疆马、四川马及以苏重挽马、苏纯血马、阿尔登马等国外品种为父系的杂交改良马，饲养数量较少，存养量一直呈下降趋势。1986年，主要分布于景芝、黄旗堡、南流、安丘、担山、庵上、雹泉等乡镇，至2013年，市内存养量很少。

驴　境内本地驴居多数，分大、中、小三个类型，大中型驴主要分布在平原地区、小型驴主要分布在山区，以农家饲养为主。20世纪80年代前，是农村家庭交通运输和农业生产两用役畜。80年代初期，境内大量引进德州驴，对本地驴进行杂交改良，其后代呈现生长发育快、体格高大、耐粗饲、抗病力较强的特点，成为当家品种，但存养量一直呈下降趋势。

特种经济动物　20世纪80年代，安丘主要引进水貂、狐狸、貉、鹿、野猪、小香猪、蜂、贵妃鸡、七彩山鸡、火鸡、乌鸡、元宝鸡、珍珠鸡、鹌鹑、肉鸽、郎德鹅、大雁、孔雀、鸵鸟等品种，分布于兴安、新安、大汶河、金冢子、凌河等镇街区。

牧草资源

1986年8月，安丘县对县内32处乡镇的草山、草坡、草滩和零星草地进行系统调查。结果显示，全县有300亩以上成片自然草场64处，草地总面积13.97万亩，占全县土地总面积的4.6%，可利用面积13.1万亩，占草地总面积的93.7%。其中：300亩～1000亩地片28处，面积1.83万亩；1000亩～5000亩地片32处，面积6.18万亩；5000亩～10000亩地片3处，面积2.02万亩；10000亩以上地片1处，面积3.94万亩。

1986年，全县草场分5个类型：丘陵草丛草场类，面积4.57万亩，占草场总面积的32.72%，可利用面积4.24万亩，主要是胡枝子—白羊草—黄背草—野古草和白羊草—黄背草两个类型；低山丘陵疏林草丛草场类，面积3.59万亩，占草场总面积的25.67%，可利用面积3.21万亩，主要是刺槐—柏树—绵槐—黄荆—胡枝子—黄背草和刺槐—柏树—胡枝子—白羊草—结缕草—黄背草两个类型；低山丘陵灌木草丛草场类，面积1.47万亩，占草场总面积的10.51%，可利用面积1.32万亩，主要是酸枣—黄荆—白羊草—百里香—黄背草一个类型；山地草甸草场类，面积3.94万亩，占草场总面积的28.23%，可利用面积3.94万亩，主要是茅草—马唐草—狗尾草一个类型；河漫滩草甸草场类，面积4012.5亩，占草场总面积的2.87%，可利用面积3811.9亩，主要是结缕草—白羊草—百里香一个类型。天然草地植物有46科186种，其中，草场植被主要植物有82种，主要优势植物有黄背草、白羊草、百里香、马唐草、胡枝子、狗尾草、野古草、野黍、茅草、牛筋草等，植被平均高度在50厘米～150厘米之间。

1986年，全县草场平均亩产鲜草461.64公斤，总产量6450.34万公斤，载畜量（按全年采食365天，每个牛单位一天采食17公斤计算，下同）6669个牛单位；附属有草地农田隙地1.51万亩，平均亩产鲜草469公斤，总产量16163.04万公斤，载畜量20722个牛单位；林间隙地14.55万亩，平均亩产鲜草459.5公斤，总产量6690.86万公斤，载畜量7506个牛单位；加之4.39亿公斤作物秸秆和树叶，载畜量14.06万个牛单位。全县共计草资源载畜量17.55万个牛单位。1988年4月，安丘县根据林业部《封山育林管理暂行规定》，开始对重点荒山实行禁牧、禁伐等封育措施，大型草场逐步消失。

饲料资源

境内饲料资源主要包括十大类。谷物和薯类：主要有玉米、高粱、大麦、谷子、稻谷、甘薯、木薯等；饼粕类：主要有大豆饼、棉籽饼、菜籽饼、花生饼、向日葵饼、米糠饼等；粮食、食品加工副产品类：主要有糠麸（麦麸、大米糠、小米糠、高粱糠、玉米皮等）和糟渣（酒糟、醋糟、酱油糟、豆渣、粉渣等）；农作物秸秆、蔓秧类：主要有玉米秸、小麦秸、大麦秸、稻草、谷草、高粱秸及各类豆秸、薯秧等；牧草类：主要有各种豆科、禾本科、沙草科、菊科目草；青绿、多汁饲料类：主要有各类绿肥、水生饲料、树叶、灌木枝条及部分蔬菜；青贮饲料类；主要有青贮玉米、青贮高粱、青贮大豆，以及各种薯类、绿肥、青草、蔬菜等；动物性饲料类：主要有屠宰家畜、家禽、鱼类的下脚料生产的骨肉粉、血粉、鱼粉、羽毛粉、以及蚕蛹、蚯蚓等；矿物质饲料类：主要有骨粉、蛋壳粉、贝壳粉等；添加剂补充料类：包括营养型饲用添加剂（维生素、氨基酸等）和非营养型饲用添加剂（生长促进剂、驱虫保健添加剂、抗氧化剂和防腐剂等）。

第三节　畜牧标准化生产

2000年前，境内畜禽生产以养殖大户、农村散养为组织形式。2001年9月，市政府贯彻落实潍坊市农业标准化会议精神，印发《关于蔬菜、畜禽、果品生产标准化的实施意见》，出台标准化小区建设扶持政策，推行畜禽标准化生产。2002年，安丘市申报建立生猪生产标准化示范场，从饲料生产、良种繁育、商品猪生产、屠宰、加工等各个环节施行标准化管理，树立标准化生产样板。是年，全市新建标准化肉鸡养殖小区30多个、标准化肉鸭养殖小区20多个、规模100头以上标准化生猪养殖场30家。安丘市政府获潍坊市标准化生产组织奖，大盛镇李家院养鸡场、景芝镇埠口养鸡场成为潍坊市畜禽生产标准化示范场。2003年3月，市政府印发文件，要求各畜禽加工企业，必须建立自己的标准化生产示范基地，严格按标准组织生产。全市新建100个标准化养殖小区。2004年1月，开始建立完善畜牧标准体系，制定动物产前、产中、产后各环节的标准规范，建立与国际标准接轨的动物生产标准化体系，加快标准化饲养场建设步伐。是年，全市新建标准化养殖小区200个，各类标准化畜禽舍2000余栋，建成安丘市标准化生猪养殖示范基地。2005年5月，安丘市生猪、肉鸡被省农业厅列入全省畜禽标准化基地建设项目，建成标准化畜禽舍3856栋。2006年，安丘市实施以龙头企业为主建设标准化饲养基地、以乡镇政府为主发展畜牧标准化饲养村和畜牧饲养重点村"三大工程"建设，建成标准化优质畜产品饲养基地10处，发展标准化饲养村10个，畜牧饲养重点村8个；建成标准化规模饲养场1万多个，标准化饲养小区1280个。生产无公害畜产品肉类25.82万吨、蛋类4.6万吨、奶类0.28万吨，绿色畜产品肉类1.87万吨、蛋类0.47万吨、奶类0.04万吨，有机畜产品（蛋类）0.08万吨。其中，黄石板坡农牧生态园的"双峰"牌山鸡蛋，通过山东省质量技术监督局无公害畜产品认证，年产量10吨。2007年，全市实施农产品质量安全区域化建设，推行畜牧业标准化生产，加快标准化生产进程。当年有9处规模猪场承建中央投资203万元的生猪标准化规模养殖场(小区)建设项目。2007年—2013年，中央投资1040万元，扶持全市生猪标准化规模养殖场建设，有50处规模猪场受益，全市新建和改造生猪、肉牛、肉羊、肉鸡、肉鸭、肉兔、特种动物等标准化养殖场（小区）218个。新建（改造）标准化猪场51处、肉鸡场212处、肉鸭场31处、肉牛场6处、奶牛场7处、羊场7处、蛋鸡场29处、特种动物饲养场19处、兔饲养场9处。2008年11月，安丘市在景芝、临浯等20处镇举办标准化生产培训班，受训人员1.5万多人次。推广瘦肉型猪、肉鸡、肉鸭、肉牛、肉羊等规模化、标准化生产技术，新建标准化养殖区145个。2009年，市内建成标准化养殖基地643处，潍坊市级标准化养殖场2处。2010年11月，市政府制定《关于创建农产品质量安全生产示范园的意见》，创建一批高起点、高标准、高水平农产品质量安全生产园区。投入资金5.35亿元，新建标准化养殖基地140处，累计建成标准化养殖基地774处，通过各级检验检疫部门备案460处。其中，潍坊市级标准化养殖场2处，省级标准化示范养殖场1处，获农业部无公害农产品认证企业8家，"鲁丰"牌肉鸡产品成为山东省著名商标。2011年2月，市政府制定《2011年农产品质量安全区域化管理工作意见》，提出"全力达到全国农产品质量安全示范区，保持'安丘模式'继续引领全国"的指导思想。全市以确保畜产品质量安全为核心，以有机、绿色、无公害"三品"认证为标志，围绕生猪、肉鸡、肉鸭、肉牛及肉种鸡5个优势产业，确立创建无公害肉鸡、肉鸭、生猪、鸡蛋等11个系列25家畜牧产品品牌目标。新建标准化养殖基地51处，累计建成标准化养殖基地825处，通过各级检验检疫部门备案528家，潍坊市级标准化养殖场5处，潍坊市畜产品质量安全示范园区8处，省级标准化示范场2处，带动安丘标准化生产上档升级。获农业部无公害农产品认证企业16家。2012年，新建标准化养殖基地53处，标准化养殖基地累计878处。其中，建成潍坊市级标准化养殖场4处，省级标准化示范场2处，获农业部无公害农产品认证企业14家，"友祥牌"猪肉成为山东著名商标。2013年3月，市政府制定《安丘市2013年创建全国农业综合标准化示范市工作意见》，新建标准化园区112处，累计建成省级标准化示范场8家、潍坊市级标准化园区总数达到19家、潍坊市级标准化种苗基地9家、安丘市级924处，获农业部无公害农产品认证企业59家。

第四节 畜牧产业化

1985年，安丘县首次提出因地制宜在全县建立畜产品商品生产基地，最大限度提高养殖效益，逐步由自产自给的生产方式转向专业化、商品化生产。1986年6月，县政府下发文件，要求建立健全良种繁育、疫病防治、饲料生产、畜禽产品流通四大体系，搞好配套体系建设并首先在景芝镇进行试点。是年8月，县农业局制定《畜牧业"七五"发展规划（1986—1990）》，提出按资源条件、地形地貌将全县大体分4个区。其中，西南山区12处乡镇，重点发展牛、驴、羊、猪、鹅，蛋鸡、肉食鸡、家兔，要因地、因家庭制宜，适量发展；中部、北部丘岭区12处乡镇，以牛、羊、驴等草食家畜为主，相应发展鸡、兔、鹅、猪生产；三河平原区，包括境内渠河以北，峡山水库以西和汶河两岸及潍河以西平原，以猪、禽、兔为主；城郊区，包括安丘镇和贾戈、关王、刘家尧等乡镇的一部分，以禽、猪为主，开发性发展奶牛、奶羊生产。以专业户为示范、重点户为骨干、社会养殖为主体，在全县建立起一批畜牧养殖专业户和重点户。是年底，全县各类养殖专业户和联合体达1560个，新发展各类养殖专业村28个，商品生产基地7个。

1987年1月，县政府印发《关于切实保护生猪生产的通知》，要求稳定粮价，放开猪价；实行优惠政策，保护种公猪、母猪，促进生猪生产大发展。其中，西南山区的郚山、柘山、南逯、大盛等6处乡镇群猪发展到1200多群。按照"平原地区主要发展肉鸡和蛋鸡生产，丘岭地区主要发展大家畜生产，山区主要发展群猪和绵羊改良"规划，鼓励各乡镇因地制宜搞好示范，发展畜禽生产。是年，全县发展肉鸡、黄牛、绵羊、生猪等养殖示范点45个。

1988年6月，山东省农业厅和安丘县人民政府签订《关于建设商品瘦肉猪生产基地协议书》，项目总投资60万元。是年11月，县政府印发《关于加强保护母猪资源的紧急通知》，稳定生猪生产。同时，调整畜牧生产结构，积极倡导开发节粮型畜牧业，批准车庄（养羊）、柘山（养兔）、临浯（养牛）、贾戈（养鹅）、景芝（养奶山羊）、石堆（养鹅）、红沙沟（养猪）、郚山（养兔）等8处乡镇养殖基地，草食畜禽得到较快发展。大力发展种鸡业，新上AA祖代鸡3000套、肉用鸡父母代达7.7万套、蛋用鸡父母代达1万套，分布于全县34个种鸡场。

1989年，安丘县重点抓良种繁育、畜禽防疫、饲料加工和管理"四个体系"建设，全县发展各类畜禽养殖专业户1375个。

1990年3月，安丘县承担省农业厅"肉食鸡良种及饲养管理综合技术推广"农牧渔业丰收计划项目，建设期限为2年。同时，县政府制定大猪生产和外贸出口产品奖励政策，推行生猪定点屠宰，收取畜禽资源费和畜牧技术改进费，促进全县畜牧业发展。是年，全县发展父母代种鸡场14处，存养种鸡8.9万套；新发展肉鸡专业村5个，各类畜禽饲养专业户达2335个。积极推广配合饲料，增加饲料加工、销售网点，拥有不同性质的饲料加工厂20处，年生产能力达10.56万吨，年产配合饲料9.5万吨，各专业场户自产自用配（混）饲料9.1万吨。建立产供销一体化经营实体8个，活畜禽及其产品交易农贸市场63个，生猪屠宰加工厂站33处，家禽屠宰加工厂4处，综合加工厂3处，畜禽冷藏库10座，畜产品加工运销个体户1250个，年加工肉鸡1.5万吨以上，畜产品流通量58665吨。其中，销往外地46926吨，年交易额18365万元，总冷藏库位3980吨，年冷藏量为库位的3.8倍，基本承担本地加工贮藏任务。

1993年始，全县畜牧业进入产业化发展阶段，呈现出区域化布局、专业化生产、社会化服务新格局。1994年，市政府制定《安丘市畜牧（养殖）产业化实施意见（草案）》和《专业乡镇、村、户标准》，提出"按照建立社会主义市场经济体制的要求，全面实施畜牧产业化战略和名牌战略"，确定肉鸡、瘦肉猪、牛、羊、蛋鸡、草鹅、淡水养殖7个主导产业。是年，全市发展各类专业户18250个、专业大户25个、专业村380个、专业乡镇20处。建成中小型猪场35处，年出栏2万头以上大型猪场2处、种鸡场21处、肉鸡场190处。在全国猪、牛、羊、禽肉百强县排名第65位，居潍坊市首位。1994年12月，被省畜牧局命名为全省畜牧业强市。

1995年3月，市政府确定1995年为全市畜牧养殖效益年，扶植养殖大户，带动群众养殖，走专业化、基地化生产路子。当年，全市新建养殖小区940个，占地13686亩。建万头猪场4处、千头猪场57处。建起仔猪批发和育肥猪交易市场3处，外调仔猪15万头、育肥猪18.2万头。畜牧业总产值达18.95亿元，占农业总产值的53%，实现人均一头猪、一只羊，户均一头牛、百只禽，牧业收入过万元的"五个一"工程目标。是年，安丘市被省政府授予1995年度畜牧业生产先进市称号。

1996年，安丘市坚持"稳定食粮的，发展食草的，扩大创汇的"基本方针，以瘦肉猪、肉鸡、牛、羊、肉兔、草鹅等六大产业为重点，调整产业结构，发展高产、高效、优质畜牧业。各乡镇按照"一乡一业，一村一品"要求，建设畜牧饲养小区，畜牧专业乡镇、专业村、专业户，加快传统畜牧业向现代化畜牧业转变。是年，全市食草畜禽发展势头较猛，增幅在31.9%左右。其中，肉兔存栏量增长58.1%。珍禽和稀有动物鹦鹉、蓝狐、水貂养殖形成规模。全市建成年出栏肉鸡500万只的集团1家，10万只以上规模养鸡场81处、千头以上规模猪场25处、百头以上规模牛场9处、养殖小区1389个。在抓好市外贸冷藏厂等十大龙头企业同时，建设和完善红沙沟、景芝、赵戈3处仔猪批发市场，雹泉、官庄、南流、宋官疃4处肉牛交易市场和郚山牲畜批发交易市场，红沙沟仔猪批发交易市场年销售量超过12万头，仔猪远销浙江、江苏、河北、安徽等省及本省十几个地区，成为山东省四大仔猪批发交易市场之一，带动辐射临朐、昌乐、沂水、安丘等县市的46个乡镇，促进畜禽产品的加工流通。畜产品精深加工也有较大发展。畜禽加工企业投资4800万元以上，新上和改造生产流水线10条，新增年加工能力3000多吨，肉鸡屠宰加工量占全市总量的80%以上。同时，承担省“三〇”工程办公室“瘦肉猪良种选育及产业化开发”示范县建设项目。项目实施五年，至2000年，全市良种母猪达9.25万头，育肥猪育肥周期缩短到180天～185天，出栏商品瘦肉猪440.74万头，瘦肉率为57.1%，直接经济效益5585.92万元。

1997年，全市养殖业由一般性抓生产向按产业化组织生产转变，加快科技成果转化和推广，着力抓好以瘦肉猪良种选育及产业化开发、秸秆养牛、酵素菌添加剂应用为重点的畜牧实用技术推广，确定刘家尧三教堂养殖实验区等10个单位为畜牧科技示范园。是年，安丘市被农业部批准为秸秆养牛示范县（市）。按照畜牧产业化要求，采取积极措施，使规模化生产进一步扩大，养殖专业大户、规模饲养场、畜牧养殖小区成为全市畜牧生产的重要模式。全市发展各类养殖小区1485个，各类畜禽饲养专业户3.78万个，建成百头以上猪场185处，出栏万只以上的商品肉鸡场316处，百头以上牛场4处，畜牧生产基地40个，专业场户饲养量占全市饲养总量比重达65%。

1998年，安丘市优化调整畜牧业内部结构，在保持瘦肉猪、蛋鸡、肉食鸡发展基础上，扩大鹅鸭、牛羊食草动物养殖和狐狸、水貂、鹿、乌骨鸡等优珍特畜禽饲养数量。龙头企业、基地、农户紧密相连的产业化趋势更加突出。全市建成各类养殖小区1510个、畜牧业生产基地42个，发展畜禽饲养专业户3.42万户、百头以上猪场187处、出栏万只以上商品肉食鸡场298处、百头以上牛场6处，专业场户饲养比重达57%。

1999年—2000年，安丘市全面实施畜牧产业化战略。全市畜牧业向布局区域化、生产专业化、经营规模化和服务系列化方向发展，建成各类饲养小区1210个，发展各类养殖专业户2.1万户，百头以上猪场187处，出栏万只以上肉鸡场1021处，存栏百头以上牛场6处，畜禽规模饲养量占总饲养量的62%。建成畜禽交易市场38处，年交易额1.5亿元。龙头企业带动能力加强，带动合同养殖户4.64万户。潍坊大江企业集团在临朐县、坊子区建立种鸡场2处，实现跨区域经营。

2001年，全市积极调整优化畜牧业结构，大力发展特色畜牧业，实现畜牧业生产规模化、集约化、产业化。与潍坊美城肉鸡有限公司合作，公司提供资金420万元发展规模养鸡场680处，饲养商品肉鸡600万只。安丘绿洲兔业有限公司建成亚洲最大的布列塔尼亚良种兔繁育基地，年生产祖代种兔1万只、父母代种兔3万只，出口兔肉560吨，创汇120万美元。全市食草节粮型畜禽数量占畜禽总量的65%以上。

2002年，全市依靠科技和体制创新推进畜牧产业化经营，加快畜牧业标准化生产体系建设。新建肉鸡、肉鸭、牛、猪等养殖小区113个，其中新建标准化肉鸡养殖小区30个，肉鸭养殖小区20个，特种养殖小区10个。新建存栏100头以上生猪养殖场30家，存栏5000只以上、通过潍坊市畜牧局验收的肉鸡场1576家，种鸡场2家。庵上、郚山等乡镇利用荒山、荒地和荒坡，在树空林间建鸡舍饲养山鸡，年饲养山鸡100万只。

2003年，全市新建标准化养殖小区100个。其中，生猪68个，肉鸭7个，肉鸡5个，肉牛、肉羊和特种动物10个，养殖小区总数1180个。新发展规模奶牛场12处、千头以上猪场10处、200头以上肉牛场11处、特种养殖基地120个。有6家畜产品加工企业成为潍坊市农业产业化龙头企业，3家企业获得畜产品出口注册。新发展绿洲奶业有限公司、宏飞鸭业食品有限公司等7家畜产品加工企业，年销售收入4亿元，带动农户1万多个。

2004年始，安丘市围绕建设畜牧强市，做好禽流感防治工作，依靠龙头企业带动，发展规模化经营，推行标准化生产，推动畜产品基地建设，增加出口创汇，当年新建标准化养殖小区200个。畜产品加工龙头企业通过建立自己的标准化养殖基地，带动标准化养殖小区建设。至2006年，全市建立畜禽规模饲养场1万个，标准化饲养小区1280个，畜产品加工企业发展到10家，年加工畜禽产品20多万吨，实现销售收入12.6亿元，利税4000多万元，创汇4000多万美元，带动养殖户4万多个。

2007年，各级政府出台一系列扶持生猪生产优惠政策。全市补贴能繁母猪55382头，每头补贴50元，发放补贴资金276.91万元。发展存栏50头以上猪场251处，存栏100头以上猪场247处，年存栏千头以上猪场8处。牛羊等食草动物发展加快，发展波尔山羊繁育基地3处，肉牛、肉羊规模饲养占比27%以上。在保持水貂、狐狸、鹿、肉狗等特种动物稳定增长的同时，先后引进鹧鸪、山鸡、贵妇鸡、七彩山鸡、元宝鸡等名优特稀品种，特种动物品种发展到近20个，特种动物养殖小区发展到10多个、养殖基地100多个。

2008年，安丘市落实“品种优良化、畜产品安全化、防疫制度化、生产标准化、营销品牌化，养殖产业化”的发展理念，生猪生产稳步发展。全市补贴能繁母猪55382头，每头补贴100元，发放补贴资金553.82万元。2009年，通过政策扶持、招商引资等多种形式，鼓励畜牧加工企业建立自属基地。重点推广以“公司+基地+标准化”为主要内容的生产模式。新建标准化养殖场145处，建成标准化养殖基地602处。新建成畜牧龙头企业3家，发展到25家，年加工畜禽产品30多万吨，实现销售收入12.6亿元，带动养殖户4万多个。形成以外贸、和盛园、大成等公司为龙头的肉鸡产业化格局，以宏飞、天润、田润等公司为龙头的肉鸭产业化格局，以金田、振祥等公司为龙头的生猪产业化格局，以东方凤凰、绿洲兔业等公司为龙头的肉兔产业化格局，以华通肉牛等公司为龙头的肉牛产业化格局。

2010年，安丘市坚持产业化带动、规模化发展、标准化生产，统筹兼顾公共卫生安全、畜产品质量安全、生态环境安全，建成标准化养殖基地774处，畜禽规模饲养场发展到1.05万处，通过各级检验检疫部门备案的养殖场528家。畜牧龙头企业达27家，进入省、市农业产业化重点扶持企业11家。畜产品加工企业达11家，年加工能力达30多万吨，有2家获得出口注册，6家获得进京入杭证，8家获得入沪证，产品销往日本、韩国、美国、欧盟等50多个国家和地区及国内60多个大中城市，实现销售收入18.6亿元，利税8000多万元，创汇6000多万美元，带动养殖户5万多户。新开工总投资3.53亿元的8个畜牧产业链重点建设项目进展顺利。

2011年，安丘市通过招商引资等形式，加大畜牧企业投入力度，重点建设金田、振祥、光大牧业等公司的360万头生猪、3000万只肉鸭等屠宰加工项目。景芝镇、凌河镇的30万吨生猪和肉鸡饲料厂、20万吨肉鸭饲料厂，启动山东晟鑫集团投资27亿元建设冷链物流园项目。形成以鲁丰、和盛园等公司为龙头的肉鸡生产，以天润、春江、六和光大、田润、宏飞等公司为龙头的肉鸭生产，以金田、振祥等公司为龙头的生猪生产，以阳春奶业等公司为龙头的奶山羊生产等四大产业化格局。饲料工业发展迅速，年产量突破60万吨。畜牧龙头企业达27家，安丘市鲁丰集团有限公司成为国家级农业产业化企业。

2012年，全市畜牧产业链实现收入110.15亿元。其中，第一产业46.71亿元，第二产业61.34亿元，第三产业2.10亿元。安丘市注重培强鲁丰、和盛园、振祥、惠康等畜牧龙头企业，畜产品加工量达到40万吨，饲料加工60多万吨，有8家企业的畜产品获得入京、入沪、入杭等准入资格，外销量达9万吨。全市能繁母猪补贴76848头，每头补贴100元，发放补贴资金768.48万元。

2013年，安丘市以列入潍坊市农业转型发展的鲁丰集团等5个项目建设为重点，转变畜禽生产管理方式，加快产业化经营主体转型升级，大力推进园区建设。新建肉鸡、肉鸭、生猪等标准化养殖园区115处。是年4月,安丘市首家畜牧家庭农场—安丘市凤鸣家庭农场在景芝镇成立。

第五节　科技引进推广

1986年1月，县畜牧兽医站把科学推广作为首要任务，免费举办训练班、提供技术资料、进行技术指导，组织科技人员编印《养鸡与鸡病》《养鹅知识问答》《瘦肉型猪生产手册》《怎样养兔》等科普小册子1万多册。开展技术协作，与省牧校结成协作单位，先后进行奶山羊改良、羊人工授精、兔冷冻精液及奶山羊瘤胃酸中毒病因调查和防治等课题研究。其中，奶山羊瘤胃酸中毒病因调查和防治研究成果受到省、潍坊市和县三级表彰，获省级科研成果二等奖。1989年，开展“安丘梧桐猪提纯选育”“种鸡场鸡白痢净化措施研究”等2个重点科技攻关项目和“黄牛改良”“瘦肉型猪生产及猪的人工授精技术”“良种蛋鸡推广”等3项重点新技术推广项目。1997年，市政府制定畜牧科技推广年实施意见。2012年3月,开展“畜牧科技促进年”活动，大力推广省畜牧兽医局发布的生猪、肉牛和肉鸭发酵床养殖、肉羊集中育肥等14种主推技术和15个主推品种。2013年，全市开展“畜牧科技推广年”“微生态制剂推广年”活动，全面推广山东省2013年畜牧业16个主导品种和17项主推技术。创新科技网络服务方式，与中国知网合作，开通畜牧科技网络书屋服务。其中，单位书屋35个，农技员个性化书屋183个，惠及养殖户500余个。大力发展“畜—沼—粮”循环养殖模式和干湿分离、污水沉淀、沼气发酵、农田消纳、堆积发酵等综合治理技术，建成沼气池1.4万个。

1986年—2013年，安丘市组织实施省、市科研推广项目30项，获省、市、县科技进步奖14项，新技术、新成果的应用率85%以上，科技进步贡献率50%以上。

畜禽繁殖技术

畜禽品种改良技术 1986年始，全县大力推广优良畜禽品种。1987年9月，安丘县三里庄种鸡场引进爱拔益家(AA)父母代种鸡1000套，从昌乐县引进“星杂579”蛋种鸡1500套；引进鲁西黄牛150头，奶牛6头，小尾寒羊300只。1988年，引进鲁西黄牛80头，青岛崂山山羊200只，种鸡16万套。其中，肉用种鸡3个品种13万套，蛋用种鸡5个品种3万套，推广良种雏鸡1000万只，全县蛋鸡良种率达70%,肉鸡良种率达100%。1989年，全县引进大约克夏、杜洛克、五莲黑等瘦肉型父母本种猪50头，建立父本核心群和配套的二级扩繁场（村），至1990年杂交改良率达到48.6%。此后，全市每年从外地引进一定数量的优良品种，加快本地品种改良。

人工授精技术 1988年后，安丘县人工授精技术开始推广，首先推广应用孕马血精、雌激素等促使母畜发情技术。1989年8月，在县兽医站建立猪人工授精总站和2个核心猪群，引进种公猪7头；在临浯、凌河、景芝、石堆、担山、红沙沟6处乡镇兽医站建立猪人工授精分站，引进种公猪12头，每个分站2头，进行试点推广工作，当年人工授精6300头(次)。1990年,猪人工授精分站达到14处。1991年，猪人工授精分站增至20处，分站人工授精点增加到4个～5个，配种量达4.65万头（次)。在宋官疃等7处乡镇进行黄牛冻精配种技术试点，建立冷配点，进行黄牛改良。当年利用冻精配种1015头（次），准胎815头。1992年，猪人工授精站（点）达35个，瘦肉型改良覆盖面85.1%。1994年，在18处乡镇建立冷配点20处，冷配量达8351头,改良覆盖面达45.6%。黄牛改良扩到13处乡镇，冻精配种3000头（次），改良覆盖面15%。1995年先后从潍坊、烟台、济南、郑州等地引进西门塔尔、犁木赞、皮埃蒙特等良种牛冻精，冷配8875头，改良率40.5%。至2013年，人工授精技术主要存在农家。

家禽机械孵化技术 20世纪80年代中期，县内电力机械孵化技术得到普遍推广。1986年，首先在石堆镇普及推广孵化技术，发展蛋鸡孵化场（户）69个,出雏鸡率在80%以上。此后在全县推广应用。至2013年，全市大型养殖基地仍然使用机械孵化技术。

饲养技术

牲畜饲养技术 20世纪80年代，随着肉牛改良技术的开展，安丘县开始注重肉牛补饲精料，使肉牛出栏期缩短6个月～12个月，出栏重增加100公斤～200公斤。80年代中后期，猪舍建设要求防寒、防暑，推广“三改”（改吊架子育肥为一条龙育肥、改熟料喂为生料喂、改稀喂为稠喂）；实行“三化”（公猪瘦肉型良种化、母猪本地化、育肥猪杂交一代化），提高出栏率和瘦肉率，到1998年猪出栏率达到180万头以上，瘦肉率达53%。1989年，开始推广应用配方饲料喂猪，到1998年普及率达90%以上，料重比为3.2:1，居省内领先水平。1986年11月，开始推广猪的三元杂交，到1998年推广面达65%以上。至2013年，市境大型猪场全部实现配合饲料喂猪。

家禽饲养技术 1989年始，境内鸡鸭养殖推广暖棚饲养和配合饲料、混合饲料喂养技术。此后规模化养鸡场逐渐普及应用该饲养技术。1990年推广肉鸡综合科学饲养管理技术。1996年推广阶段育肥技术。1997年推广规模养鸡场配套技术。如无鱼粉日粮推广、肉仔鸡离地饲养等。进入21世纪，

养鸡分为集中大棚和散养两大类。规模仍以大棚养鸡为主。

畜禽发酵床养殖技术　2008年，境内开始推广自然养猪法，建养猪示范场点29处，建成发酵床面积5300平方米。2009年推广到211处猪场、15处禽场。2010年，推广生态养殖技术，猪场达386处，年出栏48.25万头，实现收入6.73亿元。2013年，潍坊市首家肉鸡发酵床养殖场在辉渠镇试验成功，建成发酵床面积2000平方米，年出栏肉鸡10万只。畜禽发酵床养殖技术应用畜禽养殖，实现粪污“零排放、零污染”。

青贮氨化技术　20世纪80年代，青贮饲料在境内逐步得到推广使用，主要是玉米秸秆的青贮和麦秸的氨化。1988年，全县青贮玉米秸、地瓜秧等1000万公斤，氨化麦秸200万公斤，节省饲料近70万公斤。1989年，全县青贮玉米秸、地瓜秧等1200万公斤，氨化麦秸200万公斤。进入90年代后，青贮氨化技术进一步推广，数量逐年递增。1991年，全县有51个村新建永久窖1.08万个，青贮作物秸秆1.35亿公斤，氨化麦秸2756万公斤。1992年，全县新建永久窖4495个，总数达3.82万个，青贮玉米秸、地瓜秧等秸秆8085万公斤，氨化麦秸1168万公斤。1994年青贮秸秆增加至3.22亿公斤，氨化麦秸0.56亿公斤。1996年新建永久窖1.1万个，总数9.26万个，总容积51.3万立方米，青贮秸秆5.5亿公斤，氨化2.3亿公斤。尤其是1997年承建国家秸秆养牛示范县建设项目以来，推广应用进入快车道。1998年，新建永久窖1.6万个，青贮秸秆6.5亿公斤。进入21世纪以后，由一家一户应用，逐步转向规模养殖场，数量逐年递减。

配合饲料应用技术　境内饲料工业起步较晚。20世纪80年代末，为提高饲料饲草资源的利用率，增加养殖效益，安丘县开始大力发展饲料工业，推广应用配（混）合饲料。1989年始，推广氨基酸、棉籽饼代替鱼粉喂猪鸡技术，缓解蛋白质饲料不足矛盾，降低饲料成本，增加养殖效益。是年，又推广猪、鸡配合饲料。随后县内陆续建立饲料加工厂，生产养猪、养鸡多种配合饲料。1991年，全县有大、中、小型饲料加工厂12家，年生产配合饲料8900吨，各专业养殖场（户）自产自用配（混）合饲料9.08万吨。随着境内养殖业的发展，饲料加工企业逐渐增多。到2007年安丘市拥有各类饲料加工厂47家，通过畜牧、质量技术监督部门认证。其中，安丘市中基饲料有限公司生产的“中基”牌系列产品连续6年获山东省质量技术监督局质量免检产品称号，饲料年产能力30多万吨。各专业养殖场（户）自产自用配（混）合饲料120多万吨，配（混）合饲料普及率90%以上。2013年，全市拥有规模以上饲料厂18家，年加工能力150万吨，配（混）合饲料普及率95%以上。

酵素菌应用技术　1996年始，畜牧养殖推广应用酵素菌添加剂，安丘市在贾戈、南流、凌河、辉渠、临浯等乡镇办起酵素菌生产厂。是年12月，临浯镇兽医站主持的“酵素菌添加剂研究及其在畜禽养殖业的开发应用”课题，通过潍坊市科委组织的成果鉴定，技术在国内同类行业中处于领先水平。1997年，在全市进行全面推广应用。2000年3月，因应用效果不理想，该技术推广终止。

牧草种植技术　2001年，境内推广种植优质牧草，主要推广牧草品种有苜蓿、墨西哥玉米、冬牧70、串香松叶草等，种植面积2500亩。至2007年，全市牧草种植面积2.3万亩。2013年，全市牧草种植面积0.536万亩，提供畜禽饲养饲草资源。

微生态应用技术　2012年始，安丘市联合潍坊（苏柯汉）生物技术有限公司，依托20个畜牧兽医管理站在全市推广微生态制剂技术。2013年，推广生猪、禽类、牛羊以及饮水专用益菌素等微生态制剂，在全市25个示范场试验，逐渐扩大覆盖面，推广微生态制剂20多吨，减少畜禽污染物排放70余吨。

疫病防控技术　1989年起，境内深化和完善生猪防疫程序改革，大力推广鸡马立克病综合防治技术，同时推广猪、牛、羊、鸡药物驱虫技术，筛选高效、低毒、价廉的驱虫药物在全县推广应用。1997年，安丘市推广肉鸡法氏囊综合防控技术。1998年，针对鸡新城疫、传染性支气管炎、马立克氏病、法氏囊、猪瘟、猪丹毒、喘气病等疫病严重威胁规模养殖场生产这一问题，大力推广畜禽规模饲养综合卫生防疫技术。2000年—2013年，结合无规定动物疫病区项目建设，积极购置先进仪器设备，加强基础设施建设，推广动物疫病诊断技术，达到预防、控制、扑灭疫病的目的。

第六节 畜禽品种引进和繁育改良

生猪品种引进和繁育改良

1986年，县内引进42头瘦肉型良种猪，在官庄、凌河等4处乡镇饲养繁育。1988年4月，安丘县被农业部列为全国商品瘦肉型猪生产基地县。1989年，县内引进大约克夏、长白、杜洛克等瘦肉型良种猪50头，建立母本核心群地方良种猪繁育场1处，饲养基础母猪35头。在凌河、临浯、辉渠等乡镇建立地方良种猪母本扩繁育场2处、母本扩繁育村4个，饲养基础母猪350头，选育生产群地方良种母猪6000头。全县建立猪人工授精总站1处、分站6处，瘦肉型猪生产从无到有。1990年，全县猪人工授精分站（点）达14处，建成种猪场4处，存养种猪89头，杂交改良率达48.6%。1991年，猪人工授精分站增加到20处，分站人工授精点增加到4～5个，配种量达4.65万头次，覆盖率达80.2%。引进良种公猪58头，总数136头，淘汰劣种公猪180头。1993年，生产杂交一代瘦肉型仔猪53.32万头，外调15.8万头，远销江西、安徽、河北、浙江等8个省20多个地区。1994年，先后两次从济宁购进大约克夏良种猪95头，从潍坊、济南等地购买杜洛克良种猪65头，全市32处乡镇建立猪人工授精分站（点）180处，存养良种公猪230头，猪人工授精6.2万头次，瘦肉猪改良率96.5%以上，生产杂交一代瘦肉型仔猪42.5万头。1995年，从北京引进美国迪卡良种猪42头，从济宁引进大约克夏、杜洛克种猪84头，累计引进良种猪780头，建市、乡、村改良站（点）185处，基本实现父本良种化、母本地方良种化和商品杂交化。1996年11月，安丘市被省“三〇”工程办公室确定为瘦肉猪良种选育及产业化开发示范县。1999年，引进良种公猪185头，母猪1627头，淘汰劣质种公猪800头，猪人工授精10.2万头次。其中，三元配种3.75万头次。2000年，完成三元配种5.6万头次。2001年，从烟台引进双肌臀瘦肉型猪10头。2003年，先后从北京、烟台、东营、临沂等地引进双肌臀大约克夏、杜洛克等良种公猪200头、“长大”二元母猪2000头。2008年，引进大约克夏、长白、杜洛克良种公猪145头、良种母猪1860头。

从2005年始，市内先后建成龙金养猪场、浯河良种猪场、兴旺良种猪场、泰和双肌臀良种猪场等父母代种猪场，引进大约克夏、杜洛克、长白、汉普夏、PIC等良种猪，采取猪人工授精技术与本地猪杂交，繁育出长白、大白、杜大等二元，长白地、大白地、白杜地等“土三元”和长白杜、大白杜等“洋三元”商品猪，全市养猪水平大有提高。

牛品种引进和繁育改良

20世纪80年代中期，境内牛的品种主要是当地黄牛，少量鲁西黄牛杂交后代。80年代后期，陆续引进鲁西黄牛对本地品种进行改良。1986年，县兽医站帮助刘家尧、柘山两乡建立大牲畜配种站，引进鲁西黄牛2头，德州驴2头。是年，设县级配种站1处、乡镇配种站32处，有个体配种站1处、个体配种户40个，大牲畜配种9980头，受胎7285头，受配率和怀胎率分别达到71.3%和52%。1987年始，配种站由饲养种牛进行自然交配或采精后人工授精方式改变为从潍坊市改良站引进西门塔尔牛、犁木赞、蒙白利亚等品种牛的冻精颗粒和冻精细管，然后发放到各乡镇兽医站进行人工授精。组织贾戈等4处乡镇兽医站引进鲁西黄牛150头，从安徽省和东北地区引进种母牛796头。帮助凌河镇郑家河、秦戈庄、富家庄子3个村引进黑白花奶牛6头。是年，县内个体配种户发展到60个，大牲畜配种12168头，受胎9733头，受配率和怀胎率分别达82%和81%。1988年，引进良种牛80头。1989年引进鲁西黄牛20头。

进入20世纪90年代，牛品种引进和繁育改良逐步推进。1991年，县内生产鲁西黄牛杂交改良牛815头。1992年，生产犁木赞牛杂交牛410头、西门塔尔牛杂交牛2610头。1994年，市内建黄牛改良站20个，冷配量7500头次，改良面达42.7%。1995年，先后从潍坊、烟台、济南、郑州等地引进西门塔尔、犁木赞良种牛冻精，冷配8875头。1997年4月，从高密引进“皮埃蒙特”良种肉牛冻精颗粒，在雹泉、宋官疃等乡镇推广冷配成功。1997年，安丘被农业部列为全国秸秆养牛示范县后，先后从北京、河南、济南、烟台等地引进西门塔尔、犁木赞、夏洛莱、皮埃蒙特等肉牛品种的冻精颗粒，加快本地黄牛改良步伐，出现不同类型的杂交后代。1999年，在雹泉、宋官疃、官庄、临浯等养牛强镇建立完善黄牛改良站点25处，冷配母牛4.2万头次，其中细管冻精配种1.5万头次，准胎率87.5%。

2000年，市内建立完善黄牛改良站点53处，冷配母牛4.85万头次。2003年，从北京等地引进黑白花、赫斯坦等优良奶牛品种200头。2007年，全市有杂交牛3.27万头，占全市存养量的63.1%。2008年7月，引进弗莱维赫冻精细管与当地繁育的西门塔尔杂交后代改良，扩大奶牛群。至2007年底，全市奶牛存养达500多头，新增黄牛改良站点10个，总数达62个，冷配肉牛2.55万头次、奶牛325头次。2008年—2013年，安丘市享受弗莱维赫乳肉兼用牛冻精补贴项目，发放冻精4.33万剂，改良母牛1.7万头，杂交后代1.2万头。2012年，山东合力牧业有限公司从澳大利亚引进纯种荷斯坦奶牛360头。至2013年，全市奶牛存养850多头，每头年产鲜奶5000公斤以上。

羊品种引进和繁育改良

20世纪80年代初，大盛、关王、南流等乡镇从临朐县等地引进考力代、美利奴、高加索等纯种羊及杂交后代，促进境内养羊的繁育改良。1986年，全县良种绵羊及杂交后代约占50%左右。美利奴、考力代、高加索等优质羊品种，对本地羊改良效果明显。是年，从寿光县引进良种绵羊15只，以南流镇为基地，选择生产性能较好的本地母羊建立母羊繁育群，进行杂交改良，至1990年全县绵羊基本实现半细毛化。1987年，从梁山县引进小尾寒羊300只，在车庄乡建立良种羊繁育基地，当年繁育羔羊500只。是年，大盛兽医站将美利奴羊与本地羊杂交繁育，经济效益提高一倍。1988年，引进良种羊200只。1989年，引进奶山羊80只，增强良种羊的繁育能力。1999年，从山东省畜牧繁育中心引进南非纯种波尔山羊，由市财政投资30万元在车庄乡建立波尔山羊改良基地，在郚山、南逯、辉渠、柘山、车庄等乡镇进行波尔山羊杂交改良试点，郚山当年所产改良羔羊，每只售价500元，是当地羊售价的10倍。2001年，以车庄乡波尔山羊改良基地为中心开展繁育推广，辐射带动周围山区乡镇，当年改良肉羊3620只。2002年，在雹泉镇新建波尔山羊基地1处。2003年，市内形成以柘山、雹泉、大盛等西南山区乡镇为中心的波尔山羊繁育基地，提高当地山羊的生产性能。当地绵羊主要是从济宁地区引进的小尾寒羊，以本交为主。2011年，潍坊阳春天然乳业有限公司从山西省引进关中奶山羊4000多只，投资2200多万元在柘山镇建立占地1000亩的奶山羊生产繁育基地。

禽品种引进

1986年，境内先后从昌乐县等地引进父母代“579”种鸡2万套，孵化推广商品代“579”7万只，星波罗肉食鸡10万只。三里庄种鸡场引进爱拔益家（AA）父母代种鸡1000套，填补安丘县养鸡业空白，后转入安丘外贸种鸡场饲养。1987年9月，三里庄种鸡场从美国引进爱拔益家（AA）父母代种鸡5300套，从昌乐县引进父母代“579”种鸡1500套。1988年，县内引进良种鸡16万套，其中肉用种鸡3个品种13万套，蛋用种鸡5个品种3万套，繁育推广1000万只。1989年，全县建立良种鸡场12处，引进父母代种蛋鸡（星杂288、星杂579）3万套左右，推广商品代蛋鸡150万只，引进父母代肉种鸡7万套，推广商品代肉鸡350万只。1990年，全县有种鸡场30处，存养11.9万套，其中蛋鸡3处，存养2.3万套，种鸭场1处，存养800套，蛋鸡良种覆盖率由1985年的40%提高到70%，肉鸡良种覆盖率由1985年的75%提高到100%。1991年，县畜牧局三里庄养鸡场从上海引进伊沙褐种鸡6000套，因其抗病力弱，是年淘汰。1994年，市内AA父母代种鸡存养近70万套，位列全省第一。1996年，通过对引进的肉鸡品种进行对比试验，淘汰“宝星”“罗曼”品种鸡。1997年，安丘市合兴肉鸡有限公司从以色列引入2万套安卡-2000祖代种鸡。至2000年全市父母代肉种鸡场21处，饲养量109.15万套，占全省的18.3%，占潍坊市的58.3%，饲养品种主要是罗斯、AA等。2000年，安丘光大牧业公司首次引进父母代樱桃谷鸭5000套，填补安丘市鸭养殖业空白。至2007年，全市父母代种鸭场5处，存养量4.8万套。2012年10月，市内首次引进雪山草鸡品种5000套，主要分布在大盛、郚山等镇养殖。至2013年底，全市父母代种鸭场3处，存栏71.23万套；父母代种鸡场5处，存栏68.2万套；蛋种鸡场1处，存栏1.16万套。

兔品种引进和繁育改良

1986年前，境内主要引进德国巨型兔、比利时兔、法国大公羊兔及美国的加利福尼亚兔，在白芬子乡的十五里后村和凌河镇的石家庄村等4处养兔场进行纯繁。1990年，建有种兔场1处，存养200只。1996年8月，安丘市绿洲兔业有限公司从法国引进布列塔尼亚肉兔祖代种兔2100套，建立良种兔繁育中心，成为亚洲最大的布列塔尼亚兔繁育基地。2000年5月，引进第一批四系配套伊拉肉兔曾祖代种兔562只。2006年6月，引进第二批伊拉曾祖代种兔500只，完善三级育种体系。2010年始，境内兔子养殖规模逐年下降。

特种经济动物品种引进和繁育改良

20世纪80年代，境内陆续引入乌鸡、贵妃鸡、七彩山鸡、元宝鸡、肉鸽、郎德鹅、珍珠鸡等多个品种进行养殖。进入90年代中后期和21世纪初期，引进貉、鹿、野猪、小香猪、火鸡、鹌鹑、大雁、孔雀、鸵鸟等品种。至2013年全市特种动物20多个品种，效益可观。

第七节 动物疫病防控

动物疫病

1988年，安丘县完成新中国成立后第一次畜禽疫病普查。据普查结果，境内出现过的动物疫病有65种。其中，细菌性传染病17种，病毒性传染病14种，寄生虫病34种。细菌性传染病有破伤风、马鼻疽（1980年消灭）、马肺疫（1978年消灭）、牛放线菌病、猪丹毒、猪副伤寒、猪肺疫、仔猪白痢、仔猪红痢、猪喘气病、猪痢疾、禽霍乱、鸡白痢、禽支原体、大肠杆菌、黄曲霉菌、兔巴氏杆菌等;病毒性传染病有猪瘟、猪传染性胃肠炎、口蹄疫、猪水肿病、狂犬病、牛流感、牛恶性卡他热、鸡新城疫、小鹅瘟、鸡传染性支气管炎、鸡传染性喉管炎、马立克、法氏囊、兔病毒性败血病等；寄生虫病有马胃蝇（1977年消灭）、蛔虫、牛焦虫、肝片吸虫、前后盘吸虫、疥癣、线虫、肺丝虫、囊尾蚴、绦虫、球虫、组织滴虫、猪附红细胞体等。至2013年，动物疫病种类没有大的改变。

动物防疫

1986年—2013年，安丘市动物疫病防治工作按照“预防为主、防治结合、防重于治”的原则，实行行政干预和技术措施相结合的方法，落实政府、部门、企业以及饲养场（户）等之间防控责任制，逐步建立起市、乡、村三级动物防疫网络和疫情报告网络，加强对全市规模养殖场（户）、养殖小区等重点部位的疫情监测，积极开展畜禽及其产品的检疫检测，动物疫病得到有效防控。

1986年3月，安丘县在大盛镇进行猪免疫程序改革试点，改一年两次集中防疫为选择最佳免疫期进行常年防疫。是年，常年防疫达16处乡镇。在20处乡镇继续推行动物防疫技术承包责任制，参加承包的生猪25万多头、鸡135万只，分别占全县饲养量的63%和54%。对全县1210名村防疫员进行培训考核发证，基本达到村村有防疫员，建立起以县兽医站为中心、乡镇兽医站为骨干、村防疫员为基础的疫病防疫网。是年秋季防疫中，生猪免疫注射29.8万头，鸡免疫注射120.17万只，分别占存养量的90.3%和61%。1987年春季，进一步推行防疫技术承包。畜禽疫病显著减少，猪瘟、猪丹毒等烈性传染病基本得到控制，猪发病死亡率由1986年的2.1%下降到0.3%。县兽医站对秋季防疫进行检查验收，生猪免疫注射33.52万头，免疫密度达95.1%，有19处乡镇免疫密度96%以上，耳号、表证齐全，大鸡免疫注射180.73万只，免疫密度71%。防疫承包乡镇达32处，承包防疫猪31万头、鸡210万只，分别占存养量的90%和80%，达到上级规定标准（猪80%、鸡70%）。是年，采取考试考核、择优录用办法选配村级动物防疫员1245人，实现村村有防疫员。1988年8月，进行全县畜禽疫病普查，普查畜禽150多万头（只），采血2000余份进行化验，剖检100头（只）次，基本摸清疫病发生情况和规律，为制定疫病防治措施提供可靠依据。全县猪、鸡防疫密度分别90%和80%以上，病死率分别降到0.2%和2%以下。全县分片进行牲畜五号病的普查和监测，至1994年连续七年保持无疫成果，达到国家“消灭标准”。1989年，继续以“三瘟一毒”（猪瘟、鸡瘟、兔瘟、猪丹毒）为防疫工作重点，进一步完善猪、鸡、兔的免疫程序改革和防疫技术承包，切实做好猪瘟、鸡瘟、猪丹毒的预防注射。同时，将猪、鸡驱虫列入防疫承包内容。全县猪鸡防疫密度分别达到90%和80%以上，蛋鸡场全部推行“马立克”疫苗预防注射，使该病的发病率由1988年的30%降到10%以下。1990年—1992年，全县猪鸡防疫密度继续保持在90%和80%以上。

1993年，农业部、省农业厅推行新的畜禽防疫技术经济承包责任制，安丘县首先在郚山乡进行试点。次年8月，防治家畜猝死症，对全市牛、羊、猪进行一次突击性疫情普查。加强疫情监测，发现疫情立即上报，采取综合性防治措施，加强运输检疫和产地监测。对景芝、临浯等乡镇发生的疫情采取相应措施，控制疫情的发生和蔓延。1994年—1995年，选调高、中级畜牧兽医师8名，帮助潍坊驻军138师建设中小型猪场10处，举办培训班3期，培训防疫员、饲养员200人次。对驻各县市的6个团及师直单位的养猪场进行猪二联疫苗注射，免疫猪2150头，治愈病猪48头。1995年2月，市内推行防疫承包责任制，防疫工作步入正规化管理轨道。全市猪防疫密度达99.3%，驱虫率达99.3%，鸡防疫密度达98%。是年5月，进行禽流感普查，全市普查46个鸡场84万套种鸡，采血样8691个，血清学检测均为阴性，潍坊市畜牧局核发“无禽流感证书”。1996年，全市猪防疫密度达98.4%，鸡防疫密度达96.5%，实行防疫承包责任制的乡镇达26处。1997年，猪防疫密度达99.3%，鸡防疫密度达99.5%。1998年2月，对市内牲畜口蹄疫实行强制免疫，疫苗经费由各级财政共同负担。是年11月，农业部批复“山东省畜禽无规定动物疫病区建设项目”，安丘市名列其中。1999年，针对部分乡镇发生口蹄疫疫情，市畜牧中心按规定及时拔除疫点，消除隐患，并在全市进行牲畜口蹄疫疫病普查和强制免疫，普查猪82.74万头、牛31.47万头、羊55.35万只，强制免疫56万头（只）。2000年10月，安丘市进行山东省胶东半岛无规定动物疫病区建设项目续建。全市普查猪124.36万头、牛48.45万头、羊63.9万只，强制免疫84.5万头（只）。2001年，将3月、9月作为牲畜口蹄疫免疫突击月，普查猪38.8万头、牛12.15万头、羊9.6万只，强制免疫58.2万头（只），重点区域防疫密度达99.5%。2002年7月，在全市推行免疫耳标制，使用耳标5.95万套。

2004年10月，对家禽高致病性禽流感实行强制免疫。2005年12月，对全市23处镇街道采取走村入户、明察暗访形式督查禽流感防疫，对69个村、1107个饲养场户饲养的鸡37916只、鸭430只、鹅17只、其他禽类5只进行抽检，免疫密度有20处镇街道达100%，平均99.4%。全市猪、牛、羊、鸡、兔的防疫密度常年保持在95%以上，重点区域达100%，禽流感、口蹄疫、猪瘟强制免疫密度达100%。市、镇两级财政落实专项防治资金175.2万元，免费注射禽流感疫苗529万羽，设立12处临时消毒站，累计检查运载畜禽车辆1598辆，检查活畜禽11.32万头（只），产品3507吨；购买消毒药品10吨，对养殖场、家禽交易市场、重要交通路口、街道、村庄进行消毒，面积达9851万平方米。2007年4月，对猪高致病性蓝耳病（猪繁殖与呼吸道综合症）和猪瘟疫苗实行强制性免疫。2009年，继续推行规模饲养场程序化免疫和社会散养集中免疫，实行每月“补免日”制度。全市免疫口蹄疫猪61.33万头、牛10.94万头、羊34.97万只，猪瘟61.33万头，猪蓝耳病防疫61.33万头份，禽流感防疫1739.4万只，新城疫防疫1357.08万只，应免疫密度常年保持在100%、牲畜挂标率100%、发证率100%。进行动物疫病普查。全市普查村870个，普查猪94.06万头、牛8.8万头、羊41.16万只、鸡1673.36万只、鸭483.66万只，均无发现重大动物疫病发生。2012年7月，采取问卷、现场询问、实验室监测等相结合方式，开展对高致病性禽流感、口蹄疫、猪瘟、高致病性猪蓝耳病、猪圆环病毒病、仔猪腹泻、猪伪狂犬、链球菌、布病、结核病等动物疫病流行学调查。调查870个行政村，726处规模养殖场，85处兽医门诊，46个屠宰加工厂点，15处畜禽交易市场；调查猪7.23万头、牛4439头、羊1.73万只、禽618.69万只，采集血清3456份进行监测，全部合格。2013年，积极应对H7N9禽流感，建立24小时专人值班和领导带班制度，启动疫情日报告和检疫监管日报告制度，迅速开展对辖区内动物禽流感疫情全面排查、检测、流行病学调查，排查村庄989个，生猪、禽饲养场（户）1170个，生猪18.94万头、家禽603.9万只。

检验监测

1986年—1997年，安丘的畜禽疫病监测工作一直是个薄弱环节。1998年11月，安丘市检验检测工作逐步入规范轨道。1999年4月，投资20万元，建立市畜牧局化验室，购买仪器设备。2000年，开展对猪瘟、鸡新城疫、禽流感、口蹄疫等疫病的免疫抗体监测和对布鲁氏菌病、牛结核病等疫病的化验诊断。是年，在官庄、凌河等8处乡镇兽医站建立化验室。由国家投资建立的市、镇11处动物疫病监测实验室全部投入使用，完成对32处种鸡场、25处商品鸡场的禽流感、新城疫等疫病监测，监测血清5200份，均为阴性，抗体合格率100%。2001年，市实验室对出口企业的肉鸡进行禽流感、新城疫抽样检测，检测样品2万份，检出不合格肉鸡

64批、93份。2002年，又建立6处乡镇中心化验室，配备仪器设备。2001年—2004年，对安丘外贸、潍坊大江企业集团、安丘翔达、潍坊美城、潍坊乐港、潍坊中粮等出口加工企业的家禽进行禽流感抗体监测，监测样品566887份，免疫合格率为96.5%。2005年始，主要针对养殖场户高致病性禽流感、口蹄疫、猪瘟、高致病性猪蓝耳病等免疫抗体监测，监测样品57005份，免疫合格率100%；疫病监测，监测样品35万份，检出不合格肉鸡124批、193份。全市检测肉鸡、肉鸭血清12.6万份，检出不合格血样1900份。2007年8月，承担国家农产品质量安全检验检测站建设项目，总投资301万元，扩建市畜牧检测中心实验室，面积380平方米，购置仪器设备74台（套）。2008年3月，首次开展畜产品药残（瘦肉精）检测。至2013年，累计检测样品13743份，合格率100%，确保畜产品质量安全。

2013年6月，加强市畜牧检测中心实验室建设，总面积达1000多平方米，拥有高效液相色谱仪、质谱仪、荧光定量PCR检测仪、细菌鉴定仪、自动生化分析仪、酶标仪等先进仪器设备100多台（套），实验室条件得到极大改善，检测项目明显增加，检测参数和检测精度均有不同程度提高，能够满足能力范围内的检测项目要求。同时，制定完善各项实验室管理制度，严格按照质量管理体系运作，形成对畜产品生产、储运、销售及产地环境等从“产地到市场”进行全过程监控检测能力，确保主要畜禽产品的农药、兽药残留量和污染物指标符合国家标准和国际标准，为搞好畜产品质量安全检测提供了可靠的技术支撑。是年8月，首次开展口蹄疫、高致病性猪蓝耳病等疫病的病原学检测。全市主动监测口蹄疫免疫抗体样品4290份，其中检测O型口蹄疫免疫抗体2730份，合格率100%；检测亚洲I型口蹄疫免疫抗体1400份，合格率100%；检测A型口蹄疫免疫抗体160份，合格率100%。主动监测猪瘟、高致病性猪蓝耳病免疫抗体样品2061份，合格率100%；主动监测新城疫、禽流感免疫抗体样品5140份，合格率100%。

第八节　畜牧执法

1986年7月，县农业局、卫生局联合下发《关于发放兽医卫生许可证的通知》。是年8月，对全县所有经营、屠宰畜禽的个体户和联合体的兽医卫生条件逐一进行检查验收，发放“兽医卫生许可证”550份。县兽医站成立检疫领导小组，专抓防疫、检疫工作。严格检疫证发放手续，实行卡片登记和旧证换新证管理办法，杜绝违章检疫、卖证、送证等渎职行为发生，严把县外贸冷藏厂和食品公司肉联厂的检疫关。与工商、税务等部门密切配合，加强对全县38个有畜禽交易的集市检疫，设立固定检疫场所，进入流通渠道的畜禽检疫率90%以上。

1987年3月，制定《检疫员守则》，统一刻制“验讫”印章，发至各乡镇兽医站。县兽医站首次对县外贸冷藏厂和食品公司肉联厂派驻检疫员实施检疫。各乡镇兽医站按照《家畜家禽防疫条例》和《家畜家禽防疫条例实施细则》要求，认真检疫。全县检疫生猪32.82万头，受检率92.5%；检疫家禽301.86万只，受检率75%；检疫羊1.15万只，受检率86%；检疫大牲畜1661头，受检率90.5%。加强集市检疫，胴体上市13.5万头，检疫12.8万头，受检率97%以上；家畜上市1.4万头，检疫1.34万头，受检率96%；上市家禽190万只，检疫171万只，受检率90%。查处违反《家畜家禽防疫条例》规定，畜禽及其产品未经检疫进入流通渠道的事件34起，查处检疫人员违章检疫事件1起。是年12月，对县内屠宰加工场所及设施进行检查验收，发放“兽医卫生许可证”800份。

1988年，加强对县内兽药经营单位和个人的管理监督，全县分6个片，由6名兽医卫生监督员负责，设岗把关。在县外贸冷藏厂、食品公司肉联厂等畜禽加工场所和关王、召忽等畜禽疫病传播的危险地带设立“哨卡”，杜绝疫病传入和有病畜禽外调。全县猪出境检疫率达99%，大鸡出境检疫率达98%，猪胴体、鸡胴体检疫率达100%。是年，县兽医站按照《山东省种畜禽管理暂行办法》要求，对全县种畜禽场进行检查摸底，经潍坊市种畜禽鉴定委员会验收，有14处种鸡场基本符合条件并颁发给合格证书。

1989年，全县检疫生猪41.91万头、马（驴、骡）1.01万头、牛0.14万头、羊2.56万只、家禽292.19万只、家兔12.3万只、白条肉8627吨、猪鸡下货2330吨、牛羊肉292吨、皮张8.98万张，猪出境受检率达99%，肉鸡出境受检率达98%，猪鸡胴体受检率达100%。是年4月，根据《山东省种畜禽管理暂行办法》和《种畜禽场验收标准与实施办法》规定要求，县种畜禽鉴定小组对全县种畜禽场、乡镇家畜配种站和个体配种点进行验收，对饲养的种畜禽进行鉴定。对合格的核发种畜禽证书和种畜禽生产经营许可证，不合格的个体配种点2处，予以取缔。是年8月，对全县1204家畜禽及其产品生产、经营、加工的单位及个人进行全面清理整顿，重新验收核发兽医卫生许可证。

1990年3月，全省统一设置道路检查站，安丘县批准设立3个点，执行动物运输检疫和监督检查工作。是年8月，为加强兽药监督检查，经乡镇兽医站推荐，县农牧局经考试、考核，录用34名兽药检查员。1991年1月，全县对加强兽药经营管理提出统一要求，县内一切兽药经营单位和个人必须向县畜牧行政管理机关和工商行政管理机关申请办理兽药经营许可证和营业执照；一切兽药经营单位和个人及各级兽医医疗单位购进的兽药（含饲料药物添加剂），必须由兽药监督员或兽药检查员按照规定进行检查验收，合格的发给药检证，方可经营。各兽药厂家和外地经营企业到安丘县销售兽药，必须持潍坊市兽药监察所出具的证明到县兽药监督部门验证、签证后，方可供应销售。兽用生物药品、麻醉药品、精神药品一律由县以上畜牧行政管理机关指定的兽药供应单位和县乡畜牧兽医站供应使用，其他单位和个人不得经营和变相经营。各畜禽饲养场购进的兽用生物药品经县畜牧行政管理机关检查后合格的只准在本场使用，不得以任何方式向场外供应和销售。是年4月，安丘县首次在4处种鸡场实行雏鸡、种蛋检疫，畜禽及其胴体受检率98%以上，查处违章检疫案件1起。1992年12月，为规范防疫检疫等收费行为，对全县121名防疫检疫执法人员进行轮训和考核，取缔无证个体兽药经营户12家。1994年，进一步规范全市检疫执法工作，治理整顿兽药市场；做好检疫费收缴工作，一律按最低档次标准收费；清查克球粉，查扣克球粉等违禁药物72.1公斤，其他禁卖药品4.4公斤；城区镇区推行“定点屠宰，到点检疫”；在畜禽检疫（验）工作中实行划片检疫（验）责任制管理。

1995年3月，按照对兽药实行“归口管理、归口经营”要求，全市核准兽药经营点46处，未经批准的3月底前自行撤销兽药门市、商店，停止兽药经营活动。是年5月，市畜牧服务中心印发《关于行政执法十二条的规定》，明确要求：统一启用滚动式检疫检验印章，实行统一编号，做到一猪一证；自5月10日起，履职范围以新发放的检疫委托证书为准，绝不允许跨辖区检疫，或代开检疫证明。是年9月，对全市兽药经营市场进行整顿，共清查个体非法经营户23个，查处违规兽药31个种类106个品种，价值5.73万元，其中假冒伪劣兽药价值1.23万元，当日清理当日处理。

1997年，把7月份定为畜牧法规学习月，开展“畜牧法规宣传月活动”。是年12月，开展兽药打假和取缔无证经营业户活动，查处假劣兽药价值2.5万元，取缔无证和违章经营业户12个。

1998年，市畜牧中心根据《动物防疫法》有关规定，制定《畜牧执法十条规定》《关于加强兽用生物制品管理的暂行规定》，明确经营主体，规范依法行政和市场管理。是年3月，对全市饲料生产、经营全部实行“两证”（“饲料生产准产证”“饲料经营许可证”）管理，办理饲料经营许可证75个，全市饲料管理逐步趋于规范。5月，对全市26处种鸡场进行禽流感检查。经检查检验，全部符合无禽流感疫情条件，均核发全国统一编号的无禽流感证书。

1999年6月，为强化防疫队伍管理建设，全市培训乡镇、村防疫人员1083人次，查处违章执法案件16起，对18名检疫员进行通报批评、罚款处罚。查处病畜禽1.93万头(只)、各类病畜禽肉6.16吨，均按规定做无害化处理，畜禽及其产品受检率95%以上。成立安丘市畜牧局兽药供应中心，对乡镇兽医站和经营兽药业户实行统一进药，统一供药，取缔无证经营户10个，罚款近万元。加强饲料管理，核发饲料经营单位和个人“经营许可证”70个。

2000年4月，重新选聘村级防疫员271人，进行专题培训，核发防疫员证书。加大查处力度，对27名违章检疫人员进行通报、罚款处罚，取缔无证经营兽药、饲料户9个，查处没收非法经营兽药饲料和假劣药品价值2.1万元，检出病死畜禽2.6万头（只）、病畜禽产品6.59吨，均按规定做无害化处理。2001年4月，对全市32处生猪定点屠宰站点进行验收，核发“动物防疫合格证”。是年6月，配合潍坊市畜牧局对种畜禽场进行鉴定验收，核发“种畜禽生产经营许可证”35个。两次对兽药饲料经营业户进行执法检查，依法没收违禁和假劣兽药价值4万元，取缔无证经营兽药户21个。年内，查处违章执法案件3起，对4名检疫员进行通报批评、罚款处罚。查处病畜禽3.6万头（只）、各类病畜禽肉8.9吨，均按规定做无害化处理。

2002年3月，安丘市根据《山东省官方兽医管理办法》有关规定，设立首批官方兽医10人，对出口企业养殖场进行全程监管。查处违章执法案件2起，对4名检疫员进行通报批评、罚款处罚。是年5月，经省政府批准，在安丘城东设立道路动物卫生监督检查站，查处逃检、漏检、证物不符的运载畜禽车辆60辆次，消毒过境运载动物车辆2万辆次。组建兽药饲料稽查队，依法没收违禁和假劣兽药价值5万元。加强生猪屠宰管理，对10处存有问题的生猪定点屠宰站点下发整改通知书。

2003年7月，实行执法与服务相分离，选派原则性强、执法水平高、考试合格的120名人员进行检疫执法，分成21个检疫组，负责所辖镇（街道）的动物及其产品检疫。查处逃检、漏检、证物不符的运载畜禽车辆30辆次，消毒过境运载动物车辆1万辆次。查处违章执法案件2起，对4名检疫员进行通报批评、罚款处罚。对出口企业饲养场、兽药生产经营企业、饲料和饲料添加剂生产企业进行审查备案，有184个饲养场通过认证，确定3家兽药生产企业586个产品在安丘销售，20家饲料和饲料添加剂具备资格。

2004年—2006年，全市查处违章执法案件10起，对2个检疫组和17名检疫员进行通报批评、罚款处罚，查处逃避检疫案件15起，换发“饲料审查登记证”8个、“种畜禽生产经营许可证”4个。2007年查处违章执法案件3起，对4名检疫员进行通报批评、罚款处罚，对1名检疫员进行通报批评、罚款、免职处罚。2008年3月，市政府办公室印发《安丘市出口食品农产品质量安全区域化建设化学投入品专营专供管理办法》，规定生产企业实行市场准入和登记备案制度，专营企业实行登记备案制度。是年7月，在省畜牧局进行的瘦肉精等违禁药物监督检查中，市内两家企业送检样品中检出阳性，按照有关规定对企业进行通报批评、停业整顿3个月和罚款处罚。对涉及的7处基层兽医站相关检疫员免去检疫员资格，一年内不得从事检疫工作，培训学习6个月，免去5处基层兽医站站长职务，在全市通报批评。对涉及的7个养猪户分别给予1000元～5000元不等罚款，禁止从事饲养生猪半年处罚。建立市级兽药专营总店1家、市级兽药配送中心1家，镇村直供店67家、专营店23家，对标准化养殖基地（场）实行专营专供。检疫活畜禽2500多万头（只），畜产品1万多吨。开展兽药饲料检查4次，查处违禁、假劣兽药价值2万多元，查处违章执法案件2起，对6个基层兽医站进行通报批评，对3名检疫员进行通报批评、罚款处罚。

2009年11月，依法查处非法收购病死畜禽案件6起，罚款6000多元；非法贮藏病死鸡鸭案件1起，按程序依法没收销毁产品22.1吨，取缔非法屠宰加工户1个，非法贮藏企业（户）1个。

2010年，全市备案兽药生产企业41家，兽药产品289个；备案饲料生产企业34家，饲料产品162个；关闭兽药、饲料经营企业8家，没收违禁兽药金刚烷氨等30多个品种，价值1万多元；整改兽药、饲料经营企业20多家。验收通过GSP认证兽药经营企业2家，监管检疫畜禽1500多万头（只），检疫检测动物产品300多批次。

2011年3月，对全市“瘦肉精”市场集中整治，加大抽检力度，对跨省调运的动物及动物产品实行“头头检、批批检”，对屠宰企业实行企业“头头检”和畜牧检测中心批批检。畜牧执法立案56起，没收销毁价值5万多元的违法产品，罚款11万多元。

2012年，加强市内兽药饲料管理和市场集中整治，对全市兽药饲料生产经营企业重新登记备案，查处违规经营违禁、假劣兽药饲料案件7起，取缔无证经营户1个，没收假劣、违禁投入品26个品种。全市检疫检验禽4000多万只、生猪100余万头、畜禽产品20多万吨。

2013年，开展病死畜禽无害化处理专项检查，检查养殖场（户）410个，责令15个场整改。检疫畜禽365.59万头（只）、动物产品882吨，立案查处无检疫证明运输动物、产品等案件10起。道路动物监督检查站检查畜禽34万头(只)、产品510吨。新备案兽药、饲料生产企业104家，兽药、饲料品种637个。开展为期8个月的农资市场集中整治，查处违规经营违禁、假劣兽药饲料案件2起，取缔无证经营户4个，没收假劣、违禁投入品27个品种。是年11月，全面实行检疫证明电子出证、联网管理。

第九节　畜牧合作经济组织

1994年10月，安丘市成立首家畜牧协会。1996年10月，刘家尧镇三教堂村成立全市首个养鸡专业合作社并颁布章程草案，对组织管理形式，社员的资格、权利和义务，合作社机构设置以及收入进行详细规定。2000年，成立安丘市兔业、金冢子镇兽医站养猪、潍坊大江企业3家畜禽养殖合作社。2002年，景芝、凌河、金冢子等镇新成立10个肉鸡标准化生产合作社，统一为社员提供优质雏苗、饲料、疫苗、兽药等物资和信息、技术及配套设备等服务，并按照保护价统一收购合同鸡。2003年10月，市畜牧局成立安丘市养猪协会，对养猪户实行上门服务。当年签订养猪合同1000份，放养母猪2000多头。全市发展各类畜牧经济组织50个，为农民年增加收入6000多万元。2004年12月，全市建立各类畜牧经济合作组织54个。其中，标准化肉鸡生产合作社10个、养猪协会8个、肉鸭养殖合作社10个、蛋鸡养殖协会8个、养牛协会6个、养羊协会4个、特种动物养殖协会3个、肉兔生产合作社5个，带动养殖户4万多户。2007年，新增畜牧合作经济组织22个，全市达到80个，带动养殖户5.18万户，帮助贷款4200多万元，农民增收1.85亿元。2010年，全市畜牧合作经济组织发展到229个，其中农民专业合作社93个、发展社员4560人，协会156个、会员1.85万人，带动养殖户7.18万户，帮助贷款8230多万元，农民增收2.6亿元。2011年1月，安丘市探索建立"畜牧龙头企业+畜牧合作社+养殖企业（场、户）"的新型畜牧产业化经营模式，逐步发展畜牧产品销售型、技术服务型经济合作组织。至2012年底，全市畜禽养殖专业合作社数量达101个。

2013年，全市注册畜禽养殖专业合作社154家，带动养殖户1200多个，年增加农民收入1934万元。安丘市泰和双肌臀生猪养殖专业合作社被农业部、财政部、发改委、水利部等12部委联合评为畜牧兽医专业合作社国家级示范社。华禽养鸡专业合作社、凤舞山畜禽养殖专业合作社成为山东省级畜牧兽医专业合作社示范社。

第十节　龙头企业及养殖场

畜禽生产

山东合力牧业有限公司　公司成立于2012年4月，注册资本1000万元。项目区占地1600亩，计划总投资3.2亿元，建设1200头奶牛养殖区、8500头肉牛养殖区、年产10万吨奶牛饲料厂、有机肥厂、巴氏低温乳品厂、肉牛屠宰及分割牛肉加工厂、大型沼气发电项目、国家级科研培训中心，兼具林业绿化及农业观光生态旅游。2012年底，奶牛养殖区建成三栋标准化牛舍，建筑面积1.2万平方米；现代化挤奶厅面积1360平方米。引进全套进口设备，包括瑞典利拉伐2×12全自动并列式挤奶机、信息自动采集的阿波罗管理系统、瑞典利拉伐8吨制冷式自动制冷罐、意大利斯达特12立方立式TMR饲喂系统和青贮自动取料机等。2013年，从澳大利亚引进优良荷斯坦奶牛300头，从加拿大引进优质性控冻精及优质常规冻精，存栏高产奶牛650多头，成为安丘市最大的现代化奶牛养殖企业。是年10月，首家合力牧业直营店正式营业，并赢得"雀巢"集团的原料奶供应订单，成功拓展市场。12月，建设贮存池1万立方米、发酵罐1000立方米的大型沼气发电项目并投入运营，实现场区粪污的无害化处理和资源再利用。

潍坊市立华牧业有限公司　公司由常州立华集团于2012年8月独资创建，是集种苗供给、示范及社会放养、饲料生产、集中交易于一体的综合集团公司。总投资2.4亿元，占地200亩，总建筑面积18300平方米。是年10月，建设马家院种鸡场，年饲养种鸡30万套，孵化鸡苗3500万只，实现销售收入1.2亿元，利税7000万元，增加农民收入7000多万元。2013年6月，投资建设占地22亩、年交易量3500万只商品鸡的销售平台。公司采用"公司+合作社+农户"模式，与农户自愿合作养殖，从种苗供应到肉鸡产品销售实行全产业链服务，在保证农户利益的前提下全部回收农户饲养的商品鸡。农户按标准化建鸡舍，预付保证金，按公司"五统一"要求防疫、饲养管理，市场风险和部分养殖风险由公司承担，双方形成紧密的利益共同体。是年，存养"雪山"牌草鸡6万只，通过"立华合作"模式，签订、发展合作户70多户，其中有40多户投产，放养合同鸡近300万只，带动农户增收300多万元。

安丘市绿洲兔业有限公司 公司成立于1996年4月，是全国第一家从国外引进曾祖代种兔及其育种技术的公司，为全国最大的良种兔繁育基地之一。是年8月，公司引进法国贝蒂公司选育的布列塔尼亚肉兔祖代种兔，建立良种繁育中心。2000年5月，从法国引进欧洲兔业公司选育的四系配套伊拉肉兔曾祖代种兔及育种、防疫等专有技术，填补国内肉兔无配套系曾祖代种兔的空白。2006年6月，公司引进第二批四系配套伊拉肉兔曾祖代种兔，完善良种繁育体系。年繁殖祖代兔1.8万只，选育祖代种兔6000只；年繁育父母代兔2.4万只，选育父母代种兔1万只，实现销售收入897.68万元，税后利润86.01万元。2009年公司倒闭。

山东禹昌养殖有限公司 公司成立于1996年10月，是集种鸡（猪）繁育、饲料加工、种苗生产销售为一体的大型现代化养殖企业。占地面积20万平方米，建筑面积13.5万平方米，固定资产3300万元，流动资金1700万元，总资产8800万元，职工330人。下设种鸡场3处，种猪场1处，孵化场1处，饲料厂1处，有机肥加工厂1处，专业林场2处(占地面积120亩)。存养父母代种鸡18万套，良种猪800头，孵化箱64台，年销售收入8100万元，年向社会提供优质鸡苗2200万只、良种猪1.5万头。2011年实现销售收入8200万元，税后利润910万元。

山东光大牧业有限公司 公司于2007年1月成立，是集饲料生产、种禽养殖、肉禽孵化、合同放养、食品加工销售为一体的大型畜牧企业。拥有固定资产3347万元，流动资产859万元，资产总额4217万元。有职工1200人，其中各类技术人员150人。2008年—2012年，公司累计投资1.2亿元，建设父母代肉种鸡场6处，占地300多亩，常年存栏25万套；父母代肉种鸭场10处，占地600多亩，常年存栏36万套；孵化厂3处，占地100多亩，年孵化肉鸡、鸭苗4200多万只；饲料厂1处，占地25亩，年生产饲料1.6万吨；食品加工冷藏厂1处，占地80亩，拥有先进的宰杀流水线和冷藏设备。2010年2月，获潍坊市农业产业化重点龙头企业称号。2013年，放养商品肉食鸭2000多万只，带动养殖户增加纯收入4000多万元。

安丘市龙金养猪场 公司创建于2001年，是集仔猪育肥、母猪育养、饲料加工、计划放养和销售为一体的大型私营企业。固定资产1000多万元，占地100多亩，配备现代化产房包括定位栏、保育床、采精室等。2006年，获潍坊市农业产业化龙头企业称号。2013年，有职工118人，专业技术人员8名。存栏母猪700多头，育肥猪年存栏5000多头，年出栏1.2万头左右，年向社会提供良种仔猪4000多头；带动周围农户620户，年销售额1100多万元。

阳春（柘山）奶山羊养殖基地 公司建成于2011年，由山东阳春天润牧业有限公司投资2.6亿元创建，基地占地1100余亩，集奶山羊繁育研发、发展与服务、科研、示范及奶站结算中心于一体。公司先后成为潍坊市和山东省农业产业化重点龙头企业。建成12个国家标准化羊舍、2个大型挤奶厅、羊副产品加工车间、冷库、物流中心，奶山羊存栏36万只。奶山羊研究院、养殖技术服务中心、奶源采集中心和储备中心正在建设中。2013年，公司规模进一步加大，发展成省内知名奶山羊生产基地。

投入品生产

山东惠康饲料有限公司 公司成立于2005年10月，基础投资5000余万元，月运营资金6000多万元。2006年11月，组建猪料销售团队。是年12月，建成禽料生产基地，拥有5条世界先进的双重调制2次糊化的专业畜、禽料生产线与膨化设备。2009年，投资1500万元新建专业猪料生产基地。是年8月份正式投产，拥有3条双重调制2次糊化的专业猪料生产线，年产畜、禽配合饲料36万吨。是年，公司获潍坊市饲料生产AAAA级企业称号。2010年，创建为山东省农业产业化重点龙头企业。

安丘六和饲料有限责任公司 公司始建于2010年9月，是六和饲料股份有限公司下属的一家集生产销售于一体的有限责任公司。占地面积30亩，注册资金300万元，固定资产2000万元，有员工45人，年产能力18万吨。公司拥有现代化配合饲料及浓缩料生产线加工车间，拥有1800平方米大宗原料库、1400平方米成品库，主要生产鸡、鸭、猪等不同系列的产品，以配合饲料、浓缩饲料为主。公司产品配方由集团公司营养学专家运用BRILL配方计算系统进行设计，设备均采用江苏牧羊集团生产的成套饲料加工设备，能够满足广大养殖户的养殖需求。2011年实现销售收入1.46亿元，税后利润206万元。2013年，配合饲料生产量达7.3万吨，工业总产值达 2.57 亿元。

潍坊超大科技饲料股份有限公司　公司 1997 年成立，是中国农科院饲料研究所指导兴办的集科研、生产、销售于一体的专业饲料企业。公司占地面积 20600 平方米，注册资金 600 万元，固定资产 2000 多万元，畜牧兽医专业技术人员 38 人。主要产品有蛋（种）鸡系列、肉鸡系列、猪料系列、反刍兽系列、毛皮动物系列五大系列的预混料、浓缩料和配合料，年产能力 7 万吨。2003 年，公司发展成为山东省畜牧行业 50 强企业。2004 年，被潍坊技术监督局评为“质量信得过单位”。2009 年，被潍坊市畜牧局评为十佳企业。2010 年，投资 2000 余万元，新建标准化配合饲料生产线一条。2011 年，成为潍坊市民营科技企业。2012 年，被潍坊市饲料协会评定为 AAAA 级企业，一次性通过 ISO9001 国际质量体系认证。是年 11 月，投资 3000 多万元在官庄镇小管公村设立分公司—安丘超大饲料股份有限公司，建设年产 18 万吨饲料的国内先进生产线。2013 年 12 月投产运营。是年，公司新上保育料生产线 1 条，中大猪料生产线 1 条，禽料生产线 1 条和玉米、大豆膨化线 1 条。年产配合饲料 9400 吨，总产值 2950 万元。

潍坊恒源生物工程有限公司　公司始建于 1998 年 6 月，原名潍坊恒丰生物科技有限公司。2002 年 6 月，更名为潍坊市恒源生物工程有限公司，是一家集预混料、浓缩料、配合料、能量饲料、生物饲料、毛皮动物饲料于一体的生产经营性股份制企业。生产经营面积 81 亩，注册资金 383 万元，有职工 127 人，固定资产 2133 万元。2008 年，成为山东省饲料协会副会长单位。2010 年，成为中国畜牧微生态产业技术创新战略联盟理事单位。2011 年，成为潍坊市饲料协会副会长单位、安丘市畜牧行业协会会长单位。2012 年，获潍坊市农业产业化龙头企业称号。2013 年，公司和韩国农业部畜牧兽医研究所达成关于微生态技术开发和应用的合作项目。年产预混料 5 万吨，产浓缩料和预混料 12 万吨，其他类型饲料年产量达 1 万吨，年销售额达 1.5 亿多元。

山东潍坊富邦药业有限公司　公司创建于 2001 年，是集研发、生产、销售、服务于一体的综合性兽药企业。注册资金 100 万元，固定资产 1800 万元，专业技术人员 120 余人。产品涵盖水针、口服液、粉散剂、预混剂、消毒液、杀虫剂、饲料添加剂等系列近 100 个品种，注册“鑫欣”“远大富邦”两大品牌，销售网络遍布全国 20 多个省份。

公司分为科技研发楼、办公生活区、生产厂区三大部分。拥有质量检测中心、产品研发中心和标准化 GMP 车间，化验室总面积 260 平方米，配备高效液相色谱仪、紫外分光光度计、酶标仪、梯度 PCR 仪等先进仪器设备 100 多台（套）。主要承担原料、产品和疫病等检验检测与动物疾病诊断。拥有粉散剂、预混剂等多条先进生产线。是潍坊地区技术实力雄厚、专业设备齐全的产品研发及疾病监测地。至 2013 年，公司先后被山东省工商总局授予农资经营优秀诚信企业称号；被山东省消费者协会授予消费者信得过单位；被山东省中兽医研究会授予中兽医医药研发明星企业等称号。产品获国家发明专利 8 项、实用新型专利 1 项、外观专利 6 项，“替罗欣”获第 13 届中国（潍坊）现代畜牧业博览会金奖、第 28 届（2013）山东畜牧业博览会优质产品银奖。

畜产品加工生产

山东鲁丰集团有限公司　公司成立于 2012 年 9 月，厂区占地 52.9 万平方米，建筑面积 30 万平方米，总资产 10 亿元。拥有美国、丹麦、瑞典等国内外先进加工线和生产设备以及种鸡场 1 处、饲料加工厂 1 处、农产品加工厂 1 处、标准化商品鸡场 30 处。其前身是建于 1976 年的安丘县外贸冷藏厂，主要生产禽肉制品、调理食品、面食品、罐头食品、冷冻果蔬、干果、面粉等系列产品 600 多个，年加工能力 50 万吨。产品主要销往日本、美国及欧盟等国家和地区，山东省检验检疫局授予出口一类企业。2011 年 12 月，冷藏厂经农业部、国家发改委等 9 部门联合审定为农业产业化国家级重点龙头企业，系省级守合同重信用企业，鲁丰牌水果罐头获中国名牌产品称号。2013 年，屠宰加工肉鸡产品 4.7 万吨，工业总产值 7.73 亿元，肉鸡产品出口 3200 吨，创汇 1440 万美元。公司先后通过 ISO 9000 质量体系认证，农场通过 GAP 认证，检测中心通过中国合格评定国家认可委员会 CNAS 认可，产品通过 HACCP、BRC、IFS 等国际认证和 QS 认证。禽肉类熟肉制品和偶蹄类动物产品通过日本注册，禽肉类熟肉制品和水产品通过欧盟注册，各种产品通过美国 FDA 注册。鲁丰肉鸡产品获农业部无公害农产品证书，“鲁丰”图及商标成为山东省著名商标。2013

年2月，获潍坊市人民政府“2012年度市长质量奖”。

安丘市金田食品有限责任公司 公司始建于2001年，占地面积26万平方米，固定资产6562万元，主要从事猪肉、生熟肉品、农副产品加工、畜禽养殖、饲料加工等经营项目，是在原国有食品公司的基础上改制建立的股份制企业，是山东省重点扶持的贸工农一体化经营农业产业化龙头企业，潍坊市农业产业化重点龙头企业。下设一个合资企业、23个分公司、2处标准化规模养猪场，分公司均为省政府批准的生猪定点屠宰场，年出栏育肥猪3万头以上，生产加工能力60万头。公司主要产品是“兴田”牌白条肉、出口分割肉、中西式火腿等80多个品种。“兴田”牌系列肉制品，首批获商务部颁发的“中国放心食品信誉”品牌。2003年，公司被国家三绿工程办公室授予“争创全国绿色生产示范线”称号。2003年，通过ISO 9001-2000国际质量体系认证，正式导入ISO 1400国际环保质量体系认证，通过HACCCP认证。2007年，通过ISO 2000:2005食品安全管理体系认证，被中国农业银行山东省分行评为AA级信用单位，被山东省肉类协会评为先进企业和常务理事企业，被潍坊市人民政府评为农产品加工诚信企业，并被授予贡献奖。连续两年在全国屠宰加工优势企业评比中进入全国百强，省肉类行业排名第27位。2009年，取得北京市场挂钩外埠的定点屠宰厂资格，是山东省取得进京资格的6家企业之一，并先后取得上海、天津、青岛、济南等大中城市的市场准入资格，产品远销上海、无锡、合肥、盐城等外地市场。2010年9月，通过农业部农产品无公害产地与产品认证。2013年1月，被潍坊振祥食品有限公司收购。

安丘市天润食品有限公司 公司成立于2001年11月，注册资金560万元，有职工560多人，各类技术人员60多人，总投资7080万元，固定资产3680万元。为集饲料加工、肉鸭养殖、肉鸭屠宰于一体的综合性企业。建有肉鸭屠宰冷藏厂和饲料厂。年肉鸭综合加工能力1000万只，年可加工各类肉鸭产品近3万吨。主要产品有白条鸭、鸭分割系列及鸭副产品。年加工配合饲料6万吨。拥有肉鸭标准化养殖基地4处，引进英国樱桃谷瘦肉型鸭，以“公司+基地+农户”为生产经营模式，联结带动合同肉鸭养殖专业户300余户。2010年2月，获潍坊市级农业产业化重点龙头企业称号。2012年8月，天润肉鸭产品获农业部无公害农产品认证。

潍坊和盛园食品有限公司 公司成立于2005年1月，是山东省六和集团有限公司下属的集生产、加工、储藏、销售于一体的农产品企业。占地面积3万平方米，员工1450人，固定资产9000多万元，建有国内先进的肉鸡屠宰流水线一条，以及油炸机、蒸煮机、烧烤机等设备，严格按GMP、SSOP、HACCP要求组织食品生产加工。拥有现代化的检测化验中心，配备气相色谱仪、液相色谱仪等先进检测设备。产品主要有家禽冷冻肉制品、家禽熟肉制品、速冻方便食品等200多个品种，年生产能力5万吨，冷储能力2000吨，肉鸡熟制品、速冻方便食品加工车间1处，月加工能力800吨，年销售额4.2亿元。2008年，经潍坊市出入境检验检疫局备案获自营出口权，主要出口韩国、香港，年出口量1200吨。2010年2月，获潍坊市级农业产业化重点龙头企业称号。2013年，通过山东省商检局备案的商品鸡场6处，存栏量68万只，发展合同户3万多户，投放“合同鸡”500万只，饲养户遍布全省各地。

潍坊振祥食品有限公司 公司成立于2000年4月，是集生猪收购、屠宰、加工、销售为一体的大型民营企业。占地面积12.9万平方米，注册资本2000万元，固定资产8852万元。有员工600多人，其中专业技术人员和管理人员100人。拥有国家标准配备大型屠宰流水线4条、新增冷链60条，冷库容量7000吨，日屠宰加工能力1万头。主要产品有白条肉、出口分割肉、大排、各类灌肠等80多个品种，主要销往上海、青岛、济南、潍坊等大中城市。

2010年，公司成立潍坊振祥生猪养殖专业合作社，吸纳养殖场户100多个，发展“振祥放心肉”连锁专卖店100多家，年销售收入8.5亿元。2011年，新建屠宰加工车间一座，厂房建筑面积3.3万平方米，配备国内一流的现代化屠宰流水线，年屠宰生猪360万头，年分割猪产品4万余吨，冷库容量1万余吨，熟食车间年消化猪肉1万余吨。2013年1月，成功并购金田食品有限责任公司，当年屠宰加工量达7.5万吨，销售收入10亿元、利润1899万元，上交税金390万元。2010年2月，获潍坊市级农业产业化重点龙头企业称号。

潍坊宏飞食品有限公司 公司始建于2003年4月，是一家种鸭养殖、鸭苗孵化、计划放养、饲料供应、回收宰杀、加工销售一条龙的私营企业，厂区占地面积 1.71 万平方米，企业员工 400 人，年生产能力 3 万吨。2003 年—2009 年，投资 1200 多万元新建种鸭养殖场 4 处，占地 330 多亩。存栏种鸭 18 万套，年出栏鸭苗 1800 万只，带动农户 2600 多户。2008 年，获潍坊市级农业产业化龙头企业称号。2010 年，获潍坊市农业产业化重点龙头企业称号。

第十一节　畜禽饲养

家畜

境内饲养的家畜主要有牛、马、驴、骡、猪、羊等。20 世纪 80 年代初至 90 年代中期，由于畜牧业内部结构逐步调整，安丘县在稳定发展生猪的同时，加快牛、羊的发展速度。进入 21 世纪，随着农业机械化水平提高，牛、马、驴、骡均有所减少，尤其是马、骡、驴存养量降幅较大，牛、马、驴、骡的役用功能逐渐转向食用。

猪　安丘养猪有数百年传统，生猪饲养历来是境内畜牧业发展的重点。20 世纪 80 年代，农村户户有圈，家家养猪，每户饲养 3 头～5 头不等，小型、中型养猪场亦遍布全县。1986 年，全县生猪存栏 41.91 万头，出栏 43.89 万头。此后，由于受国内环境、气候、疫病等诸因素影响，生猪存养量出现几次大的波动。1986 年—1993 年，因旱灾致使粮食减产，粮价上涨，生猪饲养受到较大影响，存栏量呈下降趋势。1993 年，全县生猪存栏 32.29 万头，出栏 48.68 万头。后因形势好转，生猪饲养开始回升。1994 年，全市生猪存栏 36.75 万头，出栏 63.48 万头，出栏量位列山东省第一。1996 年，存栏达 52.32 万头，出栏 86.62 万头，创历史最高水平。1997 年，由于统计方法调整，生猪存、出栏量下降，存栏 36.12 万头，出栏 61.19 万头。2002 年后，随着经济发展和社会进步，农村生猪散养逐步被淘汰，规模饲养逐步增加。2007 年，因市内行政区划变更，生猪存栏减至 22.96 万头，出栏 36.36 万头，是 1986 年后养猪业最低水平。2008 年始，市内生猪生产稳步增长。是年，生猪存栏 50.66 万头，出栏 67.7 万头。2009 年，生猪存栏 50.71 万头，出栏 79.8 万头。2010 年，生猪存栏 52.43 万头，出栏 83.63 万头。2011 年，生猪存栏 47.06 万头，出栏 83.99 万头。2012 年，生猪存栏 59.71 万头，出栏 94.06 万头。2013 年，生猪存栏 67.99 万头，出栏 107.51 万头，出栏量首次突破 100 万头，被省畜牧兽医局确定为山东省生猪调出大县（市）。

牛　1986 年—1996 年，随着畜牧业结构调整，境内牛的饲养呈现一个快速发展期。1986 年，全县牛存栏 2.02 万头，至 1996 年达 21.61 万头，创历史最高水平。1997 年，由于大旱，农作物普遍减产减收以及存出栏量统计方法调整，全市牛饲养量变化较大，存栏量仅有 14.97 万头。此后，牛饲养量较为平稳。2000 年后，随着农业机械化水平不断提高，作为主要动力的牛逐渐退出历史舞台，由役用向肉用、奶用转变，存养量开始大幅下降。2007 年，全市牛存栏仅有 5.18 万头，比 1996 年下降 76.04%。2008 年以后，主要是发展肉用牛。2010 年，全市肉用、奶用牛存栏 5.29 万头，出栏 3.84 万头。此后几年发展平稳。至 2013 年，全市牛存栏 3.62 万头，出栏 3.6 万头。

羊　1986 年，境内羊存养量 8.06 万只。此后，羊存养量呈逐年上升趋势。1995 年，全市羊存栏 51.97 万只，出栏 55.44 万只，为历史最高水平。1997 年，由于统计方法上的调整，市内羊存养量下降幅度较大，存栏仅 16 万只，出栏 28.12 万只。1998 年—2007 年，除 2000 年存栏增至 22.27 万只，出栏 32.87 万只外，存养量呈下降态势。2007 年，全市羊存栏 14.83 万只，出栏 20.17 万只。自 2008 年始，羊的用途由毛肉兼用转向以肉用为主，饲养量呈逐年上升趋势。2013 年，全市羊存栏 21.22 万只。其中，山羊 8.35 万只、绵羊 12.87 万只，出栏 28.69 万只。

兔　1986 年，境内存养家兔 28.67 万只。此后，养兔生产受国际市场影响出现几次波动。1988 年，兔存栏增加至 47.58 万只，出栏 68.6 万只。1990 年，存栏下降至 28.64 万只，出栏 40.04 万只。1992 年，存栏回升至 62.92 万只，出栏 117.72 万只。1994 年，存栏又跌至 53.93 万只。1996 年，存栏回升至 93 万只，出栏 172 万只，达到历史最高水平。1997 年起，兔存养出现大幅下降，存栏仅 18.24 万只，出栏 83.3 万只。后又出现一次上升期，2000 年，存栏达 47.97 万只，出栏 93.89 万只，此后开始逐年下降。2009 年，市内存养 3.69 万只，出栏 5.79 万只，为 1986 年—2009 年间的最低水平，以后基本平稳。

2013年，全市存养兔5.18万只，出栏5.92万只。

马　1986年，全县存养马4700匹。1993年，减至2831匹，下降39.77%。后有所回升。1995年，达4819匹。1996年后逐年下降。2007年，市内存养马226匹，比1986年下降95.19%。至2013年，市内存养马仅12匹。

驴　1986年，全县存养驴1.71万头。之后存养量逐年上升，1996年，存养量2.72万头，为历史最高水平。1997年后逐年下降。2007年，驴存养量1513头，比1986年下降91.15%。2008年以后，市内驴存养量大幅下降。2013年，市内仅存养驴47头。

骡　1986年，全县存养骡8400头，主要用于使役耕作。1988年，县内骡存养量达9200头，为历史最多量。之后逐年下降，2007年存养257头，比1986年下降96.94%。2008年以后市内骡的存养量锐减。2013年，全市仅存养骡5头。

家禽

安丘饲养家禽历史较早。进入20世纪80年代，随着商品生产的发展，境内家禽饲养规模化、集约化经营开始兴起，饲养量增长幅度较大。1986年，全县家禽存栏270.2万只。1988年，存栏增至366.41万只，出栏429.15万只，后逐年增加。1996年，家禽出栏达9429.33万只，为历年最多。1997年起，家禽存养量总体开始下降。2006年，家禽存栏降至543.28万只，出栏1805.35万只，为1997年—2007年间最低量。2007年，家禽存栏回升至773.51万只，出栏1936.48万只。2008年以后，家禽存养逐年回升。2013年，市内家禽存栏增至1214.35万只，出栏4244.73万只。

鸡　1987年，全县肉鸡出栏316.72万只。1990年，肉鸡出栏453.3万只，占当年家禽出栏总量的69.67%。此后，家禽出栏量逐年上升。1996年，全市肉鸡出栏达8600.72万只，为历史最高水平。1997年起，受气候、疫病、饲料成本上涨等因素影响，肉鸡存养量总体水平开始下降。2007年，全市肉鸡存栏量降至564.38万只，出栏1397.4万只，为1993年以后出栏量的最低水平。2008年后，市内肉鸡存养量稳中有升。2013年，全市肉鸡存栏615.93万只，出栏2783.46万只.

1986年，全县蛋鸡存栏273.31万只。1987年以后，蛋鸡存养量一直不稳定，几次出现波动。1990年，县内蛋鸡存养158.62万只。1999年，全市蛋鸡存养546.67万只，为年蛋鸡存养量最多。2007年，市内蛋鸡存养299.94万只。2008年以后，蛋鸡存养量下降幅度较大。2013年，市内蛋鸡存养量为186.59万只。

鸭　安丘先后引进北京鸭、康贝尔鸭和樱桃谷鸭等，后因康贝尔鸭抗病力较弱，不久即停养，樱桃谷鸭成为主要品种。1986年，境内存养鸭13万只。此后存养量总体呈上升趋势。1994年，市内鸭存栏54.76万只，出栏68.89万只。至2000年，鸭存栏达75.21万只，出栏162.54万只。2001年以后，市内规模养鸭场兴起，逐渐发展成为全市畜牧业继生猪、肉鸡之后又一支柱产业。2013年，全市存养鸭411.4万只，出栏1456.94万只，占当年家禽出栏总量的34.32%。

鹅　境内以草鹅居多。由于鹅具有疫病少、易饲养、成活率高的特点。二十世纪八九十年代，在农村畜牧经济中占有一定比重。1986年，境内鹅存养量达51万只，此后发展稳中有增。1995年，境内鹅存养量发展到90.13万只，出栏226.39万只。由于鹅的选育、繁育没有形成体系，且缺乏一套科学有效的饲养管理方法，不能满足规模化、产业化发展需要。因此，2000年以后，全市养鹅业发展比较缓慢。2013年，市内鹅存养量仅为2000只，出栏4.32万只。

特种动物

境内特种动物养殖历史悠久，水貂、狐狸、蜂等都是较早养殖的特种经济动物，其中水貂养殖占有较大比重。1986年，县内水貂存养量达1.02万只。1987年，存养量增加到4.45万只，而此后存养量略有下降，但总体发展平稳。至2013年，市内水貂存养7.01万只，出栏2.17万只。

第六章　水　利

第一节　机　构

管理机构

1984年10月，安丘县水利局更名为安丘县水利水产局，为正科级行政单位，辖3个县政府常设办公室、8个水利国营单位和32处乡镇水利站。1986年，县水利水产局职能机构未变。1993年12月，安丘县水利水产局更名为安丘县水利局，其规格、职能、性质不变，内设人秘科、财务科、水政科、办公室4个科室。辖局直属水利站、设计室、渔业技术推广站、牟山水库管理局、河道管理局、于家河水库管理局、下株梧水库管理局、尚庄水库管理局、共青团水库管理局、电站、打井队、建筑队12个事业单位。1994年3月，安丘县水利局更名为安丘市水利局。2002年4月，市水利局内部机构调整为办公室、政工科、财务科、计划基建科（挂移民办公室牌子）、水政科5个职能科室。所辖事业单位不变。2013年，市水利局有行政科室5个、局直属事业单位3个、市政府常设办公室3个、下属水管单位10个和14个镇街区水利站。

市政府常设机构

市防汛抗旱指挥部办公室　1960年成立，至2013年一直设在市水利局。指挥部总指挥由市委书记和市长担任、副总指挥由分管副市长或市委常委担任，市直各有关部门负责人为成员，水利局局长兼任办公室主任。

市水土保持委员会办公室　1984年8月，安丘县水土保持委员会成立。1994年3月，更名为安丘市水土保持委员会办公室。至2013年，其办公室设在市水利局，由一名副局长兼办公室主任。

市水资源委员会办公室　1986年8月，安丘县水资源管理委员会成立。1994年3月更名为安丘市水资源管理委员会。至2013年，其办公室设在市水利局，一名副局长兼任办公室主任。

内设事业单位

市渔业办公室　1988年7月，安丘县渔政管理站和安丘县水利水产站成立，一套班子两块牌子，隶属县水利水产局领导，为股级事业单位。是年12月，安丘县水利水产站更名为安丘县渔业技术推广站，为副科级事业单位，隶属关系不变。2005年4月，安丘市渔业技术推广站更名为安丘市渔业局，全额拨款事业单位，规格不变。2010年3月，更名为安丘市渔业办公室，副科级全额拨款事业单位。

市移民办公室　1984年5月，县移民办成立，列县水利局行政科室。1994年3月，更名为安丘市移民办公室。2002年4月，更名为计划基建科，挂移民办公室牌子。2008年9月，成立安丘市水利移民管理局，为正科级全额拨款事业单位，隶属市水利局，设政策法规科、规划安置科、综合科3个科室。2010年3月，市水利移民管理局更名为安丘市移民办公室，原隶属关系、规格、性质不变。

市水利站　1984年8月，安丘县水利队成立。1990年11月，安丘县撤销县水利队，设立县农水站和工管站。1993年12月，农水站、工管站合并成立安丘县水利站，为股级全额拨款事业单位，隶属县水利局。1994年3月，更名为安丘市水利站。至2013年，其隶属关系、规格、性质未变。

市水利勘测设计室　1986年1月，安丘县水利勘测规划设计室成立，隶属县水利局，为股级事业单位。1993年12月，更名为安丘县水利局设计室，为全额拨款股级事业单位，定编19人，企业化管理。1994年3月，更名为安丘市水利勘测设计室。2010年3月，市水利勘测设计室仍隶属市水利局，为股级全额拨款事业单位。至2013年，机构未变动。

市牟山水库管理局　1964年，安丘县牟山水库管理所改为安丘县牟山水库管理局。为副科级事业单位。1983年12月，升为正科级单位，隶属安丘县水利局。1993年12月机构改革，牟山水库管理局改为正科级自收自支事业单位。2007年9月，牟山水库管理局划归潍坊市水利局管理。

市水资源河道管理局 成立于1989年5月，原名安丘县汶河管理局。1991年3月，为加强县内河道统一管理，更名为安丘县河道管理局。1994年3月，更名为安丘市河道管理局。2004年9月，撤销市河道管理局和沙资源管理办公室，成立安丘市水资源河道管理局，为正科级事业单位，隶属市水利局。2010年6月，市水资源河道管理局归口市水利局，直属市政府领导。

市南水北调工程管理局 1995年11月，安丘市南水北调工程管理局成立，为正科级自收自支事业单位。2008年9月，原南水北调工程管理局撤销，所承担职能由市水利局所属机构承担，人员分流至市水利局下属单位。

市于家河水库管理所 1971年1月，安丘县于家河水库管理所成立。1989年3月，改设于家河水库管理局，为副科级事业单位，经费来源财政补贴。1993年12月机构改革，仍为副科级事业单位，经费自收自支。2010年6月，市于家河水库管理局改为安丘市于家河水库管理所，其隶属关系、规格、性质不变。

市下株梧水库管理所 1989年8月，安丘县下株梧水库管理所改为下株梧水库管理局，为副科级事业单位，经费来源财政补贴。1993年12月，仍为自收自支副科级事业单位。2010年6月，市下株梧水库管理局更名为安丘市下株梧水库管理所，其隶属关系、规格、性质不变。

市尚庄水库管理所 1989年3月，安丘县尚庄水库管理所改为安丘县尚庄水库管理局，升格为副科级事业单位，经费来源财政补贴。1993年12月，仍为自收自支副科级事业单位。2010年6月，安丘市上庄水库管理局改为安丘市尚庄水库管理所，其隶属关系、规格、性质不变。

市共青团水库管理所 1958年，共青团水库管理所成立。1992年7月，由雹泉、管公镇管理收归县水利水产局管理，更名为安丘县共青团水库管理局，副科级事业单位，实行企业化管理，自收自支。1995年11月，成立安丘市南水北调管理局时，仍为自收自支副科级事业单位。2010年6月，更名为安丘市共青团水库管理所，原隶属关系、规格、性质不变。

市城南埠电站 成立于1974年3月。1993年12月，定为股级事业单位，隶属县水利局，企业化管理。1994年3月，更名为安丘市城南埠电站。至2013年，其隶属关系、规格、性质未变。

市抗旱服务队 建于1972年11月，原为安丘县水利打井队。1993年12月，定为股级自收自支事业单位。1999年6月，更名为安丘市抗旱服务队，原编制、性质、职能及隶属关系不变。至2013年，机构未变。

市水利建筑安装队 成立于1985年1月，为自负盈亏、独立核算的企业单位。1992年9月，更名为安丘县水利建筑安装公司。1993年12月，更名为安丘县水利建筑安装队，为股级事业单位。1994年3月，更名为安丘市水利建设安装队。隶属市水利局，企业化管理。至2013年，其隶属关系、规格、性质未变。

第二节 重点水利工程

2007年起，牟山水库划归潍坊市管辖。是年底全市共有大型水库1座，中型水库3座，小（1）型水库20座，小（2）型水库69座，拦河闸（坝）10座，塘坝631座，总拦蓄能力达4.75亿立方米，开发水库灌区54.6万亩。

大中型水库

牟山水库 位于汶河中下游，安丘城西南6公里处。1959年10月兴建，1960年6月拦洪蓄水，控制流域面积1262平方公里，总库容3.08亿立方米，兴利库容1.21亿立方米。有干渠2条，长108公里；支渠78条，长235公里；斗渠782条，长307公里。是一座集防洪、灌溉、供水于一体的大型水库。

牟山水库直接影响下游胶济铁路、206国道、济青高速公路、潍莱高速公路等重要设施和100万人口的生命、财产安全及120多万亩耕地，肩负着向安丘市居民生活、工业供水和农业灌溉供水的重要使命。水库枢纽工程包括大坝、溢洪道（含溢洪闸）、放水洞、电站等。大坝心墙坝段位于汶河主河槽，坝轴线长1000米，坝型为宽心墙砂壳坝，最大坝高20米，坝顶宽 7.6米，均质坝段共分两段，两端分别与丘陵、高地相连接，主河槽以南均质坝段长2900米，主河槽以北均质坝段长1970米，总长4870米，为均质土坝。坝顶高程83米。溢洪闸于1967年建成，1987年改建。1960年开灌以来，累计灌溉214.6万亩次，灌区主要农作物小麦、玉米共计增产效益4812.2万元。水库拥有可养鱼水面1.7万亩，历年累计捕鱼637万公斤，社会经济效益879万元。

于家河水库 位于石埠子镇于家河村西，坐落在渠河上游浯河北支入渠河处。流域面积100平方公里，总库容5314万立方米。1966年11月兴建，1967年7月竣工。大坝为黏土心墙砂壳坝，坝顶宽7米，最大坝高28米，坝顶高程152米，坝顶有高1.4米的浆砌石防浪墙。溢洪道为开敞式。最大泄量1590立方米/秒。放水洞为廊道衬管式，直径2米，设计流量8.3立方米/秒。设平板钢闸门控制。水电站装机3台，共375千瓦。工程现状防洪标准为千年一遇，最高库水位151.5米。设计灌溉面积11.4万亩，有效灌溉面积4.5万亩。可养鱼水面2403亩，鱼池20亩，历年累计鱼产量224万公斤。1989年4月，修建于家河水库一、二级大型扬水站，总投资138万元，装机6台。

1989年12月—1990年10月，安丘县完成干渠渠首至王庄段2150米浆砌工程，完成投资96.93万元。

下株梧水库 位于石埠子镇境内，属潍河水系渠河支流岔河中游，流域面积32平方公里，总库容1620万立方米。1958年10月动工兴建，1959年12月竣工。大坝为均质土坝，全长530米，最大坝高20.87米，坝顶宽5米。工程现状防洪标准为300年一遇，最高库水位117.17米。总库容1620万立方米，兴利库容942万立方米。设计灌溉面积2.35万亩，有效灌溉面积1万亩。水库可养鱼水面906亩，鱼池16亩，历年累计鱼产量128.4万公斤。

1996年，灌溉面积由2.3万亩扩大为4万亩。总干渠全长8公里，两条分干渠全长15.2公里，6条支渠总长度43.2公里。

尚庄水库 位于辉渠镇西尚庄村东，属汶河支流凌河上游，控制流域面积68平方公里。1959年10月兴建，1960年5月竣工。大坝为均质土坝，全长400米，最大坝高21.75米，坝顶宽6米，防浪墙顶高程120.05米，坝基为火成岩。

工程现状防洪标准为千年一遇。最高洪水位118.6米，最大泄量1380立方米/秒，总库容为2610万立方米，兴利库容758万立方米。

尚庄水库灌区分为凌河和白芬子两个灌区，设计灌溉面积3.6万亩，原有效灌溉面积2.65万亩，实施尚庄水库灌区工程后，新增灌溉面积8.12万亩，总灌溉面积达10.77万亩，占原白芬子、金冢子、宋官疃三镇耕地面积的54%，年新增灌溉效益887.69万元。可养鱼水面763亩，鱼池20亩，历年累计鱼产量116.4万公斤。

共青团水库 建于1968年9月，坐落于泰沂山北区，潍河水系渠河支流店子河中游，辉渠镇东部。控制流域面积34平方公里，总库容780万立方米，兴利库容340万立方米，调洪库容340万立方米，坝顶高程111.3米，最大坝高17米，坝顶长度1190米。

水利水电工程

峡山水库上游浅滩地改造工程 一期工程于1996年6月开工，7月竣工，涉及景芝、赵戈、王家庄3镇的部分村。二期工程排水泵站建设于1996年8月开工，至1997年5月竣工。三期工程护堤工程于1997年4月开工，至2000年4月竣工。整个工程共筑堤27.5公里，动用土方325万立方米，开挖渠道9500米，浆砌石渠3000米；建排水泵站涵闸7座，装机840千瓦；铺设输变电线路570米；修路24条，共4.45万米；建桥涵85座；挖鱼塘4500亩。共用工日400万个，土石281.5万立方米，浆砌石2.32万立方米，砼0.26万立方米。工程总投资3600万元，列入全市统干工程，以资代劳，投资1625万元。工程造地2万亩，年新增土地效益5000万元，经济效益7500万元。

拦河闸（坝）

汶河卧龙闸 小型水利枢纽工程，位于安丘市新安街道董家庄村南汶河上，原206国道汶河大桥下游920米处，距牟山水库9.2公里。工程于1991年10月兴建，1992年9月工程全部建成。总投资550万元。工程年均蓄水量300万立方米，年供水3050万方。建有泄洪闸、溢洪坝及两岸护坡。泄水闸段长293米，闸段两侧设溢流坝，各长90米，坝型为砂坝砌石外包，坝高3米。闸后附有8米宽，500米长的漫水桥。两岸护坡长1550米。

青云湖拦河闸 位于新安街道周家营子村东汶河上，距新206国道大桥1.2公里，为大型水利枢纽工程。泄水闸段长225.2米，设18孔露顶式平面钢闸门，18台25吨双吊点卷扬式启闭机控制，闸段两侧设溢流坝，各长147.8米，上附4米宽人行桥。

工程于2001年10月动工兴建，2003年6月竣工。两岸连接段各长25.5米，利用圆弧曲线与两岸上下游连接。总投资2391.8万元，共计动用土石27.14万立方米，浆砌石4.1万立方米，混凝土及钢筋混凝土2.21万立方米，干砌石0.35万立方米。工程建成后，年均拦蓄水量860万立方米，农业灌溉年均效益551.46万元，年均工业供水经济效益480万元。同时，为安丘市后续开发建设的青云湖公园、大汶河生态湿地打下基础。

王封拦河坝　位于大汶河旅游开发区贾家王封村西汶河上，距新206国道大桥4公里。为小型水利枢纽工程。浆砌石溢流坝长370米，坝高2.3米，坝顶宽1.4米，坝后坡为7阶阶梯式跌水，每阶宽1米。坝前迎水面、坝顶外包0.3米厚现浇混凝土，坝前河床下设0.3米厚现浇混凝土防渗墙，坝后设1米厚浆砌石防冲墙。坝后设长4米，深1.5米的防冲槽，防冲槽内全部用干砌石填满。

工程于2002年4月开工建设，6月竣工。总投资262.98万元，共动用土石4.94万立方米，砌石8958万立方米，混凝土982立方米。工程建成后，年均拦蓄水量570万立方米。

彭家洼拦河坝　位于新安街道彭家洼村东汶河上，距新206国道大桥6.7公里，为小型水利枢纽工程。总投资361.48万元，主要浆砌石溢流坝、小型放水闸、河堤浆砌石护坡。共动用土石19.78万立方米，砌石7578.8立方米，混凝土2114.6立方米。

工程于2003年3月开工建设，6月竣工。工程建成后，年均拦蓄水量610万立方米，为安丘城区部分工业企业用水提供可靠水源，改善当地生态环境。

庵顶拦河坝　位于安丘市大汶河旅游开发区庵顶村南汶河上，距新206国道大桥7公里。为小型水利枢纽工程。浆砌石溢流坝，坝长399米，坝高3.2米，坝顶宽0.8米，坝前河床下设0.3米厚现浇混凝土防渗墙，坝后设0.5米厚现浇混凝土防冲墙和消力池，消力池后设长8米的水平段作交通便道。

工程总投资516万元，动用土石7.05万立方米，砌石1.5万立方米，混凝土0.29万立方米。于2005年9月开工建设，2006年7月竣工。工程建成后，年均拦蓄水量610万立方米。

三里庄拦河坝　位于安丘城区西环路汶河大桥下游800米处，为小型水利枢纽工程。浆砌石溢流坝，长459米，高3米，顶宽1米，坝前河床下设0.3米厚混凝土桩防渗墙，坝后设0.3米厚混凝土桩防冲墙和消力池。

工程于2007年10月开工建设，2008年6月竣工。总投资585.28万元，共动用土石5万立方米，浆砌石1.42万立方米，混凝土及钢筋混凝土0.21万立方米，干砌石0.4万立方米。工程建成后，年均拦蓄水量570万立方米。

西殷门拦河坝　位于石埠子镇西殷门村南渠河段。1977年8月建成并投入使用。拦河坝主坝长240米，宽5米，高2.5米，坝后有宽5米、深0.5米消力池和5米宽干砌石护坡。工程包括拦河坝、电站、渠道建设三项，投资近150万元。工程建成后，汛期年平均截水量4000万立方米，平均发电量40万度～60万度，年创收10万元。2006年，市水利局和石埠子镇政府各投资10万元加固维修一次。

西沽河拦河坝　位于景芝镇西沽河村南渠河上，建于1983年。采用浆砌石型式拦河建坝，坝长85米，高2米，宽10米，坝后设消力池。工程共投资50万元。工程建成后至2007年，共引水2500万立方米，控制灌溉面积2.8万亩；发电量240万千瓦，创经济效益552万元。

兴旺沟水库水电工程　为小（1）型灌溉发电工程，枢纽工程为四等，主要建筑物属4级，设计洪水标准50年一遇，校核洪水标准300年一遇。主要建设兴旺沟拦河坝，为浆砌石重力坝，兴利水位171.7米，兴利库容22.5万立方米，总库容138万立方米;水电站为坝后式，装机容量75千瓦;10千伏并网线路，长度1000米。总工程量8638万立方米，工日25691个。工程总投资73.52万元。于1997年11月开工，1998年12月竣工，1999年1月并网发电。工程增加灌溉水量167.3万立方米，新增灌溉面积0.6万亩，年增加效益48万元。年发电量25万千瓦时，年发电收入9万元。

主要水利景区

汶河国家级水利景区　系汶河综合治理的亮点工程。自2001年始，安丘市对汶河进行开发建设，至2013年建成汶河城区滨水景观带，共栽植绿化树苗260万棵。景区有着广阔的水体，大片的湿地和绿树林，生态优势突出。其中，汶河生态湿地总面积20平方公里，水域面积14平方公里，河道平均宽700米，河岸两侧各控制150米绿化带，水域辽阔，水源丰富，水质及生态环境良好，湿地内有鱼类10余种，鸟类50余种，其中水鸟20余种，国家二级保护鸟类10余种。经建设部批复为国家级城市生态湿地公园。

景区自牟山水库至汶河下游庵顶坝段共20平方公里，融防洪、生态、治污、交通、绿化、美化、文化、旅游于一体。整体效果突出景观和水乡特色，建造5道拦河闸坝，3条河流串连，河床地进行整修防渗，河堤及河岸进行改造。建造水源保护地生态林、景观绿化林带，营造深水休闲广场、滨水休闲区带。大规模建设河床公园、城市绿地、桥头公园、文化场馆、健身运动场地等项目；进行环境整治与污染治理，开发建设旅游项目；改建牟山拦河闸，改建并加宽牟山大坝，使牟山水库更具观赏价值。

在汶河大堤拓宽的基础上，汶河的防洪标准由原来的20年一遇提高到50年一遇，汶河城区段最大河宽1200米，最大水深5米，蓄水量达1亿立方米。景观区内观光平台、音乐广场、自然堆石、游艇帆船、休闲广场、儿童乐园等景观相映成趣，乔木、灌木、草坪合理搭配，春夏秋冬景色各异，与上游牟山水库、20平方公里水域、1562亩绿地及青云湖、人民公园、汶河广场等联体成为恢弘景观群。

青龙湖水利景区　位于安丘市区北部，总面积4000亩，其中水域面积1500亩，是按国家AAAA级旅游区的相关标准开发建设和配套完善的休闲旅游度假胜地。

2004年，安丘市始建青龙湖水利风景区，先后投资2000多万元，修建高标准环湖路5公里，沿湖周围栈桥4.5公里，新栽各种名贵树木10万余株，完成生态林、景观带一期建设，兴建铭茶轩、竹廊、吊桥、奇石等园林和景观构筑物，完成导游处、游客中心等管理服务设施。至2013年，安丘市依托水利景区打造工业园区。

第三节　河道治理　管理

河道治理

汶河治理　1959年，安丘县于汶河中游建牟山大型水库，上游有昌乐县修建高崖大型水库。此后在河上修建小型水库50余座及塘坝150余座，蓄水总量近3亿立方米，于汛期拦河蓄水，基本保证下游河道安全，非汛期还能控制浇灌土地近40万亩，变水害为水利。

1989年5月，针对掠夺性采砂对河道造成的破坏，安丘县成立汶河河道管理局。是年7月，成立汶河河道治理工程指挥部，着手进行河道治理。到2001年11月，分五期对汶河河道进行分段治理，西至高崖水库坝下，东至黄旗堡铁路桥，总长65.14公里，完成工程总量1006.5万立方米，投资6084万元。

1989年8月—12月，安丘县对上游凌河镇偕户村至牟山水库入库口段进行治理，全长7001米。按20年一遇防洪标准设计，行洪断面254米宽，堤顶路面宽6米，主要工程为疏通河道，堤防加固加高。总工程量127万立方米，投工130万个，总投资675万元。

1990年4月—6月，安丘县主要治理汶河城区段。西起兴安街道凉水湾头村，东至206国道，全长6700米，防洪标准按50年一遇设计，行洪断面宽475米。主要工程为河堤加固，总工程量145万立方米，投工147万个，投资725万元。

1990年11月—1991年1月，安丘县主要治理高崖水库至凌河偕户段，全长23470米，行洪标准按20年一遇设计，行洪断面宽220米，总工程量257万立方米，投工283万个，工程总投资1320万元，全县28个乡镇的干部群众参加治理工程。

1991年12月—1992年11月，安丘县对位于汶河安丘城区段上、建于1985年1月的卧龙闸进行整修，建立安丘城区15万人口的水源保护地，满足日取水4万吨的需求。

1995年11月—1996年1月，安丘市主要治理汶河卧龙闸至大汶河旅游开发区韩家王封段，全长6900米，工程量157万立方米，投工175万个，投资875万元。

1998年7月—10月，安丘市对潍安路汶河大桥上下游各1000米进行高标准综合治理，用大理石砌筑波浪墙，用砼盖帽形成20～30米宽的护堤地，高标准种植珍贵花草树木，美化环境，建立广场。

1999年5月—7月，安丘市投资300万元，对卧龙闸下游进行续建加固。

2001年10月—11月，安丘市对206国道大桥至黄旗堡铁路桥段进行治理，全长21068米。共拆除房屋116间，征用芦笋地295亩、果园520亩、林地889亩，搬迁坟墓1085座。两坝堤顶路面拓宽为10米，地平台宽30米护堤，堤坝上土每层厚不超过30厘米，进行辗压夯实，堤顶采用30厘米粘土，安装路边路沿石、坝坡排水沟等防护设施。总工程量327万立方米，投工475万个，总投资2489万元。扩大改善灌溉面积6万亩，并建成20公里长生态防护林带。

2001年10月—2002年8月，安丘市在新206国道汶河大桥以下1200米处，投资2200万元，建成长538.8米，高4米的拦河闸一座，两端各设有140米溢流坝。汶河拦河闸建成后，又投资2800万元，实施河堤内侧用高压喷浆截渗蓄水和美化绿化等工程，建成水面面积3000亩，蓄水1000万立方米，形成连接新老城区的青云湖枢纽工程。

2002年5月—8月，安丘市在青云湖拦河闸下游1700米处建成1.4米高拦河坝；2003年4月—8月，在青云湖拦河闸下游3500米处建成2.5米高拦河坝；2005年11月—2006年7月，在青云湖下游5300米处建成2.5米高拦河坝，这些工程涵养水源，形成上下9000亩湿地，2006年被水利部评为国家级大汶河湿地公园。

渠河治理 1989年10月—1990年6月，安丘县在石埠子镇于家河村西建成直径14米的大口沉井一座及300米暗渠集水，为安丘中部贫水区提供可靠的水源。

1994年2月—1995年10月，建成安丘市南水北调水源地渠首工程李家沟拦河坝，全线长50多公里，投资4435万元。

2002年，孔家庄大桥至西召忽段河堤修建8公里长的迎林路，栽植速生杨近万亩。

2003年，在安丘至五莲渠河大桥上游，充分利用荒滩资源，抽砂换土，栽植丰产林8000亩，保护河边耕地安全；在彭旺大桥两侧高标准治理河道，长达4公里，并栽植名贵树木。

洪沟河治理 1975年冬，组织沿河公社4万名民工，对上游城关公社三十里铺村至下游伏留水库全长20公里的河道进行治理，加深加宽河床，局部进行裁弯取直、改道，砂灰护岸，动用土石167万立方米，投工200万个。

1993年，在青年路洪沟河桥上游修建自动翻板闸门一座，拦蓄河水，进行回灌补源。

1999年10月—2000年5月，在安五（安丘—五莲）路三十里铺村北洪沟河修建西水东调枢纽工程拦河闸，整治洪沟河上下游。

河道砂资源管理

1998年9月，市政府发布《关于加强河道采砂管理的通告》，规定：汶河高崖水库大坝至凌河镇石家庄桥下1000米，牟山水库大坝至新206国道桥下1000米，担山镇庵顶桥上下各1000米，南流镇王皋桥上下各1000米，黄旗堡公路大桥上下各1000米；渠河庵上镇至官庄镇河段、景芝镇彭旺桥上下各1000米，有堤防的河段堤脚外100米同时关闭，禁止采砂。召开全市河道管理工作会议，对河道管理和一级水源地保护工作进行专题部署。全市各级各部门，特别是河道管理部门不断加强宣传和巡逻稽查力度，严管重罚，乱采乱挖现象得到较好控制，取得阶段性成果。严格采砂审批程序，任何单位和个人在准许采砂的河段采砂，都必须报经市河道管理局审查，市政府综合研究批准后方可开采。对不按法定程序办理的，依法从严处理。

为加强汶河河道管理，保障防洪安全，充分发挥汶河的综合效能。1999年，市政府出台《安丘市汶河河道管理办法》，规定在河道管理范围内采砂，沿河乡镇在本辖区内只允许开设一处砂场。经批准的在河道管理范围内采砂的单位必须严格按市河道管理局、市地质矿产局批准的地点、范围、深度、方量进行开采；禁止掠夺性开采，不得使用挖掘机械（挖砂船、挖掘机）采砂；开采后的弃料，应按要求及时回填，开采后回填的河床必须符合行洪和整治的要求，保证底平坡顺；必须服从市河道管理局和市地质矿产局的监督管理；按时缴纳采砂管理费和矿产资源补偿费。

2001年底，安丘市砂资源管理办公室成立，加大对河道砂资源的管理力度，采取公平、公正的原则，进行招标投标，将拍卖砂资源所得全部上缴市财政，用于河道治理和青云湖工程建设。2004年9月，市河道管理局、市砂资源管理办公室、市水资源征收办公室合署办公，成立安丘市水资源河道管理局。

2007年3月，水资源费重新划归市水利局征收。是年8月，全市砂资源开发市场集中整治行动后，制定《安丘市砂资源开发管理办法》，成立砂资源开发管理委员会，开发砂资源须所在地镇政府申请，水资源河道管理局现场勘查制定方案，砂资源开发管理工作委员会研究同意，报市政府批准后实施；采砂经营权出让实行公开竞标确定；严禁设立独立售砂点；严禁运砂车辆超限、超载、超重，明令禁止的路线通行。至2013年，砂资源实行市水资源河道管理局与市公安局护砂大队合署办公进行管理。

第四节 水库除险加固

牟山水库

1985年，安丘县总投资185万元，完成副坝培厚，坝前护坡翻修，金沟河段坝前铺盖加厚，坝顶筑回车台。1987年—1989年，投资787万元，完成溢洪闸改善，交通桥改建及增做坝后反滤等。1999年—2003年，投资7300万元，实施牟山水库保安全坝基防渗工程，建设垂直塑性砼防渗墙，轴线位于大坝坝顶，长3733.8米。

2006年12月—2010年11月，安丘市重点对牟山水库除险加固，主要建设是大坝工程：坝脚抛石压重，坝基防渗，心墙坝段上游砂壳加固，大坝坝体加固，上下游护坡修复，重建及增建防浪墙、坝顶道路、大坝照明及防雷设施，坝后贴坡排水及排水沟，观测设施；溢洪道（闸）工程：拆除重建溢洪闸，溢洪道加固；放水洞工程：重建北放水洞，加固南放水洞；其他工程工程管理、防汛路及水文设施建设。完成总投资1.72亿元。

于家河水库

项目一期工程于2006年8月开工，2009年12月完工。二期工程于2010年1月开工，10月完工。两期工程总投资4675.88万元，动用土石85.23万立方米，投工68.19万个。对大坝底高程134.25米以上，坡度1:2范围内的上游砂壳翻压；上下游坝脚抛石压重；上游护坡重建；大坝心墙加高；右坝肩坝基防渗加固。新建溢洪闸、钢筋砼泄槽、引水渠与出水渠工程；闸下游采用挑流消能，设连续式挑流坎。拆除重建放水洞，进口处新建竖井，新建引桥。改造东、西两端防汛道路，长度分别为865米和415米。除险加固后，水库的设计防洪标准达百年一遇，校核洪水提高到千年一遇。

下株梧水库

工程于2009年8月动工，2010年10月竣工，总投资3433万元，投工9.86万个，动用土石18.74万立方米。重建溢洪闸及溢流堰，溢洪闸2孔，单孔净宽6米，溢流堰净宽20米；闸墩下游及堰上设交通桥，溢洪道开挖及护砌，新建消能设施。对大坝进行帷幕灌浆，坝体防渗采用混凝土防渗墙加固；上游护坡、防浪墙拆除重建，大坝107.5米高程以上干砌方块石护坡翻修，以下抛乱石；大坝下游草皮护坡；新建下游水沟、大坝观测、照明设施建设等。重建放水洞1孔。重建管理区，维修加固办公楼、变配电室、防汛仓库等管理设施。水文设施工程共包括水文观测设施、水文自动测报系统、水文管理设施等三部分。

尚庄水库

1985年改建放水洞启闭机房，新建工作桥，总投资10.5万元。1989年放水洞渗漏严重，采取钢衬管补强结合洞外坝体灌浆改造，投资10万元。1991年，对放水洞进行修理，投资4.5万元。1992年，放水洞排架维修，投资3万元。1998年，对水库大坝进行整修，投资12.5万元。2001年，对水库大坝翻修，流域进行治理，投资13万元。2003年，对大坝护坡进行翻修，投资80万元。2005年，对溢洪道进行拓宽，投资15万元。

2009年7月，水库上游护坡重建、坝体顶部加固、上下游坝脚压重，坝基防渗，重建防浪墙，坝顶路面硬化，下游排水，新建溢洪闸，溢洪道泄槽开挖，护砌、护底、消能，原放水洞拆除重建和放水隧洞封堵，东防汛路硬化，新建西防汛路，管理区建设等，投资3480万元。2010年10月竣工。

小型水库

省级规划内重点小型病险水库 2008年，安丘市完成省级规划内重点小型病险水库除险加固14座，共投资887.39万元。其中，小（1）型水库2座，投资479.67万元;小（2）型水库12座，投资407.72万元。2009年，完成省级规划内重点小型病险水库除险加固35座，共投资1814.08万元。其中，小（1）型水库5座，投资862.80万元；小（2）型水库30座，投资951.27万元。2010年，完成省级规划内重点小型病险水库除险加固34座，共投资2374.92万元。其中，小（1）型水库7座，投资1499.62万元；小（2）型水

库 27 座，投资 875.30 万元。

国家规划内重点小型病险水库 2008 年—2010 年，安丘市完成国家规划内重点小型病险水库除险加固 6 座，投资 2426.75 万元，6 座水库全部为小（1）型水库。

2010 年—2012 年，完成规划内小型病险水库除险加固 4 座，全部为小(1)型水库，即五龙湖水库、金湖水库、西石马南水库、张家石龙水库。其中，五龙湖水库投资 336.1 万元，金湖水库投资 394.84 万元，西石马南水库投资 405.08 万元，张家石龙水库投资 343.67 万元，4 座水库共投资 1479.69 万元。

第五节 农田水利建设

1986 年—2013 年，安丘市人民政府全面搞好全市农田水利基本建设，不断提升农业生产条件、促进农村经济发展，取得明显成效。2012 年，安丘市被水利部评为全国农田水利建设先进单位。

1986 年—1990 年，安丘县累计投资 6909 万元，投工 5180 万个，完成土石 6202 万立方米。新建扬水站 111 座，新打机井 1786 眼，配套机电井 1246 眼；新建塘坝 21 座、浆砌防渗渠道 126 公里；发展管道灌溉 1500 亩，增设地下管道 12 公里，扩大和改善灌溉面积 44.96 万亩。其间，报废扬水站 79 座，减少灌溉面积 3.39 万亩。整地改土 2.8 万亩，治理水土流失 5.37 万亩。全市塘坝 323 座，扬水站 450 座，配套功率 1.77 万千瓦，机电井 1.12 万眼，配套机电井 9803 眼，配套功率 9.11 万千瓦。全市有效灌溉面积 55.59 万亩，实灌面积 47.13 万亩。

1991 年—1995 年，安丘市累计投资 1.41 亿元，投工 7462 万个，完成土石 1 亿立方米。新建扬水站 134 座，新打机井 1589 眼，配套机电井 1846 眼，新建塘坝 42 座；发展管道灌溉 1800 亩，增设地下管道 14 公里，扩大和改善灌溉面积 38.67 万亩。其间，报废扬水站 45 座，减少灌溉面积 4.83 万亩。整地改土 6.2 万亩，治理水土流失 20.27 万亩。全市塘坝365座，扬水站539座，装机功率1.99万千瓦，机电井 1.28 万眼，配套机电井 1.16 万眼，配套功率 10.94 万千瓦。有效灌溉面积 57.27 万亩，实灌面积 50.79 万亩。

1996 年—2000 年，安丘市累计投资 1.09 亿元，投工 1.4 亿个，完成土石 1.5 亿立方米。新建扬水站 134 座，新打机井 2174 眼，配套机电井 1963 眼；新建塘坝 62 座；发展管道灌溉 7.7 万亩，发展喷微灌面积 3.78 万亩，增设地下管道 746.2 公里，扩大和改善灌溉面积 49.56 万亩。其间，报废扬水站 21 座，减少灌溉面积 2.48 万亩；整地改土 2.8 万亩，治理水土流失 8.07 万亩。全市塘坝达到 385 座，扬水站 643 座，配套功率 2.11 万千瓦，机电井 1.49 万眼，配套机电井 1.36 万眼，配套功率 13.06 万千瓦。有效灌溉面积 65.52 万亩，实灌面积 56.44 万亩，节水灌溉面积 21.68 万亩。

2001 年—2005 年，全市累计投资 2.16 亿元，投工 1.24 亿个，完成土石方 1.7 亿立方米。新建扬水站 69 座，新打机井 3237 眼，配套机电井 3551 眼；新建塘坝 82 座；发展管道灌溉 9.48 万亩，发展喷微灌面积 1.42 万亩，增设地下管道 708.5 公里，扩大和改善灌溉面积 50.48 万亩。整地改土 2.8 万亩，治理水土流失 33.8 万亩。全市塘坝达到 467 座，扬水站 692 座，配套功率 2.2 万千瓦，机电井 1.82 万眼，配套机电井 1.72 万眼，配套功率 16.44 万千瓦。有效灌溉面积 72.16 万亩，实灌面积 64.31 万亩，节水灌溉面积 31.78 万亩。

2006 年—2010 年，全市累计投资 7.06 亿元，投工 1.05 亿个，动用机械 126 万台，完成土石方 2.4 亿立方米。新建扬水站 88 座；新打机井 1665 眼，配套机电井 1092 眼，其间报废机电井 3659 眼；新建塘坝 67 座、拦河闸 1 座，浆砌防渗渠道 10 公里，整治渠道 12.2 公里;发展管道灌溉 17.73 万亩，发展喷微灌面积 1.01 万亩，增设地下管道 1218.1 公里，扩大和改善灌溉面积 14.3 万亩。整地改土 12.3 万亩，治理水土流失 8.64 万亩。全市塘坝 510 座，扬水站 758 座，配套功率 2.66 万千瓦，机电井 1.62 万眼，配套机电井 1.55 万眼，配套功率 14.74 万千瓦。有效灌溉面积 92.55 万亩，节水灌溉面积 63.19 万亩，高效节水灌溉面积 37.74 万亩。

2011 年—2013 年，全市累计投资 5.61 亿元，投工 8525 万个，动用机械 36 万台（套），完成土石方 1.6 亿立方米。新建扬水站 26 座；新打机井 1325 眼，配套机电井 1326 眼，新建塘坝 153 座、拦河闸 1 座，浆砌防渗渠道 28.22 公里，整治疏浚渠道 2.6 公里；发展管道灌溉 7.21 万亩，发展喷微灌面积 0.13 万亩，增设地下管道 468.65 公里，扩大和改善灌溉面积7.33万亩。整地改土11.3万亩，治理水土流失10.46万亩。全市塘坝665座，扬水站784座，机电井1.75万眼，配套机电井1.65万眼。有效灌溉面积95.52万亩，节水灌溉面积73万亩，高效节水灌溉面积46万亩。

第六节 农村饮用水工程

1986年—2013年，市农村饮用水工程建设分为“农村人畜饮水解困”和“村村通自来水工程”两个阶段。

1986年—2004年，安丘市以农村饮水解困为重点，由小型分散供水向单村供水转变，全面解决“有水喝”的问题。共建成农村自来水工程255处，全部为单村集中供水工程，受益村庄255个，受益人口16.69万人，工程设计供水能力为1.63万方/天，水源全部为地下水，水质良好，但无消毒设备。

2005年—2013年，安丘市以实施村村通自来水工程为契机，以解决农村饮水安全为目的，采取城乡联网、连片集中供水、单村供水等形式，让群众喝上安全水、放心水。2005年—2007年，全市新建农村通自来水工程153处，受益村庄475个，人口33.04万人，设计供水能力3.54万立方米/天，工程完成总投资1.04亿元，其中联村集中供水工程14个，受益村庄336个，人口24.21万人。

2008年—2011年，安丘市总投资3亿元，建设50万人集中供水工程。工程于2008年1月开工。将渠河上游李家沟拦河坝水源通过3500米隧洞和68公里输水干渠，调往于家河、下株梧、共青团、尚庄、牟山五座水库，形成一个贯穿全市、南北走向、五库串联的系统性供水工程，年调水能力1亿立方米。2009年，建设饮水安全工程20处，全部为管网延伸集中供水工程，共解决8处镇街区26个自然村、1.4万人的饮水不安全问题。2010年，建设农村饮水安全工程13处，全部为管网延伸集中供水工程，解决10个镇街区、55个村、3.5万人的安全饮水问题。2011年，工程完工，建设农村饮水安全工程7处，受益村庄85个，受益人口5.42万人。

2012年，完成投资6500万元，解决365个村，25.2万人的安全饮水问题。其中，新建农村饮水安全工程受益村庄138个，受益人口8万人；改造农村饮水安全工程受益村庄227个，受益人口17.19万人。

2013年，安丘市总投资4400万元，建设规模化集中供水工程、管网延伸工程、单村供水工程等164处，受益村庄259个，受益人口14.15万人。全市农村饮水安全工程覆盖率达100%。

第七节 防汛抗旱

防汛

1986年—2013年，历届市委市政府高度重视防汛抗旱工作。每年五月前后，市政府即召开防汛抗旱工作会议，专门研究部署防汛工作。对防汛任务、防汛责任层层落实，责任到人。全市130座水库都建立起完善的防洪抢险应急预案。根据城区实际，市建设局编制完成市区防汛抢险方案。同时，建立防汛队，搞好防汛演练。

2012年6月，安丘市和潍坊市牟山水库管理局联合，在牟山水库溢洪闸成功举行汶河防汛抢险联合演练，演练共分大坝查险、管涌抢护、水上救生、河道清障、洪水调度5个科目。自是年6月1日起，水利部门和指挥部全体人员，轮流值班，值班人员负有对雨量、水情、汛情、险情等信息的上呈下达责任，如有紧急情况，则全体出动，各负其责，直至9月30日汛期结束。

安丘市重视加强防汛队伍建设，实行专业队伍和群众队伍相结合。2013年，建立机动抢险队1支60人；抢险专业队7支115人；防汛常备队8204人；预备队2.19万人。全市筹备草麻编织袋36.65万条、土工布9.8万平米、砂石料7.15万立方米、块石15.2万立方米、桩木6939立方米、钢管36.22吨、铁丝25.04吨、救生衣3852件、电缆4.58万米。

抗旱

1986年—1988年，安丘县在主干河道以及山区沟谷修建水库、拦河闸坝、小型塘坝，拦蓄地表水，以减少水源流失。全县水库130座，塘坝540座，总拦蓄能力4.75亿立方米。1989年—1995年，安丘市完成南水北调工程，工程由渠河上游的李家沟拦河坝，通过隧洞引水入于家河水库，再通过56公里的输水干渠依次调入到下株梧水库、共青团水库、尚庄水库、牟山水库，年调水5000万立方米，改善灌溉面积57万亩，同时还解决中北部沿途10处乡镇，133个村庄，8.8万人的吃水困难。积极推广喷灌、滴灌、低压管道灌、薄膜灌等节水灌溉新技术。在拦蓄地表水的同时，合理开发利用地下水源，全市有地下水取水井数12.19万眼，其中规模以上机电井1.15万眼，规模以下机电井8.82万眼，人力井2.22万眼。机井灌溉面积66.09万亩。

2013年—2015年，安丘市出现历史罕见的秋冬春夏四季连旱。为缓解旱情投入资金1.89亿元，在牟山水库等地新打大机井1560眼。投资450万元用于农村饮水困难补助。从下株梧、于家河、共青团、圈河等水库放水400万立方米用于农业灌溉。为确保全市50万人集中供水工程正常运转，利用五库串联干渠，累计从于家河水库向尚庄水库调水2780万立方米。2015年，为彻底解决主城区供水问题，实现全市水资源自我调节和用水平衡，进一步扩大灌溉面积，市委市政府决定实行南水北调管道调水。工程于是年9月22日开工建设，至12月20日建成试通水。工程总投资8000余万元，采用内径1米的预应力混凝土管道，沿安孔路途径柘山镇、石埠子镇、官庄镇、兴安街道，全长42.6公里，将李家沟、于家河、下株梧等水库的水调至安丘市金山水厂。工程日最大调水量6.3万立方米，可满足百万人口供水需求。工程达到百年质量标准，是一项统畴生活和工农业及生态用水的战略性工程。

第八节　水政管理

水利执法体系建设

1990年12月，安丘县成立县水利执法领导小组，组建水利执法队伍，开展水利执法工作。县执法队伍共有主任、副主任监察员4人，专职监察员2人，兼职监察员53人，助理监察员31人，水管员1450人（每村1人）。1993年1月，县水利局成立水政科，与水资源办公室合署办公，称县水政水资源办公室。

1996年1月，市水利局单设水政科。1998年6月，在水政科的基础上成立市水政监察大队，配备专职水政监察人员58名，兼职水政监察人员127名。是年8月，分别在南水北调工程管理局、牟山、于家河、下株梧、尚庄、共青团五库和河道管理局组建水政监察中队。2010年，市水利局水政科，加挂水政监察大队牌子。2012年3月，整合水政科、水资源办公室、水保科重组市水政监察大队，设4个直属中队，全市共有专兼职水政监察人员82名。

2013年5月，分别在于家河、下株梧、共青团、尚庄四水库管理部门和砂资源河道管理局组建水政监察中队。全市13个镇街区水利站设立水政监察站。社区（村）聘任水政监察联络员888名。

水事纠纷调解案件查处

1996年，市水利局查处水事违法案件2起，挽回经济损失1.45万元。1997年，查处水事违法案件1起，挽回经济损失5000元。2000年，市水政监察大队查处水事违法案件1起，挽回经济损失5000元。2013年，查处水事违法案件3起，挽回经济损失6万元；调处水事纠纷36起，挽回经济损失3.99万元；修复工程4处，罚没款8.45万元。

河道工程维护管理费征收

1999年9月，安丘市制定发布《安丘市河道工程维护管理费征收使用管理办法》，成立安丘市河道工程维护管理费征管领导小组，领导小组办公室设在市水利局，开始征收河道工程维护管理费。因属新费种，征收工作遇到较大阻力，当年只征收10万元。市政府决定暂停该费的征收。2001年，市政府根据上级部门要求，决定再次征收河道工程维护管理费。当年征收37万元。由于种种原因，市政府决定再次暂停该费的征收。2005年，市政府恢复征收河道工程维护管理费，当年征收43万元。2006年，征收河道工程维护管理费51万元。2007年，市水利局成立水政执法大队，河道工程维护管理费由其负责征收，当年征收72万元。2008年征收71万元。2009年征收64.8万元。2010年征收268.84万元。2011年1月—5月，征收5.7万元。所收费全部上缴市财政局。是年6月，根据山东省人民政府下发的《山东省地方水利建设基金筹集和使用管理办法》，水利部门停收河道工程维护费，由地税部门代为征收。

水资源费征收

1986年开始征收水资源费，征收标准是0.06元/立方米，2013年水资源费征收标准是地下自备水0.85元/立方米，地下公共供水按0.80元/立方米，地表自备水按0.40元/立方米，地表公共供水按0.35元/立方米征收。

安丘市 1986 年—2013 年水资源费历年征收情况表

表 5-4

年份	数额（万元）	年份	数额（万元）	年份	数额（万元）
1987	32	1996	92	2005	815
1988	42	1997	92	2006	630
1989	89 万元（含附加费 77 万元，抵顶水资源费 35 万元）	1998	82	2007	822
1990	30	1999	85	2008	635.4
1991	29	2000	90	2009	603
1992	32	2001	85	2010	494
1993	38	2002	118.5	2011	737
1994	60	2003	305	2012	803
1995	100	2004	521	2013	813

第七章　水　产

安丘市水产养殖品种除传统的鲢、鳙、草鱼、鲤、鲫、鲂等，还成功养殖罗非鱼、建鲤、中华绒螯蟹、黑鱼、鲶鱼、太湖银鱼等优良品种。黑鱼单产达到 1000 公斤 / 亩～ 2000 公斤 / 亩，鲶鱼单产达到 1500 公斤 / 亩～ 3000 公斤 / 亩。安丘发展成为黑鱼、鲶鱼养殖省级标准化示范基地。1998 年，全市水产品总产量突破 1 万吨。2007 年 9 月，赵戈、黄旗堡等镇划出后，全市水产养殖面积由 12 万亩锐减到 5 万亩。全市水产品总产量 1.64 万吨。2008 年，水产养殖重心西移，将牟山水库 2 万亩浅滩地，通过台田清淤，建成 1 万亩的池塘养殖作业区。2009 年，围绕牟山水库 2 万亩浅滩地，大力发展池塘精品养殖，先后引进金鲫、乌鳢、白鲳、黄鳝、淡水青鱼、中华绒螯蟹等名优品种，并取得较好养殖效果。当年渔业水产品产量达到 5010 吨。2010 年，安丘市把养殖园区建设作为渔业工作重点，提高渔民的养殖热情，当年水产品产量增长至 5360 吨。此后，水产品年增幅保持在 8% 左右。至 2013 年，全市渔业水产品产量增长至 6379 吨，产值 9000 万元。

第一节　机　构

1988 年 7 月，安丘县渔政管理站成立，与县水利水产站一套班子两块牌子，隶属县水利水产局领导，为股级事业单位。1988 年 12 月，安丘县水利水产站改为安丘县渔业技术推广站，为副科级单位，隶属关系不变。其间，推广站更名为安丘市渔政管理站。1994 年，安丘县渔政管理站更名为安丘市渔政管理站。2005 年 4 月，安丘市渔政管理站更名为安丘市渔业局，属全额拨款事业单位。2010 年 3 月，安丘市渔业局更名为安丘市渔业办公室，全额拨款事业单位，隶属市水利局。

第二节　苗种繁育

1985 年起，安丘县先后引进尼罗罗非鱼、建鲤（杂交系）、罗氏沼虾、中华绒螯蟹、胡子鲶、大口鲶、黑鱼、太湖银鱼、鲟鱼、巴西鲷等新优名特品种。其中，罗非鱼养殖长达十几年，在温泉乡投资 100 多万元，建成越冬温室 2 排，共 14 个池，面积

672平方米。1996年1月，安丘市在温泉乡人工催产繁殖革氏胡子鲶，出稚鱼5000万尾。是年11月，引进太湖大银鱼卵800万枚，投放于家河、下株梧、尚庄、牟山四座大中型水库，两年后即形成种群。1998年，仅于家河水库就捕获大银鱼10多吨，创造经济效益100多万元。1999年，在关王镇催产繁殖黑鱼苗300万尾。2000年，在兴安街道凉水湾头村进行鲟鱼、鲶鱼的试养，均获初步成功并取得一些经验。2005年始，凌河镇中阿等村通过多年的科学探索逐步形成一套黑鱼苗种的生产培育技术，年总产量8000万尾，产值3000万元，不但满足市内水产养殖的需要，而且有部分苗种输向其他县市。2013年，安丘市制定《关于加快推进水产苗种产业发展的实施意见》，对苗种产业发展提供资金和政策扶持，进一步推动全市鱼苗种产业发展。

第三节 库塘养殖

池塘养殖

20世纪80年代，境内池塘养殖主要以鲢、鳙、鲤、草鱼等为主，产量低，效益差。1997年，群众自发养殖黑鱼，经济效益较大提高。从此黑鱼、鲶鱼开始大面积养殖。至2003年，安丘市黑鱼、鲶鱼养殖面积8000多亩，年产量1万吨左右，产值达1.9亿元。主要分布在赵戈、王家庄、凌河、雹泉等镇。2003年，安丘市被省海洋与渔业厅评为省级黑鱼鲶鱼标准化生产示范基地。中华绒螯蟹主要在赵戈、雹泉、兴安等镇街道养殖，1995年销售单价160元／公斤。由于大量养殖，到2000年降至40元／公斤左右。2007年8月起，安丘市池塘养殖进入快速发展时期，成立拥翠湖现代渔业园区，推动全市池塘养殖业。园区的发展带动牟山水库周边10多个村的600多个养殖户。其中，安丘市凌渤淡水养殖专业合作社按照“上林下渔”模式，开展立体复合生产经营，按照“三亩水面一亩田”的比例，统一规划、统一开发，利用塘埂种植、培育优质绿化苗木，利用池塘进行乌鳢、鲫鱼的标准化养殖，形成一个面积3000多亩的规模化、集约化、标准化林下经济园区。园区年总产值5000多万元，成功实践林业和渔业资源共享、优势互补、循环相生、协调发展的生态农业模式。2012年，安丘拥翠湖现代渔业示范园区发展成为省级现代渔业园区，认定面积3000亩，水产品年产量2000吨，产值3000万元。

2013年，安丘市池塘养殖发展成绩不断上升，达到省级现代示范园区1个，省级水产养殖示范合作社2个，无公害水产品产地认证3处，无公害水产品认证6个，建立省级健康养殖示范场4处，潍坊市安全生产示范园区8处。

水库养殖

境内水库养殖主要是投放大规格鲢鳙鱼种以及网箱养殖。网箱养殖以鲤鱼为主，其他为鲢、鳙、罗非鱼等。1989年始，安丘县在下株梧、于家河、尚庄等水库进行建鲤（杂交系）网箱养殖。其中，下株梧水库投资70多万元，建成县内水产良种场一座，年产大规格鱼种8000万尾，年收入500万元。共青团水库从1990年始养殖鲤、鲢、鳙、中华绒螯蟹、黑鱼、鲶鱼等名优品种，年产量50吨，产值100万元。1996年1月，安丘市在于家河、下株梧、尚庄、牟山等水库投放太湖大银鱼卵800万粒，当年底开始捕捞做授精卵，除供本地移殖外，还远销东营、滨州等地。1997年—1998年，全市水库养殖产量达到高峰期，平均年产量400吨，年增加收入300万元。为保护水源地水质，峡山水库于2002年、牟山水库于2006年禁止网箱养殖。安丘市尚庄、于家河、下株梧、共青团4座水库已先后申报为水源保护地，渔业养殖主要以投放滤食性为主的鲢鱼、鳙鱼，“以水养鱼，以鱼养水”。至2013年，为净化水质，提高城市用水质量，除投放个别保护水质鱼类，其他养殖方式全部停止。

第四节 捕 捞

1985年，境内有渔船800只。其中，木船700只，机船100只，捕捞方式为“赶、拦、刺、张、围”联合作业方法。1995年，安丘市有渔船1000只。其中，木船100只，机船900只。2002年，全市有渔船1100只，全部为机船。2006年，安丘市根据国务院统一布署，决定给拥有机动渔船户（单位）发放燃油补贴，按捕捞渔船功率（千瓦数）校算。发放方法是使用全省惠农一本通直接把燃油补贴款打到其实名银行卡上。2007年9月，赵戈镇、黄旗堡镇划出安丘后，全市机动渔船数量减至307只。2010年，全市有机动渔船307只，捕捞产量1070吨，产值1411万元。2013年，有机动渔船306只，捕捞产量1212吨，产值达2987万元。

安丘市1985年—2013年渔业生产发展情况统计表

表5—5

项目 年份	养鱼总面积（亩）	其中			渔业劳力（人）	其中		渔船（只）	其中		总产量（吨）	总产值（万元）	投资情况（万元）		备注
		大中型水库	小型水库	池塘		专职	兼职		木船	机船			上级拨款	地方自筹	
1985	28000	18000	9000	1000	1500	500	1000	800	700	100	267.1	113.42	3	2	
1986	29000	18000	10000	1000	1600	600	1000	800	700	100	456	181.2	40	—	
1987	32000	20000	10000	2000	1800	600	1200	800	700	100	687	267.4	—	—	
1988	40000	28000	10000	2000	1800	600	1200	900	800	100	718	293.6	—	—	
1989	83000	70000	10000	3000	1800	600	1200	900	800	100	805	391.25	70	—	
1990	95000	81000	10000	4000	2000	700	1300	1000	500	500	1018	595.4	—	—	
1991	100000	85000	10000	5000	2100	700	1400	1000	300	700	1558	897.4	—	—	
1992	110000	94000	10000	6000	2300	800	1500	900	200	500	1756	1156.8	—	—	
1993	110000	94000	10000	6000	2200	800	1400	900	100	800	3467	2250.1	—	—	
1994	105000	90000	9000	6000	2400	1000	1400	1000	100	900	5816	4326.4	—	—	
1995	100000	84000	9000	7000	2500	1000	1500	1000	100	900	8048	5519.2	—	—	
1996	110000	93000	9000	8000	2600	1100	1500	1000	100	900	8525	6110	—	—	
1997	110000	93000	9000	8000	2600	1100	1500	1000	100	900	8127	8563.5	—	—	
1998	110000	93000	9000	8000	2600	1100	1500	1000	100	900	10973.9	10986.95	—	—	
1999	120000	102000	10000	8000	2800	1200	1600	1000	100	900	11671	15202.6	—	—	
2000	130000	112000	10000	8000	3000	1300	1700	1100	100	1000	12126	17275.6	—	70	
2001	120000	102000	10000	8000	4000	1300	2700	1050	100	950	12500	19780	—	—	
2002	110000	92000	10000	8000	5000	2000	3000	1100	—	1100	12835	25984.5	—	—	
2003	110000	92000	10000	8000	6000	2000	4000	1020	—	1020	13610	27527	—	—	
2004	120000	102000	10000	8000	9000	4000	5000	1020	—	1020	14410	31528	—	—	
2005	110000	92000	10000	8000	10000	4000	6000	1020	—	1020	15700	34560	—	—	
2006	110000	92000	10000	8000	11000	5000	6000	1020	—	1020	16900	39210	—	—	
2007	105000	87000	10000	8000	11260	6940	4320	307	—	307	16400	47600	—	—	
2008	60000	4500	5000	10000	2050	600	1450	307	—	307	5000	6700	—	2000	
2009	60000	4600	4000	10000	2120	650	1470	307	—	307	5010	9700	—	500	
2010	60000	4500	5000	10000	2300	700	1600	307	—	307	5360	7200	—	400	
2011	60000	4650	3500	10000	2300	700	1600	307	—	307	5800	8500	25	500	
2012	60000	4700	3000	11000	2400	750	1650	307	—	307	6170	8900	110	200	
2013	60000	4500	5000	11000	2400	840	1560	306	—	306	6379	9000	520	150	

第八章 农业机械

1978年改革开放后，随着农村联产承包责任制的实行，安丘县村级生产集体的农业机械相应转移，农民个体或联合体开始购买、经营和使用农业机械。适合农户家庭使用的小四轮拖拉机等小型农机具发展迅速，大中型农机具由于价格高，农民个体难以承受，仅有国营农机站配备大中型拖拉机、农机具，承担主要粮食作物的耕、整地作业及农田水利基本建设。农业机械化呈现出国营农机站为主、农民个体、联合体互补的发展格局，农机作业领域主要为农业种植、农田水利建设及运输作业。

20世纪90年代中后期，境内农村改革稳步推进，农民收入稳步增长，拖拉机、小麦联合收获机械保有量迅速增长。小麦生产基本实现全程机械化，玉米联合收获、秸秆还田、经济作物机械化起步发展，农机跨区作业逐步兴起。立足大农业，发展大农机成为这一时期农业机械化发展主流。

跨入21世纪，随着国家强农惠农富农政策的实施，农村产业结构调整，特别是2004年颁布施行《农业机械化促进法》，安丘市开始实施农机购置补贴政策，大中型拖拉机，小麦、玉米联合收获机械等大中型农机数量较快增加，全市农机装备结构不断优化提升。拖拉机运输作业逐渐减少，小四轮拖拉机保有量下滑，玉米联合收获、秸秆还田、经济作物机械化发展迅速，农机化进入一个新的快速发展时期。农机作业由种植业服务向设施农业、经济作物拓展；农机合作社、农机大户等农机服务组织发展迅速，成为经营和使用农业机械的主力。2008年—2012年，安丘市被列为山东省农业机械化示范区。

至2013年底，全市农机总动力185万千瓦，农机总值11亿元，拖拉机保有量3.29万台。其中，大中型拖拉机4815台，小麦玉米联合收获机械2038台，拖拉机配套机械5.1万台（套）。固定资产20万元以上农机大户500个，农机作业总收入6亿元，主要粮食作物机械化水平大幅提升。

第一节 农用机械

动力机械

1986年—2013年，全市农业动力机械主要有拖拉机、联合收获机、农用运输车及柴油机、电动机、汽油机座机等，各类排灌和农产品加工所用动力机械逐步为电动机所替代。机动三轮、四轮农用运输车成为农村运输主要工具，拖拉机主要从事农田作业兼营农村运输。全市农机总动力逐年增长，年均增长8.5%。1986年，全市拖拉机保有量5721台、8.22万千瓦，柴油机5586台、5.79万千瓦，电动机7610台、6.91万千瓦，汽油机400台、1161千瓦。1997年，国家实施大型拖拉机更新政策。2004年，国家实施农机购置补贴政策，大中型拖拉机发展迅速。至2013年底，全市柴油机动力148.12万千瓦，汽油机动力8741千瓦，电动机动力36.25万千瓦，拖拉机保有量3.3万台、57.82万千瓦。

耕种机械

1986年，全县耕播机械主要有机引犁、机引耙、旋耕机、播种机和点播器等。至2004年，深松机、免耕播种机等保护性耕作机械得到较快发展。在耕作方式上，从普通耕翻逐渐向深耕、深松和旋耕发展；在播种方式上，小麦以精少量播种为主（水肥条件好的），旱田逐步推广小麦沟播和膜侧播种等农机化新技术。玉米播种从半机械化套种机具向贴茬直播和精播方向发展。2005年始，安丘市推广以小麦免耕播种为重点的保护性耕作机械化技术。保护性耕作机具从无到有，农民群众对该项技术从不认识到认识，保护性耕作机械化技术推广取得初步成果。至2013年，全市小麦免耕播种保护性耕作面积8.1万亩，拥有机引犁1.66万台、旋耕机3649台、播种机3065台（其中小麦免耕播种机1387台）、深耕深松机429台。

花生、大姜、大葱等大宗经济作物种植机械化发展较快。至 2013 年底，全市花生覆膜播种机械 500 余台，大姜、大葱种植开沟全部机械化。

收获脱粒机械

1986 年—1995 年，境内小麦机械化收获主要以割晒机收获、脱粒机脱粒为主。1996 年—2000 年，安丘市先后实施农业部、财政部优质小麦示范基地建设项目，大型农机装备提升项目等，投入专项资金发展小麦联合收获机械，小麦收获逐步开始向联合收获作业过渡。至 2000 年，小麦联合收割机保有量 532 台，小麦收获基本实现机械化，但玉米机械收获仍处于试点、起步阶段。从 2004 年起，在农机购置补贴政策带动下，玉米联合收获机发展迅速，花生联合收获机初步发展。至 2013 年底，全市拥有各类联合收获机 2038 台。其中，小麦联合收获机 1168 台，玉米联合收获机 870 台。全市机收面积达 71 千公顷。其中，小麦机收面积 30.7 千公顷，玉米机收面积 25.6 千公顷。

排灌植保机械

1986 年—1999 年，全市农田灌溉主要采用提取地下水井灌方式，机械主要由柴油机和电动机带动水泵作业。大田灌溉主要采取以管代渠形式。喷灌、微灌、滴灌等节水灌溉主要在各类大棚中使用。2000 年后，节水灌溉机械发展较快。至 2013 年，全市拥有灌溉机械 5 万台（套）。其中，节水灌溉机械 3782 台（套），机电灌溉面积 73 千公顷。全市植保机具主要有手动背负式喷雾器、机动喷雾喷粉机和电动喷雾喷粉机。铺膜机主要是用小型拖拉机带动的小型铺膜机和一次性完成点穴、播种、注水、施肥（药）、铺膜作业的复合机，如花生覆膜播种机。至 2013 年，全市机动喷雾喷粉机 2046 台，铺膜机 1940 台；机械植保作业 71 千公顷，机械铺膜 7.6 千公顷。因农业种植规模化程度低等因素限制，市内大型集成植保设备尚处于空白。

设施农业机械

2000 年以前，全市设施农业设备主要是各类夯土墙式保温大棚，专用机械很少，主要依靠人力作业，机械化水平低。2000 年后，设施农业设备得到较快发展，特别是各类电动卷帘机、田园管理机开始普及应用。至 2013 年，全市各类温室大棚 2.23 亿平方米，电动卷帘机 912 台，“大棚王”等田园管理机 5644 台，大棚内机械耕翻面积 98%。全市设施农业基本实现耕作机械化、植保无毒化、灌溉节水化、卷帘自动化。

农副产品加工机械

1986 年，安丘县农副产品加工机械主要有磨面机、碾米机、轧花机、轧油机、粉碎机等。2002 年后，果类、蔬菜和大姜等加工机械有较大幅度增加。至 2013 年，全市拥有农产品加工机械 2.13 万台。其中，粮食加工机械 9550 台、棉花加工机械 310 台、油料加工机械 1016 台、果蔬加工机械 4005 台，年加工农产品 200 多万吨。

农田基本建设与运输机械

全市所用农田基本建设机具及运输机械主要有推土机、挖掘机、装载机和各类农用拖拉机和农用三轮、四轮运输车。20 世纪 90 年代中后期，农用运输车得到迅速发展，与小四轮拖拉机共同担负农业生产运输及运送沙石建材的非农业运输作业。2002 年后，拖拉机变形运输机出现，牌证由农机部门统一管理，部分农用运输车被拖拉机变形运输机替代并发展成为运输业的一支重要力量。后来拖拉机非农业运输作业逐渐减少，被专业工程车辆取代。至 2013 年，全市农用运输车 3.29 万辆，其中三轮农用运输车 3.09 万辆。农田基本建设彻底改变人海战术局面，农业机械作业量占总作业量的 93% 以上，农村运输机械化程度达 98%。

安丘市 1986 年—2013 年部分年份农业机械拥有情况一览表

表 5—6

年份	农机总动力（万千瓦）	拖拉机保有量（台）	农用运输车		机引犁（台）	旋耕机（台）	播种机		联合收割机		脱粒机		设施农业机械	
			合计（辆）	其中三轮农用运输车（辆）			合计（台）	其中小麦免耕播种机（台）	合计（台）	其中自走式（台）	合计（台）	其中小麦脱粒机（台）	田园管理机（台）	电动卷帘机（台）
1986	27.95	5721	259	259	3142	5	2222	—	—	—	5935	5935	—	—

续表 5—6

年份	农机总动力（万千瓦）	拖拉机保有量（台）	农用运输车		机引犁（台）	旋耕机（台）	播种机		联合收割机		脱粒机		设施农业机械	
			合计（辆）	其中三轮农用运输车（辆）			合计（台）	其中小麦免耕播种机（台）	合计（台）	其中自走式（台）	合计（台）	其中小麦脱粒机（台）	田园管理机（台）	电动卷帘机（台）
1988	32.75	6295	297	297	3177	61	2674	—	1	1	5560	5560	—	—
1991	35.03	5169	776	413	2680	95	2769	—	3	3	5823	5823	—	—
1994	46.10	5366	3344	3275	2814	174	2702	—	8	3	5587	5368	—	—
1997	67.40	9660	9886	8936	4085	557	3486	—	83	11	6628	6222	—	—
2000	101.70	22652	19637	15076	9875	2223	4409	—	532	110	7876	6710	—	68
2003	121.00	23564	28684	19537	12546	3235	4150	—	796	140	6578	5067	14	321
2006	144.90	24103	32755	21748	19603	5503	4492	2	699	241	6498	5154	40	409
2009	154.40	31187	32730	30767	18175	3315	4458	266	1254	1068	5328	3824	556	821
2012	173.40	32100	33345	31080	18006	3617	3477	1347	1838	1392	4910	1102	3216	896
2013	185.00	32961	32940	30880	16610	3649	3065	1387	2038	1573	2780	923	5644	912

第二节　农机管理与服务

农机管理服务组织

1986年—2013年，全市逐步发展完善农机推广、农机监理、农机维修、农机供应、农机培训、农机跨区作业6条服务线，各类农机服务组织不断发展壮大，形成以市为龙头、镇街区为骨干、村为基础、户为主体的多层次、多形式、多功能的农机服务体系。

市农业机械管理机构　1984年，安丘县农业机械局改为安丘县农机服务公司，原职能不变，退出政府序列，人员由原行政、事业两部分均改为事业编制。1988年3月，安丘县农机服务公司对外保留安丘县农业机械局名称，仍为正科级事业单位，一套班子两个牌子，不列政府序列。1993年12月，撤销安丘县农机服务公司，成立安丘县农机服务中心，隶属县农委管理，为正科级全额拨款事业单位。1998年12月，安丘市农机服务中心更名为安丘市农业机械管理局，其性质、隶属关系、机构规格、人员编制不变。2002年，安丘市农业机械管理局为正科级全额拨款事业单位，直属市政府领导。2010年，安丘市农业机械管理局为市政府直属事业单位，正科级规格，参照公务员法管理。下设农机技术推广站、农机安全监理站、农机化学校3个股级事业单位。

乡镇（街道）农机管理服务机构　1984年，全县设32处乡镇农机管理站，站长、技术员和农机管理员编制属县农机服务公司，同时将原公社拖拉机站和农机站“两站合一”，对外挂乡镇农业机械管理服务站牌子，实现管理、服务、经营一体化。1987年，全县行政体制改革，乡镇农机管理服务站人、财、物下放当地政府管理，与农机服务公司属业务指导关系。1996年12月，市编委确定32处乡镇农机站为全额拨款事业单位。2000年，乡镇调整合并，原32个乡镇农机站归并为23个。2001年机构改革，乡镇农机站改为自收自支事业单位。2002年，市编委对全市乡镇农机站事业人员进行编制核定，暂执行全额事业工资标准，有能力收支平衡的农机站，经费实行自收自支，暂无能力收支平衡的，政府给予适当补贴。至2013年，乡镇农机站撤销合并归口镇街道农业综合服务中心。

农机安全监理　1984年，安丘县农机安全监理站成立，为股级事业单位。1989年，根据潍坊市人民政府批转的《关于农用拖拉机实施委托管理的意见》，县内所有农用拖拉机安全监理统一纳入农机部门管理。2002年，拖拉机变形运输机（农用车）逐步纳入农机监理部门统一管理。2004年，《中华人民共和国道路交通安全法》实施后，农机监理部门不再负责拖拉机变形运输机牌证管理。2005年初，根据省公安厅和省农机办《关于农用运输车和上道路行驶的拖拉机牌证及驾驶证管理移交工作有关问题的通知》，将拖拉机变形运输机档案全部移交公安部门管理。2005年起，启用全国统一的农业机械号牌、行驶证、驾驶证、登记证书和检验标志。2013年，全市纳入管理的拖拉机、联合收割机9549台，农机驾驶操作人员8136人。

农机维修管理 进入20世纪90年代，全市农机维修业基本上完成从国营集体维修厂到个体农机维修点的转换，原有县乡拖修厂、农修厂和修造厂纷纷退出维修行业而转产他业，个体农机维修点成为农机维修行业主体。1992年，根据《山东省乡村农机管理服务工作暂行规定》，安丘县对境内农机配件供应点进行技术审定，经审定合格者，发放"农机配件供应点技术合格证书"，并实行年度审验。2004年，《国务院对确需保留的行政审批项目设定行政许可的决定》将"农业机械维修技术合格证书核发"列为行政许可设定项目。2013年，全市纳入管理的农机维修网点160个，具备初级以上农机维修技能资格的农机修理工310人。

农机跨区作业

安丘市农机跨区作业从1996年开始试点。当时仅有少量机械参加，此后参加跨区作业的机械数量越来越多。1997年，全市参加跨区作业小麦联合收割机仅为30台左右，到2013年达400台。农机跨区作业范围越来越广，由只在本省济宁、枣庄等地作业发展到河南、河北、江苏、安徽等省，作业面积超过千公顷。作业领域从起初单一的小麦联合收获向玉米、水稻、大豆等作物收获扩展，进而延展到秸秆还田、深耕深松等。跨区作业最初主要以市、乡为单位，由农机部门统一组织外出跨区作业。2003年后，以农机大户和农机跨区作业中介服务组织牵头为主，农机部门主要负责跨区作业保障协调和信息服务。

农机用油管理

1991年—1994年，农机部门负责分配农用计划柴油和救灾柴油。由农机部门提出农用柴油分配方案，经市政府批准后，以正式文件逐级下达。1995年8月始，国家改革农用柴油分配管理办法，正常农业生产用油改为市场调节，同时设立农业生产救灾柴油专项补贴资金，由农机部门负责救灾柴油指标及补贴资金的申请和分配。

第三节 农机技术推广与培训

农机技术推广

1986年以后，境内农机技术重点推广小麦精播、半精播、小麦膜侧播种、机械化旱作农业开发、小麦玉米联合收获、秸秆还田小麦免耕播种保护性耕作机械化、设施农业机械化、黄烟生产机械化、花生生产机械化、大姜大葱生产机械化等10余项农机化新技术。1986年—2005年，安丘市承担完成"十万亩旱田小麦综合机械化技术推广""十万亩玉米生产综合增产机械化技术推广""20万亩小麦高产综合机械化技术""机械化旱作农业开发""10万亩优质小麦示范基地建设项目"等国家、省、潍坊市级农机化技术推广项目。2005年后，先后承担实施"玉米机械化收获创新示范""花生机械化收获创新示范""大姜机械化收获创新示范"等省级农机化创新示范工程项目。至2013年，全市玉米机械化水平大幅度提升，小麦免耕播种保护性耕作面积达2.2千公顷，花生、黄烟、大姜、大葱等经济作物和畜牧业机械化取得较大进展。

农机技术培训

1982年，安丘县农业机械化学校成立，负责培训拖拉机驾驶员、履带式拖拉机和联合收获机专业农机手、农机维修工、基层农机管理人员等。2010年起，拖拉机驾驶培训实行社会化，农业机械化学校不再参与拖拉机驾驶员初学培训。至2013年，累计组织培训各类农机从业人员2.5万人次。

第四节 农机购置补贴

2004年，国家开始实施农机购置补贴。至2013年的10年间，中央、省、潍坊市、安丘市财政累计投入全市农机购置补贴资金8000万元，带动农民投入2.5亿元；补贴购置农机具1.8万台(套)，受益农户达1.5万户。农机购置补贴有效拉动农民对农机的投入，大型拖拉机、自走式联合收获机、设施农业机械、新型农机具等保有量大幅增长。

第九章 农业综合开发

第一节 机 构

1997年7月，安丘市农业综合开发办公室成立，隶属安丘市农业委员会。2001年，市农业综合开发办公室改为直属市政府领导的正科级全额拨款事业单位。2010年7月，市农业综合开发办公室划归市财政局，机构规格、性质不变。内设综合科、项目科。

1998年始，安丘市实施国家农业综合开发和山区综合开发。1998年—2013年，全市农业综合开发累计完成投资8.26亿元。其中，实施国家农业综合开发累计完成投资7.97亿元，累计实施土地治理项目15.8万亩、产业化经营项目28个；实施潍坊市山区综合开发项目22个，总投资2844万元，建设林果基地5.8万亩。

第二节 山区综合开发项目

市内有柘山、郚山、石埠子、辉渠和凌河5个山区镇。1998年—2013年，全市累计投资2844万元，实施潍坊市山区综合开发项目22个。

22个项目：1998年度郚山镇中华寿桃基地建设项目、召忽乡摘月山流域综合治理项目；1999年度车庄乡波尔山羊养殖基地项目、夏坡乡留山流域综合治理项目、辉渠乡鲁山流域综合开发项目；2000年度柘山镇波尔山羊养殖基地项目、雹泉镇青山流域基地建设项目；2001年度辉渠镇留山流域综合治理项目、柘山镇虎眉山流域综合治理项目；2002年度柘山镇虎眉山流域综合治理项目；2003年度柘山镇有机板栗栽培基地项目、红沙沟镇有机栽培基地项目；2005年度柘山镇旺家山流域综合治理项目；2007年度柘山镇双山子流域综合治理项目；2008年石埠子镇搁灯山流域综合治理项目；2009年度柘山镇鞍子山流域综合治理项目；2011年度石埠子镇草莓科技示范园项目、郚山镇马家旺村水利建设项目；2012年度石埠子镇大桃观光农业建设项目、柘山镇虎头山流域综合治理项目；2013年度凌河镇南郚山流域综合治理项目、柘山镇金水谷流域综合治理项目。

通过实施山区综合开发项目，开展小流域治理7万亩，建成特色林果基地5.8万亩，配套建设维修塘坝42座，新建修复提水站30座，铺设管道75.7公里，蓄水池70座，新建维修道路324公里，桥涵47座，林网植树3.1万株，夯实全市山区发展基础。

安丘市1998年—2013年山区综合开发项目情况统计表

表5—7

项目名称	地点	总投资（万元）	财政资金（万元）			自筹资金	面积（万亩）	水库塘坝（座）	提水站（座）	管道（千米）	蓄水池（个）	道路（千米）	桥涵（座）	林果基地（亩）
			合计	市	县									
中华寿桃基地建设项目	郚山镇	92	30	15	15	62	0.5	1	3	—	8	5.5	—	5000
摘月山流域综合治理项目	召忽乡	120	20	10	10	100	0.3	4	10	—	6	54	—	3000
波尔山羊养殖基地项目	车庄乡	120	40	20	20	80	0.15	—	—	—	—	—	—	1500

续表 5—7

项目名称	地点	总投资（万元）	财政资金（万元）			自筹资金	面积（万亩）	水库塘坝（座）	提水站（座）	管道（千米）	蓄水池（个）	道路（千米）	桥涵（座）	林果基地（亩）
			合计	市	县									
留山流域综合治理项目	夏坡乡	93	30	15	15	63	0.2	2	1	—	3	7	—	2000
鲁山流域综合开发项目	辉渠镇	124	20	10	10	104	0.32	—	—	—	—	—	—	3200
波尔山羊养殖基地项目	柘山镇	120	20	10	10	100	—	—	—	—	—	—	—	—
青山流域基地建设项目	雹泉镇	166	40	20	20	126	0.8	—	2	—	—	23	—	8000
留山流域综合治理项目	辉渠镇	52	40	20	20	12	0.5	—	3	—	1	28	—	5000
虎眉山流域综合治理项目	柘山镇	216	30	15	15	186	0.6	—	4	—	6	50	—	6000
虎眉山流域综合治理项目	柘山镇	251	56	28	28	195	1.12	3	—	—	—	20	—	11200
有机栽培板栗栽培基地项目	柘山镇	70	40	20	20	30	0.3	7	—	—	16	53.5	—	3000
有机栽培基地项目	红沙沟镇	60	40	20	20	20	0.25	2	1	—	10	25	—	2500
旺家山流域综合治理项目	柘山镇	120	80	40	40	40	0.15	7	1	3.7	3	15	—	1500
双山子流域综合治理项目	柘山镇	150	120	60	60	30	0.3	7	—	12	5	16	6	3000
搁灯山流域综合治理项目	石埠子镇	100	80	40	40	20	0.1	2	—	8	3	7	10	1000
鞍子山流域综合治理项目	柘山镇	100	80	40	40	20	0.07	1	—	—	2	6	3	700
草莓科技示范园项目	石埠子镇	216	120	60	60	96	0.5	—	—	6.7	—	—	—	—
马家旺村水利建设项目	郚山镇	80	70	35	35	10	0.107	1	1	0.8	—	1.5	5	—
大桃观光农业建设项目	石埠子镇	167	80	40	40	87	0.2	—	—	3.5	—	2	—	2000
虎头山流域综合治理项目	柘山镇	204	80	40	40	124	0.16	3	2	34.7	4	9.5	22	200
南部山流域综合治理项目	凌河镇	106	80	40	40	26	0.2	1	1	3.7	3	—	—	—
金水谷流域综合治理项目	柘山镇	117	80	40	40	37	0.27	1	1	3	—	1	1	—

第三节　土地治理项目

安丘市土地治理项目，包括稳产高产基本农田建设、高标准农田示范工程、粮棉油等大宗优势农产品基地建设、良种繁育、土地复垦等中低产田改造项目；草场改良、小流域治理、土地沙化治理、生态林建设等生态综合治理项目；中型灌区节水配套改造项目等。

1998年—2013年，安丘市实施国家农业综合开发土地治理项目，累计投资1.15亿元，实施土地治理项目面积15.8万亩，其中中低产田改造项目面积11.8万亩，高标准农田示范工程建设项目面积4万亩。主要建设内容包括：新建维修小型水库、塘坝5座，排灌站45座，截潜工程9个，蓄水池12个；新打维修机井1107眼，铺设管道557公里，喷灌面积4300亩；铺设防渗渠道7.2公里，开挖疏浚排水沟705公里，建桥涵2845座，架设输变电线路配套194公里。改良土壤7.7万亩，整修田间道路691.6公里。营造农田防护林网植树77.7万株，新建苗圃300亩。示范推广2600亩，技术培训8.32万人次，发放技术资料83200份，配备仪器设备47台（套）。建设郚山镇马朗沟村、凌河镇于家水西村2个新农村示范点。

土地治理项目分别是：1998年度景芝镇、王家庄镇中低产田改造项目10000亩；1999年度景芝镇、王家庄镇中低产田改造项目10000亩；2000年度凌河镇中低产田改造项目15000亩；2001年度兴安街道中低产田改造项目10000亩；2002年度临浯镇中低产田改造项目10000亩，凌河镇中低产田改造项目5000亩；2006年度赵戈镇中低产田改造项目10000亩；2008年度郚山镇中低产田改造项目10000亩，兴安街道大葱协会中低产田改造项目2000亩；2009年度凌河镇中低产田改造项目12000亩，夏坡大葱合作社中低产田改造项目3000亩；2010年度石堆镇中低产田改造项目9000亩，兴安街道高标准农田示范工程建设项目10000亩；2011年度兴安街道、官庄镇高标准农田建设项目10000亩；2012年度金冢子镇高标准农田建设项目10000亩，郚山镇高标准农田建设项目10000亩，兴农桑蚕合作社中低产田改造项目1000亩；2013年度辉渠镇中低产田改造项目10000亩，阿乐西瓜合作社中低产田改造项目1000亩。

通过实施农业综合开发土地治理项目，项目区内基本达到“道路四通八达，晴雨通车；树木品种优良，林相整齐；沟渠底平坡顺，排灌畅通；沟路渠、桥涵闸、井泵房、机电管全面配套”的农田建设标准。项目区建成四至明确、耕地方正、路林成网、土地平整、土壤肥沃、能排能灌、高产高效、标牌标记规范的高标准农田，为发展优质粮食基地和果蔬基地打下基础。项目区内的粮经比例调整为1:1，年新增粮食总产1724万公斤，新增蔬菜总产7986万公斤。年新增种植业总产值1.51亿元，项目区农民收入增加额达1.23亿元。2013年，安丘市农业综合开发项目和资金管理位居潍坊市绩效考核第一名。其经验做法被《人民日报》《农民日报》《中国财经报》《大众日报》等主流媒体予以报道。

表 5—8

安丘市 1998 年—2013 年度农业综合开发土地治理项目情况统计表

年度	名称	地点	面积（万亩）	总投资（万元）	财政资金（万元）					自筹	水库塘坝	排灌站	机井（眼）	管道（千米）	电路（千米）	排水沟（千米）	防渗渠道（千米）	桥涵（座）	改良土壤（万亩）	道路（千米）	植树（万株）	苗圃	培训（千人次）	设备（台）	示范推广（亩）	截潜工程	蓄水池	喷滴灌	村（个）	户	人口（万人）	粮食作物（万亩）	经济作物（万亩）	年增粮食（万公斤）	年增蔬菜（万公斤）	年增产值（万元）	年增纯收入（万元）
					合计	国家	省	市	县																												
1998	中低改	景芝镇 王家庄镇	1	263	177	90	60	8	19	86	—	—	88	13	12	25.7	—	64	1	16	7.2	—	—	8	700	—	—	—	17	2100	0.83	1	—	210	—	1370	1200
1999	中低改	景芝镇 王家庄镇	1	240	160	87	49	8	16	80	—	—	120	—	6	—	—	78	1	47	4.4	—	—	7	—	—	—	1800	13	2085	0.83	1	—	230	—	1370	1200
2000	中低改	凌河镇	1.5	350	232	120	71	14	27	118	—	—	120	—	8	40	—	85	1.5	67	8	100	11	—	—	—	—	2000	14	3396	1.1	0.3	1.2	90	1200	1080	900
2001	中低改	兴安街道	1	265	215	100	79	12	24	50	—	—	34	38	6	—	—	28	1	52	6	100	7	—	100	—	—	500	8	1700	0.6	0.2	0.8	54	640	1537	1400
2002	中低改	临浯镇	1	263	202	97	71	10	24	61	—	—	42	30	10	26	—	66	1	27	5	100	6	—	—	—	—	—	8	2000	0.8	0.5	0.5	560	1500	2542	2400
	中低改	凌河镇	0.5	200	130	100	—	10	20	70	—	—	20	19	—	64	—	20	—	51	3	—	—	—	—	—	—	—	8	2000	0.6	—	0.5	—	500	1000	900
2006	中低改	赵戈镇	1	430	360	180	126	18	36	70	—	—	96	10	8	40	—	102	1	30	6	—	6	2	—	—	—	—	12	2150	0.82	0.3	0.7	45	2300	2042	1800
2008	中低改	郚山镇	1	565	452	226	158	23	45	113	—	—	70	10	8	35	—	111	1	30	5.5	—	6	—	500	—	—	—	—	2336	0.73	0.5	0.5	50	150	280	170
	中低改	兴安街道	0.2	200	160	80	56	8	16	40	—	—	24	3	3	13	—	34	0.2	13	1.5	—	2.5	22	—	—	—	—	—	1073	0.38	—	0.2	—	60	138	58
2009	中低改	凌河镇	1.2	788	630	315	221	31	63	158	—	7	90	45	16	48	3	240	—	48	6	—	7	—	—	—	—	—	16	2718	1.1	0.3	0.9	30	540	708	283
	中低改	辉渠镇	0.3	300	240	120	84	12	24	60	1	5	12	9	4.8	22	4.2	60	—	15.6	1.5	—	2.5	—	—	—	—	—	6	750	0.23	—	0.2	—	180	216	87
2010	中低改	石堆镇	0.9	799	619	360	151	36	72	180	—	—	92	54	12	41	—	280	—	41	5	—	6	—	—	—	—	—	8	1755	0.71	0.45	0.45	45	225	531	369
	高标准	兴安街道	1	1350	1200	750	315	45	90	150	—	1	—	70	4.5	75	—	388	—	46	4	—	6	2	300	—	—	—	12	2200	0.81	0.78	0.22	125	110	580	360
2011	高标准	兴安街道 官庄镇	1	1280	1200	800	360	40	—	80	—	—	128	60	42	78	—	350	—	50	4	—	6	2	400	—	—	—	10	2300	0.84	0.5	0.5	80	225	616	326
2012	高标准	金冢子镇	1	1280	1200	800	360	40	—	80	—	—	126	65	29	66	—	310	—	51	4	—	6	2	200	—	—	—	11	2000	0.78	0.5	0.5	75	100	334	264
	高标准	郚山镇	1	1316	1230	860	327	43	—	86	—	15	15	64	8	65	—	289	—	50	4	—	6	2	200	9	—	—	12	2160	0.74	0.5	0.5	75	100	335	271
	中低改	大盛镇	0.1	112	105	70	32	3	—	7	—	—	10	6	4	8	—	30	—	6	0.3	—	0.6	—	—	—	—	—	4	200	0.08	—	0.1	—	5.6	31.7	24.7
2013	中低改	辉渠镇	1	1377	1287	900	342	45	—	90	4	17	10	55	10	50	—	280	—	45	2	—	4	—	200	—	12	—	8	2000	0.62	0.5	0.5	50	130	364	284
	中低改	石堆镇	0.1	123	115	80	31	4	—	8	—	—	10	6	3	8	—	30	—	6	0.3	—	0.6	—	—	—	—	—	1	136	0.06	0.1	0.1	5	20	55	26

第四节 产业化经营项目

安丘市产业化经营项目，包括经济林及设施农业种植、畜牧水产养殖等种植养殖基地项目，农产品加工项目，储藏保鲜、产地批发市场等流通设施项目。

1998年—2013年，安丘市累计投资6.82亿元，实施国家农业综合开发产业化经营项目28个，其中扶持龙头企业22家，扶持农民专业合作社6个。

28个项目：1998年度凌宏集团蔬菜加工项目；2001年度东海食品有限公司蔬菜加工保鲜项目；2008年度汇润食品公司2万吨大根深加工项目；2009年度渤海食品公司5000吨洋葱精加工新建项目、绿洲兔业公司2万只伊拉父母代种兔饲养基地项目、安丘市外贸食品有限公司农产品加工贷款贴息项目、潍坊市东海食品有限公司农产品加工贷款贴息项目；2010年度金田食品公司60万头生猪深加工扩建项目、潍坊万鑫食品有限公司农产品加工贷款贴息项目、安丘惠利食品有限公司1.1万吨农产品加工贷款贴息项目、汇润食品有限公司5000吨魔芋产品深加工贷款贴息项目；2011年度潍坊三涛食品有限公司6000吨甜玉米农产品加工新建项目、安丘市双丰果蔬种植专业合作社200亩出口大葱新品种繁育基地新建项目、安丘市新安养猪专业合作社5000头生猪标准化繁育基地扩建项目、安丘市鑫龙食品有限公司1.5万吨蔬菜深加工扩建贷款贴息项目、潍坊振祥食品有限公司60万头生猪屠宰扩建贷款贴息项目；2012年度潍坊振祥食品有限公司2000吨冷库新建项目、慈埠蔬菜合作社150亩有机蔬菜基地项目、大汶河茗峰合作社192万公斤无公害蔬菜基地项目、鲁丰集团2.5万吨果蔬深加工贷款贴息项目、安丘惠利食品有限公司2000吨蔬菜深加工贷款贴息项目、华凌食品有限公司8000吨蔬菜深加工贷款贴息项目；2013年度山东鲁丰集团10万吨饲料加工项目、安丘市银山养猪合作社3000头生猪繁育基地项目、安丘华之俏种植合作社300亩红富士基地建设项目、汇润食品公司2万吨草莓加工贷款贴息项目、潍坊东海食品有限公司2000吨蔬菜加工贷款贴息项目。

实施产业化经营项目后，为全市23家农产品加工出口龙头企业新建维修车间库房9.2万平方米，新上或改造设备流水线8542台（套），技术培训18000人次，年增农产品、畜产品加工、销售能力100多万吨。特别是2013年，潍坊万鑫食品公司100万吨“安丘大姜”种植加工销售一体化试点项目，通过全产业链扶持“安丘大姜”种植、加工、销售一体化发展，实现大姜产业化升级。新建、提升、完善大姜标准化种植基地6万亩；新建占地500亩的安丘市盛大农产品交易市场，建设交易大厅20178平方米；新上加工、检验等设备流水线64台（条）；给予相关合作社持股资金360万元。项目建成后，年实现“安丘大姜”种植加工销售100万吨，辐射带动全市50家大姜合作社3万个种植户发展生姜标准化种植基地20万亩，带动农民增收1.7亿元，新增就业岗位1550个，年实现大姜产业产值35.6亿元，大大提高“安丘大姜”品质和市场知名度，促进大姜产业化快速升级。

安丘市1998年—2013年度农业综合开发产业化经营项目情况统计表

表5-9

年度	项目名称	项目单位	总投资（万元）	其中：财政资金（万元）					自筹资金（万元）	土建（平方米）	设备（台、套）	培训（人次）
				合计	国家	省	市	县				
1998	蔬菜加工	凌宏集团	100	70	50	—	—	20	30	2000	2	—
2001	蔬菜加工保鲜	东海食品公司	600	176	80	67	10	19	424	2782	4	—
2008	大根深加工	汇润食品公司	1700	800	400	280	40	80	900	3324	53	—
2009	洋葱精加工	渤海食品公司	280	100	50	35	5	10	180	1890	9	2000
	种兔饲养基地	绿洲兔业公司	300	100	50	35	5	10	200	2160	8000	—
	贷款贴息	东海食品公司	3500	52	52	—	—	—	3448	—	—	—
	贷款贴息	外贸食品公司	4000	85	85	—	—	—	3915	—	—	—
2010	生猪深加工	金田食品公司	1646.85	172	100	42	10	20	1474.85	11000	188	

续表 5-9

年度	项目名称	项目单位	总投资（万元）	其中：财政资金（万元）					自筹资金（万元）	土建（平方米）	设备（台、套）	培训（人次）
				合计	国家	省	市	县				
2010	贷款贴息	万鑫食品公司	3800	70	70	—	—	—	3730	—	—	—
	贷款贴息	惠利食品公司	4100	52	52	—	—	—	4048	—	—	—
	贷款贴息	汇润食品公司	7000	87	87	—	—	—	6913	—	—	—
2011	大葱繁育基地	双丰果蔬合作社	91	45	30	13.5	1.5	—	46	—	—	—
	生猪繁育基地	新安养猪合作社	100	45	30	13.5	1.5	—	55	1620	34	1000
	玉米深加工	三涛食品公司	409	105	70	31.5	3.5	—	304	2115	3	—
	贷款贴息	鑫龙食品公司	2900	30	30	—	—	—	2870	12000	24	—
	贷款贴息	振祥食品公司	6800	59	59	—	—	—	6741	33000	161	—
2012	冷库建设	振祥食品公司	425	90	60	27	3	—	335	—	—	—
	有机蔬菜基地	慈埠蔬菜合作社	101	45	30	13.5	1.5	—	56	—	—	—
	贷款贴息	鲁丰集团	7268	68	68	—	—	—	7200	—	—	—
	贷款贴息	惠利食品公司	3049	49	49	—	—	—	3000	—	—	—
	贷款贴息	华凌食品公司	2940	40	40	—	—	—	2900	—	—	—
	蔬菜基地	茗峰合作社	60	30	0	30	—	—	30	—	—	—
2013	生猪繁育基地	银山养猪合作社	90	44	30	12	2	—	46	—	—	—
	苹果种植基地	华之俏合作社	89	44	30	12	2	—	45	—	—	—
	饲料加工	鲁丰集团	800	72	50	19	3	—	728	—	—	—
	贷款贴息	汇润食品公司	9176	141	141	—	—	—	9000	—	—	—
	贷款贴息	东海食品公司	3480	68	68	—	—	—	3400	—	—	—
	安丘大姜一体化试点项目	万鑫食品公司	3430	1430	1000	380	50	—	2000	20178	64	15000

第十章　特色农产品

第一节　柘山花生

花生，境内俗称“果子”，亦称寿果，以柘山镇种植面积最大，有“中国花生第一镇”之称。全镇花生种植面积最多年份 8 万亩，占农作物种植面积的 90% 以上；花生品种 50 多个，其中富硒黑仁、红仁、多仁、五彩、珍珠等为名优稀特品种。据史载，清朝中期柘山镇开始种植花生，并被选为皇家贡品。其具有色泽亮丽、香中带甜、籽粒饱满、出油率高、不腻口等特点。含有丰富的维生素及钙、磷、铁等营养成分。1975 年，柘山花生被选为中央国家机关直供品。因人工种植、天然生长，无公害，无污染，2007 年通过“国家有机食品安全许可认证”；2008 年成为国家绿色食品；2009 年成为中国地理标志产品。在 2013 年第三批全国一村一品示范村镇名单中柘山镇榜上有名。柘山花生的代表品种为鲁花 11、鲁花 12、白沙等。2011 年后，引入花育 33、潍花 8 号等新品种。至 2013 年，全镇有花生加工企业 169 家，年加工花生 10 多万吨。

第二节 两河大蒜

因产于官庄镇两河村而得名。该村种植大蒜始于清初，有300多年历史，白皮头小，每头4瓣～6瓣，色微黄，吸水性强，味道浓厚，辛香可口，细腻柔嫩，汁液稠，保质期长等特点。大蒜素高于普通大蒜20%，很早就有“两河大蒜头，一头顶两头”的说法。因两河大蒜含有丰富的维生素、氨基酸、蛋白质、大蒜素和碳水化合物，具有较高药用和营养价值。年种植面积6000亩，总产量10万吨。加工成脱水蒜片、糖醋蒜头、蒜精、蒜泥等产品出口国外。2001年11月，“两河”牌大蒜被中国国际农业博览会命名为名牌产品；2007年通过山东省农业厅无公害基地认证；2012年3月，入围农业部公示的农产品国家地理标志产品。

第三节 石埠子樱桃

石埠子樱桃历史悠久，相传2000多年前已有种植，正式记载见于清代，民国二十三年（1934）开始大量种植，自古有“春果第一枝”的说法。全镇4600公顷樱桃基地以省级森林公园—城顶山麓为中心，辐射到全镇100个行政村，形成大棚覆盖和露天栽培两种模式，品种有樱珠、红灯、拉宾斯、黄艳等，形成早、中、晚熟三大品系。采果期由原来的15天～20天延长到50天～60天，以果实饱满、色泽鲜艳、质细肉厚、甘甜多汁而闻名省内外，远销大连、沈阳、北京、上海、深圳等地。1994年，获第十一届潍坊国际风筝会农副产品博览会金奖。2007年，被国家质检总局评为国家级樱桃标准化示范区。2008年，新注册“书院”“城顶山”牌樱桃商标。其中“书院”牌樱桃获山东省著名商标称号，豆角地村“樱达”牌樱桃被国家农业部认证为有机食品。

第四节 石埠子草莓

20世纪70年代，石埠子公社从泰安林业学校引进草莓优良品种开始种植。至2013年，全镇50个村，有35个村种植草莓，面积1.5万亩。品种有丰香、全明星、戈雷拉、宝交早生、美国3号等20多个。石埠子草莓果大、果红、酸甜适度，芳香可口，含有丰富的维生素C，是城乡居民的上佳果品。1996年，石埠子镇被农业部命名为中国草莓之乡。1997年，在国家工商局注册“石埠子”牌草莓商标。2001年，石埠子草莓被中国国际农业博览会评为名牌产品，2003年，获首届中国林产品交易会金奖。

第五节 安丘蜜桃

安丘蜜桃系从地方品种“九月菊”中选育的，具有丰产、优质等特点，一般在国庆节前后成熟，耐贮藏运输，适宜于淡季市场和远距离供应销售。安丘蜜桃果实呈圆形，果面底色黄绿，阳面带有红晕，外形美观，果质细嫩，外层绿白，内层鲜红，清脆离核，香甜多汁，品质极佳。1996年，安丘市被中国特产之乡组委会命名为中国蜜桃之乡。2012年，安丘蜜桃成为国家级地理标志产品。

第六节 辉渠小米

辉渠镇谷子种植历史悠久，宋朝初年即有种植，素有“鲁东南米仓”之称。尤其在镇西南望海山一带，所产小米颗粒饱满，色泽金黄，煮粥粘糊，不发渣，不回生，香味诱人，口感爽滑。富含蛋白质、脂肪、淀粉、钙、磷和人体所需的各种维生素等。具有健胃除湿，和胃安眠，滋养肾气，清虚热，补虚损之功效。该作物适应性广，耐干旱脊薄，抗逆性强，较稳产高产。随着品种不断改良，谷子种植面积迅速扩大。2009年，辉渠镇成立安丘市百泉春谷种植专业合作社，实行集中种植，统一管理，统一收购。2010年，合作社成方连片建成3000亩有机春谷生产示范基地，涉及全镇28个自然村。2013年，春谷种植面积1100公顷，“望海山”小米获有机食品、国家地理标志保护产品。

第七节 安丘大葱

因其产于安丘而得名，与章丘大葱共同占据山东大葱市场的半壁江山。1996年前，品种以辉渠大葱和章丘大葱为主。辉渠大葱是安丘著名地方品种，历史久远。栽培区域主要集中在辉渠及周边乡镇。1996年始，市内大葱栽培从日本、韩国逐渐引进适于加工出口类型的一系列品种，由于出口需求和栽培性状上的优势，加工类型品种栽培面积迅速扩大。2010年，形成安丘大葱的品种优势、产品质量优势和栽培技术优势。至2013年，全市大葱种植面积稳定在25万亩～30万亩，是全国以县为建制的大葱生产第一市。通过设施栽培技术，栽培模式由一年一茬的秋季大葱改进为一年四茬的春、夏、秋、冬季大葱，实现成株大葱周年栽培、周年供应国内外市场目标。2011年，安丘大葱被国家质检总局审批为国家地理标志产品。

标志范围：新安街道、兴安街道、凌河镇、景芝镇、金冢子镇、辉渠镇、石埠子镇、郚山镇8个镇街道，计876个自然村。

第八节　安丘大姜

安丘大姜块大丝少，色泽鲜艳，味带清香。安丘市白芬子镇被中国特产之乡组委会命名为中国姜蒜之乡，为江北最大产地。经加工制成的姜块、姜芽、脱水姜片、软化姜芽、腌制姜块、姜精、姜汁、姜糖等产品，除运销国内各地外，还远销日本、韩国、新加坡等国家和地区。安丘大姜除为调味佳品外，还供药用，具有祛寒解表，止咳化痰，回阳通脉之功效，故颇负盛名。安丘市立足传统种植习惯，按产业化组织生产，形成生产、收购、加工、销售一条龙服务体系。通过推广保护地栽培、优化配方施肥、综合防治病虫害、模式化套作栽培、窖藏保鲜等新技术、新成果，大姜产量不断提高。2013年全市大姜种植面积已发展到20万亩，年总产10亿公斤，成为江北最大的生产基地。安丘大姜为国家级地理标志保护产品，并注册为地理标志著名商标。

第九节　红冠蜜桃

红冠蜜桃，主产于辉渠镇，经多年培育而成。由于地质适宜，泉水浇灌，果大色红，香甜可口，似人间仙桃，为桃中之冠。一般可达200克～400克，最大可达700克。果实近圆形，果顶圆平微凹，梗洼，果皮稍厚，充分成熟时可剥离。果面鲜红或紫红，外观鲜艳。果肉白红相间，肉质细腻，清香脆甜，粘核，为中熟品种，七月上中旬成熟。含可溶性固形物16.1%，VC18.3mg/100g，富含Fe、Ca、Mg、Zn等多种元素，营养丰富，为绿色食品，可食率达96.5%，鲜食或加工罐头皆可。耐贮运，恒温贮藏2个月，室内常温10天～15天不变色，口味更佳，架货期长。果树专家评价红冠蜜桃是当前我国桃中成熟期最佳、耐储藏性最强、品质上乘的宝贵品种资源，开发前景广阔，属桃中稀有佳品，市场紧俏果品。主要销往北京、上海、哈尔滨、呼和浩特、青岛、深圳、广州、大连等近20个大中城市，出口韩国、新加坡、马来西亚等国家。2006年6月，红冠蜜桃栽培地被山东省质量技术监督局认定为山东省省级农业标准化示范区。2013年，辉渠镇建成红冠蜜桃基地2万亩，全部进入盛果期，年总产量达6000万公斤。

第十节　芦笋

号称世界“蔬菜之王”，属多年生高档蔬菜，高蛋白、高纤维、低脂肪。因营养丰富、无公害，颇受消费者青睐。20世纪70年代初，境内开始种植芦笋，品种主要以美国生产的太阳牌、环球牌和山东省生产的“鲁芦一号”为主。80年代后，芦笋种植发展较快，是山东省最大的芦笋生产出口基地之一。至20世纪90年代，种植面积达2万亩。1996年—1999年，安丘市连续4年被国家农业部命名为中国芦笋之乡。2004年，全市芦笋种植面积达4万亩，总产6万吨。之后，由于市场波动伤农，加之管理采收较繁琐，导致种植面积逐渐萎缩。特别是南流镇、黄旗堡镇等芦笋重要产区划归坊子区后，安丘芦笋面积锐减。2013年减至4500亩。安丘芦笋出口产品主要有速冻芦笋、芦笋罐头等23个规格55个品种，畅销德国、法国、荷兰、英国、美国、日本等国家，是创汇农业的拳头产品。

第十一节　黄烟

境内黄烟自1915年从外地引进，因地理、气候条件适宜，所产烟叶质量上乘。1978年，安丘县成为全国优质烟生产基地。次年，被外贸部定为全国烤烟出口基地县，在国内外市场享有较高声誉，在计划经济时期曾是安丘主要经济作物之一。1986年，全县黄烟种植面积11.6万亩。1988年，全县黄烟种植面积增至14万亩，收购烟叶46.2万担；完成出口烟550万公斤，占全国出口总量的四分之一。进入20世纪90年代，受多种因素影响，黄烟种植面积出现波动，呈下降趋势。1994年，全市黄烟种植面积锐减至5.6万亩。2005年，创新生产组织形式，发展黄烟农场31个、农场面积2852亩，种植黄烟1.45万亩，收购烟叶2.88万担；推广集约化大棚托盘育苗、平衡配方施肥、密集烘烤等实用技术，黄烟生产整体水平得到提高。2011年，推广直播育苗，加强入户预检指导，烟叶等级纯度和均匀度明显提高；示范种植有机烟叶200亩，建设景芝镇丰田岭全程机械化千亩示范方，优化组建景荣烤烟种植专业合作社。2013年，全市种植黄烟2.34万亩，收购烟叶5.74万担。

第六编

工业

1986年—2013年，安丘工业历经我国经济体制改革时期的全面深化和推进企业改革，建设社会主义市场经济体制时期的建立现代企业制度，以及市场经济体制改革时期的“转方式、调结构”等不同阶段，是结构逐步调整、经营模式和理念不断转变，管理方式始终创新的一段时期。

1986年，境内乡及乡级以上工业企业292家，职工18575人，年完成工业总产值8.4亿元。主要产品有白酒、机制纸、水箱、玻璃制品、矿山机械、电机、电子元器件、对氨基苯酚、水泥、合成氨、炸药、釉面砖、食用油、冻鸡等。1988年，全国原材料、燃油价格大幅度上涨，部分企业因消化和承受能力有限亏损。1989年—1990年，县内工业战线贯彻落实中央“治理经济环境、整顿经济秩序、全面深化改革”方针，克服资金、原材料、能源不足和市场疲软等困难，引进竞争、风险机制，全面推行多种形式经营承包责任制；强化企业内部管理，提高企业形象素质；开展横向联合，大力推广新技术、开发新产品，促进产业、产品结构调整，逐步形成以酒、纸、玻璃、保温瓶为代表产品的轻工业；以机械、铁塔、机电、水箱为代表产品的重工业；以化肥、医药为代表的化工业；以罐头、蔬菜、冻鸡为代表产品的食品加工业；以水泥为代表产品的建材工业；以棉布、纺纱、西服为代表产品的纺织服装业。全县工业发展格局比较合理，产业结构日趋稳定，门类较为齐全，产品品种呈现多样化。1990年，全县有乡及乡以上工业企业273家，实现利税1亿元。

1991年—2003年，市委、市政府贯彻执行《中共中央关于建立社会主义市场经济若干问题的决定》，逐步加大工业企业改革、改造、改组和改制力度，通过资产重组扶优汰劣，培育支柱产业和优势产业；加快经济开发区和工业园区建设，优化工业布局；大力引进外资，兴办三资企业和外资企业；发展乡镇、村办企业，扶持民营企业和个体经济发展；根据市场需求，不断调整产业结构和产品结构。到2003年，全市国有企业和乡镇企业全部完成改制。境内规模以上工业企业（2011年以前为年销售收入500万元及以上的企业）达147家。资产总额56.2亿元，工业总产值306亿元，产品销售收入56.7亿元，实现利税4.6亿元。

2004年起，安丘市实施退城进园战略，工业逐步向市北区转移，市南区部分企业关停或破产，一批新企业则迅速崛起，基本形成以优势产业、骨干企业和重点产品为支撑的工业发展新格局。2013年底，全市工业产品1600多个品种，企业达到1964家。其中，规模以上工业企业（2011年以后为年主营业务收入2000万元及以上的企业）354家，从业人员5万人，资产总额314.2亿元；规模以下企业1610家，拥有职工7.4万人，资产总额283.5亿元。全年规模以上工业企业完成总产值399.8亿元，实现主营业务收入410.95亿元，实现利税25.91亿元，利润18.27亿元。

第一章 企业管理

第一节 管理机构

1986年，安丘县经济委员会成立，为正科级行政单位，负责对县属工业企业宏观管理。安丘县工业公司、轻工业公司、化学工业公司具体履行系统内企业管理服务职能。1994年3月，安丘县经济委员会更名为安丘市经济委员会。1999年，安丘市经济委员会更名为安丘市经济贸易委员会（简称市经贸委），同时撤销原工业、轻工业和化工业3个公司，其职能划归市经贸委。是年，成立安丘市工业综合服务总公司，接管原安丘市工业公司、轻工业公司和化工业公司，主要负责散装水泥行业管理。2001年，撤销市经贸委，设立安丘市经济贸易局（简称市经贸局），负责对全市企业宏观管理和服务。市经贸局内设办公室、政工科、调研室、资源节约综合利用办公室、经济运行办公室、技改规划科、企业科、市场科和外经科9个职能科室。2007年，成立安丘市人民政府节能管理办公室（简称市节能办），为正科级事业单位，隶属市经贸局，主要负责全社会节能管理及资源综合利用工作。同时撤销市工业综合服务总公司，其职能并入市节能办。2010年，撤销市经贸局和信息产业局，合并成立安丘市经济和信息化局（简称市经信局），在原经贸局职能基础上，增加促进工业化和信息化融合，加快高新技术与传统产业改造结合，推进全市信息化建设的职责。将原市贸易局协调原油总量平衡、供需衔接，管理成品油流通的职能划入市经信局。市经信局内设办公室、政策调研室、组织人事科、经济运行办公室、信息网络办公室、技改规划科和企业行业发展科、安全生产科7个职能科室。至2013年，内设机构无变动。

第二节 宏观调控

1986年—2013年，随着企业产权制度和内部管理的不断改革与完善，安丘市对企业的宏观管理与调控亦逐步调整完善。

1992年，县内工业进行“职工工资由企业自主确定”为主要内容的第一次改革，当时称作打破“铁饭碗”。1998年，全市企业进行产权制度改革，主要是由企业职工按每人每年500元标准，买断工龄，用国有资产划归到职工名下，国有股逐步退出，实现政企分开，企业成为自主经营、自主管理、自负盈亏主体。全市基本建立起“产权清晰、权责明确、政企分开、管理科学”现代企业制度。企业进行产权制度改革后，部分企业重新组建或加入、挂靠企业集团，在本市范围内强强联合或挂靠外地优势企业、企业集团等。原市化肥厂与化工厂重组为奥宝化工集团公司，汶瑞机械公司与轻工机械厂合资组建轻工机械公司；帘帆布厂加入巨龙集团，啤酒厂加入青岛啤酒集团，电机厂加入山潍拖集团，长安公司加入五洲电气集团。

随着企业产权制度改革的深化完善与政企进一步分离，全市对企业的管理转变为宏观调控。市委、市政府先后制定出台《关于鼓励企业加快发展的试行办法》《关于改制企业管理的试行意见》并多次修订完善，充分发挥其政策引导作用和政府的监督作用；同时，出台《关于进一步优化企业发展环境严禁乱收费 乱查车的暂行规定》《涉企行政事业性收费项目及标准》，全方位维护企业合法权益。制定出台《安丘市改制企业管理办法》《重点企业千分制考核办法》等激励约束政策，对重点企业从经济运行、固定资产投资、节能降耗、安全生产和职工保障等方面进行考核。2001年始，市委、市政府设立企业发展贡献、企业投入、争创名牌和高新技术、企业上市等奖项和优秀企业家、优秀企业经营者等荣誉奖，并落实配套鼓励政策。2003年，市委、市政府出台《进一步优化经济发展环境若干问题的决定》等政策文件，成立安丘市经济发展环境办公室，负责经济发展软环境保护和治理工作，查处破坏发展软环境的违法、违规行为，保护经济主体的合法权益。在服务环节上实行一站式服务、一站式收费、部门承诺等制度。2013年，安丘市在市北区建成行政审批服务中心，行政审批事项全部纳入服务中心统一办理。

第三节 微观管理

1986年—2013年，市委、市政府在不断深化企业改革、加强对企业宏观调控管理的同时，着力指导市内企业规范和完善内部微观管理。1987年，全县工业企业全面实行厂长（经理）承包经营责任制，全面确立厂长（经理）的法人代表地位，并将企业销售收入、产值、利税、技改投入等主要经济指标列入厂长（经理）承包责任制内容，承包期限为2年—3年。对完成承包指标的企业按照政策给予奖励，完不成的按差额百分比进行处罚。企业厂长（经理）工资可以是职工平均工资的1倍～3倍。是年，县属企业实行承包经营责任制的有28家。1990年，全县第二轮承包经营责任制开始，到1992年底结束。1995年1月，市内企业全面实施风险金抵押承包制，企业厂长（经理）个人资金作为风险金，实行以生产指标和资产增值率为主要考核指标的资产经营承包责任制。1998年4月—1999年10月，全市基本完成企业产权制度改革，企业管理由宏观调控转为内部微观管理。改制企业均按照《公司法》要求，设立董事会、监事会和经理层，完善内部决策、执行、监督机制，逐步建立起适用现代企业制度要求的法人治理结构，企业成为自主经营、自负盈亏、自我约束、自我发展的竞争主体。结合企业内部微观管理，市内企业全部推行分配、用工和干部人事“三项制度”改革。到2013年，全市工业企业基本完成内部改革，企业管理层的自主权更加扩大，用工权、分配权完全由企业自行决定。

第二章　工业结构

1986年—2013年，安丘工业所有制、产业和产品结构均发生较大变化，经济效益不断提高。工业总产值，1986年为6.6亿元，2013年为399.8亿元，增长61倍；工业产品销售收入，1986年为2.57亿元，2013年为410.95亿元，增长159.9倍；工业利润，1986年为3426万元，2013年为18.27亿元，增长53.3倍；上交税金，1986年全县工业为2853万元，2013年仅规模以上工业就达10.48亿元，增长36.7倍。

第一节　所有制结构

1986年，全县有工业企业292家。其中，全民所有制企业29家，集体所有制企业263家。全年工业总产值6.6亿元。其中，轻工业产值3.97亿元，占工业总产值的60.1%；重工业产值2.63亿元，占工业总产值的39.9%。全民所有制工业企业总产值3.64亿元，集体所有制工业总产值2.96亿元。实现利润3426万元，百元销售收入和百元产值提供利税分别为14.7元和13.1元。

1987年—1991年，县委、县政府从管理体制、领导体制和分配制度等方面进行一系列改革。围绕管理体制改革，实施简政放权，逐步实行政企职责分开，企业在生产经营决策、自有资金使用、中层干部任免、内部机构设置、产品价格浮动等方面有较大自主权；实施领导体制改革，建立企业决策指挥机构，在12家县属企业推行厂长（经理）负责制并进行任期目标责任制试点，进一步确认厂长（经理）在企业的中心地位和法人资格；推进分配制度改革，企业内部普遍推行各种形式经济责任制，实行全额计件工资、工时工资、基本工资加奖金等多种形式，较好地贯彻“按劳分配、多劳多得”原则。通过上述措施，县内城乡工业持续发展，速度效益同步增长。至1991年底，全县有乡及乡以上工业企业277家，完成工业总产值13.5亿元。其中，景芝酒厂、县造纸厂和县玻璃厂三家企业产值均超过5000万元。全县工业企业实现利税1.29亿元，利税在100万元以上的企业有19家。1992年—1995年，在全县工业企业中全面推行厂长负责制，企业经营机制更加科学合理，经济效益得到提高。1995年，全市乡镇以上工业企业291家，完成工业总产值57.23亿元，实现销售收入41.2亿元，实现利税4.65亿元。利税在100万元以上的企业27家。其中，景芝酒业公司1.5亿元，安丘市造纸厂2070.7万元，登峰焊接集团1406.1万元，市涤纶帘帆布厂1016万元，企业实现规模和效益双增长。

1996年—1998年，受亚洲金融风暴及市场等多种因素影响，全市工业发展受到制约。同时，随着改革开放的深入和市场经济体制建立，部分全民所有制企业经过产权制度改革改为国有控股企业或股份制企业，个别企业破产重组。1998年，45家市属企业全部实施产权制度改革，分别组建股份有限公司、有限责任公司或国有独资公司。鲁安药业、奥宝化工、恒安散热器、汶瑞机械、通用机械、安泰玻璃和同力服装公司等42家企业改制为有限责任公司；景芝酒厂、长安铁塔厂2家企业改制为股份有限公司；热电厂改为国有独资公司。有的企业加入外地集团，有的企业实行租赁经营，对资不抵债企业依法实施破产。继续深化企业经营管理体制改革，逐步建立现代企业制度，企业转为股份制类型企业，不再以国有、集体区分。通过深化企业改革，强化企业管理，全市工业企业逐步得以恢复和发展。

1999年始，市委、市政府实施“工业强市”战略，对全市工业的产业结构、产品结构、经营模式进行重大调整，企业生产规模不断扩大，活力日渐增强，工业发展速度加快。到2002年，全市工业企业全部转变为股份有限公司或有限责任公司。产权制度改革后，重点在企业领导班子控股、法人代表持大股、内部三项制度等方面进行改革尝试，工业企业基本建立起双向选择、能进能出的用工机制，竞争上岗、能上能下的干部机制和按劳分配、能升能降的工资机制，企业自主经营，自负盈亏。2005年—2010年，安丘工业取得长足发展，工业经济实现新跨越。全市规模以上工业企业由2005年的301家增加到2010年的365家；工业总产值由2005年的132.5亿元增长到2010年的254.2亿元，年均增长13.9%；主营业务收入由2005年的129亿元增长到2010年的262.1亿元，年均增长15.1%；实现利税由2005年的10.1亿元增长到2010年的18.1亿元，年均增长12%；利润由2005年的6亿元增长到2010年的11亿元，年均增长12.9%。

2011年始，市委、市政府牢固树立"发展大工业，突破大项目，培植大企业"理念，提出"强化工业"战略思路，不断加大科技投入，加强自主创新，以大项目建设为抓手，积极推进科学发展、跨越发展，工业经济总量扩张、结构优化、活力增强。2013年，全市完成国内生产总值247.9亿元，公共财政预算收入13.76亿元。工业经济实力明显增强，高新技术产业园、先进制造产业园等园区初具规模，全市规模以上工业企业发展到354家，实现主营业务收入410.95亿元、利税25.91亿元。新增高新技术企业6家、潍坊市级科研机构7家，获潍坊市级以上科技进步奖21项，申请专利654件、授权370件。2家企业获省节能奖，4家企业获潍坊市节能奖。新增省著名商标3件、省名牌产品3个。景芝酒业公司和鲁安药业公司获潍坊市市长质量奖，3家企业和2名个人获首届安丘市市长质量奖，景芝酒业获省长质量奖。

第二节　产业结构

1986年—2013年，全市工业产业构成逐步从以初级产品加工的传统产业为主，向高新技术产业比重不断加大、产品产业档次提高、优势突出为主过渡。

1986年，全县工业产业门类有食品、机械、化工、纺织、电子、缝纫、造纸、建材等29个，工业产值在千万元以上的有11个。其中，食品产业产值过亿元，机械、建材产业过5000万元。以景芝酒厂、安丘外贸冷藏厂为龙头的食品产业，以建筑陶瓷厂和水泥厂为龙头的建材产业，以安丘机械厂、安丘轻工机械厂为龙头的机械产业是全市三大主导产业，总量约占全市工业的55%左右。共有工业产品336种，其中82种产品列入国民经济统计。全县有乡及乡以上轻工业企业120家，产值2.9亿元。其中，以农产品为原料的轻工业企业87家，产值2.3亿元；以非农产品为原料的轻工业企业33家，产值5770万元。

20世纪90年代初期，工业企业发展面临债务负担过重、亏损面增大、后续发展乏力等突出问题，产品结构相对单一，产品档次效益低。1991年，工业结构进一步调整，产业结构主要发展轻工、纺织、电子、化学、机械和建材工业。1998年，企业产权制度改革以后，全市工业结构不断优化，调整步伐不断加快，重点产业和企业的规模得到较快发展，初步建立起食品、机械、纺织、化工、建材、电子、服装等门类较为齐全的产业布局。其中，食品、机械、纺织、化工、建材等行业发展尤为迅速，成为全市重要支柱产业。到2005年，由过去注重单一产品制造向拉长产业链、培育产业集群转变，逐步形成机械制造、食品加工、医药化工、建筑建材及新材料、纺织服装五大产业。机械制造业，以长安铁塔、华动铸造、恒安散热器、汶瑞机械、盛瑞零部件、三源铝业等企业为核心，由零部件向整机发展；食品加工业，以景芝酒业、外贸食品、柠檬生化等为核心，由初加工向精深加工发展；医药化工业，以鲁安药业、奥宝化工、修正施普乐等企业为核心，由原料型向成品型发展；建筑建材及新材料，以山水水泥、奥泰石膏等企业为核心，由粗放型向集约型发展；纺织服装业，以博莱特化纤、瑞泰纺织、同力服装、鸢飞服装等企业为核心，由小规模向品牌化发展。2008年—2011年，受国际金融危机影响，安丘工业处于徘徊阶段，重在保稳定、促增长。2012年始，市委、市政府实施"强化工业"战略，通过传统企业改造升级和招商引资扩大增量，工业经济开始反弹，当年实现主营业务收入361.3亿元，实现利税22.2亿元，实现利润14.7亿元。到2013年，通过以重点项目建设和"两化"深度融合为抓手，五大主导产业及新兴产业加快向价值链高端迈进，推动产业发展模式向质量、品牌、效益、服务型转变。至2013年底，全市有规模以上轻工业企业184家，年产值218.4亿元；重工业企业170家，年产值181.4亿元。

机械制造业

突出智能制造、绿色制造，逐步扩大服务型制造，着力提升机械装备“集成化、信息化”水平，壮大高端装备制造规模，打造三个机械主导产业集群。

发动机及配件产业　以盛瑞零部件、恒安散热器、凯动动力、华丰动力等为龙头，围绕整车配套，提升发动机、散热器、传动装置、汽车板等关键部件产品生产水平，逐步掌握整车生产技术，提高终端产品占比。

电力铁塔产业　以中晨长安铁塔、五洲鼎益铁塔、华安铁塔、久安铁塔、坤德钢构等企业为龙头，围绕输电铁塔领域提升大型铁塔研制水平，重点发展特高压输电铁塔，实现设计、加工、安装、服务一体化发展。

节能环保装备产业　以汶瑞机械、科灵空调、华能冷却技术、同方环保设备等企业为龙头，围绕三废治理、节能降耗，重点提升造纸制浆装备、环保除尘装备、节能冷却设备制造水平，提高科技含量、产品质量，扩大产品产量和市场占有率。

工程机械产业　以双丰机械、贝特机械、三丰机械、瑞源机械等为龙头，重点发展建筑工程机械、筑路工程机械、矿山工程机械等，快速提升产品品质，逐步扩大市场占有率。

包装机械产业　以信川机械、耀发机器、鼎正机械、恒硕机械等为龙头，加大自主创新力度，推进包装机械、灌装机械等新产品研发和产业化进程。

食品加工业

突出“基地化、规模化”，加快发展现代食品产业。以酒类、果蔬、畜禽、食品添加剂为重点，加快培育科研开发、生产加工、检验检测、仓储物流、产品交易、电子商务和旅游、休闲、餐饮、娱乐一体化发展的现代食品产业体系。发展高档果蔬加工、提升畜禽加工制造、延伸粮油精深加工，一般加工产品向高附加值延伸。景芝酒业、鲁丰食品、柠檬生化等为代表的全国知名品牌，走以名优品牌和高端化产品扩大市场的路子，提高产品档次和附加值。全面开拓国内市场和国际市场，重点打造景芝、凌河、新安、兴安等食品产业聚集区。依托原料基地和重点企业，深入挖掘文化内涵和休闲观光要素，建成景酒生态酿酒、凌河果蔬加工、齐鲁酒地、区域化管理基地等一批集体验、购物、旅游于一体的产业基地。

医药化工业

加大项目建设力度，深化环境综合整治，推行清洁生产，促进行业向高、大、强转变，定位“园区化、高端化”发展。鲁安药业大力发展精细化工，研发生产适销对路、高附加值产品，扩大化学原料药优势，向生物技术、天然药物、生物新材料发展，加速西药、中成药产品产业化进程，达到化学原料药、中成药平衡发展；奥宝化工、玉成生化等企业，抓好农药、化肥系列产品研发，并在现有生物农药、复合肥等基础上向两端延伸，大力发展控释缓释新型药剂、高效复合肥、有机复合肥等产品，改造发展支农化工和其他精细化工产品，进一步扩张规模，提高竞争能力；闰成能源科技、招商科瑞、瑞亿医疗、康能医疗器械等企业新上一批项目，填补安丘医药化工产业发展的空白。

建材工业

以技术改造、淘汰落后、产业及产品升级、循环经济为重点，提高产品技术含量，加快升级换代，实现由粗放型向集约型发展。山水水泥、鲁东建材、奥泰石膏等企业，推进水泥熟料、水泥、石膏制品产业节能降耗，发展循环经济，推广商砼使用，拉长产业链条。

纺织服装业

加大企业自主创新力度，打造自主品牌，产品逐步向下游产业链延伸，实现转型发展。博莱特化纤、凯仕利等化纤生产企业，重点发展芳纶、高仿真面料等新材料，以高附加值新材料抢占市场；瑞泰纺织公司、同力服装公司、鸾飞服装公司等纺织服装企业购进先进生产设备，改变产品落后、单一代工现状，由小规模向品牌化发展，拓展市场，培强活力。

新兴产业

2002年—2013年，伴随企业退城进园，一批企业在市经济开发区建设新厂区，市内新兴产业不断涌现，既有传统产业的上新创新，又有新企业的竣工投产，既避免产品同质化竞争，又做大产业规模。

新材料产业 2003年以后，博莱特化纤公司的芳纶、三源铝业公司的铝合金复合材料、金鸿集团的碳化硅、凯仕利合成材料公司的超细纤维等新材料产品陆续投产，并迅速实现产业化。

新信息产业 2005年始，以汇川电子、欧信电器、鑫易电声等企业为中心，大力发展电子元器件封装、半导体照明、电声器件等，引进高端电子信息生产设备，进一步延伸完善产业链。

新医药产业 2009年，修正施普乐、特珐曼药业相继投产，主要从事新医用产品特别是中成药的研发和西药工艺引进。

新能源汽车产业 2012年始，通过招商引资，萨丁新能源汽车、中瑞新能源电动汽车等企业在安丘落户，研发生产家用电动轿车、高尔夫球车、旅游观光车等专用电动汽车。

新能源产业 2008年，山东科灵空调公司在新安街道成立，从事地热供暖等地热能源利用技术的研发及装备生产。2009年，太平山风力发电场在郚山镇开建，开发风能，工程总投资7亿元，总装机规模5万千瓦，配套建设110千伏变电站一座。

2008年始，在产业布局上，按照“节约、集约、集群”的发展导向，进一步深化园区载体建设，搭建四大特色发展园区。到2013年底，全市重点调度的过5000万元重点项目139个，其中渠风食品、雷鸣重工、歌尔精密制造、景酒生态酿酒产业园、潍尔达钢管、海邦科技等82个重点项目已投产，拉动工业经济增速20%以上。

第三节 产业园区

高新技术产业园

园区始建于2011年，以市北区新潍安路、北环路为中心，重点打造四个板块。

节能环保板块 依托同方节能环保科技、科灵空调、金科环保科技、萨尔帕节能环保机械等项目，建设节能环保产业集群。

电子信息板块 加快圣普闪联高科技产业园、国能光电研发基地等项目建设，持续引进电子信息项目落户，建设科技型、智慧型电子信息产业聚集区。

精密制造板块 依托合力增压器、文宇精密齿轮、潍尔达精密钢管、歌尔精密制造、耀宇精密机械、鼎正精工等项目，推动精密制造向规模化、产业化发展。

能源科技板块 建设闰成能源科技、萨丁新能源汽车、新瑞新能源汽车、大丞新能源汽车等项目，配套发展上下游产业，形成“龙头带动、集群配套”的产业集群结构。至2013年，该产业园已落户工业项目19个，总投资达到90亿元。

先进制造产业园

始建于2010年，以双丰大道东段、凯特路为中心，重点打造两个板块。

绿色动力板块 以凯动动力为核心，发展整机及配件产业，带动配套企业呈链条式集群发展。

先进装备制造板块 依托新落户的鼎力机械、富邦机械、科信达机械、博翔机械、安通仓储机械等项目，形成服务型制造模式，打造先进装备制造产业基地。至2013年底，该产业园落户重点项目14个，总投资39.5亿元。其中，凯动动力、雷鸣重工、上冶仓储、埃尔派、富邦机械、宇宏石油机械、昌安金具等7个项目已投产运营。

低碳产业园

始建于2008年，以天然气西气东输管线为中心，重点打造两个板块。

新材料板块 以博莱特化纤、三源铝业、金鸿集团、亚东冶金为中心，在现有基础上提升研发能力，扩大生产规模，打造碳纤维、碳化硅、新型结晶器等新材料研发生产基地。

海洋装备板块 以融入山东半岛蓝色经济区为契机，以恒安散热器、华丰动力、盛瑞零部件、科灵空调、海王游艇等企业为中心，重点发展船用柴油机、大型模块船用散热器、豪华游艇、海洋温差能发电装备、海水源热泵产品。至2013年底，该产业园落户工业项目39个，总投资达到130.5亿元。

产业孵化器园区

始建于2012年底，以金安、新安标准化厂房项目区为中心，按照政府为主导、企业为主体、政策推动、市场化运作原则运营，主要引进科技研发类、轻型机加工类、电子类、服装类、生物科技类、新材料类、食品加工类等小微企业入园，统一建设标准化厂房，实现土地资源等生产要素科学、有效、合理配置。至2013年底，建成标准化厂房16栋，每栋分三层，每层1500平方米，共计7.2万平方米，已有4家企业进入，占用8栋厂房，计3.6万平方米。

第四节　产品构成

1986年，全县重点支持的59种产品中有发电机、服装等15种增产20%以上，机制纸、碳酸氢铵等20种增产10%以上。新研发全自动单纱强力机、风冷发电机等新产品、新品种96种。其中，风冷发电机等60多种产品投产发挥效益。1987年—1989年，全县工业产品结构调整逐步迈出实质性步伐，县内企业开发新产品，增产适销对路产品，进行适应性和开拓性调整。到1990年,在产品结构上，对滞销积压产品进行停产或限产，集中力量进行新产品研制，全年开发新产品、新品种85种。其中，有38种投产发挥效益。主要产品200多种，其中部优产品18种、省优产品61种。1992年，新上异型保温瓶、瓦楞包装纸、高档装潢木线条等10多个短、平、快项目，轻工优势得到较好发挥。纺织工业，建成涤纶帘帆布厂，新上尼龙塔夫绸项目，产品均填补国内空白。化学工业，磷酸一铵项目正式投产。建材工业在年产30万吨水泥生产能力的基础上，新上盒子生产彩釉地板砖项目。机械工业，扩大出口水箱生产能力，新开发碱回收设备等新产品。1993年，全县工业品1260余种，主要产品有机制纸、日用玻璃、白酒、水泥、半导体器件、合成氨、水箱、棉纱、加工冻鸡等169种。到2012年，全市工业品1500余种，主要产品有白酒、果蔬、水箱、输电铁塔、造纸制浆设备、铝箔、化肥、扑热息痛、柠檬酸、机械零部件、水泥等276种。

2013年，全市工业产品1600多个，主要产品300多种。机械产品主要有铜铝散热器、汽车配件、环保机械、建筑机械、食品机械、工程机械、电力铁塔、铝箔带板、精密机械等。化工产品主要有扑热息痛、松醇油、醋酸钠、聚醋酸乙烯乳液、碳酸氢铵、复合肥、硫酸等。食品加工产品主要有饮料酒、柠檬酸、出口冻鸡、水果罐头、蔬菜、方便面等。纺织产品以工业用布、出口服装及纺、织、印染一体化生产为主。建材产品以水泥、水泥熟料和墙地砖为主。

第五节　经济效益

20世纪80年代，境内工业逐步由速度效益型向质量效益型转变，高新技术产值比重不断增加，产品档次和装备水平不断提升，企业经济效益提高。1986年，全县乡镇以上工业企业产值利税率、资金利税率、流动资金利税率、固定资产利税率分别为14.3%、12.88%、41.82%、18.61%；劳动生产率12522元，流动资金周转天数为116天。1989年，围绕提高产品质量，降低物质消耗，增加经济效益，县内各企业深挖内部潜力，努力消化增支减收因素。全县重点考核的62项质量指标稳定提高率为87%；重点考核的70项主要原材料、燃料、动力消耗指标稳定降低率为81%。县直企业万元产值综合耗能比1988年降低2.8%。至1992年，通过扶持发展，全县轻工、纺织、化工、电子、建材、机械六大支柱行业产值占县直工业总产值的71.8%，实现利税占县直工业利税总额的83.5%。通过结构调整，推进技术进步，整个工业生产整体素质和经济效益明显提高。乡镇企业通过抓投入、抓规模、抓管理，发展形势进一步好转。全县乡及乡以上企业实现销售收入14.3亿元，利税1.6万元，产值19.4亿元。

1994年始，全市广泛开展以开源节流和提高效益为重点的增产节约、增收节支活动。按照长项目求发展、短项目保效益、长短结合、梯次推进指导思想，通过集约投入、重点培植、扩大批量，进一步拉长轻工、纺织、化工、电子、机械、建筑建材等支柱行业和骨干企业优势，促进经济总量膨胀和结构升级。年内，全市乡镇以上独立核算工业完成增加值13.6亿元，实现销售收入37.99亿元、利税4.36亿元。景芝酒业股份有限公司利税突破亿元，棉纺织厂、造纸厂利税超过千万元。1996年，工业继续保持较快发展速度，经济效益不断提高。当年全市乡及以上独立核算工业完成增加值17.98亿元，实现利税6.02亿元，其中利润2.4亿元。工业经济效益综合指数达129.27%。年内，通过坚持抓重点、保骨干，促进大中型企业发展，全市有5家市属企业、5家乡镇办企业和10个村及以下企业实现利税过千万元。其中，景芝酒业股份有限公司实现利税1.9亿元，造纸厂实现利税3606万元，帘帆布厂、电业公司、化肥厂实现利税过千万元。1998年后，随着全市工业企业产权制度改革深化，企业效益低下局面开始扭转。到2000年，规模以上工业企业实现销售收入56.9亿元，工业增加值16.87亿元、利税6.36亿元，与1995年相比，均有较大幅度增长。全市私营企业1046家，从业人员8.1万人，实交税金由1995年的3400万元增加到1.1亿元。至2002年底，全市有工业企业1622家，工业总产值80.5亿元。其中，年销售收入过500万元的规模以上工业企业98家，年产值40.7亿元，年销售收入40.8亿元。2007年，全市规模以上工业企业292家（2007年，县市区行政区划调整，安丘部分企业划到外县市区），完成工业总产值163.2亿元，实现销售收入157.4亿元、利税11.25亿元。2011年，市委、市政府深入推进“工业立市”战略，举全市之力大办工业、办大工业，工业经济实现持续快速健康发展。2013年，全市规模以上工业企业354家，从业人员5万人，资产总额208.9亿元，实现主营业务收入410.95亿元、利税25.91亿元。与2011年相比，资产总额、主营业务收入、利税分别以年均22.6%、15.3%、8.1%的速度增长。

安丘市1986年—2013年工业经济效益一览表

表6—1 单位：万元

年份	工业总产值	销售收入	实现利税	实现利润	上交税金	备注
1986	47556	50400	2272	3578	2853	乡及乡以上独立核算企业
1987	60905	56662	2931	3809	3368	
1988	81996	51326	8749	4865	3612	全部独立核算企业
1989	99827	78123	9088	3987	3889	
1990	128195	77210	9999	3992	4201	乡及乡镇以上独立核算企业
1991	133493	106836	12859	5139	4419.6	
1992	193970	143484	16240	7589	—	
1993	423635	222926	24893	10614	—	
1994	598180	379913	43629	18806	—	
1995	572309	411693	46492	17529	—	
1996	611092	513628	60209	24207	—	
1997	658046	511239	59539	23583	—	
1998	522484	471403	57219	20777	—	规模以上企业（销售收入500万元以上）
1999	563696	521149	61560	22186	—	
2000	612048	568988	63614	25228	—	
2001	395597	392054	36937	11387	28908	
2002	407420	408174	34101	11227	26067	
2003	558568	567387	45696	20590	29866	
2004	917025	877183	73656	42092	37559	
2005	1324536	1297720	101307	59907	45749	
2006	1612962	1586287	107976	60476	52077	
2007	1632267	1573881	112550	68475	52455	
2008	1937486	1901781	126770	72188	64633	
2009	2150027	2070085	145125	92652	62805	
2010	2541755	2621151	180808	110169	82880	
2011	3052643	3092670	221716	147835	93649	规模以上企业（主营业务收入2000万元以上）
2012	3476355	3616229	222230	147043	—	
2013	3998191	4109549	259084	182651	—	

第三章 生产经营

第一节 规模经营

1986年，全县工业产品产值6.6亿元。其中，轻工业产品产值3.6亿元，重工业产品产值3亿元，产品产量较少。“八五”至“十五”期间，工业企业投资主要是扩大规模，新上、扩建一批生产项目，实现规模生产。博莱特化纤、外贸食品、鲁安药业、柠檬生化、奥宝化工、汶瑞机械、长安铁塔、恒安散热器公司等企业规模迅速扩大，环保机械、扑热息痛、柠檬酸、帘帆布、电力铁塔等产品市场占有率亦不断提高。扑热息痛年产量由800吨扩大到3万吨，生产规模居世界首位；柠檬酸产量由1000吨扩大到12万吨，生产规模列国内前茅；帘帆布产量由1994年的767吨扩大到2007年的2万吨，生产规模居国内第一；电力铁塔产量由1986年的490吨扩大到2007年的5万吨，生产规模居国内第一；散热器产量由1986年的8万件扩大到2007年的120万件，生产规模居国内第一；白酒由1986年的1.5万吨扩大到2007年的5万吨，生产规模居山东省首位；深加工农产品产量由1986年的1371吨扩大到2007年的4万吨，居全省前列；复合肥由1994年的3228吨磷肥扩大到2007年生产氮磷钾复合肥40万吨，位居全省前列；水泥熟料从2005年投产到2007年日产能力1万吨，年产能力360万吨。2008年，国际金融危机对全球经济造成重大冲击，安丘工业实施“保稳定，促增长”措施。到2011年，全市工业经济基本保持平稳运行状态。2011年下半年，工业经济摆脱徘徊状态，开始反弹。至2013年底，市内主要工业产品产量达到新高，白酒产量6万吨，深加工农产品6.5万吨，柠檬酸11万吨，复合肥60万吨，扑热息痛5万吨，水泥熟料247.45万吨。

第二节 产品产量

1986年—1999年，安丘工业处于由计划经济向市场经济过渡时期，工业生产相对稳定，产品主要有酒、纸、玻璃、保温瓶、灌装机械、水箱、塔吊、电机、服装、扑热息痛、化肥等，基本按计划生产，产品产量变化不大。1990年，白酒产量2.2万吨、机制纸1.5万吨、日用玻璃5.7万吨、保温瓶388万只、合成氨1.9万吨、水箱8.3万只。1998年企业产权制度改革以后，企业变为自主经营、自负盈亏的主体，规模迅速膨胀，工业产品产量得以增加。

安丘市2000年—2013年主要工业产品产量表

表6—2—1

年份	发电量（万千瓦时）	白酒（千升）	纱（吨）	布（万米）	服装（万件）	合成氨（万吨）	氮磷钾化学肥料（万吨）	化学原料药（万吨）
2000	—	36307	6129	2502	292.8	4.1	5.53	0.77
2001	—	27693	6898	1586	436.64	4.2	6.34	0.84
2002	—	20232	8361	1277	515.37	4.5	5.95	1.00
2003	8531	16828	10511	1225	814.75	4.24	5.08	1.15
2004	7931	19864	11036	3221	1291.46	5.73	4.25	1.28
2005	17263	17206	11096	2728.7	1745.36	5.98	3.62	1.52
2006	17492	22668	10215	2460.46	1824.3	5.72	3.92	1.81

续表 6-2-1

年份	发电量（万千瓦时）	白酒（千升）	纱（吨）	布（万米）	服装（万件）	合成氨（万吨）	氮磷钾化学肥料（万吨）	化学原料药（万吨）
2007	21819	30423	10602	1727.72	1695.84	6.85	3.83	1.87
2008	20584	25528	10604	3567.56	1157.68	7.3	3.38	1.9
2009	16930	30948	6632.2	1073.3	2796.15	7.73	4.47	2.16
2010	14821	32854	7686	1065.5	1840.73	7.55	4.2	2.17
2011	15189	40216	4836	512	1591.7	8.17	5.81	—
2012	17000	42874	7929	533	1682.25	12.07	9.94	2.6
2013	—	47494	8917	510	1590	12.59	11.04	2.34

安丘市 2000 年—2013 年主要工业产品产量表

表 6-2-2

年份	饲料（万吨）	帘子布（万吨）	罐头（吨）	啤酒（千升）	硫酸（万吨）	水泥（万吨）	日用玻璃制品（万吨）	交流电动机（千瓦）
2000	0.59	0.56	594.2	23335	4.74	24.15	9.39	16200
2001	0.36	0.58	1002	22400	5.1	26.1	9.58	40500
2002	—	0.71	2575	17276	5.64	27.99	9.79	63516
2003	2.69	0.81	—	28949	5.9	31.75	9.71	99596
2004	5.54	0.66	—	20653	16.6	33.34	9.12	105153
2005	2.7	0.63	5491	1099	13.96	34.98	10.29	119778
2006	1.99	0.94	5062	4412	14.14	39.9	13.42	172267
2007	17.74	1.22	6091	2766	10.31	35.09	12.7	184271
2008	21.26	1.12	6280	2948	4.51	32.4	10.87	149900
2009	28.9	1.06	3108	5552	7.76	25.93	8.84	182956
2010	31.09	1.46	3957	6780	7.59	29.74	9.87	316782
2011	40.1	1.68	4627	17753	12.92	23.65	10.2	499465
2012	50.64	1.25	3898	6551	13.54	17.87	9.09	664658
2013	51.86	1.19	3009	6348	7.57	31.07	2.72	596835

安丘市 2000 年—2013 年主要工业产品产量表

表 6-2-3

年份	钢材（万吨）	半导体分立器件（万只）	玻璃保温容器（万个）	方便面（吨）	家具（万件）	环境污染防治设备（台、套）	机制纸（万吨）	水泥熟料（万吨）
2000	—	6976.5	—	—	—	—	3.56	—
2001	—	2581.9	—	—	—	—	4.02	—
2002	—	23.4	—	—	—	—	3.23	—
2003	—	—	1083.4	—	—	—	3.44	—
2004	3.55	20510	2036	1806	8.88	558	4.22	43.16
2005	2.56	29390	354.5	4475	57.28	277	5.16	115.32
2006	3.15	26111	466	9258	70.64	415	3.46	163.67
2007	3.27	26005	356	1561	23.18	439	4.38	148.54

续表 6-2-3

年份	钢材（万吨）	半导体分立器件（万只）	玻璃保温容器（万个）	方便面（吨）	家具（万件）	环境污染防治设备（台、套）	机制纸（万吨）	水泥熟料（万吨）
2008	4.45	18898	—	—	16.85	505	5.61	171
2009	6.54	—	—	—	9.25	278	4.96	217.85
2010	3.31	—	—	—	43.86	292	0.66	305.61
2011	4.15	—	—	—	1.88	295	0.87	330.28
2012	4.8	—	—	—	1.24	427	—	253.32
2013	6.74	—	—	—	—	474	—	247.45

安丘市 2000 年—2013 年主要工业产品产量表

表 6-2-4

年份	鲜、冷藏肉（万吨）	速冻米面食品（吨）	食用植物油（吨）	酱油（吨）	化学农药（吨）	墙地砖（万平方米）	瓦（万片）	塑料制品（吨）
2000	—	—	10993	1570	—	80.96	9333	—
2001	—	—	4795	1695	—	238.7	2800	—
2002	—	—	96	1800	—	238.84	—	—
2003	—	—	—	1943	—	240.1	—	—
2004	—	—	—	—	1463	91.6	1902	1741
2005	2.34	3491	—	—	2330	—	2063	89
2006	3.4	3942	—	—	3367	—	743	169
2007	2.96	5019	—	—	3551	—	292	143.5
2008	1.32	4616	—	—	—	—	—	—
2009	1	4671	—	—	—	—	—	—
2010	1.03	4583	—	—	—	—	—	—
2011	1.04	5216	—	—	—	—	—	—
2012	1.04	4085	—	—	—	—	8131	—
2013	2.22	3897	—	—	—	—	—	7284

第三节　技术改造

1986 年前，全县工业规模普遍较小，产品品种单一，技术含量较低，主要生产农用机械、棉被、布鞋、化肥等。

1986 年—1990 年“七五”期间，全县工业技改投入 9.9 亿元，到“七五”末，全县工业总产值 12.8 亿元。5 年间，新建涤纶帘帆布厂、棉纺厂、啤酒厂、外贸饲料厂、外贸种鸡场等 9 处县属企业，县属企业总数发展到 54 家。其中大中型企业 8 家。通过开展企业进档升级活动，全县有 8 家企业晋升为国家二级企业，19 家晋升为省级先进企业。1990 年，为解决产品结构调整跟不上市场形势变化问题，全县工业坚持以调整产品结构为主线，配套联动，积极进行投资、信贷结构调整。在投资结构上，压缩非生产性建设，集中资金保证重点项目，全县计划进行的 17 个技改项目，完成财务支出 1300 多万元，有 15 个项目竣工投产。

1991 年—1995 年“八五”期间，市委、市政府结合产业结构和产品结构调整，工业技术改造投入达到 20 亿元。到“八五”末，全市工业总产值 57 亿元，是“七五”末的 4.5 倍。

1996 年—2000 年“九五”期间，全市集中抓基础产业和基础设施建设，工业技术改造投入 64 亿元。1996 年，全年实施技术改造项目 259 项。其中，投资过千万元的25项，完成投资6.24亿元，有238个项目竣工投产。1998年后，随着企业逐步改制，技术改造步伐逐渐加快，企业发展后劲增强。全市实施技术改造项目193项，完成投资3.32亿元。造纸厂中段水治理工程、水箱厂50万台铝制散热器、长安铁塔公司万吨多边形钢管塔、汶瑞机械公司扩大造纸污水处理成套设备生产能力、第四制药厂颗粒扑热息痛等重点项目顺利投产。乡镇企业全年完成投资2.06亿元，75%的项目建成投产，形成转向机、钢管、纤维素等一批拳头产品，显示出较强发展势头。“九五”期间，全市累计办成合资、合作、独资项目82个，完成出口创汇3.08亿美元，是“八五”末的4.4倍。2000年，全市工业总产值62亿元。

2001年—2005年“十五”期间，全市技术改造累计投资127亿元，实施铝质散热器、大型污水处理成套设备、大跨越钢管塔、柠檬酸、果蔬系列产品扩产、工业长丝、复合肥、扑热息痛、水泥熟料、铝箔带板等重大技术改造项目。到“十五”末，全市工业总产值达132亿元。

2006年—2010年“十一五”期间，全市工业累计完成技改投资220.7亿元，是“十五”技改投入的1.8倍。5年间，全市分别投入25.8、30.2、40.1、44.7和67亿元，年均增长32.8%。2010年，全市技改投资在全社会固定资产投资中占比达34.4%，其中占工业投资比例的90.3%。5年中，累计有229个过1000万元技改项目建成投产，年新增销售收入108亿元，利税12亿元。同时，技术改造由过去注重单一产品制造稳步向拉长产业链、培育产业集群转变，逐步形成机械制造、食品加工、医药化工、建筑建材和新材料、纺织服装五大产业，新能源、新材料、新医药等新兴产业也得到长足发展，到2010年，五大产业技改投资占比74.7%以上，其中新兴产业投资占比37.5%以上；五大产业产值占工业经济总量的90%以上，产业集群效应明显。投资结构不断优化，在工业投资中，先进制造业投资占比54%，高新技术产业投资占比49%，新兴产业投资占比37.5%。五年间，60%规模以上企业更新或部分更新改造生产设备，机械制造、医药化工、建筑建材、食品加工等产业广泛采用计算机辅助设计或制造技术，两化融合程度进一步提高，产业整体水平大幅度提高。

2011年，全市工业加快转型升级步伐，大规模进行技术改造。景芝酒业、恒安散热器、柠檬生化、凯动动力等企业充分利用资金、科技、人才等资源优势，积极实施多元化经营。景芝酒业公司在全省酿酒行业中率先立项并开工建设“景芝生态酿酒产业园”和“齐鲁酒地文化创意产业园”两大服务园区，由“生产型制造”向“服务型制造”转变。“酒之城”成为AAAA级旅游景区，2013年共接待游客30万人次。齐鲁酒地文化创意产业园总投资60亿元，主要打造集生态窖藏、生态文化旅游、酒文化深度体验、酒文化演绎、生态休闲、养生度假、酒类展示交易和现代仓储物流为一体的大型酒文化旅游综合园区，被山东省委宣传部评为“山东省十二五文化产业规划”首期重点建设园区。恒安散热器公司投资5.2亿元建设节能环保工业园，建成车间4个、面积7万平方米，生产工业换热器，打破主要生产汽车用散热器的单一格局。鲁安药业公司在实施DC级扑热息痛扩产项目之后，新上高端产品项目，实现由原料药到成品药的转型。其中，新上固体制剂项目，对扑热息痛进行深加工，年产各种片剂、胶囊80亿片（粒）。鲁丰集团新建20个规模养殖基地，新上饲料加工、肉鸡屠宰、肉鸡深加工、面粉加工等项目，精深加工能力明显提升，形成完整的产业链条，企业竞争力明显增强。柠檬生化公司投资15亿元建设谷朊粉项目，年精深加工小麦80万吨，生产高端面粉谷朊粉8万吨、变性淀粉4万吨、A淀粉40万吨、戊聚糖3万吨、乙醇10万吨、饲料10万吨，拉长产业链条，实现跨行业发展。凯动动力公司依托发动机制造优势，投资20亿元，实施雷鸣重工项目，新上轮拖、叉车、收割机、挖掘机等生产线10多条，实现由单机向整车的成功转型。

2013年，全市完成工业投资100亿元，实施投资过亿元大项目115个；高新技术产业园、先进制造产业园等园区初具规模；机械装备产业实施过5000万元项目39个，总投资92亿元；节能环保产业有盛宝传热蒸发式空冷器、萨尔帕节能环保设备等在建项目8个，总投资13亿元。

第四节 创新能力

1986年始，县内企业高度重视企业技术改造，不断提高创新能力。到1991年，全县企业技术进步得到加强，实施工业科技开发项目26项，有4项成果获省科技进步奖。开发新产品、新品种93种，投产率70%以上，有9种产品填补国内空白，18种产品填补省内空白。坚持走“开发一代、生产一代、储备一代、研制一代”路子，注重开发专、新、特产品。铝散热器填补国内空白，具有国际先进水平。电力铁塔、造纸污水处理设备、硫酸钾复合肥、公路机械、帘帆布等产品在市场上亦享有较高知名度。1992年—2006年，市内工业技术创新意识日渐增强，科技创新投入逐年加大，工业创新累计投入资金达25.6亿元，研发新产品240项，有56项填补省内空白。2007年，全市省级以上高新技术企业达到25家。其中，国家级高新技术企业4家，高新技术产品产值45.6亿元。形成以柠檬酸、扑热息痛为主的生物医药产业；以碱回收成套设备、空调设备为主的节能环保产业；以工业长丝为主的新材料产业；以汽车空调蒸发器、中冷器、大跨度铁塔为主的机电一体化产业；以锂电池、发光二极管为主的电子信息产业五大高新技术产业。每年科技创新成果都在10项以上，开发高新技术产品20种以上，高新技术产品产值占规模以上工业总产值的比重为30%，科技进步对经济增长的贡献率在40%以上。“十一五”期间，全市共组织实施潍坊市以上各类科技计划89项。其中，国家级科技计划29项，省级科技计划39项，潍坊市级科技计划21项；取得重要科技成果87项，获潍坊市级以上科技进步奖54项，其中省级10项;专利申请量达到1426件，授权量达748件。长安铁塔公司参与制定输变电钢结构制造技术国家标准，恒安散热器公司制定铝质、铜质散热器国家标准，博莱特化纤公司制定子午线轮胎用胶帘子布、耐热输送带国家标准，景芝酒业公司制定芝麻香型白酒国家标准。长安铁塔公司的“特高压钢管塔”和恒安散热器公司“年产500台大型船舶模块化散热器”列入国家火炬计划，柠檬生化公司的“10万吨/年高纯度出口柠檬酸”列入2011年度山东省自主创新成果转化重大专项。金鸿集团的碳化硅防弹陶瓷产业化项目被列入第一批省级战略性新兴产业项目名单，研发的高性能碳化硅结构陶瓷防弹材料通过解放军总后勤部科技成果鉴定，主持制定2项国家技术标准。

2011年，科技进步对经济增长的贡献率61%，被科技部评为全国科普示范市。至2013年，纳入高新技术产业统计范围企业57家。其中，高新技术企业18家（包括国家火炬重点高新技术企业3家），省级创新型（试点）企业4家，潍坊市级创新型试点企业2家，中国专利山东明星企业16家。各重点企业均成立企业研发平台，市内拥有潍坊市级以上企业技术中心17家，潍坊市级以上工程技术研究中心38家，省级院士工作站1家，博士后工作站1家；省级和潍坊市级示范创新联盟各1个；潍坊市级以上企业重点实验室5家，其中省级1家。高新技术产品120种，初步形成先进制造、资源与环境、新材料、新能源及节能、电子信息五大高新技术产业。是年，全市高新技术产业实现产值43.13亿元，占规模以上工业总产值的比重达14.82%。

第四章　乡镇企业

第一节　机　构

1984年10月，安丘县多种经营乡镇企业局改称为安丘县乡镇企业管理局。1994年3月，安丘县乡镇企业管理局更名为安丘市乡镇企业管理局。2003年5月，更名为安丘市中小企业局（挂安丘市民营经济发展局牌子），内设办公室、财务科、生产科、政工科、调研室5个科室。2010年3月，撤销安丘市中小企业局，组建安丘市民营经济服务中心（挂中小企业办公室牌子），为市经济和信息化局所属正科级财政拨款事业单位，内设综合科、组织人事科、规划发展科、企业融资科4个科室。原市中小企业局所属市乡镇企业技术指导站、市乡镇企业技术学校、市乡镇企业集体资产评估管理中心整合归并到市民营经济服务中心。至2013年机构无变动。

第二节 经营体制

1986年，是“七五”计划实施的第一年。县委、县政府按照中央关于发展乡镇企业“积极扶持、合理规划、正确引导、加强管理”的方针要求，开始把发展乡镇企业作为振兴农村经济的战略措施来抓，确立“四个轮子一起转，重点抓村办”指导思想，从县直部门和工商企业中选派22名懂经营、会管理人员，充实到乡镇领导班子，专管乡镇企业。县直各部门从资金、税收、燃料、原材料供应、技术指导、经营管理、信息等方面扶持乡镇村办企业发展。各乡镇党委、政府拿出专门力量具体包靠。是年，全县乡镇企业完成总产值5.2亿元，销售收入4.7亿元，实现利税6000万元。

1987年3月，县委、县政府出台《村办企业责任制试行办法》，对村办、集体企业经营承包进行规范。在巩固厂长负责制基础上，开始在部分企业推行厂长任期目标责任制。对规模小、效益低的企业大胆改革管理方式，实行经营承包，兴办股份制合作企业，引导农民集中各方面资金上项目、办企业。

1988年，随着企业改革进一步深化，安丘县乡镇企业较普遍地实行承包经营、租赁经营，引入竞争、风险机制，积极推行股份制，经营活力明显增强。年内，县电焊条厂的结422焊条、安丘综合钢窗的25内空腹钢窗和安丘特种焊条厂的奥102焊条获国家轻工部优质产品称号，安丘县水泥预制厂的搅拌机等四家企业产品获省级优质产品称号。是年，全县股份制企业达146家。其中，乡镇办企业67家，占总企业户数28%，村办企业79家，占总户数的4%；总入股人数为2.2万人，共吸收股金1400多万元。

1989年，在企业结构调整上，安丘县采取“抓重点、留青山、解包袱”指导方针，对乡镇企业实行分层次指导和治理，做到有保有压，有上有下，突出抓好50家管理效益好、产品适销对路的乡镇办企业和一批重点村办企业；对110家“青山”企业调整承包合同，采取“三保一平”（保银行贷款利息，保固定资产折旧，保工人工资，盈亏相平）承包政策；对60家产品不对路，浪费能源和原材料、污染严重、亏损“包袱”企业，采取租赁、兼并、拍卖和关、停、并、转措施。

1990年，按照“调整、整顿、改造、提高”指导方针，在全县开展“企业管理年”活动，面上继续推行“厂长牵头，班子集体承包、定额上缴、超收分成”承包形式。根据市场发展变化，适当调整承包基数，界定四种形式：对规模大、生产经营形势好、有经济效益的企业，采取厂长牵头、集体承包办法，按综合指标考核，实行奖惩兑现；对资产虽有一定规模但无定型产品、生产不够稳定，长期处于盈亏边缘的企业，实行“三保一平”，超收分成奖励，欠收按比例扣罚；对资产规模较大、贷款利息及其他债务负担过重，或政策性亏损企业，实行“三保一包”，包定额亏损；对规模小，资产和人员少的微利企业，采取租赁承包、定额上交、超收归已、欠收全赔形式，加强企业管理。是年，县内40多家停产、半停产的乡镇办工业企业恢复正常生产。全县乡镇企业完成总产值14亿元，比1989年增长16%。其中，乡村工业完成产值10.77亿元，比1989年增长15.4%。安丘镇获农业部企业管理年活动先进单位称号；刘家尧镇汶中玻璃钢厂获省农业银行特级信用企业称号。

1991年，县委、县政府出台《关于鼓励发展乡镇企业的暂行规定》，就新产品技术开发基金、积累分配制度、乡村集体企业等级管理和激励机制等10个方面作出具体扶持规定。县委、县政府连续召开四次乡镇企业工作会议，组织乡镇党委书记和县直有关部门负责人先后赴京、津、辽和深圳、河北等地进行考察学习，与南北方、烟台地区及周边县（市）区进行纵横对比，发现投入不足是乡镇企业发展缓慢的根本原因。是年，全县乡镇企业仅固定资产投入一项就达5000万元（其中，增拨贷款1000万元，自筹解决4000万元），比治理整顿前三年的总和还多。

1992年，重点抓好三个机制建设，推动乡镇企业稳步发展。建立约束机制，克服短期行为。搞好企业外部监督和约束，促进企业守法经营；建立激励机制，启动企业活力。制定发展乡镇企业优惠政策，鼓励各部门在资金、税收、电力、环保、人才等方面对乡镇企业给予扶持；建立宏观调控机制，加强规范化管理。运用行政手段加强政策引导，运用法制手段加强法制建设，规范乡镇企业行为，维护企业合法权益。

1993 年，县委、县政府重新修订乡镇企业年度计划和“八五”发展规划，提出大力实施“9 龙 200 虎 1000 明星户”工程，突出抓好 9 处强乡镇、100 处强企业、100 处强村和 1000 个个体私营大户。是年，调整、充实安丘县乡镇企业领导小组，落实县级领导包靠抓项目责任制，并与各乡镇党委、政府签订承包责任书。此后，各乡镇党委书记都靠上抓乡镇企业，分工一名副科级干部具体抓，同时落实包片干部包项目责任制，建立企业领导小组，加强乡镇经委建设，各级各部门均围绕乡镇企业发展转变职能，提供服务，乡镇企业发展环境得到进一步改善。是年，全县乡镇企业完成总产值 69.6 亿元，比 1992 年增长 132%；实现工业产值 53 亿元，增长 119%。其中，乡镇办工业产值 19.3 亿元，增长 176%。

1994 年，全市深入实施“三强”（强乡镇、强村、强企业）带动战略，提出重点实施“60 龙虎”工程，即在“9 龙 200 虎 1000 明星户”中集中抓好 10 个产值过 2 亿元的企业集团，20 家利税过 300 万元的重点企业，20 个利税过 1000 万元的村和 10 家利税过 200 万元的私营企业。市委、市政府和乡镇企业领导小组多次召开“三强”战略调度会、座谈会、现场会，帮助论证落实项目，解决实际困难与问题，推进目标落实。

1995 年，全市开展乡镇企业“管理效益年”活动。各乡镇企业按照农业部《乡村工业企业管理基础工作试行办法》和山东省乡镇企业管理规范要求，在加强劳动管理现场大力推行定置、定量、定位和看板管理，乡镇企业脏、乱、差现象得到有效改善，多数企业达到环境整洁、纪律严明、物流有序、设备完好、信息准确、文明安全要求。

1996 年，为全市实施“九五”计划及 2010 年规划的第一年，也是加快乡镇企业建设的重要一年。市委、市政府紧紧围绕转变经济增长方式，抓技改扩大规模，抓科技上水平、抓管理增效益、抓改革求活力，全面提高企业运行质量。是年，将全年企业总产值、工业总产值、产品销售收入、利税总额、出口交货值等经济责任指标，以经济责任书形式分解到各乡镇落实，并定期进行考核，促进乡镇企业全方位发展。

1998 年—1999 年，市委、市政府按照中共十五大报告中提出的“产权明晰、权责明确、政企分开、管理科学”要求，以“三个有利于”为标准，因厂制宜，采取三种基本形式狠抓乡镇企业改革：实行出售、拍卖。即把部分乡镇企业现有厂房、场地、设备等有形资产和商标、土地使用权等无形资产出售或拍卖，让存量资产继续发挥效益。实行股份合作制。对不能一次性出售和拍卖的企业，由乡镇政府同企业协商，把企业现有净资产折股出售给企业干部职工或社会法人。实行破产或剥离重组。对资不抵债的企业按照上级政策精神实行破产。如不能破产，则采取剥离重组办法，继续保留原企业法人，把现有厂房、设备等资产租赁给其他企业或个人经营，盘活存量资产。在企业改制过程中，均进行资产评估，并予以公证，防止集体资产流失，确保保值增值。对出售、拍卖、租赁企业收回的资金和集体股收回的红利，由乡镇经贸办统一管理，用于企业发展再生产。是年，全市 226 家乡镇办企业基本完成改制任务。企业性质亦由集体所有变为股份制或个人私有，全市乡镇企业均成为民营企业或中小企业，企业经营领域涉及农业、工业、建筑房地产、交通运输、批发零售、住宿餐饮、旅游、金融等行业。至 1999 年，随着乡镇企业改制的推进，市乡镇企业管理局职能发生转变，逐步由计划经济时期的具体管理指导转变为对全市民营经济进行规划引导，落实上级扶持政策，加快推动结构升级和发展方式转变。针对企业改制后自主经营、自负盈亏特点，积极引导乡镇企业尊重工人劳动成果，保护工人合法权益，切实体现按劳分配、多劳多得分配原则。企业内部实行竞争上岗，能者上、庸者下，让企业成为有才有识之士展示才华的用武之地。企业外部，以完善企业形象、良好服务信誉、过硬产品质量参与竞争，赢得市场和客户，各方面积极性得以充分调动。是年，全市乡镇企业完成总产值 94.4 亿元，销售收入 81.9 亿元，实现利税 7.6 亿元。

2000 年—2002 年，成立安丘市发展个体私营经济领导小组，设立个体私营经济综合服务办公室，组织 15 个市直部门联合办公，实行“一门受理、联合审批、一口收费、限时办结”“一站式”服务，为民营企业发展解决立项、注册、验资、用地等具体问题。为改善投资环境，市委、市政府先后制定《关于进一步鼓励外商投资的若干规定》《关于落实进一步改善外商投资软环境责任制的决定》和《关于加快个体私营经济发展的意见》等政策性文件，落实市直部门改善投资环境责任制，做到政策跟着项目走和边规划、边建设、边办手续，加快项目落户和建设进度。2002年，市委、市政府出台《民营经济考核办法》《关于进一步加快民营经济发展的补充规定》。明确规定：进一步放宽注册资本和投资方式限制。注册资本在50万元以下的有限责任公司，投资人首期认缴资本金达到注册投资额10%以上的即给予注册登记，其余部分资金可在3年内到位。简化投资审批手续。除国家法律、法规规定必须“前置”审批的项目和少数特殊行业外，一律实行“先照后证”的审批方式。是年，规划的景芝民营经济园区、刘家尧民营经济园区、凌河农产品出口加工区、兴安工业园区、赵戈工业园、黄旗堡科技工业园、南流民营工业园、关王民营工业园、王家庄铸造小区等十大重点民营经济园区初具规模，进区企业1650家，从业人员5.5万人。

2003年，成立安丘市民营经济发展委员会，设立市中小企业局。市委、市政府多次召开会议，研究部署民营经济工作。落实市级领导包靠民营企业责任制，实行限额以上民营企业定期调度制度。各镇街道成立民营经济发展办公室，做到“机构、人员、经费、职能”四落实。是年，全市民营经济完成增加值22亿元，比2002年增长18%。实现利税7.5亿元，比2002年增长16.2%。

2004年，市委、市政府开展“中小企业服务年”活动，着眼于“优良的秩序、优美的环境、优惠的政策、优质的服务”要求，制定出台《关于进一步加强民营经济发展的决定》和《民营经济考核办法》，落实《市级领导包靠民营企业责任制》，实行《限额以上企业定期调度制度》，完善招商引资政策，强化重奖、重罚、重用措施，引入激励、惩戒机制，提高行政职能。

2005年—2006年，市政府出台《关于加快服务体系建设促进民营经济发展的意见》《关于鼓励支持民营经济发展的考核办法》，把发展民营经济作为繁荣市域经济的战略重点抓。通过积极落实抓骨干企业上规模、抓招商引资上项目、抓载体建设上总量，抓特色经济上档次、抓改革创新上水平等“五抓五上”措施，推动民营经济健康快速发展。市民营经济发展局出台《关于民营企业发展循环经济的意见》。《意见》提出：到2010年，全市民营企业采矿业产出GDP比2003年提高25%左右，每万元GDP能耗下降20%左右；工业固体废物综合利用率提高60%以上；再生铜、铝、铁的主要再生资源回收利用量提高70%以上。以提高资源生产率和减少废物排放为目标，发挥市场机制作用，促进民营企业循环经济发展。

2007年—2013年，市委、市政府提出“工业立市”和实施“名牌战略”指导思想，按照“做大好的、膨胀大的，培植小的”总体要求，立足现有基础，以园区建设为龙头，进行科学论证，规划建设一批民营经济园区，并积极引导民营企业向项目区集中，实现集约化发展。在机制创新上，引导民营企业从个体业主制、合作制，逐步向公司制、股份合作制转变，逐步形成适应市场经济要求的经营机制。2009年开始，围绕“工业立市”战略，全市把发展民营经济作为推动经济又好又快发展的关键来抓，优化环境，强化服务，推进民营经济向集群化、规模化、科技型迈进。确立89家缴税多、潜力大、节能环保的重点企业，实施部门和市级领导包靠企业制度，加大创业扶持；突出抓好机械制造、医药化工、纺织服装、食品加工、建筑建材五大支柱行业和优势产业，推动民营企业向大、高、外、强突破；加强企业在自主创新、科技创新、管理创新方面引导，增强企业发展后劲；优化发展环境，成立中小企业贷款担保服务中心，解决49家企业融资难问题，组织168家企业加入省市民营企业信息网。按照“大项目－产业链－产业群－产业基地”思路，抓好产业集群发展，通过培育壮大龙头企业，促进同类中小企业聚集程度，全市初步形成新安街道玻璃钢产业集群、景芝工艺品产业集群、兴安街道大姜大蒜产业集群、凌河农副产品加工产业集群。2012年，以“富强、秀美、幸福”新安丘为目标，继续推进科学发展。建立重点骨干企业服务“绿色通道”，在用地、资金、政策等方面重点支持，引导以高端技术、高端产品、高端企业为引领，通过招商引资，股份合作等形式，加大技改投入，提升传统产业，推动产业结构调整和优化升级。

2013年，全市以推动企业“转调创”为重点，突出服务中小微企业发展。加大中小企业“一企一技术”申报力度，推进中小企业公共服务平台规划建设，做好创业辅导基地谋划建设和规模以上新增企业工作。是年，全市4家企业被认定为潍坊市“一企一技术”研发中心，10家企业成为潍坊市级“一企一技术”创新企业，山东科灵空调设备有限公司和潍坊海瑞通机电设备有限公司成为省级“一企一技术”研发中心，安丘百合酒业有限公司和安丘博旭机械制造有限公司成为省级“一企一技术”创新企业。109家企业被列入省“专精特新”中小企业培育计划。规模以上中小企业314家，从业人员超13万人。

第三节 管理服务

财务管理

1986年初，县乡组建250个财务清理小组，实行定人员、定时间、定任务、定奖罚，突击对乡镇企业、系统企业资金进行清理回收。年内，收回各种应收款837.4万元，销货款532万元，企业往来结算款255.6万元，私人借款49.8万元。1987年，全县狠抓新会计制度贯彻落实，举办乡镇办企业会计培训班两期，每期培训时间为30天，受训人员214人。县乡企局与县农业银行联合举办村办企业会计培训班两期，每期20天，培训人员112人。1989年，对全县乡镇企业资金现状进行全面分析，县乡企局、农行、法院和检察院等部门联合，在凌河镇搞好清理回收资金试点基础上，集中3个月时间，突击清理回收资金，最大限度挖掘乡镇企业现有资金潜力，缓解资金供需矛盾。1990年，对出现的各种形式的承包企业纳入审计、考核、奖惩机制；对乡村集体企业主管会计和审计人员，初步实施凭县乡企局颁发的“会计人员合格证”上岗，由乡村企业选派和管理，经营者只有弹劾权，不得随意调换；对企业承包者的生产经营和企业内部管理，定期进行审计考核和监督。一般为每季度一审计考核，年终进行决分审计。企业税后利润分配，承包基数以内的，采取“七、二、一”分成，即70%企业用于发展生产，补充流动资金；20%上缴乡镇经委，集中用于技改；10%作为职工资金。超额部分，企业内部“七、三”分成，70%留企业发展再生产，30%作为企业职工奖励基金。1993年，在搞清乡镇企业财务和利润分配问题基础上，将工作重点放在企业负担问题和有关政策的贯彻落实上。本着“欲取先予”政策，增加企业积累和发展后劲，严格按照省委、省政府文件中“六、二、二”规定执行，将企业税后利润60%用于企业扩大再生产，20%上缴乡镇经委，20%作为企业的福利和奖励基金。乡镇办企业按利润总额10%税前列支上交乡镇政府，用于补贴社会性开支和支农，任何单位和个人不得巧立名目和平调乡镇企业的财物和滥收费、乱摊派。1994年，在乡镇企业中开展以回收资金、处理积压产品为主要内容的清理资金活动。至年底，全市共收回应收款6000万元，处理库存积压4000万元，促进资金良性循环。1995年，全市开展乡镇企业“管理效益年”活动。大力开展会计规范化工作，全面加强乡镇企业财务管理。积极推行“量本利”分析、厂内银行等科学管理办法，切实加强成本核算，千方百计降低燃料消耗，降低成本，增加经济效益。注重压缩非生产性开支，严格控制超标准购买非生产用车，建楼堂馆所，装饰豪华娱乐场所，讲排场比阔气等。1997年，市乡镇企业主管部门和各乡镇经贸办均成立审计组织，制定完善定期审计、厂长（经理）离任审计等制度，对企业财务进行监督约束。是年，对全市300多家企业进行重点审计，对问题较多的10家企业进行突击审计，并区别不同情况进行处理，堵塞漏洞。2002年，为解决资金不足问题，通过深化改革和拓宽融资渠道，帮助有条件的企业培植上市资源，其他企业通过增资扩股，相互参股等形式，筹集资金。加强与金融部门协作，加大民营企业信贷扶持力度，搞好贷款担保试点等工作，帮助企业增值增效。2003年，认真贯彻落实《山东省私营企业和个体业户权益保护条例》，运用“铁的心肠，铁的手腕，铁的纪律”治理经济发展软环境。是年，全市查处侵犯私营企业和个体工商户权益案件70起。2004年，提出“831”工程，市级领导和有关部门负责人分别包靠8处重点镇街道和30处纳税过100万元的骨干民营企业。各镇街道领导干部各包靠一家百家贡献大户，帮助包靠企业制定出发展规划，确立奋斗目标，实行年终考核。2006年，针对民营企业贷款难实际，组建安丘市民营企业贷款担保中心。为加强民营企业信用工程建设，市中小企业局牵头组织工商、技术监督、税务、金融等部门组建民营企业信用评价中心，对全市民营企业进行信誉评定，引导民营企业树立良好信誉形象，打造民营企业信用品牌，促进企业健康发展。2007

年，与市农村信用联社成立安丘市民营企业信用协会，吸收114家信用度高，发展潜力大的民营企业为信用协会会员。协会成立后，市信用联社积极保障协会会员单位资金需求。2008年起，民营企业主管部门不再参与民营企业财务管理，企业财务管理由企业按照国家相关法律法规执行。大部分规模以上企业配备财务部门，小微企业一般采取聘用兼职会计方式进行财务管理。

科技管理

1986年，安丘县把科技进步和提高产品质量作为战略转移措施来抓，树立“产品在质量、质量在技术、技术在人才、人才在培养”观念。是年，全县乡镇企业（含村办）与国内大专院校、科研单位与国营企业挂钩的89家乡镇企业，招聘技术顾问300人，引进各类人才150多名。1987年，坚持内涵、外延并重方针，引导具有一定规模的企业，主要搞好改造挖潜，产品向高、精、尖集结，向名、特、优靠拢，上能力、增效益。通过县、乡镇、企业三级办学，选送业务骨干到大专院校、科研单位代培代训等多种形式，乡镇企业中有3000多名干部职工得到专业培训，724名工程技术、会计、统计人员获得技术业务职称。是年，全县共开发四新产品280种。其中，填补县内空白的21种，填补国内空白的2种（LG6X焊条、紫铜强求晶器）。大盛水泵通过省级评议，赵戈特种焊条、凌河结“422”焊条和西关钢窗三种产品被评为省优质品，黄旗堡瓦厂平瓦获部优产品称号。1988年，在企业管理升级试点基础上，有50处乡镇办、村办企业进档升级县级以上先进企业，其中国家二级企业1处，省级2处，通过市级考评的15处，管理升级使企业综合素质得到全面提高。32处企业达到国家计量合格要求。其中，国家二级计量单位1处，三级计量单位8处，单位计量合格单位23处，并有189处企业被评为银行信用企业，其中一级信用企业35处，特级信用企业5处。1989年，通过技术改造，推进科技进步，实现内涵发展。是年，全县乡镇企业在没有增加银行贷款的情况下，利用自有资金，投资1300万元，完成技术改造项目60多项，开发研制新产品、新品种80多个。通过横向联合，全县引进较高水平的科技人才30多名，引进科研成果20项，新增经济效益近百万元。1990年—1991年，在全县乡镇企业中广泛开展“企业管理年”活动。通过横向联合，一批企业加入群体，壮大资金、技术和产品优势，找到新的经济、技术依托，特别是以农机配件、石油化工产品为主的企业紧紧靠拢国营大企业、科研单位，实现“借梯上楼”。是年，全县乡镇企业完成固定资产投资1159万元，完成技术改造和新上项目74个。9处乡镇企业晋升为市级先进企业，10种产品通过部、省优评审，3种产品被评为省内新产品，7种产品填补国内空白或替代进口。赵戈结晶器厂的真白耗炉结晶器生产工艺，获农业部科技进步奖，居全国乡镇企业获奖项目榜首。1992年，县委、县政府设立“引进技术奖”。规定对引进先进技术促进企业发展的引进者奖励，奖金额为该引进技术第一年新增利润的1%～2%。设立新产品开发奖励基金，重点奖励有关科研人员。其中对研制的新产品填补省内空白的，奖给新产品投产后第一年新增利润的3%；填补国内空白的奖5%；列入省以上科研计划项目的，允许从项目投产后3年内，每年从实现的纯利润中提取1%～2%奖励科研人员。1993年，全县乡镇企业新增投入3.8亿元，落实技改项目149个，用于设备更新的资金1.3亿元。全县150多处乡镇集体企业加入城市企业集团，与科研单位和大专院校进行技术协作，引进人才180多人，招聘技术顾问300人，引进资金6000多万元，接转科研成果60多项。是年，开发的100多种新产品中，21种填补省内或国内空白，5种产品属于新技术产品，24家企业被上级科技部门定为高新技术企业或高新技术生长点企业。1995年—1996年，面对市场竞争日趋激烈的新形势，突出抓好引进人才、引进技术、培训人才、科研攻关等几个重点，提高企业和产品的科技含量，向高科技领域要产品、要效益。安丘联友集团的“适用价值工程开发新产品”获山东省乡镇企业现代化管理成果一等奖，潍坊市特等奖。1999年—2000年，全市乡镇企业有各类专业技术人员4009人。其中，高级职称7人，中级715人，初级3294人。主管部门进一步加强专业队伍建设，认真抓好专业技术人员继续教育，督促企业认真落实有关人才政策，不断提高待遇水平；及时组织专业技术人才通过考试评聘取得更高一级的专业技术职称，增强乡镇企业发展的内生动力。2001年，围绕进一步提高技术和装备水平，尽快转变工艺简单、技术落后、产品档次低状况，全市民营企业逐步实现由粗放经营向集约经营转变。积极吸纳和培养科技人才，建立科技队伍，开展科技攻关，研究开发新产品，增强竞争能力。2002年，全市民营经济新增投入6亿元，完成技术改造和新上项目161项。2005年，通过落实重点企业扶持政策，加大企业新上和技改项目力度，落实包靠重点民营企业责任制等措施，大力实施“831”工程，全市民营企业当年完成技改项目360个，总投资5亿元。其中，福克斯食品公司、三丰机械公司、石油钻采公司等企业，生产规模、加工能力等方面均有较大改观。2006年—2011年，主管部门动员境内中小企业牢固树立“生存靠科技、发展靠科技”观念，引导和组织企业不断加大科技创新投入，舍得花钱搞开发、买专利、引设备、向高科技型企业迈进。通过积极推进学研联合，借脑发展、借梯上楼，与大专院校、科研院（所）和大企业集团进行多种形式合作，利用专利技术，开发关键技术，加快科技成果转化；高度重视科技人才利用培养，通过年薪制、股权制留住人才，为企业发展提供人才支持和智力保证。2012年—2013年，突出抓好科技型中小企业培育工作，先后有潍坊天洁工业废渣资源化再利用技术研发中心、山东科灵热泵节能工程研究中心、潍坊海瑞通自动化研发中心、山东金鸿新材料研发中心、山东东翰机械研发中心获批省级一企一技术研发中心；潍坊市九易通电器有限公司动力配电柜变频切工频技术、潍坊海蓝环保科技有限公司深度污水处理盘式过滤器生产技术、安丘百合酒业有限公司发酵型百合酒生产新工艺、安丘博阳机械制造有限公司压缩整形抽真空螺旋输送技术、潍坊福来锅炉节能设备科技有限公司超导热锅炉节能装置生产专有技术先后获批省级一企一技术创新企业。

外向型经济管理

1987年，全县乡镇企业既重视利用当地自然资源搞工业品出口创汇，又注重利用廉价劳动力资源办劳动密集型工厂，搞工艺品出口创汇。是年，全县有工业品外贸出口企业11家，涉及机绣、抽纱、地毯等项目，有700个村24000多名劳力参与。1988年，全县出口创汇产品发展到24种，乡村两级外贸出口企业达26家，从业人员4300人，主要外贸产品有碳酸钡、立德粉、氯化钡、糠醛、乳酸、醋酸钠、石墨、绢花、毛刷、粉笔等。个体、联合体加工出口企业人员35000人，主要产品有地毯、机锈、百带丽等。共完成出口交货值1590万元，创汇426万美元。1990年，发挥劳动密集和传统工艺优势，积极发展出口创汇产品。在巩固原有出口创汇企业的同时，大力发展新的出口产品和品种，千方百计利用和引进外资，利用补偿贸易等形式，创办“三资”企业，推进外向型经济发展。是年，乡镇企业出口交货总值3830万元，直接向外贸部门交售2057万元，间接出口1773万元。主要外贸出口产品：碳酸钡7490吨、立德粉2510吨、糠醛1518吨、钻石6000克拉、橡塑鞋底28万双、粉笔7.3万盒、石笔4.9万盒、毛刷12万打、服装238万件、地毯90000平方尺，抽纱刺绣品265万元、百带丽303万元、工艺绢花75万元。1991年，在巩固原有出口产品基础上，又有柔性集装袋、硝酸锶、润滑剂、纸桶、橡塑底成品鞋等7种产品打入国际市场。经过努力，全县乡镇企业利用外资项目从无到有，一年建起“三资”企业4家，投资总额650万美元。1992年，特别是贯彻落实各级改革开放会议之后，乡镇企业发扬敢想、敢冒、敢试、敢创的精神，全方位推进外向型经济发展。有水道器材、铸件、花生等10多种产品打入国际市场。1993年，全县乡镇企业新办合资企业15家，到位资金274万美元，完成出口交货值2.1亿元。1994年，在外向型产品的发展上，实行多口岸、多渠道出口，本省不能出口的，到广东、河南、天津等地找门路、开辟通道。外向型产品在原有品种上，增加电焊条、水道器材、花栏墙铸件、行缝被等10多种。1997年，全市乡镇企业充分利用世界经济复苏、香港回归、台商内地投资增加等有利时机，通过组织参加潍坊国际风筝会、鲁台经贸洽谈会、广州贸易交易会和赴日本、韩国、东南亚、蒙古、西欧等地考察，与外商达成合资、合作和“三来一补”协议16项，协约合同利用外资2000万美元。景芝糠醛厂、凌河无机盐厂、鸢飞服装公司、王家庄绣品厂、赵戈龙泉服装厂、大盛水泵厂、临浯铸锅厂、景芝人造花厂等企业分别在出口创汇大潮中崭露头角。1999年，中央出台一系列鼓励出口的优惠政策，全市乡镇企业借机在优化投资环境上下功夫。鼓励乡镇企业走出国门，到境外办厂、设窗口，搞加工、输出劳务、承包工程等，开展跨国经营，直接参与国际分工，推动乡镇企业对外开放，向高层次、高水平发展。是年，全市共完成出口交货值6.7亿元，创汇7000多万美元，年内有6家企业取得自营进出口权，新办“三资”企业8家，实际利用外资175万美元。1999年以后，由于企业改制，经营权放归市场，主管部门不再对外向型经济进行直接管理，企业对外贸易成为自主行为。

第五章 机械工业

1986年，境内机械工业企业有36家。其中，全民所有制企业2家，集体所有制企业27家。主要产品有矿山设备、运输设备、毛纺机、水箱、电动机、灌装机、拖车等，当年产值5155万元。1987年后，随着改革开放的不断深入，安丘坚持把机械制造业作为全县的支柱产业予以大力扶持。在对国有、集体机械工业企业实施产权制度改革同时，不断加大招商引资力度，膨胀扩大机械制造企业规模。2002年后，一大批机械制造加工企业入驻市经济开发区，使安丘成为一个在省内较有名的机械制造加工基地。至2013年，全市涉及机械加工制造企业360余家。其中，规模以上企业78家，从业人员12854人，完成工业总产值101.95亿元，实现销售收入102.86亿元，利税6.64亿元，利润4.52亿元。

第一节 冶炼铸造

山东华动铸造有限公司

公司原为山东潍柴华丰动力股份有限公司子公司。2011年6月，潍柴动力与华丰动力签订收购协议，山东华动铸造有限公司正式成为潍柴动力（潍坊）铸锻有限公司全资子公司。造型工部采用2条德国进口HWS全自动静压造型线，配有组合下芯机、进口全自动浇注机、英国克莱斯曼铸件抓取机械手等辅助设施，采用静压工艺造型；砂处理工部配有全自动在线型砂检测仪，全程控制型砂质量，其中砂处理关键设备如变频转子混砂机、双盘冷却机等采用德国爱立许、法国法迪尔克技术设备生产；熔炼工部采用德国ABP公司生产的全自动中频电炉3套6台，熔化能力10-12T/h；制芯工部采用三乙胺冷芯工艺，配备德国Laempe全自动冷芯制芯中心，并配有辅助芯制芯单元和砂芯组芯输送线，热芯盒以覆膜砂工艺为主；清理工部配备高效全自动机械手抛丸机进行铸件精抛，铸件实现辊道输送流水作业生产模式。主要产品有潍柴WD615柴油机机体、缸盖、曲轴箱、飞轮壳等铸件毛坯，年产能力7万吨。2013年，公司实现主营业务收入3.7亿元，实现利税5180万元。

山东秋辰机械制造有限公司

公司建于1982年，总资产8000余万元。其中，铸造厂区位于峡山区，占地90亩；机加工厂区位于市经济开发区，占地105亩。是一家集铸造、加工于一体的专业化铸铁件生产厂家，一直与小松建机、潍柴动力、日立等著名公司建立着良好合作关系。主要产品有发动机缸体、缸盖、高速火车制动系统配件、轮毂、制动鼓、轴毂和工程机械配件等，年产能力3万吨。2013年，实现主营业务收入1.22亿元，上交税金325万元。

安丘佳晟机械有限公司

公司建于2003年，占地40亩，建筑面积1.8万平方米，通过TS16949:2002,IDT国际质量体系认证。公司有设备100多台（套），集生产、科研、开发于一体，主要从事球墨铸铁和精密铸钢件的生产和销售，经营机械配件、沟槽管件、阀门、发动机零部件、建筑机械等，年产量2万余吨。其中，“佳晟”牌沟槽管件销往全国各地，市场占有率在30%左右，部分产品出口美国、韩国等。2011年始，进行厂区扩建和技术改良，新上年产22万吨粘土砂流水线一条，配套高压造型机、射芯机等设备100多台。2013年，完成产值4622.2万元，实现主营业务收入4652.6万元，实现利税149.2万元，利润54.5万元。

第二节 工程装备

潍坊市通用机械有限责任公司

1986年，安丘县农机修造厂改进黄油枪YQ140C型，年销售15万支，占山东省内年销售量的82%，成为全省最大黄油枪生产厂家，属国家定点生产单位。是年8月，县农机修造厂生产的J2P-72型连续浸喷式洗瓶机荣获山东省优秀包装产品奖。是年，将县农机修造厂电子车间、汽车出租公司、综合门市部分出，单独成立安丘县仪表厂，年内完成工业产值411万元，产品销售收入418万元。1987年，县农机修造厂更名为潍坊市通用机械厂。是年9月，SF10物料提升机通过国家建设部机械管理局鉴定。1988年5月，潍坊市通用机械厂汽修车间分出成立振华汽修厂，经济独立核算。1989年，LY25路缘石铺筑机试制成功，并交付交通部第一公路工程总公司第二工程公司107国道项目部进行试用，整机性能达到设计和施工要求，填补国内空白。1990年，在北京亚运会工程招标中，一举夺得亚运村康乐宫574座伸缩式观众台和60台KC-100开窗机标的，成为山东唯一一家亚运会工程中标企业。1991年，该厂产品向建筑机械和筑路机械倾斜，开发QTZ20、QTZ30C塔式起重机和WDB300稳定土拌和站。1992年，新上SCD200/200施工升降机项目。

1993年，潍坊市通用机械厂改制为潍坊市通用机械股份有限公司，当年生产塔吊116台，施工升降机23台，酿造设备46台，搅拌站2台，完成工业总产值2007万元，实现销售收入2767万元。1994年，公司对QTZ30C塔式起重机进行技术改造，研制QTZ50C起重机成功。1995年，WDB300稳定土拌和站在全国第三届科技人才技术交流展示大会上获科技成果金奖。1996年，WDB300稳定土拌和站获国家级新产品称号。1997年，WDB300稳定土拌和站获国家专利局、山东省人民政府97年（泰山）专利技术及新产品博览会金奖。

1998年，公司改制为潍坊市通用机械有限责任公司，年内完成工业产值3182万元，产品销售收入4167万元。2000年，研发QFM4-15型混凝土砌块成型机，产品自重轻、耗能低，采用电脑自动控制，速度快、劳动强度低，操作方便，达到国内先进水平。2001年，公司开发HZS系列混凝土搅拌站，广泛适用于各种建筑施工、水电、公路、港口、机场、桥梁等工程建设及砼预制构件厂家和商品砼生产厂家。2012年，生产车间转移到位于市开发区锦湖路的东厂区，继续生产筑路设备。2013年，公司完成产值5104.8万元，实现主营业务收入4263.7万元，利税390.8万元，利润219.4万元。

山东贝特重工股份有限公司

公司建于2004年10月，注册资本1000万元，占地200亩，建筑面积6.5万平方米，资产总额1.2亿元。主导产品HZ(L)S/50-240系列混凝土搅拌楼站年生产能力100台；WCZ/300-800系列稳定土拌合站以及双轴搅拌机、皮带输送机、螺旋输送机等辅助机械年生产能力200台。产品覆盖全国30多个省市，为中铁、中交、中水、省路桥集团等大型工程集团配套，并出口俄罗斯、蒙古及东南亚地区。2010年，通过ISO 9000质量管理体系认证。2011年，混凝土搅拌站楼配料系统、混凝土配料机、稳定土拌和站配料系统取得国家制造计量器具许可证和国家轻小型起重运输设备全国工业产品生产许可证。2013年，完成产值2593万元，实现主营业务收入2559.8万元，实现利税20.6万元，利润10.9万元。

山东双丰重工机械有限公司

公司建于1978年，拥有资产2.5亿元，是“双丰”牌建设机械和通用机械的专业生产企业。1994年，第一批取得特种设备制造许可证，并成为山东省建设机械协会理事、中国工程机械协会会员单位。主要生产多种规格塔式起重机、施工升降机、物料提升机、混凝土搅拌机、砂浆输送泵、自动空心制砖机、小型装载机、铸件及各种型号齿轮箱等共15大系列100多种产品。其中，JZ100、JZ150型搅拌机被科技部授予国家专利并被评为国家级新产品，JS系列减速机随主机获国家优质产品称号，QTZ63、QTZ40、QTZ31.5塔式起重机成为山东名牌。所有产品均通过ISO9001质量管理体系认证，产品畅销全国近30个省、市、自治区并出口到中东、欧洲、北美和非洲等50多个国家和地区。企业被国家质监总局、山东省质量技术监督局认定为“采用国际标准生产企业”。2013年，完成产值5439.4万元，实现主营业务收入5330.6万元，实现利税216.1万元，利润78.1万元。

山东雷鸣重工股份有限公司

2013年公司建成投产，占地1000多亩。建有8万平方米生产车间2个，现代化生产线22条及研发、实验、检测等高端设备200多台（套），固定资产8.6亿元，是一家专业从事叉车、收割机及拖拉机等研发、生产和销售为一体的大型民营企业。主要产品有2行～4行玉米收割机、25马力～140马力拖拉机、四大系列2吨～10吨内燃叉车、1吨～3.5吨电瓶叉车等，产品销往全国20多个省、市、自治区，部分产品销往国外。2013年，完成产值3286.8万元，实现主营业务收入3286.7万元，实现利税141.1万元，利润40.9万元。

第三节 节能环保

汶瑞机械（山东）有限责任公司

公司前身为安丘县纺织机械厂、安丘县矿山机械厂，1995年更名为安丘市机械厂。1997年，与深圳方合资组建安丘市汶河环保实业发展有限公司。1998年，公司与英国安达克海外有限公司共同出资组建安丘汶瑞机械制造有限公司。2006年，与印尼金光纸业（中国）投资有限公司、美国施贝尔国际有限公司合资成立汶瑞机械（山东）有限公司。2012年8月，由印尼金光集团全额买断成为金光集团独资公司。拥有总资产3.42亿元，员工836人，是国内造纸业制浆洗选漂及碱回收装备最大研发生产基地和国家环保总局认定的重点技术依托单位、国家重点高新技术企业。

1990年，安丘县矿山机械厂始生产以洗浆设备为主的造纸制浆洗选漂及碱回收苛化设备。1991年，研发生产造纸用转鼓真空过滤机。1993年，独立开发当时国内最大的35平方米鼓式真空洗浆机，用于寿光晨鸣集团50吨/天碱回收项目。1997年，安丘汶河环保实业发展有限公司成立后，以造纸制浆生产线为发展主线，以洗浆设备为发展重点。2000年始，着手研究设计双辊挤浆机。2005年，研制成功国内第一台大直径高效率草浆黑液提取设备——单螺旋压榨脱水机，产品适应于年产3万吨以上草浆及5万吨木浆制浆造纸企业进行各种浆料的粗浆黑液提取，在相关纸厂投入使用后，单机提取率达75%以上，与真空洗浆机串联使用，黑液提取率达93%以上，技术国内领先。至2013年底，公司主要产品有以鼓式真空洗浆机及双辊置换压榨挤浆机为主的造纸洗浆及黑液提取成套设备；以白泥预挂过滤机及压力过滤器为主的造纸碱回收苛化工段成套设备；以多盘过滤机及内滤式圆网为主的白水回收及浆料浓缩设备；造纸少（无）氯漂白工艺与成套设备；造纸CSMP、APSP化学机械制浆成套设备。其中，造纸污水处理碱回收成套设备在非木纤维制浆技术上应用达到国际先进水平。麦草浆洗选漂单条生产线的装备能力可达8万吨/年，化学木浆洗浆单台生产能力2000吨/天，年产60万吨浆；掌握生产800吨/天木浆成套技术装备；研制开发APSP技术，申请两项国家专利、通过省级鉴定，并填补国内生产制造全套化机浆生产线的空白。已为国内600余家造纸企业配套设备，并出口加拿大、印度、印尼、泰国、越南、俄罗斯等国家。2013年，公司完成产值4.03亿元，实现主营业务收入4.16亿元，实现利税2442.6万元，利润2143.5万元。

安丘瑞贝轻工机械有限公司

公司前身为安丘县轻工机械厂，1986年，研制成功自动供盖压盖机、小型汽酒灌装机，当年产品销售收入596万元，上交税金34万元。1987年，研制成功牛奶灌装机，进一步完善液体包装机械。到1990年，企业拥有固定资产1029万元，年完成产值1294万元，创税174万元。1991年之后，企业进入高速发展时期，到1997年，固定资产达到4752万元，销售收入3511万元，上交税金298万元。

1998年10月，改制成立安丘市轻工机械有限公司，总资产9049.9万元。公司拥有袋笼（骨架）一次成型多头点焊机及极板（线）压轧成形机等数控加工设备220台（套），具备以工程咨询、图纸设计、生产制作、安装调试及承揽各类液体包装机械生产线及大气污染综合治理工程一条龙服务的能力及资质，产品涉及食品、包装、冶金、铸造、建材、化工、电力、造纸等领域。GZX70型液体包装生产线，主要由洗瓶机、灌装机、封盖机、贴标机、检验机、输瓶机等组成，适用于酒类、矿泉水、饮料、医药等液体的包装。形成八大系列50余个品种的规模，当年销售收入2.99亿元，利税总额达到2780万元。2001年，通过ISO9001国际质量体系认证。2002年4月，吸收安丘汶瑞机械有限公司资本，开始研发生产静电除尘器和袋式除尘器等环保机械设备，产品逐步形成包装与环保两大系列100余个品种规模，销往全国30个省、市、自治区4000余个厂家并出口俄罗斯、泰国、蒙古、朝鲜、伊朗、阿塞拜疆等国家和地区。2003年12月，安丘轻工机械有限公司与美国施贝尔国际有限公司合资组建安丘瑞贝轻工机械有限公司，仍生产包装和环保两大类产品。2004年后，由于产品市场饱和及管理不善，公司业务开始下滑并逐年萎缩，2009年1月，公司停产。

山东科灵空调设备有限公司

2004年成立，注册资金3000万元，主要进行户用地源、水源、污水源专用热泵机组和螺杆式水源热泵机组以及风机盘管等制冷空调设备的研发、设计、生产、销售和服务。企业拥有潍坊市热泵节能工程技术研究中心和企业技术中心各1个，国家级热泵综合性能实验室1个，先后发明专利30余项，并发起成立山东省地热利用及余热回收产业技术创新战略联盟，是国家高新技术企业，主导产品科灵空调被评为山东名牌。2013年，完成产值2.47亿元，实现主营业务收入2.47亿元，实现利税5568万元，利润5389万元。

潍坊天洁环保科技有限公司

1999年成立，位于兴安街道白芬子工业园，占地72亩，总资产6400余万元，是国家级高新技术企业。通过ISO9001质量体系认证，产品主要包括脉冲袋式除尘器、脱硫石膏煅烧生产线、煤泥螺旋干燥机、电子空气净化器、工业风机等。其中，自主开发的脱硫石膏煅烧生产线填补国内空白并鉴定为国内领先，被科技部列为国家重点推广新产品。2008年，被评为山东省明星企业和潍坊民营科技企业。2013年，完成产值1.96亿元，实现主营业务收入2亿元，实现利税1421.4万元，利润1328.1万元。

第四节　零部件

潍坊恒安散热器集团有限公司

公司前身为安丘县水箱厂。1986年，境内生产汽车零部件企业仅有安丘县水箱厂一家，年销售收入961万元。1992年，县水箱厂投资960万元，引进美国、德国制管机、滚待机等关键制造设备，建成管片式、管带式和大型工程机械散热器3条生产线，年生产能力由8万台提高到30万台，产品质量达到国际水平，主要出口美国、加拿大等国家，成为全国同行业唯一一家出口企业。年出口交货值1200万元，是全国水箱行业最大的出口创汇企业。1993年3月，安丘县水箱厂更名为山东潍坊水箱厂。1995年，投资9000万元建设年产50万台铝质散热器生产线，从美国引进高频焊接制管机、钎焊炉等国内外先进制造技术和工艺生产铝质散热器。1996年建成投产，是国内第一条铝质散热器生产线，产品填补国内空白，水箱年生产能力由30万台提高到80万台。

1998年11月，山东潍坊水箱厂改制为潍坊恒安散热器有限公司，注册资本1800万元。此后，公司放弃技术含量低、附加值低的“195”“295”等低端产品，将产品逐步向工程机械方向、汽车方向、出口方向调整，在全国水箱行业率先提出“模块化产品”供货理念，把水散热器、中冷器、油散热器、冷凝器、机冷器等多个产品组合成冷却系统单元整体销售，产品供不应求，模块化产品占到销售收入的70%以上。2003年6月，公司实验室通过中国合格评定国家认可委员会实验室认可。2004年10月，潍坊恒星散热器有限公司在市经济开发区成立，注册资本1200万元，占地110亩，建成年产60万台水箱生产线，主要生产工程机械产品、农业装备产品和发电机组产品，年生产能力由80万台提高到110万台。2005年4月，成立潍坊恒安散热器集团。下设潍坊恒星散热器、潍坊恒昊国际贸易、潍坊恒耀机械、潍坊恒安热交换器检测有限公司四个全资子公司。2006年，投资3.2亿元，建设年产150万台节能型热交换器项目，建成出口热交换器、车用空调、板翅片式热交换器、内翅片式中冷器4条生产线，为公司规模化生产、模块化供货打下基础。是年12月，被国家质量监督检验检疫总局认定为产品质量免检企业。2007年7月，被国家质量监督检验检疫总局认定为中国名牌产品企业。2008年2月，集团公司由潍徐南路迁至市经济开发区莲花山路，集团分铜铝两个分厂。铜厂区占地110亩，主要生产工程机械产品、农业装备产品、客车产品和发电机组产品；铝分厂占地165亩，主要生产汽车产品、工程机械产品、农业装备产品、叉车产品。是年10月，公司被国家科技部认定为国家高新技术企业。2010年，集团投资5.2亿元，在市经济开发区建设节能环保工业园项目，占地198亩，主要生产工业用闭式冷却塔、蒸发式冷凝器、脱硝脱硫除尘设备等高新技术产品。2011年，公司与广州大华公司合资成立潍坊大华恒安管业有限公司，主要生产散热器管和中冷器管。是年11月,公司“恒安”牌商标被国家工商总局认定为中国驰名商标。2012年2月，公司获潍坊市市长质量奖。

2013年，公司发展成为中国最大动力设备散热器生产企业之一，有员工800余人，占地500亩，是中国汽车工业协会车用散热器委员会理事长单位，先后获中国驰名商标企业、名牌企业、汽车零部件散热器行业龙头企业、内燃机零部件行业排头兵企业和国家免检企业、高新技术企业及山东省明星企业等称号。产品主要包括铜质、铝质水散热器、油散热器、空气中冷器、暖风器、冷凝器、蒸发器、车用空调、EGR冷却器及模块化产品、工业热交换器、脱硝脱硫除尘设备等十几类，年生产能力300万台(套)。配套机型覆盖工程机械、卡车、乘用车、农业机械、摩托车以及发电机组等。主要为柳工、厦工、龙工、临工等前十大工程机械主机厂及中国重汽集团、欧曼重卡、陕汽、江淮汽车集团、上汽依维柯红岩等前十大重卡主机厂配套，多次被中国重型汽车集团评为战略合作伙伴；工程机械产品、重卡产品、高端农业装备产品主导全国相应市场，产品出口美国、加拿大等国家和地区，并直接为法国标致公司配套。先后取得专利技术58项，国家级产品10多个。在全国同行业第一个将水油两种散热器复合为一体，填补国内空白；第一个将铝质散热器投入国内市场，引领全国内燃机散热器更新换代革命;第一个提出模块化产品供货概念，产品铜铝散热器结合组填补国内空白。公司技术中心被山东省科技厅认定为省级工程技术研究中心，是全省同行业唯一一家权威性科研机构。公司投资2000万元建设的新研发中心和检测中心通过国家实验室认可，引进国内外最先进检测试验设备和仪器，达到世界先进、国内领先水平，是全国散热器行业中唯一一家权威性实验室。2013年，完成产值6.26亿元，实现主营业务收入6.25亿元，实现利税3799.4万元，利润1925.3万元。

潍坊凯动动力机械有限公司

公司成立于2011年9月，前身为潍坊凯沃动力机械有限责任公司，是一家专业制造内燃机产品并集科研、生产、销售于一体的科技型企业。公司占地1000亩，建筑面积28万平方米。拥有柴油机各种生产线20条、零部件生产线6条，以及研发试验、计量检测和生产工艺等高端设备300余台。主要生产“S”型、“G”型、“P”型、“C”型、“D”型和“T”型等六大系列100多个品种单缸和多缸柴油发动机、柴油发电机组及多缸柴油机缸体、多缸柴油机散热器等内燃机配件。产品广泛用于农业机械、工程机械、载重汽车、船舶、柴油电站、矿山机械等配套领域。产品遍及全国30个省、市、自治区，远销东南亚、西亚、欧洲、北美及非洲等地区。2013年，自主研发的新产品KD2115型柴油机通过山东省省级新产品鉴定。是年，获山东省工业机械协会颁发的山东省资源节约型典范企业证书和奖牌；先后参与国家标准委员会主持修改制定的3项国家标准及行业标准；获得山东省质协颁发的山东省质量奖鼓励奖、山东省质量管理先进单位等荣誉称号；年内完成产值12.3亿元，实现主营业务收入12.2亿元，实现利税4714.6万元，利润2780.3万元。

第五节 电力铁塔

潍坊长安铁塔股份有限公司

公司前身为山东电力修造厂。1986年，山东安丘电力修造厂在开展汽车维修业务同时始涉足电力铁塔领域。1992年，与鞍山铁塔厂联营生产电力铁塔。1992年10月，研制的35千伏圆形钢管单柱钢管塔通过鉴定，填补国内空白并取得实用新型国家专利。1993年12月，安丘电力修造厂改组成立山东潍坊长安电力铁塔制造股份有限公司，注册资本500万元，主营输电线路角钢塔、钢管塔、变电构架和电力金具的生产、销售以及汽车维修。1994年，公司取得220千伏输电线路铁塔生产许可证。1995年，建成同行业中第一个CAD辅助设计室。1996年5月，公司更名为山东安丘龙蕃长安铁塔股份有限公司，注册资本增加至1000万元。同年，取得500千伏输电线路铁塔生产许可证。研制的220千伏双回路钢管塔（南京莫燕线）投入运行，开创中国第一条220千伏双回路大容量钢管塔进城的先例。1997年，通过ISO9001质量体系认证。被国家科技部评为全国CAD应用工程示范企业，山东省科技厅认定为山东省高新技术企业，公司技术研发中心被认定为潍坊市市级企业技术中心和山东省输电结构工程技术研究中心。

1998年9月，公司更名为潍坊长安铁塔股份有限公司，年内研制的钢管大跨越塔投入运行。此后，公司研制的数十基大跨越塔投入工程建设。因技术复杂，加工难度大，一度成为企业技术实力的象征。主要工程有220千伏上海崇明岛大跨越塔，塔高128米；±500千伏芜湖长江大跨越塔，塔高229米，跨越档距1910米，单基塔重920吨，被人们誉为“长江第一跨”；500千伏马鞍山长江大跨越塔，塔高257米，跨越档距1960米，单基塔重1843吨，塔中间设电梯，时属国内最高的输电钢管塔；500千伏南京三江口大跨越塔，塔高249.5米，单基塔重1890吨，为全国第二高输电钢管塔；南方电网榕江大跨越塔，塔高215.5米，跨越档距1444米，塔重1730吨，是广东省内高度最高、跨越档距最长的跨越工程；1000千伏汉江大跨越铁塔，该塔是中国第一条1000千伏特高压交流试验示范线路（晋东南—南阳—荆门）工程中最雄伟的铁塔，创造6个“特高压之最”，主跨越档距1650米、导线横担重量91吨、单件构件重达8吨、单基塔重1100吨、塔高181.8米、根开39.06米。

1999年，铁塔产量2万吨，取得220千伏输电线路钢管杆生产许可证，开始生产500千伏自制多边形钢管变电构架。这一结构在国内多座500千伏变电站得到推广。2000年11月，自主开发的“CAERP系统”通过省级鉴定，属同行业首创。研制的220千伏四回路及500千伏双回路、多回路钢管塔通过真型试验，应用于广州北罗线、长江三峡等输电工程中。2001年9月，投资4000万元实施的“长安三大技改项目”（500千伏大跨越试装基地、引进德国的电热镀锌改造工程和第三条钢管塔流水线）竣工，产能规模提升至6万吨。2003年10月，新征土地230亩，建设长安铁塔工业园，总投资逾3亿元。一期工程于2004年9月竣工投产，建成角钢塔生产车间；二期工程于2005年10月开工建设，2006年7月竣工投产，建成镀锌车间。是年12月，公司放弃汽车修理业务，专注于输电线路铁塔研制和生产。2007年，与山东五洲集团联合出资成立潍坊五洲风电设备有限公司，生产销售风力发电塔。三期角钢塔扩产工程于2009年3月开工建设，同年7月竣工投产，公司产能规模提升至15万吨。2009年，为国家电网公司特高压杆塔试验基地研制1000千伏特高压杆塔试验主加荷塔，塔高153米、塔重2300吨，属世界第一高度真型试验加荷塔。2010年产品产量11万吨。2012年，公司股权变更到青州中晨集团名下，实行内部改革，精减管理机构和管理人员，公司生产经营一度下滑，但企业管理走向科学化、合理化，产量仍保持在7.8万吨。2013年7月—12月，对生产布局、工艺流程进行优化调整，产能提升至20万吨。2013年，业务开始重新起步，当年完成产值6.22亿元，实现主营业务收入6.25亿元，实现利税2246万元，利润418.1万元。

山东华安铁塔有限公司

公司成立于2004年，占地23.4万平方米，其中建筑面积5.3万平方米，注册资金8160万。主要生产角钢塔、钢管塔，年产能力5万吨。2004年荣获省级星火骨干企业称号，2008年荣获山东省新技术企业称号。2013年，完成产值2.73亿元，实现主营业务收入2.55亿元，实现利税771.8万元，利润145.6万元。

潍坊五洲鼎益铁塔有限公司

公司前身是五洲风电铁塔公司，成立于2005年。2012年，改组为潍坊五洲鼎益铁塔有限公司，注册资本1.06亿元，位于青龙湖西路，占地面积550亩，厂房面积5.35万平方米，是生产电力铁塔、风力发电塔架的专业厂家，可生产1000千伏及以下电力铁塔，3000千瓦及以下风力发电塔架。拥有750千伏输电线路铁塔生产许可证，通过ISO9001质量管理体系认证和国家电网供应商资质现场审核，并取得国网35千伏-750千伏角钢、钢管资质业绩核实证明，具备1000千伏铁塔生产能力。具有较强的技术骨干力量，是《输电线路钢管塔制造技术条件》《风电机组筒形塔制造技术条件》等标准主要参编单位，先后参与DL/T5130—2001《架空送电线路钢管杆设计技术规定》《架空输电线路钢管塔设计技术规定》《输电线路钢管塔薄壁管对接焊缝超声波检验及质量评定》等国家标准和行业标准编写。2009年完成广州供电局500千伏狮洋—桂山大跨越钢管塔工程。2010年完成四川省电网公司±800千伏锦屏－苏南角钢塔工程、广东省电网公司500千伏台山电厂—圭峰站大跨越钢管塔工程。2012年完成江苏省电力公司220千伏东善桥至板桥环牧龙变送电线路四管塔工程；山东五洲电气股份有限公司220千伏益弥、青弥线角钢塔工程；烟台海阳核电500千伏送出至莱阳线路角钢塔工程；淮南至上海1000千伏特高压交流输电线路钢管塔、跨越塔工程1.6万余吨，其中包括高度为198米的淮河大跨越钢管塔。2013年1月，中央电视台《新闻联播》在铁塔现场报道“皖电东送”线路成功跨越淮河。是年，公司完成产值1.58亿元，实现主营业务收入1.83亿元，实现利税573.4万元，利润280.4万元。

潍坊久安铁塔有限公司

公司于2004年3月注册成立，位于兴安街道道口村，注册资金5100万元，总资产8600万元，占地300亩。主要生产500千伏及以下各电压等级输电线路角钢铁塔、钢管塔，750千伏及以下变电站构架和普通塔式起重机、电气化铁路构架，薄壁离心钢管混凝土杆塔及各种规格的予应力水泥电杆、环形钢筋混凝土水泥电杆和变电站内水泥电杆等各种镀锌钢结构、水泥制品及热浸锌防腐等产品。采用国内先进的KX-16型、BL2020型数控角钢生产线和FPI700数控板材生产线进行角钢铁塔生产，有各种加工设备120多台（套），年生产各种电力铁塔4万多吨，热浸锌防腐能力5万吨，业务范围遍及电力／通讯塔、船舶制造、公路护栏、标志杆、灯杆、锚链、钢格板等钢铁制品领域。2013年，完成工业产值3.85亿元，实现主营业务收入4.03亿元，利税3156.4万元，利润2945.2万元。

第六节　其他产业公司

潍坊三源铝业有限公司

由潍坊通用机械有限责任公司出资筹建，2004年建厂，注册资金1.3亿元，总资产28亿元。公司分2个生产厂区：汶水南路西厂区占地129亩，市开发区锦湖路东厂区占地259.5亩，主要生产热传输用铝合金复合材料。2007年，投资4980万元在西厂区扩大生产规模，建设万吨铝合金复合板带箔技术改造项目，年生产能力扩大到2万吨，生产规模居全国第二位。国家知识产权局对公司钎焊式热传输材料制造方法批准为发明专利。是年，公司被省科技厅认定为山东省高新技术企业，获火炬计划项目证书。公司产品“热传输用铝合金复合带（F373688）”被科技部认定为国家重点新产品。2009年，投资9500万元继续扩建万吨热传输用铝合金复合板带箔项目。成立潍坊市级工程技术研究中心及铝基复合材料工程研究中心。是年，研发高强多层钎焊用铝合金复合板，该材料易成型，耐腐蚀，钎焊性和导热性良好。2010年，研发的中冷器用铝合金复合高频散热管材料被列入山东省2010年度第二批技术创新项目计划。微通道换热器用复合箔及其制造方法被国家知识产权局批准为发明专利。2011年，研发热处理可强化铝合金复合板，通过合金配料、熔炼、铸坯将多种不同材质的铝合金板焊合高温加热后经热轧机轧制在一起，成品材料抗拉强度提高20%以上。是年，投资6.4亿元在东厂区建设铝合金汽车板项目，项目总占地面积260亩，总建筑面积7.9万平方米。2012年，投资1611万元，研发油冷器连接板材料、铝合金复合带（F553668）、新一代高抗塌陷复合散热带材料、新式高频焊管材料、高耐腐蚀B型管材料、新式真空钎焊用散热器材料、高强度主板材料等7种材料。其中，铝合金复合带（F553668）和新一代高抗塌陷复合散热带材料被省科技厅列入2012年山东省技术创新计划项目，公司被科技部认定为国家级高新技术企业。2013年，完成“0.23毫米厚度高耐腐蚀B型管材料、电站冷岛用复合带、一种异型管高频焊管材料”3种材料研发。是年，铝合金汽车板项目正式建成，设备安装试车，进入试生产阶段。2013年，完成产值5.92亿元，实现销售收入5.89亿元，实现利税2882万元，利润1949.2万元。

山东信川机械有限责任公司

公司于2011年12月成立，注册资本2275万元，下设全资子公司安丘信川机械有限责任公司，注册资本1200万元。是一家专业研发、生产、销售印刷后工序包装机械设备的高新技术企业，建有山东省模切机工程技术研究中心、潍坊市级企业技术中心和潍坊市模切机工程技术研究中心。主导产品半自动、全自动模切机用于瓦楞纸板、卡纸类纸箱、纸盒等产品的模切压痕和冷压凸凹，开发出30余款，产品拥有国家授权专利15项，有4项产品通过省级科技成果鉴定，填补国内空白，技术水平国内领先。所生产的“手护神”牌半自动平压平模切机、半自动卧式平压平模切机成为山东名牌。2013年，完成产值2.65亿元，实现销售收入2.43亿元，利税1238万元，利润425万元。

安丘市鼎正机械设备有限公司

公司成立于2000年，是一家研发、生产、销售包装机械的企业，占地80亩，建有5000平方米研发中心1座，2.8万平方米车间3座，数控卷板、折弯机、大型数控加工中心、转塔冲床等设备100套。专业为酒水、饮料、酿造等行业生产灌装流水线并提供包装、物流、仓储一体化设计方案，产品包括洗瓶、冲瓶、灌装、封盖、检验、烘干、输送、贴标、装箱、码垛等系列设备。2013年，实现主营业务收入1.7亿元，利税719万元。

潍坊市电机一厂有限公司

公司建于1962年，是一家专业生产电动机的企业，注册资本1000万元，资产总额4130万元。2003年，由原国有中一型企业潍坊市电机一厂改制成立。拥有数控及普通机加工设备、检测设备460台（套）。公司主要生产YZTD系列塔吊用多速三相异步电动机，YEZ、YDEZ系列锥形转子电动机，Y（YD）EJ系列电磁制动三相异步电动机，YZ、YZR系列冶金及起重用三相异步电动机，Y、Y2系列三相异步电动机，YBK2系列煤矿井下用隔爆型三相异步电动机，DSB系列输送机用隔爆型三相异步电动机，YBB系列耙斗装岩机用隔爆型三相异步电动机。其中，YZTD系列塔吊用多速三相异步电动机获山东省名牌产品称号。年生产能力110万千瓦。2010年，公司在新安街道磨埠社区西侧征地80余亩，建设新生产车间。2013年8月新厂区投产。是年，公司完成产值1.38亿元，实现销售收入1.05亿元，利税526.7万元，利润156.7万元。

安丘市新建业登峰焊接材料有限公司

公司原为山东登峰焊接集团总公司，由新建业置业地产（香港）有限公司租赁改制而成，现为独资企业。是集科研、开发、生产经营、信息服务于一体的企业集团。主导产品电焊条有九大系列300多个品种，是全国生产焊条品种最多的厂家。产品销往东南亚、欧洲、非洲、中东地区及全国各地。

第六章　医药化工

1986年，全县有大小化学工业企业29家。其中，全民所有制企业2家，集体所有制企业27家，当年完成工业产值4356万元。其中，安丘县化肥厂、化工厂、第二化工厂、制氧厂4家初具规模，主要产品有氨水、碳酸氢铵、硫酸、钒触煤、氯化钡、二号油、对氨基苯酚等10余种，当年完成工业产值1864万元，实现销售收入2054万元。1990年后，受市场经济影响和环境保护制约，规模较小的乡镇、村办化工企业大部分关、停、并、转。1998年，企业产权制度改革后，通过引进外资和扩产改造，境内化学工业有了较大发展。2013年，全市有规模以上化工企业11家，从业人员3902人，完成工业总产值40.72亿元，实现主营业务收入48亿元，利税1.86亿元，利润1.68亿元。

第一节　医　药

安丘市鲁安药业有限责任公司

公司前身为潍坊第四制药厂。1980年8月，安丘县木器厂松醇油车间和安丘县印刷厂焊剂车间合并，成立安丘县第二化工厂。1988年12月，更名为潍坊第四制药厂，并成立扑热息痛车间。1989年4月，扑热息痛正式投产，形成以生产医药产品为主、化工产品为辅的综合性企业。1991年2月，被化工部评为化工清洁文明工厂。1994年，扑热息痛产量1042吨，完成产值4047万元，销售收入2735万元，资产总额增长到1401万元。1996年，扩建扑热息痛生产厂房1000平方米，是年10月投产运行，年生产能力3000吨。1996年6月，公司取得自营进出口权。1997年10月，利用美国NEC公司技术，新上复合扑热息痛生产线，填补该领域国内空白。1998年5月，第二次扩产扑热息痛，新增建筑面积3000平方米，采购设备200多台（套），于是年11月投产运行，年生产能力8000吨。是年12月，潍坊第四制药厂更名为安丘市鲁安药业有限责任公司。1999年3月，扑热息痛在国际药品、医学、医疗器械成果博览暨学术交流研讨会上被评为“优秀成果金奖”。是年9月，公司第三次扩产扑热息痛，同时配套建设醋酸钠和锅炉项目，采购设备300多台（套），20吨锅炉1台，2000年10月投产运行，年生产能力1.2万吨，居国内第一位。2001年8月，第四次扩产扑热息痛，年生产能力2.4万吨。2003年，新上制粒项目，引进德国制造的世界最先进WSG-3000制粒机；建设热电联产项目，新上35吨锅炉2台，3000千瓦发电机组1套。2005年，建设大输液项目，新上生产线4条，年生产能力达2亿瓶（袋）。2006年，公司被省中小企业办公室授予山东省成长型中小企业称号，成为山东省高新技术企业。公司开始生产感冒用药新爱得、胃病用药泰尔赛克，填补安丘历史上无成品药的空白。2007年，注册商标“鲁安”被评定为山东省著名商标，并通过质量管理体系、环境管理体系、职业健康安全体系三个体系认证；公司利用一步法生产DC级对乙酰氨基酚被国家科学技术部列为“国家火炬计划重点项目”，被国家知识产权局授权为发明专利；公司自主研发成功喷雾造粒专利技术，填补国内空白，成为中国第一家拥有该项技术的企业。2008年，公司新上扑热息痛喷雾造粒项目，年生产复合扑热息痛颗粒3000吨，产品销往欧美等市场；建设固体制剂技改项目，年生产能力50亿片，为国外贴牌加工；建设闭路循环水项目，日处理废水1万吨，重复利用率达到96%，实现外排水重复利用和零排放。2009年8月，总投资2.2亿元，新上扑热息痛扩产技改项目，按照美国FDA及中国新版GMP标准设计，实现全程监控、全自动化，达到国际先进水平。扑热息痛年生产能力提高到4万吨。是年12月，公司喷雾干燥法生产DC级对乙酰氨基酚的工艺研究与开发项目，获潍坊市科技创新优秀成果二等奖，公司获建国60周年山东省医药行业功勋企业称号。2010年，对扑热息痛3号生产线烘干设备进行改造，双锥改为流化床，增强烘干效果。2012年3月，投资2亿元新上4000吨DC级扑热息痛扩产项目（直接压片），从德国进口世界上最先进的格拉特一步制粒机，形成12000吨年生产能力，位居世界第一位；按照国家新版GMP的要求，对扑热息痛生产线和大输液生产线作技术改造，进一步优化生产工艺。至2013年，公司拥有员工1300余人，总资产15亿元，占地面积600亩，主导产品原料药扑热息痛年生产能力4万吨，同时拥有DC级扑热息痛、成品药、大输液及白乳胶等众多产品。扑热息痛产品通过中国GMP认证、美国FDA认证、欧盟EDQM认证及加拿大政府和强生、史克、施贵宝等多家国际知名制药公司的质量审计，80%以上产品出口到美国、英国、德国、法国、日本等100多个国家和地区。同时，与美国强生制药公司确立战略合作伙伴关系，被认定为合格供应商。国内与扬子江药业、贵州百灵、三九药业、吴氏集团、修正药业等知名企业建立长期稳定的供需合作关系。注册商标“鲁安”被国家工商总局评定为中国驰名商标，成品药“新爱得”被省工商局评定为山东省著名商标。是年，生产扑热息痛2.3万吨，完成工业总产值8.2亿元，实现主营业务收入13.1亿元。

修正环球施普乐医药（潍坊）有限公司

公司前身为环球施普乐医药（潍坊）有限公司，是修正药业集团所属控股子公司和美国SWABPLUS INC集团在安丘市经济开发区设立的外商独资企业。公司成立于2005年5月，注册资金1438.8万美元。产品有新型药品包装材料、容器、碘伏棉棒等医疗器械用品及美容护理等日用化妆品、口腔类清洁剂等，主要销往美国、日本、加拿大等国家和地区。按照GMP规范， 设立十万级洁净度生产车间，主要生产设备均为集团公司内部自行研制且拥有世界上最先进高度自动化精密设备，采用全球独有高科技微管包装专利技术，并配置尖端检测设施和完善的检测手段。罐装技术可广泛应用于医药、化妆品、消毒品及清洁剂等多个行业及领域，内容物涵盖液体、膏体及乳液等多种形态。2013年，完成产值1730万元，实现主营业务收入1726万元，上交税金321万元。

山东特珐曼药业有限公司

公司位于安丘经济开发区，占地面积约50亩。2010年，通过欧盟药品GMP认证。2012年，获国家食品药品监督局“药品生产许可证”，是安丘制药工业中创新科技代表性企业。公司致力于高新技术成果转化以及低耗环保绿色合成工艺的产业化。

已累计申请药物发现与药物合成工艺发明专利30余项，拥有专利使用权60余项。与上海特化医药科技有限公司、中科院上海药物研究所共同研发的一类新药“TPN729”（用于肺动脉高压症），于2008年获“重大新药创制”国家重大科技专项基金支持，并完成全面、规范临床前研究。2013年，实现主营业务收入3384.3万元，上缴税金18.2万元。

第二节 化 肥

山东奥宝化工集团有限公司

公司由原山东安丘化工总厂和安丘市化肥厂合并组建而成。1986年，安丘县化肥厂全年共生产合成氨1.8万吨，碳铵7.4万吨，完成产值995.3万元，实现利润60万元。1987年，投资158万元，新上油脂加氢项目，并组建硬化油车间。1988年，投资257万元，对沸腾炉进行全面改造，新建压缩机厂房825平方米。1992年，建鞋胶车间一个。1993年3月，该厂生产的农用碳酸氢铵达到GB3559-92技术指标。1995年，投资1000余万元建设甲醇项目，当年投产运行。1996年，投资2800万元扩大合成氨生产能力，年产4万吨。1998年11月，原山东安丘化工总厂和安丘市化肥厂合并组建山东奥宝化工集团，1999年，集团成为国家烟草专卖局烟草专用肥定点企业。是年，投资1200万元建设10万吨复合肥项目。2000年，投资150万元新上蒸汽锅炉系统。2001年12月，通过GB/T19001-2000、IDTTSO9001:2000质量体系认证。2002年8月，投资3000万元建设年产10万吨硫磺制酸项目。2003年8月，山东奥宝化工集团变更为山东奥宝化工集团有限公司。是年11月，与淄博汉圣化工有限公司合资成立安丘奥圣气体有限公司，共同投资800万元建成年产1万吨液体二氧化碳回收项目;12月，与淄博汉圣化工有限公司合资成立安丘市奥泰达气体有限公司，共同投资1200万元扩大液氧、液氮生产能力，年产3万吨。2004年7月，与山东泰和集团合资成立潍坊奥泰石膏有限公司，总投资1.3亿元建设年产30万吨新型墙体材料项目，年产3000万平方米纸面石膏板和40万平方米高强石膏墙板，年处理废渣磷石膏40万吨。2006年，投资1000万元新上两条全自动石膏砌块生产线，年产20万平方米石膏砌块；投资300多万元新建污水处理站，污水治理的各项指标达到国家二级排放标准；投资2000万元新上10万吨尿基复合肥项目，生产尿基小麦专用肥；投资3800万元扩大合成氨生产能力，年产能力提高到8万吨。2007年—2008年，投资1.38亿元新建余热余压废渣资源综合利用发电项目；投资1000万元引进新型熔体造粒工艺，生产高氮高钾型复合肥。2007年12月，“奥宝”成为中国驰名商标。2010年，投资3亿元新建合成氨项目，将原化肥厂迁至城北新区，年产合成氨18万吨，联产6万吨甲醇。到2013年底，生产规模达到年产30万吨“奥宝”系列硫酸钾复合肥、30万吨碳酸氢铵、10万吨高氮高钾复合肥、10万吨合成氨、10万吨系列专用肥、20万吨硫酸以及磷肥。实际生产复合肥12.6万吨，硫酸7.9万吨，盐酸3.2万吨，合成氨12.6万吨，甲醇1.6万吨，碳铵9269吨，氨水1.3万吨，液体二氧化碳9万吨。全年实现工业总产值10亿元，主营业务收入13.4亿元，利税2422万元，利润1699万元。

第三节 柠檬生化

1986年，安丘县外贸综合加工厂下设的柠檬酸车间始生产柠檬酸系列产品，广泛应用于饮料、汽水、葡萄酒、糖果、点心、饼干、罐头果汁、乳制品、调味剂等食品行业。同时，在禽畜生产、洗化、纺织、医药行业也广泛应用。建厂初，柠檬酸年产量1000吨，主要供给亚洲及国内市场，年销售额最高时达700万元。1991年8月，安丘外贸综合加工厂柠檬酸车间独立为安丘县外贸发酵厂。1994年8月，安丘市外贸发酵厂归为山东省物产进出口公司，并随之更名为山东省物产进出口发酵厂。同年，从破产的上海酵母厂购买1000吨/年柠檬酸旧设备一套，奠定公司发展基础。

山东省物产进出口发酵厂重视科技研发和人才引进，按国际标准设计建成的现代化化验室于1999年成为CIQ认可的国家二类化验室。化验室采用瑞士生产的水分测定仪、分光光度计、细菌内毒素测定仪、原子吸收测定仪等先进检测分析设备，可同时检测计量20多项理化指标，确保产品质量始终处于行业领先位置。公司大专以上科技人员占全体员工比例达30%以上，成立专门研发中心。2000年8月，经山东省政府批准，成立合资企业——山东柠檬生化有限公司。是年，公司新上3万吨生产线一条，月柠檬酸产量达到3500吨以上。2003年4月，公司在市北区投资7亿元，建设年产能力6万吨的柠檬酸生产线，主要生产一水柠檬酸、无水柠檬酸、柠檬酸钠等系列产品，同时引进世界先进污水处理技术。此后，公司迅速发展，业务范围不断拓展，经济、社会效益齐头并进。研发团队在柠檬酸生产关键环节取得许多水平较高科研成果。2007年，公司被中国发酵工业协会认定为循环经济示范企业、环保先进企业。2008年，公司发展成为国家高新技术企业。2009年，公司实施的高纯度柠檬酸关键技术研究及产品开发课题获山东省科技进步三等奖，利用优良菌株和组合膜技术生产高纯度柠檬酸课题获中国轻工联合会科技进步三等奖。

公司推行严格质量控制管理体系，内控技术指标均达到或优于行业BP2014、E330、FCC9、USP37、EP8.0等标准。2005年，通过ISO 9001、ISO 14001及HACCP体系认证。2006年通过KOSHER认证。2010年，通过HALAL认证。是年，公司研发中心被山东省科技厅认定为柠檬酸工程技术研究中心，被山东省经信委认定为省级企业技术中心。2012年9月，山东柠檬生化有限公司TTCA商标被省工商局认定为山东省著名商标，产品畅销全球100多个国家和地区。2013年，公司被潍坊市发改委认定为发酵有机酸工程实验室，成为同行业科技进步领头者。2013年，公司柠檬酸产能达到30万吨，居世界第二位，实现年销售收入11.7亿元，上缴税金988.2万元，出口创汇1.1亿美元。

第四节 塑料制品

1986年，全县塑料制品企业有7家，年生产塑料制品786吨，年产值465万元，主要产品有塑料薄膜、真空袋、拉伸底模方便袋等。后随着技术进步，产品结构发生变化，品种增加，逐渐转向塑料配件、塑料桶、塑料托盘、塑料食品袋、复合包装袋、塑料包装箱等产品。到2013年，境内塑料制品企业发展到50余家，其中规模以上企业10家，当年完成产值4.32亿元，实现主营业务收入4.44亿元，利税2620.9万元，利润2286.2万元。

潍坊市招商科瑞生物技术有限公司

公司成立于2012年8月，注册资金3000万元，占地91亩。公司由深圳招商港湾集团有限公司投资控股，在原安丘市吉瑞塑胶制品有限公司基础上组建而成，是一家集研发、生产与一体的企业。主要生产各类注塑模具、塑料配件、PET片材、PCR荧光检测试剂盒和医用高分子材料及其制品。2013年，公司完成产值2390万元，实现主营业务收入3090万元，实现利税153.1万元，利润152.6万元。

山东华远翰通塑料包装有限公司

公司成立于2006年，注册资本120万美元，职工130人，占地面积45亩，厂房面积2万余平方米，拥有生产设备40余台（套），包括单层吹塑机、三层吹塑机、凹版印刷机、干式复合机、无溶剂高速复合机、分切机、高速制袋机等。产品主要用于各种食品、调味品、肉制品以及宠物食品、农药、洗化等行业。其中，真空复合袋、铝铂袋、高温蒸煮袋及自动包装卷膜等产品远销美国、德国、日本、韩国、巴西等国家。2013年，公司完成产值1.26亿元，实现主营业务收入1.26亿元，实现利税1002.5万元，利润914万元。

第五节 其他化工工业

山东玉成生化农药有限公司

公司于1999年正式成立，是国家发展和改革委员会农药生产定点企业。公司有生产基地300亩，注册资本527万美元。主要从事低毒高效安全的杀虫（螨）剂、杀菌剂、除草剂、植物生长调节剂、生物菌肥（枯草芽孢杆菌）等产品的开发、生产、营销和推广，获农业部农药正式登记证32个，4个产品获国家专利。2001年12月，通过ISO 9000:2000国际质量体系认证。2002年，被山东省科委授予山东省高新技术企业称号。2009年，5%氟铃脲乳油产品获山东名牌称号。2010年1月，公司投资在潍坊滨海区成立潍坊欧普诺生物科技有限公司，占地200亩，主要生产枯草芽孢杆菌、生物菌肥和苏云金杆菌生物农药原药及制剂。2010年，实行集团化运作，主营业务包括生物农药、生物肥料和农资销售连锁三大板块，形成以生物技术为核心，以农药和肥料为两翼，以农资连锁为延伸的战略布局。2013年，生产能力5000吨，完成产值1.79亿元，实现主营业务收入1.92亿元，实现利税945.9万元，利润816.7万元。

安丘市雄鹰纤维素有限责任公司

公司始建于1985年，地处凌河镇，由原安丘市纤维素厂组建而成，为胜利油田产品开发定点企业。2013年，公司占地面积135亩，固定资产8600万元，年产"雄鹰"牌羧甲基纤维素钠1.8万吨、羧甲基淀粉钠4000吨。主导产品"雄鹰"牌羧甲基纤维素钠有高、中、低三大类九大系列30多个品种，广泛应用于洗涤、卷烟、造纸、石油、陶瓷、印染、纺织、食品、医药、焊接等领域。是年，完成产值1.01亿元，实现主营业务收入9173.1万元，实现利税390.1万元，利润303.5万元。

第七章　纺织服装

1986年，全县有被服、羽绒等纺织服装工业企业10家，均为集体所有制企业，当年完成工业产值3189万元。20世纪90年代，随着纺织品成为主要创汇产品，境内出现大量纺织企业，许多企业因经营不善而停产，部分企业通过加强内部管理，及时调整产品结构，引进先进技术和先进设备，生产规模不断扩大，经济实力逐步发展壮大。至2013年，全市规模以上纺织服装工业企业发展到35家，从业人员6865人，完成工业总产值25.13亿元，实现主营业务收入25.57亿元，利税3.28亿元，利润2.65亿元。

第一节　纺　织

潍坊中宝纺织有限公司

公司成立于2010年8月，前身为安丘瑞泰纺织有限公司，占地200亩，建筑面积5万平方米。主要设备有清梳联合机、FA261A精梳机、FA423A粗纱机、FA507细纱机、萨维奥自动络筒机等。设备装备水平和自动化程度较高，生产能力为环锭纺10万纱锭，各类纱线年产量1万余吨。主导产品粘胶纱、涤粘纱、腈粘纱、竹节纱、包芯纱、赛络纺、各类混纺纱等。公司通过ISO9001：2000国际质量体系认证和GOTS有机纺织品认证。产品出口日本、欧美等国家和地区。

1987年，安丘县棉纺厂成立，为全民大一型企业。1991年，有员工2100人，固定资产4500万元。年生产能力3.5万纱锭、310台宽幅布机，主要生产中、高支纯棉普梳纱、精梳纱、涤棉混纺纱、纯棉中平布四大系列30多个品种，产品60%出口香港、日本、东南亚等十几个国家和地区。1991年，与中国农副土特产品开发公司、引春（国际）香港有限公司三方合资组建潍坊合春织造有限公司（2001年4月终止）。1995年，与韩国SK商事株式会社合资组建潍坊京春纤维有限公司（2001年2月终止）。1998年与青岛保税区永基贸易有限公司合资组建安丘银丰永昌织造有限公司（2001年6月终止）。2000年4月，安丘市棉纺织厂改组为安丘市华春纺织服装有限公司，2003年3月破产。4月，山东达隆集团有限公司购买原华春纺织服装有限公司股权并增资扩股，成立安丘市瑞泰纺织有限公司，注册资本2800万元，生产能力为环锭纺10万纱锭，气流纺3000头，产品100余个品种。是年，投资4000万元，扩大纺纱生产规模，棉纱生产能力由5.5万纱锭扩大到10万纱锭，精梳纱比重75%以上。2004年，投资3000万元，新上棉纱深加工项目。2005年，对原安丘市甘泉棉花有限责任公司进行重组，成立安丘市瑞泰棉业有限公司，投资5000万元开展棉花收购加工并对老设备进行改造。2006年，投资3000万元，购进两套短清梳联设备及附属设施。2007年11月，公司购买原安丘天浩蛋白纤维有限公司土地，作为退城进园新厂区，占地面积185亩。2008年，投资3000万元，对纺纱设备进行技术改造，新上剑杆织机生产线，开发生产高档织物和床上用品。2012年，因瑞泰纺织公司无力归还各类贷款，经与各银行协商，由新成立的潍坊中宝纺织有限公司对抵押资产完成竞购，瑞泰纺织公司成为空壳，实际产权和经营权为潍坊中宝纺织公司所有。2013年，公司完成产值9783.1万元，实现主营业务收入8198.8万元，实现利税309.6万元，利润104.4万元。

安丘博莱特化纤有限公司

公司前身为安丘涤纶帘帆布厂。1988年5月，安丘涤纶帘帆布厂成立。1991年—1992年，帘帆布一期工程建成投产，年生产能力2000吨，成为山东省第一家帘帆布生产企业。1993年11月，企业加入潍坊化纤集团总公司。1994年10月，企业研制生产的浸胶涤纶帘子布成为国家级新产品，荣获山东省优秀新产品二等奖。1995年，研制生产的EP帆布通过省级鉴定，填补国内空白。1996年5月，安丘涤纶帘帆布厂更名为潍坊大龙化纤有限公司，研制生产的双浴法浸胶涤纶帘子布成为中国专利及新产品博览会金奖；浸胶EP帆布成为国家级新产品；神龙牌EP帆布、涤纶帘子布成为全国名牌商品；芳纶帆布获优秀创新奖称号。1997年1月，公司参与制定的帆布行业标准通过国家级审定。1998年7月，公司通过ISO9001质量体系认证。1999年8月，生产的DSP子午胎骨架材料被评为国家级重点新产品。2000年10月，4000吨捻织生产线扩产项目开工建设。2003年，潍坊大龙化纤有限公司资产重组成立山东博莱特化纤有限责任公司。在市经济开发区征地600亩，总投资1.82亿元，新上年产5000吨高模低缩涤纶帘子布项目。2004年，万吨工业长丝项目和5000吨帘子布项目开工建设。“神龙”商标成为山东省著名商标，公司被选为中国橡胶工业协会常务理事单位。2005年，工业长丝项目一期工程年产6000吨投产，博莱特化纤有限公司更名为山东海龙博莱特化纤有限责任公司。2006年4月，EP-600重型帆布开发取得成功。2007年9月，“神龙”牌涤纶长丝获中国名牌产品荣誉称号。是年11月，2万吨高模低缩涤纶帘子布项目浸胶车间开工建设，总投资6800万元。2008年5月，5000吨高模低缩涤纶工业丝项目开始试运行。2010年，“神龙”牌涤纶长丝获得山东名牌称号。2011年1月，总投资1亿元的年产600吨芳纶复合帘子布项目奠基。是年8月，博莱特公司被寿光晨鸣纸业集团托管。2012年2月，因山东海龙股份有限公司破产重整，博莱特公司经营模式由自主经营改为潍坊恒和置业来料加工。9月，博莱特公司正式进入破产重整程序。2013年，博莱特公司恢复独立运营。高模低缩涤纶帘子布技改项目开工建设，总投资5200万元。是年9月，南厂区退城进园，新建浸胶车间，总面积4825平方米。是年，完成产品销量2.1万吨，实现销售收入4.86亿元，出口6611吨，创汇2485万美元，实现利税3300万元、利润1939万元。

第二节 服 装

安丘同力服装有限公司

公司前身为安丘县被服厂。1986年，安丘县被服厂拥有平缝机设备215台（套），专用设备85台。主要加工外贸产品、防寒服、茄克衫、连衣裙、牛仔服、床被罩等。年生产服装66万件，实现工业总产值620万元，利润52万元。产品远销日本、丹麦、美国、英国、香港等20多个国家和地区。1987年7月，由小一型企业改为中二型企业。1988年9月，在原安丘镇城里村征地19.5亩，投资567万元，建设6500平方米服装生产楼。1994年5月，安丘县被服厂改组为安丘市服装股份有限公司。1997年取得自营进出口权，开展国外加工贸易和“三来一补”业务。同年9月，对皮革车间和6个缝纫车间分两个厂实行承包。1998年9月，采取发行股份方式组建安丘市同力服装有限责任公司。是年，制衣87.6万件，完成工业产值2530万元，销售收入2442万元，实现利税139万元。2001年3月，引进资金150万元，建设缝纫流水线。2003年，投资57万美元，与英国埃雷根兹公司合资成立安丘埃雷制衣有限公司；与安丘鑫牛集团和青岛客户合资合作新建年产120万件的服装加工厂。新厂建筑面积1.9万平方米，拥有800台平缝机，新上电脑圆头锁眼机等先进设备39台（套）。2004年，以合作合资方式成立安丘市恒远服装有限责任公司，占地62亩，建筑面积19061平方米，建有裁剪、缝纫、包装等4个车间，引进日本、美国等先进服装设备937台（套），新建长流水缝纫生产线32条。年产量151.6万件，销售收入7359万元，利税351万元，上交税金345.7万元，自营出口225万美元。2007年，继续推进自营出口和外贸加工的营销战略，以英国市场为主导，年自营出口服装71.6万件。2013年，公司生产服装159万件，销售收入1.15亿元，实现利税546.2万元，上缴税金522.5万元，自营出口327.6万美元。

潍坊雷克兰劳保用品有限公司

公司于1996年成立，为美国独资企业。主要生产一次性防护服、防阻燃服、化学服和手套四大系列产品，年产防护服8000万件。产品主要销往美国、欧洲、加拿大等国家和地区，在国际防护服市场上占有重要地位。1999年，通过ISO9000国际质量体系认证。2001年，通过欧洲CE认证。2013年，生产防护服120万件，实现主营业务收入1.74亿元，利税1581.3万元，利润1520.9万元。

潍坊市鸢飞服装公司

公司建于1976年4月。1995年11月，由国家对外贸易经济合作部批准拥有对外贸易自营进出口权，为全国行业百强企业。拥有固定资产3500万元，下设5个分厂。主要设备全部从日本、德国等国家引进。产品有围裙、睡衣、裤子、衬衣、时装、防寒服、T恤衫、西装、床上用品、童装、各种针织服装、梭针服装等，远销日本、韩国、澳大利亚、新西兰、美国等国家，每年为国家创外汇2000万美元以上。2013年，完成产值1.26亿元，实现主营业务收入1.56亿元，利税517.6万元，利润36.8万元。

第三节　丝　绸

安丘桑蚕业发展历史久远，以前农家生产桑蚕大都专业部门收购。大盛镇和金冢子镇发展规模最大。进入20世纪90年代，蚕茧业的进一步发展催生出丝绸业的发展。安丘市丝绸公司成立于1991年8月，注册资金134万元，固定资产500万元，有中高级技术人员40余名。主要生产经营蚕茧、真丝针织服装、蚕丝棉保健被、蚕丝保健毯、蚕蛹及雄蚕蛾，“梦绫春”牌真丝系列制品获国际风筝联合会颁发的世界“蓝天杯”金奖，公司被指定为潍坊国际风筝会专用产品生产单位。1998年，被潍坊市纤维检验所列为推荐产品；2001年，被中国技术监督协会确定为质量过硬放心品牌，产品销往全国各地。2013年，实现销售收入720万元，上交税金10万元。创出安丘桑蚕业的品牌。

第八章　食品工业

20世纪80年代初，全县食品加工厂家具有代表性的产品主要有石埠子罐头厂生产的山楂、梨、苹果、桃等各种水果罐头和黄旗堡乙甲庄食品厂生产的山楂饼等。至1986年，全县有各类食品加工户992家，年完成产值、实现销售收入和利税分别为2000万元、2000万元和200万元。境内成规模的食品工业企业仅有安丘县外贸冷藏厂、肉联厂、糕点厂、面粉厂和酿造厂5家，其他生产加工点分散零星，多为个体私营业户。规模较大的几家食品工业企业主要进行肉鸡、肉兔冷冻分割，生猪屠宰，饼干加工，面粉加工，蔬菜罐头加工，食醋、酱油酿造，酱菜、果品加工等。1995年，安丘福华食品有限公司成立，标志着外资企业开始在市内从事食品加工。1999年前后，市属国有企业改制，安丘国有食品加工企业在原来基础上改变名称，产品种类亦出现变化，有些企业因经营不善，在市场竞争中被淘汰，但个体私营加工户和民营经济得以较快发展。1999年，全市食品加工业户3161家，总产值3.1亿元，销售收入2.7亿元，利税3000万元。至2013年，市内食品工业主要集中在蔬菜、罐头、调理产品等行业，形成鲁丰集团、福克斯食品有限公司、福华食品有限公司、鲁祥食品有限责任公司、渠风食品科技有限公司、万鑫食品有限公司、鲁胜食品有限公司等一批食品加工龙头企业，农产品出口额2.9亿美元，成为山东省重要农产品加工出口基地。

第一节　肉食加工

1986年，全县肉食加工企业有县肉类联合加工厂和外贸冷藏厂2家，其他为个体零星加工户。县肉类联合加工厂主要对生猪进行宰杀、加工和冷藏等，年产猪肉6000余吨，产值1780万元，实现利润90余万元；县外贸冷藏厂主要生产冷冻分割肉鸡、肉兔等，产品销往港、澳、日本、欧洲等国家和地区。1998年—1999年，市属国有企业改制后，各肉食加工厂生产产品多样化，不仅局限于肉食分割冷藏，开始生产肉食调理产品，年加工生产能力大幅增加。

安丘市鲁祥食品有限责任公司

公司前身为安丘县肉类联合加工厂，时地处城区北5公里，西邻206国道，占地面积75697平方米，1981年建成投产，是当时境内最大的生猪屠宰加工企业（国有中二型），主要对生猪、家禽进行宰杀、加工、冷藏。到1982年，先后建成500吨冷库、分割车间、复制车间、家禽加工车间，基本实现从宰杀到冷藏机械化流水作业，日加工生猪300头。1986年，加工猪肉4819吨，实现产值2524万元，利润40万元。1990年后，因经营不善，企业效益下滑，当年完成鲜冻猪肉3124吨，实现工业产值2345万元。1995年，工业产值下降至612.3万元，销售收入750.6万元。1999年10月，改制为安丘市鲁祥食品有限责任公司，总资产3325万元，总负债3582万元，净资产-257万元。改制后的鲁祥食品有限责任公司不再进行生猪屠宰，主要生产菜卷、芋仔、菠菜、葱白等蔬菜加工产品。2009年，调整经营模式，不再进行蔬菜加工，开始进行肉串类、油炸类、休闲小吃类等肉制产品的加工生产，主要销售国内市场。是年，实现加工生产2665吨，销售收入7887万元，上缴利税165.47万元。2013年，实现产品加工生产2897吨，销售收入8897万元，利税235.6万元。

山东鲁丰集团有限公司

公司前身为1976年成立的安丘外贸冷藏厂。1991年，外贸冷藏厂改制为安丘对外贸易食品进出口公司。1999年，改制为安丘市外贸食品有限责任公司。2012年，更名为山东鲁丰集团。

1976年8月，经昌潍地区计委、建行、轻工局、外贸局联合批准建立安丘县外贸冷藏厂，为全民所有制企业，由县供销社主管，接受当地政府和山东食品进出口分公司潍坊支公司双重领导。是年9月，根据山东省革委会民政局文件精神，征用安丘县城关公社耕地40亩，安丘县外贸冷藏厂动工建设，并于当年投产。主要加工生产冻兔、冻鸡等出口产品，外贸冷藏厂的建成投产标志着安丘外贸出口的实质性起步。1986年，企业规模不断扩大，效益上升，年冷储能力3000吨，实现销售收入1305万元。1989年，升为中二型企业。1991年1月，安丘县外经贸委对外贸体制进行改革，以安丘县外贸冷藏厂为主体，合并饲料加工厂、良种鸡场、综合养殖场、第二种鸡场、肉鸡生产科、驻厂财务组肉兔生产科、蔬菜生产科和下洼、前儒林、石家庄、张家坡庄、解戈五个自属养鸡场，组建安丘县对外贸易食品进出口公司。1992年，升为中一型企业，冷冻分割肉鸡为主导产品之一，包括冷冻分割鸡腿、鸡翅、翅中、胸肉、鸡爪及肉串等产品，主要出口日本，部分销往南京、潍坊等国内市场。1998年，公司始生产禽肉调理、禽肉面食产品，销往日本、香港等地，肉兔产品逐步淘汰。1999年，安丘市外贸食品进出口公司改制为安丘市外贸食品有限责任公司，注册资本533.4万元。改制后，通过内部改革逐步建立起现代企业制度。年内，各种冷冻肉鸡、禽肉调理、禽肉面食等产品加工能力达1万吨，实现销售收入1.6亿元。随着公司业务不断拓展，“鲁丰”逐渐成为国内外知名品牌。2001年10月，公司和金发（香港）发展游侠公司合资兴建安丘金泰食品有限公司，加工销售面食品系列产品。2003年1月，与日本兼松株式会社合资兴建山东鲁丰食品有限公司，加工销售果浆、罐头、冷冻水果、调理品、冷冻蔬菜、面食、果汁饮料等。同时，与韩国日光贸易株式会社合资兴办安丘福安食品有限公司，生产加工花生、果蔬、面食。2005年1月，与香港美点国际食品有限公司合资兴建安丘永泰食品有限公司，加工销售面食品、调理食品、冷冻果蔬、罐头食品，肉制品等。2007年5月，参与、实践安丘市人民政府实施的农产品区域化管理“安丘模式”，公司发展自属蔬菜、水果基地3860亩，实行“公司＋基地＋标准化”“公司+合作社+基地”“六统一”管理模式；养殖场实行“五统一”、一体化管理模式，在区域化管理中起到了模范和带动作用。为进一步提高品牌影响力，2012年，组建为山东鲁丰集团有限公司，并对肉鸡加工实施转型升级扩产，在安丘经济开发区公司工业园内引进吉林省埃克斯机电集团自主研发的首套禽类宰杀自动掏膛系统，建成国内先进肉鸡生产线一条。2013年，肉鸡转型升级扩产项目投产，形成新增年产5万吨肉鸡产品生产能力，禽肉调理等精深产品年产达到2万吨能力，产品出口日本、欧盟等国家并在国内市场销售。为配套肉鸡加工生产项目，鲁丰集团在镇街区建设标准化肉鸡养殖场21处，年出栏量1000万只。是年，各种产品综合加工能力50万吨，销售收入8.6亿元，利税2347万元，上缴税金2296万元，出口创汇4043万美元。是中国农业产业化国家重点龙头企业、中国驰名商标企业、中国名牌产品生产企业。

第二节 蔬菜加工

1986年，全县蔬菜加工点较为零星分散，数量与规模均不大。其中，产能较大的为安丘县外贸冷藏厂，主要进行蔬菜冷冻加工，芦笋罐头是唯一深加工产品；年加工各种蔬菜制品能力1万余吨，主要销往日本、欧洲等市场。1995年后，境内相继有安丘福华食品有限公司、鲁祥食品有限责任公司、福克斯（中国）食品有限公司等企业进行蔬菜加工。至2013年底，市内成规模的蔬菜加工企业发展到109家，年加工出口额2.9亿美元。

1991年始，新组建的安丘县对外贸易食品进出口公司在芦笋罐头加工方面工艺日渐独特，并不断取得技术和产量突破。1992年12月，县外贸食品进出口公司“利用速冻芦笋加工芦笋罐头生产工艺的研究”项目课题获国家对外经济贸易部三等奖。次年12月，获山东省科技进步三等奖。1998年，公司始生产蔬菜调理产品。1999年，改制为安丘市外贸食品有限责任公司。2005年始，随着安丘市农产品质量安全区域化的建设，市外贸食品有限公司在质量安全控制和技术研发上同时取得突破，公司蔬菜加工技术中心被山东省科技厅授予省级冷冻果蔬安全控制工程技术研究中心。2007年2月，公司实施的芦笋系列产品深加工项目，被国家发改委授予国家农产品深加工专项工程示范项目。2008年—2012年，外贸食品有限公司进一步扩大生产规模，年蔬菜加工能力达2万吨，年完成工业总产值9600万元，实现销售收入8500万元，产品销往日本和欧洲等十几个国家。2012年，外贸食品有限责任公司组建为山东鲁丰集团，至2013年，鲁丰集团形成蔬菜罐头、冷冻蔬菜、保鲜蔬菜、腌渍蔬菜、低温干燥蔬菜5大类，共46种的蔬菜加工系列产品，实现工业产值1亿元，上缴税金2607万元。

1995年，日本ITK株式会社投资兴建安丘福华食品有限公司，占地150亩，注册资本476万美元，主要生产冷冻蔬菜、脱水蔬菜、蔬菜汁、调味料、软包装罐头、香精等产品，年加工蔬菜能力5000吨，实现产值1500万元，产品90%以上销往日本。1996年—1998年，福华食品公司规模迅速扩大，产值增至4183.1万元。2000年，公司依托丰富的优质农产品资源，业务进一步扩展。随着企业效益逐渐稳定，产品种类日渐完善，生产加工调味料类、软包装类、浓缩类、冷冻类、干燥类5大类共77种产品。是年，实现工业产值2030万美元。2013年，实现工业产值2358万美元。

1999年，安丘市肉类联合加工厂改制为安丘市鲁祥食品有限责任公司，主要业务由生猪屠宰转向蔬菜加工。公司设有2个生产车间，主要加工生产菜卷、芋仔、菠菜、葱白等30多个产品品种，产品远销日本、美国、欧洲、韩国等国家。2002年2月，与山东潍坊出口商品基地建设有限公司达成合作意向，山东潍坊出口商品基地建设公司控股鲁祥食品公司。是年，公司加工能力2015吨，产品远销日本、美国、欧洲、韩国等国家，实现销售收入5178万元。2009年，转变主营业务方向，不再以蔬菜加工为主，转向肉串类、油炸类、休闲小吃类等肉制产品的加工生产，新上蔬菜脆片加工车间一个，进行蔬菜脆片加工，作为公司休闲小吃类产品之一，主要在国内市场销售。

2000年，成立福克斯（中国）食品有限公司，为德国独资企业。公司位于景芝镇驻地，投资1210万美元。厂区面积17万平方米，加工、仓储面积5.5万平方米，生产脱水大蒜、脱水洋葱、脱水胡萝卜等产品，主要销往国外市场。设有空气干燥生产线16条，年生产能力1.2万吨；冷冻干燥生产线6条，年生产能力800吨；制粉制粒生产线4条，日加工能力50吨；瓶装生产线两条，日灌装量10万瓶。随着市场的不断开拓和产量的日益增多，建起完善的质量管理体系。2004年—2005年，先后通过HACCP和ISO9001认证。2008年，通过食品生产许可证的审核。2010年，实现产值2712万美元，成为境内最大的专业蔬菜加工企业。2013年，公司实现产值3072万美元。

第三节 面粉加工

1986年，境内有安丘县面粉厂及庵上、临浯面粉厂3家。由于设备简陋，消耗较大，面粉品种单一，产能分别为日处理小麦60吨、10吨、40吨，年面粉产量在1.5万吨左右。1987年，为提高面粉产量与质量，增加面粉花色品种，减少消耗，增加经济效益，先后撤销庵上、临浯小型面粉厂。同时，对县面粉厂进行技术改造，新上日处理小麦120吨的等级粉车间，可生产特一粉、特二粉和标准粉，年产量近2万吨。面粉在满足当地供应的同时，还销往江苏、东北等地。到2000年，由于管理不善等原因，安丘市面粉厂破产。随着粮食价格的放开，多种经营体制进入粮食市场，至2005年，安丘市外贸食品有限责任公司面粉厂和安丘市登峰面粉厂先后成立，产能分别是日处理小麦60吨和150吨。2007年，潍坊市裕兴面业有限公司成立，日处理小麦150吨。2012年，登峰面粉厂更名为安丘市仟家面业有限公司，安丘市外贸食品有限责任公司更名为山东鲁丰集团有限公司，同时对面粉厂进行技术改造，产能增加至日处理小麦300吨。2013年，成立山东渠风食品科技有限公司，日处理小麦2000吨，主要生产麦芯粉和谷朊粉。至此，全市共有面粉企业4家，日处理小麦2600吨，产品品牌有“鲁丰”“渠风”，品种有麦芯粉、精制粉、特一粉、全麦粉、饺子粉、面包粉、颗粒粉等，年产量近20万吨。

第四节 酿造 酱菜

安丘酿造酱菜业历史悠久。酱油、食醋、香油、麻汁、咸菜为安丘传统食品加工项目。1986年前，境内酱菜加工多为村办企业及家庭作坊。形成规模的酿造企业仅有安丘县酿造厂1家，为全民所有制企业，位于潍徐南路。县酿造厂自1981年建厂后，不断增加设备，采用水池发酵、通风制曲、机械化流水作业生产等手段，提高生产工艺水平。至1986年，年产酱油2278吨，食醋616吨，酱菜产品包括酱茄子、酱疙瘩、水晶姜、腌蒜头、水晶地环等40多个品种，年产量200余吨，实现产值102万元，利润17万元。1990年，产品工艺逐渐成熟稳定，生产酱油2189吨，产值181万元，产品质量备受好评，特别是生产的酱油、米醋产品多次被省工商局评为山东省优质产品，销往全国十多个城市。1995年起，逐渐丰富产品种类，相继推出1000毫升桶装，600毫升、500毫升瓶装、散装等近10个品种的三美思系列酱油、三美思系列米醋。其中，三美思系列米醋，在传统酿造工艺的基础上进行创新，配以枸杞、砂仁、六神曲等5种名贵中药，将传统调味品开发成兼有补肾健脾、消食导滞、降低血压、软化血管等药用作用的保健食品。产品经质量监督部门随机抽样化验，各项理化指标均超过国家标准，三美思米醋王总酸度达到6.5，远超部颁标准，居国内同类产品先进水平。是年，实现产值121.7万元。1996年，开始生产各种酱类产品，其中特色产品川味麻辣酱，采用获得国家首届食品博览会金奖的正宗四川工艺配方，精选辣椒、芝麻、白糖、花椒、八角为主料，辅以13种名贵中药材、香料加工而成，与甜面酱、豆瓣酱、芝麻辣椒酱等产品组成三美思酱类系列。是年，始生产三美思系列酱菜，在清末“义和恒”酱菜坊传统工艺基础上开发出酱黄瓜、酱辣椒、酱宝瓜、酱茄子、水晶地环、糖醋蒜头等30多个酱菜品种，年加工能力300多吨，并推出高、中、低三个档次，适应不同的消费需求。1997年，推出的三美思高档礼品盒成为宴请、馈赠佳品。1998年，市酿造厂改制为安丘市三美思酿造有限公司，年酿造食醋450吨、酱油900吨，加工酱菜300吨，实现产值156.6万元。2005年后，由于酱菜行业受市场经济影响，竞争日趋激烈，业务量逐渐下滑，于2012年停产。

2012年—2013年，境内酿造酱菜加工企业呈分散经营，没有出现大规模酿造生产和酱菜加工企业。产品种类除传统的酱茄子、酱疙瘩、酱辣椒等产品外，圣川饮品公司开始开发牛蒡酱菜，市场反应较好，同时一些企业开始引进国外工艺，生产腌制加工韩国泡菜，并销往国外市场。

第五节 果品加工

1986年，县内黄旗堡、石堆、担山、石埠子、霑泉等乡镇设有小型果品加工厂，呈小而散经营模式，没有形成规模。主要产品有果脯、山楂片、水果罐头等。1987年—1992年，境内果品加工企业生产经营出现困难，产品销售不畅，许多企业因亏损而停产。

1993年，安丘县对外贸易食品进出口公司始生产水果罐头，包括苹果、黄桃、白桃、葡萄等产品，主要出口日本市场，果品加工产业形成一定规模。1995年—2002年，公司产能不断扩大，日本市场份额逐渐稳定。2003年1月，市外贸食品有限公司与日本兼松株式会社合资成立山东鲁丰食品有限公司，专门从事果浆、罐头、冷冻水果、果汁饮料等水果产品的加工销售，年综合加工能力2万吨，年工业产值1200万元。此后，随着市场的开拓，“鲁丰”牌水果罐头在国际、国内市场倍受好评。2006年9月，“鲁丰”牌水果罐头被国家质监总局评为中国名牌产品。2006年—2009年，市外贸食品有限公司加工的苹果、黄桃、白桃、葡萄等罐头产品规模进一步扩大，开始生产杏子、阳梨罐头及苹果酱、苹果浆等产品，年综合生产能力3万吨，年工业总产值达到1.2亿元，产品主要销往日本、欧洲等市场。冷冻草莓、冷冻桃子、冷冻苹果、冷冻葡萄等产品，年生产能力5000吨，主要销往日本市场。2010年，市外贸食品有限公司根据市场需求，实施工艺创新，水果罐头产品结构调整，扩大苹果、桃子罐头产品规模，苹果、桃子罐头成为系列产品，包括马口铁桶装5133号，7116号1/2开、1/4开、1/8开，塑料软包装及苹果酱、苹果浆、苹果丁等10多个系列100多个规格产品；桃子罐头系列产品包括马口铁桶装5133号，7116号1/2开、1/4开等4个系列10多个规格产品。冷冻水果产品结构调整，冷冻草莓、冷冻苹果等产量进一步扩大，并开始生产冷冻猕猴桃、冷冻无花果、冷冻西红柿等产品。至2012年，市外贸食品有限公司水果罐头主要以苹果系列为主，水果罐头年生产能力4万吨，年工业总产值1.8亿元。冷冻水果主要以冷冻草莓、冷冻猕猴桃、冷冻无花果等产品为主，年综合生产能力1万吨，产值5000万元。

2013年，鲁丰集团有限公司形成冷冻果品和水果罐头两类果品加工品系列，包括速冻草莓、速冻黄桃、速冻苹果、速冻葡萄、速冻白桃、速冻洋梨、樱桃罐头、白桃罐头、黄桃罐头、苹果罐头、洋梨罐头、葡萄罐头等产品。是年，加工果品16870吨，实现产值2.14亿元，主要销往日本市场。

第六节　其他食品公司

山东鲁胜食品股份有限公司

公司创建于1979年，占地20余亩，注册资本51．8万元，是一家以生产红薯和绿豆淀粉、粉条、粉丝、粉皮为主的企业。自创建以来，公司严格遵守“质量第一，用户至上”经营理念，坚持自我积累、稳步发展，以稳定一流的产品赢得国内外市场青睐，1998年起，公司产品开始出口韩国，年出口额50万美元。2000年，公司注册为安丘市鲁胜食品有限责任公司，占地面积100余亩，注册资本1052万元。2001年后，公司引进现代化流水生产线，用水达到生产饮用水标准，并采用无菌化生产，粉条系列产品质量进一步提高。2005年，公司取得自营进出口权，自主开展进出口业务。2013年，完成股份制改造，成立山东鲁胜食品股份有限公司。产品出口到欧洲、韩国、美国、加拿大、澳大利亚等国家和地区。年生产各类粉条系列产品1.2万吨，实现出口额1200万美元。公司先后被评为改革开放30年中国食品行业优秀企业、省级守合同重信用单位，公司产品成为山东省食品十佳品牌、潍坊市农产品（粮油类）十大品牌，被安丘市消费者协会评为消费者信得过的畅销产品。

潍坊万鑫食品有限公司

公司成立于2000年，是一家以保鲜蔬菜、速冻蔬菜、盐渍蔬菜为主的外贸食品加工出口企业，集基地种植、生产加工、出口销售于一体，是山东省最大的蔬菜加工出口企业之一。产品主要出口日本、英国、越南、加拿大、韩国等国家。公司拥有自属基地3000亩。

第九章　建材工业

1986年，境内建材工业企业有安丘县水泥厂和安丘建筑陶瓷厂2家，当年生产水泥4.2万吨，釉面砖18万平方米，合计年产值709万元。至2013年，安丘建材工业企业发展到35家。其中，规模以上企业11家，从业人员839人，年产值11.4亿元，实现销售收入10.11亿元，利税1.91亿元，利润1.28亿元。

第一节　水　泥

安丘市恒日水泥有限公司

公司前身为安丘县水泥厂，始建于1972年。1986年，生产水泥4.2万吨。此后经过技术改造，生产能力逐年提高，1990年，水泥产量9万吨。1996年，受多种因素影响，出现严重亏损。至1999年6月，企业经营难以为继。2000年2月，企业改制成立安丘市恒日水泥有限公司。公司通过加强管理和技术改造，至2008年有机立窑水泥生产线4条，形成年产熟料40万吨、水泥80万吨的生产能力。主要有P·C32.5、P·042.5等水泥系列产品，主要销往青岛、潍坊及安丘周边市场，年销量最高时40多万吨。此后，随着国家加大对落后产能的淘汰力度，山东省于2008年出台《山东省人民政府办公厅关于印发山东省关停和淘汰落后水泥产能工作实施方案的通知》。为完成各级政府节能减排目标计划，按照上级要求并结合企业实际，公司于 2009年9月前关停淘汰2条机立窑水泥生产线，当年全部拆除并通过国家验收。2013年10月，贯彻《国务院关于进一步加强淘汰落后产能工作的通知》和《淘汰生产工艺装备和产品指导目录》(2010年本）精神，公司的另2条水泥机立窑生产线全部淘汰。

安丘山水水泥有限公司

公司成立于2003年，是山水集团投资组建的年产360万吨水泥熟料的子公司。公司2条5000t/d水泥熟料生产线，1号线于2003年开工建设，2004年11月建成投产；2号线于2008年5月建成投产。配套的2座9兆瓦纯低温余热电站充分利用窑头、窑尾废气余热，年发电1.2亿千瓦时，节标煤4万多吨，减排二氧化碳等5万多吨，经济环保效益显著。两条生产线均采用悬浮预分解技术、DCS集散控制系统，工艺、设备技术先进。严格按照国家标准组织生产，检测手段先进规范，先后通过IS09001质量管理体系、IS014001环境管理体系认证和OHSAS18001职业健康管理体系认证。水泥熟料生产线利用当地石灰石资源，水泥熟料质量优良，产品广泛应用于青岛海底隧道、海湾大桥等国家重点建设项目。2008年，公司成功研发核电水泥熟料，以严格质量管理和优异产品质量成功中标山东第一座核电站—山东核电集团海阳电厂项目。2013年，完成产值5.73亿元，实现销售收入5.76亿元，利税1.63亿元，利润1.1亿元。

潍坊鲁东建材有限公司

公司成立于2009年6月，占地面积60亩，注册资本500万元，总资产3000余万元。主要加工水泥熟料，生产销售预制管网构件、建筑混凝土等。水泥生产规模年产100万吨，所用熟料全部采用安丘山水水泥有限公司水泥熟料，生产的主导产品有普通硅酸盐42•5水泥、复合硅酸盐32•5水泥、矿渣硅酸盐32•5水泥等，具有早期强度高、碱含量低、水泥与外加剂相容性好、混凝土耐久性能优良等特点，产品质量控制采用统一国控标准。生产的“汶水”牌水泥广泛应用于公路、桥梁、水利、高层建筑和民用建筑。2013年，完成产值4604.7万元，实现主营业务收入5201.1万元。

第二节　墙地砖

潍坊奥泰石膏有限公司

公司于2004年7月，由山东泰和东新股份有限公司与奥宝集团公司合资成立，位于市经济开发区，厂区面积205亩，职工89人，注册资本1000万元，总资产9788万元。主要生产销售纸面石膏板、石膏粉、石膏砌块及石膏制品等。公司成立之初，投资1.3亿元人民币，建设年产3000万平方米纸面石膏板项目，生产线制粉系统采用国际先进的流化床煅烧工艺，制板成型工艺采用国际先进的板式成型技术，烘干系统采用国内先进的热风直接烘干技术。项目百分之百采用工业废渣——工业石膏为原材料，年消耗工业石膏40万吨，为奥宝集团公司生产的工业石膏废渣找到一条理想途径，该项目于2006年6月投产。是年，投资1000万元，新上两条全自动石膏生产线，年产20万平方米石膏砌块。2013年，公司完成工业产值7031.1万元，实现主营业务收入6542.5万元。

安丘景华陶瓷有限公司

公司前身是安丘县硫铁矿、安丘建筑陶瓷厂。1974年4月，安丘县在赵戈、担山公社交界处开发硫铁矿石，1977年建成安丘县硫铁矿，为全民所有制企业。后因矿源枯竭而转产氯化钡、炸药、釉面砖等。1983年改称安丘县钡盐化工厂，1984年改称安丘县建筑陶瓷厂。1986年，完成工业产值261万元，实现利润25万元。1994年5月，在潍坊市工商局登记注册为安丘景华陶瓷有限公司，注册资本107万元，主要生产釉面砖，后为景芝酒厂生产陶瓷酒瓶。1999年7月停产。2002年7月，由原厂职工租赁经营，成立安丘市利华瓷业有限公司。2007年划归峡山区。

第十章　轻工业

1986年，县内轻工业主要有酿酒、玻璃、造纸、印刷、木器、工艺品、纸制品等行业。全县有轻工业企业120家，其中全民所有制企业16家、集体所有制企业104家，年完成工业总产值3.97亿元。此后，随着对外开放不断深入，通过深化企业改革和引进外来资金、先进生产设备、生产技术，产品档次和技术含量及市场竞争力不断提高，新生企业不断壮大，企业数量不断增加。至2013年，全市轻工业企业发展到184家，资产总额126亿元，完成工业总产值218.4亿元，实现主营业务收入225.8亿元。

第一节　造　纸

安丘造纸产业发展较早，20世纪80年代，先后有安丘县造纸厂、芝泮村造纸厂、凌河造纸厂、景芝造纸厂等多家造纸生产企业。但由于国家进行产业结构调整，淘汰落后产能，环境保护等原因，景芝造纸厂、临浯造纸厂、凌河造纸厂先后关停。市内现存翔宇包装等以生产现代纸制品的企业数家。

安丘鲁安纸业有限公司

公司前身为安丘县造纸厂。1986年，安丘大型造纸企业仅有该厂1家，主要生产设备有1760长网纸机2台，X092圆网纸机2台，产品有凸版纸、双胶纸、书写纸、书皮纸、包装纸、有光纸、卫生纸等，年生产能力1万吨。是年，轻工部立项碱回收生产线项目，并通过拨改贷提供资金，共投入2000万元，四年后投产，污水开始达标排放。1988年，投资84万美元（当时美元与人民币汇率为1∶8.6）从日本引进一台机内涂布机，安装在二号长网纸机上，生产比较先进的低定量涂布纸（简称轻涂纸），该产品档次仅次于铜版纸，在印刷美术课本、挂历、烟标、酒标及宣传品等方面可替代铜版纸。由于其价格比铜版纸低很多且有很好的适应性，供需双方附加值都高，产品供不应求，一度成为国内抢手货并填补国内空白。是年，新上一台1575纸机并配套浆加工系统，生产较高档的卫生纸。是年，该厂获国务院颁发的“国家二级企业”称号。1990年，针对当时胶印书刊纸社会需求量大状况，新上一台四缸长网纸机，定名为三号长网车间，专门生产胶印书刊纸并以卷筒为主。针对当时水资源紧张的状况，投资870万元，从日本引进无纺布、餐巾、面巾、卫生巾四台专用自动化程度较高的生产线，该车间取名为加工纸车间。1992年，新上一台上海造纸机械厂制造的1760长网高速纸机，以生产双胶纸为主，年生产能力1万吨，该车间定名为四号长网车间。是年，企业被山东省工商总局授予重合同守信用企业称号；双胶纸被山东省造纸协会授予山东造纸行业优质产品称号；低定量涂布纸因填补国内空白，被轻工部授予优质新产品奖；公司机制纸年产量3万吨，由国务院划型办确定为国有大二型企业。1994年，企业新上一台1760长网万吨纸机，仍由上海造纸机械厂供货，以生产平板及卷筒双胶纸为主，该车间定名为五号长网车间。是年，因碱回收项目属长江以北草浆污染治理第一家，且水质达标排放，被轻工部和环保部联合授予草浆造纸治理污染示范企业。1996年，鉴于轻涂纸附加值高且市场供不应求，企业投资105万美元，从日本引进第二台机内涂布机，安装在四号长网万吨纸机上，同时配装大型超低压光机。同年9月，企业投资542万元从苏州华盛造纸厂拆来一台价值1000万元的日产机内涂布机，安装在一号长网纸机上，运转正常。此时，安丘造纸厂已有3台日本产机内涂布机，轻涂纸产量全国第一，市场占有率全国第一。1998年11月，企业进行股份制改造，实行国家控股，职工持股，企业更名为山东安丘蓝天纸业集团有限公司。1999年，针对当时薄软纸市场紧俏的状况，企业投资1000余万元，新上两台八缸长网纸机，专门生产平板及卷筒书写纸，年生产能力8000吨，该车间定名为六号长网车间。2002年，安丘市委、市政府通过招商引资的形式，收购职工股份，把企业纳入上海华源股份有限公司旗下，成为他方的一个独立核算的子公司，企业更名为山东华源蓝天纸业有限责任公司。2004年，完成产量5.5万吨，实现主营业务收入2.55亿元，实现利润1014万元，上缴税金1894万元。2007年3月，因上海华源公司已长期不能为企业提供贷款担保，且无力再投资，企业处于停产状态，市委、市政府将企业收回交于鲁安药业公司管理，2008年9月，企业更名为山东安丘鲁安纸业有限公司。2010年6月，因企业处于潍坊生活用水源地上游等原因，由安丘市人民法院宣布破产。

第二节 玻璃

安泰玻璃有限公司

公司前身为1958年建设的安丘县玻璃厂，是专门生产各种食品饮料包装用瓶的大型日用玻璃生产企业。1986年，企业生产能力3.5万吨，年产值1100万元，实现利润208万元。是年6月，投资214.7万元建成四号炉车间。1987年8月，投资77.9万元建成五号炉车间。次年8月，投资17万元建成第一座自动配料车间，其间包括玻璃窑炉和生产设备累计投资约4000万元，年生产能力增至近10万吨，企业固定资产由2740万元增至6200万元。1992年，申请利用国家计委能源投资公司资金2500万元，用三年时间对原来以原油为燃料的三座窑炉实施油改煤改造。1996年，与香港同昌玻璃制造公司合资组建安丘安泰玻璃有限公司，以生产普白料、棕料和乳白料为主，品种主要有500毫升白酒瓶、异型白料瓶、饮料瓶、乳白瓷瓶。1998年后，公司调整产品结构，在保持少量原有白料瓶和稳定市场情况下，扩大绿料瓶尤其是啤酒瓶生产，逐步完成以生产白料瓶为主向生产绿料瓶为主转变。2000年—2002年，投资310万元，对原有10条燃油退火炉予以更换，采用全新保温型电退火炉，杜绝燃尘和二氧化硫排放，减少污染并降低能耗。2001年，投资400余万元，对原有自动配料车间进行改建，实现配料过程全微机自控。2002年12月，香港商人陈永根买断安泰玻璃公司全部股份，变为独资经营。注册资本330万美元，资产总额1.7亿元，员工630人，年产日用玻璃20万吨，以生产各种规格的啤酒瓶为主导，主要产品有绿料、棕料、普白料、高白料等七大系列300多个花色品种，产品主供青岛啤酒集团、北京燕京啤酒集团及省内各大啤酒厂家。2003年—2007年，投资5500万元，在市经济开发区征地138.4亩开发建设，分两期建成投产同昌一号、二号炉车间，新增生产能力8万吨。投资110多万元，在每条生产线上安装冷、热端产品喷涂机，对产品进行热端和冷端喷涂。2008年2月，港方股权转让给英属维尔京群岛英伟控股有限公司。2010年，投资1800余万元，对四号炉窑炉实施更新改造，变单通道蓄热室为双通道；喷火口改为扁宽式；流液洞由水平式改为倾斜式；采用池底鼓泡技术等，进一步提高热交换率和余热回收利用率，同时增强料液均匀度，降低煤耗，提高成品率。2012年，投资500万元，在市北区新厂建设自动配料车间。2013年11月，生产经营陷入困境，企业停产。

春蕾保温容器有限公司

公司前身为安丘县保温瓶厂，地处黄旗堡镇，始建于1976年，主要生产经营5P/2L保温瓶胆。1986年3月，该厂对生产各种食品饮料包装用瓶一号炉进行技术改造，年生产能力7000吨，各项质量指标均达部颁标准。其自己设计施工的600平方米废水处理工程于1989年12月竣工，每年节水1.35万吨。1990年，5P铁壳彩花保温瓶首次通过国家外贸部门鉴定，出口原苏联。同年，仿不锈钢鸭嘴保温瓶试制成功，从单一产品发展到高5P瓶胆、5P塑料壳瓶、5P竹壳瓶、5P搪瓷瓶、5P铁壳彩色花瓶、8P气压瓶等10多个品种，年生产能力440万只，是年完成工业产值1869万元，生产各种保温瓶388万只，实现利税143万元。1991年以后，受市场经济冲击，加之产品结构逐渐老化，生产经营逐年萎缩。至1997年，该厂总产值为344万元，销售收入414万元，实现利税15万元。1998年停产。2001年，由社会自然人收购重新启动生产，改名为安丘春蕾保温容器有限公司。2007年整体划到潍坊市坊子区。

第三节　印　刷

1986年，安丘印刷企业有7家，主要产品为社会生活印刷品、塑料彩印包装产品、学生练习本、台历、稿纸等，产品档次较低，年完成工业总产值355万元。进入20世纪90年代，随着改革的不断深化，有的印刷企业通过更新设备、转换机制，逐步发展壮大。也有个别企业在市场竞争过程中被淘汰，关停破产。至2013年，境内印刷企业发展到40余家，其中规模企业4家，是年完成产值2.09亿元，实现主营业务收入2.06亿元，利税989.7万元，利润670.9万元，从业人员226人。

安丘市九州印刷包装有限公司

1986年，县印刷厂筹资60万美元，引进世界先进的德国产海德堡对开双色胶印机1台，北京人民机器厂生产的对开双色、对开单色胶印机各1台，新上激光照排排版系统，淘汰铅字排版，实现销售收入400万元，客户发展到北京、天津、济南、青岛等地。1990年后，随着国家经济体制改革不断深化，县印刷厂得到较快发展。先后筹资1000万元，新上一条全自动包装盒生产流水线，引进捷克产四色胶印机，大小设备增加到50多台（套）。1996年，实现销售收入1000万元，利税100万元，员工达到460人。主要产品有挂历、年画、书刊及各种包装盒。1998年8月，印刷厂进行股份制改造，更名为安丘市百花印刷包装有限公司。2003年，改名为安丘市九州印刷包装有限公司。2008年10月停产。

潍坊科瑞特印务有限公司

公司始建于1996年，位于市经济开发区，占地19.5亩，员工100余人，其中技术及管理人员26人。是一家专业设计、生产、销售标志、标牌、标识特种印刷企业。公司成立以来，一直为国内外众多企业、知识品牌作配套服务，通过不断提升生产技术，改进生产工艺，引进先进设备，发展成为市内较大的印务企业之一。2013年，公司完成产值5326.8万元，实现主营业务收入5075.1万元，实现利税150.5万元，利润33万元。

安丘市翔宇包装彩印有限公司

公司成立于2004年5月，地处景芝镇驻地，占地24亩，是一家以包装装潢印刷品印刷，加工销售塑料包装制品、生活用纸，货物进出口、技术进出口为主的企业。有卫生纸加工设备28台（套），其中XP3单粒卷纸包装机2台（套）。8色塑料彩印机4组，制袋机、吹膜机组、塑料挤出机等印前、印中、印后配套设备12套，年可印刷塑料制品5亿多米，加工小卷纸8000吨，面巾纸5000万盒，厨房纸3000吨，包装纸3000吨，小盘纸2000吨，主导产品生活用纸生产量居国内同类产品前列。2013年，公司实现出口销售额1500万美元，上缴税金160万元。

第四节　木　器

1986年，境内木器企业有7家，生产木制家具44571件，完成工业总产值749万元。90年代随着产品不断升级换代，产品品种不断增加，深受消费者青睐。2000年后，木器家具市场竞争激烈，境内木器家具制造业效益有所下滑，一些小的木器制造企业被市场淘汰，一些新的木器制造企业崛起。

到2013年，境内木器加工企业过百家，其中规模以上企业4家，当年完成产值2.5亿元，实现销售收入3.05亿元，利税3517.1万元，利润2672万元，从业人员386人。

安丘市木器厂

1985年，安丘县木器厂从日本引进白板式家具生产线投产使用，形成年产柜式家具和板式家具各30万件生产能力，从业人数326人，各种生产设备230余台（套），年产铁丝500余吨。其主要产品有木质板式和柜式各种办公用家具以及种类比较齐全的民用家具，年产量6万余件，并为山东电视机厂、潍坊录音机厂、烟台北极星钟表厂配套生产木质外壳，年产量近7万件。所生产的板式家具因漂亮大方且实用，为20世纪80年代青年人结婚用家具首选。生产的8号—22号镀锌铁丝以其光洁度高、柔软有韧性而著称，出口日本及东南亚等国家和地区，出口量200吨，国内市场供应量200余吨。生产木制杆秤1000余支，主要供应安丘市场，基本满足城乡小额计量需要。到90年代，木制杆秤停止生产。1986年，对木制家具涂饰技术进行技术改革，利用国内设备配套，建成光固光涂饰流水线，该项技术集家具板件喷涂与紫外线干燥于一身，实现板式家具涂饰工艺的机械化、连续化作业。1987年，该厂生产的“佳美”牌办公用家具成为山东省优质产品。是年，在汶河南岸征地10余亩，利用国内设备新上桐木拼板生产线，组建桐木拼板车间，生产桐木拼板。1991年，县木器厂率先改制为安丘县华鑫木器股份有限公司，开创安丘股份制企业改制先河。1994年5月，桐木拼板车间独立经营，组建为安丘市嘉惠木业有限公司，生产高档木制家具，年产量1000余立方，主要出口日本。1996年，市华鑫木器股份有限公司改称为安丘市木器厂。其后，由于各种新材料、新技术不断涌现以及市场经济快速发展，企业因没有新产品和新经营思路，于1997年停产。

潍坊富星木业有限公司

公司前身是1993年成立的傲星家具厂，地处大汶河旅游开发区常家庄村。成立初期仅是三、五人的小作坊，经过几年的发展，产品品牌注册为“常岭傲星”。2000年，正式成立潍坊市傲星木业有限公司。2007年与英国富腾公司合资成立富星木业有限公司，并以此为契机开拓国际市场。新公司于2008年试投产，专业从事家具研发、生产、销售及出口贸易。2013年，完成产值1.03亿元，实现主营业务收入1.6亿元，利税2394.1万元，利润1869万元。

第五节 工艺品

1986年，境内工艺品生产企业5家，全部为集体所有制企业，主要产品有抽纱、刺绣、粘花等，年产值550万元。20世纪90年代，由于市场工艺品需求增快，境内工艺品制造企业发展相对较快，产品产量和经济效益上升较快，从业人员一度过万人。2000年以后，随着市场竞争不断加剧，有些企业关停，有些企业通过调整产品结构，实现新发展。到2013年，境内工艺品制造企业发展到100余家，其中规模以上企业12家，当年完成工业产值4.55亿元，实现主营业务收入4.28亿元，利税2402.3万元，利润1329.1万元，从业人员1166人。

潍坊吉原纺织有限责任公司

1986年，安丘县工艺品厂在原有钩针基础上，新增机绣、白代丽等产品。1989年，实行第一次改制，职工人人入股，成立潍坊弘洋工艺集团股份有限公司，新增绒毛玩具、服装、玩具配件、涂料装潢等八大品种。至1990年初，由原来的每年投放社会加工费几十万元增加到2000余万元，从事工艺品生产人员上万人。1995年，潍坊弘洋工艺集团股份有限公司由于受改制、市场原因，生产经营受到严重影响，濒临破产边缘。1998年，公司实行二次改制，成立潍坊弘洋工艺有限责任公司，实现人、财、物、责、权、利彻底分离。2008年，公司改名为潍坊吉原纺织有限责任公司，成为一家民营企业。2013年，抽纱制品出口额8000余万元。

潍坊恒信工艺品有限公司

1996年3月，由安丘市万方工艺品有限公司与德国华鑫进出口有限公司合资兴办。总投资120万美元，注册资本100万美元。厂区在景芝镇，占地面积30亩，建筑面积1.5万平方米。有员工200人。公司下设社会加工点28个，社会加工人员3000多人，为山东省工艺品生产加工龙头企业，主要产品人造花果，年产500余万打（套），全部销往欧美等国外市场。2013年，实现销售收入5166万元，实现利税250.5万元。

第六节 玻璃钢

1978年，境内第一家玻璃钢厂——安丘县汶中玻璃钢厂成立。到20世纪80年代，全县玻璃钢企业发展到16家，由原来仅能生产最原始、最简单的管、瓦之类产品到能够制作水箱、养殖船、防腐槽罐、工艺美术品等四大系列200多个品种，产品销往省内部分地区。20世纪90年代，安丘玻璃钢产品发展到六大系列近300个品种。其中，4个系列60多个品种通过省级鉴定，有4个项目被国家科委列为国家级星火计划，有的产品打入国际市场。1993年始，由玻璃钢联合公司牵头，在206国道潍徐北路以东征地160亩，建成全县第一个玻璃钢工业园区，是年有22家玻璃钢企业进驻，从事生产经营。1995年，在市北区青云湖对面北外环中段征地120亩，建成第二个玻璃钢工业园区，有20家玻璃钢生产企业落户。1997年，在大汶河北岸、化肥厂以东荒滩地带租用土地180亩，建成第三个玻璃钢工业园区，30余家企业进入。此后，市内玻璃钢工业逐步形成规模优势，产品由单一化向系列化、多元化方向发展，增加到八大系列400多个品种，有20种产品获省市以上银质奖、科技成果奖和国家级产品创新奖。1998年，镇村企业进行产权制度改革，催生全市玻璃钢工业新一轮发展，玻璃钢生产企业大量建立起来，其生产能力、生产规模、技术水平等综合实力等均达到省内先进水平。2009年，安丘市玻璃钢工业协会正式成立，160多家企业加入协会。到2013年，有260多家玻璃钢企业加入，从业人员2万余人；产品有2000多个品种，年销售收入21.6亿元，利税2.1亿元。

潍坊市玻璃钢联合公司

1992年，潍坊市玻璃钢联合公司在安丘县原刘家尧镇成立，集玻璃钢原、辅材料生产供应，产品开发，技术咨询服务和玻璃钢产品制作于一体。1993年，公司从北京玻璃钢研究设计院、山东工业大学、南京航空航天大学、兵器部五三研究所、建材二五三厂等院校及科研生产单位和山东省科委、省建材局等有关部门邀请40多名专家、学者组织召开潍坊市玻璃钢工业发展研讨会，对玻璃钢工业发展现状、存在问题和发展趋势进行广泛研讨。1994年，公司承办山东省复合材料学会第二届年会暨新产品、新技术发布会。经山东省复合材料学会批准，潍坊市建材局以潍坊市玻璃钢联合公司为依托，成立潍坊市复合材料学会，为当时全国唯一一家地市级学会。潍坊市玻璃钢联合公司亦为当时潍坊市玻璃钢行业的龙头企业。公司主导产品为各种牌号不饱和聚酯树脂、玻璃钢纤维方格布、固化剂、促进剂、胶衣、色浆等，并成为全国各地玻璃钢配件生产厂家和特种原、辅材料生产厂家在潍坊地区的总代理。21世纪初，企业逐步停止经营。

山东盛宝玻璃钢有限公司

公司前身为2002年成立的潍坊盛宝塑钢有限公司。2008年，变更为山东盛宝玻璃钢有限公司。注册资金5000万元，占地65亩，职工180余人，主导产品有玻璃钢罐体、塔器、管道、冷却塔、拉挤型材及各种传统玻璃钢制品等20余个系列、200多个品种和型号，玻璃钢产能8000余吨，成套冷却塔等1000余套，玻纤布260万米。公司先后通过IS09001质量管理体系、IS014000环境管理体系认证、OHS18000职业健康安全管理体系认证，为中国玻璃钢协会会员单位、山东建材工业协会和硅酸盐协会理事单位。2013年，完成产值1.79亿元，实现主营业务收入2亿元，实现利税688.5万元，利润487.9万元。

山东大华玻璃钢有限公司

公司建于2003年，占地60亩，注册资金5180万元，是专业从事玻璃钢(FRP)系列产品开发、生产、销售、维修的综合性企业。有国内最先进的管道生产线3条，贮罐生产线6条及其他各种规格型号的散部件生产设备，拥有先进检测实验室。主要生产各种规格的玻璃钢夹砂管道、工艺管道、烟道、容器、塔器、冷却塔等，产品主要用于化工、石化、电力、印染、冶金、酿造、制药、造纸、水处理、食品、建筑、钢铁、养殖等行业。企业设计生产的标准运输罐首家通过潍坊市锅炉压力容器检验所验证，并在玻璃钢行业率先获得IS09001:2008质量管理体系认证；IS014000:2004环境质量管理体系认证；OHSAS18000:1999职业健康安全管理体系认证；玻璃钢容器和玻璃钢输水管的“全国工业产品生产许可证”。为中国玻璃钢协会会员单位、山东建材工业协会和硅酸盐协会理事单位。2013年，完成产值9662.1万元，实现主营业务收入9852.9万元，利税389.9万元，利润356.7万元。

山东蓝想环境科技有限公司

公司成立于2003年6月，占地120亩，注册资金1000万元，是专业从事冷却技术及复合材料产品研发、生产和服务的股份制企业。主要产品有大型冷却塔、闭式冷却塔、空冷器、复合式空冷器、蒸发式冷凝器、玻璃钢制品、循环水处理设备、环保设备等。其中，节能组合型蒸发式空冷器被省科技厅列为山东省技术创新项目，高效节能型闭式冷却塔成为西昌卫星发射中心和海南卫星发射中心基地的配套产品，先后获得16项国家专利，取得ISO9001:2008质量管理体系认证、国家危险品包装物容器生产许可证。2012年，公司与上海理工大学合作成立产学研基地、高效节能节水蒸发冷却设备研发中心。同时，建立潍坊市冷却设备工程技术研究中心，成立山东省玻璃纤维复合材料研发中心，产品在科技创新及节能环保领域走在同行业前列。2013年，完成产值1.29亿元，实现主营业务收入1.28亿元，利税1266.3万元，利润1094.1万元。

第十一章 电子电器

安丘电子工业起步于20世纪70年代初。1986年，全县电子企业有4家，主导产品为电子元器件，年产值1457万元。至2013年，市内电子产业主导产品有电子元器件、节能灯两大类。其中，电子元器件包括电子镇流器用开关晶体管、绝缘栅双极型晶体管、超快恢复二极管、场效应管音响管、彩电用晶体管、可控硅、低频大功率三极管、达林顿晶体管等；节能灯包括照明灯、养殖灯、负离子空气净化灯、电子镇流器等。市内共有三极管生产企业7家，节能灯生产企业11家，数字音频生产企业2家。年完成工业总产值2.3亿元，主营业务收入2.2亿元，实现利税1366万元。

国营第八〇七〇厂

1983年3月，电子工业部八〇七〇厂从沂源县迁至安丘，后与安丘无线电厂、无线电元件厂合并为山东半导体总厂，成为电子工业部的骨干企业。时主导产品分为12大系列300多个品种，年生产各类半导体器件3000万支，产品广泛用于民用整机、军工、科研等领域。从此，县内电子工业进入第一个快速发展期。

1976年，生产的3DG3晶体管用于国内第一颗回收人造卫星。1980年5月，生产的3DD15晶体管用于国家在南太平洋运载火箭取得成功，中共中央军委发贺电给予嘉奖。1985年，山东半导体总厂“七五”技术改造期间，从香港引进设备16台（套），国内配套设备34台（套），从香港引进一条TO-92型塑料封装三极管生产线，设计能力2400万支/年，提高半导体器件生产的自动化水平，总投资1700万元。1987年，加快技改投入，从美国、日本、联邦德国、香港等国家和地区引进关键技术设备17台（套），总投资3200万元完成试车投产。同时试制成功用于彩电开关、电源电路及其低频放大电路的3DD820和用于彩电输出的3DD869两种低频高反压晶体管，当年完成15万只。1990年，产品通过省级鉴定，年产能力3万只。时为全县唯一配备总工程师的企业。生产的大功率晶体管、超高频低噪声小功率机组晶体管处于全国前三位，经济效益连续七年居全省同行业之首，产销量位居全国第四位。1988年10月，国营第八〇七〇厂被山东省人民政府授予省级先进企业称号。次年9月，晋升为国家二级企业。1990年始，根据市场需求，开发一批新产品。功率模块规格有600V50A、100A、300A和1200V50A、250A等品种，广泛用于电机调速控制及各种大功率直流稳压电源。3DD26T汽车点火器专用晶体管、LD50低压大电流晶体管，主要用于低压电流交换。DK55专用晶体管、各种型号的可控硅等主要用于日光灯镇流器。另外，还研发生产卫星地面接收设备、全频道闭路电视系统、CATV产品有线电视邻频前端设备和干线传输设备、宽带放大器、射频调制器、分支分配器、电力半导体器件、KP系列塑料封装普通晶闸管、高效节能灯具、客货电梯、电子镇流器等产品。1990 年 12 月，企业被山东省经委、省质协授予山东省质量管理奖称号。1994 年，完成工业产值 6000 万元，利税 472 万元，直接出口创汇 140 万美元，间接出口 1000 万元，取得较好的经济效益和社会效益。1996 年，企业工程技术人员经过广泛论证，向开发半导体激光器件领域进军，争取国家重点支持，开发高技术产品，与山东工业大学联合编写《半导体激光器件产学研项目的可行性研究报告》。工程技术人员从 1990 年开始协助山东工业大学，用近 6 年时间，对激光半导体器件前后工序潜心研究并取得成功，成果通过专家鉴定，认定其工艺达到国内先进水平，产品主要指标具有国际先进水平，顺利完成项目立项。1996 年，经电子工业部《关于国营第八〇七〇厂半导体激光器件技术改造项目可行性研究报告的批复》，引进半导体激光器件生产制造关键设备 39 台（套），购置国内设备 51 台（套），建成一条半导体激光器件生产线，项目达产后年产半导体激光器件 150 万支。

1998 年 4 月，国营第八〇七〇厂整建制进入潍坊华光集团。2000 年，其分厂开始生产场效应治疗仪，作为一种新型理疗仪器具有国家专利，经北京几家著名医院临床验证，有效率达 92.5%，共计生产 9.87 万台。产品投产一年后，根据用户信息反馈，组织工程技术人员在原有 YF-TOL 型号的基础上，又研发 YF-AOL 型、YF-A02 型、YF-A03 型、JM-1 型、CZY-1B 型、CZY-1SD 型 6 种规格型号的场效应治疗仪。2003 年 6 月该厂破产。

潍坊市汇川电子有限公司

公司成立于 2001 年 4 月，位于市北区于家营子村西邻，是生产半导体分立器件的专业厂家。公司占地 20 亩，建筑面积 5000 平方米。主要生产金封、塑封两种形式的晶体管，外形有 TO-92、TO-126、TO-220、TO-3P、TO-3、TO-66 等。产品有节能灯专用功率开关晶体管、VDMOS 场效应管、低频大功率晶体管、低频高反压大功率晶体管、功率达林顿晶体管、音响管、可控硅、三端稳压电路、肖特基二极管、二极管等系列产品，主要用于节能灯、LED 照明、电源、环保臭氧发生器、汽车音响等行业，出口欧美及东南亚等国家和地区。2013 年，公司完成产值 1.08 亿元，实现销售收入 1.11 亿元，实现利税 585.9 万元，利润 454.9 万元。

鑫易电声公司

公司成立于 2009 年 12 月，位于凌河镇，是一家专业从事电声行业微型元器件研发与制造的高科技公司。依托潍坊歌尔声学公司，主要生产各式耳机、扬声器等部件，广泛应用于手机、笔记本电脑等，与诺基亚、三星等跨国公司建立长期供货关系。2013 年，完成产值 5648.6 万元，实现销售收入 5447.1 万元，利税 449.5 万元，利润 241.9 万元。

欧信电器公司

公司成立于 2006 年。2008 年投产达效，注册资金 2000 万元，是山东共达电声股份有限公司的全资子公司。所生产的驻极体传声器、微型扬声器用于手机、耳机等通讯设备，产品主要销往美国、日本、香港、东南亚和西欧，主要为微软、苹果、索尼、索爱、西门子等跨国公司配套生产超薄电视和电脑、MP3 等数码设备。2013 年，完成产值 3055.7 万元，实现销售收入 2260.1 万元，利税 285.8 万元。

第十二章　新能源产业

第一节　新能源

生物资源

安丘是一个农业大市，年产生小麦、玉米等作物秸秆 88 万多吨（折干）。2013 年，产小麦秸秆 23.12 万吨，通过小麦联合收割机秸秆还田率达 90%，其余部分通过捡拾回收用作饲料、燃料及工业原料等，小麦秸秆综合利用率 90％以上。年产玉米秸秆 31.91 万吨，联合机收粉碎还田率 60%，

15%用于燃料，13%用于饲料，1.5%用于秸秆固化、秸秆食用菌、秸秆反应堆和秸秆沼气等，秸秆综合利用率80%以上。是年，全市规模化养殖场100家以上，主要是鸡、鸭、牛、猪等养殖，每年产生的粪便在60万吨以上，加上规模较小的各种养殖场和散养农户，每年产生的粪便200万吨以上。

20世纪80年代，始推广沼气技术，2007年后，陆续承担国家和省农村沼气项目。2013年，全市6000多户使用沼气，池容6万立方米，年产沼气240多万立方米，每年处理各种粪便6万吨以上，产生高效沼渣沼液有机肥料10多万立方米。山东合力牧业有限公司郚山养殖场，建成1000立方米大型沼气工程，沼渣沼液贮存池1万立方米，产生的沼气用于公司新建饲料厂锅炉用能，沼渣沼液依托生态农业示范县项目通过管道输送到山顶后再分支到牧草、蔬菜和杂果基地生产有机食品，发展休闲旅游。

水能资源

安丘流域面积200平方公里以上的河流4条，流域面积50平方公里～200平方公里的河流13条。建有7座水电站，能发挥效益的6座，其中水库电站2座，河道电站4座，灌溉渠道电站1座，均属小水电。7站总计装机容量2535千瓦。其中，于家河电站450千瓦，兴旺沟电站75千瓦，张解电站750千瓦，贾岗电站80千瓦，伏留电站225千瓦，尧上电站205千瓦，城南埠电站750千瓦。

光能资源

安丘光能资源主要是太阳能资源，全市年平均日照时数2402.1小时，太阳能平均总辐射量为112～118千卡/平方厘米。太阳辐射量横向表现差异很小，西南山区及偏远乡村大气污染轻，垂直能见度好，太阳辐射能量偏大；纵向表现为5月—6月出现峰值，12月至次年1月出现谷值。2002年，光能资源得到广泛应用。2013年，光能资源利用领域迅速扩展，大棚内太阳能发电，新建房屋太阳能热水器及太阳能取暖，企业用太阳能发电，交通公路用太阳能指挥系统以及诸多全自动光能应急监测等。

风能资源

受季风气候影响，安丘风能资源较为丰富。年平均风速3米/秒。年平均风功率密度约为110瓦/平方米。全年风速3米/秒的时数约在4000小时以上。冬季平均风速太大，秋季平均风速太小，风能可用率较低，春夏季风速平均在3米/秒～5米/秒，为风能利用期。

第二节 产业化

安丘新能源产业化发展起步较晚，总体产业化程度不高。2008年，在国家相关政策引导扶持下，新能源领域逐步成为投资热点，技术利用水平逐步提高，发展空间日渐扩大。安丘市及时抓住机遇，充分利用境内风资源和秸秆储备丰富优势，大力发展新能源利用及相关配套产业。是年，太平山风力发电场项目落户安丘。安丘盛源生物质热电有限公司投资3.5亿元，建设2×15兆瓦生物质热电联产工程项目。2009年，在太平山、城顶山、摘月山、大安山规划建设5万千瓦级的风力发电基地。同时，重点推进山东科灵空调设备公司复合源热泵空调机组、地源热泵空调、土壤源热泵、浅层水和地下水源热泵等新能源温控设备的普及应用。并以潍坊五洲鼎益铁塔有限公司年产2万吨风力发电塔架及电力铁塔项目为依托，大力发展风力发电塔架设备，年可生产制造750千瓦—1500千瓦之间不同容量的风塔400台（套），生产能力2万吨。至2013年，全市形成以风力发电、新能源装备制造等为主的新能源产业体系。新能源产业规模以上企业5家，实现主营业务收入5.46亿元，利税1.06亿元。

安丘太平山风电有限公司

公司位于安丘西南部太平山，为山东省第一个山地风电场，距离城区约50公里。始建于2008年，2010年投入运行，隶属中广核风力发电有限公司山东分公司，注册资金1.88亿元。企业性质属中外合资，股东分别为赫隆能源有限公司、中广核风力发电有限公司，持股比列分别占10%和90%。太平山风电场占地16249平方米，安装58台G58-850三相、异步、变浆变速、容量850千瓦的风力发电机组，每年可为电网提供清洁能源1亿度，节约标煤30479吨，减少二氧化硫排放335.3吨，减少二氧化碳排放7万吨。2013年，实现主营业务收入7789.5万元，利税4237.8万元。

安丘摘月山风电有限公司

2012年，由中广核安丘风力发电有限公司投资成立。项目总投资4.8亿元，位于安丘市西南部摘月山区，2013年正式投入运行。摘月山风电场工程建设规模为49.3兆瓦。2013年，实现主营业务收入3392.2万元，利税1175.2万元。

安丘盛源生物质热电有限公司

公司位于安丘市区西南角，成立于2008年5月，注册资本4850万元，厂区面积113.4亩。主要控股股东为山东省热电设计院。在建项目为安丘盛源2×15兆瓦生物质热电联产工程。该工程主要建设内容为2×75t/h燃烧秸杆电站锅炉+2×15兆瓦抽凝式汽轮发电机组+40t/h工业供汽系统+当期56万平方米循环水供暖系统（设计供暖能力90万平方米）。项目年耗秸秆量22.63万吨左右。2013年，工程正处建设中，尚未投入运营。

山东彤力得新能源有限公司

公司成立于2007年，地处安丘市凌河镇，是一家集开发、生产、销售为一体的高新技术企业。该公司是为客户提供光热、光伏，尤其是高层阳台太阳能热水系统解决方案的大型新能源企业，亦为国家大力支持可再生能源产业企业，并被潍坊科技局批准设立潍坊市承压式太阳能热水器工程研究中心。公司积极推行全面质量管理，产品先后通过IS09001质量管理体系、IS014000环境管理体系和IS018000安全管理体系认证。产品涵盖高层阳台家用太阳能热水系统、真空管式集热器、平板式集热器、真空集热管、多能源辅助的太阳能中央热水系统、光电灯、草坪灯等。2013年，实现工业总产值3950.6万元，主营业务收入3798.2万元，利税252.3万元，利润232.4万元。

第十三章　电力工业

1984年4月，安丘县电力工业局改称安丘县电业公司。1989年，县机构编制委员明确县电业公司对外称安丘县电力局。1994年3月，安丘县电业公司改称安丘市电业公司。1999年4月，山东电力集团公司与安丘市政府签订《趸售安丘市供电企业代管协议》，委托潍坊电业局对安丘市电业公司实行代管，公司领导任免和人事管理权等归潍坊电业局和山东电力集团公司。2003年4月，根据潍坊供电公司《关于潍坊市县级供电单位（趸售区）变更名称的通知》要求，将安丘市电业公司更名为安丘市供电公司。2010年6月，市供电公司国有产权整体无偿划转山东电力集团公司；市供电公司与市政府签署《关于安丘市供电公司国有资产整体无偿划转山东电力集团公司协议书》。是年9月，国务院国资委印发《关于济南市历城区供电公司等30家山东地方供电企业国有产权无偿划转有关问题的批复》，标志安丘市供电公司资产划转工作圆满结束。2013年7月，按照省电力公司《关于组织开展规范单位机构名称工作的通知》要求，安丘市供电公司正式更名为国网山东安丘市供电公司（简称国网安丘市供电公司）。相关铭牌、地标全部更换为国网山东安丘市供电公司。公司下设8个职能部室、2个业务支撑和实施机构、4家集体企业、13处供电所。担负着全市14处镇街区、1245个用电村、95万人口的供用电任务。辖区内有220千伏变电站3座，110千伏变电站10座，35千伏变电站18座，变电总容量1894兆伏安；35千伏及以上输电线路523公里，10千伏公用配电线路2143公里。全市形成以220千伏系统为主电源，110千伏系统为骨干网架，35千伏、10千伏直配入户的安全、经济、优质、高效现代化县域电网。

第一节　发　电

1972年4月，安丘县发电厂开工建设。1973年1月，县发电厂第一台1500千瓦发电机组试车成功，并网发电。是年8月，县委、县政府正式命名县发电厂为安丘县发电厂。12月，县发电厂第二台1500千瓦发电机组竣工投产，在正常双机运行情况下，日发电量7万千瓦时左右。至1985年，全县最高负荷达19.2兆瓦，总供电量1.33亿千瓦时。其中，网供电量1.2亿千瓦时，占总供电量89.99%。厂供电量1326.40万千瓦时，占总供电量10%。

1986年10月，安丘县发电厂更名为安丘县热电厂。1989年，县热电厂第一台6000千瓦发电机组试车成功。至此，全县有热电厂1座，发电机2台，容量3000千瓦；小水电站16座，装机3374千瓦。1994年3月,县热电厂更名为安丘市热电厂。1999年4月，市热电厂改制为国有独资公司，更名为安丘万通热电有限责任公司。因公司改制过程中未进行工商注册，对外仍称安丘市热电厂。2000年后，随着经济快速发展，电力供应一度出现瓶颈现象，部分企业开始建设自备发电设施。2003年3月，山东柠檬生化有限公司接手市北区安丘市新城热电厂，成立山东柠檬生化有限公司热电厂。是年4月—9月，先后投资1000万元架设至柠檬生化老厂区35千伏6800米双回高压输电线路；投资1700万元架设至柠檬生化老厂区Dn600供热管网；投资2500万元建设安装一台1.5兆瓦抽凝发电机组。2004年5月，市热电厂整体有偿划转给安丘市供电公司，并实施改制。11月，总投资1.5亿元的山东柠檬生化有限公司热电厂整体启动成功，全公司的用汽、用电全部实现自供自给，成为孤网运行的自备热电厂。2005年12月，市热电厂改制为股份制企业，更名为安丘盛源热电有限责任公司，注册资本2600万元。2009年9月，山东柠檬生化有限公司热电厂投资300多万元与安丘市供电公司电网110千伏北郊站进行对接并一次并网成功，解决孤网运行供电系统不稳定、脆弱不安全局面。至2010年底，境内建有地方小火电厂6座，装机总容量87兆瓦。其中，地方公用电厂1座，装机容量15兆瓦；企业自备电厂5座，装机容量72兆瓦。建有小水电站7座，装机容量2500千瓦。全年地方小火电、小水电发电规模1.16亿千瓦时。2010年，太平山风力发电厂投入运行，年并网电力1亿度。2011年，全市共有地方小火电厂5座，装机总容量63兆瓦。其中，地方公用电厂1座，装机容量15兆瓦；企业自备电厂4座，装机容量48兆瓦。小水电站没有变化。全年地方小火电、小水电发电量2.41亿千瓦时。2012年，小火电厂、小水电座数、装机容量与上年同期没有变化，发电量2.58亿千瓦时。

2013年，全市有地方小火电厂5座，装机总容量84兆瓦。其中，地方公用电厂2座，装机容量15兆瓦；企业自备电厂4座，装机容量69兆瓦。建有小水电站7座，装机容量2500千瓦。新增摘月山风力发电机组58台，容量49300千瓦。全年地方小火电、小水电、风力发电量4.496亿千瓦时。

第二节 供 电

1986年，安丘县网供电量1.13亿千瓦时，用电量1.55亿千瓦时。其中，县属工业企业用电8424万千瓦时，农业用电4877万千瓦时，城乡生活用电1994万千瓦时，用电构成比重分别为54.2%、31.4%、12.8%。1987年，网供电量1.73亿千瓦时。其中，县属工业企业用电1.13亿千瓦时，农业用电3245万千瓦时，城乡生活用电2217万千瓦时，用电构成比重分别为65.1%、18.7%、12.8%。1988年，网供电量1.93亿千瓦时。其中，县属工业企业用电1.2亿千瓦时,农业用电4078万千瓦时，城乡生活用电2443万千瓦时，用电构成比重分别为61.9%、21.1%、12.6%。1989年，网供电量2.11亿千瓦时，用电量2.3亿千瓦时。其中，县属工业企业用电1.45亿千瓦时，农业用电4078万千瓦时，城乡生活用电3402万千瓦时，用电构成比重分别为62.9%、17.7%、14.8%。到1990年,网供电量2.22亿千瓦时，用电量2.24亿千瓦时。其中，县属工业企业用电1.38亿千瓦时，农业用电3187万千瓦时，城乡生活用电4596万千瓦时，用电构成比重分别为61.6%、14.2%、20.5%。1991年10月，全县1478个行政村实现村村通电,全年网供电量2.25亿千瓦时，用电量2.36亿千瓦时。其中，县属工业企业用电1.4亿千瓦时,农业用电3835万千瓦时，城乡生活用电5681万千瓦时，用电构成比重分别为59.6%、16.2%、24%。1994年10月，市内27.94万户城乡居民实现户户通电。

随着经济体制改革不断深化和市场经济不断完善，全市经济得到全面发展，综合经济实力显著增强，城乡工业迅猛发展，用电需求急剧上升。1985年—1990年,用电量年均递增率12.96%。1991年—1995年，用电量年均递增率11.44%。1997年，全市社会用电量4.5亿千瓦时。1998年，安丘电网以潍坊发电厂出线的220千伏坊安线为主电源，以潍坊泉河站出线的220千伏泉安线为备用电源，电网电压等级分别为220千伏、110千伏、35千伏、10千伏、0.4千伏。至2006年，全市社会用电量10.8亿千瓦时。此后，全市社会用电量逐年增加。到2013年，全市社会用电量17.13亿千瓦时。

安丘市1986年—2013年配电情况一览表

表6—3

年份	配变容量（千伏安）	10千伏线路（公里）	低压线路（公里）
1986	149510	1360.00	845.30
1987	166695	448.00	1215.60
1988	168140	1551.00	1510.80
1989	174065	1607.00	1714.80
1990	176065	1747.00	1892.60
1991	188575	1966.60	2027.50
1992	204110	2004.80	2098.00
1993	212710	2028.40	2119.20
1994	225415	2048.00	2192.00
1995	237210	2053.00	2241.00
1996	247280	2056.00	3127.00
1997	347680	2059.00	3347.00
1998	247830	2008.00	3309.00
1999	252225	2089.00	3677.00
2000	272930	2169.00	4380.00
2001	286260	2169.00	2975.60
2002	320310	2179.00	3074.90
2003	365525	2196.92	3074.90
2004	588105	1995.00	2869.00
2005	611105	2006.30	2869.00
2006	608125	2032.60	2869.00
2007	624030	2049.90	2869.00
2008	593520	1869.22	2651.00
2009	680240	1877.46	2740.00
2010	796685	1884.87	3358.00
2011	885254	2002.33	3564.20
2012	924578	2014.45	3778.00
2013	982563	2247.90	4058.25

输变电　配电设施

1989年，全县拥有110千伏变电站2座，主变容量10.6万千伏安。配电变压器2078台17.4千伏安。1997年12月，“泉—安220千伏输变电工程”建成投运，成为市内第一座220千伏变电站，安丘开始使用220千伏输送电力。1998年，全市拥有220千伏变电站1座，主变容量15万千伏安。110千伏变电站3座，主变总容量10.15万千伏安。35千伏变电站14座。2000年，安丘电网共辖35千伏及以上变电站20座。其中，220千伏变电站1座，主变容量1×15万千伏安；110千伏变电站3座，装备主变压器5台，总容量为14.3万千伏安（安丘南埠站1×2＋1×3.15万千伏安，雹泉站1×2＋1×4万千伏安，担山站1×3.15万千伏安）；35千伏变电站16座，装备主变压器36台，总容量为15.745万千伏安。另外，拥有35千伏用户变电站4座，主变总容量为2.315万千伏安。全市配变总容量27.29万千伏安。2005年12月，35千伏郚山线线路架设工程竣工，结束郚山镇无变电站历史。至此，全市23个镇街道均有35千伏及以上变电站。是年，扩建110千伏南埠、汶河、雹泉变电站3座，新建35千伏郚山变电站1座，改造35千伏变电站7座，新增110千伏安汶、安北、安雹水线路3条40公里，新建35千伏大郚线、南电线2条17公里。工程结束后，全市电网变电站总数29座，主变总容量575.25兆伏安，电网结构得到优化，供用电水平得以提高。2008年8月，第一座110千伏数字化变电站——景芝站建成投运。2009年1月，220千伏宏图输变电工程（安丘官庄境内羊埠岭南公路西侧）建成投运，为市内第二个220千伏电网工程，项目投运后彻底解决境内西南部地区供电能力问题。2013年10月，220千伏云湖智能变电站一次送电成功。是年，110千伏翠山输变电工程投产送电，提供负荷6万千伏安，全面解决市西北部电力紧张局面，保障华动铸造、盛瑞零部件、齐鲁酒地等项目供电需求；35千伏团埠输变电工程投产送电，提供负荷2万千伏安，解决金冢子东部工业园区供电问题。

2013年底，市内有220千伏变电站3座，110千伏变电站11座，35千伏变电站27座，变电总容量1894兆伏安;35千伏及以上输电线路522.8公里。形成以220千伏系统为主电源，110千伏系统为骨干网架，35千伏、10千伏直配入户220千伏线路为主供电源、110千伏输变电为主网架，村村通高压、户户通低压、水利发电和余热（压）发电并存，安全、经济、优质、高效的现代化县域电网。

供电线路

1985年，境内拥有110千伏送电线路23.7公里，35千伏送电线路115.03公里，6千伏～10千伏送电线路1265.4公里。2000年，全网拥有35千伏～110千伏送电线路35条，总长度374.16公里。其中，110千伏送电线路4条/67.65公里，35千伏送电线路31条/306.51公里，同时运行10千伏线路2169公里。2010年，市内拥有220千伏泉安线、坊安线、密安线、密宏Ⅰ线、密宏Ⅱ线5条。所需用电量主要从220千伏系统受进，由220千伏安丘站、220千伏宏图站降压后输送到各级电压用户。110千伏线路11条，长度200.665千米。35千伏线路40条，总长度298.205千米。共有10千伏配电线路148条，总长度2132千米。

2013年，市内有220千伏线路6条（云泉线、云安线、坊安线、密安线、密宏Ⅰ线、密宏Ⅱ线）。所需用电量主要从220千伏系统电网受进，由220千伏安丘站、220千伏宏图站、220千伏云湖站降压后输送到各级电压用户。110千伏线路13条，长度218.178千米；35千伏线路40条，总长度333.32千米；10千伏配电线路171条，总长度2247.9千米。

安丘市2013年输电线路统计表

表6-4

电压等级	线路名称	总长（公里）	线路起止	杆塔基数	投运年月	备注
110千伏	泉埠线	13.64	泉河站—#66杆	66	1982.7	退运
110千伏	宏埠北安线	33.216	宏图站—南埠站—北郊站—安丘站	155	1998.1	
110千伏	安埠线	8.400	安丘站—南埠站	39	1998.1	
110千伏	安担线	10.300	安丘站—担山站	59	1997.12	
110千伏	安凌线	22.980	安丘站—凌河站	110	2003.12	
110千伏	宏雹水线	33.427	宏图站—山水站	151	2004.10	
110千伏	宏景安线	25.412	宏图站—安丘站	128	2004.10	
110千伏	宏雹线	5.910	宏图站—雹泉站	24	1998.1	
110千伏	安北汶博线	17.724	安丘站—北郊站—汶河站、博莱特站	96	2005.10	
110千伏	安景线	15.750	安丘站—景芝站	64	2008.8	
110千伏	安汶线	13.906	安丘站—汶河站	82	2005.10	
110千伏	宏凌线	12.793	宏图站—凌河站	48	2012.11	
110千伏	云翠线	4.72	云湖站—翠山站	36	2013.11	
35千伏	荆泰北线	9.30	荆山洼—北郊站—奥泰站	73	1969.11	
35千伏	刘家尧线	9.80	泉河站—刘家尧站	103	1987.1	已退运
35千伏	南电线	5.80	南埠站—热电厂	86	1988.2	
35千伏	南纸线	5.46	南埠站—纸厂西站	53	1991.12	已退运
35千伏	雹凌线	16.70	雹泉站—凌河站	98	1992.5	
35千伏	雹管线	4.50	雹泉站—管公站	34	1992.5	
35千伏	雹辉温线	16.38	雹泉站—温泉站	111	1992.12	
35千伏	温柘线	12.70	温泉站—柘山站	101	1992.12	
35千伏	雹岐线	14.5	雹泉站—岐山站	118	1992.05	
35千伏	白芬子线	10.6	南埠站—白芬子站	99	1992.06	
35千伏	大盛线	22.84	凌河站—大盛站	184	1993.3	
35千伏	安石线	6.0	安丘站—石堆站	50	1997.12	

续表 6-4

电压等级	线路名称	总长（公里）	线路起止	杆塔基数	投运年月	备注
35 千伏	慈埠线	14.7	北郊站—慈埠站	117	1997.11	
35 千伏	临浯线	7.5	宋官疃—至临浯站	65	1998.5	
35 千伏	安金线	8.3	安丘站—金冢子站	66	1998.1	
35 千伏	担刘线	13.1	担山站—刘家尧站	114	1989.12	
35 千伏	电源线	7.43	安丘站—南埠站	52	1998.01	
35 千伏	东郊线	6.7	南埠站—城东站	44	1991.1	
35 千伏	安团 I 线	6.49	安丘站—团埠站	38	2013.12	
35 千伏	安团 II 线	10	安丘站—团埠站—石堆站	54	2013.12	
35 千伏	东郊支线	0.23	东郊线 35# 杆—东郊站	2	1991.1	
35 千伏	安宋线	18.7	安丘站—宋官疃站	191	1987.06	
35 千伏	宏庄线	7.0	宏图站—官庄站	63	1998.12	
35 千伏	宏管线	2.2	宏图站—管公站	18	2008.12	
35 千伏	宏白线	7.8	宏图站—白芬子站	67	2009.12	
35 千伏	安东线	5.2	安丘站至城东站	31	2000.11	
35 千伏	辉渠线	0.13	雹凌线 30# 杆—辉渠站	0	1998.1	
35 千伏	石埠子线	7.3	岐山站至石埠子站	54	2002.12	
35 千伏	凌慈线	12.7	凌河站至慈埠站	103	2002.12	
35 千伏	官临线	6.16	官庄站至临浯站	48	2002.12	
35 千伏	郚山线	8.99	大盛站至郚山站	67	2005.12	
35 千伏	温郚线	10.26	温泉站至郚山站	58	2010.12	
合计		43/513.29（条 / 千米）				

调度设施

20 世纪 80 年代始，随着调度自动化、通讯设备发展，调度方式逐步改进。1988 年 11 月，县电业公司对调度中心调度模拟屏进行更新改造，增加灯光显示，并与调度自动化系统接口。1999 年 12 月，光纤通信一期工程竣工投运，公司开始采用光纤通信进行信息网络管理。2000 年 8 月，新增 700 门程控数字交换机，基本满足供电公司内部调度、行政管理及生活区电话用户通信需求。2001 年 8 月，安装投运 DF8002 型调度自动化主站系统，丰富多样的实时画面和遥信报警信息，可以帮助调度员准确掌握电网运行情况，对异常情况和电网故障及时作出正确判断和处理；安装背投式大屏幕投影装置，可以灵活调出自动化系统各种实时画面，使调度员更加清晰、直观掌握电网运行和操作情况。2003 年 3 月，无人值守变电站事故综合预警系统在北郊变电站安装投运，此系统实现变电站无人值班状态下对火警、盗警、烟警、水警和设备故障实时监控。2009 年 9 月，更换调度主站系统，升级为南瑞科技 ON3000 调配一体综合自动化系统，集成高级应用和电网调度信息安全页面发布功能，实现与办公自动化系统数据安全共享。2011 年 7 月，市供电公司办公电话接入省、潍坊市公司行政电话交换网，解决了省公司本部无法呼叫县公司电话问题，实现省市县三级行政电话交换网用户直拨呼叫。2012 年 10 月，公司科技楼机房建成投运，在解决科技园区生产办公通信需求同时，作为公司第二业务汇聚点，为后续电网备用调度体系和信息容灾体系建设对通信的特殊需要奠定基础。2013 年 6 月，实施地县备调建设 35 千伏及以上变电站调度数据网工程，调控中心设置数据网县级汇聚点，变电站部署路由器、交换机及专用加密装置等节点设备，全面提高调度数据传输的可靠性及业务保障能力，为电力调度的发展提供强有力基础支撑。是年 8 月，公司城区配网自动化主站系统安装部署完毕，主站系统由珠海许继公司统一安装部署，为城区配网自动化建设打下坚实基础。9月，公司9座110千伏变电站、17座35千伏变电站全部接入地县一体调控技术支持系统，实现地调对县域变电站远动信息直采直控功能。11月，城区配网自动化工程计划内49台自动化终端安装调试完毕，包括新增北京科锐公司38台集中型终端和改造11台北京四方自动化终端，城区配网自动化系统正式投入运行；在公司公网IP地址资源不足、地址申请困难的情况下，采取IP地址映射等技术手段，将公司变电站图像监控接入潍坊市公司主站系统，实现监控资源全省共享，满足省、潍坊市公司对县级公司变电站视频监控需求。

第三节 供用电管理

供售电量

1986年，全县用电量1.55亿千瓦时。其中，工业用电8424万千瓦时，占54.35%；农、林、水利用电4877万千瓦时，占31.39%；居民生活用电1994万千瓦时，占12.83%；1987年，全县用电量1.73亿千瓦时。其中，工业用电1.13亿千瓦时，占65.12%；农、林、水利用电3245万千瓦时，占18.74%；居民生活用电2217万千瓦时，占12.81%；1998年，全市用电量4.78亿千瓦时。其中，工业用电2.47亿千瓦时，占56.55%；农、林、水利用电3412万千瓦时，占7.82%；居民生活用电1.15亿千瓦时，占26.29%。1999年，全市用电量4.89亿千瓦时。其中，工业用电3.09亿千瓦时，占63.30%；农、林、水利用电4586万千瓦时，占9.39%；居民生活用电1.09亿千瓦时，占22.33%。到2010年，全市用电量13.32亿千瓦时，是1988年的6.9倍。其中，工业用电9.4亿千瓦时，占70.54%，是1988年的7.8倍；居民生活用电2.65亿千瓦时，占19.92%，是1988年的10.7倍。2011年，全市用电量14.43亿千瓦时。其中，工业用电10.09万千瓦时，占69.92%；农、林、水利用电7580万千瓦时，占5.25%；居民生活用电2.68亿千瓦时，占18.61%。2012年，全市用电量15.86亿千瓦时。其中，工业用电10.7亿千瓦时，占67.51%；农、林、水利用电6048万千瓦时，占3.81%；居民生活用电3.1亿千瓦时，占19.57%；2013年，全市用电量17.13亿千瓦时。其中，工业用电11.3亿千瓦时、占65.98%；农、林、水利用电7.65亿千瓦时，占4.47%;居民生活用电达3.36亿千瓦时，占19.64%。2013年7月，电网最高负荷30万千瓦，日最高供电量602万千瓦时，双创历史新高。是年用电量是1986年的11倍。

安丘市1986年—2013年社会用电量统计表

表6—5　　单位：万千瓦时

年份	用电量	增长率（%）	年份	用电量	增长率（%）
1986	15536	25.5	2002	66928	8.9
1987	17319	11.4	2003	69118	3.2
1988	19321	11.5	2004	79457	14.9
1989	23022	19.1	2005	96267	21.1
1990	22399	-2.7	2006	108127	12.3
1991	24223	8.1	2007	112723	4.2
1992	28736	18.6	2008	116602	3.4
1993	29499	2.6	2009	122926	4.4
1994	33986	15.2	2010	133156	8.3
1995	38315	12.7	2011	144274	8.4
1996	41986	9.5	2012	158607	9.9
1997	45360	8.0	2013	171290	8.0

续表 6-5

年份	用电量	增长率（%）	年份	用电量	增长率（%）
1998	47800	5.3			

安丘市 1986 年—2013 年社会用电量分类表

表 6-6　单位：万千瓦时

年份	农业	工业	城乡居民生活	公共事业	建筑业	其他
1986	4877	8424	1994	117	6	118
1987	3245	11278	2217	263	18	298
1988	4078	11967	2443	416	30	388
1989	4078	14491	3402	444	26	581
1990	3187	13808	4596	341	26	442
1991	3955	13658	5697	362	32	475
1992	4371	17179	6604	400	41	482
1993	3386	18872	6453	540	52	524
1994	3466	20874	8956	626	63	572
1995	2813	23504	11275	759	107	665
1996	3805	27263	10064	1029	134	893
1997	4715	29315	10389	975	123	1028
1998	3412	24662	11466	3198	127	746
1999	4586	30922	10910	968	183	1284
2000	5366	35438	10060	2074	223	1149
2001	4612	42513	10416	2363	310	1243
2002	5095	46567	11769	1987	279	1231
2003	3929	48716	12722	2170	325	1256
2004	3960	56931	14427	2363	348	1428
2005	2746	69400	19076	1601	388	3056
2006	3641	77991	20975	1683	425	3413
2007	5770	78682	22352	1765	449	3705
2008	4978	81728	23657	1907	453	3879
2009	5632	87926	23184	1798	443	3943
2010	5872	93922	26530	2131	538	4163
2011	7580	100883	26845	2588	742	5636
2012	6048	107070	31042	4718	1184	8545
2013	7649	113024	33638	5267	1257	10455

电费电价

1988 年，根据用电负荷紧张现状，境内电价执行综合电价政策，电价各种价外性费用较多，有煤议价电、油议价电，价格有计划内计划外差价等。1996 年，公布农村电力收费最高限价，居民照明 0.482 元／千瓦时，工副业用电 0.6549 元／千瓦时，农业用电 0.6289 元／千瓦时。1995 年开始，对部分大用户开始推行预付费电能表。2000 年，实行分类销售电价标准。居民照明用电不满 1 千伏 0.432 元／千瓦时，1～10 千伏 0.422 元／

千瓦时，35～110千伏0.422元/千瓦时，农村到户0.64元/千瓦时。非居民照明用电不满1千伏0.7288元/千瓦时，1～10千伏0.7208元/千瓦时，35～110千伏0.7198元/千瓦时，农村到户0.94元/千瓦时。非普工业用电不满1千伏0.6468元/千瓦时，1～10千伏0.6428元/千瓦时，35～110千伏0.6358元/千瓦时，农村到户0.86元/千瓦时。农业生产用电不满1千伏0.5358元/千瓦时，1～10千伏0.5298元/千瓦时，35～110千伏0.5208元/千瓦时，农村到户0.76元/千瓦时。化肥生产用电，1～10千伏0.292元/千瓦时，35～110千伏0.2870元/千瓦时，需量电价16.5元/千瓦/月。2002年4月始，按照上级主管部门统一要求，实行居民生活同网同价，执行到户居民生活电价为0.52元/千瓦时。为抑制高耗能企业盲目发展，促进技术进步和产业结构升级，对电解铝、铁合金、电石、烧碱、水泥、钢铁等限制类和淘汰类企业征收差别电价，淘汰类在规定电价基础上提高0.05元/千瓦时，限制类提高0.02元/千瓦时。并将农村种植养殖业电价由非普工业用电价格改为农业生产用电。2005年，为缓解煤电价格上涨的电价矛盾，全省实行煤电价格联动，并继续执行高耗能企业执行差别电价政策。2006年7月始，安丘市按照《国家发展改革委关于调整华北电网电价的通知》精神，执行全省新的电价政策，平均销售电价提高2.61分/千瓦时。其中，农业生产用电价格不提高；居民生活用电每千瓦时提高0.69分；非居民照明用电每千瓦时提高0.74分；非普工业用电每千瓦时提高3.73分；大工业、化肥用电每千瓦时提高2.12分，基本电价按最大需量提高13.5元/千瓦/月，按变压器容量提高9元/千伏安/月。2012年7月起，试行阶梯电价，对用电量较少的用户实行优惠价格政策，对用电量较高的用户实行累进加价。

安丘市2000年—2007年电价调整情况一览表

表6-7-1　　　　单位：元/千瓦时

用电类型	电压等级	2000年7月15日	2004年6月15日	2005年5月1日	2006年6月30日	2007年12月15日
化肥生产	1-10kV	0.292	0.292	0.292	0.3132	0.3132
化肥生产	35-110kV	0.287	0.287	0.287	0.3082	0.3082
化肥生产	110-220kV	0.278	0.278	0.278	0.2992	0.2992
化肥生产	220kV及以上	—	—	—	—	—
非普工业	＜1kV	0.6468	0.6123	0.6395	0.6768	0.6815
非普工业	1-10kV	0.6428	0.6083	0.6355	0.6728	0.6775
非普工业	35-110kV	0.6358	0.6013	0.6285	0.6658	0.6705
居民生活	＜1kV	0.432	0.52	0.54	0.5469	0.5469
居民生活	1-10kV	0.422	0.468	0.486	0.4929	0.4929
居民生活	35-110kV	0.422	0.468	0.486	0.4929	0.4929
非居民照明	＜1kV	0.7288	0.6943	0.7215	0.7289	0.7336
非居民照明	1-10kV	0.7208	0.6863	0.7135	0.7209	0.7256
非居民照明	35-110kV	0.7198	0.6853	0.7125	0.7199	0.7246
农业生产	＜1kV	0.5358	0.4913	0.4913	0.4913	0.516
农业生产	1-10kV	0.5298	0.4853	0.4853	0.4853	0.51
农业生产	35-110kV	0.5208	0.4763	0.4763	—	—
农业排灌	＜1kV	—	—	—	—	—
农业排灌	1-10kV	—	—	—	—	—

安丘市2008年—2014年电价调整情况一览表

表6—7—2　单位：元／千瓦时

用电类型	电压等级	2008年2月2日	2009年11月20日	2011年6月1日	2011年12月1日	2014年1月1日
化肥生产	1-10kV	0.3132	0.3584	0.3891	0.4469	0.4469
化肥生产	35-110kV	0.3082	0.3434	0.3741	0.4319	0.4319
化肥生产	110-220kV	0.2992	0.3284	0.3591	0.4169	0.4169
化肥生产	220kV及以上	—	0.3134	0.3441	0.4019	0.4019
非普工业	＜1kV	0.7335	0.7753	0.8060	0.8438	0.8438
非普工业	1-10kV	0.7235	0.7603	0.7910	0.8288	0.8288
非普工业	35-110kV	0.7135	0.7453	0.7760	0.8138	0.8138
居民生活	＜1kV	0.5469	0.5469	0.5469	0.5469	0.5469
居民生活	1-10kV	0.4929	0.4929	0.4929	0.4929	0.4929
居民生活	35-110kV	0.4929	0.4929	0.4929	0.4929	0.4929
非居民照明	＜1kV	—	—	—	—	—
非居民照明	1-10kV	—	—	—	—	—
非居民照明	35-110kV	—	—	—	—	—
农业生产	＜1kV	0.5140	0.5539	0.5846	0.6184	0.6184
农业生产	1-10kV	0.5070	0.5389	0.5696	0.6034	0.6034
农业生产	35-110kV	—	—	—	—	—
农业排灌	＜1kV	0.4940	0.5339	0.5646	0.5984	0.5984
农业排灌	1-10kV	0.4870	0.5189	0.5496	0.5834	0.5834

农电管理

1984年，安丘县25处公社改为32处乡镇，25处公社农电站改为乡镇供电站。1986年7月，县电力公司将生产单位划为供电所、调度所、用电所和农电科。1988年5月，农电科与用电所合并，成立用电管理科。1991年10月，全县实现村村通电。1992年5月，公司恢复农电科，负责供电站的日常管理。1994年10月，实现户户通电。1999年9月，各供电所相继成立电工组，负责所辖区域内抄表、收费、报修等工作。1999年12月，按照潍坊电业局要求，全市完成农电体制改革，供电所归并成29个，电工组104个，聘用农电工956人，通过改革裁减以前的村电工741人。1999年始，农电营业、监察、报装接电等业务由乡村电管部负责，实行销售、抄表、收费、服务“四到户”，并负责线路及设备的抢修工作。电费票据也由原来手写一律改为微机统一打印，市内实行“两改一同价”（农村电网建设与改造，农电体制改革，城乡用电同网同价），变电站、供电所、输电线路、配电线路、用电村全部达到或超过“五标”建设标准。2000年8月，农电科改称乡村电管部。2004年5月，第一批240个标准用电村建成。2005年2月，重新修订《供电所考核细则》，将平均电价分为统管村和直管户两部分来考核；各供电所将指标分解落实到包村电工，并开展用电检查，确保与客户及时签订分类电价协议书。2006年3月，城关、刘家尧供电所部分用电村移动抄表试验成功。是年5月，开始实行以“两改一规范”为主要内容的农村用电专业化改革。撤销电工组，在供电所成立配电班、营业班和客户服务室，负责辖区内抄、核、收及用电服务工作。2007年4月，乡村电管部更名为乡镇电管部。2009年3月，在刘家尧供电所进行邮政储蓄代扣电费试点。5月，国家电网公司在北京召开“新农村典型供电模式推广应用研究”项目启动会，市供电公司作为试点单位之一，应邀参加会议。7月，首台有载调容变压器在凌河镇大儒林村投入运行，首次挂网运行该类型变压器。2010年9月，市供电公司通过潍坊公司组织的“SG186”一体化整合平台系统实用化验收，启用电子汇兑、网上银行划拨等先进缴费方式，为客户直接到营业厅交费提供方便。2010年11月，兴安街道、大汶河旅游开发区和石埠子镇、石堆镇、景芝镇被省集团公司命名为电气化镇。新安街道周家营子村等280个村被省集团公司命名为电气化村。是年，公司建成电气化村423个。电气化村全部安装预付费磁卡表，村民用电到供电所营业厅办理刷卡缴费业务。市供电公司设城关、白芬子、石堆、贾戈、关王、景芝、临浯、金冢子、雹泉、管公、官庄、庵上、石埠子、凌河、红沙沟、大盛、郚山、柘山、刘家尧、赵戈、城区、辉渠22处供电所。2013年，国网安丘市供电公司有兴安、新安、凌河、郚山、官庄、石堆、大盛、石埠子、金冢子、大汶河、辉渠、景芝、柘山13处供电所。

电力调度

1980年以前，境内电力调度通讯主要以调荷电话为主。进入20世纪80年代，为保证调度命令及时下达和执行，广泛采用电力线载波通讯方式。1987年，县电业公司安装JZHQ-4型300门纵横制交换机一台，取代原50门单式供电交换机，话音接续质量和效率得到改善。1988年始，随着远动系统的建立和调度自动化系统的发展，原有的载波通讯系统（ZS-3型为主）因不能传输远动信号而逐步淘汰，更新为菏泽无线电厂生产的ZDD-20B型与ZDD-5型电力载波机。2000年后，安丘电网电力通信由过去以电力载波为主，其他通信手段为辅的通信方式逐步过渡到以光纤通信为主、其他通信手段为辅的通信方式。到2010年，安丘电网实施光纤通信环网工程，实现主干传输光纤化、数据传输网络化。2011年12月，架设35千伏白芬子线、宏管线、宏白线、宏庄线、官临线、临浯线、安宋线、安金线、雹管线、雹岐线共10条线路ADSS光缆100公里，取代相关站点租赁光纤，进一步提升公司光纤通信网运行可靠性。2013年12月，配合35千伏团埠站建设，对公司东（东北）部SDH传输网设备进行升级改造与网络优化调整，将110千伏北郊站、汶河站、博莱特站、担山站及35千伏刘家尧站、石堆站传输速率由155兆提升至622兆，同时新增220千伏安丘站2.5G传输网点作为该区域电网通信业务传输枢纽，满足电网通信发展需求，提高运行可靠性。

安全供电

1986年—2013年，根据地方政府和上级下达的安全目标，结合公司安全生产实际，不断完善各级安全生产责任制，建立健全三级安全组织网络，层层签订安全生产责任状，将安全责任分解落实到车间、班组和个人。成立安全督察大队和7支分队，严厉查处违章行为，加强生产现场管控力度。深入开展美丽彩虹·安全用电“三进”活动，拉网式排查全市特种车辆。建立政企协同的安全用电管理机制，联合经信局，成立电力执法大队，对中小企业的用电安全进行拉网式检查。全面推行安全管理标准化建设，提高公司的安全管理执行力，不断提高安全生产“可控、能控、在控”水平。2006年11月，公司连续安全生产20周年庆祝大会召开，潍坊供电公司和安丘市委、市政府分别发来贺信表示祝贺。至2013年，公司先后被山东电力集团公司、潍坊市人民政府、潍坊供电公司授予安全生产先进单位、无违章县供电企业等称号，电力系统实现连续安全生产9931天。

第十四章　酒　业

第一节　景芝酒业系列

生产规模

山东景芝酒业股份有限公司位于景芝镇，其前身为山东景芝酒厂，1993年改制为股份制企业。为山东省大型重点酿酒企业、中国白酒生产50强企业、中国最大的芝麻香型白酒生产企业。景芝酒历史悠久，品牌众多。20世纪80年代—90年代，为景芝酒业快速发展阶段。1985年，设计制造喷淋降温设备，粮食酒夏季生产入池温度高等难题获得解决。同年7月，在第二、第三机械化生产线上推广应用。年内，引进酒精生产新技术，试验成功低温蒸煮新工艺，节约蒸煮过程中的用气量。1986年，二厂区浓香酒车间建成。至1991年，景芝白乾酒年产量突破万吨，瓜干白酒年产量11734吨。景芝酒厂成为山东省110家经济效益排头兵企业，晋升为国家一级计量企业。1992年，完成工业产值1.7亿元，年产白酒37589吨，实现销售收入1.98亿元，利税总额5264万元，实现利润1784万元，名列中国500家最大工业企业及行业50家评价排序企业之一。是年3月，三厂区浓香型粮食酒车间正式投产。1995年，食用酒精移地改造，在二厂区新建年产15000吨酒精项目，扩大瓜干白酒产量。至1996年，白酒年产量34718吨，其中粮食白酒17076吨。

从20世纪90年代末始，景芝酒业受市场经济影响，加之此时期茅台、五粮液等酒类抢占山东市场，生产经营渐陷低潮。2000年，白酒产量24462吨，2002年17902吨。2003年，公司在生产一区新建全国单线包装能力最大的包装生产线，实现白酒洗瓶、灌装、压盖、贴标、烘标、封箱等流程的快速自动化和一体化。2004年，创新出融南方“跑窖”和北方“原窖”工艺于一体的“北方有机窖池”，窖池的退化老化问题得到解决。改进的“包包曲”弥补原来“平板曲”之不足，有利于大曲的升温和细菌、微生物的繁殖及代谢，对于形成香味成分和前驱物质起到重要作用，其五粮香味更加突出，形成适合北方人独具一格的品质。是年，白酒产量25141吨。

2007年9月，芝麻香型白酒半机械化车间建成并投入运行。2008年，白酒产量25434吨，其中芝麻香产量452吨。2009年，公司提出“三年翻二番、五年翻三番”目标，不断扩大生产规模。2011年11月，开工建设景芝生态酿酒产业园和齐鲁酒地文化创意产业园两大园区。至2013年，景芝生态酿酒产业园一期工程建成投产，新建浓香酒生产车间4个、芝麻香酒生产车间2个，安装自动化酿酒设备25套。2011年，公司完成工业产值18.1亿元，实现销售收入18亿元，利税总额1.9亿元。2013年，完成工业产值30.6亿元。其中，实现销售收入30.1亿元，利税总额3.06亿元。

设备工艺

2013年，景阳春酒具备粉碎、制曲、酿酒、包装和酒精制作五大工艺。

粉碎　1987年，对高粱粉碎设备进行改造，由振动筛改为回转筛，加装比重去石机，驱除杂质和沙土，提高粮食酒质量。1992年，自行制造安装大曲粉碎设备，一套从压曲机压曲、斗式提升机提曲、置锤式破碎机碎曲、料仓贮曲、脉冲除尘一条龙大曲粉碎新工艺形成，实现大曲粉碎连续生产。1993年—2009年，对粉碎工艺进行多次改进。2010年，开始建设生态酿酒产业园，对生产工艺进行创新。2012年，景芝生态酿酒产业园一期工程完成，建成占地1248平方米的粉碎楼1座，安装五粮粉碎设备1套。

制曲　1985年，研制成功大曲培养新工艺，实现大曲框架立体发酵，为国内首创。1987年，安装T/K-2型微机测控装置。1993年，更新CTS-B型微机测控系统，达到曲房内温度有效自控，优质曲由原来的70%提高到95%。2012年，景芝生态酿酒产

业园一期工程完成，建成占地9338平方米的麸曲车间1座，占地7626.88平方米的制曲车间1座，安装设备5套。

酿酒　1985年—1995年间，景芝酒厂发展较快。为进一步扩大产量，增加效益，1985年6月，征用土地91.33亩，新上1000吨优质粮食酒项目，自行设计制造安装景阳春生产设备4台（套），后将该区变为生产二厂区。1988年5月，增加景阳春和景芝特酿各1000吨生产能力，建设三厂区。自行制造安装粮食酒生产设备10台（套）。2007年3月，投资1000万元，在三厂区新建芝麻香双跨车间，自行设计安装酿酒设备3台（套）。是年11月建成投产，年生产能力1100吨，为高端产品发展奠定基础。2011年，中国酒业协会牵头实施中国白酒“158计划”，在制曲机械化、发酵工艺机械化、蒸馏工艺机械化、白酒智能勾兑等多领域开展研究，并在全国较大规模企业推广实施。是年11月，景芝酒业计划总投资15.7亿元，开始建设景酒生态酿酒产业园，开展白酒生产机械化、自动化、智能化方面的研究与应用。至2013年，安装自动化酿酒设备24套。浓香型、芝麻香型白酒机械化设备均使用不同的传感器，依靠系统强大的数据采集功能，利用PLC控制单元，称重模块和变频电机，实现粮、糟、糠、曲、水按一定比例自动配料、酒糟出池入池、装甑蒸馏、通风晾渣、堆积发酵、温度控制等整个过程的机械化、自动化和智能化操作。被中国酒业协会评价为酿酒产业的模板。

包装　1984年，景芝酒厂设计安装白乾生产线2台（套），瓜干白酒生产线3台（套），实现包装13246吨/年。2003年，在生产一区扩建白酒包装中心，工程建设面积4680平方米。同年8月开工，11月竣工使用。该包装线从洗瓶、灌装、压盖、质检、贴标、烘干、整标和装箱基本实现自动化，其生产能力1.6万瓶/8时，7000吨/年。2003年—2012年，在生产一区、二区相继建成自动化包装线19条，其主要设备有输送机、冲瓶机、控瓶机、灌装机、压盖机、烘干机、贴标机、打码机和装箱机，生产能力大幅提高。

酒精　1987年1月，对酒精生产线进行改造，自行设计制造安装瓜干粉碎机、热交换器、冷却器和强制回流装置，并在输液管线上加装蓄能装置，解决管线脉动问题，一次试车成功并顺利投产，年生产能力达1万吨。1995年，在二厂区新建15000吨酒精生产线1台（套）。

名优品牌

经过60余年发展，景芝酒厂已拥有以景芝白乾为代表的传统酒系列，以景阳春为代表的浓香型系列，以一品景芝为代表的芝麻香型系列，以阳春滋补酒为代表的营养保健型系列四大系列品牌。

景芝白乾酒　景芝白乾是中华酒史上最早的高粱大曲酒，起源于宋，盛于明清，素有“开坛十里香”“饮时不知醉，出门迎风倒”之美誉。1953年之前景芝白乾酒称景芝高烧。1915年，《山东实业公报》载：山东省行政公署在为征集、筹备巴拿马万国博览会物品的通令中，指令“景芝烧酒”为参展产品，山东白酒只此一家。1959年，景芝白乾又被国家选为参加印度国际博览会展品。该酒一直秉承“粮必精，水必甘”，粉碎“呈梅花瓣”，配料“无团糟，无白眼”，装瓶“轻、松、匀、薄、准、平”，糖化“熟而不粘，内无生心”“缓气蒸馏，大气追尾”的传统酿造工艺，品质优良，久享盛名。相继获山东省、全国乃至世界奖项22个。1987年，获全国旅游低度白酒银樽奖；1988年，获首届中国食品博览会名、特、优、新产品金奖；1990年，获首届全国轻工业博览会银质奖；1996年，成为首届中国八大大众名白酒；2006年，被国家商务部认定为首批中华老字号，其传统酿造技艺列入山东省首批非物质文化遗产名录；2011年，获中国驰名商标称号。

景阳春酒　1971年，根据山东省轻工业厅指示，景芝酒厂组成研发队伍，开始试制山东用于招待外宾地方名酒。先后派出技术人员到四川五粮液等酒厂学习取经，加强浓香酒窖池的建造与维护，乙酸菌的研究与应用，老窖的培养与老熟，五种原料（高粱、小麦、大米、糯米、玉米）的配比探索，各种中高温大曲的配比应用，入池水分、温度发酵过程的控制，以及流酒温度、速度的调整。经过反复研究实验，同年8月，具有典型浓香酒风味的景芝特酿试制成功。1973年，经不断改进，产出精品“景阳春”，开始出口创汇。1987年12月，香港铭昌贸易公司称“目前在台港站得住脚的大陆白酒只有茅台、景阳春、杜康等”。1989年2月，新华社主办的《参考消息》载：“大陆白酒在台以景阳春、竹叶青销路最好。”著名收藏家黎福青先生收藏鉴赏景阳春瓷瓶后，从文化、美学和陶艺的角度，在《美食导报》著文论述其设计价值和鉴赏收藏价值。20世纪80年代以来，景阳春获山东省、全国乃至世界殊荣30多项。1981年—1990年，获轻工业部包装装潢优秀设计奖、优秀出口产品银质奖和全国轻工业优质产品；1993年，获中华酒文化包装装潢大赛一等奖。次年，被山东省经委授予山东名牌称号；1995年，获中国酒文化驰名装潢大赛金奖。1997年，获中国历史文化名酒称号。1999年，获山东名牌白酒评比第一名。次年，获评山东省争创全国名牌产品。2001年—2002年，被评为国家质量达标食品和山东省白酒行业十大品牌。2006年，获中国驰名商标称号。2012年，被中国工商总局认定为中国驰名商标。

一品景芝酒　一品景芝是景芝酒业自主创新的芝麻香型代表酒。从1957年发现景芝白乾具有芝麻香风味，到2006年"芝麻香型白酒的研制"项目通过鉴定，2007年制定国家标准，前后历经50年的时间。1957年，山东省白酒专家于树民和景芝酒厂厂长马凤鸣提出景芝白乾具有芝麻香特点。1965年，轻工部进行临沂试点。著名白酒专家熊子书组织人员利用纸上层析等方法，对景芝白乾进行香味成分分析，认为检出的丙酸乙酯可能与芝麻香有直接关系，这是对芝麻香最早的探索。1975年，华东地区大曲酒技术协作会在景芝酒厂召开，景芝白乾酒的芝麻香问题首次在行业会议上提出，得到与会者重视。1978年，在江西樟树（四特酒厂）召开的华东大曲酒协作会上，芝麻香的问题引起广泛关注。1980年，景芝酒厂以"芝麻香型景芝白乾酒的研究"为题，在山东省科委立项。至此，芝麻香型白酒的研究工作才真正展开。1982年，山东省一轻厅组织总结鉴定会，景芝酒厂新产品以"特级景芝白乾"名称面世。1983年，第七届全国名优白酒技术协作会在宜宾召开，景芝酒厂的论文《景芝酒厂概况及景芝白乾芝麻香问题》作为会议文件发表，引起广泛重视。1984年，景芝酒厂与山东大学生物系、实验中心合作再度攻关。芝麻香型特级景芝白乾酒获轻工部质量大赛银杯奖。1985年，"芝麻香型白酒科研学术研讨会"召开，国内著名专家周恒刚、季克良、沈怡方、金佩璋、于树民等对研究工作进展给予充分肯定，指出"……创立芝麻香新香型的眉目已比较清楚，山东省将特级白乾作为新香型白酒推向国内，争创名优酒是有远见的……"。1989年，第五届全国评酒会召开。来自各地的五种芝麻香型白酒单独组成一组进行品尝，芝麻香取得事实上承认。1990年，景芝酒厂与轻工部发酵设计研究院合作，发起第三次攻关。国家食品质量检测中心副主任、高级工程师胡国栋牵头建立课题组，通过检测取得大量数据，后用先进的计算机对数据进行分析，最终证明"景芝白乾是一种兼具清、浓、酱三种香型特征，但不归属已知香型而自成一体的白酒。""白酒的各种香型，大体上包括在以清、浓、酱为端点的一个三角形之内，而'芝麻香'就处于三角形的中心点上"。1991年，"芝麻香型白酒香味成分的剖析"项目在武汉鉴定会上获得国内专家充分肯定。该项目的分析技术及应用统计分析技术均处于国内领先水平。1992年，进入制定行业标准程序。1995年，中国白酒芝麻香型协作组成立。景芝酒业股份有限公司、山东食品工业公司和中国食品发酵研究院联合起草中国轻工业标准，《芝麻香型白酒》QB/T2187—1995由中国轻工总会批准发布。1996年7月1日实施，标志着芝麻香型正式确立。

20世纪90年代，国内白酒出现全行业波动，芝麻香型白酒研究近乎停止。2003年11月，景芝酒业恢复成立科研所，在原有科研成果基础上，吸收外地企业经验，加快研究步伐。至2006年，生产工艺基本成熟，产品芝麻香典型性突出。是年9月，"芝麻香型白酒的研制"项目通过山东省科技厅组织的技术成果鉴定，确认芝麻香型是白酒的创新香型。该香型符合白酒淡雅、爽净消费趋势。"清蒸续渣、泥底砖窖、大麸结合、多微共酵、三高一长、精心勾调"，芝麻香型工艺特点属国内领先水平。是年12月，国家商务部和中国酿酒协会认定景芝神酿为中国芝麻香型白酒代表产品。2007年，由景芝酒业股份有限公司和中国发酵设计研究院共同起草的国家标准《芝麻香型白酒》GB/T20824—2007获得中国国家标准化委员会批准，2007年7月1日正式实施。2008年，中华人民共和国地理标志产品景芝神酿GB/T22735-2008获中国国家标准化管理委员会批准。2009年，推出景芝神酿升级产品——一品景芝。芝麻香酒实现全国产销量第一。是年9月，公司被中国酿酒工业协会授予中国芝麻香型白酒领军企业称号。2012年，景芝镇被中国酿酒工业协会授予中国芝麻香型白酒第一镇称号。景芝芝麻香走向繁荣发展新阶段。

阳春滋补酒 1986年前，景芝酒厂曾生产过樱桃酒、全蝎酒。1986年后，相继生产人参酒、三鞭酒、花仙子佐餐酒等产品。2005年始，生产阳春滋补酒，获国家保健品批准文号。该酒系采用景芝白乾原酒做基酒，以中药材、白砂糖等原料合理配比而成，药香舒适，口感醇甜，绵柔爽净，具有免疫调节之保健功能。滋补酒产品包括30度、32度、52度等不同酒度，销量逐年提高。

景芝酒业1986年—2013年管理成果表

表6—8

序号	名 称	获奖类型及级别	颁奖单位	时 间
1	山东景芝酒厂	质量管理奖	轻工业部	1988
2	山东景芝酒厂	质量管理奖	山东省经济委员会	1988
3	山东景芝酒厂	国家二级企业	山东省质量管理协会	1988
4	山东景芝酒厂	国家一级计量先进单位	国家技术监督局	1991.07
5	卓越绩效在酿造企业战略管理中的应用	管理创新一等奖	潍坊市经信委	2011.09
6	景芝酒业股份有限公司	1981-2011中国食品工业卓越贡献企业	中国食品工业协会	2011.11
7	景芝酒业公司酒之城·包装中心	全国现场管理星际评价四星级现场	中国质量协会	2011.12
8	景芝酒业股份有限公司	山东省省长质量奖	山东省人民政府	2011.12
9	景芝酒业股份有限公司	全国实施卓越绩效模式先进企业	中国质量协会	2012.10
10	景芝酒业股份有限公司	第十二届全国质量奖鼓励奖	中国质量协会	2012
11	信息化在酿造企业中的应用	轻工企业管理创新二等奖	中国轻工业联合会	2013.11

景芝酒业1986年—2013年科技成果表

表6—9

序号	名 称	获奖类型及级别	颁奖单位	时 间
1	大曲培养新工艺	科技进步三等奖	轻工业部	1986.10
2	QS—2型大曲粉碎新工艺	科技进步二等奖	潍坊市政府	1994.12
3	芝麻香型白酒行业标准	科技进步二等奖	山东省轻工总会	1999.09
4	酒糟菌体蛋白饲料项目	科技进步二等奖	山东省轻工业办公室	2005.10
5	酿酒废弃物的综合利用	创新优秀应用成果一等奖	潍坊市总工会、潍坊市企业联合会	2007.07
6	芝麻香型白酒的研制	科技进步一等奖	山东省轻工业办公室	2007.09
7	酒糟生产菌体蛋白饲料的综合利用	科技进步三等奖	山东省轻工业办公室	2007.09
8	芝麻香型白酒的研究	科技进步优秀项目	中国食品工业协会	2007.09
9	芝麻香型白酒的研制	科技进步三等奖	山东省人民政府	2008.04
10	芝麻香型白酒的研制	技术创新成果二等奖	省技术创新促进会	2008.06
11	芝麻香型白酒的研制	科技进步一等奖	中国轻工业联合会	2009.03
12	芝麻香型白酒生产工艺	发明专利一等奖	山东省知识产权局	2009.03
13	芝麻香型白酒的研制	科技进步一等奖	潍坊市人民政府	2009.04
14	浓芝兼香型白酒的研制	职工优秀技术创新成果三等奖	山东省总工会、省科技厅、省经信委、省人社厅	2010.09
15	浓芝兼香型白酒的研制	科技进步一等奖	山东省轻工业协会	2010.11
16	芝麻香型白酒生产工艺	中国专利优秀奖	国家知识产权总局	2010.12

续表 6-9

序号	名　称	获奖类型及级别	颁奖单位	时　间
17	节能生产技术集成与示范	科技进步二等奖	中国商业联合会	2010.12
18	浓芝兼香型白酒的研制	科技进步三等奖	中国商业联合会	2010.12
19	利用酿酒副产物生产浓香酒的方法	科技进步三等奖	中国商业联合会	2010.12
20	白酒生产节能减排应用技术	职工优秀技术创新成果二等奖	潍坊市总工会、科技局、经信委、人社局	2011.09
21	浓芝兼香型白酒的研制	科学技术二等奖	中国食品工业协会	2011.09
22	芝麻香型白酒细菌曲的生产与应用	科技进步一等奖	潍坊市人民政府	2012.11
23	白酒智能勾兑和质量评价的研究	科技进步二等奖	潍坊市人民政府	2012.11
24	芝麻香型白酒细菌曲的生产与应用	科技进步三等奖	山东省人民政府	2012.11
25	高产四甲基吡嗪菌株在景芝芝麻香及浓香型白酒生产中的应用	科技进步三等奖	山东省人民政府	2013.11
26	白酒酿造机械化、自动化的研究与应用	科技进步二等奖	中国轻工业联合会	2013
27	芝麻香型景芝白酒风味物质剖析技术的研究及应用	潍坊市科技进步二等奖	潍坊市政府	2013.11
28	一种浓芝兼香型白酒及其生产方法	科技进步二等奖	山东轻工业协会	213.09
29	一种浓芝兼香型白酒及其生产方法	发明专利二等奖	潍坊市知识产权局	2013.12

酒文化研究

2011 年 3 月，安丘市成立景芝酒文化研究会，提出“山东是中国白酒发源地，景芝是中国白酒重要发源地之一”文化挖掘工程目标。收集、整理大舜文化史上重要事件、传说故事以及与之密切联系的政治、经济、军事、历史沿革等资料，梳理大舜酿酒文化的发生、传承、创新发展脉络，提出中国古代大舜为“中华酿酒始祖”之学说。2012 年“酒祖大舜”研究课题获潍坊首届企业文化重大创新成果奖。为传播大舜文化，在酒文化展览中心设大舜酒史专区，设置专柜、壁画和塑像，并在酒祖广场兴建酒祖殿，铸大舜铜像。2011 年起，先后开展大汶口文化遗址挖掘、郑玄为一代酒学宗师、大宋王朝与景芝酒等系列课题研究，为丰富齐鲁文化和中国酒文化宝库提供全新资料。2013 年，从区域文化上升到全国行业高度研究酒文化，提出“中华酒学”研究，推出《景芝是中国白酒的发源地之一》《中国白酒的起源与发展过程的研究与探讨》学术论文。其中，《中国白酒的起源与发展过程的研究与探讨》研究成果，申报至 2013 度中国酒道研究专家委员会年会，得到专家肯定。编印《景芝峰》文化刊物 21 期。2011 年，《景芝峰》成为山东省优秀文化期刊。出版发行《芝麻香诞生的地方》《国香赋》《景芝酒文化》《我的景酒之梦》等酒文化研究书籍 10 部。先后举办“首届中国（景芝）生态酒文化节”“第四届中国画节艺术家齐鲁酒地文化采风”等各种酒文化活动 20 次。

公司结合酒文化研究，开发建成酒之城、齐鲁酒地、景酒文化长廊等 8 处酒文化传播基地。2006 年，兴建全长 248 米的景芝酒文化长廊。整个长廊呈“匚”形，文化墙分前言、国酒摇篮、绝唱千秋、酒香都醉、源远流长五部分，有石刻字碑 156 块，以名人文章、题字等方式，较为详细地介绍景芝酒发展历史。2009 年，修复完善明清时期景芝 72 家烧锅之一的南校场烧锅遗址，是迄今为止国内保存最完好的古代酿酒作坊之一，成为潍坊市十佳文物保护单位。酒之城景区是仿照汉式古城堡以展示酒文化为内容的特色建筑，由景芝酒文化展览中心、包装物流中心和酒之城广场组成。2011 年，获国家 AAAA 级旅游景区，2013 年获山东省最佳文化旅游景区和山东省 20 条精选时尚新干线之一。2011 年，计划投资 60 亿元规划建设齐鲁酒地，依托青龙山原有地形、地貌，打造集文化深度体验、现代仓储物流、生态农业示范、休闲养生度假、洞藏酒于一体的酒文化创意产业园。至 2013 年，酒文化博览中心、文化交流中心、洞藏酒中心等项目已竣工运营。是年11月，齐鲁酒地被全国旅游景区质量等级评定委员会评为国家AAA级旅游景区。

景芝酒业1986年—2013年产值、饮料酒产量一览表

表6—10

年份	工业总产值（万元）	饮料酒产量（吨）									备注
		合计	白酒	粮食白酒				薯类白酒	啤酒	滋补酒	
				小计	白干酒	浓香酒	特级白干				
1986	2654	14863	14863	4848	2756	513	1579	10015	—	—	
1987	2800	15004	15004	5422	3063	694	1665	9582	—	—	
1988	3202	17321	17321	6253	3435	1211	1607	11068	—	—	
1989	3959	22141	20543	9039	6985	1258	796	11504	1598	出口三鞭酒5.75	
1990	4555（80年价）11425（90年价）	25858	21588	9916	7917	840	1159	11672	4270	4	
1991	14187	33692	24233	12499	10617	1076	806	11734	9459	—	
1992	17000	37589	27334	16856	14053	2007	796	10478	10255	—	
1993	17000	40062	25292	15205	11430	2811	964	10087	14770	—	
1994	20011	41850	26563	15973	11205	4349	419	10590	15287	30.2	44°芝麻香3
1995	20263	47881	35035	16799	11132	5450	217	18236	12846	—	
1996	20675	52485	34718	17076	10854	5322	900	17642	17767	—	
1997	17138	50568	28251	10582	5972	4236	374	17669	22317	34.5	出口三鞭酒11
1998	21293	46331	26721	9883	5621	4262	仅这三年转产干	16838	19610	—	
1999	20220	41874	22407	12258	8668	3590		10149	19467	60	出口三鞭酒6
2000	21537	24462	24462	11909	7863	4046	仅这三年转产干	12553	1999年6月划入青啤	128 佐餐酒28	出口三鞭酒5.6
2001	38787	25690	25690	9412	6061	3351	91	16278	—	—	从2001年开始采用现行价格计算工业总产值
2002	25514	17902	17867	7244	4309	2825	110	10623	—	34.7	
2003	22143	17553	17512	5304	2759	2340	205	12208	—	41	
2004	23863	25193	25141	6048	4188	1802	58	19093	—	52	
2005	24478	15019	14974	3580	2525	971	84	11394	—	44.8	
2006	31065	24968	24928	4400	2469	1680	251	20528	—	39.6	
2007	40929	22649	22607	14916	7316	7215	385	7691	—	42.1	从2007年始白酒产量改为商品白酒产量，计量单位改为千升
2008	57748	23921	23828	17689	8168	9069	452	6139	—	93.2	

续表 6—10

年份	工业总产值（万元）	饮料酒产量（吨）									备注
		合计	白酒	粮食白酒				薯类白酒	啤酒	滋补酒	
				小计	白干酒	浓香酒	特级白干				
2009	93022	29143	29056	23880	8285	14812	783	5176	从2009年始特级白干酒改为一品景芝酒产量	86.5	从2007年始白酒产量改为商品白酒产量，计量单位改为千升
2010	130101	32344	32265	26349	8746	16712	891	5916		79	
2011	180611	34845	34701	28559	8810	18688	1061	6142		144	
2012	247183	42874	42770	34532	10746	21951	1835	8238		104.4	
2013	306012	—	47812	—	—	—	—	—		—	

第二节　春开窖酒业系列

景芝酿酒历史久远，新中国成立前达到72座烧锅，其中“元隆号”是较著名烧锅之一，乃景芝冯氏第十一世冯元隆在原来自家烧锅基础上，以自己名字为字号的一家酿酒作坊。据《安丘述略》记载：民国时期，景芝镇最大宗出产为高粱（白乾）酒，有“迎风倒”“十里香”及“桃花美酒”等佳酿，其中“桃花美酒”就是元隆烧锅的代表作。新中国成立，元隆烧锅被政府收归国有，成立国营景芝酒厂。2002年8月，冯氏族人继承和发展传统技法，精心研究冯氏酿酒工艺，结合现代景芝酒的酿造技术，通过不断实践，总结出“秋收·冬藏·春开窖”的独到酿酒工艺。所谓“秋收•冬藏•春开窖”工艺说的是：秋天收获粮食，冬天入窖发酵，春天桃花盛开微生物繁殖最快之时开窖酿酒。“春开窖”酒由景芝酒厂具体研制并开发生产上市，得到社会各界广泛认可。中国白酒著名专家沈怡方曾评价为“春开窖从内涵到外延，是中国白酒业的突破和创新”。春开窖酒的包装将传统文化和现代工艺相结合，进行设计创新，分别获2002年“齐鲁之星金奖”“华东设计金奖”“中国之星金奖”。

2008年夏，安丘春开窖酒业有限公司成立，坐落在景芝镇驻地风景秀美的浯河西岸，占地60亩，酿酒车间2000平方米，拥有窖池168个。其中，最近的窖池距浯河河边约9米，具有得天独厚的酿酒环境，可谓是“三产灵芝真宝地，一条浯水是酒源”的真实再现。“春开窖”酒酿酒过程的原材物料及工艺程序，严格按照秘酿——“秋收·冬藏·春开窖”发酵工艺操作，发酵期达到136天以上，酒质大幅提升，酒品达到香味丰满、甜绵香长，高度柔和。从秋收到冬藏再到春开，这样的工艺流程，每个酒窖一年只能循环一次，成本高、产量低但品味好。先后推出“宝烧”“秋收冬藏”“春开窖”“春开活力酒”四大系列，数十个品种，产品销售主要在山东、河北、江苏、广东、北京等地。2009年11月，被山东省糖酒商业协会吸纳为理事单位。2010年春天，在浯河岸边建立1300平方米的地下储藏酒窖，便于原酒储藏。酒窖内分为酒贤、酒仙、酒圣三大区，走廊一侧有26个小窖，窖存有1500毫升至1000升六大系列酒坛，酒坛全部采用江苏宜兴泥陶坛。酒窖内温度和湿度比较稳定。酒窖温度常年在18℃左右，湿度60%～70%，是藏酒的优良环境。2013年初，公司进一步挖掘冯氏酿酒传统做法，回归瓮酿工艺，采用60个泥陶大瓮作为发酵容器，进行陶瓮酿酒，成为传统酿酒工艺新亮点。至2013年底，公司年产原酒600吨。

自2012年始，公司每年谷雨时节，举行“开窖大典”，冬至时节举行“冬藏大典”。公司为满足爱酒、懂酒等不同消费者需求，成立私藏品鉴俱乐部。2013年，为提升企业形象，建成1000平方米的酒文化展厅，厅内展示古今酿酒工艺模型、古今各地酒器皿、中外酒标汇集、名人志士参观指导图片留言和墨宝以及公司的产品等。2014年5月，公司更名为山东春开窖酒业有限公司。

第三节　阳春啤酒

1987年，安丘县啤酒厂在黄旗堡镇建设，占地155亩。1989年建成投产，年产能力为1万吨。1993年，县啤酒厂加入景芝酒业集团，啤酒品牌为“阳春”。1997年，投资1260万元，扩大生产规模，年产能力3.5万吨，开发出新型啤酒“甘特尔”。1999年6月,啤酒项目加盟青啤集团。2000年,啤酒生产能力5万吨。阳春、甘特尔啤酒沿用青岛啤酒酿酒工艺，口感清爽，适合大众消费，先后获第32届布鲁塞尔金奖，国际风筝会世界蓝天杯金奖，山东省轻工业总会2000、2002、2003年度优级产品称号。2005年因亏损严重被迫停产。2007年，通过整合资源、盘活资产进行股份制改造，成立潍坊市阳春啤酒有限公司，重新启动生产，通过技术改造,啤酒年生产能力达10万吨规模。2007年9月,潍坊市阳春啤酒有限公司随黄旗堡镇一并划归潍坊市坊子区。

第十五章　名优产品

1986年,境内工业产品中有195水箱、295水箱、495水箱和碳酸氢铵4种获部优称号,YG605熨烫仪、Y112M-4三相异步电动机、S101钒催化剂、S108钒催化剂、松醇油、聚醋酸乙烯乳液6种产品获省优称号。此后20多年间，安丘工业通过上新创新，大量新产品涌现，名优产品不断增加。至2013年，全市有中国名牌产品3个，中国驰名商标8个，山东省著名商标23个，山东名牌产品32个。

安丘市2006年—2007年中国名牌产品一览表

表6—11

序号	商标名称	单位名称	核定商品	认定时间
1	鲁丰牌罐头	安丘市外贸食品有限责任公司	罐头	2006.09
2	恒安牌汽车散热总成	潍坊恒安散热器公司	散热器	2007.05
3	神龙牌涤纶长丝	山东海龙博莱特化纤有限公司	涤纶长丝	2007.05

安丘市2007年—2013年中国驰名商标一览表

表6—12

序号	商标名称	单位名称	核定商品	认定时间
1	奥宝	山东奥宝化工集团有限公司	化肥	2007.12
2	景芝	山东景芝酒厂销售总公司	白酒	2011.05
3	恒安及图	潍坊恒安散热器集团有限公司	汽车散热器	2011.10
4	长安（图形）	潍坊长安铁塔股份有限公司	输电、铁塔	2011.10
5	景阳春	山东景芝酒厂销售总公司	白酒	2012.05
6	鲁丰及图	安丘市外贸食品有限责任公司	水果罐头、蘑菇罐头、豌豆罐头	2012.12
7	鲁安LuAn及图	安丘市鲁安药业有限公司	扑热息痛	2012.12

安丘市1997年—2013年山东省著名商标一览表

表6—13

序号	商标名称	单位名称	核定商品	认定时间
1	景阳春	山东景芝酒厂销售总公司	白酒	1997

续表 6–13

序号	商标名称	单位名称	核定商品	认定时间
2	景芝	山东景芝酒厂销售总公司	白酒	1997
3	奥宝	山东奥宝化工集团有限公司	化肥	2003
4	超月	潍坊鸢飞服装公司	服装	2000
5	雄鹰	安丘市雄鹰纤维素有限责任公司	羧甲基纤维素钠	2007
6	鲁丰	安丘市外贸食品有限公司	水果罐头，蘑菇罐头，豌豆罐头	2007
7	鲁安	安丘市鲁安药业有限责任公司	扑热息痛	2007
8	登峰	新建业登峰焊接材料有限公司	焊条	2007
9	长安图形	潍坊长安铁塔股份有限公司	输电铁塔	2008
10	阳春	山东景芝酒厂销售总公司	白酒	2009
11	新爱得	安丘市鲁安药业有限责任公司	氨酚伪嘛片（II）	2010.09
12	万鑫	潍坊万鑫食品有限公司	蔬菜	2010.09
13	神龙及图	山东海龙博莱特化纤有限公司	化纤	2011.09
14	友祥	潍坊振祥食品有限公司	猪肉、肉制品	2011.09
15	TTCA	山东柠檬生化有限公司	一水柠檬酸、无水柠檬酸	2012.09
16	汶瑞	汶瑞机械（山东）有限公司	过滤机、洗浆机	2012.09
17	慈母山＋图形	慈母山现代农业发展有限公司	蔬菜	2012.09
18	星驰	山东景建集团门窗公司	铝门窗	2013.10
19	科灵＋图形	山东科灵空调设备有限公司	环保型水源、地源热泵机组、风冷热泵	2013.10
20	华力	潍坊电机一厂有限公司	电机	2013.10

安丘市 2004 年—2013 年山东名牌产品一览表

表 6–14

序号	商标名称	单位名称	核定商品	认定时间
1	恒安牌	潍坊恒安散热器集团有限公司	汽车散热器总成	2004
2	神龙牌	山东海龙博莱特化纤有限责任公司	浸胶涤纶帘子布	2005
3	奥宝牌	山东奥宝化工集团有限公司	复合肥料	2005
4	长安铁塔牌	潍坊长安铁塔股份有限公司	输电线路杆塔	2005
5	景阳春牌、景芝牌	山东景芝酒业股份有限公司	白酒	2006
6	鲁丰牌	安丘市外贸食品有限责任公司	速冻面食	2006
7	汶瑞牌	汶瑞机械（山东）有限公司	洗浆机、双辊挤浆机	2007
8	神龙牌	山东海龙博莱特化纤有限责任公司	浸胶涤纶帘子布	2007
9	神龙牌	山东海龙博莱特化纤有限责任公司	工业涤纶长丝	2007
10	长安牌	潍坊长安铁塔股份有限公司	输变电铁塔	2007
11	恒安牌	潍坊恒安散热器集团有限公司	汽车散热总成	2007
12	奥宝牌	山东奥宝化工集团有限公司	复合肥料（高中低浓度）	2008
13	景阳春牌、景芝牌	山东景芝酒业股份有限公司	浓香型白酒、芝麻香型白酒	2008
14	神龙牌	山东海龙博莱特化纤有限责任公司	浸胶帆布	2008
15	科灵牌	山东科灵空调设备有限公司	中央空调系列产品	2008

续表 6—14

序号	商标名称	单位名称	核定商品	认定时间
16	星驰牌	山东景建门窗幕墙工程有限公司	塑料门窗	2008
17	金胜牌	山东玉成生化农药有限公司	5% 氟铃脲乳油	2009
18	神龙牌	山东海龙博莱特化纤有限责任公司	工业涤纶长丝	2009
19	汶瑞牌	汶瑞机械（山东）有限公司	预挂过滤机	2010
20	汶瑞牌	汶瑞机械（山东）有限公司	洗浆机	2010
21	长安牌	潍坊长安铁塔股份有限公司	750 千伏输电线路铁塔	2010
22	神龙牌	山东海龙博莱特化纤有限责任公司	浸胶帆布	2011
23	华力牌	潍坊市电机一厂有限公司	YZTD 系列塔式起重机用多速三相异步电动机	2011
24	奥宝牌	山东奥宝化工集团公司	复合肥	2011
25	星驰牌	山东景建门窗幕墙工程有限公司	塑料门窗	2011
26	科灵牌	山东科灵空调设备有限公司	中央空调	2011
27	景阳春、景芝牌	山东景芝酒业股份有限公司	白酒（浓香型、芝麻香型）	2011
28	手护神牌	安丘信川机械有限责任公司	半自动平压平模切机、半自动卧式平压平模切机	2012
29	鼎正牌	安丘市鼎正机械设备有限公司	灌装机	2012
30	恒安牌	潍坊恒安散热器集团有限公司	汽车散热总成	2012
31	汶瑞牌	汶瑞机械（山东）有限公司	预挂过滤机、	2013
32	汶瑞牌	汶瑞机械（山东）有限公司	洗浆机、双辊挤浆机	2013

说明：2012 年以后者为现存有效山东名牌产品。

第七编

交通　邮电

第一章　运　输

第一节　机　构

1986年，安丘县交通局为正科级行政机构。内设行政组、政工组、安全组、生产组，下辖运输管理所、公路站、交通监理站、汽运公司、汽修厂及25个乡镇交通管理站。1987年5月，乡镇交通管理站改称交通管理所；10月，设立安丘县汽车维修行业管理办公室，后改称安丘县汽车维修行业管理所。1988年8月，组建安丘县联运公司。1989年5月，组建安丘县公路建设工程队，1992年10月改为安丘县公路工程公司。

1994年9月，潍坊市汽运公司所辖六公司和安丘汽车站划转市交通局管辖。1996年11月，设置安丘市机动车综合性能检测站。1999年1月，增设安丘市车辆购置附加费征收办公室（2002年整体移交安丘市国家税务局）。2003年3月，设立市镇公路管理处；9月，县乡公路管理养护工作由市公路局划归市交通局管理。

2000年，撤销召忽交通管理所。2003年7月，南流交通管理所划归坊子区交通局管理。9月，设立雹泉交通管理所。

2007年9月，黄旗堡交通管理所划归坊子区交通局管理，担山、宋官疃交通管理所撤销。是年，镇街道交通管理所实行“四位一体”规范化建设，统一挂交通管理所、农村公路管理站、农村客运站、货运管理办公室4块牌子，具体负责交通规费征收，指导地方政府做好农村公路养护管理，实施公路客、货运市场监管等职能。

2010年，安丘市交通局改称安丘市交通运输局。2013年底，内设办公室、政工科、财务科、综合科、法规科、后勤科、安全科7个职能科室；辖交通运输管理所、交通稽查大队、公路管理处、交通工程质量监督站、汽车维修行业管理所5个下属事业单位；出租车管理所及安丘市公路工程公司、安丘市汽车运输公司、安丘长途汽车运输公司、安丘汽车站、安丘市畅达公交公司、安丘市联运机动车综合性能检测站7家直属企业；设安丘、新安、景芝、凌河、大盛、辉渠、官庄、石埠子、石堆、金冢子、柘山、郚山、大汶河旅游开发区、经济开发区14个基层交通管理所。

第二节　运输工具

1986年，全县有客运车50辆，1134个座位，货运汽车981辆（含挂车），5759个吨位，车辆档次较低，车型结构单一；出租客运相对落后，仅有少量人力三轮和三轮摩托车出租。1987年起，全县交通运输工具数量逐年递增。至1995年底，全市客运班车218辆，5320个座位；货运汽车2149辆，8229个吨位。1996年，境内开始出现专用运输工具。自2002年始，先后有安丘长途汽车运输有限公司、安丘奥宝化工运输有限公司、安丘佳鹏危险品物流有限公司、安丘中石油天然气利用有限公司等取得危险品及货物专用运输资质。至2003年，全市有危险品运输、集装箱等专用运输车辆30辆。

2003年—2013年，市内道路运输工具呈多元化，载重能力、结构、安全性等方面进一步提高。客运车辆逐步向舒适性、高档次、豪华型发展。原先的小面包、普通型客车逐渐退出客运市场，货运车辆逐年由大吨位货车、厢式货车、集装箱和特种车取代小吨位货车、农用车、拖拉机、小三轮。2003年，全市有客运班车289辆，5514个座位，分别比1995年增长33%和4%；出租轿车、面包车166辆，机动三轮出租车562辆，分别比1995年增长93%和117%。2005年，有营运客车443辆，7033个座位；营运货车5841辆，9644吨位。2010年，有营运客车603辆，8644个座位；营运货车13912辆，59384个吨位。

2013年末，有营运客车710辆，16343个座位，分别比2005年增长61%和133%。其中，客运班车286辆，6762个座位；旅游包车12辆，546个座位；公交车120辆，7575个座位；出租汽车292辆，1460个座位。货运汽车7409辆，79642个吨位，分别比2005年增长167%和882%。其中，大型货运汽车4840辆，农用运输车、三轮车1840辆；危险品运输车105辆，集装箱车392辆，冷藏保温车40辆。

第三节 货 运

道路货物运输

1986年，安丘县货物运输主要以个体经营运输为主，经营范围仅限于普通货物运输，运输货物种类较少，货运量304.4万吨。

1990年，公路货运量开始逐年递增。1993年，全县完成交通货运量500万吨，货物周转量24645万吨公里。1997年，完成交通货运量537.5万吨，货物周转量27324万吨公里。2002年，危险品运输、货物专用运输在市内开始发展，全市货物运输经营范围逐渐增多，分为危险品运输、普通货物运输、专用货物运输和大型物件运输。其中，专用运输主要包含集装箱、罐式、冷藏保鲜。运输货物种类也由原来单一工业原料和日用生活资料发展为运输本地农业产品、肉类和蔬菜加工产品、矿产工业产品、散装货物、柴汽油、液化气等多种货物，货运量555万吨。

2005年，道路货物运输市场快速发展，货运企业由过去单一运输企业发展为专业运输公司、现代物流、货运站场等形式的货运单位。是年，交通货运量520万吨，货物周转量3.12亿吨公里。

2010年，全市物流企业和专业运输公司发展到14家，货物辐射区域逐渐遍及全国各地。是年，道路运输货运量1527万吨，货运周转量49.4亿吨公里。

2013年底，物流企业和专业运输公司增至41家，从业人员近4000人，全年道路运输完成货运量1945万吨，货运周转量61.96亿吨公里。

物流

2005年11月，境内第一家物流企业——潍坊东联物流有限公司成立。随后，一批由社会企业和个人兴办的物流产业应运而生。2013年底，全市通过市交通部门办理经营许可的物流企业与专业运输公司54家，拥有运输车1528辆。其中，物流园区1处，普通货运企业29家，危险品运输企业3家，专用运输企业22家。有安丘市东联物流园（物流园区）、安丘奥宝化工有限公司（危险品运输）、安丘市大德通物流有限公司（大件运输）、安丘市外贸食品有限责任公司（冷藏运输）、安丘鲁达物流有限公司（集装箱运输）、安丘恒兴物流有限公司（集装箱运输）、安丘中石油昆仑天然气利用有限公司（危险品运输）、安丘安瑞物流有限公司等具有一定规模的运输物流企业12家。经营范围主要涉及运输、仓储、快递、货运代理等多个项目，货物运送辐射全国各地。

货运车辆

1986年，安丘县有货运车5647辆，13932个吨位。其中，汽车981辆，其他机动车4666辆。1995年，全市货运车辆6555部，13062个吨位。其中，汽车2149辆，其他机动车4406辆。2000年，货运车辆增至7927辆，9154个吨位。2005年，货运车辆5841辆，9644个吨位。2010年，营运货车17850辆，105540个吨位。其中，重型货运汽车2401辆，42785个吨位；普通货车8522辆，54786个吨位；农用运输车、三轮车5390辆计4600个吨位；拖拉机数量逐年减少，至年底仅有1390辆，1460个吨位；危险品及专用载货汽车147辆，1909个吨位。2013年底，全市营运货车9249辆，81175个吨位；重型货运汽车3388辆，65512个吨位；危险品及专用载货汽车增至163辆，2431个吨位。

安丘市1986年—2013年货运车辆情况一览表

表7—1 单位：辆／吨位

年度	汽车	挂车	其他机动车
1986	981/4738	233/1021	4666/8173
1987	1029/4853	766/1074	4682/6912
1988	1044/3967	282/1184	4781/6981

续表 7—1

年度	汽车	挂车	其他机动车
1989	1246/6031	328/1453	4590/5279
1990	1290/6257	331/1466	4611/5300
1991	1662/6565	334/1440	4643/5332
1992	2069/7836	365/1564	4955/5639
1993	2102/7903	367/1572	5317/5845
1994	2108/7580	368/1576	4285/4768
1995	2149/6985	292/1244	4406/4833
1996	2341/7246	284/1207	3169/2128
1997	2139/6813	259/1102	3187/2137
1998	1712/5881	163/536	3215/2152
1999	1770/5944	31/128	3225/2156
2000	2053/5958	1999 年后不再统计	5874/3196
2001	1804/5611	—	6150/3370
2002	2098/5611	—	6334/4294
2003	2133/7392	—	6340/4302
2004	2210/7762	以下为轮式拖拉机	6530/4370
2005	2784/8114	852/1033	3057/1530
2006	3465/9009	640/560	4095/2197
2007	4065/10545	630/786	4007/2420
2008	3424/10040	687/857	3775/2279
2009	7086/47219	1518/1667	4766/3966
2010	8522/54785	1390/1460	5390/4599
2011	10781/68318	510/1017	6105/5142
2012	8236/73044	2011 年后不再统计	4150/3737
2013	7409/79642	—	1840/1533

安丘市 1986 年—2013 年货物运输相关数据表

表 7—2　　单位：万吨 / 万吨公里

年度	汽车	其他机动车	人畜力车
1986	105.8/10295	182.6/7806	16/284
1987	178.4/12477	321.2/10783	8.8/93
1988	156.3/13125	260.7/6989	2.6/16
1989	156.6/13968	271.7/6899	1.7/9
1990	176.3/16491	256.5/5380	1.7/12
1991	182.46/16476	256.1/6500	2.5/24
1992	192.3/16483	272.4/7845	2.4/22
1993	209.6/18886	287.5/5730	2.9/29
1994	209.1/19191	291.3/5621	3.2/32
1995	221.6/19550	289.7/6208	4.5/42
1996	238.1/20353	288.2/6180	4.9/49

续表 7-2

年度	汽车	其他机动车	人畜力车
1997	259.8/21378	272.5/5895	5.2/51
1998	263/20786	276/6553	5/53
1999	260/20890	279/6585	6/54
2000	266/20400	291/7754	—
2001	236/18022	301/7472	—
2002	259/18904	296/8807	—
2003	263/19258	300/9007	—
2004	270/20220	302/9524	—
2005	400/24000	120/7200	—
2006	445/28786	161/7782	—
2007	499/30948	31/8397	—
2008	726/48199	261/13078	—
2009	1042/362578	338/101241	—
2010	1145/383225	382/110686	—
2011	1234/407954	407/117752	—
2012	1528/488864	305/89785	—
2013	1790/574665	155/44890	—

第四节 客 运

道路旅客运输

20世纪80年代初，安丘县汽车客运主要由县交通部门运输企业承担。由于经济主体单一，管理体制僵化，道路旅客运输发展缓慢，“出行难”问题突出。至1986年，有客运班车50辆，座位1134个，公路年客运量72.3万人次，客运周转量3660万人公里。

1987年，全县运输市场开放，社会办交通积极性高涨，交通运输由独家经营向社会化经营转变。是年，有客运班车50辆，座位1134座，全年运送旅客75.8万人次，客运周转量3749万人公里。

进入90年代，客运班车优化运力结构，提升客车档次，客运线路和班线里程不断增加，客运量和客运周转量逐年增长，基本满足旅客出行需求。至1995年，全市有客运班车218辆，座位5320个；全年运送旅客181.3万人次，客运周转量9413万人公里。

1999年，客运实行公司化经营后，客运车辆无论从数量上还是从档次上均有质的飞跃，客运行业快速发展。是年，有客运班车289辆，座位6105个；全年运送旅客310万人次，客运周转量17458万人公里。

2000年—2007年，市内运输能力快速增长，运力结构明显改善，技术设备整体水平提高，大、中、小型，高、中、低档客车协调发展；线路辐射面更加宽泛，班次密度加大；客运场站基础设施建设规模进一步扩大，能力逐年增强；客运企业深化改革，转换经营机制，扩大经营规模，壮大企业实力，客运市场呈现繁荣兴旺景象。2005年，市政府出台《安丘市村村通客车实施规划方案和年度计划》，逐步在全市实施村村通客车工程。是年，有客运班车443辆，座位7033个；全年运送旅客577万人次，客运周转29880万人公里。至2007年底，全市1320个行政村中1311个村通客车，通村率99.4%。有客运班车443辆，座位7628个；全年运送旅客563万人次，客运周转量31730万人公里。

2008年—2013年，全市客运管理日趋规范，短中长途配置合理，运力明显增强，GPS等信息化、数字化设备开始应用于客运管理系统，适应新形势下客运出行的需求。2009年，全市农村客运班车

165 辆，新开通乡镇客运班车线路 7 条，延伸线路 40 条，新建和扩建乡镇客运站 10 处，安装乡镇客运线路候车站点牌 178 个。有客运班车 612 辆，座位 8775 个，全年运送旅客 1614 万人次，客运周转量 75358 万人公里。2013 年，有农村客运班车 298 辆，客运线路 36 条，省际、市际、县际班线 14 条。客运班车发展到 590 辆，是 1986 年的 11.8 倍；完成客运量 1831 万人次，客运周转量 88233 万人公里，分别是 1986 年的 25.3 倍和 24.1 倍。

安丘市 1986 年—2013 年客运量统计表

表 7—3

年度	客车数量（辆）	座位（座）	客运量（万人次）	客运周转量（万人公里）
1986	50	1134	72.3	3660
1987	50	1134	75.8	3749
1988	45	1015	93.3	5417
1989	58	1314	87.8	4937
1990	69	1150	88.4	4920
1991	77	1781	105.4	5135.3
1992	101	2359	114.2	5565
1993	108	2401	121.3	5847
1994	119	2999	129.2	6228
1995	218	5320	181.3	9413
1996	281	6364	216.1	11427
1997	289	6481	290.4	16961
1998	287	5984	295	16627
1999	289	6105	310	17458
2000	279	5601	329	17308
2001	282	5667	339	17428
2002	286	5456	488	22676
2003	289	5514	498	23129
2004	289	5527	505	25862
2005	443	7033	577	29880
2006	436	7761	540	30410
2007	443	7628	563	31730
2008	453	7828	795	48149
2009	612	8775	1614	75358
2010	603	8644	1733	79126
2011	623	8995	1737	82228
2012	591	8677	1784	85687
2013	590	8768	1831	88233

说明：表中客运车辆含线路班车、旅游包车，不含公交、出租客运。

道路旅客运输站场

安丘汽车站 1986年，安丘汽车站隶属潍坊汽车运输总公司，业务组织划分为服务、售票、后勤、随车售票4个组，辖景芝、黄旗堡、大店、红沙沟4个汽车站和凌河、店子、老子、白石岭、贾戈5个代办站。汽车站主要为所属客车及外地过路客车提供服务，始发客运班车线路主要包括潍坊、青岛、高密等地及部分县境乡镇。1989年，在安丘县永安路北首投资250万元，于1991年10月建成新站并投入运营。1994年9月，安丘汽车站成建制划转安丘市交通局接管，为二级汽车客运站。2003年，开始实行封闭式管理，统一售票、安检进站。2004年11月，通过ISO 9001质量体系认证。2007年，被山东省道路运输协会等4家单位授予山东省道路运输百强诚信站场称号。2008年，设办公室、财务科、客运科等职能科室及售票、检票、安全检查等班组；安装安检仪，加强进站、出站安检及车辆例检；辖景芝、大盛两个三级客运站。2013年12月，投资4510万元建设的新汽车站竣工运营，占地面积104.4亩，建筑面积23265平方米。新汽车站全部实行微机售票、条码检票；设置10个售票窗口、两个补票窗口和公交卡办卡处；配备乘客安全通道，客车与公交“零距离”换乘。

安丘县客运站 1990年，县交通局与安丘镇东关村委在城区兴安路与人民路交汇处设立安丘县客运站。其时，安丘城内出现“一城两站”。1994年4月，客运站迁至东小关村南，改称安丘市东小关客运站，供市汽车运输公司客车和个体客车停放经营。1995年7月，安丘汽车站开放经营，将东小关客运站经营客运车辆纳入站内合同管理，改变国营、个体两站南北分离的经营模式，实现一城一站管理格局。

客运线路

1986年，安丘汽车站有营运线路39条，日运行班次230个，始发班次160个，日发送旅客6103人次。1992年，开始推行客车承包经营，时有运营客车60辆。其中，大客车50辆，小客车10辆。业主自选随车售票员。1995年7月，东小关客运站关闭后，国营、集体、个体客运车辆全部纳入车站经营，实行统一运行计划、统一调度、统一售票、统一结算、合同管理的服务经营模式。汽车站成为公用型汽车客运站。2003年，调整售票、检票和发车模式，推行半封闭式管理。实行统一售票、统一发车，车流与客流完全分离，客车调度上库、限时出城、电子监控、合同制约的管理措施，扼制客运业户自主售票带来票价不统一、城内“强拉硬运”绕城转圈、抢客、拖客现象。2014年，汽车站经营客运线路38条，发车库位28个，日始发班次549个，过路班次130个，日发送旅客9900人次，客流高峰时期发送旅客2.1万人次。过路班车通达省内各地及北京、天津、河北、上海、江苏、安徽、浙江、福建等省市，尤以安丘至潍坊线路最为便捷，每4分钟一班。

出租客运

1988年前后，安丘县城始现出租客车。最初只是人力和机动三轮车，后逐步出现“夏利”等轿车、小型面包车从事客运出租经营活动。1996年3月，市交通局组建出租车管理所，开始对出租车进行管理，实施出租车市场行业管理，并联合市公安、城建、工商等部门开展统一整顿活动，为符合营运条件的出租车辆办理“道路运输证”。出租车市场从无序管理逐步趋于规范。1997年，安丘市汽车运输有限责任公司组建安丘市汽车出租中心，市区出租车开始挂靠出租中心，并统一收费标准，统一门徽标志标识，统一规范出租车灯，统一安装计程计价器。2004年8月，安丘市万盛汽车出租有限公司成立，购进132辆“羚羊”牌小轿车作为标准出租车型，采用统一车型、统一标志、统一运价，安装计价器和无线寻呼装置。此后，安丘市加大对出租车市场管理，逐步强制淘汰人力和机动三轮车、面包车等从事客运出租，从严查处无证经营出租的“黑车”，市场秩序进一步规范。2010年3月，安丘长途汽车运输有限公司成立安丘市新安出租汽车有限公司，购置“捷达”牌出租轿车90辆；安丘市汽车运输有限责任公司成立安丘市万众汽车出租有限公司，购置“伊兰特”牌出租轿车70辆。市区客运出租市场又一次换代升级。

公交客运

1990年，安丘县城区公交车开始运营。有2条公交线路、2辆环城公交车，由县交通局负责行业管理。至2003年，有1路、2路、3路、5路、6路、10路6条公交线路、47辆公交车。其间，公交车运营业务一直使用由交通部门职工投资购买普通客运车辆。

2004年，安丘市汽车运输有限责任公司成立安丘市万全公共交通有限公司，实行个人承包管理。其时，设线路6条、候车站点63个，运营里程65公里，50辆普通客车用于公交。至2010年底，拥有在用车68辆，经营线路9条，运程增至144公里。

2011年9月，安丘市进行公交车改革。11月，创办安丘市畅达公共交通运输有限公司。投资1500多万元，新购50辆城市客车，收购个人承包管理的34辆客车。同时，投资500多万元，在市区主要街道新建候车亭79个，候车站牌102个。

2012年1月，安丘市新公交车正式运行，实现"公车公营"。有1路、2路、3路、5路、6路、7路、8路、9路、11路9条公交线路，日发班次226个，运营总里程144公里。70岁以上老年人和残疾人办理"老年卡""优抚卡"免费乘车，69岁以下65岁以上老年人和学生办理"老年优惠卡""学生卡"进行五折优惠，办卡市民实行八折、八五折、九折优惠。4月底，市政府新购30辆LNG燃气公交车投入运营。至此，公交车班次密度在原基础上缩短5分钟。2013年1月，新开通10路公交线。12月，市政府再次投资3300万元，购置新能源气电混合动力公交车40辆，同时开通12路公交线，公交线路增至11条，运营里程达228公里。

公共自行车

2013年，安丘市开建公共自行车系统，列为15件重点民生工程之一。是年6月，市政府出台《安丘市市区公共自行车项目建设实施方案》，明确由市交通运输局成立公共自行车管理中心，负责市区公共自行车系统管理工作。11月，全面启动公共自行车站点安装调试，一期工程设置自行车站点95处，安装锁车柱2272个。12月，开始办理公共自行车租赁卡，完成站点自行车安放，正式运营，共2280辆。

运输组织

20世纪80年代，境内具有一定规模的运输组织，主要是国有或者集体企业。其后，国有企业逐步实施改制，个体企业逐年增加。至2013年，安丘市有安丘长途汽车运输有限公司、市汽车运输有限责任公司、潍坊东联物流有限公司等多家国营、集体和私营运输组织。

1986年，安丘长途汽车运输有限公司拥有客运汽车42辆，货运汽车46辆。是年，山东省公路运输联合公司安丘县支公司集体部分改变隶属关系，由原潍坊市分公司下放到安丘县管理。是年3月，交接企业建制、干部、劳动工资、计划财务等有关事项，下放管理的集体部分组建成安丘县运输公司，隶属安丘县交通局。其时，公司有营运车59辆，另有解放牌吊车3辆，非营运车6辆。1994年8月，长运公司整体下放，归属安丘市交通局管理。1999年10月，安丘市运输公司实行股份制，改称安丘市汽车运输有限责任公司。公司下辖安丘货运公司、安丘客运公司、安丘市汽车出租中心、安丘市婚嫁用车管理中心（2007年4月撤销）、安丘市万盛汽车出租有限公司等经济实体，主要开展客（含旅游）货运、出租、搬家和车辆修理等业务。

2002年4月，长运公司与潍坊联运、潍坊长通、寿光长运三家公司联合，通过ISO9002质量体系认证，升为客、货双二级企业，更名为潍坊联运安丘长途汽车运输有限公司。2003年8月，汽运公司组建安丘市万盛汽车出租公司，时有50辆机动三轮车和4辆面包车，经营尚不规范。2004年9月，与聊城市五洲汽车销售有限公司合作，购置"羚羊"牌1300型轿车出租车50辆，开始规范化经营。

2005年11月，安丘市东关村与淄博客户联合组建潍坊东联物流有限公司，设立占地66000平方米的物流园区，园区建有40000平方米停车场，供货运车辆进园停放待营，并向货运业户提供货运车辆和货运信息，日进场经营车200辆以上，成为潍坊市南部规模较大，经营管理比较规范的物流企业。

2006年6月，长运公司与其他三家企业脱离，复名为安丘长途汽车运输有限公司。时有职工379人，主要从事客运（含旅游客运）、普通货物运输、危险品集装箱运输、车辆维修等业务。2007年底，汽运公司取得国家客货运输三级资质，拥有营运车152辆。其中营运客车121辆、2070个座位，货运汽车31辆、436.5个吨位。2008年，长运公司注册资金500万元，组建潍坊沃立达国际物流服务有限公司，主要从事国际货运代理、国际集装箱运输代理、货物进出口贸易。最初年接单200个货箱，至2013年，每年接单近700个货箱。

2009年3月，长运公司组建安丘市新安出租汽车有限公司，新增"捷达"牌轿车出租车90辆，4月开始运营；汽运公司组建安丘市万众汽车出租有限公司，新增"伊兰特"牌轿车出租车70辆。至此，汽运公司拥有出租车202辆，营运车辆152辆。其中，营运客车121辆、2070个座位，货运汽车31辆、436.5个吨位。2012年，长运公司开办驾驶员上岗培训业务。是年8月，投资1200万元，在尼日利亚首都阿布贾西20公里处设立维科矿业建筑有限公司，配有现代化生产流水线一套，大型装载机、挖掘机、运输车10余辆，拥有可开采矿山3座，开采体积800万立方，年生产加工建筑材料30万吨，年收入200万元，为当地提供劳动岗位30余个。2013年1月，又投资800万元，组建安丘市顺安机动车检测有限公司，配有不透光烟度计、高级尾气分析仪、汽车照灯检测仪、数字式声级计、汽车制动试验台、汽车发动机检测仪、汽车侧滑试验台等多类检测设备26套，能同时满足单辆轴重10吨以下不同型号车辆综合性能检测需要，检测数据自动存储、自动打印，年检测车辆一万多辆（次）。是年底，长运公司拥有营运车300辆。其中，营运客车187辆、4155个座位，营运货车47辆、689个吨位，危险品集装箱运输车66辆，经营营运线路68条（省际5条、市内16条、县际31条、县内16条），具备客货运输二级企业资质。2013年，长运公司重新以干部职工集资入股形式改制为股份制企业，全年完成经营收入286万元，上缴税金60万元。汽运公司有干部职工203人，完成经营收入1000万元，全年上缴税费316万元。

第五节　交通运输监察

1984年3月，安丘县交通局在206国道崖头公路道班院内设置检查站，检查、纠正、处置公路运输违章车辆。是年9月，县交通局设立运输、公路、监理“三合一”检查站，由交通监理站进行业务指导，负责交通安全、养路费征收和运输管理三方面路查业务。1987年3月，交通监理业务移交县公安部门管理，部分“三合一”检查站人员同交通监理人员划编入公安队伍，大部分检查人员留在县交通局从事运输管理工作。4月，县交通局重新组建交通检查站，从事运输市场监督、安全管理等。1990年7月，分别在景芝、安丘城东、红沙沟设立全省统编号的132号、133号、134号道路交通检查站，从事道路运输市场管理和违章车辆查处等。1992年4月，132号、133号、134号三处检查站撤并为山东省安丘县交通检查站，全省统一编号为050号，隶属县交通局管理，5月1日挂牌办公，从事道路运输违章车辆检查与处罚等，县交通检查站改为安丘县交通稽查站。1996年10月，撤销安丘市交通稽查站，组建安丘市交通稽查大队，隶属市交通局领导。1998年1月，市交通稽查大队获得山东省交通厅甲级资质。2008年，下设6个中队。次年3月增设3个中队，分驻景芝、管公、红沙沟3镇。是年，在城南下小路与央赣路交叉口北侧兴安街道小石泉村前征地30亩建设办公楼。2010年，增至9个中队，稽查人员增至40人。2011年10月，撤销下设三镇中队，分别改为七中队、八中队、九中队，更名为安丘市交通运输监察大队，人员增至49人。2012年，增至59人。2013年，市交通运输监察大队检查营运车辆82268辆（次），查处交通运输违法违章车3922辆（次），罚没款收入418万元。其中，查处超限超载车1780辆（次），卸货9400余吨，案件结案率99.8%。

第六节　驾驶员培训

1986年，安丘县机动车驾驶员培训管理工作由县交通部门负责。1987年3月，县交通局下设的交通监理站和县城交通管理队移交县公安局，驾驶员培训工作遂划转公安部门管理。

随着运输市场开放，安丘县允许个人购买车辆，境内学习汽车驾驶人员开始增多。1993年，县机动车驾驶员培训中心主要培训大型客车、大型货车两类学员。这些学员大多以就业为目的，学成后直接从事营运工作。至1999年，年培训驾驶员均超千人。

从2000年起，随着经济发展，人们生活水平提高，私家车数量增加，驾驶技术逐渐成为人们一项生活技能，驾驶培训需求量逐年增加，特别是学习小型汽车驾驶人数大幅增加。至2003年，培训各类车型驾驶员6000余人，其中C照驾驶员4000余人。

2004年，安丘市机动车驾驶员培训中心改制，与市公安机关脱钩，开始走上社会化办学道路。境内开始出现驾驶员培训代培点。是年，参训5500人，合格率96%。

2005年，市交通部门开始主管全市机动车驾驶员培训管理工作。公安交警部门仍负责对驾驶员的考核发证工作。安丘市交通运输管理所对驾驶员培训机构的培训内容、培训设施、从业人员等事项具体实施行业管理。是年，参训6800人，合格率98%。

2006年，潍坊三维机动车驾驶员培训有限公司成立，年培训能力2500人次。2006年—2013年，培训学员14500多人，合格率95%。2008年，原安丘市机动车驾驶员培训中心改制为安丘市安驾机动车驾驶员培训有限责任公司，年培训能力4000人次。2008年—2013年培训学员19558人，合格率89%。2013年底，全市除安驾机动车驾驶员培训有限责任公司、潍坊三维机动车驾驶员培训有限公司两家培训机构外，还有132个代培点。代培点有培训车478辆，教练员 316人，年培训能力9200人次。

第七节 运政管理

1986年—2013年，安丘市道路运输管理体制为县乡（市镇）二级管理。市交通局是道路运输管理主管部门，各镇街区交通管理所承担辖区内道路运输管理工作。

1986年，县交通局下设安丘县交通运输管理所，负责全县道路运输管理工作；设安丘县交通检查站（后改编为交通稽查大队、交通运输监察大队，承担道路运输监察职能），负责对车辆的交通检查工作。

2008年起，道路运输管理内容作部分变动。2010年，安丘市交通运输管理单位包括：安丘市交通运输管理所、安丘市汽车维修行业管理所、安丘市出租车管理所、14个镇街区交通管理所。至2013年，运政管理工作单位未作调整，职责未有变化。

第八节 铁路运输

1986年，胶济铁路穿经安丘东北部，自k133+387m入境，由k135+445m出境，境内长2.058公里；设有黄旗堡、南流两站。2005年，南流站撤销，黄旗堡站改称安丘站。

安丘站中心里程位于胶济铁路k134+540m处，济南端衔接潍坊东站，青岛端衔接昌邑站，属段管四等站，按技术作业为中间站，按业务性质为客货运站。

安丘站货运设备有用于装卸货物的长75米、宽17.5米站台1处和用于货物到发的面积为514平方米仓库1处。货运量设计每年货物发送量2.5万吨。其中，装车412车，24414吨;卸车2158车、13.2459万吨。1993年—1995年，设有装运河沙专线，高峰时每天发送河砂3000多车，之后逐渐萧条；客运设备有长500米、宽6米、高0.3米的基本站台和长500米、宽10米、高0.3米的二站台以及跨越股道台的旅客地道。2004年前，每日上客约200人，下客约300人。2005年5月起，列车行驶提速，安丘站取消客运业务，客车不再停靠。2006年，每日过往货车53对、客车31对。2007年，开通动车组，每天过往8对，时速200公里。

继2003年南流镇划归坊子区后，2007年安丘站所在地黄旗堡镇又划归坊子区。此后境内没有铁路。

第二章 公 路

第一节 机 构

1986年，安丘公路站隶属潍坊市公路管理局，实行垂直管理体制。内设办公室、路工股、财务股、征收股、机料股，辖19个养护道班和小河崖苗圃。5月，增设贾戈、刘家尧、部山、夏坡4个道班；同月，改道班为分站。是年，拖拉机、三轮车、兽力车等养路费征收工作由公路站移交至县交通局负责。

1987年1月，公路站恢复正科级事业单位，同年增加红沙沟分站。1988年7月，安丘公路站改称安丘县公路局，所辖公路分站升格为公路站。

1989年10月，机料股分设为机务股、材料股。至此，局机关内设6股（政工股、财务股、路工股、征收股、机务股、材料股）一室（办公室）一队（机务队），辖24个公路站。

1990年4月，撤销崖头公路站，成立小河崖公路站；9月，路工股分设工程股和养护股。1991年2月，根据潍坊市公路局统一规定，养护股改为养护路政股。1992年7月，养护路政股分为养护股和路政股。是年，成立雹泉公路站、石堆公路站、刘家尧公路站。1993年5月，公路局内部改股为科，时有政工科、工程科、养护科、路政科、财务科、审计科、机料科、机务科（队）和办公室、全面质量管理办公室、养路费征稽办公室。

1994年5月，经山东省交通厅、物价局、财政厅批准，国道206线安丘汶河大桥收费处建成并开征过路过桥费，由市公路局负责管理。

1999年，安丘市公路局干部管理权限划归潍坊市公路管理局，由条块结合改为条条管理。2000年10月，安丘汶河大桥收费处升格为副科级全民事业单位。同年，市公路局撤销郚山公路站。2002年6月，汶河大桥收费处移交潍坊市公路局直接管理；市公路局注册成立潍坊兴盛公路工程有限责任公司。是年8月，县乡公路养护管理工作移交市交通局负责。2003年8月，下辖公路站由27个调整为9个，分别为景芝公路站、常家庄公路站、红沙沟公路站、大盛公路站、白芬子公路站、贾戈公路站、小河崖公路站、石泉公路站和官庄公路站。

2009年1月，国家统一取消养路费，市公路局撤销养路费征稽办公室。2013年，下辖公路站整合，由9个调整为4个。是年，内设政工科、工程科、养护科、路政科、财务科、审计科、机料科、机务科（队）、办公室、全面质量办公室，下辖景芝公路站、贾戈公路站、官庄公路站和大盛公路站。

第二节　干线公路

1986年—2013年，安丘公路部门争取潍坊市公路局和山东省交通厅公路局资金投入，逐年改造国道G206（烟台—汕头）、省道S221（下营—小关）、省道S222（央子—赣榆）、省道S325（胶州—王村）4条干线公路，技术等级和通行能力不断提高。

1987年，安丘公路站改建国道206线潍坊至安丘段，其中坊子界至小汶河段7.2公里与安丘城东3.8公里路面用水泥混凝土铺筑为一级路标准。

1988年，县公路管理局改建省道221线境内东段29.2公里；加宽整修省道222线县城西环段，改砂土路面为沥青路面。1990年，修建省道222线县城北沥青路面4.5公里，由原来三级路面提升为二级路面。1992年，按一级路标准，改建国道206线常家庄至诸城界段25.82公里，路面结构为沥青碎砾石，宽21米；新铺筑省道221线峡山坝顶沥青路面2.8公里，由四级公路提升为二级公路。

1993年，国道206线安丘城区段开始改线，北从归家疃村西拐向东南，经岔河子村东过大汶河至五里河原路，次年3月完成改造。工程竣工后，市区段（五里河—归家疃）国道变更为省道325线（原国道206线与省道325线在境内是重合路段），长7.9公里，宽度18米～26米。从此，辖区内国省道由三条变更为四条，全长153.9公里，其中国道206线41.1公里、省道221线79.2公里、222线25.7公里、325线7.9公里。

1994年，市公路局按一级路标准，改线改建国道206线市区北9.3公里，路面为水泥混凝土，宽26米～32米。1997年，实施境内省道222线稀浆封层处治。1999年，按二级路标准，改线改建省道221线五里河桥至王家营段22.2公里，路面宽16米～24米。

2000年，市公路局按一级路标准，改建国道206线坊子界至安丘汶河大桥收费处段5.5公里。路面形式由水泥混凝土变更为沥青混凝土，宽度28米。按二级路标准，改线改建省道221线王家营至临朐界段32.4公里，路面宽12米～18米；按一级路标准，改建省道325线兴安路口至归家疃段6公里，路面宽18米～28米，其中1.7公里水泥路变更为沥青混凝土路面。

2001年，中修罩面国道206线常家庄至诸城界段25.8公里、省道325线兴安路口至汶河大桥段1.3公里；按二级路标准，改线改建省道222线石泉路口至官庄段12.6公里，路面宽15米，由次高级路面升为高级路面。

2002年，改线改建省道222线汶河大桥收费处至石泉路口段13.1公里与官庄至诸城界段6.2公里。其中，汶河大桥收费处至石泉路口段为一级路标准，路面宽24米；官庄至诸城界段为二级路标准，路面宽15米。至此，境内国省道提升为一、二级公路，全长155.1公里。其中，国道206线40.8公里、省道221线74.4公里、222线31.9公里、325线8公里。

2003年，按二级路标准，改线改建省道221线赵戈至贾戈立交桥段15.75公里，路面宽10米～24米。2004年，按一级路标准，改建国道206线汶河大桥收费处至常家庄段9.3公里，路面形式由水泥混凝土变更为沥青混凝土，宽28米～32米；改线改建省道221线昌邑界至赵戈段，境内增加里程6.4公里。

2005年，中修封面省道221线凌河至红沙沟段5公里、中修罩面省道222线石泉至诸城界段17.6公里；大修省道325线兴安路口至潍安路口段0.5公里，保持原路宽度18米。是年，省道221线潍河大桥由昌邑市公路局转为安丘市公路局养护，境内里程增加0.4公里。

2006年，市公路局中修封面省道221线凌河至王家营段6公里。次年，中修罩面国道206线坊子界至汶河大桥收费处段5.5公里，厚度3厘米；再次中修封面省道221线凌河至红沙沟段3.4公里；中修罩面省道222线小汶河桥至石泉段13.3公里，厚度3厘米。

2008年，改建国道206线常家庄至诸城界段25.8公里，保持原路面宽度21米；中修封面省道221线赵戈至贾戈段13.9公里；再次中修封面省道222线石泉至诸城界段，罩面厚度3厘米。是年，鉴于上年潍坊市调整部分行政区划，市公路局分别移交坊子区、峡山区省道221线6.73公里和5.56公里，境内省道221线减少里程12.29公里。2009年，辖区国道206线创建为省级文明样板路。

2011年，市公路局中修罩面国道206线坊子界至常家庄段15公里，厚度3.5厘米，投资2700万元。修建完成省道222线坊子界至北海路口段，境内增加里程1.37公里。同年，增设境内国道206线中央护栏。

2013年，增设省道222线市区大西环段（汶河大桥收费处至石泉路口）、省道221线市区段（五里河桥段约300米）和省道325线市区段（五里河桥至二马路路口、一马路路口至汶河大桥收费处）中央护栏，减少行车安全隐患；投资5000万元，中修罩面省道221线红沙沟至临朐界段23.6公里，改善沿线行车环境。

1986年—1999年，境内干线公路路基施工以人工为主，施工设备主要有小推车、地排车、拖拉机、链轨车、轻型压路机。路面结构形式主要为石灰土基层、沥青面层或水泥混凝土面层，基层施工方式以人工筛拌、摊铺、整平为主。2000年—2013年，干线公路施工逐步实现机械化，辅以人工配合，施工设备主要为挖掘机、装载机、载重汽车、平地机、振动压路机等，工程施工质量和进度显著提高。干线公路等级水平和设计标准不断提高，路面结构形式逐步改为石灰土底基层、水泥稳定碎石基层、二灰碎石基层和沥青混凝土面层，石灰土由人工拌合发展为机械路拌，水稳碎石、二灰碎石由路上拌和混凝土料发展为工厂内拌和混凝土料，全部土料用机械摊铺。

烟汕路（烟台—汕头）　国家一级干线公路，编号G206。起点山东省烟台，终点广东省汕头。境内起点安丘与坊子界，桩号296K+052；终点安丘与诸城界，桩号336K+710。全长40.809公里。沿线有大桥2座，中桥4座，小桥8座。

下小路（下营—小关）　国家二级干线公路，编号S221。起点山东省昌邑市下营，终点山东省临朐县小关。境内起点安丘与峡山界，桩号77K+650；终点安丘与临朐界，桩号147K+982，重合国道206线1.7公里，全长68.892公里。沿线有大桥1座，中桥12座，小桥16座。

央赣路（央子—赣榆）　国家二级干线公路，编号S222。起点山东省寒亭区央子，终点江苏省赣榆。境内起点安丘与坊子界，桩号82K+552；终点安丘与诸城界，桩号123K+450。全长33.1公里，其中重合G206线4.941公里。沿线有大桥1座，中桥2座，小桥12座。

胶王路（胶州—王村）　国家二级干线公路，编号S325。起点青岛市胶州，终点淄博市王村。境内起点安丘与诸城界，桩号64K+235；终点安丘与坊子界，桩号99K+722。退去与G206线重合的27.86公里，全长7.627公里。沿线有大桥1座，中桥1座，小桥3座。

安丘市1986年—2013年国省道公路基本情况一览表

表7-4

年份	数量（条）	里程（公里）	路面类型					
			按技术状况分类（公里）				路面结构分类（公里）	
			一级路	二级路	三级路	四级路	水泥路面	沥青路面
1986	2	116.2	—	21.3	30	64.9	—	116.2
1987	3	144.7	—	32.3	72.4	40	11	133.7
1988	3	144.7	11	67.2	33.9	32.6	11	133.7
1989	3	144.7	11	67.2	33.9	32.6	11	133.7
1990	3	144.7	11	71.7	29.4	32.6	11	133.7
1991	3	145.1	11	97.5	4	32.6	11	134.1
1992	3	145.1	11	97.5	4	32.6	11	134.1
1993	3	145.1	36.8	74.5	4	29.8	11	134.1
1994	4	153.9	47.7	73.7	2.7	29.8	19.8	134.1
1995	4	153.9	47.7	73.7	2.7	29.8	19.8	134.1
1996	4	153.9	47.7	73.7	2.7	29.8	19.8	134.1
1997	4	153.9	47.7	73.7	2.7	29.8	19.8	134.1
1998	4	153.9	47.7	73.7	2.7	29.8	19.8	134.1
1999	4	150.3	51.1	66.7	2.7	29.8	19.8	130.5
2000	4	150.1	51.1	96.3	2.7	—	12.6	137.5
2001	4	148.8	54.5	91.6	2.7	—	12.6	136.2
2002	4	155.1	68.1	87	—	—	12.6	142.5
2003	4	155.1	68.1	87	—	—	12.6	142.5
2004	4	161.5	68.1	93.4	—	—	3.1	158.4
2005	4	161.9	68.1	93.8	—	—	3.1	158.8
2006	4	161.9	68.1	93.8	—	—	3.1	158.8
2007	4	161.9	68.1	93.8	—	—	3.1	158.8
2008	4	149.5	68.9	80.6	—	—	3.1	146.4
2009	4	149.5	68.9	80.6	—	—	3.1	146.4
2010	4	149.5	68.9	80.6	—	—	3.1	146.4
2011	4	150.9	70.2	80.7	—	—	3.1	147.8
2012	4	150.7	70.2	80.5	—	—	3.1	147.6
2013	4	150.2	69.9	80.3	—	—	3.1	147.1

第三节　县乡公路

1986年—1989年，是安丘县乡公路建设第一个高潮期。其间，完成257公里路基修筑工程和部分路面铺筑（主要是粒料路面）。1991年—1995年，县乡公路建设进入第二个高潮期。5年修建沥青路面62公里，基本实现县乡通油路目标。2003年开始，根据山东省、潍坊市人民政府和交通部门关于实施农村公路改造和村村通油路工程的统一部署，全市公路建设进入第三个高潮期。2004年—2013年，公路建设总投资25.4亿元，修建、改建公路3675公里，其中沥青路面675.4公里，提高全市道路技术等级和通行能力。

20世纪80年代，全县有县乡公路58条，总长688.7公里。时县乡公路大部分为砂石路，道路交通状况较差，多靠农民养路工日常养护维护通行。从1990年起，安丘县开始硬化重点县乡公路。

安孔路（安丘—孔家庄）是境内主要县乡道路，原为砂土路面，且弯道多、路面窄，通过能力差。1991年，安丘县开始组织安孔路沿线的安丘、白芬子、管公、庵上、石埠子、召忽、柘山7处乡镇以民工建勤形式，按工程规范标准整修路基，并从1995年起，连续多年分段进行铺筑沥青路面。至2007年，安孔路改造完成。全长50.38公里，路面宽10米～24米，个别路段7米，技术等级2级～4级，为境内大规模、高标准改建的第一条县道。

律南路（高密市律家村—安丘市南逯村）贯通安丘全境东西，穿经景芝、宋官疃、官庄、管公、雹泉、辉渠、温泉、大盛、郚山、南逯10处乡镇，全长63.3公里。1991年，沿线乡镇开始投资投劳修筑路基，桥涵工程由安丘县财政投资。至1995年，实现全线通车，为砂土路面，靠农民养路工日常维护维持通车。1998年，安丘市开始改造律南路路面，至2008年完成全线柏油。路面窄处6米，宽处26米，技术等级1级～4级。

安沙路（安丘—昌乐县沙沟）是安丘联系昌乐南部乡镇的主要通道，长19.9公里。1991年前是砂土路面，由于关王西段缺桥少涵，通过能力很差。1992年秋后，关王、慈埠两镇开始各自负责整修辖区内路基，次年由安丘县交通局公路工程队承担路面硬化工程，1994年竣工通车。路基8米～16米不等，路面7米～14米不等，路面结构为20厘米15%石灰土+3厘米沥青面层。

黄景路（黄旗堡—景芝）贯通境内东部南北，全长31.2公里。车埠至赵戈段5.7公里是1958年修建的土路，赵戈至景芝段为1970年修战备路时所修筑。后经逐年养护、改善，把土路面改修成砂土路面，达到晴雨通车。2000年，安丘市开始铺筑黄旗堡—赵戈沥青路面，结构为20厘米12%石灰土+3厘米沥青面层。此后几年分段施工，至2007年完成全路段沥青路面工程。施工标准略高于前，多为15厘米10%石灰土+15厘米12%石灰土+3厘米沥青面层。路面宽度不等，镇区道路20米～26米，其他路段一般8米。

朱孔路（昌乐县朱汉—安丘市孔家庄）贯通境内西部南北。境内从红沙沟村北大汶河桥中心起，向南行经温泉、柘山，拐向东南，止于孔家庄村北，全长26.9公里。1997年，安丘市开工修建红沙沟—温泉沥青路面。竣工通车后仅隔一周，路面出现大面积龟裂。市交通局依据责任对事故责任人进行处理，次年对工程返工重建。其余路段于2005年、2007年、2008年分段进行沥青路面施工，结构为15厘米10%石灰土+15厘米12%石灰土+3厘米沥青面层。

2008年起，安丘市对新修和改扩建的县乡公路，重点在路面结构上提高施工标准。儒辉路（凌河镇儒林村—辉渠）王家营至辉渠段8.7公里，1998年铺筑沥青路面。由于通行车辆剧增且超载，加之工程施工标准较低，路面出现严重病害。2008年，改建全路段15.16公里，路面宽8米～15米，结构为15厘米6%水泥稳定碎石+15厘米6%水泥稳定碎石+5厘米沥青面层。以后改建的王宿路（王家庄—宿家埠，10.1公里）、彭花路（彭旺—花家岭，18.7公里）、宿箭路（宿家埠—诸城市箭口，24.9公里）多采用此标准。

2010年，安丘市投资5750万元，维修改造部分县乡公路和桥梁。其中，新改造县乡公路4条，41.5公里（南临路甘泉—鞠家庄段11.9公里、律南路官庄—金冢子段6.4公里、甘白路甘泉—金冢子段5.2公里、安沙路全线19.9公里）；维修老油路2条（王宿路、律南路官庄—温泉段），36.2公里；改造（新建）桥梁5座，194米（山水路小河口桥、律南路管公东桥、彭花路芝泮桥、律南路小浯河桥、安沙路光甫桥）。是年度，提前完成南临路（南流—临浯）石堆段5.2公里路面改造工程。

2011年，市财政投资1.033亿元，改造陈石路东段、安孔路管公段、朱孔路柘山北段、律南路金冢子至峡山界段、车大路、甘白路等7条县乡公路48.88公里，维修安孔路黑埠子至石埠子段、黄景路2条老油路32.2公里，翻建律南路同歌尧大桥、安孔路国防大桥、陈亭官庄中桥3座250.6米。

2012年，市财政投资6500万元，改造律南路温泉—卜家庄段、朱孔路柘山镇区—孔家庄段、宿箭路律南路口—渠河桥段、儒辉路石家庄桥—下小路段、青柘路包庄桥—下小路段、王常路王里居—孟戈庄段和相庵路（诸城市相州镇至庵上村）安丘段7条38.3公里；投资1200万元，改造青柘路河西桥、徐家沟桥和律南路温泉干渠桥3座大中桥，维修加固青柘路牛沐桥；投资1940万元，维修朱孔路平原桥—柘山界段、律南路官庄—辉渠段、宿箭路起点—律南路口、彭花路全线和儒辉路石家庄桥—儒林段5段老油路67.5公里。

2013年，市财政与有关镇街共同投资8540万元，完成5条24.6公里县乡公路改造和维修工程：改造桥马路后朱家庄—大陆戈村段（山水路）、南临路下小路—孟戈庄村段；青柘路大盛镇区—牛沐桥段、律南路浯河桥—东王官疃段、律南路卜家庄—南逯段；改造孔家庄红卫大桥和石家庄桥。是年，县道总里程370公里。其中，硬化道路393.9公里；乡道总里程435.3公里，硬化道路145.8公里，占80.7%。

安丘市2013年县乡公路情况一览表

表7—5

序号	路线名称	里程（公里）	不纳入总里程的重复里程（公里）	合计	按技术等级分（公里）				按路面等级分（公里）			
					公路等级				沥青混凝土	水泥混凝土	简易铺装	砂石路面
					一级	二级	三级	四级				
	合计	805.3	25.3	805.2	12.4	53.6	350.0	389.2	217.0	55.6	121.3	411.3
	县道小计	370.0	21.2	370.0	12.4	33.4	287.5	36.7	144.0	3.5	100.6	121.9
1	高密—坊子	6.4	2.7	6.4	0.0	4.4	2.0	0.0	6.4	0.0	0.0	0.0
2	律家村—南逯	67.2	0.0	67.2	1.2	7.8	56.1	2.0	28.9	0.0	5.3	33.0
3	宿家埠—箭口	24.9	0.0	24.9	0.0	2.1	14.9	7.9	5.2	0.0	4.9	14.9
4	相州—庵上	3.0	0.0	3.0	0.0	0.0	3.0	0.0	0.0	0.4	0.0	2.6
5	安丘—沙沟	19.9	0.0	19.9	0.0	2.0	17.9	0.0	0.0	0.0	19.9	0.0
6	朱刘—孔家庄	26.9	0.5	26.9	0.0	0.0	26.9	0.0	8.4	0.0	13.5	5.0
7	青上—柘山	26.9	3.0	26.9	0.0	1.8	14.2	11.0	6.8	0.0	14.2	5.9
8	潍坊—安丘	9.6	0.0	9.6	9.6	0.0	0.0	0.0	9.6	0.0	0.0	0.0
9	石埠子—孟疃	2.8	0.0	2.8	0.0	1.3	1.5	0.0	0.0	0.0	2.8	0.0
10	高崖—寺坡	4.6	0.0	4.6	0.0	0.0	4.6	0.0	0.0	0.0	4.6	0.0
11	安丘—孔家庄	50.4	0.0	50.4	0.0	7.7	37.5	5.2	41.4	0.0	9.0	0.0
12	南流—临浯	36.0	2.7	36.0	0.0	0.4	31.5	4.1	2.5	3.1	12.6	17.7
13	黄旗堡—景芝	21.5	10.7	21.5	1.6	3.1	16.8	0.0	11.7	0.0	1.7	8.1
14	彭旺—花家岭	18.7	1.3	18.7	0.0	0.0	12.2	6.5	8.2	0.0	1.5	9.0
15	北王皋—朱家官庄	11.9	0.0	11.9	0.0	1.7	10.2	0.0	0.0	0.0	1.7	10.2
16	儒林—辉渠	15.2	0.0	15.2	0.0	1.1	14.1	0.0	2.5	0.0	9.0	3.7
17	王家庄—宿家埠	12.3	0.0	12.3	0.0	0.0	12.3	0.0	12.3	0.0	0.0	0.0
18	王家车埠—大埠后	11.7	0.3	11.7	0.0	0.0	11.7	0.0	0.0	0.0	0.0	11.7
	乡道小计	435.3	4.0	435.3	0.0	20.2	62.6	352.5	73.0	52.1	20.7	289.5
1	郑家河—儒辉路	6.2	0.0	6.2	0.0	0.0	2.2	4.0	2.2	0.0	0.0	4.0
2	大明官庄—刘家营子	8.3	0.0	8.3	0.0	0.0	0.0	8.3	5.5	0.6	0.0	2.2
3	刘家尧—郑家石龙	4.5	0.0	4.5	0.0	1.4	0.0	3.2	0.0	0.0	1.1	3.4
4	许营—庵顶	3.8	0.0	3.8	0.0	0.0	0.0	3.8	0.0	0.0	0.0	3.8
5	黄旗堡—水场官庄	6.0	0.0	6.0	0.0	0.0	6.0	0.0	0.0	0.0	0.0	6.0
6	北凌家院—庵顶	10.0	0.0	10.0	0.0	0.0	0.0	10.0	2.9	0.0	0.0	7.1
7	埠望庄—阎戈庄	10.9	0.0	10.9	0.0	0.0	0.0	10.9	4.7	1.8	0.0	4.3
8	朱子—常家庄	16.7	0.4	16.7	0.0	0.0	0.0	16.7	0.0	0.0	0.0	16.7

续表 7—5

序号	路线名称	里程（公里）	不纳入总里程的重复里程（公里）	合计	按技术等级分（公里）				按路面等级分（公里）			
					公路等级				沥青混凝土	水泥混凝土	简易铺装	砂石路面
					一级	二级	三级	四级				
9	花家官庄—孟家庄	7.1	0.0	7.1	0.0	0.0	0.0	7.1	0.0	0.0	0.0	7.1
10	汶河南岸—十里铺	10.4	0.0	10.4	0.0	0.0	0.0	10.4	0.0	0.3	0.0	10.1
11	赵戈环库公路	8.0	0.0	8.0	0.0	0.0	0.0	8.0	0.0	1.5	0.0	6.4
12	小付岗—景芝	4.5	0.0	4.5	0.0	0.6	2.0	1.9	2.6	0.0	0.0	1.9
13	于家庄—大市留	18.1	0.0	18.1	0.0	0.0	0.0	18.1	0.0	0.0	0.0	18.1
14	管家埠—两河桥	14.8	0.0	14.8	0.0	0.0	0.0	14.8	2.2	0.0	0.0	12.6
15	陈亭官庄—石泉	8.1	0.0	8.1	0.0	0.0	0.0	8.1	0.0	0.0	0.0	8.1
16	院上—西古河	8.8	0.0	8.8	0.0	0.0	0.0	8.8	0.0	0.0	0.0	8.8
17	甘泉—白芬子	14.5	0.5	14.5	0.0	1.2	0.0	13.4	0.0	0.0	1.4	13.1
18	宋官疃—两河桥	7.8	0.0	7.8	0.0	0.0	0.0	7.8	0.0	0.0	0.0	7.8
19	桥北头—李家下埠	8.1	0.0	8.1	0.0	0.0	0.0	8.1	0.0	1.8	0.0	6.3
20	大光甫—西惠家庄	7.5	0.0	7.5	0.0	0.0	0.0	7.5	0.0	0.0	0.0	7.5
21	王家董孟—儒林	3.6	0.0	3.6	0.0	0.0	0.0	3.6	0.0	0.0	0.0	3.6
22	东大庄—牟山前	7.9	0.0	7.9	0.0	0.0	0.0	7.9	0.0	5.2	0.0	2.7
23	三里庄—朱家埠	5.9	0.0	5.9	0.0	0.0	0.0	5.9	0.0	5.9	0.0	0.0
24	张靳—石埠子西	5.3	0.0	5.3	0.0	0.0	0.5	4.8	0.0	0.5	0.0	4.8
25	邹家洼—田庄	13.6	0.5	13.6	0.0	0.0	0.0	13.6	0.0	6.6	0.0	7.0
26	凌河—周家下庄	6.8	0.0	6.8	0.0	0.6	0.0	6.2	0.6	0.3	0.0	5.9
27	楼子埠—石家庄	2.7	0.0	2.7	0.0	0.0	2.7	0.0	2.7	0.0	0.0	0.0
28	官庄—朱家庄	6.4	0.0	6.4	0.0	0.0	0.0	6.4	0.0	1.1	0.0	5.3
29	桥北头—马家寨庄	13.3	0.7	13.3	0.0	7.9	0.0	5.4	7.9	2.1	0.0	3.3
30	南水北调干渠路	29.1	0.9	29.1	0.0	0.0	0.0	29.1	0.5	4.4	0.0	24.1
31	雹泉—柘山	22.1	0.5	22.1	0.0	0.0	0.0	22.1	4.4	0.0	0.0	17.7
32	庵上—城顶山	14.9	0.2	14.9	0.0	0.0	0.8	14.0	0.0	0.0	0.0	14.9
33	辉渠—城顶山	9.2	0.0	9.2	0.0	0.0	0.0	9.2	0.0	0.0	0.0	9.2
34	偕户—红沙沟	6.9	0.0	6.9	0.0	0.0	6.9	0.0	0.0	0.0	6.9	0.0
35	娄家庄—韩家旺	6.7	0.0	6.7	0.0	0.0	0.0	6.7	0.0	4.7	0.0	2.0
36	寺坡—龙王庙	6.0	0.0	6.0	0.0	0.0	0.0	6.0	0.0	4.9	0.0	1.0
37	杨家庄—大泉子	6.7	0.0	6.7	0.0	0.0	0.0	6.7	0.0	1.1	0.0	5.6
38	南逯—闭门山	9.0	0.0	9.0	0.0	0.0	0.0	9.0	0.0	0.0	0.0	9.0
39	郚山—车庄	11.9	0.0	11.9	0.0	0.0	9.3	2.6	9.3	0.0	0.0	2.6
40	车庄—李家沟	10.9	0.0	10.9	0.0	0.0	3.8	7.2	7.9	0.0	0.0	3.0
41	金钱洼—李家沟	6.2	0.0	6.2	0.0	0.0	5.9	0.3	6.2	0.0	0.0	0.0
42	金钱洼—车庄	2.8	0.0	2.8	0.0	0.0	2.8	0.0	0.0	0.0	2.8	0.0
43	凌河镇区公路	4.3	0.0	4.3	0.0	4.3	0.0	0.0	0.0	0.0	4.3	0.0
44	王家庄—景芝环库公路	11.6	0.0	11.6	0.0	0.0	0.0	11.6	0.0	0.0	0.0	11.6
45	三里店子—石泉	4.1	0.0	4.1	0.0	4.1	0.0	0.0	0.0	0.0	4.1	0.0

续表 7—5

序号	路线名称	里程（公里）	不纳入总里程的重复里程（公里）	合计	按技术等级分（公里）				按路面等级分（公里）			
					公路等级				沥青	水泥	简易	砂石
					一级	二级	三级	四级	混凝土	混凝土	铺装	路面
46	庵上—周家屯	7.0	0.0	7.0	0.0	0.0	7.0	0.0	7.0	0.0	0.0	0.0
47	下马疃—田家楼	7.1	0.4	7.1	0.0	0.0	7.0	0.1	0.0	7.1	0.0	0.0
48	大桃—东楼	3.5	0.0	3.5	0.0	0.0	0.0	3.5	1.7	1.8	0.0	0.0
49	大路—秦戈庄	5.7	0.0	5.7	0.0	0.0	5.7	0.0	4.6	0.3	0.0	0.9

第四节　乡村道路

1986 年—2002 年，境内乡村道路建设力度不足，大部分道路为土路面，砂土路面为数不多，水泥路面和沥青路面比率极低。

从 2003 年起，安丘市全面实施“村村通油路”工程，大规模修建乡村道路，全市乡村油路里程迅速增多。起初，市政府采取铺筑水泥或沥青路面每公里补助 6 万元，并争取上级补助资金的办法，扶持乡村道路改造工程，调动乡镇加快乡村道路硬化积极性。是年，“村村通油路”工程开工 8 项，改造农村公路 19.5 公里，通油路村庄率 28.6%。2004 年，完成乡村道路改造工程 52.5 公里。2005 年，调整提高补助标准，连同上级扶持资金，乡镇每修建一公里水泥路或沥青路补助 10 万元～ 15 万元。当年改造农村公路 97 条，243.7 公里。三年投资 11543 万元，改造农村公路 315.7 公里，通油路村庄 608 个，通村率 44.38%。

2010 年初，安丘市开始实施农村道路网化工程。是年，完成改造工程 62 个、160.4 公里。项目完成后新增通油路村 65 个，通油路村庄率 94.6%。2011 年，完成通村油路项目 41 个、101 公里，油（水泥）路通村率 98.1%。2012 年，投资 1.14 亿元，完成油路建设项目 58 个、96.8 公里，完成大中修项目 4 个、37 公里，通油路村庄率 99.9%。2013 年，乡村道路硬化工程采用水泥混凝土路面和沥青混凝土路面。是年，全市完成村级公路网化建设项目 524 个、540.2 公里。其中，村村通项目 230 个，379.8 公里；断头路项目 87 个，52.9 公里；村内大街项目 207 个，107.5 公里。

第五节　桥　涵

1986 年，安丘县乡公路尽管里程较多，但桥梁配建少且修建标准低，只有儒辉路龙泉桥、潍胶路黄旗堡桥和南临路王皋桥。

从 20 世纪 90 年代起，境内干线公路建设发展迅速，公路桥梁建设数量大、投入资金多，并全部采用新技术、新工艺、新材料。安丘市先后两次改建省道 325 线汶河大桥和国道 206 线渠河大桥，此后又新建省道 221 线鲤龙河大桥、省道 222 线汶河大桥，全面消灭危桥。2013 年，境内国省道有大中小桥 63 座，全长 3951.64 米。其中，大桥 5 座，长 1993.37 米；中桥 21 座，长 1295.84 米；小桥 37 座，长 662.43 米；涵洞 177 道。

1986 年起，安丘县注重县乡公路改造和桥梁配套，尤其随着“乡乡镇镇通油路”和“村村通油路”工程的实施及公路等级的提高，境内县乡公路桥梁数量大为增多，荷载标准、桥面宽度、桥下净空、设计洪水频率等诸多技术指标全面提高，预应力技术被广泛运用。1999 年，翻建朱孔路汶河大桥，结构为钢筋混凝土灌注桩，钢筋混凝土空心板梁，桥长 352.8 米，宽 20.6 米。2000 年，翻建青柘路汶河大桥，结构为灌注桩钢筋混凝土空心板梁，桥长 240 米，宽 10 米。2008 年，翻建儒辉路龙泉大桥，结构为重力式台、桩柱式墩、钢筋混凝土二铰板拱桥，桥长 140 米，宽 14 米。2009 年，新建律南路渠河大桥，结构为灌注桩基础，重力式台，桩柱式墩，钢筋混凝土空心板梁，桥长 285.6 米，宽 23 米。1986 年—2013 年，县乡公路改建、新建大型桥梁 4 座，全长 1028.4 米；中型桥梁 21 座，全长 1198.3 米。改建、新建小桥 71 座，全长 177 米。2013 年，境内县乡公路有大桥10座，总长1768.4米；中桥77座，总长4444.24米；小桥294座，总长5295.93米；涵洞3374道。

2003年，开始大规模修建乡村道路桥梁。2010年起，随着农村道路网化工程实施，全市桥梁建设步伐进一步加快。乡村道路新建大桥2座，256米；新建中桥6座，302米；新建小桥26座，188米；新建涵洞55道。2013年，乡村道路有大桥2座，256米；中桥24座，104.5米；小桥127座，652米；涵洞406道。至此，境内公路有大桥、特大桥17座，总长4017.77米；中桥122座，总长5844.58米；小桥458座，总长6610.36米；涵洞3957道。

第六节　公路养护

干线公路养护

养护队伍　1986年，安丘公路站辖23个公路分站，有养路工46人，群众养路员455人。随着公路建设形式变动，机构及人员不断变化。1988年7月，安丘县公路局所辖公路分站升格为公路站。时有24个公路站，养路工人49人，群众养路员465人。1992年，县公路局设27个公路站，养路员人数483人，养护里程688.7公里。2003年8月，县乡道公路站移交市交通局，保留9个国省道公路站，有养路工人22人，群众养路员213人。2013年，市公路局所辖公路站整合，调整为景芝、贾戈、官庄、大盛4个公路站，有养路工人8人，群众养路员133人，养护里程150.2公里，养路员养护里程由每人0.5公里左右提高到每人1公里左右。

养护措施　1986年－2001年，境内干线公路处于砂土路面、沥青路面和水泥路面并存状态，养护方式相对落后。砂土路面采取勤添砂、勤回砂、勤疏砂、勤清除细壤的“四勤”方式，保持路面平整、横坡适度、行车舒适。养护路面用的砂子每年全市统一由公路沿线所在乡镇集中筹备。沥青路面主要是清除路面尘土、污泥、杂物等，保持路面清洁、路肩整洁、边坡稳定、排水畅通。2002年起，市内国省道路面全部提升为高级路面。养护管理贯彻经常性、预防性、维持性、重点性和科学化养护的“四性一化”管理方针。养护措施除保持路面清洁、路肩整洁、边坡稳定、排水畅通外，根据季节和国省道实际情况开展预防性养护：对辖区内国省道路面进行普通热沥青灌缝、灌封胶灌缝、面层挖补、基层挖补、罩面等。2013年，境内干线公路优良路率80.5%，实现“畅安舒美”的标准要求。

养护机械　1986年—1991年，境内干线公路养护方式以人工为主，养护工具主要有小型拖拉机、拖砂器、疏砂器、铁锨、扫帚等。1992年，安丘县公路局改建国道206线常家庄至诸城界段，开始购置小吨位压路机、打夯机等小型机具，各类养护机械质和量均有较大变化。2000年—2013年，安丘市公路局根据公路养护需要购置大量设备，主要有沥青撒布车、洒水车、割草机、切割机、铣刨机、撒布车、打夯机、吹风机，为基层养护单位添置拖拉机、路面清扫车，并逐步配备养护工程专用车。干线公路养护也由人工养护转变为机械为主人工为辅的养护模式。

公路绿化　1986年—2006年，境内干线公路绿化以栽植毛白杨、杨树、法桐等为主。2007年—2013年，安丘市开展大规模路域治理活动，按照点、线、面相结合的原则，以乔木为主、灌木和花草相搭配的绿化方案，因路制宜，突出特色，宜树则树、宜花则花。境内干线公路两侧15米～30米内，全部进行高标准绿化美化。

县乡公路养护

养护队伍　1986年—2003年，县乡公路一直由安丘市公路局负责管理养护，其养护机构、养护人员与国省道共用。2003年8月，县乡公路由市公路局划归市交通局管理。市公路局撤销负责县乡公路养护管理的公路站，正式在编7名管理人员和雹泉、夏坡、金冢子、柘山4个公路站划归市交通局。市交通局设置县乡公路管理处，专司县乡公路养护管理之责。在履行运政管理、规费征收同时，承担县乡公路养护任务和村道养护的业务技术指导、检查监督职责。各镇街道均配备1名～2名养路队长，参照公路养护定员标准配备养路员，归属交通管理所领导管理。2011年12月，市交通运输局成立安丘市畅通路桥养护有限公司，配备212名专职养护人员，管理养护县道333.3公里，养护大桥6座，中桥21座，小桥62座。实现农村公路有专门机构管理、有专门人员养护、有专项资金投入的良性发展循环。2013年底，全市县乡公路有养路人员360人，配备养路队长35人。

养护措施　1986年—2003年，县乡公路由市公路局所辖公路站负责养护。主要依靠乡镇备砂，农民养路员进行日常养护，市交通局每年进行两次检查考核。2003年，县乡公路养护工作由市交通局接管后，推行交通部门与乡镇共同负责的办法。乡镇负责落实养护材料，选配农民养路员，并发工资，市交通局每月给予补贴。是年，市交通局成立县乡公路管理处，在乡镇选配专职统计员、养路队长。乡镇交通管理所由一名副所长专职抓公路养护。市政府办公室每年下发有关加强县乡公路养护管理的通知，针对存在的问题，分别对乡镇和养护单位提出具体要求。养护质量实行百分考核，每季由市交通局牵头组织对各乡镇进行检查，年底考核结果与当地人民政府政绩挂钩奖惩。随着交通量剧增和车辆吨位加大以及超载超限运输，道路处于超负荷状态，加之大部分是砂土路面，公路好路率难以保持稳定。2005年开始“村村通”油路工程，县乡公路也逐年实施改造，公路养护质量回升。2008年底，县乡公路综合好路率81.2%。2013年，安丘市改变县乡公路养护办法，把乡道养护管理改由所在镇街区负责，市交通局负责检查考核。县乡公路检查考核每季度进行一次，其内容包括组织建设、计划完成、养护工程、养护管理、路政管理、控制指标等情况。每季度末，各养护单位按安丘市县乡公路《考核标准》的各项要求组织自查自评，形成自查报告，填写《县乡公路管理考核汇总表》，报公路管理处养护科；公路管理处按平时抽查与重点检查相结合的原则，采取“听看查议评”的方法评定分数，对年度考评总得分前3名，按照“以奖代补”的原则，给与相应资金奖励。对综合管理考核较差，得分较低，或养护质量存有问题和隐患，或未完成年度拖拉机养路费征收计划的，给予扣分处理。

乡村道路一般由各村自管自养，经济条件好的镇街道组建专业队伍实行统一管理养护。柏油或水泥铺筑后的乡村道路，多设置限宽墩，限制大吨位车辆通行，以保护路面。

养护设备 1986年—2003年，县乡公路与国省道均由市公路局管养，部分筑路机械与养护通用，养护机械主要有拖拉机、农用车、翻斗车、洒水车、沥青洒布车、油罐车、压路机、割草机、切割机等。2003年8月，市交通部门开始配备拖拉机、标志服、铁锨、扫帚等养护机械、器具。县乡公路小修保养由配备筑路机械的专业单位进行，大修改造由市政府组织有资质的施工单位进行。2012年，市畅通路桥养护有限公司投资230万元，购置公路铣刨机、开槽机、切割机、割缝机、灌缝机、小型沥青拌和机、小型压路机及路面综合养护机组等沥青、水泥路面养护器械。2013年，全市14个镇街区交通管理所均配备车辆进行巡查，提高公路养护质量。

路桥收费

1994年前，安丘无收费公路。至2013年，境内有国道206线安丘汶河大桥收费处和潍安路收费站。

安丘汶河大桥收费处 1994年3月，安丘市公路局完成国道206线市区段改造工程。自此，国道206线越出市区，与省道325线（胶王路）市区重合段分开。是年4月，经省交通厅、省物价局、省财政厅批准，市公路局在国道206线汶河大桥设置过桥收费处，由安丘市公路局管理，自5月1日始收取车辆通行费。2002年6月，汶河大桥收费处移交潍坊市公路局管理。

潍安路收费站 1997年7月，潍安路建成通车。潍安路经省政府批准，由潍坊市交通投资公司、安丘市、坊子区三方合资修建的收费公路。北起坊子境内潍胶路口，南至安丘境内206国道小汶河桥，全长18.319公里，其中安丘境内15.4公里，总投资7000万元。通车之日，投资三方以股份合作方式，注册成立路桥开发有限公司，本着“贷款修路，收费还贷，发展交通，服务社会”的原则，对潍安路进行收费经营管理。潍安路收费站始设于刘家尧镇付家庙子村东，由潍坊市交通投资公司负责经营管理。2002年7月，安丘市开始新建市北区，收费站迁至南流镇张疃村西。

第七节　路政管理

1986年，安丘公路站设专职路政管理人员2人，养护工班设兼职路政管理人员1人，专职路政管理人员统一着交通监理服，配备三轮摩托车一辆，路政管理中统一使用山东省交通厅制发的赔（罚）款票证。1990年，县公路局成立路政科，有专职路政人员4人，兼职路政人员10人。1991年9月，县人民法院在县公路局设立巡回法庭，承办侵犯路产、路权及逃避养路费征缴案件。1992年7月，县公路局分养护路政股为养护股和路政股。路政股配备路政员、巡路车辆和装备设施，专职路政管理工作。县公路局集中整治在公路上打场晒粮、摆摊设点、乱堆物料、乱倒垃圾、乱搭乱建、乱设非公路标志及控制红线内的违章建筑等行为，依法申报涉路工程、非公路标志，依法维护路产路权。1993年—1995年，在全市开展国省道确权工作。市土管局、市公路局初步完成调查、丈量、审查后，有关乡镇政府密切配合，完成登记、申报批准和立界发证工作，国省道全部实现确权。

2003年8月，县乡公路养护管理工作开始由市公路局移交市交通局，县乡公路路政管理工作由市交通局下设的公路管理处负责。公路管理处设路政科，配备路政员3人，具体负责县乡公路重要路段的标线施划、标志设置，查处各种违章利用、侵占、破坏县乡公路的行为。2005年，市交通局设立超限运输车辆检测站。在路政管理工作中，检测站遵循“有损必查、有损必赔、举报有奖”的原则，对损坏公路设施举报按实际赔偿金额一定比例进行奖励，并开通全省统一的公路路政服务电话“96660”，及时掌握和纠正、处罚损害路产路权行为。

随着农村公路事业发展和路政管理业务增加，路政管理队伍随之壮大。到2006年，市交通局有专职路政管理人员6人，配备照相机、微机等。至2009年4月，路政管理人员增加到12人，全部穿佩交通标志服，配备专用巡查车、照相机、专用微机各2部。路政管理工作中，常年沿路巡回检查，及时纠正违反《中华人民共和国公路法》现象，按《路政管理规定》，处罚侵害公路的行为。路面柏油硬化后，沿线农民在公路上打场晒粮者居多，道路通而不畅现象严重，且时常引发交通事故。每年晒粮突出时段，全市统一部署，公安交警、交通路政、镇街道等有关部门密切配合，开展大规模集中清理活动。交通部门除媒体宣传、印发通告、张贴标语、组装宣传车、上路巡查等形式外，还组织各乡镇及交通管理所随查随纠，进行现场清理。2007年8月，市政府针对公路现状召开路域治理工作会议。要求市交通局、市公路局分别担当县乡公路与国、省道路域环境专项整治工作，优化公路通行环境和路域环境。

2008年起，市交通局完善全市农村公路线路、里程、标志、桥梁及镇村联系人等基础台账，建立健全乡镇路政协管员和村级信息员制度，明确乡镇协管员和村级路政信息员的职责和工作程序，建立起信息畅通、快速反应的突发事件应急处置机制。各村路政信息员负责上报路情路况。市交通局与每位信息员签订《道路信息责任状》，明确信息员责任路段，实行路段承包，及时通报路网信息，并制定《百分考核细则》，每个月按照责任状和考核细则，考核兑现信息员履职情况。各镇街道配备路政协管员，由镇政府、街道办事处工作人员或者交管所人员担任，负责制止各类轻微违章现象，协助交通路政执法人员查处路政案件。路政执法人员专门查处各类路政违法案件，定期向镇街道及公路沿线村庄通报路政管理工作情况。2004年—2008年，县乡公路路政管理完成路政巡查21万公里，查处路政案610件，收取路产损坏（占用）赔偿费19.27万元，增设公路标志160块，清理各类路障1200起，受理路政许可21件，施划标线120.7公里，各类路政案件查处率95%以上，破案率98%以上，结案率99%。

2010年3月—10月，全市开展县乡公路路域综合治理，活动分为宣传发动、组织实施、巩固提高三阶段。其目标任务分为：治理公路控制区域违章建筑；清理挖掘、占（利）用公路；清理公路两侧乱堆乱占行为；清理摆摊设点、马路市场；完善现有公路标志、标线及各种安全配套设施；对公路路肩、边坡、边沟进行全面整理，涂白行道树；主要县乡公路两侧进行绿化、美化。市政府成立全市路域综合治理及交通基础设施建设指挥部，各镇街道也成立相应工作机构和领导班子。10月上旬，市政府组织全面检查，考核验收各镇街区路域治理工作，并排定位次，落实奖惩。

2011年，市交通运输局开始加大对县乡公路安全保护设施的投入，不断更新完善交通标志标识，安装各类警示标志、交通标线、波形梁防撞护栏、示警桩、爆闪灯等安保设施。在急弯、陡坡、临水、临崖等交通事故易发地段，设置护栏、太阳能警示闪光灯；在主要县道与国、省道平交道口安装减速带等。是年9月，投资201.5万元，安装安孔路安保设施50.38公里。

2012年5月，安丘市结合“六城联创”（创建省级园林城市、省级森林城市、省级生态城市、省级文明城市、国家卫生城市和国家环保模范城市），开始全面实施城乡环卫一体化工作。通过对全市县乡公路路域综合治理，全面优化县乡公路两侧及周边环境及景观效果，进一步提升城市形象，打造靓丽安丘、生态安丘、文明安丘。

2013年，以提升路况质量、完善安保设施、净化路域环境、打造绿色通道、清除脏乱差为着力点，投资86万元打造出17条260公里的县道样板路，做到路面病害及时发现并修复到位、每日10小时以上的路面洁净时间目标实现到位、安保设施齐全规范设置到位、绿化管养的移植补缺和修剪频率到位、日常巡查和定期检查考核到位的“五个到位”,全面提升农村公路管养水平和路容路貌。是年，路政执法人员年巡查公路8万公里，清理路障30多起，拆除损坏并危及交通安全的标志3处，查处超限、撒漏违章车辆60多起。境内150.2公里国省道和711公里县乡公路全部按路政管理要求设置完善警告牌、禁令牌、指示牌、指路牌和里程碑、百米桩。

1986年，安丘县养路费征收仍执行1985年2月山东省人民政府批准实施的《山东省公路养路费征收办法》。是年，农用车、拖拉机、三轮车、兽力车等养路费征收工作由安丘公路站移交到安丘县交通局负责，公路站只负责汽车养路费征收。2009年起，全国统一终止养路费征收工作。

表 7—6

安丘市 1986 年—2013 年国省道桥梁一览表

桥梁名称	所在线路名称	桥梁位置	桥梁类型	桥梁结构类型		桥梁全长（米）	桥梁全宽（米）	桥高（米）	标准载重	上部结构	下部结构	修建年份	备注
				孔跨径（孔／米）	类型								
归家疃干渠桥	烟汕路	301.133	小桥	1/10	板拱	21.4	30	4.3	汽 -20 挂 -100	板拱	重力式墩台	1985	
归家疃桥	烟汕路	302.514	小桥	3/8	空心板梁	37.57	30	4.5	汽 -20 挂 -100	空心板梁	重力式墩台	1994	2002 年改造桥面系
周家营子桥	烟汕路	304.993	小桥	1/5	整体现浇板	7	29	2.5	汽 -20 挂 -100	整体现浇板	重力式桥台	1994	
小汶河桥	烟汕路	305.433	中桥	4/20	空心板梁	84.45	29.3	4.9	汽 -20 挂 -100	空心板梁	桩（柱）式墩台	1994	2010 年改造桥面系
汶河大桥	烟汕路	306.067	大桥	24/20	空心板梁	484.4	29.3	6.4	汽 -20 挂 -100	空心板梁	桩（柱）式墩台	1994	2010 年改造桥面系
贾戈立交桥	烟汕路	307.973	中桥	3/20	空心板梁	74.8	16.5	8.4	汽 -20 挂 -100	空心板梁	桩（柱）式墩台	1994	
五里河桥	烟汕路	309.718	中桥	5/10	空心板梁	70.7	30.1	2.9	汽 -20 挂 -100	空心板梁	桩（柱）式墩台	1994	
常家庄桥	烟汕路	311.745	小桥	2/4	实心板梁	11.2	23	1.9	汽 -20 挂 -100	实心板梁	重力式墩台	1992	
王家亭子桥	烟汕路	314.706	小桥	2/4	整体现浇板	13.9	25.8	3	汽 -20 挂 -100	整体现浇板	重力式墩台	1992	
史角河桥	烟汕路	315.898	小桥	2/4.4	实心板梁	18.26	25.2	1.8	汽 -20 挂 -100	实心板梁	重力式墩台	1992	
甘泉洼桥	烟汕路	324.822	小桥	3/3.3	板拱	12.28	25.2	1.8	汽 -20 挂 -100	板拱	重力式墩台	1992	
五孔桥	烟汕路	328.369	小桥	5/3.5	板拱	26.75	23.2	2.3	汽 -20 挂 -100	板拱	重力式墩台	1992	
洪沟河桥	烟汕路	329.875	中桥	6/13	空心板梁	83.25	22.6	1.8	汽 -20 挂 -100	空心板梁	桩（柱）式墩台	1992	2008 年改造桥面系
渠河大桥	烟汕路	336.237	大桥	19/13	空心板梁	252.3	22.6	4.9	汽 -20 挂 -100	空心板梁	桩（柱）式墩台	1992	2008 年改造桥面系
院庄桥	下小路	78.571	中桥	3/13	空心板梁	49.2	12	3.9	汽 -20 挂 -100	空心板梁	重力式墩台	2003	
担山桥	下小路	80.55	中桥	3/13	空心板梁	51.3	20.5	4	汽 -20 挂 -100	空心板梁	重力式墩台	2003	
王封桥	下小路	88.384	中桥	3/13	空心板梁	43.26	12	3.5	汽 -20 挂 -100	空心板梁	桩（柱）式墩台	2003	
新河桥	下小路	90.276	中桥	3/13	空心板梁	43	21	3.5	汽 -20 挂 -100	空心板梁	桩（柱）式墩台	2003	
七里河桥	下小路	98.244	中桥	5/7	板拱	55	17.9	2.5	汽 -20 挂 -100	板拱	重力式墩台	1988	1998 年改建

续表 7—6

桥梁名称	所在线路名称	桥梁位置	桥梁类型	桥梁结构类型		桥梁全长（米）	桥梁全宽（米）	桥高（米）	标准载重	上部结构	下部结构	修建年份	备注
				孔跨径（孔／米）	类型								
干渠桥	下小路	99.337	小桥	1/8	实心板梁	16.25	18.6	2.5	汽 -20 挂 -100	实心板梁	重力式墩台	1999	
李小戈桥	下小路	107.297	小桥	3/3	板拱	11.3	18	2	汽 -20 挂 -100	板拱	重力式墩台	1987	
前小沟桥	下小路	108.9	小桥	3/4	板拱	15	23.6	1.8	汽 -20 挂 -100	板拱	重力式墩台	1987	
凌河桥	下小路	111.535	中桥	4/13	空心板梁	56.01	18	3.4	汽 -20 挂 -100	空心板梁	桩（柱）式墩台	1999	
大路桥	下小路	113.33	中桥	3/13	空心板梁	51.35	18	3.7	汽 -20 挂 -100	空心板梁	重力式墩台	1999	
大路干渠桥	下小路	114.262	小桥	1/10	其他桥	20.02	17.9	4.5	汽 -20 挂 -100	其他桥	重力式墩台	1999	
姚家庄桥	下小路	120.515	小桥	1/6	整体现浇板	16.85	18.1	4.4	汽 -20 挂 -100	整体现浇板	重力式墩台	2000	
王家赤埠桥	下小路	121.029	小桥	2/6	实心板梁	27.82	18.1	5	汽 -20 挂 -100	实心板梁	重力式墩台	2000	
李家赤埠桥	下小路	121.768	中桥	3/13	空心板梁	57.68	18.1	7.2	汽 -20 挂 -100	空心板梁	桩（柱）式墩台	2000	
簸箕掌小桥	下小路	122.313	小桥	1/6	整体现浇板	21.3	18.3	4.7	汽 -20 挂 -100	整体现浇板	重力式墩台	2000	
簸箕掌中桥	下小路	122.627	中桥	4/13	空心板梁	56.4	17.9	5.4	汽 -20 挂 -100	空心板梁	桩（柱）式墩台	2000	
东纪庄中桥	下小路	123.428	中桥	3/10	板拱	51.78	18.1	4.8	汽 -20 挂 -100	板拱	重力式墩台	2000	
东纪庄小桥	下小路	123.794	小桥	1/5	板拱	21	18.3	4.3	汽 -20 挂 -100	板拱	重力式墩台	2000	
西纪庄桥	下小路	124.273	小桥	3/10.0	空心板梁	33.8	17.7	4.3	汽 -20 挂 -100	空心板梁	桩（柱）式墩台	2000	
小河口桥	下小路	126.365	中桥	4/16	板拱	96.1	18.8	5.2	汽 -20 挂 -100	板拱	重力式墩台	1978	2000 年改建
新明亭后桥	下小路	128.669	小桥	1/8	实心板梁	15.33	14	2.4	汽 -20 挂 -100	实心板梁	重力式墩台	2000	
鲤龙河大桥	下小路	130.932	大桥	15/13	空心板梁	199.07	14	3.4	汽 -20 挂 -100	空心板梁	桩（柱）式墩台	2000	
大盛桥	下小路	132.649	中桥	3/13	空心板梁	43	13.9	5.1	汽 -20 挂 -100	空心板梁	桩（柱）式墩台	2000	
北黑山桥	下小路	137.642	中桥	3/10	板拱	51.46	14	6.5	汽 -20 挂 -100	板拱	重力式墩台	2000	
南黑山桥	下小路	138.054	小桥	3/10	空心板梁	47	14	5.5	汽 -20 挂 -100	空心板梁	重力式墩台	2000	
陈家庄桥	下小路	139.971	中桥	4/8	空心板梁	43.1	14	4.3	汽 -20 挂 -100	空心板梁	重力式墩台	1999	2008 年桥面系改造
北张家庄桥	下小路	141.848	小桥	1/10	板拱	20.9	17.2	3	汽 -20 挂 -100	板拱	重力式墩台	1989	2001 年改建

续表 7—6

桥梁名称	所在线路名称	桥梁位置	桥梁类型	桥梁结构类型		桥梁全长（米）	桥梁全宽（米）	桥高（米）	标准载重	上部结构	下部结构	修建年份	备注
				孔跨径（孔／米）	类型								
张家沟桥	下小路	142.886	小桥	1/8	板拱	18.07	13.8	3	汽 -20 挂 -100	板拱	重力式墩台	2000	
南逯桥	下小路	143.848	小桥	1/10	实心板梁	24.4	13.9	4.3	汽 -20 挂 -100	实心板梁	重力式墩台	2000	
小汶河桥	央赣路	92.464	中桥	6/13	空心板梁	84	25	7.6	汽 -20 挂 -100	空心板梁	桩（柱）式墩台	2002	2012 年改造桥面系
黄十里桥	央赣路	93.143	小桥	1/5	整体现浇板	5.37	30	1.3	汽 -20 挂 -100	整体现浇板	重力式墩台	2002	
孙十里桥	央赣路	93.382	小桥	2/4	其他桥	11.64	30	1.6	汽 -20 挂 -100	其他桥	重力式墩台	2002	
关王路口桥	央赣路	94.726	小桥	2/5	其他桥	11.4	30	2.6	汽 -20 挂 -100	其他桥	重力式墩台	2002	
西丘家庄桥	央赣路	96.342	小桥	1/7	板拱	8.44	30	1.8	汽 -20 挂 -100	板拱	重力式墩台	2002	
西丘小桥	央赣路	96.663	小桥	1/5	板拱	6.17	30	1.8	汽 -20 挂 -100	板拱	重力式墩台	2002	
大汶河大桥	央赣路	97.593	大桥	26/20	空心板梁	526	26.5	6.8	汽 -20 挂 -100	空心板梁	桩（柱）式墩台	2002	
七里庄北桥	央赣路	99.888	小桥	1/5	整体现浇板	5.32	30	1.7	汽 -20 挂 -100	整体现浇板	重力式墩台	2002	
干渠桥	央赣路	101.065	小桥	2/10	其他桥	33.47	25	2.8	汽 -20 挂 -100	其他桥	重力式墩台	2002	
石泉桥	央赣路	103.973	小桥	1/6	板拱	17	30	2.8	汽 -20 挂 -100	板拱	重力式墩台	2002	
洪沟河桥	央赣路	110.551	中桥	4/10.4	板拱	59.6	16.9	4.5	汽 -20 挂 -100	板拱	重力式墩台	2002	
宅科桥	央赣路	114.68	小桥	2/4.5	板拱	11.32	20.1	1.9	汽 -20 挂 -100	板拱	重力式墩台	2002	
大马庄桥	央赣路	118.005	小桥	2/4	板拱	10.12	19.4	1.6	汽 -20 挂 -100	板拱	重力式墩台	2002	
后朱家庄桥	央赣路	122.538	小桥	2/4	板拱	11.54	20.8	1.8	汽 -20 挂 -100	板拱	重力式墩台	2002	
后朱家庄前桥	央赣路	123.136	小桥	1/5	板拱	6.02	22.2	1.7	汽 -20 挂 -100	板拱	重力式墩台	2002	
五里河桥	胶王路	91.185	小桥	3/10	空心板梁	39.62	23.2	3.8	汽 -20 挂 -100	空心板梁	重力式墩台	1983	
环城河桥	胶王路	93.429	小桥	2/4	实心板梁	14.6	24.4	1.5	汽 -20 挂 -100	实心板梁	重力式墩台	1984	
大汶河桥	胶王路	94.913	大桥	54/8.8 6/8.5	实心板梁	531.6	17.4	4.3	汽 -20 挂 -100	实心板梁	桩（柱）式墩台	1984	2012 年改建
焦家庄桥	胶王路	95.667	小桥	2/6	实心板梁	13	29.5	2.2	汽 -20 挂 -100	实心板梁	重力式墩台	1985	
小汶河桥	胶王路	97.453	中桥	13/6	实心板梁	90.4	29.5	2.8	汽 -20 挂 -100	实心板梁	重力式墩台	1985	

安丘市2013年县乡公路主要桥梁一览表

表7—7　　单位：米

桥梁名称	路线名称	结构桥型	技术等级	全长	跨径总长	单孔跨径	桥宽	修建年份	主桥（孔）
南部水库桥	南部—上头	砼空心板桥	四级	80	63	7	4	—	9
大路北桥	汶河南堤—大路	石拱桥	四级	60	42	8.4	7.2	—	5
大路桥	凌河镇区公路	石拱桥	二级	36	34.5	11.5	7.8	—	3
灵泉桥	凌河镇区公路	钢筋砼拱桥	二级	54	53.5	10.7	7.5	—	5
车庄桥	车庄—李家沟	片石砼拱桥	三级	77	72	12	11.2	1995	6
曹家峪西桥	南逯—闭门山	石拱桥	四级	36	34.5	11.5	8.6	1978	3
张北庄桥	梁家庄—张家北庄	板桥	四级	40	36	12	8	—	3
南逯桥	南逯—闭门山	石拱桥	四级	71	69	11.5	8.7	1987	6
崖洼桥	陈家沟—亭子	石拱桥	四级	32	31.5	10.5	6.5	—	3
石河子桥	店子—南逯	石拱桥	三级	32	31.5	10.5	8	1997	3
民心桥	房家庄—石河	石拱桥	四级	50	42	14	8.2	—	3
温泉村桥	朱孔路—常家岭	石拱桥	四级	36	36	6	4.5	2007	6
老庄村内桥	律南路—老庄村	石拱桥	四级	48	44	11	5.3	—	4
毛家寨庄东桥	毛家寨庄村—火化场	砼空心板桥	四级	55	50.4	5.6	5	—	9
高家庄子桥	安孔路—王坟村	石拱桥	四级	35	34.5	11.5	8	1991	3
毛家寨庄桥	安丘—孔家庄	石拱桥	三级	54.4	39	13	13	2004	3
国防桥	安丘—孔家庄	石拱桥	三级	60	60	12	8	1970	5
北新村北桥	茅子埠村—北新村	石拱桥	四级	42	42	14	6	1983	3
白石岭桥	披甲峪村—东召忽村	—	四级	80	53.6	6.7	7	1999	8
都家庄子桥	雹泉—柘山	钢筋砼板桥	四级	35.2	33.9	11.3	8.5	1985	3
老峒峪桥	雹泉—柘山	石拱桥	四级	75.7	55	11	8.1	1985	5
祖官桥	祖官—吉山店子	钢筋砼空心板桥	四级	70	64	16	5	—	4
辉渠桥	儒林—辉渠	石拱桥	三级	81.13	64.5	20	8	1949	3
柿子园大桥	柿子园—圈子	石拱桥	四级	80	75	7.5	7	—	10
红河桥	李家水西—于家水西	石拱桥	四级	95	84	21	5	—	4
担山桥	孙家庄—前担山	石拱桥	四级	40.8	31.5	4.5	8	1978	7
贾家王封北桥	贾家王封村—张田戈村	石拱桥	四级	35	35	7	14	—	5
西利见桥	别家屯村—西利见村	石拱桥	四级	36	36	9	9	—	4
保安西漫水桥	太平—李家庄子	板梁桥	四级	33	32	1.6	3.5	1957	20
浯河桥	于家庄—北河西	石拱桥	四级	50	42	3.5	6.1	1996	12
伏留桥	后王庄—伏留	板梁桥	四级	38	37.2	3.1	5.7	1970	12
小河口桥	桥北头—马家寨庄	板梁桥	二级	36	36	4.5	8	—	8
陈亭官庄桥	陈亭官庄—石泉	板拱桥	四级	24.8	20	20	10.5	1988	1
洪沟河桥	宿家埠—箭口	板拱桥	三级	69.8	57.5	10	10.6	1995	5
西莲池桥	王家庄—宿家埠	板拱桥	三级	55.8	48	4.8	12	—	9
汶河桥	于家水西—凌河	板梁桥	四级	44	40	8	8	2008	5
墨溪河中桥	大沙埠村—贾戈村	空心板梁桥	三级	48.16	39	13	12	2008	3
景西大桥	仁安—伏戈庄	空心板梁桥	二级	102	96	16	27.1	1976	6

续表 7-7

桥梁名称	路线名称	结构桥型	技术等级	全长	跨径总长	单孔跨径	桥宽	修建年份	主桥（孔）
召忽桥	安丘—孔家庄	板拱桥	三级	91	91	13	10.5	1969	7
刘家尧立交桥	北王皋—朱家官庄	板拱桥	三级	46.7	32	16	10	—	2
灵山官庄桥	潍坊—安丘	板拱桥	一级	63.9	60	20	43	—	3
高家庄子桥	律家村—南逯	石拱桥	三级	47	22	22	7.6	—	1
两河桥	律家村—南逯	板拱桥	三级	62.04	42	13	12	1960	4
红沟河桥	南流—临浯	石拱桥	三级	78	70.8	10	8.5	1992	6
浯河桥	律家村—南逯	板拱桥	二级	78.9	78	13	12.1	—	6
柘山桥	青上—柘山	空心板梁桥	三级	99	99	11	8	1978	9
岳家秋峪桥	青上—柘山	板拱桥	三级	51.6	39	13	8	2007	3
徐家沟桥	青上—柘山	板拱桥	四级	55	48	10	7.5	1987	4
河西桥	青上—柘山	板拱桥	三级	99	99	11	10.5	1979	9
墨黑桥	律家村—南逯	板拱桥	三级	47.2	34.2	11	9	—	3
牛沐桥	青上—柘山	板拱桥	三级	80	80	10	7.7	1979	8
温泉干渠桥	律家村—南逯	板拱桥	三级	54.4	44	10	8	—	4
辉渠水库桥	律家村—南逯	板拱桥	三级	82.5	64.5	21	8.8	—	3

第三章　邮 政

第一节　机　构

邮电局

1986 年，安丘县邮电局为正科级企业单位，实行邮电系统与地方人民政府双重领导体制。内设办公室、政工股、计财股、邮政股和电信股，辖 1 个邮电所和 31 个支局。1988 年 7 月，新增企业管理办公室。1992 年 8 月，增设邮电服务公司。1993 年，新设邮票公司、储汇股和安保股。1998 年，设办公室、政工科、财务科、总务基建科、审计科、保卫科、邮政科、储汇分局、报刊发行公司、速递公司、电信经营业务科、行业管理办公室、公话管理办公室、电信运行维修科、电信工程管理科、邮电实业总公司、电信工程公司、线路维护公司、电信终端维护公司等单位与 31 个乡镇支局。

1998 年 9 月，境内邮电分营，撤销安丘市邮电局，分别成立安丘市邮政局、安丘市电信局。市邮政局经营业务包括函件、包裹、汇兑、报刊发行、集邮、邮政快件、商函、广告、邮政储蓄、电信代办业务、邮政物流等；市电信局经营业务包括固定电话、移动电话、无线寻呼、电报等。

邮政局

1998 年 9 月，安丘市邮政局为正科级企业单位，隶属潍坊市邮政局和安丘市人民政府双重管理。内设综合办公室、人教部、财务部、经营服务部、储汇业务科、报刊发行投递公司、速递公司、商函邮购中心和集邮公司，辖市区永安路、潍安路、兴安路 3 个邮电支局和景芝、黄旗堡、贾戈、南流、刘家尧、担山、赵戈、石堆、王家庄、临浯、金冢子、官庄、宋官疃、白芬子、管公、雹泉、庵上、石埠子、召忽、关王、慈埠、凌河、夏坡、辉渠、红沙沟、温泉、大盛、柘山、南逯、车庄和店子 31 个乡镇支局。2000 年，增设邮政实业公司，原储汇业务科改称储汇分局，原速递公司更名为速递分局。2003年，南流支局划归坊子管辖。是年，增设代办电信业务分局。

2005年9月，内设综合办公室、市场部、财务部、人教部、储汇业务分局、业务检查室、速递分局、发投分局、代办保险业务分局、代办电信业务分局、函件广告公司、物流公司和集邮公司，辖3个市区支局与30个乡镇支局。

2007年，市邮政局撤销车庄支局，其业务及人员划归老子支局管理；撤销温泉支局，其业务及人员划归红沙沟支局管理；撤销夏坡支局，其业务及人员划归辉渠支局管理。次年，安丘市邮政储蓄银行作为独立金融机构运营。2012年，市邮政局撤销担山支局。

2013年底，市邮政局内设综合办公室、市场经营部、金融业务局、发行投递公司、集邮公司、函件广告公司、物流分销公司、保险理财部、电子商务局和报刊零售公司，辖永安路、潍安路、兴安路3个市区支局与景芝、黄旗堡、贾戈、刘家尧、赵戈、石堆、王家庄、临浯、金冢子、官庄、宋官疃、白芬子、管公、雹泉、庵上、石埠子、召忽、关王、慈埠、凌河、辉渠、红沙沟、大盛、老子、南逯和店子26个乡镇支局。

第二节　邮　路

1986年，境内邮路7条，总长216公里。其中，城区邮路4公里，农村邮路212公里。自办汽车邮路3条，计197公里。安丘—临浯线：贾戈—担山—赵戈—王家庄—石堆—金堆—宋官疃—临浯—返局，邮路总长73公里；安丘—老子线：白芬子—官庄—雹泉—庵上—石埠子—召忽—老子—返局，邮路总长74公里；安丘—店子线：凌河—红沙沟—大盛—店子—返局，邮路总长50公里。自行车邮路2条，15公里。荆山洼—刘家尧线，邮路总长7公里；安丘—关王线，邮路总长8公里。

1994年，市邮电局自办汽车邮路4条，总长418公里。安丘—凌河线：白芬子—庵上—石埠子—召忽—大老子—车庄—部山—南逯—大盛—凌河—返局，邮路总长147公里；安丘—官庄线：关王—慈埠—红沙沟—温泉—夏坡—辉渠—雹泉—管公—官庄—返局，邮路总长105公里；安丘—金堆线：兴安路营业厅—潍安路营业厅—潍安路邮电支局—所—石堆—王家庄—宋官疃—临浯—金堆—返局，邮路总长88公里；安丘—贾戈线：刘家尧—南流—黄旗堡—赵戈—担山—贾戈—返局，邮路总长78公里。

2009年，安丘市邮政局调整邮路，由4条改为3条。东线：贾戈—石堆—景芝—王家庄—赵戈—黄旗埠—担山—刘家尧—返局，邮路总长107公里；西线：关王—慈埠—辉渠—雹泉—管公—官庄—临浯—宋官疃—金冢子—返局，邮路总长132公里；南线：凌河—红沙沟—大盛—南逯—部山—柘山—召忽—石埠子—庵上—白芬子—返局，邮路总长157公里。至2013年底，邮路未变。

第三节　投　递

1986年，安丘县自行车投递段道67条，里程4400公里；逐日班投递段道65条，周六班投递段道2条。1993年，全县乡镇自行车投递段道增至72条，里程4540公里;逐日班66条，周六班6条。

1998年9月，安丘市邮政局成立后，设市区投递段道22条，里程1080公里；设乡镇自行车投递段道72条，全长4680公里;设信报站8个。2009年，配备市区22条投递段道电动自行车，缩短投递时限。2010年，配备汽车2辆，用于市北区投递。

2013年，全市自行车投递段道90条，里程5760公里。其中，市区投递段道20条，里程1080公里；农村70条，里程4680公里。逐日班投递段道15条，周六班投递段道75条。设信报站44个，均达逐日班；设村办邮政代办所15个，办理代售邮票和收寄函件业务，并负责投递本村邮件。

第四节　报刊发行

1986年—1998年，安丘市邮电局负责全市报刊订阅、零售与图书、音像、电子出版物的销售业务，提供8500多种全国各地报刊的订阅服务及报刊、图书、音像、电子出版物的批销、零售业务。从1998年9月起，改由安丘市邮政局负责。

1986年，安丘县邮电局发行报刊1962种，期发份数13.7万份，发行密度7.1人1份。1987年，在兴安路营业厅设立零售门市部。1989年，全国报刊普遍提价，部分报刊社自办发行，境内邮政报刊业务量减少。1992年10月，全县报刊发行业务由人工改为微机处理，提高订阅速度，方便用户订阅。县邮电局配备专职发行员，各分支机构均有兼职人员办理整订、破订和零售等业务。报刊期发数量有所回升。1994年，安丘市邮电局发行报刊1900种，期发份数7.8万份，发行密度10.8人1份。是年，全市1447个自然村，村村订阅《人民日报》《大众日报》《农村大众》《求是》《半月谈》等报刊。零售门市部零售杂志296种，数量较大的有《读者》《故事会》《大众电影》等杂志。

1998年9月，市邮政开始独立运营，报刊流转额350万元。是年，市邮政局设市区报刊零售点3处。次年，发展市区集群式报箱1处，设报刊零售亭3处。2003年，报刊流转额705万元。2004年，设报刊零售点8处、报刊箱群4处。2006年，设报刊零售点6处、报刊箱群5处。2008年，设报刊零售点4处、报刊箱群8处。2010年，设报刊零售点12处、报刊箱群120处，零售报刊140余种，零售额20万元。2013年，设市区信报箱群242处，信报箱格口18180个；设邮政报刊图书销售点18处，报刊流转额800万元；全年零售报刊200余种，零售额27万元。

第五节 函件 包裹 汇兑

函件

1986年，安丘县邮电局经办的函件主要包括平信、挂号、明信片、盲人读物、义务兵免费信件、印刷品等。是年，全县各支局相继开办国际信函业务。1988年起，各支局开办邮政快件业务，凡符合邮件准寄范围的各类书信、文件、资料和物品等，均作快件收寄。1993年，县邮电局设置邮政信箱305个，全县商业信函3万件。从1994年起，随着电信业和交通业迅速发展，全市邮政函件业务量呈逐年下降趋势。1996年，境内国内函件种类分为普通信函、明信片、印刷品、邮件、回执、盲人读物等。

1998年，市邮政局开办商函广告业务，每月1期中邮广告，发行5000份。1999年3月，调整部分资费：外埠平信20克内由0.5元提高到0.8元，明信片由0.4元提高到不分本外埠0.6元；国内平信、印刷品和机要邮件计费方式由过去的递重等额累进计费改为区分首、续重分别计费；取消邮政附加费。2005年，全市商函每月出口1万件，中邮广告每月出版20期。2006年，根据客户需求，市邮政局购置较先进的苹果电脑、邮资机等设备，实行商函设计、印刷、自动封装等一条龙服务。全年发商业信函30万件。11月，国内资费调整，本埠0.8元，外埠1.2元，续重每超20克1.2元，挂号每件4.2元，每20克为一个计算单位，按照寄递里程区分核定资费；出口国内大宗函件50万件。2010年，出口函件18万件，邮递广告200万份，平常函件15万件，给据函件5万件，国内邮资函件20万件。2013年，出口函件20万件，邮送广告240万份，平常函件20万件，给据函件5万件，国内邮资函件21万件。

包裹

1986年，安丘县邮电局在潍安路营业室开办国际包裹业务基础上，又在兴安路营业室开办此项业务。1988年，境内包裹分民用包裹、纸质品包裹、商品包裹三大类，年出口包件11万件。1990年7月，国内邮政资费作部分调整，地区资费提高150%，起算量从100克提高为500克，包裹手续费从每件2角调整为5角，商包在民包的基础上仍维持加收50%，包裹一律实行保价，按保价金额1%收取保价费。1992年，境内大件商包增加，小件普通包件减少，年出口包裹9万件。是年，县邮电局开始办理贵重包裹业务。凡用户寄照相机、手表、怀表、金银饰品、外国铸币、珠宝玉器、贵重药材等价值在300元以上的，均作贵重包裹办理。自1998年始，全市包件业务呈逐年下降趋势。2003年，因物流业快速发展，出口包裹降到4.2万件。2006年11月，市邮政局调整包裹业务，包裹每500克为一个计算单位，按照寄递里程分区核定资费。国内包裹的单件重量限度是：一般物品为15公斤，易碎或流质物品为10公斤，快递小包为500克，整件不能拆开的为1公斤。按装入邮袋发运和便于处理、防止遗落为原则，规定每件包裹的最大尺寸和最小尺寸限度。国际包裹的重量、尺寸限度每件包裹重量不超过20公斤，每件包裹的任何一边长度不超过1.5米，其横周长不超过3米。2007年，随着其他速递物流业务发展，市邮政包裹业务逐渐萎缩，出口包裹业务量仅1万件。2013年，出口包裹1.86万件。

汇兑

1986年，安丘县邮电局邮政出口汇票约4.58万张。1993年，出口汇票上升到7万张。由境内汇往北京、上海等地的普通汇款3～4天即可到达，电报汇款2天便能收到。1999年6月，市邮政局开办特快汇款业务。8月，开办电报入账汇款业务。是年，出口汇票达15万张。2001年11月1日，开办电子汇兑业务，全市34个支局网点使用电子汇兑办理汇款。汇款种类有：邮政局通知汇款、自行通知汇款、入账汇款、加急汇款、大宗汇款和礼仪汇款等。2002年，随着各银行通存通兑业务开展，邮政汇兑业务量下降。4月，普通汇兑停办。2004年，开通邮政电子汇兑业务，实时汇款，每笔加收特急业务处理费10元；2小时汇款，每笔加收特急业务处理费5元。汇费按照汇款金额的1%收取，最低2元，最高50元。每笔最高限额5000元，超过5000元需分笔办理。5000元以上为高额汇款。2005年，开办网汇通、商务汇款，免收用户手续费。2007年，开通网汇e业务，用户直接在网上汇款，手续费为5‰。2013年，出口汇票1.26万张。

第六节 集 邮

1988年，安丘县邮电局主要销售部分纪念邮票、首日封、明信片、邮折、集邮册等，品种100余种。1992年前，全县未成立集邮组织。集邮爱好者只能在营业柜台购买不成套的纪念与特种邮票。1992年起，兴安路营业厅设集邮门市。是年11月，成立安丘县集邮协会，召开第一次代表大会，并举办首届邮展。邮展收集整理100个展框、600多张照片、近万枚邮票以及部分邮品，同时发行纪念封1枚。1993年8月，兴安路集邮门市迁至永安路。是年，销售特种邮票20多套，2万多枚。另外还销售首日封、纪念封和集邮图书、集邮报等。1993年1月，安丘县邮票公司成立，配会计、营业员各1人。是年3月，县邮电局在兴安路营业厅设集邮门市部。1994年5月，永安路门市部迁至潍安路营业厅南边。2011年—2013年，为7家企业制作形象宣传册6500册。

第七节 特快专递

1993年5月，安丘县邮电局在永安路营业室始开设特快专递业务，分为国内特快、国际特快，专人专车上门服务，以最快的方式传递文件、资料及物品型邮件。资费计算办法为重200克收费12元，然后每续重200克加3元。1995年3月，市邮电局成立邮政速递分局，有专业人员6人，年收入180万元。1999年，速递业务收入312万元。2000年，收入284万元。2009年4月，市邮政局速递物流正式独立运营，有专业人员16人，年收入360万元。2010年，年收入300万元。2013年，收入920万元，有专业人员32人，投递车19辆。

第八节 分拣封发

1986年，安丘县邮电局在安丘汽车站附近车站支局封发分拣进出口邮件。时，有职工28人；挂号分拣台3个，平信分拣台2个；平常邮件直封局53个，给据邮件直封局33个，包件直封局12个。1991年，潍坊分拣封发设备实现现代化，大多数邮件到潍坊转发，对外建立直封关系的只有济南、诸城、五莲和坊子。1992年7月，县邮电局封发室迁至永安路邮政楼，封发场地进一步扩大，人员增至14人。设平函、包裹、挂号、快件封发台2个，平信、挂号格眼增到287个，并购置信函捆把机、平板车等。1998年，市邮政局设分拣封发室，有职工10人，负责日常报刊、邮件的进出转口分拣封发。1999年4月起，实施邮区中心局管理体制，所有出口邮件全部直封中心局，进口邮件由市中心分拣局直封各支局。2004年，进口邮件由封发室转各支局，出口邮件（除潍坊辖区内邮件）全部由封发室直封济南局经转，潍坊辖区内邮件直封潍坊局经转各县市区局。2007年9月，营业网、投递网两网互通后，支局出口邮件全部发市邮政局封发室经转，封发室直封济南局和潍坊局，进口邮件除青岛地区、烟台地区外全部由济南局经转发至潍坊局。潍坊邮车每天6:30和14:30两次到达市邮政局，押运员与封发人员进行邮件交接验收，办理交接手续，封发班进行内部处理直发各支局。安丘邮车每天上午12点从封发室出发，按邮路送达邮件到各支局，各支局接收邮件后进行内部处理，与投递员进行交接，投递员按邮件地址送达客户。

2013年，市邮政局分拣封发室有职工10人，负责日常报刊、邮件进出转口分拣封发。

第九节　物流配送

2001年3月，安丘市邮政局与潍坊冠康乳业达成代送牛奶协议，利用投递网络开展物流配送牛奶业务，由投递员兼送牛奶。是年，投递量10万袋，收入1.2万元。2002年，成立物流配送中心，主要配送叶面肥产品。次年，物流配送收入43.4万元。2004年，完善邮政物流服务网络，建立以市邮政局为配送中心，以乡镇支局为配送站，以村级邮政所为配送点的三级服务网络，设立村级邮政所6个。邮政物流配送开始向农村延伸，配送化肥、种子等农资产品和酒水等生活用品。全年配送农药、化肥和种子等350吨，实现年收入9万元。2006年，新增物流代办点80多个，全年配送农药、化肥等1200多吨。2013年，市邮政局物流配送中心有职工5人，配备物流配送、宣传车4辆，年物流收入210万元。

第四章　电　信

第一节　机　构

电信局

1998年9月，境内邮电分营，安丘市电信局为正科级企业单位，隶属潍坊市电信局管理。内设办公室、安保部、质检室、发展公司、规划设计室、运行维护部、接入网维护中心、工程公司、公话管理室、信息公司、装机公司、号线中心，辖26个乡镇电信支局。是年10月，无线寻呼业务从市电信局剥离，并入国信寻呼有限责任公司潍坊分公司。次年7月，移动业务从市电信局剥离，山东移动通信有限责任公司安丘分公司成立并挂牌经营。2000年5月，市电信局内设市场部、人教部、财务部、安保部和办公室“四部一室”，辖26个乡镇电信支局。2001年2月，安丘市电信局变更为山东省电信公司安丘市电信局。2002年11月，山东省电信公司安丘市电信局变更为山东省通信公司安丘分公司（简称安丘通信公司）。2004年11月，安丘通信公司变更为中国网通（集团）有限公司安丘市分公司（简称安丘市网通公司）。2008年12月，中国网通、中国联通融合重组后，新组建中国联合网络通信有限公司，市联通公司与市网通公司遂合并，改名为中国联合网络通信有限公司安丘市分公司（时称新安丘市联通公司）。至2013年底，安丘改革分营出3家通信运营企业：中国联合网络通信有限公司安丘市分公司（简称安丘市联通公司）、中国移动通信集团山东有限公司安丘分公司和中国电信股份有限公司安丘分公司（简称中国电信安丘分公司）。

联通公司

2000年4月，中国联通有限公司安丘分公司成立，承担联通通信网在安丘境内的建设、管理和经营。1998年从市电信局剥离出的无线寻呼公司人员及资产遂全部并入联通分公司。1998年—2013年，先后完成GSM九期工程和CDMA四期工程建设，全部基站实现G、C两网共站。用户号码段道包括“130”“131”“132”“133”“153”“156”等，年综合业务收入1000万元。2008年12月，CDMA网络及部分人员划归中国电信安丘分公司，GSM网络及部分人员与中国网通（集团）有限公司安丘市分公司合并，改名为中国联合网络通信有限公司安丘市分公司。2013年底，内设一部（综合部）三中心（集团客户中心、自有渠道中心、社会渠道中心）和网络公司潍坊市分公司安丘维护中心，辖17个乡镇营业厅；有固定电话用户9万户，移动用户18万户，宽带用户7万户，实现综合业务收入11621万元。

移动公司

中国移动通信集团山东有限公司安丘分公司，隶属中国移动通信集团山东有限公司，负责中国移动通信集团公司在安丘的网络运营及营销服务。1999年7月，移动业务从安丘市电信局剥离，山东移动通信有限责任公司安丘分公司成立并挂牌经营。2006年12月，公司变更为中国移动通信集团山东有限公司安丘分公司。内设综合部、市场部、财务部、网络部、大客户部5个职能科室以及兴安路、潍安路、永安路3个市区营业厅，下辖凌河、景芝、刘家尧、贾戈、大城埠、白芬子、辉渠、关王、官庄、石埠子、石堆、金冢子、郚山、大盛、柘山、慈埠、担山、红沙沟、管公、庵上、临浯、雹泉22个基层营业厅。用户号码段道包括“139”“138”“137”“136”“135”“134”“150”“151”“152”“158”“159”“182”“183”“187”“188”。2008年6月，创建于2003年6月的中国铁通集团有限公司潍坊分公司安丘经营部并入山东移动通信有限公司安丘分公司。2013年底，内设5个部门，下辖市区营业厅3个、乡镇营业厅22个。有移动用户58.43万户，宽带用户3万余户，实现综合业务收入26098万元。

电信公司

中国电信股份有限公司安丘分公司，成立于2004年5月，承担中国电信集团在安丘的通信业务，同年开始安装固定电话、互联网宽带测试业务。2008年10月，电信业重组，重组后中国卫星通信及中国联通CDMA网络并入中国电信，中国电信成为全业务运营商。是年11月，增加政企部和营业厅。2011年12月，增设客服、校园部及景芝、赵戈、凌河、官庄等部分乡镇支局。2013年，移动电话用户3万余户，综合业务收入1000万元。

第二节 电 报

有线电报

1986年，安丘至潍坊幻线报路改为载报电路。1987年，安丘县邮电局报房增设2台中英文电子电传机，1989年又新增1台中英文电子电传机。1990年，景芝邮电支局安装55型电传机1台，同时开通电传电报。是年7月，县邮电局更新ZDD-2四路电报分集器。1991年8月，潍安路营业室与黄旗堡、凌河、赵戈邮电支局开通传真电报。1992年8月，县邮电局永安路营业室开通传真电报。1993年12月，县邮电局更新ZDD-2八路电报分集器；全县31个支局，2个邮电所均办理电报业务。1994年，全市31个支局全部开办传真电报业务。2004年，市内停止使用微机传输电报，改用传真机。

无线电台

1986年，安丘县配备电台1部，无线通信只与潍坊市邮电局定时会晤，不再收发电报。无线电台是战备、抢险、救灾、有线通信阻断的应急通信设施。2005年起，境内使用山东省邮电管理局海事卫星电话，停用无线电台。

电报业务

1986年，安丘县电报业务分为天气、水情、公益、政务、新闻、普通、汇款、公电8类。同时，按照缓急程度，开设特急、加急和邮送3种特别业务。1994年，市邮电局增加礼仪庆贺电报。1998年，境内邮电分营后，电报业务变更为水情、普通和公电3类。2005年，停办礼仪庆贺电报。2006年，停办水情电报。从1991年始，随着通信工具更新，电报业务量呈逐年下降趋势。至2013年，电报业务仅有普通和公电电报，但数量已经很少，基本被电话替代。

第三节 固定电话

1986年，安丘县固定电话业务分为市话、农话、区间电话（区间电话为拨打安丘以外，潍坊地区内的电话）、长途电话。电话按机关、企业分为甲、乙两种类别。1997年6月，安丘市农村电话与市话合并为市话。

交换设备

1986年，安丘县长话电路增至24条，其中载波电路23条。是年，县邮电局首次开通安丘至潍坊半自动拨号4条，次年半自动电路增至7条。1987年，安装开通1000门HJ09型纵横制市话自动电话交换机，境内电话669部。新上60门共电式长途交换机、51台4840门农话共电式交换机和38台915门乡镇电话交换机。1989年，市话扩容1000门，电话号码由5位升为6位，市话总数达1115部。1991年，开通纵横制长途自动电话交换系统。1992年，市话扩容1000门，容量3000门。1993年，安装开通5120门上海贝尔S-1240程控电话交换机，市话数量3063部，其中S-1240程控交换机用户2654部，企事业单位小交换机接入用户409部。增开长途设备240路端，实现国际、国内长途有权用户快捷直拨业务，非有权用户仍需经长途话务台实行人工半自动转接。是年，景芝、凌河、夏坡、贾戈、赵戈、临浯、王家庄和石堆8处乡镇安装开通程控电话交换机。

1994年，市邮电局扩容5120门贝尔S-1240程控电话交换机，建成潍坊首家县级万门程控电话交换局。31处乡镇全部安装JSN-1型程控电话交换机，停用“摇把子”磁石电话，实现全市电话交换数字化、程控化。全市农话容量10948门，市话实占量4781部。1995年，市邮电局扩容5120门S-1240程控电话交换机，同时开通黄旗堡镇、凌河镇贝尔S-1240SSA程控交换模块设备，容量分别为1024门。全市电话号码全部由6位升为7位，顺利完成C4网向C3网的升级，实现行政村村村通电话目标。1996年，再次扩容5120门S-1240程控电话交换机，市话总容量20480门，实占量13964门；农话交换机容量16948门，实占量12165门。长途数字终端复用设备容量2490路，农话数字终端复用设备容量6600路，有效解决话务负荷大，电路拥塞问题，满足发展需求。同年，建成电话障碍112集中自动受理系统，并顺利实现与潍坊联网运行；白芬子镇建成开通华为C&C08交换机A型机一台。

1997年，景芝镇建成开通华为C&C08交换机C型机一台。1998年，安丘市兴安路母局建成开通C&C08交换机B型机（32模）一台，下辖潍安路市话分局，用户容量6688门。

1999年—2003年，安丘通信公司全面改造电话本地网络，兴安路建成开通456局C&C08交换机B型机一台，兴安路通信大楼建成开通436局C&C08交换机B型机（32模）一台。根据山东省通信公司网络规划，公司淘汰更新所有乡镇母局华光JSN-1交换机、S1240-SSA独立局和华为独立局交换设备，在市区及各乡镇开通华为接入网。至2003年底，建成开通交换母局4个，分别为S1240母局1个（422局），下挂JRSU四台，华为C&C08型机（32模）母局3个（426局、436局、456局）。其中，426局下挂南关市话2个USM模块，母局2个TSM模块，9个RSMII模块（王家庄、刘家尧、南流和赵戈各1个模块，黄旗堡2个模块，景芝3个模块）；456局下挂2个TSM模块，13个RSMII模块（担山、临浯、官庄、宋官疃、石堆、管公、辉渠、雹泉和金冢子各1个模块，贾戈和凌河各2个模块）；436局下挂市话2个USM模块，母局2个TSM模块，2个V5模块，9个SMII模块（慈埠、关王、大盛、石埠子、庵上、白芬子、柘山、郚山和红沙沟各1个模块）。接入网点采用华为HONET ONU-512，或HONET ONU-1024设备。接入点数目达348个，为全省接入点比较多的县分公司。

2004年—2008年，市网通公司优化扩容交换及接入网设备，接入网点409个，电话用户23万部。

2009年，市联通公司开始应用EPON技术设备，建立乡镇接入点，实现宽带接入及电话业务新突破。2011年，随着通信设备更新换代，境内S1240交换设备全部退网。2012年，公司推广使用光纤到户接入技术FTTH，为用户提供高速上网和语音服务。部分乡镇村庄用户进行FTTH改造，逐步撤并接入网点。2013年底，公司通信网络EPON、FTTH规模占80%，华为接入网规模占20%。

传输设备与电路

1987年，安丘县有长途线路24条（其中载波电路23条），半自动电路7路；市话杆路48杆公里，电缆24.5皮长公里，其中地下电缆11.2皮长公里；市话电缆管道7.3管公里，56孔公里；国营农话杆路381杆公里，线路767线对公里；县到乡镇中继电路73路，其中载波电路50路；乡镇电话线路1796杆公里，2420线对公里。

1993年，境内有长途电路109条（其中载波电路49条、光缆60路）；市话杆路65杆公里，电缆74.9皮长公里，其中地下电缆23.7皮长公里；国营农话杆路447公里，线路1132线对公里；县至乡镇直达中继电路（含环路）279路，其中载波电路73路；乡镇电话线路1769杆公里，2124线对公里。

1994年，市邮电局建成市内本地数字电话通信网，有长途电路325条（其中数字电路322条，载波电路3条），市到乡镇中继电路955条（其中数字电路930条），电缆994.1皮长公里（其中光缆312皮长公里）。设立乡镇程控交换点31个，电路10948路。建成市区东西两大环路光缆26站（其中东环光缆160皮长公里，西环光缆172皮长公里），电路624路。市区至黄旗堡、金冢子点对点光端机4站，电路480路；市区至黄旗堡、南流微波2站，电路120路。是年底，市区至乡镇载波终端机全部拆除，撤销载波电路，开通可视会议电话系统，全市实现传输光缆化。

1996年，市邮电局建成DDN数字通信网、长途同步传输网，长途数字终端复用设备总容量2490路，实占1073路；农话数字终端复用设备总容量达6600路，实占1320路。1997年，完成潍坊SDH东环安丘站安装调试工作;开通黄旗堡、凌河、庵上、景芝数字基站电路120条和景芝模拟基站电路、农话电路各30路。是年，长途电路实占1120路，农话电路实占1470路。

1998年，完成潍坊东环SDHOF2.5G-2二期安丘站工程扩容工作。长途数字终端复用设备总容量5730路，其中长途电路实占1420路；农话数字终端复用设备总容量7200路，其中农话电路实占2010路。

2000年1月，市电信局建成由市区、刘家尧、南流、黄旗堡、赵戈和景芝组成的SDHOF622兆北环环路光传输网络,开通容量208×2兆端口。12月，完成潍坊BITS数字时钟同步网络安丘站设备安装调试工作。

2001年1月，开通市区东环SDHOF622兆光传输环路网络。其中，东一环路由市区、贾戈、石堆、临浯、管公和辉渠组成，开通电路252×2兆端口；东二环路由市区、担山、宋官疃、官庄、雹泉和凌河组成，开通电路252×2兆端口。2月，建成由市区、南关、安丘市气象局、石庙子、十里河、七里河和东大庄模块点组成的SDHOF155兆城郊光纤环路网路，开通电路72×2兆端口。6月，完成潍坊东环SDHOF2.5G-3安丘站设备安装调试工作。9月，开通市区西环SDHOF622兆光传输环路网络。其中西一环路由安丘通信大楼、白芬子、石埠子、郚山、红沙沟、关王和市区组成,开通电路252×2兆端口;西二环路由安丘通信大楼、庵上、柘山、大盛、慈埠和市区组成,开通电路252×2兆端口。2002年，完成潍坊东环SDHOF2.5G-4安丘站设备安装调试工作。

2005年，市网通公司完成潍坊东环SDHOF2.5G-5、SDH10G-1安丘站设备安装调试工作；建成全市高清可视会议系统。2006年，完成潍坊东环SDH10G-2安丘站设备安装调试工作 。

2008年10月，开通安丘阿郎本地2.5G内环、东一环、东二环、西一环、西二环、北环路光传输环路网络。其中，东一环路由市区、贾戈、石堆、临浯、管公和辉渠组成，开通电路768×2兆端口；东二环路由市区、担山、宋官疃、官庄、雹泉和凌河组成，开通电路768×2兆端口；西一环路由安丘通信大楼、白芬子、石埠子、郚山、红沙沟、关王和市区组成，开通电路768×2兆端口；西二环路由安丘通信大楼、庵上、柘山、大盛、慈埠和市区组成，开通电路768×2兆端口。传输速率由622兆提升为2.5G,开始提供155兆和622兆接入。同年,开通本地C3网华为METR 6100、10G-3、10G-4、波分阿郎1696（波分东环2），提供多条1000兆上行。

2009年，市联通公司开通10G-5，有力保障基站提速，3G时代真正到来。11月，开通阿尔卡特-朗讯传输系统1660一套，速率10GE，2.5G接入开通城郊环（含安丘通信大楼、南关模块局、宋家园、南三里、市职业中专和张五里模块点），同时为市区3G和MSAP大客户接入使用。

2011年，开通阿尔卡特—朗讯1830网络传输东环系统，阿尔卡特—朗讯1696网络传输系统进行扩容，网速进一步提速。1696和1830总带宽达800G，提供多路10GE，上行接口到潍坊，接口速率提高10倍。

2013年6月，新开通安丘通信大楼、兴安路通信楼IPRAN传输设备;开通IPRAN接入设备30余套，基站接入设备速率由155兆提速为千兆。

电源动力设备

1987年—1992年，安丘县邮电局兴安路局动力设备配备60千瓦柴油发电机组2台，80千伏安电力变压器1台，交流配电屏3面，直流屏2面，相控整流器4台,直流变换器1台,60伏电池组2组，24伏电池组2组。

1993年，更换200千瓦发电机组2台、变压器1台、程控交换机用相控整流器4台，更换直流屏和市电油机转换屏各1面，程控机房新装力博特专用空调2台。景芝、凌河、夏坡、贾戈、赵戈、临浯、王家庄和石堆8处乡镇支局新装柴油发电机组各1台。次年，雹泉、辉渠、红沙沟、黄旗堡、关王、慈埠、大盛、柘山、召忽、庵上、石埠子、金冢子、白芬子、官庄、管公、刘家尧、南流、宋官疃和担山19处乡镇支局新装发电机组各1台。

1998年，兴安路局更换亚奥开关电源1套，南关局新装120千瓦柴油发电机组1台、上海新电源开关电源1套、1000AH开口蓄电池组2组、5匹空调2台。景芝、凌河、贾戈、庵上和黄旗堡5处乡镇支局新装上海新电源1套。

1999年—2001年，夏坡、赵戈、临浯、王家庄、石堆、雹泉、辉渠、红沙沟、黄旗堡、关王、慈埠、大盛、柘山、召忽、石埠子、金冢子、白芬子、官庄、管公、刘家尧、南流、宋官疃和担山23处乡镇支局，新装电源设备各1套，电池组各2组。兴安路局更换315变压器1台、低压配电设备1套。永安路局新装630千伏安、410千伏安变压器各1台，高低压配电设备各1套，亚奥开关电源1套，华达1000AH电池组2组，10匹机房专用空调3台。

从2001年起，全市各支局配备小型汽油发电机组35台。2003年，开发区电话局新装变压器1台，艾默生开关电源1套，华达1000AH电池组2组，5匹空调2台。开发区电话局和景芝、凌河、贾戈营业部安装西电柴油发电机组各1台，南关电话局和景芝营业部更换华达1000AH电池组各2组，兴安路局更换华达3000AH电池组2组。2007年，永安路局更换艾默生开关电源1套。2010年，兴安路局更换光宇3000AH电池组2组。2013年，安丘通信大楼新建容量为3000A开关电源系统1套，5000AH蓄电池组2组，通信保障能力大幅提升。

公用电话

1986年—1992年，安丘县邮电局城区营业厅和各乡镇营业厅使用1部电话作为公用电话。1991年，设立城区私人代办电话6部，主要设在汽车站。1992年，城区私人代办电话12部。1993年，公用电话增至56部。1994年，县邮电局开始在乡镇富裕村庄设立公用电话。1997年，全市行政村村村通公用电话。1998年，市电信局在市区繁华街道建成无人值守公话亭7个，城乡公用电话1400部。1999年，在市区繁华街道建IC卡无人值守公用电话街，IC卡公话亭20个。2001年，加快卡式公话和智能网公话发展，在市区主要街道增加公话亭密度，IC卡公话亭400个，其中市区270个，乡镇130个。2007年，市网通公司各类公用电话累计12100部，其中市区公用电话8010部，乡村公用电话4090部，村级公用电话普及率100%。2013年，市联通公司按功能区分，设有人值守公用电话8000部，其中智能公用电话4100部，公话超市3863户，IC卡公用电话37户。

第四节　移动电话

网通公司移动电话

无线寻呼　1992年9月，境内无线寻呼（俗称BB机）通讯铁塔竣工，建成无线寻呼126人工台、127自动寻呼台。1993年4月，安丘县邮电局开始放号，设立无线寻呼发射机2台、无线寻呼操作终端机8部，当年发展BB机用户450个。1994年，安丘BP机全省联网，市邮电局新发展BP机用户750个。1996年，接收地方快达寻呼台后，开通188本地网寻呼台，新发展BP机用户2200个。1997年，鸿雁寻呼与潍坊联网，并开通高速寻呼系统，安装开通无线寻呼4频点发射机；无线寻呼用户1.2万户。1998年10月，无线寻呼业务从市电信局中剥离，并入国信寻呼有限责任公司潍坊分公司。2000年4月，并入中国联通有限公司安丘分公司。

进入21世纪，移动通讯迅速普及，寻呼机逐渐被手机取代，境内无线寻呼业务量逐年减少。至2005年，无线业务量已很少。2007年3月，信息产业部向全国发出停止无线寻呼业务公示，市内BP机业务遂止。

小灵通　2003年4月，安丘市网通公司开通小灵通1期工程5个模块局342个基站，覆盖面包括市区及附近村庄和18处乡镇驻地，小灵通业务投入运营并开始放号。是年，全市有小灵通用户1万部。2004年6月，随着小灵通2期、3期、4期工程竣工，新增小灵通模块局30个，新开通基站384台。当年，小灵通用户2.3万户。同年底，5期、6期工程竣工，新增小灵通模块局34个、基站达967台，覆盖境内206国道、下（下营）小（小关）路沿线和全部乡镇驻地，发展用户4万户。2005年，完成7期小灵通工程，新增扩容180个基站工程，覆盖城郊、境内央（央子）赣（赣榆）路以及主要公路沿线大村，用户发展到5万余户。2006年5月，小灵通8期工程扩容170个站，用户发展到6万户。2007年，进行小灵通网络优化，新增基站84个。是年，共有小灵通基站1401个，用户6.5万户。2013年7月，境内小灵通退网，由移动电话取代。

移动公司移动电话

1996年7月，安丘市邮电局开始大规模建设数字通信网络。1999年7月，山东移动通信有限责任公司安丘分公司成立后，市邮电局数字通信网络业务划归该公司。1996年—2000年，境内共计实施数字移动通信网络工程7期,新建GSM基站50个，载频250个，市区及乡镇驻地全部实现数字移动通信覆盖。2001年8月,公司完成GSM八期工程建设，新建基站10个，新增载频100个。12月，第一代移动通信技术——模拟移动退出历史舞台，市内模拟手机全部退网。是年，公司运营收入5000万元，用户5万户。2002年，完成GSM九期扩容工程，新建基站11个，扩容基站8个，增加载频92个；业务收入6500万，新增数字移动用户18000户，新增市场占有率70%，累计市场占有率75%。2003年10月，完成GSM十期工程，新建基站10个，载频50个。至此，基站数量100个，载频500个，交换容量10万户;业务收入8000万元,净放号25000户，新增市场占有率达80%。2004年12月，完成GSM十一期扩容工程，新建基站8个，交换容量达14万户;业务收入9000万元,净放号30000户。2005年，实施GSM十二期扩容工程，新建基站10个，搬迁基站5个，扩容基站20个，新增载频90个，业务收入11000万元。2006年，公司完成GSM十三期扩容工程，新增基站26个，载频达1300块，年净增用户5500户，实现业务收入13000万元。2007年，完成十四期GSM扩容工程，新增基站30个，净增用户80000户。2010年12月，移动用户50.58万户，累计新增占有率90%。2013年12月，移动用户58.43万户。

联通公司移动电话

1998年—2002年，安丘市联通公司先后完成GSM一期至七期工程和CDMA一期、二期工程建设。2003年,投资5500万元，全面实施CDMA三期工程。CDMA基站由21个增加到51个,CDMA网络覆盖率平原地带100%,山区96%,新增集团用户80家。年净增用户1.1万户。完成3个长途租线和互联网专线工程，发展无线商话720户，市区和主要乡镇的商业、交通要位，建设8个IP超市，数据业务收入311万元。投资20万元，新建5个乡镇营业厅，与经销商合作设立9个代理点，在180余个村庄聘任业务代办员。2004年，投资1850多万元，建设GSM130、131、132移动通信网第八期工程，推介在CDMA和GSM两网共用的“世界风”双模手机，年净增用户近2万户。实现手机浏览互联网、移动办公等无线数据服务功能，数据业务收入增长30%。新增乡镇营业厅5个，镇村代理点12个，以及村级代办点110个。2005年，完成GSM九期工程和CDMA三期工程建设，新增基站7个，基站全部实现G、C两网共站，净增用户1.83万户。市区新建营业厅4个，镇村新增联合营业厅4个，城乡新发展代理点14个，代办点89个。2006年，投资520多万元，完成CDMA四期工程建设，更新32套网络设备，安装26套室内覆盖系统，新增用户2.41万户。新建自有营业厅3个,联合经销商建设合作厅11个，设立市区中小超市和居民区服务点23个，增加村级代办点430个。2007年，投资2000万元，新增基站17个，全部基站实现G、C两网共站。2008年，中国联通与网通重组为新联通，C网划归中国电信，G网划归新联通。是年，联通公司有在网运行基站65台,在建基站10台。2009年,新增2G基站14台，优化市区及部分郊区的网络覆盖。2010年，市区及境内206国道沿线开通3G-WCDMA，推出用户高速移动上网业务。2011年,开通高铁沿线和景芝、凌河、黄旗堡等镇驻地3G业务。次年，对所有境内新老乡镇驻地、主要县乡道路及城郊进行3G信号覆盖。2013年，进行市区、郊区、镇街区驻地及附近村庄3G无线网络大面积优化，其中市区、郊区的覆盖率90%以上。同年，开通4G移动试验网。

电信公司移动电话

2008年，中国通信业进行重组，联通CDMA网络并入中国电信，开始运营移动业务。5月，中国电信安丘分公司实现与市联通公司共享基站，拥有基站总数70余个。

2009年9月，新建辉渠镇驻地及辉渠镇后沟、后双庙和景芝镇万家庄、庞家庄、西于戈等10余个基站,扩容基站近20个,搬迁基站2个。至年底，拥有用户数逾7000人，实现移动业务收入近400万元。2011年6月，新建安丘新东方大酒店、市同力服装有限公司等处3G基站，扩容基站10个，新增载频40块，搬迁基站1个。2011年底，实现移动业务收入1000万元。2013年,新建4G基站20个，开通4G移动试验网。用户发展到3万户，实现业务收入1800万元。

第五节　互联网

1994年,安丘市邮电局开通分组数据交换设备,提供境内政府、银行、企事业单位专线通信，实现通信联网功能，开通数据通信业务。1995年，开通DDN数据交换设备，提供企事业单位第二种更高速率数据专线通信业务。1997年，开通因特网（互联网），通过电话拨169窄带56K接入速率，上国际、国内互联网，实现上网下载、网上浏览等网络应用，开始互联网通信。

自1998年9月境内电信独立运营，至2004年1月中国电信安丘分公司挂牌运营，市内相继成立网通、联通、移动和电信互联网运营公司。至2013年，有联通（网通）、电信、移动3家互联网运营公司。

联通（网通）公司互联网

1998年，安丘市电信局开通电子信箱业务，建成国税电子报税系统。年底数据通信用户65户，电子信箱用户112户。1999年，建设“政府上网工程”，政府和企事业单位全部联网，数据通信用户131户。2000年，建成ISDN一线通信技术宽带网，通过ISDN一线拨通169号上网，提高上网速度；开通多媒体信息港和政府网站；政府上网规模扩大到政府各部门，实现网上办公。

2001年，在市区、凌河、景芝、贾戈、关王建成ADSL宽带网，俗称信息高速公路，实现高速上网，并把发展信息业务作为“生命线工程”来抓，推动企业和家庭上网，启动“政府上网工程”和校园信息化建设，掀起上网热潮。当年，ADSL宽带用户发展456户。

2002年，市通信公司完成宽带网扩容和提供网络支撑的市区光缆骨干网工程，ADSL网络覆盖到全市乡镇驻地，完成“政府上网”改用宽带网上网工程，建成政府网办公平台。年底，采取新建小区光缆接入方式，实现光纤到小区、网线布放到户，宽带网络开始进入市民家庭，ADSL宽带网、一线通上网和LAN上网的注册用户发展到1.2万余户。

2003年，开通市计划生育委员会、人民法院宽带同城互联宽带业务，实现网上办公；建成市热电厂、自来水公司、电力局光缆宽带小区；完成市农村信用社、中国银行安丘市支行、中国建设银行安丘市支行和中国工商银行安丘市支行的DDN联网。

2004年，安丘市网通公司宽带建设全面铺开，ADSL覆盖全市每个村庄，完成宽带网新建扩容3100线；进行市青云花园、公安局、第八中学、教师公寓、古槐小区、永盛锦园和景芝酒业股份有限公司小区10M上网光纤改造。是年，宽带注册拨号用户发展到1.6万余户。

2006年，安丘市召开信息化建设会议。根据会议要求，市网通公司开始建设企业网和“村村通宽带”工程。至年底，中小企业实现网上办公、管理、营销和无纸化办公，全市行政村实现“村村通宽带”，宽带用户累计2万余户。

2007年，市网通公司完成宽带ADSL设备扩容1.2万线工程，互联网设备总容量达4.4万端口，满足新建住宅小区、大客户和信息化发展对宽带需求；推动农村信息服务站和农村政务网站建设，开发大中型企业信息化转型业务，新增开通易视通、宽世界、4006业务（又称主被叫分摊付费业务）、网上传真、短信通、114导航业务，建成企业信息化450户；建设公安综合信息化和各项平安城市监控业务，建成公安局视频监控中心及市区3个派出所的治安视频监控系统。市区交警、刑警、公安分局及乡镇派出所实行联网，使用网上通缉罪犯、网上传真、网上办公，市区各主要路口及外环主要路口的道路全部安装视频监控系统。

2009年，市联通公司建设PON网络，下行速率100兆，满足高清视频和网络游戏带宽需求；加快“光进铜退”建设进度，提高用户上网速率和稳定性。当年宽带用户有5万余户。

2013年，抓住三网（固话、有线电视网和互联网）融合机遇，开发推广视频通信、文件上下载、在线音乐和影视、IPTV等高带宽应用，开始建设光纤到户FTTH网络,当年建成FTTH小区11个。是年，有宽带用户7万户，实现综合业务收入11621万元。

移动公司互联网

2012年，中国移动通信集团山东有限公司安丘分公司开始建设WLAN无线宽带网络。至2013年底，发展WLAN无线宽带用户12000户。

电信公司互联网

2004年，中国电信安丘分公司组建固网机房，开通数据交换和宽带上网功能。是年，电信宽带建设全面启动，新建宽带端口2000线，完成10处网吧光纤接入工程。同年启动ADSL扩容工程，覆盖王家庄镇和兴安街道南新村、北新村、田家庄等10个村庄，实现村庄扩容近3000线。2008年，大面积铺设互联网LAN区域接入、LAN区域和ADSL接入共存，扩大电信宽带网覆盖面，满足用户对上网速度和质量要求。同时，全市大型企业、部分党政部门实现联网。是年，互联网设备总容量逾5000门，其中ADSL宽带4000门。2012年，社会经济发展对宽带质量提出更高要求，安丘电信开始铺设FTTH高速宽带接入，为用户提供更快、更好的宽带网络服务。是年，FTTH高速宽带新建约3500个端口，覆盖兴安街道北关小区、十二户小区、黑埠子等10余个大型村庄及小区。至2013年，电信宽带用户近万户，实现收入800余万元。

第 八 编

城乡建设

第一章　城区建设

第一节　城市规划

城市总体规划

20 世纪 80 年代至 21 世纪初，安丘市适应城市建设的需要，相继编制四轮城市总体规划。

首轮城市总体规划于 1980 年编制。时自然形成区面积 6.2 平方公里，建成区面积 2.8 平方公里。城区主要道路 4 条，全长 13.2 公里，总面积 22.5 万平方米，其中柏油路 6.1 公里、6.8 万平方米。城区有党政群机关、厂矿企事业单位 131 个，城关公社社直单位 20 余个，生产大队 17 个。经山东省人民政府批复，城市性质为以轻工业、电子工业为主的小县城。规划至 1985 年，县城总人口 4.5 万人，其中非农业人口 1.72 万人，用地 3.5 平方公里；至 2000 年，县城总人口 6 万人，用地 6 平方公里。规划城南、城北两工业区，仓库用地维持现状。生活居住区主要分布在经（南北向）二路以东、纬（东西向）二路以南和经（南北向）一路以西、纬（东西向）四路以南。汶河桥南端建交通性广场。规划道路主干道 2 条～ 3 条，红线宽度 25 米～ 35 米。1985 年，根据城市发展情况进行相应的修订并报省政府备案。修订后的总体规划主要设 6 个功能区：工业区主要设在城区北部和东北部；仓库区建在城区西北部、人民公园以南；商业区主要设在新建路和城里路，商业中心在东关路口以北；农贸市场逐渐向新建路北端、汶河南岸、城北村地段转移；科教文卫区主要设在城区东南部；生活居住区、县城机关、企事业单位住宅区安排在潍徐路以南、十二户村东和县政府路西端庄头村南；干休所安排在安丘镇人民政府以东；城区内的居民结合旧城改造逐年迁至城外围安排。主要干道 12 条，南北向、东西向各 6 条，形成“六纵六横”的格局。

1989 年，安丘县人民政府委托潍坊市城市规划设计室全面修订第二轮规划。城市性质为以轻工业、电子工业为主的小城市。规划到 1995 年城市人口 9 万人、用地 9 平方公里；至 2000 年城市人口 12 万人、用地 12 平方公里。城市发展方向主要向东北、东南部发展为主。

1994 年，安丘市人民政府委托山东省城乡规划设计研究院编修第三轮城市总体规划。1998 年 2 月，经山东省人民政府批复实施。城市性质为以发展轻工业为主体的现代化中等园林城市。规划区范围东到老鼠岭东侧，南到大黑埠至陈亭官庄路南 300 米，西至外环路西 300 米，北至外环路北 500 米及牟山水库周围 500 米，总面积 198 平方公里。城市规模近期到 2000 年，人口 15 万人，用地 19.03 平方公里；远期到 2010 年，人口 25 万人，用地 29.93 平方公里。城市用地发展以向东北、南向发展为主，副以汶（河）北，控制西向。城市用地布局相对集中紧凑，形成“一主两副”的城市形态结构。“一主”即以现状市区及汶河以南和老鼠岭以西部分为主城区，是全市的行政、商业服务、文化娱乐和科研教育中心，同时亦是城市的工业区和居住区，规划人口 18 万人～ 20 万人。“两副”即汶北组团、东部组团。汶北组团规划人口 3 万人～ 4 万人，结合现状，设置城市副工业区和市场区。东部组团规划人口 3 万人～ 4 万人，形成市区仓储区，配套相应的公共服务设施。

2003 年，安丘市人民政府委托山东省城乡规划设计研究院修编第四轮城市规划，2005 年完成。是年 11 月，市人大十五届常委会第二十二次会议通过规划方案。2006 年 2 月，山东省人民政府批复实施。规划区范围包括兴安街道、贾戈街道、刘家尧镇的行政区域和关王镇、金冢子镇的部分行政区域，以及牟山水库周围 500 米范围，总面积 260 平方公里。城市性质“以发展轻工、化工、食品加工业为主导，以生态旅游为特色的山水园林城市”，即“轻工之都，山水城市”。规划规模近期到 2010 年，城市人口 30 万人，面积 36 平方公里；远期到 2020 年，人口 40 万人，用地 46 平方公里。规划确定安丘市城市布局结构为“一带、二区、三山、四水、五湖、六中心”。一带：打造汶河景观带；二区：以汶河为界，城市分割为南、北二区，南部城区（简称市南区）以居住、商贸、工业等为主的综合区；北部城区（简称市北区）以行政办公、教育科研和工业发展为主的新区；三山：建设青云山、牟山和聚丰山自然景区；四水：保护改善大汶河、小汶河、墨溪河和北干渠；五湖：修建改造青云湖、青龙湖、天鹅湖、西湖（牟山水库）和鸳鸯湖；六中心：建设完善行政办公中心、商业金融中心、教育科研中心、文化娱乐中心、体育中心和仓储物流中心。

分区规划

21世纪初，安丘市根据城市发展外部条件变化和城市自身发展的需要，在城市总体规模保持平衡的前提下，及时调整城市结构，统筹安排城市各项建设用地和基础设施建设，并为城市的详细规划、建设和管理提供更具可操作性的依据。2001年，聘请同济大学城市规划设计研究院编制《安丘市城北区分区规划》。城北区性质的定位是安丘市的行政、文化、科技中心，是建有高尚住宅区和生态绿化区相配套的城市分区，是城市跨越汶河的发展“门槛”、向北发展的重要城市片区。城北区分区用地规模7.9平方公里，规划居住人口4.5万人。规划原则是以建设优美的“山水城市”为目标，创造优美的城市行政文化功能区和舒适的居住环境；创造优美的城市环境和高品位的文化氛围，为城市的产业发展和招商引资打造良好环境；突出行政、文化和教育功能，完善并提升城市功能，为提高全体市民的文化素质打好空间基础。

专项规划

在第四轮城市总体规划的指导下，安丘市先后完成燃气、热力、消防、供水、排水、防洪、交通、环卫、教育、绿地水系、旅游等专项规划的编制。同时，完成中心城区69项详细规划的编制，满足指导开发建设的需要，达到以规划指导建设的要求。为节约集约利用有限的土地资源，为市民创造良好的居住和生活环境，提高城市建设品味和档次，2012年启动“百栋高层”建设计划。通过现场勘查拟开发的楼宇项目，做出可行性研究报告，全部聘请高资质规划设计单位完成楼宇项目规划设计。高层楼宇主要集中在城区中心重点地段、城市主干道相交节点和新开发建设的住宅小区。至2013年，规划设计的215栋高层楼宇项目全部开工建设。

规划管理

2004年始，安丘市规划管理部门依法行政，严格城乡建设规划管理。根据《中华人民共和国城乡规划法》《中华人民共和国土地管理法》及有关法律法规，加强境内建筑工程项目、城市建设项目及建设用地许可审批工作，严格规划审批手续，规范审批程序。凡不符合土地利用总体规划、城市总体规划、城镇体系规划的项目，一律不予受理。全面建立项目规划公示制度，对于市区内的重大工程及主要地段的建设项目，在建设项目工地的突出位置设立公示牌，进行社会公示，公开建设项目的各项规划指标，保证市民对城市规划的知情权、参与权和监督权。全面实施建设项目审批许可制度。加大对违法建设的查处力度，对违反城市规划建设的项目该整改的整改，该拆除的拆除。2005年，规划区内办理工程规划许可证112件、工程竣工合格证67件，查处违章建设41起。2006年，办理工程规划许可证138件、工程竣工合格证61件，发证率100%。查处违章建设32起、下达限期整改通知书61份。2007年，办理建设工程规划许可证132件，发放工程竣工合格证57件，查处违章建设27起。在抓好建设项目审查报批工作的同时，及时受理信访报件，落实信访制度，发现苗头性问题及时处理。2008年，办理工程规划许可证106件、工程竣工合格证59件，查处违章建设31起。受理信访案件结案率100%，未出现大的上访案件，维护社会和谐安定。2009年—2011年，共审办建设工程规划许可证530件，办理工程竣工合格证190件，查处违章建设77起，下达停工通知89处，限期整改通知118份。2012年，审批发放工程规划许可证228件，办理工程竣工合格证71件，查处违章建设33起，拆除房屋面积1219平方米。2013年，办理建设工程许可证347件，审批发放工程竣工合格证73件，查处违章建设21起，下达限期整改通知书38份。

第二节 道　路

城区道路

1986年，安丘县城区主要道路9条，路面宽度10米～22米不等，总长度11.4公里，总面积13.95万平方米，其中柏油路总长10余公里，其余为砂石路面，修路总投资132.6万元。1987年—1993年，城区道路建设主要在已形成的框架基础上向外扩张延伸，拓宽改造路面，硬化铺设人行道。1987年，安丘县修建人民路西段、新修南苑路，道路总长2100余米。1988年，修建永安路。1989年，修建商场路东段和向阳路。1990年，修建向阳路东段，向南延伸永安路。1991年，修建兴安路南段，新建南苑路西段。1992年，修建华安路、商场路西段和商场路环城河段南侧，新建兴安路非机动车道1760米。1993年，修建长安路，改造永安路南段。1994年，以安丘撤县建市为契机，推进新型城市建设。根据城市总体建设的规划，城市规模向外扩张，抓好城建重点道路建设。是年，新建建安路，修建长安路、健康路中段，总面积2.4万平方米。1995年—1997年，新建兴安路、青云山路、和平路东段，修建华安路中段。道路总长8100米，面积15.2万平方米。1998年，新建青云山路东段1782米；改造商场路中段1230米。1999年，新建建安路中段，改造商场路和南苑路东段。2000年，新建建安路南段，改造南苑路西段。2001年，市委、市政府全面规划建设现代化城市，本着“突出重点、先急后缓、科学建设、持续发展”的原则，重点推进市北区道路基础设施建设，提升市南区道路服务能力。是年，市北区开工建设青云大街、莲花山路、明湖路、建设路。2002年，竣工道路总长10000米，面积24.9万平方米。2003年，建成学府街、拥翠街、明湖南路、秀水街、珠江路和锦湖路，道路总长15000米，面积17.5万平方米。2004年，建设泰山街、黄山街、坝顶路、云湖路、汶水路。2005年，建设青龙湖路，改造提升市南区的长安路、向阳路。2006年，罩面改造青云山路、永安路、潍安路、人民路和健康路部分路段。2008年，修建永安路南段（南苑路—下小路）800米，改造华安路、和平路共5200米。2009年，新建建安路北段1200米、环城河滨河东路和西路计2626米、汶河滨河路1000米、和平路西段1600米、双丰大道2040米，改造潍徐路城区段2924米、健康路东段1488米。2010年，新修市政府小区前街、珠江路、汶水路北段和翠山街，总长4200米；新建建安路北段、汶河滨河路、镇前街、人民路，总长9750米；改造向阳路、和平路，总长2186米。2012年，市委、市政府提出“团结奋进，激情创业，努力建设富强秀美幸福新安丘”的总体目标，城市建设开始提质提速。市南区新建、改造双丰大道、镇前街、永安路、潍安路部分路段；市北区新建北外环、青云大街、汶水路、青龙湖路、阳春路，开工建设永安路大桥、莲花山路西延等重点工程项目，总投资4.79亿元。2013年，市南区新建青云山西路、青云山南路、世贸中心南路；打通永安路北段与永安路大桥相连，拓展改造商场路全段3575米，主路面宽36米，两侧人行道为大理石铺装。市北区新建彭家洼西路、青龙湖南支路、坝底路，扩建新安路，延伸北外环、莲花山路；开工建设莲花山路大桥，建设工程总投资3.89亿元。经过20多年的持续建设，城市道路实现路网全覆盖。

商场路是市南区的中心、繁华路段。西起华安路，东至下小路，全长3575米。始建于1989年，1992年全程打通。1999年，安丘市覆盖流经商场路中间的环城河，建成36米宽主道路面，并对道路罩面改造。2013年，作为市政重点建设工程，全面提升改造道路、供水、排水、电信、有线电视、路灯、绿化等设施。主道宽36米，上下8车道，两侧依次为4米宽非机动车道、3米宽绿化带或花坛、4米～8米宽人行道。路沿石、花坛石材为镜面樱花红花岗岩，人行道用大理石铺装。绿化带近6000余平方米，栽植法桐、白蜡、松柏等树木1000棵，安装高亮度路灯160杆、320盏。道路两侧楼房林立、商贸繁荣、人流密集、景致靓丽，堪称安丘的“小长安街”。

安丘市1986年—2013年市南区道路建设情况表

表8—1

工程名称	长（米）	宽（米）	面积（平方米）	区段	建成时间	种类
向阳路	800	13	10400	潍安路—华安路	1986	修建沥青路面
南苑路	446	24	10704	兴安路—潍安路	1987	新建沥青路面

续表8—1

工程名称	长（米）	宽（米）	面积（平方米）	区段	建成时间	种类
人民路西段	800	14	1120	潍安路—华安路	1987	修建沥青路面
永安路	3200	15	48000	环城河—南苑路	1988	修建沥青路面
向阳路	781	13	10153	兴安路—永安路	1989	修建沥青路面
商场路东段	1355	36	48780	永安路—潍徐路	1989	修建沥青路面
向阳路	370	13	4810	永安路—206国道	1990	修建沥青路面
永安路南延	1310	15	19650	健康路—南苑路	1990	修建沥青路面
华安路	1210	13	15730	和平路—向阳路	1992	修建沥青路面
商场路西段人行道	790	5×2	7900	潍安路—华安路	1992	修建混砖路面
商场路环城河段南侧	800	5	4000	兴安路—永安路	1992	修建混砖路面
兴安路非机动车道	1760	6.5×2	22880	和平路—206国道	1992	新建沥青路面
长安路	440	14	6160	兴安路—潍安路	1993	修建沥青路面
永安路南段	910	15	13650	和平路—南苑路	1993	改造沥青路面
兴安路南段	920	14	12880	和平路—南苑路	1994	修建沥青路面
健康路	440	10	4400	兴安路—潍安路	1994	修建沥青路面
长安路	780	14	10920	兴安路—永安路	1994	修建沥青路面
建安路	706	14	9884	青云山路—206国道	1994	新建沥青路面
兴安路	1680	27	45360	健康路—潍徐路	1995	新建沥青路面
和平路东段	1405	24	33720	永安路—下小路	1996	修建沥青路面
兴安路	2665	6.5×2	34645	和平路—长安路	1997	新建沥青路面
华安路	1538	13	19994	和平路—潍安路	1997	修建沥青路面
青云山路	806	23	18538	永安路—昌安路	1997	新建沥青路面
商场路	1230	5×2	12300	永安路—潍安路	1998	改造沥青路面
青云山路	1782	23	44392	昌安路—青云山	1998	新建沥青路面
南苑路	770.6	24	21024	永安路—昌安路	1999	改造沥青路面
商场路	3340	36	33400	华安路—昌安路	1999	改造沥青路面
建安路	720.4	14	10385.6	人民路—潍徐路	1999	新建沥青路面
建安路	1640	14	22960	人民路—南苑路	2000	新建沥青路面
南苑路	1800	24	52629	永安路—华安路	2000	改造沥青罩面
兴安路	950	27	25650	南苑路—双丰大道	2002	新建沥青路面
健康路	790	10	7900	华安路—潍安路	2002	改造沥青罩面
长安路	3065	14	42910	潍安路—下小路	2005	改造沥青罩面
向阳路	1180	13	15340	华安路—兴安路	2005	改造沥青罩面
向阳路	370	13	4810	永安路—潍徐路	2005	改造沥青罩面
青云山路	1830	23	42090	永安路—206国道	2006	改造沥青罩面
永安路	2690	25	67250	长安路—和平路	2006	改造沥青罩面
永安路	910	15	13650	和平路—南苑路	2006	修建沥青路面
潍安路	900	10	9000	南苑路—双丰大道	2006	改造沥青罩面

续表 8-1

工程名称	长（米）	宽（米）	面积（平方米）	区段	建成时间	种类
人民路	730	14	10220	永安路—建安路	2006	改造沥青罩面
健康路	385	10	3850	潍安路—兴安路	2006	改造沥青罩面
健康路	800	10	8000	兴安路—永安路	2006	改造沥青罩面
和平路	1232	24	29568	潍安路—永安路	2007	改造沥青罩面
和平路	790	24	18960	华安路—潍安路	2008	改造沥青罩面
永安路	789.8	15	11847	南苑路—下小路	2008	修建沥青路面
华安路	4332.395	17	73650.715	南苑路—汶河广场	2008	改造沥青罩面
医院西路	301	6	1806	人民路—健康路	2008	改造沥青罩面
兴安路	585	27	15795	潍徐路—长安路	2009	改造沥青罩面
华安路	1093.386	17	18587.562	南苑路—双丰大道	2009	改造沥青罩面
兴安路	585	27	15795	潍徐路—长安路	2009	改造沥青罩面
建安路	1200	14	16800	潍徐路—长安路	2009	新建沥青路面
环城河滨河路东	1320	9	11880	长安路—坝顶路	2009	新建沥青路面
环城河滨河路西	1306	9	11754	长安路—坝顶路	2009	新建沥青路面
汶河滨河路	1000	8	8000	永安路—206 国道	2009	新建沥青路面
潍徐路	2924.4	22	64336.8	潍安路—商场路	2009	改造沥青罩面
健康路	1488	10	14880	永安路—下小路	2009	改造沥青罩面
和平路	1581.03	24	37944.72	华安路—央赣路	2009	新建沥青路面
双丰大道	2040	11×2	44880	华安路—昌安路	2009	新建沥青路面
建安路	380	14	5320	长安路—镇前街	2010	新建沥青路面
汶河滨河路	1670	8	13360	人民路—华安路	2010	新建沥青路面
汶河滨河路	920.5	5.5	5062.75	华安路—潍安路	2010	新建沥青路面
汶河滨河路	834	5.5	4587	潍安路—卧龙闸	2010	新建沥青路面
汶河滨河路	682	8	5456	河道管理局—卧龙闸	2010	新建沥青路面
镇前街	1505	14	21070	环城河西岸滨河路—206 国道	2010	修建沥青路面
向阳路	781	13	10153	兴安路—永安路	2010	改造沥青罩面
人民路	3743.5	14	52409	永安路—央赣路	2010	新建沥青路面
和平路	1405.27	24	33726.48	永安路—下小路	2010	改造沥青罩面
南苑路	2087	28	58436	潍安路—昌安路	2011	改造沥青罩面
人民路	736	14	10304	建安路—昌安路	2011	新建沥青路面
永安路	928	25	23200	长安路—汶河滨河路	2012	新建沥青路面
潍安路	3226.9	10	32269	南苑路—华安路	2012	改造
镇前街	278.34	14	3896.76	永安路—环城河西岸滨河路	2012	修建沥青路面
双丰大道	4820	11×2	111889	昌安路—206 国道	2012	新建沥青路面
永安路	2550	25	63750	下小路—规划南环路	2013	新建沥青路面
青云山西路	2340	18	42120	206 国道—下小路	2013	新建沥青路面
青云山路	600	23	13800	206 国道—青云山西路	2013	改造沥青罩面

续表 8—1

工程名称	长（米）	宽（米）	面积（平方米）	区段	建成时间	种类
商场路	1600	36	16000	华安路—友谊宾馆	2013	改造沥青罩面
商场路	1775	36	17750	友谊宾馆—潍徐路	2013	改造沥青罩面
青云山南路	704.809	14	9867.326	206 国道—青云山西路	2013	新建沥青路面
青云山南路东延	2101.632	8	16813.056	弹药库以东—青云山东路	2013	新建沥青路面
世贸中心南路	1389.61	13	18064.93	206 国道—昌安路	2013	新建沥青路面

安丘市 2001 年—2013 年市北区道路建设情况表

表 8—2

工程名称	长（米）	宽（米）	面积（平方米）	区段	建成时间	种类
青云大街	1743	30	52290	新安路—云湖路	2001 ～ 2002	新建沥青路面
莲花山路	4910	26	127660	珠江路—东湖路	2001 ～ 2002	新建沥青路面
一纵（明湖路）	1477	21	31017	青云大街—莲花山路	2001 ～ 2002	新建沥青路面
二纵（建设路）	1468	26	38168	青云大街—莲花山路	2001 ～ 2002	新建沥青路面
学府街	1500	19	28500	新安路—锦湖路	2003	新建沥青路面
拥翠街	1770	19	33630	新安路—云湖路	2003	新建沥青路面
明湖南路	1050	22	23100	明湖路—锦湖路	2003	新建沥青路面
秀水街	650	12	7800	明湖南路—云湖路	2003	新建沥青路面
珠江路	1920	14	26880	青龙湖路—莲花山路	2003	新建沥青路面
三纵（锦湖路）	3500	15	52500	青龙湖—市府小区	2003	新建沥青路面
泰山街	4550	14	63700	珠江路—东湖路	2004	新建沥青路面
黄山街	4550	14	63700	珠江路—东湖路	2004	新建沥青路面
坝顶路（沿湖路）	2700	8	21600	汶河大桥—206 国道	2004	新建沥青路面
云湖路	6250	8	50000	新安路—青龙湖路	2004	新建沥青路面
汶水路	3830	26	99580	翠山街—青云大街	2004	新建沥青路面
汶水路	2120	16	33920	阳春路—锦山街	2004	新建沥青路面
青龙湖路	4550	14	63700	东湖路—珠江路	2005	新建沥青路面
安阳路道路	1850	10	18500	央赣路—潍徐北路	2009	改造沥青路面
市府小区前	380.359	11	4183.949	锦湖路—沿湖路	2010	新建沥青路面
珠江路	949	14	13286	昆仑街—青龙湖路	2010	新建沥青路面
汶水路	1520.73	25	38018.25	翠山街—北外环	2010	新建沥青路面
翠山街	1350	16	21600	香江路—珠江路	2010	新建沥青路面
北外环	4087	30	122610	206 国道—新安路	2012	新建沥青路面
青云大街	2963	30	88890	新安路—潍徐路	2012	修建沥青路面
汶水路	396	26	10296	青云大街—阳春路	2012	新建沥青路面
青龙湖路	510	16	2012	珠江路—规划滨水路	2012	新建沥青路面
阳春路	2621	2*5	26210	青云大街—新安路	2012	修建沥青路面

续表 8-2

工程名称	长（米）	宽（米）	面积（平方米）	区段	建成时间	种类
莲花山路	1375	26	35750	珠江路—潍徐路	2012	新建沥青路面
莲花山路	1660	26	43160	汶河大桥—昌安路	2013	新建沥青路面
北外环	2844	30	85320	新安路—规划三路	2013	新建沥青路面
新安路	9467	28	52068.5	坊子界—青云湖	2013	扩建沥青路面
彭家洼西路	2754	12	33048	云湖路—西一纵	2013	新建沥青路面
坝底路	763	9	6867	青龙湖滚水坝	2013	新建沥青路面
青龙湖南支路	1630	6	9780	青龙湖景区	2013	新建沥青路面

城区道路养护

1986 年—2013 年，安丘市在加快城区道路建设的同时，加强城区道路养护管理力度。1986 年—1997 年，城区道路养护由安丘市政工程公司负责。1998 年，市政工程公司设立城区道路养护科，开始全面养护、管理城区道路、排水等公用设施。是年，主要养护维修西环路、商场路、南苑路等路段，补修路面 980 平方米。1999 年—2004 年，修补人民路、健康路、长安路、华安路、南苑路等路段，面积 5960 平方米。2005 年，安丘市政工程公司更名为安丘市政管理处。是年，市政府投资 140 万元，维护南苑路、建安路、华安路等路段，修补路面 950 平方米、更换雨污井盖 60 套、排水道清淤 100 米。2006 年—2008 年，投资 420 万元，主要修补和平路、商场路、建安路、华安路等路段，面积 3380 平方米；更换雨污井盖 410 套，排水道清淤 550 米。2009 年，修补路面 2300 平方米，更换雨污井盖 200 套，清理排水管道 250 米。2010 年，投资 210 万元，主要修补商场路、长安路、和平路、兴安路、汶水路、云湖路等城市道路，面积 7800 平方米；更换雨污井盖 300 套，清淤排水管道 300 米。2011 年，修补长安路、汶水路、青龙湖路、东湖路、黄山街等路段，面积 12000 平方米；更换雨污井盖 370 套，清淤排水道 340 米。2012 年，随着“六城联创”（省级园林城市、省级森林城市、省级生态城市、省级文明城市、国家卫生城市、国家环保模范城市）活动的深入开展，对城区道路养护标准提出更高要求。投资 210 万元，修补主路面 16000 余平方米，人行道补缺 3000 余平方米，整修路沿石长 2000 余米，更换雨水篦子 350 套。2013 年，继续加大资金投入，修补路面 60000 余平方米，整修人行道面积 15000 平方米、路沿石长 3000 米，保证城市路政基础设施的安全运行。

安丘市 2005 年—2013 年城区道路养护情况表

表 8-3

时间	主要修补路段名称	道路挖补面积（平方米）	更换雨水井盖（套）	清淤（米）	维护方式	投资（万元）
2005 年	南苑路、建安路、华安路等	950	60	100	人工为主	140
2006 年	南苑路、建安路、华安路等	850	90	150	人工为主	140
2007 年	华安路、和平路、南苑路、商场路等	1030	150	200	人工为主	140
2008 年	商场路、和平路、南苑路等	1500	170	200	人工为主	140
2009 年	商场路、和平路、南苑路、长安路、兴安路等	2300	200	250	半机械 + 人工	210
2010 年	商场路、和平路、南苑路、兴安路、长安路、汶水路、云湖路	7800	300	300	半机械 + 人工	210

续表 8—3

时间	主要修补路段名称	道路挖补面积（平方米）	更换雨水井盖（套）	清淤（米）	维护方式	投资（万元）
2011 年	商场路、长安路、汶水路、青龙湖路、东湖路、黄山街等	12000	370	340	机械 + 人工	210
2012 年	市区道路	16000	350	520	机械 + 人工	210
2013 年	市区道路	60000	315	430	机械 + 人工	260

第三节 桥 梁

1986 年，安丘县城区环城河段上架有 6 座桥梁。进入 20 世纪 90 年代，城市建设快速发展，原有桥梁难以承担城市交通的需要。1992 年，安丘县在环城河上新建南苑路桥和人民路桥。1996 年，安丘市又在环城河上修建永安路桥和长安路桥。1997 年，改建潍安路桥和兴安路桥。2008 年，向西延伸和平路，新建和平路桥。

1986 年，汶河上只有潍安路汶河大桥及西侧的漫水桥。1994 年—2013 年，随着新型城市规划建设，市委、市政府投入巨资，在汶河上新建、改建大桥 6 座。新建青云湖汶河大桥、央赣路汶河大桥、永安路汶河大桥和莲花山路汶河大桥，改建潍安路汶河大桥、青云湖坝底滚水桥。

永安路汶河大桥 位于安丘永安路北段，横跨汶河。桥梁全长 486 米，宽为净 25.0 米＋ 2×2.5 米人行道，路基全宽 30 米。桥宽铺装采用四孔一联，全桥共四联。大桥设计为双向六车道，承载能力为公路一级，基准周期为 100 年，设计车速为 80 千米 / 小时。两侧桥栏采用合金不锈钢结构，人行道采用大理石铺装，主桥两侧对应矗立四座 49.5 米高的塔柱，每座塔柱两侧对应 10 根斜拉索，每根斜拉索上均装有 LED 景观灯。每到夜间，桥上灯火通明，色彩变化万千，蔚为壮观。工程总投资 7700 万元。2012 年 3 月开工建设，12 月 1 日竣工通车。

莲花山路大桥 位于莲花山路东延伸汶河上。桥长 426 米，桥宽为净 26.0 米＋ 2×2.5 米人行道，全宽 31 米。桥宽铺装采用三孔两联、四孔两联，全桥共四联。大桥设计为双向 6 车道，承载能力为公路一级，基准周期为 100 年，设计车速为 80 千米 / 小时。工程总投资 5300 万元。2013 年 3 月开工建设，10 月竣工通车。

潍安路大桥 建于 1968 年，桥长 531.6 米，桥宽不足 10 米。1986 年，安丘县在西侧修建同长桥梁与原桥相连，增强通行能力。2013 年，安丘市利用西侧原桥，拆除东侧老桥新建，全面改造桥梁。上部结构分别采用预应力混凝土空心板、钢筋混凝土连续板，下部结构为钻孔灌注桩柱式墩台，桥面铺装为 7 厘米～ 20.1 厘米 C50 水泥混凝土 +SBS 防水层 +4 厘米 AC-13 沥青混凝土，人行道采用大理石铺装，两侧桥栏杆采用钢结构，并配装高架钢结构“彩虹”状造型装饰。桥梁全长 531.6 米，桥宽 24.5 米。

第四节 公共建筑

1986 年，安丘县有县委、县政府机关等 80 多个单位建成的楼房，多以三至五层为主，最高为安丘县玻璃厂建成的 6 层办公楼。进入 20 世纪 90 年代，经济快速发展，人民生活水平不断提高，公用设施随之得以改善，公共建筑数量逐渐增加。1990 年—1999 年，安丘市新建公共建筑 295 个，总面积 51.44 万平方米。公共建筑数量虽多，但单体面积较小。建筑单体面积最大为 1997 年建成的安丘邮电大厦，12 层、8000 平方米，而 1999 年建成的安丘市妇幼保健院 4 层病房楼，仅 1900 平方米。建筑结构形式简单，多以砖混结构为主。2000 年—2001 年，市内公共事业用房开始向高大发展，公共建筑以沿街商业楼房居多。其间，建筑工程 78 个，建筑面积 272.23 万平方米。市公安局建成 6 层交通事故指挥中心大楼，面积 4980 平方米；市人民医院新建 10 层内科病房楼，面积 9833 平方米。2001 年，按照建设新型中等城市的总体目标，安丘市启动市北区建设。新建的公共建筑楼层高，面积大，外观雄伟，内部宽敞。2002 年—2006 年，建成市级机关综合办公大楼、市青云学府教学实验楼、市广播电视大楼、市建设局综合办公楼、市财政局办公楼、市土地储备中心楼、市外贸食品公司新区、潍安天地商业广场等公共建筑232个，建筑面积92.38万平方米。2007年—2009年，新建潍坊恒安散热器有限公司新区、山东华动铸造公司新区、安丘奥宝化工公司资源项目、潍坊顺大商贸城、安丘蓝星国际商务大厦、安丘市农村信用社大厦等公共建筑95个，建筑面积53.47万平方米。

2010年—2013年，全市公共建筑涉及各项事业，面广量大，综合服务功能强。新建办公楼、厂房、学校、医院、汽车站、商贸中心、社会福利服务中心、广场等公共建筑184个，建筑面积128.79万平方米，出现一批高层建筑。2010年，新建市国有资产公司展销中心、培训楼、综合办公楼，高19层、总面积42234平方米；泰华曼哈顿综合楼，高28层、面积96000平方米，时为市内最高商业大楼。2011年，新建市人民医院15层综合服务楼；建成潍坊市机械工业学校实训楼、教学楼、食堂，总面积36000平方米。2012年，新建安丘市社会福利中心聋哑学校教学楼、培智楼、学生宿舍楼、食堂和综合服务楼，市和平学校教学楼、实验楼，高16层、面积20600平方米的青云商务大厦。2013年，安丘颐高电子商务中心、安丘新东方大酒店康体会议中心、安丘汽车站客运中心楼、安丘翰沃城、安丘市青云山文化休闲广场、安丘市妇幼保健院、安丘市实验中学、安丘市金融中心等一大批公共建筑建成并陆续投入使用。

安丘市1994年—2013年公共建筑代表工程情况表

表8-4

年份	工程名称	层数	建筑面积（平方米）	施工单位
1994	安丘市人民法院办公楼	七层	2400	安丘市韩家后建筑公司
	安丘市棉纺织厂纺绸车间	一层	8100	安丘市兴华建筑工程公司
	香港商城	四层	5535	安丘市兴华建筑工程公司
1995	安丘市育才中学教学楼实验楼	二层	1600	潍坊市安城建工有限公司
	福华食品有限公司专家楼、食堂	三层	5435	安丘市华安建筑安装工程公司
	安丘市建委建设大厦	五层	5218	安丘市华安建筑安装工程公司
1996	安丘市第六中学生实验楼	四层	3174	安丘市华安建筑安装工程公司
	安丘市电业公司局长楼	三层	2026	潍坊市华夏建安有限公司
	安丘市房管局交易市场	五层	4000	潍坊市华夏建安有限公司
	安丘市烈士陵园纪念碑	—	—	安丘市华安建筑安装工程公司
1997	安丘市体委教学楼	四层	2290	安丘烟市街建筑公司
	安丘市邮电局邮电大厦	十二层	8000	安丘建安公司
	安丘市新华书店营业楼	四层	1810	安丘市兴华建筑工程公司
	安丘市体委游泳池	单层	1248	安丘市东关建筑公司
1998	安丘市国税局综合楼	七层	7000	潍坊市华夏建安有限公司
	安丘市师范学校艺术楼	四层	4460	潍坊市华夏建安有限公司
	安丘市实验中学高教楼	六层	3580	安丘市华安建筑安装工程公司
	安丘市市府招待所	二层	1000	潍坊市华夏建安有限公司
1999	安丘市皮肤防治站门诊楼	三层	1030	安丘市东联建筑工程公司
	安丘市妇幼保健院病房楼	四层	1935	山东景芝建设有限公司
	安丘市第八中学实验楼	五层	4961	潍坊市华夏建安有限责任公司
	安丘市汶瑞机械有限公司综合楼	三层	3450	安丘市镇建公司
2001	安丘市公安局交通事故指挥中心	六层	4980	山东景芝建设股份有限公司
	潍坊大龙化纤有限公司浸胶车间	六层	2680	安丘市贾戈建工有限公司

续表 8—4

年份	工程名称	层数	建筑面积（平方米）	施工单位
2001	安丘市光荣院老年公寓楼	三层	1560	安丘市慈埠建筑公司
	安丘市人民医院内科病房楼	十层	9833	山东景芝建设股份有限公司
2002	安丘市人民法院审判庭	五层	4400	潍坊市华夏建安有限公司
	青云山管理处青云塔	七层	800	安丘市华安建筑安装工程公司
	安丘市市委市府综合办公楼	六层	32000	山东景芝建设股份有限公司
2003	安丘市人民医院门诊楼	五层	7870	山东景芝建设股份有限公司
	青云学府实验楼	八层	17840	山东景芝建设股份有限公司
	安丘市污水处理厂反应池	—	1400	安丘市华安建筑安装工程公司
	安丘市广播电视局电视楼	十一层	7682	潍坊市华夏建安有限公司
2003	夏日海湾酒店	三层	4282	安丘市华安建筑安装工程公司
	安丘市建设局综合办公楼	六层	7800	安丘市华安建筑安装工程公司
2004	安丘市财政局中心楼	七层	5400	潍坊市华夏建安有限公司
	安丘市土地储备中心办公楼	六层	6170	安丘市华安建筑安装工程公司
	潍安天地商场	三层	40000	山东对外建筑公司
2007	恒安散热器有限公司车间、办公楼	一层／三层	30000/5810	潍坊华夏／山东景建
	安丘市农村信用社大厦	十六层	9800	山东景芝建设股份有限公司
2008	奥宝化工公司资源项目	框架五	6000	滕州建安公司
	山东华动铸造公司装配、加工	一层	40000	青建集团股份有限公司／山东上冶公司
2009	潍坊顺大商贸城（佳乐家）	二十六层	68000	重庆第六建筑公司
	安丘市计生委服务中心楼	十六层	15500	山东景芝建设股份有限公司
	蓝星商务大厦	十九层	30725	浙江博元建设服务公司
2010	安丘市交通局综合楼	四层	1700	潍坊市华夏建安有限公司
	泰华曼哈顿综合楼	二十八层	96000	北京城乡建设集团
	香江宾馆改造项目	四层	8300	安丘市华安建筑安装公司
2011	潍坊机械工业学校实训楼、教学楼、食堂	三层／五层	11000/17000/8000	安丘市华安建筑安装工程公司
	安丘市人民医院综合服务楼	十五层	15000	山东景芝建设股份公司
2012	安丘市和平学校教学楼、实验楼	四层	5737/5860	安丘市兴安建工公司／潍坊大兴公司
	社会福利中心综合服务楼、学生宿舍楼、食堂	九层／四层	9079/2519/4766	潍坊华夏／安丘华安
	社会福利中心聋哑教学楼、培智楼、福利楼	四层	3381/3345/11750	安丘市华安建筑安装工程公司
	青云商务中心	十六层	20600	山东景芝建设股份有限公司
2013	颐高电子商务中心	二层	35168	浙江东阳市江南建设有限公司
	新东方酒店康体会议中心	四层	5726	安丘市华安建筑安装工程公司
	安丘市汽车站客运中心楼	四层	23265	潍坊市华夏建安有限公司
	安丘翰沃城	二层	50000	合肥集团有限公司
	安丘市青云山文化广场	—	130000	青岛太行园林有限公司
	安丘市妇幼保健院	十六层	40000	济南一建公司
	安丘市金融中心	二十层／七层	64895	山东景芝建设股份有限公司

汶河广场　汶河广场始建于1986年，时称桥头公园，面积4669平方米。园内建有凉亭、荷花池，布置景石。1999年，市委、市政府投资2360万元，拓展改造汶河广场。改造后的汶河广场占地170亩，分为雕塑区、喷泉区和凉亭区；绿化面积13.33万平方米。2000年，汶河广场被潍坊市园林局评为十佳绿地。2011年，安丘市投资285余万元，绿化提升改造汶河广场。换播草坪44418平方米，栽植乔木801株，栽植球类植物363个，地被植物约14.7万株。提升改造后的汶河广场绿草如茵，高低错落，繁花似锦，为市区人文景观。

青云山文化休闲广场　青云山文化休闲广场是安丘市2013年重点城市建设项目。东西长600米，南北宽220米，占地面积200多亩，投资6300万元。广场建设主要包括景观绿化和铺装工程，配套建设音乐喷泉和大型雕塑等建筑，与青云山风景区、周边场馆、墨溪河等融为一体，不但为全市广大居民提供一个高档次的文化休闲场所，同时也完善城市功能，提升全市的城市建设形象和内在品位，成为安丘城市形象的新地标。

第五节　生产建筑

1986年，安丘县有较大生产建筑31个，多为砖混结构。进入90年代，随着工业经济的快速发展，企业规模迅速扩大，大的框架结构工程、钢结构工程不断推广应用，生产建筑结构发生重大变化，个数逐年递增。1988年—1999年，安丘市新建生产建筑167个，建筑面积63.55万平方米。生产建筑由砖混结构逐步向框架结构转型。安丘市鲁安药业有限公司、安丘市外贸冷藏厂、潍坊市电机一厂、潍坊恒安散热器有限公司等企业建设的厂房、车间均采用框架结构。2000年—2013年，全市招商引资引进一大批工业项目，为安丘工业经济发展注入新的活力。为适应大规模生产的需要，生产建筑迅速增多，钢结构厂房、车间迅猛发展。其间，新建生产建筑695个，建筑面积587.42万平方米。2011年，落户兴安街道工业园的潍坊市凯动动力机械有限公司，占地300余亩，总投资8亿元，大型车间均为钢框架结构。落户市北区工业园的环球施普乐医药（潍坊）有限公司新建生产车间，面积12360平方米；安丘汶瑞机械制造有限公司造纸APMP设备装配车间，采用钢框架结构建成，面积14290平方米；潍坊五洲风电设备有限公司风塔车间钢结构厂房工程，建筑面积21478平方米；山东华汶实业股份有限公司1号厂房，建筑面积66900平方米。

第六节　住宅小区

1986年，安丘县城区居民住房多为低矮陈旧平房，居住面积人均15平方米，部分农户20平方米。1988年起，部分机关、企事业单位零散地建有少量福利性楼房，以砖混结构楼板组成。单套楼房面积50平方米～90平方米不等，设施简陋，没有成型的住宅小区。1994年，安丘市开始实施住房制度改革，禁止在集体土地建设福利性住房，市区单位福利性住房逐步退出历史舞台，开始向住房商品化迈进。1996年，市政府专门规划土地建起市内第一个规模较大的商品住宅小区——古槐小区。小区占地面积88971平方米，建筑面积1.25万平方米，地上一层为车库，车库上面为4层～5层楼房，单套楼房建筑面积最大120平方米。1997年，安丘市城市综合开发有限公司开发建设银杏小区，占地41260平方米，建筑面积58269平方米。建筑采用钢筋混凝土浇筑，不再使用楼板结构，户型设计也更加合理，楼房建筑质量有质的提升。2000年起，境内经济持续提速，居民收入增幅较大，住房需求量日益加大，对住房环境和质量也提出较高要求。时，新建楼房建筑结构开始有较大变化。楼房的一层建有车库和副房，单套建筑面积由过去多数100平方米以下，提升到多数100平方米以上。60%以上的楼房应用新型节能建筑材料，门窗采用铝合金或塑钢，室内进行专门设计装修，地面铺装地板砖，整洁明亮，舒适宜居。2002年，潍坊新大置业有限公司开发建设青云花园小区，标志安丘市住宅小区建设进入新的阶段。2003年，按照“关注民生、提升品位”的目标，安丘天虹房地产开发有限公司投资建设的天虹花园小区在市北区落户。小区占地面积17万平方米，建筑面积15万平方米。建有住宅楼90幢，其中小别墅46座，安置住户1090户，可容纳3300余人居住。2005年，潍坊戈雷祥安房地产开发有限公司开发建设永盛·锦园小区，占地面积4万余平方米，总投资8000余万元，建有住宅楼15幢，其中沿街高层商住综合楼2幢，总建筑面积8万平方米，成为安丘首个建有高层楼房的住宅小区。2007年—2010年，安丘住宅小区建设出现新的高潮。青云·御景园、永盛·领秀城、世纪新城、锦绣华城、天熙苑、豪丰·江山一品、三合春城、天源华府、青云郡、龙耀锦都等规模小区相继开发建设。2011年，市政府推出“百栋高层”建设目标，打造高端性能住宅小区，标志安丘住宅小区向大城市模式发展。青云·国际城、鲁丰·锦绣花园、汶水绿洲、大华中央城、大华名都、天源华都等大型高层住宅小区相继通过国家A级住宅性能初级认定，成为潍坊市住宅产业化性能认定为数不多的典范小区，走在前列。2013年，全市建成和在建规模以上住宅小区31个，高层住宅楼206幢，改善城市面貌和广大居民的居住条件。

青云花园 始建于2001年7月，位于市南区东北部，与青云山民俗游乐园隔路相望，由美国彩恩国际设计公司总体规划设计，由潍坊新大置业有限公司开发建设。占地356亩，总建筑面积25万余平方米，容积率1.12，绿化率45%。环境规划遵循“以人为本、回归自然”的理念，建成10000平方米的水景园林，10000平方米的中央喷泉广场及500米长的休闲商业步行街，形成一条横贯东西的中庭园林景观带；利用地形，随坡就势，建有西北和西部组团以及健身广场、休闲长廊、叠石、水系等8个主题公园。由20幢多层楼房和3幢高层楼房组成，建筑总面积18万平方米，全部按照山东省建筑节能的标准设计施工，采用节能环保新工艺。外墙采用外保温体系，门窗为断桥隔热中空铝合金和塑钢，顶层采用屋面防水、保温新技术，首层隔音保温处理，地板式采暖。每户均统一赠送太阳能，综合节能率65%。绿化环境聘请青岛绿世界景观设计公司规划设计施工，在保持一期风格基础上品质不断提升。景观带中建有一条长达300米的景观水系，设置喷泉、湖心岛、汀步、凉亭、曲桥、叠瀑、防腐木栈道等景观小品，栽植近千种名贵树木，楼前、楼后俱成风景。小区建有超市、家政中心、商务中心、多功能健身广场、风情美食商业街、网球场、乒乓球室、业主活动中心、青云·名人会馆、背景音乐系统等完善的服务设施。物业管理采用国内领先的智能安全管理系统，成为“绿色、环保、节能、平安、温馨、和谐”的高品位住宅小区。小区被中国房地产协会评为全国物业管理示范小区；被山东省房地产协会评为山东省城市优秀住宅小区、山东省优秀物业管理小区、山东省生态园林式小区、山东省文明和谐社区。

青云·国际城 小区位于风光秀丽的大汶河南岸，旅游景区青云山、青云湖的西侧，处于安丘新老城区衔接的枢纽地段。项目一期“维罗纳”工程占地320.7亩，建筑面积50万平方米，密度小于30%，容积率小于等于1.86，绿地率近40%。开发物业形态包括退台花园洋房、宽景电梯洋房、阔景高层美宅、水景高层跃府、臻品别墅、SOHO公寓、商务中心、奢逸会所等，经营用房两万余平方米。按照省级示范幼儿园的标准，规划建造占地面积2500平方米的现代化幼儿园，有卫生室、文体活动中心、商服、物业、银行通信等公共配套设施。建有2万平方米的商业商务区，可提供完备的就近服务。2011年，工程开工建设。2013年底，“维罗纳”工程的9幢多层楼房、11幢高层楼房基本竣工，总建筑面积20余万平方米。

永盛·锦园 小区由台湾永盛置业开发有限公司投资、潍坊戈雷祥安房地产开发有限公司开发建设。2005年5月立项，2008年建成，占地面积4万余平方米，投资8000余万元，开发建设商品住宅楼15幢，建筑面积8万平方米。其中，沿街高层商住综合楼2幢，建筑面积2万平方米；沿街多层商住综合楼1幢，建筑面积5000平方米；多层住宅楼12幢，建筑面积5.5万平方米。小区结构紧凑、布局合理、规模适宜、绿化率高、人文气息浓厚。先后被山东省房地产协会评为山东省优秀物业管理小区和花园式小区、潍坊市优秀物业管理小区和花园式小区，填补安丘无高层花园式住宅小区的空白。

领世新城 小区由潍坊大舜天成置业有限公司开发建设。规划占地面积344亩，建筑面积26.3万平方米，容积率1.15，建筑密度21%，绿地率45%，最小日照间距27米。全部工程分四期开发建设。2007年，投资11973万元的一期工程竣工，建筑面积61193平方米。总投资额1.8亿元的二期工程竣工，建筑面积47000平方米，建有沿街住宅、商业步行街、小型超市等。

天虹花园 2002年开工，2014年5月完工。小区由安丘天虹房地产开发有限公司开发建设。占地面积156744平方米，规划建筑面积150000平方米。至2013年，累计完成投资9410万元，开发建设44652平方米。配套设施齐全、布局合理，有超市、幼儿园、社区诊所、休闲健身场所等。

第七节　供水　排水

供水

1982年5月，安丘县自来水公司成立，开始对城区机关、企事业单位供水，日供水能力2000立方米。1985年，新建水井1眼，铺设管道4000米，主管道总长2.24万米，年供水量220万立方米，用水单位175个。是年，开始按照生产用水每立方米0.05元、生活用水每立方米0.03元的标准收取水资源开发费。1989年10月，在安丘镇凉水湾头村附近，投资80万元建供水站1座，沿汶河河床新打管井12眼，铺设直径100毫米以上的供水主管道2万米。次年1月工程竣工运营，日增供水能力2.4万立方米。1995年8月，市北区的工矿企业用水增多，供水出现紧张局面。安丘市自来水公司投资1200万元建设工业供水站，缓解供需矛盾。新建蓄水池两座，蓄水能力3000立方米，铺设直径100毫米以上的供水主管道8000米。1996年8月工程竣工供水，日新增供水能力2万立方米。2000年，隶属安丘市水利局的江河供水公司建成运营，工业用水大户开始停用城市自来水。

2001年，市委、市政府规划建设市北区。2002年9月，按照城市建设的要求，市自来水公司筹资3800万元，征地130亩，分两期建设日供水能力8万立方米的市北区自来水厂。一期工程设计日供水能力4万立方米，服务人口10.5万人，供水面积2.32万平方米。水厂为地表水处理厂，从牟山水库取水，输水管道10000米，经过絮凝、沉淀、过滤、消毒等净水处理工艺，达到国家饮用水标准后供市北区工业生产和生活用水。同时，连接市北区自来水厂主供水管道与市南区供水管网作为补充供水，实现南北市区供水均衡。2005年1月，水厂一期工程投产运营。从2006年起，按照市委、市政府“道路铺到哪里，管道铺到哪里，工厂建到哪里，自来水供到哪里”的部署，市自来水公司逐年加大资金投入，加快市北区供水管网建设，铺设直径100毫米以上的供水主管网6万米。2013年，市委、市政府把改善水质作为民心工程来抓，实施金山水厂向中心城区供水工程。工程主要连接金山水厂供水主管道与市自来水公司主管网两个对接点。市自来水公司投资1100万元，承担6800米管道安装任务。是年5月开工建设，11月28日通水运行。市南区居民用上水质更好、口感更佳的尚庄水库水，缓解部分区段用水高峰水压不足状况，满足市民用水需求。是年，市自来水公司拥有资产总额1.6亿元，直径100毫米以上的供水管网24万米，大口井2眼；日供水10万立方米，面积56平方公里，人口25万人，普及率99.3%。市区平均日供水2.4万立方米，年供水量890万立方米，供水普及率100%。

安丘市1990年—2013年城区自来水价格调整情况表

表8—5

时　间	生活用水、基本水价（元/方）	工业水价（元/方）	其他（元/方）
1990.5.1	0.30	0.351	调水补偿0.02
1996.1.1	0.67	—	附加费0.32
1997.1.1	0.72	—	附加费0.38
1999.4.1	居民生活和生产用水0.90	建筑、服务业用水1.20	水资源费0.08；污水处理费0.11
2001.7.15	生活用水1.18	生产用水1.28	—
2004.3.1	生活、生产用水1.78	建筑、服务业用水1.88	—
2006.8	居民生活、行政事业用水1.68	生产用水1.80；经营用水2.00	—
2012.1.1	学校、幼儿园、医疗公益性服务单位、养老服务机构用水执行居民生活用水价格1.68	经营服务业、生产和行政事业用水等合并为非居民生活用水，基本水价为2.00	特种用水（桑拿、洗浴、洗车、美容、美发、优质水加工行业）基本水价为3.00

排水

1988年—1996年，安丘城区排水系统一直沿用以地下排水为主、地面排水为辅的方式。污水设专管道排泻，主要通过环城河和墨溪河排入大汶河。1996年，市政府在贾戈镇东北村以北大汶河南岸投资1700万元，建设安丘市综合污水处理厂。同时，成立安丘市综合污水处理厂管理处，负责市污水处理厂运行管理及污水管网维护维修工作。是年12月，市污水处理厂建成运行，占地600多亩，采用土地处理系统芦苇湿地法处理污水，日处理污水3万吨。铺设配套主管网6公里。城区生活污水和企业生产废水经收集后进入污水处理厂集中处理，达标排放。进入21世纪，随着城市发展，芦苇湿地处理系统不能满足市区污水处理要求。2002年4月，市政府决定在贾戈镇贾王封村东北侧新建大型污水处理厂，并经山东省发展和改革委员会批复实施。工程于2003年4月开工建设，2004年10月建成并投入试运行，2005年6月通过省级环保验收。市污水处理厂采用百乐克（BIOLAK）生化法处理工艺，日处理能力6万吨，出水水质达到《污水综合排放标准》（GB8978-1996）二级排放标准。厂区占地86.4亩，总投资3800万元，铺设配套污水主管网23.55公里。2007年5月，市政府按照山东省、潍坊市关于城镇污水处理厂实行市场化运作的要求，对市污水处理厂特许运营权采用“TOT模式”，转让给新加坡凯地投资公司设立的山东凯地水务科技有限公司负责运营，运营期限20年，质保期1年。是年，安丘市污水处理厂管理处更名为安丘市城市供排水管理处。2008年，经山东省发展和改革委员会批复，市政府投资1501万元，升级改造市污水处理厂，于2009年11月建成并投入运行。改造后，出水标准由原来的《城镇污水处理厂污染物排放标准》（GB18918-2002）中的二级标准提升至一级B标准，工程增加占地20亩。2011年，市政府办公室印发《安丘市城市排水许可管理办法》《安丘市城市供水管理办法》和《安丘市污水处理费征收使用管理办法》，提供城市供排水规范化管理的有效依据，促进供排水事业健康发展。2012年，随着市区排水量的增加和环保要求的提高，市政府再次对市污水处理厂实施改扩建工程。工程项目经山东省发展和改革委员会批复实施，主体采用“AAO法+高密度沉淀+消毒”处理工艺，扩大原6万吨/天的处理规模为12万吨/天，出水水质由《城镇污水处理厂污染物排放标准》（GB18918-2002）中的一级B排放标准提升为一级A。工程新增占地86亩，总投资1.2亿元。2012年12月开工建设，次年11月进水试运行。2013年9月，根据中共潍坊市委、市人民政府《关于实施“三八六”环保行动加快生态美丽潍坊建设的意见》的要求，安丘市政府制定“八大战役”实施方案，消灭污水直排为其中战役之一。至年底，完成霸王沟、七里沟和墨溪河污水直排消灭工程，完成市污水处理厂一级A升级改造及扩建工程。同时，结合商场路、阳春路改造及青云大街西段拓宽，改造各路段排水系统，实行雨污分流。至2013年底，市区排水管网总长度达482公里，其中雨水管网226公里，污水管网215.5公里，雨污合流制管渠40.5公里。

安丘市2011年—2013年城区排水管网建设情况表

表8—6

名称	雨水管（米）	污水管（米）	管径·尺寸	建成年份
贾戈街排水	5460	—	d600、d800	2011
学府街排水	1720	—	d1200、d1500	2011
下小路排水	2371.5	2850	d800、d1000	2011
双丰大道车管所	1510	1510	d800	2011
双丰大道（下小路-206国道）排水	11306	7719	d600、d800、d1200	2012
北环路排水工程×2（污水塑料管）	8172	8172	d800、d600、d1200	2012
永安路（汶河大桥-外食街）排水	4492	2743	d800、d1500	2012

续表 8-6

名称	雨水管（米）	污水管（米）	管径·尺寸	建成年份
青云大街（潍徐路西－新安南路）道路排水	9571	7054	d600、d1000	2012
阳春路（青云大街－新潍安路）排水工程	7190	3975	d800、d1000	2012
永安路北延、金融街西延排水工程	2690	1964	d800、d600、d1000	2012
潍安路排水	900	54	d500、d800、d1000	2012
青龙湖路排水	1174	624	d1000、d800（污水塑料管）	2012
莲花山西路排水 ×2	2750	—	d1000、d1200	2012
永安路（下小路－规划南环路）排水工程	7679	5222	d1000、d600（污水塑料管）	2013
北环路（新安路－规划三路）排水工程	9401	6585	d1000 d800（污水塑料管）	2013
泰山街排水（明湖路－东湖路）	4837	4153	d1200、d600（污水塑料管）	2013
黄山街排水　（干渠－东湖路）	2130	—	d800、d1500	2013
莲花山南路排水工程	3320	3320	d1000、d1500（污水塑料管）	2013
归家疃水库污水工程	—	4778	d600、d800（污水塑料管）	2013
商场路排水工程	4039.8	3110	d1200、d800（污水塑料管）	2013
青云山南路排水工程	650	690	d600、d800、d1500	2013
文化路排水工程	3455	3190	d600、d800、d1000	2013
彭家洼西路排水工程	2384.8	2602.2	d1000、d800（污水塑料管）	2013
青云山南路东延排水工程	562.8	—	d600、d1000、d1350	2013
新安路排水工程	6000	10000	d800、d1000	2013
墨溪河截污管道工程	—	9710	d800、d1000、d1350、d1500	2013

第八节　供气　供暖

供气

液化石油气　1986 年，安丘县仅有城区部分机关、企事业单位的居民使用液化气。1989 年，在贾戈镇务家庄建成东海液化气站，城区西南郊建成昌安液化气站 ，增大液化气供应量。自此，城区液化气用户日渐增多。1994 年，市自来水公司、电业公司液化气站在城区相继建成供气，城区居民普遍用上液化气。1995 年起，乡镇液化石油气迅速发展，贾戈、担山、景芝、凌河、柘山等 20 余处乡镇建起液化气站，部分农村居民开始用上液化石油气。自 2002 年始，随着管道天然气的发展，液化石油气用户及用量渐次减少。2013 年，全市有液化石油气经营企业 46 家。

管道燃气　2001 年前，安丘尚无管道天然气 。2001 年 12 月，安丘市富茂燃气有限公司成立，为外商独资企业，注册资金 96.7 万美元（约 800 万人民币）。2002 年 9 月，开始为居民用户供气，发展天然气用户 195 户。2003 年，铺设管道 12.2 公里，天然气用户发展到 542 户（其中居民 539 户，工副用户 3 户）。2004 年，建成安丘市北区和安丘—坊子的次高压管道，形成以居民用户为主的市南区和工业用户为主的市北区两个供气网。2004 年—2006 年，完成铺设天然气管道 35.8 公里，发展天然气居民用户、工副用户 3711 户。从 2007 年起，管道燃气用户迅速增多。至 2010 年，全市发展天然气居民用户、工副用户 12247 户，铺设燃气管道 108 公里，新增管道长度比上年增长 1.09 倍。是年，富茂燃气有限公司实施管道穿越大汶河工程，实现市南区和市北区天然气管道贯通。2011年，并入华润燃气投资（中国）有限公司，变更为安丘华润燃气（中国）有限公司。5月，华润燃气有限公司建成市北区日供气能力24万立方的天然气接收门站，实现安丘双气源（中石化、中石油）供气格局。是年，发展天然气居民用户、工副用户10595户，新增用户比上年增长1.3倍，铺设燃气管道20公里。2012年，发展天然气居民用户、工副用户5433户，铺设燃气管道27.09公里。2013年，投资建设景芝镇CNG供气站1座，在北外环敷设高压管线6.32公里，首开市内乡镇管道燃气供应的先河；建设中压市政管网22.97公里；完成年度老旧管网改造计划，改造总长度3.57公里。年底，天然气管道累计铺设232.95公里，燃气用户累计63952户，日用气量4.5万立方米。

汽车燃气　2006年6月，安丘宝润燃气有限公司成立，位于安丘市建安路南首，由昌邑市中美合资美澳天然气公司投资800万元建成。占地8亩，CNG加气机4台，设计日供气能力3万立方。2010年12月，中石油昆仑燃气有限公司和安丘市华安国有资产经营有限公司共同出资，成立安丘中石油昆仑燃气有限公司。2011年，安丘CNG加气母站建成投产，位于安丘经济开发区昆仑大街以北。占地50亩，接中石油泰青威长输管线，设计日生产能力30万立方。同年3月，安丘市汽车运输有限责任公司万新燃气分公司成立。位于安丘市潍徐北路40号，营业面积2200平方米，最多可同时容纳10辆车进行充装。2013年底，安丘市城区有CNG加气母站1座，加气常规站2座。

供暖

1986年前，安丘县城区供热主要由始建于1972年的安丘县热电厂提供，全部供热面积不足100万平方米，绝大部分单位和居民一直沿用火炉、土暖气、燃煤锅炉取暖。1987年，公司不断加大资金投入，加强热源设施和供热管网建设，提高供热能力。1987年—2007年，投资6.7亿元，添置热源设施、建设供热管网；投资4.1亿元，建有5台每小时生产蒸汽50吨的循环流化床锅炉、2台每小时生产蒸汽75吨循环流化床锅炉、4台发电供热机组及其他附属设施；投资2.6亿元，建设80公里蒸汽供热管网和50公里循环水供热管网。2007年，形成循环水供暖与蒸汽供热联手，覆盖市南区四分之三的供热格局。供热管网总长70公里，供热总面积220万平方米。2008年，公司投资2700万元，铺设管道6.2公里，改造老旧管网1.5公里，建成换热站6个，发展供热面积32万平方米。完成对御景天成、青云世家、丹桂园小区的供热。2009年，投资1600万元，铺设管道5.5公里，改造老旧管网0.8公里，发展供热面积28万平方米。2010年，投资2100万元，铺设管道6.4公里，建成换热站7个，发展供热面积31万平方米，完成对东方明珠、华安小区的供热。2011年，投资2900万元，铺设管道6.8公里，建成换热站4个，发展供热面积25万平方米，完成对如意园、印台园小区的供热。2012年，投资1400万元，铺设管道4.7公里，建成换热站6个,发展供热面积15万平方米。2013年，铺设供热主管网80公里，建成换热站157个，新建、改造集中供暖小区12个。是年,公司总资产2.3亿元，职工514人；总装机容量21兆瓦，配有35吨/小时链条式锅炉2台，40吨/小时链条式锅炉3台，75吨/小时循环流化床锅炉2台，年发电能力1.5亿千瓦时，供热能力370吨/小时，折算供热面积650万平方米，承担市南区的供热；有用热单位266个，总供暖面积380万平方米，居民采暖用户近3.8万户，采暖人口12万余人。

2004年，山东（安丘）柠檬生化有限公司投产运行，利用生产余热对外集中供暖。配有4台75T/H循环流化床锅炉，锅炉产汽能力300t/h，年产蒸汽237.6万吨,产汽余量55t/h,日提供蒸汽1320吨，折算供热面积100万平方米。是年，铺设西线到原柠檬酸厂主供热管道7公里，东线办公、居民采暖用管道3公里,北线企业用气管道1公里。2012年，铺设南线市外用气管道800米。2013年，有供热主管道4条,供热管网15公里,其中架空管网12公里，地埋管沟和管网3公里。有用热单位25个，其中办公用户13个，居民小区12个。覆盖市政府、国土局、水利局、财政局等行政办公区以及青云湖小区等居住区和部分工业用户，供热总面积30万平方米。

第九节　园林　绿化

城区公园

人民公园　1984年12月，安丘县园林管理处成立的同时，开始规划建设安丘县人民公园。公园占地31620.4平方米，由县财政局投资190万元，于1986年6月建成。建有古式大门、假山、儿童乐园等，其中儿童乐园由51家企事业单位、4名个人捐款12万多元建成。整平场地426.88平方米，铺设道路5000平方米。园内栽植竹子、黑松等苗木2万株。时为县城唯一的公园。

迎宾公园　公园位于商场路与潍徐路交叉处，是一座开放式公园。原名安丘县双拥公园，2013年10月更名为安丘市迎宾公园。始建于1992年，面积 1.95万平方米。2012年3月，安丘市以绿化、硬化为重点，以自然生态为设计理念，改造提升公园。在园区内中心位置保留原有紫藤，建成市区内独有的大型紫藤花篮。建设林荫廊架、休闲广场。广场铺装采用透水砖、卵石等相结合，样式新颖，富于变化。路边、绿地内、广场边散置景石，让游客可坐可赏。植物种植以自然生态为模式，组团种植，速生与慢生相结合，乔灌花草合理搭配，高低错落，实现空间和时间上的有效搭配，创造生态自然景观。公园整体布局采用自然式布局，提供人们可观、可游、可赏、环境幽雅、景色秀丽的场所。

东方绿苑　位于向阳路与潍徐路交叉处，新东方大酒店前。原名安丘县三角公园，2013年10月更名为东方绿苑。始建于1990年，面积 5500平方米。园内安装大型石雕“奔马”一座，有雪松、垂柳等绿化树木。2012年3月，安丘市遵循“生态优先、小中见大”的原则，改造提升公园。公园设计充分利用起伏地形营造空间，建设铺装广场，林荫廊架，形成小公园、大空间；保留原有大垂柳、大雪松等林荫植物，点缀百日红、樱花等开花植物及紫叶李等彩叶植物，设置座椅坐凳，安装健身器材。公园成为市民健身、休闲、举办集体文化活动的林荫公园。

南苑公园　位于永安路与南苑路交叉口西北角，原名安南公园，2013年10月更名为南苑公园，始建于1998年。2013年3月，安丘市遵循“以人为本、生态优先”的原则，投资438万元，重新改造提升公园。建成面积3000平方米的大型活动广场、长108米的林荫廊架、古朴典雅的四角凉亭，栽植高大乔木法桐、栾树、大叶女贞等，种植视野开阔的大面积草地。

植物园　位于永安路与人民路交叉口东北角，与安丘一中相邻，是安丘革命烈士陵园旧址，总面积2.3万平方米。1998年10月，烈士陵园搬迁后改建为植物园。2012年4月，安丘市以打造生态园林、民生园林、文化园林为目标，投资700余万元，改造提升植物园。重新调整园内原有的植物，丰富植物景观，栽植朴树、大雪松、大银杏等冠大荫浓的大乔木，加植丁香、紫荆、百日红等花灌木；增设棋艺、歌舞、运动等场所；安装路灯、健身器材、石凳等配套设施；建有公厕一处，增加西门和北门两个出入口。公园成为市民休闲、娱乐、健身中心。

莲花山公园　2003年，公园开工建设，占地34万平方米，总投资116万元。栽植树木12454棵，其中乔木10006棵，灌木2448棵。2005年，山顶建设文昌阁，形成市北区的制高点，使整个市区的景观尽收眼底。是一处集休闲、娱乐、旅游于一体的综合性开放式公园。

大汶河国家湿地公园　2007年2月，建设部批准设立大汶河国家湿地公园。公园位于大汶河安丘市区段，西起牟山水库大坝，东至东外环庵顶坝。2010年始，市委、市政府规划建设、改造提升汶河两岸（西起央赣路大桥，东至莲花山大桥）。改造提升后的汶河景观主要包括汶水绿源、汶萃园和汶河湿地公园。

汶水绿源是指汶河南岸景观带，西起西环路，东至汶河广场，2010年开工建设。汶水绿源长2100米，宽100米，绿化面积21万平方米，栽植法桐、刺槐、苦楝、毛白杨、大叶女贞、乌桕等乔木9935棵，玉兰、木瓜、山楂、金丝桃、紫叶桃等灌木33.42万棵，种植麦冬、鸢尾、波斯菊、玉簪、大花金鸡菊等地被9.62万平方米，播种草坪面积6.96万平方米。

汶萃园是指汶河南北岸核心景观带，范围西起永安路，东至青云湖。汶萃园景观工程由北京北林地景园林规划设计院有限责任公司设计。2013年3月开工建设，11月竣工。全长1050米，建设总面积15万平方米，投资1.2亿元。主要景点包括：汶河北岸东面二层游船码头与广场，约4000平方米；汶河北岸中间276米长的大阶梯广场，面积1.3万平方米；阶梯广场亲水平台处设置具有典型汉代文化的“朱雀”石刻地雕以及“国家城市湿地公园标志”石刻地雕。是一处集休闲、绿道、观赏、餐饮、游乐、演艺场所和活动空间为一体的滨河园林景观带。项目建设共修建市政道路1900米、绿道3100米，铺设园路2万平方米；安装路灯56盏、庭院灯304盏、地埋灯220盏；砌筑驳岸4100米，建景观桥3座，设有公厕4座；铺装花岗岩广场3.8万平方米，木铺装4500平方米，建设林荫停车场1.7万平方米；种植各种乔灌木1.2万株、地被4万平方米，播种草坪22万平方米，栽植水生植物1万平方米。

汶河湿地公园西起秀水桥，东至莲花山路大桥，是大汶河湿地的核心保护区。全长2600米，总面积57万平方米，投资8500万元，由杭州园林景观设计院设计。主要景点有白鹭香洲、科普馆、景观桥、木栈道、亲水平台等，内容涵盖市政道路、绿道、桥梁古建、绿化种植等。通过大水面、大湿地、大森林、大绿地巧妙穿插，把湾塘、水体、堤岸、滩涂、湿地、植物、生物等连接成一个有机整体；配植水杉、垂柳等喜水植物，形成大面积自然生态湿地景观，成为天鹅、白鹭、翠鸟、野鸭等野生鸟类和水生物繁衍生息的场所。项目建设动用土石方44万立方米；栽植36科、67属、86个品种的乔灌木24万株，地被及水生植物等28.4万平方米；修建车行道4500米、自行车绿道3300米，铺设各种管线4.5万米，硬化铺装面积32000平方米；安装路灯121盏、景观灯（海鸥灯）184盏；建有科普馆、临水茶社、林中茶社、木栈道和3座亭子、4座景观桥；设有公厕4座。

城区道路绿化

1986年—1997年，安丘市城区绿化面积小，形式单一，仅在主要道路两侧人行道栽植树木。树种以国槐、法桐等品种为主。城市绿化率25%。

1998年—2007年，市人民政府根据当地旅游特色和生态优势科学的规划布局，实施“一轴、二口、三区和六大绿化”提升工程，初步形成以公园、游园绿化为点，街道绿化为线，单位庭院绿化为面，环城路绿化为环，大汶河景观改造、国家城市湿地公园建设等滨河绿化为带的城市绿化大格局。“一轴”：建设横贯安丘新老城区的大汶河景观轴。“二口”：2007年，投资7660多万元，高标准升级改造和绿化、靓化城区东、北两个出入口，建造生态绿色的出入口景观。“三区”：改造提升长安路以南206国道以西的旧城区，拓展提升市北区新潍安路以东、青云大街以北为界的新城区，利用中石化西气东输管网途经市境机遇，建设以天然气为原料或燃料的低碳经济集聚区。“六大绿化提升工程”：即绿色通道建设工程、城市造林工程、荒山绿化工程、平原绿化工程、“百河绿化”工程和花园式单位（小区）创建工程。

2002年，安丘市规划建设市北区景观大道等7条道路，道路绿化随之展开。2003年，大面积绿化新潍安路、莲花山路等道路。2004年，绿化外食街、北外环、学府路、沿湖路、葛庄前路和市政府后路。2005年，绿化新安路、沿湖路和莲花山东路。2006年，绿化云湖路北段和青龙湖下游。2007年，绿化新安路北出入口、香江路、莲花山南侧等。2008年—2009年，以创建省级园林城市为目标，增加城市绿量、提高绿化水平为重点，完成植树637.14万余株。其中，栽植乔木177万株和灌木174万株、地被植物33205.3平方米、模纹图案41910平方米。投资8673.37万元，新增公共绿地面积62.7万平方米。

2010年，市政府实施“三拆一绿”（拆除沿街破旧平房、拆除沿街实体围墙、拆除违章建设，绿化城市）工程。投资1260余万元，全面改造绿化市南区，面积5.9万平方米。栽植乔木16万余株、花灌木及地被39万余株，调运种植土5万余立方米，完成广场及路面铺装5500余平方米，绿地路沿石安装1.1万余米，铺设绿地养护管道2000余米。投资6000万元，绿化建设或改造提升华安路、和平路、香江路、龙湖路、阳春路、云湖路、青云大街、双丰大道、汶水路、新安路、明湖路、建设路、潍徐北路、永安路、坝顶路、206国道东出口等40多条道路。投资1.2亿元，完成环城河一期改造工程（长安路至大汶河全段），全长1700米，自北至南依次建造浪琴谐波、平泉叠玉、枫韵金湾和花舞晨韵景观段，沿河两侧绿化带宽度平均30米，绿化面积75000余平方米，栽植各种苗木20.2万株。是年，全市绿化覆盖面积1201万平方米，公园绿地面积729.3万平方米，园林绿地面积956万平方米，人均占有绿地面积27.01平方米，建成区绿化覆盖率37.23%，绿地率29.63%。

2011年，安丘市编制实施《城市绿地系统规划》。

城区绿化突出点、线、面、环、带相结合，构筑总量适宜、布局合理、物种丰富、景观优美的城市绿化系统。投资3000万元，建设大汶河南岸景观工程（东起青云湖大闸，西到央赣路），全长5120米，绿化面积40.8万平方米，分中央水湾、青云•国际水城和汶水绿苑景区，是安丘有史来最大的河道改造景观工程。

2012年，总投资3630万元，先后完成北海路安丘段、下小路城区段、206国道东段等绿化工程。其中，投资1500万元，绿化北海路安丘段，全长1450米，两侧绿化宽度各20米，中间设1.4米宽绿化分车带；投资1600万元，绿化下小路城区段，长度3600米，道路模式由宽6.5米的绿化带分割为人行道与主车道，人行道宽3.5米，人行道后侧为宽约1米～1.5米不等的绿化带；投资530万元，绿化206国道东段，长21000米，两侧宽度各15米，绿化工程采用疏林草地相间，落叶乔木和常绿树种合理搭配，乔灌草紧密结合的方式。

2013年，总投资5100万元，绿化改造商场路、新安路、青云山西路、青云山南路、莲花山南路、北外环东延等7条道路。总绿化面积28.6万平方米，栽植乔木2.3万株，灌木151.1万株，红叶小檗球、龙柏球等球类植物7175株，地被植物9.2万平方米，草坪16.97万平方米；安装管道17862.8米，调运种植土15.44万立方米，外运垃圾14.2万立方米。是年10月，安丘市贯彻山东省住建厅、财政厅等6部门下发的《全省裸露土地绿化工作实施方案》，潍坊市委、市政府制定的《关于实施“三八六”环保行动加快生态美丽潍坊建设的意见》，在全市开展增绿提质行动。同月，安丘市顺利通过省级园林城市验收。11月，完成大汶河核心段景观（汶萃园）改造工程。12月，安丘市被山东省人民政府命名为山东省园林城市。同时，启动创建国家园林城市工作。是年底，城市建成区园林绿地面积 2.47万亩。城市绿化覆盖率44.25%，绿地率36.33%，人均公共绿地面积26.87平方米。

安丘市全方位、多角度植绿、补绿城市道路、单位庭院、居住区、厂区周边、城中村和城乡结合部、沟渠水系等，基本形成道路两侧林带化、沿河两岸公园化、花坛绿地景点化、城乡绿化一体化的城市绿化格局。

庭院绿化

20世纪80年代，安丘县城区各单位庭院绿化自行栽植，要求低、面积小、品种单一。从1996年起，园林部门发动各单位、居住小区进行高档次绿化，深入开展创建省级、潍坊市级“花园式单位”“花园式小区”活动和安丘市“花园式单位”“星级绿化单位”等活动，各单位、小区庭院绿化面积逐年加大，绿化水平不断提高。2013年，全市有青云花园等省级花园式小区3家，市自来水公司、鲁安药业等省级花园式单位5家，青云郡、润泽苑等潍坊市级花园式小区6家，安丘盛源热电有限责任公司、市污水处理厂等潍坊市级花园式单位42家。

第十节　公共卫生

1984年5月，安丘县环卫所成立，隶属安丘县市政工程队。有干部职工17人，聘用临时保洁人员148人。在城区三里店子建成粪便处理厂一座，建有容量500立方米的无害化粪便处理池，配备垃圾清运机械车7辆，粪便拖拉机4辆，设置垃圾箱120余个。担负城区10条主要街道，60余万平方米的清扫保洁任务，日清运生活垃圾60余吨，日清运粪便5吨～8吨。1990年，开始运用经济手段管理环境卫生，提高城区卫生质量。城区98%以上的沿街单位与环卫所签订卫生有偿服务合同书，环卫清洁工人实行划区服务，单位监督。有偿服务单位增设垃圾箱，垃圾清运日产日清。1994年3月，安丘县环卫所更名为安丘市环境卫生管理处（以下简称市环卫处），有干部职工32人，聘用道路保洁人员180人。配备清运车8辆，保洁道路14条，保洁面积120余万平方米，日清运处理垃圾100余吨，形成清扫、保洁、清运、处理和监察管理为一体的环卫保洁作业模式。1996年—2003年，市政府在城区投资建有公厕26座，不断更新增加垃圾清运车辆，卫生保洁清运能力有较大提高，保洁面积200余万平方米。2005年，市环卫处更名为市环卫局。有干部职工46人，成立保洁公司5个，聘用保洁人员280人，区内设置生活垃圾箱400余个。上门收集沿街商户生活垃圾4000余户，人力清扫面积151万平方米，保洁面积270万平方米，日清运垃圾160余吨。2010年3月，安丘市行政机构改革，市环卫局更名为市环卫处。是年，安丘市进一步加大资金投入，加强环境卫生设施建设与管理，新增环保型公厕7座，建成汶河广场垃圾中转站，配备压缩清运车、道路清扫车和大型转运车各2辆，在城区主要路段配备密封式垃圾桶和不锈钢果皮箱1830个。2011年，市财政投资680余万元，建成莲花山和大城埠生活垃圾转运站2座，购置环卫作业车8辆。其中，垃圾清运摆臂车6辆，洗扫车1辆，吸扫车1辆；配置8立方垃圾方箱86个，建成区保洁面积增至360万平方米。在此基础上，安丘市争取省级农村垃圾治理专项资金80万元，为凌河镇建设垃圾中转站一座，购置垃圾运输车2辆。2012年1月，安丘市首座无害化生活垃圾处理场正式开工建设。项目总投资8607万元，位于城区东南14公里处，占地面积252亩，库容量196万立方米。垃圾处理场采用卫生填埋工艺，按日处理垃圾450吨的模式设计，使用期限15年。是年10月，一期填埋区和办公区建成并正式启用，全市城乡生活垃圾全部运往垃圾场进行无害化处理，市内生活垃圾无害化处理率100%。2013年7月，垃圾处理厂渗沥液处理项目安装完成。是年9月，经山东省住房和城乡建设厅专家组现场考评，达到无害化处理要求，评定为Ⅰ级。2011年—2013年，市政府先后制定出台《关于实施城乡环卫一体化管理的意见》《安丘市城乡环境综合整治活动实施方案》《安丘市城乡环卫一体化考核办法》和《安丘市城乡环卫一体化实施办法》等规范性文件。市镇两级财政投资2.75亿元，建设完成日处理垃圾450吨的无害化生活垃圾处理场一座，垂直压缩垃圾转运站10座，卧式可移动压缩转运站5座，新购清扫车、清运车、水洗车、高压冲洗车和吸尘王等各类环卫作业车98辆，配备垃圾桶18000余个，增设果皮箱560个。2013年底，市区有公厕21座。其中水冲式14座、生态环保公厕7座。35家企事业单位、商场、加油站和大型社区的卫生间免费对市民开放。市环卫处对建成区内147个村居实施专业托管。建成区外大盛镇48个村居率先由环卫处统一托管。建成区保洁面积由360万平方米增加到870万平方米（其中市南区420万平方米、市北区450万平方米），道路机扫保洁率85%。

第十一节 城市亮化

亮化建设

1988年，安丘县城区仅有向阳路、人民路等道路建设安装路灯100盏，灯具为悬臂式高压汞灯，安装于高压线杆上。路灯总体规模小、数量少、亮化效果不理想。进入90年代，随着经济持续发展和城市化进程的加快以及城区道路不断整修拓建，城市亮化景观建设成为城市建设的重要组成部分。按照县政府“突出重点，提升节点，打造亮点，彰显特点”的要求，县电力局以“节能、特色、环保”为原则，配合城市建设，实施新增、改造城市道路亮化工程。

1990年，安装新建永安路悬臂式路灯170余盏。1992年，实施商场路亮化工程，首次采用立杆式路灯，新安装路灯160余盏。1993年，建设南苑路，新安装路灯110余盏。

1994年，长安路建成通行后，市电力局安装悬臂式路灯110余盏。1997年，实施兴安路亮化改造工程，新安装路灯170余盏。1999年，实施商场路路灯改造工程，新安装高亮度路灯320余盏。

2000年，市委、市政府全面规划建设新市区，加大道路亮化工程建设投资力度。市电力局实施长安路路灯改造工程，新安装路灯110余杆、180多盏。2001年，在新建成的市北区明湖路、建设路，安装中华灯160余杆、700多盏。2002年，实施206国道、阳春路路灯亮化工程，新安装路灯170余杆、340多盏。2003年，实施青云大街路灯亮化工程，新安装中华灯60余杆、750多盏。

2004年，安丘市电力局路灯管理职能移交市建设局。市建设局成立安丘市路灯管理所，由市政管理处代为管理。市建设局实施建安路、云湖路、汶水路等道路亮化工程，新安装路灯360余杆、670多盏。2005年，进行长安路路灯改造工程、青龙湖路路灯亮化工程，新安装高压钠路灯230余杆、460多盏。2006年，实施永安路、商场路、青云山路、人民路等道路亮化改造提升工程，安装400瓦高压钠路灯480余杆、720多盏。2007年，安装新建和平路（下小路—潍安路）、206国道路灯110余杆、220多盏。

2008年—2011年，新装路灯采用高照度、低能耗的绿色节能环保LED光源，既美观大方，又能延长亮化设施寿命，在实现亮化照明功能的前提下，尽可能地节约电能。2008年，实施和平路、华安路、兴安路亮化改造提升工程，安装新型路灯500余杆、1000多盏。2009年，亮化改造外食街、拥翠街、环城河、健康路、坝顶路、潍徐路、安阳路、下小路、和平路等道路，安装LED路灯630余杆、1100多盏，总投资1220余万元。2010年，投资670余万元，亮化改造人民路、潍安路北段、商贸城、南苑路、坝顶路、向阳路等道路，安装路灯320余杆、470多盏。2011年，投资800多万元，亮化改造潍徐路、汶河南岸、人民路西段、莲花山路、学府路、中央水湾、滨河路等道路，新安装路灯550余杆、600多盏。

2012年9月，市路灯管理所从市政管理处分离，独立管理。是年起，安丘市以道路路灯亮化为框架，以沿街建筑亮化为主体，以街景亮化为装饰，以高层建筑亮化为亮点，以桥梁、广场、绿地、公园亮化为点缀，突出五线（商场路、206国道、永安路、兴安路、向阳路东段）、三桥（永安路大桥、青云湖大桥、青云湖拦河坝）、三公园（汶河广场公园、青云湖公园、青云山公园）、一区（行政办公区）、26幢高层楼的亮化，全面营造璀璨靓丽的城市夜景。投资660多万元，完成206国道东出口亮化工程，新安装LED路灯545杆，新增LED光源545盏；投资120多万元，完成北海路安丘段亮化工程，新安装LED路灯44杆，两项亮化工程贯通市区南北，北与潍坊市相连、南同诸城市接通。投资1800多万元，高标准亮化青云大街、汶水路、阳春路、北外环、昆仑大街、双丰大道、下小路、永安路北延、潍安路、汶河南岸、坝顶路、坝底路、镇前街、建安路、翠山街、香江路、莲花山路、珠江路18条新扩建道路，新安装路灯1324杆，新增灯头4000余盏。以“打造亮点工程，美化城市夜景”为重点，投资450余万元，安装永安路汶河大桥景观带亮化灯5268盏，青云湖大闸景观带亮化灯2270盏。

2013年，投资380余万元，迁移新安路原有300杆路灯，亮化学府路东段、秀水街、永安路南段、兴安路南段、双丰大道西段5条道路。投资58万元，翻新维修商场路156杆路灯。投资1548万元，实施新安路、北外环东延路段、莲花山路、青云山西路、青云山南路、永安路南延路段、彭家洼西路等道路的亮化工程，新安装路灯770杆，新增灯头1346盏。投资290余万元，打造潍安路大桥、莲花山路大桥亮化点，成为城市标志性景观。全年新安装路灯1112杆，新增灯头2030盏，累计投资2270余万元。市区道路亮化覆盖面100%，路灯亮灯率98%以上。

路灯亮化重点工程

新安路道路亮化　道路全长9.5公里，双侧布灯，安装路灯320杆、高杆灯22杆，铺设PE管24000米，铺设VLV4×35+1×16电缆24500米，完成投资774万元。

潍安路汶河大桥景观亮化　桥长531.6米，安装LED投光灯（窄光束）414套、（宽光束）310套，150瓦疝气灯及其他附属设施等，打亮桥拱通体；桥两侧用1748套36瓦洗墙灯打亮桥两侧，营造一种恢弘大气的效果。完成投资219万元。

莲花山路大桥景观亮化　桥长426米，总投资268万元，安装LED投光灯52套打亮桥墩，安装全彩铝基座点光源940套，装点桥两侧成五彩斑斓、竞相追逐的效果，与上游汶河核心段景观亮化统一协调，形成桥、河、湖靓丽的夜景景观带。至2013年，完成投资73万元。

青云湖大闸亮化　大闸全长1100米，安装景观灯柱（250瓦金卤灯+12×20瓦）35套，铺设电缆1260米。至2013年，完成投资79万元。

第十二节　城管执法

1986年—1989年，安丘县城乡建设委员会负责城区市容环境卫生管理工作。按照建设部颁发的《城市容貌标准》，开展城市街道达标竞赛活动，先后拆除乱搭乱建板房、临时棚厦86处，清理乱堆乱放2000余处，整治城区脏、乱、差现象16000余起。1990年3月，设立安丘县县城市容管理队，依法加强城市综合整治。至1993年，共查处违法建筑68起，破坏园林、市政设施案件29起；清理占道摊点4.6万个，乱贴乱画2.8万处，乱堆乱放6000余处。1995年7月，安丘县县城市容管理队更名为安丘市城区管理监察大队。是年，城区管理监察大队重点规范市区3处集市和13处摊点群，解决市场繁荣与市容秩序、市容环境之间的矛盾。

1998年5月，安丘市撤销城区管理监察大队，成立安丘市城市管理监察大队。市城市管理监察大队建立长效管理机制，提高市区整体环境卫生质量。至2001年，每月对市区沿街建筑、各类公共设施和道路上乱涂乱画等城市“牛皮癣”现象，集中进行1次～2次清理；对反复出现的“牛皮癣”现象，在日常保洁中做到随发现、随清理。针对沿街门店广告牌匾一店多牌、牌匾破旧、规格不统一的现象，先后发放限改通知书300余份，督促各门店清洗广告牌匾3000余块，规范和取缔违章设置的附属牌匾1000余块。清理违章悬挂的广告标语、横幅1000余条。取缔违章占道经营商贩225户，暂扣处理115户商贩的违章物品。会同环卫、市政、园林等单位，治理建筑工程车辆抛撒渣土和带泥上路等严重影响市容环境的违章现象。发放违章工地与车辆限改通知书200余份，处罚沿街抛撒渣土现象80余起；处罚乱倒建筑垃圾行为40余起；纠正带泥上路和未覆盖蓬布拉运渣土的违章行为200余起。纠正处罚损坏市政设施行为50余起；纠正处罚损坏城市绿化设施行为20余起。

2002年4月，安丘市城市管理联合执法大队成立。重点开展违法建筑查处和市容环境综合整治活动。是年，查处违法建筑126起，拆除82处；整治店外经营流动摊点8000余处，占道洗车、占道加工点110余处；清除乱贴乱画、办证广告26000余张；查处噪声扰民案件200余起。

2004年1月，安丘市城市管理行政执法局（简称市城管执法局）成立，为正科级行政机构；成立安丘市城市管理执法监察大队，为正科级事业单位，隶属市城管执法局。2005年，市城管执法局执法大检查城市规划区在建工程项目及乱搭乱建现象，清理乱搭乱建1200余处。强制拆除刘家尧镇永乐官庄、辛家庄、范家庄，兴安街道南关市场，贾戈街道韩家村等69处严重影响城市规划秩序的违法建筑。查处破坏市政设施行为63起，毁绿行为56起。查处非法采砂、取土行为68起，取缔街头算命点32个，清理“黑网吧”40个。至2006年，清理市区道路两侧店外经营流动摊点12000余处，马路加工厂172个，露天烧烤摊位324个（次），各类违章亭63个，占道洗车点60余处；整治乱贴乱画、办证广告30000余份；查处乱倒垃圾案件190余起，建筑工地车辆带泥上路、抛撒渣土案件96起，“三超（超载、超速、超宽）”车辆293车次；查处噪声扰民案件115起，扣押音响设备63套；拆除不规范条幅600条。2007年，市城管执法人员增至93人，有城管执法车23辆，并全部安装GPS定位系统。是年，查处违法建筑176处，拆除65处，拆除面积11000平方米。2008年，查处违法建筑189处，拆除77处，面积7500平方米。2009年，查处违法建筑294处，拆除130处，面积16000平方米；对全市重点路段设置城区超重禁行标识牌42块，查处“三超”车1680辆（次）、抛撒渣土和带泥上路车310辆（次），破坏市政、园林设施案件126处，乱倒垃圾案件170余起，受理查处夜间噪声扰民案件160余起。2010年，市城管执法局落实市委、市政府提出实施的“三拆一绿”工程，加大城市环境综合整治力度。专项治理永安路南段道路两侧大城埠22户建材占道经营，青云山路东段道路两侧27户机动、电动三轮车占道经营；市政府投资绿化、硬化、亮化商贸城至银座周边环境，专门成立执法中队加强管理，开展7次集中清理活动。改造原市棉纺厂民生市场，设置统一标识的专门货台；辟建新安街道焦家庄村后专业停车场1处，将出租货车、工程机械等车辆全部退路进场；划线管理沿街单位、门市前停车，摆放停车提示牌50个；迁东郊早市至原市轻工机械厂西侧空场内，迁潍安路南首民生市场至原市公安局后斜路东场街段；专项整治和平路外食公司门前“马路市场”、大城埠集市“探头市场”以及山东柠檬生化有限公司东门外车辆乱停乱放等问题。立案查处300余起违法建筑，组织拆除活动120余次，拆除违法建筑232处、面积25000多平方米；拆除原市植物油厂沿街附属房11间、220余平方米，维护重点区域的规划建设秩序。加大擅自进入市区“三超”车辆的整治力度，严查带泥上路、工地扬尘污染和噪声污染。共查处进入市区的超重车140辆（次），抛撒滴漏车45辆（次），乱倒垃圾18起，破坏绿化带7起。清理206国道安丘段丰台岭路两侧的9处非法经营存、售砂点，取缔非法设置的11个平交道口。组织实施对国税局、永盛锦园、建设银行、商贸城、时尚广场、银座商城等单位的亮化达标活动，提升城市品位。

2011年，安丘市城市管理开展“城管进社区”活动，引导业户群众共建共管城市环境。市城管执法局城南管区设在市区最大的集贸市场内。管区与街道、社区、村居协调规划市场，拆除违章建筑，清除垃圾，辟出10余亩场地，规范占道卖树苗、贩狗售鸡、流动摊点等“马路市场”进场内经营。城东管区与青云山路经营电动三轮车业户协商，提出“统一划线，规范经营”的管理方案，距业户门前7米内摆放经营。城西管区协调市慈善义工协会和红房子糕点有限公司，组织群众自觉参与城管志愿服务签名活动，志愿服务者300余人。开发区管区在市北区主要道路两侧设置16块企事业单位路标指示牌。是年，市城管执法局投资5.6万元，规划设置建安路棉纺厂、潍安路北首、向阳路西段、人民路教师公寓等7处民生市场，实现“流动摊贩集约化、地摊经营货台化、执法管理常态化”。规范治理商贸城至银座商城周边商业区域，取缔流动摊贩30余个，拆除棚厦16处、600余平方米，拆除私搭乱建8处。牵头组织违法建筑联合大检查，共立案查处违法建筑286处，拆除50余处，申请安丘市人民法院执行案件17起。同时，加强校园周边环境秩序整治、时令瓜果摊点规范管理、户外广告审批管理和露天烧烤治理工作。

2012年，城市管理抓重点、破难点，加强市容环境、交通秩序、集贸市场、建设工程等方面的综合整治。市城管执法局对永安路南端老庄子段、潍安路南端三里庄段、健康路西段西关街等路段的经营业户，通过调查摸底、说服劝导、下达通知、签订保证书、协助清理、强制拆除等措施，市容秩序基本规范。整治中，下达通知书200余份，签订保证书105户，扣押落地广告灯箱、牌子62个，取缔建材经营业户4户、占道经营无纺布业户8户，拆除乱搭乱建棚厦25处。在创建省级卫生城市复审期间，组织执法力量拆除佳乐家周边乱搭乱建160余处，清理店外经营223家。在鑫源步行街新建商铺35间，沿街单位、门店前人行道施划停车泊位360余个，设置停车指示牌50个、非机动车停车护栏1200米、自行车隔离桩110个，安装自行车停车架240组、1400米。对占道经营的烧烤摊点、店外餐饮业户，通过印发通告、电视宣传、夜间巡查整治等措施，取缔26家，规范36家，扣押经营物品100余件。拆除206国道沿线楼顶广告12块，其他路段陈旧广告366块，不规范牌匾219块，新审批安装高档化、规范化、小型化广告牌匾254块，统一安装新建楼盘广告底座11处。新购置小广告清洗机，配备专门人员，及时清理市区主要道路两侧及部分背街小巷的纸广告和办证号码。同时，规范兴安街道大城埠、东关花市、贾戈立交桥、新安街道焦家庄、天地商业广场等重点集贸市场秩序。迁韩家后狗市和畜禽交易点进大城埠市场内，不再在南苑路上占道经营；规范40多户卖树苗经营业户进大城埠市场大棚内经营，建材销售车辆全部进市场；规范东关花鸟市场10多户古玩摊点、花鸟渔具和买卖字画的摊点进院内经营；规范停放在潍徐北路两边的40余辆工程机械车辆进焦家庄村后停车场内；规范约束东郊早市、鑫牛早市的“探头市场”在市场内经营；划线定位管理赶集上店的乱停乱放车辆，维护交通秩序和市场交易秩序。是年，市城管执法局与市环卫处联合成立建筑垃圾统管统运办公室，配合全市“十大片区”（物流港、华安片区、青云·国际城、墨溪河、田戈片区、青龙山物流园、三合村片区、五里河片区、汶中片区、金稻园片区）及市公共文化影视中心和北外环等拆迁改造建设，全面加强市区建筑工地管理，规范建设秩序，严厉查处违法违章行为。全年查处擅自进入市区的“三超”车152台次、乱运乱倒建筑垃圾32起、抛撒滴漏渣土56起；查处违法建设525起（其中村民建房479起，企业46起），强制拆除306起，拆除面积4.3万平方米，立案查处156起，责令停建41处。

2013年，开展城市环境综合治理“百日会战”和秋冬季“百日攻坚”行动，审批新上、更换门头牌匾160块、2870平方米；拆除206国道、阳春路、下小路、商场路等10条重点道路上的不规范广告牌匾285块、4630平方米；规范潍徐南路、下小路（昌安路）73块门头牌匾；聘请专业广告设计公司设计改造商场路两侧80栋建筑物的建筑立面、门头牌匾、楼体广告，拆除广告牌匾169块、2459平方米，新安装镀锌结构骨架、铝塑板露面、亚克力发光字广告牌匾135块、2020平方米；粉刷十二户村沿街楼立面1200余平方米。规范大城埠集市、东关花市等9个较大集贸市场，杜绝“马路市场”和“探头市场”。辟建占地60余亩的彭家庙子市场，迁温家坡子集市和天地商业广场集市680余个经营业户全部进市场内有序经营；整治市区沿道路两侧的60余家烧烤摊点，取缔36家，扣押店外烧烤炉具26个，桌子、板凳、灯箱等260余件；取缔汶河广场、青云山广场内的流动摊点、乱摆乱卖400余人次。先后对永安路、潍安路、商场路等路段路沿石以上施划停车泊位1100个，设置停车提示牌20个；联合市环卫处清理市南区9条主要道路存在的260余处私设乱上水泥踏步；辟建安邦家园小区东侧300平方米的闲置地为临时停车场，免费提供给市东埠中学学生停放自行车和市民停放机动车。开展城市扬尘污染防控环保行动，对市区45处建筑工地和12处拆迁片区的建筑垃圾实施统一管理和运输处置，杜绝私拉乱倒;对7家运输公司的50余部运输车辆，安装统一的密闭顶盖装置和GPS定位，严防严查车辆带泥上路、抛洒滴漏。增补更换市区主要道路出入口31块超重禁行标志牌，总数49块。建立城市建成区内的41处煤场、土堆场、工业垃圾场和29家露天烧烤店的台账，落实整改措施。实施在建工程“绿黄红”三色管理模式。对全市重点项目、重大招商引资项目等“绿色”建设项目，搞好服务，允许边建设边补办手续;停工停建一般性违章的“黄色”建设项目，待补办手续缴纳罚款后再行施工；对严重违法的“红色”建设行为立案查处，依法实施拆除。全年立案查处违法建筑205起，组织集中拆除活动156次，拆除235户的各类违法违章建筑241处、28568平方米，拆除违法占地院墙33处、13010平方米，维护城市规划建设秩序。是年8月20日，市政府印发《安丘市数字化城市管理平台建设实施方案》，并通过省住房和城乡建设厅专家组的论证。至12月，总投资1330万元，基本完成数字城管系统建设。

第十三节　环城河改造工程

环城河是唯一贯穿市南区的河流，上接牟山水库、下与大汶河相连，全长6200余米。建成之初主要承担沿线泄洪和灌溉两大功能。进入21世纪，随着改革开放和城市建设规模不断扩张，市区居住人口急剧增加，大量的城市生活废水、工业污水直排河中，沿河居民随意往河中倾倒垃圾，使环城河变得越来越脏。

2009年，市委、市政府以改善城市环境、造福人民群众为出发点，全面启动环城河改造工程。环城河改造工程分两期完成。一期改造工程于是年3月正式动工，总投资1.2亿元，改造从长安路以北至大汶河入河口的河道，全长1100余米。河堤采用大理石砌装，上装木质护栏，河岸两侧建有绿化带、绿色景观地、景观步行道、小型活动广场，栽植高低相间的花卉树木。2010年12月工程竣工，成为市民休闲、健身、娱乐的好去处。

2013年，市委、市政府确定环城河二期改造工程为全市年度城市建设重点项目之一，要求工程建设做到“高起点规划、高标准设计、高质量建设、高水平管理”。工程总投资1.8亿元，改造范围为华安路以西200米处至长安路河道，全长5100余米。上游段河道从华安路以西200米处至商场路，长3100余米；下游段河道从商场路至长安路，长2000余米。改造工程分为市政基础建设工程和景观建设工程两部分。市政基础工程建设包括：河流截污管道埋设、河道清淤、河底防渗以及驳岸砌筑、河道闸坝修建、部分旧有桥涵改造、护栏安装等，投资1.2亿元。景观建设工程包括：园路及小广场铺装，绿化苗木栽植，景墙砌筑，景观小品建设，管理房配置，照明设施安装，灌溉设施配套等，投资6000万元。是年5月，河道主体工程全部完成，整治改造河道5100余米，河道两岸新埋设截污管网共8068米，修建大小桥涵和闸坝15座。绿化景观建设工程建设各种景观小品145处、小型市民活动广场29个、安装景石214块、景观灯302盏、栽植大型乔木5千余棵、花草灌木5万余株、铺设草皮50157.6平方米。7月，全部工程一次性通过竣工综合验收。8月，顺利进行通水试验，并通过当年汛期考验。工程集防洪截污、生态环保、人文景观、休闲健身等于一体，成为贯穿安丘南部市区中心的景观休闲旅游河流。

第二章　乡村建设

第一节　镇村规划

1989年前，安丘县没有成型的村镇规划，农村建设基本处于无序状态。进入20世纪90年代，伴随农村改革的步伐和农村经济的发展，镇村规划事业实现历史性跨越。安丘市在经济基础较好的乡镇优先进行小城镇建设规划，适应社会主义新农村建设需要。1995年，安丘市委托山东省城乡规划设计研究院编制完成景芝镇总体规划。1998年，安丘市委托山东省测绘院规划室编修官庄镇等镇区建设规划。1999年，安丘市被建设部评为全国村镇建设先进市。2001年，市政府委托潍坊市规划设计研究院，编制完成凌河镇村镇建设的总体规划，获得建设部颁发的全国优秀村镇规划设计三等奖；委托山东省城镇规划建筑设计院编制完成郚山、大盛、柘山、石埠子、金冢子、辉渠、石堆7处乡镇的总体规划。次年，市人民政府批准实施。2007年，安丘市结合全市行政区划调整和经济发展的要求，委托山东省城乡规划设计研究院、山东省城镇规划建筑设计院分别修编景芝、凌河、石埠子、辉渠、官庄、柘山、郚山七镇的总体规划。2009年，市政府批准实施。是年，市规划局委托山东省城乡规划设计研究院编制完成安丘市村镇体系规划、安丘市农村住房建设与危房改造专项规划，并报经潍坊市人民政府批复实施。同时，市规划建筑设计院完成全市670个行政村的规划编制。2010年—2013年，安丘市委托山东省城乡规划设计研究院、山东省城镇规划建筑设计院、潍坊市规划设计研究院和安丘市规划建筑设计院编制完成凌河镇拥翠园社区、郚山镇南逯社区、大盛镇金湖社区、官庄镇永昌社区等100个新型农村社区规划。其中，凌河镇拥翠园社区和郚山镇南逯社区规划获山东省优秀村镇规划设计二等奖。2011年，景芝镇、凌河镇成为省、潍坊市百镇建设示范镇后，委托山东省城乡规划设计研究院修编总体规划。其中，景芝镇的总体规划获山东省优秀村镇规划设计一等奖。2012年，市规划局委托中国城市规划设计研究院启动编制安丘市城镇化发展规划。次年，委托山东省城乡规划设计研究院编制景芝镇、辉渠镇的基础设施专项规划、产业发展专项规划、供排水专项规划和景观风貌专项规划。至2013年底，办理乡村建设规划许可证401件，审批建筑面积27.07万平方米。

第二节　小城镇建设

1986年，安丘县小城镇建设处于萌芽状态。各乡镇根据当地经济发展状况和自然环境特征，注重加强以乡镇驻地为中心的小城镇建设，普遍建有学校、医院、供销社、集市、粮所、邮政所、储蓄所、烟站等公共服务设施。1989年—1993年，发展基础较好的乡镇，开始初步规划镇区建设。在不断加大投入，继续完善公共服务功能的同时，拓展镇区主要街道，沿街建设商业楼房，集中发展商业服务业，兴办乡镇企业和个体企业，乡镇经济收入大幅增加。安丘、景芝、凌河、刘家尧等18处乡镇先后建起政府办公楼，初步拉起小城镇建设“骨架”。1994年，安丘撤县建市，为小城镇建设带来良好的发展机遇。市政府根据各乡镇的资源情况、地理位置、人口状况、产业基础等条件，提出科学规划、差异建设、特色鲜明、功能完善的发展定位，把推进农村城市化作为全市经济和社会建设发展的战略重点之一。按照建筑有设计、施工有图纸、竣工有验收的要求，因地制宜，因势利导，建造一批具有地方特色的小城镇。1995年，景芝镇委托山东省城乡规划设计研究院编制完成小城镇建设规划，并全力付诸实施。历史悠久的齐鲁古镇，成为工贸发达、产业集中、酒业驰名、城镇功能稳步增强的山东省现代化小城镇示范中心镇。1997年，各乡镇围绕建设社会主义市场经济，兴办企业、加强农业、发展第三产业，为小城镇建设进行经济储备。官庄镇拥有镇办企业6家，第三产业项目10多个，个体私营业户370户。1998年，官庄镇聘请山东省测绘院规划室专家编修镇驻地建设规划，于次年12月通过潍坊市有关专家评审鉴定，报经市政府批准实施。1999年—2000年，官庄镇投资2500余万元，拓宽改造、硬化绿化镇区主要街道，拆除沿街两侧旧房，新建二层以上标准商用楼房40多栋、建筑面积10000多平方米；建成占地50多亩的集贸市场1处。镇直部门和镇区村纳入小城镇总体规划，医院、邮政、农电、信用社、学校等单位相继建起高标准的办公楼，城镇基础设施初步健全。2001年，潍坊市规划设计研究院编制完成凌河镇总体规划。是年，安丘市委托山东省城镇规划建筑设计院编制完成郚山、大盛、柘山、石埠子、金冢子、辉渠、石堆7镇总体规划，加快推进小城镇建设。次年，经市政府批准实施。各镇按照规范化的标准加大建设力度，镇区居民点、产业布局、沿街商铺、楼房、路政等基础设施网络日趋完善，综合治理镇容镇貌，城镇化程度有较大提高。2005年，郚山镇和石堆镇共投资1348.4万元，硬化、绿化镇区道路。2006年，兴安街道和景芝、凌河、石埠子、辉渠、官庄、郚山、石堆等镇加大投入，优化改善镇区环境条件，发展商业、兴办工业，促进产业园区建设，城镇发展空间大幅扩张。兴安街道依托市区中心的区位优势，突出招商引资、民营经济、“三产”开发、城中村综合改造。投资1000万元，新建占地面积5000亩的第一工业区；总投资2.2亿元、先期投资9900万元的承信嘉诚房地产项目建起安置楼5栋、2.5万平方米，安置拆迁户300户，沿街2万平方米的商贸楼竣工使用；城中村开发沿街商住楼5万平方米；投资600万元，建成占地20亩的建筑陶瓷市场，36家建陶销售商入场经营；投资500万元建成家电一条街，营业房面积6000平方米，40家家电批发销售业户入驻经营。郚山镇投资500万元，硬化、亮化道路，建成南逯欧式商贸一条街，建设楼房380间，营业面积1.1万平方米。是年，郚山镇通过潍坊市中心镇验收。2007年，市政府根据各乡镇人口、地理位置、经济发展的状况，调整合并部分乡镇，进一步优化资源配置，扩大城镇规模，提升城镇化水平。是年，安丘市委托山东省城乡规划设计院为景芝、凌河、石埠子、辉渠、官庄、柘山、郚山、大盛等镇编制新一轮小城镇规划。2009年初，市政府批准实施小城镇建设规划。各镇抓住机遇，高起点、高标准加快新一轮城镇建设进程，加强基础设施建设和配套设施建设，全面拓展改造镇区建设，推行下店上宅、前店后厂、生产经营与居住生活一起的多功能楼房。设计新颖、功能齐全的住宅楼相继建成入住，程控、移动、电信、有线电视、互联网覆盖全镇，建设改善中小学、幼儿园、医院、敬老院等公共服务设施，培育设置商业中心和市场集群，集中建设工业园区。

2010年—2013年，各镇充分发挥各自优势，持续加大投入，全面启动镇区综合开发建设。全市小城镇建设总投资129.6亿元，完成公共服务性建筑181.7万平方米，镇区道路硬化、绿化、亮化率98%以上，镇村道路相通相连，路面全部以柏油或水泥硬化，总里程3800多公里。自来水、互联网、有线电视普及率100%。镇区旧村改造有序展开，楼房住宅比例50%以上，农村人口向镇区聚集。新型农村社区建设扎实推进，一大批设施齐全的示范社区、村居小区建成入住。全市各镇累计投资6800多万元，购置环卫作业机械设备、建设垃圾处理场地和设施，全面实施城乡环卫一体化，镇容村貌干净整洁、焕然一新。公共服务设施不断完善，中小学校布局合理，校舍高标准建设，教学设施高标准配备；卫生医疗保健水平不断提高，惠及全镇群众；普遍建起设施齐全的敬老院、老年公寓。加强社会文化建设，镇有文化中心，村有文化大院，社区、村居建有群众休闲、娱乐、健身广场，并设置健身运动器材。各镇均规划建设各类专业集贸市场和商业一条街，促进商业贸易繁荣流通。新型工业发展壮大，一大批低碳、高新技术产业项目和外资企业落户各镇工业园区，建成达效。布局合理、功能完善、产业集中、吸纳就业、特色鲜明的现代化小城镇已具规模。景芝镇做强做大先进制造业和商贸流通业，打造城市副中心，建成为全国重点镇、山东省百镇建设示范行动示范镇。凌河镇、金冢子镇、石堆镇发挥区位优势，增强产业发展，融入主城区发展。凌河镇建成为全国重点镇、山东省百镇建设示范行动示范镇。石埠子镇、柘山镇、辉渠镇、郚山镇发挥山水生态资源优势，加快现代农业与生态旅游业融合发展，打造纯美田园小镇和区域旅游中心。石埠子镇建成为全国特色景观旅游名镇，柘山镇建成全国一村一品示范镇、山东省历史文化名镇。

第三节 村庄建设

1986年，安丘县农村民房宅基归个人私有，多为砖木、砖混结构。1988年，乡镇建设管理由各乡镇建设管理部门负责。凡新建房屋，按照规划的要求进行审批。对未经批准建设及不按规划乱占乱建、违章建筑的单位和个人，各乡镇建设主管部门依照有关规定给予处理。1989年，村镇建设进一步规范。规划建设经当地村镇规划建设办公室初审定点、核定用地位置后，再经安丘县建设局批准，方可开工建设。村民建房主要是翻修和改建旧房，新建的房屋大多以砖木结构为主的砖草房、砖瓦房。房屋为木门窗口、木檩条、檐板、房门挂耳窗、水泥制墙、红砖铺地、房宽五六米，标准低、居住拥挤。1990年—2001年，随着农村经济改革、土地承包经营制深入落实，安丘市农民经济收入迅速增加，镇村住宅建设规模、建设质量均有很大变化。不少村庄沿街农户规划建设集经商、住宅于一体，客厅卧室厨房卫生间等设施相配套的“下店上宅”“前店后室”的新型住房。村民住宅建设由砖木结构向砖混结构、钢筋混凝土结构跨越。房屋由平房向一般楼房、单体住宅楼方向发展，图纸设计逐步由工匠画草图到采用《齐鲁新农居图集》《潍坊市农村和住宅施工图集》等优秀设计方案，标准、质量进一步提高。2002年6月，县乡机构改革，兴安街道、贾戈街道、刘家尧镇设置村镇建设管理办公室，其他乡镇设置村镇规划建设办公室，实施镇容镇貌、环境卫生、园林绿化等有效管理。2009年7月，全市农村第一个社区——凌河镇拥翠园社区启动社区建设筹备工作，满足农民群众日益增长的公共服务需求。2009年11月，山东省人民政府在《关于潍坊市2009年度城乡建设用地增减挂钩项目区规划的批复》中批复社区建设项目。2010年5月，中共安丘市委、市人民政府出台《关于加快新型农村社区建设推进城乡一体化的实施意见》。11月，市政府批复凌河镇拥翠园社区修建性详细规划。是年底，凌河镇拥翠园社区建设4层安置楼24栋、单套楼房373套，住宅面积55456平方米。社区建有服务中心、社区卫生、小学、幼儿园等公共服务设施，建筑面积5445平方米。配套建设水源热泵、供电、照明、垃圾和污水处理设施，完成道路硬化、亮化、绿化、美化等工作。2012年2月，市政府办公室下发《关于印发安丘市农村建设用地整治挖潜实施办法（试行）的通知》。全市通过旧村改造、迁村并点，充分利用土地增减挂钩、农村环境整治等政策，再建以石堆镇甘泉社区、大盛镇金湖社区、郚山镇滨河社区、官庄镇永昌社区为代表的一批新型农村社区，改善农民群众的居住环境和条件。2013年，全市规划建设新型农村社区100个，同步规划建设社区服务中心、卫生室、小学、幼儿园等公共服务设施和基础设施，开工建设小型污水处理设施16座。修缮加固和拆除重建达到C级、D级的危房，完成农村危房改造1168户。农村实有住宅建筑面积2301.86万平方米，其中混合结构以上的1985.46万平方米；实有公共建筑面积357.17万平方米，其中混合结构以上的343.43万平方米；实有生产性建筑面积701.44万平方米，其中混合结构以上的673.58万平方米。是年7月，市政府制定《安丘市村级公路网化项目建设实施方案》。年底，改造维修县乡道路90公里、大中桥梁6座，竣工农村公路网化工程488.7公里。全市农村基础设施配套逐步健全，村容村貌明显改观，基本形成“中心城区—小城镇—新型农村社区”协调发展的现代化城镇体系。

第三章 监督管理

第一节 施工质量管理

1986年6月，安丘县建筑质量监督站成立，2011年2月更名为安丘市建设工程质量安全监督站（简称市监督站）。市监督站严格按照国家、山东省、潍坊市有关建设工程质量监督和备案管理的法律、法规、规章和工程建设强制性执行标准，对受监建设工程质量实施日常监督和专项检查，对建设单位组织的建设工程竣工验收实施监督以及其他与质量监督相关的工作。根据房屋建筑工程和市政基础设施工程质量监督管理规定和工程建设强制标准，对工程实体质量和工程建设、勘察、设计、施工、监理单位（以下称工程质量责任主体）和质量检测单位的工程质量行为实施监督；对涉及工程主体结构安全、主要使用功能的工程实体质量情况实施监督。严格办理建设工程质量监督注册手续。根据受监工程的规模、特点、设计图纸等制定相应监督方案，并在首次现场检查时进行监督交底。对涉及工程主体结构安全和主要使用功能的工程实体质量、建筑材料和建筑结构配件的质量、工程质量责任主体和质量检测等单位的工程质量行为进行抽查、抽测，对工程竣工验收进行监督。监督过程中，不断规范各责任主体的质量行为，提高其质量意识，从根本上提高工程质量水平。依据施工图设计文件、工程建设强制性标准对施工过程中的工程质量控制资料和实物质量进行监督检查。实行以巡查为主要方式，辅以必要检测的监督检查制度，采取抽查施工作业面质量和对关键工序、重要部位重点监督相结合的方式。对工程实体质量进行抽测，对观感质量进行检查，对发现有违反建设工程质量管理规定行为和强制性条文的，责令改正或要求整改后重新验收，并做好督促整改和复查工作。当参建各方对工程验收意见一致时，提出明确的验收监督意见，并做好验收监督记录；当参加工程质量验收的各方对工程竣工验收意见不一致时，协调验收各方协商处理，待验收意见一致后，重新监督验收。同时，建立工程质量监督档案。监督档案在工程竣工验收完毕并签发监督报告后15个工作日内全部归档。国家及省重大工程、重点工程、特殊工程和标志性工程、特大工程质量监督档案长期保存；大型工程质量监督档案保存十年；中小型工程质量监督档案保存五年。进入20世纪90年代中期后，市内建设工程项目迅速增多，建筑企业不断增加。市监督站健全工程质量监管体系，强化监管措施，严把工程质量关。在监督模式上，改变过去重实体、轻行为的传统模式，形成质量巡查与监督验收相结合、实体质量与质量行为并重的新模式。实行工程项目监督责任制，行政执法分区到人，责任到人，通过日常监督、监督巡查、半年质量大检查、召开质量现场会相结合的立体化监督形式，对工程基础、主体、装修、竣工巡查到位，对涉及工程结构安全的重要构件和关键部位必检。以结构安全、使用功能、环境质量以及工程参建各方的质量行为为重点，实行重点部位重点检查和随机抽查相结合，对影响建设工程质量的全要素实现全覆盖监督。加大工程质量检查力度，严格按照上级有关要求及强制性标准条文，加大对工程建设各方责任主体市场质量行为的监督检查力度，明确工程建设各方责任主体的责任，规范其质量行为。结合整顿规范建筑市场秩序，每年在全市开展质量大检查。检查中以查企业质量保证体系为主，既查工程实体质量状况，又查市场主体的质量行为。2009年—2013年，查处各类问题42项。主要包括：施工图设计文件未经审查或者审查不合格，擅自施工；未组织竣工验收，擅自交付使用；监理单位不认真履行监理职责；监理人员不到位；不按照工程设计图纸或者施工技术标准施工；未对建筑材料、建筑构配件、设备和商品混凝土进行检验，或者未对涉及结构安全的试块、试件以及有关材料取样检测。对查出的问题和行为，市监督站下发整改通知单并根据“四不放过”(分析不出原因不放过，责任落实不到人不放过，找不出质保体系的漏洞不放过，未采取补救措施不放过）的原则，责令整改或报上级行政主管部门建议实施行政处罚。通过多项举措，全市工程质量水平稳步提高，未发生重大结构安全事故，优良工程数量和优良率位居潍坊市前列，工程质量投诉率尤其是涉及工程质量通病的投诉逐年降低。

第二节　安全监督管理

1986年始，安丘县建筑质量监督站依据《建筑法》《建设工程安全生产管理条例》《山东省建筑安全生产管理规定》等法律法规开展安全监督管理，确保全市建设工程安全生产，营造建设者良好的安全施工环境。建立安全生产监督管理长效机制，成立安全生产工作领导小组，落实“一岗双责”制度，开展以责任深化落实和安全生产管理为主要内容的安全监管活动。工程施工安全监督小组与工程质量监督小组密切配合，形成监管合力。对每项新开工办理建筑工程安全施工措施备案的工程项目均委派安全监督小组，对建设施工安全实施日常监督和专项检查，实现工程项目从开工建设到竣工验收全过程、全方位监管。严格落实建筑起重机械备案制度，加强日常监督巡查，确保工程安全责任有效落实。组织开展各类安全生产大检查。根据每年年度建设生产安排和省市确定的安全生产活动主题，每年春季对工程项目开工、复工进行专项安全生产大检查，六月定为“安全生产月”进行活动月大检查，夏季、秋季开展防雨、防汛、防风、防雷击安全专项检查，“迎双节”（中秋节、国庆节）安全大检查以及冬季的“三防”等专项检查。每次检查都确定内容，明确重点，落实奖惩措施，规定隐患整改期限，确保各项工程安全生产。组织全市特殊工种安全作业培训，开展安全生产知识宣传和其他与安全监督相关的工作。根据各企业人员的持证上岗情况与省市培训计划，积极做好施工企业人员培训、继续教育、换发证工作。2008年10月始，所有新开工工程一律按照潍坊市《建筑工程安全文明施工图集》的要求进行施工，从申报优良施工现场工程开始，逐步推进安全施工防护器具标准化、工具化。根据建筑施工行业标准规范（JGJ/T77—2010）《施工企业安全生产评价标准》，每年对施工企业的安全生产条件和能力进行评价，彻底淘汰QT16（砂箱配重）、QTG20、QTG25等固定式塔吊以及自制的、改制的安全装置不全的井架、龙门架，减少重大机械设备事故的发生。彻底淘汰自制的无漏电、断路保护器的各种配电箱，使用省、市备案的标准配电箱，基本上杜绝触电事故的发生。彻底淘汰木脚手架，普遍使用扣件钢管脚手架，推广使用组合式脚手架，外脚手架采用安全平网、立网防护，提高生产效率，减少损耗，节约资金，确保施工企业具备必要的安全生产条件和能力，保护人身财产安全，实现建设安全生产无重大事故发生，促进施工企业的安全生产可持续化。2011年始，市监督站利用潍坊市监督站工程质量安全监督信息服务平台，快速传达和贯彻上级有关文件精神，并利用这个平台，加强安全知识宣传，将每年的“安康杯”安全生产知识竞赛试题传到网络平台上组织参赛，累计组织从业人员3000多人参加。开展“安全教育进工地”活动，发放《建设工程施工现场作业人员安全知识手册》20000余份，使从业人员熟知安全常识，提高自救互救能力，有效防止违规作业现象的发生。积极推广安全文明施工，推进施工现场标准化管理。

第三节　建筑节能管理

从2000年起，随着科技进步和环保要求，安丘市以低碳和绿色为主体的新型建筑材料迅速应用。2007年，市政府制定下发《关于开展墙改与建筑节能检查的通知》，加强新建建筑节能材料的使用管理，要求所有新建建筑执行居住建筑65%、公共建筑50%的建筑节能强制性标准，形成设计、图审、施工专项检查、竣工验收备案的闭合管理机制。市墙改办建立建筑节能市场准入制度，在新建、扩建、改建的建筑工程项目中、严格执行“统一认定”“产品备案登记”制度，对工程使用新型建筑节能技术产品进行省级产品认定，未通过认定的不予备案，不准在工程项目中使用。2008年，市政府印发《关于加强建筑节能工程施工管理的通知》，发展绿色建筑和可再生能源的建筑应用，新型节能建筑材料使用全面推开。2011年，安丘市被财政部、住建部评为全国可再生能源示范县；青云御景园、鲁丰家园等住宅工程被国家建设部授予二星级绿色建筑。2013年，全市新建建筑新型墙材使用率100%，节能民用建筑竣工面积占民用建筑竣工面积比率100%。全市发展较大规模新型墙材和节能产品生产企业13家，新型墙材年生产能力达2亿块标准砖。原有建筑工程节能改造全面推动，老旧居民小区即改项目38万平方米。

第四章　建筑业

第一节　建筑队伍

1986年，安丘县有施工企业33家。其中，县属企业1家，乡镇企业32家，从业人员9080人。1995年，建筑施工队伍进一步增加，从业人员1.8万人，施工面积52.6万平方米，工程质量合格率100%，工程优良面积24.5万平方米。2000年，市内建筑业快速发展，建筑施工力量和规模迅速扩大，年房屋施工面积和竣工面积不断增长，成为推动全市经济发展的重要力量。建筑企业发展到55家，总产值12亿元；单位工程施工457个，竣工338个；房屋建筑施工面积105万平方米，竣工面积62万平方米。2005年，建筑企业总产值18亿元，全市资质等级三级以上建筑企业31家，完成建筑业产值15亿元；单位工程施工753个，竣工417个；房屋建筑施工面积238万平方米，竣工面积89万平方米，优良工程竣工面积68万平方米。2010年，完成企业总产值45亿元，资质等级三级以上建筑企业40家，完成建筑业产值35亿元，房屋建筑施工面积378万平方米。2013年，全市建筑业规模进一步扩大，形成以总承包为龙头，以专业承包企业为骨干，以劳务分包企业为依托的行业组织结构，为推动经济增长和社会全面发展发挥重要作用。资质等级三级以上建筑企业57家，其中一级资质5家，二级资质10家，三级资质42家。全年累计完成总产值106亿元，其中建筑业产值81亿元；创出省“泰山杯”工程35个，“鸢都杯”工程47个，省级QC优秀成果35个，潍坊市优质结构工程28个，建筑工程合格率100%；房屋建筑施工面积793万平方米，竣工面积241万平方米，从业人员22988人；外出施工人员1.6万人，完成对外施工产值5296万元；一级建造师73人，二级建造师449人，专业技术人员3508人，从业人员4万多人。

山东景芝建设集团公司　公司原为景芝建筑公司，创立于1965年。1998年，改制为股份制企业，至2013年发展成为集房地产开发、建筑施工、工业制造、金融投资于一体的大型综合性企业集团。集团注册资本3亿元，总资产25亿元，拥有各类专业技术人才1500多人，具有房地产开发、建筑施工总承包和钢结构工程专业总承包的国家一级资质，国际工程承包与劳务输出资质、钢结构工程专项设计资质等20多项专业资质。下设潍坊新大置业有限公司、山东景芝建设股份有限公司、山东上冶钢结构股份有限公司、安丘市通源小额贷款股份有限公司以及相关配套实体公司。2003年通过GB/T19001—2000、GB/T24001—1996、GB/T28001—2001的质量、环境、职业健康安全一体化标准体系认证。先后创全国、部、省、市级优良、优质、样板工程400多项，其中“泰山杯”工程16个、“鸢都杯”工程20个。被中国施工企业管理协会评为全国优秀施工企业、全国“安康杯”竞赛优胜单位，成为山东省建筑业综合经济实力100强企业、山东省AAA级信用企业、潍坊市重点企业、潍坊市百强民营企业，连续18年获潍坊市建筑业十强企业。

安丘市华安建筑安装有限责任公司　公司前身为安丘县建筑公司，始建于1951年。2001年，重组改制注册登记为安丘市华安建筑安装有限责任公司。2004年，升格为国家房屋建筑工程施工总承包一级企业，占地300余亩，职工602人，其中各类专业技术人员330多人。企业注册资本5000余万元，净资产6000余万元，配套于现代化工程施工的大、中型机械设备652台（套）。下设6个职能处室，8个土建分公司和安装公司、装潢公司、铝合金门窗厂、橡塑厂、预制构件厂等13个生产经营单位。2004年，通过质量、环境、职业健康安全一体化管理体系认证。先后创出“泰山杯”工程6个、“鸢都杯”工程15个、省优质工程13个、省科技示范工程7个、潍坊市优质结构主体工程21个。2001年、2004年两次获全国QC优秀成果一等奖。竣工工程一次核验合格率100%，优良品率连续5年80%以上。公司获全国安全生产先进单位、全国优秀施工企业、全国工程建设质量管理优秀小组、山东省建筑企业综合实力100强、山东省重合同守信用企业等荣誉称号，连续多年被潍坊市建设局授予建筑业十强企业、质量信得过企业、先进施工企业称号。1人获全国五一劳动奖章、建设部劳动模范荣誉称号。

潍坊市华夏建安有限责任公司　公司成立于1975年，前身为安丘县夏坡公社建筑队。1998年企业改制，更名为潍坊市华夏建安有限责任公司。2003年3月，升格为国家房屋建筑工程施工总承包一级企业。至2013年发展成为集房地产开发、建筑施工、钢结构、铁塔、园林绿化、生态农业、设备租赁于一体的大型综合性企业集团。企业注册资金2.2亿元，年产值16亿元，具备建筑施工总承包一级、房地产开发二级、市政总承包三级专业资质，500千伏输电线路铁塔以及建筑装饰、钢结构、金属门窗专业二级资质，建筑幕墙、堤防、外墙保温等三级专业资质。下辖华夏建安、华厦房地产、永安铁塔、华夏钢结构、坤得生态农业、裕鑫设备租赁六大产业。2000年，通过ISO9000质量体系认证。2006年，通过质量、环境、职业健康安全三位一体认证。历年来竣工工程合格率100%，优良率80%以上，先后创出省、潍坊市级优良和优质工程280多项，获山东省“泰山杯”工程12项、潍坊市“鸢都杯”工程11项、省级无质量通病示范工程3项、省级安全文明示范工地21项、潍坊市级安全文明示范工地91项。开发建设的大华名都项目获最佳宜居奖，通过国家2A级住宅性能认定。公司先后获潍坊市级先进企业、山东省AAA级信用企业、山东省私营企业百强企业、山东省安全生产管理先进企业、山东省工程质量管理先进企业、省级守合同重信用企业、山东省建筑业二十强品牌企业、全国乡镇大型企业等称号，连续14年建成为潍坊市建筑业十强企业。

安丘市贾戈建工有限责任公司　公司创立于1969年，前身为贾戈公社建筑公司，1998年改制为贾戈建工有限责任公司。2013年，升格为国家房屋建筑工程施工总承包二级企业，通过ISO9001国际质量体系认证。下设3个土建分公司和安装分公司、潍坊顺大房地产开发有限公司、铝合金门窗厂等8个生产经营单位，资产总值3亿多元，年施工建筑面积28万平方米。工程竣工优良品率90%以上，其中承建的安丘市天下客商贸城工程项目利用可再生能源智能化采暖供热，采用地源热泵与节能建筑一体化技术，列为市可再生能源示范项目。企业连续数年获潍坊市百佳民营服务企业、全市十强企业等称号。

潍坊市安城建工有限责任公司　公司前身为安丘县城关公社建筑队，创建于1965年。2003年，变更为潍坊市安城建工有限责任公司。2004年，升格为国家房屋建筑工程施工总承包二级企业，通过ISO9001国际质量体系认证。拥有固定资产1650余万元，流动资金9759万元，年累计完成建筑业产值1.2亿多元。承建的安丘永盛锦园住宅小区12号楼创为“泰山杯”工程，安丘东关小区1号居民楼和安丘华苑家园6号楼创为“鸢都杯”工程。2011年，获潍坊市建筑施工质量管理先进企业荣誉称号。

山东安丘宏泉建安有限公司　公司成立于2004年，前身为安丘镇建三工区。下设6个施工处和水暖安装处、宏泉房地产开发有限公司、宏泉建筑劳务有限公司、安新建材厂等10多个生产经营单位，是一家集建筑安装、房地产开发、劳务施工与建材生产为一体的综合性集团公司。拥有资产总值8000余万元，年施工面积10万平方米，工程合格率100%，优良率50%以上。至2013年，创出潍坊市精品工程5个、潍坊市优良工程25个、安丘市施工现场综合管理样板工程5个。获潍坊市维护农民工合法权益先进企业称号。

第二节　勘测设计

安丘市建筑设计院

1980年，安丘县建筑设计室成立，办公地点设在安丘县城乡建设环境保护委员会办公楼。1985年1月，安丘县建筑设计室单设。1994年，安丘县建筑设计室更名为安丘市建筑设计院。

1985年—1995年，设计工作主要靠手工运算，手工图板绘图，以图纸形式指导施工。1996年，随着电脑技术的发展，开始使用DOS系统CAD绘图。2003年，使用PKPM绘图软件。2005年，PKPM绘图软件升级到网络版。2013年，电脑绘图增加钢结构和高层建筑设计，建筑设计基本实现电脑自动化，设计更加规范、节能、安全美观。

安丘市城乡勘察测绘规划设计院

1989年4月，安丘县从县建委规划科抽调部分人员，成立安丘县测绘队。1993年1月，县测绘队迁至建安路中段新址办公。1994年3月，安丘县测绘队更名为安丘市测绘队。1995年，安丘市测绘队更名为安丘市城乡勘察测绘规划设计院。

1989年—1997年，市城乡勘察测绘规划设计院外业测图利用平板仪，内业手工绘图利用三角板、圆规、三棱尺在聚氨酯薄膜上先用铅笔完成底图，然后再清绘图纸。自1998年始，配备AUTOCAD.软件，实现电脑绘图。1991年，完成第一个四等水准控制网填补安丘空白，获山东省建委颁发的1992年“鲁测杯”竞赛先进奖。1992年，参与测量、规划设计安丘青云山民俗游乐园。2000年—2002年，在基础资料完全空白的条件下，完成市北区从平面图的测量到道路网的规划设计、放线以及各市直单位办公场所、各住宅小区的勘察、建筑设计、定点放线等各项任务。2009年，获潍坊市工程勘察设计先进奖。

安丘市规划建筑设计院

2002年1月，安丘市建筑设计院与安丘市城乡勘察测绘规划设计院合并，成立安丘市规划建筑设计院。2010年，市规划建筑设计院与青岛市多家建筑设计院共同组建成立拥有甲级资质的安丘分院，与国内一流设计机构优势互补，密切合作，年产值连续超过千万元。2013年，市规划建筑设计院下设工程勘察院、测绘与规划设计院和建筑设计院。

自2002年市规划建筑设计院成立始，拥有工程勘察、工程测绘、建筑工程设计、城乡规划设计、土工试验等资质，勘察设计手段和勘察设计方法亦有重大变化。2003年，购置南方CASS测图软件，电脑和全站仪3台，测图效率成倍提高。2009年，使用GPS测图。2011年，购置双显GPS。2013年，拥有水准仪、扫描仪、经纬仪、绘图仪、G-2A工程钻探车2辆等齐全的测绘勘察设计技术装备，提高测绘勘察设计能力。2002年—2013年，市规划建筑设计院参与设计的青云花园住宅小区项目、凌河镇大儒林村建设规划项目被山东省建设厅评为规划建筑设计三等奖；规划设计的安丘华苑城、安丘曼哈顿被潍坊市规划局评为规划二等奖；规划设计的景芝镇红旗村村庄建设规划、红沙沟镇西浒崖村规划、辉渠镇标志性地段规划、安丘天顺世家规划设计、安丘青云绿园居住小区规划设计被潍坊市规划局评为规划三等奖。

安丘市1993年—2013年工程勘察测绘设计优秀项目表

表8-7

年份	工程勘察	工程测绘	工程设计
1993	—	—	安丘县农业银行办公楼
1995	—	青云山1:500地形图	—
1996	—	大汶河湿地地形图	—
1997	—	用S3水准仪完成城区四等水准控制网	—
1998	—	配备AUTOCAD.软件，实现电脑绘图	—
1999	—		安丘一中科技实验楼
2001	青云花园、御景园、金桂园、瑞景园、青云国际城	市北区新区建设，12平方公里	—

续表 8—7

年份	工程勘察	工程测绘	工程设计
2002	—	市北区新区建设，12 平方公里	安丘市青云学府教学楼、办公楼、学生餐厅
2003	—	市北区建设，12 平方公里	—
2004	—	市北区新区建设，12 平方公里	—
2005	—	施普乐招商项目建设，140 亩	—
2006	—	潍安路（人民路至和平路段）改造，675 米	安丘市食品药品监管局办公楼
2007	天顺家园、世纪新城、长安路两侧改造	招商项目承信嘉城建设，220 亩	西苑新城 11 号、12 号楼 水岸绿洲 11 号住宅楼
2008	东方明珠、潍柴华丰动力、五洲风电	青云御景园小区建设，188 亩	—
2009	大城家园、柠檬酸车间、青云学府教学楼宿舍楼、污水处理提升改造	潍徐路改造，2940 米；职业教育中心建设，286 亩	—
2010	凌河拥翠园安置楼、御景天城、天顺世家、天源世家、锦绣华城	锦秀华城小区建设，110 亩；天下客商贸城建设，114 亩	—
2011	清华园、天地广场	城区东出口绿化提升改造，1724 米；景酒文化产业园建设，2216 亩	兴安街道育英中学教学楼、安丘通用机械公司办公楼
2012	恒信三合春城、丹桂园	环城河改造，5975 米；青云大街改造，2686 米	安丘鼎正机械公司综合办公楼、潍坊威尔达石油机械公司办公楼
2013	—	商场路改造，3380 米；青龙湖项目建设，2864 亩	安丘市润东建筑公司办公楼、安丘市健康路小学办公楼、安丘天一生物工程公司办公楼

第三节 优质工程

安丘市建筑业创优工程始于 20 世纪 90 年代初，当时受建筑技术和建筑材料影响，创全优工程很少。1997 年，安丘盛源热电有限公司宿舍楼创“泰山杯”工程。1998 年，中国农业银行安丘市支行景芝办事处宿舍楼创“泰山杯”工程；山东景芝建工集团宿舍楼、安丘盛源热电有限公司 2 号宿舍楼创“鸢都杯”工程。进入 21 世纪，随着人民对建筑工程质量要求的提高，全市创优工程逐年增多。2000 年—2013 年，创省“泰山杯”工程项目 35 个、省级 QC 成果 35 个；创“鸢都杯”工程项目 47 个、潍坊市优良工程 337 项。建筑工程合格率 100%。

安丘市 1997 年—2013 年获“泰山杯”“鸢都杯”工程情况表

表 8—8

序号	泰山杯	鸢都杯	时间
1	安丘盛源热电有限公司宿舍楼	—	1997
2	景芝农行宿舍楼	山东景芝建工集团宿舍楼	1998
3	安丘市体委宿舍楼	安丘市开发公司宿舍楼 安丘电业公司宿舍楼	1999

续表 8—8

序号	泰山杯	鸢都杯	时间
4	安丘市建委宿舍楼 安丘市开发公司宿舍楼 安丘市电业公司 11 号楼	安丘盛源热电有限公司 2 号宿舍楼 安丘一中高教宿舍楼	2000
5	安丘市国税局 4 号宿舍楼	—	2001
	安丘市庄头小区 3 号住宅楼	安丘市地税局 5 号楼	2002
6	安丘开发公司银杏小区 5 号宿舍楼 二中风雨操场（装饰“泰山杯”） 安丘市银杏小区 6 号楼 安丘市国税局办公楼	安丘市人民医院内科病房楼 安丘市国税局综合办公楼	2003
7	安丘市人民医院内科病房楼	安丘市青云花园 4 号住宅楼	2004
8	—	安丘市外贸食品有限责任公司办公楼 安丘市青云学府 2 号教学楼	2005
9	—	安丘市会计集中核算中心办公楼	2006
9	—	安丘市青云花园 58 号住宅楼 安丘妇幼保健院病房（装饰“鸢都杯”） 安丘市东小关居民 1 号楼	2007
10	安丘一中教师公寓 安丘市永盛锦园 12 号住宅楼	安丘市青云花园 36 号楼 安丘市华苑小区 6 号住宅 安丘市永盛·锦园 9 号商住楼	2008
11	安丘市青云花园 66 号	安丘市青云花园 70 号楼 安丘华安小区 1 号住宅楼	2009
12	安丘市青云花园 82 号	安丘市鲁丰家园 3 号楼	2010
13	安丘市计划生育服务中心	安丘市东方明珠 1 号、2 号住宅楼	2011
14	—	安丘市青云花园 79 号住宅楼	2012
15	安丘市农信大厦	安丘市青云·御景园 15 号楼	2013

第五章　房地产管理

第一节　机　构

1986 年，安丘县房地产管理由安丘县城乡建设环境保护委员会规划科负责。1988 年 5 月，安丘县房地产管理所设立，为股级全民事业单位，隶属县建委。1994 年 6 月，安丘市房地产管理所撤销，成立安丘市房地产管理局，为全民事业单位，隶属安丘市建委。2009 年 6 月，安丘市房地产管理局调整为市政府直属部门，更名为安丘市房产管理局，为正科级事业单位。2010 年 3 月，安丘市房产管理局更名为安丘市房产管理中心，隶属市政府领导，归口安丘市住房和城乡建设局。内设办公室（挂组织人事科牌子）、财务科、物业管理办公室（挂维修基金缴管科牌子）、住房保障科、法制监察科和房屋登记中心。

第二节　房地产开发

1985年，安丘县第一家房地产开发企业——安丘县城市房地产综合开发公司成立。至1994年，未实际操作房地产项目，境内亦没有成型的商品住宅小区。1995年—1997年，随着经济快速增长，住房制度改革深入实施，安丘市房地产开发企业逐步增加，开发能力不断增强。其间，开发建设十二户小区、银杏小区、古槐小区等，占地总面积17.45万平方米、建筑楼房总面积24.29万平方米。1998年—2002年，潍坊新大置业有限公司、潍坊戈雷祥安房地产开发公司、潍坊华夏房地产开发有限公司、安丘华安房地产开发有限公司等相继成立。潍坊新大置业有限公司开发建设青云花园、青云御景园、青云世家、青云金桂园、青云丹桂园、青云·国际城等住宅小区，累计投资28亿元，开发面积150余万平方米。2003年，全市有房地产开发企业12家，从业人员8000余人；年商品房开发建设面积30余万平方米，开发投资3亿元。2004年—2009年，随着全市城市建设步伐的加快，外地房地产开发企业落户安丘，房地产开发企业规模不断壮大，市场进入产销两旺期。房地产年均总投资4.6亿元，新增商品房面积40余万平方米。2010年，市内房地产开发投资持续增长，开发面积继续加大，房地产市场进一步活跃。总投资15.18亿元，施工面积110余万平方米。全市商品房网签销售3062套、面积29.97万平方米。2011年，全市开发建设项目42个，房地产企业发展到37家，施工面积200余万平方米。2012年，房地产开发完成投资28.79亿元，商品房施工面积310余万平方米。2013年，房地产开发完成投资30.64亿元，商品房施工面积360余万平方米。有房地产开发企业54家，其中当地注册企业47家（一级企业1家，二级企业4家，三级企业8家，四级及暂定企业34家），外地备案企业7家。开工建设商品住宅小区62个。其中，大型住宅小区19个，高层楼宇215幢。

第三节　房产管理

住房制度改革

1993年，安丘县城区开始推行住房公积金、提租补贴和售房为主的住房制度改革试点，由住房实物分配向货币化分配过渡。1994年11月，安丘市委、市政府召开全市住房制度改革动员大会，印发《安丘市住房制度改革实施方案》，对市直规划区内的直管公有住房和机关、企事业单位的自管公有住房，进行分步提高公有住房租金、推行住房公积金、出售公有住房、收取租住公有住房保证金、集资合作建房、建立住房基金等方面的改革。到1995年底，186个单位房改售房，占应参改单位的96.8%。出售公有住房9809套，建筑面积63万平方米；1027户职工家庭参与新的住房租金改革，核定租金额2.4万元；166个单位、23533名职工推行住房公积金制度，公积金缴存额77万元。1997年，出售公有住房2122套，建筑面积16.3万平方米；1120户职工家庭参与住房租金改革；223个单位、28370名职工缴存住房公积金，缴存额2260万元。至2000年底，全市累计出售公有住房16688套，建筑面积113.9万平方米；归集住房公积金5797万元，到位率93.3%，列潍坊各县市区第三位。在住房制度改革过程中，安丘市严格政策规定，严肃查处弄虚作假、骗取购房资格、低价出售公有住房等违规违纪行为。1997年—2000年，共查处购买两套公有住房的13户，取消购房资格的1户。至2000年底，公有住房制度改革基本结束，职工住房逐步进入市场化。

住房保障

2007年6月，安丘市人民政府出台《安丘市城镇廉租住房和救济住房管理办法》和《实施细则》，妥善解决困难家庭住房问题。2009年9月，制定《安丘市廉租住房租赁补贴办法》，全面建立廉租住房保障制度，住房租赁补贴正式实施。是年，首批101户低保家庭足额领取补贴资金，符合条件的低保家庭应保尽保。2011年7月，安丘市贯彻落实《潍坊市经济适用住房管理办法》《潍坊市廉租住房管理办法》《潍坊市公共租赁房管理办法》，经济适用住房建设正式启动。2012年9月，市政府出台《安丘市市区经济适用住房分配细则》，经济适用住房分配工作付诸实施。至2013年底，共完成棚户区改造3693户（其中货币补偿57户）、分配经济适用住房750套、发放廉租住房补贴203户、公共租赁住房补贴1003套、货币补贴1011户。

产权产籍管理

1993年前，安丘县政府机关、学校、粮库等房产，由县人民政府直接管理；新建公房，谁建谁管。私房长期属于自行管理状态，基本没有房产交易。私房租赁城区较多，政府不加干预，由税务部门征收房产税。1994年6月，安丘市房地产管理局开始管理房屋产权产籍。是年，办理房屋所有权证420个，确权面积77.8万平方米。其中，公房证108个，57.8万平方米；私房证312个，确权面积20万平方米。1996年，市房产管理局办理房屋所有权证11136个，确权面积70.8万平方米，公房登记发证率100%，私房登记发证率95%。1998年，办理房屋所有权证11638个，确权面积83.3万平方米，公房登记发证率100%，私房登记发证率96%。2000年，实施城乡房产一体化管理，启用和换发全国统一房屋权属证书。2002年，换发房屋所有权证4901个，登记确权135.3万平方米。其中，公房证108个，登记发证率100%；私房登记发证率90%，房改房发证率95%。之后，对凡需确权换证的随时办理。2010年，由南方数码软件公司开发的房屋登记信息系统正式运行，房屋登记从此进入信息化时代，产权登记工作迈上新台阶。市房产管理中心办理商品房登记1843件，登记面积19.99万平方米。2011年，办理商品房登记3060件，登记面积32.22万平方米。2012年，全市规划区房屋登记发证率90%以上。市房产管理中心办理商品房登记2093件，登记面积23.77万平方米。2013年，办理商品房登记3453件，登记面积34.04万平方米。

商品房预售管理

1995年3月，市政府办公室印发《关于实施安丘市城镇商品房预售管理办法的通知》，开始实施商品房预售管理。市房产管理局监察管理合同填写不规范、编号混乱、合同不建档、无预售许可证售房、虚假广告、预售许可不公示、擅自挪用售房款等行为。至2010年底，办理商品房预售许可证138个，预售商品房7123套，预售面积83.69万平方米。2011年，市房产管理中心办理商品房预售许可证115个，预售商品房4756套，预售面积60.35万平方米。2012年，办理商品房预售许可证143个，预售商品房8636套，预售面积101.9万平方米。2013年，办理预售许可证184个，预售商品房11897套，预售面积148.56万平方米。

房产抵押管理

1995年，安丘市房产管理局成立房地产评估事务所，房产抵押管理初步走向正规。是年，办理房产抵押登记8起，抵押金额540万元。1997年，办理房产抵押登记37起，抵押金额9978万元，抵押贷款6198万元。2000年，办理房产抵押登记158起，抵押金额9800万元。从2001年起，房产抵押登记、抵押贷款信息量不断加大。市房产管理局采取房屋登记信息系统录入、行政审批窗口、接件收件窗口、审核审批四级把关，档案专人管理，与银行、企业联手及时办理期房转现房抵押，维护房产抵押的连续性和严肃性。2012年，市房产管理中心办理期房抵押3639件，抵押面积37.8万平方米，抵押金额13.97亿元；办理现房抵押2556件，抵押面积112.34万平方米，抵押金额27.98亿元；办理在建工程抵押5件，抵押面积9.58万平方米，抵押金额1.85亿元。2013年，办理期房抵押4436件，抵押面积46.14万平方米，抵押金额17.81亿元；办理现房抵押3298件，抵押面积170.52万平方米，抵押金额37.07亿元；办理在建工程抵押8件，抵押面积26.24万平方米，抵押金额5.11亿元。

产籍档案管理

1994年，安丘市房产管理局负责房产档案管理，每年对各类房产档案材料组织接受、整理、保管工作，充分开发利用。入库档案定期检查，保证完整安全。2002年，房产档案管理通过省一级认定。2009年，随着房产档案管理系统的完善以及录入扫描工作的逐步深入，房产档案实现数字化管理，为档案的开发利用打下良好基础。2010年，馆藏档案92874卷。其中，房产档案92854卷，文书档案12卷，会计档案6卷，声像档案2卷。2011年，馆藏档案122475卷。其中，房产档案122457卷，文书档案10卷，会计档案6卷，声像档案2卷。2013年，馆藏档案175795卷。其中，房产档案175235卷，文书档案256卷，会计档案168卷，声像档案36卷。2011年—2013年，开发利用档案资源，每年为社会各界提供利用28700余人次。

房产交易

2000年前，安丘市房产交易量很小。其后，随着房地产业的快速发展，房产交易量呈逐年上升趋势。至2009年，全市二手房交易活跃，成交额 11005.5万元，面积7.59万平方米。城区房改房上市率37.6%，成交金额7600万元，增量住房与存量住房的比为1∶0.9，基本实现增量与存量房市场的良性互动。2010年，房产市场进一步活跃，全市商品房网签销售3062套，面积29.97万平方米；二手房交易1574套，面积16万平方米，金额26183.29万元。2011年，全市商品房网签销售3882套，面积40.26万平方米；二手房交易1363套，面积13.76万平方米，金额27210.8万元。2012年，商品房网签销售3833套，面积40万平方米；二手房交易1406套，面积14.6万平方米，金额35238.71万元。2013年，商品房网签销售5081套，面积53.81万平方米；二手房交易2690套，面积28.58万平方米，金额69612.64万元。

房产中介管理

2003年12月，安丘市注册登记成立首家股份制房产中介公司，从业人员46人。2006年起，房地产业和房产交易量增大，催生房产中介行业。2010年，市房产管理中心设立房产中介管理科，负责全市房产中介管理工作。是年，市内房产中介机构发展到4家，从业人员57人。此后，市房产管理中心先后下发《关于规范商品房销售现场公示内容的通知》《关于加强房地产经纪管理的实施意见》，规范房地产经纪行为，维护房地产交易当事人的合法权益和房地产市场秩序。2012年，全市中介机构发展到13家，从业人员124人。2013年，中介机构发展到21家，从业人员172人，二手房市场交易占全市交易总量的70%以上。

物业管理

安丘市物业管理始于2002年，主要对住宅小区实行物业管理。2005年，市房地产管理局成立物业管理办公室，负责全市房地产物业行业管理和住房维修资金收缴。2009年，全市16家（其中外来2家）物业公司，管理面积127.58万平方米，覆盖率50%。是年起，物业管理对象从住宅小区发展到商厦、宾馆等，服务内容从环境卫生、安全保卫等基本服务扩展到房屋维修养护、房屋装潢服务及社区活动，形成多层次、全方位的服务局面。2010年，全市有注册物业管理公司17家，其中临时资质2家；实行物业管理的小区62个，管理面积145万平方米，管理人员持证上岗率100%。是年，市房产管理中心制定下发《安丘市商品房预销售物业管理方案确认的通知》《安丘市实施物业管理服务合同备案程序》，为规范全市物业管理市场，调处物业纠纷提供保障。同时，开展创建“省、市级花园式住宅小区”和“平安小区”活动，督促检查全市各住宅小区绿化情况，新建住宅小区绿化面积30%以上，改建、扩建、早期建设的住宅小区绿化面积25%以上。2011年，全市注册物业管理企业26家（其中外来物业管理企业5家），实行物业管理的小区80个，物业管理面积223万平方米，收缴维修资金1647万元。2012年，全市注册物业管理企业28家（其中外来物业管理企业7家），实行物业管理小区90个，管理面积350万平方米，管理人员持证上岗率100%。是年，市房产管理中心出台《安丘市物业管理服务合同备案程序》《关于住宅共用部位、共用设施设备维修资金缴存入库情况的报告》，规范推动全市物业管理市场健康发展。全年收缴维修资金2090万元。2013年，全市注册物业管理企业33家（其中外来物业管理企业8家），实行物业管理小区97个，管理面积450万平方米，从业人员430人，累计收缴维修资金14161万元。新建住宅小区绿化面积30%以上，改建、扩建小区绿化面积25%以上。拥有省级优秀住宅小区4个，潍坊市级优秀住宅小区20个。

第四节　住房公积金

住房公积金管理

1993年10月，安丘县财政局设立住房公积金管理中心，负责全县住房公积金的归集、管理和使用等工作。1994年，安丘市实施住房制度改革。1995年，市住房公积金管理中心在市直部门、单位职工中推行住房公积金缴纳制度。2010年，根据潍坊市人民政府办公室《潍坊市住房公积金管理体制调整工作实施方案》的文件精神，安丘市推进住房公积金管理体制改革。2011年2月，安丘市编制委员会下发《关于调整市住房公积金管理中心管理体制的通知》，明确市住房公积金管理中心为市政府直属单位，具体负责全市住房公积金的归集、管理、提取、使用等工作。市住房公积金管理中心制定《安丘市住房公积金归集管理办法》《安丘市住房公积金支取管理办法》《安丘市住房公积金个人贷款发放与回收管理办法》《安丘市住房公积金财务管理制度》等，通过制度建设，形成资金运行全过程的内部约束和监控体系，为防范各类风险提供制度保障。2013年6月，市住房公积金管理中心与安丘广播影视中心联合制作《走进住房公积金》专题宣传片，用三个月的时间在安丘综合频道和综艺频道黄金时段轮回播出，收到良好效果。

住房公积金归集

从1995年1月起，安丘市在市级机关、事业单位及国有企业建立住房公积金制度。2009年9月，市人民政府印发《关于在各镇（街办）全面推行住房公积金制度的通知》，开始在各镇街道全面推行住房公积金制度。各镇街道机关、事业人员及中小学教师从是年9月1日起开始缴纳住房公积金。至2013年，市、镇两级行政机关、事业单位和部分企业全面建立住房公积金制度，计提基数为个人全部工资额，缴纳比例为单位和个人各5%。2011年底，全市缴存住房公积金单位387个，缴存人数41769人，累计归集缴存公积金46503万元，累计支取公积金21776万元，余额24727万元。2011年，归集缴存公积金10670万元，首次突破亿元大关。2012年，归集公积金13107万元。2013年，归集公积金15300万元。

住房公积金个人贷款

1996年，安丘市开始发放住房公积金个人住房贷款。至2000年，个人住房贷款规模不断扩大。住房公积金个人贷款最初采取的方式是抵押+第三者担保。自2006年始，改为抵押+担保公司担保，方便客户，服务群众。贷款额度根据贷款个人购房情况及家庭经济状况区别安排，单笔贷款最高额度25万元，最长期限20年。至2011年12月，累计发放个人贷款27547万元，贷款人数4646人，贷款余额13863万元。是年，根据国家房地产调控政策和上级要求，贷款数额适度从紧，发放贷款3350万元，比上年减少3700万元。2012年，发放贷款8241万元，贷款人数443人。2013年，全年发放贷款6060万元，贷款人数328人。

住房公积金增值收益的分配和使用

根据财政部《住房公积金会计核算办法》和《住房公积金财务管理办法》的规定，安丘市住房公积金增值收益主要用于提取市住房中心管理机构经费、提取贷款风险准备金、廉租住房建设的补充资金三方面。2007年，提取贷款风险准备金46万元；2008年，提取贷款风险准备金47万元；2009年，提取贷款风险准备金45万元；2010年，提取贷款风险准备金184万元；2011年因收益降低，未提；2012年，提取廉租住房建设补充资金120.8万元；2013年，提取廉租住房建设补充资金464.9万元。

第六章　环境保护

第一节　机　构

1984年，安丘县环境保护局成立，列县政府工作部门，下设环境监测站。1994年3月，安丘县环境保护局更名为安丘市环境保护局。2010年，内设办公室（挂规划财务科牌子）、法规宣教科、环境管理科（挂环境安全应急管理科牌子）和总量办公室。下设环境监察大队，环境监测站、景芝环保所、凌河环保所。

第二节　环境质量

废水污染

1989年，安丘县废水排放总量1082万吨，其中工业废水排放量735.36万吨，占废水排放总量的67.9%。经过处理的工业废水311.99万吨。其中，化学需氧量排放15200.82吨，石油类8.33吨，挥发酚8.67万吨。随着工业生产设备改进和对排放污水的有效治理，有害污水排放量有所减少。2007年，安丘市有污染物排放的工矿企业41家，年工业废水排放量890.72万吨，其中重点企业废水排放量873.07万吨，非重点企业废水排放量17.65

万吨。排放的工业废水中化学需氧量2322.02吨，氨氮79.93吨，挥发酚0.07吨，石油类0.05吨。2010年，全市工业废水排放量674万吨，其中重点企业废水排放量602.13万吨，非重点企业废水排放量71.87万吨。废水中化学需氧量排放367.19吨，氨氮20.51吨，挥发酚0.08吨，石油类0.56吨。2013年，工业废水排放量997.57万吨，废水处理量522.5万吨。废水中化学需氧量排放570.93吨，氨氮44.26吨，石油类0.282吨。其中，火力发电行业化学需氧量排放173.54吨，氨氮排放量13.25吨；化学药品原料药制造行业化学需氧量排放51.86吨，氨氮排放3.96吨；白酒制造化学需氧量排放150.94吨，氨氮排放16.24吨;蔬菜加工、牲畜及畜禽屠宰行业化学需氧量排放91.25吨，氨氮排放7.01吨。

废气污染

境内大气污染主要来源于各类燃料的燃烧。随着工业的发展和人民生活水平的提高，废气的排放量也随之增加。1989年，市内废气排放总量31.69亿标立方米。其中，燃料燃烧过程中废气排放量21.35亿标立方米，生产工艺过程中废气排放量10.34亿标立方米。排放废气中包含二氧化硫7756.96吨，烟尘3548.77吨，工业粉尘5000吨。2007年，市内工业煤炭消耗量75.95万吨，工业废气排放量70.48亿标立方米。其中，燃料燃烧过程中排放量27.41亿标立方米，生产工艺过程中排放量43.07亿标立方米。废气中包含的污染物二氧化硫、氮氧化物和烟粉尘的排放量分别为7002.1吨、4094.18吨和5765.95吨。2010年，市内工业废气排放量142.9亿标立方米。其中，燃料燃烧过程中排放量116.04亿标立方米，生产工艺过程中排放量26.85亿标立方米。废气中二氧化硫、氮氧化物和烟粉尘的排放量分别为5068.68吨、4106.46吨和1210.16吨。2013年，市内煤炭消耗量91.75万吨，工业废气排放量1062768万标立方米，废气污染物二氧化硫、氮氧化物和烟粉尘的排放量分别为4719.53吨、5006.61吨和927.27吨。

工业固体废弃物

境内工业固体废弃物主要以工业废渣为主。1989年，安丘县工业固体废物产生量55800吨。其中，粉煤灰1400吨、炉渣47900吨、化工废渣6000吨、尾矿100吨、其他400吨，工业固体废物综合利用量400吨。20世纪90年代中期后，安丘市工业迅速发展，厂矿企业总量和规模急剧膨胀，工业固体废物产生量不断增加。2007年，全市工业固体废弃物产生量29.93万吨。其中，粉煤灰28300吨、炉渣80100吨，其他废弃物14.58万吨。是年起，各企业对废弃物综合开发利用，减少污染，节约资源。2010年，工业固体废弃物产生量3.63万吨。其中，粉煤灰49000吨、炉渣96000吨、尾矿50100吨，其他废弃物127100吨，脱硫石膏20200吨。工业固体废弃物的综合利用率98.79%。2013年，工业固体废弃物产生量55.12万吨，综合利用量55.12万吨，综合利用率100%。

第三节　环境监测

1987年—1999年，安丘市环境保护局加强对水和大气污染环境监测力度，设置5个水质监测点和3个大气监测点，严密监控牟山水库水质和渠河彭旺店子段、沂胶路桥及汶河庵顶、夹河套断面的情况，跟踪监测全市饮用水水源地、重点污染源和总量控制单位，年取得环境监测有效数据5000多个，所报出数据一次合格率100%。2000年—2005年，围绕监测计划，拓展服务领域，提高监测水平，完成山东省、潍坊市下达的饮用水、地面水的例行监测任务。其间，全面监测全市污染源总量控制单位，每月2次监测造纸、水泥、印染等6家重点单位，严密监控饮用水水源地牟山水库、渠河的彭旺店子、沂胶路桥等断面的情况，年取得环境监测有效数据7000多个，所报出数据一次合格率100%。2006年，从资质认定入手，建立新的环境监测管理体系。严密监控渠河、汶河水系断面的情况，加强对安丘市污水处理厂的监测、监控，取得环境监测有效数据1750个，所报出数据一次合格率100%。2007年—2013年，每年取得环境监测有效数据10000多个，所报出数据一次合格率100%。

地表水监测

1988年—1992年，安丘县环境保护局按照水质监测的规范要求，在渠河设3个监测断面，分别为渠河石埠子段、渠河官庄段、渠潍交汇前；汶河设3个监测断面，分别为高崖水库出口、凌河镇北汶河段、周田戈沙场断面；牟山水库设3个监测点，分别为水库入口、库中和出口3个监测点。于每年

5月、8月、10月上下旬，进行一次检测。1993年—1994年，监测地表水的时间变更，于每年的4月、5月、7月、8月、10月、11月进行一次监测。监测项目分别有：流量、水温、pH值、溶解氧、高锰酸盐指数、化学需氧量、五日生化需氧量、氨氮、总磷、铜、锌、氟化物、硒、砷、汞、镉、铬（六价）、铅、氰化物、挥发酚、石油类、阴离子表面活性剂、硫化物、粪大肠菌群、电导率和水位等26项指标。1995年—1996年，监测地表水的时间再次变更，于每年的3月、4月、6月、7月、8月、9月、10月、11月、12月进行一次监测。1996年，潍坊市环境保护局考察、调研渠河设置的彭旺店子、沂胶路桥2个断面，汶河设置的庵顶、夹河套2个断面。1997年—2001年，地表水监测基本上每月一次。2002年，分别在3月、5月、7月、8月、9月、11月采样监测汶河夹河套、庵顶、贾戈庄断面和渠河彭旺店子断面。2008年，鉴于上年黄旗堡镇划归坊子区，夹河套点位的监测移交坊子区监测站监测。是年起，安丘市环境保护局改设黄旗堡桥断面。各断面监测频次变更为每月一次。从2012年5月起，地表水监测频次变更为每年单月进行一次监测。

地下水监测

1989年，根据潍坊市环境保护局的安排，安丘市地下水监测点设置安丘镇小河崖村、县水泥制品厂、县自来水公司、城西水源地蓄水池、县外贸冷藏厂、县三里店兽医站、县水利局7个点位，全年分4月、9月监测2次。监测项目分别是pH值、总硬度、氟化物、氯化物、氨氮、硝酸盐氮、挥发性酚、氰化物、总汞、六价铬、砷、镉、铅、铁、锰、阴离子表面活性剂、细菌总数、大肠菌群、色度、嗅、肉眼可见物和高锰酸盐指数。1997年，监测点位更改为城西水源地和安丘市自来水公司，监测项目增加硫酸盐和亚硝酸盐，监测频次变更为每月一次。同时，根据《地下水质量标准要求》，每年进行一次地下水饮用水源地39项监测项目的全分析工作。2011年，市自来水公司点位地下水水位变化无法继续供水。市环境保护局遂撤销自来水公司点位。2013年，根据国家的规定，地下水水源地监测频次变更为每半年一次，39项全分析每二年一次。市内地下水监测点为城西水源地。

大气监测

1990年，安丘县环境监测站在城区选定6个点位开展大气硫酸盐化监测。1991年，正式设立县政府招待所、冷风库和电机厂大气监测点位，监测二氧化硫总悬浮颗粒物。1995年，在监测二氧化硫、总悬浮颗粒物的同时，开始监测氮氧化物。2011年，在市环境保护局和安丘晓晨石油机械公司设立环境空气质量自动监测点位，实时监测大气中的二氧化硫、氮氧化物、PM10、一氧化氮、臭氧等。2013年，加装两个点位PM2.5监测设备，监测市内环境空气中的PM2.5。

降水水质监测

境内降水水质监测始于1989年。安丘县环境监测站分别设置县政府招待所、冷风库和电机厂监测点。坚持逢雨必测的原则，监测pH和电导率。

噪声监测

从1989年起，安丘县环境监测站在汶河大桥南和县总工会南设点监测交通噪声。每年一次，于5月进行。是年，开始监测区域环境噪声。监测前划城区为居民文教区、一类混合区、商业区、工业集中区和二类混合区，在每个区域中设1个～2个监测点。1990年起，确定交通干线噪声监测在安丘潍徐路上，分别在安丘汽车站、天下客商场和县图书馆门口、工业公司门口设点监测。1995年起，实行城区噪声网格式监测。设立100个监测点，昼夜进行监测。2000年，城区区域噪声监测网格大小变更为258×258米，网格（测点）201个，进行区域环境噪声监测。2001年—2013年，在市区多条主要道路设点位33个，监测交通噪声。

第四节　环境治理

废水治理

1986年，安丘县关停安丘镇东南街村农机厂电镀车间、潍坊市皮革公司安丘储运站，消除排出废水对地下水的污染。1988年11月，县环境保护局、县水利局制定《峡山水库和黄旗堡水源保护管理暂行办法》实施细则，加强境内废水管理。1989年，山东景芝酒厂沼气池改造，废水COD含量由4600mg/L降低到2100mg/L、悬浮物由750mg/L降到250mg/L；县外贸综合加工厂柠檬酸生产废水处理工程、肉联厂活性污泥射流曝气污水处理工程建设完成，解决污水直排河流问题。1990年，县造纸厂“碱回收工程”投产运行，日处理造纸废水30

吨，年节水60万吨，回收碱2673吨，污染物削减70%左右。1992年12月，县政府发布《安丘县城区饮用水源地保护区污染防治办法》。1994年，安丘市工业废水处理达标率由原来的45%提高到80%。1997年，市造纸厂中段废水治理项目采用二级生化处理工艺（即一级化学絮凝沉淀处理，二级生物化学处理），日回收碱约4吨；安丘盛源热电有限责任公司投资近500万元，采用先进反渗透水处理设备和先进水处理工艺，不再产生酸、碱污水，新工艺产生污水又被用于水膜除尘。1998年，市造纸厂新建日处理20000吨综合污水处理场一座，缓解废水污染。2000年，全市污水排放量928.86万吨（折算前），经城市综合污水处理厂处理850万吨（折算前），处理率91.51%。2002年，全市有环保治理设施101台（套），运转正常100台（套），污染防治设施运行率99%。蓝天纸业（原安丘市造纸厂）新碱回收系统处理黑液能力由300吨/日提高到700吨/日，黑液提取率由80%提高到90%，进水CODcr浓度由2200mg/L降低到1800mg/L；山东柠檬生化有限公司投资600万元改进原污水处理设施，新上三座1000方UASB厌氧发酵处理罐，好氧工艺体积增至3000立方米，提高污水处理率。2006年，工业废水排放总量603.46万吨，外排工业废水达标量581.46万吨，达标率96.35%。2008年，重点工业废水排放总量1014.86万吨，达标排放1011.56万吨，达标率99.67%。2009年，市环境保护局关停盛达纸品厂及潘洪纸品厂，保护市区水源地。2013年9月，市委、市政府开始实施“三八六”环保行动，加快秀美安丘建设。市委办公室、市政府办公室下发《关于印发〈安丘市消灭污水直排实施方案〉等8个实施方案的通知》，打响消灭污水直排、自备井整治、河道生态修复、推行“煤改气”、整治空气异味、淘汰黄标车、防控城市扬尘、治理农业面源8大战役。至年底，全市治理废水投资6亿元，污水处理工程建设投资5亿元。

安丘市污水处理厂　1995年，安丘市投资1630万元，建设城区污水处理厂。污水处理厂采用芦苇湿地工艺，日处理规模3万吨，次年建成运行。2002年8月，安丘市重建市污水处理厂。污水处理厂位于青云湖下游，占地86.4亩，工程采用百乐克生化处理工艺，日处理城市综合污水6万吨。2004年10月建成运行，2005年6月通过山东省环境保护局验收，2007年4月移交山东凯地水务科技有限公司市场化运营。2012年10月，安丘市改造扩建市污水处理厂。污水处理厂采用AAO法+高密度沉淀池处理工艺，占地86.1亩，在原有6万立方米/天的基础上，新增建设规模为6万立方米/天，出水水质达国家一级A排放标准。2013年11月，完成项目的土建、配套设备安装。12月，经潍坊市环境保护局批准，项目东区投入试运行，运行状况良好。

景芝污水处理厂　2010年4月，景芝污水处理厂开工建设。投资7700万元，占地25300平方米。采用AAO法+混凝沉淀+过滤消毒法生物处理工艺，日处理污水3万立方米，出水水质达国家一级A排放标准。2013年7月，进水试运行。是年11月，通过山东省环境保护厅验收。

废气治理

工业锅炉改造　1986年，安丘县有63台锅炉。1993年，有87台，2吨/时以上锅炉建有除尘设施，2吨/时以下锅炉无治理设施。1994年，景芝酒厂热电厂建成后，拆除3台4吨锅炉，架设专用供汽管道，集中供热发电，年减少二氧化硫排放量268吨、烟尘56吨。1995年，安丘盛源热电有限责任公司拆除3号锅炉原有低效率除尘器，投资30多万元换装成除尘效率较高的XDN型铸铁C型旋风式除尘器；1996年，新上的6号锅炉使用文丘里水膜除尘；1997年，投资70多万元，换装4号、5号锅炉C型旋风式除尘器为99高效陶瓷多管式除尘器，除尘效率94%；1998年，投资40多万元，换装3号锅炉为99高效陶瓷多管式除尘器。通过更新改造，4台35吨/时锅炉烟气黑度和烟尘排放量均低于国家二类地区规定标准。1999年5月，市政府下发《关于加强市区煤烟型大气污染防治工作的通知》。要求4吨/时以上的锅炉，建设脱硫除尘设施；4吨/时以下的锅炉，燃用型煤或建设水膜除尘。是年，全市大气氮氧化物日平均降到0.027毫克/标立方米，达国家大气环境质量一级标准；二氧化硫、大气总悬浮颗粒物日平均降到0.012毫克/标立方米、0.146毫克/标立方米，达到国家二级标准。大气氮氧化物、二氧化硫、大气总悬浮颗粒物分别比1996年降低22.86%、56.62%和8.75%。2000年，山东景芝酒业股份有限公司热电厂脱硫除尘装置更新改造为99高效陶瓷多管半干法脱硫除

尘器。2002年8月，市政府下发《关于印发〈安丘市加强煤烟型大气污染防治工作的实施方案〉的通知》。2003年，工业烟尘排放量2983.78吨，排放达标量2938.14吨，达标率98.5%。2005年，工业烟尘排放量3288.52吨，排放达标量3178.48吨，达标率96.65%。2007年，市政府印发《关于进一步加强城区大气污染防治工作的通知》、市环境保护局下发《关于加强墨溪河沿岸大气污染防治工作的通知》，限期治理工业、服务业生产用锅炉、取暖锅炉等大气污染源。2008年，重点工业烟尘排放量974.75吨，排放达标885.62吨，达标率90.86%。山东柠檬生化公司投资1200万元，在原有炉内添加石灰石脱硫的基础上，增上一套3炉1塔二氧化硫处理能力400毫克/立方米的石灰—石膏法脱硫。2009年，市政府印发《关于进一步加强大气污染防治工作的通知》，逐步拆除建成区热电供热范围内的燃煤锅炉，更换热电供暖。2010年，重点工业烟尘排放量684.14吨，达标率100%。2011年3月，市政府办公室下发《关于印发〈安丘市市区空气质量改善实施方案〉的通知》，重点防治燃煤烟气、工业废气异味、汽车尾气和扬尘污染；柠檬生化有限公司完成1号、2号两台发电锅炉低氮燃烧技术改造。2012年，市政府办公室印发《安丘市市区空气质量改善实施方案》和《关于建立大气污染联防联控工作改善区域空气质量的实施意见》，加强燃煤设施、工艺废气等污染治理，对市区35家锅炉使用单位下达大气污染治理通知，改用热电或者使用电、天然气等清洁能源的单位达50%。2013年，柠檬生化有限公司投资1850万元，升级改造原有石灰—石膏法脱硫设施，新建锅炉SNCR脱硝工程，新建二期石灰—石膏法烟塔一体脱硫工程。2013年，全市有工业锅炉38台，达标排放38台。

工业窑炉改造 1989年，安丘县有50台窑炉，改造41台。1990年，有43台窑炉，改造41台。1991年，有窑炉33台，烟尘排放达标30台。2013年，安丘市恒日水泥有限责任公司淘汰1条直径3.0×11米机立窑生产线，拆除所有生产线设备。

烟尘治理

1987年，安丘县无黑烟区0.665平方公里。1988年1月，县环境保护局制定《无黑烟区实施细则》，无黑烟区0.815平方公里。1989年，全县有142台锅炉，改造127台，达标127台，无黑烟区0.965平方公里。1990年，有151台锅炉，改造136台，达标136台，无黑烟区1.57平方公里。1991年，有锅炉55台，烟尘排放达标55台，无黑烟区3平方公里。1992年—2004年，烟尘控制区由4.2平方公里增至19.4平方公里，烟尘控制区覆盖率72%。2006年，烟尘控制区覆盖率86.3%，清洁能源使用率73.77%。2010年，清洁能源使用率79.59%。2013年，市政府下发《关于划定禁止直接燃用煤炭等高污染燃料区域范围的通知》，禁燃区达到建成区面积的80%以上。

工业尾气　粉尘治理

1992年，安丘县造纸厂投资53万元，引进配套成型设备，达到除尘85%的效果，解决碱回收蒸馏积垢问题。安丘县水泥厂改造原有高压静电除尘设施，除尘效率85%，每天回收水泥粉尘2.5吨，排放工艺尾气达标率65%；1993年—1999年，县水泥厂在南生产线投资60余万元，安装高压静电除尘器6台、带式除尘器2台；投资80多万元，在二号窑建造除尘楼一座；北生产线投资50余万元，安装高压静电除尘器2台、带式除尘器3台。2000年，投资130万元，限期治理三条生产线的磨机、立窑等废物污染源，烟尘、工业粉尘达标排放。2002年，全市工业粉尘排放量608.89万吨，排放达标率100%。2003年，工业粉尘排放量3070.44吨，排放达标率100%。2006年，工业粉尘排放量2037.96，排放达标率100%。2008年，重点工业烟尘排放量2513.43吨，排放达标量2431.32吨，达标率96.73%。2010年，重点工业烟尘排放量443.02吨，达标率100%。2013年，安丘山水水泥有限公司投资388万元建设1号、2号熟料生产线烟气脱硝设施，氮氧化物达标排放。

噪声污染源治理

1989年1月，县环境保护局、县公安局联合发布《安丘县城噪音管理暂行办法》，县城噪音有所控制，主要交通干线噪声76.86dB（分贝）。1991年，区域环境噪声平均值为56dB。1992年—1997年，区域环境噪声平均值为55.3dB，交通干线噪声平均值为68dB。1999年，安丘市人民政府印发《安丘市市区〈城市区域环境噪声标准〉适用区域划分规定》，划市区噪声区为四类，加强对市区工业噪声、建筑施工噪声和市区商业摊点高音喇叭的管理、整顿，市区噪声环境达标区覆盖率90%以上。2000年，市区环境噪声平均值昼 52.4dB，夜 44.5dB；交通干线噪声平均值 66.6dB。2002 年，市区环境噪声平均值昼 49.4dB，夜 48.9dB，达到规定指标要求。2004 年，市政府办公室下发《关于加强环境噪声污染排污申报工作的通知》，规定在城市区域范围内建筑施工过程中使用机械设备的施工单位，必须申报产生的环境噪声值以及所采取的环境噪声污染防治措施。同时，加强交通管理，安装禁鸣、限速标志，加强市区外环路建设，市区环境噪声状况得以有效改善。2006 年，市区环境噪声 54.9dB，交通干线噪声平均值 67.4dB。2008 年，环境噪声平均值 54.7dB，交通干线噪声平均值 64.1dB。2010 年，环境噪声 53.7dB，交通干线噪声平均值 65.9dB。2012 年，市政府制定《关于加强环境噪声污染防治工作改善城乡声环境质量的实施意见》，发挥各有关职能部门的监管作用，加强噪声排放源监督管理，促进噪声达标排放，提高城乡居民生活的环境质量。

第五节　环境监察

生态保护监察

1987 年—1999 年，安丘市做好重点区域、重点流域环境综合整治工作，环境污染和生态破坏的趋势得到控制。全市生态环境状况总体保持良好，重点区域、重点流域环境质量得到明显改善。2000 年—2003 年，重新复查全市 30 家水污染和 76 家大气污染达标的企业，全面排查重点污染企业。所有工业污染源实现达标排放，环境质量得到改善。2004 年，开通 12369 环保举报热线，实行 24 小时接访，全年接访、办结案件 60 余件。2010 年，重点排查、整治山东柠檬生化有限公司、安丘盛源热电有限责任公司、安丘市鲁安药业有限责任公司、贾戈街道为善村塑料群重点大气污染源，取缔为善村内的小塑料颗粒加工厂，全市空气质量得到较大改善。整治汶河、渠河、浯河、七里沟河、凌河、墨溪河河流沿岸排污口，当年 6 条河流水质全部达标。2012 年，市环境保护局现场检查全市 87 台(套)污水、大气污染防治设施 1800 余人次。其中，夜间、节假日检查 320 人次，雨雪等恶劣天气突击检查 110 余人次。每天一次现场监察污水处理厂，每月一次监察重要污染企业。

建设项目管理执法

1986 年—1999 年，安丘市环境保护局严格执行环境影响评价制度和“三同时”管理制度，重点行业建设项目必须进入工业园区。对国家明令淘汰、禁止建设、不符合国家产业政策的建设项目一律不批，对于污染物排放量大，高能耗、高物耗、高水耗的项目，污染物不能达标排放的建设项目一律不予审批。对于环境质量不能满足环境功能区要求、没有完成减排任务企业的建设项目、没有总量指标的建设项目一律不批。在饮用水水源一级保护区内与供水设施和保护水源无关的建设项目一律不批，在饮用水水源二级保护区内有污染物排放的建设项目一律不批，在饮用水水源准保护区内新建、扩建可能污染水体的建设项目一律不批，其他涉及到饮用水水源保护区、风景名胜区以及重要生态功能区的建设项目从严把握。对未经审批擅自开发建设或违反“三同时”规定的建设项目，依法严肃查处。2011 年，共受理建设项目环境影响评价文件 108 件，现场勘察 110 余次。其中，转报上级环保部门办理 17 件，组织环保验收 10 件，拒批不符合国家规定的小化工等污染项目 6 个。所有项目提前办结率 100%，满意率 100%。2012 年，共受理环境影响评价文件 188 件，现场勘察 190 余次，转报上级环保部门审批 55 件，拒批不符合国家规定的污染项目 4 个。所有项目提前办结率 100%，满意率 100%。2013 年，办理建设项目环境影响评价文件审批 195 件，现场勘察 200 余次，转报上级环保部门审批 11 件，拒批不符合国家规定的污染项目 4 个。所有项目提前办结率 100%，满意率 100%。

第九编

商贸　流通

第一章　商　业

第一节　机　构

1984年3月，安丘县财政贸易委员会（简称县财委）与安丘县经济委员会（简称县经委）合并，成立财贸科。1985年1月，安丘县人民政府恢复县财委，县财委、经委分设办公。县财委名称一直沿用至1993年底，列县政府序列部门，属县政府职能部门。1990年11月，内设办公室、业务科和商办工业科。1991年，设立安丘县商业网点建设管理办公室，后改名为安丘县第三产业规划管理委员会办公室（简称县第三产业办公室），为正科级全额拨款事业单位。

1993年12月，安丘县撤销县财委、商业局、粮食局、第三产业办公室，以原县财委为基础，组建安丘县商业委员会（简称县商委）。县商业局撤销后，组建安丘县商业总公司，为企业经济实体，隶属县商委。县粮食局撤销后，保留县粮食总公司，为企业经济实体，隶属县商委。

1997年1月，安丘市商委更名为安丘市贸易局（挂安丘市财贸办公室牌子），列政府序列部门，原内设机构不变。

2002年4月，市贸易局（市政府财贸办公室）内设办公室、政工科、企业管理科和畜禽屠宰管理科（挂生猪定点屠宰办公室牌子）。

1988年3月，安丘县对外经济委员会成立，正科级规格，列政府序列部门。是年4月，安丘县对外经济委员会更名为安丘县对外经济贸易委员会，原规格、性质、定编人数不变。5月，安丘县调整县对外经济贸易委员会成员，实行委员制。原县对外经济贸易委员会改称为县对外经济贸易委员会办公室。1989年4月，县对外经济贸易委员会改变委员制，恢复原来的领导体制，机构单设。2001年12月，原市对外经济贸易委员会更名为市对外贸易经济合作局。

2003年，中国国际商会安丘商会成立，为正科级全额拨款事业单位，隶属市对外贸易经济合作局。是年4月，市贸易局畜禽屠宰管理科挂安丘市生猪屠宰管理稽查大队牌子，同时摘去安丘市生猪定点屠宰办公室牌子。

2006年6月，安丘市市场服务中心更名为安丘市市场管理服务中心，由市工商局管理调整为隶属市贸易局，单位性质及规格不变。原市场服务中心在编人员整体划转市场管理服务中心。

2010年3月，安丘市整合原市对外贸易经济合作局和市贸易局职责，合并设立安丘市商务局，为市政府工作部门。市商务局内设办公室（挂组织人事科牌子）、内贸综合业务科、外经贸综合业务科和商务综合执法科（挂市商务综合执法大队牌子）。至2013年，机构未有变化。

第二节　经营体制

1986年，安丘县商贸业初步形成多种经济成分、多种流通渠道、多种经营方式、少环节、开放式的新格局。粮、油、肉、鱼、蛋、奶、菜等主副食品全部敞开供应，种类日益丰富，高中低档门类齐全。是年，实现社会消费品零售总额30413万元。其中，国有商业零售额8390万元，集体商业零售额13426万元，商品交易市场成交额5623万元。

1987年，县商业局会同县财委、财政局、税务局、劳动局、经济体制改革委员会办公室、计划委员会、工商银行联合对县百货公司、五金公司、副食品公司、贸易中心、肉联厂、酿造厂、食品厂、饮食服务公司、食品公司试行经济承包，签订1987年—1990年承包合同。承包经营采取“一包二保”（包上缴利润，保实现利润，保企业技改）改革形式，以激活市场。全县商品市场得以迅速发展，商品流通网络初步形成。

1989年，安丘县整顿市场，重新计划管理火柴、肥皂、洗衣粉等日用品。已经放开价格的部分商品恢复不同形式的管理，彩电、摩托车、汽车、洗衣机等重要商品及进口商品归国营商业经营。食糖计划不再按基数内、基数外分配。县属国营商业开始建立稳定的厂商供货关系，与生产厂家建立总代理、总经销关系，减少中间环节，增加购销量。是年，商业系统完成商品购进总额18650.5万元，完成商品销售总额20672.7万元，利润570万元。

1990年，县境粮票、油票、布票、肉票等全部退出流通。随着国家计划分配物资的减少，市场调节物资增加，国有商业所占的市场份额下降。安丘县政府确定"县城零售搞活，开发农村市场，城乡紧密结合，共同协调发展"的经济战略，允许各种所有制、各种成分的经济组织和个人参与经营，工业品自销比例扩大，除计划分配的商品按计划渠道根据调拨方案落实外，其他产品可以直接进入市场，批发与零售无严格限制，三级批发、零售企业亦可到生产厂家直接进货，商品购销渠道畅通。

1991年—1992年，商业系统企业实行第二轮承包经营。主要为"两包一挂（包上缴利润，包技术改造，工资总额与经济效益挂钩）、全员风险抵押"形式。从1992年7月起，商业企业开始推行国有民营形式的租赁承包改革，实行以"自筹资金、自主经营、定额上交、自负盈亏"为主要内容的国有民营改革。

1993年，安丘县取消计划商品，商品经营步入市场化运营。商业企业调整经营结构，形成跨地区、跨行业、遍及省内外的工商、商商、农商直接挂钩的横向经营联合体。引入竞争、风险、激励、兼并机制和抵押承包、股份制经营等至企业内部。所有商品取消计划供应，实行市场、经营、价格三放开，突破过去国营商业独家经营的局面。商贸业形成国营、集体、个体私营等多种经济成分、多种经营方式并存的新型流通体制。民营商贸业迅速膨胀，由单纯零售发展为批零兼营，成为商贸流通的主体。

2000年起，境内商贸流通行政管理体制不断变化。商业工作部门重心也由计划经济时期的商品管理、计划指标分配转向适应市场经济需求，转管理为服务，转分配为引导。2001年8月，潍坊百货集团股份有限公司中百佳乐家超市进入安丘。自此，"超级市场"（超市）开始成为商贸主流。2005年，银座商城入驻安丘中百商厦。2家连锁超市对安丘的传统商贸形式和格局产生积极影响。是年，安丘市实施"万村千乡市场工程"，培育完善农村流通服务网络。2006年起，市政府落实山东省、潍坊市关于扶持"三产"服务业发展的各项政策措施，全市"三产"服务业发展进入遍地开花、城乡均衡发展的阶段。2013年，全市实现社会消费品零售总额134.6亿元，是1986年的45倍；占国内生产总值的比重由1986年（91303万元）的33%增至2013年（247.9亿）的54.3%。

第三节　商业企业

安丘市百货公司

公司成立于1951年8月，称中国百货公司山东省昌潍分公司安丘经营组，是安丘第一家国营商业机构。开始主要经营百货、棉布、花纱、文具、五金、交电、化工以及卷烟、茶叶、煤油等类商品700多个品种。担负着安丘、丘南、潍安三县居民的日用品批发业务。1955年10月，成立中国百货安丘县分公司（简称县百货公司）。1958年6月，县商业局、供销社合并，百货公司改组为工业品经理部。1961年9月，县商业局、供销社分设后又恢复百货公司的名称。1970年4月，商业、供销二次合并，百货业批发、零售也重新合一，改称安丘县百货公司。1972年10月，位于城中心的百货大楼建成营业，成为县内最大商业建筑。1977年4月，五金、交电、化工业务分设，成立安丘县五金、交电、化工公司。1980年，在国民经济"调整、改革、整顿、提高"方针指引下，公司对所属基层商店实行经营承包责任制。是年11月，根据商业经营体制改革的精神，分设原批发部为针织、服装、鞋帽、纺织、大百、小百、交化7家批发商店。1981年6月，增加劳动保护用品商店，同时将服装批发商店并入针织品批发商店。1984年6月，接收原县商业局所属的景芝、红沙沟、庵上、赵戈4个商业综合批发站。1985年，设批发商店7家，基层批发站4个，综合商店1家，综合零售门市6个，计18个核算单位。拥有全部流动资金1057.4万元，固定资金210.6万元，年购货总额3831.6万元，销售额4478.2万元，利润153万元。1993年，安丘实行市场经济体制后，逐步放归市场经营。

安丘市新兴食品有限公司

公司由1954年成立的安丘县食品经营组改制而来，1955年改称安丘县食品公司，1958年被土产废品食品经理部合并，1963年恢复安丘县食品公司，主管境内生猪、家禽、蛋类的收购和销售。1985年，国家生猪流通体制改革以后，受体制机制以及包袱沉重等因素影响，食品公司经营规模逐步萎缩。1996年，国家重新启动生猪定点屠宰工作，生产经营逐步恢复正常，但由于历史原因，食品公司运营困难。到1998年，企业总资产2247万元，总负债3673万元，成为全市17家特困企业之一。

1999年3月，经市政府批准，安丘市食品公司改制，将32家食品站共859万元资产从市食品公司分离，改制组建安丘市新兴食品有限责任公司，负责全市的生猪肉品购销调运及群众肉品供应。同时续存原市食品公司，实行新兴食品公司与市食品公司合一工作机制。是年，公司所属32处食品站全部被政府批准为生猪定点屠宰场，企业扭亏为盈。

1999年—2008年，由于产权关系明晰，甩掉沉重的债务负担，经营活力得到激发，企业上交利税最高时达200万元，连续10年被市委、市政府授予先进企业。其间，消化债务1227万元，兑付改制前拖欠离退休人员工资、医药费107万元。

至2013年，公司实有生猪屠宰经营网点25个。其中，凌河、辉渠、郚山、慈埠、石埠子、官庄、金冢子7个中心屠宰场成为省政府批准的生猪定点屠宰场。其他18个为中心屠宰场的分支经营机构，维持在岗员工的正常工作。是年，完成销售收入4796万元，上交税金21万元。

安丘市副食品公司

公司成立于1951年。1986年，内设办公室、工会等机构，有批发部6个，副食品大楼2栋。销售商品包括烟、酒、糖、茶、糕点、水产品等，以二级进货、三级批发的形式，销售到全国部分省市及潍坊市所辖各县市区。实行市场经济体制后，公司因受市场影响，加之内部管理不到位，出现经营不善，效益下滑，于1995年被鸿发商厦兼并。鸿发商厦成立于1993年，主要经营烟、酒、糖、茶、糕点、水产品等，是安丘县最早建立的新型市场之一。公司于1997年破产。

安丘市商业贸易公司

公司前身是安丘县商业贸易中心，成立于1984年10月，位于县城兴安路79号，占地11.70亩，为安丘县商业局下属的国有商业企业，注册资金115万元。内设3个行政科室，1个零售商场，2个批发部。1992年3月，安丘县商业贸易中心更名为安丘县商业贸易公司，企业性质不变，隶属关系不变。商业贸易公司主营业务范围是五金化工、日用百货、针织纺织、副食品等批零兼营。1984年10月—1997年3月，公司统一管理，集中经营，年销售额1000万元左右，上交利税10万元左右。1997年3月，开始实行统一管理，分散承包经营模式。随着市场经济发展，商业竞争日趋激烈，公司由于观念陈旧、管理粗放，加之流动资金、地理位置、经营特色等因素，导致连年亏损，于2004年6月倒闭。

安丘市中百商厦有限责任公司

公司成立于1994年10月，建筑面积20000平方米，营业面积12000平方米，总投资5000万元。主要经营土产百货、烟酒副食、美容化妆用品、服装鞋帽、五金家电、针（纺）织品、家具、交通工具等。内设经理室、办公室、财务科、审计科、保卫科、基建科、督查科、楼层办公室，下设1家鞋厂。公司性质开始为国营企业，1997年改制为股份制企业。2005年2月，整体转让给济南银座商城。

安丘市五金交电化工公司

公司成立于1977年7月，由安丘百货公司分设而来，位于县城南关街，属批零兼营的国有商业企业。主营五金、交电、家电、化工四大类商品。1986年，完成销售额1500万元，利润60万元，上缴国库35万元。1987年，设有6个独立核算单位，包括2个批发部、4个零售门市，实行承包责任制及联购联销提成。是年，实现销售额2208万元，利税110.5万元。1988年，下设13个独立核算单位，实行“一人承包，风险共担”的经营模式，全年完成销售额3185万元，实现利润119.9万元。1989年，实行承包责任制，完成销售额3249.1万元，利润100.3万元。1990年，新成立1个家电维修门市，1家汽车修配厂。全年实现销售额3367万元，利润121万元。1991年，升格为批零兼营的国营中型（二）商业企业，新开设批零兼营的富达商场，全年实现销售额4000万元，利润154万元。1993年，改制为安丘县五金交电家电化工股份有限公司，辖5个专业批发部、2家大型综合零售商店、1个家电维修门市、1家汽车修配厂。1994年，公司更名为安丘市五金交电家电化工有限公司。是年12月，富达商场剥离为独立单位。1996年，公司实现销售额4200万元。1998年，更名为安丘市五金交电家电化工股份有限公司。公司所有的下属经营单位和服务单位改制为承租公司经营实体，经营机构设10个承租体，零售设8个承租体，后勤服务单位设5个承租体。1999年—2004年，公司经营模式不变。2005年7月，公司因资不抵债，宣布破产。

安丘中百佳乐家超市

2002年1月开业运营，称山东潍坊百货集团股份有限公司安丘中百佳乐家超市，隶属山东潍坊百货集团。位于市商场路中段，营业面积1万平方米，是以经营居民日常生活用品为主集购物、休闲、餐饮于一体的大型综合超级市场。2010年8月，安丘佳乐家永安店开业，为佳乐家安丘市第二家分店，位于永安路以西潍徐路以南，营业面积15000平方米。2013年，安丘店、永安店两家销售额43943万元，利税2731万元。

安丘市银座商城

2005年4月，商城开业。位于安丘市商场路和潍安路交叉路口，为山东银座商城股份有限公司开设的第15家分店，由山东商业集团自行投资购置，是一家集购物、休闲、餐饮、娱乐于一体的综合性商业中心。经营商品品种10万余种，员工近600人。至2013年，年均营业额1.5亿元，年均利税500万元。

安丘泰华城

商城于2010年10月开始营业，是山东世纪泰华集团以“泰华城”品牌在潍坊县市区的首个连锁项目，总建筑面积6.5万平方米，汇集福乐多超市、红枕安悦连锁酒店、KFC、阿香米线等众多主力店群。经营范围涵盖服装、鞋帽、箱包、珠宝、配饰、餐饮、娱乐、大型超市、电影院、KTV等。至2013年，泰华城发展为安丘知名商业城。

第四节 农产品现代流通

2008年12月，商务部、农业部联合下发《关于开展农超对接试点工作的通知》，对“农超对接”试点工作进行部署，发展农产品现代流通方式，推进鲜活农产品“超市+基地”的流通模式，引导大型连锁超市直接与鲜活农产品产地的农民专业合作社产销对接。2010年，安丘市政府出台《安丘市建立农产品现代流通体系实施方案》，指导推进全市农产品现代流通体系建设，并建立由商务、财政、交通运输、农业等部门参加的联席会议制度。2011年，市政府出台“农超对接”优惠政策，推进农产品现代流通设施配套项目建设；实施“万村千乡”市场工程，推进农产品现代流通城镇覆盖；投资100多万元，设计完成具有自主知识产权的农产品质量安全追溯查询软件，推进农产品质量安全追溯体系建设。全市新增冷链运输车22辆，新增冷库容量3.5万吨。全市264个农家店通过省级验收，农家店镇街覆盖面100%。是年4月，安丘市外贸食品公司承办潍坊市农超对接现场会，市内4家农产品加工企业与山东潍坊百货集团佳乐家超市、潍坊百货大楼、山东世纪泰华集团有限公司福乐多超市建立直销关系。10月，潍坊市商务局在安丘外贸食品公司组织召开首届青岛—潍坊蔬菜产销及质量安全战略合作联席会议，促成“三通”食品、外贸食品、华仔食品、万盛果蔬、盛旺畜禽养殖专业合作社、金田食品分别与参会青岛市利群、沃尔玛等四家大型超市签约。通过“农超对接”洽谈会等途径，市内各大超市先后与华南佳士客、东营盛大、潍坊百货集团佳乐家超市、潍坊百货大楼、山东世纪泰华集团等48家超市建立直销关系，设立出口农产品专区、专柜15个，涉及55个蔬菜、瓜果、畜禽生产基地，28个蔬菜、瓜果、粮食、豆制品种类。

第二章 粮 油

第一节 机 构

1986年，安丘县粮食局为正科级行政机构，内设办公室、人事股、会计股、储运股、购销股、纪检室和工会，辖县食品工业公司、粮食学校、生活服务站3个事业单位和县面粉厂、饲料公司、第二饲料厂、榨油厂、粮油议价公司、储运站6家企业。在乡镇设立城关、贾戈、景芝、石堆、赵戈、担山、黄旗堡、南流、刘家尧、慈山、凌河、王家庄、石埠子、临浯、金冢子、官庄、宋官疃、白芬子、雹泉、辉渠、红沙沟、大盛、庵上、柘山、郚山25个基层管理所，其编制、人事归县粮食局管理，实行与乡镇政府双重领导。1990年，县粮食局设立花生办公室，为县政府常设机构，副科级建制。1993年4月，成立山东安丘国家粮食储备库，隶属县粮食局管理，实行自主经营，自负盈亏，独立核算。是年12月，县政府机构改革，撤销县粮食局，成立县粮食总公司，保留行政编制。县粮食总公司合并原12个科室、事业单位为政工科、业务科、财务科和办公室。1997年，撤销市粮食总公司，恢复市粮食局行政编制。1998年，基层粮管所由25个合并为16个。2004年8月，根据国务院、山东省和潍坊市政府的统一部署，成立安丘市地方粮食储备中心，统一管理、具体组织地方储备粮的收购、轮换管理工作。是年10月，根据省粮食局、工商局《山东省粮食收购资格审核暂行办法》，市粮食局在原有行政职能的基础上，新增粮食行政执法、收购资格许可、流通监督检查、社会流通统计等新职能。2005年4月，市粮食局由市政府工作部门调整为市政府直属正科级全额拨款事业单位。2006年，安丘市改革粮食购销企业，基层粮管所全部注销。市粮食局增设职工托管服务中心，与政工科合署办公。2007年，增设监督检查科和粮食执法监察大队，为正股级规格，人员由市粮食局内部调整，履行新增粮食行政执法职能。2010年，市粮食局调整为政府直属事业单位，正科级规格。内设办公室（挂组织人事科牌子）、综合业务科和监督检查科（挂粮食执法监察大队牌子）。至2013年，机构未有变动。

第二节 经营体制

1985年，安丘县取消粮油统购，实行合同订购。1986年，粮食购销政策不断调整完善，开始打破“铁饭碗”。1987年，为搞活经营机制，县粮食局设立安丘县良种鸡场。1987年，地方国营企业干部开始实行职务工资，停止实行干部职务补贴。县粮食局是全县经济体制改革的试点单位之一。1988年，在下属县面粉厂、榨油厂、饲料公司、第二饲料厂和25个乡镇粮管所，推行招标承包，分离所有权和经营权。是年，成立安丘县城镇粮油供应公司，专门负责城镇粮油供应。1990年，在下属基层单位内部设立的粮油门市、小型面粉厂、食品厂、酒店等，进行内部承包，落实134个承包体。1991年，成立安丘县粮食局冷藏厂。1992年，安丘县粮油交易批发市场在县城北区焦家庄农贸市场开业，鼓励粮食生产和批发商、零售商进行交易，活跃粮食市场。年底，成立安丘县良友建筑安装工程公司。1993年6月，成立安丘县粮食系统内部结算中心。1994年，实施“两条线”运行政策。商业性经营单位自主经营，自负盈亏，自我约束，自我发展。农村粮管所广泛开展“两代一换”（代农储存、加工和品种兑换）业务。城镇供应企业也彻底冲破单一经营的束缚，在经营范围、品种、规模上改变“米面油”老三样和小打小闹的状况，增加粮油优特品种，成立食品加工厂、小型面粉、熟食加工店等，实现跨行业经营，范围涉及商业、餐饮、五金家电、制冷养殖、加工等几十个领域。为增强市场竞争力，撤销市粮油议价公司、储运站和山东安丘国家粮食储备库，合并为安丘市粮油贸易公司（加挂安丘市国家粮食储备库牌子）。同年，成立安丘市粮食塑编厂。1995年根据国务院《关于粮食部门深化改革实行两条线运行的通知》，市内粮食企业职能分为两块，既承担政策性业务，又开展商业性经营；财务分开，单独核算。

1998年4月，市直企业实行股份制改革。安丘市榨油厂、饲料公司、良种鸡场、粮食冷藏厂、良友建筑安装工程公司和粮食塑编厂进行股份制改革，分别改称安丘市金海油脂有限责任公司、安丘市益安饲料有限责任公司、安丘市中龙牧业有限责任公司、安丘市翔达食品有限责任公司、安丘市良友建筑安装工程有限责任公司、安丘市奥得塑料包装机械有限责任公司。粮食部门实施主附营业务分离，人员分流。原25个粮管所合并为16个，实行机构分离，每个粮管所成立粮食收储公司。全市有粮油贸易公司（安丘市国家粮食储备库）、地方储备粮管理中心、军粮供应站等组成的19家政策性粮食收储企业，初步完成业务分离的企业100%，人员分流60%以上。是年，市粮食局成立安丘市贾戈粮油经营站、景芝粮油经营站等18家附营企业，实行抽本经营。2000年，粮食企业执行保护价收购农民余粮政策，做到公开挂牌，敞开收购。2001年，市粮食局开展“两代一换”（代农储粮、代农加工、品种兑换）业务，贯彻执行敞开收购、顺价销售、资金封闭运行“三项政策”，取得较好效益。2002年，粮油顺销不畅，粮办工业市场疲软，经营资金严重短缺。2004年5月，市纪委、财政局、审计局、农业发展银行和粮食局财务挂账和清理审计19家粮食收储企业，奠定粮食购销企业改革基础。是年6月，山东省人民政府全面放开粮食市场，结束靠行政推动收粮、计划调拨销粮、财政补贴储粮、吃大锅饭的体制。2006年5月，安丘市下发《国有粮食购销企业改革实施方案》《粮食购销企业职工分流安置意见》，解除收储和经营企业（基层粮管所）906名职工的劳动合同，给予一次性经济补偿。至5月底，国有粮食购销企业改革顺利完成，成功破解“三老”难题（“老粮”库存压力解决，“老人”妥善安置，“老账”剥离挂账），相应处置国有资产，顺利完成国有粮食购销企业改革。是年，除安丘市地方储备粮管理中心外，市粮食局所属国有粮食购销企业全部注销。2013年底，全市纳入统计范围的有41家粮食经营、加工、转化用粮企业，其中为符合条件的39家购销加工企业办理粮食收购许可证。

第三节 粮油收购

合同订购

从1985年起，安丘县粮食征购改为合同订购。即在每年播种前与农民协商，签订购销合同，由乡镇粮管所负责收管，粮权归国家。订购以外的粮食可以自由购销。1986年，粮食收购实行粮食合同订购同供应化肥、柴油及发放预购定金的“三挂钩”政策，即收购50公斤粮食，供应平价化肥5公斤、平价柴油1公斤，支付20%的粮食预购定金。当年征收订购粮4.8万吨。1987年，全县粮食收购量9.3万吨，其中订购粮5.3万吨。1988年，粮食收购实行粮食合同订购“三挂钩”政策，供应化肥、柴油及发放预购定金。是年，国家先后多次提高粮食订购价格。1990年，全县粮食丰收，粮食形势趋好，牌市差价缩小，潍坊市取消安丘县议转平粮食收购计划，秋后出现卖粮难。1991年，国务院改合同订购为国家订购，县政府向农民发放订购任务通知单，订购任务适当调整，实行减油增粮，粮食一订两年，食油一订一年。当年订购粮食5.2万吨。1992年4月，安丘县调整粮食购销价格，达到购销同价，并放开食油价格。是年11月，粮食购销实行经营、市场、价格的“三放开”改革。1993年，粮食收购政策实行保证数量、放开价格，建立粮食收购保护价制度，改挂钩奖售化肥及柴油为差价补贴，即每收购50公斤粮食补贴4.2元。1994年12月，粮食价格大幅上涨，造成牌市价格再次出现倒挂。1995年，安丘市实行粮食行政首长责任制，继续执行收购奖售化肥政策，恢复食用油订购。1996年，全市粮食丰收，开始出现市场疲软的情况，造成大量粮食库存积压，粮食调拨工作基本停止，粮食挂亏猛增。1997年，根据省政府的要求，安丘市按保护价格敞开收购农民余粮，挂钩奖售物资基本停止。随后，上级对粮食收购不再催进度，但要求按时完成。1998年，依据国务院颁布的《粮食收购条例》，境内粮食工作步入有法可依的轨道。1999年，订购价执行最低保护价，订购价、收购价两者并轨。安丘市要求国有粮食购销企业在完成定购任务的基础上，按保护价常年常时敞开收购农民余粮。1999

年—2003年，是粮食流通体制改革的重要过渡期。为不断拓宽粮食购销渠道，进一步搞活粮食流通，国家允许并鼓励部分国有粮食购销企业以外的用粮企业，在办理有关入市收购资格后，可以入市对退出保护价的粮食进行收购，放开农村集贸市场。从2000年起，潍坊市每年下达粮食购销建议计划。同时，推进粮食产业化经营，支持发展粮食订单收购。是年，安丘市粮食收购量26.1万吨，其中订购粮3.7万吨。2004年，是粮食流通体制改革的关键一年，按照国务院《关于进一步深化粮食流通体制改革的意见》和《粮食流通管理条例》的要求，安丘市放开粮食收购市场，放开收购价格，放开收购主体，粮食订购任务从此取消。

安丘市1986年—2013年粮油收购数量表

表9—1　　单位：吨

年 份	粮 食		油 料
	数 量	其中订购	
1986	103923	48178	9834
1987	93105	53086	8324
1988	89240	50013	8273
1989	103664	50503	10200
1990	114971	51051	10436
1991	116571	51918	9421
1992	151229	52401	10338
1993	149473	47250	6475
1994	131293	47250	8345
1995	174259	47250	11148
1996	168789	49178	22342
1997	166047	49127	36712
1998	138969	33912	36999
1999	193986	37400	45657
2000	261014	37401	55360
2001	107360	37431	13910
2002	273039	37400	483
2003	219883	31490	—
2004	68480	—	—
2005	123572	—	—
2006	192105	—	—
2007	552051	—	—
2008	523885	—	—
2009	494528	—	—
2010	658706	—	—

续表9—1

年 份	粮 食		油 料
	数 量	其中订购	
2011	814078	—	—
2012	747446	—	—
2013	916350	—	—

托市收购

2006年，为保护种粮农民利益，国家发展和改革委员会、财政部、国家粮食局等六部门联合印发《2006年小麦最低收购价执行预案》。要求当小麦市场价格低于最低收购价格时，由中储粮总公司按最低收购价挂牌收购农民交售的粮食，所需贷款由农发行按国家规定的最低收购价格和合理收购费用及时足额发放。收购的小麦由国家有关部门择机安排在粮食批发市场公开竞价销售，单独核算，盈利上缴中央财政，亏损由中央财政负担。2007年，安丘市地方储备粮管理中心作为中储粮总公司青州国家粮食分公司在安丘的托市收储库点，按当年国家公布的最低收购价三等白小麦每公斤1.44元，红麦和混合麦每公斤1.38元的价格，挂牌收购托市小麦0.73万吨。

2008年—2013年，由于托市价格低于收购价格，仅2009年收购托市粮8716吨，其余年份未收购。

第四节 调拨销售

计划调拨

计划经济时期，收购的粮食均由粮食部门就地入库，统一调拨。安丘作为粮食主产区，调出多，调入少，调出的主要粮食品种有：小麦、玉米、瓜干和花生，调入的主要粮食品种有大米、大豆和芝麻等。同时，调入精粉、大豆、豆饼等用于调剂。1986年—1995年（1993年未下调拨计划），安丘分别向济南、潍坊、临朐、坊子等市县区调运粮食达1.7万吨，油料4780吨；从潍坊、高密等调入粮食0.16万吨。自1996年始，粮食丰收，库存增加，销售放开。市财政不再予以补贴，用粮单位、供粮单位、个体粮商粮贩主要进行市场交易，计划经济时期开展的粮食调运业务到此终结。

安丘市1986年—1995年粮油调运数量表

表9—2 单位：吨

年份	调出		调入	
	粮食	油料	粮食	油料
1986	8650	114	745	105
1987	18225	563	235	—
1988	33300	424	50	—
1989	27475	2563	450	—
1990	30035	1083	150	—
1991	20350	33	—	—
1992	8632	—	—	—
1993	—	—	—	—
1994	7500	—	—	—
1995	16800	—	—	—

粮油销售

1986年，安丘县粮油销售以平价销售为主，平议结合。平价粮油销售范围为农村统销、定量人口、事业供应、糕点业、酿造业、非农业饲料、换购生猪饲料等。是年，粮食销售量3.8万吨，油料0.6万吨。1990年9月，安丘县为减轻财政负担，实行整顿城镇供应和行业用粮，压缩平价粮油销售，只保留部队用粮、居民口粮、库区移民、救灾用粮，居民口粮转化的早点和主食品，疗养院、医院病人用粮和县以上召开的党代会、人代会、劳模会以及经县政府批准供应平价粮油的有关会议用粮，取消其他行业用粮。1992年，实行购销同价，放开销售价格，粮食保量不保价，食用油敞开销售。1993年底，实行粮油商品敞开销售，停止使用粮票。1993年—1994年，全国粮价大幅上涨，不同程度地出现抢粮现象。安丘市实行所有粮店挂牌销售，明码标价，限价销售，对城镇居民启用粮本，每人每月限购15公斤，当月兑现，对稳定物价起到良好的作用。1997年，实行保护价敞开收购农民余粮政策，国有粮食收购企业收购的粮食，采取顺价销售的办法自行处理。即当市场价高于收购保护价时，随行就市进行顺价销售；当市场价格低于收购保护价不能顺价销售时，所发生的银行利息和保管费用由市财政承担。2000年，潍坊市开始每年下达粮食销售建议计划，为全面放开粮食市场做准备，提倡全方位开拓销售渠道。全市当年粮食销售量26.5万吨，油料5.4万吨。至2002年底，国有粮食企业不再经销油料。2004年，境内粮食市场放开。2005年，潍坊市取消销售建议计划。粮食市场放开后，安丘市粮食销售渠道更加广泛，销售更加活跃，销量逐年攀升。至2013年，全市用粮企业转化和销售粮食达89.7万吨。

第五节 粮油供应

1955年起，安丘县非农业人口粮油定量供应，按城镇居民的劳动差别、年龄大小、工种不同，分等、定量、按月供应。粮色比例根据国家库存情况而定。20世纪80年代后，全县供应粮色得到改善，全部供应细粮。愿食杂粮者从细粮指标中购买。食油供应以豆油、花生油为主，辅之菜籽油。国庆、春节等节日供应部分芝麻油。定量标准继续延用粮食统购统销后的标准执行，按工种和年龄分等定量。每人每月成品粮：特重体力一级28公斤，二级26公斤，三级24.5公斤；重体力一级23公斤，二级21.5公斤，三级19.5公斤；轻体力一级18公斤，二级17公斤，三级16公斤；脑力劳动者、乡镇干部16.5公斤，县级干部15公斤，大学生17.5公斤，高中生16公斤，初中生15公斤；城镇居民儿童十周岁以上13.5公斤，九周岁13公斤，九周岁以下二周岁以上每差一岁少供粮1公斤，一周岁4.5公斤，不满周岁3.5公斤。食油定量每人每月0.25公斤。到1997年，成品粮由市场调节，粮油供应工作自行终止。2001年5月，按照国家粮食局文件的要求，安丘市停止粮食供应凭证转移手续（粮食关系）的办理。全国实行几十年的非农业人口粮油定量供应从此取消。

安丘市1986年—2013年粮油销售数量表

表9-3　单位：吨

年份	粮食			油料（油脂折油料）		
	销量	其中		销量	其中	
		定量人口	农村统销		定量人口	农村统销
1986	37882	11034	1053	6108	1457	10
1987	47999	10901	1923	7513	1286	3
1988	59348	16356	3402	6493	998	8
1989	55157	20181	4305	5299	1233	12
1990	56004	18403	1213	7193	1299	19
1991	75622	23258	4028	6215	1362	2
1992	119270	10227	1043	10959	635	—
1993	250075	858	—	12265	—	—
1994	143058	195	—	8100	—	—
1995	151223	—	—	12837	—	—
1996	111852	—	—	24145	—	—
1997	125631	—	—	37798	—	—
1998	145483	—	—	37644	—	—
1999	168808	—	—	47297	—	—
2000	264649	—	—	54292	—	—
2001	100870	—	—	16098	—	—
2002	272367	—	—	3775	—	—
2003	237009	—	—	—	—	—
2004	139868	—	—	—	—	—
2005	121429	—	—	—	—	—
2006	177778	—	—	—	—	—
2007	518297	—	—	—	—	—
2008	524225	—	—	—	—	—
2009	494158	—	—	—	—	—
2010	625496	—	—	—	—	—
2011	809247	—	—	—	—	—
2012	762458	—	—	—	—	—
2013	897431	—	—	—	—	—

第六节　地方粮油储备

地方粮食储备

2004年10月，按照《国务院关于进一步深化粮食流通体制改革的意见》的要求，安丘市发展计划局、市财政局、中国农业发展银行安丘市支行、市粮食局联合下发《关于下达地方储备粮实施意见的通知》，确定安丘市地方粮食储备规模，由市地方储备粮管理中心承担主要任务，到2005年全部完成，保证粮食急需。2006年12月，安丘市完成潍坊市规定的储备粮规模。2012年11月，按照储备粮实行集中管理的要求，筹集资金2600万元，新建粮食储备库一座。

地方食用油储备

2008年1月，潍坊市人民政府办公室下发《关于建立食用油储备的紧急通知》，确定安丘市食用油储备规模。2010年，要求增加安丘市地方食用油储备规模，储备油品种由当地政府确定。2011年1月，安丘市投资144万元在地方储备粮管理中心院内建设储备油库。是年9月底，全部完成储备油任务。

第三章 供 销

第一节 机 构

1986年—1990年，安丘县供销合作社联合社为县政府直属行政机关。1990年6月，县联社改制为企业，在县工商行政管理局注册登记，领取营业执照。1992年，基层工作科、工业科合并到计划业务科，审计科合并到财务科。1994年1月，县联社由10个科室组成。是年3月，安丘撤县建市，县联社改称安丘市联社。9月，市联社成立安丘市供销社集团总公司，属国家大二企业，加挂“安丘市供销社集团总公司”牌子。2002年7月，市联社改为全额财政拨款事业单位，正科级规格，执行行政机关工资标准。内设办公室、财务审计科、合作指导科和经济发展科。是年，增设市联社机关服务中心，为股级自收自支事业单位。2004年4月，市联社成立安丘市农村合作经济组织联合社，加挂“安丘市农村合作经济组织联合社”牌子。2008年8月，改为参照公务员管理正科级事业单位。至2013年机构未有变动。

第二节 经营体制

1986年—2013年，安丘市供销社经历“V”字形发展过程。

1986年，安丘县供销社有职工4617人，设置门市部223家，采购站30个，供销店131个，饭店35个，仓库29个，照相馆4个，棉站15个，煤场27家，加工厂16家，双代店956家，下属单位37个。其中，直属单位有县生资公司、县土产公司、县果品公司、县棉麻公司、城关棉油厂、甘泉岭棉油厂、管公棉油厂、坊子转运站、县供销机械厂、县贸易中心、县果品冷风库和县棉纺织厂。基层有城关、贾戈、景芝、石堆、赵戈、担山、黄旗堡、南流、刘家尧、慈山、凌河、王家庄、石埠子、临浯、宋官疃、金冢子、官庄、白芬子、雹泉、辉渠、红沙沟、大盛、庵上、柘山、郚山25个供销社。是年，县政府出台深化供销社改革的决定，所有门市开始实行承包制。

1989年—1996年，安丘市供销社扩大农业生产资料、日用消费品、农副产品购销，以服务推动棉花生产、收购、加工，引领农民发展专业合作社，并新上食品、粮油加工等项目。1990年始，根据市场变化的新形势，县供销社调整经营结构、经营方式和经营策略，在巩固主营业务的基础上，加快向外拓展，发展附营、配套业务。是年，发展880个代销点，265家供销店。1992年，受市场经济冲击，个别基层社亏损。面对基层社机制不活，经营惨淡的形式，县供销社全面推行“租包卖”改革。基层社原有商品和经营设施承包给职工，房屋租赁给职工。1993年起，县供销社推行新一轮“抓住搞活大的，放开搞活小的”改革，经营状况明显好转。是年11月，安丘县供销大厦建成开业。1994年，全市供销社市区网点经营面积25万平方米，成为城区流通商场中的重要组成部分。是年，市供销社系统有41家企业。其中，市直企业16家，基层社25家，干部职工8016人，拥有固定资产2亿元，年实现商品供销额10亿元，社办工业产值4亿元，年创利税2000多万元。1995年1月，香江宾馆开业，与供销大厦联为一体，两家商业体总投资5000万元，建筑面积20000平方米，集购物、食宿、娱乐为一体，代表当时全市建筑装潢和建设规模的最高水平。是年，各级供销社按照自愿原则，在城乡大力发展社员股金。1996年5月，扩股入股工作纳入市联社统一管理，成立股金管理专门机构股金管理中心。

1997年—2003年，随着市场经济的深入发展，市场竞争日渐激烈，由于市供销社体制不顺、机制僵化、包袱沉重等原因，市联社所属企业经营管制模式已不适应形势发展的要求，部分职工主动辞职或调离供销社系统。1999年始，全市各级供销社全面停止发展社员股金，并着手全面清退社员股金。市委、市政府要求供销社部门，分5年还清社员股金，每年兑付一次，每次兑付20%。是年8月，社员股金开始清理整顿。到清理整顿时为止，全市的社员股金共结存入股社员41000户，股金金额8770万元。市政府使用银行专项贷款4700万元指标，起到减轻供销社企业经济包袱、稳定局面、稳控职工情绪的关键作用。1998年—1999年，市供销社出售供销社门店2000多家，资金用于偿还社员股金。1999年8月—2011年12月，供销部门8770万元社员股金全部兑付完毕。2002年7月，市棉麻公司棉花业务合并到安丘市棉纺厂，安丘市第二棉油厂划归市棉纺厂。2003年，香海公司依法进行清算破产。市供销社计划经济时期在农村的2000多个经营网点仅剩86个，发展陷入“低谷”。

从2005年起，市供销社坚持稳定与发展并重的原则，在妥善处理供销社历史遗留问题的同时，探索供销社发展的新路子。结合“万村千乡”市场工程的实施，组建供销农资公司，坚持规范运作，树立品牌形象，并开始探索日用品连锁直营新兴经营业态。2006年，在“万村千乡”直营店的基础上，组建家乐园百货超市连锁有限公司，在为农服务中重新找到供销社的位置，树起供销社新形象。2008年，对香江宾馆进行参照破产，加快系统重组整合。2009年，重组供销农资公司，建起供销社为主导，基层社、职工参与，风险共担、利益均沾的现代企业体制。经营中，由于良好的信誉和社会形象，当年配送化肥4.5万吨，销售额4200万元，被市委、市政府确定为全市区域化管理农资配送中心，并取得农药批发权，成为全市农资配送的主渠道。2010年8月，成立诺之泰融资担保公司。2011年，市供销大厦转让股权。2012年，市供销社有企业16家，基层社17个，干部职工3200人。2013年，全市供销直营店30多家，发展村级加盟店270多家。供销社部门所属直属企业有16家：市供销农资公司、家乐园公司、坊子转运站、土产公司、植物油厂、海王公司、生资公司、管公棉花公司、良种棉厂、农产品公司、华锦公司、丽梦公司、再生资源公司、供销大厦、诺之泰投资担保公司。基层供销社17个：城关社、景芝社、黄旗堡社、刘家尧社、临浯社、赵戈社、金冢子社、凌河社、雹泉社、官庄社、白芬子社、辉渠社、红沙沟社、石埠子社、柘山社、郚山社、大盛社。

第三节 购销经营

农资专营

1994年以前，安丘县供销社对化肥、农药等重要农业生产资料实行专营，即由县农业生产资料公司批发，各基层农资门市部负责零售。供应的品种主要有化肥、农药、农膜、农药器械、中小农具等。1986年，县供销社完成农业生产资料销售额3708.7万元。1987年，完成农业生产资料销售额4680.4万元。1988年9月，根据国务院《关于化肥、农药、农膜实行专营的决定》，县内化肥、农药、农膜等重要农业生产资料统一由供销社经营。1989年，为加强专营工作，全县供销社逐级建立农资专营指导小组，实行“四公开”（资源公开、安排用途公开、供应数量公开、销售价格公开），全年完成农业生产资料销售额 8080.8万元。此后，农业生产资料销售额逐年增多。1991年，生资公司下乡送货2800人次，送化肥农药250多种。1993年，完成农业生产资料销售5600.4万元。1994年，境内取消重要农业生产资料专营政策。

土产杂品

1986年前，安丘县土产公司有权经营废旧钢铁和有色金属。同时，经营日用杂品，主要包括炊事用具、日用陶瓷、国产土纸、家庭用具和草制鞋帽等四大类。采取计划调拨，逐级批发的方式供应到群众。县供销社在供应方针上一直要求土产公司必须适时供应，不准脱销，方便群众生活。随着市场的不断放开，经营主体的增多和市场竞争的不断加强，供销社系统日用杂品经营量减少。1986年，全县供销社日用杂品经营额为423.8万元。1990年，县土产公司完成商品销售1900万元，利润42万元，分别比1989年增长8.3%和20%，居潍坊同行业首位。从1990年起，随着市场调节作用的增强，土产杂品销售实行承包制。

日用消费品

主要包括火柴、食糖、卷烟、酒、布匹、针织衫裤、服装鞋帽、洗涤用品、耐用消费品、家用电器和五金产品等，以及自行车、缝纫机、钟表、冰箱、彩电等商品。1980年以前，境内基本都是由国营商业分配货源，基层供销社进货后供应给农民，有的是当地政府分配，凭票供应。1992年始，各级供销社运用联购分销、总经销、总代理和连锁经营等新的营销方式和经营业态，全系统工业品经营总量不断扩大。1993年11月，安丘县供销大厦开业，营业面积1万平方米，荟萃名优商品，为繁荣市场搞活流通起到促进作用。2006年—2012年，市联社组建安丘市家乐园日用品超市公司，适应市场经济发展需求。2009年，建成家乐园中心店。2013年，在安丘市大城埠建成家乐园超市大城商厦旗舰店。是年，公司线下渠道实现销售收入1.2亿元，线上渠道实现销售收入500万元。

烟花爆竹

1986年，安丘县土产公司经营烟花爆竹，1998年开始不再经营，1999年由市供销社归安丘市公安局专营。市公安局成立烟花爆竹公司，由市供销社控股。2003年起，市供销社不再有经营权。

社办工业

20世纪80年代，安丘就有社办工业。1990年，安丘县供销社社办工业出现蒸蒸日上的局面，有独立核算的商办工业5家，非独立核算的商办工业16家，固定资产8000万元，商品发展到20个门类，30个品种，其中有4个产品打入国际市场，年出口创汇6000多万美元。1994年，形成棉纺织、化纤、香味花生油、洗涤用品、棉花系列加工、果蔬加工、服装、旅游鞋、玩具、汽车维修、良种鸡繁育、饲养、加工等十多种生产线，产品涉及20个行业门类180种产品，其中棉纱、棉布、尼龙塔夫绸、肥皂、香皂、布拖鞋等10种产品打入国际市场。1996年，市供销社入围全国供销社工业团队，潍坊市供销社系统仅有3家。之后，随着市场经济发展和企业改制等原因，各企业或停止运营或从供销系统剥离。

安丘市棉纺厂　建于1987年，总设计规模为3500纱锭，500台布机，固定资产2600万元。1991年，县棉纺厂与中国农副土特产品开发公司、引春（国际）香港制造公司合资兴建潍坊合春制造有限公司。1994年，建成拥有3.5万枚纱锭、350台布机、190台喷水织机和1800万米化纤布染整能力的大型企业。2000年，从市供销社分离。

安丘市管公棉油厂　始建于1972年9月，是国家重点棉花出口企业，年产皮棉5000吨。2006年5月，停止经营。

潍坊丽梦肥皂厂　建于1986年8月，年产“丽梦”牌肥皂、香皂10000吨。2006年5月，转型为多种经营。

潍坊植物油厂　于1986年建厂，生产香味花生油，主要产品“金盾”牌中国香味花生油，年产能力3000吨。1999年，停止经营。

安丘海王鞋服公司　建于1994年，注册资本500万元。2001年2月，获自营出口权；8月，加入中国轻工工艺进出口商会。企业主要生产布工艺拖鞋、抽纱工艺品等。至2013年，公司固定资产1260万元，拥有两条国内一流拖鞋生产线，各类缝纫设备210台（套），年生产拖鞋600万双，生产的工艺品价值3000万元，产品全部出口欧美等国家和地区。

农副产品

1986年—1993年，安丘县供销社建起以果品公司、工业品公司为龙头的两大农产品加工、销售集团，形成果蔬加工、保鲜、外贸出口一条龙的服务，年加工出口大姜1700吨，芋头1500吨。1994年，市供销社加工出口业务扩大，拥有大中型冷冻、冷风库6座。年加工出口大姜、芋头、蒜薹、圆葱、胡萝卜、苹果等各类农副产品，储存加工能力15000吨。其中，市果品公司建立果品基地1200亩、蔬菜基地1400亩、圆葱基地250亩、胡萝卜基地250亩，与果农菜农签订产销合同。1996年，收购苹果1100吨，蔬菜325吨，加工出口大姜4250吨，圆葱500吨。1998年，企业划出供销社。从2010年起，基层社发起农副产品加工经营业务，依托当地特色主导产业，建立农民合作经济组织，发展农副产品生产。2011年，销售大葱、大姜、大蒜、樱桃、西瓜等农产品9500吨，销售额9000万元。2013年，全市专业合作社138个，社员4259户，生产销售樱桃、花生、木耳、大桃、大葱、大姜、大蒜、西红柿等农产品7.3万吨，销售额2.92亿元。

第四节　网点建设

日用消费品网点

1986年—1994年，境内日用消费品网点主要以县农资公司为统领，负责县城范围内的日用品配送任务。各乡镇基层社门店承担当地的日用品配送任务。1996年—2004年，市社主导，各基层社承担境内日用消费品的模式没有大的变化。2005年，市联社在贾戈街道探索农村社区直营超市并取得成功，开始在全市推广日用消费品直营模式。2006年12月，市供销社建成安丘市家乐园日用品超市公司，注册资本320万元，其中市供销社出资156万元，被国家商务部确定为“万村千乡”市场工程承办企业，实行统一家乐园商号，统一配送商品，统一管理制度，统一门店标识，统一人员培训的管理模式。2007年1月，家乐园超市临浯店正式开业，为首家直营连锁超市。随后，庵上店、黄旗堡店、金冢子店、白芬子店、雹泉店、柘山店相继开业。2007年，公司投资130万元，改建所属香江宾馆有限公司的原城关供销社棉站成为一个占地12亩、建筑面积3000多平方米的配送中心，设有财务部、业务部、信息部，拥有配送车12辆，为直营超市和连锁店提供配送服务，配送品种5000多个，日配送商品30万元。2009年，投资6600万元建成营业面积10000多平方米的家乐园中心店。在农村建立100个家乐园村级连锁店，直营店25家，营业面积22300多平方米。2011年，选择有集贸市场、地理位置好、人口较多的村庄，设立家乐园村级连锁店，实行统一门店、统一配货、统一管理。是年，村级加盟店364家，配送额4600多万元，初步建成市有配送中心、镇有直营超市、村有连锁店的市、镇、村日用品现代连锁经营服务网络，营业面积3.2万平方米。2013年，投资8000万元，在兴安街道大城埠新建25000平方米的家乐园超市大城商厦旗舰店。投资2000万元，在配送中心新建4300平方米的综合配送服务楼1栋，增加配送车4辆。同时，开展电子商务，拓展网络业务，逐步成为农村日用消费品流通的主渠道。

农资网点

1994年，安丘市供销社部门根据市场放开的新形势，开展为农服务工作。在广泛组织货源，满足农民需求的同时，实行保持监销，建立农资稽查机构，确保农资供应质量。1996年，国家调整农资专营政策，实行“一主三辅”的农资流通渠道，即供销社是主渠道，农业技术推广站、种子站、林果站是三条辅助渠道。此后，供销社在农资流通中的主渠道地位日趋削弱。1999年，在农资供应中加强为农服务意识，实施“上联厂家、中联系统、下联农户”战略，理顺购销渠道，增设服务网点，全年完成农业生产资料销售额3.5亿元。2002年，安丘市生资公司倒闭。2003年，新成立安丘市农资协会。2005年，成立安丘市供销农资公司。2009年，市供销农资公司改制，与安丘市裕宝农资公司合并重组，市供销社控股。是年，市供销社投资895万元，新建县级农资配送中心。在全市120个社区服务中心设立农资专营直供店，在农产品基地村和人口大村设立村级农资连锁店，建成市有龙头公司、配送中心，镇街有配送中心、农资超市，村有连锁店，覆盖全市60%行政村的农资封闭运营体系。2010年，投资320万元建立农化服务中心，组建24人的专业技术服务队伍，购置土壤养分检测、化验等仪器，举办技术讲座和农技培训班40余期，为农民测土配方施肥、开方用药2.5万亩。同时，开展大田技术托管服务1.8万亩，为农民节支增收400多万元。2011年—2013年，进一步加大农资经营管理力度，所有直营店实行以统一配送、统一价格、统一管理制度、统一商号、统一质量服务承诺为内容的管理模式。制定网络建设、农资直供、化肥联采等各项工作目标责任制，年底严格进行千分考核。出台基层社《农资销售奖励提成办法》和《日用品加盟连锁店发展奖励办法》，加大奖励力度。至2013年，直供化肥6万吨，农药价值4000多万元。

专业合作社网点

2009年—2013年，安丘市供销社先后组建27个专业合作社。以安丘市万盛农产品公司为龙头，以基地+公司+市场的新型农产品经营服务模式，建立农产品基地5481亩，带动标准化基地51000亩。实施品牌战略，注册有机蔬菜和粮油16个品牌和“城顶山”大樱桃等4个农产品商标。2012年12月，基层社依托当地主导产业成立14个专业合作社，实行产权连接，联合成立6个联合社，年加工销售各类果蔬2.2亿元，帮助农民增加收入3800万元。

再生资源网点

1989年,安丘县土产公司组建县再生资源公司,注册资本50万元。公司从业人员89人。2011年,市再生资源公司与鑫丰废品回收有限公司进行整合重组,新增设初具规模的纸质品分拣中心,规范设立60个回收站点。

资金互助网点

2010年8月,安丘市联社牵头成立注册资金500万元的诺之泰投资担保有限公司,形成以资金互助社为基层组织,以投资担保公司为龙头,连接银行、企业、农村合作组织、农户的农村金融服务网络。2013年底,成立资金互助社126家,发展社员3787户,累计发放社员贷款2269万元。

第四章 物资

第一节 经营体制

1964年5月,安丘县物资局成立,时有固定资产5050元,流动资金11.15万元,始营木材、钢材等10多个品种,年购进额49.95万元。1984年5月,安丘县物资局改为安丘县物资综合公司,对外仍称安丘县物资局。公司下设6个专业公司,实行独立核算,全面推行“四定”(定资金、定范围、定人员、定任务)责任制,同时改革物资流通体制,下分采购指标至专业公司。1985年,专业公司实行独立核算、采购承包,所营物资发展到木材、机电、金属、化工、建材、生资、煤炭、金属回收材料、加工9大类4100多个品种。

1986年6月,县物资局下属的金属木材公司对外挂金属公司和木材公司两个牌子。是年,完成商品总购进5468万元,销售额6095万元,实现利税170万元。1988年,完成商品总购进19708万元,销售额20731万元,实现利润201.2万元。是年进行流通体制改革,物资部门企业全部实行承包经营责任制。1988年1月1日,县物资公司实行全员承包经营责任制。

1989年,安丘县治理整顿物资工作,在全县范围内建立起专业化的物资管理和经营体系,逐步形成开放式、多渠道、少环节生产资料市场的基本框架。是年,完成商品总购进23106万元,销售额24863万元,实现利税342.9万元。新设立潍坊市汽车销售公司安丘经营部、县城三马路物资市场、二马路金属木材供应站和化轻综合服务部、桥北头物资商场和一马路物资经营门市部。针对城镇居民买蜂窝煤难的问题,投资120万元新建一条成型煤生产线,年生产能力由7000吨增加到30000吨。同时,对原设的6个乡镇物资供应站、两家联办蜂窝煤加工厂,加强经营管理,拓宽服务渠道。

企业承包后,一度出现重经营、轻管理的倾向。针对出现的问题,县物资综合公司对下属8家专业公司和近20家市场、门市部,全面检查物价、上缴利润、资金运营及其他财经纪律方面的问题,按照有关规定进行审计,企业管理向规范化、正规化方面迈进。

1991年2月,物资部门各企业进行新一轮承包经营。时,物资综合公司内设5个科室,下设8家公司、6个县办物资站和1个汽车队。是年,完成商品总购进28000万元,销售额30000万元,实现利税240万元。

1992年1月,县物资综合公司成立汽车销售公司、物资开发公司、物资大厦和塑料公司。是年7月,成立建设服务公司、物资贸易公司;9月,成立物资销售公司,更名安丘县物资综合公司为安丘县物资总公司;11月,成立物资供应公司。1993年1月,成立安丘县物资进出口总公司。是年2月,成立安丘县物资实业总公司、安丘县物资发展公司、安丘县物资建筑服务公司和安丘县物资经营公司。

1995年8月,安丘市物资总公司有干部职工1566人(不含计划内临时工和临时工),下设5个科室、20个分公司,固定资产2059万元。至1995

年8月31日，实际挂亏、潜亏2373.7万元，其中包括1991年以前的458.10万元。1996年7月，有干部职工1427人（不含临时工），下设5个科室、21家经营公司，固定资产4725万元。是年7月18日，公司实有资产净值1.14亿元，负债1.17亿元，资不抵债。1997年10月，市物资建筑材料总公司被安丘市华安建筑集团兼并，53名干部职工和所有债权债务归其所有。

1998年5月，安丘市物资总公司向安丘市人民法院提交申请破产报告。是年6月，市国有资产管理局对市燃料总公司进行资产评估改制。通过实行买断企业资产、职工工龄的形式组建成立安丘市燃料有限责任公司。公司股本总额652.3万元，全部为内部职工股。是年8月—12月，市国有资产管理局对市金属材料总公司进行评估改制。之后，市物资供应公司、市宏达物资公司分别改制为租赁形式，与市物资总公司脱钩。

1999年7月，市物资总公司再次向市人民政府、市贸易局递交申请破产报告。是年12月，市物资总公司与市人民法院配合，进入破产程序。2000年2月，市物资总公司下设民爆器材专卖公司改制为股份合作制企业。

2001年4月，市委、市政府联合工作组进驻市物资总公司，清产核资总公司及其下属16家公司。分别是：市机电设备公司、市物资大厦、市化工轻工公司、市物资经营总公司、潍坊广大工艺品公司、市木材总公司、市汽车销售公司、市建筑综合公司、市物资发展公司、市物资实业总公司、市物资经贸总公司、市塑料公司、市物资贸易公司、市物资再生利用公司、市物资综合公司、市物资销售公司。2002年1月，市物资总公司及其下属16家公司破产。

第二节　木材　煤炭

木材

1956年6月，安丘县木材公司成立，全称是中国木材公司山东省昌潍分公司安丘支公司。公司地址设在县城北关，下设会统股、业务股、调运股、办公室，主营木材。货源以从东北调入为主，兼购境内所产梧桐、楸树等20多个品种。采用敞开供应的形式，服务于当地生产和生活消费，年销木材500立方米左右。1957年11月，公司并入安丘县民用器材公司。1958年6月，县民用器材公司归属安丘县生产资料经营部。1986年6月24日，经安丘县人民政府批复，物资局下属的金属木材公司对外挂安丘县金属公司和安丘县木材公司两个牌子。是年，完成商品总购进5468万元，销售额6095万元，实现利税170万元。1993年，公司倒闭。

煤炭

安丘县境毗邻坊子煤矿，紧靠胶济铁路，又是黄烟产区，群众烧煤由来已久。20世纪50年代，中国煤业建筑器材公司山东省昌潍分公司成立黄旗堡经营组（简称黄旗堡经营组），地点设在黄旗堡火车站。1956年8月，升格为黄旗堡支公司，1968年更名为安丘县煤建公司。自黄旗堡支公司成立以来，购销业务逐年加大。时，县内工业尚不发达，煤炭基本采取敞开供应，除担负安丘县供应任务外，也供应潍县、昌邑等部分区社。年销售量在30000吨左右，其中烤烟用煤约占一半。境内工业和生活用煤主要由安丘县煤建公司经营，县物资总公司所辖县燃料总公司也经营一部分。用煤分工厂用煤、烤烟煤和生活用煤，实行国家计划调拨，城乡居民凭票采购。1986年，县城有煤炭经营商店3家，乡镇有煤炭经营商店27家。销售工业用煤13.8万吨，其中全民单位消费13.3万吨，集体单位消费0.5万吨。1987年，县城有煤炭经营商店2家，乡镇有煤炭经营商店33家。全年销售工业用煤17.39万吨。其中，全民单位消费16.53万吨，集体单位消费0.86万吨。1990年，国家对煤炭逐渐放开，社会上开始出现个体煤炭经营业户。1992年，国家取消煤炭计划供应，全部进入市场化经营。

第三节　废旧金属回收

1986年，境内废旧金属回收由安丘县物资综合公司下设的县金属回收公司经营，1991年更名为安丘县物资再生利用公司。2001年3月，市物资总公司经营下滑，进入倒闭破产状态，市物资再生利用公司隶属市商业委员会，仍负责废旧金属的回收经营业务。从2001年起，随着市场经济的发展，市物资再生利用公司废旧金属经营业务量下降，废旧金属回收业务主要由社会经营。2003年，安丘市加强废旧金属、报废汽车回收拆解、旧机动车交易等市场监督管理工作。2005年，安丘市再生资源行业协会成立，对市废旧金属经营业务进行行业管理和指导。2013年11月，协会建成呼叫中心和网络平台，成立上门收购专业队伍。

第四节 家电下乡

2008年12月始，根据国家统一部署，安丘市对非城镇户口居民购买彩色电视、冰箱、移动电话和洗衣机，按产品售价的13%给予补贴。全市精心构建和完善销售网络，挑选出98家经营规模大、经济实力强、经营信誉好的专卖店和商场作为家电下乡补贴类产品的销售网点。并采取财政垫付，国库支付方式，通过专户兑付到农户，保证补贴资金发放到位。是年12月9日，安丘市家电下乡工作在中央电视台《新闻联播》节目头条播出，为全国家电下乡工作树立榜样。2011年12月底，家电下乡工作结束。其间，全市销售家电下乡产品34万台（件），实现销售额7.7亿元，销售量和销售额均列山东省各县市区前列。

第五节 汽车销售

1986年—1991年，安丘县物资综合公司下设的机电设备公司兼营汽车销售业务。受经济条件和消费水平制约，汽车品种少，交易量小。主要销售对象为单位，个人稍有购买者。1992年—2001年，汽车销售业务由安丘市汽车销售公司负责。进入21世纪，随着全市经济快速发展和居民消费水平提高，汽车开始成为家庭消费品之一。境内汽车销售市场逐渐增多。2001年10月，安丘汽车农机市场开业，位于潍徐路与东外环路交界处，占地25000平方米，由安徽全柴动力股份有限公司、江苏常柴股份有限公司和安丘市农机公司合资成立，总投资700多万元，为全市最大的汽车销售市场。2014年，全市有汽车4S店7家，大型汽车销售公司5家。全市年销售汽车11700辆。

第五章 专营专卖

第一节 盐 业

经营体制

1976年4月，安丘县果品盐业公司成立，隶属县供销社，主要负责全县果品生产技术指导、干鲜果品统购统销工作及各类用盐的批发零售业务。1989年11月，国务院批准适当提高食盐价格，基本牌价由原来0.12元／500克提高为0.2元／500克，然后以基本牌价的提高幅度为基础，确定全省各地的零售、批发价格。1995年，市果品盐业公司送销碘盐2035吨，碘盐入户率100%。2000年12月，市政府召开盐业体制划转工作协调会议，市果品盐业公司从供销社整体划转，组建安丘盐业公司，归口市政府财贸办公室管理。2001年3月，经山东省盐务局批准，安丘盐业公司、安丘市盐务局挂牌成立。盐业公司为山东省盐业总公司的下属企业和独立核算、自负盈亏的企业法人实体组织，依法从事市内的盐资源开发、利用和盐产品的生产、加工、储运、批发经营业务。同时，加挂安丘市盐务局牌子，为市政府的盐业行政主管机构和盐业行政执法主体，负责境内盐业行业管理、盐政执法和食盐专营的行政管理工作。

食盐销售

1993年9月，安丘县人民政府下发《安丘县盐业管理办法》，规定县果品盐业公司为全县盐业批发单位，县内食盐、农牧场及所有厂矿区企业的生产加工用盐，一律由果品盐业公司按上级下达的计划，具体负责到国家指定盐场组织进货。全县盐业进出渠道得到理顺。1994年，依据国务院颁布的《食盐加碘消除碘缺乏危害管理条例》，安丘市规定经营碘盐零售业务的单位和个人从碘盐批发企业进货，不得从未经批准的单位和个人购进碘盐。1996年，依据国务院颁布的《食盐专营办法》，实行食盐定点生产制度和食盐分配调拨指令性计划管理，批发实行批发许可证制度，运输实行准运证制度。全市盐业管理逐步迈入制度化、规范化轨道。2001年，销售各类用盐5236吨，其中食盐4214吨。2003年，全市设立食盐零售网点1500余个，食盐代批点96个，建立以“盐业公司为龙头、代批点为纽带、食盐零售网点为基础”，覆盖全市、遍布城乡的食盐营销网络，为全市食盐专营工作奠定基础。是年，销售各类用盐9157吨，其中食盐6957吨。食盐销售量较盐业体制理顺前增加一倍。2004年，推行复合膜和纸塑小包装食盐，提高入口食盐品质。是年，销售各类用盐11041吨，其中销售食盐8314吨。2005年，深化食盐流通现代化改革，取消食盐代批点，实行用盐直供制。安丘盐业公司直接送货到村庄食盐零售网点和各厂矿用盐单位，及时满足民食工需用盐。是年，销售各类用盐10920吨，其中销售食盐8520吨。2006年11月，安丘市通过潍坊市碘盐检测，各项检测指标全部达到国家持续消除碘缺乏病的阶段性要求。是年，销售各类用盐10795吨，其中销售食盐7740吨；人均入口食盐3.2公斤，食盐计划完成率、碘盐覆盖率、碘盐入户率分别达100%、95.93%和95.04 %。2010年，推行客户经理负责制，落实食盐直供和定期访销工作机制，提高送销服务水平。10月，安丘市顺利通过全国碘缺乏病目标考核评估县级达标验收。是年，销售各类用盐15445吨，其中食盐8729吨。2011年3月，日本福岛核电站泄漏事件引发全国范围内食盐抢购现象。安丘盐业公司加强调运，从泰安岱岳盐厂、羊口盐厂、寒亭精盐一厂等盐业生产企业紧急调拨食盐500吨。仅2天时间，全市销售食盐320吨，有效应对全市“抢购潮”，确保市场稳定、社会安定。2013年，安丘市开展盐产品结构调整，丰富市场供应品种，满足群众多样化用盐需求。围绕“健康山东”行动和“减盐防控高血压”部署，推广普及低钠盐，引导群众科学用盐、健康用盐。是年，销售各类用盐20798吨，其中食盐12149吨。

盐政执法

20世纪80年代，境内盐业市场管理由县政府牵头，县供销社、工商局、税务局、计划委员会、物价局、地方病防治办公室、公安局等相关部门联合执法，果品盐业公司具体负责落实部门协调和上级交办的工作任务。1993年1月，安丘县盐政管理办公室成立，挂靠安丘县果品盐业公司，开始政府授权，部门执法。2001年，安丘市盐务局成立，开始系统地完善食盐市场监管机制，规范盐业市场秩序，打击各类涉盐违法行为。2002年，面对安丘市易受昌邑、寿光、寒亭等原盐产区私盐冲击，私盐贩销活动猖獗的形势，市盐务局加大涉盐违法查处力度，斩断私盐贩销源头。是年，共查处各类涉盐违法案件449起，查缉私盐59吨，罚没款2.6万元，其中4名涉盐违法分子被市人民法院依法判刑。2003年，市盐务局、公安局联合成立打击非法经营食盐违法犯罪工作联合办公室，进一步加大盐政执法力度。是年4月，成功平抑因受“非典”影响爆发的食盐抢购现象。2004年，安丘市开展以食用合格碘盐、消除碘缺乏病为主题的“走千村、入万户”碘盐智力工程宣传活动。利用一年的时间，对全市1400余个自然村、230余所中小学开展入村、入户、入校宣传，普及碘盐常识，提高群众食用合格碘盐的自觉性。2005年，深入开展碘盐“示范村”建设和盐政共建学校建设活动，是年，共建立碘盐“示范村”67个，盐政共建学校48所。2006年5月，潍坊市“碘盐示范村”建设经验交流会在安丘召开。与会人员参观凌河镇前儒林村和刘家尧镇周家营子村的碘盐示范村建设现场，充分肯定开展碘盐“示范村”、盐政共建学校活动和深入推广碘盐的具体做法。2007年，按照“布局合理、辐射到位、便于管理、方便群众”的原则，安丘市调整布设食盐零售网点1821个，实行“A、B、C ”三级动态化管理，加强监管、规范经营，做到营销环节无无证经营行为、无假冒食盐、无走私食盐、无渠道外食盐、无非法批发食盐和无违价经营行为，保障城乡居民合格碘盐供应。2008年，市盐务局、教育局、卫生防疫站等部门联合开展“碘缺乏病健康教育进校园”活动，宣传中小学校231所，组织师生接受碘缺乏病健康教育6万余人次，发放宣传资料12万份，检测51813名在校学生家庭用盐的情况。2009年，加大对各类食堂、宾馆、饭店、食品加工、厂矿企业用盐整治力度，建立用盐业户档案，实行盐种分类直供，实现市场信息化、动态化、规范化监管，提高食盐安全水平。2012年，充分发挥盐政、公安联合机制，组织开展重点用盐单位、私盐贩运重点区域和行政边界专项治理活动，区域市场得到有效净化，碘盐市场占有率明显提高。2013年，推行弹性工作制，根据私盐贩销规律，灵活稽查时间，遏制私盐流入；推行盐政住勤工作制，对重点地域、乡镇市场派驻盐政人员重点干预，提高盐政管理的渗透力和影响力；加强与公安、工商、质监，食品药品监督、法院等部门的协作配合，提高打击震慑力度。是年，共查处各类私盐违法案件232起，查缉私盐12.1吨，罚没款2.5万元。

第二节　石　油

经营体制

1978年，安丘石油分站由安丘煤建公司分离成立。1985年5月，安丘石油分站更名为山东省石油公司安丘支公司。1989年12月，公司升格为正科级单位，实行行业领导，地方管理。内部实行工效挂钩、按劳取酬、按分计奖分配办法。1990年1月，内设机构改股设科，设立办公室、业务科、财务科和仓储科。1992年，推行劳动、人事、分配三项制度改革。实行全员劳动合同管理，打破干部和工人身份界限，实行双向优化劳动组合，择优上岗；实行聘任制，干部职工档案保留原身份，部门负责人竞争上岗；打破大锅饭，在坚持和完善工效挂钩办法的基础上，向一线倾斜。1993年2月，山东省石油公司安丘支公司更名为山东省石油集团安丘公司，仍实行行业领导，地方归安丘财经委员会托管。1994年1月起，职工实行按岗取酬。1996年6月起，对经营部门实行按销量提工资的分配办法。1998年，山东省石油集团公司成建制划归中国石油化工集团公司，山东省石油集团安丘公司成为中国石油化工集团下属直管企业。2000年4月，中国石油化工集团公司实施整体重组成立上市公司中国石油化工股份有限公司，山东省石油集团安丘公司组建进入上市范围的中国石油化工股份有限公司山东潍坊安丘石油分公司和非上市范围的山东省石油集团安丘公司，分别接受中国石油化工股份有限公司山东潍坊石油分公司和非上市公司山东省石油集团潍坊总公司的直接管理，在体制上两个公司一个法定代表人，但后者接受前者的协调管理。公司设办公室、财务科、业务科、润滑油公司、运输公司。1999年—2011年，按照中国石化集团总公司改革方案，山东石油集团安丘公司相继更名为中国石油化工股份有限公司山东潍坊安丘石油分公司、中国石油化工股份有限公司山东潍坊安丘经营处、中国石油化工股份有限公司山东潍坊安丘片区。2011年，恢复为中国石油化工股份有限公司山东潍坊安丘石油分公司。至2013年机构未变。

网点建设

1986年，安丘石油支公司有县城南埠油库和黄旗堡油库，其中黄旗堡油库建有铁路专运线。自1989年始，公司全面参与市场经营，不再实行定量供应。石油商品以计划经济时期的独家经营逐步变为市场化经营，社会上纷纷建起加油站，成品油市场开始出现竞争。石油公司自有加油站发展较慢，到1995年底，自有加油站6座，其中城区4座，刘家尧镇和景芝镇各1座。从1994年起，国内成品油批发、零售企业实行许可证制度。经国家经济贸易委员会批准，境内2家企业获成品油批发资格。1998年，安丘石油公司开始建设现代化大型石油销售连锁企业，网点建设进入有计划、高效益、快速膨胀的发展阶段。至2008年底，通过自建、收购、租赁等形式，加油站发展到27座。形成以国道206线、省道下小路、央赣路为骨架，重点乡镇为扩张点的销售网络。2013年底，全市社会加气站2座，加油站100座。其中，社会加油站61座；中石油加油站9座、中石油加气母站1座；中国石化加油站23座；壳牌加油站5座；中海油加油站1座。

安丘市1986年—2013年石油商品销售数量统计表

表9—4　　单位：吨

年份	汽油	柴油	煤油	润滑油
1986	2994	10073	1034	693
1987	3972	12355	1537	795
1988	3438	16320	1083	613
1989	3828	10086	1187	462
1990	3978	10080	1232	592
1991	4200	13800	1360	630
1992	4420	14700	1505	680
1993	5100	16200	—	630
1994	5600	18020	—	600
1995	6100	20600	—	550
1996	6800	21800	—	602
1997	7200	20600	—	530
1998	8100	21230	—	605
1999	10020	23050	—	709

续表 9—4

年份	汽油	柴油	煤油	润滑油
2000	8600	14820	—	636
2001	9010	15200	—	670
2002	11050	23080	—	705
2003	14020	27410	—	730
2004	16824	28100	—	728
2005	15010	30900	—	761
2006	18592	34580	—	826
2007	19206	36860	—	835
2008	20146	42472	—	863
2009	18789	26743	—	—
2010	18898	27340	—	—
2011	22676	32808	—	—
2012	27211	39369	—	—
2013	29878	41186	—	—

说明：1993 年起不再经营煤油，2009 年起不再经营润滑油。

第三节　烟　草

烤烟生产

1986 年，安丘县推行黄烟品种良种化、种植区域化、栽培管理规范化“三化”生产措施，推广种植 NC82、G140 优良品种，试种 G70、NC89 和红花大金元；调整种植布局，压缩东部平原乡镇 1 万亩调整到西部适宜区乡镇；抓冬耕地、早起垄、起大垄，全面推行“一大、三深、一多”的新移栽法（一大：挖大埯；三深：深刨窝、深栽烟、深施肥；一多：多浇水），基础工作全面提高。全县种植烤烟 11.6 万亩，收购烟叶 26.16 万担，公斤均价 1.88 元。1987 年，主抓 4 条线、18 个方、30 个点，形成规模种植和区域种植的新格局，烤烟生产平衡发展，创历史最好水平和全国同行业的先进水平。为方便烟叶生产的技术指导，便于烟农售烟，新建夏坡烟站，全县烟站累计达 31 处，分别为城关、景芝、黄旗堡、南流、凌河、官庄、雹泉、红沙沟、大盛、庵上、贾戈、石堆、赵戈、担山、刘家尧、关王、王家庄、夏坡、临浯、宋官疃、金冢子、白芬子、管公、辉渠、孔家庄、柘山、郚山、慈埠、南逯、温泉、车庄烟站。新建复烤厂 1 家，当年动工、当年投产，烤出成品烟 200 多吨。1988 年，烤烟种植面积增至 14 万亩，收购烟叶 46.2 万担，公斤均价 3.76 元；完成出口烟 550 万公斤，占全国出口总量的四分之一。1989 年，取消 15 级制，推行 40 级烟叶收购等级标准。1991 年，安丘烟草公司被国家烟草专卖局（中国烟草总公司）评为全国烤烟生产收购先进单位，山东潍坊烟草有限公司安丘烟叶复烤厂被国家烟草专卖局评为全国复烤先进企业。由于受市场价格影响，1994 年，安丘市烤烟种植面积锐减至 5.6 万亩。1995 年，烤烟生产得到恢复性发展，种植烤烟 8.25 万亩，收购烟叶 22.2 万担。1998 年，烤烟种植面积再次锐减，种植烤烟 4 万亩，面积不及 1997 年 8.7 万亩的一半。由于推广包衣种子育苗、揭膜培土、“三段式”烘烤工艺等措施，烟叶质量明显提高。2003 年，全面推行收购预检制，实行 IC 卡收购，以提高等级纯度和等级合格率；安丘烟叶复烤厂打叶线划转到诸城烟草公司。2005 年，安丘市创新生产组织形式，发展烤烟农场 31 个、面积 2852 亩，种植烤烟 1.45 万亩，收购烟叶 2.88 万担；抓好优良品种、集约化大棚托盘育苗、平衡配方施肥、密集烘烤等适用技术的应用，烤烟生产整体水平得到提高；实施基础烟水、烟路等基础设施建设工程。至 2013 年投入烟叶生产基础设施建设资金 1.24 亿元。2007 年，探索土地流转方式，加快土地流转进度，发展烤烟农场 50 个，面积 1.24 万亩，占总植烟面积 2.03 万亩的 61%。2008 年，推进规模化种植、集约化经营、专业化分工，加快现代烟草农业建设进程。种植烤烟 2.04 万亩，收购烟叶 4.01 万担。2009 年，完善土地流转机制，发展 50 亩以上的烟叶农场 76 个，面积 1.18 万亩，种植烤烟 2.09 万亩，收购烟叶 6.13 万担。2010 年，承办山东省烟草专卖局（公司）农机重大专项成果推介会，在石堆镇阿洛村步云岭进行烟用机械推广现场演示。根据山东省、潍坊市烟草公司的要求，严控烤烟种植规模，种植烤烟 0.79 万亩，烤烟种植面积降为近年来最低。全市烟站撤并为 7 个，分别为景芝、石堆、王家庄、官庄、辉渠、柘山、大盛。2011 年，推广直播育苗，落实不适用烟叶处理和鲜烟分类工作，加强入户预检指导，烟叶等级纯度和均匀度明显提高；推进有机烟叶开发、机械化生产、合作社建设“三个重点突破”工作，示范种植有机烟叶 200 亩，建设景芝丰田岭全程机械化千亩示范方，优化组建景荣烤烟种植专业合作社。2012年，投入14.4万元为131名职业烟农购买意外伤害保险和养老保险；开展富民工程回头看，投入4576万元重点配套10个烟叶生产生态村；联合山东中烟工业公司进行“中式浓香”特色烟叶配套技术研究开发，以千亩为单位，成立6个联合农场；建设7个烟农专业合作社，烟农入社率90%以上，专业化服务水平明显提升。2013年，整合7个烟农专业合作社为2个综合社；加大烟田轮作力度，示范漂浮育苗，推广小苗膜下移栽，开展专分散收工作试点；开展烟技员、烟农、专业队技术培训，提高三支队伍技能水平。是年，种植烟叶2.34万亩，收购烟叶5.74万担，公斤均价23.83元。实施烟叶生产生态村富民工程，投入931万元，建设生态村36个。

卷烟销售

1986年，安丘县卷烟销售货源仍由国家统一调拨分配。时以经销青州卷烟厂产品为主，牌号主要有“青州”“云门”“丰收”等，同时销售青岛产“蓝金鹿”“红金”“双马”“哈达门”等，上海、天津产的“中华”“凤凰”“牡丹”“大前门”等。1988年—1993年，卷烟销售业务由安丘县烟草公司卷烟批发部负责，依托烟站下设31个卷烟批发组。1994年，加强网点建设，全市31个卷烟批发组合并为12个批发网点，开展配送服务，销售卷烟29256箱，其中销售青州烟20564箱，占比70.29%。1996年，推行防伪监销制，并设卷烟超市。1998年，安丘烟草分公司分为卷烟购销分公司和烟叶分公司。全市卷烟销售由卷烟购销分公司负责。2000年，山东烟草购销有限公司安丘分公司与山东潍坊烟草有限公司安丘分公司合并，成立潍坊安丘市烟草专卖局（分公司），设立卷烟销售科。是年起，主要经销省内烟厂生产的一、二、三类中高档卷烟，四、五类卷烟的销售降低，省外名优牌卷烟开始供应市场。2002年，安丘烟草实行访送分离，卷烟销售科下设访销中心、配送中心两个职能部门。2003年，市烟草专卖局实行电话访销，推行卷烟特许加盟连锁经营模式，发展加盟户35户。2004年，深化网络建设，推行电子结算，抓好电话访销，电访订货率98%以上，入网销售率100%，发展加盟户91户。全年销售卷烟26320箱，同比增长7.48%；卷烟单箱销售额5683元，同比增长20.45%。2005年，撤销专销办，成立整顿办；访销中心上划潍坊市烟草专卖局（公司）卷烟营销中心销售部电访中心；实行专销一体，推行中队长负责制。2006年，撤销卷烟超市。实行专销分离，专卖稽查中队、营销站独立办公。开展按客户订单组织货源试点工作。2008年，培育重点品牌，销售全国前20名卷烟重点品牌3400箱，同比增长69.5%。2009年，撤销下设的卷烟营销站，成立卷烟营销一部、二部、三部。2011年，推进百县“泰山”联谊活动和零售户致富工程，创建“客户之家”，打造优秀卷烟营销团队，为41家弱势群体零售户免费发放柜台，培训零售户3200多人次。2012年，推进卷烟零售户致富工程，开展帮扶275户次，弱势群体零售户户均盈利同比增长26.8%。2013年，开展“精品线路”“靓丽终端”“网建基础提升月”等活动，加大品牌培育工作力度。全年销售卷烟34884箱，单箱销售额为21914元。

专卖执法

1986年，安丘县卷烟零售实行烟草专卖许可证制度。安丘烟草公司设专卖管理科负责对辖区卷烟市场和烟叶收购进行专卖执法检查，打击不法烟贩。1992年，依据《中华人民共和国烟草专卖法》，县政府成立打击非法“三烟”领导小组，加强对烟草专卖执法工作的组织领导。2002年，安丘市取缔天下客烟草非法交易市场，规范卷烟销售专卖市场。2007年，市烟草专卖局设立专卖监督管理科、法制科、稽查大队、烟草专卖管理所等内设机构，形成“查处管核”的专卖执法机制。始终保持对假冒伪劣卷烟、走私卷烟严厉打击的高压态势。2008年，强化内部专卖管理监督，确保“两烟”生产经营严格规范；开展卷烟市场秩序集中整治行动，破获的“9•12”非法经营假烟网络案件查获假冒卷烟165万支，达到国家烟草专卖局、公安部网络案件标准。2009年，顺利完成2003版烟草专卖零售许可证换发工作。2010年，开展“利剑行动”，加大对涉烟刑事案件和网络案件的侦办力度；加强法律法规宣传，发放宣传材料22750份。2011年，制定发布实施《安丘市烟草制品零售点合理布局标准》；开展“雷霆行动”，加强破网追刑；延伸执法触角，各专卖所与工商所联合打击涉烟非法经营行为。2012年，贯彻落实“六五”普法规划，开展《烟草专卖法》实施20周年宣传活动；组队参加潍坊市烟草专卖局（公司）系统法律法规知识竞赛，专卖人员、卷烟零售户两支代表队分获团体二等奖。2013年，做好烟草专卖零售许可证延续工作；推进零售户守法诚信自律小组建设，建立自律小组192个；推进柔性执法，提升专卖执法服务水平；牢记守土责任，加大专卖管理工作力度，市场治理成效显著。是年，查处各类违法案件113起，查扣各种违法卷烟214件，查扣烟丝1.16吨，净化卷烟市场。

第六章　市　场

第一节　市场建设

1986年，安丘县批发零售商贸业、餐饮业网点数538个，从业人数4914人。全县商品交易市场94个。1988年，天下客市场、时装城、焦家庄农副产品市场投入运营。1990年，全县企业网点由1977年的82个增加到120个，特别是百货大楼、五金大楼、百货大厦、贸易中心大楼的建成，以及下伸批发网点的建立，商贸市场更加活跃。集贸市场发展到108个，专业批发市场2个，楼房棚顶式市场4个。

1991年—2000年，安丘市场建设进入第一个高潮期，市场和商业网点体系建设速度加快、投入加大，专业性和综合性相结合的特点比较突出，基本满足居民多元化的消费需求。是年，全县集贸市场发展到114个。其中，工业品市场、专业批发市场4个，楼房棚顶式市场6个，绿荫市场36个。全县市场建设投资总额804万元。是年，安丘县筹建县集贸中心、第一商业街、物资市场、健康路商业街四个规模较大的市场。1993年11月，安丘县供销联合社筹建的供销大厦开业，商场营业面积1万平方米，主要经营日用百货、家用电器、糖酒副食、服装鞋帽、针织纺品、文体用品等，时为安丘最大的综合性商厦。是年，全县新增集贸市场6个，新开拓集市交易场地18.8万平方米，新建各类专业批发市场14个，集市贸易成交额5.5亿元。安丘县在农村实施“基地带市场”的新构思，其中规划建设安丘白芬子姜蒜批发市场。1995年，安丘市投资7275万元用于市场建设，开拓市场专用场地29万平方米，新发展农副产品批发市场2个，专业批发市场19个，集贸成交额19.8亿元。1996年，新发展农副产品批发市场2个，专业批发市场发展到19个，集贸成交额达26.5亿元。1997年，多方投资3100万元，新开拓市场专用场地86.5亩。全市各类消费品市场发展到123个。其中，专业批发市场19个，市场成交额29.5亿元。1998年，市直和基层商业企业发展到40多家，全市商业网点发展到2560个，多种经济成分进入到生产、流通、分配、消费等环节。经营范围进一步拓宽，发展到20多个行业、数万个品种，网点建设形成大中小型结合、城乡结合、专业和综合结合的全新格局。中百商厦、供销大厦等成为全省名列前茅的县级大型商业网点。2000年，安丘市投资2250多万元，修整开拓市场面积580亩。各类市场发展到130个，市场成交额38.5亿元。

2001年—2013年，安丘市新建和改造提升并举，引进、培养和嫁接并重，全市市场建设趋向现代化、信息化，商户聚集程度明显提高，电子信息、互联网广泛应用于市场交易。其间，现代市场经济快速发展，商业综合体开始出现，兼具一般交易批发市场、商业经营网点的功能，打破传统观念上纯粹商品交易市场的概念。

2001年4月，安丘市投资7500万元，建设安丘商贸城。是年8月，二期招标，潍坊百货集团股份有限公司中百佳乐家超市中标。至2007年先后完成大城商厦、南苑商贸城、天下客、银座、大城埠建材市场、长安路商业街、安丘汽车服务中心、东方明珠、安丘泰华城、蓝星国际、青云国际度假区、嘉安美地、景芝小吃一条街等市场商业设施（综合体）的建设和改造，累计投资53亿元。

2011年，温州商贸城、长安路商业街、时尚广场、南苑商贸城、供销大厦、胜业超市、蓝星国际大厦等一批新建或改建项目相继投入运营。全市有专业市场7个，占地面积484亩，设摊位1630个，从业人员8800人，年成交额14.16亿元。2012年起，随着安丘新老城区的规划延伸，安丘市场建设空间得到拓展，定位更加准确。结合新一轮城市规划，安丘市重新定位和改造临福市场、安丘商贸城、海天购物广场等，加快专业市场升级。新建成齐鲁酒地文化产业园、颐高电子信息创业园、金融中心、翰沃国际建材博览城、双丰汽车城等商贸流通项目。

2013年，城区有商场路佳乐家、南苑商贸城、天下客、双丰大道、泰华商贸城一颐高商贸城和市北区天地广场六大商业圈。全市商贸网络建设基本形成大（专业）市场和社区商业网点"一大一小"紧密结合，骨干商贸流通企业与城乡分散商贸业户"一主一次"相协调，城乡分布均衡合理的现代商业新格局。

第二节 市场简介

安丘市集贸中心 1991年，安丘县投资163万元，建成县集贸中心。1992年，筹措资金250万元，由南向北延伸拓宽场地30721平方米，集贸中心总建筑面积42205平方米。

安丘市第一商业街 1991年，安丘县投资709万元，建设高标准楼房式结构营业房498间，垒砌河坝720米。1992年，投资650万元，在商业街东侧拆迁民房55间，建设与西侧相对应的营业房475间。

安丘市物资市场 市场位于集贸中心对面，烟汕公路西侧。主要经营钢材、木材、汽车、煤炭、农机配件等生产资料。

安丘市健康路商业街市场 市场建于1992年，安丘市投资1276万元，建设商业街市场。全长381米，占地面积达24.3万平方米。其中，建设四层楼房800间，楼上住宿，楼下经商，总建筑面积2.8万平方米。

白芬子姜蒜批发市场 市场建于1993年，位于兴安街道黑埠子村，占地300亩，投资6000多万元，设有大姜加工区、黄姜交易区、鲜姜交易区、餐饮服务区、集贸区。配有电力、自来水、邮电、供销、配货、宾馆、加油站等服务机构。1999年加入全国农副产品信息网。姜蒜批发市场日加工、销售超过1000吨，年成交量40万吨，交易额超过10亿元，收购、销售辐射全国各地，出口日本、美国、韩国及中东、西欧地区。

安丘市辣椒交易市场 市场位于206国道以东、金冢子镇岳家店子村以南，占地面积500亩，集交易、加工、出口于一体。至2013年，年均交易额1.6亿元。

安丘时装城 时装城始建于1993年，拥有安丘小商品城的美誉，是一家批发零售百货商场。2008年，市委、市政府采用招商引资的办法，投资1400多万元，整体改造装修商场，完善升级商场的软硬件设施，并改名为时尚广场。重装开业后的经营面积10000平方米，入驻业户近400家，经营商品几十大类上千个品种。

天下客市场 天下客市场位于城区向阳路东段，始建于1988年，占地面积5.4万平方米，建筑面积4.2万平方米，是安丘较早的具有一定规模的专业市场。主要经营百货、副食、家具、装修材料等。市场处于繁华地段，加之硬件设施差、无大型停车场、物流运输不便，造成经营秩序混乱等问题。2008年，市委、市政府结合旧城改造，在南苑路和兴安路交叉口规划建设南苑商贸城，引导原天下客市场业户搬迁至此。

翰沃国际建材博览城暨安丘农机汽配城 农机汽配城位于永安路和双丰大道交叉口东500米路北，总占地面积300亩，总建筑面积约22万平方米，2012年10月16日开工。主要经营建材、家居用品、农机、汽配等，同时配合建设仓储、物流、商务等项目。总体规划为翰沃建材博览城和农机汽配城两个板块。打造集装饰、家居、建材、灯具、电器销售、仓储物流等为一体的建材综合性建材博览城。

安丘市颐高商贸城 商贸城建成于2013年，位于和平路和建安路交叉路口，占地面积240亩，建筑面积50万平方米，是集商品交易、物流配送、产业服务、会展博览、商务办公、综合配套"六位一体"的多功能商贸中心。其重点打造的颐高电子信息创业园是可以实现电子结算、电子追溯、期现货交易、物流配送的综合电子商务交易平台，其目的在于整合潍坊及周边地区所有的精品农特产品进行网络销售。成功运营"淘宝网·特色中国·潍坊馆"，风筝、年画、大姜、大葱、大蒜、潍县萝卜、景芝三页饼、景芝神酿、山楂、大樱桃、潍坊火烧等首批潍坊地区名优特产、老字号、特色产品均已入驻。

盛大农产品交易市场　市场于2013年建成，位于兴安街道石泉路口西500米，总投资4.6亿元，占地面积500亩，总建筑面积24.8万平方米。有国内贸易区、出口贸易区、冷藏存储区、综合服务区、金融服务区、电子交易中心、蔬菜清洗用水循环再利用中心、农产品检测中心、农产品服务中心（报验、通关）等16个功能分区。

第七章　服务业

第一节　服务业管理

1991年，安丘县财政贸易委员会设立商业网点建设管理办公室，加强全县商业网点管理。商业网点建设管理办公室改为安丘县第三产业规划管理委员会办公室，规格提为正科级全额拨款事业单位。1998年，安丘市在市贸易局设立第三产业规划管理委员会办公室。2002年，市政府出台《关于加快全市服务业发展的意见》，明确服务业发展的工作重点和推进措施。2005年，成立由市长任组长，分管副市长任副组长的服务业发展领导小组，办公室设在市贸易局。2007年10月，成立安丘市服务业办公室，为市发改局所属副科级事业单位，全额预算管理。市服务业办公室设立后，市发改局增加服务业的管理、组织、协调职能。2010年—2013年，市发改局先后出台《关于加快服务业跨越发展的若干政策》《安丘市服务业发展提速计划（2013—2015）》等一系列文件，规范和促进服务业发展。

第二节　餐　饮

安丘餐饮业发展历史悠久，餐饮业的经营范围、发展水平随着人民生活水平和物质追求不断发展变化。20世纪80年代，受体制政策的限制，各乡镇有一定规模的饭店、旅馆，但数量很少，大都属县供销部门。全县餐饮业多为体现安丘特色的小吃，规模较小。1983年，安丘县开始登记餐饮企业，华安宾馆成为全县首家进行工商注册的个体餐饮企业，兼营中餐食品和住宿。1986年，全县饮食服务业户发展到831家，从业人员2712人，完成产值0.3亿元，销售收入0.3亿元，利税300万元。到20世纪80年代末，个体饭店、旅馆门市逐渐增多，但餐饮企业发展较为缓慢。至1992年，全县仅登记餐饮企业12家。1993年，随着市场经济的发展，安丘城区及各乡镇驻地较大规模的民营酒店、宾馆迅速繁荣，第三产业呈现出蓬勃发展的势头。是年，新注册餐饮企业13家，超过前十年总和。1994年，安丘市开始对全市餐饮个体业户进行工商登记。1999年，全市企业改制后，餐饮业户和餐饮企业增至3229家，从业人员11440人，完成产值2.6亿元，销售收入2.3亿元，利税2000万元，分别比1986年增加2398家、8726人、8.7倍、7.7倍和6.7倍。从2000年起，高档次宾馆、酒店发展较快，境内建成四星级旅游饭店新东方大酒店，三星级的餐饮企业市政府招待所。高、中、低档餐饮场所布局比较合理，适合不同人群的需求。饮食服务业在全市国民经济所占比重也不断加大，城乡群众物质文化生活水平不断提高。是年，全市新成立餐饮企业3家，注销4家；成立餐饮个体业户26家。2001年—2004年，全市新成立餐饮企业34家，注销12家；新成立个体餐饮业户163家。2007年，全市餐饮企业（业户）发展到5658家，人员25582人，完成产值18.7亿元，销售收入18.4亿元，利税1.5亿元，分别比1999年增加2429家、14142人、7.2倍、8倍和7.5倍。2011年12月，安丘市创建为省级餐饮服务食品安全示范县，50家餐饮服务单位创建为省级餐饮服务食品安全示范店，两条街道创建为省级餐饮服务食品安全示范街，两个镇创建为省级餐饮服务食品安全示范镇。是年，规模以上饮食服务业完成产值11.7亿元，实现销售收入11.18亿元，利税1.14亿元。2013年底，全市有餐饮企业57家，餐饮个体业户1791家。其中规模以上564家，从业人员12769人。实现销售收入31.25亿元，利税2.58亿元。

第三节 宾馆 饭店

安丘宾馆饭店服务业起步很早。明朝设立渠丘驿，是记载官方办理旅馆饭店的最早记载。客栈、酒馆等是早期宾馆饭店，景芝酒扬名天下，一时有南北商客流，一路酒旗风。新中国成立后，安丘城逐步发展起第一、第二、第三、第四饭店，宾馆饭店业发展迅猛。至2013年，全市有餐饮企业57家，餐饮个体业户1791家。其中规模以上564家。安丘宾馆饭店发展到296家。

安丘市人民政府招待所 始建于1952年2月，隶属县委办公室。1954年，划归县政府管理，隶属县政府办公室。1988年3月，招待所晋升为副科级事业单位，设立接待科、财务科、服务科、餐厅科和办公室。1990年11月，招待所升格为正科级事业单位。1994年3月，安丘撤县建市，安丘县人民政府招待所更名为安丘市人民政府招待所。市政府招待所是安丘唯一一家集餐饮、客房、会议接待、休闲娱乐为一体的服务性事业单位。2013年，招待所占地3.9万平方米，建筑面积21万平方米，拥有接待楼4座，有人民会堂、会议厅各1处，大中小型会议室会客室20多处。

新东方大酒店 是由山东烟草投资管理有限公司投资运营，集客房、餐饮、会议于一体的商务、休闲、娱乐综合型酒店。酒店位于安丘市向阳路东首，于2004年4月开业。2010年12月，被旅游部门评为四星级旅游饭店，是安丘市首家四星级旅游饭店。总建筑面积20075平方米。酒店拥有各式套房、标准间、单间163间，16个宴会包厢，容纳120人的自助餐厅，容纳500余人的幸福大厅，大、中、小型会议室4个。

齐鲁酒地裕景大酒店 是由景芝酒业集团投资运营，集客房、餐饮、会议于一体的商务、休闲、娱乐综合型酒店。位于安丘市经济开发区国家AAAA级旅游景区齐鲁酒地文化创意产业园内，内部设施全部按五星级标准配备，2013年10月开业。总建筑面积45000多平方米，包括1栋主楼、1栋贵宾楼、2栋宾馆楼和1栋办公行政楼。拥有各式套房、标准间、单间166间，12个宴会包厢，容纳200人的自助餐厅，容纳60人的零点餐厅，容纳500余人的迎宾大厅，大、中、小型会议室5个。

第四节 地方名吃

“待要吃饭，诸安二县”。安丘、诸城的饮食文化古今盛名。20世纪80年代，境内地方饮食主要有馒头、稀饭、煎饼、窝头、熟地瓜和小豆腐、咸菜等。从20世纪90年代始，伴随饮食业的发展，安丘地方小吃在继承传统的基础上有所创新和发展，涌现出十几个享誉全国的地方名吃。特别是21世纪初，安丘市委、市政府鼓励名吃走出安丘，不但让海外游子回味乡愁，更让世界人们享受到安丘名吃的独特魅力。除以下几样久负盛名外，还有城北扒鸡、芙蓉鸡、汉肉、腊八蒜、面油等也享誉安丘。

酱茄子

安丘酱茄子始于清朝中叶，至民国年间已享有盛誉。当时以县内商号“义和恒”所产最为著名。酱茄子味美鲜嫩，甜咸适口，香味浓郁。兼配有小巧玲珑的条编装饰，一时行销山东各县。

做法：鲜茄子、曲料、食盐为主料。先将适量大豆、小麦加入水配成曲料，蒸熟并晒干粉碎，再将鲜茄子洗净晾干，加上食盐水。曲料入缸发酵3个月后，二次倒缸，发酵9个月即成。整个制作期1年时间。

红烧潍鲤

潍河沙净水清，鱼类资源丰富，以鲤鱼品质最佳。经过数百年完善，安丘名吃红烧潍鲤技艺更加纯美，鲜甜醇香，风味别致，制作工艺独特，享誉山东。

制作时，以鲜活潍河鲤鱼一条、肥猪膘、淀粉、精盐、酱油、葱白、蒜瓣、大姜、绍兴老酒、白糖、味精、猪大油等为原料。分三步制作：先将鱼去鳞、腮、鳍、内脏，冲洗干净，沥干，剞上花刀，浇洒酱油、精盐、绍兴老酒，浸腌片刻。随即将肥猪膘的剥皮部分横剞数刀，顺长切成火柴棍厚的鸡冠肉片，同时将姜、蒜切片，葱白切长牛耳形待用。再将猪大油放入炒勺，烧至八成热，把腌制入味的潍鲤分两段（前后两部分）下勺，炸至上色，沥油放至盘中。炒勺内留油，将肥猪膘投入煸炒片时，放入葱、姜、蒜片，微炒后加汤、酱油、精盐、绍兴老酒、白糖、味精少许，再将炸后的鱼放入，移小火烧制，使鱼入味，再用水淀粉勾芡糖汁。将鱼盛入盘内对接成一条，淋浇芡汁即可上桌。

芝畔烧肉

芝畔村制作的烧肉历史悠久，是安丘著名特产。起源于明朝中期，距今已有五百多年历史，名闻天下。清乾隆三十八年(1773)，曾书“芝盘留香”四字。1997年被山东贸易厅评为山东名小吃。

做法：先将猪下货（指猪头、心、肝、肺、肚、肠）用白矾、细盐搓后洗净，放于锅内，加葱、姜、八角、小茴香、肉蔻、公丁香、砂仁、花椒、桂皮、木香、白藏、原汤（常年煮肉之汤），煮2小时左右将肉捞出，置于锅内（五汤锅）铁篦子上，将铁锅烧热，投入篦底红糖少许，用红糖燃烧之烟熏烤5～6分钟，即可出锅。

景芝三页饼

三页饼（又称三盖饼），是景芝传统名吃，历史悠久。其制作精细，筋力绵柔，色泽金黄，醇香可口。拿时一张，吃时三层。作为白案佳品誉满山东。1987年，景芝三页饼获省优产品称号，再获第11届国际风筝会博览会金奖，第12届潍坊国际风筝会参展荣誉奖，被列入《山东名吃大全》和《山东风物志》。2011年，山东省商务厅公布第二批60家“山东老字号”企业，安丘市景芝镇红旗三页饼店成为第二批“山东老字号”。

做法：选精粉、细盐、食油为原料，将精粉配盐，加水适量反复揉匀。每张饼由3个面饼组成，先将第一个面饼蘸上食油放在面案上，再把第二个面饼也蘸上油放在第一个面饼上面，再把第三个面饼放在最上面，擀成薄如纸饼状，用鏊子烙熟即可。随着技艺不断提高，目前，景芝三页饼已发展到五页饼。

豌豆黄

豌豆黄系安丘城名吃，起源于清朝中叶。多为民间饮食小店所营，何人所创无可考证。豌豆黄香甜可口，细腻化渣，营养丰富，物美价廉，深受民众欢迎。

做法：将粒大均匀的豌豆入锅煮至爆花状，拿出净皮，包在笼布中用水冲洗一下，加上一级白糖拌成豌豆黄馅备用，再将发面擀成直径2寸的圆形包皮，包进豌豆黄馅入笼蒸熟即可。

金丝面

金丝面为景芝名吃，已有300多年的历史，与三页饼同为白案佳品，因色黄丝细，犹如金丝得名。

做法：以精面粉、鸡蛋和食盐为原料，先把鸡蛋打入盆内调匀，再加入精面粉和食盐，和为硬面，擀成透明薄饼，切为细丝，出锅后放入鸡汤内，加适量食醋、芝麻油、虾米、胡椒面、香椿末、香菜梗、腌韭菜等佐料。

绿豆糕

产于景芝永和村，因主要用绿豆制成糕状而得名，已有200多年历史。其特点是工艺独到，风味奇特，呈淡黄色，结构松软，富有弹性，味道甜美，入口即化，能消暑解毒，清肺利痰。

做法：将绿豆煮熟晾干，去皮、磨细，加白糖调匀，用细筛筛在特制的方形蒸笼内，用铜铲压匀，割为适宜的长方形，蒸熟即成。全料绿豆糕，另加青红丝、玫瑰酱、核桃仁、桔饼等佐料，多味并重，让人倍感新鲜爽口，百吃不厌。

景芝小炒肉

景芝小炒肉是用香菜炒肉，肉丝鲜嫩，香菜清脆，香气扑鼻，与金丝面、三页饼并称景芝三名吃。

正宗的景芝小炒肉有4种：香菜小炒肉、韭菜小炒肉、蒜台小炒肉和贡菜小炒肉。其肉细如粉丝，加木耳、香油、茴香、虾米等，其中一盘菜肉占七成，菜占三成。景芝小炒肉里最经典的就是香菜炒肉丝，也叫芫荽炒肉丝。韭菜炒肉丝、蒜薹小炒肉、贡菜小炒肉、都可参考香菜小炒肉的做法。

芝麻片

景芝镇传统食品，历史悠久。成品为小方块，色泽乳白，质地细密，松脆爽口。其特点为选料细致，制作认真，使产品规格、组织、口味均臻于上乘，深受群众赞美。

做法：将精选的饴糖、麦芽糖、白砂糖等放入容器内熬制，到一定火候，放入炒熟的精选上等芝麻，进行搅拌，直至混合饴糖和芝麻均匀的黏附，然后经过模具成型，手工切制而成。

贺菜

贺菜是安丘东部镇村婚宴的招牌菜，示喜庆长远，直摆到宴席结束。属凉拌菜，吃起来清凉香辣可口，耐人寻味，以致源远流长。

做法：将粉条（可用粉丝代替）用鸡汤煨煮，麻汁用温水调好，煮好的粉条凉透加入麻汁、蒜泥、醋拌匀，同时加入香菜、虾米、老油条。

蒸鸡白菜

原料：鸡一只、大白菜若干棵、松蘑、花椒、八角、桂皮、葱姜、香油、酱油、盐。

做法：在鸡身上涂抹一层植物油，鸡腹内塞入适量葱姜八角和松蘑。锅底放几根筷子防糊。先放部分白菜叶垫在锅底，再放入鸡、香菇、桂皮、木耳，上面再盖上剩下的白菜叶（不要菜心）。加水，加盐，加少许酱油和料酒，放入蒸锅，文火蒸 1 ～ 2 小时。放白菜时一层白菜一层盐，多加点白菜比较好吃。开锅后晾凉，将鸡去骨撕成条，白菜撕成片（条），点香油，拌匀，放到室外，成冻即可。还有的加上五花猪肉一斤，味道更香。

炒柘山小笨鸡

柘山小笨鸡来自柘山镇，是农家散养的小笨鸡，黑爪红冠，在家吃五谷杂粮，上山吃山间小虫、草籽、野果，因而产生纯天然高品质高营养的小笨鸡。柘山小笨鸡营养极高，是真正的纯绿色无公害食品。蒸熟剁块加入佐料炒，味道绝美。

红烧酱爆蛋

将带皮五花肉切成方块形，把煮蛋剥皮，周围划口子，锅里放油、葱、姜、八角爆锅，然后加酱油和白糖，再加鸡蛋、肉块不停翻炒，直到鸡蛋炒到酱色。最后加葱段，再翻炒，葱熟出锅。此菜的特点是，既有红烧肉的香醇更在酱爆蛋的酱香，肥而不腻，入口酥软即化。

渣酱炖白菜

用豆腐渣攥成团，放在箩筐中发酵，表面用豆秸盖住，需要很长时间才能发酵成功，把发酵好的团子切开，切成条晾干，待干透以后放在大盆底层，上面用白菜盖好，倒入豆油，加入盐葱花椒姜大料，加入适量水，然后放入锅中蒸熟，待开锅后香气四溢。

黏豆包

黏豆包是过年都要做的一种面食。把豇豆煮熟压碎，再用面包起来，蒸熟，豇豆没有完全压碎，可以看出豆子的形状。透过面皮可以看到鼓出来的豆子，可以直接吃，而最地道的吃法是把豆包挤碎，把里面的豇豆放进粥里，和粥吃。

辣丝子

辣疙瘩切细丝，坛子壁上铺上青萝卜片，放入切好的辣疙瘩丝，再加醋，上面盖上青萝卜片，然后密封几天，开坛吃的时候取少量出来，现调味。

石埠子旋饼

堪称面食之佳品，历史悠久美名传。旋饼就像没帽檐的大盖帽，做起来比较费劲，面质筋道，要硬，然后做成大盖帽样子，上锅或入炉慢慢烙，基本熟后就立起来细火慢慢烤，直至烤得焦酥喷香。

芥末鸡

主料：鸡胸脯肉；辅料：黄瓜、香菜；调料：芥末、大蒜（白皮）、香油、盐、醋。做法：先将鸡脯切片，放开水锅中焯一下捞出，晾凉；黄瓜洗净切片；鸡片、黄瓜片放在一起；加芥末糊、香菜段、蒜末、盐醋、芝麻油拌均匀放在盘中即成。特色：麻辣鲜香。

菠菜饼子

用小菠菜剁碎后加入微量盐，不要太碎。将菠菜水挤一下。挤微干。加入五花肉末、姜、葱末、盐适量，淀粉适量，锅里加少量食油。将菠菜饼放在鸡蛋生粉里面蘸一下，随即放在锅里，油温不要太热，出锅外焦里嫩。

第五节　新兴服务业

现代物流业

安丘现代物流业起步于 20 世纪 90 年代。从 2000 年起，安丘市通过落实物流发展的税收优惠政策，加快现代流通项目建设，推进企业非核心业务剥离，推动现代物流业发展。境内物流企业演化为独立企业、现有企业的货物运输、物流配送的组成部分以及第三方物流、第四方物流等存在形式，业务涵盖货物流通、包装、仓储、配送等领域。全市物流企业产业关联度和带动效应比较突出，涉及水路、公路、铁路、航空和管道五大运输方式，业务遍及山东半岛及全国省市区。2012 年，全市货运总量 1833 万吨。有物流企业 71 家，车辆 1110 辆，实现主营业务收入 1.61 亿元；物流个体户 41 家，货运车 7126 辆，实现主营业务收入 1.12 亿元。2013 年，全市实现货运总量 1945 万吨。有物流企业 90 家，货运车 1252 辆，实现主营业务收入 1.72 亿元，其中限额以上 35 家。物流个体户 56 家，货运车 6157 辆，实现主营业务收入 7100 万元。90 家物流企业中，7 家注册资金在 500 万元以上，其中安丘市弘德物流代理有限公司 2000 万元；56 家物流个体户中，8 家注册资金 50 万元以上，其中 2 家过 100 万元；货运车 50 辆以上的 4 家，鲁达物流过 100 辆；3 家主营业务收入过 1000 万元，2 家税收过 50 万元。

快递公司

安丘市快递业务始于 20 世纪 90 年代邮政 EMS 派件业务。进入 21 世纪，特别是 2010 年以后，随着互联网和电子商务、网购业务的发展，快递业与电子商务关联日益紧密，全市快递公司数量和业务量快速增长，国内顺丰、中通、圆通、韵达等大型连锁快递均在安丘设立分公司。2011 年，韵达公司派件数 7.7 万件，发件 1.04 万件。2012 年，全市快递业实现主营业务收入 4831 万元。2013 年，年派件 43.8 万件，发件 33.3 万件。派送范围除邮政 EMS 快递可覆盖全市各镇街区外，其他快递仅限于城区、城郊和个别镇区。是年，全市快递公司发展到 13 家，主营业务收入 4562 万元。

科技服务业

2000 年，山东景芝酒业股份有限公司技术中心、山东奥宝化工集团有限公司技术中心、安丘汶瑞机械制造有限公司技术中心和潍坊恒安散热器技术中心通过市级认证。2005 年，山东海龙博莱特技术中心通过市级认证。2006 年，市质量技术监督局建成国家蔬菜质检中心安丘实验室，检测能力涵盖蔬菜、果品、食品添加剂等 120 个项目。并依托安丘市产品质量监督检验所建成山东省玻璃纤维增强塑料产品质检中心。是年，1 家企业技术中心、3 家企业工程技术研究中心通过市级认证，1 家工程技术研究中心通过省级认证。2012 年，市农产品质量安全综合监管中心投入运营，集科研开发、监控指挥、质量检测、商务交易、产品展示和会议培训六大功能于一体，为社会和企业提供服务。是年，1 家工程技术研究中心、1 家企业技术中心、1 家创新战略示范联盟通过省级认证，1 家创新战略示范联盟、2 家企业技术中心、2 家重点实验室通过市级认证。2013 年，全市有潍坊市级以上工程技术研究（企业技术）中心 57 家、企业重点实验室 5 家。其中，省级工程技术研究（企业技术）中心 13 家、企业重点实验室 1 家，山东省院士工作站 1 家、山东省技术创新战略示范联盟 1 家、潍坊市技术创新战略示范联盟 1 家。

信息服务业

安丘信息服务业主要包括广告公司、会计服务、法律服务、职业介绍、社会评估等行业。1992 年，山东省联通通信有限公司安丘分公司成立，为安丘首家登记注册可以开展广告业务的公司。安丘首家民营广告公司、会计服务组织、房地产评估公司、职业介绍公司分别成立于 1993 年、1995 年、2002 年、2011 年。至 2013 年，全市进行工商登记的各类广告（媒体网络）公司 99 家，会计师事务所 1 家，职业介绍所 1 家，评估公司 13 家。

社区服务业

安丘市第一家具有物业服务资质和家政服务资质的企业分别成立于 2000 年和 2002 年。2013 年，全市物业服务企业发展到 64 家，家政服务企业发展到 8 家。

电子商务

1997 年，安丘市鸢飞服装有限公司开始利用阿里巴巴诚信通开展批发业务，是安丘较早开展电子商务的企业。1998 年— 2010 年，境内电子商务发展较为缓慢，局限于在淘宝网开设网店等电子商务活动。2011 年，境内电子商务发展迎来第一个发展高潮。2012 年，安丘农家商城上线运营，网上交易农业生产资料。景芝酒业开始在酒仙网、购酒网、中酒网、京东、天猫、当当、亚马逊等十余家全国较大的 B2C 平台上开展业务，全年销售额 800 万元。2013 年 5 月，安丘商城上线，由安丘乡村电子商务有限公司运营，注册商家 100 家左右。是年 7 月，安丘大江电子商务有限公司成立，进行大姜的现货交易，注册用户 1600 多户，参与交易的 400 多户。11 月，颐高电子商务产业园有限公司运营的“淘宝网·特色中国·潍坊馆”正式启动上线，优选、扶持 250 家首批潍坊地区名优特产、境内老字号、特色产品企业入驻。12 月，市政府出台《安丘市加快电子商务发展的实施意见》和《安丘市加快电子商务发展的若干政策》，对电商平台、产业园、电商示范企业等七大类进行财政、资金、税收、登记注册等方面的扶持。2013 年，全市阿里巴巴诚信通（B2B）注册用户 251 家，销售额 1 亿元以上的有 2 家，3000 万元以上的 4 家，1000 万元以上的 42 家，销售总额 11 亿多元。淘宝（B2C）注册用户 131 家，总销售额 7000 多万元。

第八章 对外贸易

第一节 出口商品生产

1989年前，安丘县出口产品全部靠外贸代理和收购出口，企业没有自营进出口权，主要出口产品是黄烟、肉鸡、肉兔等。1989年，境内第一家外商投资企业成立，安丘企业开始拥有自营进出口权。1989年—1998年，安丘“三资”企业累计出口创汇3.5亿美元，年均递增37%。1994年6月，安丘市外贸公司获得自营进出口权，为安丘首家拥有自营进出口权的内资企业。

1994年—1998年，全市有12家内资企业获得自营进出口权，自营进出口企业累计自营出口创汇3001万美元，年均递增45%。出口产品从玉米、地瓜干、黄烟等农业初级产品，发展到16大类300多个品种，远销五大洲40多个国家和地区。工业产品有糠醛、碳酸钡、扑热息痛、刹车片、水箱、药芯焊丝、帘帆布、仿丝绸、服装、玩具等，年出口创汇5000多万美元。农业产品有大姜、大葱、大蒜、芦笋、芋仔、牛蒡、草莓、肉鸡、肉兔等50多个品种，年出口量20多万吨，交货值10多亿元，创汇3000多万美元。农产品出口基地发展到31万亩，每年可提供出口货源50多万吨。

2001年，中国加入世贸组织，全市对外开放进入新的阶段。安丘市调整出口结构，开拓中东、南亚、独联体及东欧、俄罗斯、南美等新兴市场。重点扶持安丘市外贸食品有限责任公司、山东柠檬生化有限公司、山东博莱特化纤有限公司等重点企业和农产品、纺织服装、医药化工等重点产业。是年，完成出口额7299万美元。

2009年，全市农产品出口1.6亿美元，在当年全国外贸出口大幅下降的形势下，农产品出口不降反升。在是年3月召开的全省出口农产品质量安全会议上，安丘市成为首批首个山东省出口农产品质量安全示范区。出口农产品主要有蔬菜、水果、鸡肉、面食四大类。蔬菜产品主要有大姜、大蒜、大葱、洋葱、胡萝卜、芋头等;水果产品主要有罐头桃、葡萄、苹果，各种干果，速冻草莓等；鸡肉产品主要是熟食制品，主要销往日本；面食主要是咖喱角等即食产品。全市出口农产品100多个品种，销往世界50多个国家和地区。

2011年6月，市内4家企业参与威海国际食品博览会，与5家大型超市达成20多项合作协议。安丘市通过招商引资、技术嫁接改造、培强做大企业等措施，农产品出口进一步做大做强，出口额占全市总量的40%。机械加工、纺织服装、化工医药行业进出口业务较快增长，三大产业占全市进出口的比重增长到50%以上。

2012年，市委、市政府加大出口产品的调度，全市完成进出口总额7.4亿美元，其中出口6.25亿美元。面对国内税收政策调整和国际市场持续疲软两大不利因素，农产品出口仍保持增长态势。全市出口农产品2.5亿美元。2013年，全市自营出口500万美元以上企业36家，其中过1000万美元的12家。山东柠檬生化有限公司自营出口1.1亿美元，为全市唯一一家自营出口过亿美元的企业。农产品自营出口占整个自营出口的40%，食品添加剂和医药占24%，服装占20%，机械占9%，家具、包装等其他工业品占7%。

第二节 出口商品基地

安丘自清末就有大宗农产品和手工产品出口海外。20世纪80年代，境内黄烟、畜禽产品资源丰富，成为安丘的主要出口商品。黄烟、畜禽产品主要以农户为单位分散种植、养殖，以外贸收购为主，各乡镇设有外贸收购站，由市外贸公司、外贸冷藏厂、烟草公司根据国家计划收购出口。

1988年，随着外贸体制改革和商品经济的发展，以及出口商品检验、检疫标准的提高，安丘县加强外贸出口商品生产基地建设，实现经营模式从“公司＋农户”向“公司＋基地”转变。是年，完成出口薰烟550万公斤，占全国出口总量的四分之一。

1989年—1993年，国外知名烟草企业英国乐富门公司、美国环球烟叶公司等常年派驻外商住在安丘，监管黄烟收购、烤制质量。农产品出口由畜禽产品扩大到蔬菜，主要有肉鸡、肉兔、水貂、大姜、大蒜等。出口商品生产基地实行集约化、标准化生产，加工和管理水平逐步国际化。

1994年—2007年，安丘市出口实现质的飞跃，外向型经济成为全市经济的重要组成部分。1996年8月，在农业部中国农学会、中国优质农产品开发服务协会、中国特产报社联合举办的第二次中国特产之乡命名暨宣传活动中，安丘市获6个中国特产之乡称号，安丘市被命名为中国蜜桃之乡，庵上镇被命名为中国樱桃之乡，石埠子镇被命名为中国草莓之乡，白芬子镇被命名为中国姜蒜之乡，南流镇被命名为中国芦笋之乡，赵戈镇被命名为中国淡水养殖之乡，安丘农产品生产基地的品牌和知名度得到进一步提高，为农产品出口创出新局面。从1999年实行自营出口统计起，安丘自营出口由3691万美元，增长到2007年的36242万美元，增长9倍。安丘大姜、芦笋、长葱、芋头、牛蒡等农产品成为日本市场的畅销产品。其中，生姜、芦笋罐头出口日本约占全国输日产品的80%，长葱占三分之二。蔬菜出口到日韩、欧美、东南亚和中东等50多个国家和地区，成为“国际菜篮子”。2005年，随着对外贸易的发展，国外对农产品质量要求越来越高越严。日本肯定列表制度实施，当年全市大姜多次因质量达不到日方标准而遭到退货，出口受阻。

从2007年6月起，安丘市探索从源头上保证出口农产品质量安全的新模式，在全国率先启动实施以加强农产品质量安全为主要内容的出口农产品质量安全区域化管理，建立“一套机制”，健全“八个体系”，筑牢“三道防线”，形成环环相扣的质量安全监管防线。2010年，安丘市首批首个获得山东省出口农产品质量安全示范区称号。2011年，安丘市首批首个获得国家质检总局公布的全国农产品质量安全典型示范区称号。2013年，通过示范区建设，安丘农产品出口合格率99.9%，年提供出口蔬菜货源150万吨，直接出口70万吨，占潍坊地区出口量的50%，占全省出口量的30%。

第三节　进口物资

1985年之前，安丘县进口商品种类主要是化肥、农药、木材、鱼粉等生产资料以及缝纫机械、烤烟机械、运输工具。此后贯彻执行开放、搞活政策，进口商品品种大增，主要有汽车、叉车、手表、电视机、录音机、照相机、钢材、布匹、生活用品以及药品、医疗器械和鸡、兔、貂等优良品种。1989年，开始设立外资企业，企业逐渐拥有自营进出口权，进口产品主要是外商自用免税汽车。2003年—2013年，主要进口产品为水箱制造生产线、柠檬酸和扑热息痛生产设备、农产品加工和机械加工生产设备，检验检测仪器，服装面料、包装辅料、食品添加剂、木材、塑料制品原料等加工用产品，年平均进口4000万美元。

安丘市1986年—1994年进出口数据表

表9—5—1　单位：万元

年份	外贸出口商品收购总值	进口
1986	7516	—
1987	11000	—
1988	11863	—
1989	13222	—
1990	14040	—
1991	24263	—
1992	48867	—
1993	66095.7	—
1994	119698	—

安丘市1995年—2013年进出口数据表

表9—5—2　单位：万美元

年份	出口	进口
1995	7701	—
1996	8197	—
1997	9766	—
1998	2955	—
1999	3673	1230
2000	5612	1260
2001	7299	1409

续表 9-5-2

年份	出口	进口
2002	8636	1500
2003	11048	1521
2004	18319	3246
2005	24509	4803
2006	26114	4287
2007	36242	4064
2008	38107	4523
2009	37451	3657
2010	51546	4427
2011	62592	6781
2012	62546	11613
2013	72472	9074

第四节 贸易维权

1976 年，安丘对外贸易开始起步。2001 年，中国加入世界贸易组织之后，安丘市外向型企业越来越多地参与国际贸易，贸易摩擦和贸易纠纷不可避免。至 2013 年，安丘外贸企业经历多起外贸反倾销维权案件。

鲁安药业胜诉南非扑热息痛反倾销案

扑热息痛是最常用的非抗炎解热镇痛药的原材料。1994 年，南非的阿派斯公司曾对中国扑热息痛生产企业发起反倾销调查。时，中国企业法律意识不强，只能被动接收对方的裁决结果，需要缴纳较高的反倾销税。2010 年，为拿下南非市场，从企业长远发展目标出发，鲁安药业决定应诉，并积极做准备，委托南非一家公司向当地相关部门递交应诉书。2012 年，南非国际贸易管理委员会对中国的扑热息痛进行反倾销新出口商复审立案调查。2013 年，历时 3 年，安丘市鲁安药业公司胜诉南非扑热息痛反倾销案，成为当时全球唯一一家在南非市场免征相关反倾销税的企业。南非国际贸易管理委员会裁决如下："安丘市鲁安药业有限责任公司生产的涉案产品扑热息痛没有发生倾销，属于正常销售，因此南非国际贸易管理委员会决定对鲁安药业有限责任公司的扑热息痛进口南非免征相关反倾销税"。但对其他涉案企业征收 10%的反倾销税。此次胜诉为鲁安药业开拓南非市场奠定基础。

鲁安药业参与印尼药品反倾销案

2003 年 9 月，印尼对中国扑热息痛立案调查，涉案金额为 722 万美元，是当时国内医药保健类产品遭国外反倾销以来涉案金额最大的一起，也是 2003 年印尼对中国提起反倾销调查的 4 起案件中唯一有中国企业应诉的案件。鲁安药业等国内 6 家药品企业积极应诉。2005 年，印尼对该案件作出最终裁决，鲁安药业等 6 家企业避免超过 10%的高税率，而其他企业则被统一征收 18.62%的反倾销税。

柠檬生化有限公司转变出口策略应对美国“双反”贸易调查

2008 年 4 月 14 日，美国三家柠檬酸生产企业代表美国产业向美国商务部和美国国际贸易委员会递交了申诉书，要求对原产于中国和加拿大的柠檬酸及盐启动反倾销调查，并对来自中国的产品提起反补贴调查。2008 年 5 月 5 日，美国商务部正式立案调查。是年 5 月 29 日，美国国际贸易委员会以 3:3 的投票结果做出肯定性的初步裁决，并抽取国内三家柠檬酸企业（山东柠檬生化有限公司，宜兴协联生物化学有限公司和安徽丰原生物化学股份有限公司）为强制应诉企业。山东柠檬生化选聘律师进行反倾销应诉抗辩，并在商会的组织下参加行业损害的应诉抗辩。2009 年 4 月 7 日，美国国际商务部做出反补贴及反倾销的终裁判决，柠檬生化的反补贴及反倾销终裁结果分别为 12.68% 和 129.08%。2009 年—2010 年，由于双反税率较高，山东柠檬生化公司未对美国进行出口，没有参与复审，执行原来的终裁税率。

安丘富瑞得公司美国大蒜反倾销案胜诉

2004 年 7 月，富瑞得公司出口的一批大蒜被美国全部退回。美国商务部发来通知函，以富瑞得公司涉嫌政策性倾销为由对安丘富瑞得公司销往美国市场的姜蒜产品征收 365% 的关税。2005 年 2 月，富瑞得公司聘请美国休姆斯律师事务所的律师为代理，正面参与美国商务部的反倾销诉讼。2005 年 5 月，公司胜诉，成为中国 4 家大蒜出口美国享有零关税的企业之一。2006 年 12 月，借胜诉机遇，公司在美国纽约注册成立富瑞得分公司，在奥克兰设立办事处，聘用当地人，直接承揽美国市场的姜蒜业务。2007 年 1 月，公司在美国注册“FRIEND”商标，进一步开拓美国市场。

第 十 编

财政　税务

第一章　财政体制

第一节　县级财政体制

1986年，安丘县实行“总额分成加增长分成”财政体制。潍坊市确定安丘县财政收入总额分成比例为30%，其不够支出部分实行定额补助，核定补助额为334万元。增长分成比例划分为财政收入增长5%以内，仍按总额分成比例分成;增长5%～10%部分，增加分成比例10%；增长10%以上部分，增加分成比例20%。

1987年—1993年，安丘县实行“定额上缴加比例递增”的财政体制。即以1986年财政决算为基础数，核定收入和支出基数，收支余额为定额上缴数。潍坊市核定安丘县1986年财政收入基数为4363万元、财政支出基数为2329万元、定额上缴基数为2034万元。1987年除按核定的定额上缴外，再按5%递增上缴。1988年始，将上缴递增比例调整为8%；财政收入比上年增长8%～15%部分上缴潍坊市30%，增长15%以上部分留给县级财政。1992年—1993年，省、市决定对财政收入增长上缴部分全部留归县级财政。

1994年，国家对财政体制进行改革，实行分税制财政管理体制。即将财政收入中的增值税75%部分和消费税划归中央财政收入，其他县级收入项目不变。因分税制而减少的县级财政收入，以1993年财政决算按分税制划归中央的两税收入为基数实行收入返还，保证地方的既得财力，安丘税收返还基数为8102万元。1994年以后，税收返还额在1993年基数上，按上缴中央级两税收入增长1:0.3增加税收返还额，依据分税制财政体制，县级财政收入加核定的税收返还收入，安丘财政收大于支，潍坊市核定安丘财政定额上缴基数为4424万元，并以核定的上缴基数每年按5%的递增比例增加上缴额。

自1994年实行分税制财政体制到2013年，财政体制基本未变，但部分税种中央、省、县分享比例和税收返还基数、转移支付等情况有所变动和调整。2002年，国务院实施所得税收入分享改革，除少数特殊企业所得税和储蓄存款利息个人所得税外，一般企业所得税和个人所得税实行中央、省、县按比例分享，分享比例为中央级50%、省级10%、县级40%。山东省实行营业税省与县按比例分享，省级20%，县级80%。为确保地方既得财力，中央、省分别核定所得税和营业税收入基数和返还基数。潍坊市核定安丘市企业所得税收入基数为5974万元，返还基数为4055万元；个人所得税收入基数为1434万元，返还基数为923万元；营业税收入基数为3114万元，返还基数为130万元。从2003年起，企业所得税收入分享比例调整为：中央级60%、省级8%、县级32%；其他个人所得税调整为中央级60%、县级40%。是年，实行农村税费改革，考虑到各地降低农业特产税税率、取消屠宰税等因素，中央财政对地方净减收部分，通过转移支付给予地方适当补助。2002年，安丘市转移支付额2700万元；2003年，因民兵训练经费上划而减少地方财政支出80万元，将转移支付额调整为2620万元。

2004年，中央取消农业特产税、降低农业税税率3个百分点，上级增加安丘市转移支付额4123万元，全市农村税费改革补助基数达6743万元。是年，国务院《关于改革现行出口退税机制的决定》实施，出口货物需退付的增值税（含出口货物“免、抵”增值税额）属于各地的出口退税基数部分的退税额由中央负担，通过省财政返还各市财政；超基数部分退税按照现行增值税入库级次由中央和地方按75:25的比例负担。潍坊市核定安丘市出口退税基数为6321万元。

2005年初，国务院调整出口退税政策，上级核定的各地出口退税基数不变，基数内部分由中央财政承担，超基数部分中央与地方按92.5:7.5比例分担。出口退税改由中央统一退库，取消中央对地方的出口退税基数返还，地方负担部分年终专项上解中央财政。省政府对农业税征收率再降低2个百分点，上级增加安丘市转移支付额2232万元。是年8月，省财政厅将省级与中央分享的储蓄存款利息个人所得税40%部分，县级分享的其他个人所得税40%部分实行省、县两级共同分享，分享比例为省级15%，县级25%。是年，安丘农村税费改革补助基数8975万元。安丘市列入省级财政困难县,省、市给予安丘缓解县乡财政困难转移支付补助4379万元。

2006年，中央、省取消农业税，增加安丘市转移支付额1259万元，农村税费改革补助基数10234万元。是年起，省、市对安丘新型农村合作医疗给予转移支付补助。

2007年，潍坊市区划调整，安丘部分镇划归峡山区，相应调整安丘市企业所得税收入基数为5871万元，返还基数为3983万元；个人所得税收入基数为1362万元，返还基数为841万元；营业税收入基数不变，返还基数为126万元。增加国有农场转移支付额20万元，农村税费改革补助基数10254万元。是年起，潍坊市将安丘市财政体制上解年递增比例由5%调减为3%，并对安丘市一般预算收入增量部分按1:9的比例分享。省、市对安丘基本养老保险和城乡低保、农村义务教育等给予转移支付补助。

2008年，因峡山区划调整，潍坊市调减安丘市农村税费改革转移支付补助390万元；调减取消农业特产税和降低农业税率转移支付补助956万元。是年，农村税费改革转移支付补助基数为8908万元。

2009年，市财政纳入省财政直管县试点，直接与省财政厅进行体制结算。以2008年安丘市与潍坊市财政体制结算为基数，核定安丘市上缴潍坊市财力结算基数542万元，一般预算往来事项潍坊市补助安丘市基数3254万元，对省级体制上解递增比例调整为3%。是年起，对基层公检法司给予转移支付补助；对成品油价格和税费改革实施返还，基数为738万元。

2010年，取消中央两税（增值税、消费税）超基数增长1:0.3返还政策，以2009年上缴中央两税为基数，将原体制确定的税收返还基数8102万元加两税增长1:03返还数，重新调整税收返还基数为13602万元；省级分享的营业税、企业所得税、个人所得税增幅超过15%以上部分省财政全部返还县；省对财政直管县出口退税实行较上年增长15%以内部分省负担25%，增长15%以上省负担50%。是年，安丘市开始按上年地方一般预算收入1.3%上缴省援藏资金。

2011年，按增值税、营业税和消费税实缴额1%征收地方水利建设基金，省级分成50%，县级分成50%。是年起，按上年度地方一般预算收入的3.2%上缴省援疆资金，增加村级公益事业（一事一议）奖补转移支付补助1100万元。

2013年，山东省深化省以下财政体制改革，将省级分享的一般企业营业税、企业所得税、个人所得税等收入全部下划到县，作为县级财政收入。对划归县级收入的税收，以2012年财政决算为基数，增长部分省与县按照15:85的比例分成。省下划收入与划分的地方财政收入基数增长省分成15%部分之差，作为定额上缴或定额补助。省核定安丘市年定额补助3739万元，取消原体制按年3%比例递增上缴政策。至2013年，省、市给予安丘一般性转移支付补助95042万元。其中，调整工资转移支付补助6380万元，农村税费改革转移支付补助8908万元、县级基本财力保障机制奖补资金32097万元、基层公检法司转移支付补助2493万元，义务教育等转移支付补助8306万元，基本养老保险和低保等转移支付补助11685万元，新型农村合作医疗等转移支付补助18467万元，村级公益事业奖补转移支付补助1190万元。

第二节 镇级财政体制

1986年—1995年，安丘市对乡镇实行“收支两条线”财政体制。即将乡镇财政收入全部上缴县级财政，乡镇财政支出全部由县级财政按照定员定额标准核拨，乡镇财政收支互不挂钩。1996年，安丘市对乡镇实行分税制财政体制。即对市、镇两级财政收入进行划分，镇域内增值税25%部分、耕地占用税和属于市级征收的财政收入划归为市级财政；镇域内其他收入划归镇级财政。并以1995年财政决算为基数核定镇级财政收入基数、财政支出基数、上缴或补助基数。之后，根据镇级收入、支出政策变化对基数进行5次调整。2008年，市对镇实行“核定收支、定额补助（或上缴）、增量分享、一定三年”的财政体制。将镇级财政收入范围重新进行划分，镇级收入包括除市级保留的企业外，镇域内所有企业、行政事业单位、市级下放企业、个体工商业户缴纳的各项地方税收，其他收入等。并以2007年财政决算为基数，核定镇级财政收支基数、定额补助或上缴基数。财政收大于支定额上缴的有新安街道、兴安街道、景芝镇、凌河镇；财政支大于收定额补助的有石埠子镇、大盛镇、辉渠镇、郚山镇、石堆镇、柘山镇、官庄镇、金冢子镇、大汶河旅游开发区。2009年—2013年，镇级财政根据财税有关政策变化对各项基数略有调整。

第二章　财政收入

第一节　预算内收入

1986年—1993年，安丘县财政预算内收入主要来源于工商各税收入、农牧业和耕地占用税收入、企业收入等，8年财政预算内收入总额81601万元。其中，工商各税收入58986万元，占总额的84.37%；农牧业和耕地占用税收入5322万元，占总额的7.61%;企业收入1789万元,占总额的2.56%。1994年，国家实施分税制财政体制，将增值税的75%和消费税划归中央财政收入，县级财政收入相应减少。是年，财政收入完成8650万元，比1993年减少6290万元，下降42.1%。1994年—2001年，县级财政收入总额187608万元。其中，税收收入165097万元，占收入总额的88%；非税收入22511万元，占收入总额的12%。2002年，国务院实施所得税收入分享改革，将一般企业所得税和个人所得税（储蓄存款利息个人所得税除外）实行中央、省、县按5:1:4的比例分享；营业税实行省与县按2:8的比例分享。2003年起，中央将企业所得税调整为中央、省、县按6:0.8:3.2的比例分享；其他个人所得税调整为中央、县按6:4的比例分享。2002年，国务院实施农村税费改革，提高农业税税率、降低农业特产税税率、取消屠宰税。2004年，中央取消农业特产税，降低农业税税率。2005年，中央再次降低农业税税率直至2006年取消农业税。2005年，省财政厅将省级分享的储蓄存款个人所得税40%部分、县级财政分享的其他个人所得税40%部分实行省、县两级共同按15%和25%分享。由于这期间农村税费改革和中央、省、市对部分收入分享比例调整变动，地方财政收入也随之变动。2002年—2011年，全市财政收入总额425909万元。其中，税收收入377650万元，占收入总额的88.67%；非税收入总额48259万元，占收入总额的11.33%。2012年，安丘市地方财政收入首次突破10亿元，比上年增长28.6%。2013年，全市地方财政收入137563万元，比上年增长37.4%。

安丘市1986年—1993年地方预算内收入情况表

表10—1　　单位：万元

年份	总计	各项税收			国营企业类收入	其他收入	收入合计	上级补助	其他	上年结余
		小计	工商税收类	农牧业税和耕地占用税类						
1986	5952	4102	3627	475	577	117	4796	683	—	473
1987	6657	4782	4315	467	560	212	5554	736	—	367
1988	7978	6142	5541	601	583	313	7078	746	—	194

续表 10—1

年份	总计	各项税收			国营企业类收入	其他收入	收入合计	上级补助	其他	上年结余
		小计	工商税收类	农牧业税和耕地占用税类						
1989	8692	7034	6404	630	172	345	7551	962	—	179
1990	10121	8156	7500	656	-80	475	8551	1112	240	218
1991	12104	9215	8500	715	62	1347	10624	1122	—	358
1992	13371	10480	9600	880	-130	512	10862	1426	236	847
1993	16708	14397	13499	898	45	498	14940	1175	194	399

安丘市 1994 年—2013 年地方预算内收入情况表

表 10—2　　单位：万元

年份	合计	税收收入							非税收入			收入合计	上级补助	上年结余
		小计	增值税	营业税	企业所得税	个人所得税	农业类税收	其他税收	小计	专项收入	其他收入			
1994	18157	7768	2744	644	603	184	2250	1343	882	642	240	8650	9128	379
1995	20976	9720	2013	939	964	367	2650	2787	1182	713	469	10902	9534	540
1996	30420	14297	3442	1439	2492	566	4347	2011	2579	1431	1148	16876	13214	330
1997	32768	20735	4367	2219	358	850	6861	6080	1252	—	1252	21987	10561	220
1998	41554	25620	4850	2602	2779	1203	9064	5122	3888	1053	2835	29508	11826	220
1999	45320	26881	5268	2162	3445	1324	9283	5399	3443	981	2462	30324	14776	220
2000	48963	29150	5760	2767	4609	1117	9491	5406	3884	1044	2840	33034	15619	310
2001	50089	30926	5476	2599	8276	1560	8977	4038	5401	1173	4228	36327	13345	417
2002	51240	23364	5899	2914	1910	780	7044	4817	6642	1231	5411	30006	21014	220
2003	52809	26308	5447	3759	1253	580	10021	5248	4978	1385	3593	31286	21303	220
2004	58483	23419	3534	5024	1767	772	5977	6345	6597	1233	5364	30016	28227	240
2005	64176	25121	7475	5931	1929	995	2542	6249	5359	1682	3677	30480	33476	220
2006	77947	27577	9346	5989	2444	1128	2137	6533	6583	1738	4845	34160	43484	303
2007	103425	34228	11535	8105	2971	1199	1308	9110	4079	1770	2309	38307	64739	379
2008	117045	40408	12234	9605	3761	1161	711	12936	2910	1706	1204	43318	73025	702
2009	137535	46898	12434	10117	4253	981	3609	15504	3152	1841	1311	50050	86180	1305
2010	172753	57577	15342	16545	6237	1201	619	17633	2889	2248	641	60466	111650	637
2011	223457	72750	14677	19972	9500	1381	3344	23876	5070	3626	1444	77820	144946	691
2012	269320	92215	15314	25088	10240	1183	10264	30126	7874	3691	4183	100089	168820	411
2013	320840	124114	16585	43653	14562	2494	13351	33469	13449	4610	8839	137563	182466	811

第二节　预算外资金收入

1986 年—1990 年，安丘县预算外资金收入由 455 万元增至 6066 万元，年均增长 246.6%。收费项目主要包括财政部门的各种税费附加、行政事业单位的收费、基金及国有企业折旧基金和税后留利等。

1991 年—1995 年，国家对企业财务与会计制度进行改革，国有企业折旧基金和税后留利不再作为预算外资金收入，预算外资金来源主要包括财政部门的各种税费附加和行政事业单位收费两大部分，全市预算外资金收入由1991年的6686万元减至1995年的5483万元，年均递减3.6%。

1996年—2000年，国家对预算外资金收入政策进行调整，全市预算外资金收费项目增加，主要包括行政事业性收费、基金或附加收入、主管部门从所属单位集中的上交资金、用于乡镇政府开支的自筹资金和统筹资金、其他未纳入预算管理的财政性资金。预算外资金收入由1996年的6304万元增至2000年的17345万元，年均增长35%。

2001年—2005年，由于上级将有关的行政事业性收费、政府性基金等预算外资金纳入财政预算内管理，并调整取消不合理的收费项目，预算外资金收入规模逐渐缩小。2003年，将预算外资金改称为政府非税收入，在财政专户管理的政府非税收入主要包括行政事业性收入、国有资产有偿使用收入、政府性基金、国有资源有偿使用收入、国有资本经营收益、彩票公益金、以政府名义接受的捐赠收益、主管部门集中收益以及财政资金产生的利息收入等。由于政策变动，全市财政专户管理的政府非税收入由2001年的23433万元减至2005年的5775万元，年均递减15.07%。

2006年—2010年，全市建立完善非税收入管理体系，实行部门综合预算管理方式，按照“超收分成、短收处罚、节余留用、超支不补”的管理办法，建立征收、预算、实用三分离的非税收入管理模式。2006年，全市纳入财政专户管理的政府非税收入5947万元。2010年收入6671万元，年均递增2.4%。

2011年—2013年，根据上级要求，安丘市调整部分非税收入管理方式：将所有行政事业性收费、主管部门集中收入、基本建设收入、以政府名义接受的捐赠收入等全部纳入国库管理。2013年，政府非税收入大幅度减少，纳入财政专户管理的政府非税收入仅3698万元。

安丘市1986年—2013年预算外资金收入情况表

表10—3　　单位：万元

年份	总计	收入									上年结余
		小计	地方财政部门收入	事业和行政单位收入	国营企业及其主管部门收入	行政事业性收费收入	政府性基金（资金、附加）收入	主管部门集中收入	乡镇自筹、统筹资金	其他收入	
1986	528	455	455	—	—	—	—	—	—	—	73
1987	344	208	208	—	—	—	—	—	—	—	136
1988	244	199	199	—	—	—	—	—	—	—	45
1989	8435	8418	255	2548	5615	—	—	—	—	—	17
1990	8212	6066	240	2768	3058	—	—	—	—	—	2146
1991	8623	6686	179	2892	3615	—	—	—	—	—	1937
1992	10978	8391	284	3815	4292	—	—	—	—	—	2587
1993	5122	4134	387	3747	—	—	—	—	—	—	988
1994	5426	4873	304	4569	—	—	—	—	—	—	553
1995	6097	5483	269	5214	—	—	—	—	—	—	614
1996	6884	6304	407	2970	—	—	—	—	2587	340	580
1997	14028	13114	1148	8529	—	—	—	—	3290	147	914
1998	11870	10844	—	—	—	5087	928	182	4585	62	1026
1999	15106	12900	—	—	—	7763	974	124	3906	133	2206
2000	19095	17345	—	—	—	9857	378	139	6971	—	1750
2001	25045	23433	—	—	—	15332	1208	—	6892	1	1612
2002	13519	11428	—	—	—	10119	1071	—	238	—	2091

续表 10—3

年份	总计	收入									上年结余
		小计	地方财政部门收入	事业和行政单位收入	国营企业及其主管部门收入	行政事业性收费收入	政府性基金（资金、附加）收入	主管部门集中收入	乡镇自筹、统筹资金	其他收入	
2003	8028	7019	—	—	—	6435	584	—	—	—	1009
2004	4929	4037	—	—	—	4037	—	—	—	—	892
2005	5819	5775	—	—	—	5771	—	—	—	4	44
2006	6036	5947	—	—	—	5947	—	—	—	—	89
2007	5889	5793	—	—	—	5267	—	—	—	526	96
2008	6463	6254	—	—	—	6254	—	—	—	—	209
2009	6366	6157	—	—	—	6147	—	—	—	10	209
2010	6890	6671	—	—	—	6671	—	—	—	—	219
2011	5067	4858	—	—	—	4858	—	—	—	—	209
2012	4059	3850	—	—	—	3850	—	—	—	—	209
2013	3907	3698	—	—	—	3698	—	—	—	—	209

第三章 财政支出

第一节 财政预算内支出

1986 年—2013 年，安丘市地方财政预算内支出总额 1749980 万元；上解上级财政支出 235147 万元，其他支出 21388 万元，累计结余 1008 万元。

1986 年—1993 年，县财政预算内支出项目主要有支援农村生产支出、农村水利气象等部门事业费、城市维护费、文教卫生事业费、抚恤和社会福利救济费、行政管理费、价格补贴支出等 22 项。至 1993 年财政预算内支出 9968 万元，与 1985 年相比年均递增 18.9%。1994 年—2006 年财政预算内支出 66068 万元，与 1993 年相比年均递增 15.7%，其间财政预算内支出项目主要有企业挖潜改造资金、科技三项费用、支援农村生产支出、农业综合开发支出、文体广播事业费、教育事业费、科学事业费、卫生经费、社会保障补助支出等 26 项。2007 年，国家调整财政预算支出科目，逐步加大对医疗卫生、社会保障和就业、交通运输、住房保障等方面的投入。市财政预算内支出增长速度加快，到 2013 年，财政预算内支出 287677 万元，与 2006 年相比年均递增 23.4%。其中，增长较快的有社会保障年均递增 61.5%、科学技术年均递增 86.8%、医疗卫生年均递增 36.6%、农林水事务年均递增 37.4%、教育年均递增 25.7%。新增支出较大的有交通运输、住房保障、节能环保等项目，2013 年支出分别达到12666万元、5371万元和5188万元。

安丘市1986年—1991年财政预算内支出情况表

表10—4 单位：万元

支出项目	1986年	1987年	1988年	1989年	1990年	1991年
地方财政预算内支出	3337	4056	5086	5551	6397	7317
基本建设支出	—	—	—	1	—	—
企业挖潜改造资金	—	100	60	—	—	
简易建筑费	—	—	—	—	—	40
地质勘探费	—	—	—	—	—	—
科技三项费用	7	3	4	3	3	3
支援农村生产支出	95	189	257	425	554	400
农林水利气象等部门的事业费	151	215	232	251	285	355
工业交通等部门的事业费	6	4	5	23	21	28
商业部门事业费	—	—	—	—	—	—
城市维护费	341	255	364	420	472	534
城镇青年就业经费	2	—	1	—	—	—
文教（卫生）事业费	1493	1726	2083	2343	2592	2797
科学事业费	—	9	8	10	11	12
其他部门的事业费	113	125	161	193	280	314
抚恤和社会福利救济费	273	345	347	371	548	500
行政管理费	460	459	512	586	688	762
公检法支出	—	—	135	190	187	232
价格补贴支出	229	231	327	280	315	309
其他支出	81	220	305	163	201	158
专款（项）支出	86	177	287	293	241	873
农业综合开发支出	—	—	—	—	—	—
卫生经费	—	—	—	—	—	—
行政事业离退休经费	—	—	—	—	—	—
上解支出	2248	2319	2713	2923	3366	3940
其他	—	88	—	—	—	—
滚存结余	367	194	179	218	358	847
支出总计	5952	6656	7979	8692	10121	12104

安丘市1992年—1997年财政预算内支出情况表

表10—5 单位：万元

支出项目	1992年	1993年	1994年	1995年	1996年	1997年
地方财政预算内支出	8410	9968	13113	15688	21982	26942
基本建设支出	—	—	—	—	—	—
企业挖潜改造资金	1	341	251	20	5	558
简易建筑费	20	—	—	—	20	20
地质勘探费	—	—	—	1	—	—
科技三项费用	4	23	2		200	112

续表 10—5

支出项目	1992 年	1993 年	1994 年	1995 年	1996 年	1997 年
支援农村生产支出	771	1050	597	274	686	461
农林水利气象等部门的事业费	387	363	501	612	916	1338
工业交通等部门的事业费	37	40	31	7	12	88
商业部门事业费	—	—	—	—	15	—
城市维护费	370	507	557	719	1280	2104
城镇青年就业经费	5	—	—	—	—	—
文教（卫生）事业费	3370	3880	5953	6800	8108	9372
科学事业费	17	19	125	143	193	269
其他部门的事业费	367	393	571	1020	1195	1743
抚恤和社会福利救济费	614	692	787	881	713	823
行政管理费	1044	1427	2145	2851	3877	5099
公检法支出	301	342	561	491	974	1112
价格补贴支出	450	207	248	129	155	72
其他支出	184	250	142	457	490	1053
专款（项）支出	468	434	642	703	1452	—
农业综合开发支出	—	—	—	580	407	1164
卫生经费	—	—	—	—	1053	1407
行政事业离退休经费	—	—	—	—	231	147
上解支出	4203	6117	4454	4900	5196	5209
其他	359	244	50	58	3022	397
滚存结余	399	379	540	330	220	220
支出总计	13371	16708	18157	20976	30420	32768

安丘市 1998 年—2002 年财政预算内支出情况表

表 10—6　　单位：万元

支出项目	1998 年	1999 年	2000 年	2001 年	2002 年
地方财政预算内支出	35327	37025	39931	42201	41467
企业挖潜改造资金	1274	1729	2079	1863	458
简易建筑费	20	—	—	—	—
科技三项费用	105	197	94	537	494
支援农村生产支出	845	1275	1114	837	599
农业综合开发支出	2063	2248	1741	3827	2221
农林水利气象等部门的事业费	1444	2529	3326	2188	1906
工业交通等部门的事业费	24	45	63	24	28
流通部门事业费	—	—	—	10	—
文体广播事业费	932	968	925	1014	1328
教育事业费	9909	11305	13521	14719	15112
科学事业费	369	388	392	67	65
卫生经费	1440	1454	1665	1397	1554

续表 10—6

支出项目	1998 年	1999 年	2000 年	2001 年	2002 年
税务统计财政审计等部门的事业费	1402	—	—	—	—
税务等部门的事业费	—	1003	1024	872	—
其他部门的事业费	—	—	—	—	1030
抚恤和社会福利救济费	897	1162	1335	1322	1875
行政事业离退休经费	147	92	43	125	99
社会保障补助支出	261	238	257	293	353
行政管理费	5969	5218	6320	5996	6710
外交外事支出	—	—	—	10	—
公检法司支出	1324	1355	1675	1722	2558
城市维护费	4354	3181	2450	3146	2752
政策性补贴支出	63	32	60	—	20
支援不发达地区支出	—	65	—	—	—
专项支出	1088	1001	1119	1258	1246
其他支出	1397	1540	728	974	1059
上解支出	5707	7044	7244	7668	8593
其他	300	941	1371	—	960
滚存结余	220	310	417	220	220
支出总计	41554	45320	48963	50089	51240

安丘市 2003 年—2006 年财政预算内支出情况表

表 10—7　　单位：万元

支出项目	2003 年	2004 年	2005 年	2006 年
地方财政预算内支出	42530	49161	53554	66068
基本建设支出	—	—	—	951
企业挖潜改造资金	739	539	1085	942
科技三项费用	700	727	991	1308
农业支出	3110	2824	3185	3513
林业支出	415	331	273	316
水利和气象支出	475	623	508	589
工业交通等部门的事业费	82	94	80	72
文体广播事业费	1494	2003	2393	2682
教育支出	15550	17094	18031	20025
科学支出	53	74	75	119
医疗卫生支出	1630	1551	1834	3983
其他部门的事业费	1464	979	1449	1472
抚恤和社会福利救济	1828	1897	2637	3306
行政事业单位离退休支出	111	94	91	100
社会保障补助支出	363	383	765	1100
行政管理费	7263	8721	7701	8322

续表 10—7

支出项目	2003 年	2004 年	2005 年	2006 年
公检法司支出	2387	3701	3949	3722
城市维护费	2128	1980	2135	2928
政策性补贴支出	30	20	10	340
专项支出	1424	1352	2202	1912
其他支出	1284	4174	4160	8366
上解支出	9299	9102	9663	10623
其他	740	—	656	877
年终结余	240	220	303	379
支出总计	52809	58483	64176	77947

安丘市 2007 年—2013 年财政预算支出情况表

表 10—8 单位：万元

支出科目	2007 年	2008 年	2009 年	2010 年	2011 年	2012 年	2013 年
地方财政预算支出	90163	101525	122735	157829	207212	247728	287677
一般公共服务	13034	13678	15202	15532	13464	15889	18591
国防	—	—	7	7	7	7	7
公共安全	5445	5744	7469	8415	8093	10285	11178
教育	32399	37853	42152	51447	73293	86968	99240
科学技术	2159	2339	2386	2603	3197	3370	9441
文化体育与传媒	495	681	1113	954	1246	1477	2673
社会保障和就业	5745	8069	9792	12779	20846	26222	31476
医疗卫生	6691	8827	11530	15170	27874	32500	35269
节能环保	565	2292	1927	5562	5689	9202	5188
城乡社区事务	3156	3880	4652	5354	5337	5607	6495
农林水事务	13268	12787	18683	20873	27651	33495	40787
交通运输	308	185	1192	5260	5784	6234	12666
资源勘探电力信息等事务	—	—	1221	2521	1728	2368	2224
工业商业金融等事务	2740	3232	—	—	—	—	—
商业服务业等事务	—	—	—	5401	7378	4138	2646
金融监管等事务	—	—	—	19	692	283	107
援助其他地区	—	—	—	—	—	168	311
国土资源气象等事务	—	—	—	700	1210	1030	2197
住房保障	—	—	—	119	2062	7005	5371
粮油物资储备管理等事务	—	—	3681	539	215	795	1269
国债还本付息支出	—	—	—	72	187	354	425
其他支出	4158	1958	1728	4502	1259	331	116
上解支出	12318	14138	14086	14156	14709	15408	27801
其他	242	77	77	77	1125	5373	4354
年终结余	702	1305	637	691	411	811	1008
支出总计	103425	117045	137535	172753	223457	269320	320840

第二节 预算外资金支出

1986年—2013年，全市完成预算外资金支出200204万元。

1986年—1995年，预算外支出项目集中于地方财政部门、行政事业单位、国营单位及其主管部门事项支出。

1996年—2013年，预算外支出项目倾向于行政事业、基本建设、城市维护和其他事项支出。

安丘市1986年—2013年预算外资金支出情况表

表10—9 单位：万元

年份	总计	地方财政部门支出	事业和行政单位支出	国营企业及其主管部门支出	行政事业费支出	基本建设支出	城市维护支出	乡镇自筹统筹资金支出	调出资金	其他支出
1986	392	—	—	—	286	—	9	—	—	97
1987	299	—	—	—	272	20	4	—	—	3
1988	227	—	—	—	183	35	—	—	—	9
1989	6289	237	2480	3569	—	—	—	—	3	—
1990	6275	244	2807	3219	—	—	—	—	5	—
1991	6036	214	2798	3024	—	—	—	—	—	—
1992	9990	239	3671	6039	—	—	—	—	41	—
1993	4569	239	4180	—	—	—	—	—	150	—
1994	4812	312	4500	—	—	—	—	—	—	—
1995	5517	269	5248	—	—	—	—	—	—	—
1996	5970	—	—	—	2893	1255	137	1240		445
1997	13002	—	—	—	7772	692	129	3220	174	1015
1998	9664	—	—	—	4155	305		4322	283	599
1999	13356	—	—	—	7813	507	422	4003	178	433
2000	17483	—	—	—	8149	734	409	7059	993	139
2001	22954	—	—	—	14492	20	1147	6546	670	79
2002	12510	—	—	—	10003	—	1065	930	509	3
2003	7136	—	—	—	6348	—	209	—	499	80
2004	4885	—	—	—	3839	—	300	—	612	134
2005	5730	—	—	—	5730	—	—	—	—	—
2006	5940	—	—	—	5940	—	—	—	—	—
2007	5680	—	—	—	5267	—	—	—	—	413
2008	6254	—	—	—	6254	—	—	—	—	—
2009	6147	—	—	—	6147	—	—	—	—	—
2010	6681	—	—	—	6681	—	—	—	—	—
2011	4858				4858	—	—	—	—	—
2012	3850	—	—	—	3850	—	—	—	—	—
2013	3698	—	—	—	3698	—	—	—	—	—
合计	200204	1754	25684	15851	114630	3568	3831	27320	4117	3449

第四章 财政管理

第一节 机 构

1986年，安丘县财政局为正科级行政机构。内设办公室、预算股、行政事业财务股、农业财务股、企业财务股、预算外资金管理股。

1988年8月，安丘县设立会计事务管理所，后更名安丘县会计师事务所；11月，设立安丘县耕地占用税征收处；12月，设立安丘县控制社会集团购买力办公室。上述机构均为股级事业单位。

1989年4月，设立安丘县农业发展基金管理处。6月，设立安丘县财政驻厂员管理处，皆为副科级事业单位。

1990年2月，设立国有资产管理处，为副科级事业单位。11月，设立税收财务物价大检查办公室，为副科级事业单位，挂靠县财政局。

1991年12月，安丘县国有资产管理处更名为安丘县国有资产管理局。原规格性质、隶属关系及编制不变。

1992年4月，设立安丘县经济开发投资公司，为正科级事业单位，实行企业化管理。是年5月，耕地占用税征收处更名为农业税征收处。

1993年10月，设立安丘县住房资金管理中心，为股级事业单位。

1994年3月，安丘县财政局改称为安丘市财政局。其农业财务股更名为农业财税科，预算外资金管理股更名为综合计划科。

1995年3月，设立税政科、基本建设科。

1997年7月，成立安丘市预算外资金管理局，为正科级事业单位。市住房资金管理中心更名为市住房公积金管理中心，为副科级事业单位。同年设立财税计算机应用管理中心，为股级事业单位。

1999年，会计师事务所改制，与审计师事务所合并，成为安丘市独立的中介服务机构。

2001年12月，成立安丘市农业税征收管理局，为正科级事业单位。

2002年3月，行政事业财务科调整更名为行政事业与社会保障科，同时撤销控制社会集团购买力办公室。农业财税科更名为农业科。企业财务科更名为企业与会计管理科。12月，设立国库科。

2003年3月，安丘市税收财务物价大检查办公室更名为安丘市财政监督局，单位性质、人员、编制不变。7月，安丘市国有资产管理局升格为正科级事业单位，并成立安丘市国有资产经营公司，与安丘市国有资产管理局合署办公。实行一套班子，两块牌子。8月，设立政府采购中心、会计集中核算中心，均为副科级事业单位。

2006年1月，成立安丘市国库集中收付中心，为副科级事业单位。同时撤销会计集中核算中心。安丘市预算外资金管理局更名为安丘市非税收入管理局，规格调整为副科级。是年4月，安丘市财政监督局更名安丘市财税督查局，为正科级事业单位；成立政府投资评审中心，为副科级事业单位；安丘市农业税征收管理局规格调整为副科级；同时，撤销经济开发投资公司，所承担的职能及现有编制划归国有资产经营公司。7月，行政事业与社会保障科更名为行政事业科，设立社会保障科，撤销综合计划科。2008年8月，安丘市非税收入管理局升格为正科级事业单位。

2010年3月，安丘市国有资产管理局更名为市国有资产管理办公室，安丘市财税督查局更名为市财税督查办公室，安丘市非税收入管理局更名为安丘市非税收入管理办公室，安丘市农业税征收管理局更名为安丘市基层财政管理处，其隶属关系、规格、性质不变。安丘市农业综合开发办公室划归市财政局，机构规格、性质不变。

2013年，市财政局内设办公室、预算科、税政科、行政事业科、社会保障科、农业科、企业科、债务金融科、会计科、基本建设科10个行政科室。下属安丘市国有资产管理办公室、财税督查办公室、非税收入管理办公室、政府采购中心、国库集中收付中心、政府投资评审中心、基层财政管理处、财税计算应用管理中心8个事业单位。

第二节　财政预算管理

从1986年起，全县采用零基预算办法，核定正常经费和专项经费。正常经费按人员定额核定，专项经费根据需要和可能逐项核定。财政预算内预（决）算和预算外预（决）算独立编制，预算内预（决）算提交县人大常委会审查批准后，由财政部门负责贯彻执行。1991年起，国务院颁布《国家预算管理条例》，全县实行复式预算制度。对经常性预算收支和建设性预算收支实行综合编制。1995年，《中华人民共和国预算法》施行，全市财政预算管理工作进入法制化、规范化轨道。市级财政部门主要负责编制年度本级和全市预决算草案，组织本级预算和全市总预算的执行，提出本级预备费动用方案和预算调整方案，定期按程序报告预算执行情况。1998年起，按照国务院和上级要求，坚持“控制规模，限定投向，健全制度，加强监督”的方针，对全市财政周转金进行清理整顿。2006年—2013年，全市建立健全财政收入激励约束机制，税收收入结构和财政收入质量不断向好。

部门预算管理　2007年，安丘市印发《安丘市部门预算改革实施方案》，在市级179个预算单位全面推行部门预算改革。规范预算编制程序，完善定额标准体系，细化预算编制内容，一个部门编制一本预算，所有收入和支出全部纳入预算管理，对单位的预算内、外各项财政资金和其他收入，统一管理，统筹安排，捆绑使用；统一基本支出定员定额标准，注重项目支出的效益和质量，进一步均衡部门之间的经费保障水平。

部门预算编制内容由总体情况、收入预算、基本支出预算、项目支出预算以及政府采购预算五部分组成。市财政局对于基本支出，通过建立科学的定员定额标准体系，实现预算分配的规范化、标准化，优先保证工资和社会保障等事关稳定的支出需要；项目支出的安排充分体现国家有关方针、政策，贯彻落实市委、市政府重大决策，通过科学论证，建立项目库，采用择优排序的方法确定必保项目和备选项目，结合当年财力状况与财政支出重点，优先安排急需、可行的项目，促使预算分配规范、透明。

实施部门预算改革后，凡不纳入部门预算的收入一律视为“小金库”，不纳入预算的支出一律视为违规支出。

乡财县管改革　2007年，为规范镇街道财政收支行为，市政府印发《安丘市乡财县管改革实施方案》和配套管理办法，对23处镇街道实施“乡财县管”管理改革。即在保持镇街道预算管理权、财政资金所有权和使用权以及财务审批权不变的前提下，以镇街道为独立核算主体，由市级财政部门负责管理镇街道财政资金并监督使用，使镇街道财政资金所有权、使用权与管理权相分离。其主要内容包括“预算共编、账户统设、收入统缴、支出统核、采购统办、票据统管”。

2009年9月，为推动镇域经济发展，安丘市全面实施“强镇扩权”政策，对镇级政府下放管理权限，“乡财县管”管理改革停止。

预决算公开　从2010年始，政府预决算在向市人代会汇报的基础上，在政府门户网站上向全社会公开，接受群众监督，公开内容逐年细化。2013年，公开21个政府组成部门的“三公”经费预算。

政府收支分类改革　2007年，根据上级统一部署，市财政以实行新的《政府收支分类科目》为基础，参照国际通用做法，逐步建立由“收入分类”“支出功能分类”“支出经济分类”构成的收支分类体系，提高预算管理透明度，促进社会公众对政府预算的监督。

第三节　预算外资金管理

1986年4月，根据国务院发布的《关于加强预算外资金管理的通知》，安丘县财政局设立预算资金管理职能科室，对预算外资金实行“专户储存、计划管理、财政审批、银行监督”的管理办法。当年预算外资金的管理范围包括：财政部门管理的各种税费附加、行政事业单位的收费及国有企业折旧基金和税后留利。1993年，国家实施企业财务与会计制度改革后，国有企业折旧基金和税后留用基金不再作为预算外资金管理，预算外资金收支数额有所减少。

1996年7月，国务院下发《关于加强预算外资金管理的决定》，对预算外资金管理体制进行重大改革，进一步明确预算外资金的改革和管理范围。1997年，市政府印发《关于加强预算外资金管理的决定》，对全市预算外资金实行“部门管事、财政管钱、收支脱钩、相互监督”的收支两条线的管理模式。1998年，对单位的预算外资金和银行账户进行清理整顿。1999年，改革罚款收缴方式，推行“罚款决定与罚款收缴分离”制度，当事人按照处罚决定书确定的罚款数额、期限，到指定代收银行缴纳罚款。2000年，改革预算外资金管理体制，推行“核定收支计划，收入全额上解，支出统筹安排，政府适当调剂”管理制度。

2001年，改革收费和基金征管方式，全面推行“票款分离”制度，实行“单位开票、银行收款、财政统管”的管理办法。

2003年，市政府印发《关于深化收支两条线改革，进一步加强财政管理的意见》，将纳入财政专户管理的预算外资金和纳入财政预算管理的行政事业性收费、政府性基金及有关收入相应调整，改称为政府非税收入，“预算外资金”退出历史舞台。

2004年，安丘市启用非税收入管理系统。按照建立健全公共财政制度的要求，政府非税收入管理范围包括：行政事业性收费、政府性基金、国有资源有偿使用收入、国有资产有偿使用收入、国有资本经营收入、彩票公益金、罚没收入、以政府名义接受的捐赠收入、主管部门集中收入以及政府财政资金产生的利息收入等。

2006年，深入推进“收缴分离”与“罚缴分离”制度，进一步规范执收执罚行为。

2007年起，实行部门综合预算管理模式，采取“核定收入计划，收入全额上解，支出统筹安排，超收按比例奖励，短收相应扣减支出”管理体制。对单位在保证正常支出的基础上，剩余资金全部由政府统筹集中，用于重点事业发展；对各单位非税收入超收部分，政府与单位按比例分成。非税收入预算根据单位上年度收入情况，结合年度增减因素核定；支出预算实行“零基预算”办法核定，不再以上年度支出预算为基数。2013年，安丘市仍执行部门综合预算管理办法。

第四节 企业财务管理

1986年，县属国营企业按利润上缴企业所得税。1987年，企业实行经营承包制，一定3年，工资总额同经济效益挂钩。是年7月，根据财政部《关于国营工业交通企业实行分类折旧的通知》，县属国营工业、交通企业全面实行分类折旧。是年起，对国有企业进行财务大检查，并将检查结果作为考核企业领导人的重要依据。1993年，对县属企业推行利税分流管理办法。同时，对企业财务与会计制度进行改革。1994年，安丘市对全市企业实行税制改革，逐步建立起适应社会主义市场经济要求的企业财务管理体制。对国有工业企业实行技术开发费据实列支政策，支持企业技术改革和技术开发。1996年，开展财务会计秩序整顿工作，进一步完善企业内部财会管理体制，强化企业财务管理和监督。1997年，制定《安丘市商业企业内部财务管理办法》《安丘市粮食企业内部财务管理办法》。在全省范围内推广。是年，对全市大中型企业建立总会计师岗位责任制度。1998年起，对市属工业企业、流通企业进行产权制度改革，对乡镇企业进行改革转制。

2001年—2011年，支持企业革新改造、扩产增效，推进产业结构调整，重点支持企业节能减排，注重环境保护，发展现代制造业、高新技术产业和重点兑现招商引资奖励政策，增强企业持续发展能力，计财政支出36109万元。2012年，支出支持企业技术创新、外经贸发展、环保产业等项目的各类发展资金6450万元。建立起中小企业信贷担保机制，对重点行业中的龙头企业，以及发展前景好、潜力大、信得过的企业开展小额贷款担保业务，拨入担保基金专户1000万元风险补偿资金，作为起步资金。是年，开始设立过桥还贷基金5000万元，用于支持市重点扶持的企业和有发展潜力的成长型企业，缓解企业融资困难，解决企业因归还贷款“时间差”而形成的资金短缺问题。至2013年，全市累计发放“过桥资金”4.3亿元，扶持外经贸发展项目、环保产业项目资金3046万元。

自2004年始，农村以小麦种植面积为补贴资金的依据，实施粮食直补政策，2006年始，安丘市实施农资综合补贴政策。对林业、渔业、城市公交、农村道路客运、出租车用成品油实施燃油价格补贴政策。2008年—2013年，按年限、时段，实施家电下乡、汽车下乡、摩托车下乡补贴政策。2004年—2013年，安丘市财政投入各项补贴资金52918万元。

第五节　农业财务管理

农业财务管理包括对财政支农资金管理和全市农口部门单位的财务管理。

1980年，安丘县建立财政支农周转金制度。对财政支农资金由全部无偿分配调整为有偿分配，实行“有借有还，无息周转使用”的办法。1988年，开始收取资金占用费。是年8月，国务院取消财政支农周转金。安丘县财政支农专项资金的管理，在普遍推行政府采购、招投标、县级报账提款等管理制度的基础上，实行分类分级管理新措施。

“七五”期间，财政支农资金投入2653万元，采取相对集中，重点投入的方法，建立粮食生产专项资金和农业发展专项资金，持续大幅度增加对农业投入。主要资金投入粮食生产、农田水利建设和农业科技推广等方面。

“八五”期间，财政支农资金投入5309万元，建立健全财政支农项目目标管理制度，进一步注重效益管理，重点用于农、林、水等基础设施建设。

“九五”期间，财政支农资金投入21566万元。1998年，安丘市列入全国农业综合开发项目县，至2000年计投入农业综合开发资金6052万元，重点对水、土、田、路进行综合治理。

“十五”期间，投入27646万元，重点加强水利、农业等基础设施建设，搞好山区综合开发，支持农业产业化龙头企业发展。2004年，国家对种粮农民实行直接补贴政策，由财政部门通过“齐鲁惠民一本通”直接发放给粮农，至2005年共计发放种粮补贴资金1936万元。是年，国家实施农机具购置补贴政策，至2007年对农民购买规定农机具实行差额购机补贴315万元。2005年起，国家实施优质专用小麦良种补贴政策，至2007年共计补贴600万元。

“十一五”期间，对“三农”投入不断增加。2006年全市投入财政支农资金4995万元，实施村村通自来水工程，支持农业产业化、农民专业合作组织和农村科技发展。2007年，全市投入财政支农资金19057万元，重点加强水利建设，农村科技推广、农业产业化和食品农产品质量安全区域化建设。同年，国家实施大中型水库移民后期扶持政策，全市兑付大中型水库移民后期扶持补贴资金6238万元。兑付能繁母猪补贴资金270万元。2008年—2010年，全市投入财政支农资金22656万元，重点投向病险水库除险加固工程、小型农田水利重点县工程等。兑付能繁母猪补贴资金710万元，兑付大中型水库移民后期扶持补贴资金7592万元。

2011年—2013年，全市投入财政支农资金54501万元，重点加强水利、农业等基础设施建设。并兑付农机具购置补贴4200万元。

1986年—2013年，全市累计财政支农资金142405万元。

第六节　行政事业财务管理

1986年，安丘县各部门的行政事业费，在确定人员经费和公用经费的基础上，实行收支“统一管理、定额或定项拨款、超支不补、结余留用”的管理办法。对文化、教育、科学、广播、体育、档案、地震、人口和计划生育事业经费，安丘县在确定定员定额标准基础上，实行“核定收支、定额定项补助、超支不补、结余留用、收入上缴”的预算管理办法。1993年，对党政机关、市直部门、乡镇党委、政府的会议费、接待费采取“定额包干、超支不补、结余留用”的办法，使用的车辆统一定编，由财政核拨机车燃修费，建立车辆定点维修、定额定点供油制度，实行“控制编制、分散管理、定额包干、超支不补”的管理办法。是年起，逐步推行政法部门公用经费保障机制改革，建立“明确责任、分类负担、收支脱钩、全额保障”的政法保障机制。2009年—2013年，省财政厅下达安丘市政法系统转移支付资金10831万元。

1986年起，全县开征教育费附加，专项用于教育事业发展。至2001年，市直中小学教师工资由市级财政安排拨付，学校公用经费从教育附加中解决；农村中小学教师工资由乡镇财政统一发放，办公经费从乡镇统筹中解决。2002年，按照市政府《关于将农村中小学教师工资上划市财政统一发放的通知》要求，采取“分步上划、逐年到位、统一标准、财政代发”的管理办法，将农村中小学教师工资的管理上划到市级财政。2006年，将全市农村中小学教师工资、养老保险、医疗保险等纳入市级财政预算，确保教师工资发放。2007年起，实施农村义务教育经费保障机制改革，实行“以县为主”的管理体制。主要改革内容：全部免除农村义务教育阶段的学生杂费。提高生均公用经费保障水平。初中、小学、特殊教育学校分别从2007年每生每年40元、30元、1100元提高到2013年的610元、500元、4200元；同时免费提供教科书，推动循环使用。对家庭困难的寄宿生补助生活费，小学、初中分别从2007年的每生每年500元、750元提高到2013年的1000元、1250元。生活补助费比例从2007年在校寄宿生的8%扩大到2013年的10%。2013年，全市教育事业费由1986年的1063万元增加到99240万元。安丘市对文化事业经费投入也逐年提高。在农村每月每村放一场电影，财政补贴标准由2007年的100元提高到2013年的132元。2011年起，市博物馆、文化馆、图书馆实行免费开放。至2013年，省财政厅下达安丘市免费开放资金556万元。

第七节 会计管理

1988年8月，安丘县成立会计事务管理所，后改名为会计师事务所，隶属县财政局，承担全市会计管理职能。1999年2月，会计师事务所改制为独立法人的社会中介机构，与财政局脱钩，会计管理工作由市财政局企业财务科负责。2002年3月，企业财务科更名为企业与会计管理科。2011年3月，撤销企业与会计管理科，增设企业科、会计管理科。

1992年，为贯彻落实《企业会计准则》，举办企业会计制度培训班3期，培训工业、商业、建筑行业等会计人员930人。是年3月，《会计专业技术资格考试暂行办法》实施，规定会计专业技术资格实行全国统一考试制度。

2000年，财政部修订印发《会计专业技术资格考试暂行规定》，会计专业技术资格考试分为初级、中级和高级。高级会计师资格实行考试与评审结合的评价制度。

2001年，财政部制定《会计从业资格管理办法》，规定从事会计工作的人员必须首先取得会计从业资格。安丘市按规定对在职会计人员换发会计从业资格证书。

2006年，省财政厅决定在全省范围内换发新版会计从业资格证书，全部纳入省财政厅会计人员信息库统一管理。安丘市换发新版会计从业资格证书3300人。

2007年，为进一步加强会计从业资格人员的管理，市财局建立会计诚信档案与会计信息平台。是年，全市有会计资格人员3283人。

2011年，全市采集会计人员信息5367人，审核确定人数为3303人。

2013年，市财政局改版安丘市企业与会计信息网站为安丘市财政局网站，为广大会计人员求职提供一个服务平台。是年，全市有会计从业资格人员6244人。其中，取得初级会计资格760人，中级会计资格440人，高级会计资格31人。

第八节 财政监督管理

安丘市财税物价大检查始于1985年。1986年起，由县政府统一领导，财政、税务、物价、审计等部门每年共同组织税收、财务、物价大检查，主要任务是检查偷逃税款、乱挤成本费用、截留国家收入、挪用公款等问题，对财经领域的违规乱纪问题进行集中整治。1995年—1997年，查出违纪资金2063万元，全部追缴入库。

1998年，财政部门建立健全财政监督机制，采取日常监督和专项检查相结合、内外监督相结合、事前事中事后相结合，依法对机关、企事业单位、社会团体以及其他组织和个人涉及的财政、会计等事项进行审核、监控、检查和处理，查出违纪违规资金636万元，全部缴入国库或财政专户。

1999年，市财政局与市国税、地税等部门密切配合，强化对税源及税收征管情况的监督检查，开展“公款私借”、财政供养范围、收费、罚没收入、预算外资金收支和银行账户专项检查。查出违规资金733万元，全部上缴国库或财政专户。

2006年，对全市19065家工商业户生产经营、实现税收和上缴税金等方面进行税源普查，加强对税收征管情况的检查，追缴税款583万元。2007年，组织对教育、医疗、公检法等部门执行“收支两条线”情况和社会保障、教育、人口和计划生育、财政支农资金使用管理及城镇土地使用税、契税、耕地占用税进行专项检查，追缴财政收入260万元。2008年，市财政局对全市149个行政事业单位的各类收费及罚没收入收缴情况进行检查，检查资金总额55385万元，59个单位存在违规问题，违规资金1286万元，视不同情况分别进行处理。

2009年—2013年，与有关部门配合对财政专项支出资金、城镇土地使用税征管、非税收入征管、行政事业财务收支进行重点检查，补缴入库资金170万元。

第九节　国库集中收付管理

2002年12月，安丘市财政局设立国库科。2006年1月，成立安丘市国库集中收付中心。2005年底，选取有代表性的15个预算单位进行国库管理制度改革试点。2006年，将会计集中核算业务全部移交各部门、各单位管理，实现会计集中核算向国库集中支付转轨。是年，在全市所有预算单位全面实行国库管理制度。取消各类收入过渡性账户和经费支出户，预算单位的财政性资金全部纳入国库单一账户管理。

2010年12月，市政府出台《安丘市预算单位公务卡改革实施意见》，对市级预算单位的财政授权支付业务中的公用经费支出，使用公务卡结算。根据公务卡受理环境等情况，市财政局积极扩大公务卡使用范围，直至全部代替现金结算方式。2011年10月，初步建立涵盖资金拨付、会计核算、账户管理、工资统发和财政决算等内容的《安丘市国库集中收付中心内控操作规范》（试行）。2013年8月，按照"方便操作、规范渐进"的原则，将单位办公费、差旅费、公务用车运行维护费3项列为强制结算目录，明确公务消费中必须使用公务卡结算的项目范围。

第十节　社会保障资金管理

医疗保险

1990年，按照安丘县政府《安丘县公费医疗管理办法》，县财政根据历年支出情况和实际享受人数及调整后的人均定额，确定年度支出总额，实行包干使用。1995年，按照市政府《安丘市党政机关事业单位干部职工医疗保险暂行规定的通知》，市财政局对医疗保险基金实行政府、单位和个人三方负担办法，设立统筹医疗基金和个人医疗基金账户，集中管理，分别核算。2001年，建立城镇职工医疗保险制度，基本医疗保险基金由统筹基金和个人账户构成，由用人单位和职工双方负担。总筹集比例为工资总额的9%，个人承担2%，单位承担7%，由财政部门对医疗保险基金实行监督管理。2006年，对新型农村合作医疗基金实行"市级统筹、集中核算、专户储存、封闭运行"的管理体制，并逐年提高财政补助标准，由2007年的40元／人／年提高到2013年的280元／人／年。是年，商业保险进入新农合保障领域，由政府按照15元／人／年的标准资助，对因患儿童白血病、先天性心脏病等20类重大疾病的参合农民参加大病保险进行二次补偿，二次补偿年最高限额20万元。

养老保险

1997年8月，安丘市对机关事业单位工作人员实行养老保险制度。养老保险金实行强制性社会统筹，总筹集比例为工资总额的25%。其中，个人承担2%，单位承担23%，由国家、集体和个人共同负担，要求收取的基本养老金存入财政部门在银行开设的社会保障基金财政专户，实行"收支两条线"管理，由财政部门依法进行监督，确保资金专款专用和安全完整。2011年，建立新型农村社会养老保险制度，对60岁以上老年人实行直接发放基础养老金，基础养老金标准60元／人／年。2013年，提高至65元。对参保人员实行缴费即补政策，个人缴费补贴标准为30元／人／年。1986年—2013年，全市社会保障资金支出由623万元增至31476万元，年均增长15.48%；2008年—2013年社会保险基金支出由20528万元增至110525万元，增长4.38倍。

2009年，安丘市全面启动医药卫生体制改革。由政府按照15元／人／年的标准购买基层医疗卫生机构提供的基本公共卫生服务，财政拨款与绩效考核结果挂钩，实行"按季预拨，年底结算"的方式进行资金管理。2013年，补助标准提高到30元／人／年。其中村医从事基本公共卫生服务补助比例，由2009年的30%提高至2013年的40%。2011年1月，对全市20处基层医疗卫生机构实施基本药物制度改革，减少的合理药品差价，按照"核定任务，核定收支，绩效考核"的补助办法，全年综合核补3000万元。2012年，根据每千人设置1名村医的要求，对纳入省统一规划的375个村卫生室全面实施基本药物制度，并按照6000元／人／年的标准对相关村医进行补助。对市立医院因实施改革而减少的合理收入，通过调整医疗服务价格和增加政府投入等途径给予补偿，全年核定定额补助

80.9万元。是年，清理化解基层医疗卫生机构长期债务工作启动，由政府对基层医疗卫生机构2009年12月31日前在发展建设过程中，用于业务用房、辅助用房建设维修和医疗设备购置以及偿还期限超过一年的债务进行全面化解，2012年—2013年，化解债务3247万元。

特殊群体补贴

2011年11月，安丘市对城乡低保对象和五保对象等社会困难群体，按照1360元的标准实行基本殡葬免费服务；2013年底，按照970元的标准实行全民基本殡葬免费服务。2013年10月起，将高龄老人享受补贴的年龄门槛降低到80岁，并实施分类补贴。对80岁～89岁低保老年人按照100元/人/月的标准发放高龄补贴；对90岁～99岁老年人按照60元/人/月的标准发放高龄补贴，其中低保人员每月加发200元；对百岁以上老人按照600元/人/月的标准发放百岁老人长寿金。

第十一节 政府投资管理

基本建设财务管理

1997年以前，安丘市财政部门与建设银行主要是对政府的基本建设工程和项目预、决（结）算等进行审查。1997年以后，财政部门收回原委托建设银行行使的基本建设财务管理职能，正式开展基本建设资金管理工作。2001年，陆续制定基本建设资金管理办法，主要是加强国债专项资金管理。2002年，市财政在农业银行开设国债专项资金专户，实行“专户储存、专款专用”。对国债专项资金，加强预算管理、财务管理、监督管理、还贷管理和效益分析。1998年—2013年，全市用于政府基本建设投资项目的国债专项资金补助48598万元。2010年以来，加强政府投资项目管理，市财政部门先后制定《安丘市财政投资项目资金管理办法》《安丘市财政投资项目履约保证金管理办法》，建立健全“立项审批—投资评审—政府采购—绩效评价”管理机制，提高政府投资建设项目质量和效益。

政府投资评审管理

2006年，成立安丘市政府投资评审中心，对使用财政性资金新建、改建、扩建项目预算资金进行全过程评审，对财政性资金的使用、管理和效益情况开展专项评审；加强政府投资项目管理，保证工程质量，控制工程造假，提高资金使用效益。2004年—2013年，开展投资项目概算、预算、决（结）算评审，全市评审政府基本建设投资项目620项，申报资金43.4亿元，审定资金36.2亿元，审减资金7.2亿元。

政府采购管理

2003年8月，成立安丘市政府采购中心，正式实施政府采购工作。政府采购范围由货物采购扩大到工程及服务领域。面向社会公开招标政府采购代理机构，实行政府采购管理机构与政府采购代理机构分离，相互制约，互相监督，形成以“集体采购为主，分散采购为辅”的采购格局，把公开招标作为政府采购的主要采购方式，确保政府采购规范、合理、公正、透明。2004年—2013年，全市政府采购控制价50.68亿元，采购额40.14亿元，节支额10.54亿元。

第五章 国有资产管理

1990年，安丘县国有资产管理处成立，1991年2月更名为安丘县国有资产管理局，对全县国有资产（包括固定资产、流动资产和其他资产）行使管理职能。1994年3月，又改称安丘市国有资产管理局。2010年，改称安丘市国有资产管理办公室。

第一节 产权登记与资产评估

1991年11月，国务院颁布《国有资产评估管理办法》。1992年经省国有资产管理局批准，安丘县会计师事务所和安丘县审计师事务所成为兼营资产评估机构，随后开展资产评估工作。1993年，对山东景芝酒厂、国营八〇七〇厂、安丘玻璃厂等企业股份制改造试点进行评估。1998年—2000年，在市属国有和集体企业产权制度改革工作中，对每个企业整体资产进行评估。

1994年，对行政事业单位资产进行产权登记，资产总额5.69亿元。1996年，对全市行政事业单位颁发产权登记证，并实行年检。2002年，全市行政事业单位资产总额7.18亿元。2006年5月，财政部发布《行政单位国有资产管理暂行办法》《事业单位国有资产管理暂行办法》，进一步明确行政事业单位国有资产管理原则和思路。安丘市组织行政事业单位对未入账的固定资产进行清理入账，当年登记国有资产21.6亿元。2009年，全市233家行政事业单位登记国有资产总额19亿元。2013年，全市230家行政事业单位登记国有资产总额25.33亿元。

第二节　清产核资

1994年，按照财政部的统一部署，市财政局对全市93家国有企业进行清产核资，核定资产总额16.04亿元，负债总额12.02亿元，所有者权益4.02亿元。是年，对行政事业单位进行清产核资和产权登记，核定国有资产总额5.69亿元。以后每年底组织行政事业单位进行一次清产核资。1996年，经国务院批准，对全国城镇集体企业进行清产核资，安丘市经省政府批准为全省城镇集体企业清产核资试点县，清查确定城镇集体企业户数72家，清查资产总额12.84亿元，负债总额10.05亿元，所有者权益2.79亿元，首次摸清城镇集体企业的家底。安丘市财政局实施清产核资经验在全省推广。1998年，组织全市国有企业、城镇集体企业清产核资，进行产权制度改革。2007年—2013年，对全市300家行政事业单位清产核资，并委托会计师事务所对清查结果进行审计，经清查审计，资产总额34.12亿元，负债总额12.52亿元，国有资产总额21.6亿元。

第三节　国有资本运营

2003年，安丘市国有资产经营公司成立，加强国有资产运营管理。2004年，根据市政府印发的《关于改革市级行政事业单位国有资产管理体制的试行意见》，公司对全市行政事业单位的房地产进行全面清理登记，摸清现有存量。2005年，将23家行政事业单位的房地产移交过户到市国有资产经营公司，资产规模进一步壮大，当年向国家开发银行山东省分行融资1亿元，市农村信用社融资2000万元，全部用于城区基础设施配套改造。2006年后，安丘市将行政事业单位闲置土地、房屋逐步过户到市国有资产经营公司。2013年，市国有资产公司将教育部门13所学校餐厅推向社会，改制为企业，有效盘活资产，提高国有资产效益。

第六章　税　制

第一节　国税机构及税制

国税机构

1994年6月，安丘市国家税务局成立，为正科级行政机构。内设行政科室6个、党群部门2个、事业单位1个、征收单位36个。其中，直属行政单位3个，基层征收单位33个。

1996年5月，农村税务机构改革，撤销33个基层税务所，设置9个农村分局，2个城区分局，1个中心所。增设安丘市国家税务局税务师事务所，为副科级单位；安丘市国家税务局发票管理所，为股级单位。

1996年10月，安丘市国家税务局刘家尧分局更名为安丘市国家税务局黄旗堡分局，庵上分局更名为石埠子分局，红沙沟分局更名为大盛分局。

1997年，成立安丘市国家税务局直属分局，为副科级单位，内设综合管理股、征收计会股、税收管理股、税收检查股。

1998年，国税局设置办公室、政工人事科、监察室、税收管理科、个体税收管理科等6个机关科室；稽查分局（副科级规格）、直属分局（副科级规格）、涉外分局、信息中心、发票管理所5个直属机构；景芝分局、宋官疃分局、黄旗堡分局、赵戈分局、石堆分局、管公分局、石埠子分局、凌河分局、大盛分局（以上均为副科级单位）、柘山中心所10个基层征收机构。

2001年4月，撤销涉外分局、发票管理所。7月，重新设立安丘市国家税务局发票管理所，为股级事业单位。

2005年8月，设置办公室、税政管理科、征收管理科、人事教育科、监察室、计划统计科、办税服务厅、税源管理科8个内设机构；直属机构稽查局；事业单位信息中心；城区税务分局、经济开发区税务分局、长安（关王）税务分局、兴安（贾戈）税务分局、景芝税务分局、赵戈（刘家尧）税务分局、凌河税务分局、大盛（红沙沟）税务分局、管公（官庄）税务分局、石埠子税务分局。

2010年10月，设办公室、政策法规科、税政科、收入核算科、纳税服务科、征收管理科、人事教育科、监察室、税源管理一科、税源管理二科10个正股级科室；直属机构稽查局，为副科级单位；事业单位信息中心，为正股级。

国税税制

1988年1月，安丘县试行建材、有色金属等产品增值税。是年10月1日，开征印花税。11月1日，开征城镇土地使用税。同时开征私营企业所得税，凡从事工业、建筑业、交通运输业、商业、饮食业以及其他行业的城乡私营企业所得税按35%税率计征。

1989年1月起，耕地占用税收入中央和地方分成比例调整为中央30%、地方70%。是年2月1日起，对小轿车征收特别消费税。

从1990年1月起，对律师、会计、税务和审计事务所征收营业税，按35%税率征收所得税。是年6月7日，国家修改征收教育费附加有关条款，教育费附加计征依据改为按缴纳产品税、增值税、营业税的单位（不包括外商投资企业和外国企业）和个人实际缴纳的上述3种税额附征，附征率由2%改为3%；金融、保险企业的计征额为其营业收入之5%；卷烟生产单位减半征收。是年起，试行《城镇集体商业企业财务管理试行办法》。

从1991年7月起，施行《中华人民共和国外商投资企业和外国企业所得税法》，规定：在中国境内的外商投资企业和外国企业生产、经营所得和其他所得应缴纳所得税，其纳税额按应纳税所得额计算，税率为30%；地方所得税按应纳税所得额计算，税率为3%。是年起，开征固定资产投资方向调节税，税率分为0%、5%、10%、15%、30%等5个档次。是年，停征建筑税。

1992年1月，试行《农村信用合作社财务管理试行办法》。对逾期未缴的应纳税款按日课以滞纳金，按月征收滞纳金。

1993年6月，国家调整和核定部分出口产品退税税率，退税税率为3%～18%。是年7月1日，增值税取消“实耗扣税法”，一律按“购进扣税法”计算当期扣除税额；9月起，烟叶产品税税率由38%调至31%。

从1994年1月起，开征消费税，停征产品税、集市交易税、牲畜交易税、燃油特别税、奖金税和工资调节税。

从1997年1月起，金融、保险企业所得税税率由55%降至33%，金融、保险业营业税税率由5%增至8%。是年4月1日起，达到一定经营规模的个体工商户和按定期定额征收税款的私营企业、个人租赁承包经营的企业按照国家统一会计制度全面建账，税务机关负责对其查账征收。以缴纳增值税、消费税为主的业户由市国税局负责。

1998年7月，施行《税务登记管理办法》，卷烟消费税税率由40%调整为：一类卷烟50%，二、三类卷烟40%，四、五类卷烟和雪茄烟25%；进口卷烟由40%调至50%。

2001年1月，市国税局开征车辆购置税，停征车辆购置附加费。5月1日，《中华人民共和国税收征收管理法》正式实施。

从2005年1月起，车辆购置税由国税部门负责征收。5月1日，施行《出口货物退（免）税管理办法(试行)》。10月1日，《税收减免管理办法(试行)》《教育储蓄存款利息所得免征个人所得税实施办法》发布实施。

2007年3月16日，第十届全国人大第五次会议通过《中华人民共和国企业所得税法》，安丘市2008年1月1日开始实施，内、外资企业从此实行统一的企业所得税法。是年9月1日，工业盐、食用盐适用增值税税率由17%调至13%。

2008年1月1日，对纳税人生产销售的磷酸二铵产品免征增值税。是年6月1日起，免征生产销售和批发、零售有机肥产品增值税。自7月1日起出台关于农民合作社有关税收优惠政策。再生资源增值税政策调整为先征后退；实施增值税转型改革，将固定资产扩大抵扣范围在全国范围内全面实施；将金属矿采选产品、非金属矿采选产品增值税税率由13%恢复到17%。市政府要求次年开始实施。

2009年1月1日，对纳税人自2009年1月20日至2009年12月31日期间购买的排气量在1.6升（含1.6升）以下的小排量乘用车，暂减按5%的税率征收车辆购置税。

2011年，国家税务总局废止逾期增值税扣税凭证一律不得抵扣的规定，公布逾期增值税扣税凭证抵扣问题的公告，自10月1日起执行。是年10月1日，制定《逾期增值税扣税凭证抵扣管理办法》，免征蔬菜流通环节增值税。启用货物运输业增值税专用发票，自11月1日起提高个体起征点为2万元。

2012年1月，《车辆购置税征收管理办法》施行。国家税务总局发布《农产品增值税进项税额核定扣除试点实施办法》，从7月1日起，以购进农产品为原料生产销售液体乳及乳制品、酒及酒精、植物油的增值税一般纳税人，纳入农产品增值税进项税额核定扣除试点范围。从是年8月1日起，免征1元以下的应纳税额和滞纳金。

从2013年8月1日起，对增值税小规模纳税人中月销售额不超过2万元的企业或非企业性单位，暂免征收增值税。在全国范围内开展交通运输业和部分现代服务业营业税改增值税试点。对增值税小规模纳税人中月销售额不超过2万元的企业或非企业性单位，暂免征收增值税。

第二节　地税机构及税制

地税机构

1994年6月，因国税、地税机构分设，安丘市地方税务局成立。内设办公室、政工科、税政科、征管科、计会科、税检室6个科室，并成立稽查分局、涉外分局、市直分局等3个直属单位，下辖安丘、景芝、黄旗堡、南流、凌河、官庄、雹泉、红沙沟、大盛、庵上、贾戈、石堆、赵戈、担山、刘家尧、慈埠、关王、王家庄、石埠子、临浯、宋官疃、金冢子、白芬子、管公、辉渠、夏坡、温泉、召忽、柘山、车庄、郚山、南逯32个基层税务所。

1996年12月，安丘市地税局撤销安丘税务所、景芝税务所，成立安丘分局、景芝分局。安丘分局、景芝分局、市直分局、稽查分局升格为副科级单位。

1999年4月，安丘市地税局内设监察室。

2009年7月，撤销安丘分局、景芝分局、贾戈分局、凌河分局、大盛分局、庵上分局、管公分局，成立兴安中心税务所、经济开发区中心税务所、凌河中心税务所、大盛中心税务所、景芝中心税务所、石埠子中心税务所、官庄中心税务所，升格为副科级单位。至2013年，机构未变。

2012年7月，直属征收分局更名为直属征收局，稽查分局更名为稽查局，计会科更名为收入核算和财务科，征管科更名为征管和科技发展科，税政科更名为法规税政科，人事政工科分成人事科和机关党委。至2013年，机构未变。

地税税制

1994年，安丘市根据国家要求改革税制。新税制由流转税制、所得税制、资源税制、财产税制和行为税制5大类、22个税种组成。统一内资企业所得税，按33%税率征收，同时还规定27%和18%的优惠税率。规范企业所得税前列支项目和标准，取消国营企业调节税和向国有企业征收的国家能源交通重点建设基金和国家预算调节基金，取消税前还贷，对减免及返还的流转税并入企业利润征收企业所得税。将原个人所得税、个人收入调节税、城乡个体工商业户所得税统一为个人所得税，按不同的所得项目采用超额累进税率和比例税率，并规定相应扣除标准。新流转税制由增值税、消费税、营业税组成。在工业生产领域和批发零售商业征收增值税，对特定消费品征收消费税，对非增值税劳务和不动产销售征收营业税，营业税税目由14个调整至9个。将盐税并入资源税，分产品从量定额计算征税。开征土地增值税，采用四级超率累进税率。调整城乡维护建设税、城镇土地使用税，取消集市交易税、牲畜交易税、烧油特别税、奖金税和工资调节税，屠宰税、筵席税下放给地方。是年，安丘市要求地税征收营业税、企业所得税、个人所得税、城市维护建设税、车船使用税、房产税、屠宰税、资源税、城镇土地使用税、印花税、固定资产投资方向调节税、教育费附加12个税种。

从1994年1月起，国家开征社会治安费、水利建设专项资金，由地税部门代征。

1995年5月，国家明确企业所得税国税、地税征管范围。

从1996年1月起，对电力部门收取的电力建设资金贷给使用单位而取得的利息收入，按金融保险业税目征收营业税。是年2月，国家调整个体工商户税收征管范围，国税部门负责征收增值税、消费税，地税部门负责征收营业税、个人所得税和其他税收。5月起，停征社会治安费。5月8日，计税工资的人均月扣除最高限额由500元调整为550元。5月10日，山东省地方税务局公布《山东省教育费附加征收管理暂行办法》，凡在省内应缴纳增值税、消费税、营业税的单位与个人缴纳教育费附加。11月7日，对体育彩票发行收入征收企业所得税（但不征增值税和营业税），对代销单位代销取得的手续费征收营业税，个人彩票中奖收入按20%税率征收个人所得税。

1997年，金融、保险企业所得税税率由55%的税率降至33%；金融、保险业营业税税率由5%增至8%。是年7月7日，国家对从事娱乐业、广告业的单位和个人征收文化事业建设费，费率为3%。10月21日，对依法注册、登记的事业单位和社会团体的生产、经营所得和其他所得征收企业所得税。

1998年1月1日起至12月31日止，对农村信用社按6%的税率征收营业税。

从1999年下半年起，减半征收固定资产投资方向调节税。1999年1月1日至12月31日，对农村信用社按7%的税率征收营业税。7月起，停止对企业征收水利建设基金。

从2000年1月起，暂停征收固定资产投资方向调节税，对农村信用社恢复按8%的税率征收营业税。9月12日，对电信部门及其下属公司销售电话号码簿业务所得收入征收营业税。

从2002年1月起，新办企业所得税划归国家税务局征收。

从2003年1月起，保险企业开展业务支付的代理手续费，可在不超过当年本企业全部实收保费收入8%的范围内据实扣除。个体工商业户营业税起征点提高为月营业额1000元，对达不到起征点的个体业户，不征收增值税、营业税、城建税、教育费附加，但不得免征个人所得税。是年，停征屠宰税。

从2004年1月起，按照《安丘市残疾人就业保障金征收管理办法》规定，对各类企业由地方税务机关代征残疾人就业保障金。

2005年1月，开征地方教育附加。

2006年4月，原由财政部门征收的烟叶税改由地方税务机关征收。是年5月起，在城镇土地使用税征税范围内实际使用应税集体所有建设用地、但未办理土地使用权流转手续的，由实际使用集体土地的单位和个人按规定缴纳城镇土地使用税。7月起，企业所得税税前扣除的计税工资定额标准统一调整为每人每月1600元，同时停止执行按20%比例上浮的政策。12月，把车船使用牌照税和车船使用税统一为车船税，自2007年1月1日起征收，行政事业单位车船纳入征税范围，并将外商投资企业和外国企业土地使用税纳入征税范围。按省政府规定，自2007年1月起，提高单位税额标准。安丘按一级土地6元/平方米、建制镇和工矿区3元/平方米标准开征。

从2008年1月起，安丘耕地占用税税率调整为23元/每平方米。

从2009年1月1日起，安丘对农村信用社按3%的税率征收营业税，对保险公司为种植业、养殖业提供保险业务取得的保费收入，在计算应纳税所得额时，按90%比例减计收入。

从2010年1月起，对年应纳税所得额低于3万元（含3万元）的小型微利企业，其所得按50%计入应纳税所得额，按20%的税率缴纳企业所得税。是年3月起，原由地方财政部门征收的契税和耕地占用税改由地税部门征收。12月，安丘市对外资企业开始征收城市维护建设税和教育费附加，同时对地方教育费附加征收标准调为2%。

2011年1月1日，经省政府批准，安丘市成立金东工业园工矿区，并入房产税和土地使用税征收范围。是年8月起，根据省政府规定，地税部门开始代征地方水利建设基金。10月起，山东省娱乐业营业税实行两档税率，其中高尔夫球娱乐业税率由20%调为10%，其他娱乐业项目税率由20%调为5%。11月起，个体工商户起征点提高为按期纳税的（不含房屋租赁业）月营业额20000元，房屋租赁5000元，按次纳税的，每次（日）500元，达不到起征点者，不征收增值税、营业税及附加。

从2012年1月起，石灰石资源税适用税额由2元/吨调整为3元/吨。《山东省实施〈中华人民共和国车船税法〉办法》开始施行，省内的公共交通车船、农村居民拥有并主要在农村地区使用的摩托车、三轮汽车和低速载货汽车暂免征收车船税。对年应纳税所得额低于6万元（含6万元）的小型微利企业，其所得按50%计入应纳税所得额，按20%的税率缴纳企业所得税。对物流企业自有的（包括自用和出租）大宗商品仓储设施用地，按所属土地等级适用税额标准的50%计征城镇土地使用税。

2013年1月起，《跨地区经营汇总纳税企业所得税征收管理办法》开始实施，汇总纳税企业实行“统一计算、分级管理、就地预缴、汇总清算、财政调库”的企业所得税征收管理办法。山东省行政区域内在地税部门进行纳税登记的企业、事业单位及其他组织应拨缴的工会经费（建会筹备金）统一由地税部门代收；8月1日起，经国务院批准，交通运输业和部分现代服务业进行“营改增”试点。同日起，符合小微企业条件的企业纳税人月销售额不超过2万元（按季纳税6万元）的暂免征收增值税，月营业额不超过2万元（按季纳税6万元）的，暂免征收营业税。

至2013年，市地税局征收营业税、企业所得税、个人所得税、城市维护建设税、车船税、房产税、城镇土地使用税、印花税、土地增值税、资源税、烟叶税11个税种。另外，征收和代征的各类费用有教育费附加、地方教育附加、文化事业建设费、残疾人就业保障金、地方水利建设基金和工会经费。

第七章 税收收入

第一节 国税收入

1994年7月起，安丘市国税局征收的税种有增值税、消费税、企业所得税、外商投资企业所得税（后与企业所得税合并）、个人利息所得税。1994年，各项国税收入14287万元，2013年收入114928万元，为1994年的8.04倍。

安丘市国税局1994年—2013年税收收入完成情况表

表10—10　　单位：万元

序号	税种	1994年	1995年	1996年	1997年	1998年	1999年	2000年	2001年	2002年	2003年	2004年	2005年	2006年	2007年	2008年	2009年	2010年	2011年	2012年	2013年
1	一、国内税收收入	14091	16323	17867	21955	26038	28730	30001	29126	30200	28201	30162	37071	46434	58720	65820	71209	89306	98782	105911	114906
2	增值税	10974	12270	15000	17823	19898	21402	23480	22223	23855	21880	23177	29955	37434	46212	48956	49794	61665	58899	61256	64726
3	消费税	2774	3420	2820	3950	5952	6798	4720	4657	3983	4047	3683	3114	2939	3395	2777	5903	6694	9058	11731	14107
4	营业税	164	378	—	95	143	167	373	296	141	32	—	—	—	—	—	—	—	—	—	—
5	企业所得税	40	8	20	18	29	187	83	14	63	248	862	1442	3038	4206	9523	9829	12926	22784	25108	27759
6	涉外企业所得税	—	—	3	3	16	171	603	700	840	797	1134	990	1072	1394	—	—	—	—	—	—
7	个人利息所得税	44	242	—	—	—	5	742	1236	1318	1197	1306	1534	1943	2206	1483	634	138	59	19	9
8	车辆购置税	—	—	—	—	—	—	—	—	—	—	—	36	8	1307	3081	5049	7883	7982	7797	8305
9	税款滞纳金罚款	95	5	24	66	—	—	—	—	—	—	—	—	—	—	—	—	—	—	—	—
10	二、其他收入	196	52	161	0	0	0	62	26	57	57	152	129	128	112	122	102	115	108	48	22

第二节　地税收入

1994年—2013年，安丘市地税局累计入库各项收入600316万元。其中，税收收入559679万元，占总收入的93.23%，其他收入40637万元，占6.77%。2005年—2013年，累计代收残疾人就业保障金3820万元。

1994年—2013年，安丘市各税种入库情况为：营业税203537万元，占总收入的33.90%；企业所得税80493万元，占总收入的13.41%；个人所得税46909万元，占总收入的7.81%；资源税13656万元，占总收入的2.27%；固定资产投资方向调节税6418万元，占总收入的1.07%；城建税58784万元，占总收入的9.79%；房产税26209万元，占总收入的4.37%；印花税8498万元，占总收入的1.42%；土地使用税48662万元，占总收入的8.11%；土地增值税24384万元，占总收入的4.06%；车船税10880万元，占总收入的1.81%；屠宰税2060万元，占总收入的0.34%；烟叶税5048万元，占总收入的0.84%；教育费附加24088万元，占总收入的4.01%；地方教育费附加9258万元，占总收入的1.54%；其他罚没收入78万元，占总收入的0.01%；文化事业建设费235万元，占总收入的0.04%。

安丘市1994年—1997年地税各项税收入库情况表

表10—11—1　　单位：万元

项目	1994年					1995年					1996年					1997年				
	合计	中央级	省级	市级	县级	合计	中央级	省级	市级	县级	合计	中央级	省级	市级	县级	合计	中央级	省级	市级	县级
总计	3031	—	419	14	2598	3949	—	517	11	3421	7816	—	799	—	7017	10311	—	604	—	9707
一、工商税收合计	2394	—	419	—	1975	2945	—	517	—	2428	4816	—	799	—	4017	6703	—	604	—	6099
营业税	898	—	419	—	479	1075	—	513	—	562	2234	—	795	—	1439	2822	—	604	—	2218
个人所得税	139	—	—	—	139	143	—	—	—	143	566	—	—	—	566	850	—	—	—	850
城市维护建设税	592	—	—	—	592	625	—	—	—	625	1075	—	—	—	1075	1150	—	—	—	1150
车船税	24	—	—	—	24	22	—	—	—	22	47	—	—	—	47	170	—	—	—	170
房产税	226	—	—	—	226	269	—	—	—	269	269	—	—	—	269	442	—	—	—	442
屠宰税	93	—	—	—	93	411	—	—	—	411	298	—	—	—	298	302	—	—	—	302
资源税	1	—	—	—	1	3	—	—	—	3	3	—	—	—	3	54	—	—	—	54
土地使用税	115	—	—	—	115	107	—	2	—	105	94	—	1	—	93	124	—	—	—	124
印花税	11	—	—	—	11	19	—	2	—	17	18	—	3	—	15	49	—	—	—	49
固定资产投资方向调节税	295	—	—	—	295	155	—	—	—	155	208	—	—	—	208	706	—	—	—	706
税款滞纳金、罚款收入	—	—	—	—	—	116	—	—	—	116	4	—	—	—	4	34	—	—	—	34
二、企业所得税	617	—	—	14	603	975	—	—	11	964	2492	—	—	—	2492	3052	—	—	—	3052
三、其他收入	20	—	—	—	20	29	—	—	—	29	508	—	—	—	508	556	—	—	—	556
教育费附加收入	20	—	—	—	20	29	—	—	—	29	508	—	—	—	508	556	—	—	—	556
文化事业建设费收入	—	—	—	—	—	—	—	—	—	—	—	—	—	—	—	—	—	—	—	—

安丘市1998年—2002年地税各项税收入库情况表

表10—11—2 单位：万元

项目	1998年					1999年					2000年					2001年					2002年				
	合计	中央级	省级	市级	县级	合计	中央级	省级	市级	县级	合计	中央级	省级	市级	县级	合计	—	省级	市级	县级	合计	中央级	省级	—	县级
总计	12767	—	556	—	12211	13068	—	408	—	12660	14328	—	418	—	13910	16929	—	429	—	16500	14672	2719	1,116	—	10837
一、税收合计	12245	—	556	—	11689	12565	—	406	—	12159	13710	—	416	—	13294	16201	—	429	—	15772	13899	2719	1,116	—	10064
营业税	3157	—	556	—	2601	2567	—	406	—	2161	3183	—	416	—	2767	3027	—	429	—	2598	3643	—	728	—	2915
企业所得税	2778	—	—	—	2778	3274	—	—	—	3274	4006	—	—	—	4006	7576	—	—	—	7576	3878	1939	388	—	1551
个人所得税	1204	—	—	—	1204	1324	—	—	—	1324	1117	—	—	—	1117	1560	—	—	—	1560	1560	780	—	—	780
城市维护建设税	1802	—	—	—	1802	1646	—	—	—	1646	2087	—	—	—	2087	1842	—	—	—	1842	1867	—	—	—	1867
车船使用税	252	—	—	—	252	156	—	—	—	156	316	—	—	—	316	199	—	—	—	199	179	—	—	—	179
房产税	905	—	—	—	905	761	—	—	—	761	876	—	—	—	876	920	—	—	—	920	1059	—	—	—	1059
屠宰税	334	—	—	—	334	246	—	—	—	246	258	—	—	—	258	73	—	—	—	73	45	—	—	—	45
资源税	50	—	—	—	50	79	—	—	—	79	251	—	—	—	251	326	—	—	—	326	1053	—	—	—	1053
城镇土地使用税	263	—	—	—	263	420	—	—	—	420	509	—	—	—	509	452	—	—	—	452	454	—	—	—	454
土地增值税	—	—	—	—	—	—	—	—	—	—	10	—	—	—	10	—	—	—	—	—	13	—	—	—	13
印花税	72	—	—	—	72	63	—	—	—	63	49	—	—	—	49	109	—	—	—	109	148	—	—	—	148
固定资产投资方向调节税	1428	—	—	—	1428	2029	—	—	—	2029	1048	—	—	—	1048	117	—	—	—	117	—	—	—	—	—
二、其他收入	522	—	—	—	522	503	—	2	—	501	618	—	2	—	616	728	—	—	—	728	773	—	—	—	773
教育费附加收入	522	—	—	—	522	501	—	—	—	501	616	—	—	—	616	728	—	—	—	728	773	—	—	—	773
文化事业建设费收入	—	—	—	—	—	2	—	2	—	—	2	—	2	—	—	—	—	—	—	—	—	—	—	—	—
税务部门其他罚没收入	—	—	—	—	—	—	—	—	—	—	—	—	—	—	—	—	—	—	—	—	—	—	—	—	—

安丘市2003年—2008年地税各项税收入库情况表

表10—11—3　　　　单位：万元

项目	2003年					2004年					2005年					2006年					2007年					2008年				
	合计	中央级	省级	市级	县级	合计	中央级	省级	市级	县级	合计	中央级	省级	市级	县级	合计	中央级	省级	市级	县级	合计	中央级	省级	市级	县级	合计	中央级	省级	市级	县级
总计	15122	2615	1173	—	11334	18977	3273	1541	1	14162	20904	3625	2168	5	15106	22121	3657	2193	11	16260	27177	3667	2655	16	20839	33257	3240	3107	21	26889
一、税收合计	14305	2615	1173	—	10517	18079	3273	1538	—	13268	19705	3625	2138	—	13942	20517	3657	2164	—	14696	25064	3667	2614	—	18783	30764	3240	3054	—	24470
营业税	4699	—	940	—	3759	6280	—	1256	—	5024	7414	—	1483	—	5931	7486	—	1497	—	5989	9742	—	1948	—	7794	12006	—	2401	—	9605
企业所得税	2909	1745	233	—	931	3525	2115	282	—	1128	3595	2157	288	—	1150	3527	2116	282	—	1129	3581	2149	286	—	1146	2239	1343	179	—	717
个人所得税	1450	870	—	—	580	1930	1158	—	—	772	2447	1468	367	—	612	2569	1541	385	—	643	2530	1518	380	—	632	3161	1897	474	—	790
资源税	681	—	—	—	681	1862	—	—	—	1862	530	—	—	—	530	280	—	—	—	280	294	—	—	—	294	718	—	—	—	718
固定资产投资方向调节税	—	—	—	—	—	—	—	—	—	—	432	—	—	—	432	—	—	—	—	—	—	—	—	—	—	—	—	—	—	—
城建税	2049	—	—	—	2049	2049	—	—	—	2049	2108	—	—	—	2108	2318	—	—	—	2318	2888	—	—	—	2888	3345	—	—	—	3345
房产税	1200	—	—	—	1200	1035	—	—	—	1035	1438	—	—	—	1438	1382	—	—	—	1382	1549	—	—	—	1549	1752	—	—	—	1752
印花税	173	—	—	—	173	244	—	—	—	244	291	—	—	—	291	402	—	—	—	402	483	—	—	—	483	561	—	—	—	561
土地使用税	890	—	—	—	890	828	—	—	—	828	1098	—	—	—	1098	1429	—	—	—	1429	2565	—	—	—	2565	5548	—	—	—	5548
土地增值税	89	—	—	—	89	155	—	—	—	155	54	—	—	—	54	205	—	—	—	205	629	—	—	—	629	613	—	—	—	613
车船税	165	—	—	—	165	171	—	—	—	171	298	—	—	—	298	516	—	—	—	516	485	—	—	—	485	400	—	—	—	400
烟叶税	—	—	—	—	—	—	—	—	—	—	—	—	—	—	—	403	—	—	—	403	318	—	—	—	318	421	—	—	—	421
契税	—	—	—	—	—	—	—	—	—	—	—	—	—	—	—	—	—	—	—	—	—	—	—	—	—	—	—	—	—	—
耕地占用税	—	—	—	—	—	—	—	—	—	—	—	—	—	—	—	—	—	—	—	—	—	—	—	—	—	—	—	—	—	—
二、其他收入	817	—	—	—	817	898	—	3	1	894	1199	—	30	5	1164	1604	—	29	11	1564	2113	—	41	16	2056	2493	—	53	21	2419
教育费附加收入	817	—	—	—	817	876	—	—	—	876	899	—	—	—	899	994	—	—	—	994	1325	—	—	—	1325	1484	—	—	—	1484
地方教育附加	—	—	—	—	—	—	—	—	—	—	183	—	—	—	183	380	—	—	—	380	443	—	—	—	443	548	—	—	—	548
文化事业建设费收入	—	—	—	—	—	—	—	—	—	—	2	—	2	—	—	5	—	5	—	—	12	—	12	—	—	21	—	21	—	—
残疾人就业保障金收入	—	—	—	—	—	20	—	1	1	18	92	—	5	5	82	212	—	11	11	190	320	—	16	16	288	429	—	21	21	387
税务部门其他罚没收入	—	—	—	—	—	2	—	2	—	—	23	—	23	—	—	13	—	13	—	—	13	—	13	—	—	11	—	11	—	—
地方水利建设基金	—	—	—	—	—	—	—	—	—	—	—	—	—	—	—	—	—	—	—	—	—	—	—	—	—	—	—	—	—	—
工会经费	—	—	—	—	—	—	—	—	—	—	—	—	—	—	—	—	—	—	—	—	—	—	—	—	—	—	—	—	—	—

安丘市2009年—2013年地税各项税收入库情况表

表10—11—4　　单位：万元

项目	2009年					2010年					2011年					2012年					2013年				
	合计	中央级	省级	市级	县级	合计	中央级	省级	市级	县级	合计	中央级	省级	市级	县级	合计	中央级	省级	市级	县级	合计	中央级	省级	市级	县级
总计	38263	4050	3353	25	30835	53197	6736	5427	—	41034	70390	7422	6434	—	56534	90037	6963	7608	—	75466	114000	8925	78	530	104467
一、税收合计	35584	4050	3299	—	28235	49791	6736	5361	—	37694	64553	7422	6365	—	50766	83355	6963	7530	—	68862	105348	8925	—	—	96423
营业税	12646	—	2529	—	10117	20681	—	4136	—	16545	24964	—	4993	—	19971	31360	—	6272	—	25088	43653	—	—	—	43653
企业所得税	3461	2077	277	—	1107	6564	3938	525	—	2101	6903	4142	552	—	2209	6893	4136	551	—	2206	8648	5189	—	—	3459
个人所得税	3289	1973	493	—	823	4664	2798	700	—	1166	5467	3280	820	—	1367	4712	2827	707	—	1178	6227	3736	—	—	2491
资源税	1011	—	—	—	1011	1030	—	—	—	1030	1758	—	—	—	1758	2625	—	—	—	2625	1047	—	—	—	1047
固定资产投资方向调节税	—	—	—	—	—	—	—	—	—	—	—	—	—	—	—	—	—	—	—	—	—	—	—	—	—
城建税	3639	—	—	—	3639	4935	—	—	—	4935	6836	—	—	—	6836	7163	—	—	—	7163	8768	—	—	—	8768
房产税	1861	—	—	—	1861	1966	—	—	—	1966	2183	—	—	—	2183	2920	—	—	—	2920	3196	—	—	—	3196
印花税	580	—	—	—	580	892	—	—	—	892	1320	—	—	—	1320	1444	—	—	—	1444	1570	—	—	—	1570
土地使用税	6549	—	—	—	6549	5732	—	—	—	5732	6388	—	—	—	6388	7261	—	—	—	7261	7836	—	—	—	7836
土地增值税	862	—	—	—	862	1795	—	—	—	1795	3879	—	—	—	3879	7120	—	—	—	7120	8960	—	—	—	8960
车船税	1002	—	—	—	1002	1282	—	—	—	1282	1511	—	—	—	1511	1593	—	—	—	1593	2092	—	—	—	2092
烟叶税	684	—	—	—	684	250	—	—	—	250	497	—	—	—	497	1154	—	—	—	1154	1321	—	—	—	1321
契税	—	—	—	—	—	—	—	—	—	—	2276	—	—	—	2276	7320	—	—	—	7320	9342	—	—	—	9342
耕地占用税	—	—	—	—	—	—	—	—	—	—	571	—	—	—	571	1790	—	—	—	1790	2688	—	—	—	2688
二、其他收入	2,67	—	54	25	2600	3406	—	66	—	3340	5837	—	69	—	5768	6682	—	78	—	6604	8652	—	78	530	8044
教育费附加收入	1611	—	—	—	1611	2105	—		—	2105	2929	—	—	—	2929	3041	—	—	—	3041	3754	—	—	—	3754
地方教育附加	548	—	—	—	548	706	—		—	706	1935	—	—	—	1935	2012	—	—	—	2012	2503	—	—	—	2503
文化事业建设费收入	21	—	21	—	—	36	—	36	—	—	38	—	38	—	—	48	—	48	—	—	48	—	48	—	—
残疾人就业保障金收入	491	—	25	25	441	557	—	28	—	529	548	—	28	—	520	583	—	29	—	554	568	—	28	—	540
税务部门其他罚没收入	8	—	8	—	—	2	—	2	—	—	3	—	3	—	—	1	—	1	—	—	2	—	2	—	—
地方水利建设基金	—	—	—	—	—	—	—	—	—	—	384	—	—	—	384	997	—	—	—	997	1247	—	—	—	1247
工会经费	—	—	—	—	—	—	—	—	—	—	—	—	—	—	—	—	—	—	—	—	530	—	—	530	—

第八章 税收优惠

第一节 国家税收优惠

1994年税制改革后，安丘市国地税分设，税收优惠政策进行大调整。1994年—1999年，税收优惠政策主要为校办福利企业增值税退税、动用期初存货抵扣税款和出口退税。2000年，国家取消校办福利企业增值税退税政策，动用期初存货抵扣税款政策到期亦停止执行。2001年始，国家对增值税相继出台系列优惠政策，企业受惠面广，惠及行业较多。2005年—2013年，办理出口退免税270281万元；继续执行福利企业退税政策，办理即征即退2479万元；资源综合利用企业享受免税、即征即退等减免税3430万元。2005年始，车辆购置税由国税部门负责征收，办理免税1084万元。2013年8月起免征小微企业增值税。企业所得税方面，列入企业所得税优惠管理的各类企业所得税优惠包括免税收入、减计收入、减免所得额、加计扣除、高新技术企业低税率优惠、小型微利企业、过渡期税收优惠、专用设备投资额抵免和其他专项优惠政策。2008年—2013年，全市企业共享受企业所得税各项优惠14780.17万元。

安丘市2005年—2013年国家税收优惠情况统计表

表10—12 单位：万元

	项目		2005年	2006年	2007年	2008年	2009年	2010年	2011年	2012年	2013年
增值税车辆购置税出口退税	出口退免税	户数	121	137	143	156	177	207	222	223	218
		金额	17316	21848	26384	29070	24590	34882	43647	34646	37898
	福利企业退税	户数	7	6	6	6	6	7	7	7	7
		金额	165	124	157	246	214	287	368	360	558
	饲料企业免税	户数	9	10	11	8	12	14	18	22	21
		金额	1019	2100	4413	4464	5690	9865	10564	49077	21436
	资源综合利用产品先征后退税	户数	1	1	1	1	—	1	1	1	2
		金额	589	608	606	543	—	3	13	518	550
	粮食购销企业免税	户数	19	19	1	1	1	1	1	1	1
		金额	382	380	83	11	282	318	321	363	496
增值税车辆购置税出口退税	禽流感影响退税	户数	—	1	1	—	—	—	—	—	—
		金额	—	71	31	—	—	—	—	—	—
	废旧物资免税	户数	12	12	12	11	—	—	—	—	—
		金额	221	185	193	175	—	—	—	—	—
	小微企业免征增值税	户数	—	—	—	—	—	—	—	—	212
		金额	—	—	—	—	—	—	—	—	15
	车辆购置税免税	户数	—	—	3	7	20	15	23	35	84
		金额	—	—	21	39	107	136	124	181	476
	备案类减免税	户数	55	52	50	60	86	82	441	428	510
		金额	645	402	1309	1123	1237	1547	10343	24943	32583
	购买国产设备	户数	—	—	5	—	—	—	—	—	—

续表 10—12

	项目		2005 年	2006 年	2007 年	2008 年	2009 年	2010 年	2011 年	2012 年	2013 年
企业所得税	退增值税	金额	—	—	304	—	—	—	—	—	—
	免税收入	户数	—	—	—	4	5	4	3	5	5
		金额	—	—	—	276.46	240.53	272.04	256.72	335.58	338.39
	减计收入	户数	—	—	—	3	2	5	6	4	5
		金额	—	—	—	246.46	633.59	758.67	923.44	737.03	534.73
	减免所得额	户数	—	—	—	72	67	95	107	114	148
		金额	—	—	—	520.9	435.07	1387.8	2307.44	1726.49	2080.91
	加计扣除	户数	—	—	—	9	8	7	6	8	7
		金额	—	—	—	152.87	119.13	57.38	154.08	373.9	425.63
	高新技术企业	户数	—	—	—	4	3	5	4	1	3
	低税率优惠	金额	—	—	—	652.2	108.22	408.52	1019.8	189.79	388.52
	小型微利企业	户数	—	—	—	98	103	105	339	371	421
		金额	—	—	—	35.62	37.68	48.27	130.33	195.12	212.96
企业所得税	过渡期税收优惠	户数	—	—	—	47	39	22	12	6	—
		金额	—	—	—	2789.2	1598.4	2275.2	199.45	290.02	—
	专用设备	户数	—	—	—	3	1	1	—	1	1
	投资额抵免	金额	—	—	—	350.22	22.38	1.62	—	2.52	0.34

第二节　地方税收优惠

从 1988 年 11 月起，国家对国家机关、人民团体、军队自用的土地，国家财政部门拨付事业经费的单位自用的土地，宗教寺庙、公园、名胜古迹自用的土地，市政街道、广场、绿化地带等公共用地，直接用于农、林、牧、渔业的生产用地，财政部另行规定免税的能源、交通、水利设施用地和其他用地免征土地使用税。

从 1994 年 1 月起，对托儿所、幼儿园、养老院、残疾人福利机构提供的育养服务，婚姻介绍、殡葬服务，残疾人员个人提供的劳务，医院、诊所和其他医疗机构提供的医疗服务，学校和其他教育机构提供的教育劳务，学生勤工俭学提供的劳务，农业机耕、排灌、病虫害防治、植保、农牧保险以及相关技术培训业务，家禽、牲畜、水生动物的配种和疾病防治，纪念馆、博物馆、文化馆、美术馆、展览馆、书画院、图书馆、文物保护单位举办文化活动的门票收入，宗教场所举办文化、宗教活动的门票收入，保险公司开展的一年期以上返还性人身保险业务的保费，土地使用权转让给农业生产者用于农业生产的免征营业税。

从 1997 年 10 月起，对国家机关、事业单位、社会团体、军事单位承受土地、房屋用于办公、教学、医疗、科研和军事设施的，城镇职工按规定第一次购买公有住房的，因不可抗力灭失住房而重新购买住房的减征或免征契税。

从 1999 年下半年起，减半征收固定资产投资方向调节税。

从 2000 年 1 月起，暂停征收固定资产投资方向调节税。2003 年 1 月起，按期纳税的起征点从月营业额 200 元～800 元调整为月营业额 1000 元，按次纳税的起征点从每次（日）营业额 50 元调整为每次（日）营业额 100 元。2003 年 1 月 1 日—2005 年 12 月 31 日、对下岗失业人员从事个体经营（除建筑业、娱乐业以及广告业、桑拿、按摩、网吧、氧吧外）的，自领取税务登记证之日起，3 年内免征营业税、城市维护建设税、教育费附加和个人所得税。

从 2006 年 1 月起，对按期纳税的营业税起征点调整为 5000 元。2007 年 1 月起，对非机动车船

（不包括非机动驳船），拖拉机，捕捞、养殖渔船免征车船税。

2007年8月，对廉租住房经营管理单位按照政府规定价格、向规定保障对象出租廉租住房的租金收入，免征营业税、房产税。对个人购买经济适用住房，在法定税率基础上减半征收契税。

2009年1月1日始，对农村信用社、村镇银行、农村资金互助社、由银行业机构全资发起设立的贷款公司、法人机构所在地在县（含县级市）及县以下地区的农村合作银行和农村商业银行的金融保险业收入减按3%的税率征收营业税。

2010年1月1日—2010年12月31日，对年应纳税所得额低于3万元（含3万元）的小型微利企业，其所得减按50%计入应纳税所得额，按20%的税率缴纳企业所得税。

2011年1月1日，对持“就业失业登记证”（注明“自主创业税收政策”或附着“高校毕业生自主创业证”）人员从事个体经营（除建筑业、娱乐业以及销售不动产、转让土地使用权、广告业、房屋中介、桑拿、按摩、网吧、氧吧外）的，在3年内按每户每年8000元为限额依次扣减其当年实际应缴纳的营业税、城市维护建设税、教育费附加和个人所得税。

2011年10月1日，对家政服务企业由员工制家政服务员提供的家政服务取得的收入免征营业税。

2011年11月，按期纳税的（不含房屋租赁），调整为月营业额20000元，房屋租赁为月营业额5000元；按次纳税的，为每次（日）营业额500元。

2012年1月1日始，对节约能源的车辆，减半征收车船税；对使用新能源的车辆，免征车船税。

2012年1月1日始，对年应纳税所得额低于6万元（含6万元）的小型微利企业，其所得减按50%计入应纳税所得额，按20%的税率缴纳企业所得税。

2013年8月1日始，符合小微企业条件的企业纳税人月销售额不超过2万元（按季纳税6万元）的暂免征收增值税，月营业额不超过2万元（按季纳税6万元）的，暂免征收营业税。

第九章 税收征管

第一节 工商税征收管理

国税征管

征管制度 1994年1月1日，国家修订个人所得税法。原个人所得税、个人收入调节税和城乡个体工商业户所得税三税合并。修改后的个人所得税法明确居民纳税人和非居民纳税人的标准；调整应税和免税项目，增列“个体工商户的生产、经营所得”“财产转让所得”“偶然所得”“稿酬所得”等；对教育、卫生、体育和环境保护方面奖金给予免税；国债和国家发行的金融债券利息免税；调整适用税率及级距，工资、薪金所得适用5%～45%的9级超额累进税率；个体工商户的生产、经营所得和企事业单位的承包经营、承租经营所得适用5%～35%的5级超额累进税率；其他各项所得均用20%比例税率。

1996年1月，增值税一般纳税人纳税申报实行新办法，纳税申报时报送纳税申报资料，填写增值税纳税申报表；纳税人应按月纳税申报，申报期为次月1日起至10日止；未按规定期限办理纳税申报或税款申报不实，将按《税收征管法》处罚。1996年2月起，划分个体工商户税收征管范围，按照收入归属原则，由国家税务局和地方税务局分别征收管理，国税部门负责征收管理增值税、消费税，地税部门负责征收管理营业税、个人所得税和其他税收。

1997年，对个体工商户实行建账管理和定期定额管理相结合的管理办法。1998年7月，国家规定：凡年应税销售额在180万元以下的小规模商业企业，无论财务核算是否健全，一律不认定为增值税一般纳税人，均按照小规模纳税人规定征收增值税；商业企业小规模纳税人增值税征收率由6%减至4%。

2001年5月，《中华人民共和国税收征收管理法》正式施行。2003年，改进增值税申报管理工作流程，推行增值税申报纳税“一窗式”管理。2004年，增值税管理贯彻“以票控税、网络比对、税源监控、综合管理”十六字方针。

2010年，逐步推进由手工开具发票向网络和税控机具开具发票的过渡，实现从“以票控税”向“信息管税”方式的转变。新版“车辆购置税完税证明”于2010年3月1日正式启用。

2011年11月，销售货物和应税劳务的起征点为月销售额20000元，按次纳税的起征点为每次(日)500元。

2012年2月，增值税一般纳税人销售自己使用过的固定资产，符合条件的可按简易办法依4%征收率减半征收增值税，同时不得开具增值税专用发票。

2013年1月，免征税务发票工本费（包括普通发票工本费和增值税专用发票工本费），冠名发票除外。

税务登记　1994年，国家税务局、地方税务局分别办理税务登记证，安丘市国税部门办理税务登记3321户。

1999年，办理中小以上企业和个体工商业户税务登记5470户。

2003年，办理税务登记8927户。其中，个体双定业户7891户，一般纳税人1036户。

2006年9月，在全省范围内实施国家税务局与地方税务局联合办理税务登记制度。

2007年，因市区进行大规模旧城改造，部分个体工商业户暂时停业注销，税务登记户数减少至5667户。2009年4月1日，停止向纳税人收取税务登记证工本费。

2013年，部分营改增业户由地税转入国税管理，有591户营改增业户转入市国税局，纳税人达7375户。其中个体户4308户，企业纳税人3067户。

纳税申报　1994年始，安丘市流转税纳税申报时间改为按一个月为一期纳税的，由次月7日内改为自期限满之日起10日内申报纳税，所得税按年计算，分月或分季预缴，月份或季度终了后15日内预缴，年度终了后4个月内汇算清缴，多退少补。

1995年始，建立以纳税人自核自缴为基础的纳税申报制度，采取银行划转缴税方法，实行税收银行一体化服务，推行税务代理、委托代收代征代缴等纳税申报方式。

2000年，推行网上申报纳税电子平台，纳税人通过网络、电话、邮寄等形式申报纳税。纳税申报期限和税款缴纳期限的最后1日如遇公休或法定节假日，实行顺延。

2008年1月，企业由年度终了后4个月内汇算表缴改为自年度终了之日起5个月内，向税务机关报送年度企业所得税纳税申报表，并汇算清缴，结清应缴应退税款。

2009年1月，流转税纳税人以1个月或者1个季度为一个纳税期的，由自期满之日起10日内改为15日内申报纳税；以1日、3日、5日、10日或者15日为一个纳税期的，自期满之日起5日内预缴税款，于次月1日起15日内申报纳税并结清上月应纳税款。

纳税检查　1990年—1993年，市国税局通过纳税检查，滞补罚收入47.65万元。1994年—2009年，检查各类纳税人352户，审理重大案件32起，移交司法机关处理案件17起，滞补罚收入12910万元。2010年，检查各类纳税人23户，滞补罚收入717万元。2011年，检查各类纳税人26户，滞补罚收入1179万元。2012年，检查各类纳税人29户，审理重大案件3起，移交司法机关处理案件1起，滞补罚收入1097万元。2013年，检查各类纳税人21户，审理重大案件2起，滞补罚收入1229万元。

发票管理　1989年，市国税局实行统一发票购用证制度，用票单位和个人凭税务登记证到税务机关申请领用购用证，经审核批准后印制、领用、缴销发票。1990年，成立发票管理所。1993年1月起，启用新版发票，旧版发票同时停用作废。1997年1月起，更换使用具有统一防伪措施的新版普通发票，旧版普通发票停止使用。1999年起，启用山东省小额商业零售发票。2005年1月起，全国税务机关按照统一的发票代码和发票号码印制普通发票。2009年9月，按照简并票种统一式样的原则，统一使用通用机打发票。2013年1月起，全面取消税务发票工本费。

税款征收 1995年7月，市国税部门进行税收征管改革，改专管员分户管理为专业化分工管理；设立多功能征收服务厅，建立以纳税人自核自缴为基础的申报纳税制度，采取银行划转缴税方法，实行税收银行一体化服务。1996年1月，国税、地税对纳税人分别负责各自所管辖税种的税收征收管理工作。2000年起，实行税收征管工作改革，推行网上申报纳税电子平台。2004年6月起，将个体工商业户增值税起征点统一提高，销售货物的起征点提高到月销售额5000元，销售应税劳务的起征点提高到月销售额3000元，按次纳税的起征点提高到每次（日）销售额200元。2011年11月起，将销售货物和劳务的起征点由5000元提高到20000元。按次纳税的起征点由每次（日）销售额200元提高到每次（日）500元。

征管形式 1995年，市国税系统实行税务所改制，由27个农村税务所合并为9个税务征收分局，管辖27个乡镇的税收征管，推行税务代理制度。1996年始，对农村个体工商业户税收实行分类管理。1997年，对个体工商业户推行建账管理。2003年，实行税源专业化管理。2005年，实行税收管理员管户制度。2010年，办税服务厅开始实体化建设，基层分局探索分行业管理，实现由管户到管事。2011年，税源管理机构进一步收缩为11个税源管理单位。2013年，形成“重点税源集中管理，中小企业按行业管理，个体业户按区域管理”的税源管理新格局，推进以税源分级分类管理、纳税服务厅实体化、科室职能实务化为主要内容的专业化管理改革。

地税征管

征管制度 1986年4月21日，《中华人民共和国税收征收管理暂行条例》（第一部独立的税收征管行政法规）实施。1993年1月1日起，安丘县开始实施《中华人民共和国税收征收管理法》。1994年，安丘市实施新税制，增值税成为主体税种。2001年5月，开始实施《中华人民共和国税收征收管理法（修订案）》，税收征收管理法制进一步完善。

税务登记 安丘市纳税人从事生产经营活动，不仅要办理开业税务登记，还要根据实际经营情况办理变更、注销、停业、复业、报验登记。市税务机关对已核发的税务登记证件实行定期验证、换证制度，一般一年一验、三年一换。验证时，加盖验讫章或粘贴验讫标志，纳税人亮证经营。

1995年，市地方税务局仅对企业办理税务登记，共办证650户。1996年，个体业户、涉外企业税务登记由市国税、地税共同办理。市地税部门共办理个体税务登记4600个、涉外企业税务登记33个。1998年5月22日，《税务登记管理办法》颁布实施，税务登记更为规范。2001年6月后，税务登记验证不再加盖“验讫”章，改为粘贴“山东省地方税收税务登记验讫”标志。2003年1月起，下岗失业人员从事个体经营免收税务登记证工本费。2005年6月，在全市范围内整理、规范税收征管数据。是年7月，国税、地税部门对所辖同一纳税人税务登记实行编制统一代码办法。2006年9月起，实行国地税联合办理税务登记制度，国地税共同管理的纳税人办理税务登记，到国税、地税部门一处办理即可，两家税务局共同盖章生效；地税部门单独管理的纳税人到地税机关办理税务登记。至2013年，全市共办理地方税务登记12229个。其中，单位纳税人3357个，个体纳税人8872个。

纳税申报 纳税人和扣缴义务人均应进行纳税申报和扣缴税款申报，方式主要有直接申报、邮寄申报、数据电文（网上报税）、双委托报税等。单位纳税人办理纳税申报时，同时报送纳税申报表、财务会计报表等资料。个体纳税人由税务机关核定纳税额，一般只报送纳税申报表。1994年—2002年，纳税人到市税务机关办税服务厅办理纳税申报。2002年1月始，单位纳税人实行以互联网为依托、以信息化为支撑的网上报税，个体工商业户实行双委托报税。至2013年，全市网上报税企业3189户。

纳税人申报时间和代扣人、代征人申报代扣、代征、代缴税款时间，由市税务机关根据纳税人或代扣人、代征人的具体情况分别确定。个人所得税申报时间为次月7日内，房产税、土地使用税申报时间为季度终了后15日内，企业所得税申报时间为季度终了后15日内、年度终了后45日内，金融业营业税申报时间为季度终了后15日内，其他税种申报时间一般为次月10日内。2003年预防非典期间，全市纳税申报延长15日。2009年1月起，除资源税、烟叶税申报时间为次月10日内，个人所得税申报时间为次月7日内，包括营业税等其他税种申报时间为次月15日内。2011年9月起，个人所得税申报时间改为次月15日内。

纳税申报期限最后一日是法定休假日的，以休假日期满次日为期限最后一日，在期限内连续3日以上是法定休假日的，按休假日天数顺延。纳税人、扣缴义务人不能按期办理纳税申报或者报送代扣代缴、代收代缴税款报告表的，经税务机关核准，可以延期申报。

税款征收　市地税局根据纳税人实际情况实行不同税款征收方式。账、证齐全的单位纳税人实行查账征收，账簿不健全的实行查定征收，经营地点不固定的实行查验征收，中小型业户实行定期定额征收。对于源泉控管困难及小额零散税源实行代扣代缴和委托代征方式。1994年始，市税务机关提供柜台服务，纳税人到所属税务机关缴纳税款，税务机关当场开具税票，然后汇总交入国库。1994年10月始，全市推行屠宰税，由村委会代征管理，农村施工队建筑营业税委托市土地房管部门代征管理。1995年，全市建立健全征管社会化网络和地方税源控管体系，逐步形成全社会联合办税的合力。1996年，除增值税、消费税外，个体工商业户缴纳的其他税收转交市地税局管理。1997年1月，市地税局对个体运输业户实行定期定额征收税款与代扣代缴税款相结合的办法。1998年4月，市地税局、交通局联合印发《关于对营运车辆税收的管理办法》，委托交通局代征营运车辆税款。是年5月，市地税局与市公安部门签定委托代征税款协议，委托公安部门在机动车年审和挂牌时代收代缴车船使用税。11月，对饮食业户实行出售发票时收取税收保证金的办法进行控管，对交通运输业实行“由交管部门代扣代缴、地税机关统一代开发票扣税和日常征管检查”三结合的办法搞好双向控管，全面推行“以票管税”。12月，对公路货运专用发票，不再委托交通运输管理部门代开，一律由市地税机关代开，对交通运输业户应纳地方税实行“交管部门按定额代扣代缴、地税机关统一代开发票扣税和日常跟踪检查”三结合的办法搞好税源控管。对饮食业户的地方税征管实行“定额管理和以票管税”相结合的办法。1999年5月，试行农村机动车辆税收两调查、两核定、一公开“221”征收管理办法，为进一步规范农村地方税收征管，减少机动车辆税收流失创造条件。2000年7月，对实行定期定额征收的个体工商户或账目不健全的私营企业以及其他小规模企业实行附征率、定额方式征收所得税。2000年12月，对企业购销合同印花税实行购销配比核定征收。2001年2月起，对纳税人企业所得税征收方式签订实行民主评议办法。是年8月，对企业所得税采取查账征收和核定征收两种方式。2002年，地税局与建设单位签订委托代征税款协议，由其代征建筑企业施工所实现的税款。2003年初开始，地税实施“税款预储办法”，在全市稳步推广“双委托”和“税银通”改革，在全市任何一家农村信用社营业网点，个体业户都可就近办理相关纳税业务，企业税款也实现税银之间的即时划转。2004年，对个体户实行计算机定税。2005年12月，市地税局下发《安丘市地方税务局货物运输业税收管理办法》，进一步规范和加强货物运输业地方税收的征收管理。2006年2月，对达不到起征点的个体业户实行动态监控管理。2007年1月起，车船税由办理机动车交通事故责任强制保险的保险机构代收代缴。是年，市地税局与市房管局联合下发《关于加强以票控税强化房地产业税收管理的通知》，就不动产销售环节、二手房交易行为如何加强以票控税，提高税收控管质效作了具体规定和明确要求。2008年12月，市政府印发《关于加强矿石资源相关税收征收管理的意见》，确定自2009年1月1日起，全市矿石资源相关税收委托安丘市安达爆破工程有限公司代征代缴。

税收检查　1994年，安丘市组织开展个人所得税专项检查。1995年，对饭店、宾馆、饮食、娱乐业进行专项检查，通过检查入库滞补罚收入200多万元。1996年—1998年，抽调专门力量，组成检查组，对全市私营以上企业进行税收大检查。1999年，在地税部门内推行“一家查账，多家认账”检查办法，纳税人负担减轻。2001年，开展自有房、出租房税收专项清理，清理入库税款100余万元。2002年，与市国税局、财政局、公安局联合对普通发票的使用管理进行专项检查。2003年，开展房地产和建筑、装饰行业专项检查。2005年，对税务登记、发票管理以及税收征管情况进行检查。2006年，对房屋租赁业税收管理实施税收检查，检查入库税款315万元。2007年，对土地使用税专项清理检查，入库收入600万元。2008年，开展保险公司代收代缴车船税专项检查。2009年，对120家行政事业单位和保险机构进行检查，查补税款332.2万元。2011年对部分制造业企业纳税情况进行集中检查。2012年开展建筑业、房地产业专项评估检查。2013年，开展土地使用税纳税情况专项检查。

发票管理 1995年，市地税局开始管理营业税发票。1996年3月，市国地税征管范围调整，纳税人营业税所用普通发票移交市地税部门管理。自1996年10月起，全市换新版普通发票。1997年12月，市地税局在全市范围内启用饮食、宾馆业专用定额发票。1999年1月起，全市地税范围内所有微机发票和无碳复写发票均采用水印无碳复写纸印制。2000年，市地税局启用交通运输业专用发票(电脑版)。2000年5月，推广使用有奖发票。是年7月，全市推行实施《发票抽奖和饮食业非统一发票举报奖励暂行办法》。2004年1月，市地税局推广使用即开即奖发票。包括通用定额和服务业、娱乐业、文化体育业通用发票。2005年，进行货物运输业发票改革，实行自开票、代开票纳税人认定制度，全市共认定自开票纳税人1户，代开票纳税人57户。2007年1月起，市地税局代开货运发票登陆全国统一的货运税控代开系统，启用新版公路、内河货物运输业统一发票。6月，启用数码防伪发票。是年，对餐饮业、娱乐业年销售收入超过100万元业户以及所有建筑企业推广应用“税源一体化”应用平台，使用网络防伪税控发票。2012年1月起，推广应用潍坊地税“E票通”发票管理服务平台，为纳税人提供地税发票的网上申购、网上开具、网上缴销、网上兑奖、网上验真、委托代开等全流程服务。2012年9月，市政府下发《关于实行地税发票先验真后入账的通知》，10月起执行。

纳税服务 1995年，市地税局征收服务厅建成，对纳税申报、税款征收、税票填开进行计算机管理。1997年3月，市办税服务大厅建成，实行一条龙办税服务。是年下半年，市场分局办税服务厅建成，将城区个体业户地方税收征管纳入计算机管理。1998年，市地税局完成内部局域网建设，与潍坊市局、省局实现联网，并将微机管理触角向乡镇延伸。1999年，建立征管计算机日常考核制度，对投资方向调节税、土地使用税等资料纳入计算机管理。2000年，推行“以计算机为手段、月度考核、费率挂钩”考核机制，成立地税经济园区，将园区内290户纳税人按纳税信誉划分为ABC三类，实施分类管理。2001年，推行限时工作法、首问责任制。2002年，推行企业纳税信誉等级管理。2003年，建成无线联网系统，推广应用企业银税转账系统和个体业户“双委托”管理系统。2004年，实施需求型人性化纳税服务，各分局(所)设置专职纳税服务岗，配备兼职纳税服务员。2005年，实施纳税服务联系卡制度，开展网送税法服务。2006年，全市95%的个体纳税人采用双委托、99%单位纳税人采用网上报税方式申报纳税，对符合条件纳税人网送税法面达98%。2007年，设立16个纳税呼叫服务岗，建立21个纳税呼叫服务联系点。2008年，“大集中”系统上线，实现系统集中征收。2009年，市地税局组织税收管理员上门对安丘91家重点税源企业(其中A级纳税信用等级企业14家)、单管户企业进行重点辅导培训，帮助纳税人提高网上办税操作应用水平。2010年，将7个办税服务厅合并为2个。办税服务厅与纳税服务中心合二为一，将除景芝外的其他7个中心所、分局的征收和服务职能进行整合。2011年，开展契税、耕地占用税职能划转工作，建立完善两税管理基础档案。二手房业务办理做到受理、审核、出件三分离。2012年，开展第五次纳税信用等级评定工作。是年7月起，二手房交易价格启用“山东省存量房交易价格评估系统”。2013年，探索需求型人性化纳税服务，将原先的2个办税服务厅合并搬迁至市行政审批服务中心一楼，实行“一站式”服务。同时“金税三期”系统正式上线运行。

综合治税 2003年，针对地方税收零星分散、易漏难管的实际情况，全市推行以政府领导、税务主管、部门配合、社会参与、司法保障、信息化支撑为主要特征的社会综合治税改革，成立市地方税收源泉管理工作领导小组，建立市、镇、村三级协税护税网络，初步形成地方税收社会化大征管格局。共采集信息19371条，增加税款813.3万元。2004年，全市23处镇街道均下发综合治税文件，与21个市直部门联合签发18个文件。全市采集信息24032条，增加税款916.6万元。2005年，市政府转发《关于加强税收征管增加财政收入的意见》，市直协税护税会签部门增加至25个。全市采集信息25581条，增加税款1008.3万元。2006年，市政府下发《安丘市社会治税管理实施办法》。全市采集涉税信息29231条，增加税款1155.7万元。2007年，市政府成立房地产税收管理办公室，利用综合治税加强房地产税收管理。全市采集涉税信息32163条，增加税款1271.3万元。2008年，市政府下发《关于印发全市地税税源普查工作实施方案的通知》。由

30多个相关部门和单位密切配合，通力协作，齐抓共管，广泛开展税源普查和土地使用税专项清理检查与土地整合工作。全市采集涉税信息35380条，新增税款1398.5万元。2009年，市政府出台《关于进一步加强房屋租赁税收管理工作的意见》，明确相关部门职责，增加地方财政收入，采集涉税信息42699条，新增税款2212.9万元。2010年，安丘市落实专业化管理，深化综合治税，开展税收清查，不断强化税收源头控管，采集涉税信息63941条，新增税款6493.8万元。2011年10月，组织开展服务贸易、收益、经常转移和部分资本项目对外付汇税务证明专项检查。安丘市采集涉税信息71048条，新增税款8148.1万元。2012年，市地税局对矿石资源税、车船税等易漏难管的税种，协调市公安、交通等部门联合控管，采集涉税信息74759条，新增税款10237.9万元。2013年，与相关部门联合发文，建立联席会议、信息交流和情况通报等制度，将工作重点放在涉税业务量大、代征面广的税种上，联系协作，采集涉税信息86515条，新增税款12442.6万元。

税源普查　1994年，全市对地税管理的税源情况全面摸底。1995年，对个人所得税、企业所得税等主体税种调查摸底。1997年，对重点税源企业进行排查。1999年，地税、财政、国税、工商等部门联合开展税源普查，共普查纳税人1927户，普查面100%。2002年，对全市民营经济发展情况进行普查。2005年，对全市房地产业进行普查。2007年，开展地税税源普查工作。2013年，对全市土地使用税纳税情况普查。

征管形式　地方各税采取按行政区划属地管理的形式，但税收征管与税务稽查分开，推行征查两条线。各乡镇税务所、税务分局负责所辖区域地方各税税收征管工作，单设稽查机构负责全市地方税收稽查工作。1994年，全市32处乡镇均设税务所。1996年12月，市地税局撤销安丘税务所、景芝税务所，成立安丘分局、景芝分局。2001年，推行“按季预储按月征收”的征管新方式，强化定期定额户税收征管。2002年，对个体零散税收征管管理运用动静结合式图表管理法。2004年，对纳税业户管理实行征管责任制。2009年5月，撤销兴安、贾戈、景芝、大盛、凌河、管公、庵上7个分局，成立兴安、经济开发区、景芝、大盛、凌河、官庄、石埠子7个中心税务所。2010年8月，安丘地税部门实行集中办公，设立市北区局机关、市南区集中办公地点和景芝中心税务所3个办公场所，实行地方税源专业化管理。2013年，市地税局将景芝办税厅整合到办税服务大厅，统一受理全市范围内纳税人各类涉税事项。是年9月，办税服务厅入驻市政务服务中心办公。

第二节　农业税征收管理

农业税

1986年—2001年，全市农业税征收管理，基本执行《中华人民共和国农业税暂行条例》。其间，根据国家关于农业税收政策调整情况，安丘市对农业税收政策进行若干次调整和补充。2002年，国家按照规范农村税费、减轻农民负担的原则，实行农村税费改革，农业税征收执行《山东省农业税征收暂行办法》，安丘农业税税率调整为6%。

2002年，全市进行农村税费改革试点，取消乡统筹费、农村教育集资等专门面向农民征收的行政事业性收费和政府性基金、集资，取消屠宰税；调整农业税政策，核实农业税计税面积和常年产量，确定计税价格为每公斤标准粮1.1元，税率6%，由征收实物改为征收代金并实行灾歉减免、社会减免和鼓励生产性减免政策；改革村提留征收使用办法，由按人均上缴，改按新的农业税和农业特产税附加的形式收取。农业税附加比例为正税的40%，农业特产税附加比例中的塑料棚蔬菜为正税的10%，其他应税品目为正税的20%。2004年，农业税税率降低3个百分点，2005年，再降低2个百分点，2006年，全面取消农业税。

农业特产税

1987年起，全县开始征收农林特产税。是年，全县征收农林特产税5万元。1989年，全县开始单独计征农林特产税。是年，全县征收农林特产税83万元。1993年，全县统一对农林特产税税率进行调整。同年，全县征收农林特产税117万元。1994年，全市对农业特产收入统一征收农业特产税。是年，全市征收农业特产税998万元。随着农业产业结构调整，农业特产税税收额逐年增加。2000年，全市征收农业特产税7910万元。2002年，农村税费改革以后，全市对农业特产税征收政策进行调整，按照农业税和农业特产税不重复交叉征收和略高于农业税税率的要求，减少应税税目，合并征收环节，调整适用税率，对大田生产的西瓜、甜瓜、甜叶菊改征农业税，对在生产、收购两个环节征收的属于一个纳税人的合并在生产环节征税，属于两个纳税人的暂维持两个环节征税。是年，全市征收农业特产税791万元。2004年起，安丘市取消除黄烟以外的农业特产税，农业特产税改征农业税。2006年2月，《国务院关于对农业特产收入征收农业税的规定》废止。2006年4月，对收购烟叶的单位征收烟叶税，税率20%。是年，农业特产税取消。

耕地占用税

1987年，根据《中华人民共和国耕地占用税暂行条例》，安丘县对占用耕地建房或从事非农业建设的单位与个人开始征收耕地占用税，以实际占用的耕地面积为计税依据，税率为4.3元／平方米；农村居民占用耕地新建住宅的，按照标准税额减半征收。2008年，省政府将耕地占用税征收标准调整为23元／平方米；占用基本农田建房或者从事非农业建设的，提高50%，为34.5元／平方米；农村居民经批准在户口所在地按照规定标准占用耕地建设自用住宅，减半征收；经批准建设的国道、省道、县乡道路以及铁路线路、飞机场跑道等占用耕地，按2元／平方米征收。2011年，全市入库耕地占用税571万元，2012年入库耕地占用税1790万元，2013年入库耕地占用税2688万元。

契税

1990年，根据《中华人民共和国契税暂行条例》，全市对土地、房屋的买卖、典当、赠予和交换征收契税，对公有制单位承受土地、房屋的免征契税。计税依据为土地、房屋成交的价格，土地、房屋的买卖、赠与税率为6%，典当税率为3%。是年，共征收契税1万元。1997年，根据重新颁布的《中华人民共和国契税暂行条例》，安丘市对承受土地使用权、房屋所有权的单位、组织和个人，依法征收契税。土地、房屋权属转移行为税率为3%。1999年，按照财政部、国家税务总局《关于调整房地产市场若干政策的通知》，安丘市对个人购买自用普通住宅的，暂减半征收，税率为1.5%。2005年，对享受普通住宅标准进行明确规定，单套建筑面积和价格标准在规定标准20%范围内浮动征收契税。2011年，全市入库契税2276万元，2012年入库契税7320万元，2013年入库契税9342万元。

安丘市1986年—2013年农业税收征收情况表

表10—13 单位：万元

年份	征收农业税收								
	实征农业税正税	实征农业税地方附加	农林特产税	农业特产税正税	农业特产税附加	其中：烟叶	耕地占用税	契税	烟叶税
合计	34132	9264	497	42431	230	12893	11072	26214	5158
1986	475	71	—	—	—	—	—	—	—
1987	505	70	5	—	—	—	39	—	—
1988	478	72	11	—	—	—	290	—	—
1989	482	72	83	—	—	—	66	—	—
1990	504	76	92	—	—	—	60	1	—
1991	523	78	87	—	—	—	155	2	—
1992	614	92	102	—	—	—	251	1	—
1993	826	124	117	—	—	—	102	3	—
1994	1147	172	—	998	—	811	119	4	—
1995	1156	173	—	1399	—	1014	123	6	—
1996	1691	254	—	2520	—	1446	215	7	—
1997	1694	254	—	5188	—	1949	206	10	—
1998	1702	255	—	7191	—	2505	177	4	—

续表 10—13

年份	征收农业税收								
	实征农业税正税	实征农业税地方附加	农林特产税	农业特产税正税	农业特产税附加	其中：烟叶	耕地占用税	契税	烟叶税
1999	1554	233	—	7313	—	1954	422	61	—
2000	1341	201	—	7910	—	875	90	166	—
2001	1235	185	—	7654	—	676	34	62	—
2002	6137	2062	—	791	67	369	49	67	—
2003	6707	2677	—	1467	163	597	817	1031	—
2004	4230	1691	—	—	—	475	281	991	—
2005	1131	452	—	—	—	222	488	701	—
2006	—	—	—	—	—	—	1004	731	402
2007	—	—	—	—	—	—	194	685	429
2008	—	—	—	—	—	—	186	104	421
2009	—	—	—	—	—	—	605	2320	684
2010	—	—	—	—	—	—	50	319	250
2011	—	—	—	—	—	—	571	2276	497
2012	—	—	—	—	—	—	1790	7320	1154
2013	—	—	—	—	—	—	2688	9342	1321

第 十 一 编

金融　保险

第一章　金融机构

第一节　银　行

1986年5月，安丘县人民银行划拨部分职能归属安丘县工商银行，两行分设。县工商银行不再代理县人民银行业务。8月，安丘县邮政局成立储汇分局，开办储蓄业务。是年，全县银行类金融机构由县人民银行、县工商银行、县农业银行、县建设银行4家专业银行和县农村信用社、县邮政局储汇分局2家其他金融机构组成。1988年5月，中国银行安丘支行成立。6月，安丘县城市信用社成立。1994年4月，市农业银行与市农村信用社分离，设立安丘市农村信用联社。1996年10月，安丘市组建中国农业发展银行安丘市支行，属国有政策性银行。1998年，市内各商业银行、信用社开办住房抵押贷款业务。1999年7月,市城市信用社机构、人员、业务及其资产划归市农村信用联社。1999年12月，全市改贷款证为贷款卡,实行电子化管理。2000年，市内银行类金融机构由市人民银行、市工商银行、市农业银行、市中国银行、市建设银行、市农业发展银行、市农村信用联社和市邮政储蓄银行组成，金融服务网点237个。是年，全市各项存款余额40.1亿元,各项贷款余额28.2亿元。2003年12月，中国银行业监督管理委员会潍坊监管分局安丘办事处成立并运营；2008年12月，潍坊市商业银行安丘支行成立并运营；2012年12月，中国民生银行安丘支行成立运营；2013年12月，中信银行安丘支行成立并运营。2013年，银行类金融机构由市人民银行、市银监办、市工商银行、市农业银行、市中国银行、市建设银行、市农业发展银行、潍坊市商业银行安丘支行、市农村商业银行和市邮政储蓄银行组成。有金融机构网点116个，人民币各项存款余额259.79亿元，各项贷款余额203.37亿元。

中国人民银行安丘市支行

1986年前，中国人民银行安丘县支行行使中央银行职能并办理存贷款业务。1986年5月，与县工商银行分设，县人民银行专门行使中央银行职能，对全县金融机构、金融业务等实施监管，确保辖内金融体系安全稳健运行。1990年8月，安丘县设立国家外汇管理局安丘县支局，专司县内外汇管理业务。2003年，市内银行业金融机构的监督和管理职能移交市银监办履行。

中国工商银行股份有限公司安丘支行

1984年12月1日,中国工商银行安丘支行（简称安丘县工商银行）成立，属潍坊市分行的非独立核算分支机构，主要承担原来由县人民银行办理的工商信贷结算及城镇储蓄业务。成立初期，与县人民银行合署办公。内设人秘股、计划股、会计股、出纳股、信贷股和储蓄股，辖北关分理处、城里储蓄所、二马路储蓄所、潍徐路储蓄所、桥头储蓄所和车站储蓄所。1986年5月14日，与县人民银行分设，不再代理县人民银行业务，专门办理工商企业存贷结算及城镇居民储蓄业务。

1994年，市工商银行由国家专业银行向国有商业银行转型。内设办公室、政工科、计划科、信贷科、储蓄科等11个机构，辖潍徐路、城里、兴安路、永安路、桥头、车站、北关、工区、东关、南关、向阳路、人民路和河滨路13个营业网点。

2005年10月，市工商银行改称中国工商银行股份有限公司安丘支行。内设办公室、市场营销部、业务管理部，辖支行营业室、商贸城分理处、汶北分理处、东关分理处、北关分理处和向阳路储蓄所6个营业机构。

中国农业银行股份有限公司安丘市支行

1980年10月，中国农业银行安丘县支行（简称安丘县农业银行）成立。内设秘书、人事、会计、出纳、社队信贷、企业信贷、信用合作和计划8个股，辖25个基层营业所、办事处。1994年，更名为中国农业银行安丘市支行。是年5月，与安丘市农村信用社脱钩，6月撤销慈埠办事处。1996年，中国农业发展银行安丘市支行（简称安丘市农业发展银行）成立。市农业银行农业政策性资金划归市农业发展银行管理。1998 年 8 月，市农业银行撤销雹泉办事处。2001 年，撤销担山、王家庄、南流营业所及大盛办事处。2002 年，撤销刘家尧、金冢子营业所。2003 年 7 月，撤销大城埠分理处。2004 年 6 月，撤销庄头储蓄所；9 月，撤销管公营业所。2006 年 8 月，撤销临浯、石堆营业所；10 月，撤销红沙沟、贾戈办事处。2008 年 10 月，撤销关王储蓄所。2009 年 9 月，撤销柘山营业所。是年，更名为中国农业银行股份有限公司安丘市支行。2010 年 10 月，撤销庵上营业所。

中国银行股份有限公司安丘支行

1988 年 3 月，中国银行安丘支行成立。1989 年 12 月，迁至兴安路中段，原地址同时改为安丘县外贸大厦储蓄所。1988 年 12 月，设东环路储蓄所，1990 年 6 月撤销。1989 年 6 月，设城北路花园储蓄所。1992 年 4 月，设西关储蓄所。1992 年 12 月，设兴安南路储蓄所，2000 年 11 月撤销。1993 年 12 月，设文化东路储蓄所。1994 年 7 月，设文兴路储蓄所，1998 年 8 月迁址并更名为建安路储蓄所。2001 年 9 月，西关储蓄所、市外贸大厦储蓄所和文化东路储蓄所升格为分理处。2002 年 1 月，建安路储蓄所升格为分理处。2003 年 6 月，城北路花园储蓄所升格为分理处，次年 8 月撤销。

2005 年 3 月，中国银行安丘支行更名为中国银行股份有限公司安丘支行。8 月，安丘市外贸大厦分理处迁至安丘市经济开发区，是年更名为安丘市开发区分理处。2006 年 1 月，中国银行股份有限公司安丘支行撤销文化东路分理处。2010 年 7 月，建安路分理处升格为安丘建安路支行。2011 年 9 月，市开发区分理处、西关分理处升格为安丘开发区支行和安丘潍安路支行。

中国建设银行股份有限公司安丘支行

1978 年 12 月 24 日，中国建设银行安丘县支行（简称安丘县建设银行）成立。1987 年，设立支行储蓄所、西环路储蓄所。1988 年，设立烟市街储蓄所、田戈储蓄所、城北路储蓄所、黄旗堡办事处和景芝办事处。1992 年，设立支行储蓄专柜。1993 年，设立营业部储蓄专柜。1996 年 3 月，由国家专业银行转型为国有商业银行，设立支行储蓄专柜、西环路储蓄所、烟市街储蓄所、田戈储蓄所、服装城储蓄所、城北路储蓄所、人民路储蓄所、黄旗堡办事处和景芝办事处。1999 年 11 月，黄旗堡办事处迁至安丘市区，更名为市中办事处。1999 年—2003 年，市建设银行压缩机构，营业网点由 9 个减至 4 个。2005 年，改为股份制银行，更名为中国建设银行股份有限公司安丘支行。下设青云山路分理处、向阳路分理处、市中分理处和景芝分理处。2011 年 9 月，青云山路分理处迁至潍坊市区。2013 年 6 月，向阳路分理处迁至和平路，更名为和平路分理处。

中国农业发展银行安丘市支行

1996 年 10 月，中国农业发展银行安丘市支行（简称安丘市农业发展银行）成立，属国有政策性银行。内设办公室、客户部、会计结算部。2005 年，实现政策性贷款与商业性贷款并行。至 2013 年末，贷款余额 87725 万元。

山东安丘农村商业银行股份有限公司

公司前身是 1994 年与安丘市农业银行分门办公后组建的安丘市农村信用合作社联合社，2011 年 1 月，市农村信用合作社联合社改制后改为现称，地址青云大街 31 号。至 2013 年末，内设 12 个职能部室，辖 29 个支行、24 个分理处和 1 个营业部。存款 105 亿元，贷款余额 78 亿元，上缴税金 11154 万元。1995 年—2013 年，被山东省文明委授予省级文明单位称号，多次被山东省银监局、山东省农村信用社联合社和中共潍坊市委评为良好银行、先进集体。

中国邮政储蓄银行股份有限公司安丘市支行

1986 年 8 月，安丘县邮政局成立储汇分局开办储蓄业务。2008 年 5 月，中国邮政储蓄银行安丘市支行（简称安丘市邮政银行）成立，设立营业部、担山支行 2 个网点。2011 年 6 月，设立兴安路支行，2012 年 6 月设立景芝支行。2012 年 3 月，改称中国邮政储蓄银行股份有限公司安丘市支行。2013 年 8 月，设立建安路支行。

潍坊银行股份有限公司安丘支行

2008 年 12 月 19 日，潍坊市商业银行安丘支行成立。2009 年 8 月 8 日，随着总行更名，改称潍坊银行股份有限公司安丘支行。2012 年 12 月，设立安丘微贷中心。2013 年 5 月 9 日，设立景芝支行。2013 年 8 月，获准办理国际业务，实现本外币业务多元化、全方位发展。至 2013 年末，辖潍坊银行营业网点 2 个，自助银行 1 个，其他自助设备 8 台；

存贷款余额均突破10亿元。

中国民生银行股份有限公司潍坊安丘支行

2012年11月6日，中国民生银行股份有限公司潍坊安丘支行成立，12月14日正式开业。设办公室、公司部、零售部和营业部。至2014年6月，单位客户200余户，个人客户15000余户。贷款余额2亿多元，存款余额4亿余元。

中信银行股份有限公司潍坊安丘支行

2013年12月23日，中信银行股份有限公司潍坊安丘支行成立，12月28日正式营业。内设公司部、零售部、营业部，员工16人。2014年12月，公司客户110余户，个人客户5500余户；贷款余额3.84亿元，存款余额5.42亿元。

第二节　保险公司

财险

中国人民财产保险股份有限公司安丘支公司　公司前身是中国人民保险公司安丘县支公司。1996年4月，中国人民保险公司安丘支公司分设财产、人寿两个子公司，成立中保财产保险有限公司安丘市支公司。1999年1月，中国财产保险有限公司安丘市支公司更名为中国人民保险公司安丘市支公司。2001年3月，设立营销部，7月设立消费贷款部，9月设立机动车险业务部。2003年7月，中国人民保险公司安丘市支公司更名为中国人民财产保险股份有限公司安丘支公司。

2013年，有员工29人，营销员113人；下设办公室，出单中心，客户中心，直销业务一部、二部，营销业务一部、二部，中介业务部，安丘营业部，景芝营业部，兴安、官庄、凌河三个营销服务部，进驻安丘恒德、安丘振宇、安丘雪佛兰3家4S店；保费收入5799万元，税收348万元。

中国太平洋财产保险股份有限公司安丘支公司　2001年成立。2010年—2013年，保险赔付率均在60%左右。2013年，成为安丘市纳税200强企业。2013年保费收入1833.29万元，纳税308.64万元。

中国平安财产保险股份有限公司安丘支公司　公司成立于2003年，是潍坊地区9个四级机构之一。2003年—2013年，保费收入从最初的300万元发展到2512万元，业务团队由最初5人发展到18人。2013年，保费收入1905.74万元，纳税419.45万元；为平安产险东区明星四级机构。

中华联合财产保险股份有限公司安丘支公司　2005年4月成立，6月挂牌营业。2005年—2013年，收取保费1.3亿元。2009年，属地缴税后，上缴各项税金1500万元。2013年，保费收入2145.11万元，纳税358.78万元。

永安财产保险股份有限公司潍坊中心支公司安丘营销服务部　2004年6月筹建，2005年7月正式挂牌营业。2013年，保费收入1100余万元，缴纳税金260万元。2005年—2013年，多次被山东永安系统评为优秀营销服务部。

中国大地财产保险股份有限公司安丘支公司　2005年12月成立。2013年，保费收入261万元，纳税47.81万元。

阳光财产保险股份有限公司安丘支公司　2005年筹建，2006年5月1日获中国保险监督管理委员会（简称保监会）批复成立。2013年，保费收入1500万元，交纳各项税费225万余元。

安邦财产保险股份有限公司潍坊中心支公司安丘营销服务部　2006年成立运营。2010年，营销部业务1000多万元。2013年，保费收入140.17万元，纳税24.89万元 。

长安责任保险股份有限公司潍坊市安丘支公司　2012年10月，经保监会批准，安丘支公司筹建，次年1月挂牌营业。2013年，保费收入554.84万元，纳税39.12万元；被总公司评为明星四级机构。

安华农业保险股份有限公司潍坊市安丘支公司　2012年10月筹建，次年1月经保监会批准正式挂牌营业。2013年—2014年，收取保费1908.15万元，上缴各项税金353万元。

寿险

中国太平洋人寿保险股份有限公司安丘支公司　1995年成立。在8处乡镇设有保监会审批的营销服务部，与200多家单位和企业建立业务关系，业务基本覆盖全市各乡镇、各行业。至2013年，累计实现保费8亿元，承保金额1542亿元，客户30余万户，理赔及到期支付各种款项7500余万元，上缴税金300余万元。收入11125.06万元，纳税59.17万元。

中国人寿保险股份有限公司安丘市支公司　1996年4月，中国人民保险公司实行分业经营，中保人寿保险公司安丘市支公司成立。设立景芝、红沙沟、凌河、大盛、慈埠、辉渠、金冢子、南逯、官庄、庵上和城区11个代办所。1999年5月，更名为中国人寿保险公司安丘支公司。2003年实行股份制改革，更名为中国人寿保险股份有限公司安丘市支公司，辖6个乡镇营销服务部。主要经营人身保险业务，有普通寿险、意外保险、健康保险3大类100余个险种。2013年，保费收入7865.95万元，纳税68.6万元。

中国平安人寿保险股份有限公司安丘支公司 公司成立于1997年8月。2013年，保费收入13326万元，上缴税金236.83万元。

新华人寿保险股份有限公司潍坊市安丘支公司 2002年4月成立运营。2009年2月，被中国保护消费者基金会评为保护消费者权益3.15信用单位。2013年，保费收入2999.47万元，纳税7.17万元。

泰康人寿保险股份有限公司潍坊市安丘支公司 2003年5月成立运营。2013年，保费收入3269.99万元，纳税31.58万元。

太平人寿保险有限公司安丘支公司 2005年4月，太平人寿保险有限公司安丘营销服务部成立运营，位于商场路与永安路交叉路口西北角四楼。2010年，设立公司。2013年，保费收入2035.83万元，纳税21.58万元。

中国人民人寿保险股份有限公司潍坊中心支公司安丘市营销服务部 2008年成立运营。2012年，与人保财险共同创建农网。2012年11月，举办6个镇级所有协保员服务“三农”保险知识培训班。2009年，规模保费2000万元。2010年，规模保费5000万元。2013年，纳税57.59万元。

阳光人寿保险股份有限公司潍坊市安丘支公司 2009年10月成立运营。2013年，保费收入165.43万元，纳税7.76万元。

生命人寿保险股份有限公司潍坊市安丘支公司 2010年5月营业。2013年，保费收入351.77万元，纳税17.7万元。

英大泰和人寿保险股份有限公司潍坊市安丘支公司 2013年1月筹建，6月1日营业。2013年，纳税2.25万元。

第三节 小额贷款公司

安丘市通源小额贷款股份有限公司

公司由山东景芝建设股份有限公司发起。2010年9月10日，经山东省金融工作办公室批复设立，9月20日在潍坊市工商局注册登记成立，注册资金10000万元。2010年—2013年，累计向“三农”组织投放贷款99082万元，向小微企业投放贷款67118万元。2012年、2013年，在省金融办分类评级中，被认定为一级小贷公司。

安丘市奥信小额贷款有限公司

2010年11月18日，安丘市奥信小额贷款有限公司经山东省人民政府金融办批准成立，11月26日在安丘市工商局注册，12月3日正式开业，注册资本10000万元。2012年、2013年被山东省金融办评为一级小贷公司。

公司由3家法人企业与6个自然人出资组建。山东奥宝化工集团有限公司为主发起人，投资3000万元。2010年12月—2013年12月，累计发放贷款1248笔，发生贷款额12亿元。其中，“三农”贷款6.2亿元，小微企业贷款5.8亿元，贷款余额1.7亿元。贷款收回率100%，无不良贷款。自2011年5月始，为进一步扩充信贷资金来源，除原1亿元股本外，连续3年从国家开发银行补充贷款资金5000万元。

安丘市恒安小额贷款有限公司

公司经山东省金融工作办公室批复设立。2011年6月13日，在安丘市工商局注册登记，2011年7月1日正式开业。公司设信贷业务部、风险管理部、财务结算部和综合管理部。注册资本1亿元。

公司由主发起人潍坊恒安散热器集团有限公司出资3000万元，联合山东鲁丰集团有限公司、潍坊市通用机械有限责任公司、潍坊顺大置业有限公司、安丘市同力服装有限责任公司和当地知名企业集团、个人共同出资组建。

2011年7月—2013年12月，累计发放贷款974笔，发生贷款额11亿元。其中，“三农”贷款4.8亿元，小微企业贷款6.2亿元，贷款余额1.09亿元。2013年，被山东省金融工作办公室评为省一级小贷公司。

第四节　证券公司

齐鲁证券安丘兴安路营业部

2010年2月4日成立，为安丘首家证券营业部。2012年—2013年，完成鲁胜食品、泰达电力、蓝想科技、博阳机械的财务顾问工作，帮助上述企业在齐鲁股权进行挂牌交易，实现安丘企业在融资渠道的新突破。

中信证券（山东）有限责任公司安丘营业部

2010年4月15日成立，位于向阳路285号，营业面积1400平米。

第二章　贷　款

1986年—2013年，随着金融体制改革不断深化，安丘市专业银行逐步向商业银行和股份制银行发展。农村信用社与农业银行分设，中国农业发展银行在安丘市设立分支机构。金融机构贷款业务也随着金融体制改革的深化而不断发生变化。贷款投向逐渐打破区域和专业界限，种类、利率、规模和资金差额管理不断发生变化。贷款品种分为短期贷款（流动资金贷款）、中长期贷款和个人消费贷款。短期贷款分为工业贷款、商业贷款、农业贷款、乡镇企业贷款、“三资”企业贷款、私人企业及个体工商户贷款和其他短期贷款等。中长期贷款分为基本建设贷款、技术改造贷款和其他中长期贷款等。个人消费贷款分为住房贷款、汽车消费贷款、助学贷款等。市人民银行相继建立和完善企业信用信息基础数据库和个人信用信息基础数据库，供银行、企业和个人办理贷款业务时参考，有效防范金融风险、提高全社会信用意识、营造良好的金融生态环境。

第一节　贷款业务

1986年，安丘县各专业银行基本沿用计划经济时期贷款种类，贷款计划由其上级行实行规模控制，各专业银行无权突破。县工商银行贷款主要分为流动资金贷款、技术改造贷款、贴现贷款和结算贷款。贷款主要支持城区国营、集体工商企业生产加工和弥补商品流通流动资金不足。县建设银行实行“拨改贷”政策，独立行使专业银行信贷职能，重点解决建筑企业流动资金不足问题，贷款额占其贷款总额的70%左右。县农业银行与县农村信用社合署办公，主要管理支农资金，并开始由专业银行转向兼职商业性银行。1988年，全县各项贷款余额56832万元。

1992年，县工商银行改制为国有商业银行。按照“安全性、流动性、盈利性”的经营原则，贷款投向打破区域、专业界限，开办外汇贷款和贸易融资贷款业务，支持出口创汇企业发展。贷款规模和信贷资金差额由其上级行实行“双规模”控制，支行不得突破。县建设银行信贷投放职能范围进一步扩大，贷款投向涵盖支持工商企业技术改造和扩大再生产发放的中短期技术改造贷款以及工商企业的流动资金贷款。是年，全县贷款余额10.1亿元。

1993年，县工商银行为支持客户消费，减少现金使用，开办“牡丹”信用卡业务，开始产生透支贷款，但贷款数量不大。是年，全县贷款余额11.72亿元。

1994年，市建设银行改制为国有商业银行，贷款投向打破行业、区域和专业界限，贷款规模和信贷资金差额由其上级行实行“双规模”控制，支行不得突破。是年5月，市农村信用社与农行正式分门办公，组建山东省安丘市农村信用合作社联合社。市农业银行在全市农村金融领域份额减少。市农村信用社联合社按照国家信贷政策的要求，加大对“三农”支持力度。至年末，各项贷款余额39608万元。是年，全市贷款余额14.15亿元。

1995年，市农业银行代理山东省农业发展银行农业政策性资金贷款。至年末，贷款余额31212万元。1996年，市农业发展银行成立，主要业务为粮棉油购销储贷款。市建设银行开办龙卡信用卡业务。是年，全市贷款余额18.84亿元。

1999年，市人民银行开办支农再贷款业务，发放再贷款4笔、4000万元。支农再贷款的发放，既催生农村经济效益增长点，又带动农村信用社业务发展，实现社会效益和信用社自身效益双赢。是年，市农村信用社联合社组织开展“送贷下乡”活动，出台“贷款证”及“股金证”贷款等管理办法，推出柜台服务、上门服务等措施，开办住房、汽车、助学等个人消费贷款业务，并得到迅速发展。

2002年，市农村信用社联合社组织实施以信用村(户)评定为重点的支农营销网络工程，开展“信用村”“信用户”信用等级评定工作。评出信用户105093户，占全部农户的53%;发放贷款9.6亿元，有25%的农户得到信用社资金支持。是年，全市贷款余额38.13亿元。

2004年8月，市中国银行改制为股份制商业银行；9月，市建设银行改制为股份制商业银行。次年10月，市工商银行改制为股份制商业银行。

2007年，随着金融改革不断深化和经济社会快速发展，贷款利率多次调整，各金融机构贷款种类、规模均有很大变化和发展，房地产业和中小企业贷款规模迅速扩大。各银行在发放贷款时的贷款利率因企业和个人信用不同而不同。年末，全市金融机构各项贷款余额68.82亿元。其中，短期贷款余额49.36亿元，中长期贷款余额14.15亿元。是年，邮政储蓄开办质押贷款业务。

2008年，市人民银行探索创新内部管理机制，履行核心职责，取得特色支行建设的初步成效。市农行股份制改革稳步推进，剥离不良资产5.34亿元，资产质量提高。中国邮政储蓄银行安丘支行成立，潍坊银行落户安丘，金融组织体系进一步健全。市农村信用社扩充股本金5000万元，资本充足率达12.77%，抵御风险能力增强。年末，全市各项贷款余额75.1亿元。

2009年，市人民银行推动下岗职工再就业工作。与市中小企业局、市工商局等部门组织银企对接会3次，达成贷款意向3.8亿元。市农业发展银行存贷款业务范围扩大，支持地方经济发展的能力增强。市农村信用社业务发展基础进一步稳固。年末，全市各项贷款余额100.7亿元。

2010年，市人民银行制定《关于金融支持低碳经济发展的指导意见》，推动低碳经济发展；设立100万元贷款担保基金，配合市委组织部建立大学生村官自主创业联席会议制度。市农业银行“三农事业部”挂牌成立，加大对“三农”工作的资金支持力度。市农村信用社加强内控，规范股本金，向农村商业银行转型。齐鲁、中信万通证券落户安丘，通源、奥信小额贷款公司设立，金融体系进一步健全。年末，全市各项贷款余额116.8亿元。

2011年，市人民银行出台《安丘市林权抵押贷款管理办法》等3个信贷指导意见，引导金融机构创新境外人民币贸易融资、黄金租赁、股权投资、土地使用权抵押等信贷业务，加大对骨干优势企业、低碳工业园、农业龙头企业等重点领域的信贷支持力度；利用差别准备金政策，为农商行、农行“三农”事业部争取更多可用资金，缓解“三农”资金紧缺局面。市农村信用社实现向农村商业银行转型，恒安小额贷款公司获准设立。年末，全市银行业金融机构本外币各项贷款余额135.17亿元，比年初增加18.83亿元，增长16.18%，同比提高0.19个百分点，居潍坊各县市第七位。

2012年，全市金融工作改革创新，加快发展。市人民银行制定《关于金融支持现代农业发展的指导意见》和《改进外汇管理与服务支持涉外经济平稳较快发展的意见》，出台《安丘市矿产资源抵押贷款管理办法》，引导信贷资金合理投放和信贷结构调整优化。市政府设立过桥还贷基金5000万元和小额担保贷款基金1000万元。市人民银行按照“政府主导、人行牵头、银行主办、多方参与、农民受益、合作共赢”的工作方针，有效推动形成独具特色的“安丘模式”。是年4月，潍坊市政府在全市推广“安丘模式”。市工商银行在潍坊市率先推出“小贷保”贷款业务，拓宽企业融资渠道。是年，中国民生银行安丘支行筹建开业。年末，全市本外币各项贷款余额167.15亿元，较年初增加31.98亿元，增长23.66%，高于潍坊市平均水平5.99个百分点，同比多增13.16亿元。增量贷存比92.76%，高于潍坊市平均水平15.78个百分点。增加额、增幅、增量贷存比分居潍坊各县市第四位、第三位和第二位，同比分别提高4个、4个和6个位次。

2013年，市政府制定《加快土地出让进程 深化土地使用权抵押贷款业务的实施方案》，有关部门研究制定《安丘市公证抵押贷款暂行办法》。据此，潍坊银行安丘支行、山东安丘农村商业银行股份有限公司等创新开办家庭农场贷款和农机具抵押、大棚抵押等担保方式，有效解决农村生产经营主体"担保难""融资难"等问题。同年，中信银行安丘支行和潍坊银行景芝支行筹建开业。全市各项贷款余额203.4亿元，按可比口径计算，比年初增加41.3亿元，增长25.5%，增幅居潍坊各县区市第一位；增量贷存比106.6%，居潍坊各县市区第一位。

安丘市1986年—2013年各银行贷款统计表

表11—1　　单位：万元

年份	贷款余额	工行	农行	中行	建行	农发	农信	邮储银行	潍坊银行	民生银行	中信银行
1986	40968	10482	21472	1078	—	—	7936	—	—	—	—
1987	47894	10492	25236	1290	—	—	10876	—	—	—	—
1988	56832	12054	27864	3000	1816	—	12043	—	—	—	—
1989	61339	11439	30770	3460	2028	—	13587	—	—	—	—
1990	73831	13226	37179	4250	3019	—	16032	—	—	—	—
1991	86623	14838	41583	5300	4073	—	20694	—	—	—	—
1992	100997	17913	45308	5708	5959	—	25589	—	—	—	—
1993	117150	20856	52198	6328	7015	—	29376	—	—	—	—
1994	141453	22828	35432	7228	7261	27719	39608	—	—	—	—
1995	160705	24220	39493	7958	7602	31212	48908	—	—	—	—
1996	188394	26645	44539	7916	9340	37149	61613	—	—	—	—
1997	228156	27153	56677	8134	11141	51010	73991	—	—	—	—
1998	258913	28753	90646	9590	12631	30078	87180	—	—	—	—
1999	269137	29294	95778	9419	12250	32700	89661	—	—	—	—
2000	282482	29475	90570	10701	14711	32613	104377	—	—	—	—
2001	318123	36508	83729	17060	19977	30336	130477	—	—	—	—
2002	381305	48501	92269	19104	31477	31048	158872	—	—	—	—
2003	428448	57346	97217	29740	47548	27651	168911	—	—	—	—
2004	422567	58472	60542	39923	42765	17749	203081	—	—	—	—
2005	470811	53570	64881	41035	59160	25021	227144	—	—	—	—
2006	553042	74390	105984	36798	41918	28165	265788	—	—	—	—
2007	688213	108253	117659	48297	62089	41644	309935	336	—	—	—
2008	751283	126897	87651	50500	64912	33384	385791	2148	—	—	—
2009	1006873	152263	142003	84724	67692	58752	464074	12671	24694	—	—
2010	1167827	174769	160402	84856	90808	64852	537766	18594	35780	—	—
2011	1351676	207727	194859	92770	105466	60196	620419	23931	46307	—	—
2012	1671510	238605	259248	105092	177112	74328	714493	24008	68823	9800	—
2013	2033682	309859	280720	123531	247229	87725	778759	34565	106687	22620	41987

第二节　征信管理

安丘市征信管理始于1997年。是年，为控制金融风险、防止逃废金融债务行为发生，根据中国人民银行《贷款证管理办法》，市人民银行组织金融机构对有信贷业务企业发放贷款证。

1999年12月，全市金融机构运行中国人民银行所开发的银行信贷登记咨询系统，实现人民银行与金融机构微机联网，开始为企业发放贷款卡，取代原有贷款证。

2004年，中国人民银行开始建设个人征信系统。同时，开展企业外部资信评级、中小企业信用体系建设、农村信用体系建设和应收账款质押登记等工作，实现征信管理内涵和外延的深度拓展。为此，市委、市政府多措并举，打造诚信经济、诚信安丘。按照“政府主导、部门联动、银企共建、社会参与”的原则，成立由市政府分管市长任组长，市金融办、市人民银行和有关职能部门负责人参加的社会信用体系建设领导小组，并制定《安丘市社会信用体系建设工作意见》进行指导。

2006年5月，银行信贷登记咨询系统升级为企业信用信息基础数据库系统，在企业征信系统增加中小系统，将未办理贷款卡企业信息纳入人民银行征信系统。

2007年，在全国金融生态评价中，安丘市被评为全国金融生态示范市。

2008年10月27日，市政府会同中国人民银行潍坊中心支行，召开全市信用体系建设工作会议，进一步提出加快推进安丘市信用体系建设的重要意见，为拓展信用建设打下基础。会议规定市直各部门具体职责，并纳入年度部门考核；建立社会信用体系建设工作联席会议制度，定期通报工作开展情况，分析存在问题，部署下步工作意见；以农村信用社为依托，宣传普及金融知识，建立农户和农村企业信用档案，创新农村信用村、户评定机制，形成信用宣传、信息征集、信用评价、信贷支持框架体系，提升农村信用网络水平、功能和作用；建立社会信用信息系统、信用中介服务体系、信用监督管理体系，完善守信激励失信惩戒机制。通过以上措施，社会信用状况不断改善，社会金融生态环境全面优化，企业和个人融资难问题有效缓解。

2013年，全市各项贷款余额203.4亿元。其中，个人贷款余额80.4亿元，单位贷款余额123亿元。

第三章 存 款

第一节 单位存款

单位存款主要包括企业存款、农村存款、机关团体存款、财政预算外存款和其他存款。1986年，全县企业单位存款余额5126万元。从1988年起，乡镇企业、村办企业迅速发展，单位存款不断增加。进入20世纪90年代，民营企业崛起，单位存款大幅增长。至21世纪初，随着改革开放和招商引资力度不断加大，涌现出一批地方骨干企业和农业产业化龙头企业。全市企业规模逐步扩大，经济效益逐年提高，盈余能力不断增强，进一步助推企业存款增长。2013年，全市企业单位存款61.09亿元，为1986年的119倍。

第二节 储蓄存款

1986年，安丘县储蓄存款余额28927万元。1988年，县内市场物价大幅度上涨，城乡居民大量支取银行存款，银行储蓄存款余额急剧下降。各金融机构在国家调整存款利率和开办保值储蓄基础上，开办实物有奖储蓄和有奖储蓄等多种揽储活动，稳定储蓄存款。是年，全县储蓄存款余额37895万元。

1992年始，各金融机构相继开办信用卡业务，发行“长城卡”“牡丹卡”“金穗卡”“一卡通”“万事达卡”。1993年，全县储蓄存款余额100700万元。

1994年—2013年，各商业银行和信用社、邮政储蓄机构开展大额储蓄存单、存本取息、教育储蓄等业务，加快储蓄电子化建设，增强服务功能，实现储蓄业务辖区内电子化联网，开办通存通兑业务。同时，行业内开展文明用语、服务忌语、限时服务、服务承诺、上门服务等多种揽储活动，有力地拉动储蓄存款增长。2013年末，全市储蓄存款余额2597960万元，是1986年的90倍。

安丘市1986年—2013年金融机构存款统计表

表11—2　单位：万元

年份	存款余额	工商银行	农业银行	中国银行	建设银行	农发行	农信社	邮储银行	潍坊银行	民生银行	中信银行
1986	28927	4532	9973	—	1304	—	13085	33	—	—	—
1987	29825	6016	6507	—	818	—	16108	274	—	—	—
1988	37895	7463	8527	512	1809	—	18919	532	—	—	—
1989	46828	6926	11098	910	2736	—	23409	1008	—	—	—
1990	60819	9028	15319	1927	4197	—	27659	1478	—	—	—
1991	73571	11047	18324	2742	6102	—	31917	2312	—	—	—
1992	83980	16248	21599	4269	5525	—	32758	3100	—	—	—
1993	100700	16293	25297	6369	7091	—	39854	4855	—	—	—
1994	142693	20252	33641	9228	10240	373	58759	8696	—	—	—
1995	185554	24235	44521	12468	15668	47	76725	10891	—	—	—
1996	232466	32318	56279	14016	19887	16	94190	14858	—	—	—
1997	261650	37030	63633	14200	25727	280	101635	18069	—	—	—
1998	312582	44943	72146	19200	31734	255	121571	20973	—	—	—
1999	360384	50385	79938	27617	36009	510	136993	27272	—	—	—
2000	401070	58198	85114	30499	42759	727	147578	36709	—	—	—
2001	451033	63352	86044	42710	51032	173	161072	44808	—	—	—
2002	507432	65452	94857	48037	63248	168	184117	51544	—	—	—
2003	569540	72253	100942	56144	84762	358	199140	56465	—	—	—
2004	650591	73076	120152	64496	82071	734	241683	67624	—	—	—
2005	763294	81396	141706	75304	89835	174	291355	80405	—	—	—
2006	844920	100772	137910	71647	96951	1115	332879	93444	—	—	—
2007	973040	111377	159417	92037	108906	11040	388213	93783	—	—	—
2008	1171523	141665	188617	107282	132896	3018	489168	102350	1367	—	—
2009	1514748	181865	258125	148385	172938	20135	593566	115659	20733	—	—
2010	1692866	184627	279404	136558	152366	20230	725886	141837	48598	—	—
2011	1964772	199535	325599	155055	182171	10839	858591	162921	60123	—	—
2012	2309583	221409	402705	176723	218131	14330	981462	189129	77757	13768	—
2013	2597960	258833	437553	205215	250038	19339	1049658	214424	98998	29692	371

第四章　货币管理与结算

第一节　金银管理

1982年前，国家对黄金产品实行严格管制，由中国人民银行统一收购和配售。从1982年起，国内逐步放开黄金饰品市场。安丘县人民银行除承担企业黄金配售管理外，一并负责辖区内黄金收购。企业生产经营所需黄金均由县人民银行统一配售、管理。

1993年，国家改革黄金收售价格定价机制，开办黄金寄售业务，改革黄金制品零售管理审批制。自1995年始，市内企业生产所需黄金不再通过市人民银行统一配售、管理，黄金收购业务遂止。

安丘市1986年—1995年金银收兑情况表

表11—3

年份＼项目	银元（枚）	银焊片（克）	杂色金（克）	杂色银（克）
1986	48	3550	—	—
1987	72	1250	124	3408
1988	65	—	—	332
1989	23	—	33	238
1990	36	—	64	283
1991	52	—	205	1318
1992	41	—	6	—
1993	28	—	36	—
1994	—	—	74	228
1995	—	—	—	21

第二节　现金管理

人民币

1948年12月1日，中国人民银行成立并发行第一套人民币。至2005年，发行5套纸币、4套金属币、45套流通纪念币（钞），以及10大系列1000多个品种的金银纪念币。2013年，市场上流通的人民币面额有100元、50元、20元、10元、5元、2元、1元、5角、2角、1角、5分、2分、1分。

货币流通

1988年—1996年，根据1988年9月8日国务院颁布的《现金管理暂行条例》和9月23日中国人民银行总行印发的《现金管理条例实施细则》，安丘县人民银行每年下达现金投放回笼计划，组织开展辖区货币流通调查；组织金融机构对开户企业核定现金库存限额；组织开展企业现金收支大检查，督促企业将收入现金及时交存银行，严禁坐支。1997年，社会主义市场经济体制逐步建立，经济运行发生重大变化。是年7月1日起，为加强现金管理，严格控制大额提现，人民银行总行正式实行《大额现金支付登记备案规定》，金融机构建立大额现金支付登记备案制度，对居民个人提取储蓄存款暂不实行登记备案。8月15日，根据人民银行总行《关于大额现金支付管理的通知》，市人民银行进一步改进储蓄账户现金支付管理，一次性提现5万元以上的取款人应提供有效身份证件，一次性提取现金20万元（含20万元）以上的，必须至少提前1天预约，以便银行准备现金。从2003年起至2013年，根据上级行要求，市人民银行每季度现场检查辖内金融机构现金管理的情况，严格控制不合理投放，优化资金投向，支持发展生产，使货币流通走向良性循环。

安丘市1987年—2013年货币投放、回笼统计表

表11—4 单位：万元

年份＼项目	货币回笼	货币投放	投放或回笼	
			投放（+）	回笼（-）
1987	10196	8252	—	1944
1988	9364	10383	1019	—
1989	11456	8994	—	2462
1990	11074	16214	5140	—
1991	17426	22531	5105	—
1992	26052	24131	—	1921
1993	19289	23775	4486	—
1994	30505	23438	—	7067
1995	34669	38869	4200	—
1996	38047	44594	6547	—
1997	53525	64432	10907	—
1998	56172	78069	21897	—
1999	92266	119813	27547	—
2000	88215	125316	37101	—
2001	80344	111863	31519	—
2002	79261	110238	30977	—
2003	111019	146968	35949	—
2004	116188	145636	29448	—
2005	103199	148816	45617	—
2006	91249	123886	32637	—
2007	122099	145365	23266	—
2008	161953	156861	—	5092
2009	174876	191546	16670	—
2010	179980	211414	31434	—
2011	219507	200775	—	18732
2012	260724	308753	48029	—
2013	296801	351824	55023	—

货币发行管理

1988年—2013年，安丘市人民银行按照货币发行集中统一的原则，加强发行基金管理，调节货币流通，保证现金供应，支持经济发展和商品流通。1988年3月，中国人民银行总行印发《中国人民银行货币发行管理制度（试行）》，规定货币发行管理基本任务、发行基金管理、货币发行与回笼管理、发行库管理及账务处理原则。市人民银行发行库作为国家支库，代国家保管发行基金，负责辖内货币发行与回笼工作，办理人民币发行基金的保管、调运及核算业务，办理商业银行、信用社的存取现金业务。2000年3月，按照人民银行潍坊市中心支行的统一要求，经人民银行山东分行批准，市人民银行发行库撤销。撤销后，市人民银行货币发行工作职能转换为监督与管理，主要管理人民币流通、现金和金银市场。至2013年，职能未改变。

反假货币

1994年11月，国家建立国务院反假货币工作

联席会议制度，组织、领导全国范围内反假币工作。2005年8月，安丘市建立反假货币工作联席会议制度，成员包括市人民银行、公检法部门、工商、财政、文化、广播、邮政、交通及辖内金融机构。联席会议办公室设在市人民银行。市人民银行每年至少组织一次反假货币宣传月或反假货币宣传活动，并多次举办辖区金融机构反假币业务培训班。1986年—2013年，全辖区没收上缴假币17332张，面额合计145.18万元。其中，100元13221张，50元1925张，20元1259张，10元727张，5元198张，1元2张。

第三节 结 算

20世纪80年代，安丘县银行机构联行业务以传递信件或者通过邮局拍发电报的方式处理，到账时间长，影响资金安全。进入90年代，银行电子化建设快速发展，逐步实现电脑操作，结算服务手段大为改进。1994年，安丘市银行机构实施中国人民银行颁布的《银行账户管理办法》，办理存款人日常转账结算和现金支付。从1997年10月1日起，全市金融部门实行中国人民银行制定的《支付结算办法》，结算业务逐步规范。2000年，市人民银行开通电子联行对账系统，为各银行机构办理异地跨行转汇业务，基本实现当日业务当日到账。2005年，大、小额支付系统先后上线运行。2007年，支票影像交换系统上线运行。至此，安丘市金融部门形成以中国现代化支付系统为核心、商业银行行内系统为基础、各地同城票据交换互补的现代化支付清算体系。结算渠道更为畅通，支付结算服务更加便捷优质，资金周转效率进一步提高，同城及异地转账结算业务最快可实现即时到账。广大企事业单位和市民对转账结算认可度日益提高，全市业务量逐年上升。业务量较大的是转账支票和汇兑。1986年—2013年，办理支票业务91万笔，收付总额114.9亿元；办理汇兑业务336万笔，收付总额317.5亿元。

自2010年始，市人民银行组织开展农村支付环境建设工作，全市各银行机构在农村布放转账机具，于2012年在潍坊市率先实现金融基础设施对行政村全覆盖。是年4月，潍坊市政府在安丘召开潍坊市农村金融财政公共服务体系建设现场会，推广以“财政公共支付资金全纳入、银行机构全参与、支付工具全覆盖”为特征的“安丘模式”。至2013年，全市银行卡助农取款服务点实现对所有行政村全覆盖。

第四节 经理国库

1985年7月27日，国务院颁布《中华人民共和国国家金库条例》，首次确定国库体制为委托金库制，由中国人民银行具体经理国库。1994年颁布的《预算法》和1995年颁布并于2003年修订的《中国人民银行法》，进一步确定中国人民银行经理国库的法律地位。1994年，国家实行分税制改革，分国家预算为中央预算和地方预算；与此相适应，国库也分为中央国库和地方国库。1998年，中华人民共和国国家金库安丘市支库、山东省安丘市地方金库相继成立。

2001年，全国国库系统推广应用统一的国库会计核算系统，适应财税管理体制改革和国库业务发展需要。系统涵盖各级国库所有业务。从此，安丘结束国库会计核算手工操作的历史。

2005年5月，根据《国务院办公厅关于财政国库管理制度改革方案有关问题的通知》，安丘市作为财政国库管理制度改革的试点县级市，改革国库单一账户制度，建立以国库单一账户体系为基础、资金缴拨以国库集中收付为主要形式的现代国库管理制度。将政府所有资金收入纳入国库单一账户管理，政府所有资金支出由国库单一账户直接划给商品和劳务供应商账户。国库单一账户制度改革，使财政资金管理得到加强，财政使用效益得到提高，财政宏观调控力度得到增强。

1986年—2013年，安丘市各级预算收入逐步提高。1986年，县级地方收入不足700万元，1991年突破亿元，2009年近10亿元，至2013年突破30亿元。

安丘市 1986 年—2013 年预算收入统计表

表 11—5　　单位：万元

年份	中央级	省级	市级	县级	合计
1986	1149	66	—	694	1909
1987	2283	45	—	772	3100
1988	1303	361	20	7039	8993
1989	4396	466	51	7551	12464
1990	3390	615	26	8550	12851
1991	3136	866	—	10021	14023
1992	1646	918	1	10962	13527
1993	1002	620	—	14940	16562
1994	11081	517	14	8650	20262
1995	12468	580	11	10902	23961
1996	13352	828	-30	16876	31026
1997	17241	604	-1891	23099	39053
1998	20490	556	-1127	29508	49427
1999	22638	427	—	31129	54194
2000	22627	587	—	33601	56815
2001	22572	954	—	36627	60153
2002	22738	4987	—	30327	58052
2003	23091	3300	—	34504	60895
2004	21656	7209	1	32313	61179
2005	14720	3468	5	33678	51871
2006	15574	3217	15	33915	52721
2007	18004	4110	16	48277	70407
2008	23721	4403	21	92011	120156
2009	34835	4532	25	97986	137378
2010	30672	6481	—	156888	194041
2011	40277	8265	—	218793	267335
2012	48011	5763	—	198395	252169
2013	60891	7498	—	305323	373712
合计	406755	59293	-5065	887965	1348948

第五节　外汇管理

1988 年 10 月，经中国人民银行山东省分行批准，国家外汇管理局安丘县支局成立，负责办理辖内外汇管理业务。

人民币汇率体制管理

1988 年—1993 年，我国为官方汇率和外汇调剂市场汇率并存时期。1994 年，国家改革外汇管理体制，人民币官方汇率和外汇调剂市场汇率并轨，初步形成以市场供求为基础的有管理的浮动汇率制度。2005 年，中国人民银行宣布自是年 7 月 21 日始，实行以市场供求为基础、参考一揽子货币进行调节、有管理地浮动汇率制度，人民币汇率不再盯住单一美元，形成更富弹性的人民币汇率机制。2009 年 7 月 1 日，中国人民银行等 6 部门共同制定的《跨境贸易人民币结算试点管理办法》公布实施，启动跨境贸易人民币结算试点。2010 年 6 月 19 日，根据国内外经济金融形势和我国国际收支状况，中国人民银行宣布进一步推进人民币汇率形成机制改革，增强人民币汇率弹性。

境内居民个人外汇管理

从1991年11月起，国家允许个人所持有的外汇参与外汇调剂。个人出国探亲、移居出境、留学、赡养国外亲属需要外汇，可凭出境证件和有关证明申请，经批准后可兑换一定数量外汇，但批汇标准较低。1996年7月1日，大幅度提高居民因私兑换外汇标准，扩大供汇范围。1996年12月1日，人民币实现经常项目可兑换。1997年，国家再次大幅度提高居民个人因私用汇供汇标准。1998年9月15日起，居民个人去香港、澳门地区旅游、探亲、会亲等可兑换1000美元等值外汇；去香港、澳门地区以外国家和地区（含台湾）可兑换2000美元等值外汇。2003年10月1日，规定居民个人出境时间在半年以内的，每人每次可向银行购汇等值3000美元；出境时间在半年以上（含半年）的，每人每次可向银行购汇等值5000美元。2005年8月3日起，对持因私护照个人出境时间在半年以下的，购汇限额调整为等值5000美元；出境时间在半年(含)以上的，为等值8000美元。2006年5月1日起，对境内居民个人购汇实行年度总额管理，为每人每年等值2万美元。2007年2月1日，对个人结售汇实行年度总额管理，分别为每人每年等值5万美元。

经常项目外汇账户管理

1986年—2013年，随着外汇管理体制改革不断深化，国家多次调整经常项目外汇账户管理政策。

1994年初，建立银行结售汇体制，并对中资企业实行强制结汇制度。

1997年9月，为适应实现经常项目可兑换形势，中国人民银行发布《境内外汇管理规定》和《关于允许中资企业保留一定限额外汇收入的通知》，从性质上区分外汇账户为经常项目外汇账户和资本项目外汇账户，从功能上区分为外汇结算账户和外汇专用账户，并对不同性质外汇账户实行不同管理方式。

2001年，国家放宽中资企业外汇结算账户开立标准，允许年度出口收汇额在等值200万美元以上且年度外汇支出额为等值20万美元以上、享有进出口经营权的中资企业开立外汇结算账户，保留一定限额外汇收入。中资企业外汇结算账户的最高限额，按照该企业上年度出口收汇累计额或外汇支出累计额中较小额的25%核定。

2002年，国家取消中资企业开立经常项目外汇账户条件限制，允许具有涉外经营权或有经常项目外汇收入的中资企业和外商投资企业开立经常项目外汇账户；对经常项目外汇账户实行统一限额管理，统一按照其上年度经常项目外汇收入的20%核定账户限额，对上年度没有经常项目外汇收入的，按不超过等值10万美元的核定初始限额。

2004年5月，将企业可保留经常项目现汇比例由现行20%提高到30%或50%。

2005年3月，将境内机构超限额结汇期限由现行10个工作日延长为90个工作日，允许境内机构在其经常项目外汇账户余额超出核定限额后的90日内仍可保留其外汇资金。其次，扩大按实际外汇收入100%核定经常项目外汇账户限额的企业范围。是年8月，基本取消经常项目外汇账户限额方面限制。2007年8月，取消经常项目外汇账户限额管理。2013年11月，推广外汇账户管理信息系统应用门户整合。至是年底，安丘市开立经常项目外汇账户1788个。

安丘市金融机构开办外汇业务情况一览表

表11—6

序号	金融机构名称	金融许可证机构编码	颁证时间	即期结售汇业务批准时间		远期结售汇批准时间
				对公	对私	
1	中国银行股份有限公司安丘支行	B0003S337070002	2007.6.20	2004.7.13	2004.7.13	—
2	中国工商银行股份有限公司安丘支行	B0001S337070005	2007.6.20	2004.7.13	2004.7.13	2003.7.10
3	中国农业银行股份有限公司安丘市支行	B0002S337070007	2009.8.12	2004.7.13	—	2013.8.1

续表 11-6

序号	金融机构名称	金融许可证机构编码	颁证时间	即期结售汇业务批准时间		远期结售汇批准时间
				对公	对私	
4	中国建设银行股份有限公司安丘支行	B0004S337070011	2007.6.20	2004-7.13	—	2004.12.7
5	中国民生银行股份有限公司潍坊安丘支行	B0009S337070002	2012.1.6	2013.8.1	2013.8.1	—
6	中国邮政储蓄银行股份有限公司安丘市支行	B0018S337070026	2012.5.24	—	2007.11.26	—
7	潍坊银行股份有限公司安丘支行	B0174S237070043	2009.7.13	2013.8.1	—	—
8	山东安丘农村商业银行股份有限公司	B1178H237070001	2013.7.24	2012.6.5	2012.6.5	—

出口创汇企业

2002 年前（含括 2002 年），安丘市由国家外汇管理局安丘市支局登记备案的出口企业 66 家，2003 年新增 22 家，2004 年 29 家，2005 年 42 家，2006 年 28 家，2007 年 27 家，2008 年 20 家，2009 年 31 家，2010 年 32 家，2011 年 33 家，2012 年 51 家，2013 年 54 家。2013 年末，全市出口企业累计 435 家，比 2002 年末增加 369 家，增长 559%。是年，全市出口额 72472 万美元。

安丘市出口行业主要有农副食品业、医药化工业、纺织服装和机械设备制造业。2013 年末，农副食品业出口企业 102 家，全年出口额 30549 万美元。较大规模企业有山东鲁丰集团有限公司、福克斯食品有限公司、安丘福华食品有限公司、潍坊得润食品有限公司、潍坊佳禾食品有限公司，出口额分别为 3814 万美元、3048 万美元、2269 万美元、1732 万美元和 1303 万美元。医药化工业出口企业 8 家，全年出口额 16296 万美元。较大规模企业有山东柠檬生化有限公司、安丘市鲁安药业有限公司，出口额分别为 11205 万美元和 3746 万美元。纺织服装业出口企业 41 家，全年出口额 14345 万美元。较大规模企业有潍坊雷克兰劳保用品有限公司、山东海龙博莱特化纤有限责任公司和潍坊市鸢飞服装公司，出口额分别为 2493 万美元、2438 万美元和 2109 万美元。2013 年末，机械设备制造业出口企业 14 家，全年出口额 6714 万美元。较大规模企业有汶瑞机械（山东）有限公司和潍坊上院机械有限公司，出口额分别为 5057 万美元和 917 万美元。

外商投资企业

1990 年—2013 年，国家外汇管理局安丘市支局登记备案的外商投资企业逐年递增。至 2013 年末，累计 112 家，投资总额 48874 万美元，注册资本 22592 万美元。外商投资企业发展较为迅速，特别是进入 21 世纪后，13 年间企业数增长 114%。

外商投资的产业，第一产业 3 家，第二产业 101 家，第三产业 8 家。结构特点以第二产业为主导，第二产业中以轻工业为主导。行业主要是农副食品加工 55 家，纺织服装制造 17 家，其他制造 25 家，金属制品 4 家。产品结构呈多元化特点，但以农副食品、服装为主，其次是金属制品、化学制品和家具等。农副食品深加工龙头企业有山东鲁丰食品有限公司、安丘福华食品有限公司、福克斯食品有限公司、三通食品（潍坊）有限公司；保鲜、腌渍蔬菜加工重点企业有潍坊鑫盛食品有限公司、潍坊慧通食品有限公司和潍坊源清田食品有限公司。

2013 年底，安丘市外商投资企业累计开立资本金账户 265 个，现存资本金账户 68 个。外商投资企业可在市工商银行、市农业银行、市中国银行和市建设银行 4 个外汇指定银行直接办理资本金结汇业务。

境外投资企业

2013 年末，安丘市登记办理境外投资外汇企业 4 家，分别为潍坊雷克兰劳保用品有限公司投资 80 万美元成立的雷克兰阿根廷 SRL 有限公司、山东柠檬生化有限公司投资 60 万美元成立的香港天天生化有限公司、安丘市翔宇包装彩印有限公司投资 200 万美元成立的翔宇（乌干达）有限公司、安丘市鲁安药业有限责任公司投资100万美元成立的鲁安药业（美国）有限责任公司。境外投资企业数量和出资额均较小，业务发展缓慢。

第五章 保 险

第一节 财产保险

保险种类

1986年—2013年，安丘市保险种类有企业财产保险、机动车辆及第三者责任保险、家庭财产保险、集体企业职工养老金保险、学生平安保险、种植业保险、养殖业保险、雇主责任险、医疗责任险、电话盗打险、计算机责任险、校方责任险、现金保险、人身意外伤害保险和货物运输保险等60多个险种。

重点理赔案件

1991年4月26日，安丘县化肥厂合成车间合成塔、合废热锅炉进品管道爆裂、起火，造成7人死亡，部分设备损坏。县保险公司赔偿经济损失96.2万元。

第二节 农业保险

保险种类

1990年，安丘县农业保险种类有黄烟、小麦火灾两全保险等。从1993年起，农业保险逐渐被人们忽视，保费收入呈下降趋势。2012年4月，根据山东省农业厅、财政厅《关于做好新增县农业保险工作的通知》要求，中国人民财产保险股份有限公司安丘支公司承办全市政策性玉米、小麦保险。保费补贴根据省确定的比例执行，具体为中央、省财政补贴60%，潍坊市财政补贴10%，安丘市财政补贴10%，其余20%由农户自担。是年，安丘支公司承保全市126450户的小麦面积47.6万亩，玉米面积42.17万亩，承担风险总额2.79亿元。其后开办的保险业务有肥猪、母猪保险等。

重点理赔案件

2012年夏，安丘市遭遇暴风雨，造成14处乡镇752个村小麦受灾。市人保财险公司勘查定损小麦受灾面积4.3万多亩，赔偿经济损失356万元。

第三节 人身保险

保险种类及收入

1996年4月，中国人民保险公司安丘支公司分设财产、人寿两个子公司。分业后，中保人寿保险公司安丘支公司直销业务稳中有升。继续开展独生子女两全保险、独生子女父母养老金保险；在巩固简易人身保险、各类养老保险、团体人身保险、意外伤害和学生平安保险的基础上，开办团体人身意外伤害保险、“双定两全”保险等13个险种。是年，实现保费收入996万元。1997年，推出旅游者人身意外保险、生命急救健康保险、团体福利保险、个人养老金保险、养老金还本保险和福寿安康保险等险种。1998年，推出义务兵养老保险、个人购房贷款保险、定期人寿保险和子女教育婚嫁备用金保险。

1999年，中国人寿保险公司安丘支公司推出寿险类祥和定期保险、祥运定期保险、康宁终身保险、康宁定期保险和安居定期保险等；短险推出人身意外伤害保险、人身意外伤害综合保险、建筑工程团体人身意外伤害保险和附加指定交通工具乘客意外伤害保险。2001年，推出千禧理财两全分红保险，开创安丘保险市场分红险销售先河。10月1日，推出系列分红产品国寿鸿泰年金保险、国寿鸿福相伴两全保险、国寿鸿寿年金保险、国寿鸿运少儿两全保险，该分红产品融保险与投资于一体。2002年，推出国寿鸿瑞两全保险（分红型）、国寿鸿星少儿两全保险（分红型）、国寿康宁重大疾病保险（分红型）等险种。

2004年，中国人寿保险股份有限公司安丘支公司推出国寿鸿禧年金保险（分红型）、国寿康裕重大疾病保险、驾校人员意外伤害保险、公安干警团体定期寿险等险种。2005 年，推出珍爱一生终身寿险、附加珍爱一生长期健康保险、关爱成长定期保险、幸福相伴定期寿险等险种。2007 年，推出旅游综合人身意外伤害保险、小额贷款借贷人意外伤害保险、农村干部团体养老年金保险、国寿金彩明天两全保险、国寿康恒重大疾病保险、国寿鸿富两全保险（分红型）等险种。2008 年，推出国寿鸿丰 B 两全保险（分红型）、国寿瑞鑫两全保险（分红型）、国寿安享一生两全保险（分红型）、国寿绿洲团体意外伤害保险（A 型）（B 型）等险种。2009 年，推出国寿美满一生年金保险、国寿美满人生年金保险、国寿金彩明天两全保险（A 款）（B 款）（分红型）、国寿金色夕阳养老年金保险、国寿千禧理财两全保险（分红型）等险种。2010 年，推出国寿福禄双喜两全保险（分红型）、国寿福禄尊享两全保险（分红型）、国寿鸿盈两全保险（分红型）等险种。2011 年，推出国寿福满一生两全保险（分红型）、国寿新鸿泰两全保险（分红型）、国寿松鹤颐年年金保险（分红型）等险种。2012 年，推出国寿福禄鑫尊两全保险、国寿康宁终身重大疾病保险等险种。2013 年，升级 70 余款险种并推出升级产品。

2010 年，公司与安丘市老龄委共同实施“银铃安康工程”，提供老年人相应风险保障。2011 年，开办警察协会保险，提供全市公安干警意外和医疗保障。2012 年，提供全市近 200 名“大学生村官”重大疾病和人身意外伤害综合保险。2013 年，中标全市新农合大病医疗保险补偿服务，全年补偿 9733 人次，累计赔付补偿金额 1340.5 万元。

理赔给付

1996 年—2013 年，中国人寿保险股份有限公司安丘支公司按照“重合同、守信用，及时、主动、准确、合理”的原则，做好人身保险理赔、给付工作。2012 年，理赔支出 1576 万元。2014 年理赔支出 4790 万元。

第 十 二 编

经济管理

第一章　经济结构

第一节　地区生产总值

中共十一届三中全会后，全县经济建设速度加快，各项社会事业开始走向全面繁荣和发展。1985年，全县国民生产总产值7.93亿元，比1978年增长214.4%；粮食总产量52.46万吨，比1978年增长56.2%；地方财政预算内收入4796万元，比1978年增长64.2%。

1986年—2013年，是安丘经济快速发展的28年，全市地区生产总值由1985年的6.7亿元，增加到2013年的247.9亿元，增长36倍。其中，第一产业增加值由1985年的3.5亿元，增加到2013年的45.9亿元，增长12.1倍；第二产业增加值由1985年的1.9亿元，增加到2013年的113.0亿元，增长58.5倍;第三产业增加值由1985年的1.3亿元，增加到2013年的68.5亿元，增长67.5倍；人均地区生产总值由1985年的816元，增加到2013年的26112元，增长31倍。

1986年—1991年，全县地区生产总值规模较小，均在20亿元以下。受传统产业结构影响，第一产业所占比重较大，均在45%以上，二、三产业发展相对滞后，所占比重也相对较小。但6年间，全县经济社会稳步发展，人民生活水平逐步提高，消费品价格取得全面发展，并在1988年—1989年创历史新高，出现短暂的商品“抢购风”。1991年，全县实现国内生产总值16.2亿元，比1985年增长143%，完成地方财政预算内收入10624万元，比1985年增长68.4%。

1992年，进一步加大工业和基础设施建设投入，二、三产业快速发展，经济规模不断膨胀。1994年3月，安丘撤县建市，拉开城市快速建设序幕。1992年—1997年，地区生产总值由20.2亿元发展到56.4亿元，突破50亿元大关。至1998年，全市经济社会事业发展达历史新水平。特别是财政总收入，1997年、1998年分别超过4亿元和5亿元，均列全省县市区第十位，列潍坊市12个县市区第三位。国内生产总值64.3亿元，比1991年增长299.3%；财政总收入5亿元，比1991年增长399%；农民人均纯收入3338元，比1991年增长309.1%。

1999年始，国家压缩投资，紧缩银根，全市经济社会发展步入缓慢发展阶段。到2002年，全市经济社会发展出现30多年来的首次下滑。是年，实现地区生产总值69.4亿元，仅比1998年增长8.4%；地方财政预算内收入3亿元，仅比1998年增长0.3%，比2001年减少5638万元；农民人均纯收入3310元，比1998年减少28元，比2001年减少340元。

2003年—2007年，全市经济社会开始恢复性增长。其间，全市集中精力建设市北区新城，固定资产投资连年大幅增长，年均增幅超过20%。其中，2003年同比增幅93.6%。2005年，全市固定资产投资总额近100亿元。2006年，全市地区生产总值106.7亿元，是1985年的15.93倍。其中，第二产业增加值达53.4亿元，是1985年的28.1倍，占GDP比重达50.0%。2007年，全市地区生产总值123.1亿元，比2002年增长77.4%；地方财政预算内收入3.83亿元，比2002年增长27.7%；农民人均纯收入5409元,比2002年增长63.4%。2008年—2011年，地区生产总值年均增长18亿元以上。

2011年—2013年，市委、市政府提出“建设富强、秀美、幸福新安丘”的目标，注重强化工业、提升农业、加快城镇化、繁荣服务业，促进全市经济快速健康发展。2011年，地区生产总值近200亿元。2013年，地区生产总值247.9亿元。

安丘市1985年—2013年地区生产总值构成表

表12-1

年份	地区生产总值（当年价格）（亿元）	第一产业（亿元）	第二产业（亿元）	第三产业（亿元）	人均地区生产总值（元）
1985	6.7	3.5	1.9	1.3	816
1986	7.9	4.3	2.2	1.4	958
1987	9.8	4.9	3.2	1.8	1169
1988	11.2	5.4	3.7	2.2	1272
1989	12.8	5.9	4.4	2.5	1490
1990	14.0	6.4	4.8	2.8	1555
1991	16.2	7.3	5.4	3.5	1782
1992	20.2	8.7	6.6	4.8	2209
1993	25.6	10.2	8.7	6.7	2790
1994	33.2	11.3	12.9	9.0	3631
1995	39.7	12.3	16.0	11.4	4351
1996	48.2	14.0	20.1	14.1	5288
1997	56.4	16.0	22.4	18.0	6182
1998	64.3	17.4	24.3	22.6	6989
1999	67.4	17.5	26.2	23.7	7291
2000	71.5	17.9	28.1	25.5	7712
2001	65.9	18.4	19.9	27.6	7111
2002	69.4	17.6	21.8	29.9	7472
2003	74.4	19.6	23.8	31.0	8053
2004	83.8	22.6	29.5	31.7	9076
2005	95.0	23.9	42.9	28.2	10317
2006	106.7	21.2	53.4	32.2	11569
2007	123.1	22.9	62.6	37.7	13277
2008	142.7	25.9	72.0	44.8	15340
2009	162.0	31.5	80.7	49.8	17254
2010	175.1	35.1	84.9	55.1	18476
2011	197.0	37.9	95.8	63.3	20736
2012	221.2	41.0	105.3	74.9	22360
2013	247.9	45.9	113.0	89.0	26122

第二节 产业结构比重

自1986年始，全县多次对经济结构进行调整，但主要是“抑长、补短”，矫正严重失衡的供求关系。进入20世纪90年代，安丘市认真总结经验教训，以市场为导向，确立“稳步发展第一产业、加快发展第二产业，快速膨胀第三产业”的总体调整思路。通过调整，三次产业比例出现与工业化一般规律相吻合的积极变化，第一产业在绝对额不断上升的同时，其相对份额持续下降。第二产业稳定增长，支撑作用日益显现。第三产业快速提高，逐步成为全市经济新的增长点。三次产业结构比例由1985年的52.7:28.4:19.0，调整为2013年的18.5:45.6:35.9。

1986年—1991年，第一产业增加值在地区生产总值的比重保持在45%以上。1992年后，第一产业中的比重总体呈下降趋势。2006年后，占比逐渐控制在18%～20%之间。

1986年，第二产业增加值在地区生产总值中的比重不足30%。20世纪90年代以后，第二产业开始发展，工业逐渐加强，二产比重不断提高。到1996年，占比达到41.7%；到2006年，二产占比50%。以后年份一直保持在45%～50%之间。

1986年—1990年，第三产业增加值在地区生产总值的比重在20%以下。进入20世纪90年代后，随着第三产业的发展，服务业开始逐渐繁荣，第三产业占比不断提高。从2012年起，第三产业占比逐年提高2个百分点以上。至2013年，第三产业占比达35.9%。

安丘市1985年—2013年三次产业比重结构表

表12-2

年份	第一产业（%）	第二产业（%）	第三产业（%）
1985	52.7	28.4	19.0
1986	54.2	27.6	18.2
1987	49.6	32.5	17.9
1988	47.7	33.1	19.1
1989	46.2	34.6	19.3
1990	45.8	34.0	20.1
1991	45.2	33.4	21.5
1992	43.2	32.9	23.9
1993	39.8	33.9	26.3
1994	34.0	38.9	27.2
1995	31.0	40.3	28.7
1996	29.1	41.7	29.2
1997	28.4	39.8	31.8
1998	27.0	37.8	35.2

续表 12—2

年份	第一产业(%)	第二产业(%)	第三产业(%)
1999	25.9	38.9	35.2
2000	25.0	39.3	35.7
2001	27.9	30.2	41.9
2002	25.4	31.4	43.2
2003	26.3	32.0	41.7
2004	26.9	35.2	37.8
2005	25.1	45.2	29.7
2006	19.9	50.0	30.1
2007	18.6	50.8	30.6
2008	18.2	50.5	31.4
2009	19.4	49.8	30.7
2010	20.0	48.5	31.5
2011	19.2	48.6	32.1
2012	18.5	47.6	33.9
2013	18.5	45.6	35.9

第三节　投资结构

1985年，安丘县全社会固定资产投资实现7752万元。其中，规模以上固定资产投资2514万元，基建投资990万元，更改投资1524万元，分别占全社会固定资产投资的32.4%、12.8%、19.7%。1986年—1995年，安丘市固定资产投资进入匀速发展阶段，均在10亿元以下。1996年，全社会固定资产投资，实际完成10.83亿元，其中规模以上固定资产投资完成41411万元。1998年—2005年，是安丘市投资发展较快的时期之一。固定资产投资规模由1998年的10.14亿元增长到2005年的92.72亿元，8年间增长9倍。2008年始，国内投资形式不断发展变化，社会投资统计指标频频发生变化，投资指标改为分行业统计。到2009年，全市固定资产投资总额突破百亿元大关，实际完成固定资产投资110.91亿元，是1996年的10.2倍，其中规模以上固定资产投资是1996年的26.8倍。2011年—2013年，全社会固定资产投资达5013771万元。其中，2013年，全社会固定资产投资实现190.71亿元，是1985年的246倍，是1996年的17.6倍。

安丘市1985年—2013年固定资产投资结构一览表

表12—3　　单位：万元

年份	全社会固定资产投资	规模以上固定资产投资	基建投资	更改投资额	房地产开发投资额
1985	7752	2514	990	1524	—
1986	10353	4132	1256	2689	—
1987	19347	5213	1563	3424	33
1988	28889	10290	4106	5675	105
1989	15122	3113	2070	596	113
1990	16937	6094	4290	1275	126
1991	24110	9892	5503	3565	250
1992	51230	30374	14021	13337	515
1993	67063	39756	7558	5376	385
1994	76462	33330	6812	6501	745
1995	85615	32038	5725	7016	1086
1996	108272	41411	22187	7357	740
1997	87756	22256	14340	6769	275
1998	101464	27430	17836	5792	1520
1999	119729	36632	21157	5683	7287

续表 12—3

2000	152416	54082	27228	13986	11950
2001	188012	69843	34599	17010	15328
2002	243406	98547	43922	27866	22984
2003	464971	396419	61408	70213	33839
2004	836837	781183	209706	510306	47865
2005	927192	876837	263051	200357	48805
2006	848808	823131	246939	188085	44564
2007	695674	692426	207728	158219	53313

年份	全社会固定资产投资	规模以上固定资产投资	高新技术产业投资	服务业投资	技改投资	文化产业投资	现代农业投资	公共服务业投资
2008	921215	921215	98333	329003	552992	112647	44303	112169
年份	全社会固定资产投资	规模以上固定资产投资	高新技术产业投资	服务业投资	文化产业投资	现代农业投资	生态建设投资	公共服务业投资
2009	1109107	1109107	205545	300070	208406	115582	113931	152397
年份	全社会固定资产投资	规模以上固定资产投资	先进制造业	现代服务业	文化产业（核心层）	现代农业	节能环保（生态）	公共服务业（民生）
2010	1370601	1364301	226825	139369	272163	124719	69900	232845
年份	全社会固定资产投资	高新技术产业	先进制造业	现代服务业	现代农业	文化产业	节能减排	惠民工程
2011	1455971	233047	362165	252751	93815	157960	155840	311692
年份	全社会固定资产投资	技改投资	高新技术产业	现代服务业	现代农业	文化产业	节能减排	惠民工程
2012	1650700	563300	—	338100	106400	317100	—	484200
2013	1907100	—	—	—	—	—	—	—

第二章　计划管理

第一节　机　构

1986 年，安丘县计划委员会（简称县计委）为正科级行政管理机构，内设办公室、综合计划组、物资基建组（1988 年分设为物资计划组、基建计划组）和废旧金属回收办公室。1991 年 12 月，县计委内设综合计划科、基建计划科、社会发展物资财经科、办公室 4 个职能科室。下设金属回收办公室、经济信息中心 2 个股级事业单位。1994 年 3 月，安丘县计划委员会更名为安丘市计划委员会（简称市计委）。是年 12 月，成立安丘市人民政府重大项目办公室，为正科级全额预算管理事业单位，挂靠市计委。1996 年 8 月，设立安丘市水利基本建设专项资金管理办公室，为全额拨款股级事业单位，隶属市计委。

2001年12月，安丘市计划委员会更名为安丘市发展计划局（简称市计划局）。同时，市物价局调至市计划局管理。按照全市机构改革方案，原市计委职能划出5项，分别移交至市经贸局、科技局、外经局、国土局、贸易局。新增加和划入招投标指导与协调、重大科技成果产业化组织安排、稀土产业发展规划拟定与实施3项职能。新转变3项，分别是一般性生产计划改为预测和指导性计划、建设项目由行政审批制改为登记备案制、对重大建设项目的监管改为稽查监督。根据职责调整，市计划局内设办公室、综合计划科、投资计划科、经贸社会计划科4个职能科室。辖市重大项目办公室，为正科级事业单位；市经济信息中心和市水利基本建设专项资金管理办公室，均为股级事业单位。

2005年4月，市计划局改组为市发展和改革局（简称市发改局）。是年7月，撤销市经济体制改革办公室，其职能和工作人员并入市发改局，增设体改科，行使原市体改办职能。

2007年4月，市发改局加挂安丘市信息产业局牌子。是年10月，成立安丘市服务业办公室，为市发改局所属副科级事业单位，全额预算管理。同时，撤销安丘市经济信息中心。市服务业办公室设立后，市发改局增加服务业的管理、组织、协调职能。

2008年7月，成立安丘市企业股份制改革办公室（简称市股改办），为正科级全额预算管理事业单位，隶属市发改局。同时，按照“撤一建一”的规定，撤销市水利基金管理办公室，人员划入市股改办。

2010年7月，市发改局加挂市物价局牌子，设办公室、综合计划科、投资项目科、社会发展科、物价业务科（挂法规科牌子）、成本调查科、物价检查所7个职能科室。市物价局局长由市发改局局长兼任，配备专职副局长1人。取消由国务院和省政府公布取消的行政审批事项，将信息产业管理职责交由市经信局承担，减少微观管理事务和具体审批事项，增加部分公用公益事业和城市基础设施价格及反价格垄断执法的职责。2011年2月，安丘市企业股份制改革办公室更名为安丘市经济体制改革办公室，其规格、性质、隶属关系不变。2013年，机构无变动。

第二节　计划编制与执行

1986年—2013年，安丘市计划分为年度计划、中长期计划和专项计划。

年度计划

计划编制　1986年—2013年，全市编制28个年度计划。其中，1986年—1994年的年度计划指标具体到品种，用表格、数字的形式，分配到乡镇、企业和单位。具体包括国民经济和社会发展主要计划指标、农业生产计划、工业生产和交通运输计划、主要商品收购和调拨计划、对外贸易发展和利用外资计划、固定资产投资计划、土地利用计划、环境保护计划、物资分配计划、资源节约和综合利用计划、教育事业计划、人口计划12部分。

1995年—1998年，编制计划仍然采用表格的形式，指令性计划很少甚至消失，工农业生产基本以控制总量为目标，对企业下达的生产计划改为针对生产效益的指导性计划。年度计划包括13部分，“生产”“调拨”等指令性计划词语不再出现。其中，主要商品收购和调拨计划、物资分配计划被取消，新增加房地产开发计划、防震减灾计划、商品流通计划。

1999年—2013年，指令性计划彻底退出，改用指导性计划和市场调节相结合的管理体制。编制的年度计划，除有总量目标控制的个别指标仍用表格形式下达到有关部门，所有计划都采用文字表述格式。其内容一般包括国民经济和社会发展、农村经济、工业交通、固定资产投资、资源节约和综合利用、环境保护和防震减灾、对外经济贸易和利用外资、主要商品流通、财政金融、科技发展和社会事业发展计划安排意见11部分。

计划实施　1986年—2001年，市委、市政府每年都召开计划会议，对乡镇、企业和有关部门下达年度计划指标，由乡镇和相关主管部门督促落实。2002年始，年度计划确定的发展目标，经市政府常务会议和市委常委会议研究确定后，直接提交到市人代会议审议。每年6月—7月份，计划部门组织人员深入到镇村、企业和相关部门，对上半年计划执行情况进行调研，写出书面报告，向人大常委会例行汇报上半年计划执行情况。年终，市计划部门协调有关部门，汇总全市全年计划完成情况，编制下年度计划预安排意见，经市政府常务会议、市委联席会议研究讨论后，提交市人民代表大会审议。

中长期计划由于实施时间跨度较长，受国家政策变动和具体实施措施影响较大，加之计划制定时存有过急过高的要求，致使某些中长期计划在实施过程中出现与计划目标不一致的现象。为及时纠正计划实施中的问题和不足，安丘市一般在中长期计划实施的中期，由计划部门组织相关部门人员或有关专家，对中长期计划的实施进行中期评估，根据评估结论，对相关发展目标进行修订。对新修订的中长期计划，经市政府常务会议研究讨论后，提交市人民代表大会或市人大常委会议审议。

安丘市1985年—2013年主要计划指标安排表

表12-4

年份	地区生产总值（当年价格）（亿元）	第一产业（亿元）	第二产业（亿元）	第三产业（亿元）	全社会固定资产投资（亿元）	城镇居民人均可支配收入（元）	农村人均纯收入（元）
1985	6.7	3.5	1.9	1.3	0.8	—	515
1986	7.9	4.3	2.2	1.4	1.0	—	530
1987	9.8	4.9	3.2	1.8	1.9	—	570
1988	11.2	5.4	3.7	2.2	2.9	—	650
1989	12.8	5.9	4.4	2.5	1.5	—	685
1990	14.0	6.4	4.8	2.8	1.7	—	750
1991	16.2	7.3	5.4	3.5	2.4	—	810
1992	20.2	8.7	6.6	4.8	5.1	—	950
1993	26.0	10.0	10.0	6.0	6.8	—	1180
1994	34.0	12.0	13.0	9.0	8.0	—	1700
1995	40.0	12.0	16.0	12.0	8.5	—	2250
1996	50.0	15.0	21.0	14.0	10.0	—	2900
1997	60.0	17.0	24.0	19.0	9.0	—	3100
1998	70.0	18.0	27.0	25.0	10.0	—	3400
1999	75.0	19.0	29.0	27.0	12.0	—	3500
2000	79.0	20.0	31.0	28.0	14.6	—	3600
2001	85.0	22.0	33.0	30.0	18.9	—	3700
2002	80.0	20.0	25.0	35.0	24.0	—	3500
2003	82.0	22.0	26.0	34.0	46.0	—	3480
2004	90.0	23.0	32.0	35.0	50.0	—	4000
2005	100.0	24.0	38.0	38.0	55.0	8000	4400
2006	112.0	24.0	48.0	40.0	65.0	7600	4700
2007	130.0	25.0	63.0	42.0	80.0	9000	5400
2008	155.0	26.0	79.0	50.0	85.0	10000	5560
2009	165.0	26.0	85.0	54.0	123.0	11200	6600
2010	180.0	28.0	95.0	57.0	130.0	12900	7260
2011	200.0	30.0	105.0	65.0	160.0	15000	8700
2012	225.0	35.0	115.0	75.0	175.0	18300	10800
2013	252.0	41.9	119.6	90.5	200.0	22500	12400

安丘市 1985 年—2013 年主要计划指标完成表

表 12—5

年度	地区生产总值（当年价格）（亿元）	第一产业（亿元）	第二产业（亿元）	第三产业（亿元）	全社会固定资产投资（亿元）	城镇居民人均可支配收入（元）	农村人均纯收入（元）
1985	6.7	3.5	1.9	1.3	0.8	—	515
1986	7.9	4.3	2.2	1.4	1.0	—	530
1987	9.8	4.9	3.2	1.8	1.9	—	567
1988	11.2	5.4	3.7	2.2	2.9	—	654
1989	12.8	5.9	4.4	2.5	1.5	—	685
1990	14.0	6.4	4.8	2.8	1.7	—	743
1991	16.2	7.3	5.4	3.5	2.4	—	816
1992	20.2	8.7	6.6	4.8	5.1	—	942
1993	25.6	10.2	8.7	6.7	6.7	—	1177
1994	33.2	11.3	12.9	9.0	7.6	—	1701
1995	39.7	12.3	16.0	11.4	8.6	—	2261
1996	48.2	14.0	20.1	14.1	10.8	—	2912
1997	56.4	16.0	22.4	18.0	8.8	—	3100
1998	64.3	17.4	24.3	22.6	10.1	—	3338
1999	67.4	17.5	26.2	23.7	12.0	—	3460
2000	71.5	17.9	28.1	25.5	15.2	—	3550
2001	65.9	18.4	19.9	27.6	18.8	—	3650
2002	69.4	17.6	21.8	29.9	24.3	—	3310
2003	74.4	19.6	23.8	31.0	46.5	—	3658
2004	83.8	22.6	29.5	31.7	47.2	—	4124
2005	95.0	23.9	42.9	28.2	50.7	7183	4584
2006	106.7	21.2	53.4	32.2	57.9	7583	4651
2007	123.1	22.9	62.6	37.7	69.6	8949	5409
2008	142.7	25.9	72.0	44.8	92.1	10251	6026
2009	162.0	31.5	80.7	49.8	110.9	11710	6624
2010	175.1	35.1	84.9	55.1	137.1	13420	7803
2011	197.0	37.9	95.8	63.3	145.6	15930	9450
2012	221.2	41.0	105.3	74.9	165.1	19589	10773
2013	247.9	45.9	113.0	89.0	190.7	23567	12131

中长期计划

第七个五年计划（1986—1990） 1986 年 5 月，《安丘县国民经济“七五”规划（1986—1990）》经安丘县第十届人民代表大会第三次会议原则批准并开始实施。规划分第七个五年计划目标和涉及全县经济社会事业发展的 30 个专题计划。1987 年 7 月，编制《安丘县（1986—2000）国土综合规划》，该规划共九章。1987 年 11 月，县计委与县农村能源办公室共同编制完成《安丘县农村能源规划（1985—2000）》，该规划共五章。1989 年，在《安丘县（1986—2000）国土综合规划》基础上，编制完成《安丘县（1986—2000）山区专题国土规划》。在编制“七五”规划的同时，县计委组织人员编制《食品工业发展规划》《塑料工业发展规划》《造纸工业发展规划》《机械工业发展规划》《化学工业发展规划》《建材工业发展规划》《饲料工业发展规划》《能源利用与节约规划》等8个专题规划。“七五”时期，制定的各项规划目标均完成或超额完成。

第八个五年计划（1991—1995）1991年3月，安丘县第十二届人民代表大会第二次会议审议通过《安丘县国民经济和社会发展第八个五年计划及十年规划纲要》。规划分国民经济和社会发展的基础条件、指导思想与奋斗目标、农业、工业、财贸、科教文卫等社会事业、城乡建设与人民生活、固定资产投资、精神文明建设等九部分。“八五”期间，全市新建的市安峰陶瓷公司、帘帆布厂、棉纺厂等企业先后投产，拉动全市经济的快速增长，“八五”计划的主要目标如国内生产总值、工业经济效益指标等在1992年或1993年提前实现。

第九个五年计划（1996—2000）1996年3月，安丘市第十三届人民代表大会第四次会议审议通过《安丘市国民经济和社会发展第九个五年计划及2010年远景目标纲要》。1996年—1998年，全市开征水利基本建设专项资金，连续三年编制下达《安丘市水利基本建设专项资金征收计划》，主要用于农村水利基本建设。2000年，全市国内生产总值71.5亿元，按可比价格计算比1995年增长80.9%，年均增长12.6%。其中，一、二、三产业增加值分别17.9亿元、28.1亿元、25.5亿元。人均国内生产总值7197元，按可比价格计算比1995年增长77.6%，年均增长12.2%；城乡居民储蓄余额30.2亿元，比1995年增长115%，年均增长16.2%；社会消费品零售总额28.57亿元，比1995年增长57.3%，年均增长9.5%。全市农村经济总收入240亿元，比1995年增长55.4%，年均增长9.2%，农民人均纯收入3550元，比1995年增长57%，年均增长9.4%。全市财政总收入5.56亿元，比1995年增长132%,年均增长18.3%。其中地方财政收入3.36亿元，比1995年增长209%，年均增长25.3%。

第十个五年计划（2001—2005）2001年3月，《安丘市国民经济和社会发展第十个五年计划纲要》经市第十四届人民代表大会第四次会议审议通过。主要目标为：到2005年，国内生产总值135亿元，按可比价格计算年均增长11.3%。其中，一、二、三产业增加值分别增长5.1%、12.2%和14.6%，三次产业结构比例调整为20.7:40:39.3。全市财政总收入8.2亿元,年均增长8.1%,市级财政收入5亿元,年均增长8.3%；农村经济总收入350亿元，年均增长7.8%；社会消费品零售总额43亿元，年均增长8.5%；固定资产投资五年完成100亿元，平均每年20亿元，年均增长12%。到2005年，城镇居民人均可支配收入8000元，人均居住面积14平方米以上；农村居民人均纯收入4400元，年均增长7.1%，人均居住面积25平方米以上。

2005年，全市实现地区生产总值95亿元，比“九五”末年均增长5.8%,人均国内生产总值1万元；地方财政收入2.95亿元（取消农业税影响）。经济结构不断优化，三次产业结构比例由“九五”末的32:28.5:39.5调整为27:44.7:28.3，其中第二产业增加值占地区生产总值的比重，比“九五”末提高16.2个百分点。规模以上工业企业发展到346家，实现销售收入136.6亿元，利税10.6亿元，分别比“九五”末增长191.8%和142.3%。

第十一个五年规划（2006—2010） 2006年4月，《安丘市国民经济和社会发展第十一个五年规划纲要》经市第十五届人民代表大会第四次会议审议通过。规划到2010年，地区生产总值翻一番以上，达260亿元，年均增长20%。地方财政收入10亿元，年均增长27%。固定资产投资五年累计650亿元，年均130亿元。一、二、三产业比例调整为17:54:29。限额以上工业实现增加值115亿元，销售收入480亿元，利税37亿元，年均分别增长30%；服务业增加值75亿元，年均增长20%；社会消费品总额90亿元，年均增长15%。城镇居民人均可支配收入1.29万元，年均增长15%；农民人均纯收入7260元，年均增长10%。

2010年，全市地区生产总值175.1亿元，是“十五”末的1.84倍，年均增长13%；人均国内生产总值1.85万元，是“十五”末的1.8倍，年均增长12.4%。地方财政收入6.05亿元，是“十五”末的2.05倍，年均增长15.5%。全社会消费品零售总额89亿元，是“十五”末的2.04倍，年均增长15.3%。全社会固定资产投资五年累计502.4亿元，年均突破一百亿元。至2010年底，全市金融机构各项存款余额169.3亿元，城乡居民人均储蓄余额13709元,分别是“十五”末的2.41倍和2.36倍。实施一批重大产业和基础设施项目，完成投资过千万元项目540个，其中过亿元项目78个，为经济持续快速发展积蓄强大后劲。通过优化一产、提高二产、发展三产，三次产业结构比例由“十五”

末的 25.1:45.2:29.7 调整至 20:48.5:31.5。

第十二个五年规划（2011—2015）　2011 年 1 月，《安丘市国民经济和社会发展第十二个五年规划纲要》经市第十六届人民代表大会第四次会议审议通过，提出的发展目标是：地区生产总值年均增长 15%，2015 年将达 360 亿元。三次产业比例调整为 10:50:40。地方财政收入年均增长 16.5%，2015 年将达 13 亿元。规模以上固定资产计划投资五年累计 1000 亿元，年均 200 亿元；规模以上工业主营业务收入和利税年均分别增长 20% 和 18%，2015 年将分别达 700 亿元和 46 亿元；服务业增加值年均增长 21%，2015 年将达 144 亿元；社会消费品零售总额年均增长 22%，2015 年将达到 240 亿元。2015 年科技进步贡献率达 65% 以上。城镇居民人均可支配收入将达 2.66 万元，年均增长 15%；农民人均纯收入将达 1.545 万元，年均增长 15%；人均期望寿命达 76 岁以上，人口自然增长率将控制在 6‰ 以下。

专项规划

1986 年—2013 年，全市先后下达农业种植品种生产、棉纺企业配额、大中专毕业学生分配、救灾物资分配、“农转非”和山东省地方城镇居民户口、煤电油等重要物资专项分配、水利基本建设专项资金征收计划等有关专项计划，各专项计划实施期限不同，但均不超过 5 年。1987 年和 1989 年，县计委分别编制完成《安丘县（1986—2000）国土综合规划》和《安丘县（1986—2000）山区专题国土规划》。2012 年—2014 年，安丘市先后聘请专业机构编制《安丘市城市总体规划（2013—2030）》《安丘市乡村旅游发展总体规划》和《安丘市服务业发展规划（2014—2020）》。

第三节　项目申报审批管理

安丘市项目审批管理工作由市计划委员会（市发展计划局、市发展和改革局）负责，主要筛查申报项目是否符合国家相关政策，并依据规定权限对符合国家产业政策的固定资产投资项目、外资项目和境外投资项目进行审批、核准、备案及审核、转报工作。市环保、国土、规划、经信等部门负责办理项目的环评审批、土地证明、城市规划、节能审查等相关手续。

20 世纪 80 年代始，安丘县为适应从计划经济体制向市场经济体制的转变，县政府从直接计划管理转向间接管理，将原来单一的集中计划形式改为实行指令性计划、指导性计划和市场调节等三种形式，并缩小指令性计划范围，扩大指导性计划和市场调控范围。这种转变将政府管理和市场调节适度地结合起来，充分发挥这两种手段的优势和长处。政府主抓全市国民经济和社会发展战略、中长期规划和年度计划的制定及组织实施；安排市级财政投资的基本建设资金和投资计划；管理和安排省基本建设基金下达的计划；指导和监督国外贷款建设资金的使用；指导和监督政策性贷款的使用方向，引导民间投资方向；研究并提出全市利用外资及境外投资的战略、规划、总量平衡和结构优化的目标、政策等。市场则发挥其对各种经济信号反应灵敏的优点，促进生产和需求及时调整，组织完善生活、生产资料和资金、人才、劳动力、信息等综合因素，促进经济的发育和市场的公平竞争。计划调控向为企业、市场运行服务倾斜，并与经济手段相结合，推进全市经济健康发展。

2004 年始，安丘市依据《国务院关于投资体制改革的决定》《国家产业结构调整指导目录》《国家产业结构调整指导目录（2013 年修订本）》以及省、潍坊市的相关文件要求，投资体制改革进一步深入。对于企业投资的管理，市政府遵循“谁投资、谁决策、谁受益、谁承担风险”的原则，将投资自主权归还企业，逐步建立起统一开放、竞争有序的市场体系。不同于以往一律按投资规模大小由各级政府及部门审批管理，投资项目立项审批采用审批制、核准制和备案制三种方式。对于政府出资的投资项目，实行审批制；对于企业不使用政府投资建设的项目，区别不同情况实行核准制和备案制。其中，政府依据国务院颁布的《政府核准的投资项目目录》，仅对重大项目和限制类项目从维护社会公共利益角度进行核准，其他项目无论规模大小，均改为备案制。2002 年—2013 年，全市审批、核准、备案项目 1318 个。

第三章 土地管理

第一节 机 构

20世纪80年代初，安丘县土地管理工作由县土地管理委员会和县农业局土地管理股负责。1988年7月，成立安丘县土地管理局，为正科级行政单位。是年6月，设立安丘县土地管理局勘察规划站，为股级事业单位。11月，设立安丘县土地管理局执法大队，为股级事业单位。同时，局内设立监督检查股、地籍管理股。1992年4月，设立安丘县土地开发服务公司，为股级事业单位，实行企业化管理，隶属县土地管理局领导。时，县土地管理局内设政工、地籍、建设用地、农房、监察5个股，勘测规划站、电教站和执法大队3个事业单位，下辖32个乡镇土地管理所。

1993年12月，县土地管理局、矿产资源管理局合并，组建安丘县规划国土矿产局。县矿山公司划归县规划国土矿产局，撤销执法大队、勘测规划站。县规划国土矿产局内设办公室、用地科、监察科、矿产资源管理科4个科室，下辖县土地开发服务公司和县矿山公司2个事业单位。

1994年12月，设立安丘市土地勘测规划站，同时对外挂安丘市土地评估交易所牌子，为股级全民事业单位。

1997年1月，安丘市规划国土矿产局更名为安丘市规划国土局，仍为正科级行政单位，不再行使地矿管理职能。内设办公室、用地科、检查科、地籍科4个科室，下设土地勘测规划站、土地开发公司2个股级事业单位。是年7月，为进一步理顺上下之间业务关系，设立安丘市土地评估交易所，为股级全民事业单位。同时撤销安丘市土地开发服务公司。10月，成立安丘市城乡规划管理处，为副科级全民事业单位，隶属市规划国土局，将城乡规划职能由原市建设委员会划归市规划国土局；在市规划国土局内部设城乡规划科，与市城乡规划管理处实行科、处合一，以处为主；同时设立安丘市城乡勘察测绘规划设计院，为股级企业化管理事业单位。

2000年10月，设立安丘市土地储备中心，为市规划国土局所属股级事业单位，与安丘市土地评估交易所合署办公。

2002年2月，安丘市规划国土局更名为安丘市规划与国土资源局，行使原市地质矿产局的行政管理职能、原市建设委员会的城市规划管理职能、原市计划委员会制定国土规划和土地利用总体规划有关职能。内设办公室、用地科、监察科和地籍科4个科室。下设市地质矿产资源办公室，为正科级全额拨款事业单位；原市建设委员会所属的城乡规划管理处更名为城市规划管理处，整建制移交给市规划与国土资源局；同时，在全市各镇街道设立国土资源所，实行双重领导，由镇街道领导为主改为市规划与国土资源局领导为主，为自收自支事业单位。

2003年3月，将与市土地评估交易所合署的市土地储备中心单独设置，升格为副科级自收自支事业单位，隶属市规划与国土资源局；设立市规划与国土资源执法大队，为副科级全额拨款事业单位；将市地质矿产资源办公室更名为市地质矿产资源开发中心；在局内部增设地质矿产资源管理科。是年6月—7月，市规划与国土资源局内新设耕地保护、土地利用、财务3个科室，撤销用地科。

2005年6月，安丘市规划与国土资源局更名为安丘市国土资源局，内设办公室、组织人事科、财务审计科、耕地保护科、土地利用科、地籍管理科、测绘管理科、地质矿产管理科8个职能科室，辖23个镇街道国土资源所。市规划与国土资源执法大队更名为市国土资源执法监察大队；市土地储备中心和23个镇街道国土资源所改为全额预算管理事业单位；成立市土地开发整理中心，为副科级全额预算管理事业单位；市城市规划管理处整建制划转到市规划局。是年9月，成立安丘市国土资源局开发区分局，为副科级全额预算管理事业单位，同时撤销刘家尧国土资源所，其职能由开发区分局承担。

2007年5月，成立安丘市国土资源局景芝、赵戈、王家庄3个国土资源分局，为市国土资源局派出机构，副科级全额拨款事业单位，同时撤销景芝、赵戈、王家庄3个国土资源所，其在编人员划转到相应的分局。是年8月，注销安丘市评估交易所事业单位性质，与原行政主管部门脱钩。

2008年9月，市土地储备中心规格调整为正科级，其职能、性质、隶属关系不变；撤销安丘市国土资源局兴安、凌河等13个国土资源所，设立安丘市国土资源局兴安、凌河、辉渠、官庄、石埠子5个分局，规格为副科级，单位性质不变；设立安丘市国土资源局大汶河国土所，规格、性质与其他国土资源所相同。调整后，全市设7个分局、6个国土资源所。

2010年7月，安丘市国土资源局职能调整，取消由国务院和省政府公布取消的行政审批事项，将科技成果转化具体实施的职责交给事业单位和社会中介组织，其他不变。时，内设办公室（挂督查室牌子）、组织人事科、财务审计科、耕地保护科（挂规划科、征地管理科牌子）、地籍管理科、土地利用科（挂集体土地管理科牌子）、地质矿产开发管理科（挂地质环境与勘查储量科牌子）、测绘管理科8个科室。2012年12月，设立安丘市国土资源局新安国土资源所，为国土资源局所属股级财政拨款事业单位。至2013年，机构无变动。

第二节　地权管理

土地确权

1987年10月，安丘县启动以土地面积、分布、权属及利用等土地资源情况为主要内容的首次土地资源详查。1988年，对城镇土地进行申报登记，共申报14584宗，面积34404.3亩。1989年5月，在全县土地资源调查县级汇总期间，进行第一次土地变更调查和变更登记、统计工作。对各类土地面积的变化进行增减，对土地权属的变动予以确认。同时，在土地资源外业调查工作全面结束的基础上，建立土地变更调查和变更登记、统计制度。1990年起，每年对县内新发生的地类、权属变化情况进行一次调查、登记、统计工作，保持土地利用状况和权属变化的现实性、公正性、连续性、可靠性。是年，土地资源详查工作结束，绘制形成行政村级地籍图、土地权属界限图等成果资料，并开展土地初始登记、土地统计工作，建起地籍档案。至1991年底，从土地利用现状分类情况看，全县有耕地1699673亩，人均1.57亩，园林用地394763亩，村宅工矿用地272574亩，交通用地87529亩，水域255976亩，荒裸地309517亩。从土地权属看，全县有全民土地207903亩，集体土地2812127亩。1992年，完成城镇和集体土地所有权调查，登记发证24.7万本。1993年，开展城区地籍调查工作，完成下小路、央赣路、烟汕路、尚庄水库、上株梧水库、于家河水库的确权发证。

1995年，市政府制定《安丘市城镇日常地籍管理办法》《安丘市城镇日常地籍管理工作方案》和《安丘市农村日常地籍管理工作方案》，全市地籍管理工作有较为规范的制度遵循。1997年，市政府办公室下发《关于搞好土地证书年检和启用换发新版土地证书的通知》，对土地证书发放作出详细规定，证书发放工作逐步走上规范化轨道。1998年，开展全市建制镇地籍测量工作，加强地籍档案管理，安丘市地籍档案管理达到省二级水平。1999年，市规划国土局结合土地证书年检，集中开展全市“国有土地使用证”“集体土地使用证”换发、补发工作，搞好土地变更调查，推进农村土地利用现状图的数字化。是年，全部建立起地籍信息系统和软件选用配置。2002年，发放房改房用地登记证12453宗，及时完成当年土地变更调查和耕地后备资源调查评价，建立土地利用现状库，所有地籍图实现座标化和微机出图。2004年—2005年，完成全市土地利用基础图件与数据库更新工作。2007年，土地利用现状更新调查成果通过国土资源部验收，基本完成城镇地籍变更调查城区数据库建设和镇区控制测量、权属调查，完成第二次土地调查准备工作。2009年，市国土资源局对全市土地利用现状、基本农田、耕地后备资源进行调查，建成安丘市集影像、土地利用、基本农田、耕地后备资源、土地权属争议为一体的1:100000土地利用数据库及各专题数据库。2012年，根据国土资源部、省及潍坊市要求，全面开展并完成农村集体土地确权登记发证和宗地统一编码，该项成果获2013年度山东省国土资源厅科技进步一等奖。2013年10月，全面完成第二次土地调查、村庄地籍调查的权属调查工作。

城区土地定级评估

1995年10月—1996年5月，安丘市根据《城镇土地定级规程》和《城镇土地估价规程》，对城区面积29.76平方公里范围内各类土地进行定级估价，细分商业、住宅、工业三种用途四个级别，并测算确定基准地价。

安丘市1996年城区各级别土地基准地价表

表12—6 单位：元／平方米

级别	商业	住宅	工业
一级	720	300	280
二级	540	260	200
三级	375	185	150
四级	330	150	130

2003年3月，调整城区土地级别与基准地价，调整后城区基准地价分商业、住宅、工业、综合用地四种用途，仍分四级，面积约51平方公里。

安丘市2003年城镇基准地价表

表12—7 单位：元／平方米

级别	商业	住宅	工业	综合用地
一级	660	380	320	540
二级	450	290	250	330
三级	320	230	190	260
四级	180	140	115	150

2007年10月，第三次调整城区地价，分商业、住宅、工业三种用途，四个级别，定级面积82.25平方公里。

安丘市2007年城区各级别土地基准地价表

表12—8 单位：元／平方米

级别	商业	住宅	工业
一级	900	570	380
二级	750	435	300
三级	520	345	225
四级	300	245	180

安丘市2007年城区各级别土地范围 一级地：北至长安路，南至和平路，东至昌安路，西至华安路。二级地：北至莲花山路，南至市供电公司城关供电所、东小关居委会，东至青云山大门，西至气象局、安阳路、汶水南路。三级地：北至青龙湖西路，南至百成工贸有限公司，东至董王封村、青云山，西至黄十里村、西外环路。四级地：城区内除一级至三级地范围以外的区域。

2010年12月，第四次调整地价，仍分三种用途，四个级别，定级面积76.06平方公里。首次对商业、住宅、工业用地分别确定级别范围。

安丘市2010年城区土地基准地价表

表12—9 单位：元／平方米

级别	商业	住宅	工业
一级	975	675	410
二级	825	525	340
三级	675	420	240
四级	375	300	180

安丘市2010年城区商业用地级别范围 一级：东至昌安路，西至华安路，南至和平路，北至长安路。二级：东至顺安路，西至华安路以西300米，南至南苑路，北至黄山东街。三级：东至青云山景区，西至央赣路（西外环路），南至双丰大道，北至青龙湖路。四级：城市规划区内除一级至三级地范围以外的区域。

安丘市2010年城区住宅用地级别范围 一级：东至昌安路，西至华安路，南至和平路，北至长安路。二级：东至顺安路，西至华安路以西300米，南至南苑路，北至莲花山东路。三级：东至青云山景区，西至央赣路（西外环路），南至双丰大道，北至黄山西街、黄山东街。四级：城市规划区内除一级至三级地范围以外的区域。

安丘市2010年城区工业用地级别范围 一级：东至昌安路，西至华安路，南至和平路，北至长安路。二级：东至顺安路，西至华安路以西300米，南至南苑路，北至莲花山东路。三级：东至青云山景区，西至央赣路（西外环路），南至双丰大道，北至青龙湖路。四级：城市规划区内除一级至三级地范围以外的区域。

2013年3月始，安丘市第五次对城镇基准地价进行调整更新。是年12月，安丘市城镇基准地价更新成果通过省国土资源厅验收，城镇基准地价分为商业、住宅、工业三种用途，六个级别，面积1760平方公里。

安丘市2013年城镇基准地价表

表12—10　　　　单位：元／平方米

级别	商业	住宅	工业
一级	1105	750	445
二级	896	615	375
三级	735	502	280
四级	550	410	210
五级	450	345	195
六级	375	300	180

安丘市2013年城区商业用地级别范围　一级：东至昌安路，西至华安路，南至和平路，北至长安路。二级：东至下小路、青云山西路，西至新安南路、央赣路，南至南苑路，北至黄山东街。三级：东至墨溪河、青云山以东，西至央赣路，南至双丰大道，北至青龙湖西路、青龙湖东路。四级：城区范围内除一、二、三级地以外的区域。

安丘市2013年城区住宅用地级别范围　一级：东至昌安路，西至华安路，南至和平路，北至长安路。二级：东至下小路、青云山西路，西至新安南路、西三里庄村路，南至南苑路，北至莲花山东路。三级：东至青云山东、西许戈村，西至潍徐路、央赣路，南至双丰大道，北至黄山西街、泰山东街。四级：城区范围内除一、二、三级地以外的区域。

安丘市2013年城区工业用地级别范围　一级：东至昌安路，西至华安路，南至和平路，北至长安路。二级：东至下小路、墨溪河、青云山西路、潍徐南路，西至汶水南路、潍徐路、央赣路，南至南苑路，北至黄山西街、黄山东街。三级：东至青云山以东、西许戈庄，西至珠江路、央赣路，南至凯特路，北至青龙湖东路。四级：城区范围内除一、二、三级地以外的区域。

安丘市2013年各镇综合用地级别范围说明表

表12—11

单位	土地级别	范围
景芝镇	四级	镇域内除五级地外的其他土地
	五级	主要分布在镇西部及西南部，包括宅科村、前王庄村、中王庄村、后王庄村等25个村
凌河镇	四级	东：规划涝洼东路；西：规划南山路；南：规划刘家庄路；北：规划北环路
	五级	东：规划东环路、孔家小戈村；西：儒辉路；南：规划南环路；北：规划北环路。原慈埠镇驻地及原红沙沟镇驻地
	六级	镇域内除四级、五级地外的其他土地
辉渠镇	五级	东：规划吉山路；西：同歌尧水库及原雹泉镇驻地；南：规划杏山路；北：规划工业园区二路
	六级	镇域内除五级地外的其他土地
石埠子镇	五级	东：石城路以东300米；西：恒泰木业；南：工贸街；北：兴石大道
	六级	镇域内除五级地外的其他土地
大盛镇	五级	东：青柘路以东500米；西：小官庄村、韩家庄村；南：下小路以南500米；北：后大盛村北、盛河路以北200米
	六级	镇域内除五级地外的其他土地
郚山镇	五级	东：贾孟村、滨河路；西：揽月广场及原南逯镇驻地；南：镇中心学校；北：石河村、规划新区路
	六级	镇域内除五级地外的其他土地
石堆镇	四级	石堆镇已划入城市规划范围，参照四级地执行
柘山镇	五级	东：建设路、圣水河；西：古庙河；南：金水谷；北：张家宅路

续表 12—11

单 位	土地级别	范 围
柘山镇	六级	镇域内除五级地外的其他土地
官庄镇	四级	东：农贸市场；西：华麟面粉厂；南：小泉路；北：南阳河。原管公镇驻地现坡楼村、小管公村等村
	五级	东：丁家庄村；西：小管公村；南：陆家庄子村；北：坡庄村
	六级	镇域内除四级、五级地外的其他土地
金冢子镇	四级	主要集中在镇北部，城区规划南外环两侧
	五级	分布在镇区中部，主要为镇驻地及周围 3 公里内的村庄
	六级	镇域内除四级、五级地外的其他土地

第三节 土地利用总体规划

1988 年—2013 年，安丘市共实施三轮《土地利用总体规划》。

1988 年—1991 年，安丘县在对全县土地资源开展全面调查的基础上，于 1991 年编制完成第一轮《安丘县土地利用总体规划》。1992 年底，通过潍坊市政府审批，安丘县政府按规划组织实施。1993 年 10 月，该规划获山东省科学技术进步三等奖。1994 年，安丘市启动第二轮土地利用总体规划编制工作。是年 12 月，编制完成《安丘市土地利用总体规划（1996—2010）》文本及说明和安丘市土地利用总体规划图，通过潍坊市国土资源局组织的专家评审。1995 年 4 月，经潍坊市政府批复实施，实施年限为 15 年。该规划土地总面积 201335.3 公顷，耕地和基本农田保护目标 111494.5 公顷，补充耕地 1300 公顷。全市耕地减少量控制在 900 公顷。其中，建设占用耕地控制在 667 公顷，中心城区土地到 2010 年将新增加建设用地 1595.6 公顷，规划区外的独立工矿用地增加 20 公顷。

2006 年 6 月，安丘市启动第三轮土地利用总体规划修编工作。2010 年 4 月，修编完成《安丘市土地利用总体规划（2006—2020）》，通过山东省国土资源厅组织的专家审查，并获山东省人民政府审批。是年 6 月，潍坊市政府对景芝、凌河等 10 个镇的土地利用总体规划（2006—2020）进行批复。本轮规划土地总面积为 171160.15 公顷；农用地为 134937.35 公顷，其中耕地面积为 95174.27 公顷；全市建设用地总量控制在 24129.6 公顷，新增建设用地规模控制在 984.54 公顷。中心城区土地利用规模控制在 5504.8 公顷。允许建设区规划期内总面积 16759.69 公顷。其中，城镇建设用地 4241.49 公顷，采矿用地 340.65 公顷，其他独立建设用地 633.28 公顷，农村居民点 11544.27 公顷。

2011 年底，潍坊市部署土地利用总体规划修编与二次调查成果衔接完善及规划数据库建设等工作。安丘市在第三轮规划的基础上修订完成《安丘市土地利用总体规划修编与二次调查成果衔接完善及规划数据库成果》。2012 年 7 月，通过潍坊市国土资源局专家组的审查。是年 10 月，获山东省政府批复，安丘市政府组织实施。规划确定至 2020 年，全市耕地保有量保持在 95174.3 公顷，基本农田保护面积 90380 公顷，建设用地总规模控制在 23743.3 公顷。

第四节 耕地保护

基本农田保护

1988 年安丘县土地管理局成立后，设立土地勘测规划站，负责县城范围内耕地保护工作。1990 年，县政府确定在全县范围内实行基本农田保护区管理制度。是年，全县以乡镇为单位划出 32 个农田保护区，划定基本农田保护面积 146.95 万亩。1995 年，编制市级和乡镇级土地利用总体规划、基本农田保护区规划，全市逐级建立农田保护责任制，市、乡、村层层签订基本农田保护责任书。共划定基本农田保护区 32 个、1440 个保护片、6842 个保护块。按照条件优劣和产量高低，把基本农田划定为一、二、三等，根据《安丘市土地利用总体规划（1996—2010）》，将基本农田保护指标分解到各乡镇严格进行保护。

安丘市 1996 年—2010 年基本农田保护责任目标分解表

表 12－12　单位：公顷

单位名称	基本农田指标	单位名称	基本农田指标
安丘镇	1950.56	关王乡	2507.66
黄旗堡镇	3695.82	王家庄镇	2342.89
景芝镇	6349.99	石埠子镇	1353.07
南流镇	5420.41	临浯镇	3253.54
凌河镇	3461.45	宋官疃镇	3592.01
官庄镇	4365.12	金冢子乡	4704.03
雹泉镇	2491.33	白芬子镇	4276.86
红沙沟镇	1686.95	管公镇	2243.34
大盛镇	3676.83	辉渠乡	2005.03
庵上镇	2856.49	夏坡乡	1128.62
贾戈镇	2595.03	温泉乡	1330.28
石堆镇	3899.77	召忽镇	1440.27
赵戈镇	2456.40	柘山镇	1413.01
担山镇	2771.16	车庄乡	1171.13
刘家尧镇	3998.79	郚山乡	2555.65
慈埠镇	2407.63	南逯乡	1351.89

1997 年，市政府先后出台《基本农田领导责任制度》《占用基本农田审批许可证制度》《耕地造地费征收使用管理制度》《基本农田占补平衡制度》《基本农田保护监督检查和动态检测制度》五项基本农田保护制度，标志全市基本农田保护工作纳入依法统一管理轨道。2003 年，市政府对 1997 年制定的五项基本农田保护制度进一步修订，全市基本农田保护工作的法制化、制度化、规范化程度迈上新台阶。是年，市规划与国土资源局设立耕地保护科，负责落实国家耕地保护政策。2006 年，全市确立推进土地节约集约方针，加强耕地保护，严守耕地红线。2007 年，结合全市耕地保护现状，制定出台《安丘市基本农田保护制度》，进一步巩固和提升基本农田建设成果。2010 年，制定《安丘市耕地保护责任目标考核办法》，建立耕地保护目标责任制。2011 年，安丘市成立基本农田调整划定领导小组，对全市基本农田进行重新调整划定。根据各镇街区耕地资源数量和质量状况，在《安丘市土地利用总体规划（2006—2020）》确定基本农田保护面积 90380 公顷的基础上，增划 141.26 公顷，增加基本农田的稳定性。全市划定基本农田保护区 12 个、4163 个保护片，面积 90521.26 公顷。划定后，将基本农田保护指标分解到各镇街区，落实责任到村到户，市、乡、村层层签订《基本农田保护责任书》。设置大型基本农田保护标志牌 12 块，基本农田保护宣传牌 210 块、一级界桩 410 块、二级界桩 1100 余块。是年，市政府规划实施每年 12 万亩高标准基本农田建设工程。至 2013 年，全市连续三年完成高标准基本农田建设 36 万亩。

安丘市 2006 年—2020 年基本农田保护责任目标分解表

表 12－13　单位：公顷

行政区	基本农田面积		
	实际划定面积	其中	
		规划保护面积	多划定基本农田
新安街道	8728.50	8722.32	6.18

续表 12-13

行政区	基本农田面积		
	实际划定面积	其中	
		规划保护面积	多划定基本农田
兴安街道	6588.09	6588.09	0.00
凌河镇	9114.46	9114.46	0.00
大盛镇	4737.88	4737.88	0.00
郚山镇	4858.95	4858.95	0.00
柘山镇	6418.51	6418.51	0.00
辉渠镇	10010.70	9957.86	52.84
石埠子镇	7312.62	7312.62	0.00
官庄镇	8876.09	8876.09	0.00
金冢子镇	5634.59	5571.09	63.50
景芝镇	13935.01	13935.01	0.00
石堆镇	4305.86	4287.12	18.74

土地开发整理复垦

1999年始，安丘市实施土地开发整理复垦工作，至2004年，验收土地开发整理复垦项目24个，建设总规模5.6万亩，实现新增耕地3.1万亩。其间，所立项实施的项目以开发和复垦为主，新增耕地主要用于建设占用耕地补充耕地，项目投资较少，规模较小，大多为单图斑，基本未对水利、道路等基础设施进行配套建设。2004年后，安丘市立足耕地后备资源丰富的特点，以提高耕地质量，增加有效耕地面积，改善农村生产生活条件为目标，争取国家、省、市等不同层级的土地整理项目25个。其中，国家级重点项目4个、省级项目2个、潍坊市级重点项目15个、县级项目4个，项目建设总规模达20.6万亩，新增耕地2.3万亩。项目实施过程中，扎实做好项目立项、实施、监管、验收等系列工作，加大在水利、电力、道路等基础设施配套建设方面投入，土地肥力得到有效提高，土地整理复垦工作成效显著。2013年，新承担高标准基本农田建设项目8000亩竣工。

安丘市1999年—2013年土地整理复垦开发项目明细表

表 12-14

序号	项目名称	建设规模（公顷）	增加耕地面积		验收时间	级别
			公顷	亩		
1	景芝镇万家庄村土地复垦项目	3.7333	3.7333	55.9995	1999-11-3	县级
2	赵戈镇、凌河镇、贾戈镇土地开发整理复垦项目	16.842	8.77	131.55	1999-11-25	县级
3	凌河等乡镇土地开发整理项目	42.51	16.27	244.05	2000-3-21	县级
4	金冢子等五镇土地开发复垦整理项目	34.75	27.05	405.75	2000-8-29	县级
5	白芬子等镇土地开发整理复垦项目	173.12	125.72	1885.8	2000-12-20	县级
6	赵戈等镇土地开发复垦整理项目	99.36	88.53	1327.95	2001-8-3	县级
7	关王等镇土地开发复垦整理项目	168.80	102.76	1541.4	2001-11-26	县级
8	夏坡、徐家沟等村未利用地开发项目	119.44	84.52	1267.8	2002-6-11	县级
9	西韩吉、大店等村工矿用地复垦项目	40.63	37.15	557.25	2002-6-11	县级
10	凌河、西王宋等村沙地、道路用地复垦整理项目	32.19	27.29	409.35	2002-6-11	县级

续表 12—14

序号	项目名称	建设规模（公顷）	增加耕地面积		验收时间	级别
			公顷	亩		
11	滕家庄子、高家庄子等村土地开发复垦整理项目	178.42	116.08	1741.2	2002-11-25	县级
12	金线、韩家王封等村土地开发复垦整理项目	234.71	160.93	2413.95	2002-11-25	县级
13	浯河流域土地开发项目	127.93	78.04	1170.6	2003-10-29	省级
14	留山流域土地整理项目	78.49	28.36	425.4	2003-10-29	市级
15	葛家滩等村土地开发项目	188.52	144.33	2164.95	2003-11-21	县级
16	黄旗堡等十三个镇（街道）土地复垦整理项目	77.6	64.21	963.15	2003-11-21	县级
17	西安泰等村未利用地开发项目	177.95	146.15	2192.25	2003-11-21	县级
18	小庵子等村未利用地开发项目	201.26	130.85	1962.75	2003-11-21	县级
19	郚山镇房家庄岭土地整理项目	270.67	32	480	2003-12-17	市级
20	凌河朱家埠土地整理项目	355.55	43.88	658.2	2004-5-21	市级
21	石埠子豆角地岭土地整理项目	371.12	43.59	653.85	2004-5-21	市级
22	下牟家庄等村土地开发整理项目	259.64	190.23	2853.45	2004-5-21	县级
23	霹雳山等村土地开发整理项目	264.58	164.01	2460.15	2004-7-15	县级
24	北郎庄等村土地整理开发项目	237.09	184.8	2772	2004-7-16	县级
25	大盛镇东山北头土地开发项目	30	27.6	414	2005-4-7	市级
26	郚山镇店子岭等土地整理项目	543.69	56	840	2007-3-16	市级
27	辉渠镇牛角山流域土地整理项目	638.17	65.33	979.95	2007-3-16	市级
28	庵上镇凤凰岭土地整理项目	547.01	57.33	859.95	2007-3-16	市级
29	官庄镇羊埠岭土地整理项目	1045.46	109.35	1640.25	2007-12-4	市级
30	王家庄镇青公埠流域土地整理项目	589.85	61.79	926.85	2008-1-28	省级
31	关王镇土地整理项目	324.27	16.82	252.3	2009-9-3/4	市级
32	大盛镇前大盛村土地复垦项目	17.15	16.91	253.65	2009-9-3/4	市级
33	兴安街道苇园东岭土地整理项目	332.49	16.83	252.45	2009-9-3/4	市级
34	临浯镇西岭土地整理项目	331.79	20.9	313.5	2009-9-3/4	市级
35	贾戈街道五里岭土地整理项目	328.67	18.85	282.75	2009-9-3/4	市级
36	凌河镇吕家埠村等土地复垦项目（置换）	18.8137	16.9857	254.7855	2009-5-6	县级
37	大盛镇牛家沟岭土地整理项目	881.92	93.58	1403.7	2009-7-22	国家级
38	郚山镇土地整理项目	969.96	111.19	1667.85	2010-1-22	国家级
39	辉渠镇团山子土地整理项目	955.29	100.96	1514.4	2010-5-16	国家级
40	红沙沟镇土地整理项目	973.83	98.74	1481.1	2010-5-17	国家级
41	景芝镇凤凰岭土地整理项目	270.9	18	270	2011-3-3	市级
42	郚山镇徐家沟岭荒草地开发项目	95.03	69.02	1035.3	2011-3-3	县级
43	兴安街道周家夏庄等村荒草地开发项目	134.31	94.02	1410.3	2011-3-3	县级
44	官庄镇白石岭等村荒草地开发项目	39.3992	27.1	406.5	2011-3-3	县级
45	老鼠岭土地整理项目	356	21.82	327.3	2012-7-16	市级
46	凌河镇牟山前等村土地整治项目	532.3	12.55	188.25	2013-11-29	市级
47	柘山镇摘月山基本农田整理项目	300	12	180	2013-11-29	市级

续表 12—14

序号	项目名称	建设规模（公顷）	增加耕地面积		验收时间	级别
			公顷	亩		
48	柘山镇土地综合整治项目	3242.47	331.06	4965.9	2013-7-1 初验	省级
49	安丘市郚山镇冷家山村土地开发整理项目	252.96	80.53	1207.95	2013-12-6	县级
50	安丘市 2013 年度高标准基本农田建设项目	8000	—	—	竣工待验	市级

第五节　建设用地管理

国有建设用地

1988 年，安丘县政府对建设用地审批程序作出规定：凡在辖区内的各类建设项目用地，建设单位需将批准的建设项目立项文件，向城乡建设规划部门提出项目申请，由城乡建设规划部门会同相关部门进行审查，核实用地标准和用地面积，签发建设用地规划许可证。建设单位根据选定的建设地址，委托设计单位进行初步设计。设计完成后，持相关文件、图纸、资料向县土地管理部门提出用地申请，由县土地管理部门按照审批权限办理用地审批手续。由此，全县开始对建设用地实行计划管理，严格杜绝计划外用地。是年，全县压缩各类建设用地面积 156 亩。1992 年，根据国家土地管理局《关于进一步加快土地使用制度改革的通知》和《划拨土地使用权管理暂行办法》，安丘县加大土地使用制度改革力度，积极推进国有土地使用权出让和转让，重点加强对划拨土地使用权管理，扩大国有土地使用权出让范围和出让数量，逐渐将过去无偿、无限期、不允许流动的土地使用状况向有偿、有限期、允许流动的使用方式过渡，开展乡镇企业用地和农村宅基地有偿使用。本着"控制总量、压缩一般、保证重点、'三资'企业优先"的原则，年内为 533 个用地单位办理用地手续，审批面积 1791.75 亩。1994 年，优先保障市重点项目建设用地和"三资"企业用地。是年，全市审批"三资"企业用地 6 宗 405.8 亩。1997 年，推行建设用地全程化管理，做好批前、批中、批后的管理服务，纠正重"批"轻"管"现象。是年，审批各类建设用地 13650 亩。2000 年，对建设用地实行严格审查，特别是重点项目用地，在保护耕地的前提下提前介入，及时做好土地征用和依法报批。2001 年，为推进招商引资，服务外商和个体私营经济发展，根据国家、省、潍坊市相关规定，安丘市出台用地计划、供地方式、使用本村土地、农业内部结构调整、企业改制土地、土地缴费等"六放宽"优惠政策。是年，审批各类建设用地 711 宗，用地面积 2648.9 亩。2002 年，根据国土资源部《招标拍卖挂牌出让国有土地使用权规定》和《山东省国有土地使用权招标拍卖办法》，对全市商业、旅游业、娱乐、经营性房地产等经营用地全部实行招标、拍卖、挂牌方式出让。是年，通过招拍挂出让土地 113 宗 4633 亩。2003 年，在上级严控批地的情况下，共报批各类建设用地 2611.17 亩，有力支持全市招商引资、民营企业、市北区建设用地需要。2004 年，市政府办公室印发《关于存量国有土地使用权出让等有关问题实施意见》。《意见》规定：出让土地使用权人将非经营性土地改变为经营性用途，属于重新建设的，在符合城市规划条件的前提下，由政府收购储备后，以招标、拍卖或挂牌方式出让，规范国有土地使用权行为，进一步加强土地资产管理。2005 年，市政府出台《关于严格土地管理节约集约用地促进科学发展的意见》和《关于搞好土地整合管理杜绝闲置浪费土地的实施意见》，明确节约集约用地指标，从制度上调整工作思路。2007 年 1 月，依据国土资源部、山东省国土资源厅相关意见，除国家法律法规规定的划拨土地使用权以及协议出让外，全市建设用地均实行招标拍卖挂牌方式出让。是年，招标拍卖挂牌出让土地 1287.29 亩。2009 年 1 月，全面实行土地市场动态监测与监管系统，对土地的来源、供应、成交、储备、抵押等信息全部上网公示。2010 年，严格执行国土资源部《招标拍卖挂牌出让国有土地使用权规定》《山东省国有土地使用权招标拍卖办法》《禁止供地项目目录》和《限制供地项目目录》等文件规定，全市对经营性用地和工业用地全部以招标拍卖挂牌方式公开出让，所有划拨、拍卖挂牌出让国有土地使用权用途均符合国家相关土地供应政策，对国家产业目录中禁止类项目和不符合投资强度类项目，坚决不供地，严格控制限制性产业项目供地，从严控制划拨供地范围，从土地供应上制止盲目投资和低水平重复建设，全市节约集约用地水平有较大提高。2011 年，市政府下发《关于进一步加强国有建设用地审批监管工作的通知》，对项目用地实行预收 2% 履约保证金制度，督促用地单位严格按规划指标、投资强度等约束条件集约用地。是年，监测监管用地 619 宗。2013 年，市政府出台《关于盘活闲置土地和推进低效利用建设用地二次开发的实施办法》，进一步加强建设用地审批监管。是年，盘活闲置低效利用土地 940 多亩，清理批而未供土地 4000 多亩。

农村宅基地

1990 年—2013 年，安丘市对农村宅基地管理主要有三次政策调整。

1990 年，县政府制定《关于农村居民建房用地管理的实施细则》，对农民建房的条件、用地面积、审批程序作出明确规定。农民建房必须严格实行一户一宅制，凡年满 20 周岁因结婚等原因，确需建新房分户的；其中女娶男，女方确无住房的；原住宅影响村镇规划需要搬迁的；经县级以上人民政府批准回原籍落户，农村确无住房的可以申请一处宅基地。是年 3 月，在安丘、贾戈、慈埠、夏坡、担山、召忽 6 处乡镇成功进行宅基地有偿使用试点。

2006 年 2 月，市政府出台《关于严格农村村民建房用地管理节约集约用地的实施意见》。《意见》明确：宅基地面积标准要符合《山东省实施〈中华人民共和国土地管理法〉办法》的有关规定。即城市郊区及乡镇所在地，每户面积不得超过 166 平方米；平原地区村庄每户面积不得超过 200 平方米。村民申请宅基地由个人提出申请，并经村民会议或者农村集体经济组织全体成员讨论同意，由村委会张榜公布。申请宅基地凡本村通过的，由乡镇国土资源所依法办理选址定点、测绘和建设用地审批、报批手续。

2011 年 4 月，市政府下发《关于村（居）民建房审批条件和要求》，增加“在城市建成区内不再审批村（居）民建房；在城市建成区外、规划区内纳入近期迁村并点、进行新型农村社区建设的区域，不再审批村（居）民建房；其他区域按原规定进行审批；在城市建成区外、规划区内允许审批村（居）民建房应提供规划部门出具的《建设用地规划许可证》”等内容。对城区内宅基地审批更加严格。

安丘市 1988 年—2013 年建设用地审批情况统计表

表 12—15　　单位：亩

年份	批准用地面积			
	合计	国有建设用地	集体建设用地	农村个人建房
1988	925.86	567.31	139.85	218.7
1989	610.76	320.73	152.79	137.24
1990	651.41	336.43	138.48	176.5
1991	1400.64	461.92	348.13	590.59
1992	1791.75	1791.75	—	—
1993	690	690	—	—
1994	2531.9	2020.05	373.7	138.15
1995	659.12	360.32	231.49	67.31
1996	1155	636	435	84
1997	13650	4320	8839.5	490.5
1998	712.65	583.8	48.15	80.7
1999	673.09	374.65	62.04	236.4
2000	976	110	227	639
2001	2648.9	1425.45	1142.45	81
2002	6974.57	6360.88	457.5	156.19

续表 12—15

年份	批准用地面积			
	合计	国有建设用地	集体建设用地	农村个人建房
2003	2611.17	2495.34	49.91	65.91
2004	7877.7	7720	32	125.7
2005	2097.5	2035	11.5	51
2006	1585.37	1498.6	—	86.77
2007	1404.15	1287.29	—	116.86
2008	839	733	—	106
2009	3127.42	3056	—	71.42
2010	2514.2	2296.2	—	218
2011	3763.92	2674	263.92	826
2012	3405.75	3058.9	147.58	199.27
2013	9062.02	8865	190.66	6.36

第六节 土地执法监察

1989 年，安丘县政府出台《土地监察工作暂行规定》和《处理土地案件暂行办法》，明确土地执法监察工作职责和案件查处办法。随后，县土地管理局与县人民法院联合印发《关于依法加强农房建设用地管理的布告》。是年，全县共查处 1987 年—1989 年各类违法用地 669 宗，解决土地纠纷 149 起，依法收回闲置土地 19.98 亩，拆除违法用地建设房屋 1345 间，接待群众来信来访 146 件。

1990 年，安丘县根据省政府《关于清理越权批地违法占地的通知》要求，集中整顿全县土地管理混乱现象。共清查自 1987 年以来的各类建设用地 10619.77 亩。对清理出的违法用地进行处理，补办用地手续，退出土地 363 亩，清理出越权批地 1060.8 亩。是年，立案查处违法用地 7 宗，接待群众来访 66 件，全部依法处理结案。

1994 年，全市大规模开展《土地管理法》等法律法规的宣传活动，继续集中开展违法建设用地清理清查工作。1997 年，全市组织 40 多人的专门队伍，分赴城区和各乡镇指导督查各类非农业建设用地清查工作，共清理清查 1991 年以来的违法用地 4081 宗，面积 14898 亩。其中，耕地 9947.1 亩；非法转让土地 593 宗，面积 432.9 亩。违法用地和转让土地案件全部依法处理结案。

1998 年，市政府印发《关于非农业建设用地清查中有关问题的处理意见》，加大非农业建设用地清查处理力度。对 2019 宗 7312.5 亩违法占地补办用地手续。

1999 年，全市开展土地执法模范乡镇评选活动，32 处乡镇中有 20 处成为土地执法模范乡镇。

2001 年，对全市 6 个民营经济园区和非农业建设用地进行清查，共查处非法交易土地、擅自改变土地用途、非法破坏土地违法案件 80 余起，有 4 起破坏土地资源的案件被移交市司法机关追究刑事责任，市公安机关对 3 起立案侦查。

2002 年，全市开展房地产市场清理整顿工作，对清查出的 31 宗违法用地进行处理，完善土地手续 29 宗，收缴各种税费 337.5 万元。

2003 年—2004 年，全市开展治理整顿土地市场秩序工作，对违规设立的各类开发园区予以撤销，共撤销各类民营经济园区 6 个，保留市经济开发区。

2007 年，全市开展土地执法“百日行动”，对 2005 年—2007 年的违法用地进行集中清理，查处违法用地案件 64 宗，拆除建筑物面积 18 亩，恢复耕种 276 亩，罚没款 490 万元，市人民法院强制执行土地违法案件 164 宗。

2009 年，全市开展土地例行督察工作。国土资源部下发安丘市卫星遥感监测图斑 583 个，面积 6388.32 亩，其中违法用地 103 宗，面积 445.55 亩(耕地 183.08 亩)。是年，对监测图斑中的违法用地全部查处到位，收缴罚没款 3639.07 万元。

2010 年，市委、市政府制定印发《2009 年度土地卫片执法检查工作实施方案》，指导2009年度全市卫片执法检查工作。全市共监测图斑270个，监测面积5726.8亩，涉及土地375宗。其中，违法用地22宗、面积353.02亩（耕地280.76亩）。对22宗违法用地全部立案查处，收缴罚没款698.6万元，拆除违法用地建筑物面积6.75亩，退还耕地182.56亩；没收违法用地建筑物134.7亩；市法院强制执行22件。

2011年，市委、市政府印发《安丘市违反土地管理规定行为处理若干规定》和《安丘市违反土地管理规定行为约谈办法》，对违法用地排序前3名的镇街道党政主要负责人实施约谈问责。是年4月，市政府下发《关于严禁在观摩点评中弄虚作假的通知》，明确规定，未取得合法用地手续的项目不得列入点评项目，市国土资源局负责对全市观摩点评项目用地全部进行审核。市国土资源局与市检察院、市法院联合印发《关于移送涉嫌国土资源犯罪案件的规定》，建立联席会议制度，明确移送范围和程序，初步建立起全市土地资源管理的刚性制度保障体系。4月中旬，开展2010年度卫片执法检查工作，49宗违法用地和8个非法采矿点全部立案查处，收缴罚款223.22万元，没收建筑物面积26.4亩，法院强制执行46宗。违法占用耕地面积占新增建设用地占用耕地面积的比例由15%降为4.05%，顺利通过国土资源部验收。

2012年，市国土资源执法监察大队立案查处土地违法案件67起，结案67起，处结率100%。协调潍坊市国土资源局和潍坊市农业局鉴定毁坏农用地2宗，协助市公安局查处国土资源犯罪案件2起。是年，卫片执法检查工作立案查处违法用地39宗，没收违法用地建筑物面积8.96万平方米，市人民法院强制执行16件。违法占用耕地面积占新增建设用地占用耕地面积的比例为2.9%。是年4月，市政府印发《关于加强国土资源执法监管力度促进节约集约用地的通知》明确规定，将国土资源执法监管、节约集约用地和建设用地增减挂钩工作相结合，镇街区出现1亩违法用地，市财政扣减相应镇街区42万元办公经费。此举被潍坊市国土资源局转发至各县市区党委、政府借鉴学习。随后，省国土资源厅在全省转发。

2013年，全市扣减存在违法用地的7处镇街区财政拨款336万元。是年，土地执法检查中，全市仅有违法用地2.56亩，违法占用耕地面积的比例为0.17%，在全潍坊市面积最少，比例最低。是年12月，安丘市被省国土资源厅评为全省国土资源执法模范县。

第四章　统计管理

第一节　机　构

1982年，安丘县统计局成立，内设办公室、综合业务科2个科室，下设32个乡镇基层统计站。1984年成立安丘县农村经济调查队，为全额拨款股级事业单位，隶属县统计局。1994年3月，安丘县统计局更名为安丘市统计局。安丘县农村经济调查队更名为安丘市农村经济调查队。同时设立安丘市城市调查队，为全额拨款副科级事业单位，隶属市统计局。2009年，市统计局内设招商引资认定考核办公室，具体承担全市招商引资认定考核工作。2010年，市统计局为市政府工作部门，内设办公室（挂政策法规科牌子）、工业统计科（挂能源统计科、投资统计科牌子）、社会统计科3个职能科室和城市调查队、农村经济调查队2个事业单位。2013年，撤销招商引资认定考核办公室，招商引资考核认定工作划归市招商局。市统计局其他内设机构无变动。

第二节　专业统计调查

自1986年始，国家对统计报表制度进行多次改革，统计范围及内容发生重大变化。至2013年，统计调查范围涉及国民经济和社会发展各个方面，主要包括农业、农经、价格、工业、交通运输、邮电、通信、商贸、外经、投资、建筑、房地产、物资、能源、劳动、人口、综合、核算、财政、金融、保险、环保、科技、文化、教育、卫生、体育、气象等28个大类6000余项指标。

综合核算

1992年前，国家统计局实行社会总产值和国民收入核算统计。1993年，为便于同国外比较、与国际接轨，国民经济综合核算方式由物质产品平衡表体系（MPS）改为国民账户体系（SNA），分别采用生产法、收入法、支出法核算地区生产总值（GDP），取消国民收入核算统计，社会总产品（总产值）核算改为社会总产品及劳务（总产出）核算。1994年始，国民经济综合核算范围扩大至乡镇级。1999年，根据国家、省统一部署，对当年及以前年度国内生产总值（GDP）进行调整。2005年，取消乡镇级核算。至2013年，国家统计局没再发布新的国内生产总值（GDP）核算办法。

工业统计

改革开放后，国内工业统计制度历经多次改革，初步建立起以周期性普查为基础，常规性全面调查为主体，抽样调查、专项调查为补充的调查体系，并通过联网直报、定期报表汇总、对工业发展速度计算办法改革和完善，增强统计数据的实用性和抗干扰能力，较好地满足政府和社会对统计信息的需求。国内现行的工业统计报表制度，沿用1998年的总体框架，即由过去的乡及乡以上独立核算工业企业全面统计改为由规模以上工业统计报表制度和规模以下工业抽样调查制度两部分组成。规模以上工业统计采用全面报表制度，按月上报，统计范围：1998年—2006年，规模以上工业是指全部国有及年主营业务收入500万元及以上的非国有工业法人企业。2000年后，在原有统计方法基础上，陆续增加企业景气调查、工业企业生产与经营状况调查等专项调查制度，工业统计内容不断得到补充。

2007年—2010年，规模以上工业的统计范围为年主营业务收入达到500万元及以上的工业法人企业。2011年起调整为年主营业务收入2000万元及以上的工业法人企业。规模以下工业统计采用目录抽样和整群抽样的调查方法，按季进行调查。全社会工业总量用规模以上工业和规模以下工业两部分数据汇总取得。同时，原来十年一次的工业普查于2004年开始纳入经济普查，改为十年两次，并增加能源、水的统计和企业科技活动情况等报表制度。进入“十一五”（2006—2010）后，为反映工业领域节能降耗情况，增加规模以上工业能源消耗情况季报和重点能耗企业能源消耗月报、水消耗季报等。

工资统计

安丘市劳动工资统计始于20世纪50年代。1952年，国家统计局曾进行过一次城乡劳动力就业情况调查，此后劳动工资统计历经一系列变革，统计对象、范围不断扩大。

到20世纪80年代，劳动工资统计范围为城镇集体以上单位，主要统计全民和城镇集体职工人数和工资。1990年—2004年，把统计范围扩展为城镇非私营单位，其统计对象为全民、集体、其他所有制经济单位（内资为股份合作、联营、有限责任公司、股份有限公司；外资为港澳台商投资、外商投资），不包括乡镇企业、私营单位和个体工商户。2005年—2007年，统计范围除城镇非私营单位外，增加“三上”私营企业（规模以上工业，资质以上建筑业、房地产业，限额以上批发零售业和住宿餐饮业中的私营企业）。2007年始，增加其他私营单位，19人及以下的单位采用典型调查，20人及以上的单位进行抽样调查。2008年后，劳动工资统计制度分为城镇非私营单位和私营单位。非私营单位调查范围包括辖区内所有的机关、事业、社会团体、企业一套表单位中的非私营企业；私营单位调查范围采用方式：企业一套表单位中的私营企业全面调查，其他非一套表私营单位按就业人员分类进行抽样调查。劳资统计分年报表和季报表两种。现行工资统计分两种上报方式，即规模以上工业企业、资质等级建筑业企业、限额以上批零住餐企业、全部房地产开发经营业、规模以上服务业企业，采用网上直报方式，由企业自己根据国家开网时间通过联网直报平台上报；“四上”企业以外的辖区内城镇地区全部法人单位采用面报面审，统一录入锐普平台上报。

农业统计

安丘市农业统计包括农业、牧业、农村基本情况、农村住户调查等方面的统计工作。农业、牧业实行全面统计；农村基本情况每年年终统计一次；农村住户调查采用百户记账方式进行；2012年增加粮食产量抽样调查统计，2013年取消强弱县监测统计。

重点服务业统计

2013 年始，安丘市全面开展重点服务业联网直报统计工作。重点服务业统计主要是反映服务业发展状况，为各级政府进行宏观管理和调控提供依据，为国民经济核算提供基础数据。统计范围是辖区内年末从业人员 50 人及以上或年营业收入 1000 万元及以上的服务业法人单位。主要涉及行业有交通运输、仓储和邮政业；信息传输、软件和信息技术服务业；租赁和商务服务业；科学研究和技术服务业；水利、环境和公共设施管理业；居民服务、修理和其他服务业；教育、卫生和社会工作；文化、体育和娱乐业；物业管理、房地产中介业。至 2013 年底,全市达到上报标准的服务业企业 90 家。其中，交通运输业 36 家，仓储和邮政业 1 家，信息传输、软件和信息技术服务业 2 家，租赁和商务服务业 14 家，科学研究和技术服务业 17 家，水利、环境和公共设施管理业 6 家，居民服务、修理和其他服务业 7 家，文化、体育和娱乐业 1 家，物业管理、房地产中介服务业 6 家。

建筑业统计

2011 年前，安丘建筑业统计通过手工录入程序办法进行统计。2012 年始，国家统计局在全国推行网上直报。自此，市内建筑业企业进入自主填报时期。根据国家统计局的要求，三级资质以上、年建筑业总产值 1000 万及以上、具备法人条件的建筑业企业全面纳入联网直报。至 2013 年底，全市联网直报建筑企业达到 28 家，涵盖建筑企业、市政工程、园林绿化等。

贸易统计

贸易统计主要对贸易企业进行零售额和效益方面的统计。1998 年起，安丘市对贸易企业实行限额划分。划分限额的标准是：批发企业年销售额 2000 万元及以上，零售企业年销售额 500 万元及以上，住宿、餐饮企业年销售额 200 万元及以上。1999 年始，增加限额以下贸易单位抽样调查、亿元市场调查工作。2012 年始，对限额以上贸易企业实行联网直报，取消纸质报表和逐级汇总上报工作。至 2013 年底，全市限额以上贸易企业 162 家。

房地产业统计

房地产业统计的范围是具有独立法人资格的限上房地产开发企业，内容主要有房地产开发投资、商品房屋销售、从业人员、劳动报酬等方面的情况。房地产业统计数据能较全面地反映一个地区房地产市场的投资情况、供需情况、价格情况及竞争格局和发展趋势。2012 年，国家统计局推行网上直报工作。2013 年，安丘市房地产业限上企业 39 家，销售面积突破 100 万平方米。其中，联网直报企业商品房销售面积 83.79 万平方米，外地未在安丘注册独立法人的开发企业商品房销售面积超过 20 万平方米。

第三节　农村调查

农村住户调查

1984 年，安丘县开始农村住户调查工作，以后每五年轮换一次。农村住户调查采用抽样调查方式，按照随机起点、对称等距抽样方法抽取调查样本。第一轮调查点抽取农村住户调查点村 10 个、农村家庭调查户 100 户，其后在每轮轮换年份更换调查点及农村家庭调查户。抽样调查内容为农村住户基本情况、生产情况及其出售产品、总收入、纯收入、总支出、现金收支平衡、购买商品、主要食物消费量和耐用物品拥有量等情况和农村住户基本情况分户卡片。调查数据每年年终发布一次。2013 年全市农民人均纯收入为 12131 元，同比增长 12.6%。

农业生产调查

安丘市农业生产调查工作始于 1985 年。调查主要包括实测作物（小麦、玉米、地瓜）和非实测作物（高粱、谷子、大豆），其他作物根据上级要求进行调查。实测结果直接上报省农村调查队。农业生产调查采取多阶段、随机起点、对称等距的抽样调查方法，即省抽县（市、区）、县抽乡镇，乡镇抽村，村抽地块。具体抽样方法为全省各县市区近三年平均每亩粮食产量由低到高顺序排队，以粮食作物播种面积为辅助资料逐单位累计，按占全省总县数的 35% 左右计算抽样距离，然后按对称等距抽样方法，抽选出各调查县（市区）。县抽乡镇。将全县各乡镇近三年粮食平均亩产由低到高循序排列，并按近三年粮食平均播种面积按各乡镇循序一次累计，按规定抽样数目。一般抽取 6 处～ 10 处乡镇以对称等距抽样方法抽选调查乡镇。乡镇抽村的方法与县抽乡镇的方法相同。县抽乡镇、乡镇抽村，一般每乡镇抽 3 个～ 5 个村；县直接抽村的，一般抽 15 个～ 20 个村。按照上级要求，村级样本一般每五年轮换一次。

第四节 城市调查

2004年9月，市统计局城调队对城镇家庭户进行记账调查试点。调查涉及600户，采用PPS即分层多阶段随机抽样方法，确定50个城镇居民家庭作为城镇居民家庭基本情况及收支调查户。2005年始，对城镇居民家庭收入和基本情况正式开展记账调查。调查内容主要包括城镇居民家庭成员基本情况、家庭基本情况及其现金收支、消费收支和实物收支等情况。2013年底取消城镇住户调查，合并城镇住户调查与农村住户调查为城乡一体化记账调查。

安丘市2005年—2013年
城镇居民人均可支配收入消费支出情况表

表12—16 单位：元／人

年份	城镇居民人均可支配收入	城镇居民人均消费支出
2005	7183	5562
2006	7582	5752
2007	8949	6732
2008	10251	7921
2009	11710	8154
2010	13420	8839
2011	15930	9733
2012	19589	11969
2013	23567	14669

第五节 重大专项统计调查

人口普查

1990年，全国进行第四次人口普查。普查的标准时间为1990年7月1日零时。安丘县普查内容包括县内人口的年龄、性别、民族、文化程度、职业、户口性质、婚姻生育状况、出生死亡情况、迁移流动状况等21个项目。经普查，1990年7月1日零时，全县人口为1077357人。

2000年，全国进行第五次人口普查。普查的标准时间为2000年11月1日零时。安丘市普查对象为市内具有中华人民共和国国籍，在市内常住人口。普查采取按常住人口登记原则，普查项目包括人口数量、地区分布、民族构成、文化程度、住房等7大类60多个项目。经普查，2000年11月1日零时，全市人口为1096782人。

2010年，全国进行第六次人口普查。此次人口普查标准时点为11月1日零时，安丘市主要调查人口和住户的基本情况，内容包括：性别、年龄、民族、受教育程度、行业、职业、迁移流动、社会保障、婚姻生育、死亡、住房情况等。根据全国第六次人口普查公报，2010年11月1日零时，全市总人口926894人。

经济普查

根据《全国经济普查条例》要求，安丘市经济普查每5年进行一次，标准时点为普查年份的12月31日。除2004年条例发布第一次经济普查为2004年外，以后逢3和逢8年份为经济普查年。2004年，安丘市进行第一次全国经济普查。普查对象为境内从事第二产业和第三产业的全部法人单位、产业活动单位和个体工商户。具体范围包括：采矿业，制造业，电力、燃气及水的生产和供应业，建筑业，交通运输、仓储和邮政业，信息传输、计算机服务和软件业，批发和零售业，住宿和餐饮业，金融业，房地产业，租赁和商务服务业，科学研究、技术服务和地质勘查业，水利、环境和公共设施管理业，居民服务和其他服务业，教育、卫生、社会保障和社会福利业，文化、体育和娱乐业，以及公共管理和社会组织等。普查的主要内容包括单位标志、从业人员、财务收支、资产状况，以及企业的主要生产经营活动和生产能力，主要原材料和能源消耗及科技开发的投入状况等。普查的标准时点是2004年12月31日，时期资料为2004年度。

2008年，全国进行第二次经济普查。安丘市普查的对象是境内从事第二产业和第三产业的全部法人单位、产业活动单位和个体经营户。具体范围包括：采矿业，制造业，电力、燃气及水的生产和供应业，建筑业，交通运输、仓储和邮政业，信息传输、计算机服务和软件业，批发和零售业，住宿和餐饮业，金融业，房地产业，租赁和商务服务业，科学研究、技术服务和地质勘查业，水利、环境和公共设施管理业，居民服务和其他服务业，教育、卫生、社会保障和社会福利业，文化、体育和娱乐业，以及公共管理与社会组织等。普查的主要内容包括单位基本属性、从业人员、财务状况、生产经营情况、生产能力、能源消耗、科技活动情况等。普查的标准时点是2008年12月31日，时期资料为2008年度。

第三次经济普查是国内一次重大国情、国力调查。2013年7月，根据国家、省和潍坊市《关于开展第三次全国经济普查的通知》的要求，安丘市全面启动第三次经济普查工作。这次经济普查的目的是全面评价全市二、三产业的发展规模及布局，了解全市产业组织、结构、技术现状、能源消耗情况及各生产要素构成，为各级加强改善宏观调控提供基础资料。普查对象是在市内从事第二产业和第三产业的全部法人单位、产业活动单位和个体经营户。具体范围包括：采矿业，制造业，电力、热力、燃气及水生产和供应业，建筑业，批发和零售业，交通运输、仓储和邮政业，住宿和餐饮业，信息传输、软件和信息技术服务业，金融业，房地产业，租赁和商务服务业，科学研究和技术服务业，水利、环境和公共设施管理业，居民服务、修理和其他服务业，教育、卫生和社会工作，文化、体育和娱乐业，以及公共管理、社会保障和社会组织等。普查的主要内容包括单位基本属性、从业人员、财务状况、生产经营情况、生产能力、原材料和能源及主要资源消耗、科技活动情况等。全市划分870个普查区、919个普查小区，聘任1000名普查指导员、2100名普查员，统计6540个法人单位、产业活动单位，4.7万个个体经营户。

农业普查

农业普查每隔10年一次。1996年，全国进行第一次农业普查。安丘市普查对象是所有农村住户、非农村住户的农业生产经营单位、行政村、乡镇和乡镇企业。普查指标分为时点指标和时期指标。时点指标时间为1996年12月31日，时期指标时间为1996年1月1日至1996年12月31日。普查登记时间为1997年1月1日。普查分准备、访问登记、复查补漏、质量控制、手工汇总、数据录入、资料开发利用7个阶段，历时2年。

2006年，全国进行第二次农业普查。安丘市普查对象为农村住户、城镇农业生产经营户、农业生产经营单位、村民委员会、乡镇人民政府。普查主要内容包括：农业生产条件、农业生产经营活动、农业土地利用、农村劳动力及就业、农村基础设施、村民委员会和社区环境等方面的情况。普查时点为2006年12月31日，普查时期为2006年1月1日至12月31日。

第六节 咨询 法制

咨询服务

1978年改革开放后，安丘市统计局根据统计报表、统计调查，采取统计公报、定期资料、统计信息、统计内参等多种形式，向市委、市政府和社会各界提供经济和社会发展情况的信息资料，为宏观决策、制定计划、指导工作提供咨询服务。

1982年始，县统计局每年编写一本《统计年鉴》，内容包含综合、农业、工业、交通、邮电、电力、固定资产投资、建筑业、贸易、财政、金融、劳动工资、教育、卫生、文化、体育、环保等内容，成为县委、县政府了解县情、正确决策、科学规划、指导工作的重要资料和依据。

1985年起，县统计局每月编发一期《统计月报》，提供给县委、县政府及有关部门使用。20世纪90年代后，随着电话的普及，市统计局及时开通电话咨询服务，社会公众可通过电话方式咨询所需要的信息。20世纪末，随着电子信息技术的不断发展，互联网走进人民生活，市统计局为方便人民群众的数据咨询需要，定期将数据通过互联网公布，方便人民群众查询。至2013年，市统计局通过网络发布各类统计信息2000余条。

法制建设

1986年—2013年，市统计局坚持依法办统计、依法治统计的方针，采取日常宣传教育和事后执法检查相结合、定期执法检查和不定期抽查相结合、表彰奖励和批评教育相结合的方式，转变《中华人民共和国统计法》是“软件”法和以罚代法观念，不断加快统计法制建设稳步、扎实推进。

统计普法 1986年起，市统计局每年利用新闻媒体、报刊杂志、悬挂宣传横幅、设立宣传栏等方式，大力宣传统计法律法规，提高全社会对统计工作重要性的认识，保障统计人员如实地提供统计资料，搞好统计报表。1986年—2013年，安丘市统计局每年举行统计普法宣传活动，悬挂大型横幅标语，发放宣传材料。

统计执法 1986年—2013年，市统计局坚持组织开展统计执法活动，依靠和运用统计法律武器，严肃查处统计违法案件。其间，每年组织统计执法检查活动，对全市工业、建筑业、投资、房地产、贸易业、劳动工资等情况抽取单位进行检查，同时检查统计人员的从业资格持证上岗情况、统计人员参加继续教育培训情况和镇街区统计站规范化建设等情况。对检查中发现的违犯统计法律法规及工作不规范问题，依照情节轻重，分别给予现场纠正、责令整改、行政处罚等处罚措施，促进统计工作规范化建设，提高源头统计数据质量。

第五章 工商行政管理

第一节 机 构

1986年，安丘县工商行政管理局为正科级行政单位。全县设城关、景芝、柘山、县农贸市场等21个工商所。1987年7月，成立安丘县消费者协会，为消费者维护自己合法权益的组织。1988年3月，增设王家庄工商所。设立安丘县个体劳动者协会办公室、消费者协会办公室，增设永安路商场管理所，均为股级单位，隶属县工商局领导。1992年2月，设立安丘县农副产品批发市场工商行政管理所。是年3月，县工商局内设机构为办公室（老干部管理）、企业登记管理科、经济合同管理科、个体私营经济管理科、市场管理科、经济检查科、商标广告管理科，均为股级单位。7月，安丘县农副产品批发市场工商所更名为安丘县工商行政管理局农贸中心管理所。1993年12月，县物价局并入县工商局，增设物价科。同时，设立安丘县物价检查所、安丘县工商行政管理局经济监督检查所，列事业编制。将安丘县工商行政管理局农贸中心管理所更名为安丘县工商行政管理局时装城管理所。至此，县工商局内设五科一室两所，下设21个基层所和3个直辖所。

1994年3月，安丘县工商行政管理局更名为安丘市工商行政管理局。1995年9月，组建安丘市个体劳动者协会基金互助会。1996年8月，成立安丘市工商局香港商城管理处，为副科级全民事业单位，经费实行财政全额拨款；设立安丘市市场服务中心，为副科级全民事业单位，实行自收自支，隶属市工商局。是年12月，设立安丘市工商行政管理局信息咨询服务中心，为股级事业单位，全额拨款，隶属市工商局。1997年1月，市工商局和市物价局分离。是年8月，市工商局内部成立法制科。是年9月，成立“3·15”指挥中心。1998年2月，成立安丘市工商行政管理学会。1999年3月，山东省人民政府《批转省工商行政管理局全省工商行政管理体制改革实施方案的通知》，安丘市工商行政管理局为上一级工商行政管理局的直属机构，负责本行政辖区内的市场监管和行政执法工作，领导下属机构开展各项工商行政管理业务；人员编制的管理权限上收到省一级，由省机构编制管理部门会同省工商行政管理局统一核定和管理；领导干部实行上级工商行政管理局党组和同级党委双重管理，以上一级工商行政管理局党组管理为主的体制。是年4月，香港商城管理处由事业性编制转为行政性编制。7月，设立政工科。是年，设立专门信息咨询服务中心。2000年1月，撤销安丘市个体劳动者协会资金互助会。2002年，改革基层监管模式，在工商所建立“两室一队”，即建立综台服务室（负责登记、咨询服务、规费收取及“12315”投诉）、协会办公室（负责个私协和消协日常工作）和市场执法巡查队（负责对经济户口的现场检查核对、市场巡查管理、商标广告管理和公平交易执法办案等工作）。是年3月，内设机构7个，分别是办公室、人事政工科、财务装备科、法制科、市场合同管理科、商标广告管理科和消费者权益保护科（挂“12315申诉举报指挥中心”牌子）；派出机构为城关、景芝、黄旗堡、金冢子、石堆等23个工商行政管理所。2003年7月，南流工商所划归潍坊市工商行政管理局坊子分局。2006年—2007年，局机关连续两年被省文明委命名为省级文明机关。2010年—2013年连续获省级文明单位称号。

2013年12月，根据市政府《安丘市食品药品工商质检管理体制改革实施方案》，市工商局作为市政府工作部门，业务上接受上级工商部门的指导和监督，领导干部实行双重管理，以地方管理为主，行政编制纳入市行政编制总额，所属事业单位机构编制由市机构编制部门管理。

第二节　市场监督管理

1985年，安丘县市场监管贯彻《中共中央国务院关于进一步活跃农村经济的十项政策》，对定购以外的粮食、棉花等均允许自由上市，其他农副产品购销政策也进一步放宽。1992年，全县在市场管理政策上采取“一减免、四放宽、五优先”办法。“一减免”，即对新建市场两年内从低征税和免征市场管理费。“四放宽”，即放宽经营范围，除国家不准上市的产品外，其他商品均可上市经营；放宽经营对象，国营集体、个体以及干部职工从事第二职业的均可进入市场交易；放宽经营方式，既可零售批发，也可联购分销，预购订货，代购代销；放宽交易价格，凡国家规定放开的商品，一律随行就市，平等竞争。“五优先”，即对外地客商优先帮助购销商品，优先安排经营场地，优先提供生活服务，优先处理交易纠纷，优先提供咨询服务。该做法被《中国工商报》《大众日报》等数十家新闻单位报道。1994年，安丘市探索实践事前规范、事中检查、事后监督的农资市场全程化管理新思路。围绕国家价格体制改革，先后放开煤炭、水泥等生资价格，提高电力、原油及粮食、棉花等农产品价格，改革化肥价格管理办法，调整产（商）品价格11大类30多个品种。同时，完善收费单位“两证四制”管理制度，通过对全市500个收费单位年审换证和收费检查，先后废止91项不合理收费项目，调整涉农收费项目9项。1995年，市工商局对全市交通、建委、教委、农机、水利、农业、林业等部门200多个行政事业单位进行检查年审；会同市卫生部门，编印《安丘市村级医疗卫生机构收费标准》，规范村级卫生收费管理。是年，时装城被国家工商总局评为全国文明市场。

1996年，安丘市明确生猪收购及猪肉销售价格，理顺生猪、猪肉的市场价格秩序，制定派购送销碘盐、食用盐和其他工业用盐的零售批发价格，及时调整自来水价格。核定市铅锌矿、景芝纸箱厂等10家企业及大盛、南逯、郚山3处乡镇的电价，市场管理取得显著成绩。是年，景芝、临浯、石埠子市场获省级文明市场称号。1997年—2001年，时装城、天下客、景芝、临浯、石埠子、石堆6大市场连续保持省级文明市场称号。1999年，全市各类市场发展到129个，年成交额30.39亿元（其中城市14.46亿元，农村15.93亿元）。是年，市工商局建立局域网、广域网以及面向社会的红盾信息三级网络，开始对市域内各类工商业户进行微机信息化管理。工作重心逐步转移到对市场的监督管理、秩序整顿规范和行政执法数字信息化建设上来。2002年，研发成功行政处罚案件处理软件。市工商局在集贸市场推行市场预警制、商品报检备案制、与业户签订禁售假冒伪劣商品责任状制、信誉卡制等制度，有力规范市场秩序。对成品油、机动车、农资、棉花等重要商品市场加强监管，调整生资经营点781户，撤销102户，确保国家各项流通体制改革的稳步进行。2003年，引导工商业户讲诚信重信誉，扶持市场主体健康发展。组织开展“诚信市场”和“五星级文明户”评选活动。在潍坊市工商系统首家实行化肥质量抽样检验通报制度，全面推行农资产品“质量信誉卡”和服务承诺制。2004年，尝试对行政处罚进行网络数字化操作，工商管理行政执法职能活动全程实现“阳光作业”。2005年，全市23个基层所全部实现三级联网。2007年，全市工商执法实现三级信息资源共享。2009年，市工商执法全面实现网上立案、网上审批、网上监督、网上统计、网上考核。是年，在网上办理一般程序处罚案件673起，补正、纠正案件192起，未发生一起行政复议撤改或行政诉讼败诉案件。同时，修订完善《安丘市工商局行政处罚操作规程》，为规范、提高办案水平和促进依法行政提供制度保障。2008年—2013年，2725起行政处罚案件全部纳入网上办案系统，进行清理规范。2010年，开展机动车非法拆解、二手车市场专项执法检查、烟花爆竹专项整治以及废旧物品收购点专项整治活动。制定实施《治理公共服务行业侵害群众消费权益工作实施方案》《查处公用企业和大型零售商限制竞争行为工作实施方案》和《打击侵犯知识产权和制售假冒伪劣商品专项行动实施方案》，延伸监管领域。2012年，创建全国诚信示范市场1家。2013年，安丘市加强对非煤矿山、危险化学品、民用爆破用品和烟花爆竹、食品、药品、农资、公共娱乐场所等行业的审查把关，确保市场管理有序、规范运行。

第三节 工商企业登记管理

境内企业登记始自工业开始。登记范围主要是工业、商业、交通运输业、饮食业、建筑业。登记对象为各工商企业及分支机构、筹建企业。至1985年底，全县登记国营、集体企业1829家，从业人员6.5万多人。全县个体工商业发证14224户。其中，工业手工业2241户，商业5781户，饮食业2674户，服务业2016户，修理业1140户，运输业349户，其他行业23户。1988年4月，国务院颁布《企业法人登记管理条例》，开始全面实行企业法人登记制度。是年11月，国家工商总局发布《企业法人登记管理条例施行细则》，将企业登记分为法人登记和营业性登记，并规定相应法律地位，至1992年，全县工商企业发展到4325户。其中，法人企业1068户，营业性及分支机构3257户，注册资金88083.56万元，从业人员96374人。登记外资企业39户，投资总额6516.7万美元，注册资本4916万美元。个体工商户发展到23109户，从业人员43989人。私营企业发展到88家，雇工1435人。实现产值773万元，营业额2040万元。1994年6月，国务院发布《公司登记管理条例》。是年，全市新登记注册公有制企业414家，公有制企业发展到3793家，注册资本16.42亿元，从业人员14.7万人。新增外资企业13家，注册资本2567万美元。新登记发展个体工商户22800户，从业人员41040人；私营企业187家，雇工3740人。全市个体工商户3.6万户，从业人员68600人，个体私营经济完成产值（营业额）15亿元。1995年，全市拓展对种养业的登记领域，年内登记发展种养业户4763户，新登记发展私营企业187家。随着《公司法》的实施，全市具有一定规模和实力的有限责任公司发展到22家，其中挂“潍坊市”牌子的2家。1998年，安丘市推行《外商投资企业登记管理手册》，对企业登记事项实行动态管理。是年，新登记公有制企业137家，新增外资企业7家。新登记个体工商户12035户，私营企业304家，有限责任公司242家，个体私营经济完成产值29亿元。指导256家企业变更经营范围，帮助104家企业调整产业结构，对全市3147家企业有步骤地进行年检。注销企业316家，核定B级企业65家，对293家企业作限期改正处理，对35家违法企业立案查处。2002年，安丘市提出“零缺陷”服务目标，深化政务公开，推行持证上岗、挂牌服务制度，实行办事服务AB角制和预约服务制。是年，全市实有各类工商企业达到2909家，个体工商业11460户，核转外商投资企业21家，投资总额5354万美元。2005年，市工商局出台《个体工商户分层分类监管实施意见》，在13个试点工商所设立一室多队的管理机构模式，对辖区个体工商户进行信用分级，初步建立科学合理的网格化监管模式。同时，实施“提速增效”工程，畅通服务业准入通道。是年，全市新登记私营企业、个人独资企业、合伙企业433家，个体工商户3294户，私营企业和个体工商户分别发展到2266家和17469户。2006年，结合“小局大所”改革，各工商所在经济户口建立工作中，全面启用企业登记管理软件和个体工商户登记管理软件。按照属地管理要求，在工商所改革管理模式，分片划区，落实监管责任人，基本建立科学合理的网格化监管模式。2007年，在企业年检中，重点进行经营资格前置审查。凡是许可证过期的责令企业限期补办，对不能提交的限期变更经营范围，并及时通知工商所进行实地检查。对涉嫌有“两虚一逃”行为的30家企业和376户超范围经营、租借营业执照、擅自变更登记、提供虚假材料等违法违章业户立案查处。重新提交前置审批及许可证企业487家，变更经营范围企业192家。是年，全市新登记私营企业385家，个体工商户891户。私营企业和个体工商户分别发展到2388家和11271家。2008年，全市首次实行网上年检，把农民经济合作组织纳入登记范围。是年，新登记农民专业合作社70个，新登记私营企业190家，个体工商户2064户。全市私营企业和个体工商户分别发展到2120家和11334户。2010年，国家工商总局发布《外商投资合伙企业登记管理规定》《个人独资企业登记管理办法》。全年新登记私营企业530家，个体工商户6477户，农民专业合作社238户，股份公司12家，新增注册资本金11.78亿元；市场主体总量25783户；新登记农村经纪人120户，农民专业合作社登记总数536

户，经纪人1007户。2011年，国家工商总局发布《个体工商户登记管理办法》。是年，全市新登记个体工商户2350户、私营企业 449家、股份公司10家，市场主体总量27851户。新发展股份公司10家，小额贷款公司2家，帮助企业剥离非核心业务13家。新发展农民专业合作社173户，总数709户。2012年，安丘市实施发展1家大型企业集团、10家股份公司、100户个体工商户升级为私营企业、1000个电子网商的“一十百千”企业培育升级工程，促进市场主体转型发展。2013年，市工商局全面推行“证照核发一体化”，将个体工商户食品流通许可的审批权限下放到工商所，与营业执照申请一并受理。首批设立登记家庭农场212户，新发展农民专业合作社203户，其中农民专业合作社联合社73户，农村经纪人150户。联合商务部门评选出安丘市商贸服务业优质服务示范店50家。是年底，全市市场主体总数为46172户，注册资本（金）2013904万元。其中，内资企业798家，注册资本（金）402652万元；私营企业4499家，注册资本（金）1074959万元；个体工商户40325户，注册资本（金）415829万元；农民专业合作社1180户，注册资本（金）120646万元。拥有省级文明诚信市场1家、省级农资经营优秀诚信企业1家。消费者满意单位省级3家、潍坊市级25家、安丘市级82家。

第四节 合同管理

经济合同鉴证

1986年—2004年，市内经济合同鉴证工作大致可以分为三个时期。

1986年—1992年阶段 鉴定份数除1987年突破式增长，达到61573份外，其余年份稳定在13000份以下；经济合同鉴证金额除1992年达2亿元外，其余年份均在亿元以下。1992年是全县合同鉴定工作的分水岭。是年，全县处理经济合同纠纷2498起，合同金额267.8万元，为企业挽回经济损失6.2万元。

1993年—1997年阶段 全市经济合同鉴证份数和金额较1992年以前实现量和质的双重提升。1993年，全县共鉴证各类经济合同32979份，金额9.9亿元。稳定发展的局面持续到1997年，各年度鉴证份数均在80000份以上，1997年达到高峰，当年全县鉴证各类经济合同93433份，金额17.5亿元，查处经济合同案件47起，调解经济纠纷案件113起，办理质押登记348件，金额4.79亿元，为企业、群众挽回经济损失208万元。

1998年—2004年阶段 合同鉴证业务逐步减少。1998年、1999年合同鉴证份数分别为25244份和5780份，金额65354万元和86520万元。2001年，经济合同鉴证业务逐步减少。是年，全市合同鉴证完成3676份，金额4.88亿元。2004年6月30日，国家工商行政管理局发布的《关于废止有关工商行政管理规章、规范性文件的决定》将经济合同鉴证废止。

重合同守信用企业

1990年3月，省工商局下发《关于评定省级“重合同、守信用”先进企业的通知》，每年同时开展新认定和已有复审。是年，安丘县开始“重合同、守信用”企业的推荐上报工作。1991年，潍坊市工商局下发《关于命名一九九〇年度“重合同、守信用企业”的通报》，要求在潍坊市境内开始评选“重合同、守信用”企业。至1993年，安丘县183家企业成为省、潍坊市级“重合同、守信用”企业。2005年起，市工商局组织实施诚信建设工程，在全市个体私营业户中开展“文明诚信个体工商户”“文明诚信民营企业”评选活动，每年举办一次。2013年底，全市新认定国家级“守合同、重信用”企业1家、潍坊市级6家，全市实有“守合同、重信用”企业68家。其中，国家级2家、省级16家、潍坊市级50家。

合同管理保障机制

1993年，安丘县实施农产品购销合同管理，推行“扶持中间四类主体、强化两端合同纽带、连结农村千家万户、幅射国内外两大市场”的工作举措，受到省、潍坊市工商和农业部门的肯定，经验在全省推广。1998年，全市参与监督鉴证拍卖企业73家，办理抵押合同和抵押物登记328起，抵押金额5.16亿元，查处合同违法案件6件。1999年，办理抵押登记248件，查处利用合同违法经营案件13件。2000年，办理抵押物登记161件，抵押金额4.4亿元，查处合同案件26起。2001年，全市查处合同违法案件21起，违法金额92万元，罚没款3.2万元。利用合同手段为农民挽回经济损失10多万元。2005年，查处合同违法案件11起，为当事人避免和挽回经济损失280万元。是年实施“合同帮扶”工程，全市订单农业发展到32万亩，订单农户2.1万户。推广合同示范文本1100本。2006年，全市办理动产抵押登记76件，抵押物价值98301万元。是年建立合同保障机制，全市600多家涉农企业与农民签订各类订单5万多份。2007年，办理银行贷款抵押登记71件，抵押物价值10.05亿元。2008年，全市订单农业发展到46万亩，订单农户达2.7万户。办理动产抵押登记71件，主债权数额7.05亿元。2009年，办理动产抵押登记17户，主债权额15272万元。新发展股份有限公司8户。办理股权出质登记1户，担保贷款150万元。搭建镇级融资平台，新登记城乡建设发展有限公司13家，通过抵押贷款和“招拍挂”等形式进行融资。2010年，安丘市推广使用种植、养殖等涉农合同示范文本7000份，指导合同文本使用1200多户，主要涉农企业和重点农户示范文本普及率达95%以上。2011年，全市办理动产抵押登记20件，股权质押14件，主债权金额2.7亿元。新发展农村经纪人90户160人。启动网络商品交易监管和格式合同整顿工作，查处网络交易违法案件3起，违法格式合同案件16起。

第五节 商标广告管理

商标管理

1986年—1999年，全市商标注册领域不断得到拓展，由传统的工业产品向农、林、牧、副、渔等行业延伸。商标注册人的成分也呈多元化趋势，个体私营、股份制、外商投资企业等新的经济成分逐渐成为商标注册申请的主体。1991年，安丘县为全县18家企业核转申报申请注册商标19件，有126家企业117种产品使用注册商标168件。重点加强山东景芝酒厂、八〇七〇厂和安丘县食品厂、造纸厂、水箱厂、第二化工厂6家大中型企业的商标管理工作。是年，全县查处商标违法案件48起，收缴违法商标标识39448枚，假冒“青州”“时代”烟共120盒，冒牌注册“景芝”白干酒14250瓶、白酒140瓶，假冒“青岛”“华美”肥皂1800条。1992年，全县核转申报申请注册商标270件。1995年，查处商标违法案件33起，收缴和消除商标标识210500套。1997年，加强农副产品商标注册，“白芬子”牌大姜等农副产品商标相继涌现，全市各类农副产品商标达28件。是年，查处商标违法案件37起。1998年，景芝集团的“景芝”“景阳春”成为山东省著名商标；银象曲轴集团的“银象”成为潍坊市著名商标。是年，市工商局查处58起商标侵权案件，收缴违法商标标识3.2万套。1999年，全市申请注册商标44件，续展43件，转让2件，签订使用许可合同1件，查处商标违法案件32起，收缴侵权商标标识15500份。2000年—2003年，全市申报注册商标分别为55件、60件、46件、35件。2002年，安丘市实施商标战略，引导企业重商标创名牌。共帮助企业申请注册商标46件，其中农副产品商标13件，验证注册商标448件。2003年，全市有效注册商标达589件。是年，组织著名、驰名商标的推荐工作，景芝酒业向国家商标局申报驰名商标申请，“奥宝”“超月”获山东省著名商标称号。2004年，市委、市政府制定创建为驰名、著名商标奖励政策。企业获驰名商标的，由市财政奖励20万元，获著名商标的奖励5万元。是年，“神龙”“恒安”商标被省工商局评定为山东省著名商标。全市拥有省著名商标5件。2005年，开展保护注册商标专用权专项行动，查处假冒“铃木”牌摩托车、“菜单”牌玉米种子、“海信”牌太阳能、“鸡牌”味精、“十三香”等商标侵权案件9起，为商标所有人减少损失近500万元。是年，青岛正青食品有限公司的“青正”商标和安丘市兴华汽缸盖有限责任公司的“AQ”商标被评定为山东省著名商标。2006年，安丘市开展保护注册商标专用权专项行动，查处侵犯“五粮液”驰名商标专用权案件4起。是年，景芝酒业集团的“景阳春”商标通过司法程序被判定为山东省驰名商标，安丘汶瑞机械制造有限公司的“汶瑞”商标被认定为省著名商标。农产品商标注册达到136个。2007年4月，开展保护注册商标专用权专项行动，查处假冒“海信”商标专用权案件1起，对侵权的48台冰箱予以没收拍卖。是年，注册农副产品商标168件，上报推荐5件著名商标，分别是鲁安、鲁丰、登峰、银象、雄鹰。4家企业获省著名商标称号。2008年，全市上报长安、阳春2件省著名商标。处理商标侵权案件32起，为商标所有人减少损失1500余万元。2009年8月，潍坊市工商系统打击“傍名牌”工作会议在景芝酒厂召开，进一步强化政企联手打假力度。市工商局与景芝酒厂、奥宝集团开展联合打假行动。申报的“阳春”商标被省工商局评定为省著名商标。“安丘大姜”地理标志证明商标注册成功，成为安丘首个地理标志证明商标。2010年，全市办理注册商标35件，申报国家驰名商标1件，申报山东省著名商标5件，其中“万鑫”“新爱得”2件商标被省工商局评为山东省著名商标，另有11家企业列为争创驰名、著名商标的第二梯队，形成梯次结构。新注册“红沙沟”“金冢子”“城顶山”等带有突出地方特点的农副产品商标36件，全市注册农副产品商标142件。协助景芝酒厂到东营、青岛、烟台、威海、聊城等地打假，查获假冒侵权白酒4.5万斤，侵权包装标识3.8万套。2011年，争创驰名商标3件、省著名商标3件。帮助“景芝”商标争创为中国驰名商标，为安丘首个行政认定的中国驰名商标，“HENGAN及图”“神龙及图”和“友祥youxiang”商标争创为省著名商标，“长安图形”和“青正及图”两件省著名商标成功续展。企业争创驰名、著名商标纳入市财政奖励范围。新注册农副产品商标70余件，“柘山花生”地理标志证明商标申报材料报国家商标局审批。是年，市工商局开展打击假冒仿冒景芝白酒专项行动，查处假冒仿冒景芝白酒11万余斤。2012年，全市立案查处侵权景芝白酒案件18起，协同企业到外地打假维权12次，查获假冒仿冒景芝系列白酒3万公斤。是年，指导争创驰名商标3件、著名商标3件，注册地理标志证明商标1件，并协助市政府召开全市推进商标战略工作会议，对获2012年度驰名商标、省著名商标、地理标志证明商标的单位进行授牌表彰。2013年，安丘市开展打击“傍名牌”保护景芝酒业合法权益专项执法行动，查处侵权景芝系列白酒8吨。是年，全市申报中国驰名商标1件、省著名商标4件，申请地理标志证明商标5件。认定省著名商标3件，续展省著名商标8件，山东景芝酒业股份有限公司被省工商局评定为全省首批山东省商标战略实施示范企业。

广告管理

安丘广告管理工作始于1982年。1985年，在全县开展广告市场整顿活动，查处欺骗性虚假广告112户，486份。1992年，先后审核刊播广告368户，共2675份。1993年，为1244家企业审核刊播广告8796次，比上年增加近一倍。1994年，为284家企业在地市级以上新闻媒体上审核刊播广告，广告费投入3680多万元。1996年，广告经营单位发展到7家，广告经营额673万元。处理广告违法案件48起。1997年，新发展广告经营单位1家，全市有广告经营单位8家，广告经营额1037万元，查处违法广告案53起，罚没款2.8万元，户外广告登记3462条，收费7.1万元。1999年，新发展广告经营单位4家，全市广告经营单位达16家，广告经营额2720万元。查处广告违法案件53起，罚没款9700元。2001年，新发展广告经营单位6家，全市广告经营单位达20家，广告经营额1874万元。2005年，开展“打虚假树诚信”广告专项整治活动。对市电视台重点进行广告监测，对安丘市皮肤病防治站等8家单位和个人的广告违法行为进行查处。2008年，加大对重点媒体和重点商品服务广告的监测力度。对市电视台在药品广告中使用患者、专家的名义向群众介绍、推荐药品的特点、疗效，在医疗广告中保证或变相保证治愈率等虚假违法广告行为进行查处，对电视台和广告主分别予以处罚。是年，办理户外广告登记189起，依法查处违法发布户外广告案件32起。2009年，以保护“十一届全运会”标志专用权为契机，9月15日—10月15日，开展“商标广告集中整治月”活动，特别是加强对药品、医疗、保健品等重点广告类别的监管。采用普遍检查和集中处罚的形式，对各类广告进行详细调查登记，彻底整治全市广告市场。共查处违法广告案件64起，登记各类户外广告168件。2013年，集中整治户外广告，对全市18家广告经营户进行检查整顿，办理车体、墙体、广告牌等户外广告登记112项，规范广告市场。

第六节　公平交易执法

工商综合执法

1986年—1996年，安丘市场公平交易执法处于稳步发展时期，查处案件呈逐年递增趋势。1986年，全县查处各类违规违章案件61起，案值3万元。1992年，全县共查获各类投机违法违章案件345起，罚没款29.7万元，为企业和群众挽回经济损失72万元。查获假冒伪劣商品80余种，假冒伪劣商品总值90多万元。1996年，受理公检法部门委托办理的物品价值认定案件84件，总额100多万元。

1997年—2000年，全市公平交易执法工作处于快速发展期。随着市场经济的快速发展，市场主体膨胀较快，市场行为明显增多，执法工作领域进一步拓展，涉及农业生产资料（化肥、农药、汽油、柴油、农机具、农机配件等）及农产品（棉花、粮食等）等，查处案件数也快速增加。1997年，全市查处案件数首次突破1000件，达1268件，涉案价值108万元。2000年，涉案突破2000件，查处各类经济违章违法案件2835起，合同案件26起，商标案件36起，广告案件95起。万元以上大案25起，罚没款总额132万元，捣毁制假窝点34个。

2001年—2013年，市工商部门执法力量得到加强，信息化、网络化逐步应用于市场执法工作。全市年查处案件数2000件以上，执法领域拓展到农资、工业产品及质量，打击走私、公用企业利用独占地位进行不正当竞争以及商业贿赂，打击传销、规范直销等。2001年，全市查处各类经济违章违法案件2600起，案值722万元，罚没款250万元。查处制假黑窝点34个。2004年，加大流通领域商品质量监管力度，重点打击制售假冒伪劣食品药品和农资的违法行为。检查各类经商户2230户，查处违章违法行为416户，检查各类商品品种5232种，查出质量问题813种，全部予以立案查处。联合市公安部门驱散传销人员426人。全年查处各类经济违法案件2184起，案件总值917万元，捣毁制假窝点63个，罚款入库总额310万元。2005年，成功查处网络传销案件1起，成为全省首例。2006年，查处各类经济违法案件2723起（万元以上大案63起）。普查全市206家农资经营大户，查处擅自变更登记、提供虚假材料等违法违章业户86家，存在抽逃出资行为的26户，前置审批及许可证过期的187户。查获不合格化肥435吨，套牌套证农药470箱。是年8月，开展无照经营专项整治活动。2007年，联合市公安部门驱散传销人员220多人，立案查处商业贿赂案件2件。2008年，结合“北京奥运会”安保，全市共查处违法经营药品、易燃易爆危险化学品、网吧及矿山开采业户263户，取缔烟花爆竹加工户5户。2009年，全市查扣假劣化肥125吨，假农药3200瓶，取缔黑网吧7家，没收不合格塑料700公斤，取缔小加油站、小液化气站、歌舞厅、食杂店等高危行业各类无照业户132户；立案查处加油站47家；查处违章经营猪肉116户，没收未经检疫猪肉500公斤。2010年，全市创建无传销社区61个。全年共查处各类行政处罚案件2026起。查处非法经营液化气站19个、加油站点10个，取缔黑网吧3家。2011年，全市取缔传销窝点2个，驱散传销人员34人，创建无传销镇街8个。开展成品油市场专项整治，查处不合格成品油案件47起。取缔肉品无照经营业户103户，没收未经检疫猪肉1560斤。开展“红盾护农”行动，查处不合格化肥品种134个，查获假冒伪劣化肥142吨。是年，办理各类行政处罚案件1808起，罚没款550万元。查处取缔“黑网吧”2家，查扣非法上网设备10台。2013年，全市深入开展“红盾护农”保春耕专项行动，开展春季农资抽检，抽检农资经营户180户、化肥品种350个，检测出不合格品种120个。变更规范涉及消防安全、存在环境影响的企业327家，对经营期限和许可证到期的248家企业下达《限期整改通知书》，对20家限期不改的企业立案查处。

食品流通监管

1985年，安丘县贯彻国务院《关于进一步活跃农村经济的十项政策》，对订购以外的粮食等商品允许自由上市。1994年，围绕国家价格体制改革，安丘市提高粮食等农产品价格。1996年，明确生猪收购及猪肉销售价格，理顺生猪、猪肉市场价格秩序，制定派购送销碘盐、食用盐和其他工业用盐的零售批发价格。1999年，全市共查处非法收购粮食286吨。2001年，查处非法收购粮食414吨。2002年，粮食市场管理做到严把市场准入关、原粮使用关和督察关。是年，全市共查处非法收购粮食176吨。其中，小麦87吨，玉米89吨。2004年，重点打击制售假冒伪劣食品药品违法行为。食品以粮、肉、蔬菜、水果、奶制品、豆制品、水产品等七个品种为主。2005年，加大流通领域商品质量的监管力度，以食品质量监管为突破口，围绕食品安全，紧紧抓住与人民群众切身利益密切相关的粮食、肉类、奶制品、蔬菜、儿童食品等重点商品，组织开展专项执法行动。是年，全市查处假劣饮料4500瓶、牛奶1100箱，面粉17种、6吨，酱油醋2吨，病死鸡2200公斤，盐2.44吨。同时，在禽流感疫情防治工作中做到早宣传、早部署、严格防控，及时关闭不符合封闭式经营条件的禽类市场，消除市场疫情隐患。2006年，围绕食品安全，针对食品季节性、节日性、区域性消费特点，选择消费者申诉举报多和与群众生活密切相关的品种，组织开展专项整治活动：以城区、农村和城乡结合部为重点，开展重点区域专项整治，着重解决无照经营和制售假冒伪劣食品问题；以节假日为重点，开展节假日食品市场专项整治，着重解决销售有毒有害和不合格节日食品问题，确保节日消费安全；以热点商品为重点，开展行业性专项整治，重点对饮料市场、奶制品市场进行专项检查。是年，全市出动检测车320多辆（次），检查超市、商场156家，镇村批发点460多个。查处食品安全案件133起，罚没款93万元。2007年，安丘市建章立制，深入开展食品安全专项整治，组织实施“农村食品市场整顿年”活动。以全国产品质量和食品安全专项整治第二次现场会召开为契机，落实国务院《特别规定》和省工商局食品安全“四制”，严格食品市场准入，强化日常规范管理，建立食品安全监管信息化网络，营造安全放心的消费环境。对全市1800家食品业户建立一户多档，指导其签订“食品安全责任书”和“承诺书”，建立进销货台账2000本；对城区2个食品批发市场和36家超市建立索证索票制度；对3000多名食品经营人员颁发食品从业人员上岗证，实行实名登记制；对122处农村集贸市场的食品从业人员实行证明登记制度；对1987家食品业户的安全情况录入微机，实行网上监管。出动检测车820多辆（次），检查超市、商场及小食杂店1156家，镇村批发点1600多个。对肉类、水产品、水果蔬菜农药残留以及馒头、面粉、面条等面食增白剂超标进行检测，没收假劣啤酒1800箱、饮料760箱、白酒1200瓶，假冒名牌奶制品310箱。2008年，以抓好奥运会期间食品安全保障工作为契机，进一步完善食品安全“四制”，严格食品市场准入。出动检测车820多辆（次），检查超市、商场及小食杂店878家，镇村批发点560多个。对210家不规范的食品经营户进行规范完善，对肉类、水产品、水果蔬菜农药残留及馒头、面粉、面条等面食增白剂超标进行检测，没收假冒青岛啤酒150箱、饮料1120箱、白酒1200瓶，假冒名牌奶制品520箱。2009年，加强食品安全监管，开展落实“四项制度”回头看活动，对春节、清明、端午、中秋等节日期间的食品进行重点检查，查扣假劣白酒680箱、奶制品320公斤。是年8月15日—10月15日，开展食品流通安全大会战，向食品业户发放“如何搞好食品安全经营”明白纸2100份，检查集贸市场98个，检查食品经营户810家，取缔无照经营604户，查处假冒案件45起，发放食品流通许可证411个。2010年，提升监管效能，规范流通环节食品安全监管。通过逐户健全、全面规范的方式，在全市食品经营户继续深入落实食品安全“四项制度”，推广实施食品安全“一票通”，建立“食品经营户自律三条线”的标准，实现全覆盖、无死角、户户达标。市政府下发《关于创建流通环节食品安全放心镇（社区）的实施意见》，把食品安全放心镇、放心社区建设提升为政府行为，先后确定兴安街道、新安街道、景芝镇等7个“创建食品安全放心镇（社区）”试点单位，形成政府领导、工商监管、经营者自律、社会监督于一体的长效监管机制。发放《食品经营户自律标准手册》4000本，“一票通”单据13800本，签订食品安全责任书和承诺书各4000份，新办食品许可证494件，对办理食品流通许可证的1550户食品经营信息全部录入食品安全追溯数据库，录入信息总量19.8万余条。2011年，制定全年食品安全监管计划、应急预案和考核办法，推行“一线工作法”，每周一次对工商所和食品经营户进行检查督导；所有监管人员分区包户，实施网格化监管，做到巡查有记录、监管有痕迹、责任有追溯。全面落实食品自律标准和“一票通”制度，规范信息采集录入，推进食品安全示范社区创建。突出农村重点部位和重点品类，深入开展食品市场专项整治。是年，全市查处“三无”食品案件150起，超期变质食品案件285起，仿冒包装装潢食品案件15起，取缔无照经营食品户204户，并对查扣的问题食品进行集中展示和销毁。2013年，进一步落实食品自律标准，规范信息采集录入，推进食品安全示范镇街创建，健全长效监管机制。推行“证照核发一体化”，将个体工商户食品流通许可的审批权限下放到工商所，与营业执照申请一并受理。在市区大型商场超市对五大类食品进行食品质量准入试点，监督指导经营者在进货时查验供货商的主体资格和质量合格证明。深入开展食品市场专项整治和食品抽检，制定下发5个专项整治实施方案，突出重点时节、部位和品类，严厉查处食品违法行为。

第七节　消费者权益保护

1987年7月，安丘县消费者协会（简称消协）成立。1995年，县消协探索实行会员制，突出发展会员、强化法律宣传和处理消费者投诉三项重点。1996年7月，国家工商总局副局长、中消协会长曹天玷到安丘视察，对安丘市消协工作给予充分肯定。1997年，市消协建立全省消协第一家“3·15”投诉举报网络，召开新闻发布会，中消协、省消协、潍坊市消协主要负责人出席会议，《人民日报》市场版、《检察日报》《山东工人报》等多家新闻媒体予以报道。1999年，全市健立完善“三站”（投诉站、指导站、联络站）101个。其中，投诉站36个，指导站40个，联络站25个。2001年，市消协会员达到12万人，新发展完善“三站”260个。其中，投诉站60个，指导站120个，联络站80个。2004年，市消协按照“诚信、维权”年主题的要求，处理消费者投诉，严厉整治“消费储值”及类似业务的非法行为。查处经营“消费储值”及类似业务的非法组织3家。2005年，充分发挥工商职能作用，立案查处消费者举报案件36起，罚没款21万元。开展“五千联系户”制度，联系市内502家规模以上企业。2007年，进一步完善12315投诉举报制度，规范工作流程，增强快速反应和联动执法效能。按照“消费和谐”年主题的要求，接待来访、咨询1362人次。立案查处消费者举报案件27起，案件总值47万元。2008年，按照“消费与责任”年主题的要求，市消协每季度对受理的消费投诉情况进行汇总，对投诉较多的案件进行重点归纳分析，有效地提高处结效率。2009年，利用安丘工商315信息网这一综合性信用网站为426家企业在网上进行信息发布。以“消费与发展”年为主题，在佳乐家广场召开3·15消费者权益日纪念大会暨新闻发布会，提供咨询服务300多人次，现场处结投诉32起。是年9月，在省工商局、省消协开展的全省8市19县家电下乡售后服务状况调查活动中，安丘为潍坊市唯一一个圆满完成社会调查的市。2010年，市消协推行“文明用语20条”“行业忌语20条”，改善服务质量。查实“苗博士”农药减产、“金海五号”杂交玉米种子和青州云门商标白酒、绿兰莎啤酒、泰山石膏商标侵权案等一批案件。2011年，公开各工商所投诉电话，实行一岗双责，及时分流处理投诉案件，市消协受理消费者申诉举报86起，分流工商所案件52起，处结率100%，为消费者挽回经济损失45万余元。新建“两站”13个、投诉和解示范点6个。全面启用全国消费者协会投诉与咨询信息系统，实现五级联网，提高维权工作效率。受理消费者咨询8869人次，消费者投诉1526起，处结1509起，为消费者挽回损失172.5万元。围绕“消费与民生”年主题，在市内主流媒体开设“消费维权在行动”专题栏目。开展维权知识进社区、进农村、进学校、进企业、进商场活动，收到良好效果。2012年2月，选派执法骨干成立执法中队进驻景芝酒业股份有限公司，由企业提供场所和设施，执法中队提供一对一、面对面地定向执法服务，开创全省工商系统先河。是年，全市规范酒类经营业户150家。2013年，对全市500家农资经营业户进行满意度调查，对手机行业进行维权状况调查，及时发布法律法规、消费警示和维权案例。受理各类消费者投诉2798起，处结2791起，处结率99.7%，为消费者挽回经济损失165.3万元。成立安丘市消费维权人民调解委员会，与全市31个司法、行政执法部门和企业主管部门建立投诉对接联动机制。

安丘市1992年—2013年受理消费者投诉和为消费者挽回经济损失情况一览表

表12—17

年份	受理投诉（件）	处结（件）	挽回经济损失（万元）	年份	受理投诉（件）	处结（件）	挽回经济损失（万元）
1992	1324	1321	7.6	2003	1012	1009	125
1993	672	670	26.9	2004	1273	1268	239
1994	860	863	29.1	2005	1039	1031	62
1995	989	986	39.6	2006	854	851	81
1996	2575	2571	59.7	2007	1461	1459	216

续表 12—17

年份	受理投诉（件）	处结（件）	挽回经济损失（万元）	年份	受理投诉（件）	处结（件）	挽回经济损失（万元）
1997	495	483	58.6	2008	430	428	96
1998	3318	3315	316	2009	701	697	113.3
1999	3350	3342	262.5	2010	335	335	80
2000	3956	3950	312	2011	1526	1509	172.5
2001	2438	2430	281	2012	1839	1827	186.3
2002	2498	2492	256	2013	2798	2791	165.3

第六章　物价管理

第一节　机　构

安丘市物价局为市政府主管全市价格工作的正科级行政机构。1985 年，称安丘县物价局。1989 年，设立安丘县物价局信息中心。1993 年 12 月，县物价局并入县工商局，保留物价科、物价检查所。1997 年 1 月，从工商局分离，设安丘市物价局，正科级行政单位。市物价检查所归市物价局管理；是年 5 月，设立安丘市人民政府价格调节基金征管办公室，为股级全额拨款事业单位。2002 年，市物价局设办公室、收费价格管理科 2 个职能科室。成立安丘市价格认证中心，为全额拨款副科级事业单位。2010 年 7 月，全市机构改革，市物价局下设办公室、综合业务科（挂“法规科”牌子）、物价检查所，成本调查科。至 2013 年机构无变动。

第二节　价格改革与管理

中共十一届三中全会后，安丘市适应改革、开放、搞活需要，按照直接管理和间接管理相结合的原则，实行国家定价、国家指导价和市场调节价三种主要价格形式。1988 年，仍贯彻执行“放调结合、以放为主”的方针，转换价格形成机制。对大部分副食品和日用工业品价格放开定价，实行市场调节价；对煤炭、钢材、水泥等主要工业品的超产加价改为“双轨制”（对计划分配部分实行国家定价、计划分配以外部分实行市场调节价）；对机械产品实行国家指导价；对开放合同订购以外的粮油和肉、蛋、菜等农副产品实行市场调节价。全面推进价格改革，使计划经济条件下价格严重背离价值的问题得到缓解。但由于改革步子大，价格放开后疏于管理，经济体制改革不配套，宏观调控不力，总需求大于总供给的矛盾未得到根本解决，一些深层次价格矛盾反映突出，部分居民生活有关商品出现“抢购风”，通货膨胀加剧，物价增长指数达 18.6%。是年，县委、县政府根据国家有关政策，整顿经济秩序，治理经济环境，削减基本建设投资，利用财政手段。至 1989 年下半年通货膨胀基本受控，物价指数涨幅开始回落。

1990 年，全县价格改革进入稳步发展阶段。前期以遏制通货膨胀为中心，全县上下实行控价目标责任制，严控出台新调价项目，加强农副产品价格管理与指导，对开放的电冰箱、洗衣机、黑白电视机、自行车等工业消费品实行调价申报制度等。后期，随着市场物价趋于稳定，县政府适时推出新的价格改革措施，加强管理重要生产资料，对钢材销售实行明码标价制度，调整化肥、农药、农膜等农业生产资料价格并全部归县供销社专营，对粮油购销价格倒挂、超购加价、企业经营亏损等方面以财政“暗补”的形式补贴，提高合同订购的粮食、油脂、油料等农副产品收购价格等。一系列举措，效果显著。主要日用工业品产量有较大增长，社会总需求大于总供给矛盾明显缓解，市场物价由全面暴涨趋向回落，社会零售物价总水平由18.6%回落到5.9%，比1989年回落12.7个百分点。

1991年，价格改革由单一“调放结合”模式转向构建社会主义市场价格新体制，价格管理向法制化和规范化轨道发展。1992年，在保持物价基本稳定的前提下，按照社会主义市场经济的要求，继续稳妥地推进价格改革，全县价格管理格局在多方面发生根本性变化。管理职能由单纯管理型转变为管理服务型；定价主体由政府为主转变为企业为主；价格形式由国家定价为主转变为市场调节价为主；价格机制由计划为主转变为市场为主；管理领域开始由微观为主转变为宏观为主；管理方式开始由直接干预为主转变为间接调控为主；管理手段开始由行政手段为主转向经济、法律手段为主，辅之以必要的行政手段；管理范围开始由单维转变为多维（即各种生产要素价格逐步纳入价格管理范围）。以市场决定价格为主的价格形成机制初步确立。物价工作在保持市场物价基本稳定的前提下，以市场为导向，放开价格为核心，加大价格改革力度。是年，全县进一步放开价格管理权限，落实企业定价自主权，促使企业尽快转换经营机制。价格充分发挥合理配置资源的作用得以显现。相对于1991年，经济运行情况良好，物价基本稳定。从调价管理权限和调价结果看，由于县管理的商品价格绝大部分放开，1992年调价的商品大部分为中央和省级管理。93%的调价项目价格到位，仅有7%的调价项目价格不到位，并略有下降。其中，粮食、燃料、药品、建筑材料价格及服务受调价影响大，指数升幅较大。特别是能源、建筑材料受市场供求拉动影响（主要是产地），价格上涨较大。是年上半年，70号汽油每吨价格为1500元，柴油零售价格每吨1300元。到年底汽油上升到每吨3200元，柴油上升到每吨1900元，升幅分别为113.33%和46.15%。钢材销售价格上半年原钢每吨2300元，线材每吨2400元，到年底分别上升到每吨3200元和3500元，升幅分别为39.13%和45.83%。而农地膜由于资源充足，供大于求，再加上1991年和1992年连续两年旱涝灾害的影响，农民购买力降低，导致零售价格比调整价平均低200元左右，其降价总金额为24.7万元。全县各类商品零售物价和职工生活费用价格指数，除文化娱乐用品类和书报杂志类比上年略有下降外，均呈上涨趋势。

1993年，全县价格改革进入建立社会主义市场价格体制阶段，重点以市场改革为取向，转化价格形成机制，建立价格调控体系，继续调整价格结构。其时，社会经济日趋活跃，出现高投资膨胀、高货币发行、高经济增长。在这种经济大环境影响下，多年积累的深层矛盾逐步释放，受市场供应不畅和农产品紧缺等因素影响，经济领域出现局部过热现象、市场供应趋紧、带动价格总水平结构性上涨局面，通货膨胀又一次成为这一阶段的重大问题。全县上下贯彻落实中央宏观调控“十六条”措施，经济过热压力很快得到缓解，但经济过热存在一定惯性，紧缩政策效果显现也存在一定时滞。自1993年3月始，物价连续20多个月上涨，且涨幅越来越大。

1994年，价格总水平呈持续上涨势头，物价涨幅高，持续时间长。物价上涨更多的表现为结构性上涨。从零售物价总指数和居民消费价格指数来看，各类商品价格都有上涨，但上涨幅度不一样，其中与居民生活关系密切的粮油、肉蛋菜、食品及服务价格上涨较为突出。税制改革和汇价并轨、价格改革项目的出台成为物价上涨的主要原因。从是年5月1日起，国家先后提高原油及天燃气价格，提高粮食购销价格，放开全部煤炭价格。市物价局按照建立社会主义市场价格体制的要求，配合国家、省价格改革的步骤，对一些重要的生产资料实行计划内外“并轨”，对由市场形成的重要生产资料加强管理和指导。成品油全部由国家定价，化肥由国家规定基准出厂价格和浮动价幅度，抑制住一度上涨过快的成品油和化肥价格。对放开的粮食购销价格合同订购部分恢复国家定价。在转换价格机制的同时，还适时地调整小火电价格，制定生产小化肥的出厂价格，核定液化气、普通面粉的最高销售限价。组织实施国家和省提高电力、成品油、化肥价格、粮食购销价格及棉花收购价格工作。上述改革措施，对于在政府宏观调控下由市场机制配置资源，改善基础工业品和农产品价格偏低状况，促进农业、能源工业发展发挥重要作用。

1995年初，全市物价仍在高价位运行，形势比较严峻，成为社会热点。对此，市物价部门采取强化价格宏观调控的一系列措施，根据不同情况继续实行提价备案、提价申报、差率控制、最高限价等管理办法；严格执行价格纪律，从严控制新的调价项目出台；加强对市场物价形势的监测、预测和分析，全年多次为上级部门提供市场物价情况反映和分析报告，为领导决策提供服务。

1997年，全市物价总水平与上年保持基本稳定，全年商品零售价格水平比上年仅上涨0.3%，居民消费价格总水平比上年上涨2.8%，涨幅分别比上年同期回落约9个百分点，全面完成价格调控目标。

1998年，全市物价部门发挥价格杠杆的调节作用，疏导价格和收费矛盾，推进价格结构调整。根据上级物价部门统一部署，市物价部门先后组织国家和省管调价项目（能源、交通、水利设施、城市供水、石油、服务等价格和收费）在全市的顺利实施。按照价格管理权限，结合全市实际，对地产化肥、城市自来水价格进行适当调整。全市市场商品丰富，品种齐全，物价总水平稳中走低。全年商品零售价格总指数为97%，居民消费价格总指数为97.7%，分别较上年下降3%和2.3%。

1999年，市物价部门把利用价格杠杆的调节功能，扩大需求，刺激消费，促进经济增长作为全年物价工作的中心任务。在提高部分价格和收费的同时，彻底清理取消高通货膨胀时期采取的一些价格限制措施。落实化肥生产企业优惠电价等各项政策，扩大电力销售，降低企业生产成本。制定城区基准地价，堵塞土地资源流失漏洞，激活房地产市场。同时，相继取消房地产交易管理费、城市规划管理费、建设用地规划许可证费、商业网点配套费、新建工程抗震审查费、自来水增容费等20多个收费项目，减轻开发企业和消费者负担7200多万元。

2000年，国家继续实施积极的财政政策，稳健的货币政策、产业结构调整政策以及鼓励国民扩大消费的政策，国民经济发展出现重大转机，经济增长明显加快，经济运行质量显著提高。市物价部门充分利用价格杠杆刺激消费，连续9次调整汽柴油统一零售价格，调低电力销售价格，参与农网改造，降低农村电价，制定城市居民用天然气价格，以此扩大需求，调整结构，优化产业，促进全市经济增长和各项事业发展。市场价格运行出现积极变化，通货紧缩的趋势得到有效地遏制，全市价格总水平降幅明显趋缓。居民消费价格总水平比上年下降0.8%，商品零售价格总水平比上年下降1.7%，与前两年相比，市场物价运行显示稳步回升势头。

2002年，创新政府价格决策机制。从年初开始，安丘市积极适应市场经济发展的客观需要和市政府推行政务公开的要求，及时把价格工作重心从定调价为主转到定规则、当裁判上来。贯彻落实价格决策听证会制度，公布市物价部门价格（收费）管理目录，明确价格部门管什么和怎么管的问题。

2003年，市物价部门运用价格杠杆，合理疏导价格和收费矛盾。为推进市内垃圾处理产业化进程，制定城区垃圾处理收费标准，适当调整污水处理收费标准，加快市污水治理步伐。根据供水成本变动情况，结合城市居民承受能力，调整自来水价格，缓解供水企业困难。适时调整青云山景区门票价格，受到各界认可。部署平抑防治“非典”药品和相关商品价格异常波动、稳定市场秩序工作，抑制“非典”药品和相关商品价格暴涨势头，市场物价恢复正常。2004年，为改善投资软环境，对外商投资企业、市属企业和重点民营企业实行挂牌保护。凡被列为挂牌保护的企业有权拒绝一切形式的乱收费、乱罚款、乱摊派、乱拉赞助，有权拒绝一切利用职权之便搞“吃、拿、卡、要、报”以及平调、占用企业人、财、物的行为，有权拒绝任何部门、单位组织的乱检查、乱验收、乱达标活动，对损害企业合法权益的行为，企业在拒绝无效时，向市监察局、物价局举报，一经查实严肃处理。

2005年，市物价部门先后对城市垃圾处理、青少年教育培训班、中医院药品、培训班等收费（价格）进行成本核算，对定调价幅度、企业的经营状况和社会承受能力进行详细调研，特别针对城市垃圾处理收费按程序召开价格听证会，使其进一步合法化，增加价格透明度。

2006年，加强和改进价格调控，深化资源环境价格改革，促进经济增长方式转变和资源节约、环境保护。疏导价格矛盾，合理调整城市居民用水价格，坚持依法行政，强化成本约束，提高定价的科学性和透明度，保障人民群众的合法权益，依法召开价格调整听证会，广泛听取意见。调查了解城镇居民用户实行一户一表计量用水情况，探索实施阶梯式水价政策，保持价格总水平基本稳定。

2007年，全市居民消费价格总水平预期调控目标为3%以内。为确保消费价格调控目标实现，建立健全“五个机制”：建立健全价格调控机制，完善价格监测机制，分析价格形势，提高价格调控的预见性；完善价格预警机制，提高预报预警和应对价格异常波动的能力；深化电价改革，按照国家部署，鼓励发电企业进行脱硫改造，完善脱硫电价监管机制，按照补偿脱硫成本的原则，抓好对未安装脱硫设施的电厂加收二氧化硫排污费政策的落实；积极稳妥地推进公用事业价格改革，适时疏导城市公交、出租车、供水、供热、燃气等领域价格矛盾，妥善处理价格改革对低收入群众生活的影响。

2008年—2010年，落实国家、省、潍坊市各项价格调控措施，严格控制政府调定价项目出台。安丘市进一步完善和强化市场价格异常波动机制，及时按要求启动价格临时干预措施，加强对价格走势的分析和预测。依法组织价格决策听证、落实价费项目调整报备管理制度，广泛听取社会各界意见和建议，及时合法有序召开价格听证会。

2011年，加强价格监测预警机制的落实力度，按照上级要求和《安丘市价格监测预警制度》开展工作。重新更新价格监测预警工作领导小组，建立32个价格监测联系点，专门聘请40位价格监测员。开展水利、电力、旅游景点、劳动、教育等多项价格和收费执行情况常规、专项、直报和预测调查。针对食盐价格异常波动的情况，及时监测预警，积极与市电视台、盐业、商务、卫生等部门沟通，避免群众抢购事件发生，稳定市场物价。2012年，实现价格调控目标，稳定物价总水平。开展“价格服务进万家”和“价格公共服务年”活动。完善农产品价格调控机制，抓好提高粮食最低收购价政策的贯彻落实，继续清理整顿公路收费、农贸市场收费、零售商供应商收费，落实农产品“绿色通道”政策。落实物价上涨与“双低”联动机制，建立《物价上涨与提高困难群众生活补贴和保障标准联动机制》和《安丘市价格调控联席会议制度》。

2013年，市政府发布《安丘市应对价格异常波动工作实施方案》和《安丘市应对价格异常波动应急预案》两个文件，加强综合调控力度。市物价部门加强价格监测预警，开展安丘特色农产品和部分商品成本调查及基本农产品和居民消费品价格监测。完善农产品价格调控机制，抓好提高粮食最低收购价政策的贯彻落实，继续清理整顿公路收费、农贸市场收费、零售商供应商收费，落实农产品“绿色通道”政策。是年，价格调控目标控制在4%。

第三节 收费管理

1989年，《山东省行政事业性收费管理暂行办法》颁布实施，为行政事业性收费管理提供依据。1990年，省人大常委会第十九次会议通过《山东省行政性事业性收费管理条例》，明确规定行政性事业性收费实行许可证制度。收费单位实施收费前，必须按有关规定向物价部门申请“收费许可证”，无“收费许可证”的不得进行行政性、事业性收费。1991年，安丘县开展清理整顿各项收费工作，对境内485个收费项目进行清理摸底，发放“收费许可证”246个，审核登记173家国营集体单位经营项目。1993年，为配合制止“三乱”（乱收费、乱罚款、乱摊派）工作，理顺收费秩序，对全县收费情况进行大检查，对查出的违纪单位进行严厉处罚。核减乱收费项目51个。1994年—1996年，根据《山东省行政事业性收费管理条例实施办法》，重点加强行政性事业性收费管理，严格整治乱收费行为。市物价检查所会同财政、审计等部门对全市行政性事业性收费进行全面清理。对医疗收费、社会办学、中小学收费标准等执行情况进行专项检查整顿。

1997年，《山东省行政事业性收费年度审验办法(试行)》颁布实施。除法律、法规规定收费项目外，原则上不再审批新的行政性收费项目。对企业反映强烈的行政性事业性收费进行大规模清理整顿，强化各种收费的监督检查。建立收费项目、收费标准公布制度。对现行行政性事业性收费进行年审。

1998年，设立安丘市行政性事业性收费年审办公室，采取调账审验与进驻单位相结合方式，审验收费单位。结合年审，进行向企业乱收费、农村电价两项专项治理整顿。对全市涉及向企业收费的单位其收费项目与收费标准进行清理审核。取消附加在电价上的不合理收费项目。

1999年，市物价局对全市1998年度行政性事业性收费情况进行审验。完成新式“收费许可证”换发工作。推行企业缴费监护制度，下发《关于试行企业缴费监护制度的意见》。落实“两证”（“收费许可证”和“收费员证”）制度，要求执收单位收费时必须出示“收费许可证”“收费员证”，按规定如实填写“企业缴费登记卡”，使用规定票据，否则企业有权拒缴。

2000年，对全市1999年度行政性事业性收费情况进行年度审验。实行三项制度，加强收费管理。实行《收费批准通知书》制度。实行《收费项目（标准）变更通知书》制度。对工商信息咨询费、执业医师注册费、机动车反光放大号费等17项收费标准进行变更，废止城建档案保证金、专控商品附加费、商业网点建设费等收费项目。

2001年—2003年，建立走访服务企业联系点制度，对全市200多家限额以上企业列为服务联系对象。对全市法人单位行政性事业性收费进行集中审验，清理规范乱收费项目，换发“收费许可证”。对法律服务所、社会力量办学、中介机构、物业公司进行规范，符合条件的办理“收费许可证”。对涉农、涉企收费项目进行规范清理。

2004年，对全市40多个系统600余家收费单位9000多个收费标准进行年度审验，审验收费总额2.01亿元，清理已废止收费项目8项，变更收费项目30项，查处乱收费案件25起。严格控制出台收费项目，根据市政府《关于进一步鼓励外商投资的暂行规定》要求，除省级以上合法文件依据的项目外，对不符合规定的一律取消。多收或者提高标准的进行查处纠正，根据形式发展可转为经营性管理的及时进行变更；可收可不收的停收；自立名目的予以取缔。严格掌握以有利于外商投资的原则，对进入开发区的招商引资项目，除上交潍坊市级以上收费项目外，属安丘征收的行政性事业性收费项目一律降低标准或免收。属大项目、高科技项目的行政事业性收费，给予特殊优惠政策，实行“零收费”。执收单位收费时出示“收费许可证”“收费员证”，按规定如实填写“企业交费登记卡”，落实“两证、一票、一卡”制度，并使用财政或税务部门票据，否则企业有权拒交。

2005年，加强全市行政事业性收费监督管理，与市财政局、监察局联合对全市40多个部门600余个收费单位9000多项收费标准进行年度审验，审验收费总额2.01亿元，清理已废止收费项目87项，变更收费项目54项，查处乱收费案件25起。

2006年，将国务院、省政府制定的行政事业性收费项目、收费标准及文件依据，汇编成册，发放到600多家市属企业、“三资”企业、民营企业，着力以价格杠杆减轻企业负担、优化企业发展环境。结合收费公示制度，对全市16家重点企业实行挂牌保护，出台《关于对全市第一批挂牌重点保护企业实行领导分工包靠制的意见》，落实领导分工包靠责任制，进一步加大对重点保护企业的支持力度。坚持每月一次走访与不定期走访相结合，深入了解收费情况，并逐项登记，建立收费台账，做到在重点保护企业各行政事业性收费项目、数额清清楚楚。对发现的乱收费行为及时进行查处，并将结果及时反馈企业。较好解决乱收费、乱罚款等行为。潍坊市对此做法给予充分肯定，将此做法在潍坊市委内参上刊登，供各县市交流。

2007年，加强“收费许可证”年审工作。全市共审验“收费许可证”325个，取消收费项目27个，变更收费标准18项，查出违规收费230万元，年审合格率96%。对城市出租房租金进行调查，制定城镇廉租住房租金每月0.4元/平方米和2.55元/平方米补贴标准。全面落实收费统计制度、集中审验制度、收费公示制度、重点企业挂牌保护和收费登记卡制度。是年9月，对畜牧、贸易、交通、工商、卫生、质检等部门涉及重要农副产品生产、运输及销售过程中的各种收费项目进行清理，取缔乱收费项目2项，降低收费标准5项。自秋季开学起，全部免除城市义务教育阶段学生和农村民办义务教育学校学生杂费，所有义务教育阶段学生全部实现免费教育，实施普通高中家庭经济困难学生资助政策。加强民办学校收费管理，从严审核教育培养费收取标准，规范医疗单位非普通病房床位费收费，规范旅游景点收费行为，将安丘市青云山民俗游乐园景点门票由30元/人次调整为40元/人次。对全市物业服务收费全面进行清理，联合房产管理部门统一审定等级和收费标准，实行五卷打分制，对不及格小区进行整改，整改合格后，重新申报，公示到位，经批准后方可收费，规范全市物业服务市场。

2008年—2011年，对全市311家收费单位6000多项收费标准进行年度审验及换发“收费许可证”工作，审验收费总额4亿多元，清理废止项目60余项，变更收费项目18项，审验率100%。继续规范教育收费秩序，加强医疗服务和药品价格的管理，规范公路客运、农村客运票价和出租车价格管理，加强经济适用住房价格和廉租房租金管理，整顿房地产交易的价格行为。规范物业服务收费，涉及13家物业服务单位，30多个居民住宅小区。开展污水处理、校车、殡葬服务等收费情况调查，为上级决策提供参考。

2012年，为稳定消费价格，维护市场稳定，在全市范围内进行清理整顿工作，凡不利于生产、生活发展的收费政策和违反国家、省有关规定设立的收费基目，予以取消和废止，标准过高的降低，强制服务、搭车收费及时纠正。规范医疗服务收费，保护医患双方权益，审核全市新建、改建病房的非普通病房床位的配置，并确定相应床位费标准。规范教育收费，严格学校公寓住宿费和民办高中教育收费标准。规范出租车收费，制定新上车型运价和起步价。对县级公立医院医药价格改革试点单位取消药品加成转换补偿进行测算，提出住院诊查费、护理费、手术费标准。

2013年，抓好收费项目年审，完成30多个部门260余家收费单位年度审验。清理整顿经营性服务收费工作，规范经营服务性收费行为，取消不合法的收费项目，降低企业普遍反映的过高收费标准，涉企经营服务性收费一律按最低标准收取，实现经营服务性收费“项目的合法化、标准的合理化、行为的规范化”。全面清理规范实行政府定价或政府指导价的涉企、涉民经营服务性收费，重点是垄断性或竞争不充分服务、中介机构收费。

第四节 价格监督检查

1988年，县物价局重点对化肥、农药等农业生产资料进行检查，查处违法行为9起，非法所得2万余元，全额上缴县财政。是年，对放开的13种名烟名酒进行专项检查，查处违价金额2万余元。1989年，重点对农膜、农作物种子的价格执行情况进行检查，查处有违价行为单位15个，违价金额8.6万元。开展物价计量信得过单位竞赛活动，全县有16家企业成为“双信”单位。1990年，对城区经营电冰箱、洗衣机、黑白电视、名牌自行车4种商品的企业申报制度和价格执行情况进行全面整顿，抽查12个单位，查处违价行为6起，违价金额9000元。对查出的违价问题进行处罚，退还用户2520元，收缴财政6480元。自8月份始，按照全国统一部署，开展一年一度物价综合大检查，全县21个部门74个单位进行自查自报，有40个单位自报有违价问题，违价额5.16万元。抽查单位70个，查出有价格违法行为单位61个，违价额4.36万元，对查出的问题全部按法定程序处理。1991年，除重点检查农产品、农业生产资料外，重点加强对药品、电力等国家定价商品的价格管理。全年查办价格违法案件30起，违法金额12万元，检查行政性事业性收费单位49个，查处价格违法案件25起，违价金额10万元。1992年，价格监督检查重点为农业生产资料和人民生活必需品价格。全年检查单位116个，其中违价单位71个，违价金额27万元。1993年，先后开展粮油、农资、邮电资费、药品价格等检查，全年查处价格违法行为、违法案件29起，收缴入库63582元，退还用户3万余元。1994年，重点检查化肥、农药、农地膜、农作物种子价格执行情况，检查58个单位，查出有违价问题单位21个，违价额9.75万元。1995年春季，开展物价大检查，检查单位52个，查出违价问题单位15个，违价金额20万元。1996年，先后检查黄烟、棉花、蚕茧、粮食、农作物种子等农产品收购和销售价格执行情况，金融部门、税务部门、邮电资费收费情况，药品价格执行情况，餐饮业毛利率执行情况，检查单位102个，查处价格违法案件、违法行为78起，违价金额25万元，上缴财政罚没款10万元，退还用户15万元。接受投诉72起，处理72起，退还消费者金额10万元。1997年，重点对农业生产资料价格执行情况进行检查，检查32个单位，有问题单位10个，违价金额0.9万元。秋季集中力量检查47个行政性事业性收费单位，查处有违纪问题单位17个，违纪金额20.78万元。1998年，市物价检查所对生产资料价格实行提价申报、调价备案制度和限价、差价控制等措施进行监审，同时不定期对其进行检查。是年，查处价格违法案件7起，违价金额29万元。对教育、建设、医疗价格收费进行检查，查处违法案件87起，违价金额20万元，退还10万元，没收非法收入10万元。1999年，查处各类价格违法案件66起。其中，不正当竞争案件2起，查获物品总价值34万元，收缴罚没款34万元，为群众挽回经济损失13万元。加强市场明码标价工作，发放标价签16万个，明码标价牌220个。2000年，对药品和医疗服务、卫生防疫、建委系统工程造价咨询、标准定额管理、城市管理监察等收费情况进行检查，查处各类价格违法案件106起，违价金额28万元，实施经济制裁28万元。受理价格投诉举报案件72起（次），回复、办结率100%。2001年，对成品油价格、电力价格、计划生育收费等执行情况进行检查，检查72个单位，查处价格违法案件36起，价格违法金额23万元，收缴入库3万元，退还用户20万元。对城区内商场、街道明码标价情况进行检查，共查41个单位，明码标价率达90%以上。全年受理价格举报案件25起，办结率为100%。立案两起，退还消费者9330元。2002年，重点开展治理教育乱收费专项检查，检查各级各类学校46所，查处乱收费金额27万余元，实施经济制裁27万元。受理各类价格举报20次，退还违规收费1.6万余元，回复率、检查率100%。2003年，推行新式标签，开展价格、计量“双信”单位评选活动，对市百盛商场、中医院、妇幼保健院等单位按省级“双信”标准的要求，进行完善与规范，使之获山东省执行价格计量法规最佳单位称号。是年，受理各类价格投诉举报72起，退还超标批准收费4.5万余元。查处价格违法案件53起，查出违法所得20万元，罚没款5万元，退还用户15万元。2004年，对1家自备电厂上网电价和23个基层派出所收费情况进行检查。对化肥价格和成品油价格进行专项检查，查处违价金额近10万元。对药品和医疗服务价格检查，查出29家医疗机构、8家药店有价格违法行为，查出违价金额33万元，上缴财政33万元。2005年，加大涉农价格检查力度，在农村建立价格监管网络。对农村中小学教育收费、农村医疗收费、农网改造收费等进行专项清理整顿。通过整顿规范农村电价和农网改造收费，全市农村到户电价每千瓦时降低0.12元。“五一”“十一”两节期间，对全市各商场、营业厅、医院及药店明码标价情况进行拉网式检查。2006年，继续开展明码标价检查工作，促进价格诚信建设，在省精神文明办公室开展的“百城万店无假货”活动中，中百商厦、供销大厦被评为百城万店无假货单位。对婚姻登记、农民建房、生产资料等涉农价格和收费进行重点检查，查处违价金额50万元，退还用户30万元。受理举报案件56起，接受群众价格政策咨询72起，查处价格违法案件53起，查处违价金额3万元，退还用户2.32万元。2007年，指导营业户签订“价格诚信承诺书”，综合运用提醒、告诫、警示、处罚相结合的手段对不明码标价、虚构原价、谎称报价不完全履行服务价格承诺等欺诈行为进行整治，使明码标价率达到100%。组织开展涉农、教育、卫生系统收费及化肥、电力、石油价格等一系列专项检查，对药品、成品油价格及通信等行业在商业促销中的价格欺诈行为进行重点检查，共查处各类价格违法案件53件，查出价格违法所得30万元，实施经济制裁30万元。全年受理价格或收费政策咨询58件，受理价格违法行为举报23起，涉及行政机关收费、药品价格、停车服务收费，居民用水、电、暖价格等领域，全部进行查处，退还用户多收价款20万元，经济制裁5万元。

2008年，为防止价格由结构性上涨演变为通货膨胀，市物价局围绕群众关心的民生价格问题，在节假日市场价格监管的同时，加大市场物价检查密度与处罚力度，开展重点行业物价检查。组织开展涉农收费、医疗服务价格、行政机关收费检查，重点检查农村分类电价执行情况，对教育、工商、质监、农业、民政、水利、医疗卫生等涉企涉农收费价格进行专项检查。涉及26个单位，罚没收缴18万元，查处违规收费问题，促进软环境建设。同时，完善价格举报管理信息系统，发挥12358价格举报热线作用，处理案件举报15起。

2009年，加强节假日期间市场价格监管，完善提醒告诫机制，对节日期间重点监管的领域和行业，采取发放提醒告诫函、主动上门服务等方式，宣传价格法律法规和政策，督导经营者守法经营。加强粮、油、肉、蛋、菜、奶等生活必需品以及特色食品的价格监管，加大市场巡查力度，加强对客运和城市公交、出租车等交通运输价格的监督检查。开展教育、民政、工商、质监、水利、医疗卫生等涉企涉农收费价格专项检查，查处违法所得33万元，罚没、收缴33万元。接受价格举报案件38起，办结38起，退还消费者2.6万元。

2010年，重点开展教育、医疗服务、药品价格、环保、国土、建设专项检查，查处违法所得金额30万元，上缴财政30万元。受理价格举报案件17起，协调办结案件17起，退还消费者1.8万元，群众满意率100%。

2011年—2012年，重点开展教育、民政、卫生、广播影视、农业畜牧业收费专项检查，查处违法所得40万元，全部上缴市财政。受理各类价格举报案件95起，全部协调办结，退还用户2.2万元。对全市各商场、医院及药店明码标价情况进行拉网式检查。节假日期间，加强粮、油、肉、蛋、菜、奶等生活必需品以及当地群众喜爱的地方特色食品的价格监管，以佳乐家、泰华、银座等为重点，加大市场巡查力度，加强对客运和城市公交、出租车等交通运输价格的监督检查，集中力量开展旅游服务价格专项整治，突出游客出行涉及的住宿、餐饮、停车、景点、休闲娱乐等价格和收费的监督检查。

2013年，联合市纪委（监察局）、审计局、财政局对市直所有行政事业单位进行普查。重点检查交通、教育、医疗等部门，受理各类价格举报案件64件，退还消费者3.2万元，办结率100%。加强粮、油、肉、蛋、菜、奶等生活必需品以及特色食品的价格监管，加大市场巡查力度。针对节日期间优惠促销活动集中的特点，加强对商贸零售促销价格行为的监管，对佳乐家、银座、世纪泰华等商贸零售企业进行重点检查，规范“吃、住、行、购、娱”各个环节的价格秩序。

第五节　价格认证

2002年2月，安丘市价格认证中心成立，为全额拨款副科级事业单位。接受市纪检、监察、法院、检察院、公安、工商、税务、仲裁等行政执法机关或机构委托，负责对刑事、民事和经济案件及涉及的物品进行价格鉴证，受理社会经济活动中价格行为合理、合法性鉴证认定业务。配合公安机关严厉打击抢劫、抢夺等各类违法犯罪活动，及时提供涉案财物价格鉴定依据，积极做好涉案物品价格鉴定，确保案件侦查结案的需要。2007年，建立价格认证办理程序和结论审核、档案、工作人员守则等规章制度；认真做好公检法案件的价格认证工作，坚持上门服务、节假日轮流值班；同时，为便于涉案物品价格查询，建立涉案商品价格信息点。是年，全市办理各类涉案价格鉴定1269件，鉴定总金额1300万元。全部案件都做到及时、公正、合理鉴定认证，未出现一起复议案件。2009年，办理各类涉案价格鉴定167件，鉴定总金额666万元。其中，刑事案件106起，行政案件13起，价格认证48起。2011年，率先在全省开展二手房价格认定业务，山东省价格认定经验交流会在安丘召开。是年，全市受理二手房价格认定860余起，认定金额1.86亿元。全年受理各类价格鉴证、价格认定业务3064余件，鉴证、认定总额达6300余万元。2012年2月，全省价格认证工作暨涉税财物价格认定现场会议在安丘召开。为推进涉纪财物价格认定工作，市纪委、监察局明确安丘市价格认证中心为全市开展涉纪财物价格认定唯一指定机构，专门组建涉纪财物价格认定科，制定涉纪财物价格认定工作制度和工作流程，强化管理，规范运作，确保价格认定结论客观、公正。是年12月，在全省创新性地开展针对基层困难群众、弱势群体的价格矛盾调处工作，帮助基层群众解决生产、生活中遇到的价格纠纷，在社会上引起强烈反响。是年，办理涉税财物价格认定业务1123起，标的额3.8亿元，被国家发改委价格认证中心评为全国价格认证工作先进单位。2013年，做好城镇改造、建设过程中的相关价格服务工作，为城市拆迁改造补偿提供优质服务。巩固涉税财物价格认定工作，重点办理股权转让涉税财物价格认定业务。是年，办理市公安部门委托案件136件，涉案总金额2100多万元。

安丘市2002年—2012年价格认证情况表

表12—18　　单位：万元

年份	涉案标的价格鉴定								价格认证		涉税认定		价格纠纷	
	刑事案件		民事案件		行政案件									
	件数	金额	件数	金额	件数	金额	其中车损		件数	金额	件数	金额	件数	金额
							件数	金额						
2002	110	552	34	144	1228	249	1224	244	38	268	—	—	—	—
2003	108	494	29	138	1212	221	1201	213	29	174	—	—	—	—
2004	101	396.5	20	97.6	1114	185	1102	171	20	151	—	—	—	—
2005	99	298	26	127	1116	161	1100	154	24	163	—	—	—	—
2006	112	741	16	73	1081	145	1052	132	27	166	—	—	—	—

续表 12—18

年份	涉案标的价格鉴定								价格认证		涉税认定		价格纠纷	
	刑事案件		民事案件		行政案件									
	件数	金额	件数	金额	件数	金额	其中车损		件数	金额	件数	金额	件数	金额
							件数	金额						
2007	110	537	48	198	1061	172	1036	161	50	311	—	—	—	—
2008	104	407	69	290	1120	184	1104	171	52	350	—	—	—	—
2009	106	432	—	—	13	11	—	—	48	223	—	—	—	—
2010	112	695.5	—	—	19	17	—	—	56	410	—	—	—	—
2011	116	717	—	—	17	15	—	—	51	305	2880	3744	—	—
2012	109	510	—	—	22	18	—	—	61	508	2674	3591	6	300
2013	121	801	—	—	20	16	—	—	58	433	13	213	13	900

第六节　价格调查

价格监测 成本监审

安丘市价格监测与成本监审两项工作均始于2003年6月。2004年，市物价局组织人员对市污水处理成本、市自来水公司供水成本及市北区供热公司主管道投资情况进行分析和测算，提出合理的污水处理费征收标准和供水价格，并对调整后污水处理和供水企业的经营状况及社会承受力进行分析，为领导决策提供确切依据。根据省局安排，指定安丘价格监测情况直报省局，潍坊地区仅安丘一家，价格监测工作涉及重要商品、农用生产资料、农副产品等48个品种，每周三次上报，节假日期间不间断。2005年，全市加强市场价格的统计监测和调查，及时完成40多个监测报表，48个品种的上报工作。2007年，制定《安丘市物价局制定价格成本监审工作规程》，在制定或调整关系群众切实利益的重要商品和服务价格时，引入价格监审程序，进一步完善价格形成机制，规范政府价格行为。是年，先后对城市供水、燃气、供暖等项目进行成本监审，核减不合理费用1696.2万元。2008年，完善价格监测网络体系，进一步加强价格监测预警机制。建立32个价格监测联系点，聘请40名价格监测员，定期上报价格监测报表和分析材料。落实《政府制定价格成本监审办法》，重点对全市13家物业公司管理的21个居民住宅小区物业管理费，新上捷达、伊兰特出租车运价，白芬子自来水厂价格，市污水处理厂升级改造运行成本、供热价格进行成本监审，为价格制定提供依据。2012年，市物价局设立成本调查科，加强价格监测预警，开展安丘特色农产品和部分商品成本调查及基本农产品和居民消费品价格监测。2013年，规划设立葱姜蒜、生猪、鸡蛋、农业生产资料、居民生活消费（食）品价格监测（联系）点9个。安丘市承担的省市价格监测工作任务主要有：每周一次对小麦、大豆油、花生油、鲜猪肉、大白菜等54个居民生活消费（食）品零售价格进行价格监测；每月一次对姜、蒜、葱、芦笋、白酒（景阳春32度）、安丘蜜桃、安丘樱桃、黄烟等8种特色农产品进行价格监测。

价格研究

2012年，市物价局陆续开展特色农产品种植成本及收益、蔬菜及生猪价格政策性保险等调查研究，并形成相应调查报告。有多篇调查报告在《中国经济导报》《山东价格信息》等国家、省、潍坊市刊物发表。其中，《安丘市大姜2011年成本收益及2012年价格预测调查分析》获潍坊市物价局2012年度价格研究成果评选三等奖，《安丘市物价局关于本市特色蔬菜生产、成本价格总体情况及价格保险政策调研的汇报》获山东省物价局价格监测论文评比三等奖。

第七章 质量技术监督

第一节 机 构

1975年4月，安丘县成立标准计量所。1988年8月，对外称安丘县标准计量局，实行局所合一体制。1989年8月，设立安丘县产品质量监督检验所、安丘县计量测试所，均为股级事业单位，人员由县标准计量所内部调剂。1990年4月，安丘县标准计量所更名为安丘县技术监督局，正科级行政单位，列县政府序列工作部门。1994年3月，安丘县技术监督局更名为安丘市技术监督局。1995年1月，设立安丘市衡器管理所，为股级事业单位，企业化经营，隶属市技术监督局。

2000年1月，改革质量技术监督管理体制，安丘市技术监督局改为安丘市质量技术监督局（简称市质监局），实行省以下垂直管理，挂稽查队牌子，负责管理安丘行政辖区内质量技术监督和行政执法工作。同时，原市劳动部门承担的锅炉、压力容器、电梯、防爆电器等特种设备的安全监察监督管理、检测职能及其机构编制人员，划归质量技术监督局。

2004年6月，市质监局划出流通领域商品质量监督管理职能。产品质量纠纷的仲裁交由市人民法院或社会中介组织。是年9月，市质监局内设机构统一规范为办公室、监督与法制科、综合业务科和特种设备安全监察科，规格均为股级建制。同时，挂安丘市质量技术监督局稽查队牌子。2009年4月，市质监局稽查队独立设置机构，规格为副科级。2013年12月，市质监局改为地方政府分级管理体制，作为同级政府工作部门，业务上接受上级质监部门的指导和监督。

第二节 产品质量技术监督

质量强市和名牌发展战略

2003年2月，筹备成立安丘市质量技术协会，发展会员单位150余个。是年，对全市120家生产企业质量状况进行调查，建立较为完善的企业质量档案体系，推动企业参与质量管理工作。2004年8月，市政府召开全市质量兴市工作会议，出台《关于开展质量兴市活动的实施意见》，在全市范围内实施“质量兴市、名牌发展”战略。2005年，市政府出台《安丘市质量兴市工作评价考核办法》，将质量和名牌创建工作进行具体量化。2006年，安丘市把实施名牌战略作为提升质监工作的突破口，成立专门领导小组，指导申报工作。是年，全市获中国名牌产品1个，山东名牌产品6个，国家免检产品1个。2007年—2010年，安丘市通过奖励获牌企业、围绕名牌产品打假保优、加大对名优企业融资支持力度等措施推动企业争创名牌。市质监局通过夯实企业争创基础、与各级名牌推进委员会和行业协会沟通等措施带动企业争创名牌。2011年，市政府组织召开全市名牌争创工作座谈会议，对获得名牌的10家企业的14个产品进行跟踪调查。2012年，市政府出台《关于推进质量强市建设的实施意见》，将质量工作提高到一个新的高度。至2013年，全市争创中国名牌产品3个、山东名牌产品17个、山东省服务名牌3个、国家免检产品 1个、山东省省长质量奖1个、潍坊市市长质量奖6个，并在全省率先开展县级市市长质量奖评审工作。

生产许可证管理

工业产品生产许可证 1998年，市质监局始行使工业产品生产许可证管理工作职能。2005年，根据国务院颁布实施《工业产品生产许可证管理条例》，重点加强对未取证企业的建档管理工作，帮助指导企业尽快获证。是年，有11家企业通过工业产品生产许可证审查，通过ISO9000体系认证企业58家。2006年，市政府办公室印发《关于加快办理产品生产许可证进一步规范企业生产经营秩序的通知》。是年，市质监局帮助3家企业获生产许可证，对23家企业38个产品的许可证进行年审。

2007年—2012年，全市加强以“统一产品目录，统一审查要求，统一证书标志，统一监督管理”为主要内容的管理措施，推动工业产品生产许可证工作。2010年，市质监局与山东质量认证中心签署“认证技术与市场合作发展备忘录”，设立山东质量认证中心安丘工作站，为企业取证工作提供服务。至2013年底，全市有72家企业的78种产品获得工业产品生产许可证。

食品生产许可证　2002年，国家实行食品质量安全市场准入制度，首批实行食品安全市场准入制度的食品有小麦粉、大米、食用植物油、酱油和食醋等。2003年—2012年，市质监局帮助企业健全质量管理体系，完善程序文件，改善生产条件，全面开展食品生产许可证申报工作，全市获证企业数量不断增多。至2013年，全市有73家企业82种产品获得食品生产许可证。是年12月，市质监局生产环节食品安全监督管理职责整合到市食药监局。

强制性产品认证　2001年，国家对涉及人类健康和安全、动植物生命和健康以及环境保护和公共安全的产品实行强制性认证制度。凡列入《实施强制性产品认证的产品目录》的产品，必须经国家指定的认证机构认证合格，取得指定认证机构颁发的认证证书，并加施认证标志后，方可出厂销售、进口和在经营性活动中使用，未通过认证产品不得进口和在市场销售。安丘市被列入《第一批实施强制性产品认证的产品目录》中的产品主要包括电线电缆、家用和类似用途设备、低压电器、电动工具、照明设备、机动车辆及安全附件、安全玻璃、医疗器械产品、消防产品等19大类132种产品。2002年，有1家企业2个产品通过强制性产品认证。2003年—2012年，市质监局推进强制性产品认证工作。至2013年，全市电线电缆、电路开关及保护或连接用电器装置、小功率电动机、电焊机企业共21家39种产品通过强制性产品认证。

安丘市2002年—2013年获CCC认证情况一览表

表12—19

年份	认证企业数量（个）	认证产品数量（个）
2002	1	2
2003	4	8
2004	—	—
2005	3	4
2006	1	1
2007	2	2
2008	3	5
2009	—	—
2010	1	3
2011	2	3
2012	1	2
2013	3	9

产品质量监督检查

2001年，市质监局根据省质监局下达的定检计划，对全市664家生产企业进行产品质量定期监督检验，抽样检验827批次，合格738批次。2003年，对全市食品、饮料、小麦粉、酱油、食醋、植物油、汽油、柴油、眼镜等16类产品进行重点检查和专项治理，对660家生产企业进行定期监督检查，抽样检验718批次，合格645批次。2004年，安丘市印发《建立企业质量档案工作实施方案》，调动全社会力量参与建立企业质量档案工作。是年，完成普查建档企业412家。为提高区域监管工作有效性，创新“多位一体”综合监管模式，全市划分四个责任区域，明确区域监管责任人和联系人，全年检查生产经营业户2600余家，检查产商品总货值3000余万元，查办违法案件386起，其中立案176起，现场处罚210起，万元以上案件18起，端掉制售假窝点12个，受理群众投诉70起，为消费者挽回经济损失50余万元。2006年，成立专职区域监管队伍，下设4个区域监管中队，按照《作业指导书》认真开展监管巡查，开拓食品卫生、预制建材产品、石灰、纺织、铝合金门窗、输电线路铁塔、玻璃钢罐等检验领域，全年抽检企业333家，抽取样品348批次，合格298批次，重点产品定检率达到100%。2007年，全市开展“三位一体”电子监管工作，普查建档企业327家，录入产品信息366个、标准信息332个、在用计量器具信息433个，并按规定及时进行巡查监管。全市加入产品质量电子监管网企业69家，9家食品企业和特种设备使用单位加入视频监管系统。2013年，对全市332家企业的634批次产品进行产品质量定期监督检查。

食品生产监管

2001年，市质监局对“米袋子、菜篮子”产品开展专项治理，查获假劣食品40余吨，劣质酱油、食醋5700余公斤，不合格白酒13000余公斤。2003年，开展新十类食品生产企业的摸底调查工作，普查新十类食品生产企业34家。2004年，开展食品生产加工业整顿工作，查获无生产许可证面粉16吨，不合格面粉8吨，伪造生产日期的乳饮料400箱，使用工业冰醋酸腌制的酱菜5吨，不合格及无证白酒7000余公斤。2005年，对全市80余家食品生产企业建立纸质档案，帮助7家企业的9类产品取得食品生产许可证。2006年，开展肉制品、大桶水等产品整治活动。立案查处案件93起，当场处罚61起，受理群众投诉56次，处结率100%，为消费者挽回经济损失20余万元。2007年，开展产品质量和食品安全专项整治行动，全市34家食品生产加工企业取得食品生产许可证，普查摸底食品加工小作坊20家，全部签订食品质量安全承诺书。整治期间，关停食品小作坊11家，移交市工商部门取缔8家，移交市卫生部门取缔22家。建立《名优企业联系制度》《食品召回制度》《小作坊限制区域销售制度》。2008年，对16家供奥运会比赛城市食品的企业，明确包靠人员，建立健全企业质量档案，全部签订“安全责任书”，提高巡查频次，加强巡查监管。2009年，组织《食品安全法》贯彻实施，以月饼、肉制品、饮料、酒类、调味品等产品为重点，组织开展食品安全大检查。检查食品生产企业32家，检查食品小作坊18家，发现食品安全隐患6处，并完成整改。2011年，以推动企业落实质量安全主体责任为重点，针对小麦粉、肉制品、大桶水、炒货类食品等开展专项整治6次，拆除19家无证生产桶装饮用水企业的关键设备；为62家企业建立食品质量安全信用档案，帮助14家企业的16个单元产品取得食品生产许可证。2012年，安丘市出台《食品生产加工小作坊监督管理办法》，市质监局办理小作坊生产许可21家，制定《2012年食品安全监督检查计划和食品安全监督检验计划》，与55家食品生产企业签订质量安全承诺书和食品添加剂使用承诺书。开展肉制品、桶装饮用水、食品添加剂、明胶产品、酒类产品专项整治，检查企业45家，抽检产品20批次。2013年，开展食品生产加工小作坊“春雷行动”，摸底排查食品加工小作坊90余家，建立台账，强化管理。

检验检测能力建设

1989年8月，县质监局设立安丘县产品质量监督检验所，为股级事业单位。2001年，投资7万元，购买钢材五大元素分析仪器设备。2003年，增加“非典”防治产品认证7项，检验防治“非典”产品36批次。2005年，投资170余万元，建设实验检测楼、新上检验检测仪器设备，并按照GB/T15481—2000标准建立管理体系，完成实验室扩项认证工作，产品认证项目63个，参数认证项目65个，全年接受社会委托检验539 批次。2006年，投资30万元，新建14间办公用房，补齐实验室设备，完成计量认证到期换证和扩项认证工作，定量包装实验室通过计量授权验收，实验室产品认证69个，参数认证产品89个，涵盖28类食品全项检验指标。2010年，检验所与企业联合建成电子节能灯实验室，服务全市电子产业发展。2011年—2013年，质检所检验检测能力大幅提升，涵盖41个产品全项、197个产品的2324个参数。与潍坊市产品质量监督检验所联合，建成国家蔬菜质检中心安丘实验室，通过国家质检总局、国家认监委的资质审核和验收，中心实验室检测能力涵盖蔬菜、果品、食品添加剂、水中的120个项目。依托安丘市质检所建成山东省玻璃纤维增强塑料产品质检中心，有10个产品的全项、40个产品的444个参数和20个方法通过实验室资质认定，检验能力覆盖全市95%以上玻璃钢产品。

第三节　计量管理

1988年，安丘县建立游标类、表类、微分类、压力表、天平、砝码、衡器、热电偶、配热电偶仪表、配热电阻仪表等社会公用计量标准器。1989年8月，设立安丘县计量测试所，为股级事业单位。2001年，市质监局开展汽车车速表、里程表检定工作，检定3900余台，帮助29家企业建立健全计量检测体系，对95家企业定量包装产品进行检定。是年4月，根据国家质量技术监督局《定量包装商品生产企业计量保证能力评价规定》，安丘市开始推行定量包装商品计量认证C标志制度。2002年，帮助36家企业建立健全计量检测体系，其中9家企业通过计量确认，对90家企业定量包装产品进行检定。检定加油机1166台（次），检定车速表、里程表4270台（件），用于贸易结算的地秤、台秤、案秤、电子计价秤等5200台（件），检定木杆秤18000余支。2003年，增加医用超声诊断仪超声源检定装置。2004年，联合市文明办、工商局开展计量诚信市场创建活动。是年有7家市场申报计量诚信市场。2005年，全市5家企业建立完善计量确认体系，全市通过计量确认企业达到26家。是年，山东景芝酒业股份有限公司获“定量包装商品生产企业计量保证能力证书”，获准在通过评价的景阳春白酒、春开窖白酒等25个定量包装商品上使用全国统一的计量保证能力合格标志“C”。2007年，投资46万元，购置计量检衡车等仪器设备。坚持管、检、修相结合的原则，加强计量检定工作，检修计量器具11000台（件）。2009年，新上电能表、电子天平、酸度计、分光光度计、小容量、灌装机等6项计量标准。2011年，增加冷水水表检定装置和医用诊断X辐射源检定装置2项社会公用计量标准器。2012年，增加温湿场检定装置和燃气表检定装置2项社会公用标准器。全市建立计量标准25项。

第四节 标准化管理

工业标准化

1998年，市政府办公室下发《关于实施全国消灭无标生产试点县实施方案的意见》，开展消灭无标生产试点工作，1999年通过验收。2002年，对全市企业标准登记备案实行计算机动态管理，全年完成标准登记98家，登记产品134个，帮助企业制修订标准64个，配备标准文本100余个。2003年—2011年，市质监局加强标准数据库建设，收录国家、行业标准1万余册，并加入山东标准信息网，以更加便捷的方式为企业提供标准信息查询服务。其中，亚东冶金设备公司起草的《工业电热装置—电渣重熔炉试验方法》国际标准获中国标准创新贡献奖。2012年，全市产品执行标准登记新办183个，换证321个，年检702个，企业产品标准备案29个。积极引导企业承担或参与标准制修订工作。至2013年，全市有12家企业承担或参与34项国际、国家、行业和地方标准的制定。其中，国际标准2项、国家标准15项、行业标准9项、地方标准6项。

标准化良好行为 2006年，市质监局在4家企业推行标准化良好行为企业试点工作。2007年，帮助申报中国名牌产品的3家企业通过标准化良好行为AAA级验收，帮助申报山东省名牌产品的3家企业通过标准化良好行为AA级验收。2008年—2012年，帮助企业健全完善技术标准、工作标准、管理标准三大标准体系，引导企业开展标准化良好行为企业创建活动。至2013年，全市通过AAAA级标准化良好行为确认的企业有4家、AAA级3家、AA级8家。

采用国际标准或国外先进标准 2004年，全市有4家企业的5个产品采标。2008年—2013年，全市有32家企业的41个产品采用国际标准或国外先进标准，4个产品使用采标标志。

安丘市参与国际标准登记表

表12—20

序号	标准名称	标准编号	起草单位	年度	备注
1	电热设备的安全 第8部分：电渣重熔炉的特殊要求	国际标准 IEC60519-8-2005	潍坊亚东冶金设备有限公司	2005	参与
2	工业电热设备 电渣重熔炉的试验方法	国际标准 IEC60779-2005	潍坊亚东冶金设备有限公司	2005	参与

安丘市参与国家标准登记表

表12—21

序号	标准名称	标准编号	起草单位	年度	备注
1	地理标志产品 景芝神酿酒	GB/T 22735-2008	山东景芝酒业股份有限公司	2009	主持
2	轮胎用聚酯浸胶帘子布	GB/T 19390-2003	山东海龙博莱特化纤有限责任公司	2004	参与

续表 12—21

序号	标准名称	标准编号	起草单位	年度	备注
3	柠檬酸	GB/T 8269-2006	山东柠檬生化有限公司	2006	参与
4	电热装置的试验方法 第8部分：电渣重熔炉	GB/T 10066.8-2006	潍坊亚东冶金设备有限公司	2006	参与
5	电热装置的安全 第8部分：对电渣重熔炉的特殊要求	GB 5959.8-2007	潍坊亚东冶金设备有限公司	2007	参与
6	芝麻香型白酒	GB/T 20824-2007	山东景芝酒业股份有限公司	2007	参与
7	碳化硅特种制品 反应烧结碳化硅窑具 第1部分：方梁	GB/T 21944.1-2008	山东金鸿集团有限公司	2009	参与
8	碳化硅特种制品 反应烧结碳化硅窑具 第3部分：辊棒	GB/T 21944.3-2008	山东金鸿集团有限公司	2009	参与
9	碳化硅特种制品 反应烧结碳化硅窑具 第4部分：烧嘴套	GB/T 21944.4-2008	山东金鸿集团有限公司	2009	参与
10	建筑石膏	GB/T 9776-2008	山东奥宝化工集团有限公司	2009	参与
11	食品添加剂 柠檬酸钠	GB 6782-2009	山东柠檬生化有限公司	2009	参与
12	白酒企业良好生产规范	GB/T 23544-2009	山东景芝酒业股份有限公司	2009	参与
13	电渣重熔结晶器	GB/T 24444-2009	潍坊亚东冶金设备有限公司	2010	参与
14	输电线路铁塔制造技术条件	GB/T 2694-2010	潍坊长安铁塔股份有限公司	2011	参与
15	初级农产品安全区域化管理体系要求	GB/T 26407-2011	安丘市人民政府、安丘市外贸食品有限责任公司	2011	参与

安丘市参与行业标准登记表

表 12—22

序号	标准名称	标准编号	起草单位	年度	备注
1	碳化硅特种制品 反应烧结碳化硅 方梁	JB/T 10614-2006	山东金鸿集团有限公司	2007	主持
2	碳化硅特种制品 反应烧结碳化硅 辊棒	JB/T 10615-2006	山东金鸿集团有限公司	2007	主持
3	胶带、涂覆织物	HG 2807-1996	山东海龙博莱特化纤有限责任公司	1997	参与
4	橡胶工业用合成纤维帆布	FZ/T 13010-1998	山东海龙博莱特化纤有限责任公司	1999	参与
5	架空送电线路钢管杆设计技术规定	DL/T 5130-2001	潍坊长安铁塔股份有限公司	2002	参与
6	风电机组筒形塔制造技术条件	NB/T 31001-2010	潍坊五洲风电设备有限公司	2010	参与
7	架空输电线路钢管塔设计技术规定	DL/T 5254-2010	潍坊长安铁塔股份有限公司	2011	参与
8	输变电钢管结构制造技术条件	DL/T 646-2012	潍坊长安铁塔股份有限公司	2012	参与
9	YZTD(E)系列塔式起重机用（电磁制动）多速三项异步电动机技术条件	JB/T 8956-2011	潍坊电机一厂有限公司	2012	参与

安丘市参与地方标准登记表

表 12-23

序号	标准名称	标准编号	起草单位	年度	备注
1	无公害食品　露地西瓜生产技术规程	DB37/T 1515-2010	安丘市蔬菜站	2010	主持
2	白酒生产质量安全控制	DB37/T 891-2007	山东景芝酒业股份有限公司	2008	参与
3	白酒生产企业 HACCP 应用指南	DB37/T 857-2007	山东景芝酒业股份有限公司	2008	参与
4	纯粮固态发酵白酒标准化生产技术规程	DB37/T 1271-2009	山东景芝酒业股份有限公司	2009	参与
5	大曲通用技术标准	DB37/T 1231-2009	山东景芝酒业股份有限公司	2009	参与
6	地源热泵系统工程技术规程	DBJ14-068-2010	山东科灵空调设备有限公司	2010	参与

农业标准化

2001 年，市质监局与市农林部门配合，起草发布《大樱桃》《大蒜》《黄金梨》等 5 项农业标准。2004 年，制定、修订《无公害食品　大口鲶》《大口鲶养殖技术规范》等 2 项潍坊市级农业标准、《生姜质量分级》1 项山东省地方农业标准，全市农业标准规范达到 26 项。2004 年—2010 年，根据“有标贯标、无标制标、缺标补标”原则，重点围绕农产品生产过程、产品品质以及加工包装贮运等环节强化农业标准规范制定修订工作。其间，组织制定大姜、大葱、大蒜、生猪等 6 大类 40 个农业标准综合体，建成通过认证或出口备案的标准化种植基地 85 万亩，种植业农产品质量安全生产示范园区 42 个，全市农产品品牌达 36 个，获有机、绿色、无公害农产品认证 214 个，7 种农产品被农业部评为地理标志产品。独具特色的“安丘模式”，上升为《初级农产品质量安全区域化管理体系》(GB/T26407-2011) 国家标准，并于 2011 年 9 月正式实施，从根本上保障农产品质量安全。2011 年，全面实施全国农业综合标准化示范市创建工作，为全国第一个全行政区域、全产业链覆盖的农业标准化示范项目。至 2013 年，建成安丘大姜、出口芦笋、大樱桃、草莓 4 个国家级农业标准化示范区，以及红冠蜜桃、白芬子姜蒜批发市场 2 个省级标准化示范区。

服务标准化

2008 年，省质监局、省发改委联合公布《山东省服务标准化试点项目管理办法》，全市服务标准化试点工作正式开始。是年，安丘市供电公司和市中医院申报省级服务标准化试点。2010 年，安丘市行政审批服务中心申报省级服务标准化试点。2011 年，安丘新大物业服务公司申报省级服务标准化试点。帮助新东方大酒店起草并发布《安丘特色菜》地方标准。2013 年，市政府出台《关于加强标准化和品牌认证建设推动服务业优化升级的意见》，鼓励服务业企业开展标准化工作。是年，安丘市供销农业生产资料有限责任公司申报省级服务标准化试点，安丘市供销合作社联合社申报农业社会化国家级服务标准化试点。

组织机构代码

1989 年，全国建立组织机构统一代码制度。1993 年，安丘县开始颁发组织机构代码证书。2013 年，全市处理组织机构代码信息 3842 条，为历史最多。其中，新办 971 条，变更换证 923 条，年检 1948 条。

第五节　特种设备安全监察

2000 年 12 月，市劳动局锅检科划归市质监局，承担全市特种设备（含锅炉、压力容器、压力管道、电梯、起重机械、客运索道、大型游乐设施、场内专用机动车辆）安全监察与行政执法工作。2003 年，国务院《特种设备安全监察条例》颁布实施后，市质监局在特种设备普查的基础上，进一步加大执法检查力度。是年，市质监局对 380 余家特种设备生产、使用单位进行安全监察，发出“特种设备安全监察意见书”250 余份，提出整改意见 700 余条，对 80 余家逾期未改的企业实施行政处罚。2005 年，建立完善安全监察网络，在各镇街道特种设备集中企业聘任并培训监管员 10 名、协管员 23 名、联络员12名，培训特种设备作业人员291名，将监管网络延伸到基层。开展锅炉专项整治活动，严厉打击无证制造、非法安装锅炉行为，取缔非法使用的土锅炉，共检单位206个、锅炉139台，排查出事故隐患或设备缺陷172起，下达“特种设备安全监察文书”136份，责令停止使用36台。2010年，开展液化气充装站专项整治，帮助全市42家气瓶充装站达到规定的充装要求。充装站取证22家，通过审核的11家。2013年，市政府出台《安丘市冷库压力容器压力管道安全专项整治活动实施方案》，对使用冷库的规模以上企业、大型果蔬加工企业和食品生产许可证获证企业进行重点整治，督促企业落实特种设备安全主体责任。

第六节 行政执法

2000年1月，市质监局实行省以下质量技术监督系统垂直管理。2001年，安丘市根据国务院打击制造和销售假冒伪劣商品违法犯罪联合行动会议精神，出台《严厉打击制售假冒伪劣商品违法犯罪行为联合行动实施意见》，组织市质监、工商、卫生、烟草、公安等部门开展联合打假行动20余次，重点开展卷烟、酒类、盐业、食品、钢材、石油制品等关系国计民生的产（商）品的综合治理。2003年，开展防治“非典”用品专项执法检查，先后出动执法人员600多人次，检查生产、经销防治“非典”相关产品业户300余家，查处经销假冒伪劣防治“非典”相关产商品业户5家。2005年，与景芝酒厂联合开展打假保优工作，出动执法人员1200人次，出动执法车辆400台（次），检查相关业户400余家，查获假劣白酒6000余公斤。2006年，开展“农资打假下乡”活动，深入农村大集、田间地头，宣传法律法规和识假辨假知识，出动执法人员200余人次，发放宣传材料10000余份，处理农资方面投诉16起，为农民消费者挽回经济损失10余万元。2007年，发挥全市打假工作领导小组办公室牵头作用，开展电焊条、饲料粉碎机组、建筑外窗、复混肥料、农药等专项整顿17次，查处违法案件242起。其中，立案查处80起，当场处罚162起，端掉制假售假窝点13个，受理消费者投诉66起，为消费者挽回经济损失30余万元。2009年4月，设立安丘市质量技术监督局稽查队，为市质监局所属行政支持类副科级事业单位，经费来源为财政拨款。2011年，分类开展电线电缆、玻璃钢、低压配电成套设备、轻工机械、农资等产品的专项整治，立案查处违法案件54起。开展青少年维权活动，组织实施光明工程、安全工程、放心工程、健康工程、明白工程等“五大工程”，维护青少年的合法权益。2013年，开展重点工业产品日常监管，加大对假冒伪劣产品生产行为查处力度，推进企业产品上档升级，行政执法共立案40余起，未发生行政复议及行政诉讼案件。

第八章 审 计

第一节 机 构

1984年2月，安丘县审计局成立，为正科级行政单位，隶属县政府，业务受上级审计部门指导。1988年8月，设立安丘县审计事务所，隶属县审计局，为自收自支股级事业单位。1990年11月，内设办公室、行政事业审计科、企业审计科、基本建设审计科和审计事务所5个内部机构。1993年12月，内设办公室、综合科、企业审计科、行政事业审计科、基建审计科5个科室；县审计事务所为县审计局下属股级事业单位。1994年3月，安丘县审计局更名为安丘市审计局。1999年，根据上级要求，市审计事务所改制为社会中介组织，与市审计机关脱离，原事务所人员改为社会中介组织工作人员。2001年，安丘市经济责任办公室成立，为副科级事业单位。2004年，安丘市建设项目审计办公室成立，为正科级事业单位。2013年，市审计局设办公室、法制科、行政事业审计科、经贸审计科、农业资源与环保审计科6个科室。

第二节　国家审计

财政审计

财政预算执行审计　1994年—1995年，市审计局每年安排对全市三分之一的乡镇开展财政决算审计。审计完成乡镇决算项目49个，查处违纪违规资金11280万元，促进增收节支706万元，提出审计建议118条。1996年—2013年，对乡镇财政的审计与预算执行审计一起安排，审计情况在预算审计报告中表述。

1996年，根据《中华人民共和国审计法》和《山东省本级预算执行审计监督暂行办法》规定，市审计局首次对市内上年度预算执行情况进行审计，重点审计市财政局、地税局和地方金库，延伸审计20家工商企业大户，查出虚列财政支出、私营企业大户欠税严重等15个问题，为开展年度预算执行审计积累经验。是年，结合预算执行审计，对10处乡镇进行财政、财务收支情况审计，查处违规违纪金额223万元，促进财政增收190万元。1997年—2000年，审计财政资金18.2亿元，查出违纪违规资金0.3亿元，提出关于加强预算管理的审计建议39条，规范全市的预算管理。2001年—2008年，围绕财税体制改革，加大预算资金管理审计力度，审计财政资金21.9亿元，提出关于加强预算管理审计建议113条。2009年—2013年，积极推进财政绩效审计，突出对重点部门、重点项目和重点资金审计监督。审计财政、建设、社保、教育等重点部门61个，二级核算单位42个，查出违规违纪、损失浪费及管理不规范资金3.1亿元，向市政府和市人大常委会提交审计结果报告，为其全面了解财政运行状况提供翔实资料。

地税征管审计　从1996年起，市审计局每年组织对市地税局上年度税收征管情况进行专项审计。至2000年，审计地税征管资金3.9亿元，延伸审计纳税企业29家。2001年—2005年，审计税收征管资金5.9亿元，延伸审计重点税源企业58个。其中，2005年，结合地税征管审计，对17家企业进行延伸审计，查处偷漏税款484万元，追缴入库251万元，增加财政收入，防止税款流失。2006年—2008年，审计税收征管资金3.7亿元，延伸审计重点税源企业49个。其中，2008年延伸检查18家重点税源企业，查出偷漏税款1254万元，追缴入库1222万元。2009年—2013年，审计税收征管资金4.9亿元，延伸审计重点税源企业38个，查出偷漏税款1409万元，全部追缴入库。

行政事业审计

财务收支审计　1985年，县审计局组织对县公路站、县教育局财务收支情况进行审计，查出教育经费超支过大，行政事业单位经费过紧等问题，及时进行整改。1986年，县审计局与县财政局联合下发《关于对行政事业单位逐步报送审计的通知》，规定各行政事业单位定期到县审计局报账。1986年—1988年，对69个行政事业单位实行定期审计，查处违规违纪资金9.3万元。1989年—1990年，对153个行政事业单位进行审计，延伸审计11个二、三级预算单位，审计资金7502万元，查处有问题资金435万元。1990年—1995年，突出对市农业、水利、教育、卫生等部门审计，重点查处各项管理资金在拨付、管理、使用中存在的问题，提出审计建议112条，规范行政事业单位的财政、财务管理。1996年—1999年，将审计重点放在城建、电力、教育、卫生等系统，严肃查处违规违纪问题，加强宏观调控和全方位监督。2000年—2006年，对行政事业单位审计一直结合预算执行审计一并开展，将审计重点放在机关事业服务性窗口单位上，先后对市计划、国土、工商、食品药品监督等98个单位实施审计，审计资金9亿元，查处违规违纪问题，规范单位财务管理。2007年—2010年，重点对有行政性事业收费、罚没职能的单位开展审计，完成审计项目156个，审计资金11亿元。2011年—2013年，突出关系民生、民计、民心项目的审计，重点对市农业、民政、教育、卫生、计生等98个部门单位进行审计，规范资金财务管理，保障关系民生各项资金、基金到位，确保各项民生政策落实。

专项资金审计　1985年，安丘县审计局按照上级审计机关安排，开展财政税务专项大检查活动，检查37个单位，查处违规违纪金额36.9万元，同时结合开展计划生育超生费和水利资金费用专项审计，对查出的违规使用专项资金等问题及时进行整改并积累经验，探索专项审计新路子。1986年—1989年，按照国务院关于“增产节支”要求，开展企业集资摊派审计调查、增产节约和增收节支审计调查等11项工作，对县内工商银行、农业银行等金融机构的信托业务进行专项审计，查出发展粮食资金、水利建设资金和信贷资金管理中存在的问题67个，查处违规违纪金额1780万元。1990年—1995年，市审计局主要对市农发基金、普教经费和自然灾害救济款等进行专项审计，查处违规违纪资金559万元，上缴财政资金106万元。对市金融系统各专业银行的财务收支情况和信贷资金进行审计，查出金融机构违规资金1022万元，提出审计建议112条，促进管理部门加强专项资金管理。1996年—1998年，全市先后完成城建资金、世行贷款造林项目、救灾扶贫等基金情况专项审计，保证专款专用。1999年—2002年，对领导重视、群众关心的劳动保险、农村养老保险、农村合作医疗保险、失业保险等进行专项审计，严肃查处挤占、挪用专项基金问题，保障群众利益。其间，接受上级委托，对中国人民保险公司安丘分公司、农发行安丘支行进行专项审计，查处违规违纪资金1900万元，不良贷款占用2.1亿元。2003年—2005年，开展城市居民安居工程、财政支农资金、福利彩票资金等专项审计31个，审计资金3.9亿元，查处违纪违规金额790万元。2006年—2010年，以保障民生为出发点，组织新农村建设、家电下乡补贴、村村通自来水、柏油路建设和新增投资等112个民生项目的审计调查，审计资金9.1亿元，查处违规违纪资金1090万元，规范各类专项资金的管理。其间，对农村信用社的资产、负债、损益情况进行分类专项审计，查处违纪违规资金5700万元。2010年—2013年，围绕全市经济发展中心，开展对尚庄水库水利专项资金、福利彩票资金、牟山水库加固工程资金等专项审计31个，审计资金总额612109万元，查处违规违纪资金16906万元。市政府及有关部门采纳审计建议261条，进一步规范全市各专项资金的管理。

固定资产投资审计

1986年，县审计局对县政府职工宿舍楼、县医院保健病房进行基建审计，审计资金200万元。1988年—1989年，审计基建项目67个，审计资金2916万元。1990年—1994年，对98个开工前项目和32个竣工项目进行审计，审计资金9080万元，核减903万元。1995年，为加强基本建设审计，市政府下发《安丘市基本建设项目审计暂行办法》，围绕控制固定资产投资规模、节约建设基金、提高投资效益，要求审计机关依法独立对财政投资的建设项目，行政事业单位和国有企业及国有控股企业的建设项目进行开工前和结算审计。1995年—1998年，完成78个开工前项目和101个决算项目，为建设单位节省投资820万元。1999年—2005年，开展基建决算审计121项，审计资金3.9亿元，净核减2900万元。其中，1999年的环城河覆盖工程、市北区5条主要道路的审计，核减建设资金309万元，为市财政节约大量建设资金。2005年，市政府下发《关于印发安丘市国家建设项目审计监督暂行规定的通知》，规定对财政投资、国有企业或国有参股企业投资50万元以上的基本建设项目由市审计局进行全面审计。市审计部门加大建设项目审计力度，坚持对财政投资、国有企业或国有参股企业投资50万元以上的基本建设项目进行全覆盖审计。2005年—2006年，围绕市北区建设，对市政府新建办公大楼、青云学府、广电中心和青云湖小区等重点工程进行审计，共审计资金1.8亿元，审减2520万元。2007年—2008年，主要完成牟山水库、于家河水库除险加固工程和农村电网改造等11个审计项目，审计资金1.5亿元。2009年—2010年，突出民生项目审计，先后对村村通自来水、村村通乡村公路工程项目进行审计，审计资金2.3亿元。2011年—2013年，对市内重点建设项目永安路汶河大桥、莲花山路汶河大桥、北外环道路建设、商场路改造工程进行审计，审计资金4.9亿元，核减7400万元。其间，完成中小学校舍安全工程审计41项，审计资金3.6亿元。对拥翠园社区、南逯社区等5个新农村社区建设工程进行审计，审计资金3.8亿元，核减工程造价4500万元。

经济责任审计

1988年，县审计局首次对承包经营的县塑料九厂等7家企业试行离任审计，摸清家底，核实盈亏，并出具详细的审计报告。1990年—1993年，以开展企业厂长经理承包经济责任审计为主，完成审计项目89个，对其承包经营年度的资产、盈亏和管理情况出具翔实的审计报告。1994年—1998年，对171户（家）企业的厂长经理、213名部门单位和乡镇主要负责人进行经济责任审计，摸清家底，分清经济责任，审计资金总额9.92亿元，查处违规违纪问题639个，及时出具审计报告。1999年，联合市纪委、组织部、监察局和人事局等五部门下发《关于加强机关事业单位及国有企业法定代表人任期经济责任定期审计的意见》。从当年度开始，对市直部门单位、乡镇党政主要负责人和国有及国有控股企业的法定代表人，实行定期经济责任审计。1999年—2004年，对173名部门单位和乡镇主要负责人进行经济责任审计，查处部分单位财务收支不及时入账等问题，提出审计建议211条。2001年，市审计局等5个部门转发潍坊市《关于进一步做好经济责任审计工作的意见》，建立健全经济责任审计制度，开展国有企业及国有控股企业领导人任期经济责任审计工作，抓好部门（单位）主要领导干部的任期经济责任审计工作。2002年，市委、市政府成立经济责任审计领导小组，建立纪检、组织、监察、人事和审计等部门参加的联席会议制度。2004年，由市纪委、组织部、监察局、人事局、审计局五部门联合制定《市直机关事业单位领导干部任中经济责任审计分类管理办法》，明确领导干部任职期间资金管理使用责任，初步形成领导干部任中、离任相结合的经济责任审计制度。2004年—2007年，先后对214名领导干部开展经济责任审计，为组织人事部门考核使用干部提供可靠依据。2008年，全市乡镇撤并，市审计局及时组织对原有25处乡镇主要负责人的经济责任审计，评价经济责任，摸清家底，理清债务，保证乡镇及时合并，财务正常交接。2008年—2011年，安丘市贯彻中共中央办公厅《关于党政主要领导干部和国有企业领导人员经济责任审计规定》，先后对386名市直、乡镇（街道）主要负责人实施离任、任中经济责任审计，查出违规违纪资金8.89亿元，管理不规范资金16.75亿元，提出审计建议691条。2009年，对拟提拔副县级岗位的5位乡镇、部门主要负责人进行离任前审计，向市委提交翔实的审计报告。2010年，对凌河镇等3处镇街道的书记、镇长进行经济责任同步审计。2011年—2013年，先后对252名领导干部进行任中、离任审计，查出违规违纪资金6.1亿元，提出审计建议216条。对部分单位审计查出的问题，市政府责成有关部门单位按照审计建议及时整改，起到“监督、警示、规范、促进”作用。2012年，市委、市政府重新调整市党政领导干部经济责任审计工作领导小组成员，由市长任组长，常务副市长任副组长，市纪委、组织、审计、财政、人社等单位主要负责人担任成员。进一步加强对经济责任审计工作的领导，为全市经济责任审计工作的顺利开展奠定坚实基础。

企业审计

1984年，县审计局对全县工商企业进行摸底调查，选择县烟叶复烤厂、县棉麻公司等3家企业进行试审，查出严重亏库、虚报收入等问题，查处违规金额1.5万元，偷漏税8000元。1987年—1990年，对县工艺品厂、景芝酒厂、化工厂等6家企业的财务收支、财务决算进行审计，对28家承包经营企业进行定期审计，共查处违纪资金284万元，上交财政57万元。1991年—1995年，开展企业财务收支审计112项、承包经营企业的期中审计81个，增加财政收入372万元。其间，对39家市属企业潜亏情况进行审计调查，提出合理化审计建议，帮助改善经营，尽快扭亏增盈。1996年—1999年，连续完成对景酒集团、市机械厂等112家企业的年度经济指标奖惩考核审计，在审计的同时，积极为企业服务，先后帮助11家企业建章立制，堵塞管理漏洞，促进增收节支。2000年开始，把企业审计重点由财务收支审计改为资产负债审计为主。2000年—2002年，先后对景酒集团、恒安水泥公司、恒安散热器厂等79家企业的资产负债情况进行审计，审计资金7.9亿元，提出合理化建议129条。从2003年起，除上级委托的专项检查，安丘市不再单独安排企业审计项目。企业审计情况在地税征管审计中反映。

第三节　内部审计

1986年—1987年，全县内部审计机构初步发展。在县审计局指导下，全县16个内审机构积极开展财务收支、经济指标考核等内审监督业务，查出违规违纪金额5.9万元。1988年，县政府转发《关于贯彻国办发〔1987〕42号文件加强内部审计工作的意见》，要求各企事业单位，成立内审机构，开展内审监督。到1989年，全县先后设立内审机构46个，配备内审人员62人，在重点部门单位和大中型企业建立起比较完备的内部审计力量。1989年—1992年，全县内部审计机构主要开展财务收支审计和内部承包经营审计，完成审计项目721个，查出违规违纪资金901万元，促进增收节支655万元。1993年—1995年，全市内审部门共完成审计项目431个，审计资金7.5亿元，查出违纪违规资金551万元。1996年—1999年，内部审计围绕增产增效，开展财务审计、基本建设审计和内控管理审计，完成审计项目591个，查出违纪违规资金450万元，提出健全和完善财务管理和内控制度的审计建议213条，帮助部门企业建章立制321条。2000年—2004年，内部审计在完成192个审计项目的同时，注重审计信息化建设，加大投入，抓好计算机培训，开展电算化审计。2005年—2009年，内部审计重点开展固定资产投资审计和绩效审计，审计建设资金48亿元，节约投资4.1亿元。完成绩效审计项目122个，促进企业增加效益2.3亿元。2007年，在市民政局备案成立安丘市内部审计师协会，系民间协会组织，受审计机关业务指导。是年，审计师协会发展会员单位51个，会员54人。从2007起，市内审协会履行“服务、管理、交流”职能，加强全市内审单位教育培训，定期开展内审业务指导检查，促进内部机构规范审计程序，依法审计，保证审计质量。2010年—2013年，全市内审机构围绕建设富强、秀美、幸福新安丘目标，探索科学审计方法，突出经济责任审计，建设项目投资审计和企业绩效审计，完成审计项目899个，审计资金8.9亿元，促进增收节支1.2亿元。至2013年，全市内审协会会员单位51个、会员68人。

第四节 社会审计

1988年6月，成立安丘县审计师事务所，隶属县审计局，为自收自支股级事业单位。主要开展社会委托审计、验资、评估、工程造价审计和会计咨询。是年，完成验资项目31项，验证资金2245万元。1989年—1993年，完成验资项目144个，验证资金8770万元；完成工程决算审计6项，审计资金1.6亿元。1994年—1999年，随着全市企业改制和民营企业的增多，事务所扩大服务领域，先后接受委托完成验资项目662项，验证资金4.2亿元，完成建设项目决算审计116项，审计建设资金2.1亿元。1999年，按照国家审计署要求，市审计师事务所与市审计机关脱离。安丘市审计师事务所改制为安丘市万达会计师审计事务所，成为民营中介机构。2000年—2007年，完成验资项目3126项，验证资金7.2亿元。完成工程决算审计516项，审计建设资金1.2亿元。其间，开展会计培训4期，培训会计人员378人。2008年—2010年，围绕全市改革发展大局，服务招商引资工作，配合市经济管理和招商部门，及时开展鉴证、验资和资产评估，完成各类委托审计、验资项目等6120个，审计验证资金总额7.2亿元。同时开展资产评估732项，评估资产总额167.62亿元。保障各项招商引资项目的及时审批、验证和开工。2011年—2013年，开展委托审计、验资、评估、工程造价等审计服务项目，完成委托审计、验资项目等7226个，审计资金31.82亿元。其间，开展会计咨询389次，各类培训17期，为社会各界培训会计人员278人次。

第九章 矿产资源管理

第一节 机 构

1984年9月，成立安丘县矿山公司，为独立核算单位，隶属县多种经营乡镇企业局。1988年7月，设立安丘县矿山公司（对外称安丘县矿产资源管理局），原规格、性质、隶属关系和职责不变，实行局司合一。1993年，县矿产资源管理局与县土地管理局合并，内设办公室、用地科、监察科、矿产资源管理科4个科室，辖安丘县土地开发服务公司、矿山公司2个事业单位。1997年1月，设立安丘市地质矿产局，为正科级行政单位，是市政府主管全市地质矿产工作的职能部门，列政府序列部门。2002年4月，市地质矿产局与市规划国土局合并，组建市国土资源局，设立市地质矿产资源办公室，为正科级全额拨款事业单位，隶属市国土资源局。原市地质矿产局的行政管理职能交市国土资源局，地质矿产资源的具体事务由地质矿产资源办公室承担，根据国土局授权，行使执法权。2003年3月，安丘市地质矿产资源办公室更名为安丘市地质矿产资源开发中心，为市国土资源局下属事业单位，负责矿产开发秩序的维护、治理及矿产资源补偿费的征收工作。在市规划与国土资源局内部增设矿产资源管理科。至2013年，机构未变。

第二节 开采管理

宏观管理与总体调控

1988年，县政府出台《安丘县矿产资源开发管理办法》，进一步明确采矿权的审批程序和开发管理。1998年6月，市政府出台《安丘市矿产资源补偿费征收管理办法》，规定征费主体、计算方法、费率标准，依法促进矿产资源补偿费的征收。1999年6月，市政府办公室转发市地质矿产局《关于加强全市地质地貌景观保护工作的意见》，确定城市市区、牟山风景区、城顶山风景区、重要交通干线两侧等7个重点保护区及应采取的保护措施。是年10月—11月，市政府相继颁布并实施《安丘市重晶石资源管理办法》和《安丘市石灰石资源管理办法》，对全市重点矿种重晶石和石灰石的管理作出具体规定。2007年底，编制完成《安丘市矿产资源总体规划》，并经省国土资源厅批复。《规划》的实施，对境内矿产资源的勘察、开发利用及矿山的地质环境等方面进行总体安排，为规范全市矿产资源管理秩序，实现集约节约有序开采提供切实可行依据。《规划》确定全市开采区为8处，主要是水泥用灰岩开采区、建筑石料用灰岩开采区、陶瓷用砂岩开采区等，禁采区32个，重点对城市建成区、风景区、文物保护区、国道省道可视范围等实行全面禁采，全市重晶石资源实行限采。是年11月，市政府出台《安丘市矿产资源整合方案》，并分别于2007年底和2012年5月开展两次整治活动，采矿权数量由2005年的59个逐年压减。至2013年底，全市采矿权剩余数量为8个，压减幅度86%。

采矿登记管理

1986年10月，《中华人民共和国矿产资源法》颁布实施，结束县域内不办理采矿登记的历史。1988年，县政府出台《安丘县矿产资源开发管理办法》，明确采矿登记的审批程序。采矿登记工作转入正轨，开始办理发放采矿许可证。1998年，安丘市根据上级精神，在全市范围内开展采矿许可证换证工作，换证率100%。2003年，市国土资源部门出台《探矿权采矿权招标拍卖挂牌管理办法》后，逐步建立健全矿业权市场，矿产探采权招标拍卖挂牌管理走上规范化道路。2009年，市政府出台《安丘市矿产资源开发管理办法》，明确采矿权价款收费费率和相关部门的监管职责。2010年，市内完成采矿权挂牌出让19个，采矿权价款收入340余万元。2012年，市政府出台《安丘市采矿权抵押贷款管理办法》，为矿山企业融资拓宽渠道，有力支持企业发展。至2013年，全市采矿权有偿出让收入1000余万元，矿产资源补偿费入库数400余万元。

第三节 执法监察

1986年，安丘县贯彻实施《中华人民共和国矿产资源法》，组织开展严厉打击违法采矿行动。1993年，对拒不办理采矿许可登记手续的3家砖厂由县人民法院强制执行。1995年—1996年，根据国务院要求，全市开展为期两年的矿业秩序治理整顿工作，组织市公检法等相关部门严厉打击非法开采活动。2004年，市矿产资源局与市人民法院合作，设立巡回法庭，方便矿产资源行政执法。2005年下半年，市政府开始部署对矿产资源开发秩序的整顿和规划工作。至2007年，组织4次较大规模的突击行动，关闭非法采矿点27个，取缔无证采矿业户25家，移交市公安机关行政拘留12人。2012年5月，市政府下发《安丘市集中治理整顿矿产资源开发秩序工作方案》，在全市范围内开展集中治理整顿矿产资源开发秩序工作，全面关停全市违法开采、非法加工业户168家，立案查处矿山4家。至2013年，市政府对全市115家石灰窑厂全部关停取缔。

第十章　农村经济管理

第一节　机　构

1984年，安丘县人民公社管理科更名为安丘县农村经营管理站，隶属县农业局，股级规格。1985年，县农村经营管理站从县农业局分离，成立安丘县农村合作经济经营管理服务中心，为副科级事业单位，隶属县农委，内设承包合同管理、财务审计、信息材料、经济核算、合作基金会等5个组。1997年，安丘市农村合作经济经营管理服务中心更名为安丘市农村经济管理局，为正科级事业单位，隶属市政府农业办公室，受市政府委托行使全市农村经济管理职能，下设办公室、农业合作社科、合同科、农民负担科、农村财务资产科、审计科6个科室。2010年，市农村经济管理局为市政府直属事业单位，其规格、职能不变。至2013年底，全市有经管干部166人。

1984年—2013年，全市基层农经站随着行政区划的变化而调整。1984年，全县设置32个乡镇农经站。1998年和2000年两次撤并乡镇以及2003年南流镇划归坊子区后，基层农经站由32个调整为23个。至2013年，全市有14个镇街区农经站。

第二节　农村财务管理

1984年，为搞好社改乡后的农村财务管理，县委、县政府责成县农经部门进行调查，制定下发《关于改革农村经济管理体制处理村队财产关系的意见》，在全县各村全面展开财务清理、平衡积累、撤队并账工作。清理结束后，原大队所辖的5498个生产队宣布全面解体，理顺农村经济关系。是年，县政府下发《关于改革农村合作经济体制加强农业经营管理工作的意见》，明确提出农村经营管理的工作重点、改革措施和方法步骤。1985年，对全县1441名农村会计进行全面培训、业务考试和工作考核。对考试、考核合格的村会计，经乡镇农经服务站提名，报乡镇政府审批后，由农经服务站颁发聘书，将农村会计招聘为农经服务站工作人员，作为派到村合作经济组织的专业会计。农经工作力量得到充实。是年4月，改革原来的会计核算办法，编写《农业合作社会计》教材，将原来的财产收付记账法改为借贷记账法，并进行全面系统培训，明确核算的内容、方法，提高村合作经济组织会计的业务水平。从1986起，除重点系统培训外，每年对新更换的村会计组织一次短期培训，并经过考试颁发“结业证书”和“会计资格证书”，结合各乡镇考核，对农村财会人员实行聘任制，统一颁发聘任书。1987年，县委组织部、县农委、县审计局联合下发《关于农村干部离任审计实施细则》。县农经服务中心制定《安丘县农村财务管理制度》，明确全县农村合作经济组织确定审计的指导思想、范围、内容、任务、方法和工作程序。县乡两级分别成立以县长和乡镇长任组长的县乡两级农村财务审计领导小组，各村委成立民主理财小组。各村对每月收支的账项，统一规定由各村理财小组先审查把关，后报乡镇经管站进行审计，审计无讹后，加盖审讫章方可记账，并在每月10日前将本村收支账项做到张榜上墙，接受群众监督。同时召集村民会、村民代表会、民主听证会等有关会议，向群众面对面公开。

1986年始，安丘县逐步推行农经记账户工作。农经记账户的确定，以村为单位按照一定比例，采取等矩抽样的原则确定。每个记账户一名记账员，经过培训后，在村会计的指导下，记录一个家庭生产经营全过程的收支、收益分配及负担情况。通过记账户的记账资料，为全村家庭经营层次指标数据的推算提供可靠依据。1996年始，加强以“双代管”（村账、村财务由乡镇级农经主管部门代管）为中心内容的农村财务管理工作，全市农村财务管理逐步纳入民主化、制度化、规范化、法制化轨道。到

1997年，全市建立农经记账户1.73万户，占全市总农户的6.8%，平均每村12户。2010年，市政府办公室转发《安丘市农村经济管理局关于进一步加强农村集体资金、资产、资源管理的意见的通知》，各镇街区在原农村财务“双代管”的基础上，建立农村“三资”委托代理服务中心。委托代理的内容包括财务管理、会计核算、“三资”管理和处置、资产资源招投标、土地流转管理、经济合同管理、村财务公开等业务事项。其性质为非经营性服务组织，由各镇街区农村经济管理部门负责，对外统一挂“××镇街区农村集体‘三资’委托代理服务中心”牌子。对农村土地承包权流转中心、农村资产管理工作项目招投标中心等代理服务机构进行整合，确需保留的，与农村集体“三资”委托代理服务中心并行挂牌。

第三节　农村承包合同管理

1985年，县委、县政府出台《安丘县农业承包合同试行办法》，此办法经农业部、经管总站审查修改后，印发至全县乡镇村试行、并授权县农经部门承担农业承包合同的签订、鉴证、调解、兑现和建档等管理工作。1989年，经过不断实践、总结和探索，安丘县农业承包合同签定、履行工作形成一套比较规范的“五统一访”管理制度。“五统”，即统一合同样式、统一指导签订、统一审查鉴证、统一合同纠纷调解、统一归档管理；“一访”，即建立合同检查回访制度。该管理制度得到农牧渔业部经管总站的肯定，并由中央电视台录制成专题片在农业频道多次播放，全国推广。1990年，全县进一步建立健全合同管理机构，配备管理人员，全面推行“四化五统一”管理。“四化”，即管理责任化、格式规范化、检查制度化、执行法律化；“五统一”，即统一设计合同管理档案包装和目录表、统一设计合同纠纷调解仲裁书、统一设置处理登记簿、统一建立合同兑现登记卡、统一制定农业承包合同档案管理的合同管理办法。全县农村承包合同管理工作逐步走上科学化、制度化、法制化、规范化的轨道。2001年，市委、市政府出台《关于进一步加强和完善土地使用权流转的意见》，明确流转原则，规定流转程序和方法，确定流转措施和管理办法，并制定《土地使用流转管理台账》和《土地承包经营权流转合同》文本。2008年9月，全市建立土地使用、流转、管理台账4182本。至2013年底，全市共流转土地面积36.81万亩。其中，转包18.5万亩，转让0.99万亩，互换4.9万亩，出租10.02万亩，股份合作1.3万亩，其他1.1万亩，签订流转合同6.9万份。延包30年土地面积113.48万亩，机动地4.55万亩，签订30年农村承包合同20.4万亩。颁发土地承包经营权证17.8万份，鉴证合同20.4万份。

第四节　农民负担监督管理

1986年—1992年，安丘县进行农民负担清理整顿工作，取消涉及农民负担的文件22个，取消集资、收费、达标项目29个。县政府制定《安丘县农民承担费用和劳务监督管理暂行规定》，加强和完善农民负担监督管理工作。统筹提留人均负担比例控制在上一年农民人均纯收入的5%以内。1993年，全县开始统一实行农民负担卡制度。

1998年始，全市“三提五统”（村一级组织提取的公积金、公益金和集体管理费，乡一级政府统一收取的计划生育、优抚、民兵训练、乡村道路建设和民办教育方面的费用）执行“一定五年”不变政策，即1998年—2002年的计提基数以1997的农民人均纯收入为标准，并由原来的以乡镇农民人均纯收入为计提依据，改为以村人均纯收入为依据计提。农民负担“一定五年不变”期间，落实减、免、缓制度，凡年满70岁的农村老人，一律免除统筹提留费；凡农村鳏寡孤独且失去劳动能力的，经民主评议报乡镇政府审批后，免收统筹提留费；对社会困难户实行减、免、缓。统筹提留，先由两个议事会评出困难户，困难户确定后，再按程序民主评定“减、免、缓”数额。2001年，各镇街道报批的“三提五统”资金为14008.5万元，比上年减少89.7万元，人均负担147.31元，比上年人均减少0.23元。“两工”（劳动积累工、义务工）计1263.6万个，与上年持平。2002年，根据上级部署，全市农村实行以“三个取消”“一个逐步取消”“两个调整”“一个改革”为主要内容的税费改革。“三个取消”，即取消乡统筹费，取消农村教育集资等专门面向农民征收的行政事业性收费和政府性基金、集资，取消屠宰税；“一个逐步取消”，即逐步取消统一规定的农民劳动积累工和义务工；“两个调整”，即调整农业税率和农业特产税税率；“一个改革”即改革村提留征收办法。农业税取消后，村级经费从村集体其他收入中开支；不足部分，由上级转移支付资金解决。2003年，全市停止征收统筹提留，村级兴办公益事业需要筹资筹劳的，采取“一事一议”办法解决。一年内每个村民负担的一事一议筹资数额不得超过20元，每个劳动力负担的一事一议筹劳工不得超过10个。2004年—2012年，全市通过一事一议筹劳563万个，筹资645万元。2013年，全市村民一事一议筹劳227.3万个，筹资244.4万元。

第五节　农村合作基金会

1987年，县委、县政府在贾戈乡进行农村合作基金会试点，随后在面上推开。1991年，全县32处乡镇普遍建立农村合作基金会。1994年1月，成立安丘县农村合作基金联合会，县内1240个村入会，占全县总村数的98.6%。1997年，市政府制定《股份合作基金会内部管理实施办法》。是年，全市农村合作基金会账面筹集资金4.2亿元，累计投放8亿多元，扶持13.2万个农户和1560个村合作经济组织，上缴国家税金274万元。1999年6月，安丘市根据《国务院办公厅转发〈整顿农村合作基金会工作领导小组清理整顿农村合作基金会工作方案〉的通知》精神，开始清理整顿农村合作基金会。经过清产核资、分类处置后，8个农村合作基金会并入农村信用合作社，25个清盘关闭（包括市联合会）。清产核资后，全市33个基金会认定资产总额39545.3万元。其中，投放款31620.9万元，负债37602.1万元。股金（存款）30641.8万元。其间，采取经济、行政、法律等各种措施清收欠款。到2001年5月底，全市清收欠款7323.85万元，占放款总额的23.2%。尚未收回的投放款2.33亿元。分类处置后，按照上级文件精神和市清理整顿领导小组意见，全部股金（存款）自2000年开始兑付，分5年付清，每年兑付20%。至2005年，全部兑付完毕。

第六节　农村合作经济组织建设

全市农村合作经济组织的发展始于20世纪90年代初。1997年，市委、市政府成立专门机构，负责农民专业合作社建设和发展的指导工作。选取贾戈镇王封农产品产销专业合作社、凌河镇新儒蔬菜合作社等3个合作社为规范化管理试点，以点带面推动工作。2012年，全市开展“百家示范社”创建活动，制定示范社建设标准和评定办法，培育示范社111个。至2013年，全市发展农民专业合作组织1488个。其中，种植业783个、蔬菜产业499个、畜牧业176个、林业30个。培育国家级示范社4个，省级示范社12个，潍坊市级示范社42个。同时，发展联合社9个；资金互助合作社7个，参与信用合作的成员309个；土地股份专业合作社16个，入股土地5000多亩。

第七节　家庭农场

2013年，市政府出台《关于加快推进家庭农场建设的意见》，明确推进家庭农场建设主要措施。同时成立家庭农场建设工作领导小组，协调指导全市家庭农场的发展和管理工作。市农经局制定《安丘市示范家庭农场创建办法》。市政府建立定期调度制度，每月召开一次专题会议，研究解决工作中的问题。是年底，全市家庭农场发展到288个。其中，种植业252个、畜牧业6个、渔业16个、种养结合7个、其他7个。年销售产品总值为9007.5万元。市政府扶持资金3万元，争取贷款资金60万元。

第八节　农村产权交易

2012年，市委、市政府下发《关于稳妥推进农村集体经济组织产权制度改革的通知》。2013年，全面完成1229个村清产核资工作，并在59个村完成农村产权制度改革试点。在清产核资和产权制度改革试点的基础上，市委、市政府下发《关于加快推进农村集体经济组织产权制度改革的通知》，要求凡是有经营性资产的村都要开展产权制度改革，将除承包地以外的集体资产折股量化到成员个人，成立股份经济合作社，按股份合作经济模式进行经营管理，建立相应的运营监管机制。

第十一章　安全生产管理

第一节　机　构

1986年，安丘县劳动局设立安全科、锅炉压力容器科。2000年，锅炉压力容器、电梯安全生产监督管理职能移交市质量技术监督局，其他安全生产管理职能划归市经贸委。后在市经贸局设立安丘市安全生产办公室。

2001年12月,安丘市安全生产监督管理局（简称市安监局）成立，为正科级全额拨款事业单位，隶属市经贸局。2002年12月，危险化学品安全生产监督管理职能由市贸易局移交市安监局。2004年7月，成立市安全生产监察大队，为正科级全额拨款事业单位，与市安监局合署办公。24处镇街道设立安全生产监督管理所,为股级全额拨款事业单位,业务受市安监局指导。2005年4月，市政府机构改革，市安监局调整为市政府工作部门，同时作为市安全生产委员会常设办事机构。市安全生产监察大队调整为副科级全额拨款事业单位，参照公务员管理,隶属市安监局。是年6月,市安监局内设办公室、矿山安全监督管理科和危险化学品安全监督管理科3个职能科室；增加对烟花爆竹生产经营单位的安全生产监督管理职责。2007年11月，各镇街道安监所加挂镇街道安全生产执法监察中队牌子，业务受市安监局委托，行使部分安全生产违法行为行政处罚权。

2010年4月，市卫生局承担的职业健康安全监督管理职能移交市安监局。是年7月，市安监局内设办公室（挂综合监管科牌子）、工商贸和矿山安全监督管理科、危化品和职业健康安全监督管理科3个职能科室，增加工矿商贸作业场所职业卫生监督检查职责，下设市安全生产监察大队。是年12月，各镇街区安全生产监督管理职能并入镇街区社会事务办公室。至2013年机构无变动。

第二节　管理服务

1986年始，安丘县安全生产管理，主要通过生产检查、组织开展安全生产活动、订立安全生产规章制度，对企业劳动卫生、劳动保护、矿山、锅炉压力容器等进行管理。1991年，开展以“安全就是效益和提高职工安全意识”为主题的第一个“安全生产周”活动。1992年—2001年，除每年5月开展不同主题的“安全生产周”活动外，至少组织一次安全生产大检查活动。

1995年始，全市实行安全生产目标管理，各企业主管部门向下属企业下达安全生产控制指标，层层订立“安全生产责任书”。1996年，加强交通和防火安全管理，与职能部门配合疏导交通安全隐患，与消防单位签订责任书消除重大火险隐患。突出矿山、棉花、加工、化工、纺织、机械、交通等行业，特种设备和劳动保护工作等重点部位，开展冬季安全监督检查。2000年，全市召开安全生产工作会议13次,组织开展安全生产大检查活动5次。2002年3月，市政府与24处镇街道、13个市直部门签订“安全生产目标管理责任书”。此后，每年年初市政府都与各镇街道签订“安全生产目标管理组织责任书”，与承担安全生产监管职责的市直部门签订“安全生产管理工作管理承诺书”，并于每年6月开展“全市安全生产月”活动，一年一个主题，主要开展安全生产宣传、咨询、教育培训、安全检查、应急救援演练等活动。是年，全市开展安全大检查10次，整改隐患1996处。

2003年，市政府提出市级领导在抓好经济工作和部门工作同时要抓好安全生产。是年，组织安全大检查活动3次。2004年，调整市安全生产委员会成员，由分管副市长任主任。各镇街道全部成立安全生产委员会，建立安全生产监督管理机构，全市安全生产监督网络基本建成。

2005年，全年以“安全生产落实年”活动为总抓手,落实“一岗双责”安全生产责任制,推进“安全生产示范企业”创建。是年，全市排查各类安全隐患1000处，有15家企业达到规范化标准。

2006年，进一步健全安全生产监管责任体系，市政府把安全生产升格为“一把手”工程，继续推行“一岗双责”工作责任制，建立全市应急救援体系。市安监、发改、经贸、外经、工商5个部门联合下发《关于加强建设项目安全设施“三同时”监督管理工作的通知》,要求凡是2002年起新建、改建、扩建的工程项目，必须经过“三同时”验收，方可运营。是年，全市开展各类安全生产集中检查督查10余次，查处事故隐患1769处，当场整改1461处，下达整改指令书308份，确定88家重大危险源存在单位和117家重点监控单位，投入整改资金1000多万元。26家危险化学品和26家矿山企业领取安全生产许可证，6家企业达到安全质量标准化要求。

2007年，全市推行生产经营单位安全生产A(示范企业)、B（一般企业)、C（重点监控企业)、D（停产整顿或关闭企业）分级管理。对安全生产检查、复查和督查实行台账记录，逐级上报隐患排查和整改情况。

2008年，以“隐患治理年”活动为主线，重新完善各行业安全生产事故应急救援预案，新增加烟花爆竹和地震应急预案。出台生产经营单位提取安全费用和缴纳风险抵押金规定。是年，迎接国务院安委会安全生产百日督查专项行动第四督查组督查。年内，收取各生产经营单位风险抵押金200多万元。对全市48家重大危险源存在单位进行信息采集和卫星定位，建立起重大危险源数据库。取缔违规经营单位14家，处理安全责任事故7起，排查各类安全隐患2356处，145家危险化学品生产经营单位和52家非煤矿山开采企业取得安全生产（经营）许可证，37家单位通过安全标准化验收。

2009年，市政府制定《关于进一步加强安全生产工作的意见》，进一步明确安全生产职责分工和责任落实，初步建立起“党委领导、政府监管、行业管理、企业负责、社会监督”的安全生产工作格局。出台《安丘市冷库安全管理办法》,对企业冷库建设、安全管理、违章处罚等环节作出明确规定。调整烟花爆竹经营政策，不再设立烟花爆竹临时经营摊点，实行固定场所经营。是年，查处较大生产安全事故1起。

2010年，安丘市开展“安全生产基础管理落实年”活动。市政府印发《关于贯彻落实国发〔2010〕23号文件进一步加强企业安全生产工作的通知》，进一步加强企业安全生产监管。组织对各镇街道生产经营单位实行安全生产“网格化”管理，将安全监管工作逐级延伸到村居、社区。成立安全生产事故案审委员会，确保市政府调查组公正公平全程参与事故调查。是年，全市26家企业达到安全生产标准化企业标准，山东景芝酒业股份有限公司顺利通过国家二级安全标准化周期性验收。安泰玻璃有限公司顺利通过省级安全二级企业评审，成为全国日用玻璃行业第一家省二级安全生产标准化企业。

2011年，市政府将安全生产事故控制指标纳入安丘市“十二五”规划，对全市安全事故情况每季度通报一次。调整充实市政府安委会成员，落实各镇街道党政“一把手”主管安全生产责任制，并将安全生产目标责任纳入党政领导班子和领导干部政绩考核，实行“一票否决”。市政府印发《一般工商贸行业建设项目安全设施“三同时”工作实施意见》，制定《重大事故隐患挂牌督办暂行办法》，设定安全审查一般工商贸建设项目60多个。是年，潍坊市工贸企业安全生产标准化推进工作现场会在安丘召开，组织200多家企业完成职业危害网上申报，对68家重点企业进行职业危害检测。安丘山水水泥公司等6家企业建成省二级安全生产标准化企业。

2012年，全市不断健全完善以目标责任书、安全承诺书为载体的安全生产责任体系。全面加强重点行业领域安全监管，严格安全许可制度，强化安全生产日常监管，深入推进企业安全生产标准化、安全社区建设，开展安全文化建设示范企业和优秀班组创建。是年，全市56家企业通过三级以上安全标准化验收。柘山镇创建为省级安全社区。奥宝化工、山水水泥、博莱特化纤等企业成为潍坊市级安全文化建设示范企业。景芝酒业等8家企业的8个生产班组成为潍坊市安全生产优秀班组。安丘市被潍坊市委、市政府授予安全生产先进单位称号，被省安监局命名为全省创建冶金等工贸行业安全生产标准化示范市。

2013年，安丘市着力建设高效联动的网格化安全监管责任体系。加强非煤矿山、危险化学品、烟花爆竹、道路交通、建筑施工、校园校车、消防、人员密集场所安全监管。是年，对全市非煤矿山企业全面关停。70多家企业通过三级以上安全生产标准化验收，景芝酒业通过国家一级安全生产标准化评审，鲁丰集团公司等9家企业通过二级安全生产标准化验收。景芝镇、凌河镇创建省级安全社区，奥宝化工集团公司硫矿制酸一班创建省级“十佳班组”。景芝酒业、三源铝业创建潍坊市级安全文化建设示范企业。

第三节 教育培训

1986年—1994年，县劳动、质监、经贸等部门通过不断举办安全生产培训班、以会代训等形式，对干部职工进行安全生产知识培训，提高干部职工安全生产素质。1995年，全市开展以“治理隐患、保障安全”为主题的安全生产周活动，组织各种形式的安全宣传活动190多次，印发宣传材料3200份，购买安全生产宣传品280套，组织市直企业职工和部分乡镇企业职工参加全国安全生产知识竞赛。2000年，组织“安全生产周咨询日”活动，开展领导干部安全生产法律法规考试和“亚星杯”安全生产知识竞赛等活动，4万多人参加。组织各种规模安全生产培训班12期，1000多名党政干部、企业负责人、企业安全管理人员、特种作业人员接受培训。是年11月，分层次对企业负责人、镇街道分管领导、具体负责和包靠人员420人进行《安全生产法》专题培训。2003年，全市举办《安全生产法》培训班200多期，组织培训特种作业人员300多人。2004年，通过市政府分管领导发表安全生产电视讲话，设置咨询站、出动流动宣传车等多种形式宣传《安全生产法》。2005年，组织100多名企业主要负责人、安全管理人员和300多名特种作业人员接受安全知识培训。2006年，深化安全生产文化建设，以学习贯彻《山东省安全生产条例》《潍坊市实施〈山东省安全生产条例〉办法》和《关于贯彻鲁政发〔2006〕66号文件切实加强安全生产工作的通知》为重点，出动宣传车50多辆（次），发放明白纸2万多份，组织培训班3期，培训厂长（经理）215人次。培训特种作业人员4次，参训人员413人。

2009年，在全市开展“关爱生命，杜绝违章”活动。市政府安委会转发《2009年安全生产月活动的实施意见》，市委、市政府办公室下发《关于在全市开展安全生产关爱生命杜绝违章活动的实施意见》，推动安全生产宣传活动开展。是年，组织各镇街道、市直部门和企业安全生产知识答卷活动，举办安全生产知识电视大奖赛。全市举行安全知识培训班47起，培训生产经营单位主要负责人和安全生产管理人员726人，特种作业人员317人，从业人员1600多人。2010年3月，组织市安监局和镇街道安监所人员到潍坊市参加为期一周的安全生产业务培训，参训人员全部取得省安监局发放的安全生产执法证书。开展“安全生产月”活动，全市出动宣传车40余台，接受群众咨询1000余次，发放安全生产宣传资料10万余份，张挂宣传横幅200多条，摆放宣传板报100多幅，张贴宣传漫画300多幅。组织生产经营单位主要负责人、安全管理人员培训班30期，培训人员3000多人。举办特种作业人员培训班21次，参训人员2000多人，聘请专家36人次。2011年，开展《职业病防治法》宣传活动，组织举办职业健康培训班15期，培训规模以上企业主要负责人和分管人员400多人。与市总工会、市质监局联合举办安全生产文艺巡演活动，先后在市供电公司、市政府招待所等演出17场。是年6月，启动“安全生产月”活动，设置咨询台12个，接受群众咨询3000多人次，发放安全生产宣传资料2万多份，悬挂宣传横幅100多条。针对危险化学品、非煤矿山、烟花爆竹、液氨使用等领域从业人员，举办各类集中培训班60多期，培训企业安全管理人员2500余人，特种作业人员580人，其他从业人员10000多人。办理、发放安全生产合格证书3000余份，复审安全生产资格证书1000余份。

2012年，全市按照“依法培训、分级实施、突出重点、注重实效”原则，加强和规范全市安全生产教育培训工作。制定《2012年安全教育培训工作计划》，把日常安全检查与督促教育培训相结合，对新上岗、在岗、转岗的一线从业人员进行全面安全培训考核。考核不合格的，一律不得安排上岗作业。是年，全市举办培训班46期，培训各类人员4800多人。组织指导各企业通过不同形式对企业从业人员进行全员安全培训，培训从业人员50000多人。组织镇街区行政一把手参加潍坊市组织的安全教育培训班。2013年，进一步加强企业主要负责人、安全管理人员、特种作业人员及新入厂职工、农民工安全培训和镇街区部门安监人员系统轮训工作，全面提高各层次人员安全生产水平。是年，组织重点高危行业企业参加潍坊市安监局组织的生产经营单位落实安全生产主体责任辅导报告会。培训、复训企业主要负责人、安全管理人员和特种作业人员4000多人，培训农药经营业户负责人和管理人员2000多人，培训企业从业人员30000多人。

第四节 专项整治

1986年—2013年，安丘市始终把安全生产当作头等大事来抓，不间断地开展安全生产集中整治活动。每年均组织开展对危险化学品、非煤矿山、烟花爆竹、道路交通、消防安全、建筑施工、人员密集场所等安全隐患集中整治。

1995年，突出特种行业专项整治。是年，检验锅炉130台、压力容器630台、电梯40台、行车82台、塔吊45台，对陶瓷厂、铅锌矿等30多家企业尘毒进行检测，取得数据900多个。2000年，开展烟花爆竹、锅炉压力容器、道路产能、水上养殖、消防、矿山、加油站、食品加工等安全生产专项活动。2003年，开展非煤矿山、危险化学品、道路运输安全、民用爆破器材和烟花爆竹、人员密集场所5项专项整治活动。是年，将非煤矿山企业划分为A、B、C、D四个等级，确立分类指导的工作方法，并重点规范和监管C、D级。换发81家加油站“经营许可证”。2004年，开展高危行业安全规范专项整治活动，对高危行业实行严格的安全许可证制度。对生产经营危险化学品、易燃易爆物品以及从事建筑安装、非煤矿山等高危行业的，从严加强管理，严格前置审批程序，审查从业人员资料，并组织单位进行安全评价。

2005年—2008年，每年组织市安监、公安、交通、工商、建设、经贸、贸易、教育、农机、质监、旅游等部门，开展非煤矿山、危险化学品、道路交通、人员密集场所、工商贸企业、建筑施工、烟花爆竹、学校、旅游、城镇燃气和特种设备等行业的专项整治活动。2007年后，每年12月到次年3月初，均开展“烟花爆竹百日安全”专项整治行动，保证烟花爆竹领域安全生产。2009年，开展烟花爆竹、冷库使用、危险化学品、非煤矿山专项整治活动4次；组织安全生产大检查活动3次，下达冷库整改指令书216份，排查解除化学品安全隐患127条，查封矿山开采企业3家。

2010年，对重大节会、重点领域、关键部位及时组织安全生产大检查，重点单位落实领导包靠制度、专家帮扶制度。是年，在非煤矿山、危险化学品、建筑施工、校园安全、特种设备及道路交通等重点领域先后组织5次专项安全生产集中检查活动，3次安全生产全面大检查，排查隐患5000多处，现场整改3600多处。依法取缔11家非法生产经营单位。2011年，开展烟花爆竹、非煤矿山、危险化学品、道路交通安全、建筑施工安全、人员密集场所、职业健康安全监管、消防安全、校园安全等9项专项整治活动，关停4家地下非煤矿山企业，注销16家非煤矿山企业安全许可，取缔关闭非法危险化学品生产经营企业3家。查处各类“黑出租”80余辆（次），查处无施工资质的建筑承包企业3家，200多家规模以上企业完成职业危害申报。组织进行防火、应急处置和应急疏散演练180场次。

2012年，集中开展危险化学品、非煤矿山、烟花爆竹、职业健康、交通运输、建筑施工、消防、人员密集场所、校园校车等重点行业领域专项整治活动。依法取缔非法加油站2家，农药经营业户13家。深入开展矿产资源开发秩序治理整顿，排查非煤矿山安全隐患158处，关停86家非煤矿山开采加工企业。进一步加大烟花爆竹打非力度，吊销6家存在安全隐患和非法经营业户的经营许可证。全市检查企业10000多家（次），排查整改各类事故隐患20000多项。组织302家企业完成职业场所危害网上在线申报工作。2013年，组织开展烟花爆竹、危险化学品、人员密集场所、建筑施工、职业健康安全、涉氨企业等行业领域专项执法检查。对全市12家危化品生产企业和90多家加油站等企业开展集中检查。对全市100多处在建建筑和施工工地进行专项检查，排查隐患200多处。对商场超市、宾馆饭店、学校医院、高层建筑和旅游景点等人员密集场所进行多次全面检查，排查隐患380多处。开展涉氨企业安全隐患专项整治行动，关停涉氨制冷企业15家。对穿越市境的3条天然气输送管线和全市城区供气管道进行全面隐患检查，排查隐患30

多处，西气东输管道隐患 7 处；对 15 家占压管线业户下达“安全隐患告知单”，并落实“属地管理”和“部门包靠”责任，督促进行整改。组织 226 家企业完成职业危害网上在线申报，完成职业场所危害检测 60 多家，检测点 400 多个。

第 十 三 编

中共地方组织

第一章　中共安丘市代表大会

第一节　代表选举

1986年—2013年，安丘市举行7次党员代表大会代表选举，每次会议均由党员直接选举代表。中共安丘市委根据《中国共产党章程》规定和全市党员数量确定代表名额，分到各选举单位。各选举单位党组织依据《中国共产党章程》和《中国共产党地方组织选举工作条例》规定，提出代表候选人名单，经各基层党（工）委考察，确定代表候选人预备人选名单，报市委组织部审查同意，召开党代表大会、党代表会议或党员大会，按照《中国共产党章程》等规定的民主程序，差额选举产生出席市党员代表大会的代表。

第二节　历次大会

1984年—2013年，中国共产党安丘市代表大会召开8次，即第六至第十三次会议，其中第六次会议前志已述。

中共安丘县第七次代表大会

1987年8月17日—20日中国共产党安丘县第七次代表大会召开。与会代表440人。会议听取并审议通过中共安丘县第六届委员会关于《坚持四项基本原则 坚持改革开放搞活 努力开创两个文明建设的新局面》的报告。报告提出要全面深化改革，进一步放开搞活，努力实现速度、效益、后劲同步增长，在1985年提前5年实现翻一番基础上，再用8年左右时间实现工农业总产值翻两番。会议选举产生中共安丘县第七届委员会，委员31人，候补委员6人；中共安丘县纪律检查委员会，委员15人。25日，中共安丘县第七届委员会第一次全委会选举产生常务委员会，王玉芬当选为县委书记，刘德仕、李宗步、黄存福当选为县委副书记，葛吉平、郑玉章、张贵善、李学信、聂振萍、葛清田、李宪忠当选为常委。郑玉章当选为中共安丘县纪律检查委员会书记。

中共安丘县第八次代表大会

1990年3月23日—25日中国共产党安丘县第八次代表大会召开。与会代表450人。会议听取并审议通过中共安丘县第七届委员会关于《维护和发展安定团结的政治局面 加快全县社会主义现代化建设进程》的报告。报告提出以后三年的奋斗目标是：保持适当发展速度，力争全县国民生产总值每年递增8%，国民收入每年递增7.4%，工农业总产值每年递增10%。会议选举产生中共安丘县第八届委员会，委员30人，候补委员5人；中共安丘县纪律检查委员会，委员15人。25日，中共安丘县第八届委员会第一次全委会选举产生常务委员会，刘德仕当选为县委书记，李宗步、葛吉平、李守民当选为县委副书记，张贵善、刘建秋、李学信、聂振萍、葛清田、李宪忠、李国祥当选为常委。张贵善当选为中共安丘县纪律检查委员会书记。

中共安丘市第九次代表大会

1995年3月18日—20日中国共产党安丘市第九次代表大会召开。与会代表450人。会议听取并审议通过中共安丘市第八届委员会关于《坚持党的基本路线 为建设现代化的新安丘而努力奋斗》的报告。报告提出以后五年的主要任务是：坚持“城乡一体、东西结合、内外并举、整体推进”的发展战略，着力组织好“十七三一”工程。按照产业化要求，配置好粮、棉、烟、油、果、桑、菜、养殖、矿产品、工业品十大主导产业；发挥强企业龙头带动作用，巩固发展轻工、纺织、化工、电子、机械、食品加工、建筑建材七大优势行业；立足各自优势，加快山区、库区和外向型工业加工区建设步伐；着眼增强经济发展后劲，抓好一批重点技术改造和基础设施项目，力争到本世纪末使安丘形成中等城市框架，实现由农业大市向经济强市的跨越，人民群众生活达到小康水平。会议选举产生中共安丘市第九届委员会，委员30人，候补委员5人；中共安丘市纪律检查委员会，委员15人。20日，中共安丘市第九届委员会第一次全委会选举产生常务委员会，李守民当选为市委书记，邢培彬、李国祥、曹学芹当选为市委副书记，谢迎春、张善华、葛清田、张维荣、李永升、张术平、辛星华当选为常委。张善华当选为中共安丘市纪律检查委员会书记。

中共安丘市第十次代表大会

1998年1月21日—23日中国共产党安丘市第十次代表大会召开。与会代表450人。会议听取并审议通过中共安丘市第九届委员会关于《解放思想 开拓进取 把安丘社会主义现代化建设全面推向新世纪》的报告。报告提出以后一个时期全市主要任务是：立足现实，规划未来，振奋精神，扎实工作，带领全市人民实施跨世纪发展战略，把安丘现代化建设全面推向21世纪。以后五年，全市努力实现由农业大市向经济强市、由小康向富裕、由小城市向现代化中等城市的“三个跨越”。会议选举产生中共安丘市第十届委员会，委员31人，候补委员4人；中共安丘市纪律检查委员会，委员15人。23日，中共安丘市第十届委员会第一次全委会选举产生常务委员会，邢培彬当选为市委书记，曹学芹、李国祥、郭步坤当选为市委副书记，王继怀、王海、刘克强、辛星华、王乃平、张潍华、张必武当选为常委。王继怀当选为中共安丘市纪律检查委员会书记。

中共安丘市第十一次代表大会

2003年1月13日—15日中国共产党安丘市第十一次代表大会召开。与会代表450人。会议听取并审议通过中共安丘市第十届委员会关于《与时俱进 开拓创新 为全面建设小康社会而努力奋斗》的报告。会议确定以后五年的指导思想是：以邓小平理论和“三个代表”重要思想为指导，深入学习贯彻中共十六大精神，紧紧抓住发展这个第一要务，解放思想，负重拼搏，与时俱进，开拓创新；继续抓好工业立市、招商引资、民营经济、农业结构调整、城市建设五个工作重点；大力实施科教兴市和可持续发展战略，全面推进物质文明、政治文明和精神文明建设，推动全市经济和社会事业超常规、跳跃式发展；努力实现由农业大市向工业强市的新跨越，由小城市向现代化中等城市的新跨越，由小康水平向全面建设小康社会的新跨越。会议选举产生中共安丘市第十一届委员会，委员31人，候补委员4人；中共安丘市纪律检查委员会，委员 15人。15日，中共安丘市第十一届委员会第一次全委会选举产生常务委员会，李本跃当选为市委书记，王继怀、张韶华、王乃平、许华当选为市委副书记，王备、陈勇、杨东民、丁汉邦、于德芹、任海燕当选为常委。许华当选为中共安丘市纪律检查委员会书记。

中共安丘市第十二次代表大会

2007年2月1日—3日中国共产党安丘市第十二次代表大会召开。与会代表420人。会议听取并审议通过中共安丘市第十一届委员会关于《解放思想 干事创业 为实现又好又快发展建设现代化强市而努力奋斗》的报告。报告提出以后五年全市经济社会发展的指导思想是：以邓小平理论和“三个代表”重要思想为指导，牢固树立和全面落实科学发展观，坚决贯彻落实国家宏观调控政策，坚持完善已有的成功思路和举措，围绕“一个总目标”，推进“三个新跨越”，实现“六个新突破”，强化“六项保障措施”，继续深入开展“爱我安丘，加快发展”活动，全面掀起“群众创家业、能人办企业、干部干事业”的全民创业热潮，努力打造富裕安丘、生态安丘、活力安丘、和谐安丘。一个总目标是实现经济社会又好又快发展，三个新跨越是推进农业大市向工业大市跨越、传统型城市向生态旅游城市跨越、吃饭财政向富裕财政跨越，六个新突破是实现工业经济、社会主义新农村、外经外贸、现代服务业、城市建设、和谐社会建设的新突破，六项保障措施是强化科学投入、改革创新、科技进步、节能环保、优化环境、考核激励。会议选举产生中共安丘市第十二届委员会，委员45人，候补委员8人；中共安丘市纪律检查委员会，委员29人。3日，中共安丘市第十二届委员会第一次全委会选举产生常务委员会，王继怀当选为市委书记，张韶华、许华当选为市委副书记，王备、陈勇、吉树春、原理、任海燕、王先明、侯法强、云增忠当选为常委。原理当选为中共安丘市纪律检查委员会书记。

中共安丘市第十三次代表大会

2011年12月26日—28日中国共产党安丘市第十三次代表大会召开。与会代表380人。会议听取并审议通过中共安丘市第十二届委员会关于《团结奋进 激情创业 为建设富强秀美幸福新安丘而努力奋斗》的报告。会议确定以后五年的指导思想是：全面贯彻中共十七大和十七届三中、四中、五中、六中全会精神，以科学发展为主题，以加快转变经济发展方式为主线，以富民惠民利民为根本要求，着力强化工业、提升农业、突破城建、繁荣服务业，全面推进经济建设、政治建设、文化建设、社会建设以及生态文明建设和党的建设，团结奋进，激情创业，努力建设富强秀美幸福新安丘。经济社会发展的主要目标是五年累计完成规模以上固定资产投资1000亿元，年均200亿元。到2016年，全市地区生产总值400亿元，年均增长15%；地方财政收入15.8亿元，年均增长15.2%；社会消费品零售总额270亿元，年均增长22%；完成进出口总额16亿美元，年均增长20%；城镇居民人均可支配收入3.04万元、农民人均纯收入1.88万元，年均分别增长15%和16%。会议选举产生中共安丘市第十三届委员会，委员45人，候补委员8人；中共安丘市纪律检查委员会，委员29人。28日，中共安丘市第十三届委员会第一次全委会选举产生常务委员会，刘兴明当选为市委书记，桑福岭、原理当选为市委副书记，肖振胜、刘兴军、侯法强、江波、张振城、闫凤林、王国强、李建英当选为常委。闫凤林当选为中共安丘市纪律检查委员会书记。

中共安丘市第七次至十三次党员代表大会代表组成情况表

表13—1　　单位：人

届次	代表总数	其中						代表总数中妇女代表	
		各级领导干部代表		各类专业技术人员代表		各条战线的先进模范人物代表			
		人数	所占比例（%）	人数	所占比例（%）	人数	所占比例（%）	人数	所占比例（%）
第七次	440	270	61.4	89	20.2	81	18.4	87	19.8
第八次	450	270	60.0	90	20.0	90	20.0	70	15.6
第九次	450	270	60.0	90	20.0	90	20.0	50	11.0
第十次	450	270	60.0	90	20.0	90	20.0	51	11.3
第十一次	450	270	60.0	90	20.0	90	20.0	53	11.8
第十二次	420	251	59.8	85	20.2	84	20.0	50	11.9
第十三次	380	224	58.9	79	20.8	75	19.7	51	13.4

第二章　中国共产党安丘市委员会

第一节　领导成员

1984年—2015年，安丘市历经第六届至第十三届中共安丘市委员会，共8届。其中，第六届委员会自1984年8月—1987年8月，任期3年；第七届委员会自1987年8月—1990年3月，任期3年；第八届委员会自1990年3月—1995年3月，任期5年；第九届委员会自1995年3月—1998年1月，任期3年；第十届委员会自1998年1月—2003年1月，任期5年；第十一届委员会自2003年1月—2007年2月，任期4年；第十二届委员会自2007年2月—2011年12月，任期5年；第十三届委员会自2011年12月开始任期，2013年为任期第3年。

中共安丘市委员会第六届至十三届领导成员任职情况表

表 13—2

届次	职务	姓名	籍贯	任职时间	备注
第六届	书记	张文玉	山东昌乐	1984.8—1986.6	
		王玉芬	山东诸城	1986.6—1987.8	
	副书记	刘德仕	山东乳山	1984.8—1987.8	
		赵星增	山东昌乐	1984.8—1987.5	
		肖明仁	山东昌邑	1984.8—1987.8	
		李宗步	山东五莲	1987.3—1987.8	
		黄存福	山东诸城	1987.3—1987.8	
	其他常委	黄存福	山东诸城	1984.8—1987.3	
		郑玉章	山东安丘	1984.8—1987.8	
		刘玉明	山东安丘	1984.8—1985.7	
		李守民	山东安丘	1984.8—1987.5	
		李学信	山东安丘	1984.8—1987.8	
		聂振萍	山东临朐	1984.8—1987.8	
		郭银明	山东冠县	1984.8—1986.4	
		张贵善	山东安丘	1985.7—1987.8	
		葛清田	山东安丘	1986.4—1987.8	
		葛吉平	山东安丘	1987.3—1987.8	
第七届	书记	王玉芬	山东诸城	1987.8—1989.9	
		刘德仕	山东乳山	1989.9—1990.3	
	副书记	刘德仕	山东乳山	1987.8—1989.9	
		李宗步	山东五莲	1987.8—1990.3	
		黄存福	山东诸城	1987.8—1988.1	
		葛吉平	山东安丘	1989.9—1990.3	
	其他常委	葛吉平	山东安丘	1987.8—1989.9	
		郑玉章	山东安丘	1987.8—1990.3	
		张贵善	山东安丘	1987.8—1990.3	
		李学信	山东安丘	1987.8—1990.3	
		聂振萍	山东临朐	1987.8—1990.3	
		葛清田	山东安丘	1987.8—1990.3	
		李宪忠	山东安丘	1987.8—1990.3	
第八届	书记	刘德仕	山东乳山	1990.3—1993.9	
		李守民	山东安丘	1993.10—1995.3	
	副书记	李宗步	山东五莲	1990.3—1993.1	
		葛吉平	山东安丘	1990.3—1991.7	
		李守民	山东安丘	1990.3—1993.10	
		邢培彬	山东昌乐	1994.3—1995.3	
		李国祥	山东安丘	1993.3—1995.3	
		张贵善	山东安丘	1993.1—1994.9	

续表 13—2

届次	职务	姓名	籍贯	任职时间	备注
第八届	副书记	曹学芹	山东寿光	1995.2—1995.3	
	其他常委	张贵善	山东安丘	1990.3—1993.1	
		刘建秋	山东安丘	1990.3—1995.2	
		李学信	山东安丘	1990.3—1992.7	
		聂振萍	山东临朐	1990.3—1993.4	
		葛清田	山东安丘	1990.3—1995.3	
		李宪忠	山东安丘	1990.3—1993.3	
		李国祥	山东安丘	1990.3—1993.3	
		张维荣	山东安丘	1993.3—1995.3	
		张善华	山东安丘	1993.3—1995.3	
		曹学芹	山东寿光	1993.3—1995.2	
		李春玲	山东安丘	1993.1—1993.4	
		贾玉良	山东安丘	1993.3—1994.3	
		李永升	山东安丘	1994.3—1995.3	
		谢迎春	山东安丘	1994.7—1995.3	
第九届	书记	李守民	山东安丘	1995.3—1998.1	
	副书记	邢培彬	山东昌乐	1995.3—1998.1	
		李国祥	山东安丘	1995.3—1998.1	
		曹学芹	山东寿光	1995.3—1998.1	
	其他常委	谢迎春	山东安丘	1995.3—1996.3	
		张善华	山东安丘	1995.3—1998.1	
		葛清田	山东安丘	1995.3—1996.3	
		张维荣	山东安丘	1995.3—1998.1	
		李永升	山东安丘	1995.3—1998.1	
		张术平	山东诸城	1995.3—1997.8	
		辛星华	山东安丘	1995.3—1998.1	
		王玉璐	山东临朐	1996.5—1998.1	
		徐炳良	山东汶上	1996.5—1997.4	
		王继怀	山东寿光	1997.12—1998.1	
		王　海	山东昌乐	1997.12—1998.1	
		刘克强	江苏赣榆	1997.12—1998.1	
		张潍华	山东章丘	1997.12—1998.1	
第十届	书记	邢培彬	山东昌乐	1998.1—2001.1	
		李本跃	山东临朐	2001.1—2003.1	
	副书记	曹学芹	山东寿光	1998.1—2001.1	
		陈白峰	山东诸城	2001.1—2002.12	
		李国祥	山东安丘	1998.1—2001.2	
		郭步坤	山东高密	1998.1—2002.12	
		王继怀	山东寿光	2001.2—2003.1	
		刘中会	山东青州	2001.2—2001.5	

续表 13—2

届次	职务	姓名	籍贯	任职时间	备注
第十届	副书记	张兆平	山东昌乐	2002.9—2002.12	
	其他常委	王继怀	山东寿光	1998.1—2001.2	
		王　海	山东昌乐	1998.1—2001.2	
		刘克强	江苏赣榆	1998.1—2000.5	
		辛星华	山东安丘	1998.1—2001.2	
		王乃平	山东安丘	1998.1—2003.1	
		张潍华	山东章丘	1998.1—2003.1	
		张必武	陕西华阴	1998.1—2002.8	
		田洪军	山东昌乐	1998.12—2002.9	
		王　备	山东寿光	2002.9—2003.1	
		于德芹	山东邹平	2002.8—2003.1	
		杨东民	山东安丘	2000.10—2003.1	
		丁汉邦	山东昌乐	2001.2—2003.1	
		陈　勇	山东青州	2002.12—2003.1	
第十一届	书记	李本跃	山东临朐	2003.1—2006.4	
		王继怀	山东寿光	2006.4—2007.2	
	副书记	王继怀	山东寿光	2003.1—2006.3	
		郑建军	山东临朐	2006.3—2006.12	
		张韶华	山东梁山	2003.1—2007.2	
		王乃平	山东安丘	2003.1—2006.4	
		许　华	山东诸城	2003.1—2007.2	
	其他常委	王　备	山东寿光	2003.1—2007.2	
		陈　勇	山东青州	2003.1—2007.2	
		杨东民	山东安丘	2003.1—2006.12	
		丁汉邦	山东昌乐	2003.1—2006.12	
		原　理	山东莱州	2006.12—2007.2	
		于德芹	山东邹平	2003.1—2003.4	
		任海燕	山东安丘	2003.1—2007.2	
		彭连升	山东章丘	2003.4—2004.2	
		王先明	山东诸城	2004.2—2007.2	
		李广庆	山东安丘	2004.4—2007.2	援藏
		吉树春	山东诸城	2006.5—2007.2	
		侯法强	山东临朐	2006.12—2007.2	
		云增忠	山东安丘	2006.12—2007.2	
第十二届	书记	王继怀	山东寿光	2007.2—2011.11	
		刘兴明	山东寿光	2011.11—2011.12	
	副书记	张韶华	山东梁山	2007.2—2011.11	
		桑福岭	山东寿光	2011.11—2011.12	
		许　华	山东诸城	2007.2—2010.1	
		陈　勇	山东青州	2010.1—2011.11	

续表 13-2

届次	职务	姓名	籍贯	任职时间	备注
第十二届	副书记	原　理	山东莱州	2011.11—2011.12	
	其他常委	王　备	山东寿光	2007.2—2007.11	
		陈　勇	山东青州	2007.2—2010.1	
		吉树春	山东诸城	2007.2—2007.11	
		原　理	山东莱州	2007.2—2011.11	
		任海燕	山东安丘	2007.2—2011.12	
		王先明	山东诸城	2007.2—2009.1	
		李广庆	山东安丘	2007.2—2011.12	其中 2007.2—2007.6 援藏
		周寿清	山东坊子	2007.10—2011.12	
		肖振胜	山东寒亭	2011.11—2011.12	
		侯法强	山东临朐	2007.2—2011.12	
		云增忠	山东安丘	2007.2—2011.12	
		张振城	山东广饶	2010.1—2011.12	
		闫凤林	山东五莲	2011.11—2011.12	
		孙秀平	山东高唐	2009.9—2011.3	
		王国强	江苏淮安	2011.3—2011.12	
第十三届	书记	刘兴明	山东寿光	2011.12—2016.1	2015 年 7 月，被中组部授予全国优秀县委书记称号
		桑福岭	山东寿光	2016.4—	
	副书记	桑福岭	山东寿光	2011.12—2016.4	
		原　理	山东莱州	2011.12—2015.1	
		杜建华	山东胶州	2015.1—	
	其他常委	肖振胜	山东寒亭	2011.12—2015.1	
		刘兴军	山东安丘	2011.12—	
		侯法强	山东临朐	2011.12—2014.3	
		江　波	山东城阳	2011.12—2015.1	
		张振城	山东广饶	2011.12—	
		王龙堂	山东昌乐	2015.1—	
		李光明	山东诸城	2014.3—	
		闫凤林	山东五莲	2011.12—2016.6	
		王国强	江苏淮安	2011.12—	
		李建英	山东安丘	2011.12—	
		刘子庆	山东安丘	2015.1—	

第二节 职能部门

1984年—2013年，历届中共安丘市委坚持不断加强和改进党的建设，坚持解放思想和改革开放，立足实际，科学谋划，正确决策；所属工作部门及职能不断得到调整和完善，适应市委不同时代引领安丘经济和社会事业发展需要。1984年，中共安丘县委设办公室、组织部、宣传部、统战部、政法委、企业政治工作部、农村工作部、老干部局、组织员办公室、机关党委、党校和党史办公室。1987年，机构精简，设办公室、组织部、宣传部、统战部、政法委、农村工作部、老干部局、组织员办公室、机关党委、党校和党史资料征集研究委员会（简称党史委）。同年7月，成立县委、县政府信访办公室，为正科级行政机构。1988年3月，成立县委研究室，为正科级行政单位，列党委工作部门序列。是年6月，撤销中共安丘县委政法委员会，成立政法领导小组，下设政法办公室。1990年5月，恢复县委政法委员会。10月，成立安丘县保密局、县委机要局。1991年3月，成立安丘县社会治安综合治理委员会并下设办公室，与县委政法委合署办公。1993年12月，安丘县进行机构改革。县委工作部门设置县委办公室、组织部、宣传部、统战部和政法委。县委保留县委老干部局，为正科级行政机构，不占县委工作部门序列，划归组织部管理；保留县委、县政府信访办公室，为正科级行政机构，不占县委工作部门序列，划归县委办公室管理。撤销县委研究室、机要局、保密局、档案局和信息科，工作归县委办公室；撤销县委组织员办公室，工作归县委组织部；撤销县精神文明建设委员会办公室，职能划归县委宣传部；撤销县委对台工作办公室，工作归县委统战部；撤销县社会治安综合治理办公室，工作归县委政法委员会；撤销县档案局，保留县档案馆；撤销县党史委，工作由县档案馆承担。1994年3月，安丘撤县设市，中共安丘县委员会更名为中共安丘市委员会。1997年1月，市委成立中共安丘市委党史办公室。1998年3月，恢复成立中共安丘市委台湾工作办公室，脱离市委统战部单设，为正科级行政机构，同时挂安丘市人民政府台湾事务办公室牌子。2001年12月，根据山东省、潍坊市关于县级党政机构改革的要求，全市进行机构改革。市委调整工作机构，基本维持原状，设工作部门7个，分别为纪律检查委员会机关（监察局与其合署）、办公室（内设市委研究室、机要局、保密委员会办公室，保密办挂市政府保密局牌子）、组织部（内设组织员办公室）、宣传部（内设精神文明建设委员会办公室）、统一战线工作部（内设民族宗教事务办公室，挂市政府民族宗教事务管理局牌子）、政法委员会（社会治安综合治理委员会办公室与其合署）、市直机关工作委员会；设部门管理机构2个，即市委市政府信访局（由市委办公室、市政府办公室管理，以市委办公室管理为主）、老干部局（由市委组织部管理）；保留市委台湾工作办公室（挂市政府台湾事务办公室牌子），不占市委工作机构限额；市档案馆为市委办公室领导的事业单位，挂市档案局牌子，行使有关行政职能；市直人武部并入市委市直机关工作委员会；成立市委农村工作领导小组，为市委、市政府议事协调机构，领导小组在市委办公室设办公室，为常设办事机构；市委党史办公室更名为市委党史研究室，由副科级升格为正科级事业单位。2007年3月，市委成立安丘市维护稳定工作领导小组；是年10月，设立安丘市维护稳定工作领导小组办公室，设在市委政法委。2010年3月，安丘市机构编制委员会办公室单独设置，列党委机构序列。2011年3月，市委设立市委群众工作委员会办公室，负责市群众工作委员会日常工作。2012年10月，安丘市社会治安综合治理委员会更名为安丘市社会管理综合治理委员会。2013年，中共安丘市委设市纪律检查委员会机关、办公室、组织部、宣传部、统一战线工作部、政法委员会、市直机关工作委员会、市机构编制委员会办公室、台湾工作办公室、市委市政府信访局、老干部局、农村工作领导小组办公室、党校和群众工作委员会办公室。

中共安丘市委办公室 1986年，中共安丘县委办公室为正科级行政机构。1988年1月，设立信息科，为行政副科级。1988年3月，县委成立中共安丘县委研究室，为正科级行政单位，设在县委办公室。1990年10月，成立安丘县保密局、中共安丘县委机要局，均为正科级行政单位；撤销机要科。1993年12月，全县进行机构改革。撤销县委研究室、机要局、保密局、档案局、信息科，职能归县委办公室；县委办公室下设文书科、综合科、信息调研科、机要科、保密科和行政科；档案馆、机关后勤服务处为正科级事业单位，隶属县委办公室。1994年3月，安丘撤县设市，中共安丘县委办公室更名为中共安丘市委办公室。1994年10月，市委恢复市保密局，与市委保密委员会办公室一个机构，归口市委办公室。1995年4月，成立安丘市接待办公室，为正科级事业单位，隶属市委办公室。1996年4月，恢复市委机要局。1996年8月，恢复市委研究室。2001年12月，全市进行机构改革。市委办公室下设综合科、秘书科、信息科、督查科、行政科和调研科，内设市委研究室、机要局和保密委员会办公室（挂市政府保密局牌子）；安丘市档案馆为正科级事业单位，挂安丘市档案局牌子，隶属市委办公室；中共安丘市委党史研究室为正科级事业单位，隶属市委办公室。2004年2月，督查科更名为市委督查室，升格为正科级行政单位，为市委办公室内设机构，市委督查室设决策督查科、查办科。至2013年，机构无变动。

第三章　重大决策

第一节　党的建设

1986年，县委制定下发《领导机关和领导干部带头端正党风加强自身建设的决定》《关于实现全县党风根本好转的规划》，要求全县提前完成中共十二大提出5年实现党风根本好转的任务，保证在1986年实现全县党风的根本好转。同年，部署全县村级整党工作。

1987年，县委印发《关于加强农村基层党组织建设的意见》，明确提出要搞好党员教育，努力提高党员队伍素质；坚持干部“四化”方针，切实加强基层党支部领导班子建设；进一步调整和改进基层党组织设置，加强对党员的管理和监督；健全党内生活制度，增强党组织活力；认真做好发展新党员工作；搞好农村基层干部全面管理；坚持党要管党原则，切实加强对党的基层组织建设工作的领导。

1988年，县委印发《关于建立农村党员年度目标责任制的实施意见》，提出建立目标责任制的方法步骤和掌握原则、目标责任制内容、考评标准和方法及奖惩办法等具体措施，进一步加强和改进对农村党员的管理。

1989年，县委印发《关于加强马列主义、毛泽东思想基本理论学习的意见》，决定在全县党员、干部中迅速掀起一个学习、研究、宣传马列主义和毛泽东思想基本理论的热潮。要求各级各部门要把加强马克思主义理论学习列入党委（组）重要议事日程，真正摆到重要位置。

1990年，县委召开全县农村党的基层组织建设工作经验交流会议，深入贯彻落实全省农村党的基层组织建设工作经验交流会议和农村工作会议精神，总结交流全县农村党的基层组织建设经验，研究新形势下如何搞好农村党的基层组织建设问题。会议要求，以争创全省党建工作先进县为主线，全面加强农村党的基层组织建设。

1991年，县委在全县机关中广泛开展学习教育活动，重点学习江泽民“七一”讲话，进行中共党史、党建理论、社会主义基本理论和党纪国法等教育。通过教育，在党政机关干部中树立学习风气，提高思想政治素质；树立办实事风气，真心实意为基层为群众服务。

1992年，县委在全县基层党组织和党员中开展“迎接十四大，为党添光彩”活动。成立领导和办事机构，制定下发实施意见，召开动员大会，部署工作任务，加强具体领导和指导。通过活动，进一步推进全县党的建设，充分发挥党组织战斗堡垒和党员先锋模范作用。

1993年，县委在全县农村党员中开展带头“闯市场、奔小康”活动。要求以中共十四大精神为指针，围绕县委确定“鼓实劲，建强县，过百亿，奔小康”的奋斗目标，鼓励和引导农民党员闯市场、寻路子，率先致富，力争经过2至3年努力，使全县农村大多数党员提前达到或超过小康标准。同时，充分发挥好党员先锋模范作用，在群众中开展帮带活动，实现共同富裕。

1994年，市委集中教育整顿全市农村基层党组织和党员，重点进行农村党建基本知识、政治思想、法律法规知识等方面教育，进一步提高农村党员干部思想觉悟。年内，基本消除农村瘫痪半瘫痪的党组织班子。

1995年，市委制定《关于加强农村基层党组织建设的三年规划》。明确提出，三年内要完成以村支部为核心的村级组织配套建设、选好配强农村党支部书记、加强党员队伍建设、加快农村经济和各项社会事业发展、健全完善各项规章制度等任务。

1996年，市委印发《关于一九九六年全市反腐败工作的实施意见》。按照“标本兼治，综合治理”的原则，深入开展党风廉政教育，进一步健全完善党内监督制约机制，认真搞好制度建设，切实抓好执法监察和专项检查，不断提高党员干部的政治素质。

1997年，市委组织学习贯彻中共十五大精神，重点学习江泽民总书记报告，充分发扬理论联系实际优良作风，确保将中共十五大精神落到实处。

1998年，市委在全市组织开展解放思想教育活动，纪念真理标准讨论和中共十一届三中全会召开20周年。活动突出解决“左”的思想影响，树立按“三个有利于”标准构筑所有制格局的新观念；突出解决在企业改制中求稳怕乱、因循守旧的问题，树立大胆闯、大胆试、靠深化改革搞活企业的新观念；突出解决“铁饭碗”思想和重全民、集体，轻私营、个体的思想，树立有合法收入就是就业的新观念；突出解决精神状态不佳的问题，树立知难而上、抓住机遇、加快发展的新观念。

1999年，市委召开专题工作会议，分析全市农村私营企业党建形势，研究部署向私营企业选派党建联络员工作的任务和措施，要求突出重点，分类指导，认真扎实做好选派工作。

2000年，根据山东省委、潍坊市委部署，市委在市级领导班子、在职县级以上领导干部和部分党员领导干部中开展讲学习、讲政治、讲正气（简称“三讲”）集中教育活动。活动从3月始至6月结束，分思想发动、学习提高，自我剖析、听取意见，交流思想、开展批评，认真整改、巩固成果四个阶段进行。同年，在全市党员干部中进行警示教育。通过学习讨论、自查自纠、总结交流，重点警示教育科级以上党政领导班子和领导干部。全市党员干部的遵纪守法意识、廉洁自律意识、接受党组织严格管理和监督的自觉意识及宗旨观念明显增强。

2001年，市委按照中共山东省委的部署要求，在全市开展“三个代表”重要思想学习教育活动，深入贯彻江泽民总书记讲话精神，选派市、镇机关干部下乡驻村，重点抓好调查研究、征求意见、统一党员干部群众思想认识、化解农村矛盾、帮助发展经济等工作，真正使干部受教育、群众得实惠。

2002年，市委出台《关于整顿后进村班子加强农村基层组织建设的意见》。明确要求认真学习贯彻中共十六大精神，提高党员干部素质；抓好班子建设，启动内在活力，重点配齐村级班子，理顺“两委”（村民委员会和党支部委员会）关系，整顿干部作风；加强党员管理，做好发展党员工作，严肃处置不合格党员，保持党的先进性；切实解决实际问题，维护社会稳定，重点妥善解决遗留问题，认真解决税改存在的突出问题，整顿社会治安；健全完善规章制度，规范农村工作，加快后进班子转化步伐，增强农村基层党组织的创造力、凝聚力和战斗力，推动全市农村各项工作深入开展。

2003年，市委印发《安丘市农村党员干部现代远程教育试点工作实施方案》，组建安丘市农村党员干部现代远程教育管理站，设立镇街道农村党员干部现代远程教育管理站，建立村（居）农村党员干部现代远程教育接收点。2004年1月底，全市基本建成农村党员干部现代远程教育系统，为大规模地开展农村党员干部教育培训、提高农村党员干部综合素质和增强农村基层党组织的创造力、凝聚力和战斗力创造有利条件。

2004年，市委在市直部门中开展“五强化五带头”活动并制定下发意见。主要是强化中心意识，带头维护大局、促进发展；强化服务意识，带头转变作风、服务基层；强化奉献意识，带头敬业爱岗、干事创业；强化法治观念，带头依法行政、端正行风；强化自身建设，带头建强班子、带好队伍等。

2005年，市委贯彻落实中央、省委部署，分三批在全市开展以实践“三个代表”重要思想为主要内容的保持共产党员先进性教育活动。活动分学习动员、分析评议和整改提高三个阶段。

2006年，市委在“七一”前后开展系列纪念活动，并制定印发《关于开展建党85周年纪念活动的意见》。重点抓好表彰先进、组织召开“三老”（老党员、老干部、老模范）座谈会、开好党组织生活会、走访慰问老党员、对全市部分老党员进行一次免费查体、举办庆“七一”暨先进性教育活动文艺演出、开展党建工作先进典型集中宣传月、组织一次党建工作大检查、加大“两新”（新型经济组织、新型社会组织）党组织组建力度、开展形式多样的宣传教育10项纪念活动。

2007年，市委在全市深入开展和谐党组织创建活动。重点健全完善党员干部和谐理念教育培训、党内民主公开、党内矛盾化解、党内激励关爱、党内后进整顿帮扶、党内和谐带动社会和谐6个工作机制。

2008年，围绕提升农村党建工作水平，市委制定《市级领导干部驻村蹲点抓党建工作制度》。自2008年始，市级领导干部驻村蹲点抓党建工作每年分两批进行。第一批安排在4月—6月，第二批9月—10月，每批驻村蹲点时间不少于15天。所驻村均为市级领导所包靠镇街道中的后进村。主要任务是指导帮助所驻村搞好党建和村级组织建设工作，以提升党建工作水平，带动和推进其他各项工作。

2009年，市委在全市党员中开展深入学习实践科学发展观活动。活动分学习调研、分析检查和整改落实三个阶段。印发《关于市委常委分片包靠抓党建工作的意见》，划分全市各镇街区工作片，分别由市委常委具体包靠。重点督促指导所包靠镇街区党（工）委书记落实抓好基层党建责任制，抓好所属各基层党组织班子、党员队伍和党建制度建设，指导和帮助所包靠镇街区加强基层组织建设薄弱环节，积极培植党建创新点和示范点，全面提高基层党建工作水平，为全市经济社会又好又快发展提供坚强组织保证。

2010年，市委推进基层干部教育培训方式方法改革，形成案例式、情景模拟、情景互动、现场教学、在线学习5种模式方式方法体系，得到中央、省委组织部充分肯定。12月13日—14日，中央组织部全国组织干部学院的全国基层干部教育培训方式方法改革观摩研讨会在安丘召开，安丘市委作典型经验介绍。

2011年，市委印发《安丘市党的基层组织实行党务公开工作实施方案》，规定党务公开的内容、程序、方式和实施步骤，并落实各项工作保障制度。要求各级党组织进一步扩大党内基层民主，促进全市党的基层组织党务公开工作深入开展。

2012年，市委转发《中共潍坊市委关于加强农民专业合作社党建工作的意见》，在全市农民专业合作社中开展党组织“集中组建月”活动，充分发挥党组织的引领和保障作用，促进农民专业合作组织快速健康发展。活动要求工作覆盖率100%；力争经过三年左右时间，使全市农民专业合作社党组织组建率100%。

2013年，市委制定《关于选派市级领导和市直部门主要负责人到村任职党组织“第一书记”扎实推进“包村联户”活动的实施意见》《关于党员干部密切联系服务群众的意见》，在全市开展“包村联户”活动，以加强农村党组织建设为切入点，加大开发式帮扶力度，增强农村自我发展能力，实现农村和谐稳定、持久发展。

第二节　重大改革

1986年，县委、县政府印发《关于搞活商业企业若干具体问题的试行意见》。要求进一步落实经营承包责任制；改善经营环境，增强企业自我发展能力；调整政策，大力发展商业服务业；进一步开拓新的流通渠道；大力发展商办企业。

1987年，县委全面推行厂长（经理）负责制。制定《全面推行厂长（经理）负责制实施方案》，确立厂长是一厂之长，是企业法人代表，负有企业全面责任，处于中心地位，起中心作用。

1988年，县委、县政府印发《关于进一步推进横向经济联合 大力发展企业集团的意见》。明确要求把横向经济联合和发展企业集团作为深化企业改革的一项重要措施，有计划、有步骤地组织一批多形式、高层次的企业集团，促进全县经济持续、稳定、协调发展。

1989年，县委、县政府召开全县深化农村改革会议。要求坚持走贸工农一体化、产供销一条龙路子，利用经济效益的链条把国营、集体企事业单位与农民连在一起，使生产、加工、流通各个环节紧密结合，形成风险共担、利益均沾的新型经济联合体；克服当前商品生产中存在的自发性、盲目性，发展有计划的社会主义商品经济，推动农村经济向更高层次发展。

1990年，县委、县政府印发《关于推行农户目标经营的意见》。指出推行农户目标经营是深化农村改革的有益尝试，是完善农村双层经营、提高农村经济效益的有效途径，要明确目标任务，由点到面逐步推开，力争三年基本完成。

1991年，县委、县政府印发《关于鼓励发展乡镇企业的暂行规定》。要求严格积累分配制度，建立新产品新技术开发基金，鼓励企业加强技术改造，鼓励企业开展管理升级和产品创优活动，实行乡镇村集体企业等级管理，建立乡镇企业激励机制，加强对乡镇企业的计划指导和贷款扶持，努力减轻企业负担，切实扶持乡镇企业稳定发展。

1992年，县委深入贯彻中央2号文件和潍坊市深化企业改革、扩大对外开放经验交流会议精神，召开全县深化企业改革动员大会，动员全县各级各部门和工基交财贸战线干部职工解放思想，坚定信心，以打破"一大三铁"（大锅饭、铁交椅、铁饭碗、铁工资）为突破口，加快企业经营机制转换步伐，促进全县经济更快发展。

1993年，县委、县政府印发《安丘县县级党政机关改革实施方案》和《安丘县乡镇管理体制改革方案》，全面进行县乡机关机构改革。坚持以适应社会主义经济体制的需要为目标，按照政企、政事分开和精减、统一、效能的原则，转变职能，强化服务，理顺关系，精兵简政，提高效率，走"小机关、大服务"的路子。

1994年，市委、市政府出台《关于加快股份制改革的实施意见》。提出搞好宣传发动，统一思想认识；搞好资产评估，合理设置股权；严格操作程序，建立新的企业领导体制；规范利益分配，正确处理股份制企业国家、企业、职工三者的关系，完善配套措施，搞好体制转换。

1995年，市委、市政府召开全市对外开放工作会议，明确思路和措施，确定年内完成利用外资项目60个、实际利用外资7000万美元、出口创汇1亿美元的任务目标。

1996年，市委、市政府制定《关于加强农民负担监督管理工作的意见》。要求实行定量限额、严格审批制度、加强资金使用管理、全面推行农民负担卡制度、实行民主公开等措施；加强监督管理，遏制农民负担反弹，依法减轻农民负担，充分调动广大农民生产积极性。

1997年，市委、市政府全面贯彻落实山东省、潍坊市关于新时期卫生工作的指示，制定出台《关于卫生改革与发展的决定》。要求以提高人民健康水平为中心，适应建立社会主义市场经济体制需要，适应疾病模式的变化，加快卫生改革步伐，完善卫生管理体制、医疗保障制度、卫生经济政策，加强卫生队伍建设、卫生法制建设，增强卫生事业发展活力。

1998年，市委、市政府出台《关于进一步鼓励引导个体私营经济发展的意见》。进一步提高对个体私营经济工作的认识，努力为个体私营经济创造公平竞争的政策环境，引导个体私营经济加快发展，促进个体私营经济上规模、上档次。

1999年，市委、市政府提出加快建立多形式、多层次、多成份、多功能的产业化载体组织和提高农民组织化问题的意见。要求通过合作经济组织互助协作、加工企业带动、市场牵动、供销合作社建站包户、大户带动等形式，坚持多条腿走路，走集团化发展道路，提高集约化程度，积极探索实施新的运行机制，提高农民组织化程度。

2000年，市委、市政府制定《关于加强和改进农业和农村工作的意见》。明确提出要积极实施农业经济国际化战略，大力推进农业和农村经济结构战略性调整；全面落实党在农村各项政策；加强农村基层组织、民主法制和精神文明建设，确保农村社会稳定；加强和改进党对农业和农村工作的领导。

2001年，市委、市政府制定《关于进一步鼓励外商投资的暂行规定》。明确客商在安丘境内投资除享受国家规定的优惠政策外，还享受地方政府奖励、行政事业性收费优惠、建设用地优惠等更加优惠的政策，吸引境外客商到安丘投资兴业。

2002年，市委、市政府印发《安丘市农村税费改革（试点）实施方案》。提出取消乡统筹费、农村教育集资等专门面向农民征收的行政事业性收费和政府性基金、集资；取消屠宰税；逐步取消统一规定的劳动积累工和义务工；调整农业税政策；调整农业特产税政策；改革村提留征收使用办法，合理减轻农民负担，保护和发展农村生产力，确保农村社会稳定，促进农村经济和社会各项事业持续健康发展。

2003年，市委把农业结构调整作为年度经济工作重点之一，要求以国际国内市场需求变化为导向，着眼于国民经济发展全局，不断巩固、扩大、提高优质蔬菜出口创汇优势；坚持国际市场与国内市场双向开拓，既要扩大出口，又要增加内销；进一步搞好优势农产品基地建设，规划建设出口蔬菜、姜蒜、草莓等优势农产品产业带，拉长农产品出口创汇优势，实现农业结构调整新突破。

2004年，市委、市政府在全市中小学校推行校长职级制度。制定《关于推行中小学校校长职级制度的实施意见（试行）》，取消中小学校校长行政级别，规定中小学校校长职级的设置、评审认定和工资待遇，实行中小学校校长任期、交流制度，进一步加快全市教育改革和发展步伐，努力建设一支政治素质强、领导水平高、懂业务善管理的专家型校长队伍。

2005年，市委、市政府印发《安丘市人民政府机构改革实施意见》。要求按照完善社会主义市场经济体制和深化行政管理体制改革要求，遵循政企分开，精简、统一、效能和依法行政的原则，紧紧抓住转变政府职能这个关键，调整和完善政府机构设置，科学规范政府部门职能，改进管理方式，提高行政效率，降低行政成本；创造干事创业、加快发展的务实高效环境，逐步形成行为规范、运转协调、公正透明、廉洁高效的行政管理体制。改革调整后，市政府设置市政府办公室和工作部门25个。

2006年，市委、市政府印发《关于推进社会主义新农村建设的实施意见》。要求突出重点，扎实推进社会主义新农村建设。主要是积极发展现代农业，实现农民收入新增长；统筹发展城乡社会事业，构筑社会化服务新格局；大力培育新型农民，树立健康文明新风尚；开展村容村貌整治活动，创建农村人居新环境；强化农村基层组织建设，增强和谐村庄建设新活力。

2007年，市委、市政府制定《关于加快出口食品农产品质量安全区域化建设的实施意见》。要求切实加快全市出口食品农产品安全区域化建设，进一步提高出口食品农产品质量安全，扩大出口，实现农业增效、农民增收、农村发展。主要做好加强基地建设、农业化学投入品管理、农产品检测检验、农村经济合作组织建设、宣传引导和教育培训五方面工作。

2008年，市委、市政府印发《关于进一步扩大对外开放加快实施经济国际化的意见》。要求大力实施资本、人才、市场、资源和规则五个国际化，不断拓展对外开放的广度和深度，提高开放型经济水平，推动全市经济社会又好又快发展。

2009年，市委、市政府制定《安丘市文化体制改革方案》，推进文化体制改革。明确公益性文化事业单位实行内部改革、经营性文化事业单位实行转企改革、理顺文化市场管理体制、创新文化投融资机制四方面改革方式和内容，全面推进全市文化大发展、大繁荣。

2010年，市委、市政府印发《安丘市镇街机构改革实施方案》，着力转变政府职能，创新基层管理体制，进一步加强基层政权建设，加快形成城乡发展一体化新格局。

2011年，市委、市政府印发《关于加快全市水利改革发展的实施意见》。要求大力加强水利基础设施建设、大幅度增加水利建设投入、不断创新水利发展体制机制、夯实加快水利改革发展基础，经过十年左右努力，基本实现水利现代化。

2012年，市委、市政府印发《景芝镇扩权强镇改革试点方案》《凌河镇扩权强镇改革试点方案》，下放涉及23个市直部门106项放权事项于景芝镇、凌河镇，赋予两镇县级城市管理和发展权限，使其解放思想、大胆探索，按照现代化城市的理念进行规划、建设和管理，推动转型升级，实现快速发展和迅速崛起，形成区域性政治、经济、文化中心。

2013年，市委、市政府办公室印发《2013年深化经济体制综合配套改革试点工作考核办法的通知》，以更好地完成全市深化经济体制综合配套改革工作任务，客观准确地考核评价改革试点工作实绩。

第三节 经济发展

1986年，县委、县政府召开全县经济工作会议，重点部署工业生产和农村经济工作。其中，工业生产突出抓好“一个落实”、实现“四个突破”。“一个落实”是贯彻落实中共山东省委、省人民政府《关于搞活企业若干问题的试行规定》，进一步调动企业和职工积极性；“四个突破”是技术进步、调整产品结构、改革流通体制和横向经济联合有新突破。农村经济工作主要是牢固树立抗灾夺丰收思想，抓好农作物管理和乡镇企业发展多种经营，进一步完善农村各项经济政策。

1987年，县委提出“发展西部，提高东部，扶持两区（山区、库区），全面振兴”的方针，把合理调整产业结构、大力发展乡镇企业、全面发展农村商品经济作为当年农村工作重点，并确定四项工作措施：继续深化农村改革，加强各项服务工作；积极梳理流通渠道，促进农村商品生产；努力增加农业收入，增强发展后劲；加快山区、库区开发，积极做好扶贫工作。

1988年，县委、县政府研究制定加强全县农村商品经济发展的任务措施。要求突出抓好“两个优化”“三个加快”。“两个优化”即优化农业产业结构，提高农业经济效益；完善双层经营体制，优化农村经济组织。“三个加快”即加快流通体制改革，建立和完善农村市场体制；以乡村企业和养殖业为重点，以家庭经济为骨干，加快农业劳动力转移；努力扩大出口创汇，加快发展外向型经济。

1989年，县委、县政府贯彻落实中共十三届三中全会精神，提出以压缩需求、稳定物价、整顿流通秩序、深化企业改革、增加有效供给为重点，采取积极主动而又稳妥措施，扎实做好治理、整顿和改革各项工作，努力做到在治理中发展、整顿中搞活、改革中前进。

1990年，县委、县政府制定《关于禁止向各企业乱收费、乱罚款和各种摊派的暂行规定》，禁止各种形式的“三乱”，并加强监督检查，营造企业良好发展环境；部署库区开发建设工作，要求维护好库区社会稳定，安排好群众生活，搞好围库造地、劳务输出等工作，增加群众收入，加快库区开发建设步伐。

1991年，县委、县政府作出《关于扶持库区开发建设的暂行规定》。提出对库区内乡镇统筹上交县部分全部免除、建立库区开发建设基金、县财政每年安排一定数量资金专项用于库区发展工副业生产贷款贴息和对库区村在农业税、农林特产税减免方面给予重点照顾等12项扶持措施，给库区开发和建设创造良好外部环境，促进库区经济和社会事业发展。

1992年，县委、县政府在全县国合商业企业推行租赁经营、大包干、拍卖改革，制定《关于国合商业企业“租、包、卖”改革的实施意见》，加快国合商业企业改革开放步伐，促进企业经营机制转换；出台《安丘县搞活流通 加快第三产业发展的暂行规定》《安丘县外商投资优惠政策和引进外资、发展外向型经济奖励暂行办法》《安丘县鼓励发展乡镇企业的规定》《安丘县机关事业单位兴办实体试行办法》的政策规定，加快推进经济发展。

1993年，县委、县政府出台《关于鼓励发展个体私营经济的政策规定》，规定从事个体、私营经济的经营方式、经营范围、审批、审核程序、税费管理及优惠政策等。要求有关部门履行职责，积极配合，支持个体、私营经济发展，依法保护个体、私营企业合法权益，推动个体、私营经济更快发展。

1994年，市委、市政府制定《关于按照农业产业化要求进一步加强对农村社会主义市场经济领导的意见》。具体思路是：坚持实事求是，坚决保护农民利益；积极推进农村改革，大力发展龙头企业；建立健全服务体系，不断改善基础条件，及时引导农业和农村经济迅速向市场经济过渡；强化农村社会化服务体系建设，推进农业发展。

1995年，市委、市政府围绕加快实施科教兴安战略，出台《关于加速科技进步的意见》。主要内容为：依靠科技进步，全面振兴农村经济；加快企业科技进步，提高工业增长的质量和效益；重视社会发展领域的科技进步，实现经济社会的协调发展；加快发展高新技术及其产业，增强科技进步和经济发展的能力；不断深化科技体制改革，促进科技和经济紧密结合；加强科技队伍建设，提高劳动者素质；多渠道筹集资金，切实加大科技投入；加强领导，提高科技进步工作的组织管理水平。

1996年，市委、市政府研究部署工业工作。要求全面推进企业改革；培植造就大企业、大集团，加速优势企业规模膨胀；狠抓重点项目建设，加快科技进步；大力发展开放型经济；强化营销手段，大力开拓市场，加快推动由工业大市向工业强市跨越。

1997年，市委、市政府提出《关于进一步加快山区开发建设的意见》，加快山区开发建设步伐，促进全市经济平衡发展。要求以水利建设为中心，林果基地建设为主要内容，科学技术为先导，筹集资金增加投入为重点，集中力量打歼灭战为主要组织形式;具体工作中突出水利、林果基地建设、管护、科技开发四个重点，进一步加快山区开发建设。

1998年，市委出台《关于贯彻〈中共中央关于农业和农村工作若干重大问题的决定〉的实施意见》。提出要坚定不移地坚持党在农村的基本政策，建立适应社会主义市场经济发展的农村经济体制；调整优化产业结构，提高农村经济整体素质和运行水平；搞活农产品流通，完善农产品市场体系；加快龙头企业建设，推进农业产业化升级；实施科教兴安战略，推进农业科技革命；建立多元化投入机制，改善农业生产条件；搞活小城镇建设，推进农业现代化；加强农村民主与法制建设，扩大农村基层民主；加强农村社会主义精神文明和农村党组织、干部队伍建设，提高领导农村工作水平。

1999年，市委、市政府提出进一步发展特色农业、促进农村经济更快发展，提高农业效益，增加农民收入和财政收入的意见。要求根据市场需求不断调整优化农业结构；狠抓农业新成果、新技术推广应用，不断提高特色农业发展水平；大力发展农产品加工企业和各类产业化组织；大搞农田水利基本建设，改善农业生产条件，加快发展特色农业。

2000年，市委、市政府提出全市实施农业国际化战略的基本思路。即坚持战略性调整农业和农村经济结构的“一个调整”,建立和完善品种引进推广、技术质量保证、加工销售和农业社会化服务的“四个体系”，推行科技示范园、农产品加工大户和外资加工企业直接建立并带动出口创汇基地的“三种模式”。出台《关于加快个体私营经济发展的意见》，放宽登记条件和经营范围限制，拓宽个体私营经济融资渠道，改善个体私营经济发展环境，加快发展个体私营经济。

2001年，市委、市政府研究部署农业标准化工作。要求大力普及农业标准化知识、规范农产品生产经营、严格管理农业投入品、加强农产品质量检测监督、做好有关法规政策制定和生态环境治理等配套工作，切实搞好农产品标准化工作，提高农业市场竞争力。是年，召开全市深化土地使用制度改革和加快小城镇建设工作会议，围绕搞好城市经营，以深化土地使用制度为突破口，搞活房产、地产两个市场，盘活城镇土地资源。

2002年，市委、市政府作出进一步加快民营经济发展的补充规定。提出进一步放宽注册资本和投资方式限制，简化投资审批手续，设立民营经济发展基金，鼓励民营企业争创驰名商标和名牌，鼓励民营企业依法纳税、多作贡献，鼓励民营经济园区不断发展壮大，鼓励发展民营经济专业村、专业镇，推动民营经济快速发展。

2003年，市委、市政府出台《关于加快企业上市工作的意见》。制定对上市企业在用地、税收、收费、奖励等方面的优惠政策，重点培植汶瑞机械公司、奥宝化工有限公司、景芝建工有限责任公司、柠檬生化有限公司、鲁安药业有限责任公司、外贸食品有限责任公司和长安铁塔股份有限公司；力争在3年内有3家企业实现境内或境外上市，2家至3家企业完成上市辅导期；新组建2家股份有限公司，并培植为拟上市公司，加快工业立市步伐，促进全市经济超常规、跨越式发展。

2004年，市委、市政府出台《关于贯彻落实中央“一号文件”促进农民增加收入的实施意见》。要求实行城乡统筹，创新农民增收思路；加快龙头企业建设，培育农民增收主体;搞好产业结构调整，挖掘农民增收潜力；大力推行农业标准化，提升农民增收水平；加大农业投入力度，夯实农民增收基础;大力推进农民“三变”(变“蓝领”、变“老板”、变“市民”),拓宽农民增收渠道;切实加强组织领导，确保农民增收政策措施落到实处。

2005年，市委、市政府制定《关于鼓励支持民营经济发展的考核奖励办法》。设置先进镇街道、企业贡献、高新技术项目、驰名商标和名牌产品等荣誉奖项，鼓励支持全市民营企业、个体工商业户发展。

2006年，市委、市政府制定《关于进一步培强做大现有企业的意见》，进一步培强做大现有企业，鼓励市内企业进入潍坊市工业企业500强、“退城进园”、组建集团公司、上市和鼓励金融机构支持企业发展，进一步加快工业立市步伐，推动全市经济更快更好发展。

2007年，市委、市政府加快培育产业集群，努力实现发展工业经济新突破；强化基础建设，努力实现社会主义新农村建设新突破；提升“亮点”，努力实现对外经贸工作新突破；提高档次水平，努力实现发展现代服务业新突破；打造生态品牌，努力实现城市建设新突破；致力统筹协调，努力实现和谐社会建设新突破。

2008年，市委、市政府制定《关于2008年度鼓励企业加快发展的考核奖励办法》，设立发展贡献奖、争创名牌和高新技术奖、企业上市奖、节能降耗考核奖以及强企业、优秀企业家和优秀企业经营奖等奖项，鼓励企业发展。

2009年，市委、市政府制定《2009年度鼓励企业加快发展的考核奖励办法》，鼓励企业培强做大，推动全市经济又好又快发展。

2010年，市委、市政府印发《关于加强服务业发展若干政策的通知》，促进现代服务业跨越发展。明确规定凡国家法律、法规未明令禁止的服务领域，全部向外资、社会资本开放，并实行内外资、内外地企业同等待遇。

2011年，安丘市参与制定的、以“安丘模式”为核心的《初级农产品安全区域化管理体系要求》国家标准正式在全国颁布实施。

2012年，市委、市政府出台《关于进一步推进企业上市工作的意见》，加大推进企业上市力度。《意见》从给予项目扶持和资金支持、降低企业改制上市成本、给予财政税收政策扶持、落实上市专项工作补助经费4个方面，鼓励企业利用资本市场为实体经济服务，按照梯次发展的工作思路，广泛挖掘和全面培植企业上市资源。出台《鼓励工业企业加快发展的暂行办法》，对在辖区内注册的工业企业，实行划型动态管理，并通过设立贡献奖、投入奖、节能减排奖、品牌奖、创新奖、标准化奖和设立专项基金、授予荣誉称号等激励措施，鼓励企业做大做强、创新发展，坚定不移地强化工业，加快工业立市步伐。

2013年，市委、市政府制定《关于鼓励工业企业加快发展的意见》，深入实施“工业立市”战略，充分调动企业经营者干事创业的积极性，鼓励企业发展。制定《金融机构支持经济发展考核办法》，进一步优化金融环境，促进金融产业发展，提高银行类金融机构扩大信贷投放积极性，支持企业培强做大，推动全市经济更好更快发展。

第四节　社会事业

1986年，县委、县政府发出《关于限期完成校舍改造任务的通知》。要求进一步提高对校舍改造工作重要性和紧迫性认识，确保在上半年完成校舍改造任务；结合校舍改造，合理调整学校布局，为实现九年义务教育打下基础；加快安丘县联谊学校建设，改变城区学校拥挤状况。

1987年，县委、县政府出台《关于农村基层干部退职安置的试行规定》，明确规定农村基层退职干部实行固定补贴和一次性工龄补贴的范围、办法及其他有关问题，解除在职干部后顾之忧，促进干部新老交替，调动农村干部的积极性。是年，县委要求办好群众比较关心、影响比较大的10件实事：整修安丘、雹泉、景芝烈士陵园，完成庵上石坊保护设施建设和公冶长书院整修，建成县联谊中学，筹建县体育场，安装城区自动电话，改善7处新建乡镇医疗卫生条件，加快城区街道建设，增添环卫设施，引牟山水进环城河，在县人民公园建成人工湖。

1988年，县委、县政府出台《关于进一步端正教育方向 加快发展教育事业的意见》。主要内容是：增强教育意识，坚持教育为发展经济建设服务的方向；适应经济和社会主义现代化建设需要，坚持基础教育、职业技术教育和成人教育统筹协调发展；努力增加教育投资，多渠道筹集教育资金；加强师资队伍建设，努力提高广大教师的政治业务素质；深化教育改革，切实加强党和政府对教育工作的领导。

1989年，县委制定下发《关于党员干部密切联系群众的规定》。要求党员干部走访群众，坚持经常参加体力劳动；深入基层调研；建立联系点，实行抓点带面。

1990年，县委、县政府出台《关于切实减轻农民负担的暂行规定》。主要内容包括农民合理负担的项目、标准及使用范围，农民合理负担项目的管理，禁止向农民摊派不合理负担，兴办各项事业要量力而行，发展壮大集体经济等，切实把农民负担监督管理工作纳入法律化、制度化、规范化轨道，刹住对农村乱摊派、乱集资、乱收费、乱罚款之风。

1991年，县委、县政府作出一年消灭荒山荒滩，五年绿化安丘的决定。要求统一思想认识，下定大干的决心；明确任务目标，层层落实规划；建立育苗基地，兴办集体苗圃；稳定完善林业政策，深化林业改革；建立育林基金制度，增加对林业的投入；坚持依法治林，加强林木资源保护，加快全县造林绿化步伐。

1992 年，县委、县政府出台《关于加快基础教育事业发展的意见》。要求修订计划，加快步伐，在 1991 年 10 处乡镇基本实现初等义务教育、开始实施初级中等义务教育的基础上，当年再有 8 至 10 处乡镇基本实现初等义务教育；至 1993 年上半年所有乡镇均高标准实现初等义务教育，并全面开始实施初中阶段义务教育；1994 年底在全县范围内基本实现初中阶段义务教育，高标准扫除青壮年文盲；1996 年完成初中三年学制改四年学制任务，高标准实现九年义务教育。

1993 年，县委、县政府确定全县农业、工业、财贸、公路、运输、邮电、电力、城建、科技、教育、卫生、广播电视等方面的 16 件大事，并印发《安丘县经济建设和社会事业发展 16 件大事及项目组织实施负责人和责任单位》。

1994 年，市委、市政府制定《关于加快小城镇建设的意见》，推进全县农村经济发展和城乡一体化、农村城市化进程。要求坚持科学规划，完善小城镇功能；放宽政策，创造小城镇建设良好环境；加强领导，形成加快小城镇建设的整体合力。

1995 年，市委、市政府印发《安丘市实施〈中国教育改革和发展纲要〉的意见》，确定到 2000 年全市教育发展的目标和任务。即重视和发展幼儿教育，进一步强化基础教育，大力发展职业教育，大力开展以扫盲和岗位培训及继续教育为重点的成人教育。明确深化教育改革的任务和措施，要求加快办学体制改革，进一步改变政府包揽办学状况，形成政府办学为主与社会各界参与办学相结合的新体制；深化教育管理体制改革，完善分级办学、分级管理体制，进一步扩大市级统筹决策权、乡镇综合管理权和学校办学自主权，逐步建立起适应全市经济建设和社会发展充满生机活力的教育体制；全面贯彻教育方针，深入进行教学改革，提高教育质量。

1996 年，市委、市政府围绕经济发展和社会稳定，加快建立和完善全市农村社会保障体系，作出《关于加快建立全市农村社会保障体系的决定》。要求把握好四条原则，即：坚持社会保障水平与全市生产力发展水平相适应的原则，坚持自我保障与国家、社会扶持相结合的原则，坚持物质保障与服务保障、生活救济与生产扶持有机结合的原则，坚持循序渐进、因地制宜的原则，确保到 1996 年底达到省政府确定的农村社会保障先进市标准，到 1998 年底全面建立起内容充实、形式规范、制度完善的农村社会保障体系。

1997 年，市委、市政府作出《关于加强体育工作的决定》。要求以争创全国体育先进县为目标，加强设施建设为突破口，加快体育事业发展步伐；深化体育改革，努力提高竞技体育水平；全面实施《全民健身计划纲要》，广泛开展群众体育活动，推动体育向社会化发展。同年，市委制定《关于进一步加强社会主义精神文明建设工作的意见》，要求把精神文明建设提到更加突出地位，纳入目标化管理，落实工作任务，切实把全市精神文明建设提高到一个新的水平。

1998 年，市委、市政府作出《关于进一步加强计划生育工作的决定》，落实计划生育基本国策，确保全市跨世纪奋斗目标圆满完成。要求突出重点，狠抓难点，促进全市计划生育工作平衡开展；建立健全服务体系，保证节育措施落实；加强计划生育工作队伍建设，全方位提高计划生育人员整体素质。

1999 年，市委、市政府围绕大力实施“科教兴安”战略，加快全市现代化建设步伐，制定《关于引进高层次人才智力的试行办法》。明确规定凡市内引进硕士以上学位的研究生、享受国务院特殊津贴或地市级以上拔尖人才称号及具有副高级以上专业技术职务任职资格的专业技术人员和管理人员，都可享受住房、子女入学、入托、工作关系转移、户口办理等一系列优惠待遇，并可领取一定的补助费。

2000 年，市委、市政府要求进一步统一思想，明确目标，加强领导，增强深入实施“民心工程”的责任感和自觉性，把“民心工程”全面推向深入。

2001 年，市委、市政府决定实施汶河治理工程，全面治理汶河下游 21 公里河段。工程总投资 2269 万元，在 206 国道汶河桥以下 1100 米处修建拦河闸，拦河闸以上开挖 3000 亩的水面建设青云湖；治理拦河闸至黄旗堡铁路桥河道，全长 21 公里，河床宽 400 米，堤坝宽 10 米，形成沿河道路。

2002 年，市委印发《关于对涉及农民负担案（事）件实行责任追究的实施细则》。《细则》明确责任追究对象，严格追究违反规定擅自制定加重农民负担文件或作出加重农民负担决定并已实施的、不按规定出具票据的、违反农村税费改革政策规定的、向农民强行摊派的、违反减轻农民负担政策的、工作作风粗暴或违反规定采取不当措施导致农民死亡、重伤的等责任，确保农民负担真正减下来和全市政治、社会稳定。

2003年，市委、市政府制定出台《关于进一步加强就业和再就业工作的决定》。提出要加快经济发展，大力开展招商引资，大力发展第三产业，加快发展中小企业和民营等非公有制经济，搞好城市建设和城市经营，搞好市属企业改革，加速发展农业产业化，拓宽就业再就业渠道；完善和落实促进再就业优惠扶持政策，实行凭证享受优惠政策，鼓励下岗失业人员自谋职业和自主创业，落实小额贷款担保优惠政策，鼓励服务型企业吸纳下岗失业人员；实施困难群体再就业援助计划，改进就业管理服务，优化就业和再就业环境，进一步加强全市就业和再就业工作。

2004年，市委、市政府制定《关于进一步加强和改进未成年人思想道德建设的意见》，进一步加强和改进全市未成年人思想道德建设。

2005年，市委、市政府制定《关于进一步加强和改进新时期体育工作的实施意见》。总的要求是：坚持体育事业与经济、社会协调发展。群众体育以全面健身为目标，广泛开展体育活动，不断提高人民群众的健康水平；竞技体育以夺取国内、国际大赛冠军为目标，合理调整项目布局，加速体育后备人才培养，努力提高竞技体育水平；加大对体育事业投入，加快体育设施建设；充分发动社会力量，积极发展体育产业，做好体育彩票发行销售，发展和规范体育市场，为发展体育产业注入新的活力；加快体育改革步伐，增强体育事业发展活力。

2006年，市委、市政府制定《关于开展创建中国优秀旅游城市活动的实施方案》，加快全市旅游产业发展，进一步提升城市形象。要求制定旅游产业总体发展规划，确立旅游产业地位；突出重点，加快旅游资源开发；强化宣传，搞好旅游促销；完善旅游市场机制，树立旅游城市良好形象；完善城市现代功能，优化城市旅游环境；积极推进旅游体制改革，增强旅游发展活力。

2007年，市委、市政府出台《关于进一步加强人口和计划生育工作的暂行规定》，进一步做好全市人口和计划生育工作。作出下大力气夯实基层基础工作、严厉查处违法生育行为、依法征收社会抚养费、严格治理违法违规医疗行为等10个方面的规定。

2008年，市委、市政府出台《关于深化和谐创建、建设文明城市的实施意见》，全面提升文明安丘、和谐安丘建设水平。提出力争安丘市三年内跨入全省创建文明城市工作先进行列，利用五年时间建成省级文明城市；把建设文明城市与推动经济发展有机结合起来，深入推进和谐创建各项工作，全面提升城市建设管理水平，大力推进文化建设，精心打造良好发展环境，全力维护社会稳定。

2009年，市委、市政府制定《关于进一步加强城区人口计生管理工作的暂行规定》。明确城区人口计生工作在属地管理的基础上，全面实行现居住地管理、主管部门牵头、单位负责的综合管理机制；实行多方责任追究制度，凡出现问题的，一并追究相关街道、党政机关、企事业单位（包括其主管部门、单位）、村（居）的责任，直至一票否决、重点管理。

2010年，市委、市政府实施城市环境综合整治暨“三拆一绿”工程。通过进行城市环境综合整治和拆除沿街破旧平房、违章建设及部分实体围墙，全面绿化拆除腾空地段和黄土裸露地段，彻底改变市区“脏乱差”现象，打造整洁优美、规范有序的城市环境。

2011年，市委、市政府与山东潍广文化发展股份有限公司签订《乡镇文化广场建设合作框架协议》，共同推动乡镇文化建设。

2012年，市委、市政府出台《关于在全市开展“六城联创”活动的实施意见》。决定利用3至5年时间，在全市深入开展“六城联创”活动，通过争创省级园林城市、省级森林城市、省级生态（城）市、省级文明城市、国家卫生城市、国家环保模范城市，进一步提升城市品位，塑造城市形象，增强城市竞争力。

2013年，市委、市政府印发《关于实施“三八六”环保行动　加快秀美安丘建设的意见》。决定利用3年时间，组织实施“三八六”（围绕三个目标、打响八大战役、强化六项保障）环保行动，从根本上解决全市生态环境问题，加快秀美安丘建设，保障安全永续发展。主要是组织实施消灭污水直排、自备井整治、河道生态修复、推进“煤改气”、整治空气异味污染、淘汰黄标车、防控城市扬尘污染、治理农业面源污染“八大战役”。

第四章　组　织

第一节　机　构

1986年，中共安丘县委组织部为正科级行政机构。1993年，县委撤销中共安丘县委组织员办公室(1984年成立),工作归县委组织部。1994年3月，安丘撤县建市，中共安丘县委组织部改称中共安丘市委组织部。2002年5月，市委组织部设办公室、干部科、组织科和电教科；市委恢复成立中共安丘市委组织员办公室。12月，成立中共安丘市委党员电化教育中心，设在市委组织部，为所属副科级全额拨款事业单位；同时撤销电教科。2003年8月，市委党员电化教育中心升格为正科级事业单位；市委成立安丘市农村党员干部现代远程教育管理站，与市委党员电化教育中心合署办公。2007年4月，安丘市农村党员干部现代远程教育管理站设立综合科、网络管理科。是年5月，安丘市农村党员干部现代远程教育管理站更名为中共安丘市农村党员干部现代远程教育中心，内设综合科、网络管理科。10月，市委成立安丘市市直部门考核工作办公室，为正科级规格。11月，成立市委党的建设工作领导小组办公室和安丘市党建研究会，均为正科级规格。2009年，设立干部信息科，牌子挂在干部科。2010年5月，撤销干部科，新设干部一科（挂干部信息科牌子）、干部二科（挂人才科牌子）；增设组工宣传科，加挂调查研究室牌子。2011年11月，成立市干部网络信息管理办公室，为市委组织部所属副科级事业单位。2012年9月，撤销组织科，设立组织一科、组织二科（挂新型经济和社会组织党的建设办公室牌子）。2013年，市委组织部内设机构10个：市直部门考核工作办公室、市委组织员办公室、市委党的建设工作领导小组办公室、安丘市党建研究会、办公室、干部一科、干部二科、组织一科、组织二科和组工宣传科（加挂调查研究室牌子)。

第二节　干部管理

干部人事制度改革

1986年，中共安丘县委组织部在干部考察中推进干部队伍“四化”(革命化、年轻化、知识化、专业化）进程。年内，在定性考察基础上，采用定量分析测评方法，测评全县32处乡镇、64个县直部委办局领导班子成员。1987年，下放乡镇文化、水利、农技等14个站所的财权、人权、固定资产和流动资产管理权限给乡镇。是年，围绕加快和深化企业领导体制改革，推行厂长（经理）负责制，对县直64家企业全部实行厂长（经理）负责制，对亏损严重的县电子电器厂实行租赁经营；拟定《关于实行领导干部试用制和任用制的暂行规定》。1988年始，对县直党政部门、事业单位新提拔属于县委管理的正、副职领导干部实行试用制和任期制。年内，公开考选县外经贸部门副科级领导干部4人；在县教师进修学校、职工中专学校等8个事业单位公开选聘负责人；在贾戈乡进行以分口管理、招标承包、优化组合为主要内容的政府工作机构改革试点，重新组建担负乡镇人民政府职能的“五委一办”(经委、农委、商委、文委、社会保障委、办公室),实行分口管理。

1990年5月，从县直部门（单位、企业）考选秘书26人，分配到县直党政机关、事业单位。1991年，按照公开、平等、竞争的原则，通过考试与考察相结合办法，补充党政机关干部30人。1992年，打破国家干部和农民身份界限，从优秀农村党组织书记（村主任）和乡镇企业负责人中选拔26名担任副乡镇长；打破企业干部和工人身份界限，推行企业干部聘任制。1993年，实施县、乡机构改革，精简机构25个，减少36.76%。

1994年始，按照《国家公务员暂行条例》和《国家公务员考核暂行规定》的要求，安丘市委组织部坚持从德、能、勤、绩4个方面进行年度考核，等次分优秀、称职(合格)和不称职(不合格)。1995年，在景芝、凌河、王家庄3处乡镇进行乡镇干部管理试点，形成干部选拔任用、教育培养、激励竞争和监督约束配套机制。1996年，组织机关工作人员向国家公务员和党的机关工作者过渡考试，并在市委政法委、市教委、凌河镇等单位进行公务员过渡试点工作。1997年，推行国家公务员制度和参照管理工作，审查全市过渡范围的2195名资格，其中2121名顺利过渡。1999年，实施《关于市直企业领导人员管理的试行意见》，取消企业行政级别，实行董事长与总经理分设和副总经理由总经理聘任制度，并在山东景芝酒业股份有限公司进行规范法人治理结构试点。

2000年，制定《关于深化干部制度改革 改进和完善干部选拔任用工作的试行意见》，规范干部选用基本程序及考核、审计、交流等工作，引入干部选拔任用竞争机制。2001年—2002年，对合并乡镇领导班子采取“全出竞进”方式，按照理论考试、民主推荐、竞职演讲的步骤全面推行竞争上岗，332名副科级以上干部参加，竞进190人。2002年，首次在市公安局实行副科级干部竞选提拔，通过年度考核得分、民主评议得分、竞选演讲得分、组织考察得分实施综合评价，新提拔副科级干部25人；面向潍坊市公开考选共青团安丘市委书记1人。2003年，面向社会公开招聘2名市第二招商局正、副局长，并分两批选拨聘用20名专业招商人才；提拔重用16名全日制本科学历优秀年轻干部担任镇街道党（工）委书记或副书记。2004年，选拔领导干部机制向企业延伸，公开选聘市长途运输公司经理、副经理各1人。2005年，印发《关于改革市直机关事业单位工勤人员管理办法的意见(试行)》。2006年，从年轻、高学历干部和副科级后备干部中公开选拔18名副科级领导干部。2006年—2007年，开展公务员登记工作，办理登记1053人。其中，属于潍坊市委管理干部49人，市管科级干部及党群口科员干部1004人。2008年，开展参照公务员法管理登记工作，登记符合参照管理条件的132人。是年，考察选拔3名优秀村（居）党组织书记挂任副镇长（副主任）；制定《关于进一步加强中小学校干部队伍建设的意见》，明确教育系统干部选拔任用的条件、管理程序等内容。2009年，从全省范围内为市人民法院、人民检察院公开考选2名非党副职（正科级），公开考选10名年轻、全日制本科以上学历副科级干部到镇任职。

2010年，采取“两公开四差额”（公开空缺职位及职位要求、公开选任方法及选任程序，实行差额推荐、差额考察、差额酝酿、差额表决）方式，选拔任用景芝镇、金冢子镇党委书记和新安街办主任、石埠子镇镇长4名领导干部；采取差额方式选拔任用市规划局局长等7名领导干部；从符合条件的村党组织书记、企业负责人、镇街道中层正职干部中考选1名镇党委委员、1名镇机关公务员；面向全市党政群机关、事业单位在职在编人员，公开选拔副科级领导干部挂职副镇长8人、市直行政机关和参照公务员法管理单位领导班子副职 7人、市直事业单领导班子副职2人、副科级非领导职务专业技术干部4人、副科级非领导职务全日制大学本科以上非中共党员干部4人。2011年，从市直部门选派5名年轻全日制大学本科以上科级干部到镇街道挂职担任党（工）委委员、副镇长（副主任）；公开考选3名镇街道副科级干部，从镇事业编制人员和大学生村官中公开选拔2名镇领导班子成员。2012年，面向潍坊市公开选拔共青团安丘市委书记1人，面向安丘市公开选拔镇街区副科级领导干部11人。2013年，研究制定市直部门（单位）年度岗位目标考核办法，探索实行差异化考核机制，加大对重点工作考核力度，对考核成绩较差的部门推行主要负责人“代理制”。

干部任用与监督

1986年，中共安丘县委组织部从县直经济部门中选拔32名干部到乡镇担任党委副书记或副乡镇长，分管乡镇办企业。同年，复议全县834起历史案件，撤销421起案件或改变原处分、结论处理，恢复公职133人，退职处理26人；解除28名历史上受限制使用的问题，补发42名因冤假错案扣发的工资；清退、经济补偿“文化大革命”中被红卫兵查抄的书籍和财物，平反昭雪被运动迫害致死的干部。1987年，印发《关于乡镇选聘合同制干部合同到期后有关问题的处理意见》，采取乡镇鉴定、民主测评和有关业务部门评定的方法，全面考核合同制干部，新续131名合格干部合同，解除50名不合格干部合同。1988年，从县直部门中选派31名干部于乡镇挂职工作。其中，挂职乡镇党委副书记4人、副乡镇长19人、一般干部7人；制定《关于党政群机关事业单位干部管理的意见》，进一步理顺干部管理关系；在全县60家县属企业实行招标承包和租赁经营，兼并1家亏损企业。1989年，从县直部门中选派第二批159名年轻干部于32处乡镇挂职。其中，担任副乡镇长25人、妇联主任1人，经委主任及副主任37人、政法办主任及副主任7人、助理70人、团委副书记19人。1990年，全面检查全县新中国成立前干部参加革命工作时间。年内，开展干部离退休办理工作，为全县达到或者超过离退休年龄的228名干部办理离退休手续。

1991年，制定《关于党政机关、事业单位干部调配的规定》，规范干部调配、奖惩、交流、回避等规定；制定《关于建立后备干部队伍的实施意见》，确定县直机关、县属企业和乡镇的后备干部506人。1992年—1993年，启用改革意识强、敢闯敢试、群众威信高、能够开创新局面的优秀年轻干部进领导班子，注重充实懂经营、会管理的干部；制定《关于加强领导班子思想作风建设的意见》，提出各级领导班子思想作风建设具体要求。

1994年，市委组织部制定《关于加强和改进干部管理工作的意见》，在干部任免、交流、干训、回避和机构编制等方面进行改革。1995年，提拔173名干部进各级领导班子。其中，35岁以下的126人，占71%；新提拔妇女干部24人，占14%。同年，下发《关于加强企业干部队伍建设的试行意见》，规范企业干部管理的权限及选拔任用、政治待遇、监督检查等环节。是年，推行干部诫勉、回复组织函询、政绩考核奖惩制度，诫勉3名政绩平平的领导干部，免去6名不称职的副科级干部职务，函询12名干部。1996年，在市人民法院、人民检察院等业务性较强的部门推行干部轮岗交流制度，实行120名干部任职交流。同年，把企业主要领导人的级别、待遇与企业规模、效益和对国家的贡献挂钩，按贡献的大小兑现奖惩；对1995年度贡献突出的8名企业厂长（经理）落实正、副科级政治生活待遇，审计26家企业，降免职处理4名经营无方、亏损严重企业主要负责人。1997年，按照干部“四化”的方针和德才兼备的标准，调整副科级以上干部343人，进入各级领导班子科级干部149人。1999年，制定《关于实行干部任用公示制度的试行意见》，在潍坊市率先对党政机关、事业单位新提拔的副科级领导干部和非领导职务干部实行公示制。同年，安丘市被中共中央组织部授予干部人事档案目标管理一级单位称号。

2000年，市委组织部审计各镇街道和部分市直部门、企业经济和财务开支情况，发现和纠正处理有关问题。是年，考察合并的10处山区乡镇领导班子，合理确定合并后的5名乡镇党委书记人选。2001年，制定《关于加强对“一把手”监督工作的意见》，加强对部门单位主要负责人的监督。2002年，制定《加强对领导干部“八小时以外”监督管理的意见》，首次明确提出对领导干部“八小时以外”监督管理的问题。2003年，制定《关于建立考察工作责任制和用人失误追究制的意见》《关于镇街道若干重大问题决策的暂行规定》，实行考察预告、考察责任追究和任前公示制度，规范干部选拔任用工作基本程序；制定《关于机关工作人员实行轮岗的实施意见》，首批组织机关事业单位轮岗人员898人。2004年，研究制定《调整不称职领导干部暂行办法》《关于对领导班子和领导干部实行重大事项备案的制度》，探索党政干部辞职、调整不称职干部及干部备案工作方法。2006年，开展全市科级及以下干部档案审核、“三龄一历”（年龄、工龄、党龄、学历）认定、档案整理和更换档案盒工作。2007年，制定《安丘市科级干部选拔任用工作流程》，推行干部选拔任用全程纪实制度；制定《关于建立干部考察员制度的意见》和《关于实行干部考察工作责任制的暂行规定》，完善干部考察制度；制定《关于加强对不担任领导职务科级干部管理工作有关问题的规定》《关于市直部门和镇街道领导干部排序的意见》，规范干部管理工作；制定《市直部门、单位工作综合考核办法（试行）》，实行镇街道和市直部门（单位）领导班子、领导干部年度考核。2008年，修订《市直部门、单位工作综合考核办法》，出台《关于切实加强干部预警性监督管理　推进干部队伍思想作风建设的意见》《镇街道党政正职和市直部门正职离任工作交接办法》《关于进一步加强领导干部因私出国（境）护照（通行证）管理的通知》，规范监督管理、离任交接、护照管理等工作。同年，完成全市数字化干部人事档案建设工作，采集扫描档案1548卷。2009年，实施“从严管理干部行动计划”，与镇街道和市直部门领导班子成员进行谈心谈话。是年，启动“科学规范和有效监督市委书记用人行为”试点工作。

2010年，实行组织部长公开接访制度，同时公开电话、网络等举报方式。2011年，印发《关于市直机关中层干部竞争上岗工作有关事宜的通知》《关于进一步规范中层股级干部管理的通知》《关于进一步明确市直党政群机关调入工作人员有关事宜的通知》。2012年，印发《安丘市调整不适宜担任现职科级领导干部办法（试行）》，明确不适宜担任现职科级领导干部的情形、调整方式及调整程序；编印《干部人事档案管理工作制度汇编》，建立健全档案整理、查阅借阅、保管保密等17项管理制度；开展公务员管理信息系统建设工作。2013年，开通“12380”短信举报热线，形成信访、电话、网站、手机短信“四位一体”的举报受理平台；印发《关于对机关事业单位人员缺勤缺岗情况进行自查自纠的通知》《关于进一步规范市直党政群机关调入工作人员工作的通知》《关于进一步加强市直部门中层干部交流轮岗工作的通知》等文件，加强对干部的日常监督和管理；选派5名镇街道派出所所长挂职镇街道党（工）委委员、副镇长（副主任）；开展A4档案盒更换工作，审核、补充、重新整理全市在职干部档案。

第三节 干部教育培训

1986年—1987年，安丘县完成208名45岁以下干部初中文化补习工作。1988年，承担的中央党校招生考试工作受到中央党校通报表扬。1990年，县委举办乡镇党务书记《行政诉讼法》《马克思主义哲学学习纲要》《关于社会主义若干问题的学习纲要》培训班4期，培训干部543人次。1991年，举办乡镇及县直部门组织委员、宣传委员、纪委书记等各类岗位职务培训班19期，培训干部1528人次。1992年，举办全县副科级领导干部政治理论、经济管理知识培训班2期，县直企业和经济主管部门领导干部涉外经济知识培训班4期，学习中共十四大精神骨干培训班1期，培训干部615人次。1993年，举办涉外经济知识函授班，800多人参训，推荐选拔34名干部到潍坊市委党校干部进修班学习。

1994年，市委举办领导干部理论培训班5期，培训干部400多人；举办农村党支部书记和新任党支部书记培训班4期，培训800多人次。1995年，举办各类干部理论培训班136期，培训2600多人次；组织47名经济管理干部赴美、日、德等国家和香港等地区考察培训。1996年，举办各类干部培训班136期，培训7100人次；选派34名经济管理干部到美、日、德、韩、香港等国家和地区进行培训。1997年，举办各类培训班56期，培训干部2500人次，选派28名经济管理干部赴国外考察学习。1998年，举办市直和乡镇副科级干部理论骨干、中青年干部、农村新任支部书记等培训班4期，培训400多人次。1999年，培训各级各类干部17315人次。其中，科级干部2701人，企业后备人才50人，党政群机关事业单位后备干部101人，女性干部230人，新任农村党支部书记和村委会主任708人。

2000年，培训各级各类干部23554人次。其中，举办农村新任党支部书记、乡镇组织委员等培训班8期，培训干部1978人次。2001年，举办农村干部、党务政工干部、企业后备人才等8期专题培训班，培训各级各类干部2400多人次，其中分7期轮训全市1429名农村党支部书记。2002年，选派26名党员领导干部参加山东省、潍坊市委组织部和党校举办的各类培训班，选派10名市属企业管理人员参加潍坊举办的企业管理人员高级研修班。2003年，举办中青年干部、妇女干部、全市科级干部理论骨干、新提拔科级干部培训班4期，培训干部516人次。2004年，制定《2004年—2007年全市干部培训规划》。2005年，集中3天时间培训新任和连选连任的1380名农村党支部书记，重点培训264名新任村党支部书记和镇街道党（工）委组织委员。2006年，聘请省委党校等单位16名专家教授为安丘市主体班次授课，组织重点班次学员到井冈山、延安等地考察学习。2007年，举办各类培训班57个、143期，培训5900多人次。其中，在市委党校举办科级干部进修班、新任科级干部培训班5期，培训干部954人次。2008年，在市委党校举办妇女干部、新任科级干部和机关工作专题研讨班等主题班次12个，培训科级干部900人次。同年，开展中共十七届三中全会精神培训，5939名参训。2009年，举办妇女干部、大学生村官学习贯彻中共十七届四中全会精神、强镇扩权和经济强村党组织书记等培训班次13个，全年培训各级各类干部1.5万人次，组织3805名在职干部开通潍坊干部学习网。是年，安丘市推行案例研讨式和情景模拟式教学做法被省委组织部推广。

2010年12月，全国基层干部教育培训方式方法改革观摩研讨会在安丘召开，中组部组干学院副院长袁治平、省委组织部副部长刘星泰到会讲话。年内，安丘市委举办各类主体培训班次11个，培训人员710余人次。其中，组织63名到江阴党校和井冈山干部学院进行培训；举办首期“周末大讲堂”。2011年，举办全市新任科级干部、青年干部、千名干部下基层、工会干部、卓越企业发展与创新管理、事业单位干部等主体班次培训班6个，培训干部600余人次；周末大讲堂邀请6名专家学者到安丘举办讲座，培训干部1500余人次。2012年，举办科级干部进修班和新任科级干部、新任村“两委”主职干部、村（社区）“两委”干部培训班30期，培训干部4500人次;举办“青云大讲堂”7期，培训党员干部2600多人次。2013年，组织赴复旦大学、浙江大学培训班次2个，培训领导干部、企业家83人；举办现代农业、村（社区）“两委”干部、村（社区）党组织书记、驻片包村干部、村（社区）主任、专业招商引资队伍等培训班次6个22期，培训党员干部6503人次;举办“青云大讲堂”11期。

第四节　基层组织建设

1985年，安丘县有基层党组织2228个。其中，党委48个，党组18个，党总支27个，党支部2135个。1986年，县委组织部结合村级整党开展整治全县农村软弱涣散党支部行动，整顿后进村班子149个。1987年，开展农村党支部改选工作，改选农村党支部1422个；探索建立农村干部考察推荐、目标化管理和离任审计制度，实现对农村基层干部的系统化管理；开展“新时期共产党员如何发挥先进模范作用”大讨论；召开全县第一次企业党组织建设经验交流会议。1988年，制订《关于调整农村基层党组织设置的意见》，在全县农村新建党（总）支部30个，党小组260个；组织县内1387个农村党支部换届选举；在县直企事业单位新建党委10个、党支部85个；制定《关于县直企业党组织改革的意见》，进行企业政治体制改革试点。1989年，制定《关于调整农村基层党组织设置的意见》，全县新建农村党（总）支部30个，党小组260个。

1990年，县委制定《关于管理搞好村级组织配套建设的意见》，开展基层党支部达标升级、评先树优和“争创农村党的基层组织建设工作先进县”活动。1991年，县委组织部召开全县企业党建工作会议，年内新建车间党支部23个，选拔党支部书记28人；在县直机关开展“双学”（学党建理论、学中共党史）竞赛活动；在农村开展“议传统、作贡献、做新时期合格共产党员”活动，民主评议全县党员，处置违纪党员和不合格党员。1992年，进行农村党支部换届改选。1993年，在农村党员中开展“学科技、用科技、比贡献”和“闯市场、奔小康”活动;在企业开展“过百亿、建强县、献计策、作贡献”活动。

1995年，市委组织部在市工商局、交通局和市外贸食品进出口公司等4个单位新设立党委；在安丘镇的城里、城北、北关、西关和韩家后5个村设立村级党委并制定《村级党委工作规范》。同年，开展“创经济强村、争当标兵支部书记、争做党员小康示范户”为主要内容的“一创双争”活动。1996年，在农村开展“党员联系户”和“争创五好村党组织”活动；在企业开展“学科技、献计策、增效益”和“党员先锋岗”等活动。1997年，市委在贾戈镇先行试点基础上，全面开展“民主管理、依法治村”活动，农村工作开始步入“双化”（制度化、民主化）管理轨道；制定《关于加强乡村示范服务基地建设的意见》，全年各乡镇创建各类示范服务基地1043个。1998年，市委组织部继续深化“一创双争”和“学科技、用科技、比贡献”活动;加强对外出流动党员和下岗职工党员的管理，组织开展民主评议党员工作。1999年，开展村“两委”班子集中换届选举，1431个村完成换届。同年11月，市委、市政府印发《关于农村党支部和村委会工作若干问题的意见》，规范农村党支部和村委会地位、作用、职责任务等。

2000年，市委制定《关于进一步加强农村基层组织建设的意见》，在农村党支部书记中推行“两推一选”（党员推荐、群众推荐、党内选举）；制定《关于精减农村干部职数的意见》，逐步压缩精减村级干部职数；制定《关于推行农村干部“四制”管理的意见》，全面实行农村干部目标责任承诺制、施政行为民主制、实绩考核审计制和班子管理分类制。2001年，市委组织部集中整顿全市农村后进班子，整顿转化后进村班子166个。同年，从在职干部、退居二线的老同志中挑选200名党员骨干分别担任487个新型经济社会组织党建工作联络员，加强新型经济社会组织党建工作。2002年7月，制定《关于进一步整顿农村后进班子的意见》，抽调市直部门153名机关干部进驻64个后进村进行整顿。同年，市委与各镇街道党（工）委签订2002年度村级班子建设责任书，开展村“两委”换届选举工作；制定《关于防止和解决农村干部近亲任职问题的规定》《关于加强对农村挂职干部管理的办法（试行）》，进一步理顺和规范农村各种关系。2003年，市委组织部建立党内关怀服务机制，抓好“三会一课”、党内民主生活、党员年度目标责任制等制度落实。2004年，健全村级组织议事规则、党员议事会、村民代表会议、村民自治章程等有关村级规章制度。是年3月，制定《关于在全市各级党组织和广大党员中开展经常性走访谈心活动的意见（试行）》。5月，印发《关于深入开展农村基层组织建设“三级联创”活动的实施意见》，广泛开展争创农村基层组织建设先进市、“五个好”（好班子、好队伍、好体制、好路子、好制度）镇街道党（工）委、村党支部和基层满意的市直部门、群众满意的乡镇站所活动。2006年，实施离任村干部特别是村党支部书记、村主任任期内财务审计。年内，在非公有制企业党组织中开展以“党组织亮牌子、亮职责、亮制度和党员亮身份、亮形象、亮业绩”为主要内容的“六亮”活动，引导企业党组织和党员充分发挥作用。2007年，集中开展村“两委”换届选举工作；制定《关于实施“双百”示范带动工程 进一步提升全市基层党建水平的意见》，选取100个村和100个党建工作示范点进行重点培植，整顿转化全市92个村级软弱涣散班子，按照“组织部门牵头包弱村、政法部门治乱村、经济部门包穷村”的原则，抽调市直部门和镇街道机关人员组成69个工作组，集中开展治理整顿。年内，完成《安丘市2007—2020基层党建规划》编制工作。2008年，大力推进农村基层党组织建设，建设农村社区中心61个，整合村级党组织107个，建成联合党支部38个；发挥党组织在农产品质量安全区域化管理工作中的统领作用，采取“1+1”或“1+X”方式，依托区域化基地联建和新建党支部17个，在产业协会成立党组织9个。同年，制定《关于开展和谐党组织创建活动的意见》及6个配套文件。2009年，下发《关于进一步明确2009年农村社区中心建设任务的通知》，在全市120个农村社区全部建立党组织；开展党建工作“质量建设年”活动，建立基层党建标准化体系。

2010年，市委组织部创新基层党组织设置方式，深化完善“产业建支部”模式，推动区域化管理“安丘模式”向纵深发展。2011年，制定村“两委”换届选举意见，指导做好村“两委”换届选举工作。2012年，深入实施“基层组织建设年”工程，配套开展“三村”（弱村、乱村和穷村）治理和“建组织、扩覆盖、强堡垒、促发展”等活动。2013年，开展村级“五有”（有带头人、有集体收入、有村级组织活动场所、有村级管理制度、有满意服务）保障建设，实现村级组织活动场所、村集体收入、村级发展带头人、村级制度建设、村级班子群众满意度五个提升；探索开发“基层组织建设信息系统”，实现对村级党建工作的动态便捷管理；编发《安丘市村级集体经济增收典型实例选编》，探索创新村“两委”、供销社、农民合作社“三位一体”的增收模式；印制《安丘市议事决策规范手册》，强化村级运转制度保障；开展非公企业党组织“五星级”创评活动，充分发挥先进典型示范和引领作用，进一步提升全市非公企业党组织党建工作水平。

安丘市1986年—2013年基层党组织一览表

表13—3

年份＼党组织（个）	党委	党总支部	党支部	党员总数（人）
1986	44	37	2208	43890
1987	45	41	2398	45460
1988	57	42	2511	46346
1989	57	51	2630	47450
1990	59	53	2659	48192

续表 13—3

年份＼党组织（个）	党委	党总支部	党支部	党员总数（人）
1991	59	53	2713	49172
1992	60	55	2761	49961
1993	66	62	2768	50935
1994	70	68	2776	51225
1995	77	67	2779	53002
1996	83	68	2815	54344
1997	83	68	2839	55488
1998	79	61	2823	55997
1999	80	58	2807	57179
2000	74	62	2770	57899
2001	76	58	2740	58484
2002	81	55	2707	59251
2003	80	53	2464	58496
2004	76	49	2685	58832
2005	80	50	2561	57857
2006	79	50	2536	57783
2007	71	33	2757	57980
2008	63	31	2509	53642
2009	64	145	2476	55023
2010	64	161	2393	55684
2011	65	118	2132	56725
2012	64	120	2123	57201
2013	65	121	2137	58190

第五节　党员队伍建设

1985 年，安丘县有党员 42358 人。其中，正式党员 40558 人，预备党员 1800 人。1986 年，中共安丘县委组织部重点发展一批年轻、有文化的优秀农民和生产一线工人为党员，全年发展党员 1332 人；修订完善“流动党员活动证”制度，加强对流动党员的规范管理。1987 年，发展党员重点放在党的力量薄弱单位和各行各业一线生产骨干，全年发展党员 1221 人，其中一线生产骨干 542 人，占 44.3%。1988 年，制定《关于外出党员的管理制度》《关于建立农村党员年度目标责任制的实施意见》，在红沙沟镇、刘家尧镇试点并在全县推广；推广贾戈乡“两个议事会”（党员代表议事会、群众代表议事会）制度经验；加大对后进党员的处理力度，全年处置后进党员 1419 人。其中，给予党纪处分 257 人，劝退除名 131 人，自愿退党 20 人，亮“黄牌”限期改正 349 人。1989 年，从严控制发展党员结构，全年新发展党员 912 人。

1990 年，县委组织部推行县委组织员直接与党员发展对象谈话制度，组织入党对象谈话 1027 人，对 89 名暂不具备条件的提出继续培养建议。是年，重点在力量薄弱村和企业空白车间班组发展党员，新发展党员 938 人。1991 年，突出发展生产一线、妇女和青年党员，新发展党员 1085 人；严把入党积极分子选拔、培养和组织员谈话关口，选拔、培养入党积极分子 4955 人，组织员谈话 1170 人，对 85 名暂不具备条件的提出继续培养建议。1992 年，新发展党员 1017 人。其中，生产一线工人、农民占75%，妇女占14.5%，青年占68.7%。

1993年—1994年，中共安丘市委组织部新发展党员2032人，对64名暂不具备条件的提出继续培养的建议。1995年，重点管理农村外出流动党员，建立外出党员登记、活动及检查考核等5项制度，对全市672名农村流动党员建档立卡，颁发流动党员活动证。年内，新发展党员1675人。1996年，重点发展生产一线、青年、妇女、贫困后进村和5年以上未发展党员的村，新发展党员1539人。年内，评选出“五好”村党组织20个、企业党组织40个和优秀共产党员100人。1997年—1998年，重点发展生产一线、青年、妇女、后进村、5年以上未发展党员的村和女性党员空白村，两年新发展党员2688人，其中女性党员617人，占总数的23%。1999年，在管公镇和夏坡乡先行试点，遂在全市推行发展党员公示制度。公示制度实施后，市委组织部在全市1365名预备党员中，取消80名入党资格；同时，处置不合格党员86人。

2000年8月，市委组织部下发《关于在农村发展党员工作中推行六项制度的通知》。全面实行入党积极分子民主评议、发展对象预批、发展对象社会公示、吸收预备党员及预备党员转正党员表决签名和上级党委派员考察谈话等制度，进一步规范发展党员工作；加大处置农村不合格党员力度，处置农村不合格党员369人。2001年，评选表彰先进基层党组织100个和优秀共产党员100人，2个基层党组织和3名党员受到省委表彰。2002年10月，市委印发意见，在农村全面实施“把农民中的致富能手培养成党员、把农民党员培养成致富能手、把党员致富能手培养成村干部”为主要内容的“三个培养”工程。年内，全市3500名农民致富能手被镇街道党（工）委确定为入党积极分子重点培养，3100名农民党员被镇街道党（工）委培养为致富能手，2700名农村党员致富能手列入农村后备干部名单，其中有1200名选为村干部，220名当选为村党支部书记，210名当选为村委会主任。此举得到省委组织部的肯定。2003年—2006年，市委组织部探索推行在确定入党积极分子、党员大会吸纳预备党员、预备党员转正等环节实行票决制办法和步骤；制定《安丘市发展党员工作程序》，明确发展党员工作规范。2007年，起草《2008年—2012年潍坊市党员队伍建设规划》，分步实施推进。2008年，推行党员党性定期分析制度，出台实施意见和方案，设置工作流程，明确工作程序，健全集中学习讨论交流、征求意见建议、问题查摆整改等8项制度。此做法被省委组织部和潍坊市委组织部作为经验推广。2009年，制定下发《加强党员服务中心（站点）建设的意见》，初步建立市、镇、社区和村党员服务网络；“七一”期间，组织全市老党员、先进模范党员、农村党组织书记和规模以上企业党组织负责人的免费查体；从党内关爱帮扶基金中专门拿出5万元，用于党员生活救助和生产创业扶持。此举被中共中央组织部作为典型推广。

2010年—2012年，市委组织部探索实行入党积极分子备案管理制、发展党员责任追究制、党员岗位目标责任制、党员考核管理积分制和流动党员网格服务制管理模式。2012年，全面推行发展党员考察考核和谈话制度，探索实行流动党员城乡一体化管理机制，加大在青年工人、青年农民中发展党员的工作力度。2013年，探索实行发展党员全程记实制度，规范基层党组织发展党员工作；注重发挥农村党员联系服务群众的骨干作用，建立推行以村事帮工、“公事”帮忙、民事帮办、难事帮扶为主要内容的“一联四帮一评”党员为民服务机制，整合农村党员力量，跟踪建立党员集中活动日、“星级化”管理定期点评、村干部“单数日”轮流坐班等制度。全市设立民事代办员1240人，组建矛盾化解小组800多个。

安丘市 1986 年—2013 年发展党员情况一览表

表 13-4　单位：人

年份	总数	其中			
		女	占比（%）	35 岁以下	占比（%）
1986	1332	103	7.7	939	70.5
1987	1221	119	9.7	812	66.5
1988	932	106	11.4	610	65.5
1989	912	89	9.8	591	64.8
1990	938	115	12.3	591	63.0
1991	1085	157	14.5	669	61.7
1992	1017	147	14.0	699	68.7
1993	1086	138	12.7	747	68.8
1994	998	125	12.5	688	68.9
1995	1675	301	18.0	1206	72.0
1996	1539	299	19.4	1115	72.4
1997	1330	314	23.6	1024	76.9
1998	1356	303	22.3	988	72.9
1999	1365	291	21.3	970	71.1
2000	1351	289	21.4	993	73.5
2001	1108	199	18.0	790	71.3
2002	1097	203	18.5	744	67.8
2003	1038	186	17.9	674	64.9
2004	1185	193	16.2	746	62.9
2005	1185	178	15.0	740	62.4
2006	1184	182	15.4	719	60.7
2007	845	137	16.2	503	59.5
2008	1139	188	16.5	588	51.6
2009	1190	194	16.3	648	54.4
2010	1009	204	20.2	626	62.0
2011	1005	218	21.7	673	70.0
2012	509	137	26.9	320	62.9
2013	1086	221	20.3	607	55.9

第六节　人才队伍建设

1986 年，中共安丘县委组织部纠正“文化大革命”中涉及知识分子冤假错案 752 起，做好 204 名知识分子平反后的善后工作，妥善处理知识分子家属子女受牵连案件 94 件，清退 36 人被红卫兵错误查抄的 769 件财物，退回“文化大革命”中挤占的 2 户 13 间私房，补发错停、错减 213 人的工资 66465 元，清理人事档案 768 人。1987 年，印发《关于进一步加强知识分子工作的意见》，建立全县 687 名助工以上职称科技人员的考绩档案。1988 年，印发《推荐选拔县级拔尖人才的暂行规定》，推荐选拔 10 名潍坊市、安丘县专业技术拔尖人才；制定《安丘县知识分子工作责任制》，确定 24 个单位作为县委、县政府领导的知识分子工作联系点。

1990 年—1991 年，县委组织部考核 15 名县级专业技术拔尖人才的年度工作，培训 80 名优秀中青年知识分子的政治基础理论。1992年，落实知识分子政治生活待遇，开展省、市、县专业技术拔尖人才的选拔考核工作。

1994年—1995年，市委组织部制定《关于选拔管理农村优秀科技人才的意见》《关于开展选聘村委科技副主任工作的意见》，开展选聘科技副乡镇长工作。1995年，选聘科技副市长（科技顾问）6人、科技副乡镇长（科技顾问）56人，59名纳入潍坊市跨世纪优秀科技人才库管理。1996年，推荐6人为潍坊市拔尖人才，39人为潍坊市跨世纪科技人才，建立454人的优秀科技人才队伍。是年，配齐全市32处乡镇科技副乡镇长，选聘1310个村委会科技副主任。1997年，制定未来十年人才队伍发展规划。选拔拔尖人才38人、跨世纪优秀科技人才37人，表彰成绩突出的专业技术拔尖人才和跨世纪优秀科技人才65人。1999年，制定《关于引进高层次人才智力的暂行规定》。聘请北京大学、清华大学、山东大学、山东农业大学等高等院校24名专家教授担任市政府科技顾问；推荐2名为省级拔尖人才、10名为潍坊市跨世纪学术技术带头人。

2000年，市委组织部组织山东安丘汶瑞机械制造有限公司、潍坊安丘长安铁塔股份有限公司等企业到北京大学、清华大学、哈尔滨工业大学等高等院校和科研机构招聘人才智力，引进硕士研究生3人，高级工程师3人，合同聘任专家教授36人。2001年，制定《关于建立领导干部直接联系专家制度的意见》，从全市推选17名拔尖人才和专家为市委、市人大、市政府、市政协部分领导的直接联系对象。2003年，推荐5名山东省、潍坊市拔尖人才作为潍坊市级领导的联系对象，推荐1个部门为潍坊市人才工作先进单位，3名为潍坊市优秀创新、创业人才。2004年，成立安丘市人才工作领导小组，印发《关于实施人才强市战略 进一步加强人才工作的意见》。2005年，出台《首批农村实用人才和首席技师选拔管理暂行办法》《关于明确市人才工作领导小组成员单位职责分工的意见》。同年，实施“经营管理人才工程”，推荐3人参加高级管理人员工商管理硕士班，选调5人参加安丘市企业经营管理者高级研修班；实施“专业技术人才工程”，2人获省级有突出贡献的中青年专家称号、3人获潍坊市拔尖人才称号，1人获潍坊市首席技师称号，4人获潍坊市农村实用人才称号。2006年，对5名在职取得硕士学位的人员，在每月增发基本工资20%职务补贴的基础上，分别一次性补助5000元；发给引进的硕士人才一次性安家补助费1万元，在家属子女就工入学、个人住房、医疗保健等方面给予特殊照顾和服务；安排赴加拿大高层次翻译人才培训经费8万元。年内，5人被潍坊市人民政府评为潍坊市专业技术拔尖人才。2007年，制定印发《关于明确市人才工作领导小组成员单位职责分工的意见》《关于实行全市人才工作目标责任制的意见》。2008年，制定《关于加强高层次人才队伍建设的意见》《关于加强区域化人才队伍建设的意见》《安丘市农村实用人才选拔管理暂行办法》《安丘市首席技师选拔管理暂行办法》等文件。同年，评选8名农村实用人才、8名首席技师；汶瑞机械制造公司“纸浆造纸清洁生产技术与设备开发和应用”成为潍坊市“鸢都学者”岗位；评选31名安丘市首席技师、实用人才和专业技术拔尖人才；聘请外国专家10人次，引进新技术、新品种12项。2009年，与中国海洋大学签订农业推广（农村与区域发展领域）在职硕士研究生培养协议，首次考录25人。是年，全市重新认定高新技术企业9家，潍坊市级以上工程技术研究中心18个，潍坊市企业重点实验室1个。

2010年，市委组织部引进外国专家35人次；在潍坊亚东冶金设备有限公司成立山东省亚东冶金设备院士工作站，实现安丘市院士工作站零突破；在山东景芝酒业股份有限公司建立安丘市首处技师工作站；潍坊恒安散热器集团有限公司成为第二批山东省创新型试点企业，为安丘市第一家；山东科灵空调设备有限公司和潍坊三源铝业有限公司成为潍坊市首批创新型试点企业。2011年，编制《安丘市中长期人才发展规划纲要（2010—2020）》和专业技术人才、农村实用人才、技能人才三个配套规划纲要；制定《关于进一步加强区域化管理人才队伍建设的意见》。是年，命名18个农村实用人才示范点，评选第二批区域化管理农业英才18人，表彰23名农产品质量安全区域化建设先进个人；聘请浙江商贸业联合会会长吴德隆等7人为安丘市人民政府经济顾问。同年，成立山东省地热利用及余热回收产业技术创新战略联盟和山东省葱类产业技术创新战略联盟，实现安丘市技术创新战略联盟零突破。2012年，出台《关于进一步加大政策扶持做好高层次人才引进及创新创业工作的意见》。年内，潍坊市级以上工程技术研究中心达29家，潍坊市级以上企业技术中心达16家；潍坊市级以上重点实验室2家；新增潍坊三源铝业有限公司、潍坊天洁环保科技有限公司2家潍坊市级企业技术中心，山东柠檬生化有限公司提升为省级企业技术中心；省级创新型企业6家，其中新增4家。市委组织部争取无偿科技经费380万元，组织申报潍坊市级以上科技计划项目18项。其中，列入国家级创新计划6项，省级创新计划2项，潍坊市级创新计划2项。同年，评选“鸢都学者”1人，9人入选潍坊市第三批市级非物质文化遗产代表性传承人，入选数量列潍坊市县市区第一位。2013年，安丘市大力实施“企业人才服务年”活动。首次引进国家“千人计划”专家2人和入选潍坊市创新创业人才2人；入选“鸢都学者”2人、潍坊市首席技师2人、潍坊市农村实用人才4人，取得全国社会工作者职业水平证书1人。是年，山东景芝酒业股份有限公司建成安丘市首个博士后科研工作站；山东颐高科技创业园有限公司建成安丘市首个科技企业孵化器；市人民医院引进于金明院士，建成安丘市首个院士专家工作站。同年，市委组织部落实4名优秀高层次人才津贴补助16万元，资助1个科技创新项目的科研启动费5万元。

第七节　远程教育

1989年，安丘县开始党员电化教育工作。至1992年，主要是抓好政治理论、企业管理、市场营销和农业科技电教片播放收看等指导检查工作。1993年7月，安丘县提供山东省农村党员学科技、用科技、党员电教工作座谈会参观现场。1995年，市委组织部和景芝镇党委被省委党员电教中心评为全省党员电教工作先进单位，1人被省委党员电教中心评为全省党员电教工作先进个人。2000年—2002年，市委组织部制定《关于切实加强党员电化教育工作的意见》，党员电教工作开始纳入党建工作考核，全市农村党员电教播放点“两机一室”（电视机、放像机、电教室）配备率95.4%。2003年，安丘市被省委组织部确定为全省农村党员干部现代远程教育试点县（市）之一。市委及时制定《安丘市农村党员干部现代远程教育试点工作实施方案》，成立市委现代远程教育工作领导协调小组，在组织部设立专门办公室；举办115人参训的全市现代远程教育干部培训班。2003年—2005年，投资1360万元，建设农村党员干部现代远程教育终端接收站点1396个。2006年，市委组织部开展规范设备安装和设备更新整改活动，更新安装设备400多套，规范移机300多套。2007年，完成市内全部站点转星调整工作，“一体化”网站安丘分站被省委组织部列入全省推荐县级分站名单。2008年，市委组织部在市电视台开设《远教之窗》栏目，举办大型远程教育业务培训班3期，参训1300人次；组织全市1200名远程教育管理员进行初级和中级资格考试。2009年，成立远程教育设备维修服务站，投资近40万元全面检修各站点；举办管理员业务培训班15期，参训2500人次；制作课件15部，被省远程教育中心采用10部。2010年，组织代表队代表潍坊市参加山东省委组织部组织的学习实践科学发展观知识电视竞赛活动，获得一等奖第一名；按照山东省远程教育中心“天网变地网”转变传输模式的要求，完成全市所有站点信号接收方式，改卫星无线信号接收为有线地面宽带接收。2011年，全市村级站点数由1226个调整为868个；组织实施“远教富民千村示范万户引领工程”，重点培植远程教育科技示范村180个、党员科技带头户1800个。2012年，全市402远程教育站点更换高性能电脑，384站点更新更换网络线路；建立全市村级站点868名管理员建立电子档案。2013年，市委组织部开展“远教富民专家进村”活动，安排现场讲授26次，培训党员群众1800余人次；制作各类远程教育课件70部，总时长600多分钟，被山东卫视《齐鲁先锋》党建栏目采用3部。

第八节　重要政治教育活动

“三讲”教育活动

2000年3月—6月，中共安丘市委在市级领导班子和领导干部中组织开展“三讲”集中教育活动。市委、市纪委常委，市人大、市政府、市政协领导班子及党组成员，市委组织部、宣传部和市人民法院、人民检察院、公安局领导班子及（党组）党委委员，其他在职副县级党员领导干部85人参加活动。活动分四个阶段进行。

思想发动、学习提高阶段。市委组织部制定学习计划和制度，邀请上级专家、学者集中辅导，组织观看录像片，精选有关“三讲”理论文章30篇并编印成册作为必读书目，复制“三讲”教育录像片120多套，召开各类经验交流会8次、座谈会80余场次，调阅个人学习笔记3500余人次，收交心得体会3800多篇，编发《情况简报》15期；发放《征求意见表》854套；明令取消、停止6项集资项目，严格限制教育集资、乡村公路养护费、畜禽防疫费、报刊证订费等其他涉农负担的集资收费项目；落实全市确定的20家重点骨干企业和20个重点建设项目市级领导“一包一”责任制。

自我剖析、听取意见阶段。市委组织部组织参学对象开展“一重温、三学习”（重温入党誓词，向革命先烈学习、向英雄模范人物学习、向基层干部群众学习）活动，举办先模人物事迹报告会，听取潍坊市委领导党课；与省委巡视组一起在青云山开展栽植“千年树”活动，栽植樱花树200棵；多种形式征求意见，召开座谈会68个，征求意见涉及8个方面、128条；认真撰写思想剖析材料，组织220多名干部群众集中阅读并进行民主评议，10个班子中有6个班子民主评议满意率100%，参加活动的领导干部中有38名民主评议满意率100%。在市直部门和乡镇副科级以上干部中开展“三讲”理论学习活动，在全市农村开展“双思”（致富思源、富而思进）教育活动。

交流思想、开展批评阶段。市委组织部印制《谈心情况登记表》，组织参学对象谈心590人次。其中，市级领导班子成员谈心454人次，省委巡视组与参学对象谈心126人次；各班子分别召开专题民主生活会，119名参加，提出自我批评意见458条次、互相批评意见875条次；召开市五大班子民主生活会情况通报会，发放《民主生活会征求意见表》473份，群众对民主生活会满意率95.4%。

认真整改、巩固成果阶段。市委组织部制定整改方案，建立完善规章制度，搞好集中教育总结。2000年12月，市委组织开展“回头看”活动。参与单位和领导班子写出自看自查情况报告，召开领导班子专题民主生活会，开展批评与自我批评，巩固和扩大“三讲”教育成果。

“三个代表”重要思想学习教育活动

2000年12月—2002年7月，安丘市委在全市分两个层次开展“三个代表”重要思想学教活动。第一个层次，市直部门和镇街道机关、部门2.1万名党员干部参加，时间为2000年12月至2001年11月。市委建立学习、考勤、考核、转段申请验收、定期汇报交流制度，落实工作责任制；从市直有关部门抽调专家和业务骨干开展科技、文化、卫生、法律“四下乡”活动，组织赶科技大集39次，提供农民优质化肥和良种650多吨、科技信息890多条，发放各种科技图书和“明白纸”6万多份（册），组织文艺演出120多场，为党员、干部免费查体3万多人次，深入乡村进行法律咨询和宣讲210多场；组织1775名市直机关干部下乡驻村15天。2001年8月始，从市直部门抽调230名科级干部进驻景芝镇115个村，利用50多天时间，在省委村级学教活动联系点景芝镇提前进行试点。第二个层次，全市1440个村级班子和7800多名农村干部参加，时间为2001年11月至2002年7月。市委从市直有关部门抽调16名党员干部组成理论宣讲团巡回宣讲92场次，培训干部群众2.7万次；选取4名农村干部组成先进人物事迹报告团巡回报告35场，2.8万名农村干部群众接受教育；从市、镇街道两级抽调2788名机关干部组成1325个指导组进驻各村，聘请专家、技术人员到镇村服务5100多次，举办农业技术培训班1560多期次，帮助引进新技术410多项、新品种660多个，帮助驻村联系资金2500万元，帮扶困难户3100户，帮助解决难题4200多个。山东电视台“心连心、面对面”栏目专题现场报道安丘的做法。活动中，全市征求涉及干部作风、村级服务、产业结构调整等5个方面的问题和意见建议2.9万条；整修道路80多万米，打井600多眼，修缮校舍危房、科教活动室3600多间，结对帮扶贫困户、病灾户1200多户；新调整经济作物面积26万亩，引进养殖品种15个，规划建设养殖小区180多个；引进资金1.2亿元，建成招商引资项目64个，到位资金8600多万元。2002年3月始，市委利用一个多月时间，进行一次学教活动全面回访复查。整个活动坚持把深入实施“民心工程”作为重要实践形式和载体，得到中央督察组、时任山东省委副书记姜大明等领导的充分肯定，有1名党员受到省委表彰。2002年7月下旬，市委专门召开总结表彰大会，表彰活动中涌现出的100个先进集体和100名先进个人。

保持共产党员先进性教育活动

2005年1月—2006年6月，安丘市委分三批在全市开展以实践“三个代表”重要思想为主要内容的保持共产党员先进性教育活动。每批安排半年左右时间，分学习动员、分析评议和整改提高三个阶段。2005年1月—6月，第一批次活动在市级党员领导干部和69个市直党政机关中开展。市委制定《关于市委常委分工检查督导先进性教育活动的意见》，通过层层动员讲认识、公共场合搞宣传、参学单位建园地、新闻媒体设专题、市委定期印发简报及在市机关办公大楼张贴先模人物大型宣传画、设立光荣榜、展示榜和电子屏幕等形式，造浓舆论氛围；精心选定部门集体、主要负责人和普通党员方面的典型，发挥示范、辐射、带动作用；坚持把深化思想认识、学习教育培训、查摆整改问题、建章立制巩固成果和搞好结合促进工作贯穿始终。活动中，69个参学单位结对帮扶74个贫困村、12家困难企业和3100户贫困户，发放慰问金20余元，解决发展资金195万元。在潍坊市委召开的整改提高阶段会议上，安丘市委作《强化措施　立说立行　集中力量抓好整改》的典型发言。2005年7月—12月，第二批次活动在镇街道和71市属企业党（工）委中开展。其间，市委组织开展调查研究困难和破产企业，找准存在突出问题，新设1个党委、5个党支部，充实5家企业党组织领导班子。抽调精干力量组成25个督导组，分行业、系统开展督导；设立6个巡视组加强对督导组的监督。赵戈镇党委在潍坊市第二批活动总结会议上作《争做“五手”当表率　确保先进性教育活动扎实有效》的典型发言。2006年1月—6月，第三批次活动在全市农村5.7万名党员中开展。活动突出建设社会主义新农村主题，坚持把教育活动办成“群众满意工程”。市委制定《关于做好不完全履行党员义务、不完全具备党员条件党员的教育转化和不合格党员处置工作的试行意见》，明确认定的依据、程序、教育转化和组织处置方式，全市认定教育转化对象73人，不合格党员15人，逐一落实转化处置措施。此做法被潍坊市教育活动办公室转发并推广。活动中，先后选树和推广各类典型60多个，设置公共场合宣传栏172个，全市各参学单位建学习园地120多个，市委编发活动简报130多期。省委活动简报和《支部生活》等4次刊发介绍安丘市开展活动的经验。

学习实践科学发展观活动

2009年3月—2010年3月，安丘市委在全市党员中分两批开展深入学习实践科学发展观活动，每批安排半年左右时间，分学习调研、分析检查和整改落实阶段。第一批活动（2009年3月—8月）主要在市直机关部门和单位进行。市委举办参加单位骨干培训班。围绕“什么是科学发展、为什么要科学发展、怎样实现科学发展、能不能科学发展”等专题，深入开展解放思想大讨论；制定向王伯祥学习的意见和方案，引导各部门各单位开展学先进活动。省委指导检查组两次来安丘检查指导，均给予高度评价。上级刊发安丘市经验信息考核列潍坊市各县市区第三位，其中省《简报》刊发量列第一位。第二批活动（2009年9月—2010年3月）主要在镇街道、村、社区和第一批未参加活动的新社会组织、非公经济组织等单位进行。市委坚持把“难点村”整治作为重要任务，排摸梳理出“难点村”51个；市级领导干部建联系点217个，派出指导员1275人，通过采取分析预警、助推化解、督查推进和调整惩处等多种措施，化解各类矛盾纠纷85起，为群众办实事好事180余件，51个“难点村”全部得到整顿转化；消除学习实践盲点，依据地域相邻、行业相近原则，实施315家新经济组织和227家新社会组织组合式学习培训、联合式整改落实；扎实推进农村社区党组织实体化，建成并投入使用农村社区120个，探索推广市场主导型、区域合作型、协会联动型等5种党组织设置运行模式，整合各类资源建成联合党支部38个；突出把改善民生放在首位，新增城镇就业1.2万人；改造建设5所乡镇标准化卫生院和106个村级标准化卫生室，柏油硬化农村公路114条、437公里，投资2.1亿元新修改造市区道路14条、27.5公里；投资9.8亿元实施环城河治理、污水处理厂升级改造、大小汶河治理等6项生态环保工程，新建“村村通”自来水工程28项，分两期实施牟山水库除险加固工程；建成标准化果蔬基地55万亩、养殖基地600个，食品农产品年创汇2.5亿美元；发放1.92万名城乡低保对象低保金734万元；下放6大类93项县级管理权限于镇级；各镇街道均设立为民服务中心，提高为民服务效率。在潍坊市以上《工作简报》刊发信息20多条。其中，《坚持批次联动　着力解决“饮食起居”等基本民生问题》的稿件被中共中央《学习实践活动简报》刊发。

创先争优活动

2010年4月—2012年7月，安丘市委在全市基层党组织和党员中深入开展创先争优、强堡垒做先锋活动。活动分两个阶段进行。第一阶段（2010年4月—2011年6月），市委组织开展党员“戴胸徽、温誓词”和摆放“共产党员先锋岗”桌签、悬挂“共产党员户”标牌等系列活动，发放“共产党员”胸徽5.5万多枚，摆放“共产党员先锋岗”桌签1万多个，悬挂“共产党员户”标牌1.9万多个；组织开展先进事迹巡回宣讲、创先争优主题征文比赛等系列活动，在镇街道和市直部门树立一批示范单位、示范工程、示范项目；从党代表、人大代表、政协委员、企业界代表和基层群众代表中推选“群众监督员”300人，组建群众监督评议团，负责不定期明查暗访、民主评议活动开展情况，并及时收集群众意见建议；实行“一季一主题、一承诺、一点评、一先锋”制度，各级党组织和广大党员作出公开承诺事项30多万件，开展领导点评活动3000多次，查找和整改问题760多个；确定创先争优项目400多个，实行项目化管理、团队式争创，促进与中心工作深度融合；参与活动的2343名基层党组织书记、5万多名党员接受领导点评，20个单位受到市委表彰。第二阶段（2011年7月—2012年7月），着重围绕迎接中共十八大召开开展活动。选树3200个集体和个人先进典型，宣传报道200多个优秀典型；实施创先争优项目化，开展“结对比学赶超”活动，建立创先争优项目台账、比学赶超工作台账；在全市窗口单位和服务行业中开展以亮身份、亮承诺、亮标准，比技能、比业绩、比作风，自己评、群众评、领导评为主要内容的“三亮三比三评”活动，各单位作出公开承诺事项1820项，900多名窗口党员主动亮牌服务，行政审批提速率30%以上；开展党群共建创先争优活动，指导工会组织开展“维护权益、凝聚力量、服务发展”活动，共青团组织开展基层团委班子“公推直选”工作，妇女组织开通安丘妇联网并举办“巾帼事迹报告会”；推动“两新”组织创先争优，开展“建强组织、扩大覆盖、提升功能”活动，先后建立非公企业党组织465个、社会组织党组织177个；系统开展“金点子”征集、技能大比武等主题实践活动20多个；开展争做“企业科技标兵、创新团队”“农村致富能手、带富集体”“服务业创业明星”等主题创业先锋活动，引导基层党组织和党员在各项重点工作中创先进、争优秀；围绕“建设新安丘、先锋在行动”主题，举办演讲大比赛，评出一等奖1人、二等奖2人、三等奖5人；召开全市创先争优活动表彰会议，236个基层党组织、1321名先进个人受到表彰。活动中，全市总结出好经验好做法150多条，被省委活动简报刊发14篇，中央活动简报刊发24篇（条），占全省刊用量的近一半。其中，《山东安丘“四亮服务”树形象》被中共中央创先争优活动简报刊发，争创“服务型党组织”典型做法被中共山东省委创先争优活动简报刊发。

党的群众路线教育实践活动

2013年8月—2014年3月，安丘市在市纪委（市监察局）、6个派驻纪检组（市监察室）、市委组织部机关开展首批党的群众路线教育实践活动。活动中坚持把学习教育贯彻始终，每周三、六下午各单位进行集中学习。市纪委、市委组织部分别开设“汶水清风大讲堂”“组工讲堂”，领导班子成员轮流领学领导讲话、必读书目56次，开展党小组讨论23次，组织观看革命传统教育影片28部，组织机关干部到诸城市王尽美烈士纪念馆和潍北监狱接受革命教育、警示教育各1次；创新开展案例研讨，编写案例12个；统一发放笔记本，设立学习园地2个，集中展示机关干部学习心得体会8次；举办群众路线教育及业务知识测试2次、演讲比赛1次。活动中坚持把查摆问题作为重要环节。市纪委（市监察局）通过蹲点调研、专题座谈、走访企业、发放征求意见表等方式，征求意见建议182条；采取个人主动找、邀请领导点、开展谈心摆等方式查摆业务工作和个人作风方面存在的问题81个。市委组织部采取召开座谈会、填写意见表、个别谈话等方式，向各镇街区党（工）委书记、市直系统牵头部门、部分在组织部工作过的同志征求意见，查摆问题109条；建立组织部机关干部联系点制度，每个科室（中心）联系1个党建工作薄弱村、1家规模以上企业，每名机关干部联系1户困难群众，征求意见建议70多条；在组织部机关内部开展谈心谈话，查摆工作方面问题15个，个人思想作风等方面问题64个；在组织部机关设立意见箱、向机关干部公布部领导电子信箱，征求意见建议，查摆问题30多个。活动中坚持用好批评武器，保证民主生活会议质量。市纪委、市委组织部均制定《关于开好高质量专题民主生活会的意见》《关于开好专题民主生活会的实施方案》《关于撰写对照检查材料的有关要求》等文件；先后8次召开会议集体研究讨论领导领导班子和成员对照检查材料；聚焦"四风"开展批评和自我批评，召开领导班子民主生活会和专题组织生活会，互相批评，分享务实管用的整改建议，凝聚共识、增进团结。活动中制定《领导班子整改方案》，坚持边查边改促提高。市纪委（监察局）针对查摆的问题，确定49项专项整治任务，全部建立台账，制定整改措施，实行销号推进。市委组织部建立机关科级干部包案制度，化解组织工作信访陈案积案20件；加大对人才工作调度和督促力度，对承担考核任务的部门，实行人才工作周汇报月调度；创新开展部机关电话满意度调查和"送温暖、见真情"活动，组织机关干部向郚山镇牟家沟村捐献冬衣棉被150多件；建立机关文化长廊，制作机关干部去向牌，组织机关干部健康查体和"万米健步走"拓展训练。市纪委（市监察局）建立《镇街区纪（工）委纪检监察工作考核办法》等制度8项，构建起加强纪检监察干部自身建设长效机制；市委组织部新制定制度16项，废止过时文件22项，修订完善5项。根据中央和省委部署，2014年3月—10月，全市第二批党的群众路线教育实践活动在全市镇街区党（工）委、市直部门党（组）委、非公企业党组织和学校、医院、农村党组织中开展。

第九节　老干部管理

机构

1986年，中共安丘县委老干部管理局（简称县委老干局）为正科级行政机构。1988年12月，安丘县级机关干休所升格为副科级，由县委老干局管理。1992年12月，设立安丘县老干部活动中心，为副科级事业单位。1993年12月，撤销县老干部活动中心，职能并入县级机关干休所。1994年3月，中共安丘县委老干部管理局改称中共安丘市委老干部管理局，县级机关干休所改称市级机关干休所。2001年12月，市委老干局由市委组织部管理。2004年12月，市委成立安丘市老年大学，为正科级全额拨款事业单位，与市级机关干休所合署办公，由市委老干局管理，内设办公室和业务科。2013年7月，安丘市关心下一代工作委员会办公室由团市委管理调整为市委老干局管理。

重点工作

1986年，中共安丘县委成立安丘县老年人大学和县委老干部工作领导小组，在全县32处乡镇建立老干部党组织和老干部活动室。1987年，建立领导干部联系老干部制度，每位县级领导、县直部门和乡镇主要领导联系2名至3名老干部，定期走访慰问，征求意见。1990年，32处乡镇均建立驻会老干部制度。1992年，县委在县干休所建成老干部活动楼，设立健身房和阅览、台球、乒乓球、象棋、扑克室等场所。1997年，中共安丘市委对全市离休干部实行信息化统计管理。1998年，成立安丘市老年书画研究会。年内，将破产企业离休干部纳入市再就业服务中心管理，负责有关费用的筹集、管理、发放。2002年，对企业离休干部离休费及补贴全部纳入社会统筹并实行社会化发放。2003年，制定《关于企业离休干部医药费统筹管理的意见》。是年起，单独统筹全市企业离休干部医药费，统筹金按人均5000元筹集，每年按10%递增。经认定为特困和破产企业的，其离休干部统筹金由市财政负责解决。2004年，市委制定《关于建立乡镇老年学校的意见》，全面启动镇街道筹建老年学校工作。2005年，制定《关于加强"双高期"老干部管理服务的意见》，亲情化服务"双高期"（高龄期、高发病期）老干部；下发《关于增加市属企业离休干部离休费待遇的通知》，对48家企业316名离休干部离休费及津贴补贴，按行政机关同等条件的标准发放和增加离休费及补贴。2007年，出台《关于充分发挥离退休干部作用 促进经济社会又好又快发展的意见》，开展"发挥四种作用，促进四个建设"主题实践活动，组织引导全市离退休干部充分发挥参谋、监督、协调和"传帮带"作用，促进富裕安丘、生态安丘、活力安丘、和谐安丘建设。全市成立活动小组110多个，3000多名离退休干部参加。2008年，市委印发《关于加强老干部社区管理服务工作的意见》，利用社区资源做好离休干部服务工作。是年，市委老干局被中共山东省委、省人民政府授予全省老干部工作先进集体称号，市级机关干休所被省委老干部局命名为省级示范干休所。2009年，市委印发《关于进一步加强和改进离退休干部党支部建设的意见》，制定《安丘市离退休干部党支部工作规范》；举办"全市离退休干部庆祝建国六十周年书画展”。2010年，成立中共安丘市委离退休干部工作委员会；印发《安丘市离休人员就医管理办法（试行）》《关于利用社区资源做好离退休干部服务工作的意见》；举办“纪念抗日战争胜利65周年全市离退休干部摄影展”。2011年，市老年大学新教学楼主体工程竣工，投资230万元，建筑面积1200平方米，专业班增加至7个，招收学员400余人；市委印发《关于加强新形势下离退休干部发挥作用工作的意见》《关于提高离休干部生活补贴标准和扩大发放范围的通知》等4个文件。2012年，制定《安丘市老干部服务管理工作目标责任制考核办法》，印发《关于调整离休干部护理费标准的通知》，提高离休干部护理费标准，由每人每月600元增至1300元；开展“纪念干部离退休制度建立30周年”征文活动。2013年，印发《关于进一步加强关心下一代工作委员会工作的意见》；市关工委开展扶贫助学活动，筹集资金114.2万元，帮扶贫困大中小学生1330人。年内，市委离退休干部党工委组织开展离退休干部党支部集中换届工作，换届党支部39个；市委老干局建立全市退休干部信息库，采集、录入74单位（部门）6425名退休干部信息。

第十节 援藏 援疆 援川

援藏

2004年4月，安丘市根据中共山东省委组织部、省人事厅和省财政厅《关于做好选派第四批援藏干部工作有关问题的通知》的要求，经市委推荐，潍坊市委组织部考试、考察，确定黄旗堡镇党委书记李广庆参与第四批援藏工作，任安丘市委常委，西藏自治区日喀则地区南木林县委常委、常务副县长。其间，李广庆牵头制定完善相关规章制度；组织开展城市交通、交易秩序和环境卫生整顿治理活动；加大税收宣传，全面普查税源，整顿规范税收秩序，深化税收改革；参与组织农贸市场、宿舍楼、学校等援藏硬件项目建设。其中，南木林县农畜产品批发市场成为全地区第四批援藏的第一个奠基项目。中共安丘市委、市人民政府大力支持援藏工作，组成安丘市送光明慰问团，携带52万元的人工晶体、医疗器械、药品等，无偿为群众义诊148例，做白内障手术98例，成为继国际红十字会、北京同仁医院后，在西藏地区开展的第三次大型“送光明”活动。2007年6月，李广庆完成援藏任务。2013年4月，根据潍坊市委组织部、市人社局《潍坊市竞争性选拔第五批援藏干部工作方案》的要求，经安丘市委推荐，潍坊市委组织部考试、考察，确定安丘市住建局副主任科员厉茂财参与第五批（山东省第七批）援藏工作，任安丘市住建局副局长（正科级），日喀则地区南木林县住房城乡建设局副局长。6月，厉茂财赴藏负责项目建设和财务管理工作。其间，组织相关规划设计单位先后完成《南木林县城市总体规划（2013—2030）》等6个规划；组织相关设计、施工单位建设柳果村新农村建设、卡孜乡小城镇建设等7个项目。到2014年底，为南木林县住房城乡建设局争取国家项目4个。

援疆

1999年—2002年，安丘市先后选派5名干部参与第三批援疆工作。经组织报名、资格审查和体检等工作，中共潍坊市委研究确定：1999年6月，安丘市实验中学教师刘振双任喀什地区叶城县第二中学教师，安丘市人民医院神经外科副主任孙桂祥任喀什地区第二人民医院副主任医师；2000年8月，安丘一中教师王志坚、市实验中学教师李心明和安丘七中教师李春明任喀什地区叶城县第二中学教师。2002年2月，孙桂祥任新疆喀什地区第二人民医院外三科副主任，刘振双任新疆喀什地区叶城县第二中学副校长。上述5名人员于2002年6月完成援疆任务。2002年，安丘市贯彻落实潍坊市委组织部、市人事局、市财政局《关于做好为新疆选派第四批干部工作有关问题的通知》的要求，于当年6月选派安丘一中教师孙拥军参与第四批援疆工作，任喀什地区叶城县第二中学教师；2005年6月，孙拥军完成援疆工作。2006年9月—11月，安丘二中教师李庆喜援疆，在喀什市教研室工作；2011年3月—7月，市实验中学教师李魁连援疆，在喀什市疏勒县实验学校工作；2013年—2014年，市青云学府教师程庆军援疆，在喀什市疏勒县实验学校工作。

援川

2008年5月12日，四川省汶川大地震发生，潍坊市建设局召开赴川援建工作紧急会议，动员各县市到四川省绵阳市安装活动板房任务。安丘市成立赴川援建工作领导小组和前线指挥部，选派市建设局副主任科员王洪军为前线总指挥、市建设工程质量安全监督站党支部书记王新为副总指挥，从市建设局办公室、建筑工程管理处、质监站、自来水公司等单位筛选4名业务骨干为成员，负责现场指挥援建工作，并组建3支援建安装队伍。2008年5月—8月，安丘市先后有93人赴川参与援建工作，具体承担北川县桂溪乡中学和渭沟村两地工程施工任务。其间，投入资金200多万元，建成板房142套、学校教室36套、卫生间2套、铺装砖路面1600平方米、混凝土硬化路面1100平方米、平整场地2.8万平方米，全部提前交付使用。2008年8月，潍坊市委、市政府决定，安丘市建筑工程质量监督站总工办主任孙海升参与支援北川灾后重建工作，赴川工作3年。2010年11月，孙海升完成援川工作任务。

第十一节　包村扶贫

1982年，安丘县由县民政局牵头，开始包村扶贫工作。1984年，成立安丘县扶贫工作领导小组，年内扶持5255户。1985年，对全县13处山区乡镇和峡山、牟山等5个水库区408个自然村实行贷款、税收、物资供应等优惠政策，当年脱贫1235户。1986年，县、乡成立“双扶”（帮扶贫困户、帮扶优抚对象）领导机构。中共安丘县委、县人民政府安排20多个县直部门赴山区、库区乡镇建立扶贫联络点，3500多名基层党员干部落实包户责任制。年内，全县拨发扶贫资金1147.5万元，扶持办双扶经济实体和村办经济联合体108个；扶持贫困户21570户，脱贫1.5万户，脱贫率70%。1987年，全县32处乡镇均建立救灾扶贫基金会，基金121.65万元；村储金会储金6500万元，全年扶贫3000户。1988年—1989年，县委、县政府落实县直部门扶贫包干责任制，要求被扶单位人均增加100元左右；组织检查80个县直部门帮扶78个贫困村的情况，65个村实现脱贫和基本脱贫。1990年始，县民政部门承担的扶贫任务逐渐向救灾救济工作转移，全年发放救灾救济款50多万元，统销粮247.5万公斤，解决全县2000多户、8万人的吃饭问题。1992年始，为全面加强扶贫济困和村级班子建设，全县包村扶贫工作转由县委组织部承担并协调。是年，县委组织部从县直机关选派260名干部到乡镇做包村帮扶工作。1993年，确定64个村作为重点帮扶对象，选调县直机关231名干部进驻开展包村扶贫。1994年，市委抽调市直机关事业单位192名干部到34个后进村包村扶贫，抽调138名干部到64个后进村进行重点整治，从市、乡镇机关选派28名干部到28个村担任党支部书记。1995年，市委选调市直机关168名干部进驻58个后进村扶贫整治。1996年，全市排查出3处后进乡镇和58个后进村，市委落实市级领导班子党员领导干部和组工干部以及乡镇党委书记、党委委员包后进村责任制；抽调市直部门114名骨干组成工作队进驻32个后进村，采取“驻一村带两村、包一处乡镇”办法，加大后进村扶贫整治。1999年，落实全市新确定的98个后进村“四帮一”（一名领导包靠、一个部门帮扶、一个强村或强企业带动、一个工作组具体指导）措施，年底85%的后进村实现转化。2000年，按照“促强帮弱带中间”的工作思路，综合整治全市87个农村后进班子。2002年—2007年，全市包村扶贫纳入基层组织建设“三村”治理体系，与选派工作组包靠后进村工作一并进行。2008年，开展第二批“三村”治理工作，各驻村工作组累计投入资金450多万元，解决群众行路、饮水、就医等问题130多个，调整36个后进村班子。2009年，抽调市镇212名机关干部组成第三批“三村”治理工作组进驻64个贫困后进村，累计投入资金230万元，解决“三最”（人民群众最关心、最直接、最现实的利益）问题103个。2011年，结合“三村”治理工作，统筹推进“包村联户”活动，先后组织119个市直部门、单位和1200多名机关干部开展“包村联户”，全年投入帮扶资金400万元，帮助群众解决难题320多个。同年，结合开展“听民声、察民情、解民忧”大走访活动，组织广大党员干部进村入户，帮助群众解决生产、生活困难。2012年，按照“100%的村有部门和党员干部包联、100%的部门和机关干部参与包村联户”的目标，采取包先进促提升、包中间促赶超、包后进促转化方式，从各包村工作组中选派114名优秀干部到村担任党组织“第一书记”，为帮扶村投入、筹集各类资金3200多万元，帮助解决“三最”问题1123个。2013年—2014年，深入开展为期两年的“包村联户”活动，选派26名市级领导、175个市直部门（单位）和重点企业主要负责人，进驻薄弱村担任党组织“第一书记”；从市直部门、镇街区选派1160名科级干部和部分中层干部包联未被潍坊、安丘包村工作组覆盖的村。至2013年底，全市各包村工作组累计投入资金1660万元、协调资金2200万元，硬化整修道路102公里，修挖排水渠55公里，铺设饮水管道35公里，修建桥梁11座，打井36眼，修建蓄水池、塘坝8个，帮助2200户群众吃上自来水。

第五章 宣 传

第一节 机 构

1986年，中共安丘县委宣传部为正科级行政机构，内设办公室、社会宣传组、理论组、党员教育组、“五讲四美三热爱”（简称“五四三”）办公室和县委报道组。1987年，在原“五四三”办公室基础上组建安丘县精神文明建设协调委员会办公室（简称县文明办）。1988年8月，县文明办为副科级行政单位。1989年5月，县委宣传部设立新闻科;12月，设立企业思想政治科（简称企政科），均为行政副科级。1992年6月，县文明办升格为正科级。1993年12月，县委撤销新闻科、企政科副科级和文明办正科级规格，作为县委宣传部内部科室。1994年3月，安丘撤县建市，中共安丘县委宣传部更名为中共安丘市委宣传部。1994年，安丘市委恢复市文明办，为副科级行政单位。1997年4月，市文明办升格为正科级行政单位。2002年3月，市委宣传部增加网络新闻宣传管理、监督职能，设办公室、新闻科、新闻出版管理办公室和理论党教科，内设市精神文明建设委员会办公室。2003年3月，市委成立安丘市新闻出版管理办公室，为副科级全额拨款事业单位，隶属市委宣传部；撤销市委宣传部内部科室新闻出版管理办公室。2008年1月，设立信息调研科，为股级内部科室。2008年9月，设立文化科（挂文化体制改革和文化产业发展办公室牌子），为股级内部科室。2008年9月，设立网络管理科，为股级内部科室；成立安丘市互联网文化发展管理办公室，为市委宣传部所属正科级全额拨款事业单位。2009年4月，撤销市新闻出版管理办公室，成立市文化新闻出版局、文化市场综合执法局，划原市新闻出版管理办公室有关行政管理职能归市文化新闻出版局，划有关行政执法职能归市文化市场综合执法局。5月，成立安丘市文学艺术界联合会和社会科学界联合会，为正科级事业单位，设在市委宣传部。至2013年，机构无变动。

第二节 社会宣传

1986年，中共安丘县委为深入开展经济建设和改革开放宣传，在县直和乡镇机关干部中进行学习讨论，深入农村面对面向群众宣讲。1987年，围绕经济建设这一中心，在政治思想领域开展坚持四项基本原则、反对资产阶级自由化等方面宣传教育。1988年9月，潍坊市在安丘召开小城镇精神文明建设经验交流会议，潍坊市各县市区先后8批250多人次到安丘参观学习。安丘县全年接待各级记者104批、405人次，提升安丘知名度。1989年，县委以治理经济环境、整顿经济秩序、全面深化改革为重点，开展国庆40周年宣传及纪念“五四”运动70周年等活动，广泛宣传从新中国成立起至1989年全县、全省和全国取得的光辉成就。1990年，在全县党员中进行马克思主义基本理论、党的基本路线和基本知识教育，开展社会主义思想、学习焦裕禄精神做焦裕禄式好干部和纪念鸦片战争150周年宣教活动，加强爱国主义教育，激发广大干部群众爱国热情。1991年，围绕纪念建党70周年，举办各类征文比赛、展览和汇报演出等活动，展出作品108幅，组织演出节目175个。1992年4月，在县乡机关开展“解放思想转变职能大讨论”，组织全县党员深入开展学习党史知识、党建理论活动，参加学习党员4万多人，有2万多名参加各级党委组织的统一考试。1993年，围绕经济搞宣传，举办“供水杯”文艺汇演、税法知识竞赛等活动，普及相关知识，提高公民科学素质。1994年，中共安丘市委以庆祝新中国成立45周年、改革开放15周年和以安丘撤县建市为契机，在全市开展“安丘建了市我们怎么办”大讨论活动，印制《安丘画册》，制作22部专题片，在市电视台对广大群众进行改革开放再教育。1995年，结合庆祝安丘建市一周年以及“五一”“五四”“八一”“十一”等重大节日，组织以爱国主义教育为主题演讲会、座谈会和文艺演出，加强以职业道德、社会公德和家庭伦理道德建设为重点的“三德”教育，全市涌现出180多个“青年文明岗组”、1200多名“青年岗位能手”。1996年，坚持让先进典型从群众来、到群众中去，组织各类典型在全市巡回报告100多场次，受教育群众10万人次。1997年，在全市开展“迎香港回归读书”和”领导骨干读书会”系列活动，近12万名干部群众和青少年参与，形成良好读书氛围。1998年，采取组织各类理论研讨会、专题报告会、文艺演出、摄影展览、编著书籍、媒体宣传等形式，在全市广泛开展宣传活动，纪念真理标准讨论和中共十一届三中全会召开20周年。1999年—2002年，结合“三个代表”重要思想学习教育活动，在全市开展党员群众集中教育、学习中共十六大精神和“三个代表”重要思想知识竞赛活动。2003年，集中组织开展防治非典型肺炎宣传，在社会上形成群防群控、抗击“非典”氛围。市委宣传部组织市教育、卫生、防疫等部门现场宣传“非典”防治知识，指导科学预防办法，受益群众5万人次。2004年，市委举办历时两个月的“庆祝建国55周年职工文化艺术节”，组织开展“十佳学习型员工”评选活动。市委宣传部获潍坊市首届企业文化节组织奖。同年，制作《山水情韵 创业家园》DVD专题片，采用中英日韩4种语言配音，介绍安丘发展潜力、发展优势。2005年7月—9月，延伸“文明之夏”系列活动至镇街道和农村，吸引观众2万多人次。2006年，市委组织开展“爱我安丘，科学发展，共建和谐”活动，搞好和谐单位、和谐村庄、和谐家庭、和谐企业、和谐社区创建工作。市直各部门和各镇街道组织多种形式创建活动，举办文艺汇演、知识竞赛、征文比赛等近100场次，设立宣传栏、悬挂过街横幅、张贴标语口号、设立固定看牌等；市新闻中心、电台、电视台等新闻单位均开设专栏，配发评论员文章200余篇。2007年，全面开展和谐创建活动，先后举办“共建和谐安丘大家谈”征文比赛、“共建和谐安丘”演讲比赛等各类活动10余个；在市内新闻媒体发表有关和谐创建稿件近1000篇，现场发放和谐创建宣传材料1.8万多份，制作标语、公益广告近1万条，形成和谐创建浓厚氛围。2008年，为纪念改革开放30周年、喜迎北京奥运会，组织开展和谐创建、节能减排、城市环境集中整治、计划生育、鲁台经贸洽谈会等宣传工作，在新闻媒体刊播公益宣传标语，全年摆放、悬挂各类看牌、横幅等2200多块(条);组织开展“感动安丘十大人物”评选活动;策划制作《美哉 安丘》安丘城市宣传片。2009年，把建设社会主义新农村科普活动作为科技下乡工作重要内容，组织18个部门和单位的70多名技术人员参加赶科技大集活动，发放实用科技资料1万多份，接受技术咨询900多人次；结合庆祝新中国成立60周年，组织开展“迎全运、庆国庆、建文明城市、铸和谐家园”和“魅力安丘·浓情四季”群众文化活动，把筹办青云山民俗文化艺术节、有子“和”文化节、老子文化周等30多项文化活动贯穿全年；制作《山水情韵 绿色安丘》城市宣传片和《出口食品农产品质量安全区域化管理在安丘》中文版画册，在全国现场会上发放并受到好评。2010年，组织对科学发展观、创先争优、学习型党组织建设、干部作风建设年、转方式调结构、低碳产业发展、“三拆一绿”等工作社会宣传，在市电视台播出新闻稿件2600余篇，市广播电台播出新闻稿件2470篇；开展“首届社区文化节”“文明之夏”广场文化活动和“2011年新年音乐会”等群众文化活动，丰富城乡居民文化生活，观众3万人次。2011年，为庆祝中国共产党成立90周年，以“党旗颂、家乡情”为主题，组织开展第二届社区文化节，推进“百部优秀电影进社区”“品红色经典、悟人生智慧”优秀图书进社区和“文化教育进社区”等活动，培育一批基层文艺队伍，打造一批各具特色的社区文化品牌。2012年，以“喜迎十八大、欢乐社区行”为主题，开展系列群众文化活动，全市群众文化活动91项，并通过辅导报告、理论宣讲、媒体解读等多种形式，在全市掀起中共十八大精神宣讲贯彻热潮；组织开展“2012感动安丘十大人物”评选活动，全市形成“寻找感动人物、学习感动人物、争当感动人物”的良好舆论氛围。2013年，围绕贯彻落实中共十八届三中全会和习近平系列讲话精神，组成宣讲团巡回宣讲30场次，在市内新闻媒体发表有关稿件500余篇；开展“安丘好人—每周之星”评选展播活动，集结46个典型人物事迹印发全市；开展“弘扬雷锋精神 建设美德安丘”系列志愿服务活动，全市志愿者1.5万多人次参与，发放宣传材料2万多份，提供法律咨询1400余人次，捐赠款物20多万元。

第三节 理论宣传教育

1984年4月—11月，中共安丘县委举办县直机关、企业领导干部培训班2期，每期8天，培训218人；举办学习《中共中央关于经济体制改革的决定》轮训班2期，每期7天，培训县直部门科级干部171人。1985年—1986年，结合全县整党工作的开展，组织4次大型党课教育，参加党课党员5.45万多人。其中，3.47万多名农村党员有30213人参加冬训和党性教育，受教育面87.8%。1987年，中共十三大召开后，县委建立以县委党校为“龙头”的社会主义初级阶段理论宣传教育基地；举办学习十三大报告电视讲座，10名县级领导和部门负责人分别作辅导报告，印制十三大报告宣讲材料3000份。1988年，集中抓好基层党员教育阵地建设，帮助32处乡镇建起党校、1088个农村党支部建起党员活动室。1989年，帮助35家设党委（党总支部）的县属企业建起较高标准党校，在山东省企业党校检查中，安丘县被省委宣传部评为潍坊市唯一的全省企业党校建设工作先进县；组织开展党的基本路线和知识竞赛活动，全县4万名党员参加活动，投寄省委《支部生活》答卷5000多份。1990年，组织开展以党的基本路线、基本知识和马克思主义基本理论为主要内容的“三个基本”教育。教育中坚持做到“四个一”（学习一篇理论文章、弄懂一个马克思主义基本观点、明确一个思想、解决一个实际问题）。此做法被省委宣传部和《大众日报》在全省推广。1991年，县委开展以“讲小康、干小康、奔小康”为主要内容的农村社会主义思想教育活动，组织1500名的社教队伍分赴各村庄，利用多种形式宣传党在农村的各项方针政策；组织1840多个带头奔小康户和奔小康村进行示范演讲，绘制宣传版面2230块，演出专题电影、幻灯1078场，编印宣传小册子5000多份。1992年，加强乡镇基层党校建设，黄旗堡、赵戈、担山3处乡镇党校被省委授予省级先进基层党校称号。1993年，围绕贯彻中共十四大精神，对党员进行社会主义市场经济知识、邓小平建设有中国特色社会主义理论的教育；成立山东干部函授大学安丘函授站，接受函授学员483人，其中本科生459人、专科生24人。1994年，安丘市委把学习邓小平建设有中国特色社会主义理论作为重点工程来抓，举办培训班3期，培训副科级以上领导干部154人。1995年，中共十四届五中全会通过《国民经济和社会发展“九五”计划和2010年远景目标的建议》，市委组织学习五中全会精神知识竞赛，全市1300名干部职工参加试题答卷，市直10个部门组织代表队参加抢答赛。1996年—1998年，进行以邓小平建设有中国特色社会主义理论为主题的理论教育活动，做好“以科学的理论武装人”工作；建立并有效地坚持党委中心组学习制度，以党校轮训、中心组学习为主要形式，通过农村冬训、党员夏训、基层党校轮训等措施对基层广大党员干部进行理论教育，7个基层党校被省委宣传部评为全省先进基层党校，12个党员活动室被省委宣传部评为全省先进党员活动室。1999年—2002年，市委围绕宣传贯彻中共十五大精神和《中共中央关于在全党深入学习邓小平理论的通知》，分层次、分行业学习、研讨和宣传《邓小平文选》（第一二三卷）《邓小平建设有中国特色社会主义若干问题学习纲要》《邓小平经济理论学习纲要》和《党章》，开展“讲学习、讲政治、讲正气”和“三个代表”重要思想学教活动，把邓小平理论和“三个代表”重要思想普及到农村、企业和学校。2002年—2006年，深入学习宣传贯彻中共十六大精神，全面贯彻落实科学发展观，研讨和宣传《江泽民文选》（第一二三卷）；在全市开展“学习中共十六大精神”和“三个代表”重要思想知识竞赛活动；制定《关于党委（党组）理论学习中心组规范化建设细则》《全市党委（党组）中心组理论学习安排意见》《关于加强基层党组织理论学习中心组规范化建设和理论学习的通知》等文件，举办理论骨干培训班，加强全市党员干部理论教育工作。2007年，制定下发《关于做好学习党的十七大精神宣讲工作的通知》，成立中共十七大精神宣讲团，深入各镇街道、市直单位、企业、学校、社区，全面、准确、深入的宣讲十七大精神。2008年，深入学习贯彻中共十七大精神，以学习实践科学发展观活动为主线，紧紧围绕市委工作大局，全面推进理论学习、宣传、研究和党员教育四项重点工作，不断提高全市广大党员干部群众运用科学理论分析和解决实际问题的能力，巩固理想信念和思想道德水平，加强社会主义核心价值体系建设。2009年，以中华人民共和国成立60周年庆祝活动为契机，抓好热烈、喜庆、祥和节日氛围的营造，抓好理论武装和思想政治教育工作。2010年，开展“理论进社区、宣讲面对面”活动，深入学习宣传贯彻中共十七届五中全会精神，进一步准确把握科学发展规律，推动全市经济又好又快发展；开展建设学习型党组织系列活动，多种形式加强理论学习，坚持用科学理论武装头脑、指导实践、推动工作。2011年，印发《全市党委（党组）中心组2011年理论学习安排意见》，扎实推进学习型党组织建设；开展纪念中国共产党成立90周年征文活动，鼓舞全市人民更加奋发有为地推动经济社会更好更快发展。2012年，围绕全市经济社会发展大局，深入开展学习型党组织创建活动。成立各级理论宣讲团，深入镇街区、企业、村、社区宣讲中共十八大精神。2013年，深入学习贯彻落实中共十八大精神和全国“两会”精神，扎实开展“中国梦”宣传教育，组织开展“我的中国梦”征文大赛活动，引导广大干部、群众畅想民族复兴“中国梦”的光明前景，发奋工作、刻苦学习、不懈奋斗；组织宣讲骨干参加潍坊市中共十八届三中全会精神宣讲骨干培训班。

第四节　思想政治工作

1985年，中共安丘县委制定《关于加强农村思想政治工作的意见》《关于加强县城精神文明建设的实施意见》，通过组织收听中央领导形势讲话录音、举办广播讲座等形式，使广大干部群众加深对党的路线、方针、政策的理解。1986年，组织开展对《中共中央关于社会主义精神文明建设指导方针的决议》的学习与宣传；是年5月，结合安丘驻军赴云南参战凯旋，邀请英模作报告18场，听众8万多人次。1987年，在县百货公司、农业银行、人民医院、供销联社和安丘师范学校等单位进行职业道德教育试点，在县百货公司召开职业道德建设现场大会，动员全县干部职工开展职业道德建设教育活动。1988年，贯彻落实《中共中央关于加强和改进企业思想政治工作的通知》的要求，指导建立企业思想政治工作新格局。潍坊市委宣传部在全国农村思想政治工作座谈会上介绍“安丘县适应商品经济新形势，建立农村思想政治工作新格局”的经验。1989年—1990年，县委成立全县青工政工轮训工作领导小组和办事机构，系统政治轮训全县企业35岁以下的青工，举办师资培训班2期，培训企业师资169人。其间，全县142个企事业单位中开训的139个，占97.9%。安丘的经验做法分别被山东省、潍坊市青工培训办公室的简报刊发，并在潍坊市业务会议上作典型发言。两年内，全县在潍坊市以上思想政治工作研究刊物发表论文和调查报告34篇。1991年，县委开展以“基本路线、基本国情”为主要内容的企业社会主义思想教育，全县142家企业、1700名青工参加“四小一化”（小设计、小改革、小发明、小创造和提合理化建议）活动，提出合理化建议2963条，直接创造经济效益420多万元。全县青工系统政治轮训工作受到山东省、潍坊市青工培训领导小组好评，经验在全省推广，被省委宣传部评为全省青工系统政治轮训先进县。1992年，县委采取召开动员会、印发学习材料等形式在全县企业开展转换经营机制教育，激发企业员工参与企业改革的积极性、主动性和创造性，有力促进企业各项工作开展；参与筹备潍坊市职工思想政治工作研讨会和深化企业改革、增强大中型企业活力研讨会，县内2家企业分别在会上作典型发言。1993年，在全县开展农村思想政治工作“五到户”（思想教育到户、管理到户、服务到户、民主议事到户、文化建设到户）活动。安丘县的经验做法在中共中央宣传部11月1日—4日召开的全国农村宣传思想工作会议上作典型经验介绍。是年，县委召开企业文化建设座谈会、经验交流会，编写企业文化建设学习材料，提出《企业文化建设试点工作意见》，并在县景芝酒厂、百货公司、棉纺厂、水泥厂、被服厂、轻工机械厂等企业进行试点，为全县企业文化建设工作提供经验。1994年，安丘市委开展全市首届“文明杯”优质服务竞赛活动，全面提高窗口行业广大干部职工整体素质。是年，中央宣传部、中央党建杂志和山东省委、省委宣传部等领导先后到安丘调查了解“五到户”情况，并安排在省委召开的宣传工作会议上作经验介绍。安丘“五到户”的经验做法，《大众日报》《潍坊日报》均发头版头条，《党建》《时事报告》《学习月刊》等刊发专题调查，山东、潍坊电视台分别做2集到4集的系列报道。1995年，市委举办首届“企业之声”文艺汇演，组团参加潍坊市第二届“企业之声”文艺汇演，参演的4个节目全部获奖。1996年—1997年，开展以邓小平建设有中国特色社会主义理论为主题的理论教育活动，组织学习中共十四届六中全会精神知识竞赛，全市4000余名干部职工参加试题答卷；组织55个窗口服务单位参加潍坊市第四届“文明杯”跨行业优质服务竞赛活动，8个单位被潍坊市委宣传部评为潍坊市百佳文明窗口、8人被潍坊市委宣传部评为潍坊市服务明星。1998年—1999年，组织全市职业道德建设事迹报告会，坚持不懈地抓好思想道德教育；开展中共十一届三中全会和改革开放20周年纪念宣传教育活动；在农村大力推广思想政治工作进家入户的经验做法，掀起向农村党支部书记刘运库和抗洪救灾英模人物学习的活动。2000年—2001年，深入贯彻落实中共十五届五中全会精神，制定《安丘市“国税杯”文明公民知识竞赛有奖答卷活动方案》，加强对广大干部群众思想政治教育。2002年，制定下发《关于创建学习型企业的意见》，倡导终身学习，弘扬创新精神，提高职工素质，全面提高企业核心竞争力。2003年—2004年，围绕深入贯彻落实中共十六大精神，举办“加快安丘经济发展”理论研讨活动和“庆祝建国五十五周年职工文化艺术节”，开展形式多样、丰富多彩的企业文化建设系列活动，进一步加强对企业干部职工的思想政治教育。2005年—2006年，成立安丘市企业文化建设协会，印发《加强全市企业文化建设意见》，充分发挥企业文化在提高企业管理水平、增强核心竞争力等方面的积极作用，促进企业思想政治工作开展。2007年—2009年，在全市企业中深入开展学习贯彻实践科学发展观和中共十七大、十七届三中全会精神系列活动，推动全市企业做好人文关怀和心理疏导工作，努力提高企业干部职工积极性，促进企业又快又好地发展；不断完善企业文化建设协会有关制度，规范工作运行机制，推进企业政工队伍建设。市奥宝化工集团和山东景芝酒业股份有限公司被潍坊市委宣传部评为潍坊市“纪念改革开放30周年 企业发展巡礼”先进企业；市外贸食品有限责任公司、奥宝化工集团和山东景芝酒业股份有限公司被潍坊市委宣传部评为潍坊市“辉煌潍坊——企业发展成就展”先进企业，并在潍坊参展。2010年—2011年，市委贯彻落实中共十七届四中全会精神，在全市企业中广泛开展企业学习型党组织创建活动。景芝酒业股份有限公司被潍坊市委宣传部评为首届“潍坊市最具社会责任感十佳企业和潍坊市优秀企业文化品牌”，10家企业登记为潍坊市职工思想政治工作研究会团体会员，8人成为潍坊市职工思想政治工作研究会理事会成员。2012年，市委组织全市企业开展“回顾辉煌历程 喜迎党的十八大”读书竞赛活动，增强企业凝聚力；组织全市12家代表企业分管人员参加潍坊市举办的全市企业学习中共十八大精神专题培训班。2013年，充分发挥企业文化建设在提高企业管理水平、增强核心竞争力等方面的积极作用，促进企业科学发展、和谐发展。组织7家企业主要负责人参加潍坊市企业文化建设研讨班；山东景芝酒业股份有限公司被潍坊市“企业文化亮点行”大型集中采风活动确定为重点宣传对象。

第五节 新闻宣传

1986年—2013年，潍坊市级以上新闻单位采用安丘市稿件4.3万余篇。1986年，《大众日报》一版头条报道安丘县委书记张文玉转变作风、服务群众事迹并加短评；《人民日报》《光明日报》分别刊发安丘县自学成才粘贴专家罗来康的事迹。1987年—1991年，新华社、《人民日报》《人民日报海外版》《农民日报》《工人日报》分别在显要位置刊发安丘县农业产业化、工农一体化、民俗旅游的经验。其中，新华社、《人民日报》《人民日报海外版》《农民日报》《工人日报》等媒体均作专题报道，80多个国家客人到凌河镇石家庄村民俗旅游；《人民日报海外版》《消费日报》等媒体报道安丘乡镇企业发展经验；多家媒体分别对安丘县全国拥军模范陈金香和安丘县成为全国拥军优属先进单位、山东省拥军优属模范县作专题报道。1992年—1995年，市委宣传部加大宣传力度，叫响“安丘品牌”。其中，《大众日报》头版头条刊发稿件《名牌战略——安丘农业的抉择》以及重头稿件《功不可没——访安丘说良种》。1994年，中央宣传部在杭州召开农村思想政治工作座谈会推广安丘市农村思想政治工作“五到户”的经验，山东电视台、《大众日报》播出、刊发专题调查。1996年,《人民日报》《中国青年报》《工人日报》《大众日报》等媒体先后报道安丘市赵笃刚救人落下绝症、社会各界合力救助英雄的感人事迹。1997年，《人民日报》《中国信息报》分别报道安丘市村村设记账户减轻农民负担的经验。1998年，全市在省级以上主流新闻媒体刊发各类稿件250余篇，其中国家级报纸用稿40余篇。《人民日报》发表《干部带头吃"螃蟹"》《书包里省出三千万元》《安丘市企业改制换发勃勃生机》等文章，肯定安丘市不断创新机制求发展的经验。1999年，全市在潍坊市级以上新闻媒体刊播各类稿件1300余篇。其中，国家级主要报纸用稿60余篇，省级报纸用稿120余篇。《农民日报》头版头条位置刊发《安丘市培植财源兼顾农民增收》《有了合同咱不怕》《安丘农民既学科技又讲政治》等稿件，系统介绍安丘市农业、农民、农村的发展经验。2000年，全市先后形成发展市场经济、调整产业结构、农产品出口创汇等宣传高潮和报道热点。其中,《减轻农民负担有良方》《安丘农民收入半数来自创汇农业》《安丘农业税收全省前茅》《安丘综合配套改革企业利润攀升》《打好"国际牌"安丘》的文章在《农民日报》《大众日报》《中国信息报》等媒体发表,在社会上引起较大反响。2001年，全市在潍坊市级以上媒体刊播稿件1200余篇。其中，国家级主要报纸发稿60余篇，省级报纸发稿120余篇，头版头条发稿31篇。2002年，在《人民日报》《农民日报》《中国乡镇企业报》等国家级重点报纸发表文章38篇，在省级报刊发表文章110多篇，其中《大众日报》在头版头条位置发表《安丘创新选人用人机制》的文章。2003年，在《人民日报》《农民日报》《大众日报》等省级以上主流媒体刊播各类稿件120多篇，其中《大众日报》发表《松开减压阀　对接最简化》的文章，介绍安丘不断完善民情民意沟通机制，密切干群关系的经验做法。2004年,市委宣传部以宣传安丘工作、推介安丘经验、扩大安丘知名度为目标，积极与各级新闻媒体沟通交流，在潍坊市级以上新闻媒体刊发各类稿件1000多篇。《人民日报》发表《安丘发展经济不忘生态建设》《安丘拒绝"招商引污"》《安丘"菜园"成国际名牌》等文章，营造安丘经济发展良好的舆论氛围。2005年，市委宣传部围绕生态环境建设、食品加工出口、民营经济、工业立市等进行宣传，在潍坊市级以上新闻媒体刊发各类稿件近2000篇。《人民日报》发表《"生态安丘"显魅力》《"三山四水五湖"扮靓安丘旅游》的文章，宣传安丘打造"生态牌"。2006年，市委宣传部围绕"热爱安丘、加快发展"集中进行宣传，在潍坊市级以上主流媒体发表稿件2000多篇。其中，国家级新闻媒体刊播稿件160余篇，省级新闻媒体刊播稿件500多篇。《大众日报》作为重头稿件发表《安丘形成干群互动决策机制》《唤起干群同心干》《肯定列表　我们不怕它》《安丘"品"绿》的文章。2007年，市委宣传部突出宣传安丘在全国率先实施出口食品农产品质量安全区域化建设经验。香港《大公报》整版刊登《山东安丘将增供港蔬菜》的稿件，新华社《内参选编》发表《标准化增强安丘农业国际市场竞争力》的文章,《人民日报》发表《看安丘如何应对"绿色"红灯》的文章;《农民日报》发表《冲破壁垒逆势而上》的文章，中央电视台、中央人民广播电台、《经济日报》、山东电视台、山东人民广播电台和《大众日报》分别报道安丘实施食品农产品质量安全区域化建设、首批蔬菜直供香港的消息。2008年，全市在《人民日报》、新华社、中新社、《经济日报》《农民日报》、中央电视台等国家级主流媒体刊播稿件150多篇。其中，《人民日报·情况汇编》分上下篇发表《关于山东安丘农产品质量安全的调查》的文章；中新社《内参》刊发《引入新机制解决农产品质量安全问题"安丘模式"是对现有农业生产关系的一个突破》的文章；《经济日报》发表《山东安丘:农业标准化　致富路更宽》《山东安丘：实施区域化　形成可靠保障》等农产品安全区域化文章4篇；《农民日报》发表《把食品安全保障落实到每个环节》的文章，向全国介绍安丘市食品农产品安全区域化建设取得的新成就。《"家电下乡"13%　撬动9000亿农村消费大市场》的稿件在中央电视台《新闻联播》中头条播出；《区域化建设让安丘农产品加工企业"轻装上阵"》《安丘市高新技术企业实现零的突破》等重头稿件在山东电视台《山东新闻联播》播出。是年，市委宣传部被《大众日报》《农村大众》和《潍坊日报》社等新闻单位表彰为新闻报道工作先进集体，荣获省电台集体记者一等奖"十五连冠"。2009年，围绕全市工作集中宣传思想文化工作。安丘市被潍坊市委、市政府表彰为潍坊市和谐创建工作先进市；市委宣传部被潍坊市委授予全省理论教育工作先进单位和潍坊市文明单位、调研工作先进单位、文化事业建设费征收管理工作先进单位、农家书屋工程建设二等奖等称号。全市在国家、省、市级新闻媒体刊播稿件2100余篇，其中头条稿件59篇。《安丘45万亩质量安全基地覆盖全部村庄》《质量抓好了 不怕没市场》《安丘农民续演“女娲补天”》《安丘农民种上环保田》《建立出口农产品质量安全长效机制》《安丘：逆势发力锻造强势企业》等一批重头稿件在《经济日报》《农民日报》《大众日报》等党报主流媒体发表，引起较大反响。同年，青云山全国“越野车王”争霸赛在安丘举行。安丘市邀请中央电视台、《中国青年报》及国内40多家大型网站集中进行宣传。2010年，在潍坊市级以上新闻媒体刊播稿件2200余篇，其中头条稿件70篇(件)，被评为《大众日报》《农村大众》《潍坊日报》先进报道集体。《人民日报》头版头条发表《希望田野上的斑斓画卷—探寻中国特色农业现代化道路》的文章，肯定安丘市实施农业标准化、推动现代农业发展的做法；发表《实施差异化战略 提升县域竞争力》《安丘模式领航现代农业》《安丘评后选劣倒逼创先争优》《安丘企业依托专利占领市场制高点》《姜价上涨农民有话说》等文章，介绍“安丘模式”、创先争优、科技创新等方面的经验做法。2011年，市委宣传部以宣传“安丘模式”、工业立市、文化旅游、低碳经济等为重点，在潍坊市级以上新闻媒体刊播稿件2100余篇。市委宣传部被大众日报社、农村大众社、潍坊日报社等新闻单位表彰为新闻报道工作先进集体。《人民日报》《大众日报》、新华社、中央电视台、人民网、新华网等重要媒体多次介绍安丘的亮点工作。同年，安丘市参与起草的《初级农产品安全区域化管理体系要求》，经国家质量监督检验检疫总局和国家标准化管理委员会批准，成为全国首部食品安全区域化管理国家标准。“安丘模式”得到各级领导充分肯定和各级新闻媒体广泛关注。是年，全市接待国家质检总局、商务部、国家标准委员会专家和各国考察团队、组织150多个、2800多人次。中央人民广播电台、中央电视台、《中国国门时报》《中国经济导报》《大众日报》《农村大众》等主流媒体多次集中宣传安丘市农产品质量安全区域化建设的做法，发表《关于“安全安丘”的源头求证》《农产品质量安全“安丘模式”领跑全国》《名列全国典型示范区榜首》《农场会是“下一站”么》《安丘亮出农产品安全“金名片”》等文章。2012年，全市在国家、省、市级新闻媒体刊播稿件2100余篇，其中省级以上刊播重点稿件110篇。市委宣传部被《农村大众》《潍坊日报》等报社评为先进报道集体。新华社《内参选编》发表《激活创业动力加快后发赶超》的文章；《人民日报》发表《安丘“三化”托起安全菜篮子》《点睛十年：恒安散热器集团坚持科技创新》等文章；《经济日报》发表《蔬菜大棚春意浓》的文章；《农民日报》发表《“三品”基地支撑安丘农产品出口创汇》的文章；《大众日报》发表《安丘：拨动老百姓最敏感心弦》《“质量哲学”的企业样本——解读景芝酒业》等文章，均造成较深的社会影响。2013年，市委宣传部紧扣“团结奋进，激情创业，加快富强秀美幸福新安丘建设”的主题，整合宣传资源集中发力，在潍坊以上主流媒体刊播重点稿件2200余篇。其中，省级以上刊播稿件700余篇。被《大众日报》《农村大众》《潍坊日报》等报社评为先进报道集体。同年，集中进行强化工业、提升农业、推进城镇化、繁荣服务业等新闻宣传；在省级以上媒体，宣传报道安丘市推出的厉行节俭树新风、城乡环卫一体化、一个标准统筹两个市场、市级领导包村联户等典型经验。其中，《人民日报》刊发《安丘优质蔬菜水果供应北京》《山东安丘春节种蔬菜稳稳赚大钱》《欢乐团聚幸福过年》《山东安丘蔬菜大棚过新年》的稿件；《经济日报》刊发《石埠子镇草莓红》的稿件；《大众日报》刊发《一个标准统筹两个市场》等稿件；中央电视台《聚焦“三农”》等栏目系列报道安丘农业标准化工作，在全国宣传推广安丘经验。

第六节 网络宣传

2002年3月，安丘市委宣传部增加网络新闻宣传管理、监督职能。2008年9月，安丘市互联网文化发展管理办公室成立，组建一支60人的潍坊市和安丘市两级网络通讯报道员队伍，并举办网络通讯报道员培训，同时邀请国内网络宣传专家授课。2009年，全面更新百科、知道等网站，及时补充和更新安丘市相关内容。2008年—2013年，全市在网上发表正面信息6000余条，通过官方微博、微信等公众平台发布原创性政务信息3000余条。2013 年底，全市属地网站 100 多家，网民超过 40 万人，形成以中国安丘网为代表的政府门户网站、以安丘市新闻网为代表的新闻网站和以讯城网为代表的商业门户网站。

第六章　纪检监察

第一节　机构与领导成员

1987 年 8 月，中共安丘县第七次代表大会选举产生中共安丘县第七届纪律检查委员会（简称县纪委）。是年 12 月，安丘县监察局成立，为行政正科级。1988 年，县纪委内设办公室、检查科、审理科、党风研究室、信访室、检查室和审理室，均为行政副科级。1993 年 4 月，与县监察局合署办公，内设办公室、监察综合室、教育研究室、党风廉政建设室、信访室（举报中心）、案件审理室、执法监察室和纪检监察室。1994 年 3 月，中共安丘县纪律检查委员会、安丘县监察局分别更名为中共安丘市纪律检查委员会（简称市纪委）、安丘市监察局。是年 12 月，市纪委内设机构调整为办公室、教育研究室、信访室、案件审理室、执法监察室和纪检监察室。1998 年 3 月，复设监察综合室和党风廉政建设室。2003 年 4 月，市委成立安丘市机关效能监察中心、安丘市经济发展软环境投诉中心，均为行政正科级，两中心合署办公。2009 年 6 月，成立安丘市企业发展服务中心，为行政正科级，与市机关效能监察中心、经济发展软环境投诉中心合署办公。2010 年 6 月，市纪委撤销纪检监察室，增设纪检监察一室、纪检监察二室和纪检监察干部室，均为行政副科级；成立 6 个派驻纪检组（市监察室），作为市纪委（市监察局）派出机构，为行政正科级规格。至 2013 年底，机构未变动。

中共安丘市纪律检查委员会第七届至十三届书记 副书记任职情况表

表 13—5

届次	职务	姓名	籍贯	任职时间	备注
第七届（1987.8—1990.3）	书记	郑玉章	山东安丘	1984.4—1990.3	县委常委
	副书记	陈会信	山东安丘	1984.4—1990.3	
		张宝琪	山东安丘	1985.6—1990.3	
第八届（1990.3—1995.3）	书记	张贵善	山东安丘	1990.3.—1993.1	县委常委
		刘建秋	山东安丘	1993.1—1995.3	县（市）委常委
	副书记	张宝琪	山东安丘	1990.3—1995.2	
		周建平	山东安丘	1990.3—1993.5	
		刘文生	山东安丘	1993.4—1995.3	兼县（市）监察局局长（1991.8 任职）
		李合昌	山东安丘	1993.12—1995.3	
第九届（1995.3—1998.1）	书记	张善华	山东安丘	1995.3—1997.12	市委常委
		王继怀	山东寿光	1997.12—1998.1	市委常委
	副书记	刘文生	山东安丘	1995.3—1998.1	兼市监察局局长
		李合昌	山东安丘	1995.3—1996.3	

续表 13-5

届次	职务	姓名	籍贯	任职时间	备注
第九届（1995.3—1998.1）	副书记	董建忠	山东安丘	1995.12—1998.1	兼市监察局局长（1998.1 任职）
		程世民	山东安丘	1995.3—1997.9	
第十届（1998.1—2003.4）	书记	王继怀	山东寿光	1998.1—2001.2	市委常委
		刘中会	山东青州	2001.2—2001.5	市委副书记
		张兆平	山东诸城	2002.9—2002.12	市委副书记
		许　华	山东诸城	2002.12—2003.4	市委副书记
	副书记	董建忠	山东安丘	1997.9—2003.3	兼市监察局局长
		程世民	山东安丘	1997.9—2001.11	
		李英喜	山东安丘	1998.12—2003.4	兼市经济技术开发区党工委书记
		徐森华	山东安丘	2001.3—2003.4	兼市监察局局长（2003.3 任职）、市机关效能监察中心和经济发展软环境投诉中心主任
		刘义贵	山东安丘	2001.8—2002.1	
第十一届（2003.4—2007.2）	书记	许　华	山东诸城	2003.4—2006.12	市委副书记
		原　理	山东莱州	2006.12—2007.2	市委常委
	副书记	李英喜	山东安丘	2003.4—2007.2	
		徐森华	山东安丘	2003.4—2006.11	兼市监察局局长
		吴连德	山东安丘	2003.1—2007.2	
		王保华	山东诸城	2003.3—2004.1	
第十二届（2007.2—2011.12）	书记	原　理	山东莱州	2007.2—2011.12	市委常委
	副书记	吴连德	山东安丘	2007.2—2011.3	兼市监察局局长（2007.11 任职）
		惠丽华	山东安丘	2007.2—2011.12	兼市监察局局长（2011.3 任职）
第十三届（2011.12—）	书记	闫凤林	山东五莲	2011.12—2016.6	市委常委
	副书记	惠丽华	山东安丘	2011.12—	兼市监察局局长
		王克海	山东安丘	2011.12—2013.3	兼市机关效能监察中心、经济发展软环境投诉中心和企业发展服务中心主任
		罗新海	山东安丘	2013.3—	兼市监察局局长（2013.3 任职）、机关效能监察中心、经济发展软环境投诉中心和企业发展服务中心主任

第二节　党风廉政建设

党风党纪教育

1986年，中共安丘县委开展党性党风党纪教育，全县32处乡镇举办党员干部党性党风党纪培训班72期，培训8600人次。1987年，围绕“一个中心、两个基本点”开展维护党的政治纪律、反对资产阶级自由化教育；结合“双增双节”（增收节约、增产节支）运动，进行“勤俭建国、艰苦奋斗、艰苦创业”教育。1988年，确定城关、贾戈等3处乡镇和县工商局、税务局等7个部门先行试点，遂在全县开展党务、政务公开工作；总结推广大盛镇党委、纪委建立信息网络经验，在全县基本建成“四级”党风信息网络。1989年，结合党性党风党纪教育，开展党的优良传统和作风思想政治教育活动。1990年，开展党规党法系列教育，各级党委（党组）、纪委（纪检组）举办党规党法专题讲座432次，全县参加学习党员13.72万人次。1991年，在全县党员中开展遵守计划生育政策法规、“反腐蚀防演变”“讲廉洁、反腐败”3次集中教育活动；组织46264名党员和1021名入党积极分子参加全省党纪知识竞赛；会同宣传、组织部门编辑《共产党员的风采》，用先进典型引导全县党员干部勤政廉洁、为民务实。1992年，以党规党法为主要内容，分党内纪律条规为政治、经济、涉外、道德作风和计划生育5个专题开展反腐防变教育。1993年，制定下发《关于在全县党员干部中开展反腐倡廉教育活动的意见》，重点进行增强党性观念和党的根本宗旨、组织纪律、优良传统等5个方面教育。1994年，安丘市委通过总结17个党风廉政建设先进典型、剖析8个典型案例，开展正反两方面教育；是年11月，下发《党纪政纪法规文件汇编》，开展“党纪政纪法规教育月”活动。1995年，对全市1440名农村党支部书记进行党内纪律条规教育；“七一”期间，下发《关于加强民主集中制教育的通知》，组织各级领导干部学习民主集中制相关知识。1996年，汇编反腐倡廉政策法规5000册，发放给全市各基层党组织和副科级以上领导干部；10月，组织5.3万名党员和1.7万名入党积极分子参加中纪委、监察部举办的党纪政纪条规知识竞赛。1997年，开展“政策法规年”活动，以“廉洁自律、遵纪守法”为主题，集中教育全市2700多名科级干部，分37次对28名科级干部、76名普通党员进行“打招呼”教育。1998年，对全市1200多名科级干部进行“深入开展反腐败斗争，加强党风廉政建设”的专题教育，对40多个正科级单位的主要领导谈话提醒。1999年，开展党性党风党纪教育，对市直机关1000多名副科级以上领导干部和5万多名党员分别进行《领导干部一定要严守党的政治纪律》《共产党员一定要讲纪律》的专题辅导。2000年，结合开展“三讲”教育活动，分两次对全市党员干部进行党纪条规、理想信念集中教育，与市直党政机关、市属企业、镇街道250多名党政主要负责人集体廉政谈话。2001年，结合“三个代表”重要思想学习教育活动，对全市1400余名农村党支部书记集中进行党风廉政教育；开展“学党章、守纪律、正党风”教育活动，组织市级领导干部廉政知识测试。2002年，开展“理想信念、廉政纪律”主题教育，全市1599名科级以上领导干部参加全省统一命题的党纪政纪条规知识考试。2003年，开展“艰苦奋斗、廉洁从政、优化环境”主题教育活动，46名县处级干部、2460名公务员和机关工作者参加党纪条规测试。2004年，开展“为民、务实、清廉”主题教育活动，举办以学习宣传贯彻《中国共产党党内监督条例（试行）》《中国共产党纪律处分条例》为主要内容的培训班。2005年，开展“廉洁奉公，执政为民”主题教育活动，引导党员干部廉洁从政。2006年，以学习贯彻《中国共产党章程》为主线，组织全市党员干部深入开展“廉洁勤政、科学发展”主题教育活动；在全市纪检监察系统深入开展“做党的忠诚卫士、当群众的贴心人”主题教育活动，提高纪检监察干部素质；加强廉政文化建设，创作廉政歌曲《纪检监察干部之歌》《八荣八耻记心中》。2007年，开展“加强作风建设，促进社会和谐”主题教育活动，在全市科级干部轮训班上，为800多名干部上廉政党课；市公安局、国税局和凌河镇大路村被潍坊市纪委评为潍坊市廉政文化建设示范点。2008年，开展“做勤廉表率，促科学发展”主题教育活动，对500多名副科级以上领导干部进行廉政知识培训；投资10多万元，建起15公里廉政文化宣传长廊；编印《安丘文化（廉政专刊）》3000多册，发放全市党员干部。2009年，对400多名副科级以上领导干部进行廉政知识培训，组织1143名科级以上领导干部参加党性党风党纪知识测试；市人民检察院警示教育基地被潍坊市纪委评为潍坊市廉政文化建设精品工程，市人民检察院被潍坊市纪委评为潍坊市廉政文化建设示范点。2010年，开展《廉政准则》学习宣传和“增强制度意识、争做执行表率”主题教育活动，举办“电力杯”机关干部作风建设电视演讲大赛；柘山镇老子文化广场被潍坊市纪委评为廉政文化建设十大精品工程。2011年，深入开展“以人为本、执政为民”主题教育活动，举办“农信杯”纪念中国共产党成立90周年廉政文化书画展，评选出159件作品集中展览、电视展播并结集出版；安丘一中被中共山东省纪律检查委员会评为省级廉政文化示范点。2012年，开展“恪守从政道德、保持党的纯洁性”主题教育活动，举办新任科级干部廉政培训班4期，为各镇街区和市直部门分别上廉政党课35次；在安丘手机报开设“廉政在线”栏目，每天向3000余名党员干部发送廉政格言、廉政故事或廉政声音；确定6月为“警示教育月”，组织112个市直部门（单位）中层以上干部、13处镇街区副科级以上干部和站所负责人到市人民检察院警示教育基地和市看守所现场接受警示教育；8月，举办“清风颂”廉政专场文艺晚会，2000多名干部群众现场观看。2013年，印发《关于在全市党员干部中集中开展廉政教育活动的通知》，组织102个单位的主要领导讲廉政党课，对全市1260名副科级和正科级非领导职务干部进行德廉知识测试；以安丘市农村党风廉政建设工作为题材，与市广播影视中心、市京剧团联合编排大型现代廉政京剧《路向远方》并组织演出，获山东省第七届“泰山文艺奖”、潍坊市廉政文化精品奖；选取安丘历史上从春秋时期到民国末年的80位清官廉吏事迹，编写廉政教育读本《汶水清风》，印刷5000册，发放全市党员干部。

廉政举措

1986年，中共安丘县纪委纠正党政机关、党政干部经商办企业、滥发奖金补贴和实物歪风，有效控制公款请客送礼、大吃大喝歪风。农村党员干部归还挪用公款32.99万元，559名党员退回占有的公物；民主评议全县32处乡镇党委和95个县直部门领导班子及695名领导干部的党风状况。1987年，选聘74名退休党员干部担任“特邀纪检员”；开展民主评议党风工作，评议范围扩大到县直部门下属党组织和农村党支部班子及其成员。1988年，配合县委在县、乡两级党政机关开展整顿机关干部官僚主义、纪律涣散、铺张浪费等不良作风，民主评议66个县直部门、32处乡镇党政领导班子及成员作风建设的情况。1989年，县纪委制定《关于建设廉洁机关 争做廉洁干部的规定》，协助县委完善政务公开和民主议事制度，公开群众反映的招工、招干、招生、农转非、军转干部安置、大中专学生毕业分配、农资供应、提留管理等十几个方面的热点问题，并通过“三榜”（政策规定、名额分配、拟定人员信息）上墙、公开办事等措施，纠正“三招两转”中说情、“开后门”等不正之风。1990年，制定印发《关于严禁用公款大吃大喝 挥霍浪费的规定》《关于密切联系群众 转变工作作风的规定》，在县直单位和乡镇设立信息部、乡镇生产片设立信息站，聘请1650名党风信息员，形成多层次、全方位纪检监督网络；对在城区违纪建私房的177名干部职工给予纪律处分和经济处罚，处理违反规定公费上学人员17人；清退干部、职工长期拖欠挪用公款110.4万元，辞退“三招两转”中弄虚作假人员124人，取消不合理收费16项。1991年，县委制定《关于加强纪律 转变作风 提高工作效率的规定》《关于建设廉洁机关 争做廉洁干部的决定》。1992年，县纪委加强预算外资金管理，清理整顿乡镇计划生育罚款和村级财务；制定《关于进一步完善监督制约机制，加强党风廉政建设的意见》。1993年，在全县集中开展党政机关、党政领导干部廉洁自律活动，组织全县33名副县级以上领导干部和1028名科级干部开展自查，排查整改机关干部兼职取酬、利用特权搞不正之风等问题360多个。1994年，中共安丘市委在全市推行党风廉政建设目标化管理制度，量化党风廉政建设任务，并逐级签订责任书，省纪委《调查研究参考》对此作专题介绍，中纪委《党风与党纪》给予报道；市纪委制定《关于党员干部在婚丧嫁娶等事务中廉洁自律的规定》《关于党员干部公款安装住宅电话的规定》《关于在住房购房中严肃党纪政纪的规定》。1995年，检查全市30家国有企业领导干部执行廉洁自律规定的情况；制定《关于村级党员干部廉洁自律的规定》，印发《科级领导干部廉洁自律定期民主评议制度》《领导干部国内公务活动收受礼品登记制度》和《领导干部个人生活重大事项报告制度》，促进党员领导干部廉洁自律；在全市各乡镇和部分市直部门推行纪委书记参加同级党委书记办公会议制度，对党委在重要人事任免、重大项目安排和大额度资金使用等环节的决策实施监督，全市各级纪委向党委提出建议 286 条，其中采纳 182 条；治理动用公车大操大办迎亲嫁娶、领导干部购置使用小汽车、公费出国（境）旅游、公款吃喝玩乐等歪风，查处公车嫁娶典型案例 2 起、公款出国（境）旅游人员 16 人，清理出国（境）旅游费用 31.8 万元。1996 年，推行个别谈话制度。市纪委先后与 25 名科级单位负责人谈话；在 8 个市直党工委中成立纪工委，选配专职纪工委书记，完善纪检监察组织网络；从社会上聘请 10 名特邀监察员加强社会监督；开展农村“两委”(村民委员会、党支部委员会）成员、村电工、电费会计用电缴费情况检查，追缴拖欠电费 6396.95 元。1997 年，落实领导干部收入申报、国内公务活动收受礼品登记和个人生活重大事项报告制度，全市科级以上领导干部报告个人生活重大事项 134 件，登记上交公务活动中收受礼品 325 件；遏制铺张浪费歪风，取消计划新建和装修办公楼项目 47 个、庆典活动 44 个，撤销公款安装住宅电话 220 部，收缴、封存手提机、传呼机 135 部。1998 年，提出和重申严禁公款吃喝玩乐“六条纪律要求”，在乡镇和市直部门中推行“三单独一公开”（单独预算、单独记账、单独核算、定期公开）招待费管理制度；清理用公款安装住宅电话 443 部、移动电话 282 部；检查单位 236 个，清理领导干部住房 21540 套，涉及副科级以上领导干部及其配偶 1624 人，查处占有两套以上住房 36 人；控制会议和庆典，取消各类会议 33 个、活动 7 个；清理小汽车，封存 2 辆，退还企业 10 辆；清理党政机关所办经济实体 59 家，纳入改革范围的 36 家。1999 年，市委、市政府制定出台《关于实行党风廉政建设责任制规定的办法》《关于党风廉政建设若干问题的规定》，向全市各乡镇和市直单位领导班子下达“党风廉政建设责任书”，制定落实全市 17 名县级干部、720 名科级干部、2400 名基层单位的中层和村级干部岗位职责；市纪委每半年组织一次检查考核，对 22 名领导干部实施责任追究。潍坊市纪委推广安丘市实施党风廉政建设责任制的做法。此后，市委、市政府每年都向乡镇党委、政府和市直部门下达年度党风廉政建设责任书，制定落实县、乡、村干部岗位职责。是年，市纪委制定《关于加强企业民主管理　推行厂务公开的实施意见》，在全市推行政务、厂务公开。

2000 年，市委建立《领导班子和领导干部履行党风廉政建设岗位职责报告制度》，促进党风廉政建设责任制落实；试行会计委派制度，全市委派村会计 169 人。市纪委被中共山东省委、省人民政府表彰为全省纪检监察系统先进集体。2001 年，市纪委制定《党风廉政建设责任制责任追究制度》；下发《关于坚决制止公款吃喝和公车参与迎亲嫁娶活动不正之风的通知》，成立安丘市婚嫁用车管理中心，制定《安丘市婚嫁用车管理试行办法》，年内查处违规参与婚嫁用车 32 辆。2002 年，专项清理公款吃喝、迎亲嫁娶大操大办、领导干部收受单位和个人现金有价证券、党政机关超标准配备小汽车、党政机关工作人员借用公款等问题。是年，全市查纠违规迎亲嫁娶车辆 58 辆，清理违规购买小汽车 2 辆，清理个人借用公款 362 名计 256 万元。2003 年，市监察局出台《关于违反行政事业性收费和罚没收入收支两条线管理规定行政处分暂行规定》，提出违反“收支两条线”规定行为的处理意见。2004 年，市纪委清理党政机关、事业单位违规公款购买个人商业保险 20262 元，清理领导干部超标准购置和使用小汽车 5 辆；市纪委、市监察局印发《关于对农村“两委”换届选举工作中违纪违法行为处理的暂行规定》，保证全市村“两委”换届工作依法有序进行。2005 年，全市 1300 多名科级以上领导干部廉政档案纳入电子档案管理。2006 年，市纪委处理领导干部超标准购置和使用小汽车 18 辆，落实中央狠刹党员干部跑官要官、参与赌博等“五股歪风”的部署要求，查处参与赌博党员干部 13 人，6 人受到党纪处分。2007 年，市纪委参与制定《关于加强农村基层党风廉政建设的实施意见》《关于加强农村基层党风廉政教育的意见》，转发《关于加强村级组织和村干部监督管理的六项制度》，促进农村基层党风廉政建设。2008 年，市纪委集中检查换届后干部调整工作纪律执行情况、个人“小灵通”公款支付话费等问题，督促整改发现的违规问题；逐一检查当年召开市委常委会、党政联席会和市长办公会研究部署重点工作的落实情况；会同有关部门监督检查节能减排、固定资产投资等政策落实和抗震救灾捐赠款物管理使用的情况。2009 年，清理规范党委、人大、政协和法院、检察院部门评比达标表彰活动，规范退职、接近或达到退休年龄的干部在企业兼职任职；检查32个单位领导干部工作变动后车辆管理的使用情况。按季度对当年召开的市委常委会、党政联席会和市长办公会研究部署92项重点工作的落实情况逐一检查，督促落实。2010年，市纪委牵头开展“干部作风建设年”活动，出台《安丘市公务人员日常行为十不准》，组建300人的群众监督评议团，监督全市各单位干部作风、机关效能等情况；严格落实领导干部因公出国（境）事前承诺、事后报告制度，全市党政机关因公出国（境）经费同比压减26.8%；组织开展“小金库”专项治理，督促整改违规问题。2011年，开展公务用车专项治理，查纠违规配置、更换、借用公务用车31辆；落实领导干部报告个人有关事项制度，全市1160多名领导干部报告有关事项；推行党务公开，1100多个基层党组织实行党务公开；指导组建村务监督委员会867个，推选村务监督委员3366人，促进基层民主。2012年，制定下发《关于进一步严肃纪律　促进干部作风建设的规定》，从严肃政治、组织人事、群众工作、财经和会议纪律等5个方面设置“高压线”，规范机关干部日常行为；围绕改进干部作风，明查暗访29次，通报处理8名违反工作纪律、12名工作日中午饮酒的机关工作人员；专项治理公务用车，清理查扣违规公务用车11辆，上缴2辆；开展基层党风廉政建设示范村创建活动，建成潍坊市级示范村15个；在14处镇街区设立“三资”（农村集体经济组织的资源、资产、资金）代理服务中心，统一管理各村集体“三资”；选取市财政局、市交通运输局等12个职能部门试点并在全市推行廉政风险防控工作。是年，潍坊市廉政风险防控工作现场会在安丘召开。2013年，市纪委为全市114个党风廉政建设责任制考核对象建立日常考核工作台账，变年终考核为过程性考核；落实中央八项规定精神，组织明查暗访35次，查处违反纪律规定人员43人、工作日中午饮酒公务人员8人、公车私用人员1人；开展“下基层、听民声、找问题”活动，确定干部作风、行政效能、道路交通等10个方面存在的群众最不满意问题73个，建立台账逐个解决。2000年—2013年，全市共对违反党风廉政建设责任制的78名领导干部实施责任追究。

纠风和执法监察

1986年—1990年，中共安丘县纪委持续开展专项检查农用物资乱涨价、贩卖假种子、假农药、假化肥等问题，查处乱涨价案件38起，罚没款5万元，查处投机倒把案件141起，假冒商品案件46起，没收非法牟利2.8万元。1991年，废止有关收费、罚款、集资文件9个，修改后使用2个，取缔收费项目15个，减轻企业和群众负担1514.2万元；清理整顿县直144个行政事业单位和企业主管部门预算外资金的管理使用情况，查处违规收费38.3万元，违控购买商品价值130余万元，偷漏税款、罚没收入入库不及时137万元。1992年，下发《关于坚决制止各类社会检查评比活动的通知》，努力减轻企业社会负担。1993年，检查机动车管理收费、夏粮和秋季农副产品收购、农村户口城市化管理收费的情况，废止收费、罚款文件18个，取消收费项目84个，有效解决交警部门乱查车收费、粮站收粮“打白条”、派出所收费过高等问题。1994年，安丘市纪委检查土地管理费征收管理使用情况，纠正违纪使用资金110万元，归还使用不当资金5.6万元；治理党政机关、事业单位违规管理使用预算外资金，纠正违纪金额908万元，向34个单位发出违纪处理决定书。1995年，集中检查全市行政事业性收费罚款情况，查处31个市直单位违纪违规项目22个、违纪违规金额1059.67万元；查处38个乡镇直部门违纪违规项目32个，追缴资金425.19万元，向被查单位提出建议76项，帮助完善规章制度27个。1996年，清退中小学乱收费76万元，废止婚姻登记乱收费文件5个，废止涉农负担文件4个，立查涉及农民负担案件3起，查处13个单位28名领导干部超面积住房或批小建大；检查156个行政事业单位1995年1月至1996年5月预算外资金收支管理情况，查处违规资金1987万元，对59个单位下达处罚决定，追缴、罚没违规违纪资金152万元，纳入财政代管资金76.7万元。1997年，专项治理公路“三乱”（乱设站卡、乱收费、乱罚款）、中小学收费、预算外资金管理、医药回扣等问题，查处违规教育收费13.2万元，清理出应纳入预算管理的收入118万元，查处医药回扣案件5起，处分5人；开展建设工程项目执法监察，发出整改通知47份，查处违纪案件9起，党纪政纪处分9人；清查非农业建设用地，处理各类违法用地3973宗，收缴罚款22.6万元；检查统计执法情况，罚款、批评、警告处理存在虚报、瞒报等问题的12个单位。1998年，清理预算外资金，查处8个单位违规违纪资金422.3万元；查处公路“三乱”案件2起；查处中小学违规收费13.2万元，清理清退不合理收费20万元；检查审计救灾捐款209万元、捐物72233件。开展减轻农民负担、建设工程项目和统计执法监察，全市减轻农民负担3084万元，发出建设工程整改通知书68份，纠正处理18个单位统计违法行为。1999年，开展粮改执法监察，查处非法收购粮食案件39起，查扣粮食108.5吨，罚款60万元，追究党纪处分2人，移交司法机关3人，挽回国家经济损失86.18万元；检查59个行政事业性单位收费、罚款“收支两条线”管理情况，查处违规资金61.3万元；开展建设工程项目执法监察，下发整改通知书17份，补缴各种税费16万元；开展减轻企业负担专项治理工作检查，查处不合理负担项目19项65万元；检查医药购销不正之风，取缔无证行医37家，没收非法经营药品、医疗器械价值6.5万元。2000年，开展市直部门及其所属窗口作风整顿和“万家企业评行风”活动，督促整改发现的问题；围绕纠正医药不正之风、减轻企业负担和农民负担、治理公路“三乱”组织执法监察8项，专项检查4项，涉及检查单位68个，发现案件线索12个，立案查处10个，处分监察对象8人，查处违规违纪金额365万元，下达监察决定27个，提出整改建议49项，建章立制36条。2001年，围绕医药购销、减轻农民负担、治理公路“三乱”、预算外资金管理等项工作开展执法监察7项，处分监察对象4人，查处违规违纪金额192万元。2002年，开展粮油、医药市场、安全生产等8项执法监察，涉及检查单位385个、金额37518万元。查处违规违纪案件8起，涉及违规违纪金额920万元，挽回国家和集体经济损失521万元。2003年，清退中小学违规收费15.5万元，查处公路“三乱”案件3起，开展执法监察13项，检查单位392个、金额2.9亿元，发现案件线索11个，查处违规违纪金额683万元，挽回国家和集体经济损失353万元。2004年，查处公路“三乱”案件6起，违规婚嫁用车45辆。2005年，查处假劣药品、医疗器械450批次，涉案金额150余万元；纠正环境违法行为40多起，行政处罚11个单位；查处违规婚嫁用车58辆。2006年，开展各类执法监察和专项治理12项，检查单位667个，查处违规资金216万元，避免和挽回经济损失430万元，提出监察建议8条，协助建章立制11项，发现案件线索7条。2007年，依法取缔3个在公路上非法设置的收费站卡，查处公路“三乱”案件2起，党纪处分1人；查处纠正环境违法行为100余起，通报批评19个单位，行政处罚30多个单位，责令19个单位限期整改或停止生产使用；查处商业贿赂案件16起，挽回国家和集体经济损失84.98万元。2008年，集中检查全市149个行政事业性单位收费情况，发现违规违纪问题27个，涉及违规违纪资金1299万元；查处环境违法行为21起，取缔13个公路非法收费站卡，查处商业贿赂案件6起，挽回国家和集体经济损失148.5万元。2009年，集中检查全市25个定点医疗机构新农合基金补偿使用情况，查处违规报销行为3215人次，违规报销金额33.7万元；围绕中央和省、市支农惠农政策的落实情况，开展专项检查37次。2010年，查处、纠正环境违法行为48起，取缔非法设置的公路收费站卡5个；检查镇街道建房收费情况，查处违规金额532万元。2011年—2012年，围绕农产品安全、教育收费、医疗服务、公路“三乱”、环境保护、惠民利民政策落实等方面，组织专项检查33项，查处纠正环境违法行为28起，立案查处违法用地51宗，查处并公开通报安全生产事故1起。2013年，对全市147个行政事业性单位开展财务大检查，专项检查47个单位行政执法情况，及时督促解决查出的问题和立案查处发现的线索。

第三节　案件查办

1986年—1989年，中共安丘县纪委重点查处党员干部以权谋私、违反财经纪律、贪污受贿、党员违反计划生育等问题。1990年，建立《纪检信访制度》《案件检查工作制度》《案件审理工作制度》和《领导干部轮流接访制度》，规范信访和办案工作；落实定人员、定领导、定任务、定要求、一包到底的“四定一包”责任制，集中突破大案要案。1992年，实行案件检查工作目标化管理，制定案件检查工作考核计分标准。1993年，制定《1993—1995年信访工作目标管理规划》，提出纪检信访工作组织领导、教育、防范、案件查处等要求。1986年—1995年，市纪委共受理来信来访3155件，立查党员干部违纪案件1654起，处理党员1483人。其中，科级干部19人，开除党籍197人。1996年—2005年，重点查处贪污、受贿、挪用公款和领导干部违纪违法、破坏市场经济秩序案件、违反政治纪律和组织人事纪律以及基层干部以权谋私侵害群众利益案件。2000年，建立《反腐败工作联席会议制度》《案件信息员定期情况交流制度》《市纪委常委联系乡镇和部门制度》，形成联合办案整体优势。2001年，集中人力物力查办大案要案。省纪委《鲁纪办通报》以《围绕党委中心工作 突出查处大案要案》为题推广安丘经验。2002年，市纪委制定《查办案件目标化管理实施意见》，对基层查办案件工作提要求、定任务、压担子。2003年，开展“案件审理工作规范月”活动，通过学习审理法规、严格审理程序、完善审理制度、规范材料格式措施提高案件审理水平。2004年，市纪委、监察局制定印发《关于对酿成重大信访问题责任追究的暂行规定》。1996年—2005年，共受理来信来访1871件，立查党员干部违纪违法案件894起，给予党纪政纪处分564人。其中，副科级以上干部75人，开除党籍175人。2006年—2013年，市纪委重点查办破坏经济发展软环境、贪污受贿、挪用公款、失职渎职、违反组织人事纪律以及农村党员干部违纪违法案件。坚持抓早、抓小、抓苗头，查处发生在群众身边的腐败案件。2013年，开展“自办案件突破年”活动，实行全员办案，增强办案合力。其间，受理群众来信来访1661件，立查党员干部违纪违法案件812起，给予党纪政纪处分1104人。其中，副科级以上干部78人，开除党籍324人。

第四节 软环境建设

自2000年始，安丘市实行政府采购制度，市纪委、市监察局参与监督。是年，市、乡镇累计节约财政资金714万元，节支率14%。2001年，市委、市政府制定《关于支持保护招商引资 促进经济建设快速发展的意见》；市纪委、监察局出台《关于对招商引资工作中违纪行为处理的暂行规定》，从党风廉政建设角度，作出有关政策界限、纪律要求、监督检查、违规处理等方面的规定；推进行政审批制度改革，清理审查22个部门的行政审批事项173项、审批事项附加收费项目65项，取消行政审批事项23项，保留行政审批事项150项。2002年，市监察局制定《安丘市行政效能监察暂行规定》，推行以促进廉政、勤政、优政为主要内容的行政效能监察，共受理行政效能投诉15起。其中，通报1起、行政告诫1起、其他处理2起。2003年，市政府成立整肃投资环境工作领导小组办公室，设在市监察局，负责受理、查处软环境建设方面投诉；市监察局、财政局、物价局联合出台《关于对损害经济发展软环境的“三乱”行为实行有奖举报的实施办法（试行）》；市纪委结合全市开展的“环境建设年”活动，先后4次组织市人大代表、政协委员和市属企业负责人民主评议52个责任主体。年内共受理软环境投诉举报159件，处分损害经济发展软环境人员24人。2004年，市纪委制定《关于严禁在招商引资工作中弄虚作假的规定》。全年受理软环境投诉举报105起，处分损害经济发展软环境人员24人。2005年，参与监督工程项目招投标25项，政府纯收益3086万元；监督政府采购节约资金240多万元。受理软环境投诉举报61起，处分损害经济发展软环境人员10人。2006年，市委、市政府出台《关于进一步优化企业发展环境 严禁乱收费乱查车的暂行规定》，编制《涉企行政事业性收费项目及标准》，遏制涉企乱收费行为；市纪委参与监督招标工程项目8个，政府纯收益17752万元；监督政府采购活动10次，节约资金1439万元，节支率17.7%。全年共受理软环境方面投诉举报64起，处分损害经济发展软环境人员14人。2007年，组织490名市人大代表、市政协委员和市属企业负责人民主评议全市110个市直部门。自5月31日始，在市电台播出《行风在线》节目，组织市直具有行政管理或公共服务职能部门主要负责人轮流上线，接听解答群众咨询。全年有50个单位上线，受理解决群众反映问题586个。参与监督政府采购20次，节约资金4600万元，节支率33%；参与监督招标拍卖和挂牌出让国有土地使用权14宗，交易土地面积474亩，成交价7181.97万元，政府纯收益2802.77万元；参与监督工程建设项目招投标38个，资金总额5000多万元；受理软环境投诉举报58起，处理违纪违规人员21人，公开通报3起“三乱”典型案件。2008年，实施重点企业、重点建设项目挂牌保护制度，挂牌保护26家重点企业；56个部门主要负责人参与《行风在线》，解决企业和群众反映问题323个；监督政府采购33次，节约资金4786万元，节支率25.1%；监督招拍挂出让国有土地使用权13宗，成交价1.588亿元；监督工程建设项目招投标12个，资金总额5000多万元；受理涉及经济发展软环境的投诉举报50起，处理违纪违规人员28人。2009年，55个部门主要负责人参与《行风在线》，解决群众反映问题349个。市纪委参与监督政府采购36次，节约资金6283万元，节支率24%；监督招拍挂出让国有土地使用权21宗1019.54亩，完成政府土地收益12452万元;受理软环境投诉25件，处理损害软环境的机关工作人员21人。2010年，《行风在线》有54个单位上线，受理解决群众反映问题291个；受理软环境投诉举报40件，处理损害软环境机关工作人员43人次，查处典型“三乱”案件19起。2011年，《行风在线》受理解决群众反映问题341个。市纪委参与监督政府采购55批次，向全市19个投资过千万元工程项目下发《廉政告知书》，并与项目负责人签订《廉洁承诺书》；受理软环境投诉举报24件，处理损害软环境的机关工作人员13人。2012年，《行风在线》受理解决听众反映问题438个。市纪委推行服务承诺制，全市45个职能部门公开承诺各类服务事项1650件；选聘50名经济发展软环境建设监督员，建立30个机关效能建设监测点，动态监测收集各界对软环境建设意见建议;参与政府采购84次,采购金额10.2亿元，节约财政预算资金2.38亿元；参与监督工程建设项目招投标21个，在政府网站公开37个工程建设项目相关信息；制定《安丘市损害经济发展软环境行为问责办法》，共受理软环境投诉举报77起，查处“三乱”典型案件31起,处理相关责任人员97人。2013年，市纪委参与制定《投资项目模拟审批试行办法》《投资项目并联审批试行办法》《重大投资项目审批代办工作试行办法》和《关于推行项目投资后置收费的试行办法》，用制度规范项目审批行为；改版升级《行风在线》节目,在潍坊市率先实行“电台直播、电视录播、各部门循环上线”模式，全年受理解决群众反映问题359个。深入开展“庸懒散浮”专项治理，从严惩处推诿扯皮、效能低下等损害发展软环境的行为，共受理软环境投诉举报115起，查实破坏经济发展软环境案件62起，处理相关责任人144人。

第七章　统战与对台事务

第一节　机　构

1986年，中共安丘县委统一战线工作部（简称县委统战部）为正科级行政机构。1988年10月，中共安丘县委对台湾工作办公室（简称县台办）成立，为副科级行政机构，挂靠县委统战部。1991年10月，县委台办升格为正科级，挂县委台湾工作办公室、县政府台湾事务办公室两块牌子，挂靠县委统战部。1993年12月,县委统战部内设办公室、统战科；安丘县撤销县委、县政府台办，工作归统战部;县工商联为隶属县委统战部正科级事业单位。1994年3月，中共安丘县委统战部更名为中共安丘市委统战部。1998年3月，安丘市委复立中共安丘市委台湾工作办公室，脱离市委统战部单设，为正科级行政机构，人员、业务均与市委统战部分离，隶属市委。同时，加挂安丘市人民政府台湾事务办公室牌子。2001年12月，市委统战部下设办公室、统战科；内设民族宗教事务办公室，挂市政府民族宗教事务局牌子。2013年3月，民族宗教事务办公室不再挂市政府民族宗教事务局牌子，仍与市委统战部合署。其他机构无变动。

第二节　统战事务

民族工作

1992年前，安丘县内少数民族群众较少，民族工作开展不够规范。到1999年，安丘市有少数民族17个，少数民族群众193人。2010年，据全国第六次人口普查统计，全市少数民族增至29个，少数民族群众482人，占总人数的0.05‰。1999年—2013年，安丘市为25人办理民族成分更改手续，考前登记和身份确认32名少数民族考生。2000年—2013年，确定每年10月为“民族团结进步宣传月”。宣传月期间，通过悬挂标语、发放“明白纸”、新闻媒体设宣传专栏、走访民族群众等形式开展民族团结宣传活动。2010年—2013年，备案4家清真食品生产企业；确定少数民族代表人士1人，帮助其解决实际困难2个；妥善处置涉及外来少数民族群众纠纷事件4起；在全市企事业单位、社区、学校中开展民族团结进步示范创建活动，创建潍坊市民族团结进步“示范企业”“示范社区”各1个。至2013年底，全市有少数民族29个，少数民族群众482人，分布于14处镇街区和市区。

宗教工作

1987年，中共安丘县委统战部与县公安局下发《关于认真宣传党的宗教信仰政策 加强宗教管理工作的通知》，加强对宗教政策宣传和宗教事务管理。1990年，县委、县政府办公室转发县委统战部等三部门《关于全县宗教活动情况和今后工作意见的报告》，进一步改进宗教工作。1994年，安丘市南关教堂建成并举行献堂典礼。1995年，市委统战部研究制定《安丘市宗教活动场所登记工作实施方案》，发放8个宗教活动场所活动许可证和32个宗教活动场所临时许可证。同年，依法打击昌乐县郝某等在境内利用宗教进行违法犯罪活动。1996年，市委、市政府办公室转发市委统战部《关于做好宗教工作若干问题的意见》，宗教工作基本实现制度化、规范化。1997年，市委统战部完成对31个宗教活动场所登记年检工作，暂缓登记2个因制度落实不力活动点。1998年，查处至安自封传道者4人，拆除未批先建基督教堂1处。1999年，会同组织、宣传等7个部门调研全市宗教情况并形成报告，整顿基督教活动秩序，组织召开天主教第一次代表大会。2000年，潍坊市在安丘召开宗教活动场所年检工作现场会，参观考察兴安街道和景芝镇宗教工作，安丘市作典型发言。2001年，市委统战部专项清理乱建庙宇、佛像的问题，制止乱建寺庙1座。到2002年，安丘市宗教活动场所年检工作先后被山东省、潍坊市统战和民族宗教部门评为年检工作先进单位。2003年，市委、市政府下发《关于加强宗教工作的意见》，对新世纪宗教工作的基本任务和加强对宗教事务管理的具体措施作出明确规定和要求。2005年，明确镇街道党（工）委宣传统战委员兼任镇政府、街办民族宗教工作助理。2007年，市委统战部在宗教界组织开展“和谐社会、共建共享”活动，印发宣传材料5000份。2008年，推进宗教活动场所规范化建设，3个不达标的宗教活动场所受到批评教育和责令整改。2010年，开展宗教教职人员资格认定备案工作，全面摸底核查46个宗教活动场所教职人员的情况，登记备案16名宗教教职人员。2011年，开展“宗教教职人员认定备案”和“宗教活动场所财务监督管理”专项工作，登记备案10名基督教、佛教教职人员及39个宗教活动场所主要负责人，确定安丘市基督教堂、凌河基督教堂和青云寺3个宗教活动场所为“宗教活动场所财务监督管理工作”示范点。2013年，开展民族宗教“基层基础建设年”活动，建立健全民族宗教工作“三级网络、四级责任”工作机制，配备全市14处镇街区1100多个社区、村（居）民族宗教联络员。

非公经济工作

1993年，中共安丘县委建立非公有制经济代表人士联系、走访座谈、参与经贸洽谈等制度。县委、县政府召开全县个体私营经济工作会议，制定下发《关于鼓励发展个体私营经济的政策规定》。1994年，市委组织非公企业开展各类业务能力培训，先后培训3000多人次，组织60余人参加国内经贸洽谈活动。1995年，市委统战部帮助非公企业融资200多万元，协助4人参加第三届世界华商大会。1997年，围绕为非公企业发展搞好服务提供各类信息1000多条，协调发展资金1500万元，非公企业重点联系点扩大到100个。1998年，开展“光彩事业”活动，协调非公企业安置下岗职工2100人。1999年，依托市工商联成立非公企业法律服务中心，举办法律培训班2期，为30家企业提供法律咨询，为5家企业提供代理诉讼，挽回经济损失200万元；引导非公企业投身农业产业化，参与企业200多家，增加农民收入4000万元。2000年，在市工商联合会设立党组，确定市委统战部一名副部长兼任党组书记，加强党对市工商联的领导。2002年，市工商联五届三次执委会议执委班子由56人增至74人。2004年，市委通过网络发布、编发《安丘商会信息》等形式，提供会员企业信息服务。2006年，组织非公企业和非公经济人士参与潍坊市工商联组织的以争创先进民营企业、优秀社会主义事业建设者和非公有制经济代表人士为主要内容的“一先双优”活动，18家非公企业获潍坊市先进民营企业称号，24名非公经济代表人士获潍坊市“双优”个人。2007年，市委引导非公企业加强对外交流，组织8家企业赴法国、荷兰、英国等西欧国家考察学习。2008年—2013年，市委统战部开展“银企合作”活动，先后为非公企业协调解决发展资金近3亿元；组织非公企业参加“光彩事业”“感恩行动”等社会公益活动，引导广大非公企业建功立业，回报社会，累计捐款780万元。其中，在“5•12”汶川大地震捐款活动中，非公企业捐款、捐物总额139.6万元。2013年，中华职业教育社“温暖工程就业助学计划”鑫易电声培训中心挂牌成立，招收学员136人。潍坊鑫易电声科技有限公司（凌河镇）被中华职业教育社确定为重点联系企业并打造为全国培训示范点；市职业中专申报为山东省中华职教社定点学校。

党外知识分子和干部工作

从1986年起，中共安丘县委统战部通过建档管理、培训教育、推荐等措施，做好党外知识分子和党外干部工作。1989年，开展党外知识分子调查摸底工作，建档管理5000多名党外知识分子，推荐4名党外人士担任县政府部门副科级领导干部。1993年，在县直各系统和乡镇设立党外知识分子联络员68人。党外知识分子工作走上经常化、规范化轨道。1995年，安丘市委制定印发《关于进一步加强党外代表人物队伍建设的意见》，明确党外代表人士队伍建设的工作措施和目标要求。是年，全市副科级以上党外干部8人。1996年，市委统战部、市委组织部下发《关于进一步加强培养选拔党外干部工作的意见》，党外干部培养选拔开始纳入全市干部建设总体规划。1998年，市委在市教育、卫生、科技、农林以及国营第八〇七〇厂、景芝酒业集团等十部门（单位）建立党外知识分子联系点，探索加强基层党外知识分子工作。1999年5月，成立安丘市党外知识分子联谊会，72名代表参加。2000年—2002年，市委统战部考察确定32名党外知识分子联络员，通过召开座谈会、情况通报会等形式了解党外知识分子动态。2003年，全市12处镇街道和7家市属企业确定党外后备干部83人。2004年，市委统战部推荐3名党外干部担任市直部门副职。2006年，推荐2名党外干部参加中央社会主义学院举办的党外干部学习班；全市副处级党外干部5人，副科级以上党外干部12人。2007年，调查摸底、建档立卡全市新社会阶层党外知识分子，开展政治交接主题教育活动。2008年，市委印发《关于巩固和壮大新世纪新阶段统一战线的意见》，组织召开全市社会新阶层党外知识分子联谊会成立大会暨一届一次理事会议，选举产生会长1人，副会长11人，理事72人。2009年，在全省范围内为市法院、市检察院考选2名党外干部；在全市范围内考选党外干部2人，安排到乡镇基层工作锻炼；4名党外干部担任市政府序列部门领导班子成员，全市副科级以上党外干部22人。2010年，市委统战部考选党外干部4人，全市党外干部26人。2011年，市委统战部组织开展“党外代表人士队伍建设年”活动，推进统战政策落实。2013年，建立与组织部门“六个共同”（共同制定规划、共同物色培养、共同培养教育、共同考察人选、共同讨论研究、共同督促检查）工作机制，市委统战部直接参与党外干部考察和选任，2名统战干部担任全市干部考察员。是年，党外副科级以上干部32人，24个政府工作部门中8个部门配备党外干部12人。至2013年底，全市党外知识分子9600多人。其中，120名当选为各级人大代表，169名担任各级政协委员。全市在职副处级党外干部5人，副科级以上党外干部27人。

宣传调研

1986年—2013年，中共安丘市委统战部围绕新形势下做好民族宗教、非公有制经济人士、党外人士和基层统战等工作，组织党外代表人士、统战干部开展调查研究43次；被中央统战部采用信息1条，山东省委统战部采用信息65条，潍坊市委统战部采用信息300多条；9篇调研文章、宣传稿件被《山东统一战线》《潍坊统一战线》《联合日报》等报刊采用，14篇文章获山东省委、潍坊市委统战部表彰奖励。1998年，市委统战部编发内部刊物《安丘统战信息》，及时宣传推广统战典型和工作经验。2013年，编辑出版《同心·统战知识图文读本》，全面解读统一战线，广泛宣传统战知识。《读本》出版后，中央统战部副部长陈喜庆回函批示：“安丘市委统战部编写的《同心·统战知识图文读本》，是基层统战部门学习贯彻党的十八大精神，加强自身建设的积极探索；是坚定贯彻‘同心’思想、顺利推进‘同心’实践的创新举措。”是年，《读本》

获山东省统战理论调研宣传“四新工程”特别奖。

第三节 对台事务

对台交往交流

1988年—2013年，安丘市接待探亲、旅游、从事经贸活动台胞6200人次，到安丘定居台胞累计40人，常住台胞20人，协助办理涉台突发事件5件，召开台胞台属座谈会48次；回乡探亲、旅游、参观、寻根谒祖台胞1000余人。1987年，台湾当局放宽台胞返乡和大陆人员入台限制。同年9月，台胞郭守智首先回乡探亲。此后，两岸人员交往频繁。1989年1月，安丘县成立安丘县台属联谊会，召开全县台属代表会。1993年—1997年，安丘市接待台胞1346人，因私赴台38人。1998年5月，安丘市召开第二届台胞台属联谊会，选举产生新一届台联会理事。2000年，市台办帮助阔别家乡60年的台胞郭淑清（女）找到家乡，实现她在有生之年回乡祭祖夙愿。2001年8月，潍坊安丘教育交流团一行11人赴台文教交流，实现安丘赴台交流零突破。2002年4月，安丘旅台同乡会代表100余名至安丘省亲参访。是年5月，曹仲植（台胞）基金会向市残联捐赠轮椅50辆。8月，山东省景芝酒业协会20人组团访台。2003年，市台办牵头举办“中国（安丘）出口产品展示会”，邀请100多名台商到安丘参观考察；市卫生协会交流团11人赴台交流。2004年，山东省景芝酒业协会11人赴台交流。2005年3月，市食品工业协会交流团9人赴台交流考察。2008年3月，市台办摸底统计安丘市赴台人员、台胞台属并录入微机，实行规范管理。是年4月，安丘市召开第三届台胞台属联谊会，选举产生新一届台联会理事。台胞马大勋到安丘设立“马桐川奖学金”，资助庵上镇庵上小学的困难学生。8月，组成“潍坊市海峡两岸经济文化发展促进会交流团”15人赴台参访和开展对台贸易活动。2009年8月，市内76岁退休老干部郎丰振致信中共中央台办，向遭受“莫拉克”台风灾害的台湾同胞表达关切之情，并无私捐献8月份的1000余元退休金给台湾灾区。中台办在给郎丰振的复函中说：“大陆和台湾同属一个中国，两岸同胞同根同族，骨肉相连。在此次台湾同胞遭受‘莫拉克’台风侵袭之际，先生感同身受，无私捐献，令人感佩！”2011年，市经贸考察团10人赴台交流考察。2013年1月，安丘市开展“台资企业走访季”活动，走访调研全市12家台资企业。9月，市鲁台会团组8人赴台考察交流。

涉台宣传教育

1988年—2013年，安丘市台办通过多种渠道向广大台胞台属宣传中共对台方针、政策，介绍祖国大陆改革开放、经济建设所取得的重大成就，赠送回乡探亲台胞《安丘今日春正浓》宣传片和《安丘投资指南》《安丘》宣传册等，宣传安丘投资环境、优惠政策，鼓励台胞为维护国家统一和加快安丘经济发展贡献力量。其间，市台办联合团市委、市教育局等单位开展以进校区、进社区、进园区为主要形式的涉台教育活动；会同市委组织部、市委党校和市人社局在举办的各类公务员培训班中增设涉台教育课程，并利用台胞台商座谈会等宣传中共方针政策；累计召开各类涉台教育报告会20场次，台胞台商座谈会30次。对因公、因私赴台人员进行行前教育500人次，教育赴台人员介绍安丘投资环境及优惠政策等。

对台经济工作

1988年—2013年，安丘市兴办台资台属企业40家，总投资7000万美元，实际利用台资1300万美元。组织参加一年一届的鲁台经贸洽谈会，做好对台招商引资工作，累计邀请参会台商1000余人次，洽谈项目400个，签约合同、协议项目100个。1992年，台湾鑫骅企业有限公司投资51万美元，与安丘县对外贸易公司合资成立县内第一家台资企业——潍坊安鑫食品加工有限公司。2005年，设立安丘市涉台突发事件处理工作协调小组。2008年3月，成立安丘市台商投诉协调工作委员会，加强台商投诉工作指导与协调。大成万达（天津）有限公司获山东省文明诚信百家台资企业称号。2012年，安丘市台办获山东省开展创建台商“零投诉地区”活动先进单位称号。至2013年，全市累计批准台资企业35家。

第八章　机关党建

第一节　机　构

1976年3月，中共安丘县委复立中共安丘县直属机关委员会，为正科级行政机构。1994年3月，中共安丘县直属机关委员会更名为中共安丘市直属机关委员会。1995年9月，中共安丘市委撤销市直属机关委员会，成立中共安丘市委市直机关工作委员会（简称市直机关党工委）。1996年8月，在市直机关党工委设立安丘市市直人民武装部。2001年，市直人武部并入市直机关党工委。2002年3月，市直机关党工委内设办公室、综合科。至2013年，机构无变动。

第二节　重要活动

1986年，县直机关党工委以中共十二届六中全会《决议》精神为指导，在县直机关开展端正党风、改进机关作风普法教育。1987年7月，召开安丘县直属机关第四次党代会，选举产生中共安丘县直属机关第四届委员会。1988年—1989年，在安丘师范学校开展党的基本路线教育试点工作并逐步在全县推广；制定党员年度目标责任制，在县直机关开展"党支部达标升级"活动。1992年，开展"迎接十四大、为党添光彩"活动，县直机关参加活动党员干部7.6万人次。1994年，市直机关党工委在市直机关中开展"学《邓选》、抓党建、创一流"学习竞赛活动，72个党（总）支部102名党员参加竞赛考试，评出前10名予以表彰。1995年—1997年，在市直机关中开展以整顿思想、作风、纪律、组织为重点的3次集中教育整顿活动和"发扬安丘精神、树立公仆形象、建设文明机关、争创一流工作"活动，机关面貌出现新变化；参与督查贯彻中共十四届六中全会精神和全市领导班子思想作风建设会议贯彻落实情况。1998年，组织100名预备党员和发展对象到青云山种植象征党员形象的"先锋林"；成功举办庆"五四"青年歌手大奖赛和庆"七一"文艺汇演。1999年，分2次组织市直机关党员干部1136名参观全市新中国成立50周年成就展览；组织市直机关90多个单位1350余名党员干部参加建安路、和平路两侧1170米路边沟开挖工程。2000年—2001年，在市直机关党组织中开展"三讲"教育和"三个代表"重要思想党建知识竞赛活动，发放征求意见表80份，召开座谈会4次，走访单位26个，征求意见建议21条。2002年，贯彻落实市委《关于在全市开展"解放思想，加快安丘发展"大讨论活动的实施意见》，参与活动的组织、调度、督查等各个环节工作。2003年5月，成立市直机关党员防治"非典"工作应急队，建立市直机关党员干部包户责任制度；开展"迎国庆、颂时代、谱新篇"主题诗歌散文征文活动，并在《安丘日报》开辟征文专栏。"七一"前夕，开展"奉献爱心、援助希望"主题捐助活动，为9处山区镇180名贫困学生捐款2.2万元。2004年，结合开展"三级联创"和保持共产党员先进性教育活动，在市直机关广泛开展以"转变机关作风、优化服务环境"为主题的"五强化五带头"活动，掀起争创"基层满意市直部门"热潮。2005年，指导市直机关各部门自觉强化主题实践，争做党员表率，推出优质服务品牌64个，展现党员风采，展现安丘形象。2006年—2007年，组织市直机关干部合唱队演唱《爱我安丘》《没有共产党就没有新中国》等歌曲并获优秀组织奖。2008年，扎实推进"党员党性定期分析"和"讲党性、重品行、作表率、促发展"活动。"5·12"汶川大地震发生后，市直机关3800多名党员积极捐款捐物赈灾，踊跃缴纳"特殊党费"60多万元。2009年，组织协调市直机关5000多名党员干部参加学习实践科学发展观活动；在市直机关广泛开展"五好党支部"创建活动，评选出"五好党组织"10个并进行表彰。2010年，扎实推进创先争优活动，

“一季一点评”市直55个正科级部门机关党组织和党组织书记。2011年，举办“青云郡杯”市直机关“唱响红歌迎建党、创先争优促发展”主题演唱会；命名表彰32个先进基层党组织和116名优秀共产党员。2012年6月—7月，举办市直机关“建设新安丘、先锋在行动”演讲比赛和“放歌安丘”广场活动市直机关专场文艺晚会，展示市直机关良好精神风貌。2013年，开展市直部门、单位党员干部作风建设活动，推进转方式、调结构，推动创新发展、转型发展和科学发展。在省直机关党建刊物上发表的《加强服务型机关党组织建设　不断提升机关党建服务中心工作水平》获山东省机关党建调研成果二等奖。2010年—2013年，在市直机关深入开展“机关优质服务品牌”创评活动，确定立项优质服务品牌236个，其中9个品牌受到潍坊市直机关党工委表彰。市直机关党工委2次被省委省直机关工委评为全省机关党建工作先进单位，4次被省委省直机关工委评为全省机关党建宣传工作先进单位，3次被潍坊市委机关工委评为潍坊市机关党建工作先进单位。

第三节　组织管理

1988年始，中共安丘县直属机关委员会党员发展工作实行发展程序、发展计划、申请入党人名单、发展对象、组织考察“五公开”，并组织党员、群众测评发展对象，严把新党员“入口”关。1990年，建立完善机关党建工作“七项制度”和“六簿一册”，基本实现党员管理规范化、党建工作制度化。1991年—1996年，市直机关党工委调整59个党（总）支部，增补成员132人，新建党支部11个。1992年12月，将3个党总支、29个党支部的934名党员调入其他党（工）委归口管理，接管3个党委撤销后17个党组织的317名党员。1993年—1994年，与市委组织部、市纪委组织开展民主评议机关活动；修订市直机关党建工作目标，分党建与经济、业务和精神文明建设为5方面，量化分解20条，并全面考核、评比各党（总）支部工作目标完成情况。1995年，市直机关各党（总）支部坚持把民主评议党员与年终工作考核和集中教育整顿结合起来，全面评议每个党员年度表现的情况，评出优秀党员605人。1997年，市直机关党工委除名1名丧失党员条件的党员，取消1名预备党员资格。1998年，培养入党积极分子360人，接转组织关系346人。2000年—2002年，实施机关党建工作由传统型向科技型、封闭型向开放型转变探索；制定党工委议事、集体领导和分工负责制、廉洁勤政、定期报告工作等11项制度。2005年，适用全市机构改革和党委设置需要，转出党总支2个、党支部5个、党小组56个。年底，市直机关党工委有党员3480人。2007年，新建党总支部2个、党支部5个，换届市直机关所属85个党组织，充实170多名年轻机关党务干部。2008年，细化、补充机关党建考核标准，制定出台《市直机关党建考核细则》，明确列出50多项必备材料。“七一”前，检查考核市直各部门落实党建的目标情况并开展党支部联评。2009年，指导所属党（总）支部新设、调整党小组30多个，使党小组建设走上制度化轨道。2010年，在市直机关党组织换届改选中，采取“公推直选”方式，选出市残联、市科技局等5个机关支部班子和党组织书记，开创潍坊市公推直选机关党组织书记先河，此做法在全省推广。2011年—2012年，严格落实《机关基层组织工作条例》，调整党支部班子15个，增补成员21人，改选党支部书记12人、副书记2人，新成立机关党支部1个。2013年，换届改选市直机关49个机关党委、党总支、党支部和29个事业单位党总支、党支部，基层党组织和党支部班子健全率均100%；组织开展对市直77个部门单位的机关党建工作目标管理责任制的检查考核。

1986年—2013年，市直机关工委发展新党员1789人，为2215名预备党员按期办理转正手续。

安丘市市直机关1986年—2013年党组织设置与党员发展情况一览表

表13—6

年份	党支部（个）	新发展党员（人）	按期转正（人）
1986	149	132	114
1987	149	97	131
1988	108	106	80
1989	106	72	96
1990	124	67	76
1991	136	67	93
1992	130	72	83
1993	127	82	85

续表 13-6

年份	党支部(个)	新发展党员(人)	按期转正(人)
1994	95	44	70
1995	94	74	74
1996	88	71	66
1997	90	76	97
1998	89	63	72
1999	91	65	76
2000	76	63	69
2001	76	46	96
2002	85	55	76
2003	83	48	72
2004	83	76	97
2005	83	54	75
2006	85	36	46
2007	85	62	58
2008	85	55	68
2009	85	46	132
2010	76	40	41
2011	76	41	65
2012	77	40	58
2013	78	39	49

第四节　教育培训

1987 年，县直机关党工委开展坚持四项基本原则、反对资产阶级自由化、普法、职业道德等专题教育和“新时期共产党员发挥先锋模范作用”的大讨论。1988 年，举办县直机关党支部书记党的基本路线教育培训班，培训业务骨干 105 人。1989 年，建立县直属机关业余党校，系统培训所属 106 名党组织书记和 418 名党支部委员。1990 年，举办县直机关党员干部学习马克思主义基础知识培训班，学员 320 人，学期 10 天。1992 年，组织县直机关各党（总）支部学习贯彻中央 2 号文件精神，层层开展“解放思想、转变职能”大讨论。举办脱产培训班 3 期，培训机关党员干部 400 多人次。1994 年，市直机关党工委在市直机关开展“建强县，过百亿，献计策，做贡献”活动，组织党员观看电教片 98 部 196 场次，举办各类培训班 16 期。1995 年，开展建设有中国特色社会主义理论和《中国共产党章程》学习活动。年内，组织 410 名副科级以上干部开展学习特色理论知识竞赛。1996 年“七一”期间，组织党员基础知识答卷和《我是一名共产党员》征文活动，收到答卷 1020 份，征文 527 篇；组织学习中共十四届六中全会精神知识竞赛，400 多名党员参加答卷。1998 年，开展“三做一创”（做高举伟大理论旗帜表率、做推进伟大事业先锋、做自觉实践全心全意为人民服务宗旨模范、创一流工作成绩）活动和解放思想教育活动，市直机关 89 个单位 3800 多人参加活动，写心得体会 5830 篇，召开座谈会、交流会 306 次，查摆问题 346 个，制定整改措施 413 条。2001 年，举办市直机关学习江泽民“七一”讲话党员骨干培训班，党（总）支部书记和部分党员 100 多名参加。是年 9 月，组织市直机关 600 多名党员干部参加潍坊市学习“三个代表”宣传报告团来安丘巡回报告。2002 年 11 月，举办市直机关学习中共十六大精神暨党支部书记培训班。2003 年，制定印发《市直机关工作人员日常行为规范（试行)》和《市直机关党建工作目标管理责任制检查考核细则》。2005 年—2006 年，编写《机关党建工作手册》《市直机关主题实践项目汇编》，为基层党组织开展工作提供学习和参考。2008 年 4 月，组织市直机关党员干部分批分期进行封闭式军训，组训 5 期 286 人参训。2009 年—2010 年，举办“党建知识百题”知识竞赛，编发《机关党建信息》9 期，落实“五个一”学习制度，加强对机关广大党员的教育培训。2011 年，组织庆祝中共建党 90 周年党史知识竞赛活动，市直机关党员答题 3700 多份。2012 年—2013 年，以创建学习型党组织为载体，健全完善党员学习日、“三会一课”以及党组织负责人带头上党课等各项制度，开展“支部讲坛”“机关学习月”“支部书记上党课”等活动，推进党员干部学习教育制度化、规范化。

第九章 信 访

第一节 机 构

1987年7月，县委撤销县委、县人民政府办公室两个信访科，成立县委、县人民政府信访办公室，为正科级行政机构。1994年3月，中共安丘县委、县人民政府信访办公室改称安丘市信访办公室。1997年1月，安丘市信访办公室改称中共安丘市委、市人民政府信访局（简称市信访局）。2002年1月，市委设立安丘市市长热线办公室，为股级事业单位，隶属市信访局。是年3月，市信访局内设办公室、接访科（挂人民群众来访接待室牌子）和查办科。2003年10月，市长热线办公室划归市政府管理。是年，市信访局查办科加挂安丘市信访事项复查复核办公室牌子。至2013年，机构未变。

第二节 来信来访

1985年前，安丘县群众信访内容多涉及干部作风、家庭成分、户口问题、劳监政策和房产、优抚、退职、死亡病因等。从1986年起，群众来信、来访主要反映干部作风、农村政策、计划生育、劳资政策、民事纠纷、优抚政策、户口等方面问题。至1998年，安丘市共受理群众来信、来访21843件（次）。1999年—2004年，群众来信、来访反映的问题主要集中在土地问题、干部作风、计划生育、劳资政策、村“两委”换届、涉法涉诉等方面。其间，全市共受理群众来信、来访 7386件（次）。2005年—2013年，共受理群众来信来访10897件（次），反映的问题主要集中在劳资政策、干部作风、城镇拆迁、土地问题、房屋问题、优抚政策、涉法涉诉、农村政策、民事纠纷、户口和计划生育等方面。1986年—2013年，全市共受理群众来信来访40126件（次），处结率98.7%。

第三节 排查处理

矛盾纠纷排查化解

1986年始，安丘县信访工作以排查化解矛盾纠纷为重点，注重从源头上预防和减少信访问题发生。1987年，县委、县政府实行信访工作“一岗双责”责任制。明确规定各部门、各单位信访工作由主要领导负总责，分管领导直接抓，其他领导班子成员既抓好分管工作，又抓好分管范围内信访工作。1988年始，每年的信访工作开始纳入量化考核指标，实行“一票否决”制。1990年，信访工作开始纳入社会治安综合治理范畴。1995年，中共安丘市委、市人民政府制定下发《关于加强矛盾纠纷排查化解的意见》，建立市、乡镇、村信访排查网络。坚持日常、定期、专项和重要敏感时期排查相结合，对排查掌握的矛盾纠纷，建立台账、动态管理，利用领导包案化解等方式及时妥善化解。1996年—1999年，市委、市政府制定出台《关于全面加强信访工作的意见》《关于进一步强化信访工作的意见》，深入部署信访与矛盾纠纷排查化解工作。2001年8月，潍坊市信访工作会议在安丘召开，参观安丘市市长公开电话现场。此后，全市信访与矛盾纠纷排查化解工作力度逐年加大。至2013年，全市共排查出各类不稳定因素19672起，化解18944起，化解率96.3%。

来信来访接待处理

1986年，中共安丘县委、县人民政府印发《关于改革县委、县政府领导定期接待群众来访制度的意见》，规定县委常委、副县长坚持定期接待群众来访制度，每月两次（农历每月初八、二十三）、每次两人定期接访。坚持谁接访谁负责到底原则，接访领导须根据来访人反映情况，提出查处意见。1987年，县委、县政府办公室印发《关于在全县开展信访“三无”单位活动的通知》，在全县开展“无越级上访、无重复信访、无信访积案”单位创建活动。

1988年，安丘县学习借鉴外地“加强领导，狠抓基层，就地解决信访问题”的经验，推广担山乡领导干部分片包干查处信访案件责任制和安丘镇分级负责处理信访问题的做法，力求把问题解决在基层和初发阶段。1989年，县委、县政府组织32个工作组分赴各乡镇督导信访工作，并推广贾戈乡“党员议事会、村民代表议事会”制度和安丘镇“运用经济手段促进信访工作”的经验。1990年，县委把“定期接待群众来访、认真处理信访问题”列入县委常委研究制定“密切联系群众、转变机关工作作风”的10项决定。8月，采取有关职能部门领导、乡镇主要领导包案等措施，限期化解不安定因素，做好第十一届亚运会安全保卫工作。1992年11月，县委、县政府办公室印发《关于严格信访问题查办程序和结案标准的通知》，信访工作开始纳入程序化、规范化、科学化管理。1993年，县委建立领导阅信接访责任制，规定凡给领导的署名信每信必阅，凡领导接访日领导都要到位。1994年，安丘市开展“两控两减”（控制集体上访、控制进京到省上访，减少越级信访、减少重复信访）工作，年内到省上访下降42%，到潍坊上访下降21%，无去省进京集体上访事项。1995年，全市开展春季信访纠纷案件集中调处活动，共排查各类纠纷案件35件。1997年，市委、市政府制定《关于建立领导干部驻村蹲点制度的意见》，市级领导班子成员和乡镇党委书记、乡镇长按照要求驻村蹲点，倾听群众呼声，解决实际问题，消除信访不稳定因素。1998年，制定《关于领导公开接待群众来访的实施意见》。规定，市级领导每月2次公开集中接访，并做到公开接访领导职务、接访案件范围、接访时间和地点、陪访人员和接访程序“五个公开”。同年，在全市开展以越级、集体上访，联名信、重复信和其他积压信访案件为主要内容的信访问题集中处理活动。1999年—2000年，制定规范信访案件办理标准，主抓信访案件督查，提高办案效率和质量，全市信访总量同比下降16.4%，到市以上集体上访同比下降51%。2001年，开通市长公开电话，规范市长公开电话接待、批办、转办、督办等环节，群众对处理结果满意率87.1%。2004年—2007年，重点抓好改制企业职工信访和因土地延包引发的农村群众上访事项；稳妥处理库区移民、乡镇撤并和城市建设引发的信访案件。2008年，市委、市政府制定《关于进一步加强信访工作的意见》，明确信访工作责任和集体、越级上访处理规定。7月，市委、市政府办公室印发《关于开展市委书记大接访活动的实施意见》。各镇街道根据《实施意见》开展领导干部大接访活动。2009年，市委、市政府制定《安丘市信访工作责任追究办法》，进一步完善信访工作责任制，明确责任追究的种类和范围，规范责任追究的程序。2010年，深入开展信访问题“大排查大调处”活动，共排查信访案件242件，结案率100%。2011年，开展信访积案化解活动，所有积案全部建立台账，实行动态管理和挂牌销号，信访积案化解率96%以上。2012年，制定《关于深化市级领导干部接访下访工作的意见》，明确规定：每月6日为市级领导公开接访日，每双月20日为市级领导与镇、街区党（工）委书记联合接访日，每月20日为市级领导干部下访日，直接面对群众，解决突出问题。至2013年，市级领导共接待群众来访890起，处结率98.7%；镇街区领导共接待群众来访561起，处结率99.3%。是年，在解决非正常上访人员实际问题的同时，严厉打击上访中的违法行为，先后训诫非访人员171人次，行政拘留26人次。同年，在全市推广信访听证制度。1986年—2013年，全市共立案督办重点信访事项1030起，按期处结率100%。

第四节　宣传教育

1986年—2013年，安丘市信访宣传教育坚持以源头预防、减少不和谐因素增加和谐因素、普及法律知识为重点，引导群众以理性合法的方式表达利益诉求，从源头上预防和减少信访问题发生。28年间，逐步建立健全信访干部培训制度，举办信访干部培训班143期，培训信访干部18630多人次。每年在市、镇街区驻地街头设立宣传点发放宣传册（单），利用广播、电视、报纸等新闻媒体报道宣传信访工作，组建宣传队深入基层宣讲信访法规。1992年—1996年，安丘市通过举办培训班（讲座）、印发宣传单和利用新闻媒体报道等多种形式和渠道，深入宣传和贯彻落实1992年《山东省信访处理暂行规定》、1993年《山东省人民群众上访程序》和1995年国务院《信访条例》精神。2001年—2003年，向全市群众印发《信访法规摘录》20万份，向各级信访干部印发《信访工作法规汇编》5000份。2005年—2006年，采取印发宣传单等方式，在街头、公开接访点等公共场所，广泛宣传国务院修改后的《信访条例》。2007年—2008年，开展库区移民政策宣传、撤并乡镇群众信访宣传教育和迎奥运信访宣传教育活动。2010年—2011年，结合全市开展矛盾纠纷排查化解活动，教育引导全市信访干部依法按政策、就地及时解决群众合理合法信访事项，教育引导群众理性合法上访。2012年始，利用市级领导与镇街区党（工）委书记联合接访日和市级领导干部下访日，在接访镇街区驻地开展信访宣传教育活动。至2013年，发放宣传册1.2万多册，宣传群众2万多人次。在市人民来访接待室制作、张贴信访知识版面，向信访群众发放信访知识宣传册、宣传单等2.2万多份。

第十章 党史研究

第一节 机 构

1984年8月，中共安丘县委党史办公室成立。1985年8月，县委党史办公室改称县委党史资料征集研究委员会。1993年12月，县委撤销县委党史资料征集研究委员会，业务并入县档案局。1997年1月，复立中共安丘市委党史办公室。2001年12月，市委党史办公室改称市委党史研究室，隶属市委办公室。至2013年，机构无变动。

第二节 党史资料编研

1984年—2013年，中共安丘市委党史研究室编辑出版党史资料11本，373余万字。为中央、山东省、潍坊市党史研究部门出版的党史书籍、资料等供稿10余万字。在《潍坊日报》等报刊发表文章46篇。

1984年—1994年，市委党史办公室编辑出版《安丘党史资料》4期，40余万字。1989年8月，县委党史资料征集委员会编辑出版《中共安丘县组织史资料》，计58万字，记载1925年—1987年安丘县党政机关、地方武装、群众（社会）团体和具有行政职能的副科级以上行政机关、事业单位沿革情况以及副科级以上干部任职情况。1990年，《资料》获潍坊市社会科学优秀成果奖三等奖和山东省优秀党史成果一等奖。1991年6月—8月，县委党史资料征集委员会举办“中共安丘党史展览（1925—1949）”。展览以图片和画面形式展示中共安丘党组织在民主革命时期的基本活动，再现民主革命时期党领导安丘人民进行革命斗争的历史画卷。展览设计版面40个，总长50米，总面积870平方米；画面94个，照片53幅；讲解词1.5万字，版面词5000字。县级领导班子成员及县直机关干部职工、乡镇（村）干部、青少年学生等计9200人参观展览，讲解192场，收到观众留言46篇。1997年12月，市委党史办公室编辑出版《中共安丘历史简编》，计20余万字，记述安丘党组织从诞生到新中国成立各个时期的革命斗争历史，反映安丘各级中共党组织由小到大、由弱到强，百折不挠的曲折历程，以及在革命斗争中率领人民群众创造的光辉业绩。1999年，《简编》获山东省党史系统优秀成果二等奖。1999年3月，完成《中共安丘市组织史资料》续编（1987—1997），参与《中共潍坊市组织史资料》合订出版。2001年6月，完成《中共安丘市党史人物传略》，计12万字，收录不同历史时期安丘众多革命先烈和革命前辈的英雄事迹。2003年12月，市委党史研究室完成《中共安丘历史大事记》（1925—2001），计50余万字。《大事记》采取编年体与纪事本末相结合体例和标题式分条目记述方式，客观真实地记述中共安丘党组织领导广大党员和群众进行民主革命、社会主义革命和建设的重大活动及重要事件。2010年4月—2012年12月，市委党史研究室编辑出版《中共安丘历史资料》

2期，计220万字。该书获潍坊市第二十次社会科学优秀成果优秀奖。

第三节　调研与普查

2006年10月—12月，中共安丘市委党史研究室完成抗日战争时期中国人口伤亡和财产损失课题调研工作。其间，查阅档案资料2027卷，有关书籍112本，复印资料1852页，100余万字；调查走访1388个村，70岁以上老人6.4万人。查明抗日战争时期境内伤亡人员4604人。其中，直接伤亡2700人，间接伤亡1904人。在直接伤亡人口中，死亡2292人，其中男性2003人、女性169人、不明的13人、儿童107人；伤389人，其中男性304人、女性60人、不明的2人、儿童23人；失踪19人。

抗日战争期间，安丘县被日军抓到外地的劳工2677人，其中伤亡1725人，占劳工总数的64.4%，占抗日战争时期人口伤亡总数的37.5%。在外地劳工伤亡总数中，死亡1249人，占72.4%；伤474人，占27.5%。被抓往日本的323人，抓往东北的2354人。在境内被日军抓劳工的19315人，伤亡154人。其中，死亡58人，伤96人；居民财产损失情况分别是：土地20451亩，房屋15727间，树木76370棵，牲畜10676头，家禽13.42万只，粮食133.45万公斤，服饰14930件，生产工具18635件。

2010年9月—12月，市委党史研究室完成安丘市革命遗址普查工作。通过走访搜集资料，现场拍摄等工作，完成18个遗址的登记报表，完成照片资料50余幅，形成文字材料2万余字。完成遗址目录。

第十一章　党校教育

第一节　机　构

1986年，中共安丘县委党校为正科级事业单位，内设办公室、教务科和总务科。1992年，增设教研科、学管科和函授大学工作站。8月，县委党校列为中等专业学校体制，升格为副县级，内部6个科室均升为副科级规格。1994年3月，中共安丘县委党校更名为中共安丘市委党校。12月，市委党校挂安丘市行政干部学校牌子，实行两块牌子一套机构。至2013年，机构无变动。

第二节　干部培训

中共安丘市委党校坚持以加强党的执政能力建设、提高党的领导水平和执政水平为重点，充分发挥主阵地作用，多层次、多渠道、多方位、有规划、有步骤地培训全市党员干部。1991年—1993年，中共安丘县委党校注重加强政治理论与机关业务培训，举办理论骨干进修班10期，培训领导干部556人；举办短期理论、业务轮训班22期，培训干部1828人；与县财政、计生、统计局等单位联合举办相关业务培训班，培训学员2354人。1994年，中共安丘市委党校围绕加强思想和基层组织建设，举办全市副科级以上领导干部学习班4期、农村党支部书记学习班4期、市直（乡镇）理论骨干培训班1期、市直企业优秀中青年干部学习班1期、市直（乡镇）妇女干部学习班1期、执法人员学习班2期，培训1816人；与市直有关部门联合办班11期，培训专业技术人员1846人。1995年—1996年，举办全市农村党支部书记培训班、安丘市“双学”（学习建设有中国特色社会主义理论、学习党章）理论骨干培训班、妇女中青年干部培训班、江泽民“七一”讲话培训班等主体班次，培训党员干部3062人；与市民政局、地税局、司法局等单位联合举办培训班3期，培训570人。1997年—1999年，以中共十五大和十五届三中、四中全会精神等为主要内容，先后举办农村新任党支部书记、中青年干部、科级干部、妇女干部培训班和农村后备干部中专班等培训班次，培训2174人；举办各级工会主席和计生干部培训班各1期，培训干部350人。2000年，结合农村基层组织建设，举办各镇街道党（工）委组织委员培训班1期，重点学习基层党组织建设、党规党纪等内容；集中培训全市193名新任农村党支部书记，重点学习村级党组织建设、党风党纪、农村经济管理、土地延包、农村常用法律法规、农业经济国际化战略、党的民族宗教政策、农业税收和信访等知识。2001年，围绕贯彻落实江泽民“七一”讲话精神和适应我国即将加入WTO新形势任务需要，举办农村党支部书记轮训班5期，培训1440人；与市地税局、畜牧局、建设局等单位联合举办业务培训班8期,培训干部1500人。2002年—2006年，以贯彻落实中共十六大精神和中央“大规模培训干部，大幅度提高干部素质”方针为主要内容，举办中青年干部、中青年女干部、科级干部理论骨干、新任科级干部、农村党员干部远程教育骨干、农村新任党支部书记和组织人事干部培训班等主体班次，培训干部3746人;与市教育局、国土局、安监局、卫生局、畜牧局和农经局等单位联合举办培训班6期，培训干部2140人。2007年—2011年，围绕保持共产党员的先进性和落实中共十七大精神,举办各类主体班次培训班26个。其中,2007年，举办科级干部轮训班、新任科级干部培训班、农村工作专题研讨班、学习贯彻中共十七大精神科级干部进修班，轮训干部1700多人次；举办城镇规划干部、卫生系统干部和企业财会人员培训班3期，培训980多人。2008年，以学习贯彻中共十七届三中全会为主题，举办科级干部进修班、新任科级干部培训班、机关工作专题研讨班和市直部门第一副职、妇女干部培训班等主体班次，培训干部890多人次。2009年，举办中共十七届三中、四中全会精神理论骨干、农村党组织书记、妇女干部、经济强村党组织书记（到江阴党校培训）培训班和大学生村官自身建设研讨班，培训干部2300余人；与兴安街道、大汶河旅游开发区、辉渠镇分别举办“两新”（新型经济组织、新型社会组织）组织学习实践活动骨干、基层组织学习实践科学发展观活动理论骨干和农村基层组织建设骨干培训班，培训干部700多人。2010年，举办市直部门新任科级干部、全市党务工作者、农村社区工作者、共青团干部、大学生村官5个主体班次，配合计生、统计、畜牧、国税、职业中专等部门（单位）举办业务培训班6期，培训2500余人。2011年，举办新任科级干部、中青年干部、工会干部、库区移民村干部、新考录事业单位人员等主体培训班次6个，培训干部730多人；先后配合市统计局、盛源热电公司等单位举办业务培训班6期，培训550余人。2012年，举办全市新任农村党组织书记和村主任、专业招商人员、科级干部、新任科级干部、医疗卫生系统新考录人员等5个主体培训班次，培训1840余人；联合有关市直部门、新北海科技公司等单位举办业务培训班，培训700余人。2013年，举办全市科级干部进修班，培训160余人；先后联合市总工会、团市委等单位举办培训班，培训240余人。

第三节 社会宣教

1986年—1990年，中共安丘县委党校根据各个时期党的政治任务和全市中心工作，注重加强对人民群众党的路线、方针、政策和形势任务宣传教育，全面提升其政治理论水平。1991年，县委党校以“讲小康、干小康、奔小康”为主要内容，抽调教师参与县委社教队伍分赴各村宣传党在农村的各项方针政策。1997年，中共安丘市委党校围绕贯彻中共十五大精神，抽调骨干教师组成中共十五大精神宣讲团，深入到市直部门、乡镇和企业进行中共理论宣传。2000年，配合全市农村基层班子建设派出7名理论骨干参加市委组织的讲师团，到各镇街道巡回宣讲；配合全市开展的干部群众集中教育整顿活动,抽调10名教学理论骨干,深入10处镇街道,宣传教育广大农民群众。2001年，抽调骨干人员组成宣讲团，深入各镇街道和市直有关部门进行“三个代表”重要思想学习教育活动宣讲；配合中央提出的《公民道德建设纲要》宣传活动，抽调骨干教师到企业宣讲。2003年，抽调骨干教师到市直有关部门和单位，开展中共十六大精神和“三个代表”重要思想宣传辅导。2009年,安排8名教师参加第一、二批学习实践科学发展观活动宣讲120场次。2012年，结合村级班子换届，围绕如何当好村干部，组织教师到各镇街区、村宣讲21场，受教育党员群众3600人。2013年，组织骨干教师到各镇街区和市直部门、单位宣讲中共十八大和十八届三中全会精神 60 余场，受教育党员干部群众 8500 余人。

第四节　学历教育

1988 年—1989 年，中共中央党校函授学院在中共安丘县委党校开设大专班，招收学员 386 人。1993 年，开设中央党校函授学院本科班，招收本专科学员 683 人。1994 年，山东省委党校在中共安丘市委党校开设干部业余本专科班，至 1999 年招收本专科班学员 2389 人。1994 年，市委党校招收省委党校农干大专班学员 303 人；1995 年，招收农村后备干部中专班学员 50 人。2000 年—2008 年，市委党校函授班设经济管理、法律 2 个专业，招收函授本专科班学员 1396 人。2013 年，开设山东师范大学业余本、专科学历班，首批招生 15 人；与青岛农业大学联合建立在职硕士研究生安丘培养基地，招生 8 人。

第五节　理论研究

1993 年，中共安丘县委党校 10 名教师的 35 篇论文在国内各级报刊上发表，其中 3 篇论文在北戴河举行的纪念毛泽东诞辰一百周年理论研讨会上获全国优秀论文奖。1997 年—1999 年，市委党校在地市级以上报刊杂志发表论文 97 篇。其中，国家级 15 篇，参与出版论文集 9 部，2 篇获优秀论文奖，为市委决策提供调查报告、专题研讨 8 篇。2000 年—2013 年，在市级以上报刊发表文章 177 篇。其中，省级 83 篇，国家级 63 篇，出版理论书籍 1 部。2010 年，配合组织部门改进完善案例培训教学方法，得到中央组织部领导和专家充分肯定。安丘市被省委组织部列为全省案例研讨式教学培训基地。中共中央组织部全国组织干部学院于 12 月中旬在安丘召开全国基层干部教育培训方式方法改革观摩研讨会。全国基层干部教育培训方式方法改革课题组以安丘市基层干部案例培训为例，在观摩研讨会上印发《基层干部教育培训方式方法改革研究》和《基层干部案例培训研究》教材。

第 十 四 编

地方权力机构

第一章　安丘市人民代表大会

第一节　代表选举

安丘县第十一届人民代表大会代表选举

1986年11月，安丘县第十届人民代表大会常务委员会召开会议，批准成立换届选举委员会。在法定选举日1987年3月9日，采取无记名投票的方式选出383名代表，经审查全部符合代表资格。其中，中共党员代表204人，占总数的53.3%；非党代表179人，占总数的46.7%；妇女代表86人，占总数的22.5%；工农代表246人，占总数的64.2%；知识分子代表36人，占总数的9.4%；干部代表91人，占总数的23.8%。

安丘县第十二届人民代表大会代表选举

1989年11月，安丘县第十一届人民代表大会常务委员会召开会议，批准成立换届选举委员会。在法定选举日1990年1月6日，采取无记名投票的方式选出391名代表，经审查全部符合代表资格。其中，中共党员代表229人，占总数的58.6%；非党代表162人，占总数的41.4%；妇女代表89人，占总数的22.8%；工农代表258人，占总数的66%；知识分子代表50人，占总数的12.8%；干部代表83人，占总数的21.2%。

安丘县第十三届人民代表大会代表选举

1992年10月，安丘县第十二届人民代表大会常务委员会召开会议，批准成立换届选举委员会。在法定选举日1992年12月24日，采取无记名投票的方式选出390名代表，经审查全部符合代表资格。其中，中共党员代表246人，占总数的63.1%；非党代表144人，占总数的36.9%；妇女代表89人，占总数的22.8%；工农代表245人，占总数的62.8%；知识分子代表55人，占总数的14.1%；干部代表86人，占总数的21.1%；少数民族（朝鲜族）代表1人。

安丘市第十四届人民代表大会代表选举

1997年11月，安丘市第十三届人民代表大会常务委员会召开会议，批准成立换届选举委员会。在法定选举日1997年12月26日，采取无记名投票的方式选出335名代表，经审查全部符合代表资格。其中，中共党员代表223人，占总数的63.1%；非党代表112人，占总数的36.9%；妇女代表82人，占总数的22.8%。

安丘市第十五届人民代表大会代表选举

2002年11月，安丘市第十四届人民代表大会常务委员会召开会议，批准成立换届选举委员会。在法定选举日2002年12月30日，采取无记名投票的方式选出336名代表，经审查全部符合代表资格。其中，中共党员代表231人，占总数的68.8%；非党代表105人，占总数的31.2%；妇女代表85人，占总数的25.3%；工农代表197人，占总数的58.6%；知识分子代表50人，占总数的14.9%；干部代表87人，占总数的25.9%；解放军代表2人，占总数的0.6%。

安丘市第十六届人民代表大会代表选举

2007年9月，安丘市第十五届人民代表大会常务委员会召开会议，批准成立换届选举委员会。在法定选举日2007年11月23日，采取无记名投票的方式选出301名代表，经审查全部符合代表资格。其中，中共党员代表197人，占总数的65%；非党代表104人，占总数的35%；妇女代表72人，占总数的24%；工农代表174人，占总数的57.8%；知识分子代表45人，占总数的15%；干部代表82人，占总数的27.2%。

安丘市第十七届人民代表大会代表选举

2011年10月，安丘市第十六届人民代表大会常务委员会召开会议，批准成立换届选举委员会。在法定选举日2011年12月16日，采取无记名投票的方式选出301名代表，经审查全部符合代表资格。其中，中共党员代表191人，占总数的63.5%；非党代表110人，占总数的36.5%；妇女代表80人，占总数的26.6%；工农代表181人，占总数的60.1%；知识分子代表47人，占总数的15.6%；干部代表80人，占总数的26.6%。

第二节 历次大会

安丘县第十届人民代表大会

（第一次会议、第二次会议前志已述）

第三次会议 1986年5月16日—19日，安丘县召开第十届人民代表大会第三次会议，与会代表441人。会议听取审议安丘县国民经济和社会发展第七个五年计划草案的报告、安丘县1986年国民经济和社会发展计划草案的报告、安丘县1985年财政决算和1986年财政预算草案的报告、安丘县人民代表大会常务委员会工作报告、安丘县人民法院工作报告、安丘县人民检察院工作报告。审查和批准安丘县1986年国民经济和社会发展计划、安丘县1985年财政决算和1986年财政预算。

安丘县第十一届人民代表大会

第一次会议 1987年4月15日—19日，安丘县召开第十一届人民代表大会第一次会议，与会代表384人，列席51人。会议听取审议安丘县人民政府工作报告、安丘县1987年国民经济和社会发展计划草案的报告、安丘县1986年财政决算和1987年财政预算草案的报告、安丘县人民代表大会常务委员会工作报告、安丘县人民法院工作报告、安丘县人民检察院工作报告。审查和批准安丘县1987年国民经济和社会发展计划、安丘县1986年财政决算和1987年财政预算。选举赵星增为安丘县人民代表大会常务委员会主任，马鎏、张淇、张洪仁、李汝镇、王永海为副主任，刘德仕为安丘县人民政府县长，葛吉平、李守民、谢迎春、韩世聪为副县长，郑升才为安丘县人民法院院长，王建增为安丘县人民检察院检察长。

第二次会议 1987年12月23日—26日，安丘县召开十一届人大二次会议，与会代表384人。补选贾玉良为安丘县人民政府副县长。

第三次会议 1988年4月11日—14日，安丘县召开十一届人大三次会议，与会代表382人。会议听取审议安丘县人民政府工作报告、安丘县1988年国民经济和社会发展计划草案的报告、安丘县1987年财政决算和1988年财政预算草案的报告、安丘县人民代表大会常务委员会工作报告、安丘县人民法院工作报告、安丘县人民检察院工作报告。审查和批准安丘县1988年国民经济和社会发展计划、安丘县1987年财政决算和1988年财政预算。

第四次会议 1989年4月13日—16日，安丘县召开十一届人大四次会议，与会代表382人。会议听取审议安丘县人民政府工作报告、安丘县1989年国民经济和社会发展计划草案的报告、安丘县1988年财政决算和1989年财政预算草案的报告、安丘县人民代表大会常务委员会工作报告、安丘县人民法院工作报告、安丘县人民检察院工作报告。审查和批准安丘县1989年国民经济和社会发展计划、安丘县1988年财政决算和1989年财政预算。补选都振法为安丘县人民代表大会常务委员会副主任，补选3名安丘县人民代表大会常务委员会委员。

安丘县第十二届人民代表大会

第一次会议 1990年3月7日—11日，安丘县召开十二届人大一次会议，与会代表391人，列席78人。会议听取审议安丘县人民政府工作报告、安丘县1990年国民经济和社会发展计划草案的报告、安丘县1989年财政决算和1990年财政预算草案的报告、安丘县人民代表大会常务委员会工作报告、安丘县人民法院工作报告、安丘县人民检察院工作报告。审查和批准安丘县1990年国民经济和社会发展计划、安丘县1989年财政决算和1990年财政预算。选举赵星增为安丘县人民代表大会常务委员会主任，张淇、都振法、王永海、云兴邦、李春堂为副主任，选举安丘县人民代表大会常务委员会委员13人，李宗步为安丘县人民政府县长，刘建秋、谢迎春、韩世聪、贾玉良、王克治为副县长，郑升才为安丘县人民法院院长，王建增为安丘县人民检察院检察长。

第二次会议 1991年3月16日—19日，安丘县召开十二届人大二次会议，与会代表395人，列席131人。会议听取审议安丘县人民政府工作报告、安丘县1991年国民经济和社会发展计划草案的报告、安丘县1990年财政决算和1991年财政预算草案的报告、安丘县人民代表大会常务委员会工作报告、安丘县人民法院工作报告、安丘县人民检察院工作报告。审查和批准安丘县1991年国民经济和社会发展计划、安丘县1990年财政决算和1991年财政预算。补选朱荣为安丘县人民代表大会常务委员会副主任，补选1名安丘县人民代表大会常务委员会委员。

第三次会议　1992年4月12日—14日，安丘县召开十二届人大三次会议，与会代表395人，列席130人。会议听取审议安丘县人民政府工作报告、安丘县1992年国民经济和社会发展计划草案的报告、安丘县1991年财政决算和1992年财政预算草案的报告、安丘县人民代表大会常务委员会工作报告、安丘县人民法院工作报告、安丘县人民检察院工作报告。审查和批准安丘县1992年国民经济和社会发展计划、安丘县1991年财政决算和1992年财政预算。补选高福泽为安丘县人民代表大会常务委员会副主任。

安丘县第十三届人民代表大会

第一次会议　1993年2月23日—27日，安丘县召开十三届人大一次会议，与会代表391人，列席110人。会议听取审议安丘县人民政府工作报告、安丘县1992年国民经济和社会发展计划执行情况与1993年国民经济和社会发展计划草案的报告、安丘县1992年财政决算和1993年财政预算草案的报告、安丘县人民代表大会常务委员会工作报告、安丘县人民法院工作报告、安丘县人民检察院工作报告。审查和批准安丘县1993年国民经济和社会发展计划、安丘县1992年财政决算和1993年财政预算。选举刘德仕为安丘县人民代表大会常务委员会主任，朱荣、都振法、王永海、云兴邦、高福泽、张景武为副主任，安丘县人民代表大会常务委员会委员12人，李守民为安丘县人民政府县长，贾玉良、谢迎春、韩世聪、王克治、聂振萍、李春玲为副县长，郑升才为安丘县人民法院院长，李文国为安丘县人民检察院检察长。

第二次会议　1994年3月20日—23日，安丘市召开十三届人大二次会议，与会代表395人，列席72人。会议听取审议安丘市人民政府工作报告、安丘市1993年国民经济和社会发展计划执行情况与1994年国民经济和社会发展计划草案的报告、安丘市1993年财政决算和1994年财政预算草案的报告、安丘市人民代表大会常务委员会工作报告、安丘市人民法院工作报告、安丘市人民检察院工作报告。审查和批准安丘市1994年国民经济和社会发展计划、安丘市1993年财政决算和1994年财政预算。补选李守民为安丘市人民代表大会常务委员会主任，1名安丘市人民代表大会常务委员会委员，邢培斌为安丘市人民政府市长。

第三次会议　1995年3月26日—28日，安丘市召开十三届人大三次会议，与会代表399人，列席87人。会议听取审议安丘市人民政府工作报告、安丘市1994年国民经济和社会发展计划执行情况与1995年国民经济和社会发展计划草案的报告、安丘市1994年财政决算和1995年财政预算草案的报告、安丘市人民代表大会常务委员会工作报告、安丘市人民法院工作报告、安丘市人民检察院工作报告。审查和批准安丘市1995年国民经济和社会发展计划、安丘市1994年财政决算和1995年财政预算。

第四次会议　1996年3月11日—14日，安丘市召开十三届人大四次会议，与会代表397人，列席133人。会议听取审议安丘市人民政府工作报告、安丘市1995年国民经济和社会发展计划执行情况与1996年国民经济和社会发展计划草案的报告、安丘市1995年财政决算和1996年财政预算草案的报告、安丘市人民代表大会常务委员会工作报告、安丘市人民法院工作报告、安丘市人民检察院工作报告。审查和批准安丘市1996年国民经济和社会发展计划、安丘市1995年财政决算和1996年财政预算。补选谢迎春为安丘市人民代表大会常务委员会主任，李全忠为副主任，3名安丘市人民代表大会常务委员会委员，葛清田为安丘市人民政府副市长，李合昌为安丘市人民法院院长。

第五次会议　1997年3月6日—8日，安丘市召开十三届人大五次会议，与会代表399人，列席148人。会议听取审议安丘市人民政府工作报告、安丘市1996年国民经济和社会发展计划执行情况与1997年国民经济和社会发展计划草案的报告、安丘市1996年财政决算和1997年财政预算草案的报告、安丘市人民代表大会常务委员会工作报告、安丘市人民法院工作报告、安丘市人民检察院工作报告。审查和批准安丘市1997年国民经济和社会发展计划、安丘市1996年财政决算和1997年财政预算。

安丘市第十四届人民代表大会

第一次会议　1998年1月15日—19日，安丘市召开十四届人大一次会议，与会代表335人，列席138人。会议听取审议安丘市人民政府工作报告、安丘市1997年国民经济和社会发展计划执行情况与1998年国民经济和社会发展计划草案的报告、安丘市1997年财政决算和1998年财政预算草案的报告、安丘市人民代表大会常务委员会工作报告、安丘市人民法院工作报告、安丘市人民检察院工作报告。审查和批准安丘市1998年国民经济和社会发展计划、安丘市1997年财政决算和1998年财政预算。选举谢迎春为安丘市人民代表大会常务委员会主任，张贵善、韩世聪、王克治、刘全一、李永升、周元升、马淑芬为副主任，安丘市人民代表大会常务委员会委员13人，曹学芹为安丘市人民政府市长，王海、葛清田、杨锡广、刘泽才、刘锦山、王贤臣为副市长，李合昌为安丘市人民法院院长，李汝才为安丘市人民检察院检察长。

第二次会议 1999年1月26日—28日，安丘市召开十四届人大二次会议，与会代表332人，列席164人。会议听取审议安丘市人民政府工作报告、安丘市1998年国民经济和社会发展计划执行情况与1999年国民经济和社会发展计划草案的报告、安丘市1998年财政决算和1999年财政预算草案的报告、安丘市人民代表大会常务委员会工作报告、安丘市人民法院工作报告、安丘市人民检察院工作报告。审查和批准安丘市1999年国民经济和社会发展计划、安丘市1998年财政决算和1999年财政预算。

第三次会议 2000年3月1日—3日，安丘市召开十四届人大三次会议，与会代表333人，列席161人。会议听取审议安丘市人民政府工作报告、安丘市1999年国民经济和社会发展计划执行情况与2000年国民经济和社会发展计划草案的报告、安丘市1999年财政决算和2000年财政预算草案的报告、安丘市人民代表大会常务委员会工作报告、安丘市人民法院工作报告、安丘市人民检察院工作报告。审查和批准安丘市2000年国民经济和社会发展计划、安丘市1999年财政决算和2000年财政预算。补选5名安丘市人民代表大会常务委员会委员。

第四次会议 2001年3月3日—5日，安丘市召开十四届人大四次会议，与会代表337人，列席167人。会议听取审议安丘市人民政府工作报告、安丘市2000年国民经济和社会发展计划执行情况与2001年国民经济和社会发展计划草案的报告、安丘市2000年财政决算和2001年财政预算草案的报告、安丘市人民代表大会常务委员会工作报告、安丘市人民法院工作报告、安丘市人民检察院工作报告。审查和批准安丘市2001年国民经济和社会发展计划、安丘市2000年财政决算和2001年财政预算。补选葛清田、辛星华为安丘市人民代表大会常务委员会副主任，1名安丘市人民代表大会常务委员会委员，陈白峰为安丘市人民政府市长，王继怀、吉树春为副市长，王蓬莱为安丘市人民法院院长，马言圣为安丘市人民检察院检察长。

第五次会议 2002年3月13日—15日，安丘市召开十四届人大五次会议，与会代表331人，列席184人。会议听取审议安丘市人民政府工作报告、安丘市2001年国民经济和社会发展计划执行情况与2002年国民经济和社会发展计划草案的报告、安丘市2001年财政决算和2002年财政预算草案的报告、安丘市人民代表大会常务委员会工作报告、安丘市人民法院工作报告、安丘市人民检察院工作报告。审查和批准安丘市2002年国民经济和社会发展计划、安丘市2001年财政决算和2002年财政预算。

安丘市第十五届人民代表大会

第一次会议 2003年1月21日—24日，安丘市召开十五届人大一次会议，与会代表336人，列席164人。会议听取审议安丘市人民政府工作报告、安丘市2002年国民经济和社会发展计划执行情况与2003年国民经济和社会发展计划草案的报告、安丘市2002年财政决算和2003年财政预算草案的报告、安丘市人民代表大会常务委员会工作报告、安丘市人民法院工作报告、安丘市人民检察院工作报告。审查和批准安丘市2003年国民经济和社会发展计划、安丘市2002年财政决算和2003年财政预算。选举谢迎春为安丘市人民代表大会常务委员会主任，张贵善、葛清田、韩世聪、王克治、辛星华、李合昌、马淑芬、王洪书为副主任，安丘市人民代表大会常务委员会委员18人，王继怀为安丘市人民政府市长，杨东民、刘锦山、王贤臣、徐明军、吉树春、吴桂珍为副市长，王蓬莱为安丘市人民法院院长，马言圣为安丘市人民检察院检察长。

第二次会议 2004年1月4日—6日，安丘市召开十五届人大二次会议，与会代表323人，列席

174人。会议听取审议安丘市人民政府工作报告、安丘市2003年国民经济和社会发展计划执行情况与2004年国民经济和社会发展计划草案的报告、安丘市2003年财政决算和2004年财政预算草案的报告、安丘市人民代表大会常务委员会工作报告、安丘市人民法院工作报告、安丘市人民检察院工作报告。审查和批准安丘市2004年国民经济和社会发展计划、安丘市2003年财政决算和2004年财政预算。

第三次会议　2005年1月25日—27日，安丘市召开十五届人大三次会议，与会代表326人，列席184人。会议听取审议安丘市人民政府工作报告、安丘市2004年国民经济和社会发展计划执行情况与2005年国民经济和社会发展计划草案的报告、安丘市2004年财政决算和2005年财政预算草案的报告、安丘市人民代表大会常务委员会工作报告、安丘市人民法院工作报告、安丘市人民检察院工作报告。审查和批准安丘市2005年国民经济和社会发展计划、安丘市2004年财政决算和2005年财政预算。补选3名安丘市人民代表大会常务委员会委员。

第四次会议　2006年4月15日—17日，安丘市召开十五届人大四次会议，与会代表328人，列席184人。会议听取审议安丘市人民政府工作报告、安丘市2005年国民经济和社会发展计划执行情况与2006年国民经济和社会发展计划草案的报告、安丘市2005年财政决算和2006年财政预算草案的报告、安丘市人民代表大会常务委员会工作报告、安丘市人民法院工作报告、安丘市人民检察院工作报告。审查和批准安丘市2006年国民经济和社会发展计划、安丘市2005年财政决算和2006年财政预算。补选王继怀为安丘市人民代表大会常务委员会主任，王乃平为第一副主任，刘泽才、周建平、任健、王素芳为副主任。

第五次会议　2007年1月24日—26日，安丘市召开十五届人大五次会议，与会代表326人。会议听取审议安丘市人民政府工作报告、安丘市2006年国民经济和社会发展计划执行情况与2007年国民经济和社会发展计划草案的报告、安丘市2006年财政决算和2007年财政预算草案的报告、安丘市人民代表大会常务委员会工作报告、安丘市人民法院工作报告、安丘市人民检察院工作报告。审查和批准安丘市2007年国民经济和社会发展计划、安丘市2006年财政决算和2007年财政预算。补选张韶华为安丘市人民政府市长，王彬为安丘市人民法院院长，周金明为安丘市人民检察院检察长，1名安丘市人民代表大会常务委员会委员。

安丘市第十六届人民代表大会

第一次会议　2007年12月12日—15日，安丘市召开十六届人大一次会议，与会代表301人，列席129人。会议听取审议安丘市人民政府工作报告、安丘市2007年国民经济和社会发展计划执行情况与2008年国民经济和社会发展计划草案的报告、安丘市2007年财政决算和2008年财政预算草案的报告、安丘市人民代表大会常务委员会工作报告、安丘市人民法院工作报告、安丘市人民检察院工作报告。审查和批准安丘市2008年国民经济和社会发展计划、安丘市2007年财政决算和2008年财政预算。选举王继怀为安丘市人民代表大会常务委员会主任，王乃平为第一副主任，王洪书、周建平、任健、王素芳为副主任，安丘市人民代表大会常务委员会委员20人，张韶华为安丘市人民政府市长，李广庆、周寿清、吴桂珍、张宝庆、王本明、江波为副市长，王彬为安丘市人民法院院长，周金明为安丘市人民检察院检察长。

第二次会议　2009年1月7日—9日，安丘市召开十六届人大二次会议，与会代表301人，列席154人。会议听取审议安丘市人民政府工作报告、安丘市2008年国民经济和社会发展计划执行情况与2009年国民经济和社会发展计划草案的报告、安丘市2008年财政决算和2009年财政预算草案的报告、安丘市人民代表大会常务委员会工作报告、安丘市人民法院工作报告、安丘市人民检察院工作报告。审查和批准安丘市2009年国民经济和社会发展计划、安丘市2008年财政决算和2009年财政预算。补选刘玉琦为安丘市人民代表大会常务委员会副主任，3名安丘市人民代表大会常务委员会委员。

第三次会议　2010年1月13日—15日，安丘市召开十六届人大三次会议，与会代表305人，列席149人。会议听取审议安丘市人民政府工作报告、安丘市2009年国民经济和社会发展计划执行情况与2010年国民经济和社会发展计划草案的报告、安丘市2009年财政决算和2010年财政预算草案的报告、安丘市人民代表大会常务委员会工作报告、

安丘市人民法院工作报告、安丘市人民检察院工作报告。审查和批准安丘市2010年国民经济和社会发展计划、安丘市2009年财政决算和2010年财政预算。补选刘兴军为安丘市人民政府副市长，6名安丘市人民代表大会常务委员会委员。

第四次会议 2011年1月23日—24日，安丘市召开十六届人大四次会议，与会代表307人，列席154人。会议听取审议安丘市人民政府工作报告、安丘市2010年国民经济和社会发展计划执行情况与2011年国民经济和社会发展计划草案的报告、安丘市2010年财政决算和2011年财政预算草案的报告、安丘市人民代表大会常务委员会工作报告、安丘市人民法院工作报告、安丘市人民检察院工作报告。审查和批准安丘市2011年国民经济和社会发展计划、安丘市2010年财政决算和2011年财政预算。补选2名安丘市人民代表大会常务委员会委员。

安丘市第十七届人民代表大会

第一次会议 2012年1月7日—9日，安丘市召开十七届人大一次会议，与会代表301人，列席154人。会议听取审议安丘市人民政府工作报告、安丘市2011年国民经济和社会发展计划执行情况与2012年国民经济和社会发展计划草案的报告、安丘市2011年财政决算和2012年财政预算草案的报告、安丘市人民代表大会常务委员会工作报告、安丘市人民法院工作报告、安丘市人民检察院工作报告。审查和批准安丘市2012年国民经济和社会发展计划、安丘市2011年财政决算和2012年财政预算。选举刘兴明为安丘市人民代表大会常务委员会主任，任海燕为第一副主任，周寿清、王洪书、任健、王学昌为副主任，安丘市人民代表大会常务委员会委员17人，桑福岭为安丘市人民政府市长，肖振胜、刘兴军、张宝庆、刘子庆、邱海芳、于新兵为副市长，何彤斌为安丘市人民法院院长，于建立为安丘市人民检察院检察长。

第二次会议 2013年2月27日—3月1日，安丘市召开十七届人大二次会议，与会代表305人，列席153人。会议听取审议安丘市人民政府工作报告、安丘市2012年国民经济和社会发展计划执行情况与2013年国民经济和社会发展计划草案的报告、安丘市2012年财政决算和2013年财政预算草案的报告、安丘市人民代表大会常务委员会工作报告、安丘市人民法院工作报告、安丘市人民检察院工作报告。审查和批准安丘市2013年国民经济和社会发展计划、安丘市2012年财政决算和2013年财政预算。补选6名安丘市人民代表大会常务委员会委员。

第二章 安丘市人民代表大会常务委员会

第一节 工作机构

1988年3月，安丘县第十一届人大常委会第八次会议决定：撤销县人大常委会调查研究科，设立县人大常委会财政经济科、教科文卫科。1990年5月，安丘县第十二届人大常委会第一次会议决定：县人大常委会办事机构由原来的县人大常委会办公室、代表联络科、法制科、财经科、教科文卫科调整为县人大常委会办公室、人事代表工作室、法制工作委员会、财政经济工作委员会、教育科学文化卫生工作委员会。1992年3月，安丘县第十二届人大常委会第十三次会议决定：在县人大常委会办公室内增设信访科，为副科级规格。1997年1月，安丘市第十三届人大常委会第二十九次会议决定：设立市人大常委会调查研究室。2004年12月，根据《中共安丘市委办公室关于印发〈安丘市人大机关主要职责、内部机构和人员编制方案〉的通知》，安丘市人大会常委会设3个正科级工作机构：办公室、人事代表工作室、调查研究室，办公室内设老干部科，副科级规格；设3个专门委员会，即财政经济委员会、城乡建设环境保护委员会、法制委员会（信访科与其合署），均为正科级建制。

第二节 领导成员

安丘市第十一届至十七届人民代表大会常务委员会主任 副主任任职情况表

表 14—1

届次	职务	姓名	任职时间	籍贯	备注
十一届	主任	赵星增	1987.4—1990.3	山东昌乐	党组书记
	副主任	马　鎏	1987.4—1990.3	山东安丘	党组副书记
		张　淇	1987.4—1990.3	山东安丘	党组副书记
		张洪仁	1987.4—1990.3	山东安丘	
		李汝镇	1987.4—1990.3	山东安丘	
		王永海	1987.4—1990.3	山东海阳	
十二届	主任	赵星增	1990.3—1993.2	山东昌乐	党组书记
	副主任	张　淇	1990.3—1993.2	山东安丘	党组副书记
		都振法	1990.3—1993.2	山东安丘	
		王永海	1990.3—1993.2	山东海阳	
		云兴邦	1990.3—1993.2	山东安丘	
		李春堂	1990.3—1993.2	山东安丘	
		朱　荣	1991.3—1993.2	山东安丘	
		高福泽	1992.4—1993.2	潍坊峡山	
十三届	主任	刘德仕	1993.2—1993.9	山东乳山	兼任
		朱　荣	1993.11—1994.3	山东安丘	代理主任、党组副书记
		李守民	1994.3—1996.3	山东安丘	兼任
		谢迎春	1996.3—1998.1	山东安丘	党组书记
	副主任	朱　荣	1993.2—1998.1	山东安丘	党组副书记（至 1998.8）
		都振法	1993.2—1998.1	山东安丘	
		王永海	1993.2—1998.1	山东海阳	
		云兴邦	1993.2—1998.1	山东安丘	
		高福泽	1993.2—1996.3	潍坊峡山	
		张景武	1993.2—1998.1	山东安丘	
		李全忠	1996.3—1998.1	山东安丘	
十四届	主任	谢迎春	1998.1—2003.1	山东安丘	党组书记
	副主任	张贵善	1998.1—2003.1	山东安丘	党组书记
		韩世聪	1998.1—2003.1	山东安丘	
		王克治	1998.1—2003.1	山东莱州	
		刘全一	1998.1—2003.1	山东安丘	
		李永升	1998.1—2003.1	山东安丘	
		周元升	1998.1—2003.1	山东安丘	
		马淑芬	1998.1—2003.1	山东安丘	
		葛清田	2001.3—2003.1	山东安丘	
		辛星华	2001.3—2003.1	山东安丘	
十五届	主任	谢迎春	2003.1—2006.4	山东安丘	党组书记

续表 14—1

届次	职务	姓名	任职时间	籍贯	备注
十五届	副主任	王继怀	2006.4—2007.12	山东寿光	兼任
		王乃平	2006.4—2007.12	山东安丘	第一副主任、党组书记
		张贵善	2003.1—2006.4	山东安丘	党组书记
		葛清田	2003.1—2006.4	山东安丘	
		韩世聪	2003.1—2006.4	山东安丘	
		王克治	2003.1—2005.1	山东莱州	
		辛星华	2003.1—2006.4	山东安丘	
		李合昌	2003.1—2006.4	山东安丘	
		马淑芬	2003.1—2006.4	山东安丘	
		王洪书	2003.1—2007.12	山东安丘	
		刘泽才	2006.4—2007.12	潍坊峡山	
		周建平	2006.4—2007.12	潍坊峡山	
		任　健	2006.4—2007.12	山东安丘	
		王素芳	2006.4—2007.12	山东安丘	
十六届	主任	王继怀	2007.12—2012.1	山东寿光	兼任
	副主任	王乃平	2007.12—2012.1	山东安丘	第一副主任、党组书记
		王洪书	2007.12—2012.1	山东安丘	
		周建平	2007.12—2009.1	潍坊峡山	
		任　健	2007.12—2012.1	山东安丘	
		王素芳	2007.12—2012.1	山东安丘	
		刘玉琦	2009.1—2012.1	山东安丘	
十七届	主任	刘兴明	2012.1—	山东寿光	兼任
	副主任	任海燕	2012.1—	山东安丘	第一副主任、党组书记
		周寿清	2012.1—2014.1	潍坊坊子	党组副书记
		王洪书	2012.1—	山东安丘	
		任　健	2012.1—	山东安丘	
		王学昌	2012.1—	山东安丘	
		孙　钧	2014.1—	山东临朐	

第三节　常务委员会会议

第十一届人民代表大会常委会委员会

本届人民代表大会常务委员会任期3年。其间，依法监督检查全县普法教育、县城水资源保护、发展外向型经济情况、贯彻实施商标法、社会治安综合治理、物资供应情况、普法教育、依法治县、森林法、社会治安、乡镇企业发展等情况。1987年，督促“一府两院”(人民政府、人民法院、人民检察院)办理代表建议、意见和群众来信来访279件次。组织代表走访选民6578人次，为群众做好事、办实事528件。1988年,作出关于在全县进行执法检查、依法治县、加强县城水资源保护等决议决定。对全市300多名县人大代表进行学法考试，对部分“一府两院”干部进行法律知识考试。1989年，作出关于贯彻实施标准化法的决议。受理代表和群众来信来访196人次。

第十二届人民代表大会常务委员会

本届常委会任期3年。依法监督森林法、治安管理处罚条例、环境保护法、矿产资源法、城市规划法、村民委员会组织法、乡镇村集体工业企业管理条例、税法、计划生育法、兵役法、军事设施保护法、食品卫生法、义务教育法、企业法、行政诉讼法、民兵工作条例、农民承担费用和劳务管理条例、山东省农民负担管理条例等19项法律法规的实施情况。1990年，作出关于南水北调工程实施方案、开展安丘县人大工作十年宣传活动的决议。1991年，作出关于在全县公民中进行第二个五年法治宣传教育、防止森林病虫害、坚决制止乱收费乱罚款和乱摊派的决议，作出关于确认安丘县与洛阳市郊区结为友好县区、与包头市青山区结为友好县区的2项决定。1992年，作出关于扩大对外开放、加快发展外向型经济的决议。

第十三届人民代表大会常务委员会

本届常委会任期5年。其间，听取审议“一府两院”35次法律法规贯彻实施情况的汇报，依法任免319名国家机关工作人员，受理代表和群众来信来访1033件（次）。依法监督社会治安、城镇房改、国有大中型企业转换经营机制、个体私营经济发展、税制改革、外经贸工作、水源地保护、农民负担、发展高产优质高效农业、打击制售假冒伪劣商品、纠正行业不正之风、水污染防治、城市建设和管理、行政审判及有关法律法规的贯彻实施等情况。1993年，组织全县380余名各级人大代表大规模视察全县贯彻实施《森林法》情况。1994年，组织450余名市级以上人大代表，广泛走访选民，收集建议意见3023条，最后综合归纳为252条。1995年，作出关于依法治市第二个五年规划的决议。在全市国家机关建立和推行执法责任制，将现行的506件法律法规按执法主体分解到50个行政、司法等部门，有效推动国家机关执法工作。1996年，组织市人大代表对市政府37个行政执法部门和市人民法院、市人民检察院，就执法责任制实施情况进行全面检查。1997年，作出关于认真学习贯彻中共十五大精神的决议。

第十四届人民代表大会常务委员会

本届常委会任期5年。其间，作出39项决议决定，听取审议“一府两院”76项工作汇报，依法任免329名地方国家机关工作人员，受理代表和群众来信来访792件（次）。监督土地管理法、药品管理法、环境保护法、消费者权益保护法、食品卫生法、义务教育法、教师法、城市规划法、计划生育条例等45部法律法规的贯彻实施情况。依法监督企业产权制度改革、盘活城区闲置资产、农业结构调整、农村土地延包、水库灌区水利设施及水资源利用、农业产业化和标准化、城市基础设施建设等工作情况。1998年，组织各级人大代表分38个组视察市直53个部门、乡镇472个部门实施民心工程情况，发放调查问卷2342份，拓宽代表工作渠道。1999年，聘请4名法律咨询员，为常委会处理申诉案件提供法律服务。2000年，执法检查土地管理法、环境保护法等贯彻实施的情况，提出改进执法的意见建议。2001年，作出“四五”普法教育和依法治市、安丘市林业发展规划的决议。2002年，作出安丘市城市总体规划局部调整意见的决议。

第十五届人民代表大会常务委员会

本届常委会任期5年。其间，听取审议“一府两院”77项工作汇报，开展109次调查、视察和执法检查活动，依法任免253名国家机关工作人员，述职评议“一府两院”27名工作人员，作出43项决议决定。受理代表和群众来信来访1206件（次）。依法监督工业立市、经济发展软环境、城市总体规划、生态建设、农产品质量安全、新农村建设、新型农村合作医疗、减轻农民负担、农村公益事业、社会治安、安全生产等政府工作，检查土地承包法、农业法、森林法、水法、水污染防治法、环境保护法、土地管理法、食品卫生法、安全生产法、妇女权益保护法、人民防空法、劳动法、体育法、文化生产管理条例贯彻实施等情况。2003年，制定《人大常委会信访工作暂行办法》。监督检查环境保护法、食品卫生法、人口与计划生育法等法律的贯彻实施情况。聘请4名专业人员担任人大法律咨询员。2004年，专题调查城市经济发展软环境。围绕城市规划、城市执法、市容卫生、环境保护、城市绿化、交通秩序、社会治安等工作进行监督。述职评议14名被组织部门任命的干部。2005年，首次述职评议5位副市长。作出关于安丘市生态市建设及规划编制工作的决议。听取审议市政府关于安丘市城市总体规划编修方案的情况汇报，并作出相应决议。2006年，作出关于在安丘市公民中开展第五个五年法治教育、2006年—2010年依法治市规划的决议。监督检查教师法、工会法、药品管理法等法律法规的贯彻实施情况。制定关于贯彻实施监督法的若干意见。调查全市治理公路“三乱”（乱设站卡、乱罚款、乱收费）的情况，提出进一步优化企业发展环境，严禁乱收费、乱查车等建议意见。2007年，作出关于确定安丘市人民法院陪审员名额的决定，出台关于加强安丘市人民检察院监督员工作意见，依法任命40名人民陪审员、5名监督员。

第十六届人民代表大会常务委员会

本届常委会任期4年。其间，听取审议“一府两院”68项工作汇报，开展96次调查、视察和执法检查活动，作出19项决议决定。依法监督招商引资、高新技术产业发展、城市经济发展、工业重点项目建设、节能减排、旅游业发展、城市建设与管理、教育、社会保障、社会治安、医疗卫生、土地管理法、森林法、水法、水污染防治法、人才强市等工作情况。2008年，执法检查贯彻实施森林法、公路法的情况。围绕区域化建设进行监督，提出相应建议。2009年，出台安丘市规范性文件备案审查办法。执法检查建筑法、体育法的情况。2010年，调查全市环境保护工作，督促市政府出台对全市污染企业的治理意见。听取市政府关于贯彻实施义务教育法、全市农村困难群众社会保障工作的汇报，并进行工作评议。执法检查城市房地产管理法、食品安全法、义务教育法等法律法规的贯彻实施情况。2011年，作出关于在全市公民中开展第六个五年法治宣传教育的决议，批准安丘市2011年—2015年依法治市规划。

第十七届人民代表大会常务委员会

本届常委会任期从2012年1月开始。2012年，听取审议“一府两院”工作报告16项，开展调查、视察和执法检查20次，组织专题调研4次。受理群众来信来访56件。依法任免68名国家机关工作人员。培训全市300余名人大代表，建立市镇两级代表小组77个。2013年，开展专项工作评议3次，听取审议“一府两院”专项工作报告18项，开展调查、视察和执法检查 22次。依法任免国家机关工作人员55人次。受理群众来信来访和接受上级人大交办信访案件51件。执法检查体育法、大气污染防治法、食品安全法等法律法规的实施情况。首次开展评选优秀市人大代表工作，评选表彰30名优秀安丘市人大代表。

第四节　调查视察

安丘市人民代表大会常务委员会围绕国民经济和社会事业发展，解决民生问题，先后组织开展多种形式、多个角度的调查视察活动。

1986年，采取委员牵头组织视察、代表小组集体视察、代表自愿结合视察、代表个人持证视察、市（潍坊）县代表联合视察5种形式，广发开展视察活动，参加视察活动的代表280多人次。先后9次专题调查全县普及法律常识、农村土地管理、县城工业企业经济体制改革情况，经济合同法、计量法和各项税收法规的实施情况以及财政收入、民政工作、审计工作等。1987年，较大规模地视察食品卫生法和森林法的实施情况；先后开展实施土地管理法、乡镇企业实施经济合同和统计法、县直企业开展双增双节运动、县人民法院进行民事审判、县政府执行财政预算、普及法律常识、农田建设、社会治安、公证律师工作、县城建设、中小学建设等12项专题调查。1988年，组织两次规模较大的视察；先后开展土地管理法、食品卫生法、义务教育法、农业生产资料的供应情况、日用消费品的价格执行情况、社会治安、发展外向型经济、执行财政预算、企业改革、教师待遇、环境污染等16项专题调查。1989年，针对社会治安综合治理、拥军优属工作、国办中学校舍改造、县城和部分乡镇贯彻实施食品卫生法的情况，组织4次较大规模的视察。1990年，组织代表视察县直食品生产、加工、销售单位的食品卫生情况；检查县人民法院、人民检察院、公安局、司法局、监察局、法制局、民政局等部门的执法情况；调查刑法、刑事诉讼法、治安管理处罚条例、民法通则、矿产资源法等10多项法律法规的实施情况和5处乡镇贯彻村民委员组织法的情况。1991年，调查11项法律法规的实施情况；视察食品卫生法、义务教育法等7项法律法规的执行情况；采取调卷审查、司法检查、召开座谈会共同研究典型案件等方式，检查执法部门的执法情况。1992年，调查、视察7项法律法规的贯彻实施情况；专门组织部分人大代表视察全县贯彻“两个条例”情况，针对“两个条例”学习宣传的深度和广度不够，农民负担仍然过重等问题，提出建议意见。1993年，6次视察食品卫生法、环境保护法、企业法的贯彻实施城区交通秩序、减轻农民负担等方面的情况，提出21条建议意见。在视察森林法贯彻实施情况的同时，要求各乡镇人大围绕森林法的贯彻实施，组织代表进行视察。这次视察，有380多名三级（山东省、潍坊市、安丘县）代表参加。1994 年，组织部分代表视察全市贯彻实施环境保护法的情况；配合省、潍坊市人大连续 3 次视察全市的水源地保护工作；视察、检查和调查食品卫生法、地方病防治法、农业法、教师法、代表法等法律法规的执行情况。1995 年，组织代表调查视察 10 项法律法规的贯彻实施情况；视察打击刑事犯罪、打击制售假冒伪劣商品活动、市看守所管理、南水北调工程建设等 8 项工作。1996 年，分别视察调查消费者权益保护法、食品卫生法、河道管理条例、环境保护法等 7 项法律法规的实施情况；视察潍安路商业街建设、西环路建设、汶河河道管理、城市管理、围库造地工程、打击制售假冒伪劣商品活动 6 项工作。1997 年，分别调查、视察和检查食品卫生法、环境保护法、工会法等 9 项法律法规的实施以及市级国家机关实行执法责任制、城市建设管理、牟山水库及其灌区设施管理使用等方面的工作情况。1998 年，开展环境保护法、城市规划法、农民承担费用和劳务管理条例、产品质量法、水法、水污染防治法、河道管理条例、土地管理法、行政处罚法、山东省农民负担管理条例等法律法规实施情况的调查或视察活动。1999 年，先后 26 次组织代表调查、视察和检查 11 部法律法规实施情况、部分被任命干部的任职情况、村内空闲地利用、代表建议办理、刑事审判、高产高效农业、基础设施建设、河道管理等方面的工作情况。2000 年，组织部分代表调查、视察民营经济的发展情况，3 次调查、视察全市招商引资工作；27 次调查、视察和检查代表建议办理、招商引资、“民心工程”、企业改革与发展、科教兴安、社会治安、“三五普法”、人民法院执行等方面工作情况；采取市镇两级联动的方式，组织代表视察全市实施“民心工程”的情况。2001 年，先后 18 次组织代表调查、视察和检查有关法律的实施、部分被任命干部的任职、代表建议办理、招商引资、实施“民心工程”、市场规划建设、严打整治斗争方面工作。2002 年，视察、调查民营经济发展、经济园区建设、城市建设管理、重点工程、招商引资的情况；围绕搞好城市建设，先后组织代表视察和检查城市基础设施建设、城市社区建设和市北区的规划建设等情况，并作出《关于安丘市总体规划局部调整意见的决议》。2003 年，组织代表开展调查、视察、执法检查等活动 16 次。组织部分代表分成 3 组，开展对全市软环境工作专题调查活动；由 4 名副主任带队，分成 4 个调查组，调查城市建设管理工作的情况，调查报告上报市委，并在市级领导班子联席会议上作专题汇报。2004 年，组织部分人大代表，调查全市财源建设、经济发展软环境工作、社会治安、水源地保护以及城市规划、城市执法、市容卫生、环境保护、城市绿化、交易秩序、交通秩序等方面的工作情况。先后组织代表开展调查、视察、执法检查等活动 32 次。2005 年，组织代表视察调查实施农村土地承包法、《村庄和集镇规划建设管理条例》实施、城市建设和管理、水源地保护、食品卫生法、邮政法、人民防空法等法律法规的实施情况；述职评议 5 位副市长。2006 年，配合山东省、潍坊市人大专题调研“三农”工作；针对公路“三乱”的问题，组织 4 个调查组进行调研；市委、市政府根据市人大常委会提出的建议意见，出台《关于进一步优化企业发展环境，严禁乱收费、乱查车的规定》；组织驻安丘市的部分省、潍坊市人大代表和部分安丘市人大代表，围绕“工业立市”工作进行集中视察活动。2007 年，组织代表对经济发展软环境开展 4 次调查、视察；围绕城市规划、建设和管理工作开展 4 次调查、视察；对关系民本民生的传染病防治法、食品卫生法、安全生产法、妇女权益保障法、人民防空法、劳动法、体育法、文化市场管理条例等法律法规的实施情况，开展调查视察。2008 年，开展 23 次调查、视察和执法检查。调研节能减排、工业经济运行、城市经济发展情况、区域化建设工作、生态旅游城市建设、劳动合同法贯彻实施的情况；组织部分人大代表，视察全市社会治安工作。2009 年，开展 18 次调查、视察和执法检查。先后调研工业重点项目建设、高新技术产业发展、农业农村工作；专题调查环境保护法的贯彻实施情况，根据群众普遍关注的安全生产、城乡道路建设、交通秩序、小汶河综合整治等问题开展专题调研。2010 年，开展 19 次调查、视察和执法检查，配合山东省、潍坊市人大开展调查视察 12 次。专题调研全市工业经济运行情况、大中型水库除险加固工作、旅游业发展情况；组织 4 个视察组，视察全市环境保护工作，视察报告由市委办公室以正式文件转发全市；调研全市人口和计划生育工作、农村困难群众社会保障工作；配合省人大立法调研组，立法调研《山东省村民委员会选举办法（修订草案）》；执法检查和调查城市房地产管理法、食品安全法、义务教育法等法律法规的贯彻实施情况。2011年，调研全市工业经济运行的情况；先后2次调查农产品质量安全区域化建设管理工作，并组织部分人大代表，专题视察全市农业基础设施建设的情况；围绕民生对全市医疗卫生情况开展专题调研；对事关民本民生的食品安全法、劳动合同法、义务教育法、体育法、村民委员会组织法等法律法规的实施情况，开展调查视察。2012年，全年开展调查、视察和执法检查20次，组织专题调研4次，配合山东省、潍坊市人大开展调查、视察和执法检查活动9次。组织调研全市农业龙头企业发展情况、水系综合利用和规划情况、现代服务业和旅游业发展情况；组织代表专题视察电力支持经济发展情况、全市城乡环境综合整治及城区亮化工作。2013年，开展调查、视察和执法检查22次，配合省、市人大开展调查、视察和执法检查活动7次。专题调研全市工业投入和大项目建设、科技创新工作、养殖业发展、农村金融工作、城镇化建设、旅游业发展、林业工作的情况；结合全市“三八六”（三个目标、八大战役、六个基本保障措施）环保行动，视察全市贯彻实施大气污染防治法工作情况；调查全市“六五”普法和依法治理工作情况；关注政府承诺为群众办好的15件实事，开展调研、视察、督促等相关工作；组织70多名省、潍坊、安丘市人大代表进行人代会前集中视察，观摩全市2013年科学发展情况。

第五节 议案办理

第十届人民代表大会

第三次会议 会议期间，共收到议案58件。经大会议案审查委员会审查决定，均作为建议、批评和意见处理。另外，大会还收到代表的建议、批评和意见70件。所有建议、批评和意见均按规定及时进行了答复办理。

第十一届人民代表大会

第一次会议 会议期间，共收到建议、批评和意见150件，所有建议、批评和意见均按规定及时进行答复办理。

第二次会议 会议期间，共收到建议、批评和意见9件，所有建议、批评和意见均按规定及时进行答复办理。

第三次会议 会议期间，共收到议案11件。经大会议案审查委员会审查决定，均作为建议、批评和意见处理。另外，大会还收到代表的建议、批评和意见48件。所有建议、批评和意见均按规定及时进行了答复办理。

第四次会议 会议期间，共收到议案6件。经大会议案审查委员会审查决定，均作为建议、批评和意见处理。另外，大会还收到代表的建议、批评和意见205件。所有建议、批评和意见均按规定及时进行答复办理。

第十二届人民代表大会

第一次会议 会议期间，共收到议案4件。经大会议案审查委员会审查决定，均作为建议、批评和意见处理。另外，大会还收到代表的建议、批评和意见109件。所有建议、批评和意见均按规定及时进行答复办理。

第二次会议 会议期间，共收到议案4件。经大会议案审查委员会审查决定，均作为建议、批评和意见处理。另外，大会还收到代表的建议、批评和意见65件。所有建议、批评和意见均按规定及时进行答复办理。

第三次会议 会议期间，共收到建议、批评和意见25件，所有建议、批评和意见均按规定及时进行答复办理。

第十三届人民代表大会

第一次会议 会议期间，共收到议案7件。经大会议案审查委员会审查决定，均作为建议、批评和意见处理。另外，大会还收到代表的建议、批评和意见102件。所有建议、批评和意见均按规定及时进行答复办理。

第二次会议 会议期间，共收到议案4件。经大会议案审查委员会审查决定，均作为建议、批评和意见处理。另外，大会还收到代表的建议、批评和意见76件。所有建议、批评和意见均按规定及时进行答复办理。

第三次会议 会议期间，共收到议案5件。经大会议案审查委员会审查决定，均作为建议、批评和意见处理。另外，大会还收到代表的建议、批评和意见48件。所有建议、批评和意见均按规定及时进行答复办理。

第四次会议 会议期间，共收到议案2件。经大会议案审查委员会审查决定，均作为建议、批评

和意见处理。另外，大会还收到代表的建议、批评和意见17件。所有建议、批评和意见均按规定及时进行答复办理。

第五次会议　会议期间，共收到议案6件。经大会议案审查委员会审查决定，均作为建议、批评和意见处理。另外，大会还收到代表的建议、批评和意见63件。所有建议、批评和意见均按规定及时进行答复办理。

第十四届人民代表大会

第一次会议　会议期间，共收到议案7件。经大会议案审查委员会审查决定，均作为建议、批评和意见处理。另外，大会还收到代表的建议、批评和意见37件。所有建议、批评和意见均按规定及时进行答复办理。

第二次会议　会议期间，代表们提出议案及建议、批评和意见75件。其中，议案1件，建议、批评和意见74件。对于代表提出“在城区新建一处普通高中”的议案，市政府非常重视，决定以安丘市技工学校为基础，新建安丘市第八中学。市人大常委会听取审议市政府关于议案办理工作情况的汇报，作出了决议。1999年秋季，新建的第八中学开始招生。对于代表提出的74件建议、批评和意见，有关部门也及时进行答复办理。

第三次会议　会议期间，共收到议案11件。经大会议案审查委员会审查决定，均作为建议、批评和意见处理。另外，大会还收到代表的建议、批评和意见62件。所有建议、批评和意见均按规定及时进行答复办理。

第四次会议　会议期间，共收到议案15件。经大会议案审查委员会审查决定，均作为建议、批评和意见处理。另外，大会还收到代表的建议、批评和意见76件。所有建议、批评和意见均按规定及时进行答复办理。

第五次会议　会议期间，共收到议案15件。经大会议案审查委员会审查决定，均作为建议、批评和意见处理。另外，大会还收到代表的建议、批评和意见60件。所有建议、批评和意见均按规定及时进行答复办理。

第十五届人民代表大会

第一次会议　会议期间，共收到议案23件。经大会议案审查委员会审查决定，均作为建议、批评和意见处理。另外，大会还收到代表的建议、批评和意见89件。所有建议、批评和意见均按规定及时进行答复办理。

第二次会议　会议期间，共收到议案19件。经大会议案审查委员会审查决定，均作为建议、批评和意见处理。另外，大会还收到代表的建议、批评和意见40件。所有建议、批评和意见均按规定及时进行答复办理。

第三次会议　会议期间，共收到议案20件。经大会议案审查委员会审查决定，均作为建议、批评和意见处理。另外，大会还收到代表的建议、批评和意见39件。所有建议、批评和意见均按规定及时进行答复办理。

第四次会议　会议期间，共收到议案40件。经大会议案审查委员会审查决定，均作为建议、批评和意见处理。另外，大会还收到代表的建议、批评和意见39件。所有建议、批评和意见均按规定及时进行答复办理。

第五次会议　会议期间，共收到议案42件。经大会议案审查委员会审查决定，均作为建议、批评和意见处理。另外，大会还收到代表的建议、批评和意见38件。所有建议、批评和意见均按规定及时进行答复办理。

第十六届人民代表大会

第一次会议　会议期间，共收到议案17件。经大会议案审查委员会审查决定，均作为建议、批评和意见处理。另外，大会还收到代表的建议、批评和意见49件。所有建议、批评和意见均按规定及时进行答复办理。

第二次会议　会议期间，共收到议案24件。经大会议案审查委员会审查决定，均作为建议、批评和意见处理。另外，大会还收到代表的建议、批评和意见27件。所有建议、批评和意见均按规定及时进行答复办理。

第三次会议　会议期间，共收到议案15件。经大会议案审查委员会审查决定，均作为建议、批评和意见处理。另外，大会还收到代表的建议、批评和意见22件。所有建议、批评和意见均按规定及时进行答复办理。

第四次会议　会议期间，共收到议案14件。经大会议案审查委员会审查决定，均作为建议、批评和意见处理。另外，大会还收到代表的建议、批评和意见32件。所有建议、批评和意见均按规定

及时进行答复办理。

第十七届人民代表大会

第一次会议　会议期间，共收到议案22件。经大会议案审查委员会审查决定，均作为建议、批评和意见处理。另外，大会还收到代表的建议、批评和意见25件。所有建议、批评和意见均按规定及时进行答复办理。

第二次会议　会议期间，共收到议案22件。经大会议案审查委员会审查决定，均作为建议、批评和意见处理。另外，大会还收到代表的建议、批评和意见25件。所有建议、批评和意见均按规定及时进行答复办理。

第三章　乡镇街区人大

第一节　工作机构

1987年，安丘县各乡镇设立人大工作联络处。其中，17处乡镇设人大专职常务主席，15处乡镇配备兼职联络员。1988年，各乡镇人大配齐专职常务主席，明确乡镇人大专职常务主席和人大工作联络处的职责，制定工作制度，设立“五簿一册”（即人大会议记录簿、人大代表活动登记簿、代表建议批评意见登记簿、人民群众来信来访登记簿、收发文登记簿、人大代表登记册）。1990年，根据《潍坊市乡镇人民代表大会主席团工作试行办法》规定，设立乡镇人大办公室，配备人大专职秘书。1993年12月，县乡管理体制改革，撤销乡镇人大专门办事机构和专职干部，保留乡镇人大主席团牌子，分管党务工作的副书记分管并主持乡镇人大工作。1996年，根据修改后的地方组织法，各乡镇人民代表大会第一次会议选举产生乡镇人大主席、副主席，负责乡镇人大日常工作，确立乡镇人大主席、副主席的法律地位。复设乡镇人大办公室，在不增加编制前提下内部调配专、兼职人大秘书。2005年，部分乡镇党委书记兼任人大主席，设一名正科级人大专职副主席，主持人大日常工作；2007年、2012年乡镇人大两次换届，党委书记兼任人大主席，设一至两名人大专职副主席。

2000年，安丘、贾戈两镇变更为兴安、贾戈街道，乡镇人大主席团相应撤销，设立街道人大工作室，负责联系驻本区域的市人大代表，按照市人大常委会的安排组织代表活动。街道人大工作室设主任、副主任，由市人大常委会任命。2002年始，街道党工委书记兼任人大工作室主任。2007年，刘家尧镇变更为新安街道，镇人大主席团相应撤销，设新安街道人大工作室，街道党工委书记兼任人大工作室主任。

第二节　主要活动

1987年，安丘县乡同步换届，32处乡镇选举本级人大代表2364人。其中，工人、农民代表占75.3%，干部知识分子（含教科文卫）代表占24.1%，中共党员代表占51.1%，妇女代表占20.1%。1988年，县人大办公室制定《关于在乡镇实行代表议事会制度的几点意见》，指导乡镇代表议事会的组建和运行。代表议事会由乡镇人民代表大会第一次会议主席团召开专门会议研究组建，以乡镇代表为主、吸收部分市县代表组成，议事会主任由乡镇人大专职常务主席担任，议事会职责包括参与乡镇重要问题的讨论决策、督促代表建议意见的办理等。1990年，县乡同步换届，32处乡镇选举本级人大代表2372人。其中，工人、农民代表占76%，干部知识分子代表占24%，中共党员代表占61.7%，妇女代表占20%。1991年，县第十届人大常委会第十次会议通过《组织人大代表评议乡镇职能部门工作暂行办法》，指导规范和促进乡镇人大组织代表评议乡镇直部门工作。1993年，县乡同步换届，32处乡镇选举本级人大代表2385人，结构比例要求工人、农民代表75%左右，干部知识分子代表20%左右，中共党员代表不超过60%，妇女代表不低于20%。1996年，市乡镇同步换届，32处乡镇选举本级人大代表1979人，结构比例要求工人农民代表75%左右，干部知识分子代表20%左右，中共党员代表不超过60%，妇女代表不低于23%。市人大办公室转发赵戈镇人大建设的各项职责和规章制度，对全市乡镇人大建设发挥引导作用。1999年，乡镇换届，32处乡镇选举本级人大代表1958人。其中，工人、农民代表占77.83%，干部知识分子代表占22.17%，中共党员代表占59.8%，妇女代表占25.9%。2002年，市镇同步换届，22处镇选举本级人大代表1500人。结构比例要求工人、农民代表75%左右，干部知识分子代表20%左右，中共党员不超过60%，妇女代表不低于23%。安丘市委转发潍坊市委《关于进一步加强和改进乡镇人大工作的意见》，对乡镇人大主席团召开会议、组织代表评议、开展视察执法检查活动、代表培训述职、评先树优、机构建设等提出明确要求。2007年，市镇同步换届，10处镇选举本级人大代表799人。结构比例要求工人、农民代表75%左右，干部知识分子代表20%左右，中共党员代表不超过65%，妇女代表不低于25%。2011年，市镇同步换届，10处镇选举本级人大代表807人。结构比例要求，工人、农民代表和妇女代表所占比例较上届有所提升，党政干部代表所占比例有所降低，中共党员代表不超过65%，妇女代表不低于30%。

第 十 五 编

地方行政机构

第一章　安丘市人民政府

第一节　领导成员

1984年—2015年，安丘市历经十届、十一届、十二届、十三届、十四届、十五届、十六届和十七届人民政府，其中十一届、十二届每届任期3年，其余每届任期5年。

安丘市第十一届至第十七届人民政府领导任职情况表

表15-1

届次	职务	姓名	籍贯	任职时间	备注
十一届	县长	刘德仕	山东乳山	1984.2—1989.9	
		李宗步	山东五莲	1989.9—1990.3	代理
	副县长	葛吉平	山东安丘	1987.4—1989.9	
		李守民	山东安丘	1987.4—1990.3	
		谢迎春	山东安丘	1987.4—1990.3	
		韩世聪	山东安丘	1987.4—1990.3	
		贾玉良	山东安丘	1987.12—1990.3	
十二届	县长	李宗步	山东五莲	1990.3—1993.1	
		李守民	山东安丘	1993.1—1993.2	代理
	副县长	刘建秋	山东安丘	1990.3—1993.2	
		谢迎春	山东安丘	1990.3—1993.2	
		韩世聪	山东安丘	1990.3—1993.2	
		贾玉良	山东安丘	1990.3—1993.2	
		王克治	山东莱州	1990.3—1993.2	
		刘全一	山东安丘	1992.3—1993.2	
十三届	市长	李守民	山东安丘	1993.2—1993.11	
		邢培彬	山东昌乐	1993.11—1994.3	代理
				1994.3—1998.1	
	副市长	贾玉良	山东安丘	1993.2—1994.5	
		谢迎春	山东安丘	1993.2—1996.3	
		王玉璐	山东临朐	1996.5—1998.1	
		韩世聪	山东安丘	1993.2—1998.1	
		王克治	山东莱州	1993.2—1998.1	
		刘全一	山东安丘	1993.2—1998.1	
		聂振萍	山东临朐	1993.2—1995.2	
		李春玲	山东安丘	1993.2—1997.4	
		王　海	山东临朐	1995.2—1998.1	
		刘泽才	山东安丘	1995.2—1998.1	

续表 15-1

届次	职务	姓名	籍贯	任职时间	备注
十三届	副市长	葛清田	山东安丘	1996.3—1998.1	
十四届	市长	曹学芹	山东寿光	1998.1—1998.1	代理
				1998.1—2001.2	
		陈白峰	山东诸城	2001.2—2001.3	代理
				2001.3—2003.1	
	副市长	王　海	山东临朐	1998.1—2000.12	
		王继怀	山东寿光	2001.2—2003.1	
		葛清田	山东安丘	1998.1—2001.3	
		杨锡广	山东寿光	1998.1—2002.9	
		刘泽才	山东安丘	1998.1—2003.1	
		刘锦山	山东安丘	1998.1—2003.1	
		王贤臣	山东安丘	1998.1—2003.1	
		吉树春	山东诸城	2001.2—2003.1	
十五届	市长	王继怀	山东寿光	2003.1—2003.1	代理
				2003.1—2006.4	
		郑建军	山东临朐	2006.4—2007.1	
		张韶华	山东梁山	2007.1—2007.12	
	副市长	杨东民	山东安丘	2003.1—2007.1	
		王　备	山东寿光	2007.1—2007.12	
		刘锦山	山东安丘	2003.1—2007.1	
		王贤臣	山东安丘	2003.1—2006.6	
		徐明军	山东诸城	2003.1—2007.1	
		吉树春	山东诸城	2003.1—2006.6	
				2007.1—2007.12	
		吴桂珍	山东诸城	2003.1—2007.12	
		周寿清	潍坊坊子	2004.11—2007.12	
		张宝庆	山东诸城	2006.06—2007.12	
		王本明	山东诸城	2007.03—2007.12	
十六届	市长	张韶华	山东梁山	2007.12—2011.12	
		桑福岭	山东寿光	2011.12—2012.1	代理
	副市长	李广庆	山东安丘	2007.12—2012.1	
		周寿清	潍坊坊子	2007.12—2012.1	
		刘兴军	山东安丘	2010.1—2012.1	
		张宝庆	山东诸城	2007.12—2012.1	
		王本明	山东诸城	2007.12—2010.1	
		吴桂珍	山东诸城	2007.12—2012.1	
		江　波	山东青岛	2007.12—2012.1	
十七届	市长	桑福岭	山东寿光	2012.1—2016.6	
		杜建华	山东胶州	2016.6—	
	副市长	肖振胜	山东寒亭	2012.1—2015.1	
		张振城	山东广饶	2015.1—	

续表 15-1

届次	职务	姓名	籍贯	任职时间	备注
十七届	副市长	刘兴军	山东安丘	2012.1—	
		张宝庆	山东诸城	2012.1—2015.2	
		刘子庆	山东安丘	2012.1—2015.1	
		邱海芳	山东胶州	2012.1—	
		于新兵	山东安丘	2012.1—	
		刘兆泰	山东寒亭	2015.1—	
		王冰林	山西交城	2015.11—	

第二节 职能部门

安丘县继1987年4月15日第十一届人民代表大会第一次会议召开后，分别于1990年3月7日至11日、1993年2月23日至27日在县城召开第十二届、十三届人民代表大会，选举产生各届人民政府的县长、副县长。1987年—1992年，县政府成立县城市综合管理办公室、县法制局、县监察局、县旅游局等部门。1993年12月，在机构改革中，县政府改政府序列45个工作部门为28个，撤并县政策研究室、县农业局、县林业局、县畜牧局、县城建局、县文化局和县物价局等17个单位。次年起，根据山东省、潍坊市人民政府的要求，陆续恢复县文化局、县农业局、县林业局和县物价局等单位。

1994年3月，经国务院批准，安丘撤县建市。是年3月，安丘县人民政府改称为安丘市人民政府，县政府工作部门相应更名。

2010年3月，安丘市再次进行市政府机构改革。市政府设置工作部门24个，分别是：市政府办公室、市发展和改革局（市物价局）、市经济和信息化局、市教育局、市科学技术局（挂市知识产权局牌子）、市公安局、市监察局、市民政局、市司法局、市财政局、市人力资源和社会保障局（挂市外国专家局牌子）、市国土资源局、市住房和城乡建设局、市交通运输局、市水利局、市农业局、市商务局、市文化广电新闻出版局、市卫生局、市人口和计划生育局、市审计局、市环境保护局、市统计局、市安全生产监督管理局和市食品药品监督管理局。市政府派出机构2个：山东安丘经济开发区管理委员会和市大汶河旅游开发区管理委员会。其中，市监察局与中共安丘市纪律检查委员会机关合署办公，列入市政府工作部门序列，不计入政府机构个数；市人力资源和市社会保障局挂市外国专家局牌子；市科学技术局挂市知识产权局牌子。市物价局、市城市管理行政执法局、市金融工作办公室直属市政府领导。

市政府直属事业单位19个：市林业局、市规划局、市粮食局、市体育局、市地震局、市旅游局、市畜牧局、市农业机械管理局、市供销合作社联合社、市文化市场综合执法局、市市级机关事务管理局、市招商局、市人民防空办公室（挂市民防局牌子）、市农村经济管理局、市行政审批服务中心（挂为民服务中心牌子）、市经济技术开发区管理委员会、市农产品质量安全区域化管理办公室、市汶河生态林场管理委员会和市城顶山生态林场管理委员会。归口事业单位4个：市房产管理中心、市广播影视中心（挂市广播电视台牌子）、市农业综合开发办公室和市水资源河道管理局。其中，市规划局、市粮食局、市体育局、市地震局、市旅游局、市畜牧局、市农业机械管理局和市供销合作社联合社为参照管理事业单位。市房产管理中心归口市住房和城乡建设局、市广播影视中心归口市文化广电新闻出版局、市农业综合开发办公室归口市财政局、市水资源河道管理局归口市水利局，直属市政府领导。至2013年，职能部门未变动。

第三节 基层人民政府

1986年—1991年，安丘县设安丘、景芝、黄旗堡、南流、凌河、雹泉、官庄、红沙沟、大盛和庵上10处镇人民政府，设贾戈、石堆、赵戈、担山、刘家尧、慈埠、关王、王家庄、石埠子、临浯、宋官疃、金冢子、白芬子、管公、辉渠、夏坡、温泉、召忽、柘山、车庄、郚山和南逯22处乡人民政府。

1992年7月28日，贾戈、赵戈、慈埠、石埠子和刘家尧撤乡改镇。全县调整为15处镇、17处乡。

1994年11月1日，担山、管公和临浯撤乡改镇。11月24日，石堆撤乡改镇。年底，全市设19处镇、13处乡。

1995年12月29日，宋官疃、白芬子撤乡改镇。全市调整为21处镇、11处乡。

1996年1月3日，王家庄、柘山和召忽撤乡改镇。全市调整为24处镇、8处乡。

1997年7月9日，金冢子撤乡改镇。全市调整为25处镇、7处乡。

1999年3月16日，关王撤乡改镇。全市调整为26处镇、6处乡。

2000年2月22日，安丘、贾戈撤镇改街道，办事处机关分别驻原安丘镇和贾戈镇人民政府驻地；温泉乡并入红沙沟镇；车庄乡并入柘山镇；召忽镇并入石埠子镇；郚山乡、南逯乡合并为郚山镇，镇人民政府驻原郚山乡人民政府驻地；辉渠乡、夏坡乡合并为辉渠镇，镇人民政府驻原辉渠乡人民政府驻地。全市调整为25处镇、2处街道。

2001年2月，慈埠镇并入关王镇，担山镇并入赵戈镇，雹泉镇并入管公镇，宋官疃镇并入景芝镇。全市调整为21处镇、2处街道。

2003年6月10日，安丘市设立雹泉镇，原管公镇的雹泉西北村、雹泉东北村、雹泉西南村、雹泉东南村、大寿山、小寿山、吉山店子、山前、杏山子、莲花官庄、南官庄、马车岭、鞠家庄子、都家庄子、韩家庙子、下峒峪、中峒峪、老峒峪、岳家庄、代家坡、西北崖、崔家峪、胡家旺、前范山子、后范山子、落鸦石官庄、米布袋官庄、圈河、西黄家庄、青山官庄、水润道、张家溜、王家沟、徐家寨、张家官庄、富平官庄、东尚庄、西尚庄和北尚庄39个行政村划归雹泉镇管辖，镇人民政府驻雹泉镇东北村。全市调整为22处镇、2处街道。

2003年6月30日，潍坊市调整部分行政区划，划南流镇归潍坊市坊子区管辖。全市调整为21个镇、2处街道。

2007年8月28日，安丘市调整行政区划，撤销刘家尧镇、关王镇和贾戈街道，组建新安街道，由原刘家尧镇辖区、原关王镇丘西村等42个行政村、原贾戈街道东北村等35个行政村、赵戈镇王家庄村等40个行政村组成，办事处驻地在原刘家尧镇人民政府驻地；撤销白芬子镇，其行政区域并入兴安街道，原贾戈街道张田戈村等23个行政村划归兴安街道管辖；撤销临浯镇，其行政区域并入景芝镇；撤销红沙沟镇，原红沙沟镇红沙沟村等36个行政村、原关王镇井戈村等41个行政村划归凌河镇管辖；撤销雹泉镇，其行政区域并入辉渠镇，原红沙沟镇温泉村等27个行政村划归辉渠镇管辖；撤销庵上镇，其行政区域并入石埠子镇；撤销管公镇，其行政区域并入官庄镇；撤销王家庄镇，以原王家庄镇行政区域和赵戈镇赵戈村等42个行政村组建新的赵戈镇，赵戈镇镇政府驻地不变。大盛、郚山、柘山、金冢子、石堆和黄旗堡6处镇维持现状，不作调整。全市原21处镇、2处街道合并调整为12处镇、2处街道。

2007年9月5日，潍坊市再次调整部分行政区划，划黄旗堡镇、赵戈镇归坊子区管辖。

2009年5月11日，经山东省人民政府批准，划景芝镇的大圈、郭家庄子、东于戈庄、西于戈庄、旺民庄、前张家庄、后张家庄、刘家屯、杜家庄、北张洛、贾戈庄、高家庄、薛家庄和于家庄14个村归坊子区赵戈镇管辖。

2013年底，全市设10个镇政府、2个街道办事处。同时另设2个开发区。分别是：景芝镇、凌河镇、辉渠镇、石埠子镇、官庄镇、大盛镇、郚山镇、柘山镇、金冢子镇和石堆镇，新安街道和兴安街道，大汶河旅游开发区和安丘经济开发区。

第二章　政务纪要

第一节　第十届人民政府

安丘县第十届人民政府任期自1984年5月—1987年4月。任期内的1986年，全县工农业总产值（剔除上划的黄烟复烤产值）11.35亿元，按照可比口径计算，比1983年增长60.2%，年均递增17%。其中，工业总产值完成6.28亿元，农业总产值完成5.64亿元，分别比1983年增长94.1%和31.7%，年均递增24.7%和9.6%。农村经济总收入8.85亿元，比1983年增长58.3%，年均递增16.6%。农副产品商品率63.4%，比1983年提高29.4%；社会商品零售总额3.62亿元，比1983年增长47.9%；商品纯购进完成1.5亿元，纯销售完成2.17亿元，分别比1983年增长27.5%和32.9%，年均递增8.4%和9.9%；城乡居民储蓄余额1.55亿元，比1983年增长140%，年均递增33.3%；财政收入完成4796万元，按照可比口径计算，比1983年增长29.3%，年均递增8.9%。

第二节　第十一届人民政府

安丘县第十一届人民政府任期自1987年4月—1990年3月。任期内的1989年，全县完成国民生产总值14.63亿元，国民收入完成12.53亿元，工农业总产值完成19.38亿元。其中，农业总产值5.52亿元，工业总产值13.85亿元，农村经济总收入13.63亿元，社会商品零售额5.43亿元，外贸出口商品收购总值完成1.32亿元，实现财政收入7551万元，城乡居民储蓄余额3.78亿元，农民人均所得685元，职工人均工资1642元。

1989年，全县农田水利建设总投资2800万元，投工1100多万个，增强抗灾夺丰收的能力。在大旱之年，农业获得较好收成。粮食总产量6.06亿公斤，是历史上年总产量超过6亿公斤的4个年份之一。交售国家粮油5350万公斤，超额完成定购任务。多种经营总收入完成8.01亿元。

1989年，全县重点支持的59种产品中，有发电机、服装等十几种增产20%以上，机制纸、碳酸氢铵等20种增产10%以上。新开发全自动单纱强力机、风冷发电机等新产品、新品种96种。在原有4家国家二级企业的基础上，又有安丘县水箱厂、安丘八〇七〇厂晋升为国家二级企业；安丘县第二化工厂、安丘县联社等8家企业晋升为省级先进企业，35家企业晋升为市级先进企业。全县完成商品纯购进2.69亿元，纯销售3.19亿元，同比分别增长24.3%和11.1%。全年财政收入增长7.3%，税收入库1.08亿元。

第三节　第十二届人民政府

安丘县第十二届人民政府任期自1990年3月—1993年2月。任期内的1992年，全县完成国民生产总值25亿元，比1989年增长64%，3年间年均递增17.9%。国民收入完成21.73亿元，比1989年增长76%，年均递增18.8%。完成工农业总产值50.26亿元，比1989年增长76.2%，年均递增20.8%。实现财政收入10862万元，按可比口径比1989年增长13.8%。安丘县被国家统计局评定为中国农村综合实力百强县。

1992年，全县农业总产值完成14.12亿元，比1989年增长21.2%，年均递增6.6%。农村经济总收入22.06亿元，比1989年增长61.8%，年均递增17.4%。在全省排出的农村经济前10个县市区中，安丘县农业总产值列第4位，粮食总产列第3位。

1992年，全县乡镇以上工业实现销售收入14.35亿元，比1989年增长83.7%，年均递增22.5%。实现利税1.64亿元，比1989年增长80.4%。实现利润7589万元，比1989年增长90.3%，年均递增23.9%。县直工业上交利税

6729 万元，比 1989 年增长 85.4%，平均每年增长 22.8%。全县工业总产值 36.14 亿元，比 1989 年增长 1.14 倍，年均递增 28.9%。

1990 年—1992 年，安丘县城建设完成投资 2658 万元，平均每年 886 万元，县城被省爱国卫生委员会命名为省级卫生县城。城乡市场日趋繁荣活跃，全县城乡集贸市场发展到 125 处。全年集市贸易成交额 2.27 亿元，比 1989 年增长 69.1%，年均递增 19.1%。社会商品零售总额 9.1 亿元，比 1989 年增长 68%，年均递增 18.9%，在全省 25 个沿海开放县（市）中居第 8 位。

1992 年，全县外贸出口商品收购总值完成 4.9 亿元，比 1989 年增长 2.7 倍，年均递增 54.6%。1990 年—1992 年，累计完成利用外资项目 58 个，实际利用外资 2387.2 万美元。其中，办成“三资”（中外合资经营企业、中外合作经营企业、外资企业）项目 48 个，实际利用外资 1108.6 万美元。安丘县成为山东省 15 个首批外贸出口供货值过亿元、利用外资过千万美元的县之一。

1990 年，安丘县成为全国卫生试点县和省级卫生示范县，1992 年创建成省级卫生达标县；农村合作医疗覆盖率 100%，被世界卫生组织初步确定为合作医疗保健制度 5 个联系点之一。

1992 年，全县农民人均纯收入 942 元，比 1989 年增加 257 元，增长 37.5%，年均递增 11.2%。职工人均工资 2331 元，比 1989 年增加 689 元，增长 42%，年均递增 12.4%。

第四节　第十三届人民政府

安丘市第十三届人民政府任期为 1993 年 2 月～1998 年 1 月。任期内的 1997 年，全市完成国民生产总值 81.03 亿元，按可比价格计算，比 1992 年增长 1.5 倍，年均递增 19.9%。财政总收入实现 40151 万元，比 1992 年增长 2.64 倍，年均递增 29.5%。

1997 年，全市农业增加值完成 23.88 亿元，比 1992 年增长 67.1%，年均递增 10.8%。粮食生产在大旱之年获得较好收成，总产量 5.89 亿公斤。农村经济总收入 209 亿元，增长 8.4 倍，年均递增 57%。1993 年—1997 年，安丘市先后被国家统计局命名为中国农村综合实力百强县（市）、中国明星县（市）；经山东省人民政府验收，在全省首批建成“小康市”。

1997 年，全市乡镇办以上工业增加值 17.8 亿元，比 1992 年增长 3.5 倍，年均递增 35.2%；销售收入 51.2 亿元，增长 2.9 倍，年均递增 31.3%；实现利税 6.62 亿元，增长 3.1 倍，年均递增 32.5%；实现利润 2.36 亿元，增长 2.6 倍，年均递增 29%。

1997 年，全市第三产业增加值 23.06 亿元，比 1992 年增长 1.8 倍，年均递增 22.8%，占国民生产总值的比重由 1992 年的 24.5% 提高到 33.4%；社会消费品零售总额 24.6 亿元，增长 2.4 倍，年均递增 28%；城乡集贸市场发展到 135 个，大型商业网点发展到 20 多个，城乡集市贸易成交额 21.29 亿元，增长 10 倍，年均递增 61.5%。

1993 年—1997 年，全市累计完成全社会固定资产投资 50.7 亿元。投资 3.2 亿元，修建大中型桥梁 12 座，拓宽国、省道 58 公里，县乡公路 15 条、120 公里，有 27 处乡镇通柏油路，油路里程由 1992 年的 152 公里增加到 315 公里；建成全省第一高度的 106 米移动通信铁塔，完成境内数字网工程，安装电话 5.8 万门，比 1992 年底增加 3.6 万门，电话普及率由每百人 0.03 部增加到 3.39 部；完成城市配套建设投入 1.2 亿元，新建、改建、扩建外环路等市区道路 25.6 公里，新铺供水管道 5 万多米，建成工业供水站，新增绿地 12 万平方米，绿化覆盖率 33.5%，市区面积由 8.5 平方公里扩大到 13 平方公里，人口由 8 万人增加到 11 万人；投资 5.2 亿元完成小城镇建设，全市城镇化水平由 15% 提高到 29%。

1997 年，全市农民人均纯收入 3100 元，比 1992 年增加 2158 元，增长 2.3 倍，年均递增 26.9%。职工人均工资 5650 元，比 1992 年增加 3319 元，增长 1.42 倍，年均递增 16.4%。

1997 年，全市组建企业集团 32 家。其中，潍坊市级 6 家、省级 15 家、国家级 2 家，总资产约计 50 亿元。山东景芝酒业股份有限公司在省产权交易所挂牌上市。安丘市先后被省委、省政府授予科教兴鲁先进集体称号，被国家科技委授予全国科技工作先进市、全国科技实力百强市称号。

1994 年—1997 年，安丘市连年完成潍坊市人口目标责任书规定的指标，均获潍坊市人口责任达标一等奖；先后建成省级卫生县城和全国初级卫生保健达标先进市;被省委、省政府授予计划生育“三为主”先进单位称号。

第五节　第十四届人民政府

安丘市第十四届人民政府任期自1998年1月—2003年1月。任期内的2002年，全市完成国民生产总值76.5亿元，比1997年增长61.8%，年均递增10.1%；城乡居民储蓄余额39.4亿元，增长79.4%；社会消费品零售总额31.86亿元，增长29.4%；农民人均纯收入3310元，城镇居民人均可支配收入6650元。

2002年，安丘市规划建设市经济技术开发区和10个镇级工业园，设立领导干部创业园。市经济技术开发区完成投资2.5亿元。进区项目58个，完成总投资13亿元。1998年—2002年，全市完成固定资产投资88.8亿元。有16个项目进入国家和省计划笼子，并有5个项目投资过亿元。

2002年，全市经济作物面积92万亩，粮经比例4∶6。农产品加工出口增长迅速，规模以上农产品加工龙头企业发展到30家，全市农产品出口创汇5227万美元，并配送到北京、深圳等大中城市的60多家大中型超市、批发市场。

1998年—2002年，全市实施技改项目1106项，投产达产项目935项，完成投资35.9亿元。企业改革不断深化，有378家国有集体企业全面完成改制任务，组建股份有限公司或有限责任公司。2002年，全市规模以上工业企业完成增加值11.3亿元，实现销售收入40.8亿元，利税3.4亿元，年均分别递增12.6%、13%和10%。

1998年—2002年，安丘市对外贸易日趋活跃，外贸出口保持快速增长的良好势头，年均增幅46.5%。自营出口创汇完成2.87亿美元。其中，2002年完成8636万美元。

1998年—2002年，全市用于市场建设的投资2亿多元，新开发面积6.8万平方米，各类专业市场发展到138个，年交易额40亿元。安丘市新建安丘兴业、安丘中百佳乐家等6家超市。

1998年—2002年，安丘市投资20多亿元，配套建设供电、供水、排水、污水处理、供热、供气、邮电通讯等基础设施。新建和改造G206国道、潍安路、下小路、央赣路、商场路和西环路等交通干线10条175公里。建成占地108亩的汶河广场。

从2001年起，安丘市实行城市规划建设战略性调整。至2002年，市北区框架基本形成。市经济开发区、行政办公区建设初具规模，城市规划面积扩大到36.5平方公里。2002年，安丘市投资3000万元，完成青云山二期开发建设工程，获国家AAA级旅游度假区称号。城市绿化水平进一步提高，绿化覆盖率39%。

2002年，全市实现地方财政收入3亿余元，比1997年增收6907万元，年均递增5.4%。市金融部门积极融通资金，支持地方经济建设。年底，各项存款余额49.7亿元，各项贷款余额37.9亿元，年均分别递增13.7%和10.7%。1998年—2002年，安丘市先后被民政部、国家科技委、国家体育总局授予全国民政工作先进市、全国科技工作先进市、全国体育工作先进市等称号。

第六节　第十五届人民政府

安丘市第十五届人民政府任期自2003年1月—2007年12月。其间，完成全社会固定资产投资421.4亿元。2007年，完成地区生产总值132.5亿元，是2002年的2.5倍。实现地方财政收入3.83亿元，比2002年增加近亿元；可用财力7.4亿元，比2002年增加3.5亿元；财政总收入8.9亿元，比2002年增加3.3亿元。全市规模以上工业企业发展到292家，实现主营业务收入157.4亿元、利税11.3亿元，分别是2002年的4.5倍和3.4倍；省级以上高新技术企业21家，科技进步对经济增长的贡献率58.1%；省级以上著名品牌31个，其中中国驰名商标1个、中国名牌产品3个、国家免检产品3个。潍坊市级以上农业龙头企业发展到39家，建成生姜栽培、出口芦笋、大樱桃栽培3个国家农业标准化示范区，安丘大姜被国家质检总局认定为国家地理标志产品。青云湖休闲度假乐园获国家AAA级旅游区称号，大汶河水利风景区获国家水利风景区称号，大汶河湿地公园被建设部授予国家城市湿地公园称号。

2007年，全市完成第三产业增加值38亿元，比2002年增加18亿元。市北区开发与市南区改造同步实施，各项基础设施基本配套，成为首批通过山东省政府审核的省级开发区。基础设施建设和城中村改造力度加大，实施商场路、长安路、永安路、和平路等一批重点改造工程，新建一批商住项目，新修和改造市区道路25.3万平方米，新安装路灯996盏，新增绿地27万平方米，新栽植各类树木140余万株。建成省级绿化示范镇1处、示范村6个、森林公园2个，全市森林覆盖率28%。镇、村新一轮规划基本完成，实施国省道、县乡道路改造和村村通等一批重点工程，改造国省道78公里、县乡道路156.9公里；新修村村通柏油路834公里，通村率62.7%；新增村村通自来水受益人口48.6万人，普及率75%；有线电视通村率98.3%。

2007年，安丘市公共文化设施更加完善，文化遗产保护工作成效显著，顺利通过全国文化先进市复查验收。扎实推进社会稳定和安全生产工作，被山东省人民政府授予“平安山东”建设先进市称号。

第七节　第十六届人民政府

安丘市第十六届人民政府任期自2007年12月—2012年1月。2007年—2011年，累计完成固定资产投资506亿元，三次产业比重由2007年的20∶50.6∶29.4调整为18.5∶49∶32.5。2011年，全市完成地区生产总值197亿元，实现地方财政收入7.78亿元，城乡居民储蓄余额147亿元，分别是2007年的1.51倍、2.03倍和2.16倍；城镇居民人均可支配收入15930元，农民人均纯收入9450元，分别是2007年的1.73倍和1.66倍。

2008年，安丘市农产品质量安全区域化管理被山东省委、省政府确定为“安丘模式”，在全省推广，并上升为国家标准于2011年9月1日颁布实施；安丘市被国家质检总局评为全国首批出口食品农产品质量安全典型示范区。全市发展标准化种植基地85万亩、养殖基地805个，潍坊市级以上农业龙头企业83家，农民专业合作社706个，4种农产品被国家质检总局认定为国家地理标志产品。“柘山花生”在第九届中国国际农产品交易会上获金奖。安丘市全面完成97座大中小型水库的除险加固任务，实施全国小型农田水利重点县项目以及南水北调、高标准农田建设等水利工程。夏粮实现连续9年增产丰收。

2007年—2011年，安丘市完成工业投资221亿元，实施投资过亿元的项目79个，规划建设14平方公里的低碳产业园，培植起机械制造、食品加工、医药化工、纺织服装和建筑材料5大支柱产业，电子信息、新能源、新材料等新兴产业初具规模。全市规模以上企业290家，建成潍坊市级以上工程技术研究中心29家、企业技术中心14个，建立院士工作站、省级企业重点实验室各1个，高新技术企业发展到14个，中国专利山东明星企业16家，4A级、3A级标准化良好行为企业分别有2家和3家，中国名牌产品、中国驰名商标分别达3个和5个。景芝酒业公司争创山东省省长质量奖通过验收公示。2011年，全市规模以上工业实现主营业务收入309.2亿元、利税22.2亿元，分别是2007年的1.97倍和1.95倍。

2011年，安丘市生态文化旅游快速发展，规划建设“一区三线”（一区：整合青云山、青云湖、城市湿地公园等旅游资源，打造35平方公里的山河湖湿地城市生态休闲旅游度假区；三线：打造以城顶山、五龙山为代表的山区生态观光游，以庵上石坊、公冶长书院为代表的历史文化游，以景芝酒之城为代表的酒文化游等三条精品旅游线路）100平方公里的生态文化旅游区，建成国家AAAA级旅游景区2处、AAA级旅游景区3处，国家城市湿地公园和国家级水利风景区各1处，全国特色景观旅游名镇1处、省旅游强乡镇2处、旅游特色村1个、农业旅游示范点3个。

2011年，安丘市规划实施城市6大商贸区建设；“万村千乡”市场工程扎实推进，建成农家店364家；“家电下乡”销售额连续4年保持全省第一。金融业发展良好，新成立3家小额贷款公司，引进齐鲁证券、中信万通2家证券公司，新设立邮政储蓄银行、潍坊银行安丘支行，农村信用社改制为农村商业银行，获中国金融生态市称号。

第八节　第十七届人民政府

安丘市第十七届人民政府任期自2012年1月开始。2013年，全市完成地区生产总值247.9亿元，增长10.3%；规模以上固定资产投资190.7亿元，增长22.5%；地方财政预算收入13.76亿元，增长25.2%。三次产业比重由上年的19.2∶48.6∶32.1调整为18.5∶47.6∶33.9。

2013年，安丘市高新技术产业园、先进制造产业园等园区初具规模，安丘（滨海）特色产业园建设顺利；规模以上工业企业发展到354家，实现主营业务收入411亿元、利税25.9亿元，景芝酒业公司董事长和鲁安药业公司获潍坊市市长质量奖。

2013年，安丘市成立全国首个农业综合标准化研究所，创建为国家级农业综合标准化优秀示范市；柘山镇被农业部评为全国“一村一品”花生产业示范镇；建设“旱能浇、涝能排”高标准农田14.1万亩，被国土资源部确定为全国高标准基本农田建设示范县。

2013年，安丘市加快推进金融中心、颐高电子商务产业园、翰沃城等重点项目，盛大农产品交易市场部分建成运营；完成企业主辅业分离384家，新发展限额以上商贸流通企业99家，总量达175家，市供销联社被国家标准委员会确定为农贸综合服务标准化试点单位；齐鲁酒地文化创意产业园获国家AAA级旅游景区称号，青云国际旅游度假区被省政府批准设立为省级旅游度假区，留山景区被国家林业局评为国家级森林公园；新引进设立银行和保险机构6家，3家企业在齐鲁股权交易中心挂牌。

2013年，安丘市在中心城区，开展市区控制性详细规划、重点区域详细规划和市场、绿地系统等专项规划编制，新修改造北外环、新潍安路等城市道路14条、33.6公里，新建改建汶河大桥3座；青云山市民广场和新汽车站建成并投入使用；新增新能源公交车40辆；设置公共自行车站点95个，投用公共自行车2280辆；完成金山水厂向中心市区供水工程。在特色城镇和新型农村社区建设方面，改造维修县乡公路90公里、大中桥梁6座，农村公路网化工程竣工488.7公里，被省交通运输厅、省财政厅列为第二批全省村级公路网化示范县；建成农村饮水安全工程136个，解决259个村、14.15万人的饮水安全问题，农村自来水覆盖率和水质合格率均100%；启动建设新型农村社区37个，整体搬迁32个村、部分搬迁93个村，建设安置楼231幢，搬迁入住2850户。景芝镇被省城镇化工作领导小组办公室评为全省百镇建设示范行动十强，凌河镇被潍坊市政府确定为潍坊市小城镇建设示范镇，郚山镇被省旅游局评为山东省旅游强镇，辉渠镇被省旅游局评为山东省乡村旅游示范镇、好客山东最美乡村称号。

2013年，安丘市实施城市管理“十大提升工程”（环卫保洁绿化、园林市政设施、居住小区管理、城市废弃物综合处置、交通秩序管理、交易秩序管理、市容市貌管理、规划建设秩序管理、精品示范街区管理、智慧城市建设），启动“数字城管”建设，城镇生活垃圾无害化处理率、环卫一体化村级覆盖率均100%；开展“美丽村庄”和“环卫工作先进村”创建评选活动；扎实推进“三八六”（利用三年时间，重点打好八大战役，制定六项保障措施，实现水、大气、减排三大目标）环保行动深入开展，关停违法排污企业53家，成功创建为省级森林城市、省级园林城市、省级优秀旅游城市。

2013年，安丘市完成市实验中学新校、市第二实验小学、新安街道新安学校等9所市区学校建设项目，57所学校通过潍坊市标准化建设达标验收，新建和改扩建普惠性标准化幼儿园38所，实施农村中小学校舍安全工程项目30个、11.6万平方米。设立安丘文化奖，新组建市广电传媒有限公司，广电事业和产业发展走上全媒体宣传、多元化经营的新路子。

2013年，安丘市输送的运动员代表山东省参赛，在第十二届全运会上夺得金牌2枚、铜牌1枚。卫生和人口计生工作扎实开展，成功创建为国家级除“四害”先进市和省级慢性病综合防控示范区。

2013年，安丘市提供2167名创业人员小额贴息贷款1.28亿元；设立大学生创业孵化基地和创业园，吸引125名大学生入驻创业；发放4298名低保和贫困重度残疾人生活补助202.7万元；被中国残联评为全省第二个全国阳光家园示范区。

第三章 综合政务

第一节 政府办公室

1986年，安丘县人民政府办公室为正科级行政机构。1988年3月，县政府成立安丘县经济战略研究中心，为正科级行政机构，隶属县政府办公室。1989年6月，安丘县经济体制改革办公室更名为安丘县经济体制改革委员会。是年7月，安丘县人民政府驻海南办事处成立，正科级事业编制，隶属县政府办公室。1990年4月，县政府成立安丘县人民政府法制局，为正科级行政机构，挂靠县政府办公室。是年10月，设立机要科、民族宗教事务科，均为副科级建制，隶属县政府办公室。12月，设立安丘县人民政府驻深圳、汕头和青岛办事处，副科级事业单位，隶属县政府办公室。1992年2月，设立安丘县无线电管理委员会办公室，正科级行政机构，隶属县政府办公室；安丘县人民政府外事办公室与安丘县旅游局合并，隶属县政府办公室，一套班子两块牌子。

1993年12月，安丘县机构改革，县政府撤销机要科、民族宗教事务科、县经济战略研究中心、县无线电管理委员会办公室、县侨务办公室、县人民政府外事办公室、县人民政府法制局、县经济体制改革委员会和县地方史志编纂委员会办公室。

1994年11月，安丘市人民政府撤销市政府驻海南办事处和安丘市人民政府驻深圳、汕头和青岛办事处。是年12月，设立安丘市人民政府驻厦门办事处，副科级事业单位，隶属市政府办公室。1995年3月，复立安丘市经济体制改革委员会办公室，为正科级行政机构，隶属市政府办公室。1996年，市史志办公室从市档案馆划归市政府办公室。1997年1月，市政府成立安丘市城市管理委员会办公室，为正科级行政机构，隶属市政府办公室；复置安丘市人民政府法制局，为正科级行政机构，隶属市政府办公室。2002年，设立安丘市人民政府办公室督查科，股级；设立安丘市史志办公室，为正科级全额拨款事业单位，隶属市政府办公室。2004年，安丘市人民政府办公室督查科更名为安丘市人民政府督查室，正科级行政机构。2007年7月，市政府成立安丘市人民政府行政复议办公室，为正科级行政机构，与市政府法制局合署办公，隶属市政府办公室；成立安丘市金融证券业发展协调办公室（简称市金融办），为正科级行政机构，归口市政府办公室。

2010年3月，按照市机构改革的要求，市政府法制局更名为市政府法制办公室、市金融证券业发展协调办公室更名为市金融工作办公室、市政府政策研究室更名为市政府研究室、市外事侨务局更名为市外事侨务办公室；市政府办公室内设的市政府法制办公室（市政府行政复议办公室）、市政府督查室、市政府研究室和市金融工作办公室，其主任按正科级配备、副主任按副科级配备，内设的市政府应急办公室，其主任按副科级配备；市外事侨务办公室为市政府办公室下属正科级财政拨款事业单位；市金融工作办公室直属市政府领导；市民族宗教事务办公室不再挂市政府民族宗教事务局的牌子，仍与市委统战部合署；市史志办公室、市人民政府招待所隶属关系、规格、性质不变；市机关幼儿园整建制划归市教育局，规格、性质不变。根据职责的需要，调整后市政府办公室下设：市政府法制办公室（挂市政府行政复议办公室牌子）、市政府督查室、市政府研究室、市金融工作办公室、市政府应急管理办公综合值班科、秘书科、信息科、行政科、财务科、组织人事科、网络机要无委科和市长公开电话室。

2011年2月，安丘市人民政府行政复议办公室改为安丘市人民政府行政复议裁决办公室。

2013年12月23日，市金融办由市政府办公室内部机构调整为市政府直属正科级财政拨款事业单位，同时加挂安丘市地方金融监督管理局牌子。

第二节　调查研究

安丘市人民政府调研工作主要围绕全市发展大局，调查研究关系全市改革发展稳定的重点、热点和难点问题，为市政府科学决策提供依据。1986年—1990年，重点调查研究发展农业经济、完善农村政策、壮大乡镇企业、活跃市场经济等工作。1991年—1995年，开展以调整农业结构、扩大对外开放和推进企业改革为重点的调查研究。1996年—2000年，重点围绕加快农业现代化、发展个体私营经济、繁荣商贸流通业和实施科教兴安战略等工作开展调查研究。2001年—2005年，围绕应对入世挑战、工业立市、招商引资、农业标准化等重点开展调查研究。2006年—2010年，重点围绕农产品质量安全管理、农村合作经济组织、重点项目建设、发展服务业、繁荣城市经济和小城镇建设等工作开展调查研究。2011年—2013年，开展以财税管理体制改革、破解发展瓶颈、加快经济转型升级、培植骨干企业、培育新兴产业和推进城镇化为重点的调查研究，其中《关于玻璃钢产业发展情况的调查与思考》获2012年度山东省政府系统优秀调研成果三等奖。

第三节　督查工作

2002年—2013年，安丘市人民政府督查室围绕全市中心工作，推进“一线”工作法。坚持重点督查、主动督查、强势督查、调研督查和综合督查等方式，重点对全市城建项目、工业项目开展现场督查、跟踪督查和反复督查。结合督查情况，及时向市政府领导全面、准确反馈决策落实情况和存在的问题，并分析问题存在的原因，提出解决问题的建议，发挥好参谋助手作用。督查工作逐步形成全面常规性督查和主动策划督查相结合的格局。设立安丘市市长公开电话室，开通市长公开电话，负责受理、答复和协调解决群众关心的热点、难点问题。同时，市长公开电话室对群众来电集中反映强烈的问题编写《来电动态》，向市政府领导呈报来电情况，提供领导决策第一手资料。

第四节　法制工作

行政执法监督检查

1990年4月，安丘县人民政府法制局制定《关于加强行政执法和行政执法监督检查的暂行规定》，监督检查全县行政执法机关和行政执法人员特别是行政执法机关的领导干部的法律、法规、规章的学习，实施法律、法规、规章的目标责任制和违法案件及时正确处理等情况。1995年，安丘市人民政府法制局清理登记全市行政执法人员，分类规范管理。1996年，制定市政府依法行政“二五”规划，深化行政执法体制改革，加强对行政行为的监督，健全政府立法和制定规范性文件机制，推进行政决策科学化、民主化、规范化，不断提高行政执法效能，创造经济社会全面协调可持续发展的良好法治环境。1997年，下发《关于实行行政执法有误通报制度的通知》，提高全市行政执法监督检查工作效能。2004年，按照《国务院全面推进依法行政实施纲要》的规定，对全市行政机关及执法人员的执法情况分类进行监督检查，规范执法行为，增强执法人员业务素质，提高全市行业执法整体水平。是年始，清理规范各类年审年检事项，组织行政执法案卷评查活动。2005年，制定《安丘市行政执法目标责任制考核实施细则》，加强对依法行政各项工作的督促落实。2006年，市政府办公室制定《关于推行行政执法责任制的实施意见》，梳理执法依据，依法界定执法职责，全面做好执法职权分解与执法标准、执法责任确定工作。2008年，市政府法制局根据山东省、潍坊市人民政府的要求和安丘市人民政府办公室《关于开展规范行政处罚自由裁量权工作的实施意见》，全面梳理、规范各行政执法部门的行政处罚自由裁量权，并编集成册，形成《安丘市规范行政处罚自由裁量标准汇编》。

法制宣传和执法培训

1990年，县法制局开展学习贯彻《行政诉讼法》活动。在安丘县电台、电视台、报刊等媒体开设专栏，结合送法下乡活动进行学习宣传，现场解答群众咨询，发放宣传材料，向全社会宣传《行政诉讼法》内容。同时，对全县行政执法人员轮流进行执法培训，增强他们严格依法办事的观念和执法水平。1996年始，每年均组织开展市场经济法律法规培训，规定法律集中宣传日，宣传有关法律法规。1997年，明确第一批市级行政处罚主体，分别进行行政处罚法学习和培训，明确行政机关行使行政处罚权的职权范围、程序等，保证行政机关依法行政。2005年，举办全市行政执法人员培训班，集中培训2000余名行政执法人员，并进行行政执法人员公共法律知识考试。同年，市政府制定《关于贯彻国务院全面推进依法行政实施纲要的意见》，在全市各级领导干部和工作人员中深入开展《纲要》的学习、宣传和培训工作，坚持和完善领导干部学法制度，将法律知识培训纳入领导干部理论培训的总体计划，使其在实际工作中自觉落实《纲要》所提出的各项任务。2012年11月，举办全市贯彻实施行政强制法和行政程序规定培训班，集中培训全市2000余名行政执法人员，学习《行政强制法》和《山东省行政程序规定》，并进行统一考试。

规范性文件的制定、审核与清理

1990年—2013年，安丘市人民政府每年均全面检查全市规范性文件的制定发布、备案审查、清理等情况，及时予以修改或废止不符合上位法规定、内容相互抵触、依据缺失或者不适应经济社会发展要求的规范性文件，特别是含有加重企业负担、地方保护、行业保护等方面内容的规范性文件。1990年，发布《安丘县政府关于规范性文件制定程序的暂行规定》，对规范性文件的计划、起草，审定、批准、发布及解释、修改和废止提出明确的标准和要求，保证规范性文件质量，提高工作效率。2005年，制定《安丘市行政机关规范性文件管理办法》，进一步加强全市行政机关规范性文件的管理工作，维护法制统一，促进依法行政。2012年，制定发布《安丘市人民政府办公室关于落实规范性文件统一编号公布制度的通知》，统一登记、统一编号、统一公布市政府发布的规范性文件。

行政复议应诉工作

1990年—2013年，安丘市人民政府行政复议裁决办公室代表市政府审理行政复议案件300余件，参加行政应诉案件50余件。用法律手段予以维护市政府和行政复议当事人的合法权益。

第五节 外事 侨务

侨务

1986年—2013年，中共安丘市委、市人民政府每年坚持定期走访慰问归侨眷属，了解他们生产、生活现状，征求他们对侨务工作的意见，解决归侨侨眷实际困难；向归侨侨眷宣传党和国家的侨务政策及安丘改革开放、经济发展情况；调查摸底全市侨民情况，整理归档，建立详实准确的侨情资料信息库。对因公出国团组和人员，填写出访备案表，登记拟出访的国家和地区、访问对象及洽谈项目等情况。2008年，在全市开展对归侨、侨眷、侨资企业的普查登记和确认工作。从普查情况看，安丘市华侨华人数量众多，就业层次也较高，他们大多数是改革开放以来出国留学人员，分布在10多个国家和地区。2013年，侨资企业发展至8家。是年，全市组织《中华人民共和国归侨侨眷权益保护法》宣传教育活动，利用广播、电视、报刊、标语等多种形式宣传侨务法规，召开归侨侨眷座谈会，依法维护归侨侨眷的合法权益。

外事

进入21世纪，随着对外交流不断深入，外国友人、政府官员及商务考察团频繁来安丘市考察交流。每年潍坊国际风筝会期间，均有大批国外风筝爱好者和国际友人到安丘进行风筝放飞表演交流、旅游、经贸考察。2000年7月，朝鲜国家女排应邀与山东省女排在安丘市体育馆进行两场友谊比赛。这是安丘市首次接待国际国家级体育代表团。2003年9月，韩国经贸考察团一行30人到安丘考察访问。2004年6月，俄罗斯莫斯科和平基金会代表团访问安丘。2006年7月，菲律宾众议院议长何塞·德贝内西亚一行17人到安丘访问。2007年7月，泰国商业部部长格盖·吉拉佩一行8人到安丘考察农业。2008年，密克罗尼西亚联邦总统伊曼纽尔·莫里一行6人到安丘进行友好访问。2010年，美国、俄罗斯、德国、澳大利亚、加拿大、日本、韩国、新加坡、伊朗、荷兰、西班牙等27个国家的34名驻华使节到安丘考察交流。2011年，斯里兰卡、尼泊尔、巴基斯坦等25个发展中国家的食品安全管理官员到安丘考察农产品质量安全区域化管理工作。2012年，英国新鲜农产品协会（FPC）执行总裁一行8

人到安丘参观考察蔬菜出口示范基地和农产品加工企业。2013年，泰国、韩国农业考察团分别到市农业综合标准化管理中心、市农产品质量检测中心等地参观考察，进行友好交流。

第六节　金融管理

2007年7月17日，安丘市金融证券业发展协调办公室（简称市金融办）成立，归口市政府办公室，设金融协调科、上市指导与证券科2个职能科室，负责金融、保险证券业的发展协调和企业上市等有关工作。2010年7月28日，安丘市金融证券业发展协调办公室改为安丘市金融工作办公室，作为安丘市政府办公室内部机构，正科级规格，配备主任1名、副主任1名。2012年7月20日，根据《安丘市机构编制委员会办公室关于设立安丘市金融服务中心的批复》，安丘市金融服务中心设立，为市政府办公室所属股级财政拨款事业单位，在市金融办指导下开展工作。2013年12月23日，市金融办由市政府办公室内部机构调整为市政府直属财政拨款事业单位，同时加挂安丘市地方金融监督管理局牌子，正科级规格。市金融服务中心由隶属市政府办公室调整为隶属市金融办，其编制、人员整体划转到市金融办，单位性质、规格不变。

第七节　史志编纂

1986年，安丘县史志编纂机构为安丘县史志办公室。1993年，安丘县事业单位改革，县史志办公室职能与工作人员并入县档案馆，对外行使职能仍称县史志办公室。1996年，市史志办公室从市档案馆划归市政府办公室。2002年，市政府成立安丘市史志办公室，为正科级全额拨款事业单位，隶属市政府办公室。具体承担拟定、组织实施市地方志工作规划及规范标准，组织编写市志并指导各乡镇（街道）编辑出版乡镇（街道）志、村志及市直部门志、厂志，收集研究和开发利用市情资料，承办《山东年鉴》《潍坊年鉴》及《山东省志》《潍坊市志》部分资料的编写工作。

1986年以前，全县有32部乡镇志、10部专业志，草成初稿，油印行世。1992年，出版的《安丘县志》，共33编，104万字，历时近10年完成，真实、系统记录安丘从1840年鸦片战争到1985年140多年自然和社会各个方面的历史和现状。全书综合运用述、记、志、传、图、表、录等载体，以志为主，图表穿插于章、节、目之中。文字表述运用语体文、记述体，寓观点于史实记述之中。全书以经济建设记载为重点，同时突出政治部类记述，但不设政治运动专编，内容散见于大事记和有关专志。2002年，市史志办根据市委、市政府的要求编辑整理《铭记同乡》，收录780人，入书者为安丘籍和籍贯不是安丘但父母在安丘工作的在外地工作人员及国外和港澳台居住的安丘籍人员。2005年，史志办编辑整理《铭记同乡》第二集，收录298人。

第八节　行政　审批

2002年1月1日，安丘市行政审批服务中心（简称市行政审批中心）成立，3月在市招商大厦挂牌对外办公，属市政府派出机构，为正科级事业单位。2008年，新设安丘市为民服务中心，与市行政审批中心合署办公，一个机构，两块牌子。市行政审批中心机构设置两层次：第一层次为行政审批中心管理层，设综合科、业务科和督查科；第二层次为窗口服务层，进驻部门分别在审批大厅设立窗口，集中办公，负责进驻项目的审批和相关事项的咨询服务。

2002年，市行政审批中心首批进驻部门14个，分别为市发改局、建设局、外经贸局、经贸局、国土局、环保局、公安局、水利局、劳动保障局、卫生局、文化局、交通局、工商局和质监局，进驻项目117项。2003年，随着中心运行和社会需求变化，相应调整进驻部门和项目，新增进驻部门10个，分别为市财政局、农业局、林业局、国税局、地税局、畜牧局、安监局、公路局、房管局和地震局，新增进驻项目96项，进驻中心项目增加到162项。其中，收费项目93项、不收费项目69项。

2007年2月，市行政审批中心由市招商大厦迁至市政府招待所三号楼办公，进驻部门23个，分别为市发改局、建设局、外经贸局、节能办、国土局、环保局、公安局、水利局、规划局、劳动保障局、卫生局、交通局、工商局、质监局、林业局、国税局、地税局、安监局、人防办、房管局、城管执法局、气象局和地震局，进驻中心项目126项。其中，收费项目39项、不收费项目87项。

2013年9月，市行政审批中心由市政府招待所三号楼搬迁至市北区市政务服务大厅办公。设立企业服务区、公共资源交易服务区、民生服务区和投资项目审批服务区，政务大厅入驻部门30个，分别为市安监局、城管局、地税局、地震局、发改局、房产中心、工商局、规划局、国税局、国土局、环保局、交通局、经信局、林业局、民营中心、民政局、农机局、气象局、人社局、人防办、商务局、药监局、水利局、卫生局、物价局、消防中心、畜牧局、质监局、住建局、农业局。涉及行政审批服务事项249项 。是年，加大投入，完善办公网络系统，实行网上审批。投资50万元安装审批服务管理软件，更新窗口办公硬件，搭建立体政务服务平台。按照“审批一站式，服务一条龙”的要求，对安丘市确定的重点项目，开通绿色通道，推行并联审批、模拟审批和全程代办服务。采用现代化信息管理手段，实时电子监察、预提示业务和工作纪律等情况，提高效率，方便群众。

第九节　机关事务管理

2003年9月29日，安丘市人民政府设立安丘市市级机关事务管理局，为正科级全额拨款事业单位，直属市委、市政府领导。内设办公室、机电维修科和生活财务科。

2009年12月8日，安丘市机构编制委员会办公室下发《关于调整市级机关事务管理局编制的通知》，增加市市级机关事务管理局编制65人，调整后编制为77人。2010年7月28日，依据《安丘市人民政府办公室关于印发安丘市市级机关事务管理局主要职责内部机构和人员编制规定的通知》，市市级机关事务管理局增加对市级机关有关办公区和住宅区的建设、管理、安保和生活保障服务职责。

第 十 六 编

政协地方组织

第一章　政协安丘市委员会

第一节　全体委员会议

政协安丘县委员会第一届、第二届全委会议前志已述。1987年—2014年，共举行全委会议7届28次。

政协安丘县第三届委员会

第一次会议　1987年4月14日—18日召开。出席会议政协委员按界别包括：中国共产党9人，共青团10人，工会13人，妇联11人，工商联20人，文学艺术11人，农业22人，科技34人，教育37人，体育5人，医药卫生34人，少数民族3人，归国华侨侨属联合会6人，宗教4人，特邀14人。会议听取审议二届政协常委会工作报告和各专门委员会工作报告；列席县十一届人大一次会议；听取并协商讨论《政府工作报告》；选举吴永富为县政协主席，选举产生副主席4人、常务委员35人。

第二次会议　1988年4月10日—14日召开。会议听取并讨论县委书记王玉芬讲话；听取审议政协常委会和提案办理工作情况报告；列席县十一届人大二次会议，听取并协商讨论《政府工作报告》及其他有关报告；通过大会决议。

第三次会议　1989年4月6日—9日召开。会议听取并协商讨论政府工作报告；听取审议政协常委会工作报告，讨论审议各专门委员会工作报告；补选副主席1人，增选政协常务委员3人；通过大会决议。

政协安丘县第四届委员会

政协安丘县第四届委员会，有委员237人，常务委员41人，界别15个，共召开全委会议3次。

第一次会议　1990年2月28日—3月4日召开。出席会议政协委员按界别包括：中国共产党10人，共青团9人，工会10人，妇联12人，工商联15人，文学艺术8人，农业34人，科技31人，教育38人，体育6人，医药卫生37人，少数民族2人，归国华侨侨属联合会6人，宗教4人，特邀15人。会议听取并讨论县委书记刘德仕讲话和代县长李宗步作的《政府工作报告》；听取审议政协常委会工作报告，审议各专门委员会工作报告；选举刘德仕为县政协主席（县委书记兼），选举产生副主席5人、常务委员41人；通过大会决议。

第二次会议　1991年3月11日—14日召开。会议听取并讨论县委书记刘德仕讲话、县长李宗步作的《政府工作报告》和“全县国民经济和社会发展十年规划”、“八五”计划纲要（草案）；听取审议政协常委会工作报告，讨论审议各专门委员会工作报告；增选副主席1人、常务委员8人；通过大会决议。

第三次会议　1992年4月6日—9日召开。会议听取并讨论县委书记刘德仕讲话、县长李宗步所作的《政府工作报告》；协商讨论《政府工作报告》和其他报告；听取并审议政协常委会工作报告，审议各专门委员会工作报告；增选副主席1人；通过大会决议。

政协安丘市第五届委员会

政协安丘市第五届委员会，有委员249人，常务委员49人，界别16个，共召开全委会议5次。

第一次会议　1993年2月21日—25日召开。出席会议政协委员按界别包括：中国共产党12人，共青团8人，工会9人，妇联11人，工商联18人，文学艺术8人，科技26人，经济30人，农业29人，教育35人，体育6人，医药卫生31人，少数民族2人，归国华侨侨属联合会6人，宗教4人，特邀14人。会议听取并讨论县委书记刘德仕讲话；听取审议政协常委会工作报告，审议讨论各专门委员会工作报告；列席县十三届人大一次会议，听取并协商讨论《政府工作报告》；选举李宪忠为县政协主席，选举副主席5人、常务委员49人；通过大会决议。

第二次会议　1994年3月18日—21日召开。会议听取并讨论市委书记李守民讲话；听取审议政协常委会工作报告，讨论审议各专门委员会工作报告；列席市十三届人大二次会议，听取并协商讨论《政府工作报告》；通过大会决议。

第三次会议　1995年3月25日—28日召开。会议听取并讨论市委书记李守民讲话；听取审议政协常委会工作报告，讨论审议各专门委员会工作报告；列席市十三届人大三次会议，听取并协商讨论《政府工作报告》；增选副主席1人；通过大会决议。

第四次会议　1996年3月6日—9日召开。会议听取并讨论市委书记李守民讲话；听取审议政协常委会工作报告；列席市十三届人大四次会议，听取并协商讨论市长邢培彬作的《关于安丘市“九五”计划及2010年远景目标纲要（草案）》说明；增选副主席1人；通过大会决议。

第五次会议　1997年3月5日—8日召开。会议听取并讨论市委书记李守民讲话；听取审议政协常委会和提案工作报告，讨论并审议各专门委员会工作报告；列席市十三届人大五次会议，听取并协商讨论《政府工作报告》及其他报告；增选常务委员1人；通过大会决议。

政协安丘市第六届委员会

政协安丘市第六届委员会，有委员269人，常务委员49人，界别18个，共召开全委会议5次。

第一次会议　1998年1月14日—17日召开。出席会议政协委员按界别包括：中国共产党15人，共青团8人，工会9人，妇联13人，工商联22人，科协7人，台胞台属联谊会8人，文学艺术8人，科技21人，经济31人，农业30人，教育33人，体育6人，医药卫生28人，少数民族3人，归国华侨侨属联合会5人，宗教5人，特邀17人。会议听取并讨论市委书记邢培彬讲话；听取审议政协常委会工作报告，讨论并审议市政协各专门委员会工作报告；列席市十四届人大一次会议，听取并协商讨论《政府工作报告》及其他报告；选举李宪忠为市政协主席，选举副主席6人、常务委员49人；通过大会决议。

第二次会议　1999年1月25日—27日召开。会议听取并讨论市委书记邢培彬讲话；听取审议政协常委会工作报告，讨论审议政协提案以及各专门委员会工作报告；列席市十四届人大二次会议，听取并协商讨论《政府工作报告》及其他报告；增选常务委员1人；通过大会决议。

第三次会议　2000年2月29日—3月2日召开。会议听取市委书记邢培彬讲话；听取并审议政协常委会和提案工作报告，审议市政协各专门委员会工作报告；列席市十四届人大三次会议，听取并协商讨论《政府工作报告》；增选副主席1人、常务委员1人；通过大会决议。

第四次会议　2001年3月2日—4日召开。会议听取市委书记李本跃讲话；听取审议政协常委会和提案工作报告，审议市政协各专门委员会工作报告；列席市十四届人大四次会议，听取并协商讨论市政府《关于安丘市国民经济和社会发展第十个五年计划纲要（草案）报告》及其他报告；补选李国祥为市政协主席，增选副主席2人；通过大会决议。

第五次会议　2002年3月12日—14日召开。会议听取市委书记李本跃讲话；听取审议政协委员会和提案工作报告，审议市政协各专门委员会工作报告；列席市十四届人大五次会议，听取并协商讨论《政府工作报告》及其他报告；通过大会决议。

政协安丘市第七届委员会

政协安丘市第七届委员会，有委员268人，常务委员43人，界别18个，共召开全委会议5次。

第一次会议　2003年1月20日—23日召开。出席会议政协委员按界别包括：中国共产党15人，共青团7人，工会9人，妇联13人，工商联22人，科协7人，台胞台属联谊会7人，文学艺术8人，科技21人，经济32人，农业29人，教育32人，体育6人，医药卫生28人，少数民族3人，归国华侨侨属联合会5人，宗教6人，特邀18人。会议听取市委书记李本跃讲话；听取审议政协常委会和提案工作报告，审议市政协各专门委员会工作报告；列席市十五届人大一次会议，听取并协商讨论《政府工作报告》及其他报告；选举李国祥为市政协主席，选举副主席6人、常务委员43人；通过大会决议。

第二次会议　2004年1月3日—5日召开。会议听取市委书记李本跃讲话；听取审议政协常委会和提案工作报告，审议各专门委员会工作报告；列席市十五届人大二次会议，听取并协商讨论《政府工作报告》及其他报告；通过大会决议。

第三次会议　2005年1月24日—26日召开。会议听取市委书记李本跃讲话；听取审议政协常委会和提案工作报告，审议各专门委员会工作报告；

列席市十五届人大三次会议，听取并协商讨论《政府工作报告》和其他报告；增补常务委员4人；通过大会决议。

第四次会议　2006年4月14日—16日召开。会议听取市委书记王继怀讲话；听取审议政协常委会和提案工作报告，审议各专门委员会工作报告；列席市十五届人大四次会议，听取并协商讨论《政府工作报告》、“十一五”规划纲要（草案）和其他报告；补选张善华为市政协主席，增选副主席2人、常务委员1人；通过大会决议。

第五次会议　2007年1月23日—25日召开。会议听取市委书记王继怀讲话；听取审议政协常委会和提案工作报告，审议各专门委员会工作报告；列席市十五届人大五次会议，听取和协商讨论《政府工作报告》和其他报告；增选副主席1人；通过大会决议。

政协安丘市第八届委员会

政协安丘市第八届委员会，有委员245人，常务委员35人，界别18个，共召开全委会议4次。

第一次会议　2007年12月11日—14日召开。出席会议政协委员按界别包括：中国共产党16人，共青团9人，工会6人，妇联8人，工商联24人，科协14人，台胞台属联谊会5人，文学艺术10人，科技16人，经济28人，农业21人，教育23人，体育6人，医药卫生25人，少数民族3人，归国华侨侨属联合会3人，宗教6人，特邀22人。会议听取市委书记王继怀讲话；听取审议政协常委会和提案工作报告，审议各专门委员会工作报告；列席市十六届人大一次会议，听取并协商讨论《政府工作报告》和其他报告；选举张善华为市政协主席，选举副主席6人、常务委员35人；通过大会决议。

第二次会议　2009年1月6日—8日召开。会议听取市委书记王继怀讲话；听取审议政协常委会和提案工作报告，审议各专门委员会工作报告；列席市十六届人大二次会议，听取并协商讨论《政府工作报告》和其他报告；增选副主席1人、常务委员2人；通过大会决议。

第三次会议　2010年1月12日—14日召开。会议听取市委书记王继怀讲话；听取审议政协常委会和提案工作报告，审议各专门委员会工作报告；列席市十六届人大三次会议，听取并协商讨论《政府工作报告》和其他报告；补选杨东民为市政协主席，增选副主席2人、常务委员4人；通过大会决议。

第四次会议　2011年1月22日—23日召开。会议听取市委书记王继怀讲话；听取审议政协常委会和提案工作报告，审议各专门委员会工作报告；列席市十六届人大四次会议，听取和协商讨论《政府工作报告》《安丘市国民经济和社会发展第十二个五年规划纲要（草案）》及其他报告；通过大会决议。

政协安丘市第九届委员会

政协安丘市第九届委员会，有委员248人，常务委员48人，界别18个。

第一次会议　2012年1月6日—8日召开。出席会议的政协委员按界别包括：中国共产党19人，共青团10人，工会11人，妇联11人，工商联23人，科协19人，台胞台属联谊会4人，文学艺术11人，科学技术17人，经济23人，农业24人，教育22人，体育20人，医药卫生20人，少数民族2人，归国华侨侨属联合会3人，宗教5人，特邀18人。会议听取市委书记刘兴明讲话；听取审议政协常委会和提案工作报告，审议各专门委员会工作报告；列席市十七届人大一次会议，听取并协商讨论《政府工作报告》和其他报告；选举杨东民为市政协主席，选举副主席6人、常务委员48人；通过大会决议。

第二次会议　2013年2月26日—28日召开。会议听取市委书记刘兴明讲话；听取审议政协常委会和提案工作报告；列席市十七届人大二次会议，听取并协商讨论《政府工作报告》和其他报告；通过大会决议。

第三次会议　2014年2月16日—18日召开。会议听取市委书记刘兴明讲话；听取审议政协常委会和提案工作报告；列席市十七届人大三次会议，听取并讨论《政府工作报告》和其他报告；补选李广庆为市政协主席，增选副主席3人、常务委员6人；通过大会决议。

政协第三届至九届安丘市委员会主席 副主席任职情况表

表 16—1

届次	职务	姓名	籍贯	任职时间
第三届	主席	吴永富	山东安丘	1987.4—1990.3
	副主席	张会友	山东安丘	1987.4—1990.3
		马春扬	北京朝阳	1987.4—1990.3
		周元升	山东坊子	1987.4—1990.3
		时宝光	山东安丘	1987.4—1990.3
第四届	主席	刘德仕	山东乳山	1990.3—1993.2
	副主席	李　钦	山东安丘	1990.3—1993.2
		张步田	山东安丘	1990.3—1993.2
		马春杨	北京朝阳	1990.3—1993.2
		周元升	山东坊子	1990.3—1993.2
		李德成	山东寿光	1990.3—1993.2
		李道峰	山东安丘	1991.3—1993.2
		赵友增	山东昌乐	1992.4—1993.2
第五届	主席	李宪忠	山东安丘	1993.2—1998.1
	副主席	张步田	山东安丘	1993.2—1998.1
		赵友增	山东昌乐	1993.2—1996.3
		周元升	山东坊子	1993.2—1998.1
		李德成	山东寿光	1993.2—1998.1
		宿献斌	山东峡山	1993.2—1998.1
		李福仁	山东安丘	1995.3—1998.1
		李京桓	山东安丘	1996.3—1998.1
第六届	主席	李宪忠	山东安丘	1998.1—2001.3
		李国祥	山东安丘	2001.3—2003.1
	副主席	李京桓	山东安丘	1998.1—2001.3
		李德成	山东寿光	1998.1—2003.1
		宿献斌	山东峡山	1998.1—2003.1
		李福仁	山东安丘	1998.1—2001.3
		李合昌	山东安丘	2001.3—2003.1
		李汝才	山东安丘	2001.3—2003.1
		张献民	山东昌邑	1998.1—2003.1
		宿明明	山东峡山	1998.1—2003.1
		赵可金	山东安丘	2000.2—2003.1
第七届	主席	李国祥	山东安丘	2003.1—2006..4
		张善华	山东安丘	2006.4—2007.12
	副主席	张善华	山东安丘	2003.1—2006.4
		杨东民	山东安丘	2007.1—2007.12
		宿献斌	山东峡山	2003.1—2007.12
		李汝才	山东安丘	2003.1—2006.4
		宿明明	山东峡山	2003.1—2007.12

续表 16—1

届次	职务	姓名	籍贯	任职时间
第七届	副主席	王尚元	山东安丘	2003.1—2007.12
		王振红	山东安丘	2003.1—2007.12
		陈建亭	山东安丘	2006.4—2007.12
		刘克祥	山东坊子	2006.4—2007.12
第八届	主席	张善华	山东安丘	2007.12—2010.1
		杨东民	山东安丘	2010.1—2012.1
	副主席	杨东民	山东安丘	2007.12—2010.1
		宿明明	山东峡山	2007.12—2012.1
		王振红	山东安丘	2007.12—2012.1
		陈建亭	山东安丘	2007.12—2009.1
		刘克祥	山东坊子	2007.12—2010.1
		李效民	山东安丘	2007.12—2012.1
		臧明华	山东安丘	2009.1—2012.1
		闫　力	山东安丘	2010.1—2012.1
		张殿勋	山东安丘	2010.1—2012.1
		盛万波	山东寿光	2011.1—2012.1
第九届	主席	杨东民	山东安丘	2012.1—2014.2
		李广庆	山东安丘	2014.2—
	副主席	李广庆	山东安丘	2012.1—2014.2
		宿明明	山东峡山	2012.1—
		王振红	山东安丘	2012.1—
		盛万波	山东寿光	2012.1—2014.1
		李效民	山东安丘	2012.1—2014.2
		闫　力	山东安丘	2012.1—2014.2
		于庆满	山东坊子	2014.2—
		于振法	山东安丘	2014.2—
		王培范	山东安丘	2014.2—
	党组副书记	张殿勋	山东安丘	2012.1—2013.3

第二节　常务委员会会议

安丘县政协第三届常委会　本届委员会任期3年，1987年4月—1990年3月，共召开常委会议11次。其中，三届一次常委会议，对新一届领导班子和政协常委进行分工；传达学习全国政协副主席费孝通讲话；研究修订学习、会议制度。三届二次常委会议，传达学习中共中央〔1987〕16号文件、青岛市政协工作经验和潍坊市政协领导讲话；通过政协四个工作委员会组成人员名单和学习工作安排意见。三届三次常委会议，传达学习全国、山东省政协工作组（委）和潍坊市政协六届十一次常委会、潍坊市政协工作组（委）工作会议文件；决定增设祖国统一工作委员会。三届四次常委会议，传达潍坊市政协七届一次全委会议精神及有关文件；听取全县1987年政治、经济形势通报。三届七次常委会议，传达中共山东省委〔1988〕8号、12号文件和中共潍坊市委〔1988〕27号文件。三届八次常委会议，审议通过《安丘县政协常务委员会工作规则》《专门委员会组织通则》《提案委员会工作细则》，通过县政协常务委员会《关于贯彻执行中共十三届

三中全会精神的决议》和《撤销工作组联络委员会、成立经济科技委员会的决定》及有关“五委”人事安排决议。三届九次常委会议，传达学习山东省政协副主席徐文园在省政协六届二次会议上报告。三届十次常委会议，学习邓小平、江泽民、李鹏等中央领导重要讲话和省、潍坊市领导讲话；学习县委书记王玉芬在县委扩大会议上的讲话;审议通过《政协安丘县三届十次常委会议关于贯彻落实中共十三届四中全会精神的决议》。三届十一次常委会议，传达学习中共十三届五中全会文件、中共中央《关于进一步治理整顿和深化改革的决定》和《江泽民同志在中共十三届五中全会上的讲话》；审议通过县政协《关于学习贯彻中共十三届五中全会精神的决议》。

安丘县政协第四届常委会　本届委员会任期3年，1990年3月—1993年2月，共召开常委会议14次。其中，四届一次常委会议，通过《县政协第四届委员会学习和会议制度》及县政协工作组、学联组划分名单。四届四次常委会议，审议通过《县政协第四届四次常委会议关于深入贯彻中共十三届六中全会精神的决议》和县政协“五委”组成人员名单。四届五次常委会议，贯彻省、潍坊市委和县委召开的政协工作会议精神；听取县政府《关于1990年经济工作情况和1991年工作安排情况通报》，协商讨论县政府制定的“八五”规划草案。四届七次常委会议，学习讨论江泽民《在庆祝中国共产党成立七十周年大会上的讲话》；听取和讨论县政府关于上半年工作情况和下半年工作任务通报。四届九次常委会议，学习江泽民《在中共十三届八中全会闭幕式上的讲话》和《中共中央关于进一步加强农业和农村工作的决定》；传达县委八届四次全委（扩大）会议精神和《关于贯彻〈中共中央关于进一步加强农业和农村工作的决定〉的实施意见》。四届十次常委会议，听取县政府《关于1992年全县经济和社会事业将要建设的大事》说明。四届十二次常委会议，传达学习江泽民《在中央党校省部级干部进修班上的讲话》；听取全县上半年对外开放和经济工作情况通报。四届十三次常委会议，传达学习全国政协副主席钱正英《关于学习贯彻中共十四大精神的汇报提纲》；传达县委八届六次全委（扩大）会议精神；听取县政府关于县政协四届三次会议以来政协提案办理情况通报。

安丘市政协第五届常委会　本届常委会任期5年，1993年2月—1998年1月，共召开常委会议20次。其中，五届一次常委会议，通过《县政协第五届委员会学习和会议制度》及工作组、学联组组长名单。五届二次常委会议，传达学习《省政协七届一次会议精神传达提纲》和省委书记姜春云、省政协主席陆懋曾在省政协七届一次会议闭幕会上的讲话；听取县政府关于全县发展高产优质高效农业和市场农业情况及下步打算情况通报；围绕增强农业后劲，调动农民积极性，加强农村市场经济建设等问题提意见建议。五届三次常委会议，听取并讨论县政府关于全县1月—8月份经济工作情况通报、县法制局关于是年政协提案办理情况说明；审议通过县政协《常务委员会规则》《专门委员会组织通则》和《提案工作规则》。五届四次常委会议，审议通过《关于文化市场建设》《集贸市场建设》视察报告。五届六次常委会议，听取市政府关于全市深化企业改革 转换经营机制工作情况通报；讨论审议并通过市政协《专门委员会活动制度（讨论稿）》《组织委员视察制度（讨论稿）》和市政协办公室《关于办理政协建议案的试行办法（讨论稿）》。五届七次常委会议，听取并协商讨论市政府关于全市税制改革情况和1月至8月份全市外贸情况通报；听取市政府法制局关于市政协五届二次会议以来提案办理情况说明。五届十次常委会议，传达学习江泽民在全国“两会”党员负责人会议上重要讲话和中央〔1995〕13号文件；学习《政协潍坊市委员会关于贯彻执行〈政协全国委员会关于政治协商、民主监督、参政议政的规定〉的实施细则》并围绕议题进行讨论。五届十一次常委会议，听取市政府关于市政协五届三次会议提案办理情况通报；听取并协商讨论市经委关于1月至7月份全市工业经济运行情况通报。五届十二次常委会议，传达市委九届二次全委（扩大）会议精神；传达贯彻潍坊市政协八届十二次常委会议和潍坊市政协提案工作座谈会议精神；审议通过市政协《提案工作规则（修订案）》。五届十四次常委会议，参观石埠子、庵上、红沙沟、慈埠四镇产业化示范区；听取市政府关于实施农业产业化战略的情况通报和农村实行“两田制”情况调查发言。五届十五次常委会议，听取市政府《关于全市实行“两个转变”加快乡镇企业发展情况通报》、市政协关于安丘乡镇企业及企业实施〈劳动法〉

情况发言和市政府关于市政协五届四次会议提案办理情况通报。五届十八次常委会议，听取市政府关于贯彻落实中央13号文件情况通报。

安丘市政协第六届常委会　本届常委会任期5年，1998年1月—2003年1月，共召开常委会议22次。其中，六届一次常委会议，宣布市政协六届委员会主席、副主席工作任务分工；审议通过《政协安丘市委员会学习和会议制度》及工作组、学联组长名单。六届二次常委会议，听取市政府关于安丘市减轻农民负担工作情况通报、市政协办公室关于安丘农民负担情况调查发言；通过《关于加强市政协常务委员会建设的规定》《市长与政协委员恳谈会制度》《关于评选市政协优秀委员的暂行办法》等八项制度规定。六届三次常委会议，听取市政协六届一次会议以来提案办理情况通报和全市企业产权制度改革情况通报；听取市政协关于全市乡镇企业产权制度改革情况调查汇报；审议通过市政协《常务委员会工作规则》《专门委员会工作通则》《提案工作规则》。六届四次常委会议，传达学习江泽民在中共十五届三中全会结束时讲话；传达贯彻市委十届二次全委扩大会议精神。六届六次常委会议，听取市政府关于全市发展个体私营经济情况的通报和市政协关于安丘个体私营经济情况调查发言。六届七次常委会议，听取市政府关于全市市属工业企业改制运行情况通报和市政协关于安丘市属工业企业改制运行情况调查发言。六届八次常委会议，传达贯彻市委、市政府《关于深化企业改革加快企业发展的实施意见》并进行专题协商讨论。六届十一次常委会议，市政协副主席、统战部部长张献民作关于增补市政协六届委员会常务委员情况说明，建议补选市政协六届委员会常务委员候选人1名，提交市政协六届三次全委会选举通过。六届十二次常委会议，听取市政府关于全市土地延包情况通报和市政协关于土地延包情况调查发言。六届十三次常委会议，听取并讨论市政府关于六届三次会议以来提案办理情况通报和对全市党政机关、企事业单位干部养老保险金收缴发放情况通报；听取和讨论市政协关于安丘党政机关、企事业单位干部职工养老保险金收缴发放情况调查发言；讨论并通过市政协《关于贯彻执行〈政协全国委员会关于政治协商、民主监督、参政议政的规定〉实施细则》。六届十六次常委会议，听取市政府关于招商引资工作情况通报；审议通过市政协《关于组织动员全体政协委员进一步做好招商引资工作意见》。六届十七次常委会议，听取市政府关于市政协六届四次会议以来提案办理情况通报。六届二十次常委会议，听取市政府关于全市林业生产情况通报和市政协关于洪沟河、史角河流域及峡山水库浅滩地营造丰产林调查情况汇报。六届二十一次常委会议，听取市政府关于经营城市、市北区建设以及市政协六届五次会议以来提案办理情况通报。

安丘市政协第七届常委会　本届委员会任期5年，2003年1月—2007年12月，共召开常委会议16次。其中，七届一次常委会议，通过《政协安丘市第七届委员会学习和会议制度》及市直委员工作组和镇街道委员学习联络组组长名单。七届二次常委会议，审议通过《关于市政协专门委员会设置决定》及市政协办公室、各专门委员会主任、副主任名单；审议通过《关于加强市政协常委会建设规定》《市政协常委会工作规则》《市政协专门委员会组织通则》和市政协《关于组织动员全体政协委员进一步做好招商引资工作的意见》。七届五次常委会议，传达讨论省政协九届二次会议、潍坊市政协十届二次会议精神；讨论通过市政协台港澳侨外事委副主任名单。七届六次常委会议，听取讨论市政府关于市政协七届二次会议以来提案办理情况通报和市政协关于提案督办情况通报；听取讨论市政协关于建设"平安安丘"情况调查报告。七届九次常委会议，听取市政府关于市政协七届三次会议以来提案办理和关于全市民营经济发展情况通报；讨论审议市政协《关于全市民营经济发展情况调查报告》。七届十二次常委会议，传达潍坊市政协工作会议精神，听取市外贸食品公司、鲁安药业等企业的政协委员作关于企业经营状况发言。七届十三次常委会议，听取市政府关于市政协七届四次会议以来提案办理情况通报、市政协七届五次会议筹备工作情况汇报和增补市政协七届委员会委员情况说明。七届十五次常委会议，审议通过市政协《2007年工作要点》及《政协安丘市委员会关于市政协委员参加活动履行职责的有关规定（试行）》；表决通过有关人事事项。七届十六次常委会议，听取市政府关于市政协七届五次会议以来提案办理情况通报和市政协八届一次会议筹备工作情况汇报；协商讨论和审议通过市政协第八届委员会委员名单和《关于学习贯彻中国共产党第十七次全国代表大会精神的决议》。

安丘市政协第八届常委会 本届委员会任期5年，2007年12月—2012年1月，共召开常委会议16次。其中，八届一次常委会，通过《政协安丘市第八届委员会学习和会议制度》及工作组、学联组划分和组长名单。八届二次常委会议，审议通过《市政协2008年工作要点》《八届市政协常委会关于加强自身建设的意见》《八届市政协常委会工作细则》《八届市政协专门委员会组织通则》《八届市政协关于设置人口资源环境外事委员会的决定》。八届三次常委会议，听取市政府关于市政协八届一次会议以来提案办理情况和市公安局关于全市公安工作情况通报，视察公安工作。八届五次常委会议，听取市政协有关人事事项的说明，通过补选八届市政协副主席、常务委员候选人名单；听取市委组织部关于市政协有关人事事项说明。八届六次常委会议，听取市人民检察院关于检察院工作情况通报和市经贸局关于全市工业经济运行情况汇报，视察市检察院和华动铸造公司施工现场。八届七次常委会议，听取市政府关于市政协八届二次会议以来提案办理和市人民法院工作情况通报，视察市法院工作；审议通过《政协安丘市委员会关于学习贯彻中共十七届四中全会精神的意见》。八届十次常委会议，听取市人口和计划生育局工作情况汇报，视察安丘计划生育工作。八届十一次常委会议，听取市政府关于市政协八届三次会议以来提案办理情况通报和市规划局、城管执法局工作情况汇报，视察安丘规划和城市管理工作现场。八届十四次常委会议，听取市经信局和科技局工作情况汇报，视察安丘信川机械公司、鲁安药业公司、汇川电子公司。八届十五次常委会议，听取市质监局和食品药品监督局工作情况汇报，视察市质监局产品质量监督检验中心、金典大酒店、回春医药公司批发中心。

安丘市政协第九届常委会 九届一次常委会，审议通过《政协第九届安丘市委员会学习和会议制度》。九届二次常委会，听取市经信局和金融办工作情况汇报；审议通过《政协第九届安丘市委员会常务委员会工作规则》《政协第九届安丘市委员会专门委员会组织通则》《政协第九届安丘市委员会常务委员会关于加强自身建设的意见》《政协第九届安丘市委员会关于市政协委员参加活动履行职责的规定》《政协第九届安丘市委员会关于专门委员会设置的决定》等文件；审议通过市政协各专门委员会主任名单和增补市政协九届委员会委员建议名单。九届三次常委会议，听取市政府关于2012年全市经济社会发展情况通报，视察安丘经济社会发展现场。九届四次常委会议，听取市政府关于市政协九届一次会议以来提案办理情况通报；审议通过《政协安丘市委员会关于学习贯彻中国共产党第十八次全国代表大会精神的决议》。九届五次常委会议，听取市政协九届二次会议筹备工作情况汇报；审议通过《市政协九届常委会工作报告》《提案工作报告》《关于召开市政协九届二次会议的决定》；通过市政协九届二次会议议程、日程、执行常委分工名单，推举市政协九届常委会、提案两个工作报告的报告人。九届六次常委会议，审议通过市政协九届二次会议决议；审议通过提案文卫法制委员会《关于本次会议提案审查情况的报告》。九届七次常委会议，听取市人社局、教育局工作情况汇报；审议通过市政协提案文卫法制委员会副主任名单。九届八次常委会议，听取市政府关于市政协九届二次会议以来提案办理情况的通报；听取市经信局、科技局工作情况汇报，视察市经信局、科技局工作。

第三节 机 构

1985年4月，安丘县政协工作机构设提案审查、学习、文史资料征集3个专门委员会和文化教育、医疗卫生、对台侨务、民族宗教、工商、科技6个工作组。1987年4月，三届政协一次常委会增设工作组联络委员会，包括原3个委员会均为正科级规格。同时，调整设立医药卫生、科技、教育、对台侨务、妇女、体育、工会、农业、商业、城建、青年、文化、民族宗教13个工作组，作为一级工作机构。1987年10月，三届三次常委会增设祖国统一联谊委员会。1988年12月，三届八次常委会撤销工作组联络委员会，设立经济科技委员会。同时决定各工作组不再作为一级工作机构。至此，县政协工作机构共设提案工作、学习、文史资料征集研究、祖国统一联谊和经济科技5个专门委员会。1989年前，上述各专门委员会均为虚设机构，主任分别由主席、副主席兼任。是年12月，三届十一次常委会决定并经县委同意，各专门委员会成为实体正科级单位。五届政协仍设5个委员会。其中，祖国统一联谊委员会改称为“祖国统一港澳台‘三胞’联谊委员会”。1997年2月，五届十七次常委会增设文教卫生社会法制委员会，同时将文史资料征集研究委员会和学习委员会合并组成学宣文史委员会。2003年7月，七届二次常委会将5个委员会调整为3个，即：提案文卫法制委员会、经科学宣文史委员会、台港澳侨外事委员会。2008年3月，八届二次常委会决定台港澳侨外事委员会改称人口资源环境外事委员会。第九届延续第八届工作机构设置。

安丘市各届政协办事机构设置情况不一。第一、二、四届只设办公室。第三届设“一室二科”（办公室、组织宣传科、委员联络科）。第五、六届设办公室、专门委员会综合办公室。第七届设办公室（内设老干部科，为副科级行政机构）、专门委员会综合办公室（2003年撤销）、委员活动工作室。以上各届办事机构均为正科级单位。至2013年，办事机构无变动。

第四节　镇街区联络组织

随着形势发展和工作需要，安丘镇级政协联络组织自20世纪80年代末始逐步建立起来。1989年2月，县政协在安丘、景芝、凌河、临浯等乡镇首先配备政协工作协理员。是年5月，经安丘县委同意，在各乡镇陆续设立政协工作联络机构——政协工作联络委员会，为正科级单位，陆续配备主任（或副主任）；11月，县、乡镇政协组织机构调整，乡镇政协工作联络委员会改称政协工作联络处。1993年12月，安丘县机构改革，撤销乡镇政协工作联络处。1997年1月，安丘市恢复乡镇政协工作联络处，为市政协派出机构，正科级建制；2001年12月，再次撤销乡镇政协工作联络处，由各镇、街道党（工）委分管党务工作的副书记负责联系政协工作。2006年—2013年，市委确定由各镇街区党（工）委宣传统战委员负责政协工作。

第二章　协商监督

第一节　会议协商

1986年—2013年，安丘市政协主要通过每年召开一次全体会议、每季度一次常委会议和主席会议等形式，对涉及全市重大政治问题进行协商讨论。政协全体会议主要就《政府工作报告》、国民经济和社会发展计划、财政预决算及群众关心的重点问题等进行协商讨论并提出意见建议，为安丘市全局性工作提供广泛民主基础和政治支持。28年间，市政协共举行全委会议28次，常委会议115次，主席会议若干次，召开情况通报会、专题座谈会、恳谈会等近100次。全委会议期间穿插大会发言、联组讨论等内容。市政协常委会议坚持“先调研、再视察、后协商”原则，讨论协商全市发展大政方针以及政治、经济、文化和社会生活中的重要问题。三届县政协主要协商讨论全县政治经济工作并提出意见建议。四届县政协主要协商讨论全县经济工作。其中，四届政协五次常委会议重点协商讨论县政府制定的“八五”规划草案。五届市政协主要协商讨论增强农业发展后劲、调动农民积极性、加强农村市场经济建设、减轻农民负担等事宜。六届市政协主要协商讨论安丘市林业生产、乡镇企业产权制度改革、发展个体私营经济、市属工业企业改制等事宜。七届市政协主要协商讨论安丘市民营经济发展、建设“平安安丘”等情况。八届市政协主要协商讨论安丘市工业经济运行情况、计划生育工作、城市规划和管理工作等事宜。九届市政协主要协商讨论安丘市国民经济和社会发展计划、产业转型升级、农产品质量安全、生态城市建设等事宜。

第二节　民主监督

1986年—2013年，安丘市政协将民主监督作为其主要职能之一，主要采取政协全委会议、委员提案、专题调研、民主评议等方式，参政议政，认真履职。通过政协全委会议向市委、市政府提出意见和建议，以常委会、主席会议名义向市委、市政府提出建议案，组织各专门委员会和各界别委员进行视察、考察并提出批评和建议，组织民主评议有关部门、单位，推选政协委员担任行政执法部门的民主监督员等措施，多种形式民主监督国家宪法、法律和法规的实施，重大方针政策的贯彻执行，国家机关及工作人员的工作推动以及社会主义民主政治和法制建设。三届县政协重点民主监督社会治安状况、惩治腐败、工业体制改革。四届县政协民主监督深化企业改革、农村医疗服务等开展情况。五届市政协民主监督规范中小学收费、税制改革、小城镇建设等工作。六届市政协重点围绕农村合作基金会运营、生猪定点屠宰、城市交通秩序管理等情况开展民主监督。七届市政协民主监督部门向企业收费、非物质文化遗产保护与开发等情况。八届、九届市政协主要围绕市委、市政府重大决策的贯彻落实、法律法规的贯彻执行、党风廉政建设等情况实施民主监督，组织调研、视察等活动。

第三节　视察调研

安丘三届政协期间，多次组织专题视察和调研，广泛参政议政。1987年，组织部分委员考察调研县造纸厂、水箱厂经营状况，提出进一步搞好工业体制改革，巩固和完善企业厂长负责制，充分发挥企业班组长、老师傅作用，开展横向经济联合，提高企业经济效益，调整企业产品结构，加快产品更新换代，增强市场竞争力等建议。

安丘四届政协一次会议期间，先后组织调查和视察安丘村级服务、农村社会主义思想教育、企业管理等状况并提出意见建议。二次会议期间，调研和视察安丘畜牧业发展、农田基本建设、初级卫生保健等状况，分别提出相应意见建议。三次会议期间，围绕全市深化企业改革、转换经营机制、国营商业企业放开、发展高产优质高效农业、开展医疗服务等进行调研和视察；针对深化企业改革、转换经营机制过程中存在的问题，提出完善配套措施、加快对外开放步伐、减轻企业和厂长负担等意见建议。

安丘五届政协一次会议期间，调查和视察安丘果业、“三资”企业、农贸市场发展和教师待遇状况。针对果业发展存在的问题，提出强化流通渠道、优化品种结构、注意荒山开发、增加农林特产税返还比例等意见建议。二次会议期间，调研视察安丘工业企业股份制改革、文物保护、城区环境保护、荒山开发、农村合作医疗等状况并提出十几条意见建议。三次会议期间，组织视察和调研安丘工业企业分配制度改革、城区食品安全、水利设施管理使用、职业教育等状况。针对工业企业分配制度改革中存在的问题，提出加快分配制度改革步伐、实行岗位技能工资制、加大改革力度等意见建议。四次会议期间，先后调研安丘生猪定点屠宰、农村实行“两田制”、城区食品卫生工作、小城镇建设状况，重点提出制定和完善规划、搞好基础设施配套建设、加强规划管理工作、加大投入等发展小城镇建设的意见建议。五次会议期间，先后调查视察安丘种子管理、以法治村、农村合作医疗、幼儿教育工作、工业产品销售状况。针对全市种子管理中存在的问题，提出走产业化集团化路子、加强乡镇种子站建设、依法加强对种子管理、搞好良种选育推广等意见建议。

安丘六届政协一次会议期间，调查安丘农民负担、市属工业企业技术改造、市区医疗卫生、下岗职工再就业、乡镇企业产权制度改革、小城镇建设等状况。重点视察农村合作基金会运营出现的问题，提出理顺现有管理体制、依法合规经营、杜绝行政干预、切实加强内部管理、解决人员过多和素质不高、全面彻底清理借款等意见建议。二次会议期间，调查视察安丘生猪定点屠宰、贯彻落实《村民委员会组织法》、桑蚕生产、乡镇机关创办科技示范服务基地、个体私营经济发展、农村稳定、市属工业企业改制与运行、留学生资源状况，提出加强对市乡村三级管理网络、加大稽查力度等强化个体售肉户管理意见建议。三次会议期间，调查安丘厂务公开、重点提案办理、城市交通秩序管理状况，提出相关意见建议。围绕全市招商引资工作大局，在调查研究的基础上，提出加大宣传力度、探索多种有效的招商引资方式、改善招商引资环境、加快在建项目建设进度等意见建议。

安丘七届政协一次会议期间，调查和视察安丘贯彻《药品管理法》及药品监督管理体制改革、结构调整、城市化建设状况。二次会议期间，先后调查视察安丘招商引资软环境建设、建设“平安安丘”、旅游资源开发状况，提出发挥整体优势、叫响旅游品牌等意见建议。三次会议期间，调研和视察安丘民营经济发展、留学生资源开发利用、乡村环境卫生建设状况，提出相应意见建议。四次会议期间，调查视察全市社会主义新农村建设、建设“平安安丘”、安丘人文遗产保护开发利用状况以及安丘“工业立市”战略实施状况，重点就调整产业产品结构、增加对工业的资金投入、加强企业家和人才队伍建设、优化经济发展环境等提出意见建议。五次会议期间，先后专题调研部门向企业收费、经济发展环境、提案办理状况并分别提出意见建议。

安丘八届政协一次会议期间，专题调查和视察安丘新型农村合作医疗、出口食品农产品质量安全区域化建设、公安工作，重点对抓好标准化基地建设、建立完善合同种植基地运行机制、加强农业化学投入品控制管理、加大资源整合力度、搞好农民教育培训等出口食品农产品质量安全区域化建设提出意见建议。二次会议期间，围绕城市建设、小城镇建设、返乡农民工就业、文化产业发展等状况进行调查视察，分别提出意见建议。三次会议期间，视察安丘人口和计划生育工作、市检察院反渎职侵权工作、景芝法庭司法公开工作、安丘电子产业发展状况，重点对安丘电子产业发展存在的问题，提出做好战略谋划、科学制定规划、加大政策扶持、打造发展平台、推进转型升级、组建行业协会等意见建议。四次会议期间，先后调研和视察安丘机械制造业、城市规划工作、经信工作、科技工作状况并分别提出意见建议。

安丘九届政协一次会议期间，调研和视察安丘电子产业发展、节能环保产业发展、药品安全、农村三级医疗卫生服务网络建设状况和中国银行安丘支行、市档案局、市电业公司等单位工作，重点对安丘电子产业发展中存在的问题以及在产业规划、产业政策、园区建设、产业招商、行业协会等方面提出意见和建议。二次会议期间，调研和视察市法院、检察院、民政局、审计局、民营经济中心等部门工作；视察潍坊市贝特工程机械公司引进“人才团队”状况，提出注重“团队式”引进人才、营造公平环境吸引人才、创造条件留住人才等意见建议。

第四节　提案办理

三届政协期间，收到提案258件。其中，文化教育方面56件，医药卫生方面23件，工业交通方面15件，农林水方面17件，城建环保方面22件，工商财税方面21件，劳动人事方面15件，政法方面20件，财贸方面20件，体育方面2件，民政方面3件，宗教方面2件，计划生育方面1件，其他41件。1988年12月24日，县政协三届常委会第八次会议通过《政协安丘县委员会提案工作细则》，对委员提案的征集、整理、承办和落实进一步程序化、规范化。

四届政协期间，收到提案277件，经审查立案275件。其中，治理整顿、深化改革方面12件，经济建设、城乡建设方面67件，文化教育、科学技术、医药卫生和体育方面89件，涉及统战、政法、劳动、人事和人民群众生活等方面73件，其他34件。

五届政协期间，收到提案558件，经审查立案556件。其中，经济建设方面141件，科技文卫方面156件，统战、政法、政协方面35件，涉及精神文明、民主法制、廉政建设和劳动人事等方面89件，城市建设、交通、公路、邮电、电力方面84件，社会治安、综合治理方面15件，其他36件。其间，对部分乡镇、部门的提案办理情况进行视察，对重点提案，市政协主席和分管副主席仔细审查跟踪督办。

六届政协期间，收到提案737件，经审查立案720件。其中，经济建设和社会发展方面151件，涉及科技、教育、文化、体育、卫生等方面168件，城建、环保、交通方面136件，党建与民主法制、精神文明建设和社会保障方面61件，劳动人事、统战、政协、民族宗教方面29件，农林水方面32件，工业交通方面43件，财贸金融方面36件，政法方面27件，其他33件。对部分乡镇、部门的提案办理情况进行视察，听取市劳动局、民政局、财政局、卫生局、公路局、交通局等承办单位情况介绍。

七届政协期间，收到提案536件，经审查立案517件。其中，经济建设和社会发展方面177件，农林水方面26件，工业交通方面39件，财贸金融方面22件，城建环保方面49件，科教文卫方面107件，政法方面21件，党建与精神文明建设方面

38件，涉及劳动、人事、统一战线、民族宗教等方面24件，其他14件。2003年6月，经市委同意，设立市政协提案文卫法制委员会，在市电视台开辟《提案追踪》节目，将政协提案办理情况和社会效益制成专题片连续播出；编制《提案目录》，通过电台、电视台、报刊等媒体广泛播发，计发宣传提案工作稿件80件。

八届政协期间，收到提案457件，经审查立案450件。其中，经济建设方面151件，政治建设方面58件，文化建设方面84件，社会发展和民生方面157件。其间，多次与市政府联合组织对提案办理情况进行专题视察。

九届政协第一次、第二次会议期间，收到提案266件，经审查立案258件。其中，经济建设方面54件，政治建设方面30件，文化建设方面50件，社会发展和民生方面143件，生态文明建设方面11件。其间，利用安丘电视台、《今日安丘》、安丘新闻网等新闻媒体，对提案办理、督办情况进行报道。

第三章　重要活动

第一节　文史资料整理研究

1988年—2013年，安丘市政协出版发行第五至二十《安丘文史资料》16辑，其中第五辑共收录文章22篇，主要精选十几位老党员、老干部的回忆文章及安丘古代文化艺术成就的记述。第六辑收录文章21篇，主要刊载《安丘县历代修志述略》、知名人士事迹、名人诗词和土匪刘黑七窜扰安丘等内容。第七辑收录文章24篇，名人书画8幅，记载国家海洋局顾问刘恩兰博士、中国现代考古先驱吴金鼎、山东省政协副主席王林肯（原名王麟阁）、清朝抗英英雄刘耀椿（字庄年）的事迹及安丘名吃、旧城回忆等内容。第八辑收录文章40篇，名人书画12幅，主要刊载经学史上一代宗师郑玄（字康成）、明清时期安丘城马氏的文化成就、庆祝中国共产党成立70周年老同志回忆录及《日伪罪行与人民群众的对敌斗争》等内容。第九辑收录文章51篇，记载市内省劳动模范、科学家、实业家、清官的史料。第十辑《安丘文史资料—景芝酒专辑》收录文章48篇，诗歌31首，题词、照片44幅，约22万字。第十一辑《安丘文史资料—张公制专辑》约22万字。刊载毛泽东、周恩来1950年为张公制签发的委任状和张公制当年参加全国人民代表大会及其与子女的照片等。第十二辑14万字，主要包括援外、史实、人物、书画等内容。第十三辑《安丘文史资料—劳动模范专辑上卷》，刊载新中国成立后获得省级及以上劳动模范（先进工作者）称号的前40位劳模的事迹。第十四辑《安丘文史资料—劳动模范专辑下卷》，记载获得省级及以上劳动模范（先进工作者）称号的后40位劳模的事迹。第十五辑《安丘文史资料—刘大同专辑》收录文章40篇，主要刊载刘大同的纪念文章、传记、照片、题字、书画、印谱等。第十六辑《安丘文史资料—个体私营企业专辑》共收录文章22篇，记载1999年向国家缴纳税金20万元以上的21户个体私营企业的事迹并配发照片。第十七辑收录文章41篇，刊载近现代战事及抗美援朝、抗美援越回忆录、历代各界名人、旅加拿大台胞省亲、港台游子回乡等内容。第十八辑《安丘文史资料—公安专辑》收录文章54篇，刊载解放后安丘境内发生的38起大案要案、获二等功以上的12位干警英模事迹等内容。第十九辑《安丘文史资料—安丘民俗专辑》约22万字，刊载安丘的风土人情、风俗习惯。第二十辑《安丘文史资料—安丘风物》收录文章87篇，刊载安丘的风景、名胜、文物、古迹和传统工艺品、传统名吃等精品风物。2011年—2013年，创办并出版发行文史季刊《渠风》12期，主要内容包括安丘历史人物、人文古迹、风土人情等。

第二节　团结联谊

1987年，安丘县政协召开由县直各界知名人士20多人参加的座谈会，热烈庆祝中国共产党第十三次代表大会的胜利召开。1988年，县政协召开安丘县港澳台“三胞”及眷属联谊会，会同县委老干部局、老龄委联合召开庆祝第一个老人节座谈会。1989年，同安徽省萧县、天长县，江苏省铜山、丹徒、兴化、高邮等十县市区政协共同举办《苏鲁皖三省十市县区书画联展》。1992年，向安丘籍在海外的“三胞”发信，鼓励和欢迎他们回家乡投资办企业。1994年，市政协与市委统战部组织市直和乡镇有关部门，就安丘民族宗教工作进行全面调查，初步摸清安丘宗教工作的基本情况，对112处宗教家庭活动点进行整顿。1995年，召开“三胞”眷属中秋茶话会，学习江泽民《为促进祖国统一大业的完成而继续奋斗》的重要讲话，谴责台独分子公开制造“两个中国”“一中一台”的行径。1998年，对有海外关系的市政协委员和部分“三胞”眷属进行走访，听取他们的意见，帮助解决工作和生活中的困难。1999年，举办“双庆一迎”大型书画展，展出作品179幅。2001年，举办“纪念辛亥革命90周年书画展”，收到政协委员和社会各界书画爱好者作品400余件，从中选出178件进行展出。2002年，潍坊国际风筝会暨鲁台经贸洽谈会期间，市政协会同市委统战部、市台办等部门，对回乡“三胞”和海外人士做全面周到的接待工作。2004年，市政协召开中秋“三胞”眷属茶话会，有关部门负责人及“三胞”眷属代表30多人出席会议。2008年，利用多种形式和渠道，广泛联系政协委员、“三胞”眷属和社会各界人士，学习宣传“和平统一、一国两制”的大政方针。2009年，召开安丘市美术家书法家协会成立大会，举办安丘市首届美术家书法家协会会员作品展，举办“景阳春杯”庆祝新中国暨人民政协成立60周年书画展并出版作品集。2010年，组织部分书画家深入凌河镇慈埠村开展送春联下乡活动，到潍坊预备役高炮团举行庆“八一”拥军书画联谊笔会。2012年—2013年，继续开展送春联下乡活动。

第十七编

群众团体

第一章 工 会

第一节 机 构

1986年，安丘县总工会为正科级群团组织，内设办公室、组织宣教部、生产保护部，下设安丘县工人文化宫，为股级自收自支事业单位。1994年3月，安丘县总工会更名为安丘市总工会；安丘县工人文化宫更名为安丘市工人文化宫。2004年12月，市总工会机关设办公室、组织宣传科、生产保障科3个科室；下设安丘市工人文化宫，仍为股级自收自支事业单位。至2013年，机构无变动。

第二节 工会代表大会

安丘县工会第六次代表大会

1987年12月3日—4日召开，代表200人，列席代表50人，特邀代表15人。会议审议并通过第五届委员会《创新思路 扎实工作 动员全县职工为加快工运事业发展作出新贡献》工作报告和财务工作报告。选举产生安丘县总工会第六届委员会，委员21人；经费审查委员会，委员5人。

安丘县工会第七次代表大会

1993年3月18日—19日召开，代表199人，特邀代表15人。会议审议并通过第六届委员会《求真务实 开拓创新 团结动员全县职工为实现“八五”发展而努力奋斗》工作报告、财务工作报告和经费审查委员会工作报告。选举产生安丘县总工会第七届委员会，委员25人;经费审查委员会，委员5人。

安丘市工会第八次代表大会

1999年1月21日—22日召开，代表198人，特邀代表10人。会议审议并通过第七届委员会《服务大局 提升素质 切实维权 为加快全市经济社会又好又快发展再立新功》工作报告、财务工作报告和经费审查委员会工作报告。选举产生安丘市总工会第八届委员会，委员21人；经费审查委员会，委员5人；表彰1998年度全市工会工作先进单位和个人。

安丘市工会第九次代表大会

2005年3月25日—26日召开，代表247人，特邀代表20人。会议审议并通过第八届委员会《围绕发展大局 履行维护职能 团结带领全市广大职工为建设现代化强市而努力奋斗》工作报告、财务工作报告和经费审查委员会工作报告。选举产生安丘市总工会第九届委员会，委员21人；经费审查委员会，委员5人。

安丘市工会第十次代表大会

2010年10月27日—28日召开，代表218人，特邀代表14人。会议总结九次代表会议以来的工会工作，研究部署今后五年工会工作任务；听取并审议通过第九届委员会《认真履行职责 促进社会和谐 团结带领广大职工为推进跨越发展实现后发赶超而努力奋斗》工作报告、经费审查委员会工作报告。选举产生安丘市总工会第十届委员会，委员31人；经费审查委员会，委员5人。

第三节 组织建设

1984年—1986年，安丘县总工会贯彻落实中华全国总工会要求，突破所有制界限，逐步在个体私营企业和外商投资企业中建立工会组织。到1987年，全县工会组织发展到200个，按要求配齐专兼职工会干部。1988年12月，安丘县首届女职工委员会成立。1989年，县内18家乡镇企业率先建立工会组织。到1992年,全县工会组织发展到285个。其中，乡镇企业工会18个，会员38998人。1994年6月，安丘市首家私营企业——汶中玻璃钢厂工会成立。1995年—1996年，市总工会先后在市乡镇企业局、市工商行政管理局、市外经委和32处乡镇建立工会工作委员会，由同级党政副职任工会工委主任。同时，在新经济组织中广泛开展贯彻

《劳动法》、签订集体合同和建设“职工之家”活动。1997年—1998年,根据企业改制实际,制定下发《关于在新经济组织中建立健全工会组织的意见》，全市362家改制企业全部恢复重建工会组织。1999年，市总工会、市经贸委下发《关于在改制企业中加强工会组织建设的意见》，对在改制企业中加强基层工会组织建设提出明确要求。是年，探索企业改制后原工会组织健全、完善、恢复、重建和新建新路子，全市恢复和完善工会组织70个，新建工会组织96个。其中，区域性、行业性工会联合会12个(含71个企业工会)、基层工会委员会25个。年内，全市各级工会组织发展到482个，新经济组织建会率98%，改制企业建会率100%，职工入会率90%以上。2000年5月，潍坊市工会组织建设会议在安丘召开，全面推开工会组织建设工作。年内，全市378家企业改制完毕，工会组织相应建立。2001年，召开全市新建企业工会组织建设工作联席会议；市总工会与市委组织部、市经贸委、市政府财贸办公室制定下发《关于在企业董事会、监事会换届中认真贯彻鲁会〔2000〕60号文件精神的通知》，要求实行公司制改制企业全部建立和完善职工董事、监事制度，工会主席、副主席作为职工董事、监事的首选候选人进入董事会、监事会。董事会、监事会中必须有职工代表。是年3月，市总工会与各镇街道和市直有关部门签订新建企业建会工作目标责任书,建立联席会议制度,形成“党委领导、政府支持、工会主抓、各方配合、通力合作”工作格局。2002年，开展“工会组织建设年”活动，坚持“企业改制到哪里，工会组织就规范完善到哪里”的原则，做好所有改制企业工会组织重建、巩固、发展和完善工作。年内，市直11个系统和23处镇街道工会工作委员会主任均配齐；全市有460家企业建立工会组织。其中，外商投资企业31家，乡镇、村办企业68家，私营企业361家。2003年—2004年，市总工会制定下发《关于进一步规范工会组织建设的意见》《关于在全市非公有制经济组织中开展“党建带工建、党工共建”工作的意见》《关于开展创建“工会工作示范镇(街道)”活动的意见》，努力探索加强镇街道工会建设新路子。2005年6月，市委组织部、市总工会下发《关于加强农副产品加工业建立工会组织的实施意见》，重点对农民工、临时工加入工会问题进行部署并提出要求。2006年5月，安丘市成立农副产品加工业工会组建工作领导小组；市总工会下发《关于农副产品加工业建立工会组织实施意见》，对农副产品加工业工会组建的指导思想和原则、组织形式、主要职责、组织领导等提出具体意见。2007年，全市基层工会组织发展到665个，职工10.29万人，会员98492人。2008年，在试点基础上，全力推进镇街道总工会建设，全市13处镇街道全部建立总工会，配齐专职干部。2009年—2010年，重点抓好镇街道社区、“三类企业、三种行业和工业园区”建会工作。到2010年底，全市新组建工会72个，涵盖单位204个，新发展会员11989人。其中，社区工会31个，会员8968人。2011年—2012年，以行业性、区域性建会为重点，新建各类企业工会组织56 个，涵盖基层单位157个，发展会员1.1万人，市内非公企业建会率98%。全市企业中有省级模范“职工之家”8个，潍坊市级先进“职工之家”52个。2013年，按照“两个普遍”(依法推动企业普遍建立工会组织、依法推动企业普遍开展工资集体协商)和“扩大覆盖面，增强凝聚力”的目标要求，全市建立基层工会委员会1039个、工会联合会12个、联合工会8个，会员44312人，建会率、入会率均98%以上。国有、集体及其控股企事业单位厂务公开建制率100%，建会非公规模以上企业职代会和厂务公开制度建制率100%，建会区域(行业)职代会建制率95%以上。

第四节　职工权益保障

1985年—1987年，县总工会在全县开展以优质服务为中心内容的厂际、厂内职工生活后勤达标竞赛活动，县内200人以下企业的“五小”(小食堂、小厕所、小澡堂、小图书室、小文体室)职工福利设施发展到354个。1988年，全县各级工会组织开拓职工生活后勤工作领域，定期对职工食堂进行检查，防止病从口入。1989年，县总工会贯彻落实《工会劳动保护条例》，对34家县属企业和10家乡镇企业进行劳动保护安全大检查，对查出问题下达限期整改通知书。是年，新建工会劳动保护委员会5个。1990年—1994年，市总工会围绕企业安全生产广泛开展排查隐患促进安全活动，全市43家市属企业均按规定建立厂级安全生产劳动保护委员会，企业车间、班组均设立安全生产监督检查员，促进企业安全生产和效益提高。1995年—1996年，随着市场经济不断发展，职工食堂、托幼所逐步面向市场。市总工会把建立平等协商、签订集体合同制度作为工作“牛鼻子”来抓，成立领导小组，建立目标责任制，召开会议部署。至1996年底，全市176家企业签订集体合同。1997年—1998年，市总工会对改制企业和合同到期企业进行重签和续签。1997年3月，建立职工消费合作社63家，入社职工2万多人，全年营业额370万元，为职工节约开支37万余元。是年5月，潍坊市消费合作社现场交流会在安丘召开，安丘市作经验介绍。1998年5月，全省职工消费合作社现场会在安丘召开，安丘市委、市总工会及部分基层单位介绍兴办职工消费合作社经验。1998年，市总工会在全市开展“访谈帮”（走访企业、跟一线职工谈心，帮扶困难家庭实现再就业）活动，及时发现推广下岗职工再就业典型；成立下岗职工基本生活保障和再就业法律法规咨询中心，设立职业介绍所；与市卫生局、教委、劳动局联合下发《关于对特困职工实施帮贫解困的意见》，为200名特困职工发放特困证。1999年，开展职工消费合作社组建工作，全市建起职工消费合作社110家，入社职工3.1万人，年营业额645万元，提供就业岗位256个，为职工年节约开支65万元。是年，互助储金会有所减少。市总工会突出抓住这项工作，全市有66家基层工会重建、新建储金会，储金117万元；有10131名职工参加互助保险，吸纳保金102万元，为近百名职工办理理赔手续，赔付10060元。2000年始，市总工会在总结10年送温暖经验基础上，每年都对所属企业困难职工情况进行调查摸底，根据调查摸底情况实施针对性救助。2005年5月，安丘市成立职工维权及创建劳动关系和谐企业工作领导小组，市委办公室转发《关于创建劳动关系和谐企业活动的意见》，确立市网通公司等6家企业作为试点单位，推动和谐企业创建工作不断深入。2007年，全市建立困难职工档案1890份，救助困难职工8230人，发放救助金100多万元。2008年—2013年，市总工会在全市开展送温暖活动，全力保障下岗特困职工基本生活，建立困难职工档案2557份，特困职工档案218份，扶助特困职工1.55万人次，走访慰问困难职工2.8万人次。2013年，以市职工维权服务中心为龙头，构建“维权帮扶一站式服务体系”。市职工维权服务中心在原有困难帮扶、劳动争议调解、法律援助、心理咨询、就业培训等功能的基础上，增设会员服务、互助保障等窗口；成立爱心超市，为特困职工发放服务卡。全年有8450人加入该服务体系，356名会员报销金额28万多元。

第五节　厂务公开与民主管理

1980年10月，安丘县开始推行职工代表大会制度、开展民主管理工作。到1989年，全县180家县属企事业单位全部推行职工代表大会制度。1990年，安丘县贯彻落实《中共中央关于加强和改善党对工会、共青团、妇联工作领导的通知》精神，在企业民主管理、维护职工合法权益、落实工会干部待遇等方面取得新突破。结合企业实行新一轮承包，县总工会制定下发《关于在新一轮承包中充分发挥职代会作用的意见》《关于在新一轮承包中签订双保合同的意见》，要求基层工会参与制定承包方案、签订并实施承包合同全过程，保护好企业整体利益，保护好职工合法权益，使经营者和生产者成为风险共担、利益共享、生产生活共同发展的经济利益共同体。1992年3月，下发《关于加强企业民主管理推进企业深化改革的意见》，以参与改革为主线，各级工会出黑板报235期，橱窗120期，印发宣传材料2800多份。1993年，在全县32处乡镇建立乡镇企业工会工作委员会，发展会员9000人。1997年，针对全市多数企业改制的实际，在全市42家改制股份制企业中建立职工董事、监事制度，29名工会主席、32名副主席分别代表职工进入董事会或监事会，分别占此类企业的85.3%和94.1%。1999年，市纪委、市委组织部、市经贸委、市总工会联合下发《关于加强企业民主管理推行厂务公开的实施意见》，全面推行厂务公开和政务公开工作。是年11月，组织全市厂务公开大检查，检查情况通报全市各企事业单位。2000年10月，潍坊市政协组织政协委员到安丘视察厂务公开工作。2002年，市总工会下发《关于进一步规范职代会制度加强企业民主管理的意见》和《2002年全市厂务公开工作意见》，对全市企业民主管理状况进行调查，形成调查报告。全市95%的企业每年召开2次职代会，厂务公开合格率95%，满意率98%。2003年，市委调整充实市厂务公开、民主管理领导小组，制定下发《关于深化厂务公开民主管理工作的意见》。是年11月，召开全市厂务公开、民主管理领导小组成员会议，观摩市供电公司、奥宝化工集团等4家市属企业现场。是年，全省厂务公开检查组到安丘检查，给予充分肯定。年内，全市14家国有、集体及控股企业和88家教育卫生等事业单位全部实行厂务、校务、院务公开；431家非公有制企业实行适合企业特点的厂务公开民主管理形式。2004年，市总工会印发《关于在非公有制企事业单位推行职工代表大会制度的意见》，召开全市工会基层组织建设会议，进行建会检查。2005年3月—10月，制定《关于深化厂务公开民主管理工作的意见》并组织对全市厂务公开进行检查验收。2007年，市总工会下发《关于开展“职工代表大会建制年”活动实施意见》，进一步建立健全以职代会为基本形式的职工民主管理机制，促进职代会规范化和职代会各项职权的落实，实现企业和职工“双赢”。安丘市总工会被省总工会授予全省三级联创先进县市区工会称号。2008年—2009年，全市13家国有企业、105家教育卫生企事业和261家非公有制企业全部实行厂务公开民主管理形式。2010年—2013年，市总工会在全市选树8家潍坊市厂务公开民主管理示范单位、18家安丘市级先进单位并加大推介宣传力度；深入开展职代会星级创建活动，提高厂务公开民主管理工作层次和水平，全市有潍坊市级先进星58家，省级优秀星12家，合格星企业占建会企业的90%以上。全市建会非公有制企业职代会落实率和厂务公开制度建制率分别达90%和95%。其中，规模以上企业分别达98%和100%，已建会的区域职代会建制率达95%。

第六节 劳动竞赛和技术创新

劳动竞赛

1985年始，安丘县各级工会围绕加强班组建设，深入开展争创“先进班组”“信得过班组”“合格班组”升级竞赛等活动。到1987年，全县举行技术比武、岗位练兵269次，参加1.41万多人。1988年—1992年，县总工会开展以“质量、品种、效益”为主线的全员劳动竞赛。5年间，全县各企业2200多个班组30多万人次参加各类竞赛，提出合理化建议8000余条，推广新技术80万项，增加经济效益20多亿元。1993年—1998年，市总工会深入开展群众性技术活动，有30143名职工参加52个项目技术比武，对决出的十大技术能手进行大张旗鼓表彰。1999年，安丘市成立劳动竞赛委员会。年内，全市企业有2440多个班组参加竞赛活动。市总工会获全省“跨世纪建强省劳动竞赛先进单位”称号。2000年—2005年，围绕传帮带、强技能提素质、“两创一争”（创建学习型企业，创建学习型班组，争当知识型职工），组织全市400多个基层工会8万多名职工参与，开展各种竞赛40余万人次，提合理化建议10万多条；开展技术攻关、推广新技术100多万项，增加经济效益30多亿元。2006年—2013年，市总工会、市安全生产监督管理局在全市深入开展“安康杯”竞赛活动，扎实推进“安全生产基层基础提升年”活动；发挥工会组织优势，以“安康杯”竞赛为载体，以交通运输、煤矿和非煤矿山、危险化学品、建筑施工和人员密集场所等重点领域和劳动密集型企业以及非公有制中小企业为重点，以开展各种安全文化活动为手段，吸引更多企事业、机关单位和职工参与到活动中。其间，全市近1000家企业10万多名职工参与各种竞赛60多万次，提合理化建议20万条，创造经济价值 60多万元；开展技术攻关、推广新技术230多万项，增加经济效益60多亿元；以推动形成“我要安全、我懂安全，我讲安全、我会安全”良好局面为目标，做好组织发动、教育培训、隐患排查和整改、建章立制等各项工作。全市有2300多名工会干部参加安全生产专题学习，带动610家企业、11.2万名职工参加活动。各级工会培训职工12.1万人次，排查各类安全生产隐患18760条，提出整改建议和措施1.1万余条，整改隐患1.8万余个。是年12月，安丘市以《发挥优势突出重点“四抓”促进安全生产》为题，在省总工会安全生产专题调研座谈会上作典型发言。

合理化建议和技术革新

1985年—1987年，县总工会组织发动职工围绕企业生产关键环节和薄弱环节，开展技术协作、革新和提合理化建议活动。三年内完成技术攻关204项，创经济效益540多万元；推广应用新技术146项，实现经济价值310多万元；职工提合理化建议14654条，被采纳实施10132条，创价值724.1万元。1988年—1992年，全县职工共提合理化建议38932条，研制开发新产品804项，创经济效益1.29亿元。1993年—1999年，安丘市职工提合理化建议8270条，采纳实施4120条，奖励实施1592条，创经济价值4230万元；完成技术改造项目179个，年增经济效益19.5亿元。2010年，组织职工开展提合理化建议活动，当年全市收集合理化建议3600条，被采纳3200条，实现经济效益960余万元。2011年，组织全市职工提安全生产金点子合理化建议，收集合理化建议380条，采纳278条，实现经济效益90万元。2013年，在全市职工中开展"三学、两创、两争"（学技术、学知识、学先模，创新、创标，职工争做金牌工人、班组争创"工人先锋号"）活动，全市610家企业、1.7万个班组、11万名职工参与。收到合理化建议2556条，采用2506条，创经济效益1.23亿元。同时，在全市开展"四级工会干部进企业、万人联动促安全"活动，121名工会干部联系251家企业，8.72万名职工参与隐患排查，排查出隐患7600条，整改7100条，收集到合理化建议630条，采纳310条。

技术比武活动

1998年2月，市总工会召开全市群众性经济技术活动动员会议，深入开展以建立健全群众性经济技术活动为基本形式的建功立业活动。同年7月—9月，全市职工业务技术大比武车工、钳工赛区在市轻工机械厂举行，电焊工赛区在市通用机械股份有限公司举行，护理赛区在市白求恩医院举行。是年10月，市总工会获全国模范市工会称号，市造纸厂获全国模范"职工之家"称号。是年，在潍坊市职工合理化建议和技术革新、管理创新成果评审会上，安丘市推报的四项科研成果获一等奖1项、二等奖2项、三等奖1项。2000年3月，召开表彰会议，对全市1999年度劳动竞赛评选出的10个单位和40名个人进行隆重表彰；制定下发《关于开展群众性经济技术创新劳动竞赛活动的意见》，明确劳动目标、竞赛内容、形式与要求。是年12月，山东省召开"安康杯"竞赛总结表彰会议，安丘市总工会作典型发言并被省劳动竞赛委员会授予跨世纪建设劳动竞赛先进单位称号。2001年4月，市政府办公室转发《潍坊市关于开展以经济技术创新为主要内容的劳动竞赛活动实施意见》。市总工会、市经贸局等四部门转发《潍坊市总工会关于开展"争创优秀技师和智慧职工"活动的通知》。2002年，市总工会下发《关于实施群众性经济技术创新工程的意见》，推广应用有毒有害化学物质信息卡，加强群众性安全生产保护工作；市总工会、市安监局下发《关于继续开展"安康杯"竞赛活动的意见》《关于开展全市"安康杯"竞赛活动的通知》，修订"安康杯"竞赛企业考核标准，号召全市广大职工大力开展以"争当新型劳动者，为建设现代化强市做贡献"为主题的经济技术创新工程。2004年—2006年，市总工会以"学振超、练绝活、强素质、创一流"活动为内容，继续深入开展"争当新型劳动者，为建设现代化强市做贡献"活动。全面贯彻落实"安全第一，预防为主，综合治理"的方针，提高企业职工安全管理水平和自我保护能力。2007年，贯彻落实潍坊市总工会决定，在全市开展创建"工人先锋号"活动。2010年，制定下发《关于在全市职工中开展"爱我安丘、科学发展、建功立业、争先创优"职工职业技能竞赛活动的意见》，把推行签订《劳动安全卫生专项协议书》作为工作重点，修订完善2012年度"安康杯"竞赛考核标准。2012年，市总工会、市人社局下发《关于举办第二届职工职业道德技能竞赛的通知》。是年7月，在全市卫生系统开展首届应急大练兵、大比武活动；在工业、教育、金融等系统进行电工、钳工、焊工、点钞等5个工种6个项目技术比武。2013年，市总工会、市安监局联合发出通知，对全市2013年度"安康杯"竞赛活动做出具体部署并对全市参加第二届职工职业技能竞赛的4个先进集体和13名先进个人进行表彰。

第七节　培训与活动

1986年，安丘县职工教育培训始由学历教育转向岗位培训、思想道德和职业技术教育。年内，全县举办10类特殊工种培训班4期，247人参加；落实《工会劳动保护监督检查》等3个条例，企业均建立劳动保护委员会或劳动安全保护小组。1987年，169个企事业单位按规定建立工作委员会和女工工作小组，在女职工"五期"保护、"四自"教育、培训托幼保教人员和维护女职工特殊利益方面开展工作。1988年，县总工会分类制定《职工道德规范》《职工道德标准》，召开职工职业道德教育经验交流会议，推进争创"文明窗口"和"双优"（优秀标兵、优秀服务明星）活动开展；通过演唱会、故事会、报告会、演讲会、讨论会等形式，深化“忆十年，话改革”教育活动，全县98%以上基层工会参加活动，职工受教育面97%以上。在全省“忆十年，话改革”演讲会上，安丘县代表队获三等奖。1990年，县总工会开展“学雷锋精神、树时代新风、做文明职工”系列活动，组织“学雷锋先进事迹报告团”巡回报告40余场。1991年，开展“我怎样为‘质量、品种、效益’年作贡献”大讨论。举办知识讲座107场，印发简报574期；组织报告会、演讲会120场。是年8月，下发《关于在全县职工中开展技术学习、技术练兵、技术比武活动意见》，在县水泥厂进行“岗位技能工资”试点工作，组织全县19个单位62个项目19214人参加比武。1992年—1993年，举办全县“鸿雁杯”职工文艺汇演、首届中国象棋“棋王赛”；为纪念毛泽东诞辰100周年，组织职工文化夜市和职工书法、绘画、摄影展览。1994年4月，在全市职工中开展“市场经济与主人翁”为主题的系列教育活动。1995年—1996年，市总工会制定《女职工劳动保护规定实施细则》，开展女职工“闯三关”（ 文化、技术和智慧关）活动，安丘市获潍坊市女职工“闯三关”活动成果二等奖。1997年，开展“双文明建功立业竞赛”活动，参赛女职工1.6万名，参赛率80%以上；开展《工会法》宣传月活动，印发《工会法》单行本1万余份，宣传材料6万多份，组织1.2万人参加《工会法》知识竞赛。1998年，为纪念《女职工劳动保护规定》颁布实施10周年，举办全市女职工劳动保护知识竞赛。2000年，下发《关于在全市职工中开展“三新”（新世纪、新征程、新形象）主题教育 加强职工职业道德建设的通知》，利用黑板报、宣传栏、简报等形式，开展职业道德教育。是年8月，举办公司制企业工会主席培训班，推动职工董事、监事制度的建立健全。2003年，开展《工会法》集中宣传月活动，在新闻媒体开设《工会法》专栏，进行人物专访；发放宣传材料6000余份，组织《工会法》知识竞赛354场。2006年10月，举办全市工会干部培训班，邀请山东省工会管理干部学院教授专题辅导基层工会民主管理知识，参观学习市职业中专校务公开与景芝酒业股份有限公司、市人民医院、安丘一中、市电业公司等5个单位工会档案管理工作现场。2008年，市总工会等部门联合举办迎奥运、庆“五一”比赛。2009年9月，在安丘银座商城举办“迎国庆”全市职工摄影展，展出作品150余幅。2010年—2011年，市总工会转发潍坊市总工会《学习宣传王钦锋同志先进事迹的通知》，在职工中掀起学习活动高潮；举办全市工会主席培训班，100余人参加培训。2012年，举办“庆五一大明生态园杯”全市职工书画展览；在安丘电视台、《今日安丘》开设“建设新安丘劳模在行动”宣传专栏，宣传14名劳模先进事迹；举办全市劳动关系协调员培训班，对100多名协调员进行系统培训。是年9月，转发《山东省总工会关于在全省职工中开展“讴歌辉煌成就建设美好山东”主题教育活动的通知》。12月，安丘市职工就业培训基地被全国总工会授予全国职工教育培训示范点；次年，被确定为全国职工教育培训优秀示范点称号。2013年，市总工会结合深化“学创争”活动，组织3个工作组分别联系14个镇街区和包靠25家重点企业，通过组织岗位培训、劳动竞赛、技术创新等方式，培养一批具备良好职业道德、扎实专业知识、熟练职业技能、有一定创新能力的现代产业工人。全市举办培训班1287期，树立生产标杆2613个，征集职工创新成果1773项。同时，实施“千百十”工程，在全市企业中推荐“学创争”活动优秀班组和先进个人1000个，择优集中宣传100个，表彰奖励“十大先锋班组”和“十大金牌工人”，打造一支“有梦想、好学习、能创新、乐奉献”的新型职工队伍。《潍坊日报》《大众日报》《山东工人报》《工人日报》等新闻媒体相继对安丘市这一做法进行报道。是年9月，市总工会、市委组织部、市委党校联合举办工会干部培训班，培训126人；与市文广新局举办全市职工“庆国庆祖国颂”书法绘画摄影展，收到作品300余幅，展出书画作品73幅、摄影作品54幅。

第二章　共青团

第一节　机　构

1986年，共青团安丘县委（简称团县委）为正科级行政机构，内设办公室、组织部、宣传部、学少部、工农青年部。1993年，团县委内部增设安丘县希望工程办公室。1994年3月，共青团安丘县委更名为共青团安丘市委（简称团市委）。2004年3月，在团市委设立安丘市关心下一代工作委员会办公室。2004年12月，撤销内设办公室、组织部、宣传部、学少部、工农青年部。2013年7月，市关心下一代工作委员会办公室转入市委老干部局。

第二节　共青团代表大会

共青团安丘县第十三次代表大会

1987年5月10日—12日召开，代表500人。会议听取并讨论审议团县委十二届委员会《团结带领全县青年为实现振兴安丘的宏伟目标英勇奋斗》工作报告。选举产生共青团安丘县第十三届委员会，委员29人，候补委员6人。

共青团安丘县第十四次代表大会

1990年10月24日—26日召开，代表350人。会议听取并讨论审议团县委十三届委员会《高举共产主义旗帜　为振兴安丘振兴中华贡献青春》工作报告。选举产生共青团安丘县第十四届委员会，委员29人，候补委员6人。

共青团安丘市第十五次代表大会

1995年5月4日—5日召开，代表304人。会议听取并讨论审议团市委十四届委员会《团结带领全市团员青年为振兴安丘振兴中华贡献青春》工作报告。选举产生共青团安丘市第十五届委员会，委员35人，候补委员8人。

共青团安丘市第十六次代表大会

2010年11月19日—20日召开，代表201人。会议听取并讨论审议团市委十五届委员会《高举旗帜　坚定信念　牢记使命　团结带领团员青年为建设富强民主文明和谐的现代化强市贡献青春力量》工作报告。选举产生共青团安丘市第十六届委员会，委员39人，候补委员11人。

共青团安丘市第十七次代表大会

2013年12月11日—12日召开，代表148人。会议听取并讨论审议团市委十六届委员会《高举团旗跟党走　聚力青春勇担当　为加快建设富强秀美幸福新安丘贡献青春力量》工作报告。选举产生共青团安丘市第十七届委员会，委员39人，候补委员11人。

第三节　重要活动

“青春立功”活动

1986年—1990年，团县委组织开展“达标夺杯”竞赛活动，激励全县青年发扬主人翁意识，为振兴安丘经济建功立业。1991年—1994年，团市委在全市开展“青春立功”活动，重点抓好农村青年科技星火工程、争创青年全优岗、团属事业和农村基层组织实体化、希望工程4项工作。1995年—2000年，团市委组建青年营销服务队伍，建立青年营销服务中心，推进物质文明建设。2001年—2003年，在全市农村团员青年中开展“学科技、办项目、拓市场、比贡献”活动，团结带领农村青年投身经济建设主战场并促进其成长成才。2004年—2006年，以“共青团新农村建设廿示范村”创建为主线，先后开展“新型青年农民培养计划”“供港快递转移就业促进计划”、送岗位下乡、“廿团结廿村”结对帮扶、“青年志愿者服务计划”“希望工程”救助农村贫困学生和“新农村·新风尚”文化采风等7项活动。2007年—2008年，组织团员青年参与“爱我安丘，加快发展”活动。在“群众创家业，能人办企业，干部干事业”创业热潮中，团市委和市委组织部、宣传部等五部门联合开展首届“安丘十大杰出青年”评选活动，将选出的10名杰出青年事迹以专版在《安丘日报》刊登，充分发挥其典型带动作用。2009年—2010年，通过科技、法律、务工等知识培训，培养农村青年创业成才，增收致富。2011年—2013年，实施助力县域科学发展工程，号召青年积极参与招商引资，广泛开展青年企业家经贸考察活动，促进青年成为招商引资生力军；全力服务突破滨海战略，举办突破滨海动员大会，引领青年投身安丘(滨海)特色产业园区建设;开展“青春建功行动”，实施青工技能振兴计划、青年创新创效活动和青年岗位能手评选，引导青年立足岗位、成就梦想；组织成立青年企业家协会，搭建起全市青年企业家交流学习平台；成立青企协志愿服务队，引导青年企业家为全市发展积极贡献力量。2013年，安丘市获全省助力县域科学发展示范县（市、区）评比第一名。

青年创业就业行动

1987年—1990年，团县委在全县农村基层团组织中开展“为改变家乡面貌献青春”为主题的“创业创优、争旗夺杯”活动竞赛。1991年—1994年，在全市窗口行业开展“学雷锋、迎十四大、争创青年文明岗位和个人”活动，评出青年文明岗位25个，青年文明个人30名。安丘市被团中央、财政部、农业部列为“全国跨世纪青年农民科技培训工程”50个先期试点县之一。1995年—1999年，在全市乡镇建设“青字号”示范基地，团市委出资2万元，扶持担山镇青年黄海鲤鱼养殖中心、柘山镇青年农业科技示范园建设。2000年—2003年，在全市组织开展“青年岗位能手”“十佳农村青年星火带头人”“个体私营经济界优秀青年”等评选活动。2004年—2008年，开展青年增收成才活动，利用本市4家职业院校、13个志愿者基层服务站，为农村青年作技术、信息等方面培训20场次；开展“先富带动后富，带动一起富”活动，开展典型交流会10场，结成帮扶对子42对，为2家镇村企业向潍坊商业银行联系贷款400多万元。2009年，开展青年就业创业见习基地建设活动，全市建立“青年就业创业见习基地”9个。2010年，深化“百千万农村青年创业计划”。通过申请青春创业贴息专项资金和申报中国青年创业国际计划，为青年提供资金扶持。2012年—2013年，把促进青年就业创业作为重中之重，组织创业青年参加省、潍坊市创业大赛，为优秀创业项目争取信贷资金200万元。新建青年就业见习基地4个，吸收见习青年600余人；实施农村青年培训工程，举办农业专家技术讲座，免费培训农村青年8000人次；实施青工技能振兴计划，开展技能培训、技术比武、岗位练兵等活动150场次；利用春节前后农民工集中返乡时机，举办返乡农民工“春风行动”“返乡农民工就业洽谈会”，在安丘汽车站设立就业接待处，鼓励外出务工人员返乡创业就业，先后接待外出务工人员5万余人。

保护生态环境行动

1986年—1990年，团县委利用每年植树节、学雷锋活动日、“五四”青年节等时机，组织开展以环保为主题的志愿活动1000余次。1991年—1994年，发挥青年志愿者优势，建立100支环保小分队，定期去街道打扫卫生、捡拾垃圾。1995年—1998年，成立环境保护宣讲小组，走上街头、社区、学校，开展环保宣讲20场，5万名团员学生参与。1999年，启动“保护母亲河活动”，之后每年均以此为主题组织青年学生开展活动。2000年—2001年，筹资2万元，在潍安路与汶河交界处建立安丘市青少年绿化广场。2002年—2005年，以“为同一条河，献同一份爱”为主题深入开展保护母亲河行动。2006年—2009年，开展“节能减排•收旧利废”红领巾行动，号召广大青少年少先队员从小事做起，增强节约环保、循环利用资源的责任意识。2010年—2011年，在辉渠镇启动“青年林”活动，引导青年植绿、护绿，建设生态安丘；响应全市低碳生态的号召，开展“青少年环保远足活动”。2012年—2013年，参与生态文明建设，积极响应“三八六”环保行动，深入开展绿色教育，利用“地球日”、“环境日”等时间节点，举办生态环保宣传教育活动；继续开展“收旧利废”红领巾行动，促进全市少先队员养成健康文明、绿色低碳生活习惯；积极保护绿色生态，开展“保护母亲河”、汶河徒步行、生态文明宣传等活动，参与城乡环境综合整治；组织青年投身植绿护绿工作，深化“青年林”品牌建设，不断扩大“青年林”规模。

青年志愿者行动

1986年—1990年，团县委围绕城乡发展、扶贫开发、环境保护、帮孤助残、支教扫盲、抢险救灾等社会公益事业，组织开展青年志愿者“一助一”结对服务和文化、科技、卫生“三下乡”活动。1991年—1993年，团县委建立基层青年志愿者服务站8个，组建志愿服务队18个，招募青年志愿者2000余人，志愿服务60余次，志愿服务工作影响面不断扩大。1994年—1996年，团市委抓牢以助残、敬老、爱幼、尊师、扶贫帮困为主要内容的“一助一”志愿服务活动。1997年—1999年，开展青年志愿者“义务奉献”活动，确定每周六为“义务奉献日”，开展“义务奉献日”200余次。2000年—2002年，开展杰出青年志愿者创评活动，20名青年被团市委评为安丘市“杰出青年志愿者”。2003年—2005年，把每年3月定为“志愿者服务月”，先后组织开展爱老敬老、环境保护、扶贫助困等活动3000余次，参加人员1万多人。2006年3月，成立安丘市青年志愿者协会，开展以“建设生态安丘、做文明市民、青年先行”为主题的青年志愿者系列行动。2007年，组织“青年志愿者活动月”活动，成立20支“建设生态旅游城市”宣传队，在市区各主要交通要道路口和市郊各村进行宣传。2008年，制定印发《全市“讲关爱、重品行”志愿服务行动实施方案》，在全市开展各类志愿活动210次，参与团员青年2200余人。2009年，围绕推进安丘市区域化管理“安丘模式”建设，组织全市团员青年志愿服务队开展以“进种植基地、进社区中心、进农资超市、进生产车间、进区域化指挥中心”为主要内容的“五进”活动。2010年—2012年，全面推行志愿者注册制度，推动青年志愿者活动制度化、规范化、经常化；在部山镇启动青年志愿者行动暨“青年井”活动；开展“生态安丘青年志愿服务系列活动”，深化“青年林”、区域化建设青年志愿服务“五进”社区等活动。2013年，成立各级青年志愿服务队伍88支，建立以共青团为中枢，横到边、纵到底的青年志愿者工作网络，开展各类青年志愿服务活动600多场，惠及群众超过3万人次。

“青年文明号”创建活动

安丘市“青年文明号”创建活动始于1994年。1995年—1997年，团市委重点在城区交通岗和市国税、电业、工基交、公安部门中开展青年文明号创建活动。1998年—2000年，以“青年岗位能手”活动为助力，将“青年文明号”活动引向各个行业、岗位，做到“号手联动”，建立完善运行机制。2001年—2002年，在全市范围内开展“青年文明号”创建活动，共评出安丘市级“青年文明号”70余家。2003年—2004年，在全市“青年文明号”中开展抗击“非典”“青年文明号”与您同行活动。2005年—2006年，开展以建设生态安丘，做文明市民，青年先行为主题的“青年文明号”行动。2007年—2008年，在全市新当选的35个“青年文明号”单位中开展“爱我安丘，加快发展，青年文明号在行动”活动。2009年—2010年，结合全市的学习实践科学发展观活动，深入实施“青年文明号”示范行动，在“青年文明号”单位中开展“青年文明号”在行动、“青年文明号”信用文化建设和信用评议等活动。2011年—2013年，开展建设新安丘，“青年文明号”在行动活动，引导团员青年弘扬良好职业文化道德，优化发展软环境；不断深化“青年文明号”创建工作。其间，创建国家级“青年文明号”3个，省级“青年文明号”8个，潍坊市级“青年文明号”37个，安丘市级“青年文明号”51个。

第四节　基层团建

1986年—1990年，团县委围绕加强基层团组织建设，选配一批年富力强的青年担任团组织负责人，注重创新形式，加大工作力度，扎实推进基层团组织建设。1991年—1994年，各级党组织贯彻落实安丘县委《关于加强全县共青团工作的意见》精神，把团的工作纳入重要议事日程，加大基层团建力度。1995年5月，黄旗堡镇团委书记李文昌被团中央授予全国优秀团干部称号。1997年—2000年，团市委全力加强企业、城市社区、农村社区等团组织建设，创新组织设置形式、管理方式和工作运行机制，进一步扩大基层团组织覆盖面。2001年—2004年，将社区团建作为加强基层团组织建设重点，不断完善机制，先后建成三里庄社区、南关社区、儒林社区、七里沟社区、王封社区5个比较规范的团组织。2005年—2009年，坚持“党建带团建”方针，整合党团组织工作力量，实现基层党建与团建工作协调推进、共同提高，先后新建立团组织83个。其中，创造性实施的“社区＋合作社”团建模式得到团省委充分肯定。2010年，采取公推直选方式，选举产生新一届镇街道团委班子。2011年—2013年，团市委制定下发《关于进一步加强和规范基层团组织建设的意见》《关于加强基层团组织工作经费保障的意见》，以规范化建设和实施“五有组织”（有组织、有人员、有活动、有阵地和有制度）工程为抓手，不断规范县级、壮大镇级、健全村级团组织；开展镇街区团组织格局创新工作，探索建立社区团总（支）部77个，吸收一批大学生村官、致富带头人成为编制外团干部，全面提升镇级团组织活力；新建镇街区“实体化”大团委直属团组织223个，“两新”（新型经济组织、新型社会组织）组织建立团组织227家。至2013年，全市有基层团组织2550个，团员7.06万人，团青比例39.2%。

第五节 希望工程

1991年，安丘县成立希望工程领导小组。1993年，成立安丘县希望工程办公室。采取上级划拨专项基金救助、集体或个人自愿捐款救助、集体和个人自愿结对救助3种方式，对失学儿童、贫困儿童、高考特困生进行救助；开展“手拉手结对帮扶”“希望工程圆梦大学”等活动，先后建成“鲁能部山希望小学”等7所希望小学。1994年—1997年，开展“希望工程助学行动”，并发行专用邮资明信片；推进爱心储蓄等活动，壮大“希望工程”助学金，扩大救助规模；开展“希望工程募捐”活动，救助失学和濒临失学儿童600余人。1998年—2005年，实施“救助特困生，奉献一片真情”工程，获取社会资金30多万元，救助特困生600余人。2006年—2009年，借助“城乡”结对、“手拉手”“希望工程”“圆大学梦”等活动，深入推进“贫困学生救助行动”，加大贫困学生救助力度；与安丘新闻网联合开展“光彩助学”勤工助学岗活动，为280多名学生提供助学岗位。2010年—2013年，深化“希望工程”和扶贫助学行动，累计筹集并发放助学款300余万元，救助青少年6000余人。

第六节 青少年权益保护

1986年—1987年，团县委联合县司法局、广播局开展“青年普法点将”活动，在全县开展普法宣传教育。1988年—1990年，组织建立一支1000人的“青年治保员”队伍，开展义务治安保卫、青少年普法活动。1991年，县委制定下发《关于加强青少年工作的意见》，要求切实加强对青少年的教育培养。1992年—1993年，团县委以青年志愿者队伍和基层团队组织为主体，重点宣传《中华人民共和国未成年人保护法》，印发宣传资料3万多份，展出图片120余幅，参与中小学生3万多人。1994年—1996年，团市委开展创建“维权岗”活动，在全市中学、社区进一步巩固和完善“问题学生包靠制”，统一规范问题学生帮扶相关制度、档案，加强对“问题学生”心理咨询和辅导。1997年—2000年，开展“青少年模拟法庭”、法制教育主题团队会、法制教育报告会等一系列活动，增强预防青少年违法犯罪工作科学性、实效性。2001年—2003年，多渠道筹集书籍1.5万余册，在农村社区中心援建6处“希望书屋”。2004年—2006年，联合市教育局实施“留守未成年人关爱”行动，成立首个“留守儿童服务站”，为留守儿童建立档案，推行“代管家长”“阳光伙伴”制度，开展“奉献爱心”“亲情热线”“城乡手拉手”等关爱活动，有效改善城乡留守未成年人生存发展状况。2007年—2009年，联合市关工委、文化局为全市41家网吧聘请“五老”网吧义务监督员，青少年安全上网得到有效保障；在全市开展青少年“拒绝网瘾、文明上网”活动，教育引导青少年自觉遵守《青少年网络文明公约》。2010年—2011年，开展“共青团与人大代表、政协委员面对面”活动，集中反映青少年普遍性利益诉求，先后征求意见建议10多条；开展“创建青少年安全放心网吧”“清理整顿不健康口袋图书”等活动。2012年—2013年，开展“代理家长”“阳光伙伴”等活动，在山区镇建立起帮扶留守儿童关爱体系；建立青少年启航驿站和希望乐园各4个，农村青年书屋12个，为青少年健康成长筑牢文化阵地；团省委“2013心愿直通车偕行活动”在安丘市开展，为山区儿童送去温暖；维护青少年普遍性利益诉求，开展“青少年维权岗”创建和“共青团与人大代表、政协委员面对面”及“关爱明天、普法先行——青少年普法教育活动”，组织“五老”宣讲团和法制副校长到中小学宣讲课346次，青少年维权工作呈现出阵地不断扩大、社会更加关注良好局面。

第七节 关心下一代工作

2004年，安丘市关工委按照“分类指导、整体推进”的工作思路，在全市193个市直部门（企业、学校）、23处镇街道和1385个行政村建立关工委组织。同年，各级关工委发动“五老”（老干部、老战士、老专家、老教师、老模范）志愿者通过开展民族精神、理想信念、道德规范、社会责任感、艰苦奋斗和素质能力教育，保障青少年健康成长。2005年，市通用机械厂退休干部郎丰振获全国关心下一代工作先进个人称号。2006年，把“五老”报告团和“关爱工作团”建设作为工作重点，从市委宣传部、老干局、党校和市总工会、卫生局、党史办、史志办及政法等部门选拔26名老同志组成“五老”报告团，从政法部门选拔10名老同志组成关爱工作团，到学校作报告10场，听报告师生2万多人次。2007年11月，市政协原主席李宪忠获全省关心下一代工作先进个人称号。2007年，在安丘市第一中学举行“感恩父母，亲情教育进校园”启动仪式。2008年—2009年，举行“安全知识进校园”活动，联合教育、供电、交通、司法等部门开展安全知识宣讲30余场，3万多名中小学生参与。2010年—2013年，联合老干部局、民政局、团市委、文明办、教育局、妇联等7个单位在全市开展“扶贫助学”活动，共筹集资金200余万元，救助贫困学生2000余人。

第八节　少先队建设

1986年4月20日，团县委召开中国少年先锋队安丘县第一次代表大会，代表245人。会议审议并通过少先队工作委员会工作报告，通过安丘县第一届少先队工作委员会名单。

1991年4月26日，团县委召开中国少年先锋队安丘县第二次代表大会，代表225人。会议听取并审议安丘县第一届少年先锋队工作委员会工作报告。选举产生安丘县第二届少先队工作委员会，委员42人。

1986年—1990年，团县委在全县少先队员、辅导员中开展“四有（有理想、有道德、有文化、有纪律）小金星”活动优秀辅导员和金星队员创评活动，4个单位、6所学校、72名辅导员和845名“金星队员”获表彰。1991年—1993年，贯彻实施《山东省少年儿童思想道德教育实施意见》，组成一支由离退休干部、老党员、英模人物为主体的5000余人青少年教育工作队伍，广泛开展丰富多彩的青少年思想教育工作；开展“学赖宁、爱劳动、争十星”活动，成立学赖宁小组5000多个，做好事23万多人次，涌现出800多名赖宁式好队员。1994年—1996年，在全市倡树并开展“移风易俗、婚事新办、文明节俭”和“爱国、立志、成才、奉献”主题实践活动，加强对团员青年“三热爱”教育。1997年—2000年，在全市少先队中开展“争五星、技能达标”和中小学中开展“中小学生爱国储蓄”、少先队“雏鹰大队”活动；启动实施青少年新世纪读书计划，与新华书店联合印制下发6000份购书优惠卡，成立读书俱乐部，引导青少年购好书、读好书、用好书。2001年—2003年，贯彻实施团省委《关于在全省农村团组织和团员青年中开展“三个代表”重要思想学习教育活动的实施方案》，举行志愿者宣誓仪式、18岁成人仪式，有2000余名青少年参与。2004年—2007年，围绕和谐社会和新农村建设，组织全市少先队员开展与“农”同行活动；举办“实现宏伟蓝图、奉献青年智慧”演讲比赛和“文明之夏·中百杯”以及“爱我安丘、展青春风采”青年歌手大赛，组织“和谐家园”青少年摄影大赛，共评出各类优秀选手50人、优秀摄影作品50幅。2008年，开展“迎奥运”知识竞答、“敬礼国旗”主题竞赛和“庆六一、迎奥运、话和谐”少年书画作品大赛等实践体验活动。2009年，坚持落实“全团带队”，扎实开展“红心向党推优工程”“节能减排·红领巾行动”“雏鹰争章”等少先队品牌活动，参与潍坊市“少先队辅导员培训”“少先队规范化活动评选”“少先队60年60人推报”“少先队品牌活动评选”“廉政建设进校园”等工作，深化“安丘市优秀辅导员评选”“少年读书”等活动。2010年，举行“感恩父母，亲情教育进校园”启动仪式，弘扬优秀传统文化，教育广大青少年从小学会感恩父母和社会。2011年，开展“聆听革命故事”“重温入团誓词”“成人宣誓”“我为党旗添光彩”等主题鲜明的活动，帮助未成年人健康成长。2012年—2013年，开展“红领巾相约中国梦”活动，通过“讲述祖国故事”“体验安丘发展”等形式，培养青少年对党和祖国的感情。

第三章 妇 联

第一节 机 构

1986年，安丘县妇女联合会为正科级行政机构，内设办公室、组宣组、少儿组、维权组。1994年3月，安丘县妇女联合会更名为安丘市妇女联合会（简称市妇联）。1997年7月，安丘市成立安丘市妇女儿童工作委员会。2004年12月，撤销市妇联内设办公室、组宣组、少儿组、维权组；设立安丘市妇女儿童工作委员会办公室，与市妇联合署办公，主任由市妇联主席兼任。2011年，安丘市妇女儿童工作委员会办公室编制单列，为市妇联所属副科级事业单位。至2013年，机构无变动。

第二节 妇女代表大会

安丘县妇女第六次代表大会

1988年7月23日—25日召开，正式代表336人，特邀代表4人，列席代表10人。会议听取并审议通过县妇联《改革创新 奋力拼搏 动员全县妇女为振兴安丘贡献力量》工作报告。选举产生县妇联第六届执行委员会委员37人，常务委员7人。

安丘县妇女第七次代表大会

1993年5月26日—27日召开，正式代表306人，特邀代表12人。会议听取并审议通过县妇联《动员全县妇女积极投身改革开放 为振兴安丘经济贡献力量》工作报告。选举产生县妇联第七届执行委员会委员41人，常务委员9人。

安丘市妇女第八次代表大会

1999年4月6日—7日召开，正式代表302人，特邀代表20人。会议听取并审议通过市妇联《团结奋进 求实创新 动员全市妇女为实现跨世纪宏伟目标努力奋斗》工作报告。选举产生市妇联第八届执行委员会委员41人，常务委员11人。

安丘市妇女第九次代表大会

2007年9月5日—6日召开，正式代表280人，特邀代表28人。会议听取并审议通过市妇联《以科学发展观为指导 团结动员全市妇女为全面建设小康社会而努力奋斗》工作报告。选举产生市妇联第九届执行委员会委员41人，常务委员11人。

安丘市妇女第十次代表大会

2013年5月25日召开，正式代表260人，特邀代表29人。会议听取并审议通过市妇联《深入贯彻落实党的十八大精神 团结动员全市妇女为加快建设富强秀美幸福新安丘努力奋斗》工作报告。选举产生市妇联第十届执行委员会委员37人，常务委员11人。

第三节 组织建设

1986年，安丘县有农村妇代会1404个、乡镇企业妇女组织314个、村办企业和联合体妇女组织269个。1988年—1991年，结合乡镇妇联换届，开展对基层妇女组织整建工作，全县1440个村均建立妇代会组织，建立县直妇委会30个。1992年—1994年，农村妇代会整建工作取得成效。至1994年，安丘市一类农村妇代会638个、二类660个。1995年—1998年，市妇联不断加强和改进农村妇代会整建工作，基本消灭妇女组织“空白村”和三类班子。1999年—2005年，结合村“两委”班子换届选举，推动村妇代会主任进“两委”和妇代会主任、计生主任“一人兼”工作，同时组织镇街道妇联换届。2006年—2009年，市妇联联合市委组织部、市人事局、市民政局出台《关于进一步加强基层妇女组织建设的意见》，在市直单位建立健全妇工委、妇委会94个，全面落实妇工委、妇委会主任中层正职待遇。2009年，安丘妇女网开通运行；全市12处镇街道妇联进行换届，14名女大学生村官进入镇街道妇联领导班子，市直妇工委（妇委会）组建率和专兼职妇联干部配备率均100%。郚山镇泥沟村等7个单位获全国基层妇女组织示范村（社区）称号，潍坊安德仕公司妇代会等3个单位获全省先进妇代会称号。2011年，推动妇女进村“两委”工作，将“村党组织成员中妇女成员比例有较大提高、村委会成员中至少有一名妇女成员”写入换届选举意见，妇代会主任进村“两委”比例实现100%，全市有6个单位获全国基层妇女组织示范村称号。2012年，推广建立“1+3”妇联组织运行模式，全国妇联至安调研和视察，《中国妇女报》专栏宣传报道，成功承接全省妇联基层组织创先争优现场推进会；延伸妇联工作手臂，选聘兼职妇女干部773人。2013年，大力加强基层妇女组织建设，全市建成“妇女之家”、妇女儿童家园等妇女活动阵地978个。其中，省“妇女之家”14个，省妇女儿童家园2个，潍坊市妇女儿童家园11个。

第四节 妇女儿童权益保护

1986年—1990年，安丘县妇联以宣传《婚姻法》《山东省保护妇女儿童合法权益规定》等法律法规知识为契机，组织妇女学法、懂法、守法、用法，举办各类普法培训班200余期，培训妇女1.5万人次。1991年—1994年，市妇联采取举办培训班、广播讲座和印发宣传材料等方式向广大妇女宣传《妇女权益保障法》，开展子女婚嫁金代收工作。1995年—1999年，处结妇女来访案件332件，解救被拐卖妇女儿童27人。2000年，安丘市成立妇女法律援助中心，开通妇女维权“148”服务热线，实行24小时值班制度。2001年，市妇联在潍坊市率先实行“双聘制”，聘请10名优秀法官担任妇女儿童维权特邀法律顾问，聘请17名妇联干部担任市人民法院特邀陪审员，参与相关案件审理和妇女儿童权益维护。2002年—2003年，联合市卫生局开展“关爱农村妇女送健康”活动，至2013年免费为妇女健康查体10万人次；联合市公安局在“110”指挥中心建立潍坊市第一家家庭暴力投诉中心，各镇街道、村层层设立投诉站点，家庭暴力投诉网络遍布城乡。市家庭暴力投诉中心被省妇联表彰为全省优秀妇女维权岗。2004年，市妇联开展“零家庭暴力社区、村庄”创评活动，年内调处家庭暴力事件60余起，为300多名妇女提供法律服务。兴安街道城里居委会被省妇联评为全省“零家庭暴力社区”。2006年，市妇联在全市广泛宣传新修订《妇女权益保障法》，推动市政府将其纳入领导集体学法计划。2007年—2009年，开展“关爱贫困母亲送真情”活动，救助贫困母亲1873人。2009年，在全国妇联系统率先开设“知心娘家”网上服务平台，为妇女姐妹答疑释惑，解决婚姻家庭、劳动就业、融资贷款、法律咨询、家庭教育等方面问题300余个。2010年—2011年，开展“冬日送温暖行动”“牵手贫困妇女儿童关爱行动”等活动，发动社会各界捐款14万元，协调争取市外救助资金12万元，捐赠冬衣42389件、图书39481册，救助贫困妇女儿童4000余人。2012年，开通12338妇女维权热线，发放维权服务联系卡，提供网上咨询338起；争取贫困母亲“两癌”（宫颈癌、乳腺癌）救助、“母亲健康快车”“宫颈癌”免费检查等一批上级妇联重点民生项目，获扶持资金140多万元，为14名患“两癌”贫困妇女发放救助金14万元，为1.4万名农村妇女进行“宫颈癌”免费筛查，成为潍坊市唯一被省卫生厅确定的宫颈癌检查项目试点县。2013年，开展“传递幸福送温暖、关爱空巢老人送亲情”等活动，走访妇女典型140余人，发放慰问款物计9万多元；为2万多名农村妇女进行宫颈癌免费筛查。1986年—2013年，市妇联处结信访案件1450起，处结率100%。

第五节 重要活动

“双学双比”活动

1989始，安丘县妇联在全县妇女中开展以学文化、学技术、比成绩、比贡献为主要内容的“双学双比”竞赛活动。至1990年，举办培训班453期，培训妇女4万多人，参赛妇女8万多人；开展技术比武43场，广大妇女普遍掌握1至3门实用技术。1991年—1992年，在全县从事种植业的妇女中开展“丰产方”“吨粮田”竞赛，在从事养殖业的妇女中开展“三改”（改老品种为优良品种、改散养为舍养或笼养、改单一饲料为科学配料）技术攻关赛，在果品区开展果树嫁接攻关赛等活动。全县涌现出县级以上“双学双比”能手370人，其中省级女能手8人。1993年—1994年，层层开展农村实用技术培训，培训妇女15万人次。1995年—1997年，开展农村妇女“绿色证书”培训工作，2600名妇女获“绿色证书”。1998年—2000年，市妇联开展“10万农家女、10项新技术”培训推广活动，全市有7800名妇女获“绿色证书”，7671名妇女获农业技术员职称，1人获全国“双学双比”女能手、省科技女状元称号。2001年—2002年，市妇联下发《安丘市妇联关于实施农业标准化的意见》，举办农业标准化培训班1700多期，组织巡回报告会80多场，培训妇女18万人次，建成标准化示范基地24个，面积21万亩，形成市、镇有示范基地，村村有示范田格局。2003年—2005年，围绕建设一批“三八”养殖基地、“三八”种植基地、“妇字号”龙头企业和庭院经济示范村、带头户目标，组织农村妇女参与农业标准化建设，全市有1.34万名妇女获“绿色证书”，1.23万名妇女获农民技术员职称，发展种养基地41个、庭院经济示范村27个、带头户680多个，扶持“妇字号”龙头企业28家，辐射带动1.2万多名妇女实现增收致富。2006年，承办潍坊市新农村建设现场会，组织参观刘家尧镇董家庄村、凌河镇大路村等5个现场。2007年，深入开展巾帼示范村创建活动，命名表彰市巾帼示范村10个，涌现出省级巾帼示范村2个。2008年，启动实施农产品质量安全区域化建设万家行活动，联合市科协、市农安办等七部门制定出台《安丘市“农产品质量安全区域化建设万家行”活动实施方案》，巡回举办培训班，先后培训区域化建设明白人、女能手5万余人，培养新型女农民6000多人；潍坊市“巾帼科技鸾都行”启动仪式在安丘举行。至2013年，累计培训妇女20万人次，发展“妇字号”龙头企业53家，注册农产品品牌200多个，建成以妇女为主体的标准化种植基地85万亩、养殖基地775个、农村经济合作组织372个，培树巾帼致富带头人1.2万人、各类女能手2万余人，带动12万余名农村妇女增收致富。2010年，全省农村妇女实施巾帼增收倍增行动现场推进会和潍坊市农村妇女工作现场会相继在安丘召开，组织观摩安丘市区域化建设指挥中心、兴安街道七里沟社区、石堆镇区域化巾帼示范基地等现场。2012年，省、全国妇联相继来安丘调研指导农村妇女工作。石埠子镇南王家庄村草莓基地被全国妇联、科技部、农业部评为全国首批巾帼现代农业科技示范基地。2013年，市妇联深化“巾帼增收倍增行动”，实施“十百千工程”（培育10处巾帼现代农业科技示范基地、培强100个专业合作社、培树1000名巾帼致富能手），示范带动13万农村妇女投身于标准化种植、养殖园区建设。2011年—2013年，开展妇女小额担保贷款财政贴息工作，为700余名创业妇女发放贷款6000余万元。

“巾帼建功”活动

1991年—1992年，县妇联在全县妇女中开展以“四有”（有理想、有道德、有文化、有纪律）、“四自”（自尊、自信、自立、自强）、“五学”（学政治、文化、科学、技术和管理）、“五创”（创优质、高产、效益、最佳服务和一流水平）为主要内容的巾帼建功竞赛活动，参加岗位培训妇女10万人，举办各类技术比武82场次，涌现实用技术女能手826人，表彰巾帼建功先进集体20个、个人100名。1993年—1996年，市妇联开展以“市场建功”为主要内容的竞赛活动，评选出巾帼文明商号80个、优秀经营先进个人200人。1997年—2001年，以实施“下岗女工再就业工程”为重点，开展“巾帼创新业”活动，培训下岗女工4000余人，涌现出市级巾帼文明岗60个、巾帼建功能手和岗位明星各100人。2000年—2002年，举办巾帼颂文艺演唱会；深化巾帼建功活动，召开现场会，5个岗位被潍坊市妇联评为潍坊市级巾帼文明岗。2003年，开展“我为强市添光彩”活动，评出20个市级巾帼文明岗和20名巾帼建功岗位明星，市国税局计划征收局获“全国巾帼文明示范岗”称号；举办首届“安丘巾帼十杰”评选活动。2004年—2007年，评出市级以上巾帼文明岗30个，巾帼建功岗位明星112人。2008年，开展“奉献在安丘、岗位立新功”技能比赛活动，26名医护工作者获名医名护称号。2009年，召开全市“服务发展巾帼建功”现场观摩会，命名表彰10个巾帼文明岗、50名巾帼建功明星；12个岗位被潍坊市妇联命名为潍坊市级巾帼文明岗，15人获潍坊市“巾帼建功标兵”“巾帼建功活动先进工作者”称号。2010年，组织开展第二届“安丘巾帼十杰”评选活动，举行“魅力女性精彩安丘”妇运百年专场电视晚会，举办“创先争优巾帼建功”活动推进会，选树市级以上巾帼文明岗19个、巾帼建功明星170名。2011年，命名表彰10个市级巾帼文明岗，市计划生育服务站获“全国巾帼文明岗”称号；组织对全市161个巾帼文明岗检查验收。2012年，开展以“创先争优巾帼建功”为主题的评选表彰活动，120多个单位和个人获潍坊市级以上表彰。其中，市外贸食品有限责任公司被全国妇联评为全国城乡妇女岗位建功先进集体。1986年—2013年，全市有巾帼文明岗147个。其中，国家级2个，省级8个，潍坊级35个；各级巾帼建功标兵（明星）1288人。

家庭教育

1986年始，安丘县乡妇联组织分别以县机关托儿所和中心示范园所为基地，定期举办家长学习班和家庭教育知识讲座。1987年—1989年，县妇联加强家长学校建设，全县有546所家长学校实现有组织、有计划、有活动。1990年—1991年，成立县家庭教育研究会，各乡镇、县直各大系统均成立家庭教育领导小组，建立健全各级家庭教育机构，形成规范完善的家庭教育网络；开展“千名家长科学育儿知识答卷”活动。1992年，县妇联组织优生、优育、优教知识竞赛，举办家庭教育广播学校和“为了明天”家庭教育广播报告会。1993年，联合县教委开展冬季家长学校集中授课活动，受益家长22.5万人，100名优秀家长和35个优秀组织单位受到表彰奖励。1994年，市妇联制定下发《关于深化家庭教育工作的意见》，加强学校、社区家长学校家庭教育工作，家长受训率80%以上。1995年，联合市教委下发《关于进一步开展家庭教育　搞好家长学校建设的通知》；与市电台开设“家教论坛”栏目。1996年—1997年，与市教委联合下发《安丘市家庭教育工作实施方案》，开展“我读《写给年轻妈妈》”有奖征文活动。1998年—1999年，实施“家庭优生优育优教知识传播与实践行动”，全市1至14岁儿童家长受教育面90%以上，各级各类家长学校发展到1877所。2001年—2003年，开展“世纪父母读书活动”，召开全市家庭教育工作暨优秀家长事迹报告会，举办市级示范家长学校和优秀家长标兵评选活动，市实验小学、东埠中学被潍坊市妇联命名为潍坊市示范家长学校。2005年，成立市家庭教育指导中心，命名市直机关幼儿园为全市首家“示范亲子园”。2007年，举行“关注未来——和谐家庭亲子教育”全国知名专家报告会4场，5000余名家长接受教育。2008年，发挥家长学校为主体家教体系作用，举办各类培训班1200余期，培训家长15万余人次。2009年，开展家庭教育工作评选表彰活动，命名表彰10所市级示范家长学校、80名优秀家庭教育工作者。2010年—2013年，开办“农村父母课堂”“网上家教大讲堂”，普及科学家教知识，3万多名家长受益；市教育局等10个单位获潍坊市家庭教育宣传工作先进单位称号。

家庭文明建设

1986年—1990年，安丘县妇联深入开展遵纪守法好、劳动致富好、团结互助好、文明礼貌好、教育子女好“五好”家庭评选活动，召开全县“五好”家庭经验交流会，全县先后涌现出“五好”家庭69934户。1991年—1992年，县妇联下发《关于在全县城乡家庭中开展文化建设活动的意见》，召开家庭文化建设现场会；潍坊市家庭文化活动现场会在安丘召开。1993年—1994年，市妇联联合市委宣传部下发《关于进一步深化“五好”家庭创评活动意见》，开展首届幸福杯“美好家庭”评选活动，评选表彰“美好家庭”100户；与市广播电视中心联合举办“五好”家庭专题节目，广泛进行宣传推介。1996年，将“五好文明家庭”评选纳入全市精神文明建设“九五”规划，年内评选出“五好文明家庭”3.5万户。1997年，与市委宣传部联合下发《关于在全市开展“家庭文明”系列创评活动实施意见》，在农村主要开展以“五好文明家庭”创评为主的“美在农家”活动，在城区开展“四文明”（文明家庭、文明单元、文明楼院、文明小区）创评活动，评选出“五好文明家庭”7800户，好婆婆7089人，好媳妇12506人。是年，组织家庭美德建设事迹报告团，巡回举办报告35场，2.5万人受益。1998年，深化“美在家庭”活动，联合市文明办等部门下发意见并作出具体部署。年内，潍坊市“美在家庭”活动现场会在安丘召开并参观凌河镇小大路村、安丘镇小庄子村、城里村等现场。1999年，全市有588个村参与“美在家庭”活动，投资1356万元，清理街道1764条，绿化街道856条，栽植绿化树4.6万棵，改灶9.6万户，改厕5.6万户；组建家庭文明建设事迹报告团，在市直部门及乡镇巡回报告21场，听众达4.3万人。2000年—2002年，开展“尊老敬老让老人住正房”活动，9210户老人从偏房搬到正房；开展“植千年树、造世纪家庭林”和十万妇女健身活动；开展“家庭群星”“廉内助”“金婚银婚佳侣”评选活动，评选出群星216颗，廉内助80名，进一步弘扬文明新风。2003年，召开“美在家庭”活动现场经验交流会，选树美在家庭示范镇2处、美在家庭示范村4个；开展创建“学习型”家庭活动，评选出“五好文明家庭”1.2万户、“学习型”家庭100个。安丘市被省妇联表彰为省“美在家庭”活动示范市，兴安街道被表彰为省“美在农家”示范镇，1个家庭被省妇联评为省“五好文明家庭”。2004年，开展“敬老好儿女”“幸福大家庭”评选活动，10名“敬老好儿女”和10个“幸福大家庭”受到潍坊市妇联表彰。2005年—2006年，深化“和谐家庭”“五好文明家庭”创评和美在家庭“四化”（居室美化、庭院绿化、街道净化、家庭生活科学化）活动，以家庭文明促进乡风文明。2007年，在全市开展“六型”（学习、平安、环保、节约、富裕、爱心）家庭和各类和谐家庭角色评选活动，挂牌表彰市级“五好文明家庭”1万户，标兵50户。16个家庭和个人分获潍坊市“和谐家庭”和“敬老好儿女”称号。2008年，开展安丘市“十大和谐家庭标兵”“十大孝星”评选表彰活动，评选表彰“和谐家庭”50户、“敬老好儿女”40人；开展“讲孝德、重品行”感恩回报行动，与市民政局联合表彰孝德建设工作先进单位10个、孝德建设先进村（居）20个、孝德标兵10人、孝德小标兵10人；举办“和谐家庭创建”专题辅导报告会，受益妇女5万多人次；开展“大手牵小手”节能减排家庭社区行动。2009年，开展营造“和谐家庭林”活动，组织2000多个家庭在青云山民俗游乐园建成“和谐家庭园”。在全国妇联系统网站中率先设立“家园论坛”，会员4万余人。2010年，开展“低碳家庭·时尚生活”主题活动，举办“和谐家园颂”文艺晚会。2011年，开展“颂党恩，唱和谐”家庭文化展演和“质量安全进万家”活动。2012年，启动实施“幸福家园创建行动”，举办“幸福安丘·和谐家园”家庭文化展演活动，实施“秀美安丘建设万家行”行动。2013年，举办“弘扬孝德·共享幸福”文化展演活动；深入挖掘选树孝德典型，7人被安丘市妇联评为“安丘好人”，1个家庭获全国五好文明家庭称号。

“两纲”实施

1991年，安丘县制定《安丘县“八五”期间儿童少年工作发展规划》。1993年，举办《九十年代中国儿童发展规划纲要》宣传骨干培训班，全县教育、卫生、妇联等部门百余名干部参加培训。1996年，市政府颁发实施《安丘市妇女发展纲要（1996—2000）》《安丘市儿童事业“九五”发展规划（1996—2000）》。1997年，成立安丘市妇女儿童工作委员会，印发《〈安丘市儿童事业“九五”发展规划〉目标与任务职责分解》。1998年，市妇联对全市“两纲”实施情况进行中期监测评估，并顺利通过省“两纲”监测评估；与市委组织部联合召开全市培养选拔女干部工作研讨会，全市女干部各项指标均达到目标。1999年，推动乡镇妇联主席进党委班子比例达100%，发展女党员291人。2000年11月，组织对《安丘市妇女发展纲要》《安丘市儿童事业“九五”发展规划》实施情况进行终期监测评估。2001年，市政府颁布实施《2001—2010安丘市妇女儿童发展纲要》。2003年，印发《安丘妇女发展纲要（2001—2010）安丘儿童发展纲要（2001—2010）目标职责分解》（简称“两纲”），出台《安丘妇女儿童纲要2001—2003阶段监测评估工作意见》，召开全市实施“两纲”工作会议。2005年，市委、市政府办公室转发市妇儿工委《关于做好2005年妇女儿童工作的意见》，市政府将妇女儿童保障作为专项列入安丘市国民经济和社会发展“十一五”规划。2008年—2009年，安丘市妇儿工委成员单位从32个扩展到39个。2010年，市妇联围绕推动“两纲”重点指标落实，全市提拔重用女科级干部48人。2011年，推动女性进村“两委”工作，女性进村委会比例100%，其中担任正职的女性17人。2012年，市政府颁布《2011—2015安丘市妇女儿童发展规划》；制定下发《安丘市妇女儿童发展“十二五”规划目标职责分解》《安丘市妇女儿童工作委员会成员单位职责》。2013年，安丘市代表潍坊市迎接省妇女儿童发展“十二五”规划专项督查，妇儿办建设、“两癌”普查、妇女儿童保健、学前教育普及等工作得到督查组充分肯定。

第六节　儿童工作

1986年，安丘县投资27万元筹建县儿童乐园，新建幼儿园所268所；总投资355万元，办成常年园所1142所。1989年—1990年，总投资259万元，新建幼儿园所57所，扩建31所，全县共建园所1241所，办园率89%，4～6岁儿童入托率92.5%；召开托幼工作移交大会，托幼工作移交至县教育局托幼办。1991年，制定下发安丘县儿童少年工作“八五”规划。1993年，举办全县首届庆六一“红蕾杯”文艺汇演和“庆六一、盼奥运、爱我中华”儿童绘画比赛。1994年，安丘市举办“安丘新苗”评选活动，评选出45名“安丘新苗”和“十佳安丘新苗”。1995年，启动实施旨在救助贫困女童求学的“春蕾计划”，到2013年，全市累计捐款770万元，资助贫困女童1万余人。1996年，出台《安丘市儿童少年事业“九五”发展规划（1996—2000）》，召开“爱心献春蕾”行动大会。1997年，举行“庆六一、迎回归”幼儿文艺演唱会，加强对儿童的爱国主义教育。1998年，全市救助贫困儿童1165人，捐款达26万余元。2000年，市妇联开展“安丘新苗”评选活动，12名儿童被评为潍坊市第二届“鸢都新苗”。2002年—2003年，启动实施小公民道德建设计划。开展“我做合格小公民”知识竞赛、征文比赛、才艺大赛等活动。市实验小学、职工子弟第一小学和景芝镇中心小学被潍坊市妇联命名为潍坊市小公民道德建设示范基地。2004年，市妇联举行爱心献春蕾现场结对仪式。2005年，举办爱心使者助春蕾捐助仪式暨优秀春蕾女童事迹报告会。2006年，组织春蕾女童成长成才汇报会，举办“安丘新苗”大赛，评选出50名“安丘新苗”和“十佳”安丘新苗，并组织参加“鸢都新苗”和“齐鲁新苗”大赛，获省、潍坊市优秀组织奖。2007年，协调争取全国儿基会为安丘市68名弱视儿童进行义诊，组织9名儿童到北京免费治疗，免除各项费用10万余元。2008年—2009年，举行“感恩母爱”演讲比赛和演讲报告会，开展“诵读《弟子规》，传承孝德文化”感恩回报行动，7万余名青少年接受教育。2010年—2011年，开展“牵手留守儿童亲情行动”；举办庆“六一”亲子趣味运动会，1100名幼儿及家长参加比赛。2012年，深入开展“关爱贫困妇女儿童温暖行动”。2013年，在柘山小学举办庆“六一”关爱留守儿童活动。

第四章　工商联

第一节　机　构

1970年8月，撤销县工商业联合会，会内业务由县商业局代管。1987年12月，恢复成立安丘县工商业联合会（简称县工商联），为正科级行政机构。1989年，安丘县民间商会成立，与县工商联合署办公。1994年3月，安丘县工商业联合会更名为安丘市工商业联合会（简称市工商联），安丘县民间商会改称安丘市民间商会，市工商联由行政机构改为正科级事业单位。2007年，市工商联恢复为正科级行政机构。至2013年，机构无变动。

1995年9月，景芝镇商会成立，为安丘市第一个乡镇商会。1996年，全市32处乡镇建立19个商会组织，会员1250个。其中，私营企业210家，集体企业10家。1999年6月，全市32处镇街道全部建立民间商会。2005年11月，市工商业联合会首家行业协会——安丘市玻璃钢工业协会成立。到2013年底，全市工商业联合会会员调整为969个，其中民营企业399家。

第二节　会员代表大会

安丘县工商业联合会第三次代表大会

1988年3月28日—29日召开，代表68人。会议听取并审议第二届县工商联执委会工作报告。选举产生安丘县工商联第三届执行委员会，执委会成员19人。

安丘市工商业联合会第四次代表大会

1995年7月10日召开，代表135人。会议听取并审议安丘市第三届工商联执委会工作报告。选举产生安丘市工商联第四届执行委员会，执委会成员37人。

安丘市工商业联合会第五次代表大会

1999年4月28日召开，代表162人。会议听取并审议安丘市第四届工商联执委会工作报告。选举产生安丘市工商联第五届执行委员会，执委会成员56人。

安丘市工商业联合会第六次代表大会

2007年3月30日召开，代表187人。会议听取并审议安丘市第五届工商联执委会工作报告。选举产生安丘市工商联第六届执行委员会，执委会成员73人。

安丘市工商业联合会第七次代表大会

2011年9月19日召开，代表201人。会议听取并审议安丘市第六届工商联执委会工作报告。选举产生安丘市工商联第七届执行委员会，执委会成员131人。

第三节　参政议政

1989年6月，安丘县工商联举办中共十三届四中全会精神学习培训班，培训执委会成员19名。1990年，召开部分常委、执委和会员座谈会，分别讨论研究工商联组织性质、地位、作用及其统战性、民间性和经济性统一关系问题。1992年8月，县委召开全县统战工作会议，贯彻落实《中共中央批转中央统战部〈关于工商联若干问题的请示〉的通知》精神，各乡镇党委副书记、政协联络处主任、市直部门（单位）负责人145人参加。1993年，县工商联与县委统战部组织市政协委员中的10多名非公有制经济组织代表人士，对“三胞”投资企业发展中存在的问题和发展趋势进行专题调查，形成《调查报告》，以县委内部刊物转发。到1994年，全市有17名会员被推选为各级政协委员。其中，潍坊市政协常委、委员3人，安丘市政协副主席2人、常委4人、委员8人。1998年，有26名非公有制经济组织人士被推选为市级以上人大代表和政协委员，撰写有价值的议案、提案26件。1999年，针对非公有制经济组织参与农业产业化遇到的问题，市工商联在市政协会议上写出《加强对龙头企业法律保护　促进农业产业化优化升级》团体提案，得到有关部门高度重视。2002年，市工商联与市政协联合调研撰写《改善投资软环境　杜绝吃拿卡要现象》专题报告，引起市委、市政府重视并责成有关部门限期整改。到2007年，市工商联会员中的人大代表、政协委员数量持续增加。其中，省、潍坊市人大代表11人，潍坊市政协委员8人，安丘市人大代表28人、政协委员32名。2010年，市工商联界别委员向市政协八届三次全委会提交的《关于大力发展电子产业提案》得到各位委员和市委高度重视，组织撰写的《关于全市电子产业发展情况调查报告》被市政府列入安丘市“十二五规划”。2011年，市工商联组织会员到企业开展调研活动5次，撰写调研材料7篇；通过实地走访、问卷调查、召开座谈会等形式，征求各类意见建议40多条。2011年—2013年，市工商联执委成员担任省、市各级党代表、人大代表和政协委员人数占到执委总数的80%以上。他们积极参政议政、建言献策，向“两会”提交提案建议90多件，成为市委、市政府科学决策的重要参考依据。

第四节　经济服务

1988年—1994年，市工商联坚持突出重点，全力扶持培育典型企业，促进全市非公有制经济健康发展。1994年10月，协助潍坊大江企业集团总经理郑学江办理赴香港参加香港厂商联合会建会60周年大庆和赴泰国参加全国工商联举办的经贸洽谈会手续，支持潍坊大江企业集团发展。所撰写的大江企业集团事迹稿件被《中华工商时报》《经济日报》刊登。郑学江被推选为山东省工商业联合会副会长、民营企业家协会副会长，并获全国劳动模范称号。

1995年—1999年，市工商联贯彻中共中央、国务院关于国有企业下岗职工再就业工作会议精神，成立安置下岗职工再就业指导小组，先后在全市个体私营企业安置下岗职工1000余人。全市有6家会员企业购买、租赁集体企业，盘活资产2350万元。1999年始，市工商联注重发挥组织网络优势，积极为广大会员提供政策、市场、技术、人才、经贸、信息等服务，促进会员企业提升经济效益。2004年—2005年，市工商联组织30多家民营企业参加潍坊市海内外知名企业家齐鲁行暨山东省重点项目投资洽谈会，编制《安丘市民营企业简介及对外合作项目推介表》，对全市民营企业作重点推介。先后为会员企业提供各类信息260多条，实现经济效益1.3亿元；4次组织会员企业110多人次到日本、朝鲜、韩国、美国和欧洲等国家和地区参观考察，赴深圳、温州、东营等地著名企业学习先进企业文化和经营理念；通过加强与市人才交流中心联系与合作，先后为会员企业介绍和推荐专业技术人员76人，协助企业从外地招工800余人，及时缓解企业人才和用工紧缺困难；联合市司法局成立安丘市工商联法律服务中心，为会员提供法律咨询、委托代理和调解经济纠纷服务，维护其合法权益。先后为会员提供法律咨询80多人次，代理经济案件23件，索回欠款和挽回经济损失400多万元。2006年，市工商联组织各地商会深入开展以“结穷亲、解民忧、受教育、促发展”和“情系百姓、为民服务”为内容的主题实践活动，全市民营企业家为各项公益活动捐款1亿多元，推动全市光彩事业的发展。

2007年—2011年，市工商联围绕各类政策、信息、市场、技术、人才、经贸等方面，为会员企业提供各类信息160多条，实现经济效益1.5亿元；先后为会员提供法律咨询120多人次，代理经济案件35件，索回欠款和挽回经济损失1000多万元。其间，加强与外地商会和工商企业界人士联络，协助企业招商引资，做强做大企业。支持山东景芝建设集团有限公司作为主发起人成立安丘市通源小额贷款股份有限公司，有效缓解非公经济企业融资难问题；通过组织开展潍坊银行、农村信用社、工商银行、中国银行等金融机构与非公经济企业银企联姻活动，加大各银行对非公经济企业贷款力度，为会员企业协调贷款5亿多元；坚持“走出去，请进来”方针，积极开展对外交流。组织13名民营企业家赴吉林省白山市参观考察优秀民营企业，承接白山市江源区委统战部、区工商联一行5人到安丘参观考察农业产业化、农产品龙头企业和部分会员企业任务，配合江苏省响水县工商联组织的部分企业家到安丘参观考察农产品质量安全区域化管理工作；先后与聊城市东昌府区、江源区工商联等4家工商联缔结友好商会，为双方工商联及会员企业加强合作交流、提供信息、共同发展奠定基础；组织6家民营企业到美国、加拿大等国参观考察；组织全市非公有制经济代表人士为发展教育、赈灾济困、助学助残、修路建桥等社会公益事业、光彩事业捐款捐物计5000万元；组织全市民营企业积极参与民企帮村和新农村建设活动，吸收下岗职工并安置社会待业青年1万多人。2011年4月，下发《关于实施“民企帮村”工程活动意见》，印发《“民企帮村”工程活动季度表》，重点围绕全市新农村建设长期规划，探索实施“一企帮一村”“多企帮一村”“一企帮多户”等新模式。是年6月，会同市领导带领20名民营企业家到柘山、辉渠等镇走访慰问老党员，看望部分困难学生，送去5万元慰问金和学习生活用品；结合庆祝建党90周年，在市工商联执委以上企业中开展以向山区新中国成立前老革命（老党员）送温暖、献爱心、感恩社会为主要内容的“光彩事业”活动，共向郚山等镇50多户困难群众发放慰问金1.5万元；通过开展捐资助学活动，解决部分学校危房改造难题，25名学生免遭辍学，70多名贫困大学生圆了求学梦。至2011年底，全市会员企业参与公益活动捐助物资近1000万元。是年10月，安丘市工商业联合会（民间商会）网站开通。市工商联及时借助网站平台，全面展开对工商联工作宣传推介、信息交流、参政议政、会员服务、非公党建、光彩事业、招商引资等工作。年内，注重搭建银企合作平台，促进企业与各类金融机构联姻，加大各银行对非公企业的贷款力度；推动企业与小额贷款公司对接，帮助民营企业拓展融资渠道；围绕招商引资这一工作重心，加强与外地商会和工商企业界人士联络，引进总建筑面积8000多平方米、年加工1.8万吨的保鲜胡萝卜项目落户安丘市宜家福食品有限公司。

2012年—2013年，市工商联共帮助企业融资16亿多元，推动全市非公有制企业健康发展。2012年始，与市人民医院每年对全市民营企业家进行一次免费查体。年内，组织部分民营企业参加市政府与潍坊交通银行共同举办的银企交流洽谈活动，有23家企业与之初步达成合作意向；与中国邮政储蓄银行安丘市支行、市金融办联合举办服务中小企业座谈会，30多名企业负责人参加；组织部分企业参加赴台经贸交流活动，台湾中华两岸企业发展协进会秘书长林淳浩等随后对安丘进行回访；组织30多家会员企业赴杭州阿里巴巴、颐高集团等知名企业参观调研，形成《赴杭州学习参观考察情况报告》并在《潍坊商会》刊登；组织东海食品公司、潍坊华业柴油机有限公司和富瑞得食品公司赴河北省邯郸市参加“第三届两岸中小企业合作发展论坛”，与台商就蔬菜基地建设、贸易出口等问题进行深层次探讨，达成合作意向。2013年，结合庆祝安丘撤县设市20周年，与市新闻中心合作编辑出版《经济劲旅——安丘民营企业家风采》；组织企业参加潍坊工商联培训基地“毛泽东领导艺术与企业经营管理”等讲座5次，组织企业家参加“安丘青云大讲堂”活动10期500人次；组织会员企业通过资金支持、产业帮扶等方式，实现村企资源共建共享，企业吸收下岗职工、安置社会待业青年近4000人。

第五章 科 协

第一节 机 构

安丘县科技协会最早成立于1957年。县科协业务活动多与县科委配合进行。1987年3月，安丘县科学技术协会（简称县科协）与县科学技术委员会合署办公，业务由县科委承担，同时挂县科协牌子，科委主任兼科协主席。1997年1月，恢复设置安丘市科学技术协会（简称市科协），为正科级社团组织。2004年，市科协参照国家公务员制度管理。2007年5月，成立安丘市科技“110”服务中心，为市科协内设机构，不定规格。2008年8月，安丘市反邪教协会工作职能从市委政法委划归市科协。至2013年，机构无变动。

第二节 科普工作

科普宣传

1997年，安丘市将每年5月确定为“科普宣传月”，广泛开展各类科普宣传活动。2003年始，贯彻上级科协有关精神，每年6月29日在全市开展“全国科普日”宣传活动。2005年起，改每年9月第三个公休日为全国科普日，开展科普宣传活动。到2013年，全市通过科普展览、赶科普大集等多种形式，开展科普宣传34次，举办科普讲座20次，发放技术资料、科普宣传资料18万份，推广农业新技术25项。2005年—2006年，安丘市实施“科普村村通工程”，1370个行政村全面完成“科普村村通工程”建设，被省科协、财政厅评为全省科普村村通工作先进集体。

2007年，市科协创办《农科信息》报，每月2期，每期印发1万份。是年，开通安丘市科技“110”网站，在安丘电视台创办《科普之窗》；围绕“节约能源资源，保护生态环境，保障安全健康、促进创新创造”主题，开展多形式科普宣传活动。

2008年12月，全省科普“站、栏、员”建设工作经验交流会在胶南召开，安丘市为会议提供市区域化建设指挥中心农业科技“110”服务热线和农村科普工作2个现场。2009年，在中国科协举办的县（市、区）科协主席培训班上，安丘市作农村科普宣传工作交流发言。是年，安丘市成为全省科普示范县（市、区）。2011年，安丘市获全国科普示范县（市、区）称号，示范期5年。

科技服务

1997年始，市科协每年组织参与全市科技、文化、卫生“三下乡”活动，在全市试验推广无立柱大棚新技术，指导各镇街道建大棚30个。1999年—2000年，推广种植三倍体毛白杨等优质苗木14万株。2001年—2004年，以创建省级科普示范基地为抓手，为市内农业生产基地提供品种、技术、信息等科技服务。市现代农业示范园、东方红食品有限公司科普示范基地等3个基地成为省级科普示范基地。2001年始，市科协每年5月举办全市“科技活动周”活动，组织农林水等部门采取科技咨询、农技培训等形式开展科技服务。至2013年，组织开展科技咨询13次，举办农业技术培训班19场次。2007年，开通农业科技“110”免费服务热线，设立农业科技“110”服务热线专家顾问组，免费解答农民群众生产生活中的疑难问题；购置农业科技“110”服务车，带着专家巡回农业生产现场进行生产指导和技术服务。各镇街道均成立农业科技“110”服务热线办公室，组建农业技术骨干队伍就近指导服务，形成市镇两级服务网络。2010年，《中国科协论坛》全面介绍安丘市“农业科技110”职能和龙头带动作用做法。是年，安丘市成为全省科普惠农示范县（市、区）。至2013年底，全市接听科技“110”电话3100个，出现场180次，利用科技“110”网站、《农科信息》报发布惠农政策信息36条，推广种植、养殖等农业技术1225条；利用安丘电视台《科普之窗》栏目举办专题讲座19期，受益群众20多万人次。

协会建设

2005年—2013年，市科协注重加强各专业科技协会建设与管理，使之充分发挥促进科学技术繁荣与发展、普及与推广和人才成长与提高等作用。至2013年，建立并主管各类科技协会8个，个人会员381人，单位会员 59个。同时，积极发挥业务指导作用，培植壮大全市农村专业技术协会、科普示范基地和农村科普带头人，并推荐参加上级科协组织的“基层科普行动计划”等表彰活动。到2013年，全市有白芬子镇大姜协会等5个科普组织和1人获全国科普惠农兴村计划先进单位(个人)称号，2个科普组织和1人获山东省科普惠农示范工程先进单位（个人）称号。

安丘市2005年—2013年各类自然类专业技术协会登记一览表

表17—1

协会名称	登记日期	登记证号	类别	个人会员	单位会员	从业人员	地址
安丘市老年科技工作者协会	2008.09.20	GH464	联合	109	2	2	安丘市干休所
安丘市农业科技110服务协会	2009.05.31	GH471	专业	55	—	2	市级机关综合办公大楼
安丘市营养协会	2009.12.14	GH479	专业	55	—	8	市人民路348号
安丘市抗风湿协会	2010.04.06	GH480	专业	59	—	6	大汶河旅游开发区韩家村村委
安丘市农村专业技术协会联合会	2012.12.25	GH513	联合	24	36	3	市级机关综合办公大楼

人才工作

2013年12月，市科协主持申报的安丘市人民医院院士专家工作站获得批准。该院士专家工作站由安丘市人民医院与中国工程院院士、山东省委委员、山东省肿瘤医院院长于金明合作，于2014年5月正式挂牌成立。此举实现安丘市院士专家工作站“零”突破。

第三节　全民科学素质工作

2006年始，市科协贯彻落实国务院《全民科学素质行动计划纲要》精神，通过举办主题展览、科技咨询、专题培训、知识竞赛等多种形式，推进实施“五大重点人群”(未成年人、农民、城镇劳动人口、社区居民、领导干部与公务员）科学素质行动。2007年—2008年，举办“节约能源资源，保护生态环境，保障安全健康”大型科普展，共摆放展板180副；组织“为了农产品质量安全”巡回技术讲座28期共84场次；举办“农安杯”农产品质量安全知识书面竞赛和电视大赛各1次。其中，书面竞赛参赛人数4885人次，评出优胜奖100名。电视大赛由各镇街道13支代表队参加，评出一等奖1名、二等奖2名、三等奖3名。2009年—2013年，组织“节能减排，全民行动”大型科普展，摆放展板120块；举办首届安丘市科技创新竞赛，参与人员141名，评出一、二、三等奖各10项，优秀奖4项，科技标兵5名，优秀组织者3名，先进集体3个；启动“走进田野，走向品牌”系列农产品质量安全知识竞赛，先后举办慈母山韭菜、雹泉大桃等4场品牌知识竞赛，参赛人员3800多人次；开展食品安全宣传周、食品安全宣传进社区活动，摆放展板40块，发放宣传资料2500份；组织“弘扬科学文化、共建和谐家园”大型科普巡回展，在全市14处镇街区巡回展出，展出版面76块。

第六章　文　联

第一节　机　构

2009年5月，安丘市成立文学艺术界联合会（简称市文联），为市委所属正科级事业单位，设在市委宣传部。2012年，市文联组织开展“团结奋进激情创业　建设富强秀美幸福新安丘”大型摄影图片展及文学征文大赛活动，举办庆祝建国63周年书画作品展览及庆“十一”首届女子书画展。2013年3月，设立安丘文化奖，鼓励扶持优秀文艺人才及文艺精品。2013年，下设安丘市作家协会、音乐舞蹈家协会、景芝酒文化研究会3个协会，会员337人。其中，省级会员10人、国家级会员2人。

第二节　协　会

安丘市作家协会

2009年6月，安丘市作家协会成立，会员120人。其中，山东省作家协会会员4人、潍坊市作家协会会员20人。市作家协会成立后，先后举办和参与组织潍坊市全民读书会暨安丘笔会、莫言文学报告会、蒲松龄聊斋园笔会、诸城超然台笔会、孟良崮笔会、柘山笔会、辉渠笔会、莫言故乡行、齐鲁酒地采风和长篇小说培训班等重要文学活动12次，承办“建设富强秀美幸福新安丘”全国征文活动，发表小说、散文、诗歌、文学评论、纪实文学3200多篇。其中，在国家、省级报刊发表文学作品近1000篇；出版《安丘文学》9期、长篇小说3部、散文集6部、诗集3部、民间故事集1部、电视剧4部；有10名会员列入潍坊市重点作家信息库，40多名会员作品获奖或被选入选本。

安丘市音乐舞蹈家协会

2010年7月，安丘市音乐舞蹈家协会成立，会员187人。其中，中国音乐家协会会员2人、山东省音乐家协会会员6人、潍坊市音乐家协会会员68人，常务理事2人、理事6人；山东舞蹈家协会会员6人、潍坊市舞蹈家协会会员16人，常务理事2人、理事5人。2011年，协会相继成立钢琴专业委员会、吉他专业委员会、声乐专业委员会、古筝专业委员会、舞蹈研究专业委员会等专业机构。先后被省市协会指定为舞蹈常务理事单位、中国舞蹈家协会考级办公室。至2013年，协会先后组织全市大型晚会8场，大型庆典晚会7场，帮助企事业单位各种专场演出27场。创作大批优秀声乐作品，在全国、省市级比赛和评比中获奖。策划、指导合唱、舞蹈、声乐等作品多次在省、潍坊市级比赛中获奖。

安丘市景芝酒文化研究会

2011年3月，成立安丘市景芝酒文化研究会，会员30人。至2013年，组织进行大汶口文化遗址挖掘研究；确立古代大舜为中华人类酿酒始祖，其中“酒祖大舜”课题获潍坊首届企业文化重大创新成果奖；深度研究郑玄文化；组织“景芝酒与大宋王朝”课题研究；开创“酒学”研究，加快推进“山东是中国白酒发源地，景芝是中国白酒重要发源地之一”文化挖潜工程。先后撰写《景芝是中国白酒的发源地之一》《中国白酒的起源与发展过程研究与探讨》学术文章；编纂《景芝酒业志》。

安丘市2008年—2013年主要著作一览表

表17—2

作品名称	体裁	出版时间	出版社
安丘百家姓	社科	2008.12	中国戏剧出版社
清澈	散文	2009.3	中国戏剧出版社

续表 17—2

作品名称	体裁	出版时间	出版社
唐诗简史	教育	2009.10	青岛出版社
笔耕录（上下册）	通讯	2009.2	大众文艺出版社
三易源流考	社科	2009.3	中国戏剧出版社
安丘史话	社科	2010.5	星球出版社
聆风而歌	诗歌、散文集	2010.11	中国时代经济出版社
路上的风景	散文	2011.1	知识出版社
润秋诗词	诗集	2011.10	中国戏剧出版社
走进青春期	社科	2011.7	内蒙古人民出版社
高士管宁	社科	2012.4	中国戏剧出版社
开在雪中的水饺花	散文	2012.5	作家出版社
我和我的母亲们	长篇小说	2012.10	中国戏剧出版社
风自故乡来	散文	2013.1	中国戏剧出版社
流年碎影	散文	2013.1	中国戏剧出版社
风自故乡来	散文	2013.1	中国戏剧出版社
如花的故乡	诗歌	2013.10	线装书局
舌尖上的节气	散文	2013.12	中华工商联合出版社
安丘耕地	社科	2013.3	山东大学出版社
同心·统战知识图文读本	社科	2013.4	中国戏剧出版社
酸枣儿	散文	2013.7	中国文化出版社
青少年赢得人生的180个智慧	社科	2013.10	黄河出版社

第七章 残 联

第一节 机 构

安丘县残疾人联合会（简称县残联）于1990年3月成立，为正科级事业团体，隶属县民政局。1994年，更名为安丘市残疾人联合会（简称市残联）。是年，全市32处乡镇均成立残联，业务由乡镇民政办公室办理。1998年，设立安丘市残疾人服务总社和安丘市残疾人劳动就业服务所，服务所为股级自收自支事业单位，隶属市残联。1999年11月，市残联为正科级事业单位，业务从市民政局分离。2000年，成立盲人、聋人、肢体残疾人、智力残疾人协会和精神病残疾人亲友协会。2004年12月，参照国家公务员制度管理。2008年8月，设立办公室（挂市政府残疾人工作委员会办公室、组织联络维权部牌子）、康复部、教育就业部（挂宣传文体部牌子）。至2013年，机构无变动。

第二节 残疾人联合会代表大会

安丘县残疾人联合会第一次代表大会

1991年3月召开，代表132人。会议听取并审议通过《团结奋斗 开创安丘县残疾人事业新局面》工作报告。选举产生安丘县第一届残联执行理事会及主席，刘建秋当选主席。

安丘县残疾人联合会第二次代表大会

1993年4月召开，代表150人。会议听取并审议通过《以党的十四大精神为指针 进一步开拓我县残疾人事业新局面》工作报告。选举产生安丘县第二届残联执行理事会及主席，贾玉良当选主席。

安丘市残疾人联合会第三次代表大会

1998年12月召开，代表148人。会议听取并审议通过《开拓进取 求真务实 将全面发展残疾人事业推向二十一世纪》工作报告。选举产生安丘市第三届残联执行理事会及主席，葛清田当选主席。

安丘市残疾人联合会第四次代表大会

2003年3月召开，代表120人，列席80人。会议听取并审议通过《携手共创全市残疾人事业美好未来》工作报告。选举产生安丘市第四届残联执行理事会及主席，张韶华当选主席。

安丘市残疾人联合会第五次代表大会

2008年1月召开，代表152人，特邀代表3人，列席14人。会议听取并审议通过《关爱 自强 和谐——共同开创全市残疾人事业的新局面》工作报告。选举产生安丘市第五届残联执行理事会及主席，陈勇当选主席。

安丘市残疾人联合会第六次代表大会

2013年3月召开，代表156人，列席100人。会议听取并审议通过《求真务实 开拓进取 努力开创全市残疾人事业发展新局面》工作报告。选举产生安丘市第六届残联执行理事会及主席，肖振胜当选主席。

第三节 残疾人康复

1990年—1997年，安丘市为1.26万名各类残疾人登记造册，建立档案。1999年10月，由卫生部、中国残联和中国麻协共同组派的国家康复医疗队到安丘为麻疯畸残者实施矫治手术、装配矫形器及辅助用具，标志全国麻疯康复手术项目正式启动。此次行动为市内85名麻疯残疾者进行124台手术。2005年7月，安丘市为第二次全国残疾人抽样调查样板单位。到2006年8月，全市有残疾人63082人，占总人口的6.5%。其中，视力残疾9022人、听力残疾15618人、肢体残疾18518人、言语残疾972人、精神病残疾4976人、智力残疾4259人、多重残疾9717人。2009年3月始，集中办理中华人民共和国第二代残疾人证。至2013年底，办理残疾证15896个。其中，视力残疾1093人、听力残疾398人、肢体残疾10051人、言语残疾301人、精神病残疾993人、智力残疾1047人、多重残疾2013人。是年，安丘市筹资167万元，为市残疾人综合服务中心和镇街区康复指导站及村（社区）康复站配置康复器材1200件，得到康复训练的各类残疾人6000人。是年10月，安丘市被省残联考评为“2012年度全省残疾人状况监测工作第一名”。

精神病人康复工程

2009年始，通过国家“彩票公益金”项目，全市每年对100名精神病患者实施药费补助，对15名—20名精神病患者免费住院治疗。至2013年，资助收治精神病人1056人，登记建档精神病人1221人。

复明工程

1998年始，市残联开展“视觉第一、中国行动”活动，先后在市人民医院、市中医院、市眼科医院分别挂牌设立白内障低视力康复基地。自2007始，先后发展低视力康复门诊、低视力眼镜店、低视力康复基地11个，每年为3000多名低视力患者进行医院治疗和视力矫正。2009年，实施贫困白内障患者“光明工程”。2011年11月，安丘市被全国残疾人康复工作办公室命名为全国白内障无障碍市。至2013年，为2445名贫困白内障患者免费实施复明手术，全市视力残疾人脱残率100%，脱盲率98%，人工晶体植入率100%。

助行工程

2000年—2007年，市残联与台湾曹仲植基金会合作为残疾人捐赠轮椅300余辆。2009年—2012年，市残联为残疾人捐赠轮椅1050辆，总价值43.84万元。2013年，捐赠轮椅300辆，价值10万元，免费为200名肢残人安装义肢。其中，安装大腿义肢23人、小腿义肢177人；为37名盲人进行定向行走训练，接受肢体康复训练850人。

助听工程

1995年始，市残联对聋儿进行语言康复训练。至2005年，训练聋儿100人次，其中60名聋儿通过语言训练开口说话。2006年始，对贫困听力残疾儿童实施捐助活动。以市特殊教育学校为依托，为230名聋儿实施听力语言训练。2011年9月，安丘市被省残联、残疾人福利基金会授予山东万名聋儿启聪工程先进县（区）称号。至2013年，全市总投资200万元，为220名残疾儿童捐赠助听器，为6名残疾儿童植入人工耳蜗。

肢残矫正工程

安丘市对0岁—7岁残疾儿童实施抢救性康复救助始于2012年，当年出资15万元，为肢体残疾儿童免费做矫治手术20人，免费安装矫形器20人；市财政匹配资金76万元，依托爱伦启智学校和妇保院残疾儿童康复中心开展智残儿童训练33人，脑瘫儿童训练47人，孤独症儿童29人。“爱伦启智中心”被省残联批准为“智障儿童康复”和“孤独症儿童康复”定点机构，市妇保院残疾儿童康复中心被省残联确定为全省脑瘫儿童准定点康复机构。2012年，市政府投资5000万元，在市北区兴建市残疾人康复托养中心大楼，共分11层，建筑面积1.1万平方米，并配套建设4000平方米生活区。2013年始，残疾儿童抢救性康复救助范围扩大至0岁—9岁，年内筹资160万元，资助134名脑瘫、智残儿童在定点康复机构进行康复训练和救助。至2013年底，全市为各类残疾人免费发放生活辅助器具3000余件，为92户贫困残疾人家庭进行无障碍设施改造。

第四节　扶残助残

扶残惠残

1991年5月始，安丘县每年开展“全国助残日”“爱耳日”“爱眼日”等活动。2001年—2005年，为残疾人捐款捐物120余万元，帮扶1000余人。2008年—2009年，投资47.08万元向贫困残疾人赠送被褥4000套，对700名残疾人特困户发放救助金21万元；对农村重度残疾人免费实施新型农村养老保险，在每人普惠30元基础上，按最低标准每人每年100元标准由政府代缴。2010年，投资23.54万元，再次向贫困残疾人赠送被褥2000套；对800名残疾人特困户发放救助金24万元。2011年始，向低保重度残疾人发放生活补贴。是年5月，安丘市被省残疾人工作委员会授予全省“十一五”残疾人工作先进单位称号。至2013年，全市为11441名残疾人发放生活补贴资金538.14万元。

危房改造与燃油补贴项目

安丘市重视农村贫困残疾人的危房修缮和新建等衣食住行问题。2007年—2013年，总投资509.9万元，为农村贫困残疾人新建，修缮房屋630栋。2009年—2013年，总投资18.9万元，为521名符合条件的残疾人发放燃油补贴。2010年，安丘市被省残联授予全省“十一五”期间“温馨安居工程”建设先进单位称号。

阳光家园计划

安丘市实施国家“阳光家园计划”项目始于2009年。2010年6月，申报国家级“阳光家园计划”示范区。2012年4月，被中残联批准为全省唯一一个全国示范区创建单位。2009年—2012年，山东省残联分配给安丘市“阳光家园计划”残疾人托养任务指标539人。其中，机构托养202人，居家安养337人。2013年9月，安丘市顺利通过省残联代表中残联对“阳光家园计划”示范区创建工作检查验收。是年12月，安丘市被中残联授予第二批全国“阳光家园示范区”称号。

安丘市2009年—2012年“阳光家园计划”残疾人托养任务指标情况表

表17—3

年份	机构托养（人）	居家安养（人）	投入资金（万元）
2009	42	78	19.00
2010	40	50	15.00
2011	40	90	22.20
2012	80	119	40.00
合计	202	337	96.20

第五节　残疾人教育

1986年，安丘县创办第一所聋哑学校，当年招收14名聋生。1992年4月，全国弱智儿童随班就读现场会到安丘县聋哑学校参观考察。同年，安丘县被省教委、省残联评为山东省特殊教育工作先进县。2007年12月，安丘市成立第一所民办特殊教育学校——安丘市爱伦启智特殊教育学校，对全市智障、脑瘫、孤独症残疾儿童开展文化教育和康复训练。2008年，依托职业学校设立残疾人教育培训基地，对有劳动能力的残疾人进行职业技能培训。2012年—2013年，实施残疾学生和贫困残疾人子女助学补贴政策，全市补助残疾学生302人，贫困残疾人子女646人，补贴资金84.82万元。2013年，全市在校聋哑和智障学生144人，托养智力残疾人50人，职业技能培训残疾人1000余人。

第六节　残疾人就业

福利企业安置

1992年，安丘县32处乡镇均成立残疾人组织，80%的福利企业成立残疾人协会。至1994年底，安丘市有福利企业64家，当年完成产值6100万元，实现地税390.6万元，安置残疾人396人。1999年1月，经过年检，福利企业由64家缩减为35家。2000年4月，由于企业改制，福利企业由35家缩减为安丘市石油钻采机械厂、山东瑞昌矿业有限公司、安丘市彩印纸箱厂等6家。到2007年，全市尚有福利企业5家，安置残疾人116人，年免退税171.8万元。2008年—2009年，新批准设立潍坊兴翰服装、安丘市海润包装制品有限公司2家福利企业。至此，全市福利企业增加到7家。其间，安置残疾人143人，年免退税254.92万元。2011年12月，安丘市石油钻采机械厂更名为潍坊市于宏石油机械有限公司。此后，部分福利企业因不符合资格条件被依法注销。

其他形式安置

1996年—2000年，全市采取多种形式集中安置残疾职工1200人，分散安置300人；举办家电维修、裁剪、养殖、种植等实用技术培训班10期，培训残疾人300人（次）。先后扶持600名残疾人从事个体加工和经营，扶持6096名残疾人从事养殖和种植业生产。2001年—2007年，全市集中安置残疾人1500人，各用人单位分散安置1000人。扶持残疾人从事农业生产和个体经营3000多人次，其中从事盲人按摩、汽车装饰、服装加工、餐饮等服务业200多人；举办各类残疾人就业培训班7期，培训600多人。2008年—2013年，全市集中安置残疾人260人，分散安置2700余人，扶持残疾人从事农业、畜牧业、蔬菜大棚生产和个体经营5000人次。2010年6月，在潍坊市残疾人职业技能竞赛中，安丘残疾人夺得CAD制图、缝纫2个项目第一名。

第七节　文体活动

2008年，全国“助残日”期间，市残联、市委宣传部、市文化局共同举办“牵手残疾人、共建和谐安丘”为主题的大型助残专题文艺晚会，填补安丘市残疾人文艺活动空白。2009年，市残联组织“同在蓝天下”残疾人文艺晚会。是年，在潍坊市第七届残疾人文艺汇演中，安丘市选送的5个文艺节目分别获一等奖3个、二等奖2个。2010年，举办“安德仕杯”残疾人歌咏大赛。2011年，在省残联组织的文艺节目比赛中，安丘市有2个节目获二等奖。2006年—2013年，组织撰写残疾人工作论文50余篇，10篇论文被省残联刊发。2009年始，市残联组团参加历届潍坊市残疾人运动会，有3名残疾人运动员被潍坊市残联选拔参加山东省残疾人体育运动会。2010年，肢残运动员李向全被中国残联选拔到国家队参加广东亚残运会，取得优异成绩。至2013年底，全市先后派出160名残疾人运动员参加潍坊市、山东省以及国家、国际残疾人运动会，取得金牌51枚、银牌60枚、铜牌49枚。

第十八编

政法

第一章　政法委及综治

1982 年，县委成立安丘县政法委员会，负责指导县政法各部门和社会治安综合治理工作。1986 年，全县落实“单位领导治安责任制”和“个人安全岗位责任制”，健全县镇村三级治安联防网，社会治安秩序明显好转。1987 年，全县村村建立治保、调解组织，成员 8690 人。1988 年 6 月，撤销县委政法委，成立县委政法领导小组，下设政法办公室。1990 年 5 月，恢复县委政法委。6 月，印发《安丘县社会治安综合治理实施方案》，全面推进“打防建教管改”各项治安措施落实。

1991 年，安丘县社会治安综合治理委员会成立，下设办公室（简称县综治办），与县委政法委合署办公。是年，32 处乡镇全部增配专抓政法工作的党委副书记。1992 年，县委与 32 处乡镇、82 个单位首次签订《社会治安目标管理责任书》，分解落实责任。1993 年，在景芝、贾戈、赵戈三镇进行农村社会治安综合治理改革试点。1994 年 3 月，市综治委印发《关于综治委成员单位工作职责分工的意见》，进一步明确综治委成员单位职责，内设“严打”、治安联防、民调、文化市场管理、依法治理和责任查究等专门工作委员会。5 月，印发《安丘市农村社会治安综合治理改革实施方案》，全面改革农村社会治安综合治理工作。是年，全市首次建立市委分管书记任主任，市综治办、纪委、监察、组织、人事等部门为成员的责任查究委员会，并建立议事规则和制度。

1995 年，市综治委在全市范围内开展争创省级社会治安综合治理模范市活动。1996 年，加强镇村综治办建设，明确由党委分管副书记兼任综治办主任，提出综治办专职工作人员不少于 2 人的标准；实行万家农户技防工程，安装断电式、袖珍型防盗自动报警器。是年，全市农村入户盗窃案件同比减少 41.8%。

1997 年 5 月，安丘市印发《关于开展安全文明创建活动的实施方案》，安全创建工作首次纳入社会治安综合治理工作总体布局。全市设立 75 个警务区，村级按照居住方位，每 20 户左右划为一个治安责任小区，加强治安防范力量。1999 年，全市安全创建工作进一步深化，命名安全小区 164 个、安全乡镇 25 处、安全单位 170 个，“创安”达标率 78% 以上。是年，安丘市成立刑释解教人员安置帮教工作协调小组，各乡镇成立工作站，严格落实网络化、档案化、责任化、阵地化、制度化“五化”帮教措施，提高帮教对象转好率。2000 年 6 月，市委办公室印发《关于在全市建立乡镇司法调解中心的实施意见》，明确乡镇司法调解中心机构设置和职责任务，乡镇全部建成司法调解中心，并配齐专职工作人员。2001 年，安丘市规范完善大调解格局，通过市镇片村组五级调解网络，广泛开展矛盾纠纷集中排查调处活动。充分发挥镇街道司法调解中心作用，逐步把人民内部矛盾处理工作纳入法制化、规范化轨道。4 月 12 日，开通市长公开电话。市级领导每月 1 次公开接访，有关市直部门负责人陪访，倾听群众呼声。2002 年，全市推广实施以法治、德治为主要内容的“双治工程”，完善村民自治章程、村级干部规范等各项规章制度。

2004 年 4 月，市委办公室转发市综治委《关于建设“平安安丘”的实施方案》，正式启动多层次、宽领域平安创建活动。是年 7 月，市委政法委明确镇街道综治委、综治办机构设置、人员配备和职责任务。2006 年，市综治委制定印发《关于开展社会治安综合治理基层规范化建设的实施方案》，从机构设置、职责任务、规章制度、工作台账、队伍建设、基础设施和考核奖惩等方面，规范提高村（居）社会治安综合治理工作。

2007 年，安丘市维护稳定工作领导小组成立，设立办公室，开展不稳定因素集中排查化解工作，探索社会稳定风险评估工作长效机制。市综治委下发《关于实施社会治安综合治理一票否决权制实施细则》，把社会治安综合治理工作纳入全市经济社会发展的总体布局。2008年，市委办公室印发《安丘市维护社会稳定工作责任查究办法（试行）》，进一步推进维护稳定各项措施落实。市综治委组织开展排查调处矛盾纠纷、排查整治治安混乱地区和突出治安问题活动，对排查出的矛盾纠纷、治安混乱村庄和部位，逐一落实治理责任，使各类不稳定因素解决在基层和萌芽状态。2009年，制定《安丘市关于开展维护社会稳定风险评估工作实施方案》，实行各类重点群体工作部门责任分工并制定应急预案，从源头上预防和减少各类不稳定因素发生。推进治安视频监控系统和"平安互助网"建设，提出加强基层公共安全机制建设工作意见。2010年，市维稳领导小组印发《关于进一步加大推行社会稳定风险评估工作力度的实施意见》《安丘市社会稳定风险评估工作责任追究办法》，进一步明确实施社会稳定风险评估工作的程序和方法，完善社会稳定风险评估工作责任制，推动社会稳定风险评估工作深入开展。是年，安丘市成立群体性事件和大规模暴力犯罪事件应急处置工作领导小组，制定应急预案。在镇街道建立综治维稳中心。2011年，市综治办建立全市心理咨询师人才库，安排心理咨询师进社区工作，从心理干预层面开展服务，促进社会矛盾化解。2012年，市委、市政府转发市综治委《关于以诉讼诚信体系建设为切入点加快推动社会诚信体系建设的意见》，加快推动社会诚信体系建设。

2013年，市综治委制定《关于推进网格化管理服务工作的实施意见》《关于全市社会矛盾化解集中攻关会战的实施方案》《全市视频监控全覆盖工程指导意见》，指导各镇街区在农村居住区细划三级网格，排查化解影响社会稳定的突出问题，加强社会面防控。

安丘市先后被山东省委、省政府授予全省社会治安综合治理先进市和平安山东建设先进市称号；被中央综治委、人事部授予全国社会治安综合治理先进市称号。市政法部门"网上办案""网上监督"的经验在全国推广。

第二章 公 安

第一节 机 构

1986年，安丘县公安局为正科级行政机构，内设秘书股、政工办公室、政保股、内保股、户籍股、治安股、刑警队、预审股、消防股、看守所和行政拘留所，辖城关、安丘、景芝、黄旗堡、贾戈、南流、刘家尧、担山、赵戈、石堆、王家庄、临浯、金冢子、官庄、宋官疃、白芬子、管公、雹泉、庵上、石埠子、召忽、关王、慈埠、凌河、夏坡、辉渠、红沙沟、温泉、大盛、柘山、南逯、车庄和郚山33处派出所。1987年，成立公安消防队，纳入武警部队编制。1988年，成立交通管理科，对外称交通管理队，副科级单位。1989年，成立林业公安科，受县林业和公安部门双重领导。1990年，新设法制股。1991年，增设东关、南关、北关和城北4处派出所；交通管理队改称交通警察大队。1994年，安丘撤县建市，安丘县公安局更名为安丘市公安局。是年，刑警队改称刑事警察大队，升格为副科级建制。1995年，成立巡逻警察大队，副科级单位。1997年，成立指挥中心，副科级建制。1998年，新设警务督察室和青云山派出所；撤销预审科，职能并入刑警大队。1999年，内保科改称经济犯罪侦察科。

2001年，新设宣传科、出入境管理科；成立河道治安管理大队，副科级事业单位，受市公安和砂资源管理部门双重领导；增设警卫科、国内安全保卫大队、反邪教侦察大队、政工办公室、警务督察大队、经济犯罪侦查大队、治安管理大队、监所管理大队、后勤管理中心、户政管理中心和景芝分局11个副科级行政单位。

2003年6月，潍坊市调整部分行政区划，南流派出所划归潍坊市公安局坊子分局管理。

2004年，成立城里、城北、东关、兴安、开发区5个分局，均为副科级建制。同时撤销城里、城北、北关、南关、东关、安丘、刘家尧7处派出所。

2005年，撤销以上5个分局，变为派出所。

2006年，交警、刑警、巡警大队规格调整为正科级，法制科及贾戈、白芬子、黄旗堡、赵戈、石堆、红沙沟、庵上、石埠子、凌河、金冢子、王家庄、临浯、官庄、雹泉、管公、辉渠、大盛、关王、郚山、柘山和青云山21处派出所规格调整为副科级。次年，治安管理大队规格调整为正科级。

2007年，黄旗堡派出所划归潍坊市公安局坊子分局管理，赵戈和王家庄派出所及交通警察赵戈中队划归峡山公安分局管理。是年，国内安全保卫大队规格调整为正科级。

2008年9月，市公安局撤并白芬子、庵上、临浯、雹泉、管公、红沙沟和关王7处派出所。

2009年，市森林公安机构名称规范为安丘市森林公安局（安丘市公安局森林警察大队），正科级行政机构，受林业和公安部门双重领导，列入公安机关序列。

2010年10月，设指挥中心、政工室、警务督察室（挂警务督察大队牌子）、警务保障室、法制室、国内安全保卫大队（副科级）、治安管理大队（挂爆炸危险物品监管大队牌子，副科级）、刑事侦查大队（副科级）、交通警察大队（副科级）、特警大队（副科级）和经济犯罪侦查大队，辖城里、城北、东关、兴安、开发区、大汶河、景芝、凌河、官庄、石埠子、石堆、金冢子、辉渠、大盛、郚山和柘山16处派出所，监管机构为监所管理大队（挂市看守所牌子），森林公安机构为市森林公安局（市公安局森林警察大队，副科级，列入市公安局序列）。

2013年末，内设13个机构、辖16处市区和镇街区派出所。

第二节　队伍建设

1986年—2013年，安丘市公安局坚持从严治警方针，采取多种方式、方法和途径，加强对公安民警政治教育、业务培训和岗位练兵。

1989年—1990年，安丘县公安局对全体民警进行坚持四项基本原则、爱国主义、社会主义、艰苦奋斗和反腐教育。组织民警学习《关于社会主义若干问题学习纲要》和《马克思主义哲学纲领》，提高政治思想素质和理论知识水平。

1992年，学习贯彻第十八次全国公安工作会议、第十九次全省公安工作会议精神，统一民警思想，振奋队伍士气。是年7月，人民警察实行警衔制度，县公安局首次授衔民警288人。其中，一级警督3人、二级警督37人、三级警督32人，一级警司70人、二级警司68人、三级警司32人，一级警员38人、二级警员8人。

1996年，安丘市公安局以严格管理、强化监督、提高素质、树立形象为主题，组织开展思想纪律作风集中教育整顿活动。1998年4月起，实施“民心工程”，以真情实意为人民、脚踏实地办实事为主题，向社会各界作出“30条承诺”，自觉接受人民群众监督。2001年，开展以“全心全意为人民服务的宗旨教育、实事求是的思想路线教育、严格公正文明执法的法制教育”为内容的“三项教育”活动。

2002年起，加强公安文化建设、创新公正执法机制、推进队伍正规化及执法规范化建设，叫响享誉全国的安丘公安品牌。是年，参加全国公安民警考核激励机制研讨会，作《实施绩效考评、正向加强管理模式》的典型发言。2003年，研发公安机关办案流程管理暨监督考评信息系统（简称网上办案系统），全面推行网上办案，实现网上立案、审批、监督和考评，解决案件办理程序违法、执法不严不公等热点难点问题，分获山东省公安厅、山东省和公安部科技进步一、二、三等奖。次年7月、12月，中共潍坊市委、山东省公安厅先后在安丘市公安局召开现场会，并在潍坊市政法机关、山东省公安机关推广安丘网上办案系统。

2004年1月，市公安局成为全国首个通过IS09001国际质量管理体系认证的县级公安局；警视通远程监督系统，获山东省公安厅科技进步二等奖。是年3月，被公安部政治部确定为全国公安文化工作示范点。5月，参加全国基层公安文化工作示范点现场会并作交流发言。8月26日，出席全国公安厅局长座谈会的公安部领导、公安厅局长和中央组织部、武警总部、最高人民法院、最高人民检察院等中央国家机关214名负责人，在山东省委副书记高新亭、潍坊市委书记张传林等领导陪同下，到市公安局参观考察网上办案和警察文化建设等工作。9月与次年8月，市公安局分别应邀参加全国公安厅局纪委书记座谈会、国务院部门推行行政执法责任制现场会，介绍推行网上办案、创新公正执法机制经验做法。

2005年，汇编60余万字《安丘市公安局正规化建设执行规范》，提高工作效率，提升管理层次，市公安局被公安部、山东省公安厅确定为全国、全省基层公安机关正规化建设示范单位。是年4月，举办首届警察文化周活动，设13个项目，52个单位、1000余人次参加。12月，山东省公安队伍正规化建设现场会（东片）在市公安局召开。

2006年6月，市公安局掀起深化大练兵、苦练基本功热潮，以“三所三队”（派出所、看守所、拘留所，刑警队、巡警队、交警队）民警为重点，“三懂五会”（懂方针政策、懂法律法规、懂业务知识，会擒敌自卫、会执法执勤、会管理服务、会群众工作、会电脑操作）为目标，全面提升公安民警整体素质。

2008年，在全国率先实行执法办案全程录音录像、最早研发言词证据核查系统，在山东省率先实行派出所功能区划分；创新执法规范化工作流程，从接处警现场执法到办案区询问、讯问，直至看守所关押、提讯，全部实行链条式、封闭式执法，有效提升公安机关执法公信力。先后参加全国部分省市公安监督信息化建设演示交流活动、全国公安机关新任纪委书记培训班，介绍执法监督经验做法。2009年、2010年，分别为山东省公安机关执法规范化建设推进会、山东省公安局处长会议、全国公安机关执法规范化建设工作座谈会提供观摩现场。

2011年，围绕与群众工作关系密切的大走访、信访处理、窗口服务、报警处置、治安巡控、派出所工作、社区警务、和谐创建8大类工作，制定涵盖8大类64小项执法规定，规范和指导民警开展工作。该成果获山东省公安厅科技进步二等奖。

2012年—2013年，组织引导民警立足本职岗位，本着“缺什么、补什么，学什么、精什么”的原则，开展全警大练兵活动；研发网上在线考试系统，每周随机抽取100名民警参加考试；先后轮训全体民警23次，举办各类培训班210多个；邀请清华大学、公安大学等10余所高校专家教授，举办专题讲座100余期。

至2013年，安丘市公安局被山东省公安厅授予全省优秀公安局称号，被山东省科技厅和公安厅确定为全省首批科技强警示范县（市、区）建设单位，被山东省委、省人民政府评为全省社会治安综合治理先进集体、执法为民先进集体、严打整治先进集体，被公安部授予全国公安机关“三台合一”示范单位和正规化建设示范单位称号。全局干警整体素质和业务能力不断提高，形成一支政治合格、技能过硬的公安队伍。1987年，王好平被公安部授予全国公安战线二级英雄模范称号，潍坊市公安局、山东省公安厅和安丘县委、县政府先后作出向王好平学习的决定，1989年被国务院授予全国先进工作者称号，1991年被山东省委授予全省优秀共产党员称号。2000年，鞠金城被山东省公安厅记一等功；冀风亭被山东省人民政府批准为革命烈士，被山东省公安厅追记一等功。2008年，李树栋被人力资源和社会保障部、公安部追授为全国公安系统二级英雄模范。

2013年末，全局配备公安民警和其他在编工作人员630人。509名民警中，通过国家司法考试者52人，占10.2%，绝对数和占比列全省县级公安机关首位。有一级警督 45人、二级警督165人、三级警督129人，一级警司81人、二级警司49人、三级警司40人。

第三节 刑事侦查

刑事技术

二十世纪八九十年代，安丘县公安局刑事技术手段比较单一，设备相对简陋，利用技术手段破案数量有限。进入21世纪，市公安局紧跟形势发展变化，研究视频监控、电磁轨迹、网络信息破案手段，探索打击犯罪新战法，提高信息与技术手段破案率。2005年，刑侦楼投入使用。按照公安部《公安刑事科学技术装备配备标准》的要求，建成高标准的法医室、指纹工作室、痕迹检验室、痕迹照相室、图像处理室和信息采集室等专业性技术功能用房，购置新式勘查车、图像处理系统与数码照录像系统等先进仪器设备，实现勘验检查数字化办公，建立起网上办案、指纹远程查询比对等刑侦工作新机制，信息与技术手段被广泛应用。2008年，市公安局刑侦大队技术室被公安部命名为全国一级示范刑事科学技术室。2012年，刑事科学技术实验楼建成，设有痕检、照相、法医和DNA等6个专业实验室与物证保管中心，打击犯罪科技含量及效率进一步提高。其中，DNA实验室是潍坊市内县级公安机关首家采用案件检验、血样建库双线设计的实验室，DNA技术在打击犯罪、服务诉讼、重大灾害事故的身份识别等方面作用巨大，Y数据库为疑难刑事案件的侦破提供重要依据。1996年—2013年，先后派遣5批22名民警到中国刑警学院深造一年，接受痕检、法医等专业培训，提高刑事技术队伍专业素养。

打击刑事犯罪

1983年—1986年，安丘县在全县范围内开展“严打”斗争。至1986年底，县公安局抓获各类犯罪嫌疑人874人，打掉犯罪团伙52个，破获刑事案件3625起，缴获赃款及赃物折款23.3万元，有效遏制刑事犯罪猖獗势头。

20世纪80年代末至90年代，境内刑事案件呈上升趋势，绑架人质、涉枪和抢劫杀害出租车司机等案件相继增多。1987年—1999年，发生刑事案件5059起。其中，侵财性案件3488起、故意伤害案件1325起。破获刑事案件2921起，打掉犯罪团伙59个，抓获犯罪嫌疑人889人，追回逃犯 152人。

进入21世纪后，少数经营者为获取高额利润，采取暴力与威胁等非法手段，企图控制和垄断行业生产经营权。市公安局围绕保障市场经济健康发展、维护社会和谐稳定，开展打黑除恶，全面清剿有组织犯罪。2000年—2013年，摧毁涉黑恶团伙31 个，抓获团伙成员269人。其中，判刑217人、行政处罚52人。2007年，刑事侦查大队二中队被公安部评定为一级责任区刑警队。

2008年—2013年，市公安局开展“破案攻坚会战”“打黑恶反盗抢安民行动”等专项行动，严厉打击严重影响人民群众安全感的刑事犯罪活动，打掉涉黑恶犯罪团伙11个、贩毒团伙11个，55起涉命案件破获率100%，杀人、伤害、强奸、抢劫、放火、投毒、绑架和劫持8类案件破获率85.6%。

安丘市1987年—2013年刑事案件发破案情况统计表

表18—1　单位：起

年份	立案数	破案数
1987	356	178
1988	329	156
1989	452	399
1990	433	169
1991	422	191
1992	237	164
1993	344	248

续表18—1

年份	立案数	破案数
1994	454	186
1995	439	211
1996	307	219
1997	341	196
1998	427	292
1999	518	312
2000	1518	749
2001	1956	1290
2002	1907	1651
2003	1952	1779
2004	2316	2113
2005	2140	1832
2006	2059	1877
2007	2029	1874
2008	1876	1890
2009	1751	1697
2010	1783	1445
2011	1302	1054
2012	1480	970
2013	1675	1344

第四节　经济犯罪侦查

1997年10月起，安丘市将77种经济犯罪案件由市人民检察院划归市公安局管辖，以适应打击经济犯罪新形势需要。具体包括：走私罪中的走私假币案件；妨害对公司、企业的管理秩序罪中的虚报注册资本案，虚假出资、抽逃出资案，欺诈发行股票、债券案，提供虚假财会报告案等14种案件；破坏金融管理秩序罪中的伪造货币案，出售、购买、运输假币案等25种案件；金融诈骗罪中的集资诈骗案，贷款诈骗案等8种案件；危害税收征管罪中的偷税案，抗税案，逃避追缴欠税案等12种案件；侵犯知识产权罪中的假冒注册商标案，销售假冒注册商标的商品案等5种案件；扰乱市场秩序罪中的损害商业信誉、商品声誉案等9种案件；侵犯财产罪中的职务侵占案，挪用资金案等3种案件。

20世纪与21世纪之交，在建立社会主义市场经济体制过程中，市内妨害公司、企业管理秩序，破坏金融管理秩序，金融诈骗，生产、销售伪劣商品，扰乱市场秩序，危害税收征管，侵犯知识产权等经济犯罪活动呈上升趋势，特别是合同诈骗、非法经营、职务侵占、挪用资金、假冒注册商标、销售伪劣产品、非法出售发票与虚开增值税专用发票等犯罪案件多发，影响市场经济健康发展。1997年—2001年，市公安局受理各类经济案件139起，打击处理违法犯罪人员51人，涉案金额4674万元。2002年—2013年，受理经济案件612起，打击处理违法犯罪人员327人，挽回和避免经济损失2.1亿元。2012年，立查公安部列为督办案件的"5•10"特大虚开增值税专用发票案。"5•10"案涉及17个省、市、自治区，虚开增值税专用发票和普通发票，价税合计7938万余元，税额1163万余元，造成国家税款大量流失。市公安局会同辽宁、广东、福建、浙江、安徽、天津6省市公安机关联手出击，抓获犯罪嫌疑人6人，打掉犯罪团伙3个，捣毁窝点2个。

第五节 治安管理

公共场所管理

20世纪80年代始，境内娱乐业逐渐兴起，在满足人民群众文化生活需求的同时，"黄赌毒"等违法犯罪活动时有发生。1986年—1991年，县公安部门经常性清查整治娱乐服务场所治安秩序，发现问题及时查处。1992年8月，针对公共娱乐场所赌博和卖淫嫖娼活动日益增多的实际，组织开展专项打击社会丑恶现象活动，依法处理3人。1993年，按照以块为主、分级管理原则，加强公共场所治安管理，严格控制歌舞厅等娱乐场所开业审批手续，打击美容、美发、洗浴等场所违法行为。11月，投入警力300余人，开展打击取缔卖淫嫖娼色情服务活动专项斗争，清理整顿"路边店"244家。其中，停业1家、取缔1家，依法处理6人。1996年，按照文化部、公安部、国家工商行政管理总局联合通知的要求，市公安局加强电子游戏机娱乐场所管理，查禁有奖经营活动，取缔电子游戏机娱乐场所2家、非法网吧1处，破案5起，其中筹集上网或打游戏费用而诱发未成年人犯罪案件3起。2011年—2013年，查处涉黄赌案件124起，端掉窝点33个，打击处理违法犯罪嫌疑人231人。

特种行业管理

1986年起，随着商品经济发展，安丘特种行业逐渐增多。至1990年，有旅馆、刻字、印刷、废旧金属收购等经营单位183家。是年，安丘县公安局集中整顿特种行业，取缔非法经营业户5家。1998年，安丘市公安局登记并检查公安部规定新列管的汽车、摩托车修理业与报废汽车拆解业等特种行业。其中，吊销许可证14家，责令停业整顿23家。2002年8月，推广使用旅馆业管理信息系统，全市首批17家规模较大旅馆安装设备，实现网上传输入住信息和协查犯罪嫌疑人。是年11月，根据国务院《关于取消第一批行政审批项目的决定》，监管范围增加二手手机、废旧金属、旧家用电器、旧机械设备等旧货流通行业。至2010年，纳入特种行业管理范围且必须办理"特种行业许可证"的有：旅馆业（旅社、饭店、宾馆、酒店、招待所、有接待住宿业务的办事处、培训中心、住客浴室、度假村等）、印铸刻字业（印刷、排版、制版、装订、覆膜、复印、打字、制作名片、铸字、印章、刻字等）、旧货业（旧货市场、生产性废旧金属收购站点、寄售调剂店、报废机动车船回收和拆解企业等）、典当业、拍卖业、信托寄卖业。2009年—2013年，取缔黑旅馆15家，停业整顿7家，处罚不按规定登记旅客信息45家；抓获逃犯24人，其他违法犯罪嫌疑人36人。至2013年底，全市有特种行业经营单位578家，从业人员1396人。254家旅馆全部安装旅馆业管理信息系统，实现旅客信息实名、实情、实数、实时登记上传。

出租房屋管理

20世纪90年代起，安丘城镇务工和经商人员不断增加，出租房屋数量增长较快，给社会治安带来隐患。针对这一问题，市公安部门逐步把租赁房屋纳入治安管理。1995年3月，市公安局建立起出租人和承租人治安责任、登记备案、安全检查等一系列管理制度。1998年，安丘市成立暂住人口管理工作领导小组，市公安局和各乡镇派出所分别设立暂住人员管理总站和暂管站，配备专管员，暂住人员管理网络初步健全。2005年起，市内出租房屋管理工作由市公安与市房地产管理部门共同负责。至2007年，全市登记出租房屋1424间，签订治安责任书1530份。2008年4月起，市公安局组织开展流动人口和租赁房屋管理专项清理活动。清理登记流动人口11618人，处罚非法出租房屋者10户；发现违法犯罪线索141条，破获各类案件101起，其中利用租赁房屋违法犯罪4起；抓获犯罪嫌疑人88人，其中逃犯28人。2009年5月，出租房屋治安管理纳入社区民警职责范围，实现政府行政管理和社区自我管理的有效衔接。2013年，租赁房屋管理电子信息纳入山东省流动人口服务管理系统平台。是年，全市登记出租房屋3244间，签订治安责任书3260份。

危险物品管理

1986年，安丘县公安局收缴散失在社会上的炸药、雷管、导火索等爆炸物品，消除一批安全隐患。1988年，整顿全县范围内工作用枪，确保用枪安全。1992年，境内发生涉枪案件4起。县公安部门清理查禁钢珠枪、电击枪、催泪枪、猎枪等枪支，收缴106支。1996年，安丘市通过广播、电视、报纸、印发资料等多种途径，宣传新颁布的《中华人民共和国枪支管理法》。市公安部门组织开展枪支清理收缴活动，收缴8511支非法枪支全部集中销毁。年内全市涉枪案件同比下降80%。1998年，全市开展严打严防百日行动，清查整顿市内民爆物品的生产、销售、贮存、保管和使用，严防爆炸物品被盗和流失。收缴炸药1806公斤，雷管1366枚，导火索7010米。1999年，市公安局各用枪单位配备的枪支弹药全部统一存放，实行24小时专人值守、双人双锁和枪弹分开存放等管理制度。2006年，开展集中整治爆炸物品、枪支弹药、管制刀具专项行动。查处各类案件40余起，打击处理违法犯罪嫌疑人52人，收缴枪支21支、炸药120公斤、雷管316枚、导火索576米、管制刀具1381把；取缔9家不具资质的民爆站。2008年—2012年，停业整顿矿山、采石点35家，取缔3家，发放整改通知书24份，打击处理违法犯罪嫌疑人6人；收缴雷管188枚，导火索3320米，炸药和火药29.5公斤，废旧手榴弹23枚，烟花25箱，爆竹成品、半成品8万余响。2013年，开展缉枪治爆专项行动，坚持“镇不漏村、村不漏户、户不漏人”。全市清查3家涉爆单位、8家矿山采石点、256家烟花爆竹销售点，查缴爆竹成品、半成品14万余响；刑事拘留3人、行政拘留10人。

内部单位保卫

进入20世纪80年代，境内单位安全保卫亟待加强，迫切需要专业性安全保卫力量介入。1988年起，县公安局指导机关、企事业单位陆续配备安全保卫干部，并先后在山东景芝酒厂、县外贸食品进出口公司、县造纸厂等多家企业组建经济民警分队（小队），做好较大型企业安全保卫工作。1992年4月，县公安局保安公司成立，首批面向社会招录队员108人，严格训练后派驻机关和企事业单位。1994年，县公安局保安公司改称潍坊市保安服务总公司安丘市分公司，2007年改称安丘市金盾保安服务有限公司。时有队员200余人，主要分布在各金融部门、汽车站、机关幼儿园和大中型企业。是年，全市有内部单位229个，保卫干部867人，设置保卫科（处）87个，未设专门保卫机构单位配有专（兼）职保卫干部。2010年，安丘市落实《中华人民共和国保安服务管理条例》，保安服务业进入新的发展时期。是年3月—4月，全国连续发生5起暴力伤害中小学生、幼儿园儿童的恶性案件，孩子在校（园）安全问题引发社会关注。市公安局抽调681名民警、协勤分工包靠学校和幼儿园，加强校园及周边安全检查。指导各中小学、幼儿园建立安全保卫室295个，配备安保人员1458人，配发警用钢叉539杆、橡皮棍869根、辣椒水437瓶、对讲机226套、其他防护器械602件；安装监控探头1962个，接入公安平台405个。2013年底，全市有治安保卫重点单位57个，保卫人员374人。

网络安全监管

2002年，安丘市公安局设立计算机安监科，2007年改称公共信息网络安全监察科，划归治安大队管辖。2002年—2013年，举办全市党政机关、企事业单位计算机管理人员培训班9期430人次；处置本地有害信息5400条，通报异地有害信息4.2万条，治安拘留利用互联网散布谣言、扰乱社会秩序违法人员12人；破获网络诈骗、利用互联网传播有害信息等案件42起，抓获犯罪嫌疑人59人；协助警种单位办理案件320起，抓获犯罪嫌疑人216人、上网逃犯187人。

第六节　巡逻防范和处突防暴

1995年，安丘市公安局成立巡逻警察大队，2007年，改称特警大队。主要负责街面巡逻执勤、抓捕现行犯罪、纠正交通违章、救助危难群众、处置突发事件等方面。

2007年，安丘市加强防暴力量建设，从当年复员退伍军人中招录男性特警队员80人，使特警队伍规模扩大到100人。队员统一配发服装和装备，集中食宿，实行军事化管理，所需经费由市财政列支。在职能定位上，变原来综合执法为处突巡控、反恐防暴和实战训练三位一体。

2008年，市公安局特警大队新购置巡逻车4辆、运警车2辆、装甲指挥车1辆、装甲通信指挥车1辆，并在巡逻警车上全部安装GPS卫星定位系统，配备视频出警和对讲设备。同时配齐特警队员防弹背心、防割手套、救生衣、网枪、警棍和盾牌等单警装备。

2011年，针对恐怖活动抬头、暴力犯罪增加、突发事件频发的社会治安态势，组建100人应急处突力量，担负反恐防暴工作任务，应对各类恐怖暴力袭击、突发群体性事件及重特大危害公共安全事故。

2013年，落实公安部关于“屯警街面、动中备勤、武装巡逻”的指示精神，成立由50名特警组成的应急反恐处突队伍。在派出所日常巡逻防控基础上，队伍以党政机关、汽车站、青云山市民广场、佳乐家商场等重点要害部位和人员密集场所为主要目标，开展加强式、叠加式、网格式、模块式的24小时武装巡逻防控。巡逻警车统一配备执法记录仪、阻车器、反光锥、警戒带、急救箱、破拆工具等实用装备。每车安排5名以上警力，统一着99式战训服、战训靴、防暴头盔，佩带单警装备、92式手枪、微型冲锋枪。巡逻防控车辆和人员全副武装、前置街面、驻点巡控、辐射周边，确保接警后1分钟内出警、5分钟内到达现场，最大限度地缩短反应时间。

1995年—2013年，特警大队抓获违法犯罪嫌疑人1677人，妥善处置突发性事件709起，圆满完成安全保卫任务476次，纠正交通违章12005人次，抢险救灾321次，救助群众1108人次。

第七节 户政管理

常住人口管理

1986年，安丘县户口由县公安局各派出所负责登记管理，各村庄、机关、企事业单位协助办理出生、死亡、迁出、迁入等变动手续。

1992年，参照城市管理办法，推进农村户口城市化管理，农村实行户口簿、门牌和方位图三位一体的正规化管理。

1997年—1998年，全市派出所相继建成人口信息管理系统，常住人口全部纳入微机管理。

2003年，全面实施《山东省公安机关服务群众、服务经济发展的若干规定》。是年起，考取大中专院校学生，迁移户口自愿；新生儿常住户口登记，随父随母自愿；取消出国（境）1年以上非定居人员、被判处徒刑、被决定劳动教养人员注销户口的规定。6月，南流镇划归潍坊市坊子区，划出人口44465人。9月，市北区警务大厅建成。市区117505名常住人口户籍业务合并至警务大厅，实行集中办理、一站式服务。

2004年，深化户籍管理制度改革，打破城乡分割，实行统一户口登记管理制度，取消农业、非农业户口性质划分。是年，市内1231个村全部进行地址编排，绘制村庄方位图。市区编制安装门楼牌29735个，制作和发放居民户口簿28万余册。2005年，全面放开境内户口迁移政策，促进人口合理有序流动。

2007年，潍坊市调整部分行政区划，王家庄镇全部村、赵戈镇和景芝镇部分村划归潍坊市峡山区，划出人口76192人；黄旗堡镇划归潍坊市坊子区，划出人口51603人。

2010年5月起，开展第六次人口普查前专项户口整顿，市内清查出未落户常住人员 4647人。至年底，全市总人口947723人，比2000年全国第五次人口普查减少151171人。

2013年底，全市总人口952662人。与1986年相比，总人口减少38098人，其中男性、女性分别减少16565人和21533人。

安丘市1986年—2013年总人口情况统计表

表18—2 单位：人

年份	男	女	总人口
1986	504056	486704	990760
1987	513290	490542	1003832
1988	520637	496134	1016771
1989	537284	510471	1047755
1990	553147	527221	1080368
1991	557722	531671	1089393
1992	558773	532885	1091658
1993	559047	533916	1092963
1994	557333	532569	1089902

续表 18—2

年 份	男	女	总人口
1995	555730	531375	1087105
1996	554616	529650	1084266
1997	554569	531363	1085932
1998	557159	534810	1091969
1999	560176	536293	1096469
2000	560628	538266	1098894
2001	560159	538557	1098716
2002	558368	538483	1096851
2003	533701	515984	1049685
2004	532669	516060	1048729
2005	530797	515223	1046020
2006	531829	516311	1048140
2007	470926	453167	924093
2008	473125	457117	930242
2009	478136	460719	938855
2010	483755	463968	947723
2011	485274	465032	950306
2012	485324	463782	949106
2013	487491	465171	952662

暂住人口管理

进入 20 世纪 80 年代，随着改革开放深化和商品经济发展，安丘城乡之间人口流动量加大。流动人口迅速增长，成为境内户政管理一大难题。1985 年 2 月，安丘县开始实行暂住人口管理制度。1987 年 5 月，全面清理整顿暂住人口，建立健全经常性的管理制度。1989 年 7 月，清查暂住人口、流动人口中违法犯罪分子。1995 年 11 月，安丘市实行暂住人口申报登记和申领暂住证制度。2002 年，实行暂住人口微机信息化管理，管理工作开始走上规范化轨道。2003 年始，全市每年开展一次暂住流动人口专项清理整顿活动。

2013 年末，市内登记流动人口 23009 人，发证 14728 件。其中，务工人员 13271 人，占流动人口总数的 57.7%；海外流动人口 60 人，主要为日本、韩国等国家和地区的投资、工作、旅游观光者；流出人口 11567 人，以外出打工、旅游、探亲、访友者居多。

居民身份证管理

1988 年 3 月，安丘县在安丘镇试点颁发居民身份证工作，8 月后全县铺开。至次年 12 月，颁发居民身份证 67 万余张，占应发证人数的 84.8%。此后，转入日常办证和管理阶段。

1996 年起，安丘市公安局开始为落户新生儿和 16 周岁以下居民户口登记编定公民身份证件号码。1997 年 8 月—1998 年 6 月，开展全市居民身份证清理纠错工作，为国家社会保障号码制度实施奠定基础。

2000 年 4 月起，制发居民身份证一律使用 18 位公民身份号码。是年 6 月，完成全市公民身份号码登录工作。次年，编制全市入伍军人公民身份号码。

2004 年，开展户口清理核对和人口信息核查纠错工作，为第二代居民身份证换发打基础。次年 11 月，启动集中换发“二代证”工作。至 2007 年 10 月，集中换发任务完成，全市办理、发放“二代证”72 万余个。

2012 年 7 月起，按照国家新修订的居民身份证法的相关规定，开展为持“一代证”人员集中换发“二代证”工作，至年底换发 2 万余个；12 月 31 日，第一代居民身份证停止使用。至 2013 年 12 月，全市办理、发放“二代证”103.46 万个。

“农转非”管理

1986 年—1992 年，县公安机关办理农业户口转非农业户口（简称“农转非”）对象，主要是被大中专院校录取的学生、被国营和集体企业招用的工人、被政府征用土地的村民、民办转公办的教师、随军家属子女，以及职工居民、科技人员、部分干部的家属子女等。至 1992 年，全县有非农业人口 66165 人。

1995 年—1999 年，大量人员因市区征用土地而“农转非”，全市非农业人口快速增长。1995 年、1997 年、1999 年分别为 91373 人、105460 人和 120209 人。1982 年—2004 年，市内办理各类地方城镇户口和“农转非”户口 173683 人。2004 年 10 月，安丘市开始取消常住居民户口性质划分，统一登记为居民户口。

第八节　道路交通管理

1987 年 3 月，安丘县执行国务院道路交通管理体制改革决定，原分属交通、公安两个部门的交通管理职责，统一归县公安部门管辖。县交通局下设交通监理站和交通管理队遂移交县公安局。

车驾管理

1988年起，安丘县交警队根据国家颁布的《机动车管理办法》，管理境内机动车辆和驾驶员。是年，办理车辆挂牌718台，换发机动车牌照593台；办理驾驶员手续2945人次，培训驾驶员1338人。

1992年10月，安丘县机动车驾驶员培训中心成立，由县交警大队负责管理，当年培训汽车驾驶员176人。1993年—2003年，随着人们交通需求日益增长，年培训驾驶员超千人。2004年，机动车驾驶员培训中心改制，与公安机关脱钩。

1995年3月起，全市机动车辆统一换发“九二”式号牌及行驶证，当年换发号牌10590套。1998年，市交警大队针对车辆挂牌盛行关系号的问题，实行分号段封闭管理改革。车主自行抽取装有车牌号的信封，当场拆看，按号发牌，杜绝暗箱操作。2004年10月，实行机动车及驾驶人信息数据库全国联网。2006年6月，根据潍坊市公安局车管所的授权，开始办理汽车挂牌业务，实行车主自主选号办法，提高上牌率。2011年，安装车管业务大厅电脑排队语音叫号系统，结束办事群众排队拥挤、混乱无序的历史。

2012年起，市交警大队建成功能齐全的流动车管服务车，定期到3处偏远镇为群众办理“五小车辆”（二轮摩托车、三轮摩托车、三轮汽车、四轮低速汽车和变型拖拉机）挂牌、年审、办证等业务，利用周末登门服务预约的大型企业。同年，上门服务32次，办理摩托车挂牌122辆，检测机动车101辆，发放宣传材料1.5万份。4月，落实国务院《校车安全管理条例》，完成全市252辆校车安全技术检验及驾驶人资质审查工作，建成启用机动车远程查验检测管理系统。

2013年，办理车驾管业务23.03万件，比上年上升89.6%。其中，车辆挂牌1.23万辆，转移、变更、注销11.36万辆次，年审54898辆；驾驶员办证1199人，转入、换证、补证16294人次。是年底，全市机动车保有量由2008年17.9万辆，发展到22.91万辆；机动车驾驶员由2008年17.16万人，发展到21.87万人。

科技强警

1986年，县城内有交通岗亭8个，交通指挥灯8套。次年，新建交通岗台6个，配建交通指挥灯6套。1997年—2001年，安装市区道路交通隔离护栏1.25万米。

2005年，安丘市首次总体规划市区道路交通安全设施。新建交通标志牌198面，更新施划道路交通标线3.02万平方米；新安装与升级交通信号指挥系统12处，全部实行分道管理，提高路口通行能力。市区8处重点路口，安装“电子警察”系统，实时监控抓拍交通违法行为；设置电子诱导屏，曝光违法车辆。干线公路6处重要路口及事故易发路段，建设测速卡口和监控设备，搭建交通指挥平台。市区道路和干线公路，实现24小时有效监控。至2007年底，利用“电子警察”处理交通违法行为3.01万起，通过监控录像破获交通肇事逃逸案件17起。

2006年—2007年，建设交警信息平台，各种基础台账、交通违法行为、交通宣传工作以及机动车、驾驶员信息，全部纳入计算机管理系统，实现交通管理信息融合与共享。

2010年，市交警大队配发一线交警录音录像笔30支、执法记录仪30台、摄像机和照相机12台，实现路面值勤执法全程录音录像。2011年，升级改造市区“电子警察”系统，建成智能交通管理指挥大厅。市区6处重点路口，实时抓拍车辆乱闯信号、逆向行驶、不按规定车道行驶、驾驶员不系安全带等交通违法行为。2012年，增配一线民警全天候执法记录仪50台，配备出警巡逻车车内视频记录仪37台，实行车内车外执法过程全程记录。33处路口安装信号灯、标志牌，施划新建改建道路热熔标线5.19万平方米。12处路口安装交通诱导屏，施划直行、左转待行标线，提高道路通行能力。

2013年，境内干线公路和市区道路30处路口安装“电子警察”与治安卡口；国道206线和省道央赣路设置固定测速点12处；城北中队建成数字警务室，实行辖区重点路段网上巡逻、网上指挥和网上管控。

交通秩序管理

1989年，安丘县统一招录合同制交通民警74人，安排到县乡两级交通安全管理机构协助执行勤务。1996年9月，安丘市根据公安部有关清理辞退规定，74人全部安置到市直企业单位就工。1993年，全县设立城北、景芝、赵戈、官庄、凌河、红沙沟6个交通安全管理片，每片配备6名—8名交警。

1994年,6个交通安全管理片改设为6个交警中队。

1994年，安丘市交警大队加强干线公路交通秩序管理。抽调10名民警，专事206国道管理。每2人一个小组，配备摩托车和对讲机，落实包路段责任制。是年，206国道安丘段发生交通事故92起，死亡26人，伤残76人，直接经济损失20万元，比上年分别下降35.7%、50.9%、46.5%和31.9%。

2008年，围绕北京奥运会安保工作，开展交通秩序整治和卡点安全检查，逐车逐人严查进京与过境客车、旅游车、面包车等，防止非法枪爆物品、散装汽油、管制刀具等危险物品和“重点”人员进京。2009年，设立安丘市第一中学、安丘市实验小学等学校门前助学岗，维护校园周边交通秩序。是年，开展酒后驾驶交通违法行为专项整治行动，严查严处酒驾行为143起，并加大媒体曝光力度。2011年，实施事故预防与中队绩效考核挂钩，民警路面管控和源头管理责任感增强。全年查纠交通违法行为32万起，其中查处酒后驾驶494起，比上年增长11%；行政拘留115人，比上年增长113%。

2013年，开展道路交通“平安行·你我他”和渣土车治理等专项活动，查处酒后驾驶交通违法行为781起，拘留违法驾驶人员154人，处理醉酒驾驶刑事案件49起。为期6个月大货车违法整治专项行动中,排查货运企业51家、重点施工单位19家,大货车2734辆、驾驶人员3702名；查处货车超载1105起，客车超员27起，疲劳驾驶92起，无证驾驶399起，酒后驾驶393起，有效遏制大货车违法势头。

1995年—2013年，全市连续18年未发生特大恶性交通事故，在山东省创建平安畅通县市复评中，获优秀等次。

交通事故处理

1988年起，安丘县按照《中华人民共和国交通管理条例》中的有关规定，坚持“以责论处、按责分担”原则处理交通事故。境内交通事故处理，由县交警队交通安全股负责。1998年，交通安全股改称交通事故处理科。

1991年，执行国务院《道路交通事故处理办法》，严格划分轻微、一般、重大和特大4类事故，正确认定全部、主要、同等和次要4种责任。是年，全县发生交通事故168起，依法吊销驾驶证73个，追究刑事责任7人，行政拘留14人；发生交通肇事逃逸案件23起，侦破18起，破案率78.3%。

1996年始，由于机动车辆增多，道路交通基础设施相对滞后，境内年交通事故数突破千起，且连年大幅上升。事故处理工作成为社会关注的热点难点问题。市交警大队建立24小时值班制度，做到快速出警、快速处理交通事故。是年，受理交通事故1376起，与1991年相比，增长7.2倍；发生交通肇事逃逸案件25起，侦破18起，破案率72%；追究刑事责任17人，治安拘留1人。

1997年，市内122交通事故报警电话开通，并与安丘市中医院120急救中心电话形成联动，提高交通事故伤员抢救效率。

1998年，安丘市改革事故处理方式，实行“三权分离”制度，即事故处理现场勘查、责任认定、调解处理权分别由不同民警行使；采取“两公开”办法，即责任认定和调解处理时，召集双方当事人当面辩解质证，公开认定责任，公开协调处理。事故处理实行大厅办公模式，办案民警与群众面对面调解、零距离办案。处理过程由电子探头实时监控、全程录像，以公开促公正。

2002年，市交警大队成立专门追逃组，追缉交通肇事逃逸人员，加大对逃逸案件侦破力度。是年，发生交通肇事逃逸案件33起，侦破27起，追究刑事责任27人。

2006年，改革交通事故处理模式，市区外环路以外一般以下交通事故，全部由市交警中队负责管辖，方便群众就近处理。2010年，凡应移诉案件，一律按程序移送安丘市人民检察院审查起诉。交通事故快速处理机制进一步完善，办案效率明显提升。2011年，根据《山东省公安交通管理部门事故处理机构规范化建设标准》，增设交通事故案件审判庭，依法维护当事人合法权益。同年，以公安部部署“清网行动”为契机，加强交通肇事逃逸案件侦破和逃犯追捕工作，14名交通肇事网上通缉逃犯全部归案，清网率100%。

2012年，市交警大队推行事故责任集体研究制度，规范办案程序，提高执法公信力。全年破获交通肇事逃逸案件125起，同比上升42%。2013年，开通“彩信通”报警平台，轻微交通事故处理效率大幅提高。

境内交通事故影响因素各年度大致相同。以2013年发生8875起事故为例，从事故成因看，违章操作（未按规定让行、不按规定车道行驶、逆向行驶、超速行驶、未保持安全车距等）占40%，驾驶疏忽（疲劳驾驶、雨雾雪恶劣天气造成视况不良等）占35%，酒后驾驶占3.5%，无证驾驶占2%，机件故障占1.5%，行人和非机动车交通违法占18%。从道路分布看，县乡道路和国省道发生事故较多；死亡事故中，县乡道路占33.8%，省道占26.3%，国道占20.6%，市区道路占19.3%。从驾驶资历看，机动车肇事案件中，驾龄不超过两年占20%，所造成死亡人数占18%。

安丘市1988年—2013年交通事故四项指数一览表

表18—3 单位：起、人、元

年份	事故数	死亡数	伤残数	直接经济损失
1988	237	36	192	248089
1989	153	43	151	267206
1990	160	39	146	253760
1991	168	36	141	244890
1992	124	40	90	130500
1993	113	39	116	258700
1994	101	41	139	355100
1995	887	113	892	700000
1996	1376	121	1236	1327900
1997	1848	133	1651	1999531
1998	2059	119	1622	1615635
1999	2335	145	1884	2888735
2000	2853	117	2054	2344470
2001	3393	147	2135	3219835
2002	3157	161	2812	3849714
2003	4433	179	3021	4918257
2004	4777	180	2434	3681640
2005	4224	232	2507	4685411
2006	4193	245	2221	6133925
2007	5506	240	3979	5542880
2008	7151	230	4110	5358160
2009	6678	217	3129	7654560
2010	7768	218	3637	10664012
2011	8247	217	3420	14251011
2012	8233	187	2913	13714224
2013	8875	160	3095	15967186

交通安全宣传

1988年8月，国务院新颁布的《道路交通管理条例》纳入安丘县“一五”普法规划。全县开展多种形式宣传教育活动，营造学法守法氛围。县交警队设立宣传教育股，负责交通安全宣传教育。经常深入机关、学校、企事业单位，通过召开座谈会、举办图片展、开展安全竞赛、分析事故案例、观看电视录像等形式，进行交通安全教育。

1992年起，安丘广播电台、安丘电视台开设“红绿灯下”“我们与交通”等专题栏目，开展经常性播放宣传。1994年夏，安丘市交警大队与安丘市歌舞团联合编排《我没醉》《武大郎出车》等交通安全文艺节目，到农村巡演。1999年，与安丘市京剧团联合编排“安全伴您行”专题文艺节目，在全市城乡巡回演出百场，受教育群众10.07万人。次年，组织开展创建交通安全村、交通安全示范校活动。科室和中队包靠学校，选派民警担任校外辅导员；交通安全列入村规民约，加强群众自我教育和自我监督意识。当年建成交通安全村100个。

2004年，安丘市组织人员进村庄、社区、学校、单位和企业，宣传新颁布实施的《中华人民共和国道路交通安全法》。2008年，构建交通安全宣传大格局，在用足用活现代传媒同时，组织人员深入村居、社区、学校和企业，摆放展板、悬挂横幅、张贴标语，扩大交通安全宣传社会覆盖面。

2009年，市交警大队依托市青云双语学校，建成安丘市交通安全教育基地，设立宣传长廊、示范道路、宣传教育室、模拟体验室、感受感言室等功能区，定期组织全市中小学生到基地参观学习。2012年，组织道路交通“七治”（治超、治疲、治假、治堵、治患、治酒、治占）专项行动，严格路面巡逻管控。同时在新浪网和腾讯网开通安丘交警官方微博，与网民展开互动。

2013年，开通安丘交警微信平台，以微博与微信为支撑，解答群众咨询，发布路况、天气和交通管理权威信息，吸引广大网民关注、转发和评论，形成“微宣传”工作品牌效应。全年发送信息3502条，关注网友13.67万人。

第九节 消 防

消防组织

1986年，安丘县消防工作由县公安局消防股负责。全县有义务消防队168支，队员3760人。次年，县公安消防队成立，定编15人，纳入武警部队编制。1989年，安丘县公安消防队改称安丘县公安消防大队，武警现役编制，受潍坊市公安消防支队和县公安局双重领导。2003年9月，安丘市招收首批合同制消防员7人，缓解消防警力不足。2005年10月，招收首批文职雇员3人。此后，合同制消防员和文职雇员队伍逐年递增，成为重要的消防辅助力量。2013年，市消防大队有工作人员60人。其中，合同制消防员16人、文职雇员12人。

1989年—2013年，安丘市消防大队先后被山东省公安厅、山东省消防总队授予全省优秀公安基层单位、全省十佳消防大队、全省标兵消防大队称号；被公安部、公安部消防局授予全国公安机关执法示范单位、全国消防监督执法示范单位称号。

消防设施

2006年，安丘市改造商场路、永安路和双丰大道时，增加市政消火栓，沿道路两边安装在室外消防给水管网上。2011年，增设汶水路和明湖路市政消火栓，市北区消火栓达48具。2013年，再次改造商场路、永安路和双丰大道，市南区消火栓达135具。

1997年—2013年，安丘市先后投资1000万元，添置泡沫消防车、水罐消防车、云梯消防车、抢险救援车等执勤车5辆，配备方位灯、呼救器、强光防爆手电、空气呼吸器等个人防护装备，以及遥控水炮、生命探测仪、可燃气体探测仪和双轮异向切割仪等装备，增强市消防大队的抢险救灾能力。

消防管理

1986年，安丘县企事业单位实行由主要领导负责的防火责任制，防火重点单位成立防火领导小组和义务消防队。1988年，各有关单位建立起《消防岗位责任制》《消防监督员职责》《化学危险物品管理》《重大火险隐患登记注销》等一系列规章制度。1989年—2013年，市消防部门以公众聚集场所、易燃易爆单位和多家合用建筑物为重点，采取监督抽查、错时夜查和联合检查形式，开展火灾隐患大排查、大整改、保安全活动。先后组织系统检查1162次，督促整改火灾隐患10379处。经常深入人员密集场所和单位，采取灭火疏散演习、消防常识讲座、消防知识竞答等形式，普及消防知识。举办消防知识和技能培训247场次，受教育群众59708人次。

灭火和抢险

1989年—2013年，安丘市消防大队出警10036次，救助群众2009人次，保护国家和人民财产12.16亿元，圆满完成灭火和抢险救援任务107次。

2004年8月4日10时30分，官庄镇毛家庄村东洪沟河上，5名群众乘坐一辆农用三轮车，在通过洪水淹没的滚水桥时，被急流冲入桥下。由于水深流急，各种常规施救措施均告失败。市消防大队官兵迅速前往救援，利用消防车曲臂垂放竹筐救人。14时10分，5名落水群众成功获救。

2004年9月13日16时07分，安丘市消防大队南侧城北家具城发生重大火情。1分钟后，13名消防官兵、3辆消防车到达现场。经17分钟，扑灭大火。避免家具城、天下客市场及价值几千万元商品损失，无人员伤亡。

2011年3月15日9时40分，安丘蓝星国际商务大厦在建主体工程外墙保温材料发生火灾，火势迅速蔓延。安丘市消防大队出动全部执勤力量赶赴现场扑救，潍坊消防支队紧急调集4辆消防车、17名官兵前往增援。经1小时24分，扑灭大火，最大限度保护了大厦主体建筑及周围建筑物。

2012年10月14日14时10分，安丘市贵丰农资有限公司院内冷库起火，冷库西侧储罐存有2吨液氨，安全隐患极大。安丘市消防大队出动5辆消防车、32名官兵扑救火灾，潍坊消防支队调集3个中队、5辆消防车、25名官兵前往增援。经6小时35分扑灭大火，未造成人员伤亡，冷库液氨储罐，以及周边安丘市贵丰农资、安丘市卓尔织造和安丘市万惠商贸等公司仓库得以保全。

2013年1月30日4时24分，一辆载有30吨汽油槽罐车行至206国道安丘市青云湖北桥时，受大雾影响撞上大桥西侧隔离墙，罐车底部发生多处泄漏并起火燃烧，随时有爆炸危险。市消防大队迅速出动5辆消防车、29名官兵赶赴现场，市公安局组织60余名交警、特警协同处置。潍坊消防支队先后调集21个中队、48辆消防车、195名官兵前往增援。经参战官兵近19个小时连续奋战，扑灭大火，保护大桥北侧加油站和周围企业、居民及桥体安全。

第十节　出入境管理

1986年—1997年，安丘市涉外交流人员不多，出国（境）人员较少，各种类型出国（境）378人次。1998年起，随着改革开放不断深入与经济社会快速发展，市内出国（境）人员不断增多，对外交往日益频繁。2010年—2013年，出国（境）人员进入高速增长期，分别为2038人、3081人、4184人和6041人次。1986年—2013年，各种类型出国（境）累计24312人次，出国（境）事由按人数多少排序，从高至低依次为旅游、探亲访友、商务、自费留学、定居、单位公派留学、应聘工作、结婚和劳务等。外国人、华侨和港澳台同胞至安丘6002人次。安丘市公安局受理外国人各类证件签证申请手续629人次，受理台湾居民各类证件签注申请手续446人次，办理境外人员住宿登记834人次，查处各类涉外事（案）件87起，遣返朝鲜和越南等国家非法入境人员23人次。

第十一节　监所管理

1988年6月，安丘县看守所开展打击“牢头狱霸”专项行动，处理打骂、体罚其他人犯“牢头狱霸”8人。次年4月，改善在押人犯住宿条件，监室内水泥炕改为木质单人床。是年7月起，组织开展百日安全竞赛活动。其间，进行安全检查42次，发现和排除安全隐患61处，预防重大事故1起。

1991年，落实少年犯和成人犯分别关押制度；跟踪观察新入所人员；禁止使用在押人犯管理同监室人员；加快办案速度，缩短人犯关押周期。1993年，推进规范化管理，加强政治攻势与思想教育。在押人员认罪服法率超过97%，检举揭发违法犯罪线索99条，其中重大案件线索21条。

1996年7月，安丘市看守所搬迁至南苑路新建监狱。12月，市武警中队撤出市看守所内卫警戒哨，负责监区围墙对角岗哨警戒；市看守所增加民警7人，接管内卫警，实行24小时值班巡视。1998年，开展创建严格执法、文明管理看守所活动，市看守所成为打击深挖刑事犯罪、教育挽救在押人员、展示精神文明成果的有效载体。

2000年，市治安拘留所隶属机构由治安部门改为监管部门。2002年，市看守所和市拘留所合并成立安丘市公安局监管大队，对外仍分别称安丘市看守所、安丘市公安局治安拘留所。2002年4月起，市看守所组织实施深挖犯罪活动。敦促教育在押人员坦白交待余罪45起，检举揭发犯罪线索63条；从中破获刑事案件83起，其中大要案3起；抓获犯罪嫌疑人13人，追缴赃款及赃物折款81.6万元。12月，被公安部授予全国监管战线深挖犯罪工作先进单位称号。2003年10月，集办公、监控、律师和亲属会见等多功能于一体的监管综合办公楼投入使用，符合治安拘留所建设规范、可接收80人的高标准拘室楼同步建成。2006年，拘留人员生活费、医疗费等统一纳入市财政预算。

2007年，根据公安部加强看守所工作和改革看守所勤务模式的意见，市看守所强化基础设施建设，加装钢丝刺网、铺设警戒线、设立监区AB门和武警门哨；安装拘留所和武警监控系统，实时监控监区内人员活动；安装高压电网装置、应急报警和应急照明设备、民警巡视管理系统、在押人员报告系统等，提高监所保障能力。调整勤务工作运行模式，将监控与值班巡视二岗合一，实行管教民警包监室和“四定”（定岗、定责、定目标、定规程）工作责任制，建立起科学高效的勤务运行机制。2008年，安装指纹考勤仪和狱内指纹巡更仪，有效堵塞管理工作漏洞，提升民警队伍管理效率。

2009年3月，开展打击“牢头狱霸”专项斗争，规范狱内秩序，净化监所环境。是年5月起，实行收押、收拘人员入所前体检制度，严格把握健康标准。9月，升级改造看守所数字监控系统，监控音像数字化、传输网络化；在押人员报告系统多级对讲、实时录音，监控系统与对讲、门禁、监室门开报警等多个系统联动，市看守所安全防范能力全面加强。2010年，调整市看守所在押人员伙食费标准，由每人每月90元增加到120元。2011年，市公安监管大队推进监管执法规范化建设，改造审讯场所，更新设备设施，落实提审同步录音录像制度，严格刑事强制措施羁押期限，确保不发生因刑讯逼供或者殴打、体罚、虐待被监管人致其重伤、死亡的案件。

2012年5月，市纪委和市监察局确定市公安局监管大队为安丘市党员干部警示教育基地。组织10批440名党员干部前往参观，接受警示教育。是年11月、次年4月，市看守所女性在押人员、未成年在押人员先后全部遣送到潍坊市看守所集中关押。

2008年—2013年，市看守所通过深挖犯罪获取犯罪线索810条，破获刑事案件184起，抓获犯罪嫌疑人98人。

第十二节　“110”报警服务

1986年—1996年，安丘市接报警工作主要由安丘市公安局秘书股（办公室）承担，局值班室设置外线电话一部。1996年12月，市公安局建成“110”报警服务台，组建由刑警、交警、巡警、治安、消防大队及各派出所组成的“110”机动队，实行24小时值班备勤制度，随时接受群众报警求助。1998年5月，安丘市组织公安、卫生、供电、供水、邮电、民政、交通、城建、法院、检察院、司法、劳动、信访、水利、保险、税务、环保、广播电视、教育、财政、人事、农业、土管和金融等部门，参与“110”报警服务台社会联动工作，形成以“110”指挥中心为龙头、各有关部门配合联动的社会化公共救援体系。

2002年3月，市公安局在全国县级公安机关率先实行“三台（110、119、122）合一”，由“110”报警服务台统一接报三类警情，实现统一接警、分类派警、共同出警，有效解决三台分设存在警力分散、财力浪费、不利于统一指挥调度、影响出警速度和处警质量的弊端。实行“110”警情回访制度，就接处警情况和执法服务质量，回访每起“110”警情当事人，主动争取群众监督，杜绝冷、硬、横、推和执法不作为等问题。实行大额存取款护送制度，辖区居民到银行存取款感到不安全时，可拨打“110”求助。“110”指挥中心立即指令附近巡逻民警前往护送，有效预防抢劫和抢夺案件发生。2003年，抢劫和抢夺居民到银行存取款案件比上年下降31%。

2003年9月，安丘市多功能“110”指挥大厅在市北区公安大楼建成，市公安局自主研发的“三台合一”指挥调度系统投入运行，建立起职责明确、权威高效的指挥调度体系和反应灵敏、协调有序的出处警机制。2004年1月，山东省公安厅厅长曲植凡批示，在全省推广“三台合一”。是年8月，公安部办公厅指挥中心主任王冀昆指出：“县级公安机关‘三台合一’工作，应首推安丘模式。”11月，市公安局被公安部授予全国公安机关“三台合一”示范单位称号。2006年12月，参加全国公安机关“三台合一”现场会，并作典型发言。

2008年，市公安局GPS卫星定位、手机定位、警情案事件定位、移动视频监控等子系统，集约整合到警用地理信息系统，警车安装卫星定位、车载电台和视频监控终端，民警配备350兆手持电台，建成扁平化可视指挥系统，提升指挥调度能力和警情处置水平。2009年，进一步完善“110”接处警工作机制，重新修订《110接处警工作规范化实施细则》《110接处警操作规范指引》，规范接处警程序，严格落实责任，提高快速反应能力和接处警水平。2010年10月，指挥大厅进行功能分区和信息化升级改造，建成集接处警指挥调度、GPS卫星定位、社会治安动态监控、移动视频监控、可视指挥、“电子警察”、电子治安卡口等多功能于一体的新指挥大厅。

2013年，组织开展“视频监控全覆盖”建设，构筑打击违法犯罪的“天罗地网”。是年底，全市安装监控探头29176个，重点监控目标覆盖率74%。1996年—2013年，安丘“110”报警服务接报有效警情52.38万起，全部得到及时妥善处置。各出处警单位根据“110”指令直接抓获违法犯罪嫌疑人30125人，救助群众16.79万人次。

第三章 检 察

第一节 机 构

1986年，安丘县人民检察院（简称县检察院）内设刑事检察一科、刑事检察二科、法纪检察科、控告申诉检察科、政工科和办公室。1988年8月，成立安丘县经济犯罪举报中心，设立税务检察室。1990年4月，新设技术科。次年1月，增设景芝酒厂检察室；9月，设中国农业银行安丘支行检察室。

1992年10月，成立县检察院反贪污贿赂局，内设侦查一科、侦查二科、综合科。1993年，安丘县经济犯罪举报中心改称安丘县人民检察院举报中心。

1994年3月，安丘撤县建市，安丘县检察院改称安丘市人民检察院（简称市检察院）。8月，设置安丘市烟草公司检察室。1995年11月，设立驻市看守所、市地税局和市农经服务中心检察室。1998年5月，新设刑事赔偿办公室。同年，根据刑事诉讼法关于案件管辖有关规定和最高人民检察院通知精神，除市看守所检察室保留外，撤销其他检察室。2001年8月，增设法警大队。

2002年5月，内设办公室、政治处、侦查监督科、公诉科、反贪污贿赂局、渎职犯罪侦查局、监所检察科、民事行政检察科、控告申诉检察科、检察技术科、法律政策研究室（与检察委员会秘书科合署办公）、法警大队和监察室。

2004年7月，设立人民监督员办公室。2006年4月，增设信息中心。是年6月，安丘市渎职犯罪侦查局改称安丘市反渎职侵权局。2008年6月，设立检务督察室。2010年8月，新设行政装备科。2011年5月，新增案件管理中心。是年8月，新设行政装备科，撤销人民监督员办公室。

2012年12月，设立职务犯罪预防科、未成年人刑事检察科（与公诉科合署办公）、派驻景芝检察室。2013年2月，设立派驻凌河检察室。是年9月，设立派驻大盛、官庄和安丘经济开发区检察室。是年底，内设18个机构，辖5个派驻检察室。

第二节 队伍建设

1986年，安丘县检察院有干部、职工59人，其中具有大专以上学历15人。是年，被山东省人民检察院记集体二等功。

1987年，贯彻落实中共中央《关于社会主义精神文明建设指导方针的决议》，制定《关于加强职业道德的规定》《党组关于带头端正党风加强自身建设的规定》和《党支部关于改进作风、加强自身建设的十条规定》。是年，组织24名干警参加法律中专班、法律中专单科班和法律函授大学学习。

1987年—1989年，落实全国检察干部教育会议精神和山东省检察干部“七五”期间培训规划，根据山东省检察院、潍坊市人民检察院统一安排，先后有18名干警参加法律中专班学习，31名干警参加法律专业证书班学习，9名干警参加法律电大和函授大学学习，在职学习人数58人，约占全院干警总人数的80%。

1992年，根据最高人民检察院“八五”干部培训规划，县检察院通过离职学习、电大教育、岗位职务培训等形式，开展正规化教育培训，改善队伍专业文化结构，提高学历水平。干部队伍文化结构、业务素质与建院初期相比，发生显著变化。是年，具有大专及大专法律专业证书62人，占干警总数的75.6%。

1994年12月，市检察院公开招录11名具有大专以上学历干警，全院具有大专文化以上程度88人，占总人数的82%，实现最高检察院“八五”培训规划要求。

1995年11月，成立实施检察官法领导小组和检察官考评委员会，保障《中华人民共和国检察官法》的贯彻实施。

1999年，全国首次开展检察官等级评定工作，市检察院评定五级检察官、四级高级检察官90人。具有法律大专以上文化程度干警占92.4%，其中本科占40.9%。在山东省、潍坊市政法会议与山东省基层检察院建设工作会议上，介绍抓好全员教育培训的典型经验。是年，被中共山东省委政法委评为人民满意先进单位，被山东省检察院命名为五好检察院，记集体二等功。

2000年，市检察院制定《三级动态量化管理制度》，明确院领导、中层干部和一般干警工作目标和管理考核责任。制定《关于加强政治工作的意见》，聘任22名特邀执法执纪监督员。是年，组织60名干警到安丘市总工会集中进行计算机知识培训，并取得初级应用证书。2001年，组织干警参加全国检察机关首次素质考试，从学历教育向素质教育转变。是年8月，制定实施《检察干警文明行为规范》。落实最高检察院要求，将分布在各科室的7名法警实行统一编队管理，依法执行传唤看管犯罪嫌疑人，送达法律文书等工作任务。2002年，依据修改后的《中华人民共和国检察官法》，开始从通过全国统一司法考试并具备检察官条件人员中任命检察官。

2004年，通过招录大学毕业生和组织干警参加本科学历教育，大学以上文化程度干警占全院干警总数的90%，提前完成“十五”教育培训规划。同时，加强信息网络技术培训应用，45岁以下干警全部取得计算机应用证书，并熟练掌握“网上办公”“网上办案”网络应用功能。是年，被山东省检察院表彰为全省十佳基层检察院。

2005年，被最高检察院授予全国先进检察院称号，被中共山东省委、省人民政府授予公正执法先进单位称号。潍坊市检察院、安丘市委分别作出向安丘市检察院学习的决定。2006年，被最高检察院授予全国模范检察院称号，被中共山东省委授予先进基层党组织称号。2007年，被中共山东省委、省人民政府授予人民满意政法单位、省级文明单位称号。2008年，被山东省检察院表彰为全省先进基层检察院。2009年，被山东省检察院评为规范化建设示范院。

1995年、1999年、2001年、2010年，市检察院先后4次推行较大规模的竞争上岗、优化组合，在干部选拔中引入竞争激励机制，优化中层干部年龄、文化结构，激发干警工作热情和创造活力。2013年4月，公开招考20名具有全日制大学学历检察辅助人员。

2013年底，全院在职干部职工117人。其中，检察官59人、普通公务员23人、法警8人、机关工勤（工勤+聘用制工勤 ）9人、聘用检察辅助人员18人。具有大学以上文化程度干警105人，其中具有硕士研究生学历6人。

第三节　刑事检察

1986年，安丘县进入“严打”第三战役。县检察院贯彻执行依法“从重从快”的方针，坚持“两个基本”（基本犯罪事实清楚、基本证据确凿）的原则，提前介入县公安机关对重大刑事犯罪案件侦查、预审活动，了解案情，掌握主动权。全年共受理公安机关提请逮捕人犯122人，依法批准逮捕109人；受理移送起诉被告142人，依法起诉132人。其中，批准逮捕109名人犯中，青少年55人，占批捕总数的50.5%。1987年—1988年，依法作出对32人免予起诉、4人不起诉的决定。

1989年，针对全县刑事犯罪特点和治安中的突出问题，与县公安局、县人民法院等有关部门密切配合，开展“反盗窃、破现案”“打流窜、挖团伙”以及打击破坏通讯、电力设备犯罪活动等不同内容、不同规模的专项斗争。全年提请批捕和移送起诉案件分别比上年增加81%和69.2%。

1990年，在全县范围内开展以“破大案、挖团伙、打流窜、追逃犯”为重点的“严打”斗争，以及“扫黄”“除六害”（卖淫嫖娼、制作贩卖传播淫秽物品、拐卖妇女儿童、私种吸食贩运毒品、聚众赌博、利用封建迷信骗财害人）等专项斗争。全年受理公安机关提请逮捕案件184件289人，经审查批准逮捕案件178件274人；受理公安机关移送审查起诉案件191件324人，经审查提起公诉案件163件255人。

1991年—1993年，安丘县开展“反盗窃”“打假”、整顿“路边店”等专项斗争。其间，县检察机关审查批准逮捕696人，不批准逮捕34人，提起公诉700人，依法作出对54人免予起诉、4人不起诉的决定。

1994年，安丘市开展“破大案、挖团伙、追逃犯”等专项斗争。市检察院对重大刑事案件继续坚持“两个基本”（基本犯罪事实清楚、基本证据确凿）、“提前介入”的做法，集中主要力量，出席现场，审查证据，快速起诉。是年，审查后批准逮捕和提起公诉案件，分别比上年同期上升52.3％和45.7%。

1995年，安丘市在全市范围内开展严厉打击严重刑事犯罪活动。市检察院先后派出工作组20多人次，参加“春季严打”、打击“车匪路霸”“打拐”、清理“路边店”等专项斗争和专项治理，共批准逮捕团伙犯罪180人，免予起诉23人，不批准逮捕11人，建议公安机关立案侦查案件2件2人。1996年，加快团伙案件和重大案件办案速度，批捕拘留案件平均办案时间2.1天，直捕案件5天，审查起诉案件平均办案时间为10天，批捕、起诉准确率100%，及时有力地打击严重刑事犯罪活动。

1997年，随着《中华人民共和国刑事诉讼法》修订实施和形势变化，市检察院坚持惩治犯罪与保障人权并重，程序公正与实体公正并重，转变庭审方式，由以前“纠问式”变为“控辩式”。庭审方式转变后，积极适应由“纠问式”到“控辩式”的庭审方式改革，注重监督公安机关侦查、立案活动，注重监督法院刑事审判，更加注重监督刑罚执行和有关监管活动，依法保障律师职业。是年5月，与市公安局、市法院、市财政局、市物价局会签《关于贯彻执行刑事诉讼法有关具体问题的意见》。至1998年，通过加强侦查监督和审判监督，作出不捕不诉案件65件，建议立案侦查案件8件8人、提起刑事抗诉案件1件1人。

1999年，加强和改进审查批捕和起诉工作，试行主诉检察官办案制和分类办案制度，共批捕重特大刑事犯罪嫌疑人137人，团伙犯罪嫌疑人47人，不批准逮捕案件20件26人，建议立案侦查案件12件12人。在办案中，注重维护青少年合法权益，通过普法宣传、社会品行调查、不批捕、不起诉、跟踪帮教等措施，最大限度地教育、保护和挽救失足未成年人。是年，市检察院公诉科被山东省检察院等部门授予优秀青少年维权岗称号。

2000年，市检察院依法妥善处置重大群体事件，批捕各类重特大刑事犯罪嫌疑人120人，团伙犯罪76人，追捕追诉19人，建议立案侦查案件22件25人，严厉惩处一批严重刑事犯罪分子。2002年，全年共批准逮捕重特大案件犯罪嫌疑人108人，其中杀人、抢劫、强奸、盗窃、爆炸犯罪嫌疑人64人。

2004年，开始部署“平安安丘”建设。市检察院根据要求，贯彻宽严相济的刑事政策，严把事实关、证据关和适用法律关，既依法严厉打击严重刑事犯罪又保障人权，促进“平安安丘”建设。至2007年，共受理提请逮捕犯罪嫌疑人1450人，经审查批准逮捕1369人；受理市公安机关移送审查起诉犯罪嫌疑人2511人，经审查提起公诉2052人；上呈潍坊市检察院审查起诉案件32件116人；依法监督立案80件，监督撤案3件3人，决定不捕案件21件31人、不起诉案件3件3人，刑事抗诉案件2件2人。

2008年，安丘市深化“严打”整治工作，一批侵害农民利益、危害农业生产、影响农村稳定的涉农刑事犯罪活动受到严厉打击。市检察院全年批准逮捕案件97件128人，起诉案件168件237人，分别占受理案件总数的30%和40%。

2008年—2011年，全面推行检调对接、刑事和解、量刑建议、轻微刑事案件快速办理等制度，受理市公安机关提请逮捕数和受理移送审查起诉案件数大幅下降。监督立案42件53人，监督撤案19件20人。依法作出对323名轻微犯罪人员不捕、不诉决定。

2012年，开展打黑除恶专项斗争，开展专项检查侦查机关“另案处理”案件和“事实不清”不（予）批捕案件活动，不批准逮捕各类犯罪嫌疑人156人，监督立案8件11人，纠正侦查活动违法案件9件，改变侦查机关定性案件7件。

2013年，市检察院开展制售有毒有害食品药品集中整治活动，依法严厉打击危害食品、药品安全犯罪。市检察院从快批捕横跨四省市销售假药“吸闻康”案及市内生产、销售“毒鲅鱼”案犯罪嫌疑人。

安丘市检察院 1986 年—2013 年刑事检察情况一览表

表 18—4

年份	审查批捕	批准逮捕	审查起诉	提起公诉	追捕	追诉	上呈市院
	件 / 人	件 / 人	件 / 人	件 / 人	人	人	件 / 人
1986	122（人）	109（人）	142（人）	132（人）	—	1	—
1987	137（人）	121（人）	144（人）	122（人）	—	—	—
1988	142（人）	126（人）	200（人）	157（人）	4	2	—
1989	163/257	236（人）	162/269	147/241	2	3	—
1990	184/289	178/274	191/324	163/255	5	8	10/19
1991	167/251	160/231	187/279	167/243	7	11	9/16
1992	154/234	147/222	155/238	136/203	13	7	11/16
1993	277（人）	243（人）	288（人）	254（人）	8		8/14
1994	405（人）	370（人）	410（人）	370（人）	8		8/9
1995	350（人）	326（人）	411（人）	288（人）	12		57
1996	383（人）	351（人）	446（人）	369（人）	25		53
1997	283（人）	261（人）	277（人）	229（人）	10		26
1998	346（人）	315（人）	398（人）	343（人）	21	3	32
1999	238/308	216/280	295/381	271/246	19		21/29
2000	243/325	228/303	303/401	271/347	19		16/34
2001	281/382	270/354	364/502	315/418	8	3	11/25
2002	238/291	205/257	366/473	306/400	9	7	9/18
2003	256/268	226/237	336/425	270/337	14	30	14/23
2004	305/334	282/309	362/497	315/426	12	30	13/28
2005	255/362	241/340	404/541	327/432	18	44	12/29
2006	264/364	252/351	512/735	429/611	15	28	12/26
2007	278/390	263/369	546/738	428/583	10	21	19/33
2008	420/536	336/429	503/675	455/614	8	37	22/43
2009	391/508	299/390	513/690	451/617	6	28	10/23
2010	273/392	184/271	416/567	377/488	19	52	11/22
2011	283/385	202/255	528/670	387/503	7	20	8/16
2012	295/405	188/248	518/847	448/562	4	19	27/61
2013	270/334	151/178	462/608	369/463	1	12	16/25

第四节 反贪污贿赂

1986 年，安丘县检察院把打击经济犯罪作为县检察机关治理经济环境、整顿经济秩序的主要任务。县检察院受理各类经济案件 60 件，立案侦查案件 32 件，比 1983 年—1985 年立案总数多 3 件，挽回国家和集体经济损失 31 万余元。

1987 年，开展查处偷税案件专项斗争。县检察院会同县税务、工商等部门，发现犯罪线索 19 件，从中立案 7 件，追缴税款 15 万元。是年，开始在重点乡镇和较大企业聘请兼职检察联络员。

1989 年，贯彻最高法院、最高检察院的《关于贪污、受贿、投机倒把等犯罪分子必须在限期内自首坦白的通告》。县检察院与县公安机关建立《办理刑事案件中相互联系制度》，立案 50 件，挽回国家和集体经济损失176万元。查办县第二棉油厂原厂长贪污、受贿案件，中央人民广播电台作为全国典型大案进行播报。1991年，全年立案查办贪污贿赂等各类经济犯罪案件38件50人，立案数比上一年增加26.7%。

1993年，县检察院反贪污贿赂局组建运行，查办职务犯罪工作开始进入规范化、专业化的新阶段。是年，共立案侦查各类经济案件25件28人，其中立查假冒商标案件6件；摧毁制售假冒伪劣商品窝点17个，涉及犯罪金额38万余元，依法保护企业和消费者合法权益，获最高检察院通令嘉奖。1994年，安丘市检察院立案侦查贪污贿赂等各类经济案件50件，是上年的2倍；挽回国家和集体经济损失175.8万元，是上年的2.5倍，其中查办假冒商标案件9件。是年，被最高检察院评为全国打假先进集体。1995年，安丘市开展以打击假冒景芝酒注册商标犯罪为主的打假和"治税"专项斗争。市检察院共立案侦查各类经济犯罪案件55件59人，挽回国家和集体经济损失269万元。

1996年—1997年，立案侦查各类经济犯罪案件101件112人，其中"三机关一部门"（党政机关、司法机关、行政执法机关、经济管理部门）案件15件16人，挽回国家和集体经济损失1230多万元。

1998年，在《中华人民共和国刑法》《中华人民共和国刑事诉讼法》修改实施后，案件管辖范围缩小的情况下，全年办案数量下降，共立案侦查贪污贿赂等职务犯罪案件21件22人。1999年，加强职务犯罪预防，提请市委构筑预防职务犯罪工作大格局，全市成立预防职务犯罪领导小组，做到领导、组织、责任"三落实"。市检察院全年立案侦查贪污贿赂等职务犯罪案件24件26人，其中影响社会稳定的基层站所和村干部职务犯罪案件6件。2000年，立案侦查贪污贿赂案件17件21人。其中，在市计划委员会、烟草购销分公司查办3起窝案，立案10件，在社会上产生较大反响。

2001年—2002年，共立案侦查贪污贿赂职务犯罪案件46件47人。其中，在市物资部门和市砂资源领域集中查处影响社会稳定、阻碍全市砂资源统一管理的职务犯罪案件14件14人。2003年，市委转发市检察院《关于进一步加强预防职务犯罪的工作意见》，职务犯罪预防工作纳入全市反腐败斗争总体格局。2005年，市检察院建成安全、规范的标准办案工作区，促进查办职务犯罪工作安全规范开展。2003年—2007年，开展治理商业贿赂专项工作，立查贪污贿赂等职务犯罪案件98件121人，大要案件79件97人。其中，在市金融、教育、医疗、公路交通、国有企业领域，查办案件40件；在市涉农领域，立查农村基层组织工作人员挪用土地征用补偿金等职务犯罪案件8件11人。2008年，安丘市检察院开展换届后镇村两级干部"廉洁履职"专项警示教育活动，举办职务犯罪预防宣传173场次。

2009年，通过查办一批市场监管部门工作人员职务犯罪案件，打击和预防市场监管活动中索贿受贿等行为，促进有关行政执法部门加大对假种子、假化肥、假农药和假冒伪劣食品药品等危害民生民利案件的监管执法力度。市检察院全年立查贪污贿赂等职务犯罪案件16件18人。

2010年，开展惠农资金专项预防调查12次、行贿犯罪档案查询125次。同时，开展工程建设领域职务犯罪专项预防活动，同步预防全市26个重点工程建设项目。是年，立查贪污贿赂等职务犯罪案件18件19人。2012年，立查贪污贿赂犯罪案件18件20人。其中，根据潍坊市检察院指定管辖，在供电、规划、高速公路等部门查办职务犯罪案件5件5人。

2013年，开展查办涉农职务犯罪专项活动。市检察院依法查处7名侵吞低保金等直接损害群众利益的涉农资金"蛀虫"，全年立查贪污贿赂犯罪案件14件19人。是年，"四精"（精细、精致、精益、精彩）自侦做法，被山东省、潍坊市检察院转发。

第五节 反渎职侵权

1986年，安丘县检察院依法查处法纪案件5件，立案3件。其中，非法拘禁、重大责任事故、诬告陷害案件各1件。

1987年—1989年，按照最高检察院关于加强法纪检察工作的指示，县检察院以查处玩忽职守、重大责任事故和侵犯公民民主权利案件为重点，查处非法拘禁案件3件，重婚案件9件，玩忽职守和重大责任事故案件9件，非法侵入他人住宅案件2件。

1991年，重点查办犯罪后果严重、社会影响恶劣的刑讯逼供、非法拘禁和滥用职权、玩忽职守给国家和集体造成严重损失重大责任事故案件。县检察院查办此类案件7件，其中及时查办造成多人死亡的企业重大责任事故案件1件。1992年，全年受理法纪案件7件，立案侦查3件3人。其中，重大、特大案件各1件，挽回国家和集体经济损失21万元。

1995年—1996年，市检察院立案侦查徇私舞弊、刑讯逼供、非法拘禁、玩忽职守、重大责任事故等各类法纪案件49件。其中，审判人员徇私舞弊案件1件。1997年，随着刑事诉讼法修改，市检察院主要查办国家机关工作人员渎职犯罪和国家机关工作人员利用职权实施非法拘禁、刑讯逼供、报复陷害、非法搜查等侵犯公民人身权利和民主权利犯罪案件。全年立案侦查30件，比上年增加16%，其中重特大案件9件。1998年—2003年，立查侵权渎职犯罪案件23件24人。

2004年，安丘市开展严肃查办国家机关工作人员利用职权侵犯人权犯罪专项工作，立案侦查渎职、侵权犯罪案件5件6人，其中重特大案件4件5人。2008年，开展查办危害能源资源和生态环境渎职犯罪专项行动，立查涉及水资源、矿产资源和可耕地保护等案件4件7人。2010年，立查渎职侵权职务犯罪案件6件9人，其中环境监管滥用职权案件2件。

2011年—2013年，立查渎职侵权犯罪案件15件20人，其中国家机关工作人员非法拘禁案件2件5人。

第六节　监所检察

1986年，安丘县检察院围绕严厉打击刑事犯罪和经济犯罪的“两打”斗争，先后对县看守所在押犯人开展大课教育和单独提审教育120场次，建立帮教小组69个，加强对管制、缓刑、假释、监外执行、剥夺政治权利五类外执犯帮教工作，动员犯人家属规劝教育31人次，对47名监外执行犯回访考察，协助县看守所进行安全检查9次，自查25次。

1987年，考察分布在全县各乡镇68名外执犯，与相关单位签订帮教协议书45份。另外，及时妥善处理3起犯人申诉案件，暂停12名在押犯选举权。1989年，先后对54名外执犯进行两次帮教。

1991年起，针对监管场所超员羁押、重刑犯多、团伙成员多的情况，县检察院协助县看守所落实各项防范措施，保证刑事诉讼活动顺利进行。至1993年，与县公安部门组织联合安全检查40次。1995年，市检察院开展在押犯大课教育15场次，敦促在押犯检举揭发犯罪线索8条，依法停止74名严重刑事犯罪分行使选举权。1996年，开展在押犯大课教育10场次，个别提审教育203人次，敦促在押犯检举揭发犯罪线索32条，从中破获重大案件2件；进行安全检查133次，纠正违法行为9起。1997年，开展在押犯大课教育15场次，个别提审教育200余人次，安全检查12次，提出检察建议15条。

1999年—2000年，加强狱政安全和办案期限检查，开展在押犯大课教育34场次，个别提审教育280人次，联合市看守所清监、安全检查27次，提出纠正违法建议16次。

2004年—2005年，专项检查全市377名减刑犯、假释犯、保外就医犯，防止脱管、漏管。2006年，落实预防超期羁押的各项措施，确保市看守所连续25年无超期羁押。是年，市监所检察室被最高检察院院评为二级规范化检察室。2009年，市检察院开展看守所监管执法专项检查活动，提出检察建议40件，防范“牢头狱霸”滋生。是年，开展对在押人员甲型H1N1流感和疾病预防，维护监管安全和在押人员合法权益。

2010年，立案查处市看守所管教民警帮助犯罪分子逃避处罚索贿、受贿、诈骗案件1件，开展对388名监外执行罪犯专项检察4次。2011年，加强对市看守所监督检查，安装监区和驻所检察室监控联网系统。开展对405名监外执行罪犯专项检察活动4次，提出书面纠正违法10件，审查11名提请减刑在押人犯。加强社区矫正活动法律监督，专项检察108名监外执行罪犯社区矫正情况，促进社区矫正活动严格规范开展。2012年，开展监管执法专项检查活动，推行“检察官约见卡”制度，接受在押人员约见92人次，受理解决提出35项问题，保障在押人员的合法权益。

2013年，依托派驻检察室，监管全市494名管制犯、缓刑犯、假释犯、暂予监外执行犯；建立完善社区矫正活动监督档案，加强对社区矫正活动的法律监督。是年，立查市看守所民警为在押人犯串通案情索贿、受贿案件1件1人。案件被山东省检察院推荐参加首届全国检察机关监所检察部门十大精品案件评选。

第七节 控告申诉检察

1986年,安丘县检察院受理来信来访192件次。其中,来信124件次,来访68件次。自行查办14件次,提供刑事、经济检察案件线索40件次。

1988年8月,成立经济犯罪举报中心,把控告申诉检察工作和经济案件线索举报工作有机结合,拓宽查办职务犯罪案件线索来源。当年受理群众来信来访213件次,其中举报经济案件线索42件次。至1989年8月,共受理群众举报266件。

1989年—1991年,共受理各类来信来访961件次,自行查办491件次,其中1991年立案查处由基层组织提出控告重婚案件1件。1992年—1993年,共受理来信来访323件。其中,县检察院处理191件,转有关部门处理132件。受理举报信221件,从中立案41件。1994年,共处理群众来信来访205件次,调处民间纠纷65起,其中调处缠访多年疑难信访案件5件,避免恶性事故发生。

1995年—1996年,受理群众来信来访621件次,处理461件,转有关部门处理161件,调处涉案纠纷68起,调处缠访疑难案件5件,查处重婚案件4件。1998年,增设电话自动举报系统,受理群众举报361件,从中立案侦查16件。

2000年,开展创建文明接待室活动,要求市公安机关说明不立案理由12件,受理来信来访375件次,依法初查96件,调处缠访疑难案件57件。2001年,受理来信来访255件次,办理申诉、控告案件105件。受理群众举报184件,受理要求市公安机关说明不立案理由案件20件,建议立案侦查案件5件,依法维护公民合法权益和社会稳定。

2003年,受理和审查群众举报贪污贿赂、渎职侵权案件90件,受理和审查控告、申诉情况案件97件,受理和审处刑事申诉案件3件。是年,市检察院控申接待室被最高检察院评为全国文明接待室。

2004年,开展涉法上访专项治理活动,实行“四定一包”(定领导、定人员、定措施、定期限和包处理)办案责任制和涉法上访案件听证制度;受理20 件涉法上访案件,全部妥善处理。2005年—2006年,受理55件涉法上访案件,全部依法妥善处理,直接经办24起案件全部息访罢诉。2008年3月,市检察院控申接待室被最高检察院授予全国检察机关文明接待示范窗口称号。

2009年,市检察院在院控申接待室开通“12309”全国统一举报电话和“96699”民生检察服务热线,搭建高效便民服务平台。2010年,受理群众来信来访132件(次),接听热线电话62个,直接答复来人来电反映问题76个,帮助来访困难群众解决疑难复杂问题19个。2012年,开展涉法涉诉信访矛盾纠纷排查化解专项活动,受理举报线索41件,各类信访案件53件,接听民生热线电话285件(次),均作妥善处理。

2013年,邀请安丘市部分人大代表、政协委员及律师等参与公开听证、公开宣告不起诉案件3件。通过公开说理评议方式,改变以往由检察机关单方面接访,信访人被动接受的传统接访模式,受理91件来信来访和348个热线电话全部妥善处理。开展下访、巡访46件次,主动上门解决实际问题17个。与5个派驻检察室联通视频接访,办理移送举报线索16件,配合化解农村集体上访3件(次)。同时,依托检察室开展不立案、不捕、不诉等法律文书说理答疑。是年11月,市检察院在山东省检察机关控申部门与派驻检察室业务对接会议上作典型发言。

安丘市检察院1986年—2013年控告申诉检察情况一览表

表18—5

年份	受理	自办	转办	举报	立查
	件(次)	件(次)	件(次)	件(次)	件(次)
1986	202	14	40	—	—
1987	146	6	25	—	—
1988	213	114	49	42	14

续表 18—5

年份	受理	自办	转办	举报	立查
	件（次）	件（次）	件（次）	件（次）	件（次）
1989	549	261	154	266	38
1990	208	95	47	126	13
1991	204	138	58	112	30
1992	142	56	86	86	28
1993	181	135	46	135	23
1994	205	161	44	93	重婚案 1
1995	249	187	62	71	重婚案 2
1996	372	274	99	126	重婚案 2
1997	325	258	67	104	重婚案 1
1998	353	361	81	116	缠访案 6
1999	322	103	98	89	17
2000	375	96	73	81	9
2001	255	105	52	79	14
2002	289	93	34	208	12
2003	97	56	17	91	8
2004	86	44	19	79	10
2005	101	29	21	82	13
2006	119	22	24	81	11
2007	146	15	27	93	19
2008	159	55	73	113	10
2009	156	50	75	106	6
2010	159	84	35	115	7
2011	150	73	46	128	2
2012	111	82	19	96	3
2013	71	33	30	76	7

第八节　民事行政检察

1993 年，安丘县检察院开始启动民事行政检察工作。县检察院设立民事行政检察科，以查办抗诉案件为重点，建立各项工作制度，逐步开展民事行政检察业务工作。1994 年—1997 年，安丘市检察院受理查处民事、行政申诉案件 17 件，依法建议潍坊市检察院提请抗诉案件 5 件。

1998 年—2002 年，推行律师代理申诉，有效拓展案源。其间，共受理民事、行政申诉案件 164 件，立案查处 115 件，依法提请抗诉、建议提请抗诉 94 件，建议市法院再审 7 件，市法院再审改判抗诉案件 20 件，作协调处理 5 件。对市法院裁判适当 80 余起申诉案件，说服当事人服判息诉。1996 年—2002 年，连续 7 年被山东省检察院评为全省民行检察工作先进单位。2004 年，探索实行评议员评议民事、行政抗诉案件制度。市检察院经验做法被山东省检察院在全省推广。

2005 年—2007 年，受理民事、行政申诉案件 72 件，立案 61 件，提请抗诉和建议提请抗诉案件 43 件。市法院依法再审确有错误判决裁定，维护申诉人合法权益。

2008 年，市检察院加强涉农法律监督和司法保护，优先受理、快办快结涉及“三农”（农业、农村、农民）问题的民事行政申诉案件。至 2011 年，受理民事、行政申诉案件56件，提请抗诉和建议提请抗诉案件34件，审查息诉案件84件。探索开展公益诉讼，督促起诉2起民事案件，挽回国家和集体经济损失200余万元。2012年，受理民事、行政判决裁定申诉案件16件，审查后立案9件，上级院决定抗诉5件，市人民法院再审改判4件。

2013年，市检察院对认为确有错误的刑事、民事行政判决裁定提出抗诉3件，发出再审检察建议1件，对10件当事人申诉案件作出不支持监督申请决定，并做好服判息诉工作。同时，加强与派驻检察室业务工作对接联系，运用检察建议方式办理民事执行监督案件5件，开展行政执法检察监督案件5件。

第九节 检察技术与信息化

1993年，安丘县检察院组建检察技术科，建立各项规章制度，购置照相机、摄像机、文痕检勘察箱等技术设备，逐步开展司法会计检验鉴定、现场勘查、视听资料证据固定、笔迹、法医学检验鉴定、文证审查等专门技术性工作，提供办案侦查方向，搜集、鉴别证据，审查文证材料，从技术角度为办案服务。1994年，市检察院与中国人民保险公司安丘支公司签订成立安丘市保险理赔鉴定中心协议，开展检察技术检验鉴定服务。1994年—2004年，办理各类技术案件4596件，其中司法会计、法医检验鉴定2416件，出具鉴定书574份，现场勘查392件，物证照相、录像等视听技术428件，文件检验249件；办理保险理赔鉴定案件537件，拒赔额6297余万元。2005年—2014年，受理各类检验鉴定、文证审查1662件，出具鉴定书、文证审查意见书825份，纠正错误鉴定20件。

2004年，市检察院建成检察三级（山东省检察院、潍坊市检察院、安丘市检察院）专线网和互联网门户网站，以信息化促进执法规范化。依托检察三级专线网，率先在全国检察系统建立以规范执法、加强监督为核心的《办案流程管理暨监督考评信息系统》，简称“网上办案”“网上监督”信息系统。实现自侦、刑事检察、民行检察等案件办理流程网上运行和对内部执法活动网上监督，创新办案机制和监督制约机制。是年，全国、全省基层检察院建设工作会议介绍并推广市检察院“网上办案”“网上监督”做法。2005年，最高检察院在安丘市检察院召开两次全国检察机关加强内部执法办案监督现场会，把“网上办案”“网上监督”工作经验制成光盘、汇编成册，在全国检察机关推广学习。是年，市检察院推行技侦一体化建设，在办理反贪、反渎案件时，对讯问犯罪嫌疑人过程进行同步录音录像。至2012年，同步录音录像566人次，时长3800余小时。2006年，市检察院成立山东省基层人民检察院首家信息中心。2013年，升级改造检察专线网双100兆线路，延伸检察专线网至5个派驻检察室，建成检察四级（山东省检察院、潍坊市检察院、安丘市检察院、派驻基层检察室）专线网；建立控申接待室与各派驻检察室双向互通视频接访系统；完成高清视频会议室改造和涉密屏蔽主机房搬迁改造；安装内网安全分级保护管理系统；配备干警检务通。顺应“大数据”时代要求，推进“互联网+检务”工程，成立侦查情报信息中心，内设七大系统，以“大数据”为基础的侦查情报信息技术驱动引领侦查模式转变，侦查办案科技贡献率不断提高。

第十节 派驻检察

2012年12月—2013年10月，安丘市检察院对应全市5处派出法庭，先后建成派驻景芝检察室、凌河检察室、大盛检察室、官庄检察室和安丘经济开发区检察室，延伸检察职能到镇、村和社区。

2013年—2014年，5个检察室立足辖区实际，依法对辖区派出所、法庭、司法所进行诉讼监督和社区矫正监督，开展便民、利民服务和涉农检察，依法保障群众合法权益，推进基层社会治理法治化。其间，5个检察室受理群众来信来访111件117人；开展法制宣传、法律咨询和职务犯罪预防警示教育205场次；举办镇村干部廉政教育培训班75场，培训镇村干部2200余人次；协助当地党委政府化解矛盾纠纷45件；到辖区下访巡访365次；建立辖区内社区矫正人员信息档案，监督并配合开展社区矫正工作；依法对辖区人民法庭开展民事案件执行监督3件；协助派出院侦监、公诉等部门办理调查取证36件。景芝检察室建成集廉政教育、法治宣传、检察文化展示为一体的预防职务犯罪警示教育展厅，被山东省普法办公室评为全省法治文化建设示范基地，被潍坊市普法办公室评为潍坊市法治宣传教育示范基地。2013年，景芝检察室被山东省检察院表彰为优秀派驻基层检察室。

第四章　审　判

第一节　机　构

1951年，安丘县人民法院成立。1952年6月，潍安县人民法院并入安丘县人民法院。1953年8月，丘南县人民法院并入安丘县人民法院。1994年3月，安丘撤县建市，安丘县人民法院改称安丘市人民法院。

内设机构

1986年，安丘县人民法院（简称县法院）内设刑事审判第一庭、刑事审判第二庭、民事审判庭、经济审判庭、办公室、政治协理室、政策研究室和信访接待室。

1988年4月，设立行政审判庭。1989年9月，政治协理室更名为政工科；撤销刑事审判第二庭、信访接待室，合并设立告诉申诉审判庭，原刑事审判第一庭更名为刑事审判庭；增设执行庭。1991年12月，新设纪检组、监察室，并合署办公。

1993年2月，设立民事审判第二庭，原民事审判庭改称民事审判第一庭。1994年12月，设立经济审判第二庭，原经济审判庭改称经济审判第一庭，同时设立财务科。

1995年3月，新设综合档案室、法医室。1996年8月，增设司法警察大队。1997年8月，撤销告诉申诉审判庭，设立立案庭和审判监督庭，财务科、综合档案室并入办公室；民事审判第一庭、民事审判第二庭合并为民事审判庭，经济审判第一庭、经济审判第二庭合并为经济审判庭。

2000年2月，撤销执行庭，新设执行一庭、执行二庭。2001年5月，成立执行局，内设综合组和执行一庭、执行二庭。次年5月，政工科、法医室、民事审判庭、经济审判庭、执行局综合组分别改称政治处、技术室、民事审判第一庭、民事审判第二庭、执行三庭。至此，市法院机关机构改革基本完成，内设办公室、政治处、立案庭、刑事审判庭、民事审判第一庭、民事审判第二庭、行政审判庭、审判监督庭、执行局（内设执行一庭、执行二庭、执行三庭）、政策研究室、技术室和司法警察大队。

2008年1月，针对道路交通事故损害赔偿纠纷不断增多的审判工作实际，增设民事审判第三庭，专司道路交通事故纠纷案件审理。

2009年3月，设立信访办公室、审判委员会办公室。2012年8月，审判委员会办公室更名为审判管理办公室。次年9月，信访办公室更名为立案二庭，原立案庭改称立案一庭。

2013年底，内设办公室、政治处、立案一庭、立案二庭、刑事审判庭、民事审判第一庭、民事审判第二庭、民事审判第三庭、行政审判庭、审判监督庭、执行局（内设执行一庭、执行二庭、执行三庭）、研究室、监察室、技术室、司法警察大队和审判管理办公室。

派出机构

1986年，安丘县法院有景芝、担山、召忽、红沙沟、白芬子、凌河、刘家尧、王家庄、黄旗堡、临浯、官庄、雹泉、夏坡、安丘14处人民法庭（简称法庭）。

1988年—1992年，按照“便利群众诉讼，便利法院办案”的原则，两次增设18处法庭。至1992年底，派出法庭32处，实现中共山东省委要求“一乡一庭”法庭建设的目标。

1996年—1997年，按照山东省高级人民法院（简称山东省高级法院）“3处～5处乡镇设置一处中心法庭”的要求，市法院先后两次调整和撤并不符合条件、不利于依法独立公正行使审判权的“一人法庭”。至1997年，保留安丘、景芝、凌河、贾戈、黄旗堡、管公、庵上、红沙沟8处法庭。2001年7

月，根据《人民法院五年改革纲要（1999-2003）》“撤销城市市辖区内的人民法庭”的要求，市法院撤销安丘法庭。2003年7月，撤销黄旗堡、庵上2处法庭。

2013年底，设有贾戈、景芝、凌河、管公、红沙沟5处派出法庭，每处法庭服务2处～3处镇街区。

第二节 队伍建设

1985年10月，潍坊市中级人民法院（简称潍坊市中级法院）首次公开招干，安丘县法院录取10人。1986年，全院有干部职工86人。

1987年，县法院贯彻中共十三大精神，组织开展全心全意为人民服务、职业道德、反腐蚀、艰苦奋斗和遵纪守法等系列教育，19人受到中共安丘县委、县人民政府表彰奖励。

1991年，设立纪检员、监察室，通过监督检查，加强队伍廉政建设。是年，开始对干警进行系统业务培训，鼓励干警参加法律业余大学学历教育和审判专业证书教育。

1992年，按照“从严治警、从严治院”的方针，聘请66名县人大代表为法院、法庭的监督员，出台以廉政建设为主要内容的“十六条”规定等规章制度，加强内外监督、约束；调整充实全县32处法庭审判人员，审判人员向一线倾斜。是年，乡镇法庭审理民事、经济案件数量分别占全院民事、经济案件的92%和88%。

1994年，安丘市法院再次大规模公开招考人员，13名大专以上学历毕业生考入市法院。此后几年，除有军转干部转业陆续进院外，队伍基本保持稳定。

1996年，深化内部人事制度改革，换岗交流62名干警。1998年，民庭审判员贾桂云当选全国优秀女法官，并代表山东省高级法院干警进京作先进事迹报告；15名法庭副职经民主推荐，竞争上岗。

1999年，市法院推行“一岗双责”，完善和落实以岗位目标责任制为核心的内部管理机制；实行主审法官和审判长选任制，选拔、任命17名业务能力强、庭审驾驭能力高的法官为主审法官。

2001年，山东省进入法院人员，开始实行选调、公务员考试和初任法官考试办法。至2004年，中共山东省委组织部和山东省高级法院，联合选调12名优秀应届大学毕业生，进入市法院工作。

2005年，市法院聘请40名市人大代表、政协委员作为法院执法监督员。

2008年，最高人民法院（简称最高法院）建立遴选制度，法官开始向上流动。至2013年，市法院有14名选调生和公务员遴选至上级司法机关或调至其他法院。

2013年，市法院在编在职干警136人。其中，男性干警95人、女性干警41人，法官82人、法警9人、书记员等其他人员37人、工勤8人。

第三节 刑事审判

案件审判

1983年—1986年，安丘县执行中央“三年为期，三个战役，依法从重从快严厉打击严重刑事犯罪”的决定，开展“严打”斗争。县法院依照《关于严惩严重危害社会治安的犯罪分子的决定》《关于迅速审判严重危害社会治安的犯罪分子的程序的决定》，重点打击杀人、抢劫、强奸、重大盗窃、流氓、爆炸和团伙犯罪。至1986年底，审结上述7类严重危害社会治安刑事犯罪案件471件。

1990年—1992年，县法院就地公开审理大盛、石堆、凌河、黄旗堡等乡镇18起不法分子故意伤害村干部案件，依法惩治影响农村和农村工作的犯罪。

从1993年起，安丘县根据全县治安状况和经济社会发展的需要，打击“假冒景阳春酒”“车霸、路霸、地霸、市霸”等，净化社会环境，刑事审判工作开始向纵深发展。至1996年底，市法院审结假冒商标罪案件10件，判处犯罪分子12人；审结抢劫、盗窃案件425件，判处犯罪分子735人。

安丘市1986年—1997年刑事案件审理情况表

表18—6　　单位：件

年份	结案	其中										
		盗窃罪	故意伤害罪	强奸罪	抢劫罪	贪污罪	故意杀人罪	流氓罪	重婚罪	破坏电力、煤气设备罪	投机倒把罪	其他
1986	125	25	13	22	2	16	2	0	12	0	1	32
1987	143	37	24	32	3	6	1	6	10	0	2	22
1988	131	39	16	9	5	8	8	5	10	0	1	30
1989	211	68	30	20	12	15	1	3	8	0	1	53
1990	220	80	27	21	23	5	4	3	7	0	0	50
1991	183	70	37	28	16	9	5	1	2	0	1	14
1992	177	36	39	24	14	11	7	4	1	3	0	38
1993	191	64	26	13	26	6	4	10	2	1	0	39
1994	298	67	44	19	49	29	6	11	2	7	0	64
1995	226	50	39	21	31	16	4	4	4	3	0	54
1996	384	94	52	34	44	22	2	1	1	9	0	125
1997	250	72	40	15	9	4	2	3	2	2	0	101

安丘市1986年—1997年生效判决被告人量刑情况表

表18—7　　单位：人

年份	案犯	其中				
		5年以上有期徒刑	5年以下有期徒刑	拘役	缓刑、管制	其他
1986	139	60	56	0	22	1
1987	156	81	52	0	17	6
1988	139	44	72	1	17	5
1989	279	126	106	5	41	1
1990	290	105	136	7	42	0
1991	284	114	115	9	43	3
1992	187	68	76	8	30	5
1993	273	101	114	8	47	3
1994	369	126	175	3	65	0
1995	291	112	119	5	53	2
1996	454	187	153	11	99	4
1997	306	99	90	5	89	23

1997年，市法院依据修订后的《中华人民共和国刑事诉讼法》《中华人民共和国刑法》，打击重点开始转向严厉打击危害社会治安秩序、危害人民群众生命财产安全、破坏社会主义市场经济秩序的各类刑事犯罪。刑事自诉案件数量开始下降，刑事诉讼模式由纠问式职权主义向对抗式当事人主义转变，开始适用简易程序审理公诉案件，刑事案件审判质量和效率明显提高。

2003年，推行“普通程序简化审”审判模式，审理被告人认罪案件，提高庭审效率。

2005年，开展“严打”集中整治、打击“两抢一盗”专项行动，服务“平安安丘”建设，审结抢劫、抢夺、盗窃案件94件，判处犯罪分子164人。

2006年，贯彻“宽严相济”的刑事政策，对具有黑恶势力、严重暴力和严重影响群众安全的犯罪分子依法予以严惩；对具有法定从轻、减轻处罚情节的，依法从轻或减轻处罚。全年判处罪犯574人。其中，10年以上有期徒刑33人，5年以上不满10年有期徒刑49人，缓刑266人，免于刑事处罚6人。

2008年，成立未成年人刑事案件合议庭，按照“教育为主、惩罚为辅”的原则，执行“教育、感化、挽救”的方针，专人负责未成年人刑事案件审理。全年判处37名未成年罪犯缓刑。

2010年起，刑事审判推行量刑规范化改革，量刑纳入审理程序。交通肇事罪、故意伤害罪、抢劫罪等15种多发犯罪实行量刑规范化，并明确未成年人犯罪、限制行为能力的精神病人犯罪、犯罪未遂、犯罪中止、从犯、自首、立功等25种常见量刑情节对基准刑调节幅度。是年，刑事案件服判息诉率93.19%。

2013年，市法院按照二次修正后的《中华人民共和国刑事诉讼法》审理刑事案件。是年，撤销1名不按时接受社区矫正罪犯缓刑1件；封存8名未成年人犯罪记录；审结非法采矿案件5件，判处罪犯15人。

安丘市1998年—2013年刑事案件审理情况表

表18—8 单位：件

年份	结案	其中										
		交通肇事罪	故意伤害罪	盗窃罪	抢劫罪	贪污贿赂罪	寻衅滋事罪	强奸罪	放火罪	诈骗罪	生产、销售伪劣产品罪	其他
1998	265	31	47	95	16	4	0	11	8	5	1	47
1999	282	64	49	66	23	18	3	13	3	4	0	39
2000	269	46	55	60	17	10	1	13	7	7	0	53
2001	316	49	37	55	33	10	10	17	4	4	0	97
2002	329	69	59	63	36	28	6	14	11	0	0	43
2003	273	40	50	48	33	21	2	11	3	6	1	58
2004	319	51	51	43	38	17	11	24	4	4	0	76
2005	324	65	60	47	44	21	15	17	7	3	1	44
2006	434	81	76	93	55	19	15	17	7	8	0	63
2007	424	86	83	90	47	19	18	13	3	6	1	58
2008	433	113	73	75	52	24	12	7	5	5	1	66
2009	468	132	83	86	50	17	20	12	8	6	0	54
2010	367	107	70	56	27	24	19	8	7	7	0	42
2011	388	117	99	52	17	11	16	9	5	12	0	50
2012	469	140	112	56	18	20	12	19	2	8	0	82
2013	384	120	91	41	8	18	17	3	3	11	0	72

安丘市1998年—2013年生效判决被告人量刑情况表

表18—9 单位：人

年份	案犯	其中				
		5年以上有期徒刑	5年以下有期徒刑	拘役	缓刑、管制	其他
1998	365	70	179	30	80	6
1999	342	54	138	19	128	3
2000	337	83	119	2	131	2
2001	434	110	162	15	142	5
2002	314	66	115	11	118	4
2003	327	50	111	16	140	10
2004	335	51	113	14	156	1
2005	364	54	95	7	199	9
2006	574	82	204	7	272	9
2007	580	75	186	6	299	14
2008	509	69	112	9	312	7
2009	587	92	162	3	325	5
2010	490	72	130	6	277	5
2011	470	67	124	18	257	4
2012	578	90	129	26	329	4
2013	444	57	144	26	212	5

社会管理综合治理

1986年起，安丘县法院根据国际国内形势变化、省市审判机关要求和安丘经济社会发展需要，刑事审判工作重点由打击犯罪转向打击犯罪和预防犯罪并重。

2009年—2013年，市法院开展“法官五进”（进机关、进企业、进学校、进社区、进农村）、“法院开放日”等教育活动，在部分街道、社区设立巡回审理点、法官联系点，开展巡回审判、诉前调解、判后回访和社区矫正等工作，确保社区纠纷及早掌控、就地化解。选择优秀法官担任市区和镇街区中小学法制副校长，提高广大师生法律意识和维权能力，有效预防和减少未成年人犯罪的发生。执行“教育、感化、挽救”的工作方针，坚持惩罚和教育相结合的原则，对初犯、偶犯、过失犯罪的未成年犯罪，依法给予从轻减轻处罚，判处缓刑或非监禁刑，避免收监执行可能产生的交叉感染，防止重新犯罪。在刑事附带民事案件审理中，贯彻“调解优先”的理念，注重多方参与、多种渠道提高附带民事案件调解率，附带民事诉讼案件调解率96%以上，从根本上减少社会对抗，化解矛盾纠纷，促进社会和谐。

第四节 民事审判

1986年—1988年，安丘县法院按照“依靠群众、调查研究、着重调解”的方针，在不断增设乡镇法庭基础上，做到执法办案与法制宣传、指导民调工作有机结合，及时疏导、缓解婚姻家庭、债务、赔偿等纠纷，减少和预防民事纠纷发生。建立案件评查、责利挂钩办案责任制，制定出台《卷宗评查64条规定》，提高办案质量和效率。潍坊市中级法院、山东省高级法院先后推广此经验做法，省内外多家法院前来考察学习。

1989年，开始推行以提高办案效率与办案质量为重点的审判方式改革，缓解民事纠纷大幅度上升的压力。同时在全县32处法庭基础上，依地域分布建设7处中心法庭，解决分管领导在指导法庭工作上“跑片难”“开会难”“研究案件难”的问题。是年，《民法通则》关于2年诉讼时效的规定，使得县法院民事诉讼案件收案达913件，较上年增长

64.2%。

1990年，开展“一公开（公开开庭审判案件）、两及时（及时审查立案、指导当事人举证，及时开庭审理案件）、三强化（强化当事人举证责任，强化庭审功能，强化合议庭职责）”的民事审判方式改革；印发《当事人举证须知》《举证审查要点》，指导审判工作，所有民事案件一律实行举证审判；修订完善《民事审判64条评查细则》，规定民事审判年度审结案件指标，办案质量、办案效率与办案人员经济利益、政治利益有机结合。县法院经验做法，在当年山东省高级法院召开的全省法院工作经验交流上得到充分肯定。

1995年起，市法院以缓解矛盾、消除纷争为出发点，组织开展“依法治村”活动，指导农民与基层组织签订合同，指导乡镇人民政府依法收取“三提五统”（村级三项提留和五项乡统筹），集中清理基金会欠款，建立健全“民情信息网络”，理顺各种法律关系，预防和减少矛盾，防止“民转刑”案件的发生。1996年起，民事案件年收案数量均超过2000件以上。是年，受理案件2412件，较上年增长143.1%。

1998年，受全国金融政策收紧影响，安丘市农村基金会、供销社股金会资金周转困难，入会群众争相挤兑，债务纠纷迅猛增长。是年，市法院审结债务纠纷案2757件，继上年该类案件突破1000件后，再增长130.7%。1999年6月，全国清盘关闭农村合作基金会、供销社股金会，相关债务纠纷全面爆发。受此影响，市内因资金不能兑付导致的纠纷大量进入诉讼程序。是年，市法院审结债务纠纷4138件。

2000年，组织开展涉基金会债权案件集中执行活动，追回现金及各类物资折款186.3万元，维护股民合法权益。2001年，开通绿色通道，优先审理“假种子、假化肥、假农药”的坑农害农案件，制裁违法行为，促进农业发展。

安丘市1986年—2001年民事案件审理情况表

表18—10 单位：件

年份	结案	其中					
		婚姻家庭（离婚）	房屋	继承	债务	赔偿	其他
1986	462	332（313）	7	7	65	46	5
1987	505	350（329）	3	10	113	25	4
1988	558	329（305）	1	10	80	18	120
1989	924	395（363）	10	7	226	48	238
1990	684	452（416）	12	3	141	63	13
1991	549	429（407）	7	9	65	30	9
1992	456	399（370）	2	5	22	26	2
1993	538	425（408）	1	5	52	43	12
1994	738	517（493）	7	6	115	72	21
1995	986	543（521）	6	5	172	142	118
1996	2382	624（596）	8	4	864	186	696
1997	3016	772（724）	28	9	1195	307	705
1998	4189	849（785）	43	8	2757	371	161
1999	5330	760（709）	31	5	4138	269	127
2000	2948	762（706）	43	7	1483	365	288
2001	3814	719（665）	22	7	2575	291	200

2002 年，围绕“公正与效率”主题，适时进行机构改革，构建起民事审判第一庭、民事审判第二庭，分别负责民事、商事案件审理的“大民事”审判格局。制定下发《案件质量标准》，扩大简易程序适用范围，全年适用简易程序审结案件占诉讼案件总数的 82.1%。

2006 年，坚持“能调则调、当判则判、调判结合、案结事了”的原则，加大民事案件调解力度，调解结案 2785 件，案件调解率 65%。2007 年，实施“审判提速”工程，采取远程立案、巡回审理、假日法庭等便民措施，方便群众诉讼，立案和审判周期明显缩短。

2008 年—2009 年，在民事审判中，开始诉讼与非诉讼相衔接的矛盾纠纷解决机制试点，坚持“案结、事了、人和”的办案目标，贯彻“调解优先、调判结合”的工作原则，通过诉前分流、委托邀请调解，以非诉方式化解矛盾纠纷，收案数量连续两年下降近 10 个百分点。市法院收案压力有效缓解。

2012 年，因资金链断裂引发民间借贷纠纷呈高发态势。市法院严把立案关、审理关，依法审结民间借贷纠纷 652 件，结案标的额 4424 万元。

2013 年，市法院在道路交通事故人身损害赔偿案件审理中，按照“两标准（《交通事故案件诉讼证据审查明细和标准》和《交通事故赔偿标准及计算公式》）、两模板（《审理笔录模板》和《民事判决书模板》）”的模式规范案件审理，统一裁判标准，案件调撤率 50.7%，服判息诉率 94.8%。

安丘市 2002 年—2013 年民事案件审理情况表

表 18—11 单位：件

年份	结案	其中								备注
		婚姻家庭		民间借贷	劳动争议		人身损害赔偿		其他	
			离婚			劳动合同		道路交通事故		
2002	6080	818	757	1100	35	34	308	140	—	2002 年—2008 年，民商事不分，统一按“民事案件”统计
2003	6360	745	681	911	65	23	349	165	—	
2004	6170	767	703	418	68	4	403	177	—	
2005	5608	700	640	554	42	15	465	251	—	
2006	4286	617	589	308	52	4	389	204	—	
2007	4479	844	789	527	33	1	459	209	—	
2008	3769	761	719	555	109	8	552	351	—	
2009	2189	756	724	483	45	4	714	534	191	
2010	2583	746	715	346	75	2	1159	1053	257	
2011	2852	689	663	457	47	0	1491	1392	168	
2012	3243	712	678	652	98	68	1513	1446	268	
2013	3364	750	699	726	81	35	1680	1608	127	

第五节 商事审判

1986 年—1988 年，安丘县法院围绕深化经济体制改革和发展商品经济形势的需要，采取调查、摸底、查处等手段，对涉农村承包合同、乡镇企业、县直工商企业、银行农贷等经济关系，派出巡回法庭参与治理、整顿，98% 以上经济纠纷通过调解得到妥善解决。

1989 年，受 2 年诉讼时效和商品经济快速发展的影响，县法院收结案数量明显增加。是年，审结案件 773 件，较上年增长约 1 倍。为应对紧缩银根、资金短缺导致金融借款纠纷增多的问题，派出巡回法庭，帮助银行依法收贷，指导生产流通领域企业自行清理纠纷。

1990 年，针对市场疲软、效益滑坡导致企业“三角债”和生产流通领域中问题增多的实际，组织巡回法庭清理企业“三角债”2371 起，回收债款 119.9 万元，立案处理和指导企业自行解决经济纠纷 1161 件，标的额 478.9 万元。1991 年，成立经济调解服务处，运用法律手段，以诉讼和非诉讼方式帮助大中型企业和骨干企业清理“三角债”3280.7 万元；立案受理和指导企业自行处理经济纠纷 2482 件，理顺企业经济法律关系，回收欠款 633 万元；适用督促程序，处理农行、信用社逾期贷款纠纷 787 件，回收资金 108 万元。

1992 年，成立经济审判业务领导小组和经济案件审理小组；在县物资、粮食、生产资料等部门设立或派出巡回法庭，在企业建立经济特邀陪审员制度，经济审判收案压力减小。

1993 年，增设经济审判第二庭，设立经济巡回法庭，健全诉讼外调解和经济特邀陪审员制度，经济审判呈现“全快高（全方位、快收快办快结、高质量）”的发展态势。全年受理经济纠纷案件 468 件，较上年减少 3.9%。

1994 年，开始推进经济审判方式改革，由审判人员收集证据为主向以当事人举证为主转变，由以庭外调查为主向以庭审调查为主转变，由审委会包揽一切案件向合议庭放权转变。是年起，受审判方式改革以及农村改革深化、企业经营机制转换、现代企业制度建立等影响，经济纠纷案件开始呈现逐年增长态势。

1996 年，按照国家“多兼并、少破产”的政策，坚持“依法、慎重、妥当”的原则，开始审理企业破产案件。市电子电器厂、面粉厂、水泵厂、对外贸易公司、鸿发商厦等企业先后经市法院审理，宣告破产。

1997 年，市法院组成专门合议庭，集中受理全市金融部门和农村基金会等经济纠纷，通过采取调处纠纷与理顺系统相结合、回收欠款与加强资金投入相结合、诉讼与非诉讼手段相结合等措施，依法追回欠款 1100 万元，盘活资金，培育农村经济发展新的增长点。

1999 年 10 月起，开始适用《中华人民共和国合同法》审理经济纠纷。2000 年，审结购销、借款等经济合同纠纷案件 1438 件，结案标的额 6793.3 万元。是年起，市法院年审结经济纠纷案件均在 1000 件以上。

安丘市 1986 年—2001 年经济案件审理情况表

表 18-12 单位：件

年份	结案	其中					
		购销合同	承揽合同	借款合同	农村土地承包合同	财产租赁合同	其他
1986	363	65	0	2	24	0	272
1987	370	63	0	1	11	1	294
1988	386	25	0	181	25	0	155
1989	773	200	4	251	124	0	194
1990	762	61	4	249	165	1	282
1991	791	69	7	174	168	3	370
1992	503	153	3	63	76	7	201
1993	488	263	18	31	21	7	148
1994	526	347	23	40	14	19	83
1995	589	300	36	76	68	22	87
1996	842	280	55	272	144	5	86
1997	1103	398	90	417	106	13	79
1998	1115	434	92	339	64	24	162

续表 18—12

年份	结案	其 中					
		购销合同	承揽合同	借款合同	农村土地承包合同	财产租赁合同	其他
1999	708	260	50	237	32	5	124
2000	1438	398	20	686	72	17	245
2001	2391	280	33	671	1205	40	162

2002 年，市法院围绕“公正与效率”的工作主题，构建“大民事”审判格局，改经济审判庭为民事审判第二庭，传统经济审判向现代商事审判转变。全年处结各类商事纠纷案件 6080 件，较上年增长 154.3%。2004 年起，与辖区企业建立院企联系制度，定期开展“院企共建”“法官联系企业”等活动，优化服务企业方式。2006 年，按照市委“工业立市、工业强市”的战略部署，市法院在“院企共建”活动中，帮助全市 10 余家支柱企业规范、理顺经济合同 390 余份，合同金额 3100 余万元。

2010 年，在全市 166 家规模以上企业设立法官联系点，做到法官联系企业活动制度化、常态化，帮助企业做好金融危机下司法应对工作；推进企业“转方式、调结构”，并依法受理安丘市鲁安纸业有限公司申请破产一案。2011 年，出台《服务保障“安丘模式”》《服务“转方式调结构”法官联系企业十项意见》等指导性文件，汇编审判实践中发现的企业管理、合同履行、交易风险、劳动用工问题，形成 80 条司法建议发放企业。2012 年，服务安丘市“富强秀美幸福新安丘”建设，重点审理金融借款合同纠纷案件，制裁逃废银行债务行为。

2013 年，审结安丘市鲁安纸业有限公司破产一案，清偿 2800 多名职工工资、保险金 1 亿多元，其他债务 5000 多万元。

安丘市 2002 年—2013 年商事案件审理情况表

表 18—13 单位：件

年份	结案	其中									备注
		买卖合同	金融借款合同	租赁合同	承揽合同	担保合同	保险合同	农村承包合同	电信合同	其他	
2002	6080	806	1055	122	60	0	4	847	414	—	2002年—2008年，民商事不分，统一按“民事案件”统计
2003	6360	894	506	65	76	11	2	798	1057	—	
2004	6170	799	872	63	35	56	5	613	1416	—	
2005	5608	1523	576	66	186	7	3	107	478	—	
2006	4286	1057	695	32	56	0	20	29	101	—	
2007	4479	678	789	71	60	0	20	59	238	—	
2008	3769	564	733	44	53	0	25	7	53	—	
2009	1265	338	556	47	48	6	27	3	5	235	
2010	1011	274	567	26	32	16	53	1	3	39	
2011	1078	283	508	30	21	17	66	5	0	148	
2012	1078	358	540	20	21	12	66	3	0	58	
2013	1172	369	466	36	30	8	65	6	0	192	

第六节 行政审判

案件审判

1988年4月，安丘县法院抽调4名审判人员组建行政审判庭，参照适用《中华人民共和国民事诉讼法（试行）》审理行政案件。1989年4月起，通过组织座谈、印发宣传提纲等方式，向社会广泛宣传新颁布的《中华人民共和国行政诉讼法》；开展社会调查，密切与行政执法部门联系，支持和监督行政机关依法行使职权，维护公民、法人和其他组织合法权益。至1990年10月行政诉讼法施行前，审结行政诉讼案件3件。1992年，按照积极、慎重、稳妥的原则，受理行政案件13件，行政审判工作稳步开展。在公路、土地、环保、河道管理局设立行政巡回法庭，帮助、指导解决交通运输等领域日益增多的行政纠纷，减少和预防行政案件发生。

1993年—1995年，全市行政诉讼案件涉及领域增至治安、土地、工商、税务、矿管、城建等30余个行政管理部门。1996年10月，市法院宣传新施行的《中华人民共和国行政处罚法》，在部分行政机关设立联系点，帮其完善执法措施。1997年，坚持“秉公执法、慎重处理”的方针，参与“依法减负”工作，重点审判侵犯农民权益、加重农民负担案件。全年审结涉及农民负担案件35件。1999年起，安丘市普法宣传活动深入开展和法制环境日益优化，公民、法人和其他组织法制意识明显增强，全市行政诉讼案件数量大幅增加。是年，市法院审结行政诉讼案件399件，较上年增长311.34%。

2000年，开展行政审判“三下乡”（送法下乡、受案下乡、庭审下乡）活动，深入全市27处乡镇街道宣传《中华人民共和国行政诉讼法》《中华人民共和国农业法》以及减轻农民负担方面的法律法规。2005年，审理涉及土地征用、城市拆迁等行政诉讼案件，化解行政纠纷201起。2009年，探索适用行政争议协调和解机制，全年通过协调促使当事人和解、撤诉291件。

2013年，监督和支持行政机关依法行政，审结涉交通、公安、劳动、工伤、房屋等行政纠纷98件，较上年下降53.99%。其中，维持4件，撤销3件，确认违法或无效1件。

安丘市1991年—2013年行政（诉讼）案件情况表

表18—14 单位：件

年份	结案	结案方式						
		判决维持	判决撤销	判决确认合法或有效	判决确认违法或无效	判决驳回诉讼请求	撤诉	其他
1991	7	1	0	0	0	0	4	2
1992	13	5	1	0	0	0	5	2
1993	18	1	0	0	0	0	15	2
1994	31	3	0	0	0	0	28	0
1995	52	1	1	0	0	0	48	2
1996	57	3	24	0	0	0	30	0
1997	115	2	22	0	0	0	87	4
1998	97	7	1	0	0	0	86	3
1999	399	2	6	0	0	0	384	7
2000	253	253	1	0	0	0	250	2
2001	412	171	62	0	0	0	178	1
2002	590	19	213	0	1	144	205	8
2003	707	0	6	0	0	135	565	1
2004	600	2	7	0	0	59	523	9
2005	201	7	5	55	0	42	84	8

续表 18—14

年份	结案	结案方式						
		判决维持	判决撤销	判决确认合法或有效	判决确认违法或无效	判决驳回诉讼请求	撤诉	其他
2006	260	41	4	0	2	182	16	15
2007	362	42	2	3	0	79	233	3
2008	429	7	2	4	1	0	413	2
2009	467	3	3	3	1	1	291	165
2010	375	3	2	0	1	1	12	356
2011	416	13	5	0	1	3	5	389
2012	213	11	3	0	6	3	8	182
2013	98	4	3	0	1	1	3	86

行政非诉执行

1998年前，安丘市行政非诉执行案件很少，1999年后数量逐渐增多。主要涉及城建、房屋拆迁领域。2001年起,行政非诉执行案件类型增至城建、房屋拆迁、交通规费、工商、盐政、卫生、公安、土地、技术监督等多个行政管理类别。2003年，市法院依法服务和保障全市征收农业税工作。

2004年—2007年，本着维护与监督并重的原则，积极、稳妥地开展非诉行政案件执行工作，执结各类非诉行政案件1394件。2009年，加大非诉行政案件执行力度，强制执行行政机关申请市法院执行的266件行政处罚案件。2010年，组织法官对行政执法人员进行业务培训和指导，提高行政执法机关执法水平。

2012年—2013年，支持各级政府和相关部门依法制裁制售假冒伪劣产品、破坏自然资源、扰乱城市管理等行为，维护社会管理秩序。

安丘市2002年—2013年行政（非诉执行）案件情况表

表 18—15　　单位：件

年份	受理案件	其中							
		道路交通	卫生	城建	工商	土地	盐政	人力资源和社会保障	其他
2002	267	145	27	8	40	26	16	—	5
2003	301	217	21	3	6	31	2	—	21
2004	363	253	6	76	11	9	0	—	8
2005	358	243	2	0	12	15	12	—	74
2006	328	53	6	41	14	70	3	—	141
2007	345	111	22	7	53	49	41	—	62
2008	307	0	12	0	7	95	112	—	81
2009	266	6	10	5	8	62	144	0	30
2010	242	15	0	5	13	43	101	0	65
2011	194	32	0	6	6	63	44	5	38
2012	107	0	1	0	16	14	32	11	33
2013	43	0	0	0	6	3	11	16	7

第七节 审判监督

1997年前，安丘市法院无专门审判监督机构，各类案件审判监督工作分散在不同审判程序中，审判监督案件数量亦相对较少。

1997年8月，市法院审判监督庭成立后，加强案件主办人、合议庭、庭长、主管院长、院长和审判委员会办案质量责任，明确院、庭长负责重大疑难和有重大影响案件审理，建立错案责任追究制度。

1999年—2002年，落实违法审判责任追究制和案件效率评查制度，查处实体裁判违法案件和严重违反程序案件，评查案件6320件，纠正实体和程序方面存在问题案件42件。

2003年，开展“公正与效率司法大检查”及“执法为民”教育活动，制定《关于审判监督庭对案件质量检查工作的若干意见》等规章制度。是年，上诉案件和上访案件同比下降12%和30%。

2004年—2007年，细化质量标准，规范工作程序，严格案件评查，提高办案质量，审结各类申诉、抗诉案件67件。

2008年，建立“四项监督制约机制”（以立案庭为主的审判效率监督管理机制、以审判监督庭为主的案件质量评查机制、以各审判业务部门为主的案件质量效率保障机制、以政工纪检部门为主的审判人员岗位责任目标考核与奖惩机制）的案件质量监督管理体系，提高案件质量与效率；借助信息化手段，加大案件审判流程管理，提高审判效率。

2012年起，市法院审判监督庭职能回归，立案二庭和审判管理办公室承担申诉、申请再审案件的审查和案件评查工作，审判监督庭专司刑事、民事、商事和行政再审案件的审理工作。

安丘市1991年—2013年再审案件情况表

表18—16 单位：件

年份	结案	审判监督程序启动方式		
		本院决定再审	抗诉	其他
1997	17	0	0	17
1998	6	1	3	2
1999	14	6	3	5
2000	14	4	1	9
2001	25	2	13	10
2002	9	2	1	6
2003	16	2	8	6
2004	21	4	11	6
2005	19	2	10	7
2006	15	2	6	7
2007	12	2	5	5
2008	10	3	5	2
2009	15	6	6	3
2010	12	1	3	8
2011	16	5	4	7
2012	10	4	4	2
2013	7	3	3	1

第八节　执　行

1986年—1988年，安丘县法院执行案件相对较少，执行权由审判人员行使，审执合一，执行方法以说服教育为主、强制措施为辅。

1989年，组建执行庭，负责民事案件、经济纠纷的执行工作。

1992年—1998年，市法院加大执行工作力度，在执行过程中坚持说服教育和强制执行相结合，正常执行和集中执行相结合，原则性和灵活性相结合，解决涉及财产权益案件“执行难”的问题。对于暂无履行能力的当事人，依法暂缓执行；对于有执行能力而拒不执行的，依法强制执行。其间，执结案件4030件。

2000年，制定出台《关于严格案件审理 执行中止延长审限的若干规定》，加强对案件的全程跟踪管理和监督，实行案件催办制度。全年催办案件987件，执结案件4848件，同比增长约48%。2001年，成立执行局，出台《关于执行中实施债权凭证制度的规定》，在潍坊市法院系统率先推行债权凭证制度。

2002年，深化债权凭证制度的同时，实行“三统一（统一管理、统一指挥、统一协调）、三分离（执行命令权、实施权、执行异议审查权分离行使）”执行机制。加大对基金会案件的执行力度，通过查封、扣押、搜查、拘留、罚款等措施，追回财物734万元，维护股民合法权益。

2003年，在不断深化“三统一、三分离”执行工作机制基础上，落实执行长负责制和开庭执行制度，推行执行警务化改革。法警直接参与案件执行，对采取拘传、拘留、搜查等强制执行措施的，由法警执行。是年，强制执结案件536件。

2004年，全面推行“两权两化（执行实施权层级化、执行裁判权公开化）”执行工作机制，进一步深化执行警务化改革，将执行警务化延伸到基层法庭，为每处法庭配备两名法警。同时，继续发挥集中执行优势，于是年10月适时开展为期一个月的执行会战，重点执行积案和群众信访反映的案件。全年执结4021件，执结标的额9774.75万元，执结标的额同比增长45.1%。

2007年，完善执行威慑机制和执行联动机制，建立“执行信息网”，深化“两权两化”执行工作机制，开展集中执行活动，多措并举，化解执行难。

2009年，按照中央政法委关于在全国开展集中清理执行积案活动的统一部署，组织开展“集中清理执行积案”活动，争取社会各界协助、支持，采取拘留、拘传、搜查、悬赏举报等措施，清理执行积案。是年，拘留当事人98人次，拘传当事人73人次，搜查233次，搜查出现金及有价证券17.2万元。

2010年，开展“委托执行案件专项清理活动”，执行干警辗转全国18个省市，行程近30万公里，执结各类案件1607件，为申请执行人实现债权7300多万元。

2011年起，开展“诉讼诚信体系”建设，与市发改、经信、工商、质监、财政、税务、人民银行、银监、国土、住建、环保、人社、公安、司法等部门建立起社会诉讼诚信体系建设联席会议制度，以联合威慑惩戒机制限制失信主体在贷款融资、注册新公司、购地置产、承揽工程、经营贸易等方面行为。至2013年底，诉讼诚信信息库收录4854个失信主体的失信行为。

安丘市1992年—2013年执行案件情况表

表18—17

年份	执结（件）	执结标的额（万元）	其中（件）					
			不予执行	自动履行	和解	强制执行	终结	其他
1992	107	72.85	0	58	0	49	0	0
1993	88	147.13	0	38	3	47	0	0
1994	361	806.35	0	189	2	170	0	0
1995	478	514.20	0	179	32	263	4	0
1996	356	853.49	0	237	36	83	0	0

续表 18—17

年份	执结（件）	执结标的额（万元）	其中（件）					
			不予执行	自动履行	和解	强制执行	终结	其他
1997	1453	2379.76	1	1032	36	325	29	39
1998	1187	2526.09	0	539	252	147	247	2
1999	3277	6218.68	1	1243	385	1011	108	538
2000	4848	6052.00	1	833	659	638	232	2485
2001	3456	4701.70	0	1489	744	437	204	582
2002	3645	16091.84	1	1266	464	436	1065	413
2003	3993	6736.65	1	1433	660	536	729	643
2004	4021	9774.75	1	1884	649	521	367	600
2005	4215	10901.92	57	2356	653	466	246	437
2006	3778	6718.69	22	2169	257	586	183	561
2007	2740	6338.19	17	1242	335	593	157	396
2008	2322	6070.23	11	1136	162	234	64	715
2009	2184	2845.10	1	946	358	247	117	515
2010	1857	5565.51	4	758	116	415	398	166
2011	1995	10875.90	15	431	523	362	474	190
2012	2075	11760.78	0	576	734	583	182	0
2013	1751	13946.07	0	366	649	596	122	18

第五章　司法行政

第一节　机　构

1986年，安丘县司法局为正科级行政单位，内设人秘股、法制宣传教育股、基层工作管理股，有干部职工32人。下属单位有县公证处、县法律顾问处。辖32处乡镇司法所。同年8月，安丘县法律顾问处更名为安丘县律师事务所，1990年10月更名为潍坊兴安律师事务所。

1994年3月，安丘撤县建市，安丘县司法局更名为安丘市司法局。1998年，乡镇司法所调整为27个。

1999年8月，增设刑释解教人员安置帮教科。2000年8月，新设安丘市法律援助中心，为全额预算管理的股级事业单位。是年11月，安丘市事业单位机构改革，市律师事务所不再占事业编制。是年，乡镇司法所调整为22个。2002年，市司法局内设办公室、法制宣传教育科、基层工作管理科、刑释解教人员安置帮教科4个职能科室；下属单位有市法律援助中心、市公证处;辖22个乡镇司法所。2004年，乡镇司法行政人员编制上划至市司法局，22个基层司法所定编37人。2005年，撤销刑释解教人员安置帮教科，设立公证律师管理科。

2007年，潍坊市调整部分行政区划，全市司法所减为19个。同年，增设政工科。2008年1月，全市司法所撤并为13个。是年6月，成立安丘市社区矫正工作办公室，为副科级全额预算管理事业单位。2010年7月，政工科更名为组织人事科。

2013年底，内设办公室、组织人事科、法制宣传教育科、公证律师管理科、基层工作科（挂调解中心牌子），辖兴安、新安、景芝、石埠子、石堆、金冢子、大汶河、凌河、辉渠、大盛、郚山、柘山、官庄13个基层司法所，下属单位有市法律援助中心、市公证处、市社区矫正工作办公室。在编人员76人。

第二节　普法　依法治理

普法

1986年，安丘县开始实施第一个普及法律常识教育五年规划（简称“一五”普法）。至2010年，完成“一五”至“五五”普法规划。2011年—2013年为安丘市“六五”普法前三年。

“一五”普法　1986年—1990年，安丘县开始实施第一个五年普法规划。主要普法内容为《宪法》《刑法》《刑事诉讼法》《民诉法（试行）》《婚姻法》《继承法》《经济合同法》《兵役法》《民族区域自治法》和《治安管理处罚条例》等“十法一条例”。“一五”普法期间，按照先干部后群众、先城镇后农村的原则，全县76.5万名普法对象接受普法教育，普及率100%。74.5万人学完“十法一条例”，占普法对象的97.1%；955所学校17.8万名在校生不同程度地接受法制教育；全县基层单位普法验收合格率96%。

“二五”普法　1991年—1995年，安丘市普法内容以宪法为核心，以专业法为重点。开展“十六法、三决定、三条例”（《选举法》《行政诉讼法》《集会游行示威法》《义务教育法》《土地管理法》《国旗法》《水法》《材料法》《环境保护法》《矿产资源法》《食品卫生法》《文物保护法》《未成年人保护法》《残疾人保障法》《军事设施保护法》《妇女权益保障法》，全国人大常委会《关于加强社会治安综合治理的决定》《关于惩治走私、制作贩卖、传播淫秽物品的犯罪分子的决定》《关于禁毒的决定》，《山东省计划生育条例》《山东省未成年人保护条例》《山东省行政事业性收费管理条例》）的宣传教育。组织干部学习《社会主义法制建设若干问题的讲话》《中华人民共和国宪法讲话》和《邓小平论民主与法制建设》等法制理论书籍。在全市党政机关和企业中，开展《企业法》《企业转换经营机制条例》《反不正当竞争法》《公司法》《劳动法》等法律法规的集中学习宣传。1991年，安丘县两次组织1893名企业厂长、经理、经营管理人员参加全县经济法律法规培训班。至1995年，有3900多人参加学习。1991年4月，举办科级以上领导干部“二五”普法培训班，增强干部学法用法自觉性和责任感。次年，县委、县政府领导成员参加经济法律法规培训班，开展系统法律法规学习。1993年，全县举办3万人参加的宪法知识竞赛和2万人参加的消费者权益保护法、新税法知识竞赛活动。1994年10月，市司法局组织全市1358名副科级以上领导干部参加“二五”普法综合统考，进一步促进领导干部学法、用法工作。同时，集中培训行政执法人员，经考试、考核合格，颁发行政执法证书和行政执法监督检查证书，严格实行执法人员持证上岗制度。是年，执法人员持证上岗率实现100%。“二五”普法期间，全市印发各类普法教材10万多册，各级干部人手一册，学校每个班级一套，农村每10户一本。举办各类普法培训班2646期，上法制课9150场次，举办广播、电视讲座6043场，刊出黑板报、宣传栏28254期，组织法制竞赛和学法用法演讲会、报告会2775场次，出动宣传车4142辆次。

“三五”普法　1996年—2000年，安丘市实施“三五”普法。普法内容为《产品质量法》《妇女儿童权益保护法》《未成年人保护法》《环境保护法》《人民警察法》《律师法》《税法》《土地法》《森林法》《行政复议法》《会计法》《消费者权益保护法》《村民委员会组织法》《公证暂行条例》《山东省计划生育条例》等“十三法二条例”。普法对象以领导干部和青少年为重点。全市1500多名副科级以上干部，每年均参加普法考试。1999年起，市委组织部、市司法局等6部门，联合开设党政干部法律专业学历教育班，全市414名副科级以上领导干部参加学习。2000年，全市选聘211名优秀政法干警担任学校法制副校长，定期给在校学生上法制课。是年，开展青少年学生“学法、知法、守法”系列活动，近20万名学生参观法制展览，1000多名学生参加法制演讲。“三五”普法期间，安丘市开展“法律下乡”“法律进万家”等活动，并组织普法讲师团，深入基层，做好面对面宣传教育群众工作。全市举办各类领导干部法制讲座110多期，受教育人员7000多人次。开展集中法制宣传月活动4次，出动宣传车300多辆次，印发宣传材料2万余份，解答群众法律咨询5000人次。各镇街区和行政村的主要街道，开辟普法一条街，设置法制宣传栏、法制灯箱和法制墙等。市普法办、市司法局和市人寿保险公司等单位联合举办电视法律知识竞赛，受教育群众5万多人次。

“四五”普法　2001年—2005年，安丘市主要普法内容为“十法一决定”(《宪法》《村民委员会组织法》《行政复议法》《婚姻法》《教育法》《合同法》《产品质量法》《土地管理法》《预防未成年人犯罪法》《刑法》及全国人大常委会《关于取缔邪教组织、防范和惩治邪教活动的决定》)。5年内，有90万人接受普法教育，占普法对象总人数的81%。其中，领导干部和公务员、青少年学生普及率100%，职工、农民普及率分别为95%和70%。举办培训班300期，受教育人员60万人次，征订发放普法读本50册，开展全市性大型普法活动26次，编印各种法制宣传手册7000份，宣传材料8万份，出动宣传车200辆次。

“五五”普法　2006年—2010年，普法内容为《宪法》《城市居民委员会组织法》《公务员法》《行政许可法》《治安管理处罚法》《道路交通安全法》《传染病防治法》《药品管理法》《城市房地产管理法》《个人所得税法》《农业法》《气象法》《妇女权益保障法》《刑法》和《城市房屋拆迁管理条例》《信访条例》“十四法、二条例”。普法对象是一切有接受能力的公民，重点是领导干部、公务员、青少年、企业经营管理人员、农村“两委”(村民委员会和党支部委员会)成员，进城经商人员和城镇失业人员。5年内，开展各类法制宣传活动1900多场次，发放宣传资料10万余份，解答法律咨询4万多人次，受教育群众90多万余人。

“六五”普法　2011年—2013年是“六五”普法前3年，主要是深入学习、宣传宪法和国家基本法律法规，开展社会主义法治理念教育，学习宣传促进经济发展、保障和改善民生、加强社会管理的法律法规，推进社会主义法治文化建设，继续深化“法律进机关、进乡村、进社区、进学校、进企业”主题活动。普法对象是一切有接受教育能力的公民，重点是领导干部、公务员、青少年、企业经营管理人员和农民。2011年8月，安丘市人大常委会审议通过《关于在全市公民中开展法制宣传教育的第六个五年规划》《安丘市2011—2015年依法治市规划》，并作出决议。10月，安丘市召开全市普法依法治理工作会议，部署“六五”普法工作。普法期间，成立由公检法司、人社、教育、党校等单位人员组成普法讲师团；各镇街区、村居、社区建立由执法单位人员和老党员、老教师、老干部组成普法志愿者队伍；每个村民小组设立一名普法宣传员，形成组织有序，覆盖全市的普法工作网络。市普法办、市司法局建立潍坊市第一个手机短信普法平台和普法博客，编发手机短信20余万条次。2012年11月，市普法办、计生局、京剧团等单位精心编排法制宣传文艺节目，在全市巡回演出160多场次，深受群众欢迎。2013年7月，在汶河广场，投资120万元，建立大型法治文化广场。在市区主要道路，设立长达30公里的法制宣传文化走廊。各镇街区、村居、社区结合实际，分别建立法治主题公园、普法宣传街和法制宣传栏。各镇街区依托综治维稳中心、司法所和法律服务所，建立35个法制辅导站；在社区、村居建立法律图书室或阅览室，配备与农村生产生活密切相关的法制类报刊。是年8月，建立安丘普法网，依托网络开展普法活动。同时，利用公交电视、广场、商场LED显示屏等现代传媒进行法制宣传，做到“报刊有文、电台有声、荧屏有像”，增强普法宣传效果。10月，山东省普法办到安丘市检查验收法治文化建设示范基地和法制宣传教育示范基地，市法治文化广场被山东省普法办评为全省法治文化建设示范基地。3年内，全市开展各类法制宣传活动1200多场次，发放宣传资料10万余份，解答法律咨询3万多人次，受教育群众60万人次。其中，各级各类学校举行法制教育讲座436场次，受教育师生12万余人次；为企业上法制课90余场次，8万余人次受到教育。

依法治理

1986年—1990年，安丘县依法治理工作围绕经济领域治理整顿开展，全县各执法部门在本职范围内结合自身业务职能开展依法治理工作。

1991年—1995年，安丘市结合“二五”普法，实施第一个依法治市五年规划，在全市范围内广泛开展依法行政、依法治村、依法治厂、依法治校、依法治理集贸市场、依法治理“路边店”6个依法治理活动。1992年10月，安丘县在农村广泛开展依法建制，以制治村，民主管理活动，当年完成依法建制村达95%。1993年5月，组织安丘县教育委员会、安丘八〇七〇厂等单位领导到济南、肥城等地考察学习，开展依法治校、依法治厂等活动。8月，推广县东埠中学、实验小学“学校—家庭—社会”三位一体的教育管理经验，树立安丘县第一中学、实验中学等一大批依法治校的先进典型。1994年，安丘市实施农户家庭细胞工程建设，开展“五到户”（政策法律宣传到户，协调服务到户，困难帮扶到户，维稳工作到户，实用技术培训到户）活动，把依法治村的做法延伸到家庭。全市530个村达到民主法治示范村标准，占村（居）总数的30%。5年内，全市基层单位依法治理率分别为乡镇100%、村庄97.1%、企业98.3%、商店96.6%、学校99.4%。

1996年—2000年，安丘市实施第二个依法治市五年规划。5年内，以依法决策、依法管理、依法行政、依法办事、依法维权为核心，全面加强和深化依法治市。其间，95%以上的村推行依法治村，市直执法部门实行执法责任制达100%，依法治乡（镇）达100%，依法治厂、依法治校铺开面达86%。全市初步形成全方位、多层次的依法治理格局。2004年，凌河镇大路村被山东省民政厅和山东省司法厅授予全省民主法治示范村称号。

2001年—2005年，安丘市实施第三个依法治市五年规划。2003年，开展“法德结合、文明理家”和创建“文明、守法、信用”村户活动，在全市推选“百佳文明户”，建立“荣辱”档案，发放“文明、守法、信用户”门牌4300户。2004年，借鉴昌乐县和青州市经验，加强乡镇调解中心建设。次年年底，全市23处镇街道调解中心初步建成。2005年6月，开展“规范执法行为、促进执法公正”专项整改活动，推进以“依法建制、以制治村、民主管理”为主要内容、“民主法治示范村”建设为载体的农村基层民主法治建设，按照“民主法治示范村”创建标准，不断完善村级民主、管理、监督制度。是年，全市有530个村（居）达民主法治示范村（居）标准，占村（居）总量的32%，95%的村（居）和92%的户被市文明办、市民政局、市司法局、市信用社联合评为“文明、守法、信用”村户。兴安街道城里居委会被山东省民政厅和山东省司法厅授予全省民主法治示范村称号。

2006年—2010年，安丘市实施“四五”依法治市规划。2010年8月，召开全市法治创建工作会议，观摩景芝镇维稳综治中心、景芝镇葛家彭旺村和市兴华学校的法治创建现场，下发《关于全面开展法治创建活动的意见》，在全市深入开展“法治安丘、法治镇街、法治机关、法治村、法治社区、法治学校、法治企业”创建活动，全市24个单位通过潍坊市普法办法治创建工作验收。

2011年，安丘市开始实施第五个依法治市五年规划。结合农村换届选举，组织全市农村健全完善村民自治章程，全面推行村务公开。2013年5月，召开全市“法治安丘”建设工作推进会，开始以“法治安丘”建设为载体，推进法治镇街区、法治村居、法治社区、法治企业、法治学校创建工作，提高社会法治化管理水平。是年，组织安监、药监、环保、教育、公安等部门开展130余次专项治理活动，排查消除各类隐患2700余起。市人民法院建立诉讼诚信管理机制，全面征集、科学评定当事人诉讼信用信息5100多条，通过新闻发布、信息查询等方式对外披露，促进执行工作健康发展。市司法局推行刑罚执行制度改革，建立社区矫正重大执法事项审议机制，成立审议委员会。是年，审议3名违法违规社区矫正人员，并依法提请市公安局与市人民法院分别给予行政拘留和撤销缓刑收监执行的处罚。

2012年，景芝镇葛家彭旺村、大汶河旅游开发区孟五里村被山东省民政厅和山东省司法厅评为全省民主法治示范村。2013年12月，安丘市被山东省普法办评为全省普法依法治理中期先进市。

第三节　人民调解

1986年—2013年，安丘市共调处各类纠纷72839件，调解成功71682件，成功率占98.4%。调处数万件纠纷中，婚姻、家庭、赡养、邻里、侵权债务和生产经营占85%。通过调解疏导，超前预防，使105起因纠纷酿为自杀案件得以终止，成功防止民事纠纷转化为刑事案件337起。

1986年12月，山东省人民调解工作会议在安丘县召开。是年，县内各系统、大型企业、村（居）成立1500个调解委员会，配备调解委员会主任。至1990年，排查出各类纠纷2678件，其中重大疑难纠纷212件；避免民转刑案件96起；调处大小矛盾11962件，调解成功11836件，成功率98.9%。1989年5月17日— 6月5日，安丘县开展“三夏”前纠纷集中排查活动，排查各类纠纷406起，调处372起，处结率91.6%。1996年，排查各类民事纠纷1396起，调处1390起。其中，调处婚姻纠纷278起，承包合同纠纷146起，争田、水和农机具纠纷81起，赡养纠纷256起，房屋宅基纠纷147起，邻里纠纷165起，伤害赔偿纠纷178起；防止矛盾激化112起，化解群众性上访121起，防止非正常死亡24人，挽回集体和个人经济损失160万元。1997年，建立健全市、乡（镇、厂企）、片（车间）、村（班）、组、十户三员（每十户设立调解员、纠纷信息员、法制宣传员）六级调解网络，配备专职调解干部9046人，纠纷信息员23830人。1999年，调处各类民事纠纷2897件，防止纠纷激化192件，防止因纠纷调处不及时可能引起非正常死亡185人次，防止群体性上访186件，避免和挽回集体、个人经济损失508万元。2002年，配合“严打整治”斗争，开展大规模排查6次，排查矛盾纠纷2988起，调处2962起，防止“民转刑”案件72起 136人，防止纠纷引起自杀16起21人，制止群众性械斗17件，防止群体性上访60件258人。2003年，潍坊国际风筝会和国庆节期间，安丘市组织基层司法干警和人民调解员分别开展以农村和企业为重点的矛盾纠纷大排查活动。排查矛盾纠纷2804起，调处2782起，防止“民转刑”案件142起244人，防止纠纷引发自杀32起40人，防止群众性械斗30件，防止群体性上访108件564人。

2007年，安丘市结合农村社区建设，加强市、镇街道、社区、村（居）、组、十户三员六级调解网络体系。2008年，全市有调解委员会1229个，调解委员3692人，调解员5971人。至2010年各级调解组织分别调处矛盾纠纷2497件、2780件和3164件，成功化解矛盾纠纷2447件、2726件和3113件，调处成功率98.0%、98.1%和98.4%，防止民转刑案件59起、46起和51起。2009年5月，安丘市调解中心成立，设调解员3人。当年受理调解纠纷123起，调解成功34起。2011年，全市成立35个专业调解委员会，有调解委员139人，调解员251人。

2013年，安丘市完善市、镇街区、社区、村（居）、组、十户三员六级调解网络体系。全市有调解委员会1009个，调解委员3620人，调解员8240人；调处矛盾纠纷4452件，成功化解矛盾纠纷4371件，调处成功率为98.2%，防止民转刑案件35起。安丘市司法局连续三年被中华全国人民调解员协会评为人民调解宣传工作先进单位。

第四节 基层法律服务

1986年7月，安丘县32处乡镇设立法律服务站，招聘基层法律工作者96人。是年，基层法律工作者代理诉讼32件，代理非诉讼43件，修订合同486份，避免集体和个人经济损失114万元。

1986年—1993年，乡镇法律服务站累计举办法制讲座1813场，受教育群众58万人次。基层法律工作者代理诉讼439件，非诉讼代理1582件，审查修订合同28236份，向乡镇人民政府提司法建议1513条，被采纳1016条。

1994年，乡镇法律服务站变更为乡镇法律服务所，其工作人员称基层法律服务工作者。至1997年，基层法律服务工作者代理诉讼1316件，非诉讼代理1817件，起草乡镇政府规范性文件146份，提司法建议1369条，被采纳1267条。

1998年，乡镇法律服务所由32个调整为27个，有从业人员81人。同年，安丘市成立“148”法律服务专线指挥中心，在市司法局设立4条法律咨询服务专线，各乡镇遂开通“148”法律服务专线。1998年—1999年，乡镇基层法律服务工作者上法制课260场次，代理诉讼1063件，非诉讼代理2013件；乡镇“148”法律服务专线受理法律咨询电话285个，解答法律咨询386人次。

2000年2月，安丘市调整部分乡镇行政区划，乡镇法律服务所减为24个，并从司法所分离，改称基层法律服务所。全市有基层法律服务工作者72人。是年，基层法律服务所代理诉讼435件，非诉讼代理690件，举办法制讲座126场，受教育群众11万人次，为380家顾问单位追回欠款815万元，审核修订合同3725份，向乡镇人民政府提司法建议264条，被采纳213条。

2004年—2006年，市司法部门加大为人民群众提供法律服务的力度。各法律服务所接待群众来访9682人次；解答法律咨询6899人次，代理诉讼2979件，非诉讼代理3927件，办理法律援助204件。

2007年，考核录用15名基层法律服务工作者，全市基层法律服务工作者人数79人。基层法律服务工作者解答法律咨询4863人次，代理诉讼1456

件，代理非诉讼1635件，为顾问单位避免和挽回经济损失6325万元。

2008年，安丘市法律工作者协会成立，为全市法律工作者行业性协会，在市司法局基层科设立办公室，有会长1人、副会长3人、秘书长1人。至2013年，组织培训基层法律服务者12次、赴外地开展业务交流6次。至2011年，全市基层法律服务工作者代理诉讼6435件，非诉讼代理8690件，举办法制讲座726场，受教育群众76万人次，为573家顾问单位追回欠款9835万元，审核修订合同13755份，向乡镇人民政府提司法建议1264条，被采纳983条。

2012年，解答法律咨询4365人次，代理诉讼1264件，代理非诉讼1536件，为顾问单位避免和挽回经济损失5532万元。是年，赵戈法律服务所划归峡山管理。

2013年，全市有基层法律服务所15处，基层法律服务工作者99人。是年，基层法律服务工作者代理诉讼2135件，非诉讼代理2368件，为顾问单位追回欠款1326万元。

第五节　安置帮教

1986年—1999年，安丘市实行包管、包教、包思想转化承包责任制，并全部落实刑满释放人员户口问题。

1999年8月，安丘市安置帮教工作从市公安局移交至市司法局。司法局成立安置帮教科，负责刑满释放、解除劳教人员安置帮教的联络协调、信息调研和活动组织等工作。同年，有关监狱、劳教部门开始将安丘市刑释解教人员通知书直接发给市司法局。是年，接到通知书432份，为378名刑释解教人员落实户口问题。

2001年，安丘市调整刑释解教人员安置帮教工作领导小组，办公室设在市司法局。全年接纳刑释解教人员237人，落实责任田178人，原单位安置17人，从事个体经营48人。2002年—2004年，接纳刑释解教人员603人，全部得到妥善安置，安置帮教率100%。2005年，市司法局撤销安置帮教科，安置帮教工作由基层管理科负责。全年接纳刑释解教人员151人，落实责任田149人，原单位安置1人，从事个体经营1人。2006年—2009年，接纳刑释解教、解除社区矫正人员870人，全部得到妥善安置，安置帮教率100%。

2010年，在金冢子镇成立第一爱心帮扶基地，在景芝镇成立第二爱心帮扶基地。全年接纳刑释解教人员140人，落实责任田112人，原单位安置4人，从事个体经营23人。2011年—2012年，接纳刑释解教、解除社区矫正人员543人，全部得到妥善安置，安置帮教率100%。

2013年，重新认定原两个帮扶基地，分别授牌为安丘市金冢子镇就业帮扶基地和安丘市景芝镇就业帮扶基地。全年接纳刑释解教、解除社区矫正人员273人。刑释解教人员落实责任田98人，原单位安置3人，从事个体经营44人，安置帮教率100%。

第六节　社区矫正

2008年6月，安丘市成立社区矫正工作委员会，办公室设在市司法局。是年8月，市委办公室、市政府办公室下发《安丘市社区矫正工作实施细则》《安丘市社区矫正考核奖惩暂行办法》《安丘市社区矫正工作意见》。8月8日，市社区矫正工作委员会制定下发《安丘市社区矫正工作流程》《安丘市社区矫正工作制度》《安丘市社区矫正工作者职责》，并在景芝镇进行社区矫正工作试点。10月，市司法局举办培训班，对镇街区负责社区矫正工作人员进行系统法律知识和社区矫正业务培训；排查、摸底、核实全市符合社区矫正条件的监外服刑人员，并逐一登记造册。

2011年12月，市司法局组织社区矫正工作人员参加心理咨询师考试，5人取得国家职业三级心理咨询师资格证书，并开始对社区矫正人员进行心理咨询和辅导。2012年3月，市司法局开始判前调查拟实行社区矫正的人员。是年，调查58件。次年99件。自2013年1月始，心理咨询师定期对所有社区矫正人员进行艾森克心理测试，根据测试结果，工作人员因人施矫。是年4月，成立安丘市社区矫正重大执法事项审议委员会，进一步加强和规范社区矫正工作。5月，1名矫正人员因违反矫正纪律被市公安局行政拘留，此为安丘市首次行政处罚矫正人员。6月，经市社区矫正重大执法事项审议委员会审议，向市人民法院提出2名社区服刑人员收监执行建议，市法院依法裁定收监执行。

2008年6月—2013年，全市接收社区矫正人员1427人，解除矫正886人。2013年底，在册社区矫正人员653人。

第七节　公　证

1986年，安丘县公证处有公证员7人，其中执业公证员5人。主要开展涉及企业招投标、租赁、承包经营等方面的合同公证和关于农村事务的各类承包合同公证。是年，办理公证业务350件。

1990年起，随着改革开放深入和招商引资工作开展，全县涉外事项不断增多。是年，县公证处取得办理涉外及港澳台公证业务资格，办理涉外、涉港澳事项公证7件，次年35件。

1994年4月，安丘市公证处由行政体制改制为事业单位。2004年，面向农村基层拓展公证业务。全年办理业务1322件，比上年增长12%，业务收费25万元。2005年，开展《公证法》宣传学习，规范公证业务流程。2007年，开展“公证服务新农村建设”“公证为构建社会主义和谐社会服务”主题实践活动，被山东省公证员协会授予服务社会主义新农村建设先进集体称号。

2013年，市公证处有工作人员9人，其中执业公证员6人、公证员助理1人、后勤人员2人。办理公证业务1742件。其中，国内民事类907件、国内经济类211件、涉外及港澳台业务624件。

第八节　律　师

1986年8月，安丘县法律顾问处更名为安丘县律师事务所，1990年10月更名为潍坊兴安律师事务所。2000年11月脱钩改制，不再属于事业单位，律师所成为面向社会服务的自主经营机构。是年，山东明清律师事务所成立。

2004年11月，山东省司法厅厅长陈明甫到明清律师事务所进行视察。2005年4月，山东恒安盛德律师事务所成立。2008年5月，山东明清律师事务所、恒安盛德律师事务所由合作制律师事务所改制为合伙制律师所。2009年12月14日，山东周奉坡律师事务所成立，系安丘首家个人律师事务所。2012年9月7日，山东盾安律师事务所成立，系个人律师事务所。2013年，全市有4家律师事务所，律师40人。

第九节　司法鉴定

2005年10月，成立潍坊安城法医司法鉴定所，主要开展伤情、伤残、误工天数、护理期限、劳动能力丧失程度、护理依赖程度、医疗费用审查等方面鉴定业务和法医临床鉴定业务。之前，市内司法鉴定工作由设在市公安局、市人民法院、市人民检察院的法医室开展。是年，开展鉴定116起。

2006年5月—9月，市司法局以实现“六个规范”（规范鉴定机构内部管理、规范执业行为、规范鉴定程序、规范鉴定设备、规范鉴定市场秩序、规范办公场所）为主要内容，开展司法鉴定规范建设年活动。是年12月，司法部司法鉴定调研组到安城法医司法鉴定所调研。是年，司法鉴定所开展鉴定业务353起。

2007年10月，市司法局组织鉴定人员开展《司法鉴定通则》学习活动，制定司法鉴定受理、实施、出庭、投诉、错鉴追究等一系列制度，规范鉴定案卷材料样式，促进鉴定质量提高。司法鉴定所全年开展鉴定业务343起。2008年，市司法局从“抓队伍、强管理、保质量”入手，开展司法鉴定质量管理年活动。司法鉴定所开展鉴定业务473起。2011年12月，市司法局开展《山东省司法鉴定条例》学习宣传活动。2012年12月，司法鉴定实行年度名册编制，年度检查纳入名册编制工作；司法鉴定所顺利通过潍坊市司法局验收，被编入《2012年度山东省司法鉴定名册》。

2013年5月，市司法局开展司法鉴定行业“规范化管理年”活动。通过活动做到“三个规范”：规范管理工作、规范执业资质、规范执业活动；实现“六个目标”：管理体系进一步健全，管理制度、机制进一步完善并得到有效实施，管理干部和鉴定人队伍职业素质进一步增强，管理工作和执业行为进一步规范；违规违纪行为和信访投诉案件进一步减少；鉴定质量和社会公信力进一步提高。是年，司法鉴定所有11名司法鉴定人员，全年办理司法鉴定案件786起。其中，民事诉讼案件763起、刑事诉讼案件7起、非涉诉案件11起，业务收费131.86万元。

第十节　法律援助

2000 年 8 月，安丘市法律援助中心成立，在编工作人员 4 人，地点设在市司法局大楼内。全年办理法律援助案件 15 件，为当事人减免费用 18 万元。

2004 年 5 月，安丘市法律援助委员会成立，办公室设在市司法局，负责开展具体法律援助工作。是年，市司法局开始发放法律援助补贴，成为潍坊市最早发放办案补贴的单位。

2005 年—2006 年，市法律援助中心建立市、镇街道、村三级法律援助网络体系，做到镇街道司法所有联络站，村（居）有联络员，并与工会、妇联、残联、劳动保障、共青团等相关部门建立法律援助联动机制，方便符合条件公民申请法律援助。

2009 年—2013 年，每年定期开展“万名律师赶大集”“维护残疾人合法权益，法律援助在行动”“维护妇女儿童合法权益，法律援助在身边”等大型公益宣传活动。2010 年 10 月—2011 年 10 月，开展为期一年的“走千村进万户，法律援助促和谐”主题活动。组织承担法律援助义务的单位和个人走访全市所有村（社区），为基层群众提供法律援助。

2013 年，办结各类法律援助案件 2046 起，提供法律咨询 12200 余人次，代书各类法律文书 4200 余件。

第十九编

武　装

第一章　安丘市人民武装部

第一节　机　构

1986年6月4日，根据中共中央、国务院、中央军委《关于县（市）区人民武装部改归地方建制有关问题的通知》，安丘县人民武装部（简称县人武部）退出中国人民解放军序列，改归地方建制，级别副县级，称山东省安丘县人民武装部，设办公室、军事科、政工科和后勤科，接受中共安丘县委、县人民政府和潍坊军分区双重领导。1986年6月20日，在县政府招待所举行交接仪式。

1994年3月，安丘撤县建市，安丘县人民武装部改称安丘市人民武装部（简称市人武部）。

1995年12月20日，根据中共中央、国务院、中央军委《关于县（市、区）人民武装部收归军队建制的通知》和总参谋部、总政治部、总后勤部通知及济南军区的命令，市人武部由地方建制收归中国人民解放军建制，称中国人民解放军山东省安丘市人民武装部，正团级单位，设军事、政工、后勤三科，接受潍坊军分区和中共安丘市委、市人民政府双重领导。1996年3月19日，在市政府招待所举行收归仪式。

第二节　党管武装

1986年，根据中共中央、中央军委统一要求，中共安丘县委书记由原兼任县人武部第一政治委员，改为兼任县人武部党委第一书记。第一书记定期现场办公，了解和掌握全县民兵预备役建设情况，解决武装工作中的困难和问题。乡镇、大型厂矿企业、县直机关党（工）委书记兼任民兵营政治教导员；村、车间党支部书记兼任民兵连指导员；基层专职人武部长、民兵营长一般为同级党委或支部委员。1991年始，根据《中共中央、国务院、中央军委批转总参谋部〈关于新时期加强我军后备力量建设的几个问题的报告〉的通知》《中共中央办公厅、国务院办公厅、中央军委办公厅转发总参谋部、总政治部〈关于加强民兵基层建设的意见〉》《济南军区政治部〈关于加强民兵预备役政治建设的意见〉》及中共山东省委《关于进一步加强党管武装工作的决定》，市人武部政委兼任中共安丘市委常委，部长参加市政府常务办公会议。乡镇、街道人武部长为同级党委委员。安丘市委将军事工作列入重要议事日程，先后出台《关于进一步加强党管武装工作的意见》《贯彻〈加强人武部建设的意见〉的实施细则》《加强民兵预备役全面建设的意见》等文件；每年多次召开议军会议，听取市人武部党委关于全市民兵预备役建设的情况汇报，研究解决民兵工作重大问题，组织协调各部门密切配合，保证民兵预备役工作任务完成。

市委书记每年至少2次到市人武部现场调研，帮助解决实际困难。2003年，通过现场办公，决定由市委办公室和市人武部联合下发《关于改制企业保留人武部设置的通知》。是年3月，市委、市政府接受市人武部提议，决定由市组织、人事和劳动部门，分流安置市人武部原以劳养武企业的遗留职工、年龄偏大不适合武装工作的职工和民兵装备仓库看管人员共17人。是年，市政府为市人武部拨款89万元，用于仓库移交、应急分队建设、国防教育、征兵、城市民兵训练等。

2005年，市委、市政府、市人武部进一步规范各级各类人员职责，充实国防动员委员会领导班子，健全基层党委书记党管武装工作述职等制度。

2008年5月，市委、市政府、市人武部印发《关于依法规范基层武装部和民兵连部室家建设的实施方案》，部署全市基层建设，规定建设目标、方法步骤和完成时限，促进全市基层武装部和民兵连部室家建设。

2009年3月，市委、市政府批准市人武部《关于建设征兵办公楼和改建沿街楼的申请》，规划市人武部营区，新建六层征兵楼一幢，改建四层沿街楼一幢;减免城市建设配套费70余万元。是年5月，召开调度会，拨付10余万元经费和物资，全力保障山东省军区在安丘市组织的预备役部队快速动员演练活动。

2010年，市委、市政府与市人武部制定下发《关于进一步做好士兵优待金发放工作的通知》，提高义务兵优待金发放标准，规范运作机制。同时，提高征兵工作力度，调整往年市征兵领导小组成员单位中副职领导担任的职务为正职领导担任。

2011年10月，市委、市政府、市人武部研究制定《关于进一步加强和改进新形势下征兵工作的意见》，明确规定符合国家安置条件的转业士官和义务兵自谋职业一次性补助经费标准，建立健全优待金自然增长机制，确保足额、及时向优抚对象发放优待金。义务兵优待金发放工作走上科学管理、规范运作轨道。

2012年，市委、市政府为安丘3个驻军单位随军家属发放每人每月300元的未就业生活补助金;安置随军家属就业2人;给市人武部拨款5万元，用于现役军人冬季取暖。

2013年，市委、市政府根据省军区和潍坊军分区指示，针对全市军事设施的保护情况，及时召开军事设施保护协调会，制定保护措施，加大管护力度。

第二章 兵役

第一节 兵役制度

1984年5月31日，第六届全国人民代表大会第二次会议审议通过重新修订的《中华人民共和国兵役法》，共12章65条。兵役法第二条规定："中华人民共和国实行义务兵役制为主体的义务兵与志愿兵相结合、民兵与预备役相结合的兵役制度。"1986年—1997年，安丘市一直落实此兵役制度。

1998年兵役法规定，士兵包括义务兵与志愿兵，义务兵服现役期限为2年；志愿兵实行分期服役制度，服现役的期限，从改为志愿兵之日算起，至少3年，一般不超过30年，年龄不超过55岁。1998年12月29日，第九届全国人大常委会第六次会议审议通过《中华人民共和国兵役法修正案》。兵役法修正案修改《兵役法》11个条款，新增加3个条款，删掉原兵役法中“义务兵役制为主体”的提法，保留“两个结合”的基本制度。1999年6月30日，国务院、中央军委关于修改《中国人民解放军现役士兵服役条例》的决定第二次修订发布，把现役士兵按兵役性质分为义务兵役制士兵和志愿兵役制士兵。义务兵役制士兵称义务兵，服役期为2年；志愿兵役制士兵称士官，实行分期服现役制度，期限为:第一期、第二期各3年，第三期、第四期各4年，第五期5年，第六期9年以上。2010年，现役士兵服役制度再次改革，8月1日颁布实施的《中国人民解放军现役士兵服役条例》规定：义务兵服役期限仍为2年，但取消士官分一至六期的做法，保留士官初级、中级、高级服役等级，由逐期选取调整为逐级选取，选取次数由最多6次减至3次；初级士官最高服役6年、中级士官最高服役8年、高级士官可服役14年以上。2013年，中共十八届三中全会对深化国防和军队建设改革作出全面部署，特别是对完善兵役制度、深化退役军人安置制度改革提出新的要求。市人武部制定完善相关政策机制，加大工作力度，想方设法征集优秀人才、留住骨干人才，从源头上打造军队高素质人才群体，努力为实现强军目标提供人才支撑。

第二节 兵役机构

1986年—2013年，安丘市成立征兵工作领导小组，由分管副市长任组长，市人武部部长、政委任副组长。领导小组办公室设在市人武部，市人武部部长兼任办公室主任，市政府副秘书长、市人武部军事科长任办公室副主任。下设市征兵工作办公室负责组织实施征兵工作。

市政府征兵办公室负责兵员征集日常工作，设主任1人，由市人武部部长兼任；副主任2人，科长兼任；成员由市人武部军事科、政工科、后勤科和市委宣传部、市公安局、市卫生局、市教育局、市财政局、市交通局、市民政局、市监察局、市劳动和社会保障局人员组成。

随着形势的发展和军队建设的需要，市征兵办公室下设科室的功能、职能不断完善，设施、设备不断更新。在体检方面，2002年征兵体检站开始使用自动化管理系统，并增设病史调查组；2005年增加检测艾滋病和吸食毒品项目；2007年增加心理测试内容。

各镇街道党委、政府和人武部，根据市委、市政府、市人武部的要求，建立征兵工作组织领导机构，明确任务分工，确保每年的征兵工作顺利开展，按时按质按量向部队输送合格兵员。

第三节　兵役登记

1986年，根据1984年3月31日颁布的《中华人民共和国兵役法》和1998年12月新修改的兵役法，以及1985年颁布、2001年9月5日修改的《征兵工作条例》，安丘市兵役机关每年对12月31日以前年满18岁的男性公民，在当年9月30日以前进行兵役登记。2011年10月29日，第十一届全国人大常委会第23次会议通过决定，修改《中华人民共和国兵役法》，并重新公布。修改后的兵役登记规定：根据军队需要和本人自愿，可以征集当年12月31日以前年满17周岁未满18周岁的公民服现役。2013年，根据国防部、中央军委决定，兵役登记时间调整为每年1月1日—6月30日。

安丘市兵役机关经过不断探索、总结、完善，逐步形成较为固定的兵役登记程序、办法。首先制定计划，根据兵役登记要求，明确登记具体时间，发布通告，利用各种形式做好宣传教育工作。然后调查摸底，通过户籍部门了解、掌握市内当年年满18岁男性公民数量及有关情况，组织人员做好登记准备。登记工作开始后，开设兵役登记站，采取集中登记、分散登记、上门登记等形式，按要求填写“兵役登记表”，参照新兵征集条件对兵役登记者进行身体目测和政治表现、文化程度审查，确定兵役登记结论，在户口薄“兵役状况”栏目中填入应服兵役、免服兵役和不得服兵役的情况，加盖兵役专用章。乡镇人武部根据市征兵办公室分配新兵征集数量，按1:3的比例，从当年和往年确定的应服兵役适龄青年中确定预征对象，并上报市征兵办公室。

1986年，安丘县适龄公民8976人，确定应服兵役8397人。其中，农业户口8245人，非农业户口134人。1989年，适龄公民9376人，参加登记8804人，登记率93.9%，确定应征公民6251人，预征对象5593人。1996年，安丘市适龄青年6828年人，确定应服兵役6659人。其中，农业户口6489人，非农业户口170人。2001年，适龄公民5066人，参加登记5066人，登记率100%，确定应征公民5019人，非应征公民47人。2005年，适龄公民4789人，参加登记4789人，登记率100%，确定应征公民4503人。2006年，适龄公民7543人，参加登记7543人，登记率100%，确定应征公民6766人。2007年，市人武部改进兵役登记办法，制定关于集中登记和零星登记的兵役登记实施方案，并登记、统计调查摸底的情况，将有关信息及时输入微机，实行计算机网络化管理，提高兵役登记工作的效率和质量。是年，安丘市登记适龄公民5344人，确定预征对象2126人。2008年—2013年，兵役登记人数逐年减少。2013年，安丘市参加兵役登记6395人，确定预征对象1125人。

第四节　征　兵

征兵时间

安丘市兵役机关每年征兵工作主要分三个阶段：上半年为准备阶段，对适龄青年进行国防教育和兵役法规教育，做好兵役登记准备。7月—9月为兵役登记阶段，重点登记应届普通高中、职业高中和职业中专毕业生以及新入学大学生，摸清他们的身体状况、文化程度、专业技术、政治表现及流向，搞好目测、初检、病史调查和文化初审，确定预征对象，并建立定期联系制度。10月之后为征兵实施阶段，主要做好征兵宣传工作。11月开始征兵体检、政审。12月上旬开始定兵、发放服装和运送新兵，31日前结束征兵工作。2013年，经国务院、中央军委批准，全国征兵时间统一由冬季调整到夏秋季，即由原来的冬季征兵调整为夏秋季的8月1日开始征兵、9月1日批准入伍、9月5日起运新兵、9月30日征兵结束。

1984年—1986年，山东省送兵方式由部队接兵改为地方送兵。从1987年起，恢复过去部队到地方接兵办法，安丘县兵役机关不再送兵。2010年，解放军总部全面推行新征接方式，普通部队不再派出人员参与地方体检和政审，市兵役机关向部队送兵。

征兵程序

思想发动 1986年—2013年，安丘市每年均开展“征兵宣传月”活动，在全市营造浓厚的拥军、参军舆论氛围。通过广播、板报、标语、宣传车、电台、电视台等媒介，利用动员会、演讲会、国防知识竞赛等形式，进行爱国主义、英雄主义教育，国防知识、军事知识教育，以《兵役法》为主要内容的征兵政策教育。同时组织人员入门串户，做青年和家长思想工作，增强针对性。2011年10月，市委、市政府、市人武部研究制定《关于进一步加强和改进新形势下征兵工作的意见》，规定符合国家安置条件的转业士官和义务兵自谋职业一次性补助经费标准，建立健全优待金自然增长机制，充分调动全市适龄青年参军入伍的积极性，解决“当兵冷”“征兵难”问题。

体格检查 安丘市体格检查应征公民方法是在基层先目测，后以市为单位，统一抽调医务人员，设立体检站。按照国防部颁发的《应征公民体格检查标准》和《应征公民体格检查办法》，体检站全面检查应征青年体格。之后，抽查或复查合格者，确保体检质量。体检过程实行岗位责任制，谁检查谁签字谁负责，严格把关。

政治审查 政治审查内容主要包括审查应征青年年龄、文化程度、户籍、现实表现及主要家庭成员和主要社会关系。政审工作采取县、乡、村三级政审和区域联审办法。同时，注重发挥接兵部队作用，组织他们走访调查，并认真听取其意见建议。在对象上，重点审查外出青年和人户分离的青年；在区域上，重点审查社情复杂地区；在补兵单位上，重点向担负特殊任务的部队倾斜。政审工作实行岗位责任制，严格审查措施，谁审查谁签字谁负责，防止有劣迹的青年混入部队，确保每个新兵政治纯洁可靠。

审定新兵 1986年，县征兵办公室根据基层推荐情况召开定兵会议，全面衡量，择优定兵；坚持集体定兵、公开定兵、廉洁征兵。初定新兵名单在新兵所在乡镇、村和单位张榜公布，接受群众监督，发现问题及时调换，确保兵员质量。2004年起，军事部门每年印发廉洁征兵“监督卡”和《致预征对象及家长的公开信》，对征兵工作中出现的私自预留征集名额、擅自调整农非比例、办理异地入伍手续；更改体格检查、政治审查、走访调查结论或者办理、出具与事实不符的证明材料；征兵对象身体、政审经复检复查不合格却为其故意隐瞒和搪塞；私自退兵、换兵，私自调整应征青年入伍走向；利用工作和职务之便插手干预征兵工作或接受请托人钱物、宴请、娱乐、旅游；收取应征对象各种费用、克扣应征对象应得的补助或者要求应征对象购销物品等违规行为进行公示，增加工作透明度。1986年—2012年，审定新兵一般在每年的12月5日进行。2013年，调整为9月5日。

发放服装 审定新兵后，安丘市征兵办公室根据征兵任务、新兵补充兵种和地区，向上级后勤部门申领新兵被装。以部队为单位，本着先走先发，后走后发原则，发放新兵被装。1986年—2012年，新兵发放服装时间一般在每年的12月10日—20日。2013年调整为9月6日—15日。

新兵交接 安丘市征兵办公室统一编造《新兵花名册》一式两份，一份交接兵部队，一份由兵役机关保存。新兵交接采取以市为单位集中交接的办法，地点一般在市人民政府所在地，有时也安排在其他交通方便的地点。交接新兵时，市征兵办公室和接兵部队按照《新兵花名册》，当面点交清楚每个新兵和每个新兵的档案，并在《新兵花名册》上签字盖章。新兵交接后，市征兵办公室协助接兵部队搞好新兵起运前的管理，同时全面观察新兵，发现不符合条件的，及时调换。1986年—2012年，新兵交接工作一般在每年的12月20日前。2013年，调整为9月20日前。

处理退兵 新兵到部队后，部队进行复查，发现政治、身体不符合条件、且不宜在部队服现役的，作退兵处理。

征兵工作结束后，市征兵办公室写出总结和新兵质量统计，按规定上报。

大学生入伍

2001年9月，根据国务院、中央军委修改公布的《征兵工作条例》和教育部、总参谋部、总政治部下发的《关于从全日制高等学校在校生征集新兵有关问题的通知》，安丘市从2001年冬季开始，在全日制高等学校在校生中征集新兵。是年，全市有3名在校大学生应征入伍。

2002年，教育部、公安部、民政部、总参谋部、总政治部颁发《关于进一步做好从全日制高等学校在校学生中征集新兵工作的通知》，规定扩大大学生入伍征集范围、规范政审办法、适当减免学费等。是年，全市有5名在校大学生应征入伍。

2008年6月28日，总参谋部、总政治部、教育部、公安部、民政部颁发《关于做好征集2008年度各级各类院校应届毕业生工作的通知》，征集大学生入伍范围扩大。是年，全市有17名大学生应征入伍。

2009年4月20日，财政部、教育部、总参谋部印发《〈应征入伍服义务兵役高等学校毕业生学费补偿和国家助学贷款代偿暂行办法〉的通知》，规定大学生入伍后学费补偿和国家助学贷款代偿。是年，全市有22名大学生应征入伍。

2010年3月25日，国防部征兵办公室下发《关于开展普通高校应届毕业生网上预征工作的通知》，开始实行高校应届毕业生网上预征。是年，全市有29名大学生应征入伍。

2011年9月17日，国防部征兵办公室、教育部高校学生司联合下发《关于进一步做好征集大学生入伍工作的通知》，征集大学生入伍工作开始走向成熟。是年，全市有72名大学生参军入伍。

2012年，国防部征兵办公室取消正在全日制学校就学的学生可以缓征的规定，普通高等学校毕业生的征集年龄放宽至24周岁。是年，全市有87名大学生参军入伍。

2013年，大学生入伍政策日趋完善：入伍新兵保留被普通高等学校录取的大学新生入学资格，退役后两年内允许入学；允许高校应届毕业生和在校生既可在高校所在地报名应征，也可以回入学前户籍所在地报名应征；扩大大学生学费资助范围，简化申请与审批程序，确保及时足额发放到位。是年，全市有62名大学生参军入伍。

1993年，山东省人民政府、山东省军区征兵办公室表彰安丘县为廉洁征兵先进单位。1996年，山东省人民政府、山东省军区表彰安丘市为征兵工作先进单位。2010年，山东省人民政府、山东省军区征兵办公室表彰安丘市征兵办公室为征兵工作先进单位。

第三章 民兵

第一节 组织

1986年—2013年，安丘市民兵组织经历5次调整改革。

1985年—1990年为第一次调整改革期。根据中共中央、国务院、中央军委批准下发总参谋部、总政治部《关于当前和今后一个时期民兵、预备役工作的意见》中所确立的国防后备力量建设要服从服务于国家经济建设大局的指导思想和“减少数量、提高质量、突出重点、打好基础”的十六字方针，安丘县调整改革民兵组织，民兵数量有所压缩。1986年，全县有普通民兵102847人，基干民兵由“七五”期间的18442人减少至14300人。1989年，本着突出重点、均衡负担原则，立足现有基础，着眼今后发展，充分考虑现有基干民兵每年自然递减数量、可能接收退伍军人数量、民兵军事训练任务等多种因素进行编组。是年，全县普通民兵108656人，基干民兵13102人。1990年12月，根据国务院、中央军委新颁布《民兵工作条例》，对基干民兵先训后编，参训人员随训随编，复退军人随退随补。

1991年—1996年为第二次调整改革期。根据中共中央〔1991〕22号文件，中共山东省委、省人民政府、省军区《关于落实中发〔1991〕22号文件的意见》，安丘市民兵改革由“减少数量”变为“控制数量”。

1997年—2005年为第三次调整改革期。根据中国人民解放军总参谋部、总政治部下发的《关于深化民兵工作调整改革的意见》，安丘市压缩基干民兵数量，在市、乡镇两级建立民兵应急分队，调整专业技术分队和对口专业分队编组。1999年，按照“规模适当、布局合理、重点突出、可靠管用”的要求，压缩基干民兵规模，合理调整组织布局；扩大组建范围，改进编组方法，优化基干民兵组织结构，实行分类建设。2002年12月—2005年5月，按照中共中央、国务院、中央军委《关于加强和改进城市民兵工作的意见》和中共山东省委、省人民政府、省军区《关于贯彻落实中发〔2002〕9号文件精神加强和改进城市民兵工作的意见》，进行民兵组织整顿工作。

2006年—2011年为第四次调整改革期。按照上级文件精神，安丘市加快全市民兵建设调整改革步伐。在压缩基干民兵数量的同时，按所担负的任务整合成作战队伍、勤务保障队伍、应急队伍和其他队伍，较大规模地压缩技术含量较低的民兵分队，组建众多民兵专业技术分队和对口专业分队。此外，加大军兵种民兵分队建设和调整力度，使军兵种民兵分队所占比例逐年提高。2010年，全市有民兵91126人，其中基干民兵8700人。有基干民兵营24个，基干民兵连9个，基干民兵排59个，基干民兵班1055个，基干民兵专业技术分队7个；基干民兵点验应到8700人，实到8530人，占基干民兵总数的98%以上。有基层民兵连1478个，其中农村1385个。

2012年，民兵组织开始进行第五次调整改革。按照中发〔2012〕9号文件中“任务牵引、平战结合、突出重点、建用一致”的原则，安丘市适当减少担负作战任务民兵队伍数量，增大担负应急任务民兵队伍规模，减少直接参战民兵分队数量，扩大担负勤务保障任务民兵分队比例，由“十一五”时期基干民兵建设的作战、勤务保障、应急、其他四大类，调整为应急、救援、储备队伍三大类。在市直机关和大中型企业编组两个应急连，在各镇街区分别组建民兵应急排，建成1支民兵应急分队和3支民兵应急救援分队。至2013年，按潍坊军分区赋予的任务完成各类基干民兵队伍转型编组。

1987年2月，安丘县人武部被中共山东省委、省人民政府、省军区表彰为民兵预备役工作先进单位。1995年3月，安丘市人武部被山东省人民政府、省军区表彰为民兵预备役基层建设先进单位。1997年，安丘镇城北村“民兵之家”被济南军区政治部授予“红旗民兵之家”称号。1999年12月，市人武部被山东省军区表彰为民兵工作调整改革先进单位。

第二节　管　理

1985年，安丘县民兵武器全部集中到县民兵武器装备仓库集中封存保管。时，县民兵武器装备仓库属副科级事业单位。是年10月，山东省人民政府批准安丘县民兵装备仓库为军事管理区。从20世纪90年代起，县民兵武器装备仓库管理要求做到“四个纳入”，即把武器装备管理纳入基层全面建设范围，把爱武装教育纳入经常性政治教育，把“四会”“三熟悉”（会操作使用、会检查、会维护保养、会排除一般故障，熟悉武器装备的基本性能、数质量情况和日常管理）纳入正常军事训练，把装备检查纳入战备检查。至2003年，安丘市民兵武器装备仓库实现26年安全无事故，被山东省人民政府、省军区评为全省民兵武器装备管理先进单位、全省民兵武器装备管理整顿工作先进单位、民兵装备仓库建设先进单位；仓库负责人被山东省人民政府、省军区评为民兵武器装备管理先进个人。

2003年，安丘市武器装备集中到潍坊军分区装备仓库统一由军分区代为管理。2004年—2013年，民兵装备武器一直由潍坊军分区装备库统一代为管理。

第三节　国防教育

政治教育

1986年，安丘县人武部对民兵进行以理想、纪律为重点的“四有”（有理想、有道德、有文化、有纪律）教育、法制教育、国防观念和民兵基本知识教育。县人武部被中国人民解放军总参谋部、总政治部和济南军区表彰为订刊、用刊先进单位。1987年，县人武部与县委宣传部联合，利用《中国民兵》《黄河民兵》两刊物，对全县民兵、预备役人员进行政治、国防知识、国际时事等教育。是年10月、11月，县人武部在潍坊召开的民兵政治教育经验交流会和民兵“带建”（积极参加社会主义现代化建设，带头完成生产和各项任务）经验交流会上分别作录像介绍和书面发言。1989年，县人武部、县委宣传部联合下发多个文件，号召全县民兵学习毛主席著作和邓小平等老一辈无产阶级革命家的重要论述，学习雷锋、英模和共和国卫士事迹，反对精神污染，反对资产阶级自由化。

进入20世纪90年代，县人武部主要对民兵进行马克思列宁主义、毛泽东思想等基本理论教育，党的路线、方针、政策教育，以共产主义思想为核心的社会主义精神文明教育，法制和纪律教育，国防观念教育，爱国主义和革命英雄主义教育，依法服兵役教育，革命传统教育，形势任务教育。同时，根据不同时机对民兵进行随机教育。1990年7月，组织全县厂企、县直民兵进行国防知识竞赛和全县专武干部、民兵干部国防知识刊授答卷竞赛，评出6个受奖单位，53名受奖个人。1991年民兵政治工作以社会稳定发展和经济建设为中心，继续贯彻落实中共十三届七中全会和军委扩大会议精神，以及《全军政治工作会议纪要》精神，加强党对国防后备力量的领导，重点抓好基层民兵社会主义思想教育、四项基本原则教育、国防教育和“三反”（反渗透、反颠覆、反演变）教育。1992年2月，县人武部下发《关于深入持久地开展向雷锋同志学习的通知》，开展做“四有”民兵活动。1996年，以邓小平建设有中国特色社会主义理论和江泽民“政治合格、军事过硬、纪律严明、保障有力、作风优良”的总要求为指导，贯彻中共十四届五中全会和军委扩大会议精神，促进民兵工作“三落实”（组织落实、政治落实、军事落实）。1997年，结合香港回归和庆祝建军70周年，对民兵进行爱党、爱军、爱社会主义祖国和形势战备教育。1999年，开展庆祝澳门回归、中华人民共和国成立50周年活动和形势战备教育。2000年，进行“三个代表”重要思想教育。

2001年，市人武部以解放军总部《参训民兵政治教育纲目》为依据，以山东军区《民兵预备役教育读本》为教材，重点搞好参训民兵教育。2004年，结合中共山东省委、省人民政府、省军区开展的“平安山东”活动，组织全市民兵预备役人员参与建设“平安安丘”活动。2005年，开展保持共产党员先进性教育活动。教育活动中，对民兵和民兵党员进行党的宗旨、科学发展观、构建和谐社会、建设社会主义新农村教育。1996年—

2005年，为广大民兵授课49次，并利用《中国国防报》《中国民兵》杂志进行民兵刊授教育。市人武部连续9年被解放军总政治部群工局、解放军报社、中国民兵杂志社表彰为民兵刊授教育先进单位。2007年—2011年，主要贯彻落实中共十七大精神，号召全市民兵为全面建设小康社会而奋斗。2012年10月，组织民兵学习贯彻中共十八大精神，为全面建设小康社会和深化改革、加快转变经济发展方式而努力。2013年，深入学习贯彻中共十八大和十八届三中全会精神，结合整组、征兵宣传、国防教育等时机，抓好党的创新理论学习。高度关注形势发展变化，特别是针对意识形态领域斗争对广大民兵预备役人员的影响，深入开展“四反”（反渗透、反心战、反策反、反窃密）和形势政策教育。

国防教育

组织领导 1989年1月，根据中共中央宣传部、解放军总政治部《关于在民兵、预备役人员中加强国防教育的通知》精神和山东省人民政府、省军区的要求，安丘县成立党委、政府统一领导下的由党委或政府主要领导挂帅，宣传、民政、教育、人武部门和驻军及工、青、妇等群众团体参加的国防教育领导小组，形成“五位一体”抓国防教育的领导体系。领导小组组长由县委书记担任，副组长由县人武部政委、县政府副县长担任，领导小组办公室设在县人武部政工科，政工科长兼任办公室主任。1991年8月，安丘县国防教育领导小组更名为安丘县国防教育委员会，主任由县委副书记、县长担任，副主任由县人武部政委、县政府副县长担任，委员有县委办公室副主任、县政府办公室副主任、宣传部副部长、民政局副局长、教育局副局长、广播电视局副局长和人武部政工科科长。国防教育委员会办公室设在市人武部政工科，科长兼任办公室主任。委员会委员及办公室人员职务调整或离任，由接替其职务者接任。

教育形式 1990年4月，县人武部、县教育局联合下发《关于贯彻省、市国防教育领导小组〈关于对小学、初中学生进行国防教育的通知〉的通知》，对全县小学、初中学生进行以国防精神、国防地理、国防历史、国防常识、国防科技、国防法规、国防体育为主要内容的国防教育。2001年和2004年，全市中小学利用学校教育和教学的主渠道，采取“结合、渗透”的教育原则开展国防教育。进入21世纪，市人武部对民兵预备役人员的国防教育，主要结合政治教育、组织整顿、军事训练进行。同时，本着服务中心、生动活泼、潜移默化原则，结合重大节日、纪念日以及一些特殊日期，有针对性地开展教育。清明节进行革命英雄主义教育、“五四”青年节进行爱国主义教育、民兵训练期间（3月—5月）进行爱军习武教育、“六一”儿童节进行国防史教育、“七一”党的诞生日进行党的国防理论教育、兵役登记期间学习《兵役法》、征兵期间学习《征兵工作条例》、“十一”国庆节学习《国防法》、民兵整组期间学习《民兵工作条例》、春节期间进行拥军优属教育。此外，坚持以阵地为依托，开展国防教育。按照设施配套完善、教育活动经常、发挥作用明显的标准，在全市建立80多个标准化的基层民兵“部室家”，为民兵预备役人员接受国防教育创造良好条件。每年利用“八一”、全民国防教育日、征兵时机，在市区、乡镇繁华路口和主要街道设置国防教育宣传标示牌和宣传栏，组织现役干部、专武干部走上街头散发宣传单；聘请老红军、老战士、老英模担任国防教育义务教员，成立国防教育巡回演讲团；组织有关部门开展“争当优秀士兵家庭”“争当好军嫂”“关心支持国防建设十佳单位”“关心支持国防建设十佳个人”等奖项评比。

教育活动 1990年“八一”建军节期间，安丘县人武部组织全县民兵开展以国防建设为主要内容的各种活动，成立拥军优属服务队1836个，为全县服役干部战士写慰问信3000多封。郚山乡拨出1吨复合肥帮助16户困难烈军属发展生产；官庄镇拨出5000元经费为军烈属解决家庭困难；王家庄乡组织优属服务队，为烈军属做好事300多件；温泉乡人武部组织民兵植树造林650亩；全市放映爱国教育影片50多场。1994年7月，市人武部联合市委宣传部、市国防教育办公室，下发《关于全市开展“全民国防教育活动月”的实施意见》，把每年的8月作为全民国防教育活动月。其后，每年均举行形式多样的全民国防教育活动。是年，市人武部对民兵进行国防教育，开展国防知识竞赛活动，纪念新《兵役法》实施10周年。1996年—2005年，市人武部印发2万多份国防知识小册子和7000多份国防宣传材料，先后组织全市20多万名中小学生和民兵预备役人员进行国防知识演讲比赛和国防

知识竞赛活动。从2001年起，每年9月的第3个星期六为“全民国防教育日”。是日，市人武部运用广播、电视、报刊等大众媒体广泛宣传国防知识。2004年9月，在全市开展“勿忘国耻，强我国防”为主题的第四个“全民国防教育日”活动，在市区主要街道路口悬挂横幅进行宣传，并组织“爱中华、奔小康、强国防”万人签名活动。2005年9月，组织以纪念抗日战争胜利暨世界反法西斯战争胜利60周年、长征胜利70周年为主题的第五个“全民国防教育日”活动和“征兵宣传日”活动，市领导在电视台发表全民国防教育和征兵工作电视讲话。2008年9月17日至20日，市人武部组织以“维护国家安全，共筑和谐家园”为主题的国防教育宣传活动，举行“国防教育展览”和国防法规咨询集中宣传。18日，在市级综合办公楼前隆重举行主题为“维护国家安全，共筑和谐家园”的第八个全民国防教育日宣传活动。会后，市级领导班子成员及机关工作人员参观国防教育展览。2009年—2012年，全市国防教育做到年年有计划、有方案、有内容，每年的“国防教育宣传日”均组织现场活动，加强全民国防意识。2013年9月21日，市人武部在商场路组织以“国防义务和国防安全”为主题的第十三个全民国防教育宣传活动。

第四节　军事训练

民兵军事训练

1981年冬季，全县民兵实施冬训，时间30天，由公社、厂矿人武部组织，以后每年复训3天—5天。1985年，县人民政府集资96万元，兴建包括电化教学楼在内的民兵训练中心。自1986年始，民兵由分片训练改为在基地集中训练，实行正规化管理，民兵训练进入一个新阶段。是年冬，县人武部组织第一次民兵集中训练，参训753人，编成一个训练大队。训练内容包括步兵射击、投弹爆破、队列、土工作业、敌火力下运动、利用地形地物和科技致富等，时间20天。1987年，县民兵训练基地经济南军区验收，被评为达标单位和民兵预备役训练基地建设先进单位。1989年，县人武部根据各乡镇所处地理位置、经济状况等因素，本着均衡负担、平战结合、因地制宜、各有侧重、贫困乡镇适当照顾的原则安排民兵军事训练。是年，全县训练749人，县人武部被山东省人民政府、山东省军区表彰为训练基地建设先进单位。1991年，县人武部按照济南军区《民兵预备役工作五年规划》要求，负责民兵连排长训练。每年按民兵干部编制人数的五分之一安排集中训练，5年轮训一遍，每期20天左右。同时，突出专业技术民兵训练，受训比例达到或超过年度基干民兵训练人数的60%。是年，被山东省军区表彰为军事训练成绩全优单位。1992年，落实总参谋部下发的《民兵军事训练若干规定》。次年，15个乡镇56名新任职民兵连长、22个乡镇450名基干民兵参加训练。1994年，安丘市人武部落实山东省军区制定下发的《民兵规范化训练基本要求》《训练基地设施配套标准》《训练基地使用规定》和《训练基地管理规定》，全市军事训练从组织计划、训练准备、训练实施、训练考核到登记统计、总结报告，均有章可循，规范化程度进一步提高。1995年，民兵训练分5期进行，训练550人。1997年，训练重点进一步转移到民兵干部、应急分队和对口专业分队上。2000年，分7期进行，训练740人。2000年3月，军分区对市民兵训练基地教练员进行“四会”（会讲、会做、会教、会做思想政治工作）、教案编写、理论知识、微机操作考核，教练员均取得良好成绩。

2001年，市人武部贯彻总参谋部《民兵军事训练大纲》，按照训用一致的指导原则，科学规范施训，圆满完成6期、1000名民兵受训任务。2010年—2011年，安丘市民兵训练呈现减少任务、突出重点、创新模式、提高质量的特点。2012年，市人武部完成民兵组织转型编组后，突出抓好应急、救援队伍训练。2013年，根据山东省军区《2013年度全省民兵预备役部队训练任务》，突出应急队伍和专业队伍训练，采取以勤代训、岗位自训、基地统训有机结合的方法进行训练，圆满完成训练任务。

专武干部训练

1973年，安丘县专职武装干部（简称专武干部）开始有计划有重点地训练，主要内容是射击、投弹、地雷爆炸、打坦克、战术等课目。1990年—1991年，根据国务院、中央军委发布的《民兵工作条例》，济南军区公布的《民兵预备役工作五年规划》，安丘县专武干部军事训练由潍坊军分区组织实施。1991年4月，潍坊军分区在安丘举办骨干培训班，统一组训方法、训练课目，培养骨干。1994

年7月，市企业专武干部参加潍坊军分区组织的集训，时间15天。1995年—1997年，市人武部每年举办集训班，对新任职专武干部进行15天—20天集中训练。2002年，组织专武干部在民兵训练基地统一培训。主要内容有微机操作、队列、射击、业务理论等。2003年—2005年，新任职专武干部参加军分区以上军事机构专门培训；其他专武干部由市人武部组织培训，主要采取集中训练、个人自学、以会代训等形式组织实施。

2006年—2007年，专武干部培训在体制上多采取军事机关和地方党委、政府共同负责，以军事机关为主，多途径、分层次培训的方法；在培训内容上，主要根据“战场”“市场”需要，学习现代军事技术和民兵、兵役、动员业务，学习经济科技、管理、法律等基本常识，特别是学习研究高技术局部战争组织指挥民兵参战支前的战法和训法，使其成为既了解现代军事又了解现代科技，既熟悉民兵预备役工作又熟悉地方经济工作的多能型人才；在培训方式上，采取军队培训与地方党校培训相结合，集中培训与在职学习相结合，并辅之于函授教育、自学考试等多种形式。

2008年—2012年，专武干训培训采取市人武部先训，后由潍坊军分区统一培训的方式，加强专武干部军事技能和业务素质。2013年5月上旬，市人武部组织以国防教育和本职业务知识学习为主的专武干部集训，参训25名武装部长均按时报到参训，按标准达标结业。

1993年，安丘县人武部被中共山东省委、省人民政府表彰为民兵带建工作先进单位。2006年，安丘市人武部被解放军总参谋部、总政治部、总后勤部、总装备部表彰为落实民兵四课教育先进单位。2007年，被山东省军区表彰为筹备和保障全国民兵新大纲集训先进单位。

第四章 预备役

第一节 预备役登记

预备役制度是国家储备兵员的重要方式，是战时实施快速动员扩编的一种组织形式。公民在服预备役期间，定期参加军事训练，执行军事任务，并随时准备应征服现役。

1986年—2013年，安丘市依照《中华人民共和国兵役法》和中央军委、总参谋部、总政治部的有关规定与要求，每年组织登记注册和管理境内符合条件的公民，定期登记入册，编入预备役部队或民兵组织，并按不同时期军事斗争需要对其进行必要的教育和训练，保持和提高其军政素质，为战时转服现役奠定基础。

士兵登记

士兵预备役登记对象，包括符合服预备役条件的退伍士兵、与军事专业对口的地方专业技术人员以及兵役登记的其他未服现役的公民。登记工作在退伍军人返乡一个月之内完成，主要采取固定人员登记、抽调人员登记和上下结合登记。

每年退伍军人返乡期间，市人武部落实一名分管动员工作的参谋参与地方退伍军人安置工作。除协助搞好接待和安置工作外，还根据市人武部军事科的要求，负责退伍军人的预备役登记，填写“退伍军人登记表”“退伍军人预备役登记卡片”。同时，根据部队确定的服预备役或免服预备役意见，在退伍证“签证”栏内加盖“服预备役”或“免服预备役”专用章。在登记中，对部队漏登、错登的，根据退伍军人实际情况予以补登、改登。每年退伍期间，若退伍人员成批返乡或人数较多时，市人武部临时抽调人员协助动员参谋登记，以免漏登。退伍军人因家庭住址变迁、或少数农村退伍军人直接回乡没有到安置办公室报到、或因跨地区安置一时漏登，由市人武部依据其本人档案重新办理登记手续。

1986年，安丘县经过兵役登记，有专业对口人员7631人，分29种专业。1990年7月，县人武部下发《关于年度退伍军人预备役复核和大龄退伍军人档案移交工作情况的通报》，复核当年6月—7月实施预备役登记的情况。2001年，市人武部建立士兵预备役系统数据库，将退伍军人类别、专业名称、号码及本人所在单位、联系方式等全部输入微机，分门别类进行管理，从而准确掌握预备役人员的数质量和分布情况，为平时召集和战时动员奠定基础。2004年，市人武部军事科组织人员完成33个基层武装部的退伍军人出入转队，办理服二类预备役人员档案移交工作。2006年，全市地方与军事专业对口技术人员有471人。至2013年，市人武部每年4月、5月利用民兵整顿，组织各基层武装部登记、统计全市士兵预备役的情况。

军官登记

按照《兵役法》的规定，预备役军官包括下列人员：退出现役转入预备役的军官、确定服军官预备役的退出现役士兵、确定服军官预备役的高等院校毕业学生、确定服军官预备役的专职人民武装干部和民兵干部、确定服军官预备役的非军事部门干部和专业技术人员等。

安丘市预备役军官的登记，由市人武部负责办理。退出现役被确定转服军官预备役的人员，向安置部门报到时办理预备役军官登记；其他人员在被确定服军官预备役的同时办理预备役军官登记；被确定服军官预备役的在国家机关、社会团体、企业事业单位工作的人员，到市人武部办理预备役军官登记；被确定服军官预备役的其他人员，到户籍所在地人武部办理预备役军官登记。因工作调动或者迁居需要变更预备役军官登记地的，办理转出手续，并自到达新的工作单位或者居住地之日起30日内，到所在地县级人民武装部办理转入手续。

1991年，安丘县开始预备役军官登记、统计、建卡、立档工作。时，登记、统计的对象主要是1988年9月以后被部队授予军官军衔的转业干部。登记、统计后，重新评定预备役军衔。评定工作由市委、市政府、市人武部领导及市委组织部、市人事局等部门负责人组成的评定领导小组负责。到1996年底，全市进行预备役军官登记并被改授、授予预备役军官军衔的有112人。其中，预备役中校3人、少校5人、上尉25人、中尉26人、少尉53人。从1997年起，转业部队军官在批准转业地方工作的同时，办理转服预备役，改授预备役军官军衔。在安置报到后，市人武部进行登记、统计。

第二节 预备役训练

1986年—2013年，安丘市的预备役训练，一直依据中国人民解放军总参谋部颁发的《民兵军事训练与考核大纲》《预备役部队军事训练与考核大纲》和教育部、总参谋部、总政治部颁发的《普通高等学校军事课教学大纲》《高级中学学生军事训练教学大纲》进行，同时根据训练对象和担负的任务，选择训练内容。主要包括：入队训练、共同训练、技术训练、战术训练、支前保障训练、快速动员和非战争行动训练。通常采取集中与分散两种训练形式，基本形式是集中训练，主要依托市民兵训练基地组织进行。对于专业性较强的训练内容与驻地部队进行挂钩训练。

第五章 学生军训

第一节 军训内容

1988年至2013年，安丘市对高级中学、中等职业学校进行军训基础知识传授和必要的军事技能教练，作为学生接受国防教育、履行兵役义务的一种形式。市人武部每年会同市教育局、安丘市驻军部队组成军训工作领导小组，负责本年度军训组织领导工作。组长由市政府分管教育副市长担任。军训领导小组在市教育局基础教育科设办公室负责日常工作。各有关学校成立由学校主要领导、政教处或教导处、总务处负责人组成的军训领导机构和办事机构，具体组织实施学生军训工作。学生军训内容和课时安排，按照重新修订的《高级中学学生军事训练大纲》执行。军事训练作为一门必修课，列入学校教学计划，训练成绩记入档案。军训包括集中军事训练和军事知识讲座。集中训练的内容是：中国人民解放军的性质、任务，“三大条令”（纪律条令、队列条令、内务条令），“三防”（防核武器、防生物武器、防化学武器）知识，城市防空知识，轻武器射击训练，手榴弹投掷，爆破常识，单兵战斗动作，战伤救护等。自2005年始，安丘一中训练内容增加广播体操训练、生存演练、礼仪学习、心理健康教育等内容。军事知识讲座内容是：军事思想、军事科技、现代国防、国际战略、高科技战争等。高级中学学生军事训练时间为7天—14天，其中集中训练时间不少于7天；军事讲座根据实际情况灵活安排。

第二节 军训活动

1988年始，安丘各高级中学每年秋季开学后，利用10天左右的时间，集中军训高一新生。聘请的教官主要是安丘驻军部队官兵。1993年2月，安丘县第四职业高中挂牌成立安丘县预备役军人学校，举办预备役职业高中班，开设国防教育等专业，成为山东省内第一家正规化预备役军人学校。1996年，山东省军区和山东省教育委员会在安丘市第四职业高中召开全省预备役军人学校建设现场会，学校被山东省国防教育委员会授予山东省国防教育基地先进单位称号。1995年起，安丘市延伸学生军事训练至小学高年级，扩大军事训练和国防教育面，取得较好效果。

2001年6月，国务院办公厅、中央军委办公厅转发教育部、总参谋部、总政治部《关于在普通高等学校和高级中学开展学生军事训练工作的意见》，规定学生军事训练的指导思想和目的、规划和要求、工作机构和师资配备、训练保障及组织领导等问题。此后，安丘市的学生军事训练主要集中在初中、高中、中等职业学校的新生中进行。学生军事训练工作开始步入正轨，并日趋制度化、正规化和规范化。从2002年起，由于新生班数太多，学校大多采用外聘教官与校内体育教师相结合的方法进行军训。

第六章 人民防空

第一节 机 构

1986年，安丘县人民防空工作先后由县人武部、国防动员委员会人民防空办公室负责。

2002年12月，安丘市人民防空办公室（简称市人防办）成立，统一负责全市防空工作。市人防办为正科级全额事业单位，隶属市政府办公室，业务接受市人武部指导。2007年8月，经市编制委员会批准，市人防办调整为政府序列部门，隶属市政府直接领导，编制调整为6人。2007年10月，根据潍坊市统一要求，加挂安丘市民防局牌子，实行防空防灾一体化建设和管理。

2010年，根据中共安丘市委、市人民政府《安丘市人民政府机构改革实施意见》和《安丘市人民防空办公室主要职责内部机构和人员编制规定》，市人防办为市政府直属事业单位，正科级规格，财政拨款。设综合科、指挥通信工程科和法规科。至2013年，机构未变动。

第二节 人防体系

2003年3月，根据潍坊市人防办、广播电视局、公安局等9部门联合下发的《关于建立多种媒体防空防灾警报发放系统的通知》，安丘市逐步建立起多媒体防空防灾警报发放和控制系统，建立健全警报鸣放管理体系，改革防空警报管理体制，并根据城市建设发展变化，及时科学规划警报站点。

2010年，市人防办投资120万元，购买移动指挥车一辆。指挥车具有现场指挥、视频传输、海事卫星通话等多项功能，安装发射半径2000公里的短波电台一部，提升应急通信保障能力。2012年5月，根据战备需要和上级要求，市人防办投资30余万元，建成防空防灾地面指挥中心。指挥中心集指挥、控制、空情通信、警报、视频会议于一体，配套先进，运行稳定，安全保密。利用指挥中心，市人防办实现与上级人防部门和兄弟县市信息互联互通、资源共享。同时，指挥中心与移动指挥车相互联通，构成固定与机动相结合的信息化指挥系统，为防空、防灾应急行动提供有力指挥通信保障。

2003年—2013年，根据《中华人民共和国人民防空法》规定和潍坊市人民政府统一安排，市人防办于每年6月15日，在市区鸣放防空防灾警报，增强市民国防观念和防空防灾意识，提高全社会防灾减灾和应急避险能力。在每次试鸣前5日向全市发布警报鸣放公告，市区警报音响覆盖率95%以上。

至2013年底，市区重点部位安装22台警报器。其中，9台电动警报器，12台电声警报器，1台广播电视警报终端控制器。

第三节　教育与宣传

从2003年起，安丘市立足建立防空防灾宣传教育长效机制，贯彻潍坊市人防办提出人防宣传教育“四进”（进机关、进党校、进校园、进社区）的要求。至2013年，培训科级干部和青年后备干部20余批、2400多人次。2010年，在市青少年科技创新教育实践基地内建立青少年人防教育培训基地，配齐警报演示仪、防化服、防毒面具、兵器模型等各种教案教具，聘请专门任课教师，培训中小学生16000余人次。2010年，向市民发放《居民防空防灾手册》5000份。

2003年—2013年，每年“6·15”警报统一试鸣日，市人防办提前利用广播、电视、报纸、通讯工具等，发放安丘市人民政府鸣放公告，组织开展一系列宣传教育活动。机关人员走上街头，发放宣传材料，讲解人防知识。安丘电视台播放专题片，系统介绍全市人防工作开展情况，提升市民防空防灾意识。

第二十编

民　政

安丘市民政局是市政府工作部门，为正科级行政机构，依法行使全市民政工作管理职能。1986年，称安丘县民政局。1994年3月，安丘撤县建市，更名为安丘市民政局。2010年7月，内设办公室、救灾救助与社会福利科、优抚安置科（挂市拥军优属拥政爱民工作领导小组办公室牌子）、社区管理与社会事务科、社会组织管理科5个职能科室；辖市慈善总会办公室、市军队离退休干部休养所、市婚姻登记处、市殡葬管理所、市革命烈士陵园管理所、市社会福利院（加挂市救助管理站牌子）6个直属事业单位；代管市老龄工作委员会办公室；市慈善总会、市殡葬协会2个纳入行业管理的社会团体。按照2010年镇街机构改革要求，各镇、街道没有单设民政办公室，民政业务纳入社会保障管理服务中心管理。至2013年，机构未变。

第一章　村级自治

1984年—2013年，安丘市经村民选举产生的村民委员会共10届，其中第一届村民委员会于1984年选举产生，至1986年届满。

第一节　第二届村民委员会

第二届村民委员会（1987年—1989年）。1987年9月，安丘县进行第二届村（居）民委员会选举，选出村委会干部5022人。

第二节　第三届村民委员会

第三届村民委员会（1990年—1992年）。本届村（居）民委员会选举，全县有18周岁以上的农村登记选民681282人，参加投票652221人，占选民总数的96%。改选后的村(居)民委员会主任中，有632名由村党支部书记兼任。

第三节　第四届村民委员会

第四届村民委员会（1993年—1995年）。1993年12月，安丘县进行第四届村民委员会选举，选出村（居）民委员会干部5568人。其中，35周岁以下的2000人，占总数的36%；35周岁以上的3568人，占64%。选出的村主任中，由村党支部书记兼任的186人；兼任村党支部副书记的420人。

第四节　第五届村民委员会

第五届村民委员会（1996年—1998年）。1995年10月—1996年6月，安丘市进行第五届村民委员会选举，选出村委会干部5986人。其中，35周岁以上2360人，占村委会成员总人数的39%；35周岁以下3626人，占61%。全市设村民小组4268个，村民委员会下设人民调解、治安保卫、文教卫生、计划生育、社会保障、经济管理等工作委员会。全市参选率98%。

第五节　第六届村民委员会

第六届村民委员会（1999年—2001年）。1999年3月—5月，安丘市根据新修订的《村民委员会组织法》和省选举办法，组织进行第六届村民委员会换届选举，选出村民委员会干部5739人。此次村民委员会选举，全市有登记选民662356人，参加选举584262人，参选率为88%。

第六节　第七届村民委员会

第七届村民委员会（2002年—2004年）。2002年4月—5月，安丘市进行第七届村民委员会换届选举。选举产生的新一届村委会成员4022人。其中，妇女干部544人，占13%；村党支部书记与村主任“一人兼”1002人；村“两委”（村党支部委员会、村民委员会）成员交叉兼职3424人，占总人数的85%。

第七节　第八届村民委员会

第八届村民委员会（2005年—2007年）。2004年10月—2005年2月，安丘市进行第八届村民委员会换届选举。经选举产生的新一届村民委员会中，村党支部书记与村主任“一人兼”比例88%；村“两委”会班子“双高双强”（政治文化素质高、群众威信高，工作能力强、带领群众致富能力强）型人才3866人，占94%。“两委”成员职数平均不超过3.5人。

第八节　第九届村民委员会

第九届村民委员会（2008年—2010年）。2007年10月—12月，安丘市进行第九届村民委员会换届选举。此次村民委员会选举，全市登记选民634286人，参加选举542358人，参选率为85.5%。

第九节　第十届村民委员会

第十届村民委员会（2011年—2013年）。2011年3月—6月，安丘市进行第十届村民委员会换届选举，登记选民625479人，参加选举552426人，参选率88.3%。选举产生的新一届村委会成员3242人。

第二章　优待抚恤

第一节　政治优待

1988年，安丘县通过召开座谈会、表彰先进及颁发光荣牌、慰问信、慰问画等多种形式，对优抚对象实行政治优待，提高政治待遇和社会地位。每年春节和“八一”建军节，安丘县委、县政府领导走访慰问部分生活困难优抚对象，县、乡镇两级组织召开优抚对象座谈会、报告会。征兵期间，县直各部门和单位门口、乡镇驻地显要位置均悬挂拥军标识，并通过广播、电视、报纸、宣传栏等多种形式和途径，宣扬优抚对象在安丘县经济建设和社会发展中做出的贡献，营造“一人参军全家光荣”“拥军优属人人有责”浓厚氛围。

1992年9月，安丘县派出26人参加潍坊市双拥工作暨优抚对象先进代表大会。是年11月，召开全县双拥工作暨优抚对象先进代表会议，与会代表130人。会上对双拥工作先进单位和先进个人进行表彰，激发全县人民拥军优属热情。

1993年，正值双拥运动50周年。安丘县利用电视、广播、座谈会、展览、宣传车等多种形式宣传50年来全县拥军优属的光荣传统和安丘县拥军优属先进人物的典型事迹。

1994年—2001年，安丘市每逢春节、“八一”建军节等重大节日，市、乡镇、村召开联欢会，设光荣席，请烈军属、伤残军人代表参加。许多商店设军人、烈军属专柜，在购票、乘车等方面给予优先照顾，伤残军人、退伍军人、烈军属等在社会上受到普遍尊重。2002年“八一”前夕，市妇联、市人武部和团市委联合表彰“好军嫂”10人、“好兵妈妈”16人。2003年—2010年，市委、市政府多次对优秀军队转业干部、复员退伍军人与关心国防建设先进人物进行表彰，弘扬爱国拥军精神。

2012年7月，省民政厅、省军区政治部联合下发《关于规范军人立功受奖喜报送达工作的通知》。安丘市贯彻落实《通知》要求，自8月1日起，对立功、受奖军人由市委、市政府、市人武部领导走访慰问。至2013年底，走访慰问荣立个人三等功的士兵78人、荣立个人二等功的士兵3人，发放慰问金8.7万元。

1988 年—2013 年，每到春节前夕，市委、市政府向全市烈军属、现役军人、退伍军人与重点优抚对象发放慰问画、慰问信和光荣牌，年均发放光荣牌 4000 余个、慰问信 30000 余封、慰问画 40000 余幅，其中烈属光荣牌，由乡镇政府委托烈属所在村“两委”到门悬挂。

第二节　国家补助

安丘市对优抚对象实行国家补助，主要有定期定量补助、临时补助两种。

定期定量生活补助

安丘市享受定期定量生活补助的对象，主要有烈士遗属、因公牺牲军人遗属、病故军人遗属和在乡老复员军人、带病回乡退伍军人、部分参战和参加试验退伍军人等。

1987 年，全县有复员军人 8256 人，包括抗日战争时期入伍的老复员军人 3312 人，解放战争时期入伍的复员军人 4256 人，新中国成立后带病回乡复员军人 688 人，对其中 5840 人老复员退伍军人实行定期定量补助。

1989 年，安丘县根据民政部、财政部《关于调整部分优抚对象抚恤优待标准的通知》精神和山东省民政厅、财政厅相关要求，对抗日战争和解放战争期间老复员军人生活补助每人每月分别增加 10 元和 15 元。“三属”（烈士遗属、因公牺牲军人遗属、病故军人遗属）每人每月提高 15 元。全县年发放优待金 258 万元，其中烈军属户均优待 457 元。是年，全县共有复员军人 8256 人，享受定期补助的 5743 人，对未享受定期补助的 2513 名老复员军人给予每人每月 5 元的生活补助。此后，适时调整提高补助金额，全县优抚对象生活补助达 100%。

1991 年，安丘县按照《军人抚恤优待条例》《山东省优待烈属军属和伤残军人规定》，再次提高定期定量补助标准。烈士家属、因公牺牲军人家属和病故军人家属每人每月平均提高到 44 元，老复员军人每人每月提高到 28 元。是年，全县有“三属”472 户、复员退伍军人 5260 人。经省政府批准追认烈士 1 人，新增因公牺牲军人 2 人。

1993 年，安丘县有 5023 名老复员退伍军人享受定期定量生活补助。是年，新增 1 名病故军人遗属，并为 9 名特等、一等伤残军人家属办理“农转非”手续；报批 2 名因公牺牲人员。

1995 年，安丘市再次提高“三属”、复员军人定期定量生活补助标准，“三属”达到平均每人每月 76.5 元，复员军人达到每人每月 39.5 元。为全市 4882 名享受国家定期定量补助的复员军人、退伍军人换发新领款证件，为 24 名带病回乡的退伍军人家属办理定期定量补助手续，新增 4 名因公牺牲军人家属。

1997 年，全市有 5078 名优抚对象享受定期定量补助。其中，新增 13 名在乡老复员军人、8 名带病回乡退伍军人、3 名因公牺牲军人遗属、2 名病故军人遗属。市民政局为 12 名特等、一等伤残军人及家属办理“农转非”手续。

2003 年—2005 年，为金冢子镇毛家寨庄村因救落水儿童而牺牲的李玉杰报批革命烈士，同时为其父亲、妻子和孩子落实定期抚恤待遇；为 1 名烈士办理呈报补批手续；新增 3 名病故军人遗属、4 名因公牺牲军人遗属；为 9 名带病回乡退伍军人、20 名在乡老复员军人办理定期定量补助。

2006 年 1 月，安丘市再次提高在乡复员军人、带病回乡退伍军人定期定量补助标准。抗日战争时期入伍的达到每人每季度 670 元，解放战争和抗美援朝时期入伍的每人每季度 515 元；带病回乡退伍军人每人每季度 210 元。

2007 年 8 月，国务院出台新的优抚对象补助政策，扩大享受定期定量补助范围，包括在农村和城镇失业或无业状态的参战部队退役军人和参加核试验部队退役军人。为此，市民政部门对部分参战、参加核试验的退役人员进行登记核查，为 400 多名参战、涉核部队的退役人员全面落实相关待遇。同时，提高定期定量补助发放标准。抗日战争时期入伍的每人每季度 820 元，解放战争和抗美援朝时期入伍的每人每季度 665 元，带病回乡退伍和参战、涉核部队退役军人每人每季度 300 元。

2008 年 3 月，根据上级要求，市民政局对全市烈士遗属、因公牺牲军人遗属、病故军人遗属、在乡老复员军人、带病回乡退伍军人及参战、涉核部队退役人员换发新式抚恤补助证。是年 9 月，市政府出台《安丘市抚恤定补优抚对象医疗保障办法》，为解决全市抚恤定补优抚对象医疗困难问题奠定良好制度基础。

2010 年 12 月，柘山镇马时沟村战士李双林在参加四川省甘孜州道孚县草原火灾抢险时牺牲，被四川省军区政治部批准为革命烈士。是年，市民政局为38名带病回乡退伍军人落实定期定量生活补助。

2011年7月25日，石埠子镇街里村退伍军人鞠世兵在渠河抢救落水群众时遇难。2012年2月，鞠世兵被山东省人民政府批准为革命烈士，市民政局为其家属5人落实定期抚恤待遇。是年，为2名因公牺牲军人的5名家属落实抚恤待遇。2011年8月，市民政局根据民政部、财政部《关于给部分农村籍退役士兵发放老年生活补助的通知》要求，对全市退伍军人进行调查登记，对符合条件的6000多名农村籍60岁以上老兵落实老年生活补助待遇。至2013年底，为6186名60岁以上老兵发放生活补助金800余万元。

根据民政部、财政部《关于给部分烈士子女发放定期生活补助的通知》要求，自2011年7月1日起，给250多名烈士子女（含新中国成立前错杀后被平反人员的子女）落实定期生活补助。至2013年底，共发放烈士子女生活补助款97万元。

安丘市1987年—2013年“三属” 复员军人定期定量生活补助情况表

表20—1

年份	补助“三属”		补助复员军人	
	人数（人）	金额（元）	人数（人）	金额（元）
1987	506	174009	5840	899441
1988	506	176962	5806	1068113
1989	493	178116	5743	1055337
1990	485	237873	5482	1674600
1991	472	253560	5260	1790125
1992	461	264100	5142	2023273
1993	452	257634	5023	2207100
1994	442	276300	4926	2163200
1995	434	425863	4882	2372237
1996	428	389433	4784	2462322
1997	414	401849	4664	3128470
1998	405	402954	4596	2794225
1999	388	551785	4499	4977105
2000	376	629336	4396	5339784
2001	361	698172	4301	5080635
2002	347	746380	4225	5192000
2003	332	789870	4151	5206870
2004	321	821820	3971	5234640
2005	313	779760	3955	5795120
2006	303	817900	3835	6360000
2007	291	932880	3538	7092000
2008	268	1010360	3686	8002120
2009	246	845100	3454	8967680
2010	228	1117388	3303	11115860
2011	213	1149380	3142	12373700
2012	211	1322430	2995	13532380
2013	199	1404380	2831	14226640

临时补助

1986年—2013年，安丘市政府每年对困难优抚对象进行临时救助和走访慰问；有关部门对实行结对帮扶的重点优抚对象，定期进行走访慰问。慰问优抚对象的物品，有现金和面粉、花生油、酒水等生活物品。28年间，全市发放临时救济补助款712万元，受救助的烈军属和伤残军人、复员、退伍军人3.3万多人次，主要用于解决优抚对象的治病、住房和生活困难问题。

安丘市1986年—2013年优抚对象临时救助情况表

表20-2

年份	救济款（万元）	面粉（袋）	花生油（桶）	年份	救济款（万元）	面粉（袋）	花生油(桶)
1986	1.1	50	50	2000	11	148	148
1987	1.5	60	60	2001	14	150	150
1988	2	80	80	2002	15	150	150
1989	1.6	95	95	2003	15	150	150
1990	1.8	100	100	2004	16.6	150	150
1991	2	105	105	2005	17	150	150
1992	3	120	120	2006	17	150	150
1993	3	120	120	2007	18.5	—	—
1994	3.3	125	125	2008	19	—	—
1995	4	125	125	2009	21	—	—
1996	5.6	133	133	2010	39	—	—
1997	7	138	138	2011	38	—	—
1998	7.6	140	140	2012	43	—	—
1999	8.8	145	145	2013	42	—	—

1986年—1990年，安丘县对优抚对象医疗费用给予适当补助。革命烈士家属、现役军人家属医疗费补助由其所在乡镇人民政府出具证明，查证属实，予以减免补助。在乡带病复员军人医疗费，根据实际情况，予以全额补助。1991年9月，县政府出台《安丘县优抚对象抚恤优待暂行办法》，烈士家属、因公牺牲军人家属、病故军人家属、在乡三等伤残军人和现役军人家属以及带病回乡的复员退伍军人，因家庭生活特别困难无力支付医疗费用的，持乡镇人民政府证明，由所在乡镇卫生部门酌情给予减免，所需医药费由其所在乡镇人民政府落实解决。1992年，全县帮助优抚对象解决医药费用80多万元，以后逐年增加。1996年全市帮助优抚对象解决医药费用180多万元。

1995年11月，安丘市实施基本医疗保险制度后，将全市350名在乡二等（含二等）以上革命伤残军人全部纳入城镇职工基本医疗保险，享受公费医疗待遇。2007年，全市尚有在乡二等（含二等）以上革命伤残军人220人。凡需要到外地治疗和安装义肢的，经卫生部门批准后，其差旅食宿费用，由市民政部门给予全部报销。

2002年8月，市政府出台《安丘市重点优抚对象医疗保险暂行办法》，规定凡持有本市户口享受抚恤补助待遇的烈士家属、60周岁以上的因公牺牲军人家属和病故军人家属、在乡复员军人和在乡三等伤残军人，患重大疾病住院治疗终结后，由市民政局按照一定比例给予一定数额的医疗补助。至2007年，市民政局为480多名重点优抚对象办理大病医疗补助手续，兑现医疗补助金70余万元。

2008年8月，市政府制定《安丘市抚恤定补优抚对象医疗保障办法（试行）》，凡具有本市城乡居民户籍且领取定期抚恤金或者定期定量生活补助的退出现役的残疾军人、烈士遗属、因公牺牲军人遗属、病故军人遗属、复员军人、带病回乡退伍军人、参战退役军人等优抚对象，依照本办法享受医疗保障待遇。优抚对象参加相应的城镇居民医疗保险或新型农村合作医疗，因病住院医疗费用在按规定比例报销后剩余部分，分别按不低于35%和15%给予补助。2009年，市政府办公室制定《安丘市抚恤定补优抚对象住房保障办法（试行）》，及时解决优抚对象住房难的问题。

根据国务院《军人抚恤优待条例》的规定，安丘市对七级至十级残疾军人旧伤复发的医疗费用，参加工伤保险的，由工伤保险基金支付，未参加工伤保险、有工作的由工作单位解决，没有工作的由市政府负责解决；七级至十级残疾军人旧伤复发以外的医疗费用，未参加医疗保险且本人支付有困难的，由市政府酌情给予补助。

至2013年底，市民政局为全市11名残疾军人发放旧伤复发费用4.6万元；为优抚对象医疗救助1206人，发放救助款96万余元;为46名优抚对象、17名下岗失业退伍军人修缮房屋等，发放救助款120多万元。

第三节 国家抚恤

国家通过财政拨款，对牺牲的革命军人家属和革命伤残军人发放现金津贴，实施优抚保障，以保证他们达到一定的生活水平。国家抚恤带有安抚体恤和社会补偿性质，分为死亡抚恤、伤残抚恤两种。

死亡抚恤

1986年3月，民政部、财政部调整因公牺牲和病故人员的抚恤标准。是年7月1日起，对因公牺牲人员的一次性抚恤金，按其牺牲时的20个月工资计发；病故人员的一次性抚恤金，按其病故时10个月工资计发，但其最高金额不得超过3000元。义务兵、参战民兵、民工的工资低于所在部队23级正排职干部的军队院校学员，志愿兵因公牺牲的一次性抚恤金，均按照23级正排职干部20个月工资计发；病故的一次性抚恤金，按23级正排职干部的10个月工资计发。

1988年7月，国务院发布实施《军人抚恤优待条例》，规定现役军人死亡后，根据死亡性质和本人死亡时的工资收入，由民政部门发给其家属一次性抚恤金，具体标准由民政部会同财政部制定。义务兵和月工资低于正排职军官工资标准的其他军人死亡时，按正排职军官的工资标准发给其家属一次性抚恤金。

2004年10月，国务院重新修订颁布《军人抚恤优待条例》，按照规定，现役军人死亡，根据其死亡性质和死亡时的月工资标准，由民政部门发给其遗属一次性抚恤金，烈士发放80个月工资，因公牺牲发放40个月工资，病故发放20个月工资。月工资或者津贴低于排职少尉军官工资标准的，按照排职少尉军官工资标准发给其遗属一次性抚恤金。

2011年8月，国务院、中央军委新修订《军人抚恤优待条例》。按照规定，现役军人死亡，根据其死亡性质和死亡时的月工资标准，由民政部门发给其遗属一次性抚恤金。烈士和因公牺牲的，为上一年度全国城镇居民人均可支配收入的20倍加本人40个月的工资；病故的为上一年度全国城镇居民人均可支配收入的2倍加本人40个月的工资。月工资或者津贴低于排职少尉军官工资标准的，按照排职少尉军官工资标准计算发给其遗属一次性抚恤金。

2013年8月1日起施行的《烈士褒扬条例》规定：国家建立烈士褒扬金制度，烈士褒扬金标准为烈士牺牲时上一年度全国城镇居民人均可支配收入的30倍。获得荣誉称号或者立功的烈士、因公牺牲军人、病故军人，其遗属在应当享受的一次性抚恤金的基础上，民政部门按照下列比例增发一次性抚恤金：获得中央军委授予荣誉称号的增发35%，获得军队军区级单位授予荣誉称号的增发30%；立一等功的增发25%，立二等功的增发15%，立三等功的增发5%。多次获得荣誉称号或者立功的烈士、因公牺牲军人、病故军人，其遗属由民政部门按照其中最高等级奖励的增发比例，增发一次性抚恤金。

根据1985年1月民政部、财政部《关于对革命烈士家属、因公牺牲军人家属、病故军人家属发给定期抚恤金的通知》的规定，安丘县对“三属”从1985年1月1日起实行定期抚恤，以后多次提高定期抚恤金标准。抚恤经费全部由中央财政承担。自2004年10月1日起，安丘市执行的定期抚恤标准为：居住城镇的烈士家属每人每月360元，居住农村的每人每月230元；居住城镇的因公牺牲军人家属每人每月335元，居住农村的每人每月220元;居住城镇的病故军人家属每人每月310元，居住农村的每人每月205元。至2013年，每年都有调整。

安丘市 2007 年—2013 年定期抚恤金发放标准

表 20—3　单位：元

执行日期	户籍性质	烈士遗属	因公牺牲军人遗属	病故军人遗属
2007 年 10 月 1 日起执行	城镇	6120	5520	5220
	农村	3720	3540	3420
2008 年 10 月 1 日起执行	城镇	7020	6300	5940
	农村	4260	4080	3900
2009 年 10 月 1 日起执行	城镇	8060	7230	6810
	农村	4880	4670	4470
2010 年 10 月 1 日起执行	城镇	8850	7940	7480
	农村	5360	5130	4910
2011 年 10 月 1 日起执行	城镇	10600	9110	8580
	农村	6150	5880	5630
2012 年 10 月 1 日起执行	城镇	12170	10460	9850
	农村	7050	6740	6460
2013 年 10 月 1 日起执行	城镇	13860	11890	11190
	农村	7970	7610	7290

享受定期抚恤金的烈士遗属、因公牺牲军人遗属、病故军人遗属死亡的，增发 6 个月其原享受定期抚恤金，作为丧葬补助费，同时注销其领取定期抚恤金的证件。

伤残抚恤

民政部门负责的残疾抚恤对象是在部队负伤致残退出现役的军人（包括人民武装警察部队官兵）；伤残人民警察（不包括企事业单位享受劳保待遇的伤残人民警察）；国家机关伤残工作人员（包括国家权力机关、行政机关的工作人员，由国家补贴的民主党派，人民团体的工作人员，人民解放军、人民武装警察部队列入编制内无军籍的工作人员）；参战伤残民兵民工；参加军事训练的民兵（指无工作单位的农民、城市居民、学生）；因维护社会治安负伤致残无工作的人民群众。根据伤残者丧失劳动能力及影响生活能力的程度伤残等级划分为四等六级，由民政部门分别发给“伤残军人证书”，每隔 10 年更换一次新证。1988 年，安丘县根据国务院有关规定，提高伤残军人残废抚恤金标准，保证伤残军人的生活。

1989 年—1990 年，安丘县新评伤残军人 22 人，为 9 名伤残军人提高伤残等级。1990 年，全县为 1472 名革命伤残人员统一换发新残废抚恤证。

1991 年—1995 年，安丘市新评伤残军人 12 人，接收伤残退伍军人 8 人，为 21 名伤残军人提高伤残等级。

1998 年，安丘市为 10 名伤残军人调整伤残等级，为 43 名伤残军人配备、更换代步三轮车、义肢和病理鞋。

1999 年—2002 年，安丘市新增 38 名伤残军人。市民政局为 16 名伤残军人调整伤残等级，2 名伤残工作人员评定伤残等级，3 名公安干警办理评残手续，51 名伤残军人配备义肢、病理鞋和拐杖。

2004 年 10 月 1 日，国务院、中央军委颁布施行《军人抚恤优待条例》，将伤残军人改称残疾军人。残疾等级，根据劳动障碍程度和生活自理障碍程度确定，由重到轻分为一级至十级。因战、因公致残，残疾等级评定为一至十级的，享受残疾抚恤；因病致残，残疾等级评定为一至六级的，享受残疾抚恤。取消残疾军人在职与在乡的分类区别。

2005 年 3 月—6 月，根据民政部《关于换发伤残人员证件的通知》，安丘市集中利用 4 个月时间，完成新旧伤残等级套改和 1190 名革命伤残人员新证换发工作。其中，革命伤残军人 990 名、伤残工作人员 26 名、伤残民兵民工 150 名、伤残人民警察 15 名。至 2013 年底，全市残疾军人有 890 名、伤残机关工作人员 33 名、伤残民兵民工 22 名、伤残人民警察 38 名。

2006年3月，市民政部门组织53名精神病退伍军人到潍坊荣复军人医院作残疾鉴定，并对这部分因精神病评残的退伍军人由带病回乡定期定量补助调整为残疾抚恤。是年，为36名残疾军人更换假肢、病理鞋和拐杖，给部分行动不便的1级—6级残疾军人配备代步三轮车和轮椅。

2007年—2013年，安丘市为46名新退伍残疾军人评定残疾等级，为18名残疾军人办理补评手续，为14名公安干警评定伤残等级，为8名机关工作人员办理评残手续。

1986年至2004年10月，国家对伤残人员的抚恤分为在职和在乡两类：对在职的发伤残保健金，对在乡的发给伤残抚恤金。每年分两次发放，半年一次。2004年10月始，伤残人员取消在职和在乡差别，统一规范伤残抚恤金标准，发放办法改为每季度发放一次，一年分四季，并大幅度调整伤残抚恤金的标准。1986年—2007年，民政部、财政部先后14次调整伤残抚恤标准。自2008年10月1日起伤残抚恤金标准逐年大幅度提高。1987年—2013年，安丘市为伤残（残疾）军人发放抚恤（保健）金7807万元。

安丘市1987年—2013年革命伤残（残疾）军人发放抚恤（保健金）情况表

表20—4

年份	抚恤人数（人）	抚恤款数（元）
1987	1548	387683
1988	1535	540447
1989	1527	554492
1990	1513	552428
1991	1504	661354
1992	1484	666539
1993	1466	653880
1994	1454	726800
1995	1447	803790
1996	1433	828800
1997	1422	800000
1998	1391	830980
1999	1370	1182500
2000	1348	1261500
2001	1326	1810150
2002	1297	1930120
2003	1268	2069720
2004	1244	3013820
2005	1223	3548804
2006	1171	3966944
2007	1157	4907040
2008	1134	5378460
2009	1116	6453880
2010	1103	7350072
2011	991	8015384
2012	971	9102220
2013	957	10074590

第四节 群众优待

1986年，安丘县民政部门在国家抚恤的基础上，对烈军属和义务兵家属按照乡镇统筹的办法普遍进行优待，全县发放优待金221万元。其中，烈属637户，发放27.3万元，户均428.5元；军属4109户，发放156.1万元，户均410元；残废军人935名，发放9.35万元，人均100元；复员退伍军人1796名，发放17.9万元，人均100元。

1987年，全县有复员退伍军人8253名。优待7536户，发放优待金244.3万元，户均324元。1988年，全县发放优待金266万元，比上年增加26万元。烈军属户均优待471元。非农业人口中现役义务兵120名，优待4.8万元，平均每人每年400元。

1989年，县民政部门对全县7320多名复员军人和1427名革命伤残军人换发定期定量补助证和抚恤证，对复员军人全部实行定期补助，并增加定期补助款，“三属”的抚恤金也得到提高。

1990年，为安丘县住莱州市退伍军人精神病疗养院的退伍军人解决所拖欠粮票5000斤；为12名家庭困难的退伍精神病军人家庭发放住院粮票6480斤。

1991年9月，根据国务院《军人抚恤优待条例》和《山东省优待烈属军属和伤残军人规定》，县政府出台《安丘县优抚对象抚恤优待暂行办法》，对家居农村的“三属”、复员退伍军人、伤残军人及义务兵家属，在发放定期抚恤后生活仍有困难的，由其所在乡镇政府，采取统筹负担的办法给予现金优待，保障他们的生活不低于本乡镇群众的平均生活水平。

1993年，安丘县有优抚对象41268户，7533户享受优待。其中，“三属”560户，军属3860户。伤残军人享受优待的1028人，退伍军人享受优待的321人，义务兵家庭优待金标准达836元。

1999年，安丘市全面开展“爱心献功臣”活动，通过社会和广大群众捐款106万元，用于解决当时比较突出的革命功臣生活难、住房难、医疗难问题，并结成长期帮扶对子620对。

2000年，采取统筹资金办法，为服役义务兵家属发放优待金。城镇户口义务兵家属优待金，从市、镇街道党政机关、企事业单位工作人员中，按人均6元筹集。城镇户口入伍的义务兵发放优待金650元，在职工人入伍的发给700元。农村户口义务兵家属优待金由各镇街道政府从当年优抚统筹经费中支出，财政预算解决，发放标准为上半年度本镇街道农民人均收入的数额。

2002年，对全市1384名义务兵发放优待金。其中，农村义务兵家属1216户，发放优待金122.6万元；城镇户口义务兵168户，发放优待金10.9万元。是年，为3763名老复员军人提高优待标准，对伤残军人、“三属”、老复员军人一律免除义务工和农业税。

2004年，安丘市对进藏服役的48名义务兵家属发放双倍优待金，共22.2万元，全部由市财政承担。

安丘市不断完善义务兵家属优待金的标准及支付办法，兑现落实义务兵家属优待金，农村义务兵家属优待金标准从1985年的每户每年优待所在生产大队（村）一个整劳动力全年劳动所得的1/2～2/3，到1991年的乡镇上年度农民人均纯收入数。因为乡镇收入差距，出现优待标准的不平衡。2008年12月，安丘市调整义务兵优待金统筹办法，将农村义务兵优待金纳入财政统筹，由市财政每人每年补助650元，并统一发放，剩余部分由乡镇兑现。2012年，再次调整义务兵家庭优待金发放办法，按照城乡一体、同役同酬的原则发放义务兵家庭优待金，不再区分户籍类别，发放标准按全市上年度农民人均纯收入水平执行；对在新疆、西藏和国家发布的自然条件恶劣地区服役的义务兵，优待金按普通标准的2倍发放。

安丘市2002年—2013年义务兵家属优待金发放情况表

表20-5　　单位：人、元

年份	优待标准		人数	优待金额
	农村	城镇		
2002	乡镇统筹	650	110	109200
2003	乡镇统筹	650	106	68900
2004	乡镇统筹	650	86	55900
2005	乡镇统筹	650	112	72800
2006	乡镇统筹	650	108	70200
2007	乡镇统筹	650	65	42250
2008	乡镇统筹	650	88	57200
2009	650	650	1103	716950
2010	650	650	1098	713700
2011	650	650	1108	720200
2012	8000	8000	1155	9768000
2013	10773	10773	1076	12658275

第五节 烈士褒扬

2008年7月，安丘市革命烈士陵园管理所规格调整为副科级，负责做好全市烈士褒扬和烈士纪念建筑物管理工作。市内有3处烈士褒扬和爱国主义教育场所，分别是市革命烈士陵园、辉渠镇英雄山烈士陵园和景芝镇陈克烈士墓。

市革命烈士陵园

1986年—1996年，每逢清明节和其他重大节日，安丘市社会各界人员到安丘烈士陵园开展悼念革命先烈活动，接待群众18万人次。

1992年2月，随着城市建设发展和烈士陵园自身发展的需要，安丘县政府常务会议决定对烈士陵园实施搬迁。1995年，新烈士陵园动工建设，规划占地面积68亩，总投资840万元。其中，市财政投入730万元，市直党政机关、事业单位干部职工捐款110万元。1997年清明节，烈士陵园竣工并投入使用。陵园内建有革命烈士纪念碑、革命烈士纪念堂和革命烈士事迹陈列馆等纪念性建筑物。革命烈士纪念碑位于陵园正中央，碑高21.35米，代表安丘籍和外籍在安丘牺牲的2135名烈士的英名万古流芳；纪念碑的外形是四杆竖立的枪的变形组合，代表国内革命战争、抗日战争、解放战争以及社会主义革命和建设四个时期，寓意“枪杆子里面出政权”，安丘人民在中共领导下，通过武装斗争获得解放；纪念碑的正面是毛泽东手写体“革命烈士纪念碑”铜字和“11·5”战役字样，背面是毛泽东手写体“人民英雄永垂不朽”和碑文，南北两面镌刻着2135名安丘籍烈士和在解放安丘战斗中牺牲的外籍烈士的英名。革命烈士纪念堂位于陵园最东侧。烈士墓区位于陵园南北两侧，墓区内安放着300多名革命烈士的遗骨，墓穴和墓碑全部用优质草白玉大理石制作。

1996年1月，安丘市革命烈士陵园被省民政厅评为省级革命烈士纪念建筑物管理工作先进单位。1997年清明节期间，到烈士陵园扫墓的干部职工和学生7万多人次，自发到烈士陵园进行瞻仰的群众达20万人次。1998年—2000年，安丘市先后投资60多万元，硬化纪念碑广场和停车场12000平方米，植树3000多棵，种植草坪1000多平方米，共接待瞻仰群众18万人次。2001年6月，安丘市革命烈士陵园被山东省人民政府确定为山东省重点烈士纪念建筑物保护单位。是年7月，经市政府批准为安丘市青少年革命传统教育基地。2002年，安丘市在革命烈士纪念碑前举行新党员入党宣誓仪式和纪念建党81周年活动，共接待服务20场次，近2万人。2003年—2011年，先后投入80多万元对陵园进行修缮、绿化和道路硬化。2012年清明节期间，市烈士陵园接待参加悼念活动的群众4万多人次。是年7月—12月，投资300万元，对烈士陵园整体布局进行重新规划、建设，新建烈士墓区2个，硬化纪念碑前广场12000多平方米，硬化墓道2600平方米，植龙柏200棵，苗木绿化2000多平方米，并对革命烈士纪念碑进行维修、养护。是年8月，全国人大外事委员会主任委员、全国红军小学建设工程理事会名誉理事长李肇星，全国人大教科文卫委员会副主任委员、全国红军小学建设工程理事会理事长李树文，海军原副司令员、全国红军小学建设工程理事会副理事长赵兴发等，与安丘红军小学师生到安丘烈士陵园英雄纪念碑前默哀并敬献花篮。9月，安丘市完成568座零散烈士墓集中搬迁任务，迁葬率90.7%。2013年，投资40万元，再次对烈士陵园纪念设施进行维修、养护。全年接待瞻仰群众6万多人次。

英雄山烈士陵园

英雄山烈士陵园位于辉渠镇雹泉村西的英雄山上。民国三十六年春，由丘南县人民政府建成，占地面积5亩，主要安葬1946年11月5日在解放安丘战役中牺牲的150名革命烈士。1980年9月，陵园成为县级重点文物保护单位。1986年—2011年，安丘市先后投资50万元对陵园进行修缮保护。其间，许多机关团体、企事业单位的干部职工、学生到此瞻仰烈士，祭扫烈士陵墓，悼念死难先烈，接待群众20多万人次。2012年，安丘市投资10万元对英雄山烈士陵园进行全面修缮保护。2013年，陵园接待瞻仰群众4000多人次。

陈克烈士墓

陈克烈士墓建于1956年5月，位于景芝镇区东南角陵园内，是为纪念在“景芝事件”中牺牲的烈士而建。纪念碑通高15米，呈四棱柱形，为砖石水泥结构。碑身分上下两部分：正面上部镌刻着“革命烈士纪念碑”7个大字，下部是碑文。背面上部镌刻着“踏着革命烈士血迹前进”10个大字，下部是陈克烈士传略。1979年，景芝人民公社，在纪念碑周围修建围墙和大门，种植松柏林，并安排专人管理。是年，陵园成为县级重点文物保护单位。1986年—2011年，接待瞻仰群众10万人次。

2012年，根据上级关于加强对零散烈士纪念设施抢救工作要求，安丘市投资2万元对陈克烈士纪念碑等烈士纪念设施进行维修、维护，并对墓区进行绿化。2013年清明节期间，陵园接待瞻仰群众6000多人次。

第六节　优抚事业

安丘市慢性病复员军人的休养治疗，由山东省荣军总医院、青州荣军医院及安丘市人民医院承担。1988年—2001年，安丘市优抚事业建设不断加强，市内相关医院设立慢性病复员军人专用病房和床位，接受慢性病复员军人入院治疗。市光荣院接收安置孤老烈属、复员军人。同时，安排重点优抚对象到青州荣军医院进行疗养。2002年始，市内各公共医疗机构均设立优抚对象优先窗口，开设专门门诊，设置优抚对象专用病房。医疗机构对重点优抚对象实行住院优先和医疗费优惠减免，对行动不便的优抚对象送医上门服务。2004年4月和2006年3月，安丘市先后安排2批60名重点优抚对象到青州荣军医院进行疗养。2009年10月，市政府组织实施“爱心献功臣——光明行动”，为40多名复员军人、残疾军人等优抚对象免费进行白内障切除手术。

2013年5月1日—3日，市双拥办、民政局组织市人民医院医务人员利用节假日时间，携带医疗器械及药物，分别到景芝镇、凌河镇、官庄镇，免费为部分在乡老复员军人、残疾军人、烈军属看病查体。

第三章　双拥共建

第一节　双拥建设

1986年起，安丘县为双拥工作注入新的内容，具有鲜明的时代特色，尤其是在双拥模范建设方面卓有成效。1988年—1995年，安丘市与驻安部队双方组织召开不同内容、不同层次的双拥座谈会1080场，其中驻军召集地方座谈会26场。双方举办双拥宣传栏、黑板报980期，其中军队办报120期。1996年，安丘市有双拥共建点48个，其中30个成为安丘市级以上文明单位。为加强对双拥工作的领导，成立安丘市双拥工作领导小组，市委书记任组长，市长任副组长，由39名成员参加，下设双拥办公室，并建立例会制度。市政府根据《山东省创建双拥模范单位的标准》，制定《关于开展军民共建双拥模范城的实施意见》。是年8月，安丘市顺利通过全国双拥模范城（县）检查验收。1997年1月，安丘市被民政部、解放军总政治部表彰为全国双拥模范城（县）。

1988年，安丘县被民政部、解放军总政治部授予拥军优属先进单位称号。1990年，被省委、省政府和省军区命名表彰为全省拥军优属模范县。1991年、1995年、1999年、2003年、2007年和2012年，安丘市先后6次被山东省委、省政府和省军区命名表彰为省双拥模范城，实现省级双拥模范城“六连冠”。2004年，被潍坊市委、市政府和军分区表彰为爱国拥军模范单位。2005年被潍坊市委、市政府和潍坊军分区表彰为拥军支前先进单位。2012年7月被潍坊市委、市政府和军分区表彰为爱国拥军模范单位。

第二节　双拥工作

拥军优属

1986年起，县委、县政府努力创建优抚对象满意的“服务型双拥”，积极为优抚对象办实事办好事。专门召开会议，精心组织和部署拥军优属工作，县级领导带头走访部队，慰问烈军属。县民政局把广泛开展拥军优属活动作为首要任务，会同有关单位，完成新年春节拥军支前和拥军优属的具体组织工作。是年，驻安丘部队赴前线参加对越防御作战，全县掀起广泛深入的拥军优属活动。县委、县人大、县政府、县政协领导到部队进行慰问，贾戈、景芝等乡镇组织慰问团，给部队送去慰问品。全省拥军模范陈金香和常家庄的拥军小组，专门为子弟兵赶做315个碗兜、98条衬领和132个针线包。全县干部群众给赴滇作战部队写慰问信2000余封，成立优属助耕队2000多个，参加义务助耕人数72000人次。帮助烈军属、荣军耕种收割庄稼36000亩，先后4次捐送物资支前拥军，慰问品67个品种，价值20多万元。

1987年，安丘县双拥工作改革创新、扶贫优抚、治穷致富、不断发展，突出扶贫优抚重点。继续实行乡镇统筹优待的办法，优待标准达到优抚对象所在乡镇的人均收入水平。通过国家抚恤、群众优待和必要的扶持，全县烈军属、残废军人达到或超过当地群众生活水平。同时，广泛深入地开展拥军优属活动，组织对烈属、赴滇参战军人家属、重残荣军和军队离退休干部走访慰问。是年7月20日，县直有关部门分别走访全县115名参战军人家属，发放走访慰问金5万多元。全国拥军模范陈金香出席全军英模表彰会，受到党中央、国务院、中央军委及省市领导的接见。

1988年，安丘县深入开展拥军爱民教育，通过召开座谈会、表彰先进及颁发光荣牌、慰问信、慰问画等多种形式，对优抚对象实行政治优待，提高政治待遇和社会地位。春节和“八一”建军节前夕，县委、县政府领导走访慰问部分生活困难的优抚对象，征求他们的意见，给他们政治上和生活上关心。征兵期间，悬挂拥军标语，通过广播、报纸、宣传栏等多种形式，宣传优抚对象在经济建设和社会发展中作出的贡献。营造“一人参军全家光荣”“拥军优属人人有责”的浓厚氛围。是年，安丘县被民政部、中国人民解放军总政治部表彰为全国拥军优属先进单位。

1989年建立完善县、乡、村三级拥军优属服务网络，全县成立义务帮工队、送温暖小组4000多个，常年为优抚对象提供服务和帮助。为驻军和优抚对象解决实际困难21150件次，做好事8650件。

1990年7月，安丘县组织文艺演出队，分别慰问驻军413团、414团。是年12月，“拥军优属活动月”期间，县委、县人大、县政府、县政协、县纪委、县人武部领导和有关部门负责人先后6次到部队走访慰问，帮助部队解决实际困难，主动为驻安部队提供生活和建设物资。供应煤碳2042吨、钢材800吨、水泥1000吨、木材1068立方米，4项差价补贴100万元。各单位自发成立拥军优属小组2000个，为部队和优抚对象办实事、做好事。安丘县首次被省委、省政府、省军区命名为全省拥军优属模范县。

1991年，县委、县政府把拥军重点放在与部队战斗力提高关系最直接的事情上，为部队的中心工作教育训练排忧解难。全县建成部队人才培训技术基地2个，为部队培训1000多人。投资30多万元，帮助部队建起以家属工为主体的厂、店8家，部队直接创收20多万元。为部队种植、养殖等方面提供服务140多项，使部队节约生活费开支80多万元。1992年“八一”期间，向驻军部队赠送慰问品900多件，价值3万多元；解决实际困难50多件。是年11月，安丘县召开双拥工作暨优抚对象先进代表会议，与会代表130人。会上对双拥工作先进单位和个人进行表彰，激发全市人民拥军优属热情。1993年建军节前夕，安丘县向部队赠送价值8万元的洗衣机、电视、电风扇、电冰柜等电器，并解决驻军单位实际困难20多件。是年，正值双拥活动50周年，利用多种形式宣传50年来全县拥军优属的光荣传统，宣传拥军优属先进人物典型事迹。1994年元旦、春节期间，市委、市政府及市民政、劳动、公安、教育、商业、粮食、供销等部门组成春节慰问团，对驻军单位走访慰问，赠送慰问品价值15万元。各单位自发成立拥军优属小组1200个，为部队和优抚对象办实事、做好事10051件（次）。

1995年，中共山东省委发布《山东省拥军优属工作的若干规定》。是年，市领导及有关部门多次对驻军部队进行走访慰问，赠送慰问品价值20多万元，为部队家属子女解决就工、入学问题。为驻军和优抚对象解决实际困难11504件（次），做好事8120件。1996年，市民政局会同市公安局、电力局等10多个部门组成慰问团，对驻安部队各单位进行走访慰问，帮助其解决实际问题，赠送物品价值15万余元。市直有关部门和部分乡镇向驻军部队赠送物品价值40万元。各单位、乡镇自发成立拥军优属小组1800个，为部队和优抚对象办实事、做好事5350件（次）。

1997年，安丘市把双拥工作纳入“三个文明”（物质文明、精神文明、政治文明）建设和部队建设的总体规划，扎实开展拥军优属和军民共建活动，双拥工作不断开创新局面。是年，安丘市被民政部和中国人民解放军总政治部授予“双拥模范城”称号。为解决部队看电视难的问题，拨款20万元，为驻安部队安装有线电视。为解除部队官兵的后顾之忧，优先照顾官兵子女进入安丘最好的学校就读，为65名驻军家属安排了工作。1998年，全市涌现出受省政府、省军区表彰的优秀士兵3名，拥军优属先进单位4个、拥军优属先进个人2名。市民政局对全市248名参加抗洪抢险的部队官兵亲属逐一走访慰问，帮助他们解决实际困难，使子弟兵安心投身抗洪抢险工作。“八一”和春节期间，对驻安部队各部走访慰问，赠送物品价值15万元。

1999年，在新中国成立50周年，安丘市掀起以“爱心献功臣”为主题的拥军优属活动。积极为部队和地方基层牵线搭桥，为“三老”（老伤残军人、老复员军人、老烈属）优抚对象排忧解难。有关部门先后出资80多万元，为驻安部队安装标准路灯、灯箱，美化绿化营区。

2000年，市委、市政府把支持部队建设纳入经济建设和社会发展统一规划，实施“政策法规拥军”“菜篮子”“米袋子”“书橱子”和随军家属安置等一系列拥军工程。为配合部队科技练兵，全市广泛开展科技文化进军营活动，为驻军每个连队配备电视机、电冰箱、电风扇、音响器材等家用电器。为部队培训各类人才800人次，建立拥军书社85处，向部队赠书200万余册，捐赠VCD、电脑、彩电等多种教学设备和磁卡电话等通信器材。2002年，市委、市政府积极主动帮助部队解决在战备执勤、军事训练、国防施工、基础建设中遇到的实际困难。依法加大对军事设施的保护和管理力度，建立和完善责任追究制度，积极妥善地预防和处理军地纠纷。“八一”和春节期间，由市委、市政府统一组织，市民政局与有关部门联合组成慰问团，对驻安部队各部走访慰问，并赠送礼品价值15万元。市妇联、市人武部和团市委联合表彰“好军嫂”10人、“好兵妈妈”16人。

2003年5月，市委、市政府走访慰问坚持在抗击“非典”第一线的官兵，送去消毒液、食品等物资价值40万元。按质按时保证部队粮油、副食品、水电、燃料和生活必需品的供应，认真落实各项政策，安置随军家属8人就业。2004年，鼓励大中专学生和专业技术人员参军入伍，努力提高新兵文化素质。开展以送“新技术、新知识、新智能”为主要内容的科技拥军活动，协助部队搞好科技人才培训，促进部队科技人才队伍建设。市财政拨款5万元，用于部队购买科技、文化类图书。各单位向部队送电脑，送书籍。市新华书店将100多套关于电脑、军事知识等方面的科技书籍赠送给驻安部队某部。市职业中专组织素质高、业务精的专业课教师到部队，对官兵进行电脑知识和操作技能培训。

2006年，为鼓励子弟兵扎根军营、献身国防，市委、市政府作出决定：现役军人子女和革命烈士子女在施教区入学入托的，优先予以安排；因特殊情况需进非施教区入学入托的给予相应照顾。夫妇双方均为边防部队现役军人的子女和革命烈士子女，需到监护人所在施教区学校借读的，教育行政部门安排就近入学并免收借读费。驻安部队随军子女入学可以在市内优质初中、小学入学，免收择校费；初中升高中的，提档录取。对在外地服役的荣立二等功以上的现役军人或因作战荣立三等功以上的现役军人的子女在本区上学的，初中升高中加分录取。凡符合入学条件的子女均得到优先安排。2007年“八一”、春节期间，市有关领导及单位走访慰问驻安部队和潍坊驻军，送去慰问金20万元，慰问物资10万余元。是年，安丘市被山东省委、省政府、省军区表彰为“双拥模范城”。

2008年—2009年，加强涉军维权组织机构建设，完善法律拥军体系。建立健全基层“一办五站”，即在综合治理办公室设涉军维权办公室，在人武部设法律法规指导站，在双拥办设优抚安置政策咨询站，在司法所设民事纠纷调解站；在法律援助中心设法律援助站，在派出所设涉军案件受理站。将涉军的普法教育、政策法规、纠纷调处、案件受理、法律援助等贯穿到有关部门的职能之中。建好维权工作档案，保证涉军维权工作有案可查。

2011年6月，在对部队走访慰问期间，驻景芝部队反映营区变压器不稳定，市领导高度重视，全力支持部队建设。市供电公司立即为安丘驻军景芝营区更换变压器，免收4万余元工程材料款。2012年，安丘市以市双拥办为主导，动员和引导社会各界积极参加拥军优属活动。各非公组织明确一名双拥工作联络员，负责组织协调各组织的拥军优属工作，并将各项拥军优属活动纳入市拥军工作的整体规划。是年，安丘市被潍坊市委、潍坊市人民政府、潍坊军分区评为爱国拥军模范单位。

2013年，市委、市政府对各单位双拥工作实行百分制考评，将双拥工作实绩纳入各部门党政一把手考核。"八一"、春节期间市有关领导走访慰问驻安部队和潍坊驻军，送去慰问金20万元，慰问物资价值10余万元。

拥政爱民

在完成战备、训练任务的同时，驻安部队积极支援安丘的经济建设。每到麦收、秋收季节，驻军官兵帮助烈军属、残疾军人家庭收割小麦、玉米。1988年—1993年，驻军官兵帮助烈军属、残疾军人家庭收割小麦3000多亩。1993年，驻军部队选派50多名优秀官兵到驻地工厂、学校任兼职教员和辅导员，并对12000多名高中、初中学生进行军事训练。1994年—1998年，每逢"八一"建军节，驻军部队与市政府联合举办文艺晚会，军民同台联欢，密切了军民鱼水关系。2000年3月，驻安部队出动60多名官兵，帮助地方植树3000余株；是年7月，出动120名官兵、9辆车，参加城区环境整治；9月，支援地方伐树2000余株。驻安某部队成立安民小组，为驻地群众修理电视机80多台、摩托车160多辆，理发300余次。某部官兵长期为驻地4位孤寡老人挑水、送柴、打扫卫生；建军节、国庆节期间，该部队主要领导走访慰问安丘市的老烈属14户，每户赠送价值120元的礼品。2003年，"六一"节前夕，驻安部队走访市实验小学、市东埠中学、安丘一中、市实验中学，捐助现金2万元。是年，驻军官兵为地方开展国防教育6次，对城区8所学校的2000多名学生进行军训。2004年3月，部队官兵与驻地社区村民联合开展军民义务植树活动3次，植树4000余棵。2005年3月，驻安某部队组织学雷锋活动，成立5个小组，开展理发、维修等便民服务活动。是年4月，部队组织400多名官兵，出动10多辆车，到市烈士陵园植树5000余株。某部消防车先后2次参加驻地某村草垛灭火工作。农忙期间，驻安部队组织200多名官兵，为驻地贾戈街道、景芝镇的烈军属、"五保"户抢收抢种庄稼。"六一"节前夕，走访驻地小学，捐助现金3000元，并为学校开展国防教育2次。

2007年春节前，部队与安丘市公安局等单位联合举办文艺晚会，为安丘市特殊教育学校、职业教育学校放电影8次，开展国防教育8次。"六一"节前夕，走访市实验小学、兴安街道城北小学、兴安街道兴安小学，共捐献助学款6000余元。2008年，驻安部队积极参加驻地政府组织的"慈心一日捐"活动，发动官兵捐款12000多元。驻军官兵利用节假日、重大活动等时机，先后10余次深入营区附近村庄、企业、学校等单位开展国防教育，增强地方群众的国防意识。2010年，驻安部队参与山区学校建设，为10多所学校送去书包、书籍、铅笔等学生用品，为学校进行国防教育10余次。驻军官兵多次为驻地村民维护修缮房屋，解决驻地村民的困难。2011年—2012年，安丘市人民武装部积极参与全市重大项目实施和重点工程建设，组织预备役人员，先后投入劳动力3000余个，出动机械500台（次），参加土地综合治理、农业基础设施项目建设3个，植树5万余株，直接或间接创造经济效益近100万元。2013年秋，安丘遭受多年不遇的大旱，市人武部积极投入抗旱保收工作，协调有关部门，解决群众吃水难、用水难问题。筹措3万余元为官庄镇小阿陀村打井取水，组织为困难家庭送水50余次。

第四章　转退军人安置

第一节　转业干部安置

1986年始，安丘县安置军队转业干部以合理安置、保证重点、充实基层为原则，注意处理好政治任务与工作需要、安置军队转业干部与推进干部人事制度改革、计划分配与个人择业等几个关系；将竞争机制引入军队转业干部安置工作，创造相互对话的环境，允许部队推荐和用人单位选择，亦允许军队转业干部个人自荐。至1998年，全市接收军队转业干部575人。其中，285人安置到经济效益较好的企业，占安置总人数的49.57%；149人安置到事业单位，占25.91%；141人安置到党政群机关，占24.52%。

从1999年起，安丘市接收的军队转业干部不再安置到企业就业。至2000年，军队转业干部全部安置到机关事业单位工作，基本做到分配合理，使用得当，人尽其才。

2001年1月，中共中央、国务院、中央军委颁发《军队转业干部安置暂行办法》。国家坚持为经济社会发展和军队建设服务的方针，对军队转业干部实行计划分配和自主择业相结合的方式安置。计划分配的军队转业干部，由党委、政府负责安排工作和职务；自主择业的军队安置干部，由政府协助就业，发给退役金。安丘市的军队转业干部安置工作，坚持和贯彻妥善安置、合理使用、人尽其才、各得其所的原则，提倡和鼓励军队转业干部自主择业、自我创业，有部分转业干部主动提出不需要政府分配而选择自谋职业。2003年—2007年，安丘市通过“考核考试、保底安置”的办法对军队转业干部进行安置，接收转业干部120人，通过公开考试安置到党政机关67人，事业单位15人，38人自主择业。

2008年—2013年，安丘市接收军队转业干部88人，通过公开考试安置到党政机关46人，事业单位8人，34人自主择业。

安丘市1986年—2013年军队转业干部接收安置情况表

表20-6

年份	接收人数（人）	安置到企业（人）	安置到事业单位（人）	安置到机关（人）	自主择业、创业（人）
1986	158	84	31	43	0
1987	99	53	19	27	0
1988	55	29	10	16	0
1989	22	8	13	1	0
1990	12	5	4	3	0
1991	24	10	7	7	0
1992	32	15	9	8	0
1993	35	30	5	0	0
1994	20	9	5	6	0
1995	27	19	8	0	0
1996	29	13	9	7	0
1997	40	8	13	19	0

续表 20—6

年份	接收人数（人）	安置到企业（人）	安置到事业单位（人）	安置到机关（人）	自主择业、创业（人）
1998	22	2	6	14	0
1999	64	0	33	31	0
2000	41	0	21	20	0
2001	26	0	9	13	4
2002	19	0	5	9	5
2003	19	0	2	11	6
2004	39	0	9	21	9
2005	18	0	2	9	7
2006	23	0	2	14	7
2007	21	0	0	12	9
2008	18	0	2	8	8
2009	14	0	1	6	7
2010	14	0	0	5	9
2011	17	0	2	12	3
2012	14	0	2	10	2
2013	11	0	1	5	5

第二节　退伍军人安置

1986 年，安丘县政府成立退伍军人安置工作领导小组，下设退伍军人安置办公室，设在县民政部门。县武装、计划、劳动、人事、财政、公安、粮食、卫生等有关部门领导为退伍军人安置领导小组成员。

1987 年 12 月，国务院发布《退伍义务兵安置条例》。此后，退伍士兵接收安置工作步入规范化。安丘县政府按照“从哪里来，回哪里去”的原则，坚持“妥善安置，各得其所”方针，对需要安排工作的城镇户口退伍军人和转业志愿兵，采取“双向选择”和指令性安置相结合办法进行安置。是年，全县共接收退伍义务兵 726 人，志愿兵 32 人，伤残退伍军人 18 人，带病回乡军人 4 人。对 108 名城镇户口退役义务兵、转业志愿兵进行安置；接收军地“两用”人才 275 人。1988 年，安丘县接收退伍义务兵 729 人，其中城镇户口义务兵 32 人；接收转业志愿兵 51 人，伤残退伍军人 10 人，军地“两用”人才 257 人，荣立三等功以上 6 人。对在部队有一定专业特长的，安置部门和乡镇建立军地“两用”人才档案并分类进行登记，根据其技术特长，分别对口使用，使“两用”人才得到充分利用，开发使用率 90% 以上。1989 年，县民政部门安置转业城镇义务兵 63 人、志愿兵 97 人。是年，为 32 名参战功臣人员办理农转非手续并安排工作。对接收的 187 名军地“两用”人才，全部建档立卡，建立军地“两用”人才储备库，开发利用 179 人，开发使用率 95.7%。

1990 年后，转业志愿兵和城镇退伍义务兵数量逐年增加，安置任务加重。县政府采取直接向企事业单位下达分配计划、实行“双向选择”、提倡自谋职业等办法进行安置。1990 年，县民政部门接收退伍义务兵 542 人，安置 152 人。其中，接收荣立二等功、三等功人员 40 人，革命伤残人员 14 人，并为 14 名伤残军人办理“农转非”手续。对接收的 137 名军地“两用”人才，开发使用 130 人，开发使用率 94.9%。1991 年—1993 年，安丘县安置 382 名退伍军人到企业工作，176 名退伍军人到机关、事业单位工作。向用人单位推荐军地“两用”人才 196 人，开发使用率 96%。县民政局为 21 名有困难的退伍军人拨款 16000 余元，为其修缮房屋 120 多间。1994 年，接收退伍军人 476 人、志愿兵 131 人。

接收的需要安排工作的退伍军人，除28名安置到事业单位工作，其他分别在32家效益较好的股份制企业得到妥善安置，安置率100%。1995年，接收退伍军人576人，按照国家政策要求，需由民政部门安排工作的退伍城镇义务兵、志愿兵281人，占当年接收退伍军人总数的48%。由于接收人数较多，安置任务较重，因此推行“双向选择、供需见面、保底安置”的办法，281名义务兵和志愿兵全部安置到市内规模大、效益好的企业就业。接收军地“两用”人才192人，开发使用178人，开发使用率93%。

1996年，安丘市接收的退伍军人中，应安排工作的225人。市民政局坚持“双向选择”的原则，强化指令性计划，顺利完成本年度的安置任务。市民政部门为47名退伍军人、22名伤残军人办理“农转非”手续。是年，先后向企业单位推荐就业退伍军人1965人，军地“两用”人才开发使用率达94%，做到部队、用人单位、个人“三满意”。1997年—1998年，接收应安排工作的退伍军人426人。其中，城镇退伍义务兵204人，转业志愿兵204人，伤残军人25人。市民政部门坚持“以指令性计划分配为主、双向选择为辅”的安置原则，采取“按系统分配、包干安置”的办法，转业志愿兵和城镇户口义务兵均得到安置，达到用人单位、本人双向满意。1997年，为26名生活和住房困难的退伍军人发放修缮房屋款15600余元，为49名农村籍退伍军人办理“农转非”手续。

根据国务院、中央军委《关于修改〈中国人民解放军现役士兵服役条例〉的决定》，1999年6月30日起，专业志愿兵改成转业士官。是年，转业回安丘的城镇户口义务兵153人、转业士官171人。安丘市积极探索安置工作新路子，推行城镇退役士兵考试考核的办法，按考试考核成绩，择优选取10%进入机关事业单位。经考试考核，有28人安排进机关、事业单位工作，其余人员由民政部门安置到市内经济效益较好的38家企业。2000年，接收的退伍军人中，符合安置条件的城镇义务兵和退役士官388人，全部安置工作，安置率100%。

2001年起，为体现安置工作透明度，安丘市对报名进事业单位的退役城镇义务兵和转业士官实行公开考录。是年，择优录用23人到事业单位工作，将未考入事业单位的退役城镇义务兵、转业士官，全部安排到市内经济效益较好的企业工作，安置率100%。2002年，组织对238名退伍的城镇义务兵和转业士官进行考试考核，择优录用23名退役士兵到机关事业单位工作，其他未被录取的人员安置到经济效益较好的企业就业。2003年冬季开始，根据国务院有关政策规定，城镇退役士兵可以选择自谋职业，不再由政府安排工作，政府按照标准给予一次性经济补助。是年，全市接受符合安置条件的退役士兵有转业士官116人、城镇义务兵189人。根据山东省关于退伍军人安置的总体要求，统一组织公开考试，择优录用23名退役士兵到机关事业单位工作，其余人员全部安排到企业就业，安置率100%。

2004年，安丘市对退役士兵实行“鼓励自谋职业”的新政策。凡申请自谋职业的退役士兵，市财政对其给予一定创业补助，补助标准为退伍义务兵每人12000元，转业士官每人20000元。是年，全市接受需要安置的退役士兵246人。其中，转业士官109人、城镇义务兵137人。通过考试选拔录用到事业单位30人，安置到效益好的企业就业167人，有49人选择自谋职业，发放自谋职业补助费80万余元，自谋职业安置率19.9%。2005年，通过考试、考核相结合的办法，择优录用24名退役士兵到机关事业单位工作，80名退役士兵选择到企业就业，112名退役士兵选择自谋职业。2007年，随着“精兵强国”国防建设战略的实施，兵员素质不断提高。是年，安丘市接受需要安置的退役士兵161人，其中98人选择自谋职业和自主创业，占安置人数的60.85%。2008年和2009年，安丘市接收安置的士兵中，均有114人选择自谋职业、自主创业，分别占当年需安置人数的58.4%和55.3%。2010年，安丘市接受退役军人386人，符合安置条件的退役士兵96人；有23人考取事业单位，73人选择自主创业并得到补助金。

2010年12月，安丘市落实国务院、中央军委《关于加强退役士兵职业教育和技能培训工作的通知》，对2010年冬季及以后退出现役、符合国家接收安置政策、能够正常参加职业教育和技能培训，退役时间在1年之内自主就业的城乡退伍义务兵、复员士官和转业士官进行职业教育和技能培训，职业教育和技能培训经费由财政负担。2011年11月，国务院新修订的《退役士兵安置条例》规定，对2011

年11月1日以后退出现役的士兵发放一次性自主就业补助金。是年，全市接受符合安置条件的退役士兵141人。其中，123人选择自谋职业、自主创业，自谋职业率87.2%，仅有18人安置到事业单位和企业工作。2012年，接受退伍军人378人，符合安置条件的退役士兵95人。通过择优录用，招录10人进机关事业单位工作，有18人选择到企业就业，67人选择自谋职业、自主创业。2013年，接收需安置的退役士兵67人。其中，50人选择自谋职业，17人选择到事业单位和企业单位安排工作。至2013年底,安丘市接收7803名退役士兵(士官)。其中，城镇退役士兵1871名、转业志愿兵（士官）1219名；有800多名城镇退役士兵选择自谋职业，发放自谋职业补助金2035万元；有1190名退役军人参加职业技能培训，培训合格率100%，安置工作基本达到退役士兵和用人单位“双满意”。

安丘市1999年—2013年退伍军人接收安置情况表

表20-7

年份	接收总人数	符合安置条件人数				接收“两用”人才
		城镇义务兵	志愿兵	自谋职业	安置情况	
1999	760	153	171	—	28人安排机关、事业单位，11人安排企业单位	280
2000	472	136	252	—	23人安排机关、事业单位，12人安排企业单位	179
2001	516	136	108	—	23人安排机关、事业单位，13人安排企业单位	114
2002	522	130	108	—	23人安排机关、事业单位，14人安排企业单位	83
2003	560	189	116	—	23人安排机关、事业单位，11人安排企业单位	—
2004	534	137	109	49	30人安排机关、事业单位，167人安排企业	—
2005	542	161	55	112	24人安排机关、事业单位，80人选择企业	—
2006	671	133	35	82	17人安排机关、事业单位，69人选择企业	—
2007	705	115	46	98	21人安排机关、事业单位，42人选择企业	—
2008	495	157	38	114	22人安排机关、事业单位，59人选择企业	—
2009	426	141	65	114	25人安排机关、事业单位，67人选择企业	—
2010	386	71	25	73	23人安排事业单位	—
2011	412	98	43	123	14人安排事业单位，4人选择企业	—
2012	378	82	13	67	10人安排事业单位，18人选择企业	—
2013	424	32	35	50	7人安排事业单位，10人选择企业	—

第三节 军队离退休干部管理

1987年10月，安丘县军队离退休干部休养所（简称县军休所）新建活动室、阅览室、医疗室、会议室等室内集体活动室和功能室，修建门球场等室外活动场所，丰富军队离退休干部文体生活。

1992年10月，县军休所注册成立化工剂料厂和食品厂。1997年1月，将所属的化工剂料厂和食品厂实行承包，全年生产经营创收20.65万元，补充军休所活动经费。

1999年，安丘市军队离退干部休养所（简称市军休所）组织离退休老干部到城区部分中小学作报告、上党课，近万名师生受到革命传统教育和爱国主义教育。

2000年，市军休所组织军队离退休老干部开展“三讲”（讲学习、讲政治、讲正气）教育活动。是年12月—2001年5月，在军队离退休干部中开展“三个代表”重要思想学习教育活动。

2001年7月，市军休所被省民政厅评为先进军队离退休干部休养所。是年10月，市军休所投资80万元，对离退休干部住宅楼和军休所办公楼进行热电集中供暖改造，重新架设供电线路，更换铝合金门窗，铺设污水管道。2003年3月，筹资70万元，建成市军休所老干部活动中心。

2005年7月—12月，市军休所在军队离退休干部中开展保持共产党员先进性教育活动。2006年12月，军休所内实行工作人员包靠老干部责任制，确立老干部工作无小事思想，对军队离退休老干部照顾更细心，服务更周到。2007年11月，投资10万元，为每位老干部安装天然气和取暖炉。

2008年12月，市军休所开展以和谐家庭、和谐社会为主题的“双和谐”创建活动，评出和谐军休家庭10户，优秀军队离退休干部10人。

2010年12月，市军休所投资硬化小区南端南北通道。2011年，投资10万元，新建休闲小广场，添置石桌石凳，修理部分健身器材；在办公楼区内建成文化长廊，添置投影仪，电动跑步机等健身器材。是年，市军休所被潍坊市委授予潍坊市老干部工作先进单位称号；被省民政厅评为省级星级军休机构。

2012年，市军休所开展夏季送凉爽活动，对老干部的部分空调设施进行改造安装；在市体育场南侧新建门球场，改善军休干部活动场地条件。是年6月，市军休所所被省民政厅评为省级为民服务争先创优先进单位。

2013年4月，市军休所大理石铺装办公楼前场地；是年10月，军休干部住房汽暖改水暖工程完成。

第五章　社会救济

第一节　救　灾

1986年，安丘县平均降雨量仅300多毫米。由于连续干旱，春夏季作物受灾面积120万亩，重灾80万亩，经济损失7260万元，913600人受灾，226个村人畜吃水困难。全县干部职工捐钱出力帮助灾区抗旱救灾，及时解决灾区群众吃水困难。

1987年，全县遭受冰雹、风灾、风雹灾等6次较大自然灾害，18处乡镇、286个村受灾，受灾人口279600人。农作物受灾面积17.45万亩；因灾倒折树木38000多棵，毁坏果园1200多亩；倒塌民房86间；损坏民房1263间。死亡1人，伤10人。死亡大牲畜3头，家禽等2200多只。断倒电线杆255根；毁坏道路1300米，桥涵3座，水塘12个，鱼池4个，坝阡800多条。淋坏砖坯600万块；刮走柴草21万多公斤。雷电击坏变压器3台，电视机8台，电机3台，录音机2台。经济总损失约1247.1万元。灾情发生后，县委、县政府领导立即组织有关部门负责人分赴灾区查看灾情，并与当地领导和受灾村干部共同研究救灾措施。对所有受灾户由乡镇干部分工包户，落实责任，妥善安排食宿，及时治疗伤者；对毁坏的农房和通讯线路，由集体组织力量尽快进行修复；对倒伏的农作物，及时组织群众清除残苗、断苗，补种秋菜。县民政局拨出救灾款4万元，对特困户和五保户进行适当救济。商业、县社、外贸、物资、烟草、棉麻等部门拨出化肥130多吨支援灾区，帮助灾区群众进行生产自救。

1988年6月1日—2日，车庄、柘山、郚山、石埠子、南逯、大盛等11处乡镇遭受雹灾，受害面积35.5万亩，经济损失1580万元。损坏房屋8000多间，损失家禽20万只，15000亩土地坝阡被冲坏。县委、县政府紧急召开全县救灾电话会议，号召广大干部群众捐款捐物支援灾区。全县无偿支援灾区现金15.37万余元，减农业税9万元，减免税收35万元，延长支农周转金使用期20万元。调减国库券任务2000元，理赔3万元。解决用电指标500千瓦时。有偿支援化肥420吨，无偿86.5吨；支援麸皮1.5万公斤、水泥40吨、煤炭50吨、木材20立方米；机械用油65吨，安排统销粮100万公斤。未受灾的乡镇和部分村无偿援助化肥88.6吨，平瓦10000片，玉米种2100公斤，地瓜苗801万棵，烟苗87万棵。

1989年7月19日，全县遭受雹灾，受灾面积10万亩，经济损失达1000万元。县直有关部门向受灾单位援助化肥50吨,发放统销粮200多万公斤,为8万人解决吃饭问题。

1990年,全县平均降雨量879.9毫米,超出常年降雨量192.9毫米。全县有13处乡镇112个村、18400多户、74100多人受灾,共淹没农作物14.88万亩,直接经济损失4383万元。受灾最严重的是峡山、牟山两库区,淹没土地12.92万亩,经济损失3610万元。是年,向受灾群众发放统销粮247.5万公斤,帮助解决8300多人的吃饭问题。

1992年,安丘县遭受严重旱灾,经济损失2亿元。市直各单位捐款30万元,帮助群众抗旱救灾。是年8月15日,南流、赵戈两镇遭受风雹灾害,31个村3.3万人受灾,受灾面积4万亩,经济损失455万元。灾情发生后,县委、县政府领导带领有关部门负责人,迅速赶往受灾镇,研究生产自救措施,为灾区发放救灾款,帮助受灾群众解决生活困难。

1994年10月,根据潍坊市政府《向贫困地区捐送衣被工作实施意见》精神,安丘市募集衣被60802件。其中,41364件衣被送往蒙阴县,19438件捐送市内贫困乡镇的部分群众。

1995年2月27日,庵上、石埠子、石堆、黄旗堡、关王、召忽等镇遭受暴风袭击,受灾面积5200亩,损坏房屋380间,经济损失1107万元。市政府领导主持召开市民政局、农委、人民保险公司、太平洋保险公司等单位负责人会议,专题研究救灾措施。全市向灾区扶持各类贷款246万元,理赔资金4.63万元,捐助扶持资金2万元。各乡镇党委、政府组织3000多名劳力到灾区抗灾。受灾乡镇党委、政府及时组织干部群众开展生产自救,修复损坏大棚5800个;调剂菜苗、瓜苗,落实改种面积500亩,挽回经济损失近150万元。

1996年,全市遭受旱、风、雹等自然灾害,农作物受灾面积13.5万亩,造成经济损失3400万元。全市发放面粉6.8万公斤。

1998年,全市26处乡镇受到风雹、暴雨等自然灾害的袭击,直接经济损失18860万元。灾情发生后,市政府及时组织市建设、电力、电信、水利、供销等部门做好灾区房屋修缮、道路清障及恢复通讯和电力供应等工作,组织农技、林果技术服务队指导农户进行生产自救。民政部门向灾区群众发放面粉2万公斤,救灾款75.5万元,保障灾民基本生活,支援恢复生产,重建家园。

1999年,全市旱灾面积22万亩,经济损失4900万元。80个村、57000人出现吃水困难。是年,全市发放救灾款77.78万余元,保障灾民基本生活。

2001年,全市发生夏旱,受旱面积86.6万亩,成灾面积45.35万亩,绝产面积6.07万亩,粮食减产40442吨,经济损失7119万元;全市有304个村243200人出现吃水困难。是年7月—8月,全市15处乡镇遭受风雹灾害。受灾面积23.35万亩,成灾21.89万亩,绝产5700亩,毁坏耕地795亩,粮食减产6665吨,损坏房屋678间,倒塌房屋50间,直接经济损失7256万元,农业直接经济损失7000万元。为做好救灾工作、安丘市及时发放救灾款27.8万余元,发放救灾面粉25万公斤,基本上解决受灾群众吃、住等生活问题。是年,积极支援三峡库区,募集衣被49673件,发往重庆市忠县22364件,余分发给安丘山区、库区群众。2002年,全市遭受特大旱灾,受灾面积110.6万亩。其中,成灾面积63.63万亩,绝收面积15万亩;有191个村庄出现饮水困难,缺水人口11.77万人,大牲畜4.04万头;因灾减产粮食11.5万吨;造成直接经济损失2.24亿元。是年4月25日,遭受低温冷冻灾害,全市受灾面积19.3万亩。其中,成灾面积12.96万亩,绝收面积8.14万亩,造成经济损失2亿元。是年6月11日,凌河、景芝、大盛、管公镇遭受风雹灾害,受灾面积0.85万亩,造成经济损失645万元。7月18日、20日,凌河、关王、大盛、郚山镇遭受风雹灾害,受灾面积3.61万亩,造成经济损失3250万元。为解决灾区群众生活困难。是年,市民政部门向受灾群众发放救灾面粉26万公斤、救灾款89.33万余元。

2003年6月13日,王家庄、郚山两镇遭受风雹灾害,受灾面积1.6万亩,造成经济损失570万元。是年7月25日,兴安、临浯、官庄三镇(街)受龙卷风袭击,受灾面积4.36万亩,造成经济损失1090万元。市民政部门向灾区发放救灾款63.51万元、救灾面粉550吨。10月,为王家庄镇、赵戈镇库区捐款17.7万元。是年,抗击“非典”捐款70.6万元。

2004年4月3日,庵上镇受低温冷冻灾害,受灾面积1.3万亩,造成经济损失760万元。是年6月22日,庵上、管公、金冢子、景芝、雹泉等镇受大风和冰雹侵袭。棉花、地瓜、玉米、黄烟等农作物受害，1000多个瓜菜大棚严重受损，500多棵树木被刮倒，受灾面积1.85万亩，其中成灾面积5100亩，直接经济损失1190万元。6月23日，红沙沟镇受龙卷风和冰雹侵袭，受损房屋300多间，刮坏西瓜大棚460个，受损果树600亩，部分村庄供电线路受损断电，30000多棵树木被刮倒，直接经济损失260万元。7月5日，管公、石堆、庵上、辉渠、红沙沟等10处乡镇、249个村遭受暴风雨和冰雹袭击，农作物受灾面积16.9万亩。树木、房屋、大棚、供电线路不同程度受损。经济损失1.1亿元。灾情发生后，市委、市政府领导高度重视，立即带领有关部门和单位赶赴灾区，查看灾情，慰问群众，研究落实救灾措施，指导救灾工作，组织受灾群众进行补栽补种。市直各部门、各企业、未受灾的镇街道发扬“一方有难，八方支援”的精神，对口支援受灾乡镇。市农林等部门深入受灾村庄、农户进行技术指导和物资供应。全年发放自然灾害救灾款20万余元，对口支援物资价值100万余元。全市接收捐赠衣物12万件，其中支援新疆灾区捐赠衣被10万件，其余衣被发放给市内困难群众。

2005年2月14日—15日，全市普降大雪，平均降雪20厘米以上。市恒远服装有限公司两车间倒塌，面积12000平方米，经济损失980万元；鑫牛市场大棚倒塌7400平方米，经济损失220万元；鑫牛花卉园倒塌展厅1000平方米、温室500平方米，经济损失35万元；北关装饰材料市场大棚倒塌10000平方米，经济损失150万元；大城埠市场大棚倒塌2800平方米，经济损失42万元；城郊村西瓜、蔬菜大棚倒塌190个，面积230亩，经济损失73万元。兴安街道共计经济损失1500万元。石埠子镇3000多个草莓、蔬菜大棚被压垮，直接经济损失150万元。4月19日，红沙沟镇、石堆镇、郚山镇受风灾。1746个西瓜大棚；万亩蔬菜大棚和小拱棚受害，直接经济损失580多万元。6月14日，黄旗堡镇遭受风雹袭击，560间民房不同程度受损；12家企业，刮坏厂房1.8万平方米，倒塌院墙2.2万米。农作物受灾面积3.2万亩。受损大棚800个，刮倒树木2.3万棵；刮倒电力线杆68根，损坏变压器5个。造成直接经济损失3200万元。6月18日，景芝、官庄、管公、柘山等镇遭到冰雹袭击，90多个村庄受灾，受灾面积7.5万亩，直接经济损失2500多万元。7月5日，管公、官庄、红沙沟、石堆、庵上等镇遭受冰雹袭击，受灾总面积10.95万亩，直接经济损失4600多万元。是年，为帮助受灾乡镇群众恢复正常生产生活秩序，市民政部门发放自然灾害救灾款45万元。

2006年6月，郚山、红沙沟、大盛等15处镇连续遭受风雹灾，经济损失1.9亿元。市民政部门向灾区群众发放自然灾害救灾款79043元。

2007年3月4日，庵上镇遭受低温冻灾，受灾面积4005亩，造成经济损失400万元。是年7月31日，管公、红沙沟、庵上、辉渠镇受强风暴雨袭击，受灾面积1.85万亩，直接经济损失1472万多元。8月15日—20日，市内连降大雨，兴安、管公、官庄、关王、临浯、雹泉、辉渠、凌河等镇街道受灾，受灾面积15万亩，直接经济损失1.1亿元。是年，发放自然灾害救灾款36万余元。

2008年7月，官庄、兴安、辉渠、新安等镇街道发生洪涝灾害。农作物受灾面积19.56万亩，倒塌居民房屋20多间，经济损失21977万元。是年8月25日，石堆镇遭风雹灾害，倒塌居民房屋12间，受灾人口24000人，农作物受灾面积36120亩，经济损失1200万元。12月21日，柘山镇遭到大雪袭击，鸡棚、猪棚倒塌，房屋56间受损，经济损失478万元。是年，市民政部门向市内灾区发放灾害生活补助资金23.19万元，其中购买面粉15万元。对冬春期间受灾群众口粮、衣被、取暖等给予补助，帮助群众解决暂时生活困难。

2009年，安丘市遭遇春季干旱，全市农作物大面积减产，特别是冬小麦受灾严重。农作物受灾面积44.7万亩，直接经济损失8978万元，饮水困难人口5000人，饮水困难大牲畜1000头。是年6月30日、7月25日，市内两次遭到风雹灾害，受灾人口达45000人，受灾面积6.83万亩，成灾面积18150亩，倒塌房屋39户98间，损坏房屋41间，紧急转移安置人口131人，经济损失3690万元。市民政部门发放自然灾害生活补助资金8.24万元，以缓解群众因灾造成的吃水、居住等困难。

2010年4月27日和5月30日，安丘市两次遭到风雹袭击，其中石埠子、凌河、辉渠、官庄、兴安、大盛、金冢子、柘山、景芝等9处镇街道遭受两次灾害。全市12.2万人受灾，受灾面积44.8万亩，绝收22.5万亩，损坏房屋764间，转移安置灾民160人，直接经济损失6亿多元。灾情发生后，市委、市政府立即组织有关部门奔赴灾区，指导群众进行灾后生产自救。市农林等部门技术人员帮助受灾群众进行农业技术指导，电力工作人员对受损电路进行抢修，保证群众尽快恢复生产生活秩序。是年，安丘市率先使用“一卡通”发放救灾款，成为潍坊市第一个实行救灾款社会化发放的县级市，当年向群众发放自然灾害生活补助资金30.38万元。是年4月，青海省玉树县发生7.1级地震后，安丘市各镇街区、市直各部门、市属各企业以及广大群众踊跃捐款，市慈善总会收到捐款68.31万元，全部汇到灾区。

2011年4月29日和5月29日，安丘市12个镇街区的364个村遭受严重风灾和冰雹袭击，受灾总面积28.7万亩，造成经济损失5.5亿元。是年，市民政部门向受灾群众发放生活补助资金125万元。

2012年5月26日，凌河、辉渠、郚山、大盛、金冢子、官庄、柘山、兴安、新安等9处镇街道发生风雹灾害，受灾人口47000人，受灾面积6.93万亩，经济损失3700万元。是年5月30日，景芝、新安等镇街道又遭受风雹灾害，导致农作物大面积受损，受灾人口90000人，受灾面积6.21万亩，绝产面积3000亩，经济损失8199万元。8月3日，受10号台风影响，郚山、柘山、石堆三镇遭受大风暴雨袭击，给农业生产、道路交通和房屋财产等造成严重损失。农作物受灾面积1.77万亩，绝产面积7500亩。受灾人口19200人，紧急转移群众3000人。倒塌房屋22间，损坏12间。1处变压器损坏，17个瓜菜大棚损毁，冲坏桥梁2座，直接经济损失1489万元。灾情发生后，安丘市及时争取省级补助资金10万元，帮助受灾最严重的郚山、柘山两镇困难群众解决生活问题。是年，市民政部门先后发放救灾补助金339.99万元，其中用于购买面粉100万元，使受灾群众的生产生活基本恢复正常。

2013年4月20日，新安、景芝、辉渠、郚山等镇街道遭受低温冷冻灾害，农作物损失严重，受灾面积5.73万亩，绝收面积2700亩，受灾人口41200人，直接经济损失6876万元。同日，四川省雅安市发生7.0级地震。灾情发生后，安丘市慈善总会募集社会捐款21418.78元，全部汇往灾区帮助救灾。5月27日，景芝镇发生洪涝灾害，农作物受灾面积1.29万亩，受灾人口22000人，直接经济损失700万元。8月13日，石埠子镇发生洪涝灾害，农作物受灾面积1425亩，受灾人口1500人，直接经济损失103万元。市民政部门先后发放自然灾害生活补助资金210.39万元，其中购买面粉资金101.93万元。

第二节 救 济

临时救济

1988年—2008年，安丘市沿袭以前传统救济办法，对社会上吃饭穿衣确有困难的家庭及个人，由市民政部门组织实施社会救济。每年在春节前、麦收前，市民政部门组织发放一定数量的救济粮和救济款，对重灾户、病灾户实施重点救济。但是没有形成统一的救助体系。

2009年12月，市政府办公室下发《关于进一步建立健全城乡临时救助制度的通知》，初步建成较为完善的社会临时救助体系。重点针对患重病、子女教育、遭遇火灾或意外事故等情况的困难家庭进行救助。将救急难、疾病应急救助、临时救助等纳入规范渠道，进一步强化社会救助的民生托底功能。自此，凡具有安丘市户口，因临时性、突发性原因造成基本生活出现暂时困难的城乡家庭，均可申请得到临时救助。临时救助以政府投入、现金救助为主，社会捐助、实物救助为辅。是年，安丘市共为134户因临时性、突发性等特殊原因造成基本生活出现暂时困难的城乡低收入家庭发放救助金7万元。2010年，市民政部门为210户因病、因灾造成的城乡困难家庭发放临时救助资金16万元。2011年，为440户城乡困难家庭发放临时救助资金22.3万元。2012年，为562户城乡困难家庭发放临时救助资金28万元。2013年，为601户城乡困难家庭发放临时救助资金29.77万元。

医疗救助

2007年3月，为更好地解决因重大疾病造成家庭困难问题，市政府印发《安丘市农村特困户大病医疗救助暂行办法》和《安丘市城市低保对象医疗救助暂行办法》两个规范性文件，建立起医疗救助制度。是年，对城市低保对象9人实施医疗救助，发放救助金3.1万元；为农村困难群众176人实行医疗救助，发放救助金41.5万元。

2011年11月，市民政局、财政局联合出台《安丘市城乡医疗救助暂行办法》，进一步完善医疗救助制度，扩大医疗救助范围，提高医疗救助比例。当年，全市为1776名患病困难群众发放救助金394.9万元。

2013年11月，市民政局、财政局、卫生局、人力资源和社会保障局修订印发《安丘市城乡医疗救助暂行办法》，取消城乡低保户救助起点，将救助比例提高到55%；将城市“三无”人员纳入重点救助对象范围；农村五保户、城市“三无”人员和政府供养孤儿的救助封顶线由10000元提高到12000元；特别医疗救助由1.5万元～3万元提高到2万元～3万元。是年，全市救助城乡困难群众936人，发放救助金330万元。

教育救助

2004年9月，安丘市争取上级专项救助资金7.9万元，资助83名城市低保户子女入学。其中，资助新考入高中学生20人，每人800元；新考入大学学生63人，每人1000元。2005年8月，通过福利彩票公益金，资助40名大学新生入学，每人1000元。2006年8月，通过福利彩票公益金资助80名大学新生入学，每人1000元。2007年8月，通过福利彩票公益金资助100名大学新生入学，每人1000元，特别困难的给予2000元救助。2008年8月，从福利彩票公益金中列支12.8万元，资助95名大学新生入学。2009年8月，从福利彩票公益金中列支11.1万元，资助85名大学新生入学。自2010年起，安丘市的教育救助工作由市慈善总会办公室牵头组织实施。

第三节　慈善事业

安丘市慈善事业由市政府主管。1988年—1993年，县直各单位工作人员自愿捐款、捐物支援灾区农业生产，帮助群众解决暂时生活困难。1994年—2002年，市政府根据上级有关文件精神，发动社会各界奉献爱心，为省内外受灾地区捐款捐物，由市民政部门负责接收社会的募集捐赠，发往灾区，做好救助工作。1998年8月，长江流域发生特大洪灾。安丘市积极开展“扶困济贫支援灾区”爱心捐献活动，及时召开支援长江灾区动员会议，全市干部群众踊跃捐款206万元、捐献衣被7.2万件，全部送往灾区，被省政府表彰为全省救灾捐助先进单位。2001年，为积极做好对三峡库区重庆市忠县复兴镇对口支援，帮助群众解决越冬缺衣少被等困难。安丘市募集衣被49673件，发往重庆市忠县22364件，其余被分发给市内山区、库区的部分困难群众。2003年春，安丘市社会各界踊跃捐款奉献爱心，收到捐款70.6万元，全部用于抗击“非典”工作。是年10月，菏泽市发生自然灾害。安丘干部群众捐款42.9万元，捐献衣物2万件，全部送往灾区。2006年始，安丘市展开“慈心一日捐”和“送温暖、献爱心”活动，并逐步形成制度。此后，每年均组织捐款献爱心活动。

2007年7月，设立安丘市慈善协会办公室，为正科级全额拨款事业单位，隶属市民政局。社会捐助工作走上规范化、经常化轨道。

2008年5月12日，四川省汶川县发生里氏8.0级地震。安丘市各镇街区、市直各部门、单位、各企业以及广大群众踊跃捐款，市民政部门共收到抗震救灾捐助款1129.55万元，收到大蒜、饮用水等生活物资25吨，全部发往灾区，全力支援灾区重建。是年12月18日，安丘市召开慈善协会成立暨第一届一次会员代表大会。

2011年4月，安丘市慈善协会办公室被潍坊市民政局授予“慈善工作组织奖”；安丘市慈善协会与市人民医院眼科视光学中心联合举办的“爱心光明行”活动（为家庭贫困的100名白内障患者，100名患近视的高考新生，100名患斜视、弱视的儿童减免治疗费），被潍坊市民政局评为“最具影响力慈善项目”。是年6月24日，安丘市召开慈善总会第二届一次会员代表大会。7月，成立安丘市慈善义工协会。10月，安丘市慈善协会办公室更名为安丘市慈善总会办公室，其规格、性质、隶属关系不变。

至2013年，安丘市慈善总会先后开展朝阳助学、夕阳扶老康复助医、爱心助残、情暖万家、贫困大学生救助等针对不同困难群体的救助活动，为1994名困难群众发放救助金468.13万元，对15个村定向救助136.34万元；为469名贫困大学新生发放助学金148万元。结合贫困大学新生救助，开展以“自尊、自信、自立、自强”和“感恩社会”为主要内容的“四自一感”教育培训活动。这一创新做法被全国慈善专刊《大众慈善》刊载推广。“慈心一日捐”、抗震救灾、定向捐赠、日常捐款等活动，累计募集善款1337.12万元。

安丘市慈善总会2008年—2013募捐救助情况统计表

表20-8 单位：万元

年份	创始基金	募捐					救助		
		专项收入	地震捐款	慈心一日捐	日常捐款	小计	专项支出	慈善支出	小计
2008	204.47	13.50	—	—	1.41	14.91	—	1.13	1.13
2009	—	—	—	—	21.02	21.02	9.62	11.68	21.30
2010	—	5.00	68.31	148.55	161.19	383.05	8.88	8.78	17.66
2011	—	53.00	—	134.02	53.78	240.80	53.00	152.92	205.92
2012	—	55.35	—	248.30	39.14	342.79	55.35	141.59	196.94
2013	—	18.40	2.14	245.41	68.60	334.55	18.40	291.12	309.52
合计	204.47	145.25	70.45	776.28	345.14	1337.12	145.25	607.22	752.47

第六章 婚丧管理

第一节 婚姻登记

1986年—1997年，安丘市婚姻登记由各乡镇政府办理，婚姻登记档案归各乡镇政府管理。市直部门、企业干部职工及城区居民婚姻登记由城关镇政府负责办理，婚姻登记档案由安丘镇政府负责管理。1998年3月，成立安丘市婚姻登记管理处，集中办理全市的婚姻登记业务。是年，撤销各乡镇设置的婚姻登记处，开始实行由市民政部门集中办理婚姻登记办法。针对西南偏远山区群众交通不便的实际，市婚姻登记处在郚山镇设立巡回登记点。每月1日和15日，市婚姻登记管理处的工作人员前去办理婚姻登记。1999年11月，安丘市婚姻登记管理处被省民政厅表彰为山东省婚姻登记管理先进单位。2002年1月，全省登记信息系统联网，实行在线办理婚姻登记业务，撤销郚山镇巡回登记点。2003年10月1日，新修订的《中华人民共和国婚姻登记条例》施行。安丘市规定：办理结婚登记的内地居民只须提供本人的户口簿和身份证，就可以办理结婚登记业务，取消户口单位必须出具婚姻状况证明的条件。10月17日，安丘市婚姻登记管理处更名为安丘市民政局婚姻登记处。全市范围内的婚姻登记、离婚登记皆由其集中统一办理。婚姻登记管理工作日趋规范化、系统化。2004年5月，安丘市民政局婚姻登记处被民政部评为全国先进婚姻登记机关。2006年9月，潍坊市婚姻登记工作现场会议在安丘市召开，推广安丘市婚姻登记管理工作先进经验。是年11月，安丘市民政局婚姻登记处被民政部评为全国婚姻登记规范化建设窗口单位；12月，被省民政厅授予全省婚姻登记规范化建设达标单位称号；2010年，安丘市民政局婚姻登记处被民政部评为全国婚姻登记规范化建设达标单位。

安丘市 1986 年—2013 年结婚登记与离婚情况表

表 20—9　单位：对

年份	结婚对数	离婚对数	年份	结婚对数	离婚对数
1986	6535	—	2000	7394	75
1987	6819	—	2001	5547	74
1988	8195	—	2002	7329	100
1989	6583	—	2003	7535	135
1990	8225	—	2004	7456	324
1991	8857	—	2005	6586	393
1992	8110	2	2006	7585	441
1993	5751	3	2007	8982	681
1994	6647	15	2008	6318	669
1995	7295	23	2009	7827	948
1996	7474	36	2010	8417	1145
1997	6737	42	2011	9461	1251
1998	7981	46	2012	9069	1417
1999	8127	70	2013	8893	1803

第二节　殡葬管理

1988 年 3 月，安丘县殡葬管理所成立，为副科级事业单位，隶属县民政局领导，负责全县的殡葬改革和殡葬服务事宜。下设两个殡仪馆。一馆位于白芬子镇马留屯村东两公里处，占地 10 亩；二馆位于管公镇马家小庄村东两公里处，占地 22 亩。至 1996 年，全市年均火化遗体 6800 具左右。

1997 年 7 月，国务院颁布《殡葬管理条例》，安丘市积极推行殡葬改革，加强市内殡葬管理。是年，全市平除坟头 15000 个，还田 300 亩。为解决城区人口死亡后骨灰存放问题，经省民政厅批复同意，在青云山南侧、烈士陵园北侧建设青云山公墓，公墓规划占地 16.8 亩，建设墓穴 2000 套。1998 年，青云山公墓投入使用。青云山公墓由市革命烈士陵园管理所代管，采取“以墓养园”的办法，单独记账，所得收入全部上缴财政，盈余返还至市革命烈士陵园管理所，用于烈士陵园的维修、维护和管理人员工资发放。1999 年，第一殡仪馆被省民政厅评定为国家三级殡仪馆。

2004 年 4 月，根据《山东省殡葬管理规定》，市政府办公室印发《关于进一步加强殡葬管理工作的通知》，严肃查处违规土葬问题。是年，全市火化率上升至 89%。2006 年 2 月，市民政局、公安局、交通局、农业机械管理局联合下发《关于开展殡仪车辆集中整顿活动的通知》，加强运尸车辆规范管理，全市配有专业殡仪服务车 58 辆。2011 年 12 月，由市革命烈士陵园管理所投资 10 万元，注册成立安丘市青云仙庄公墓有限公司，青云山公墓实行公司化经营。

2011 年 12 月，市民政局、财政局联合出台《安丘市困难群众基本殡葬服务费用减免办法》，对城乡低保和农村五保对象给予基本殡葬服务费用减免，每户免除车辆接运费、消毒费、火化费和骨灰盒费用共计 792 元。2013 年 1 月，安丘市将基本殡葬服务费减免金额调整为 1360 元。至 2013 年 12 月，为全市 1345 名困难群众减免基本殡葬服务费计 149.1 万元。从 2013 年 12 月 22 日起，为进一步深化殡葬改革，推进基本殡葬服务公益化，安丘市实行居民基本殡葬服务费用免除政策，免除每具遗体火化费、车辆和遗体消毒费、一年内骨灰寄存费、馆内遗体搬运费、一天内遗体冷藏费。

第七章 社会福利

第一节 城乡居民最低生活保障

城镇居民最低生活保障

1996年7月，市政府出台《安丘市城镇居民最低生活保障暂行办法》，开始对城镇居民实施最低生活保障制度。1997年7月起，安丘市城镇居民最低生活保障标准为每人每月105元，保障金由市财政全额负担。是年，为城镇低保对象122户、359人发放低保金11446元，低保对象生活得到基本保障。

1999年，安丘市先后两次调整城镇居民最低生活保障标准。是年3月，城镇居民最低生活保障标准每人每月由105元提高到120元。10月，每人每月又上调到156元。2005年7月起，城镇居民最低生活保障标准再次调整，低保对象每人每月由156元提高到180元。是年，全市有享受低保对象800户、1889人，发放低保金73.6万元。2006年，建立城镇低保对象分类施保制度，对重病患者家庭、孤老人员家庭每户每月加发20元；子女就读公办学校且学费明显超过家庭负担能力的、夫妻双方下岗且需赡养无收入高龄老人的，每户每月加发10元保障金。是年，为4482人增发分类施保金89640元。2007年10月，进一步提高城镇居民最低生活保障线标准，由每人每月180元提高到每人每月200元。2008年7月，城镇居民最低生活保障标准由每人每月200元提高到220元。2009年1月起，城镇居民最低生活保障标准由每人每月220元提高到240元。是年11月，根据形势发展的需要，市政府重新修订《安丘市城市居民最低生活保障暂行办法》，重点对标准确定、收入来源、申请审批、资金发放等作出明确规定。2010年1月，安丘市城镇居民最低生活保障标准由每人每月240元提高到260元。是年，全市保障生活困难的城镇居民1541户、3207人，增发低保金26.9万元。2011年1月，将城镇居民最低生活保障标准上调到310元。2012年4月，城镇居民最低生活保障标准再一次上调，由每人每月310元提高到340元。是年7月，安丘市建立物价上涨与提高困难群众生活补贴和保障标准联动机制，覆盖优抚对象、城乡低保对象、农村五保供养对象和领取失业保险金人员，以缓解物价上涨对低收入群众生活的影响。11月，城镇居民最低生活保障标准由每人每月340元提高到360元。是年，全市有城镇低保对象976户、1847人，发放低保金555.8万元。2013年7月，城镇居民最低生活保障标准由每人每月360元提高到410元。是年，全市有907户、1521人享受城镇居民最低生活保障待遇，月人均补差267元，全年发放保障金502万元。

农村居民最低生活保障

1999年7月，市政府制定《安丘市农村居民最低生活保障暂行办法》，开始在全市农村实施居民最低生活保障制度。按照当年人均年收入情况，定为每人每年600元的低保标准，由市、镇街道、村居按照3∶3∶4的比例分担。当年发放最低生活保障金100多万元，保障农村生活困难群众6000多人。自此，安丘市以“保基本、兜底线、促公平、可持续”为准则，按农村居民最低生活保障标准和办法，持续让农村生活困难群众尽享基本保障。2006年，安丘市对农村最低生活保障标准和资金承担方式进行调整，将农村低保金提高到每人每年700元，低保资金由市、镇按5∶5的比例分担，取消村级承担部分。是年，全市共保障农村生活困难群众6530人，占农村总人口的9‰，市、镇两级财政共发放保障金127万元。2007年，将农村最低生活保障标准上调到每人每年800元，农村低保金由省、潍坊市、安丘市和镇街道四级财政分级负担，其中镇级财政全部实现县级统筹。2008年，市政府重新修订《安丘市农村居民最低生活保障暂行办法》，重点对标准确定、收入来源、计算方法、申请审批、资金发放等作出明确规定，将农村居民最低生活保障标准调整到每人每年900元。2009年1月，将农村居民最低生活保障标准提高到每人每年1000元。2010年1月，将农村居民最低生活保障标准提高到每人每年1200元。2011年，安丘市先后两次提高农村居民最低生活保障标准。是年1月，低保标准提高到每人每年1400元；7月，低保标准提高到每人每年1600元。2012年1月，农村居民最低生活保障标准提高到每人每年2000元。12月，安丘市建立农村低保责任追究制度，促进农村低保工作廉洁高效、公开透明。2013年1月，将农村居民最低生活保障标准提高到每人每年2200元。3月，建立村居干部及近亲属享受低保登记备案制度，对全市享受低保待遇的村居干部及近亲属进行实名登记备案，健全低保监督核查机制，全力打造“阳光低保”。是年，全市有11814户、23265人享受农村居民最低生活保障待遇，农村居民最低生活保障标准每人每年2500元，月人均补差146元，发放保障金4011万元。

第二节　孤寡老人供养

1986年，安丘县有农村五保人员3184人，其中集中供养人员148人，占五保总人数的4.65%。县政府对五保老人生活供给作出统一规定：口粮每人每年250公斤～300公斤，细粮不低于70%；食油每人每年3公斤；烧柴每户每年1250公斤；零花钱每人每月10元左右；每人每年两身单衣，三年两身棉衣，棉被褥子五年一套，床单三年一床，蚊帐十年一架；村里保修房屋，治病实报实销。是年，乡镇敬老院迅速兴建，发展到26所。其中，已建成入住的10所，入院老人148名；建成准备入住的5所，正在兴建的11所。1987年6月，全县共有五保对象3598人，其中集中供养老人307人，占五保总人数的8.53%。9月，官庄镇敬老院建成并投入使用；10月，石堆镇敬老院建成投入使用。是年，全县共有乡、村两级敬老院55所。1988年9月，白芬子镇敬老院建成投入使用。雹泉、管公两镇敬老院因工作成绩突出成为省级文明敬老院；宋官疃镇敬老院成为潍坊市先进敬老院。是年，全县有五保对象3221人，其中集中供养五保老人789人，占五保老人总数的24.5%。1989年10月，全县建成32所乡镇敬老院。是年，黄旗堡镇敬老院被省民政厅评为省级文明敬老院。全县农村五保人员2671人，有935名五保老人入院供养，集中供养率35%。1990年，全县共有农村五保供养人员2624人，有乡镇敬老院67所，集中收养五保老人1118名，供养率42.6%。县民政部门在抓敬老院建设的同时，注重五保老人的入院率，使五保老人的生活得到保障。1991年，慈埠乡筹集资金20多万元，建起一所能容纳30多人的较高标准敬老院。时，全县敬老院达到89所。是年，提倡和鼓励敬老院“以副补院”，全县敬老院总收入13万余元，五保统筹人均760元。全县农村五保供养人员2624人，其中集中供养五保老人1531人，集中供养率达47.6%。1992年，全县供养五保老人1558人，其中89所敬老院集中供养老人701人，占供养总人数的45%。1993年，全县五保老人1588人，其中集中供养556人，占供养人数的35%。是年5月，安丘镇敬老院建成并投入使用。官庄、雹泉、黄旗埠、慈埠、担山、宋官疃6所敬老院分别被省民政厅、潍坊市民政局评为省、市级文明敬老院。1994年，全市有农村五保人员2730人，其中集中供养1303人，占供养人数的47.7%。全市对五保老人的供养能力进一步提高。

1995年，根据潍坊市关于印发《全市开展农村五保普查工作实施方案》的通知精神和潍坊市民政局的统一部署，安丘市对境内1440个行政村五保供养对象进行全面普查摸底。通过普查，查出五保供养对象2950户，新增五保供养对象430人。已集中供养的1303人，占供养总人数的44.2%。1996年，全市有农村五保供养人员2331人，集中供养730人，占五保供养总人数的31.3%。安丘市农村五保供养工作认真贯彻国务院《农村五保供养工作条例》，狠抓基础设施建设，敬老院规模和档次有较大提高。是年，景芝镇、慈埠镇、黄旗堡镇敬老院分别被山东省民政厅、潍坊市民政局授予文明敬老院称号。1997年，全市有农村五保供养人员2119人，其中集中供养638人，占供养总数的30.1%。

1998年，安丘市贯彻落实国务院《农村五保供养工作条例》，不断加大投入，加强敬老院设施建设。宋官疃镇投资近40万元，对镇敬老院进行全面扩建改造，统一装饰住房内外，安装铝合金门窗、铺设地面砖、安装暖气、硬化路面、配齐日用设备，改善五保供养人员的居住环境。是年，全市有农村五保供养人员2313人，集中供养715人，集中供养率30.9%。1999年，慈埠镇敬老院获省一级敬老院称号；安丘镇敬老院、景芝镇敬老院、金冢子镇敬老院、官庄镇敬老院、赵戈镇敬老院、雹泉镇敬老院获省二级敬老院称号；贾戈镇敬老院、白芬子镇敬老院、黄旗堡镇敬老院获省三级敬老院称号。全市有农村五保供养人员1895人，集中供养人员542人，占五保供养人数的28.6%。2000年1月，金冢子镇敬老院扩建改造并投入使用。全市有农村五保人员1897人，其中集中供养人员482人，占五保总人数的25.4%。2001年，全市有农村五保人员1760人，其中集中供养人员371人，占五保总人数的21.1%。2002年，全市有农村五保人员1670人，其中集中供养人员299人，占五保总人数的17.9%。

2003年，潍坊市市级福利彩票公益金补助安丘20万元，用于实施第三批省“星光计划”。其中，资助安丘市老年福利服务中心金额5万元，资助安丘市老干部活动中心5万元，资助凌河镇敬老院5万元，资助大盛镇敬老院5万元。是年6月，同属省“星光计划”补助项目，有安丘光荣院和老年公寓建设，投入资金3282883.11元，其中上级财政拨付安丘光荣院设施补助费8万元；省“星光计划”项目补助25万元；彩票公益金中拨付591136元；市民政局社会福利基金投入216万元；单位自筹资金投入15747.11元，市福利彩票公益金拨付18.6万元，进一步提高五保老人供养水平和改善五保供养人员的居住条件。

2004年，全年下拨福利彩票公益金46万元，资助镇街敬老院建设。第三批“星光计划”项目顺利完成，投资100万元建成全市最大的老年人活动中心，建筑面积达1000平方米，设有医疗康复室、健身器材室、阅览室、台球室、乒乓球室、社会捐助接收站等。2005年，下拨福利彩票公益金47万元，资助镇街道敬老院建设。是年，全市有14所敬老院，共有五保供养对象2981人，其中集中供养536人，集中供养率为18%。全市23处镇街道的五保对象全部实现应保尽保，五保供养证及时发放到个人手中。集中供养人员按生活费每人每年2000元（不含敬老院房屋修缮费、设备更新费用、工作人员工资福利）拨付，由市财政负担30%，镇街道负担30%，村级每年负责400公斤小麦或折款；分散供养人员生活费按每人每年1200元发放，由市财政负担30%，镇街道负担30%，村级每年负责400公斤小麦或折款。

2006年1月，市政府办公室下发《进一步做好农村五保供养工作的通知》，将五保供养由镇街道供养全部改为市财政供养，实现五保供养方式的重大转变。供养主要以集中和分散两种方式，供养标准为集中供养每人每年2000元，分散供养每人每年1200元，全市拨款301.6万元，将2930名五保对象全部纳入财政供养。是年，下拨福利彩票公益金96.3万元，资助镇街道敬老院建设；省财政对财政困难县敬老院改善条件进行资助。通过组织省财政投资评审中心进行评审，资助安丘市13所敬老院94.9万元，其中31.8万元用于房间设施配套，63.1万元用于敬老院改造。4月，王家庄镇敬老院建成投入使用。5月，市民政局组织对全市五保对象进行普查，全市共普查出农村五保人员2981人，其中集中供养人员284人，占五保总人数的9.53%。

2007年，市政府办公室下发《加强农村五保供养工作的通知》，规定集中供养对象生活费每人每年2000元，分散供养对象每人每年1200元，全部由市级以上财政负担。从2006年1月起，集中供养资金发放到敬老院，分散供养资金通过农村信用社“一本通”方式发放到五保户手中。是年，市民政部门争取上级和本级福利彩票公益金483.5万元，资助镇街道敬老院建设。10月，辉渠镇敬老院建成投入使用。安丘市敬老院建设现场会议在辉渠镇敬老院召开，推动全市敬老养老事业的快速发展。11月，郚山镇、柘山镇、石埠子镇敬老院相继建成并投入使用。至此，12处镇街道均建有中心敬老院。是年12月，金冢子镇敬老院被省民政厅评为全省五保供养服务模范单位。

2008年6月，安丘市将全市12所镇街敬老院纳入事业单位管理，为市民政局派出机构，股级全额预算管理事业单位，所需人员从镇街道事业单位现有在编人员中调剂，各敬老院的人、财、物暂由镇街管理，业务上受市民政局领导。是年，潍坊市财政局拨付辉渠镇敬老院建设及配套设施购置资金50万元，专项用于改善敬老院供养条件；拨付景芝镇等9所镇街道敬老院建设“以奖代补”资金22.5万元，用于改善敬老院供养条件。全市有农村五保人员 3079 名，其中集中供养人员 644 名，占五保总人数的 20.9%。

2009 年，全市有五保对象 3133 人。其中，集中供养 609 人，分散供养 2524 人，集中和分散供养标准分别上调为每人每年 2400 元和 1400 元。市民政部门下拨福利彩票公益金 100 万元用于各镇街区社会公益事业和孤寡老人房屋修缮及困难补助；拨给景芝镇等 12 所农村敬老院补助费计 48 万元，较好地保障五保对象生活和敬老院正常运转。2010 年，全市共有农村五保人员 3144 人，其中集中供养人员 575 人，占五保总人数的 18.2%。全市有镇街道敬老院 12 所，市财政列支敬老院建设管理资金 70 万元，改善敬老院环境条件和管理水平。2011 年，全市有五保对象 2876 人。其中，集中供养 564 人，分散供养 2312 人。是年，两次调整五保供养对象生活标准。1 月起，五保对象集中供养生活标准为每人每年 2600 元，分散供养生活标准为每人每年 1600 元；7 月起，五保对象集中供养生活标准上调为每人每年 2700 元，分散供养生活标准上调为每人每年 1800 元。2012 年，再次提高五保供养对象生活标准，集中和分散供养对象生活标准分别为每人每年 3000 元和 2200 元。全市有五保供养对象 2647 人。其中，集中供养 545 人，分散供养 2102 人。上级民政部门下拨市级补助资金 101 万元，用于农村五保供养专项资金。是年 2 月，辉渠镇、金冢子镇、新安街道、凌河镇、景芝镇、兴安街道敬老院被省民政厅评为省一级敬老院。

2013 年，全市有五保对象 2116 人。其中，集中供养五保对象 507 人，分散供养 1609 人。是年，安丘市将五保供养对象集中和分散供养生活标准分别提高到每人每年 4800 元和 3600 元。投资 500 万元，新建郚山镇敬老院，建筑面积 3854 平方米，设置床位 128 张。

第三节　孤儿弃婴收养

1986 年—1991 年，安丘县采取以办理收养登记实行家庭寄养为主，移送社会福利院养育为辅的方式对社会上的孤儿、弃婴进行收养。

1992 年 4 月，《中华人民共和国收养法》颁布实施。1998 年 11 月，第九届全国人民代表大会常务委员会第五次会议对《收养法》进行修订。根据《收养法》的规定和要求，安丘县建立起由民政部门牵头协调，市公安、司法、卫生、人口与计划生育等单位共同管理的弃婴收养和孤儿救助工作机制。2002 年，安丘市的弃婴收养登记业务审批权限在潍坊市民政局。2003 年，潍坊市民政局将弃婴收养登记权限下放至县级民政部门。2009 年 7 月，为进一步做好弃婴收养、孤儿养育等社会福利工作，安丘市组建安丘市社会福利院，加挂安丘市救助管理站牌子，为市民政局所属股级全额预算管理事业单位。同时，撤销市光荣院，其职能和在编人员整体划入市社会福利院。

2011 年 7 月，市政府办公室下发《关于进一步做好孤儿收养工作的通知》，明确孤儿认定标准、申请审批程序。市民政局按照分散收养每人每月基本生活费 600 元，集中收养每人每月基本生活费 1000 元的标准，为 51 名孤儿办理收养手续。孤儿收养金按季度发放。分散收养的直接拨付到孤儿或监护人账户，集中收养的直接拨付到收养机构。

2013 年 1 月，市民政局、财政局联合下发《关于提高孤儿基本生活费标准的通知》，将社会散居孤儿基本生活费标准由每人每月 600 元提高到 720 元，福利机构收养孤儿基本生活费标准由每人每月 1000 元提高到 1200 元。同时，建立受艾滋病影响儿童福利保障制度，参照社会散居孤儿标准享受基本生活费。是年，市救助管理站创建国家三级救助管理机构，并顺利通过上级检查验收。

2013 年底，全市有孤儿 57 人（其中集中收养 6 人、散居收养 51 人）、事实无人抚养儿童 11 人、受艾滋病影响儿童 3 人，当年发放保障金 639940 元。救助流浪乞讨人员 972 人次。采取家庭收养、寄养与政府供养的方式，依法办理收养登记弃婴、孤儿 281 例，收养、养育资助合格率 100%。

第四节　社会福利企业

1986 年，安丘县有福利企业 22 家，安置 332 名残疾人员就业，福利企业产品 23 种，年产值 450 万元，利润 41 万元。1987 年 6 月，县内有福利工厂 31 家。其中，县办 2 家、乡镇办 28 家、村办 1 家。全县福利企业上半年完成产值 710 万元，实现利润 70 万元。是年，新建福利厂 7 家，共有职工 373 人，产值 150 万元，实现利润 14 万元。1989 年，县内建有社会福利厂32家，安置残疾人员416人，年产值1411万元，创利润129万元。

1990年，为完善福利企业管理制度，根据中共中央、国务院《关于进一步清理整顿公司的决定》，安丘县撤销县福利公司、县乡镇企业局第二供销公司、县涤纶帆布厂供销公司、县微电脑联合公司、刘家尧乡河沙开发公司、白芬子乡石料开发公司、县经济协作公司等7家福利企业。对全县32家社会福利厂进行挖掘改造，加强企业内部管理，增强内部发展能力，全年共实现产值1300万元，利润108万元，福利企业取得较大发展。1991年，全县福利企业发展到33家，其中，新上福利腊盒厂和福利服装厂两家县直属福利企业。按照上级部门要求，安丘县对全县福利企业进行验收换证。通过清理整顿，进一步加强企业内部管理，增强自我发展能力。福利企业全年实现产值2690.9万元，利润221万元，职工总人数1108名，安置残疾人员554名，占生产人员的50%。1994年，全市有福利企业64家，当年完成产值6100万元，实现地税390.6万元，安排396名残疾人就业。

1999年1月，经过年检，安丘市的福利企业由64家缩减为35家。是年，社会福利企业特别是市直属福利企业改制取得突破性进展。完成34家乡镇办福利企业改制，并加强对福利企业政策落实情况的监督检查，确保国有资产不流失；全面完成市直属福利企业改制，原福利公司所属的空调公司、预混饲料厂、大华酒店办理注销手续，房产和设备租赁给个体私营业主，经营性质转为私营，实现与机关脱钩分离。

2000年4月，由于企业改制，市内福利企业由35家缩减为安丘市石油钻采机械厂、山东瑞昌矿业有限公司、安丘市彩印纸箱厂、安丘市景华实业公司瓶盖厂、安丘市雄鹰纤维素厂、安丘市综合保温材料厂6家。2004年，安丘市对全市福利企业进行年检，取消不合格福利企业1家，新批福利企业1家。是年，全市福利企业共实现销售收入3500万元，减免税116万元，安置残疾职工145人。

2005年，安丘市按照国务院《社会保险费征缴暂行条例》，对全市福利企业进行年检，社会福利企业优惠政策得到有效落实，保障残疾职工的合法权益。残疾职工上岗率100%。是年3月，安丘市综合保温材料厂因达不到福利企业标准，被依法注销。2007年，全市有福利企业5家，安排残疾人116人，年免退税171.8万元。2008年，潍坊市民政部门批准认定潍坊兴翰服装有限公司、安丘市海润包装制品有限公司为社会福利企业。2009年，全市有福利企业7家，分别是安丘市石油钻采机械厂、山东瑞昌矿业有限公司、安丘市彩印纸箱厂，安丘市景华实业公司瓶盖厂、安丘市雄鹰纤维素有限公司、潍坊兴翰服装有限公司、安丘市海润包装制品有限公司。安排残疾人143人，年免退税254.92万元。2011年12月，市内社会福利企业安丘市石油钻采机械厂更名为潍坊市宇宏石油机械有限公司。

2013年4月，潍坊市民政局下发《关于调整和下放部分行政审批事项的通知》，从2013年6月1日始，社会福利企业认定审核下放至县级民政部门办理。按照省民政厅关于贯彻落实民政部《福利企业资格认定办法》实施意见中“福利企业中残疾职工占本单位在职职工总数的比例应达到25%（含）以上，且残疾人职工不少于10人”之规定，是年6月，市民政部门依法将潍坊兴翰服装有限公司、安丘市景华实业公司瓶盖厂2家不符合福利企业资质条件的企业予以注销。

第五节　社会福利中心

2011年7月，市委、市政府投资1.35亿元新建安丘市社会福利中心。该中心位于市北区泰山街西首，规划占地20亩，建筑面积2.8万平方米。设有综合服务楼、办公楼、餐厅等基础设施。其中，综合服务楼11层，建筑面积11000平方米。按老年福利服务机构标准设计，建有104个疗养间，内设床位188张，房间内配备电视、电话、卫生间、淋浴装置，设立健身室、活动室，配置文体器材等生活服务设施。中心主要面向社会开展老年人养护、康复、托管等社会化养老服务。2013年11月，市社会福利中心竣工投入运行。

第六节　有奖募捐

1987年，国务院批准发行福利彩票，时称有奖募捐（即开型福利奖券），以有奖募捐的形式筹集社会福利资金，用于发展社会福利事业。1989年起，安丘县由县民政局下设的福利服装厂和福利纸箱厂，组织人员面向社会发售福利彩票。1989年—1991年，销售福利奖券50万元。

1992年12月，县民政局成立福利实业总公司，负责福利彩票的销售管理工作。1993年—1996年，安丘县面向社会发售即开型福利彩票340万元，筹集的社会福利基金，全部用于福利企业的资金周转和扩大再生产。

1998年12月—1999年1月，为募集社会资金支援灾区建设，安丘市在商场路中段，采取封路形式，发行中国赈灾福利彩票600万元大奖组，历时15天，超额完成潍坊市下达的销售任务。

2000年5月，“齐鲁风采”电脑福利彩票在安丘市发行。发行宗旨是“扶老、助残、救孤、济困”，发行原则是“公开、公平、公正”，资金分配比例为返奖率50%、公益金35%、发行费15%。“齐鲁风采”电脑福利彩票，推出“30选7”玩法，每周一、三、五晚上开奖。2001年底，推出“齐鲁风采”大盘玩法“36选7”。2002年7月，小盘玩法“23选5”正式上市，天天开奖。

2003年12月，安丘市福利彩票管理所成立，属潍坊市福利彩票发行中心和安丘市民政局双重管理，负责安丘市辖区内福利彩票的销售管理工作。2004年3月，“齐鲁风采”加入中国福利彩票“双色球”全国联销，每周二、四、日开奖。2005年1月，“3D”数字游戏落户山东，以其独具的“小玩法、大品牌、固定奖、天天开”的特色，给福利彩票市场注入新的动力，销量实现历史性突破。2006年1月，大盘玩法“36选7”停销；是年3月，“30选7”加入全国联销玩法，并更名为“七乐彩”。2007年9月，“刮刮乐”网点即开型福利彩票在安丘市正式上市销售。该票是在传统即开型彩票的基础上，采用二维扫描条码等现代技术制成。2009年4月，“齐鲁风采·群英会”乐透数字型快速开奖游戏正式开通（视频彩票），每15分钟销售开奖一期，每天开奖52期。

2013年，安丘市福利彩票电脑销售额7511万元，即开型销售1151万元，全年总销量8662万元。福利彩票形成高、中、低、快速开奖、刮刮乐即开型等相结合的多层结构。

安丘市1993年—2013年福利彩票销量统计表

表20—10　　单位：万元

年份	电脑票销量	即开型销量	总销量	年份	电脑票销量	即开型销量	总销量
1993	0	100.00	100.00	2004	2157.49	126.67	2284.16
1994	0	0	0	2005	4801.42	0	4801.42
1995	0	100.00	100.00	2006	2808.11	102.00	2910.11
1996	0	140.00	140.00	2007	2413.75	314.00	2727.75
1997	0	0	0	2008	2624.46	527.50	3150.96
1998	0	0	0	2009	3825.79	565.00	4390.79
1999	0	350.00	350.00	2010	4460.49	978.50	5438.99
2000	712.00	0	712.00	2011	5196.84	1218.50	6415.34
2001	1361.00	112.00	1473.00	2012	6141.49	1695.00	7836.49
2002	1914.31	20.00	1934.31	2013	7511.54	1151.00	8662.54
2003	2364.49	25.00	2389.49	合计	48293.18	7524.67	—

第八章 民间组织管理

第一节 社会团体管理

20世纪80年代，安丘县境内社会团体数量很少，一般由各部门自行进行审批、管理。进入90年代，尤其是建立社会主义市场经济体制后，安丘民间组织呈现出强劲发展势头，并迅速发展壮大，涉及社会生活的各方面，在政治、经济、文化、科技等领域发挥着越来越广泛的积极作用。1989年10月，国务院发布《社会团体管理条例》。1993年，安丘县民政局成立社团科，具体负责全县社会团体的登记和管理工作，社会团体登记管理工作逐渐步入规范化轨道。

1998年10月，修订后的《社会团体登记管理条例》由国务院颁布实施。《条例》对社会团体作出界定，确定并保障其法律地位，并就登记管理机关与业务主管单位各自的职责、登记条件和登记程序、以章程为核心的自我管理机制、对违规行为的处罚措施、对登记管理机关和业务主管单位的约束与监督等方面作出明确规定。安丘市认真宣传、贯彻、落实《条例》，在全市开展对各类社会团体普查、登记工作。是年，登记社会团体8个，并发给证书。1999年，全市注册登记社会团体23个。2004年，由市民政局牵头，会同有关部门，对全市121个社会团体进行清理整顿。清理重点是社会团体的政治方向、遵纪守法、业务活动、财务管理、组织人事等方面。通过清理整顿，注销长期不开展工作的瘫痪半瘫痪社团6个，保留115个。12月，对清理整顿后保留的115个社会团体统一颁发证书，并更换印章。2007年，对全市各类社会团体进行第二次清理整顿，对原注册登记的社会团体进行全面详细审查，注销不合格社会团体2个，全市各类社团总数142个。2011年，市民政部门对市内在册登记的社会团体进行检查审核。经审查核定，撤销不合格社团组织6个。2012年，市民政局对社会团体再次进行清理整顿，注销、撤销长期不开展工作的瘫痪半瘫痪社团90个。2013年，全市在民政部门注册登记的社会团体共111个。

第二节 民办非企业单位管理

1992年—1995年，安丘境内民办非企业单位处于起步阶段，无现成经验和规律可循，民办非企业单位数量少、规模小。1996年，中共中央办公厅、国务院办公厅联合印发《关于加强社会团体和民办非企业单位管理工作的通知》，正式将组织类型并列称为社会团体和民办非企业单位。并对民办非企业单位的登记管理作出明确规定。要求必须依法开展民办非企业单位的管理，统一登记、审查、发证。从此，民办非企业单位的发展和管理有了政策依据。安丘市民办非企业单位数量逐渐增加，发展势头良好。

1999年，安丘市根据国务院《民办非企业单位登记管理暂行条例》，建立起民办非企业单位管理体制，对全市民办非企业单位进行初步摸底调查，按系统分门别类进行登记。具体包括教育、文化、卫生、劳动、科技、体育、法律、社会中介服务等行业，并于2001年开始由市民政局统一办理注册登记手续。是年，在市民政部门注册登记民办非企业单位482家。2004年，在市民政部门注册登记民办非企业单位25家。民政部门对全市536家民办非企业单位进行全面清理整顿，注销各类不合格单位45家。是年，由于安丘市行政区划调整，移交出原安丘市南流镇民办非企业单位20家。至此，安丘市注册的民办非企业单位有473家。2005年，针对2004年全市民办非企业单位清理整顿后，对所有单位进行统一换证，更换印章。2007年，市民政部门会同教育、卫生、文化、科技等部门对全市民办非企业单位进行第二次清查整顿，清查重点是单位财务状况、开展活动情况及内部制度完善规范情况。通过清查整顿，查处并注销各类不合格民办非企业单位150家。2008年，市民政部门再次对注册登记的民办非企业单位进行审查，经审查核定，撤销不合格民办非企业单位22家。此后，每年对全市注册登记的民办非企业单位进行一次审查。2009年，对注册登记的民办非企业单位进行审查，撤销不合格民办非企业单位58家。

2011年，市民政部门配合市教育部门对全市幼儿园进行整顿，对不达标幼儿园进行整改。整改后，撤销不合格幼儿园187家。2012年，对注册登记的民办非企业单位进行审查，撤销不合格民办非企业单位82家，注销3家。至2013年12月，全市共有登记注册的民办非企业单位125家，主要涉及科技、文化、教育、卫生、人社、民政、公益慈善等行业。

第九章　地名和界线管理

第一节　地名管理

1988年10月，安丘县根据国务院《地名管理条例》和民政部、中国地名委员会《关于开展地名补查和资料更新工作的通知》要求，在全县范围内开展地名补查和资料更新。以1979年地名普查和现存地名档案资料为基础，以地名的书写、汉语拼音、类别、位置、来历、含义和演变为重点，对与地名有关的自然、经济、社会、文化等方面，进行广泛搜集和查阅，考证正史、方志、谱牒、碑刻、文物及有关档案资料，确保全面准确。

20世纪90年代前期，根据省地名委员会要求，安丘县开展城区和乡镇路、街、巷门牌及家庭户门牌制作和安装。至1995年，完成城区、驻地乡镇路、街、巷牌，自然村牌和家庭户门牌的制作和安装。1995年—1996年，安丘市在境内国道、省道两侧设置地名标志。1998年4月，修订后的《山东省地名管理办法》实施。安丘市利用印发资料、广播、电视等途径进行宣传，提高全社会对地名规范化的认识。

2001年，安丘市完成全市行政村的数据库资料统计工作。对需更名的道路，组织人员进行实地勘察论证，绘制图表。经市政府批准，对城区内的原工农路更名为青云山路。2003年，市民政部门对市北区新建的33条主要道路进行命名，形成路、街两个层次的道路通名系统。参照市南城区的命名规律，地名专名均称“路”，南北方向的路都用“安”字取名。2005年，依据《国家城乡地名标志标准》，在市北区新设置标准路牌；将市南区原设置的路牌全部按标准进行更新，使地名管理工作纳入规范化管理轨道。2010年，加强信息化建设，开展国家地名数据库建设工作。2012年，结合市区发展规划，按照“东西走向为街、南北走向为路”命名原则，对城区新增8条道路进行命名。

第二节　界线管理

1997年3月，根据省政府的统一部署和要求，安丘市与周边的沂水、昌乐、临朐、坊子、诸城、高密、昌邑等市县区的联合勘界工作开始启动。每条边界，由毗邻双方分别组成工作组，然后联合办公，共同勘定。对勘界中出现的个别有争议地段，由双方工作组一起进行调查、分析、协商，提出勘定意见，然后交省政府裁决。

2003年起，安丘市在界线管理工作中，探索建立起“两图一责”管理模式，即制作《界线管理示意图》《界线管理网络图》，市政府、镇街道、有关村委会、界桩管理员层层签订责任书。对每一条边界线、每一个界桩，均有责任人具体进行维护管理，保证信息联络畅通快捷，形成一个严密的界线管理网络。安丘市与周边市县区联合开展平安边界共建活动。建立双边联席会议制度，共同开展依法护界和多层双向交流，保障边界地区和谐稳定。

第十章　老龄事业

第一节　机　构

1987年，安丘县成立老龄问题委员会，办公室设在县劳动局。1993年改称安丘县老龄工作委员会办公室。1994年，撤销安丘市老龄工作委员会办公室。1998年3月，经市编委研究决定，恢复设立安丘市老龄委员会办公室，为正科级全额拨款事业单位，隶属市劳动局，负责全市老龄工作的综合协调管理。1999年机构改革，市老龄委员会办公室整建制由市劳动局划归市民政局。是年，各乡镇均建立起老龄工作委员会，具体老龄事务由乡镇人事助理或民政助理兼管。具备条件的村（居）、社区建立老年协会。至此，全市建立起市、镇、村三级老龄工作组织机构。

第二节　权益保障

1986年，安丘县初步建立健全老年人社会保障制度，不断改善老年人生活、健康以及参与社会发展条件，老年人合法权益得到保障。1994年，国家计委、民政部、劳动部、人事部、卫生部、财政部、国家教委、全国总工会、全国妇联、全国老龄委等十部门联合印发《中国老龄工作七年发展纲要(1994—2000)》，将老龄事业纳入国民经济和社会发展规划。2002年10月，省政府下发《山东省优待老年人规定》。是年，安丘市对70岁以上老年人实行免征新增农业税及附加的优惠政策。2003年，市政府制定《安丘市优待老年人规定》，对老年人在乘坐市内公交车、就医、进入公园和旅游景点、进入公共文化娱乐场所和体育健身场所、减免经济和社会负担、法律援助、享受长寿补贴等方面，均作出规定实行优待。是年，安丘市建立百岁老人长寿补贴制度，补贴标准为每人每月100元，补贴资金由市财政负担。2007年，将百岁老人长寿补贴标准提高到每人每月150元。2009年，再次提高百岁老人长寿补贴标准，补贴金提高到每人每月200元。是年，为全市18名百岁老人发放长寿补贴金4.32万元。2012年，将百岁老人长寿补贴标准提高到每人每月300元。是年，为全市29名百岁老人发放长寿补贴金10.44万元。2013年，安丘市为26名百岁以上老年人发放长寿补贴金11.88万元。

第三节　养老保障

家庭供养

2000年前，境内子女供养是大部分农村老年人的主要养老方式。进入21世纪后，随着全市社会经济不断发展、人民生活水平日益提高，安丘市加强老龄事业建设，按照家庭养老与社会养老相结合、物质供养和心理调适相结合的原则，通过多种方式和途径，为老年人提供养老保障，广大老年人的生活质量得到不断提升。2004年始，安丘市推行签订家庭赡养协议书。通过签订家庭赡养协议书，老年人依靠子女供养为主要方式，确保老有所养、老有所依。在先行签订家庭养老协议试点的基础上，随后全市推开，养老协议制度逐步完善。2004年，全市签订家庭赡养协议4.3万份，签订比率60%以上。此后，养老协议书签订率逐年提高。2013年，全市家庭养老协议签订比率98%以上。

集中供养

2002年10月，安丘市建立老年公寓，设有床位60张。2007年，批准设立安丘市福乐托老院，设有床位25张，入住老人15人；批准设立夕阳红老年公寓，设有床位36张，入住老人18人。10月，批准设立颐乐园老年公寓服务中心，设有床位55张，入住老人23人。2010年11月，批准设立颐年堂老年服务中心，建筑面积1750平方米，设置床位50张，入住老人43人。2011年4月，批准设立景芝镇天恩托老院，建筑面积500平方米，设有床位20张，入住老人14人。2012年5月，安丘市建成颐乐园老年安养中心，建筑面积32117平方米，设置床位800张，入住老人98人。6月，景芝镇天恩托老院因违反《潍坊市社会福利机构管理办法》，被依法注销执业资格。2013年5月，批准设立爱心家园托养服务中心，建筑面积1781平方米，设置床位120张，入住老人30人；8月，批准设立安丘市舒心养老院，建筑面积576平方米，设置床位40张，入住老人18人。

社会养老

随着全市经济发展和社会文明进步，通过为老年人投保而实行社会养老逐渐成为一种新型养老方式，并越来越为广大农村老年人及其子女所认可，投保人数逐年增加。至2013年底，全市有51万多人参加农村社会养老保险和城镇居民养老保险，有15万名60岁以上农村参保老人开始领取养老金。离退休人员的养老金全部实现社会化按时足额发放。

2009年，省老龄办、中国人寿山东省分公司在全省实施以推广“老年人意外伤害组合保险”为内容的老年人意外伤害保障工程（简称“银龄安康工程”），投保对象为50周岁～80周岁（含）的老年人。安丘市通过“政府赠、社会捐、子女送、个人买”等方式，积极引导适龄老年人参保。2013年，市财政列支资金15.6万元，资助15600名五保、低保和优抚对象免费参保，增强弱势群体老年人的抗风险保障能力。是年，全市建立90岁～99岁老人高龄生活补助政策，按照每人每月60元的标准，为1763名高龄老人发放生活补助金123.53万元。为80岁～89岁和90岁～99岁的低保老人分别发放100元、200元的高龄补贴，为1365名低保老年人发放补贴金46.94万元。

第四节　宣传教育

1986年始，安丘县采取召开会议、媒体宣传、举办活动等多种形式，广泛开展敬老、养老宣传教育活动，树立尊重、关心、帮助老年人的社会风尚。1991年，山东省和全国老龄工作现场会先后在潍坊召开。安丘县宣传贯彻省和全国老龄工作会议精神，开展尊老敬老工作。2001年“老人节”前夕，安丘市召开老干部、老军人、老知识分子、老职工代表座谈会，对老年人给以尊重、关心和鼓励。2002年，召开庆祝“九九”老人节暨模范老人表彰大会，弘扬老年人在社会发展中发挥余热、老有所为、积极向上的精神。是年起，每年在全市开展“敬老月”和庆祝老人节活动。2004年，开展“敬老爱老助老”主题教育活动，聚集尊老爱老正能量。2005年，在全市青少年中开展以“读敬老书、做敬老事、写敬老文”为主要内容的伦理道德教育活动，教育广大青少年传承中华民族尊老敬老传统美德，争做尊老敬老模范。2012年，市民政局、市军休所、辉渠镇政府等10个单位被潍坊市民政局表彰为潍坊市敬老模范单位。至2013年，“九九”老人节“敬老月”活动已连续开展12年。

第 二 十 一 编

人力资源和社会保障

安丘市人力资源和社会保障局由安丘市人事局、劳动和社会保障局合并组建而成，其中安丘市劳动和社会保障局的前身是安丘市劳动局。

1986年至2010年2月，安丘市人事局下设办公室、研究室、录用流动科（挂军官专业安置办公室牌子）、工资福利与离退休科、公务员管理科、专业技术人员管理科、毕业生就业科（挂人才市场科牌子）、机构编制科、人事争议仲裁办公室。

1999年6月，根据省机构编制委员会《关于调整劳动和社会保障机构有关问题的通知》和潍坊市人民政府办公室《关于调整劳动和社会保障机构的实施意见的通知》精神，经市委、市政府研究决定，安丘市劳动局更名为安丘市劳动和社会保障局，建立统一的社会保障行政机构，负责全市劳动和社会保障事业的行政管理。劳动和社会保障局下设机关保险处、劳动保险处、农村养老保险处、医疗保险处、就业办公室5个事业单位。

2010年3月，按照国家、省机构改革和《安丘市人民政府机构改革方案》要求，撤销安丘市人事局、劳动和社会保障局，将二局职责整合，组建安丘市人力资源和社会保障局（简称市人社局，挂安丘市外国专家局牌子），为市政府正科级工作部门。原属市劳动和社会保障局管理的境外就业职业介绍机构资格有关职责交由市商务局承担。市人力资源和社会保障局设局长1人，副局长3人；市外国专家局长由人力资源和社会保障局局长兼任，配备专职副局长1人。至2013年，市人社局内设办公室（挂政策法规科、信访科牌子）、规划财务科、职业培训和劳动关系科、社会保险科、工伤保险科、外专科6个职能科室。

2010年4月，安丘市公务员和事业单位人员管理办公室设立，为正科级规格，隶属市人社局。下设录用流动科、考核奖惩科、工资福利科、专业技术人员管理科、就业促进科（挂大中专毕业生就业指导办公室牌子）、军官转业安置办公室。

2010年4月，安丘市人力资源管理服务中心设立，为正科级财政拨款事业单位，隶属市人社局。内设办公室、信息统计调研科、人力资源引进开发科、农村劳动力管理科、失业保险科、人事代理科、职业能力培训科、网络管理科。

2010年4月，安丘市社会保险事业管理中心组建，为正科级财政拨款事业单位，隶属市人社局。内设办公室、政策法规科、综合信息科、基金征缴科、财务科、城镇居民医保科、城镇职工医保科、机关保险科、企业保险科、农保科、审计稽查科、离退休管理科。

至2013年，机构未变动。

第一章　干部队伍

第一节　干部概况

1986年，安丘县干部总数6447人。1987年，干部总数7903人，干部比例占人口比例偏小。1988年始，全县干部人数呈逐年增加趋势，干部队伍结构不断优化，整体素质亦不断提高。1993年，安丘县机构改革后，全县干部总数15019人。

1997年5月，安丘市对部分部门、单位进行机构调整，但未对人员进行分流、压缩，干部队伍在平稳中略有增加。1998年，国家虽然进行机构改革，但基层未有相应改革措施，全市干部队伍数量仍保持增加趋势。1998年干部总数19849人。1999年达21236人。

2000年—2001年，安丘市历经2次行政区划调整，乡镇总数缩减到24处。干部总数由2000年的22624人增至2001年的23104人。

2002年—2005年，按照潍坊市的统一部署，安丘市进行新一轮政府机构改革。部分干部上调1级～3级工资后办理提前退休。2003年6月，南流镇划入潍坊市坊子区。改革后，全市干部20154人。其中，行政人员2365人，事业单位人员17789人，干部中的专业技术人员16469人。

2007年8月，黄旗堡镇划归潍坊市坊子区。

2007年9月，安丘市进行第三次乡镇行政区划调整。将原21处镇、两处街道合并调整为12处镇、两处街道。是年10月，赵戈镇及景芝镇14个村庄划归潍坊市峡山区。由于市域行政区划的调整，市境辖区面积缩小，加之乡镇区划调整的后续效应逐渐显现，干部总人数开始减少。2006年，安丘干部20640人。其中，行政人员1860人、事业单位人员18780人。至2007年底，全市干部20254人。其中，行政人员1874人、事业单位人员18380人。2008年，全市干部16122人。其中，行政人员1484人、事业单位人员14638人。2009年，全市干部16048人。其中，行政人员1483人、事业单位人员15900人。

2010年始，安丘市干部人数逐渐回升。是年，全市干部17402人。其中，行政人员1588人、事业单位人员15814人。2011年，全市干部17531人。其中，行政人员1639人、事业单位人员15892人。2012年，全市干部17340人。其中，行政人员1633人、事业单位人员15707人。至2013年，全市干部18378人。其中，行政人员2430人、事业单位管理人员1881人、专业技术人员13745人，其他人员322人。

第二节 干部来源

1986年—2013年，安丘市干部来源主要有社会吸收、接收大中专毕业生、安置部队转业干部、考试录用公务员4种渠道。

社会吸收

根据省、潍坊市有关规定，安丘市从社会上吸收干部主要有聘用制和农民合同制干部转干两条途径。

1988年5月，山东省人民政府《全民所有制企业、事业单位补充干部实行聘用制暂行规定》公布实施。安丘县根据此规定和用人需要，境内全民所有制企业、事业单位，从全民所有制和县以上集体所有制工人、非农业户口的国家不包分配的大中专毕业生及其他具有一定专长的人员中聘用干部。

1991年10月，安丘县按照中央组织部、人事部《全民所有制企业聘用制干部管理暂行规定》和省、潍坊市有关要求，在企业内部实行聘用制，从优秀工人中选拔干部，并将企业干部聘用制作为干部人事制度改革的重要内容和选拔干部的主要方式。安丘县实行聘用制的干部聘期一般为3年—5年（包括试用期）。聘用期满如用人单位工作需要，经考核合格后才能续聘。无论首聘还是续聘，用人单位都与被聘用人员签订聘用合同。聘用制干部在聘用期内，纳入干部统计和管理。用人单位按干部管理权限，依据合同要求，对聘用制干部进行定期考核，将考核结果报送市人事局备案，作为奖惩、晋升、续聘、解聘的依据。聘用制干部在聘期内与所在企业录用制干部除身份不同，在工作、学习、奖惩、晋职升级、评定职称、工资以及保险、福利等方面和正式干部享有同等权利。此规定不仅适用于企业单位聘用制干部的管理，也适用于全民所有制事业单位聘用制干部的管理。

至2013年，全市有聘用制干部1989人，另有乡镇选聘的合同制干部246人。

接收大中专毕业生

接收大中专毕业生是干部来源的另一条重要渠道。1986年—1996年，安丘市大中专毕业生安置主要由市计划委员会负责。其间，接收分配4003名大中专毕业生到机关事业单位工作。1997年，接收大中专毕业生就业安置工作改由市人事部门负责。至2009年，全市安置7870名大中专毕业生进入事业单位就业。2010年3月至2013年底，全市大中专毕业生就业安置由市人社局负责。其间，全市安置1079名大中专毕业生进入事业单位就业。

安置部队转业干部

1986年—1998年，安丘市把接受、安置部队转业干部作为一项重要政治任务和干部来源渠道之一，大部分部队转业干部直接安排到企业。其间，全市将575名部队转业干部安置到境内效益较好的企业工作。1998年始，安丘接收的部队转业干部全部安置到机关事业单位工作。1999年—2013年，全市接收的277名部队转业干部，全部安置到机关事业单位。

考试录用公务员

1996年7月，安丘市依据国务院1993年7月颁布的《国家公务员暂行条例》规定，制定《安丘市国家公务员制度实施方案》，确定实施国家公务员过度的总体要求、范围和对象、目标与任务。通过考试考核，到1997年9月底，全市公务员过渡工作顺利完成，36个市政府部门和32处乡镇的1324名政府机关工作人员，按规定程序过渡为国家公务员。此后，按照国家、省和潍坊市有关规定，安丘市把面向社会考试录用国家公务员作为干部队伍来源的重要途径。

1997年—2013年，安丘市按照《国家公务员暂行条例》和2006年1月施行的《中华人民共和国公务员法》，根据全市人员编制需求，先后13次面向社会公开招考公务员。1997年，安丘市首次公开组织公务员招考，经考试选拔录用第一批公务员26人。2002年，第二次公开组织公务员招考，经考试选拔录用公务员39人。其后，每年均面向社会考试录用一批公务员。1997年—2013年，全市考录366人充实到公务员队伍。

安丘市1997年—2013年各年度考试录用公务员统计表

表21—1

年份	1997	1998	1999	2000	2001	2002	2003	2004	2005
人数（人）	26	—	—	—	—	39	26	17	13
年份	2006	2007	2008	2009	2010	2011	2012	2013	—
人数（人）	18	27	16	40	59	37	22	26	—

第二章　干部管理

第一节　任免调配

1986年—2010年3月，安丘市干部的任免调配由市委组织部和市人事局按照干部管理权限分别管理。其中，党群工作部门的干部和机关事业单位副科级以上干部的管理，由市委组织部负责；政府部门的干部和其他机关事业单位一般干部的管理，由市人事局负责。2010年4月至2013年底，原属市人事局任免调配的干部划归市人社局管理。

1986年—2013年，由安丘市人事局与市人社局负责的行政任免主要有两类：一类为按市委提名通知，代市政府拟文，完成政府组成人员和政府工作人员任免的有关程序；另一类为政府工作部门、办事机构和事业单位由人事部门决定的股级干部的任免。

市人事局与市人社局负责调配的干部，主要为政府系统（包括市直行政部门、乡镇街道、事业单位）内部及调出（入）政府系统的干部。调配工作过程中，严格执行编制定员规定，凡是超编、满编单位，原则上不再调入干部，特殊需要的采取“先进后出”办法。遵循合理流向，服从安丘市各项事业发展的原则，确保各项事业建设急需的高层次专业技术人员合理引进与使用；遵循有利于民营经济发展原则，鼓励和支持干部到境内民营企业工作，或领办、创办民营经济；遵循以工作需要为主原则，适当照顾干部的实际困难，夫妻长期分居两地的，在条件允许情况下，尽量帮助解决；严格执行有关干部回避规定；见习期未满的、正在接受有关部门审查处理的及其他原因不能调动的，一概不予办理调动。1986年—2007年，市人事局按照干部管理权限和任免程序，办理任免干部1755人次。其中，任职1505人次，免职250人次。2008年—2013年，按照干部管理权限和任免程序，办理任免干部1352人次。其中，任职1030人次、免职322人次。

第二节　奖　惩

奖励

1986年—1993年，安丘县按照国务院1957年10月公布的《关于国家行政机关工作人员的奖惩暂行规定》，对干部进行奖励。全县推行“党政机关岗位责任制”考评办法，对实行岗位责任制的党政群机关、行政性专业公司、行政性事业单位及其正式工作人员完成岗位责任制的情况进行考评。评比奖励种类分集体奖励和个人奖励两种。

1993年8月始，安丘县对干部的奖励，严格按照国务院颁布的《国家公务员暂行条例》和人事部1995年7月印发的《国家公务员奖励暂行条例》以及《潍坊市行政奖励表彰规定》等有关政策规定执行。2006年，《中华人民共和国公务员法》颁布实施，安丘市干部奖励依据《公务员法》第八章有关规定执行。对国家机关工作人员的考核，按照《国家公务员考核暂行规定》进行；对事业单位工作人员的考核，按照人事部《事业单位工作人员考核暂行规定》进行考核。考核内容包括德、能、勤、绩4个方面，重点考核工作实绩。考核结果分优秀、称职（合格）、不称职（不合格）3个等次，优秀人员控制在在职人员总数的15%以内。2000年，考核结果改为优秀、称职（合格）、基本称职（基本合格）、不称职（不合格）4个等级。考核程序为：被考评人个人述职，主管领导评价，考评小组审核，部门负责人确认等次，最后把考核结果书面通知被考核人。

根据干部年度考核的部署和要求，拟给工作人员奖励的单位，根据分配指标将拟受奖励人员事迹材料送交市人事局（2010年3月后送交市人社局）审核，然后报市政府审批。批准后按有关规定对拟受奖励人员进行奖励，颁发证书并附有一定数额的奖金或实物。必须由人事部门与有关单位联合表彰的，有关部门向人事局（2010年3月后向市人社局）写出书面申请，提出具体的奖励意见和办法，并将拟受奖励人员的基本情况以表格形式报市人事局（2010年3月后报市人社局），经同意后，市人事局（2010年3月后报市人社局）会同该有关部门联合行文予以表彰。

惩处

1986年—1993年，《国家公务员暂行条例》颁布前，安丘市对干部的惩处，主要按照国务院1957年10月公布的《关于国家行政机关工作人员的奖惩暂行规定》、省政府1985年6月公布实施的《山东省国家行政机关工作人员奖惩试行办法》和国务院1988年9月发布实施的《国家行政机关工作人员贪污贿赂行政处分暂行规定》执行。

1993年8月，《国家公务员暂行条例》颁布，安丘市对干部的惩处，主要按照《暂行条例》及1996年9月人事部下发的《关于国家公务员纪律惩戒有关问题的通知》文件执行。1998年9月，对干部的惩处一并参照山东省人事厅、山东省监察厅联合发布的《关于山东省国家行政机关、事业单位工作人员纪律惩戒的有关问题的通知》要求执行。

2006年，《中华人民共和国公务员法》颁布实施，安丘市对干部的惩处，根据《公务员法》第九章的有关规定及国务院2007年实施的《行政机关公务员处分条例》执行。

1986年—2013年，安丘市对51名违纪干部予以警告、记过、记大过、降级、撤职等形式的处罚。

第三章　专业技术人员管理

第一节　职称评定

1986年，中央职称改革领导小组《关于改革职称评定、实行专业技术职务聘任制度的报告》经中共中央书记处会议原则同意后，决定有计划、有步骤地改革职称评定方式，实行专业技术职务聘任制度。

1988年，安丘县根据省和潍坊市有关文件精神，开始启动全民所有制事业单位专业技术职务评定工作。至1991年7月，全县专业技术人员的职称评定工作由县科学技术委员会负责。是年7月后改由县人事局负责。

2010年3月，全市专业技术人员职称评定工作由市人社局负责。至2013年，按照国家规定的专业技术职务评审系列，全市设有中学教师、小学教师、科学研究，卫生技术，工程技术、农业技术等各级别24个系列，每个系列设有高级、中级和初级专业技术职务。

1988年—2013年，全市有2108人取得高级专业技术职称，10763人取得中级专业技术职称，14347人取得初级专业技术职称。

安丘市1988年—2013年各年度专业技术职称评定情况统计表

表21-2　单位：人

年份	评定高级职称	评定中级职称	评定初级职称
1988	70	357	953
1990	91	449	620
1992	97	451	899
1996	98	533	1012
1998	110	517	973
2000	129	586	877
2001	181	679	639
2002	127	719	1711
2003	141	759	1683
2004	151	1991	1027
2005	56	597	1121
2006	69	411	890
2007	55	256	450
2008	155	291	371
2009	57	192	224
2010	113	361	460
2011	100	264	589
2012	185	556	360
2013	123	794	364

第二节　职称聘任

1988年—2003年，安丘基本实行职称“评聘合一”制度。评审实行指标分配、单位推荐、评委会评审的方法，评上职称后随即聘任相应专业技术职务，并与工资待遇挂钩。

2004年，安丘市出台《事业单位专业技术职务聘任实行竞争上岗的试行意见》，规定所有实行专业技术职务评聘的单位，实行评与聘分开、职务和职称分开、按需设岗、全员竞争、择优聘任制度。是年，安丘市组织第一轮全员竞争上岗，全市有382个事业单位实施专业技术职务竞争聘任。通过公平、公正竞争，大批专业技术人员被择优聘任。其中，有1141人竞争高级专业技术职务岗位，1105人被聘任，聘任率96.9%，另有36人降低一级被聘任为中级专业技术岗位；5372人竞争中级专业技术职务岗位，5325人被聘任，聘任率为99.6%，另有47人被降低一级聘任为初级专业技术岗位。

2006年，安丘市出台《关于事业单位专业技术职务聘任实行竞争上岗的补充意见》，并组织第二轮专业技术人员全员竞争上岗。此次竞争上岗，全市有384个事业单位17683名专业技术人员参加。其中，932人参加高级专业技术职务岗位竞争，续聘431人，新聘422人，聘任率91.5%，79人被降低一级聘任为中级专业技术岗位；有7729人参加竞争中级专业技术职务岗位，续聘2401人，新聘2773人，聘任率为66.9%，2555人被降低一级聘任为初级专业技术岗位；聘任初级专业技术职务岗位9273人。

2013年，安丘市组织第三轮专业技术人员竞岗，共有382个事业单位的16324名专业技术人员参加。其中，856人参加高级专业技术职务岗位竞争，续聘389人，新聘391人，聘任率91.1%，76人被降低一级聘任为中级专业技术岗位；共有7685人参加竞争中级专业技术岗位，续聘2341人，新聘2819人，聘任率为67.1%，2525人被降低一级聘任为初级专业技术职务岗位；聘任初级专业技术职务岗位8612人。

第三节　资格考试

1990年9月，为深化职称改革，人事部决定建立职称考试制度。1995年，人事部下发《职业资格证书制度暂行办法》。《办法》要求，专业技术职务任职资格必需具备一定的专业技术理论知识和业务能力。是年，安丘市开始在各类专业技术职务评审系列中实行职称资格考试。此后，职称资格考试工作纳入常态化和制度化。

1998年7月，人事部发布《关于专业技术人员职称外语等级统一考试的通知》。《通知》明确指出，凡专业技术职务试行条例中规定专业技术人员需具备一定外语水平的，在晋升专业技术职务时应参加相应级别的职称外语统一考试。并决定自1999年开始，实行全国专业技术人员职称外语等级统一考试。从2002年开始，根据人事部《关于全国专业技术人员计算机应用能力考试的通知》，全国范围内推行专业技术人员计算机应用能力考试，并将考试成绩作为评聘专业技术职务的条件之一。在两项考试规定出台后，安丘市在各类专业技术职务评审中开始实行职称外语和职称计算机考试。此后，职称资格考试得到越来越广泛的应用。

自1995年安丘市实行专业技术人员职业资格考试，至2013年，全市设立职称资格考试、职业资格考试、执业资格考试等各项资格考试41类66项。

第四节 专业技术人才

政府特殊津贴

1990年7月，中共中央、国务院决定，给作出突出贡献的专家、学者、技术人员发放政府特殊津贴。根据《关于给做出突出贡献的专家、学者、技术人员发放政府特殊津贴的通知》，享受政府特殊津贴人员每年选拔一次，当选者每人每月享受100元津贴费。按此规定，1991年—1994年，安丘市享受政府特殊津贴的专家有3人。

1995年，人事部发出《关于从1995年起实行政府特殊津贴发放办法改革的通知》，新选拔的享受政府特殊津贴人员，由国务院每年向其一次性发放5000元政府特殊津贴。1995年—1999年，安丘市享受政府特殊津贴的专家增加到7人。至2013年，全市享受政府特殊津贴的专家有14人。

中青年专家选拔

2003年，省政府办公厅下发《山东省有突出贡献的中青年专家选拔管理暂行办法》，规定：山东省有突出贡献的中青年专家每年选拔一次，管理期限为5年。在管理期间继续做出突出贡献、符合选拔条件的，管理期满后可以重新参与评选。山东省有突出贡献的中青年专家在管理期间，由省财政每人每月发放津贴1000元。至2013年，安丘市有8人入选山东省有突出贡献的中青年专家。

专业技术拔尖人才选拔

1988年—2013年，安丘市评出潍坊市级专业技术拔尖人才11批40人。其中，1988年—2003年，评出潍坊市级专业技术拔尖人才6批24人；2004年—2009年，评出潍坊市级专业技术拔尖人才3批10人；2009年—2013年，安丘市评出潍坊市级专业技术拔尖人才2批6人。至2013年，安丘市有尚在管理期内的潍坊市第十批专业技术拔尖人才3人，第十一批专业技术拔尖人才3人。

安丘市开展专业技术拔尖人才选拔工作始于2008年。是年，市政府下发《安丘市专业技术拔尖人才选拔管理暂行办法》，规定安丘市专业技术拔尖人才每两年选拔一次，管理期限为4年。在管理期间继续作出突出贡献、符合选拔条件的，管理期满后可重新参加评选。市专业技术拔尖人才在管理期间，每人每月享受市政府津贴100元。从2012年起，每人每月享受市政府津贴200元，获得国务院特殊津贴的专家、山东省有突出贡献的中青年专家、潍坊市专业技术拔尖人才等称号人员，按照上级有关规定享受待遇，不再重复享受市政府津贴。连续三次被评为市拔尖人才的人员，最后一个管理期结束后经考核合格的，继续作为市拔尖人才管理，每年度考核合格的，管理期延长，直至退休。2008年—2013年，安丘市评出潍坊市级专业技术拔尖人才40人。至2013年，尚在管理期内的安丘市专业技术拔尖人才25人。

第四章　工资福利

第一节　工　资

1985年,机关事业单位第二次工资制度改革后,国家多次对工资制度进行不同程度的补充和调整,工资制度日臻完善。

1993年11月，国务院下发《关于机关和事业单位工作人员工资制度改革问题的通知》，决定从1993年10月1日起，在全国范围内进行第三次工资制度改革，将机关与事业单位的工资制度、工资标准完全分开。按照国家的统一要求，根据机关及各类事业单位的特点，安丘市制定和执行多种工资标准。其中，机关行政人员执行职级工资制，基本工资主要由基础工资、职务工资、级别工资、工龄工资4部分组成，全额工资尚包含职务补贴及地方福利性补贴等内容；机关技术工人实行岗位技术等级工资制，其工资分为岗位工资、技术等级工资和奖金3部分；机关普通工人实行岗位工资制，其工资分为岗位工资、奖金两部分。事业单位根据部门特点和经费来源不同，分为全额拨款、差额拨款、自收自支3种类型，不同类型的事业单位实行不同的管理办法。事业单位工作人员的工资构成分为固定部分和可变部分，其中津贴或奖金是工资构成中可变部分。事业单位的专业技术人员按照工作分类实行不同类型的工资标准：事业单位的管理人员实行职员职务等级工资制；事业单位的技术工人实行技术等级工资制；普通工人实行等级工资制。

第三次工资制度改革后，国家分别于1997年7月、1999年7月、2001年1月、2001年10月、2003年7月先后5次调整工资标准。安丘市根据国家、省以及潍坊市有关规定要求，及时进行工资标准调整。市直单位按新标准发放工资。各乡镇由于当时财政困难，没有按新工资标准发放，调整的工资只是档案工资。

2006年7月，国家进行第四次工资制度改革。安丘市直单位和机关按时执行国家新的工资制度，机关除工勤人员以外的工作人员实行职级工资制，基本工资由职务工资和级别工资构成。机关技术工人实行岗位技术等级工资制，基本工资由技术等级（职务）工资和岗位工资组成。普通工人实行岗位工资制，岗位工资为基本工资。机关工作人员每连续2年年度考核中被评为称职（合格）及以上等次，从次年1月1日起晋升一个级别（岗位）工资档次。机关公务员尚根据工作年限按套改标准晋升工资级别，或按连续5年被评为称职及以上等次晋升级别，并相应增加级别工资。机关技术工人实行岗位技术等级工资制，基本工资由技术等级（职务）工资和岗位工资组成。机关普通工人实行岗位工资制，岗位工资为基本工资。由于当时财政困难，乡镇只形成档案工资。因财政包干，各乡镇之间实发工资同一类别也有差异。事业单位实行岗位绩效工资制度，取消此前事业单位中的自收自支、差额拨款、全额拨款等三种工资标准差别。岗位绩效工资由岗位工资、薪级工资、绩效工资和津贴补贴四部分构成，其中岗位工资和薪级工资为基本工资。事业单位工作人员年度考核被评定为称职（合格）及以上等次，每年增加一个薪级工资，并从次年的1月1日起执行。

自2006年工资改革至2013年，安丘市一直未调整过工资标准。

第二节　福　利

职务（岗位）补贴

1985年第二次工资改革后，安丘市先后三次增加职务（岗位）补贴。1992年2月，增加第一次职务（岗位）补贴。行政人员每人每月增加职务（岗位）补贴的标准是：正县级40元，副县级35元，正科级30元，副科级25元，科员、办事员20元；专业技术人员每人每月增加职务（岗位）补贴的标准是：教授45元，副教授40元，讲师30元，助教、技术员、工人均享受20元。

1992年12月，安丘县增加第二次职务（岗位）补贴。1996年1月，安丘市增加第三次职务（岗位）补贴。

安丘市机关事业单位工作人员三次职务（岗位）补贴标准

表21—3　　单位：元

<table>
<tr><th colspan="2" rowspan="2">职务　标准　项目</th><th rowspan="2">第一次</th><th colspan="5">第二次</th><th rowspan="2">第三次</th></tr>
<tr><th>9年以下</th><th>10年—19年</th><th>20年—29年</th><th>30年—39年</th><th>40年以上</th></tr>
<tr><td colspan="2">正厅</td><td>50</td><td>49</td><td>53</td><td>57</td><td>61</td><td>65</td><td>145</td></tr>
<tr><td colspan="2">副厅（教授）</td><td>45</td><td>41</td><td>45</td><td>49</td><td>53</td><td>57</td><td>130</td></tr>
<tr><td colspan="2">正处</td><td rowspan="2">40</td><td rowspan="2">34</td><td rowspan="2">38</td><td rowspan="2">42</td><td rowspan="2">46</td><td rowspan="2">50</td><td>115</td></tr>
<tr><td colspan="2">副教授</td><td>110</td></tr>
<tr><td colspan="2">副处</td><td>35</td><td>29</td><td>33</td><td>37</td><td>41</td><td>45</td><td>105</td></tr>
<tr><td colspan="2">正科（讲师）</td><td>30</td><td>24</td><td>28</td><td>32</td><td>36</td><td>40</td><td>95</td></tr>
<tr><td colspan="2">副科</td><td>25</td><td>20</td><td>24</td><td>28</td><td>32</td><td>36</td><td>85</td></tr>
<tr><td colspan="2">科员（助教）</td><td>20</td><td>17</td><td>21</td><td>25</td><td>29</td><td>33</td><td>77</td></tr>
<tr><td colspan="2">办事员（技术员）</td><td>20</td><td>15</td><td>19</td><td>23</td><td>27</td><td>31</td><td>70</td></tr>
<tr><td rowspan="4">工人</td><td>高级工</td><td rowspan="4">20</td><td rowspan="4">15</td><td rowspan="4">19</td><td rowspan="4">23</td><td rowspan="4">27</td><td rowspan="4">31</td><td>80</td></tr>
<tr><td>中级工</td><td>70</td></tr>
<tr><td>初级工</td><td>65</td></tr>
<tr><td>普工</td><td>65</td></tr>
<tr><td colspan="2">见习</td><td>—</td><td>15</td><td>—</td><td>—</td><td>—</td><td>—</td><td>65</td></tr>
</table>

住房公积金制度

1994年始，安丘市建立机关事业单位工作人员住房公积金制度，个人缴纳本人基本工资的5%，所在单位缴纳个人基本工资的5%。2013年，调整住房公积金缴纳标准，个人缴纳本人基本工资的6%，单位缴纳个人基本工资的6%。

住房补贴制度

2002年1月始，安丘市实行住房补贴制度，发放标准为个人基本工资的10%。2007年，发放标准调整到个人基本工资的20%。至2013年，调整到个人基本工资的35%。

年终一次性奖金

自2001年起，按照人事部规定，安丘市机关事业单位实行年终一次性奖金制度。机关事业单位工作人员年度考核被评为称职（合格）及以上等次的，享受年终一次性奖金，发放标准为本人本年度12月份的基本工资额。基于安丘实际情况，至2013年，安丘市的年终一次性奖金发放只执行一年。

地方各项福利性津贴补贴

根据上级有关政策规定，除基本工资外，安丘市对机关事业单位工作人员实行地方津贴补贴政策。

1991年，安丘县干部享受的各项津贴补贴项目分为：肉食补贴每人每月4元，四种副食品价格补贴每人每月8元，粮价补贴每人每月2元，粮食提价补贴每人每月6元，图书补贴每人每月7元～8元，交通补助每人每月5元，冬季取暖补贴每人每年24元，防暑降温费每人每年12元，洗理费，男性每人每月7元，女性每人每月8元。

1993年，第三次工资改革后，安丘市对各项津贴补贴进行过两次归并。1998年，根据省人事厅、财政厅《关于对我省机关事业单位现行津贴、补贴进行简化归并的通知》和潍坊市人事局、财政局联合下发的《关于调整机关事业单位工作人员工资标准等有关问题的实施意见》，安丘市将机关事业单位工作人员现行津贴、补贴中的交通补贴、洗理费、粮油补贴、粮价补贴、开放城市补贴和误餐补贴6

项补贴简化归并，归并后统一称为地方福利性补贴，标准为每人每月125元。简化归并后，安丘市机关事业单位工作人员现行主要津贴、补贴为：地方福利性补贴，每人每月125元；岗位津贴，每人每月36元；三次职务（岗位）补贴；住房公积金；机关责任制考核奖，每人每月20元（执行范围仅用于机关工作人员）；水费补贴，每人每月2元；按照潍政发〔1993〕1号文件发放住房补贴。

2007年6月，按照《潍坊市规范市直机关公务员津贴补贴实施方案》的规定，安丘市规范机关公务员津贴、补贴项目和标准。在取消违规津贴补贴项目的基础上，对其他津贴补贴项目进行归并。在职人员津贴补贴项目，统一归并为工作性津贴和生活性补贴。离休人员津贴补贴项目统一归并设立为离休人员补贴。退休人员津贴补贴项目统一归并设立为退休人员补贴。

第五章　离休　退休　退职

第一节　离　休

国家对新中国成立前参加中国共产党所领导的革命战争，脱产享受供给制待遇和从事地下革命工作的老干部，达到离职休养年龄的，实行离职休养。离休范围包括：1949年9月30日前参加中国共产党所领导的军队干部；在解放区参加革命工作并脱产享受供给制待遇的干部；在敌占区从事党的地下革命工作的干部；1948年底以前享受当地人民政府制定的薪金制待遇的干部；1949年9月21日前参加民主党派，以后一直拥护中国共产党，坚持革命的干部。

1978年6月，国务院出台《关于安置老弱病残干部的暂行办法》后，安丘县初步建立起老干部离休制度。1982年4月，国务院发布《关于老干部离职休养制度的几项规定》，干部离休制度得以确立和完善。

离休干部为特定的历史时期特定的人群。至20世纪90年代末，安丘市离休干部的人员数量基本不再增加。随着时间的推移，部分离休干部相继故去，人员逐年减少。至2013年，安丘市尚有离休干部435人（含机关和企事业单位）。

第二节　退　休

20世纪70年代末、80年代初，中共中央、国务院下发《关于安置老弱病残干部的暂行办法》和《关于建立老干部退休制度的决定》，在全国建立老干部退休制度。安丘县执行国家有关规定，机关事业单位工作人员因年老或因工、因病致残完全丧失劳动能力或部分丧失劳动能力而退出工作岗位后，享受一定待遇以终养余年。

至2013年，安丘市机关事业单位有退休人员6830人。

第三节　退　职

1986年，安丘县执行国务院《关于安置老弱病残干部的暂行办法》，对机关事业单位干部职工，因病残完全丧失劳动能力，但是年龄、工龄或个人缴费年限方面又不具备退休条件的，经医院证明并经县劳动鉴定委员会确认、组织批准后退出生产或工作岗位进行休养，并按国家有关规定给予一定的物质资助和补偿。

至2013年，安丘市尚有按国务院《关于安置老弱病残干部的暂行办法》退职人员97人。此外，全市机关事业单位尚有按山东省《关于解决精减退职老职工生活困难补助费问题的通知》规定重新落实政策的20世纪五六十年代被裁减回家的人员61人。

第四节 生活待遇

离退休（职）费

1993年第三次工资制度改革后，安丘县离休干部和新中国成立前参加工作的老工人的离休费，均按同等条件在职人员标准增加。2006年7月起，改按高于退休人员的定额增加离休费。退休人员和按国务院《关于安置老弱病残干部的暂行办法》退职人员，均按定额增加退休（职）费。2013年，全市重新落实政策的20世纪五六十年代被裁减回家的人员，退职费人均每月600元左右。

护理费

1986年—2013年，安丘市多次调整离休干部护理费标准，由原来每人每月45元，逐步提高到51元、70元、100元、200元。至2003年，离休干部护理费的标准为每人每月300元。2007年，护理费标准调整为每人每月600元。2013年，护理费标准提高到每人每月1300元。除此之外，离休干部还享受特需费每人每月12元。

公用经费和活动经费

安丘市按照省、潍坊市有关政策规定，每年都根据预算情况划拨机关事业单位离休干部公用经费和退休干部活动经费。2003年，安丘市离休干部公用经费为每人每年1200元，退休干部活动经费为每人每年100元。2013年，安丘市离休干部公用经费标准每人每月1000元，退休干部活动经费标准每人每月20元。上述两项专用经费由所在单位留用一部分，市老干部局、人事部门留用一部分，专款专用。

第五节 优抚待遇

安丘市机关事业单位工作人员及离退休人员享受葬丧费、一次性抚恤金、遗属补助、病假待遇等优抚待遇。

丧葬费

1986年—1989年，安丘县机关事业单位工作人员和离退休人员丧葬费标准为每人240元。实行包干使用，节约剩余部分归死者家属。1990年1月，安丘县修订干部丧葬费标准，提高到每人500元，仍包干使用。2003年，安丘市丧葬费标准提高到每人1000元。至2013年，仍执行此标准。

一次性抚恤金

1986年7月，安丘县制定机关事业单位工作人员或离退休人员死亡一次性抚恤金标准：病故按其病故时10个月的基本工资、因公牺牲按其牺牲时20个月的基本工资发放一次性抚恤金。

2004年10月起，按照民政部、人事部、财政部下发的《关于国家机关工作人员及离退休人员死亡一次性抚恤金发放办法的通知》要求，安丘市对机关工作人员及离退休人员死亡的一次性抚恤金标准为：烈士为本人生前80个月基本工资或基本离退休费，因公牺牲为本人生前40个月的基本工资或基本离退休费，病故为本人生前20个月的基本工资或基本离退休费。根据人力资源和社会保障部、民政部、财政部下发的《关于事业单位工作人员及离退休人员死亡一次性抚恤金发放办法的通知》精神，安丘市事业单位工作人员及离退休人员死亡，其一次性抚恤金标准，烈士为本人生前80个月基本工资或基本离退休费；因公牺牲为本人生前40个月的基本工资或基本离退休费；病故为本人生前20个月的基本工资或基本离退休费。

2011年8月1日起，安丘市国家机关工作人员及离退休人员死亡，一次性抚恤金发放标准调整为：烈士和因公牺牲的，为上一年度全国城镇居民人均可支配收入的20倍加本人生前40个月基本工资或基本离退休费；病故的，为上一年度全国城镇居民人均可支配收入的2倍加本人生前40个月基本工资或基本离退休费。事业单位工作人员和离退休人员死亡一次性抚恤金标准，因公牺牲为本人生前40个月基本工资或基本离退休费；病故为本人生前20个月基本工资或基本离退休费；烈士的抚恤待遇按国家有关规定执行。

遗属补助

1986年，省人事厅、财政厅下发《关于调整国家机关工作人员牺牲、病故后遗属生活困难补助标准的意见》，规定国家机关工作人员或离退休人员去世后遗属生活困难补助标准，并先后于1990年、1996年、1999年调整遗属补助标准。按照1999年标准，死亡人员遗属系非农业户口的，按本地城镇居民最低生活保障线标准执行；系农业户口的每人每月补助标准按户口所在地政府公布的农村村民最低生活保障线标准的150%执行。死亡系因公牺牲并被授予烈士的在上述标准的基础上提高50%；新中国成立前参加工作的，在上述标准的基础上提高30%；因公死亡以及孤独单身的遗属，在上述标准数额基础上提高20%。

安丘市自2001年1月起执行1999年调整后的省定标准。境内机关事业单位死亡人员遗属如系非农业户口的，死者系新中国成立后参加工作的，其遗属享受遗属补助标准为每月156元；死者系新中国成立前参加工作的，其遗属享受遗属补助标准为每月202.8元；死者系因公死亡以及孤独单身的遗属，其遗属享受遗属补助的标准为每月202.8元；死者系因公牺牲并被授予为烈士的，其遗属享受遗属补助的标准为每月234元。如遗属系农业户口的，死者系新中国成立后参加工作的，其遗属享受遗属补助为每月75元；死者系新中国成立前参加工作的，其遗属享受遗属补助的标准为每月90元；死者系因公死亡以及孤独单身的遗属，其遗属享受遗属补助的标准为每月90元；死者系因公牺牲并被授予为烈士的，其遗属享受遗属补助的标准为每月97.5元。

2005年11月，山东省取消农业与非农业户口差别，遗属不再分农村居民，城镇居民。遗属生活困难补助标准均按城镇居民最低生活保障线标准执行，其他不变。

2008年1月起，安丘市城镇居民最低生活保障线调整为每人每月235元，机关事业单位工作人员或离退休人员死亡后遗属补助标准随即进行调整。机关或事业单位工作人员或离退休人员死亡后，死者系新中国成立后参加工作的，其遗属享受遗属补助的标准为每月235元；死者系新中国成立前参加工作的，其遗属享受遗属补助的标准为每月306元；死者系因公死亡的，其遗属享受遗属补助的标准为每月282元；死者因公牺牲并授予烈士的，其遗属享受遗属补助的标准为每月356元。

2011年2月，市政府办公室下发《关于调整城乡居民最低生活保障标准的通知》，将安丘市城镇居民最低生活保障标准由每人每月260元提高到每人每月310元。同时，对遗属生活困难补助标准调整为：死者系新中国成立前参加工作的，每人每月补助标准按户籍所在地的城镇居民最低生活保障线标准的180%执行，每月补助558元；死者系新中国成立后参加工作的，每人每月补助标准按户籍所在地的城镇居民最低生活保障线标准的150%执行，每月补助465元。此标准自2011年1月1日执行。

2012年4月，市政府办公室下发《关于调整城乡低保五保标准的通知》，安丘市城市居民最低生活保障标准由每人每月310元提高到每人每月340元。遗属生活困难补助标准随之调整，死者系新中国成立前参加工作的，遗属补助按城镇居民最低生活保障线标准的180%执行，每人每月补助612元；死者系新中国成立后参加工作的，遗属补助城镇居民最低生活保障线标准的150%执行，每人每月补助510元。此标准从2012年1月起执行。

2012年11月，安丘市城镇居民最低生活保障标准提高到每人每月360元。遗属生活困难补助标准再次调整，死者系新中国成立前参加工作的，遗属补助按城镇居民最低生活保障线标准的180%执行，每人每月补助648元；死者系新中国成立后参加工作的，遗属补助按城镇居民最低生活保障线标准的150%执行，每人每月补助540元。此标准从2012年11月起执行。

2013年，安丘市城市居民最低生活保障标准由每人每月360元提高到每人每月410元。遗属生活困难补助标准亦再次调高，死者系新中国成立前参加工作的，遗属补助按户籍所在地城镇居民最低生活保障线标准的180%执行，每人每月补助738元；死者系新中国成立后参加工作的，遗属补助按户籍所在地城镇居民最低生活保障线标准的150%执行，每人每月补助615元。此标准从2013年7月1日起执行。

病假待遇

1986年—2007年，安丘市干部的病假待遇，执行《山东省人民政府关于贯彻国务院〈国家机关工作人员病假期间生活待遇的规定〉的通知》中的规定。

2008年3月起，安丘市根据国家、省和潍坊市有关规定，制定《关于机关事业单位工作人员病假期间生活待遇等有关问题的暂行规定》。《规定》明确：机关事业单位工作人员1年内病假累计2个月以内的发基本工资全额。超过2个月不超过6个月的，从第3个月始，工作年限不满10年的，发本人基本工资的90%；工作年限满10年的，发本人基本工资全额。工作人员一年内累计病假超过6个月的从第7个月开始，工作年限不满10年的，发本人基本工资的70%；工作年限满10年的，发本人基本工资80%。获省政府和国务院各部门授予的劳动英雄、劳动模范称号且仍保持荣誉的，病假时间不论长短，不扣发基本工资。工伤人员工伤治疗期间继续享受原机关事业单位的工资福利待遇，工龄连续计算；工伤治疗期满病情稳定后，其待遇按照有关规定执行。事业单位工作人员一年内累计病假超过1个月的，超过一个月以外的病假期间，当前补贴项目中的考勤奖、目标奖、交通补贴、浮动工资、教护龄津贴、特殊岗位津贴不再发放，其他补贴项目继续发放。国家机关、参照《公务员法》管理的单位，工作人员一年内累计病假超过一个月的，超过一个月以外的病假期间，按有关规定扣除相应津贴补贴。至2013年，安丘市机关事业单位工作人员的病假待遇仍执行这一标准。

第六章 大中专毕业生就业

第一节 毕业生报到

1986年—1996年，安丘市每年毕业的大中专毕业生，由本人持毕业证、派遣证（后为报到证）等有效证件，按规定时间到市计划委员会报到。1997年至2010年3月，凡被录用者改为到市人事局报到。2010年4月，改为到市人力资源和社会保障局人力资源管理中心大中专毕业生就业指导科报到。

安丘市1986年—2013年大中专毕业生报到情况统计表

表21—4

年份	毕业生报到人数（人）			
	中专毕业生	大专毕业生	本科毕业生	研究生
1986	185	162	3	0
1987	89	171	—	0
1988	229	203	6	0
1989	301	293	8	0
1990	319	295	12	0
1991	507	263	63	0
1992	489	258	71	0
1993	528	239	59	0
1994	531	263	61	0
1995	661	609	101	0
1996	873	523	99	0
1997	1021	679	97	0
1998	1009	759	123	0
1999	1207	359	151	0
2000	1031	581	139	0
2001	879	435	119	0
2002	569	368	171	0

续表 21—4

年份	毕业生报到人数（人）			
	中专毕业生	大专毕业生	本科毕业生	研究生
2003	551	329	157	0
2004	459	439	279	0
2005	581	639	309	2
2006	271	591	793	19
2007	110	1302	637	43
2008	39	1523	721	53
2009	31	1638	899	65
2010	28	1785	977	93
2011	23	1981	1011	103
2012	20	2003	1221	117
2013	35	2219	1320	121

第二节　毕业生就业

1986年—1997年，安丘市大中专毕业生就业实行指令性分配方式。毕业生如无特殊情况，由市政府根据其所学专业、用人单位需要和本人志愿，全部安排其从事相应的工作。

1998年，安丘市开始探索通过公开招考的方法，择优为事业单位招聘人员。为解决考录过程中存在的随意性问题，保证其公平公正，市人事部门制定考试考务工作规划，将报名、考场规则、命题、评卷、面试、监督、组织管理等以文件形式固定下来，形成制度和规范。2006年，人事部颁发《事业单位公开招聘人员暂行规定》，明确规定事业单位实行“凡进必考”制度，彻底结束大中专毕业生就业指令性分配方式。安丘市根据上级要求，制定《安丘市机关事业单位公开招聘人员暂行办法》，本着公开考试、平等竞争、择优录取原则，对事业单位公开招聘的范围、条件、程序、资格、审查、考试、考核、体检、聘用、监督等各方面作出明确规定。在考录过程中，特别强调严把“三关”：严把考录程序关。每次考录前均制定详细的、操作性强的实施方案，对考录工作的各个环节进行严密的规范和完善，规避临时动议，随机决定等违规现象，确保考录工作组织的严密性；严把考录重点环节关。对出题、考试、阅卷、考核等重点环节，严格把关，确保重点环节不出问题；严把考录监督关。采取新闻媒体监督、社会监督、公示等形式，确保考录工作公平公正。

安丘市1987年—2013年机关事业单位录用大中专毕业生统计表

表 21—5

年份	人数（人）		年份	人数（人）	
	机关	事业		机关	事业
1987	51		2002	17	687
1988	101		2003	26	627
1989	379		2004	17	686
1992	451		2005	13	657
1993	493		2006	21	585
1994	268		2007	30	619
1995	506		2008	16	417
1996	900		2009	40	450

续表 21—5

年份	人数（人）		年份	人数（人）	
	机关	事业		机关	事业
1997	54	592	2010	58	242
1998	9	609	2011	37	304
1999	10	651	2012	22	238
2000	8	706	2013	26	295
2001	10	584	—	—	—

第七章　人才交流

第一节　人才引进

1986 年—2003 年，安丘市注重人才引进工作，但因机制体制与环境制约，人才引进数量较少，未形成规模，管理上亦不够规范，

2004 年—2005 年，安丘市组织景芝酒业、市外贸食品、山东柠檬生化等 40 多家企业分别参加北京、上海、济南、青岛、潍坊、烟台等地举办的高级各类人才招聘咨询会 15 场，共引进各层次人才 480 人。其中，博士生 1 人、硕士生 4 人、本科生 231 人。同时，引进 5 名外国专家参与柠檬酸、制药厂、鲁丰外贸食品等企业的管理与设备开发，提高企业的技术创新能力。

2006 年，市委、市政府出台《关于进一步加强人才工作的意见》，逐步加大对人才尤其是高层次人才的引进力度。对引进的中国科学院院士、工程院院士，引进的国家重点学科、工程技术研究中心的学术、技术带头人，用人单位为其提供相应的实验室，并配备工作助手。对院士和工程技术研究中心的学术、技术带头人，每年分别对其资助不少于 60 万元和 30 万元的科研启动资金。分别一次资助不少于 25 万元和 15 万元的安家资助费，每月分别发放津贴补助 1 万元、5000 元。对引进的山东省有突出贡献的中青年专家和博士生导师，一次性发给安家补助费 15 万元；对引进的博士后、博士分别一次性发给安家补助费 10 万元、8 万元；有省以上科研项目和课题的，视情况给予 5 万元～ 10 万元的科研启动金；对引进的硕士，一次性发给安家补助费 1 万元。引进人才的科研启动费、安家补助费由同级财政和用人单位按 1:1 负担。资料费和津贴补助费，财政全额拨款事业单位由同级财政负担；财政差额拨款事业单位由同级财政负担 50%；自收自支事业单位和企业由用人单位负担。其他费用由用人单位和本人协商确定。引进人才的父母（包括配偶的父母）、配偶、未成年子女，根据本人意愿随调随迁。其配偶工作按专业对口和系统对口的原则，由组织、人事、劳动和社会保障部门协调安置；其子女需入托入学的，根据本人意愿由教育行政部门负责落实。现有同类人才与引进人才享受同等标准的资料费、科研启动费和津贴费待遇。

2006 年，安丘市引进各类人才 1300 多人。其中，研究生 21 人、本科生 500 人。次年，全市引进硕士研究生 23 人、本科生 390 人。2008 年—2010 年，全市引进博士生 4 人、硕士研究生 76 人、本科生 875 人。

2011 年，安丘市通过“海峡两岸科技与人才交流洽谈会”“半岛城市群人才招聘洽谈会”“百名博士潍坊行”等各类人才洽谈会和安丘籍在外地高层次人才资源，组织企业参加西安、济南、青岛等外地招聘会；为企业发布人才招聘广告，积极为企业引进高层次创新创业人才；组织企业和区域管理部门带着工作中遇到的技术难题，积极与大专院校和上级外专部门搞好沟通，有针对性地引进国内外专

家联合攻关。至2013年，全市引进国内专家、学者50人，外国专家45人次；引进智力成果20个；攻克科研生产难题101个。

第二节　人才服务

1986年—1998年，安丘市很少举办较大规模的人才交流洽谈会，人才交流活动尚不够活跃，整体人才流动量较小。1999年始，市委、市政府高度重视人才引进与交流工作，全市每年都举办数次大型人才交流洽谈会。1999年—2004年，每年有1000多人参加；2005年—2010年，每年有3000多人参加；2011年—2013年，每年有8000多人参加。

随着人才服务工作的规范有序开展，安丘市人才服务质量亦不断提高。至2013年，全市为27310名各类人才提供人事代理，为11320名代理人员缴纳社会保险，并为15个改制事业单位的3217名各类人才办理工资调整、职称评聘、年度考核等业务手续。

第八章　劳动就业

第一节　就业政策

1980年8月，全国劳动就业工作会议召开。根据国家要求，安丘县调整就业方针，实行“三结合”就业，即在国家统筹规划和指导下，实行劳动部门介绍就业、自愿组织起来就业和劳动者个人自谋职业相结合。

1992年6月，安丘县贯彻落实国务院《全民所有制工业企业转换经营机制条例》精神，全县用工制度开始由政府分配就业转向市场就业，用人单位和求职者通过市场“双向选择”的就业机制初步建立。1993年12月，安丘县成立劳动力市场暨职业介绍中心，为需要用工的单位和求职者办理招聘介绍、求职登记和招工手续等。

1995年，安丘市按照《中华人民共和国劳动法》要求，进一步推进和完善劳动者和用人单位通过市场进行双向选择的就业机制，对劳动力资源进行优化配置。

1997年12月，全国劳动工作会议召开，安丘市贯彻执行劳动部提出的一系列新的就业工作方针，由过去的“三结合”就业方针，转变为“以充分开发利用劳动力资源、统筹安排城乡劳动力为出发点，依靠社会各方面的力量，拓宽就业门路，推进再就业工程，实行劳动者自主就业、市场调节就业、政府促进就业的方针”，逐步建立起劳动者和用人单位双向选择的就业方式，全市逐渐形成以市场为导向的新型劳动就业制度。

第二节　就业服务平台

人力资源市场

1992年，安丘县为充分发挥市场功能，完善待业就业服务体系，在县劳动服务公司和劳务市场办公室分别设立职业介绍所，为待业人员提供就业信息，指导就业。

1993年12月，县劳动服务公司成立安丘县劳动力市场暨职业介绍中心。1999年7月，更名为安丘市劳动和社会保障局职业介绍中心。

2003年9月，安丘市根据山东省人力资源市场规划方案要求，立足市场需要和就业服务实际，设立安丘市劳动和社会保障局第二职业介绍中心，实行自负盈亏，独立核算的企业化管理模式。2005年，安丘市整合市劳动和社会保障局职业介绍中心与第二职业介绍中心资源，组建山东安丘市人力资源市场。按照省人力资源市场市级Ⅱ类建设标准，人力资源市场建筑面积820平方米，设总服务台和信息发布查询区、职业介绍区、职业指导区、交流洽谈区、信息超市区、劳动保障事务代理区、综合服务区的“一台七区”，其中交流洽谈区设用工摊位70个。

安丘市以市人力资源市场为就业服务载体，以

“微笑服务和谐就业”为主题，开展送政策、送信息、送技能、送岗位、送服务活动，提供就业再就业全程服务，努力打造安丘市公共就业服务品牌。每周二、四为集中招聘洽谈日，免费为企业提供招聘摊位、办理招工手续，以及为各类就业人员提供政策信息咨询、职业介绍、就业指导，办理“再就业优惠证”等一站式服务，促进就业再就业。2006年，安丘市人力资源市场被劳动和社会保障部授予全国劳动保障系统优质服务窗口称号。2011年，安丘市人社局成为全国人力资源社会保障宣传工作先进单位、山东省人社系统优质窗口。

2012年，市人力资源市场先后举办“2012年春季大型人才招聘暨大中专毕业生双向选择洽谈会”“夏季企业招聘会”和“秋季企业用工暨大中专毕业生双向选择洽谈会”。市恒安散热器、柠檬生化、长安铁塔、外贸食品、奥宝化工、景芝建工、鲁安药业等30多家用人单位参会，提供就业岗位9000多个，共有2700多名应往届毕业生达成就业意向。是年，全市实现城镇新增就业15000人，完成潍坊市年度任务的150%；城镇下岗人员再就业3711人，完成潍坊市年度任务的93%；困难群体就业505人，完成潍坊市年度任务的101%；新增农村劳动力转移就业13300人，完成潍坊市年度任务的217%；城镇登记失业率保持在3.2%以内。

安丘市1999年—2013年人力资源市场就业情况统计表

表21—6

年份	城镇职工新增就业（人）	失业人员再就业（人）	转移农村劳动力（人）	失业率（%）	举办招聘洽谈会（场）	提供就业岗位数（个）	成功介绍就业人数（人）	境外就业（人）	外来人员数（人）
1999	1295	386	3710	1.71	2	7300	4370	995	3800
2000	1827	793	4913	1.7	2	7410	4416		
2001	2813	591	8078	1.7	3	6810	4071		
2002	3965	1073	11021	2.6	3	13218	4212		
2003	6175	1213	13210	2.5	6	19732	5107		
2004	7139	1871	19231	2.6	8	22197	6189		
2005	7217	1909	20132	2.7	24	34921	8950		
2006	8513	2121	21037	1.9	30	41200	9889		
2007	9312	2219	22010	1.7	40	41709	10031	1031	4039
2008	9986	2279	23071	1.9	40	42907	11023		
2009	10397	2301	23825	1.8	42	44312	11899		
2010	11829	2394	24008	1.8	45	49324	12073	1031	4039
2011	12304	2499	24997	1.8	50	52137	13006		
2012	13057	2667	25628	1.8	54	54310	13984		
2013	15099	2936	27031	1.8	60	57369	15027		

基层劳动保障服务平台

2003年7月—9月，安丘市在兴安、贾戈2处街道和景芝、凌河、黄旗堡、赵戈、官庄、石埠子、关王7处镇分别设立劳动保障事务所。2004年9月，在辉渠、王家庄、红沙沟、管公、雹泉、刘家尧、郚山、柘山、大盛、白芬子、庵上、石堆、金冢子、临浯14处镇分别设立劳动事务保障所。各镇街道劳动保障事务所为股级全额拨款事业单位，编制2人至3人，隶属所在乡镇（街道）政府（办事处），业务上接受市劳动和社会保障局指导。

2006年—2007年，全市23个镇街道劳动保障事务所合并为13个。2010年，安丘经济开发区成立并设立劳动保障事务所，全市劳动保障事务所变为14个。

劳动保障事务代理

1997年3月，安丘市劳动服务公司设立职工档案委托管理科，开展为自谋职业和失业人员代管档案、代收代缴社会保险、代办退休和出具档案记载相关证明材料等工作。2004 年 9 月，安丘市忠信劳动保障事务代理中心成立，属民办非企业单位，由市劳动和社会保障局主管。

至 2013 年，全市代管档案 28995 份。为 6120 名档案托管人员办理退休手续，为 212 名档案托管人员代办职称申报，为 13415 名档案托管人员办理社会保险卡，为 2160 名档案托管人员办理职工流动手续，为 16500 名档案托管人员选取门诊统筹定点医院，为 16800 名档案托管人员代收代缴社会保险 43608.54 万元。

第三节　劳务输出与输入

劳务输出及输入是安丘市坚持改革开放，促进经济发展链条上的重要工作之一。1987 年 1 月，安丘县成立由分管副县长任组长，县劳动局长任副组长，县计委、财政、建委、税务、工商、粮食、公安、交通等部门主要负责人为成员的劳务市场领导小组。是年 3 月，成立安丘县劳务市场办公室，隶属县劳动局，负责全县劳务输出（入）的日常工作。同时组建安丘县劳务总公司，属独立集体所有制企业，由县劳动局主管。

劳务输出

1987 年，安丘县劳务总公司充分发挥现有劳务队的龙头作用，并以此为依托带动全县劳务输出发展。是年，全县有 1.1 万多名农村劳动力由劳务市场组织输出，年收入 5800 万元。至 1996 年，劳务市场组织输出农村劳动力 176748 人次，劳务总收入 82938 万元。1997 年—2004 年，随着安丘经济的快速发展，劳务输出由规模化逐步走向零星化。

从 2006 年起，安丘市劳务市场办公室主要承担国内劳务协作、国外劳务输出、市外劳动保障事务代理等业务。安丘市劳动和社会保障局培训科重点开展日语、韩语培训业务，输出劳务人员。至 2013 年，全市向日本、韩国、新加坡、中东等多个国家和地区输送劳务人员 2100 人。

劳务输入

安丘市劳务输入始于 21 世纪初。2004 年—2005 年，安丘市组织市属 28 家企业先后到菏泽、聊城进行劳务对接，为两地提供就业岗位 1350 个，引入西部农村劳动力 1500 余人。2006 年，组织与德州、河北沧州实行劳务对接，引入外来劳务人员 320 人。2007 年，先后引进鲁西、鲁北地区以及河南、河北、陕西、安徽等省外来劳务人员 1480 人。通过走出去请进来，安丘市 2008 年引进外来务工人员 1600 人；2009 年引进外来务工人员 1300 人；2010 年引进外来务工人员 1700 人；2011 年，引进外来务工人员（山西、河南、河北、安徽、四川、兰州）1730 人；2012 年引进外来务工人员（山西、河南、河北、安徽、四川、兰州）1800 人;2013 年，引进外来务工人员 1930 人。

第四节　再就业服务

下岗职工再就业

1991 年始，安丘县实施下岗职工再就业工程，鼓励和支持县属企业优化组合兼并，规范完善破产程序，合理分流下岗职工，实现减员增效。县劳动部门及时完善下岗职工申报备案制度，向下岗职工发放下岗证并逐人登记、建档。

1998 年 1 月，市劳动局在下岗较多的市棉纺厂进行再就业试点，引导市棉纺厂开辟自谋职业、兴办第三产业等分流渠道，使 390 名下岗职工实现再就业，占下岗职工总人数的 87%。随后，对八〇七〇厂、市物资总公司、市玻璃厂等企业的 883 名职工分流安置。全年安置下岗职工 1700 人。

1998 年 9 月，安丘市成立再就业服务中心，为副科级全额拨款事业单位，隶属市劳动局。是年，全市有下岗职工的 27 家企业全部成立由企业工会、劳资等部门组成的再就业服务站，配备专职工作人员 68 人。再就业服务站接受市再就业服务中心的指导、协调，负责为本企业下岗职工发放基本生活费，代缴下岗职工养老、医疗、失业等社会保险费，组织下岗职工参加职业指导和再就业培训，引导和帮助其实现再就业。下岗职工在再就业服务站的期限一般不超过 3 年。

2003 年，安丘市成立就业再就业工作领导小组，建立联席会议制度，定期对就业再就业工作进行专题研究。市政府与市直有关部门和各镇街道签订就业再就业工作目标责任书，并辅之以考核办法，形成一整套就业再就业组织领导体系和责任考核体系，促进就业再就业工作的开展。是年，全市 1213 名下岗职工实现再就业。

2011 年，安丘市充分利用人力资源市场平台，通过“春风送岗位招聘会”“民营企业招聘周”“就业援助周”“迎三八，助巾帼”等多种形式招聘会和就业洽谈会，为下岗职工搞好再就业服务，努力促成下岗职工实现再就业。是年，全市失业人员再就业4390人。2012年，城镇下岗人员再就业3711人；2013年，全市下岗失业人员再就业2936人。

下岗职工基本生活保障

1998年7月，按照市委、市政府下发的《关于切实做好下岗职工基本生活保障和再就业工作的通知》要求，安丘市下岗职工基本生活费标准为，第1年—3年分别按本地最低工资标准的85%、80%、75%发放。3年期满解除劳动关系和在此期间劳动合同到期终止劳动关系的，按照有关规定享受失业救济或社会救济。

安丘市下岗职工维持基本生活和缴纳社会保险的费用，由市财政拨付30%，社会筹集30%，企业负担40%。至1998年底，全市筹集发放资金149万元，其中社会筹集41.6万元，有920名下岗职工及时领到生活保证金。1999年，全市筹集发放资金641万元，并由企业代发改为再就业服务中心直接发放。2000年，全市筹集生活保障金456万元。其中，财政预算内拨付242.3万元，失业保险调剂213.7万元，为1300多名下岗职工及时发放生活保障金。2001年，全市发放下岗职工基本生活保障金139.38万元。同时，按照先易后难、先急后缓、稳步推进、不出乱子的原则，积极稳妥地推进下岗职工由基本生活保障向失业保险的过渡。

2002年3月起，市内企业新的减员不再进入再就业服务中心，全部转为依法解除劳动合同，转入劳动力市场实现再就业，按规定享受失业保险。至2003年6月，全市1937名下岗人员领满3年的下岗生活费后全部退出再就业服务中心。此后，对企业新裁减人员和退出中心的下岗职工，按规定及时提供失业保险，符合条件的纳入城市居民最低生活保障，就业再就业政策体系得到进一步完善。

2003年—2005年，安丘市为2302名下岗失业人员发放失业保险金1767万元；2006年—2009年，为3389名下岗失业人员发放失业保险1778万元；2010年—2013年，为3675名下岗失业人员发放失业保险5501万元。

企业解困

1993年，安丘县为4126名关停并转企业的职工和放长假职工发放救济金45.18万元。1998年，为破产企业八〇七〇厂、食品公司、棉纺厂、五金公司、物资公司、木器厂等企业职工发放救济金30万元。

1999年，安丘市发出《关于进一步做好下岗职工基本生活保障和再就业工作的通知》。年内，为五金、棉麻、轻工机械等困难企业的1246名职工发放生活救济金75.2万元。2000年，为水箱、饲料、饮食等13家困难企业的2390职工发放生活救济金22.6万元。

2001年—2003年，安丘市争取到失业保险金237万元，用于解决棉纺、玻璃、造纸等改制和困难企业职工的生活问题。2004年，为全市86家企业的职工发放生活救助金52.1万元；协调多个部门和企业，为困难企业的231名军转干部补缴各项社会保险费；经省政府批准，核减企业欠缴的养老保险费418.5万元。是年，安丘市以上年度全市职工月平均工资的60%为基数，由市财政按4.5%的比例拨付10年的基本医疗保险费和大额医疗保险费，计386.5万元。解决医疗保险制度改革前已关闭、破产、改制企业的927名退休职工的医疗保险问题。

2008年，安丘市帮助粮食系统所属破产企业解困，清欠各种社会保险费562万元，为895名分流职工发放失业保险金1682万元。

2009年—2013年，安丘市解决市玻璃厂、八〇七〇厂、市造纸厂等企业破产解困问题，清欠各项社会保险费807万元，补发职工工资、遗属补助、女职工生育补贴等计980万元。

再就业优惠

1999年1月，安丘市印发《关于进一步做好下岗职工基本生活保障和再就业工作的通知》，规定，下岗职工再就业并从事社区居民服务业的，简化工商登记手续，3年内免征营业税、个人所得税及行政性收费。

2004年，安丘市进一步倾斜和优化下岗职工再就业政策。规定，下岗失业人员凡从事个体经营（国家限制的行业除外）的，3年内免征营业税、城市维护建设税、教育费附加和所得税，并免收属于管理类、登记类和证照类的所有各项行政事业性收费。是年，市劳动部门发放“再就业优惠证”410本，有237名下岗失业人员凭“再就业优惠证”从事个体经营享受到税费减免。2005年，发放“再就业优惠证”1091

本，为3112名下岗失业人员提供免费转岗专业培训。2006年，发放“再就业优惠证”1510本，为凭证从事个体经营的下岗失业人员减免注册登记费、营业税、城建维护费共计710万元。2007年—2010年，发放“再就业优惠证”1340本，持证下岗失业人员从事个体经营，减免税费256万元；2011年—2013年，发放“再就业优惠证”960本，持证下岗失业人员从事个体经营，减免税费141万元。

第五节　劳动就业服务企业

1982年，安丘县开始创办劳动就业服务企业（简称劳服企业），时称待业青年网点，是以安置城镇待业青年就业为目的而成立的新型集体经济组织。凡县属事业单位未能继续升学的职工子女，可首先到其父母单位举办的经营网点安置就业。但此类经营网点大多经营烟酒副食、日用品以及修理、修配业务，规模较小，业务单一，多数没有发展起来。是年，安丘县劳动服务公司开始组建锅炉维修服务部，后发展为锅炉安装公司。1989年，县劳动服务公司成立暖气、管道安装施工队。

1990年11月，国务院发布《劳动就业服务企业管理规定》，1992年2月，省政府发布《山东省实施〈劳动就业服务企业管理规定〉细则》，正式确立劳服企业的地位。《细则》明确规定，劳动服务企业主要承担安置城镇待业人员的任务，符合这一任务要求的劳动服务企业，可享受免征企业所得税3年；免税期满后，可减半免征企业所得税2年（三免二减半政策）。此后，安丘县掀起兴办劳服企业的热潮。1992年，县劳动服务公司扩大1989年成立的暖气、管道安装施工队规模，成立县日彤锅炉安装公司。是年，依托锅炉安装公司从事附属建设的施工队分离出来，成立劳动服务公司建筑队。同时，经企业主管部门申请，报县劳动部门审查，对县直事业单位举办的经济实体，符合条件的认定为劳服企业，享受劳服企业优惠政策。

1993年后，随着国家经济体制由计划经济向市场经济转轨，《劳动就业服务企业管理规定》及《山东省实施〈劳动就业服务企业管理规定〉细则》已与形势发展不相适应。安丘市适应新形势变化，引导全市社会办劳服企业在享受完劳服企业所得税“三免二减半”优惠政策后自行脱钩。部分企业按照《中华人民共和国公司法》等有关法律法规要求进行规范性改制，组建起由内部职工持股的公司制企业，独立承担民事权利和民事义务。至2013年底，全市有劳服企业15家。其中规模以上 6家；总人数5930人，其中吸纳下岗人员811人；销售收入13273万元，实现利润1471万元。

安丘市1992年—2013年劳动就业服务企业安置就业与经营情况一览表

表21-7

项目 年份	劳服企业个数（个）	人员安置情况		生产经营情况	
		总人数（人）	其中下岗失业人数（人）	销售收入（万元）	实现利润（万元）
1992	3	137	29	211	28.30
1993	4	151	32	217	29.60
1994	4	159	25	229	31.30
1995	4	150	33	223	30.90
1996	3	171	41	253	33.20
1997	3	169	43	267	34.90
1998	4	291	113	389	51.00
1999	4	354	131	597	67.00
2000	5	407	151	693	85.00
2001	5	686	207	992	103.00
2002	5	781	211	1107	123.50
2003	6	890	231	1359	149.30

续表 21—7

项目 年份	劳服企业个数（个）	人员安置情况		生产经营情况	
		总人数（人）	其中下岗失业人数（人）	销售收入（万元）	实现利润（万元）
2004	6	1031	407	1561	179.00
2005	6	1231	451	1937	203.00
2006	7	1359	421	2035	217.00
2007	7	1810	507	2459	236.00
2008	8	2010	510	2737	287.00
2009	10	2981	600	4210	399.00
2010	12	3600	591	6737	529.00
2011	12	3891	597	7310	609.00
2012	14	5010	789	10038	1210.00
2013	15	5930	811	13273	1471.00

第九章　劳动管理

第一节　用工形式

安丘市的劳动用工形式，主要有计划经济时期以固定工为主的模式和进入社会主义市场经济时期以劳动合同制为中心的管理形式。

临时工

1986年，临时工作为固定工的辅助用工形式，在全县企业中被广泛使用。临时工分计划内和计划外。计划内临时工亦称“合同工”，计划外临时工亦称“日工”。

1989年10月，国务院发布《全民所有制企业临时工管理暂行规定》，对临时工的使用期限、合同管理、工资待遇、患病医疗以及解除合同后的去向均作出原则规定。1990年10月，省政府制定《〈全民所有制企业临时工管理暂行规定〉实施细则》。安丘县按照国家和省要求，对企业使用临时工依法进行审批和管理。

1992年，安丘县贯彻落实国务院《全民所有制工业企业转换经营机制条例》精神，对企业使用临时工不再履行审批手续，对新招用的临时工，只要办理“进城务工许可证”即视为合乎规定。

1996年10月，安丘市贯彻劳动部办公厅《〈关于临时工的用工形式是否存在等问题的请示〉的复函》精神，对所有用人单位与职工全面实行劳动合同制度，确保用人单位各类职工享有同样的权利。凡用人单位在临时性岗位上用工，可以在劳动合同期限上有所区别。至此，安丘市“临时工”用工形式结束。

劳动合同制

1986年，安丘县劳动用工以有计划的固定工为主。固定工亦称“正式工”。

1988年6月起，安丘县按照《潍坊市整顿改革计划外用工实施办法的通知》的要求，将符合条件的亦工亦农和农村户口临时工转招为合同制工人，因户口在农村，称之为农民合同制工人。除户口仍在农村外，农民合同制工人其他方面与城镇户口合同制工人等同。

1989年，县劳动局选择部分条件比较好的企业实行全员劳动合同制试点。试点企业与全部职工签订劳动合同，打破干部和工人，固定工和合同制工人的身份界限，本着公正、公平的原则，平等竞争，择优上岗。在管理方式上，注重建立动态管理机制，对不适应本职工作，经培训仍不合格者，不能上岗。

1993年，安丘县开始实行全员劳动合同制。是年，县属93家企业与45321名职工签订劳动合同。1994年8月，安丘市根据劳动部《关于企业实行劳动合同制的通知》要求，全面拓展企业劳动合同签订范围，将企业劳动合同签订的范围由市属企业扩大到乡镇企业。是年，全市32处乡镇企业与11357名职工签订劳动合同，市属企业与12015名临时工签订劳动合同。

1995年，安丘市贯彻《中华人民共和国劳动法》，在用人单位与劳动者之间建立劳动关系订立劳动合同。是年，市劳动局、总工会等部门对各企业贯彻落实《劳动法》和劳动合同的订立情况进行全面检查。市直企业与3961名职工签订劳动合同，乡镇企业与9613名职工签订劳动合同。

2002年，安丘市贯彻执行《山东省劳动合同条例》，对劳动合同的订立和履行，劳动合同的变更、终止和解除等方面作出具体规定。是年，全市企业与3972名职工签订劳动合同。市劳动和社会保障局办理解除劳动关系备案2196人。同时，对9家单位进行劳动合同审查，涉及职工2216人。

2008年，安丘市贯彻《中华人民共和国劳动合同法》，围绕劳动关系的建立和调整问题，从劳动合同的订立、劳动合同的形式和内容、劳动合同的履行和变更、劳动合同的解除和终止等方面作出科学规定。2008年10月，为促进企业职工学法、知法、守法，更好地维护企业职工的合法权益，安丘市组织举办《劳动合同法》知识大赛。

按照《劳动合同法》的规定和要求，市人社局加大对劳动用工合同的审查力度。2010年，对全市13处镇街道小企业进行摸底审查，组织签订劳动合同1.1万余份，解除劳动合同785份。2011年—2013年，市直企业与59197名职工签订劳动合同，市人社局办理解除劳动关系备案2103人。

第二节　劳动力管理

劳动力计划管理

1986年—1992年，安丘县劳动力计划管理，主要体现在人员招用和人员分配安置等方面。劳动力计划管理的重点是控制用人计划和控制工资计划。

1989年1月，安丘县参照山东省试点单位做法，进行劳动、人事、工资“三项制度”综合配套改革。实行优化组合与工资分配，整改计划外用工，改革劳动保险制度相结合。优化劳动组合后，全县择优上岗25731人，占职工总人数91.2%以上；撤离富余人员1527人。其中，退休、停薪、解聘及辞退397人，开办生产、生活服务项目1130人。

1990年7月，安丘县按照省政府《关于清理压缩计划外用工的通知》要求，继续深化劳动制度改革，不断加大整顿压缩计划外用工力度，腾出岗位安置待业青年。清退的主要对象为各单位自行招用的来自农村的劳动力和1987年后未经政策允许增加的临时用工。是年，全县清退压缩计划外用工3617名，占计划外用工38%。

1992年，安丘县贯彻国务院《全民所有制工业企业转换经营机制条例》精神，使企业劳动用工权从计划经济年代“统一管理”模式转到企业“自主决定”。县劳动部门的管理方式亦随之调整和变化。是年，全县下放招工权：取消“招工指标”，改过去按计划集中招工的办法为由企业按照生产经营需要，自行确定招工的时间、数量、条件和方式，并简化招工手续，随用随招。同时，允许一些招用待业青年有困难的企业经批准招用部分农村劳动力，对企业使用农村劳动力适度放开。下放职工处理权：对违纪职工的处理，无论是辞退、除名，还是开除，均由企业自主。是年，处理违纪职工19人，对117名待业人员，经厂内培训仍不能上岗的解除劳动合同。下放职工调动权：对市内职工调动，不管是调出还是调入，只要单位同意，县劳动部门随到随办。是年，全市办理市内工人调动612人。

1992年后，全县开始实行“双向选择”的就业办法。实行“双向选择”，只要用工单位和就业人员达成协议，可履行正规的招收录用手续。

临时工转招

1988年，安丘县按照潍坊市政府关于临时工、亦工亦农转招和清理整顿用工的部署，本着“整顿压缩、保留骨干、清退多余”原则，在全县范围内开展整顿劳动用工秩序工作。对在机关、企业、事业单位工作的亦工亦农、计划外临时工进行全面整顿。按定员定额的要求，对生产需要又长年顶岗的生产技术骨干，经全面考核，选招为合同制工人或纳入临时工计划；不需要的，做好思想工作，限期清退。是年，县属企业转招合同制工人2117人，纳入临时工计划3711人，清退3015人。1990年—1992年，继续清理压缩计划外用工，腾出岗位安置待业青年，清退临时工5910人。

1993年—1996年，安丘市利用潍坊市劳动局每年给安丘下达500名左右的农民合同制工人用工指标，通过培训考核，招录一部分农民合同制工人充实到企业。同时，对农民合同制职工中的优秀拔尖人才，办理“农转非”手续，转为城镇合同制工人。1994年—1999年，安丘市招收农民合同工4582人，农民合同工转城镇地方户口9916人，农民合同工技术骨干“农转非”和老职工子女接替597人。随着城镇人口不断增加，“农民合同制”作为一种招工制度逐渐成为历史。

劳动力调剂

1986年—1992年，安丘县职工调动需严格按劳动计划和劳动政策办理。集体所有制身份的职工，原则上不能调入全民所有制单位。如确因工作需要，接收单位必须有新增职工指标，经批准后方可调入。全民单位的人员调入集体单位，不再保留全民身份。1993年，安丘县推行全员劳动合同制，彻底打破所有制和身份界限，允许职工在不同所有制企业间流动。但省外人员调入，仍按1989年山东省劳动厅的规定，须由省厅审批。

城乡社会劳动力管理

1990年始，安丘县劳动部门对进城务工人员进行登记，实行归口管理和务工许可证制度。1993年—1995年，安丘市为17800名登记在册的临时工发放“务工许可证”。

1996年，市政府相继下发企业招用职工规定、实施再就业工程、农村劳动力跨区域流动等规范性文件。针对社会上劳动力供大于求、城镇就业压力大的状况，制止企业私招乱用劳动力。同时，强化职业介绍机构的服务功能，开展劳务输出业务，组织农村剩余劳动力向非农产业转移。是年，安丘市输出农村劳动力4.2万人次，创劳务总收入1.18亿元。

1997年，安丘市为解决城镇就业压力大的问题，进一步加大对农民进城务工进行严格管理力度。市内农村劳动力进城务工严格务工许可证制度，对跨区域就业的一律实行证、卡管理。企业使用3个月以上、1年以内的农村劳动力须审批；1年以上的报潍坊市劳动局批准。同时，拓宽就业渠道，健全就业服务体系，通过发展第三产业、自谋职业和兴办劳服企业等形式促进劳动就业。

2002年5月，安丘市根据潍坊市《关于依法规范劳动关系有关问题的通知》要求，对所有企业、民办非企业单位、个体经济组织和与之形成劳动关系的劳动者，不再分户口性质和区域限制，均组织与劳动者履行就业手续、签订劳动合同，为其缴纳各种社会保险。

2005年1月始，安丘市按照国务院办公厅下发的《关于进一步做好改善农民进城就业环境工作的通知》要求，对农村劳动力和外来人员进城务工，不再办理“外出人员就业登记卡”和“外来人员就业证”，并逐步放宽对农村劳动力和外出（来）务工人员的管理。

第三节 劳动保护 工时 休假

劳动保护

1986年，安丘县投资80多万元，用于企业尘毒、噪音治理。是年，检测尘毒点31个，噪音点19个，合格率分别为62%和41%。1987年—1991年，对全县有尘毒的211家企业、575个尘毒点进行监测。1994年，对全市923名接触尘毒的职工进行健康查体，对4家企业的47个工种、287个尘毒作业点进行监测，实行劳动条件分级。

1995年—1998年，安丘市加大治理企业污染力度，对11家污染严重的小型造纸厂强令关闭。对向河道排放污水的企业在收取定额治污费后，实行关停并转。1999年—2001年，市内所有污染严重的企业全部进行整改，对环保不达标的企业，实行关闭、转行。2002年起，市内职业卫生监察（包括矿山卫生监察）职能由市劳动和社会保障局划归市卫生局承担。

女职工劳动保护 按照国家有关法律法规规定，安丘市各企事业单位女职工普遍实行“五期”（经期、孕期、产期、哺乳期、更年期）保护。女工月经期间，不安排参加禁忌的劳动；怀孕7个月及以上的女职工，一般不得安排其从事夜班劳动，禁忌从事作业场所空气中有毒物质超过国家卫生标准的作业；女职工在规定的哺乳期内，不得安排国

家规定的哺乳禁忌从事的劳动；女职工经县级以上医疗机构诊断为更年期综合症且不适应原工作的，暂时安排适应的工作；一年一次对更年期女职工进行妇科疾病查治。

未成年工劳动保护　1986年—2013年，安丘市严格遵守国家有关规定，坚决禁止使用童工，维护未成年人的合法权益。禁止任何组织和个人招用未满16周岁的未成年人（国家另有规定的除外），对已有的未成年工，建立未成年工登记制度，实行未成年工持证上岗。对有未成年工的用人单位，要求建立未成年工健康检查制度，保证未成年工健康成长。

工时

1986年—2013年，安丘市执行的工时制度有标准工时制、特殊工时制两种形式。标准工时制，即严格执行国家法律规定的劳动者每日工作时间不超过8小时、平均每周工作时间不超过40小时的标准工时制度。特殊工时制，有缩短工时制、综合计算工时制、不定时工时制、计件工时制等。

休假

1986年—2013年，安丘市执行《劳动法》规定，企业职工休息休假制度有公休日、法定节假日、年休假、探亲假、婚假和生育假几种。

公休日　即周休息日。

法定节假日　1999年—2013年，国家法定节假日包括春节、清明节、端午节、国际劳动节、中秋节、国庆节、元旦以及法律法规规定的其他休假节日。春节放假3天（农历正月初一至初三），清明节放假1天（清明当天），国际劳动节放假3天（5月1日—3日），端午节放假1天（端午当天），中秋节放假1天（节日当天），国庆节放假3天（10月1日—3日），元旦放假1天（1月1日）。

年休假　2008年1月起。安丘市按照《劳动法》和国务院 2007年12月通过《职工带薪年休假条例》规定，劳动者连续工作一年以上的，享受带薪年休假。

探亲假　安丘市严格执行《国务院关于职工探亲待遇的规定》。凡在国家机关、人民团体和国有企业事业单位工作满1年的职工，与配偶或与父母不住在一起，又不能在公休假日团聚的，享受探亲待遇。但职工与父亲或母亲一方能在公休假日团聚的，不享受探望父母的待遇。

安丘市职工探亲假期为：职工探望配偶的，每年给予一方探亲假一次，假期30天；未婚职工探望父母，每年给假一次，假期20天，如因工作需要，本单位当年不能给予假期，或者职工自愿两年探亲一次，则两年给假一次，假期45天；已婚职工探望父母的，每4年给假一次，假期20天。上述探亲假期为职工与配偶、父、母团聚的时间。另外，根据实际需要给予路程假。探亲假期均包括公休假日和法定假日在内。

婚假　安丘市职工执行的婚假标准是：按法定结婚年龄（女20周岁、男22周岁）结婚的，享受3天婚假；符合晚婚年龄（女23周岁、男25周岁）的，享受晚婚假15天（婚假包括公休假和法定假）；再婚的可享受法定婚假，不享受晚婚假。

生育假期　安丘市女职工生育假期执行以下标准：女职工正常产假为90天，其中产前休假15天。难产的，增加15天。多胞胎生育的，每多生育一个婴儿，增加产假15天。女方晚育的，除国家规定的产假外，增加产假60天。女职工怀孕不满4个月流产的，产假为15天—30天；怀孕满4个月（含4个月）流产的，产假为42天。

第四节　劳动争议处理

劳动争议仲裁机构

1987年10月，安丘县按照国务院《国营企业劳动争议处理暂行规定》的具体规定和要求，成立安丘县第一届劳动争议仲裁委员会，在县劳动局设立劳动争议仲裁办公室。1993年9月，县劳动局设立仲裁监察科。1996年6月，市劳动局撤销仲裁监察科，成立劳动仲裁监察办公室。2001年10月，安丘市成立新一届劳动争议仲裁委员会。次年9月，在市劳动和社会保障局成立劳动争议处理科，为市劳动争议仲裁委员会办事机构。2008年6月，成立安丘市劳动争议仲裁院，为副科级全额预算管理单位。2010年3月，整合市人事争议仲裁办公室、市劳动争议仲裁院的职责，成立安丘市劳动人事争议仲裁院，为市人社局所属的副科级财政拨款事业单位。2010年12月，成立安丘市劳动人事争议仲裁委员会。在市人社局设立市劳动人事争议仲裁委员会办公室。市劳动人事争议仲裁院内设综合科、调解庭、仲裁庭3个职能科室。

劳动争议案件处理

1987年，由于当时处于改革开放初期，劳动制度改革不够深入，安丘县在用工、工资、福利、待遇、职工离职和企业辞退职工等方面，反映问题不很尖锐，再加上对法律、法规认识不太清楚，法律观念不强，所以涉及仲裁的问题不多。县争议仲裁办公室业务亦未能正常开展工作。

1992年，县劳动争议仲裁办公室处理劳动争议案件15人次。此后，随着劳动制度改革的不断深化与完善，安丘县在用工、工资、福利、待遇、职工离职和企业辞退职工等方面的矛盾日趋尖锐；再加上职工进一步学法、懂法，法律观念不断增强，劳动争议问题呈上升趋势。

1993年，安丘县依据国务院颁布的《中华人民共和国企业劳动争议处理条例》确定劳动争议受理范围为：因企业开除、除名、辞退职工和职工辞职、自动离职发生的争议；因执行国家有关工资、保险、福利、培训、劳动保护的规定发生的争议；因履行劳动合同发生的争议以及应当依照条例处理的其他劳动争议。劳动争议发生后，当事人可向本单位劳动争议调解委员会申请调解，调解不成，当事人一方要求仲裁的，可向劳动争议仲裁委员会申请仲裁。当事人一方也可直接向劳动争议仲裁委员会申请仲裁。对仲裁裁决不服的，可向县人民法院提起诉讼。至2003年，全市受理劳动争议案件534件，立案490件，调解483件，裁决7件，其他方式结案44件，涉及维权标的额731万元。2004年—2007年，受理劳动争议案件672件，立案616件，调解444件，裁决172件，其他方式结案56件，涉及维权标的额686万元。

2008年5月，安丘市按《中华人民共和国劳动争议调解仲裁法》，逐步完善新的劳动争议调处机制、体制逐步建立完善。2008年—2010年，全市共处理劳动争议案件696件，为当事人挽回经济损失735万元。其中，2010年处理争议案件259起，处结率100%，按期结案率达98%，为职工、群众和用人单位挽回损失260多万元。2011年—2013年，随着企业规模膨胀和数量增多，职工与企业矛盾点增加。市人社局加大执法力度，处理劳动争议案件更具人性化，调解率提高，裁决率降低。全市处理劳动争议案件443件，为当事人挽回经济损失849.9万元。

安丘市1992年—2013年劳动争议案件受理情况一览表

表21—8

年份	案件数（件）	立案（件）	调解（件）	裁决（件）	其他方式结案（件）	涉及标的额（万元）	按期处结率（%）
1992	15	15	15	0	0	9	100
1993	13	13	13	0	0	9	100
1994	6	6	6	0	0	10	100
1995	8	8	8	0	0	15	100
1996	8	8	8	0	0	32	100
1997	7	7	7	0	0	24	100
1998	21	19	19	0	2	45	100
1999	71	69	69	0	2	83	100
2000	85	73	73	0	12	75	100
2001	80	74	74	0	6	121	100
2002	97	85	82	3	12	143	100
2003	123	113	109	4	10	165	100
2004	120	116	113	3	4	147	100
2005	175	162	120	42	13	180	100
2006	190	175	111	64	15	167	100
2007	187	163	100	63	24	195	100

续表 21-8

年份	案件数（件）	立案（件）	调解（件）	裁决（件）	其他方式结案（件）	涉及标的额（万元）	按期处结率（%）
2008	201	165	103	62	36	232	100
2009	236	206	115	91	30	243	100
2010	259	259	148	100	11	260	100
2011	138	138	107	31	0	288	100
2012	129	125	92	33	4	161.9	100
2013	176	147	89	58	29	400	100

第五节　劳动保障监察

2002 年 9 月，安丘市劳动和社会保障局成立监察监督科。次年 5 月，成立安丘市劳动保障监察大队，为副科级全额拨款事业单位。市劳动保障监察大队成立后，加强劳动保障年检，对群众投诉举报的违反劳动保障法律法规行为依法进行查处，开展劳动保障日常巡查和专项执法检查。同时，监督检查定点医疗机构、定点零售药店执行医疗、工伤、生育保险等情况。

1995 年起，安丘市每年开展一次劳动保障年检工作，年底通报年检情况。对年检过程中发现的违反劳动保障法律法规行为，下达《劳动保障监察责令改正指令书》，限期整改。同时，开展日常巡查和专项执法检查。内容一般包括用人单位劳动合同签订及履行情况、最低工资规定及工资支付情况、社会保险参保缴费情况、未成年工及女职工特殊劳动保护等。对于检查中发现的违反劳动保障法律法规的行为，责令用人单位限期整改，根据需要依法实施行政处理或行政处罚的，坚决依法处理。

2002 年，市劳动和社会保障局设立公开举报电话，对群众的举报投诉设专人负责。对于符合受理条件的投诉举报案件，一般在 5 日内立案受理。对违反劳动保障法律法规行为的调查，一般自立案之日起 60 个工作日内完成。情况复杂的，经劳动保障行政部门负责人批准，可以延长 30 个工作日。

2002 年—2005 年，全市督查单位 1560 个，下达行政处理处罚 1 份，下达询问通知 260 份，查处案件 299 起，补发工资、追回押金 191 万元，追缴社会保障费 400 万元，下达行政处理处罚 1 份。2006 年—2009 年，全市督查单位 2230 个，下达责令改正书 321 份，下达询问通知 385 份，查处案件 444 起，补发工资、追回押金 416 万元，追缴社会保障费 990 万元，下达行政处罚 5 份。

2010 年—2013 年，全市督查单位 7600 个，下达责令改正书 718 份，下达询问通知 784 份，查处案件 870 起，补发工资、追回押金 734 万元，追缴社会保障费 2260 万元，下达行政处理处罚 39 份，取缔非法中介 12 家，查处用人单位非法使用劳工 6 人。

安丘市 1994 年—2013 年劳动保障监察执行情况表

表 21-9

年份	年检单位数（家）	下达责令改正（份）	下达询问通知（份）	查处案件数（件）	补发、追回工资押金（万元）	追缴社会保障费（万元）	下达行政处理处罚（份）	取缔非法中介（家）	查处用人单位非法使用劳工（人）
1994	19	9	8	7	5	0	0	0	0
1995	24	13	14	15	11	0	0	0	0
1996	30	17	21	27	16	0	0	0	0
1997	45	21	27	33	18	0	0	0	0
1998	65	25	29	39	25	0	0	0	0

续表 21—9

年份	年检单位数（家）	下达责令改正（份）	下达询问通知（份）	查处案件数（件）	补发、追回工资押金（万元）	追缴社会保障费（万元）	下达行政处理处罚（份）	取缔非法中介（家）	查处用人单位非法使用劳工（人）
1999	90	33	36	41	21	0	0	0	0
2000	120	36	44	57	33	0	0	0	0
2001	200	47	57	68	41	0	0	0	0
2002	250	51	59	68	37	0	0	0	0
2003	400	54	63	72	39	110	0	0	0
2004	430	51	61	70	52	130	0	0	0
2005	480	62	77	89	63	160	1	0	0
2006	500	69	82	93	89	190	0	0	0
2007	530	71	89	97	94	210	0	0	0
2008	550	80	91	109	123	280	1	0	0
2009	650	101	123	145	110	310	4	0	0
2010	800	131	147	166	154	360	7	3	0
2011	1200	167	181	198	187	500	8	0	0
2012	2300	197	216	242	183	670	11	9	6
2013	3300	223	240	264	210	730	13	0	0

第十章　劳动工资

第一节　工资制度

岗位技能工资制

1993 年，安丘县借鉴全省首批岗位技能工资试点单位做法，选取县棉纺厂、物资局、水泥厂 3 家企业进行劳动制度综合配套改革试点。此次改革试点的主要内容是：将职工收入与标准工资脱钩、与岗位技能和劳动贡献挂钩（即“一脱双挂”），将标准工资、奖金和各种工资补贴捆在一起，实行岗位技能工资制，通过完善工效挂钩，搞活内部分配，逐步向岗位技能工资制过渡；试点工作分制定劳动评价标准、科学评估工作岗位，实行分类划等、确立岗位技能工资标准，严格考核、落实分配三个步骤进行。至 1995 年，改革试点取得成功后，岗位技能工资制度逐步在全市推开，市内企业原有的等级工资制全部改为岗位技能工资制。

最低工资制度

安丘市企业职工最低工资标准自 1995 年 1 月开始执行。最低工资标准是指劳动者在法定工作时间内提供正常劳动的前提下，其所在企业应支付的最低劳动报酬。标准为每人每月 150 元。1996 年 10 月起，全市企业职工最低工资标准调整为每人每月 200 元。自 1999 年 7 月起，调整为每人每月 260 元。自 2001 年 7 月起，调整为每人每月 340 元，小时最低工资标准为 2.04 元 / 小时。自 2002 年 10 月起，调整为每人每月 380 元，小时最低工资标准为 2.64 元 / 小时。自 2005 年 1 月起，调整为每人每月 420 元。自 2006 年 10 月起，调整为每人每月 480 元，小时最低工资标准为 4.2 元 / 小时。2007 年，调整为每人每月 620 元，小时最低工资标准为 5.5 元 / 小时。2010 年，调整为每人每月 760 元，小时最低工资标准为 7.8 元 / 小时。2011 年，调整为每人每月 950 元，小时最低工资标准为 9.8 元 / 小时。2012 年，调整为每人每月 1100 元，小时最低工资标准为 11 元 / 小时。2013 年，调整为每人每月 1220 元，小时最低工资标准为 12.5 元 / 小时。

第二节　工资形式

计时工资

安丘市企业职工计时工资分为小时工资、日工资和月工资 3 种。小时工资、日工资多用于临时雇用的钟点工和日工。对固定工和合同制工人，基本采用月工资的形式发放劳动报酬。职工全勤按月工资标准发给工资，缺勤或加班加点工作时，按日工资标准和小时工资标准扣发或加发工资。

计件工资

1983 年—1987 年，安丘县实行的计件工资形式有直接计件、超额计件、包干计件等，在商业、饮食服务业中实行利润包干、超额分成及固定工资加提成等工资形式。

1988 年始，全县进行劳动人事工资制度综合改革，实行企业工资总额同经济效益挂钩制度。企业有分配的自主权，更加积极地推行计件、定额、岗位、结构工资和滚动浮动升级。1998 年，全市实行计件工资的职工人数占总人数的 28.1%，实行定额工资的占 3.2%，实行岗位工资的占 21.5%，实行结构工资的占 2.71%，实行利润包干超收分成的占 3.29%，实行联供联销提成的占 1.27%。至 2013 年，计件工资成为全市企业的一种重要工资形式。

奖金

安丘市职工奖金，包括生产奖、节约奖、劳动竞赛奖、机关事业单位的奖励工资和其他奖金。

津贴

1987 年 7 月始，安丘县对企业聘任的技师实行职务津贴。职务津贴一般为每人每月 15 元～ 25 元。2001 年 7 月起，安丘市对各类企业在岗技术工人中取得一级职业资格证书或技师、高级技师合格证书的，给予每人每月 150 元职务津贴；取得二级职业资格证书的，给予每人每月 100 元职务津贴；取得三级职业资格证书的，给予每人每月 50 元职务津贴。至 2013 年，仍执行此标准。

2003 年 12 月，安丘市有 3 名工人技师被潍坊市技能人才委员会评为潍坊市有突出贡献的技师，每人每月享受 300 元政府津贴。2005 年，有 5 人被评为潍坊市首席技师，连续 4 年每人每月享受 300 元政府津贴。2006 年，有 6 人评为潍坊市有突出贡献的技师，连续 3 年每人每月享受 200 元政府津贴。2007 年，有 13 人评为安丘市首席技师，连续 4 年每人每月享受 200 元政府津贴；3 人评为第二批潍坊市首席技师，连续 4 年每人每月享受 300 元政府津贴。2008 年后，技师技能评比暂告一段落，原先获得荣誉称号的技师享受的政府津贴在规定期限内仍按原先标准继续发放。

第三节　工资调整

1986 年，安丘县有 3 家企业 1921 名职工参加工资滚动浮动升级，升级面 36%。1987 年—1989 年，全县有 11 家企业 6781 名职工参加工资滚动浮动升级，升级面 82%。1990 年，全县有 149 家企业的 21327 名职工进行工资调整，占调资范围职工总数的 96.9%，人均月增资 15.92 元，年增资共 407.43 万元。1991 年，全县 149 家企业的 21327 名职工按规定增加标准工资，人均月增资 15.93 元，2986 名离退休职工增加生活补贴，人均月增补贴 11.13 元。

1992 年—1994 年 6 月，安丘市有 231 家企业的 42351 名职工增加住房、福利、特殊工种三项补贴，月增补贴总额 123.3 万元，人均月增资 29.11 元。1994 年底，239 家企业的 41687 名职工调整工资，月增工资总额 392.3 万元，人均月增 94.1 元；5412 名离退休人员增加待遇，补发离退费 470.8 万元。1995 年，为全市 116 家企业的 22650 名职工办理浮动升级转固定和 3% 晋级。

1996 年—1997 年，全市 230 家企业的 54930 名职工增加岗位工资，月增工资总额 404.39 万元，人均月增资 73.62 元。

2001 年，安丘市根据“鲁改发”〔2001〕69 号和“潍劳发”〔2001〕28 号文件规定，对市属 196 家企业的 47627 名职工套改新的岗位技能工资。2002 年，为全市 112 家企业的 8440 名职工办理工资整改，人均月增资 85.09 元。

2003 年—2013 年，安丘市根据各类企业生产经营状况，按照工资指导线要求，由企业根据效益、利润合理安排工资增长。其中，2004 年为市内

110家企业的8200名职工办理工资整改，人均月增资97.23元；2007年为86家企业的6812名职工办理工资整改，人均月增资103.2元；2010年为62家企业的5420名职工办理工资整改，人均月增资113.20元；2013年为40家企业的3515名职工办理工资整改，人均月增资121.50元。

第四节 工资宏观调控

工资总额同经济效益挂钩制度

1987年，安丘县属全民所有制企业实行工资总额同实现利税总挂钩。挂钩后，除新建、扩建项目增加人员和在计划内接收国家统一分配的复员退伍、转业军人等所需增加的工资外，原则上增人不增工资总额，减人不减工资总额。挂钩期间工资同物价的关系，按国家规定处理。县财政控制一定的效益工资作为工资调节基金，主要用于企业之间的工资调节。

1988年，县属全民所有制企业工资总额为2452.8万元，工资总额与实现利税挂钩，浮动比例为1:0.8左右。是年，全县124家企业中，107家实行优化劳动组合，98家实行“工效”挂钩，24家实行工资包干。“工效”挂钩和工资包干将多年来一直沿用的企业工资基金定量管理，改为与经济效益挂钩浮动弹性控制，调动企业和职工的生产积极性。是年，县属全民所有制企业实现利税6112.3万元，比1987年增长41.3%。工资总额相应增长33.1%，年人均工资由1581元增长到2034元，增453元。

1989年，安丘县继续推行工效挂钩。139家企业中，有135家实行工效挂钩，挂钩人数36123人。1990年，完善工效挂钩办法。县劳动局会同县财政、税务、工商等部门对县属135家挂钩企业的工资、效益两个基数进行调整，解决部分企业基数畸高畸低问题。是年，全县企业结余效益工资428.7万元。

1991年，安丘县按限额环比核定法，对县属企业的效益和工资基数进行合理调整核定，并对企业各项指标进行考核。通过调整核定，各企业间的工资和效益两个基数趋于平衡和合理。1992年，按照国务院和省政府先后颁布的企业转换经营机制条例和实施办法，工资分配权交给企业，在工资总额增长不高于利税增长、职工收入增长不高于劳动生产率增长的前提下，由企业自主确定内部分配形式和办法，县劳动部门只进行宏观调控。

1998年，安丘市实行工效挂钩的企业，继续实行工效挂钩；对具备工效挂钩条件而未实行工效挂钩的国有和市以上集体企业，全部实行工资总额同经济效益挂钩。股份制企业继续实行自主确定工资总额办法。

1999年—2013年，随着企业产权制度改革的不断深化与完善，安丘市劳动工资宏观调控力度逐步加大，企业工资分配制度日趋规范完善，职工积极性得以充分调动。

工资指导线

1997年，劳动部印发《试点地区工资指导线制度试行办法》，在试点地区开始实行工资指导线制度。具体的试行办法：各地政府依据当年国家对企业工资分配的总体调控目标，综合考虑本地区当年经济增长、物价水平及劳动力市场状况等因素，提出本地区当年企业工资增长指导意见。企业根据政府的指导意见和企业经济效益的实际情况，合理确定本企业当年的工资增长率。

安丘市的工资指导线由工资增长预警线（上线）、工资增长基准线和工资增长下线组成。生产经营正常、有支付能力的企业，可依照基准线安排职工平均工资增长。经济效益较好、支付能力较强的企业，可在基准线与上线区间内安排工资增长。生产经营正常、经济效益一般、支付能力较弱的企业，可在基准线与下线区间内安排工资增长。增加的工资，经审核可在成本费用中据实列支。少数生产经营困难、上年亏损且当年可能出现亏损的企业，可按实际工资零增长的水平安排工资增长。各类企业支付给提供正常劳动的职工的工资均不得低于省政府发布的最低工资标准。

2002年始，安丘市执行潍坊市统一的工资指导线，实行工资指导线制度。是年，全市企业工资指导线以2001年潍坊市全部企业在岗职工平均工资7646元为基数，其基准线为9%，上线为15%，下线为4%。2004年，企业工资指导线以2003年全省全部企业在岗职工平均工资11975元为基数，其基准线为9%，上线为15%，下线为5%。2006年，工资指导线企业可以潍坊市在岗职工平均工资12679元为基数，亦可以本企业在岗职工平均工资为基数，企业工资指导线基准线为职工平均工资增长 11%；上线为职工平均工资增长 17%，下线为职工平均工资增长 6%。2007 年，工资指导线企业可以潍坊市在岗职工平均工资 13603 元为基数，亦可以本企业在岗职工平均工资为基数，企业工资指导线基准线为职工平均工资增长 16%，上线为职工平均工资增长 24%，下线为职工平均工资增长 8%。2008 年，企业工资指导线以潍坊市在岗职工平均工资 16470 元为基数，基准线为职工平均工资增长 15%，预警线为职工平均工资增长 22%，下线为职工平均工资增长 7%。2009 年，企业工资指导线以潍坊市在岗职工平均工资 20926 元为基数，基准线为职工平均工资增长 9%，预警线为职工平均工资增长 15%，下线为职工平均工资增长 4%。2010 年，企业工资指导线以潍坊市在岗职工平均工资 26355 元为基数，基准线为职工平均工资增长 15%，预警线为职工平均工资增长 23%，下线为职工平均工资增长 6.5%。2011 年，企业工资指导线以潍坊市在岗职工平均工资 31929 元为基数，基准线为职工平均工资增长 15%，预警线为职工平均工资增长 23%，下线为职工平均工资增长 6.5%。2012 年，企业工资指导线以潍坊市在岗职工平均工资 33488 元为基数，基准线为职工平均工资增长 15%，预警线为职工平均工资增长 22%，下线为职工平均工资增长 6%。2013 年，企业工资指导线以潍坊市在岗职工平均工资 38543 元为基数，基准线为职工平均工资增长 15%，预警线为职工平均工资增长 22%，下线为职工平均工资增长 6%。

劳动力市场工资指导价位制度

2003 年，安丘市根据劳动和社会保障部 1999 年发布的《关于建立劳动力市场工资指导价位制度的通知》，开始建立劳动力市场工资指导价位制度。

潍坊市劳动和社会保障局通过对上年度企业在岗职工工资的抽样调查，并经分析、汇总、加工，公布有代表性的职业（工种）的工资指导价位。至 2013 年，安丘市参照执行潍坊市统一的工资指导价位。

第五节　工资总额与工资水平

1986 年，安丘县在岗职工工资总额为 4295 万元，在岗职工年平均工资 1122 元。1990 年，全县在岗职工工资总额 8275.9 万元，在岗职工年平均工资 1853 元。2000 年，全市在岗职工工资总额 42533.7 万元，在岗职工年平均工资 7305 元。2007 年，全市在岗职工工资总额 86128.8 万元，在岗职工年平均工资 14312 元。2010 年，在岗职工工资总额 170616.6 万元，在岗职工年平均工资 28074 元。2013 年，安丘市在岗职工工资总额 248783.1 万元，在岗职工年平均工资 39861 元。

安丘市 1986 年—2013 年职工工资情况一览表

表 21—10

年份	职工工资总额（万元）	在岗职工平均工资（元）	年份	职工工资总额（万元）	在岗职工平均工资（元）
1986	4295.00	1122	2000	42533.70	7305
1987	4989.00	1080	2001	45011.60	8080
1988	5004.49	1649	2002	46396.30	8771
1989	5290.15	1676	2003	45680.50	9284
1990	8275.90	1853	2004	47627.70	9770
1991	9399.50	2013	2005	63556.90	10392
1992	11921.06	2337	2006	75015.20	11775
1993	15053.40	2697	2007	86128.80	14312
1994	22602.90	3994	2008	115891.00	19173
1995	29374.90	4904	2009	142388.90	23675
1996	35851.50	5483	2010	170616.60	28074
1997	38411.00	5638	2011	188760.30	31606
1998	37368.10	6100	2012	222574.60	35852
1999	39518.20	6635	2013	248783.10	39861

第十一章 社会保险

第一节 企业职工基本养老保险

养老保险制度变革

1986年8月，安丘县劳动局根据上级文件精神确定1984年后招收的城镇合同制工人、转招的农民合同制工人，先期纳入统筹范围，缴纳养老保险基金。养老保险收缴比例为：单位按职工月工资总额的18%缴纳，职工按本人月工资总额的2%缴纳。是年12月，成立安丘县社会劳动保险事业处，正式开展合同制职工养老保险基金筹集工作。

1987年1月起，安丘县企业固定职工退休费用实行社会统筹，全民所有制企业固定职工按工资总额的17%由企业缴纳；集体所有制企业固定职工按工资总额的30%由企业缴纳。

1991年1月，安丘县全民企业固定制职工退休费用按工资总额的18%由企业缴纳，集体企业固定制职工按工资总额的24%由企业缴纳。

1992年4月，安丘县城镇户口计划内临时工纳入基本养老保险社会统筹，单位按职工月工资总额的24%缴纳，职工按本人月工资总额的2%缴纳。全县有225名城镇户口计划内临时工参加基本养老保险。是年6月，根据潍坊市劳动局〔1992〕潍劳险字13号、074号文件规定，全县有6128名转招农民合同制工人从1984年1月补缴养老金。

1993年1月，安丘县根据国务院《关于企业职工养老保险制度改革的决定》提出的养老保险费用由国家、企业、个人三方共同负担，职工个人必须缴纳一定费用的要求，企业固定制工人按工资总额的2%实行个人缴费。这一制度的实施，标志着固定职工与合同制工人的身份界限被打破。

1994年1月，潍坊市人民政府发布实施《潍坊市企业职工社会养老保险办法》。离退休职工养老金的计算出台新的养老金计发办法，与原办法对比计算。从是年1月起，500元丧葬费纳入社会统筹金支付。养老保险收缴比例调整为：单位按职工月工资总额的23%缴纳，职工按本人月工资总额的2%缴纳，自1994年1月起开始执行。

1995年3月—9月，国务院印发《关于深化企业职工养老保险制度改革的通知》，山东省政府印发《贯彻〈国务院关于深化职工养老保险制度改革的通知〉的通知》，明确“社会统筹与个人账户相结合”的改革原则。1996年1月，安丘市贯彻国务院和省政府通知精神，为参保职工建立个人账户，企业职工基本养老保险实行社会统筹与个人账户相结合。是年，全市养老保险收缴比例调整为：单位按职工月工资总额的22%缴纳，职工按本人月工资总额的3%缴纳，将职工个人缴纳的全部和企业缴费的一部分按11%计入个人账户。

1998年，安丘市根据国务院《关于建立统一的企业职工基本养老保险制度实施办法》和省政府《山东省统一企业职工基本养老保险实施办法》要求，实施《潍坊市企业职工社会养老保险办法补充规定》，对企业和职工个人缴费比例、个人账户计入比例，基本养老金发放办法等作出进一步规范和统一。在全市建立起统一的企业职工基本养老保险制度。是年4月，养老保险收缴比例调整为：单位按职工月工资总额的21%缴纳，职工按本人月工资总额的4%缴纳。

1999年1月，安丘市根据潍政发〔1998〕96号文件规定，对企业离退休人员因病或非因工死亡有直系亲属的，按规定发给10个月全省上年度职工平均工资的救济费，并纳入社会统筹金支付。养老保险收缴比例调整为：单位按职工月工资总额的20%缴纳，个人按职工本人月工资总额的5%缴纳，自1999年1月起执行。

2001年，安丘市离退休职工养老金计算新、原办法过渡期结束。自是年1月起，离退休人员计算养老金全部按新办法计发。是年4月，养老保险收缴比例调整为：单位按职工月工资总额的20%缴纳，个人按职工本人月工资总额的5%缴纳。

2003年4月，安丘市养老保险收缴比例调整为：单位按职工月工资总额的20%缴纳，个人按职工本人月工资总额的7%缴纳。是年7月，市劳动局为全市36250名参保职工建立信息数据库。10月，为全市6901名离退休职工建立基本信息数据库。离退休人员丧葬补助费调整为每人1000元，并纳入社会统筹范围。

2004年4月始，市劳动局为全市6901名离退休职工建立活体指纹信息库。2005年4月，养老保险收缴比例调整为：单位按职工月工资总额的20%缴纳，个人按本人月工资总额的8%缴纳。

2006年，安丘市根据国务院发布《关于完善企业职工基本养老保险制度的决定》和省政府发布《山东省完善企业职工基本养老保险制度实施意见》精神，从改革基本养老金计发、规范统一城镇个体工商户和灵活就业人员参保政策、逐步做实基本养老保险个人账户等方面做出统一规定和要求。是年1月，全市基本养老保险个人账户规模由11%调整为8%，全部由个人缴费形成，单位缴费不再划入。

2010年7月，全市养老保险收缴比例调整为：单位按职工月工资总额的19%缴纳，个人按本人月工资总额的8%缴纳。2011年7月—2013年12月，全市养老保险收缴比例调整为：单位按职工月工资总额的18%缴纳，个人按本人月工资总额的8%缴纳。

安丘市1986年—2013年企业养老保险基金收支情况一览表

表21—11　　单位：万元

年份	收缴金额	发放金额	年份	收缴金额	发放金额
1986	47.70	—	2000	4255.18	3359.24
1987	244.84	105.23	2001	5035.48	3171.77
1988	522.67	267.96	2002	5846.20	4563.90
1989	621.67	454.26	2003	7283.00	4955.73
1990	669.46	446.40	2004	7296.00	5720.06
1991	949.33	627.90	2005	8965.15	7125.93
1992	1002.26	604.61	2006	12093.12	8928.26
1993	1462.17	1124.06	2007	16149.32	11041.30
1994	1720.71	1786.96	2008	16993.63	14192.46
1995	2273.45	1972.75	2009	17745.51	17346.70
1996	2900.04	2277.33	2010	26557.86	22568.43
1997	3361.99	2874.76	2011	35344.95	27214.16
1998	3928.40	3212.23	2012	44643.06	33943.34
1999	3857.73	3115.05	2013	46657.45	41813.34

养老保险待遇

安丘市企业职工养老保险待遇、死亡待遇和供养直系亲属待遇，严格执行国家、省、潍坊市养老保险法律法规政策规定。

离休、退休、退职待遇

1986年—1996年，安丘市企业职工退休、退职待遇执行国务院1978年下发的《关于个人退休、退职处理的暂行办法》。连续工龄满20年的，退休费按本人标准工资75%发给；连续工龄满15年不满20年的，按本人标准工资70%发给；连续工龄满10年不满15年的，按本人标准工资60%发给。因工致残完全丧失劳动能力、饮食起居需人扶助的，按本人标准工资的90%发给；饮食起居不需人扶助的，按本人标准工资的80%发给。退职人员，按月发给相当于本人标准工资的40%的生活费。

1989年，安丘县执行山东省劳动厅、财政厅《关于给企业退休职工发放生活补贴的通知》规定，县属全民所有制企业退休职工，除按国务院《关于工人退休、退职处理的暂行办法》享受退休待遇外，根据不同情况自1989年1月起分别发给一定数额的生活补贴。1992年5月，安丘县为离退休职工增加洗理费，男性每人每月7元，女性每人每月8元；离退休干部增发书报费，月人均15元。

1997年，安丘市按照省政府下发的《山东省统一企业职工基本养老保险制度实施办法》规定，分3种情况发放养老金。即本办法实施前已经退休的人员，实行“老人老办法”，仍按原来的办法发给养老金；本办法实施后参加工作的职工，实行“新人新办法”，凡个人缴费年限累计满15年的，退休后按月发给基本养老金，基本养老金由基础养老金和个人账户养老金两部分组成。个人缴费年限累计不满15年的，退休后不享受基本养老保险待遇，其个人账户储存额一次性支付给本人；本办法实施前参加工作、实施后退休的人员，实行“中人中办法”，个人缴费和视同缴费年限累计满15年的，在发给基础养老金和个人账户养老金的基础上，再发给过渡性养老金。自实行“统账”结合改革起设立5年过渡期，过渡期内实行新老办法对比计发养老金。按新办法计发的养老金低于老办法的，差额部分予以补齐；高于原办法的给予封顶。对于按规定办理提前退休的人员，其基本养老金除特殊工种按规定提前退休的年限不减发基本养老金外，每提前1年减发2%（不含个人账户养老金）。

企业职工未达到国家规定的退休年龄，因病或非因工负伤完全丧失劳动能力，缴费满15年的，本人申请，经批准可按月享受退职生活费待遇。标准为地市上年度职工月平均工资20%加个人账户养老金。自2001年1月起，1997年12月之前参加工作的，另加调节金120元。

2006年，安丘市执行省政府《山东省完善企业职工基本养老保险制度实施意见》有关规定，对“老人”“新人”“中人”作出新的具体界定：凡2005年12月前已离退休人员为“老人”，仍按原规定发给养老金，与2006年1月后退休的人员执行同样的调整机制；凡1998年1月后参加工作的人员为“新人”，其个人缴费年限（含视同缴费年限）累计满15年的，按月发给基本养老金，月基本养老金由两部分组成：基础养老金和个人账户养老金；凡1997年12月前参加工作、2006年1月后退休的人员为“中人”，其个人缴费年限（含视同缴费年限）累计满15年的，按月发给基本养老金。月基本养老金过渡期（2006年1月—2010年12月）内仍由4部分组成：基础性养老金、个人账户养老金、过渡性养老金、过渡性调节金，过渡期满后取消过渡性调节金。对于国家规定的提前退休和病退人员，新办法不再执行每提前1年扣减2%的政策。2011年，《关于企业职工基本养老金计发办法过渡期满后有关问题的通知》确定，过渡期延长至2013年。

2006年—2013年，安丘市执行国务院《关于工人退休、退职处理的暂行办法》规定，对按规定办理退职的人员，缴费年限满15年的，按月发给退职生活费。标准为：以退职时上年度省或市在岗职工月平均工资和本人指数化月平均缴费工资的平均值为基数，缴费年限每满一年发给1%；同时发给个人账户养老金，月标准为个人账户储存额除以国家规定的计发月数。其中，1997年12月前参加工作的，按《山东省劳动和社会保障厅关于当前养老保险工作中若干具体政策问题的通知》规定的120元调节金继续保留。缴费年限不满15年的，个人账户储存额一次性支付给本人，并按缴费年限每满1年发给1个月本人指数化月平均缴费工资，一次付清。退职人员不进行新老办法比对。

职工死亡待遇

企业职工（含离退休人员）因病或非因工死亡后，发给丧葬费、一次性救济费和供养直系亲属生活困难补助等。安丘市职工死亡、供养抚恤待遇最初按《劳动保险条例》执行，之后随国家、省政策规定进行调整。

丧葬补助费　安丘县按照省劳动厅、财政厅1992年联合下发的文件规定，职工丧葬补助费自1992年5月起按500元的标准执行。按照省劳动厅、财政厅2003年下发的《关于调整企业职工因病或非因工死亡后供养直系亲属生活困难补助标准的通知》中的规定，职工丧葬补助费自2003年9月起按1000元标准执行。至2013年仍执行此政策。

一次性救济费　安丘市根据省劳动厅、财政厅、总工会1993年联合下发的《关于调整国有企业因病或非因工死亡职工供养直系亲属生活困难补助标准的通知》要求，职工死亡后，凡有直系亲属的，不论是否供养，发给一次性救济费，其标准为10个月的全省上年度职工月平均工资。从2004年10月起，企业离休人员一次性救济费调整为20个月的基本离休费。至2013年仍执行此政策。

安丘市1988年—2013年一次性救济费明细表

表21－12

年份	一次性救济费（元）	年份	一次性救济费（元）
1988-1993	2060	2004	9500
1994	2510	2005	10920
1995	3580	2006	12945
1996	4220	2007	15110
1997	4700	2008	18070
1998	4860	2009	21080
1999	4910	2010	23910
2000	5830	2011	27270
2001	6650	2012	31350
2002	7500	2013	34920
2003	8500		

职工遗属生活困难补助　1993年—2013年，安丘市职工死亡后，有供养直系亲属的，再按月发给生活困难补助，直至失去供养条件为止。

1993年10月—1997年9月，安丘市企业职工供养直系亲属生活困难补助标准为：红军时期、抗日战争时期、解放战争时期参加革命工作的，其供养直系亲属系非农业户口的，每人每月75元、73元、70元；系农业户口的，每人每月60元、58元、55元。新中国成立后参加革命工作的，其供养直系亲属系非农业户口的，每人每月65元；系农业户口的，每人每月50元。1997年10月—2003年6月，职工直系亲属居住在城镇（县城及以上）的，每人每月80元；居住在乡镇及农村的，每人每月70元。红军时期、抗日战争时期、解放战争时期参加革命工作的，在上述标准的基础上，分别再增加30元、20元和10元。2003年7月—2006年12月，符合领取遗属生活困难补助条件的供养直系亲属，每人每月补助标准170元。新中国成立前参加革命工作的供养直系亲属，在上述标准的基础上提高20%，每人每月补助标准204元。2007年1月起，调整为每人每月补助220元。新中国成立前参加革命工作的供养直系亲属，在上述标准的基础上提高20%，每人每月补助标准264元。2009年12月起，调整为每人每月补助320元。新中国成立前参加革命工作的供养直系亲属，在上述标准的基础上提高20%，每人每月补助标准384元。2012年7月起，调整为每人每月补助410元。新中国成立前参加革命工作的供养直系亲属，在上述标准的基础上提高20%，每人每月补助标准492元。

退休人员社会化管理

1998年5月前，安丘市离退休养老金直接拨付到单位，由单位给本单位的离退休人员发放养老金。从1998年5月始，安丘市改变离退休养老金发放办法，实行社会化发放，在城区居住的4000多名离退休人员由市工商银行代发，在潍坊市区域内工商银行通存通兑；在乡镇居住的2000多名离退休人员，由市农村信用社发放。自2006年9月起，企业离退休养老金发放银行由市工商银行改为市农村信用社。

2006年5月，安丘市以市劳保所为依托成立景芝社区、贾戈社区、城北社区，负责管理本区域离退休职工的领取养老金资格认证、党员组织生活、文体活动、健康查体等，为退休人员提供方便。

第二节　机关事业单位养老保险

1993年12月，安丘县成立机关事业单位社会保险事业处（简称县社保处），隶属县人事局，主管机关事业单位的养老保险工作。1996年，社保处改为行政性延伸事业单位。1999年5月，由市人事局移交市劳动和社会保障局。2008年8月，成立安丘市社会保险事业管理中心，原市社会劳动保险事业处、医疗保险事业处、机关事业单位社会保险事业处和农村社会养老保险事业管理处统一划归市社会保险事业管理中心。

基本养老金筹集和管理

安丘市机关事业单位基本养老金筹集，按照“以支定收、略有结余、留有部分积累”的原则，由国家、集体和个人共同负担。

1994年1月起，安丘市机关事业单位合同制工人、乡镇选聘制干部开始进行养老金统筹。收缴比例为单位按合同工个人月工资总额的23%、个人按本人月工资总额的2%缴纳养老保险费。机关事业单位实行养老保险的劳动合同制工人、乡镇选聘制干部，从参加工作之月起（含连续工龄）开始缴纳养老保险。是年11月始，安丘市自收自支事业单位（含企业化管理事业单位）固定人员开始进行养老金统筹。统筹基金按单位全部固定职工上月工资总额与上月统筹项目内离退休（职）费用总额之和的24%提取。其中，个人按上月本人月工资总额的2%缴纳基本养老保险费，并由单位代为扣缴。离退休（职）人员不负担个人部分，实行双基数缴费。

1996年6月始，安丘市执行《潍坊市机关事业单位工作人员社会养老保险暂行办法》，对党政群机关、事业单位中的工作人员（含国家、省、潍坊驻安丘机关事业单位及军队所属机关事业单位中非军籍工作人员）全部参加机关事业单位社会保险统筹。按照本单位参加养老保险固定职工上月工资总额与上月统筹项目内离退休（职）费总额之和的24%缴纳基本养老保险费，其中个人按上月本人月工资总额的2%缴纳基本养老保险费，并由单位代为扣缴。

1997年7月—2013年12月，安丘市党政机关及事业单位，只按照单位参加养老保险在职人员上月工资总额的一定比例缴纳养老金，即由"双基数"收缴养老保险费改为"单基数"收缴养老保险费。机关事业单位基本养老金缴纳比例，根据实际收支情况，由劳动和社会保障部门提出调整意见，报市政府批准后予以调整。

安丘市1994年—2013年机关事业单位养老保险情况统计表

表21—13

年份	投保人数（人）	离退休人数	缴费比例（%）				基金收入（万元）	基金支出（万元）	备注
			固定人员	其中个人	合同工人	其中个人			
1994	2622	141	24	2	25	2	333	18	固定人员属自收自支单位
1995	2721	210	24	2	25	2	442	120	同上
1996	15966	3221	24	2	24	2	1408	795	1996年6月开始，在职人员及离退休人员全部纳入统筹
1997	15991	3348	24	2	24	2	2796	2160	由双基数改为单基数
1998	16174	3462	24	2	24	2	3378	2602	—
1999	19248	3840	24	2	24	2	4530	4162	—
2000	20193	3949	24	2	24	2	5201	4631	—
2001	21118	4201	20	2	20	2	4470	4995	—
2002	20727	5049	18	2	18	2	5096	6564	—
2003	20276	5209	24	3	24	3	5449	6549	—
2004	20073	5367	30	3	30	3	7188	7176	—
2005	20130	5543	30	3	30	3	8158	8048	—
2006	20308	5809	35	3	35	3	9707	9530	—
2007	20467	6104	35	3	35	3	12235	11626	—
2008	19400	5609	35	3	35	3	12034	11196	—
2009	19531	6010	35	3	35	3	14454	13504	—
2010	19367	6265	35	3	35	3	15068	15057	—
2011	19505	6475	38	3	38	3	19509	18439	—
2012	19536	6849	38	3	38	3	22175	21524	—
2013	19308	7103	38	3	38	3	24551	24478	—

死亡待遇

安丘市机关事业单位人员死亡，根据情况不同享受下列待遇：

离退休（职）人员 机关事业单位离退休（职）人员去世后的丧葬费、一次性抚恤金从统筹基金中支付，由社会保险机构负担。

离休人员遗属 机关事业单位离休人员去世后，遗属生活困难补助，从统筹基金中支付，由社会保险机构负担。

退休人员遗属 机关事业单位退休人员去世后的遗属生活困难补助，由原工作单位按原渠道列支。

劳动合同制退休工人死亡及遗属 安丘市根据潍坊市人事局1996年转发的《山东省人事厅关于机关事业单位合同制工人养老保险有关问题的处理意见》，对机关事业单位劳动合同制工人退休后死亡的丧葬费、一次性抚恤金、遗属生活困难补助费，均由社会保险机构支付。

第三节 农村社会养老保险

1991年12月，安丘县农村社会养老保险事业管理处成立，为副科级事业单位，隶属于县民政局。1999年，业务移交劳动和社会保障部门管理。2008年8月，市农村社会养老保险事业管理处划归市社会保险事业管理中心。各乡镇建立农村养老保险管理所，为股级事业单位。

1992年3月，安丘县根据民政部1992年1月印发的《县级农村社会养老保险基本方案》，出台《安丘县农村社会养老保险暂行办法》。规定：农村社会养老保险不以盈利为目的，以保障老年人基本生活为宗旨，坚持以农民自我保障为主，自助与互济相结合，社会保险和个人储备及家庭养老相结合。本县农村户口且不由国家供应商品粮的公民为保险对象，包括务农务工经商及乡镇招聘干部、民办教师、赤脚医生及其他各业劳动者。投保年龄以参加劳动获得收入的年龄为起点，一般为20岁，满60周岁停止缴纳，月缴费标准为2元、4元、6元、8元、10元、12元、14元、16元、18元、20元十个档次。投保人年满60周岁后领取养老金，根据缴费数额及年限确定领取标准。变动缴纳档次和中断缴费者，应将不同档次、不同时期所积累的总金额合并，重新计算领取标准。投保人在60周岁前身亡，个人交纳的全部本息，退给其法定继承人或指定受益人。

1994年，市委组织部与市民政局联合制定《关于农村在职干部参加农村社会养老保险的暂行办法》。规定：改变农村在职干部过去的退休办法，实行养老保险制度。养老保险范围主要是村党支部书记、村委会主任、村文书三职干部；党支部副书记、村委会副主任、民兵连长、计生主任、妇女主任、团支部书记、治保主任、调解主任及村保管员等农村在职干部，连续工龄20年以上，所在村或本人受过潍坊市以上党政机关表彰，仍保持荣誉的也列入办理范围。农村在职干部参加农村社会养老保险，根据担任职务，任职年限，村庄类型和贡献大小等实际情况，以所在村1993年度的人均收入为计算基数，给予职务补助、村类型补助及荣誉称号补助。养老保险的补助金，从所在村提取的公益金中列支。享受投保集体补助的干部，男性满55周岁，女性满50周岁，可办理领取养老金手续。至1996年，全市参保人数达18万人，缴费5000万元。

1997年—2010年，由于银行利率持续下调，农村社会养老保险基金保值增值困难，降低农民领取养老金的预期值，导致部分人中途断保、退保。再加上多数参保人没有补贴等原因，一定程度上制约农村社会养老保险工作的进一步发展，投保人数、保险费收缴均呈下降趋势。

2011年4月，安丘市根据潍坊市《关于开展新型农村社会养老保险试点的实施意见》，出台《安丘市新型农村社会养老保险试点实施方案》。市内新型农村社会养老保险工作开始实施，同时停止执行原农村社会养老保险政策。是年8月，市政府办公室发出通知，将城镇居民纳入新型农村社会养老保险覆盖范围，执行统一政策，同步办理参保和待遇领取手续。

安丘市2011年—2013年新型农村和城镇居民社会养老保险收支情况一览表

表21—14

年份	人数及收入			人数及支出	
	当年参保人数（人）	累计参保人数（人）	当年收缴保费（万元）	发放人数（人）	发放金额（万元）
2011	514313	514313	13596	137082	5872
2012	11517	525830	25591	143076	9812
2013	6458	532288	16924	150427	11652

新型农村和城镇居民社会养老保险坚持“全覆盖、保基本、有弹性、可持续”的基本原则，建立个人缴费、集体补助和其他资助、政府补贴相结合的居民基本养老保险制度。

覆盖范围：年满16周岁（不含在校学生），具有安丘户籍，未参加其他社会养老保险的居民，可以在户籍地参加新型农村和城镇居民社会养老保险。

来源和筹集方式：新型农村和城镇居民社会养老保险基金由个人缴费、集体补助和其他资助、政府补贴构成。个人缴费档次多样，从100元每人每年到5000元每人每年不等，按年缴费，多缴多得。政府对正常缴费人员每人每年补贴30元，对重度残疾人，市政府给予代缴最低档次的缴费。个人缴费、集体补助和其他资助、政府补贴全部记入个人账户。

参保人待遇：年满60周岁，符合规定待遇领取条件的参保人可以按月领取养老金。养老金由基础养老金和个人账户养老金两部分组成。基础养老金由财政提供。2011年，安丘市基础养老金为每人每月55元，2012年10月，调整为每人每月60元，2013年10月，提高到每人每月65元。个人账户养老金为个人账户全部储存额除以139（与现行职工养老保险个人账户养老金计发系数相同）。参保人死亡，其个人账户资金余额，可以依法继承。居民基本养老保险金待遇领取人员自死亡次月起停止发放。相关人员在待遇领取人死亡后30日内，办理居民基本养老保险注销登记的，一次性发给丧葬补助金500元。

第四节　医疗保险

职工医疗保险

安丘县公费、劳保医疗制度始于20世纪50年代初期，机关干部和文教卫生等事业单位工作人员实行公费医疗制度，厂、矿企业职工实行劳动保险医疗制度。

1992年，县卫生局设立安丘县公费医疗管理委员会。公费医疗实行“一包”“两定”“四挂钩”办法。即将经费定额按比例包给定点医院、公费医疗管理委员会办公室和享受单位管理使用；定医疗点，定医疗医生；经费超支与财政、医院、享受单位、享受个人挂钩。该试行办法只适应党政机关和财政拨款事业单位。各享受单位对享受人员的医疗费报销，按每人每年定额包干到医院，由医院管理使用。在职干部、职工每人每年60元，退休干部、职工每人每年80元，离休人员每人每年120元。

1995年—2001年，安丘市按照《劳动保险条例》规定，全市国营企业职工患病或负伤享受劳保医疗制度，城镇集体所有制企业参照执行。

劳保医疗经费按照企业职工工资总额的一定比例提取，在企业生产成本项目中列支。其中，在职职工从职工福利费中开支，离退休人员从劳动保险费中开支，由企业自行管理。企业根据国家规定，制定劳保医疗政策，并自行组织实施。劳保医疗费主要由企业负担。享受劳保医疗政策的企业职工治病、医药费和外出就医车船费、住宿费均由企业报销。病假在6个月以内的按工龄长短发给本人工资的60%～100%为病假工资。病假连续6个月以上，工龄不满1年的发给本人工资的40%，工龄3年以上的发给60%。

1995年9月，《安丘市党政机关、事业单位干部职工医疗保险暂行规定》开始实施。职工医疗保险的范围为市、乡两级党政机关，全额预算、差额预算事业单位及部、省属原在本市享受公费医疗的单位。自收自支的事业单位本着自愿的原则，亦可加入医疗保险范围。职工医疗保险对象为本规定所规定范围内的国家干部、固定工、聘用制干部、城镇合同制工人（以下统称职工），离退休人员和按国务院国发〔1978〕104号文件规定的退职人员以及在乡二等乙级以上伤残军人。

1997年1月，市政府出台《安丘市党政机关、事业单位干部职工医疗保险暂行规定的补充规定》，对国家和单位缴纳的医疗保险基金，其计入个人账户的比例调整为在职45周岁以下的为40%，在职45周岁以上的为45%，退休人员为50%，在乡二等乙级以上残废军人和离休干部为60%。根据潍坊市方案，安丘市确定年度内个人支出实行封顶，超出部分由医保处、参保单位及个人三方按比例负担。具体规定为：个人年度内支出为3万元封顶，3万元以内的按《暂行规定》执行，超出3万元部分由医保处与参保单位及个人按5∶3∶2分担，超出5万元以上部分按4∶5∶1分担，参保单位年度超支超过单位医保基金总额3倍以上的由医保处与参保单位按6∶4负担，超过5倍以上的按4∶6负担。

1999年12月，市政府出台《安丘市党政机关、事业单位干部职工医疗保险补充规定》。自2000年1月1日起，凡参保者当年医药费用报销超过本人年工资4倍以上部分，医疗保险处不予负担。

2001年5月，市政府出台《安丘市城镇职工基本医疗保险实施办法》，以上政策同时停止执行。

安丘市城镇职工基本医疗保险实施范围，包括企业（国有企业、集体企业、股份制企业、外商投资企业、私营企业等）、机关、事业单位、社会团体、民办非企业单位（简称用人单位）的职工和退休人员。

乡镇企业的职工、城镇个体经济组织业主及其从业人员已具备条件的可参加基本医疗保险；暂不具备条件的，待条件成熟后逐步纳入基本医疗保险范围。基本医疗保险费由用人单位和职工双方共同缴纳。职工个人缴费按本人上年度应发工资总额的2%由用人单位从其工资中代扣代缴。用人单位缴费以本单位全部职工缴费工资和离、退休人员应发离、退休金之和为基数。根据市财政和企业实际，2001年按6%缴纳，2002年—2003年按7%缴纳。

城镇职工基本医疗保险待遇主要包括以下方面：

个人账户　参保人员个人账户的本金和利息为本人所有，可以结转使用和依法继承，只能用于支付本人的门诊医疗费用和住院医疗费用中个人自负部分。

个人账户划入比例　职工按本人上年度应发工资总额2%缴纳的部分；用人单位缴纳的基本医疗保险费的一部分，按职工年龄段，不满45周岁的按本人缴费工资1%划入的部分，45周岁及其以上的按本人缴费工资2%划入的部分；退休人员按本人上年度养老金总额4.5%划入的部分。自2010年4月8日起，退休人员以其上一医疗年度最后一个月统筹支付的养老金为本医疗年度基数，不满70周岁的按5%划入，70周岁以上（含70周岁）的按6%划入的部分。

参保职工住院　参保人员的住院医疗费用根据医院的等级确定不同档次的起付标准和个人自付比例。在职职工，一级医院个人先负担400元，超出部分职工自负16%；二级医院个人先负担500元，超出部分职工自负18%；三级医院个人先负担600元，超出部分职工自负20%；退休人员自负比例减半。自2002年5月起，第一次住院的起付标准为：一级医院200元、二级医院400元、三级医院600元。第二次住院，根据医院等级不同分别按上述标准减100元自负；从第三次住院开始，个人不再承担起付标准。自2010年4月8日起，在社区卫生服务机构及一、二、三级医院发生的住院医疗费用，首次住院起付标准分别为400元、500元、700元、900元，年度当中第二次住院起付标准降低100元，从第三次住院开始，不再设置起付标准；起付标准至基本医疗保险统筹基金最高支付限额部分，基本医疗保险统筹基金对在职职工支付比例分别为93%、88%、86%、84%，对退休人员支付比例分别为96.5%、94%、93%、92%。自2012医疗年度起，在社区卫生服务机构及一、二、三级医院发生的住院医疗费用，首次住院起付标准分别为300元、400元、600元、900元。自2013年9月1日起，参保人员在社区卫生机构及一、二、三级医院发生的住院医疗费用，基本医疗保险统筹基金对在职职工支付比例分别提高到96%、92%、90%、88%，对退休人员支付比例分别提高到98%、96%、95%、94%。异地转诊转院的个人先自负20%。自2003年3月14日起，转诊转院个人自负比例由20%降为15%。自2010年4月8日起，转诊转院个人自负比例由15%降为10%。自2013医疗年度起，转诊转院个人自负比例由 10% 降为 5%。

不属于基本医疗保险范围　因工（公）负伤、职业病、女职工生育发生的医疗费用；参保人员出国或者赴香港、澳门、台湾地区期间发生的医疗费用，因交通事故及医疗事故、药事事故发生的医疗费用，因违法犯罪、酗酒、斗殴、自杀、自残等发生的医疗费用，国家、省规定不属于基本医疗保险范围的其他医疗费用。

统筹基金每年最高支付限额为全市上年度职工平均工资的 4 倍。自 2010 年 4 月 8 日起，参保人员一个医疗年度基本医疗保险统筹金年度最高支付限额为 6 万元。自 2012 医疗年度起，基本医疗保险统筹基金最高支付限额由 6 万元提高到 7.8 万元。自 2013 医疗年度起，职工基本医疗保险统筹基金最高支付限额由 7.8 万元提高到 10 万元。

大额医疗保险　参加大额医疗保险的人员患病，超过基本医疗保险统筹基金最高支付限额以上的医疗费用，个人自负 10%，大额医疗救助金支付 90%。在一个医疗年度内最高支付限额为 15 万元。自 2010 年 4 月 8 日起，参保人员一个医疗年度大额医疗保险基金最高支付限额为 24 万元。自 2012 医疗年度起，大额医疗保险基金最高支付限额由 24 万元提高到 27 万元。自 2013 医疗年度起，大额医疗保险基金最高支付限额由 27 万元提高到 40 万元。

特殊慢性病门诊病种　参保人员患下列慢性病经鉴定符合后在门诊就医的医疗费用，纳入统筹基金补助范围：尿毒症患者的透析治疗，器官移植患者的抗排异治疗，I、II 型糖尿病，慢性病毒性肝炎，脑出血、脑梗塞恢复期，恶性肿瘤的放化疗，活动性肺结核，系统性红斑狼疮，慢性再生障碍性贫血，重症肌无力，精神病，自身免疫性肝炎，肺源性心脏病，慢性支气管炎，支气管哮喘，高血压 III 级，冠心病，银屑病，白癜风，丙肝，风湿性心脏病，肾病综合症，慢性青光眼，结核性腹膜炎，泌尿系结核，结核性脑膜炎，淋巴结核，抑郁症，肾移植患者的抗排异治疗，多方性肌炎，强直性脊柱炎，帕金森病，艾滋病，真性红细胞增多症，心脏瓣膜置换抗凝治疗，结核性胸膜炎，多发性硬化，肝豆状核变性，韦格纳氏肉芽肿，肝移植术后抗排异治疗，骨髓增生异常综合症，原发性血小板减少性紫癜，原发性血小板增多症，嗜铬细胞瘤，脑垂体瘤，运动神经元病，冠脉支架植入术后，系统性硬化，心脏移植术后抗排异，骨髓移植术后抗排异，血友病，脊髓空洞症，肝硬化，冠脉搭桥术后，颅内动脉支架植入术后，颈内动脉支架植入术后，椎动脉支架植入术后，锁骨下动脉支架植入术后，干燥综合症，甲状腺功能亢进；甲状腺功能低下，类风湿性关节炎，慢性肾功能衰竭，过敏性紫癜，癫痫，溃疡性结肠炎。

离休人员　2003 年度企业离休干部医药费确定为按每人 5000 元的标准筹集，以后按上年度实际发生数每年 10% 左右的数额进行调整。2004 年度企业离休干部医药费确定为按每人 5000 元的标准筹集。2008 年度企业离休干部医药费确定为按每人 8000 元的标准筹集。2010 年度企业离休干部医药费确定为按每人 11000 元的标准筹集。

二等乙级以上革命伤残军人　2008 年度二等乙级以上革命伤残军人医药费筹集标准为每人每年 3000 元。

安丘市 2002 年—2013 年基本医疗保险参保人员及基金管理情况一览表

表 21—15

年份	参保人数（人）	统筹基金（万元）		个人账户（万元）	
		收入	支出	收入	支出
2002	27564	910.00	948.00	1185.00	607.00
2003	30817	1100.00	1217.00	1252.00	755.00
2004	37592	1587.78	1525.19	1408.03	1220.34
2005	40625	1996.00	2310.00	1636.00	2199.00
2006	49742	2124.00	1914.00	1808.00	1518.00
2007	61062	3210.00	2119.00	1956.00	1512.00
2008	69088	4084.71	3247.63	2843.73	1939.63

续表 21—15

年份	参保人数（人）	统筹基金（万元）		个人账户（万元）	
		收入	支出	收入	支出
2009	72172	6883.10	4571.82	2905.19	1992.24
2010	77112	8213.72	5970.04	4308.69	2295.74
2011	80274	9563.54	9320.95	4736.13	3438.43
2012	100730	8532.72	6741.70	8805.79	7130.72
2013	106885	10632.45	10377.32	9505.72	7890.33

安丘市 2002 年—2013 年特殊人员及基金管理情况一览表

表 21—16

年份	特殊人员（人）		离休医疗基金（万元）		伤残军人医疗基金（万元）	
	离休人员	伤残军人	收入	支出	收入	支出
2002	727	281	60.00	58.00	33.00	25.00
2003	727	281	72.00	72.00	35.00	22.40
2004	695	281	135.75	123.80	50.00	36.00
2005	569	225	106.00	111.00	60.00	42.50
2006	478	210	126.00	175.00	65.00	45.20
2007	459	214	209.00	503.00	91.00	74.50
2008	796	203	911.27	965.25	165.40	122.52
2009	782	204	1043.42	1216.32	64.82	41.24
2010	761	217	1504.47	654.99	55.24	0
2011	711	205	645.52	833.85	0	0
2012	667	206	684.22	655.04	656.60	410.94
2013	599	200	721.03	682.78	280.00	215.19

安丘市 2002 年—2013 年参保职工住院医疗费支付情况一览表

表 21—17

年份	参保人数	发生住院人数	住院总费用（万元）	支付医疗费用（万元）	支付比例（%）
2002	27564	1656	954	582	61.00
2003	30817	2486	1637	1023	62.50
2004	37592	2113	1902	1206	63.40
2005	40625	2230	1389	903	65.00
2006	49742	2750	1202	769	63.97
2007	61062	5508	1772	1134	64.00
2008	69088	8042	4351	2907	66.81
2009	72172	10082	6784	4206	62.00
2010	77112	17296	7559	5059	66.93
2011	80274	15986	8953	6706	74.90
2012	100730	14791	7709	5528	71.71
2013	106885	13735	7953	6153	77.37

农村合作医疗

安丘农村合作医疗始于20世纪60年代末。当时的办医形式是以大队办为基础。合作医疗资金的主要来源是从大队公益金中提取。进入80年代，随着农村家庭联产承包责任制的实行和人民公社体制的撤销，全县合作医疗出现严重滑坡。到1984年，全县合作医疗覆盖率跌落至4%左右。

1989年后，安丘县对农村合作医疗进行不懈探索。但没有形成新的模式和运行机制。2000年后，安丘市农村合作医疗再度停办。

2002年10月，中共中央、国务院下发《关于进一步加强农村卫生工作的决定》，第一次提出建立新型农村合作医疗制度的要求。2003年，国务院办公厅转发卫生部、财政部等部门《关于建立新型农村合作医疗制度的意见》，进一步明确建立新型农村合作医疗制度的目标、原则、组织管理、筹资标准、资金管理、医疗服务管理、组织实施等各项政策措施。

2003年12月，安丘市政府贯彻中央、国务院《关于进一步加强农村卫生工作的决定》和国务院办公厅《关于建立新型农村合作医疗制度的意见》，印发《关于建立新型农村合作医疗制度的意见》。2004年5月，市政府办公室印发《关于进一步做好新型农村合作医疗的通知》，对进一步做好新型农村合作医疗提出具体要求。是年6月，市政府出台《安丘市新型农村合作医疗管理办法（试行）》，对新型合作医疗的组织领导、基金筹集、资金管理、保障补偿、医疗管理及监督管理等方面作出明确规定。

2005年，安丘市成立新型农村合作医疗管理委员会和新型农村合作医疗监督委员会。是年9月，成立安丘市新型农村合作医疗办公室，为副科级全额预算事业单位，隶属市卫生局。

2006年5月，市政府出台《安丘市新型农村合作医疗实施方案》，开始全面实施新型农村合作医疗制度。至2014年2月，新型农村合作医疗综合管理职责由市卫生局划归市人力资源和社会保障局承担。新型农村合作医疗管理办公室及编制人员一并划转。

参加新农合的范围 居住在安丘市辖区内年满16周岁的农村居民。

资金来源和筹资方式 新农合资金实行农民个人缴费、集体扶持和政府补助相结合的筹资机制。每年年底，由市政府出台筹资文件，确定筹资标准。各镇街道负责辖区内新农合资金的收缴工作。以村为单位筹集后统一交镇街道财政所，并开具省财政厅统一印制的专用票据。各镇街道财政所将农民个人缴费和村集体扶持部分筹集后，全部上缴市财政农合基金专用账户。上级财政补助资金，在农民个人和市财政补助资金到位后，陆续拨付到位。

随着经济的发展，各年度筹集资金逐年增加。2011年，全市新农合个人自筹50元，各级政府补助200元，人均筹资额250元。2012年，全市新农合个人自筹60元，各级政府补助240元，人均筹资额300元。2013年，全市新农合个人自筹70元，各级政府补助280元，人均筹资额达到350元。对农村五保户、低保户、七至十级伤残军人，享受抚恤的烈士遗属，因公牺牲的军人遗属、病故军人遗属、复员军人，带病回乡退伍军人和参战退役人员，个人缴费部分全额补助，从留成的福利彩票公益金中支付。

参保人员待遇 *门诊* 参合农民在村级定点医疗机构（社区服务点）就诊，2011年，报销医药总费用（包括一般诊疗费等）的40%；2012年—2013年，一般诊疗费每人每次报销5元，药品和其他医疗费用2012年报销40%。2013年报销45%。

参合农民在一级定点医疗机构门诊就诊，2011年，报销医药总费用（包括一般诊疗费等）的40%；2012年—2013年，一般诊疗费报销80%，药品费用和其他医疗等报销40%。

参合农民在二级定点医疗机构（包括市人民医院、中医院、妇幼保健院）门诊就诊，2011年，报销中草药（仅限中药饮片）自制中药制剂、针灸和推拿费用的30%；2012年—2013年，报销中草药（仅限中药饮片）、自制中药制剂、推拿、拔罐和刮痧等非药物非手术疗法费用的30%。

参合农民患结核病到安丘市结核病门诊就诊，报销门诊医药费用的40%。

参合农民患高血压、糖尿病和精神病等纳入慢性病规范化管理和和重性精神病管理的，经户口所在地的一级综合定点医疗机构鉴定，市农合办审核确定后，发给“慢性病就诊证”，到市内确定的慢性病定点医疗机构门诊就诊，报销规定常用药品费用的80%。此类患者本年度内报销支付金额累计最多报销600元。

自2012年起，参合农民患血友病、癫痫、恶性肿瘤（放、化疗）等特殊慢性病患者，在一、二级定点医疗机构发生的规定范围内的门诊费用，按二级定点医疗机构住院起报线和补偿比例报销，在市外及三级定点医疗机构发生规定范围内的门诊费用按三级定点医疗机构住院起报线和补偿比报销，本年度内报销支付金额累计最多报销6000元。

住院　参合农民在一级综合定点医疗机构住院（扣除不在报销比例范围的），2011年起付线为60元，2012年为100元，2013年为200元；起付线以上报销医药总费用的80%。

参合农民在二级定点医疗机构住院，2011年起付线500元，500元至10000元之间部分报销75%，10000元以上部分报销80%。2012年—2013年起付线为800元，800元至5000元之间部分报销70%，5000元以上部分报销80%。

参合农民到市外及三级定点医疗机构住院的，由三级定点医疗机构提出转诊申请，报市农合办审核批准并备案。起付线为1000元（在潍坊市精神卫生中心住院的精神病人起付线为500元），2011年起付线以上报销50%，2012年—2013年报销60%。精神病患者在精神病医院住院治疗，在上述报销比例的基础上提高5个百分点。

自2013年起，省政府确定的20类重大疾病实行全省统一补偿方案。参合农民患大病在镇、县、市及以上定点医疗机构住院，起付线分别为300元、500元和1000元，其中终末期肾病透析和血友病门诊诊疗不设起付线。以上病种报销医药费用的70%，年封顶线为10万元。新农合报销后由新农合大病保险再给予补偿，个人负担仍然较重，符合大病医疗救助条件的，市民政部门再按规定给予适当救助。

参合农民到指定的定点医疗机构进行婚龄青年计划生育服务指导，报销全部费用。

2011年，参合农民年度报销支付金额累计最多10万元，其中普通门诊治疗报销支付金额累计最多200元;2012年报销支付金额累计最多15万元，其中普通门诊治疗报销支付金额累计最多200元；2013年报销支付金额累计最多20万元，其中普通门诊治疗报销支付金额累计最多300元。

参合孕妇计划内生育住院分娩的，给予每人每次275元的定额补偿。

年内未享受新农合报销的参合农民由指定的定点医疗机构为其免费查体一次。

安丘市新型农村合作医疗实行县级统筹，集中管理。坚持政府组织，自愿参加，以收定支，保障适度的原则，建立健全管理体制、筹资、运行和监督机制，切实让农民得到实惠。

安丘市2006年—2013年新型农村合作医疗基本情况一览表

表21—18

年份	参合人数（人）	收取情况（元）				支付（元）	累计结余（元）
		个人收取		上级拨付			
		筹资标准	筹资数额	筹资标准	筹资数额		
2006	791160	10	7911600	30	23734800	11642660.80	20049520.72
2007	804771	10	8047710	46	37019446	41161238.50	24218408.01
2008	731529	15	10972935	72	52668928	61497558.63	27518813.33
2009	721403	20	14428060	80	57716172	83422566.80	17458083.30
2010	749709	25	18742725	110	107904509	95463681.43	19406308.42
2011	782307	50	39115350	200	161025332	177023017.33	44193805.29
2012	765979	60	46678860	240	183836152	223430501.96	54391160.74
2013	753494	70	52744580	280	210979400	294975054.90	27063671.75

城镇居民医疗保险

安丘城镇居民基本医疗保险自2008年10月1日始实施。市劳动保障部门负责本行政区域内城镇居民基本医疗保险的管理工作，其所属安丘市医疗保险处具体承办城镇居民基本医疗保险业务。

城镇居民基本医疗保险的参保范围，涵盖安丘市整个行政区域内，不属于城镇职工基本医疗保险制度覆盖范围的具有本市户籍的全部城镇居民。

城镇居民基本医疗保险基金，主要来源于个人参保缴费和政府补助。2008年—2012年，个人参保缴费标准为：未成年居民每人每年20元、一般城镇居民200元、老年城镇居民140元（属低保对象或重度残疾人的，个人缴费相应分别为10元、20元，不足部分由政府另行补贴）；政府补助逐年提高，由200元/人提高到2012年的280元/人。

2013年1月起，全市城镇居民基本医疗保险正式纳入潍坊市级统筹管理，筹资标准统一调整为每人每年400元。其中，政府补助320元，个人缴纳80元。

安丘市2009年—2013年城镇居民医疗保险基金收支情况一览表

表21—19

年份	参合人数（人）	收　缴　金　额（万元）			支出金额（万元）	结余（万元）
		个人缴纳	政府补助	合计		
2009（含2008年10-12月）	18193	354.50	234.73	589.23	282.14	311.20
2010	18909	268.93	179.70	448.63	361.41	403.33
2011	21109	259.85	409.97	669.82	467.33	618.46
2012	21109	403.49	369.62	773.11	497.52	912.86
2013	21109	891.92	591.13	1483.05	556.06	1839.68

城镇居民基本医疗保险待遇主要包括：2008年10月1日起，参保人员一个医疗年度基本医疗保险年度最高支付限额，未成年城镇居民为4.8万元，其他城镇居民为3万元。2013年1月1日起，基本医疗保险统筹基金最高支付限额提高到18万元。其中，年度内统筹基金支付额度超出6万元时，超出部分统一按80%的比例支付，最高支付12万元。

参保居民住院　参保人员的住院医疗费用根据医院的等级确定不同档次的起付标准和报销比例。一、二、三级医院发生的住院费用起付标准分别为200元、400元、600元：起付标准至最高支付限额部分报销比例分别为54%、52%、50%。自2013年1月1日起，参保人员在社区卫生服务机构、一、二、三级医院发生的住院费用，起付标准分别为100元、200元、400元、700元。报销比例分别为90%、80%、70%、60%。自2013年9月1日起，城镇居民医疗保险住院费用报销比例调整为：社区卫生服务机构92%、一级医院90%、二级医院80%、三级医院70%。异地转诊转院的个人先自负10%。剩余部分再按照本办法在三级医院就医的待遇标准执行。参保人员因探亲、旅游等原因在异地发生的急诊住院的医疗费用，个人先负担20%，剩余部分再按照本办法在三级医院就医的待遇标准执行。自2010年6月1日起，转诊转院个人自负比例由10%降为5%。探亲、旅游等原因在异地发生的急诊住院的医疗费用由个人先负担20%降为10%。

门诊大病医疗　参保人员患恶性肿瘤的放化疗、尿毒症透析治疗、器官移植抗排异治疗、慢性再生障碍性贫血，以及未成年参保人员患乙肝、Ⅰ型糖尿病、系统性红斑狼疮、活动性肺结核、癫痫、风湿热及支气管哮喘门诊治疗发生的医药费可纳入基本医疗保险基金支付范围。门诊大病医疗费用年起付标准为600元。起付标准至最高支付限额部分支付比例为50%。自2013年1月1日起，特殊门诊慢性病病种统一确定为14种，分别是：恶性肿瘤的放化疗、尿毒症透析治疗、器官移植抗排异治疗、慢性再生障碍性贫血、重症精神病人药物治疗、Ⅰ型糖尿病、活动性肺结核、系统性红斑狼疮、多发性肌炎、结核性胸膜炎、病毒性肝炎、癫痫、风湿热、

支气管哮喘，报销比例由 50% 提高到 70%。

意外伤害急（门）诊　中小学阶段的学生因意外伤害事故发生的无责任人的急门诊医疗费用，由基本医疗保险基金支付 80%，年度最高支付 1000 元。自 2010 年 2 月 8 日起，在校学生意外伤害事故而发生的急（门）诊治疗费用，年度支付限额由 1000 元提高到 2000 元。自 2010 年 6 月 1 日起至 2013 年，将因意外伤害事故发生的无责任人的急门诊享受范围由学生扩大至所有未成年人。

城镇居民生育医疗费　2010 年 2 月 8 日起，城镇居民医疗保险参保人员住院分娩医疗费用实行定额结算。定额标准为：剖宫产 1200 元，非剖宫产 600 元。自 2013 年 1 月 1 日起，生育费医疗待遇定额标准剖宫产由 1200 元提高到 1500 元，非剖宫产由 600 元提高到 800 元。

普通门诊　自 2012 年 12 月 1 日起，参保居民在缴费期内选择一家定点医疗机构签约，签约参保人员发生的符合普通门诊统筹基金支付范围的医疗费，每次就诊个人先自负 20 元，超出部分，由普通门诊统筹基金报销 50%。在一个医疗年度内，普通门诊统筹基金最高支付限额为 300 元。自 2013 年 9 月 1 日起，普通门诊取消个人自负部分。

第五节　失业保险

1986 年 10 月，安丘县根据国务院《国营企业职工待业保险暂行规定》、省政府《〈国营企业职工待业保险暂行规定〉实施细则》，对县内国营企业固定职工、合同制工人以及国家机关、事业单位和社会团体的合同制工人，按照标准工资总额的 1% 征缴职工待业保险基金。实施救济的对象为宣告破产企业职工、濒临破产企业法定整顿期间被精减职工、企业终止或解除劳动合同工人、企业辞退职工。

救济金以职工离开企业前两年本人月平均标准工资为基数，按月发放给待业职工。发放标准为：工龄不满 5 年的，发给 12 个月的失业保险救济金。其中，工龄不满 3 年的每月为本人标准工资的 65%，满 3 年不满 5 年的每月为本人标准工资的 75%；工龄满 5 年及 5 年以上的发给 24 个月失业保险救济金。其中，第 1 个月—12 个月，每月为本人标准工资的 75%，第 13 个月—24 个月，每月为本人标准工资的 50%。至 1993 年 12 月，安丘县共征缴待业保险基金 35.4 万元。由于失业（待业）现象不突出，未出现享受待业保险待遇的待业职工，待业保险的作用发挥不明显。

安丘市 1994 年—2013 年失业保险征缴支出结余一览表

表 21—20

年份	征缴（元）	支出（元）	结余（元）
1994	676827.64	1235.00	1370876.12
1995	796478.13	1600.00	2034049.66
1996	1220718.75	36875.00	2779853.09
1997	1393285.42	1100.00	2860083.47
1998	1553925.50	1140.00	3131745.98
1999	2144971.36	209200.00	4593532.02
2000	2314924.00	267150.00	6465008.53
2001	2390718.24	320045.00	8684509.26
2002	5451665.48	4435935.00	8183817.07
2003	6546578.72	5748147.00	8022657.37
2004	6180681.16	5959395.26	5361743.20
2005	6577708.86	5980800.00	5625601.60
2006	5382280.10	3154950.00	7716850.96
2007	6339789.13	3723981.00	10456040.35

续表 21—20

年份	征缴（元）	支出（元）	结余（元）
2008	6440459.66	4841098.00	12446125.38
2009	9700157.54	6074581.20	16034790.52
2010	11458235.55	6459657.00	15533570.99
2011	23966520.93	17009017.50	16046805.37
2012	8628302.99	18463759.24	19932545.24
2013	6183557.23	13105352.22	6650992.74

1994年—1999年，安丘市进入失业保险调整阶段。1994年6月，安丘市根据国务院《国有企业职工待业保险规定》和省政府《山东省职工待业保险办法》，将失业保险适应范围扩大到全民所有制企业、市以上集体所有制企业、实行企业化管理的事业单位职工，中外合资经营企业、中外合作经营企业、外商独资企业中非农业户口的中方职工，其他企业中经劳动部门办理手续的职工，国家机关、事业单位和社会团体的劳动合同制职工。

失业保险缴费基数由标准工资总额改为工资总额，规定全民所有制企业、市以上集体所有制企业、实行企业化管理的事业单位按全部职工工资总额的1%缴纳；外商投资企业按中方全部职工实得工资总额的1%缴纳；其他企业中经劳动部门办理手续的职工按职工工资总额的1%缴纳；机关、事业单位按劳动合同制职工工资总额的1%缴纳。

失业保险保障对象，由原来的4类人员扩大到8类人员。即依法宣布破产企业的职工；濒临破产企业在法定整顿期间被精简的职工；根据国家规定，经安丘市以上人民政府或潍坊市以上主管部门批准撤销、解散企业的职工或者停产整顿的企业被精简的职工；终止、解除劳动合同的劳动合同制职工；企业辞退、除名的职工；企业按规定开除的职工；实行全员劳动合同制企业转到社会待业的职工；本人申请，经企业同意辞职或提前解除劳动合同的职工。

失业保险待遇根据失业职工离开企业前的工作时间确定。工作时间在半年以上不足2年的，最多发6个月的失业保险救济金，每月标准为50元；2年以上不足5年的，最多发12个月的失业保险救济金，每月标准为60元；5年以上不足10年的，最多发18个月的失业保险救济金，每月标准为70元；10年以上最多发24个月的失业保险救济金，每月标准为80元。

2000年后，安丘市进入失业保险完善阶段。是年2月，安丘市贯彻国务院颁布的《失业保险条例》和省政府关于实施《失业保险条例》通知精神。将失业保险覆盖范围扩大到城镇企业、事业单位和民办非企业单位及其职工，国家机关除公务员以外的职工，社会团体及其专职人员，有雇工的城镇个体工商户及其雇工。失业保险基金主要由用人单位、职工缴纳的失业保险费和财政补贴构成。缴费比例为:参保单位按照参加失业保险职工工资总额的2%、职工个人按照本人工资总额的1%缴纳失业保险费。

领取失业保险金的条件为：失业人员按照规定参加失业保险，所在单位和个人已按规定履行缴费义务满1年的；非因本人意愿中断就业的；已办理失业登记，并有求职要求的。

失业人员领取失业保险金的期限为：根据失业人员失业前所在单位和本人累计缴费时间长短计算。累计缴费时间满1年不足5年的，领取失业保险金的期限最长为12个月；累计缴费时间满5年不足10年的，领取失业保险金的期限最长为18个月；累计缴费时间10年以上的，领取失业保险金的期限最长为24个月。

随着安丘市经济的发展，各年度每月领取的失业保险金逐步增加。2007年，全市失业保险金发放标准为每人每月294元。2008年1月—6月，每人每月领取失业保险金309元；2008年7月—2009年12月，每人每月领取失业保险金352元；2010年1月—2010年12月，每人每月领取失业保险金514.5元；2011年1月—2012年12月，每人每月领取失业保险金600元；2013年1月—6月，每人每月领取失业保险金730元。是年7月—12月，每人每月领取失业保险金830元。

第六节　工伤保险

1996年1月，《潍坊市企业职工工伤保险暂行办法》发布实施。是年8月，劳动部颁发《企业职工工伤保险试行办法》。1998年3月前，安丘市职工工伤待遇由企业行政方面或资方负责。是年3月起，安丘市实行工伤保险。但由于种种原因，市内只有4家企业按照规定参加工伤保险，其余企业没有参加。2003年4月，国务院颁布《工伤保险条例》。是年7月，安丘市重新启动工伤保险工作，全市范围内的各类企业及其职工，全部参加工伤保险。

2001年前，工伤认定由市劳动保险处承担。2001年始，工伤认定由市劳动保险处移交市劳动和社会保障局。2004年1月—2005年4月，企业职工工伤认定由潍坊市劳动和社会保障局承担。2005年5月始，工伤认定重新由安丘市劳动和社会保障局承担。致残程度鉴定以国家技术监督局发布的《职工工伤与职业病致残程度鉴定》（GB/T16180-1996）为标准。自2007年5月起，按照《劳动能力鉴定•职工工伤与职业病致残等级》（GB/T16180-2006）执行。

经济转型期工伤保险制度

自1998年起，安丘实行工伤保险制度。职工因公负伤治疗所需挂号费、医疗费，从工伤保险费中全额报销。工伤医疗期间，由企业照发本人原工资。医疗期最长为18个月。医疗终结，经鉴定需要护理的，分别按100元、80元、60元定额按月发给护理费。医疗终结或医疗期满后，由市劳动鉴定委员会进行劳动能力鉴定。被鉴定为一级至四级伤残的，退出生产、工作岗位，按新的退休费计发办法发给退休养老金，并发给一次性伤残补偿金。被鉴定为五级至十级伤残的，发给一次性伤残补偿金，由企业安排适当工作，待到达退休年龄时，享受养老保险待遇。职工因公死亡，丧葬补助费按本市5个月的社会平均工资发给。一次性补偿金标准为36个月的本人工资。有供养直系亲属的，领取定期抚恤费及定期生活补助费。至2003年12月，安丘市的工伤保险政策均依照上述办法执行。

2004年1月始，安丘市工伤职工治疗工伤或职业病所需挂号费、住院费、医疗费、药费、就医路费全额报销。工伤医疗期根据轻伤和重伤的不同情况确定为1个月—24个月，严重工伤或者职业病需要延长医疗期的，最长不超过36个月。工伤职工在工伤医疗期内停发工资，改为按月发给工伤津贴，工伤津贴标准相当于工伤职工本人受伤前12个月内平均工资收入。工伤职工经评残并确认需要护理的，按月发给护理费，护理费依照护理等级分别按上年度当地职工月平均工资的50%、40%、30%发给。工伤职工需安装义肢、义眼、镶牙和配置代步车等辅助器具的，按国内普及型标准报销费用。

职工因工致残或被鉴定为一级至四级伤残的，退出生产、工作岗位，终止与企业的劳动关系，按月发给伤残抚恤金，并发给一次性伤残补助金。被鉴定为五级至十级伤残的，由企业安排适当工作，并按伤残等级发给一次性伤残补助金。

职工因工死亡，丧葬补助金按统筹地区上年度职工平均工资6个月的标准发给。供养亲属抚恤金发给由死者生前提供主要生活来源的死者亲属。一次性工亡补助金，标准为上年度全国城镇居民人均可支配收入的20倍。

逐步完善的工伤保险制度

按照《工伤保险条例》和与之配套的《工伤认定办法》及《山东省工伤认定工作规程》等法规政策规定，安丘市职工发生事故伤害或者按照职业病防治法规定被诊断、鉴定为职业病，由所在单位自事故发生之日或者被诊断、鉴定为职业病之日起30日内，向市劳动和社会保障局提出工伤认定申请，遇有特殊情况，经市劳动和社会保障局批准，申请时限可适当延长。用人单位未在规定时间内提出工伤认定申请的，工伤职工或者其直系亲属、工会组织在事故发生之日或者被诊断、鉴定为职业病之日起1年内，可直接向劳动和社会保障局提出工伤认定申请。

工伤职工治疗工伤及康复性治疗所需费用，符合工伤保险诊疗项目目录、工伤保险药品目录、工伤保险住院服务标准的，从工伤保险基金中支付。

工伤职工安装义肢、矫形器和配置轮椅等辅助器具的，所需费用按照标准从工伤保险基金中支付。工伤职工生活护理费按照生活完全不能自理、生活大部分不能自理、生活部分不能自理等3个不同等级支付，其标准分别为统筹地区上年度职工月平均工资的50%、40%、30%。

职工因工致残后被鉴定为一级至四级伤残的，保留其劳动关系，退出工作岗位，从工伤保险基金中按伤残等级支付一次性伤残补助金，按月支付伤残津贴；工伤职工达到退休年龄并办理退休手续后，停发伤残津贴，享受基本养老保险待遇。被鉴定为五级、六级伤残的，从工伤保险基金中按伤残等级支付一次性伤残补助金；用人单位难以安排工作的，由用人单位按月发给伤残津贴；经工伤职工本人提出，可与用人单位解除或终止劳动关系，由用人单位支付一次性工伤医疗补助金和伤残就业补助金。被鉴定为七级至十级伤残的，从工伤保险基金中按伤残等级支付一次性伤残补助金，劳动合同期满终止，或者职工本人提出解除劳动合同的，由用人单位支付一次性工伤医疗补助金和伤残就业补助金。

职工因工死亡，其直系亲属按照规定从工伤保险基金中领取丧葬补助金、供养亲属抚恤金和一次性工亡补助金。丧葬补助金为6个月的统筹地区上年度职工月平均工资；供养亲属抚恤金按照职工本人工资的一定比例发给由因工死亡职工生前提供主要生活来源、无劳动能力的亲属。一次性工亡补助金，标准为上年度全国城镇居民人均可支配收入的20倍。

工伤保险基金征缴支付

安丘市的工伤保险费由用人单位缴纳，职工个人不缴纳工伤保险费。

安丘市1998年—2013年工伤人数及基金收支情况表

表21—21

年份	参保人数（人）	工伤人数（人）	基金收入（万元）	基金支出（万元）
1998	3769	—	2.90	—
1999	3796	1	7.67	0.50
2000	3734	16	2.89	6.62
2001	3791	9	6.82	5.12
2002	3757	2	5.76	0.74
2003	13947	12	18.41	18.12
2004	20828	36	96.45	30.31
2005	23043	144	43.38	73.69
2006	28552	99	176.48	63.00
2007	31310	213	246.02	152.89
2008	42353	182	355.26	149.66
2009	53647	306	651.96	337.87
2010	74821	312	961.03	368.57
2011	77365	520	1296.73	778.82
2012	79998	586	1432.57	1276.53
2013	85469	627	1658.06	1356.49

第七节 生育保险

2006年7月前，安丘市按国家、省、潍坊市的有关规定，女职工生育待遇由企业各自负担。产假期间，工资照发。女职工产假，1988年8月前为56天，1988年9月起增加至90天。

2006年5月，根据潍坊市政府《潍坊市企业职工生育保险办法》及配套文件的有关规定，安丘市政府印发《安丘市企业职工生育保险办法》。自是年7月起，全市生育保险实行社会统筹。统筹范围为驻安丘市行政区域内的各类城镇企业。生育保险费全部由企业负担，从企业管理费中列支，职工个人不缴纳生育保险费。企业按上年度全市企业职工平均工资总额的0.9%缴至市劳动保险处，作为生育保险基金。

按照国家有关规定，安丘市职工生育保险待遇主要包括两项内容：生育津贴，用于保障女职工产假期间的基本生活需要；生育医疗待遇，用于保障女职工怀孕、分娩期间以及实施节育手术时的基本医疗保健需要。

享受生育保险待遇的人员，应符合国家计划生育政策，并到定点医院生产。女职工生育时所产生的检查费、接生费、手术费、住院费、药费等有关费用，从生育保险基金中支付。安丘市生育医疗费实行定额结算，其定额标准为：剖宫产 1500 元，平产 600 元；2008 年 4 月 1 日改为剖宫产 2000 元，平产 800 元；2012 年 4 月改为剖宫产 3000 元，平产 2500 元。

女职工产假期间从生育保险基金中领取生育津贴。2012 年 3 月以前生育的，生育津贴按生育女职工生育月份前 12 个月平均月缴费工资计发。2012 年 4 月始，生育津贴以生育时上年所在用人单位职工月平均工资计发。

安丘市 2006 年—2013 年度生育保险基金收支情况表

表 21—22

年份	参保人数（人）	基金收入（万元）	基金支出（万元）	享受待遇人数（人）
2006	15478	60.83	0.24	4
2007	24400	181.24	77.98	182
2008	29533	311.73	127.70	292
2009	31659	428.08	222.45	486
2010	34826	594.32	249.48	484
2011	35985	773.40	300.77	500
2012	38319	815.24	458.69	577
2013	40718	1050.29	926.50	1487

第十二章　职业培训

第一节　就业前培训

待业青年培训

1986 年—1999 年，安丘市对未就业的城镇初、高中毕业生，实行以待业证为中心管理。初中以上文化程度、16 周岁～ 25 周岁的城镇未婚青年，填写“城镇待业青年登记表”，并需户口所在派出所出具是否非农业户口及出生年月方面的证明、家长所在单位出具证明，市劳动服务公司负责发放待业证。

市劳动服务公司对报名登记的待业青年，有计划地组织定向培训，或与用工单位联合开展培训，不经培训不予就业。培训形式主要有：与企业定向联合培训；以师带徒；外派进行专业技术培训；自办通用工种（制鞋、服装、塑料彩印、机械、针织等）培训。培训时间，一般工种 4 个月左右，技术工种半年以上。待业青年经过培训，由企业组织业务知识考核，成绩合格者报市劳动部门审查，并办理招工录用手续。

1986 年—1999 年，全市培训待业青年 6200 人。2000 年—2013 年，全市不再单独实行固定培训待业青年模式，转入劳动预备培训模式。

劳动预备培训

2000 年，安丘市贯彻国务院办公厅转发劳动和社会保障部等部门《关于积极推进劳动预备制度加快提高劳动者素质的意见》，出台《安丘市劳动预备制度实施意见》。随后，建立起以市劳动就业训练中心为龙头，以市职业中专、技工学校为基地，以社会力量办学为补充的综合性培训网络。2002

年7月，市劳动和社会保障局、发展计划局、教育局等六部门联合转发《山东省劳动预备制度实施办法》，市劳动和社会保障局、教育局联合下发《关于在中等职业学校学生中推行职业资格证书制度的通知》。《办法》和《通知》规定就业准入制度。无论是劳动预备役人员还是中等职业学校毕业生，在未取得相应资格证书的情况下，不予办理就业录用手续。

2003年10月始，安丘市在办理企业招工录用手续时，严格执行就业准入制度，属于国家规定实行就业准入控制的职业或工种，必须持有相应学历证书或职业培训合格证书并获得相应职业资格证书，未获得相应职业资格证书者不予办理就业录用手续。2000年—2008年，安丘市培训城镇劳动预备人员2050人，培训专业有机械加工、服装加工、电工、焊工、钳工、电器和汽车维修等，并全部参加职工技能鉴定。2009年—2012年，安丘市培训城镇劳动预备人员2495人，全部参加职工技能鉴定。其中，2012年，依托定点培训机构举办餐饮服务、汽车维修、电气自动化、机械加工、电焊工等职业技能培训班120期，培训有创业意向的劳动者500人。2013年，安丘市金蓝领职业介绍培训中心开设企业管理、市场营销等8类技能培训，培训有创业意向的劳动者612人，成绩合格率95%以上，就业率90%以上。

第二节 在职职工培训

1986年始，安丘县通过企业设立的职工教育机构对在职职工进行技术培训。县劳动局负责组织命题、考试和考核，其考试、考核按劳动部颁布的《工人技术等级标准》进行，分为应知、应会两部分，对考试、考核达到相应级别要求的，县劳动局发给相应的“工人技术等级证书”。证书分8个级别，三个等级，一级至三级称为初级工，四级至六级称为中级工，七级至八级称为高级工。

1987年3月，安丘县在县玻璃厂、造纸厂进行“考工晋级”试点。通过对技术工人的应知、应会内容进行考试、考核，达到上一级技术等级后，在上级劳动部门下达的增资计划内为其晋升工资。

1988年—2000年，安丘市本着“按需施教”的原则，对企业在职职工的培训主要形式有：结合企业转正定级和滚动浮动升级，进行升级前的考试、考核；结合考工晋级、评定工人操作技师职称，开展中级技术培训；通过开展岗位练兵和技术比武等形式，开展在职职工培训；对专业工种和特殊工种进行重点培训，专业工种和特殊工种主要有电镀、模具、无线电路、工艺装配、厨师、汽修、车工、钳工、电工、司炉工、水处理工、电焊工、起重工等。对企业管理骨干的培训，举办的培训班类型有现代化管理、技术进步、产品开发、设备更新改造、安全生产、提高产品质量、降低物耗等。其间，全市累计培训职工129086人次。

2000年，安丘市开始在部分企业推行职业资格证书制度。职业资格证书分为5个等级，五级为初级技工，四级为中级技工，三级为高级技工，二级为技师，一级为高级技师。按照劳动部颁发的《职业分类目录》，由市劳动和社会保障部门按规定权限发放“职业资格证书”。市劳动和社会保障部门原先核发的“工人技术等级证书”一律按新的国家职业标准重新进行培训考核鉴定，考核合格后颁发相应的职业资格证书。2002年8月为职业资格证书审验换发的截止日期。至2013年，安丘市持职业资格证书人数55543人。

安丘市2002年—2013年持职业资格证书人数统计表

表21—23 单位：人

年份	初级工	中级工	高级工	技师	高级技师
2002年前	300	1200	160	850	40
2002	297	534	61	3	15
2003	1215	819	51	22	1
2004	1973	521	42	41	9
2005	2000	529	99	78	6
2006	1253	917	310	190	9

续表 21-23

年份	初级工	中级工	高级工	技师	高级技师
2007	1312	1021	307	192	11
2008	1395	1107	315	203	8
2009	2019	1827	613	272	7
2010	2271	2313	455	240	11
2011	2971	3990	857	392	13
2012	3800	4100	610	362	11
2013	3829	4137	627	391	10

第三节　其他人员培训

农村劳动力培训

2004 年，安丘市贯彻落实农业部、劳动和社会保障部等六部门《2003—2010 全国农民工培训规划》，在全市组织实施“农村劳动力转移培训阳光工程”，对从事第二、第三产业和到城镇就业志愿的农民，在输出地开展多种形式的转岗就业前的短期技能培训，培训费由市财政拨发。2004 年—2008 年，全市培训转移农村劳动力 8680 人，培训专业为机械加工、服装加工、食品安全加工等。安置 8100 人，安置率 93% 以上。2009 年—2013 年，全市培训转移农村劳动力 11000 余人，培训专业主要有食品卫生安全、机械加工、妇婴保健等。安置 10590 人，安置率 96%。

下岗失业职工再就业培训

20 世纪 90 年代中期，在失业职工逐年增加的背景下，国家开始实施再就业工程，要求失业职工在失业期间参加转业转岗培训，并对参加转业转岗培训的人员实行免费培训政策。

为贯彻落实劳动部《关于加强待业职工转业训练工作的通知》和 1999 年 1 月国务院颁布的《失业保险条例》，安丘市按照国家、省和潍坊市有关规定，将失业保险覆盖范围进一步扩大，同时采取失业保险与就业培训相结合的方法，加大对失业职工再就业培训力度。市就业训练中心等培训机构开展失业职工再就业转业转岗技能培训。开设服装制作、电气焊加工、车床工艺、市场营销、机械制造、园林绿化等专业。培训的主要内容是：以权益维护为主的政策性培训，培训时间为 10 天左右；技能型培训，培训时间 20 天左右；对具有创业条件和意向的人员，进行提高创业能力的创业培训。1996 年—2008 年，安丘市培训下岗失业人员 17629 人次，就业 16940 人，就业率 96.1%。2009 年—2013 年，培训下岗失业人员 11271 人，就业 10185 人，就业率 94.5%。

技能扶贫　2005 年 6 月，山东省“技能扶贫计划”正式启动。是年，安丘市职业中专被山东省劳动和社会保障厅、财政厅确定为全省首批“技能扶贫”培训基地。2006 年—2013 年，安丘市招录 410 名技能扶贫生，享受每年由省、潍坊市财政划拨的资助城乡贫困家庭子女就读的专项资金，接受免费技能培训，使其掌握必要的职业技能，增强就业、创业能力，实现“培训一人、就业一人、脱贫一户”的目标。

第四节　高技能人才队伍建设

“金蓝领”培训

安丘市“金蓝领”项目培训始于 2004 年。是年 5 月，省劳动和社会保障厅、财政厅确定在济南、潍坊等 5 市实施“金蓝领”培训项目试点。此后，安丘市实行政府出资，院校与企业、理论与技能实训相结合的培训方式。通过集中培训，为企业培养生产经营急需的思想道德好、技能水平高的中青年技师。安丘市职业中专被确定为“金蓝领”技能培训基地之一。2005 年—2008 年，市劳动和社会保障局与市职业中专形成联合体，以职业中专为培训基地，培训焊工、电工、钳工、车工技师计 907 人。2009 年—2013 年，培训农产品深加工、育婴师、电工、钳工、车工等专业 997 人。

技师考评聘任

1986 年始，安丘县在高级技术工人中实行技师聘任制度。县技术工人考核委员会负责技师的考核、评审工作。

2001年7月，安丘市根据省劳动和社会保障厅《关于开展技师考评社会化管理试点工作的通知》要求，技师考评实行社会化管理，由行业、企业推荐参加技师社会化考评人员，取得技师资格的，按现行规定聘任。其他人员取得技师资格的，由用人单位根据本单位实际需要进行聘任。

2004年12月，省政府办公厅印发《山东省首席技师选拔管理办法》。2005年1月，潍坊市委办公室、市政府办公室下发《潍坊市首席技师选拔管理暂行办法》。经逐级评审，在2005年潍坊市确定的首批50名首席技师中，安丘市4人。

2005年，安丘市成立全市人才工作领导小组，印发《关于进一步加强人才工作的意见》。2006年7月，市委办公室出台《安丘市首席技师选拔管理暂行办法》《安丘市农村实用人才选拔管理暂行办法》《安丘市专业技术拔尖人才评选奖励办法》。按照市委、市政府要求，全市人才工作协调有序开展起来。在众多人才中，山东景酒公司副总经理赵德义被聘为国家白酒评委，成为首届中国首席白酒品酒师，被评为全国技术能手，获山东省第二届白酒品酒职业竞赛第一名。至2013年，全市考评高级技工4506人、技师3236人、高级技师151人。其中，安丘市被评为潍坊市有突出贡献的技师17人、潍坊市首席技师10人、安丘市首席技师32人。

技能比赛

1990年，安丘县举办县级技术比武活动3次，并组织人员参加省及潍坊市的比赛，涌现出一批技术能手。1996年，安丘市劳动部门举办全市技术比武活动。村镇办以上企业参赛工种576个，参赛职工2590人；市直企业参赛工种76个，参赛职工3100人。经过比武，各个工种前三名受到表彰奖励。1999年，安丘市举办全市餐饮大赛，评选出安丘“十大名厨”。2003年10月，安丘市举办首届焊工、钳工技能比赛，报名参赛人数680人。比赛成绩前十名经过培训参加潍坊市技能大赛，有1人进入潍坊前十名。2007年5月，市委组织部和市人事局、财政局、经贸局、妇联、工会、劳动和社会保障局联合举办全市车工、钳工、焊工技能比赛，对获得行业前三名的选手分别给予5000元、3000元、1000元奖励。

2007年—2010年，安丘市组织参加省、潍坊市举办的各类技能比赛有8人获山东省技术能手、39人获潍坊市技术能手。在安丘举办的各类技能比赛中，74人获安丘市技术能手。2011年—2013年，安丘市组织参加省、潍坊市各类技能比赛，6人获省级技术能手，23人获潍坊市技术能手。在安丘举办的各类技能比赛中，96人获安丘市技术能手。

第五节 培训鉴定机构

安丘市职业培训机构主要包括职业中专、技工学校、劳动就业训练中心、民办职业培训机构、企业培训机构等。2010年，安丘市对域内的民办职业培训机构进行全面整顿、治理、合并。至2013年，全市民办职业培训机构尚保留3家。

市劳动就业训练中心 1986年1月，安丘县劳动就业训练中心成立，由县劳动服务公司管理。为安丘县中、短期职业技能培训的主要载体。

县劳动就业训练中心成立之初，主要承担失业、转业和待业青年的培训任务，对就业者进行上岗前的技能训练。培训对象为城镇待业青年、转岗换岗人员、富余人员等。1993年和1994年，安丘市劳动就业训练中心连续两年被省劳动和社会保障厅授予全省重点就业训练中心称号。1986年—2000年，市劳动就业训练中心培训城镇待业青年、转岗换岗和富余人员等4200人。

2001年后，安丘市劳动就业训练中心的培训对象，包括所有就业者。本着“先培训后就业、先培训后上岗”原则，开展服务于就业者的技能训练。2005年，安丘市劳动就业训练中心被潍坊市劳动和社会保障局确定为潍坊市劳务培训基地。至2010年，市劳动就业训练中心培训各类就业人员1.65万人次。2011年—2013年，劳动就业训练中心培训各类就业人员1.1万人次。

职业技能鉴定中心

1996年，经潍坊市劳动和社会保障局批准，安丘市职业技能鉴定所成立，在安丘市工人技术考核委员会监督指导下开展职业技能鉴定考核工作。

2002年3月，省劳动和社会保障厅下发《关于扩大职业资格证书覆盖面提高职业技能鉴定质量的通知》，要求县级劳动和社会保障部门成立职业技能鉴定中心。2002年9月，经省劳动和社会保障厅批准，安丘市职业技能鉴定中心成立，隶属市劳动和社会保障局。

2003 年 10 月，安丘市职业中专职业技能鉴定所经潍坊市劳动和社会保障局批准成立。

至 2013 年，全市职业鉴定中心鉴定 69130 人，发证 61310 人。职业技能鉴定的主要工种为电焊工、车工、汽修工、钳工、电工、商品营业员、推销员、计算机操作工、缝纫工、美容师、美发师、眼镜验光员、育婴师、护工等。

第二十二编

教育

第一章　机　构

第一节　管理机构

1986年，安丘县教育局为正科级行政机构，内设秘书股、人事股、普教股、职教股、计财股，下设县成人教育办公室、招生办公室和普通教育教学研究室3个业务机构。

1992年9月，安丘县撤销县教育局，成立县教育委员会（简称县教委），为正科级行政机构。1994年3月，安丘县教委改称安丘市教育委员会（简称市教委）。2002年1月，安丘市教委更名为安丘市教育局（简称市教育局）。

2007年，市教育局内设办公室、政工科、基础教育科、职业教育与成人教育科、计划财务科（与市教育会计集中核算中心合署办公）、审计科6个科室。2008年10月，设立体育卫生与艺术教育科；11月，设立安全生产监督管理科。2009年4月，设立教师教育科；9月，设立信息调研科。

2010年7月，根据市政府办公室《关于印发安丘市教育局主要职责内部机构和人员编制规定的通知》的规定，内设办公室（挂研究室牌子）、组织人事科（挂教师教育科牌子）、基础教育科（挂体育卫生与艺术教育科牌子）、职业教育与成人教育科、审计科、安全生产监督管理科6个职能科室。至2013年，机构无变动。

1986年，安丘县乡镇教育机构为教育组。1991年8月，安丘县撤销乡镇（企业）教育组，设立乡镇（企业）教育委员会（简称教委），教委主任由乡镇政府分管领导兼任。1994年1月，乡镇教委明确为乡镇政府直属股级全民事业单位，业务上受县教委指导，教委主任不再由乡镇政府分管领导兼任。设教委主任1人，个别工作任务较重的乡镇可配副主任1人。2002年11月，安丘市撤销镇街道教委，设立中心学校，同时挂镇街道教育管理办公室牌子，为股级全额拨款事业单位。2013年，全市有13个镇街道教育管理办公室。

第二节　业务服务机构

1986年—2013年，安丘市教育局下设普通教育教学研究室、招生考试办公室、政府教育督导室、教育会计集中核算中心、托幼办、电教站、教学仪器站、勤工俭学管理站、车辆管理办公室、教师公寓管理所等业务服务机构。

安丘市普通教育教学研究室

1986年，安丘县教研室分高中、初中、小学3个教研组。1988年12月，升格为副科级事业单位。1990年7月，增设办公室。1994年3月，改称安丘市普教教研室。1999年9月，增设教育科研组。2007年，内设办公室和高中、初中、小学、教科研4部。2008年6月，规格调整为正科级事业单位。是年9月，内设综合科、高中科、初中科、小学科、评价科5个职能科室。2009年3月，设立教育科研科。2010年11月，撤销评价科，设立普通中小学教育教学质量检测中心。2011年10月，设立学前教育科，为内部科室。2013年，内设高中科、初中科、小学科、学前科、科研科、综合科、教育教学质量检测中心7个科（中心）。

安丘市招生考试办公室

1986年，安丘县招生考试办公室（简称县招办）为股级事业单位。1988年12月，县招办升格为副科级事业单位。1994年3月，更名为安丘市招生考试办公室。2009年8月，设立综合科和信息科。至2013年，市招办机构无变动。

安丘市人民政府教育督导室

1992年4月，安丘县教育局设立安丘县教育督导室，为股级事业单位。是年9月，县教育督导室升格为副科级事业单位。1993年12月，撤销县教育督导室。1995年4月，复设安丘市教育督导室，为副科级事业单位。2002年1月，安丘市教育督导室更名为安丘市人民政府教育督导室（简称市政府教育督导室），设在市教育局，原机构规格、人员编制、隶属关系不变。至2013年，机构无变动。

安丘市教育会计集中核算中心

1984年11月，安丘县教育局内设计财股。1992年4月，计财股更名为计划财务科。2003年3月，安丘市教育会计集中核算中心成立，为副科级全额拨款事业单位。2008年4月，安丘市学生资助管理中心设立，为股级事业机构，设在市教育会计集中核算中心。2013年，市教育会计核算中心内设综合科、会计科、校产科、预算科、学生资助管理中心5个职能科（中心）。

安丘市托幼办

1986年—1990年，安丘县妇联下设托幼办公室统管全县托幼工作。县教研室幼教组负责幼儿教育，主要配合县妇联抓好幼儿园业务工作和师资培训。1990年10月起，全县托幼工作由县妇联移交县教育局主管。是年12月，县教育局成立安丘县托幼工作领导小组办公室（简称县托幼办），幼教组脱离县教研室，独立开展工作。2003年4月，市编委明确市托幼办为股级全额拨款事业单位，设主任1人、副主任1人。至2013年，机构无变动。

安丘市电教站

1984年10月，安丘县电化教学工作站（简称县电教站）成立。1989年7月，县电教站隶属县教研室，改称安丘县教研室电教站。1991年，县教研室电教站脱离县教研室独立开展工作，复称安丘县电教站。1994年3月，安丘县电教站改称安丘市教委电教站。2002年，安丘市教委电教站改称安丘市教育局电教站。2003年4月，市编委明确市教育局电教站为股级事业单位，设站长1人、副站长1人。至2013年，机构无变动。

安丘市教学仪器站

1985年，安丘县教研室设立仪器组，负责全县中小学教学仪器配备和实验教学工作。1991年12月，县教研室仪器组脱离县教研室独立开展工作，称安丘县教学仪器站。2003年4月，市编委明确安丘市教学仪器站为股级全额拨款事业单位，设站长1人、副站长1人。2010年11月，市教育局设立实验教学研究中心。至2013年，机构无变动。

安丘市勤工俭学管理站

1984年12月，安丘县教育局成立安丘县勤工俭学管理站（简称县勤管站），与县教学服务公司合署办公，为局属股级单位，列企业编制。1993年12月，全县事业单位改革实施方案明确县勤管站由全额拨款事业单位改为差额拨款事业单位。至2013年，机构无变动。

第二章　基础教育

第一节　学前教育

1986年，安丘县有幼儿园1049所，幼儿教师1616人。是年，县教育局成立幼教中心教研组，32处乡镇按邻近住地划分6个教研网，每个乡镇成立教研组，形成县、网、乡镇三级教研活动网络，有组织、有计划地开展教学业务工作。1987年，山东、潍坊人民广播电台分别到县机关幼儿园、安丘镇城北幼儿园和城里幼儿园、凌河镇石家庄幼儿园录制文艺节目，在山东、潍坊电台播放。

1989年，安丘县加强乡镇中心幼儿园建设工作，建起一批标准高、质量好的中心幼儿园。全县有中心幼儿园37所，其中高标准中心幼儿园13所。

1990年，安丘县托幼工作领导小组成立，办公室设在县教育局，统管全县托幼工作。1991年7月，县教育局制定《安丘县幼儿园教育教学评估标准》，考核全县幼儿教师键盘、音乐、舞蹈、美术、普通话五项技能，并建立《幼儿教师业务档案》；组织全县幼儿教师学习《幼儿园工作规程》和《幼儿园管理条例》。

1992年，安丘县理顺乡镇托幼管理体制，建立由乡镇政府统一领导，教委牵头，有关单位分工协作的托幼工作领导小组。是年6月，登记注册验收全县幼儿园，219所幼儿园通过验收，首批达到《潍坊市办园基本条件》标准要求。年内，县外贸冷藏厂、造纸厂、棉纺厂等企业相继建起标准较高的幼儿园。1993年4月，县政府办公室下发《关于转发〈潍坊市幼儿园管理条例实施办法〉的通知》，全县幼儿园管理开始纳入科学化、规范化、制度化轨道。是年，景芝镇中心幼儿园等15所幼儿园被潍坊市教育委员会（简称潍坊市教委）验收为潍坊市首批一类幼儿园；安丘县机关幼儿园被山东省教育厅认定为省实验幼儿园。

1994年，市政府办公室下发文件，部署集中力量解决农村幼儿教师工资问题，要求农村幼儿教师工资达到当地人均收入的1.8倍以上。同时，把乡镇幼教辅导员纳入乡镇教委编制。是年7月，市教委评选安丘镇城北幼儿园等15所幼儿园为全市首批环境建设先进幼儿园。是年，安丘一中幼儿园等19所幼儿园通过潍坊市一类幼儿园验收；安丘市棉纺厂幼儿园被山东省教育厅评为首批省级示范幼儿园。1997年，市教委下发《关于加强托幼教研组织管理的意见》，进一步加强全市托幼教研组织管理。1999年，临浯、南流、召忽、白芬子4个镇中心幼儿园被潍坊市教委评为首批潍坊市级示范幼儿园。2000年，随着市场经济发展，个体办园在市内逐渐增多。至年底，市内先后办起个体幼儿园15所。2002年，市棉纺厂幼儿园改制，在产权性质不变前的提下实行园长承办制，成为全市规模较大的国有民办幼儿园。是年，市文化馆幼儿园落成，占地面积1000平方米，建筑面积1860平方米。2003年，全市乡镇中心幼儿园及村办幼儿园全部改制为民办幼儿园；市教育局出台《关于幼儿教育改革与发展的指导意见》，确定“办园自主，经费自筹，投资主体多元化，办园体制多样化”改革原则，确保办园体制改革稳妥推行。在政策引导下，安丘市教育幼儿园和青云花园早慧幼儿园相继落成，成为全市投资大、标准高的民办幼儿园。是年，市内幼儿园593所。其中，省级实验示范幼儿园4所，潍坊市级示范幼儿园7所。2005年，兴安街道皮卡丘幼儿园、凌河镇中心幼儿园、古槐小区皮卡丘幼儿园通过潍坊市级示范幼儿园验收。2006年，市教育幼儿园被省教育厅评为山东省示范幼儿园；凌河镇石家庄幼儿园、大汶河旅游开发区贾戈教育幼儿园通过潍坊市示范幼儿园验收。

2007年，市教育局制定《关于建设“童心文化园”的实施意见》，在全市开展建设“童心文化园”活动，纠正学前教育“小学化”倾向。各幼儿园形成具有自己本土特色的幼儿园文化，学前教育“小学化”倾向得到纠正。2008年10月，潍坊市“优化农村幼儿园一日活动”现场会在安丘召开，参观柘山镇中心幼儿园现场。是年，市青云花园早慧幼儿园通过省级示范幼儿园验收，凌河镇大江幼儿园通过潍坊市示范幼儿园验收。

2009年3月，市教育局下发《安丘市幼儿园分类验收标准》，依据标准分类验收297所幼儿园。兴安街道白芬子幼儿园等31所幼儿园被评为安丘市示范幼儿园，市实验小学幼儿园等34所幼儿园被评为安丘市一类幼儿园，兴安街道蓝天幼儿园等223所幼儿园被评为安丘市二类幼儿园，9所幼儿园限期整改。

2010年，安丘市本着“公办为主，民办为辅”的原则，调整全市幼儿园布局规划，利用闲置校舍创办一批公办幼儿园，引导民办幼儿园发展；取缔非法幼儿园192所，民办幼儿园调整合并为134所。是年，市教育局学前教育镇村一体化管理做法在潍坊市推广，被省教育厅评为山东省学前教育先进单位。景芝镇临浯幼儿园被省教育厅表彰为省级示范幼儿园。2011年，安丘市落实《国务院关于当前发展学前教育的若干意见》的要求，制定全市学前教育三年行动计划，合理调整中小学幼儿园布局。全年投入资金3338万元，建设标准化幼儿园55所。其中，新建13所，改扩建42所，建筑面积9.6万平方米。是年，市教研室设立学前教育科，负责全市幼儿园保育教育工作的研究与指导。凌河镇中心幼儿园等4所镇街区中心幼儿园首批通过省教育厅认定。市实验幼儿园、凌河镇中心幼儿园通过省级示范幼儿园验收。

2012年，全市投入资金4520万元，建成普惠性标准化幼儿园48所。其中，新建7所，改扩建41所，建筑面积53908平方米。是年，兴安街道中心幼儿园等9所镇街区中心幼儿园通过省教育厅认定。全市提前一年完成省教育厅规定的2013年全部通过认定工作任务。2013年，全市建成普惠性标准化幼儿园38所。其中，新建21所，改扩建17所。是年5月，经市编委批复，各镇街区设立13所中心幼儿园。9月，市教育局出台《安丘市示范幼儿园办园标准》，依据标准评定示范幼儿园14所。11月，官庄镇、郚山镇被潍坊市财政局、教育局评为首批潍坊市普及学前教育工作先进镇。兴安街道中心幼儿园等3所幼儿园通过山东省示范幼儿园验收。

至2013年，通过优化布局、近村联办、发展公办园、扶持民办园等措施，全市幼儿园调整为168所。其中，公办幼儿园75所、民办幼儿园93所。创建省级示范幼儿园7所、潍坊市级示范幼儿园21所、潍坊市十佳幼儿园2所、潍坊名园2所、安丘市示范幼儿园14所。在园幼儿17878人，3周岁～6周岁幼儿入园率达95%，基本普及学前三年教育。幼儿园教职工1689人，其中专任教师1357人，学历达标率100%。

第二节 小学教育

布局调整

1986年，安丘县有小学799所，小学适龄儿童入学率98%。1988年，按照普及九年义务教育标准，安丘县优化教育资源配置，合理调整农村小学布局。至1995年底，全市小学调整为748所。1997年，根据全国教育工作会议精神，依据平原地区5000人口、山区3000人口设一所小学，走读半径2公里的原则，进一步调整小学布局。至1999年底，全市小学压缩至552所。2001年7月，全市加大合点并校力度，全市小学调整为419所。2003年，实施义务教育“以县为主”管理体制后，加快学校布局调整速度。至2004年底，全市小学撤并为279所。2010年，全面实施农村中小学标准化建设和校舍安全工程，启动新一轮布局调整，全市小学调整为77所。2013年底，全市有小学65所，在校学生63598人。

至2013年，安丘市在市区先后新建小学和九年一贯制学校6所。其中，1989年新建第一职工子弟小学（2009年11月25日更名为安丘市青云山小学）、第二职工子弟小学（2009年11月25日更名为安丘市汶水小学）、第三职工子弟小学（1998年5月4日更名为安丘市职工子弟学校）。1992年，新建兴华学校，为九年一贯制学校。2010年新建安丘市实验小学市北校区。2013年新建安丘市红军小学、第二实验小学。

安丘市1986年—2013年小学基本情况一览表

表22—1

学年度	学校（所）	班级（个）	在校学生（人）	新招学生（人）	毕业生（人）
1986	799	2848	113940	18985	18978
1987	908	2723	108902	17852	18790
1988	867	2589	103531	17689	18066
1989	849	2456	98236	17843	18106
1990	840	2419	96777	18062	18876
1991	847	2407	96277	21052	18256
1992	842	2500	100027	22497	17089
1993	840	2513	100548	24693	17146
1994	832	2800	112007	29024	17258
1995	748	3731	131371	18984	17589
1996	641	3611	144449	20369	18335
1997	792	3884	148440	21752	22193
1998	695	3558	142355	19715	24395
1999	552	3180	125589	14310	28681
2000	496	3055	113736	9906	30784

续表 22-1

学年度	学校（所）	班级（个）	在校学生（人）	新招学生（人）	毕业生（人）
2001	419	2781	104640	9541	18739
2002	371	2630	95599	9273	20288
2003	371	2320	92802	9120	21676
2004	279	1688	67515	9511	19629
2005	259	1566	62612	8801	14211
2006	236	1715	59629	8298	9801
2007	197	1484	52086	7622	9449
2008	194	1395	50005	7101	9248
2009	170	1354	48662	7616	9096
2010	77	1158	47341	7738	9423
2011	67	1112	49310	10455	8744
2012	68	1145	54284	13394	8273
2013	65	1243	63598	16540	7688

学制改革

1986年—1995年，安丘市小学学制为五年。1996年秋季始，小学学制改为六年。至2013年，学制未变。

课程设置

1986年—1993年，安丘县小学课程开设思想品德、语文、数学、自然、历史、地理、劳动、体育、音乐、美术10个学科。1994年—2001年，安丘市小学历史课、地理课改为社会课，增设活动课，仍为10个学科。2001年秋季，市区小学四至六年级和乡镇（郚山镇除外）小学五至六年级增设英语课。2004年秋季始，全市小学使用义务教育课程标准实验教材。2008年，从三年级开始设综合实践活动课。市区学校学生（小学三年级以上）每年参与社区服务项目生均2项以上，农村义务教育学校（小学三年级以上）学生每年生均1项以上。学生每学年参加社会实践活动的时间不少于10天。

2009年—2013年，全市小学统一开设国家必修课程（品德与生活、品德与社会、语文、数学、英语、音乐、体育、美术、综合实践）和地方必修课程（安全教育、环境教育、传统文化）。

教学改革

1986年—1990年，安丘县小学主要推行"以教师为主导，学生为主体"的集中授课模式。提倡"双边"活动教学，即重视教师和学生之间的交流。

1990年3月，县教研室下发《关于加强小学基层教研活动的意见》，构建起学校、乡镇、网点和县四级教研网，形成上下沟通、以点带面的教研格局。

1990年—1994年，安丘市小学推行布鲁姆"目标教学法"。1990年8月，县教研室下发《关于学习、移植布鲁姆目标教学法和落实中小学教学管理试行规定的通知》，布鲁姆"目标教学法"在全县正式全面推行。

1994年—1998年，全市小学开展周期4年的"分类教学实验与研究"活动，针对不同层次学生提出不同教学要求。对优秀学生，主要实行思考水平教学，使学生学会思考研究，促进智能发展；对中程生，主要实行理解水平教学，使学生系统掌握基本知识，促进认知能力发展；对后进生，主要实行记忆水平教学，使他们学有所得。市教研室针对优等生制定实施《特长生培养计划》和《优生优培十项措施》；针对中程生调整评价方案，用政策导向促进中程生提高；针对后进生建立后进生档案，实行包干到人责任制。"分类教学实验与研究"成效明显，尤其是优生优培成果显著。全市中小学生在全国和山东省各类竞赛中，有132人次获国家级奖励，295人次获省级奖励，市教研室多次获山东省学科竞赛优胜单位称号。

1999年始，全市小学实施"自主、综合、拓展、创新"实验与研究。市教研室实施抓点带面、课题带动战略，推进教改实验。至2003年，一批教改实验取得阶段性成果。市实验小学省级立项课题《攻克小学数学应用题教学难教难学的难题》研究成果获山东省第一届教育科研优秀成果一等奖，《山东教育》在“来自第一线的报道”栏目连续5期刊发该研究成果，在全省引起较大反响。

2004年，全市小学开始实行新课改。广大教师把新课改思想融入课堂教学，注重激发学生学习兴趣、培养学生自主学习意识和习惯。小学一、二年级开始不留书面家庭作业，其他年级家庭作业严格控制在1小时之内。

2005年—2007年，市教育局借鉴聊城市杜郎口中学办学经验，下发《关于建设“快乐高效课堂”的实施意见》，在全市推行“快乐高效民主”课堂教学新模式。其中，城北小学“快乐高效课堂”教学模式被《中国教师报》等媒体宣传报道；市教研室《六项措施促进快乐高效课堂》获潍坊市“教育教学方法创新燎原奖”管理类一等奖；《县域性推进快乐高效课堂的实践与思考》获中国教育学会优秀科研成果一等奖，教育学会主办的刊物《新课程与你同行》予以全文刊发；《安丘市区域性建设快乐校园的实践》被中国中小学教育教学网以专稿新闻刊发，有几十家网站进行转载。在中国中小学教育教学网开展的“安丘市快乐高效课堂论坛”受到全国教育界广泛关注，浏览人次上百万，参与讨论数万人次。

2008年，全市小学开展“自主互助学习型课堂”教学研究，以小组合作学习为主要手段，强化学生学习自主性。市教研室下发《安丘市小学作业布批实施意见》，开展小学生作业布批改革，杜绝机械、重复性作业，设置多样化、自主选择性作业。

2009年，全市小学实施“轻负担、重质量”高效教学改革，实现课堂教学“三个转变”：由教师讲堂到学生学堂转变；由追求整齐划一、统一要求到以人为本、关注差异转变；由只注重学生学会到注重学生会学转变。市教研室下发《实施有效管理、有效教学、有效学习指导意见》和《有效教学课堂评价标准》，分层次开展有效教学课堂达标活动。至年底，80%以上小学教师实现课堂教学达标。

2010年—2012年，市教研室全面实施“五三”高效课堂，促进学生学习素质全面提升。“五三”：三目标（知识与技能、过程与方法、情感态度与价值观）、三阶段（准备阶段、研讨阶段、反思升华阶段）、三要素（自主学习、合作研讨、达标训练）、三维度（学生参与度、思维深刻度、目标达成度）、三特性（生本性、开放性、实践性）。

2013年，全市推动校本课程开发。市汶水小学开发的“我爱母亲河——汶河”综合实践校本课程研究成果，潍坊电视台新闻综合频道《直播潍坊》栏目予以报道。潍坊市教科院在安丘召开“潍坊市综合实践活动观摩研讨暨成果展示会”，推介该项研究成果。

第三节 初中教育

布局调整

1986年，安丘县有初中97所。此后，开始调整初中布局，撤并部分联中，重点办好乡镇中心初中，至1990年，有初中91所。1995年，普及九年义务教育后，全市初中学校调整为58所。1997年—2003年，全市初中进入入学高峰期，连年招生2万人以上。至2003年，初中学校调整为51所。

2004年—2009年，全市初中学校布局趋于稳定。2010年，初中调整为30所。2013年，全市有初中29所(含九年一贯制学校)，在校学生24562人，初中适龄儿童少年入学率100%。

至2013年，安丘市在市区新建初中和九年一贯制学校5所。1987年，新建安丘县联谊学校(1989年改为安丘县联谊中学，2013年整体并入安丘市东埠中学)。1992年，新建安丘县兴华学校。2005年，市教育局与潍坊市英才学府合作创办安丘市青云双语学校。2010年，新建安丘市东埠中学市北校区。2013年，新建安丘市和平中学。

安丘市1986年—2013年初中基本情况一览表

表22-2

学年度	学校（所）	班级（个）	在校学生（人）	新招学生（人）	毕业生（人）
1986	97	780	46865	18978	16780
1987	98	760	44616	18790	16970

续表 22-2

学年度	学校（所）	班级（个）	在校学生（人）	新招学生　（人）	毕业生（人）
1988	96	789	45990	18066	17660
1989	93	720	42529	18106	18313
1990	91	705	42876	18876	18199
1991	87	772	45569	18256	17546
1992	83	793	46000	17089	17664
1993	75	812	47116	17146	18483
1994	69	865	51230	17258	18101
1995	58	1093	59219	17589	16726
1996	53	1083	64539	18335	16889
1997	55	965	56283	22193	17013
1998	54	1071	64217	24395	17226
1999	52	1203	73656	28681	18105
2000	52	1222	74685	30784	21882
2001	52	1175	69476	18739	24110
2002	51	1070	61590	20288	28389
2003	51	1060	61421	21676	30485
2004	48	1086	63036	19629	18521
2005	52	986	57195	14211	20078
2006	49	738	42295	9801	21477
2007	46	598	31741	9248	19329
2008	43	577	27922	9449	12445
2009	44	570	27853	9348	9303
2010	30	568	28291	9525	8996
2011	30	550	27847	8685	9406
2012	29	512	26694	8243	9385
2013	29	487	24562	7698	9684

学制改革

1986 年—1992 年，安丘县实行“五三”学制，即小学五年，初中三年。1992 年秋季始，全县 32 处乡镇分 3 批实行“五四”学制，初中学制改为 4 年。赵戈等 10 处经济条件和教育基础好的乡镇，于 1993 年完成改制；凌河等 12 处经济条件好、教育基础较好的乡镇，于 1994 年完成改制；南逯等 10 处经济条件和教育基础较差的乡镇，于 1995 年完成改制。1996 年秋季，根据初中高峰期到来的实际，安丘市改“五四”学制为“六三”学制（小学六年，初中三年），缓解学生成倍增长的压力。至 2013 年该学制未变。

课程设置

1986 年—1993 年，安丘县初中课程开设政治、语文、数学、英语、物理、化学、历史、地理、生物、音乐、体育、美术 12 个学科。1994 年—2003 年，在上述学科基础上，增加信息技术、劳动技术课程。

2004 年秋季起，全市初中统一使用义务教育课程标准实验教材。课程设置包括国家必修课程(思想品德、语文、数学、英语、物理、化学、历史、地理、生物、音乐、体育、美术、综合实践)、地方必修课程（生命科学、发明与设计、安全教育、技术与技能、实践活动、齐鲁文化、职业生涯探索）和学校课程三部分。其中，综合实践课程包含研究性学习、劳动技术教育、信息技术教育、社区服务和社会实践等。

2009年6月，全市统一开设义务教育学校地方必修课程。课程包括安全教育、环境教育、传统文化、人生规划与职业指导4科。

2013年，全市义务教育学校初中学段开设三大类（国家必修课程、地方必修课程和学校课程）17门课程（思想品德、语文、数学、英语、物理、化学、历史、地理、生物、音乐、体育、美术、综合实践、安全教育、环境教育、传统文化、人生规划与职业指导）。

教学改革

1986年—1990年，安丘县初中学校开展以改进课堂教学、提高各科教学质量为重点的群众性教学研究和教学改革活动，充分利用音像等现代化教学手段提高课堂教学效率。

1990年3月，县教研室下发《关于加强初中基层教研活动的意见》，提高全县教师对于基层教研重要性认识，构建学校、乡镇、网点和县四级教研网，发挥教研对教学质量提高的助推作用。

1991年—1994年，全县推行布鲁姆"目标教学法"，改革传统的五步教学法（组织教学、复习导入、讲授新课、巩固练习、课堂小结）。县教研室下发《关于学习、移植布鲁姆目标教学法和落实中小学教学管理试行规定的通知》，学习与借鉴布鲁姆掌握学习理论，深化教学改革，提高教学质量。选景芝、石埠子、黄旗堡、临浯、慈埠等乡镇中心中学和县东埠中学作为县级试验点，重点联系，加强指导，取得经验，全县推广。其间，全县初中教师学习和实施《安丘县普通中小学教学常规》《安丘县普通中学教学工作评估标准》及《安丘县中学各科课堂教学评估标准》，教学工作逐步实现科学化、规范化。录音机、投影仪是这一时期的主要教具。

1995年，安丘市开始落实素质教育理念，由应试教育向素质教育转变。全市中小学严格执行部颁教学计划，开齐开足课程，改革教学方法，提高教学效益，减轻师生负担。初中学校普遍开展"合作教学"，"自主、综合、拓展、创新"和"说讲评一体化"等教学实验与研究活动。重点推进英语课堂"张思中教学法"教学实验，语文课堂"双轨运行，大量读写"教学实验，数学课堂"诱思探究"教学实验，探索学科教学改革新路子。自2001年始，市教研室改革评价制度，完善《安丘市初中教学质量评价方案》，建立质量分析信息网络，制定《安丘市初中学生发展评价系统》，促进学生主动发展，大面积提高教学质量；改革课堂教学，倡导江苏省洋思中学"先学后教、以教导学、强化训练、当堂达标"的教学方法，实施精要点拨的"三不教"（学生不预习不教，学生学习中遇到的问题暴露不出来不教，学生自学已会的内容不教）原则，建立和完善"自主高效、多维互动"的开放式创新性课堂教学体系。

2003年，全市初中开始实施义务教育课程改革，全面推行素质教育。市教研室针对新情况，印发《教师教学规范》《学生学习规范》和《关于加强初中、小学教研组建设的指导意见》，作为视导评估各学校的重要依据。

2005年，根据市教育局《关于建设"快乐高效课堂"的实施意见》，同时借鉴江苏省洋思中学、山东省杜郎口中学等地经验，全市初中学校开始构建"快乐高效"课堂教学新模式——"自主互助课堂"，开展"快乐高效"课堂"创模""建模"活动。市教研室重点扶持和指导安丘市东埠中学、郚山镇郚山中学、赵戈镇担山中学、白芬子镇白芬子中学等学校的快乐高效课堂教学模式创建活动，在上述学校召开全市"快乐校园建设和快乐高效课堂建设研讨会"，通过典型引路，助推活动开展。2006年11月15日，潍坊市教育科学研究院在安丘举行"快乐高效课堂建设经验推广会"。

2006年，全市初中学校在构建"快乐高效"课堂教学模式的同时，积极实践潍坊市教育科学研究院提出的"自主、互助、学习"型课堂教学改革和"345优质高效课堂"模式。"345"是指"三步（每一堂课包括课前、课内、课后三个步骤）四环节（课内探究的过程中体现"自主学习、合作探究、精讲点拨、有效训练"四个环节）五课型（每个学科结合各自学科的具体特点，设计出五个课型）"。市教研室下发《实施有效管理、有效教学、有效学习指导意见》《安丘市中小学高效课堂教学评价标准》，指导学校开展"自主互助课堂"教学模式研究，开展听、评课和课堂教学反思活动，让教学反思成为教师自觉行为，提升全市教师课堂教学水平，打造符合安丘教学实际的个性化教学模式。

2010年，市教研室实行"五三"课堂教学改革，并出台"五三"课堂评价标准等相关操作细则。组织课堂教学大赛、“同课异构”教学大比武、课堂教学达标等活动，分片开展特色课堂展示和高效课堂观摩，召开“五三”优质高效课堂专题研讨会，设立“高效课堂鉴定日”。全市初中学校大胆实验，勇于创新，勤于反思，课堂教学面貌有了较大改观，教学效益明显提高，逐步形成具有本校特色的教学模式，走出独具特色的个性化课堂教学之路。市东埠中学“尝试性探究学习”、市兴华学校“问题课堂”、大盛镇大盛学校“六步循环教学法”、新安街道关王中学“有序导写、合作评改”作文教学法等，成为全市初中学校学习榜样。2011 年 12 月下旬，市教研室在大盛镇大盛中学召开“五三”高效课堂改革现场会，推动全市“五三”高效课堂教学模式的深化和提升。是年 3 月，市兴华学校《有问题的课堂才是好课堂》被山东省教育厅评为“十一五”山东地方教育创新成果三等奖。

2012 年，全市初中学校深化“研讲评一体化”教研工作改革机制，通过城乡初中学校间的“教研联盟”等途径，广泛开展“研课”与“磨课”、校际间教研、“同课异构”与“异课同构”赛课、课堂教学基本功竞赛、高效课堂展演等活动，以活动促研究，推进“五三”高效课堂建设。至 2013 年末，“五三”理念指导下的高效课堂研究逐步深入，为新课程的实施积累丰富经验。

第四节　高中教育

布局调整

1986 年，安丘县有普通高中 9 所，其中城区 2 所。随着城区和重点乡镇学校办学条件不断改善与招生能力逐步增强，原来比较薄弱的几所在乡镇的普通高中生源日趋减少。1989 年 9 月，安丘县优化学校布局，整合教育资源，改善办学条件。安丘县第五中学并入安丘县第四中学，安丘县第十二中学、安丘县第十五中学分别并入安丘县第八中学和安丘县第三中学。时，县内有高中 6 所。1996 年，市教师进修学校合并到安丘师范，原校址改办安丘市第七中学。1997 年，安丘市劳动技校开始增设高中班（一校两牌）。2001 年，安丘市利用安丘师范闲置教育资源改办安丘一中分校，2002 年更名为安丘市高级中学。2002 年，在市北区以“国有民营公助”形式，新建安丘市青云学府。

2004 年 8 月，安丘市为解决学校布局不合理问题，撤销安丘市高级中学，并入安丘市第一中学；撤销安丘市第七中学，并入安丘市第八中学。是年 10 月，安丘市高考补习学校并入安丘市青云学府。2007 年 9 月，潍坊市调整部分行政区划，安丘市第五中学划归潍坊市坊子区。

2008 年，安丘市第二中学停止招生，高一、高二学生合并至安丘市青云学府。市教育局利用原安丘二中教育资源成立安丘市高考补习学校。2010 年，市高考补习学校迁至安丘市潍徐路小河崖，2012 年 8 月整体划归安丘市第一中学管理。

2010 年，根据潍坊市农村高中进城战略，安丘市进一步优化高中教育资源。撤销安丘市第四中学，并入安丘市第八中学；撤销安丘市第三中学，并入安丘市青云学府。是年，全市农村高中全部进城。按照安丘市高中命名序列，安丘市第八中学更名为安丘市第二中学。2011 年 8 月 31 日，《中国教育报》以《安丘学校布局调整赢得群众认可》为题，宣传报道安丘市通过调整中小学学校布局，整合教育资源，促进教育均衡发展的经验做法。

2013 年底，市内有普通高中 5 所。其中，省级规范化学校 2 所，分别是安丘市第一中学、安丘市青云学府；潍坊市级规范化学校 2 所，分别是安丘市第二中学、安丘市实验中学；民办高中 1 所，为安丘市弘毅中学。在校学生 19781 人，教职员工 1858 人。

安丘市 1986 年—2013 年普通高中基本情况一览表

表 22—3

学年度	学校（所）	班级（个）	在校学生（人）	新招学生（人）	毕业生（人）
1986	9	108	5887	1675	1612
1987	9	120	5895	1789	1689
1988	9	101	5588	1811	1645
1989	6	102	5506	1879	1689

续表 22-3

学年度	学校（所）	班级（个）	在校学生（人）	新招学生（人）	毕业生（人）
1990	6	105	5748	1903	1754
1991	6	105	5770	1952	1724
1992	6	109	5929	2061	1788
1993	6	112	6211	2189	1802
1994	6	118	6452	2546	1857
1995	6	147	7322	2728	1967
1996	7	153	8414	3283	2082
1997	6	170	9250	3850	2446
1998	7	173	11014	4106	2612
1999	8	220	13024	5155	3276
2000	8	268	15344	6232	3792
2001	9	300	18822	7587	4090
2002	9	357	22550	9021	5044
2003	10	435	25550	10349	6150
2004	8	501	29236	10335	7298
2005	8	488	26969	7492	8760
2006	8	435	24472	7526	9450
2007	7	393	22091	7322	9844
2008	6	377	21914	6814	7349
2009	6	360	19693	5529	7646
2010	4	322	18031	5676	7309
2011	4	328	17251	6049	6832
2012	5	338	18573	6848	5519
2013	5	359	19471	6642	5678

课程设置

1986 年—1989 年，安丘县高中课程开设语文、数学、英语、物理、化学、生物、政治、历史、地理、体育 10 门学科。

1990 年—1995 年，安丘市高中开设必修课和选修课。必修课开设语文、数学、英语、物理、化学、生物、政治、历史、地理、体育、劳动技术 11 门学科。选修课分两种，一种是单课性选修，在高中一、二年级开设；另一种是分科性选修，分文科、理科、英语、艺术、体育、职业技术 6 类课程，在高中三年级开设。

1996 年—1999 年，必修课开设语文、数学、英语、物理、化学、生物、政治、历史、地理、体育、艺术、劳动技术 12 门学科，选修课开设语文、数学、外语、物理、化学、生物、历史、地理、劳动技术 9 门学科。

2000 年—2003 年，必修课开设语文、数学、英语、物理、化学、生物、政治、历史、地理、体育、艺术、综合实践、劳动技术 13 门学科，选修课开设数学、物理、化学、生物、历史、地理、信息技术 7 门学科。

2004 年—2013 年，开设课程涉及语言与文学、数学、人文与社会、科学、技术、艺术、体育与健康、综合实践活动 8 大领域 15 个科目(语文、数学、英语、物理、化学、生物、政治、历史、地理、体育与健康、艺术、技术、研究性学习活动、社区服务、社会实践)。

高考科目设置

1986 年—1993 年，高校招生分三类：文科类、理科类和艺体类，学科相应按科类开设。理科开设语文、数学、英语、物理、化学、生物 6 科；文科开设语文、数学、英语、政治、历史、地理 6 科；

艺术类学生学习文科类学科（数学不计入高考成绩），同时加试艺术专业测试；体育类学生学习理科类学科，同时加试体育专业测试。

1994年—2003年，高考实施“3+2”方案，理科开设科目在高考中减少生物，文科减少地理。1999年，教育部开始推行“3+x”科目考试方案，全市高一新生学习科目也相应发生变化，作为文科“x”组成部分的地理和理科“x”组成部分的生物又成为高考科目。

2004年—2013年，山东省高考再次进行科目设置改革，在“3+文科综合／理科综合”基础上，实行“3+x+1”方案。“3”指语文、数学（分文科／理科）和外语3个科目，是所有考生必考科目，“x”指文科综合或理科综合。文科综合包括政治、历史、地理3个科目必修内容和部分选修内容；理科综合包括物理、化学、生物3个科目必修内容和部分选修内容。报考文史类、文科艺术类考生须参加文科综合考试；报考理工农医类、理科艺术类、体育类考生须参加理科综合考试。“1”指基本能力，内容涉及高中课程的人文、科学、技术、体育与健康、艺术、综合实践等以及运用所学知识解决生活和社会实际问题的能力。所有考生须参加基本能力考试。

教学改革

1986年—1991年，安丘县高中突出教学中心，加强教学研究和教学常规落实。县教育局开展群众性练普通话、硬笔书法和各种专业技能活动，并举行相关竞赛和考评活动，全面提高教师整体素质和业务能力；开展教育理论学习活动，推进各学科教研教改活动开展，落实备课、上课、作业批改、课外辅导和单元过关等教学基本环节。

1992年—1993年，县教委加强教学管理，制定以教学常规为重点的一系列规章制度。在省、市、县出台教学常规基础上，各校结合实际，制定“教学常规基本要求”，使教学常规落实更具体，更有针对性。

1994年，安丘市开展以单元达标教学为主、提高课堂教学效益为目的的教研教改工作，做到科科有教改课题，校校有实验项目。安丘一中语文“单元教学”和安丘市实验中学数学“课堂教学整体实验评价”在全省交流推广。

自1995年始，市教研室每年组织两次高考备考研讨会。各校高三备课组长进行交流发言，精选高三骨干教师进行课堂展示、研讨，教研员指导部署高考备考各项具体工作。

1996年，市教育局提出“向教学管理要效率、向教学管理要质量、向教学管理要人才”目标。制定下发一系列有关教育教学管理文件，提倡教育科研，提高教师业务素质，加强教学常规建设，逐步实现教学管理规范化和科学化。

1997年，全国中小学素质教育经验交流会召开后，安丘市遂召开全市中小学全面推进素质教育经验交流会，坚定不移实施素质教育，全市基础教育开始发生根本性转变。教育活动确定学生主体地位，课堂教学摒弃“满堂灌”“注入式”，学生综合素养得到全面提高。

1999年8月，安丘一中率先在教学中实施分层次教学。市教育局召开由各高中业务校长、教导主任和各科教研组长参加的“深化分层次教学实验与研究”研讨会，安丘一中分别介绍在学校管理、班级管理和学科教学等方面实施分层次教学的经验。

2000年，全市推行月考制度，以考促教，以考促学，以考促改。市教研室组织3月、4月、5月、6月高三统一模拟考试和高一、高二期末统考，统一阅卷，并逐项分析考试成绩。

2001年，全市开始推行集体备课制度，促进教学质量大面积提高。

2002年，市教育局组成由业务校长、年级主任为主的普通高中教育考察团赴江苏省洋思中学参观考察。考察后，在课堂教学方面，开展“先学后教，当堂达标”教学改革；在教学管理方面，落实“严细实恒”4字工作方针。

2003年，全市为落实课改要求，实施学生学习增效策略。各普通高中把落实“四清”（堂堂清、日日清、周周清、月月清）和“月考”作为切入点，纳入学校教学科研体系，加大对单元过关和月考检查调控力度。单元考试和月考做到精心组卷、即时阅卷、即时讲评、快速反馈；组织二次过关，力求实现二次过关和满分卷，提高学生学习效率。

2004年，市教研室倡导“反思性教学”，教师建立“教学反思本”，撰写反思札记和教学案例，自觉检讨教学中存在问题并提出改进措施。教师教学行为走向睿智和成熟，“自我反思、不断学习、教学相长”成为全市教师教学共识。

2005年—2006年，全市开展“快乐高效”课堂“创模”“建模”活动。教师注重培养学生学习方法、学习能力、学习习惯、道德情操和价值取向，改变以往教师在教学目标上单纯注重知识传授的倾向，学生学习行为走向自觉性、主动性。

2007年，山东省开始高中新课程改革后第一届高考。在高考方案不确定、《高考考试大纲》迟迟不出台的情况下，针对山东自主命题的实际，市教研室广泛了解高考备考信息，调整备考工作思路，完善备考策略和措施。组织教研员和骨干教师，对照课标、教材、考纲细致研究，出台学科备考指导意见。

2008年，全市专项调查和问卷调查课程开设、课程执行及师德建设三个方面，针对发现问题，及时采取措施，督促整改，保证国家课程方案实施。各学科开展“自主互助学习型”课堂观摩活动，研讨各学科的新授课、复习课及反馈矫正课（或讲评课）等课型，落实山东省中小学素质教育工作会议精神，转变教学观念，

2009年，市教研室以“五三”高效课堂为核心，确定“三线”并举的实施策略：一条线走课堂，一条线走教研，一条线走活动。“五三”高效课堂新理念用于课堂实践后，广大教师专业素养得到提升，教学视野得到拓宽，学生学习能力、动手能力和实践能力得到提高。

2010年9月，安丘一中推行以“流程有序、环节有效、学教有法、节节有测”为内容的“四有”课堂改革，提高课堂教学效益。是年11月，“四有”课堂实验研究获安丘市首届教育创新一等奖；次年11月，《“四有”高效课堂教学模式研究》被山东省教育科学研究所批准为山东省教育科学“十二五”规划课题。

2011年，市教育局落实山东省教育厅《关于进一步加强普通高中课程实施有关工作的通知》精神，全市高中学校在规范开设课程基础上，重视学生社团建设和社团活动指导工作，丰富学生学习生活。安丘一中设立公冶长“六艺”节、刘以训科技节；安丘二中组建“风雅颂”读书协会、“金话筒”广播协会、书法协会；市实验中学成立弘毅文学社、励志演讲社；市青云学府组建心理健康教育社团、吉他社团。是年5月，安丘一中参加在清华大学举办的首届全国优秀高中与高校衔接培养创新人才论坛，并被确立为全国300所优秀高中之一。

2012年，市教育局确定为“课堂教学效益年”，下发《全市普通中小学课堂教学改革的意见》，推进优质高效课堂建设。组织普通高中校长、高三业务校长、年级主任、备课组长和高中教研员赴青岛、烟台、东营等地考察学习教学管理、课程实施、课堂教学改革、优生优培和高三学科复习备考的经验做法。至2013年底，通过不断改革、创新，形成各具特色的高效课堂模式。安丘一中“和雅”课堂，安丘二中“三度达标”课堂，市实验中学“生本”课堂、市青云学府“PSE”课堂等均有教改特色和教学实效。

第五节　特殊教育

安丘县特殊教育学校始建于1986年，校址设在原贾戈乡科普学校，当年仅招收一个聋生班，有学生14人。

1987年6月，安丘县儿童少年福利基金会《关于为筹建聋哑学校募捐的倡议书》发出后，得到社会各界支持，全县干部职工和部分企事业单位捐款12.3万元，在城区商场路北侧新建平房校舍30间。1988年1月迁入使用，学校定名为安丘县聋哑学校。2月，加招2个聋生班。

1991年，全县捐款120多万元，聋哑学校新建教学办公综合楼一栋，建筑面积2772平方米。

1992年4月，全国弱智儿童随班就读现场会在潍坊市昌乐县召开。是月4日，国家教育委员会（简称国家教委）基教司副司长李忠汉、基教司特教处副处长赵永平、中国残疾人联合会处长杨文娟率领全体与会人员到安丘县聋哑学校考察。李忠汉为学校题词：“发展聋校，造福聋童。”是年，安丘县被省教委、省残疾人联合会评为山东省特殊教育工作先进县。

1994年3月，安丘县聋哑学校更名为安丘市聋哑学校。

1998年，学校始设职业初中部，改“五三”学制为“六三”学制。

2002年底，安丘市聋哑学校更名为安丘市特殊教育学校。学校招生规模进一步扩大，除招收聋哑学生外，还招收能够接受教育的弱智儿童。

2004年，开始对残疾学生实行“三免一补”政策，即免课本费、免杂费、免文具费，给予寄宿制学生

和困难学生生活补助。

2008年　11　月，在潍坊市综合点评各县市区特殊教育学校中，安丘市特殊教育学校获第一名。2010年2月，被潍坊市教育局评为潍坊市规范化学校。2011年5月，“特殊教育进社区”经验在全国推广。次年，被济南大学特殊教育学院确立为实习就业基地。

2012年，学校率先在潍坊市特殊教育学校中举办孤独症教学实验班。是年，开始实行残疾学生全免费教育，并充分利用每年“全国助残日”活动，发动社会各界及爱心人士向学校捐款捐物，捐助数额逐年加大。2013年，年度捐款数额30万元，学校办学条件得到较大改善。

2013年11月，市特殊教育学校由市南区商场路67号迁至市北区新安北路105号。新校区占地面积40亩，建筑面积11000平方米，工程总投资3000多万元。建有综合教学楼两幢，高标准学生公寓楼一幢，餐厅楼一幢，可容纳18个教学班200多名学生在校就读。

2013年底，学校设置启聪部、培智部、康复部3个教学部，招收聋哑、智障、语障、自闭症4类残疾少年儿童。有12个教学班，在校生144人，教职工46人，其中专任教师30人，并设专职生活教师5人、校医1人，教师学历达标率100%。学校先后有13　届260名学生毕业。毕业生深受用人单位欢迎，成为自食其力劳动者，在许多行业发挥自己应有作用。

第三章　职业教育

第一节　职业中专

布局调整

1986年，安丘县有农技中学5所。是年4月，经省政府批准，安丘县第一农技中学改办为安丘县职业中等专业学校（简称安丘县职业中专）。

1987年5月，安丘县第二、第三、第四、第五农技中学更名为安丘县第二、第三、第四、第五职业高级中学。是年，全县职业高中（中专）学校招生1301人，占全县高中阶段招生总数的43.5%。1989年8月，县第五职业高级中学撤并到县第三职业高级中学。

1993年2月，县第四职业高中挂牌成立安丘县预备役军人学校，举办预备役职业高中班，成为山东省内第一家正规化预备役军人学校。是年6月，经省政府批准，安丘县在县职业中专基础上设立潍坊市机械工业学校，成为职业中专与普通中专两校合一的综合性学校。学校面向全省招生，填补安丘市普通中等专业教育空白。10月，经潍坊市人民政府批准，第二职业高中改办为安丘县第二职业中等专业学校（简称安丘县二职专）。

1994年，经潍坊市人民政府批准，安丘市第三职业高中改办为安丘市第三职业中等专业学校（简称安丘市三职专），同时在安丘市三职专设立潍坊市宾馆服务职业中等专业学校。是年10月，潍坊市交通学校在安丘市二职专设立潍坊市交通学校安丘分校。

2000年1月，经潍坊市人民政府批准，安丘市第四职业高中改办为安丘市第四职业中等专业学校（简称安丘市四职专）。2002年8月，市三职专挂牌成立安丘市青少年培训基地，承担全市青少年综合素质教育和实践能力培养任务。2008年9月，市三职专职业教育职能并入市四职专，全部学生和部分教师合并到市四职专，市三职专停止教育招生。2010年6月，市四职专撤并到市职业中专。

2012年10月，市二职专并入市职业中专，迁至新校区，成立安丘市职业教育中心。新校区位于大汶河旅游开发区驻地，青云湖南岸，下（营）小（关）路以西，占地总面积378亩，总建筑面积约11万平方米，可容纳学生6000人，项目总投资3.5亿元。

招生就业

1986年，安丘县职业学校招生958人。1991年1月，招生人数突破1600人。

1993年—1996年，潍坊市机械工业学校招收的普通中专学生为干部身份，享受国家奖学金补助，毕业后由国家统一发放派遣证，并负责安排工作。其间，学校招收普通中专学生1370人。

1997年秋季，普通中专招收的学生毕业开始不再由国家统一安置，按照双向选择的原则，毕业后直接参与用人企业的考核与聘用。潍坊市机械工业学校遂转变学生培养模式，采取“走出去，请进来”的办法，让学生与企业直接接触。

至2007年底，全市职业教育为社会培养各级各类技术人才7.8万多人。其中1998年—2007年，潍坊市机械工业学校招收普通中专学生3116人，就业率100%。2008年—2013年，职业学校为社会培养各类技术人才4.6万多人，毕业生就业率98%以上。

1993年—2013年，安丘市职业学校国防教育（预备役）专业有毕业生3500人入伍，入伍率96.5%。毕业生因基础好、素质高、成绩突出，深受各部队欢迎，有2088人次被部队评为优秀士兵、964人次立功受嘉奖、988人入党、760多人成为专业技术骨干、近300人考入军事院校。

安丘市职业中专
1986年—2013年招生数 毕业生数一览表

表22—4 单位：人

学年度	招生数	毕业生数
1986	958	537
1987	1301	676
1988	1201	724
1989	915	648
1990	927	723
1991	1606	809
1992	1944	872
1993	1780	984
1994	1712	1444
1995	1454	1890
1996	1424	1628
1997	1575	1704
1998	1797	1224
1999	1625	1256
2000	1918	1492
2001	2404	1595
2002	2546	1365
2003	1941	1808
2004	2278	2199
2005	2789	1915
2006	2739	1543
2007	2281	1814
2008	2180	1738
2009	2049	1766
2010	1931	1036
2011	1767	1106
2012	1263	1064
2013	1565	1070

专业设置

1986年—1990年，安丘县职业学校开设农学、果林、家电维修、文秘、机电、无线电、缝纫、畜牧、电工、幼师、建筑、财会、工艺美术、中医14个专业。

1991年—1995年，安丘市职业学校开设幼师、农林、机电、文秘、桑蚕、西医、家庭经营、农机电、无线电、家电维修、服装制作、电子工程、财会、果林、工艺品、电化学、宾馆服务、保安、服装工艺、电气焊、计算机应用与维修、电子电器应用与维修、企业管理、电子工业、机械设计与制造、机械工艺、工业自动化、市场营销、工艺美术、林学、园林、工业企业电气化、工业造型设计、经济合同、自动控制技术、工业企业管理、会计电算化、特警38个专业。

1996年—2000年，开设机械制造、机电技术应用、自动控制、工业企业电气化、工业企业管理、电器制造、工业造型设计、计算机应用、会计电算化、经济、幼师、制冷与空调、服装工艺、特警、汽车驾驶与维修、电信寻呼、宾馆服务、保安、电气焊、电子电器应用与维修、食品卫检、国防教育22个专业。2000年11月，市职业中专的财务会计、机电、计算机及应用与市二职专的汽车驾驶与维修、市三职专的宾馆服务、市四职专的服装6个专业被潍坊市教育局评为市级重点专业。

2001年—2005年，市职业学校开设美术、汽车运用与维修、机电技术、计算机应用、经济警察、制冷与空调、涉外贸易与财会、幼儿师范、服装工艺、会计、音乐、涉外贸易、旅游、电子商务、电子信息、特警、种植、文秘、电子电器应用与维修、宾馆服务、保安、学前教育、国防教育、英语、商务日语、商务韩语、通信技术、旅游服务与管理、焊接技术、电力建设工程30个专业。2002年6月，市职业中专的机电技术应用专业被山东省教育厅公布为教学改革试点专业。2004年3月，市职业中专的计算机技术及应用、市二职专的汽车驾驶与维修、市三职专的饭店服务与管理3个专业被潍坊市教育局评为潍坊市级重点专业。

2006年—2010年，市职业学校开设机电技术应用、电子商务、会计、学前教育、保安、国防教育、电子与信息技术、汽车运用与维修、旅游服务与管理、数控技术应用、航空服务、焊接技术、计算机技术及应用、农业机械使用与维护、电子电器应用与维修、服装工艺、商务韩语、通信技术、冶金、机械加工技术、动漫制作、自动化控制技术、石化建设工程、冶金设备检测与维护、国际商务、电建、海尔电器、石化工程、美容美发、物流管理30个专业。2006年6月，市职业中专的计算机技术及应用、市二职专的汽车驾驶与维修、市四职专的饭店服务与管理3个专业，被潍坊市教育局评为潍坊市中等职业学校骨干专业。

2011年—2013年，市职业学校开设机电技术应用、电子商务、会计、学前教育、国防教育、电子与信息技术、汽车运用与维修、旅游服务与管理、数控技术应用、航空服务、焊接技术、计算机及应用、机械加工技术、农业机械使用与维护、自动化控制技术、石化建设工程、冶金设备检测与维护、计算机动漫制作、国际商贸、报关与国际货运、现代农艺技术、电气运行与控制、服装制作与生产管理、工业产品设计、美发与形象设计、发电厂及变电站电气设备、建筑工程施工27个专业。2011年10月，市职业中专的焊接技术应用专业被潍坊市教育局认定为潍坊市职业院校特色品牌专业；2013年10月，电气运行与控制专业被潍坊市教育局认定为职业院校特色品牌专业。

教学改革

1986年—1994年，安丘市职业学校教学采取文化课、专业课、实践课并重的教学方式，学生大部分时间学习文化课。

1995年，开始教育教学改革，突出实践教学，实行以文化课为基础、专业课为重点、实践课为核心的教学模式，删减文化课教学课时比例。三年在校学习改为两年在校学习，一年到企业顶岗实习。

1996年，山东省军区和山东省教委在市第四职业高中召开全省预备役军人学校建设现场会。学校被山东省国防教育委员会授予山东省国防教育基地先进单位称号。

1999年，市职业学校开展专业课程建设，各校开设专业均在20个以上，并打造特色重点专业。6月，在济南特警培训中心组织的特警专业武术技能考核中，市二职专获9所分校考核第一名。10月，在潍坊市教委组织的重点专业评估验收中，市二职专的特警、汽车驾驶与维修两个专业获评估成绩第一名，专业评估在潍坊市同类学校总评第一。

2004年，安丘市教育局举办全市职业学校首届师生技能大赛。大赛设机电、计算机、电子电器、保安、服装、烹饪、国防教育7大类13个技能项目。至2013年共举办5届。

2006年，根据技能教学的需要，市职业学校实施教学改革，探索工学交替、分层教学、模块教学等教学模式。市二职专承担的全国教育科学“十五”规划教育部重点课题《职业指导和创业教育的研究与实验》获课题研究实验先进单位，被省教育厅评为全省职业教育先进单位。是年11月，潍坊市职业学校教学改革现场会在安丘召开，市二职专在会上介绍“加强教学改革，提高育人质量”的办学经验，受到与会人员高度评价。

2008年，在技能教学中，市职业学校试行“校内实训→职场体验→岗位强化→顶岗实习”四级递进式人才培养模式改革研究与实验，开设“模块化、项目式”课程，实施场景教学、案例教学和模拟教学等实践性教学方式，构建“理实一体化”教学模式，提高学生职业技能水平。是年11月，在潍坊市首届职业院校师生技能大赛中，安丘市获一等奖10个、二等奖28个、三等奖30个。至2013年，参加6届潍坊职业院校技能大赛，获得一等奖63个，其中市职业中专5次获全市职业院校技能大赛十强中职学校。

2009年，市教育局在市职业学校实施“两会一站”（校企合作联席会、校企合作座谈会，校企合作工作站）工作机制，推进校企合作办学，开辟职业学校教学改革和办学方向新通道，搭建学生就业新平台。2010年，《构建“两会一站”工作机制，深入推进校企合作》获潍坊市人民政府教学成果三等奖。

2011年7月，安丘市职业中专机电技术应用实训基地被省教育厅、省财政厅认定为省示范性实训中心，并拨付资金250万元进行扩建与升级。是年，市职业中专承办山东省2011年职业院校技能大赛中职组“亚龙杯”电工电子技术技能大赛，焊接和电气安装与维修两个项目分获一等奖和三等奖。至2013年，连续三年承办该项赛事。

2013年1月，山东省教育厅出台《关于成立示范学校专业联盟的意见》，确定安丘市职业中专电子技术专业，牵头组建全省电子技术联盟。是年4月，市职业中专根据潍坊市人民政府《关于印发潍坊市国家职业教育创新发展试验区建设实施方案的通知》，上报教育部国家示范校建设方案和任务书，并通过专家审核。建设项目于2013年4月始，至2015年4月。2013年，国家示范校建设资金下拨市职业中专570万元。7月，市职业中专承接2013年山东省航空航天模型锦标赛暨第十五届飞向北京全国航空航天模型选拔赛。

合作办学

1986年—1995年，安丘市合作办学主要以学校为主，市职业中专校内招收的潍坊机械工业学校学生由国家统一安排工作。

1995年12月，市二职专与中国人民解放军济南特警培训中心开展联合办学，设立特警专业。2001年12月，市二职专与山东电力三公司开展合作办学，达成用工协议，安置机电等专业毕业生。2004年1月，与山东电力建设公司和天津电力建设公司联合办学，设立电力建设工程专业。

2005年1月，市三职专与山东省外事翻译中专学校联合办学，创办商务日语和商务韩语两个新专业。2006年1月，与威海泓淋电子公司联合办学，创建威海泓淋班，实行工学交替。

2007年暑假，潍坊市机械工业学校与山东经贸职业学院开始联合举办“三二连读”大专班（前三年在市职业中专读中专，后二年到山东经贸职业学院读大专），开设数控技术、计算机应用技术、连锁经营管理（商贸类）、物流管理等4个专业。是年，市职业中专加入山东省软件产业职业教育集团，成为常务理事单位。

2008年7月，市职业中专落实潍坊市人民政府《关于大力推进校企合作加快技能型人才培养的实施意见》，与潍柴华丰动力、华鲁航空公司等16家企业建订单班25个，涉及机电、数控、电子、航空服务、焊接、美容美发等10个专业。是年11月，加入潍坊市现代服务业职业教育集团，成为常务理事单位。

2009年10月，华鲁航空公司在市职业中专投资3万余元，新建60平方米形体训练室，开设航空服务专业。

2010年4月29日，安丘市首届校企合作座谈会在市职业中专举行，全市20多家骨干企业领导和职业学校负责人参加座谈会。市职业中专、二职专、四职专分别介绍学校办学经验和开展校企合作情况及打算；各企业代表介绍企业有关情况，提出职业教育发展和校企合作的意见和建议；在订单培养、共建专业、用工需求等方面达成6项合作意向，推动全市职业学校校企合作工作深入开展。

2012年暑假，潍坊市机械工业学校与潍坊科技学院开始联合举办“三二连读”大专班（前三年在职业中专读中专，后二年到潍坊科技学院读大专）。8月28日，潍坊市教育局、潍坊市经济和信息化局批复，由潍坊市机械工业学校牵头，联合有关职业院校和企事业单位组建潍坊市数控技术应用职业教育集团。9月1日，2012年鲁台职业院校·台商企业交流合作研讨会台湾与会代表团到潍坊市机械工业学校参观访问。

2013年，安丘市在职业学校和有关企业开展“职教企业行、企业进职校、服务促发展”活动。是年1月8日，市教育局等部门在市职业中专组织召开2013年“校企合作座谈会”和“校园双选会”。9月，市职业中专与山东中正重工有限公司达成协议，共同建成安丘市职业中专电焊工培训基地，首批40名学生到基地进行实训实习。

第二节　中等师范教育

1986年，安丘师范学校有教职工72人，在校学生486人，占地面积52亩，建筑面积2480平方米。当年招生174人，2个普通班，2个民师班。普通班学制3年，民师班学制2年。

1987年，投资60万元，新建教学楼，是年9月竣工使用。

1988年，有高级讲师4人、讲师16人、助教17人、教员13人；拥有12个教学班，生源地为安丘、坊子、高密、临朐、五莲、诸城等。年底，开始实行以“校长负责制、教职工双向聘任制、结构工资制、岗位责任制”为主要内容的“四制”改革。

1989年6月，贯彻国家教委颁发《三年制中等师范学校教学方案》，加强实践环节，注重培养能力和训练技能，使学生全面掌握从事小学教育工作必备的中等文化知识、专业知识、技能技巧以及教育教学方法。

1992年7月，投资65万元，新建实验楼1幢，面积1609平方米。1993年，投资210万元，新建学生宿舍楼1幢，面积3332平方米；投资建设功能用房和专业用房，形成语音、阶梯、电化、舞蹈、展览等功能教室群。

1995年，根据形势发展和社会对人才的需求，及时调整办学思路，实行“开门办学”。是年下半年，与贾戈曲轴厂联合开办厂校挂钩班，招生100人。

1996年2月，安丘市实行安丘师范学校、安丘电大分校、市教师进修学校、市职工中专和市成人中专五校合一。学校设办公室、教务处、学生科、师训干训处、培训处、函授处、总务处、保卫科，形成职前、职后教育结合，职教、成教一体的新格局。是年，与河南省漯河工业学校联合举办定向乡镇企业5个自费中专班，招生200多人；招收山东省银行学校2个校外委培班、潍坊市体校1个校外班和3个代课教师班。

1997年，与山东省人口学校、山东建工学校、泰安市新汶矿务局师范学校等建立合作办学关系，招收人口、财会、建筑经济、微机等专业7个班。

1998年，师范类招生2个班，同时招非师范类普通中专生。是年，投资1000万元，建起艺术楼、体育馆各1座，教工宿舍楼2幢。

1999年，按国家计划招收非师范类中专生7个班251人，分计算机应用、音乐、美术、会计电算等专业。是年，全省师范学校调整，经山东省人民政府批准，安丘师范改办安丘中专。2001年，安丘市开始利用安丘师范闲置教育资源改办安丘一中分校（2002年更名为安丘市高级中学）。至此，安丘中等师范教育完成历史使命。

安丘师范学校
1986年—1999年年招生数 毕业生数一览表

表22—5

学年度	招生数	毕业生数
1986	174	98
1987	193	159
1988	170	181
1989	179	85
1990	167	192
1991	192	263
1992	173	177
1993	176	165
1994	264	192
1995	406	182
1996	963	201
1997	823	340
1998	286	533
1999	251	925

第三节　技工教育

1988年6月，安丘县技工学校成立，隶属县劳动局。设办公室、教务处、学生科、培训科、生产实习科、总务科、财务科、保卫科等。开设烹饪、砖瓦抹灰、棉纺、玻璃工艺4个专业，建成烹饪实训车间，当年招生244人。

1989年，开设车工、钳工、砖瓦抹灰、电工烹饪专业，建成车工、钳工、电工实训车间。

1990年—1991年，开设玻璃工艺、钳工、电工、化工工艺、烹饪、砖瓦抹灰专业，1991年建成化工工艺实训车间。

1992年，开设钳工、商品经营、服装加工与设计、烹饪专业，建成服装加工与设计实训车间。

1993年，开设服装加工与设计、棉纺保全、汽修、经贸、财会、电汽焊专业，建成汽修实训车间。是年，学校被山东省劳动厅命名为省级一类技工学校。

1994 年，开设烹饪、钳工、微机应用、服装加工与设计、机电专业。是年，设立安丘市职业技术技能鉴定所。

1996 年，被省劳动厅评为山东省技工学校教学质量优秀单位。

1999 年 6 月，安丘市在市技工学校基础上创建安丘市第八中学，实行“一套班子、两块牌子”管理模式。学校占地面积 69.9 亩，建筑面积 21000 多平方米，固定资产总值 1000 余万元。从 2000 年起，安丘市技工学校停止招生。

安丘市技工学校 1988 年—1999 年招生数 毕业生数 在校生数及主要专业一览表

表 22-6　　单位：人

学年度	招生数	毕业生数	在校生数	开办专业
1988	244	0	240	烹饪 、砖瓦抹灰、棉纺、 玻璃工艺
1989	319	0	552	车工、钳工、砖瓦抹灰、电工 、烹饪
1990	301	0	848	玻璃工艺 、钳工、电工 、化工工艺 、烹饪、砖瓦抹灰
1991	249	240	857	烹饪、钳工 、商品经营
1992	220	312	765	钳工、商品经营、服装加工与设计 、烹饪
1993	295	290	772	服装加工与设计、 棉纺保全 、汽修 、经贸 、财会 、电气焊
1994	172	232	712	烹饪 、钳工、微机应用 、服装加工与设计、 机电
1995	286	201	797	钳工、车工、微机应用、机电、 财会
1996	311	285	823	财会、钳工、机电、车工、微机应用、烹饪、服装加工与设计
1997	300	160	963	钳工、电工、车工、财会、微机应用、焊工
1998	168	270	861	电工、微机应用、财会、焊工、钳工、服装加工与设计、玻璃工艺
1999	61	300	622	电工、化工工艺、钳工、服装加工与设计、财会、玻璃工艺

第四章　成人教育

第一节　农民教育

1986 年，安丘县立足农民实行家庭经营、渴求科技致富的实际，建立科普学校 28 所。1987 年，在 5 处条件较好乡镇，开办农业适时应需的热门专业及回乡初、高中毕业生技术培训班，全县 80% 左右的村办起技术夜校（班）。是年，景芝、贾戈、庵上、夏坡、石堆、官庄 6 处乡镇科普学校出席山东省农民教育工作经验交流和表彰会议，安丘县被山东省教育厅评为全省农民教育工作先进单位。

1988 年，全县落实国务院新发布的《扫除文盲工作条例》，明确扫除文盲工作分两个阶段进行：1988 年—1993 年为扫除青壮年文盲阶段，1994 年—1995 年为巩固扫盲成果阶段。是年，乡镇科普学校增至 32 所，村办科普夜校增至 975 所。

1990 年，农村成人教育以推广实用技术为主，围绕“燎原计划”，开展学文化、学技术活动。县教育局印发《对回乡初中毕业生进行专业技术培训的通知》，实施“双证书”（技能证和培训结业证）培训。全县建起农民夜校 400 多所，参与培训人数 11 万人次。

1991 年，县教育局出台《关于进一步加强农村成人教育工作的意见》，促进农村成人教育发展。

年底，70%以上村建起农民文化技术夜校。

1993年，县政府下发《关于高标准完成扫盲工作任务的通知》，要求奋战一年完成扫盲任务。是年10月，经省、潍坊市检查验收，全县非盲率99.1%，达到国家教委县级扫除青壮年文盲单位考核验收办法规定标准。1994年，农村成人教育重点转向专业技术培训和成人学历教育，各乡镇农民科普学校更名为成人教育中心。是年，安丘市成人中专学校在安丘市教师进修学校挂牌成立，并于1996年创建为潍坊市规范化成人中专学校，成为全市成人教育龙头学校。1995年，经省教委验收，安丘镇、赵戈镇、庵上镇、白芬子镇4所成人教育中心成为省级规范化学校。

1996年—2000年，全市各镇街道成人教育中心开办幼师、中师、财会、机电、文秘等专业，举办培训班1400期，培训人数21.1万人次，5万余名毕业生参加“双证书”培训。

2002年，全市镇街道成人教育中心更名为成人教育学校，同时调整工作重点，主要对农村劳动力进行成人学历教育、实用技术培训和农村剩余劳动力转移培训。2005年，全国职业教育工作会议后，根据农村需求，全市成人教育开展技术服务、实用技术培训和农村剩余劳动力转移培训。是年，开展实用技术培训5630人次，培训转移农村劳动力1560人。

2006年，市教育局出台《关于建立职业教育与成人教育一体化服务网络，实施“教育富民工程”的意见》，逐步建立起服务于社会主义新农村建设的一体化网络。市内21所成人教育学校开展农村实用技术培训和农村劳动力转移培训，培训转移农村剩余劳动力2950人，输送到济南、青岛、威海、潍坊、烟台、诸城、高密及安丘市区等大中型企业和民营企业工作。

2007年，潍坊市调整部分行政区划和安丘市调整镇街道行政区划，全市成人教育学校缩减为13所。市教育局制定《关于加强镇级成人教育学校建设和管理的实施意见》，增强成人教育服务能力。各成人教育学校继续开展实用技术培训和农村劳动力转移工作。关王成人教育学校春季特聘山东省科学技术厅专家到关王镇山后屯村举行土地测量施肥讲座，村民参加听讲者达350人。雹泉成教中心结合本镇“红冠蜜桃之乡”和安丘市外贸养殖繁育基地两大优势，重点对果树管理、肉鸡养殖技术进行科技培训；配合镇林果站，先后举办红冠蜜桃种植培训班8期，每次培训数均100人以上。白芬子成教中心与厂家联合下村，举办养猪知识培训班。全市参加科技培训51200多人次，全年培训转移农村剩余劳动力2200余人。

2008年—2013年，安丘市成人中专主要开展中专学历教育工作，开设计算机应用技术、会计、市场营销、学校教育、电子应用技术、汽车运用与维修等专业，招生2593人。全市成人教育学校，结合安丘区域化建设，争取当地党委、政府支持，探索和创新培训模式。与镇街区林果站、农技站等单位联合在社区进行科技推广；利用农民业余时间举办种植、养殖等培训班；采取发放科技明白纸等多种形式，广泛开展科技致富、科技信息送村送户等活动。凌河镇成人教育学校主动与市农业局联系，承担2008年安丘“阳光工程”培训任务，与凌河镇大路村、大儒林村、东北庄村等村庄建立联系，实现培训、实践、上岗一条龙服务，培训转移农村劳动力500人。其间，有关镇街区成人教育学校与安丘市职业学校联合，对当地农民工进行焊接、机电技术与应用、计算机与应用、会计、数控技术等专业培训，培训农民工3000多人。6年来，转移农村劳动力3369人，培训农民工5.5万多人次。

2013年，全市有成人中专1所，成人教育学校14所。

第二节　职工教育

1985年，经省政府批准，安丘县职工中等专业学校成立。学校位于安丘市潍徐北路小河崖，占地面积36亩，建筑面积2560平方米，教职工32人，当年招收脱产学员100人。

1985年—1994年，安丘县职工教育归口县经贸委统筹管理，县职工教育办公室具体负责企业职工教育培训，主要开展职工文化补习、岗位技术培训等工作，同时进行学历教育。其间，招收脱产学员2311人；举办职工中专学历班15个，招生740人。开设专业主要有机械加工、企业管理、白酒酿造等。1994年1月，市职工教育划归市教委，由成人教育科统筹管理，主要开展企业职工政治思想、岗位技术、学历提高等教育培训。是年7月，市职工中专并入市教师进修学校，一校两牌，不再招收脱产职工学员。

1996年，安丘市开始在全市大中型企业建立职工培训机构，小型企业设有专人负责，职工教育管理队伍专兼职213人。年内，市职工中专和各企业举办各类培训班800期，培训干部职工2.4万人次。

1997年4月，全市职工教育工作会议召开。市教委成人教育科指导各企业职工教育培训机构，贯彻会议以“政治思想、职业道德、管理知识、业务技术、操作技能”为主要内容的培训要求，全年培训职工1.9万人次。1998年，安丘市在市职工中专建起会计培训基地，培训各类会计5000人次。

2000年—2005年，安丘市进一步完善职工教育管理体系，健全各项规章制度，使职工教育做到有章可循，有法可依。其间，本着“干什么、学什么，缺什么、补什么”的原则，各企业培训机构采取长短结合、内外结合、分散与集中相结合方式，开展职工岗位培训、岗前培训、业务技能培训等，年培训1.2万人次。2005年5月，市职工中专被山东省住建厅确定为建筑资质培训中心，负责培训全市建筑行业2000多名技术工人的专业技能。

2006年起，随着全市企业改制逐步深入和职工素质不断提高，企业职工教育培训机构开始撤并，职工教育培训除部分由各部门和企业自己组织培训外，整个工作逐步由市内职业学校承担。从2007年起，在市场经济条件下，安丘市职工教育由企业与专业培训学校对接，市教育局成人教育科不再履行职工教育管理职能。

第五章　高等教育

第一节　电大教育

1979年，山东广播电视大学安丘县工作站（简称县电大工作站）正式成立，为股级事业单位，隶属县教育局领导，专职管理全县电大教育工作。1986年，县电大工作站开始从全县参加高考学生中招收电大普通专科师资班学员，当年招生35人。1987年，始从全县参加成人高考学生中招收业余电大专科班学员，是年招生90人。

1988年—1992年，采用现代教育技术，以举办普通班为龙头，坚持成人高等教育与普通高等教育并举，加强职前、职后教育沟通，开展多层次、多规格、多功能、多形式办学。其间，招收业余电大专科班工业企业管理、法律、农学、园艺、财会5个专业，学员258人；招收电大普通班工业与民用建筑、汉语言文学、地理、生物、英语、计算机6个专业，学员194人；招收汉语言文学专业脱产班学员31人。

1993年8月，安丘县撤销县电大工作站，成立潍坊广播电视大学安丘分校（简称安丘电大），为安丘县成人高等教育事业单位，隶属县教委，教学业务接受潍坊广播电视大学指导。校址在县教师进修学校院内，独立设置。当年招收专科生332人。

1994年12月，安丘电大合并到安丘师范，一校两牌。1995年底，电大并入安丘师范学校，成为学校一个科室。1999年，安丘师范学校改名为山东省安丘中等专业学校（简称安丘中专），电大成为该校一个科室。

2000年，安丘电大被中央广播电视大学批准为开放教育试点单位，开始招收电大开放教育学员。是年，招收19人。

2002年8月，市教师进修学校和安丘电大迁至小河崖潍徐路西（原安丘市职工中专）。是年起，安丘电大工作重点由原来只招收普通班和业余班逐步转向电大远程开放教育。

2005年秋，安丘电大被山东省电大批准为开放教育本科教学点，主要开设英语、汉语言文学、教育管理、小学教育、法学、园艺学、药学、护理学、会计学、计算机、工商管理、金融、行政管理

13个专科专业；开设汉语言文学、法学、英语、会计学、教育管理、行政管理、计算机、数学8个本科专业。2006年底，随市教师进修学校迁至原市体委办公楼。

2007年—2008年，安丘电大每年招生人数超过500人，连续两年被山东电大评为全省电大招生工作先进单位。

2009年8月，电大随教师进修学校迁至原市教育局办公楼。是年11月，被山东电大评为全省县级示范电大，同时加挂山东广播电视大学安丘学院牌子。

2010年5月，电大开放教育在校生超过1000人，被山东省电大评为全省首批（共28所）电大开放教育"550"工程先进教学点（550工程即全省用3到5年时间培养5个市级电大开放教育在校生过万人和50个县级电大开放教育在校生过千人的发展目标）。2013年，电大开放教育招生过300人。是年6月，被山东省电大评为全省电大开放教育办学点县级先进集体。

2000年—2013年，安丘电大培养普通专科毕业生563 人，开放教育本专科毕业生3263人，成人脱产大专毕业生101人，业余专科毕业生1131人。

第二节　高等教育自学考试

山东省高等教育自学考试始于1984年，专业学科包括文、理科等，层次涵盖专、本科。1984年—1987年，安丘县社会各界踊跃报名参考。

1988年，国务院颁布《高等教育自学考试暂行条例》，自学考试制度日臻完善。开考专业由1984年4个专业发展到74个专业。是年，全县第一批自考学生毕业，有4个专业39人考试合格，达到大学专科文化程度。

2002年，安丘市招生办公室开始对考生进行电子档案管理，全市自学考试报考人数1583人，达到历史最高峰。2005年，开考专业由1988年74个专业规范到70个专业。2011年，开始实行网上报名、缴费，更加方便考生报考。

2013年5月，潍坊市在全省率先取消高等教育自学考试考务费，自学考试不再收取任何费用。

第三节　成人高考

1986年始，国家教委对各类成人高等院校实行全国统一考试。至2003年，全国成人高校招生统一入学考试每年春季举行，秋季入学。2004年起，全国成人高校招生统一入学考试定于每年10月第三个星期六、日举行，录取新生于第二年春季入学。2007年，成人高考报名开始实行网上报名，现场确认信息。2012年，开始实行网上缴费。2007年—2013年，安丘市报名人数8915人次，主要集中在教育、会计、临床医学和护理等专业。

安丘市2007年—2013年成人高考报名人数一览表

表22—7　　单位：人

年度	总数	专升本	高起本	高起专
2007	1154	732	56	366
2008	1095	718	49	328
2009	1018	609	57	352
2010	863	466	55	342
2011	993	515	32	446
2012	1397	750	31	616
2013	1383	776	30	587

第四节　昌潍师专校外班

1992年，昌潍师专校外班由安丘县教师进修学校和昌潍师专合办，至1994年共招收3级。新生第一年在县教师进修学校上课，一年后回昌潍师专完成学业。校外班任课教师均由昌潍师专有关院系选派，县教师进修学校负责学生管理。1992年和

1993年各招收180人,分中文2个班和数学2个班;1994年又增加一个政治班。1995年后，不再举办昌潍师专校外班。

第六章　民办教育

第一节　民办幼儿园

20世纪90年代，随着经济快速发展和人民生活水平不断提高，安丘人民对优质教育和特色教育追求日渐强烈，社会资金投向教育，民办幼儿园开始兴办。

1997年，国务院颁布《社会力量办学条例》，民办教育发展有了法律保障。是年，安丘市第一所民办幼儿园——安丘市爱心幼儿园成立。至2000年，市内先后办起15所民办幼儿园。

2002年，安丘市棉纺厂幼儿园改制，在产权性质不变的前提下，实行园长承办制，成为全市较大规模的国有民办性质的幼儿园。占地面积1960平方米，建筑面积1660平方米。是年，安丘市文化馆幼儿园落成。占地面积1000平方米，建筑面积1860平方米。2003年，全市幼儿园办园体制改革进一步加快，乡镇中心幼儿园及村办幼儿园全部改制为民办幼儿园。改制后的幼儿园实行属地管理。是年，安丘市教育幼儿园和安丘市青云花园早慧幼儿园相继落成，成为市内投资大、标准高的民办幼儿园。

2000年—2005年，安丘市审批成立民办幼儿园462所，占幼儿园总数的99%。2006年、2008年，市教育幼儿园、市青云花园早慧幼儿园分别被山东省教育厅评为省级示范幼儿园。

2010年，安丘市落实《国务院关于当前发展学前教育的若干意见》，规划调整全市幼儿园，民办幼儿园合并为134所。

2011年—2013年，利用国家对民办幼儿园奖补资金，采用政府统一招标购置方式，投资300多万元，配备民办幼儿园玩具、教具等设施设备。至2013年底，通过优化布局、近村联办、发展公办园、扶持民办园等措施，全市幼儿园调整为168所，其中民办幼儿园93所，占幼儿园总数的55%。

第二节　民办中小学

21世纪初，安丘市开始兴办民办中小学。2002年，创办安丘市青云学府，性质为公办民助高中。学校占地300亩，规划投资1.5亿元。是年，国家颁布《民办教育促进法》，民办教育纳入法制化管理轨道。2003年7月，安丘市贯彻落实潍坊市民办教育工作会议精神，出台《关于深化办学体制改革加快民办教育发展的意见》，全市兴起民办教育热潮。2004年6月，安丘市心桥双语学校成立，办学层次为六年制全日制小学；8月，安丘市东城双语实验中学成立，办学层次为三年制初级中学。2005年5月，安丘市教育局与潍坊市英才学府合作，在市北区莲花山路南创办安丘市青云双语学校。是年6月，安丘市实验中学艺术学校、安丘市英华双语学校、安丘一中双语实验学校相继成立，办学层次分别为高中、小学和九年一贯制。2007年，安丘市实验中学艺术学校停办。2010年，潍坊市教育局取消安丘市青云学府国有民营学校性质，不再实行公办民助。2011年4月，安丘市新大双语学校成立，办学层次为九年一贯制。市新大双语学校由山东景建集团潍坊景建投资有限公司投资兴办。2012年4月，山东景建集团潍坊景建投资有限公司投资举创办安丘市弘毅中学，面向社会招收高一新生和高三复读生。是年，招收高一新生519人、高三复读生638人。

至2013年，全市有全日制民办学校7所。其中，普通高中1所，九年一贯制学校2所，初中2所，小学2所;在校学生9898人,使用社会资金1.28亿元。民办教育成为全市教育事业发展的有力补充，市区群众子女上学难问题得以较好解决。

第七章　教　师

第一节　教师结构

成分结构

1986年—2005年，安丘市教师队伍包括公办与民办教师。1986年，有教职工9598人，其中民办教师5218人，占教职工总数的54.36%。1990年，有教职工10029人，其中民办教师4407人，占教职工总数的43.94%。1994年，有教职工10378人，其中民办教师3505人，占教职工总数的33.77%。1998年，有教职工11894人，其中民办教师2004人，占教职工总数的16.84%。2002年，有教职工13139人，其中民办教师911人，占教职工总数的6.87%。2005年，有教职工12143人，其中民办教师101人，占教职工总数的0.83%。2006年，全市民办教师问题得到彻底解决。自是年始，教职工队伍中，无民办教师。

1986年—2013年，全市教职工队伍由专任教师、职员、工人组成。1986年，有教职工9598人，其中专任教师8754人，占教职工总数的91.2%。1991年，有教职工10403人，其中专任教师8509人，占教职工总数的81.8%。1996年，有教职工12405人，其中专任教师11007人，占教职工总数的88.73%。2001年，有教职工13018人，其中专任教师11872人，占教职工总数的91.2%。2006年，有教职工12341人，其中专任教师11702人，占教职工总数的98.5%。2011年，有教职工10081人，其中专任教师8998人，占教职工总数的98%。2013年，有教职工9720人，其中专任教师8445人，占教职工总数的86.88%。

1986年—2013年，从学段划分，全市教师队伍主要包括小学教师、初中教师、高中教师和职业学校（中专）教师。1986年，教师队伍9598人。其中，小学教师5308人，占教师队伍总数的55.3%；初中教师3019人，占教师队伍总数的31.45%；高中教师624人，占教师队伍总数的6.5%；职业学校（中专）教师427人，占教师队伍总数的4.44%。1990年，教师队伍10029人。其中，小学教师5011人，占教师队伍总数的49.96%；初中教师3341人，占教师队伍总数的33.31%；高中教师751人，占教师队伍总数的7.48%；职业学校（中专）教师380人，占教师队伍总数的3.78%。1995年，安丘市教师队伍11161人。其中，小学教师5916人，占教师队伍总数的53%；初中教师3819人，占教师队伍总数的34.21%；高中教师856人，占教师队伍总数的7.67%；职业学校（中专）教师430人，占教师队伍总数的3.85%。2000年，教师队伍12783人。其中，小学教师5951人，占教师队伍总数的46.55%；初中教师4885人，占教师队伍总数的38.21%；高中教师1175人，占教师队伍总数的9.19%；职业学校（中专）教师245人，占教师队伍总数的1.91%。2005年，教师队伍12143人。其中，小学教师4646人，占教师队伍总数的38.26%；初中教师4322人，占教师队伍总数的35.59%；高中教师2118人，占教师队伍总数的17.44%；职业学校（中专）教师506人，占教师队伍总数的4.16%。2009年，教师队伍10366人。其中，小学教师4205人，占教师队伍总数的40.57%；初中教师3587人，占教师队伍总数的34.6%；高中教师1916人，占教师队伍总数的18.48%；职业学校（中专）教师469人，占教师队伍总数的4.52%。2013年，教师队伍9720人。其中，小学教师4051人，占教师队伍总数的41.68%；初中教师3212人，占教师队伍总数的33.05%；高中教师1858人，占教师队伍总数的19.12%；职业学校（中专）教师408人，占教师队伍总数的4.2%。

安丘市1986年—2013年各类教育教职工情况一览表

表22—8 单位：人

学年度	小学	初中	普通高中	职业学校（中专）	其他	合计
1986	5308	3019	624	427	220	9598
1987	5336	3405	431	375	200	9747
1988	5123	3431	702	417	198	9871
1989	5293	3289	690	392	218	9882
1990	5011	3341	751	380	546	10029
1991	5241	3740	788	401	233	10403
1992	4818	3481	821	415	496	10031
1993	4886	3562	835	380	713	10376
1994	4990	3648	824	437	479	10378
1995	5916	3819	856	430	140	11161
1996	6315	4385	976	475	254	12405
1997	6558	4605	1066	400	289	12918
1998	6141	4626	1062	279	686	11894
1999	5734	4475	986	277	589	12061
2000	5951	4885	1175	245	527	12783
2001	5701	4755	1394	679	453	13018
2002	5566	4782	1622	667	502	13139
2003	5019	4873	1822	336	552	12602
2004	4762	4687	1883	329	643	12304
2005	4646	4322	2118	506	551	12143
2006	4723	4322	2138	519	639	12341
2007	4762	4120	2089	501	471	11943
2008	3955	3625	1937	484	147	10566
2009	4205	3587	1916	469	189	10366
2010	4104	3514	1939	465	213	10235
2011	4095	3450	1879	464	193	10081
2012	4155	3246	1881	455	204	9941
2013	4051	3212	1858	408	191	9720

说明:"其他"栏包括:聋哑学校、成人学校、电大、教师进修学校、成人中专、机械工业学校及其他各教育局机关直属单位。

学历结构

1986年，全县小学教师5308人，其中具有中师（含相当于中师）以上学历3057人，学历合格率57.59%。初中教师3019人，其中具有大学本科学历5人,大学专科学历159人,学历合格率5.43%。高中教师 624人，其中具有大学本科及以上学历84人，学历合格率13.46%。

1990年，小学教师5011人，其中具有中师（含相当于中师）以上学历4409人，学历合格率88%。初中教师3341人，其中具有大学专科及以上学历889人，学历合格率26.6%。高中教师751人，其中具有大学本科及以上学历211人，学历合格率28.1%。

1993年，小学教师4886人，其中具有中师（含相当于中师）以上学历4719人，学历合格率96.6%。初中教师3562人，其中具有大学专科以上学历1790人，学历合格率49.02%。高中教师835人，其中具有大学本科及以上学历305人，学历合格率36.57%。

1999年，小学教师5734人，其中具有中师（含相当于中师）以上学历5674人，学历合格率98.97%。初中教师4475人，其中具有大学专科以上学历3852人，学历合格率86.09%。高中教师986人，其中具有大学本科及以上学历641人，学历合格率65.02%。

2004年，小学教师4762人，其中具有中师（含相当于中师）以上学历4714人，学历合格率99%。初中教师4687人，其中具有大学专科以上学历4312人，学历合格率92.01%。高中教师1883人，其中具有大学本科及以上学历1389人，学历合格率73.8%。

2007年，11943名教职工中，大学本科学历3817人、大学专科学历5720人、中专学历2187人、高中及以下学历217人，分别占32%、47.9%、18.3%和1.8%。教师学历达标率，分别为小学98.6%、初中93.4%、高中76.5%。

2013年，9720名教职工中，研究生学历74人、本科学历5553人、大专学历3083人、中专学历902人、高中及以下学历108人，分别占教职工总数的0.8%、57.1%、31.7%,、9.3%和1.1%。小学教师4051人，其中具有中师（含相当于中师）以上学历3974人，学历合格率98.1%。初中教师3212人，其中具有大学专科学历2807人，学历合格率87.4%。高中教师1858人，其中具有大学本科及以上学历1538人，学历合格率82.8%。

职称结构

1987年9月，安丘县中小学教师首次开展职务评聘工作，于1988年6月结束。4509名公办教职工中，评审聘任（任命）高级教师75人、中级教师1069人、初级教师2627人，分别占公办教职工总数的1.66%、23.71%和58.26%。1989年，在全县中小学民办教师中首次实行职务评审聘任。4663名民办教师中，评出中级教师250人、初级教师4406人，分别占民办教师总数的5.36%和94.49%。

2000年，12783名教职工中，高级教师213人、中级教师2310人、初级教师7867人，分别占教职工总数的1.67%、18.07%和61.54%。

2007年，11943名教职工中，高级教师779人、中级教师5399人、初级教师5295人，分别占教职工总数的6.6%、45.7%和44.9%。

2013年，全市9720名教职工中，正高级教师1人、高级教师670人，合计占教职工总数的6.9%；一级教师5220人，占教职工总数的53.7%；二、三级教师3347人，占教职工总数的34.4%；无职称379人，占教职工总数的3.9%；工勤人员103人，占教职工总数的1.1%。

年龄结构

1986年，安丘县9598名教职工中，30岁以下3739人、31岁～40岁2147人、41岁～50岁2141人、50岁以上1571人，分别占教师总数的38.95%、22.36%、22.31%和16.37%。

2000年，安丘市12783名教职工中，30岁以下2857人、31岁～40岁4095人、41岁～50岁3390人、50岁以上2441人，分别占教师总数的22.35%、32.04%、26.52%和19.09%。

2004年，全市12304名教职工中，30岁以下1646人、31岁～40岁4014人、41岁～50岁4698人、50岁以上1946人，分别占教师总数的13.38%、32.63%、38.19%和15.82%。

2009年，全市10366名教职工中，30岁以下985人、31岁～40岁3643人、41岁～50岁3133人、50岁以上2605人，分别占教师总数的9.5%、35.14%、30.22%和25.13%。

2013年，全市9720名教职工中，平均年龄42.7岁，30岁以下602人、31岁～40岁2803人、41岁～50岁3458人、50岁以上2857人，分别占教师总数的6.2%、28.8%、35.6%和29.4%。

第二节　教师管理

师资调配

1986年—1993年，安丘县教师由县教育局根据工作的需要统一进行调配。1994年，安丘市教委开始对师范类大中专毕业生分配实行岗前测试制度。是年，市教委、市编办制定《关于严格控制乡镇教职工申调城区工作的通知》，严格教师编制管理，缓解日趋突出的进城矛盾，稳定教师队伍。

1997年—2000年，市区学校先后有190名教师参与支教，缓解部分偏远乡镇和缺编乡镇专任教师不足状况。

从2001年起，全市小学教师逐渐超编，初中教师趋于饱和，而高中扩大招生，出现师资不足。

2002年，市教育局从分配的184名大专以上师范类毕业生中，择优录用88名到高中任教，同时从全市在编教师中考选251名优秀教师充实到高中学校任教。

2003年，全市教职工12602人，核定教职工编制为10654人，超编1948人。是年6月，潍坊市调整部分行政区划，南流镇403名公民办教师划归坊子区教育局管理。

自2004年始，师范类毕业生不再直接分配，而是按需考选录用。至2006年，全市考选220名师范类毕业生分配到学校任教。

2007年，潍坊市调整部分行政区划，黄旗堡镇411名教师、安丘五中94名教师划归坊子区教育局管理；赵戈镇261名教师、王家庄镇268名教师、景芝镇44名教师划归峡山区教育管理中心管理。是年，安丘市教育局、人事局联合下发《关于加强城乡学校领导干部和教师交流的意见》，每年安排一定数量领导干部和教师进行为期一年的城乡交流，实现教师资源合理配置，优化师资结构，激发教师队伍活力。至2013年，全市有341人参与城乡教师交流。

管理体制改革

1988年7月，安丘县教育局相继在金冢子乡、南流镇中心中学和县教师进修学校进行公开选聘校长试点，在县职业中专进行直选校长试点，全面推行以校长负责制、教职工聘任制、校内奖励工资制为主要内容的配套改革。

1994年7月，市教委开始推行以“校长负责制、教职工聘任制、岗位目标责任制、结构工资制”为主要内容的学校内部管理体制改革。

2000年8月，市教委进一步深化以教职工聘任制和结构工资制为主要内容的教育内部管理体制改革，出台《关于深化教育内部管理体制改革的意见》及配套文件，核定各镇街道教委和全市各级各类学校人员编制，合理设置学校内部机构及教职工工作岗位。学校主要依据教职工量化考核成绩，分三轮聘任教职工。安丘市教育内部管理体制改革成功经验分别被《人民日报》《大众日报》《农村大众》《潍坊日报》等数家报刊刊登，潍坊市教委在全市予以推广。

2004年12月，安丘市召开全市推行中小学校长职级制工作动员大会，部署推进中小学校长职级制改革工作，出台《中共安丘市委办公室、安丘市人民政府办公室关于推行中小学校长职级制度的实施意见》及《中小学校长聘任管理办法》等4个配套文件，并于月底完成各镇街中心学校校长和市直学校校长职级聘任工作。至2013年，全市仍推行校长职级制。

民办教师整顿

1986年—2005年，根据国家解决民办教师问题“关转招辞退”的五字方针，安丘市对全市民办教师进行“整顿、清理、转正”工作。

1986年，安丘县从民办教师中选招公办教师280人。

1992年5月，省委、省政府出台《关于提高教育质量办好教育为人民的决定》。是年9月，安丘县贯彻落实省委、省政府《决定》精神，从民办教师中选招公办教师159人。同时，辞退违犯计划生育政策334名民办教师。自此，全县连续多年通过安丘师范、益都师范等学校招考民办教师，每年均在50人以上，毕业后转为公办教师。

1996年，从优秀民办教师中选招915名公办教师。1998年7月，根据省人事厅和潍坊市人事局关于从民办教师中选招公办教师的文件精神，安丘市从民办教师中选招1002名公办教师。2003年8月，根据潍坊市解决民办教师问题工作会议精神，安丘市将符合条件的756名民办教师转为公办教师。2006年10月，又为87名民办教师落实公办教师待遇，对考核不合格和不具备选招录用条件、退养条件的14人，全部予以辞退，给予一次性经济补偿。

1990年—2006年，全市有129名民办教师办理退养手续，按月发给生活补助费。

2007年12月，安丘市根据山东省实施《中国教育改革和发展纲要》的规定，制定退养民办教师工资按上一年度当地农民人均纯收入1.8倍发放的长效机制。民办教师待遇问题得到彻底解决。

教师招考

1994年，市教委实行师范类大中专毕业生分配岗前测试制度。2002年，全市招考分配184名师范类大专以上毕业生。2008年，从大学毕业生中招考教师127人。其中，58名教师分配到市直学校任教，69名教师分配到农村学校任教。自此，全市教师队伍更新机制开始健全。2009 年，招考中小学、职业学校教师 212 人，其中硕士研究生 50 人，全部补充到普通中小学和职业学校任教，全市教师队伍更新机制进一步健全。

2010 年 7 月，全市从大学毕业生中招录新教师 154 人。其中，研究生 9 人，安置“三支一扶”（大学生在毕业后到农村基层从事支农、支教、支医和扶贫工作）大学生 42 人，分配到教学工作一线。2011 年 7 月，招录 153 名新教师，安置 2 名免费师范生。2012 年，补充新教师 142 人，安置免费师范生 2 人。2013 年，组织招考新教师 165 人，安置免费师范类毕业生 7 人，全部充实到教学一线任教。

职称评定

1987 年，根据山东省、潍坊市人事部门和教育主管部门关于职称改革工作部署，县教育局启动教师职称评聘工作。自是年始，教师职称每年评定一次。1987 年—2000 年，职称评定实行定岗限额办法，即按照教职工人数比例，确定高级、中级、初级各类专业技术岗位名额。其间，凡被评上相应等级职称、取得任职资格证书者，职务工资一般在当年兑现。2000 年—2008 年，职称评定实行评、聘分开办法。职称评定放宽，教职工凡符合条件均可申报参评，经评定符合标准条件的，由市人事部门颁发相应等级任职资格证书，职务工资自市教育局聘任之日起兑现。2009 年起，教师职称实行评聘合一。是年 11 月，全市教师职称体系由原中学和小学教师相互独立的职称（职务）制度体系过渡到统一的中小学职称（职务）制度体系。

教师资格认定

根据国家《教师资格条例》和省教委《关于全面实施教师资格制度的通知》规定，安丘市自 1996 年始实施教师资格认定工作。是年，全市认定幼儿教师资格人员 157 人，小学教师资格人员 4756 人，初级中学教师资格人员 3576 人；潍坊市教育局认定安丘市高级中学教师资格人员 703 人，中等职业学校教师资格人员 500 人，中等职业学校实习指导教师资格 34 人。1996 年—2002 年，属教师资格过渡认定阶段，过渡认定对象为在编公办教师和民办教师。2002 年 6 月底，教师资格过渡认定工作结束。其中，认定幼儿教师资格人员 11 人，小学教师资格人员 1655 人，初级中学教师资格人员 2177 人。是年 7 月，开始面向社会开展教师资格认定。至 2013 年，全市有 1015 名通过教师笔试资格审查。其中，幼儿园 400 人、小学 198 人、初中 193 人、高中 207 人、中等职业学校 17 人。

第三节　教师待遇

政治地位

1986 年—2013 年，安丘市教师政治地位不断提高，其标志有三个方面：其一，教职工同工人、农民及其他社会从业人员一样，享受同等社会地位。安丘市人大常委会、安丘市政协均为市教育部门保留一定名额常委和委员席位。其他如加入中共党组织、评选表彰劳动模范、选拔专业技术人才等活动，市教育部门也占有一定名额。其间，有教师 454 人（次）被选为省、市、县三级人民代表大会代表和政协委员；有 1922 名教师光荣加入中国共产党；有 30 名教师分别荣获山东省、潍坊市、安丘市劳动模范与科技拔尖人才称号。其二，教职工行使当家作主权利。1987 年起，安丘县各级各类学校均建立教职工代表大会制度，学校重大决策须经教代会通过才能生效，教职工民主权利制度化，在学校的主人翁地位得到进一步巩固。其三，教职工合法权益得到法律保障。1985 年 9 月 10 日，全县庆祝首个教师节。此后在庆祝一年一度教师节之际，中共安丘市委、市人民政府以及全市社会各界，本着“为教师办实事、办好事”的原则，到学校走访，看望慰问教师。各级党委、政府经常听取市教育部门和学校工作汇报，及时研究解决教师工作、学习、生活中遇到的实际问题和困难。至 2013 年，受安丘市级以上表彰的尊师重教先进单位 20 个，教育世家 20 户，尊师重教先进个人 4008 人次。1994 年《中华人民共和国教师法》颁布后，全市教师合法权益得到法律保护，教师职业为社会羡慕和敬重。

1986 年—2013 年，安丘市在推荐全国、山东省、潍坊市优秀教师、优秀工作者的同时，表彰一批县级优秀教师和先进工作者。其间，28 名教师获国家级优秀教师称号，80 名教师获省级优秀教师称号。在山东省、潍坊市特级教师评选中，全市有 14 名教师被评为山东省特级教师，15 名教师被评选为潍坊市特级教师。

工资津贴

1985 年 11 月，安丘县根据中共中央、国务院《国家机关和事业单位工作人员工资制度改革问题的通知》精神，进行教职工工资制度改革工作，改现行工资制度为以职务工资制度为主的结构工资制。1987年开始职称改革，实行教师基础职务工资制。1988年1月，按照国务院《提高中小学教师工资标准的实施办法》，对中小学、幼儿园教职工、中专学校专任教师及原为教师因工作需要调任行政管理工作人员，提高工资标准10%，并作为计发离退休费的基数，自1987年10月1日起执行。1993年11月，按照国务院《关于机关事业单位工作人员工资制度改革问题的通知》，对广大教职工工资进行套改，由过去以职务工资为主要内容的结构工资制，改为职务等级工资制，工资构成分为职务等级工资（固定部分）和津贴（活的部分）两部分。工资套改后，教职工月工资总额比套改前有较大幅度增加。由于乡镇财政困难，特别是1997年、1999年、2001年三次增资后，农村教师工资发放出现不平衡状况。从2002年7月起，安丘市农村中小学公办教师工资由市财政统一按必保工资标准发放，教师工资基本得到保障。2005年7月，农村教师养老保险和医疗保险开始由市财政统一代扣代缴。2006年7月，全市中小学教师再次进行工资套改，并按国家统一规定的新工资标准发放工资。2007年9月，落实农村中小学教师地方福利费。是年11月，农村中小学教师与市直学校教师一同增加15%的住房补贴。2009年9月，拉平城乡教师工资差距，提高农村教师住房补贴至35%，同时享受住房公积金，实现全市教师工资统一标准发放。其后，每年年度考核合格以上人员增加一级薪级。2013年，全市教师人均月工资3440.89元。

1985年，安丘县执行山东省工资制度改革领导小组《关于从1986年1月起增发工龄津贴、教龄津贴和护士工龄津贴的通知》规定，1986年1月起增发工龄津贴和教龄津贴。1989年9月，按照省人事厅、省教育厅、省财政厅《关于贯彻〈关于提高中小学班主任津贴和建立中小学教师超课时酬金制度的实施办法〉的实施意见》，全县中小学班主任津贴由原来的4元～6元提高到13元～15元。从1992年1月起，根据潍坊市人事局《关于在国家机关、事业单位实行职务（岗位）补贴的意见》的规定，安丘县在机关、事业单位工作人员中实行职务（岗位）补贴。从1995年12月起，根据潍坊市人事局文件规定，安丘市调整机关事业单位工作人员职务补贴和误餐补贴标准，同时对离退休人员发给相应生活补贴，解决机关事业单位工作人员工资偏低问题。从1998年1月起，全市机关事业单位工作人员现行津贴补贴中的交通补贴、洗理费、粮油补贴、粮价补贴、开放城市补贴和误餐补贴6项补贴简化归并，统一称为地方福利补贴。从2001年1月1日起，根据潍坊市人事局、潍坊市财政局文件规定，给市直机关、事业单位在职工作人员发放考勤奖和目标管理奖。从2005年1月1日起，根据潍坊市人事局、潍坊市财政局文件规定，执行市直机关事业单位工作人员岗位津贴和交通补贴。2007年起，根据人事部《关于调整特级教师津贴标准的通知》，特级教师津贴从每人每月80元调整为300元。2010年5月，增加全市教职工薪级工资，9月增加岗位补贴，人均月增资316元。2013年，全市教职工队伍津贴结构由职务补贴、增加的岗位补贴、地方福利和岗位津贴、住房补贴、教龄津贴等构成。

福利待遇

1986年起，安丘县在改善办学条件的同时，重视改善教师住房条件。至1989年，地处乡镇的普通高中、职业高中教师住房问题基本解决，达到单身教师每人一间房，带家属教师每人至少两间房。1988年—1994年，城区学校建成10余幢教师宿舍楼和一批平房宿舍。1995年，市教委实施“广厦工程”，解决教师住房问题。在市区征地28.5亩，新建安丘市教师公寓，建设公寓楼8幢，面积25000平方米，310户教职工入住。1998年—2000年，市直各学校加大投入，进一步改善教职工住房条件，相继建起高标准教工宿舍楼，建筑面积45734平方米，教师住房问题得到较好的解决。21世纪初，随着全市住房制度改革结束，教师住房开始实行商品化，住房不再统一安排解决。

1986年—1994年，安丘市教职工伤病医疗待遇，仍按1952年6月国务院《关于全国各级人民政府、党派、团体及所属事业单位的国家工作人员实行公费医疗预防的指示》执行。门诊、住院所需的诊疗费、手术费、住院费、药费，均在医疗费项下拨付。1995年9月，根据国家体改委、财政部、劳动部、卫生部《关于职工医疗制度试点的意见》，市人民政府印发《安丘市党政机关、事业单位干部职工医疗保险暂行规定的通知》，规定职工医疗保险基金实行国家、单位和个人三方合理负担的办法，设立统筹医疗基金账户和个人医疗基金账户，集中管理，分别核算。全额预算事业单位由市财政按参保单位负担部分40%的比例给予补贴，其余自行解决。个人医疗账户中的本金和利息为参保人所有，可以结账使用和继承。从2001年起，全市教职工实行基本医疗保险制度。自2011年1月始，全市教职工队伍由原来使用公费医疗本，改为使用社会保障卡（简称社保卡），进一步方便就医。

第四节　教师培训

1986年—1998年，全市教师培训工作由市教委职业教育科主管。1998年下半年开始，教师培训工作隶属市教委政工科主管。市教委成立中小学教师继续教育工作领导小组，下设继续教育办公室，与政工科合署办公。师训工作作为一项硬指标纳入各级教育干部岗位责任制，成为年终评比条件之一。2009年4月，市教育局设立教师教育科，为局内部股级科室。同时，教师培训工作也纳入到市教育局对镇街区教管办、市直学校的督导评估。

普通教师培训

安丘市普通教师培训工作历经学历达标、教学基本功、新课改三个重点阶段。

学历达标培训　1986年，由县教师进修学校举行教师专业知识和教材教法过关考试。全县6092名中小学教师参加教材、教法过关考试，并取得合格证；2300名小学教师参加卫星电视中师学习；43名青年教师离职到省、市教育学院进修；283名教师参加高师函授和高教自考。

1987年，县教师进修学校招收卫星电视高师学员1700人，开展初中教师专业合格教育培训，全面开展卫星电视中师及中师函授教育教学工作。1988年，550名中师函授学员完成学业按期毕业（实际招生587人）；90名中师脱产班学员完成学业按期毕业。

1989年—1991年，县教师进修学校全面开展卫星电视高师、卫星电视中师和中师函授教育教学工作，提高教学辅导质量和考试合格率。1990年，767名中师函授学员完成学业按期毕业。至1991年底，1900名小学教师完成卫星电视中师学业并取得中师毕业证书。

1992年开始，县教育局根据省教育厅统一安排，开展中学教师“三沟通”培训，录取中学教师“三沟通”培训大专学员2400余人、本科学员400余人。至1996年，通过3年多的培训学习，2000余名中学教师取得大专毕业证书，300余名中学教师取得本科毕业证书。20世纪末，通过高师函授、高师音像、卫星电视、离职进修、中师函授、自考助学、中学教师“三沟通”培训等多种形式的学历教育，全市高中教师、初中教师、小学教师学历达标率分别为80%、90%、99%。

教学基本功培训　1995年，市教委在普通中小学教师中全面开展教师业务达标活动，有3460名教师业务达标。1996年，在市职业学校开展教师业务达标活动。是年，全市8142人参加教师业务达标活动，7597人达标，达标率93.3%。1997年，开始考核训练全市中小学教师通用基本功和学科基本功，当年各级各类学校11000人参加通用基本功培训。2000年，在中小学教师通用基本功和学科基本功训练的基础上，启动教育教学综合能力训练。暑期开始进行中小学教师计算机应用全员培训。通过培训，全市教师通用基本功、学科基本功和综合教育教学能力得到提高，大多数教师掌握计算机初级以上操作技能，初步会用计算机进行辅助教学和开展教学研究。

新课改理念培训　2001年6月，国务院颁布《关于基础教育改革与发展的决定》。针对全国推行新一轮基础教育课程改革的需要，市教育局开展新课改“通识培训”和“教材教法培训”。是年，全市10000多名中小学课任教师全员参训，其中237名骨干教师参加省级培训。2002年，根据教育部《中小学教师继续教育工程方案》的要求，从全市选出300名小学骨干教师，用3年时间，对小学教师进行市级教材教法培训。2004年，选拔18名优秀英语教师赴英国培训学习。是年4月，举办全市小学、初中英语教师培训班，参训教师700多人。11月，举办百名优秀班主任、百名学科带头人培训班。2005年2月，以安丘一中和市东埠中学、实验小学、职业中专4所学校为教师继续教育培训基地，对全市小学、初中、高中分学段进行学科教师新课程全员培训，并开展学科骨干教师教材教法培训，720人参训。是年，举办第二期百名学科带头人和百名

优秀班主任培训班。2006年暑期，组织中小学业务校长、高中新教师、初中专任教师、小学专任教师、中小学音体美教师及幼儿园骨干教师培训班，培训中小学、幼儿园骨干教师1100人，培训新课程学科教师830人，培训小学班主任300人。2007年3月，出台《安丘市名师、名校长培养实施意见》；5月，举办中小学教务主任岗位培训班，全市110名教务主任参加培训学习；11月，由市教育局主办，市教师进修学校承办全市中小学班主任培训班，1190人参训。2008年，启动“送培到校”活动，整合教学研究人员和安丘名师优质资源，利用双休日到农村基层中小学开展学科教师全员培训。同时，与国家教育行政学院合作举办中小学校长远程高级研修班，有500人次参训。2008年—2013年，山东省教育厅开展全省中小学教师全员远程网络研修。市教育局组织全市教师利用暑假参加培训。2011年—2013年，连续三年被山东省中小学教师远程研修项目组评为组织工作先进单位。

安丘市2008年—2013年教师参训学段及人数情况表

表22—9　　单位：人

学年度	高中	初中	小学	幼儿园
2008	1145	—	—	—
2009	1210	—	—	—
2010	1319	420	—	—
2011	1256	476	1131	—
2012	1267	2086	1618	85
2013	1169	2079	1768	100

2009年11月，市教育局出台《关于建立中小学“名师工作室”的实施意见》，在全市各级各类学校建立不同层次的“名师工作室”。2010年9月，出台《安丘市中小学教师继续教育规定和安丘市中小学教师继续教育学分管理办法》，在全市中小学教师中实行继续教育证书制度。2011年3月，制定《安丘市中小学教师、校长培训五年规划（2011—2015）》；6月，安丘市被省教育厅、省财政厅列为山东省教师教育基地“十二五”建设名单（2012年度）。2012年6月，市教育局出台《安丘市中小学（幼儿园）教师校本培训实施意见》，并评选出校本培训示范校20所。2013年9月，全市统筹义务教育阶段学校生均公用经费的2.2%，由市教师进修学校设立专项账户集中统一管理，用于支付县级及以上教育行政部门（业务部门）组织的教师培训费用。是月，市教育局下发《关于进一步加强教师进修学校建设的意见》，明确教师进修学校在信息、培训、教科研等方面的中心地位，确定安丘一中、市职教中心、市东埠中学、市实验小学、市机关幼儿园为安丘市教师进修学校的教师教育实践基地，协助市教师进修学校开展教师培训工作。

校长岗位培训

1991年，国家启动中小学校长岗位培训工程。安丘县第一、二期小学校长岗位培训在安丘县教师进修学校进行，175名校长参训并取得岗位培训合格证书。第一、二期初中校长岗位培训，由潍坊教育学院教师授课，189名校长参训并取得岗位培训合格证书。高中校长9人参加在山东省教育学院组织的岗位培训，并取得合格证书。1996年—1997年，安丘市组织第三期小学校长岗位培训，有76名校长参训并取得岗位培训合格证书。至1997年底，全市中小学校长全部持证上岗。

1997年，国家启动中小学校长提高培训工程。潍坊市初中校长提高培训试点班在安丘举行，第一期培训43人，第二期培训47人。在取得经验的基础上，安丘市与潍坊教育学院联合举办小学校长提高培训班。

2000年，全市96名中小学校长参加国家及山东省、潍坊市教育行政部门举办的中小学校长高级研修班。

2008年10月，市教育局与国家教育行政学院干部培训网联合成立中国教育干部培训网山东安丘中小学校长培训中心，启动全市中小学校长远程培训。至2013年，举办中小学校长远程培训四期，培训校长（园长）及学校干部1898人次。

新教师培训

1986年—1996年，安丘市新教师试用期培训主要由学校采取新老教师结对帮扶等方式完成。

1997年—2003年，新教师培训主要围绕教师职业道德、教育教学理论、现代教育技术和教学基本功展开，聘请潍坊教育学院教师授课，实习期开展一期岗前培训和一期转正培训。

2005年，安丘市开始招考新教师。新教师培训进入规范化阶段。培训形式采取集中培训和分散培训相结合的方式进行。集中培训由市教育局统一组织，通过报告、专题讲座、经验介绍等方式进行；分散培训由新教师所在学校和镇街道教管办负责，选派有丰富经验的名师、学科带头人和骨干教师为指导教师，在备课、说课、上课、评课、作业批改、教育教学实践活动等诸方面进行具体指导。培训内容包括教师职业道德规范、政策法规、教育教学常规、新课改教材教法、教育科研、教师心理健康教育、班主任工作、现代技术与课堂教学整合等专题。集中培训成绩和工作实效考核成绩均合格者，视为新教师试用期合格，由市教育局颁发“安丘市新教师培训结业证书”，同时根据继续教育规定，培训学时折算成学分纳入继续教育登记，并作为该教师年度考核的依据，以及取得任职资格、参与职称评定的必备条件。不合格者不予转正定级，须参加次年新教师培训。2005年—2013年，全市培训新教师1246人。

教师职业道德培训

1986年2月，县教育局在教师中开展普法教育活动。1987年10月，下发《关于深入开展教书育人、为人师表活动的通知》，在全县教职工中开展教师职业道德教育。

1992年—1996年，安丘市教委相继制定《关于加强教师队伍管理的暂行规定》《关于进一步加强教职工职业道德建设的决议》等规章制度，充分发挥党、团、工会等组织的作用，做好广大教师思想政治工作，加强教师职业道德建设。

1998年，先后开展行业作风整顿、教育民心工程和“讲师德、做师表、树正气”等集中教育活动，并把1998年定为全市教育干部教育教学理论学习年。

2000年，根据教育部《关于加强中小学教师职业道德建设的若干意见》的精神，组织全市教职工开展学习《中华人民共和国教师法》《中华人民共和国义务教育法》《中小学教师职业道德规范》等法律法规和落实潍坊市“十不”行为规范活动，增强广大教师自觉遵规守法意识。

2002年，市教育局开展“安丘市教师职业道德建设年”活动，组织“师德教育”报告团巡回报告等一系列教育活动，表彰师德先进单位47个，师德标兵100人。

2005年，设立教师职业道德热线电话。2006年，在全市教师中推行“教师忌语 ”和实行“教师寄语”活动，聘请安丘市部分人大代表和政协委员为社会监督员，接受社会监督，强化师德建设。

2010年3月，印发《中小学教师职业道德考核办法（试行）》。2011年2月，根据潍坊市教育局工作安排，在全市开展“转变教育发展方式　努力办好人民满意的教育”主题实践活动，并建立教育工作群众满意度电话随机调查制度，满意度与学校师德优秀比例挂钩。同时，每学期进行一次师德考核，师德考核结果录入潍坊市教育局网站备案。

2013年，贯彻教育部《关于建立健全中小学师德建设长效机制的意见》精神，将师德教育作为教师培养、职后培训的重要内容，不断完善师德考核、监督、奖惩等制度。

第八章 教育行政

第一节 教育督导

“两基”督导

1992年，安丘县教育督导室按照《中华人民共和国义务教育法》和《山东省乡镇九年义务教育评估方案》，发挥其监督、检查、评估和指导职能，每年定期督查各乡镇实施义务教育情况。1995年，安丘市“两基（基本普及九年义务教育、基本扫除青壮年文盲）”验收结束后，市教育督导室建立义务教育监测评估制度，定期监测和分析全市义务教育学校间的差距，巩固“两基”成果，推进义务教育均衡发展。1998年始，落实市政府“两基”复查制度，每年对“两基”工作进行一次年检。2002年，全市实施义务教育“以县为主”管理体制后，市政府教育督导室督导评估主要侧重办学行为规范情况、教师培训、教育投入、校舍危房改造等内容。2003年—2013年，山东省人民政府确立对县级人民政府教育工作实施督导评估制度后，市政府教育督导室周密部署，自评整改，通过迎接山东省、潍坊市教育督导评估，确保义务教育“以县为主”管理体制落到实处。

专项督导

1998年—2001年，市教育督导室重点对课程开设、中小学生在校时间和课业负担及学生家庭经济负担进行专项督导检查，全面落实国家、省教委关于课程设置的规定和潍坊市中小学实施素质教育依法治教“双十条”规定。2002年，市政府教育督导室重点检查各镇街道所有初中学校、中心小学及一所学区小学的办学情况，确保初中小学入学率、巩固率达到省定标准。2004年，组织实施全市义务教育学校办学行为专项督导评估。2005年，专项督导检查全市民办学校和民办幼儿园办学行为。2011年，国家启动“学前教育三年行动计划”（2011—2013），潍坊市教育局专项督导安丘市普惠性标准化幼儿园建设。在该次督导中，55所新建、改扩建幼儿园，建设成果显著，获得督导评估满分成绩。2012年，在潍坊市教育局专项督导中，全市48所新建、改扩建幼儿园成绩均为满分，安丘市普惠性标准化幼儿园建设走在潍坊市前列。2013年，潍坊市教育局专项督导安丘市校园安全工作。抽查大盛镇大盛初级中学、大盛小学、大盛幼儿园和凌河镇凌河中学、拥翠小学5所学校，重点督导检查校园周边环境综合治理、安全制度建设、门卫值班、专职安保人员配备、监控覆盖等方面，获潍坊市第四名。

综合督导

1998年，安丘市开始综合督导评估全市教育工作。依据评估结果，实行“一评一挂、一考多取”的办法，把部分中考优秀生招生指标分配到乡镇和学校。1999年，综合督导评估各乡镇政府、教委和学校教育工作。评估结果作为衡量单位教育工作水平及单位和个人评先树优、干部考核、普通高中招生名额分配的重要依据。2001年—2013年，在迎接潍坊市对县级人民政府教育工作“五项”督导评估工作的同时，每年定期和不定期地综合督导评估各镇街道教育工作和各级学校办学水平，评估结果作为安丘市考核镇街区和市直有关部门党政领导政绩的重要内容和依据。

教育投诉

2008年10月，市政府教育督导室配备专职教育投诉管理人员，在市教育局设立投诉举报电话两部，全面负责市内教育投诉的受理、查处、回复工作。2011年11月，印发《关于建立投诉查处考核机制切实规范办学行为的意见》，健全全市教育投诉查处考核机制，明确办学行为违规处理办法及相关考核结果的使用。2011年9月，开始印发投诉信息通报，每月分类汇总整理全市教育投诉事件，全面掌握教育投诉动态，方便学校有针对性地改进教育教学工作。至2013年底，共印发教育投诉信息36期。

督导队伍建设

2004年—2007年，市政府聘任专（兼）职督学42人，特约督学49人，任期均为3年。2007年1月，开始建立教育督导责任区制度，全市镇街学校和市直学校划分成31个责任区，市教育局专（兼）职督学对辖区总负责，责任直接到校，实行无缝隙覆盖。2012年2月，市政府成立安丘市教育督导委员会，由市长任主任，分管副市长任副主任，组织部、教育局、财政局、人社局、编办等市直部门主要负责人和部分学校校长为成员。教育督导委员会办事机构为市政府教育督导室。

2013年9月，国务院教育督导委员会办公室印发《中小学校责任督学挂牌督导办法》，安丘市随之进行督学责任区调整，全市划分督学责任区19个，责任督学38人，所有督学责任区进行挂牌督导，各责任区督学姓名、电话、教育投诉电话等信息全部在学校门口明显位置统一张挂，方便群众咨询投诉。是年11月，安丘市调整市人民政府教育督导委员会组成人员，增加相关市直部门领导作为成员，去除原委员会中学校校长成员。同时，换届市人民政府督学，聘任兼职督学55人、专职督学6人，聘期均为3年。

第二节　教育经费

教育经费

1986年—2013年，安丘市落实教育优先发展战略地位，重视教育投入工作，在确保各类保障资金及时足额到位前提下，不断加大投入力度，保证财政对教育拨款达到中央提出“三个增长”的要求，促进全市教育事业又好又快发展。

1988年，全国首次实行教师职称评聘，并进行工资与职称挂钩。在财政比较困难的情况下，安丘县大幅度增加教育事业经费拨款。全年拨款1536.5万元，比上年增加354.8万元，增长30.02%。

1990年，进一步加大对教育投入力度，全县教育经费拨款1951.4万元，比1989年增加257.7万元，增长15.2%。

1993年，在实行首次工资套改的大背景下，安丘县继续加大对教育投入力度，经费拨款大幅提高，达2944.8万元，比上年提高16%。

1994年，安丘市建立和完善以财政拨款为主、多渠道筹措教育经费体制，把教育事业摆在优先发展战略地位。是年，按照中央文件，进行新中国成立第二次大的工资套改，大幅提高教职工工资。全年安排教育经费拨款4837.5万元，比1993年增加1892.7万元，增长64.27%

1995年，安丘市贯彻落实国家、省、潍坊市教育工作会议精神，进一步发展教育事业，专门印发《安丘市实施〈国家教育改革和发展纲要的意见〉的通知》，明确要求财政预算内教育经费占财政支出的比例要保持不断增长，城市维护费至少拿出10%用于中小学经费，控制商品附加费全部用于教育事业，确保中小学生均公用经费及生均教育事业费不低于潍坊市平均水平。是年，为达到中央提出的“基本实现九年义务教育、基本扫除青壮年文盲”的“两基”要求，市政府专门下发文件，明确要求财政对教育的拨款达到“三个增长”，足额征收城乡教育费附加，并做到专款专用。按年度拨付生均公用经费，标准为农村小学33元，初中65元；市区小学50元，初中80元，并逐年增长。1995年全市教育经费拨款5402万元，比1994年增加565万元，增长11.7%。

1999年，全市教育经费拨款1.35亿多元，首次突破亿元大关，比1998年大幅增加3540万元，增长35.66%。

2002年，实施农村税费改革后，市委、市政府发出《关于印发安丘市农村税费改革实施方案（试行）的通知》，规定“取消农村教育集资后，农村中小学校舍建设和改造资金，由市、镇财政预算安排，上级财政予以专项补助”。明确规定校舍改造资金来源。

2003年，市政府出台《关于贯彻农村义务教育“以县为主”管理体制的意见》，镇街道教职工工资开始全部上划到市，确保教师工资足额发放。农村中小学公用经费除从学校规定收取杂费中列支外，其余部分由市、镇财政适当给予安排。

2004年，安丘市严格执行省政府《关于在全省义务教育阶段学校实行“一费制”收费办法的意见》，将全市普通中小学收取的杂费、课本费、作业本费全部纳入“一费制”范围。除此之外，严禁学校以任何名义向学生收取其他费用，减轻家长经济负担。

2007年，安丘市贯彻国务院、省、潍坊市有关文件精神，实施农村义务教育经费保障机制改革。改革主要内容是：全面免除农村义务教育阶段学生杂费，提高农村义务教育阶段中小学公用经费保障水平，继续对农村贫困家庭学生免费提供教科书并补助寄宿生生活费，建立农村义务教育阶段中小学校舍维修改造长效机制，巩固和完善中小学教师工资保障机制。市政府出台《安丘市农村义务教育经费保障机制改革实施方案》，从制度上保证义务教育经费保障机制改革顺利实施。全市从秋季开学起，全部免除义务教育阶段学生杂费。

2009 年，安丘市进一步完善教育经费筹措机制，确保教育投入保持较快增长。全年教育经费拨款达 40491 万元，比上年增加 4542.7 万元，增长 12.6%。

2011 年，安丘市落实《国务院关于进一步加大财政教育投入的意见》，完善农村义务教育经费保障机制，加大对教育投入力度，提高生均公用经费拨款标准。小学每生每年 600 元，初中每生每年 800 元，特殊教育学校每生每年 3000 元，全年拨付公用经费 5596.7 万元。是年，安丘市开始对家庭困难寄宿生进行生活补助，执行标准为小学每生每年 750 元，初中每生每年 1000 元。全年发放家庭困难寄宿生生活补助费 116.2 万元，资助家庭困难寄宿生 2277 人次。同时，落实对义务教育阶段学生免费提供教科书政策，学生教科书全部由政府集中采购，免费提供，免除学生课本费 929 万元。

2012 年，继续加大教育投入力度，按省示范县标准及时足额拨付义务教育阶段学校公用经费。初中拨款标准提高到每生每年 900 元，小学提高到每生每年 700 元，全年拨付公用经费 6503.89 万元。同时，落实山东省财政厅提出的对家庭困难寄宿生资助提标扩面精神，小学补助标准每生每年 1000 元，初中每生每年 1250 元，享受补助困难学生占寄宿生比例提高到 10%，全年发放寄宿生生活补助费 124 万元，资助学生 2002 人次。特殊教育学校从秋季开始，按每个在校生每天 12 元标准，每年按 240 天计算，全年拨付生活补助费 12 万元，作为在校学生生活补助费。

2013 年，安丘市鼓励、支持全市各级各类学校创建标准化学校，全年教育经费拨款 10.8 亿元。其中，生均公用经费拨款标准高于省定示范县标准，初中每生每年 929 元，小学每生每年 736 元，特殊教育学校每生每年 4200 元，全年拨公用经费 6417.5 万元。

教育费附加

1986 年—1994 年，安丘市征收农村教育费附加，实行“乡征、乡管、乡用”的征管办法，按上年农民人均纯收入的 1.5% 计征，实行专款专用。1995 年，全市农村教育费附加由“乡征、乡管”改为“乡征、市管”。2001 年，根据中共中央、国务院《关于进行农村税费改革试点工作的通知》，安丘市取消农村教育费附加的征收。

安丘市城市教育费附加和地方教育费附加，分别自 1986 年和 1998 年开始征收。其中，地方教育费附加征收是以单位和个人交纳增值税、消费税、营业税的税额为依据，附加率为 1%。

安丘市 1986 年—2013 年国拨经费 城乡教育费附加 捐资助教情况表

表 22—10 单位：千元

年份	历年国拨经费情况		城乡教育附加费						历年捐资助教情况
			历年城市教育费附加		历年农村教育费附加		历年地方教育费附加		
	拨入	使用	征收	使用	征收	使用	征收	使用	
1986	11098	11098	111	111	3257	3257	—	—	12700
1987	11817	11817	259	259	4918	4918	—	—	1374
1988	15365	15365	380	380	10235	10235	—	—	2400
1989	16937	16937	5500	5500	11275	11275	—	—	2402
1990	19514	19514	13547	13547	56370	56370	—	—	3281
1991	21399	21399	1050	1050	11365	11365	—	—	4230
1992	25389	25389	1665	1665	11920	11920	—	—	16096

续表 22—10

年份	历年国拨经费情况		城乡教育附加费						历年捐资助教情况
			历年城市教育费附加		历年农村教育费附加		历年地方教育费附加		
	拨入	使用	征收	使用	征收	使用	征收	使用	
1993	29448	29448	2000	2000	12101	12101	—	—	7702
1994	48375	48375	3018	3018	16206	16206	—	—	5200
1995	54020	54020	3537	3537	24835	24835	—	—	54083
1996	71911	71911	4763	4763	34582	34582	—	—	14790
1997	84073	84073	5323	5323	40619	40619	—	—	7189
1998	99265	99265	5522	5522	38194	38194	2087	2087	2511
1999	134665	134665	18559	18559	27947	27947	2070	2070	1317
2000	137103	137103	6160	6160	32968	32968	2485	2485	12497
2001	148399	148399	7285	7285	19904	19904	2084	2084	7645
2002	155571	155571	7726	7726	—	—	4460	4460	1314
2003	158110	158110	8166	8166	—	—	5121	5121	8485
2004	172414	172414	8756	8756	—	—	5073	5073	2200
2005	189713	189713	8980	8980	—	—	4253	4253	2423
2006	202536	202536	9960	9960	—	—	3183	3183	4484
2007	312623	312623	13647	13647	—	—	5646	5646	3078
2008	359483	359483	16640	16640	—	—	4510	4510	4672
2009	404910	404910	16610	16610	—	—	3910	3910	6077
2010	492220	492220	22250	22250	—	—	6542	6542	5128
2011	703640	703640	29289	29289	—	—	16880	16880	10105
2012	837467	837467	32213	32213	—	—	17073	17073	7715
2013	1082280	1082280	38340	38340	—	—	18774	18774	10100

第三节　教育装备

电教设备

1986年—2013年，安丘市电教装备从最初录音、录像和幻灯片制作辅助于教育教学发展到现代多媒体和网络应用于教育教学，实现质的飞跃，传统教学模式和方法得到根本改变。

1986年，全县各乡镇购买录像机39台，放像设备在全县开始普及。

1990年，安丘一中、安丘师范学校在全县最早建起语音教室。1999年，市电教站分别在安丘镇城北小学和临浯镇、官庄镇召开全市语音室建设及电教管理工作现场会。会后，全市义务教育学校均建成语音室。

2000年，市教委印发《关于学校统一配备计算机开设信息技术课的实施意见》。是年6月，采购2000台学生用计算机，所有高中、初中和市直小学均配备一个计算机教室。

2001年，市教委制定《关于加快普及全市中小学信息技术教育的实施意见》，规范全市中小学信息技术教育教学活动。

2002年，市教育局出台《关于鼓励教师购买计算机开展教育信息化的意见》，配备教师用计算机1000多台，全市教师用计算机数量有了大的突破。是年10月，投资190多万元建成教育局城域网络中心。网络中心建成后，各镇街道教委、市直各学校可以通过DDN、光纤等方式与中心相连，资源共享。

2003年，市教育局集中采购校园网建设的主要设备服务器和交换机。其中，服务器27台、交换机61台，货款约计51万元。是年4月，印发《关于对中小学教育信息资源库建设规划的通知》。全市中小学学科资源达15万多件。其中，英语学科资源20489件，其他各学科资源13万件，涵盖中小学各学段各年级各学科。

2004年，市教育局公开招标，投资5.6万元，建成集视频系统、音频系统、显示系统、控制系统以及灯光等设备于一体的网络视频会议系统。是年5月，柘山镇柘山初级中学机器人灭火队获全国初中组灭火比赛第七名。下半年，全市完全小学以上学校充分利用“一费制”中关于信息技术教育费收取政策,配备学生用计算机654台,价值240多万元。从此，全市完全小学以上所有学校均开设信息技术课程。

2006年，全市建成英语学科主题资源网站380多个，应用信息技术教学指导意见230多个。是年10月，景芝镇中心中学学生薛文静科学幻想画《未来空间》获全国二等奖，该项成果同时获潍坊市人民政府教学成果二等奖。

2007年，市教育局实施农村中小学现代远程教育工程，订购150多万元硬件设施，其中配备电视机40台、DVD机80台、计算机238台、多媒体投影设备73套。至此,全市农村中小学实现远程教育。

2008年，市教育局公开招标，为部分学校采购教师机、学生机708台,建成4个标准机器人实验室,总价值200多万元。是年3月，投入10万元为市教育网络管理中心购置农村远程教育接收系统及相关服务器等设备。9月，投资18.7万元，配合市公安部门安装网络行为监控软件，规范教育系统上网行为。2009年，全市投资2000多万元，招标采购教师机1818台、学生机2049台、多媒体投影设备1133台。其后，镇街区驻地小学以上学校专任教师人手一机，学生计算机室达到标准，多媒体投影进教室；完全小学每校确保配备一个多媒体投影教室。是年6月，市教育局投资18万元，为信息网络中心配备千兆口防火墙，实现千兆为主干百兆到桌面的网络布局，保证教育内信息网络安全性。

2010年，市教育局网络中心新增加两台办公平台服务器,扩展服务空间,实现1000兆宽带上网,确保办公平台稳定性和安全性。是年5月，市电教站为镇街区驻地小学以上学校免费制作82个教育网站和网络办公平台，开辟学校对外宣传新窗口，提高学校办公自动化水平。7月，潍坊市教育局在安丘召开潍坊市“班班通”工程现场会，会议充分肯定安丘做法并要求在潍坊推广。12月，在山东省中小学信息化建设与应用经验交流会上，安丘市教育局代表潍坊市作题为《深入实施“班班通”工程，推动教育均衡发展》发言。

2011年，投资1300多万元，招标采购多媒体投影机400套、学生用计算机2300台、自动录播系统15套和安保监控系统一套。10月，在镇街区所辖学校和市直学校建成45个视频会议室，搭建远程视频会议平台。2012年，多方筹措资金，配备15套自动录播教室，配备教师机871台、学生机1100台、投影机300台、电子白板300套。至此，安丘市教育信息化整体水平在全省领先。是年3月，市教育局“构建教育信息化平台，促进区域教育均衡发展”被山东省教育科学规划办公室确定为山东省教育科学“十二五”重点课题。7月，承办第21届中国儿童青少年威盛中国芯计算机表演赛山东赛区决赛，安丘市获一等奖8个、二等奖8个、三等奖9个，市教育局被大赛组委会评为优秀组织单位。9月，教育部在深圳举办首届“全国中小学信息技术教学应用展演”活动，市教育局“建立区域流媒体网络视频系统促进教育均衡发展”被山东省确立为“教育信息化促进地区教育公平与均衡发展”项目，代表山东省到会展演（全省仅3家）。

2013年，根据潍坊市教育局“加强数字教育云资源建设与应用，提升农村小学英语教学质量与水平”项目实施方案，市电教站多次开展网络视频互动教研活动,得到潍坊市电教馆好评。5月16日，潍坊电视台专题报道该项目。10月，市教育局下发“全市中小学教师现代教育技术大比武活动”实施方案，调动教师学习研究现代教育技术的积极性。

实验教学设备

1986年，县教育局投资49.47万元，在24所乡镇中心初中建成实验室，并配备物理、化学专职实验室管理员。潍坊市教学仪器管理站为新建实验室学校配备价值6.5万元教学仪器。

1987年，安丘县乡镇中心初中实验室建设情况顺利通过潍坊市教学仪器管理站评估验收。

1990年，全县初中、小学配备教学仪器价值6.61万元。是年5月，县教育局检查全县乡镇中心中学、县直学校实验室，有6所学校被评为先进单位，9名初中仪器管理员受到通报表彰。

1991年4月，县教育局出台《关于进一步搞好中小学实验室、图书室建设的意见》，公布《安丘县中小学实验室、图书室建设标准》，下发《关于中小学实验室、仪器室张挂规章制度和有关簿册设置的规定》。各乡镇（企业）教委设仪器组长，全县各项实验教学活动得到加强。

1992年4月27日—29日，国家教委到安丘调查学生实验动手能力，安丘一中、安丘五中、安丘镇中心中学、大盛镇辛兴中学和石堆乡中心小学参与调查。是年，全县配备理科教学仪器价值25万元，音、体、美、电教器材价值50余万元，创县仪器配备最高纪录。

1993年8月，县教委首次举办全县仪器管理人员培训班，系统培训仪器管理人员。

1994年8月，市教委举行全市自制教具评选活动，评出一等奖7件、二等奖13件、三等奖14件。

1995年，全市乡镇完全小学以上学校均建成实验室，乡镇中心小学、中心中学理科器材配备均达教育部二类标准，基本能满足实验教学需要。6月，市教委在全市开展自制教具及实验教学论文评选活动，评出优秀教具20件，优秀实验教学论文10篇。

1997年，市教委专项拨款46.8万元，为普通高中和职业学校配备实验教学器材。市仪器站首次编印《小学自然实验准备手册》和《初中理化生实验准备手册》。

1999年，全市中小学对照《山东省实验教学普及县验收标准》进行自查自纠，进一步规范实验室管理，加强实验教学。

2000年，安丘市申报的20个《中央教科所全国“十五”部级规划课题“中小学素质教育中多种教学媒体综合运用实验研究”》子课题全部由中央教科所审批立项。秋季，小学学具开始在全市部分小学试点使用。

2001年，市教委采购各类教学仪器及器材价值近42万元，其中为安丘八中一次性配备理化生各科教学仪器价值32万余元，扭转该校无实验教学条件状况。市仪器站组织全市初中理科教师自行创造设计理化生实验243个，评出优秀创新实验191个；组织开展学生创新实验竞赛，从中评出创新实验竞赛优胜集体10个。

2003年，全市各学校购置各类教学仪器及器材价值100余万元，改善实验教学条件。是年12月20日，全国“十五”规划课题“中小学素质教育中教学媒体的综合应用实验研究”安丘实验区中期研讨会在市实验小学召开，该校介绍课题研究经验。

2005年11月14日，安丘市顺利通过山东省“实验教学普及县”初查。

2006年，市教育局组织、指导中央教科所全国教育“十五”规划课题“中小学素质教育中多种媒体综合运用实验与研究”的20个子课题结题工作。由于工作成绩突出，安丘市被中央教科所授予课题研究和管理工作先进单位称号。

2007年1月，省政府教育督导组到安丘检查验收中小学实验教学普及工作。经验收组实地检查，全市顺利通过省“普实”验收。是年12月，潍坊市补贴给安丘市2006年度和2007年度教学仪器更新资金178万元。其中，市特殊教育学校教学仪器资金40万元，农村中小学教学仪器资金138万元。2007年，安丘市教育局被省教育厅评为教育技术装备管理工作先进单位。

2008年，市教育局为全市农村中心中学、中心小学配备篮球架30副、肋木113间、平梯89架、单杠84副、双杠40副、多功能排球柱39副、足球门42个、球筐114个，合计资金52.25万元。是年，接收潍坊市教育局配发特殊教育学校及农村中小学器材计750种30万台（件）。

2009年，继续实施户外体育器械配备工作。至秋季开学，为全市初中小学配备篮球架30副、肋木361间、平梯213架、单杠208副、双杠56副、多功能排球柱39副、足球门42个、球筐238个，合计资金115.25万元。是年，潍坊市教育局分配给安丘市教学仪器更新资金166万元。其中，市特殊教育学校教学仪器资金10万元，农村中小学教学仪器资金156万元，占全潍坊市配套资金总数的16.2%。安丘市教育局被山东省教育厅评为山东省教育技术装备管理工作先进单位。

2010年，潍坊市分配给安丘市仪器更新专项资金156万元。市教育局利用专项资金，更换全市13处镇街区26所中心学校、9所市直初中小学仪器橱药品橱1250个，改变学校仪器橱陈旧不堪现状。是年，安丘一中投资100多万元，建成通用技术实验室2个，数字化探究实验室3个，改建实验室7个，配备实验教学器材2套；市青云学府投资近40万元，新建通用技术实验室和数字化探究实验室，配备教学仪器2套；安丘市兴华学校投资30多万元，新建标准实验室6个，仪器室、准备室各3个。省财政拨付专项资金35万元，为市兴华学校建设物理和生化数字化探究实验室各一个，并被确定为全省初中学校探究实验室建设试点学校。是年11月，经市机构编制委员会审批，安丘市实验教学研究中心成立，市仪器站工作重心开始由实验室建设、配备、管理、使用，逐渐转移到从事实验教学研究和指导各学校实验教学工作。

2011年，山东省教学仪器设备有限公司为凌河镇中心中学安装完成数字化探究实验室，并培训相关学校技术人员。市教育局利用省、潍坊市仪器更新资金，为凌河镇凌河中学、景芝镇景芝小学、辉渠镇雹泉小学配备各功能室专用设施，为辉渠镇辉渠中学、景芝镇浯河中学改建标准化实验室7个，更换仪器橱、药品橱150个。至年底，全市理科教学仪器达到小学科学仪器4人一组，初中理化生分组教学仪器2人一组的要求。

2012年，市教育局结合标准化学校建设和教育示范县创建，加强实验室建设和教学仪器配备工作。全市新建初中理化生实验室15个、小学科学实验室8个，改建综合实践活动室等功能用室62个，总投资488万元；购置318万元实验教学仪器，442万元音体美器材，72万元综合实践器材。

2013年，潍坊市首次中考录取加入实验操作技能考试。安丘市教育局全面检查、验收全市29所初中学校实验室及内部设施，便于考生参加中考实验操作技能考试；从全市初中物理、化学、生物三科实验教师中优选骨干教师66人，组建中考实验操作技能考试监考员队伍，并组织相关培训，顺利完成实验操作技能考试监考工作。暑期期间，专项培训130名初中理化生骨干教师，组织40名小学科学骨干教师参加潍坊市教育局组织的实验教师培训，提高理化生教师实验教学水平及动手操作能力。

教育图书报刊

1987年，县教育局设立安丘县教育图书代办站，负责统一监督管理全县学校教育图书、教育报刊的征订、供应工作及学校图书室建设。

1988年起，根据潍坊市教育局《山东省教育图书供应社潍坊市代办站图书供应暂行办法》，全县中小学用书征订，全部由市、县两级图书代办站统一办理，其他任何单位和个人（包括教育系统其他部门单位）均不得随意向中小学校和学生布置征订。

1989年8月，县教育局召开全县教育图书供应管理工作会议，明确教育图书管理工作由各乡镇、县属学校勤工俭学办公室统一负责，乡镇和县属学校配备图书管理专职或兼职人员。是年9月，转发潍坊市教委《关于贯彻执行国家教委办公厅〈加强教材、图书资料管理，严格控制教学参考资料发行〉的通知》，加强全县学校教材、图书资料管理，严格控制教学资料征订。

1990年2月，县教育局、新华书店联合下发《关于学生课外读物供应管理的通知》《关于图书报刊供应的试行办法》，加强学校图书管理和教育图书、报刊供应工作，规范学校图书室用书，各学校图书室配书开始按省教委统一公布书目、配备标准征订。是年7月，在教育宣传、通联发行工作中，安丘县教育局被省教委评为先进单位。

1991年，县教育局开展学书、用书、评书活动，统筹安排、合理规划县内图书室建设与校改工程配套建设，图书室配书达到农村小学每生5册，城市小学和乡镇中心小学每生10册，实验小学和初中每生15册，高中每生20册。

1992年，全县教育部门有图书室184个，藏书73万余册，专（兼）职图书代办员56人。县教育图书代办站全年累计供应图书价值120余万元，图书室订购书刊16万余册。

1993年，县内学校图书馆（室）建设和配书按照国家教委《中小学图书馆（室）规程》要求配备，建学生阅览室435个，12348平方米，藏书112万余册。

1994年10月，市教委组织检查组调查全市178所学校图书发行情况，使学校图书管理发行状况得到明显改观。

1995年5月，组织全市中小学图书管理员83人进行培训。是年，市教育部门图书馆（室）藏书168万册，达标图书室203个。安丘市教委、安丘镇教委、安丘市东埠中学等10个单位被潍坊市教委评为中小学图书馆（室）建设管理工作先进单位。

1997年，市教委制定《关于加强教育图书征订管理和图书室工作规定》，加强和规范全市教育图书市场管理。

1998 年，全市教育部门图书馆（室）藏书 174 万册，图书室 303 个，投入购书经费 90 余万元，图书馆（室）面积 9658 平方米，教师阅览室面积 7338 平方米，学生阅览室面积 11230 平方米。阅览室拥有计算机 600 台，音像设备 947 台，专（兼）职管理人员 355 人。

2004 年，市教育局实施“朝阳读书计划”，加强中小学图书馆（室）建设、配备和管理工作，改革中小学图书馆（室）管理办法，提高图书利用率。同时各校搞好班级“图书角”建设，延伸和扩大阅读阵地，方便学生阅读。是年，全市有图书馆（室）177 个，藏书 200 万余册。

2005 年，全市教育图书馆（室）开始实行“超市式”管理，方便师生借阅，提高图书使用效率。

2009 年，市内各级各类学校图书馆（室）面积 10260 平方米，书库 86 个，22067 平方米，阅览室 100 个，6748 平方米，电子阅览室 12 个，468 平方米；书架 1479 个、书柜 433 个、阅览椅 3750 把、阅览桌 270 张、电脑 155 台、服务器 37 台、藏书 260 万余册。市教育局拨付经费 380 余万元，各单位自筹经费 279 万元（其中购书经费 179 万元），补充、更新图书馆（室）藏书及部分图书阅览配套设施。

2011 年 12 月，市教育局利用省财政厅、省教育厅配备农村义务教育学校价值 320 万元图书、80 万元教育教学挂图，充实全市各级各类学校图书馆（室）。2012 年 8 月，利用市内企业捐赠价值 50 万元图书，充实学校图书馆（室）。组织全市中小学图书管理员进行培训，加强图书管理队伍建设；汇编《中小学图书馆（室）规程（修订）》、中小学图书馆（室）管理人员岗位职责、藏书库及资料室管理规则等，下发学校。是年，市图书代办站被山东省教育社表彰为教育图书报刊宣传发行工作先进单位。

2013 年，市教育局利用潍坊市实验教学研究中心配备价值 31 万元图书和省财政厅、教育厅配备农村义务教育学校价值 246 万元图书，充实全市义务教育阶段学校图书馆（室）。各级各类学校自筹资金购买图书 95 万余册，使图书馆（室）图书配备均达到二类以上标准。是年，市教育图书代办站被山东省教育社表彰为教育图书报刊宣传发行工作先进单位。

第四节　招生考试

普通高等学校招生

1986 年，山东省高等学校招生仍实行预选的办法，继续实行全国统一考试，考试时间是 7 月 7 日—9 日三天，考试科目为理科 7 门，文科 6 门。是年，安丘县有 1045 名考生参加高考，录取大学本科 230 人、专科 181 人、高中中专 95 人。

1987 年，高等师范院校和中专对口学校停止招收中师、中专的推荐生；应届毕业生使用新的毕业生档案，考生志愿按本科、专科顺序分别填报，可报 2 个本科学校志愿、5 个平行参考志愿和 3 个专科学校志愿。是年，全县有 1113 名考生参加高考，录取 418 人。其中，本科 171 人、专科 175 人、高中中专 72 人。

1988 年，应届高中毕业生不再实行预选，往届毕业生、同等学历的社会青年、在职职工须参加预选。山东省在英语、物理两门实行标准化考试的基础上，增加政治、化学、历史、地理 4 门标准化考试，并且为防止作弊在同一考场使用 A、B 两种试卷。是年，全县有 2039 名考生参加全国高考，本科录取 237 人、专科 380 人、高中中专 55 人。

1989 年，国家教委在全国推行标准化考试，山东省对英语、政治、语文、历史、地理、物理、化学 7 门开始实行标准化考试。考生可按顺序填报 3 个学校志愿，再填 5 个平行的参考志愿，还可填 4 个专科学校志愿和 1 个电大班志愿。是年，全县有 2109 名高中毕业生参加高考，本科录取 256 人、专科 229 人、高中中专 49 人。

1990 年，山东省实行本科计划分配到地市，本科志愿由往年的“参考志愿”“服从分配”改为“调剂志愿”，考生志愿按照志愿表要求按本科、专科和中专的顺序分别填写。实行计算机辅助录取，全部用计算机提档。山东省招生委员会根据分配到市地的招生计划数和统考成绩向市地调档，调档分数即是市地的本专科录取最低分数线。是年，全县有 2561 名考生参加高考，录取本科 280 人、专科 214 人、高中中专 65 人。

1991 年，国家开始招收自费生，山东省开始招收艺术特长生。高考科类由原来 5 类改为普文、普外、美术、普理、体育、音乐、师文、师外、师理 9 类。师范类招生实行单独填报志愿、单独划线、单独录取政策。是年，全县有 2693 名考生参加高考。其中，应届高中毕业生 1882 人，往届高中毕业生、社会青年、干部及转业退伍军人 811 人。本科录取 316 人、专科 359 人、高中中专 107 人。

自 1992 年起，在普通高校全国统一招生考试中政治科目分为文史、理工两种试卷。具有高中或中师毕业以上文化程度的初中民办教师可报考师范专科学校。是年，全县有 2786 名考生参加高考，本科录取 244 人、专科 434 人、高中中专 80 人。

1993 年，中共中央、国务院颁发《中国教育改革和发展纲要》，标志国家高等教育体制改革进入一个新阶段。是年，安丘县开始取消往届高中毕业生和社会青年高考预选制度，实行师范院校提前单独录取。从参加高考的考生中首次招收电大普通班专科生。高考科目全部实行标准化考试，试卷不分 A、B 卷。是年全县有 2865 名考生参加高考，录取 1493 人。其中，本科 338 人、专科 962 人、高中中专 193 人。

1994 年，高考科目作较大调整，文科考语文、数学、外语、政治、历史 5 科，理科考语文、数学、外语、物理、化学 5 科，取消地理、生物科目的考试。在国家教委属院校和山东工业大学、潍坊高等专科学校进行计划并轨（潍坊高等专科学校实行统招计划和委培计划并轨招生，按委培生统一划线录取）和收费制度改革试点，录取时划一条统一的分数线，录取的新生要缴纳培养费。是年，全市有 2594 名考生参加高考，录取 1329 人。其中，本科 376 人、专科 801 人、高中中专 152 人。

1995 年，本科招生计划不再分到市地，实行全省划定统一录取分数线。除师范和农业院校外，其他院校中的本科专业全部实行招生计划并轨。是年，全市有 2909 名考生参加高考，本科录取 504 人、专科 782 人、高中中专 130 人。本科录取人数比上年增加 128 人。

1996 年，专科学校计划仍按人口比例分配到市地，其中市地属师范专科学校招生计划可以分配到县（市、区），但不得分配到乡镇。山东加快省属院校招生计划并轨改革步伐，除师范、农业院校外，其他院校中的本、专科专业均实行招生计划并轨。每考场考生数发生变化，由原 25 人改为 30 人。是年全市有 3034 名考生参加高考，本科录取 667 人、专科 711 人、高中中专 210 人。全市本、专科录取 1368 人，居潍坊市第一位，比自 1977 年恢复高考制度后最好的 1995 年多 163 人，增长 25%。包括理科第一名在内的 4 名考生被清华大学录取，3 名考生被北京大学录取。有 3 名考生进入潍坊市文科前 10 名。

1997 年，招生计划中原来的统招、委培、定向全部实行并轨交费。报考科类改为文史、美术、理工农医、体育、音乐 5 类。高考档案实行卡片式。填报志愿时间改为高考成绩公布后的 7 月 28 日—30 日进行。是年，全市有 3437 名考生参加高考，本科录取 608 人、专科 383 人、电大及高中中专 280 人。

1998 年，报考科类发生变化，分为文史、外语、美术、理工农医、体育、音乐 6 类。是年，全市有 3788 名考生参加高考，本科录取 769 人，专科录取 413 人，高中中专 364 人。本科上线突破 700 人大关，上线人数是安丘历史上最多的一年。潍坊市“鸿启”奖学金颁奖大会首次在安丘举行。

1999 年，高考体检开始使用新标准，高考成绩公布形式由标准分改为原始分。是年，全市有 4116 名考生参加高考，本科录取 1131 人、专科 418 人、电大及对口高职 748 人。本科录取人数首次突破千人大关。

2000 年起，应届普通中专学校毕业生可以报考普通高等学校；职业中专、职业高中、以招收应届初中毕业生为对象的成人中专的应届毕业生，可以报考对口高职。录取工作实行电子档案和网上录取新模式。应届高中毕业生实行加 10 分投档。是年，全市有 4712 名考生参加高考，本科上线 1315 人（不含艺术、体育类考生），列潍坊市 12 个县市区第一名；实际录取本科 1654 人，专科 700 人，电大、高职及高中中专 907 人。

2001 年，全市取消考生年龄和婚姻限制，国家和集体企事业单位的职工只要经所在单位批准即可报名参加考试；取消高中中专招生。报考科类分文史、美术、体育、理工农医、音乐 5 类。高考成绩以原始分形式公布。外语考试增加听力考试。是年，全市有 5216 名考生参加高考，本科录取 1916 人、专科 1431 人、对口高职 427 人，高考录取总数居潍坊市第一名。

2002年，高考实行“3+X”方案。“3+X”中的“3”是指语文、数学、外语3科，其中数学分文、理科试卷，外语听力计入外语总分；“X”指综合科目，分文科综合（包括政治、历史、地理）和理科综合（包括物理、化学、生物）。录取工作全面实施远程网上录取，分7批进行。是年，全市有6294名考生参加高考，本科录取2242人、专科1691人、对口高职276人，本科一榜上线人数取得潍坊市“三连冠”。输送海军飞行员5人。安丘市招生办公室被山东省招生委员会办公室、海军招飞办公室评为先进单位。

2003年，在山东省招生的普通高校其计划形式一律为国家计划。首次提出高等学校自主制定招生章程向社会公布有关信息，作为录取新生的重要依据。部分高校扩大招生自主权。考试时间提前到6月7日—8日。统分实行改革，由往年的抄录登分单改为报卷上机。省内高校录取的考生不再办理户口转移手续。是年，全市有7770名考生参加高考，本科录取3586人、专科1924人、对口高职298人，再次居潍坊市第一名。有6名考生被北京大学、清华大学录取。输送海军飞行员4人。安丘市招生办公室被山东省教育厅、海军航空兵司令部评为先进单位。

2004年，录取分提前批、本科一批、本科二批、本科三批、专科（高职）一批、专科（高职）二批6批进行。本科层次招生不再进行补录，专科（高职）如生源不足，山东省招生办公室组织补录。是年，全市有10022名考生参加高考，本科录取4394人、专科1873人、对口高职433人，其中本科一榜上线人数蝉联潍坊市高考“五连冠”。有4名考生被录取为海军飞行员，安丘市招生办公室被山东省招生委员会办公室、海军招飞办公室评为海军招飞先进单位。

2005年，考生档案增加诚信记录。报考科类改为文史、艺术文、体育、理工农医、艺术理五类。语文实行网上阅卷。是年，全市有10159名考生参加高考，本科录取4684人、专科2965人、对口高职433人。

2006年，对口高职考试时间提前到5月20日—21日。同时，考生数学成绩开始全部计入文化考试成绩总分。全市有11592名考生参加高考，本科录取3778人、专科4011人、对口高职433人。有4名考生考取飞行员，市招生办公室被山东省招生委员会办公室、海军招飞办公室评为先进单位。

2007年，考试时间发生变化，由6月7日—98日改为6月7日—9日；考试科目也发生变化，实行“3+X+1”，即在原来“3+X”的基础上增加一科基本能力测试，考试时间在6月9日上午，满分100分，按60%加入总分，综合科由原来的满分300分改为240分。是年，全市有11180名考生参加高考，本科录取2529人、专科4446人、对口高职325人。

2008年，增加特殊考生优先录取项目，在与其他考生同等条件下，高等学校优先录取退出部队现役、残疾军人子女等4类情况的考生。继续推进网上阅卷进程，新增加数学和理科综合两科进行网上阅卷。对口高职考试科目全部实行网上阅卷。是年起，山东省普通高校录取的本省新生，入学后一律不再办理户口迁移；被外省普通高校录取的山东省考生，可自愿选择是否办理户口迁移手续。全市有8812名考生参加高考，本科录取2701人、专科4152人、对口高职266人。

2009年，所有科目全部实行网上阅卷。扩大注册录取的范围和数量，范围扩大到所有民办高校。是年，全市有8064名考生参加高考，本科录取3303人、专科3755人、对口高职418人。

2010年，各个科类实施网上报名模式。考生信息采集的内容在往年的基础上增加考生指纹信息采集和二代身份证信息采集。高考体检取消乙肝项目检测。实行远程网上填报志愿及本科三批、专科（高职）批次征集志愿模式，分9次进行填报。是年5月，市招生办公室创建安丘招生考试网，为山东省首家县级招生考试专业网站，被潍坊市教育局授予2010年县市区教育创新工作项目二等奖。全市有7761名考生参加高考，本科录取2966人、专科3161人、对口高职286人。

2011年，录取增加自主招生批次。扩大分批次征集志愿范围，从本科二批开始实行分批次征集志愿录取。进一步改进招生管理办法，公安军事院校扩大自主招生范围，考生投档后由院校自主决定是否录取；取消民办院校、独立院校、中外合作办学院校与考生签订协议的办法。增加艺体类考生填报志愿的灵活度。所有考试成绩不再下发。是年，全市有7339名考生参加高考，本科录取3060人、专科3094人、对口高职228人。

2012年，实行面向不同学生类型的分类考试办法，即春季高考和夏季高考。春季高考重点面向中等职业学校毕业生，同时面向普通高中毕业生，由省统一命题，统一组织考试，主要为高职院校选拔合格生源，考试时间为当年5月。夏季高考重点面向普通高中毕业生，同时面向中等职业学校毕业生，继续执行全国统一的招生考试政策和考试时间，统一命题、统一组织考试。春季高考和夏季高考的报名、考试与录取工作分开进行，允许考生相互兼报。夏季高考考生报考科类分为文史、艺术文、体育、理工、艺术理5类。春季高考分15类，在原14类对口高职专业的基础上增加煤炭类。实行网上缴费。录取分提前批、自主招生批、本科一批、本科二批、专科（高职）批5批进行。实行远程网上填报志愿，并在本科一批、本科二批、专科（高职）批采用征集志愿模式。是年，在市招生办和各考点建成高标准国家级考试考务视频指挥中心，所有考点考场均完全符合国家教育考试标准化考点建设规范要求，平台建设走在全市乃至全省前列。安丘市高考考务工作连续五年实现“体检零失误、考务零失误、考试零作弊、试题保绝密、安全无事故、考点全省优”的六大工作目标。是年，全市有5766名考生参加高考，本科录取2659人、专科2522人、对口高职264人。

2013年，全面推行平行志愿，本科一批、本科二批、专科批全部实行平行志愿。一志愿可以报考6所院校，平行录取。提前批不实行平行志愿。调整本科二批录取控制分数线划线办法。合并原来的本科二批省属录取控制分数线和市属录取控制分数线为省属录取控制分数线，取消潍坊市属线。是年，全市有5599名考生参加高考，本科录取2573人、专科2556人、对口高职105人。海军招收飞行员工作再获佳绩，全省招收的49名海军飞行学员中，安丘市3人，录取人数位居潍坊市各县市区第一名。

安丘市1986年—2013年高考升学一览表

表22—11 单位：人

年份	报考人数	本科	专科	高中中专	对口高职	合计
1986	1045	230	181	95	—	506
1987	1113	171	175	72	—	418
1988	2039	237	380	55	—	672
1989	2109	256	229	49	—	534
1990	2561	280	214	65	—	559
1991	2693	316	359	107	—	782
1992	2786	244	434	80	—	758
1993	2865	338	962	193	—	1493
1994	2594	376	801	152	—	1329
1995	2909	504	782	130	—	1416
1996	3034	667	711	210	—	1588
1997	3437	608	383	280	—	1271
1998	3788	769	413	364	—	1546
1999	4116	1131	418	748	—	2297
2000	4712	1654	700	907	—	3261
2001	5216	1916	1431	—	427	3774
2002	6294	2242	1691	—	276	4209
2003	7770	3586	1924	—	298	5808
2004	10022	4394	1873	—	433	6700
2005	10159	4684	2965	—	433	8082

续表 22-11

年份	报考人数	本科	专科	高中中专	对口高职	合计
2006	11592	3778	4011	—	433	8222
2007	11180	2529	4446	—	325	7300
2008	8812	2701	4152	—	266	7119
2009	8064	3303	3755	—	418	7476
2010	7761	2966	3161	—	286	6413
2011	7339	3060	3094	—	228	6382
2012	5766	2659	2522	—	264	5445
2013	5599	2573	2556	—	105	5234

中等专业学校招生

1986 年起，安丘县初中中专招生仍采取预选办法。县教育局向各乡镇初中学校分配预选名额，预选合格后统一划线。

1992 年，全县初中毕业考试、高中招生、中专预选实行一次性考试。

1993 年，师范招生计划指标分为统招生、委培生、捐资助学生三部分。

1994 年，全市中专招生的普通专业统招计划、委培计划分配到各乡镇（学校）。

1995 年，初中中专招生发生变化。省部属普通中专计划全潍坊市统招；地市属普通中专招生计划，按人口数正比例分配到县；委培计划根据合同规定分配招生计划；所有中专招生计划一律不再分到乡镇。

1998 年起，中考实行“一考多取制”，即一次考试，普通中专、普通高中分别录取。取消中专预选考试。普通中等专业学校招生全部实行并轨计划，不再分国家任务计划和委托培养计划，学生缴费上学，不再统一分配工作，实行学生自主择业和学校推荐就业。是年，潍坊市招生办公室累计部、省、市属普通中专学校招生计划名额，再根据各县（市、区）人口数正比例一次性分配。自 1998 年中专学生不包分配后，中专招生不再成为热门和首选，中专学校招生数量大幅下滑。

从 2001 年起，部分中专学校开始招收五年一贯制大专学生。自 2002 年始，部分中专学校招收三二连读大专考生，招生计划分到地市。五年一贯制、三二连读招生分为两次录取。第一次和报考高中考生一起填报志愿，考试结束后进行录取；第二次招收高中落榜生，考试不再单独组织，而是参照初中学业水平考试成绩。

2007 年，普通中等专业学校招生工作实行省、市分级管理。部、省属学校经批准可实行自主招生，考生可直接到招生学校报名，山东省教育招生考试院审核录取。普通中等专业学校可招收往届毕业生或同等学历者，实行注册入学。是年，普通中等专业学校继续招收高中毕业生，学制一年或一年半，实行注册入学。报考五年制高职和三二连读高职考生以及应届初中毕业生报考普通中专学校考生须参加中考。

2008 年，普通中专学校设五年制高职、三二连读高职志愿和普通中专志愿两部分；普通中专学校两个顺序志愿，不设调剂志愿。录取工作通过计算机网络完成。

2012 年，中专招生志愿填报工作改为初中学业水平考试成绩公布后进行。

2013 年，山东省推行“3+4”分段培养政策，考生通过 3 年中专学习后可直接就读指定省属本科院校。

普通中小学招生工作

1986 年，安丘一中招生仍采取预选办法，向各乡镇初中学校分配预选名额；其他高中面向全县招生。初中、小学招生按户籍所在地就近入学。

1988 年，安丘一中开始划片招生且不再进行预选；其他高中面向全县招生，学生自由报考。初中招生实行划片招生，小学招生则本着普及的原则就近入学。

1989 年，县教育局出台《城区初中、小学归口入学意见》，城区初中、小学开始划分为县办学校、企业办学校、镇办学校，并按照县直党政机关事业单位、县属企业、安丘镇三大系统对口入学；农村初中、小学就近入学。至2013年，初中、小学招生一直实行划片、归口入学的办法。

1991年，全县初中改制，高中招生在实行划片基础上，按比例分配四年制和三年制学校招生计划。

1992年，初中毕业和高中预选考试实行一次性考试。是年，县教委出台《关于保送部分优秀应届初中毕业生进重点高中学习的意见》，从全县初中应届毕业生中按比例选出216人进入重点高中学习。

1994年，高中招生继续实行全市统一划片和优生优培办法。同时，各校在完成招生计划前提下又招收部分计划外自费生。

1996年，新建普通高中——安丘市第七中学开始招生，全市重新调整高中招生划片范围。是年，初中招生开始实行招生与小学毕业一次性考试，小学合格毕业生全部升入初中学习。

1997年，初中学制由四年制改为三年制，毕业生大量增加，高中招生计划比上年增加10%。同时，在计划内拿出1/3名额，单独划线录取初中三年级学生。

1998年，中考实行“一考多取制”，取消高中预选考试。安丘市在高中划片招生基础上，首次根据各乡镇合格应届毕业生数和乡镇人民政府教育综合评估情况，分配优秀学生指标，进入高中学习。

2000年，实行高中招生“六统一”（统一命题、统一制卷、统一时间报名、统一时间考试、统一时间阅卷、统一录取），各校招生均由市教委统一录取。

2002年，全市招生实行指导性招生计划，市教育局按照各普通高中办学规模下达招生计划。安丘一中、市实验中学按照国有民办学校做法进行招生，不再划分招生服务片，面向全市招生，其他高中招生服务片稍作调整。2003年—2007年，普通高中实行指令性招生计划，由市教育局规定各校招生人数和招生服务片。

自2007年始，高中招生各科考试成绩均用分数表达，按等级公布并录取。

2013年，安丘市首次改原属考查科目的实验操作技能为考试科目，考试成绩纳入高中招生录取。

普通高中学业水平考试

1992年，山东省开始实行普通高中毕业会考制度改革。安丘县从1991年入学学生始进行地理、物理、化学、生物、英语、历史、语文、数学、政治9科会考。根据省教委要求，县招办负责全县高中毕业会考，会考制度的实施成为普通高中教育教学改革的一项重大举措。

1993年10月，根据省教委要求，高中毕业会考由县招办移交县教委基础教育科负责。

1995年，普通高等学校招生政策规定，参加高中毕业会考不合格高中应届生不得报考。会考成绩也是就业、参军的重要依据。

2005年，山东省开始实行普通高中学业水平考试制度，不再进行毕业会考。学业水平考试每学年组织两次，考试成绩全部合格，是学生获得高中毕业证书必要条件之一。学业水平考试起始年级为2006级普通高中学生，2005级及以前普通高中学生继续沿用原有会考政策。

2007年，普通高中学校自行组织的语文、数学、外（英）语考试科目，由潍坊市教育局统一组织。是年，山东省首次开始在全省高校招生录取过程中参考学业水平考试成绩和学生综合素质评价报告，迈出高校录取标准多样化第一步。

2011年12月，高二年级学业水平考试开始每年分两次进行。12月开考语文、数学、英语3科，6月开考地理、历史、物理、化学、生物、政治、信息技术7科。两次考试同时组织所有科目的补考。

2012年，根据省教育厅《关于进一步加强普通高中学生学业水平考试工作的意见》，市教育局负责实施学生学业水平考试，协助潍坊市教育局进行考籍管理。考试实行全省统一命题、统一考试，统一网上阅卷。考生参加同一考试科目次数最多为3次。其中，在校正式考试1次，重考1次，离校2年内参加重考1次。

2013年1月，根据省教育厅要求，普通高中学业水平考试组织实施工作由市教育局基础教育科移交市招生办公室负责。是年始，普通高中学业水平考试每年组织两次，分别在1月和6月进行。

第五节 特色教育

中小学减负

1998年，安丘市教委贯彻落实省教委《关于加强中小学学生用书管理，减轻学生负担的意见》和安丘市委、市政府关于统一学生用书的《会议纪要》精神，按照“一个漏斗向下，实行三个统一”（由教育行政部门统一征订、统一收款、统一与新华书店结算）的用书管理原则，减轻学生课业负担和学生家庭经济负担。当年减轻学生经济负担近3000万元，全市人均减负30元。是年5月、11月，山东省教委地（市）教委主任会议和全省中小学素质教育经验交流会议上，两次特邀安丘市教委作“双减”（减轻学生经济负担和学业负担）经验介绍，并称此做法为“安丘经验”。《人民日报》《中国教育报》《瞭望》《大众日报》、山东电视台等十几家新闻单位对此作报道，“安丘经验”在全国推广。

青少年科研基地

2002年8月，安丘市以安丘市第三职业中专为依托，成立安丘市青少年科技创新教育实践基地。开设科技探究类、军事博览类、自然保护类、自我提升类、兴趣培养类5大系列40多个活动项目，每年轮训小学五年级和初中一年级学生。2008年7月，市青少年科技创新实践教育基地被国家自然科学基金委员会、教育部青少年科技后备人才创新能力培养领导小组办公室授予全国科学教育实践基地荣誉称号；2010年6月，《人民日报》专题报道安丘市青少年科技创新实践教育基地；省教育厅、财政厅在安丘市青少年科技创新实践教育基地召开全省中小学校外活动基地规划建设论证现场会，充分肯定安丘注重培养学生创新实践精神，努力实施素质教育的做法，并在全省推广；2013年6月，安丘市青少年科技创新实践教育基地被教育部、环保部评为首批全国中小学环境教育社会实践基地。10月，被国家地震局认定为国家级防震减灾科普教育基地。

教育科研

“八五”至“九五”期间，市教研室承担“单元达标教学实验与研究”和“合作教学实验与研究”。1990年—1995年，开展单元达标教学实验与研究，重点在初中、小学段，研究分实验、推广、总结三个阶段。由于实验成果突出，市教研室于1993年被山东省、潍坊市分别授予农村小学教学工作先进单位称号；2000年，被全国目标教学专业委员会授予目标教学研究先进单位称号。1994年—1997年开展“合作教学实验与研究”，有5个以上教改教研项目获省市级认可。1998年5月，安丘一中被列为“全国教育科学‘九五’规划教育重点课题《现代学科教学论的研究与实践——诱思探究教学深化探索》重点实验研究基地”。1999年11期《山东教育》刊出安丘一中“诱思探究”教学成果“给学生插上创造的翅膀”，在全省推广。

“十五”期间，市教研室承担国家、省、地级科研课题18项。国家级实验课题主要有张思中外语教学法推广实验研究，中学英语24字整体教学法实验研究，诱思探究教学实验研究，小学语文能力评价实验研究。省级实验课题主要有以训练为中心的整体语文教改实验、研究性学习的实验与研究、以理想教育为主线、现代人文素质培养为主旨的德育实验与研究。潍坊市级实验课题主要有青年骨干教师培养决策与研究、初中数学“题源”教学法、生活作文等。张思中外语教学法推广实验研究于2000年被中央教科所授予实验推广先进单位称号，并于2004年获山东省第三届教育科研优秀成果三等奖。2002年2月，潍坊市教育局在安丘举行“研究性学习的实验与研究”成果推介会，并参观安丘市实验小学和兴华学校现场。2006年1月，研究性学习实验与研究等12项实验课题通过山东省教育科学规划领导小组办公室组织的专家组课题鉴定。

“十一五”期间，市教研室承担地市以上“十一五”规划课题28项。省级课题为韩忠玉信心教育法、网上互动教研机制与平台优化研究、小学生德育系列“生活化”的实验与研究、新课程下中小学生经典诵读的实验与研究。潍坊市级课题有关于学生作业“设计—批改—反馈—矫正”实效性和规范性研究、数学思想和方法培养的问题与对策研究、语文教学中基础知识和阅读教学并重的教学策略研究、培养学生良好的阅读习惯等23个。2006年9月，网上互动教研机制与平台优化研究获潍坊市人民政府教学成果一等奖。2007年12月，韩忠玉信心教育法获山东省省级教学成果三等奖。2007年10月，关于学生作业“设计—批改—反馈—矫正”实效性和规范性研究获潍坊市教育教学重大问题行动研究成果二等奖。

“十二五”期间，市教研室承担地市以上“十二五”规划课题52项。其中获得立项的省级课题有“在小学生中建立品行银行的实验与研究”等14项。获得立项的潍坊市级课题有“班级摘星行动”研究等38项。省级课题“在小学生中建立品行银行的实验与研究”影响广泛，山东电视台教育卫视头条新闻、潍坊电视台均做过专题报道，《中国教育报》《山东教育》予以报道，省市教育专家高度评价“品行银行”建设工作。2013年5月，潍坊市教科院在兴安街道兴安小学召开潍坊市小学语文习作教学研讨会暨兴安小学“双阅读主题习作”教学成果推介会议，潍坊市教科院以及各县市区的有关领导、专家和语文骨干教师190余人参加会议。该课题得到与会领导、专家和老师们的一致肯定与好评。

德育工作

1986年，安丘县教育局在全县中小学开展“学英模、创三好”“五讲四美三热爱”和中学生“理想、志向演讲”及小学生“文艺小百花”等活动，配合共青团安丘县委开展中学生“奋飞之鹰”活动。

1988年6月，根据全国中小学德育工作会议精神，开展改革开放十年形势教育，贯彻落实《中小学德育纲要》和《中小学生日常行为规范》。

1992年12月，安丘县教委被省委宣传部、省教委评为山东省中小学德育工作先进单位。

1993年，落实《中小学德育大纲》《中小学生日常行为规范》和山东省制定的“两纲”实施细则，开展“学雷锋、学赖宁”等一系列思想教育活动，组织全县中小学生为“希望工程”捐款捐物。

1995年，市教委开展“三百”（百部影片、百首歌曲、百种图书）爱国主义教育活动，先后组织全市中小学生进行“可爱的中华”演讲比赛，纪念中国抗日战争和世界反法西斯战争胜利50周年爱国主义知识竞赛等。

1996年，建立健全校内外德育工作网络；在市区学校组织王松、赵笃刚、宿宝翠事迹报告会，开展不进“三室（台球室、录像室、电子游戏室）一厅（歌舞厅）”等活动。

2001年—2004年，市教育局贯彻中共中央《关于适应新形势进一步加强和改进中小学德育工作的意见》，在全市中小学中实施《安丘市普通高中、初中、小学学生养成教育千分考评细则》，加强全市中小学生日常行为规范教育。

2006年，以“爱心和责任心”教育为主线，改进德育工作方式、方法。9月22日，在安丘一中召开全市学生管理、爱心责任心教育现场经验交流会，推广安丘一中、四中学生管理和爱心责任心教育经验。

2008年，印发《安丘市普通高中、职业学校德育工作规范》《安丘市初级中学德育工作规范》《安丘市小学德育工作规范》《安丘市幼儿园德育工作规范》。是年10月，以“留住母亲才有家”为主题，在全市组织开展“关爱留守儿童，呼唤母亲回归”活动。《人民日报》《光明日报》《北京青年报》《现代教育报》及中央电视台等新闻媒体相继作了深入报道，中央电视台第十频道以柘山镇关注留守儿童教育工作为素材，制作播出《共同走过》专题节目。是年，安丘市实验小学被省文明办、省教育厅、共青团省委、省妇联、省关工委办公室授予山东省未成年人思想道德建设工作先进单位称号。

2009年11月，制定《破解中小学德育热点难点问题行动计划》，推出16项行动研究重点项目，由各学校认领课题，全面提升德育工作质量。

2011年8月，山东革命英烈红军小学、全国红军小学建设工程革命传统爱国主义教育基地和爱国主义劳动教育实践基地在安丘落成。全国人大外事委员会主任委员、全国红军小学建设工程理事会名誉理事长李肇星为其授牌，全国人大教科文卫委员会副主任委员、全国红军小学建设工程理事会名誉理事长李树文为其题词。

2012年10月，市教育局采取作品版面展示和现场汇报展示两种形式，举办中小学生社团风采展示活动。

2013年，在潍坊市组织开展全市中小学生“学雷锋做有道德的人”爱国主义读书教育活动中，安丘市7.3万名学生参加主题征文比赛，1400余名学生参加演讲和讲故事比赛。市教育局被潍坊市授予优秀组织工作奖。

教学管理

1986年，县教研室加强教学视导，狠抓教学常规落实。组织教育专家深入教学一线，通过听课、座谈、问卷、抽测等形式，解剖课堂教学，注重常规环节检查，掌握学情、教情，为教师搞好教学提供有效指导。自是年始，教学视导成为县教研室研究、指导、管理教学的主要方式。

1995年，市教委出台《关于进一步搞好中小学教学工作过程性评估的意见》，每学期对乡镇、市属学校集中进行一次检查评估。是年始，市教研室每年在全市组织召开两次高考备考研讨会。

1997年，全市中小学全面落实省教委颁发的《中小学教学常规（试行）》和潍坊市普通教育教研室颁发实施的普通高中、初中、小学《学科教学常规与教学工作评估手册（试行）》，抓好教学每一个环节，向课堂要质量、要效益。

1999年，市教研室根据国家有关教育教学的法令法规，结合安丘实际制定实施《安丘市普教教研室视导大纲》。根据视导大纲要求，教研员担任视导组组长，抽调业务干部，分学段分学期组织拉网式视导。视导组成员普听全市教师一次课，查阅所有教学材料，全方位检查教学管理内容，在视导形式、视导内容上有了新突破。《视导大纲》的制定，在全省迈出第一步。是年，全市小学、初中、高中三个学段组织听课12000余人次，举办讲座、研讨会1000多次。

2001年9月，市教研室下发《关于集体备课的硬性规定》，对集体备课提出新要求。全市中小学均明确集体备课时间，中层副职以上干部每人负责一个备课组。每次集体备课有主讲、有讨论，形成集中全组教师智慧的教学案，在此基础上再进行个人备课。

2003年，全市各学校参与潍坊市教育局开展的《关于深化课堂教学质量效益年活动》。每所学校都把“三清”（堂堂清、周周清、单元清）作为中心任务认真对待。安丘市教育局检查指导和总结评比的专项内容增加“三清”工作。

2005年3月，制定《关于评选百名学科带头人的意见》和《关于评选表彰百名优秀班主任的实施办法》，在全市选拔百名学科带头人和百名优秀班主任。百名学科带头人由市教育局通报表彰、享受县级优秀教师待遇，每人每月津贴200元。同时，市教育局对其实行任期考核制，引入动态管理，并建立学科带头人专门档案。由市教研室负责管理，教研员与学科带头人结成对子，指导培养学科带头人，支持学科带头人教育教学改革实验和教育科学研究。百名优秀班主任由市教育局通报表彰，每人一次性发放奖金1000元。自是年始，市教育局连续三年进行百名学科带头人和百名优秀班主任评选，在一定程度上扭转当时安丘部分优秀教师外流的不利局面，全市教科研、班级管理水平有较大幅度提升。

2007年，市教育局先后出台《关于普通高中建立行政领导听评课制度的意见》《关于备课组、教学班捆绑评价的意见》《关于建立高考备考学科研究基地的意见》《关于加强高考备考工作的指导意见》，突出高考备考工作重点，抓好新课程研究。是年12月3日，召开安丘四中教育教学管理经验推介会，总结、挖掘、推介安丘四中教育教学管理方面经验，有效提高全市各级各类学校教育教学管理水平。

2008年，贯彻落实山东省中小学素质教育工作会议精神，制定出台关于规范普通中小学办学行为的有关文件，教育工作重心开始转移到全面实施素质教育上来。全市中小学统一作息时间；严格落实国家课程方案，开全课程，上足课时；科学安排学生双休日生活，组织学生开展各类社会实践活动；改变按分数评价学生的办法，落实学生综合素质评价制度、学生发展报告制度和中考等级录取办法。市教育局组成专项督查小组，拉网式检查各级各类学校办学行为，有效消除与素质教育要求相悖的违规办学行为问题。

2009年3月，召开素质教育专题培训会议，发出《关于对全市中小学办学行为问题查处情况的通报》，出台《安丘市普通中小学暨督学责任区办学行为考核奖惩意见》，把涉及素质教育的有关文件和材料设计为学习目录，并与各责任区督学签订《二〇〇九年责任区督学办学行为目标责任书》，明确督学责任。各学校迅速把规范办学行为统一到省市素质教育工作要求上来。市教育局充分发挥纪委、督导室、基教科、审计科等职能科室和责任区督学功能，加大对办学行为的过程性督查力度，采取不同方式定期、不定期调度和检查各单位办学行为情况，确保规范办学行为各项措施落到实处。市教育局进行281次明查暗访，开出89张整改通知单，进一步规范办学行为。是年12月2日—4日，中央电视台少儿节目组专程到安丘录制《快乐大巴走进安丘》节目，从不同角度展现全市实施素质教育的丰硕成果。节目播放后，在全国引起较大反响。

2010年，按照素质教育的要求，全市中小学课程表在网上公示，公开接受学生家长及社会各界监督。市教育局制定下发《安丘市初中学生综合素质评价工作规范》《安丘市中考招生综合素质等级认定指导意见》，重新规范学生素质评价、中考考生综合素质等级认定，并充分发挥督导作用，加大对学校办学行为过程性督查力度。是年10月23日，

《潍坊日报》头版头条以《一条华美上升曲线的绘就——安丘市教育工作发展侧记》为题，重点推介安丘市教育工作。

2011年，市教育局推进高效课堂教学模式研究和构建，把提高教育教学质量作为学校一切工作的出发点和落脚点。组建城乡教研联盟，全市义务教育阶段学校按区域就近划分为8个教研联盟体，开展教师全员赛课活动，组织高效课堂教学达标验收活动，提升教学质量。安丘市“前置导学探究式高效课堂教学法”和“生活化体验式快乐作文”，在2011年潍坊市“轻负担高质量”优秀教师、先进学校论坛上进行推广。7个项目被潍坊市确定为教育教学创新、燎原奖重点考察项目，3个项目被潍坊市教育局评为潍坊市2010年重大教育教学问题成果奖，3个项目被山东省教育厅评为“十一五”山东地方教育创新成果奖。是年6月10日，《大众日报》以《信息化建设助推优质教育资源共享，安丘城乡学生同上一节课》为题，宣传推介安丘市教育信息化建设经验做法。

2012年，市教育局制定《关于进一步深化全市普通中小学课堂教学改革的意见》，确定2012年为课堂教学效益年。组织开展教师优秀备课展评、青年教师优质课选拔赛、课堂教学专项点评、青年骨干教师“五三”高效课堂论坛、英语教师点读技能大赛等活动。

2013年，市教育局明确提出“教育工作看教学，教学工作看质量，教学质量看成绩”的评价标准，把提高教育教学质量作为一切教育工作的出发点和落脚点。

体育与艺术

体育　安丘市历年举行全市中小学生田径运动会、师生篮球赛、排球赛和冬季越野赛。1988年，全县各普通中学、职业学校首次在入学新生中开展国防教育和军训工作，连续开展26年。军训中，学生刻苦训练，从内务到队列，从思想到行为，都有很大程度提高。安丘市教育局被省教育厅授予山东省国防教育工作先进单位称号。1991年夏季，安丘县中考招生加试体育。此后每年组织体育与健康学业水平测试，并纳入普通高中入学录取标准。1992年9月1日起，在城区小学和乡镇中心小学四、五年级实施《小学生体育合格标准实施办法》《山东省小学生体育合格标准登记卡》。2004年，根据教育部颁布的《学生体质测试标准》，市教育局采用体质测试仪测试全市初中毕业生体质。2007年始，全市每两年举行一届中小学师生运动会，并在开幕式举行大型文艺节目表演，至2013年共举办4届。2008年—2013年，全市全面落实《国家学生体质健康标准》。2009年，市教育局被教育部办公厅、体育总局办公厅和共青团中央办公厅表彰为第二届全国亿万学生阳光体育冬季长跑活动优秀组织单位。2010年，在潍坊市中学生田径运动会上，安丘市代表队获得男子团体第二名、女子团体第三名的优异成绩。2012年始，全市义务教育学校每年举办“体育节”活动。

艺术　1986年夏，安丘一中成立美术班。1989年，县实验中学成立音乐班。是年始，县教育局历年举办“祖国颂”文艺汇演，2005年改为“师魂颂”文艺汇演。1990年，安丘县艺术教育委员会成立。1993年，县教委以县实验小学为依托创办安丘县少年业余艺术学校。1999年夏季，全市中考招生加试音乐、美术。是年11月，山东省农村学校艺术教育经验交流会在安丘召开。安丘市被省教委授予山东省学校艺术教育先进市称号。2000年2月，被教育部确定为全国艺术教育示范市。2002年—2004年，连续3年艺术高考名列潍坊市第一名。2007年，市教育局举办教师节专场文艺晚会。2009年，围绕庆祝新中国成立60周年举办系列艺术展演活动和全市“长安铁塔杯”中小学教师才艺展示活动。是年，安丘市选送的合唱曲目获潍坊市艺术展演活动一等奖；市东埠中学和凌河镇红沙沟小学、市特殊教育学校选送的节目分别获山东省中小学艺术展演二、三等奖。同年，安丘一中、市东埠中学、市实验小学、市青云双语学校和兴安街道兴安小学城北小学6所学校被山东省教育厅评为山东省艺术教育示范学校。2010年国庆节，市教育局举办全市中小学师生合唱比赛。是年，组织教师参加山东省中小学音美教师基本功比赛，参赛选手全部获奖。其中，一等奖2人、二等奖4人、三等奖2人，另有2人分获网页设计单项奖。2012年，参加潍坊第四届中小学生艺术展演，获得优秀组织奖。2013年，在全市义务教育学校举办首届“艺术节”活动。

第六节　校舍改造

1986年，安丘县委、县政府发出《关于限期完成校舍改造任务的通知》，至1987年10月底，有1065所中小学达到“一无（无危房）、两有（班班有教室，人人有课桌凳）、六配套（校园内围墙、大门、操场、旗杆、水井、厕所）”标准，占全县中小学的95%，从根本上改变“黑屋子、土台子、泥凳子”状况。是年11月，经山东省校舍改造验收组检查验收，全县校改达标合格。农村校舍改造结束后，县委、县政府开始改造城区公办学校校舍。是年，投资462万元改造城区部分学校。

1988年—1989年，投资1375万元，全面改造全县校舍。至1989年12月，竣工楼房15幢，平房711间，维修校舍427间，年底基本完成校改任务。1989年，筹资310万元，在城区新建职工子弟小学3所，8月竣工并投入使用。

1990年7月，经山东省公办学校校舍改造验收组检查验收，全县校舍改造总体达到优良以上水平，首批通过省级验收。安丘一中获全省首批实现“五达标”学校总分第四名，校园环境单项第六名。8月，山东省副省长宋法棠到安丘视察，充分肯定安丘一中校舍改造工作情况，并为学校题词。

1991年—1995年，安丘市根据“两基（基本普及九年义务教育、基本扫除青壮年文盲）”需要，进一步改善办学条件。市委、市政府与各乡镇党委、政府签订实施“两基”工作责任状，广大人民群众节衣缩食，为实现“两基”无私奉献。1995年1月，全市通过国家“两基”验收，是新中国成立后安丘教育发展史上重大成就之一。实施“两基”过程中，全市筹措资金1.6亿元。其中，干部群众捐款总额4500多万元，安丘籍港、澳、台同胞，在外华人及在外地工作人员，捐款400多万元。其间，改建学校109所，维修校舍18.5万平方米，新建教学楼116幢，建平房2350间，改建平房1879间，新增建筑面积10万平方米。乡镇完全小学以上学校建成实验室、语音室、微机室。

1996年—2000年，全市新建教学楼、图书馆、实验楼40735平方米，学生餐厅13120平方米，学生公寓20800平方米。1996年10月，安丘一中于1994年投资600多万元，建筑面积3600平方米，可容纳2000多人同时就餐的学生餐厅大楼竣工，属潍坊市一流学校餐厅。

从2001年起，安丘市根据山东省新一轮农村中小学危房改造的要求，全面实施中小学危房改造工程。成立全市中小学危房改造工作领导小组，在市教委设立办公室。是年，新建校舍151间，翻建校舍266间，修缮危房2228间，更换水泥檩条房173间，拆除土坯房24间，撤并危房较多的学校17所，投资500多万元。

2002年，安丘市青云学府开工建设。工程总投资1.5亿元，占地239亩，建筑面积13.84万平方米，设计办学规模90个教学班，5000名学生。2003年竣工并投入使用。

2003年6月，安丘市召开全市中小学、幼儿园危房改造现场会议。年内，投资578万元，改造危房3101间，改造水泥檩条房2806间，拆除或翻建土坯房203间；投资578万元，完成“三无”（无设计单位、无工程图纸、无质量监督）楼房鉴定24幢。至年底，柘山镇、王家庄镇、赵戈镇、雹泉镇、贾戈街道、白芬子镇、凌河镇、关王镇、管公镇和庵上镇学校危房改造任务基本完成。是年，安丘市中小学危房改造工作经验在潍坊市农村教育工作会议上进行交流。

2004年，全市投资477万元，改造危房面积10354.4平方米；投资88.56万元，改造水泥檩条校舍738间。是年，市教育局被省教育厅、省发改委、省财政厅联合授予山东省中小学危房改造工作先进单位称号，并代表潍坊市顺利通过省危房改造工作检查验收。

2005年，全市投入危房改造资金851.93万元，完成中小学、幼儿园危房改造370间，水泥檩条校舍改造433间。同时，以平房建散水坡为重点的校舍养护工程大见成效。是年，市教育局与潍坊市英才学府合作创办安丘市青云双语学校，为全市唯一一所高标准、寄宿制九年一贯制民办学校。设计办学规模66个教学班，3120名学生，2006年暑假开始招生。

2006年，安丘市投资749万元，改造危房944间，26863平方米，改造危险隐患院墙883米，改造水泥檩条校舍2288间。是年，全市基本完成新一轮危房校舍改造任务。

2007年，根据山东省建立校舍维修改造长效机制的要求，安丘市成立全市中小学校舍维修改造工作领导小组，依据《山东省普通中小学基本办学条件标准》，规划、指导校舍改造、内部设施升级等工作。是年，投资717万元，改造危房15586平方米，拆除D级危房17394平方米，更换水泥檩条房362间，修建平房散水坡1058米，改造危墙86米；投资250多万元，实施农村中小学“一通二热三改”工程（“一通”指为家校距离超过1.5公里就学半径的农村小学和地处偏远的农村学校开通校车；“二热”指为所有不寄宿的农村中小学配备热水、热饭设施；“三改”指改造农村学校的宿舍、食堂和厕所）。

2008年，全市投资1817万元，维修改造校舍80100平方米（含水泥檩条房改造面积19525平方米），更换水泥檩条房577间。48所农村中小学开通校车，市区10所义务教育学校和农村35所初中学校完成“二热”建设，30所“三改”项目学校通过潍坊市验收。

2009年，根据国家关于开展中小学校舍安全工程的工作要求，市政府召开全市校舍安全工程暨标准化学校（幼儿园）建设工作会议，制定出台《关于中小学校舍安全工程暨标准化学校（幼儿园）建设的实施意见》。是年11月9日，潍坊市双中心校标准化建设暨中小学校舍安全工程调度会议在安丘召开，推广安丘市标准化学校建设的经验做法。年内，全市投资7000万元，新建、维修、加固校舍56683平方米。

2010年，安丘市多次召开校舍安全工程推进工作会议，出台《关于推进中小学校舍安全工程和标准化学校（幼儿园）建设的实施意见》《安丘市中小学校舍安全工程和标准化学校（幼儿园）建设考核奖补及资金管理办法》等文件，多渠道筹措资金2.72亿元，用于校舍安全工程建设，投资3402万元用于标准化学校设施配套。全市新建、维修、加固校舍18.89万平方米。市财政从本级及上级财政补助中筹集1000多万元，专项用于校舍安全工程和标准化学校（幼儿园）建设的奖励补助。是年8月，市东埠中学教学楼抗震加固工程顺利完工。该工程投资96万元，是全省第一个抗震加固项目。郚山镇郚山小学迁建及金冢子镇金冢子中学教学楼新建等项目相继开工建设。工程总投资2000万元，占地51亩，建筑面积近10000平方米，于2012年竣工投入使用。

2011年，全市投资3.84亿元，新建和加固校舍14.42万平方米。是年5月，山东省校舍安全工程专项检查组检查安丘市校舍安全工程实施情况；9月，景芝镇临浯小学教学楼和宋官疃小学教学楼开工建设。工程总投资1552万元，建筑面积1.3万平方米，于2012年竣工并投入使用。是月，兴安街道和平学校开工建设。工程总投资9000万元，建筑面积4.7万平方米，于2013年竣工投入使用。10月，新安街道新安学校开工建设。工程总投资1.2亿元，占地面积105亩，建筑面积4.3万平方米。

2012年9月，市实验中学迁入建设中的新安街道新安学校，由新安街道另择址建设新安学校。11月，安丘市职业教育中心建成并投入使用。工程总投资3.5亿元，占地面积378亩，建筑面积11万平方米，设计在校生规模6000人。是年，全市投资2.08亿元，新建和加固校舍15.3万平方米。37所农村小学通过“潍坊市标准化学校”验收。

2013年，全市投资1.74亿元，新建和加固校舍14.68万平方米。年内57所义务教育学校通过“潍坊市标准化学校”验收，5处镇街区通过潍坊市学校标准化建设示范镇街区验收。根据省教育厅、财政厅《关于实施全省农村义务教育学校校舍标准化建设工程的通知》要求，市教育局与市财政局联合编制《安丘市校舍标准化建设工程规划（2013—2015）》。是年，安丘市特殊教育学校新校区建成投入使用。新校区占地面积40亩，建筑面积11000平方米，工程总投资3000多万元。市第二实验小学、市和平中学和安丘红军小学也相继建成并投入使用。市实验中学新校区二期建设的教学楼、餐厅楼、公寓楼等5幢楼房开工建设。另选址的新安街道新安学校开工建设。工程投资5000万元，建筑面积2.9万平方米。

2014年10月，国务院教育督导委员会督导检查组到安丘进行义务教育发展基本均衡县国家级认定。认定工作采取实地检查、调查问卷、座谈会等方式，查阅全市创建材料，抽查市东埠中学、实验小学、汶水小学和辉渠镇辉渠中学等6所学校。综合结果，督导组认定安丘市通过国家级县域义务教育均衡发展验收。

第七节 勤工俭学

1986年，安丘县有校办工厂34家，服务网点37个，农场、林场土地1420亩，有勤工俭学项目学校发展到967所，占学校总数的86%。是年11月，县教育局制定《安丘县“七五”期间中小学勤工俭学发展规划要点》，明确“七五”期间开展勤工俭学工作的指导思想、目标、措施。是年，全县勤工俭学纯收入128万元。其中，校办企业纯收入53万元，校办农林场纯收入24万元，服务网点纯收入15万元，其他勤工俭学纯收入36万元。

1987年，县勤管站抽查部分校办工厂财务管理，进一步落实省教育厅勤工俭学财务管理制度。全县有校办工厂46家，职工601人；服务网点59个，校办农场594个，耕地面积2150亩，总产值894.1万元。勤工俭学总收入162.4万元。其中，校办企业纯收入57.96万元，校办农林场纯收入30.8万元，其他勤工俭学收入73.26万元。

1988年5月，县勤管站召开勤工俭学办公室主任、校办工厂厂长座谈会，落实厂长、经理责任制。全县有校办工厂74家，职工811人；服务网点59个，校办农场826个，耕地面积3200亩，总产值1796.7万元。是年，全县勤工俭学总收入303.1万元。其中，校办企业纯收入86.1万元，校办农林场纯收入54.4万元，其他勤工俭学收入162.6万元。

1989年，有校办工厂62家，职工659人，校办农场989个，耕地面积3350亩，总产值2765.3万元。全县勤工俭学总收入427万元。其中，校办企业纯收入86.2万元，校办农林场纯收入82.5万元，其他勤工俭学收入258.3万元。1990年，有校办工厂62家，职工662人，校办农场991个，耕地面积3363亩，总产值2382.1万元。全县勤工俭学总收入535万元。其中，校办企业纯收入94.8万元，校办农林场纯收入217.2万元，其他勤工俭学收入223万元。补助教育经费172.5万元。

1991年，县教育局制定《安丘县勤工俭学“八五”计划》，明确“八五“期间开展勤工俭学工作的指导思想、目标、措施。全县有校办工厂68家，职工662人，服务网点161个，劳动技术教育实验基地3380亩，总产值2382.1万元。勤工俭学总收入605万元。其中，校办企业纯收入94.8万元，校办农林场纯收入217.2万元，其他勤工俭学收入223万元。改善办学条件投入172.5万元。全县购进各种苗木树1.2万株，花卉6000多株，学校培育树苗4万多株。安丘县职业二中被山东省林业厅确定为育苗良种基地。是年，安丘县图书代办站等全县14个单位受到山东省教委、潍坊市教委表彰。1992年，全县有校办工厂74家，服务网点192个，校办农场面积3363亩，总产值2175万元。勤工俭学总收入756万元。其中，校办企业纯收入216万元，校办农林场纯收入138万元，第三产业纯收入148万元，其他勤工俭学纯收入254万元。补助教育经费402万元。

1993年，县教委制定《关于进一步搞好全县学生教学用品服务供应的暂行规定》和《关于进一步搞好勤工俭学工作的意见》，进一步推动全县勤工俭学工作开展。1994年，安丘市有校办工厂86家，职工778人，服务网点264个，校办农场耕地面积3363亩，总产值2646.13万元。全县勤工俭学总收入1006.74万元。其中，校办工业纯收入234.79万元，校办农林场纯收入176.12万元，第三产业纯收入120.57万元，其他勤工俭学纯收入475.26万元，补助教育经费761.04万元。1995年，全市勤工俭学总收入1260万元。其中，校办企业纯收入230万元，校办农林场纯收入251万元，第三产业纯收入223万元，其他勤工俭学纯收入556万元，补助教育经费859万元。

1996年11月、12月，市教委检查全市学校勤工俭学财务工作，加强财务管理，规范服务行为，促进勤工俭学事业良性发展。1997年，全市勤工俭学总收入1288万元。其中，校办企业纯收入226万元，校办农林场纯收入317万元，第三产业纯收入248万元，其他勤工俭学纯收入497万元，补助教育经费969万元。是年2月，根据省、潍坊市教委文件精神，市教委明确规定市勤管站是中小学生统一着装的管理机构，并对学生着装提出布料辅料统一、款式颜色统一、商标统一、尺寸统一、价格统一、型号规格统一、生产加工厂统一的“六统一”要求。

1999年，市教委制定《关于对校办企业进行整顿的意见》，加强校办企业管理，进一步推进全市勤工俭学工作健康发展。2000年，根据市政府要求，市教委从11月上旬开始，利用一周时间检查全市校办企业组织建设、制度建设、安全生产规范操作、安全设施及防护用品配备等情况。2001年，全市勤工俭学总收入602.5万元。

2002年，随着形势发展，国家逐步从计划经济向市场经济转轨。在这一背景下，校办企业不再享受国家优惠政策。市教育局逐步改制校办企业为民营企业。至2003年，全市校办企业全部改制为民营企业。县勤管站职能由原来管理校办企业转为为基层教育机构所需物资进行政府统一采购和开发校园经济及美化绿化工作。

2004年，市教育局全面落实山东省、潍坊市勤工俭学工作会议精神，开发教育内部市场，在教育图书征订、教育教学用品统管、学生统一着装、校办企业等方面均取得显著成绩。2005年，加强对各级各类学校物资采购管理，规范全市教育物资“统一采购、统一供应、统一结算”的管理办法。与各单位签订“勤工俭学目标责任书”，并把责任书完成情况与单位评先树优和校长职务职级评定挂钩。

2007年，制定《关于加大教育教学物品和学生用品统管力度进一步拓宽统管范围的意见》，加强教学用品和学生学习用品的统管工作。

2008年，制定《关于在全市中小学开展节约型学校创建活动的实施方案》。市勤管站在每学期开学前组织集中招标采购，发挥规模采购优势，保证质量，降低价格，提高资金使用效益，节约教育成本。是年8月，根据潍坊市教育局、财政局《关于推行校方责任保险、完善校园伤害事故风险管理机制的通知》，市勤管站加强对全市学校校内保险业务的规范管理，保护学校和师生合法权益。

2009年9月，《中国教育报》以《安丘教育管理系统节约办公经费10万》为题，宣传报道安丘市教育局采用信息技术和网络技术开展勤管站工作。是年12月，市教育局在郚山镇召开全市勤工俭学工作经验交流会。是年，市勤工俭学管理站自主研究开发的《“四模块”教育服务综合管理系统》，获潍坊市人民政府科技创新成果二等奖。

2010年4月，潍坊市勤工俭学管理站在安丘召开潍坊市勤工俭学业务工作会议，安丘市勤管站介绍经验。

2013年，市勤管站除完成全市各级各类学校办公用品、学生用品征订和发放外，还负责潍坊市峡山区各级各类学校作业本和卫生用具供应。

第二十三编

科技

第一章　机构队伍

第一节　机　构

安丘市科学技术局

1986年，安丘县科学技术委员会（简称县科委）为正科级行政机构。1987年3月，县科委与县科学技术协会合署办公。1994年3月，安丘撤县建市，安丘县科委更名为安丘市科学技术委员会（简称市科委）。1997年12月，市科委与市科学技术协会分离。市科委设办公室、工业科技科、农业科技科、专利信息科4个职能科室。2001年12月，安丘市撤销市科委，设立安丘市科学技术局，内设办公室、业务科、专利科3个职能科室。1995年8月，设立安丘市专利管理局。1998年12月，安丘市专利管理局改称安丘市专利局，与市科委合署办公。2005年12月，安丘市专利局改称安丘市知识产权局，与市科学技术局合署办公。2013年，市科学技术局（挂安丘市知识产权局牌子），内设办公室、业务科、专利科。

安丘市科技开发中心

安丘市科技开发中心成立于1984年，时称安丘县科技中心。1998年经市政府批准为差额事业单位。2013年，主要是开发科技项目、提供科技服务和促进科学技术应用。

科技类民办非企业单位

安丘境内民办科技机构始于1987年。是年，民办科技机构由县科技主管部门审批，县工商局注册管理，接受县科技主管部门的行业指导。1988年，全县民办科技机构发展到7个，从业人员74人。1990年，全县民办科技机构发展到16个，从业人员114人。1993年，潍坊水箱厂成立全县首个挂潍坊市专业科研机构牌子的厂办科技机构——潍坊祥瑞散热器研究所。2000年后，民办科技机构改称科技类民办非企业单位，业务上受市科技主管部门指导，市民政部门为登记管理机关。市科技类民办非企业单位在经营上以技、工、贸或技、农、贸一体为特色。2013年，市政府取消市科技局的科技类民办非企业单位审批职能，由市民政局直接进行登记。是年，全市在民政管理部门登记的科技类民办非企业单位33家，其中潍坊市级11家，从业人员275人。

第二节　科技队伍

1988年，安丘县有专业技术人才12576人，包括工程技术、农业技术、林业技术、卫生技术、教学人员、财会、统计等各类人员。是年，安丘县启动全民所有制事业单位专业技术职称评定工作，全县70人评定为高级专业技术职称，357人评定为中级专业技术职称，953人评定为初级专业技术职称。随着改革开放的不断深入和社会经济的快速发展，全县实施人才强县战略，制定科学技术进步奖励和科学技术人才引进政策措施，鼓励科技人员开展技术研究，壮大科技人才队伍。1991年，潍坊市开展选拔享受政府特殊津贴专家工作后，安丘县每年均组织专家推荐选拔工作。1994年，安丘市委、市政府先后出台《关于进一步加强人才管理的意见》《安丘市专业技术拔尖人才选拔管理办法》等文件，重视科技人才培养，在全市各领域着力选拔和使用专业技术拔尖人才。

2004年，安丘市出台《事业单位专业技术职务聘任实行竞争上岗的试行意见》，实行专业技术职务评聘的事业单位实行全员竞争聘任，在全社会营造尊重知识、尊重人才、尊重劳动、尊重创造的浓厚氛围。首次全员竞争上岗，全市有382个事业单位进行专业技术职务竞争聘任，1105人被聘任高级专业技术岗位，5325人被聘任中级专业技术岗位，1074人被聘任为初级专业技术职务岗位。2006年，组织第二轮专业技术人员全员竞争上岗。全市有384个事业单位、17683名专业技术人员参加竞聘。其中，932人参加高级专业技术职务岗位竞争，续聘431人，新聘422人；7729人参加竞争中级专业技术岗位，续聘2401人，新聘2773人，2555人被降低一级聘任为初级专业技术职务岗位；聘任初级专业技术职务岗位9273人。

2013年，全市382个事业单位，24个系列、16324名专业技术人员参加竞聘岗位。其中，780人竞聘为高级专业技术岗位，5236人竞聘为中级专业技术岗位，9308人竞聘为初级专业技术岗位。是年，全市享受政府津贴的专家9人。

第二章 科技创新

第一节 政策与投入

随着改革开放的不断深入和社会经济的快速发展，安丘全面实施人才强县战略，制定政策措施，加快人才培养和引进力度。1994年，市委、市政府先后出台《关于进一步加强人才管理的意见》《安丘市专业技术拔尖人才选拔管理办法》等文件，加快科技人才培养。2000年，出台《安丘市关于进一步扶持高新技术产业发展的若干规定》，鼓励企业进行科技创新，走创新驱动、内涵发展、提高附加值、增强竞争力的路子。每年均通过全市经济工作大会或科学技术大会，对企业自主创新有突出贡献的单位、法人代表和科技人员进行表彰奖励。2001年，市财政安排全市科学技术经费投入462万元。2005年，市委、市政府出台《关于进一步加强科技创新工作的决定》。2012年，市政府出台《关于鼓励提高创新能力推动高新技术产业加快发展的意见》等文件，制定鼓励企业科技创新的具体政策措施。2013年，全市科学技术经费投入7958万元。

第二节 创新机构

2000年，安丘市创建潍坊市级企业技术中心3家。2005年，潍坊市级企业技术中心发展到5家。2006年—2009年，全市建成省级工程技术研究中心4家、省级企业技术中心2家、潍坊市级企业技术中心6家。2010年—2012年，安丘市建有省级工程技术研究中心和企业重点实验室5家、潍坊市级工程技术研究中心和企业重点实验室13家、企业技术中心6家。至2013年，全市有潍坊市级以上工程技术研究（企业技术）中心57家、企业重点实验室5家。其中，省级工程技术研究（企业技术）中心13家、企业重点实验室1家。山东省院士工作站1家、山东省技术创新战略示范联盟1家、潍坊市技术创新战略示范联盟1家。

安丘市2000年—2013年潍坊市及以上高新技术创新机构一览表

表23—1

年份	名称	类别	级别
2000	山东奥宝化工集团有限公司技术中心	企业技术中心	市
	安丘汶瑞机械制造有限公司技术中心	企业技术中心	市
	恒安散热器技术中心	企业技术中心	市
2005	山东海龙博莱特技术中心	企业技术中心	市
	山东景芝酒业股份有限公司技术中心	企业技术中心	市
2006	山东省造纸制浆装备工程技术研究中心	工程技术研究中心	省
	山东省食品冷冻果蔬安全控制工程技术研究中心	工程技术研究中心	省

续表 23—1

年份	名称	类别	级别
2006	潍坊市造纸制浆装备工程技术研究中心	工程技术研究中心	市
	潍坊市发酵工程技术研究中心	工程技术研究中心	市
	潍坊市玉成生物工程技术研究中心	工程技术研究中心	市
	通用机械技术开发中心	企业技术中心	市
2007	山东省热交换器工程技术研究中心	工程技术研究中心	省
	山东省芝麻香型白酒发酵工程技术研究中心	工程技术研究中心	省
	潍坊市热交换器工程技术研究中心	工程技术研究中心	市
	潍坊市芝麻香型白酒发酵工程技术研究中心	工程技术研究中心	市
	潍坊市纤维骨架材料工程技术研究中心	工程技术研究中心	市
	潍坊市反应烧结碳化硅工程技术研究中心	工程技术研究中心	市
	山东海龙博莱特化纤有限公司技术中心	企业技术中心	省
2008	山东省纤维骨架材料工程技术研究中心	工程技术研究中心	省
	山东省输电结构工程技术研究中心	工程技术研究中心	省
	潍坊化肥循环生产工程技术研究中心	工程技术研究中心	市
	潍坊市输电结构工程技术研究中心	工程技术研究中心	市
	山东景芝酒业股份有限公司技术中心	企业技术中心	省
	潍坊长安铁塔股份有限公司技术中心	企业技术中心	市
2009	潍坊市柠檬酸工程技术研究中心	工程技术研究中心	市
	潍坊市铝基复合材料工程技术研究中心	工程技术研究中心	市
	潍坊市承压式太阳能热水器工程技术研究中心	工程技术研究中心	市
	潍坊市芝麻香型白酒发酵重点实验室	企业重点实验室	市
	安丘市外贸食品有限公司技术中心	企业技术中心	市
	安丘海洋机械制造有限公司技术中心	企业技术中心	市
2010	山东省亚东冶金设备院士工作站	院士工作站	省
	潍坊市热泵节能工程技术研究中心	工程技术研究中心	市
	潍坊市锅炉节能装置工程技术研究中心	工程技术研究中心	市
	潍坊市模切机工程技术研究中心	工程技术研究中心	市
	潍坊市灌装机械工程技术研究中心	工程技术研究中心	市
	潍坊恒安散热器集团有限公司技术中心	企业技术中心	省
	山东科灵空调设备有限公司技术中心	企业技术中心	市
	安丘市鲁安药业有限责任公司技术中心	企业技术中心	市
2011	山东省酿造食品生物发酵技术	企业重点实验室	省
	山东省热传导用铝基复合材料工程技术研究中心	工程技术研究中心	省
	山东省柠檬酸工程技术研究中心	工程技术研究中心	省
	潍坊市生姜工程技术研究中心	工程技术研究中心	市
	潍坊市工业废渣资源化利用工程技术研究中心	工程技术研究中心	市
	潍坊市解热镇痛药物工程技术研究中心	工程技术研究中心	市
	潍坊市电渣重熔冶金设备工程技术研究中心	工程技术研究中心	市
	潍坊市半导体分立器件工程技术研究中心	工程技术研究中心	市
	安丘信川机械有限责任公司技术中心	企业技术中心	市

续表 23-1

年份	名称	类别	级别
2012	山东玉成生化农药有限公司技术中心	企业技术中心	市
	山东省模切机工程技术研究中心	工程技术研究中心	省
	潍坊市冷却设备工程技术研究中心	工程技术研究中心	市
	潍坊市石油钻采井下工具工程技术研究中心	工程技术研究中心	市
	潍坊市草莓工程技术研究中心	工程技术研究中心	市
	潍坊市有机肥料循环生产技术企业重点实验室	企业重点实验室	市
	山东柠檬生化有限公司技术中心	企业技术中心	省
	潍坊三源铝业有限公司	企业技术中心	市
	潍坊天洁环保科技有限公司	企业技术中心	市
	地热利用及余热回收产业技术创新战略联盟	创新战略示范联盟	省
	葱类产业技术创新战略联盟	创新战略示范联盟	市
2013	潍坊有机酸发酵技术重点实验室	企业重点实验室	市
	潍坊市工业热传导技术重点实验室	企业重点实验室	市
	潍坊市石墨防雷接地体装置工程技术研究中心	工程技术研究中心	市
	潍坊市汽车底盘系统工程技术研究中心	工程技术研究中心	市
	潍坊市百合发酵酒工程技术研究中心	工程技术研究中心	市
	潍坊市大葱育种工程技术研究中心	工程技术研究中心	市
	山东凯仕利合成材料科技股份有限公司技术中心	企业技术中心	市

第三节　高新技术企业

境内高新技术及其产业起步于1992年，以电子信息、机电一体化、生物工程等领域为突破口，推动高新技术及其产业的形成与发展。1993年，安丘县外贸电源厂和潍坊市电焊条厂被省科委认定为山东省高新技术企业。1995年，市内有山东登峰焊接集团总公司等9家企业被省科委认定为山东省高新技术企业，潍坊市3V诊断技术研究所等4家企业被省科委认定为山东省高新技术产业生长点。全市高新技术产品发展到10多种，年实现产值6000万元。2007年，汶瑞机械（山东）有限公司被科技部认定为“2007年国家火炬计划重点高新技术企业”，实现市内国家级高新技术企业“零”的突破。是年，全市省级以上高新技术企业21家。2008年，国家施行新的《高新技术企业认定管理办法》。是年，山东柠檬生化有限公司、山东海龙博莱特化纤有限责任公司、潍坊恒安散热器有限公司、汶瑞机械（山东）有限公司、山东科灵空调设备有限公司、潍坊天洁环保科技有限公司、潍坊三源铝业有限公司等7家企业被科技部认定为高新技术企业。

2013年，全市高新技术企业发展到18家。初步形成以凯动动力和长安铁塔为主的先进制造产业，以汶瑞机械和天洁环保为主的资源与环境产业，以三源铝业和金鸿集团为主的新材料产业，以科灵空调和彤力得新能源为主的新能源及节能产业，以鑫易电声和汇川电子为主的电子信息产业，高新技术产业群体规模优势初步凸现。是年，全市高新技术产业实现产值56.57亿元，占规模以上工业总产值的比重14.33%。

安丘市2008年—2013年高新技术企业一览表

表23-2

序号	企业名称	批准时间
1	山东柠檬生化有限公司	2008
2	山东海龙博莱特化纤有限责任公司	2008
3	潍坊恒安散热器有限公司	2008
4	汶瑞机械（山东）有限公司	2008
5	山东科灵空调有限公司	2008
6	潍坊天洁环保科技有限公司	2008
7	潍坊三源铝业有限公司	2009
8	山东金鸿集团有限公司	2009
9	潍坊长安铁塔股份有限公司	2010
10	安丘信川机械有限责任公司	2011
11	潍坊市宏宇电力设备防护有限公司	2012
12	安丘市鼎正机械设备有限公司	2012
13	山东信川机械有限责任公司	2013
14	潍坊市宇宏石油机械有限公司	2013
15	安丘耀发机器有限公司	2013
16	山东华安铁塔有限公司	2013
17	山东蓝想环境科技股份有限公司	2013
18	潍坊埃尔派粉体技术设备有限公司	2013

第四节　产学研合作

1999年12月，市委、市政府聘请北京大学、清华大学、山东大学、山东农业大学、山东省果树研究所等高等院校、科研机构的24名专家教授担任市政府科技顾问。2010年8月，市政府与青岛大学签订《青岛大学——安丘市人民政府校地共建合作框架协议》。青岛大学和安丘市人民政府通过校地共建合作，促进产学研结合，推动企业加快技术研发、人才引进培养和项目建设。此后，全市各大企业加强与高等院校、科研机构的产学研合作，加快企业科技创新步伐。至2013年，全市有84家企业与有关高等院校、科研机构建立长期合作关系。

第五节　科技计划

20世纪80年代，安丘县开始组织实施科技计划。进入90年代，科技计划的组织实施逐步加强，并不断向产业化转型升级。至2013年，全市组织实施潍坊市级以上各类科技计划639项。其中，国家级145项、省级319项、市级175项。在组织实施的各级各类科技计划中，科技发展计划169项、星火计划150项、新产品计划199项、成果推广计划43项、火炬计划24项、软科学计划1项、社会发展计划2项、科技型中小企业创新基金计划23项、科技兴海计划1项、科技兴贸计划1项、农业良种工程计划11项、农业成果转化计划5项、科技富民强县计划1项、自主创新成果转化专项2项、自主创新专项1项、其他计划6项。按行业分，工业479项、农业146项、卫生14项。开发新产品1200多个，其中国家级新产品72个。

安丘市1990年—2013年实施国家级科技计划一览表

表23—3

编号	项目名称	类别	时间	承担单位
1	YG814织物光泽仪	新产品	1990	安丘县纺织仪器厂
2	YG815垂直法织物阻燃性能测试仪	新产品	1990	安丘县纺织仪器厂
3	食品级PVC硬质扭结膜	新产品	1991	潍坊市塑料九厂
4	含铝蠕铁玻璃模具	新产品	1991	安丘县铸造厂
5	单纱强力机	星火	1991	安丘县纺织仪器厂
6	杂交优势及化控综合增产技术在棉花生产上的应用	星火	1991	安丘县棉办
7	热电远红外传感器工业性开发	火炬	1991	国营第八〇七〇厂
8	中棉12号	推广	1991	安丘县棉麻公司
9	MQZ-4型籽棉清理机	推广	1991	安丘县第三棉油厂
10	真空自耗炉结晶器L700P7	新产品	1992	潍坊结晶器厂
11	883型水油复合散热器	新产品	1992	安丘县水箱厂
12	含铝蠕铁玻璃模具	新产品	1992	安丘县铸造厂
13	全旋转式球形保温壶	新产品	1992	安丘县保温瓶厂
14	石蜡分散剂YE-2532	新产品	1992	安丘县增塑剂厂
15	工业炉节能技术及装置	推广	1992	安丘县建筑陶瓷厂
16	鸡无鱼粉日粮的配制技术	推广	1992	安丘县饲料公司
17	结晶器系列开发	星火	1992	潍坊结晶器厂
18	麦棉双熟高产化控配套技术开发	星火	1992	安丘县棉办
19	WBF3型报警防盗箱	社会发展	1992	安丘县星光电器厂
20	利用催化加氢法生产对氨基苯酚	社会发展	1992	潍坊第四制药厂
21	轻涂胶印纸	新产品	1993	安丘县造纸厂
22	新型A102不锈钢焊条	新产品	1993	潍坊市电焊条厂
23	乳胶再生胶制品	新产品	1993	安丘县橡胶制品厂
24	仕切弁SE8B-1	新产品	1993	潍坊曲轴厂
25	栾氏二氧化氯消毒剂	新产品	1993	安丘县选矿药剂厂
26	太空式柔性集装袋SHN	新产品	1993	安丘县塑料四厂
27	硅质轻体建筑材料	科研	1993	安丘县玻璃厂
28	酵素菌制造应用技术开发	星火	1993	黄旗堡镇人民政府
29	钢管内壁涂塑	推广	1993	安丘县塑料四厂
30	催化加氢法生产对氨基苯酚	星火	1993	潍坊市第四制药厂
31	WBF型报警防盗箱	星火	1993	安丘县星光电器厂
32	YG024C电子单纱强力机	新产品	1994	安丘市纺织仪器厂
33	6160A高寿命船用曲轴	新产品	1994	潍坊曲轴厂
34	低硫超细碳酸钡	新产品	1994	安丘第三化工厂
35	组装式输电线路单柱钢管铁塔	新产品	1994	安丘电力修造厂
36	RD-9油井水泥缓凝剂	新产品	1994	安丘市膨润土矿
37	新型A302不锈钢焊条	新产品	1994	潍坊市电焊条厂
38	新型冷拔润滑剂	新产品	1994	安丘市新星化工材料厂
39	T220型水散热器	新产品	1994	潍坊水箱厂

续表 23-3

编号	项目名称	类别	时间	承担单位
40	油溶降滤失剂 PET-61	新产品	1994	安丘市增塑剂厂
41	JZ150 型锥形反转出料搅拌机	新产品	1994	安丘市通用机械厂
42	钨铼快速微型热电偶	新产品	1994	安丘市塑料四厂
43	ZL40-60 水油散热器结合组	新产品	1994	潍坊水箱厂
44	20m^2 鼓式真空洗浆机	新产品	1994	安丘市机械厂
45	T160 型水油复合散热器	新产品	1994	潍坊水箱厂
46	295 柴油机新型汽缸盖	新产品	1994	安丘市汽缸盖厂
47	WKQ-1 型水泥包装机微机控制器	新产品	1994	潍坊市汶阳电子公司
48	防治苹果树腐烂病新型农药“科威牌”拒腐灵	新产品	1994	安丘市科技开发中心
49	胶合板胶带	新产品	1994	安丘市助剂厂
50	三美衍生火腿	新产品	1994	安丘市肉联厂
51	异型陶瓷酒瓶	新产品	1994	安丘市建筑陶瓷厂
52	改性菱镁轻质墙板	新产品	1994	安丘市硅镁砼建材厂
53	PVC 高强度电缆电线管	新产品	1994	安丘市塑料六厂
54	浸胶涤纶帘子布	新产品	1994	安丘涤纶帘帆布厂
55	新型电力金具	新产品	1994	潍坊市线路器材厂
56	锅炉微机控制系统	星火	1994	山东景芝酒业股份有限公司热电厂
57	“PVC”消光压延片	星火	1994	潍坊市塑料九厂
58	高效抗沉分散剂	星火	1994	安丘市有机化工厂
59	ZZ-3 输电单柱钢管铁塔	星火	1994	安丘电力修造厂
60	ZW-2 高效抗沉分散剂	新产品	1995	安丘市膨润土矿
61	30GF 客车供电风冷柴油发电机组	新产品	1995	潍坊市电机一厂
62	浸胶 EP 帆布	新产品	1995	安丘涤纶帘帆布厂
63	聚氨酯多功能彩色建筑材料	新产品	1995	安丘市选矿药剂厂
64	增强型橡胶带	新产品	1995	安丘市橡胶制品厂
65	佛都黄	新产品	1995	潍坊京春纤维有限公司
66	高强度低定量瓦楞纸	新产品	1995	安丘市纸业包装股份有限公司
67	电渣熔铸异型结晶器	新产品	1995	潍坊结晶器厂
68	FG6A 型防盗盖封口机	新产品	1995	安丘市轻工机械厂
69	2065 型水油复合散热器	新产品	1995	潍坊水箱厂
70	KL9 散热器	新产品	1995	潍坊水箱厂
71	长寿命管状免维护蓄电池	新产品	1995	安丘市鲁星电源厂
72	WDB300 稳定土拌合站	新产品	1995	潍坊通用机械厂
73	SBW 系列全自动三相电力稳压器	新产品	1995	安丘市邮电科学研究所
74	微机自控生产特艺印花编绣品	火炬	1995	安丘市工艺品厂
75	粉剂磺化沥青 DSSAS	火炬	1995	安丘市膨润土矿
76	FGW-1 高温粘土稳定剂	新产品	1996	安丘市增塑剂厂
77	KL9 型空气冷却器	新产品	1996	潍坊水箱厂
78	QTH16 型塔式起重机	新产品	1996	安丘市联友机械制造有限公司

续表 23-3

编号	项目名称	类别	时间	承担单位
79	酵素菌制造应用技术开发	星火	1996	黄旗堡镇酵素菌厂
80	GA-200 高转化率糖化酶	星火	1996	安丘市酶制剂厂
81	管带式铝质散热器	新产品	1999	潍坊恒安散热器有限公司
82	DSP 子午胎骨架材料	新产品	1999	潍坊大龙化纤有限公司
83	AQ-2 驱油剂	新产品	2000	安丘市鲁星化工公司
84	QYW-178 遥控变径稳定器	新产品	2000	安丘市石油钻采机械厂
85	管带式铝质散热器	创新基金	2000	潍坊恒安散热器有限公司
86	PL 波纹板式多圆盘过滤机	新产品	2001	安丘汶瑞机械制造有限公司
87	新型造纸黑液提取及碱回收苛化技术与成套设备	创新基金	2001	安丘汶瑞机械制造有限公司
88	90m² 平面阀鼓式真空洗浆机	新产品	2002	安丘汶瑞机械制造有限公司
89	高模低缩涤纶工业长丝	科技贷款	2002	潍坊大龙化纤有限公司
90	铁 - 镁 - 铝复合脱色剂	创新基金	2003	潍坊中环绿源净水剂有限公司
91	多功能砌块成型机	新产品	2003	潍坊通用机械有限公司
92	高纯度出口柠檬酸	科技兴贸	2004	山东柠檬生化有限责任公司
93	PL 波纹板式多圆盘真空过滤机	新产品	2004	安丘汶瑞机械制造有限公司
94	伊拉良种兔引进及适应性养殖技术研究与开发	成果转化	2004	安丘市绿洲兔业有限公司
95	出口蔬菜龙头企业创新服务中心及配套基地规范化建设和出口果蔬制品深加工技术开发与推广	星火	2004	安丘外贸食品有限公司
96	芳香族 - 聚酰胺芳纶橡胶骨架材料	新产品	2005	山东海龙博莱特化纤有限公司
97	多分支井完井技术及配套工具	创新基金	2005	安丘市石油钻采机械厂
98	优质黑鱼种苗选育、大面积高产养殖及其产业化技术开发	星火	2005	安丘市江河渔业养殖场
99	伊拉良种兔引进及适应性养殖技术研究与开发	星火	2005	安丘市绿洲兔业有限公司
100	年产 2 万吨高模低缩工业长丝及帘子布	火炬	2006	山东海龙博莱特化纤有限公司
101	CSMP 化学机械制浆工艺及设备	火炬	2006	安丘汶瑞机械制造有限公司
102	珍稀食用菌——姬松茸品种培育及大面积栽培技术推广	星火	2006	安丘市东茂食用菌研究所
103	高性能反应烧结碳化硅陶瓷	创新基金	2007	山东金鸿集团有限公司
104	热传输用铝合金复合材料	火炬	2007	潍坊三源铝业有限公司
105	DC 级对乙酰氨基酚	火炬	2007	安丘鲁安药业有限公司
106	螺旋干燥机 /LHJ	新产品	2007	潍坊天洁环保科技有限公司
107	大型压榨脱水机	新产品	2007	汶瑞机械（山东）有限公司
108	多分支井完井技术及配套工具	创新基金	2008	安丘市石油钻采机械厂
109	空气源—水源—太阳能复合式热泵空调机组	创新基金	2008	潍坊科灵空调有限公司
110	生姜精深加工新技术与产品开发中试	农转资金	2008	潍坊万鑫食品有限公司
111	利用优良菌株和组合膜技术生产高纯度柠檬酸	火炬	2008	山东柠檬生化有限责任公司
112	双吸式平面阀真空洗浆机	火炬	2008	安丘海洋机械制造有限公司
113	年产 50 万台管片式铝制硬钎焊散热器	火炬	2008	潍坊恒安散热器有限公司
114	高性能反应烧结碳化硅棍棒	新产品	2008	山东金鸿集团有限公司
115	年产 3 万吨热传输用铝合金复合带	新产品	2008	潍坊三源铝业有限公司
116	有机蔬菜栽培技术开发与推广	星火	2008	潍坊万鑫食品有限公司

续表 23-3

编号	项目名称	类别	时间	承担单位
117	高性能反应烧结碳化硅棍棒	创新基金	2009	山东金鸿集团有限公司
118	管片式铝制硬钎焊散热器	创新基金	2009	潍坊恒安散热器有限公司
119	LHJ 型螺旋干燥机	创新基金	2009	潍坊天洁环保科技有限公司
120	电渣重熔 40t-240t 锭大型结晶器	创新基金	2009	潍坊亚东冶金设备有限公司
121	高性能多用途反应烧结碳化硅结构陶瓷	创新基金	2010	山东金鸿集团有限公司
122	鼓板式降膜蒸发器	创新基金	2010	安丘海洋机械制造有限公司
123	高性能多用途反应烧结碳化硅横梁	重点新产品	2010	山东金鸿集团有限公司
124	双流道平面阀洗浆机	火炬计划	2010	安丘海洋机械制造有限公司
125	长效低毒生物杀菌剂在蔬菜上的灌根应用与推广	星火	2010	山东玉成生化农药有限公司
126	生姜质量安全与精深加工技术开发	星火	2010	潍坊万鑫食品有限公司
127	HYJ-08 系列长效防雷接地体	创新基金	2011	潍坊宏宇电力防护设备公司
128	水源高温热泵机组	创新基金	2011	山东科灵空调设备有限公司
129	EGR 冷却器 AZ1	重点新产品	2011	潍坊恒安散热器集团有限公司
130	红颜草莓高效种植技术示范与推广	星火	2011	安丘市南王庄村草莓种植农民专业合作社
131	GLW 型脱硫废渣煅烧再利用成套设备	创新基金	2012	潍坊天洁环保科技有限公司
132	膨胀管套管补贴技术研究与应用	创新基金	2012	安丘市石油钻采机械厂
133	特高压钢管塔	火炬计划	2012	潍坊长安铁塔股份有限公司
134	年产 500 台大型船舶模块化散热器	火炬计划	2012	潍坊恒安散热器集团有限公司
135	生态健康养殖技术集成与示范	星火	2012	新安养猪专业合作社
136	生姜安全控害技术集成与示范	星火	2012	潍坊鑫盛食品有限公司
137	有机韭菜栽培技开发与示范	星火	2013	潍坊万鑫食品有限公司
138	枯草芽孢杆菌微生物农药在水稻上的应用	星火	2013	山东玉成生化农药有限公司
139	番茄高抗黄化曲叶病毒品种选育及示范推广	星火	2013	潍坊立原种业有限公司
140	低压管道高效节水农田灌溉技术的推广应用	星火	2013	安丘市水利建筑安装公司
141	输送带用低硬度 EE 浸胶帆布开发	星火	2013	潍坊百丝特工业纺织品有限公司
142	土传病虫害防控机在蔬菜种植上的应用研究与示范	星火	2013	潍坊万有环保设备有限责任公司
143	利用糖化发酵耦合技术生产高纯度出口柠檬酸	火炬计划	2013	山东柠檬生化有限公司
144	半自动卧式平压平模切机	火炬计划	2013	安丘信川机械有限责任公司
145	高层冷热联供地源热泵机组产业化项目	火炬计划	2013	山东科灵空调设备有限公司

第六节　考核与奖励

1987 年，县委、县政府制定《安丘县科学技术进步奖励试行办法》，规定县级科学技术进步奖原则上一年评审一次，奖励分为 3 个等级，奖金为一等奖 300 元、二等奖 200 元、三等奖 100 元。1995 年 5 月，安丘市被国家科委授予科技工作先进县（市）称号。1996 年，安丘市被国家科委评为全国科技实力百强县（市）称号。1997 年—1999 年，安丘市连续获全国科技工作先进县（市）称号。1999 年，安丘市科技进步奖一、二、三等奖奖金分别提高到 1000 元、500 元、300 元。2007 年，市人民政府修订《安丘市科学技术奖励办法》，设立市科学技术奖，每两年评审一次，首次设立市科学技术最高奖。市科学技术最高奖奖金为 5 万元，市科学技术进步奖一等奖、二等奖、三等奖奖金分别为 10000 元、5000 元、3000 元。1995 年—2002 年，安丘市在市、镇两级实行党政领导干部科技进步目标责任制考核。各乡镇和市直有关部门也根据各自实际，制定科技兴乡镇、兴行业计划。党政领导干部科技进步目标责任制考核含高新技术产业，科技创新，人才与民营科技，科技计划，科技投入，党委、政府重大举措，现代农业等7个方面进行。1995年9月，全市科学技术大会召开，市委、市政府表彰奖励全市21个“科教兴安”先进集体和50名先进个人。

2000年8月，市委、市政府召开全市高新技术产业化工作会议，表彰奖励1998年—1999年度市科技进步奖项目、人员。2001年，在潍坊市党政领导干部科技进步目标责任制考核中，安丘市列潍坊市第一名。2004年，安丘市获2003年度潍坊市党政领导干部科技进步目标责任制考核二等奖。2005年11月，安丘市召开科学技术大会，表彰奖励2004年度全市科技工作先进单位和获安丘市科技进步奖项目、人员。2006年4月，在全市经济工作会议上，市委、市政府表彰奖励2005年度发展高新技术产业先进单位、高新技术产品和年内新认定的高新技术企业。2007年12月，市委、市政府召开全市科技创新大会，表彰奖励2006年度科技创新与名牌争创工作先进单位和个人，奖金总额160万元。是年，安丘市被潍坊市委、市政府授予2006年度县市区实施党政领导干部科技目标责任制先进单位和2007年度高新技术产业发展先进单位称号。2008年，安丘市被评为潍坊市知识产权工作考核一等奖。2012年，市委、市政府对2011年度争创名牌、高新技术和科技创新项目进行表彰奖励，奖励金额400万元。2013年，对2012年度高新技术企业、创新平台及创新成果进行表彰奖励，奖励金额549万元。至年底，全市627项科技成果获安丘市科技进步奖。

第三章 科技服务

第一节 科技培训

1986年—1994年，安丘县开展科技培训活动，提高农业、农机、林果业、畜牧业、水利等工作人员的科技水平，促进全县经济发展。其间，举办农业方面的各类培训班982期，培训13.64人次。培训以农村干部、农业技术员、农机人员、科技示范户、专业户等为主要对象，以农作物栽培管理、农产品加工、食用菌生产、地膜覆盖等实用技术及林果、畜牧、农机、水利等各项专业技术为培训内容，初步形成以乡镇科普学校为阵地，以科技组织为主力，培训与生产相结合，形式多样的培训网络。1995年—2000年，随着“科教兴安”战略的实施，市科技局与有关部门联合举办以现代农业、畜牧业、大棚菜生产、特种动物养殖、保护地栽培、林果业发展等为主要内容的专题培训班1856期，接受培训38.9万人次；设技术咨询服务处109个，接待咨询群众16万人次。2001年，组织开展首届科技活动周，举办农村实用技术讲座18期，培训农民技术员7600人次，发放实用技术资料2.3万份。2002年，举办实用技术培训班5期，发放实用技术资料12.5万份；市政府与中国科学院长春分院举行科学技术合作签字仪式，标志着科技工作向高新技术产业方面发展。2003年—2007年，市科技局每年组织开展一届科技周活动，举办科技讲座51期，培训技术人员5.5万人次；举办高新技术产业专题培训班12期，培训企业技术创新人才560余人。2008年—2013年，在继续组织开展科技周活动的同时，组织专业技术人员送科技下乡70余次，举办科技讲座66期，培训农技人员和农村科技带头人5万余人次；组织培训专业农机手、农机维修工、基层农机管理人员等各类农机从业人员25000余人次；举办大型林果培训班12次，培训果农6000余人次。聘请北京大学、清华大学、山东大学、山东农业大学、山东省果树研究所等高等院校、科研机构的专家教授担任市政府顾问，为全市工业、农业、林果业、农机业等提供科技培训、科研支持。

第二节　科技推广

农业种植

安丘是传统农业大市，农产品资源丰富，盛产小麦、花生、樱桃、草莓、大姜、大蒜等多种农产品。1986年—1998年，粮食生产是全市种植业的重点。安丘市推广应用8112×80104等玉米新品种、万亩玉米高产攻关、20万亩小麦高产开发、万亩夏花生开发、配方施肥、立体种植、安丘蜜桃等农业新技术新成果84项，引进推广小麦、玉米等优良新品种21个。在凌河镇石家庄村、前儒材村组织的“吨粮田”开发，小麦亩产450公斤、玉米550公斤。“九五”期间，推广农作物良种、保护地栽培、节水灌溉等新品种、新技术130多种。2000年—2006年，在全市推行农业标准化生产，先后引进小麦、玉米、蔬菜、果品、棉花、黄烟、花生等农作物新品种60多个，组织推广保护地栽培、农产品综合加工利用、果品优质高产、病虫害综合防治、平衡施肥、节水灌溉、农业生态保护等90多项先进农业技术。2007年，在全国率先启动实施出口农产品质量安全区域化建设，大力实施现代农业种植技术，重点推广立体种植、温室大棚种植、果品套袋、大姜、大葱特色种植等新技术，农业标准化种植面积发展到45万亩。2008年，在农业部组织实施粮食高产创建计划中，兴安街道、景芝镇、金冢子镇、石埠子镇、官庄镇等均设立万亩高产示范田，主要推广作物新品种、农机农艺结合、粮食高产创建新技术等，带动示范区周边农户改良粮食作物种植方式，推动粮食增产，全市粮食单产逐年提高。2012年，全市标准化种植基地发展到70万亩。2013年，全市粮食单产由2008年的397公斤提高到451公斤。

农机技术

1986年—2005年，安丘市重点推广小麦精播、半精播，小麦膜侧播种，机械化旱作农业开发，小麦玉米联合收获，秸秆还田，小麦免耕播种保护性耕作机械化，设施农业机械化，黄烟生产机械化，花生生产机械化，大姜大葱生产机械化等10余项农机化新技术。承担完成“十万亩旱田小麦综合机械化技术推广”“10万亩玉米生产综合增产机械化技术推广”“20万亩小麦高产综合机械化技术”“机械化旱作农业开发”“10万亩优质小麦示范基地建设项目”等国家、省、潍坊市级农机化技术推广项目。2006年起，先后承担实施“玉米机械化收获创新示范”“花生机械化收获创新示范”“大姜机械化收获创新示范”等省级农机化创新示范工程项目。至2013年，全市玉米机械化水平有较大幅度提升，小麦免耕播种保护性耕作面积33万亩，花生、黄烟、大姜、大葱等经济作物和畜牧业机械化取得较大进展。

畜牧养殖

1986年，安丘县畜牧部门把科学养殖推广作为首要任务，免费举办培训班、提供技术资料、进行技术指导，推广优良畜禽品种。组织科技人员开展奶山羊改良、羊人工授精、兔冷冻精液及奶山羊瘤胃酸中毒病因调查和防治等课题研究，其中奶山羊瘤胃酸中毒病因调查和防治研究成果，获山东省科研成果二等奖。1987年9月，县三里庄种鸡场引进爱拔益家（AA）父母代种鸡、“星杂579”蛋种鸡，引进鲁西黄牛、奶牛、小尾寒羊等优良品种，养殖收入有较大提高。1988年，引进青岛崂山羊，优良蛋用种鸡5个品种、肉用种鸡3个品种，推广良种雏鸡1000万只，全县蛋鸡良种率70%，肉鸡良种率100%。1989年，生猪养殖进入规模化。全县引进大约克、杜洛克、五连黑等瘦肉型父母本种猪，建立起父本核心群和配套的二级扩繁场（村）。开展“安丘梧桐猪提纯选育”“瘦肉型猪生产及猪的人工授精技术”和“孕马血精、雌激素促使母畜发情”等重点新技术推广应用。1990年，禽畜杂交改良率48.6%。此后，每年从外地引进一定数量的优良品种，加快本地品种改良。1997年，市政府制定《安丘市畜牧科技推广年实施意见》，全市畜牧养殖持续快速发展，经济效益大幅提高。1998年，市内推广猪的三元杂交良种养殖，普及面65%以上。推广应用配方饲料喂猪普及率90%以上。2008年，开始推广自然养猪法，建有示范场点29个。2009年，自然养殖法推广到养猪场211个、禽场15个。2010年，推广生态养殖技术，养猪场386个，实现销售收入6.73亿元。2012年3月，开展畜牧科技促进年活动，大力推广省畜牧兽医局发布的生猪、肉牛和肉鸭发酵床养殖、肉羊集中育肥等14种主推技术和15个主推品种。2013年，以开展“畜牧科技推广年”“微生态制剂推广年”活动为契机，全面推广山东省畜牧业16个主导品种和17项主推技术。至此，全市畜牧业组织实施省、市、县科研推广项目30项，获省、市、县科技进步奖14项，新技术、新成果应用率85%以上，科技进步贡献率50%以上。

第四章 科技成果

安丘市科技进步奖由各级政府组织科技进步奖评审委员会进行评定，星火奖由各级科技主管部门组织星火奖评审委员会进行评定。对获奖成果颁发荣誉证书和奖金，奖励经费由各级政府财政负担。获奖成果作为考核、奖励、评定职称、晋升的条件和依据。

1986年—2013年，全市取得各类科技成果1173项。其中，316项达到国内先进水平，251项达到省内先进水平。有1008项获各级科技成果奖励。其中，国家级科技成果奖励2项、省级科技成果奖励139项、潍坊市级科技成果奖励238项、安丘市级科技成果奖励627项。按获奖类别分，星火奖72项。其中，国家级2项、省级28项、市级42项。科技进步奖936项。其中，国家级2项、省级107项、市级196项。1999年，汶瑞机械有限公司研制的"$25m^2$预挂式真空过滤机"获国家科技进步三等奖、潍坊市"十佳科技成果"。

第一节 国家级科技成果奖

安丘汶瑞机械制造有限公司设计制造的25 m^2预挂式真空过滤机，主要用于制浆造纸碱回收苛化工段白腻与绿泥的洗涤与浓缩，以及化工、医药、矿山、食品等行业物料洗涤和固液分离，是造纸企业和其他行业物料洗涤和分离的更新换代环保设备，具有较高的社会和经济效益。产品达到20世纪90年代国际同类产品水平，填补国内空白。1997年被国家科委评为国家级重点新产品，获山东省科委科技进步二等奖。1999年获国家科委科技进步三等奖。

安丘市1986年—2013年获国家级科技进步奖项目一览表

表23—4

序号	项目名称	获奖单位	获奖类别	获奖等级	授奖级别	时间
1	烤烟优质栽培技术开发试验	安丘烟草公司	科技进步	三	国家	1989
2	25 m^2预挂式真空过滤机	安丘汶瑞机械制造有限公司	科技进步	三	国家	1999

第二节 省级科技成果奖

1986年—2013年，安丘市实施"工业立市""科技强市"战略，先后制定出台一系列鼓励企业科技创新、技术进步的政策措施。市财政每年安排企业新增利润的15%作为科技创新基金，专门设立高新技术、标准化创新、创名优产品等奖项，引导企业不断提高科技研发和自主创新能力，全市获省级科技进步奖107项。

安丘市1986年—2013年获省级科技进步奖项目一览表

表23—5

序号	项目名称	获奖单位	获奖类别	获奖等级	授奖级别	时间
1	FYG2-30型异形瓶灌装机	安丘县轻工机械厂	科技进步	二	省	1986
2	大曲培养新工艺	山东景芝酒厂	科技进步	三	省	1986

续表 23—5

序号	项目名称	获奖单位	获奖类别	获奖等级	授奖级别	时间
3	年产万吨啤酒灌装线	安丘县轻工机械厂	科技进步	二	省	1987
4	非晶硅／非晶碳化硅复合膜钝化	国营第八〇七〇厂	科技进步	三	省	1987
5	YG502 型织物起毛起球仪	安丘县纺织仪器厂	科技进步	二	省	1988
6	425 普通水泥道路硅酸盐道路水泥	安丘县水泥厂	科技进步	三	省	1988
7	山楂滴灌技术开发研究及推广	安丘县水利水产局	科技进步	三	省	1988
8	调速液力偶合器在立窑鼓风机上的应用	安丘县水泥厂	科技进步	三	省	1989
9	组织实施星火计划，振兴县乡经济	安丘县科委	科技进步	三	省	1989
10	YG814 织物光泽仪	安丘县纺织仪器厂	科技进步	二	省	1990
11	食品级 PVC 硬质扭结膜原料国产化研究	潍坊市塑料九厂	科技进步	二	省	1991
12	石蜡分散剂 YE	安丘县增塑剂厂	科技进步	三	省	1991
13	LAF-10 垂直法织物阻燃性能测试仪	潍坊市塑料九厂	科技进步	三	省	1991
14	浓香型白酒优良菌种选育及新窖老熟工艺的研究	山东景芝酒厂	科技进步	二	省	1992
15	特艺编绣品生产工艺的研究	安丘县工艺品厂	科技进步	二	省	1992
16	土地资源现状农业开发后备资源的调查与评价	安丘县土管局	科技进步	三	省	1992
17	花生（大豆）毛油水化油脚处理新工艺及推广应用	安丘县榨油厂	科技进步	三	省	1992
18	食品级 PVC 扭结膜的研制	潍坊市塑料九厂	科技进步	三	省	1992
19	LAF-11 皮辊测试仪	安丘县纺织仪器厂	科技进步	三	省	1992
20	玄武岩文丘里水膜除尘器	安丘县水膜除尘器厂	科技进步	三	省	1992
21	防膨解堵剂 FJ-503	安丘县增塑剂厂	科技进步	三	省	1992
22	乳胶再生胶制品开发	安丘县橡胶厂	科技进步	三	省	1992
23	糖化酶及耐高温活性干酵母在普通大曲酒生产中的应用	山东景芝酒厂	科技进步	二	省	1993
24	大口径沉井配合集水暗管提取地下潜流试验研究	安丘县水利局	科技进步	三	省	1993
25	棉籽榨油高水分蒸胚新技术研究	安丘县第三棉油加工厂	科技进步	三	省	1993
26	利用速冻芦笋加工芦笋罐头生产工艺的研究	安丘县外贸冷藏厂	科技进步	三	省	1993
27	阻燃桐木拼板	安丘县木器厂	科技进步	三	省	1993
28	PVC 高强度电缆电线管的研制	安丘县塑料六厂	科技进步	三	省	1993
29	利用废旧地膜生产塑料地板砖	潍坊市塑料九厂	科技进步	三	省	1993
30	复合浆料——纱浆粉及纺织乳蜡的研制	安丘县纺织助剂研究所	科技进步	三	省	1993
31	BF-5000 型饼类粉碎机的研制	安丘县饲料厂	科技进步	三	省	1993
32	35KV 双回路输电线路单柱钢管铁塔	安丘电力修造厂	科技进步	三	省	1993
33	新型降滤试剂	安丘县增塑剂厂	科技进步	三	省	1993
34	改性菱镁轻体墙板	安丘县硅镁砼建材厂	科技进步	三	省	1993
35	连铸结晶器铜管	潍坊结晶器厂	科技进步	二	省	1994
36	KYGG-1Z 矿用一般型高压真空开关柜	安丘市电器厂	科技进步	二	省	1994

续表 23-5

序号	项目名称	获奖单位	获奖类别	获奖等级	授奖级别	时间
37	90 型高级润滑油添加剂	安丘市科技开发中心	科技进步	三	省	1994
38	液料泵内表面耐磨技术的研究	安丘市合成材料研究所	科技进步	三	省	1994
39	高真空除尘清理机	安丘工业除尘设备厂	科技进步	三	省	1994
40	新型电力金具	潍坊市线路器材厂	科技进步	三	省	1994
41	胶合板胶带	安丘市助剂厂	科技进步	三	省	1994
42	295 柴油机新型汽缸盖	安丘市汽缸盖厂	科技进步	三	省	1994
43	MR-144D 剥绒机的应用与工艺配套研究	安丘市第三棉油加工厂	科技进步	三	省	1994
44	新型合金稀土蠕墨铸铁玻璃模具试制	安丘市铸造厂	科技进步	三	省	1994
45	HIS 高压往复泵曲轴	潍坊曲轴厂	科技进步	三	省	1994
46	JZC100 锥形反转出料搅拌机	安丘市通用机械厂	科技进步	三	省	1994
47	玻璃窑炉高效节能新技术	安丘市玻璃厂	科技进步	三	省	1994
48	低硫超细碳酸钡	安丘市第三化工厂	科技进步	三	省	1994
49	汽车点火器专用晶体管	国营第八〇七〇厂	科技进步	三	省	1994
50	QSS5 型塑料瓶冲洗机	安丘市轻工机械厂	科技进步	三	省	1994
51	氯化聚乙烯在橡胶制品中的开发应用	安丘市橡胶制品厂	科技进步	三	省	1994
52	安丘市水长期供求计划基础研究	安丘市水利局	科技进步	三	省	1994
53	WKQ-1 型水泥包装机微机控制器	潍坊市汶阳电子公司	科技进步	三	省	1994
54	LAF-13 织物起毛起球评定仪	安丘市纺织仪器厂	科技进步	三	省	1994
55	LZ165B 多列推力向心球轴承	安丘市石油钻采机械厂	科技进步	三	省	1994
56	糖化酶	安丘市酶制剂厂	科技进步	三	省	1994
57	双浴法涤纶帘子布浸胶工艺及产品研究	安丘涤纶帘帆布厂	科技进步	三	省	1995
58	拒腐灵防治苹果树腐烂病的研究	安丘市科技开发中心	科技进步	三	省	1995
59	钻具外反循环系统及其在钻井中的应用	安丘市水利局	科技进步	三	省	1995
60	涂敷抗皱包装膜	潍坊市塑料九厂	科技进步	三	省	1995
61	RB 浆料	潍坊市纺织助剂研究所	科技进步	三	省	1995
62	翼型公路护肩	安丘市关王水利站	科技进步	三	省	1995
63	小型隧洞施工技术研究	安丘市水利建筑安装公司	科技进步	三	省	1995
64	DGY-50 系列自控水泥包装机	安丘市水泥设备总厂	科技进步	三	省	1995
65	流行性出血热的研究	安丘市白求恩医院	科技进步	三	省	1995
66	土坝废弃放水洞处理技术研究	安丘市水利局	科技进步	三	省	1995
67	AHJ-1 不锈钢焊丝	安丘市合金线材厂	科技进步	三	省	1995
68	WH310MO-L 焊条	潍坊市电焊条厂	科技进步	三	省	1995
69	PVC 复合轻体板增强门	安丘市复合轻体板制品厂	科技进步	三	省	1995
70	社会主义市场经济下加速农业科技进步思路与对策的研究	安丘市科委	科技进步	三	省	1995

续表 23—5

序号	项目名称	获奖单位	获奖类别	获奖等级	授奖级别	时间
71	DGW-1 低伤害高效固砂稳定剂	安丘市增塑剂厂	科技进步	二	省	1996
72	管芯背面多层金属电机工艺	国营第八〇七〇厂	科技进步	三	省	1996
73	微机自控生产特艺印花编绣品	潍坊弘洋工艺（集团）股份有限公司	科技进步	三	省	1996
74	感应电子长毛绒玩具	安丘市工艺品厂	科技进步	三	省	1996
75	883 型水油复合散热器	潍坊水箱厂	科技进步	三	省	1996
76	WH-1 高纯碳酸钡	安丘市第三化工厂	科技进步	三	省	1996
77	聚氨脂多功能彩色建筑材料	安丘市选矿药剂厂	科技进步	三	省	1996
78	浸胶 EP 帆布试制	安丘涤纶帘帆布厂	科技进步	三	省	1996
79	FGX5 型塑料防盗盖旋盖机	安丘市轻工机械厂	科技进步	二	省	1997
80	$25m^2$ 预挂式真空过滤机	安丘市机械厂	科技进步	二	省	1997
81	小型水电站增容改造技术的开发研究	安丘市于家河水库管理局	科技进步	三	省	1998
82	GYT100 型饮用水桶装生产线	安丘市轻工机械厂	科技进步	三	省	1998
83	大规格新型煤气发生炉	安丘市铸造厂	科技进步	三	省	1998
84	管带式铝质散热器	潍坊恒安散热器有限公司	科技进步	三	省	1999
85	金香银健茶及其制备方法的研究	安丘市新技术开发公司	科技进步	三	省	2000
86	DSP 子午胎骨架材料	潍坊大龙化纤有限公司	科技进步	三	省	2000
87	管式风冷臭氧发生器	安丘奥宗麦克斯设备有限公司	科技进步	三	省	2000
88	输电线路钢管（圆形、多边形）塔参数化设计及有限元分析软件系统	潍坊长安铁塔股份有限公司	科技进步	三	省	2000
89	芳纶材料	潍坊大龙化纤有限公司	科技进步	三	省	2001
90	平面阀鼓式真空洗浆机	安丘汶瑞机械制造有限公司	科技进步	二	省	2002
91	公安机关办案流程管理暨执法监督信息系统	安丘市公安局	科技进步	二	省	2004
92	软体油罐骨架材料	山东博莱特化纤有限公司	科技进步	三	省	2005
93	置换压榨双辊挤浆机	安丘汶瑞机械制造有限公司	科技进步	三	省	2005
94	高性能高模低缩涤纶工业丝及帘帆布的研制与开发	山东海龙博莱特化纤有限公司	科技进步	三	省	2006
95	芝麻香型白酒的研制	山东景芝酒业股份有限公司	科技进步	三	省	2007
96	高纯度柠檬酸关键技术研究及产品开发	山东柠檬生化有限公司	科技进步	三	省	2008
97	热传输用铝合金复合材料	潍坊三源铝业有限公司	科技进步	三	省	2008
98	管片式铝质硬纤焊散热器	潍坊恒安散热器集团有限公司	科技进步	三	省	2008
99	纸浆洗选漂清洁生产集成工艺技术及装备	汶瑞机械（山东）有限公司	科技进步	三	省	2008

续表 23-5

序号	项目名称	获奖单位	获奖类别	获奖等级	授奖级别	时间
100	高性能反应烧结碳化硅结构陶瓷	山东金鸿集团有限公司	科技进步	三	省	2009
101	电渣重熔 40t-240t 锭大型结晶器	潍坊亚东冶金设备有限公司	科技进步	三	省	2009
102	大葱引种与周年标准化栽培技术研究	安丘市蔬菜站	科技进步	三	省	2009
103	HYJ-08 系列长效防雷接地体研制及产品开发	潍坊市宏宇电力设备防护有限公司	科技进步	三	省	2010
104	特高压钢管塔	潍坊长安铁塔股份有限公司	科技进步	三	省	2011
105	芝麻香型白酒细菌曲的生产与应用	山东景芝酒业股份有限公司	科技进步	三	省	2012
106	工业余热型水源高温热泵机组	山东科灵空调设备有限公司	科技进步	三	省	2012
107	高产四甲基吡嗪菌株在景芝芝麻香及浓香型白酒生产中的应用	山东景芝酒业股份有限公司	科技进步	三	省	2013

第三节 潍坊市级科技成果奖

1986 年—2013 年，安丘市获潍坊市科技进步奖 198 项，成为企业创新驱动、持续发展的强有力支撑。

安丘市 1986 年—2013 年获潍坊市级科技进步奖项目一览表

表 23-6

序号	项目名称	获奖单位	获奖类别	获奖等级	授奖级别	时间
1	500ml 白酒瓶轻量化研究	安丘县玻璃厂	科技进步	二	市	1986
2	亩产吨粮高产栽培技术研究	安丘县农业局	科技进步	二	市	1986
3	B 超监控下整复肠套叠的研究	安丘县人民医院	科技进步	二	市	1988
4	芝麻香型优质白酒的研究	山东景芝酒厂	科技进步	三	市	1988
5	防足癣布鞋	安丘县鞋厂	科技进步	三	市	1988
6	B311 型一氧化碳宽温变换催化剂	安丘县化工厂	科技进步	三	市	1988
7	温泉罗非鱼越冬试验	安丘县水利水产局	科技进步	三	市	1988
8	TYK-A 型微机控制粮食温度、温度遥测仪	安丘县电子电器厂	科技进步	三	市	1988
9	管带式水散热器、工程机械用水散热器	安丘县水箱厂	科技进步	三	市	1988
10	300mm 无菌高绒	安丘县羽绒制品厂	科技进步	三	市	1988
11	YG981 纤维油脂快速抽出器	安丘纺织仪器厂	科技进步	二	市	1989
12	高效新型渣系不锈钢焊条	安丘县特种焊条厂	科技进步	三	市	1989
13	3DD50-L、3DD100-L、3DD300-L 达林顿晶体管	国营第八〇七〇厂	科技进步	三	市	1989
14	FW4 型封盖机和 TYY5 型异物检验机	安丘县轻工机械厂	科技进步	三	市	1989
15	复杂地形农村供水管网若干技术问题的实践与探索	安丘县水利水产局	科技进步	三	市	1989

续表 23-6

序号	项目名称	获奖单位	获奖类别	获奖等级	授奖级别	时间
16	轻量涂料纸	安丘县造纸厂	科技进步	二	市	1990
17	高档化石玻璃包装容器	安丘县玻璃厂	科技进步	三	市	1990
18	食品级 PVC 扭结薄膜	潍坊市塑料九厂	科技进步	三	市	1990
19	LAF-10 垂直法织物阻燃性能测试仪	安丘县纺织仪器厂	科技进步	三	市	1990
20	棉花主要病虫害综合防治	安丘县棉花办公室	科技进步	三	市	1990
21	浓香型白酒新窖老熟的研究	山东景芝酒厂	科技进步	二	市	1991
22	水回收利用	安丘县热电厂	科技进步	二	市	1991
23	YG364 短纤维热收缩仪	安丘纺织纺织厂	科技进步	三	市	1991
24	小麦中产变高产模式与最佳栽培技术过程研究	安丘县农业局	科技进步	三	市	1991
25	水库输水洞钢衬技术的研究与应用	尚庄水库管理局	科技进步	三	市	1991
26	前儒林村连续十年过吨粮技术研究	安丘县农业局	科技进步	二	市	1992
27	特艺编绣品	安丘县工艺品厂	科技进步	二	市	1992
28	工程机械用水散热器	安丘县水箱厂	科技进步	三	市	1992
29	玻璃异型瓶轻量化研制	安丘县玻璃厂	科技进步	三	市	1992
30	PVC 香烟包装膜	潍坊市塑料九厂	科技进步	三	市	1992
31	河道取潜及灌溉节水研究	安丘县水利局	科技进步	三	市	1992
32	玉米生产综合机械化增产技术研究	安丘县农机局	科技进步	三	市	1992
33	50T/D 一级花生油大豆油连续精炼工艺	安丘县榨油厂	科技进步	三	市	1992
34	儿童免疫保偿制及管理的研究	安丘县卫生防疫站	科技进步	三	市	1992
35	安丘县土地资源调查	安丘县土地管理局	科技进步	三	市	1992
36	乳胶再生胶制品开发	安丘县橡胶制品厂	科技进步	三	市	1992
37	山东景芝酒厂系列酒计算机辅助勾兑优化系统	山东景芝酒厂	科技进步	二	市	1993
38	BF-5000 型饼类粉碎机	安丘县饲料厂	科技进步	二	市	1993
39	棉籽榨油高水分蒸胚新技术研究	安丘县第三棉油加工厂	科技进步	二	市	1993
40	大口径沉井配合集水暗管提取地下潜流试验研究	安丘县水利局	科技进步	三	市	1993
41	网箱养鱼高产技术开发	安丘县于家河水库管理局	科技进步	三	市	1993
42	商品瘦肉猪改良及生产配套技术开发	红沙沟镇兽医站	科技进步	三	市	1993
43	水溶性纺织乳蜡	安丘县化学实验厂	科技进步	三	市	1993
44	35KV 双回路输电线路单柱钢管铁塔	安丘县电力修造厂	科技进步	三	市	1993
45	改性菱镁轻体墙板	安丘县硅镁砼建材厂	科技进步	三	市	1993
46	电流相互作用演示器	安丘师范教学仪器厂	科技进步	三	市	1993
47	GFP40 型液体灌装机	安丘市轻工机械厂	科技进步	二	市	1994
48	30GF 六缸风冷柴油发电机组	潍坊市电机一厂	科技进步	二	市	1994
49	安丘市六万亩生姜高产高效栽培技术开发	安丘市农委	科技进步	三	市	1994
50	黄旗堡镇土地利用总体规划	黄旗堡镇土管所	科技进步	三	市	1994
51	小体积、高密度网箱养鲤高产试验	安丘市下株梧水库管理局	科技进步	三	市	1994

续表 23-6

序号	项目名称	获奖单位	获奖类别	获奖等级	授奖级别	时间
52	QS-2 型大曲粉碎新工艺	山东景芝酒厂	科技进步	三	市	1994
53	QF-03 高效油基清防蜡剂	安丘增塑剂厂	科技进步	三	市	1994
54	90 型高级润滑油添加剂	安丘市科技开发中心	科技进步	三	市	1994
55	碱回收苛化工段成套设备	安丘矿山机械厂	科技进步	三	市	1994
56	液料泵内表面耐磨技术研究	安丘市合成材料研究所	科技进步	三	市	1994
57	加深衬扩高磷层	国营第八〇七〇厂	科技进步	三	市	1994
58	异型陶瓷酒瓶	安丘建筑陶瓷厂	科技进步	三	市	1994
59	MR-144D 剥绒机的应用及工艺配套研究	安丘第三棉油加工厂	科技进步	三	市	1994
60	凌河镇平菇有土高产栽培技术开发	凌河镇政府	科技进步	三	市	1994
61	拒腐灵防治苹果树腐烂病的研究	安丘市科技开发中心	科技进步	二	市	1995
62	钻具外反循环系统及其在钻井中的应用研究	安丘市水利局机井队	科技进步	二	市	1995
63	ZGT1760 型门辊式涂布机	安丘市轻工机械厂	科技进步	二	市	1995
64	翼型公路护肩研究	安丘市关王水利站	科技进步	二	市	1995
65	小型隧洞施工技术研究	安丘市水利建筑安装公司	科技进步	二	市	1995
66	电力线杆拉线防腐防盗技术的研究	安丘市新技术开发公司	科技进步	三	市	1995
67	35 平方米鼓式真空洗浆机	安丘市机械厂	科技进步	三	市	1995
68	霍皮散治疗预防术后肠粘连的研究	安丘市第二人民医院	科技进步	三	市	1995
69	胃大部切除 ROUX-Y 式吻合括约肌成型的临床研究	安丘市中医院	科技进步	三	市	1995
70	胆道手术选择性不放“T”型管引流的临床研究	安丘市人民医院	科技进步	三	市	1995
71	流行性出血热的研究	安丘市白求恩医院	科技进步	三	市	1995
72	DGY-50 系列自控水泥包装机	安丘市水泥设备总厂	科技进步	三	市	1995
73	RAGM6535-1 型厚膜混合集成电路	国营第八〇七〇厂	科技进步	二	市	1996
74	感应电子长毛绒玩具	安丘市工艺品厂	科技进步	二	市	1996
75	采用高新技术实施农业名牌战略的对策研究	安丘市科委	科技进步	二	市	1996
76	微机自控生产特艺印花编绣品	潍坊弘洋工艺（集团）股份有限公司	科技进步	二	市	1996
77	WH-1 高纯度碳酸钡	安丘市第三化工厂	科技进步	二	市	1996
78	小氮肥企业财务微机管理信息系统	安丘市化肥厂	科技进步	三	市	1996
79	DGW-1 低伤害高效固砂稳定剂	安丘市增塑剂厂	科技进步	三	市	1996
80	聚氨脂多功能彩色建筑材料	安丘市选矿药剂厂	科技进步	三	市	1996
81	25m^2 预挂式真空过滤机	安丘市机械厂	科技进步	二	市	1997
82	直径 2600mm 高产气量煤气发生炉	安丘铸造厂	科技进步	三	市	1997
83	FGX6 型塑料防盗旋盖机	安丘市轻工机械厂	科技进步	三	市	1997
84	胆阑综合征和胆阑消炎丸的临床研究	安丘市人民医院胆阑综合征研究中心	科技进步	三	市	1997

续表 23-6

序号	项目名称	获奖单位	获奖类别	获奖等级	授奖级别	时间
85	热、风、消痹液疗法的临床研究	安丘市人民医院担山分院	科技进步	三	市	1997
86	ZNK50 平方米鼓式真空洗浆机	安丘市机械厂	科技进步	二	市	1998
87	小型水电站增容改造技术的开发与研究	安丘市于家河水库管理局	科技进步	三	市	1998
88	利用扑热息痛下脚料生产醋酸钠	潍坊第四制药厂	科技进步	三	市	1998
89	球海绵体肌、结肠套叠法原位肛门直肠重建术的临床研究	安丘市人民医院	科技进步	三	市	1998
90	60 平方米波纹板鼓式真空洗浆机	安丘汶瑞机械制造有限公司	科技进步	一	市	1999
91	管带式铝质散热器	潍坊恒安散热器有限公司	科技进步	二	市	1999
92	选择性输卵管造影再通术并中药治疗输卵管阻塞的临床研究	安丘市中医院	科技进步	三	市	1999
93	应用中药汤剂与甲硝唑预防开腹术后肠粘连的研究	安丘市人民医院	科技进步	三	市	1999
94	输电线路钢管（圆形、多边形）塔参数化设计及有限元分析软件系统	潍坊长安铁塔股份有限公司	科技进步	二	市	2000
95	优良品种梨快速育苗技术研究	安丘市贾戈街道	科技进步	三	市	2000
96	管式风冷臭氧发生器	安丘奥宗麦克斯设备有限公司	科技进步	三	市	2000
97	浸胶涤棉帆布	潍坊大龙化纤有限公司	科技进步	三	市	2000
98	腰椎板盖状截骨后柱结构回植重建术的临床研究	安丘市人民医院	科技进步	三	市	2000
99	手术野中血液回输的临床研究	安丘市中医院	科技进步	三	市	2000
100	粮食超高产需肥规律及配套施肥技术研究	安丘市前儒林庄村	科技进步	三	市	2001
101	安丘市农村婴儿死亡原因分析及预防措施与效果的研究	安丘市妇幼保健院	科技进步	三	市	2002
102	散热器风洞试验设备	潍坊恒安散热器有限公司	科技进步	二	市	2003
103	伊拉良种兔引进及适应性养殖技术研究与开发	安丘市绿洲兔业有限公司	科技进步	二	市	2004
104	高性能纤维——芳香族聚酰胺芳纶橡胶骨架材料	山东博莱特化纤有限公司	科技进步	二	市	2005
105	软体油罐骨架材料	山东博莱特化纤有限公司	科技进步	二	市	2005
106	治疗病毒性心肌炎中药制剂的临床研究	安丘市中医院	科技进步	二	市	2005
107	置换压榨双辊挤浆机	安丘汶瑞机械制造有限公司	科技进步	三	市	2005
108	高性能高模低缩涤纶工业丝及帘帆布的研制与开发	山东海龙博莱特化纤有限公司	科技进步	一	市	2006
109	公安机关治安防控系统	安丘市公安局	科技进步	二	市	2006
110	国处优质特禽品种选育及产业化	安丘市广聚实业有限公司	科技进步	二	市	2006
111	结直肠癌 β－连结素和突变型 P53 基因表达与恶性生物学行为的研究	安丘市人民医院	科技进步	二	市	2006
112	公安机关交通事故车辆管理系统	安丘市公安局	科技进步	三	市	2006
113	公安机关 GPS 卫星定位指挥调度系统	安丘市公安局	科技进步	三	市	2006

续表 23-6

序号	项目名称	获奖单位	获奖类别	获奖等级	授奖级别	时间
114	国外优质桃及地方优良品种选育及产业化开发	安丘市优质桃繁育推广中心	科技进步	三	市	2006
115	配套系伊拉（Hyla）肉兔良种产业化开发与示范	安丘市绿洲兔业有限公司	科技进步	三	市	2006
116	芝麻香型白酒的研制	山东景芝酒业股份有限公司	科技进步	一	市	2007
117	管片式铝质硬纤焊散热器	潍坊恒安散热器集团有限公司	科技进步	二	市	2007
118	大型压榨脱水机	汶瑞机械（山东）有限公司	科技进步	二	市	2007
119	水源热泵机组	潍坊科灵空调设备有限公司	科技进步	二	市	2007
120	高性能反应烧结碳化硅横梁	山东金鸿集团有限公司	科技进步	二	市	2007
121	坎地沙坦酯中试开发	潍坊特化精细化工有限公司	科技进步	二	市	2007
122	利用一步制粒法生产 DC 级对乙酰氨基酚	安丘市鲁安药业有限责任公司	科技进步	三	市	2007
123	纸浆洗选漂清洁生产集成工艺技术及装备	汶瑞机械（山东）有限公司	科技进步	一	市	2008
124	热传输用铝合金复合材料	潍坊三源铝业有限公司	科技进步	二	市	2008
125	ZXV 双吸式新型平面阀鼓式真空洗浆机	安丘海洋机械制造有限公司	科技进步	二	市	2008
126	高性能反应烧结碳化硅陶瓷	山东金鸿集团有限公司	科技进步	二	市	2008
127	公安机关案件在线查询系统	安丘市公安局	科技进步	二	市	2008
128	高纯度柠檬酸关键技术研究及产品开发	山东柠檬生化有限公司	科技进步	二	市	2008
129	双补通络丸治疗中风后神经功能缺损的临床研究	安丘市中医院	科技进步	二	市	2008
130	风冷热泵冷热水机组	山东科灵空调设备有限公司	科技进步	三	市	2008
131	1000KV 特高压铁塔	潍坊长安铁塔股份有限公司	科技进步	三	市	2008
132	GZXXE 系列回转式电子定量灌装机	安丘耀发机器有限公司	科技进步	三	市	2008
133	公安机关执法档案管理系统	安丘市公安局	科技进步	三	市	2008
134	发酵与酯化耦合生产柠檬酸酯技术的研究	山东柠檬生化有限公司	科技进步	三	市	2008
135	益窦起率胶囊治疗心肾两虚型病态窦房结综合征的临床研究	安丘市中医院	科技进步	三	市	2008
136	SJA1550 双辊置换压榨挤浆机	汶瑞机械（山东）有限公司	科技进步	二	市	2009
137	安丘市十万亩大姜精准施肥栽培技术研究与推广	安丘市土壤肥料工作站	科技进步	二	市	2009
138	电渣重熔 40t-240t 锭大型结晶器产品开发	潍坊亚东冶金设备有限公司	科技进步	二	市	2009
139	微营养素水平与儿童缺铁性贫血的相关性研究	安丘市妇幼保健院	科技进步	二	市	2009
140	高速回转贴标机	安丘耀发机器有限公司	科技进步	三	市	2009
141	废渣磷石膏制新型石膏建材的研究与开发	山东奥宝化工集团有限公司	科技进步	三	市	2009
142	YPL 压力盘式过滤机	汶瑞机械（山东）有限公司	科技进步	二	市	2010
143	HYJ-08 系列长效防雷接地体研制及产品开发	潍坊市宏宇电力设备防护有限公司	科技进步	二	市	2010
144	愈肠丸治疗慢性溃疡性结肠炎临床应用研究	安丘市中医院	科技进步	二	市	2010
145	伸趾短肌皮瓣修复虎口挛缩伴大鱼际肌缺损的临床研究	安丘市人民医院	科技进步	二	市	2010

续表 23-6

序号	项目名称	获奖单位	获奖类别	获奖等级	授奖级别	时间
146	鼓板式降膜蒸发器	安丘海洋机械制造有限公司	科技进步	三	市	2010
147	GLW 型脱硫废渣再利用煅烧成套设备	潍坊天洁环保科技有限公司	科技进步	三	市	2010
148	水源高温热泵机组	山东科灵空调设备有限公司	科技进步	三	市	2010
149	低保人群健康状况与疾病谱调查研究	安丘市立医院	科技进步	三	市	2010
150	EGR 冷却器	潍坊恒安散热器集团有限公司	科技进步	二	市	2011
151	高效热泵机组与余热回收利用集成技术	山东科灵空调设备有限公司	科技进步	二	市	2011
152	电渣重熔 450t 特大型结晶器	潍坊亚东冶金设备有限公司	科技进步	二	市	2011
153	利用酿酒副产物生产浓香酒	山东景芝酒业股份有限公司	科技进步	二	市	2011
154	生姜安全控害技术研究与集成	安丘市植物保护站、潍坊鑫盛食品有限公司	科技进步	二	市	2011
155	抗结核药物联合不同剂量糖皮质激素治疗晚期结核性脑膜炎的临床研究	安丘市疾病预防控制中心	科技进步	二	市	2011
156	长安考勤电子拍照智能管理系统	潍坊长安铁塔股份有限公司	科技进步	三	市	2011
157	LHJ 型螺旋干燥机	潍坊天洁环保科技有限公司	科技进步	三	市	2011
158	JMIA 卧式锅炉超导热节能装置	潍坊福来锅炉节能设备科技有限公司	科技进步	三	市	2011
159	小麦节水省肥高产技术集成	安丘市农业技术推广站	科技进步	三	市	2011
160	登楼试验在低肺功能食管癌患者术前心肺功能评估中的作用	安丘市人民医院	科技进步	三	市	2011
161	手穴推拿加脐穴艾灸与中药外敷治疗小儿迁延性慢性腹泻临床研究	安丘市中医院	科技进步	三	市	2011
162	宫腔镜子宫内膜切除术局域电凝止血的临床研究	安丘市妇幼保健院	科技进步	三	市	2011
163	化瘀汤联合损伤控制性手术治疗阑尾周围脓肿的临床研究	安丘市中医院	科技进步	三	市	2011
164	针刀中药手法康复综合治疗膝关节慢性外伤性滑膜炎	安丘市中医院	科技进步	三	市	2011
165	芝麻香型白酒细菌曲的生产与应用	山东景芝酒业股份有限公司	科技进步	一	市	2012
166	大型发电机组模块化卧式高低温循环冷却系统	潍坊恒安散热器集团有限公司	科技进步	二	市	2012
167	都市群园林绿色植保技术研究与推广	安丘市城市园林绿化处	科技进步	二	市	2012
168	氢钙法生产柠檬酸工艺	山东柠檬生化有限公司	科技进步	二	市	2012
169	白酒智能勾兑和质量评价系统	山东景芝酒业股份有限公司	科技进步	二	市	2012
170	臭氧水防治根结线虫病试验研究与示范	潍坊市万有环保设备有限责任公司	科技进步	二	市	2012
171	花生优质安全高产栽培技术集成	安丘市农业技术推广站	科技进步	二	市	2012
172	花卉组培苗驯化技术研究	安丘市城市园林绿化处	科技进步	二	市	2012
173	钠氢交换蛋白 1 在 β 淀粉样蛋白诱导的神经元凋亡中的作用研究	安丘市人民医院	科技进步	二	市	2012
174	恩度联合同步放化疗治疗晚期非小细胞肺癌的临床研究	安丘市人民医院	科技进步	二	市	2012

续表 23-6

序号	项目名称	获奖单位	获奖类别	获奖等级	授奖级别	时间
175	工业蒸汽余热回收用热泵供汽系统	潍坊亿佳节能控制科技有限公司	科技进步	二	市	2012
176	新型高效 ZXV 洗浆机	汶瑞机械（山东）有限公司	科技进步	三	市	2012
177	TGF-B1 与颅脑创伤后慢性脑积水形成的相关性研究	安丘市人民医院	科技进步	三	市	2012
178	非侵袭性检查在难治性癫痫致痫灶定位中的临床应用	安丘市中医院	科技进步	三	市	2012
179	完全性腹腔镜全结肠切除治疗家族性腺瘤性息肉病临床研究	安丘市中医院	科技进步	三	市	2012
180	高产四甲基吡嗪菌株在景芝芝麻香及浓香型白酒生产中的应用	山东景芝酒业股份有限公司、中国科学院成都生物研究所	科技进步	二	市	2013
181	中国芝麻香型景芝白酒风味物质剖析技术的研究及应用	山东景芝酒业股份有限公司、中国食品发酵工业研究院	科技进步	二	市	2013
182	宫颈病变的发病及认知程度调查	安丘市人民医院	科技进步	二	市	2013
183	脑梗死患者血浆纤维蛋白原、尿酸水平与颈动脉粥样硬化斑块及梗死面积的相关性研究	安丘市人民医院	科技进步	二	市	2013
184	红花注射液对大鼠 UC 的疗效及对血管内皮生长因子表达的影响	安丘市人民医院、潍坊医学院附属医院	科技进步	二	市	2013
185	脑血管狭窄支架成形术与血管性痴呆的研究	安丘市人民医院	科技进步	二	市	2013
186	华蟾素注射液对人肝癌 HepG-2 细胞增殖、凋亡及周期的影响	安丘市人民医院	科技进步	二	市	2013
187	急性心肌梗死 STD 与非 STD 患者临床对比分析	安丘市人民医院	科技进步	二	市	2013
188	汉黄芩素对胶质瘤 U251 细胞增殖、凋亡、Survivin 及 Caspase-3 表达的影响	安丘市人民医院	科技进步	二	市	2013
189	糖化发酵耦合工艺生产柠檬酸技术研究	山东柠檬生化有限公司	科技进步	三	市	2013
190	FJ24 自动翻转检验剔瓶机	安丘耀发机器有限公司	科技进步	三	市	2013
191	DGC 型智能感应变流速灌装机	安丘市鼎正机械设备有限公司	科技进步	三	市	2013
192	DGCZ 型电子称重灌装机	安丘市鼎正机械设备有限公司	科技进步	三	市	2013
193	真空管集热储热一体化承压式太阳能热水系统	山东彤力得新能源有限公司	科技进步	三	市	2013
194	JMIB 立式双烟道锅炉超导热节能装置	潍坊福来锅炉节能设备科技有限公司	科技进步	三	市	2013
195	高层冷热联供地源热泵机组	山东科灵空调设备有限公司	科技进步	三	市	2013
196	肩关节腔强的松封闭治疗脑卒中后偏瘫肩的疗效观察	安丘市中医院	科技进步	三	市	2013
197	电针治疗产后抑郁症与新生儿母乳喂养及生长发育的关系	安丘市妇幼保健院	科技进步	三	市	2013
198	七氟醚或异丙酚麻醉与老年肺癌患者血清 S100β 浓度改变的相关性研究	安丘市人民医院	科技进步	三	市	2013

第五章　科技普及

第一节　科普组织

1987年，安丘县以乡镇科协为主体，在全县32处乡镇建立科学技术工作委员会，配备40名专兼职科技助理和干事，有453个村建立科技小组，组织开展科普活动。全县32处乡镇的村办科普夜校由1986年的480所发展到753所。1988年，全县兴建乡镇科普学校32所，村办科普夜校975所，农民专业技术研究会18个，初步形成以三级科普学校为阵地，科技组织为主力，教育生产相结合的科普网络。1989年，有860个村成立农业技术服务队。有农民专业技术研究会、协会253个，会员4160人。1990年，建立农技、兽医、种子、农机、林果、水利等农业技术推广服务站192个，村级科技服务队（组）发展到895个，科技示范户、带头户17800户，逐步形成县有中心、乡镇有站、村有队（组）的三级科普服务网络。1992年，成立中央农业广播函授大学安丘分校，成为培养农村“留得住、养得起、用得上”专业人才基地。农业科技推广服务站发展到224个，村科技服务队（组）发展到1440个。全县32处乡镇普遍建立起农民文化技术学校，村办科普夜校发展到1126所。1999年，全市乡镇农技、种子、畜牧、水利、农机、林业、蚕果等农业技术推广服务机构230个，村科技服务队(组)800多个,各类专业技术研究会、协会270个，会员4800多人。2006年后，科普队伍不断发展壮大，科普服务机构更加健全。全市12处镇街道和大中型企业全部建有科协组织，配有专兼职干部。在村、社区中心设立科普服务站、科普宣传栏。市、镇、村三级建立起1000多人的科普志愿者队伍。至2013年，市级以农业科技110服务热线专家顾问组、12316三农热线专家组为主，组建8支科技服务讲师团，科普志愿者1600多人。全市各级各类专业技术协会发展到62个，会员18000人。各类科技示范户2600家，科技带头人1200人。

第二节　科普宣传

1987年，安丘县以乡镇科协为主体组织开展科普活动，全县放映科技电影1200场，举办科普讲座1536次，参加培训31321人次，发放技术资料39900份。1988年，全县组织科技讲师团讲授实用技术报告65场，参加人员1.2万人。乡镇科协采取广播讲座、科技赶集等形式宣传普及科学知识，印发明白纸26.7万份，科技赶集250次，科普讲座1686次，放映科技电影300场。1989年，全县举办种植、养殖和企业管理等技术培训班560期，培训各类人员4万多人。其中，提高型3450人，普及型3.7万人。1990年—2000年，安丘市组织开展11次科普宣传月活动，举办各种类型的实用技术培训班1856期，培训农民38.9万人次，组织科技兴农报告团巡回演讲252次，放映科技电影、录像2130场次。1999年4月，组织举行安丘市科技知识竞赛。是年5月，市委组织部与市科委等有关部门开展安丘市农村党员实用技术比武活动。11月，全市开展“十大农民科技状元”评选活动，评出10名在种植、养殖、林果等方面依靠科技致富的新型农民，被市科委、市人事局联合命名为安丘市科技状元。2001年5月，市科委组织开展第一届科技活动周，举办农村实用技术讲座18期，培训农民7600人次。装备科技宣传车1辆，挑选8名科技骨干分别到15处镇街道的中心大集宣传科技知识，接受农民群众咨询3万多人次，发放实用科技资料2.3万份。2002年5月，开展第二届科技周活动，市科技局、科协、农业局、林业局、烟草公司、种子公司、新华书店等25个部门和单位在市区举办科普宣传、科技咨询活动。市科技部门组织技术人员到临浯、管公、辉渠等地赶科技大集，发放实用技术资料3万多份，接受群众科技咨询1.2万人次。举办实用技术培训班5期，培训农民3000多人次。科技活动周期间，市政府与中科院长春分院举行科技合作签字仪式。2003年，市科技部门组织第三届科技宣传活动周，以宣传“非典”防治知识为重点，开展多种形式的科技宣传和科普活动。组织20多个部门开展科技下乡活动，发放资料5万多份，培训农民8000人次。2004年—2006年，组织开展第四、五、六届科技活动周，宣传普及科学知识和科学方法，举办科技讲座34期，受训农民3.2万人次，发放实用技术资料12.5万份。2007年，组织开展第七届科技活动周，从市科技局、科协、农业局、林业局、畜牧局等单位挑选70多名科技骨干到凌河等3镇的中心大集宣传科技知识。组织科技下乡33次，举办科技讲座17期，受训农民1.5万多人次。2008年—2013年，组织开展第八至第十三届科技活动周，组织专业技术人员开展送科技下乡活动，宣传科技知识，解决农民在生产中遇到的技术难题。先后组织科技下乡70次，举办科技讲座66期，培训农民5万多人次。

第三节 学会 农技协

1988年—1998年，安丘市在农村主要以乡镇科协和农机、农技部门为主，按照各村产业特点，成立农村专业技术协会。其间，全市成立农技、畜牧、种子、水利、农机、林业、蚕果等各类农业技术协会、研究会725个，会员13000多人。随着科学技术普及，广大群众对科学技术研究利用和创新意识不断增强，科技学会、协会、研究会在社会各领域成立。1999年—2002年，安丘市民营科技专利协会、水利学会、瓜菜协会、个体私营企业协会、职工技术协会、老年体育协会、书画协会等相继成立，会员11500多人。2003年，市内成立农资、农业、蔬果、养殖等方面的协会10个，单位会员82个，个人会员989人。协会为会员提供信息技术支持，提高会员的经济收入。2004年—2007年，全市新成立花生、烟草、桑蚕、樱桃、大姜、大葱、椒业、山货、渔业、特种动物养殖等专业协会19个，单位会员416个；文化、党建、法律、互联网等协会、研究会8个，单位会员49个。2008年，安丘市计算机协会、老科技工作者协会、癌症康复协会、科学养生协会相继成立，会员244人。2009年，安丘市农业科技“110”服务协会成立，会员55人；5月，安丘市反邪教协会举行换届大会并召开二届一次会议，个人会员79人，单位会员21个。是年12月，安丘市营养协会成立，会员55人。2010年，安丘市抗风湿协会成立，会员59人。2013年1月，安丘市农村专业技术协会联合会成立，个人会员24人，单位会员36个。4月，安丘市畜牧行业协会成立，单位会员34个，个人会员113人；石埠子镇草莓协会和辉渠镇小米协会也相继成立。

第六章 知识产权

第一节 宣传培训

1997年，安丘市知识产权局在市供销系统举办《专利法》培训班，聘请专家讲解新专利法知识，60多名基层供销社及部分企业人员参加培训。1998年，通过印发宣传资料、领导发表电视讲话等形式，广泛宣传《山东省专利保护条例》及专利法律知识。2003年“4·26”世界知识产权日前后，利用广播、电视、印发宣传材料、市政府分管市长在《安丘日报》上发表署名文章等形式，大力宣传专利法律法规等知识产权基本知识。2005年5月，市专利局、市工商局联合举办全市知识产权讲座，聘请山东省和潍坊市的有关专家授课，60家企业技术负责人参加培训。2008年—2012年，市知识产权局利用每年的“3·15”消费者权益日、“4·26”知识产权日等特定日期，联合市工商局走上街头，在城区宣传站点开展咨询服务、发放宣传材料，举办专题座谈会开展集中宣传活动，发放《知识产权法律法规汇编》500余册，发放《国家知识产权战略纲要》宣传提纲、识别假冒专利、侵权专利明白纸等宣传资料23000余份，接受现场咨询2400余人次。2009年4月，举办市直骨干企业知识产权管理培训班，全市30多家企业技术副总及企业专（兼）职专利管理人员参加培训。2010年4月20日，组织景芝酒业股份有限公司、恒安散热器有限公司、彤力德新能源有限公司等5家企业参加潍坊市第十个世界知识产权日广场宣传活动。2010年，《安丘依托专利占领制高点》在《人民日报》发表，介绍安丘市引导企业大力开展科技研发，以专利技术产品赢得市场的做法。2013年2月，市知识产权局联合市人民法院、市工商局共同举办知识产权司法保护实务专题讲座，55家企业的分管负责人参加培训活动。是年11月，市知识产权局承办的全市知识产权培训班在市政府招待所举行，全市各镇街区科技联络员和有关企业分管技术负责人60多人参加培训。

第二节　专利保护

1996年，市知识产权局联合市工商局，检查市内6家商贸单位的12类、216种商品，其中市鸿发商厦被推荐为潍坊市无假冒专利商店。1997年，市知识产权局在全市流通领域开展查处假冒专利商品活动，对8家企业进行检查，从120种专利商品中，抽出34种到潍坊市专利局进行法律状态检索，对查出的6种冒充专利产品作了依法处理。2005年4月，开展保护知识产权专项行动，对佳乐家安丘店等3家超市和回春药店进行抽查，对有问题的商品、药品进行撤柜处理。2008年4月，市知识产权局与市工商局、质检局、公安局联合开展集中执法检查活动，对市内商业、流通企业营销的专利产品进行全面执法检查。检查有专利标识的商品、药品2310余种，查处冒充专利产品20多种，假冒专利产品10多种。2009年4月，与市工商、质检、公安等相关部门联合对市内部分商业、流通企业营销的专利产品进行全面执法检查，共检查有专利标识的商品、药品1300余种。2010年12月，邀请潍坊市知识产权局专利行政执法支队，协同市工商、质检、公安等部门，开展联合执法活动。对市内的佳乐家安丘店、银座商城、回春药店等部分商业、流通企业进行全面执法检查，对有专利标识的50多件产品进行详细登记。2011年11月，在第五届中国专利周活动期间，市知识产权局邀请潍坊市知识产权局专利行政执法支队，并联合市公安局、工商局、质监局和文化执法局等部门开展打击侵权制假专项执法行动，对佳乐家安丘店、世纪泰华福乐多等商贸流通企业涉及食品、药品、音像以及与人民生活密切相关的16类、200多种商品进行重点检查。对检查出的涉及带有专利标识的28种商品依法进行登记。2012年“4·26”世界知识产权日及中国专利周期间，邀请潍坊市知识产权局执法支队，会同市工商、质检、公安、文化等部门，开展两次联合执法检查活动。对佳乐家安丘店、银座商城、世纪泰华福乐多、回春药店等部分商贸流通企业进行全面执法检查，对有专利标识的50多件产品进行详细登记。2013年4月，与市工商局、质监局、公安局、文化执法局等部门配合潍坊知识产权局，在全市范围内开展知识产权“护航”行动，重点检查世纪泰华福乐多、佳乐家安丘店等多家商贸流通企业。对涉及食品、文具等5大类、120种商品进行登记入册。

第三节　知识产权创造

1985年，安丘县贯彻实施《中华人民共和国专利法》后，境内专利申请、授权量逐年增加。1986年—2013年，全市专利申请量为3803件，其中发明专利670件、实用新型专利1957件、外观设计专利1176件；授权量为2109件，其中发明专利197件、实用新型专利1423件、外观设计专利489件。1993年，在全国第七届发明成果展览会上，安丘市科技开发中心研发的“防治苹果树腐烂病新农药拒腐灵”获全国发明技术铜牌奖。1994年，安丘市科技开发中心研制生产的多元素多功能复合肥获得国家发明专利，获中国当代专利技术成果转让博览会金奖，有关资料被世界著名刊物——美国化学学会主办的《化学文摘》刊载。2000年　2007年，全市先后有治疗椎间盘突出的中药物、节煤器、充气车衣、电力通讯金具防盗装置等一批专利项目获国家高新技术、专利博览会金奖、银奖。2008年，景芝酒业股份有限公司研发的“芝麻香型白酒生产工艺”获第三届中国山东专利优秀项目金奖；安丘福来锅炉科技公司研制的“超导热节煤装置”获中国（合肥）专利技术成果交易会特别金奖。2009年，安丘福来锅炉科技公司研制的“超导热节能锅炉”和“超导热节能装置”双双获第六届中国国际专利与名牌博览会特别金奖；景芝酒业股份有限公司的发明专利“芝麻香型白酒生产工艺”获第十届山东省专利奖一等奖。2010年，景芝酒业公司的发明专利“芝麻香型白酒生产工艺”获中国专利奖优秀奖。2011年，安丘福来锅炉科技公司研制的“JMIA卧式锅炉超导热节能装置”获第二十届全国发明展览会金奖。2012年，山东柠檬生化有限公司研发的“高纯度柠檬酸生产方法”和安丘玉成生化公司研制的“氟铃脲水悬浮剂”分别获潍坊市第一届专利奖一等奖和二等奖。

至2013年，全市有潍坊长安铁塔股份有限公司、安丘市鲁安药业有限责任公司、潍坊埃尔派粉体技术设备有限公司、潍坊市宇宏石油机械有限公司、山东科灵空调设备有限公司、潍坊九易通电器有限公司、安丘市恒昌散热器有限公司、潍坊狄杰玛汽车底盘技术有限公司、潍坊市贝特工程机械有限公司、潍坊恒硕机械制造有限公司、山东景芝酒业股份有限公司、安丘汶瑞机械（山东）有限公司、潍坊恒安散热器集团有限公司、潍坊天洁环保科技有限公司等14家企业获中国专利山东明星企业称号。

安丘市1986年—2013年获专利情况表

表23-7

年份	申请量				授权量
	合计	发明	实用新型	外观设计	
1986—1994	198	15	104	79	87
1995—1999	447	42	242	163	239
2000—2004	331	39	179	113	218
2005—2007	479	40	192	247	298
2008—2010	880	129	411	340	400
2011—2013	1468	405	829	234	867
合计	3803	670	1957	1176	2109

第四节 专利服务

2003年，安丘市知识产权局组织人参蜜姜脯、腰腿疼消胶囊等6项技术含量高、市场潜力大、发展前景好的专利产品，参加第四届国际孔子文化节中国专利高新技术产品博览会。2005年，发挥自身优势，为市内20余家企业和个人的近60个专利项目进行检索服务。2008年，为企业提供信息服务126次。其中，为8家企业提供行业技术现状及发展趋势的专题分析报告，为社会上发明人查阅专利文献300余篇、推介专利项目9项。2010年，与市教育局联合出台《关于鼓励全市中小学生发明创造的实施办法》，鼓励广大青少年积极开展科技发明活动。2011年8月，组织安丘福来锅炉和安丘天彩工业设计研究所研发的四项专利项目，参加在威海举办的第二十届全国发明展览会。开展送知识产权到基层活动，为企业提供专利事务咨询服务，帮助开发技术含量高、市场前景好的专利产品。2012年5月，集中利用一周时间，邀请有关专家到安丘市立医院、安丘市玻璃钢协会等单位，开展知识产权培训活动，增强广大干部职工的知识产权意识。全市具有自主知识产权的产品日益增多，产品档次不断提升。

第七章　地震测防

安丘地处中国东部最大的断裂带——北东向郯庐断裂带和北西向诸城至惠民断裂带上，主要有6条北东向和3条北西向断裂分布境内，地质构造复杂，具有发生破坏性地震的地质构造背景。6条北东向断裂自东向西分别为景芝断裂、昌邑—大店断裂、安丘—莒县断裂、白芬子—浮莱山断裂、沂水—汤头断裂、鄌郚—葛沟断裂；3条北西向断裂自北向南分别为昌乐—广饶断裂、无棣—益都断裂、双山—李家庄断裂。2001年国家颁布的《中国地震动参数区划图》将市境划为地震烈度八度区。

第一节　地震测报

1976年—2013年，安丘市地震局用微震仪实测震中位于市境的地震23次，震级都在4级以下。3级以上的有感地震5次，分别发生在1978年、1997年、1999年和2011年，都未造成损失。

安丘市1976年—2013年地震情况表

表23—8

发震时间					震中位置			震级（ML）	深度（公里）	备注
年	月	日	时	分	纬度	经度	地点			
1976	11	1	22	04	36° 06′	119° 02′	石埠子镇蒯沟村	1.3	—	
1976	12	9	11	00	36° 14′	118° 56′	辉渠镇窝落村	1.8	—	
1977	11	13	11	58	36° 16′	119° 01′	辉渠镇绪泉村	2.0	23	
1978	8	3	05	45	36° 20′	118° 51′	大盛镇小官庄村	2.2	24	
1978	10	17	09	56	36° 12′	118° 51′	郚山镇七箭村	3.7	26	有感
1979	2	4	07	30	36° 21′	119° 25′	景芝镇北张洛村	2.1	26	
1982	2	3	23	29	36° 17′	118° 46′	大盛镇后大盛村	2.5	16	
1982	2	17	23	43	36° 26′	119° 13′	安丘城区	2.0	—	
1984	1	2	13	27	36° 18′	118° 49′	大盛镇后大盛村	1.8	10	
1996	10	15	00	33	36° 07′	119° 08′	诸城安丘交界（龙宿村）	3.0	20	
1997	7	22	10	38	36° 24′	118° 53′	大盛镇小庵子村	2.3	—	
1997	11	3	07	02	36° 07′	119° 10′	诸城安丘交界	3.6	—	有感
1997	12	20	04	34	36° 20′	119° 25′	景芝镇东庄子村	3.7	—	有感
1999	11	20	08	34	36° 15′	119° 02′	辉渠镇顺流河村	3.3	—	有感
2001	8	10	01	01	36° 20′	119° 00′	凌河镇董家庄村	2.4	—	
2003	4	11	13	07	36° 10′	118° 52′	安丘与沂水交界(涝坡村)	2.5	—	
2004	4	29	18	29	36° 13′	118° 58′	柘山镇后马时沟村	2.4	—	
2006	3	24	03	24	36° 15′	118° 55′	辉渠镇常家岭村	2.1	—	
2011	5	20	18	32	36° 20′	118° 96′	辉渠镇范家庄子村	3.6	—	有感
2011	6	17	22	14	36° 20′	118° 95′	辉渠镇范家庄子村	2.1	—	

安丘地震台

安丘地震台是国家基本台。1969年，国家在安丘县设立荆山洼超声波站、荆山洼应力站、常家庄形变站3个地震观测站，由省地震部门管理。1971年5月，荆山洼超声波站和应力站合并为荆山洼地震站，主要观测地应力变化；常家庄形变站定名为常家庄地震站，主要观测地面垂直位移和水平位移的形变。同时还在安丘的岳家店子、昌乐的高崖和郚郚、益都的赤涧、临朐的茹家庄和姜家巴窝5个点每月进行一次流动测量。1971年6月，荆山洼地震站和常家庄地震站交由安丘县科委代管。1984年收归省地震局管理，并将上述两站更名为荆山洼地震台和常家庄地震台。1989年，常家庄地震台因潍徐路拓宽改造影响水准测量线路，迁至金冢子镇冯家坊子村北（东经119º13′06″，北纬36º22′39″）建新台（站），更名为安丘地震台。台站海拔高程94米，占地2.33亩，位于沂沭断裂带北端的安丘—莒县断裂上。1993年1月，流动测量点调整为安丘常家庄、安丘岳家店子、昌乐高崖、临朐刘家庄、朱家坡和平度中黄山等6处。1993年2月，荆山洼地震台迁并入安丘地震台。1999年起，安丘地震台由潍坊市地震局代管。

安丘地震台的主要任务是监测沂沭断裂带北端的安丘—莒县断裂及安丘、青州、昌乐、临朐等周边地区次一级断裂的活动情况。监测的断裂带从东往西排列有昌邑—大店断裂、安丘—莒县断裂、沂水—汤头断裂、郚郚—葛沟断裂、双山—李家庄断裂和上五井断裂。主要有定点短水准观测、跨断层短水准观测、体应变观测、断层蠕变观测、大地电场观测、地磁矢量观测、电磁辐射观测、强震动观测、数字化测震、CO_2等观测手段及气温、气压、水位等辅助观测。安丘地震台形变半地下室，跨越安丘一莒县断裂，此断裂总长210公里，总体走向北东10º～30º，倾向东南，倾角86º，产状近于直立，沿断层走向在地貌上呈陡坎地形表现。断层西盘为白垩系上统王氏组褐色、紫褐色含砾砂岩地层（K2W1），东盘为王氏组灰绿色、紫灰色页岩夹粉砂岩地层（K2W2）。断裂变动带发育在K2W2地层中，宽度为110米，近断层面的破碎带宽30多米。为观测断层位移，1994年，在安丘地震台建正交地下室，与断层成90°夹角，总长48米，宽2米，高2.5米。在该观测室南侧布置一台MD4271型水平形变测量仪，仪器总长39.91米，仪器首端在东端，尾端在西端；观测室北侧布置一台MD4472型垂直形变测量仪，仪器总长39.91米，仪器带升降台端在东端；观测室东端南侧布置DS1820型数字温度计一台。1998年，安丘地震台建斜交地下室，与断层成45°夹角，总长30米，宽2.4米，高2.8米。在该观测室东侧布置一台MD4271型水平形变测量仪（DSG），仪器总长23.63米，仪器首端在里端，尾端在外端，同时布置DS1820型数字温度计。是年，国家投资120万元在安丘地震台新建二层办公楼一栋，新上CO_2、大地电场、电磁波、断层位移测量4种数字化仪器，监测断层释放CO_2气体量、电磁波变化和断层位移变化情况。2002年9月，安丘地震台扩建工程启动，投资约100万元新征用地8亩，建地磁房、半地下测震房等基础设施，并新上地磁和测震仪。2005年，先后建成强震动观测室、地震摆房和地磁矢量观测室，新增强震动加速度仪、数字测震仪、FHD-2B型质子磁力仪。是年，安装短临跟踪项目磁通门，加密监测胶州半岛地磁场变化情况，2007年停止使用。2012年4月，中国地震局地壳应力研究所与山东省地震局合作开展的郯庐断裂带原地应力重复观测及孕震信息挖掘研究项目启动暨野外科研观测基地揭牌仪式在安丘地震台举行。

五龙山地震台

2007年5月，潍坊市地震局在郚山镇五龙山进行地震台建设选址。是年6月，安丘市地震局就五龙山地震台建设及观测设施、观测环境保护等，与郚山镇政府和五龙山公园管理处签订协议。10月，五龙山地震台项目基础设施由安丘市政府投资2.3万元，建成15平方米的业务用房。2008年5月，省地震局为五龙山地震台安装价值近20万元的测震仪，数采型号为EDAS-24IP，拾震器型号为BBVS-60。

宏观观测点

1970年，安丘县地震局在城关公社南关头大队和南新村大队、景芝医院和白芬子公社供销社建立首批宏观观测点（简称宏观点），固定专人，业余观察本单位水井水位变化。此后，根据时下地震测报需要，适时进行调整。1983年，宏观点调整为：绪泉、雹泉、白石岭泉、牟山水库渔业队、城关镇南新村、石堆镇桥上村。是年底，省地震局指出，近期潍坊市可能有中强地震。潍坊市地震办公室确定临朐盆地为重点监视区。为此，1984 年，安丘县在靠近临朐盆地的安丘西南部各乡镇新设部山乡店子村、大盛镇水利站、大盛村、红沙沟村、辉渠乡水管所、柘山乡水管所、白芬子镇水管所等 7 个宏观点。1986 年，根据上级要求对测报点进行调整，保留景芝、石堆镇桥上、大盛镇水利站、雹泉、绪泉 5 个井、泉点和西田庄、关王庙、牟山水库、尚庄水库、于家河水库、上株梧水库 6 个宏观点。1989 年，国家对“三土”（土地电、土地应力、土地磁）仪器进行清理整顿，宏观点重新调整，设景芝、桥上、大盛 3 个水井点和雹泉、绪泉、温泉 3 个泉水点以及西田庄、关王庙、牟山水库、尚庄水库、于家河水库、上株梧水库 6 个宏观点。泉水点采用上海产 7151-2B 型半导体深水温度计测量。1990 年，增设孝仁泉观测点。1993 年，增设青云山泉水观测点。1998 年，增设李家水坡水井观测点。2001 年 10 月，温泉、景芝两个骨干测报点观测用房建设完工，景芝点安装 SW40 型日记式水位自记仪。是年 12 月，对群测点进行调整，保留地下水观测点 10 个（景芝、桥上、大盛、李家水坡、安丘地震台 5 个水井点，雹泉、绪泉、温泉、孝仁泉、青云山 5 个泉水点）、宏观点 4 个（牟山水库、尚庄水库、于家河水库、上株梧水库）。2002 年 6 月，石堆镇桥上观测点因井水干涸被撤销。2003 年 5 月，李家水坡观测点因所在镇划归坊子区，停止向安丘报数。2005 年 3 月，景芝观测点重建观测专用房；是年 11 月，温泉观测点安装 ZKGD3000 地下流体数据采集系统，泉温的测量与传输实现数字化。2007 年 3 月，在安丘地震台及雹泉、温泉、青云泉、海眼泉、绪泉、孝仁泉 6 个泉水观测站和景芝、大盛 2 个水井观测站全部安装由省公安厅、省地震局统一制作的保护志牌和标志牌。是年 4 月，雹泉观测站安装 ZKGD3000 地下流体数据采集系统，安丘市地震局、公安局、规划局联合制定《关于进一步加强地震监测设施和地震观测环境保护的通知》，根据《地震监测条例》和国家标准《地震台站观测环境技术要求》，划定市内 1 个地震台、6 个泉水观测站和 2 个水井观测站的地震监测设施分布地点及其保护范围。2010 年 7 月，市地震局在有关镇街道重新选定顺昌养殖场、孙家小戈养殖场、道口养鸭场、王家楼养猪场、中山北头养猪场、泰和双肌臀养猪场、同歌尧养猪场、牟山水库养鱼场、于家河水库养鱼场、尚庄水库养鱼场和青云山公园动物园 11 个动物宏观点。2013 年 9 月，在石埠子镇蒯沟村增设蒯沟水井水位观测点。

第二节　震害防御

城市震害防御

1991 年，安丘县地震办公室开始在全县开展工程抗震工作。1994 年，安丘市工程抗震纳入基本建设程序，对在建楼房工程出具抗震设防意见。1997 年，工程抗震正式纳入国民经济和社会发展年度计划。1998 年，市政府转发《潍坊市地震安全性评价管理办法》，加强境内建设工程抗震性评价管理。2002 年，城市建设工程抗震设防要求审核和地震安全性评价纳入市行政审批服务大厅统一办理，对重大建设工程和可能发生严重次生灾害建设工程进行地震安全性评价。同时，加大地震行政执法力度，组织对全市有关建设工程抗震设防情况进行执法检查，使市区绝大多数建设工程按照抗震设防要求进行建设，提高住房和重要建筑工程的地震安全性能。2010 年 9 月，根据城市总体规划和城市布局现状及城市发展需要，由山东省地震工程研究院组织实施，在市南区 20 平方公里范围内开展地震小区划，历时两年多，经方案论证、野外施工、综合分析研究，形成工作报告。2011 年 11 月，国家地震安全性评价委员会评审通过《安丘市南部城区地震小区划报告》，该结果为一般建设工程的抗震设防提供科学设防参数，亦可作为城市发展和土地利用规划的依据。

农村震害防御

2007 年下半年，市地震局选择有代表性的 3 处镇街道 9 个村、2218 户、2244 栋民居进行调查，结果具备抗震能力的住房仅占 0.1%，一般抗震的占 6%，不抗震的达 93.9%。是年，市政府办公室印发《关于实施农村民居地震安全工程的意见》，确定通过开展农村民居地震安全工程，到 2020 年实现新建农村民居符合抗震防灾要求，基本消除不具备抗震防灾能力的危旧民居，确保在遭受 6 级左右地震时不会造成重大人员伤亡，为建设社会主义新农村提供抗震防灾安全保障。

防震减灾宣传教育

1986年—2013年，每年“7•28”唐山地震纪念日，安丘市地震局干部职工走上街头，发放宣传材料，开展防震减灾宣传活动，分管市长在安丘电视台、市报上发表讲话或专题纪念文章，刊载防震减灾知识。1989年，在对群测点调整的同时，专门设立安丘师范学校综合宣传点。1997年，《中华人民共和国防震减灾法》颁布并于1998年3月1日起施行。在每年《防震减灾法》颁布实施日，市地震局都组织开展街头宣传活动。2001年起，每年科技活动周期间，市地震局都组织专业技术人员到乡镇赶科技大集，送科技下乡，回答地震科普咨询，宣传地震科普知识。是年9月，市地震局录制《防震减灾、造福于民》资料片，详细介绍安丘市防震减灾工作情况。2002年，市职业三中建立防震减灾科普教育基地，布设防震减灾科普教育展室和活动室，全市每年有2万多名初一学生在此得到防震减灾知识轮训。2004年，市地震局编印《防震避震知识》宣传手册，在学校和厂矿企业中发放。是年12月，在山东省小学生“春蕾杯”防震减灾知识竞赛活动中，关王镇中心小学获竞赛组织奖，1人获一等奖，27人获优秀奖。2005年9月，市政府领导集体学习《地震观测管理条例》。2006年初，市地震局重新制作《防震减灾、造福于民》专题片并刻录成光盘，在新闻媒体播放。是年6月，市职业三中和东埠中学建成潍坊市级地震科普示范学校，市联谊中学为县级地震科普示范学校。7月，在潍坊市委宣传部、潍坊市地震局和潍坊电视台联合举办的纪念唐山大地震30周年地震知识电视竞赛中，安丘市地震局代表队获第二名。2007年1月，安丘一中被山东省地震局、山东省教育厅、山东省科技协会命名为省级地震科普示范学校。2008年5月12日，四川汶川发生8.0级地震，全市积极组织开展捐款捐物活动。同时，市地震局设计完成《防震避震知识讲座》多媒体课件，组织开展“地震安全知识进校园”主题实践活动，巡回到市内中小学校及有关单位进行宣讲。2009年5月12日，国家将汶川地震纪念日设立为“全国防灾减灾日”，市地震局与有关部门在供销大厦广场悬挂横幅，设立咨询宣传站，举办纪念汶川大地震一周年暨全国防灾减灾日街头宣传活动，举办“安丘市防震减灾40年掠影”大型展览。2010年3月，市东埠中学被山东省地震局、山东省教育厅、山东省科技协会命名为省级地震科普示范学校。是年5月，市地震局组织开展以“减灾从社区做起”为主题，深入社区开展防灾减灾宣传活动。7月，市领导集体学习新颁《防震减灾法》。10月，市青云花园社区被山东省地震局、山东省民政厅、山东省科学技术协会认定为山东省地震安全示范社区。2011年“5•12”全国防灾减灾日，组织开展以“防灾减灾从我做起”为主题的防灾减灾宣传活动。2012年“5•12”全国防灾减灾日，在公园、广场组织“弘扬防灾减灾文化，提高防灾减灾意识”为主题的街头宣传活动。同日，市实验小学被山东省地震局、山东省教育厅、山东省科技协会命名为省级地震科普示范学校。是年9月，市青少年科技创新基地被国家地震局命名为国家地震科普教育基地。2013年4月，安丘市青少年科技创新基地被山东省减灾委员会命名为山东省防震减灾宣传教育基地。是年 5月12日，市地震局在植物园广场组织“识别灾害风险，掌握减灾技能”主题宣传活动。

第三节　地震应急

地震应急领导机构

1976年7月28日唐山地震后，安丘县成立抗震救灾指挥部，下设指挥部办公室和震情组、卫生医疗组、交通组、通讯联络组、物资组、治安保卫组。至2013年，随着地震形势发展，每届政府都成立以主要领导为组长，分管领导为副组长，有关部门主要负责人为成员的防震减灾工作领导小组，统一领导全市防震减灾工作。一旦地震发生，市防震减灾工作领导小组即转为市抗震救灾指挥部，指挥领导处置地震灾害事件。

地震应急预案

1992年，安丘县政府制定《安丘县防震减灾预案》，明确破坏性地震、有感地震的应急反应机制，保证在遭遇地震破坏时，能够按预案组织实施。1996年、2001年又先后两次组织制定《安丘市破坏性地震应急预案》，确定由市政府市长、分管市长、秘书长、部队驻安首长和相关部门领导组成的领导机构，明确各自的任务和职责，当发布短临地震预报或遭受破坏性地震时，各有关部门立即根据预案组织实施抗震救灾各项工作。2003年3月，根据市政府统一部署，市地震局牵头编制《安丘市破坏性地震应急预案》及33个分案。2007年6月,依据《中华人民共和国防震减灾法》《山东省防震减灾条例》《潍坊市人民政府突发公共事件总体应急预案》,市地震局编制修订新的《安丘市地震应急预案》。同时,34个部门、单位与23处镇街道,都制定本单位地震应急预案。2010年6月,全市93个社区编制《社区地震应急预案》,并在市地震局备案。

2013年,市地震局参照《潍坊市人民政府办公室关于印发潍坊市地震应急预案的通知》,编制新《安丘市地震应急预案》,分总则、组织指挥机构及主要职责、预警和预防机制、应急响应、后期处置、其他保障措施、其他地震事件处置、附则、附录等9章。市地震局对41个防震减灾领导小组成员单位、13处镇街区、4所防震减灾科普示范学校、3所医院、8家重点企业的地震应急预案进行备案。

地震应急基础数据库

2003年8月,安丘市启动全市地震应急基础数据库建设工作。在省、潍坊市地震局专家的指导下,市地震局牵头,历时半年,于2004年2月初在潍坊市率先建成县级地震应急基础数据库。数据库收集包括乡镇代码、行政村编码、城区街道分布、城区供水管道分布、城区污水管道分布、城区电信管道分布、城区供气管道分布、救灾物资仓库分布、重要目标分布、建筑物分布、县级人口统计、乡镇人口统计、农村人口统计、县级房屋统计、乡镇房屋统计、农村房屋面积统计、城区直属学校统计、上年度全市国民经济统计、乡镇国民经济统计、农村国民经济统计、国家与省级通信光缆分布、道路交通分布、重大火灾和爆炸以及危险源分布、国家和省级文物保护单位分布、气候、水文及城市防洪标准、全市医疗救护力量分布、消防力量、地方物资储备中心分布、地震系统联系、地方政府系统联系等18个方面的数据约10万个,制图13份。2006年6月,又对其中的部分内容进行补充和完善,调整镇村相关资料,更新人口与国民经济统计数据,增加乡镇房屋图片和全市97座中小型水库属性表。2011年8月,又对全市现有吊车、挖掘机、推十机等可用于地震救援的装备信息进行统计备案,摸清底数,并与各生产、销售、使用单位和个人等建立通讯联络方式,一旦发生地震灾害,为政府开展救援指挥决策提供详细的基础资料和科学依据。

地震应急救援队伍

2007年7月,共青团安丘市委、安丘市地震局制定《关于组建地震应急救援青年志愿者队伍的意见》,经各镇街道、市直各部门团委宣传发动,广大青年积极报名,于是年8月20日,组建1030人的安丘市地震应急救援青年志愿者队伍。志愿服务主要利用业余时间兼职进行,组织开展防震减灾宣传活动,在平时发挥防震减灾知识宣传员和地震异常观测员作用,震时当好灾情信息速报员和应急救援抢险员。

地震应急避难场所

2007年8月,根据《安丘市地震应急预案》要求,按照居民休闲娱乐与应急避难相结合的原则,安丘市增加青云山民俗游乐园广场地震应急避难功能,面积约20万平方米,可容纳10万人、疏散20 万人。在避难场所内,设置应急指挥中心1个、应急棚宿区若干个、应急消防处1个、应急供水处1个、应急供电处1个、应急厕所2个、应急物资供应处1个、应急医疗救护站1个、应急直升机停机坪1个。当发生地震及其他大的自然灾害时,附近居民能够在政府组织下,快速疏散到避难场所中,并得到住宿、医疗、物资等方面的基本救助,保障灾民正常生活。为使群众了解该场所的应急避难功能,确保发生灾难时应急避难系统的高效运行,在避难场所内各主要通道设置紧急疏散线路,主要路口设置应急疏散指示牌。2012年7月,安丘市在市体育场、汶河广场、植物园等市区广场、公园、绿地等空闲地带统一规划建设17个地震应急避难场所,在醒目位置设立应急疏散指示牌。同时在42个居民小区指定地震应急疏散与救助建议场所。

地震应急活动

1976年8月初,235名在唐山大地震中受伤人员到安丘治疗,除4人治疗无效死亡外,其余全部康复回原籍。1993年9月21日,潍坊市地震系统首次地震演习在安丘地震台举行,安丘县地震局夺得第一名。1999年8月27日,安丘市地震局参加潍坊市地震系统在安丘地震台举行的地震演习并获第一名。2003年6月13日—7月4日,根据上级地震部门指示,安丘地震系统进入地震应急期,加强地震观测会商和值班。温泉、雹泉、景芝、青云山4个骨干点的观测数据由每周一报改为一天一报;震情会商由每周一次改为每天一次,并及时报送潍坊市地震局；局领导带班，值班员24小时坚守岗位，保证通讯畅通，圆满完成应急期各项任务。是年8月5日，市地震局参加潍坊市地震系统在安丘地震台举行的地震演习。2004年5月9日，市地震局参加山东省地震系统在安丘地震台举行的地震演习。2005年5月26日—6月18日，根据上级地震部门的指示，安丘地震系统进入地震应急期。是年9月7日，省政府地震应急检查组来安丘检查指导地震应急工作，听取市政府地震应急工作汇报，观看安丘防震减灾专题片，实地察看安丘地震台、市电业公司、青云花园等单位、场所，对安丘地震应急工作给予充分肯定。2006年11月17日，市地震局参加潍坊市地震系统举行的地震演习。2007年7月14日—8月20日，接上级通知，安丘进入地震应急期，市地震局恪尽职守，双岗值班，加密会商。2008年5月12日，四川汶川发生地震。接上级通知，安丘市再次进入地震应急期。是年9月20日，地震应急期结束。2009年9月14日，市地震局参加潍坊市地震系统在安丘地震台举行的地震演习。2010年5月13日，市地震局参加潍坊市地震系统在临朐举行的地震演习。2012年3月7日，市地震局参加潍坊市地震系统在安丘地震台举行的地震演习。2013年5月10日，市地震局组织参加观摩潍坊市政府地震应急演习。是年7月23日—24日，市地震局参加省地震局在临朐举行的鲁中地震应急联动演练。

第八章　气象业务与服务

第一节　气象观测

安丘气象观测站于1959年1月启用，为国家一般气象站，以地面观测业务为主。观测项目有：云、能见度、天气现象、气压、空气温度和湿度、风向和风速、降水、日照、蒸发、地面温度（0厘米、5厘米、10厘米、15厘米、20厘米）、雪深、雪压、冻土、电线积冰。所用仪器均为常规地面观测仪器，由人工观测记录地面数据，每天定时观测3次至4次，记录当地气象要素，积累气象资料。1962年始向潍坊高密机场发预约航危报。1964年开始制作地面报表，编发气象预报。1988年4月始，由省气象局资料中心用计算机编制气象报表。1992年实现计算机处理观测数据编制报表。1995年停发航危报。是年6月通过专线上传省内部分上行发报。2002年12月，无锡ZQZ-CⅡ型自动气象观测站建成运行，并于2003年1月开始与人工站平行对比观测，以人工观测记录为正式记录。2005年1月，自动气象观测站实现单轨运行，每天24次定时观测，上传资料。至此，安丘气象站观测数据处理基本实现信息化。2007年全国业务体制改革，安丘气象站调整为安丘国家气象观测站二级站。是年，建成遍布全市的16个区域自动气象站。其中，六要素站1个，四要素站6个，二要素站9个，与全潍坊市联网，实现资源共享。2009年1月，安丘国家气象观测站二级站更改为安丘国家一般气象站。 2012年4月1日起，取消气温、相对湿度、气压、风向、风速、降水量等人工自记仪器观测和天气加密报发报任务，并调整每小时自动上传观测数据文件，改为每小时上传新的Z文件。2013年12月，取消雷暴、闪电、飑、龙卷、烟幕、尘卷风、极光、霰、米雪、冰粒、吹雪、雪暴、冰针等13种天气现象，一般站取消云状、云量、云高、蒸发观测。安丘站的观测项目有：云、能见度、天气现象、气压、气温、湿度、风向、风速、降水、雪深、日照、冻土、地温等。24小时每5分钟上传自动观测长Z文件，审核上传A、J、B、Z、Y文件。

第二节　气象预报

气象预报

20世纪70年代，境内天气预报基本建立县级预报模式，由县广播媒体播报24小时天气预报。

1985年，天气预报开始向专业化发展，定时或不定时地向工业、农业、交通、卫生等部门传送未来短期的天气预报资料。1987年—1992年，对建站后有气象资料后的各种灾害性天气个例进行分析，结合预报服务调查与灾害性天气调查材料分析归类、利用实际经验与统计方法校验，得出本站预报指标，将传真机、甚高频电话、对讲机、气象警报发射接收机，程控电话、计算机等全部应用于气象预报服务。1993年，开始应用微机处理气象数据。1999年6月，市政府投资5万元建成地面卫星单收小站，接收卫星气象资料和预报服务产品，提高气象预报能力。2003年，开通宽带专线并实现预报可视会商和数据自动上传，实现与山东省气象局、潍坊市气象局数据资源共享，天气预报更加准确。2006年，区域站资料实现GPRS无线传输，数据备份、资料档案逐步实行信息化管理。2007年，天气预报进入互联网信息化时代，微博、微信、客户端、手机APP等被广泛用于气象信息预报系统。2009年—2013年，随着通信设施的不断发展完善，卫星、雷达资料被广泛应用。安丘站运用中国气象局配发的欧洲和日本的数值预报产品，参考上级指导预报意见开展短期预报服务指导。气象局建成中短期天气预报会商系统，实现与潍坊市及各县市区气象局可视会商。对于短时临近预报、精细化预报起到很大地促进作用。中期预报主要有周报、旬月报、重大节假日期间天气预报等，长期预报主要有春秋播预报、三夏预报、汛期（6月—8月）预报、年度天气展望、冬季低温预测等。

农业气象

1978年，安丘气象观测站成为农业气象基本站并开始作物观测。1986年1月，由小麦、玉米两种作物观测改为玉米一种作物观测。1993年4月，撤销农业气象基本站，停止作物观测，改为一般测墒站，定时向潍坊市局发气象旬月报，向社会发布农业气象信息，主要有墒情、农作物生长发育期气象条件分析和农时建议等。2005年，安丘农业气象基本站执行新灾情上报制度。2007年，安丘市气象局开始搞特色农业服务，为安丘农业区域化建设提供气象服务。在石堆镇大姜种植基地建成专业服务自动气象站，是为适应农业经济发展变化而改变气象服务方式的大胆尝试。2009年，建成金冢子土壤水分自动观测站。

第三节　气象服务

公共气象服务

自安丘气象观测站建站到20世纪80年代末，受当时通讯条件制约，气象预报只有一种发布方式，即县广播电台播报每日天气情况。每天早晚两次由气象站提供预报内容，安丘广播电台在新闻播出后对全县播发24小时天气预报。1995年2月，市气象局与市邮电局共同投资开通“121”天气预报自动答询电话系统，提供天气预报服务。1997年春，市气象局与市广播电视局协商同意在电视台播放天气预报，由市气象局集资购置电视天气预报制作设备，开始制作天气预报录像带。是年5月28日，第一期天气预报录像在安丘电视台正式播报，当时在全省县级气象站是首家。2004年，“121”天气预报自动答询电话系统升级改造，市气象局投资3.9万元，购置更新“121”自动答询系统设备。2005年初，“121”电话升位为“12121”。2008年，气象站开展晨练指数、人体舒适度指数、紫外线指数、空气污染指数、气象条件等预报服务。至2013年，公共气象服务形式灵活多样。各种新闻媒体、网络、显示屏均已成为气象信息发布平台，各种气象预警信息进村入户，遍布城乡，为广大人民群众的生产生活、出行活动提供气象信息服务。

决策气象服务

遇有重要天气情况，通常由市气象局局长向市委、市政府相关领导当面汇报或送呈阅件，紧急情况下也采取电话报告方式，介绍气象实况，为领导决策提供服务。2000年，决策服务列入气象防御能力建设的主要内容，成为常规服务，不定时发布。2003年，建成安丘气象兴农网，随时更新天气信息。2007年，开通移动通信网络气象商务短信平台，以手机短信方式向各级领导发送气象信息。

专业气象服务

1972年，县政府出资购进高炮等防雹设施，开始人工防雹作业，时设防雹实验点2处。1990年，安丘县人民政府人工增雨防雹办公室成立，挂靠县气象局，气象局局长兼任办公室主任。是年，增设增雨防雹作业点4处。2008年，人工增雨防雹作业点发展到9处，形成较为完善的人工增雨防雹作业体系，连续5年承担安丘黄烟防雹任务。

1990年3月，按照山东省劳动局、气象局联合下发的《关于对避雷装置进行安全检测的通知》要求，安丘县气象局开展规范境内防雷检测工作。1991年，安丘雷电防御工作逐渐步入正规，每年雷雨季节来临前，均对全市各单位的防雷设施进行检查和检测，为有关单位进行雷灾鉴定，开展防雷工程设计和安装。2004年8月始，市气象部门开始执行防雷装置设计审核和竣工验收审批制度。至2013年，为全市400多个单位及建筑项目设计安装防雷保护装置。

第二十四编

文化　体育

第一章　文　化

第一节　机　构

行政机构

1986年，安丘县文化局为正科级行政机构。1993年11月，县文化局与县体委合并成立安丘县文化体育委员会，内设办公室、文化科、体育科、文化市场管理科。1994年5月，市文化局、市体育局分设。2010年，市文化局改称安丘市文化广电新闻出版局。2013年，内设办公室、文化艺术科、文化市场管理科。所属单位有市文化馆、图书馆、博物馆、京剧团、非物质文化遗产保护中心、广播影视中心、电影公司。

专业机构

文化馆　1951年，安丘县文化馆成立。2013年，安丘市文化馆设办公室、文学科、美术科、音乐科、舞蹈科、戏剧曲艺科、摄影科、艺术考级办公室等，是全市群众文化中心、文艺创作辅导中心、艺术人才培养中心。每年组织指导各类文化活动70余次，创作编排节目60余个，辅导培训200多次，培训学员上万人次。1986年—2013年，先后被省文化厅评为省级文化先进单位、山东省少儿艺术活动优秀集体。2008年和2011年，两次被文化部命名为国家一级文化馆。

图书馆　1994年，在全国公共图书馆首次评估定级中，市图书馆被评为二级图书馆。2013年，设图书借阅室、报刊阅览室、儿童阅览室、电子阅览室、采编室、辅导部、办公室、参考咨询室、资料室、过刊室等10个服务窗口。馆藏图书17万册（件），其中纸质文献11万册（件）。收藏古籍6000余册，其中善本670余册。二级藏品8部（古籍1990年全部调入博物馆收藏）。阅览坐席300个。市图书馆除保证日常工作开展外，每年举行元宵灯谜、送书下乡进社区、服务宣传周、送春联下乡、全民读书日、朗读大赛、知识竞赛、书画展览、读者征文等活动。采取定期举办镇村图书管理人员培训班、专业人员下乡辅导、基层人员进馆“以干代训”等多种方式，对镇图书馆、村农家书屋等基层图书馆相关从业人员进行业务培训。

博物馆　安丘市博物馆占地15亩，建筑面积1648平方米。主要建筑为古式具有民族风格的陈列大楼，内设8个展室。1984年1月，安丘县第十届人民代表大会第一次会议通过关于筹建博物馆的决议，12月博物馆破土动工。1986年3月陈列大楼落成，4月1日正式对外开放。1990年2月，安丘县博物馆建成，1994年3月改称安丘市博物馆。内设办公室、保管部、陈列部和保卫科。1992年12月，被省文物事业管理局授予山东省文物系统先进集体称号；1995年12月，被省文化厅授予山东省文物安全先进单位称号；2008年被省古籍保护中心评为2007年度—2008年度山东省古籍保护工作先进单位。

京剧团　安丘县京剧团成立于1950年11月，为综合性专业艺术表演团体。有演出礼堂1座，700座席；排练厅3个，400平方米。20世纪六七十年代，县京剧团是全国上山下乡红旗单位。1991年11月，被省文化厅授予山东省先进剧团称号。2000年9月，安丘“齐鲁小百花京剧团”揭牌成立。是年，被省委宣传部评为山东省2000年度文化科技卫生三下乡活动先进集体。至2013年，先后创作演出《盼儿记》（1989年）、《为了明天》（1991年）、《盛世硝烟》（1995年）、《陈少敏》（2001年）、《路向远方》（2013年）等大型现代京剧。

电影发行放映有限责任公司　1982年初，安丘县电影发行放映公司成立，为全县电影业务管理机构，负责全县电影放映单位的发展与管理、放映人员培训、影片宣传、放映机械配备与维修、影片发行、检片以及财务管理等。1989年，被广电部授予全国电影放映系统先进集体称号。2003年1月8日，经市委、市政府批准，市国资委验资核准，安丘市电影发行放映公司改制为安丘市电影发行放映有限责任公司，下设农村放映业务部、综合办公室，属股份制企业。

新华书店 1986年，安丘县新华书店有900平方米三层办公营业楼一幢，一楼为中心门市。在潍安路工商银行和景芝、黄旗堡、赵戈、庵上、雹泉、红沙沟等乡镇各设门市部一个。1988年，县新华书店进行体制改革，实行经理负责制，承包经营。1989年，由地方企业改为省属企业，人、财、物及经营权全部归山东省新华书店管理。1993年，实行全员聘任制，合同制管理。1996年，由国有小一企业升格为国有中二企业。1998年在市区设立第三门市部。是年10月，占地2078平方米的综合营业楼落成开业，为现代化图书、音像超市。2000年4月，在向阳路西段建成630平方米教材库房。2012年，资产总额890万元，各类图书及音像制品销售总额2060万元。2013年，设办公室、财务科、业务科、储运科、物保科5个职能科室。1986年—2013年，先后获全国图书发行“双优”单位、山东省发行百强企业、全省农村图书发行先进单位称号。

第二节 文艺创作

文学

诗歌 1986年，安丘诗歌创作始进入繁荣时期。安丘县文化馆有专人负责诗歌创作，业余创作队伍发展到100余人。每年都有优秀作品在《星星诗刊》《山东文学》《青岛文学》《黄河诗报》《山东青年报》等报刊上发表。诗集《飘逝的彩霞》获首届潍坊市文艺奖三等奖，《大平原的儿子》《送别》获山东青年报“希望”诗歌大赛三等奖。至2013年，有《飘逝的彩霞》《多彩的心音》《乡情》《爱意徬徨》《安丘诗人诗选》《四季花》《三月的风》《青云山之恋》《润秋诗词》《如花的故乡》诗集出版。

小说 安丘小说创作起步于20世纪50年代。80年代是短篇小说创作活跃时期。1986年—1990年，在文学刊物及报纸文艺副刊发表的代表性短篇小说有《桂花》《细雨飘零零》《未婚妻失踪之迷》《京都之梦》《红房子商店》《吴桂桂》《麦子》《血崩》(《青岛文学》1990年9期)等。

1986年，长篇小说《碧血红泪洒梨园》由山东文艺出版社出版。20世纪90年代，长篇小说成为创作主流。作品有《汉魂——大将军韩信传奇》《火牛镇》《剑吟潇潇》《阉奴与艳妇》《国贼》。《汉魂》获全国长篇广播交流节目一等奖，《火牛镇》入选青岛市“精品工程”，《国贼》获第二届潍坊市文艺奖三等奖。

进入21世纪，小说创作更加繁荣。作品有长篇小说《唐高祖》、小说集《四月的心境》、小说集《去跳舞》、长篇小说《花落归根》《花落花开》《花落无声》《我和我的母亲们》。

散文 1990年后，安丘散文创作进入兴盛时期，一批作品相继在报刊发表。1999年，散文集《抱朴集》由作家出版社出版。2009年3月，散文集《清澈》由中国戏剧出版社出版。2012年，《安静的勇气》获潍坊市文艺作品征稿评奖散文类作品一等奖；散文集《开在雪中的水饺花》由作家出版社出版。2013年，《流年碎影》《风自故乡来》由中国戏剧出版社出版。

报告文学 安丘报告文学创作始于20世纪60年代，兴起于80年代。全市业余作者创作的300余篇作品在《山东青年报》《人民日报》《大众日报》《山东文学》《追求》《幸福》《当代企业家》等刊物发表。发表较早且产生较大影响的作品有《烟雾笼罩的中国》《膨胀中的流失群》《知难而进的弄潮儿》《青春无悔》《开创金黄世界的人》《山乡，金叶飘香》《金海岸边的小站》《拓荒者》等。

1990年，报告文学集《共产党人的风采》由新华出版社出版发行。1994年，报告文学集《鸢都之光》由山东省新闻出版局出版。1999年，《光辉的历程》由中国文联出版社出版发行。长篇报告文学《星之源》由中国医药科技出版社出版发行。

民间文学 安丘历史悠久，有诸多民间故事、民间传说、神话传说以及民间歌谣、民间谚语等流传。

民间故事流传比较广的有《没尾巴老李》《牛郎织女》《孟姜女哭长城》《刘思则的故事》等。

民间传说、神话传说大都来自境内山河、城村、土冢、节日、人物等传说，如《端午的传说》《朱元璋伐山东》《魁星点状元》《八仙李铁拐坐牟山》《神笔刘礼之》《王图画牟山雁》《杨二郎担山》《摘月山的传说》《五女冢》《马三蝎子传说》等。

民间故事、民间传说、神话传说等以口头文学形式广泛流传。

1989年，安丘县成立民间故事、民间歌谣、民间谚语搜集整理工作领导小组，在全县专业工作者、民间艺人以及各乡镇文化站共同努力下，搜集民间故事、民间歌谣、民间谚语千余件，整理编成《安丘民间文学集成》一书出版。1996年，民间文学集《谭海钩奇——潍南民间故事》由山东友谊出版社出版发行，获潍坊市“精品工程”提名奖。2003年12月，民间文学集《安丘民间故事》由北京燕山出版社出版。

影视　戏剧

影视　1986年，电视小品《君子兰》由湖北电视台拍摄录制，获“全国首届电视小品征文”一等奖。是年，电视小品《救命恩人》由潍坊电视台拍摄录制。1997年，8集电视剧故事《血缘》获山东省1997年首届泰山创新奖。2011年3月，长篇农村电视剧本《花好月儿圆》由大众文艺出版社出版。2012年，20集电视连续剧《绿林浊雨》、12集电视连续剧《小山庄里的那点儿事》，分获潍坊市文艺作品征稿评奖影视类作品二等奖、三等奖。2013年，安丘市与中央电视台电影卫星频道联合拍摄红色抗战电影《安丘儿女》。

传统剧目　2001年冬，市京剧团挖掘排演的大型神话剧《三姐下凡》在安丘电影院公演，并应邀赴温州演出。2003年12月，市京剧团排演的《为亲人细熬鸡汤》获山东省文化厅举办的“山东省首届戏曲票友大赛”一等奖。2006年3月，市群艺业余剧团被山东省文化厅命名为“优秀庄户剧团”。2006年3月，十二户居委会剧团排演的茂腔《小姑贤》在山东省文化厅举办的山东省庄户剧团调演中获二等奖。

现代剧目　1989年2月—4月，安丘县剧团排演的宣传计划生育大型地方戏《盼儿记》，获省、潍坊市“优秀创作剧目奖”和“演出百场奖”，获奖金一万元，并于是年11月在全省农村计划生育工作会议上演出。1991年，为配合学校青少年教育，县剧团排演大型地方戏《为了明天》，在全县教育系统巡回演出。1996年1月，根据市公安部门“二级英模”王好平事迹创作的大型现代京剧《盛世硝烟》，在“潍坊市专业剧团创作剧目大奖赛”中夺得创作、导演、表演、音乐4个一等奖，并有1人获“最佳演员奖”，1人获优秀作曲奖。市京剧团和市文化馆合作创作小戏《普查之前》，剧团创作竹板快书《考爸爸》，配合全国人口普查工作。两个节目均获山东省和潍坊市“人口普查调演”一等奖。2001年，为庆祝中国共产党建党80周年，市京剧团排演歌颂抗日战争时期女英雄陈少敏的大型现代京剧《陈少敏三请徐公》，获全省戏剧节创作一等奖，导演、作曲二等奖。三位演员分获一等奖、二等奖、三等奖。2013年12月，市纪委、市广播影视中心、市京剧团联合创作大型京剧——《路向远方》，获第七届泰山文艺奖。

音乐　舞蹈

音乐　1986年—2013年，安丘有100多首创作歌曲发表、播出或获奖。《春蕾之歌》《绚丽的明天更辉煌》《建造祖国万座大厦》《金色的希望》在全国工人歌曲征集中分获金奖、银奖和优秀作品奖，《古老的歌》获“全国名家歌曲100首”入选奖，《奔向明天的美好》获“世纪之声”全国歌曲银奖，《如今山歌走四方》获文化部“农民之声”征歌优秀创作奖，《中国收获着希望》《风调雨顺的中国》获潍坊市“精品工程”提名奖，《心中装着老百姓》获潍坊市“精品工程”创作奖，《四季蜜泉流不尽》《情的高山爱的大海》获“中华建三峡杯”新世纪工人歌曲征集活动优秀奖，《我们做知荣明耻的好少年》获山东省少儿音乐作品创作三等奖，《我是北京》获全国申奥歌曲创作大赛铜奖，《我们的明天更辉煌》获全国“感动中国”歌曲创作活动创作奖。

在中国音乐家协会组织的“99迎接新世纪全国校园新曲征集活动”中，1人被评为校园歌曲优秀曲作家。2003年，音乐作品集《七月的红蜡烛》由中国文联出版社出版发行。2013年，1人获“北仓杯”第三届环渤海地区青年新歌手电视大赛银奖。

市文化馆每年举办音乐培训班4期—6期，培训学员440人次；每年举办电子琴、钢琴培训班6期，培训学员800人次；每年举办管乐培训班2期，培训学员100人次。组建管弦乐团6个，辅导近千人次。

舞蹈　1992年，双人舞《三月情》获山东省邮电系统文艺比赛二等奖。1995年，舞蹈《黄河》获山东省企业文艺比赛表演二等奖；《光明使者》获山东省电力系统文艺汇演三等奖；《故乡情》获山东省企业文艺比赛三等奖。2004年，《小海娃》《快乐的小骑手》《采蘑菇》《牛背上的小姑娘》获第二届全国少年儿童艺术风采展示大赛1金、2银、1铜。2006年，《筛啊筛》《窗花花·雪花花》《山妞》《少

唉》获全国少年儿童艺术风采展示大赛山东赛区2金、2银。《筛啊筛》获“谁不说俺家乡好”山东地方文艺大赛“最具活力节目”奖。2011年，《吉祥如意》获“长安悦翔杯”山东省舞蹈大赛优秀奖。2000年—2013年，市文化馆举办中国舞、拉丁舞、民族舞培训班26期，培训学员600人次；举办少儿舞蹈培训班38期，培训学员1100人次；举办广场舞培训班4期，培训学员400余人，组建广场舞队8支。

绘　画

1986年起，安丘县绘画创作蓬勃发展，创作队伍不断壮大。长篇连环画套书《红楼梦》(之九•查抄荣国府、之十九 • 夜拟菊花题、之二十九 • 紫鹃戏宝玉、之五十三 • 贾母明大义)由中国连环画出版社、经济日报出版社出版；连环画套书《聊斋》(3本)由新疆青少年出版社出版；连环画《地火狂飙》《从政史鉴(历史人物篇)》《革命英模谱(现代人物四篇)》等，由山东美术出版社、中国文联出版公司出版；年画《庭院经济大有可为》获山东省科技致富美术展览一等奖、全国科技致富美术展览佳作奖（1986年）；国画《新谷》、油画《家乡的土》入选当代山东人美展（1986年）；年画《清明节》入选山东省文化馆站干部书画展，并参加“风筝杯”书画大赛，由中国展览公司收藏（1987年）；连环画《辣椒嫂》入选山东省首届连环画展（1988年）；国画《荷花鸳鸯》入选全国石化美展（1988年）；《纺织忙》《转秋千》获中国风俗画大奖赛优秀奖，由西安民俗博物馆收藏（1989年）。

1999年—2013年，安丘绘画进入创作繁荣期。国画《花甲之年，犹思报国》《扎风筝》获全省行业系统美术展览一等奖；国画《公冶长听鸟语》获山东林业美展一等奖；年画《大棚蔬菜》、国画《游春》入选山东省美展；国画《皇帝与臣民》《儿童团》《和平之春》入选山东省纪念抗日胜利美术展览；国画《春韵》《归根》分别在庆祝建党75周年山东省美术书法展、迎香港回归祖国山东省美术展中获奖；国画《清韵》《倾国》入选山东省第二届中国画工笔画作品展；国画《山水》《苏东坡与景芝酒》分获中国画圣吴道子“百名书画圣”精品展、山海画院世界名人书画展精品奖和一等奖；油画《古琴》、国画《天鹅》分别在山东省第二届职工书画展、中国“巾帼之光”艺术展中获奖；国画《润物无声》入选全国第二届中国花鸟画展和全国第九届美术作品展；年画《我的力气大》入选全国第六届美展；国画《润物无声》入选全国第九届美展。

油画《朝拜之路》获“大观杯新世纪全国书画大赛”优秀奖（2001年）；国画《画室里的女孩》获中国画提名展提名奖（2003年）；《山里娃》入选“2003年全国中国画作品展”；国画《梅花》《墨竹》入选《全国梅兰竹菊中国画作品展》(2004年)；国画《写意人物》获首届“杏花村汾酒集团杯”全国电视中国画大赛优秀奖（2004年）；国画《荷韵》入选山东美协举办的“在希望的田野上——走进社会主义新农村全省诗书画作品巡回展”，并结集出版（2007年）；国画《希望》入选“纪念改革开放30周年全国美展”(2008年)；油画《静物》入选“纪念改革开放30周年全省画院作品联展”(2008年)；《天籁》入选“中国西部大地情——中国画油画展”(2010年)；国画《春风拂过》入选全国中国画大展（2010年）；《山之魄》获上海世博会中国美术作品展优秀奖（2010年）；《秋雨无声》获“山东省第二届农村文化艺术节农民书画作品展”银奖（2010年）；《向往》获“辉煌浦东”全国中国画作品优秀奖（2011年）；《露冷荷香》入选山东美协举办的“第十五届美术新人新作展”并结集出版（2011年）；安丘木版年画传承人创作的《山东潍县年画》获中国民间文艺最高奖“山花奖”(2012年)；国画《秋雨无声》、油画《静物》、国画《霜天秋色》分获全国第二届群众文化美术书法大展银奖和优秀奖（2012年）；国画《磨剪子老人》入选山东省第16届新人新作展（2012年）；《露冷荷香》入选山东泰山文艺奖中国画作品展（2012年）；国画《生活似水，平淡如歌》入选山东省第17届新人新作展（2013年）；《家乡雪2》入选“第五届齐鲁风情油画展”(2013年)；《家山新貌》在“2013•第九届中国工笔画作品展”中获奖(2013年)。

书　法

1986年—1989年，安丘10余名书法爱好者作品参加全国硬笔书法大赛、第二届“峨眉杯”书画大赛、中国当代硬笔书法家作品巡回展、“泸华杯”全国钢笔字大赛等活动并获奖。

20世纪90年代至2013年，安丘书法创作获奖颇多。书法爱好者作品先后获“炎黄子孙”与各国友好书画大展二等奖、中国颍州西湖碑林海内外书画大展优秀作品奖（1990 年）；全国硬笔书法大赛特等奖、第二届全国商业职工书画篆刻大赛银奖、中华“侨光杯”中国书画大赛优秀作品奖（1991 年）。1992 年，安丘书法作品入选华风书画精品赴日展、国家环境保护局等联合举办的“环境与发展”美术书法摄影展览、苏鲁皖十一省市书法作品联展、中国海内外书画名家作品展，并获全国首届“南红杯”硬笔书法大赛二等奖、“林海杯”中国硬笔书法家精品大赛铜奖。安丘书法作品获纪念毛泽东诞辰 100 周年中华当代文化精粹博览会三等奖、北京 2000 年奥林匹克第一届国际绘画书法艺术大展优秀作品奖（1993 年）；获山东省人大和山东省书法协会等联合举办的“春兰杯”书画大赛三等奖、首届中日现代书画篆刻艺术作品大赛精品奖、“土地杯”中国书法篆刻艺术大赛三等奖、“黄河杯”全国书法大赛及“建设杯”全国青少年书画篆刻大赛优秀作品奖；入选中国书画精品赴加拿大展出，入选全国第一届正书大展（1994 年）；获第三届国际书画艺术作品大展优秀作品奖、首届“谈笔泉”书法大赛三等奖、中华清风书画协会会员作品展精品奖；入选银川美术馆“第四届中国书画展”（1995 年）；中国书画精品展金奖、中日书法交流铜奖、台湾海峡两岸三地书画联展特优奖（1996 年）；中国艺术人才书画作品展精品奖、国际书画艺术交流大展金奖、首届全国书法篆刻大赛优秀作品奖；入选全国千人临帖展（1997 年）；获“水浒杯”华人书画名人大展一等奖、《中原书画报》创刊四周年大型书画展特别金奖、日本第二届国际书画艺术交流大展铜奖；入选韩国第二届国际书画艺术交流大展和韩国 1998 年世界美术、书法大展（1998 年）；纪念孔子诞辰 2550 周年书画大展优秀作品奖、中国名人艺术研究院举办的迎澳门回归诗书画影大展精品奖、中国艺术博览会铜奖、庆祝新中国成立 50 周年“龙腾杯”全国书画大赛铜奖、第二届“希望杯”全国书法篆刻大赛优秀作品奖、中华世纪之光中国书画大展优秀作品奖、荷泽牡丹花卉书画精品大展一等奖、省政协省教委省文联等举办的“泉城杯”书画大奖赛优秀作品奖、“鲁宁杯”中国书画大展银奖和铜奖。同时，出版 2 部个人作品集（1999 年）。2000 年，安丘书法作品获文化部文艺中心举办的“中华世纪之光”中国书画大展优秀作品奖、山东省诗书画研究院举办的“新世纪之光‘华夏魂·诗书画’精品邀请展”精品奖、第三届“王子杯”海峡两岸书画艺术展特别金奖和佳作奖、日本第 61 届国际文化交流展金奖、首届世界华人艺术展铜奖、“龙腾杯”中国书画赴日交流展银奖、画圣吴道子艺术馆举办的中国书画名家大展精品奖。2005 年，获第五届中国书坛新人新作展、“全国第四届正书大展”、第二届“杏花村汾酒集团杯”全国电视书法大赛多个奖项。2006 年，入选“邢侗杯”第二届山东省青年临书大展和建党 85 周年全国书法展。2012 年，获中国书法艺术节最高奖。2013 年，获全国首届楷书大展提名奖、首届沙孟海全国书法大展最高奖、第二届全国书法篆刻展优秀奖。隶书作品《千字文》由中国文史出版社出版，1 人作品在《全国优秀师生书法集》中发表；1 人作品获中国书法家协会 2013 年教学成果奖，1 人被授予“中国书法艺术十杰”称号。

另外，安丘篆刻者多人作品在全国、省级报刊发表或在各级展览中展出，分获“琴岛杯”首届全国书画大赛荣誉奖、全国电视书法大赛纪念奖、“腾王阁杯”全国书画艺术大赛优秀奖、“水浒杯”华人书画名人大展一等奖、第四届中国书坛新人作品展入选奖、第二届“希望杯”全国书法篆刻大展优秀作品奖、中国书画名家大展精品奖。

摄　影

1986 年—2013 年，安丘市众多摄影作品参加各类展览并获奖。《争》入选全国妇女首届艺术摄影展览，《好年景》入选山东艺术摄影作品展，《农家小院》获第二届“大河上下艺术摄影作品展”优秀作品奖，《中国奶奶》获国际摄影大赛二等奖，《丰收乐》获全省摄影艺术展二等奖，《曲与直》获《人民摄影报》“静物摄影展”一等奖，《一个好》获全国首届计划生育美术、摄影作品展览三等奖，《中标之后》获“全国法制宣传”新闻艺术类特别奖，《故乡的早晨》获瑞士中国文化周影展优秀作品奖，《又一个丰收年》获《中国·山东农村》摄影展金杯奖，《变迁》获深圳“城市建设杯”摄影艺术大赛一等奖，《硕果》获全省农村新貌摄影展三等奖，《农家女》获“齐鲁杯”艺术摄影大赛二等奖，《摄影新族》入选全国第五届“大河上下艺术摄影作品展”。

在潍坊市庆祝新中国成立 50 周年美术、书法、摄影作品展览中，安丘摄影作品获 1 个金奖、3 个银奖、8 个铜奖。1999 年，潍坊文化交流团在瑞士举办“潍坊摄影展览”。98幅作品参展并由中国驻瑞士大使馆中国文化交流中心永久收藏，其中12幅为安丘摄影作者创作。在第四届中国摄影艺术节上，市内多位摄影爱好者举办个人摄影作品展览或艺术摄影作品联展。

曲　艺

1986年—2013年，安丘市在省级及以上报刊发表曲艺作品近百件，在市级以上舞台演出200余场次，多个作品获奖。小品《一场虚惊》获全国业余小品创作百优大赛二等奖，山东快书《武大郎出车》《王老四相亲》获全省文艺汇演优秀奖，小品《送礼》获山东省第三届戏剧小品评选三等奖，快板书《扔婆婆》《百姓心中一颗星》分获山东省群众艺术作品征集活动一等奖、三等奖，小品《温暖来自风雪夜》获山东省群众文化学会年度优秀文艺作品评比二等奖，东路大鼓《处方》获潍坊市首届“星辉奖”曲艺类一等奖并被推荐参加山东省“群星奖”选拔，相声《马年畅想曲》获潍坊市首届“星辉奖”曲艺类二等奖。

第三节　文化活动

展　览

绘画书法展览　1986年—2000年，全市举办的大型展览有山水画展、花鸟画作品展、苏鲁皖十县（市、区）书画联展、全国名人书画展、书法作品展、书画联展等。进入21世纪，展览逐年增多，场地设施越来越好，作品质量及展览规格越来越高。其中，大型展览有新世纪名人书画展、安丘市首届书画名人回乡作品展、迎新春书画展、新春楹联民间书画展览、廉政文化书画展、“潍水流韵”年画展和“喜迎十八大”安丘、诸城、高密三市书法精品联展、首届书画收藏展等。同时，多次举办书画名家个人展览、各类书协美协作品展览、书画爱好者作品展等。此外，多次组织优秀作品参加全国、省作品展。如山东省第五届齐鲁风情油画展、第三届全国农村书画展、第九届中国工笔画作品展等。

至2013年，全市举办书法美术作品展70多次，参观者180万人次。

摄影展览　1986年—2013年，安丘市利用重大节日和重要时间点在银座商场、市政府招待所、市博物馆、市体育场等地，举办“迎新春”“庆七一”“迎回归”、安丘市精神文明建设、新中国成立50周年、“魅力家园”“印象柘山”“建设富强秀美幸福新安丘”等大中型摄影展20余次，参观者30万人次。

会演　调演

20世纪80年代，安丘县文化部门每年都组织会演、调演活动。90年代后，此类活动更加经常化、常态化。

1989年8月，安丘县举办革命歌曲大唱赛。是年9月，县文化局、县教育局联合举办全县中小学生革命歌曲大赛。1990年12月25日—28日，安丘县举行社会主义教育文艺会演。1991年，举办首届卡拉OK演唱大奖赛。1992年潍坊国际风筝会期间，县文化局组织民俗婚礼表演和“老鼠娶亲”民间艺术表演，四赴潍坊演出，获组织一等奖并到寒亭为20个国家的文化官员和驻华参赞专场演出。1993年4月25日—5月1日，县委宣传部、县文化局组织举办庆五一“供水杯”全县文艺会演；是年10月，举办全县中小学第五届“祖国颂”文艺会演；12月，举办纪念毛泽东诞辰100周年“热电杯”文艺会演。1994年8月，市委宣传部、市经委、市文体委联合举办“春蕾杯”交谊舞大赛。是年12月，市委宣传部、市文体委举办首届全市农村文艺大奖赛。1995年12月，市委宣传部、市文化局举办全市第二届农村文艺大奖赛；年底，市文明办、文化局、电业公司联合举办安丘市文明单位“电业杯”文艺大奖赛。1996年5月，安丘市举办庆“五一”文艺大奖赛；是年7月，举办庆“七一”“供销杯”文艺会演；9月22日—24日，市委组织部、市经委、市文化局、市总工会联合举办“阳春杯”戏曲大奖赛；10月23日，市直机关党工委、市文化局、市经委联合举办纪念红军长征胜利60周年“供销杯”文艺会演；12月，市委宣传部、市文化局举办第三届农村文艺大奖赛，历时17天。1997年—1999年，市委宣传部、市文化局每年举办一届农村文艺大奖赛。

2006年6月，安丘市举办庆“七一”青年歌手大奖赛；是年，市文化馆举办全市首届“庄户剧团选拔赛”；9月，举办庆国庆歌咏大赛；10月，市教育局组织举办“快乐校园”文艺汇演。2007年2月，安丘市举办农村青年歌手大赛；3月，市委宣传部、市文化局举办安丘市2007年新春歌咏晚会，1300余人参演；同月，举办“太阳雨杯”文艺大奖赛；7月，市文化馆举办“水岸绿洲杯”共建和谐安丘市广场卡拉OK大奖赛；9月，市文化馆举办首届潍坊市京剧票友大赛安丘选拔赛；11月，市京剧团举办安丘市金秋戏曲、曲艺、小品票友大奖赛。2008年，举办“爱我安丘、科学发展、共建和谐”新春歌咏大赛，全市12个系统参加，合唱人数1500余人；9月，组织举办金秋群众性歌咏比赛。2009年8月，在市体育场举办全市网络歌手大赛，组织比赛10余场。

2010年，安丘市举办春节电视联欢晚会、全市首届社区文化节、镇街文艺演出等一系列春节群众文化活动，其中镇街文艺演出举办14场；举办全市第二届青年歌手网络大奖赛，组织比赛12场，360名选手参赛；举办全市少儿才艺大赛，260名选手参赛。2011年，组织元旦文艺晚会、春节系列文化活动、庆祝建党90周年文艺晚会；是年6月，举办历时近两个月的第二届社区文化节，组织各类活动近百场；举办首届残疾人卡拉OK大赛；举办“夜映安丘•记忆红色”电影节。2012年，围绕筹备“十艺节”和庆祝中共十八大召开，推进“全市公共文化活动城乡全覆盖”工程，开展各类大中型社会文化活动100余次；6月，在安丘市非物质文化遗产保护成果展开幕式上组织大型群众性文体表演；举办“文明之夏•电视之夜走进安丘”大型文艺晚会，潍坊电视台与安丘电视台5个频道并机直播；8月—9月，举办首届合唱艺术节、全市戏剧票友大赛等系列文化活动。2013年，举办安丘市首届广场舞大赛；创新实施文化下乡“十百千”工程，组成100余支文艺演出队伍，深入近1000个村（居、社区）开展群众文化活动；实施“幸福文化大合唱工程”，与公安、教育、工会、妇联、镇街区及企业等联合举办文化活动，形成文化共建共享的繁荣局面，该项目成为山东省公共文化服务示范项目。

1986年—2013年，全市举办大型文艺演出活动200余次，参演人员近万人。参加潍坊市、山东省文艺汇演、调演60余次，演员6000余人，获市级奖200项、省级奖20项。

群众性活动

20世纪80年代，安丘县每逢春节等重大节日，便有高跷、龙灯、旱船、狮包等各种形式民间舞蹈表演队伍活跃在街头巷尾。1986年—1988年春节期间，县直厂矿机关及各乡镇每年组织近4000人的表演队伍，从正月初一至正月十五，在城乡进行表演。表演形式有戏剧、曲艺、龙灯、高跷、跑驴、闹海、秧歌、彩绸等。1989年春节期间，表演出现形式新颖、充满现代气息的活动内容。如县棉纺厂大型彩扇舞、安丘镇迪斯科舞、东关村农民铜管乐队演奏、黄旗堡镇军乐队演奏、县实验小学民族舞蹈表演等。2004年后，安丘市不再统一组织节日群众文化活动，而是由各表演队伍自发开展，形式更加灵活，活动范围更加广泛。

20世纪90年代后，安丘市在继承传统文化的基础上，开始应用现代技术，制作形式多样、惟妙惟肖、创新立异、具显行业特点的各种彩灯。灯展的同时，举行猜灯谜、放焰火活动。2004年元宵节，在大汶河河滩及兴安街道大城埠市场组织大型焰火晚会，规模大，品种多，场面壮观。

2008年，市文化馆组织举办全市青少年艺术教育精品展演活动。至2013年，连续举办6届。是年创办的青云山民俗文化节，至2013年已举办4届。2009年起，每年7月—9月，安丘市举办“文明之夏”广场文艺演出，从策划、组织筹备到结束，历时3个月。2010年—2013年，连续举办4届社区艺术节。2011年，举办“唱响安丘”电视歌手大奖赛，至2013年，已举办3届。

1986年—2013年，全市共组织大规模群众性民间艺术表演活动50余场次，参演单位270多个。安丘市连续22年获全国文化先进县（市）称号，连续24年获全省社会文化先进县（市）称号。

第四节　文物古迹

安丘历史悠久，文化遗存丰富，文物古迹众多，古遗址、古墓葬星罗棋布。安丘市博物馆馆藏出土与传世各类文物3200余件。其中，国家一级文物8件、二级文物48件、三级文物286件。

古文化遗址

田家楼遗址　位于大盛镇田家楼村东北50米，属于大汶口龙山至商周文化遗存。遗址东西长600米，南北宽300米，总面积约13.8万平方米，文化层厚约3米。遗址西部为大汶口文化遗存，有灰坑及红烧土；中部与东部为龙山、商周遗存。土质多为黄土，部分黑土。采集到大汶口文化红陶鼎足、红陶鼎口沿，龙山文化黑陶豆、黑陶鼎、蛋壳黑陶高柄杯残片，商代夹砂红陶鬲，周代灰陶鬲足、陶豆柄、豆盘等标本。遗址延续时间长，面积大，采集标本大器，具有鲜明时代特征，对于研究安丘西部大盛河流域史前文化具有很高价值。1992年，被山东省人民政府公布为省级重点文物保护单位。

郑家下庄遗址 位于兴安街道郑家下庄村北河边台地，东西最长385米，南北最宽350米，面积65260平方米，文化层厚3.5米。西侧为川里院河，北侧临川里院水库，东侧一条小河沟，河沟东侧为一低矮山岭。北、西侧由于河水冲刷形成断崖，深可达10米。南部为黄土，有灰坑及红烧土；北部靠近水库的地方为黑土，灰土遍地。采集到大汶口文化白陶鬶足、夹砂红陶鬶鋬，龙山文化夹砂红陶鼎足，商代夹砂红陶甗，周代夹砂灰陶罐等。从采集标本来看，遗址为大汶口、龙山、商周文化遗存。遗址西侧有汉代文化遗存。遗址延续时间长，出土文物价值高，对于研究安丘西南川里院河流域史前文化具有很高价值。1992年，被山东省人民政府公布为省级重点文物保护单位。

郚城遗址 位于凌河镇李家西郚村东河边高台地，南北长510米，东西宽290米，面积129420平方米。迈步河从遗址东南向东北流过，南500米为西郚南山，北1500米为汶河。遗址东部因砖厂破坏形成断崖。文化层厚4米，地表及以下2米为战国、汉代文化层，2米以下为商周、龙山文化层，底部夹杂大汶口文化层。有灰土、红烧土、兽骨、人骨等。土质为黄褐土。采集到大汶口文化石斧，龙山文化夹砂红陶鼎足，商代红陶鬲足、灰陶鬲足，周代灰陶豆柄、圆瓦当，汉代灰陶圆瓦当以及隋代青釉瓷罐口沿、青釉瓷豆盘等标本。遗址既是大汶口、龙山、商周古文化遗址，亦是春秋至隋代古城遗址，时代延续性强，对于安丘西南一带纪国郚城的研究具有很高价值。1992年被山东省人民政府公布为省级重点文物保护单位。

南郚遗址 位于凌河镇南郚村西北50米，南北长600米，东西宽350米，面积21万平方米，文化层厚约4米。遗址为河边台地，南临南郚水库，西靠温泉河，西北隔温泉河与郚城遗址相邻，北至小庄村东，东南50米为南郚村，东100米为红沙沟至温泉公路。断崖处有灰坑，有龙山文化陶片，出土标本有大汶口文化残石斧、绳纹红陶鬶把、龙山文化白陶鬶鋬、红陶鼎足、兽面黑陶鼎足、黑陶罐口沿、龙山文化玉钺、周代灰陶豆盘、汉代白陶罐等。陶质为泥质和夹砂，以黑灰为主，有红陶出现。从采集标本来看，遗址为大汶口、龙山至汉代文化遗存。遗址未见著录或公布，系三普新发现。遗址出土标本精美，器物造型独特，内涵十分丰富，极具保护价值。2013年，被山东省人民政府公布为省级重点文物保护单位。

留山庙遗址 位于凌河镇赵家沟村南1500米的留山上。南北长120米，东西宽80米，面积3500平方米。现仅存断壁残垣，古碑8通（4通已残），其中《铭德记功》碑位于大殿院落西侧，保存完好，字迹清晰。碑青石质，坐北朝南，通高190厘米、宽76.5厘米、厚25厘米；《重修留山庙记》碑位于大殿院落东侧，坐东朝西，清光绪三十年（1904）立石，碑通高174厘米、宽83.5厘米、厚21厘米，正面为重修留山庙记，背面为捐款明细及善人题名；《重修庙记》碑虽被推到，但保存完好，位于前殿院落正中，通高172.5厘米、宽77厘米、厚19厘米，为民国19年（1930）立石，碑面右侧记重修缘由，左侧为众善题名；《重修王母殿记》碑位于王母殿院落东侧，坐东朝西，民国19年6月立石，碑通高160厘米、宽71.5厘米、厚19.8厘米，正面上部自右向左横写“万善同归”，下面自右向左竖排，记叙重修事由及众善题名。其余4通残碑，分别有清光绪二十年（1894）“福缘善庆”碑、“众善题名”碑等，散于前殿院落中。

留山庙始建年代无考，应晚于刘宋时期，由祭祀刘裕的“刘山爷爷庙”演变而来。现存遗址多为清代重修留山庙等遗存。遗址未见著录或公布，系文物普查新发现，是研究明清安丘寺院文化以及捻军在安丘活动情况的重要实物资料。2013年，被山东省人民政府公布为省级重点文物保护单位。

东笔墨庄遗址 位于景芝镇东笔墨庄村东北500米，洪沟河南岸。东西最长520米，南北宽450米，地势南高北低，土质黄褐。北侧由于洪沟河冲刷形成断崖，文化层厚约1.5米。遭受破坏较小，在一条废弃的水沟边采集到大汶口文化红陶鬶鋬、夹砂红陶鼎足，龙山文化白陶鬶鋬、红陶鬶鋬、龙山文化石斧，周代红陶鬲足、灰陶豆盘等。从采集标本来看，为大汶口至汉代文化遗址，文化内涵丰富。

遗址未见著录或公布，系文物普查新发现，对于研究运粮河、洪沟河沿岸众多古文化遗址，甚至对研究岳石文化都具有较高价值。2013 年被山东省人民政府公布为省级重点文物保护单位。

留山围子遗址　位于辉渠镇与凌河镇交界处的留山上。石围墙南北直线距离约 860 米，东西约 650 米，周长 4060 米，面积近 18 万平方米。断面呈梯形，下部多为土石混筑，上部为石块垒成，底宽约 2 米，残高 1 米～ 3 米不等。墙随山势而修筑，其最高点与最低点相差约 60 米。石材多采用留山上的玄武岩、石灰岩，石质坚硬，垒砌牢固。重要地段设女墙，备礌石，以供作战之需。墙东、南、西三个方向各设一门，宽约 3 米，进深 7 米～ 8 米；四角高处各设瞭望台一座，居高临下，以观察敌情。建于清咸丰十一年（1861），是留山四周民众为防御捻军袭扰而修筑的防御工事，由奉旨回籍督办团练的漕运总督李湘棻与其从子李莘遇主持修建，距今有 150 年的历史。

留山清代石围墙工程量大，设计合理，建造规范，功能完善，虽经百余年风雨剥蚀，整体上基本保存完好。留山庙遗址内石碑所记史实，为一般史志资料所失载。遗址是研究太平天国以后清末战乱及民众宗教信仰的珍贵实物资料。2012 年，被潍坊市人民政府公布为市级重点文物保护单位。

李家河遗址　位于辉渠镇李家河村，为龙山商周古文化遗址。第二次全国文物普查时登记为 3 处：1 号位于村北，2 号位于村西北，3 号位于村西南。第三次全国普查将 1 号、2 号合并为村北遗址，3 号为村西南遗址。村北遗址属于河边台地，南端压于村庄之下，西侧和南侧由于取土及河水冲刷形成断崖。遗址南北最长 278 米，东西最宽 171 米，面积 38073 平方米，文化层厚 3.5 米，土质为黄土，有灰土，出土龙山白陶鬶残片、夹砂红陶鼎足，商代红陶鬲足、黑陶鼎，商代夹砂红陶鬲足等，为龙山商周文化遗存。村西南遗址位于李家河村西南 300 米小河西岸，东西最长 90 米，南北最宽 70 米，四周为断崖，面积 3766 平方米，文化层厚约 2.5 米，黄土，断崖处有零星灰土、红烧土、灰坑等，采集到商代红陶鬲足、周代黑陶罐残片等，为商周文化遗存。遗址对于研究安丘西南的龙山商周古文化具有较高价值。2000 年，被潍坊市人民政府公布为市级重点文物保护单位。

东古庙村遗址　位于柘山镇东古庙村南 50 米的台地上，当地叫做庙子地。东西宽 100 米，南北长 130 米，总面积约 12823 平方米，文化层厚约 2 米。北侧有夯筑城墙遗迹，西北角遍布瓦砾。由于在遗址西部开发砖厂，遗址被破坏一半以上，形成 12 米高的断崖。1997 年，砖厂取土时在遗址西南发现春秋大墓，出土青铜器等文物 200 余件。采集到龙山文化灰陶鬶鋬、灰陶鬶口沿、石斧，岳石文化蘑菇器盖纽，商代陶豆盘、豆柄、陶鬲足，周代陶豆柄、豆盘等。从采集标本及文化层来看，遗址属于龙山至商周文化遗址，并有岳石文化遗存，还具有莒国文化的特点。遗址未见著录或公布，系文物普查新发现，对齐、莒文化以及先秦都城文化的研究具有很高价值。2012 年，被潍坊市人民政府公布为市级重点文物保护单位。

摘月山老子庙遗址　摘月山又称摘药山。境内最高峰。摘月山老子庙遗址位于柘山镇与石埠子镇交界的摘月山顶。东西最长 50 米，南北宽 21 米，面积 1100 平方米。庙殿大都毁损，遗基断垣仍存。残存明嘉靖年间《重造娘娘金身》碑和清康熙年间《万善同归重修》碑等。遗址未见著录或公布，系文物普查新发现，是研究道教文化以及老子思想的重要实物资料。2012 年，被潍坊市人民政府公布为市级重点文物保护单位。

西苇园村遗址　位于兴安街道西苇园村南 50 米。东西长 240 米，南北宽 230 米，面积 46680 平方米。西侧紧邻川里院水库，南侧、北侧各有一条小河沟。由于河水冲刷，西、北、南三面形成断崖，文化层厚约 2 米。土质为黄土。南侧断崖处有灰坑，采集到商代泥质褐陶鬲足，周代灰陶豆、灰陶鼎、夹砂灰陶罐口沿等标本，为商周、汉代文化遗址。遗址未见著录或公布，系文物普查新发现，对于研究川里院河流域众多古文化遗址具有重要意义。2012 年，被潍坊市人民政府公布为市级重点文物保护单位。

城顶山围子遗址　位于石埠子镇孟家旺村北城顶山主峰顶部，为清代捻军起义时当地乡绅集资修建的军事防御设施。围子多为玄武岩石垒砌而成，部分地段为土石混筑，石墙内侧有女儿墙，最东端有瓮城。东西最长 1265 米，南北最宽 800 米，周长 4240 米，面积 40.6 万平方米。围子残高 3 米，西侧保存较为完整。从测量图上来看，形似一只展翅欲飞的天鹅。遗址未见著录或公布，系文物普查新发现，对于研究春秋齐长城以及清代捻军在安丘的活动具有较高价值。2012年，被潍坊市人民政府公布为市级重点文物保护单位。

故城遗址

安丘故城 位于安丘城区西南8公里牟山之北1.5公里处。牟山水库建成后，故城遗址基本被淹没。水库中间的一小部分高出水面1米～2米，面积约1平方公里，为故城烽火台。遗址周围发现多座汉墓及残砖瓦砾、土陶片、铜鐎斗、铁制器具等。

夏商时为安丘国。西汉为安丘侯国都邑。《水经注·汶水篇》载：汶水“东迳安丘县故城北，汉高祖八年”（前199年），封将军张说为安丘侯（侯国）”。汉武帝元鼎四年（前113年），因罪国除。东汉初，安丘县治从现城区以南的大墩迁到此地。北朝齐天保七年（556）安丘县并于昌安县后此城改称牟乡城。隋开皇十六年（596），析昌安县于牟乡城置牟山县，隋大业二年（606）改称安丘县。隋大业三年（607），安丘县迁治平昌县故城，安丘故城遂废。

郚城故城 位于安丘城西南28公里凌河镇李家西郚村东北200米处的高地上，总面积0.12平方公里。春秋时为纪国之邑，称郚。齐国灭纪国后，郚归齐国。西汉时于此地设郚城县。东汉时并于朱虚县，降为郚城亭。《续山东考古录》引《地理风俗记》载：“朱虚县东四十里有郚城亭，故县也。是郚城亭，即郚城县降为亭也。”晋惠帝于此置平昌郡。北齐天保年间改为琅琊县治所。隋大业二年（606），琅琊县改为郚城县。省朱虚入郚城。唐武德六年(623)郚城县并于安丘县。郚城附近村落立村时，为纪念郚城过去的繁荣，取村名皆不忘“郚”字，郚城故城以西的村初称郚西，后来称西郚，如李家西郚、刘家西郚。故城以南的称南郚，以北的称北郚（红沙沟镇的小北郚村）。人民公社化时期，故城附近的几个自然村为郚城大队。

灵门故城 位于县城南35公里的石埠子镇石埠子村，总面积0.75平方公里。《重修莒志》载：“莒东北百二十里为灵门县”“浯水出灵门壶山”。壶山即今石埠子镇大山，位于太平冈东。“壶山近鸠山、泛米山”。西汉为县，盖东汉省。西汉末年琅琊人樊崇领导赤眉军攻破此城为根据地，故有“樊王城”之称。现石埠子村全部坐落在故址上，村后有石埠岭。石埠岭断崖处暴露的文化层厚约1.5米。村内有古井一眼，汉砖砌成。

姑幕故城 西汉时故城，位于安丘城东南35公里的景芝镇石家埠村，渠河北岸，临古河。《重修莒志》载：“莒东北百六十里为姑幕城”即指此处。故城对过渠河为都吉台，故城北有石埠岭。

古墓葬

安丘董家庄汉画像石墓 原址在凌河镇董家庄村北。1959年，由山东省文物管理处派员发掘并迁至县城。1963年，在县城北关果园（现安丘市博物馆院内）复原。是全国迄今发现的规模最大的汉画像石墓之一，年代属东汉晚期。

石墓由甬道和前、中、后三室及两耳室组成。南北长14米，东西宽7.91米。除甬道以砖铺地外，其余全部用预制石材构筑。共用石材224块，其中103块刻有画像，组成画面69幅，面积147平方米。

墓中画像构图复杂，内容丰富，形象生动，技法多样，集汉画像石艺术之大成。画像内容以奇禽异兽为主，神话传说、社会生活和历史故事方面的题材也较丰富。画像分别采用浅浮雕、高浮雕、透雕、凹面阴线刻等不同技法，瑰丽多姿。特别是墓室中轴线上的三根石柱，用高浮雕和透雕技法，刻出众多而奇异的神话人物和各种神兽，被著名考古学家俞伟超先生誉为“罕见的汉代艺术杰作”。石墓作为研究汉代政治、经济、文化的珍贵资料，载入《中国大百科全书·考古学》卷。

1981年石墓开放后，已有50多个国家和地区的专家学者前来参观考察，在国内外享有盛誉。2006年12月，被山东省人民政府公布为省级文物保护单位。2013年3月，被国务院公布为国家级重点文物保护单位。

葛布口墓群 位于石埠子镇葛布口（亦称葛彼口、葛埠口）村西侧700米的山岭上，为战国至汉代墓群，现登记古墓三座。葛布口北5里为壶山，现大山。古墓1号为战国墓，封土黄土，顶部较为平坦，南北长80米，东西宽50米，面积4000平方米。因取土，东侧、南侧形成断崖；因盗掘开挖曾出土战国铜鼎、铜剑等物。古墓2号位于古墓1号西南200米，为汉代墓葬，封土黄土，高7米，面积300平方米，北侧因取土向南挖进3米多，形成大陡崖；由于盗掘，顶部形成塌陷。古墓3号位于古墓1号西北520米，为汉代墓葬。封土为黄土夹杂卵石，高 10 米，面积 1470 平方米。墓顶有盗洞，深 10 余米，早已塌陷，上部长满杂草和荆子棵。古墓群约成三角形分布，对于研究战国至汉代丧葬变迁具有重要意义。2010 年，被安丘市人民政府公布为县级重点文物保护单位。

管宁冢　位于官庄镇河北管公村东 1000 米景卜公路北侧，相传为三国高士管宁社冢。封土为黄土，高约 3 米，底直径 15 米，面积 300 平方米。对于研究三国时安丘地理沿革以及管宁事迹具有重要意义。2010 年，被安丘市人民政府公布为县级重点文物保护单位。

王修墓　位于凌河镇慈埠店子村东 200 米，安丘至阳旭公路北侧，东有王修母墓，两墓间隔 75 米。墓处平原，北距慈母山 500 米，南距汶河 1000 米。封土为黄土，高 2.5 米。墓顶部有盗洞，上部植松树近百株，周围为耕地。2010 年，被安丘市人民政府公布为县级重点文物保护单位。

召忽墓　位于石埠子镇东召忽村西 50 米、召忽中心小学东侧 20 米，为春秋时期齐国大夫召忽墓葬。墓封土高 4 米，直径 12 米，面积 100 平方米。墓前有清雍正进士邑人马长淑所立墓碑一通，碑高 153 厘米、宽 74 厘米、厚 21.5 厘米，上刻“齐召忽墓”4 个大字及介绍召忽生平的碑文。召忽，春秋齐人，与管仲同辅公子纠。齐桓公夺权后，迫使鲁国处死公子纠，召忽遂触殿柱而献忠，死后葬于此。召忽村因此而得名。1979 年，被安丘县人民政府公布为县级重点文物保护单位。

刘鄩墓　位于新安街道西石马坟庄村内，具体墓址不详，墓碑在村东南 50 米。碑南侧有一水塘，现称作鸳鸯湖；西侧为干渠。石碑立于山赑屃之上，有裂缝，赑屃也有磨损。民国 21 年（1932），曾对碑进行维修，除前面外，其他三面及顶部均砌砖保护，形成碑楼。碑楼后嵌一方形石碑，记重修碑记缘由。碑楼总高 6.5 米、宽 2.28 米、厚 1.08 米。2004 年 10 月，市文化局、博物馆将墓前残存石刻 7 件，移于墓碑北侧，按照方位排列展示，并设立保护范围和建设控制地带。刘鄩墓对于研究安丘五代时期刘鄩的生平及五代时期的丧葬风俗具有较高价值。2007 年，被潍坊市人民政府公布为市级重点文物保护单位。

李沁墓　位于辉渠镇东辉渠村东南 100 米的红顶子山西坡。李沁墓在“文化大革命”时期遭破坏，但墓地尚存。墓葬西侧存有 3 通碑刻和墓地地界碑。一通为李沁墓碑，坐东向西，青石质，通高 160 厘米、宽 58.5 厘米、厚 20.5 厘米，正面为“皇清敕赠文林郎庠生慎斋李公暨配敕赠孺人黄太君合葬之墓”，背面为其生平。另两通为墓道碑，分立李沁墓碑西侧 15 米处南北两侧，青石质，上部碑额镌有“奉天敕命”篆体大字。南侧墓道碑东西两面分别是张贞撰李沁传、赵执信撰墓表，均为张在辛隶书。北侧墓道碑东西两面分别是诸城刘棨用行楷撰写的墓表、绍周撰刘仁雨行草书写的“敕赠文林郎李公慎斋暨德配黄太孺人墓碑文”。墓地地界碑高 157 厘米、宽 76 厘米、厚 25 厘米。李沁墓碑刻碑文多为名人撰书，书体多样，无论在文学方面还是在书法研究上，都具有很高价值。2010 年，被安丘市人民政府公布为县级重点文物保护单位。

名胜古迹

齐长城遗址（安丘段）　齐长城是春秋战国时期齐国为争霸天下而修建的军事巨防。修建于公元前 685 年—公元前 485 年间，先后有 19 位齐王参与修建。比秦长城早 400 余年。齐长城自安丘西南部与临朐、沂水交界处的太平山入境，沿与沂水分界线东行，至青石胡同后完全进入市境内，然后向东转南至浯河出境，与沂水复线第二段相接。境内途径郚山、柘山、石埠子等镇，跨越石门顶、石虎山、磨山、大车山、紫草山、城顶山、摘月山等 75 座山峰，全长 46550 米，现有遗址 39000 米，占总长度的 83.7%。长城沿山势修建，沿线地质为玄武岩、火山岩、麻岩、黏土、沙土等，构筑用料多就地取材，或石块垒筑，或沙土夯筑，或以山体陡崖为城。

安丘段齐长城虽经时间磨砺，但遗迹众多。从太平山向东，沿与沂水边界线至青石胡同，长 12300 米，除西太平山 2000 米左右辟为农田外，均有遗址，沿山南崖自西向东有烽火台遗迹和山寨遗迹。至青石胡同后，由东行转东北行，穿越磨山、大车山、紫草山等山峰，至马时沟村北山遗址连续不断。该段长 14750 米，平均宽度约 12 米，高约 3.6 米。从马时沟村北向东南转西南再转南，穿越北河水库、悬崮山、峰山、城顶山、搁灯山、钟楼顶、摘月山、虎崖等山峰，至浯河有遗址，长 19500 米，平均宽度约 11 米，高约 3 米；城顶山西南有双面墙体，宽约 5.5 米，高约 2.5 米，山上关隘被拆除；摘月山东山山脚有双面掩体，宽约 7 米，高约 3 米；

虎崖南山脚至浯河约1400米的遗址被辟为农田，无墙基踪迹。

齐长城安丘段的重要特征为一复线长城，是齐长城三条复线中最长的一条。这条复线长城，自临朐与沂水交界处脖根腿南山与主线长城分离，自东北行至临安丘交界处太平山，进入安丘境内，沿主要山峰东行南折过浯水，达安丘与沂水界处卧牛城，进入沂水境内，沿沂莒边界南行至三楞山与南部长城主线会合。

有关齐长城安丘段修筑的大致时间，《竹书纪年》载:“周显王十八年齐筑防以为长城，齐宣王时，复向东修至海滨。”《齐记》载：“齐宣王乘山岭上筑长城，东至海，西至济州千余里，以备楚。”据史考载，安丘段齐长城应属东段长城，应是齐宣王时期及以后修建的。

2001年6月，被国务院公布为全国重点文物保护单位。

公冶长书院遗址　位于石埠子镇孟家旺村北500米的书院山上，相传为孔子弟子公冶长读书之处。公冶长，春秋齐人，一说鲁人，孔子高徒和女婿。公冶长祠岁久渐圮，历代曾多次重建和维修，存有碑刻两通。一通为明万历三十五年（1607）“先贤公冶子长读书处”碑，一通为清康熙十五年（1676）“重修公冶子长祠堂记”碑。书院南两株银杏树，传为公冶长手植。除公冶长书院外，另有青云寺、迷牛寺石塔构件和隋唐石羊。青云寺在书院西侧，始建年代无考，历代重修亦存碑刻两通。一为清道光九年（1829）“重修庙碑记”碑，一为清道光二十九年（1849）“重修书院山青云寺记”碑。1984年，县政府将公冶长书院公布为县级重点文物保护单位，1988年拨专款重建公冶长祠，新建正厅5间及过道、影壁、院墙，建碑亭保护碑刻，在银杏树边设置铁栏杆。现公冶长书院开发建设为风景旅游区。2013年10月，被山东省人民政府公布为省级重点文物保护单位。

雹泉庙　位于辉渠镇西南村西南部，英雄山东麓，原名膏润庙，为祭祀雹神李左车的庙宇。有谚曰“唐王修庙不记楸”，佐证此庙建于唐代以前。北宋政和元年（1111）知县李安节祈雨成功而得庙额，元至正二十一年（1361），知县马瑞重建膏润庙，以后多次重修。民国时兵燹战乱而破败，“文化大革命”中被拆除。2001年，乡民集资在原址重建李左车纪念馆，并将残存建筑构件保存于馆内。现尚有仝登善道碑1通、流芳万世碑1通、天坛柱残石4块。

石 刻

庵上石坊　位于石埠子镇庵上村内，建于清道光九年（1829），是庵上村马若拙为其嫂王氏所建的节孝坊。相传由江苏扬州艺人李克勤、李克俭兄弟及8名弟子历经14年建成。石坊为四柱三楼式，坐东朝西，通高9.13米，南北宽9.25米，东西最宽处1.6米。正间面阔2.85米，次间面阔1.13米。共用石材171块，主要为泥质石灰岩石。石坊居中牌匾东西两侧分别镌刻“圣旨”二字，正面正楼匾刻“贞顺留芳”4字，题跋为“旌表儒童马若愚妻王氏节孝坊”，背面正楼匾为“节动天褒”4字，题跋与正面相同。次楼匾正背两面分别刻“大清道光”“己丑岁建”8字。石坊采用浅浮雕、高浮雕、透雕、圆雕等多种技法，内容丰富多彩，既有神话传说中的仙人异兽，又有体现社会风土人情的画面。雕刻艺术精美，雕刻技法多样，是一件不可多得的艺术精品。1992年，被山东省人民政府公布为省级重点文物保护单位。

北齐胁侍菩萨像　北齐胁侍菩萨像为凌河镇部城遗址出土，共2件。一件通高67.2厘米、宽17.5厘米，重7861克。石灰石质地，圆雕立像。头戴由佛教吉祥物组成的透雕花冠，冠两旁宝缯较长。头顶挽髻，面相圆浑，宽额，弯眉，眼微睁，高鼻小嘴，唇线清晰，两大耳下垂，耳垂坠花饰。外着披帛，内穿长裙。右手贴胸向前，左手上举托一宝瓶，手戴钏。肩部有圆形物饰，下有飘带，左肩上有一尖状物。颈佩连珠状项链两圈，外圈项链下接由圆珠、穗状、珊瑚、宝相花等组成的璎珞。跣足立于莲蕊之上。另一件高65厘米、宽15.5厘米，重7541克。石灰石质地，圆雕立像。头戴由佛教吉祥物组成的透雕花冠，冠两旁宝缯较长。头顶无髻，面相圆浑，宽额，弯眉，眼微睁，高鼻小嘴，唇线清晰，两大耳下垂，耳垂坠花饰。外着披帛，内着长裙。右手贴胸前掌心向下，母指中指食指捻一圆珠状物，手戴钏，左手断下。肩部有圆形物饰，下有飘带。颈佩连珠状项链两圈，外圈下接由圆珠、穗状、珊瑚、宝相花等组成的璎珞。跣足立于莲蕊之上。两件均为国家二级文物。

宋代石棺　石棺在石埠子镇雷家清河村西出

土。1994年，庵上镇政府将石棺迁于庵上石坊院内，2009年6月移至安丘市博物馆院内。根据石棺题记，石棺主人为胡琏夫妇，年代为宋绍圣三年（1096）。

石棺外观为面阔3间、进深两间的殿堂形式，由上下两块巨石雕刻、扣合而成。通高2.27米，长2.4米，宽1.56米。底部台基雕刻三层覆莲，莲瓣丰满厚实。檐柱均为八棱柱，下无柱础，上部明显内收。屋顶为五脊庑殿式，正脊两端微翘并刻有兽头，四条垂脊微翘。屋顶四坡雕有瓦楞，末端刻圆形瓦当，檐部刻出横拱和方形飞椽，整个造型明显具有宋代木结构房屋建筑的特点。

石棺四壁下部刻男女侍从人物9个，身高均在80厘米左右，其中有手捧托盏和瓜棱壶进茶的侍女，皆梳高髻，着交领短袍，下着长裙，裙下露脚；有手执兵器骨朵的武士，形象逼真，形态各异。南壁明间上部有幅“升仙图”，画面上部有二老者立于祥云之上，表示墓主夫妇升天的形象。下部有5人，前面3人跪伏，后面2人站立。左下阴刻铭文：“此是儿女忽见父母尊灵乘云而去瞻仰礼敬之处”。南面右次间直棂窗上方有一处250余字的题刻，明确记载此棺是“大宋密州安化军诸城县来西坊保西清河村”胡荣兄弟为其父母胡琏与史氏所建，葬于“大宋绍圣三年六月二十八日”，即1096年，距今900余年。

这种仿房屋形式宋代石棺，在全省乃至全国属首次发现，又有明确纪年和墓主人记载，对研究宋代建筑和葬丧习俗、墓葬制度具有十分重要的价值，也是研究宋代美术、服饰、侍卫制度及宋代地方建置和地名沿革的可靠实物资料，具有重要学术价值。

平等庵碑刻　位于兴安街道七里庄村西150米，西外环路西侧，共两通。因其上有清代张在辛隶书、刘正宗书法、憨山老人书法以及长洲吴方来刻石，传为“三绝碑”。两碑均坐西朝东。东侧石碑高190厘米、宽86.5厘米、厚23.5厘米，碑座长112厘米、宽60厘米，东面为“众会碑记”，刻众善人题名，西面上部有清张在辛、刘正宗、憨山老人书法。西侧石碑高205厘米、宽99厘米、厚19.5厘米，碑座长125厘米、宽73厘米、厚30厘米，东面为“青州府安丘县七里庄平等庵分贝堂藏经记”，为清代寿光魏之佳草书，西面为各位善人护法姓名。平等庵碑刻的发现对于研究张在辛、刘正宗等书法及刻石艺术具有较高价值。

英雄山碑刻　位于辉渠镇英雄山顶部南侧，共2通，原在英雄山东麓珍珠泉南侧大池边。2通碑刻均坐南向北。西侧石碑为明嘉靖三十一年（1552）法兴寺立石记碑，高194厘米、宽88厘米、厚22厘米，碑刻上部已断开。东侧石碑为明崇祯六年（1633）重修泰山行宫碑，高187厘米、宽87厘米、厚30厘米，背面文字依稀可辨。这两通碑刻是研究英雄山附近法兴寺和泰山行宫很好的实物资料，具有较高文献价值。

石羊官庄村石刻　位于新安街道石羊官庄村南黄山西街北侧，有石羊、石虎等。石羊长110厘米、高86厘米、宽36厘米；石虎长130厘米、高75厘米、宽47厘米。观其石刻风格，大致与西石马村刘鄩墓石刻风格相近，年代应属五代时期。

清嘉庆重修桥记碑　位于辉渠镇东辉渠村东300米龙护桥东北角。碑刻坐北面南，高1.58米、宽0.7米、厚0.28米；碑座长1.04米、宽0.64米、厚0.4米。正面上部为楷书“重修桥记”4个大字，自右向左书写。下部右侧记修桥事宜，并有“嘉庆十一年荷月三日　李振西撰”字样；左侧记载捐款者姓名。修桥碑对于研究明清时期安丘桥梁建设及石刻艺术具有较高价值。

重要文物藏品

1986年—2013年，安丘市博物馆馆藏较为丰富，有石玉器、铜器、书画、陶瓷器、古籍等。

石玉器　馆藏石器多发现于境内新石器时期遗址，大部分为当时的生产工具；玉器是从石器中分化出来的，馆藏玉器制作巧妙，工艺纯熟，精品颇多。

商代石镰　出土于王家庄镇马家庄村（现属峡山区）。表面呈灰色，通长29.5厘米、宽7.5厘米。背部弧形、圆滑，刃部锋利，镰首尖，末端稍平。石质坚硬，有明显使用痕迹，为劳动工具。属国家一级文物。

龙山文化玉铲　凌河镇南部村出土。通体呈浅绿色，顶部微残，上部有一圆孔，刃部锋利。长24.5厘米、宽8.5厘米。属国家一级文物。

龙山文化玉钺　凌河镇南部村出土。器表呈淡黄色，上部有两个竖排圆孔，刃部微残。长16.9厘米、宽5.2厘米。属国家一级文物。

龙山文化玉牙璧　辉渠镇老峒峪村出土。器表墨绿色，局部有沁斑，扁平圆形，中间有圆孔，最大外径11.8厘米、内径5.8厘米、厚0.6厘米，重98克。外周边缘有3个牙状突起，按顺时针方向伸出，犹如儿童玩具中的风车。通体素面，磨制精细。属国家一级文物。

汉盘龙三足石砚　1976年黄旗堡镇杞城村（现属坊子区）出土。石砚呈圆形，通高12厘米、直径15厘米。表面灰色，质地坚硬细腻，由砚身、砚盖、研石三部分组成。砚身高4厘米，砚面平坦光洁，墨迹尚存，周边刻三条屈曲盘旋的龙，龙首下伸形成三足。研石雕成蹲羊形，高4厘米。研盖高8厘米，表面雕刻5条龙，正中一条形体较大，昂首挺立形成盖纽，周围刻出波浪纹，衬托出蛟龙出水的雄姿。其余4条较小，刻在盖纽四周斜面上，恰似在水中游荡，形象生动自然。整个研盖雕刻采用高浮雕和浅浮雕相结合方法，线条流畅，棱角分明。颇具匠心的是，在盖底面与盖纽对应处，刻有一个略大于研石的圆形凹槽，研石恰好藏于其中。石砚年代为汉代。它的出土，不仅为砚史研究增添新的实物资料，而且是了解杞城遗址内涵的依据。属国家一级文物。

汉石磨　兴安街道探柳庄村出土。为粮食加工工具。白砂岩质，圆形，上下扇，上径47.5厘米、下径45厘米、厚5厘米，重35874克。两扇结合面有起伏的“人”字形磨齿，中间各有一个磨脐窝，上扇顶部凸起一圆形且中间一横梁形成两个半圆，向下渐收形成漏斗状下粮口。属国家三级文物。

汉雷纹玉剑格　兴安街道南关村征集，为剑具饰品。长5.3厘米、宽2.1厘米，淡黄色，有淡黑色沁。扁长型，中部向两边凸起，两端薄锐，截面呈菱形，表面饰钩雷纹，雕工熟练流畅，为典型汉代纹饰。最高贵的剑，无论质地如何，均装玉剑具，一般情况玉具为“摽、首、镡、璏”4件。镡即剑格，又称护手，是剑把与剑身之间的饰玉，在剑饰中数量极少。属国家三级文物。

清松鹤山水人物纹玉山　兴安街道东关村征集。陈设品，白玉质。通高15.5厘米、宽24厘米。整座山子用一块整玉雕刻而成，正面浮雕松树三株，凉亭一个，台阶从下至山上凉亭，有一和尚从山中小径踏步而来。背面浮雕松树一株，上有一仙鹤站立，山端有云气，云下一仙鹤头朝下飞，与树上鹤遥相呼应。上部刻诗一首御制诗:“江渡都称一苇航，抑神通也抑荒唐。应真袖手輾然笑，誉实不虞毁不妨”。玉山布局均衡、稳重；画面层林叠起，意境清淡；雕琢古朴庄重，动静结合，用刀平稳，转折圆润，山石边沿、人物衣褶以及树木轮廓都雕琢得棱角分明。属国家三级文物。

铜器　馆藏青铜器有商、西周时之物，大部分为春秋至汉时遗物。

商代铜戈　1989年辉渠镇老峒峪村出土，兵器。长22.6厘米、援长15.2厘米、宽5.8厘米，重253克。援宽而长，前锋钝尖，有阑，长方形内，内末有平行线纹。

西周窃曲纹铜鼎　郚山镇贾孟村出土，礼器。高25.5厘米、口径25.5厘米，重4850克，立耳，方唇，折沿，腹较浅，下部微鼓，圜底，三兽蹄足。沿下饰一周云雷纹，腹部饰变形窃曲纹，腾波带纹，足上部起扉棱，饰卷云纹，中部饰凸弦纹一周。国家二级文物。

春秋铜盘铜匜　柘山镇东古庙村出土，盥洗器。盘高14.7厘米、口径34.6厘米、足径23.5厘米，重4054克。敞口，平沿，圆唇，附耳，浅腹，平底，圈足，沿下饰凸弦纹一周，圈足上饰凸弦纹两周。匜长32.7厘米、宽7.5厘米、高16.7厘米，重2177克，直流，口微翘，深腹，圜底，匜尾口沿处伸出一梯形平板，下接环形鋬，三蹄足。腹部饰窃曲纹，鋬上平板饰蟠螭纹。匜盛水从上向下浇，盘在下接水，组合使用。

战国乳钉纹铜提梁壶　凌河镇李家西部村出土，酒器。高27厘米、口径8.5厘米，重1684克。长颈圆腹，矮圈足。盖微鼓，正中有一环形钮，两侧各有一小环形钮并穿活络环，方弓形提梁，两端各以三节链条穿过活动环系于颈部二环钮上。腹中部有一环形钮。盖面及腹部均饰乳钉纹与勾连雷纹，颈部饰勾连雷纹。属国家二级文物。

元至正元年铜权　兴安街道南关村征集。红铜质，覆钵圆塔式。上部倒梯形方钮中有一系绳圆孔，下为圆盘形肩，权身呈上大下小的椭圆形，束腰下接台阶形平底座。权身正面铸阴文“至正元年”，左侧刻“三”字，背面铸阴文“益都路造”。通高10厘米、底座径4.68厘米，重533克。铜权纪铭清晰，保存完整，是研究安丘元朝政治、经济、文化的实物资料，也是研究整个元代行政区划和度量衡制度的重要佐证，具有较高历史资料价值和艺术价值。属国家二级文物。

书画　馆藏书画多为明清时期作品，大多为征集文物。

明九如厘颂祝寿图册页　1957年册页征集入馆，高36厘米、宽28.6厘米、厚2.4厘米，纸本。册页由陈函辉题字“九如厘颂”，并绘“潘舆锦养”“鲍马威行”等画，最后作“九如厘颂跋”，陆完学书“九如厘颂引”。内有杨万里绘“如日之升”“如月之恒”“如松柏之茂”“如山如阜”“如南山之寿”“如岗如陵”等多幅祝寿画，背面有张玮、白贻清、陆完学、刘宪章、邹之麟、邹忠胤、邹嘉生、恽厥初等名人题字。陈函辉（1590—1646），原名炜，字木叔，号小寒山子，别号寒椒道人，明浙江临海人。崇祯七年（1634）进士。补靖江县令。明亡后反清，事败，自缢死。善草书，敏于诗。属国家二级文物。

清张在辛隶书横幅　1957年征集入馆，纸本。纵31.1厘米、横126.3厘米。隶书“背山临流”，左侧题“张在辛八十三岁书”。下钤白文“隐厚处士”“张在辛印”“风雨如晦，鸡鸣不已”印各一方；左上角钤朱文“放眼看青山，任头生白发”印一方。张在辛（1651—1738)，字卯君，字宽公，号柏庭、子舆，清山东安丘人，清初书法家、金石鉴赏家、篆刻家。属国家二级文物。

清管灼墨桐图轴　1957年征集入馆，纸本。纵172厘米、横69.5厘米。画面为并立墨桐两株，枝间隐约见明月当空。右下角题“嘉庆甲子孟夏偶写于尚殳轩”，署款“眉东管灼”。下钤白文“眉东管灼”印一方，朱文“花蓭”印一方。题跋右侧有朱文闲章“朝洗砚写定坐”一方。属国家三级文物。

清江楼远眺图长卷　1957年征集入馆，纸本。纵39.5厘米、横263.5厘米。长卷由芜湖余欣与高密王功后合作，画面内容为刘耀椿于道光十八年（1838）在安徽为官时的情景。画左侧有刘耀椿自题词，其后又有单为鏓、徐继畬、柯培元、韩仲荆等20多人题跋。属国家三级文物。

陶器

陶鬶　辉渠镇老峒峪村出土，共两件。其一为夹砂白陶，通高28厘米、腹径13厘米。质地坚硬，外表光洁，侈口，小卷沿，鸟喙形流上翘，细高颈，带状鋬跨颈、腹上，鋬上有三道划纹，腹部饰一周附加堆纹，袋足，矮档，细足根，为泥芯插入袋足中而成，足、腹部浑然一体。尤其珍贵的是陶鬶内还有一层厚厚的水垢。其年代为大汶口文化晚期。另一件为夹砂灰陶，器表灰白色。通高19.5厘米、腹径13厘米。胎质坚硬，外表光洁，器身较矮，鸟喙形短流，流下饰一圆饼，粗短颈，带状宽鋬附于颈、腹，最大腹径处饰一周附加堆纹，分档，三足呈肥大的地瓜状。其年代为龙山文化早期。两件均为国家一级文物。

大汶口文化黑陶背壶　辉渠镇老峒峪村出土。泥质黑陶，侈口，尖唇，高颈束颈，瘦腹不对称，后腹扁平，两侧各饰一捏制扁平的小孔竖耳，前面饰一下勾的突纽，平底。通高15.5厘米、口径7.4厘米，年代为大汶口文化。属国家一级文物。

瓷器

宋白釉黑花瓷罐　兴安街道探柳庄村出土，高29.5厘米、口径18.6厘米，重5076.5克，盛贮器。直口、圆唇、短颈、溜肩、鼓腹，下腹斜收至底部，小平底。颈部饰两周曲波纹，颈下饰两周弦纹，上腹饰对称花卉纹，下腹饰不规则弦纹，弦纹之间饰两周曲波纹。属国家二级文物。

清康熙粉彩寿桃垂胆瓶　辉渠镇辛庄子村征集，陈设器。高38.8厘米、口径5.2厘米，重3306克。直口、细长颈、广肩、扁圆腹、平底、圈足。通体施粉青釉。瓶身饰桃枝花叶、九枚桃实与两只蝙蝠，圈足外侧饰凸弦纹一周，外底内饰青花楷书“大清康熙年制”三竖行六字款。

清光绪五彩仕女方瓶　1957年征集入馆，陈设品。高54.1厘米、口径15.5厘米，重6683克。侈口、方折沿、尖唇、束颈、折肩，瓶身自肩渐收至底部，平底、圈足。通体施白釉。颈两侧分别书红彩钟鼎文“富贵吉祥”与“达作宝鼎”吉祥语，肩下附对称兽首衔环耳。瓶身一侧饰仕女图，款:“徐善琴写”，相对一侧饰花卉雄鸡纹；另两侧行书七言诗两首，其中一首为唐王昌龄《西宫秋怨》，均为徐善琴书。外底内饰红彩楷书“大清光绪年制”双竖行六字款。胎质细密坚致，色彩鲜艳华丽。

古籍　馆藏古籍丰富，有600余部，8000余册；善本书30部，400余册。

明崇祯刻本《四书集注二十一卷》（宋）朱熹集注。10册（1函)。9行17字，小字双行同，黑口，四周双边，双黑鱼尾。版心22×16.6厘米，边框28.5×18.6厘米。正文前有宋朱熹分别撰大学章句序、中庸章句序、论语序、孟子序。大学章句序后题：崇祯七年五月二十八日奉旨重刊。经部四书类总义，线装。《四书集注》是朱熹为《大学》《中庸》《论语》《孟子》所作的注，其用毕生精力撰写和反复修改，对后世产生深远影响。此为明崇祯刻本，入选第一批《山东省珍贵古籍》。

明万历九年凌稚隆刻本（有钞配）《汉书评林一百卷》（汉）班固撰，（唐）颜师古注，（明）凌稚隆辑校。45册（4函），存90卷：卷4～62、卷70～100。上下两栏：上栏22行6字，下栏10行20字。小字双行同，白口，左右双边，单黑鱼尾。版心23.8×14.5厘米，边框31.4×18.3厘米。正文前有明王宗沐序、明王世贞序、明陈文烛序、明何洛文序、明凌稚隆撰《汉书总评》。史部史评类，线装。《汉书评林》是评《汉书》之言论，是《汉书》研究的集大成之作。入选第一批《山东省珍贵古籍》。

明万历刻本《观楞伽阿跋多罗宝经记四卷略科一卷》（宋）释求那跋陀罗译，（明）释德清笔记。8册（1函）。9行18字，小字双行同，白口，四周双边，单黑鱼尾。版心19.7×15.3厘米，边框26.8×17.9厘米。正文前有宋蒋之奇撰序、苏轼撰《书楞伽经后》、明邹德溥序、明刘弘漠序、明释德清序。子部释家类撰疏注疏。线装。本佛经是大乘佛教的一部重要经典，解释为佛入楞伽山所说的宝经。入选首批《山东省珍贵古籍》。

明崇祯四年刻本《唐宋八大家文钞一百六十六卷》（明）茅坤编。41册（4函），存7种107卷：唐大家韩文忠公文抄十六卷（唐）韩愈撰（存15卷：卷2-16）；宋大家苏文忠公文抄二十八卷（宋）苏轼撰（存25卷：卷4-28）；宋大家苏文定公文抄二十卷（宋）苏辙撰（存14卷：卷3-16）；唐大家柳柳州文抄十二卷（唐）柳宗元撰；宋大家欧阳文忠公文抄三十二卷（宋）欧阳修撰；宋大家王文公文抄十六卷（宋）王安石撰（存3卷：卷1-3）；宋大家曾文定公文抄十卷（宋）曾巩撰（存6卷，卷3-5，8-10）。9行20字，上栏小字注，白口，四周单边，单白鱼尾。版心20.5×14.3厘米，边框25.7×16.4厘米。卷端原题：茅坤批评，茅着重订。集部总集类类编。线装。入选第一批《山东省珍贵古籍》。

清康熙刻本《渠亭山人半部稿五卷》。（清）张贞撰　6册（1函），存6册3卷：初刻1卷2册，二刻0.5卷1册，三刻1卷2册，四刻0.5卷1册。初刻9行19字，黑口，左右双边，双黑鱼尾；二刻9行18字，白口，左右双边，线鱼尾；三刻9行18字，白口，左右双边，单黑鱼尾；四刻9行18字，白口，左右双边，线鱼尾。版心17.8×13.8厘米，边框26.6×16.2厘米。初刻前有清王士祯序，清高珩序，清张贞自序；二刻前有清方孝标序，清李澄中序，清金德纯序，清徐文驹序，清张贞自序，清安致远、清曹贞吉等题辞；三刻前有清王士祯序，清张远序，清王源序，清安青士序，清张贞自序。四刻前有清阎愉撰《安丘张氏世谱》，清张贞自序。集部别集类清。线装。入选首批《山东省珍贵古籍》。

其他

西汉半两石钱范　1957年征集入馆，石质。长22.5厘米、宽9.6厘米、厚1.8厘米，重1181.5克，长方形制。范正面竖列3排钱模，每排6枚，共18枚。左起第二、三排中间刻一直浇注槽。每枚钱模开一内浇口与浇注槽相通。钱模内阴文篆书“半两”二字，中有穿孔。属国家二级文物。

清铜胎珐琅盒　1957年征集入馆，盛贮器。高16.5厘米、口径47.5厘米，重4734克，铜质。扁圆形，上下合，子母扣，盒身圆鼓，圈足。上合外侧顶部施蓝彩地，中间饰红彩篆书“圣”字，“圣”字周围饰五条五爪龙和祥云。盒体施黄彩地，饰缠枝牡丹蝙蝠纹，圈足外侧施白彩地，饰蓝彩雷纹。盒内施绿彩地，内底中间饰蓝彩吉祥图案已残，周围饰蓝彩蝙蝠5只，外底施白彩地，中间饰红彩团云龙纹。制作精良，装饰华丽。属国家三级文物。

清高凤翰“师竹斋”印　1957年征集入馆，石质。高6.5厘米、椭圆形印面长5.7厘米、宽3.3厘米，重319克。阴文篆书“师竹斋”，边款：“润而精朴而古＼得山水之秀＼秉五行之气＼出方圆之规矩＼置诸案头＼岂尤是藏于岩何不见用于世哉＼南阜老人”。高凤翰（1683—1748），字西园，号南村，晚号南阜等，清山东胶州人。清雍正初，以“博学鸿儒”为安徽歙县县丞，署绩溪知县，罢归。

清张贞之印　1957年征集入馆，石质。高7.4厘米、印面边长6.3厘米，重826克。两面印，印面为方形。下面印阴文篆书“张贞之印”，上面印阳文篆书“杞园”。张贞（1636—1712），字起元，号杞园，清初著名文士，刻苦好学，博学多才。

康熙壬子（1672）拔贡，康熙乙未举博学鸿儒词，因母病不就。乙丑再征诏试太和殿，御试第三名，授翰林院孔目，不久拜待诏，皆辞不赴任。其善书法，嗜收藏，工金石篆刻。属国家二级文物。

近现代遗址及纪念建筑

安丘市革命烈士陵园　位于市区东2公里李家埠村北青云山南麓。原址在城区人民路东部北侧，建于1964年。1997年安丘市根据城市发展需要迁建于现址。陵园占地面积68亩，安葬烈士2135名，其中安丘籍1837名，外籍298名；荣立一、二等功和授予荣誉称号的124名。整个陵园循山势构思布局。陵园中央为纪念广场和革命烈士纪念碑，碑高21.35米，代表在安丘牺牲的2135名烈士。碑的外形为四杆树立的枪的变形组合，寓意“枪杆子里面出政权”。正面为毛泽东手写体“革命烈士纪念碑”镏金大字和“11•5”战役字样；背面为毛泽东手写体“人民英雄永垂不朽”和碑文；南北两面镌刻2135名烈士英名。纪念碑后20米为革命烈士纪念堂和革命烈士事迹陈列馆。纪念碑东北、东南为烈士墓区。陵园为山东省烈士纪念建筑物保护单位、潍坊市青少年教育基地。

景芝烈士塔　位于景芝镇阜康村西北。建于1956年5月，以纪念“景芝事件”牺牲的烈士。碑通高15米，呈四棱柱形，砖石水泥结构，分上下两部分。正面上部有“革命烈士纪念碑”7个大字，下部为碑文；背面上部有“踏着革命烈士血迹前进”10个大字，下部为陈克烈士传略。1979年建设围墙、大门，成为封闭式陵园，后纪念碑周围建成面积3000平方米的革命纪念广场。1979年，被安丘县人民政府公布为县级重点文物保护单位。

雹泉英雄山革命烈士陵园　位于原雹泉镇西南村西珍珠泉西侧英雄山上。1946年安丘战役后，150名革命烈士安葬于此，1947年春建成英雄山革命烈士陵园。陵园占地3500平方米，园内广植苍松翠柏。2001年，安丘市政府拨专款对陵园进行整修，新建革命烈士纪念碑，并对围墙院落进行修整。为当地居民接受革命传统教育和爱国主义教育活动场所。县级重点文物保护单位。

卧虎山侵华日军据点遗址　位于郚山镇马朗沟村西500米卧虎山上。遗迹东西最长250米，南北最宽90米，面积约12000平方米。壕沟、碉堡遗迹尚存。据点为民国三十一年（1942）农历七月，日军抓民夫3000人兴建。建成后东端驻日军一个小队，西端驻刘永增的伪军。周围挖8米～9米深壕沟，设铁丝网、木栅栏。1944年2月日军撤回大关，当月抗日武装赶跑刘永增的伪军，焚毁碉堡。遗址未见著录或公布，系文物普查时新发现。为控诉日军残暴罪行的重要实物资料。2012年，被潍坊市人民政府公布为市级重点文物保护单位。

第五节　非物质文化遗产

非物质文化遗产普查

2005年12月，安丘市文化局开始全面系统地进行非物质文化遗产保护工作。2006年5月，根据潍坊市相关文件精神，安丘市成立由分管副市长任组长，市文化局、财政局、公安局、建设局等十几个部门负责人参加的安丘市非物质文化遗产普查工作领导小组，并建立联席会议制度，统一领导全市非遗保护工作。2007年8月，成立安丘市非物质文化遗产保护中心，负责全市范围内非物质文化遗产的普查、申报、传承与保护。

2007年8月，市政府组织举办首届非物质文化遗产普查培训班，明确普查工作的目的意义、时间、方法和具体要求，为搞好普查保护工作打下基础。

经普查、筛选、论证，全市摸清非遗线索960条，形成专题报告129项。内容包括民间文学、民间美术、民间音乐、民间舞蹈、民间戏曲、曲艺、民间手工技艺、传统医药、民俗、传统体育、游艺与杂技、生产商贸习俗、民间知识12个方面。市非遗中心对具有代表性、影响面较大的220条进行整理，形成材料上报。

市政府对境内非物质文化遗产项目进行重点保护，实行专人看管，定期修葺；组建传承学习中心，广招学员，聘名师指导、培训传承人，并对传承人加以保护；举行学术研讨会、座谈会，出版名录专著，加大宣传力度，进一步扩大项目影响，使安丘非物质文化遗产保护工作家喻户晓，共同参与；对各种民间手工技艺项目，定期组织专家走访，举办手工技艺培训班，使这些民间手工技艺得以传承并发扬广大。至2014年，全市共有非遗名录103项。其中，国家级1项，省级10项，潍坊市级35项。

非物质文化遗产名录

1986年—2013年，全市有8大类35项非物质文化遗产获潍坊级以上认定。其中，国家级1项、省级9项、潍坊市级25项。

安丘市1986年—2013年获潍坊市级以上认定非物质文化遗产统计表

表24-1

一、民间文学（7项）			
省级项目：（2项）			
序号	项目名称	申报单位	公布批次
1	公冶长传说	广泰集团	省级二批
2	李左车传说	辉渠镇	省级三批
市级项目：（5项）			
序号	项目名称	申报单位	公布批次
3	牛沐钟传说	大盛镇	市级二批
4	孟姜女传说	郚山镇	市级三批
5	窦光鼐传说	景芝镇	市级三批
6	酒祖大舜的传说	山东景芝酒业股份有限公司	市级四批
7	留山传说	安丘学海生态旅游有限公司	市级四批
二、民间美术（5项）			
省级项目：（1项）			
序号	项目名称	申报单位	公布批次
8	安丘泥人	景芝镇	省级三批
市级项目：（4项）			
序号	项目名称	申报单位	公布批次
9	安丘木版年画	青云山年画馆	市级三批
10	安丘面塑	市非遗保护中心	市级四批
11	城里菊花盆景	兴安街道	市级四批
12	安丘羽毛画	凌河镇	市级四批
三、曲艺（2项）			
省级项目：（1项）			
序号	项目名称	申报单位	公布批次
13	安丘大鼓	兴安街道	省级二批
市级项目：（1项）			
序号	项目名称	申报单位	公布批次
14	山东快书	市曲艺培训中心	市级四批
四、民间手工技艺（10项）			
省级项目：（2项）			
序号	项目名称	申报单位	公布批次
15	景芝酒传统酿造技艺	景芝酒业集团	省级一批
16	盛氏木杆秤传统技艺	兴安街道	省级三批
市级项目：（8项）			
序号	项目名称	申报单位	公布批次
17	景芝黑陶制作工艺	景芝镇	市级一批

续表 24-1

18	芝泮烧肉制作工艺	景芝镇	市级一批
19	景芝三页饼制作工艺	景芝镇	市级一批
20	七姐妹年糕制作工艺	兴安街道	市级一批
21	花磕子工艺	大盛镇	市级一批
22	莲花香制作工艺	石堆镇	市级二批
23	院庄风箱传统技艺	新安街道	市级四批
24	布衣盘扣	市非遗保护中心	市级四批
五、传统医药（4 项）			
省级项目：（1 项）			
序号	项目名称	申报单位	公布批次
25	董家骨科正骨疗法	董家骨科诊所	省级二批
市级项目：（3 项）			
序号	项目名称	申报单位	公布批次
26	殷氏金铠甲正骨医术	殷氏金铠甲正骨研究所	市级三批
27	张氏祖传中医	市中医院	市级四批
28	郭家刮蛊疗法	郭家刮蛊传习所	市级四批
六、民俗（2 项）			
市级项目：（2 项）			
序号	项目名称	申报单位	公布批次
29	安丘婚礼	安丘市文化局	市级二批
30	庙会（雹泉庙会、留山庙会、灵山庙会、书院庙会）	雹泉镇、凌河镇、新安街道、石埠子镇	市级三批
七、传统体育、游艺与竞技（3 项）			
国家级项目：（1 项）			
序号	项目名称	申报单位	公布批次
31	孙膑拳	青云山武术馆	国家级三批
省级项目：（2 项）			
序号	项目名称	申报单位	公布批次
32	查拳	安丘市文广新局	省级三批
33	地功拳	安丘市文广新局	省级三批
市级项目：（1 项）			
序号	项目名称	申报单位	公布批次
34	五棍棋	大盛镇	市级一批
八、生产商贸习俗（1 项）			
市级项目：（1 项）			
序号	项目名称	申报单位	公布批次
35	景芝大集	安丘市文广新局	市级三批

第二章 广播 电视 电影

第一节 机 构

安丘市广播影视中心

1986年，安丘县广播电视管理局（站）为政府直属正科级全民事业单位，内设办公室、编播部、机务股、线务股和电视差转台5个科室；辖32处乡镇广播放大站。乡镇放大站工作人员91人。1993年12月，安丘县广播电视管理局（站）改称安丘县广播电视中心。1994年12月改称安丘市广播电视局。

2002年1月，23处乡镇广播电视站实行市、乡镇双重领导管理，以市广播电视局领导为主。同时由市级财政差额拨款改为自收自支事业单位，实行企业化管理。2007年12月，市广播电视局设办公室、政工科、财务科、总编室、稽查科、技术科、电台新闻部、电视台新闻部、有线电视管理科、电台播出部、电视台播出部、有线电视播出部、青云山发射台、物资供应科、器材部、广告文艺部、网络信息部、物业管理科、保卫科和23处镇街道广播电视站。2009年6月迁址市北区。

2010年3月，市广播电视局改称安丘市广播影视中心，挂安丘市广播电视台牌子，正科级经费自理事业单位，实行收支两条线，归口市文化广电新闻出版局，直属市政府领导。内设办公室、总编室、组织人事科、财务科、技术科、电台新闻部、电视台新闻部、电视台专题部、机关后勤事务管理中心等18个职能科室。市有线电视网络管理中心设网络部、器材部、物资供应科、督查科、中心机房5个科室和22处镇街道广播电视站。

2013年6月，市广播影视中心出资600万元，注册成立国有企业安丘市广电传媒有限公司；首次推行中层干部竞聘上岗及全员职工双向选择的人事管理模式。随后调整办公室、总编室、人力资源部、财务部、技术录制部、广播电视新闻部、广播电视节目部、编播部、广告监管部、FM89.1频率、FM104.1频率、新媒体发展部、青云山发射台、无线数字发展部等14个职能科室设置。

安丘人民广播电台

1986年称安丘县广播站，归县广播事业管理局管理。1988年6月，经山东省广播电视厅批准，改为安丘县人民广播电台，是年7月正式成立。1995年7月，电台开通调频广播，调频89.1兆赫，发射功率100千瓦。2005年10月，对栏目进行改版，开播3档直播节目，开创安丘广播电台节目直播历史。全天播出时间由7小时增加到17小时。2013年6月，新开通调频FM104.1频率。

安丘电视台

1991年11月，安丘电视台成立。次年7月正式开播，使用500瓦发射机，用米波12频道自办节目。1998年—2007年，安丘电视台基本完成电视节目摄录编的数字化升级换代。2013年1月，主打栏目《安丘新闻》以视频形式在安丘新闻网开辟专题栏目播放。3月，完成青云山广播电视发射台改造和地面无线数字电视服务平台搭建；5月，建成节目制作中心、大型交互式高清演播室并投入使用。

乡镇广播电视站

1986年10月前，乡镇广播电视站称乡镇放大站，隶属县广播电视管理局（站），为全额拨款事业单位。是年10月，景芝、官庄、黄旗堡、郚山、白芬子、管公等6处乡镇放大站率先更名为广播站。之后，各乡镇陆续更名为广播站。1987年12月，乡镇广播站、放大站下放乡镇管理，原属县管理的人、财、物全部划归所在乡镇人民政府管理，县广播电视管理局(站)在业务上给予指导。2002年1月，镇街道广播电视站实行垂直管理，市广播电视局收回人、财、物管理权，统一由差额和全额拨款单位改为自收自支、企业化管理事业单位。2012年9月，全省进行县级有线网络整合，镇街道广播电视站与市广播影视中心分离，随市有线电视网络管理中心上划山东广电网络有限公司管理。

第二节　设备设施

广播电台设备设施

有线广播　1986年，安丘县广播站有扩音机2台，专线传输254.5杆公里。通广播的村庄1431个，高音喇叭2169只，村广播室908个，小喇叭78532只，入户率37%。是年9月24日，在县城东关建起广播卫星地面接收站，10月正式开机播出节目。1987年，专线传输254.5杆公里。通广播的村1440个，通播率97%；小喇叭105624只，入户率48%;高音喇叭2169只,村广播室1123个。1989年，专线传输254.5杆公里，小喇叭20.67万只，入户率85%，村通播率100%。1993年，专线传输稳定在254.5杆公里。小喇叭17.75万只，入户率87%。1996年，专线传输264.5杆公里，小喇叭18.45万只，入户率降至87%。主要设备有：LY—221开盘录音机，LY—639开盘录音机，LY－602开盘录音机，GK201—B型播控桌，TSGF－1－250×4晶体管扩音机,SP－20输出配电柜,DY－1电源配电柜。1996年后，有线广播开始向无线广播发展。

无线广播　1995年，安丘市广播电台投资300万元，购置千瓦F7－7000电子管发射机两台、Me－1202调音台、TASCAM•202MK录音卡座、ETC•RM－100型号功放机。7月1日开通调频广播，调频89.1兆赫，发射功率为1KW，通村率100%，覆盖率100%。全市实现广播节目有线、无线双传输，开创安丘广播新篇章。此后，设备不断更新，广播质量随之提高，服务内容不断扩大。1999年8月，购进T×1000－SS/V4全固态发射机。2001年10月，购进一套以数字音频工作站为基础的自动化播出系统，包括音频工作站、播出工作站、服务器，电台基本实现数字化、自动化，结束录播节目手动历史。2006年，建立短信平台，开通热线电话，听众可以参与互动、点播。2007年4月,购进调音台、采访机、分配器、液晶显示器等直播设备一套；6月购进一台嘉惠1千瓦调频全固态发射机，彻底淘汰电子管发射机。

电视台设备设施

摄录编设备　1987年7月，安丘县广播站投资30万元购进M3ADK、1820PKA录摄像机及编辑机各一套装备差转台。1992年7月，安丘电视台正式建台。该时期为VO－BVU时代，以Betacam－sp模拟分量格式设备为主，主要购进和使用日本索尼公司和松下公司产品。编辑设备有SonyVO－9850P、VO－5850P、VO－9800P、VO－5630；摄录设备早期使用3台松下Zone－C和Sony537背包摄像机和1台Z31摄像机，随后购进BP1600P和637摄录一体机。

1998年始，安丘市广播电台逐步淘汰旧设备。更新为以DVCPRO格式为主数字设备。至1999年，先后购进松下640－650、440－650、455－650三套对编设备及松下Ez1、佳能XL1和松下DH200、DH215摄像机。至2005年，购进松下AJ－D400、松下D615、佳能XL1、松下AJ－D200、松下D410和2台松下DVC180A摄像机。2007年，购进AJ－D615摄像机1部。

1998年后，随着计算机技术和多媒体技术的发展，节目编辑系统不断升级换代。是年5月，购进第一套非线性编辑系统RT2000。2002年6月，购进DELLGA400的创意777非线性编辑系统。2003年7月，购进大洋X6000非线性编辑系统。2005年10月，购进2套北京健农公司的DPS非线性编辑系统。到2005年底，非线性编辑系统5套。2006年6月，购进极速Ee非线性编辑系统1套。2007年3月，购进索尼DVD刻录机1台。

1998年后，摄录编设备从模拟到数字、从线编到非线编，不断升级换代。到2007年底，市广播电台基本实现数字化。

2008年，购进松下AG-DVC180B摄像机8套，松下AJ-D615摄像机3台，播出系统升级为硬盘播出。2012年，购进AG-HPX500MC摄像机4台，索尼NEX-FS700高清摄像机1台,AG-AC130MC摄像机5台。

2013年，购进AG-AC130MC摄像机6台，大疆S800航拍器1部，三讯道高清录制系统，AK-HC3500MC摄像机3台，AG-AC160MC高清摄像机3台，改造8讯道高清直播车1辆。完成新闻、民生和党建农科3个频道的数字高清化改造。

电视播控中心　1992年7月，安丘电视台购进索尼公司VO－9650P和VO—9600P模拟播出机，为自办节目12频道播出设备。1998年底，进行全面技术更新，购进松下AJ－D230、AJ－D250等数字播出机。2005年底，购进两台AJ－D255数字播出机。

演播室 安丘电视台有40平方米新闻演播室1个，主要设备有1个DVDPRO摄录一体机、RGB1024灯光控制台和1部以海信—海景二代电脑为主机的演播提词器。

青云山电视发射台 1993年，安丘电视台在青云山建设安丘广播电视发射台，1995年，建成并投入使用。发射台建筑面积370平方米，塔高150米。初期使用100W的12频道、1000W31频道电子管发射机。1998年，购进JHV－VHF－300W12频道全固态发射机，淘汰100W的12频道电子管发射机。2000年，购进BBEF－VHF－300W12频道全固态发射机，淘汰300W的12频道电子管发射机。2005年，购入型号为嘉惠H－1000W31频道全固态发射机，淘汰自建台时一直使用的电子管发射机。至此，12频道完成由电子管发射机向全固态发射机的过度。

第三节 节目设置

广播电台节目设置

1988年7月，安丘县广播电台正式开播。设置《安丘新闻》《农家之友》《饭时一刻钟》《新闻专题》《文艺节目》等栏目，全天播出7小时。1995年7月，安丘市广播电台开通调频广播，调频89.1兆赫，发射功率100千瓦，全天播音8小时零5分钟。2004年10月1日，全天播音时间调整为14小时。其中，转播上级台节目1小时20分钟，自办节目12小时40分钟。2005年10月，对栏目进行全面改版，开播3档直播节目，开创直播节目的历史，全天播出时间增加到17小时。

2006年，建立短信平台，开通热线电话，听众可以参与互动、点播。是年8月1日，开播《夕阳正红》节目，每期30分钟。9月1日，开播《法制在线》节目，每期20分钟。2007年5月31日，与市纠风办、市监察局联合开办《行风在线》直播节目，设立市民热线电话，为政府部门了解民意、为民服务、促进部门作风转变搭建服务平台。2013年，与市纪委、市监察局联合对《行风在线》栏目进行全新改版升级，实现电台直播、电视台录播，在原有热线电话基础上又开通短信平台，上线单位负责人走进演播室，面对面解答市民提出的热点、难点问题。

2008年1月，社教性节目《咖啡新语》开播，突出“人文关怀情感类谈话”宗旨。2010年10月18日，综艺性节目《891歌声记忆册》开播。2011年5月18日，青年节目《891青春风景线》开播。

2011年5月21日，举办《唱响安丘》第二季电视大奖赛，首次采用电台、电视台两台并机直播。由于参与人数多，涉及范围广，关注程度高，社会影响大，成为群众文化活动新亮点。2013年6月，开通调频FM104.1频率。

电视台节目设置

1992年7月，安丘电视台正式开播，自办时政栏目《安丘新闻》，主要是转播上级台节目。2004年，开设《爱心驿站》栏目。该栏目获山东省广播电视优秀栏目奖。2005年2月，创办《今日焦点》节目。2006年6月，《安丘新闻》节目改版，由一周3期改为6期，并实现时政要闻当日播出。2008年，首次举办“唱响安丘”系列电视大奖赛及大型春节电视联欢晚会；5月31日，新一档社教性节目《身边》开播。2009年9月，为纪念新中国成立60周年，反映安丘巨变，开播《安丘辉煌60年》新闻栏目，播出时间2个月。2011年，举行《唱响安丘》第二季电视大奖赛活动，共比赛47场次，参赛2800多人，电台、电视台首次并机直播；是年7月17日，开办人文类节目《家乡》。2008年—2012年，连续5年举办大型春节电视联欢晚会。2013年，《行风在线》栏目改版升级。1986年—2013年，先后获山东省广播电视系统先进集体、山东省安全优质播出优胜台、山东省集体记者一等奖二十连冠、山东省广播电视宣传先进集体、山东省县级媒体新闻宣传评优创优先进集体等称号。

第四节 有线电视

1995年底，安丘市广播电视局在城区发展有线电视用户，当年突破1万户。1996年，率先在潍坊各县市区实现信号光缆传输。1998年，建设有线电视乡镇网，陆续在乡镇开通有线电视。2001年5月，开通王家庄镇有线电视。是年全市23处乡镇全部开通有线电视，彻底结束山区、库区和边缘乡镇看不到有线电视节目的历史，并实现城乡联网。2006年，对农村有线电视用户实行保本优惠安装，农村有线电视得到快速发展。

2010年，安丘市有线电视网络管理中心成立，为市广播影视中心下设单位，副科级经费自理事业单位。2012年9月，全省县级有线网络整合，市有线电视网络中心与市广播影视中心分离，上划山东广电网络有限公司管理。全市12处镇街均建有有线电视营业部，城区按区域建有5个片区营业部。是年，投入自筹资金2.52亿元，架设城乡光缆干线3000多杆公里，实现有线电视光纤到村。全市广播电视总覆盖率100%，有线电视通村率100%，入户率90%。城乡有线电视用户22万户。其中，城区用户7万户，普及率93%；镇街用户15万户，普及率89%。

2013年2月，安丘有线电视在71套基本节目和58套付费节目基础上，又开通卫视高清、高清畅享馆等28套高清节目，1个4K超高清频道，所有节目数量增至231套。全市高清电视有近3万用户。3月，开始建设双向传输、上下行互动的双向网。先期投资2000多万元，分步对市中心机房、城区各小区、各广电站的骨干网进行全面升级改造。至年底，凌河、景芝、金冢子、官庄等辖区双向网改建设已经结束，城区大面积双向网主干线路架设完成，达到高清双向、宽带入户条件。

第五节　电　影

20世纪80年代中期，安丘县放映单位发展到263个。1990年，电影放映单位222个，县城国营影院1个，规模较大的集镇影剧院20个，全县成立27处乡镇电影管理站，年放映收入突破100万元，从业人员408名。此后，随着社会文化生活多元化，电影事业由盛转衰。

2003年后，农村集体经济薄弱，乡镇电影管理站不能正常放映，农村电影出现“放映点安排难”“收费难”“老百姓看电影难”的“三难”问题。市电影公司通过影企联姻，提升设备档次，送电影进单位、进村、进学校等方式，扭转电影颓势。2004年—2005年，投资20万元，购进16毫米放映设备5套，适合各镇种养特点的科教片11部。2006年，筹集资金50万元，新购数字放映机1套，流动放映大棚3套。农村科教片受到农民群众欢迎，农村电影重新恢复生机和活力。是年首部数字电影《太行山上》在庵上镇中心中学放映。

2007年12月，农村电影放映工程启动仪式在新安街道磨埠村举行，新形式下农村电影放映工作正式拉开帷幕。市电影公司投资70万元新上数字放映设备21套，至2010年放映全部实现数字化。2011年，数字放映设备增加到46台（套）；组建农村电影放映大队，分5个中队，每个中队配备5名工作人员，1辆专用车，5套数字放映机，从业人员36人；成立农村辅助放映队，配备16毫米新型放映设备20套，从业人员20人；成立放映督查领导小组，发展村级放映监督员1231名。放映过程中，公司总结出一套标准化放映经验做法，《中国电影报》《大众日报》《齐鲁晚报》及山东电视台等媒体进行宣传报道。

1990年，安丘影院的立体橱窗宣传获全国城市影院优秀宣传橱窗评比三等奖和省评比二等奖；电影宣传画《天出血》获第三届山东省电影宣传画展三等奖；影评《高扬起社会主义婚姻道德的旗帜——评〈金色的指甲〉》获省三等奖。2011年，市电影公司被中国电影发行放映协会评为中国共产党建党90周年优秀影片展映农村数字电影放映优秀放映队。2013年9月，被山东新农村数字电影院线有限公司确定为农村公益电影标准化放映试点单位。

第三章 新闻出版

第一节 出版印刷

2013年，安丘市印刷企业40多家，从业人员1400多人；图书零售单位60多家，从业人员130人；音像制品经营单位18家；美术品经营单位18家;广告经营、发布单位12家，注册资金720万元，年营业额1.2亿元。新闻出版成为全市文化产业重要支柱。

第二节 图书

藏书

1986年，安丘县市图书馆藏书78911册，收藏古籍6000余册。其中，善本670余册，二级藏品8部（古籍1990年全部调入县博物馆收藏）。全县图书馆总藏书（不包括私人藏书）67.6万册，其中工矿企业、教育机关系统图书54.23万册。2009年，市图书馆购买部分图书馆数字资源，内有电子文献24万条(目)。2013年,市图书馆图书入藏量2666册，报刊入藏量306种，视听文献入藏量43种，地方文献240种。是年,市图书馆馆藏图书17万册(件)。其中，纸质文献11万册（件），图书馆数字资源总量1.3TB，包括《安丘大鼓》《孙膑拳》等自建地方文献资源。建有县级数字图书馆、地方文献资源库。

图书借阅

2003年，安丘市图书馆引进图书采编自动化系统，对馆内图书文献进行录入加工，实现图书借阅自动化管理。2007年10月，建立全国文化信息资源共享工程安丘支中心，设中心机房、多媒体教室、电子阅览室、资源教室等4个功能室。支中心成立后，市财政先后投资210余万元购置服务器、多媒体电脑、防火墙、卫星接收设备、摄像机、数码照相机、笔记本电脑、身份证阅读器、条码阅读器、条码打印机、照片打印机、扫描仪、投影仪、音响等专用设备。2009年，投资26万元，购置服务器、台式电脑、interlib图书管理系统软件等，自动化管理跨上新台阶。是年8月起，全面免费开放，节假日、公休日正常开馆，周开放60小时。每年接待读者10万人次，书刊外借12万册次。

第三节 报刊

《安丘日报》

1995年初，中共安丘市委研究决定创办市委机关报。同年11月，山东省新闻出版管理局批准、核发内部报刊准印证，同意市委出版《安丘市报》。是年底，安丘市报社成立，为正科级全民事业单位，实行全额预算管理。通过面向社会公开招考方式，录用8名文字编辑记者、1名美术编辑、1名摄影记者，以及微机排版员和财务人员。1996年3月18日，《安丘市报》正式出版创刊号，四开四版，黑白套红印刷，为周二报。1996年10月，由周二报改为周三报。1998年7月，改版为《潍坊日报·安丘版》，使用《潍坊日报》刊号。2001年3月，《安丘日报》创刊，每周6期，每期四开八版，有时十六版。国内统一刊号为CN37-0117。原《潍坊日报·安丘版》停刊。是年，报社实现彩色印刷。2003年12月31日，《安丘日报》停办注销，市委撤销安丘日报社，改为安丘市新闻中心，为正科级全额事业单位，隶属市委宣传部。2004年2月，市新闻中心出版内部资料《安丘通讯》，后改为《安丘宣传》和《今日安丘》。是年8月，部分人员进行分流。2006年4月，市新闻中心编辑出版报型资料《今日安丘》，每周出版2期，2013年3月改为每周3期。

文艺报刊

《安丘文艺》为20世纪90年代左右县文化馆编印的内部综合性文艺刊物。主要发表刊载全县业余作者各类文艺稿件。共出刊60期。

《安丘文化报》属内部交流资料，2005年4月出版。主要发表刊载全市各类文学艺术作品、文化事业发展动态。每月一期，四开四版，发至市直各部门、乡镇文化站及全市业余作者。后停办。2007年4月，《安丘文化》创刊，为《安丘文化报》的替代刊物。

第四章　文化市场管理

1980年—1993年，随着改革开放和经济建设不断深入，安丘县文化市场发展迅猛，新兴现代娱乐业发展较快，舞厅、录像厅、电子游戏、台球、卡拉OK等相继出现。到1993年底有舞厅5家、录像厅27家、电子游戏厅23家、台球摊点36家，经营卡拉OK的饭店、宾馆和摊点140多家。

1993年—2013年，安丘市歌舞厅、卡拉OK厅、电子游戏厅、录像厅、游乐场数量有所减少，但经营规模、经营质量有较大改观。演出市场、音像市场、美术市场、书刊市场、网络市场和文化交流等得到长足发展，形成9大门类、17个种类全面、健康、有序发展局面。至2013年底，全市有文化市场经营业户188家。其中，网络文化经营单位1家，互联网上网服务营业场所41家，歌舞娱乐场所33家，游艺娱乐场所9家，演出经营机构3家，美术品经营单位2家，电影经营单位2家，印刷企业40家，图书发行和音像制品经营单位57家，从业人员2000多人。

第一节　机　构

1989年12月，安丘县委宣传部牵头成立“扫黄打非”工作领导小组，负责全县“扫黄打非”工作。县委宣传部设新闻出版管理办公室，为股级事业单位，2003年4月升格为副科级事业单位。1992年3月，设立安丘县文化市场管理办公室，为股级事业单位，隶属县文化局。是年7月，县文化市场管理委员会成立。1997年，市文化市场稽查大队成立。2009年5月，市新闻出版管理办公室及市文化局、市广播电视局有关行政执法机构整合，组建市文化市场综合执法局，为市政府直属正科级事业单位，负责全市文化市场统一执法工作。2010年7月，市文化市场综合执法局内设办公室、法规科、执法一科、执法二科等4个科室。是年，成立市文化市场管理工作领导小组，办公室设在市文化市场综合执法局。2011年4月，市文化市场综合执法局增设“扫黄打非”科（挂市“扫黄打非”办公室牌子）。是年，市“扫黄打非”工作领导小组办公室调整到市文化市场综合执法局。至2013年，机构未变动。

第二节　市场管理

20世纪80年代至2009年底，安丘市文化市场实行多个部门分口管理。市新闻出版管理办公室负责新闻出版领域执法监管工作，市文化局负责文化、文物领域执法监管工作，市广播电视局负责广播、电影电视领域执法监管工作。市文化市场综合执法局成立后实行统一管理。

2004年，市文化市场各职能管理部门组织开展“管理发展年”活动，以加强全市新闻出版活动和文化市场监管，加大“扫黄打非”工作力度，净化、规范和繁荣全市印刷、出版物市场。“扫黄打非”工作中，把查堵政治性非法出版物作为重中之重，全市共出动检查人员260多人次，组织集中检查20多次，检查出版物店（摊点）380多家。收缴政治性非法出版物35本，非法书刊1500本，盗版教材、教辅读物200本。

2005年，安丘市调整充实“扫黄打非”工作领导小组成员单位，将市城管执法局纳入领导小组成员单位，强化对路边摊点的打击清理力度，维护出版物市场的繁荣发展。是年4月，组织开展“扫黄打非”查缴物品集中销毁活动，对全市“扫黄”“打非”查缴物品集中销毁。

2006年，开展“扫黄打非”和网吧专项治理及“规划发展年”活动，组织开展打击非法报刊、侵权盗版出版物、以未成年人为主要对象的淫秽色情出版物的专项行动；组织集中检查70多次，检查出版物店（摊点）190多家，没收非法书刊1000多本，盗版教材、教辅读物200多本。

2007年，为推动社会主义新农村文化建设，在新安街道尧洼村，凌河镇南部村、大路村，辉渠镇曹家峪村，柘山镇西古庙村，郚山镇冷家山村新建6家“农家书屋”，并协调市新华书店为他们配备图书7000多册，当地农民“买书难、借书难、看书难”问题得到较好解决；组织开展打击非法预装计算机软件、网络侵权盗版行为、查缴《死亡笔记》等恐怖类出版物等专项行动，全年出动检查人员340多人次，组织集中检查60多次，检查出版物店（摊点）350多家（次），收缴非法书刊4000多本，各类非法光盘5500多张。是年10月，举行查缴物品集中销毁仪式，销毁查缴的非法图书3800多本，光盘5000多张。

2008年，加强印刷企业“五项制度”管理建设，不间断地对落实情况进行检查，帮助指导企业走制度化、规范化、科学化道路，并与企业签定“守法经营责任书”，制定《安丘市“扫黄”“打非”工作奖惩考核办法》《出版物市场暗访制度》《“扫黄”“打非”举报奖励制度》等。年内，全市出动检查人员180多人次，组织集中检查35次，检查出版物店（摊点）150多家（次），收缴非法书刊2000多本，各类非法光盘5000多张。出版物市场重点地区、重点部位存在的突出问题得到进一步整治，印刷企业的监管更加规范，盗版、非法印刷现象受到严厉查处和打击。

2010年，市文化市场综合执法局提出“一年打基础，两年迈大步，三年跨入潍坊先进行列”的目标，加强机关规范化、执法工作规范化、业户经营规范化的“三个规范化”建设。针对文化市场各个领域业户印发规范经营须知，提出标准要求，指导规范管理。进行全面调查摸底，掌握第一手资料，并分门别类建立业户档案。是年6月，组织开展暑期集中整治行动。9月，与市公安局组建联合执法队伍对全市娱乐场所进行集中整治。全年围绕整治网吧和娱乐场所违规接纳未成年人、清查违规经营教材教辅、规范印刷复制经营秩序、净化演出及娱乐市场等工作重点，组织开展6次集中整治活动和8次“扫黄打非”斗争，办结案件92件，取缔非法经营场所、摊点28家，查缴非法出版物及盗版音像制品8200余册（盘）。

2011年，组织开展校园周边文化环境整治、卫星地面接收设施集中清理、打击侵犯知识产权、“扫黄打非”及庆祝建党90周年文化市场专项保障等一系列执法专项行动。在打击盗版计算机软件推进正版化专项行动中，对计算机卖场、培训学校、婚纱影楼、机械设计、广告设计以及酒店、宾馆、休闲洗浴中心等领域实施主动监管，查办一批违规案件，计算机软件领域侵权盗版行为得到遏制。是年，进行执法检查8000多人次，查办案件130件，注销经营许可证1家，取缔非法经营场所、摊点13家，收缴非法出版物及盗版音像制品6400余册（盘）。

2012年4月，在新华书店门前举办全市侵权盗版及非法出版物集中销毁活动，销毁非法出版物3000余本（盘）。是年6月，国家版权局表彰奖励2011年度查处侵权盗版案件有功单位及个人，市文化市场综合执法局局长获个人三等奖。7月，市文化市场管理工作领导小组印发《关于加强农村文化市场管理工作的意见》，并聘请82名“五老”人员担任城区文化市场义务监督员。

2013年，市文化市场综合执法局编印《执法工作手册》，制定领导班子成员联系包靠骨干印刷企业和涉企执法检查的意见，聘请129名农村文化市场社会监督员。是年，相继开展非法音像制品查缴行动、查堵反制香港反动出版活动专项治理“清源”行动、清理网络淫秽色情专项治理“净网”行动、打击非法报刊及假记者专项治理“秋风行动”。2010年—2013年，获全省文化市场综合执法工作先进单位等省级荣誉3项。

第五章　档　案

第一节　机　构

1985年10月，安丘县档案科改称安丘县档案局，局、馆合署。1991年12月，设人秘股、管理股、业务指导股。1993年12月，撤销县档案局，保留县档案馆，将县党史委、史志办人员归并档案馆，增设编研科。1994年8月，恢复市档案局，局、馆合署，为市委、市政府直属机构，归口市委办公室，行使行政和管理两种职能。1997年1月，市史志办、党史委分出后，设办公室、监督指导科、管理科3个科室。2002年3月，市档案馆挂安丘市档案局牌子，为正科级全额拨款事业单位。设办公室、监督指导科、管理科、编研科4个职能科室。2011年6月，增设政府信息查阅中心，为股级内设科室。2013年底，内设办公室、监督指导科、管理科、编研科、政府信息查阅中心5个职能科室。

第二节　档案收集

安丘馆藏档案起止年代为1944年—2008年，其中区划调整撤销乡镇档案接收至2007年。馆藏档案按其内容划分为文书档案、科技档案、专门档案、人物档案、照片档案、电子档案6大类，其中文书档案是馆藏结构基本构成部分，占总数的85%。

1986年，安丘县档案馆接收县外贸公司、药材公司、团县委三个全宗163卷档案入馆；收集整理安丘县委、县政府重要会议、重大活动和县级单位领导人照片650多张。1987年，根据上级规定，接收县直单位1971年—1980年和原公社机关55个单位文书档案9640卷。1990年，整理并接收土壤普查、民俗旅游、死亡干部、监察等专业档案2492卷，收集整理地图资料671张。1994年，安丘市档案馆对全市30个撤并单位形成的各门类档案按照档案入馆标准，分门别类进行鉴定整理，接收档案162卷、录音录像11盘、资料485册入库。1995年，开展现行机关、企事业单位和撤、并、转单位档案进馆工作，接收市人事局、化工公司、档案局等单位档案800卷，图书、刊物、报纸534册。收集散存社会上的革命历史档案16册、专门档案20册；同时积极拓宽档案信息资源，逐步完善照片档案、声像档案、科技档案等档案资料。1997年，征集《辛大战报》1期～93期、《花蕊夫人》等书籍及省以上领导人在安丘的照片5张。1998年依据《档案法》要求，接收在本单位保存时间满10年的永久、长期档案入馆，共67个全宗10961卷；征集整理41名在外地工作的安丘人档案材料493份；整理安丘6个中国特产之乡的特色档案；征集省以上领导到安丘视察检查工作照片11张，市五大班子领导人照片22张；接收1997年度图书、刊物、报纸等资料67种595册。2000年—2003年，市档案局接收原夏坡乡、温泉乡、车庄乡、南逯乡、召忽乡、慈埠镇、担山镇、宋官疃镇3991卷档案进馆；接收原外事办70卷档案进馆；接收破产改制企业八〇七〇厂文书、财务档案3420卷进馆代管；同时，征集59位名人档案784件，书稿档案11部79卷，名优产品档案253件，100位劳模档案230件，以及明清时纂修的《安丘县志》《安丘乡土志》《说文句读》《说文释例》等安丘籍名人所著古籍。2002年收集125个单位档案。1996年后形成的与全市经济和社会发展及人民群众生产、生活密切相关的政策性、法规性、公益性、服务性文件2701件、资料77册，于8月上旬设立现行公开文件阅览室向社会开放。2007年，建立先模人物档案信息库，收集整理全市98个单位1781人次先模人物档案材料；接收市委组织部1954年—2002年文书档案1018卷；接收关王、临浯、红沙沟、白芬子、庵上、管公、雹泉、贾戈8处已撤乡镇档案5076卷，照片档案10册，录像28盘；征集吴仪副总理视察安丘、山东供港蔬菜启动仪式照片及城市变迁记忆照片105

张。2009年，接收市党史办抗战调研档案49卷。2011年，接收破产企业市丝绸公司文书、人事档案163卷，并对各乡镇1984年1月—2002年12月档案进行移交接收工作。至2013年底，接收凌河、新安、石堆、石埠子4个镇街档案1616 卷。

2013年，接收市纪委全宗监察档案275卷。是年，馆藏档案135个全宗52186卷，资料18319册。其中，新中国成立前档案71卷，新中国成立后档案52115卷。以件保管的档案11149件，录音录像磁带影片43盘，照片档案6836张，电子档案磁盘65张，光盘29张，上架排列总长度850米。

第三节 档案整理

1986年，县档案局对馆内2408本土地房产所有证存根和26种378册内部资料重新进行装订、编号、排列，既方便管理，又延长使用寿命；对馆内县知青办等8个撤销单位全宗的全引目录进行抄写、打印。1987年，进一步完善馆内检索体系，打印县工商联、文委、贫协、采购局、建设科等20个撤销单位全宗的全引目录；对26个县直单位和原公社596册档案全引目录进行装订，其中精装232册。全宗卷内容得到充实，检索体系基本实现重点全宗卡片化、一般全宗全引化、骨干工具打印化。对馆内档案进行鉴定、整理，整顿档号，达到编制规则要求。对主要全宗案卷进行审查和补充，对县委办公室、县政府办公室等10个单位全宗案卷的备考表进行填写，共填写3156卷；完成《档案志》印刷装订工作。1990年，建成符合规范要求的裱糊室和照片冲洗室，修裱土地房产证存根档案2386册，裱糊装订报刊等资料650册，托裱破损档案6卷70页，复制革命历史档案5个全宗14卷，62份文件，779页；继续完善馆内检索体系，打印县委、县政府办公室等30多个单位案卷目录，检查馆内所有全引目录、案卷目录及专题目录，对缺项、误项及漏项进行补充，补抄文件卡片1571张，著录文件卡片4069张；根据《中国档案分类法》将4万多张文件卡片重新进行分类、调整和标引；对馆藏2.5万多卷档案全部进行检查，对档号不全和目录缺项、未填备考表案卷，进行考证、填写；建立档案资料检索中心。1991年，抄写县委、县政府1981年—1983年文件卡片10000余张，全引目录9000张56本，并对差错进行改正。1992年，整理《安丘县征用土地专题目录索引》《安丘县土地房产所有证存根人名索引目录》2293张；完成县委、县政府1980年—1983年档案文件两个全宗卡片的分类标引工作，打印县委、县政府全宗全引目录5000个版。1995年，市档案局整理装订安丘县委、县政府，丘南、潍安县委全宗全引目录10套570本。至此，实现重点全宗全引化、卡片化、目录化，所有全宗一次检索到文件。1996年接收1995年度图书资料529册，并进行编排、造册登记，对照片档案进行规范化整理，共整理84册，3160余张，完善声像档案、科技档案。1997年，编制《土地证存根人名索引》《征地目录索引》《安丘市高中、中等学校毕业干部人名索引》等检索工具81册；抄录市人事局全宗人名卡片15368张。1998年，重新整理登记资料5505册，并编制存放索引。2000年，完成革命历史档案全息光盘刻录，使之更有利于保管保护。2001年，编制二胎批复目录索引。2002年，整理5处撤并乡镇19册950张照片档案，并对文字说明重新进行考证。2007年对资料库房布局进行调整，并编制101、102、202库档案资料存放示意图，资料存放更加有序，查阅更加方便。2008年—2012年，对馆藏档案一一梳理登记，并进行整合，编制《档案馆全宗案卷情况统计表》。统计表包括全宗名称、全宗号、目录号、起止年度、案卷数等，档案管理使用更加方便；对非物质文化遗产档案进行收集整理，为晋升国家二级档案馆做好准备工作。2013年，开展数字化档案扫描工作，扫描档案2332卷301966页，照片档案288张，视频档案1个。

第四节 档案鉴定

1987年，安丘县档案局鉴定整理馆藏档案364卷。1988年，为开放档案，审阅革命历史档案41卷及县委、县政府等1958年前形成的全宗档案。是年，首批开放档案向社会开放。

1989年，县档案局制定《安丘县档案馆开放档案暂行办法》，档案开放更加规范。是年始，承担“档案全方位、多角度档案综合鉴定方法”科研成果实施工作，对馆藏档案进行全方位多角度鉴定。鉴定主要内容有：废止文件标注、秘密文件释密、病变文件修复、档案开放、档案价值判定、案卷质量分析。历时4年多，鉴定档案54个全宗，11747卷，243648份文件。1990年，根据档案开放规定和国务院明令废止和宣布自行失效的法规要求，对馆藏满30年档案进行开放鉴定和查找核对。1992年，县档案馆、潍坊市档案局联合完成的科研成果“地方档案馆档案综合鉴定方法”通过国家档案局、山东省档案局专家组评审鉴定。专家组认为，该成果在国内尚属首创，应在各级各类档案馆推广应用。2011年，市档案局制定《安丘市档案馆开放档案实施细则》。2013年底，陆续鉴定开放8批档案，共90个全宗，18091卷（其中革命历史档案41卷，现行档案18050卷），编制开放目录535册。

第五节　档案保管

1990年，安丘县档案局档案库房安装3台分离式空调器，1台档案专用冷冻器，对温湿度进行调节，确保档案安全与完整，延长档案寿命。1995年，投资10多万元安装24组72节档案密集架及档案库房密封防盗门一个。次年，更换办公用房和库房为铝合金门窗。在消防部门配合下，建立消防档案室，配齐消防设备，完善消防制度。1997年，制定《档案馆消防应急自救方案》，修订《消防工作制度》。1998年，投资1.1万元安装离子烟感火灾报警系统，初步实现档案库房火灾自动报警，并配备档案消毒柜、臭氧消毒器。2006年，市档案局由市南区迁至市北区现址。新馆档案库房面积933平方米，新配备去湿机、空调等，档案保管条件进一步改善。2008年、2012年，为妥善保管已进馆的撤并乡镇档案，保障市直单位档案接收进馆，分两次投资10多万元，新上档案密集架20组48节。2011年，投资30多万元，安装七氟丙烷自动报警灭火系统、办公区及库房防盗窗。2013年，投资6万元，安装库内外温湿度全自动监控系统，实现库内外火、盗自动报警、温湿度自动控制、自动记录。是年，为便于收藏保管，申请专项资金100万元，对馆藏重点全宗档案进行数字化扫描。

第六节　机关档案

1986年—1989年，全县立文书档案11311卷。1990年起，全县开展档案工作定级升级活动。是年立文书档案2807卷。1991年—1993年，全县立文书档案8330卷。在档案工作定级升级活动中，24个单位晋升为省二级或三级。1994年—1997年，全市立文书档案8092卷。在档案工作定级升级工作中，31个单位晋升为省一、二、三级。1996年，安丘市档案局对1994年以前的机关档案管理升级单位进行复查，受查单位全部通过复查。1998年—2000年，全市立文书档案8440卷。自1998年起，根据省档案局部署，市档案局开展档案工作规范化目标管理认定活动，定级升级活动同时停止。全市45个机关、事业单位通过考核验收，2个单位晋升为省一级，28个单位晋升为省二级，15个单位晋升为省三级。1998年，市国税局凌河分局成为潍坊市国税系统基层分局征管档案规范化管理试点单位，试点经验在潍坊市推广。2001年—2002年，全市立文书档案6730卷。34个机关、事业单位通过档案工作规范化目标管理省级考核验收，市教育、政法、金融、建设4个系统成为潍坊市级先进系统。市人民银行、市电业公司成为电子文件试点单位。其间，市档案局参与撤并单位、破产企业档案处置工作，会同有关部门进行入世法规文件清理，并依法清理档案行政审批事项。2003年，市档案局进行立卷改革，将原来实行的文件材料装订成案卷保管改为以件为单位装盒保管，立卷时间由原来的年初改为随形成随归档。对市防治“非典”工作中形成的文件材料进行前期控制管理，并编写《安丘市非典型肺炎防治工作重要文件汇编》《安丘市非典型肺炎防治工作简报选编》。是年，全市立文书档案2980卷。2004年，市档案局对市地税系统13个分局档案规范化管理工作进行监督指导；对市公安局开发利用档案信息资源进行指导；在全市档案管理年度考核中，对30多个单位进行抽查，并对推荐申报省级先进的14个单位进行实地核查指导并帮助申报。是年，全市立文书档案2820卷。2005年，全市立文书档案2800余卷。在档案管理年度考核工作中，14个单位档案室达到省一级，12个单位达到省二级，123个单位达到合格级。2006年—2009年，全市立文书档案8860卷。2个单位档案室晋升省特级，16个单位档案室晋升省一级。2010年，全市立文书档案2600卷。市档案局创新档案工作方式，建立“以档案局为中心”“以大系统为主体融合市直机关”“以镇街道机关为主体融合社区”“以大企业为主体融合中小企业”的全覆盖“网格化”管理系统，10月18日《中国档案报》以《安丘市档案局加强档案人员队伍建设新举措 建立“五个机制”构建档案工作新网络》为题对此进行报道。是年，1个单位档案室晋升省特级，3个单位晋升省一级，2个单位晋升省二级。2011年—2012年，1个单位档案室晋升省特级，9个单位档案室晋升省一级。2013年2个单位档案室晋升省一级。市档案局通过国家二级档案馆新标准验收。

第七节 科技档案

1991年—1995年，全市13家企事业单位档案室晋升国家二级或省级档案室 。1996年—1997年，10家企业通过国家一级、二级和省级考评认证。1998年—2002年，18家企事业单位晋升国家二级和省级先进档案室，市第二通用机械厂是安丘首家达到档案管理省级标准的村办企业。2003年—2013年，2家企业档案室晋升为省特级档案室，另有37个企业、科技事业单位晋升省一、省二级先进档案室。2003年，市档案局与市发展计划局联合制发《安丘市重点建设项目档案管理登记办法》，对全市重点建设项目档案登记管理；按照潍坊市档案局通知要求，对全市民营企业档案情况进行调查，形成《安丘市民营企业概况》和《加强档案规范化管理为民营企业生产经营服务》书面材料。2009年，市档案局开展“档案服务进企业”活动，出台《安丘市中小企业档案管理暂行规定》并由市政府颁布实施，成为全国首个中小企业档案管理规范性文件；在市海洋机械公司进行中小企业档案规范化管理试点，以档案管理为纽带，帮助企业进行科技文化建设。2011年10月，协助潍坊市档案局在安丘举办“潍坊市重大建设项目暨重点民营企业”档案业务培训班，并提供市供电公司、景酒公司作为观摩学习现场。2013年6月，在市牟山水库管理局组织举办高标准现场推进会，为潍坊市水管单位档案规范化管理工作提供参观学习样板。

第八节 乡村档案

1991年，安丘县档案局与县政法、民政和团县委等单位，在白芬子乡进行乡村档案建设试点，帮助3个村建立高标准村级档案室，指导建立村民档案、文书档案、会计档案，帮助编制检索工具。1996年，安丘市20个标点村为潍坊市档案局长会议提供观摩现场。1997年，国家档案局对安丘农村档案工作进行现场考察后予以充分肯定。1998年，市档案局对4处乡镇6个行政村、2处镇办企业档案发挥作用情况进行调查，档案利用工作得到推动。1999年，完成“村委会换届选举”和“土地延长承包三十年”文件材料的立卷归档。整理6个特产之乡的特色农业档案和景芝小城镇建设档案。2001年，为全国农业农村档案工作现场会提供小城镇建设（景芝镇）、村级（兴安街道城北居委会）两个档案管理现场，并在景芝镇召开现场观摩会，推广其小城镇建设档案管理经验。2002年，市档案局印发《行政村分类组卷意见》《行政村档案工作规范化目标管理办法》，在全市1440个行政村分片集中立卷14781卷。同时，在62个行政村推行档案工作规范化目标管理。2003年，与市民政局联合印发《关于加强城市社区档案工作的意见》，社区档案建设开始起步。2008年，制定《安丘市出口食品农产品质量安全区域化建设档案管理暂行规定》，成为全国第一个该领域档案管理规范性文件，国家档案局、中央档案馆向全国转发，《中国档案报》等10多家媒体进行报道。2009年，市档案局指导市水利局、兴安街道、新安街道、凌河镇向省档案局申报的《水库建设档案惠及安丘八万移民》《组建电子档案信息中心为农村财务管理助力》《以区域化建设档案为抓手建立出口食品农产品质量安全追溯体系》等4个项目分别获山东省开发利用档案信息资源成果一、二、三等奖。2010年，制定《关于加强社会主义新农村建设档案工作的意见》《创建全市新农村建设档案工作示范镇（街道）、示范村（社区）实施方案》，推动基层档案建设。2012年，景芝镇被山东省档案局评为省级新农村建设档案工作示范镇。

第六章　体　育

第一节　机　构

1985年—1993年，安丘县体育运动委员会为全县体育管理机构，正科级单位。1987年，安丘县体育运动学校成立，隶属县体委。1993年11月，县体委与县文化局合并成立安丘县文化体育委员会，设办公室、文化科、体育科、文化市场管理科，所属事业单位5个。1994年5月，安丘市体育运动委员会复立，内设体育科和办公室。1998年6月，设立安丘市体育中心，为正股级全额拨款事业单位，隶属市体委。2001年，安丘市体育运动委员会更名为安丘市体育局，正科级规格，事业编制，参照国家公务员管理，属市政府工作部门，主管全市体育工作。2010年，根据《安丘市级党政机构改革实施意见》，安丘市体育局为市政府直属事业单位，正科级规格，参照公务员管理，内设办公室和体育科，辖安丘市体育中心和安丘市体育运动学校2个事业单位。至2013年，机构未变动。

第二节　社会体育

群众体育

1986年—1990年，安丘县群众体育活动规模不大，群众参与意识相对淡薄。

1991年—1995年，全市举办田径、乒乓球、篮球、越野、羽毛球、体操、射击等大型运动会和专项比赛活动19项，参与单位涉及各镇村、企业、市直机关事业单位，运动员涉及机关干部、村居群众，小学、初中、高中学生。先后组织全国“雏鹰起飞”儿童田径、乒乓球等选拔赛活动，并选拔人员参加潍坊市健美、体育舞蹈和风筝裁判员学习班，组队参加潍坊市第十四届运动会行业比赛。1992年，贾戈镇被山东省体委命名为山东省体育先进乡镇。1995年，景芝镇、雹泉镇、石堆乡被山东省体委命名为山东省体育先进乡镇。

1996年—2000年，全市群众自发性体育活动呈逐年增多趋势。1996年，市体育部门组织全民健身宣传周、趣味运动会、全民健身环城跑活动。1997年，组织“迎香港回归全民健身万人长跑”，太极拳剑、导引养身功、迪斯科、大秧歌等表演活动。是年，安丘、赵戈、黄旗堡、凌河、管公5个镇被山东省体委命名为山东省体育先进镇。1998年，国家体育总局命名安丘市为第六批全国体育先进县（市），安丘市体委被省人事厅、省体委授予全省县级体育先进集体称号。1998年，组织钓鱼比赛、乒乓球比赛、门球比赛、太极拳剑表演赛等活动。1999年，安丘市被山东省体委、教委命名为山东省田径之乡、山东省优秀县级高水平体育后备人才基地、推行《国家体育锻炼标准实施办法》先进集体，金冢子镇被山东省体委命名为山东省体育先进乡镇。是年8月21日—9月23日，举办安丘市第一届运动会，设置七大项目，全市32处乡镇、市直12大系统和12家大企业5000余人参加比赛，观众2万余人。2000年，举办“十万妇女健身活动”展示活动。是年，安丘镇被山东省体育局表彰为山东省全民健身宣传周先进镇。

2001年—2005年，安丘市民间体育俱乐部（会馆）开始出现，全民健身意识增强，体育健身项目得到积极推广。先后成立武术、乒乓球、跆拳道等俱乐部（会馆）4个。2003年抗击“非典”间，市体育局共派出社会体育指导员150余人，深入城区120多处体育活动站点，积极推广太极拳剑、导引养生功、健身操、健身舞等20多种体育健身项目，免费举办各类健身培训班30多次，培训人员5000多人。其间，安丘市被国家体育总局评为1996年度—2000年度全国群众体育工作先进单位，被山东省体育局、教育厅评为山东省青年体育工作先进单位、1997年度—2000年度山东省十佳体育先进县。

2006年—2010年，安丘市全面推动体育运动全民化。2006年8月15日—9月28日，市委、市政府组织举办全市第二届全民运动会。比赛设立篮球、门球、乒乓球、羽毛球、拔河、太极拳剑、中国象棋、田径、趣味健身9个大项目。各镇街道、市直各大系统及市属8家大企业共43个代表团参加，参加人数5000多人次。2008年，市政府转发市体育局《关于开展全民参与喜迎奥运活动的实施方案》，成立以副市长为组长，市体育局、广播电视局、教育局、文化局等单位负责人为成员的奥运宣传工作领导小组，坚持一季一安排，月月有活动。至2010年，全市新成立各类体育运动俱乐部（会馆）3个，并成立安丘市青伟国际象棋培训中心、青云山武术馆跆拳道俱乐部。安丘市被省体育局评为山东省十佳体育先进县，市体育局被潍坊市委、市政府授予潍坊市级文明单位称号。

2011年，市体育局组织举办安丘市首届全民健身运动会中国象棋和国际象棋比赛、全民健身活动月科学健身表演等大型群体活动10多项，参加人数达10万人次。协办全市“文明之夏”广场演出活动，演出30场。

2012年，为全市100个社区、学校和市直单位配置体育健身器材。组织举办安丘市第二届全民健身运动会中国象棋和国际象棋比赛、第六届国际象棋比赛和ABA篮球联赛等大型群体活动。承办潍坊市举重、橄榄球，老年人太极拳、剑，赛艇和皮划艇等比赛，总计参加人数达8万人次。协助30多个单位在市体育场举办运动会。

2013年，组织举办安丘市第三届全民健身运动会中国象棋和国际象棋比赛、迎国庆健身活动大赛和青云山市民广场群众健身活动展演等大型群体活动。协助各镇街道、企业、市直部门、学校开展大型活动100多次。成功举办山东省青少年航空航天模型锦标赛暨第十五届“飞向北京”全国航空航天模型选拔赛，安丘市被确定为省航空航模训练基地。组织山东省首届非物质文化遗产武术比赛，全省26个县市区，共500多名武术高手云集青云山进行展演。是年底，全市共成立体育协会、俱乐部24家，会员10万人，为不同层次的体育爱好者提供健身服务；全市晨晚健身站点600多处；有三级社会体育指导员1406人，二级社会体育指导员14人，一级社会体育指导员52人，国家级社会体育指导员2人。

老年体育

1987年1月，安丘县老年体育协会成立。1988年4月，首次选派人员参加潍坊市老年体协举办的门球教练员培训班。9月，组队参加潍坊市首届老年门球比赛。10月，选派人员参加潍坊市老年体协举办的太极拳（剑）骨干培训班，随后组织举办安丘县老年人太极拳（剑）培训班，培训辅导员20余人。1989年7月，选派人员参加潍坊市老年体协举办的导引养生功培训班，随后组织举办安丘县老年人导引养生功培训班，培训辅导员20余人。11月，组队参加潍坊市第二届老年人门球比赛。

1990年—2000年，市老年体协组织老年人参加的比赛、活动逐年丰富。除每年参加潍坊市组织的老年人门球、太极拳、台球等比赛活动外，还组织门球、象棋、台球、钓鱼、气功、导引养生功、秧歌等比赛活动，并开展各类培训和表演。1992年，成立安丘县钓鱼协会和导引养生功推广委员会；1998年，组队参加潍坊市首届老年人运动会。

2001年—2010年，境内老年人体育健身活动范围更广、层次有新的提升。市体育局组织各类培训和门球联赛、象棋比赛、钓鱼比赛、乒乓球比赛和老年科学健身表演赛等老年体育活动。2002年8月，安丘市召开第四届老年人体育协会代表大会。2003年4月，市体育局组织参加黄海协作区老年人门球比赛获第三名。2004年3月，举办“青云山”门球邀请赛，青岛、潍坊、日照、临沂、东营、滨州和淄博等地的15支老年人门球队参加。2005年，组队参加潍坊市第二届老年人运动会，获体育道德风尚奖和优秀组织奖，获趣味运动会团体总分第一名、门球比赛亚军、太极拳剑第五名。2006年，参加潍坊市老年人门球比赛获冠军。2007年4月，举办诸城、高密、胶州和安丘4县市老年人门球邀请赛，参与组织2007年“健晨杯”全国中老年剑、操大赛安丘分赛区比赛，并连续6年获潍坊市老年人太极拳剑比赛最佳奖。2008年，承办潍坊市第三届老年人运动会乒乓球比赛，组队参加潍坊市第三届老年人运动会。

2011年—2013年，市体育局每年举办一届“好客山东·青云直上”中老年人健身登山活动。2011年4月，市体育局组队参加诸城市首届全省老年人台球邀请赛。是年7月，组队参加潍坊市全民健身运动会气功项目，获团体第二名，个人第一名。

2012年3月，组队参加潍坊市老年体协组织的围棋、象棋比赛。是年4月，市老年体协组织100人的中老年腰鼓方队，参加潍坊国际风筝会大巡游表演。8月28日—8月29日，在市体育馆承办潍坊市老年人太极拳剑比赛，安丘市参赛队获得团体、个人四个第一。10月—12月，市体育局组队参加潍坊市第二届全民健身运动会获腰鼓比赛团体第三名，健身气功比赛团体第二名、个人第二名。2013年4月，选派1人到曲阜参加山东省组织的健身气功一级社会体育指导员培训班，选派4人参加潍坊市举办的中老年广场舞培训。是年10月，参加潍坊市组织的“十艺节”中老年广场舞大赛；学校1人参加山东省组织的国家级社会体育指导员培训班；4人参加潍坊市一级社会体育指导员培训班。11月，参加潍坊学院组织的首届门球邀请赛。是年，组队参加潍坊市第四届老年人运动会，参加健身腰鼓、台球、钓鱼、健身气功、乒乓球、趣味运动会、太极拳剑、中国象棋、柔力球和广场舞10个项目比赛，安丘市获太极拳剑比赛团体总分第一名，健身气功团体第二名，健身腰鼓团体总分第三名，其余7个项目均获优秀奖。

第三节　学校体育

1988年始，安丘县在全县中学实施国家教委制定的《中学生体育合格标准试行办法》，对学生体育课成绩、体育锻炼达标情况、体育课出勤和表现情况作出明确具体的评定。1989年1月，全县开始实施中学生体育锻炼达标合格证政策。1990年，全县各级各类学校，执行国家教委、体委、卫生部联合颁布的《学校体育工作条例》和《学校卫生工作条例》。1991年始，学校初中毕业生升普通高中必须统一考试体育。项目为男生引体向上、立定跳远、1000米跑；女生为仰卧起坐（一分钟）、立定跳远、800米跑，记入学生升学考试总成绩。1992年9月，全县实施国家教委制定的《小学生体育合格标准实施办法》。1993年，县实验中学、景芝镇中学、辉渠镇中学、石堆镇中学、雹泉镇中学被潍坊市体委、教委命名为潍坊市体育传统项目学校，安丘一中被山东省体委、教委命名为山东省体育传统项目学校。1995年，投资200万元，新建安丘一中体育馆。是年，全市有12.6万余名学生参与《国家体育锻炼标准》测试，达标率在95%以上。1997年，投资200万元修建安丘师范体育场馆。是年，在全市中小学推广《第八套广播体操》。1998年，市体校、雹泉镇中心中学分别获山东省体育传统项目学校。其中，雹泉镇中心中学被省体委、省教委评为山东省体育传统项目学校先进单位。

2003年，为全面贯彻《中共中央国务院关于深化教育改革全面推进素质教育的通知》《学校体育工作条例》和《学校卫生工作条例》，市政府教育督导室将学校体育工作列为教育督导评估的重要内容，学校体育工作被纳入政府监管范畴。2004年，安丘市配合全国第五次体育普查，在各中小学积极开展“两操、两课、两活动”，确保学生在校期间每天的体育活动不少于1小时。2006年，全市中小学参加体育达标96201人，其中达标学生89740人，达标率93.3%。2010年，全市13所学校通过潍坊市体育传统项目学校的检查验收。是年，安丘市投资1200万元，修建青云学府体育场馆。2011年，6所学校通过省级体育传统项目学校的检查验收，10所学校通过潍坊市级体育传统项目学校的检查验收并命名。2012年，投资400万元，修建安丘市职教中心塑胶场地。2013年，全市86所中小学，全部通过潍坊市标准化学校验收。

至2013年，全市各类学校建体育馆3座，中小学全部达到潍坊市标准化学校要求，在校学生体质达标率保持在98%以上。

第四节　竞技体育

体育学校

安丘体育运动学校建于1987年，隶属县体委。1997年，新建4层教学楼1幢，面积2348平方米；4层学生宿舍楼1幢，面积1465平方米。1987年—1990年，教职员工由12人增加到19人，教学班由五年级、初一两个班增加到五年级、初一、初二、初三4个班；学生数由30人增加到120人。1987年，开设项目有田径、篮球、射击、武术、手球5个大项，8支训练队。1990年，增设举重项目，开设项目增至6个大项，9支训练队。

1991年—1995年，教职员工由24人增加到34人。其间，向上级训练单位和大中专院校输送运动员13人。其中，诸城一中中专班2人，潍坊市体育运动学校10人，山东省体育运动学校1人。至1995年，在校学生80人，开设田径、射击、武术、举重、篮球5个大项，8支训练队。

1996年—2000年，连续5年列潍坊市金牌总数和团体总分第一名。1996年，市体委与市教委联办体校，关系隶属于市教委。教职员工增至50人，在校学生260人，设教学班6个。其中，六年级班1个、初一班2个、初二班2个、初三班1个。开设项目增至9项，分别是田径、篮球、射击、武术、举重、柔道、摔跤、手球、拳击，13支训练队。至1999年，向上级训练单位和大中专院校输送运动员101人。其间，参加山东省第十九届运动会，获10枚金牌、7枚银牌、5枚铜牌；被省体委、省教委评为山东省优秀县级高水平后备人才基地、山东省先进体育传统项目学校。

2001年—2010年，学校逐步进入发展成熟期。开设田径、篮球、射击、武术、举重、柔道、摔跤、手球、拳击等训练项目。教学班多接收初中年龄段学生，设6个班级，学生最多时271人（2001年），最少时128人（2008年）。2001年，学校参加潍坊市级体育比赛，获田径锦标赛团体第一名、拳击锦标赛团体第一名、摔跤锦标赛团体第一名、柔道锦标赛团体第一名、举重锦标赛团体第二名。被省体育局、省教育厅评为山东省青少年体育工作先进集体，被国家体育总局命名为全国青少年体育俱乐部。2002年—2009年，参加潍坊市体育比赛获金牌823枚、银牌681枚、铜牌563枚；向上级训练单位和大中专院校输送运动员520人。2010年，学校参加潍坊市体育比赛，获奖牌170枚。其中，男女篮球比赛双双获得冠军，拳击、柔道、举重、女子田径、女子越野获第二名，武术、男子田径获第三名。参加省第22届运动会，取得金牌11枚、银牌5枚、铜牌4枚的好成绩，列潍坊市各县市区第一名。向上级训练单位和大中专院校输送运动员70人。

2011年—2013年，市体育学校人才培养实现新的突破。在校学生数稳定在260人以上，向上级训练单位和大中专院校输送运动员259人。2011年，输送运动员中，周静获2011年亚洲赛艇锦标赛四人双桨冠军，取得参加2012年伦敦奥运会的资格，实现安丘市运动员进军奥运会零的突破。2012年，参加潍坊市体育比赛，获得奖牌总数列潍坊市第3位。2013年，市体校共有教职员工52人，开设田径、举重、篮球、柔道、摔跤、武术6个项目，在校学生265人。

体育人才

等级教练员　1986年—2013年，全市有等级教练员22人。其中，高级教练员3人，中级教练员13人，初级教练员6人。在等级教练员中，田径教练员6人，篮球教练员2人，武术教练员2人，射击教练员2人，柔道教练员1人，乒乓球教练员1人，摔跤教练员1人，拳击教练员1人，举重教练员2人，跆拳道教练员1人，网球教练员1人，手球教练员1人，游泳教练员1人。

等级裁判员　1986年—2013年，全市有等级裁判员448人。其中，一级裁判员7人，二级裁判员176人，三级裁判员265人。在等级裁判员中，田径裁判员211人，篮球裁判员103人，羽毛球裁判员46人，乒乓球裁判员70人，武术裁判员5人，举重裁判员2人，足球裁判员3人，跆拳道裁判员1人，柔道裁判员2人，摔跤裁判员1人，网球裁判员1人，射击裁判员3人。

人才输送　1986年—2013年，学校向上级训练单位和大中专体育院校输送体育人才3874名。在输送的人才中，有2002年拳击75公斤级全国冠军、亚锦赛冠军李永新，2011年亚洲赛艇锦标赛冠军周静，第十二届全运会男子团体20公里竞走冠军徐德兴，第十二届全运会男子2000米八人单桨有舵手赛艇冠军赵龙杰。

历届体育运动会

安丘市第一届全民运动会　1999年8月21日—9月23日举办。比赛设男篮、老年门球、乒乓球、老年人娱乐健身、中国象棋、拔河、田径、趣味健身8个大项。全市32处乡镇和市直12家大企业，4000多名运动员参加比赛。

安丘市第二届全民运动会　2006年8月15日—9月28日举办。比赛设篮球、门球、乒乓球、羽毛球、拔河、太极拳剑、中国象棋、田径、趣味健身等9个大项目。全市各镇、街道、市直各大系统及市属8家大企业共43个代表团参加，参加人数达5000多人次。

比赛成绩

1986年—1988年，安丘县向各级输送的体育人才参加潍坊市及以上级别运动会情况未作记载。

1989年，县体育学校参加潍坊市第十三届运动会，获得金牌38枚、银牌42枚、铜牌89枚，团体总分第五名，被大会授予体育道德风尚奖；1993年，参加潍坊市第十四届运动会，获得金牌19枚、银牌35枚、铜牌30枚，团体总分第七名，被大会授予体育道德风尚奖；1997年，参加潍坊市第十五届运动会，获得金牌117枚、银牌193枚、铜牌187枚，团体总分第一名，被大会授予体育道德风尚奖；2003年，参加潍坊市第十六届运动会，获得金牌163枚、银牌178枚、铜牌141枚，团体总分第一名，被大会授予体育道德风尚奖；2007年，参加潍坊市第十七届运动会，获得金牌75枚、银牌83枚、铜牌54枚，团体总分第六名，被大会授予体育道德风尚奖；2011年，参加潍坊市第十八届运动会，获得金牌43枚、银牌26枚、铜牌40枚，团体总分第五名，被大会授予体育道德风尚奖。

至2013年，安丘市有803人次参加省级比赛，获金牌102枚、银牌215枚、铜牌208枚；有105人次参加国家级比赛，获金牌15枚、银牌20枚、铜牌32枚；有10人次参加国际级比赛，获金牌2枚。

第五节　体育设施

体育场所

自1986年始，安丘县经济快速发展，体育事业随之进入快速发展时期，体育场所建设步伐加快。1997年12月，市体育场馆建成并投入使用。场馆内建有400米炉渣跑道、篮球馆、游泳池、旱冰场、网球场等设施。体育场建筑面积34642平方米，设有5000个观众席位；体育馆建筑面积1625平方米，座位1300个。至2013年，全市有标准体育场4个、小运动场64个、室外游泳池1个、游泳馆1个、乒乓球场80个、乒乓球房165个、标准足球场4个、小型足球场20个、篮球场314个、篮球馆5个、羽毛球场2个、排球场16个、旱冰场1个。

体育设施

1986年起，随着安丘体育事业进入快速发展时期，全市体育设施的种类和数量成倍增长。至2013年，有体育健身路径2141件、高低杠200副、双杠608副、单杠450副、跳箱200副、山羊720只、平衡木300副、篮球架316副、排球架106副、足球架20副、室外乒乓球台205个、室内乒乓球台357个、跨栏架200副、跳高架203副、海绵垫309块。

第二十五编

卫生　医药

第一章　机　构

第一节　行政机构

安丘市卫生局

1986年，安丘县卫生局为县政府工作部门，正科级规格。内设计财股、业务股、政工股、秘书股。辖县人民医院、县中医院、县卫生防疫站、县妇幼保健院、县皮肤病防治站、县药品药检所、县卫生学校7个县直所属机构和25所乡镇卫生院。

1990年11月，计财股、业务股、政工股、秘书股分别改称为计财科、医政科、政工科、办公室。1997年7月，成立执法科。2002年3月，执法科并于医政科。

1994年3月，安丘县卫生局改称安丘市卫生局，行政编制24人。

2010年6月，成立安丘市卫生局卫生监督大队，为全额拨款副科级事业单位。

2013年，内设办公室（挂政策研究室牌子）、医政与医疗服务监管科（挂妇幼卫生科、市突发公共卫生事件应急指挥中心办公室牌子）、规划财务科（挂药物政策与基本药物制度科牌子）、组织人事科。辖市人民医院、市中医院、市疾病预防控制中心、市妇幼保健院、市立医院、市皮肤病防治站、市爱国卫生运动委员会办公室、市卫生局卫生监督大队、市精神病防治院9个市直所属机构和20所镇级卫生院。

安丘市食品医药监督管理局

1978年5月，安丘县药品检验所成立，隶属县卫生局。1988年，县药检所行政规格由股级升为副科级，内设监督、检验、办公室、财务、后勤等科室。

1994年前，境内药品的经营主要由县药材公司负责。1994年3月，安丘市撤销市药材公司，成立安丘市医药公司。1996年11月，成立安丘市医药管理局，与市医药公司合署办公，两个牌子一套班子。2001年，撤销安丘市医药管理局，保留安丘市医药公司。

2002年1月，成立安丘市药品监督管理局。原市卫生局承担的药政、药检职能和市医药管理局承担的药品生产、流通及医疗器械监管职能移交市药监局，并将市药检所的建制划转到市药品监督管理局。市药品监督管理局为潍坊市药品监督管理局的直属正科级行政机构，加挂安丘市药品检验所、药品稽查队牌子。内设办公室、药品稽查队、药品检验室3个科室。2003年7月，安丘市药品监督管理局机构编制人员上划，实行省以下垂直管理。

2004年12月，安丘市药品监督管理局更名为安丘市食品药品监督管理局，在履行药品研制、生产、经营、使用全过程监管职责的基础上，增加食品安全综合监督、组织协调和依法查处重大食品安全事故职能。2009年9月，安丘市食品药监局由省以下垂直管理改为市县政府分级管理，作为同级政府的工作部门。

2010年5月，市食品药品监督管理局新划入餐饮服务食品、保健食品、化妆品监管职责。是年7月，将承担的食品安全综合协调和组织查处食品安全重大事故的职责划归安丘市食品安全委员会办公室（简称市食安办）。设立市食品药品稽查大队、市食品药品检验所2个副科级财政拨款事业单位。至2013年，机构无变动。

第二节　防治机构

安丘市疾病预防控制中心

前身为安丘县卫生防疫站，于1956年4月成立。1988年升格为副科级事业单位。1994年1月，由全额预算单位改为差额预算单位。是年更名为安丘市卫生防疫站。1996年，升格为正科级事业单位。2008年，撤销市卫生防疫站，组建安丘市疾病预防控制中心，为市卫生局所属正科级差额拨款事业单位。2010年5月，根据市委、市政府关于疾病预防控制中心体制改革工作的要求，市疾病预防控制中心改为财政全额拨款正科级事业单位。设有办公室、免疫规划科、检验科、卫生监测科、传染病防治科、结核病防治科、艾滋病防治科等16个专业科室。

安丘市妇幼保健院

前身为安丘县妇幼保健站，建于1953年，是一所集预防保健、医疗、急救于一体，以妇、产、儿为专科特色的医疗保健机构。1988年12月20日，安丘县妇幼保健站升格为副科级单位。1994年9月，卫生部、联合国儿童基金会、世界卫生组织授予安丘市妇幼保健站“爱婴医院”称号，成为潍坊市首家被世界卫生组织确认的“爱婴医院”。

1995年6月，安丘市妇幼保健站更名为安丘市妇幼保健院，原单位性质、规格、隶属关系不变。1997年1月，安丘市妇幼保健院由副科级升为正科级单位。是年，创建为一级甲等妇幼保健院。2010年11月，经潍坊市卫生局批准，加挂安丘市妇女儿童医院牌子。2012年12月，创建为二级甲等妇幼保健院。

2013年，市妇幼保健院共有职工418人。其中，高级职称16人、中级职称 56人、初级职称 297人，开放床位650张。产科、妇科、儿科为全市重点建设学科。

安丘市皮肤病防治站

1955年9月，安丘县成立麻风病防治组，隶属县卫生院防疫股。1956年4月，成立安丘县麻风病防治站。1972年，县麻风病防治站更名为安丘县皮肤病防治站。

1985年，县皮防站设在金冢子乡张家庄子北岭。1988年3月，迁入县城。是年8月，开设皮肤病防治门诊。1989年10月，升格为副科级单位。

2013年，设有综合办公室、财务科、皮肤科、性病科、化验室、理疗室、中医科、药剂科、病房。先后投资80多万元，添置德国生物共振过敏监测治疗仪、308紫光治疗仪、皮肤CT机、E光治疗仪、大型紫外线治疗仪、B超机等医疗器械。

第三节 医疗机构

安丘市人民医院

始建于1950年3月，时称安丘县卫生院，后改称安丘县人民医院。1986年，安丘县人民医院设置科室19个，床位300张，有卫生专业技术人员210人。1992年，创成山东省首批二级甲等医院。1994年，获得全国“爱婴医院”称号。2004年医院改制。是年7月，获得“全国首批百姓放心示范医院”称号。

2012年，投资3亿元、建筑面积8万平方米的市北区新院项目开工建设。至2013年，先后新建和改建3层急诊楼、11层外科楼、5层新保健楼、11层内科楼（一）、5层门诊楼、11层综合楼、15层内科楼（二），设置科室78个，设置床位1300张，万元以上医疗器械976台（套、件）；有职工1679人，卫生专业技术人员1461人。其中，高级职称88人、中级职称384人、初级职称990人。

安丘市中医院

始建于1986年6月，占地面积3599平方米，建筑面积1800平方米。时设病床12张，固定资产14万元。配备心电图机、超短波治疗仪等设备，设中医门诊、治疗室、检验室、心电图室、针灸室、换药室、中药房、制剂室、收款室、挂号室、总务科、办公室等，医护人员24人。

1990年1月，县中医院迁新址，规模扩大，固定资产150多万元，由单一的中医发展到外科、内科、妇产、急诊等多种中西医结合医疗服务。1994年10月，安丘市“120”急救中心在该院成立。1996年9月，市中医院被卫生部、联合国儿童基金会、世界卫生组织授予“爱婴医院”称号。1996年12月，创建为二级甲等中医院。至2013年，占地面积2万平方米，建筑面积4万平方米，开放床位500张。拥有专业技术人员602人。其中，高级职称30人、中级职称157人、初级职称415人。拥有硕士研究生24人。拥有中医（药）从业人员50人。其中，主任中医师2人、副主任中医师10人、主治（管）中医（药）师17人、中医（药）师21人。

安丘市市立医院

前身为兴安街道卫生院（白求恩医院）和市卫生学校。2010年12月，将兴安街道卫生院与市卫生学校重组，成立安丘市市立医院，为市直医疗卫生机构，是安丘市120急救中心三大定点医院之一。医院分为西院区、东院区和眼科医院院区。西院区建筑面积17680平方米，东院区建筑面积14000平方米，眼科医院属租赁使用。

2013年，市立医院有职工486人，卫生技术人员420人。其中，高级职称12人、中级职称61人、初级职称347人。设置床位450余张。

安丘市精神病防治院

1986年7月，经安丘县政府批准，安丘县精神病防治院在原凌河中心卫生院精神科基础上成立，时有卫生专业技术人员17人，病房10间、病床40张，用中西医结合治疗各类精神病。2010年12月，市精神病防治院与凌河中心卫生院分设，为市卫生局所属财政补贴事业单位。

2012年11月，市精神病防治院自凌河镇驻地整体搬迁至原关王镇驻地。2013年10月16日，加挂安丘市心理健康服务中心牌子。是年，有专业技术人员43人。其中，中级职称10人、初级职称33人。开放病床100张，专业设备151台（件），固定资产总额1647万元。

乡镇卫生院

1985年，全县有25所乡镇卫生院，管理权属县卫生局。1986年，景芝、红沙沟、雹泉、凌河镇卫生院分别更名为安丘县第二人民医院、安丘县第三人民医院、安丘县第四人民医院、安丘县精神病防治院。

1987年，安丘县对在1984年乡镇行政区划调整时新分出的温泉、管公、慈埠、夏坡、召忽、南逯、车庄等7所乡镇先后组建卫生院，全县乡镇卫生院总数达32所。是年，根据省人民政府文件要求，全县32所乡镇卫生院全部下放到乡镇政府管理。1998年5月，景芝、红沙沟、雹泉、凌河、柘山、庵上、黄旗堡、赵戈等8所卫生院更名为中心卫生院。

2000年6月，乡镇行政区划调整，乡镇卫生院缩减到27所。2001年11月，乡镇行政区划再次调整，乡镇卫生院缩减到24所。2003年6月，南流镇划归坊子区，乡镇卫生院总数缩减到23所。

2004年3月，市政府印发《安丘市镇街道卫生院上划管理实施方案》，确定全市按行政区划设置的23所镇街道卫生院的人员、业务、经费等由市卫生行政部门管理。2007年8月，黄旗堡镇中心卫生院划入潍坊市坊子区管理。2007年10月，赵戈镇中心卫生院、王家庄镇卫生院划入潍坊市峡山区管理。至2013年，全市有镇街区卫生院20所。

村卫生室

1985年，全县有村卫生室1392个，其中甲级卫生室387个，占全县卫生室总数的27.8%，乡村医生2116人。1986年，全县实施以创建甲级卫生室为主要内容的村级卫生组织创建活动，要求每村设立一个按照甲级卫生室标准建设的卫生室。

1990年，全县有甲级卫生室1200个，乡村医生2100人。1992年，县卫生局在临浯进行以建设“四配套”、管理“四统一”、乡村医生“六化”为中心内容的村卫生所“村办乡管”模式试点。是年，县政府印发《关于加强村级卫生组织建设的通知》，要求村级卫生组织达到人员、房屋、基金、设备建设四配套，政务、业务、财务、药品管理“四统一”，乡村医生达到教育经常化、工作规范化、任务目标化、报酬工资化、任免程序化、退休保险化。

2002年，全市组建村级卫生机构426个，全部实行院办院管的管理模式。85%以上的村卫生所达到统一法人、统一标志、统一管理、统一性质要求。是年，顺利完成村级卫生机构注销、变更任务，依法取缔23名不合格乡村医生。2003年，全市院办院管村级卫生机构达到438个，高标准卫生所增加到64个。2004年，完成村级卫生机构法人变更281个，注销14个，组织1831名乡村医生完成乡村医生执业注册前的考试考核工作。至2013年，全市有村级卫生机构（包括村卫生室、社区卫生室）485个，乡村医生1565人。

社会办医

1986年，全县有社会办医机构33个，从业人员35人。1994年，随着国家《医疗机构管理条例》的出台，医疗机构发展步入法制化轨道，社会办医机构发展较快。1998年，全市社会办医机构发展到62个，从业人员73人。

进入21世纪后，随着全市经济社会事业的快速发展，群众就医需求不断增加，社会办医机构得到进一步发展。至2013年，全市有社会办医机构158个。其中，民营医院2所、门诊部2个、中医门诊部1个、厂矿企（事）业单位卫生室87个、普通诊所6个、中医诊所10个，有专业技术人员630人，其中，执业（助理）医师363人、执业护士261人。

第四节　培训机构

1958年，安丘卫生学校成立，主要负责全县乡村医生培训，在职初级卫生人员培训，卫生技术人员继续教育，以培养中等专业技术水平的卫生工作人员为主。

1985年，安丘卫生学校改名安丘县卫生学校，开始面向社会招生，并使用潍坊市卫生局科教科分配的卫生职工中专招生名额，为全潍坊市培养卫生职工中专学生，主要专业是妇幼医士和护理，学校专职教师数由原来的2人增至6人。1988年教师发展到12人，员工总数21人。

1991年，学校在县城大城埠征地14.75亩，建立新校址。是年，增设学生部，与昌潍医学院开展联合办学，解剖、生理、生物化学、微生物化学等基础课程全部聘请昌潍医学院教师授课。秋季招收包分配班学员120人。其中，100人为职业中专学历，20人为职业高中学历，学生毕业后全部分配到县内乡镇卫生院工作。1994年3月，安丘撤县设市，学校改名安丘市卫生学校。

1999年始，学校先后与潍坊卫校、益都卫校、湖北中医药中等专科学校、山东省卫生学校、潍坊电大、湖北黄岗卫校、山东省煤炭卫校、湖北省仙桃职业学院、湖北省随州职业学院、张家口医学院、滨州职业学院、河北省北方职业学院、河北省沧州中等专业学校、承德医学院、河北医科大学、河北职工医学院、山东高等专科学校等多处院校联合办学。主要是使用这些院校的招生计划，教学任务由本校承担。

2007年8月，学校被安丘市兴安街道卫生院托管，仍保留原来的编制和人员性质。专职教学与管理人员减至6人，其余人员参与临床工作。

2010年12月24日，兴安街道卫生院（白求恩医院）与市卫生学校重组，成立安丘市市立医院。原市卫生学校停止招生。至2013年，所有在校学生顺利毕业。

第二章　预防保健

第一节　爱国卫生运动

1986年，安丘县爱国卫生运动委员会制定发布《安丘县城区门前三包管理暂行办法》，进一步完善城区卫生管理法规。全县开展大型爱国卫生活动7次，参加人数56000人次。1987年，安丘县申请创建“无鼠害县”。是年5月，通过潍坊市灭鼠领导小组验收，被命名为无鼠害县。是年，在潍坊市爱国卫生竞赛中，取得第一名。1988年后，县爱国卫生运动委员会开展以整治城乡环境卫生为主要内容的爱国卫生运动，坚持国庆、元旦、春节期间组织全县卫生大检查，协调城区部门和单位抓好公共卫生和行业卫生，并以此带动农村爱国卫生运动开展。

1990年，安丘县启动创建省级卫生县城工作。成立创建省级卫生县城领导小组，设立创建卫生县城办公室，确定创城目标、任务，制定创建卫生县城实施方案。开展县城环境整治、违章建筑拆除、美化绿化、基础设施建设、除“四害”等一系列爱国卫生活动。1991年10月，通过省爱卫会组织验收，安丘县被命名为省级卫生县城。

1992年始，全县爱国卫生工作主要以抓好城乡环境卫生整治、农村改水改厕、全民健康教育、除“四害”为重点，开展卫生创建活动。先后有县热电厂、电力局、棉纺厂、鲁安化工公司、烟草公司、国税局、自来水公司、公安局等创建成省级卫生先进单位。是年，安丘县所建双池连圈水冲式厕所在全省推广。1995年，安丘市成为全国农村改厕先进市。

1996年，安丘市爱国卫生运动委员会办公室复设，为副科级全民事业单位。

1997年，安丘市成为全国农村改水先进单位。

2003年，面对非典型性肺炎疫情，市爱卫会紧密配合全市抗击“非典”行动，全民动员，开展义务大扫除，清除垃圾，净化环境。同时开展健康教育，普及卫生防病知识，宣传教育群众常开窗、勤洗手等，围绕“堵住源头不输入，一旦输入不扩散，医护人员不感染，积极救治不死亡”的工作目标，在全市范围内建立防控体系。全市未出现“非典”病例。

2004 年—2011 年，安丘市重点抓好省级卫生镇、省级卫生村及省级卫生先进单位创建工作，先后有 9 处镇街道成为省级卫生镇、街道，8 个村（居）成为省级卫生村（居），11 个单位成为省级卫生先进单位。

2012 年，安丘市进入省级卫生城市复审年。4 月 17 日，市政府召开迎接省级卫生城市复审暨创建国家卫生城市动员大会。会后，成立迎接省级卫生城市复审领导小组，设立迎审办公室。市政府办公室先后印发《关于安丘市城乡环卫一体化实施办法的通知》《关于开展春季集中灭鼠活动的通知》《关于安丘市爱国卫生管理暂行规定的通知》《关于安丘市城乡环境综合整治实施方案的通知》等文件。在全市深入开展省级园林城市、省级森林城市、省级生态城市、省级文明城市、国家卫生城市、国家环保模范城市的“六城联创”活动。迎审办召开调度会议 8 次，印发各种指导材料、宣传材料 3500 余份。10 月，安丘市顺利通过省级卫生城市复审，省爱卫会在《关于 2012 年省级卫生城市、县城复审结果的通报》中予以确认。

2013 年，全市开展创建国家卫生城市工作。市创卫办先后印发《关于组织创建国家卫生城市工作班子的通知》《关于 2013 年创建国家卫生城市工作要点的通知》《关于及时准确报送创建国家卫生城市进展情况的通知》等文件。市创卫办组织督导组，对全市创卫活动进行全方位、多层次的督查，发放各种宣传资料 2500 余份。在抓好卫生城市全面创建的基础上，大力开展创建除“四害”先进市的工作，建设毒饵站 1700 余座，培训除“四害”技术骨干 80 余人次。通过省专家组验收，省爱卫会于 2013 年 12 月发出通报，确认安丘市为除“四害”先进市。

第二节　卫生防疫

免疫规划

1987 年，安丘县“四苗”（卡介苗、脊灰苗、麻疹苗和百白破三联苗）全程接种率 95% 以上。1988 年，全县实现以省为单位儿童免疫接种率达到 85% 的目标。是年起，开展消灭脊髓灰质炎活动，对 AFP（急性弛缓性麻痹）病例实行旬报制度。1990 年，实现以县为单位儿童免疫接种率达到 85% 的目标。从 1993 年起，每年 1 月和 12 月各进行一轮脊灰疫苗强化免疫。1995 年，安丘市实现以乡镇为单位儿童免疫接种率达到 85% 的目标。1997 年，开始实施全国加速麻疹控制规划，麻疹疑似病例报告纳入 AFP 专报。是年，全市初步实行各种疫苗在预防接种门诊接种。1998 年起，正式将乙脑、流脑、乙肝、风疹、流行性腮腺炎纳入免疫规划管理。

1999 年—2013 年，安丘市进入免疫规划时期。主要强调免疫预防的规范化和法制化管理，以提高接种质量和接种率为主要工作目标。2003 年 7 月，全市将乙肝疫苗纳入计划免疫，对新生儿免费接种乙肝疫苗。2005 年 6 月，国务院《疫苗流通和预防接种管理条例》开始实施，免疫预防工作进入法制化管理。是年，全市设立 24 个预防接种门诊，其中乡镇接种门诊 23 个，城区接种门诊 1 个。每月 8 日、18 日、28 日三次集中进行接种，所有接种门诊工作人员全部经市卫生局培训合格后持证上岗。以《疫苗流通和预防接种管理条例》为依据，市卫生局、教育局联合下发《安丘市儿童入托、入学查验接种证工作实施方案》，在全市范围内开展预防接种证查验工作。2006 年，根据省卫生厅《关于建设全省儿童计划免疫信息网络管理系统的通知》和《山东省儿童计划免疫信息管理系统建设实施方案》的精神及潍坊市要求，在全市范围内开展信息化管理系统建设，动员 2003 年后出生的适龄儿童家长或监护人自觉接受免疫预防信息化管理技术服务。是年 8 月，对全市预防接种单位和预防接种工作人员资质进行重新认证，认证预防接种门诊 23 个，预防接种室 7 个，预防接种工作人员 188 人。此后每三年开展一次全市预防接种单位和预防接种工作人员的资质认证，实现对预防接种单位和预防接种工作人员的规范化和法制化管理。2008 年 5 月起，包括卡介苗、吸附百白破混合制剂、白破二联制剂、麻疹减毒活疫苗、新生儿乙肝疫苗、乙脑减毒活疫苗、A 群流脑多糖体疫苗等 8 种疫苗在内的常规免疫、强化免疫、应急免疫均在免费范围。2012 年 5 月起，甲肝减毒活疫苗实施免费接种。

至 2013 年，安丘市连续 10 年保持无脊灰状态，其他免疫规划针对疾病的发病率大幅下降。1989 年 3 月，安丘县代表山东省接受联合国儿童基金会、山东省卫生组织、卫生部三方评审团对计划免疫第一个 85% 目标的考核验收，被山东省人民政府授予全省计划免疫工作先进县称号；1990 年，全省计划免疫工作现场会在安丘召开；1991 年 1 月，安丘县代表全省迎接卫生部与联合国儿童基金会、世界卫生组织三方对普及儿童免疫第二个 85% 的抽查。是年，被山东省卫生协调委员会和山东省人事局授予全省计划免疫先进集体称号；2011 年 3 月，安丘市疾病预防控制中心被省疾病预防控制中心评为全省免疫规划工作先进集体。2012 年，全市建成 2 个数字化预防接种门诊，并通过省级验收。2013 年，建成 10 个数字化预防接种门诊，并全部通过省级验收。凌河中心卫生院数字化预防接种门诊获山东省群众满意接种门诊称号。

安丘市 1986 年—2013 年免疫接种情况一览表

表 25-1　　　　单位：人

年份	卡介苗	脊灰疫苗	百白破疫苗	麻疹疫苗	乙肝疫苗	白破疫苗	乙脑疫苗	流脑疫苗	风疹疫苗	流腮疫苗	甲肝疫苗
1986	42102	29458	40217	26714	—	19657	45971	—	—	—	—
1987	43587	28745	39541	25965	—	18685	44128	—	—	—	—
1988	41564	27963	38472	24832	—	17867	45269	—	—	—	—
1989	41036	28317	38741	24576	—	18537	46759	—	—	—	—
1990	42564	16675	17682	51035	—	24766	48932	125873	—	—	—
1991	43589	54497	48971	51010	—	18962	45201	—	—	—	—
1992	38627	49367	48224	43756	—	21057	46897	—	—	—	—
1993	27731	35769	38357	46264	—	21589	60457	105723	—	—	—
1994	32575	28971	39713	48224	—	24739	58921	—	—	—	—
1995	37391	26191	37148	38659	—	29754	48623	11268	—	—	—
1996	32229	123158	38716	47690	—	18721	45028	—	—	—	—
1997	28070	106548	32158	44003	—	21597	39507	—	—	—	—
1998	9877	113587	28514	43977	—	19852	32510	—	—	—	—
1999	8521	41589	32523	8462	—	14786	38027	—	—	—	—
2000	6781	42381	24897	46416	—	9852	31597	—	—	—	—
2001	6159	39487	25441	45575	—	8345	28514	14892	12571	—	—
2002	5193	36594	26176	44955	28476	12151	35210	12587	12579	—	—
2003	6288	35211	28547	36489	23671	7892	34219	12468	13564	—	—
2004	7133	37011	29430	36957	35912	6124	18720	10587	10157	—	—
2005	9503	40827	32157	39052	36468	5617	15769	13852	12579	—	—
2006	12228	43195	55821	37227	34157	5217	14285	17562	14692	7628	14589
2007	12582	54272	60760	32964	41215	6257	30154	45471	13597	5761	16716
2008	4102	20446	25538	30711	14645	5764	17496	13953	15797	—	12571
2009	6695	36297	37748	28118	22283	6128	28060	40343	14795	—	9862
2010	7718	40973	34613	24058	24152	5413	19809	41395	12678	—	8731
2011	5934	27026	28157	25303	24315	5589	20158	32589	12467	—	8971
2012	7632	28941	30476	7853	23189	7826	15479	25897	—	—	4972
2013	6035	29893	29770	6035	22232	9390	11534	26337	—	—	5244

食品卫生

1986年，依据《中华人民共和国食品卫生法（试行）》，安丘县卫生防疫站负责全县的食品卫生监督检查工作，成立食品卫生科、检验科，设立卫生监督员。是年，全县监督检查食品生产经营单位7680户次，处罚单位64个，警告并限期改进13户次，停业38户次，责令销毁食品2户次，8496.5公斤，罚款11户次，罚金1210元。配合监督检查，开展2次大规模《食品卫生法（试行）》宣传活动，出动宣传车40辆次，制作宣传栏2个、宣传橱窗26个、宣传板面40块，印发《食品卫生法（试行）》宣传材料5000份，卫生知识挂图1000套，食品卫生知识问答300份，向县广播站供宣传稿20篇。

1987年，县政府组织县卫生、工商、商业、粮食、供销等部门负责人先后赴海阳、诸城、胶南参观学习创建全国食品卫生示范县经验。7月，县政府印发《安丘县创建全国食品卫生示范县实施方案》。

1988年9月，安丘县制定逐步推行分餐制的规划，并首先在县招待所、潍安宾馆、外贸大厦等10家较大型旅馆饭店进行分餐制试点。

1990年8月，县政府召开创建食品卫生达标县动员大会，与县商业局、粮食局、供销社、外贸公司、轻工公司、工业公司、工商局、安丘镇签订创建食品卫生达标县责任书。1992年1月，省卫生厅授予安丘县全省食品卫生达标县称号。

1992年5月，县政府召开创建食品卫生达标县表彰大会，对创建食品卫生达标县先进单位进行表彰，有6处乡镇、5个主管局、4个职能科室和86家食品企业受到表彰。

1995年10月，国务院颁布《中华人民共和国食品卫生法》，规定卫生行政部门为食品卫生监管执法主体。是年，市卫生局对食品卫生队伍重新进行整合。在市卫生防疫站原有食品卫生机构人员设置的基础上，新聘100余名食品卫生监督员，进一步加强食品卫生监督执法力量。

1996年，市卫生防疫站、市报社、市中百商厦联合举办“中百杯”食品卫生有奖知识竞赛活动。

1999年4月，市卫生局印发《安丘市1999年冷饮食品卫生管理办法》，加强对全市冷饮食品生产销售及卫生管理工作；5月，印发《关于开展饮食服务业餐饮具消毒监测工作的通知》，加大对全市餐饮业的卫生监督力度；6月，制定《安丘市防疫站关于对外埠食品进行索证、检测的通知》，进一步规范外埠食品管理。

2001年—2003年，安丘市把查处制售假冒伪劣食品窝点作为食品安全执法重点。2001年和2002年，先后对贾戈街道张田戈、马家坟村，兴安街道苇园村等病死鸡加工户进行查处，查处病死鸡、狗肉3000余公斤，无碘私盐900公斤，全部销毁处理。对5家加工户罚款7万元。2003年，先后对贾戈街道马家坟村、景芝镇葛家彭旺村等3处加工窝点进行查处，查处病死鸡及猪、狗肉3000余公斤、无碘私盐320公斤及加工器具一宗。

2004年，在食品行业开展食品卫生监督量化分级管理工作。成立卫生监督量化分级管理领导小组和技术评价小组，印发《安丘市实施食品卫生监督量化分级管理工作方案》，选择12家食品生产经营单位进行试点。6月24日，山东景芝酒业股份有限公司率先通过省级验收，成为安丘市首家食品卫生监督量化分级管理A级单位。

2007年，市卫生局组织开展《食品卫生法》宣传周和食品卫生安全整治月活动。出动宣传车6辆次，发放《餐饮业和集体用餐配送单位管理办法》等宣传材料900份。抽调30名卫生执法人员，组建3个检查小组，对餐饮行业逐个单位进行检查整治，限期达标。

2008年1月，潍坊市卫生局到安丘市评审食品卫生量化分级管理A级单位，对山东柠檬生化有限公司、市雄鹰纤维素有限公司、潍坊得利纤维素有限公司、市第一中学食堂进行A级评审。8月，市卫生局先后召开全市卫生系统创建省级食品安全示范县动员大会、全市餐饮单位会议，就开展食品安全专项整治、创建省级食品安全示范县进行动员，并与20所乡镇卫生院签订《卫生单位食品安全责任书》。

2009年6月，《中华人民共和国食品安全法》开始实施，食品卫生监管职能由安丘市卫生局划归安丘市食品药品监督管理局。

1986年—2009年，全市组织食品从业人员健康查体、培训89661人，查出“五病”患者576人，全部调离原工作岗位。发放复核卫生许可证9528份，办证率提高到90%以上。

第三节 传染病防治

非典型肺炎

2003年，安丘市把“非典”防治工作作为压倒一切的工作来抓，成立安丘市传染性非典型肺炎防治工作指挥部，围绕“堵住源头不输入，一旦输入不扩散”目标，制定防治措施。加强疫情监测和报告，建立起以市卫生防疫站为龙头的市、镇、村三级监测报告网络，做到早发现、早报告、早隔离、早观察、早治疗；市区成立由公安、卫生部门人员组成的3个流调小分队，负责对市区外来人员的流行病学调查，对各项防控措施的落实情况进行督导，调查城区外来人员1013人。各镇均成立6人流调队，负责对本辖区内外来人员的流行病学调查和防控措施落实的督导，23处镇街道调查外来人员5870人；市卫生防疫站成立由20人组成的“非典”现场处置队，负责对全市范围内的“非典”可疑病人、疑似病人和接触者的调查处理及对有关污染场所、物品进行消毒；开展“非典”防治知识的宣传教育和技术培训。市卫生局先后举办4期培训班，对全市流行病学调查人员、传染病监督管理员、疫情管理人员、医院感染管理人员和医务人员共600余人进行培训。同时利用报刊、广播、电视、宣传单、宣传栏、宣传画等多种形式，宣传传染病防治知识，提高广大群众的自我防护和参与意识，为“非典”防控创造良好的社会环境。

禽流感

2004年初，全国部分省市发生H5N1亚型高致病性禽流感疫情。3月上旬，安丘市逐级举办禽流感预防控制知识培训班，培训各级各类医疗机构中的在职卫生技术人员2000余人。2005年，在国内禽流感形势日趋严峻的情况下，全市除加强防控外，大力开展社会宣传，把人禽流感可防可控可治的理念宣传到社会公众中去。2013年4月，针对部分省市出现H7N9禽流感疫情的情况，全市组织举办“人感染H7N9禽流感防控会议暨防控技术培训班”，对禽流感防控工作进行全面部署。是年11月始，全市设置4个监测点，开展人感染H7N9禽流感病毒采样监测工作。通过积极防控，未发现人感染H7N9禽流感病毒传入。

艾滋病

2004年，安丘市发现首例艾滋病病例，至2013年，发现艾滋病疫情77例，其中死亡7例。

2004年，全市成立艾滋病防治工作委员会办公室。2007年，市疾控中心成立艾滋病防治科。主要采取的措施是加强艾滋病疫情监测和上报工作；加强对感染者、病人的管理，落实“四免一关怀”政策；开展艾滋病防治知识宣传、培训和高危人群行为干预；加强信息沟通，完善各部门共同参与机制。

流行性出血热

安丘自1976年发生首例病人后，疫区不断扩大，发病人数逐年增加，成为严重危害群众身体健康的疾病之一。1986年发病达高峰，发病率为59.24/10万。1987年创建无鼠害县，鼠密度大大下降，发病率开始下降，至1991年降至5.74/10万。1992年后发病率回升，1999年发病率为17.02/10万。1999年后陆续开展出血热疫苗接种工作，疫情逐年下降，2003年降至3.46/10万，2004年—2013年发病率波动在1.15/10万～5.24/10万之间。1985年—2013年，安丘市报告出血热病例3311例，病死58例，平均发病率为11.01/10万，平均死亡率为0.19/10万，病死率为1.75%。对流行性出血热的防治，主要采取高危人群疫苗接种、大规模灭鼠、开展防治知识宣传教育等措施。

病毒性肝炎

1981年为病毒性肝炎暴发流行年，安丘县年发病率68.33/10万。1992年，全县开始推广乙肝疫苗接种；1993年，开始推广甲肝疫苗接种；2003年，开始实行新生儿免费接种乙肝疫苗；2010年，开始实行甲肝疫苗免费接种。通过接种甲、乙肝疫苗，病毒性肝炎得到较好控制，全市病毒性肝炎发病率明显下降。2003年—2013年，病毒性肝炎发病率一直维持在3.38/10万～13.16/10万之间。

霍乱

新中国成立后，全市未出现霍乱病例。市卫生局对霍乱病预防十分重视，每年都对霍乱防治工作进行专门布署。各级各类医疗卫生单位在霍乱流行季节加强疫情报告和值班制度，密切注意疫情动态。

痢疾

细菌性痢疾一直是安丘市发病率较高的传染病

之一，历年均有发病，除1989年死亡10例外，其他年度病死率均为零。1985年—1987年为发病高峰期，1986年发病率最高，达154.04/10万。自1998年始发病率有所下降，发病率一直维持在3.09/10万～13.16/10万之间，其中2006年最高，达13.16/10万。针对菌痢季节性和年龄分布的特点，全市确定以卫生宣传教育和切断传播途径为主的综合性防治措施。各级医疗卫生机构将细菌性痢疾作为重要疾病进行管理，积极做好疫情报告和处置工作。

斑疹伤寒

境内斑疹伤寒一直处于较高的发病率。1985年—1987年为一个发病高峰。1986年发病51例，发病率达5.19/10万。1988年—1990年发病率有所降低，1991年—1996年又是一个小的发病高峰；1997年—1998年发病率降低，1999年—2000年又有升高趋势。自2001年起，发病率有所下降。2001年—2013年发病率在0～2.46/10万之间。对斑疹伤寒的防控，主要采取控制传染源、切断传播途径，加强卫生宣传，鼓励群众勤沐浴、勤更衣，结合爱国卫生运动开展灭鼠、灭虱活动，对发现的疫情及时进行报告和流行病学处置。

伤寒、副伤寒

境内伤寒、副伤寒发病率较低。1985年—2013年，发病27例，呈散发状态，流行趋势不明显。为做好伤寒、副伤寒防治工作，市防疫部门按照有关要求，落实监测、处置工作。每年5月—10月腹泻门诊开诊期间，除加强对霍乱的监测外，将伤寒、副伤寒也列为监测重点，对所有伤寒、副伤寒病例均进行血清学诊断。

淋病、梅毒

1986年—1990年，境内未现生淋病、梅毒病例。1991年和1998年出现梅毒病例，之后发病率呈现上升趋势。1991年—2004年，淋病发病率在0～4.82/10万之间，梅毒发病率在0～1.65/10万之间；2005年—2013年，淋病和梅毒发病率分别在0.67～5.39/10万和0.45～12.76/10万之间。在淋病、梅毒防治工作中，开展高危人群流行病学调查，对娱乐场所从业者进行免费查体和防控知识宣传。

狂犬病

境内狂犬病呈散发状态。1989年南流镇、召忽乡分别发生1起狂犬伤人事件；1990年发生2例狂犬病；1991年官庄、金冢子、管公、王家庄四乡镇各发生1例狂犬病。1992年发生1例狂犬病。2010年—2013年，狂犬病4例，分别发生于景芝镇、凌河镇、大盛镇和柘山镇。全市设置狂犬病暴露处置门诊23个，配备充足的狂犬病疫苗和狂犬免疫球蛋白。

猩红热

1986年—2013年，境内猩红热出现间断发病，发病率在0～0.95/10万之间，其中2013年发病率较高，为0.95/10万。各医疗单位对发现的猩红热病例及时进行疫情报告，市疾控中心积极做好疫点处置和流行病学调查工作，防止疫情流行。

安丘市1985年—2013年主要传染病发病情况一览表

表25—2　　　　单位：人

年份	非典型肺炎	禽流感	艾滋病	流行性出血热	病毒性肝炎	霍乱	痢疾	斑疹伤寒	伤寒和副伤寒	狂犬病	猩红热	麻疹	肺结核	炭疽	百日咳	乙脑	淋病	梅毒
1986	0	0	0	582	168	0	1503	51	0	0	7	32	—	0	427	14	0	0
1987	0	0	0	256	677	0	1191	12	2	0	2	24	—	0	367	10	0	0
1988	0	0	0	237	502	0	882	6	5	0	2	1	—	0	6	13	0	0
1989	0	0	0	160	99	0	352	6	1	2	3	24	—	0	5	7	0	0
1990	0	0	0	64	57	0	410	6	1	2	1	0	—	0	4	54	0	0
1991	0	0	0	62	181	0	615	16	1	4	0	0	—	0	12	9	3	0
1992	0	0	0	67	178	0	237	35	1	1	0	28	—	0	1	35	1	0

续表 25-2

年份	非典型肺炎	禽流感	艾滋病	流行性出血热	病毒性肝炎	霍乱	痢疾	斑疹伤寒	伤寒和副伤寒	狂犬病	猩红热	麻疹	肺结核	炭疽	百日咳	乙脑	淋病	梅毒
1993	0	0	0	72	101	0	130	30	0	0	1	9	—	0	3	4	16	0
1994	0	0	0	156	82	0	108	21	0	0	1	0	—	0	0	13	1	0
1995	0	0	0	143	53	0	100	15	0	0	2	0	—	0	0	3	5	0
1996	0	0	0	105	49	0	112	29	0	0	0	0	—	0	0	0	2	0
1997	0	0	0	169	51	0	146	3	1	0	1	0	185	0	0	2	1	0
1998	0	0	0	147	41	0	58	10	1	0	3	0	195	0	0	0	10	3
1999	0	0	0	186	46	0	93	23	1	0	3	0	254	0	0	0	39	18
2000	0	0	0	165	38	0	79	26	2	0	0	0	252	0	1	1	40	7
2001	0	0	0	109	71	0	119	5	0	0	1	0	280	0	0	0	20	6
2002	0	0	0	79	34	0	97	9	0	0	3	0	253	0	0	0	12	3
2003	0	0	0	38	71	0	59	27	0	0	1	0	327	0	0	0	53	2
2004	0	0	1	55	73	0	69	11	5	0	3	0	452	0	0	0	38	1
2005	0	0	5	39	62	0	72	13	2	0	1	1	431	0	2	1	8	5
2006	0	0	3	12	79	0	194	13	0	0	0	0	300	0	1	0	7	12
2007	0	0	3	14	82	0	80	6	1	0	0	2	360	0	0	0	10	9
2008	0	0	11	15	84	0	32	2	1	0	1	47	343	0	0	0	15	14
2009	0	0	10	18	69	0	32	8	0	0	0	1	334	0	0	0	12	13
2010	0	0	12	26	46	0	45	3	0	1	0	3	311	0	0	0	14	27
2011	0	0	11	22	122	0	69	7	0	1	2	3	244	0	1	0	19	48
2012	0	0	13	42	68	0	41	8	0	1	3	0	267	0	1	0	38	119
2013	0	0	10	43	32	0	34	0	0	1	9	0	276	0	1	0	51	105

第四节 地方病防治

克山病

克山病亦称地方性心肌病，于 1935 年在黑龙江省克山县发现，由此得名。安丘是全省克山病区之一，1974 年境内发现首例病人，1975 年定为克山病区县。1986 年始，县防疫站每年组织专业人员对 6 处病区乡镇和发病村克山病人的病情和转归情况逐人进行摸底调查和查体，坚持分型、分类管理和治疗。1992 年 9 月，山东省考核组对安丘县病区进行考核，认为安丘克山病发病底数清楚，防治网健全，病历及管理资料完整，达到国家基本控制克山病标准。

1993 始，全县克山病防控工作主要是以病例随访和健康教育为主，在病区倡导群众改善饮食种类和习惯，合理膳食。

2006 年，根据省地研所安排，在郚山镇张南庄村开展克山病病情调查工作，调查 310 人，未发现新发病例。

2012 年，根据省地研所的安排，对全市所有市直医疗单位门诊和住院心肌病病例进行筛查，选择郚山镇张南庄和官庄镇挑河村进行克山病病情监测，共调查 850 人，未发现新发克山病病例。

地方性氟中毒

地方性氟病是由于长期饮用高氟水或高氟食物而引起的一种慢性中毒性疾病，主要损害牙齿和骨骼，称为氟斑牙和氟骨症。安丘涉及官庄、赵戈、宋官疃、担山、南流、刘家尧、庵上、金冢子8处乡镇的20个村，计10443人（其中中氟区8个村3310人）。1982年起，根据省、潍坊市地病办关于除氟改水工作的意见，全县8处乡镇的20个村开展除氟改水工作。至2012年，境内所有高氟村均进行改水，改水工程运行良好，氟中毒得到控制。

碘缺乏病

20世纪60年代末开始，安丘在病区推行以食盐加碘为主的综合性防治措施，病区居民碘盐一直由县盐业主管部门主渠道供应，防治效果明显。到1983年，碘缺乏病患病率由1966年供碘前的14.49%下降到1.97%，达到国家基本控制标准。1993年始，对13处病区乡镇全部派购碘盐。1994年在全市范围内派购碘盐。是年，经省卫生厅组织的碘缺乏病防治工作中期评估考核验收，原病区碘盐入户率100%，甲状腺肿大率6.05%。1995年9月，全国食盐加碘经验交流会在安丘召开，推广食用碘盐消除碘缺乏病经验。2000年6月，国家消除碘缺乏病评估小组对安丘市消除碘缺乏病工作进行评估，评估组专家认为，安丘市碘缺乏防治工作扎实有效，达到中国2000年实现消除碘缺乏阶段目标要求。

2010年，安丘市通过《山东省重点地方病防治规划（2005—2010）》终期考核评估。2013年，安丘市通过省地方病防治“十二五”规划中期考评。

第五节　精神病防治

1986年—2013年，安丘县派出16名医护人员分别到北京、上海、济南等上级精神病院进修，回安丘后开展工娱疗、无抽搐电休克、心理综合疗法、中西医结合治疗、中医绿色疗法等精神病防治新技术、新项目，精神病治愈率逐年提高。1986年1月—2003年6月，安丘年均住院治疗病人200人次，门诊治疗病人3000人次，临床治愈率80%。2005年—2013年，年均住院治疗500人次，门诊治疗病人7000人次，临床治愈率92%。

2011年2月，市卫生局成立社防科，专门负责全市精神疾病防治管理，承担精神卫生宣传、调查、分析、汇总以及重性精神病人管理治疗、各镇街道精神卫生专业技术指导职责。是年7月，安丘市国家重性精神疾病基本数据收集分析系统启用，8月开始录入。2013年1月，安丘市开始启动国家“686”项目（中央补助地方卫生经费重性精神疾病管理治疗项目），对贫困精神疾病患者门诊服药和紧急住院提供治疗补助，对高风险患者管理和病人家属护理进行指导、教育。是年5月实施《精神卫生法》，全市开展精神卫生宣传，发放宣传手册10万余份，精神卫生知识的知晓率与普及率大幅提高。是年，安丘市成为潍坊市精神疾病综合防治示范区。

第六节　皮肤病防治

1986年—1991年，安丘县贯彻“积极防治，控制传染”方针，采取“查、收、治、管、研”（调查、普查、集中、治疗、统一管理、科研）综合措施，采用氨苯砜（DDS）、利福平二联疗法，加强对麻风病防治。

1992年，安丘县全面实施WHO三联化疗（氨苯砜、利福平、氯苯酚嗪）。1999年10月，卫生部、中国残联、中国麻协在安丘正式启动麻风病康复手术项目，推行眼、手、足自我护理和畸残手术治疗。医疗队为安丘市20余例麻风病畸残者实施矫治手术。

2000年1月30日，卫生部副部长曹荣桂一行，在山东省副省长邵桂芳，省卫生厅厅长王天瑞陪同下，到安丘考察麻风病防治工作。中国麻协在安丘市设立麻风康复试点基地。是年3月，安丘市成为实施山东省国际麻风经济康复合作项目市。

2001年8月，世界卫生组织在安丘市开展由麻风病或糖尿病等慢病疾患而致的自我认知活动受限调研项目（简称ALS合作研究项目）。安丘市130名麻风病人和30名正常人接受为期一年的调研。2002年9月，该项目顺利通过世界卫生组织验收。

2003年，麻风病经济康复项目在全市铺开，有30%的病人从事不同种类的经济康复项目。

2005年底，全市发现登记麻风病患者1876人。除死亡、外迁等原因减少外，治愈存活者343人，现症病人5人，其中Ⅱ级以上畸残者246人。

2006年，全市将麻风病防治纳入特别行动计划。对 97个村庄开展线索调查，查体134人，其中现症病人5人，观察129人。对现症病人，每月一次查体，及时了解治疗情况，处理麻风反应及并发症，特别是做好早期神经炎及眼疾的发现和治疗，杜绝畸残发生；对15名符合手术病人进行手术处理；对其他43名治愈存活病人，继续搞好经济康复。

2007年，对全市麻风病患者实行联合化疗，覆盖率100%。对23个辖区、279个村开展特别行动。对420人进行线索调查；对5名现症病人加强管理，坚持规范治疗；对378名康复者进行眼、手、足自我防护知识培训与指导。

2008年，全市有现症病人4人，患病率在0.47/10万，低于1/10万的国家控制标准。市皮防站对277个村实行特别行动计划，调查麻风病患者密切接触者460人，线索调查420人，病人家属查体266人。查体率和线索调查率均100%。未发现复发患者。

2011年，全市对276个疫源村和242名治愈存活病人进行随访，为4名现症病人进行规范化治疗，为168名家属进行查体，对85名密切接触者进行跟踪服务，为470人进行麻风线索调查。同时，为3名残疾病人更换假肢，为33名独身病人按政策办理五保证，为43人办理医保和社保证。

2013年，对275个疫源村、172名治愈存活病人进行随访和查体。为1名残疾者更换假肢，为172名康复者发放防护鞋，为12名患者发放自我防护包，为33名病人按政策办理五保证，为172名患者办理新农合，为33人办理政府每人每年500元的社会救济项目。

第七节　职业病防治

工业职业病

1986年3月，安丘县卫生局与县劳动局联合对全县40家国营、集体企业进行劳动保护建档工作。1987年12月，国务院发布《中华人民共和国尘肺病防治条例》，1988年春，安丘县召开工矿企业负责人会议，印发《尘肺病防治条例》500份，对全县28名尘肺病患者开展回顾性尘肺病调查。1989年3月—5月，县卫生局与县劳动局、总工会联合对36家县直企业的职业危害情况进行调查。10月，与乡镇企业局联合，对部分乡镇企业进行职业危害调查。1990年，对担山水泥厂、赵戈建陶厂和白石岭水泥厂开展职业危害调查与监测。

1995年6月，卫生部《预防性健康检查管理办法》正式实施。是年，市卫生局对全市所有厂矿企业单位重新摸底登记，建立统一标准的档案。1997年，全市194家厂矿企业中，存在职业危害企业94家，有毒有害作业工人5905人。其中，接尘3447人、毒物788人、物理因素1607人。是年7月，开展以《中华人民共和国尘肺病防治条例》和《山东省实施〈中华人民共和国尘肺病防治条例〉办法》为内容的宣传活动。市人大对全市粉尘危害相对较严重的市水泥厂、铅锌矿、景华陶瓷公司、保温瓶厂、玻璃厂、化工总厂、造纸厂7家企业贯彻执行《尘肺病防治条例》的情况进行视察。

1999年10月，《山东省职业病防治条例》正式颁布实施。市卫生局印发各类宣传材料1000余份。对各乡镇存在有毒有害企业建立新的职业病防治分户档案。2001年，开展《条例》的宣传，翻印《条例》1200份，发放贯彻意见文件1000余份，组织召开企业分管厂长和劳动卫生负责人会议4次，举办培训班17次。对82家有毒有害作业单位开展职业卫生监测和健康查体工作。

2002年5月，《中华人民共和国职业病防治法》正式颁布实施。市政府成立职业病防治法宣传活动领导小组，市卫生局与市总工会联合，印发宣传材料5000余份，出动宣传车12辆（次）。是年9月11日，全市职业病防治工作会议召开，研究部署职业病防治工作。2005年，市卫生局开展职业卫生监督执法专项行动，其主题是防治职业病，保护劳动者健康。整治的重点是农民工、临时工、外包工等非固定工的职业病查体。

2006年4月，开展《职业病防治法》宣传周活动，悬挂横幅9条，张贴宣传标语50多张，发放宣传单2000余份，培训企业干部、职工1500余人。全年监督检查单位144个，监测有害作业点1364个，开展健康体检2810人，放射人员佩戴剂量计112人。2007年，全年监督检查单位231个，监测有害作业点1364个；开展健康体检2236人，未查出职业病患者及职业禁忌人员，查出其他疾病人员19人；放射人员佩戴剂量计112人。

2008年，市卫生局、市总工会联合下发《关于开展〈2008年职业病防治法宣传周活动的通知〉的通知》，广泛开展对《职业病防治法》的宣传。市卫生防疫站采取宣传车、挂横幅、张贴宣传标语、发放知识传单、举办培训班等形式，宣传《职业病防治法》有关知识。市卫生局印发《安丘市中小企业危险化学品职业病危害专项整治工作方案》。5月中旬—6月中旬，对26家企业开展中小企业危险化学品职业病危害专项整治工作。

2011年，完成各类从业人员健康查体1655人，查出职业禁忌症15人，其中疑似尘肺病患者11人，查出与职业无关疾病51人。对49个企业进行职业病危害因素检测，获得检测数据805个。其中，噪声378个，合格率67.2%；粉尘220个，合格率75.45%；实验室获得数据95个，合格率100%。为全市160名放射从业人员全部配备个人剂量计，并及时回收和发放检测结果。2012年，完成各类从业人员健康查体1891人，查出职业禁忌症12人。其中，疑似尘肺病患者10人，其他疾病188人。对34个企业进行职业病危害因素检测，获得检测数据370个。其中，噪声201个，合格率73.1%；粉尘124个，合格率88.7%；实验室获得数据45个，合格率100%。

2013年，职业病监管由市卫生部门转为市安监部门负责。是年2月，安丘市疾病预防控制中心顺利通过由省安监局组织的专家验收。全市完成各类从业人员健康查体3621人，查出职业禁忌症17人。其中，疑似尘肺病患者3人，其他疾病30人。对110余家企业进行职业病危害因素检测，并及时发放检测报告。

农业职业病

1986年—2013年，市卫生防疫站每年4月举办由防保科长和一名分管医生参加的农村农药中毒防治培训班，讲解防治农业病知识，部署防治农业病工作。每年6月，与市农业局、市供销社联合下发通知，要求各有关单位加强农药中毒防治工作。每年8月—9月，联合市农业局、市供销社，抽取部分乡镇开展农药中毒防治情况检查，主要检查各镇级卫生院农药中毒防治知识的宣传情况，防治措施的落实情况；农机站安全用药技术推广情况，以及各镇级供销社和农药门市售药情况、库存情况、低毒高效农药点的比例等。

放射卫生

从1986年起，县卫生部门每年9月组织专业人员对放射源的存放及使用情况、防护情况以及放射性核素从业人员的健康监护和个人剂量进行全面检查监测。

1990年5月，县防疫站开展《放射性同位素与射线装置放射防护条例》宣传周活动，召开同位素使用单位负责人和有关部门会议，对放射性核素的正确使用和防护提出明确要求。与县公安、环保等部门联合，对县水泥厂、铅锌矿、化肥厂3家放射性核素使用单位进行监督整治。1996年10月，市卫生防疫站与有关部门联合，对市水泥厂、造纸厂、化肥厂、铅锌矿、3V公司5家有放射性核素使用的单位组织全面监督检查，重点检查许可证、工作人员证、防护情况和保存管理情况。1998年，全市有放射源使用单位7家。市卫生防疫站与公安部门联合，对放射源使用单位进行两次检查，发现白石岭铅锌矿使用的Co60放射源放在配电室地沟内，和外界相通，且无专人管理，检查组立即责令其落实有关防护措施。2000年10月，与市公安局联合，对市造纸厂、化肥厂、水泥厂、铅锌矿、3V公司、人民医院、中医院和安丘镇卫生院8个单位的放射源管理、使用和防护、放射工作人员的健康监护和个人剂量监测情况进行专项检查。2001年9月，与市环保局、公安局联合，组织放射源使用的专项调查与整治活动，查出放射源使用单位9个。2002年起，对放射性核素使用和防护的监管单位由市卫生部门划归市环保部门。

第八节　妇幼保健

妇女保健

1986年，安丘县制定《孕产妇系统管理保险业务管理细则（试行）》，成立以妇幼保健站为主的全县孕产妇系统管理保险业务指导中心，并在南流镇进行孕产妇系统管理保险业务试点工作。按照管理细则规定，对常住本县，身体健康、计划内的孕妇实行系统化管理保险业务。保险业务以乡镇为保险单位，凡参加保险者一次性交付保险金25元，保险期自投保之日至产后42天止。保险单位负责被保险者孕查、分娩、产后访视，不再收取劳务费，承担被保险者影响胎儿、新生儿生长发育的有关疾病及其他影响产妇健康的疾病治疗。

1987年，各乡镇卫生院设立妇幼保健组，负责辖区内妇幼保健工作，推广科学接生，实行孕产妇系统管理，并在全县统一使用“四簿四卡”（出生登记簿、报告卡；围产儿、新生儿、婴儿死亡登记簿及报告卡；孕产妇死亡登记簿、报告卡；孕产妇围产期管理登记簿、妇女病查治卡）。

1989年，安丘县制定下发《妇幼保健保偿管理办法》，全面推行孕产妇保健保偿责任制，加强孕产妇系统化管理。

1991年，县妇保站引进较先进的冷强光、乳腺透照仪和红外光乳腺扫描仪，进行乳腺癌和宫颈癌的早期检查。对宫颈癌和乳腺癌做到早发现、早诊断、早治疗。

1996年，按照卫生部《母婴保健专项技术服务许可证及人员资格管理办法》的规定，安丘市凡开展产前检查、助产接生、终止妊娠、结扎手术的妇幼保健技术人员必须持证上岗。对妇幼保健人员进行母婴保健专项技术资格培训，考核合格者发给执业证书。是年，按照要求规范《出生医学证明》签发工作，取消家庭接生，限制、打击非法机构和不合格人员的违法活动。

1997年，市卫生局联合市民政局对全市非农业人口准备登记结婚的青年男女进行婚前医学检查。1999年，全面开展婚前医学检查，对查出的疾病采取医学措施进行治疗，并对受检者进行婚前卫生指导、咨询和宣教等工作。2003年10月始，民政部颁布实施新的婚姻管理登记条例，安丘市不再强制婚检。

1999年，市卫生局与市妇联联合开展卫生下乡活动，深入到农村对全市农村妇女进行妇女病普查普治。普查项目主要有妇科检查、宫颈粘液涂片筛查宫颈癌、乳腺扫描筛查乳腺癌等。

2005年，全市23所镇街道卫生院妇产科设置产房、母婴同室病房、妇查间、无菌间及微波治疗仪、胎儿监护仪、电离子治疗仪、新生儿复苏器等。并开展子宫全切、剖宫产、卵巢肿瘤摘除等妇科手术。2007年，4所卫生院对妇产科进行改建、扩建。先后引进内分泌检查仪、乳腺钼靶仪、超净化工作台等一系列专用设施，进一步改善医疗服务条件。

2009年，安丘市成为农村孕产妇住院分娩补助国家级项目市。2010年，安丘市成为农村妇女增补叶酸预防神经管缺陷国家级项目市。是年，积极响应“关爱妇女送健康”活动，对各镇街道1万余名妇女开展免费妇科疾病检查和“两癌”筛查服务免费健康查体，并进行跟踪追访。

2012年，安丘市开始在全市实施预防“母婴三病”（艾滋病、梅毒、乙肝母婴传播）工作。召开预防母婴“三病”传播项目启动会，印发《安丘市预防艾滋病、梅毒和乙肝母婴传播工作实施方案》，加大对母婴“三病”传播危害的宣传力度，并免费为乙肝表面抗原阳性孕产妇所生新生儿注射乙肝免疫球蛋白。是年，安丘市被卫生部确定为农村妇女宫颈癌检查国家级项目市，当年完成14000名农村妇女的宫颈癌检查工作。2013年，安丘市被卫生部确定为农村妇女乳腺癌检查省级项目市，当年完成2000名农村妇女乳腺癌检查工作。

儿童保健

1986年，安丘县开展儿童“两病”（小儿佝偻病、小儿营养不良性贫血）的防治，按照卫生部《托儿所、幼儿园卫生保健制度》要求，加强托儿所、幼儿园的卫生保健工作，小儿入园前，全部进行健康体检，并落实定期体检制度。

1987年，全县对0岁～7岁儿童进行健康查体。对体弱儿进行专案管理，开展小儿“四病”（小儿佝偻病、小儿营养不良性贫血、小儿肺炎、小儿腹泻）防治工作。

1988年，根据卫生部《散居儿童卫生保健管理制度》的要求，安丘县对新生儿和3岁以下婴幼儿进行系统化管理，即1岁内的婴儿每季度体检一次，1岁～3岁的婴幼儿每半年体检一次，3岁以上每年体检一次。对新生儿进行访视，作喂养及护理指导。

1989年，全县推行儿童保健有偿和保偿服务，落实小儿“四病”防治方案、制度及防治措施。

1996年，安丘市对出院7天、满月、3个月、6个月、8个月、12个月、18个月、24个月、30个月、36个月的婴儿，分别进行健康查体，并开展眼保健、听力保健和口腔保健。

2001年，有重点地对新生儿疾病进行筛查。2002年，全面实行新生儿疾病筛查。2007年，新生儿“两病”筛查率达79.5%。

2009年，全市开始实行基本公共卫生服务，将0岁～6岁儿童健康管理纳入基本公共卫生服务中。是年，全市筛查新生儿6407人，筛查率96.74%，对筛查出的74名阳性患儿，进行第2次诊断和免费治疗。

2012年，新生儿遗传代谢性疾病筛查由原来的2种疾病（苯丙酮尿症、先天性甲状腺功能减低症）增加到4种疾病（苯丙酮尿症、先天性甲状腺功能减低症、先天性肾上腺皮质增生症和葡萄糖-6-磷酸脱氢酶缺乏症），新生儿筛查率100%，新生儿出生缺陷发生率4.7‰。2013年，新生儿筛查率100%，新生儿出生缺陷发生率4.5‰。

第三章　医　疗

第一节　医疗队伍

中医

1986年，安丘县有中医药人员108人，1994年全市有163人，2003年达189人。至2013年，全市中医药从业人员216人。其中，主任中医师2人、副主任中医（药）师15人、主治中医师（主管中药师）30人、中医（药）师169人。

西医

1986年，安丘县卫生部门西医1338人。1994年全市有1789人。2003年达2055人。至2013年，全市卫生部门西医从业人员3705人。其中，正高职称16人、副高职称163人、中级职称876人、初级职称2650人。

第二节　医疗器械

1986年，安丘县医院拥有500元以上医疗器械240件，主要有超声诊断仪、超短波治疗仪、音频电疗仪、电除颤器、心电图机、脑电图机、万能手术床、验光检眼镜片箱、牙科治疗机、X光机、氦氖激光器、B型超声波诊断仪和食道镜、膀胱镜、结肠镜等。

1995年，市医院拥有胃镜、1000MAX光机、200MAX光机、500MA透视诊断系统、胸腹部B超、血气分析仪、胃镜、Co-60　、纤维支气管镜、肺功能仪、半自动生化分析仪、核多功能仪、放免仪、CT机、除颤器、遥控监护仪、脑电地图仪、惠普三导心电图机、模拟机、欧淋巴斯电切镜、麻醉机、电测听等。

1996年—2000年，相继购进基因扩增仪、电解质分析仪、全自动生化分析仪、三维脑电地图仪、钻石刀近视矫正器、骨折治疗仪、多参数监护仪、人工透析仪、除颤仪、500X光机、彩超、骨牵引仪、多参数监护仪、牙科综合治疗机、种植机、A超、电脑验光仪、CF-320结肠镜、血球计数仪、全自动血流变仪、110S麻醉机、子母无影灯12孔、A16心脏监护仪、心脏监护仪、洗片机、模拟机、心电工作站、医用电子直线加速器、动态心电分析系统、骨创伤治疗仪、白癜风治疗仪、F-820自动血球计数仪、心脏监护仪、惠普除颤监护仪、图像显示仪、超声乳化仪、X光机（拍片机）、激光眼科机、电动开颅系统、凝血仪、微生物鉴定仪、白细胞增长仪、电脑型红外乳腺诊断仪、心电运动平板系统、血液动力学分析仪、全套呼吸机、DSA工作站台、血液透析机、消毒柜、放免计数器、核多功能仪、碎石机、病理图文分析系统、冰帽、电脑肝病治疗机、磁化量子血疗仪、多参数监护仪、蛇牌高频电刀、DWI型灭菌器、尿液分析仪、脑手术冷光源、动态心电系统、微点牙科X光机、小儿支气管镜、食道镜、腹腔镜、动态模拟治疗机、血透水处理机、输卵管通液仪、多参数监护仪、拍片机、无油空压机、脑电地形图仪、大生化仪、螺旋CT、移动式X光机、牙科综合治疗椅、烤瓷铸造系列等。

2001年—2005年，购进万元以上设备229多台件。其中，10万元以上设备58台件、50万元以上13台件。分别为：核磁共振50.58万元、彩超90万元、CR系统160万元、C臂314万元、数字胃肠315万元、尿液粪便分析工作站50万元、人工心肺机83万元、全自动生化仪159万元、彩超50万元、准分子激光280万元、肿瘤治疗设备128.4万元、彩超140万元、螺旋CT425万元。

2006年—2013年，相继有16排螺旋CT、空气净化系统、中心和供应消毒净化设备、DR系统、数字化伽马ECT系统、数字胃肠、西门子彩超、模拟定位机、U臂DP、PACS系统、等离子电切镜、64排螺旋CT机、移动X射线机、数字化拍片系统、数字化平板多功能X光机等投入临床使用。至2013年，全市各医疗卫生机构有万元以上医疗器械976台（套、件）。

第三节 医疗技术

中医

1986年—1989年，安丘主要开展常见病、多发病及部分疑难病的中医、中西结合诊疗。如中风偏瘫、肝病、肾病、妇女痛经、不孕症、崩漏、皮肤病及泌尿系统结石等病症治疗。中医主任医师张瑞丰利用院内自制剂红升丹、白降丹、祛腐生肌散、生肌玉红膏、拔毒膏等治疗各种疮疡疔毒，内外结合治疗脱疽等疗效显著。

20世纪90年代后，安丘中医新的医疗技术和医疗项目不断增加，先后开展“中风预报”“中药参与心衰的抢救和治疗”的临床研究、“全息耳穴压籽治疗小儿腹泻”的临床研究、拟定“中风防治1号”协定处方、中药治疗产后蛋白尿、中药治疗粘连性肠梗阻等临床研究、中药保守宫外孕的临床研究、中药治疗胃结石的临床研究；研制“清脑灵胶囊”治疗急性脑血管病及其后遗症、“胃炎丸”治疗慢性胃炎、“痛经丸”治疗痛经、“溶石化石散Ⅰ、Ⅱ号”治疗胆结石、“慢胃康胶囊”治疗慢性胃炎、“冠心灵”治疗冠心病、“五龙回春丹”治疗风湿性关节炎；开展中风偏瘫、癫痫、脉管炎、前列腺增生、乳腺小叶增生等慢性疑难病的研究和治疗。1999年，市中医院肿瘤专科和中风专科成为潍坊市重点中医专科建设单位。

2004年后，新的中医技术对冠心病、胸痹心痛、中风后遗症、慢性胃炎、胃结石、胰腺炎、泌尿系结石、胆系结石、慢性肾炎、肾病综合征、郁证、癫症、顽固性失眠、糖尿病坏疽、血栓闭塞性脉管炎、肠梗阻、肠粘连、肝硬化腹水、顽固性痛经、崩漏、乳腺小叶增生、不孕不育、产后蛋白尿、产后身痛等疑难杂症的治疗取得新进展。针推康复科根据收治病种特点，制定颈椎病、腰椎间盘突出症、中风后遗症3种病种的中医诊疗规范。

2013年，市中医院针推康复科顺利通过评审验收，被卫生部命名为国家农村医疗机构中医特色专科、国家农村医疗机构针灸理疗康复特色专科，被省卫生厅命名为山东省中医药服务能力提升工程特色专科；中风科、骨伤科建成潍坊市重点中医专科；心血管科和结石病科成为潍坊市重点中医专科建设单位。

西医

内科　1986年，县内医院能够开展对消化、呼吸、心脑血管等内科疾病和妇产科、五官科疾病的诊断治疗；1989年，引进和开展的新医疗技术项目有治疗各种心律失常、开展胃镜检查、心肌炎并发Ⅲ°房室传导阻滞安装起搏器治疗等。

1992年后，西医内科技术力量和高学历人员不断增加。在一般疾病诊疗技术提高的同时，注重向疑难病症诊疗和医疗科技领域迈进。1994年—2000年，开展的新技术项目有血液透析疗法、新型药物治疗心绞痛、心梗疗效观察等多项技术。到2013年，成功开展急性颅内动脉血栓形成动脉内溶栓术、脑血管造影术、动脉内溶栓治疗早期脑梗死的临床研究、角膜小切超声乳化术治疗白内障、LASIK准分子激光角膜原位磨镶术治疗远视、C14尿素呼气试验检测幽门螺旋杆菌、YL-1型穿刺针穿刺引流脑脓肿、脑梗死介入溶栓术、翼点入路大脑中动脉M1段动脉瘤夹闭术、经右侧单鼻孔入路行脑垂体瘤切除术等新技术新项目112项。其间，内科有多项新技术、新项目获省市进步奖。1994年，《B超结合X线对早期贲门癌的诊断》获山东省科技进步三等奖；1997年，《胆阑综合症和胆阑消炎丸的临床研究》获潍坊市科技进步三等奖；1999年，《CT结合X线对提高消化道诊断质量的临床研究》和《消痢汤治疗急性细菌性痢疾临床研究》获山东省科技进步三等奖；《应用中药汤剂与甲硝唑预防开腹术后肠粘连的研究》和《胆阑综合症和胆阑消炎丸的临床研究》获潍坊市科技进步三等奖。

外科　1986年，县内医院能开展普外、骨科、泌尿、胸外、神经外科基本手术，肾上腺手术、各类入路前列腺切除术、乳突手术、甲状腺癌颈淋巴结癌清除术、甲状腺各支手术、左右半肝切除术、胃及十二指肠手术、胃肠吻合术、人工股骨头置换术等。

1987年，开展双肾结石一次手术切除术、门静脉高压症的肝肾分流术、喉部手术、眶内手术、网膜手术、二尖瓣狭窄闭式扩张术、小切口阑尾切除术、肋缘下斜切口行肝胆脾手术。1988年，开展肝癌半肝叶切除术、巨乳症、乳腺再造术、电化学治疗癌肿、鼻侧切开术、动脉导管未闭术、输卵管吻合术、颈椎病预前路减压植骨融合术。1989年，开展皮革样胃癌全切除空肠间置代胃术、先天性心脏病动脉导管未闭结扎术、中心型肺癌肺叶切除术、胰十二指肠切除术治疗壶腹周围癌并阻塞性黄疸。膀胱粘膜移植治疗尿道下裂术一期成功。

1990年，外科能开展下段食管癌根治性切除于胸腔内空肠间置代胃术、腰椎间盘摘除术、X线下手法挤压治疗粪石性肠梗阻、颅骨凹陷骨折复位术、开放性脑外伤清创术、颅内血肿清除术、颅内压增高分流术、行脑室上矢状窦分流术、大脑半球肿瘤切除术。1991年，开展脑脊液置换术治疗蛛网膜下腔出血及溶栓治疗急性心肌梗死、经皮穿刺注入无水酒精治疗肾囊肿、全膀胱切除术肠代膀胱术、用显微外科技术吻合输精管术、颅骨凹陷性骨折致上矢状窦破裂修补术。1992年—1993年，开展门静脉高压、脾肾静脉分流术、脑挫裂伤、骨瓣移位再植术、多部位血肿清除术、脑室体外引流术、硬膜下血肿钻孔引流术、幕上脑肿瘤摘除术、耳廓成形术、直肠癌低位切除保留肛门术。1994年，开展脑出血的开颅清除术、骑跨横窦的硬膜外血肿清除术、脑疝的内外减压术、脑积水的脑室一腹腔分流术、颈椎管肿瘤切除术、低位直肠癌切除术、球海绵体肌＋结肠套叠法原位肛门重建术、肝门部胆管癌根治术、小切口阑尾切除术、前鼻孔成形术、腭咽成形术、唇腭裂一次性修补术。1995年，开展脑室引流术及脑出血的血肿引流、小脑肿瘤切除术、镰、旁、蝶骨嵴脑膜瘤切除术、脑疝的小脑幕切开术、脑血管畸形切除术、小脑出血颅血肿清除术、重要功能区肿瘤切除术、外伤性右主支气管完全断裂吻合术、心脏破裂修补术、桥小脑角脑膜瘤切除术、腰椎暴裂骨折RF钉内固定术、直肠癌切除原位肛门重建术、经尿道膀胱肿瘤电切术、眼睑再造术、人工晶体植入术。

1996年，开展Ⅳ脑室内肿瘤切除术、脑室三角区肿瘤切除术、小脑半球及蚓部肿瘤切除术、听神经瘤切除术、翼点入路室管膜瘤切除术、翼点入路垂体瘤切除术、中心型肺癌肿叶支气管“袖状”切除术、眶内肿瘤摘除术、外鼻成形术、外鼻道骨瘤切除术、外鼻缺损修复术、下颌骨造釉细胞瘤下颌骨一侧切除取肋骨植骨术、舌癌行舌、颌颈联合根治术。1997年，开展经尿道前列腺切除术、经口鼻蝶入路垂体瘤切除术、经单鼻孔入路垂体瘤切除术、贲门癌侵及脾、胰体尾部、左肝叶行联合脏器切除术、胃癌全胃切除—空肠“B型”人造胃间置于食管与十二指肠间代胃术、支撑喉镜手术、眼内容物控出术、上下颌骨骨折口内开复位微型钛板内固定术、郏部淋巴管瘤切除颈阔肌皮瓣修补术。1998年，开展脑池内胆脂瘤切除术、三叉神根撕脱术、小切口胆囊切除术、电视腹腔镜下胆囊切除术、低位直肠癌根治术、腹腔晚期癌置放化疗泵术、电化学治疗癌肿术、中心型肿癌心包内处理肺静脉＋左心耳部分切除术、后上纵膈神经纤维瘤切除术、带锁髓内钉在四肢骨折中的应用、外固定支架在四肢骨折中的应用、腰椎板截骨四植治疗腰椎间盘脱出症、改良Dewar手术治疗肩锁关节脱位、卵巢癌根治术、新型子宫下段剖宫产术。1999年，开展双侧额底部巨大脑膜瘤切除术、保留盆腔植物神经的直肠癌根治术、肾、输尿管、膀胱体外冲击波碎石术、十二指肠乳头部肿瘤切除术、重症肌无力胸腺瘤切除术、颈椎后经椎板成形术治疗颈椎病、眼眶成形术、睫状体冷凝术。

2000年，开展残胃中段食管癌切除术、胸腔内空肠间置主动脉弓上吻合术、十二指肠环形引流术治疗肠系膜上动脉综合症、玻璃体手术、功能性鼻内窥镜手术、腮腺导管吻合术、面部皮脂腺瘤切除术、皮肤缺损取游离皮瓣植皮术。2002年，开展冠状动脉造影术、各种癌肿的体内r刀治疗、“体外循环”下心脏不停跳先天性心脏病心房间隔缺损修补术、“体外循环”下行先天性心脏病室间隔缺损修补术、膝关节镜下手术治疗骨性关节瘤及膝半月板损伤术。2003年，成功开展“体外循环”下先天性心脏病“F3”矫型术、DSA的脑血管造影术。2005年，购进高频电切刀1台，开展内镜下胃肠道息肉摘除术。开展纤维支气管镜代胸腔镜诊断治疗不明原因胸腔积液。

2006年—2013年，市内医院开展的新技术有先天性动脉导管未闭术、左胸经路二尖瓣闭式扩张术、颅脑损伤的冬眠治疗、较复杂上矢状窦破裂的修补术、脑内血肿清创术、右胸经路二尖瓣闭式扩张术、缩窄性心包炎开窗术、支气管袖状切除术、全胃切除p袢代胃术、动脉导管结扎术、脑血管造影术、脑内血肿清创术、脑疝的开颅探查术、颅内血肿清除及骨瓣减压术、应用Heller附加食道胃底固定术治疗贲门失迟缓症、电医化学治疗恶性肿瘤、秋海绵体肌成形术再造肛门括约肌术、十二指肠乳头肿瘤局部切除括约肌成形术等手术。

眼科 1986年，县内医院能开展白内障囊内摘除术，青光眼手术，眼球摘除术，眼睑板囊肿摘除术，简单的眼外伤手术。

1990年—1995年，眼科开展白内障囊外摘除术、泪囊鼻腔吻合术、眼睑下垂矫正术、简单的斜视手术、简单的视网膜脱离手术、白内障摘除人工晶体植入术、眼睑成形术。

1997年—2005年，开展眼外伤、眼整形手术、复杂的青光眼手术、眼内容剜除羟基磷灰石义眼台植入术、复杂的外伤性白内障人工晶体植入术、白内障超声乳化、折叠人工晶体植入、复杂的视网膜脱离手术及玻璃体切割术、复杂的眼肌手术（斜视矫正术）、准分子激光治疗近视眼手术、眼部恶性肿瘤摘除术、准分子激光治疗远视、人工晶体悬吊术治疗晶体脱位、羊膜移植在翼状胬肉手术中的应用、羊膜在青光眼手术中的应用。

2006年—2013年，医院开展眼底造影、眼底激光治疗糖尿病眼底病变和其他眼底病，全部升级超声乳化和小切口白内障摘除和超薄LASIK手术。

口腔科 1986年，县内医院对口腔科疾病的诊疗技术能进行一般的治疗和镶复。1993年，县人民医院将口腔专业从大五官科分出。1994年，开展首例对3岁儿童先天性唇腭裂一次性修补术。1995年，开展首例口腔恶性淋巴瘤切除，取颈洞肌皮瓣修复术。

1996年—1999年，开展下颌骨造釉细胞瘤下颌骨切除取肋骨植骨术、颌下线切除术、腮腺肿瘤切除术及舌癌患者行舌、颌、颈联合根治术等手术，其中腭部肿物切除术、“平阳霉素等药物注射治疗海绵状血管瘤”获安丘市科技成果三等奖。2000年—2003年，开展三叉神经撕脱术，面部肿瘤切除，取胸大肌游离皮辨植皮术，面部皮肤缺失取游离皮辨整型术、腮腺导管吻合术、颌骨囊肿摘除术、上颌骨次切除术等。

2004年—2013年，医院口腔诊疗能开展前牙反牙合的扩弓前牵引治疗、错牙合畸形的直丝矫治术；下颌骨缺损髂骨植骨术；面神经解剖术，颌骨巨大囊肿开窗引流术；经头皮冠状切口行上颌骨骨折内固定术。

耳鼻喉科 1986年，县内耳鼻喉诊疗能处理脓肿切开、扁桃体切除、鼻息肉摘除等常见病。1987年—1999年，通过加强技术力量，先后开展上颌窦根治术，乳窦根治术，前鼻孔成形术，食道异物取出术，支气管异物取出等手术。2000年—2003年，开展与国内国际接轨的新型手术，有鼻内镜手术，支撑喉镜手术，喉癌功能性切除术，腭咽成形术等。用中药治疗鼻窦炎，取得很好效果，开发研制的鼻窦炎丸获省级专利。2004年—2005年，新开展外耳道成形术、甲状腺Ca切除+颈淋巴结清扫术、鼻内镜下视神经减压术、鼻内镜下脑脊液漏修补术、鼻内镜下蝶窦肿瘤摘除术。2006年—2007年，开展喉癌切除发音重建术，颞骨进路面神经减压术，喉气管狭窄扩张术。至2013年，开展的业务有：乳突根治术、上额窦根治术、支撑喉镜下声带息肉切除术、支气管镜下异物取出术、鼻内镜手术、小儿及成人鼾症手术。鼓室形成术、鼻内镜下泪囊鼻腔造口术、视神经减压术、喉部肿瘤切除术、颈部淋巴结清扫术、鼻腔及鼻窦肿瘤切除术等耳鼻科所有常规手术，特别是在鼻内镜手术方面及鼾症手术方面已达到潍坊市级前列水平。

儿科 1986年—1999年，境内医院先后开展对小儿重症肺炎实行芥末泥敷胸治疗、用王不留行耳穴按摩治疗顽固性腹泻患儿、应用早产儿培育箱治愈极低体重新生儿、雾化吸入治疗小儿喘息性肺炎、应用干扰素治疗病毒性脑炎、小儿腹泻病四步推拿疗法、应用血管活性药物如酚妥拉明治疗小儿肺炎并顽固性心衰、医用纳洛酮治疗重症肺炎及小儿肺炎并及新生儿缺氧缺血性脑病、应用甘露醇导泻治疗有机磷中毒、应用蓝光箱治疗新生儿病理性黄疸、大剂量APC静推治疗小儿顽固性心律失常、行为疗法治疗小儿遗尿症、心理疗法治疗小儿多动症等。

2000年，儿科对小儿癫痫实施药物及行为疗法取得明显疗效。2001年，应用丙种球蛋白治疗血小板减少性紫癜及过敏性紫癜。2002年，早期应用丙种球蛋白治疗川崎病数例无并发症及后遗症。2003年，对小儿药物中毒实施综合疗法取得明显进展。2004年，开展儿童心理咨询及行为纠正；大剂量丙种球蛋白治疗血小板减少性紫癜及重症感染取得显著效果；输液泵输液提高早产儿及重症肺炎的抢救成功率。2005 年，生脉注射治疗新生儿硬肿瘤疗效显著；醒脑注射液的应用减轻重症新生儿缺氧缺血性脑病人后遗症；培美地尼明显增强喘息性支气管炎的疗效。2008 年，儿科开始应用高压氧联合脑蛋白水解物及胞二磷胆碱治疗新生儿缺血缺氧性脑病。至 2013 年，儿科工作持续不断地开展研究。

第四章　药　品

第一节　药材资源

境内生物资源丰富，有植物 1100 余种，动物 350 余种，其中，植物药材品种繁多，还有大量动物药材。据粗略统计，可入药的野生植物约 255 种，主要有丹参、苦参、远志、香附、柴胡、半夏、酸枣、漏芦、茜草、反白草、益母草、车前草、地锦草、凤仙草等。除野生植物药材外，还有数量可观的人工种植中药材。安丘产“淮香附”“寒水石”久享盛名，著称国内外。

第二节　药品生产

1988 年 12 月始，国家药品监督管理局实施《医疗机构制剂配制质量管理规范》，安丘县要求各级医疗机构自制制剂，必须在药剂部门设制剂室、药检室和质量管理组织。2000 年，国家药品监督管理局在药品生产经营环节开始推行 GMP（药品生产质量管理规范）认证政策，作为药品生产企业的准入门槛。2003 年，市人民医院、中医院、皮肤病医院、麻凯中医门诊部以及董家骨科诊所 5 家主要生产中药自制制剂的医疗机构相继设立制剂室，并通过《医疗机构制剂配制质量管理规范》认证检查，可合法生产中药自制制剂。是年 3 月，鲁安药业通过国家药品 GMP 认证。此后，山东特珐曼药业、安丘市福祥气体和安丘市恒安气体厂 3 家药品生产企业通过 GMP 认证。

至 2013 年，全市有安丘市鲁安药业有限责任公司、山东特珐曼药业有限公司、安丘市福祥气体有限公司和安丘市恒安气体厂 4 家药品生产企业，主要生产原料药、注射剂、医用氧、固体制剂等品种。其中，市鲁安药业有限责任公司（原潍坊第四制药厂）以生产出口西药原料扑热息痛（对乙酰氨基酚）为主，年生产能力 40000 吨、流化床造粒复合扑热息痛年生产能力 5000 吨、喷雾造粒复合扑热息痛 3000 吨、扑热息痛固体制剂 80 亿片 / 粒，素有“世界的扑热息痛在中国，中国的扑热息痛在鲁安”之誉。山东特珐曼药业有限公司主要以制造原料药、医药中间体以及高端化工产品为主营方向，以“绿色医药，绿色化学”为特色，依托于中国科学院上海药物所和上海特化医药科技有限公司的优质专业技术，产品主要销往国际市场。

医药制造业快速膨胀，带动医药包装行业的发展。至 2013 年，安丘市药包材生产企业发展到 4 家，分别是鲁安药业、修正环球施普乐医药（潍坊）有限公司、市金鑫包装制品和山东凯博药用包装材料有限公司，主要生产药用低密度聚乙烯袋、口服液体药用高密度聚乙烯瓶、口服固体药用高密度聚乙烯瓶等产品，销售到国内部分省和欧美、东南亚等国家地区。

安丘市药品生产企业基本情况表

表 25—3

序号	企业名称	企业性质	企业地址	主要生产范围
1	安丘市鲁安药业有限责任公司	有限责任公司	山东省安丘市潍徐北路35号	片剂、硬胶囊剂、对乙酰氨基酚、铝碳酸镁等原料药以及大容量注射剂
2	山东特珐曼药业有限公司	有限责任公司	安丘市经济技术开发区汶水北路49号	原料药
3	安丘市福祥气体有限公司	有限责任公司	安丘市大汶河旅游开发区工业园	医用氧
4	安丘市恒安气体厂	私营企业	安丘市西外环东侧（关王镇陈家楼村）	医用氧

第三节　药品购进

1986年，潍坊市对药品供应实行分级管理、三级批发。中药材、中成药由潍坊药材采购供应站按计划调拨购进，西药、医疗器械等由潍坊医药站、潍坊医疗器械站调拨购进。安丘药材公司设药品批发部，供应全县各乡镇卫生院、农村卫生室以及全县县直机关企事业单位卫生室。三级批发从二级批发购进的经营模式一直持续到1992年。1993年始，安丘县实行多渠道、多环节购进，通过展销会、直接联系厂家等方式采购药品。1994年，安丘回春医药有限公司成立，先后与山东新华制药、哈药集团等多家知名药企合作，建立供销关系。2002年后，恒昌医药、龙飞医药、太阳神医药、益仁堂医药等4家药品批发企业相继成立，先后与山东海王银河医药、西藏神威药业、江西青峰药业、山东瑞中医药等国内20多家知名厂商建立稳定供货关系。

安丘市药品批发企业主要供货情况表

表 25—4

企业名称	主要供货商
安丘市回春医药有限公司	山东新华制药股份有限公司、哈药集团有限公司
潍坊恒昌医药有限公司	山东瑞合医药有限责任公司、山东华天药业有限公司
潍坊市龙飞医药有限公司	山东海王银河医药有限公司、山东康惠医药有限公司、山东瑞中医药有限公司、青岛宏风药业有限责任公司
潍坊太阳神医药有限公司	山东海王银河医药有限公司、山东康惠医药有限公司、山东华鲁制药有限公司
山东益仁堂医药有限公司	山东环球医药集团有限公司、山东嘉和药业有限公司、杭州中美华东制药有限公司、江西青峰药业有限公司、山东滨州现代药业有限公司、山东省药材公司、西藏神威药业有限公司

第四节　药品经营

1986年，境内医药市场开始搞活，医药企业逐步形成以国有企业经营为主体，集体和个体经营互为补充的经营体制。2002年，国家全面放开医药经营，全市医疗卫生单位药品由回春医药、恒昌医药、龙飞医药、太阳神医药、益仁堂医药5家药品批发企业补充供应。2003年，主管部门重点突破农村药品零售网点设置，引导投资者重点布局农村网点，全市农村零售药店比例64%，各镇街道零售药店达4家。2004年，按照国家加强药品“两网”建设（农村药品监管网络和药品供应网络建设）的要求，全市“两网”建设药品配送以回春医药等5家药品批发企业为主。回春医药等5家药品批发企业陆续取得GSP（国家药品经营质量管理规范）证书。经营范围涉及中药材、中药饮片、中成药、化学原料药、化学药制剂、抗生素、生化药品、生物制品（除疫苗）、精神药品（限二类）等特殊药品，经营品种规格达6000余个。2005年，鼓励药品批发企业向镇街道卫生院、村卫生室、个体诊所、零售药店等农村涉药单位集中配送药品，发展药品零售连锁经营，引导药品零售连锁向农村延伸。2006年6月，潍坊市政府在安丘召开潍坊市农村食品药品“三网”（食品药品监督网、信息网、供应网）建设暨整顿规范药品市场秩序工作现场会，推广安丘市的做法和经验。2010年11月，潍坊回春医药连锁有限公司注册成立。2011年，潍坊龙飞恒宇医药连锁有限公司成立。2012年，安丘回春医药连锁店发展到44家，业务拓展到坊子区、峡山生态经济发展区和昌乐县境。龙飞恒宇医药连锁店发展到19家。5家药品批发企业除开展市内业务外，还与潍坊市益都中心医院、山东海王银河医药有限公司、聊城市第二人民医院等省内多家大中型医疗机构建立长期合作关系。至此，境内医药经营已形成5家药品批发企业为主，各医疗单位结合，城乡连锁零售药店为补充，覆盖城区和全部行政村，门类齐全、管理规范的现代药品经营服务网络。2013年，全市药品批发企业销售额1.5亿元，药品连锁企业销售额2080万元，药品零售企业销售额928万元。

安丘市2002年—2013年药品批发企业情况表

表25—5

企业名称	最早通过认证时间	专业技术人员数量
安丘市回春医药有限公司	2004年3月11日	22
潍坊恒昌医药有限公司	2005年12月13日	11
潍坊市龙飞医药有限公司	2007年7月	25
潍坊太阳神医药有限公司	2005年9月16日	16
山东益仁堂医药有限公司	2005年2月	7

第五节　医械生产经营

1995年，潍坊金苗电子科技有限公司研制开发电子场效应治疗仪和鸡胸防治仪。2002年，潍坊雷克兰劳保公司生产医用一次性防护服。2005年，修正环球施普乐（潍坊）有限公司生产医药、化妆、消毒和清洁产品以及代工产品。至2013年，安丘市医疗器械生产、经营企业发展到31家，主要生产经营义齿、鸡胸治疗仪和场效应仪、体外诊断试剂、一次性无菌医疗器械、隐形眼镜、护理液等Ⅰ、Ⅱ、Ⅲ类医疗器械。是年，全市医疗器械生产、经营企业年销售额1700余万元。

安丘市2013年医疗器械生产企业情况表

表25—6

企业名称	企业性质	生产范围
修正环球施普乐医药（潍坊）有限公司	中外合资经营企业	速效洗牙棒、医用涂抹棒、护创易水笔棉、棉棒等Ⅰ类医疗器械
潍坊雷克兰劳保用品有限公司	外资企业	医用一次性防护服等Ⅱ类医疗器械
潍坊裕泰医用品有限公司	私营企业	一次性使用医用无菌纱布等Ⅱ类医疗器械
潍坊金苗电子科技有限公司	有限责任公司	场效应治疗仪、鸡胸防治仪等Ⅱ类医疗器械
潍坊市锐特义齿制作有限公司	有限责任公司	义齿
潍坊市华凯义齿制作有限公司	有限责任公司	义齿
潍坊市佳民义齿制作有限公司	有限责任公司	义齿

安丘市1994年—2013年医疗器械经营企业情况表

表25—7

企业名称	创建时间	经营范围
安丘市京湘医疗器械有限公司	2012年5月12日	Ⅱ类医疗器械，Ⅲ类医疗器械，体外诊断试剂
安丘市科康医疗设备有限公司	2011年11月11日	Ⅱ类医疗器械，Ⅲ类医疗器械，体外诊断试剂
安丘市恒瑞医疗器械有限公司	2012年1月10日	Ⅱ类医疗器械，Ⅲ类医疗器械，体外诊断试剂
安丘市亮耳助听验配中心	2007年12月6日	助听器
潍坊康贝尔医疗器械有限公司	2010年1月27日	Ⅱ类医疗器械，Ⅲ类医疗器械
安丘市锦运商贸有限公司	2011年6月21日	Ⅱ类医疗器械，Ⅲ类医疗器械
潍坊恒远医疗器械有限公司	2011年4月19日	体外诊断试剂
安丘市道尔医疗器械有限公司	2011年8月27日	Ⅱ类医疗器械，Ⅲ类医疗器械，骨科植入物
潍坊万泰医疗器械有限公司	2007年6月28日	Ⅱ类医疗器械，Ⅲ类医疗器械
潍坊市振鲁医疗器械有限公司	2007年1月15日	Ⅱ类医疗器械，Ⅲ类医疗器械
安丘顺康医疗器械经营部	2009年7月3日	Ⅱ类医疗器械
安丘市佳诚医疗器械有限公司	2008年6月11日	Ⅱ类医疗器械，Ⅲ类医疗器械
安丘回春医药有限公司	1994年3月2日	Ⅲ类医疗器械
潍坊市亚华经贸有限公司	2010年12月11日	Ⅱ类医疗器械，Ⅲ类医疗器械
潍坊浩峰医疗器械有限公司	2010年11月24日	Ⅱ类医疗器械，Ⅲ类医疗器械，体外诊断试剂
安丘市健安商贸有限公司	2008年12月10日	Ⅱ类医疗器械，Ⅲ类医疗器械
潍坊市远大医疗器械有限公司	2007年8月20日	Ⅱ类医疗器械，Ⅲ类医疗器械
潍坊市派特贸易有限公司	2007年2月6日	Ⅱ类医疗器械，Ⅲ类医疗器械
安丘市新大明眼镜店	2010年8月2日	隐形眼镜及护理液
安丘市汇鑫医疗器械有限公司	2009年6月3日	Ⅱ类医疗器械，Ⅲ类医疗器械
安丘市明亮眼镜有限公司	2010年8月31日	隐形眼镜及护理液
潍坊太阳神医药有限公司	2005年9月16日	Ⅱ类医疗器械，Ⅲ类医疗器械
安丘烨辉医疗器械有限公司	2011年4月19日	Ⅲ类医疗器械
潍坊市龙飞医药有限公司	2008年8月6日	Ⅱ类医疗器械，Ⅲ类医疗器械

第五章　食品药品监督管理

第一节　药品执法管理

1986年，安丘县卫生局负责全县的药政管理。1988年，县卫生局设立安丘县药品药检所，副科级事业单位，负责药品质量、真伪鉴别、药品供应检查工作。1988年—2001年，安丘市检验药品6000余批次，查处假劣药品200余批次，查缴、销毁假劣药品价值40余万元。2002年1月，安丘市药品监督管理局（简称市药监局）成立，药政监督管理工作改由市药品监督管理局负责。2003年，完成市药监局的垂直上划工作，成立药品不良反应监测站，在全市药品生产、经营企业，市、镇街道卫生院及计生服务中心全面建立监测点，实施区域负责制，全市集中、统一、权威、高效的药品监督管理体制初步建立。深入推进“规范执法年”工作，制定《关于促进医药经济快速发展的十项措施》，开辟企业审批“绿色通道”，开展“药品管理法”宣传月、“双放心一诚信”创建活动，推行药品使用许可制度、分组建立药剂工作评价标准，并创造性地将药品执法延伸到隐患较多的药品使用终端、农村用药、一次性使用无菌医疗器械等领域，全市医药经济发展环境明显改善。加强适用药品和医疗器械的监督检查和检验检测，开通防“非典”制剂审批“绿色通道”，保障全市“非典”防治保障工作的顺利开展。是年，出动执法人员2900余人次，检查单位2400多个（次），查处假劣药品、医疗器械96个品种50个批次，货值26万元。2004年2月，市政府召开全市药品监督管理工作会议，明确食品药品监管体制改革、医药发展软环境改善、药品放心工程实施等阶段性工作重点。是年5月，与市公安部门联合出击，端掉一特大制售、邮寄假药窝点，涉案金额60余万元，该案位居山东省2004年度十大药品案件之首。12月，成立安丘市药学会，选举产生理事会23人、常务理事会15人。是年，安丘市成为全省农村药品“两网”建设示范县（市）。2005年，把市场稽查作为重点，提高医疗机构检查频率，搞好药品快检和不良反应监测上报，推动药品信用体系建设。是年，上报药品不良反应45例，出动执法人员1900余人次，监督检查单位860个，查处假劣药品、医疗器械450批次，查处案件101起，涉案金额15万元，罚没3.95万元。2006年，建立药品安全事故监测、报告体系和信息收集、评估、启动应急救援机制。对辖区涉药、涉械企业建档，纳入诚信体系建设，并按照诚信分级，实施差别化监管。是年，出动执法人员1260余人次，监督检查单位860余个，查处各类药品、医疗器械案件90起，罚没31万元。快检药品405批，送检136批。三家药品生产企业顺利通过GMP认证。上报药品不良反应536例，在潍坊市药监系统位居首位。2007年，开展医疗器械经营企业信用体系A、B、C三级评定工作，对18家法人医疗器械经营企业和3家生产企业进行评定。其中，A级生产企业1家，B级生产企业2家；A级经营企业3家，B级经营企业15家。提升药品安全专项整治水平，出动执法人员2573人次，监督检查单位905个次，查处案件205起，结案200起，涉案货值6.79万元，销毁假劣药品、医疗器械货值2.23万元，罚没51.4万元。上报药品不良反应1007例，快检药品400批。2008年，深化药品和医疗器械信用体系建设，加强信用信息采集，进一步健全企业信用信息档案，对药品单位实施A、B、C、D四级评定，对医疗器械单位实施A、B、C三级评定。推进药品分类管理，药品召回管理办法实施，推行信用通报和警示约谈制度。2009年，集中力量查处医疗机构“走票”问题，搞好药品、医疗器械市场稽查。以不良信用企业、个体诊所等为重点单位，以城乡结合部和偏远乡村为重点区域，以特殊药品、一次性使用无菌医疗器械、中药制剂为重点品种，以GSP认证及认证后跟踪检查为重点环节，进一步加大日常监管力度，消除监管盲区和死角。是年，出动执法人员1778余人次，监督检查单位529余个（次），药品抽验168批次，其中不合格23批。查办案件160起，涉案货值38.11万元，罚没款63.13万元。2010年，完成上级安排的食品药品监管体制和机构改革任务，各项职能交接平稳过渡，实现机构设置、职能交接、人员划转、经费保障、执法装备“五落实五到位”。是年，制定《关于扶持医药经济发展的意见》，实施医药产业发展工程，组织开展GMP、GSP认证，服务企业、服务项目、服务投资者。2012年，开展“省级药品安全示范县”创建工作，规范药械生产、经营、使用行为。是年，查处涉药械案件80件，对2家医用氧、2家药包材、5家制剂室以及14家医疗器械经营企业开展2次专项检查，落实整改措施72项，整顿义齿企业2家，对特殊药品经营单位特别是乡镇卫生院进行4次季度检查。完成药械不良事件上报400批次、药品不良反应1842批次、快检600批次，报送抽验110批。2013年，与市食安办、卫生、人口计生等部门建立食品药品安全联席会议机制。是年8月，建成药品信息化电子监管体系平台，覆盖辖区内所有药品生产企业、镇街区以上药品经营企业、使用单位，实现动态实时监管。通过开展创建“放心药厂”“放心药店”“放心药房”活动，加强对药品生产、经营、使用的监管。

第二节　食品执法管理

2005年，市政府把食品安全综合监管经费列入地方财政预算，出台《食品安全信用体系建设（2005－2007）三年目标》。是年，市食品药品监督管理局整合局内部资源，设立食品安全协调监察科，制定《安丘市食品药品安全协调委员会工作制度》，突出对元旦、春节、“五一”“十一”等重点节假日和青云山、青云湖等重点部位专项检查，出动执法人员2500余人次，监督检查单位4000余个（次），查处违法行为56起，货值70余万元。2006年，在全市23处镇（街道）设立食品药品安全监督站，市、镇两级成立食品药品安全协调委员会及办公室，食品安全工作责任制纳入政府工作考核目标。开展食品安全信用体系建设，制定《重大食品安全事故应急预案》，抓好农村食品安全监管，23处镇街道食品安全监管机构覆盖率100%，食品供应覆盖率50%以上，农村食品现代流通网、监管责任网和安全信息网建设加快。是年，出动执法人员1500余人次，监督检查单位3000余个（次），查处违法行为45起，货值60余万元。2007年，推进农村食品“监管责任网络、信息网络、食品安全供应网络”“三网”建设。按照《食品安全信用体系建设（2005－2007）三年目标》的要求，市农业、质监、工商、卫生、贸易、畜牧等部门先后完成对431家农产品加工企业信用体系建设，65家食品加工企业信用等级评定，1425家食品经营企业食品安全信用体系建设，774家餐饮户量化分级，26家生猪定点屠宰企业信用等级评定，19家企业信用体系建设，顺利完成食品安全信用体系建设三年目标。2009年，推进食品安全示范创建，顺利通过省级食品安全示范县验收，郚山、凌河、石埠子、官庄、新安、兴安、景芝、金冢子8处镇街道顺利通过潍坊市食品药品安全示范镇街道验收。2010年5月，餐饮服务食品安全监管职能正式划归安丘市食品药品监督管理局。随后，成立安丘市食品药品稽查大队，将监管人员分为3个中队，对餐饮服务单位实行划片定责、分片监管。是年，调查各类餐饮服务单位1240家，办理各类“餐饮服务许可证”60个，开展专项整治活动16次，检查餐饮单位3600户次，排查各种食品安全隐患2000余处。2011年6月，市政府下发《餐饮服务食品安全示范创建工作实施方案的通知》，按照统一企业信息公示、统一管理制度、统一索证索票登记和废弃物去向登记、统一添加剂备案公示、统一规范餐饮服务禁烟标识、统一从业人员培训“六统一”的要求，规范餐饮业经营行为。是年12月，安丘市创建为潍坊市首家省级餐饮服务食品安全示范县，50家餐饮服务单位创建为餐饮服务食品安全示范店，青云山路、昌安南路2条街道创建为省级餐饮服务食品安全示范街，凌河镇、新安街道创建为省级餐饮服务食品安全示范镇。是年，出动执法人员1924人次，检查餐饮单位4806家次，责令整改292起，取缔无证经营业户39家。2012年，继续推进餐饮服务食品安全示范创建活动。是年，查处餐饮服务食品违法案件338件，完成餐饮单位信用档案273家、验收核发“餐饮服务许可证”744份、上报电子监管信息744家，顺利通过潍坊市餐饮服务食品安全示范市验收，新创建2处示范镇、1条示范街、30家示范店。2013年，将食品药品安全监管列入镇政府和街道办事处科学发展考核指标，实施“一票否决制”，进一步健全以“政府负总责”为核心的食品药品安全监管机制。制定《安丘市餐饮服务食品安全量化分级实施方案》，增强食品安全第一责任人意识、诚信意识和守法经营意识。组织开展餐饮安全隐患排查和治理整顿、学校食堂专项整治、集体聚餐专项整治等17项专项监督检查。把学校食堂示范创建和迎接省级卫生城复审作为工作重点，全面推行量化分级管理制度。是年，出动执法人员10500人次，检查各类餐饮单位6800余户次，下达整改通知书600份。安丘市建成潍坊市级餐饮服务食品安全示范县，并顺利通过省级卫生城复审。

第三节 保健食品化妆品监管

2011年，安丘市对辖区内保健食品、化妆品生产经营单位进行调研摸底，建立健全基本情况数据库和监管档案，全面实行“一店一档”管理制度。严格落实保化产品经营企业索票索证、台账管理等制度，确保经营秩序进入良性状态。开展打击保健食品非法添加和滥用食品添加剂专项工作，出动检查人员400人次，检查保健食品、化妆品经营企业153家次。开展保化企业安全宣传教育活动，组织从业人员参加法律法规培训，培训人员200余人次、约谈30人次、发放宣传材料200份。2012年，以无证生产经营、举报投诉、定向稽查、监督抽检和违法广告为稽查切入点，以查办大案要案为主攻目标方向，探索推行说理性行政处罚办案方式，完善稽查联动机制，对涉及面广、社会影响大、群众反映强烈、情节恶劣、后果严重的大案要案重拳出击。是年，办理打击违法生产经营保健食品和化妆品典型案件9件。2013年，继续开展保健食品化妆品非法添加专项整治，重点加强对缓解体力疲劳、减肥、辅助降血糖类保健食品和美白、祛斑类化妆品等品种整治。开展保健食品化妆品经营企业经营假冒批准文号产品、虚假宣传专项整治。

第 二 十 六 编

旅　游

安丘历史悠久，文化底蕴深厚，生态环境优美，旅游资源丰富，区位优势明显，发展旅游业得天独厚。境内文物古迹众多，民俗文化丰厚，泉溪众多，山川秀美。至2013年底，发掘大汶河、龙山、商周等文化遗址40多处、文物1万多件，有摘月山老子观、庵上石坊、公冶长书院、召忽墓、汉画像石墓等珍贵历史文化遗产；有木版年画、剪纸、泥塑、戏曲等代代相传，历久不衰；有潍河、汶河、渠河、洪沟河、史角河等大小河流50余条；有大中小型水库130多座，总蓄水量4.5亿立方米，是潍坊市中心城区的重要水源地；有太平山、摘月山、虎眉山、擂鼓山、大安山、城顶山、五龙山、留山等海拔400米以上的山头36座。安丘森林覆盖率33.6%。

1995年起，安丘市采取政府主导、社会参与、市场运作的方式，先后规划开发建设青云山民俗游乐园、景芝酒之城、青云湖休闲度假乐园、城顶山生态旅游区、百泉旅游区、五龙山景区、拥翠湖国家湿地公园、齐鲁酒地文化创意产业园以及大汶河国家级水利风景区、大汶河国家城市湿地公园等景点，旅游业规模迅速壮大。

2012年，市委、市政府以“打造国内具有一定影响、省内有重要地位的旅游经济强市”为目标，积极加强产业政策引导，加快旅游品牌培育，狠抓旅游项目建设，不断加大旅游资源开发建设力度。至2014年，安丘建成青云山民俗游乐园、景芝酒之城、齐鲁酒地文化创意产业园3处国家AAAA级旅游景区，青云湖休闲度假乐园、城顶山生态旅游区、百泉旅游区、五龙山景区、拥翠湖国家湿地公园5处AAA级旅游景区，柘山镇老子文化园景区、郚山镇五龙湖景区2处AA级旅游景区，景芝酒业股份有限公司、鲁丰集团2个省级工业旅游示范点。石埠子镇庵上大樱桃基地、石埠子镇南王家庄草莓基地、辉渠镇红冠蜜桃基地、柘山镇万亩花生基地4个省级农业旅游示范点。石埠子镇建成国家特色景观旅游名镇，辉渠镇建成省级特色景观旅游名镇，柘山镇、辉渠镇、石埠子镇、郚山镇建成省级旅游强镇，石埠子镇南王家庄村、辉渠镇雹泉村建成省级旅游特色村。成立安丘市旅行社、安丘市希望旅行社、中国国旅安丘分公司、安丘市畅达旅行社、安丘市星河旅行社、辉渠百泉旅行社、安丘市永安假日旅行社7家旅行社。全市初步形成城市休闲、美丽乡村、酒城文化为特征的山、河、湖、湿地相连，文化体验，生态观光，休闲度假，民俗风情于一体的旅游发展新格局。

2012年—2014年，安丘市旅游业进一步提升。青云山民俗游乐园—景芝酒之城干线，被山东省旅游局确定为“山东20条精选时尚新鲜线路”之一；青云山民俗游乐园、景芝酒之城景区，被山东省旅游局等部门批准为山东省旅游摄影创作基地；安丘市旅行社、安丘市新东方大酒店、青云山民俗游乐园被山东省旅游局授予第三届全省诚信旅游示范单位称号；市旅游局被山东省人社厅、旅游局等单位联合授予全省旅游系统先进集体称号。市政府招待所被山东省旅游局授予山东省旅游服务名牌称号。安丘市被山东省旅游局授予山东省优秀旅游城市称号。

第一章　旅游开发

第一节　旅游规划

安丘旅游规划起步较早。20世纪80年代，安丘县委、县政府规划挖掘当地民俗文化旅游资源，利用能人效应和带头作用，把凌河镇石家庄村作为“中国社会主义新农村”的典型样板进行有效规划建设，对外开放，推出住农家屋，吃农家饭，穿农家衣等众多活动，吸引世界各地友人前来参观，在全国开民俗旅游之先河。石家庄村以其独有风格在中国大地上名声鹊起，被誉为中国民俗旅游第一村。

先后有五大洲80多个国家236批外国友人到石家庄村参观、考察、采访和游览。80年代末期，中央电视台到石家庄村拍摄《过大年》《喜歌》2部专题片播放。20世纪90年代，作为世界三大热门"收藏、体育、旅游"之一的旅游业在中国发展迅速，被许多权威人士称作朝阳产业，是新兴的地区经济增长点。1995年，市委、市政府决定规划建设青云山民俗游乐园。安丘市开发旅游业步伐从此加快，相继出台"三山、四水、五湖"及城顶山、五龙山景区建设规划。各乡镇也依据各自资源优势，因地制宜规划出台突出地方特色的旅游景区建设方案，安丘旅游业得到整体推进。

2011年，为提高安丘大旅游业格局，市委、市政府聘请山东省旅游规划设计研究院制作《安丘市旅游发展总体规划》，安丘旅游总体定位为：以灿烂悠久的历史文化、多姿多彩的民俗文化和飘香千年的景芝酒文化为主题内涵，依托优越的生态环境和优良的生态农业基础，建设以鲁中民俗观光、景芝古镇酒文化休闲为主打品牌，以城市湿地休闲与特色度假、乡村休闲及康体保健为辅助品牌，集观光、休闲、度假等多种产品于一体的复合型产品体系；构筑为城乡居民服务的旅游综合体、休闲绿道与旅游社区网络；实施区域旅游协调发展战略，全面融入潍坊环城市休憩带，积极对接青岛近郊游憩市场；依托旅游发展壮大安丘现代服务业，推动安丘市域经济转方式、调结构，推进市域经济健康持续协调发展。依据《总体规划》，结合安丘市的资源条件和资源特征，把安丘整体旅游空间格局划分为：一心，即以城市旅游为中心；两带，即古城酒镇民俗文化休闲带、汶河湿地滨水生态休闲带；一大综合体，即大城顶山山乡休闲综合体；六大板块，即山河湖民俗生态休闲板块、景芝古镇酒文化休闲板块、石埠子镇果乡休闲游乐板块、柘山镇寿乡养生休闲板块、辉渠镇泉乡生态度假板块和郚山镇五龙山乡特色游乐板块。

2013年，山东省旅游局筹划出资，聘请北京世纪唐人旅游发展有限公司，制作《安丘市乡村旅游发展总体规划》《安丘市重点镇（村）乡村旅游发展概念性规划》，确立安丘市"品质乡村、田园安丘"的乡村旅游形象是："两心"互动，即安丘市旅游服务中心和南部乡村旅游集散中心之间互动；"四区"支撑，即"都市农园"科技农业乡村休闲区、"齐鲁酒都"民俗文化体验区、"百果之乡"创意农业乡村休闲区和"世界菜篮"品牌农业乡村休闲区四区相互支撑；环廊贯通，即农业旅游结合产业发展动力环和田园风光休闲景观廊道之间相互贯通。

第二节 资源开发

凌河镇石家庄村民俗游的开发成功，标志着旅游业在安丘发展有得天独厚的优势。1995年，安丘市委、市政府决定，由安丘市旅游服务公司牵头，市建委配合，规划建设青云山民俗游乐园，规划面积5000亩，于1998年4月正式开园。青云山的开发建设及其运营模式被业内称为"青云山模式"，在山东省掀起一股"青云山旅游热"。

青云山民俗游乐园的成功运营，进一步助推安丘旅游景区的开发建设速度。2001年，市委、市政府决定突出汶河景观与人文特色，建设面积2500亩（其中湖面2000亩）的青云湖休闲度假乐园，于2003年9月开园。2001年，归国华侨筹资，建设面积24平方公里的五龙山省级森林公园旅游景区。2002年，民营企业筹资，建成城顶山生态旅游区。2004年6月，市委、市政府投资，建设青龙湖景区。2006年，郚山镇党委、政府投资，建成五龙湖景区。2008年，柘山镇党委、政府投资，建成老子文化园景区。2009年，山东景芝酒业股份有限公司投资，建成具有汉代风格的"酒之城"景区。2010年，辉渠镇投资，开发建成百泉旅游区。2011年，山东景芝酒业股份有限公司投资，建成占地8000亩的齐鲁酒地文化创意产业园。从2012年始，根据旅游规划，安丘市把歌尔庄园、留山景区、白山头景区、金牛泉文化旅游区、青云山未来城、柘山镇山乡情景区、郚山镇五龙湖旅游综合开发项目、西南山区乡村旅游绿道、辉渠和柘山两镇三村农家乐旅游项目、青云山齐鲁非物质文化遗产博览园、青云湖景区"云湖乐园·水上世界"项目、山东景芝酒业公司、山东鲁丰集团公司、石埠子镇庵上大樱桃基地、石埠子镇南王家庄草莓基地、辉渠镇红冠蜜桃基地、柘山镇万亩花生基地，作为重点旅游项目建设。

1995年—2013年，安丘旅游业累计投资70.75亿元。其中，政府投资29.4亿元、国有企业投资16.3亿元、民营企业投资25.05亿元。其间，接待游客数量逐年上升。至2013年，安丘接待游客476

万人次，实现旅游收入12亿多元。2014年，实现旅游总收入31.9亿元。旅游业成为优化经济结构、拉动安丘经济增长的战略性支柱产业。

第二章 旅游景区

第一节 青云山景区

安丘市青云山景区又名安丘市青云山民俗游乐园，位于市南区东部，青云山路东首，206国道东侧，面积5000亩。青云山最高点海拔120.6米，山体起伏，沟壑蜿蜒，林幽溪清，植被丰富。山顶有天然石泉两眼，东称海眼，西谓云山，旱不涸，涝不溢，相传脉通渤海，故称“海眼井”，文人誉之“碧沼龙潜”，是明清时期“安丘八大景”之一。相传泉水能治百病，历史上曾数次出现附近村民蜂拥到此取“神水”的奇观。1995年，市委、市政府聘请专家考察论证，经反复研究，确定以青云山自然山体为主，突出民俗文化特色，建成集旅游观光、休闲度假、娱乐、购物于一体的大型综合性旅游景区——青云山民俗游乐园。游乐园依托青云山自然地貌，建有山水园林区、民族风情区、野生动物区、休闲娱乐区、齐鲁民俗区、滑雪场、野人谷和桃花源8大功能区。1998年4月，游乐园建成开园。2003年，被全国旅游景区质量等级评定委员会评为国家AAA级旅游景区。2009年1月，被全国旅游景区质量等级评定委员会评定为国家AAAA级旅游景区。2012年，被省旅游局评为山东省“逍遥游”乡村旅游示范点和山东省旅游摄影创作基地。

游乐园气候宜人，植被丰富，四季常绿，山水环绕，景色秀美。有民族歌舞、野人部落、环球飞车、动物竞技、齐鲁婚俗、地方戏、县官审案、奇人绝技、上刀山、下火海等富有浓郁民俗特色的演艺表演；有冰川漂流、高空滑索、滑雪滑草等娱乐活动项目；有荡秋千、印年画、打铁、织布、染布等参与性项目。游乐园以其优美的自然环境，鲜明的民俗文化特色，被社会誉为齐鲁民俗第一园。2013年2月，安丘青云国际省级旅游度假区获山东省人民政府批复，成为潍坊市首批省级旅游度假区。

2013年，青云山民俗游乐园投资3000多万元，全面改造提升园区的基础设施、景观设施，完成青云山图腾广场、胜揽园广场、大门、道路等景点和设施建设。同时，加快推进1.5万平方米的齐鲁非物质文化遗产博览园和1.7万平方米的未来城等项目开发建设速度，2014年完成主体工程。2013年，游乐园接待游客102万人次。

山水园林区

山水园林区配置山石、水体、建筑、植物等造园因素，最大限度地仿照苏州园林风格，体现江南园林特色。巧夺天工的设计，精雕细琢的造园手法，给人一种恬淡雅致的感受。青云桥横卧湖面，云泊榭浮于水中，�石园假山奇石罗列，让人目不暇接。游人在这旖旎的美景中，呼吸着潮润清新的空气，漫步在曲径石阶，近闻鸟语花香，远望漫山翠绿，令人陶醉，有一种进入仙境般的感觉。主要景点有渠丘阁、留云湖、青云桥、云泊榭、听雨轩、石舫观鱼、�石园、青云斋、鸣翠园、揽胜亭、接秀亭、江南民居等。

野生动物区

野生动物区依据沟壑蜿蜒纵横，植被丰富的地形、地貌特点，圈养和放养天鹅、骆驼、猴子、鸵鸟、牦牛等多种野生动物，充分体现野生动物和大自然的完美结合。区内设有惊险刺激的娱乐设施，有斗鸡、斗羊、斗马等驯兽表演，有小动物技巧表演，还有惊险飞车等杂技表演。区中央是凌空高架长88米的大吊桥，人走在上面，晃晃悠悠，惊险刺激。2013年打造的野狼谷，是继野人谷之后又一观赏景点。野狼谷坐落在景区中部、滑雪场南侧青云塔下幽深沟谷内，有30多匹野狼散养其中。游客通过修建的栈道，可安全近距离体验“与狼共舞”的感受，特别是野狼与人的互动表演，惊险刺激。景区主要景点还有独龙桥、天鹅湖、熊舍、猕猴园、休闲天地、龙潭、月亮湾、鸵鸟园、天池和生肖广场。

民族风情区

区内一座座风格别致的少数民族村寨，掩映在绿树修竹中，尽显边陲风光的美丽与边寨风情的神秘。

主要展示有少数民族生产生活场景、民族工艺品、少数民族服饰。主要娱乐项目有少数民族歌舞表演、惊险飞车杂技表演、小动物竞技表演，跑马、射箭等。主要景点有傣寨、佤寨、怒族寨、摩梭人家、哈尼寨、白塔、孔雀园、锦鸡园、图腾广场、石林、蒙古包、敖包、鹿苑、窑洞、竹林等。集西南、西北少数民族风情于一体，尽显边陲风光的美丽与边寨风情的神秘，各具风情，引人入胜。

齐鲁民俗区

齐鲁民俗区以一个清朝村落的形式，浓缩清末齐鲁大地的风土人情和生活习俗。主要景点有渠风堂、县衙、孔子铜像、大戏台、富有人家、胶东民居、鲁中民居、鲁北民居、城墙、钟楼、蕙芳园等。主要展示有名人书画、生产工具、生活用品、剪纸、缝缀、木版年画等物品以及烧黑陶、扎风筝、核雕等民间手工艺品。民间手工艺品可现场制作，游人不仅能看，而且还能参与其中。主要娱乐项目有婚俗、地方戏剧、舞狮、跑旱船等观赏性民间文艺表演，射箭、荡秋千、爬登山架等参与性传统民间活动。

休闲娱乐区

区内现代化的游乐设施与园林景观完美结合，融知识性、趣味性于一体，老少皆宜，其乐无穷。主要景点包括冰川漂流、木化石园、植物园、儿童乐园、青云塔等。冰川漂流全长2000多米，上下游落差45米。地上部分依托青云山特有的自然地势，沿山顶而下，迂回曲折；地下部分为冰川漂流，冰川在五颜六色的彩光照耀下流光溢彩。游客漂进，清凉舒心，宛如进入一个清凉的魔幻世界。

滑雪场

滑雪场位于青云山北部山坡，总投资1.2亿元，占地200余亩，建有高标准的配套服务大厅。场内有100米～260米的初级滑雪道2条，300米～400米的中级滑道2条，可同时供3000人滑雪。建有滑雪圈道、儿童戏雪区、雪地摩托车区和雪地真人CS野战基地等。引进芬兰高科技人工造雪系统和其时世界上最先进的滑雪器材。每年12月到次年2月，游人如织。

野人谷

野人谷占地300余亩，位于民族风情区的东部。利用沟壑纵横，野草丛生、繁茂的特点，建有野人巢居、穴居、野人表演场等。反映大西南边陲深山老林里“土著人”原始的生产、生活方式。游人至此，可以看到“野人”赤脚踩玻璃、生吃活鸡、火把舞、上刀山、下火海、吃生肉、喝生血、人蛇共舞、头顶开砖等野性十足的精彩表演，体验到原始人生活的环境和人与自然融为一体的奇妙场景。

桃花源区

桃花源区以陶渊明的《桃花源》为意境，以田园风光为内涵营造的一处新的“世外桃源”。主要景点包括桃源渡、桃源度假村、茶园、五柳祠、秦人旧舍、又一村等。主要娱乐项目包括踏青赏花、采摘果实、划船、茶艺。

未来城

未来城包括未来城、陆上公园和拓展训练三个板块，是青云山民俗游乐园改造提升项目。项目是一个仿真社会生活的城市，是孩子们释放快乐、萌生创意的“理想城市”。整座城市拥有合理的街道动线设计、高质场馆空间环境以及真实有趣的体验道具。在这里，有秩序井然的街道、愉快热闹的酒店，从宾馆、银行到机场、宇航中心，集中72个行业场馆；在这里，孩子们是社会的主人，可以自主体验真实的社会生活，学习真实社会规则与秩序。至2014年10月，青云山未来城完成主体建筑工程。

第二节 青云湖景区

安丘市青云湖景区又名安丘市青云湖休闲度假乐园，位于市区中部，大汶河、小汶河交汇处，总面积2500亩。其中，水面2000亩，陆地500亩。景区依托汶河自然景观，以人为本、以绿为轴、以生态为主线，达到人与自然的和谐统一。既是一处集旅游观光、休闲度假、健身娱乐、生态科研、素质教育于一体的大型综合性旅游区，又是一处连接南北市区的秀美景观。2006年，被全国旅游景区质量等级评定委员会评为国家AAA级旅游景区；被水利部评为国家级水利风景区。2007年，被建设部评为国家城市湿地公园。

2001年，中共安丘市委、市人民政府决定建设青云湖景区。2003年9月，景区开园对外开放。景区依托汶河自然景观，以人为本、以绿为轴、以生态为主线围合而成。园内建有宝岛风情区、植物园区、水上乐园区、沙滩活动区、水上运动俱乐部、休闲度假区、生态湿地区、垂钓中心8个功能区。主要景物有青云湖大门、喷水池、假山瀑布、盆景园、植物园（有松柏园、木樨园、槭树园、银杏杜鹃园、木兰山茶园、月季园、牡丹园、棕榈园、竹园、水生植物园、经济植物园、宿根花卉园、珍稀植物园、疏林草坪区、亚热带温室等18个专类园，732种树木和40种花草）、国际青少年培训中心、水上舞台、和平鸽广场、青云书苑、观光大闸、宝岛（有高山族鱼姑石雕、相思树、日月潭、曹人部落、阿里山红桧树、“成功号”古战舰、妈祖庙、高山族民居、观日亭）、沙滩活动区、游船码头等。青云湖的下游景区是大片的原始生态湿地，湿地内湖面烟波浩渺、波光粼粼、绿草茵茵、气象万千，一望无边的芦苇、随风拂动的垂柳、低矮的水生植物，形成高低错落，起伏变化的视觉效果，是天鹅、白鹭、翠鸟、野鸭等水生动物的天地，也是昆虫、鱼类的乐园。景点建筑有观光码头、水禽园和观鸟台。

2013年，景区引进建设“云湖乐园•水上世界”项目。项目总投资1.4亿元，规划占地面积105亩，分期建设黄金游乐场、水上欢乐世界、水上运动观光区、宝岛动物王国、湿地休闲观光等功能区。一期工程中的宝岛动物王国、黄金游乐场，当年对外运营；二期工程中激情水世界等项目正在建设中。

第三节　“酒之城”景区

景芝酒之城景区又名景芝酒之城，位于景芝镇景酒大道中段，于2009年4月动工建设，同年10月竣工。景区采用汉代建筑风格，历史文化底蕴深厚，展示出中国源远流长的酒文化，是一处集包装、仓储、物流、酒窖和文化展示、工业旅游等多项功能于一体的综合性酒文化旅游景区。

酒之城总投资1.5亿元，包括景芝酒文化展览中心和酒之城广场两大板块。酒文化展览中心建筑面积3000平方米，由序厅、历史酒源、酿制酒艺、人物酒杰、文化酒韵、誉名酒扬和品酒区7部分组成，展现景芝5000年的酒文化。在此，游客不仅能浏览到华夏乃至世界酒文化的博大精深，还能够全方位、立体化地领略景芝的古镇景貌、酿造技艺、人文景观、科研成果、光辉历程、业绩殊荣、精品物产以及未来发展前景。酒之城广场占地面积22400平方米，由酒之源广场、酒祖大殿、酒祖广场、酒道苑、游客中心和曲水流觞广场6部分组成。以表现酒文化历史景观为主，全方位展示酒历史、酒文化、古镇风情和历史文脉等，从酒的起源，到品酒之道、天下第一宝鼎等全景式地展现景芝酒的悠久历史。酒祖大殿，是酒文化旅游的核心景点。

2010年，酒之城景区被全国旅游景区质量等级评定委员会评为国家AAA级旅游景区；2011年，被全国旅游景区质量等级评定委员会评为国家AAAA级旅游景区。

第四节　百泉旅游区

百泉旅游区始建于2008年，位于安丘西南部辉渠镇域内，是一处集旅游观光、休闲度假、娱乐、购物、养生、科普于一体的综合性旅游景区。2011年11月，被全国旅游景区质量等级评定委员会评为国家AAA级旅游景区。

百泉旅游区历史文化底蕴深厚，有省级文物保护单位峒峪龙山文化遗址，有孔子高徒、十二贤哲之一的有子讲经授学的有子山，还有省级非物质文化遗产李左车传说。旅游区内自然景观秀美，泉丰山奇，素有“百泉之乡”“千年古邑”“万花之地”之美誉。其中，珍珠泉、绪泉、温泉、海眼、金牛泉、大安山、望海山、有子山、城顶山、齐长城遗址、有子祠、法兴寺、李左车庙、李湘棻故居等泉、山、古迹较为有名，还有石林、金牛池、千年流苏园、白山头水库、万亩桃花园、歌尔庄园、辉渠乡村博物馆、英雄山革命烈士陵园、黄石板坡、金牛泉画家村、樱花苑、西湖假日等景点。

雹泉　雹泉又名珍珠泉，位于雹泉村西端。泉水自石涵中迸出，清澈见底，不以涝而盈，不以旱而涸。银白色气泡串串簇簇，次第上泛，状若珍珠，酷似冰雹，故名“雹泉”。明万历《安丘县志》以“灵泉细吐珍珠颗”的诗句列安丘八大景之一。清光绪《安丘县乡土志》载：“泉水自石涵中迸出，颗颗如珍珠。又如雨雹，故名‘雹泉’”。雹泉水温一年四季温度保持在17℃左右。冬春时节，水汽蒸腾，若烟若雾，飘飘渺渺，如虚如幻，似人间仙境，令人叹为观止。泉水清凉甘冽，富含人体需要的多种微量元素，达到饮用天然矿泉水标准。

李左车庙 李左车庙原名膏润庙，坐落在雹泉村西端，始建于何年无考，当地人世传建于东汉。后数次重建。现在所见是2001年村民集资在原址上重建而成，包括大殿、南阁子和雹泉桥三项主体工程。刘邦建立汉王朝后，封李左车为阴灵侯。李左车有兴汉奇功，使生灵免遭涂炭，后人感念其功德，兴建庙堂祭祀他。庙内除众多碑碣外，另有石桥、鱼池等看点。每年李左车庙内举行三次香火会，第一次为农历四月十四日至十九日，第二次六月二十四日至二十九日，第三次九月十四日至十九日。庙会又称山会，山会即大型交易会。交易会在李左车庙附近举行，设牛骡驴马等大型牲畜市。其中，六月二十七日李左车（雹泉爷爷）生日庙会最为隆重。男女老幼，纷至沓来，摩肩接踵，熙来攘去，欢呼雀跃，热闹非凡。

歌尔庄园 歌尔庄园由潍坊歌尔集团投资，建设以尚庄水库为中心，占地10000亩，集休闲农庄、生态果园、温泉度假、星级酒店、城郊体育公园、休闲会所等多个项目为一体的生态农业、旅游业景点。至2013年投资9000万元，完成温泉钻探，水温62.5℃，流量每小时40立方米；完成生态农业、花田旅游、拓展训练、800亩七彩金银花和薰衣草花田项目。

白山头景区 景区由山东鲁安药业公司投资，建设以白山头水库为中心，四周扩至白山、望海山、杏山三座山峰的白山头景区。占地6000亩，分景观区、游乐区、休闲区和商务区，规划建设环湖景观带、环湖绿道、岸边广场、水上游乐、休闲垂钓、栈桥观光、林果采摘、登山攀岩等20多个景点和娱乐项目。至2014年11月，完成环湖景观带、岸边广场、水上娱乐、休闲钓鱼台、栈桥观光和林果采摘建设项目。

第五节 城顶山景区

安丘市城顶山景区又名安丘市城顶山生态旅游区，规划治理于1979年，位于石埠子、辉渠、柘山三镇交界处。城顶山海拔446米，因山顶上有齐长城而得名；又因山之阳有公冶长书院，又名书院山；还因山顶平坦，当地俗称平顶山。景区是国家级森林公园，国家AAA级旅游景区。景区层林叠嶂，树茂林丰，气候宜人，景色秀丽，早在明代就以“青云作院拟蓬莱”名列“安丘八大景”之一。

城顶山山体为玄武岩和石灰岩，盛产玄武石和紫花大理石，山下有膨润土矿。城顶山系有6峪7梁26个山头，32个村庄，总面积9.07万亩，宜林地4.99万亩。适宜种植棉槐、腊条、山楂、苹果、核桃、板栗、大樱桃、小樱桃等树木，是省级农业旅游示范点——庵上大樱桃基地的主产区。

公冶祠 位于城顶山前坡，相传为春秋贤士，孔子弟子、女婿公冶长读书处。后人思念先贤，在此建祠。明万历《安丘县志》记载：“公冶长祠在县城南七十里，相传为公冶长读书之处，九月九日邑民具香楮往祀之。成化中知县陈文伟重建，自为之碑记。”据记载，公冶祠在明清两代曾三度重建和维修，最后毁于民国三十年（1943）。1988年春，山东省文化厅拨文物保护专款修复公冶长祠。祠坐北朝南，位于书院旧址，东西长40米，南北宽75米，建筑面积130平方米。南对灯台山（又称搁灯山），西、北两侧由城顶山怀抱，背风向阳。祠正殿三间，内有公冶长泥塑像及介绍其生平的石灰岩浮雕画，东西耳房各一间，陈列书画。院内东西两侧碑亭内有明清两代立的石碑，记载修复公冶长祠的史实。

古银杏树 公冶长书院西面两棵银杏树，相传是公冶长亲手所植，已有两千多年历史。两树东雄西雌，相距7.5米，树高29米，树冠东西28米，南北25米，占地670平方米。树径茁壮，4人合抱尚不能围；树叶繁茂，遮天蔽日。据考证，两树是全省最老的银杏树，至今郁郁葱葱，被人们誉为“天下第一夫妻树”。

青云寺 位于公冶长祠西侧，其始建年代迄今尚不可考。依庙门两侧的寿升石考证，隋唐前为寿升寺，隋唐后改为青云寺。时，寺院面积1600平方米，赡田350多亩。现在的青云寺，是2003年民营企业在原址上重建而成。由庙门、天王殿、大雄宝殿、观音庙、地藏殿4部分组成占地4亩。

齐长城遗址 城顶山生态旅游区有齐长城遗址800米，虽历经两千多年的历史洗礼，至今烽火台、城墙等依稀可辨。近代抗日战争时，它还发挥过军事掩体的作用。国民革命军第五十一军曾在此与日军展开殊死搏斗。

城顶山生态旅游区的其他景点有神根祠、放生池、楸树林、跑马场、乐园、太平天国遗址、捻军屯粮遗址、西门、饮马池、梵音阶、别丈崖、观景亭、休闲山庄等。

2002年，境内民营企业投资城顶山旅游，成立管理机构，修建梵音阶、青云寺、神根祠、休闲山庄、旅游度假客房、齐鲁圣缘酒店、游客中心等景点设施，配齐旅游要素。

庵上石坊　石坊位于庵上村，建于清道光九年(1829)。1992年，被山东省人民政府定为省级重点文物保护单位。石坊是庵上村马若拙为其嫂王氏所建的节孝坊。面东背西，通高9.03米，宽9.35米，全用青石垒叠而成。建筑设计和雕刻艺术完美，结构合理，主次分明;构思精巧，意境深远;技艺精湛，巧夺天工。民谚有“山东无二坊，除了兖州是庵上”的美誉。

第六节　五龙山景区

五龙山景区位于郚山镇驻地东南4公里处。主峰海拔396米，面积25平方公里，由北向南依次由麒麟峰、鹰嘴峰、兵营峰、南天门、唐王峰组成，恰似五条昂首腾空的蛟龙翻云覆雨，故称五龙山。

五龙山自然风景优美，人文景观底蕴深厚。山间古树林立，奇峰怪石突兀，山泉、涧溪随处可见，是大自然鬼斧神工的杰作。怪石、奇松、幽洞、醴泉堪称五龙山“四绝”。数万年风雨沧桑造就形态各异的怪石奇观。有神龟望月、鹰嘴峰、燕子石、天公试刀石、风动石、点将台、罗汉石、南海一柱等，有桃花洞、仙人洞、麒麟洞、白鸽洞、猿人洞、野狼洞、貉子洞、孝子泉、五龙潭、圣水泉、唐王泉、鹁鸽囤、香笼、南天门、辕门、齐长城遗址、观音庙等20多处景点,还有“擂鼓教子”“孟姜女哭长城”等传说。

五龙山森林覆盖率80%以上，有135种树木，百余种野生动物，300多种中草药。1954年，郚山种植黑松林2000余亩，至2013年，长成碗口粗细，形态各异，长势茂盛。有阿娜多姿的情人松，有独立顶峰的迎客松，有桃园的结义松，有依石壁而生形如长剑的接天松。槐花谷的槐树6000余亩，枝繁叶茂。春天，槐花竞放，蜂蝶争舞；盛夏之日，隐蔽在浓荫树下，更有清风徐来的凉爽。从2001年起，郚山镇又陆续引进国外新品种果树、花卉26种。

2001年，旅日华侨投资五龙山建设，先后修建停车场、标志门、亭阁、观音寺、吊桥、卡丁赛车场、旅游厕所、游客中心、景区道路等设施，引进大量国外新品种果树及花卉。2003年、2005年、2013年，五龙山景区分别获潍坊市森林公园，山东省森林公园和国家级森林公园称号。至2013年，五龙山成为集旅游观光、餐饮服务、休闲度假为一体的综合性旅游景区。2012年12月，被全国旅游景区质量等级评定委员会评为国家AAA级旅游景区。

第七节　青龙湖景区

青龙湖景区位于安丘市区北部，新潍安路东，青龙湖路北,总面积4000亩,其中水域面积1500亩。景区依托原有狭长水面和自然景观，建有田园文化区、休闲娱乐区、度假别墅区、百鸟园、植物园等功能区。

2004年6月，中共安丘市委、市人民政府开始投资兴建青龙湖景区。至2013年，已投资2000多万元。其间，建起景区配套工程、高标准环湖路5公里，沿湖周围栈桥4.5公里；新栽各种名贵树木10万余株，完成生态林、景观带建设;建起百鸟园、拉膜亭、铭茶轩、竹廊、吊桥等景观;完成导游处、游客中心等管理服务设施的土建工程。2013年，青龙湖景区成为潍坊市前花园和安丘生态城市品牌的标志性工程之一。是年，市委、市政府调整青龙湖景区发展规划，将其纳入安丘市高新技术产业园区。

第八节　留山景区

留山景区位于辉渠镇西部，总面积23平方公里，为辉渠、凌河两镇界山。相传东晋大将刘裕讨伐南燕时驻军此山，故名刘山，清末演变为留山。山体南北狭长，东西稍窄，面积13平方公里，主峰居中海拔441.9米，周围有8道山岭、9个突起的山峰，有“峰峦九出”之说。

留山是由火山熔岩组成的低山丘陵，为典型的新生代“盾状”火山，是山东境内新生代熔岩流分布地点之一。山上因火山喷发而形成的气孔状玄武岩、渣状玄武岩、柱状玄武岩交互出现，形成奇特的旅游景观。留山树种繁多，物产丰富，天然植被保存完整，森林覆盖率90%以上。动物资源中有各种无脊椎动物100多种，其中国家一、二级保护动物20余种，可利用野生植物40多科近200种。

山上多古木，无论是罗汉松，还是迎客松，悬崖峭壁间，苍翠挺拔，千姿百态，绰有风韵；多清泉，叮叮淙淙，细流宛转，有“明月松间照，清泉石上流”之韵味；多奇石，山崖间，溪水边，奇石嶙峋，可远观可亵玩，可磨砚，可置案头把玩；多碑碣，其中有乾隆皇帝的御笔，也有书法名家的真迹；多石洞，洞深莫测，曲折幽晦，更是寻幽探险的好去处。

留山景点众多，有望海庙、青龙岭、奶蓬山、大山头、钓鱼台、松杭子、仙人洞、风魔掌、鸽子崖、仙女旺、碾底沟和郭二没牙洞等，其中著名遗址有前后三院的秀云观（留山庙）和“石墙围子”。

2012年，境内民营企业投资开发建设留山古火山国家级森林公园。至2013年底，完成投资1亿元，整修景区道路36.6公里，打井9眼，修建石牌坊1座，观景亭16座，新建观音、刘裕、李湘棻等雕像，整修加固山顶4060米“围子墙”遗址，建成裕龙泉茶舍、芝兰食府、留山人家等配套设施7处。规划建设中的项目有刘裕纪念馆、五星级接待中心、刘裕将军广场、景观道路、景观池、龙凤奇石、火山口、临海屏风观光平台、养心阁等。

2013年8月，留山景区被国家林业局准予设立为山东留山古火山国家级森林公园。

第九节 齐鲁酒地景区

齐鲁酒地景区又名齐鲁酒地文化创意产业园，位于安丘市北区西北7公里的市经济开发区青龙山区域。

齐鲁酒地以酒文化为灵魂，以旅游为载体，以休闲养生为延展，本着政府主导、企业主体、市场运作、多元发展的运作原则，以变废为宝，还绿于山，造福于民为规划理念，以弘扬中华民族文化，打造中国一流景区为经营宗旨，站在传承中国酒文化、生态农耕文化、养生文化的高度，建成具有民族特色的酒文化基地、风景独特的影视拍摄基地、山东半岛最大的养生度假目的地，成为引领中国生态文明建设的新标杆，新型城镇化建设和特色旅游的典范。

齐鲁酒地文化创意产业园总规划面积8000亩。分两期建设，一期为酒文化主题公园，占地2300亩，以酒文化为核心，以文化展示、特色休闲游憩、养生体验等现代旅游产品为发展目标；二期为生态农业产业园，占地5700亩，主要发展生态农业，打造集婚纱摄影、影视拍摄、花海观光、休闲游乐、生态修复于一体的生态休闲旅游区。总体形成“一核、两带、八区”的空间格局。“一核”，即文化体验旅游为核心；“两带”为青龙河景观带及青龙山、凤鸣山景观带；“八区”分别为酒文化交流区（醉酒令）、文化体验区（浪漫情）、花海游憩区（花间舞）、田园游乐区（田园歌）、养生度假区（云水谣）、生态记忆区（纪念曲）、户外休闲区（林中调）、服务配套区（逍遥游）。最终形成以文化为主题，构筑文化创作、文化体验展示、综合服务配套三大体系，实现文化创意、娱乐体验、交流展示、教育传承、生态保护、交易服务六项支撑。

齐鲁酒地文化创意产业园2012年5月动工建设，完成投资10亿元。游客服务中心、酒文化交流中心、酒文化博览中心、洞藏酒中心等项目进入运营期；青龙小镇自驾车服务中心、竹林别苑项目，以及东、南大门广场等开工项目完成主体建设与外部装饰工程；酒文化中心二期、婚纱摄影基地项目内部装修基本完成；修建主道路4公里，酒文化中心路网修建基本成型；山体生态绿化恢复初成规模，滨河景观、醉天池、山体绿化、亮化等生态景观工程主体基本打造成型，完成绿化面积600亩。2012年，列为山东省“十二五”时期文化改革发展规划首期重点建设的园区（基地）。2013年，列为山东省第二批重点文化产业园项目，被全国旅游景区质量等级评定委员会评为国家AAA级旅游景区。

第十节 乡村旅游

旅游强镇

安丘乡村旅游充满生机。2012年6月，青云山民俗游乐园、石埠子镇南王家庄草莓基地、庵上大樱桃基地三处景点被山东省旅游局等5部门评为首批山东省“逍遥游”乡村旅游示范点；是年10月，石埠子镇南王家庄村、辉渠镇雹泉村，分别被山东省旅游局等单位授予“逍遥游——好客山东最美乡村”称号。12月，安丘市老乡村酒店被山东省旅游局授予“2012年山东省好客人家农家乐”称号。

2014年10月，柘山镇薛家庄村和辉渠镇下涝坡村、黄石板坡村、西沟四村入选首批“省级传统村落”名单；是年11月，百泉旅游区、辉渠镇和柘山镇分别被山东省旅游局和环保厅授予山东省生态旅游示范区和生态旅游示范镇称号。至2014年11月，辉渠、柘山、石埠子、郚山四镇被评为省级旅游强镇。

辉渠镇　境内文化底蕴深厚，自然景观秀美，旅游资源丰富。2009年始，辉渠镇党委、政府加强“生态文化旅游名镇”建设，深入实施“旅游强镇、生态立镇、文化兴镇”战略，深度挖掘生态文化旅游资源，以旅游的大突破带动经济的大发展，乡村旅游势力不断增强。

经过几年的投资建设，辉渠镇交通四通八达、路况优良、便利舒适，道路村村通硬化率、自来水通村率均达100%。2013年新修建留山等3条硬化道路，将歌尔庄园、有子湖、留山、白山头、公冶长书院和珍珠泉等景区联接起来，总里程200公里。

旅游区内影响生态和景区建设的矿山、石灰窑全部关停，破损山体得到治理，石灰窑实现复垦，矿区生态植被得到恢复。2013年，在新修的留山路两旁植树，形成10公里绿道。

结合小流域治理工程，打造和治理相结合，保护生态环境，对共青团水库、圈河水库等19座大中型水库和129座塘坝进行除险加固；对珍珠泉、绪泉、温泉、饮马泉、海眼等100多处泉群进行重点保护；对“泉”文化进行挖掘整理，打造泉水祈福文化，提升绪泉、裕龙泉、凤凰泉的文化内涵和观赏景观，实现泉文化与祈福文化的有机结合。

至2014年11月，辉渠镇规划建设起以白山头景区休闲垂钓、登山健身为代表的“景区休闲度假型”，以留山古火山国家级森林公园“天然氧吧”、养生会所为代表的“山地生态文化型”，以陈谷山庄、西湖假日亲水乐园、特色饮食为代表的“农家乐接待型”，以落鸦石万亩桃园、曹家峪水晶梨基地采摘、休闲农事为代表的“特色林果采摘型”，以石门、黄石板坡、下涝坡特色古村异域风情为代表的“民居风情体验村”等不同风格、不同特色的乡村旅游产品形态。纯美田园小镇愿景初现端倪。

辉渠镇从2013年起开始的农家乐经营，丰富全镇传统旅游内涵，先后荣获文明镇、旅游强镇、环境优美乡镇、绿化模范镇、乡村旅游发展重点单位、最佳休闲乡镇、最有年味的乡镇、最美镇村、自驾游示范点、休闲农业与乡村旅游示范点、好客山东最美乡村、乡村旅游示范镇、旅游服务名牌、好客山东最美乡镇、生态旅游示范区及生态旅游示范镇、特色景观旅游名镇等一系列山东省级称号。雹泉山会被列入山东省非物质文化遗产名录。2014年10月，辉渠镇梯田景观被农业部授予中国美丽田园称号，全国共10处，山东仅此一处。

柘山镇　地处安丘市西南部，旅游资源丰厚，先后获山东省旅游强镇、最佳休闲乡镇、历史文化名镇、文化产业品牌名镇、省级生态镇、省级文明镇等称号。在潍坊市率先实现“村村通”柏油路，交通便利。

世传春秋战国时期著名的思想家老子曾在此居住、采药、炼丹。境内有齐长城遗址、东古庙龙山文化遗址、薛家庄千年檀木林、老子庙、彭家沟天然溶洞等自然人文历史资源，是人们休闲、观光、旅游的好去处。

有摘月山等大小山头500余座，有南水北调的源头于家河水库、李家沟拦河坝等大小水库38座，山泉1000余眼。境内植被丰富，环境优美，生态自然，森林覆盖率达47%。2013年开始率先推行农家乐项目以来，收到良好效益。

农特产品主要有花生、板栗、核桃、小米、中药材、山鸡、山羊、山鸡蛋、金蝉、山蝎子、蚂蚱等，并建成山货专业市场，全镇发展山货经营300多家。柘山花生先是清乾隆年间贡品，后为中央国家机关的直供品；通过国家有机食品、绿色食品认证，被农业部授予中国地理标志产品；2011年在第九届国际农产品博览会上，柘山花生被评为金奖；2012年被国家工商总局授予中国地理标志产品证明商标。柘山镇先后成为“中国花生第一镇”“中国花生产业品牌名镇”“全国一村一品示范村镇”。2014年9月，柘山镇张家宅村入选《山东省乡村旅游指南》。是年10月，山东省旅游局组织对全省20处重点农家乐示范村检查评比，张家宅村排名第一。

石埠子镇　位于安丘市南部，渠河沿岸，地处安丘、诸城、沂水三县市交界处，先后荣获“中国草莓之乡”“中国樱桃之乡”“全国特色景观旅游名镇”和山东省“历史文化名镇”“旅游强镇”等称号。

镇党委、政府重视农业基础设施建设，不断调整农业产业结构，先后建起草莓、大樱桃、大桃等果品专业协会组织16个、果品交易市场22个，果品生产的组织化程度和“草莓之乡”“樱桃之乡”的知名度进一步提高。1997年，石埠子镇草莓基地被中国绿色食品发展中心确定为“国家A级绿色食品生产基地”；2001年，石埠子草莓被中国国际农业博览会认定为名牌产品，樱桃基地被省政府授予“引进国外大樱桃新品种新技术示范园”称号；2012年，南王家庄草莓基地、庵上大樱桃基地成为山东省首批“逍遥游”乡村旅游示范点，南王家庄村被评为“逍遥游——好客山东最美乡村”。

郚山镇　大安山古称大郚山，镇由此得名。奇山、文物和知名农产品是该镇三大旅游品牌。

郚山为泰沂山系向东余脉，山高峰奇，地势险要。西南部的太平山海拔523米，与山东省第二高峰沂山东西相望，为安丘、沂水、临朐三市县分界处。东南部五龙山陡峭险峻，奇峰异石，苍松翠柏，植被茂密，2000年建成五龙山公园，2004年建成省级森林公园，2013年被全国旅游景区质量等级评定委员会评为国家AAA级景区，是潍坊市29个旅游一卡通景区之一。大安山巍峨雄壮，气势宏伟，四周林木茂盛，主峰海拔467米，山体呈南北走向，历史底蕴深厚。

齐长城为春秋战国时期齐国修建，西起黄河，东入黄海，比秦长城早400多年，是国家级重点保护文物。境内齐长城西起太平山，沿青石胡同东到五龙山，全长15公里，依山脊陡崖据险而建，用雷石夯土砌成，蜿蜒曲折，蔚为壮观。此外，境内还有被省政府列为省级重点文物保护单位的南逯大汶口文化遗址，列为省二级重点文物的贾孟西周晚期铜鼎、铜鬲等。

依据山区农业优势，郚山镇确立“山上林果采摘、平原瓜菜飘香”的区域化布局总体思路，培植发展一大批特色旅游产业，探索出一条旅游业与农牧业相结合的新路子。以五龙山命名的山鸡、山鸡蛋、山羊、山蝎，以及“墨黑”大葱、“泥沟”西瓜等旅游产品成为国内知名品牌，畅销全国各地；新建设的环西南山区60公里林果旅游大道两侧，栽植3万余亩绿化植物，集农业观光、农家体验、消夏避暑于一体，成为一座天然氧吧；百合文化创意产业园通过百合酒生产展示，集工业、酒文化和自然风光于一体，突出爱情、婚恋主题，尽情泼洒浪漫情怀；合力牧业生态养殖园内，不仅可以看到奶牛闲庭信步的场景，还能体验到挤奶、品尝鲜牛奶过程，近距离感受现代牧业生产。

“农家乐”

2013年8月，市委、市政府组织有关镇村干部、农户代表和投资商，到沂南县竹泉村、博山区中郝峪村、浙江杭州莫干山、湖州月亮湾等地学习考察“农家乐”乡村旅游工作。是年9月，组织有关镇村党支部书记，参加山东省旅游局组织的千名乡村旅游带头人赴江浙、台湾参观考察活动。10月，市政府主要领导带领市直有关部门、旅游重点镇村、重点旅游企业负责人和部分投资商，到河北省滦平县、北京市怀柔区等县市区，考察农家乐乡村旅游工作。

2014年初，市委、市政府出台《关于加快乡村旅游产业发展的意见》，决定每年设立700万元的乡村旅游发展专项资金，发展乡村旅游事业。根据《意见》要求，安丘市以打造潍坊领跑、省内示范、国内知名的“农家乐”乡村旅游发展工作为目标，采取编制规划、培训人员、宣传促销产品、改造提升农家乐设施、扶持示范村，领导分工，骨干包靠，定时间、定节点督促检查等措施，重点帮扶旅游资源丰富，开发潜力大的柘山镇张家宅村、辉渠镇落鸦石官庄村和小麦峪村农家乐示范村。

示范村所在镇党委政府，在指导农户建设的同时，组织建设村里的采摘大棚、垂钓场、摸鱼池以及停车场等休闲、体验娱乐设施，营造公共看点、玩点和体验点，扎实推进农家乐建设进度。按照农家乐“双改”标准，各经营业户改造厕所、厨房，装修客房，在客房内配备空调、电视、电脑、无线路由器等设施，踊跃参加村里旅游合作社经营。是年7月，3个农家乐示范村开业接待游客。远离城市喧闹的游客来到山清水秀、石墙土屋的农家村落，在享受现代文明生活的同时，闻鸡鸣犬吠，赏鸟语花香，体验原始古老的田园韵味。8月，潍坊市重点旅游项目建设暨乡村旅游发展现场观摩会在安丘召开。9月，柘山镇张家宅村入选《山东省乡村旅游指南》，全省选取能吃、能住、能玩、能体验的31个村，潍坊市仅2村入选，安丘占其一。10月，山东省旅游局组织检查评比全省20个重点农家乐示范村，柘山镇张家宅村排名第一。

第十一节　其他景区

拥翠湖景区

位于城区西南6公里处，西依水库，背靠牟山，群鸟飞舞，水草葳蕤，自然生态得天独厚。牟山古称安丘山、牟娄山，古城遗址，曾有牟山观、晏公堂、赵岐祠等名胜古迹。文化底蕴深厚，安丘五千年的文明发展史即源于此，是隋唐以前政治、经济、文化的核心地带。“牟山拥翠”“汶水澄清”列为安丘古八景。景区包括人工库塘湿地、河流湿地和滩涂湿地三种类型，是山东省重要的湿地区域，牟山水库是潍坊市重要水源地，是境内唯一的大型水库。2011年12月经国家林业局批准设立。景区依托动植物资源丰富、生态环境良好的拥翠山、拥翠湖、汶河林场和汶河而建。现完成拥翠园社区扩建，使周边村向拥翠园社区靠拢，以更加便利的享受公共服务资源。对牟山5000亩山体，以栽植樱花、黑松、核桃等为主，建设4000亩生态林方阵和1000亩经济林方阵。至2013年，完成造林4000亩，栽植黑松、五角枫、白蜡、核桃等绿化苗木63万株。2012年11月，景区被全国旅游景区质量等级评定委员会评为国家AAA级旅游景区。

老子文化园

位于柘山镇政府驻地，于2008年开工建设，因位于老子村而得名。规划面积8.6万平方米，包括老子文化广场、老子文化陈列室、柘山花生展览馆、寿圣园。2009年建成老子文化广场，2010年建成老子文化陈列室和花生展览馆，2011年建成寿圣园。成为集群众休闲、娱乐、健身、弘扬老子文化、宣传山货和为民服务为一体的综合性园区。各部分既自成一体，又互相衔接，过渡自然，浑然一体，成为感悟老子文化，享受绿色天然的首选之地。2011年文化园被全国旅游景区质量等级评定委员会评为国家AA级旅游景区，并获山东省十佳社区文化广场称号。

五龙湖景区

位于郚山镇区中部，流域面积5平方公里，因临近五龙山景区而得名。2006年，郚山镇党委、政府投资建设，完成对五龙湖周围5座荒山的绿化、美化，栽植黑松、紫叶李、银杏、观赏性槐树等近20万株。2007年，在湖周围修建凉亭、吊桥等景点20多处，硬化环湖路4公里。2008年在湖西侧建设总面积60余亩的锦绣园。2009年在景区东侧投资1200万元，建成集休闲娱乐区、健身区、人工湖、文化壁、登山长廊等活动区域为一体的揽月广场。沿登山长廊向上，可直登揽月亭。景区周围群山环绕，上游无污染源，湖水碧波荡漾，清澈见底。2011年，景区被全国旅游景区质量等级评定委员会评为国家AA级旅游景区。

金水谷文化园

位于柘山镇区南侧，占地总面积1000亩。整个园区建设，顺应地势、依附原貌、体现原生态，轮廓清晰，设计自然，以金水河为轴心，整修三座人工湖，新建六座景观桥。在绿化美化上，以栽植大众型绿化苗木为主，划片定点，按照区域栽植，成方连片，体现特色。在北岸，以栽植柿子树、李子树为主，打造特色果园方；在南岸山坡，以栽植连翘、月季为主，打造特色花园方；在道路两侧，以栽植法桐、小龙柏为主，形成高低错落、季节鲜明的道路绿化格局。游人有诗：风满园林月满楼，一渠荷香半城秋。石桥望树知多少？添个长廊胜苏州。

金牛泉景区

位于辉渠镇老峒峪村西，泉水汇为池，古名金牛池。池水常年不涸，清流见底，浮鱼畅游。潺潺而南流东折，为挥金河支流。诸城诗人刘翼明游此赠诗“桃花流水春开瓮，细雨斜风客到门”。依托老峒峪及金牛池文化底蕴建成金牛泉景区，上依亭台楼阁建成画家村。又在景区北山南坡兴建法兴寺，一时晨钟暮鼓，梵音悠扬，复加当地优美传说，实乃游玩休闲修行的好去处。

除上述景区外，各镇街区及投资者根据自身特点，出资打造一批小型游乐景点：凌河镇凌溪湖公园、史韵湖公园，官庄镇渠风园、挥金湖公园；大盛镇金湖公园，兴安街道南侧蒿里山景区，石埠子镇渠河公园，金冢子镇下里戈庄水库景区，都是以当地自然风光加人文底蕴，绝妙组合而成，巧夺天工之作。

第三章 旅游管理

第一节 机 构

安丘旅游起初属于外事工作，由县外事办公室统筹管辖。1984 年 4 月，安丘县旅游局成立，与县外事办公室合署办公，主要负责全县的旅游开发工作。1993 年 12 月，安丘县外事办公室撤销，安丘县旅游局更名为安丘县旅游服务公司。1994 年 3 月，安丘撤县建市，安丘县旅游服务公司更名为安丘市旅游服务公司。1998 年 12 月，安丘市旅游服务公司更名为安丘市旅游局，与安丘市青云山公园管理处合署办公。2006 年 9 月，市旅游局与市青云山管理处分开单设，迁往市北区办公。下设办公室、质量管理与规划科、市场开发科、安全生产监督管理科 4 个科室。至 2013 年，机构无变动。

第二节 行业管理

市场管理

2006 年，安丘市旅游局增设质量管理与规划科，配备旅游行政执法人员。在境内旅游景区、星级饭店、星级旅游餐馆、星级农家乐、旅行社等旅游企业设立旅游投诉电话牌，对外公布旅游投诉电话。定期开展旅游市场整顿规范专项活动，加大对非法经营旅游业务、扰乱旅游市场行为的打击力度，净化旅游市场环境，投诉结案率 100%。

旅游安全管理

坚持“安全第一、预防为主、综合治理”的方针，完善安全管理制度，制定《安丘市旅游安全突发事件应急预案》，明确责任领导和责任人员，配合市安监、质检等部门，加大安全检查和管理力度，在“五一”“十一”旅游黄金周期间，市旅游局牵头组成专门检查组，深入各旅游企业开展全面安全检查，督促落实安全防范措施和整改安全隐患。由于夯实安全基础，全市从未发生旅游安全事故。

旅行社管理

1999 年，安丘市旅行社成立，为安丘首家旅行社。之后，安丘市永安假日、星河、中和春秋、希望、百泉、畅达等 7 家旅行社相继成立。安丘市旅游局根据《山东省旅游条例》《旅游法》和《旅行社等级划分与评定标准》，采取完善经营管理制度、严格执行标准、实施现代化经营管理等措施，抓好旅行社管理，旅行社服务质量不断提高。安丘市旅行社于 2010 年获山东省 AAA 级旅行社称号。2012 年，安丘市中和春秋旅行社更名为中国国旅（青岛）国际旅行社有限公司安丘分公司，率先经营出境业务。

饭店管理

安丘市旅游局根据《旅游饭店星级的划分与评定标准》，通过提高市场营销水平、加强服务品牌建设、建立网络营销渠道，增强企业内部管理能力等措施，搞好对旅游饭馆的管理。

2003 年，山东潍坊烟草有限公司投资建成安丘市新东方大酒店，高 16 层、建筑面积 14500 平方米，并成立安丘新东方大酒店有限公司。2004 年，公司获三星级旅游饭店，成为安丘首家星级旅游饭店，2010 年晋升为四星级旅游饭店。2012 年，又投资 7000 万元，进行重新装修及扩建，总建筑面积 20075 平方米，成为集客房、餐饮、会议于一体的商务、休闲、娱乐综合型旅游饭店，获“山东省旅游服务名牌”“鲁菜产业发展贡献奖”“2012 年度山东省旅游饭店行业管理创新奖”“好客山东贺年会贺年场所之最”等称号。至 2013 年，安丘星级旅游饭店总数 6 家，其中三星级以上 2 家。

根据安丘旅游发展的需要，市旅游局制定旅游从业人员教育培训规划，组织旅行社、旅游饭店经理参加的经理资格培训，组织导游参加全国导游资格考试，对旅游饭店的从业人员开展创星级饭店服务培训。2002 年—2013 年，培训旅游从业人员 5000 多人次。

第三节　宣传推介

媒体推介

1998年—2013年，安丘市投入4000多万元，在山东卫视、淄博电视台、日照电视台、潍坊电视台以及《青岛晚报》《潍坊日报》《潍坊晚报》《淄博晚报》等20家媒体进行高密度宣传。

活动推介

进入21世纪，安丘市先后组团参加省旅游局组织的东北三省、天津、福州旅游交易恳谈会和“鲁台经贸洽谈会”、风筝会等旅游节(会)活动。2007年，在（青岛）潍坊旅游周上，发放旅游宣传画册等资料3万余份；与青岛市市北区旅游局达成旅游合作协议，与青岛市旅行社协会签署互送游客、互为目的地协议。2013年，通过报刊、电视、网络等媒体，向社会公开征集安丘旅游主题口号，最终把“青山绿水自行车·田园安丘逍遥游”作为当年的旅游主题口号。同时，把征集活动的过程变作宣传推介安丘旅游的过程，叫响安丘旅游品牌。

会议推介

2012年9月18日，安丘市在青岛举行安丘旅游推介会。青岛、潍坊、以及安丘有关领导和100家旅行社经理、新闻媒体记者共300余人参会。推介会期间，组织与会人员观看《安丘旅游宣传片》，发布安丘新的旅游优惠政策，与100家旅行社洽谈业务。青云山民俗游乐园、景芝酒之城景区分别与青岛的4家旅行社签订协议书，形成客源互动、线路共推、资源共享的互利共赢局面。

文化节庆推介

2012年—2014年，市旅游局举办、承办和协办青云山滑雪节、青云山民俗文化艺术节、柘山花生节、辉渠桃花节、山东电视台青云山“超级运动会”、潍坊市“好客山东贺年会”、风筝会系列活动“百名世界旅游形象大使走进安丘”、中央电视台七套《乡村大世界》栏目走进青云山、山东省非物质文化遗产武术项目展演大会、绿色骑游节、首届旅游商品展暨青云山美食节、潍坊市妇女书画邀请展等独具特色的旅游文化节庆活动。

品牌形象推介　2013年，安丘市制作安丘旅游形象宣传片，在《山东卫视》常年播放，并在中央电视台第四套节目、辽宁卫视各播放3个月。同时编印散发青云山导游图、青云湖导游图、生态旅游安丘宣传画册和易拉宝，制作发行青云山明信片，在各景点显要位置播放展现安丘风光的旅游宣传片。

第 二 十 七 编

社会生活

第一章　居民生活

第一节　居民收入

农村居民收入

20世纪80年代始，随着农村联产承包生产责任制建立完善和国家各项惠农、扶农、助农政策全面实施，安丘市农业现代化程度不断增强，农业结构调整优化，农业经济效益显著提高，农民经济收入稳步增长，逐步实现由温饱型向小康型历史性跨越。1986年，全县农民人均纯收入530元，2013年，全市居民人均收入12131元，28年增长22倍。

1986年—1991年，农村实行家庭联产承包责任制，农村生产力得到解放，农民生产积极性得以调动，粮食生产丰收，乡镇企业崛起，农民人均纯收入稳步增长。1991年，全县农民人均纯收入816元，比1986年增长0.5倍。

1992年—1996年，随着市场经济的建立，深化农村改革、调整工农业产品比价关系、增加对农业的投入，全市粮食产量继续稳步增长。乡镇企业迅速发展壮大，外出务工人员逐渐增多，农民人均纯收入大幅增长，年保持30%的增长率。

1997年—2003年，农副产品出现结构性过剩，导致价格持续徘徊，农民人均纯收入增长放缓。2003年，全市农民人均纯收入3658元，比1997年增长18%。

2004年—2013年，国家取消农业税，对种粮农民实行资金直接补贴，并增加购置农机补贴，农村社会经济实现全面发展，农民人均纯收入出现较快增长。2013年，全市农民人均纯收入12131元，比2004年增长2倍。

安丘市1986年—2013年农村人均纯收入情况一览表

表27—1

年份	农民人均纯收入（元）	同比增长率(%)	年份	农民人均纯收入（元）	同比增长率（%）
1986	530	2.9	2000	3550	3.2
1987	567	7.0	2001	3650	2.8
1988	654	15.3	2002	3310	-9.3
1989	685	4.7	2003	3658	10.5
1990	743	8.5	2004	4142	13.2
1991	816	9.8	2005	4584	10.7
1992	942	15.4	2006	4651	0.7
1993	1177	24.9	2007	5409	17.2
1994	1701	44.5	2008	6026	11.4
1995	2261	32.9	2009	6624	9.9
1996	2912	28.8	2010	7803	17.8
1997	3100	6.5	2011	9450	21.1
1998	3338	7.7	2012	10773	14.0
1999	3460	3.7	2013	12131	12.6

城镇居民收入

1986年—2013年，随着改革开放的不断深化和城市化进程加快，给安丘市城镇经济注入新的生机和活力。全市外资、私营、合资等各种经济类型企业从无到有，由弱到强。特别是民营经济和服务业的迅速发展膨胀，使全市城镇居民收入呈现出总量不断扩大、结构多元化新格局。2006年始，全市城镇居民人均可支配收入一直保持着较高增长速度，每年增幅均在14%以上。2013年，全市城镇居民人均可支配收入23567元，是2006年7583元的3倍。

安丘市2006年—2013年城镇居民收入情况一览表

表27—2

年份	城镇居民人均可支配收入（元）	同比增长率（%）	年份	城镇居民人均可支配收入（元）	同比增长率(%)
2006	7583	—	2010	13420	14.6
2007	8949	18.0	2011	15930	18.7
2008	10251	14.5	2012	19589	18.0
2009	11710	14.2	2013	23567	20.7

第二节 居民消费

农村居民消费

随着农村经济收入不断增加和全市农民消费水平的逐年提升，农村居民消费支出结构日趋合理，生产资料费用和教育、居住消费成为农民的支出重点，食品、衣着消费为维持农民日常生活的基础。1988年，安丘县农村居民人均消费支出448元。其中，人均食品消费支出226元、人均衣着消费48元、人均居住消费90元。2013年，全市农村居民人均消费支出6112元，是1986年的16.5倍。其中，人均食品消费支出1583元、人均衣着消费324元、人均居住消费1748元。居住消费超过食品消费，成为最大消费热点。村村通水泥路，户户通自来水，液化气灶普遍进入寻常百姓家，农村居民生活条件显著改善。

20世纪80年代，全县农民消费支出主要是食品、住房、衣着和家庭用品。农村居民消费结构中占比重最大的是食品支出，其次是居住支出。农民饮食由以粗粮为主变为以细粮为主，住房由土墼墙茅草屋变为砖瓦房，穿着由粗布对襟褂变为“洋布”中山装、国防服，黑白电视机、电风扇开始进入农家，自行车成为主要代步工具。文教娱乐、医疗保健、交通通讯等项支出所占比重较小，农村居民消费结构呈现出“生存型”特征。

20世纪90年代，全市农民消费支出结构比重由大到小依次为食品、居住、文教娱乐、衣着、家庭用品及服务、医疗设备、交通通讯等。影响居民消费的食品、居住比重有所下降，文化教育娱乐比重上升，消费方式日趋多样化。农民饮食结构中粮食、蔬菜等一般食品消费量下降，肉、禽蛋、水产品、奶制品等营养类消费量开始上升。新建住房变高、变宽，多为前出厦、铝合金玻璃门窗。农民着装由买布缝制变为到商店购买成衣。彩电、电冰箱、洗衣机、摩托车开始进入农家。子女上学和疾病医疗消费支出加大。

进入21世纪，全市农民消费支出构成按比重依次为住房、食品、文教娱乐、交通通讯、衣着、医疗保健、家庭设备等。农民食品消费支出所占比重进一步下降，住房、交通通讯、医疗保健、衣着支出不断增加。农村养老保险、医疗保险等保障性消费成为农民新的消费热点。部分农民开始住进居民小区单元楼，轿车亦始入农家。2013年，电话机、手机、彩电、洗衣机、摩托车、电动车、冰箱、太阳能热水器等用品在农村家庭普及。35%的农户安装空调、电脑。全市农村居民消费正在向“享乐型”迈进。

安丘市 1986 年—2013 年农民人均生活消费支出情况一览表

表 27—3

年份	农民人均生活消费支出(元)	同比增长率(%)	年份	农民人均生活消费支出(元)	同比增长率(%)
1986	370	9.1	2000	2223	9.2
1987	390	5.4	2001	1721	-22.6
1988	448	14.9	2002	1824	5.9
1989	522	16.5	2003	1880	3.1
1990	539	3.3	2004	2378	26.5
1991	556	3.2	2005	2376	-0.08
1992	611	9.9	2006	2639	11.1
1993	685	12.1	2007	2822	6.9
1994	1175	71.5	2008	3115	10.4
1995	1730	47.2	2009	3624	16.3
1996	2110	22.0	2010	4944	36.4
1997	2202	4.4	2011	5114	3.4
1998	1815	-17.6	2012	5274	3.1
1999	2036	12.2	2013	6112	15.9

城镇居民消费

1986 年，安丘城镇居民消费支出依次为食品、衣着、家庭设施、交通工具。食品、衣着消费占消费支出比重 70%。食品凭粮证供应，每人每月 15 公斤粮食，粗粮占 30%，细粮占 70%。衣着款式为国防服、中山装，色泽以青、灰、黑为主，每季有替换衣服。居住由工作单位安排住房，每人平均建筑面积 10 平方米。青年家庭多为 1 间平房，中老年家庭多为 2 间平房。做饭、取暖多为煤炉。少部分职工住进单元楼，结构“两明一暗”三室者多，无单独客厅、餐厅和厨房；自行车在城镇居民家庭普及，为主要代步工具；彩电、洗衣机、收录机、电风扇等耐用消费品开始进入家庭。

1993 年，国家取消城镇居民粮油供应证，放开粮食市场。城镇居民按市场价购买粮食，饮食占消费支出比重进一步增加；衣着款式多样化，穿西服戴领带成为一种时尚，风衣、半大衣流行；冰箱、太阳能热水器进入家庭，彩电、洗衣机、录放机在家庭中普及；摩托车、“木兰”轻骑车、自行车为家庭主要交通工具。

1998 年，住房制度改革后，全市城镇居民住房由单位分配变为个人购买，居住占消费支出比重增大。消费支出依次为居住、食品、文教娱乐、衣着、家用设备、交通通讯等。70% 居民户住上单元楼，结构两室一厅者多，大客厅、大洗刷间成为新追求。取暖有暖气，做饭有液化气，洗澡有太阳能热水；饮食中粮食、蔬菜类一般食品支出下降，营养类的肉、蛋、奶、水产品、糕点的消费量增加；节假日外出旅游成为一种新时尚；固定电话、移动手机、电脑进入家庭，成为居民新的消费热点。

2013 年，城镇居民消费支出依次为居住、食品、交通通讯、文体娱乐、衣着、医疗保健、家电设备等。90% 居民住上楼房，人均居住面积 31 平方米。居室结构三室两厅者多，卧室、客厅、餐厅、洗刷间、厨房齐全，暖气、天然气、信息网络配套，90% 的户对房屋进行不同程度装修；饮食消费注重绿色环保，品种不断丰富。膳食结构向注重营养、科学搭配、健康安全发展；轿车进入家庭，成为主要代步工具之一，拥有轿车的家庭占 80%，成为城镇居民新的消费热点。电动车取代自行车、摩托车，成为近距离出行的首选工具；家家有电脑，人人有手机，信息网络在居民消费中的比例增大；出国旅游、省外旅游、近郊旅游成为人们休闲娱乐的新追求，消费观念始向“享乐型”迈进；衣着花色款式多样化，季季有衣，一季多衣，穿着多为成品时装；家庭耐用消费品更新换代加快，彩电由平面到超平、高清，冰箱由单门到多门、环保，洗衣机由单缸到双缸、全自动，空调、淋浴热水器、家具的式样、质量更加高档。

安丘市2006年—2013年城镇居民人均消费支出情况一览表

表27—4

年份	城镇居民人均消费性支出（元）	同比增长率（%）	年份	城镇居民人均消费性支出（元）	同比增长率(%)
2006	5752	—	2010	8839	8.4
2007	6732	17.0	2011	9733	10.1
2008	7921	17.7	2012	11969	16.7
2009	8154	2.9	2013	14669	14.2

第二章　精神文明建设

第一节　文明创建活动

文明村镇创建

1986年，全县农村开展以“移风易俗”为内容的精神文明创建活动，教育引导干部群众破旧俗、立新风，喜事新办，晚婚晚育，相信科学，破除迷信，孝敬父母，热心公益，做有理想、有道德、有文化、有纪律的社会主义“四有”新人。1989年，县委在黄旗堡镇开展农村“四项基本原则”教育试点，结合搞好宣讲灌输，全面整治镇容村貌，村村建文化大院、图书室，开展群众性文化活动。1990年春，潍坊市委在黄旗堡镇召开农村社会主义教育现场会，推广安丘经验。是年，温泉乡开展评选“十星级文明户”活动，将遵纪守法、尊老爱幼、计划生育等村民十项行为规范设为10个星，几项符合标准就将几颗星挂在门口。全县推广温泉乡经验，开展评选文明户、文明家庭活动。1992年，白芬子乡开展“村民档案管理”试点，村村设立村民档案室，一户一档案，将村民日常行为记入档案。年终，根据档案记录评选文明户、“五好家庭”。1994年，安丘市举办全市首届农村文艺大奖赛，歌颂党、歌颂祖国、歌颂改革开放新形势下农村涌现出的新人、新事、新风貌。一个乡镇组织一台戏，分5个片进行选拔赛，选出优秀节目参加全市农村文艺汇演，评出一二三等奖。农村文艺大奖赛连续开展7年，农村群众文化生活得到活跃。1996年，市文明委在全市农村实施以一条文明街、一个阅报栏、一个图书室、一个活动室、一个文化大院为内容的“五个一”工程，以此作为农村精神文明建设的载体和切入点。是年7月，山东省委副书记韩喜凯、省委宣传部副部长高挺先考察安丘农村精神文明建设情况，肯定安丘农村精神文明建设“五个一”工程做法。1997年，市委在全市范围内开展评选精神文明建设十佳好事活动，收到各乡镇党委和市直各党（工）委推荐的事迹材料136件，评出季度十佳好事40件，经过市文明委组织对每季度评出的十佳好事联评，最后确定出全市1997年度精神文明建设十佳好事。是年4月，黄旗堡镇被中共中央宣传部命名为全国文明村镇示范点。10月，景芝镇与安丘驻军某部被中共中央宣传部、解放军总政治部授予军民共建社会主义精神文明建设先进单位称号。1999年，市委在农村全面实施“家庭细胞”工程，开展精神文明“四进家”（科技、法律、文化、卫生）活动，全面提升村民文明素质。2000年，市文明委在管公镇进行以“整顿环境卫生、提高村民素质”为内容的农村精神文明试点，在对村民进行思想教育的同时，每村集中建设一条文明街，展示新农村风貌。年底，召开全市农村精神文明建设现场会，推广管公经验。2001年—2005年，市委将城市“文明之夏”系列活动逐步延伸到农村，形成每年7月启动为期两个月的活动机制，年吸引观众2万多人次。2008年，组织开展感动安丘十大人物评选活动，10名市民获感动安丘十大人物称号，10名市民获感动安丘十大人物提名奖。2011年4月，市文明办印发《关于在全市农村组织开展创建文明一条街活动的实施意见》。与市工商行政管理局、市个体私营企业协会联合下发《关于开展2011年安丘市“文明诚信企业”“文明诚信个体户”创建活动的实施方案》。是年5月，市委、市政府印发《关于广泛组织开展“乡村文明行动”的实施意见》的通知。8月，山东安丘革命英烈红军小学、全国红军小学建设工程革命传统爱国主义教育基地和爱国主义劳动教育实践基地落成，全国人大外事委主任委员李肇星为“红军小学”和“教育基地”授牌。2012年3月，市委宣传部下发《关于成立志愿服务队伍的通知》，要求每个镇街区、单位都要成立志愿服务队伍。是年10月，市文明委下发《关于开展“2012感动安丘十大人物”评选活动的通知》，要求采用属地推荐、系统推荐、群团推荐、社会推荐、个人自荐、媒体推荐等多种形式广泛推荐，推荐候选人77人。市文明委组织70人参加的评审团，现场投票评选出40名候选人，并将其简要事迹在媒体上公示。由评审团现场投票评选出20名候选人。最终确定10名市民为“2012感动安丘十大人物”。

文明城市创建

1985年12月，县委、县政府印发《关于加强县城精神文明建设的实施意见》，提出县城精神文明建设奋斗目标和近期要求，强调在县城居民中大力开展“创文明单位，建文明县城，做文明居民”教育和创建文明单位活动。1988年，县文明委对城区窗口行业思想道德、作风效能、职工队伍和企业文化建设等情况进行检查评比，总结完善争创文明行业各项规章制度、标准要求和具体工作措施。1992年，县文明委转发潍坊市文明委《关于在全市广泛开展“我为风筝城添光彩、做贡献”活动的实施意见》，印发《安丘县精神文明建设委员会委员单位责任制度》通知，要求各有关成员部门按照各自工作职责，共同做好精神文明建设工作；与县税务局、水泥厂、赵戈镇特种焊条厂举办学习十四大“文明杯”文艺汇演；与县职业中专、轻工机械厂联合举办“文明杯”优秀论文征文活动，评出优秀论文16篇;组织开展“扫黄打非”活动，全面整顿、净化图书音像等文化市场。

1993年，县委宣传部在县商业、供销、邮电、卫生、金融等窗口服务行业开展精神文明优质服务“十佳”评选和推广普通话、文明用语、100句日常外语会话活动，编印文明用语小册子发至职工手中，改进行业作风。1994年，市文明委以撤县建市为契机，广泛开展多种形式的群众性精神文明创建活动，把社会公德、职业道德和家庭美德教育作为重点抓紧抓好，为创建文明城市创造条件。在市直窗口行业开展首届以讲“两德”（职业道德、社会公德）、创“三优”（优良秩序、优质服务、优美环境）为内容的“文明杯”优质服务竞赛活动，通过层层推荐、联评，评选出10个单位为市直窗口行业首届“文明杯”优质服务竞赛“十佳单位”，10人为“十佳个人”。是年12月中旬，召开总结表彰大会进行表彰奖励；市委宣传部与市税务部门组织全市13个系统1325名干部职工参加新税制知识考试，市直8个系统组队参加抢答赛；与市环保部门开展环境保护知识竞赛，先后进行开卷考试和“环境与经济协调发展”专题演讲比赛，各系统选派10名代表参加演讲，从不同角度阐述环境和经济发展的关系，增强市民环境保护意识。1996年，市文明委在市直窗口服务行业先后开展优质服务竞赛活动、“百城万店无假货”活动、“学习济南工行、济南交警，倡树文明新风”活动以及社会服务承诺活动等。组织市直55个窗口服务单位参加潍坊市第四届“文明杯”跨行业优质服务竞赛活动。市招待所、工商银行等8个单位被评为潍坊市“百佳文明窗口”，8人被评为潍坊市“百佳服务明星”。2000年，市文明委在全市范围内开展创建文明行业活动，组织市直行政管理、执法监督和窗口服务部门开展行风万人评，全面提高城市整体服务水平和文明程度。2004年，举办历时两个月的“庆祝建国55周年职工文化艺术节”，组织开展“十佳学习型员工”评选活动，市委宣传部荣获潍坊市首届企业文化节组织奖。

2006年，组织开展“爱我安丘，科学发展，共建和谐”活动。结合活动抓好全市和谐单位、和谐村庄、和谐家庭、和谐企业、和谐社区创建工作。市直各部门、各乡镇组织文艺汇演、知识竞赛、征文比赛等多种形式创建活动。2007年，市文明委举办“共建和谐安丘大家谈”征文比赛和“共建和谐安丘”演讲比赛。2009年，结合庆祝新中国成立60周年组织开展“迎全运、庆国庆、建文明城市、铸和谐家园”和“魅力安丘·浓情四季”群众文化活动，筹办青云山民俗文化艺术节、有子“和”文化节、老子文化周等30多项文化活动。2010年，开展“首届社区文化节”“文明之夏”广场文化活动和新年音乐会等群众文化活动，丰富城乡居民文化生活。是年，安丘市被评为潍坊市和谐创建工作先进单位。2011年，为庆祝中国共产党成立90周年，以“党旗颂、家乡情”为主题，市文明委组织开展第二届社区文化节，积极推进“百部优秀电影进社区”“品红色经典、悟人生智慧”优秀图书进社区和“文化教育进社区”等活动，培育一批基层文艺队伍，打造一批各具特色的社区文化品牌。

2012年始，全市开展创建省级文明城市活动。成立创建文明城市工作市级领导督导组、创建省级文明城市督查工作组，做好日常督导、督查工作；制定《安丘市创建省级文明城市工作问责办法》；市委、市政府与创城责任单位签订责任书，明确任务、标准、责任，确保创城工作顺利推进；组织市新闻中心、市广播影视中心等市内媒体在显著版面和重要时段设立专栏专题，宣传省级文明城市创建的相关知识、工作动态和先进典型，加大对社会上个别陋习和不文明现象的曝光力度，在全市营造人人参与创建、人人关心创建的良好社会氛围；印制张贴社会主义核心价值观、“中国梦”“讲文明树新风”等公益广告宣传画3万幅，印制《创建文明城市，你我共同参与》致市民的公开信12万份、《文明城市，让我们一路同行》致广大学生家长的一封信12万份；在城市出入口和城区显著位置设置大型户外公益广告牌230块，打造道德广场、文明广场、“四德工程”主题公园和文明一条街等创城亮点工程。将商场路打造成安丘的文明一条街，将青云山市民广场打造成安丘的文明广场，将汶河广场打造成安丘的道德广场；组织开展“六项整治”（市容环境、交通秩序、社会文化环境、集贸市场、食品药品生产经营行业、社区规范管理）“四个提升”（市民文明素质、公共服务水平、志愿服务水平、乡村文明水平）活动。

精神文明先进市创建

1993年，安丘县首次参与争创第二届全省精神文明建设先进县工作。县委、县政府把精神文明建设摆在突出位置，列入经济和社会发展总体规划，制定精神文明建设“八五”规划、年度计划和“创建先进县”实施方案，成立创建工作领导小组，制定落实县级领导成员分工负责制，形成科学有效的精神文明建设工作机制。将精神文明建设先进县条件分解为经济发展、思想道德建设、基层组织建设、文明创建、计划生育、社会治安、环境卫生等10项标准。乡镇、县直各部门分别制定工作计划，落实工作责任，在全县形成层层有人抓，各行各业有人管，全社会关注，联动发展工作局面。“创市”期间，县文明委组织人员下乡宣讲，进行邓小平理论、中共的基本路线和社会主义思想教育，举办专题讲座、培训班30次，解决一些干部群众的思想认识和实际问题。在农村广泛开展“八提倡、八反对”宣传教育、民主法治教育和科技、文化、卫生“三下乡”活动。在城区各行各业开展以“三普及”（普及文明语言、外语会话、法律常识）、“三创造”（创造优美环境、优良秩序、优质服务）为主要内容的“做文明市民，建文明城市”活动。在全县范围内开展环境卫生、交通秩序大整治活动，提升全市精神文明建设整体水平。1994年底，在省文明委组织的检查验收考核中，安丘市获第二届全省精神文明建设工作先进市称号。

1995年，安丘市开展山东省第三届精神文明建设先进市创建活动。制定精神文明建设长远规划、年度计划和争创实施方案，编辑《争创第三届精神文明建设先进市材料汇编》；结合争创工作，在全市开展农村思想政治工作“五到户”（教育到户，管理到户、服务到户、民主议事到户、文化建设到户）活动，寓思想政治工作于管理服务之中。安丘“五到户”经验受到中共中央宣传部领导关注，其《宣传动态》予以转发。1996年，通过省文明委检查验收，安丘市获第三届全省精神文明建设先进市称号。

文明单位创建

安丘县评选文明单位工作始于1984年。是年，评选出文明村106个、文明单位119个。1986年，对全县1984年—1985年命名的403个文明单位进行全面认真复查。根据中共十二届六中全会决议精神，对文明单位建设提出更高的要求，年底重新修订评选文明单位标准条件。

1987年，在全县广泛开展争创文明乡镇活动。县委宣传部印发石埠子乡党委《关于1987年创建文明乡的实施意见》，要求各乡镇根据实际情况，制定切实可行的创建规划和实施意见。是年，印发黄旗堡镇党委《关于创建文明镇的实施意见》，组织并鼓励各单位之间开展各种形式精神文明建设

“横向联合”，有38个单位结成比较紧密的共建“对子”。1988年，全县初步建立起比较完整的精神文明建设目标体系，把精神文明建设分解为环境建设、文化建设和思想道德建设三个层次，提出改革舆论环境、法制、社会公德和职业道德、理想、文化、环境建设六项建设任务，进一步分解为若干具体指标，使精神文明建设的任务量化、细化。是年9月，潍坊市文明委在安丘召开小城镇精神文明建设经验交流会。

1989年，县委在安丘镇进行试点，对已建成的文明单位进行整顿，有效提高文明单位声誉和质量。是年8月，县委召开会议推广安丘镇经验。潍坊市委宣传部在安丘召开现场会议，并以正式文件转发安丘县的做法和经验。省委宣传部《精神文明建设情况通报》刊文推广此做法。1984年—1991年，全县建成文明单位865个。

1991年，安丘县废除文明单位称号终身制，对文明单位检查验收每年进行一次。县精神文明建设协调委员会下发《关于对201个文明单位（村）处理的决定》，给予129个文明单位（村）亮黄牌警告，撤销72个单位（村）文明单位称号。是年，县文明委开展文明城市、文明乡镇、文明系统竞赛活动，不断强化城市精神文明建设各项工作，进一步发挥文明单位示范作用和辐射作用，使文明单位创建活动形成比、学、赶、帮、超的气氛。至1992年，全县已建成省级文明单位4个、市级文明单位27个、县级文明单位799个。

1993年，安丘县以争创全省精神文明建设工作先进县为动力，广泛开展多层次群众性精神文明建设活动，注重文明单位整体素质提高，对省市级文明单位的主要负责人进行为期3天培训。1994年，市委宣传部修订印发《安丘市文明单位管理条例》，进一步把文明单位建设纳入经常化、制度化、规范化轨道。黄旗堡镇获省级文明镇称号，市税务局获省级文明单位称号。

1995年，全市开展首届“三百佳”评选活动。评出100个最佳文明单位、100户最佳文明户、100名最佳文明市民；举办首届文明单位成就展，全市50个潍坊市级以上文明单位参加展出，展示全市精神文明建设的辉煌成就；举办首届市直文明单位“电业杯”文艺大奖赛，活跃群众文化生活，展示文明单位风采。至是年底，全市涌现出市、乡两级文明户3.2万多个，各级各类文明单位1024个，其中省级文明单位5个、潍坊市级文明单位38个、安丘市级文明单位981个。

1996年，市委在教育系统开展文明系统创建试点，召开现场会议，参观安丘一中、职业中专、实验中学创建文明系统现场。市教育系统成为全市首个被市委、市政府表彰的文明系统。

1999年3月，市委召开全市精神文明建设工作会议。表彰1998年度全市百佳文明市民、百佳文明家庭、读书用书先进单位和个人、藏书爱书先进家庭；对1999年全市精神文明建设工作任务进行部署。2000年—2008年，市委将“文明乡镇”“文明村”“星级文明户”创建工作与农村各项事务管理结合起来，全市文明村镇创建工作提高到一个新水平。

2010年，市文明委组织检查验收289个参评文明单位。新增省级文明单位、文明村镇、文明社区7个。2011年，新增郚山镇、柘山镇为省级文明村镇，市国土资源局、农村商业银行、质量技术监督局获省级文明单位称号，新安街道薛家庄社区获省级文明社区称号。2012年，新增景芝镇为省级文明村镇，市审计局获省级文明单位称号，大汶河旅游开发区王封社区、新安街道归家疃社区为省级文明社区。2013年，新增石堆镇和新安街道周家楼子村、大汶河旅游开发区贾家王封村为省级文明村镇，市交通运输局、住房和城乡建设局、牟山水库管理局获省级文明单位称号，兴安街道小庄子社区和经济开发区青龙湖社区获省级文明社区称号。

至2013年，全市创建省级文明单位19个、文明村镇11个、文明社区7个，潍坊市级文明单位40个、文明村镇14个、文明社区1个，安丘市级文明单位192个、文明村居93个。

第二节　思想道德建设

思想建设

1986年，全县开展中国特色社会主义理论体系及世界观、人生观、价值观教育，进一步解放思想，加快经济发展。1989年7月，中共安丘县委印发《关于集中搞好夏季党员培训的实施意见》，通过培训，把广大党员的思想统一到中共十三届四中全会精神上来。是年10月，县委制定《关于加强宣传、思想工作的意见》。1990年3月,县委集中一个月时间,在全县党员中开展以马列主义、毛泽东思想基本理论和党的基本路线、基本知识为主要内容的“三基”教育,党员参学率90%以上。是年,组织开展鸦片战争150周年宣传教育活动,在安丘电视台、电台等新闻媒体开辟专栏,举行有奖征文活动,对干部群众进行爱国主义教育。县委宣传部、县总工会、县职教办、团县委联合下发《关于对全县企事业单位青工进行系统政治轮训的意见》,在县直企事业单位对35岁以下的青年职工普遍进行系统的基本国情与基本路线政治轮训,端正青年职工的世界观、人生观和价值观取向。

1991年11月,县委印发《关于在县直机关、学校和企事业单位开展社会主义思想教育活动的意见》,抽调1500名干部组成宣讲组,在全县农村开展社会主义思想教育活动。1992年4月—7月,县委在县乡机关开展解放思想、转变职能大讨论。1993年,在全县机关、学校、企事业单位、城市街道进行社会主义优越性、中共改革开放政策和目前形势、社会主义民主法制和纪律等系统教育,提高干部群众爱国和民主法治意识。1994年,全市开展“安丘建了市,我们怎么办”大讨论,动员全市广大干部群众进一步解放思想,坚定信心,以撤县建市为动力,加快改革开放步伐,建设经济强市。1995年至1996年3月,在全市城乡开展以学习贯彻中共十四届五中全会精神为中心内容的社会主义思想教育活动。1997年,市委举办全市领导干部读书会活动,进一步解放思想,更新观念,为抓住机遇、加快发展奠定良好思想理论基础。1998年,为纪念真理标准讨论和中共十一届三中全会召开20周年,市委在全市深入开展解放思想教育活动。1999年6月始,利用一个半月时间,在全市党员群众中开展集中教育活动。2000年3月,市委制定《关于加强和改进思想政治工作的意见》,要求各级党委从全局和战略高度,充分认识加强和改进思想政治工作的极端重要性,以适应新形势的要求。是年11月,市委召开全市思想政治工作会议,要求把思想政治工作纳入党委工作重要议事日程。

2001年2月,市委召开全市农村“三个代表”重要思想学习教育活动工作会议,部署“三个代表”重要思想的学习宣传工作。各级党组织上门征求群众意见,开展批评和自我批评,全面整改党员中存在的不良风气,解决群众反映的热点难点问题。

2006年—2008年,市委组织开展“爱我安丘,科学发展,共建和谐”活动。制定实施意见,成立和谐创建工作领导小组,全面抓好和谐单位、和谐村庄、和谐家庭、和谐企业、和谐社区创建工作。全市建成潍坊市级理论宣传教育基地6个,深入开展学习实践科学发展观百名专家进基地和千名干部下基层宣讲活动,对市民进行理想信念、“四德”工程建设、市情宣传和“讲孝德、重品行”感恩回报等教育,营造健康向上社会风气。

2009年—2011年,市委相继健全完善党委中心组学习制度,建立党委(党组)理论学习中心组成员档案;开设“周末大讲堂”“青云大讲堂”等宣讲活动,打造高层辅导报告会品牌。邀请国家行政学院、北京大学等知名院校专家教授到安丘举办专题辅导报告;开展科学发展观大宣讲活动,完善基层面对面宣讲“百千万”机制,组织开展百名专家进基地、千名干部下基层、万名党员连万户理论宣讲活动;在媒体开设“学习型党组织建设”理论专栏,交流学习型党组织建设活动中的典型和经验,协调各网站开设理论栏目,进一步扩大理论宣传覆盖面。

2012年—2013年,把中共十七大、十七届六中全会和中共十八大精神作为工作指导,深入贯彻落实科学发展观,坚持围绕经济建设这个中心,从服务大局出发,认真扎实地推进社会主义核心价值体系建设,为建设富强、秀美、幸福新安丘提供思想保障和动力支持。

道德建设

1987年,县委宣传部在县百货公司、农行、师范、人民医院、县联社5个单位进行职业道德教育试点,指导其建立健全职业道德规范,落实具体措施,先行一步。1989年,全县组织开展以热爱党、热爱社会主义为主题的“讲、忆、颂”活动,对人民群众进行爱国主义、集体主义、社会主义和党的基本路线教育,弘扬社会主义核心价值体系。

1990年—1992年,县委以培养“四有”新人为主题,先后在全县各单位开展爱国主义教育知识竞赛,在市直企业开展“爱国、爱厂、爱岗”活动,在中小学生中开展“讲一个爱国故事”活动,对全县群众进行“有理想、有道德、有文化、有纪律”教育。1993年—1995年,全市开展职业道德、社会公德、家庭美德“三德”教育活动，将“三德”教育内容印刷成册发至各乡镇街道和市直机关、企事业单位，将“三德”教育与党员、团员学习活动相结合，促使市民自觉养成文明习惯，提高文明素质。

1997年，市精神文明建设委员会颁布实施《安丘市市民文明公约》和《安丘市市民“十不”行为规范》，开展“行为养成工程”，号召广大市民从自己做起，自觉践行文明公约，遵守行为守则，争做文明市民，共建文明城市。1998年—2001年，先后举办安丘市“农信杯”市民文明知识竞赛、“国税杯”文明公民知识竞赛、“地税杯”纪念建党80周年演讲比赛、学习《公民道德建设实施纲要》等活动，加强全民思想道德教育。

2004年，市委把中小学教育作为重点，印发《关于进一步加强和改进未成年人思想道德建设的意见》，以学校、家庭、社会“三位一体”为支撑，深入开展未成年人思想道德教育。2006年，市委宣传部、市文明办以“知荣明耻、做文明市民”为主题，深入开展社会主义荣辱观教育活动，在全市倡树社会主义荣辱观。2007年，广泛开展“深化文明交通、建设文明安丘”系列活动，通过印发宣传材料、编印《活动简报》等方式加大宣传引领力度。先后处罚交通违法违规行为2万多次，纠正各类违反交通法律法规行为近11万次，促进市民养成文明交通行为。

2010年，市文明委印发《安丘市“四德工程”建设实施意见》，组织实施以社会公德、职业道德、家庭美德、个人品德为内容的“四德工程”，倡导爱国、敬业、诚信、友善的道德规范。组织各级道德模范推选工作，开展向“潍坊市十佳文明市民”和道德模范学习宣传活动；以净化社会文化环境整治为重点，组织协调工商、公安、文化、综合执法局等部门，集中开展网吧市场监管、网络环境优化、荧屏声频净化、出版物市场治理和校园周边环境治理等四大专项整治行动，净化社会文化环境。市文明办与团市委、市公安局、市交通运输局、市教育局联合，组织开展文明交通活动。

2011年，市文明委制定《关于广泛组织开展“乡村文明行动”的实施意见》，在全市范围内开展“乡村文明行动”。2012年，印发《关于推进“道德讲堂”建设实施意见》，以提升公民道德修养和文明素质为目标，加强社会公德、职业道德、家庭美德和个人品德建设为重点，引导市民“积小善为大善”“积小德为大德”，自觉成为道德的传播者和践行者，营造“讲文明，重品行，促和谐”的浓厚氛围。是年5月，召开道德领域突出问题专项教育和治理工作座谈会。2013年9月，市文明委印发《关于进一步推动在全市村居（社区）广泛建立善行义举四德榜的通知》，各村居设立助人为乐、见义勇为、诚实守信、敬业奉献、孝老爱亲榜，由专人负责管理维护，定期张榜宣传凡人善举，用身边道德模范现身说教，引导群众培育和弘扬社会主义核心价值观，传递正能量。

第三节　文明新风

见义勇为

安丘市委、市政府在不断加快经济社会事业发展同时，高度重视并加强全市人民群众思想道德建设，大力引领和倡树新风正气，全市舍己救人、见义勇为等优良传统得以发扬光大。

1994年8月30日下午，驻安某部队王松所在连队在刘家尧镇朱家庄村铁山附近野营训练。下午5点半左右，王松突然听到身后不远处的采石坑内传来“救命”的喊声，便飞快地跑向水坑，纵身跳进坑内，把落水老人推向岸边。老人得救，王松却沉入水底。王松被山东省人民政府批准为革命烈士。

1994年10月29日中午，刘家尧镇个体运输专业户赵笃刚，为救掉进三四米深水中的2个大人和3个孩子，一次又一次跳入水中，直至将人全部救起。1995年10月，赵笃刚确诊为萎缩性肾炎，需要换肾。群众闻讯纷纷捐款相助，奏响一曲“英雄救群众，群众救英雄”的精神文明赞歌。共青团山东省委授予赵笃刚山东省新长征突击手称号。

1998年8月22日，一场罕见的暴风雨袭击安丘。下午3时，金冢子镇东南戈村村民张孝义、秦玉栋、杨永宝到野外察看灾情，同行的张丰义、张鹏鹏2名儿童不慎从滚水桥上落入水中。张孝义、秦玉栋奋不顾身跳入水中救人，献出宝贵生命。市委、市政府召开张孝义、秦玉栋事迹报告会，在全市开展向救人英雄学习活动。是年11月，山东省人民政府批准张孝义、秦玉栋为革命烈士。

2004年8月4日上午9时15分，金冢子镇红冢村村民刘金海驾驶农用三轮车，载着妻子、2名年幼孩子和一名邻村妇女，过桥到洪沟河西的官庄镇走亲戚。行至桥中央时，三轮车跌入漩涡中。官庄镇毛家庄村村委会主任李玉杰见状，毫不犹豫地跳入漩涡救人。他先从驾驶室中救出一名孩子，在救另一名孩子时，被洪水夺去生命。市委、市政府作出《关于开展向李玉杰同志学习的决定》，山东省人民政府批准李玉杰为革命烈士。

2011年7月25日18时，石埠子镇西张厢村村民董某不慎落入渠河2米多深的激流中。闻讯赶来的鞠世兵来不及脱衣服便纵身跳入激流中。一个浪头打来，鞠世兵被卷入漩涡，献出宝贵生命。山东省人民政府批准鞠世兵为革命烈士。

捐资助学

1986年—2013年，全市收到社会捐助资金3.1亿元。1997年，安丘富华食品公司捐助安丘镇学校电脑20台，价值3.4万元。2005年，山东鲁能集团出资20万元，在郚山镇捐建鲁能希望小学。2011年，潍坊东海置业公司捐助凌河镇课桌凳366套，价值20万元。2012年，中国青少年基金会捐款20万元，在兴安街道建红军小学。2013年，景芝镇王炜星捐资100万元，为景芝镇由方小学建教学楼一栋。

市关工委发动社会各界踊跃捐款，帮扶全市困难学生。2010年，筹资74万元，帮扶大学生60人、中小学生89人。2011年，筹资105万元，帮扶大学生90人、中小学生1782人。2012年，筹资80.5万元，帮扶大学生59人、中小学生1149人。2013年，筹资109.8万元，帮扶大学生75人、中小学生1234人。

1995年起，市妇联在全市组织实施“春蕾计划”，发动社会各界爱心单位和个人为贫困女童献爱心。至2012年，全市捐款130万元，资助贫困女童8398人。其中，5024名顺利完成九年义务教育，2590名以优异成绩升入高中或中专、大学继续深造。

1986年始，市通用机械厂退休干部郎丰振与老伴节衣缩食，先后关心帮助安丘、潍城、坊子等地14处乡镇的41名农村贫困高中生考入大学，为这些孩子捐款6万元，向社会求助16万元，让其顺利完成学业。郎丰振先后获全国关心下一代先进工作者、潍坊市十大道德模范称号。

1995年6月，潍坊市大江企业集团董事长郑学江投资60万元，为家乡建成一所幼儿园。

1996年1月，辉渠镇个体建筑业户王爱民将经营8年积累的建筑公司固定资产53.35万元，捐献给安丘市第一中学。

大汶河旅游开发区东北村村民张学庆，从事粮食批发零售业务，生意不大，收入微薄。十几年间，他省吃俭用，拿出1/3的收入，救助200名贫困孩子，捐款17万元，被人们称为“草根慈善家”。

扶危济困

2008年—2013年，全市通过开展“慈心一日捐”、抗震救灾、定向捐赠、日常捐款等活动，募集善款1337.12万元。开展“朝阳助学”“康复助医”“夕阳扶老”“爱心助残”“情暖万家”等慈善救助活动，为1994名困难群众发放救助金468.13万元，对15个村定向救助136.34万元。

凌河镇凌河村民营企业家孙业润，1983年从部队退伍后，先后领办和创办8家企业，用于扶贫助困、抗震救灾等社会公益福利事业的资金220万元。

市工艺品公司下岗职工王玉红，1997年创办潍坊安德仕时装有限公司，一次性吸收下岗职工53人，安置22名残疾人就业，并为社会公益活动累计捐款30万元，获潍坊市第二届道德模范称号。

2008年5月25日，市委、市政府组织89人的安置房建设队伍奔赴四川省北川县桂溪灾区。桂溪乡地处北川县东北部山区，平均海拔1500多米，最高海拔3000多米，自然环境恶劣。负责援建的渭沟村道路又被雨水冲毁，运输车辆无法进入。援建队员硬是把搭建板房所需的水泥、砂石料、砖、板材等材料徒步手拉肩扛运上山，保证援建工作顺利推进。利用35天时间，为灾区中学安装板房28套、教室36间，为灾民安装板房114套，创造灾区重建的“安丘速度”。

尊老爱幼

辉渠镇南官庄村村民崔玉贞，1992年丈夫突发急症去世，婆婆悲痛中双目失明，脾气也变得暴躁。她一个人挑起家庭的重担，每天伺候婆婆吃完饭后再给孩子和小叔子做饭，自己则带上点干粮就下地干活。后来，她带着患眼疾的婆婆和先天残疾、精神有问题的小叔子改嫁给比自己大19岁的李常运。2001年，不幸再次降临，李常运又得偏瘫，生活不能自理。为支撑这个家庭，她省吃俭用，十几年没穿过一件新衣服，偷偷外出卖血贴补家用，再苦再累再难也供孩子上学。2008年，她获感动安丘十大人物和第三届山东省道德模范称号。

大盛镇东田庄村村民吴玉红，从2005年起先后从潍坊市儿童福利院抱养6个残疾孩子。用浓浓的亲情给予这些因残疾而被抛弃的孩子无微不至的关爱，让孩子们重新感受到家庭的温暖和亲人的关怀。她先后获安丘市十大杰出母亲、潍坊市十大巾帼道德模范称号。

大汶河旅游开发区韩家王封村韩文修，其三叔患有严重的癫痫病。每当癫痫病发作的时候，婶娘和三个女儿都手足无措。其时，还不到20岁的韩文修，毅然承担起照顾三叔一家的重担。1974年，三叔去世后，韩文修自然成为婶娘家的顶梁柱。1975年，韩文修参加工作进入县城，贤惠的妻子毅然将自家与婶娘家的隔墙打通，两家人成了一家人。1986年，韩文修把婶娘接到自己身边，像照顾自己的亲娘一样照料着这位婶娘。他先后获安丘市十大孝星和潍坊市和谐家庭称号。

石堆镇石堆初级中学学生周玉霞，出生在一个农村家庭，其父在40多岁时才跟她智残的母亲结婚。上小学时，学会干家务，照看母亲、洗衣、做饭成为她每天要做的事。为了母亲，常年劳累的父亲也落下腰肌劳损等疾病。2007年11月20日，母亲不小心掉进池塘溺亡。面对家庭的不幸，她自强不息，笑对人生，不但承担起家庭的责任，而且品学兼优，成为同学学习的榜样。2009年，周玉霞获潍坊市十佳文明市民称号。

柘山镇金钱洼村彭德花，1999年与本村青年杨焕好结婚。婚后第二年，婆婆突然因病离开人世，她把本已分家另过的年迈公公和弱智叔公接到自己家中，悉心照料。生活虽然艰难，她总是尽最大努力把生活调剂得好一些，让公公和叔公吃饱吃好。家里每次割肉，买稀罕东西，她和丈夫舍不得吃，让叔公和公公多吃点。无论再忙再累，都及时为公公和叔公把衣服洗干净，让老人舒心愉快。她常说，既然自己是这个家庭中的一员，就有义务照顾好每位亲人。2011年10月，彭德花获潍坊好人称号。

柘山镇谭秋峪村谭军环，母亲常年有病，精神状态不好，只靠父亲一人耕种着几亩薄地维持生计。2003年，家里突然起火，父亲谭培喜被重度烧伤，住院花去7万多元，最终导致双手残疾，失去劳动能力。原本身体不好的母亲面对一连串变故，不堪打击，不久离开人世。6岁的小军环开始挑起家庭重担，尝试着洗衣、做饭。父亲手残无法自理，需要小军环一勺勺喂饭。2012年，小军环升入柘山中学。因为要住校，她每周五回家无论多晚都要洗出自己和父亲的衣服，周六备好父亲一周的饭菜和自己要带到学校的饭。灾难成就坚韧，磨砺学会坚强。她先后获CCTV英语风采大赛潍坊赛区二等奖、宋庆龄奖学金与感动安丘十大人物、潍坊市十佳孝老爱亲好儿童称号。

第三章　社区服务与建设

第一节　城市社区建设

安丘社区服务萌芽于20世纪90年代初，最初以各单位及村（居）委会开展尊老爱幼、扶困助残等帮扶活动为主。1994年，安丘撤县建市后，市委、市政府贯彻落实民政部等14个部委《关于加快发展社区服务业的意见》，把城市社区建设纳入议事日程，不断探索实践，先后成立南关头、硝市、西巷子、庄头、城里、北关、城北、十二户、烟市街、东小关、东关、大城埠、东南街、东场街、韩家后、宋家园、西关17个居民委员会，初步积累出开展社区建设经验。2007年4月，市委、市政府制定出台《关于加强和推进城市社区工作的意见》，主要是依托居民委员会，开展以社区服务为主要内容的社区工作。是年10月，市里将兴安街道18个村、新安街道的35个村改设为居委会。2010年，全市规划城市社区20个。在此基础上，进一步创新党建载体，拓宽党建领域，充分发挥城市社区作用，形成以街道党工委为核心、社区党组织为基础、社区党员为主体共同参与的党建新格局。以“好班子、好队伍、好路子、好机制、好环境”为标准，组织开展“党建示范社区”创建活动，为社区党组织和党员发挥作用搭建平台。依托社区中心建立社区党员干部信息库、入党积极分子信息库，实现各类党建资源信息的互通共享。

2013年，全市建成城市社区14个。其中，兴安街道8个、新安街道4个、经济开发区1个、大汶河旅游开发区1个。城市社区服务范围和内容不断拓宽，从单一、分散服务发展成为公共、便民、利民服务等多种多样的服务内容和方式。全市形成以社区福利服务、社区便民利民服务、社区就业服务为主体的服务格局。社区福利服务主要面向老年人、残疾人、优抚对象、困难群众、困境儿童提供服务。建立14个社区日间照料中心，提供床位310张，为老年人提供日常照料服务。市社会福利院为社会提供老人护理、代养、孤儿养育、弃婴收养、流浪乞讨人员救助等方面的服务；社区便民服务，设立老年福利服务中心，为老年人提供体育健身、报刊阅读等方面的服务。设立“人之缘”居家养老服务中心，免费为老年居民发放“老年机”，开通一站式服务热线电话，免费为社区居民提供居家方面的服务信息；社区服务大厅设立职业介绍岗，发放就业政策宣传提纲，提供就业培训等业务，为居民提供就业服务。

安丘市2013年城市社区情况一览表

表27—5

街道（开发区）	所辖社区
兴安街道	韩家后社区、城北社区、城里社区、十二户社区、三合社区、大城埠社区、西三里庄社区、东关社区
新安街道	石龙社区、归家疃社区、磨埠社区、黄十里社区
经济开发区	刘家尧社区
大汶河开发区	五里社区

安丘市2013年城市社区居委会情况一览表

表27—6

街道（开发区）	所辖居委会
兴安街道	小庄子、小近戈庄、东南街、务稼庄、马家楼、城里、北关、庄头、西关、南关、东场街、西巷子、宋家园、谢家村、三里庄、南关头、城北、东小关、韩家后、前十二户、老庄子、烟市、东关、城埠、三合、朱田戈、南三里
新安街道	孙十里、黄十里、小河崖、桥北头、周家楼子、丘东、丘家庄、城西、汶中、归家疃、磨埠、石龙、薛家庄、付家庙子
经济开发区	金稻园、青龙湖、彭家洼新村、刘家尧、莲花山、坟庄、温家坡子、彭家庙子、刘家庄、青龙山、永乐官庄
大汶河开发区	张家田戈、周家田戈、赵家村、韩家村、逯家村、魏家村、孟家五里河、王家五里河、贾戈东北村、贾戈西北村、贾戈东南村、贾戈西南村、杏行村、高家沟、大沙埠、邵家埠、李家五里河、曹家五里河

第二节 农村社区化服务与建设

2007年始，安丘市为解决公共服务在农村缺乏的问题，创造性地开展“政府主导、多方参与、科学定位、贴近基层、服务农民”农村社区化服务建设，将农村社区化服务作为市域内实现基本公共服务均等化、缩小城乡差距、推进城乡经济社会一体化进程必要途径，并作为社会主义新农村建设重要内容。是年，全市规划建设农村社区120个，实现社区化管理服务全覆盖。社区建设主要依托经济发展集聚地、依托闲置资源、依托现有工作片等模式规划布局，实行外墙色彩、内设机构、标牌、规章制度、标识物、工作人员挂牌上岗“六统一”。社区人员原则上由镇街区机关工作人员、直属部门工作人员、村党组织书记和市直部门下派人员4个层次组成。市直部门下派人员采取挂职形式，与原单位完全脱钩；镇街区机关和直属部门下沉人员达到工作人员总数的70%左右。社区中心设党委或党总支，原则上书记由镇街区科级干部担任，社区主任由年轻后备干部担任；党组织副书记设2职～3职，原则上由镇街区一般干部担任。辖区村党组织书记原则上吸收为社区党委或党总支班子成员。

2008年，农村社区开展以公共服务、生产服务、生活服务、社会管理、党组织建设为主要内容的“五位一体”服务职能建设，通过丰富社区服务内容，进一步健全农村社区管理服务机制。整合农村公共服务资源，承接和延伸政府对农村的公共服务职能，在社区中心建设为民服务大厅，所有与群众相关的行政服务项目全部实行一站式集中受理；设立农资超市，向社区群众提供符合标准的农用物资，搞好技术指导和咨询；设立日用消费品超市和文体活动站，向社区群众提供公益性文体活动；设立治安和法律服务站，协助做好治安调解工作；社区中心建立党支部，设立党员活动室，搞好社区中心党建和思想政治工作。市里成立社区建设协调机构，负责全市社区建设统筹协调，各部门、单位将服务职能下移、延伸，与社区建设相结合，最大限度地方便群众。

2009年，市委创造性地提出“四个围绕”，大力提升社区服务水平。围绕建设和谐社区，组织党员志愿者为社区困难群体、农村富余劳动力提供便民、利民、就业、帮扶、指导等服务；围绕建设富裕社区，为社区群众提供信息、生产、农资和致富技能等方面服务；围绕建设文明社区，开展文明村、文明家庭创建活动，不断优化社区人居环境；围绕创建平安社区，发挥机关站所人员、农村党员干部、群众代表“三支队伍”作用，积极开展普法教育、矛盾调解、社区矫正、安全生产、群防群治，为社区发展创造良好环境。市里将社区服务纳入督查范围，定期不定期地开展工作督查，每半年1次检查考核。各镇街区均成立社区工作督查小组，抓好社区中心工作人员服务、值班、社区事务管理等方面的督查工作。设立意见箱、投诉电话，建立服务群众满意度回访测评制度。通过社区中心工作千分考核、日常督查、群众举报、满意度访问等形式，一年2次对社区工作人员进行考核。考核结果与社区经费、干部使用、评先树优挂钩，以提升社区为民服务的积极性和责任感。

至2013年，全市规划修订后的农村社区111个。其中，集中居住型农村社区100个、非集中居住型农村社区11个。除6个一村一社区外，其他全部为多村一社区。为保证服务便利，每个社区服务半径约2公里，1500户左右，基本实现公共服务全覆盖。

第四章　宗　教

第一节　佛　教

佛教在安丘由来已久，何时传入无从考证。元末是佛教发展兴盛期。明《安丘县志》记载，元末安丘建起或重修佛教庙宇很多。新中国成立初，境内尚有寺庙93座，和尚19人，尼姑8人。1957年，有寺庙67座，无和尚、尼姑。1958年后，寺庙相继被毁。2008年，位于公冶长书院风景区的青云寺登记开放。2009年，位于五龙山风景区的观音寺登记开放。2013年，位于辉渠老峒峪金牛泉景区的法兴寺登记开放。至2013年，境内有登记开放寺庙3处，登记备案教职人员4人，常驻僧人12人，佛教居士近2000人。

1986年—2013年，佛教信众捐款捐物20万元。其中2008年汶川地震捐款27243元。

第二节 道 教

安丘道教文化发展随着道教在山东的发展而发展扩大。古代，境内牟山称作安丘山，为全国著名道教名山。元朝时期，道教在安丘发展最为兴盛。明《安丘县志》记载，元末安丘先后建起或重修道教庙宇很多。有史可考的栖虚观、三教堂等为有名道教庙观。新中国成立初，全县有专职道士62人、道姑6人。直至1957年尚有专职道士5人。1958年后，寺庙相继被破坏，道士遂无，大型道教活动消失，仅乡间少数信男信女仍有活动。

第三节 基督教

19世纪末，基督教传入安丘，分长老会、信义会、小群会、耶稣家庭4个教派，1950年合并于县基督教“三自”爱国运动委员会。1985年，全县设合法聚会点19处，其中开放点4处，有信教群众838人。2013年，全市有登记备案教职人员16人。其中，牧师1人、长老6人、传道员9人。登记开放的活动场所42处，信教群众近1万人，分布在各个镇街区。

爱国组织

1982年，安丘县召开基督教第一次代表大会，成立安丘县基督教“三自”爱国运动委员会，通过有关章程，选举郝志欣为主任。规定逢单月15日为例会。1990年，召开基督教第二次代表大会，选举郝志欣为县基督教“三自”爱国运动委员会名誉主任，王天祥为主任。1995年，召开基督教第三次代表大会，选举韩玉萍为基督教“三自”爱国运动委员会主任。2002年，召开基督教第四次代表大会，修改“三自”章程，提出新阶段基督教的目标任务，选举产生新一届基督教“三自”爱国运动委员会领导班子。2011年，召开基督教第五次代表会议，选举韩玉萍为基督教“三自”爱国运动委员会主任，设委员28人。

活动场所

安丘最早的教堂——军屯教堂始建于清光绪元年（1875）。至2013年，境内有登记开放的基督教堂及活动点42处。

安丘市2013年基督教活动场所分布表

表27—7

镇街区	基督教活动点	堂点负责人	镇街区	基督教活动点	堂点负责人
景芝镇	阜康村基督教堂	禚昭福	兴安街道	南关基督教堂	韩玉萍
	彭旺店子基督教堂	郭桂清		河南村基督教堂	罗静庆
	水崖村基督教堂	刘希英		三十里铺基督教堂	张恩惠
	临浯西村基督教堂	王金校		王十里河村基督教活动点	李华成
	游家庄村基督教活动点	王培莲	郚山镇	大埠沟村基督教活动点	吉连友
	北景芝村基督教活动点	李士成		鲁家哨村基督教活动点	鲁桂欣
	前王庄村基督教活动点	张坡升	官庄镇	官庄西村基督教堂	陈 尧
	万戈庄村基督教活动点	张福龙		阎家管公村基督教活动点	李克帮
	东营村基督教活动点	李永芬	柘山镇	任家旺村基督教活动点	任仕礼
	朱家沙浯村基督教活动点	韩瑞友	石埠子镇	南仕居元村基督教活动点	马炳志
	西王疃村基督教活动点	赵培兰		崖头村基督教活动点	马奎英
	尧上村基督教活动点	杨炳安	大盛镇	牛家沟村基督教活动点	李素香
凌河镇	凌河基督教堂	王秀彩	金冢子镇	军屯村基督教活动点	宋希义
	董家庄村基督教活动点	田洪恩		后双庙村基督教活动点	王焕荣
	山后屯村基督教活动点	王升堂		张家庄子村基督教活动点	孙奉仁
	芷芳村基督教活动点	刘景兰	石堆镇	甘泉村基督教堂	李云忠

续表 27—7

镇街区	基督教活动点	堂点负责人	镇街区	基督教活动点	堂点负责人
凌河镇	南部村基督教活动点	冯兰财	石堆镇	大坡庄村基督教活动点	刘冠秀
大汶河旅游开发区	大沙埠基督教堂	刘建方	辉渠镇	周家埠村基督教活动点	周洪宣
				谋家河村基督教活动点	冯兰政
新安街道	瓦青官庄基督教堂	朱梦耀		田家岭村基督教活动点	冯兰财
	东院庄村基督教堂	楚学宗		西南村基督教活动点	王传军
	张家庄村基督教活动点	陈世昌			

宗教房产

1982年，安丘县落实宗教政策，将毁坏的原基督教堂房产作价2.08万元赔偿给教会，并在县城东小关盖教堂10间。1995年，协助宗教界落实景芝、担山镇2处宗教房产。1999年，协助贾戈镇大沙埠基督教堂落实宗教房地产政策。2000年，协助凌河镇凌河基督教堂、白芬子镇三十里铺教堂落实宗教房地产政策。2003年，帮助黄旗堡镇西安泰村基督教堂落实宗教房产政策，维护信教群众合法权益。2011年，为市基督教堂等4处活动场所办理土地证、房产证。

公益活动

安丘基督教信众积极参加济困解难、救灾救贫等公益活动，其中在2008年汶川地震捐助活动中，基督教“三自”爱国会捐款12594元。1986年—2013年，捐款捐物60万元。

2007年，市基督教“三自”爱国会筹备建设安丘市福乐托老院。托老院占地7000平方米，建筑面积500平方米，新建房屋53间，床位100张，2008年建成并投入使用。托老院除承担社会养老外，还无偿赡养孤寡残疾老人19人，年无偿支出15万元。2013年，托老院筹备建设二期工程。

第四节　天主教

清同治三年（1864），天主教传入安丘。光绪二十六年（1900），德国传教士进入安丘，教徒逐年增多。新中国成立初期，境内有天主教堂22座，教徒893人。1977年，尚有神职人员18人、信徒180人。2013年，全市仅有天主教信众130人左右。

1999年，全市召开天主教第一次代表大会，18名天主教徒代表参加会议，成立安丘市天主教爱国会，会长为张圣爱。会后，天主教爱国会一直未开展相关工作，也未进行换届。2013年，全市登记开放的天主教活动堂点2处。景芝镇朱家沙浯村天主教活动点负责人为朱德林，信教群众十几人；大盛镇白石岭天主教堂负责人为张建礼，信教群众120人左右。

1986年—2013年，天主教信众捐款捐物10万元，其中在2008年汶川地震捐助活动中捐款5000元。

第五节　伊斯兰教

安丘原无伊斯兰教。20世纪90年代末，青海、甘肃、新疆等省区穆斯林群众到安丘开设清真拉面馆和烧烤店铺，将伊斯兰教带入境内。伊斯兰教信徒多为外来务工、经商的穆斯林群众。2013年，全市有21家清真拉面馆，外来从业回族群众120人，经常参加宗教活动的40人。

第五章 民 俗

第一节 岁时习俗

春节

安丘民间传统节日中，最隆重要的莫过于春节，即俗话说的“过大年”。

过年指的是大年初一。其实，一进腊月，家家户户就开始忙年，忙年是多方面的，而吃、穿、用则是最主要的。一般年景的普通人家，平时省吃俭用，而过年时则要蒸年糕、蒸包子、蒸饽饽、做豆腐，还要杀鸡、宰猪、买鱼、炸丸子。家家做豆腐，求的是“都有福”；杀上几只鸡，求的是“大吉大利”；买上几条鱼，求的是“年年有余”；蒸上一锅糕，求的是“日子过得年年高”。年前还要制作和购置各种生活用具和过年用品。筷子、碗即使不缺，年前也要买上些，为的是“添筷子添碗添人口”图个吉利。“腊月二十四，掸尘扫房子”，有的进入腊八日就开始扫除，要把家里的盆盆罐罐全搬出来，逐一擦洗一遍，以示辞旧迎新。

除夕，民间把这天的白天叫“年除日”，晚上叫“大年五更”，为腊月最后一天。大月时是三十，小月时是二十九，这天开始过年。清早，家家户户清扫街道、庭院，以便干干净净过新年。早饭后，屋内挂年画，糊窗纸，贴窗花。春联有的在除夕贴，有的在前一天就贴好。贴春联也叫贴对子，要先打好糨糊，从大门始依次向里贴影壁墙、正房门、偏房门、窗户、家具，最后贴猪圈、牛栏。过年贴“福”字特别多，门楣上、窗户上、屋门上、大型家具上都贴上大大小小的“福贴子”。个别地方也贴“有”贴。贴完春联，就要摆设供奉神祖的香案、菜桌，天一黑就放好“拦门棍”。放“拦门棍”就是在大门内横放上一根木棍，一是拦住家中的财宝，不让外流，二是不让孤魂野鬼闯进家门。在院子里撒上豆秸、芝麻秸，说法是“撒上豆秸出秀才”“撒上芝麻秸出大官”，也有的说是为天上诸神所乘马匹提供粮草。午饭前，服期近的男子，一起到墓地上坟烧纸。要过大年，一是给已故先人送钱用，二是告诉他们晚上回家一起过年。傍晚，服期近的男子在尊长带领下，到村头或十字路口，还有的直接到墓地，请祖先回家过年，这叫“请家堂”。将“老爷老嬷”和诸神灵请来之后，就要“摆供”，民间叫“供养”，在“供养”祖先、神灵的桌子上放好筷子，摆放好盛有菜肴的碗。“供养”好先祖，女人在房屋子里包水饺，男人在堂屋炒菜。女主人还在水瓮中放几棵青菠菜。年五更炒菜、做饭都不用风箱，怕拉动风箱惊动回家过年的“老爷老嬷”。炒好菜，包好水饺，美酒佳肴端上桌，全家人围坐在一起，共饮年夜酒，共吃年夜饭。

“发纸马”是在年夜的午夜时分。俗话说一夜连双岁，五更分二年。“发纸马”实为烧“纸马”，就是让天上的神灵骑上马返回天宫。发“纸马”时，将各个供桌整理一下，并为其添上水饺。水饺是素馅的，一般不拿“鼻子”。发完“纸马”，便是下水饺，吃水饺。吃水饺又叫“辞岁饭”，吃完水饺标志着人们又长了一岁。这顿饭只有自家人坐在一起吃，因而也叫“吃团圆饭”。民间有歇后语：“大年五更吃馉馇——没有外四家”。吃完水饺，长辈便分“压岁钱”，也叫磕头钱，这是孩子们最高兴的时刻。饭后，在锅里的箅子上放上年糕、团圆饼、水饺和饽饽等，这叫“压锅”。“压锅”一直压到“五马日”。人们对年夜的这顿“团圆饭”非常看重，很多在外地工作的人，千里迢迢赶回家，为的就是全家人围在一起吃这顿水饺。

吃完团圆饭，开始“守岁”。全家人坐在一起，守着火炉，吃着花生、瓜子、糖果，喝着茶水，评古论今，谈天说地，有的一直守到黎明。进入20世纪80年代，守岁的习俗也在改变，很多人发完“纸马”、看完春节晚会就睡觉，早晨早点起床，先给家里长辈磕头拜年，然后煮水饺、吃水饺。

正月初一 ，俗称“大年初一”。天还不亮，男性晚辈们便成群结队地到本族长辈家中磕头拜年。拜年时，往往是近服的兄弟结伙，有的一个拜年队伍十几人。进房屋后，逐个问长辈“您过年过得好！”女人拜年比男人要晚，多是在天亮之后，拜年的范围和男人基本相同。晚饭后，把供奉神、祖的供品收拾起来，男主人带领家中男子把请来家过年的先辈亡灵送走，这叫“送家堂”。新中国成立后，政府提倡移风易俗，过年摈弃“请家堂”“送家堂”、扎天地棚、挂家堂轴子、磕头等旧俗，城乡拜年大都以敬致问候、互相祝福取代旧时叩拜之礼，传统春节习俗中带有迷信色彩的内容日趋淡化、简化。20世纪80年代，随着居民家庭经济条件不断改善和人民生活水平提高，收音机、电视机等新媒体先后普及，古朴的春节习俗已赋予新的时代特色，全家人围坐在一起收看电视上的春节联欢晚会，成为一种新年俗。20世纪90年代后，随着固定电话、移动电话、电脑进入家庭，人们对身处远方、无法面对面拜年的亲朋好友，打个电话或发个短信拜年，送去新年的祝福。全家人到饭店吃年夜饭，到旅游景点休闲过年也成为一种节日时尚。

从正月初二到正月十五是出门走亲戚的日子，民间称“出门”。平日里不走的亲戚，正月里都要走动走动。旧时有“初二姥娘初三姑，初四初五看丈母”之说，现在一般是先走岳父母家、姥娘家、姐姐家，再走姑家、姨家，新亲戚先走。20世纪80年代前，“出门”大多是用篼子，装上饽饽、糖火烧、点心、油条等，上面蒙上花包袱或花手巾。正月里“出门”，礼物一般不会留，有时留下个饽饽再换上个糖火烧。因为篼子里的礼物，出其他门时还要用。可见当时日子之艰。90年代后，正月“出门”之风日盛，由“走亲戚”扩展到“看朋友”，礼品由简单食品换成鸡鱼肉蛋、烟酒糖茶及食用油、奶制品等，礼品规格不断提高。从正月初二起，民间扭秧歌、踩高跷、耍龙灯、跑旱船、舞狮子等群众文化活动普遍展开，一直持续到正月十五。

正月初五，俗称“五马日”，是春节的一个组成部分，也叫“耍日子”。早晨吃水饺，放鞭炮。这一天，大人孩子尽情地玩耍。

新中国成立后，国家规定春节为法定节假日，各行各业放假7天（含2个双休日），普天同庆。春节期间，开展拥军优属、拥政爱民、走访老干部老党员、慰问困难群众等活动，传统习俗不断赋予新内容。

元宵节

元宵节，俗称“正月十五”和“过十五”。是继春节之后的一个重大传统节日。“正月十五闹元宵”，一个“闹”字道出元宵节的欢腾和热闹。

元宵节为灯节，十四为试灯，十五为正灯，十六为残灯。旧时多为各户自己造灯，习惯用豆面和玉米面蒸成生肖灯，用萝卜雕成各种动物灯，有的用白菜疙瘩插上棉棒蘸上食油做成简易灯，人们将灯点燃后分送到井台、磨台、碾台上，以求新的一年丰产丰收。民间有“正月十五挑灯笼，照到哪里哪里旺”的说法。也有的说，照到哪里哪里不生虫。十五的晚上要挑着灯笼将家里的角角落落都照一遍。20世纪90年代后，各家多挂购买的灯笼，小孩子手里提的也是带灯泡和音乐的彩灯，城区还举办灯展和猜灯谜活动。正月十四、十五、十六这三天晚上，如果没有风或风不大，谓之“收灯”。“收灯”意味着“五谷丰登”。民间有“头灯芝麻，末灯黍，中灯收了收秫秫”谚语。市里还举行大型焰火灯火晚会。晚会火树银花，流光溢彩，十分壮观。各家各户也带着自造或购买的各种“泥垛子”、爆竹、起花凑到一起燃放。“滴滴金”是小孩子放的，有的将“滴滴金”用唾液粘贴在炕沿和门后燃放，有“门后里藏不住滴滴金”的说法。

正月十五的晚上，要炒菜喝酒、吃元宵。十六日早晨吃水饺。吃元宵象征着家庭团团圆圆，吃水饺则象征着富贵。寓意在一年里诸事顺利，幸福美满。早年女人还有回娘家习俗。

民间杂耍从正月初二开始走向街头，正月十五这天则达到高潮。踩高跷、扭秧歌、耍龙灯、舞狮子、跑旱船、跑毛驴、姜老背姜婆，杂耍云集，好戏连台，村村寨寨，热闹非凡。

二月二

常言道：“二月二，龙抬头”。龙是百虫之长，它的抬头也表示虫类苏醒。人们在二月初二的一切活动中，都是围绕龙而展开，大多为驱虫避害和祈求丰收吉祥的内容。

打囤在二月二的早晨未出太阳时进行，一般由家长来打，先用簸箕或木（铁）锨盛上锅灶里扒出来的草木灰撒圆圈，名为打仓囤。灰圈的中心放上少许五谷杂粮，预示着当年各种粮食大丰收，大囤尖小囤满。为表示粮囤高大，有的在大囤旁边再撒上梯子。囤门方向也有一定讲究。

是日，有炒蝎豆、吃蝎豆之俗。人们提前将大豆选好浸泡，膨胀之后捞出晾晒，晒到八九成干时上锅炒，炒熟的豆子叫“蝎豆”。有的蝎豆还粘上糖，叫糖豆。这天吃蝎豆，一年不被蝎子蜇。早饭多吃过年留下来的饽饽和年糕。吃过年留下来的饽饽，一年吃东西卡不着。吃年糕不腰痛，民间称“撑腰糕”。进入21世纪后，大型超市售卖各种“蝎豆”“糖豆”，丰富人们的节日生活，不少居民购买食用，不再自己炒制糖豆。后来演变到花生也可粘糖吃。

父母多在这天为孩子剃头，取龙抬头之吉意，希望孩子长大以后有出息。

清明节

清明节，俗称寒食。相传是纪念春秋晋国名臣介子推的节日。

清明节的前两天，俗称“一百五”，因为从冬至到清明节前两天正好一百五十天。此日，早晨出太阳前，男人带着锨、镢等工具，到墓地给祖坟添土。

清明节的前一天称为大寒食。这天家家户户都上坟祭祖，以示对祖先的尊重和怀念。上坟戴着帽子或苇笠。新中国成立后，机关、厂矿、事业单位和学校在这天都组织人员为革命烈士扫墓，缅怀先烈业绩，进行革命传统教育。

清明这天，俗称“小寒食”。一大早，人们就到野外，折回嫩芽初露的柳枝和松柏枝子，先在屋内抽打一会儿，边抽打边说“抽打抽打蝎，今天清明节，只许墙上走，不许把人蛰”。抽打完后，将松枝、柳枝插在屋门框上角，意为驱瘟、防毒、辟邪。早饭不动烟火，吃的是头天做好的“单饼卷鸡蛋”，喝的是头天早已熬好的菠菜粥。有的把鸡蛋染成红的绿的各种颜色，分给孩子们玩耍。新中国成立后，“寒食”称谓依旧，但不再禁炊烟。

清明时节，大地回春，风和日丽，是荡秋千、放风筝和野外踏青的大好时光。男孩子大都爱好放风筝。风筝的形状多样，在安丘常见的有“五角星”“刘海”“蝴蝶”“八卦”“蜈蚣”“燕子”“知了”等，五颜六色，多姿多彩。而秋千院落则是女孩子们的天下，俗语“悠千”。秋千有前后摆荡式和旋转式之分。摆荡式秋千称“吊秋千”，两根竖柱顶端，系有铜铃，秋千一动，铃声叮当悦耳。秋千底下，你荡我送，嬉闹之声不绝。旋转式秋千称“转秋千”，吊上七八个秋千板，女孩子们坐在上面，下边有人推，转悠起来，既惊险又刺激，玩得特别尽兴。有“小厮盼年，闺女盼寒（寒食节）”之说。20世纪90年代后，农村架秋千、荡秋千者日趋减少，城区公园、广场却架起秋千，供人们常年玩耍。这天就是民间所谓的“耍日子”，人们还三三两两地到野外踏青，在阳光明媚的野外，领略大自然的风光美景。

端午节

农历五月初五为端午节，俗称“五月端午”。是古代爱国诗人屈原投江去世的日子，也称“诗人节”。

据说屈原投江之后，人们为了不让鱼类吃掉其尸体，故向江内投放粽子。习俗相沿，变成这天吃粽子。初四夜里包好煮熟，初五早晨食用。20世纪90年代始，乡间和城区有不少平日卖粽子的专业户。粽子的花样更加齐全。有“吃了端午粽，才把棉袄送”的俗语，说明时过端午节，就没有大冷天。

端午节这天，在未出太阳时人们要到野外拔艾蒿，插在门口屋檐下，以驱虫避疫。有“五月五，是端阳，门插艾，香满堂”之说。

早晨，给孩子们的手脖、脚脖上戴上一缕“五丝”（五色线），直到端午后下第一场大雨时，才解下来将其扔到水流里，让其顺水漂走。20世纪80年代后，戴“五丝”习俗基本消失。

端午节之前，娘家人带着粽子、鸡蛋等礼品看闺女。端午节正直麦收时节，农活很忙，看闺女时往往放下礼物就走，很少有人住下吃饭。

入伏

“入伏”不属二十四节气，在小暑和处暑之间。初伏、中伏、末伏都要吃“凉面”。据说入伏吃面条，整个夏天不怕热。“凉面”是把煮好的面条，放入凉开水或泉水中浸凉，再根据个人口味加入蒜泥、醋、香油、麻汁、香椿、黄瓜丝等佐料，调拌而食。从即日起，可下河、湾洗澡。

七夕节

农历七月初七为七夕节，也称“乞巧节”“女儿节”。这是传统节日中最具浪漫色彩的一个节日，也是过去姑娘们喜欢的日子。夜晚，坐看牵牛织女星是民间的习俗。

七夕节也被人们称为中国的情人节。20世纪90年代后，有些年轻人，以庆祝西方情人节的方式来庆祝七夕节，互相送玫瑰花、巧克力，或在餐馆小聚，倾诉友情。有关部门这天还举办“相亲会”，为青年男女搭鹊桥，当红娘。

中元节

农历七月十五为“中元节”，俗称七月十五，也称“鬼节”。旧时百姓有摆供祭鬼和夜晚放“火灯”，点“油面灯”的习俗。现在只保留七月十五上坟祭祖的习惯。上坟要戴苇笠。

财神节

农历七月二十二是财神爷生日，俗称“财神节”。旧时，这天做买卖的人都在家里以美酒佳肴供奉财神，鸣放鞭炮，摆宴庆贺，有的在家中焚香烧纸祭祀，祈求生意兴隆、财源茂盛。21世纪后，随着市场经济发展，这一习俗在城乡流行，不少家庭在这天放鞭炮，吃水饺或饮酒庆贺。

立秋

立秋之后，大多数农作物逐渐进入收获期。从这天开始，夜晚不再像盛夏那样闷热，时而秋风阵阵袭来，有“一场秋雨一场寒”之说。在民间，立秋后禁止孩子到河里、湾里洗澡。立秋这天中午，居民习惯吃面条。

中秋节

农历八月十五为中秋节，俗称“过八月十五”，是仅次于春节的第二大传统节日，有“八月十五小过年”之说。因八月居三秋之中，为仲秋，八月十五居仲秋之中，故称中秋。此时年景已定，旱涝已定，民间有“七月十五定旱涝，八月十五定太平”之说。

赏月、拜月是中秋节的一项重要活动。中秋的夜晚，当圆圆的月亮从东方升起，人们便在庭院中摆放上月饼、西瓜等供品，全家人欢聚一堂，边饮酒，边赏月，尽享天伦之乐。

吃月饼是中秋节的一大特色。因而过中秋节家家户户都吃月饼。月饼象征着家庭团圆，也称“团圆饼”。中秋月下，一家人边吃月饼，边讲着“月宫”的故事。“玉兔捣药”“吴刚伐桂”“嫦娥奔月”等神话传说，撩动着孩子们对浩瀚宇宙的无限遐思，让中秋节的内涵显得更加丰富多彩。

尽管中秋节处在“三秋”大忙之时，人们还是腾出时间，走亲戚看朋友。闺女已出嫁的必须去看望，所带礼品中月饼是最主要的，另有水果、点心等。

重阳节

农历九月九日，为传统的重阳节。人们习惯在这天出游赏景、登高远眺、观赏菊花。

1989年，国家把每年农历的九月九日定为老人节，传统与现代巧妙结合，成为尊老、敬老、爱老、助老的老年人节日。各单位组织从工作岗位上退下来的老人们秋游赏景，或临水玩乐，或登山健体，或观菊赏花，让老人们的身心沐浴在大自然中。不少家庭的晚辈也会搀扶着年老的长辈到户外活动，并为老人准备一些可口的饮食，以尽孝心。

冬至

冬至为农历二十四节气之一，是数九寒天的开始。冬至吃饺子或蒸发面包子吃的习俗一直延续至今，谓之“蒸冬”，有“冬至蒸冬，扬场顺风”之说。

腊八日

农历腊月（十二月）初八，俗称“腊八日”。早晨，家家户户喝“粘粥”。旧时农村多做稠米粥，也有的喝用秫秫熬的“红粘粥”。20世纪90年代后，人们对腊八粥的要求更讲究，很多家庭用糯米、小米、豇豆、绿豆、红枣、花生、核桃、红糖等做成“八宝粥”。“过了腊八就是年”，从这天开始，集市上摆售年货，家里也开始置办年货，春节气息渐浓。

辞灶

农历腊月二十三为祭灶节，也称“辞灶”“过小年”。这天晚上家家都要辞灶，送灶王爷上西天。传说这天是灶王爷回天宫向玉皇大帝汇报工作的日子，这关系一家人新一年的平安幸福。人们画上马，做好钱袋。备好水草，草是豆秸。人们在灶王爷像前摆上麦芽糖、柿饼、软枣、点心之类的甜食供品，意思是用此粘住灶王爷的嘴，不让他上天说坏话，再是让灶王爷的嘴变甜，上天多说好话。一应俱全后，点好香，放完鞭，发完纸钱，烧完纸马，就等着七天后灶王从西天驮钱回家过大年。

除上述传统节日外，还有新中国成立后新设立的现代节日。比较重大的节日列举如下。

元旦　公历1月1日为元旦，又称“新年”。为法定节假日，放假3天，包括对调一个双休日。假日期间，人们走亲访友，外出旅游，挂红灯、插彩旗、竖站牌，更换挂历、日历，互送贺年卡，开展各种文化活动，家人团聚，改善生活。

妇女节　3月8日是国际劳动妇女节。妇女放假半天。这天，举行庆“三八”妇女大会，表彰巾帼先模和好媳妇、好婆婆、好家庭；召开各种形式的妇女座谈会，举行庆“三八”文艺汇演；组织妇女健康查体，保障妇女身体健康。

植树节　3月12日是植树节。时值仲春，正是植树造林的最佳季节。农村有春季植树的习惯，一般在房前屋后种植，成片林多在山区、河滩。植树节期间，市里开展各种形式的义务植树活动，并提倡栽植“结婚纪念树”“旅游纪念树”“家庭纪念树”等。

劳动节　5月1日为国际劳动节。法定节假日，放假3天。有段时间调换两个双休日，可集中休息7天，被称为五一旅游“黄金周”。此时，春光明媚，万木披绿，繁花盛开，气候适宜，人们放下手头忙碌的工作，一家人或远游，或近郊游，放松身心，感受自然，欢度节日。这天，市里举行各种形式的庆祝纪念活动，召开劳动模范表彰大会，弘扬劳动光荣的新风尚。

青年节　5月4日为五四青年节。节日期间，各级团组织都组织开展丰富多彩的纪念活动，举行新团员入团宣誓仪式。青年们集中进行各种社会志愿者和社会实践活动，走向街头，“学雷锋、做好事”，为敬老院老人“送温暖”。

护士节　5月12日是国际护士节。护士节是护士的节日，也是整个医务界的节日。节日期间，市卫生部门举行隆重纪念活动，表彰先进，组织卫生知识竞赛，组织文艺演出，开展让病人满意等主题活动。

儿童节　6月1日为国际儿童节。各学校、幼儿园举行庆“六一”联欢会、儿童运动会、儿童书画作品展等主题活动。民间庆祝的方式多为送玩具和学习用品给小朋友，或陪小朋友外出游玩、聚餐等。

建党节　7月1日为中国共产党建党纪念日，俗称“党的生日”或“七一”。各级党组织开展多种形式的纪念活动，表彰优秀党组织和优秀共产党员，组织庆“七一”文艺演出，举行新党员入党宣誓，走访慰问老党员，对党员进行党性、党风、党纪教育，保持党的先进性和纯洁性。

建军节　8月1日为中国人民解放军建军日，俗称“八一建军节”。军地双方开展各种军民共建活动。地方党政领导到部队慰问，拥军小组到部队为战士缝洗衣服，基层党组织慰问烈军属，举行军民联欢。这天，部队也组织官兵开展一些拥政爱民活动。

教师节　9月10日是教师节。市里组织各种形式的集会庆祝活动，表彰优秀教师和尊师重教先进单位；社会各界广泛开展捐资助学活动；学生们给老师赠送贺节卡，以表示对老师的尊敬。

国庆节　10月1日是中华人民共和国国庆日，简称“国庆节”。法定节假日，放假3天，调换两个双休日，可休假7天，称十一旅游“黄金周”。人们多利用假期，外出旅游，走亲访友。城乡各地红旗飘飘，彩灯高挂，鲜花簇拥，标语站牌摆立大门两旁，到处充满着喜庆欢乐的气氛。

20世纪90年代后，随着国际交往的日益频繁和东西方文化的不断交流，一些西方国家的“洋节日”悄悄渗透到无数年轻人的心目当中，成为一些外来节日。

公历2月14日为情人节。这天，很多青年男女互送巧克力、贺卡、鲜花等礼物，用以表达爱意或友好。

4月1日为愚人节。这天，人们以多种方式开周围人的玩笑，有的人给朋友发假信息，送假礼品，邀请朋友参加假宴会，让朋友上当受骗，以取乐搞玩。

5月的第二个星期天是母亲节。母亲节这天，人们以自己特有的方式表达浓浓亲情，送给母亲鲜花、蛋糕，为母亲烹制可口饭菜，让母亲们快乐过节。在外地工作的子女也会给母亲发个短信，祝母亲节日快乐。人们在这一天除孝敬自己的生身母亲之外，还会以慈善募捐，志愿服务的方式向更多母亲传递爱心。

6月的第三个星期天是父亲节。父亲节和母亲节一样，在安丘被越来越多的人所接受。节日里，人们通过各种方式感恩父爱，表达祝福。

11月的第四个星期四是感恩节。学校增设感恩教育课，教育学生珍惜朋友，理解父母，懂得感恩。不少人在感恩节这天给父母发短信，感谢父母养育之恩。

12月25日是基督教徒纪念耶稣诞生的日子，称为圣诞节。这天，商店悬挂圣诞老人像，摆放圣诞树。营业员头戴圣诞老人小红帽，招揽顾客，推销圣诞商品。很多家长买“小红帽”和糖果、巧克力等圣诞礼物送给孩子。24日夜晚为“平安夜”，很多人为朋友赠送苹果，以求平安幸福。

第二节　礼仪习俗

婚嫁

旧时，青年男女的婚姻全由“父母之命，媒妁之言”，子女没有自由选择权，结婚后才可以谋面。传统婚嫁习俗，大体要经过说亲、相亲、投启、定婚嫁日、贺喜、迎娶、婚礼等程序。

说亲　说亲是找媒人提亲。旧时婚嫁之事，自由恋爱者极少，多是家长包办。孩子到十四五岁，父母就为其婚事操心。一般是先找个媒人。媒人受人之托，多方物色合适对象。目标初步确定后，再找一个算命先生，算一算属相合不合。相合的便可成亲，相克的不能成亲。过去提亲，女方父母当面都不作回复，须经慎重考虑后再通过媒人回复男方。也有少数女方托媒人到男方提亲的，叫“倒提媒”，往往是隐秘的。

相亲　相亲的主动权大多掌握在男女双方父母手里，先由父母代相。父母相中，方允子女见面，成与否均由父母说了算。

投启　亲事说成，第一步就是“投启”，也叫“送柬”，是签订婚约的一种形式。男方按一定格式写好媒启，上写“恭候金诺，右启”，备“四色”或“八色”彩礼，择吉日送到女方家。女方收礼回启，回帖书写“祉聆玉音，肃复”。双方以此作为婚据互存，以防反悔。

定婚嫁日　俗称“查日子”。定婚嫁日前，先由男方派人到女方家“要日子”，即讨要女方的生辰八字。根据要来的“日子”，请人查出黄道吉日，确定婚期。然后备好礼品，连同婚期送至女方家，俗称“送日子”。日子一旦定下来便不能更改。

备喜　婚期确定之后，男女双方就要进入紧张的“备喜”阶段。男方要布置洞房和置办酒席。婚礼俗称“喜公事”。“喜公事”场上街坊邻居会主动前来“帮喜”。主持操办喜事的人称总管，由他按主人意图安排婚礼的各项事宜。诸如写对联、下请柬、赁花轿、请乐队、聘厨师、找账房先生，以及迎亲、送亲、宴客等，都由总管负责。女方要忙着置办嫁妆。嫁妆主要指“缘房”和被褥。“缘房”一般有柜、箱、抽屉桌、鞋箱、帽盒、饭盒子、椅子等。被褥讲究几铺几盖，被褥的四角缝上9个棉籽和栗子、枣、花生、清钱等，以图吉利。

迎娶　俗称“将媳妇子”“娶媳妇”。结婚这天，男方门前张灯结彩，贴红对联、红双喜。早饭全家人吃面条，叫“吃喜面”。迎亲有的用一乘轿，新郎不跟着去。有的用两乘轿，新郎亲自去领新娘。新郎乘坐的轿叫“官轿”，新娘坐的叫“花轿”。迎娶时“官轿”在前，“花轿”在后。轿至女方家，女方派人迎轿，新郎踏红毯步入正房。中午酒宴款待。俗话说“像招待闺女女婿似的”，可见规格之高。

发嫁　发嫁前先给新娘梳妆打扮，发式改髽鬏、辫子为纂，称“封赠”。新娘穿由婆家带来的过门红鞋、红衣裤，腰挂铜镜，蒙“罩头红”，踏红毯入轿。“官轿”一动，花轿即起。女方母亲将一碗清水向轿底下一泼，意思是嫁出去的闺女泼出去的水，不能收回。迎亲的往返路线要走同一条路。沿途吹吹打打，遍贴“囍”字，一路挂红。迎至村头，落轿休息片刻。随着喇叭声起，重新起轿，各种乐器，同奏齐鸣，旋律悠扬。花轿合着音乐节奏缓慢行进，谓之“状元游街”。花轿进村后，男女老幼一路围观，熙熙攘攘，十分热闹。

婚礼　新娘下轿后，“小姑子”持火盆在新娘面前晃动，叫“烤火”。新娘手捧簸子，由嫁客搀扶，随新郎缓步前行。大门门槛放一马鞍，新娘跨过马鞍，就是过门的媳妇。院子正中摆好供桌，一对新人桌前侍立，先由公爹面对香案磕头礼拜，然后新郎磕头行礼，新娘头微俯，稍作叩姿，就算拜了天地。进了洞房，新郎踏蒸糕上炕，绕炕转一圈即下，称之“踩床”。随之新娘也踏蒸糕上炕，择定方向而坐。新郎用秤杆将新娘的罩头红挑下，这时小两口才知对方长得什么样。新娘吃随身饭，给长辈请安，然后回到炕上盘腿而坐，称之“坐床”。闹喜房体现的是一个“闹”字，多有平辈或晚辈青年嬉闹新娘。有越闹越喜之说，也有“新婚当日无老少”之说，但极少有长辈闹喜房者。闹完喜房便喝合婚酒，一对新人相视而坐，洞房花烛，相守天明。婚后次日早晨，新娘拜见公婆及其他长辈，请安问好，长辈付磕头钱。三日早饭后新婚夫妇到祖坟祭祖，俗称“上喜坟”。

回门　回门日期由婆家而定，在结婚那天由女方来装柜子的把回门日期带回。一般是“叫三还三”。即结婚的第三天娘家人来叫，到娘家的第三天再送回婆家，叫闺女和送闺女不能换人。

新中国成立后，随着社会的发展，安丘的婚嫁习惯也在不断发生变化。特别是国务院颁布新的《婚姻法》后，提倡男女平等，反对父母包办和买卖婚姻。青年男女可以自由恋爱，达到结婚年龄即可结婚。

新中国成立初期，由于人们的思想观念受多年的传统婚俗影响，一些旧的婚俗一时很难打破，需要有个新老婚俗的过渡阶段。以往的父母包办，转向父母只是参与意见，儿女自己说了算。买卖婚姻及变相买卖婚姻已基本消失，要彩礼之风明显减少，花轿不再是唯一娶亲工具。新人服饰也发生很大变化，新娘不再是头戴凤冠、身着霞帔，而改为红裤红褂。新郎由头戴礼帽，身着长袍马褂改为中山装。婚俗中的一些迷信色彩也明显淡化。

20世纪六七十年代，多年流传下来的传统婚俗被彻底打破。在那个特殊历史阶段，传统东西被视为“四旧”，最简单的结婚仪式取代一切。结婚不再查日子、要彩礼，甚至新娘连红花都不戴。结婚的青年男女在主持人安排下，站在毛主席像前鞠个躬，宣个誓，唱支革命歌曲，即算大礼告成。知己朋友送礼，也就是个暖瓶、脸盆、枕巾之类礼品。迎娶新娘，男方找上两个男青年骑自行车到女方家，把新娘接回家即可。也有的新郎一人到女方把媳妇领回家。人们形容那时的婚礼是“两床被子一张床，两盒香烟一包糖”。

20世纪80年代后，人们的婚俗理念发生很大变化，对婚姻大事重新重视起来。在恢复一些传统婚俗的基础上，又融入一些新的理念和形式。青年男女自由恋爱或经人介绍，确定婚姻关系后，领回家见双方父母，父母一般不会干涉，然后到民政部门办理结婚登记手续。在操办婚礼时，多由父母出面协商，帮助具体操办。结婚缘房由箱、柜等换成大衣橱、写字台、高低柜等，同时时兴手表、自行车、缝纫机“三大件”。90年代又有彩电、冰箱、摩托车新“三大件”。进入21世纪后，年轻人更青睐空调、电脑、轿车等。

2013年，安丘青年男女结婚的程序主要包括相识相爱、定亲、定婚期、迎娶、婚礼、喜宴、回门等环节。

相识相爱 新婚俗和旧婚俗最大的不同是自由恋爱。不管是自己熟知还是别人介绍，都要经过谈恋爱阶段，了解对方，建立感情，确立恋爱关系。然后与双方父母见面。

定亲 定亲礼物多为烟、酒、糖果之类。定亲时，要给女方礼金。礼金多少根据男方经济条件而定，有一万零一元的“万里挑一”、三万一千八百元的“三家咱都发”和六万六千元的“六六顺”等多种规格。同时，还要给女方买金项链、金耳环、金戒指，称“三金”。

定婚期 也是要经过要日子、查日子、送日子等民俗环节，确定一个好日子。日子确定后，便准备结婚，男方准备新房，女方准备做被子、订婚纱，两人还要拍结婚照。城区通常是男方置房，女方买车。农村则时兴男方盖房，女方陪送家用电器。

迎娶 男方院门口摆放龙凤拱门，路上铺红地毯，扎绢花拱门，贴“囍”字，挂红灯笼、红绸花。女方院门口摆心形拱门，贴红喜字，路上铺红地毯，两边挂气球引路。迎亲车辆多为4辆或6辆，化妆、司仪、照相、录像、婚车大多由婚庆公司安排，一条龙服务。男方安排伴郎伴娘各两人，陪新郎驱车到女方迎亲。发车时，鞭炮相送。车到女方家时，鞭炮相迎。新郎进女方家门要递“开门钱”，进门后给新娘扎腰带、穿袜子、送信物。然后举行简短的迎亲仪式，改口、给红包、照全家福。发嫁时，新娘带“随身饭”，女方母亲“泼水”，新娘的弟弟给新郎“端鞋”。接上新娘，迎亲车队原路返回。

婚礼 婚礼在上午举行。接回新娘，举行过门仪式。新郎西装革履，新娘婚纱着身，在司仪的主持下，拜天地，拜高堂，夫妻对拜，为父母敬茶，改口叫爸妈，父母给改口钱，证婚人讲话，家长讲话，嘉宾讲话。然后是踩床，坐床，吃随身饭，填枕头，压过门砖等等。在城区，家中举行简单过门仪式，正式婚礼多在喜宴厅举行。

喜宴 喜宴厅门前扎拱门，放礼炮、放礼花、放鞭炮。喜主和新郎、新娘在门口迎宾。喜宴规模30桌50桌不等，参宴人员喜资100元、200元不等。结婚典礼仪式上，新人倒香槟酒，切蛋糕，互戴戒指，小天使为新人抛撒花瓣、为新娘提裙摆。证婚人、家长、嘉宾致辞。礼毕，喜宴开始。喜宴将要结束时，喜主和新人敬酒，敬完酒后吃饭、发红包。宴会结束，喜主、新人门口送客。如果宾客上午宴请不完，下午继续宴请。

回门 新娘在婆家要拜公婆、拜近服长辈，拜姑、姨、妗子等亲戚，还要上喜坟。三日上午回门。

生育

怀孕 传统观念认为，生儿育女是家庭和亲族的大喜，故称怀孕为“有喜”。习惯用语是“有喜了”“有身子了”“有身孕了”。年轻媳妇、姑娘的悄悄话是“有了”。进入21世纪后，妇女怀孕后时兴胎教。就是在胎儿发育成长的各个时间段，科学地进行视觉、听觉、触觉等方面的教育，如光照、音乐、对话、拍打、抚摸等，使胎儿大脑神经细胞不断健全，神经系统和各个器官功能得到合理开发和训练，以最大限度地发掘胎儿的智力潜能。

接生　妇女生孩子叫“添喜”，也叫“拾孩子”。旧时，妇女临盆时，如果婆婆有经验，即自己负责接生，若没有经验，就找邻居的大娘或婶子帮忙，条件好点的户就找个“接生婆”接生。还有的村里的赤脚医生也做接生活。20世纪80年代后，孕妇都到医院生产，接生条件大为改善。婴儿降生后，三天内向孩子的姥娘家报喜报平安，让姥娘家知道并做好送粥米准备。婴儿三日后，向本家族和街坊邻居送喜面条和喜鸡蛋，一起庆贺家族又添新成员。

坐月子　产妇一月之内不得出家门，只躺在或坐在炕上休息。月子里怕冷风、凉水，习惯用毛巾或线帽包头，裤腿用带子扎紧免受风寒。饮食以补养为主，如小米粥、煮鸡蛋、红糖，还要吃些猪蹄、鸡汤、鲫鱼汤之类的下奶和补养身体的食品。产妇何时饿了何时吃，可一日多餐。再就是喝点黄酒，起温暖子宫的作用。

送粥米　婴儿降生五至九天内，产妇的娘家人便前来送粥米，也叫下汤米。按照男双女单的习俗，男孩送粥米的时间是六日、八日，女孩是五日、七日，有“七日娘娘八日官”之说。一般是婴儿的姥爷、姥娘或舅舅、舅母前往。送粥米一般用筦子，礼品多为鸡蛋、小米、红糖、白面、猪肉、猪蹄、鸡、鱼等营养品。

过满月　婴儿降生一个月，称为“满月”。“满月”对于产妇和婴儿来说，是一个极为重要的日子。从这天开始，产妇和婴儿可以正式和外界接触。这天都要为小孩“做满月”，也称“过满月”。产妇的娘家人不仅前来祝贺，而且还要把婴儿母子接回娘家住几天，俗称“住满月”。

过百日　婴儿出生满百日时，要举行隆重的庆祝仪式，名为“过百日”。其实，一般人家都是在九十九天过。这天，娘家人要送孩子“百日衫子”，“姑的裤子姨的袄，妗子的花鞋穿到老。”就是说，姑姑送裤子，姨送袄，妗子送花鞋。还要送孩子手镯、脚锁、小铃铛等首饰。首饰上多带有“长命百岁”等字样，也叫“长命锁”。

过生日　姥娘家要给外甥过前三个生日。届时，亲朋好友带着面条、点心、衣物或“红包”前往祝贺。主家设宴款待。以后再过生日，亲戚朋友就不必去了，自家人庆祝即可。

新中国成立后，随着生产发展、生活改善和男女平等的提倡，妇女社会地位不断提高，人们的生育观念发生深刻变化，不再一味追求“多子多福”，逐步认同“生男生女都一样”。20世纪70年代，国家提倡计划生育，“一对夫妇两个孩”。80年代后，提倡晚婚晚育，少生优生，“一对夫妇一个孩”，实行控制人口数量，提高人口素质的人口政策，城乡居民的生育观念发生根本性变化，少生、优生、优育、优教成为人们共识。传统生育习俗亦有扬有弃，向科学、健康方向变化和发展。

庆寿

为老人长辈过生日称祝寿，也叫庆寿。此俗由来已久。安丘习惯从60岁开始庆寿。但也有的人家有了第三代或年过50岁就开始庆寿。有的人虽然年过60岁，但上有父母健在，自己也不能庆寿，常言道：“父母在，不言寿”。人生中60岁、70岁、80岁、90岁是大寿，需要大庆。人到百岁不说100岁，受古语“人生在世不过百年”之说影响，年长者只说99岁，因为100岁有到头的意思。

新中国成立后，庆寿之习沿袭旧俗。多是家人和亲朋好友相聚一起，饮酒庆祝，宴席上让老人坐上首，接受大家敬拜，祝老人健康长寿。寿宴上吃寿糕和长寿面。祝寿一年一度，禁忌中间中断。因中断后再重新过，意味着“断头生”。每年给老人祝寿，儿女不能遗忘，一般不得缺席。

20世纪90年代后，祝寿形式逐渐多样化，并趋向文明高雅。如有的子女在电台、电视台点播歌曲为老人祝寿，有的请电影队为全村放电影、请剧团为村民演出戏曲以示庆贺，有的为老人摄影、录像以示留念，还有的在老人生日这天带老人外出旅游观光。

儿女、亲朋馈送寿礼较实在，一般为寿糕、面条、鸡、鱼、酒、茶、奶、蛋、饮料、水果、补品等，也有的送个大“寿”字，悬挂中堂，渲染祝寿气氛。农村家庭多在家中设宴，从酒店叫菜。城区家庭的寿宴，多在宾馆、饭店举行，规模几桌、十几桌不等。有的人家祝寿时燃放鞭炮，以示庆贺。

丧葬

纵观安丘千百年来的丧葬习俗，大体需要经过倒头、入殓、报丧、成服、开圹、指路、送汤、写照碑、发盘缠、出殡、下葬等程序。

民间很讲究寿终正寝，正常亡故的老人，不叫死了，而叫“老了”或“走了”。除少亡者外，死者要在老宅子的正房里，或在长子家里咽最后一口气。咽气前，子女要给老人梳洗、穿送老衣裳。死者尸体都是头朝西脚朝东，仰卧在炕上，也有的是先抬到“当门”地上的干草上，脸上蒙一张烧纸。根据老人儿子多少，把三尺长四指宽的白布下端剪上切口，做成门幡，插在大门口门檐下。大门上贴白纸，表示家中有丧。

把死者遗体抬入棺内叫“入殓”，也叫“收殓”。入殓前要先“铺材”，将7张烧纸在棺内铺好，再把栗子、枣放在棺材四角，将新做的枕头放在棺材的大头一边。然后将死者抬入棺内。死者头在棺材的大头，脚在小头，仰卧在里面，脸仍然用白纸盖着。孝子日夜守候，名为“守灵”，外甥、侄、孙也要“陪灵”。20世纪70年代殡葬改革后，一般死后第二天由儿孙将遗体送火葬场火化。火化后，死者骨灰装在骨灰盒内。骨灰盒安放在堂屋北侧中间原来放遗体的地方，并摆上死者的遗像。有的户仍做一简单的棺材，将骨灰盒放在棺材里。

报丧时间一般在死后的第二天。报丧范围主要是亲戚、生前好友等，如公职人员，还要加上生前的工作单位。一般由死者近支或邻居，登门亲友家中，告知死亡时间、死因和发丧时间等。亲朋接信后，有的要提前到丧家“串灵”哭奠。同时，请人写“照碑”，用一张白纸，右边写死者生、亡年月日时，中间写死者姓名称谓及享年岁数，左边写孝子姓名。古有“一张照碑，可知生前事”之说。“照碑”写好后贴于大门内影壁墙前。老人故亡后，子女及近亲都要穿戴孝服，俗称“穿白”“戴孝”，凡是男女孝子，都要从头“白”到脚。服孝期一般两年左右，俗规：“娘穿两年半，爷穿两年欠”。娘到第三年就能贴春联，而父亲就一年不贴春联。

入殓之后，举行“指路”仪式 。竹竿上拴上一面镜子，意为指明去西天的道路。指路之后，孝子们身着孝服到土地庙“送汤”，也叫“送浆水”。帮忙的挑着一只盛浆水的水桶和一个装烧纸的筐子，在前面引路。孝子们列队跟随。

发盘缠，也叫送盘缠，就是给死者送通往阴间路上的路费。男人去世，一般要扎马。女人去世则扎轿。发盘缠前，个别地方还举行送汤仪式。发盘缠时，除自家孝男孝女参加外，一些紧要的亲戚也参与其中。来到土地庙前，用一根长绳子围一个大圈，将扎制的车马和长钱等放在中间，人围在绳子之外。村里的长者念死者去西天的文书。念毕，帮忙的人将纸扎车马等一起点上火，直到烧成灰烬，孝子们向西南方向连磕仨头，才算“饯行”完毕。

出殡，又称发丧。一般在死亡后的第三天举行。上午，丧主家院子里设有灵棚，迎亲朋祭拜。灵棚内安放灵桌，上供死者的牌位、祭品和生前放大照片。长子和闺女、媳妇在室内灵柩前守灵，其他孝子孝孙及外甥们则在灵棚前面列成两排，陪灵迎宾。净面是起灵前要办的最后一件事。一般安排在午饭后起灵前进行。将蒙在死者脸上的烧纸揭去，长子长女象征性地在死者的脸上作洗脸的动作，这是亲人和死者的最后一次告别。起灵的时间一般安排在午后一点左右进行，最迟不超过两点。起灵前，帮忙人员要速将灵棚、灵堂撤掉，便于起灵时柩棺好向外抬。一切准备工作就绪后，开始“臻钉”，也叫“封丧”。即将棺盖盖严、钉死。臻钉完毕，正式“起灵”，孝子跪送。出屋门时，棺材大头在前。放在架子上时，棺材小头在前，同时用大罩罩起。起架后，有一人挎着纸筐，在最前面引路，边走边撒“纸钱”。孝男们在罩前引灵，孝女们则坐车或步行跟在灵柩后面扶架哭送，最后面是丧家的亲戚朋友。走到第一个路口，长子摔老盆，摔的越碎越好。到了墓地，将棺材缓慢放入墓穴内，由丧主验看满意后盖板覆土筑坟。然后是子女为亡人圆坟。圆坟后，众孝子脱下孝服，绕道回家。到家后，先到准备好的一盆清水中洗脸、摸钱。洗脸眼明，摸钱为“摸福”。然后是分“福饽饽”，家人个个有份，谁也不能不要老人留下的“福”。

父母亡后子女上“一七”“三七”“五七”“百日”坟和“一年坟”“三年坟”“十年坟”。民间有几个儿子不上几七坟的习俗。“五七坟”多在33天上，其他的“几七坟”就烧纸钱，而“五七坟”则把所有的能用的物品全部置全烧送，还有死者生前的衣物。民间传说：死者不过五七还回家看看之说。过了五七上天就不允许四处走动。“十年坟”需在第九年上，把原先置丧时积压的纸钱全部烧完。

20 世纪 80 年代后，旧的殡丧习俗有的被沿袭，有的被废除，有的被简化。特别是实行殡葬改革之后，农村殡葬实行一条龙服务，一个电话服务人员就到。灵车、灵棚、祭器、花圈、哀乐音响、鼓手等实行全套服务。许多村成立“红白理事会”，不管谁家有人去世，无需丧家再登门磕头请人帮忙，一切事宜均由理事会负责操办，给丧家提供很大的便利，解决许多操劳之苦。90 年代后，为死者立墓碑开始盛行。在城区许多丧主将丧事选在殡仪馆举行。街坊亲朋聚集在殡仪大厅里，举行告别仪式，放着哀乐，瞻仰遗容，绕死者遗体一周，最后向死者亲友握手，以示慰问。仪式结束，就地火化。鲜花代替祭品，鞠躬代替叩拜，袖章代替孝衫，整个仪式，简单而又庄重。

第三节　生活习俗

服饰

安丘人对服饰看得很重。民间的说法是：“人是衣裳马是鞍”。但受地理环境、文化传统等影响以及经济条件制约，不同时代、阶层、职业、性别之间在服饰上有很大差异。

冠戴　旧时，毡帽、瓜皮帽为男性平民的冠带，妇女戴大耳朵帽。新中国成立后，男子多戴有檐平顶帽、解放帽，女性时兴各式绒帽、无檐平顶帽。冬季，男士时兴布制或人造毛棉帽，俗称“三大扇”，妇女则多用围巾裹头。进入 21 世纪，头上戴帽子的人日渐减少。青年人很少有人戴帽，中老年男性多戴鸭舌帽、长檐帽，女性多戴针织毛线帽和高档丝巾。冬季，人们多用棉衣上的风帽御寒。儿童旧时多戴“老虎头”帽；20 世纪 80 年代后，多戴线织或毛织帽。此外，旧时城乡居民有夏季戴苇笠之习；90 年代后，戴苇笠者已不多见，多用草帽、遮阳帽代之。

20 世纪 50 年代后，部分男子开始留平头、分头。未婚女青年开始剪短发“留披毛”，扎双辫、独辫。已婚妇女有的仍绾纂，罩以发网。90 年代后，男子大多留平头、背头、分头，有的老年人仍留光头，个别时髦青年，则留刺头。女子流行“刷子辫”、披肩发、蓬散长发、烫发等。扎长辫子和绾纂者已很少见。进入 21 世纪，男女发式更趋多样，钢丝头、爆炸头、青年头、日本头、拉直长发、沙宣头等在中青年中广为流行。染发成为一种时尚，不少青年人将头发染成黄、棕红等各种染色，老年人则时兴将白发染黑。

服装　安丘人的着装演变过程可分为 4 个阶段：一是源于清代的对襟马褂，二是始于民国时期的中山装，三是新中国成立后流行的国防服，四是兴于改革开放后的西装与休闲服。

新中国成立初期，成年男子春秋多穿对襟褂、“大裆裤子”，裤腿扎“扎腿带子”。夏天上身光背，披“披布”，下穿白色“大裤衩子”。冬穿对襟或大襟棉袄、大腰棉裤。女子上衣为右偏大襟褂，裤子与男子基本相同。服装面料以自织的粗（土）布为主，多为手工缝制。20 世纪六七十年代，粗（土）布逐步被“洋布”所代替，卡基、斜纹、士林、华达呢、条绒等布料，摆上供销社的柜台，人们可以凭票购买。手工缝衣逐步被缝纫机制衣所替代。服装的式样也有大变化，穿大襟褂子、大裆裤子的人越来越少，中山装、国防服开始流行。无论男女老少，皆以身穿草绿色的国防服为荣。90 年代后，在服装上冲破“清一色”观念束缚，男性穿西服戴领带成为一种时尚，女性服装五颜六色，丰富多彩。服装的面料越来越好，款式日趋新颖，更新换代节奏加快。男子喜欢外穿西服、运动服、夹克，内穿衬衣、毛衣、秋衣、绒衣等，女子则喜欢穿裙子，有长裙、短裙、超短裙、一步裙、百褶裙、连衣裙、筒裙、套裙、开衩裙等。老年人喜欢穿休闲装、夹克衫等宽松服装。手工缝制的服装基本上绝迹，人们身上穿戴的几乎都是成品服装。进入 21 世纪，服装品类、样式越来越多，美观、舒适、健康逐渐成为人们的消费趋向和追求。服饰花样和潮流变化不定，更迭频繁。为展现女性的曲线美，时装新潮不断涌现。瘦、透、露成为时尚，紧身裤、蕾丝装、低腰裤、露脐装、丁字裤、冬半裤、透视装等广受青年女子的欢迎和喜爱。男子服装仍以西服、夹克为主，追求美观、休闲、时尚。

鞋袜　旧时，安丘只有官宦商贾买鞋穿，一般家庭大都穿自家做的布底鞋。纳鞋底、缝鞋帮、做布鞋是妇女们最基本的针线活。男子穿单脸子鞋、双脸子鞋、圆口鞋，女子穿方口鞋、绣花鞋、套鞋、割花鞋。冬季穿瓮鞋、毡瓮子、蒲窝等棉鞋。20 世纪 60 年代后，工厂制造的胶底鞋、塑料底鞋多起来，人们脚底下的鞋子逐步变得轻便、舒适、结实、美观。80年代，鞋式、鞋质档次成为城乡居民穿着的一大追求，各类别、各式样的低、中、高档布、胶、塑、皮革、人造革制鞋遍布城乡，高跟、半高跟鞋在中青年女子中逐渐流行。90年代后，式样变化最大的是皮鞋和凉鞋，高跟、半高跟、粗跟、坡跟等品种繁多。青年女子流行穿高筒、半高筒皮靴。各式运动鞋、旅游鞋、休闲鞋受到人们的喜爱，为不同年龄的居民所穿用。

旧时的袜子多是用白棉布做成，俗称“布袜子”。“布袜子”的里表都是用新布相衬，袜底用结实的多层布料裱实，再用棉线纳实；袜筒为两层白布，袜子后面留豁口，便于穿脱。20世纪50年代机制筒式线袜流行，俗称“洋袜子”。人们在线袜子上纳上薄布底，称“挂袜子”。20世纪七八十年代，化纤袜以其耐穿、美观之优势，迅速在城乡普及。90年代，女性开始流行短筒、长筒丝袜。进入21世纪，居民着袜习俗又有新变化，纯棉线袜和以棉线为主的混纺袜受到推崇。

饮食

安丘人对吃喝看得很重，有“待要吃饭，诸安二县”之说，人们见面打招呼也总是问“你吃饭了没”或“吃了”。

居民饮食有一日三餐的习惯，冬季农闲时节旧时乡村有行一日两餐者。吃饭时间则是因时而定。一般在农忙季节，可在早晨起床后，先下地干一段时间的活儿，再回家吃早饭。午饭则是在中午12点到下午1点之间。晚饭则要到下午六七点钟。不同季节，农户吃饭的地点也不同。夏天在天井(院落)树荫下吃，春秋在当门（堂屋）吃，冬天则在东房屋的炕上吃。主食中，视玉米、高粱、小米、黍米、大豆、地瓜等杂粮为粗粮。用粗粮制作的传统食品有煎饼、粑餶、饼子、粘粥等，均以小米制作的为上品。视小麦为细粮，由细粮制作的传统食品有饽饽、单饼、双饼、三页饼、火烧、面条、包子、水饺、馅饼、油饼、馉馇汤等。20世纪80年代前，农村居民主食皆以粗粮为主，且随季节转换粮种。冬季多食用煮地瓜，春季有青黄不接者，靠蒸野菜补济。细粮只有在过年、过节、过生日、待客和祭祀时才能吃到。居民有早、晚饭喝粘粥的习惯，特别是到了冬天，几乎天天早、晚饭都有粘粥。喝粘粥一般是作为吃饭时的一种汤水，饭桌上除粘粥外还有其他主食。自80年代后期起，城乡居民主食习俗出现有史以来以细粮为主的巨大变化。旧时待客、节庆才能吃到的细粮食品，成为居民的家常便饭，粗粮制作的食品只作为调剂口味食用。进入21世纪后，人们追求健康饮食、绿色饮食、营养饮食。

副食通常指肉类、鱼类、蛋类、豆制品和蔬菜瓜果等。菜肴烹饪有炒、煎、炸、炖、拌等方法，口味讲究香、脆、松、烂、鲜，喜欢咸、酸、甜、辣，多数人偏重于咸，俗语“咸中出味”。人们习惯在白菜里加上鸡和佐料一起蒸，俗称“蒸鸡”；驴肉加佐料蒸煮，称“全驴”；猪下货放在锅里煮，称“老汤锅”。新中国成立前，平民家庭饭桌上的副食难见肉、鱼，大多是“小咸菜”当家。常见的小菜有辣疙瘩咸菜、豆腐乳、咸蛋、豆豉咸菜、辣菜、辣丝子、渣酱、韭花酱、虾酱、面酱、香椿芽等。20世纪80年代后，人们饭桌上的副食才多起来。昔日平时少吃的荤菜逐渐成为家常菜肴，并不断引进“四川火锅”“陕西烤肉”等外地食俗风味。90年代后，日常饮食与节日饮食之间的差距逐渐缩小。居民饮食开始讲究花样和质量，注意营养搭配、荤素协调，野菜和海鲜等出现于家庭餐桌之上。进入21世纪后，有的家庭跟着电视上的饮食节目、书报上的菜谱、网络上的烹调知识学做菜，菜肴的种类越来越丰富，口味越来越多样化，营养结构越来越合理。

民间称生水为“凉水”，开水为“汤”，担水为挑水。自古以来居民习惯在村内挖井挑水饮用。只有山区很少村庄饮用山泉水。20世纪70年代前，每个村都有一眼或数眼水井，全村共用。各家的屋门前都有个水瓮，井水挑到家里都倒到水瓮里储存。80年代后，地下水比较丰富的村，多数在自家庭院里打手压井，也称“小压井”，使用非常方便。进入21世纪后，农村实施村村通自来水工程，大部分村民都用上干净卫生的自来水。经过加工处理的纯净水、矿泉水也开始进入平民百姓家庭。

境内盛产白酒，称“酒乡”。酒作为一种文化，渗透到人们生活的方方面面。祭有酒、节有酒、娱乐有酒、喜庆有酒、婚丧嫁娶亦有酒，日常生活更是离不开酒。旧时饮酒多不计较菜肴，有的小菜几碟，甚至咸菜一块，便可美美喝上一壶。而招待客人却很讲究礼节。民间把宴请亲朋称“办酒席”，赴宴称“坐席”。酒席很有讲究，在座次上有上席和下席，面对门口的位置为“上席”，背对门口的位置为“下席”。在没有客人的家庭酒宴上，尊长坐上席。上席一般就是客人一眼能看着主人上菜所处位置。其他按辈分、年龄安排座次。一般招待客人的酒宴，贵客坐上席，其他客人依次排列，陪酒者坐下席。有“闺女女婿坐上席”的习俗。不同的酒席开局也不同。喜酒开局一般是共饮四盅，谓之“四红喜”。若是寿酒，要将“寿星”推至上席，一般是共饮八盅，称“八仙寿”。若饮小孩“百日酒”，开局前先将小孩抱至客人面前，客人褒扬一番后开始喝酒，一般共饮九盅，称“久久长远”。酒席上习惯喝热酒，将散酒放在酒壶里用火燎一下，或用热水烫一下，酒热后再给客人斟酒，称喝“热烧酒”。斟酒称“揎酒”，从酒瓶向酒壶里倒酒称“折酒”。斟酒循先客后主或先长后少之序，且要满杯，有“揎酒不满，得罪人不浅”和“先喝为敬”之说。奉菜时先上凉菜，后上热菜，鱼最后上，且鱼头朝向上席。每上一道菜，必须放在上席面前，让主宾先动第一筷。喜酒酒席上往往猜拳行令，“行令无老少”，一视同仁。饮酒时间不限，何时结束取决于上席的贵客。“上席不传饭，酒席不能散”，否则是对客人的不敬。酒席结束前，主人要跟大家共饮一杯酒，称“全家福”。

20 世纪 70 年代之前，人们一般饮用白酒。80 年代，人们开始饮用啤酒。90 年代后，人们往往先饮部分白酒垫底，再喝啤酒。若到夏季，有的只喝啤酒。白酒档次不断提高，散装白酒已很少见，多为中、高档瓶装白酒。进入 21 世纪，不少人喜欢饮用干红、干白等葡萄酒。女性则以雪碧、果汁等饮料代酒。有些酒俗已改变，如有的喝酒不再用酒壶，不再喝热酒。酒席座次也有变化。酒店宴会上，主人坐首席，称“主陪”，客人坐主人两边，称“主宾”“副宾”。下席位置是“副陪”，副陪两边是“三宾”“四宾”。其他人随意坐。

居民有饮茶习惯，特别是成年男子，不但自己喝，更是待客之礼，来了客人先敬茶。宴会上也是先茶后酒，酒茶兼饮。旧时，人们习惯在房前屋后院子里栽棵茶树。平时烧水时采一把茶叶放在锅里煮，喝起来清香可口，俗称“大锅茶”。秋天把茶叶采下来，晒干以备用。夏秋农忙季节，提“大锅茶”到田间地头饮用，既防暑又解渴。待客多喝“大叶子”茶、茶末、“茶砖”等低档茶。20 世纪 70 年代后，人们习惯喝“珠兰”“玉兰”“茉莉”茶。90 年代后，很多人喝绿茶、青茶。进入 21 世纪后，饮用花茶者日益减少，“铁观音”“大红袍”“碧螺春”“龙井”“金骏眉”等名茶开始进入家庭。茶水待客，要当着客人面清洗一次茶具，以示对客人尊敬。冲茶时，茶壶要高抬慢倒，斟茶要先给客人斟，不可斟得太满，并随喝随斟，保持茶温。

居住

安丘的村落相隔远近不一，村内左邻右舍多接山连墙。在村庄布局上，大村习惯以棋盘形式，大的道路叫街，小的道路叫胡同。房屋排列多习惯坐北朝南，出门有大道，交通方便。山区村庄因地势而建，街道有高有低，有直有曲，房屋高低上下不一。

新中国成立前，居民多住土木结构起脊草房。砖石为基，土（墼）墙到顶，厚约半米，木梁、木檩、木制门窗。富裕之家，“腰装坚脚青山墙”，有的为青砖到顶砖木结构。一宅多为三至五间，坐北朝南。正房俗称北屋，是住宅中的主房，一般人家的衣食起居都在正房内进行。院落中心叫“天井”，进门的一间叫“明间”，也叫“外间”“当门”。房门叫屋门，屋门外设风门，也叫半门子、风门子，既能通风，又可拦挡鸡狗鹅鸭。明间的南侧支锅灶，东边支大锅做饭，西边支小锅炒菜。明间左右都开门，俗称房屋门，此门通暗间。暗间俗称房屋子，东房屋为上，长辈居住。西房屋为下，晚辈居住。套房一般为女孩居住。房屋内依南墙支火炕，火炕与明间南侧的锅灶相通，做饭时的灶火、灶烟可通过火炕从烟囱冒出，从而起到暖炕作用。房屋内北半部放置家具，同时也是会客厅，俗称“炕前里”。房屋前后墙都安木棂窗，多为后竖前方，白薄纸封糊，前窗的中部设“卷窗户”，以便通风、视物，后窗户一般夏天敞开，冬天用砖或墼封起以保暖。

20 世纪 60 年代前，居民居住习俗无大的变化。70 年代，农村住房多为砖石到窗台的“腰装坚脚”，半草半瓦房顶。城镇多为红砖瓦房。玻璃门窗开始代替木板门窗。80 年代，农村对新建住房进行统一规划，统一标准，住房整齐划一，成排成行，有街有道，村民的居住条件有很大改善。新建住房一般正房四间，房屋大都前檐出厦，红瓦挂顶，砖木结构。木檩由 5 条、7 条、9 条增至 13 条、15 条，室内装制天花板。90 年代，人们对居室要求越来越高，普遍注重宽敞、明亮、实用和舒适度。新建正房多为四间，一般安排西头一间为储藏室，余下的三间，明间从房屋门以北东西方向隔一墙，后面为厨房，前面为走道。房屋内如果支炕，一般支在北侧，与明间北侧厨房内的锅灶相通；房屋内如果不支炕而安床，床则安在房屋内的南侧。室内铺地面砖，厨房贴卫生瓷瓦。院子西南角为猪圈、厕所，连接猪圈建一杂物间。大门口在院子的东南角，连接门楼建两间南屋，夏天可在里面做饭。

进入21世纪，有的村庄拆掉平房，建起单元楼，住进居民小区。室内卧室、客厅、饭厅、厨房、卫生间、自来水、暖气等设施一应俱全，村民过起城里人的生活。

农村盖房是件大事，需请人看日子，择风水，选吉日破土动工。上梁是建房中的重要程序，要举行仪式。门框的上档贴红纸写“安门大吉”，门框的两侧贴“太公昨日由此过，说是今日好安门”或“太公由此过，今日好安门”等对联。一般中午12点上梁开始。上梁时，木梁上贴“上梁大吉”，堂屋的脊檩正中贴“吉星高照”，并用红线栓一双红筷子，同时配有花生、用绸子做的鱼，悬挂铜钱和红飘带；然后烧纸敬神，燃放鞭炮，主家设宴席喝上梁酒以求吉利。房子建成后，主家要摆酒款待工匠，俗称“喝完工酒”。

出行

安丘有句俗语：“在家千日好，出门时时难”。出门习惯“穷家富路”。首先是把钱带足，以防遇到特殊情况“坐蜡”；二是准备好换洗的衣服及个人用品；三是准备好在外地办理事情所需要的物品；四是准备好路上吃的食物。

旧时，老百姓有“待要走，三六九”俗语，常选在农历每月“三、六、九”的日子出门，并忌讳农历每月的初一、十五出门。新中国成立后，这一习俗逐步消失。

马车、地排车、独轮车是20世纪70年代前城乡居民主要交通工具。马车只能由牲口来拉，用于出行时，车上临时搭席棚，上面覆盖被单，“车把式”坐在车的左前方，手拿鞭子，指挥牲口行走；地排车可以用人拉，也可以套上牲口拉；独轮车有单拱车和“二把手”车两种。单拱车俗称“小推车”，车体较小，载人时，往往是乘者坐在一边，另一边放上同等重量的物体压车，防止推车时偏沉。“二把手”车俗称大车子，是平原地区的大型独轮车，要套上牲口拉长套，可以载人，也可以载物。载人时车身上临时搭个席棚。有段时间，结婚迎娶新娘多用此车。70年代后期，拖拉机、农用车作为现代交通工具，先是村里集体购买，后为家庭购买，既可用于生产、运输，又可以载人出行。80年代，自行车风靡一时，流行品牌主要有“凤凰”“永久”“大金鹿”，那时能有一辆自行车是件很有脸面的事情，也曾作为订婚的“三大件”之一来推崇。80年代后期，摩托车作为主要交通工具之一进入寻常百姓家庭。90年代，“木兰”轻骑摩托曾风行一时。电动车比摩托车轻便，比自行车省力，90年代后成为人们近距离出行的主要交通工具。进入21世纪，家庭购买小汽车的越来越多，先城镇后乡村，逐成燎原之势。公路上，公交车、出租车、私家车穿流如梭，汽车、火车、飞机逐渐成为人们出行的主要交通工具。特别是全市实施“村村通”工程后，村与村之间的“连村路”进行硬化，铺筑水泥路面或沥青路面，人们出行变得更加方便顺畅。

器用

安丘居民习惯称器具用具为“家什”，放在室内各处位置的叫“摆设”，媳妇陪嫁带来的柜、箱之类叫“缘房”。20世纪60年代前，室内用具主要有柜子、箱子、抽屉桌、鞋箱子、帽盒、饭盒子、饭桌、杌子、八仙桌、太师椅、炕几子等，炊具有锅、碗、瓢、盆、风箱、箅梁子、面板、菜板、菜刀、笊篱、盖垫、勺子、炊帚、鏊子、燎壶、暖瓶、罗及罗床等，纫具有针、顶针、锥子、剪子、尺子、拨锤子、粉线布袋等。70年代始，家庭用具出现变化，从城市波及乡村。大衣橱、写字台、饭橱、高低柜、圆饭桌、椅子等成为时尚家具，自行车、手表、缝纫机、收音机被称为“三转一响”，进入家庭。80年代，沙发、茶几、组合橱、书橱、席梦思床、电视机、录音机、洗衣机、冰箱、冰柜、液化气灶、换气扇、合金炊具等器具不仅在城镇居民中广泛使用，农村居民使用者也日渐增多。90年代，照相机、放像机、抽油烟机、太阳能热水器、电暖气、饮水机、电话机、组合音响、VCD、PP机、摩托车等生活用品为居民家庭所用。进入21世纪，空调、平板电视、微机、录像机、数码照相机、移动电话、天然气灶、整体厨房、电动自行车、汽车等现代化生活用品进入城乡居民家庭。

第四节　生产习俗

耕作播种

耕作播种一般一年两季，即春耕春播和秋耕秋播。秋播作物主要是小麦，其他多为春播作物。推广间作套种技术之后，夏玉米于芒种前在麦田里点播套种。

传统耕作方式主要靠镢刨、锨掘和木犁耕。“九九加一九，耕牛遍地走”，惊蛰前后，大地解冻，牲口架上犋，春耕便开始。一年中的农活，由春耕拉开序幕。秋耕一般在大秋作物收获之后进行。庄稼收获后，倒出茬子。对倒出茬子的地，如果用锄耪，叫“耪茬子”；如果用犁穿，叫“穿茬子”。茬子处理好了，就开始秋耕。小麦播种要赶在秋分期间，土地耕作时间要求很紧，除所有的犁具都要上套外，锨镢等翻地农具这时也都要派上用场。二十世纪六七十年代的“大集体”时期，各村在种麦子前组织“深翻大军”，把男女劳力集中在一起，边倒茬子，边用锨突击深翻土地。深翻完一块地，播种一块地，以不误农时。

播种与耕作是紧密相连的农活，土地耕好便开始播种了。播种有耩地、点播和插秧几种形式。春播一般在清明前后开始。农村有“清明秫秫谷雨谷”之说。清明是播种高粱季节，谷雨是播种谷子季节。高粱种子拱土能力较强，播种深度因品种、墒情而定，相对较稀一些；谷子则要求耩的既密又浅，有“麦耩黄泉谷露天”说法。玉米的播种一般采取刨穴点播，俗称“埯棒槌”。推广夏作以后，全部采取麦田套种，季节在小满后。使用玉米点播机、点播器，提高玉米播种效率。小麦播种在秋分季节。“白露早，寒露迟，秋分种麦正适时”。进入21世纪后，用新的品种和新的种植技术，小麦播种一般在秋分与寒露两个节气之间。“地湿无晚麦”，种麦需要好的墒情。人们都希望秋天地湿一些，麦子多种一些。地瓜在芒种前栽植。惊蛰后，把地瓜种从井窖里拿出来，用沙子畦在炕头上，用量大的就另支大炕畦。畦好的地瓜种只要保持一定的湿度和温度，就会按时出苗。待到芽子十几厘米高，可拔苗栽种。栽地瓜俗称“秧地瓜”。芒种后阳光充足，地温升高，极易于地瓜秧生根。大姜种植一般在清明前后，将生好的姜芽按照上齐下不齐的原则栽到姜沟里，姜芽长出地面后插上“姜草”遮阴。姜草一般是麦秸、树枝，大棚姜则盖遮阳网。

在农村，备肥和耕播几乎同时进行。施基肥，要在耕地前把粪扬均匀；施耩粪要在耩地时与种子同时下地。过了年一开春，户里就要把猪圈里的粪起出来。农村把出粪叫“抬粪”，抬粪时一人在粪池内用锨将粪装入粪筐，两人用扁担将装满粪的粪筐抬出大门外，堆成粪堆。抬出来的粪要捣碎，俗称“捣粪”。捣好的细粪运到耕好的地里，以备播种使用，叫送粪。

田间管理

春天播下种子，进入夏季，广阔的田野便是绿油油的一片，接下来便是对大田管理。田间管理主要包括间苗、锄草、镇压、浇水、追肥、灭虫等。

间苗俗称“剜苗子”。即对幼苗进行留强去弱、疏密适度的处理。立夏是夏季的开始，也是秫秫、谷子间苗季节。先剜秫秫后剜谷。秫秫种得早，剜苗自然也就早。剜苗子看似简单，但干好却不容易。娴熟的老把式，苗子剜得又快又好，除弱苗留壮苗，疏密合理，深浅适当，不落地皮。剜完秫秫苗，再剜谷子苗、黍子苗，整个下来大约需要十天半月的时间。

在长期的传统农业种植中，锄地是农作物生长期间的主要管理形式，以至于“锄地的”一词在某些场合成为农民身份的代名词。“种地无它巧，只要勤锄草”“锄刃底下有水，锄刃底下有火”，说的就是锄地的重要性。锄地的技巧在于按不同的作物、不同的季节、不同的要求，将地锄得深浅均匀，不留死角，既要锄到庄稼的边沿，又不能伤到庄稼的根茎。

为了保墒，庄稼播种之后要进行镇压，俗称“打砘子”。谷子、秫秫、棉花等作物播种以后，小毛驴拉着砘轱辘子在后面跟着镇压，将土坷垃压碎，空隙压实，以保墒情、苗情。

20世纪60年代后，境内建水库、筑塘坝、修水渠、打机井，农业灌溉条件逐年改善。人们在播种时，就打好畦埂，留好畦子。灌溉时，敞开“垅口”就能浇地。水源条件好的平原地区，地头上都有深水机井，随时可以提水浇灌。提水工具由柴油机带动抽水机，逐步发展到以电动水泵为主。除山区个别地块外，域内良田全部具备水浇条件。发展高效农业，对水的依赖程度更高。安丘大姜、大葱面积大，需水量也大，每隔几天就要浇灌一次。种植户们一年到头的主要农活之一就是浇地。家家都有喷灌机械，户户地头都有机井，浇地十分方便，效率也很高。

“庄稼一枝花，全靠肥当家”。安丘人对肥看得很重。旧时使用的肥料主要是土杂肥、人粪尿、猪圈肥等，对于高效经济作物有时也使用豆饼、棉籽饼等。20 世纪 80 年代后，化肥施用量迅速扩大，并占据主导地位。

进入 21 世纪后，为保证农产品质量，全市加强农药管理，率先实施出口农产品质量安全区域化管理。针对大规模种植的大姜、大葱、圆葱、大蒜、草莓等农产品的常见病虫害，从国内外 217 家资信好、规模大的农药生产企业中，筛选出多种高效低毒低残留环保农药产品，纳入区域化管理“环保农药目录”，实行封闭式农资网上交易，从源头上管住农药瓶子，为农产品进入国内国际市场创造有利条件。

收获储藏

境内庄稼收获集中在麦收和秋收。麦收和秋收的特点，可各用一个字表示，就是“忙”和“长”。民间有“三秋不如一麦忙，三麦不如一秋长”之说。

麦收俗称“过麦”，也叫割麦子。“蚕老一时，麦熟一晌”。芒种一过，小麦说熟就熟。麦子一开镰，无论男女老幼，都要一起出动，抢收抢打。天不亮就下地，天黑后才收工，有时一天两顿饭在坡里吃。割麦子一般四人一趟，三人割，一人捆，捆麦子叫“扶个子”。放置麦个子的地方叫场院，麦个子在场院里垛成堆，晴天好日头，就要铡麦个子，一铡下去，麦根与麦穗就分了家，把麦穗挑开晾晒，叫“晒场”。晒干后用碌碡在麦场里碾压脱粒，叫“打场”。打场最怕的是阴雨天。有时刚摊好麦子，一块云彩飘来，就要下雨。这时最重要的任务就是“拾掇场”，迅速把摊好的麦子堆好盖严，等待天晴后再摊开晾晒。

秋收是从捽黍子开始的。立秋之后八九天，黍子成熟。不过一般种植数量很少，收黍不太忙。捽完黍子便割秫秫。先用镰刀把秫秫“杀”倒在地，再用刻刀把秫秫穗子扦下来，捆成捆，运回场里脱粒。“处暑三日无生谷”。一过处暑，谷子就熟了。谷子割倒后，攒起来晾晒。谷子的秸秆叫“干草”，是喂牲口的好饲料。玉米收获是掰棒子。掰棒子有的在地里直接摞堆，有的放在筐子里，掰满后挎到地头堆放。同时收获的还有大豆、地瓜、花生、棉花等晚秋作物，最费时费力的要数收获地瓜和大姜。

粮食收打以后，一般用布袋、麻袋、大瓮、粮囤、摺子储存。地瓜、大姜、大白菜、萝卜等则用井窖、地窨子储存。20 世纪 80 年代后，有的农户直接把粮食送到面粉厂代存、代管，随时取用，方便实惠。

进入 21 世纪后，全市农业现代化程度得以迅速提高，传统的农业生产方式也在不断改变。大型的拖拉机、播种机取代原来的木犁和耩地耧，联合收割机取代原来的镰刀、镢头和打场碌碡，喷灌机械取代原来的辘轳和水车。麦收、秋收也不像原来那样忙、那样长、那样累。

第五节　方术禁忌

方术

旧时，安丘民间有信奉鬼魂、巫术和占卜的习俗。主要包括求神看病、抽帖算卦、批八字、测字、相面、看风水、查日子等。

求神看病是巫医神汉借神仙附体，借神看病，画符开方。巫婆俗称“神婆子”，信巫者多为农村妇女。神婆子家中供一些神仙为师，也叫供着“师傅”，其巫术方式是“下神”。神汉俗称“神汉子”，其供奉的神仙多为男性，在“驱邪拿妖”方面比神婆子多一些；抽帖、抽签是通过“吉卦”和“凶卦”的不同“卦辞”预测吉凶。若占着“凶卦”还能破解，即所谓“逢凶化吉，遇难呈祥”。“压卦”是以人的年龄查对十二属相，分别画出象征十二属相的“好”“坏”典型卦例，预测凶吉；测字实际是拆字，对选出的字，采取加减笔画或拆去偏旁的方法，推断一事的吉凶祸福；相面是根据人的长相、容貌和五官进行推算；批八字是通过人的出生年月日时所占天干地支，推断人一生的命运。

查日子是以干支历法为基础，根据年、月、日、时所值吉凶神煞进行计算，选择吉日吉时。旧时，人们每逢婚嫁、破土、乔迁、出行、开业等事项，习惯查日子。相信在“好日子”里办事会一切顺利，在“凶日子”里办事会有麻烦。看风水是在盖房和选墓地时请风水先生察看地势环境。以为占了好风水，能人财两旺；占不着好风水或破坏风水会招来灾祸。

在民间还有失魂、叫魂的习俗。谁家的小孩突然受到惊吓，哭闹不止，或精神萎靡，则认为孩子“吓着了”“失魂了”，有的就要为孩子“叫魂”。民间有人专门摸脉断定，是与不是一摸就知。

新中国成立后，政府教育引导群众相信科学，破除迷信，境内封建迷信活动显著减少。但20世纪90年代后，民间在过节、婚嫁、丧葬、盖房等方面有些复从旧俗。求神看病、抽帖算卦等活动仍然存在。

禁忌

旧时，境内衣、食、住、行方面禁忌颇多。

父母去世后，其子女在“穿白”期间不能穿色泽鲜艳的衣服，不能到办婚事的家中去，正月里不能走亲访友；新婚的媳妇，着装要鲜艳，不能穿素衣。

吃饭时，晚辈不能坐上座。小孩脱奶牙前不能吃葫芦种。未婚男子不能吃鸡头。小孩不能吃鸡爪、鸡血、鱼籽。妇女怀孕不能吃兔子肉、狗肉。男女老幼忌食猫肉。盛饭时勺子不能外翻。吃饭前筷子不能敲空碗，一双筷子不能放在碗的两边，吃饭时面前不放刀。借煎中药的锅子忌送还，谁用谁取。借人水桶不能挑着空桶送还。年除夕不能说饽饽裂了、水饺破了。待客的菜肴忌用单数，酒桌上客人不能翻盘中的鱼等。

住宅忌大门口对着墙角、屋角、街道、胡同、湾沟。进大门忌直视院内、屋内。建房时房檐不能低于邻居的房檐，院落忌“刀把”型、“棺材”型，偏房、耳房不能高于正房。石磨不能安在院东侧，水瓮不能安在院西侧。鸡屋子不能垒在屋檐下。住房“前不栽桑，后不植柳，桃树不冲大门口”，院中不栽松树、柏树等。

言行禁忌，除夕夜忌说“破了”“碎了”“烂了”“完了”“坏了”等不吉利话，也不能说瓜子、花生“没有仁”“就一个仁”。正月初一忌扫地、倒垃圾、打水。老年人忌言73岁、84岁、100岁。身死在外，忌冷骨入门，大都趁胸口热乎抬到炕头。孕妇不能参加婚礼、葬礼，更不能看到死尸。孕妇接生时忌男人在身边，“坐月子”期间忌风、忌凉，忌生人和穿孝服者探望。看望病人忌下午和晚上。

新中国成立后，随着科学知识普及，人们思想观念发生很大变化，言行举止不再被传统禁忌束缚手脚，有些禁忌已被摈弃，有些禁忌则被赋予科学释义。进入21世纪后，影响和困扰人们生产生活的禁忌越来越少，那些传统禁忌，除少数老年人仍奉行外，中青年人大都不再讲究；那些只为图个平安吉利的禁忌则延续下来。

第 二 十 八 编

人　物

召　忽

召　忽（？—前685），春秋齐国人。少负才名，胸有大略，喜研军国治理之术，然不得志。齐襄公时，任齐国大夫，公子纠慕其才华与谋略，聘为师傅，终日伴读讲史不倦。

齐襄公十二年（公元前686年），齐国爆发内乱，齐襄公为其堂弟公孙无知袭杀，召忽与管仲陪同公子纠投奔鲁国，大夫鲍叔牙与高傒辅佐公子小白投奔莒国。次年，大臣雍廪等人杀死公孙无知。国内无君。鲍叔牙与公子小白得到消息后带领人马从莒国急赶临淄，鲁庄公也派兵护送公子纠回国。管仲途中设伏，箭射小白衣带钩。小白佯死，欺骗公子纠。小白抢先奔至齐都，得以先入而立，于公元前685年即位，即齐桓公。齐桓公为巩固自己的王位，逼鲁国处死公子纠。召忽见其主被害，悲愤交集，遂自杀而亡。

召忽墓位于召忽村前，封土高约3米，直径约6米。墓前有清初进士邑人马长淑所立墓碑一通，上刻“齐召忽墓”及碑文。现碑尚存。

公冶长

公冶长（公元前519—前470），名长，字子长。春秋时期齐国人，亦说鲁国人。孔子女婿，孔门七十二贤士之一。自幼家贫，聪颖好学，博通书礼，德才兼备，深为孔子赏识。鲁国君主多次请其为大夫，一概不应，而是继孔子之志，一生治学。后隐居安丘城顶山阳，成为齐鲁著名学士。

相传公冶长精通鸟语，却因此无辜获罪。孔子对公冶长身陷囹圄而痛惜，原谅他说：“虽在缧绁之中，非其罪也。”许女儿孔娆为其妻。公冶长婚后生二子：子犁（早亡）、子耕。后人崇尚这位先贤，尊城顶山为书院山，在山上建公冶长祠，立塑像祭之。祠前西存雌雄银杏古树，传系公冶长栽植，已被国务院批准为国家一级重点保护植物。

汉代儒学正统后，由于公冶长在儒学研究传播中的重要贡献和特殊地位，历代帝王对其多有封诰。唐开元二十七年（739）玄宗李隆基追封公冶长为莒伯。北宋大中祥符二年（1009）真宗赵恒追封公冶长为高密侯。南宋咸淳三年（1267）度宗赵𥖄诏令以“高密侯”从祀孔子。明嘉靖九年（1530）世宗朱厚熜封公冶长为“先贤公冶子”。另有为其立下的明清碑碣4通，分别为明万历三十五年（1607）、清康熙十五年（1676）秋、清道光九年（1829）六月与二十九年（1849）七月立。

有　若

有　若（公元前508—前457），即有子，字子有，春秋时期鲁国人。孔子弟子，列孔门七十二贤士之一。史载，其文武双绝，颇享声望。去世后，鲁悼公亲往吊唁。相传，有子曾在安丘有子山隐居，潜心攻读，讲学授徒。安丘先人在有子山之上建有子庙祠，以祭之。据有子山清《重修庙碑记》载：有子山，古时传为因有子读书于其地而得名。

有子倡和睦，重礼教，提出“礼之用，和为贵”等学说，辩证地论述礼与和的关系。认为礼的应用，以和为贵，但死守礼规行不通。如果一味用和也不行，须用礼来规范。还提出“善事父母和兄长是仁的根本”等主张，以丰富儒家思想。孔子去世后，其众多弟子因失去老师，有一种无所适从之感。时有若，无论在相貌上，还是在言行上，都与孔子生前十分相似，且少孔子43岁。于是大家就像对待生前的孔子那样，师从有若，尊有若为“有子”。

古代帝王尊崇有子者有之。东汉永平十五年（72）明帝刘庄信奉儒家思想，祭祀孔子及七十二弟子。唐开元二十七年（739）玄宗李隆基追封有子为汴伯。北宋大中祥符二年（1009）宋真宗赵恒追封有子为平阴侯。南宋咸淳三年（1267）度宗赵𥖄诏令以平阴侯从祀孔子。清乾隆三年（1738）有子升十二哲。现辉渠镇驻地建成有子广场。

淳于越

淳于越（生卒年不详），淳于国（现安丘东北一带）人。战国时齐国博士，秦朝时曾任仆射，与李斯为好友。秦始皇三十四年（公元前213年）置酒咸阳宫时，他建议实行分封，以为“事不师古而能长久者，非所闻也”，遭丞相李斯驳斥。

时，身居相位的李斯，上表焚书，迎合秦始皇统一言论的需要，当即遭到太子老师、博士淳于越的反对。李斯意识到焚书之议势在必行，却又担心性格耿直的淳于越强谏惹祸，想方设法劝导他，可是淳于越还是触犯律令。在李斯的袒护下，淳于越免于死罪，革职回乡。回乡路上，又为扶苏代言，泣血上表，谏阻焚书，终于招来杀身之祸。

盖 公

盖 公（生卒年不详），秦末汉初安丘人，西汉著名学者，精通黄老之说，后隐于安丘东部。现安丘东境有盖公山，山上曾有盖公祠及盖公墓。

盖公是西汉初年黄老思想的代表人物，著名隐士、贤师乐臣公之弟子。乐臣公原居赵国，秦国灭赵之后，与乐瑕公逃难至齐高密（时属高密西南乡，现安丘东部一带）。盖公拜乐臣公为师，深得厚爱，博取黄老学术精华。刘邦起事后，人们纷纷响应，以求功名，惟有盖公独自隐居在安丘境内潍河西岸的一座山上。汉朝定天下后，曹参任齐国相。他围绕如何治国走访地方官员和秀才百余人，由于各有见解，无所适从。后来，打听到盖公，乃非凡之人，遂礼贤下士拜见盖公。盖公向他历数秦末汉初战乱和民不聊生的实情，提出“贵清静而民自定”的“无为而治”政治主张，阐明为政清静与民生息的治国安民方略。曹参深受教益，为相九年，齐国大治。汉惠帝二年（公元前193年）曹参接替萧何升任汉朝宰相，依然按照盖公的思想协助君王治理国家。

之后，汉文帝刘恒、汉景帝刘启及太后都信奉推行盖公学说，并在实践中发扬光大，造就中国历史上著名的“文景之治”。后人在墓旁立祠纪念。苏东坡任密州太守时曾专门到此凭吊。盖公祠在新中国成立前毁坏，现成为农田。盖公墓亦毁于盗墓贼之手。

伏 恭

伏 恭（公元前6—84），字叔齐，东汉安丘人。明帝、章帝时大臣。出身经学世家。一世祖即经学大师济南伏生，其后裔散居现诸城、安丘间，九世伏湛之先世曾寄居现景芝镇伏留村一带。伏恭系司徒（宰相）兼经学家伏湛之侄、经师伏黯之嗣子，以父任为郎。天资聪颖，建武四年（28）任剧县（现寿光东南）令，治绩优异，以公正廉洁闻名。应太常试以经学，名登第一，遂拜为博士，继而迁常山太守。任上敦修学舍，常亲临授经，开常山文化教育之先河。治剧间，注《齐诗》，名声鹊起，时北州之人多习“伏氏之学”。永平二年（59）任太仆，后为司空，同儒以为荣。在位9年，永平十三年（70）因病辞相以归。汉章帝以伏恭为三老，尊为父兄。元和元年（84）卒，享年90岁。

牟 融

牟 融（？—79），字子优，北海安丘（现安丘）人。东汉光武帝时大臣，经学家，古称牟子。青年时精通经籍，博大家学。在《尚书》失传的情况下，于民间以《大夏侯尚书》传授生徒，缵绪绝学，州里称颂。起初以司徒茂才任丰县令，任职3年，政化流行，县无狱讼，众吏畏而爱之，治绩为州郡之最。汉明帝永平五年（62），拜司隶校尉，“典司京师，执宪持平，多所举正”；迁大鸿胪、大司农，居职修治；永平十二年（69）代伏恭为司空，掌管议论和纠察；章帝时接替赵熹为太尉，参录尚书事，位列三公。经明才高，善议论，甚有大臣风节，百僚敬畏。时公卿无可匹敌者。汉明帝赞叹再三，认为其堪任宰相。东汉建初四年（79）卒。章帝亲临其丧，赠陪葬物品甚丰，并赐冢茔于明帝陵下，以体现朝廷对牟融尊重与怀念。

著《牟子》二卷。卷一《牟子理惑论》，是了解汉末佛教状况的一部重要文献。作者自设宾主，以问者和牟子各为一方，采用对话问答的形式展开讨论，在一问一答之间阐述佛教的义理。《牟子理惑论》是首部中国人所著佛教著作，首次提出儒、佛、道相一致思想，对后世齐鲁文化乃至中国文化的发展起到极大的推动作用。

周 泽

周 泽（生卒年不详），字稚都，北海安丘（现安丘）人，东汉光武帝时大臣。精通《公羊春秋》。建武末年，在大司马府任议曹祭酒。东汉建武中元元年（56）任黾池县令。永平五年（62）升迁为右中郎将。永平十年（67）为太常，掌管礼乐祭祀。他恪尽职守，工作劳苦，常常累得病倒在地。妻子心疼，擅自到公务场所探望他，因而触犯禁令。周泽大怒，令人把妻子投进监狱。为官克己奉公，果断直言，同僚们都很敬佩和服从。

甄　宇

甄　宇（生卒年不详），字长文，北海安丘西部（现安丘西部）人。初以《春秋》教授学生。东汉初年，拜为博士，又迁太子少傅，卒于官。

每逢腊月，皇帝诏赐博士每人一只外藩进贡之羊。羊有大小肥瘦，难以均分。有人提出要杀羊分肉，有的说要抓阄儿。甄宇以为耻，说：分只羊如此费事吗？大家何不随意牵只归。径直上前自取其中最瘦者牵走，一息分羊之争。皇上知道后，在一次百官朝会时，问：瘦羊博士来了没有？于是，甄宇以“瘦羊博士”的雅称闻于朝野。不久升迁为太子少傅，专辅导太子。子甄普、孙甄承皆治经艺，诸儒以甄氏三世传业，莫不归服之。著《严氏春秋》12 卷。

郎　宗

郎　宗（生卒年不详），字仲绥，东汉北海安丘（现安丘）人。擅《京氏易》，造诣渊深，善风角、占卜、天文星算，能望气占候吉凶，曾以占卜和课徒为生。

因名气大，应汉安帝征召，面君陈政对策甚称圣意，为群儒之仪范。不久出任吴县（现属江苏苏州）县令。有一次，吴县忽起一阵暴风，郎宗占知京师当有大火灾。于是记下日期时辰，派人往京师洛阳参验，事实证明果然如宗所说。上官奏知朝廷，安帝以博士官职再次征之。郎宗却认为凭占验让皇上知道而得高升，实在是件耻辱之事。于是在任命到来之夜，夜悬印绶于县廷遁去，终身不仕。陶弘景《真诰》里说他，“既遁去，居华山下，服胡麻，得道，今在鹿迹山洞”。著《象数占》一卷。

郎　顗

郎　顗（生卒年不详），字雅光，东汉安丘人。郎宗之子，经学家，占候家，推阴阳言灾异的重要人物之一。主要著作有《诣阙拜章》《对状尚书条便宜七事》《台诘对》《上书荐黄琼李固复条便宜四事》。

少传父业，兼明经典，学识博洽，精究《京氏易》，长于占卜，延致学徒常数百人。为人清高，隐居海畔，昼研精义，夜占象度，勤心锐思，朝夕无倦，终于将《易》学研究得炉火纯青，运用自如，对于天文乃至社会现象多有预见，名噪当时。州郡举有道方正，其都不予理睬。顺帝期间，天多灾荒，百姓饥馑。阳嘉二年（13）正月，皇帝派公车特地至安丘征召郎顗去算卦。进京面圣，奏疏引《易经•内传》“凡灾异所生，各以其政。变之则除，消之亦除”，劝皇上“思过念咎”，施仁政，兴王道。他根据“易天人应”的观点和京房所著《易飞候》等“天人感应”论说，劝说皇上行节俭、用忠臣、罢奸佞、轻徭役、裁减宫女、练兵御敌等，洋洋四五千言，皆关治国方略。二十四史中，安丘汉代乡贤传略的篇幅和载录的奏章文字，郎顗最长。参奏中所预言的因弊政而发生的京师地震、夏季大旱、外族入侵，竟“皆如所言”，件件应验。皇帝特征拜郎中，却拒辞不任，乐于教学授业为事，世人呼之曰“真君”。顗归乡里，隐家治学。同乡一无赖孙礼闻其名，意欲结交。顗认为其品行不好，拒之门外。孙礼一气之下，将其杀死。入《山东通史 • 列传》。

淳于恭

淳于恭（？—80），字孟孙，东汉北海淳于（现安丘东北部）人，著名经学家。

对《老子》有很深的研究，并能用《道德经》中辩证法认识社会的政治和生产、生活，很受称道。遇见小偷来偷他家果园的果子，他不但不抓，还帮着小偷采摘；遇见有人来偷割他的庄稼，他立刻伏在草丛里，免得偷者发现他而感到羞愧。

王莽统治末期，由于连年灾荒，盗贼遍地。其兄淳于崇，被贼人捉住要煮着吃。闻后，毅然投身贼巢，请代为受烹。劫者感动而兄弟俩得以俱释。淳于崇死后，抚养其孤，教诲学问。侄子每每不听话，用杖自打，以激励之。

建武年间，为躲避郡举孝廉、司空征辟，隐居到琅邪黔陬山，专治经学。早年醉心于道家，善说《老子》，并能用《道德经》中的辩证法认识社会的政治和生产、生活，很受称道。后来转而读儒家经典，从老子朴素的唯物辩证法里找到与儒家学派思维逻辑中的某些共通的知识，进而对照各家的批注，潜心研究，不止不休，终于以造诣深湛而大名远扬。章帝即位后，于建初元年（76）亲自下诏相召。诏书对他的素行作出许多赞美：德行高妙、志节洁白、学通能修、经中博外、明达法令、刚毅多略。诚恳地遣诣公车到安丘，授职为议郎。淳于恭方才出山入朝。皇上接见，叙谈终日，问其政事，颇多善言，皆本道德。遂迁侍中都尉，即御前顾问大臣。在朝为群臣表率，闻于四方。

做高官四五年间，在经学研究方面多有建树。推行老子“无为而治”学说，为章帝所称许。历史上著名的《白虎议奏》和稍后写成的《白虎通德论》，乃以其奏议为基础形成。建初四年（79），章帝接受校书郎杨终建言，在洛阳北宫白虎观召开群儒大会，讨论主题为《五经》同异和“共正经义”，名儒丁鸿、楼望、成封、桓郁、班固、贾逵等皆参加。会中，“五官中郎将魏应主承制问难，侍中淳于恭奏上，皇帝称制临决”。淳于恭成为大会主角，对五经经义作权威性论定，对有争议处作出界定勘正，然后皇上当场拍板裁定，成为笃论以颁行天下。如此一连数月。会后，钦命班固根据《白虎议奏》基调，整理会议内容，写成一部里程碑式的著作《白虎通义》。它是一部经学与谶纬学混合而成的儒家封建法典，共四卷四十四篇。建初五年（80），淳于恭卒于官。诏书褒奖，刻石表志。

承　宫

承　宫（？—76），字少子，东汉琅琊姑幕（现安丘东南部）人。少孤贫，为人牧猪。时学者徐子盛于乡里以《春秋经》设馆授徒。承宫过学舍窗户下，倾心听经忘归，猪走失数只。后求师收于门下，旁听条件是为诸生拾柴，只在闲暇时间听课。勤学苦读数年，学成回家。时值兵乱，遂埋名不仕，西行隐于蒙山，耕读为生。后设馆授徒，成为经师。有次出行，捡到一头被虎咬死的小鹿，把肉分给门下，抱鹿皮送给老师。老师不要，遂扔掉。他说：东西既然送给别人，就不能再拿回。他还曾在蒙阴山中的空地上种下禾黍。临到成熟时，有人占之，承宫就把庄稼全部给之。由是闻名乡里。永平中，帝召承宫，后拜为博士，继迁左中郎将、侍中。每朝会，其论政无不切中要害，帝数纳其言，朝臣叹服。学识和威望也远播域外。匈奴北单于多次派使求见，皇帝让承宫打扮一下见客。承宫说：他们是闻虚名而来，不了解实际情况，再说我长得并不英俊，去见外使有失国格，快叫仪表堂堂的大鸿胪魏应去吧。终因貌丑未接待外使。永平十七年（74）拜侍中祭酒，位列上卿。建初元年（76）卒。肃宗褒叹，赐以冢地。妻上书乞归葬乡里，复赐钱三十万。

郑　玄

郑　玄（127—200），字康成，东汉北海安丘（现高密）人，著名经学大师、儒学大师，汉代杰出的文献学家、思想家、教育家。

自幼聪明好学，13岁能诵读《五经》，有“神童”之称。但因家境走向清贫，18岁做乡啬夫，后又改任乡佐。然而，心专经学不乐为吏，逢假就找学宫求教。21岁，“博极群书，精历数图纬之言，兼精算术”。时任北海相杜密在北海国给郑玄安排职务。后辞官，入太学深造。最后在古文经学大师马融门下求学七年，终于成为集经今、古文之大成的经学大师。有“书有一万，君览八千”之誉。

学成东归后，“客耕东莱不其山”，收徒讲学。三国名士崔琰、王经、国渊、任嘏等人，皆为其门下。当年在不其山设帐授徒处称康成书院，该村名为书院村。不久，遭“党锢之祸”，被禁锢。仕途既绝，“遂隐修经业，杜门不出”。被禁锢的十四年中，为《周礼》《礼记》《仪礼》作注，还针对何休专守今文的错误，著《发墨守》《针膏肓》《起废疾》。灵帝中平元年(184)爆发黄巾起义，最高统治者不得不解除党禁。郑玄在当时有很高声望，当权者纷纷征辟，但他以种种理由拒绝，保名士之节操。他继续教授、注经，先后避乱于不其山、黉山、南城山。注释《古文尚书》《毛诗》《论语》《孝经》，晚年又注《周易》。不仅遍注群经，还给许多纬书作注，并撰写《三礼目录》《毛诗谱》《驳许慎〈五经异义〉》《答临孝存周礼难》《丧服变除》《皇后敬父母议》《天文七政论》等多种论著，“凡百余万言”。

郑玄治经，兼学今、古文，并最后立足于古文经学派。创立的这一新的经学学派，被称为“郑学”。郑学的创立，逐渐取代原来各守门户的今文经学和古文经学，使汉代今、古文长期纷争的局面宣告终结，经学从此进入一个“小统一时代”。

所注的儒家经典，从汉魏之际始，长期被列学官，设立博士，流传甚广。唐代统一经学，孔颖达奉诏撰《五经正义》，其中的《毛诗》《礼记》皆采郑玄笺、注。此后，贾公彦又撰《周礼注疏》《仪礼注疏》，也用郑注。郑玄上述四种经注，列入《十三经注疏》。郑玄是汉代杰出的文献学家。如果说孔子第一次整理和编订六经，那么可以说郑玄是第一次全面地、系统地整理和注释全部儒家经典。郑玄也是汉代卓有成就的教育家。在极为艰苦的条件下，于潍水之畔设帐授徒，从事经学教育30余年，闻名“伊洛以东，淮汉以北”。在教材建设上有突出成就，其经注就是言简意明的经学教科书。倡导的“博稽”“粗览”“时睹”等学习方法，对后世有积极的影响。生前有弟子上万人，死后遗令薄葬，仍有受业之徒郡守以下一千余人参加葬礼。

郑玄又是汉代经师以经注律的杰出代表。其《汉律章句》数十万言，成果丰硕，居汉代律家之首，在汉律使用中成为最具权威性的法律解释。他的经注涉及多种学科知识，单是一条涉及力学的注释，就正确揭示胡克定律中“力与变形成正比”的线性关系。此发现比英国科学家胡克早1500年。

郑玄还是一位深邃的思想者。他崇尚《礼》学，强调礼是治国的根本，把儒家重礼思想推向一个新的高度；他的易注把《易》学引向义理的方向，并注入老子的自然无为思想，表现出融合儒道的思想倾向，开王弼《易》学之端绪，对魏晋玄学的产生有一定的影响；他维护儒家的孝、忠观念和中央集权制度，针对当时的腐败政治，主张革除弊政，有针对性地提出“顺民”和“任贤”的主张。由于深受阴阳五行和谶纬思想的影响，并用于注经，所以他经注的科学性和思想的进步性受到一定的局限。唐代郑玄的《毛诗传笺》和《三礼注》被朝廷编纂的《五经正义》采用，其他经注仍在学术界广受推崇，有的经注还传至日本。唐贞观二十一年（647），郑玄被朝廷列入二十二“先师”，“从祀孔子庙”。宋代理学兴起，以郑玄为代表的“训诂之学”逐渐衰落，明代还一度取消郑玄从祀孔庙的资格。清代特别是乾嘉时期，以恢复汉学为宗旨的“考据之学”兴起，郑玄再次受到学术界的高度推崇。清雍正二年(1724)朝廷恢复郑玄从祀孔庙的资格。在郑公祠“每岁三月三日、九月九日致祭”，并立奉祀生负责祀祭事宜。书院、私塾则有“文拜”。郑玄是一位通才，其学问博大精深，远远超出经学范围，在中国学术史、思想史、教育史、文化史、法律史、科技史上，均是影响很大的历史人物。世人称之“经神”“国器”。对安丘影响很大，古安丘城内建有郑管祠。

伏　完

伏　完（2世纪—209），东汉琅琊东武（现景芝镇伏留村）人。东汉末大臣，汉献帝伏皇后之父。历官辅国将军、中散大夫、屯骑校尉。

沉深有大度，大司徒伏湛七世孙，袭爵“不其侯”，官拜侍中。娶汉桓帝长女阳安长公主刘华为妻。袁宏《后汉纪》载：生六子一女。六子：伏德、伏雅、伏均、伏尊、伏朗、伏典，一女：伏寿。

兴平二年（195），伏寿为汉献帝刘协立为皇后，伏完升迁为执金吾。建安元年(196)，官拜辅国将军，仪同三司。汉献帝迁许都，曹操自任司空，大权在握并独揽朝政。伏完于是奉上印绶，改拜中散大夫，迁屯骑校尉。建安五年（200），董承等人图谋诛杀曹操失败被杀。时董承之女为汉献帝贵人，曹操诛杀董承同时向汉献帝提出要杀董贵人。汉献帝以贵人有孕，数次请求曹操，仍不能保其性命。伏皇后写信给父亲伏完，诉说曹操暴行，令父亲密图之。伏完不敢有所举动。建安十四年（209）卒，由少子伏典嗣侯。

孙　嵩

孙　嵩（生卒年不详），字宾硕，一字宾石，东汉北海安丘（现安丘）人。官至青州刺史，学者。

某日，孙嵩坐车过市，发现一卖胡饼商人言谈举止不俗，买卖粗疏。他断定此人不是普通人，遂下车推心置腹相问。原来此人姓赵名岐，字邠卿，京兆长陵人，延熹元年(158)在功曹任上因得罪宦官只身逃走，为躲避追杀流落到此。孙嵩待赵岐上车后，放下帷帐，遮掩住门窗，而后命令侍从停车于避人之处，低声说道：我看先生并非是卖饼的商贩。刚才相问一句，先生即顿然色变。莫非有什么仇怨，或为躲避祸害而亡命于此吧？……请不要怕。我乃北海孙嵩，字宾石，家有百口，以族户之势定能救助你！赵岐素闻孙嵩之名，晓得可以信赖，即以实情告之。孙嵩十分同情赵岐的遭遇，遂把他带回家中，藏于复壁（夹壁墙）之内。三年后，赵家获平反昭雪，赵岐被朝廷重新起用为并州刺史。在安丘赵岐完成《孟子章句》《厄屯歌》。

初平末年，孙嵩为躲避北方战乱而离开家乡，寓居荆州。至兴平中期，赵岐以“钦差”身份出使荆州，乃复与孙嵩相见。于是赵岐与刘表联名上奏朝廷，推荐孙嵩为青州刺史。未任而卒。其事迹散见于管宁、邴原及赵岐等传。

伏 寿

伏 寿（？—214)，汉献帝的皇后，又称伏皇后，徐州琅邪郡东武县（现景芝镇伏留村）人。伏湛之八世孙女。父伏完，沉着大度，袭爵不其侯，为汉桓帝刘志的驸马，初为侍中，迁执金吾，复拜辅国将军，仪比三司。

东汉初平元年（190)，董卓挟汉献帝刘协到长安。伏寿在其父伏完（侍中）带领下，随汉献帝西迁长安，被选为贵人。兴平二年（195)，册立为后。时汉献帝14岁，伏寿15岁。不久，汉献帝东归，董卓部将李傕、郭汜争斗，殃及皇室。还都东归路上，潜夜渡黄河。伏寿不顾流产虚弱的身躯和个人安危，机敏救助夫君，显现生死关头对汉献帝忠贞不渝的深情。兴平三年（196）春，帝后坐牛车至竹林深处的“沁园”（现焦作、修武）一带，为汉献帝生下一皇子。伏后担心丈夫忘情于山水，经常提醒他牢记忧国忧民，以激起献帝复兴社稷佑民平安之念，遂将兴平三年改为建安元年。伏后不但对丈夫恩爱备至，对父母也孝敬异常。虽在朝廷接受父亲伏完的朝拜，离宫后却参拜父亲如子礼。

建安十九年（214）十一月，曹操逼献帝废伏皇后，之后将伏后下于掖庭暴室，幽禁去世（《曹瞒传》称当场被杀)。所生两位皇子亦以毒酒毒杀之，伏氏宗族有百余人亦被处死，伏寿母亲樊盈等19人被流放到涿郡。

伏皇后墓位于许昌市南15公里冢刘村东北隅，墓高10米，占地1730平方米，冢前有两小墓，为二皇子墓。

是 仪

是 仪（生卒年不详)，字子羽，北海营陵（现安丘西北部）人。本姓氏，最初为县吏，后到郡中任官。郡相孔融嘲笑他，你“氏”字似“民”而无上，可以改为“是”，于是改姓“是”。后又依附刘繇，在江南躲避战乱。刘繇败后，又迁徙至会稽。孙权持东吴大政，优待文人，征召是仪。见面后予以亲信任用，专门负责机密事务，拜为骑都尉。

吕蒙企图偷袭关羽，孙权向是仪咨询。是仪很赞同吕蒙之主张，劝孙权采纳。孙权令其随同大军征讨关羽，拜为忠义校尉。是仪面陈孙权谢恩。孙权对他说：我虽非赵简子，爱卿怎么不自己委屈些做周舍呢？平定荆州之后，东吴定都武昌，拜是仪为裨将军，后又封为都亭侯，任守侍中。孙权欲授之兵权，是仪认为自己不是带兵之才，推辞不受。黄武年间，孙权派是仪到皖城刘邵处，设计引诱曹休前来用兵。曹休到后，遭到惨败。是仪因功迁升为偏将军，回朝负责尚书事务，对外总领评定官员成绩，兼任词讼之事，还受命教各位公子书学。东吴向东迁都之后，太子孙登留下镇守武昌，孙权命是仪辅佐。太子对他非常敬重，有事先征询其意见，然后再去施行。晋封是仪为都乡侯。后随从太子回到建业，又被拜为侍中、中执法，评定各官、负责词讼依然如旧。典校郎吕壹诬告前江夏太守刁嘉诽谤国家政策，孙权大怒，逮捕刁嘉入狱，追查审问。时与刁嘉一起在座的人都惧怕吕壹，同声说刁嘉曾有过此事，只有是仪说没听到过。追究深查，诘问数日，诏令愈来愈严厉，群臣吓得连大气都不敢出。是仪回答说：如今刀锯已压在臣的脖子上，臣下怎敢为刁嘉隐瞒，自取灭亡，成为对君王不忠之鬼！但是知与不知当有始未。他据实回答，毫不改口。孙权只好把他放了，刁嘉也因此而免遭处罚。

蜀汉丞相诸葛亮去世，孙权留心西部事务，派是仪出使蜀汉，重申固守盟约，双方和好。是仪奉命出使，很合孙权之意，后拜为尚书仆射。南王和鲁王初封，是仪以本职兼领鲁王王傅。是仪认为二王地位太高，对治国很不好。于是上疏说：臣认为鲁王天生具有高贵的品德，文武兼备，当今妥善的办法是，应当派他镇守四方，作为国家之屏障。宣扬其美德，广泛显耀其威望，这是国家的优良传统，全国人民之期望。只是臣下言辞粗俗，不能完全表达出真正意思。我认为对二王的地位应有所降低，以端正上下等级秩序，申明教化根本。接连上书三四次。作为王傅，忠心耿耿，动辄规谏劝止；对上勤勉，对他人恭敬。他不治自家产业，不受别人恩惠，所居房子刚够自家居用。他有位邻居盖起大宅院，孙权外出时看见，便问这所大宅院主人是谁，左右随从回答说：大概是是仪的家。孙权说：是仪很俭朴，肯定不是。一询问，果然是别人之房。孙权如此信任。

他从不穿华贵衣服，不讲究饭菜，能够忍受清贫，家中没有储蓄。孙权听说后，亲到他家，查看吃的饭菜，并亲口尝过，非常感叹，当即给他增加俸禄和赏赐，扩大田地、宅邸。是仪多次推辞，对如此恩宠深感不安。虽经常向孙权提出建议，从不谈论他人短处。孙权常责备是仪不谈论时事，是非不明。是仪回答说:圣明的君主在上,臣下尽忠职守，唯恐不能称职，实在不敢以臣下愚陋的言论，干扰圣上的视听。为国尽职数十年，未曾有过错。吕壹普遍告发将相大臣，内中一人便有三四项过错，唯独没告发过是仪。孙权感叹：假使人们都像是仪一样，还用得着法令科条吗？及至病危，留下遗嘱要用素棺，以着平时所穿衣服下葬，务必要减省节约。81 岁卒。

赵　岐

赵　岐（约 108—201），东汉经学家，初名嘉，字邠卿、台卿。东汉京兆长陵人,任并州刺史,因“党锢之祸”被免职。后任议郎、太常等职。去世时年94 岁。与张衡、刘褒、蔡邕同为东汉四大画家。

永兴二年（154）司空房植辟赵岐为掾属。赵岐在任上曾提议二千石可以为父母服丧，朝廷同意其提议。后来被大将军梁冀征辟，为梁冀献取舍求贤的方法,梁冀不采纳。因此被推举治理繁难之处,担任皮氏县令。恰逢河东太守刘祐离职，继任者是中常侍左悺的左胜。赵岐素来讨厌宦官，同一天就西行，被京兆尹延笃请为功曹。

最初中常侍唐衡的兄长唐玹任京兆虎牙都尉，人们因为唐玹行为不端，于是很看不起他。赵岐和堂兄赵袭又多次贬议他，因此唐玹非常痛恨。延熹元年（158）唐玹任京兆尹，赵岐害怕大祸临头，于是带着堂侄赵戬逃走。唐玹果然逮捕了赵岐的家属和亲戚，将他们全部诬陷杀死。赵岐避难四方，到达过许多地方。后来隐姓埋名，在北海卖饼。安丘人孙嵩见到赵岐后，觉得他不一般，于是询问赵岐道：我看你不像是卖饼的人，问你话你又脸色有变，你如果不是与人有深仇大恨，就是逃亡的人。我是北海的孙宾石，家中有百余口人，也许可以帮你的忙。赵岐于是以实情相告，孙嵩将其带回家，设宴款待，把他藏在夹壁中数年，赵岐在其中创作大量作品。

后来唐玹及其家人死光，赵岐得到大赦才得以重见天日。三府（太尉、司徒、司空）知道后，同时征辟赵岐。但一直到延熹九年（166），赵岐才应司徒胡广之辟命。时南匈奴、乌桓、鲜卑共同反叛，公卿都举荐，于是拜赵岐为并州刺史。赵岐到任想要上奏守边的策略，但还未来得及，就因为党锢之事遭到罢免，于是赵岐把守边策略整理成为《御寇论》。

灵帝初年，赵岐又因党人之事被禁锢十多年。一直到中平元年（184）黄巾起义，灵帝下诏选用以前的刺史及二千石官员中文武双全者，征拜赵岐为议郎。后来车骑将军张温西征关中，请赵岐补任车骑长史，屯驻安定。大将军何进又举荐赵岐为敦煌太守，路经襄武县时，被反贼边章等人抓住，反贼想要胁迫其担任他们的大帅。赵岐费尽口舌才得以幸免，经过辗转回到长安。董卓西迁献帝至长安，重新拜赵岐为议郎，不久任太仆。在去世前赵岐就为自己造好坟墓，里面画有季扎、子产、晏婴、叔向四人的像，放在客从的位置，又把自己的画像摆在主位，让他们来称颂。临终时嘱咐儿子简朴下葬。著有《孟子章句》《三辅决录》，在当时广为流传。还著有《厄屯歌》《蓝赋》作品。在牟山北栖虚观东北侧曾建有赵岐祠。

管　宁

管　宁（158—241），字幼安，北海朱虚东境（现安丘境）人。著名高士，学者。史称三国第一人。

16 岁丧父。内外表亲同情其孤贫，都赠送其一些办丧事之物品。管宁一概辞谢不受，反而衡量自己所积财物办丧事。宁身长八尺，须眉俊美。与平原人华歆，同县邴原相友善，三人曾一起游学他郡，也同敬重陈仲弓，时称三人一龙。时天下大乱，听说公孙度威令普行辽东，于是和邴原、平原人王烈等前往。公孙度设馆招待他们。见过公孙度后，管宁就在山谷中，击壁成室，结庐而居。时避难的人多数居住在郡南，而管宁居住在郡北，显示出不迁移中原之意志，稍后渐有人跟随其居住郡北。曹操为司空时，召请管宁，公孙度之子公孙康暗藏这道命令而不宣布。王烈，字彦方，时声名在邴原、管宁之上。辞退任公孙度长史之职，从商以使自己幽处下层社会。曹操任命王烈为丞相掾征事，未到任，死在辽东卜居之地。

中原稍安定后，旅居在外之人均返乡，只有管宁安然居于卜地，似乎将终老辽东。黄初四年(223)，曹丕下诏给公卿，荐举特立独行君子，司徒华歆推荐管宁。当初，曹丕即位时，诏请管宁，于是其以此因带家属渡海回到北海国故里。临行，公孙恭在南郊送别，赠与衣物。自管宁到辽东，公孙度、公孙康、公孙恭三人前后所送礼物，其都收下存放起来。现在要渡海回乡，又全数封还。曹丕下诏任管宁为太中大夫，其坚辞不受。明帝曹睿即位时，太尉华歆逊位给管宁。于是下诏说：太中大夫管宁，深怀道德，服应六艺，清虚足以与古人相比，廉洁可以高立今世。过去遭逢王道衰微，渡海隐居，大魏秉受天命，就携家而来，这是应龙（龙有九种，此龙有翼）晦则沉潜，明则飞升，及圣贤受重视就施展抱负，不受重视就隐藏起来之道理。而黄初以来，屡次颁下征召命令，往往推辞有疾，拒绝不来。难道朝廷之政事，与先生之意趣不同，将悠游于山林，而不能来吗？以周公之圣德，仍忧心老臣不至，而听不到如凤鸣那样美的诤言。秦穆公那样贤能，还念念不忘询访老人。况且我德薄能鲜，怎可不听诸位谈论道理呢？现在任管宁为光禄勋。礼有大伦，君臣之道应当不能废绝。希望尽速赶来，以圆我久慕之意愿。又下诏给青州刺史：管宁怀道德、守贞节，潜隐海角，最近已下征召之命令，竟抗命不来，徘徊在安乐之居所，要使隐居成为高尚之事，虽然有隐者平凡自安之贞节，却失去正考父辅佐宋国戴、武、宣三位君王而更恭敬之义行，使我虚心盼望了多年，这是何用意呢？心怀安乐，必然会履行他平日隐遁之心志，何不想想古人也有完全改变素行，而使百姓隆盛的呢！日月迁移，光阴正不断的流逝，修身养性，为的是什么？孔子曾说：我若不与天下人亲近，那要和谁亲近呢？难道要学飞禽走兽隐于山林吗？命令别驾、从事、郡丞、掾，奉诏书备礼遣送管宁到朝廷，给其舒适车辆、吏从、蓐垫和途中伙食，一上路就先启奏。管宁以草莽臣名义上疏说：臣只是海滨孤陋卑微，劳倦无依之农夫，幸而获禄丰厚。陛下继承大业，德望比美三皇，教化凌越陶唐。臣受恩泽，有十二年之久，却不能报答陛下之恩典。长久以来，疾病沉重，颠倒礼节，夙夜恐惧，无处安心。臣元年（明帝青龙元年，公元233年）十一月获公车司马令给州郡之命令，有八月甲申召臣之诏书，更赐给舒适之车辆，衣被、蓐垫，备礼遣送，光荣宠幸，同时降临，优厚屡至，臣惶恐敬肃，没了主张。想禀陈愚意，而诏书抑止，不使臣修写章表，所以迁延到今日。心想陛下恩赐也有终极之时，不料却更兴隆显赫。今年（明帝青龙四年，公元236年）二月获州郡转下三年（明帝青龙三年，公元235年）十二月辛酉之诏书，又赐舒服车辆、衣服，别驾、从事和郡功曹备礼遣送，又特别接到玺书，命臣为光禄勋。书中陛下谦逊，引周、秦事迹为比喻，谦抑自身而褒美臣下。臣受诏那天，惊恐得魂飞魄散，无地就死。臣深自反省，没有东园公、绮里季那样且有极高品德，却蒙赐安车之荣耀。也没有窦融那般之功勋，而受玺书封赐之宠幸，才具驽下，有如梁上短柱，却要肩负栋梁之重任，性命垂危，而获朝臣之大位，臣恐怕犯了汉哀帝时朱博鼓动妖言之罪过。再则老病常患，有增无减，无法胜任旅途劳累，以完成重大之责任。遥望宫门，徘徊朝廷，谨上表陈情，恳求哀悯，听任愚臣，以免骸骨暴露在旅途之上。自黄初至青龙年间，征召之命令一道接一道，常在八月赐牛酒给管宁。诏书问青州刺史程喜说：管宁到底是守节高尚，还是真是年老疾病而衰弱？程喜上书说：管宁有一位族人叫管贡，是本州吏员，与管宁邻居，臣常派其刺探消息。管贡说：'管宁经常戴黑帽，穿布料做的短衣裤，裙子，随时节增减，出入门庭，能自己拿拐杖，不须别人扶持。四时祭祠，往往自己改穿衣服、戴头巾，着过去在辽东所有白布单衣，亲自摆设祭品，行跪拜礼。管宁年少即丧母，已不记得母亲之样子，常因此忧伤而多斟些酒，泪流满面。又管宁住宅离水边七八十步，夏日常到水中洗洗手脚，观览菜园蔬圃。'臣推测管宁前后数次推让之意向，而认为其习惯隐居生活，到了老年，智力衰退，所以游息处静，因此每次坚持谦退。这是管宁要保全一向之志行，并不是守节高尚。

正始二年(241)，太仆陶丘一、永宁宫卫尉孟观、侍中孙邕、中书侍郎王基一齐推荐管宁说：臣听说龙凤隐晦光耀，呼应德瑞而至，明哲之人平日隐居，等待时机而起。所以鸾鹫在歧山高鸣，接着周室兴隆；四皓为辅佐，汉朝帝王因此而康泰。臣见太中大夫管宁，符应阴阳之中和，汇聚九德之纯美，文质彬彬，品性高洁，胸怀清虚淡泊，悟道逍遥自在；观览黄老、六艺为乐，已登堂入室，得其奥妙。通达古今，含蕴道德。中平年间，黄巾贼四处流窜，华夏崩颓，纲纪废弛，于是避难，乘船渡海，羁旅辽东达三十多年。在这不宜进取之时，管宁掩蔽光芒，隐遁而养浩然正气，含蕴儒墨之精华，他潜移默化之修为，普行于辽东之地。黄初四年(223)，高祖文皇帝（曾丕）垂询诸臣，谋求俊才，司徒华歆荐举管宁应选，特派公车征召，其从远地振翼来归。路途艰辛，罹患疾病，就任管宁为太中大夫。烈祖明皇帝（曹睿）嘉美他的德望，升为光禄勋。管宁疾病甚重，不能上路。现在管宁旧病已愈，年纪八十，意志毫不衰倦。四壁空虚，以荆柴为门，起居陋巷，喝粥糊口，两日一食，吟咏《诗经》《尚书》，乐趣依然不变。管宁在困苦中而能通达，遭遇危难时，必能安渡，其经历过危险，而不改节操，正如金声玉色，愈久愈显。看其一向行为，几乎是上天所赐，应赞助大魏，辅佐皇上。皇上一旦有所缺失，群臣也都给予寄望。从前殷高宗梦见傅说，就刻了其雕像去找，周文王也用龟卜求良佐。况且管宁曾受前朝表扬，名德已显，却徘徊许久，而不能请来，这不是遵奉明训，完成前朝遗志之措施啊。陛下登位，承继大业，圣化日日降临，超越了周成王。每有意旨，就咨询师傅，若能继承二祖，招纳人才，礼敬贤俊，增广光明，那么济济多士之教化，就可与前代媲美。管宁清高淡泊，可比前贤，德行卓绝，海内无第二人，观察前代所褒扬之人物，如申公、枚乘、周党、樊英，他们一生之行事清高，但是都没有像管宁那样能砥砺风俗，特立独行。实在应该以玉帛备礼征聘其朝廷效力，致送几杖，请上东厢，敷陈典籍，坐着谈论道理，上可正天文，以协助皇上，下可富民生，使伦常有序，如此，广助教化，功效必定可观。倘若管宁坚持不肯，有洪崖先生隐居洪崖，巢父、许由隐居箕山那般的志向，那么圣朝也就如唐、虞一样，表彰贤能，必可名垂千年。虽然出仕隐居，各有不同，但振兴治道，敦美风俗之目标皆同。

于是特别准备舒适车辆和玉帛聘请管宁。不巧管宁却已去逝，时年 84 岁。当初，管宁之妻过世，旧友劝其再娶。管宁说：每次我想到曾子、王骏之话，心中赞佩不已，难道自己遇到这种事，还要违背本心吗？鉴于世上不少人趋炎附势，妄变姓氏，乃著《氏姓论》以原本世系，并著《集》《录》各一卷。

斯人名高行洁，生前身后千百年来颂声不绝，举世推崇，永受景仰。魏明帝在诏书中夸管宁“耽怀道德，服膺六艺，清虚足以侔古，廉白可以当世”。“三苏”之一的苏辙赞其“明于知时，审于处己，以能自全”。陈寿评论说：管宁雅正高尚，坚定不拔。当代国学大师钱穆先生在《国史新论·评管宁》云：但论三国人物，管宁必屈首指。古代帝王、文学家、政治家及学者等对其赞颂有加。因管宁事迹“老辽东”“辽东帽”“皂帽辽东”“挥金故里”“挥金坡”“割席断交”等典故 17 个，世称三国“东家丘”。安丘古代最知名的人物之一。卒葬赤埠岭。子管邈，拜郎中，后为博士。《高士管宁》注解甚详。

邴　原

邴　原（157—211），字根矩，东汉北海部城（现凌河镇）人。三国著名学者。一生名高德大，清规邈世，魁然而峙，其美谈佳话流传至今。

黄巾军起义爆发后，邴原将家属安置在北海城内，自己避进郁洲山中。时，孔融任北海相，向上司推荐邴原。邴原以黄巾军正强盛为推托，又避到辽东。在辽东，其名望与同乡刘政一样，都具有英雄气概和勇敢谋略。辽东太守公孙度恐怕刘政闹事，想把他杀掉，把刘政一家老少尽数收捕。刘政得以逃脱。公孙度发文告知下属各县：有敢收留隐藏刘政的，与他同罪。刘政无处藏身，只能投奔邴原。邴原将他在自己处藏匿一个多月。正好东莱太史慈要回到家乡，邴原将刘政托慈带出辽东。办妥这件事后，邴原去对太守公孙度说：将军你前日要杀刘政，是因为他能对你构成威胁。今天刘政已离开辽东，长官你的威胁岂不是消除吗！公孙度回答道：是啊！邴原又说：长官害怕刘政的原因，是因为他狡黠。今天，刘政已经离开辽东，他的狡黠没有用了，为什么还要拘禁他的家人呢？不如赦免他们，也使他们不再对你太守有深深的怨恨。公孙度这才放了刘政的家属。邴原又出钱帮助刘政家属，使他们都回到故乡。邴原在辽东时，一年之中投奔他的人达几百家，被称为“游学之士”“教授”。后来回到了北海，应曹操征召做司空掾。邴原有一个女儿，很早就过世。当时曹操的爱子仓舒早死，曹操要想把他与邴原的亡女合葬，结成阴亲。邴原推辞说：合葬不合礼法。我之所以自愿在明公手下干事，原因就是因为明公能以古训礼典对待我而不作什么变动。今天我若答应你这件事，则是把你我都变成凡夫俗子，庸俗之辈。明公焉是能做出如此之事的人啊？曹操这才罢休，迁邴原为丞相征事职。

崔琰为东曹掾职，记载此事时说：征事邴原，议郎张范，皆是纯净有德，志向高尚，行为忠直方正之士；他们清廉自洁能够脱俗，操守固执足以担当重任；所谓龙翰凤翼，国家的重宝就是指象他们那样的人，把他们举荐出来，委以重任，那么奸诈小人，不仁不义者都会远远地离开，不再会影响国家的治理。邴原代凉茂出任五官将秘书，经常闭门自守，没有公事，从不出门。曹操发兵征讨东吴时，邴原随军出发，死在征吴的道路上。

邴原11岁父亲去世，家中贫穷，又早早成了孤儿，因此没钱求学。他家隔壁有学堂，邴原经过学堂旁就哭泣。老师问他说：小孩子悲伤什么？邴原说：孤儿容易伤心，穷人容易感怀。那些学习的人，必定是父兄都有的人，一是羡慕他们没有成为孤儿，二是羡慕他们能够学习，心里悲伤，因此流泪。老师也为邴原的话哀伤地说：想读书，可以啊！邴原回答说：没有学费。老师说：孩子如果有读书的志向，我白教你，不要学费。于是邴原入学。一冬的时间，背诵《孝经》和《论语》。从他在儿童之时，就聪明，有特异之处。等到长大，他的品行如金玉一般美好。想要远行求学，去拜访安丘孙嵩。孙嵩推辞说：您家乡的郑君，您知道吗？邴原回答说：是的，知道。孙嵩说：郑君学贯古今，博闻强识，能探求深远的学问，真是学习者的老师和楷模。您却舍弃他，跑了一千里路，来找我，这是所谓把郑君当作东家丘的做法吗？您好像不知道郑君而说知道，是什么原因。邴原说：先生的话，真可以说是苦药良针，但还没有完全了解我的内心志向。人各有自己的志向，各人打算不同。所以才有登山采玉的人，有入海采珍珠的人。怎么能说登山的人不知道海深，入海的人不知道山高呢？您说我把郑君当作东家丘，您认为我是西家的愚夫吗？孙嵩向邴原致歉，又说：兖州、冀州的士人，我认识很多，没有像您这样的。我应该用书信来为你作访学求师的媒介。邴原看重孙嵩的好意，难以推辞他的介绍信，就拿着信告别了。邴原心里认为拜求老师、开导学问这样的事，志向高远的人之间自然能够相契合，不像交朋友这样的事要靠介绍来完成。信有什么用呢？于是把信藏在家里，就出行了。邴原酒量很大，也很喜欢喝酒，但想到喝酒会荒废学业，就毅然下定决心戒酒。邴原在外游学八九年之久，他常常通宵达旦地和挚友高谈阔论，和名师一起谈诗论道。俗话说：酒逢知己千杯少。每逢有人劝酒，邴原都是只望一眼酒杯，然后含笑摇手，表示自己不会饮酒。其实邴原是为了不荒废学业才克制自己，滴酒不沾的。学成回乡后，邴原广收门徒，为了尽心教学，他仍是酒不沾唇。在邴原耐心地教诲下，门徒中有几十人学得非常精深，成为当时有名的学者。常言道：江山易改，秉性难移，可是邴原为专心致志攻读，而改变自己爱喝酒的嗜好，这种毅力令人钦佩。当时孔融在北海为相，教手下选出能任公卿之才，于是选出郑玄任计掾，彭璆为计吏，邴原为计佐。融有所爱的一个人，经常赞叹他的才能，后因为怨恨他，想要杀他。朝吏皆跪下来请求不要杀此人。当时此人也在，叩头流血求不要杀他，而孔融杀他的心意没有放下。而当时独邴原不去请求。孔融对邴原说：大家都请求我，你为什么不请求呢？邴原说：你呀，对某人感情不薄。常言说的好呀，岁终应当选他，此就所谓爱民如子呀。如果这样，朝廷受恩没有在某的前面的。而你今天却要杀他。你爱他时就视其如子一样，恨他时就就要杀他。我十分愚蠢，不知道您以什么喜欢，以什么不喜欢？孔融说：某生于寒门，我可怜他们于是成就他们兄弟几人，提拔重用他们；某现在辜负我的恩施。做的好的就可以晋升，做的不好的就可以杀了，此本来就是君王之道。以前，应仲远做泰山太守时，曾经举荐一位秀才，然而不到一个月就杀了。邴原说：仲远举荐孝廉，却杀他，其义在哪儿呢？凡是孝廉，都是国家从后俊中选出来的，举荐他对，那杀他就错；如果杀对，那当时举荐他就错。诗经上说：不能适其地位的人，就不能给他们对等的待遇。一定是讥讽这样的人。论语说：爱他的时候想要他活着，厌恶的时候就想置他于死地。既想他死又想他生，就是糊涂啊。仲远已经十分糊涂，您想学他吗？孔融大笑说：我就是想戏弄他。邴原又说：君子说话，要与他的身份相符。说话和办事乃君子行为的关键。

辽东多虎，邴原所居村落却没有虎患。原曾经走路时拾到人家丢失的钱，拾起来挂在树枝上，此钱无人来取，然而系钱的却越来越多。原问因，知者回答说，这是一种神树。原痛恨这种以神树作为理由的做法，给予分辨清楚。于是里中遂收拾钱财作为社供。后来原欲归乡里，停于三山之处。孔融知道后写信说：随会在秦，贾季在翟，谘仰靡所，叹息增怀。顷知来至，近在三山。诗不云乎：来归自镐，我行永久。原遂复返还。

自返国土，邴原讲述礼乐，吟咏诗书，门徒达数百人，服道者数十人。时郑玄博学洽闻，注解典籍，故儒雅之士相集。原亦自以高远清白，颐志澹泊，口无择言，身无择行，故英伟之士向焉。是时海内清明，说青州有邴郑之学。魏太祖为司空，辟原署东阁祭酒。操北伐三郡单于，还住昌国，宴请士大夫。酒酣，操说：我今天返至此地，邺守诸君必将来迎，今日明旦，估计就都来。其不来者，独有邴祭酒耳！言讫未久，邴原先到。门下通谒，操大惊喜，提着鞋子起来，跑出去很远迎接邴原，并说：贤者诚难测度！孤谓君将不能来，而远自屈，诚副饥虚之心。

王　修

王　修（生卒年不详），字叔治，北海营陵（现安丘西北境）人。三国时期魏国官吏，先后侍奉孔融、袁谭和曹操。为人正直，治理地方时抑制豪强、赏罚分明，深得百姓爱戴，官至大司农郎中令。

7岁时母亲在社日去世。第二年，邻里在社日祭神，王修触景生情而思念母亲，非常悲哀。邻里听到他的哀哭声，因此停止祭神。20岁时，到南阳游学，住宿在张奉家里。张奉全家人都生了病，没有人去看望他们，王修怜悯他们，亲自照料，直到病愈才离开。初平年间，北海孔融征召他任主簿，代理高密令。高密孙氏素来强横任侠，门客多次犯法。老百姓遭抢劫，抢贼逃进孙氏家中，官吏无法去捉拿。王修带领官吏百姓包围孙氏家，孙氏抗拒防守，官吏百姓畏惧不敢靠近。王修命令官吏百姓：有敢不去攻打者，和抢贼一样问罪。孙氏害怕，于是交出抢贼。从此当地横行不法的人因惧怕而屈服。王修被推举为孝廉，想让给邴原，孔融没有答应。时天下动乱，推举孝廉的事被迫停下。不久，郡中有人谋反。王修听说孔融有危难，连夜奔往孔融所处。贼寇刚刚起事时，孔融对左右的人说：能冒着危难前来帮我者，只有王修。话刚说完，王修赶来。王修又代理功曹。当时胶东有很多贼寇，孔融又令王修代理胶东令。胶东人公沙卢宗族强盛，自己修筑营垒堑壕，不肯服从官府分派的徭役和征税。王修独自带领几个骑兵径直进公沙卢的家门，斩杀公沙卢兄弟。公沙氏一家人惊呆，谁也不敢动。王修安抚劝慰其他的人，从此贼寇的活动逐渐止息。孔融每次有危难，王修即使在家中休假，也必赶来。孔融经常依靠王修而免除危难。

袁谭在青州时，征召王修任治中从事，别驾刘献多次诋毁王修。后来刘献因犯事应当判处死刑，王修审理此案，刘献得以免去死罪。当时的人因此更加赞扬王修。袁绍又征召王修任命为即墨令，后来担任袁谭的别驾。袁绍死后，袁谭、袁尚有矛盾。袁尚攻打袁谭，袁谭的军队战败，王修带领官吏百姓前去救援袁谭。袁谭高兴地说：保全我军的人，是王别驾啊。袁谭失败后，刘询在漯阴起兵，各城响应。袁谭叹息说：现在全州都背叛了，难道是我没有德行吗？王修说：东莱太守管统虽然在海边，这个人不会反叛，必定会来。十多天后，管统果然抛下他的妻子儿女赶来投奔袁谭，妻子儿女被贼寇杀害。袁谭改任管统为乐安太守。又想攻打袁尚。王修规劝说：兄弟之间互相攻击，这是失败灭亡的道路。袁谭不悦，然而理解王修的志向和节操。后又问王修：有什么计策？王修说：兄弟，就如左右手。譬如一个人将要搏斗却砍断自己的右手，反而说‘我一定胜利’，像这样可以得胜吗？背弃兄弟而不亲近，天下还有谁亲近他呢！属下有说坏话陷害别人的人，一定要在你们兄弟之间挑起争斗，以求得一时的私利，希望您这样明智的人塞住耳朵不要去听。如果杀掉几个巧言谄媚的属下，兄弟之间又亲密和睦，来抵御四方的侵侮，就可以称霸天下。袁谭不肯听从，于是和袁尚相互攻打，向操请求救援。操攻占冀州以后，袁谭又背叛操。操于是带领军队在南皮攻打袁谭。王修当时在乐安运送粮食，听说袁谭情况危急，带着所统领的兵马和各从侍数十人赶赴袁谭处。到达高密时，听说袁谭死，王修下马大声哭着说：没有您我该归附谁呢？于是去见操，请求收殓埋葬袁谭的尸体。操想观察王修的心意，默不作声。王修又说：我蒙受袁氏的深厚恩情，如果能收殓袁谭的尸体，然后被杀，我没有什么遗憾。操称赞他的义气，同意要求。又任命王修为督运军粮的官员，让他返回乐安。袁谭战败后，各城都降服，只有管统在乐安不肯服从命令。操命令王修去砍下管统的首级，王修认为管统是亡国的忠臣，于是为管统松绑，让他去见操。操高兴地赦免管统。袁氏的政令宽缓，在职有权势的人都积蓄许多财产。太祖攻下邺后，查抄没收审配等家的财物数以万计。等到攻下南皮，检查王修的家，谷物不满十斛，有书数百卷。太祖叹息说：士人不是只有虚妄的名声。于是按礼仪征召王修担任司空掾，代理司金中郎将，升任魏郡太守。王修处理政事、抑制豪强、扶助贫弱，严明赏罚，老百姓十分称赞。

曹魏立国后，王修任大司农郎中令。太祖主张实行肉刑，王修认为当时还不能实行，太祖采纳他的意见。王修升任为奉尚。此后严才反叛，和他的部属数十人攻打宫廷两侧的城门。王修听说发生事变，召集的车马还没到达，便带领下属的官吏步行到宫门。太祖在铜爵台上望见他们，说：那来的人一定是王叔治。相国钟繇对王修说：过去，京城有变故，九卿各自守在自己的府宅里。王修说：吃着朝廷的俸禄，怎么能躲避祸难呢？守在府宅里虽然是旧例，但不是为国赴难的道理。不久，王修病逝任上。儿子王忠，官至东莱太守、散骑常侍。卒，葬其母茔侧，山为慈母山。

徐苗

徐苗（？—302），字叔胄，西晋隐士，淳于（现安丘东北境）人，一代儒宗。

祖辈在郡守为官，政绩突出。少时，家境开始破落。白天扛着锄头到农田锄草，黑夜点灯苦读经书。后与弟弟徐贾拜济南人宋钧博士为师，受业攻读，遂成一代儒宗。

曾撰写《五经同异评》，并按道家学说著《玄微论》，著述数万言，深有意趣。徐贾嘴上生疮，溃破流脓，其不顾腥臭，亲为吮之。弟卒，抚养遗孤，甚为慈爱，合州无不钦佩。还把田产和奴婢分给兄弟的后人，自己一无所有。乡邻父老家里遇到丧事，立即停下手中农活，帮助办理丧事。有一学生不幸病故，在讲堂为其成殓葬之。其仁爱和德行，深受人们爱戴。名高当世，清净自守，不慕权贵，郡举孝廉，州辟从事、治中、别驾，举荐为异行。公府五辟博士，两次征请，一概拒绝。

晋永宁二年（302），徐苗病逝。临终前，对家人留下遗言：濯中汉衣，榆棺杂砖；露车载尸，苇席盖之。其清廉精神可贵可赞。

王裒

王裒（？—311），字伟元，北海营陵（现安丘西北境）人。祖父王修，是魏国名士。父亲王仪，曾担任司马。叔父王忠，官至东莱太守、散骑常侍。西晋时期学者，因父亲被司马昭杀害，立志不为西晋官府做事，隐居乡野教书育人。

裒少立操尚，行己以礼，身长八尺四寸，容貌绝异，音声清亮，辞气雅正，博学多能。痛父非命，未尝西向而坐，示不臣朝廷也。于是隐居教授，三征七辟皆不就。庐于墓侧，旦夕常至墓所拜跪，攀柏悲号，涕泪著树，树为之枯。母平常害怕雷声。母没后，每打雷，其皆到墓前安慰说：儿子在此。及读《诗》至“哀哀父母，生我劬劳”，未尝不三复流涕，门人受业者并废《蓼莪》之篇。家贫，躬耕，计口而田，度身而蚕。或有助之者，不听。诸生密为刈麦，裒遂弃之。知旧有致遗者，皆不受。门人为本县所役，告裒求属令。裒曰：卿学不足以庇身，吾德薄不足以荫卿，属之何益！且吾不执笔已四十年矣。乃步担干饭，儿负盐豉，草屩，送所役生到县，门徒随从者千余人。安丘令以为诣己，整衣出迎之。裒乃下道至土牛旁，磬折而立，云：门生为县所役，故来送别。因执手涕泣而去。令即放之，一县以为耻。乡人管彦少有才而未知名，裒独以为必当自达，拔而友之，男女各始生便共许为婚。彦后为西夷校尉，卒而葬于洛阳，裒后更嫁其女。彦弟馥问裒，裒曰：吾薄志毕愿山薮，昔嫁姊妹皆远，吉凶断绝，每以此自誓。今贤兄子葬父于洛阳，此则京邑之人也，岂吾结好之本意哉！馥曰：嫂，齐人也，当还临淄。裒曰：安有葬父河南而随母还齐！用意如此，何婚之有！北海邴春（邴原之孙）少立志操，寒苦自居，负笈游学，乡邑佥以为邴原复出。裒以春性险狭慕名，终必不成。其后春果无行，学业不终，有识以此归之。裒常以为人之所行期于当归善道，何必以所能而责人所不能。及洛京倾覆，寇盗蜂起，亲族悉欲移渡江东，裒恋坟垄不去。贼大盛，方行，犹思慕不能进，遂为贼所害。王裒“闻雷泣墓”编入古代《二十四孝图》。

徐澄之

徐澄之（生卒年不详），西晋末曾为州治中（刺史的辅官），东莞姑幕（现安丘东南境）人，教育家。出身徐姓家族大户人家，在家乡很有名气，入仕为本州治中。时值永嘉之乱，诸王混杀，其与乡人臧琨（琅琊人）等人，亲自率领家人、子弟南渡长江，安家于京口（现江苏镇江）。其子徐藻，官至都水使者。其在历代志书有所记载："东莞人徐澄之，为州治中。永嘉之乱，遂于乡人臧琨等率子弟并闾里士庶千余家南渡江，家于京口"。两族坟墓分别在晋陵及丹徒。二孙徐邈、徐广，皆入《晋书》《山东通志》。

徐　邈

徐　邈（？—397），字仙民，东晋官员，祖籍东莞姑幕（现安丘东南境）人，徐澄之之孙。

少时性情端雅，勤学苦读，见闻广博，谨慎自守。下帷读书，不游城邑，与臧寿齐名，为当地学问家。孝武帝始学古代典籍，朝廷招选儒士，太傅谢安荐其应选，果被选中。44 岁始补为中书舍人，在西宫侍奉孝武帝读书，为之开释文意。还撰正《五经》音训，学者作为标准。后迁为左散骑常侍。在西宫前后十年，向皇帝提出许多好建议，对国家大政，多有匡正，很受器重。孝武帝选其为前卫，领本郡大中正，授太子经书。虽在东宫，但仍朝夕入见皇帝，参与朝政，拾遗补阙。晋安帝即位后，拜为骁骑将军。隆安元年（397），遭遇父丧，悲痛过度，不久病逝，享年 54 岁。

著有《周易音》一卷，《礼记音》二卷，《古文尚书音》一卷，《春秋谷梁传义》十一卷。还著有《答春秋谷梁传义》三卷，《论语音》二卷，《庄子音》三卷。所著《谷梁传》在当时颇受推崇。《山东通志》有其传记。

徐　广

徐　广（352—425，一说 351—425），字野民，东晋官员，著名学者，东莞姑幕（现安丘东南境）人。徐邈之弟。

家世好学，博览百家，学问精到纯正，至广尤精，百家数术，无不研览。谢玄为兖州刺史，辟为从事。谯王司马恬为镇北将军，补其为参军。孝武帝时，为秘书郎，典校秘书省。后转员外散骑侍郎，仍领校书。尚书令王珣甚器重之，荐为祠部郎。又被司马显荐引为中军参军，迁领军长史。桓玄辅政，用为大将军文学祭酒。义熙初年（405），奉诏撰写车服仪注。任镇军谘议，领记室，封乐成侯。后转员外散骑常侍，领著作。奉朝廷之命撰写国史。又迁为骁骑将军，领徐州大中正，转正员常侍、大司农，仍领著作。义熙十二年（416 年）写成《晋纪》46 卷。不久，迁为秘书监。

元熙二年（420）六月，晋恭帝司马德文让位于刘裕，东晋灭亡。其悲伤不已，痛哭失声。其后，告老求归桑梓。虽至年迈，仍手不释卷，咏读不辍。74 岁卒于家。著《晋纪》《答礼问》及文集 15 卷。

伏　滔

伏　滔（约 317—396），字玄度，平昌安丘（现安丘）人。东晋简文帝时官员、学者。

少有才学，远近闻名。大司马桓温任为参军，甚为礼敬。每有宴集，均一同前往。太和四年（369），随桓温到寿阳讨伐袁真。其间撰成《正淮》，以历史教训劝谏桓温勿生觊觎之心。寿阳克定之后，因功封闻喜县候，任永世县令。桓温死后，征西将军桓豁用为参军，并任华容县令。晋太元中任著作郎，专掌国史，并任本州大中正一职，负责考察官吏才德。后任游击将军，仍兼著作郎，卒于任上。伏滔以文学著名，有《正淮论》二篇行于当世，又有文集 11 卷，《大司马寮属名》1 卷，近人陈蜚声皆辑而存之。伏滔当时与袁宏齐名，二氏皆与曹魏有世仇。子系之，亦有文才，历黄门郎、侍中、尚书、光禄大夫。

孟怀玉

孟怀玉（386—415），东晋末年大将，平昌安丘人。

出身于官宦之家，父孟绰官至给事中、光禄勋。世居京口（现江苏镇江），早年追随刘裕，任建武司马。又随刘裕举兵反桓玄，封鄱阳县候。后历任下邳太守、西阳太守、中书侍郎和辅国将军等。卢循逼京邑，率众守石头城，后追击并平定卢循之乱，因功卓封阳丰县男，食邑二百五十户。再任谘议参军，征虏将军。义熙八年（412），任南中郎将、江州刺史，受命防备荆州刺史司马休之。义熙十一年，加持节。31岁去世。卒后追赠平南将军。

孟龙符

孟龙符（387—409），东晋末年大将，平昌安丘人，孟怀玉之弟。

少好游侠，勇猛果断，力大过人。刘裕克京师，任用其为建武参军。后因军功封平昌县五等子。历任淮陵太守、东海太守等。后随刘裕伐广固，任车骑参军，加龙骧将军、广州太守，统步骑为先锋。在临朐破南燕军时，因孤军取水为敌所困，遂陷入重围而阵亡。追赠青州刺史。

孟 昶

孟昶（？—410年），字彦达，平昌安丘人。少矜严，有志向，官至尚书仆射。在刘裕建立新政和北伐中，孟昶做出贡献。桓玄篡位，孟昶为桓弘主薄。刘裕起兵京口（镇江一带）讨桓玄。对孟昶说：草间当有英雄起，卿颇闻乎？孟昶曰：今日英雄有谁正当时？惟有卿耳！于是刘裕及孟昶等合谋起兵，欲杀桓弘。孟昶诱杀桓弘，劝其出猎。次日天尚未明，弘使人开门出猎。狐兴刘毅率壮士数十人直入斩之，因收其众济江。众同推刘裕为盟主，孟昶为长史，守京口。义熙元年（405年），晋安帝复位，孟昶亦得加官。409年2月，南燕军队侵扰淮北，刘裕上书北伐，获得朝廷批准。刘裕北伐后，南方卢循乘虚连破江豫二镇。孟昶惧寇渐逼近，扰及刘裕生命，欲拥帝过江。刘裕不听。孟昶恐其不过江，乃向刘裕表云：臣赞北伐之计，本为好事，以成帝业，不料反致使僵贼乘间，社稷危逼，自愧失策，愿一死谢过。乃仰药而死。

伏曼容

伏曼容（421—502），字公仪，伏滔之曾孙，平昌安丘（现景芝镇）人。南朝宋、齐、梁三代大臣，著名儒士。

曼容早年丧父，有段时间与母亲客居南海，而后又回到建康。少笃学，擅于《周易》《老子》。初以聚徒讲学为业，仕宋后官至辅国长史、南海太守。仕齐官至武昌太守、中散大夫、临海太守等。明帝好《周易》，曾集朝臣于清暑殿，诏曼容讲经。曼容素美风采，明帝以嵇康比况之，并令画家陆探微画嵇康像赐之。为尚书外兵郎时，常与袁粲退朝后研讨玄理，时论赞为“一台二绝”。为南海太守时，曾至石门作名篇《贪泉铭》。

齐建元年间，仕为太子率更令，给皇太子讲书。卫将军王俭深相善待，请其与司马宪、陆澄共撰《丧服仪》。建武年间由武昌太守拜中散大夫，后为临海太守。齐明帝不重儒术，曼容在南京西南隅瓦官寺东寓所，设高座于厅堂之上，听经生徒常数十百人。梁立，召拜曼容出任司徒司马等职。天监元年（502）卒于官，时年82岁。撰《周易集解》《毛诗集解》《丧服集解》《老子义》《庄子义》《论语义》。《梁书》载为“儒林”第一。子伏暅（462～520），字玄耀，南朝齐梁良吏，历任太学五经博士、国子博士。为新安太守时，在郡清廉，恪守职责，郡民为其立祠歌功。未及赴给事黄门侍郎任卒官，丞相徐勉为撰墓志。

伏 挺

伏挺（约483—549），字士标，伏曼容之孙，平昌安丘（现景芝镇）人。南朝梁官吏、文学家。

幼颖悟，7岁通《孝经》《论语》，能背诵，能说义。及长好文学，擅长五言诗，名重于时。州举秀才，对策为当时之冠，世誉“异才”。齐末，18岁为萧衍征东行参军。不久谒梁武帝于新林，帝谓之“颜渊再世”。曾于潮沟家中与祖伏曼容、父伏暅三世一起聚众讲经，盛况罕有其匹。仕梁历任尚书仪曹郎、晋陵令、武康令等。著《迩说》《文集》各20卷。客游吴兴、吴郡，死于侯景之乱中。

孟 启

孟启（生卒年不详），字初中，唐朝安丘人。孟存性之孙，一说是孟琯之子（孟琯，元和五年进士）。其于唐僖宗乾符二年（875）中进士，及第前为凤翔节度使推官，文学家。其父曾于开成年间在梧州做官，孟启随居于此。光启初年（885）为司勋郎中。其妻李琡是李唐宗室。撰成名著《本事诗》，记录许多唐朝诗人逸事。并收录相关诗歌。此书因收录优美的诗篇、故事与唐人佚诗得以流传，因此弥足珍贵。崔护脍炙人口之“人面桃花”一诗即来自此书。《本事诗》中分情感、事感、高逸、怨愤、征异、征咎、嘲戏7类，共41则故事。除宋武帝吟谢庄《月赋》、徐德言与《乐昌公主》破镜重圆两则发生于六朝时期，其他均为唐代逸事。该书留世有《古今逸史》《顾氏四十家小说》《津逮秘书》《历代诗话续编》等不同版本。

刘　鄩

刘鄩（856—920），后梁密州安丘北境（现安丘）人，五代时名将、军事家，有“一步百计”之称。

出身官宦世家，祖刘绶，密州户掾，累赠左散骑常侍。父刘融唐末安丘令，曾为工部尚书。兄刘琪。祖居安丘而生之，遂为安丘人。唐末在王师范军中为将，因功授登州、淄州刺史，署行司军马。其时藩镇割据，军阀间频繁攻占和兼并。刘鄩幼有大志，好兵略，喜欢涉猎史传。唐朝中和年间，入伍从军为青州节度使王敬武之小校。王敬武死后，三军推其子王师范为留后，朝廷命崔安潜来镇守青州，棣州刺史张蟾密谋袭击王师范，王师范命都指挥使卢宏攻棣州，卢宏反与蟾通，密谋回军袭击王师范。王师范得到消息后，命刘鄩设下伏兵。酒过三巡，刘鄩在座上斩卢宏，并尽杀从乱者。王师范从此器重刘鄩，任命为马步军副都指挥使，率军攻下棣州，擒杀张蟾，唐朝只得封王师范为平卢节度使。天复元年（901），唐昭宗被李茂贞等军阀绑架至凤翔，宣武节度使朱全忠率四镇之师来夺。李茂贞与内官韩全诲矫诏，征天下兵入援，王师范览诏，慷慨泣下，密遣多名心腹将领袭击朱全忠的后方。本来约定同时起兵，但派出将领大都被朱全忠手下地方官生擒，只有刘鄩以偏师攻陷兖州。刘鄩夺城未久，人情不附，但善于抚御，军纪严明，因此市民安居如故。朱全忠因大将葛从周之家属都在兖州，因此让他领兵来攻。刘鄩并不因此而虐待葛从周家属，反而供给有礼，升堂拜葛从周之母，同时在城中挑选丁壮固守，而普通百姓和老弱都礼送出城。刘鄩与将士同甘苦，分衣食，同心守城。但葛从周包围时间日久而救兵不至，节度副使王彦温逾城，投奔葛从周，而其属下很多人也随之而去，刘鄩很镇定，命人从容向王彦温高呼：请副使少将人出，非所遣者请勿带行。又扬言于众曰：素遣从副使行者即勿禁，其擅去者族之。守兵听到后，不知如何，逃跑者止，葛从周也怀疑王彦温有奸，斩之于城下。天复三年十一月，王师范被朱全忠打败，投降，特派人来通知刘鄩投降，刘鄩这才领兵出城。此战之后，葛从周特别向朱全忠推荐刘鄩有大将之才，于是送其到大梁，朱全忠见到刘鄩后，认为他是个奇才，任命他为元从都押牙。当时，朱全忠手下大将如云，而且都是随他起兵的宿将，而刘鄩以一个降将的身分，突然成为诸将之首，接受诸将参礼，泰然自若，朱全忠越发对他另眼相看。未几，又提升刘鄩为鄜州留后，从此之后，刘鄩官运亨通。天佑二年二月，授右金吾卫大将军，充街使。三年正月，又委以元帅之任，以鄩为元帅府都押牙，执金吾如故。开平元年，授右金吾上将军，充诸军马步都指挥使。天佑三年，又升他为右威卫上将军，依前诸军马步都虞候，之后再提升为左龙武统军，充侍卫亲军马步军都指挥使。同年夏，同州节度使刘知俊叛变，招引李茂贞军队袭据长安，分兵扼守河潼。朱全忠亲抵陕西，命刘鄩率军西讨，刘鄩随即攻取潼关，擒刘知俊之弟刘知浣以献，复引兵收复长安，刘知俊弃城奔凤翔。乾化三年正月，后梁未帝即位，更加倚重刘鄩，授开封尹，遥领镇南军节度使。九月，徐州节度使蒋殷据城反叛，刘鄩与郓州节度使牛存节率兵攻之，蒋殷求援于吴国，吴国命大将朱瑾领众赴援，被刘鄩击破。贞明元年春，城陷，蒋殷举族自焚而死。三月，魏博节度使杨师厚死，后梁分相、魏为两镇，遣刘鄩率大军屯南乐，监视此次分镇行动。魏博果然军乱，囚节度使贺德伦，送款于太原。六月，晋王李存勖入魏州，刘鄩以精兵万人自洹水移军魏县，设伏于河曲丛木间，俟晋王至，大噪而进，围之数匝，杀获甚众，晋王仅以身免。是月，刘鄩潜师由黄泽出发，图谋袭击太原，未果。二年三月，刘鄩自莘州引军袭魏州，与晋军战于故元城，大败，刘鄩脱身南奔，自黎阳济河至滑州。三年二月，晋军悉众攻黎阳，被刘鄩击退。十一月，刘鄩升为泰宁军节度使、检校太尉、同平章事。六年六月，刘鄩被任命为河东道招讨使，与华州节度使尹皓攻取同州，晋将李嗣昭率师来援，战于城下，刘鄩兵败，退走河南；桥陷，溺死者甚众，刘鄩收余众退保华州罗文寨。梁末帝疑刘鄩故意不战，而尹皓、段凝等人素妒忌刘鄩战功，遂进谗言，末帝以为然，命河南尹张全义逼令刘鄩饮鸩。均王龙德元年五月刘鄩死，梁末帝追赠为中书令，时年64岁。子遂凝、遂雍，事唐皆为刺史。妾王氏有美色。卒后，王氏入明宗宫中，是为王淑妃。明宗晚年，淑妃用事，二子皆被恩宠。

刘遂清

刘遂清（？—946），字得一，刘鄩从子。现安丘北境人。五代十国时期任校太傅、安州防御使（正一品）。

出身名门望族，其曾祖父刘绶，曾任密州（现诸城）户掾，官至左散骑常侍。其祖父刘融，曾任安丘县令，官至工部尚书。其父刘琪，官至鸿胪卿，直至退休，可谓一门精英。

五代十国时期先后在后梁、后唐和后晋三朝供职，一生任职颇多。曾任内诸司使、代理司空、代理司徒以及山东棣州刺史等职。在主管三司衙门时，曾对那些吃空饷和日常不作为之人动议减免俸禄，后终因下属反对未能如愿。勤政敬业、廉洁奉公，是一位忠君孝母的历史奇人。开运二年（945），调任安州防御使，次年四月病逝于驿站。

苏禹珪

苏禹珪（894—956），字玄锡，先世系出于陕西武功县，后迁至密州，禹珪卒葬安丘。父仲容，以儒学称于乡里，官拜太师。唐末举《九经》，补广文助教，迁辅唐令（安丘时称辅唐），累赠太师。少习家学，能继父业。性谦和，虚襟接物，颇通儒学，克构父业，以五经中第。辟辽州倅职，历青、郓从事，转潞、并管记，累检校官至户部郎中。放官辽州副职，历任青州、郓州从事和户部郎中。刘知远做河东节度使时，奏为兼判。开运四年（749），刘知远在汴（河南开封）建立汉朝（史称后汉）后，他由观察推宫擢中书侍郎，同中书门下平章事，加右仆射、集贤殿大学士，与苏逢吉并相。此公为政有魄力，但性任意，任用官吏多违旧制，往往破格，致使谤者沸然。但苏禹珪深得后汉高祖刘知远的信任，所以无敢言者。后汉高祖死后，他作为顾命大臣，拥立少主承祐（隐帝）。隐帝即位后，以玉带赐苏，并加左仆射。后来杨邠为相，苏失权，相位形同虚设。公元950年，后汉内乱，次年郭威率兵入京师，苏被士兵所虏，郭威把他要出来，抚慰有加。他与窦贞固劝郭威登基，于是后周建立。他仍居相位，加守司空。世宗（柴荣）嗣位后，又封莒国公。但不久受代归第，世人以纯厚长者称。显德三年（956）正月初一，与客人宴饮，暴病身亡，时年62岁。苏禹珪曾孙女（苏康的孙女、苏夏卿之女）嫁管公名士于勉。珪随父居于安丘，去世后葬于安丘。苏轼著《玉盘盂诗序》载：珪别墅在诸城城北，并非是坟墓，而“安丘白坟店北禹珪墓在焉”。

杨光辅

杨光辅（生卒年不详），密州安丘（现安丘）人，北宋经学大师。

杨光辅读书处在马耆山（又名马亓山，位于莒城东南35公里处），学者多从受经，州守王博文荐为太学助教。孙奭知兖州，又荐为太常寺奉礼郎，州学讲书。既而孙奭与冯元荐安国为国子监直讲，并招光辅至。仁宗命说《尚书》，光辅曰：“尧、舜之事，远而未易行，愿讲《无逸》一篇。”时年七十余矣，而论说明畅。帝悦，欲留为学官，固辞，以国子监丞老于家。《宋史》有传。

杨安国

杨安国（？—1046），字君倚，密州安丘（现安丘）人，杨光辅之子。北宋臣吏，经学大师，

少承家学，青年时期明经科及第，初任枝江县尉，后迁于大理寺丞。天圣四年（1026），被孙奭和冯元举荐为国子监直讲。景祐元年（1034），以国子监博士为崇政殿四大说书之一。景祐四年（1037）被朝廷选为天章阁直讲，给仁宗皇帝讲经。讲说以注疏为主，所引纬书（汉代的以神学附会儒学的书）则尊之于经。鉴于仁宗过于宽容，动辄大赦天下，安国在讲《尚书·周官》中的“大荒大札，则薄征缓刑”时说，岁歉时，皇上闵穷苦、少征粮

固然必要，宽缓刑罚，是指赦免有点过错的人，但今天有的持兵杖抢劫人家的粮仓而被赦，恐怕是以后无法禁奸。仁宗听后不以为然，说："天下皆我赤子，迫于饥饿起而为盗，州县既不能赈恤，乃捕而杀之，不亦甚乎？"安国还利用给皇上讲经之机，对危害民众的基层官吏和徇私舞弊的监察司法人员予以揭露，皇帝立即下诏严肃处置。安国曾请皇上把《无逸》篇写于迩英阁的后屏之上，以作警示。仁宗即命蔡襄为书，并命王洙书《孝经》4章，列置左右。安国在经筵（宋代为皇帝讲解经传史鉴特设的讲席）27年，仁宗称其"行义淳质，似崔遵度"。赐其三品服，授职翰林侍讲学士、给事中。嘉祐五年安国病逝，仁宗非常痛惜，特追封为礼部侍郎。

明　镐

明镐（989—1048），字化基，密州安丘（现安丘）人。北宋重臣。

宋真宗年间考中进士，初任开封府推官，又历三司户部判官及京东、益州路转运使等职。因下属官员贪赃，其失察，降知同州。未满一月，西夏攻宋，复启用为陕西转运使。后任并州知府，推广清边军经验于陕西、河东，立下功勋，不久入职开封府。以河北宣抚副使协同文彦博镇压王则起义立下功勋，升任三司使。庆历八年（1048），被朝廷任命为参知政事。死后获赠谥号"文烈"。

于　沔

于沔，字伯源，世称"东海先生"，安丘官庄镇人。著名诗人、经学研究家。

自幼机警超脱，在同龄中崭露头角，喜欢武术打闹，及稍长，名闻乡里。后弃武从文，专攻经学，上下顿然，即点即通。尤喜《易经》和《阴阳性命学》，其老师与之相论，往往以失败告终。言谈不但善论，还精于诗文，"下笔奇语惊人，为流辈报推"。虽不高大，却显英武精炼，料事如有神算，被人尊为神人。年轻时从不饮酒，后信奉酒能养老还童观点。于是每日嗜酒，且日夜为伴。每次怀揣酒卧于内室，读书吟诗讥讽古人之行事，得意之处飞笔记霞。及醉，便箕踞而坐，击缶以歌，陶然自得，窗外人事变化、升沈、祸福，世间之吉凶，晦吝漫不闻也。晚年好宾客，喜欢园池花木，幅巾杖履，弹琴击筑于花间，俯仰天地，轩衣长吟，悠然自得真实豁达之人。每每告诫学生：事有谦于心，私不能办者，不可讼于公，宁己自屈，然于道不屈也。庸何伤或有贷于人，虽殁必偿其子孙，人贷于我，不可责其，必归也。疾终之际，叮嘱其子孙必葬于圆亭之南。81岁卒，其子孙遵其言，葬归柩于管公乡瑞马里先茔之前。为人乐善好施，治家有法，教育子孙以仁义忠孝。其逝后族弟于肇为其书写墓志铭。

田述古

田述古（生卒年不详），字明之，北宋安丘（现安丘）人，后徙居河南，是安丘研究理学最早的学者，一代理学大师。

少从师数人，学派数门。曾属司马光创立的"涑水学派"，曾师事宋代"理学三先生"之一的胡瑗，还曾师事胡瑗的弟子程颐，从而属于"伊川学派"。"伊川学派"以"穷理"为主，认为"天下只有一个理，一物之理即万物之理""理先于事物而存在""天人合一""格物致知"等等。此学派奠定宋代理学基础，为南宋朱熹所继承和发展，形成"程朱学派"。

精通《易经》，往往以理解经，于是形成易学义理派，乃其代表人物之一。易学史上，先后有汉易、晋易、宋易三大系统，宋易系统源于宋初"理学三先生"除胡瑗以外的孙复、石介的泰山学派。《山东古代易学史概论》列举20个"北宋时期有影响的易学家"，入列其中，与孙复、石介、李之才等大家并肩称雄。

留守孙固奏疏称颂之，遂以其为教授。其论《易》十分精辟："言之必可行，行之必可信。今学者泥章句而不知《易》，《易》固其在日用间也。"同时，对一般咬文嚼字、光卖弄《易经》中的词藻的空泛现象，进行有力地批判。

以多方面的学术成就，奠定其后安丘探研理学的坚实基础。更为重要的是，这班易学义理派学者，在囿于一定的局限性的同时，用多维的宏观视点、科学的象数理论、严密的哲理逻辑，穷究天下造化之机，探讨事物发展变化规律，从而丰富理学易学宝库。

韩晋卿

韩晋卿（生卒年不详），字伯修，密州安丘（现安丘）人。北宋官吏，著名经学家。

以《五经》及第，任肥乡、嘉兴主簿。后曾任平城县令，应天府通判，知同州、寿州。在职明审决断，干练有政绩，甚有名声。后升任刑部郎中，入大理寺卿。正直敢言，甚为宋神宗称许，疑难案件多令其决断。

陈 规

陈规（1072—1141），字元则，密州安丘（现安丘）人，南宋抗金将领，著名军事家，长杆火枪鼻祖。曾任安陆县令，顺昌知府，枢密直学士等职。

北宋靖康元年（1126）金兵入侵中原。时，陈规为湖北安陆县令。德安府知府弃城逃跑，陈规代为防守，数次率兵大败攻城之敌，立大功，升龙图阁直学士，调任安徽顺昌（现阜阳）知府。他到任即修城墙，招抚逃亡民众，为百姓建立保伍组织。南宋绍兴二年（1132），陈规发明用大竹筒装填火药，临阵交锋时喷射火焰的火枪，应用于攻守城作战之中，开世界上制造管形射击火器之先河。撰写的兵书《攻守方略》是一部总结实战经验的军事著作，在中国古代史上较早提出“重城重壕”、“守中有攻”及使用新式火枪等城邑防御作战的理论和方法，对当时的军事理论及实践有重大影响。

南宋绍兴十年（1140）宋将刘琦领兵赴开封驻防，路过顺昌府。陈规出城迎接。尚未坐好，传来消息说，金兵侵入京城。陈规告知刘琦，城里有数万斛粮食，愿与刘琦死守顺昌城。陈与刘登上城墙，刚把城防粗略布置好，金兵迫近城墙，金龙虎大王率领重兵接踵而至。陈规戴上盔甲，巡城督战，并用神臂弓射敌。敌人稍有退却，他出奇兵使用新式火枪，偷袭敌兵营，斩获多人。金兵告急于兀术元帅。兀术率领10万大军攻城。时正值热天，陈规命守城士兵，清晨藏匿不出。待金兵在烈日中暴晒至午后体力最疲乏时，出城突袭，一举击溃金兵，获中国古代史上著名的顺昌大捷。陈规以善守城闻名于朝野，得到皇帝表彰，并升为枢密直学士，调任庐州知州，兼淮西安抚使。

南宋绍兴十一年（1141）因病去世。皇帝赠他为右正议大夫。南宋乾道八年（1172）诏刻《规德安守城录》，命守城将领效法。并于德安府立陈规庙，赐庙额为“贤守”，追封为“忠利侯”，后加封“智敏”。

张智荣

张智荣（生卒年不详），字德明，元初安丘（现安丘）人，著名大将，军事家。

少时习武，强悍势猛，慷慨尚节，至元初为镇抚，从赵良弼使日本等国有功。赵良弼，字辅之，元代著名的外交家，赵州（现河北赞皇）人。实元代女真族，本姓术要甲，音讹为赵家，因以赵为氏。又从攻潭州之役，此役入史册。至元十二年（1275）农历九月至除夕，在湖南潭州（现长沙地区），宋军三千人守城三个月后被攻下。此战役是蒙古征服南宋战事里，一场彰显宋朝气节可歌可泣的攻防战。值得一提的是大年初一城破，著名的岳麓书院师生数百人集体自尽。守城知潭州兼湖南安抚使李芾更是举家投井。智荣率首其行，智谋降节，运筹帷幄，所至未战城即破，故称作谋略家。其先登收复攸县。攸县位于湘东南部，罗霄山脉中段，东临江西萍乡、莲花，南通粤广，西屏衡岳，北达株洲、长沙，素有“沿海的内地，内陆的前沿”之称，区位优势十分明显。复击破孙家砦，进攻龙塘。龙塘位于广东省徐闻县县城东南部，东连前山镇，西与城南乡、海安镇接壤，北靠曲界镇，南与海南岛隔海相望。孙家砦降从太傅王龙，反讨叛臣乃颜，东方悉平。张智荣累迁武德将军、佥军都指挥使司事。死后赠信武将军，其墓在安丘城西四十里赤埠岭。元翰林院学士李盘为之撰碑文。入乡贤祠。

郑衍德

郑衍德，元朝土山（现凌河镇土山村）人，曾祖俊迁土山，祖父颜，皆隐居不仕。父郑坚金朝末年以劳授京东路总管，都元帅、光禄大夫。

其少有胆勇，与刘庆福、国安用于诸城起兵，会同李全红袄军共同反金。李全得郑衍德如虎加翼，率兵于金兴定二年（1218）正月攻破青州、寿光。十月破邹平、临朐、安丘。郑衍德归附李全后，战高邮，攻楚州，破京师，转战全国。金被灭亡之后，其又起兵反蒙古。破青州时被蒙兵困，李全降。蒙古乃“以全为山东潍南、楚州行省，郑衍德、田兴副之。郡县闻者款附，山东悉平。”属时有昧纠众保东土，圣元龙兴太师国王下山东，郑衍德率众归之。太师承制，授其右副都元帅。辛酉朝观方诏授银印金符，加光禄大夫，山东潍南等路都元帅，益都府尹，兵马都总管，后改为管民长官万户之职。元朝初年，马上取天下，万户为官之极品，千户次之。天下应万户爵者不过六七位，其为一。灭金之后，奉太宗皇帝命率诸兵分镇淮楚间十五年，以老谢事。用世爵例兵之任分授诸子。其为将军时，不杀俘虏，为山东、河南百姓称颂。已酉九月二日，其终于益都府，享年59岁。卒葬于土山，阎复为其撰墓道铭。

郑　祜

郑祜（生卒年未考），元朝镇国上将军，现凌河土山村人，郑衍德之孙。

郑祜应袭爵为总管，其伯父郑润玉为万户，临终时以其子郑礼年幼遗命郑祜袭职。至元六年（1269），佩金虎符，为管军千户，围守襄阳，后授武节将军。丁州之捷、焦山之战，断饷道以取淮阳，获宋将李庭芝于秦州，屡著显功。授金虎符、镇远大将军、滁州路总管府。任宋达鲁花赤十五年，管军万户，镇平江。二十四年（1287），佩金虎符。率邑兵从镇西王征交趾，逐伪王、入临安、会浙东豪贼扰乱、奉省檄讨平之。于是追怀伯父之德，投牒有司，父子相继，古今统制原万户符爵归于弟郑礼。朝议嘉其能让，既允其请，后升为镇国上将军。其弟有为同知宁海州；有为衡山县尹；有为福建省行中书省知；有为奉训大夫同知广德路总府事，为嘉议大夫、知太医院事，选政议大夫，同签枢密院事；有忠显校尉，知安东州事，宣武将军等要职。

张起岩

张起岩（1285—1353），字梦臣，号华峰，历城（现山东济南）人，居于安丘。幼从父学，博学多才，文章出众，善于书法，弱冠以察举为福山县教谕。元延祐元年（1314）调任安丘教谕；延祐二年参加元朝首次科举考试，考中左榜第一名，是从安丘走出去的唯一状元。

初授登州同知，继而被特旨改为集贤修撰，转国子博士，升国子监丞，进翰林待制，兼国史院编修官。后因其母去世，回乡守丧，期满授为监察御史。后迁为中书右司员外郎，进左司郎中，兼经筵官，拜太子右赞善。又改燕王府司马，拜礼部尚书。

元惠宗时，迁翰林侍讲学士、知制诰兼修国史，修三朝实录，加同知经筵事。后拜江南行台侍御史，召入中台，为侍御史。又转燕南廉访使。后奉召修辽、金、宋三史，又入翰林为承旨，担任总裁官，累官至荣禄大夫。史书修成后，已65岁，遂上疏请求辞官养老。辞官四年后卒，谥号文穆。

博学多识，刚毅果断，待人以诚。著有《华峰漫稿》《华峰类稿》《金陵集》，书迹有《赠季境诗》。

田　兴

田兴（生卒年不详），元末明初奇男子，现安丘南部人。

自幼好武辍学，十六岁折节从文，尤其喜欢经史。时因北方战乱，常往来于江北、来安和六合一带，以贩卖土特产品为生。明太祖朱元璋未成名之时，常卧于破庙中，数日不得食，奄奄一息，为田兴救活，遂结为兄弟。元璋以兄视兴。郭子仪起兵占领濠州。朱元璋往投之，田兴早于郭子兴相识，为朱元璋说了不少好话，是为朱元璋发迹之始。后来战胜攻取，田兴参言较多，并为引进常遇春、胡大海等名将，为之辅佐。但兴行踪飘忽，从未久留朱元璋处。朱元璋知不可强之，始待以客礼。朱元璋定金陵后，遂不复至。洪武初，六合、来安间有虎患，有人连杀七虎。朱元璋问及打虎之人形状后，曰：此必我友田兴也。使人视之，果然。乃连招相见，兴终不至。朱元璋于是修书使人持往，这就是《与田兴书》。田兴看信后来到京都，和朱元璋畅谈三天。田兴还是坚持不做官，几日后便回，太祖没有难为他。

次年，田兴去世。朱元璋亲临其丧，戚然曰：“二十年来，与我共患难，而不同共安乐者，斯人而已”。诏留其二子于京，并授锦衣卫指挥，均以遗命辞，归耕六合，是为六合田氏之祖。

赵　琬

赵琬（生卒年不详），明初安丘县东乡裴戈庄

（现峡山区裴戈庄村）人。永乐年间白莲教首领。

出生于贫困农家，自幼给地主家放牛，经常受到地主虐待，看到邻家地主经常打骂放牛娃，且不给饭吃，内心鸣不平。趁潍河发大水之机，与伙伴一起把地主家的牛牵到山沟里烧死，将牛肉分吃完毕。事后领头到地主家，作证说牛打架掉进河里被水冲走。

永乐十七年（1419），赵琬领导的农民起义军成为白莲教主要义军之一。起义军在唐赛儿的率领下，连续攻克益都、莱州、寿光、诸城、莒县和即墨等地，朝廷为之震惊。永乐十八年，赵琬率义军攻打安丘城，遭遇守军顽强抵抗，与其两千多名义士一起战死。

黄 泰

黄泰（生卒年不详），字子安，明朝地方官员。先居安丘县东乡黄家营，后适居安丘县城区十二户，为黄姓安丘开基祖。为官政声卓著。其少耕与家，及长力学。明永乐十八年（1420）以诗经举仕，筮仕五台县令，历任宝丰、应山二县知县，敕授文林郎，祀名宦乡贤祠，葬十二户，徙居安丘城中自此始。宝丰属中州，后黄绶亦受理中州之地，因政声著，邑人念之，遂在宝丰设祠，于黄泰在宝丰有神位相供，黄绶及听政外见诸士大夫，父老咸感欢怀旧尹之遗泽不衰。其政在宝丰，谢任无卷，潜心六经，教育子孙，后子孙遂强，素以齐家孝友，以勤俭服人，被人们尊为“和平长者”。入《宝丰县志》《安丘县志》。

张 翰

张翰（生卒年未考），字尚臣，安丘相家里（现兴安街道相戈）人。明中知名大臣。

其少慷慨负气节，弱冠补博士弟子员。明正统九年（1444）顺天府经魁，次年以第三甲八十三名中进士。开明初安丘科第先河，授广东道，旋升监察御史。

时太后升遐，南杨谢世，二杨衰老。逆党王振以青宫旧侍，俨然自负，顾命残害忠良，廷尉薛瑄、侍中刘球辈悉为振所害。后进孤危，贤愚杂处。而张翰独正色立朝，无少阿附，为兵部尚书于谦所器重。及“土木”变作，王振之党推帝北狩，翰遂偕吏部尚书王直及大小郡臣伏阙恳留，不允。十四年八月，车驾至大同，王振仍欲进兵。闻知后张翰复与钦天监正彭德清斥王振曰：象纬示警，不可复前，偿有疏虞，陷帝于草莽，谁执其咎。稍有不测，王振之肉讵可食呼？主上系天下安危，岂可轻进等语。王振阅后不报皇上，及驾至土木。张翰有飞章奏请车驾疾趋入关，严兵为殿。王振怒曰：腐儒安知兵事，仍不报皇上。张翰因与其友刘溥曰：寇深矣！主上屡谏不听，如社稷何？慷慨激烈，声泪俱下，护卫将军樊忠从帝旁，椎死振。信未至京，张翰即先廷臣上疏郕王，请族诛王振。时王振亲信马顺、王毛侍于郕王前，张翰遂于忿激之余，举御杖击杀之，与御史陈镒籍王振全家，并王振从子等尽割于市，因而直声动朝野，列为贤忠之臣。后升江西布政司左参议，多善政。未几，因被俘之帝归来抢帝位，张翰感到时事艰难致仕归籍。其归后淡泊宁静，环堵萧然授徒讲学，以文史自娱，自题书屋名“崇礼堂”。一时青莱间知名之士接踵，而掇巍科率出其门下，而张翰则青鞋布袍，栽花种竹，诗酒徜徉，时与二三父老“课雨问晴”，无一占宦途显赫气，山左巡抚龚某上其介奏，请给官地五亩四分，俾作汤沐，及率箧笥所留诗卷文集外，惟宸章谏草而已，被誉为“千载一人之功”。乐安李舜臣、安丘马文炜为之传。入《明史》《青州府志》。

张文锦

张文锦（生卒年不详），字暗夫，安丘院庄里（现大汶河开发区区院庄村）人，明弘治十二年（1499）以第二甲六十名中进士，授户部主事。

明正德初年（1506），因不屈从宦官刘瑾遭罢官。刘瑾被诛后复启用为安庆知府。正德已卯(1519）六月，皇室朱宸濠反叛，带兵飞流直下围攻安庆城。张文锦命令军士登城坚守，厉声斥责。宸濠久攻不下，城池得以保全。文锦因战功被朝廷提升太仆寺卿。嘉靖元年（1522）官拜右副都御史，巡抚大同。在组织修筑防卫工事时，因参将贾鉴督役严急，招致部下内乱被杀。万历年间赠右都御史，天启初年（1621）追赐谥号“忠愍”。

王　用

王用（生卒年不详），字士贤，明安丘城东北厢（现安丘市南区）人，明代安丘四御史之一。

少有气节，有胆略。明成化二十三年（1487）以第三甲一百八名中进士，授行人，不久升任监察御史。任职后，忠于职守，仗义执言，不阿权贵。时人以其面黑，遂号为“真铁面御史”。弘治年间，明孝宗派大军西征吐鲁番，收复嘉峪关以西土地。王用随军前往，一路上不避风险，纪功西陲，将帅以下莫不惮服。一年，蒙古大军进犯边关，大同一带警报频传。左侍郎许某、太监金某畏敌如虎，拥兵不出，以致贻误战机。王用闻言，不避危险，上书弹劾两人，并向明孝宗陈述边防事宜。明孝宗深为嘉许，采纳建议。王用因功升任夔州（现重庆市奉节市）知府。未几致仕，归家旋卒。

王　琳

王琳（生卒年不详），字彦配，现兴安街道东小关人。明朝地方官员，明代安丘四御史之一。时称“刚正御史”。

少孤，事母甚谨，长大后，胸怀壮志，品行高洁。明弘治年间，为乡中所荐，被朝廷任命为武昌知县。他关心民生疾苦，维护百姓权益，敢于遏制邪恶势力，政多惠爱，百姓感恩戴德，立祠祀之。因洁身自好、正直敢言，被朝廷提升为监察御史。任上忠于职守，所到之处，作奸犯科之徒纷纷逃逸，名声在朝廷广为传送。后升任山西佥事。因大同驻军叛乱，他激愤交加，以身殉职。

刘希龙

刘希龙（1493—1546），字仁甫，号云川，初名希宠，明朝安丘安泰里（现坊子区黄旗堡镇安泰村）人。明朝官员，著名诗人。

文字优美，深得考试官赏识，并为其更改名字。对曰：子才矫若游龙，乃名宠，如龙在空中，吾为去其笼，汝将破壁飞出矣。因此，改希宠为希龙。明正德三年（1508）十月县试第一，五年科举人，明正德九年二月以第二甲一百二十八名成进士，三月授工部主事。在监督乾清宫工程时，因不屈服宦官刘养敷，被锦衣卫逮捕入狱。有人劝他贿免。他说：我当直毖，何事枉全。不久被朝廷贬为河间通判。嘉靖元年（1522），刘养敷死后被朝廷启用为户部主事，负责运输军饷到辽东，又视察天津仓库，所经手黄金计数千两，无一所染。任内督办粮储，严惩不法奸商。嘉靖二年正月转户部员外郎，二月升户部郎中。四年四月升任卫辉府知府。守卫辉府时，郡内有一大淫贼白日入良家奸污妻妾，没有人能制服他，一时人心慌慌，民怨四起。其微服私访，于街巷百姓闲谈中，查得线索，命吏捕之，立毙杖下。百姓呼之“神明”。捐俸重修卫辉城内的比干祠和钟鼓楼。卫辉属明汝王之势力范围。汝王骄纵且屡次对刘希龙造谣生事，散布于朝廷。刘希龙益加严正，刚正不阿，谣言不攻自破。因政绩显著，升任河南按察司副使，授中宪大夫。嘉靖十一年辞官归里，迁居刘家王封村（治今新安街道刘家王封村）。十二年在刘家王封村建“水东亭”，朝夕游息其中。工诗律，好读书，擅书法，手录《易传》四书，注解“名家诗集”等。嘉靖二十五年卒。清顺治十六年（1659）二月入祀乡贤祠，列邑志事功传。

黄　祯

黄祯（约1538年前后在世），字德兆，号海野，亦号北海野人，现安丘十二户村人。明著名文学家、诗人，明朝京城官员。

幼继家学，师从叔黄裳；少有名气，磊落自负，不徇时好。明正德十二年（1517）乡试亚元。嘉靖二年（1523）以第二甲一百十三名成进士。初任兵部武选司郎中，因官署失火被下狱，免职后回籍。嘉靖十六年复起任吏部文选司郎中。复起时作《鸣楸行》。后不久以许时相复系狱，再次免归。时作著名的《拟骚》十八篇，其之一《楸誓》最为有名。归田后在家中尝独坐一楼日事吟诵，编拟诸家名诗。与乐安李舜臣齐名，海内时称“李黄”。有《北海野人稿》一卷传于世。明朝嘉靖后，山东沿海私自制盐及贩盐者增多，形成一股不容小觑的力量。据黄祯在《巨峰寨记》记述：东方之患，盐人盗水，矿人盗山；盐之于人，譬水火也。官盐之法，害于私贩，民嗛其情，是故贩者假水火以剽窃，人所谓潢池之盗也。其诗最有名当属《秋兴》四首，皆为

《渠风集略》录之。帝表其言：黄祯蔚以俊才，奋由高弟，德器文藻，实迈常流。章丘李伯华以书赞叹：公文尽去皮肉，毕竟如伏羲六画已乎。然文人独诣反约为难。为明朝时期诗之佳品。黄祯晚年居黄家庄（现黄家十里铺）秦松之荫，建造别墅。教子裔学习，并勤劳著述。其是最早修安丘县志之人，因故未能完稿，后刘希孟复继，出仕未竟，至马氏著成四部分，后马氏相继，与辛、韩及熊元县令修成安丘第一部县志。一生著述甚富，著文章若干卷。其中，《春秋详解》二卷，《友论诗稿》三卷，独《拟骚》行于世。其作品《北海野人稿》入四库全书。《四库存目提要》评其《北海野人稿》曰：府志称其免官归，日事吟咏，为文办追古作，与李舜臣齐名，海内谓之"李黄"。其《耕石诗稿》《巨峰寨记》名闻朝野，入县志府志。葬十二户北原。

孙　敬

孙敬（生卒年不详），安丘川里都（现凌河镇川里院村）人。明安丘四御史之一。明天顺三年（1459）中举人，成化二年（1466）以第三甲二十二名中进士，初授行人，又任顺义知县。因品行高洁，政声卓著，被朝廷提拔为监察御史。以刚直不阿、清廉严谨闻名朝野。仕途多年，勤勉敬业，积劳成疾，卒于任上。因家无资材不能入殓。弟子邑人闻讯，捐资将其归葬故里。

王业弘

王业弘（生卒年不详），字又毅，一字德恢，号怀泉，现安丘城西关村人，明朝中期大臣。

明万历十六年（1588）中举人，己丑年（1589）以第三甲八十八名成进士。任直隶永平府推官，升河南道监察御史，巡按浙直、辽东、河南、陕西等地，总理两淮盐政，升太仆寺少卿，诰授中宪大夫。性刚直，任御史时弹劾不正官员无所顾忌。以渎职上疏，先后罢免辽东两总兵、一巡抚。巡河南时又罢免贪虐不法鹿邑县知县，并惩办与土匪勾结危害百姓的豪绅。晚年居牟山前店子村。卒后碑文曰：齐有名相，邦之司正；执法殿中，观风方域。著有《西台疏稿》30卷，崇祀乡贤祠，载明史、郡邑志事功传。

王嘉谟

王嘉谟（1513—1547），字仲陈，号印台，人称"印台公"，明安丘城东南坊人。明朝官员，政声清廉。

生来聪慧，博学能文，落笔惊人，早取功名。明嘉靖十六年（1537）名列经魁，嘉靖十七年（1538）以第二甲八十七名成进士。初授户部主事，因能干称职而升任户部员外郎、户部郎中。他居官清正，为政以廉，除俸禄之外一无所取。为官数年，田园宅舍无一增饰，乡里传为盛事。曾经奉命出使辽东，查阅边事，照以往惯例可获二十万金。复命之日，王嘉谟囊中已无长物，但他一直没去支取这笔报酬。后来，升任长沙府湖广兵备道佥事。军民称颂，为有清官到来而高兴。在任数年，公道处事，老百姓待同父母。卒于任，入乡贤祠。

马　懋

马懋（生卒年不详），字孔昭，号东川，东关虎林马氏之杉树底创基人，安丘城东关（现兴安街道东关村）人。明朝地方官员，著名教育家。

敦行绩学，经术甚深。考授秀水县丞，后荐补桐乡县令，以继母丁忧归故。后授洪洞县丞，官至稷山知县。其刺奸捕盗，摘发如神。除苛政赈饥民有方，有惠政，恩威并举著。因民为治，所至立石颂德，因积劳成疾而归。去之日，百姓流涕，巷哭振声，恳请留官，可知其治术相近民声之心。马文炜是其亲侄。文炜之父惠殁，其亲教侄胜于亲子。后文炜中进士，为名臣。其既是马文炜之叔父，又是马文炜之惟一师。与文炜同时代之辛应乾、韩必显皆其弟子。先以教学为业，登科第者六七人，入邑庠者30余人，可谓桃李满园。在晋地病重间，其言：吾为蜗角之名来到晋地，岂知竟终于晋地。万历十一年（1583）殁。安丘辛应梧在其自画像中题：早岁孤贫，中年成立。清白传家，耕读守业。桃李争荣，桥梓交翠。济济冠裳，伊谁之力。渺哉一身，光裕攸系。其入《山西通志》《平阳府志》《稷山县志》《三贤祠碑记》《安丘乡贤小传》等。

王大平

王大平（1511—1574），字象行，号雨泉，安丘寿山里（现辉渠镇大寿山村）人。历任户部侍郎、大名府知府、长沙府知府加道衔。一生官居要职，但家中田地未增一分，宅舍未添一间。其正气浩然、忠君爱民，可谓明代官吏之典范。

嘉靖甲午年（1534）以弱冠领乡荐（中举人），戊戌年（1538）中进士。先授户部云南司主事，因父亲去世未就职。后补户部陕西司、衔命天津河西所。因政绩突出，由员外郎升为户部郎中。

明代边关重镇花马池（现宁夏盐池县），因产盐成为边贸重镇，战略地位十分重要。明王朝在宁夏增置宁夏后卫，设守御千户所。时官商勾结，盐匪横行，边饷告匮，人心不稳，社会混乱。对外又有鞑靼十万铁骑虎视眈眈，西北边关危在旦夕。临危受职督饷花马池。到任后加强对边民的教育管理，整顿盐务，缉拿盗匪，迅速稳定边贸秩序。之后，王大平升任大名府知府，在瘟疫盛行，人民流离失所、社会动荡不安的混乱局面下，为国为民，励精图治，功不可没。他为政几十年，没有积蓄，晚年归乡后续居昔日草庐，训诫诸子，忠厚传家。去世后，由同邑进士曹一麟为其撰墓志铭。

曹一鳞

曹一鳞（生卒年不详），字伯祯，一字伯礼，号瑞岩，安丘城东关（现兴安街道东关村）人，明嘉靖已酉（1549）举人，明嘉靖三十五年（1556）以第三甲四十六名成进士，授吴江县令，为明朝安丘知名廉吏，族人称作吴江公。

明朝时期吴江县，当地形势与国运相同，多权贵豪族，兼并土地，逃逸赋税。曹一麟到任后，矢志消除吴地弊政，谢去一切权势登门晋见的礼节，每日端坐衙堂，听讼民事，以少有的气魄，惩治奸黠之辈数十人。其生性狷洁，每遇凌民欺弱者，则疾之如仇。自此，诉讼双方哗然，吴江境内奸滑者不寒而栗。曹一麟任职吴江，又多处修桥、筑城、铺路，凡事务求以民为本，《吴江县志》记载：嘉靖三十三年岛寇为患……三十六年知县曹一麟复陶甓覆其面，由是城益完固。即用陶壁装修城墙表面，防止雨水侵蚀。他也由此被称为“江南治行第一”，数十次被上官举荐。

在位廉正精干，不媚权贵，因督责赋税之过，被革职为民。离任之日，吏民恸哭，拥车前后数万人，致使车不得发。而他怡然自适，面无难色，徐徐对众人曰：事久自明，此何足蔑吾为！自此后，他绝意进仕，虽有出仕机会，但终能恬淡视之，返回家乡以造福乡邻为乐事。其性严毅不苟，举必循礼度。其父汝勤，家政肃然，后兄弟多卒，其抚育侄辈如同己出，诸亲贫者其必出手相助，乡人有难其必出手相帮。

辛应乾

辛应乾（1521—1593），原名子厚，字伯符，辛乐从子，为避世庙讳改为应乾，号顺庵，牛沐里（现大盛镇辛兴村）人。明朝中期大臣。

天资聪颖，自幼爱读。明嘉靖四十一年（1562）以第三甲四十一名成进士。历任山西潞安府长治县令，户部浙江清吏司主事，户部贵州司郎中、直隶永平府知府，兼都察院右佥都御史，山西布政使司右左布政使，雁门关提督山西巡抚，官至南京兵部侍郎、工部尚书。为官政声卓著，为民吏称道。明万历九年（1581）四月，山西巡抚辛应乾等奏称：去岁，解州、夏县等七处，旱、涝相仍蒲州、临晋等处，秋禾将成，复遭霜殒。小民艰食，乞将各处预备社仓动支仓谷64703石，库贮无碍银1530两及应动抚按抵赎银1215两，分赈被灾州县，使军民共沾实惠。皇帝从之。其在长治知县间，洁己奉公，有淫僧杀人占其妻，案情未决。应乾摘发之，民感其惠，以庙祭之。以才名历郎署郡皆有善政，迁郎中，督饷永平，不染毫发，累迁都御史，巡抚山西。在边塞，其与士兵，同甘共苦，三关将士依之如长城，其间“四赐金鳌”，后入朝廷为兵部侍郎，任兵部侍郎后不久即晋升为工部尚书，以老辞归，遂致仕，卒赠兵部尚书，钦赐祭葬，谥曰：类崇，祀名宦乡贤，事迹载《长治县志》《山西通志》及郡志邑志事功传。李维桢撰墓志铭曰：维周盛时，犹求抱攘。南仲吉甫，简在戎行。栖栖薄城，赫赫子襄。粤齐辛公，文武相将。易历两朝，燕晋之疆。南北司马，虎视龙骧。奔走御侮，古人可方。国子家史，休有列光。著《山西文地简明文册》等。

韩必显

韩必显（生卒年不详），字用晦，号明宇，安丘城韩家后村(现兴安街道韩家后村)人。明中大臣。

隆庆二年（1568）以第三甲二百四十一名中进士，授洛川县令。洛川一带贫瘠，但连年赋税沉重，拖欠税赋很多。到任后采取缓二征一的办法，既完成税收，又稳定局势。后升任御史，以宽和持论，引起上司不悦，降职藩司为官，其怡然就道。后移职庐州司里，秉公执法，平反许多冤假错案。任御史丞期间，奉旨持节到晋阳册封藩镇，对其以道义法纪规劝，拒绝接受任何馈赠，二位藩镇对他肃然起敬。他奉法不阿贵戚，政绩卓著。其后几年，关中一带治安恶化，疾病流行，社会混乱。皇上曰：何不遣韩卿耶。遂拜其为右佥都御史、巡抚陕西。惜因母丧不能成行，后病逝于家。

曹一凤

曹一凤（1534—1567），字伯仪，号翔宇，曹一麟之弟，安丘城东关（现兴安街道东关村）人。生而体貌凝厚，资性敦笃，自幼看上去像是迟钝笨拙，又患耳疾，因此其父曹汝勤曾一度只授课给他的哥哥们，而放弃对曹一凤的教育。但几年后，耳疾忽然痊愈，人也变得警敏异常，书一过目即能诵读讲解。

明嘉靖三十七年（1558）中举人，三十八年（1559）以第二甲三十三名成进士。初授南京户部湖广清吏司主事，历本部员外郎，礼部精膳清吏司郎中，诰授奉政大夫，升河南按察司副使。

初奉命督赋湖湘之间，时民众贫。其到任后，广泛进行社会调查，重新区划辖区，以文德告谕代鞭扑刑罚，很得民心。后升吏部考功司郎中。在考功任上，更是外修庄重的仪容举止，内修端方不苟的品行，言语谨慎，行为检束，以雍容表率为已任，任事权度精切，士论称平。为宦后，志图远大，无时不以国计民生为已任，于政“体国经野，务求实用，不尚浮华。”终至操劳过度，积劳成疾。隆庆元年（1567）擢河南副使，命未至，而以疾卒。时年34岁。

李迁梧

李迁梧（生卒年不详），字茂实，号凤冈，安丘峰山里（现辉渠镇夏坡村）人。明嘉靖三十八年（1559）以第三甲五十七名中进士，授江南常州吴江县令，后升西安、大同知府。明末著名高士。

任吴江知县时，重建定海桥。境内遭倭寇蹂躏后，满目疮痍。他把以前的科条一律取消，让百姓休养生息。通过革除不必要的馈赠和祭祀，尽量降低接待标准，退掉县衙租借的马匹，减少可有可无的劳役，向上呈报实情等，使老百姓得到真正的实惠。每当在路上遇到告状者，当场给予裁定。而对那些刁钻促狭、无事生非的，则坚决给予惩办。任职吴江县令时，放囚犯回家过年，年后囚犯感其恩如期回归。当地百姓为其立碑颂德（碑称：公尝纵囚如期而归。岁祲力请蠲赋，至忤督赋，曹郎竟为小民造数万之命。又邑堂灾，公仰而吁。天顷之有神人绯衣者，止于庭，火遂熄）。

嘉靖四十年（1561），吴江东南一带发大水，受灾特别严重，其捐俸开设糜所施粥。右佥都御史巡抚方廉奏请朝廷蠲免东南赋额。因为部文还未到达，先前的催征官不问青红皂白，坚持要依前征收。他对天长叹说，赋从田中来，现在田都淹了，百姓两手空空活命都很困难，难道真的要逼他们典妻卖子不成？他闭门谢客，把原先准备的催征全部停下来，单等上面来责罚。甚至准备托着官帽，穿着囚服去见上司。御史黄某恰至吴江闻知，非但没有责怪，反而把他列为七县之最，让其重新视事，巡查救灾事宜。

嘉靖四十一年（1562）四月，某家失火殃及县衙。他组织僚属吏役紧急迁徙狱中囚徒、库银和图籍。火救灭后，乘农闲时间征调民力，利用仓库中的旧材料以及罚没款重建公署，历经百日告成。徐师曾作《吴江县重建公堂记》，认为是因陋就简，一改当时奢华建衙门的风气。修平望驿站，刑部郎中吴邦桢作记。

为官一方，廉洁谨慎。在任三年，不敢妄取一分，对下属也是至诚待人。某御史到吴江，他招待极其简单，睡的床一只腿已断。御史十分生气，要查验县库的收支。到后堂刚坐下，看见东墙下一张小床，只用葛麻布简单地遮挡一下，旁边放着两只没有上锁的竹箱。便问谁胆敢在这里睡觉。衙役回答说，是知县大人的卧具和行李。御史内心十分惭愧，什么也不再问，起身便离开吴江。他曾到邑绅、曾任知府的吴崑家赴宴。吴崑用银制小船盛酒，酒刚满，帆就张开，很是稀奇。崑见他对此很感兴趣，便将之赠予。他没有推辞便带回住处，每次喝酒时都用它来盛酒，边喝边把玩。任满离开吴江时，他把这小银船仔细封好，物归原主。为大同知府时，因接待上级礼数简单而得罪，被处分调走。他听后淡然一笑说道：我可以带着这点所谓的过错走了！说完拂袖坦然而去。性好酒，人有劝之仕者，不应。辄饮之酒，酒酣箕踞长啸，旁若无人。家居数十年，县官多不识其面者。卒年五十余。

万历十五年（1587）吴江又遭大水。百姓们记起他种种爱民之心，便在城隍庙立神主祭祀。二十九年（1601），刘时俊主政吴江时，移神主至学宫继续祭祀，同祀于吴江名宦祠。《吴江县志》《青州府志》《苏州府志》皆有其传。

刘希孟

刘希孟（1536—1597），字醇甫，号泰岩，安丘安泰里（现坊子区黄旗堡镇安泰村）人，官至通政司右通政，著名诗人。

明嘉靖三十六年（1557）二月郡试第一，嘉靖四十年八月辛酉科举人，隆庆五年辛未（1571）以第三甲二百二十九名成进士。历任安邑县令、河津知县、兵部主事、吏部考功司正郎、太常寺少卿、通政使司通政使等职。任职河津时，邑内土地贫瘠，其多方赈济安抚乡民。逢灾年歉收，捐俸银救济百姓，百姓得以存活下来。任吏部考功司，主管全国官吏任内届满优廉考核。其忠于职守，两袖清风，一丝不苟，为朝廷选拔出大批优秀人才。万历二十年（1592）三月辞官归里，在家乡建“四休亭”，时与文墨故交谈诗论画，把酒问盏，怡然自乐，不思故贵。万历二十五年二月卒，其孙刘正衡、刘正宗俱登进士。顺治六年（1649）三月其后裔报行《四休亭稿》，顺治十六年入祀乡贤祠。康熙四十七年（1708）八月府志成，其列事功传。

刘　璞

刘璞（亦作刘朴）（1567—1627），字尹孚，号柘山，莒州北乡冢头（现石埠子镇冢头村）人。明朝著名直臣。

自6岁起就拜师鞠少庵先生学习，至入仕再无择二师。明万历二十五年（1597）乡试中举，后得选陕西雩县（现称户县）令。万历三十年升任江西道监察御史（为正七品官）。万历三十八年任朝廷谏官。因“耿直无所避”，颇得朝廷嘉许，所奏多见施行。后因极力反对魏忠贤专权，被奸臣魏忠贤为首的阉党迫害，贬官回乡，愤郁含恨而亡。思宗即位后，铲除阉党。刘璞长子刘启泽上书为父鸣冤，思宗下旨追赠刘璞为太仆寺少卿。其英风亮节之姿，俱载入国史郡县志。时士大夫称赞刘璞父子为“忠臣孝子”。民国十一年（1922）其九世孙刘继印版所著《柘山遗集》行世。《柘山遗集》对研究城顶山以南安丘境内的山川风物提供大量的史实。

马应龙

马应龙（生卒年不详），字伯光，安丘城东关（现兴安街道东关村）人，明末官员，著名文士，诗人、经学家。

生有异质，淬砺向学，博通强记，才气纵横。文界泰斗王士祯曾在其《池北偶谈》中，称赞参与编撰明万历《安丘县志》好手笔。万历二十年（1592）以第三甲四十四名，与弟从龙同榜举为进士，初授河南杞县令。休察民情，关心民生。在人相食的大旱之年，及时设粥厂数十家，救活无数饥民，几次受到皇上钦赏；捐出自己的俸禄建冬生院，让孤独无依的人进住，并买良田300亩以赡之。特别重视文教，倡修学宫，亲临课士考礼，制定乐律。每次讲授经学，高屋建瓴，精辟生动，简明透彻，听者盈门。后升任礼部郎中。离任后杞人感念，立碑颂其德。

青年时代广涉群籍。《山东通志·马应龙传》谓其“学问淹博，富于著述”。凡经史、词章、天文、历算、声律及诸子百家无一不通。所著《梵雅》一书，对世间若干人文、自然现象和事物详有阐释。顾炎武、张尔歧、王士祯等大家皆叹其“博雅”。平生著述甚丰，达数百卷。单就经学一类，考订《古本周礼》6卷，《古本周易参同契》2卷，《六礼》6卷，《毛诗》7卷，《尚书解》7卷，另有《道德经注解》2卷等。大著一经问世，直使洛阳纸贵，文人争列门墙。其不但是安丘最有成就的学者之一，而且是山东较有影响的易学家，是明末北方少有的文化名人。

马从龙

马从龙（生卒年不详），字君升，号建素，安丘城东关（现兴安街道东关村）人。明万历二十年（1592）以第三甲二百名与其兄马应龙同榜中进士，世人称“兄弟进士”。

初任洪洞、高平知县，后擢升御史，补工科给事中，以直声名闻当时。明万历皇帝懒于朝政，阉党擅权，政治腐败。马从龙从国家大局出发，先后上奏章数十本，皆切中时弊，名震朝廷。但因奸党当道，建议未被采纳，失望之余辞官回家。崇祯初年，朝廷屡次下诏启用皆不赴，唯以闭门读书授徒为业。后人将其奏章三十五篇刊印存世，书名《掖坦疏草》。

王应楫

王应楫（1575—？），字用甫，号济川，人称“济川公”，明安丘城东南坊人。原安丘县署西藁街东首的“两世宪臣”牌坊，即后人为王嘉谟和王应楫祖孙二人而立。

自幼才气出众，且能笃志力学。明万历二十八年（1600）中举人，万历三十二年以第三甲一百四十三名成进士。初授山西榆次知县，即显理政才能，勤政善政，境内大治。取户部主事，转本部员外郎中，又历任汝宁府知府、潼关兵备副使、河南按察使等职。

为官廉洁奉公，所到之处能特立独行，淡泊明志，洁身自好，连饮食衣服都如未仕之时。兢兢业业，执法不阿，其治内民庆更生，吏治肃然。据《王氏族谱》载，王应楫在某府任内时，有犯人罪当死，想求救于他而不敢直见，辗转数千里来到他的老家，想贿求其弟为之说情解免，遭王家兄弟严词拒绝，犯人大哭而去。王应楫不徇私枉法，可见一斑。

王应楫尤为当朝士林所重，贵在拒绝魏党一事。阉党魏忠贤长期把持朝政、权倾天下一时，趋附者莫不靡然从风、争先恐后。王应楫独以节操自持，决不同流合污，媚顺权贵，终不与魏阉交往。崇祯即位后，天下不定，其却能远离祸害而保全自身。时称能人。

李际明

李际明（1578—1638），字幼安，号白水，今石堆镇甘泉村人。明朝地方官吏，教育家。

五六岁就塾，十岁捉笔成文，能阐发圣贤之旨。未弱冠出应童生试，补诸生，以文学知名于庠序间。癸卯年（1603）秋领乡荐，第二年应礼部试不第，便闭户下帷，徐图再举，恰时父母相继谢世。六年丧满再试又不第。明万历四十七年（1619）年，再次参加会试，成绩优秀，以第二十三名中贡士。殿试后，终以第三甲十四名中进士，授河南卫辉府推官。其地古来多邪匪，成群结党，扰害乡邑。际明到职了解详情后，指明严捕，一一置之于法。匪徒收敛，豪强奸猾之辈莫不惧怕，一方晏然。三年后，成绩居最，升任河南府同知。甲子年（1624）河南乡试之前，发现自己先前司理卫辉时有一诸生曾因嫌疑被捕入狱，经他复审见其供词不符，讯问再三，始于案外供出一人，虽无实据但行迹殊属可疑，遂把此人传到，仅一讯即尽吐事实，罪犯归案，那诸生冤情得以昭雪，并考取举人。这件事在当地传为佳话。第二年任北京刑部外郎。时朝廷中宦官与内卫勾结，经常给大臣罗织罪名。在刑部质审案件时，总是恪尽职守，不趋炎附势，不屈从、迎合奸佞小人，因而有些官员对他流言蜚语，并且威胁他说：你这样耿直办案，必有不测之祸！际明听后，正气凛然回答：三尺法具，在我手里，不能阿意殉情！话虽这么说，但他早就对腐败的官场深感忧虑，暗生隐身远躲之意。

崇祯二年（1629），辞官回到原籍。在城南七里河村复建社学一处，资助家贫孩子读书。崇祯十一年病逝，享年61岁，诰授奉政大夫。

李允中

李允中（生卒年不详），字号无考，现凌河镇南部村人，著名武将。

登明崇祯壬午（1642）科武举，清顺治巳丑（1649）成武进士。两任秦中，历有能声；擢湖广、宝庆府游记将军，轻裘缓带，胸有数万甲兵，望其丰姿，人羡为“儒将风流”。跟随李志军去征平南王吴三桂，升为怀远将军。其他事迹无考。

张文炫

张文炫（生卒年不详），初名文焕，字含光，又字幼美，生卒年不详，辛王里（现大盛镇大官庄）人。明朝河西兵备道副使。

明万历二十六年（1598）以第三甲一百零三名中进士，授长垣知县。后调任南京户部主事，升任户部郎中。又出任松江知府。任职期满，升迁为陕西按察副使，分工巡视河西兵备道。后因病辞官回乡，居安丘城西关高宅。葬祖茔。为官清廉，执政为民。出任松江知府时，此前府里有旧制：事机房（管署内处理机要的部门）每天收绫一匹，同时供给伙食之用。这些费用都是取自百姓。上任后对这些特权一概罢除。有一顾姓女子，年纪轻轻就守寡，打算过继远族侄子为子嗣，求文炫印证。文炫对她说：哪有母亲年龄十九，而儿子二十三的道理！不许。少妇拿出一盆莲花相送，并暗示盆内藏有黄金。文炫见此，非常生气地说：刚才我表示不准许，是为了给你排除嫌疑，保护你的名声和社会道德，你难道认为名节和道德是可以买来的吗？那少妇满脸羞惭，心悦诚服。少时在老家办学授经，曾有一邻女见他仪表堂堂，以折花为名来挑逗他。文炫板起面孔，严加拒绝。第二天便舍弃私塾馆离去。

周若水

周若水（生卒年不详），字文漪，号云石居士，逄王里（现坊子区黄旗堡镇逄王村）人。著名诗人。

出身官宦之家，祖父周潮，曾任登封县知县。少时风流儒雅，学行兼优，明万历年间考为秀才。长期抚养一个叫李岱的孤儿，视若己出，悉心培育。其子周历长考中进士，在京城做官后，其仍保持淡泊心态，布衣粗食，为人谦恭，不趋炎附势。周若水诗集《松涛室诗稿》编辑成册。《青州明诗抄》共收录安丘作品191首，其中周若水59首，并收录其逸闻轶事。

韩齐邻

韩齐邻（生卒年不详），字朋桓，诸生，著名文学家、诗人，先居于石堆村，后移居于梯门庄（现石堆镇梯门村）。其穷世嗜诗，所交皆时之名士。与诸城丁野鹤、栖霞范瑞明相友，此二公皆时之山左名士，最友好者为明季北地范学士紫翁先生。范学士因地处兵扰携家渡江至淮安之庙湾镇，闻南都新政殊无纪纲，遂至不前。时骄兵悍将甚嚣，寓之绅士多为羞辱。其进退维谷，有心与公谋趋避。韩齐邻言：吾与淮安统军官镇臣有布衣昆弟之交，今事可以往求之。于是就去军门见镇臣，求其保护。其时，镇臣掌握兵权，遥执朝权，势跋扈。见到韩齐邻之后，想把他携荐为朝廷官员，其不受。其言：海滨腐儒，久无意仕进，仗公威灵保全家。干戈少息复还桑梓足矣！绾绶临戎勿论非才所长，亦非心所乐也！镇臣领其高尚，后赠其以金帛，悉不收受，只受端石之类物。及还庙湾，已有兵士数十拱于门前，日间起居入夜逻者，绕馆铃之声不绝达旦。自是学士与公始有宁宇矣。未几，北渐通人心运摇，乃乘船人海居南屏山墟沟营。韩齐邻怕流离之后，子孙迷失，就草创韩氏家谱。后随范学士居栖霞之百涧观，寻归安丘。北归之时，其妾梁氏与其抄写韩氏族谱，“挥画于客窗者十余月，日纸百页，墨磨半方，笔秃三管”。梁氏因路途劳顿，积劳成疾，不久染肺疾而逝。韩齐邻戚然伤之，居恒，郁郁不乐，寻亦卒，年53岁。与其妾梁顾同葬于梯门南文陵，是为安丘著名伉俪诗人。有诗集若干卷。梁韩合著诗集《难游草》《归来吟》各一卷。

李宗道

李宗道（生卒年不详），安丘景芝镇人。明末著名孝子。

壬午（1642）大变，母被兵刃，将加白刃。宗道以身相护，受五次大伤，而母无恙。兵走之后，宗道苏醒。其后奉二老竭尽孝心，每出必入稽首，乡党异之。父没之时，弟皆捐资卖地。其阻止云：汝皆如此，何以养生，父不欢心也，我为兄何入尔。遂自己卖地以葬父柩。葬父之后，家更穷，而事母更孝。凡遇好吃则不忍下咽，必以母亲先吃。其母年高有疾，宗道不知白黑等候一旁。母亲对宗道说：时值农忙，一日不种，十日不食，万勿常在吾前也。宗道退出后又端药进。母再告之，其再退出。后母卒，其哀于柩前。葬之日即庐墓前，枕石寝苫，负土成丘，三年足不至家，冬月衣履不给。有侄李超借一被挡寒风，为人盗去，不久盗还。对宗道说：不知孝子之物也，我不能贪之。以后修桥铺路，为人施舍，其皆如前。后胡知县上表其门：孝子善人。入县志孝义传。

王孟煦

王孟煦（生卒年不详），字育明，号念野，又号翠微主人，安丘城南小石泉村（现兴安街道小石泉村）人，后居安丘城县署前。明朝地方官员，著名文学家、书法家、诗人。

其父王士瑶，岁贡生，历任钜鹿县、荥阳县知县，因其子王孟煦贵被赠为四川提学副使。王孟煦于明万历十四年（1586）以第三甲一百六十五名中进士，选为翰林院庶吉士，改任礼科给事中，调任河南省佥事，后改为副使，提学四川。任职期间，秉公执法，不徇私情，谢绝请谒，不媚上官，不畏豪强，因而得罪很多权贵人物。一位声称持内阁书信之人前来求见，他听后说道：内阁怎么能写这样的书信？把人用鞭子赶走，不见！他的铁面无私得罪权贵，流言蜚语四方纷起。他仍不为所动，不久升为江西参政。但他意识到得罪的权贵太多，继续履政恐难逃敌手，遂致政归故里，颐养天年。回家后专攻书法诗文。其诗文上可追汉唐高迈，其字与米芾相似，安丘望族先人墓志多出其手。著有《云耕山房诗稿》24卷。

王　训

王训（1614—1683），字敷彝，号悔斋，安丘峠山里（现峡山区峠山镇）人。明代后期官吏，著名方志学家、文学家。

少年时喜好读书，过目不忘。年16失怙，从此不问家中生计，专心学问。为事常自言：惜家贫不能买书也。因此常靠借朋友书学习知识，刻苦钻研学问精要。清顺治三年（1646）以第三甲九十二名中进士，任万泉知县。政声卓著。后辞官归里，专心读书，特嗜读左国史记及唐宋八大家。县志从马文炜修成后八十年未有续者。王训自是寻访遗文，纲罗典史，历时若干春秋，终著成康熙年间《续安丘县志》，并著有《论语日知篇》《学庸思辨录》《孟子七篇指略》《悔斋全集》等，编有《二酉汇删》24卷。卒年70岁。

刘正衡

刘正衡（1589—1657），字元定，号思石，安丘城人。明清京地官员，《青州府志》编纂。

少承家学，知识渊博。明天启四年（1624）八月甲子科举人，崇祯四年（1631）以第二甲五十一名成进士，三月授刑部主事，审录案件明允。崇祯七年二月升刑部员外郎。八年二月升太平府知府。九年八月举廉明第一。十一年四月升浙江按察副使，同年秋授中宪大夫。十二年四月调河南信阳道副使。十三年三月因不屈从督师杨嗣昌，以“不长于兵”为由调山西冀南道佥事（驻潞安）。十四年九月升浙江温处道副使。十五年三月三日自浙江归乡（因祖母去世回乡服丧）。十七年四月福王监国金陵，改元宏光，弃家南渡。清顺治二年（1645）正月补广东按察副使，五月大兵入金陵，破之，寄籍广东罗定州。四年七月归自罗定。九年九月召赴仍以副使录用，十一月表辞不就。十年二月因目疾假归。十四年卒。诏以中宪大夫礼，赐金治丧。十六年二月入祀乡贤祠。康熙四年《青州府志》列卓行传。

韩应恒

韩应恒（生卒年不详），字子九，安丘石堆镇梯门村人。明末地方官员。

明末，韩应恒应乡荐制府补稷山县丞，复以有才摄解州地。其地有盐池，运司往来供应烦苦，不便于民者。其告知上司除之，民感其德。时解地有四贤祠，当地人收以应恒附之，改名为五贤祠。韩应恒在稷山为官七年，后升任浙江长兴县知县。其邑有斧党鱼肉百姓。应恒到任后，“煎其渠，散其党”。正值年景不好，其又捐俸以赈灾民，还上书上官为民减赋四万五千多两白银。其性好茶，洞山名茗近在境内。其却在出茶山高处置田一区，种茶数十株，春秋佳日，必入山按法采焙，赋诗与宾亲手自煎，与客相饮以此为乐。

孙康周

孙康周（?—1644），字晋侯，号浙南，安丘凌河（现凌河镇）人。明末乡举得官，后升为太原知府。

自少矜持明见，不做不议之事。明天启元年（1621）中举人，授章丘县教谕，升遵化县知县。任职期间，息事宁民，吏治卓著。明帝闻其名，欲擢以户部主事，累升清吏司郎中。不幸母去世，忧满补太原府知府。

顺治元年（1644）春，李自成兵犯京师，饮马于河薄坂以北。众议降。其对同时驻官云：睢阳之节就见于我们今天去守。时蔡懋德巡抚山西驻防平阳，闻李自成兵至，急返太原，与众誓师以守城。孙康周分工守北门。是年二月五日，李自成兵至城下，蔡懋德派部将牛勇、朱孔训、王永奎出战，李自成兵退。次日，李自成亲自督战攻城。孙康周奋勇当先，李兵无法攻上城楼。第三天，天气突变，白日如晦，大风起，拔木扬沙。时步将张雄守南大门，至夜雄降，语云告密：城东南角楼是火药库所在之处，并亲自去烧楼。风吹火焰四散，众守城者逃走。李自成兵至城内。孙康周为守城与李兵短兵相接，手格杀数十人，力穷被捉。李自成亲劝其降未成。又派与其同学刘公说之。云：吾为人臣非怀二心，宁死不降，并骂刘贪生怕死。李自成知不可能劝降，二月九日将其杀害。随从数人扶柩回归故里。又十一年葬于凌河村东北角。清乾隆四十一年（1776）追谥“烈愍”。

周历长

周历长（生卒年不详），字清溪，号汶湄，安丘逄王里（现黄旗堡镇逄王村）人。地方官吏，有政声。

早慧好学，文采斐然，在县学考试中总是名列第一。明崇祯六年（1633）乡试中举。清顺治三年（1646）以第三甲六名中进士，为安丘清代首个进士，授中书舍人。他秉公办事，无所攀附。后调任户部主事，监督通蓟粮储，廉洁尽职，升本部郎中。之后，以父亲年高需照料为由辞官回乡，恪尽孝道。朝野惜之，乡人高看。

周派长

周派长（生卒年不详），字浚九，号幼文，历长弟，诗人、经学家。

儿初从塾师，师与他童子讲书，派长一听即悟。十二岁补邑庠生弟子员，未弱冠娶秦登龙之女，生子一，夭。悲痛攻苦，文采横溢，风发泉涌，蜚声艺苑。年二十二登甲午贤书，辛亥冬卧病于床，授中庸宗旨，命侄书之。自云：吾所独得，非学究讲义比，恐一旦逝，失生平所学，虽富家子孙何益也。病愈后，南游吴越，携中庸宗旨，舒怀啸咏，西湖烟月，齐云洞光，诗稿尽与行囊。归而结茅北城下，茅屋额：即山亭。研究诗文。去逝前，手书遗命，要求薄葬，棺椁速入土。其天性孝友，坦易诗书，生不囊一金，掌不束之地。轻财好义，乡党宗族称其贤。著《古槐居存言》三卷、《中庸宗旨》《南游记程》等。李焕章赞曰：汉书有杨遗命裸葬，世多以为刻激，不伦已甚之行也。皆其有过人之才，绝群之识，生不逢时而赍其志，派长其祥也。

王所谘

王所谘（生卒年不详），原名演，字梦求，明末安丘人，隐士。著名教育家、经学家。

生平嗜学，擅写文章。崇祯七年（1634）以第二甲五十七名成进士。有人劝其做官，因天下大乱，他淡泊官场，无意仕途，遂归故里。其做亭于寒素之间，依泉水茂林，修竹环之，饮酒著书终生不仕。后与其子王锡宗隐居雹泉西南老峒峪村，以教书授业为生，入《青州府志》。

窦仁宇

窦仁宇（生卒年不详），字号无考，明末安丘大盛（现大盛镇）人，著名医学家。

医名冠邑，救人无算。家在西乡，平时与妾入居城里，靠行医为生。某年快至春节，偶回家中，见妻子脸色异常，评脉后说：你已得绝症，恐不好医。妻子一听愤愤地说：你沉溺于小妾，恨不得我早死。窦仁宇没有争辩，返归城里。至腊月二十三，其谓儿子：赶快准备你母亲送终之物，今天一定用得着。

其子赶回家时，其母已逝。梁颀是石堆韩朋桓之妾，著名女诗人，明末天下大乱，其随韩辗转南北，落下病灶，归居桥上村时，痨疾已显，请窦仁宇看病。窦还没有走到厅堂，而已闻梁嗽，其遂回头而走。谓韩氏家人说，其肺气已绝，天下无医。没有几天，梁果卒。窦氏歧黄从未师从，一生只读明中医科状元龚云林之《寿世保元》等著作。窦氏死后，其家人只发现其留下的《寿世保元》等医鉴之类书籍。

郭　牟

郭牟（生卒年不详），字浯滨，自号云林醉客，现石埠子镇人。明末清初画师、诗人。

明万历年间，涉浯（渠河旧称）、潍二水，客居诸城。长期与文人墨客、丹青妙手交流，切磋技艺。其画备受推崇，收藏家视为珍宝，争相获致。此公高傲狂放，酒、诗、画三样爱好相得益彰。酒后灵泉喷涌，发挥超常，自以为神助。大碗墨浇洒在纸上，纵笔淋漓，瞬间立就。笔底山水独具神韵，观者称绝。人生格言名句“今日总为清民子，随时莫忘汉衣冠”。其传世精品为《观瀑图》。明亡之后，多寄居诸城张氏放鹤园中，卒后归葬安丘。

刘正宗

刘正宗（1594—1661），字可宗，号宪石，赐号中轩，明末安丘城人。清朝阁老，著名诗人、文学家、书法家。

明天启五年（1625）县岁试第一，天启六年乡试中举人。明崇祯元年中进士。历任真定府司理、翰林院编修、东宫讲读官、侍讲、礼部会试副主考。清顺治元年（1644）为避战乱，携眷南下金陵。顺治二年五月清兵破金陵后，携眷回归故里。清朝定都北京后启用明朝旧臣。刘正宗屡接诏书，于清顺治三年正月，应诏到北京上任。历任内翰林国史院编修、礼部会试副主考官、侍讲学士、内翰林国史院侍讲学士、秘书院掌院学士、吏部右侍郎、翰林弘文院大学士、吏部尚书等职。顺治十四年一品考绩期满，升少傅兼太子太傅，诰授光禄大夫。顺治十五年8月，清廷改院为阁，以少傅、文华殿大学士兼管礼部尚书之职，参谋朝廷机要事宜。刘正宗不仅是顺治帝言听计从之重臣，也是文墨挚友，其文章与诗词、歌赋为顺治帝所赏识。顺治帝晚年迷于佛教，疏于朝政，其上疏劝谏，失去清帝信任。反对派乘机以打击同僚、贩卖私盐等罪名弹劾。顺治十七年三月二十日，顺治当众宣读弹劾奏疏，想让其承认错误，以图和解。其于殿前，暴跳如雷，竭力争辩。顺治大怒，当朝罢其官，将其置于法司，“从宽免死，家产之半入旗，不许回籍”。十八年，康熙即位，降旨宽免。是年腊月二十辞世，享年67岁，灵柩寄于北京西直门外。康熙四十五年（1706），皇帝准其归葬。乾隆登基，平反昭雪冤假错案，认为其仕清后清正耿介，政绩卓著，之所以被罢官削籍，是朝廷派系斗争所致，无反清之罪，故于乾隆二年（1773）正月降旨定其为顺治祀庙的陪享。同年二月，又降诏复其原职，诰授光禄大夫、少傅、大学士，其长辈俱受赠，晚辈皆得荫。正宗富于艺术天才，娴于翰墨，与时之大书法家王铎齐名。笔法古雅雄健，行草得钟繇、二王遗韵，尤喜王羲之法帖。所书大者逾尺，小者蝇头，无不精美。书法深获顺治激赏，君臣互赠墨迹，俨如翰墨朋友。有次顺治帝赐予刘正宗御墨字画上，还有其御笔题联：寄兴图书漱六艺之芳润，怡情翰墨措万物于笔端。顺治所得书法名画，必经正宗鉴别品评，始归御府收藏。而御府图书题跋，亦多出刘氏之手。顺治常将名人字画和自己作的字画及御笔题字赐予正宗。刘便将这些所赐御墨及带有御墨的字画，特于安丘县城相府内筑御墨楼藏之，以显示荣耀。正宗博览群书，擅声律，最工律诗，尤精五言古诗。其认为“论诗以法为准，晚唐而下，置不复论”。史评“自负能诗，为主历下，独树一帜”。论者谓其气格遒上，居陈子昂和张九龄间，词意激昂，风格高峻，很受顺治赞赏，两人时相唱和。著有《逋斋诗集》《御墨楼诗选》《木天草》《雪鸿斋草》等诗集十余卷。另有诗集数卷，未梓于世。入《清史稿》《青州府志》《山东历史人物辞典》等。

李　裀

李裀（1597—1656），字龙衮，号澹园，清安丘景芝人。著名直臣，明崇祯九年（1636）中举人，清顺治六年（1649）中副榜进士，初任中书舍人，后升礼科给事中，负监察进谏之责，以后转为兵科右给事中。

清初，百废待兴，官员腐败，朝廷重视清理腐败。李裀为官清正廉洁，性情耿直爽快，不计较个人得失，甚至将生命安危置之度外。由于不畏权贵，对上敢于直谏陈言，当时朝中有些贪赃枉法的官员对其又恨又怕。在朝为官期间，曾经给顺治皇帝上过14个奏章，其中有10个奏章是澄清官制，揭发贪污，选贤任能；有3个奏章是为民请命，清查屯田和安置流民；有1个奏章是劝皇帝缓于谒陵；最后一个奏章是顺治十二年（1655）正月二十五日上书《谏逃东疏》，主要是为消除满汉两族之间的尖锐矛盾，促进社会和谐。就是这次上奏，惹恼皇帝，李裀被流徙奉天。流放奉天时，一些正直的知识分子敢冒同情之罪名，无视文字狱残酷，各抒己见，寄托思念。

李裀被发配一年之后，顺治有次看戏，当看到《椒山写本》中明朝的杨椒山因弹劾严嵩被害一幕时，心有所悟，认为李裀与杨椒山有相似之处，不应以罪人论处，当予任用。随之下旨把李裀召回，并承认治罪李裀是失策之举。在顺治皇帝诏书下达后不久，李裀却不幸被人毒死，享年59岁。顺治帝感伤之余，又下诏令，批准李裀灵柩运回原籍安葬。

事后，灵柩接回景芝安葬。李氏后人多方奔走，给其申冤。但刑部、户部互相推诿，其冤终未得申。直到清雍正元年（1723）九月，才被朝廷平反昭雪，奉诏崇祀于“忠义孝悌”祠。

刘正学

刘正学（1621—1694），字止一，曾经辅佐郑成功。明安丘安泰人，后随父迁居儒林庄（现凌河镇儒林庄）。明末武官，复任清初武官。

明末大灾，人相食。后大乱，盗贼占安丘，正学携老母避难于李家沟南山，得活。四月福王监国，金陵改元宏光，携家南渡，至淮阳。蕃镇刘泽清欲留用，不许。抵金陵，宁南侯左良玉招之于楚，亦不就。居穷巷，日食维艰，苦不堪言。顺治元年（1644）十月，以儒生授守备。二年七月授南游击。三年十月破敌于信宜，升参将。五年正月升南韶副总兵官。大寇李兴绰掠南阳，刘正学破之。六年正月升南韶总兵官，都督佥事。四月授镇国将军，五月致仕，六月领军西宁，十一月配辛氏归自广州。九年三月归自粤中。在粤期间先后参加吴川、沙湾、苍梧、信宜、清远、新安、西乡、阳电、罗定、东莞、德庆、毛州、江清远、新光、亲会、花山、仁华、乐化、虎头门、弹子矶、零丁洋、小坑、西宁、三水等大小24场战役，屡立战功。十年三月授文登守备，十四年三月转济南抚标中营游击，授邵武将军，十七年十二月归籍。康熙三十三年二月卒。其事迹入《青州府志》。

颜秀奇

颜秀奇（生卒年不详），字国华，现黄旗堡镇颜家汶畔人，清中名将。壬午之变，其年九岁，即离籍随正红旗由北京入福建。康熙十三年（1674）耿（耿精忠）逆乱闽，从总兵饶元密领康亲王守新城黄土关十五年，都统吴进勋、邵武与其统兵夹攻，恢复境土，委守绍光泰四邑并杉关。康亲王给副将率兵攻铜窑山破敌。十六年进剿罗汉洞，擒贼首朱统锠，复招抚江西伪将虢大任、陈尧元、李懋珠等悉数投诚。十七年赎身出旗，籍随福建巡抚吴救泉州，击贼二木城，泉州解围。十八年，在东尾太平寨营，江阴、山南、眉州、平海卫等出遂安，并沿途杀贼无数，夺城池两处，复厦门、金门十处。二十二年署本标参将，转南雄副将，终于吴川，寿终77岁。子，福玉，字元炎，号朴庵，清中将军，康熙三十三年以将材广东龙门雷锋把总，进昌石营守备，擢都司。四十六年，帝南巡赐蟒衣寻升浙江黄岩镇游击。适海贼猖乱，福玉剿之，相遇于牛头门，大战自辰时至酉时，矢尽力穷而死。皇帝知后加封副将，赐葬，追赠骁骑将军，荫袭子弟，以守备推用。奉旨封为镇海侯，载履历。配某氏诰封夫人。荫子颜灏入监读书，崇祀忠臣庙，载《山东通志·人物传》。

刘祚远

刘祚远（1611—1673），字子延，号石水，别号鹤林，安丘人，清初大臣。

清顺治十二年（1655）以第二甲五十六名中进士，被选为庶吉士，后以优异成绩择为吏科给事中。以从祖刘正宗方居政、子孙不宜在言路为由，自己请求避嫌，改任吏部考功司主事。顺治十五年典试陕西时，有奸吏作弊，被他立案治之，皇上甚慰，提拔文选主事、历稽勋郎中，又升任为太常少卿，迁大理寺卿、副都御史、巡抚保定。

后因刘正宗案而罢官。回乡后，见汶水经常泛滥，南岸四十九村受灾，遂倡导当地官员和民众，自韩吉村以东筑堤四十里，人呼为“刘公堤”。

徐天祥

徐天祥（生卒年不详），一名天民，字梅邻，号铁笔山）人，晚号雹泉老人，安丘雹泉里（现辉渠镇雹泉村）人。清康熙年间安丘高士。出生石工世家，好读书，通文墨，精篆刻。

祖父海山、父俭俱为石工出身。父俭虽为石工，却颇通文墨，百工技艺无所不通，尤精于雕刻，名闻乡里。古人轻视体力劳动。徐天祥以刻碑帖为业，在一般人眼里是卖体力的石匠，但他实际上是个以石为纸，以锤凿为笔的艺术家。其自号“铁笔山人”，表明他的自尊自许。

罗廷璋重修诸城超然台，新增数十方石刻，大都出自徐天祥之手。这些刻石刀法精熟，形神兼传，其落款正草篆隶皆有，名、字、号、别号俱全，笔势舒展，变化无穷。徐天祥甚至将自己的《苏台吊古》，也刻石列于台上，与诸名贤并列。超然台刻石中，他是除苏轼外，名字出现最多的一个。徐天祥如此作为，表明罗廷璋是以“文士”尊礼，让他放手施展自己的才华。刻石诸城超然台，是这位民间艺术家一生最辉煌的时期。《超然台石刻》存其石刻拓片。

刘源渌

刘源渌（1619—1700），字崑石（一说字崑右），号直斋，人称直斋先生，安丘刘家沙埠村人。清初著名理学大家。

年十四而孤，事母有孝名。生而卓然不群，后为廪生。明末大乱，他辍学力耕，曾随其兄率全村群众筑土堡抗击劫掠者，皆称英勇。入清后，以教授生徒、读书著述为娱。专心攻读宋、明儒家之书，恪守程朱理学，反复推究40余年。根据朱熹“居敬穷理”之道德修养和认识方法，每天五更起拜谒朱子祠，然后与弟子讲论理学，常常讲至深夜，直至终老，深得周围名人学士称道。治学以“敬义”为本，以“格物致知”为先，追求所谓“不获其身，不见其人”境地，阐发“心与理一，自然所发，皆无私曲”哲学思维，比较重视提高精神境界。

著作有《近思续录》《冷语》《读书日记》《周易解》《四书补注》《小学补注》《或问补注》《礼仪经传通解》等，前三种收入《四库全书》。《近思续录》是其代表作，仿朱熹《近思录》的体例，其义理精微也本朱熹论说而衍之。嘉庆十六年（1811）体仁阁大学士阮元又以此上入国史馆。源渌事迹先后载入《清史列传》和《清史稿》，立传于“儒林篇”。乾（隆）嘉（庆）时期，安丘张贞、昌乐阎循观和周士宏、潍县姜国霖和刘以贵以及韩梦周、德州孙子簠和梁鸿翥、胶州法坤宏等学者，崇尚他的理论，继续研究他的著作，弟子张在辛、马长淑等力弘师道。后世公认他是明清之际山左理学派开创者，与另一个有影响的思想家河北颜习斋之论说，君临北国经坛百余年。梁启超在《中国近三百年学术史》中，作过明确介绍。

曹贞吉

曹贞吉（1634—1698），字升六，号实庵，安丘城东关人，清朝京官。著名诗词家。

少年即有文采声誉，康熙二年（1663）乡试解元，次年以第三甲八十三名成进士。历任户部员外郎、礼部郎中、湖广提学佥事等职。在祁门代理县令时，废除苛捐杂税，百姓作《却金歌》赞颂。新县令上任，不听其告诫，激起民变，百姓围署罢市，县令自缢身亡。郡太守请求上官说，非曹某不能定此乱。他受命前往，苛政立除，随即安定。其诗词著名，诗作气清力厚，情感真挚，风格遒劲，以壮语粗犷著称，与浙江嘉善诗人曹尔堪并称为“南北二曹”。词作追踪宋人，气韵淡雅，格调清高，风华掩映，寄托遥深。史评其诗词居全国一流水平。前期词受陈淮崧影响，接近阳羡词派，后期受朱彝尊影响，按近浙西派。有人直接将曹作为阳羡派代表人物。然艺术风格，甚至在吟咏题材上，都与浙西派有惊人相似。如果王士祯列于广陵词派，那曹贞吉应算浙西派的重要人物。实际曹贞吉受刘正宗影响最大。曹六岁时，同弟申吉在外公刘正宗私塾读书，此地在东郊别墅。后来刘在翰林院，曹又到京城就读，向刘探讨诗法。刘正宗的诗法在清初京城占据很高地位，对二曹影响巨大。特别在五言古体诗上，“鸿踪循迹，沉郁顿和”，师自刘氏文学之源。

《清史稿》和《清史列传》称“吴绮编《名家词选》推为压卷”。“流传江左，一时推为绝唱”。纪晓岚誉其词“不失为雅制”，赞其人“近代词家亦卓然一作手。”《满庭芳·潼关》是其晚年之作：太华垂旒，黄河喷雪，咸奏百二重城。危楼千尺，刁斗静无声。落日红旗半卷，秋风急，牧马悲鸣。闲凭吊，兴亡满眼，衰草汉诸陵。泥丸封未得，渔阳鼙鼓，响入华清。早平安烽火不到西京。自古王公设险，终难恃带砺之形。何年月，铲平斥堠，如掌看春耕。主要著作《珂雪词》《珂雪诗》入四库馆，并编入国史。《四库存目提要》评其诗曰：“初王士祯有十子诗略之刻，贞吉与焉。因其版分藏于各家，故往往各以别本单行。后其曾孙益厚即士祯所录附以《朝天》《鸿瓜》《黄山记游》等集，总颜之曰《珂雪诗》。贞吉诗格遒炼，其《黄山》诸作极为宋荦所推。在京师时，和其《文姬归汉图》等长歌，极有笔力。今检集中不载，又士祯《感旧集》所选《登望海楼》《吴山晚眺》诸诗，亦皆不见集中，则全稿之散失者多矣。”《四库存目提要》仅收入一部清人词别集，即为《珂雪词》，评其词曰：“上卷凡一百三十四首；下卷凡一百零五首。其词‘大抵风华掩映，寄托遥深，古调之中纬以新意’。陈维崧集有贞吉咏物词序云：‘吟成十首，事足千秋。赵明诚金石之录逊此华文，郭宏农山海之篇惭斯丽制。’虽友朋推挹之词不无溢量，要在近代词家亦卓然一作手矣。”同时代青州著名诗人赵执信评论：使转纵横，笔如荷铁。目前，国内研究曹贞吉者较多，大都集中于曹氏《珂雪词》的艺术特色。其为“康熙十子”，作品繁富。主要著作有《珂雪词》《珂雪诗》《鸿爪集》《黄海纪游》《黄山纪游诗》《朝天集》《实庵诗略》等。其中《珂雪词》《珂雪诗》入四库馆。其入《山东通志·人物传》《青州府志·文学传》。

曹申吉

曹申吉（1635—1680）字锡余，别号澹余，安丘城东关人。清初大臣，著名诗人。

天资聪颖，风姿优雅。八岁即能下笔成文，十七岁中举。清顺治十二年（1655）以第二甲五十五名中进士，选内翰林庶吉士。十四年授国史院编修。顺治帝每两个月举行一次御试，他屡居第一，不久升为日讲官，充顺治随从。十五年十月补湖广下荆南道参议。当时该道的竹溪、竹山二县多盗贼，他以计招抚，相继归籍者两千余家。十六年调任河南睢陈兵备副使。他抑骄弁，雪冤狱，社会秩序井然。十七年转左道政，晋正二品大理寺正卿。康熙六年（1667）充当皇帝的读卷官，任礼部右侍郎。九年11月调任吏部右侍郎，清洗坏人，革除弊端。十年正月调任工部右侍郎兼都察院右副都御使、贵州巡抚。抵达贵阳后，悉心治理，贵州太平；同时兴办教育，培养人才。十二年，平西王吴三桂在云南叛清。贵州兵力有限，省城失守，他被俘于阳明洞。十九年图谋归正，事泄后被劫于云南，是年十二月五日在昆明双塔寺被害，年仅46岁。康熙帝起初以为其降吴，定为“逆臣”。后事情昭然，二十二年其灵柩由云南运回故里。随后雍正帝撤销其罪名，乾隆为其彻底平反，准入忠烈祠。其不仅政绩卓著，而且为著名诗人。被捕后，感怀身世，寄情于诗，悲壮苍凉。著有《又何轩诗集》，此外还著有《澹余集》六卷，《南行日记》二卷，《黔行集》四卷，《贵州通志》若干卷及《清诗别裁集》等。

葛　甡

葛甡（生卒年不详），字仲和，景芝镇葛家庄人。著名经学家、文学家、诗人。

生而俊迈，异常儿童。十岁时以蓬草做成箭击落喜鹊。其父偷窥之后，对其技艺颇加肯许。初就南院杨姓老师处学习，杨师朝夕督课，得学深意。及长，不喜农桑，喜读书。常涉《周易》《国风》《离骚》《左氏春秋》《李杜集》，穷搜探讨，务究其秘心经世之奥。常摘其章句反复研究，深得内髓。年未二十补博士弟子员。其视功名如草芥，庚申时与弟喆蜚声邑儒间。族人共议支持其大成举子业，然其立志敦睦，约族人讲孝友睦邻之道。娓娓道来，日日不倦，其间广交洲游，常会知名人士于浯北草堂，时而分韵赋廊庙间其志雄。吟时调高，奕棋时运筹帷幄，广运奇谋。时而弱弹琴，一曲高山，一曲流水，“觉孔北海之开樽”。其诗文不苛求工正，辄成辄弃，间有存者，以集成册，名曰《偶然草》。其母病逝，泪尽血盈。等母葬，庐墓一侧，三年奉祀，乡人称之“大孝”。

郝敬修

郝敬修（生卒年不详），行五，字可亭，号南溪，景芝镇太平人。清朝地方官员，政声卓著。

少为监生。历任福建郡武、台湾，云南普洱府经历，署云南河西县知县。遇地震、水灾，有惠政，活人数万，邑人为之立祠，升陕西汉阴县知县，立义学，教民蚕，邑有“郝公绸”之称。因政声著调咸阳县知县，以年饥禀停采买，绅耆送万民衣伞，署鄜州直隶州知州，敕授文林郎。好为诗，多散失，工书法，常为人书轴，笔力雄劲，颇具神彩，有南宫之风。著《蚕桑集》。

孙尔令

孙尔令（生卒年不详），字德闻，现凌河镇人。清初地方官员，有政声，诗人。

清顺治三年（1646）以第三甲二百七十四名中进士，授玉川知县。其明断讼狱，不畏强敌。一次遇到兵变，叛军兵临城下，情势危急，城内许多人惊慌失措，有人趁机策动投降。他当机立断处置投敌之人，对城内百姓民众谕以大义，率领兵民坚守城池。叛军久攻不下溃逃，县城得以保全。著有《尊石园诗话》十余卷。

马长春

马长春（生卒年不详），字三如，安丘城东关人。著名文学家、书画鉴赏家，遗作《竹香斋集》。

少而颖异，与从弟马源思拜师马从龙，跟随宋澄岚到大泽山书院游学。甲申之乱，携家南渡，客金陵，四方名士结纳尤多，久之北归。清顺治三年（1646）在家乡考中举人，八年明通榜，九年中副车，例授推官，不就。康熙十七年（1678）县举报其名入“博学鸿词”科，但没去应考，称病不就。十九年考授知县，非其好也。遂在家专攻诗文，与当时主文坛的刑部尚书王士祯为文字交。其才绝世，古人名字画，一见别其真假，品出一二三等。阮亭先生评其云：予酷爱其语，似孟东野（孟郊），尺牍题跋得苏黄之趣，字又奇古，得之者不谛拱璧。

李景仲

李景仲（生卒年不详），字号无考，石堆镇甘泉村人。清初安丘知名诗人、文学评论家、教育家。

幼继家教，诵读惟功，弱冠补诸生，与兄李怀同、李长人同为安丘名士，誉为“安邑三李”。乾隆十八年（1753）以第一人受知于督学。时邑人皆为非其莫属，然事与愿违，为强人夺去功名，时人皆为之不平。复考加人推荐也没有一级功名，以致教书为业。凡经书皆手写加以批点，认为释确之后才授与学生。甘泉李氏后人所成者皆赖于其。年未及50岁郁郁而卒。著《抚松轩》《四书点识》数十卷。

孙起纶

孙起纶（1634—1694），字茂先，号逊庵，凌河镇人。清朝京官，政声清廉。

康熙八年（1669）中举人，九年以第三甲一百八名中进士。历任江宁县令，山西寿阳知县、户部主事、员外郎，工部郎中，云南提学道，内升京堂，未赴任而卒，诰授奉政大夫。

任职江宁县令期间，恰逢吴三桂叛乱。军队路过江宁要求解决供给。其多方筹措，供应自如，而百姓并未因此被骚扰。朝廷限期要求他打造战船，经过多方筹措，仅用两个月时间，完成任务，功劳簿上创出7项纪录。转任山西寿阳知县时，因治理有方，抚军又委任兼管附近孟县。在其治理下，孟县社会秩序迅速好转，附近县之百姓都以得不到其辖治而感到遗憾。巡抚进京向康熙皇帝推荐孙起纶，称为“晋中清廉第一”。年底朝廷统计官吏政绩，山西孙起纶最为显著。皇上赐孙起纶蟒衣并提拔为户部主事，每天随班奏事乾清门。三个月后，晋升员外郎，不久升为工部营缮司郎中。因处理疑杂遗留问题有功，任命为监督凤阳仓场关税等诸事务。任上捐金五百修缮破旧仓库声名卓著。康熙二十九年（1690）升为按察使司佥事提督云南学政。任学政期间，数次捐款修缮学宫，云南18个府之学宫焕然一新，载于《云南通志》。另还资助贫困学生、捐款修路等义举名声大振，又内升京堂，官同卿尹。尚未赴任即染疾身亡。

刘永树

刘永树（1649—1719），字百榖，号柏谷，晚号拙园，安丘黄旗堡镇人（现坊子区），慈善家。

康熙三十六年（1697）考取武进士，授守备职，三十七年诰封明威将军。其惟仁孝，笃于内孝。三岁失怙，其兄早逝遗三子，如同己出，尤生意气，乐施于人。邑人李仲连贫无所归，卧病公家，其引与居处，医药必亲视。殁则葬之。族孙德庄以贫废学，邻人揶揄之。其言：吾过也。尝与昏暮单骑渡汶，有暴客执枪伺之，一人见之大呼：勿犯也，此南门施粥之刘也。乃送之归。其德之感又多类此，其卒后，邑人多叹息：长城圮也。

马长淑

马长淑（生卒年不详），字汉荀，清初官吏，安丘城东关人。地方官吏，著名诗人。

喜好读书，仗义行善。为诸生时每试必优，在县内颇有名声。清雍正五年（1727），为齐襄公名将召忽立碑记其事。雍正八年以第三甲二百六名中进士，授保定知县。保定县多水患，长淑组织民众筑堤防护。后改任安肃知县。县内梨园八村地处岭地，适宜旱作，而上官则令种稻，给农民造成困难。他力请上司恢复这些村庄的耕作习惯。曾被朝廷委派到一些州县视察旱灾，积极上书请求开仓济民、缓征减税，使灾民获得实惠。官至直隶磁州知州。70岁时辞官回籍，家居诵读不辍，一时俊彦多出其门。曾辑明清时期安丘人之诗，著有《括斋诗集》等。选编《渠风集略》7卷，入《四库全书》。83岁病逝，乡人送谥号“文穆”。

李　侗

李　侗（生卒年不详），字子愿，生员，先世居城南大庄，后徙居于七里河，其生于七里河。安丘著名教育家、史学家。

八岁入学读书，资极敏，一目十行而不忘，年及十五岁，七经三传皆能成诵，提笔为文，下笔千言，字字珠玑，绝无浮光掠影之谈。弱冠补诸生，两次入棘闱皆不凭。平生常谓人言：自命为通儒，若循声琢句，贬手笔以邀合，是真儒也，我不为。从此无书不读，凡天文地理、典礼音乐、医卜星占，无不通晓，受业于其者无不宏通博雅，蜚声远尔。著《春秋经传述》《杜纪统辨异》《左传遵杜纪》《同声辨》一百余卷。

马常沛

马常沛（生卒年不详），字竹船，安丘城东关人，著名诗人、经学家。

少年承志，刚直孤行，己意落落寡合，中岁阅历日深，从直斋刘源渌先生讲性命之学，陶镕志气，力归和平。老年屏居东村，纠约族人修筑虎公墓，祀讲名敦睦之。后修成马氏族谱。生平诗歌最富。著《春草堂集》。

刘其旋

刘其旋（1719—1752），号川南，字履夫，安丘刘家沙埠人。文学家、教育家。

少时天资过人，六岁读懂《论语》，文章落笔而成，作品多载于《山左文钞》。20岁郡试第一，清乾隆六年（1741）乡试解元，次年中进士，授嘉定知县。时有“名元”之美誉，其文章引起朝廷重视。主考官万年茂回京述职，乾隆皇帝说道：本科所取刘其旋，不只是山东的解元，而且是天下的解元。这一殊荣在士林之中传颂。第二年捷登进士第，因悖相爷尊意，在进士榜名落第三甲二百二十二名，朝考二等，仅得教职。乾隆十二年春，为泰安府教授，参与陪乾隆登泰山活动，得赐爵一级。第二年冬撰皇帝《东巡成典》文，勒石泰安学宫，自此美文名扬大江南北。时与昌乐阎循观、胶州法坤宏、诸城王中孚并称“东国四妙”。乾隆十五年，升江苏嘉定县知县，洁己奉公，造福一方。十七年正月典江南乡试同考官，年底卒于任上，年仅33岁，文人学士尤痛惜不已。著有《川南古文稿》《南巡盛典恭纪与所集》《御路古迹及川南遗文》和《制艺稿》等作品。

李　滗

李　滗（生卒年不详），字若千，一字砥中，号质庵，凌河镇关王庙村人。著名经学家、理学家。

自幼好学，拜进士马长淑为师。雍正二年（1624）中补行癸卯正科举人。雍正十三年赴江南任同考官。乾隆元年（1736）中进士，官至国子监祭酒。其才华出众，学识渊博，文章大有名气，誉满京城。清朝在京城皇帝举办“博学鸿词”，朝中高官保荐他任之。而其志不在此，婉言谢绝。乾隆识之，钦点其任咸安宫教习，专教嘉庆太子，故为“太子师”。后果嘉庆为皇帝，故称“帝王师”。其不愿为官，任教不久就婉言辞去万人仰慕之职，回归故里仍跟老师马长淑研究学问，主攻朱熹之理学。先攻古文，后专道学，造诣颇深，与同邑孙自务，窦光鼐等人同被人们誉为“诸安才子”。其任江南考官时曾畅游南京，并著有《金陵纪行》一书，又有《质庵集》行世。为桐城派代表人物之一。入《清史稿》《青州府志》及邑志人物传。

窦光鼐

窦光鼐（1720—1795）字元调，号东皋，生于诸城郭家埠村，后迁居景芝高家庄。清乾隆年间著名大臣、诗人和文学家。

自幼好学，颖悟过人，童试、乡试皆列榜首，有“神童”美誉。5岁随父窦诜学习，每课百余行，窦光鼐读一遍即能背诵。9岁应童子试，考官无不因之感叹。12岁作《琅琊台赋》，人们传而赞之。15岁中博士弟子员；17岁中乡试副榜。22岁中顺天乡试举人。乾隆七年（1742）以第二甲二十二名中进士，选翰林院庶吉士。十年散馆授编修，充任绩文献道考纂修官。十三年中春，皇上御试翰林、詹事等官。阅卷者以窦光鼐的文章不合时宜而置于四等，按例应降级、罚俸，只因乾隆帝对光鼐了解至深，不但没被降职，反而于几个月后，破格晋升为左春坊左中允。乾隆十六年，升为侍读。乾隆帝第一次南巡，进呈《圣驾南巡赋》，蒙思奖谕。十七年三月，升侍读学士。六月，御试翰林、詹事于正大光明殿，以《纳冻赋》《风动万年枝》《董江郎三人策》居一等第二名，特授内阁学士兼礼部侍郎，南出房行走。八月，特放河南学政。十八年五月，母亲辞世，回乡守孝。次年，适逢南书房缺人，帝命山东巡抚传旨起用窦光鼐。光鼐力辞。在家守孝期间借屋给诸生讲学，并应知县李瀚之请，经常到县学授课。乾隆二十年五月，被特补为都察院左副都御史。不久，任浙江学政。在浙江以端正士习和正文风为务，尽心施教，秉公取士。乾隆二十二年，乾隆二次南巡，光鼐奉命随驾江南，参与召试诸生，同时从浙江书院选拔一批俊才参考，被录取者皆名流之辈。此间，浙江临海县训导章知邺要向乾隆献诗，光鼐认为他的诗太拙加以劝阻。章不听，遂做诗数首。帝阅后，认为水平太低，训斥其狂妄，命夺职充军边疆。不久，乾隆想赦免章知邺，但章仍以狂语诬陷窦光鼐。乾隆帝遂下令将其处斩。清乾隆二十六年，奉命署兵部左侍郎，仍任都察院左副都御史，办理刑部转来的各种案件，与刑部尚书秦蕙田彼此协商，议正不合理条文百余条。是年九月，与刑部协商“秋季”案件，因持不同意见而发生争执，光鼐因言辞激烈，被降级留任。二十七年十一月奉命前往南海告祭，地方官吏争相赠送土特产，一概拒收。十二月任内阁学士兼礼部侍郎。二十九年正月，授顺天府尹。此地酷吏胡作非为，弊端丛生，同侍郎裘日修同心协力，惩治贪官，同时向朝廷推荐清官，整顿吏治。三十二年秋，其父辞世，辞朝回乡丁忧守孝。山东各州县官纷纷前来吊唁，光鼐对所送礼金婉言相拒。乾隆三十五年，仍授顺天府府尹。同年五月，京城一带发生蝗灾，光鼐顶酷暑，冒雨督捕。此地有一旗庄，居住者大多为满族贵族，他们倚势不出工捕蝗。光鼐极为恼火，但直隶总督杨廷璋却不以为然。二人发生争执，光鼐因而获罪，以四品京堂用。八月又被朝廷革职。十二月，乾隆帝下旨授其通政司副使。乾隆三十八年四月，乾隆巡幸热河山庄，光鼐随从恭和御制诗篇，得到褒奖。六月，其被补为宗人府府丞。他任宗人府丞多年，凡事都认真办理，政绩卓异，深得皇帝信任。乾隆四十四年二月，被任命为四库全书总阅官，同时与人合纂《日下旧闻考》，并同修明史。四十七年五月，放浙江学政。四十九年春，乾隆六次南巡，光鼐精选两优秀诸生恭送召试，协助皇帝选拔人才。五十一年正月，升为吏部右侍郎，仍留任浙江学政。八月特谕署光禄寺卿。乾隆五十四年六月，升礼部侍郎。八月，再任浙江学政。前后三任浙江学政，达11年之久，发现培养大量人才。五十七年，升任都督院左都御史，十一月离浙江到京赴任，十二月奉旨以原衔署经筵讲官，次年十二月实授。乾隆六十年三月，70多岁的窦光鼐任会试正考官，所取第一名王以吾，第二名王以衔为浙江归安县同胞兄弟。两个副考官提出异议，光鼐说："我取士，论文不论省"。榜发后，众人议论纷纷。大学士和珅素来嫉妒光鼐，便在皇上面前诬奏光鼐录取有私。恰巧王氏兄弟二人的会试考卷中均有"王道本乎人情"一句。皇上派人进行复试，结果王以衔列二等第四名，王以吾列三等第七十一名。窦光鼐被降为四品官归故里，两名副考官也被降四级。殿试结束后，王以衔考中状元，此事才算了结。是年九月二十二日去世，诰封光禄大夫，葬于景芝镇高家庄南原。

据孙致中《纪晓岚年谱》载，其与纪同授业于董邦达。其诗学杜甫，古文学韩愈，精研秦、汉、唐、宋各文学大家，作文章必与各名家比高下。博览群书，却不屑沾沾于章句训诂，当时海盐朱佩莲工制艺，一时有"南朱北窦"之称。乾隆御制诗文，常命光鼐阅示，朝廷有盛大典礼，光鼐进诗赋铭颂，常蒙嘉奖。与河间纪晓岚、大兴朱圭、翁方纲主持文坛 30 年，盛极一时。光鼐无书不读，学问渊博精湛，风节挺劲，文词清古。其传世著作有《省吾斋文集》《东皋诗集》《圣驾南巡赋》等。光鼐书法亦精，优擅擘窠书，笔划端庄秀丽，而风骨挺劲，状貌严整，有苏轼、米芾之风格。其有书法作品珍藏于北京博物馆和诸城博物馆。

李　策

李　策（生卒年不详），字仲芳，辉渠镇夏坡村人。清朝中期地方官员，有政声，著名文学家、教育家。

天资聪慧，悟性极高，好学上进，弱冠入庠。乾隆二十四年（1759）考中举人，次年以第三甲二十八名成进士。历任湖北竹溪县知县、汉阳府孝感县知县、直隶保定府安肃县知县、顺天府武清县知县。在任期间颇有政声。从政三十年，两袖清风，一尘不染，爱民修学，兴水利，缉盗贼，政绩遍地。其间，仍不倦于书，后专攻古文，其文词嘎然。同年好友闫怀廷等诸君，视其文章皆心服。离任后回归故里，余热致力于教书育人，后来者多有建树。

李策有四子，皆有成就，与其重孙四代，一门"五进士"。其中，三子李于培，乾隆五十九年（1794）中举人，嘉庆元年（1796）中进士；次子李于恒生二子，李湘华、李湘萼皆为进士；曾孙李端遇系孙李湘华之子，清同治年间中进士。

嘉庆元年（1796）正月，李策参加京城千叟宴大典。其文才渊博，著《梓轩古文》两卷，《于役诗草》两卷，《制艺》若干卷。

马世珍

马世珍（生卒年不详），字席公，安丘城东关人。清嘉庆年初获恩贡，列"安丘七君子"之首，著名文学家、诗人、方志学家。

幼承家学，不屑科举功名，生平以文为乐，至老不衰。教书之外，"日肆力于诗古文词"。青年以后精制艺，兼工诗文，提笔立就，尤以古文蜚声山东文坛，"四方求碑表者接踵至"。后人评其古文"文笔奥衍有法度"，其诗"穷想渺虑，格力老而愈坚"。时安丘有七位诗人相互唱合，他们文有同宗，诗有同格，被誉为"安丘七子"（马世珍、马世醇、刘芳曙、孙景曾、李振西、周锡琯、辛履桂）。世珍平日留意乡帮文献。乾隆五十四年（1789），安丘知县谢某倡修县志，邀任总撰。其在家独自完成志稿，定名《安丘新志乘韦》即安丘第三部县志。内容上起康熙壬戌年（1682），下至道光甲午年（1834）。经县人张柏恒增补，马步元修订成为民国三年（1914）《安丘新志》底本。另还著有《雪斋诗集》《诗说》《学古编》《严训记》等书。

王寿长

王寿长（生卒年不详），字仁庵，号静山，安丘城西关人。清中地方官吏，有政声，文学家、诗人。

其少聪慧，博闻强记，天下之收无不嗜读。6 岁时师问读书何为，答曰：求父母欢喜。师奇之。14 岁补诸生。其父卒，其水浆不入五日。葬父后为使母高兴，努力读书。清雍正五年（1727）以第三甲三十五名中进士，先后任福建邵武县、光泽县知县，敕授文林郎。在职期间，除陋例，禁溺女，锄除恶势力，政绩显著。后因政局动荡，辞官回到家乡孝敬母亲。归籍后助人为乐，教子弟于学门，其后多有成就者。著《圈子王氏族谱》（乾隆）及《白云庐诗集》20 卷。

李于垣

李于垣（生卒年不详），字薇仙，李策之子，辉渠镇夏坡村人。著名文学家、诗人。

清乾隆四十八年（1783）举人，任直隶阳曲县知县。为官时，访求厉害，申明条约，客有称其措置如古人者。闻知后谢曰：何敢追段前贤？但望为邑人少尽一份心耳。再调长垣知县，后历济南考城郏县知县。每至一处皆政益著。己酉滑匪跳梁，于垣分练兵防堵，贼不敢西窜。孟县小，金河决堤，民受害，其奉命实地查验，并修成大堤，自此孟县无水患。因归籍丁忧，起而改选贵州修文县，县为古龙场地，自阳明先生谪居后以经术为教人知学问，于垣对此十分高兴，“前贤遗泽未涸是可惟教正也！”遂拓文成祠，宇新之奖，邑县名士欢欣拥戴。不久其改署广顺州牧，“临行邑中耆老攀遮流涕”，并把其置于附生祠，与阳明先生并祀。于垣不许，旋引疾归故里。著《守怀事宜》《长垣县志》《黔游笔记》《观斋诗文集》等。

马 烁

马 烁（生卒年不详），字荫千，号晦夫，马长淑之子，安丘城东关人。清中地方官吏，有政声，文学家。

少承家学，其学文雅，才名远播，幼而聪敏，其父课之。乾隆三年（1738）举顺天乡试，再赴礼闱不第，遂决然舍去。后来，被吏部铨授江苏昆山县知县，廉干著声，以安良必先除暴，故治盗尤严，盗不获逞谋劫库，以憾其职，其为解职勒赔。其归籍变产以偿，乃复原官。公以双亲年高遂请终养。晨昏定省尽夜，侍父母左右。父母卒后，其补江苏元和县知县署太湖厅同知，俱称清惠。甲申解绶归里。清咸丰年间，捻军至，马氏家业因战乱遭受焚烧和破坏，其著作也化为灰烬。著有《光霁堂诗文集》《括斋会艺》等书。

李于培

李于培（1765—1817），字因甫，号滋园，辉渠镇夏坡村人。清中期官员，有政声。

20岁入县学，清乾隆五十四年（1789）谒选，朝考一等，以刑部七品小京官被任用。清嘉庆元年（1796）以第三甲十六名成进士，授中书舍人。每遇一可疑案子，其必坐于斗室，凝思终夜，务必追求其真情实际，故断案如神。后辛酉年试广西，称得人后奉使西宁查案。因政绩突出，历补刑部陕西司主事，升员外郎、郎中。嘉庆十四年调任直隶真定府知府、分巡天津道，辛酉科广西乡试主考官、授中宪大夫。十七年辞官守表。后重新起用为天津道，以积劳成疾卒。著有《秋谳分类条办》数十卷。

李于京

李于京（生卒年不详），字金台，岁进士，辉渠镇人。著名史学家、易学家。

其行敦品力学，艰苦苦读，读书有疑义，反复推敲，豁然而后止，故经史子集无所不通。其教人以孝悌为本，以济物为用。晚年补朝城教谕，诸生有兄弟析产，诉于学，遂同留之饮酒，不问曲直，但吟“一时相见一时老，能得几回为兄弟”句。久之兄弟皆悔悟，涕泣而去。曹郡河决口，漂没数百里，有司查报多过实，大吏知于京贤，请其即日驾船，出入风雪中六十余日，逐日逐丁老幼不遗，较前报多四千八百余口。事竣，大吏将上闻，力辞，说：此行原以为救民，若请功是陷地方官于不义也。吾不负我心而已。年余以疾归，后十年卒。著《文先补注》《周易卦说》《历代史略》《文献通考提要》等书。

王驭超

王驭超（1756—1832），字驾千，号约斋，景芝镇人。著名史学家，清中地方官吏，政声卓著。

乾隆四十九年（1784）岁试第一，乾隆五十一年中顺天榜举人，次年考取咸安宫官学教习。历任四川遂宁、安徽潜山、霍邱、阜阳知县，寿州知州。潜山四面环水，一遇夏天河水猛涨，城墙就会冲坏。驭超上任以后立即组织修理。此后尽管发大水，城墙从未损坏。阜阳西，南邻河南省，民间很难治理。有时白天就有人拿刀抢劫。驭超到任之后，调查到这些匪徒头目，一一收入大牢。因为政声佳，其升寿州知州。

嘉庆十三年（1808），王驭超因“潜山任内相验不实”案而被罢官。嘉庆十七年，回归故里。此后20余年，伏处于枫叶村学堂，传以读书问学与训导弟子为业。一生著述颇丰，其中影响最大的当属《海岱史略》。《海岱史略》140卷，内中许多考证令人耳目一新，为安丘第一部历史学名著。因此成为安丘清朝中期的文史大家。卒后，入《山东通志·人物传》。

赵光烈

赵光烈（1788—1824），字观物，号雪坡，石堆镇赵家下坡人。清朝中期地方官员、教育家。

幼即失怙，其母刘氏选师功课，内外事务一人承担。嘉庆二十五年（1820）中进士，与其弟子刘耀椿、王简同榜登第，钦点刑部四川司主事。由于用功太多，加上家境贫寒，成名之时眼睛近视。某日巡抚入官门，赵光烈一时没有认清，上官以为其狂。上任没几日，官府杀一巨寇。上官要赵光烈为寇首额头点朱。此事本非赵之责，而上官要求不得已而为之。熟料寇首虽已落地，尚有气息，待赵点朱之时，寇首忽然睁目。赵光烈因惊吓而疾病加身，遂不能处理政事。在任仅三月，告病归，于道光四年（1824）含恨而卒。时年37岁。

李孟雨

李孟雨（生卒年不详），字钦若，辉渠夏坡村人，清朝地方官员，政声卓著。

清顺治四年（1674）以第三甲七十六名成进士，授潞城知县。临行时其父李淑孕告之曰：勿起无形影之波，勿受无天理金钱。孟雨遂书绅。潞城有富民遗产甚厚，两亲子力拒其幼子分到财产。其三子讼于官。邑之人告之两子，两子夜致以千金求官偏护于他们。孟雨谓两人说，你轻骨肉，而重资财，以金贿我，何如厚尔弟。两兄弟感而悟，涕谢而去。潞城县先前有动用衙役催交赋税的习惯。孟雨认为这样扰民，将其革除，“一邑称便”，百姓高兴。后归故丁忧，期满接任湖广桂阳县令，行至途中而得风疾，遂复归。其归故里后游于林下30年，以教化弟子为业，邑人称作“小真先生”。曾参与王训之《续安丘县志》。

李其昂

李其昂（生卒年不详），字子肃，李沁之子，辉渠镇人。清朝地方官员，著名画家，政声卓著。

自幼聪慧，读书勤奋，成绩辄冠。因德才兼备，由贡生被朝廷任命为乐陵县教谕，由于政绩突出又被诏命为河南开封府中牟县知县。为官期间，修建从祥符到郑州的河堤，使大片洪涝洼地变为良田，受百姓拥戴，人称河堤为“李公堤”。尤其喜欢养兰花，画兰花，人送绰号“中牟兰”。

其弟子、江宁县知县苏壎在《安丘峰山李氏族谱》中记载：吾师叔子肃公宰河南中牟县，因其俗治，其民数载之内鸡犬不扰，其民也各蒸蒸然，有亲逊之习，予以知其德高而化洽，居官则为良牟。寻引疾归。中牟县民建祠祀之。

张柏恒

张柏恒（1783—1857），字文西，号雪航，安丘城人，清中社会活动家、方志学家。

嘉庆十三年（1808）中举人，历任金乡县教谕、训导等职，后升迁高唐州学正未赴任。在金乡任教谕时，倡导兴学办教。回乡之后，勇于担当社会重任，主动化解社会矛盾。咸丰六年（1856）冬天，乡民对加征税赋反应强烈，聚众向官府示威，县令惊慌失措。张柏恒不顾年事已高，冒险率领乡绅徒步出城，倾听大家要求，解释征税原因。在他的解释说服下，激愤的农民气消散去，从而化解一场社会暴动。晚年，建草房书屋，亲题“书航”匾额，治学修身，乡人敬仰，称其为“广文公”。

刘耀椿

刘耀椿（1784—1858），字庄年，抗英将领，安丘刘家王封人。著名文学家、教育家、诗词家和史志学家。

清嘉庆二十五年（1820）以第二甲八十七名中进士。曾任安徽颍上、阜阳知县，六安、泗州知州，庐州、安庆、颍州知府和金厦兵备道等职。安徽颍上县地处淮河流域，境内连年水患。刘耀椿任知县后，捐俸银一千两，组织百姓修筑堤坝，根治水患。

阜阳县内伙匪横行乡里，民不聊生。耀椿任该县知县后，设法捉住这伙土匪，百姓感恩不尽，以“青天”相称，并在其饮过水的泉上建亭，名曰刘泉亭，以作纪念。因政绩卓著，随即升为安徽六安知州，到任后迅速公正地处理积案，以致狱无冤民。同时，捐俸银一千六百两，修建六安赓书院。在地处长江北岸安庆任知府时，捐俸银两千两组织民众修堤筑坝，免除年年秋天江水泛滥的水患，百姓称此堤为“刘公堤”。

清道光十八年（1838）任福建兴泉水道兼金厦兵备道。又捐献数千两俸银修筑城防，招募训练水兵，引进新知识，新工艺，“师夷长技以制夷”，协助闽浙总督邓廷桢、颜伯焘抗击英军，禁止鸦片。他赏罚分明，策励群才，同心协力，组织地方军民外攘内侦，拔本塞源，为守卫厦门，抵抗英军侵略做出贡献。道光二十六年六七月间，英舰两次进攻厦门，在刘耀椿和水师提督陈介平率厦门爱国官兵的英勇抗击下均告失败。次年8月26日，英舰36艘闯至厦门发动进攻。耀椿冒着密集的炮火指挥官兵抗击英军，顽强抵抗，激战数小时，终因兵力不足，敌装备精良，厦门失守。退守同安后，协同颜伯焘整顿军队，筹备火力，征募新兵团练乡勇万余人，军民结合，昼夜轮防，主动袭击英军。其后，他改做后勤工作，因成绩显著，升四川按察使，未到任即撤回成命，降为候补道。不久削职归里。被罢职回乡后，听到林则徐被重新起用，他高兴地写信祝贺，并提出对付英人须注意的事项。

咸丰五年（1855），主讲济南“泺源书院”，又讲学青州“云门书院”。在青州时，编纂《青州府志》。居家期间，因协助官府操办团练有功，朝廷赏他六品官衔。一生不但政绩显著，且著述颇丰。主要著作有《颍上县志》《海南归棹词》《神器图说》《庄年治兵书》《青州府志》等。入民国《山东通志》及府志邑志。

马秀儒

马秀儒，字艺林，安丘城东关人。散文家、诗人。清地方官吏，政声清廉卓异。

嘉庆二十四年（1819）乡试中举，大挑一等，任夏津县教谕。任期内积累学识、培养品德、鼓励生员，使振起当地文风。其时乡民抗议漕运而聚众围城，县令对此束手无策。马秀儒出面对乡民动之以情，晓以大义，说服乡民自行散去。清道光十五年（1835）以第二甲一百九名成进士，授建平知县。下车伊始，知晓前任有增加民众负担的政弊，他立即下令免除。手下部署恐怕招来非议，好言相劝。马秀儒毅然决然地说：剥削百姓用来自肥，我是不能干的！县衙每次断案，他都亲自坐堂，使案情明了，判断公正，老百姓称他为青天。后调歙县。时正值水灾，民众乏食。马秀儒开仓济民，使辖区内无一人饿死。皇帝召见，表扬他“实心任事”，当即提升他为开封府同知，驻朱仙镇。道光二十三年黄河决口，他首当其冲，拯救溺水难民，赈济缺粮百姓，废寝忘食，长达月余，救活灾民无数。事后升为绍兴府知府。上任之前河南地区又遇上饥荒，朝廷派钦差大臣前来视察，奏请马秀儒暂时留下随同办理赈灾事宜。马秀儒接连赶赴太康、扶沟等县发放赈灾款。为让赈灾款真正发放给灾民，他从不让部属经手，而是在慰问中直接交给灾民手中。对此百姓编歌颂扬他。赈灾结束后赴浙江上任，不久提升为四川成绵道，又迁任按察使，晋升湖北布政使。时武汉尚未克复，暂住襄阳。咸丰六年（1856），朱中立造反，清军失利，襄阳危急。襄阳道某打算弃城而去。马秀儒当面斥责，集结城内居民，率众登城，誓死固守，打退敌军多次进攻。为解决长期造成的料饷困难，他拿出所有积蓄补充，使城内军民士气振奋。救兵到时，马秀儒出城夹击，大战敌军，保全城池。被朝廷赏戴花翎。襄阳人感激他，为他立祠堂。清军恢复武汉后，省驻地由襄阳移驻武汉，士民沿江相送者数十里不绝。咸丰七年暂时代理巡抚，不久回本任。第二年因病辞官回家，享年76岁。著有《晚香堂诗集》《芸窗笔记》《宦浙杂记》等。

刘象升

刘象升（生卒年不详），字仲阶，诸生。安丘刘家王封村人。著名易学大师，

六岁而孤，识悟过人，师从胶州法坤宏、昌乐阎循观、潍县韩梦周，三先生皆深器之。中年弃科举业，“凡文学地理医卜星命之书，靡不殚心致力，究其义蕴”，久之乃能通其理，后其深通会后遂发明“以天象求卦象，以天度求爻象”，其学“笃信翼主于以傅，释经不为方伎术”。著《易翼与能》

十卷。此十卷内容为：发凡篇、源流统论篇、性道通论篇、第一象篇、第二象篇、第三象篇及第四象篇、上经传注篇、下经专注篇、大象序传杂文合篇、古文篇。成为时之名震山左易学大师。

李大本

李大本（生卒年不详），字立斋，号芝林，辉渠镇人。清朝地方官吏。其富有文才，精于吏治，擅长勘案，转任多地皆有大功。

雍正十三年(1735)考中举人。乾隆九年(1744)任湖北枣阳县令。时间不长，改派到湖南益阳县任知县。因政绩突出，年度考核“考课为湖南最”。《益阳县志》载:勤慎廉明，案无留牍，以才干调补长沙，在益甫一年，而民辄思不已。乾隆十年调任长沙知县。在长沙任上，倡修学宫，主修县志，勤政廉明，兴利除弊，事迹入《同治长沙县志》。乾隆十六年升任宝庆府理瑶同知，专管瑶族事务。乾隆二十一年升任宝庆府知府。此时其已年过花甲，因病告归，卒于家。著有《楚游草》《芝林集》等。

周　位

周　位（生卒年不详），字素安，安丘逄王村（现属坊子区）人，著名书法家、诗人。

清雍正十三年（1735）科副榜，历官东阿教谕、沂州府教授，其品行才学时人莫不知。邑王文岱先生实以司训左。巩汉昭、孟监塘皆其高足。乾隆三十九年（1774）年间，寿张匪侵扰东阿，邑令心慌而不任事，居民推周位任守城指挥。周位集饷募丁置守具严于令，日夜巡视，人心大定。后以守城功擢沂州教授，不久告老还乡。著《映雪斋文集》一卷、《制艺》四卷、《映雪斋文集》二卷。其长子周锡坷精医道，擅书画，山水花鸟不鸣一家，书法有“右军”之风，作品多于邑人收藏；次子周锡琯以诗文古词世其业，潍邑之文人多集于会风，为“山左兄弟二才子”。

孙自务

孙自务（生卒年不详），字树本，号立庵，安丘凌河镇人。岁贡。清中期著名文学家、诗人。

自幼聪明过人，年轻时才能出众，下笔成文，四村皆慕其名。然一生未出士，著书颇多。著作《读札窃要》入《四库全书》，编纂《涣阳诗话》《花石山房诗集》《忆梅随笔》若干卷。后来，生前好友李立斋编辑其遗稿发行于世。

刘锡光

刘锡光（生卒年不详），字观塘，清中安丘人，著名诗人。

少孤，以孝友闻于邑。清道光十八年（1838）以第三甲七十五名成进士，以知县需次河南，署济源县知县。民俗建讼，取其者严办之，余者皆服。会河决口，其奉赴王屋勘灾情。其周历灾区，不惮跋涉，尝与流民杂处，感赋二章，闻者动容。复奉檄办引河工，速竣而费用最少。奖加同知衔，补巩县知县。巩城滨洛水，每患浸灌。其兴修绕城运而水势小，遂水患不再害民。任间，遇灾年，其昼夜盘算为民捐款事宜。民得其虽在灾年得以全活。由于政绩突出，上官准备荐升，无料其积劳成疾卒于任上。巩县之人立祠祀之。著《四书集义》《慎修堂诗稿》。入《安丘乡土志》。

曹　涵

曹　涵（生卒年不详），字巨源，号季和，安丘城东关人。著名诗人，清地方官吏，政声卓著。

清雍正四年（1726）考中举人。五年受到雍正帝亲切接见。六年任盖平县知县。盖平县西接辽东湾，东邻朝鲜，当地满汉杂处，土豪横行，民风剽悍。他上任之初，就颁布法令，修订制度，凡有违犯法令者，必追究到底，重者严刑，轻者亦罚。七年，在盖平县治所以西组建义学，为家境贫寒的学子提供就学的机会。因政绩突出，十年升任宁远州知州。后调任京都宛平、昌平两地任职，深得朝廷重用。

清乾隆七年（1742）升任扬州同知。十　年任扬州府知府。十四年更署常镇道。曹涵在江南富庶之地为官将近十年，依然勤于政事、廉洁无私、爱民如子，直到62岁因积劳生疾而退隐。后人评价：古之能吏，古之廉吏。

曹锡田

曹锡田（1795—1860），字建福，安丘城东关人。清著名地方清廉官员。

禀性耿介，知书达礼，不入世俗。出身家贫，自幼勤奋好学，嘉庆九年（1804）乡试中举人，嘉庆二十二年以第三甲一百二十八名中进士，被诏命为湖北省巴东县知县。巴东县有一陋习由来已久，凡新知县上任，各船埠须集资奉献。他到任后，发布告革除这一陋俗，拒绝百姓馈赠。其非常关心百姓疾苦，严厉打击江霸海盗，保护渔民利益；发动百姓兴修水利，围堤造田，发展农牧业；为方便渔民投诉，在江边结排连筏，架设帷帐，名曰“帆下琴舫”，在里面办案。其体恤民情，善于断案。凡经他判决的案件，双方皆心悦诚服。

任巴东知县数年后，接到改任兴山县的圣旨。其本无意功名利禄，并看透清廷的腐败，于是借机辞职还乡。送行的巴东父老们问：“曹大人治理巴东多年，喜欢当地的什么特产？”曹锡田站在船上随口说：“我喜欢本地的草鞋和卧牛石。”谁知一年后，卧牛石与草鞋运抵曹锡田家门。其将卧牛石安丘放于自家花园内，亲题“小巫峡”三字，镌刻其上，以示不忘巴东父老们的一番深情厚意。曹锡田与卧牛石的故事，流传甚广。卧牛石成为中国二廉石之一。

刘廷棨

刘廷棨（生卒年不详），字戟门，清安丘人，道光二年（1822）以第三甲五十九名中进士，任职河南省原武知县。政声卓异。

武知县有被风沙毁坏的农田数十顷，没有减除征纳粮食数额。他迅速向上官反映，为这些农民请求豁免，并亲自与民众迎接上官前来了解灾情。郡守的一个仆从倚仗权势威胁百姓，廷棨见状大怒，对其立杖之。百姓拍手称快，称廷棨为强项令。有一书院年久失修，濒临倒塌，廷棨带头捐钱修缮，新招学生，亲自授课。后来他到郏县任县官。下车伊始，发现旧案山积，当即手判口讯，不出十天，所积案件全部处结一清。对为害一方、人称老虎的歹徒李某、梁某，绳之以法。县城以北的一座土山上歹人出没，有盗贼黑窝，廷棨利用夜间，前往擒获其魁首，使百姓得以安枕。郏县有敬神的习俗，每逢天旱，总有人自称旱魃，让众人迎入庙祠，享受丰收的贡品和虔诚的祭祀，一部分生员也参与其事。有一年天气微显旱象，这些人又迎祭旱魃。廷棨见那些学生拥着旱魃走来，便向前责问道：读书人怎么干这事惑众呢？即令杖魃，并押到城门上示众。百姓见了大为惊异。次日，天竟下了一场透雨。百姓无不佩服，为他送来衣伞作谢。他婉言谢绝，并说：这也是陋习啊！其才干受到上级器重，特地上疏推荐他，但其不幸因病去世。灵柩归葬时，士人百姓有数百人哭泣。

李湘棻

李湘棻（1798—1866），字云舫，辉渠镇夏坡村人。清末能臣。

少年丧父，20岁乡试得副榜。回乡后在辛庄子教义学，边教边学，攻读3年，第二次乡试中举人。清道光十二年(1832)以第二甲五十二名中进士，钦典翰林院庶吉士，后授户部主事，升员外郎。

清道光二十一年（1841），英国侵略军在广州寻衅扰乱，他随从参赞大臣隆文赴粤处理有关事宜。因襄赞军机和参战有功，奖以知府衔，并赏戴花翎。道光二十三年授宁国府知府。后擢任太常寺少卿，于清浦江会同总督麟庆办理淮安、扬州一带防务，亲自带兵防堵江北。翌年8月，特命署理漕运总督，连续3年奏陈大江南北的防务部署，以防外国侵犯。道光帝阅其奏折后，一夜三传入宫，甚赞其议，授他为漕运总督，兼任兵部侍郎、督察院右副都御史。

道光二十五年（1845）末，请假回乡料理母丧，被御史袁甲三参奏，以贻误国事被朝廷罢职。清咸丰三年(1853)起用他帮办团练，赏还原漕运总督衔。咸丰四年2月，因防御太平军不力，又因单衔由驿奏事不合章程，清廷再次予以罢职，遣送边疆服苦役。行至山东平原，僧格林沁亲王力保奏准，暂行留营，经营日照合山矿务。咸丰八年调赴天津，受礼部尚书瑞麟调遣，增修炮台，加强海防，以御英、法侵略。经瑞麟保奏，赏四品顶戴，后又赏还花翎。

清同治四年（1866），奉命回籍督办团练防御捻军，不久因病卒于籍。恩赏二品封典，诰授资政大夫。

张 堃

张 堃（1806—1868），字希载，一字亦厚，号文川，安丘城人。清末教育家、八股文巨臂。

道光十七年丁酉（1837）中举人，二十四年甲辰以第二甲五十二名中进士，任庶吉士。后因母亲年高多病需要扶持为由回籍。在家孝敬母亲十余年，母逝服丧后亦不复出。咸丰十一年（1861），为防捻军攻城，他倡众修缮城墙，购置守城武器，精心筹划守城事宜，使捻军未能攻入城内。晚年授徒讲学，名声远播，慕名前来拜师者甚多，乡人尊奉为“一乡祭酒”。

王 范

王 范（1808—1885）字模山，景芝镇宋官疃村人。地方官吏，著名易学家、教育家。

13岁入邑庠，23岁举于乡。道光二十一年（1841）以第三甲二十八名中进士后，朝廷拟放他到河南任知县。他说：人各有能有不能，临民之事，非余所能也。遂辞官归隐，专心治经课徒，诱掖造就之功，晨昏无闲。姿禀夙慧，除读书外无其他嗜好，其学纵贯群籍，深博无涯际而归本于六经，归故之后研经授徒40年，从学者常数十百人。如此40年循循不倦，远近仰之如山斗。王范子弟的功名者凡50有余，仅中进士者有刘树伦、韩仲荆、苑棻池、陈蜚声、李勖、崔培元、马步元、赵录绩等，多为县人，实为教育、科举史上的奇观，人称“进士母子”。另外，数百里之内的才俊之士经他点化而闻名于时的，更是难以统计。一生著述甚富，尤邃于《易经》，有《序卦图说》未及付梓，又著《易经集解》《禅继录》等书各数十卷。名著有《序卦图说》藏于家。

王 图

王 图（生卒年不详），字汉文，凌河镇山前人。清乾隆年间秀才、著名花鸟画家。

山前村紧靠牟山和汶河，风光绮丽，水草丰美，冬日大雁常来栖留。其父王敬忞（字用涵，号雪澄，别号青渠子），秀才，善画芦雁。王图受父亲熏陶，爱上画雁，后又将此技传儿子，祖孙三代爱好画“牟山雁”，以王图画得最好。王图学习画雁，先从观察开始。入冬，时常趴在牟山旁的雪地里观察大雁，连续观察两个冬季，终得精髓。每次作画，先集中构思，然后提笔一气呵成。若不如意，即放下笔又到河边去看大雁。把雁画好后，在村西边一间看坟的屋子里用烟一炝，画面更加逼真。相传，一次他把画好的雁晾在屋里，一只小猫从门缝看见，误以为真，钻进去跳起来就扑，结果把画给撕坏。一个外地同行慕名前来切磋，一看王图的作品立感不如，连忙请教。王图指着来人的画说：你这是捕了一只断腿之雁，放在院子里现场描绘。由于大雁不欢心，所以画中雁态不自然。那人豁然省悟，长揖致谢而去。王图所画牟山雁，到现在还被藏家视为珍品。

张扶舆

张扶舆（生卒年不详），字景淑，号渔山，安丘城南门里人。著名诗人。

其生时，张在辛梦神人赠一骥，酬以四十六金，少聪明，七岁能诗文，读书过目不忘，年十二拔贡，称“神童”。由于体弱，父不让其夜读，其常用被盖住窗口继续读书。为文沈雄，下笔千言立就，师从马文穆常举以示及门，谓张氏子非凡人，不可以心平常使人视之。雍正巳酉（1729）顺天乡试，召赴太和门亲试。其才高文富，濡染家学，特好为诗，所著《渔山吟》《杲堂文集》《书味斋诗馀》数十卷，此外书法、印篆、画绘、琴棋并臻佳境。邑之名士曹幼旬、李若千、孙树本、王仁庵集聚其家饮茶歌唱，尝画《西园雅集图》缀以诗联为巨轴，以供笑乐。有时其弹琴，满座皆静，时人称之为“神仙中人”。其还喜欢游画舫，观吴越，醉时手笔墨淋漓这门寺壁，所在留题，归来驴背锦囊累累，壮行色者皆佳句也。年46岁卒，在辛哭其诗：纵然弄笔身何罪，或者无才命可长。曹雪舫题诗言：秀韶天成，尘襟尽涤。曹子谦表其墓：孝友文章，日愈声闻。入《安丘新志》。

孙 讱

孙 讱（生卒年不详），字仲言，凌河镇人。清地方官员，为政清廉，知名诗人、书法家和著述家。

嘉庆九年（1804）中举人，历任四川洪雅县、彭明县、罗江县、文兴县知县等职。任间卒于成都。在任时勤于吏事，甚得民心。母老请终养。其两袖清风，囊中萧然，无以归葬，时论贤者。生平工诗，论者称为诗家俊品。又工书法，得汉人隶法。著有《泻月轩诗集》4卷，《汉隶笔法》1卷，《摹印述闻》2卷，《宗法考》5卷，《家乘义例》1卷，《剑南杂记》4卷和《续古诗声调谱》1卷。

杨际沄

杨际沄（生卒年不详），原名际云，字缙卿，号雪航，景芝镇人。清末地方知名能吏。

咸丰五年（1855）中举人，同治元年（1862）大挑二等选授观城县教谕，同治二年贡士，同治四年补行殿试二甲赐进士出身，吏部考功司兼员外郎衔，改授江西都昌县知县，历署新城县知县，加同知衔，补缺后以知府升用，光绪十一年（1885）江西考试同考官，敕授奉政大夫，诰授中宪大夫。任间，其剔除奸污，讼狱立折，民颂“神君”，光绪分校乡闱，所得多知名士。任都昌县知县时，一如从前，正值旱情，赈筹荒，抚循倍至。以积劳成疾乞归，归籍旋卒。

鞠殿华

鞠殿华（1805—1859），字彦邦，号秋亭，石埠子镇晏峪村人。清末大将。

清道光十五年（1835）会魁，以第一甲武进士第三名（武探花），授二等御前花翎侍卫，选直隶古北口提标前营游击，升陕西延安府参将。清咸丰三年（1853）四月，奉旨引见面试硬弓平身开十三力十八弓，调直隶提标中营参将。浙江省义军纷起满于江南，十一月奉调随营征剿。时扬州城陷，钦差大臣琦善派其等分路进攻，两次败敌于西门，又败敌于埽垢山。敌自议征来，殿华偕副都统隆炳阿击走之。十二月官围议征，率兵由东北二门攻入，立复县城。四年升直隶大沽协副将，时瓜州踞敌与镇江之敌勾结，殿华击败之。赏戴花翎，并给“强都巴图鲁”称号。九月官军围瓜州于运河口，以船搭桥，直逼城壕。义军以铁索贯木为抗拒之计，殿华率水兵斫断之。越过城壕，直至城下。五年擢山西大同镇总兵，寻升大同府挂印总兵，统辖雁门三关等处，赏戴双眼花翎，御赐强都巴鲁，勇号记名，简放提督，钦命江北副帅，节制全营军务。六年三月随钦差大臣德兴阿收复扬州，四月义军由砚台山至庙山欲绕袭六合。殿华败之。十一月敌连陷江浦等地。七年帮办德兴阿大营军务。十一月复围瓜州，殿华受伤，裹创力战克之。赏提督衔，移攻江浦。殿华由西路进。咸丰八年正月，攻西门及求雨山，义军营均破之。收复江浦县城。三月，安徽义军集于滁州，三月殿华进剿，至八里铺遇义军，跃马前杀数名大将，以提督候补。清咸丰八年八月，浦口陷，遂革职留任；九月扬州复陷，褫花翎。清咸丰九年六月初一自尽，寿至54岁。殿华驭军纪严正，师行所至秋毫无犯。扬州兵燹之后，民多乏食，殿华借军中余粮赈之。扬州人感其德惠，为之立生祠，至今南人尤到殿华坟前祭扫。清史有传。

冯尔昌

冯尔昌（1830—1898），字友文，号仲山，景芝镇人。

少年颖悟好学，但家境贫寒。考中秀才后，为维持生计，曾去安丘东乡裴戈庄村作塾师。白天教授学生，晚上刻苦自学。同治二年（1863）以第二甲五十六名中进士。传说慈禧太后在殿试时以为他的名字吉祥，特别给予录用，初选庶吉士，后授编修，又转为御史、给事中。数次上奏朝廷，都是关系百姓利益的事。被朝廷提升为鸿胪少卿后，出任京督查广东学政。广东其时考风不正，许多人往往靠贿赂打通关节。尔昌素以廉洁著称，受职后即对随行人员下令：“路经府、县，尔等不得收受礼品，遇事禀报，违者严惩不贷。”他还不放心，特邀堂兄冯尔藏任随从幕僚，作为心腹耳目。因此随行人员都洗心敛手，清正行事。到广东后，采取有力措施，杜绝乡试一切弊端。

广东省南海县知县想要求调职。知道冯尔昌在朝内说话有权威，想找他给说话，可是早就听说冯尔昌为官清正，不受贿赂。但他不相信真有“清官”，对手下亲信说：哪有不吃肉的狼，不贪财的官。于是命亲信带礼品到县界迎接，呈上礼单，被冯尔昌的跟班人员当场拒绝。知县误认为冯尔昌嫌礼薄，不屑收纳，回衙后把礼品又增加一倍，面见冯尔昌说：学台大人，下官有几本古书，因才疏学浅不能理会，望大人赐教。冯尔昌信以为真，便跟随到书房去。一看，哪是什么古书，而是一份丰厚的礼物。他马上嗔怪道：我辈为官，应以国家为本，社稷为重，拯救黎民于水火中，方不负圣上培育之恩……。知县只好点头称“是”，但仍不死心。回房后暗自思忖，两次送礼都被拒绝，大概是当面送礼有碍于脸面。第二天知县送尔昌回省，先将礼品装在食盒内，命衙役预先抬到出县境交界处等候，送礼物给跟班。跟班人不敢作主，急向冯尔昌回报。这时知县跪在冯尔昌面前不起。冯尔昌问道：南海县，你有什么事过不去啊？知县回答道：夷俗时有传入，灾荒连年发生，卑职无能，在此不能胜任，望大人回京后在圣上面前为卑职陈述离职。冯尔昌虽同情他的处境，答应代其陈述，但对他再三送礼的做法却指责一番，便匆匆上轿而去。从此广泛地流传开冯尔昌在南海县三拒贿的故事。因清正，光绪十一年（1885）又放他做江南正主考。

冯尔昌服官严于家教，不准子女亲属奢侈浮华，欺压乡里。在翰林院任职时，族人及亲朋好友就建议他购置家产，修建府第，与当地的乡绅富豪一比高下，光宗耀祖，庇荫后代。冯尔昌回答：儿孙自有儿孙福，治家理业误仕途。留得清白人间在，莫与邻里争赢输。同治九年（1870）因他修国史成绩突出，钦赐“太师第”御匾，但是故居大门太小，难挂御匾。尔昌只得说再等修大门楼时挂起，同时加盖八间草房，五间住房，三间为书房。同治十三年，尔昌荣归故里。

居官35载，后期升至都察院左副都御史，但家庭宅合还是那八间草房。清光绪二十四年（1898），冯尔昌在上朝议事后回官邸途中得“中风不语”，一病不起与世长辞。《续安丘新志·事功传》中褒扬他为官“清勤自励、廉谨著称”。至尔昌去逝后，其门生山东巡抚张曜（冯忠庆把兄弟）亲临吊唁。尔昌家无宽敞客厅接待巡抚，只得借用邻街郝宅客厅。张曜席间叹息：未料到老恩师家境如此清贫！临行向师母赠白银千两，喟叹而去。

一生著述多已轶失，惟存一份试卷，所谓“三篇文章两首诗”。

李端遇

李端遇（1833—1901），字小研，辉渠镇夏坡村人。清末朝廷大臣，著名书法家。

少倜傥，不拘小节，逾冠后折节力学。同治二年（1863）中进士，成为峰山李氏著名“一门三代五进士”之一，授吏部主事。他精勤奉职，洞悉案例，以其才干为上峰所赏识倚重，如左右手。后由郎中超擢内阁侍读学士，又迁升历授鸿胪寺卿、通政司使，署兵工部左侍郎。主持浙江、江南乡试，督安徽学政，因善于发现人才为人称道。光绪庚子年间，义和团起事，被朝廷任命为团练大臣。未几还工部。光绪十五（1889）年江南大主考，十七年浙江大主考，十八年会试知贡本，二十年督学安徽，二十六年五月派充京师团练大臣，甫受命即赴总理署。及归猝得风痹疾，两足不良，时乡人王懿荣为副大臣代奏公患病状，至七月始能杖而起，是时两宫已西狩有诏，留公在京办事。越明年四月公年已69岁，悯朝政之日非痛国事之糜烂，各国议和久稽未成，遂吐血升余薨。

初公以谨慎称人，不敢干以私，及官太常从员多旗籍，有怠忽将者公立撤其差。后督办赈务，晨出暮归，其十分体谅民情，深得民心，民感其惠制“惠溥东郊”扁额悬其门。其典试江南也得人最盛，后取士两浙亦如之，复命时，慈禧太后书喜字以赐。最后视学皖江，尤加意积学士，所识拔如王善荃、方履中、许世英、孙多宸，皆政声卓著。皖南北入泮者向有龙门费陋规。廉知之立碑示禁。徽郡汪先生殁后遗所著书十余种，由徐季处搜得之，回京进呈御览且极称汪先生之为人。得旨留阅25年。济西饥，公谊关桑梓恳请诸王公大臣函致各督抚协赈数万金，东平、堂邑、费县等州县饥民赖以济。其身长玉立，精力过人，年近七旬两目迥然，食量甚大，有昆山徐司寇之风。与人无城府而待士颇严，然被公容接者又未尝不温然以和也。论曰：清朝二百六十年间以部曹典试者多矣，膺学使任者不四三人，其以恭慎清耿受两宫知遇，屡掌文衡，主试三江，复典学全皖，是直以词臣待也。子丑之交国家多故，竟以抑郁薨于位。惜哉。今有其墨宝存世。中为李端调题诗于墨单之诗云：“千年丹篆证真传，一梦华胥话夙缘，紫馆金台肩共拍，奚须群谷始称仙。”徽墨有名家墨单，极为罕见。其事迹入《清史稿》《青州府志》《续安丘新志》。

韩仲荆

韩仲荆（1835—1895），字二周，号铁怀，安丘城南韩家后村人。清末地方官员，著名诗文家、书法家和教育家。

生有灵慧，才思敏捷，九岁能诗，稍长致力于古文。清光绪六年（1880）以第二甲一百一十名中进士，授山西省高平县知县。任职期间，两袖清风，为官清廉。抱着“廉洁施政拒财贿，愉悦情怀心自安”这一铭言，以至诚感人，不是弄威。他关注民间疾苦，官司明断，深受高平民众欢迎。后以政声著，升同知，未任而逝。他在山西长期为官，文名最著，曾分校乡闱五次，一时山右名士多出其门。因其学识渊博，被山西巡抚张之洞聘为总文案，兼浚文书局总校。著《大学解》《中庸解》，手批《左传》及《经史杂记》四卷，《杂体诗文稿》六卷，《泫署日记》三十卷。

陈蜚声

陈蜚声（1864—1945），字翼如，号鹤侪、斠民，祖籍潍县城里北门大街。祖辈于清咸丰年间迁居景芝镇郝家湾东崖，其父为龙山王氏王简女婿，家于宋官疃食德堂，因种地迁居伏戈庄，其生于景芝，民国时期著名书法家。在安丘居住30余年，清亡返回潍县祖籍。

生性清纯质朴，自幼学习刻苦。少年师承王筠之四弟、道光进士、教育家王范。清光绪十七年（1891）中举人，光绪三十年中进士。在清廷覆亡前，先任礼部祭司员外郎，后改任典礼院恩恤科科长。民国初年，被潍县富绅丁星甫聘为家庭教师，在十笏园教读丁锡田专攻文史。民国二十年（1931），潍县成立县志局，陈蜚声被聘为《潍县志》总纂。民国二十七年1月，日军侵占潍城，县志仅刊印数卷即被迫停止。日伪当局几次请他出仕，均遭婉拒。他洁身自好，不为所动，遂复避居安丘又迁居青岛，以卖字为生。其“尤精正楷、行书、隶书”，笔力苍劲，笔锋全辅，蜚声书坛。民国三十四年病逝于青岛，享年81岁。

刘大同

刘大同（1865—1952），原名刘建封，又名刘石荪，民初改名刘大同，字桐阶，号芝叟、疯道人、芝里老人、天池钓叟等，民主革命先驱，清末秀才，安丘芝畔村人。年轻时就思想进步，追求真理，痛恶专制的封建制度。又是著名的书法家、画家，以画梅见长。

早年曾任奉天候补知县，清光绪三十一年（1905）加入中国同盟会，与孙中山、黄兴、宋教仁、章太炎、廖仲恺、陈其美等辛亥革命先驱交往甚密。光绪三十四年（1908）东三省总督徐世昌委勘奉、吉两省界线，兼查长白山三江之源。刘建封时为勘界委员，并为同事领班，亲率测绘生5员、队兵16名对长白山进行一次全面勘查，先后写出著名的《长白山江岗志略》《长白设治兼勘分奉吉界线书》《白山纪咏》等著述，还拍摄《长白山灵迹全影》。清宣统元年（1909），清政府在长白山区新设安图县治，委任刘建封为第一任知县。主政安图两年多，移民垦荒，发展农业；铺路筑桥，开辟交通；兴办工商，创立学堂；始创林警，保护和开发当地丰富的林业资源。他还兼任松（松花江）图（图门江）两江林政局森林警卫队统带，为他日后发动起义创造有利条件。辛亥革命前后，参加兴中会、同盟会，跟随孙中山在日本、上海、广州、香港等地进行革命活动。宣统三年10月武昌起义爆发。刘建封随即响应，举义旗于安图，成立大同共和国。不久，一个脱离清政府的地方性革命政权—“大同共和国”在东北长白山区的吉林省安图县宣告成立，并通告中外。他激情满怀，引吭高歌：桐叶一落天下秋，梅花一放天下春。试问秋兴共多少，毕竟不如看花人。刘建封在安图举义不久，东三省总督赵尔巽即兴兵前往征剿。他屯兵于安图西北的牡丹岭，与前来征剿的清兵摆开阵势。义军以逸待劳，以一当十，一举把清军赶出牡丹岭。刘建封拟乘胜进击，扩大战果，远征奉天，不料赵尔巽从郑家屯调来张作霖部，进剿安图。义军寡不敌众，遭到清军残酷镇压。

起义失败后，建封被迫退避日本。中华民国成立后，建封参加“二次革命”，反对袁世凯称帝。此后数十年，为自己信守的“大同”理想奔走南北，屡遭凶险，曾被“抄家二次，引渡二次，驱逐七次，悬赏逮捕三次，监视二次，受审十一次”（据刘建封《被难自述》）。作为新生的共和政体，它比民国元年（1912）1月1日孙中山在南京成立的中华民国临时政府早两个多月，可谓中华民国诞生的先声。民国十四年在上海主办《野语》杂志，进行反封建宣传。日军侵占天津后，要他承认满洲国，被他严厉拒绝。

民国二十五年（1936）“西安事变”爆发后，建封在自己主办的《渤海日报》上发表文章，支持张学良、杨虎城两位将军联共抗日的爱国义举。报馆遭查封，他险遭特务暗杀。民国二十七年，日军诱他担任伪职。他严辞拒绝，当场撕毁日方文契。日军恼羞成怒，竟派特务采用暗杀手段，子弹射中他的头部，昏睡七日后方才脱险。

一生擅书法、好诗词、喜收藏。曾在天津举办画展，收入资金捐赠山东医院。著有诗集《岭南吟》、弹词《复太古》和《白山经咏》等文论。其书画作品现藏于诸城市博物馆。

政事之余，他经常聚众宣讲救亡图存、革命共和的道理，越来越多的有志之士聚集在他的周围。宣统三年（1911）9月，安图县有家戏园开张，向他求联。他饱蘸笔墨，慨然疾书：鼓动起四百兆同胞，才算一台大戏；妆扮出五千年故事，真成万古奇观。这幅充满火药味的楹联，揭开安图民主革命的序幕。

中华人民共和国成立后，中央人民政府副主席李济深专程赴天津造访辛亥老人刘建封，共庆中国获得新生。耄耋之年的刘建封亲眼目睹自己追求一生的“大同”理想终成现实。1952年7月1日，刘建封在济南病逝，享年88岁。

杨廷干

杨廷干（1867—1920），字严生，又字润秋，号铁渔，景芝镇前院村人。清京城官员、文学家、诗人。

生而聪慧，稍长颖悟嗜学。清光绪十五年(1889)恩科举人，甫弱冠，以策对淹雅进呈御览，士论翕然称之。喜欢读写诗古文辞，不屑治帖恬之业。数应礼部试不第。甲午（1894）恩科会试，选授德州学正，官内阁中书，奉直大夫。学识渊博，诗、古文均有法度，尤工长短句，淡雅可诵。为内阁时官清暇，益致力于古学《春秋》。经常与友登山临水，对酒唱和，视名利如淡水，有《碧萝花馆诗文集》行世。后以世多故请归，不复为仕。民国三年(1914)与安丘赵录绩、诸城孟昭鸿、陈琴舫等十人成立“甲寅诗社”。“甲寅诗社”成立不久，因战乱而中止。卒于民国九年，著有《豫园诗文集》，乡谥“文穆先生”。

吕孝端

吕孝端（1869—1937)，字子方，专长中医外科，安丘东乡沟头村（现峡山区王家庄镇沟头村）人。

出身中医世家。其天性聪慧，幼承家训，兼入私塾，攻读经史学子集，稍长则随父学医，精数世之中医心得和名闻全国的中医名著，并融会贯通，创出吕氏中医诊。后专长疮疽，著述《医宗金鉴外科心法要诀》《外科正宗》。每遇难病，把症准，施药效，名闻昌邑、安丘、诸城、高密四县。民国二十二年（1933)，昌邑县长之妻患乳疾，诸医无效，复延治于吕氏，服药五剂其疾得愈。吕氏性情刚正不阿，好为人排忧解难。民国二十七年，当地土匪去该村敲诈。他见义勇为，据理予以痛斥，得罪土匪。后遭土匪绑架，受到精神创伤，于次年病故，终年70岁。一生治人甚多，诊务繁冗，而其丰富的临床经验，未得总结整理，殊为痛惜。

李杜芳

李杜芳（1898—1948），字芗州，安丘人，精于财经管理。

清末就读北京贵胄学堂。治学刻苦，不遗余力，才华横溢。民国元年（1912）周自斋督鲁时，任以山东督署秘书。因而涉足山东财政赋税，尤其是盐务。翌年，任财政部长，与当时财政金融界人士张弧、潘馥、胡笔江等要员多有接触。又一度调任东北镇安上将军府秘书长。后历任察哈尔财政厅厅长、京兆财政厅厅长、绥远塞北关税务监督。民国十四年张宗昌督鲁时，闻其熟悉山东财政，委任为山东省财政整理局总办；就职不足半年又管理山东盐务。鉴于张之祸国殃民，以葬母为由辞职归里。民国二十年韩复渠主鲁之初，聘充财政整理委员会主委。未久该会撤销，遂退隐决不复出。民国三十七年病逝于济南。

于麟阁

于麟阁（生卒年不详），字子霍，郚山镇马朗沟人。著名中医学家、诗人。

清光绪元年（1875）恩贡，候补孝义谕。后因多次应考不中，而改习医学。经年累月，苦究医籍，其技甚精，一时名扬安丘、沂水、临朐等县，求治者不绝于途。于氏在学术上崇《伤寒论》《金匮要略》《黄氏八种》之法，医术较为全面，尤善内科、针灸。于氏弟子有鲁家哨鲁丁臣，曹家峪乔寿臣，北张家庄子张桂方，冷家山王夕印，景芝南院赵二琪等。于氏生前曾撰有大量医案、医话数本及诗稿《蛩吟集》一卷（已佚）。享年 77 岁。

于复新

于复新（生卒年不详），字铭三，兴安街道东南街人。近代著名西医学家。

八岁失聪，克服种种困难，励志自学成才。清宣统三年（1911）入齐鲁大学医学院附属医院化验室当练习生，后升任化验室主任。创有“于氏实验法”（即梅毒血清环状试验法）。民国十八年（1929）撰写出版全国最早的检验专著《实验诊断学》。民国三十五年被齐鲁大学医学院聘为临床细菌学教授。济南解放前夕，拒随南迁。1950 年应邀参加中华全国第一次自然科学工作者代表会议。次年作为特邀代表出席济南市各界人民代表会议。后任华东皮肤花柳病防治委员会委员、山东省科普协会筹备委员、山东医学院诊断学教授等职。著有《梅毒血清环状实验》《梅毒的血清诊断问题》《单做康氏反应的缺点及补救办法—环状沉淀法的应用》《解放前与解放后济南梅毒血清阳性率的比较》等专著及论文 10 余篇。1952 年，其《实验诊断学》《临床检验》被卫生部定为全国医士、全国临床检验专业教材。

李镇川

李镇川（1874—1948），名江亭，字岷山，号振川，辉渠镇夏坡村人。民国时期知名教育家、书法家。

清光绪二十一年（1895）考中秀才。为人刚正不阿，才华横溢，对书法、诗词很有研究，其楷书端庄秀丽、圆润丰满，行书活泼洒脱、苍劲有力。三十三年七月六日，革命党人徐锡麟在安庆刺杀安徽巡抚恩铭后惨遭杀害，支持革命的秋瑾女士也在浙江绍兴遇难。面对此情此景，李镇川愤然辞职，加入上海光复会。宣统三年（1911），毅然回到家乡，致力发展乡村教育，宣传革命思想，得到家乡民众的拥护和支持。时，夏坡村仅有一所供富家子弟念书的乡塾，穷人只能望“塾”兴叹。李镇川认为穷人的孩子更需要上学读书，便与好友李可楷一起出资办学，专门教育培养穷人学子。民国二十四年（1935）驻夏坡村民团局子听说他是共产党，遂派人去抓捕，幸亏友人及时通知方得脱险。民国二十六年“七七”事变之前，李镇川又返回家乡，继续创办乡村教育。拥护中国共产党的抗日主张，曾投入马保三的抗日游击队，宣传党的抗日救国政策。抗日战争后期，继续在当地任教。民国三十四年 6 月夏坡村解放，立即送儿子李建芳参加革命。民国三十五年，当选丘南县参议会副参议长，为雹泉英雄山上的所有烈士撰写碑文。民国三十七年病逝，终年 74 岁。

赵录绩

赵录绩（1875—1939），字孝陆，安丘景芝镇人。近代著名词学家、书法家、藏书家。

自幼颖异，记忆力强，勤于攻读，广交益友，研精经籍，尤其擅长研究三传（左传、公羊传、谷梁传）。清光绪二十三年（1897）考中举人，光绪三十年以第三甲七十一名中进士。官内阁中书，升宗人府主事，钦加员外郎衔，民政部警务司主事等职。辛亥革命爆发后回鲁，当选为山东省首届省议会议员。

后隐居潍县、青岛等地，闭门赋诗填词。“七七”事变后，感情受到压抑，而又满腔国破之恨，发奋撰写《丁丑秋词》83 首，深含伤时感事、反侵略之义。《丁丑秋词》在当时称谓“抗战词史”，是全国词学名著之一。

精于诗词，擅长书画，深得康有为称赞。《丁丑秋词》由世袭衍圣公孔德成署名在台湾刊印行世。其书融魏碑、汉隶笔意，形成劲健、古拙的个人风格。为民国时期藏书家，酷嗜藏书，家有抄本颇多，所藏乡贤诸书众多。所得同邑先哲王筠遗著甚多，其中珍稀者有校改手稿本《说文释例》、许瀚手校道光刻本《说文解字义证》。精版本目录之学，为山东省立图书馆馆长王献唐所推重，称山左版本目录第一人。其藏书见于著录者凡700余种，其中善本224种，最著者有宋刻本《真西山读书记》等九种，而《周易会通》赫然在列。其弟赵录绰，字孝孟，受业于胶州柯劭忞。任北京图书馆馆员，致力于目录版本及金石文字学。

张公制

张公制（1876—1966），原名介礼，字公制，安丘城里人。清光绪二十八年（1902）乡试中举。

张公制继承先辈遗风，投入大量精力倡办新学。清光绪三十二年（1906），安丘县劝学所成立，被推荐为首任劝学兼学务总董事，从此致力于办学兴校。宣统元年(1909)年后先后任山东省咨议局议员、山东省议会议长、济南育英中学校长等职。

宣统三年（1911）经张公制多方努力，改安丘县城东门里官立高等小学堂为安丘县立中学，从安丘、昌乐、临朐三县招生，校长由时省教育厅直接委任。安丘县立中学即安丘一中的前身。县立中学创立后，培养大批优秀人才。民国元年（1912）在丁佛言的介绍下，公制于济南加入共和党。民国二年春当选山东省议会议长。民国十四年5月，张宗昌任山东省军务督办兼省主席后，他看透军阀统治者的本质，以患病为由辞归，脱离政治舞台。

民国三十八年（1949）青岛临近解放，当国民党军队撤退前要破坏青岛时，中国人民解放军胶东军区通过民主人士刘仲让请他以个人的声望和影响，出面制止国民党军队的破坏。他慨然允诺，甘冒生命危险，面见第十一绥靖区司令刘安祺陈情：将军应不战善退，切勿毁城堕池，做民族罪人……因张公制规劝，对保护青岛起到一定作用。

民国三十八年（1949）6月2日，青岛市解放。73岁高龄的张公制在隐退25年之后再度出任公职。1950年9月当选青岛市副市长并担任青岛市爱卫会主任委员。1952年10月9日受到山东省政府的通令嘉奖。其热心公益事业，对市政工程提出许多建设性意见。他是青岛市第一至六届人大代表，政协青岛市第一至四届委员会常委，山东省第一、二届人大代表和第一、二、三届全国人民代表大会代表。

刘一鹤

刘一鹤（1877—1939），字梅皋，号老梅，凌河镇偕户村人。清末举人，诗人、画家。曾担任山东省国民政府秘书一职，在沂水遭侵华日寇空袭中弹身亡。

幼年聪敏好学，精通诗文。清光绪二十九年（1903）癸卯恩科举人，三十三年七月会考得隽，以知县用签分江西，曾任江西南昌候补知县。后因家父病亡，奔丧回家，遂弃政从教。晚年自学山水画，每日勤奋不辍，成为安丘知名的山水画家。

民国元年（1912）1月22日夜，国民革命军进入安丘。张公制和刘一鹤等人拉杆奋起响应，追随革命军进驻县衙，一举宣布独立。之后，刘一鹤任山东省第一届议会秘书。民国十三至二十六年，在安丘县立初级中学做国文教员，专心从事教育工作。抗战爆发后，审时度势，积极宣讲爱国精神，动员家乡青年入伍参军，号召民团抵御日寇。民国二十八年麦收前后，代表安丘百姓到国民党山东省政府所在地沂水县东里店，控诉国民党鲁苏战区挺进第二纵队高华清师（俗称高部）的二旅三团骚扰地方，鱼肉百姓的罪行。国民党省政府主席沈鸿烈闻名聘请他为省政府秘书。未几，日军轰炸东里店，不幸中弹身亡。

王 讷

王 讷（1880—1957），字默轩，又称王墨仙，别号七十二名泉烟雨楼主、西湖渔夫等。官庄镇后十字路村人。著名书法家、画家，山东省文史馆员、省作协会员。

其父王锡龄，字梦九，为一善书画穷秀才，以教书为业，邑南著名书法人士，多为人书写墓表碑志，其正楷为书中上品。生三子，王讷为长。少家贫，王讷居白芬子亲戚家求学读书。光绪二十九年（1903）中举人。宣统二年（1910）举贡会考，取中第五名；保和殿复试，获二等第二十九名，为师范科举人，授七品小京官。是年，回到山东，当选省教育会长；受清廷委派赴日本考察教育，回国后，当选省教育会长，在济南创办山东高等师范学堂并任监督（即校长）。任优级师范学堂第一任监督。宣统三年（1911）11月创办山左公学及《齐鲁公报》，宣传进步思想，鼓动革命运动。言论崭新建树又多，一时风头甚健，影响很大。时同盟会元老丁惟汾等业已回省，正酝酿革命。谘议局是全省维新人才荟萃之处，是同盟会操持利用的最大目标。该局议员分两大党，其中丁佛言为首的清流党士绅名流多列其中，势力最雄厚，也最负时誉。王讷虽非议员，但在文教界声望特高，所办《齐鲁公报》又一纸风行，成为维新派的主流人物，因而清流党极力拉拢他。而王讷本来就同情革命，自然一拍即合，于是山东独立活动紧锣密鼓地开展起来。据丁惟汾所著《山东革命党史稿》称：武昌起义后，山东人心思动，党人以为时不可失。九月十五日遂在谘议局召集学生商民开会，到数千人，结果议决电请清廷要求八条。十九日虽得复电，有所答允，但党人恐日久生变，非急速宣告独立不可。二十一日续与缙绅王讷、夏继泉、侯延爽等洽商，数谋乃协。改谘议局为联合保安会，即日开成立大会。决定二十三日易帜，宣告山东独立。举巡抚孙宝琦为统领，旋改都督。邹鲁所著《中国国民党史稿》、谢兰馨所著《山东辛亥革命举义史实》，也皆称王讷是此义举的积极参加者和策动者。与荣城鞠思民共同筹划山东独立事宜，并最后促成山东独立。在此革命运动中，王并非谘议局议员，而却能操纵该局之清流党；非同盟会员，而能为党人所器重，成为推动独立的核心人物。重要的会议，无不参与谋划；独立取消后，又能凭其名誉声望，保释多名党人免于难。所以人们对王讷都是极力推崇，而毫无贬词。其与刘冠三、丁耕农集资在济南趵突泉白雪楼出版《白话报》，与鞠思敏、陈名予恢复山左公学，推动民主革命。其所办《齐鲁公报》，鼓吹独立，言论激烈，痛砭时弊，讽刺到骨。王讷曾撰一副对联：吴（指吴炳湘）添一口只知哭，袁（指袁世凯）去上头便是哀。因而报馆被查封，更显示其作用重大。王讷一生虽不能说有誉无毁，但即此参与山东辛亥革命一端，已足以不朽。他作为山东辛亥革命的领导人推动独立功高，被吸收进同盟会。民国成立、五党联合时，被推为理事长、山东省临时议会议长，继当选为第一届国会众议院议员，这是安丘所仅有的。不久张公制当选为第一届省议会议长，一起成为空前未有的全省人民代表的领袖，一时两人“张、王”并称，在山东大名鼎鼎，堪谓两人在政治舞台上的巅峰。但王讷是寒士出身，为贫而仕，举家南迁长沙，曾一度任湖南保靖县知县数年。蔡锷云南起义讨袁，他积极响应。因率部苦战三四个月，县城得以保全，乡人倡议立碑“王公督战处”，永作纪念。第二届国会，王讷虽又当选为参议员，但也不如当年有所凭藉，在政坛上不能得心应手。曾又办一《新齐鲁公报》，亦未能持久。陈树藩督陕西时，王讷曾任该省教育厅厅长，不久去职。民国十一年（1922）冬，又回省任教育厅厅长，创办《齐鲁民报》。次年改任储材馆馆长。民国十三年段祺瑞执政初期，任命王讷为山东省实业厅厅长。他本打算大有所为，由银行贷款，办绥远移垦。但因第二年张宗昌督鲁政局又变，王讷于九月去职。其移垦主办人乘机携款潜逃，王讷反被连累，只得把仅有的一所住宅卖掉还债尚犹不足，致使他以后生活时常断炊。“五卅”惨案后，日寇横暴济南期间，他受北伐军第二军团委任，募兵响应，在桓台、邹平一带因于地方上发生误会，几至丧命。抗战之前他长期贫居济南，谢绝仕途，靠卖字写稿维持生活。各娱乐场所和商号之间，多有他写的匾额、招牌，墨迹遍及济南全市，足见其书法声望之一斑。其间仍不忘教育事业，曾办尚志中学，但因经费不继而告解散。抗战期间他移家北平，卜居于山东同乡会的一间小房中。其第二任夫人因久病医药费无着而去世。她就是当年王讷曾脱彼于险的那个风尘知己。抗战胜利后，国民党政府请他出任职务，被拒绝。他孤身一人回到济南，穷困潦倒，借居宜园一座破庙中。不知道的人，谁能相信他曾是清末民初的一位风云人物。后来，他召集友人们于1952年创办宏德小学、明湖小学，不久山东省人民政府聘他担任齐鲁大学书法教师，并吸收为山东作家协会会员、山东文史馆馆员。他是我国现代有名的书法家。笔法遒劲，长于颜体，尤善行草。中年书法尤精，晚年卖字不免失于粗滥。泰山上留有他写的著名刻石联：“地到无边天作界，山登绝顶我为峰。”济南溪亭泉也有其书迹刻石。亦善画，以画兰花、梅花为主。民国三十二（1943）年曾在青岛举办过书画展。20世纪40年代后期为济南明湖文艺社社员，与关有声相善。1953年8月，任山东省文史馆馆员，并加入作协。平生主要著作有《宜园笔记》《书法指南》《宜园诗稿》，悼妻诗集《如梦吟草》等。1957年病逝于济南，享年80岁。

马纳川

马纳川（生卒年不详），字容海，号老衲，别号西山居士，石埠子镇人。著名国画家、教育家。

早年毕业于上海中华美术学校，与曹庚生、孙霖并称“安丘画届三杰”。因处世独特，放浪形骸，长于讽刺，诙谐幽默，遂得“画怪”之称。年轻时曾积极参加五四运动。抗日战争期间，参加鲁苏战区抗日部队，主要在安丘西南山区活动，负责宣传工作。解放初期，受丘南县政府安排，配合宣传形势，创作一批关于土地改革内容等方面的宣传画，社会影响较好。因社会关系和生活经历复杂，新中国成立后，曾多次受到审查、管制和拘留，但仍不改玩世不恭、孤傲清高的秉性。三年国民经济困难期间（1959—1961），为生活所迫，常到集市上现场作画，还画些鞋头花、枕头花之类的工艺品出卖。后因贫困落魄，病殁于家。

孙　霖

孙　霖（1893—1951），字沾群，晚号东园，景芝镇人。著名国画家，知名诗人。

1893年生于伏戈庄，父其昌。民国六年（1917）安丘县立初级中学毕业，升入省高等师范专科学校。被誉为画中三杰。著名国画家李苦禅、王君华即为其当年的学生。画词结合，时称“二绝”，曾任教青岛中学国文、美术和工艺课，诗文作品《崂山志游》《青岛市中三友诗稿》存世，其国画作品主要以花鸟为主，有《祝寿图》《松石图》《芙蓉图》等作品为代表。曾任远东文化馆副馆长。1951年病逝，终年58岁。

周毓瑛

周毓瑛（1896—1959），字龙渊，景芝镇伏留村人。国民革命军51军军长，中将，抗日名将。

少就读省立模范小学、山东省立第一中学、育英中学、保定军官学校。毕业后从军，系姜桂题旧部，后在张勋江防军任职。宣统三年（1911）10月辛亥武昌起义，他和于学忠随赵荣华参加光复军，后编到黎天才中央陆军第9师，驻军襄樊。民国六年（1917）又随赵荣华改投吴佩孚，民国十六年随于学忠投归张作霖安国军。从见习军官升到中将军长。所在的51军，为20世纪20年代由东北军于学忠的20军所改编，曾驻平津地区。民国二十二年南京政府同日本签订《塘沽协定》，承认日本占领东三省和热河省的合法性，并将察北、冀东送给日本侵略者。按照《塘沽协定》的规定，中国的正规军不得进入冀东。于学忠不甘心，命时任603团团长的周毓瑛同张庆余、张砚田两个团组建冀东保安队，针锋相对。这年秋天，袭伪军兼著匪绰号“老耗子”所盘踞的迁安城。第二次国共合作共赴国难的局面形成之后，于部东调苏皖。民国二十七年2月奉李宗仁长官之命“淮河阻敌”。周毓瑛所在113师以一个旅之众歼日军800余人，大获全胜，博得苏联顾问、美国记者采访和慰问，李宗仁传命嘉奖。台儿庄战役是抗战初期的一场惊天地泣鬼神的空前大血战，51军自始至终协同孙连仲部作战。“次月30日，51军将进犯台儿庄日军的两个联队歼灭三四千人”。周毓瑛当时是该军精锐113师副师长。他任务艰巨，战斗顽强，一手训练出来的603团，在一片火海中巷战十分英勇，每屋必夺，寸土必争，反复攻守，尸横遍地，运河水为之赤，团长以下的军官几乎全部壮烈殉国。4月6日，日军矶谷师团终于败北，台儿庄战役大捷。17日，51军又奉命与川军孙震部41军联合反攻韩庄之敌，18日克复该地。接下来是鲁南郯城战役和徐州大会战。51军无役不与，取得过多次胜利，也蒙受到重大牺牲。最后，各参战部队完成任务纷纷转移时，该军成各军的殿军；军部又让113师断后，遭受到惨重损失。据说当时估计不透尾追的日军有多少兵力压过来。在这危机关头不少人被吓破胆，有人亲见军首长们换上便衣脱离部队。周毓瑛此时大义凛然，挺身而出，以113师副师长的身份指挥全军。战斗激烈的时候他光着膀子挥着手枪指挥作战突围，使一军赖以保全，伟绩丰功，全军众望所归。他因受命为51军副军长兼113师师长。民国二十八年春，周毓瑛随以于学忠为总司令的鲁苏战区打回老家，在山东开辟一个敌后战场，以牵制日军，分散、消耗其兵力。周坚决反对打内战。刚入鲁时51军有几次对日零星作战，或说是抵抗，而且仗仗漂亮。是年夏李家沟痛击日寇，消灭日军、汉奸七八十人。民国二十九年春，有名的大金线村打鬼子，战斗艰苦惨烈，三次战斗共消灭日本兵150多人，伪军数十人。在安丘抗日战争中，那一仗也有战斗力强的113师。51军抗战最为有名，最受赞扬。民国三十一年1月，周毓瑛晋升为51军军长。此后一年多的时间里，日寇连续发动几次大规模的“扫荡”。有沂水东北与安丘西南乡圈里、唐王山—擂鼓山、城顶山三大著名战役。日军分别由华北派遣军司令官畑俊六、华北驻军司令官冈村宁茨和山东派遣军第十二军司令官土桥一茨指挥，每次出动五至十万人（中间还加上张步云的2万伪军），进行“铁壁合围”。51军在战略转移中，开展游击战。周的战术名曰“老虎打拳”，既活又猛。敌军在圈里一带未找到战区总部机关，撤时留下竹林炮兵部队。这是一伙最残暴的敌人，仅在莒南涝坡一个村就用刺刀捅死10多个农民。周毓瑛把337旅的674团留下来与之周旋。该团避开硬仗，抓住敌炮兵运转不灵的弱点，寻找山区有利地形、有利时机打击敌人。因此竹林部队屡战屡败，连连吃亏，损失200多人，终于不支，只好一走了之，圈里大战以此结尾。唐王山之役，51军以少胜多，消灭日军400多人。城顶山战役共打死打伤日伪军千余人，但国民革命军特别是113师严重受创。当然，城顶山及此前诸役，51军损失惨重，战况目不忍睹。许多场景之悲壮，真是感动天地……有诗云：“白石黄土埋忠骨，碧血丹心照汗青。”9月抗日战争胜利后，周奉命晋谒蒋介石。蒋接见周时，勖勉有加，口头允许周带部队重返山东，周欣然应诺。不久51军整编为51师，兵力缩掉一半。民国三十六年初率师北上进攻山东解放区，在枣庄被陈毅、粟裕两将军所率华东、山东野战军包围。为争取周投诚，有两件事应当提及。一是邓颖超把一封周恩来劝降的亲笔信交给周的夫人李润珩，送到山东前线。李刚到徐州，闻枣庄已破，只好作罢。二是中共渤海军区联络部干事戴枫峪，与周是表兄弟，前去策反，到即被扣押。但戴从饭食规格上判断周未下绝情，不久果然得释。他的工作使周动摇过几次。因听蒋之言，是年1月所部在枣庄被华东野战军围歼，周被俘。陈毅曾与周谈过话，想让他留在军队里，他说南京还有家属。于是，周被送到东北佳木斯学习改造。8个月后，原51军将官首批获释，周辗转回到南京鼓楼二条巷新5号自己的寓所。民国三十七年底，继任的山东省主席秦德纯请周出任保安队副司令，周辞。1949年只身由南京前往兰州，投奔时任甘肃省人民政府主席的老同学邓宝珊。此间，周因出租汽车之事被扣押。给陈毅写信，民政部派员进行处理，安排周到省财政厅工作。1959年当地秩序不稳，逼其写检查材料。为不牵涉妻子，先与李润珩离婚。一个被呼为“老甘”者继任妻房，又偷偷席卷家产而去。人财两空，只剩下他孤苦伶仃，到冬天自尽。一代名将溘然逝去，葬于兰州西郊公墓。1995年秋，其子周森、侄子周桐、周棣等奉周毓瑛骨灰安放于安丘市革命烈士陵园干部骨灰室。

王　正

王　正（1900—1950），字易路，郚山镇店子村人。著名林业学家、林业教育家、森林土壤学家，中国森林土壤学的奠基人。

毕业于山东省立农业专门学校林科。民国十年（1921）赴德国留学，先后就读于慕尼黑大学、莱比锡大学和萨克森森林学院德雷斯顿塔兰特研究所，获林学博士学位和理学博士学位。民国十八年回国后，任国立北平大学农学院森林系教授（后兼任系主任）。同时，还兼任河南省立农学院教授。主要论著有《中国北部土壤内PH值之研究》《北平郊区营养素的研究》《读美人潘德顿氏绥远萨拉齐区土壤报告后之我见》《林业与民生之关系》《树木学》《农业化学》《土壤学》《中国黄土之研究》《农业化学试验》和《针叶树木学》等作品。

吴金鼎

吴金鼎（1901—1948），字禹铭，著名考古学家，景芝镇万戈庄人。在清华学堂国学研究院攻读人类学专业时，爱上考古工作。后到中央研究院历史语言研究所考古组任职，攻读考古学。其间，参加河南安阳殷墟、山东章丘城子崖、安阳后岗等著名遗址的发掘。

民国二十二年（1933）赴英国留学，民国二十六年获博士学位。回国后先后在云南、四川从事考古发掘和研究工作。抗日战争胜利后，任齐鲁大学训导长、文学院院长、国学研究所主任和图书馆主任等职。

民国十七年（1928），3月，吴金鼎对章丘县龙山镇城子崖文化遗址发生兴趣，经发掘、研究，命名为龙山文化。这一发现与命名，在中国乃至世界考古史上有着划时代的意义。民国十九年至二十年，与李济、董作宾、梁思永、郭宝钧等人又进行两次发掘，于民国二十三年发表报告集《城子崖》，揭开中国远古文化根源之谜，以大量的资料证明中国远古文化源于本土，有力地粉碎中国文化“西来说”的谬论，引起全世界的注目，并得到公认，为史书无载的中国史前文化的面貌奠定坚实基础，成为中国考古学史上一座丰碑。

在英国伦敦大学留学时，吴金鼎博览群书，刻苦钻研，以英文出版《中国史前的陶器》一书。此书成为当时关于中国史前陶器的最为详尽的著作，是世界各国学者研究中国考古学的必读书目。吴金鼎获博士学位后于民国二十六年回国。时值日本侵略军大举入侵，中国考古学面临极为艰难的局面。先在中央博物馆筹备处，后到历史语言研究所工作。民国二十七年至二十九年，到云南大理附近的苍洱考察发掘，发现遗址32处，并主持挖掘数处，著成《云南苍洱境考古》一书，奠定西南地区史前考古学的基础。民国三十年至三十二年，吴金鼎在科研经费极为拮据的情况下，坚持对四川彭山汉代崖墓和成都前蜀王建墓进行清理发掘，对汉代和五代十国时期的艺术研究做出卓越贡献。抗日战争胜利后，应母校齐鲁大学的邀请，赴济南主持该校的复原工作。但心里却时刻想着野外发掘工作，打算于学校安定下来，即返回考古组。从民国三十五年起，任齐鲁大学教授，并先后兼任校长室外文秘书、训导长、文学院院长、国学研究所主任、图书馆主任等职。民国三十七年，9月18日，因胃癌在齐鲁大学逝世。《中国大百科全书·考古卷》有其事迹介绍，称他为最有成就的现代考古学家之一。还著有《山东人体质之研究》《田野考古学大纲》。论文《平陵考古记》《摘记小屯迤西之三处小发掘》《高井台子三种陶器概论》等入《中国大百科全书考古卷》。《山东通志》（民国）立传安丘者，惟其一人。

刘　增

刘　增（1904—1927），又名刘亦增，早期中共党员，革命烈士，景芝镇人。

民国十三年至十五年，在山东省立第一师范求学时受到进步思想影响，立志献身革命事业。民国十五年（1926）秋，经中共山东省委介绍考取武汉中央军事政治学校。民国十六年，5月，军校改为中央独立师，在叶挺领导下开赴前线讨伐叛变革命进攻武汉国民政府的夏斗寅、杨森等部。刘增时任班长，表现出色。7月下旬，军校学员大部编入第二方面军军官教导团，后又合编为叶剑英兼任团长的第四军军官教导团。刘增跟随部队转战南北后到达广州，在韶关经其连长叶镛介绍，加入中国共产党。12月11日，参加中共领导的广州起义。12日在进攻张发奎司令部的激烈战斗中，带领全班战士冲锋陷阵。在抢占珠江大桥时，不幸中弹牺牲，年仅23岁。葬广州市。

刘恩兰

刘恩兰（1905—1986)，女，郚山镇石山子村人。中国著名地理学家、海洋学家、原国家海洋局顾问。

先贤刘光照之长女。民国八年（1919）入南京汇文女子中学上学。民国十四年以优异成绩毕业于南京金陵女子大学，并留该校附中任教。民国十八年赴美国克拉克大学攻读自然地理，获硕士学位。民国二十七年入英国牛津大学研究院攻读，三年后获博士学位，成为中国首个自然地理学女博士。民国二十九年回国后任成都金陵女子大学地理系和地质系教授。民国三十五年应邀去美国讲学。结束后拒绝高薪聘请，毅然回国。新中国成立后，先后在东北师范大学、解放军哈尔滨军事工程学院、海军司令部航海保证部、国家海洋局第一海洋研究所等单位从事教学科研工作。1961年加入中国共产党，是第三、四、五届全国政协委员，九三学社长春分社筹委会委员。

20世纪50年代初，主要致力于气象、气候、农业地理等学科的教研，曾和著名科学家竺可桢一起创立中国地理学会、中国气象学会。50年代中期后，主要从事海洋、水文、海洋气象、海洋地理等学科的教研。科研生涯中，注重实地考察，足迹遍布祖国，写出大量实地考察报告。有《中国农业气象》《中国雨量变率的研究》《川西之高山聚落》《长江流域水资源的开发与利用》《四川盆地的形成及其历史》《东海之行》《中国海的特征》等大量著作，为国家科学事业的发展和人才培养作出贡献。

刘恩兰终生未嫁，全身心献给祖国的科研事业。1986年7月15日在北京逝世，终年81岁。在北京八宝山革命公墓召开追悼会。按刘恩兰遗嘱，骨灰撒入大海。

张 任

张 任（1905—1993），兴安街道城里村人。中国著名水利工程专家、著名教育家，中国民主同盟会第五届中央委员。

少时就读于安丘县立第一小学、济南第一师范附属小学。民国十四年（1925）清华大学毕业，入该校留美预备班学习。民国十七年毕业于美国康奈尔大学，获土木工程师学位。民国二十年学成回国。历任清华大学教授、校务委员、水利系主任等职。北京市第一届至第五届人民代表大会代表，第五届、第六届北京市政协委员，第六届、第七届中央参议委员会委员。1952年加入中国民主同盟会，1959年加入中国共产党。从事教育工作多年，治学严谨，为国家培养出大批水利建设的优秀人才，对清华大学水利系的建设与发展作出突出贡献。主编《水利工程概论》《泄水隧道的水力计算》《高速水流掺气》等教材，合编《水力学》教科书，在水利工程学理论方面建树颇多。1993年4月15日病逝于北京。

李及第

李及第（1907—1986），艺名李春博，曲艺艺人，安丘桥北头村人。自幼双目失明，少年时入青岛盲人学校学习，初中文化水平。民国二十一年（1932）拜苏太平为师，学说西河大鼓。其记忆力强，盲文熟练，一般书目听两遍便能记住。因此，掌握的数目多而全。主要有《杨家将》《金鞭记》《刘秀下南阳》《刘公案》《丝绒记》等20余部。20世纪50年代初从青岛回乡，学习东路大鼓和民间小曲，丰富原来的西河大鼓，使唱腔具有地方色彩，表现力强。表演风格以通俗易懂、善用扣子、行腔自如见长。1957年当选为安丘县曲协主席，同年被山东省曲艺协会吸收为会员。1963年10月任安丘县曲艺队队长，带领全体曲艺队员上山下乡，演新唱新，自编改编传统、现代书目100多篇，为安丘大鼓艺术风格的形成奠定基础。1965年应邀参加昌潍地区曲艺工作会议并现场演唱，受到高度评价。1957年参加山东省第一届曲艺会演获奖。为安丘大鼓的主要创立者和代表人物。

张瑞丰

张瑞丰（1908—1999），名延年，以字行，著名中医。金冢子镇后金堆村人。出生于中医外科世家，9岁入私塾，12岁随祖父学医。自幼聪慧，博闻强记，熟读中医四大经典，涉猎历代名医著述。从民国十五年（1926）起，先后在家乡及吉林省汪清县等地行医，一时名闻遐迩。1956年在山东省中医研究班学习，1957年结业后在山东省立中医院行医。1964年回故里行医。1982年晋升为主任医师，1986年任安丘县中医院名誉院长。自行医以来，继承家传外科学经验，并重点研究骨瘤、骨结核、骨髓炎、颈淋巴结核等大症、疑难症的中医药治疗，造诣颇深。论文《脱疽的辨证论治》《中医治疗骨瘤》《银屑病的分型治疗》《中医治疗骨结核》等。此外还整理撰写《外科秘录》《内科秘录》《儿科秘录》及《妇科》等医学资料13卷。1983年获全国卫生先进工作者、山东省劳动模范称号。1999年12月病逝。

刘云鹏

刘云鹏（1909—1994），1909年1月生于安丘宫家庄，1959年迁至黄旗堡逄王新村。曾担任中共安丘县委书记，大校军衔，享受副兵团职待遇。

生于普通农民家庭，少年在家乡上小学、初中（教会学校），失学后进城当学徒工。民国十四年（1925）参军入伍，先后任排长、连长、副营长等职，19岁任营长职务。民国十七年与中共接触，毅然回乡成立地方武装组织，开展打土豪活动。民国十八年中共党组织派他到陕西宝鸡打入杨虎城部队做兵运工作。民国二十年5月组织暴动失利，同年8月担任中共安丘县委书记。民国十七年进入延安抗日军政大学学习，毕业后留校任军事教员。民国三十二年任胶东军区司令部作战科长。其间总结各地作战经验编写《地雷战术》教材，由军区印制成小册子发给所属部队和民兵基层干部，指导开展地雷战。民国三十六年任胶东军分区北海军分区副司令员，参加指挥反击国民党对胶东重点进攻的历次战役。在掖沙战斗中身负重伤。1949年任山东军区司令部参谋处长，1950年改任山东军区司令部作战处处长。1951年调任南京军事学院任职。1955年获大校军衔。1963年任高等军事学院教学保证部部长。1964年定为行政九级，是年8月离职休养。1984年享受副兵团职待遇。1988年获中国人民解放军二级红星功勋奖章。1994年5月病逝。按本人遗愿，骨灰撒入黄河。

韩连琪

韩连琪（1909—1990），字东生，兴安街道韩家后村人。山东大学历史系教授，著名历史学家。

民国二十年（1931）考入青岛国立山东大学国文系。民国二十四年毕业后，至民国二十七年任安丘县立初级中学校长。抗日战争初期，投身抗日，担任鲁苏游击战区总司令部所办《阵中日报》总编辑，撰写和编发大量宣传抗日的文章。民国二十九年9月至民国三十六年1月，先后任中学教员、师范学校校长等职。民国三十六年8月至1951年夏，历任山东师范学院、华东大学教育学院、齐鲁大学历史系等院校讲师。1951年10月任教山东大学，历任讲师、副教授、教授，历史系副主任和中国古史研究室主任等职务，兼任山东省地方志学会副会长、中国农民战争研究会理事、秦汉史研究会顾问等职。初治古文字学，著有《殷周金石文字汇编》。后治史学，精于先秦、两汉史的学术研究，著有《先秦两汉史论丛》。1987年该著作获山东省教育厅一等奖。晚年研究管子文学，著有《管子札记》一书。他对山东大学历史学科的建设和发展充满期待。1990年辞世前，特提出遗嘱捐献自己半个多世纪节衣缩食收藏的珍贵字画给山大历史系，设立“韩连琪基金”以奖励中青年教师和学子之用。

别志南

别志南（1915—2009），曾用名复昌，官庄镇别家屯村人，退休前在北京市第三机床厂工作。民革党员，中医学家、教授，著名诗人。

民国二十年（1931）夏毕业于安丘县立初级中学。“九一八”事变后弃笔投戎，入冯玉祥部。民国二十九年毕业于甘肃黄埔系统步兵学校。抗战中，先后参加过台儿庄大战，保卫武汉、大别山、鄂北、豫西、娘子关等战役。民国三十四年10月10日，参加北平太和殿日军受降庆典仪式，负责（北）平、（天）津、保（定）、石（家庄）及张家口等华北日军108个部队的武器接收。民国三十五年由于对蒋介石发动内战不满，逐渐与中共同学取得联系。民国三十八年1月1日，任平津区铁警上校副总队长（代总队长）时率部起义，成为中共华北局社会部干部。同年秋天与社会部失去联系。

新中国成立后，由于历史原因受到不公正待遇，到北京第三机床厂当工人，并一度返乡务农。在此其间，努力发奋自学。通过几十年研究和实践，在中医学上取得突破性进展，特别在血液病的研究上成果显著，取得中国中医药论文证书。1996年3月在美国人体科学院于北京召开的国际医学大会上获得“突出贡献优秀奖”。1987年得以落实政策。之后，历任民革北京市委委员、逸仙外语专科学校负责人、中山学院教务员、安丘市台联主任、安丘市台联治疗中心主持人、山东青州杏林春血液病防治研究所所长、北京医科大学中西医结合研究所顾问、潍坊黄埔军校同学会理事、台儿庄发展基金会顾问、山东名人协会特邀顾问等职。工作之余，撰写大量诗词、散文和回忆录等文章，诗集《征尘吟草》收集作品600余首，其中43首入选《台儿庄大战诗词选》。

刘善本

刘善本（1915—1968），安丘泊庄村（现属昌乐县）人。系国民党驾机起义第一人，中国人民解放军空军少将。

少年时在安丘城东门里小学读书，后考入安丘县立初级中学，毕业后考入北平师范大学附属高中。民国二十四年（1935），在航空救国思想的影响下，考入国民党杭州笕桥中央航空学校。毕业后任国民党空军第八大队作战参谋，几次飞赴抗日战场。后来部队奉行蒋介石不抵抗主义，向后方撤退。刘善本甚感痛心。民国三十四年赴美深造后，驾机归国途中，又被“就地待命”的命令滞留在卡拉奇6个多月。其间，阅读《资本论》和《西行漫记》。马克思主义的普遍真理和中国革命的斗争史实，激发他弃暗投明的强烈愿望。民国三十五年6月26日，利用由成都去昆明运送军用物资的飞行机会，巧妙地摆脱地面控制，毅然驾驶美式B-24重型轰炸机起义，飞抵延安。刘善本的义举，受到中共中央和延安军民的热烈欢迎。周恩来称赞他为国民党空军起义的带头人。民国三十五年9月，参与创办人民军队第一所航空学校，任副校长；民国三十六年创办东北民主联军航空学校，任校长，为人民空军的建设作出重大贡献。民国三十八年2月，中共中央批准其为中国共产党党员。是年10月1日，在开国大典上，和战友驾驶着战机，飞过天安门广场上空，接受党和国家领导人的检阅。在抗美援朝战争中，任中国人民志愿军航空兵十师师长，率部入朝参战。先后当选第一、二、三届全国人大代表和政协委员、国防委员会委员。1955年授衔为空军大校，1964年2月晋升为空军少将，荣获一级解放勋章。

“文化大革命”中，曾受到残酷迫害，并于1968年3月10日去世，终年53岁。1975年10月中共中央为其召开追悼大会，追认为革命烈士，高度评价他光辉的业绩。其骨灰盒安放在北京八宝山革命公墓。

赵俪生

赵俪生（1917—2007），原名甡，以字行，景芝镇东小庄村人。历任东北师范大学、山东大学、兰州大学教授，甘肃省史学会第一届副会长。中国著名历史学家、教育家。

民国二十三年（1934）入清华大学外语系就读，参加“一二·九”运动。民国二十四年加入左翼作家联盟，为中华民族解放先锋队队员。民国二十六年参加山西新军任营指导员。民国二十八年秋因病脱离部队，先后在陕西乾州中学、西安高中、蔡家坡扶轮中学、陕西雍兴高级职业学校任外语教师，同时接受中共西安城工部指示，从事秘密情报工作。民国三十六年应聘为河南大学历史系副教授。民国三十七年任华北大学第四部研究员。以后历任济南市政府秘书、中国科学院编译处副处长、东北师范大学和山东大学教授。早年从事苏联文学翻译和革命文学创作，以冯夷等笔名发表过不少译作、剧本和小说。1949年10月，发表《论中国新史学的建设问题》，提出马列主义原理与中国具体史料的结合，是中国新史学建设的必由之路。从1953年起，与夫人高昭一联袂从事中国农民战争史的研究，次年出版新中国第一部研究农民战争史的专著。1957年调兰州大学任教。1958年被山东大学追补为右派，备受坎坷。“文化大革命”中，又以“反动学术权威”屡遭斗争批判。1991年离休。2002年出版《赵俪生文集》，获2004年甘肃省优秀图书奖、“五个一工程”奖。2006年获第四届中国高校人文社会科学优秀成果奖历史学一等奖。先后出版著作16部，发表论文200余篇。

张世祥

张世祥（1919—2001），安丘西韩吉村人。中共党员，原浙江省人民检察院检察长、党组书记，原中共浙江省顾问委员会常委。

民国二十六年（1937）10月参加组织地方抗日武装，担任安丘县韩吉抗日保乡自卫团文书。民国二十七年初参加组织安丘大朱旺起义、小朱旺起义，并任山东八路军七支队二大队军械处处长。是年5月，加入中国共产党。民国三十八年5月奉命南下，历任杭州市公安局副处长、处长等职。全国解放后，长期从事和分管地方公安政法工作，参与领导解散非法组织、打击武装匪特、搜捕潜伏特务、开展反动党团特人员登记等斗争，为肃清反革命残余分子，建立和巩固新生的人民政权倾注大量心血。同时，多次直接参加、承担毛泽东和其他中央领导在杭州工作、视察的安全警卫工作，并出色地完成任务，被杭州市公安局记一等功。

1971年12月重新工作后，历任杭州市机械局党委书记、浙江省公安局副局长、党委副书记。1978年3月担任恢复重建后的浙江省人民检察院第一任检察长、党组书记。1988年3月任中共浙江省顾问委员会常委。1994年3月离职休养。全力支持省委工作，不顾年高体弱，经常深入基层调查研究，掌握第一手资料，为省委、省政府建言献策，发挥参谋、助手作用。2001年9月在杭州病逝。

牛玉华

牛玉华（1920—2009），女，景芝镇前屯村人。安丘早期革命党人，中共中央宣传部出版局原负责人。

民国二十三年（1934）考入济南省立第一乡村师范。民国二十五年参加革命工作，加入中华民族解放先锋队。抗战爆发后，响应中共号召回家乡发动抗日。在景芝镇参与组织万人抗日动员大会，参加演出《放下你的鞭子》。民国二十八年加入中国共产党，在家乡从事党的地下工作。民国二十九年初，在中共党组织的安排下，与本村3名进步女青年冲破敌伪封锁，奔赴沂蒙抗日根据地。先在中共莒南县委任妇委会宣传委员，后在滨海地委宣传队工作。民国三十一年起在中共领导的《沂蒙导报》《鲁中日报》《鲁中大众》《鲁中南报》、新华社鲁中分社工作，任编辑、记者、编辑部主任等职。

民国三十八年春，当选为华东地区妇女代表，赴北平出席首届全国妇女代表大会。其间参加迎接毛泽东和中共中央进驻北平的欢迎仪式。是年7月，奉命随第三野战队干部纵队南下，在南京先后任《新华日报》地方版主编、江苏省委宣传部处长、办公室主任等职。1965年调北京任《人民文学》出版社副总编辑。“文化大革命”中受冲击，下放到湖北省向阳湖“五七”干校劳动。1971年重新工作后任《陕西日报》党委常委、副总编辑。1978年起调中共中央宣传部，任出版局正局级负责人。1983年离职休养，享受副部级待遇。2005年9月获中共中央颁发的抗日战争胜利六十周年纪念章。

主要著作有《孩子诗人苗得雨》《韩秀贞》《他们在战争年代》《春天的日记》《真情集》《往事悠悠总是情》《征程》等。酷爱绘画，作品多次在人民大会堂、中央美术馆展览，并有《牛玉华画集》出版。《铁骨丹心》刻入纪念周恩来总理书画碑林，《红梅报春图》被中央档案馆收藏。还兼任中国老年书画研究会顾问，曾入编《中国当代老年书画家大辞典》。

赵　钦

赵　钦（1921—1947），又名廷栋，兴安街道城里村人。中共党员，革命烈士。

从小聪明伶俐，擅长社交。民国三十年（1941）11月，加入中国共产党。民国三十一年，任中共安丘城里党支部组织委员，从事中共地下工作，按照中共指示，通过关系获取安丘城里东北隅伪隅长的合法身份，在日伪机关内部发展中共党员。日军投降后，赵钦仍使用社交技巧，故意与国民党军政人员“称兄道弟”，以骗取他们的信任，巧妙地获取一些重要军事情报，出色地完成中共党组织交给的任务，为安丘城的解放做出重大贡献。民国三十六年6月1日，赵钦身份暴露被捕入狱。国民党县党部书记亲自审讯，妄图从赵钦口里得到中共地下党的情况。在敌人的重刑下，赵钦把最残暴的敌人咬定是“共产党”，弄的他们晕头转向，自相残杀。是年6月19日晚，敌人押赵钦至安丘城北杀害，年仅26岁。

马　振

马　振（1921—2009），笔名马萧萧，安丘城东关村人。中共党员，当代文学家，著名书法家、画家。曾任中国民间文艺家协会党组书记，中国楹联学会名誉会长等职。

民国二十四年（1935）入安丘县立初级中学十一级学习，民国二十六年秋因参加学潮被捕入狱，经父老营救获释遂失学。抗日战争期间，辗转于安丘城乡、沂水、莒县、安徽、河南、湖北、重庆、陕西等地，参加抗日宣传、求学。民国三十三年考入西北农学院森林学系。民国三十四年参加中共外围组织西北民主青年社。民国三十七年2月加入中国共产党，5月入延安大学学习，结业后留校工作。历任中国新民主主义青年团西北工委宣传部宣传科长，团中央书记处办公室秘书，中国少年儿童出版社、中国青年出版社编辑室主任，中国民间文艺家协会书记处书记等职。1986年离休。自幼爱好诗画。抗战期间，曾求师于司徒乔、徐悲鸿、赵望云诸先生。民国三十七年在延安发表短诗《夜渡泾河》和新年画《支援前线》。1959年和1981年先后发表《石牌坊的传说》和《翠笛引》等长篇叙事诗。晚年致力楹联的研究、创作和组织工作。2009年出任中国楹联出版社《百家联稿》丛书编委会顾问，担任中国楹联学会名誉会长，兼任中华诗词学会常务理事，系中国书协会员和中国美协会员。2009年病逝于北京。

张大铎

张大铎（1921—2013），又名张铎，安丘城城里村人。

20世纪30年代初随曹庚生习画6年，打下深厚的中国画基础。40年代，在潍县中学执教美术。其间寄自己的两幅画作给时任北平艺专校长的徐悲鸿，得到徐的2万法币的画款资助和点评嘉许，后又得长安画派赵望云指点，画艺大进。

解放前夕，张大铎任教于青岛登州路上的一所临时中学。民国三十八年6月2日青岛解放当天，带领同学连夜赶绘一幅国画，题为:《同志，辛苦了》贴在学校门口,迎接解放军进城,传为佳话。解放后，参与青岛美术组织活动。1956年随赵仲玉等人组成“彩画研究筹备组”，后又参加青岛市文联、文化局组织的国画研究会，经常以木刻、漫画、连环画、国画等形式参加全国性美展和华东、省、市美展。“文化大革命”期间，遭受莫须有的罪名被造反派关押审查。在一次“放风”之际，捡拾到几段木枝，蘸水在桌面上涂抹，一种偶然的效果使他联想到清朝画家潘辉使用木笔所作的扇面画。这次特别的经历促成其探索木笔画的契机。

经过多年努力和钻研，使久已失传的木笔国画重放光彩。出版《木笔中国画技法浅谈》《木笔画浅谈》，先后在山东省美术馆、安丘博物馆、北京宣武区美术馆等举办个人画展。1989年，中央电视台、山东省电视台和潍坊电视台播出专题片《张大铎的木笔画》，木笔画作为中国画种成为《中国中学文艺鉴赏辞典》的单列项目。从20世纪80年代起，“木笔国画”走向世界，部分作品被众多美术馆收藏，得到国内权威同仁们的高度评价。

退休之后远足山河，广涉峨眉、青城、雁荡、黄山等地，藉江山之助，探木笔之奥，对山石、云水、苔草、林木、屋宇、舟车、人物的画法反复试验，创作大量山水佳品。耋耄之年，虽执笔困难，但仍痴心于理论研究，对中国绘画的多元化发展起着深远的影响。2013年5月病逝于青岛。

刘光荣

刘光荣（1925—1946），费县方城镇小义山埠村人。中共党员，孤胆英雄，革命烈士。

民国三十一年（1942）冬参加费东县大队。民国三十二年10月随县大队升级到鲁中军区十一团一营一连当战士，转战沂蒙山区，多次出色地完成战斗任务。

民国三十四年（1945）6月17日，刘光荣所在部队攻打安丘临浯伪顽据点。在两个爆破组战士全部牺牲的情况下，主动请战，冒着敌人的枪林弹雨，完成爆破任务。接着又带伤冲入敌战壕，夺过敌人的冲锋枪向敌人扫射。战斗结束后，加入中国共产党。是年9月，在攻打孟村、白沙埠、文祖镇等战斗中，勇猛顽强，多次爆破成功，为部队开辟前进道路，荣立大功。

民国三十五年1月在攻打博山外围四十亩地敌据点战斗中，一人力战6敌，毙敌4人，余者举枪投降。战斗结束后提升为七班班长。是年7月下旬，部队攻打博山东部西坡地敌据点时，自己俘虏守敌1个排，被鲁中军区授予孤胆英雄称号。全军掀起向他学习的活动，并编写《刘光荣之歌》在全军学唱，后来歌曲改为《安丘连连歌》。11月5日，在攻打安丘城的战斗中，率领爆破组连续爆破北门的铁丝网及城门，开辟冲锋道路。部队发起冲锋后，敌人涌向围墙，集中火力反扑，进攻受阻。忍着伤痛，抱起最后一个炸药包，一步步爬至敌人的核心工事——西北围子，迅速把炸药包放好。就在炸药包爆炸之际，一颗子弹打中头部，壮烈牺牲。战斗结束后，鲁中军区追认他为爆破英雄，命名所在的七班为“刘光荣班”，所在的一连为“安丘连”。

李玉财

李玉财（1925—1951），又记作玉才，凌河镇大儒林村人。抗美援朝战斗英雄。

民国三十二年（1943）7月参加地方抗日游击队，转战于鲁中南、渤海等地区。民国三十三年编入东北抗日联军，同年加入中国共产党。先后参加辽沈、长春、四平、锦州、淮海、渡江和解放海南岛等战役，立特等功一次、大功三次，获特等功勋章、勇敢奖章、英雄奖章各一枚。1950年8月出席全军第三届英模代表大会，受到党和国家领导人接见。10月15日参加抗美援朝，任中国人民志愿军三五二团二营营长。1951年2月13日，在朝鲜战略要地广田台之战中，带领全营经一夜激战，与兄弟部队歼灭俘虏美、李军12900余人，获尖刀英雄营称号，自己立大功2次。战斗中英勇牺牲，时年26岁。葬朝鲜江原道省城郡公根召草院里广田台。

张明美

张明美（1928—1947），女，安丘下马疃村人。

出身贫寒，儿时多饥，8岁起跟母亲外出讨饭。民国三十三年（1944）家乡解放，在其兄张明盘与政府工作队员的教育下，思想进步很快，主动参加区中队工作。民国三十四年任识字班队长，民国35年任识字班教员。民国三十六年，国民党军队和还乡团向汶南发动进攻。是年8月7日，正在向黑山转移的张明美被还乡团发现。还乡团用铁丝捆张明美拖行，至黑山北岭时，遭两名还乡团分子强奸。在北善家庄村又被一伙还乡团分子强奸。8月8日，先后遭受烙乳房、割乳房等重刑审讯，但仍然不屈服。8月11日，还乡团在昌乐善庄东窑上将她的腿砍断，终历尽各种痛苦折磨而英勇就义，年仅19岁。

曹　铎

曹　铎（1929—2009），原名元振，安丘城东关村人。南下干部，上海电影制片厂演员，中国电影家协会会员，中国电影表演艺术学会会员，著名表演艺术家。

民国三十五年（1946）就读于山东省立安丘中学。民国三十七年参加革命工作，进入华东大学学习。1949年参加解放军，任南下干部纵队三支队文工团演员、上海华东人民革命大学文工团演员。1952年调入上海联合电影制片厂当演员。从艺50年，在戏剧舞台和影视屏幕上塑造众多个性鲜明的人物形象，给观众留下深刻印象。参与拍摄的戏剧、影视剧目近百部。早期主演歌剧《白毛女》《王宝山参军》，舞剧《幸福山》等，参与《鸡毛信》《李双双》《难忘的战斗》《喜盈门》《特殊任务》《山道弯弯》《上海屋檐下》《蠡湖烟绿》《西游记》等影视剧表演，是全国广大观众熟悉的影视演员。曾荣立三等功一次，受到党和国家领导人周恩来、陈毅接见。

张永明

张永明（1931—1986），安丘西韩吉村人。中共党员，中华人民共和国外交部干部，曾担任驻古巴大使等职。

他生于革命家庭，从小受伯父张竹坡等进步人士影响。民国三十四年（1945）离开家乡，6月在解放区参加革命工作。先后在沂山专区战时邮局、青州邮电局和《大众日报》社发行部工作。民国三十七年8月加入中国共产党，12月参加南下干部纵队。1949年调入华北邮电管理总局担任文书。1950年调北京国家邮电部工作。1953年8月在中国人民大学附属工农速成中学就读，后考入中国人民大学法律系学习。1961年12月分配到最高人民检察院一厅任书记员。1965年调外交部，历任外交部政治部副处长，驻加拿大、委内瑞拉大使馆一等秘书，外交部干部司处长，外交部党组纪委办公室主任，外交部纪律检查委员会副书记，外交部干部司司长，驻古巴大使等职。1986年12月3日，因病在古巴首都哈瓦那病逝。

刘相周

刘相周（1935—2002），凌河镇前儒林村人。中共党员，新时期农村党支部书记的杰出代表，先后担任山东省第七届、第八届人民代表大会代表，获潍坊市百位新时代功勋人物、山东省和全国劳动模范等称号。

1960年加入中国共产党。从1976年起担任村党支部书记。面对全村人均七分地、吃粮靠统销、花钱靠救济的落后贫穷状况，在县委、县政府领导下，带领全村干部群众艰苦创业。先是苦干三个冬春，动用土石24万立方米，填平40多个湾塘，整成原来200多块零碎地为9个旱涝保收丰产方；继而引进先进种植技术、推广农作物良种；还发动全村群众大力养猪，增加有机肥。全村经济迅速发展，成为富裕文明的小康村。1996年，全村粮食平均亩产1540公斤，创全国北方旱作农业区粮食大面积亩产新纪录，获“中国江北第一村”的美誉。他顺应市场经济发展要求，调整优化产业结构，发展以农副产品加工出口为主的工副业项目。至2001年，全村办起龙头加工企业5家，资产总额2000万元，年销售收入1.5亿元，村级经济实现由粮食高产型向经济高效型转变。

在他任村党支部书记期间，前儒林村获山东省、潍坊市文明村、模范村、科普先进村、农业先进集体等称号。村党支部连续多年被山东省委和潍坊市委授予优秀基层党组织称号。他本人连续15年被安丘市委、连续10年被潍坊市委授予模范共产党员称号，多次获山东省、潍坊市优秀农民企业家等称号。

李春颂

李春颂（1936—2014），安丘景芝镇人。中专高级讲师，山东省语言学会会员、古文字学会会员，安丘市第五届政协常委。地方史学家。

1963年毕业于曲阜师范大学中文系，先后在平度二中及安丘一中等校任教。1985年调安丘县教师进修学校辅导中文专科、本科课程。博学知用，桃李满天。任教期间，在各级报刊发表教师科研论文数十篇，其中在省内、学界引起重视的《按图推演平仄格式》获山东省语言学会优秀科研成果奖。1986年始潜心研究地域历史文化，与人合著《潍坊文化通鉴》，获山东省科研三等奖。2003年12月参与文化部立项的全国艺术科学重点课题《潍坊文化三百年》一书，获聘特级撰稿。2010年5月，出版专著《安丘史话》，2012年出版《李氏家纪》，2013年底出版合著《安丘史略》。对安丘的名称由来沿革、南安丘的挖潜及安丘置县时间等方面均作出重要论述，对推进安丘地方文史发展作出很大贡献。同时对当下文史界出现的浮躁气给予强烈批评。生前与马振、赵俪生、朱靖华、邹逸麟、张舜徽、尹钧、于中航、逄振镐、王汝涛等学者交厚。2014年病逝于潍坊，葬日照庙山之阳。

孙镇业

孙镇业（1944—2010），安丘城东小关人。山东快书表演艺术家，国家一级演员、中国曲艺家协会理事、山东省曲艺家协会副主席、中国曲艺学会常务理事、中华山东快书研究会副会长。

1960年考入山东省曲艺团，1961年拜著名山东快书表演大师高元均为师。1978年调入济南军区前卫歌舞团，历任演唱队曲艺分队长，演唱队副队长、团艺术指导等职。从事曲艺工作40余年，创作表演大量曲艺节目，在军内外刊物发表作品90余件、150多万字。代表作品有山东快书《贺龙赴宴》《一代风流》《桥隆飙》《逼婚记》《鲁智深》《武松传》和相声《十五的月亮》，山东琴书《慈母心》，唱词《晏子使楚》等。上述作品在社会演出中深受大众好评。多次获省级、国家级曲艺节目汇演大奖。从2000年10月起，中央电视台在黄金时段连续播放他的长篇快书《武松传》和《鲁智深》，在全国范围内引起强烈反响。还参与编辑出版《山东快书传统曲目大全》和《山东快书新作品选集》等重点曲艺书目。

李双林

李双林（1990—2010），柘山镇马时沟村人。2008年12月参军，后任营卫生员，下士军衔。入伍后，参加维护驻地社会稳定、四川省玉树“4•14”抗震救灾等重大任务。2009年、2010年被甘孜军分区表彰为优秀士兵。2010年12月5日在扑灭道孚县草原火灾中牺牲，年仅20岁。

2010年12月5日13时30分，所在的甘孜军分区独立营官兵奉命到子龙山救火。李双林跟随教导员李列，同62名战友一起，奔向火灾现场。经过官兵和群众1个多小时的扑救，扑灭任务区的大部分明火基本控制。时有群众反映，对面呷乌山上有村民，火一旦烧过去，将造成严重的后果。15时10分，现场突起狂风，呷乌沟底部山火死灰复燃，并迅速向上燃烧。此时，李双林他们听到沟底有藏族群众大声呼救。李列当即决定留下部分官兵原地清理余火，便和李双林等一起迎着火向呼救群众所在的沟底冲去。由于沟底长满一人多高的灌木和枯草，大火迅速燃烧，几分钟后烈火就把山沟完全覆盖。李双林与李列等15名官兵壮烈牺牲。

2010年12月9日上午，四川甘孜军分区独立营道孚“12•5”山火扑救中壮烈牺牲烈士追悼会在康定举行。中共中央总书记、国家主席、中央军委主席胡锦涛，中共中央政治局常委、国家副主席、中央军委副主席习近平向烈士赠送花圈。是月10日，李双林骨灰葬安丘市革命烈士陵园。

附　录

安丘旧志及新志简介

旧　志

元朝以前安丘地方志未见记载。明朝中期至清末民初，安丘县编纂《安丘县志》《续安丘县志》《安丘新志》《续安丘新志》《安丘县乡土志》五部。

《安丘县志》（明万历十七年）

明万历十三年（1585），江西弋阳人熊元调任安丘知县，“下车之初，延问父老，知邑志久阙”，即倡议修志。时县人刘希孟告病在家，熊元请其考定县人黄祯未完之县志（四篇）。未几刘希孟升任，县志停修。熊元又与县人辛应乾、韩必显、马文炜议定编修县志。马文炜执笔，偕应龙、从龙二子自明万历十六年十月至十七年三月，编纂成万历《安丘县志》。志共28卷，9.1万余字，上自夏朝初期，下至明万历十七年，前有序多篇。志以总纪为纲，辅之以表传，体例严谨，详而不泛，简而不遗，核有可据。尤其人物诸传，不改史文，并著时代，为明代诸志所鲜有。现存有明万历十七年、清康熙二年刻印本，民国三年、民国9年石印本等。

《续安丘县志》（清康熙二年）

清初，安丘县从万历《安丘县志》至此历时60余年未曾修志。清顺治年间岞山人王训意续志，便开始搜集资料，考订旧书。清顺治十五年冬，陕西泾州人任周鼎任安丘知县，再议修志，遂请王训编纂。时县人刘祚远、曹申吉、马夔龙、李孟雨参与。清康熙元年（1662）《续安丘县志》完成初稿，次年刻印成书，历时5年。上限自明万历十七年，下限至清顺治十八年。康熙十一年(1672)修《一统志》，国家征集天下志书，王训又重新绘制地图，并将总纪、秩官、贡举部分增补至康熙十一年（1672），再次刊印。时刘祚远、曹申吉先后去世，王训补其传，将总纪等补至是年，康熙二十二年（1683）第三次刻印。该志共25卷，5.8万余字，卷首有刘祚远、曹申吉、王训、张贞等序言。现存民国三年、民国九年石印本。

《安丘新志》（民国三年）

《续安丘县志》修成后，百余年未曾修志。清乾隆五十四年（1789）四月，甘肃凉州府镇番县人谢葆澍来安丘任知县，又倡议修志。特聘马世珍任主编。三年后因谢休官，县志修编废。马世珍在家闲暇时从嘉庆五年起又不断修订志稿，至嘉庆九年初稿写成，定名《安丘新志乘韦》，交与县人张德经保存。张于嘉庆二十一年又将志稿交与侄张柏恒，使之流传于世。山东省图书馆藏手稿，未排卷次，字迹潦草，圈改、贴补之处甚多，所记自康熙二十一年（1682）至道光十四年（1834）。

张柏恒保存《安丘新志乘韦》手稿后，开始修订、增补。《安丘新志乘韦》初稿共28卷，上限自康熙十六年，下限至道光二十二年。现山东省图书馆存有张氏训堂稿本和张心臣手抄本。

民国二年夏，代理县知事、济宁人孙维均与张柏恒曾孙辈张介禄商议续修县志。张献出《安丘新志乘韦》抄本，孙便“筹划经费，并捐俸以倡设局”。马步元任主编，以《安丘新志乘韦》为蓝本，详加修订，并将贡举表延伸至咸丰九年（1859），定名《安丘新志》，于民国三年付诸石印。该志上限接《续安丘县志》，约10万字，国内各大图书馆有藏本。

《续安丘新志》（民国九年）

《安丘新志》出版后，马步元受委托再修《续安丘新志》。民国五年农历三月县志脱稿，未及付印，遇四月七日兵燹，县志初稿也损失过半。民国7年经马步元补残复原，于民国九年三月石印出版。该志共25卷，9.8万余字，上限自道光二十三年（1843），下限至宣统三年（1911）。

《安丘县乡土志》（清光绪三十一年）

清末皇帝诏书各县统修乡土志，为初等小学堂乡土教材。马步元取历代志书有关内容，编纂《安丘县乡土志》，由安丘代知县、云南姚州人马思齐裁定。全志分4册16卷共8.1万余字，记有历史、人类、户口、氏族、宗教、实业、地理、山水、道路、物产、商务、政绩录、兵事录等内容，很有参考价值（未印）。全国仅发现两部毛笔精抄本，分别存于上海图书馆和中国科学院图书馆，视为珍本。

2014年11月，安丘市政府出资，将明清旧志集成整理影印，清除水渍，补充残章，形成《安丘古志集成》一函，凡16本，全面保持旧志原貌，内页印制防伪标志，现存安丘市史志办。2014年度山东省旧志整理评选中受到专家一致肯定，获山东省旧志整理优秀成果奖。潍坊仅安丘一家。

新　志

《安丘述略》（1976年）

《安丘述略》是李江秋私人编纂之书，1976年铅印出版。虽体例按志书构思，实乃一部史书。全书分25篇，共13万余字。记有地理位置、建置沿革、山川地势、乡贤遗迹、城厢素描、政治区划、交通状况、经济物产、教育文化、农村万象、社会风习、地方团队、古今人物、科场轶闻等。

《安丘县志》（1960年）

新中国成立后，国家很重视修志工作。中共安丘县委遵照省、地委指示，于1960年5月初组建修编县志委员会及其办公室，编纂《安丘县志》。这次编志是发动县直有关部门和知情人提供资料，由编志办公室众手突击修纂的。历时仅半年，完成县志初稿，打印成册，计45万余字。因时代局限性，该志稿在内容、体例、文风等方面均存在诸多问题，一直未出版。

《安丘县志》（1992年）

1982年2月，县委、县政府组织成立安丘县地方史志编纂委员会及其办公室，具体主持编纂县志工作。1986年撰写完成县志初稿。1988年印发征求意见稿。1989年打印出送审稿。通过省、市、县三级领导和地方志专家顾问评审，1992年底出版发行。

新编《安丘县志》横排纵述，以事立志。用语体文记述各行各业兴衰变化，述而不论。上限原则起于1840年，下限至1985年，大事记及领导任职表作适当延伸，个别编章则追溯到事物的发端。全书前有概述、大事记，后有专志和附录，计104万字。

古安丘沿革文献举要

一、三代时期的方国——安丘国

1. 山东省地方史志编纂委员会2003年出版的《山东省志·建置志》“概述篇”：“夏商时期少昊后有穷桑、兖、缗、蒐、偃、绞、鬲、郦、嬴、运、掩、菟裘、密如、徐、淮夷、兹、时、郯、葛、谭、莒、渠丘、计、安丘、无娄、且于、犁比、林闾等28国。”

2.《山东省县级以上行政区划历史沿革完全篇》和《山东的历史》确认夏商时期“安丘国为少昊后28国之一”。同时指出这些方国入西周时多数存留下来，它们“是后世政区的胚胎”。

3. 南宋罗泌著《路史》：纪姓国之“安丘”条下：后为“汉县，隶北海，今隶密。有安丘亭，西南十二里有汉安丘城。”

4. 山东省社会科学院研究员、东夷文化研究专家逄振镐《莒国王室后裔姓氏录》：“《路史·后纪七·疏仡纪·小昊》载：‘有……安丘……之氏。’莒后有安丘国，以邑为氏，称安丘氏……汉有学者安丘望之。”

5. 逄振镐论说安丘国地望：“安丘国地，即今山东省安丘县。”

6. 山东省社会科学院研究员、沿革地理学专家赵延庆认为：“安丘得名可能与安丘国有关，夏商时期，见诸文献记载的20余个少昊后国中，就有安丘国在内，安丘国似是安丘最早的由来。”

二、根牟国曾建都于安丘之都——牟山（牟乡城）

1. 元代马端临《文献通考》“周夷狄都”目下：“根牟都安丘，今密州安丘。”

2. 宋代乐史《太平寰宇记》载："安丘县，古根牟国城，汉为安丘县，属北海郡。"

3. 清代顾炎武《山东考古录》"考牟国"条下："根牟国即密之安丘，隋之牟山县。"

4. 北京社会科学院尹钧科研究员谓："今安丘境原为根牟国地。"

5. 南京大学历史系教授骆承烈云："今安丘西南，古牟族国地，有牟山，亦名牟娄山。"

6. 考古学家王献唐《山东古国考》载："牟山、牟乡……古根牟国地也。"

7. 复旦大学历史系教授魏嵩指出："《太平寰宇记》以安丘为'古根牟国城'，或根牟本来在安丘，为牟族的一支，后移居今莒县界。"

三、安丘地面无渠丘（邑）

1. 省史志编委会《山东省志·建置志·市县建置沿革》"安丘市"条下遍找所载，安丘历史上并无渠丘。

2. 李江秋《安丘述略·渠丘辨误》载："安丘即春秋渠丘之说，其实是绝对错误的。""巫臣自晋经莒赴吴，是由西北而向东南，而莒在安丘南有百公里之遥；他是在莒与号称渠丘公的莒君朱谈话，和安丘是风马牛不相及。"

3. 明王圻《续文献通考》载："古代山东渠丘有二处；另有渠丘亭，即今山东安丘县南，与渠丘氏无关……一渠丘春秋时属莒国，在山东莒县境内。"

4. 清代江永《考实》载："《左传·成公九年》楚子重伐莒，围渠丘，即此渠丘也，非安丘之渠丘。"

5. 杨伯竣教授《春秋左传注》载："渠丘，莒地……安丘县有渠丘亭，或以为即此渠丘，误。""楚伐莒何以绕道由北而南，疑渠丘在莒县南。"

6. 当今国内这方面最具权威性的研究机构——复旦大学历史地理研究所著名专家邹逸麟教授指出："春秋时今安丘地当属杞国……《左传》成公八年之渠丘，应在莒县境。"

7. 清叶圭绶《续山东考古录》针对渠丘亭与渠丘城混而为一之说，言道："渠丘在莒州南，详莒州，此误。"

8. 安作璋《山东通史》："春秋时莒国包括今莒县、沂水、沂南、日照、诸城、胶南、临沭等县市的全部或部分，在鲁东南滨海地区。"

9.《安丘述略·建置沿革》载：春秋时"安丘自然属杞国。惟此点马文炜《安丘县志》似误于以前的'安丘即春秋渠丘'之说，而渠丘为莒邑，故以为安丘属莒"。

10. 莒南博物馆吴子衡在台湾《古城阳》上发表的《渠丘考释》《渠丘再议》：（莒）"渠丘遗址位于莒南县北境涝坡镇城子村。"

11. 山东大学出版《临淄巡古·渠丘故邑》载："（齐）渠丘在临淄故址西北20公里处的'高阳故城'"。

12.《辞源》《辞海》并言："渠丘在莒县，渠丘亭在山东安丘南"。

13. 台湾三民书局编纂出版的《大辞典》中"渠丘"词条下也有类似注释：一、古地名。（一）"春秋""齐"地。故址在今山东省桓台县东。见《左传·庄八年》。（二）"周""莒子国"地。故址在今山东省莒县。《左传·成八年》："晋侯使申公巫臣如吴，假道莒，与渠丘公立于池上。"二、复姓。嬴姓，"莒国君主居于渠丘，故称渠丘公。今密州莒县有渠丘城。也作著邱氏。"见《通志·氏族略三》。

14. 谭其骧《中国历史地图集》"春秋齐鲁图"：图中两个"渠丘"，一在莒之南，一在齐之北。

四、杞国春秋中之迁徙

1.《左传·僖公十四年》载："十有四年，春，诸侯城缘陵而迁杞焉。"

2. 清沈钦韩曾针对杜预之说（"淳于公亡国，杞似并之，迁都淳于"）提出质疑："杜预以为杞即都淳于，然州公之国尚未亡，杞何由得都？僖十四年杞为淮夷所病，乃迁缘陵，则齐之东境，淮夷在徐方，若先迁都淳于，无由为淮夷所病。"

3. 程有为《杞国及其迁徙》："杞人已至新泰、泗水地区。公元前681年（齐桓公五年）宋伐杞，齐桓公城缘陵，杞人迁都昌乐东南。"

4. 四川师范大学历史系教授姚政《杞国史考辨》："杞国迁徙只有三次可信：第一次是从雍丘迁缘陵，第二次是从缘陵迁淳于，第三次是从淳于迁新泰。"

5. 上海社科院历史研究所研究员杨善群《杞国都城迁徙与出土铜器考辨》："杞国迫于齐国的强大军事威力，不得不把国都迁回新泰。近年在新泰又出土二件戈，戈名一为'淳于公之御戈'，一为'淳于左造'。这是杞国公室在春秋末年至战国初年带着淳于的宝器又迁回新泰的明证。现今在附近的泰安满庄乡还有一个村名‘淳于村’。其后，又遇到北上兼并的‘好战之国’楚的进犯。《史记·楚世家》载：楚惠王‘四十四年，楚灭杞。’又补充申述：此时‘楚东侵，广地至泗上’。泗水上游正是今新泰、宁阳一带，说明楚之灭杞只得到了这一地区，而北方的缘陵、淳于地早为齐国所占领。”

6. 史学家安作璋主编巨著《山东通史》“先秦卷”：“公元前445年，楚国灭杞，把疆域扩展到泗上；公元前431年，再灭莒，占有山东南部广大土地。”

7. 北京市文物研究所研究员陈平《杞史与杞文化》：“楚所灭的杞，乃是周初封于新泰、春秋中期迁于缘陵、后期又回迁至新泰附近的周杞。”

五、安丘置县年代

1. 清末《山东通志》四总纂之一马步元《安丘县乡土志·历史》载：“安丘县，秦始皇二十七年置，属琅邪郡。按：始皇二十六年灭齐，二十七年置郡县，安丘之名，盖始于此。虽无明文，然汉初郡县多袭秦旧。而高帝六年已封张说为安丘侯，则县始于秦可推矣。……既置安丘以后，汉属青州北海郡，治牟乡城……又于牟山南别置安丘县……属琅邪郡。”

按：后“又”置的这个安丘“县”，即指汉初封的大体相当于县级的侯国。

2. 康熙版《青州府志》载“安丘县沿革”：“汉初为淳于县，其名‘安丘’不知何年。”

3.《山东通志》和《大清一统志》皆言“汉置安丘县”。

4. 安作璋《山东通史·秦汉卷》：“景帝二年（前155），置北海郡。此后，北海郡又并入部分侯国和一些削减的县。郡治营陵（今昌乐东南）……领县安丘、淳于……”

5. 网络搜寻《中国历代地理志书》之《西汉郡级政区沿革》：“景帝二年（前155）分胶西国设北海郡。”

按：大概是某些版本的《汉书》载北海郡“景帝中二年置”，于是有人就认为中元二年（前148）设郡同时，并捎带着立了个安丘县。此说太失于轻率、武断。不会设立郡时才设很多县。

6.《山东省志·建置志》“安丘市”下：“西汉于淳于县西南置安丘县，又别置梧成、平昌、昌安、成乡等县，分属北海郡、琅琊郡、高密国。”

7. 省社会科学院研究员赵延庆断然称：“西汉设安丘县是不会有问题的。”

六、安丘与“胶西”郡国县的关系

1. 网络搜索：“秦始皇三十四年（前213），始设胶西郡，位今山东半岛西部，治高密（即今高密市西南城阴城遗址）。”“汉文帝分齐为六国，于该地封胶西国刘印王，都城阴城。”

2. 安作璋《山东通史·秦汉卷·北海郡》：“景帝二年（前155），‘胶西王印以卖爵有奸，削其六县，’即以其地置为北海郡。此后，北海郡又并入部分侯国和一些削减的县。郡治营陵……领县安丘、淳于……”后以其地置为北海郡，“领安丘县。”

3.《续山东考古录》“安丘县”条：五代“晋改胶西，周因之。”

七、汉县故城西南，侯国治所东南

1.《山东通史》载道：汉北海郡“安丘，县治今安丘西南……。”“琅邪郡安丘，国治今安丘县东南，侯国。”

2. 东晋人伏琛和十六国南燕人晏谟在《齐记》中并言：“亭在东北十里，非城也，城对牟山。”

3.《读史方舆纪要》“安丘故城”条：“汉安丘有二县，一属北海，即此安丘也；一属琅琊，在今县东南，高祖封功臣张说为侯邑。成帝时封高密顷王子尝为安丘侯。后汉建武五年，张步降，亦封为安丘侯，寻省琅琊之安丘，而北海安丘如故。”

4.《乾隆府厅州县图志·安丘》：“县故城有二：一在县西南，汉置，属北海郡；一县在县东南，汉侯国，属琅邪郡。”

5. 邹逸麟教授根据《嘉庆重修一统志》指出：西汉有两个安丘，一个即北海安丘，在今安丘西南；另一个为琅邪安丘侯国，在今安丘东南。

6.《山东通志》“安丘故城”条：“在县西南十五里牟山下。”

7.《青州府志》：“安丘故城在县西南牟山北，与淳于皆属北海郡。”

8.《安丘县乡土志》：“北海郡之安丘治牟乡城”，“又于牟山南别置安丘县……，属琅邪郡。”

9. 商务印书馆《地名大辞典》“安丘县”条：“故城在今山东安丘县西南，隋改置牟山县。”而“……汉侯国，后汉省，故城在今山东安丘县东南。汉鸿嘉元年封高密顷王子尝为安丘侯，国即此。”台湾出版的《安丘述略》在“建制沿革”篇曾予引用。

10. 近几年出版的较新较好搜集资料较全的

《汉书》全注本《汉书新注》："安丘故城在今山东安丘县西南……琅琊郡安丘故城在今山东安丘东南约十余里，张说国，高帝封；高密顷王子常国，成帝封。按：汉代有两个安丘，在今安丘东南者属琅邪郡，在西南者属北海郡。"

《中国历史地图集》"西汉青州、徐州刺史部间地图"图中北海、琅邪之郡界两边各有一个"安丘"，一西北，一东南。

八、西晋元康末至东晋末安丘属高密国

1.《晋书》："惠帝元康十年，又分城阳之黔陬、壮武、淳于、昌安、高密、平昌、营陵、安丘、大、剧、临朐十一县为高密国。"

2.《续山东考古录》："考《晋志》，平昌郡与高密国同时置，高密十一县内有安丘，此外无县可属平昌。"

3. 清末民初《山东通志》、张昭潜《山东省沿革表》、马步元《安丘县乡土志》皆言安丘县"晋元康末属高密国"。

4. 据《晋书·高密文献王泰》载，东晋时司马泰的孙子司马据之后又传4世王位至晋亡。

按：东晋时北方青州曾先后为后赵、前燕、前秦、南燕所占据，但政区设置，皆相因袭。此一时间史书中介绍人物如若出现"平昌安丘"，那一定是指的侨置江南的南平昌郡安丘县。

九、侨置平昌郡安丘县

1. 宋乐史《太平寰宇记》及元于钦《齐乘》皆载：安丘县"晋属东莞郡，（刘）宋属南平昌郡"。

2.《山东通史·典志》："东晋成帝时，设立侨徐州；宋武帝时代，淮南的徐州改称南徐州。文帝元嘉八年（431）将南徐州迁往京口（江苏镇江市）。该侨置州所领今山东地区的侨郡县主要有下述诸处：……南平昌郡辖安丘、新乐、东武、高密4县……"

3. 清顾祖禹《读史方舆纪要》："南平昌，治安丘县。晋南渡以来，侨置于丹阳、吴郡境。"

4. 秦冬梅《论东晋北方士族与南方社会的融合》："这批侨民的祖辈在西晋末年渡江，到东晋末已历数　……刘裕集团的刘粹、孟怀玉、檀韶、向靖等人皆言他们来自青、徐、兖等州，而称'家在京口'或'世居京口'。 他们的父祖坟墓也在京口、晋陵境内。"

5. 李江秋《安丘述略》："孟昶官青州主簿，当是侨置广陵（扬州）的南青州，北青州时为南燕所据。"

6. 陈蜚声《伏乘》："自十八世伏滔以后虽著籍安丘，实侨寓建康……南平昌郡安丘、东武二县东晋属扬州；南平昌郡安丘、新乐、东武、高密四县南齐属南徐州，皆侨武进地。安丘伏氏则世居建康。"

7.《山东历史人物辞典》："徐邈，东晋官员。祖籍东莞姑幕（今安丘东南）。自祖父徐澄之起，南渡长江，客居京口。"

8.《宋书·列传》："孟怀玉，平昌安丘人。"

按：孟怀玉之原籍郡望是山东安丘。

其时（东晋）其地（京口）——南平昌安丘。

上述表明，西晋末到刘宋前，只有江南（京口）存在平昌郡安丘县（侨置平昌郡安丘县），刘宋以后，江南、山东都存在着平昌郡安丘县。

十、北魏时昌安城已迁来今址

1. 郦道元《水经注》云：潍水"又北迳昌安县故城东。"

按：地理学家郦道元是北魏人，那时的昌安城已经称作"故"，是"过去式"，其新昌安城得向西北方找。

2.《续山东考古录》引（北）《魏志》："昌安有昌安城，巨丘亭是，跨有安丘也，且非汉治矣。"

按：即有"巨丘亭"的那个城是昌安城。"非汉治矣"正与《水经注》之"昌安故城"相呼应。

3.《地形志》："昌安有'巨丘亭'，'巨'乃'渠'字之脱烂。""'巨丘亭'乃'渠丘亭'之误"。

按："巨""渠"古代音时近、时同。巨，其吕切；渠，强鱼切。"渠"弄成"巨"，是出于书写或读音的原因。

4.《中国历史地名辞典》："渠丘亭，东汉属安丘县，在今山东安丘县南。"

按：综上可知，昌安城已西来，渠丘亭是标志。

5.《地名大辞典》胶州"平昌郡"条及网络搜寻"平昌郡"："后魏移治昌安，北齐省，即今安丘县治。"

6.《续山东考古录》王汝涛点注："平昌郡后魏治昌安，即今安丘县安丘镇。"

十一、北朝末隋朝初建制大变迁

1.《山东省沿革表》："北齐天保七年省安丘入昌安。"

按：北边的平昌郡和安丘县同时俱废。安丘县多少年来几乎一蹶不振，数次作过平昌郡治的昌安城又西来，被其吃掉是很自然的。

2.《太平寰宇记》："隋开皇十六年，分昌安县于牟乡城置牟山县。"

按：安丘被撤销后废弃了四十年的县城，这次派上用场。由此得知安丘故城另名"牟乡城"。

3.《山东省志·建制志》："大业二年（606）改牟山县为安丘县……大业三年（607）安丘县徙治今诸城境。"

十二、第二个安丘县城——都吉台

1.《山东通志》和《山东省沿革表》等皆言隋炀帝大业三年（607）安丘治所"移于汉平昌城内"。

2. 而故平昌方面亦有记载,《读史方舆纪要》"平昌城"条："隋大业三年，移置安丘县。"

3.《大清一统志》"平昌故城"下："隋大业三年，自牟山移安丘县治此。"

4. 南北朝时的地理名著《水经注》："浯水（按：后称'渠河'、经姑幕县东流）又东北迳平昌城北，古堨此水以溢溉田，南注荆水。""潍水又北迳平昌故城东……城之东南角有台，台下有井，与荆水通。物坠于井，则取之于荆水。昔常有龙出入其中，故世亦谓之龙台也。"

5.《续山东考古录》驳"平昌故城在柴沟"之说："柴沟在潍水东，据《水经注》，荆水在平昌城东，潍水又在荆水东。平昌城在潍水西三四十里，柴沟安得为平昌城耶？（龙台位）安丘南六十里，正诸城西北六十里……"

6. 新版《续山东考古录》中有关"汉平昌县"的两处点注，都为：龙台"遗址在今诸城市城关镇北30公里都吉台村。后汉、魏、晋、刘宋、后魏平昌县同此注。"

按：上述足证万历《安丘县志》等几种方志所说"汉平昌即今诸城、安丘之交，城址在柴沟。"和元代《齐乘》所谓"平昌故城乃后魏之平昌郡……郡城在安丘西南六十里者，实一城也。"为误。

十三、辅唐城（原昌安城）即今址

1.《山东省志·建置志》："乾元二年刺史殷仲卿奏请治于昌安城（今安丘县城），并改名为辅唐县。"

2.《山东通史·典志》" 乾元二年（759），经密州刺史殷仲卿奏请，将安丘县治所移至故昌安城（今安丘县治），改称辅唐县。"

3. 唐李吉甫《元和郡县志》"辅唐县"条："上东南至州一百二十里。本汉安丘县也，属北海郡，后汉属北海国，有渠丘亭……乾元二年改为辅唐县。牟山在县西南十三里。"

4. 李江秋《安丘述略·建置沿革》："唐徙县于今所……这和商务印书馆《地名辞典》所说'唐移昌安北城'，当是一地。"

5. 唐代章怀太子李贤《后汉书》注和盛唐史学家杜佑《通志》关于安丘（辅唐 ）的附注，一前一后皆云昌安城即"今密州安丘县外城，淳于城在今县东北"。

6.《地名大辞典》"安丘县"条："唐移昌安故城，即今治。"

"胶西县"条："五代晋改辅唐县置，宋改曰安丘，即今山东安丘县治。"

7.《续山东考古录》："《太平寰宇记》谓'武德二年安丘移于今理'。误以复置昌安为安丘移治也。"

按：《考古录》在批驳《寰宇记》谓：武德二年是昌安县衙原地（"今理"，即当今的治所。说今址欠当，安丘城实迁于今址附近）重开张（《太平寰宇记》："复置昌安县，属潍州"），并不是安丘从县南境迁来安丘今县址！

这里从两个侧面透出同一个重要的地望所在：一是在唐以前昌安县的县址就在今址，二是唐代和宋代（《太平寰宇记》的作者乐史是宋初人）的安丘县县治在同一个地方—现址。

8.《中国历史地图集》"唐图·河南道"图未标出唐后半段称"辅唐"而统称"安丘"，其字样标在今址位置。

9.《水经注》中有一句话，潍水"又北迳昌安县故城东"。作者地理学家郦道元是北魏人 ，那时的昌安城已经是"故"。

按：《续山东考古录》等典籍所云"唐移昌安故城"，很容易产生歧义和误导。而《新唐书》却作如是载："刺史殷仲卿请治于故昌安城。"此处的"故"，非指那县城原址，而是指其县已经撤销。清《山东通志》和《山东省沿革表》就都直书唐"徙置昌安城"。现在《山东省志·建置志》和《山东通史·典志》所载则更其明确："刺史殷仲卿请治于昌安城（今安丘县城）。"括号里的内容最能说明问题，实乃振聋发聩之笔。此城亦即辅唐城，《元和郡县志》“辅唐县”目下载有“牟山在县西南十三里”之语，正是牟山至今址的距离。不用说，此城绝非汉昌安旧址（早已从李家古城子西迁了）。后来的宋代《太平寰宇记》所记“安丘县在州（著者按：指密州，今诸城市区）西北一百二十里”之“安丘县”，正是唐代《元和郡县志》所载“上东南至州一百二十里”的辅唐县城。再者，《通志》等典籍注“辅唐”时所称“淳于城在今县东北”，这“今县”也是指的辅唐城，以它做立足点看淳于正是东北方向，而汉昌安址李家古城子在景芝以北今安丘城东南，看淳于既不是“东北”，到州（诸城）也不是“一百二十里”。所以说，如果静止地看事物，认为唐“徙置昌安城”是迁到李家古城，可谓大错特错。其要害在：“非汉治矣”！《地名大辞典》“胶西县”条所言“五代晋改辅唐县置”，即是说，后唐时的辅唐县是隔后梁延续的唐辅唐县，而胶西县则是后晋在后唐辅唐县的基础之上而设置的，后汉、后周因之（至于宋代，只是换成原名而已），唐乾元二年至2003年10月安丘一直治印台北，汶河南。

索引

人物索引

表格索引

后 记

《安丘市志（1986—2013)》为1992年版《安丘县志》之续志，始自2014年3月，三经春秋，六订编目，九易志稿，于兹问世。

修志乃中国悠久的文化传统，代代相续，永不断章。方志记述地方时代变迁、历史沿革以及社会发展轨迹，凡天、地、人、事、物无不所及，具有“存史、育人、资政”之功能，撰修志书是继往开来，服务当代，垂鉴后世的重大工程，具有重要的现实意义和深远的历史意义。《地方志工作条例》和《山东省地方志工作条例》要求：地方志20年左右一修。1960年，安丘始修新县志，虽未付梓，然开新中国安丘修志先河。1992年11月出版《安丘县志》，体例新颖，内容广博。弹指间三十年未续，若再不修续，资料失却，记载难全，恐有断代之危。2014年3月，恰安丘撤县建市二十周年。市委、市政府按照“党委领导，政府主持”体制，酝酿二轮续志。30年间，安丘人民勇于改革，锐意创新，安丘经济和社会事业健康、快速、全面发展，先后创造出诸多影响全国的“安丘经验”。如何全面、真实地记录断限内政治、经济、文化、生态、社会建设的状况，将续志修成精品佳志，任务艰巨繁杂。对此，市史志办人员不惧艰难，迎头而上。经过艰苦深入调查研究，科学制定出二轮修志工作详细规划，明确工作原则、规定、程序以及质量标准，为市志续修夯实基础。是年6月28日，市政府第三次常务会议听取专题汇报，同意修志方案并要求切实保障好人员、设备和经费，在保证质量的前提下，加快向前推进。会议根据山东省二轮续志断限要求，确定安丘二轮续志断限为1986年—2013年共28年，对个别章节可作适当追溯或下延。实际工作中，对很多章节，甚至追溯到夏商。个别章节目下延至2014年或2015年。从2014年6月市政府确定续志至2016年8月志稿完成评审并出版，主要经历4个阶段。

2014年7月为宣传发动阶段。其间制定落实各项保障措施。首先建立领导机制，为市志续修提供组织保障。市里成立由市委书记任名誉主任、市长任主任的安丘市地方史志编纂委员会，下设办公室，负责全市续志工作的领导、协调和指导。各镇街区及市直100个提供资料部门单位分别成立领导小组，各部门再辐射到分管单位，形成覆盖全市的续志工作网络。其次是精选人员，提高修志专业素质。当时境况甚艰，吸取各县市区经验，再反复论证，形成符合安丘实际的修志方案。按市政府第三次常务会议精神，市史志编委办公室实施“借兵打仗”战略，层层筛选并聘请10名具备业务精、品德高、写作能力强等条件的专业人员，加上市史志编委会办公室业务人员，组成12人编辑班子。单独聘请摄影人员负责拍摄并编辑图片。各相关单位也随之成立供稿小组。据不完全统计，直接参与修志工作者460多人。再是全面动员。7月21日，市政府召开全市二轮修志动员大会。会议对修志工作进行强调要求，安排部署各项任务。会议对主要供稿人员进行业务培训，下发续修工作方案、行文规范等系列文件，进一步明确续志工作不同阶段的时间安排、目标和行文标准要求，加强对续志工作的指导。

2014年8月—2015年3月为供稿编辑阶段。为防止再吃“夹生饭”，市史志编委会办公室制定多套运作方案。针对基层大部分人员初次接触修志缺乏经验的实际，采取集中培训和分散培训相结合的方式，点对点或点对面，进行具体章节目培训指导，先后分系统分部门举办修志专业知识培训班27期，就问题解问题式指导会数百次。在此基础上，配套完善相应办公设施，优化修志环境。修志工作刚启动，又协调综合办公大楼一间办公房用于专门编纂志稿。其间市政府拨付专项经费，新购置微机、复印机、打印机及相关桌椅办公用品。供稿阶段是整个修志工作的第一关键环节，市委市政府主要领导和分管领导多次调度，询问工作进展情况，并对有关问题作出专项批示。由于领导重视及各部门支持，8月底开始陆续上稿。市史志编委会办公室针对部分资料过于分散、失却严重、征集难度大，且部门无法单独完成的实际，制定部门联动机制，通知有关单位供稿人员集中办公，建立供稿人员通讯簿，设计进度表，统一协调调度。与此同时，市史志编委会办公室全面加大资料征集工作督导力度，坚持“标杆、啃硬、细磨、帮靠”八字方针，编印《简报》通报进度，两办督查室进行督稿，编辑队伍也分片包干并深入市直部门、乡村、企业查补欠缺资料。同时实行每周调度会制，加强业务指导交流。至是年10月底截稿，完成供稿量87%。市史志编委会办公室对出现问题及工作相对缓慢的单位实行多次上门督促和帮助撰稿。工作中，编辑人员一边催稿，一边加快改稿进度，整项工作分编章压茬推进。由于宏观微观思路及措施到位，至2015年春节前，资料征集方才结束。其间42%的编章由编辑人员帮助撰写，36%的文稿推倒重来，还有近27%的资料通过市史志编委会办公室查找增补，最后形成长编稿约160多万字。市史志编委会办公室出台《安丘市志编辑应注意的若干问题》作为编辑标准，组织编辑加强“补、改、删、调”，经过五次大改，5000余项材料补充和修正，然后将文稿再发至各单位进行确认。至2015年3月31日，将160多万字长编补至240多万字，然后再凝缩为第一初稿，约220万字。

2015年4月—9月为总纂阶段。围绕“出精品，创名志”这一目标，市史志编委会办公室会同编纂人员坚持质量时间“双突破”贯穿总纂始终，编写《安丘市志总纂要义》作为编纂纲领。其间，严格落实人员责任制，将任务分解到每个编纂人员，明确具体时间安排和目标要求。严格实行编纂人员周六例会制，总结工作，修正、解决编纂中出现的问题。工作中，编纂人员倾心尽力，孜孜不倦，学习先进地区的修志经验，确立标杆，制定标准，取长补短，精心雕琢。同时，对编目再修改再完善，夜以继日、伏案笔耕，体例、志风、文字等方面千锤百炼。此间，省史志办协调省专家组方志专家提前进行指导和审核。各编纂人员根据专家建议进行分工审改。然后根据各方意见，本着“突出主线”思路，继续贯彻“补、改、删、调”四字诀，于2015年7月经过四次大的改稿汇成第二稿，字数约230万字。然后印制样书10部，各总纂人员人手一部，从头至尾再修改。至2015年10月方将二稿再凝改为200多万字志稿。此间，殚精竭虑，昼夜勤笔，甘苦自知，难以言表。

2015年10月—2016年9月为审核出版阶段。根据各方提出的意见进行最终定稿。2015年12月，市史志编委会办公室印制《安丘市志》征求意见稿160册，分送市委、市人大、市政府、市政协等领导同志，以及各镇街区、市直各供稿单位以及各县市区史志部门广泛征求意见。根据所提意见，再进行调整，形成《安丘市志》评审稿，报送山东省、潍坊市史志办公室专家审阅。2015年12月17日—18日，在安丘新东方大酒店举行《安丘市志（1986—2013）》志稿评审会议。山东省、潍坊市史志办领导及专家对志稿的政治观点、体例结构、记述内容、地情特色、文体文风等方面给予高度评价。会议认为：志稿质量和效率创出“安丘速度”。同时也对志稿提出建设性意见。评审会结束后，市志编委会办公室立即组成专门班子，集中时间，按照评审会意见对志稿进行梳理、分析和修改，努力打造精品佳志。2016年6月，申请书号，走政府采购的方式出版《安丘市志》。

《安丘市志》比预计提前一年余编纂完成，关键在于领导的高度重视。同时得益于大多数单位和各界有识之士的大力支持。省史志办的领导多次电话询问并协调专家指导，潍坊市史志办领导多次率队到安丘调研续志情况，对市志编修各个阶段都提出过许多指示和建议。市委、市政府主要领导多次调度并作出批示意见，修志工作列入市委工作要点，写入政府工作报告。市委、市政府“两办”就续志工作多次发文，并列为督查事项。各镇街区、市直各部门、各企事业单位为续志工作提供大量宝贵资料，尤其是大部分单位供稿人员付出艰辛努力。值此志书出版之际，谨向所有关心支持厚爱续志工作的单位和个人表示衷心感谢！

续修市志，断限太长，横陈百科，浩繁复杂，加之编修者经验不足，学识有限，复资料丢失严重，虽全力补充，然疏漏之处，在所难免，敬请读者指正和谅解。

编　者

2016年8月28日

《安丘市志（1986—2013）》主要供稿人员

孙中华	刘文晓	李玉金	李树杰	王洪江	徐金婷	许　东
刘文军	闫向玲	田夕宾	刘培勇	周敬元	李敬文	李婷婷
徐都平	李长青	潘继明	娄玉倩	刘艳军	田　杰	张海涛
孟庆英	徐云霞	刘俊昌	江军海	徐子利	李坤清	林志红
赵桂贞	刘可顺	毕永柱	庞世生	宋振波	岳永琳	焦枢亮
郑晓刚	韩景清	张建荣	李春龙	黄新运	朱岩岩	马孔明
刘玉聪	孙东明	陈文祥	宋光涛	都振伟	张千太	韩德贤
刘　杰	李建树	王曙光	李　涛	宋　强	董金国	陶　金
张　平	谢瑞林	赵　莉	翟向前	马文才	刘德庆	李　林
郭宏亮	李国成	韩文玉	殷德东	刘平之	崔　艳	杨晓龙
杨德义	夏洪纪	王高原	王晓琳	王锡文	王　欣	王景伟
赵树忠	王学柳	王龄贤	朱建升	吴春蕾	王云海	李海峰
杨　涛	李　娜	徐　伟	刘春山	杨　鹏	李福存	王燕云
李庆开	李明江	李　勇	薛德召	裴华文	李方臻	刘国炜
吴学臣	薛　明	张瑞铭	韩科理	黄凯民	王金强	王春香
张宝华	马云风	刘好明	石连山	戴金铎	李万鹤	王　赓
杜增才	辛立兴					